NICOLAUS LE CAMUS EQUES AB OMNIBUS CONSILIIS, SUBSIDIORUM CURIÆ PRINCEPS ÆTAT. 89
Hyac. Rigaud pinxit
Nic. Tardieu sculpsit
Aspice delicias Themidis, Veri que tenorem
Austerum blandè, et Jus- -tum LODOICIS amorem
Cl. Bizot

CORPS ET COMPILATION DE TOUS LES COMMENTATEURS ANCIENS ET MODERNES SUR LA COUTUME DE PARIS.

Par M. CLAUDE DE FERRIERE, *ancien Avocat au Parlement, & Docteur Regent en la Faculté des Droits de Reims.*

SECONDE EDITION,

REVUË, CORRIGÉE ET AUGMENTÉE PAR L'AUTEUR;
Et par M. CLAUDE JOSEPH DE FERRIERE, son Fils, ancien Avocat au Parlement, & Docteur Regent en la Faculté des Droits de Paris.

ENRICHIE DES SÇAVANTES OBSERVATIONS DE FEU MONSIEUR LE CAMUS, Lieutenant Civil de la Ville, Prevôté & Vicomté de Paris.

Dediée à Monseigneur le Premier President de la Cour des Aydes.

TOME PREMIER.

A PARIS.
Chez MICHEL GUIGNARD, ruë S. Jacques, à l'Image S. Jean, près la Fontaine S. Severin.

M. DCC. XIV.

AVEC PRIVILEGE DU ROY.

A HAUT ET PUISSANT SEIGNEUR

MESSIRE

NICOLAS LE CAMUS,

CHEVALIER, CONSEILLER DU ROY
EN TOUS SES CONSEILS,
PREMIER PRESIDENT DE LA COUR
DES AYDES.

MONSEIGNEUR,

La connoissance parfaite que VOSTRE GRANDEUR *a de nôtre Jurisprudence, m'authorise à prendre la liberté de luy dédier cet Ouvrage. Il renferme les décisions de nos Jurisconsultes, & tire son principal ornement des sça-*

vantes Obſervations de l'illuſtre Frere que Vous aviez, MONSEIGNEUR, & qui a ſi legitimement paſſé pour l'un des plus éclairez & des plus integres Magiſtrats de ce Royaume.

Vôtre Maiſon feconde en grands Hommes, a fourni à l'Egliſe des Exemples de pieté qui ne ſont pas moins remarquables, ſur tout dans la perſonne de cet Eminentiſſime Cardinal, en qui la Dignité Epiſcopale étoit moins rehauſſée par l'éclat de la Pourpre Romaine, que par celuy de ſes vertus.

Les juſtes regrets que le Public a donnez à deux pertes ſi conſiderables, luy rendent plus ſenſible le plaiſir qu'il a de Vous poſſeder encore. Nous nous flatons que le Ciel favorable à nos vœux, nous laiſſera joüir long-temps de ce bonheur, & voudra bien en vôtre perſonne prolonger le cours ordinaire de la vie humaine.

L'eſperance que nous en concevons eſt heureuſement ſoûtenuë par les occaſions qui ſe préſentent tous les jours, de remarquer que le nombre des années ne dérobe rien à la vivacité des lumieres de vôtre eſprit, & n'altere point cette bonté toûjours préſente à ceux que la neceſſité contraint de recourir au Tribunal de la Juſtice.

On Vous a toûjours vû, MONSEIGNEUR, *garder un juste milieu entre la gravité & l'austerité. A un grand fonds de droiture, & à une fermeté inébranlable, Vous joignez une erudition consommée, une penetration à qui rien n'échape, une assiduité infatigable au travail, & une scrupuleuse exactitude à remplir par vous-même jusques aux moindres obligations de vôtre auguste ministere. Enfin, par une pieté solide, Vous donnez un nouveau lustre à tous ces talens & à toutes ces vertus, dont le parfait assemblage forme en vôtre personne un Modele digne d'être à jamais proposé à tous ceux qui seront élevez aux premieres Charges de la Magistrature.*

Des qualitez si rares ne pouvoient pas échaper au discernement qui regne dans toutes les actions de SA MAJESTÉ. *Aussi la glorieuse Survivance qu'il lui a plû d'accorder deux fois successivement à vôtre illustre Famille, récemment à Monsieur vôtre Petit-Fils, est le prix des longs & importans services du Pere & de l'Ayeul: & ce choix si universellement applaudi, est en même temps regardé comme une nouvelle preuve de la Justice du Roy, & comme l'accomplissement des vœux du Public.*

En effèt, Monseigneur, *qui peut ignorer quë toutes vos actions n'ont pour but que la gloire de l'Etat, & le repos des particuliers, si necessaire à leur felicité? Vôtre vie est une leçon perpetuelle de sagesse & d'équité à vôtre illustre Successeur. En continuant de Vous étudier, il ne peut qu'il ne se perfectionne bientôt dans l'art merveilleux d'accorder les interêts du peuple avec les droits sacrez du Souverain. Attentif à vos Décisions, il y reconnoîtra tout l'esprit de celles qui sont répanduës dans le corps de l'Ouvrage que j'ai l'honneur de Vous presenter. Souffrez que je le pare de vôtre Nom, & que je profite de cette occasion pour signaler par une marquë publique le profond respect avec lequel je suis,*

MONSEIGNEUR,

DE VOSTRE GRANDEUR

Le tres-humble & tres-obéïssant Serviteur,
DE FERRIERE, ancien Avocat en Parlement, & Docteur Regent en la Faculté des Droits de Reims.

PREFACE.

LA premiere Edition de cet Ouvrage contenoit les Interprétations de tous les Commentateurs de la Coûtume de Paris, dont les resolutions avoient été jusques alors renduës publiques; j'y avois même ajoûté les Notes de Maître Barthelemy Auzanet qui n'étoient point encore imprimées, & que j'avois tirées du manuscrit trouvé dans la bibliotheque de feu Monsieur le Premier President de Lamoignon.

La Compilation de tous les Auteurs, qui ont travaillé sur cette Coûtume, n'auroit pas été fort difficile à faire, si je m'étois seulement borné à en rediger les sentimens: Mais j'avois prévû combien la lecture d'un si sterile Ouvrage seroit inutile, & même embarassante. Dans cette pensée je m'étois fait un devoir de tirer de tous nos Commentateurs la substance des Décisions qu'ils nous ont laissées, à quoy j'avois ajouté mes Refléxions particulieres; en un mot, sans m'arrêter au Titre de mon Livre, qui ne promettoit qu'une simple Compilation de ces Commentateurs, j'avois tâché de meriter une place parmy ces Auteurs celebres, dont j'avois recüeilli les Interprétations.

Je m'étois en même temps attaché à puiser dans les écrits de nos autres Jurisconsultes des éclaircissemens sur les principaux articles de nôtre Coûtume, & à déduire les plus belles & les plus difficiles Questions, avec les raisons de part & d'autre, sans omettre les Inductions qu'on peut tirer de la Jurisprudence des Arrests.

Nonobstant l'attention que j'avois euë à réünir dans ce vaste Recüeil toutes les Recherches que nos Interprétes avoient faites pour l'intelligence de la Coûtume de Paris, il s'est néanmoins glissé dans ce Livre plusieurs défauts que je n'ay reconnus qu'après son impression.

Cependant malgré ces imperfections, s'il a été favorablement reçu du Public, j'ay lieu d'esperer que le succès de cette seconde Edition sera beaucoup plus avantageux. La premiere ne doit plus être considerée que comme un bâtiment renversé, dont les meilleurs materiaux ont servi avec plusieurs autres nouvellement ramassez, à en élever un plus parfait & plus regulier. On y découvrira une exactitude plus scrupuleuse dans le stile, une distribution beaucoup plus methodique dans les matieres, & une plus grande fidelité dans les Citations.

Pour faciliter la lecture de cet ample Commentaire, l'interprétation des articles difficiles est rangée sous un plus grand nombre de Gloses, lesquelles ont été divisées en paragraphes, lors qu'elles ont paru trop longues. J'ay cru épargner par ce moyen beaucoup de peine à ceux qui n'ayant besoin que d'une question, feront moins de temps à la chercher.

Non seulement l'Ouvrage a été entierement retouché, mais on a rétabli quantité d'endroits, qui dans la premiere impression n'avoient pas été suffisamment travaillez; j'ay même dans cette seconde embrassé en plusieurs endroits des opinions que j'avois autrefois rejettées, m'étant déterminé à changer d'avis par des raisons que mes refléxions m'ont fournies.

En rassemblant icy les maximes du Droit Coûtumier, je n'ay pas cru devoir en negliger l'origine. Un Ouvrage aussi étendu que l'est celuy-cy ne sçauroit être parfait, s'il ne renferme les conjectures des plus anciens Auteurs sur la source des principes necessaires à l'intelligence de nos Coûtumes.

En effet, quoique la connoissance de nos anciens usages ne soit pas à la portée de ceux qui commencent, & qu'elle passe dans plusieurs esprits pour une Science de pure curiosité, on ne peut néanmoins se dispenser d'avoüer qu'elle est toûjours utile, & souvent necessaire; puis qu'il est impossible de puiser ailleurs la raison & le fondement de la plus grande partie de nos Maximes, lors qu'elles ne sont pas tirées du Droit Romain.

Depuis la premiere édition de ce Livre, on a imprimé de nouveaux ouvrages qui peuvent servir à l'interprétation de la Coûtume de Paris, dont j'ay pris soin d'enrichir ce Commentaire, aussi-bien que des Arrests rendus nouvellement sur les questions que j'ay traitées, desquelles j'ay augmenté considérablement le nombre dans cette édition, aussi-bien que des citations & des autoritez.

On trouvera donc icy les Notes de Maître Eusebe de Lauriere, ce qu'il y a de plus approuvé dans les Traitez de Maître Claude Duplessis, quelques Arrestez de Monsieur le Premier President de Lamoignon, & plusieurs Actes de Notorieté du Châtelet.

Avant les Gloses de chaque Article, j'ay mis separément les Remarques entieres de Maître Jean Marie Ricard; à la fin de ces Gloses j'ay rapporté les Observations de Monsieur le Camus Lieutenant Civil: après quoy se trouve la Conference des autres Coutumes, redigée dans un ordre plus exact & plus facile qu'elle n'étoit dans la premiere édition de cet Ouvrage; & à la fin de chaque Article j'ay indiqué un grand nombre d'Auteurs ausquels le Lecteur pourra recourir.

Tout ce qui vient d'être dit justifie assez, que ce Livre tel qu'il paroît aujourd'huy est un nouveau Commentaire sur la Coutume de Paris, plutôt qu'une réimpression du précedent.

Il est impossible que dans un Ouvrage d'une si vaste entreprise, on n'y trouve pas quelques endroits, ou moins châtiez, ou corrompus par les fautes d'impression; mais un Lecteur judicieux ne prendra pas delà occasion de blâmer tout l'Ouvrage. Les changemens & les augmentations considerables qu'on y découvrira sans peine, me donnent lieu de croire que les plus critiques reconnoîtront les soins que j'ay pris d'éviter la rigueur de leurs jugemens.

Au reste je suis obligé d'avertir le Lecteur, que n'étant pas à Paris, il m'auroit été impossible de retoucher ma composition à mesure qu'il se pouvoit présenter dans le cours de l'impression des difficultez & des doutes: c'est ce qui a fait que j'ay envoyé ma copie à mon Fils, Professeur en la Faculté des Droits de Paris, non seulement pour la relire & avoir la conduite de l'impression de cet Ouvrage, mais encore pour retoucher les endroits qui pouvoient en avoir besoin.

Il s'est donné la peine de revoir toute ma copie avec beaucoup d'exactitude & d'application; il a pris le soin d'arranger le tout avec ordre: il a même fait quelques corrections & des additions que j'ay trouvées bonnes, & qui n'ont pas peu contribué à la perfection de ce Commentaire. C'est pourquoy j'ay jugé à propos de mettre cette seconde édition sous mon nom & sous le sien; étant juste, que puis qu'il a employé avec moy ses soins & son temps à rendre cet Ouvrage tel qu'il paroît aujourd'huy, il participe à l'honneur que j'en attends du Public, s'il trouve que nôtre travail merite son approbation.

OBSERVATIONS

SUR LES COMMENTATEURS DE LA COUTUME DE PARIS.

LEs sçavantes Remarques que nous ont données ceux qui ont consacré leurs veilles à l'interprétation de la Coutume de Paris, sont la baze de cet Ouvrage; ainsi j'ay crû être dans une espece d'obligation de tracer une idée de chacun de ces Auteurs: Elle pourra servir à justifier l'estime que la plûpart se sont attirée de leur temps, & les reflexions que nous ajoûterons sur leurs écrits seront peut-être de quelque utilité.

Ceux qui ont commenté la Coutume de Paris, & contribué par leurs Observations à l'éclaircissement de ses difficultez, sont,

M. Charles du Moulin.
M. Louis Charondas le Caron.
M. Gilles Fortin.
M. René' Chopin.
M. Jean Tronçon.
Maîtres Tournet, Labbe' & Joly.
M. Claude Guerin.
M. Julien Brodeau.
M. Jean Marie Ricard.
M. Barthelemy Auzanet.
M. Claude Duplessis.
Messire Jean le Camus, Lieutenant Civil.
M. Eusebe de Lauriere.

Maistre CHARLES DU MOULIN.

Le plus ancien, & sans contredit le plus estimé de tous les Interprétes de cette Coutume, est Maître Charles Du Moulin, ou, selon quelques-uns, Du Molin, qui fut aussi recommandable par la force de son génie, que par l'étenduë de sa capacité. Aussi

Aussi auroit-il obtenu le Titre de *Prince des Jurisconsultes François*, par les suffrages de tous les Sçavans, quand il ne les auroit pas prévenus en s'attribuant luy-même cette qualité.

Il naquit à Paris de parens nobles, sur la fin de l'année 1500. fut reçu dans l'Ordre des Avocats en 1522. & donna au Public en 1539. son Commentaire sur les deux premiers Titres de la Coutume de Paris. On prétend par une espece de tradition, qu'il l'avoit commentée entierement, & que cet Ouvrage auroit fait trois où quatre autres volumes. Celuy qui nous reste cause un regret sensible de la perte des autres. On a seulement trouvé après sa mort quelques fragmens de ce Commentaire sur quelques Articles de cette Coutume, qu'on a inserez dans les dernieres impressions de ses Ouvrages.

Il a fait des Notes si sçavantes sur plusieurs Articles de cette Coutume, qu'elles ont servi pour la plûpart de regles à ceux qui ont travaillé à la reformer. Celles qu'il a faites sur les autres Coutumes ne sont pas moins estimées, & on s'en est pareillement servi pour leur reformation.

Le Droit Romain n'a pas laissé de faire une partie de ses occupations, mais il s'est si fort appliqué à la science du Droit Canonique & de nos usages sur les matieres beneficiales, qu'il y a réüssi comme s'il n'avoit point fait d'autre étude pendant tout le cours de sa vie. En effet, nous n'avons rien qui approche de ce qu'il a écrit dans ce genre; & Monsieur Loüet, si connu par son érudition, s'est fait un honneur de faire des Observations & des Additions fort étenduës à ses Commentaires sur quelques Regles de la Chancelerie Romaine. Aussi, quoique Maître Charles Du Moulin fut odieux à la Cour de Rome; néanmoins les Correcteurs Romains ont suivi les Notes qu'il a faites sur les Textes du Droit Canonique, excepté celles dans lesquelles il tient des sentimens peu favorables à cette Cour.

Comme le merite est rarement sans envieux, & que la vie des grands Hommes n'est pas toûjours la plus tranquille; l'épreuve qu'en fit nôtre illustre Auteur, l'obligea de chercher un azile en Allemagne: mais son attachement pour sa patrie l'y rappella bien-tôt malgré les efforts de ses ennemis, qui l'accusoient de se prêter aux erreurs du Calvinisme. Quoy qu'il en soit, tout le monde convient qu'il mourut à Paris dans les sentimens d'un veritable Catholique; il étoit âgé de 66. ans.

Quoique certains Auteurs ayent parlé moins favorablement des écrits de ce grand Homme, cela n'a pas empêché que ses Ouvrages n'ayent été reçus avec un applaudissement universel. Aussi n'a-t-il pas attendu que sa mort leur donnât le sceau de l'immortalité, & il a reçu dés son vivant une partie des éloges dont la posterité honorera toûjours sa memoire.

Il nous reste trois Observations à faire sur ce que nous avons de son Commentaire de la Coutume de Paris.

La premiere est, que quoique son stile soit dur & barbare, il est tellement energique, qu'il seroit souvent tres-difficile d'en rendre le sens en d'autres termes, sans en diminuer la force & la justesse; ses expressions sont quelquefois forcées, & ses periodes passent souvent les bornes d'une juste mesure, néanmoins ses pensées n'y perdent rien de leur vigueur; la vivacité qui y brille n'en diminuë point la solidité, & personne ne desavoüe qu'il n'exprime presque par tout infiniment plus qu'il ne dit.

La deuxiéme regarde la fecondité de son genie; il luy arrive assez frequemment de pousser trop loin ses raisonnemens; & d'entasser questions sur questions, l'abondance de ses pensées l'empêchant de se renfermer dans le sujet qu'il traite: ce qui fait que ceux qui n'ont pas assez de lumieres pour le suivre, ou qui ne donnent pas une tres-grande attention à sa lecture, le perdent aisément de vûë. Ses longues digressions font assez souvent qu'on prend ses raisons de douter pour celles de decider; & il est tres-difficile de ne s'y pas méprendre: aussi quelques-uns de nos Commentateurs s'y sont trompez, comme je l'ay remarqué en son lieu.

La troisiéme est, que quoique Maître Charles Du Moulin ait écrit son Commentaire sur l'ancienne Coutume de Paris, néanmoins dans les réimpressions qui en ont été faites depuis sa reformation, on a transferé ses Gloses sur les Articles de la Coûtume reformée. Ce qui fait que lors qu'il est cité dans nos Livres sur l'ancienne Coûtume, on a une peine infinie à trouver la citation.

Pour remedier à cet inconvenient, on a rapporté au commencement de cet Ouvrage le Texte de l'ancienne Coutume, & indiqué sur chaque Article le nombre sous lequel il est placé dans la nouvelle: Ainsi il sera aisé de trouver sur le champ une citation de cet Auteur sur quelque Article que ce soit de la Coutume de Paris, quand on aura vû sous quel nombre il est dans la Coutume reformée.

On a aussi mis à la fin de chaque Article de l'ancienne Coutume les Notes que cet Auteur y a faites, afin qu'on ne soit pas obligé de les chercher ailleurs.

Au reste, comme il y a dans le Commentaire de M. Charles Du Moulin quelques opinions qui n'ont pas été suivies, ou qui se trouvent à present contraires à l'usage, il faut le lire avec beaucoup de précaution, & être déja versé dans la Jurisprudence.

Maistre LOUIS CHARONDAS LE CARON.

M. Loüis Charondas le Caron, natif de Paris, & Avocat en Parlement, donna son Commentaire sur cette Coutume deux ans après sa reformation, & fit ensuite plusieurs autres Ouvrages. Ils sont remplis d'érudition, aussi-bien que ce Commentaire; mais l'application continuelle qu'il veut faire des principes du Droit Romain aux principes du Droit Coutumier, le jette quelquefois dans l'erreur. La plûpart de ses citations ne sont pas justes, & il est tres-peu fidele dans les Arrests qu'il remarque; il ne garde aucun ordre dans les Questions qu'il propose, & les décide quelquefois sans rendre aucune raison de ses resolutions; qu'il n'établit souvent que sur des Arrests dont on ne doit pas faire un grand cas, suivant ce que nous en avons dit.

Nonobstant ces défauts, les Ouvrages de cet Auteur ont eu pendant plusieurs années un cours assez considerable, & luy avoient attiré l'estime du Public.

Il mourut l'an 1619. à Clermont en Beauvoisis, après y avoir rempli dignement la Charge de Lieutenant General pendant plusieurs années.

Maistre GILLES FORTIN.

En 1595. M. Gilles Fortin, Avocat en la Cour, donna au Public quelques Remarques sur la Coutume de Paris; il y joignit un Extrait de la Conference des autres Coutumes, tiré de Guenois, que M. Jean Marie Ricard nous a donné beaucoup plus ample.

Le dessein de M. Gilles Fortin étoit de rapporter sommairement le sentiment de M. Charles Du Moulin, & quelques Arrests pour servir d'éclaircissement aux Articles les plus difficiles de nôtre Coutume; mais ce qu'il a fait est fort défectueux; & M. Jean Marie Ricard a sur cette idée fait un Ouvrage tres-accompli.

Maistre RENE' CHOPIN.

Cet Auteur quitta la Ville d'Angers, sa patrie, pour s'établir à Paris, & y suivre le Barreau.

En 1596. il rendit public son Commentaire Latin sur nôtre Coûtume. Il est beaucoup plus exact que celuy de Charondas, & ses citations meritent plus de confiance; mais l'obscurité de son stile, la trop grande briéveté dont il semble se piquer, les frequentes digressions ausquelles il s'abandonne, & la quantité de Loix étrangeres dont il charge ses Décisions, rappellent peu de gens à sa lecture.

Cependant l'accüeil favorable qu'a eu du Public ce Commentaire & ses autres Ouvrages, tous composez en Latin, a engagé M. Jean Tournet à les traduire en nôtre Langue.

Il est mort à Paris en 1606. Il étoit pour lors en grande reputation, & un des plus celebres Consultans du Palais.

Maistre JEAN TRONÇON.

Le Commentaire de M. Jean Tronçon, Avocat au Parlement, parut pour la premiere fois en 1618.

Le Titre de son Livre est grand, & promet trop; car il s'en faut bien qu'il ne soit juste. Au lieu de l'éclaircissement qu'il annonce des difficultez de nôtre Coutume, & de l'arrangement qu'il fait esperer dans son Ouvrage, le desordre & les transpositions y regnent presque par tout: on n'y apperçoit aucune exactitude; il présente souvent des Décisions directement opposées à la Jurisprudence & à l'usage, & sans en rendre de raison, ni les confirmer par des autoritez.

On peut dire de ce Commentateur qu'il est le moins sûr de tous ceux qui l'ont précedé.

Maistres TOURNET, LABBE', & JOLY.

Ces trois Avocats n'ont fait que des Notes sur cette Coutume. Celles de Tournet ont paru en 1623. il les avoit presque toutes tirées de Charondas. Son Ouvrage, quoique tres-court, n'est pas exempt d'erreurs ni de contrarietez. Il n'a pas laissé que d'être imprimé plusieurs fois, n'étant qu'un petit in douze, & d'un prix modique. On y a joint dans la suite les Notes de Maîtres Charles Labbé & Jacques Joly, qui disent presque la même chose que Tournet.

Ce Livre n'est pas d'une grande utilité, quelques augmentations qu'on y ait faites depuis.

Maistre CLAUDE GUERIN.

Cet Auteur qui étoit natif d'Angers, fit imprimer en 1634. un Commentaire Latin sur la Coutume de Paris.

Cet Ouvrage n'eut pas le sort des bons Livres; à peine sçait-on à present au Palais qu'il a été fait. Ce n'est qu'un Extrait mal redigé de M. Charles Du Moulin, avec quelques Reflexions particulieres peu conformes aux principes.

Si l'Auteur vivoit, je me donnerois bien de garde d'en parler, sçachant bien qu'on ne doit pas publier son sentiment sur les Ouvrages d'un homme vivant, lors qu'on n'en peut rien dire à son avantage.

Au reste, je suis obligé de rendre cette justice à M. Claude Guerin, qui est, que quoique son Commentaire ait été un tres-mauvais Livre, cet Auteur est néanmoins devenu, avec l'âge, tres-habile, & a été sur la fin de ses jours fort employé dans les Consultations.

Maistre JULIEN BRODEAU.

L'excellent Commentaire que cet Auteur, en 1658. nous a donné en deux volumes in folio sur la Coutume de Paris, ne va que jusqu'à l'Article 186. & on demeure d'accord, que le Palais a beaucoup perdu de ce qu'il ne l'a pas achevé.

Les principes du Droit Coutumier y sont parfaitement bien traitez, & confirmez par une infinité d'autoritez tres-bonnes & très-curieuses. Le défaut qu'on reproche à cet Auteur, est d'avoir fait entrer dans ses Commentaires quantité de choses qui ne sont pas mauvaises d'elles-mêmes, mais dont l'application n'est pas juste.

Cependant cet Ouvrage est plein d'érudition; & c'est avec justice qu'il est tres-estimé de tous les habiles gens.

Cet Auteur a fait connoître par ce Commentaire & par ses Observations sur les Arrests de Monsieur Loüet, qu'il étoit tres-profond dans nôtre Jurisprudence, & a justifié le sentiment du fameux Jacques Godefroy, lors qu'il qualifioit M. Julien Brodeau du nom d'Auteur tres-distingué parmy les Praticiens.

Maistre JEAN MARIE RICARD.

M. Jean Marie Ricard, né à Beauvais en 1628. a été de nos jours un des plus habiles Avocats du Parlement de Paris, les sçavans Ouvrages qu'il a donnez au Public en sont une preuve incontestable; il s'étoit même acquis tant de reputation avant que de les faire imprimer, qu'ils furent d'abord reçus avec un applaudissement general, comme étant le fruit des meditations d'un homme, en faveur duquel le Public étoit fort avantageusement prévenu.

Persuadé de la severité que le Public est en droit d'exercer sur les Ouvrages qu'on met au jour, M. Jean Marie Ricard a eu tant d'exactitude dans les siens, qu'il a sçu avant que de prendre la qualité d'Auteur, prévenir les dangers que ce Titre emporte necessairement avec luy.

Cette attention si scrupuleuse paroît dans tout ce qu'il a donné au Public, & sur tout dans ses sçavantes Remarques sur la Coutume de Paris, dans lesquelles il s'est appliqué à ne rien avancer legerement. Aussi je me suis fait un devoir de les rapporter toutes entieres; on les trouvera immediatement après le Texte de chaque Article; & ce qui est de M. Gilles Fortin est marqué par ces lettres G. F. Il y a néanmoins quelques Articles sur lesquels ils n'ont fait ni l'un ni l'autre aucune observation.

La premiere édition des Remarques de M. Jean Marie Ricard, ajoûtées à celles de Fortin, a été faite en un volume in quarto, & l'autre a paru in folio en 1666.

Ce fut en 1678. que le Palais perdit M. Jean Marie Ricard, âgé de 56. ans, dont la perte a été fort regrettée.

PREFACE.

Maistre BARTHELEMY AUZANET.

Maître Barthelemy Auzanet, un des plus habiles Avocats de son siecle, nâquit à Paris en 1591.

Il a fait des Notes sur nôtre Coutume, qui sont fort sçavantes & fort estimées : il faut néanmoins demeurer d'accord qu'il n'y avoit pas mis la derniere main, ne les ayant faites que pour son usage.

Plusieurs de ses Notes sont obscures, dans d'autres il ne rencontre pas juste, & il ne faut pas toûjours s'attacher à suivre ses décisions.

Cela n'empêche pas qu'il n'ait donné sur plusieurs Articles d'excellentes Interprétations, tirées de l'esprit de nôtre Coutume & de nos Maximes.

Toutes les Notes qu'a fait cet Auteur sur nôtre Coutume, sont rapportées dans mon Commentaire, avec des Refléxions qui pourront servir à déterminer le Lecteur à les suivre ou à les rejetter.

La haute reputation qu'il s'étoit acquise étoit fondée sur une érudition particuliere, & sur une merveilleuse solidité de jugement. Aussi Monsieur le Premier President de Lamoignon, un des plus grands génies du siecle passé, ayant une connoissance parfaite du merite de M. Barthelemy Auzanet, jetta principalement les yeux sur luy pour l'éxécution du dessein qu'il avoit de faire une Loy generale & uniforme sur toutes les principales matieres de nôtre Jurisprudence.

Pour réüssir dans cette vaste entreprise, ce grand Magistrat s'étoit proposé de rectifier ce qu'il y a d'imparfait dans la Coutume de Paris, de suppléer ce qu'elle peut avoir de défectueux, & de fixer la Jurisprudence du Palais sur quelques points où il la connoissoit incertaine & sujette à varier.

Il chargea M. Barthelemy Auzanet du soin de faire des Memoires, sur lesquels on pût travailler à l'execution de ce grand projet. Mais en même temps pour proposer & resoudre toutes les questions & toutes les difficultez qui se pouvoient présenter, ce grand Magistrat établit chez luy des Conferences, dont il voulut luy-même être le Chef.

Ces Assemblées furent composées des plus habiles Avocats du Palais, & les resolutions de ces doctes Conferences furent qualifiées du nom d'Arrêtez, rangez sous divers Titres.

Un Libraire étranger les fit imprimer sans permission en 1702 en un volume in quarto, lequel est tres-défectueux; car outre qu'il est plein de fautes, il ne contient que les Memoires qui ont servi de plan aux Arrêtez, avec quelques Titres des Arrêtez mêmes.

On les a inserées dans leur entier, & d'une maniere tres-correcte, dans les Oeuvres de Maître Barthelemy Auzanet.

Au reste, le choix d'un Magistrat aussi éclairé que Monsieur le Premier President de Lamoignon, pour l'exécution d'une entreprise aussi considerable que celle dont nous venons de parler, suffit pour rendre à la memoire de cet illustre Avocat la justice qui luy est dûë; mais ce qui en releve encore le merite, c'est qu'il fut honoré par le Roy d'un Brevet de Conseiller d'Etat.

Il mourut en 1673. âgé de 82. ans.

Maistre CLAUDE DUPLESSIS.

Cet Auteur né au Perche en 1626. a fait avec succès la Profession d'Avocat au Parlement de Paris. Il a travaillé sur cette Coûtume d'une maniere nouvelle; car sans s'assujettir à suivre l'ordre des Titres & des Articles, il a fait des Traitez qui les renferment tous.

Son stile n'est pas toûjours fort net, ni fort intelligible, il propose une infinité de doutes sans les resoudre, & de questions sans les décider; & dans celles qu'il décide il tient quelquefois des opinions si singulieres, qu'elles n'ont été suivies de personne.

Cependant le corps de l'Ouvrage renferme de tres-excellentes Maximes de nôtre Droit Coûtumier, qui sont tirées la plûpart de Maître Charles Du Moulin & de Maître Julien Brodeau. S'il les a redigées d'une maniere toute nouvelle, il leur a aussi donné un air de nouveauté par le tour dont il s'est servi, & une nouvelle vigueur par la force & l'étenduë des consequences qu'il en a tirées. La solidité qui regne ordinairement dans les raisonnemens de cet Auteur, a presque toûjours pour principe cette équité naturelle qui est le partage & la marque d'un esprit reglé.

Quoique cet Ouvrage meritât indubitablement d'être rendu public, l'Auteur qui vray-semblablement ne l'avoit destiné qu'à son utilité particuliere, n'en a jamais permis l'impression de son vivant.

Heureusement plusieurs personnes en avoient des copies, & il a été imprimé pour la premiere fois en 1698. dix-sept années après la mort de l'Auteur, qui mourut à Paris en 1681. âgé de cinquante-cinq ans.

Comme cet Ouvrage étoit le fruit d'une longue étude, & d'une grande application, il a été estimé generalement de tout le monde.

On trouvera dans mon Commentaire tout ce qu'il y a de meilleur dans les Traitez de Maître Claude Duplessis, avec quelques reflexions sur les endroits où il s'est écarté de l'usage & des opinions communément reçûës.

Quant aux citations que j'en ay faites, je me suis servi de la troisiéme édition qui a paru en 1709.

Messire JEAN LE CAMUS.

S'il est vray qu'une longue suite de meditations & une grande experience des affaires soient les deux sources les plus pures dont un ouvrage sur nôtre Jurisprudence puisse tirer sa perfection, que ne doit-on pas attendre des Observations faites par un Magistrat qui employoit tout son temps à l'étude, ou à rendre la Justice, & qui pendant près de cinquante années a par ses jugemens éclairci un tres-grand nombre de difficultez sur nôtre Coutume?

On voit aisément que nous parlons de Messire Jean le Camus, Lieutenant Civil de la Ville, Prevôté & Vicomté de Paris.

Si son merite l'avoit élevé à cette importante Charge, son discernement luy en avoit fait envisager les obligations. Pour les remplir, il consacra uniquement à l'étude du Droit tous ses momens & toutes les heureuses dispositions d'esprit qu'il avoit reçûës de la Nature.

Il a fait quantité de Remarques sur le Droit Romain & sur le Droit Coûtumier, sans avoir dessein de les rendre publiques; mais son illustre Famille, dans la vûë que tout le monde en pût profiter, m'a communiqué les sçavantes Observations qu'il a faites sur la Coutume de Paris, pour les inserer dans ce Commentaire. Je les ay mises immediatement après mes Gloses sur chaque Article, & je ne doute point que la lecture n'en soit tres-utile.

Ce n'est point icy une de ces occasions, où l'on doive prévenir les suffrages du Public en faveur d'un Ouvrage: l'éloge de ces sçavantes Observations se trouve dans le nom & dans la memoire de l'Auteur.

La mort mit fin aux travaux de cet admirable Juge en 1710. Il étoit âgé de soixante-treize ans.

Maistre EUSEBE DE LAURIERE

On compte actuellement cet Auteur dans le nombre des Avocats de ce Parlement, qui se distinguent par une application continuelle à l'étude.

Il donna en 1698. des Notes sur la Coutume de Paris, dans la plûpart desquelles on remarque beaucoup de précision; mais on trouve qu'elles ne descendent pas toûjours assez dans l'explication de la derniere Jurisprudence, on y apperçoit même qu'il s'écarte de quelques opinions communément reçûës au Palais. Au reste on y trouve quantité de choses tres-curieuses touchant l'origine de nôtre Droit Coûtumier, & les usages qui s'observoient avant la redaction de nos Coûtumes.

Cet Auteur qui a fait une étude particuliere de nôtre ancien Droit Coûtumier, l'a merveilleusement facilitée aux autres, en leur communiquant ses lumieres, non seulement dans ses Notes sur la Coutume de Paris, & dans celles qu'il a faites sur les Regles de Loysel, mais sur tout dans son Glossaire du Droit François, qui a si legitimement merité l'approbation de tous les Sçavans.

EDITIONS DES TEXTES
de la Coûtume de Paris, & des Notes & Commentaires qui ont été faits sur cette Coûtume.

TEXTES.

Texte de l'ancienne Coûtume, en gottique, in octavo, à Paris, en 1510.
Texte de la Coûtume reformée, in quarto, à Paris, en 1580. & 1581.
Idem, in quarto, à Paris, en 1585.
Idem, in octavo, à Paris, en 1594. & 1595.
Idem, in octavo, à Paris, en 1601.
Idem, in vingt-quatre, à Paris, en 1637.
Idem, in vingt-quatre, à Paris, en 1645.
Idem, in vingt-quatre, à Paris, en 1650. & 1651.
Idem, in vingt-quatre, à Paris, en 1668.
Idem, par Jamet, in vingt-quatre, à Paris, en 1672. & 1676.
Idem, in seize, à Paris, en 1680.

COMMENTAIRES.

Maître Charles Du Moulin.

Commentaire, en latin, in folio, en 1539.
Idem, à Francfort, en 1575.
Idem, in folio, à Paris, en 1576.
Idem, in folio, à Berne, en 1603.
Idem, in folio, à Geneve, en 1613.
Les Oeuvres de cet Auteur ont été imprimées en trois volumes in folio, dans lesquels il y en a un qui contient son Commentaire sur la Coûtume de Paris. Cette impression a été faite à Paris en 1612.
Idem, en trois volumes, in folio, à Paris, en 1638.
Idem, en quatre volumes, in folio, à Paris, en 1658.
Idem, en cinq volumes in folio, à Paris, en 1681. & 1687. même édition.

Maître Louis Charondas.

Commentaire in octavo, imprimé à Paris en 1582.
Idem, in quarto, à Paris, en 1593.
Idem, in quarto, à Paris, en 1595.
Idem, in quarto, à Paris, en 1598.
Idem, in folio, à Paris, en 1605.
Idem, in folio, à Paris, en 1613.
Idem, in folio, à Paris, en 1614.
Le Commentaire de cet Auteur sur la Coûtume de Paris se trouve aussi dans ses œuvres imprimées en deux volumes in folio, à Paris, en 1637.

Maître Gilles Fortin.

Remarques de cet Auteur sur la Coûtume de Paris, imprimées in quarto, à Paris, en 1595.
Idem, in quarto, à Paris, en 1611.
Voyez cy-aprés Ricard.

Maître René Chopin.

Commentaire en latin, in folio, imprimé à Paris en 1596.
Idem, en latin, in folio, à Paris, en 1603.
Idem, en latin, in folio, à Paris, en 1611.
Idem, en latin, in folio, à Paris, en 1624.
Idem, en françois, in quarto, imprimé à Paris, en 1614.
En françois, parmy ses œuvres imprimées en trois volumes in folio, en 1634. & 1635.
En françois, dans ses œuvres, en cinq volumes in folio, à Paris, en 1663.

Maître Jean Tronçon.

Commentaire, in quarto, imprimé à Paris en 1618.
Idem, in folio, à Paris, en 1626.
Idem, in folio, à Paris, en 1652.
Idem, in folio, à Paris, en 1664.

Maîtres Tournet, Labbé & Joly.

Notes de Tournet, in vingt-quatre, imprimées à Paris en 1623.
Idem, in douze, à Paris, en 1634.
Idem, in douze, à Paris, en 1640.
Idem, in douze, à Paris, en 1643.
Par Tournet & Labbé, in douze, à Paris, en 1650.
Par Tournet, Labbé & Joly, in douze, à Paris, en
Par les mêmes, in douze, à Paris, en 1678.
Par les mêmes & un autre Auteur anonyme, en deux volumes in douze, à Paris, en 1691.
Idem, en deux volumes in douze, à Paris, en 1709.

Maître Claude Guerin.

Commentaire en latin, in folio, imprimé à Paris en 1634.

Maître Julien Brodeau.

Commentaire en deux volumes in folio, imprimé à Paris en 1658.
Idem, en deux volumes in folio, à Paris, en 1669. & 1689. même édition.

Maître Jean Marie Ricard.

Remarques de cet Auteur ajoûtées à celles de Fortin, in quarto, imprimées à Paris en
Idem, in folio, à Paris, en 1666.

Maître Claude De Ferriere.

Commentaire, in douze, imprimé à Paris en 1679.
Idem, in folio, trois volumes, à Paris, en 1685.
Idem, in douze, deux volumes, à Paris, en 1688.
Idem, in douze, deux volumes, à Paris, en 1704.
Idem, par M. Claude De Ferriere, & Claude Joseph De Ferriere, son fils, in folio, quatre volumes, à Paris, en 1714.

Maître Jean Bobé.

Commentaire de la Coûtume de Paris, à la fin de son Commentaire sur celle de Meaux, imprimé à Paris, in quarto, en 1683.

Maître Barthelemy Auzanet.

Notes sur la Coûtume de Paris, par Maître Barthelemy Auzanet, avec ses Memoires, Reflexions & Arrests sur les Questions les plus importantes de Droit & de Coûtume, avec les Arrêtez de Monsieur le Premier President de Lamoignon; le tout en un volume in folio imprimé à Paris en 1708.

Maître Claude Duplessis.

Traitez sur la Coûtume de Paris, imprimez à Paris en un volume in folio, en 1699.

Idem, in folio, à Paris, en 1702.

Idem, in folio, à Paris, en 1708.

Maître Eusebe de Lauriere.

Notes, en un volume in douze, imprimées à Paris en 1699.

Maître Pierre Le Maître.

Traitez sur la Coûtume de Paris, imprimez à Paris en un volume in folio, en 1700.

Autres Ouvrages concernant la Coûtume de Paris.

Observations Analytiques sur la Coûtume de Paris, par Pithou, in seize, à Paris, en 1601.

Idem, in seize, à Paris, en 1680.

Coûtume de Paris par demandes & réponses, avec des Observations, in douze, imprimée à Paris en 1608.

Dubois, *Elucidatio aliquot articulorum Consuetudinis Parisiensis in* 8°. *Parisiis*, *anno* 1614.

Ejusdem Tractatus de Propriorum Successione, *in* 8°. *Parisiis*, *anno* 1642.

Lettre de F. P. &c. avec des Annotations sur les Servitudes, in quarto, à Paris, en 1617.

Explication du Titre des Servitudes, par Savot, dans son Architecture imprimée, in octavo, à Paris, en

Idem, par Savot & Blondel, in octavo, à Paris, en 1681.

Explication du même Titre, par Bullet dans son Architecture, in octavo, à Paris, en 1691.

Avis sur la Representation, in octavo, à Paris, en 1628.

Arrest sur l'article 326, in octavo, à Paris, en 1647.

Conciliation des articles de la Coûtume de Paris, par Desmaisons, in 24. à Paris, en 1661.

Abregé de la Coûtume de Paris, in douze, à Paris, en 1667.

Coûtume de Paris, par le Mée, in douze, à Paris, en 1691.

Idem, par le Grand, in octavo, à Paris, en 1691.

Idem, par Masson, in douze, à Paris, en 1703.

APPROBATION.

J'Ay lû par ordre de Monseigneur le Chancelier un Livre qui a pour titre, *Corps & Compilation des Commentateurs de la Coûtume de Paris*, & qui avoit déja été imprimé en 1685. Cette nouvelle Edition est, à proprement parler, moins une réimpression qu'un nouvel ouvrage, dont l'autre n'étoit, pour ainsi dire, que le projet. Le stile en est beaucoup plus clair, les phrases en sont bien moins longues & moins embarrassées, & il y regne par tout un ordre infiniment plus methodique. Si l'on n'a rien negligé de tout ce qui pouvoit contribuer à son embellissement, on n'a pas été moins soigneux d'en rendre la lecture beaucoup plus utile, qu'elle ne pouvoit être dans la précedente impression. En effet, on découvre dans celle-cy non-seulement un changement entier, par rapport aux expressions & à l'arrangement, mais encore une augmentation considerable par le nombre des Questions nouvelles qui y sont traitées, & par les resolutions qu'on y donne, toûjours appuyées d'autoritez & de raisons solides. Au commencement de chaque Article les sçavantes Remarques que Maître Jean Marie Ricard a faites sur la Coûtume de Paris, sont rapportées toutes entieres. On trouve ensuite dans les Gloses, non-seulement les Décisions des Commentateurs de cette Coûtume, mais aussi celles de quantité d'autres Auteurs. Elles y sont toutes judicieusement placées, aussi bien que les Resolutions de Maître Claude Duplessis, dont il n'étoit fait aucune mention dans l'édition précedente. La Conference des Coûtumes y est distribuée avec tant d'ordre, qu'il sera desormais facile de s'en servir. De plus le soin qu'on a pris de citer à la fin de chaque Article un tres-grand nombre d'Auteurs ne sera pas d'une mediocre utilité. Mais ce qui doit relever de beaucoup le merite d'un Recüeil si complet, c'est qu'il comprend encore les Observations d'un illustre Magistrat, qui pendant un grand nombre d'années a décidé par ses jugemens les plus importantes Questions de nôtre Coûtume. La satisfaction particuliere que nous avons trouvée dans la lecture de cet Ouvrage, nous fait esperer que l'Approbation que nous luy donnons sera suivie de celle du Public. Fait à Paris, ce quatriéme Janvier 1714.

RASSICOD.

PRIVILEGE DU ROY.

LOUIS, PAR LA GRACE DE DIEU, ROY DE FRANCE ET DE NAVARRE: A nos amez & feaux Conseillers, les Gens tenans nos Cours de Parlement, Maîtres des Requêtes ordinaires de nôtre Hôtel, Grand Conseil, Prevôt de Paris, Baillifs, Sénéchaux, leurs Lieutenans Civils, & autres nos Justiciers qu'il appartiendra, SALUT. Nôtre bien amé Claude de Ferriere, ancien Avocat en nôtre Parlement de Paris, & Docteur Regent en nôtre Faculté de Droits de Reims, Nous a fait remontrer que Jean Guignard, Libraire à Paris, auroit obtenu le vingt-six Mars 1707. nos Lettres de Privilege de plusieurs de ses Livres, & qu'il a depuis cedé à Michel Guignard, son fils, où entre autres il y en a un composé par ledit Claude de Ferriere, intitulé *Corps & Compilation de tous les Commentateurs anciens & modernes sur la Coûtume de Paris*, en trois volumes in folio, imprimé dès l'année 1685. en vertu de nos Lettres de Privilege du vingt Août 1682. Et comme ledit Claude de Ferriere a travaillé depuis ce temps-là à l'augmenter, de Duplessis & des autres Commentateurs qui ont paru depuis la premiere édition dudit Livre, comme aussi des Actes de Notorieté & Arrests rendus depuis, & qu'il l'auroit aussi enrichi de sçavantes Annotations qu'un illustre Magistrat a faites sur les Articles de ladite Coûtume de Paris, & qui n'ont point encore été données au Public; il Nous représente que par le Privilege obtenu par ledit Jean Guignard, il n'est point fait mention desdites Augmentations; & sur ce il Nous a fait tres-humblement supplier de luy accorder nos Lettres de Privilege sur ce necessaires, pour les imprimer & incorporer dans la réimpression qui se doit faire dudit Livre. A ces causes, voulant traiter favorablement ledit sieur Exposant; Nous avons permis & permettons par ces Presentes audit sieur De Ferriere de faire imprimer & incorporer *les Augmentations qu'il a faites* au Livre intitulé, *Corps & Compilation de tous les Commentateurs anciens & modernes sur la Coûtume de Paris* qui se doit réimprimer, qu'il a tiré de *Duplessis & des autres Commentateurs qui ont paru depuis la premiere édition dudit Livre, des Actes de Notorieté, & Arrests rendus depuis, & des sçavantes Remarques qu'un illustre Magistrat a faites sur les Articles de ladite Coûtume de Paris*, qui sont entre les mains dudit sieur De Ferriere, & qui n'ont point encore été données au Public; en telle forme, marge, caractere, & autant de volumes que bon luy semblera, conjointement ou séparément, & de le faire vendre & debiter par tout nôtre Royaume pendant le temps de dix-huit années consecutives, à compter du jour de la date desdites Présentes. Faisons défenses à toutes personnes, de quelque qualité & condition qu'elles soient, d'en introduire d'impression étrangere dans aucun lieu de nôtre obéïssance; & à tous Imprimeurs, Libraires & autres, d'imprimer, faire imprimer, vendre, debiter, ni contrefaire ledit Livre, en tout ni en partie, sans la permission expresse & par écrit dudit Exposant, ou de ceux qui auront droit de luy; à peine de confiscation des Exemplaires contrefaits, de trois mille livres d'amende contre chacun des contrevenans, dont un tiers à Nous, un tiers à l'Hôtel-Dieu de Paris, l'autre tiers audit sieur Exposant, & de tous dépens, dommages & interêts; à la charge que ces Presentes seront enregistrées tout au long sur le Registre de la Communauté des Imprimeurs & Libraires de Paris, & ce dans trois mois de la date d'icelles, que l'impression dudit Livre sera faite dans nôtre Royaume, & non ailleurs, en bon papier, & en beaux caracteres, conformément aux Reglemens de la Librairie; & qu'avant que de l'exposer en vente, il en sera mis deux Exemplaires dans nôtre Bibliotheque publique, un dans celle de nôtre Château du Louvre, & un dans celle de nôtre tres-cher & feal Chevalier Chancelier de France le Sieur PHELYPEAUX, Comte de Pontchartrain, Commandeur de nos Ordres, le tout à peine de nullité des Presentes; du contenu desquelles vous mandons & enjoignons de faire joüir l'Exposant, ou ses ayans cause, pleinement & paisiblement, sans souffrir qu'il leur soit fait aucun trouble ou empêchement. Voulons que la copie desdites Présentes qui sera imprimée au commencement ou à la fin dudit Livre, soit tenuë pour dûëment signifiée, & qu'aux copies collationnées par l'un de nos amez & feaux Conseillers & Secretaires, foy soit ajoûtée comme à l'Original. Commandons au premier nôtre Huissier ou Sergent, de faire pour l'exécution d'icelles tous Actes requis & necessaires, sans demander autre permission, & nonobstant clameur de haro, charte Normande, & Lettres à ce contraires. CAR tel est nôtre plaisir. DONNE' à Versailles le vingt-uniéme jour de Juin, l'an de grace mil sept cent onze, & de nôtre Regne le soixante-neuviéme. Par le Roy en son Conseil, DE VANOLLES.

Registré sur le Registre n° 3. de la Communauté des Imprimeurs & Libraires de Paris, page 196. n° 106. conformément aux Reglemens, & notamment à l'Arrest du 13. Août 1703. A Paris, le 25. Juin 1711. DELAUNAY, *Syndic.*

Le 18. Août 1711. le Sieur Claude De Ferriere a cedé le present Privilege aux Sieurs Cavelier, Charpentier, Guignard, David, pere, Osmont, Gosselin, & Robustel le jeune; & ladite cession a été registrée sur le Registre de la Communauté des Libraires & Imprimeurs de Paris, page 258. le 8. Octobre 1711. *Signé* DELAUNAY, *Syndic.*

COUTUME

TEXTES DE LA COUTUME DE PARIS,

REDIGE'E EN 1510.

Avec les Notes de Maître CHARLES DU MOULIN.

CHAPITRE PREMIER.

De Matiere feodale.

ARTICLE PREMIER.

Cet Article est aussi le premier de la Coûtume Reformée.

PAr la Coûtume de la Ville, Prevôté & Vicomté de Paris, le Seigneur feodal, par faute d'homme, droits & devoirs non faits & non payez, peut mettre en sa main le Fief mouvant de luy, & iceluy Fief exploiter en pure perte, & faire les fruits siens pendant la mainmise. *a*

a *Cet Article premier, qui est des anciens François, est à peu prés gardé, non seulement par toutes les Gaules, mais aussi par delà le Rhin, és Allemagnes, & par-delà les monts en Lombardie, & Sicile, & en Angleterre, & quasi par tout où l'usage des Fiefs est reçû.* Voyez mon Commentaire, gl. 8. q. 5. sur la fin. *C. M.*

ARTICLE II.

Cet article est la troisiéme de la Coûtume Reformée.

Quand aucun Fief échet par succession de pere, mere, ayeul ou ayeule, il n'est dû au Seigneur feodal dudit Fief par les descendans en ligne directe, que la bouche & les mains, avec le serment de feauté, quand lesdits pere, mere, ayeul ou ayeule, ont fait & payé les droits & devoirs en leur temps: en ce non comprins les Fiefs qui relievent & se gouvernent selon la Coûtume du Vuelquecin *b* le François.

b *Ou Vuexin, le Seigneur prend relief à toutes mutations venans du côté du vassal.* Voyez mon Commentaire. §. 1. gl. 6.

ARTICLE III.

Cet article est le 35. de la Coûtume Reformée.

Item, & que le fils aîné, *c* en faisant la foy & hommage aux Seigneurs feodaux, acquitte les filles de leur premier mariage.

c Idem, *de son fils, ou du puîné, tenant le droit de l'aîné* C. M.

ARTICLE IV.

Cet article est le septiéme de la Coûtume Reformée.

Item, le Seigneur feodal, aprés le trépas de son vassal, ne peut saisir le Fief mouvant de luy, ni exploiter en pure perte, jusques à quarante jours aprés le trépas. *d*

d *S'il n'y avoit ouverture précedente. Recours à mon Commentaire.*

ARTICLE V.

Cet article est le huitiéme de la Coûtume Reformée.

Item, le vassal qui a été reçu en foy & hommage par son Seigneur, est tenu de bailler son dénombrement dedans quarante jours, à compter du jour de ladite reception.

ARTICLE VI.

Cet article est le neuviéme de la Coûtume Reformée.

Si le vassal ne baille son dénombrement dedans quarante jours qu'il aura été reçu par son Seigneur en foy & hommage, iceluy Seigneur peut saisir ledit Fief, & y commettre Commissaires, jusques à ce qu'iceluy dénombrement luy ait été baillé: Mais il ne fait pas les fruits siens, & en doit rendre compte le Commis, aprés iceluy dénombrement baillé.

ARTICLE VII.

Cet article est le douziéme corrigé de la Coûtume Reformée.

Item, le Seigneur feodal ne peut acquerir prescription contre son vassal, ne le vassal contre son Seigneur de la chose tenuë en Fief. *e*

e *Sous art. 69. & s'entend en diminuant le Fief. Recours à mon Commentaire, nomb. 6.*

ARTICLE VIII.

Cet article est le treiziéme de la Coûtume Reformée.

Le fils aîné prend pour son droit d'aînesse le principal manoir, avec le jardin selon sa clôture tenuë en Fief. Et s'il n'y a point de jardin, un arpent de terre, ou le vol d'un chapon tenu en Fief au joignant de ladite maison.

ARTICLE IX.

Cet article est le quinziéme de la Coûtume Reformée.

Quand pere & mere, ayans Fiefs & heritages

tenus noblement, vont de vie à trépas, délaissez deux enfans venans à leur succession seulement, au fils aîné, pour son droit d'aînesse, appartient par préciput, en chacune desdites successions tant de pere que de mere, un Hôtel tenu en Fief, tel qu'il veut choisir pour manoir principal, avec les deux tiers desdits Fiefs & heritages tenus noblement. Et à l'autre desdits enfans, compete & appartient l'autre tiers & residu desdits Fiefs & heritages noblement tenus, étans desdites successions.

ARTICLE X.

Cet article est le seiziéme de la Coûtume Reformée.

Quand pere & mere, ayans Fiefs & heritages tenus noblement, vont de vie à trépas, délaissez plusieurs enfans excedans le nombre de deux, & jusques à trois ou quatre, ou plus grand nombre, venans *a* à leur succession, au fils aîné par préciput, pour son droit d'aînesse, appartient en chacune desdites successions, tant de pere que de mere, un Hôtel tenu en Fief, tel qu'il veut choisir pour principal manoir, ainsi qu'il se comporte d'ancienneté, avec la moitié de tous les autres heritages *b* tenus en Fief. Et à tous les autres enfans ensemble, l'autre moitié & residu desdits Fiefs & heritages tenus noblement.

a *Ou se tenans à un gros don. sus art.* 8 *gl.* 1. *q.* 4. C. M.

b *Et autres droits, cens, vassaux, rente, dont le profit se divise. Recours à mon Commentaire, cy & art.* 10. *q.* 5. C M.

ARTICLE XI.

Cet article est le 18. *de la Coûtume Reformée.*

Item, quand en un Fief appartenant à deux ou plusieurs enfans par la succession de leur pere ou mere, n'y a point de manoir principal, & n'y a que terres labourables, le fils aîné peut avoir un arpent de terre, en tel lieu qu'il voudra élire par préciput, au lieu dudit manoir.

ARTICLE XII.

Au lieu de cet article & de l'article 26. *a été fait l'article* 19. *de la Coûtume Reformée.*

Entre filles, & quand il n'y a que filles venans à succession de pere & mere, droit d'aînesse n'a point de lieu, *c* mais viennent toutes, & partissent également les biens desdites successions de leursdits pere & mere, tant en Fiefs & heritages tenus noblement comme autre.

c *Mais bien à Tours, au Mans, Amiens, Artois & autres lieux. Recours au Commentaire.* C. M.

ARTICLE XIII.

Cet article est le 20. *de la Coûtume Reformée.*

Item, le Seigneur feodal peut prendre, tenir, & avoir par puissance de Fief, le Fief tenu & mouvant de luy, qui est vendu par son vassal, en payant le prix que l'acquesteur en a baillé & payé, & les loyaux coûts dedans quarante jours aprés qu'on luy a notifié ladite vente, & exhibé les contrats, s'aucuns en y a par écrit.

ARTICLE XIV.

Cet article est le 21. *de la Coûtume Reformée.*

Item, si le Seigneur feodal a reçû le quint denier (ou chevy; ou baillé souffrance d'iceluy) à luy dû à cause de la vendition du Fief mouvant de luy, tel Seigneur feodal ne peut plus retenir ledit Fief par puissance de Fief, pour l'unir & mettre en sa table, à cause d'icelle vendition.

ARTICLE XV.

Au lieu de cet article & de l'article 185. *a été fait l'article* 22. *de la Coûtume Reformée.*

Item, *d* quand le Seigneur feodal a prins & retenu par puissance de Fief aucun Fief tenu & mouvant de luy, & que ledit Fief luy est depuis évincé par retrait, le retrayant est tenu payer audit Seigneur les droits de quints & requints (si requint y a) avant que ledit Seigneur soit tenu de le recevoir en foy & hommage dudit Fief, sauf audit retrayant son recours contre ledit vendeur, si la vente n'avoit été faite à francs deniers.

d *Superflu. sous* 185. C. M. *non est, ains plûtôt le seroit au titre de retrait lignager, où il est repeté, veu que ledit article est decisif, de matiere propre à ce titre-cy, à sçavoir, si le Seigneur est tenu ou non, recevoir tel retrayant en foy & hommages, premier qu'il ait acquitté ledit quint & requint. Et il est tradition des Logiciens, que les matieres homogenes doivent être rangées sous mêmes titres.*

ARTICLE XVI.

Cet article est le 25. *de la Coûtume Reformée.*

Item, en succession ou hoirie en ligne collaterale, en matiere de Fiefs, les femelles n'heritent point avec les mâles en pareil degré.

ARTICLE XVII.

Cet article est le 26. *de la Coûtume Reformée.*

Item, le fils auquel son pere ou mere, ayeul ou ayeulle, ont donné aucun heritage tenu en Fief, en avancement d'hoirie, ne doit *e* que la bouche & les mains au Seigneur feodal dudit Fief, ne plus que si ledit Fief étoit échû par le trépas & succession de ses pere & mere, ayeul ou ayeule.

e *Quand ores il se tient à son don.* C. M.

ARTICLE XVIII.

Au lieu de cet article a été fait le 13. *de la Coûtume Reformée.*

Item, le Seigneur feodal, depuis & aprés qu'il a saisi, ou fait saisir & mettre en sa main, le Fief tenu & mouvant de luy par faute d'homme, droits & devoirs non faits, pendant & durant le temps de sadite main-mise, & qu'il le tient en sa main, n'est tenu de payer & acquitter les rentes, charges ou hypotheques non infeodées, constituées sur iceluy par son vassal.

ARTICLE XIX.

Cet article est le 29. *de la Coûtume Reformée.*

Item, si ladite main-mise est venuë à la connoissance du vassal, & nonobstant ledit vassal enfraint ladite main-mise, il est tenu de rendre les fruits & levées par luy ou de par luy reçûës durant & depuis ladite main-mise.

ARTICLE XX.

Cet article est le 331. *de la Coûtume Reformée.*

Par ladite Coûtume en ligne collaterale n'y a point d'aînesse. *f*

f *Superflu, sous* 148. *quoique soit, la generalité de cet article équipole à la specification dudit article* 148. *veu le titre sous lequel il est.*

ARTICLE XXI.

Cet article est le 32. *de la Coûtume Reformée.*

Item, tout homme Noble tenant Fief, est tenu & reputé âgé à l'âge de vingt ans, & la fille à quinze ans accomplis, quant à la foy & hommage & administration de Fief. *g*

g *Et non quant à hypothequer ou aliéner, partant n'y a difference noble ou non, sous art.* 29. C. M.

ARTICLE XXII.

Au lieu de cet article 22. *& des* 23. *&* 24. *de l'ancienne Coûtume, a été fait l'article* 33. *de la Coûtume Reformée.*

Par ladite Coûtume, quand un Fief change de main (autrement que par vendition) faut suppléer soit ou comme par mort, échange, succession ou autrement, il y échet droit de relief, fors qu'en succession ou donation en avancement d'hoirie en ligne directe.

ARTICLE XXIII.

Quand un Fief est vendu ou aliéné à prix d'argent, le vendeur doit payer le quint denier du prix.

ARTICLE XXIV.

Par ladite Coûtume, quand un Fief est vendu à francs deniers au vendeur, il est dû au Seigneur feodal quint denier & requint du prix.

ARTICLE XXV.

Au lieu de l'article 3. & de cet article 25. ont été faits les articles 35. & suivans jusques au 40. inclus de la Coûtume Reformée.

Quand une femme, à laquelle appartient un Fief, se marie, il est dû rachat ou relief au Seigneur feodal. *a*

a *Mais non s'il échet en directe pendant son mariage ou devant, art. 2. Recours à mon Commentaire.* C. M.

ARTICLE XXVI.

Au lieu de l'article 12. & de cet article 26. a été fait l'article 19. de la Coûtume Reformée.

Item, entre filles *b* soit en succession de ligne directe ou collaterale, il n'y a point d'aînesse.

b *Superflu sus article 12. & sous article 126.*

ARTICLE XXVII.

Cet article est le 42. de la Coûtume reformée.

Item, souffrance vaut foy tant qu'elle dure.

ARTICLE XXVIII.

Cet article & le suivant sont contenus dans l'article 41. de la Coûtume Reformée.

Item, si tous les enfans ausquels appartient aucun Fief, sont mineurs & en tutelle, le Seigneur feodal est tenu de leur bailler souffrance, ou à leur tuteur, jusques à ce qu'ils, ou l'un d'eux, qui puisse faire la foy & hommage, soit en âge.

ARTICLE XXIX.

Cet article & le precedent sont contenus dans l'article 41. de la Coûtume Reformée.

Item, en ce cas pour faire la foy & hommage, le fils est reputé âgé à vingt ans accomplis, & une fille à quinze.

ARTICLE XXX.

Cet article est le 43. de la Coûtume Reformée.

Item, le vassal qui dénie le Fief être tenu du Seigneur feodal dont il est tenu & mouvant, il confisque iceluy Fief.

ARTICLE XXXI.

Cet article est le 45. de la Coûtume Reformée.

Item, si le Seigneur a mis le Fief qu'il dit être mouvant de luy en sa main, par faute d'homme, le vassal le désavoüe ou dénie à Seigneur, iceluy vassal doit avoir provision, & joüir dudit Fief pendant le procés.

ARTICLE XXXII.

Au lieu de cet article a été fait le 46. de la Coûtume Reformée.

Item, le gardien d'aucuns enfans mineurs, faisant les fruits siens, est tenu de payer droit de relief, pour les heritages feodaux appartenans à iceux mineurs. *c*

c *Sauf s'il declare qu'il en veut tenir compte aux mineurs.* Voyez mon Commentaire. C. M.

ARTICLE XXXIII.

Cet article est le 47. de la Coûtume Reformée.

Item, droit de relief est la revenuë du Fief d'un an, ou le dit de prud'hommes, ou une somme pour une fois offerte de la partie du vassal, au choix & élection du Seigneur feodal.

ARTICLE XXXIV.

Cet article est le 50. de la Coûtume Reformée.

Item, le Seigneur feodal qui a choisi pour son droit de relief, la revenuë d'un an du Fief mouvant de luy, peut, si bon luy semble, prendre icelle revenuë, & est le vassal tenu de luy communiquer les papiers de ses receptes, ou luy en extraire la declaration sur iceux papiers, aux dépens du Seigneur.

ARTICLE XXXV.

Cet article est le 51. de la Coûtume Reformée.

Item, le vassal ne peut démembrer son Fief, au préjudice & sans le consentement de son Seigneur.

ARTICLE XXXVI.

Cet article est le 54. de la Coûtume Reformée.

Item, le Seigneur feodal qui met en sa main aucun Fief, par faute d'homme, droits & devoirs non faits, il peut mettre semblablement en sa main tous les autres Fiefs ouverts, dépendans *d* d'iceluy Fief.

d *Sans moyen & en consequence de ce, ceux qui en descendent, & sont ouverts.* C. M.

ARTICLE XXXVII.

Cet article a été retranché lors de la Reformation de la Coûtume.

Item, en ce cas, les propriétaires ou Seigneurs d'iceux arriere-Fiefs, & chacun d'eux, peuvent faire la foy & hommage au Seigneur dont ils tiennent en arriere-Fief. Lequel est tenu de les recevoir, & leur bailler main-levée, & faire délivrance, en luy payant les droits & devoirs, s'aucuns luy en sont dûs à cause de l'arriere Fief qui leur appartient.

ARTICLE XXXVIII.

Au lieu de cet article & du 40. ont été faits les articles 56. & 58. de la Coûtume Reformée.

Item, le Seigneur feodal qui met en sa main, par faute d'homme, droits & devoirs non faits, le Fief tenu de luy, auquel a des terres emblavées par aucun fermier ou laboureur, auquel sont baillées à ferme icelles terres, iceluy Seigneur feodal, s'il veut avoir les gaignages d'icelles terres, est tenu de rendre ou restituer au fermier & laboureurs ses feurs & semence. *e*

e *C'est-à-dire, tous frais faits pour la production & recüeil des fruits. Encores si le fermier offre l'estimation dudit gaignage, il est préferé au Seigneur tant que dure son bail. Encores ne s'entend en ce cas d'une fertilité extraordinaire : Car ce seroit en un an prendre la graisse de plusieurs ans. Encores sont plus equitables les Coûtumes qui veulent que le Seigneur se contente de la ferme, comme Sens, art. 194. Mans 117. Anjou 114. Poitou 154. 155. Recours à mon Commentaire.* C. M.

ARTICLE XXXIX.

Cet article est le 47. de la Coûtume Reformée.

Item, la Coûtume dessusdite a lieu aussi, si le Seigneur feodal veut avoir le revenu d'un an pour son droit de relief.

ARTICLE XL.

Au lieu des articles 38. & 40 ont été faits les articles 56. & 58. de la Coûtume Reformée.

Item, és cas dessusdits, le Seigneur feodal, si bon luy semble, peut prendre & avoir la moisson deuë par le fermier ou laboureur qui tient lesdites terres & autres heritages à moisson.

ARTICLE XLI.

Cet article est contenu dans l'addition du 51. de la Coûtume Reformée.

Item, un vassal se peut joüer *a* de son Fief jusques à démission de foy, sans ce que le Seigneur luy en puisse demander profit.

a *Non pas bailler tout sans retenir qu'un Fief en l'air. Recours à mon Commentaire.* C. M.

ARTICLE XLII.

Cet article est le 60. de la Coûtume Reformée.

Item, quand entre plusieurs Seigneurs est question d'aucun Fief, que chacun d'iceux Seigneurs dit être mouvant de luy, le vassal en doit être reçû par main souveraine, & en joüir pendant le procés, en *b* consignant par luy en Justice les droits & devoirs par luy dûs à cause d'iceluy Fief.

b *Par provision, & aussi reconnoistre celuy qui obtient la provision contre son competiteur. Recours au Commentaire.* C M.

ARTICLE XLIII.

Cet article est le 61. de la Coûtume Reformée.

Item, tant que le vassal dort le Seigneur veille: & tant que le Seigneur dort le vassal veille.

ARTICLE XLIV.

Cet article est le 10. de la Coûtume Reformée.

Item, & aprés que le vassal a baillé son dénombrement au Seigneur feodal, ledit Seigneur feodal est tenu de blâmer le dénombrement dedans quarante jours, aprés iceluy dénombrement baillé: autrement ledit dénombrement est tenu pour reçû Toutefois ledit vassal est tenu d'aller ou envoyer querir ledit blâme, au lieu du principal manoir dont est mouvant ledit Fief.

ARTICLE XLV.

Cet article est le 63. changé de la Coûtume Reformée.

Item, le vassal est tenu faire les offres à son Seigneur feodal, au lieu du principal manoir, ou autre lieu dont est tenu & mouvant le Fief. Et icelles notifier audit Seigneur, ou l'un de ses Officiers, s'aucuns en a sur le lieu. Et où ledit Seigneur ou ses Officiers ne sont trouvez par le vassal audit Fief, il suffit notifier lesdits offres au prochain voisin d'iceluy Fief.

ARTICLE XLVI.

Cet article est le 68. de la Coûtume Reformée.

Franc-aleu auquel y a Justice, censive ou Fiefs mouvans de luy, se partit comme Fief noble: mais où il n'y a Fief mouvant, Justice ou censive, se partit roturierement.

ARTICLE XLVII.

Cet article est le 65. de la Coûtume Reformée.

Item, quand le Fief ou Seigneurie feodale vient de nouvel, par succession, acquisition ou autrement, à aucune personne, le nouveau Seigneur ne peut empêcher ne mettre en sa main les Fiefs qui sont tenus de luy, jusques à ce qu'il ait fait faire des proclamations & significations, que ses vassaux luy viennent faire la foy & hommage dedans quarante jours. Et ce fait, lesdits quarante jours passez, si lesdits vassaux ne se presentent, il peut saisir & exploiter les Fiefs tenus & mouvans de luy, & faire les fruits siens, pourvû toutefois que ladite proclamation & signification ayent été faites: C'est à sçavoir, quant aux Fiefs étans és Comtez, Baronies & Châtellenies dont ils sont mouvans, par proclamations à son de trompe & cry public par trois jours de Dimanche ou de marché, si marché y a. Et quant aux autres Fiefs étans hors desdites Comtez, Baronies & Châtellenies dont ils sont mouvans, par signification faite au vassal, à sa personne, ou au lieu du Fief, s'il y a manoir, ou au Procureur dudit vassal, s'aucun en a: sinon au Prône de l'Eglise paroissiale dudit lieu, un jour de Dimanche, ou autre jour plus solemnel.

ARTICLE XLVIII.

Cet article est le 66. de la Coûtume Reformée.

Item, l'ancien vassal ne doit que la bouche & les mains à son nouveau Seigneur.

ARTICLE XLIX.

Cet article est le 67. de la Coûtume Reformée.

Item, le Seigneur feodal n'est tenu, si bon ne luy semble, de recevoir la foy & hommage de son vassal, s'il n'est en personne, si ledit vassal n'a exoine ou excusation suffisante.

ARTICLE L.

Cet article est le 69. de la Coûtume Reformée.

Item, le Seigneur feodal qui met en sa main par faute d'hommes, droits & devoirs non faits, le Fief tenu & mouvant de luy, baillé à rente par son vassal & sans démission de foy, auquel y a de terres emblavées par aucun fermier ou laboureur, iceluy Seigneur feodal peut, si bon luy semble, prendre les gaignages d'icelles terres, en rendant & restituant au fermier & laboureur ses feurs, labours & semences; & n'est tenu ledit Seigneur feodal, de se contenter de prendre ladite rente, pourvû qu'elle ne soit infeodée.

CHAPITRE II.

De Censive & Droits Seigneuriaux.

ARTICLE LI.

Cet article est le 73. de la Coûtume Reformée.

PAr la Coûtume de la Ville, Prevôté & Vicomté de Paris, il est loisible à un Seigneur foncier ou censier, de poursuivre l'acquesteur nouvel détenteur d'aucun heritage étant en sa censive ou Seigneurie fonciere, afin d'apporter & exhiber les lettres d'acquisition d'iceluy heritage, s'aucunes en y a, pour être payé des droits de vente, saisine & amende, s'ils y échéent.

ARTICLE LII.

Cet article est le 74. de la Coûtume Reformée.

Item, un Seigneur censier peut proceder ou faire proceder par voye d'arrest ou brandon, sur les fruits pendans en l'heritage à luy redevable d'aucuns cens ou fonds de terre, pour les arrerages qui luy sont dûs.

ARTICLE LIII.

Cet article est le 76. de la Coûtume Reformée.

Item, par ladite Coûtume des droits de vente dûs au Seigneur censier, sont de douze deniers un denier, qui est pour chacun franc seize deniers parisis.

ARTICLE LIV.

Cet article est le 77. de la Coûtume Reformée.

Item, pour ventes recelées & non notifiées au Seigneur censier dedans la huitaine de l'acquisition, il y a soixante sols parisis d'amende audit Seigneur censier.

ARTICLE LV.

Au lieu de cet article & du suivant ont été faits les articles 78. & 82. de la Coûtume Reformée.

Item, s'aucun achete à prix d'argent aucun heritage, étant en la censive d'aucun Seigneur censier ou foncier, tel acheteur dudit heritage est tenu de payer audit Seigneur censier ou foncier, les ventes dudit achat, & saisine pour ce dûë & accoûtumée, avec douze deniers parisis pour la saisine.

ARTICLE LVI.

Cet article est le 82. de la Coûtume Reformée.

Item, il ne prend saisine qui ne veut. *a*

a *C'est-à-dire, son acquisition ne laisse d'être bonne quant à la proprieté & possession, combien qu'il ne soit ensaisiné du Seigneur direct, par lequel néanmoins il peut être contraint payer douze deniers parisis pour la saisine, combien qu'il ne la prenne, sus article 55. & par mon Commentaire.* C. M.

ARTICLE LVII.

Cet article est le 94. changé & augmenté de la Coûtume Reformée.

Item, toutes rentes, nommément constituées sur heritage, soient rachetables ou non, jusqu'à ce qu'elles soient rachetées, sont reputées immeubles & heritages.

ARTICLE LVIII.

Au lieu de cet article & des trois suivans a été fait l'article 83. de la Coûtume Reformée.

Pour rentes constituées à prix d'argent, sur maisons ou autres heritages assis és Ville, Prevôté & Vicomté de Paris, ne sont deux aucuns droits de lots & ventes, ni autres profits seigneuriaux, soit pour la constitution ou rachat desdites rentes. *b*

b *Cet article a été par Arrest de la Cour de Parlement, prononcé le 10. jour de May 1557. subrogé au lieu des 58. 59. 60. & 61. Anciens articles de ladite Coûtume abrogez par ledit Arrest, par lequel justement a été ordonné que ledit 58 ancien article seroit rayé dudit Coûtumier, & 59 60. 61. anciens articles ne demeureroient pour Coûtume, & que le present article seroit mis & inseré audit Coûtumier. Ce que j'ay fidelement fait la même année, comme il appert par mon Commentaire sur la seconde partie de cette Coûtume, imprimé audit an. Aussi lesdits quatre articles avoient été dés l'an 1510. fort debattus d'iniquité en l'assemblée des trois Etats, comme il appert par le procés verbal où y a renvoy à ladite Cour, qui y pourvût 57. ans aprés, émuë pour le grand feu qui s'embrasoit du don fait par le Roy Henry II. de tous les lots & ventes de rentes constituées sur les maisons & terres tenuës de luy en censive, à un gros Seigneur, qui ja les bailloit à ferme à ceux qui les rebailloient à des soubsfermiers exacteurs qui eussent travaillé. Il apparoissoit par mes livres imprimez sur ladite Coûtume, dés l'an 1538. & sur le Traité des Usures, latin, 1545. & sur le Traité françois, 1547. que j'avois restraint lesdits énormes articles aux rentes constituées au denier vingt & au denier vingt-cinq. Et sur ce que j'avois apprêté grand nombre de raisons & droits, qu'il n'a été besoin de faire imprimer pour le benefice dudit Arrest, qui y a mis un trop meilleur & prompt remede. Recours à mon Commentaire imprimé dés l'an 1538. au §. 58 n. 4. On trouvera lesdits quatre anciens articles abrogez pour ceux qui auront la curiosité & loisir de les voir. Et à la fin dudit procés verbal j'ay ajoûté au long ledit Arrest, par lequel est reservé à ceux qui sous ombre de ladite ancienne Coûtume, & de la Sentence donnée par provision par les Commissaires, l'an 1510. ont payé aucuns lots & ventes, de le pouvoir repeter, & retenu in mente curiæ, que de rentes constituées à prix d'argent, à la charge desquelles aucunes venditions volontaires, ou adjudications par decret ont été faites, lots & ventes sont dûs aux Seigneurs censiers & fonciers, non seulement pour le regard des deniers deboursez, mais aussi pour le sort principal desdites rentes constituées.* C. M.

ARTICLE LIX.

Au lieu de cet article, du precedent, & des deux suivans, a été fait l'art 83. de la Coûtume Reformée.

ARTICLE LX.

Au lieu de cet article, des deux precedens & du suivant, a été fait l'art. 83. de la Coûtume Reformée.

ARTICLE LXI.

Au lieu de cet article & des trois precedens, a été fait l'article 83. de la Coûtume Reformée.

ARTICLE LXII.

Cet article est le 85. de la Coûtume Reformée.

Item, toutes personnes tenans leurs maisons & heritages en censive, sont tenus de payer les droits de cens au Seigneur, ou Seigneurs dont leurs heritages sont tenus & mouvans, au jour & lieu que dûs sont, sur peine de cinq sols parisis d'amende, fors & excepté des heritages assis en la Ville & banlieuë de Paris, qui ne doivent aucune amende par faute dudit cens non payé, si à ladite amende payer les détenteurs d'iceux ne sont expressément obligez.

ARTICLE LXIII.

Cet article est le 86. de la Coûtume Reformée.

Il est loisible à un Seigneur censier, en la Ville & banlieuë de Paris, en défaut de payement luy être fait des droits de cens, dont sont chargez les heritages tenus en censive, de proceder ou faire proceder par voye de simple gagerie sur les biens étans és maisons, pour trois années d'arrerages dudit cens & dessous.

CHAPITRE III.

De Complainte en cas de saisine & de nouvelleté.

ARTICLE LXIV.

Cet article est le 96. de la Coûtume Reformée.

PAr ladite Coûtume generale de la Ville, Prevôté & Vicomté de Paris, quand aucun possesseur d'aucun heritage ou droit réel reputé immeuble, est troublé & empêché en sa possession & joüissance, il peut & luy loist soi complaindre & intenter poursuite en cas de saisine & de nouvelleté, dedans l'an & jour du trouble à luy fait & donné audit heritage, ou droit réel contre celuy qui l'a troublé.

ARTICLE LXV.

Cet article est le 97. de la Coûtume Reformée.

Item, aucun n'est recevable, au moins à tort, de soy complaindre & intenter le cas de nouvelleté, pour une chose mobiliaire particuliere.

CHAPITRE IV.

De Prescription.

ARTICLE LXVI.

Cet article est le 113. de la Coûtume Reformée.

PAr ladite Coûtume, s'aucun a joüy & possedé d'aucun heritage à juste titre & de bonne foy, tant par luy que par ses prédecesseurs dont il a le droit & cause, franchement & sans inquiétation, d'aucune rente par dix ans entre presens, & vingt ans entre absens, âgez & non privilegiez, il acquiert prescription d'icelle rente.

ARTICLE LXVII.

Cet article est le 114. de la Coûtume Reformée.

Item, quand aucun a joüy & possedé par luy, ses prédecesseurs & devanciers desquels il a le droit & cause, d'aucun heritage, à juste titre & de bonne foy, par dix ans entre presens, & vingt ans entre absens, âgez & non privilegiez, franchement & paisiblement & sans inquiétation d'aucune rente ou autre hypotheque, tel possesseur dudit heritage a acquis prescription d'icelle rente ou hypotheque.

ARTICLE LXVIII.

Cet article est le 118. de la Coûtume Reformée.

Item, si aucun a joüi, usé & possedé d'aucun heritage par l'espace de trente ans continuellement, tant par luy que par ses prédecesseurs, franchement, publiquement, & sans aucune inquiétation, supposé qu'il ne fasse apparoir du titre, il a acquis prescription entre âgez & non privilegiez.

ARTICLE LXIX.

Cet article est le 12. de la Coûtume Reformée.

Item, par ladite Coûtume un vassal contre le Seigneur, ne le Seigneur contre le vassal, ne peut acquerir prescription du Fief tenu dudit Seigneur.

CHAPITRE V.

Des Actions personnelles & Hypotheques.

ARTICLE LXX.

Cet article est le 99. de la Coûtume Reformée.

PAr la Coûtume generale de ladite Prevôté & Vicomté de Paris, les détempteurs & propriétaires d'aucuns heritages, & chargez, & redevables d'aucuns cens, rentes ou autres charges réelles & annuelles, sont tenus personnellement de payer, acquitter icelles charges à celuy ou ceux à qui dûës sont, & les arrerages échûs de leur temps, tant & si longuement, que d'iceux heritages, ou de partie & portion d'iceux, ils seront détempteurs & propriétaires.

ARTICLE LXXI.

Cet article est le 101. de la Coûtume Reformée.

Item, les détempteurs & propriétaires d'aucuns heritages obligez ou hypothequez à aucunes rentes, ou autres charges réelles & annuelles, sont tenus hypothecairement à payer icelles rentes & autres charges réelles & annuelles, avec les arrerages qui en sont dûs: A tout le moins sont tenus à iceux heritages délaisser, pour être criez, subhastez, vendus & délivrez par decret à l'acheteur plus offrant & dernier encherisseur, à la charge de la rente, & pour le payement des arrerages qui en sont dûs.

ARTICLE LXXII.

Cet article est le 102. de la Coûtume Reformée.

Quand un tiers détempteur d'aucun heritage est poursuivi pour raison d'aucune rente dont est chargé ledit heritage qui luy a été vendu sans la charge de ladite rente, & dont il n'avoit eu connoissance paravant ladite poursuite, après qu'il a sommé son garand, ou celuy qui luy a vendu & promis garantir ledit heritage, lequel luy deffaut de garantie, ledit tiers détempteur ainsi poursuivi, paravant litiscontester, *a* peut renoncer audit heritage. Et en ce faisant, il n'est tenu de ladite rente & arrerages d'icelle, supposé même que les arrerages fussent & soient échûs de son temps, & paravant ladite renonciation.

a *Et sans user de subterfuges, autrement ne luy est assez de quitter le fonds, sans rendre les fruits depuis contestation, ou depuis le temps que la cause devoit être contestée sans lesdits subterfuges: Car il n'est pas tenu des arrerages outre la concurrence des fruits, & si a retention pour les reparations utiles & necessaires, sinon qu'il fût en mauvaise foy, comme a été dit par Arrest.* C. M.

ARTICLE LXXIII.

Cet article est le 98. de la Coûtume Reformée.

Item, quand aucun a joüy & possedé d'aucune rente, & icelle prise & perçûë sur aucun heritage, détempteurs & propriétaires d'iceluy, paravant dix ans & depuis dix ans, par la plus grande partie d'iceluy temps: Et il est troublé & empêché en sa possession & joüissance, il peut prendre & intenter le cas & poursuite de simple saisine, & personnelle contre celuy ou ceux qui ainsi l'ont troublé, & requerir à l'encontre de luy, être remis en la possession en laquelle il étoit auparant de ladite cessation.

ARTICLE LXXIV.

Cet article est le 105. de la Coûtume Reformée.

Compensation n'a point de lieu, sinon d'une dette claire & liquide, à une autre pareillement claire & liquide.

ARTICLE LXXV.

Cet article est le 106. de la Coûtume Reformée.

Reconvention en Cour laye n'a point de lieu.

ARTICLE LXXVI.

Cet article est le 332. de la Coûtume Reformée.

Item, les heritiers sont tenus personnellement des faits, promesses & obligations du trépassé dont ils sont heritiers, & pour telle part & portion qu'ils sont heritiers.

ARTICLE LXXVII.

Cet article est le 170. de la Coûtume Reformée.

Meubles n'ont point de suite par hypotheque.

ARTICLE LXXVIII.

Cet article est le 107. de la Coûtume Reformée.

Item, une cedulle privée qui porte promesse de payer, emporte hypotheque du jour de la confession d'icelle faite en jugement. *b*

b *Ou par sentence, par laquelle est tenuë pour confessée, etiam, par un seul défaut, l'ordonnance 1539. art. 92. & s'entend de jugement seculier, non ecclesiastique, qui n'emporte hypotheque. Recours à mon Commentaire.* C. M.

CHAPITRE VI.

Des Rapports de Jurez.

ARTICLE LXXIX.

Cet article est le 184. corrigé de la Coûtume Reformée.

PAr la Coûtume de la Ville, Prevôté & Vicomté de Paris, à un rapport de Jurez dûëment fait par autorité de Justice, partie presente ou appellée, de ce qui gist en leur art & industrie, foy doit être ajoûtée, s'il n'en est demandé l'amendement des Bacheliers.

ARTICLE LXXX.

Au lieu de cet article 80. *& du* 87. *a été fait l'article 186. de la Coûtume Reformée.*

Item, en la Ville & Fauxbourgs de Paris, un voisin ne peut acquerir sur son autre voisin aucun droit de servitude, sans titre, par quelque laps de temps qu'il en ait joüi.

ARTICLE LXXXI.

De cet article 81. *& du* 83. *a été fait l'article* 187. *de la Coûtume Reformée.*

Item, en ladite Ville & Fauxbourgs d'icelle, à qui appartient le rez de chaussée, appartient le dessus & le dessous du rez de chaussée, s'il n'y a titre au contraire.

ARTICLE LXXXII.

Cet article est le 195. de la Coûtume Reformée.

Item, il est loisible à un voisin hausser à ses dépens le mur moitoyen d'entre luy & son voisin, si haut que bon luy semble, sans le consentement de sondit voisin, s'il n'y a titre au contraire.

ARTICLE LXXXIII.

Au lieu de l'article 81. & du 83. a été fait l'article 187. de la Coûtume Reformée.

Par ladite Coûtume, quiconque a le sol, appellé l'étage dû rez de chaussée, d'aucun heritage, il peut & doit avoir le dessus & dessous de son sol, & y peut édifier par dessus & par dessous, & y faire puits, aysement, & autres choses licites, s'il n'y a lettres au contraire.

ARTICLE LXXXIV.

Cet article est le 198. de la Coûtume Reformée.

Il est loisible à un voisin se loger ou édifier au mur commun & moitoyen d'entre luy & sondit voisin, si haut que bon luy semble, en payant la moitié dudit mur moitoyen, s'il n'y a titre au contraire.

ARTICLE LXXXV.

Cet article est le 204. de la Coûtume Reformée.

Il est loisible à un voisin percer ou faire percer & démolir le mur commun & moitoyen d'entre luy & son voisin, pour se loger ou édifier, en rétablissant dûëment, & faisant refaire à ses dépens, s'il n'y a titre au contraire.

ARTICLE LXXXVI.

Cet article est le 205. de la Coûtume Reformée.

Item, il est aussi loisible à un voisin, contraindre ou faire contraindre par Justice son autre voisin, à faire ou faire refaire le mur & édifice commun pendant & corrompu d'entre luy & sondit voisin, & d'en payer sa part chacun selon son herberge, & pour telle part & portion que lesdites parties ont & peuvent avoir audit mur & édifice moitoyen.

ARTICLE LXXXVII.

Cet article fait partie de l'article 186. de la Coûtume Reformée.

Item, par lesdits usage & Coûtume droit de servitude ne s'acquiert point par prescription ou longue joüissance, quelle qu'elle soit, sans titre. a

a *L'article 80. ne porte, que dans la Ville & fauxbourgs de Paris : mais cestuy est general.*

ARTICLE LXXXVIII.

Cet article est le 206. de la Coûtume Reformée.

Item, n'est loisible à un voisin mettre ou faire mettre, & loger les poûtres & solives de sa maison dedans le mur d'entre luy & sondit voisin, si ledit mur n'est moitoyen.

ARTICLE LXXXIX.

Cet article est le 207. de la Coûtume Reformée.

Item, il n'est loisible à un voisin mettre ou faire mettre & asseoir les poûtres de sa maison dedans le mur moitoyen d'entre luy & son voisin, sans y faire ou faire faire, ou mettre jambes, parpaignes ou dosseresse, chênes & corbeaux suffisans, de pierre de taille, pour porter lesdites poûtres, & en rétablissant ledit mur.

ARTICLE XC.

Cet article est le 208. de la Coûtume Reformée.

Par lesdits usage & Coûtume, aucun ne peut percer un mur moitoyen d'entre luy & son voisin, pour y mettre & loger les poûtres de sa maison, que jusqu'à l'épaisseur de la moitié dudit mur, & au point du milieu, en rétablissant ledit mur, & en y mettant ou faisant mettre jambes, chênes & corbeaux, comme dessus.

ARTICLE XCI.

Cet article est le 216. de la Coûtume Reformée.

Par ladite Coûtume disposition ou destination de pere de famille vaut titre.

CHAPITRE VII.

De Testamens & executions d'iceux, dispositions & Dons.

ARTICLE XCII.

De cet article & du suivant a été fait l'article 292. de la Coûtume Reformée.

PAr la Coûtume generale de la Ville, Prevôté & Vicomté de Paris, il n'est loisible à aucun de disposer par testament de ses propres heritages, au préjudice de ses heritiers, outre le quint d'iceux.

ARTICLE XCIII.

De cet article & du précedent a été fait l'article 292. de la Coûtume Reformée.

Item, toutes franches personnes, saines d'entendement, âgées & usans de leurs droits, peuvent disposer par testament & derniere volonté, de tous leurs biens meubles & conquêts immeubles, & de la quinte de tous leurs propres heritages, au profit de personnes capables.

ARTICLE XCIV.

Cet article est le 296. de la Coûtume Reformée.

Item, le mary par son testament ou ordonnance de derniere volonté, ne peut disposer des biens meubles & conquêts immeubles, communs entre luy & sa femme, au préjudice d'icelle, ne de la moitié qui peut appartenir en iceux par le trépas de sondit mary.

ARTICLE XCV.

Cet article est le 297. de la Coûtume Reformée.

Item, les exécuteurs d'aucun défunt sont saisis dedans l'an & jour du trépas dudit défunt, des biens meubles demeurez de son decés, pour l'accomplissement de son testament; si le testateur n'avoit ordonné, que ses exécuteurs fussent saisis jusques à somme certaine seulement.

ARTICLE XCVI.

Au lieu de cet article a été fait l'article 289. de la Coûtume Reformée.

Avant b qu'un testament soit reputé solemnel, il est requis qu'il soit écrit & signé de la main & seing manuel du testateur, ou signé de sa main, & à luy lû, & par luy entendu, en la presence de trois témoins, ou qu'il soit passé pardevant deux Notaires, ou pardevant le Curé de sa Paroisse, ou son Vicaire general & un Notaire; ou dudit Curé ou Vicaire & deux témoins; ou d'un Notaire & deux témoins; ou de quatre témoins : iceux témoins ydoines, suffisans, & non legataires dudit testateur, fors & ex-

b *Pour éviter aux suggestions & faussetez trop frequentes.*

cepté entant que touche les legats pitoyables, obseques & funerailles d'iceluy testateur : esquels toutefois, & pour le moins sera gardée la solemnité du Droit Canon.

ARTICLE XCVII.

Au lieu de cet article & du suivant a été fait l'article 272. de la Coûtume Reformée.

Il est loisible à toute personne franche, âgée & usant de ses droits, de donner & disposer par donation & disposition faite entre-vifs de ses heritages propres, ou *a* conquêts à personne capable.

a *J'ay corrigé la copulative selon le procés verbal, & le registre de la Cour de Parlement, qui porte l'alternative. Toutefois est même sens, & l'article sequent est superflu.* C. M.

ARTICLE XCVIII.

Au lieu de cet article & du précedent a été fait l'article 272. de la Coûtume Reformée.

Il est loisible à toute personne franche, usant de ses droits, & saine d'entendement, de disposer de ses propres heritages, & les donner par contrat & donation faite entre-vifs à personne capable.

CHAPITRE VIII.

De Garde-noble.

ARTICLE XCIX.

Au lieu de cet article & du 101. ont été faits les articles 265. 266. 267. & 268. de la Coûtume Reformée.

PAr la Coûtume generale de la Prevôté & Vicomté de Paris, hors ladite Ville & fauxbourgs de Paris, il est loisible au pere & mere, ayeul ou ayeule, nobles, accepter la garde-noble de leurs enfans en ligne directe, aprés le trépas des pere ou mere desdits enfans. Et font lesdits gardiens les fruits leurs, des heritages, rentes & revenus appartenans ausdits mineurs, à la charge de payer par ledit gardien les dettes que doivent lesdits enfans, les nourrir, les alimenter & entretenir, payer & acquitter les charges que doivent lesdits heritages, & à la fin de ladite garde, rendre lesdits heritages en bon état. Et dure ladite garde; c'est-à-sçavoir, aux enfans mâles jusques à vingt ans, & aux filles jusques à quinze ans accomplis. Pourvû que le pere ou la mere, ayeul ou ayeule, survivant, qui acceptera ladite garde-noble, ne se remarie : car en ce cas le temps de ladite garde noble sera fini, & sera pourvû ausdits mineurs de tuteurs & curateurs par le Juge auquel il appartient d'y pourvoir.

ARTICLE C.

Au lieu de cet article & du 102. a été fait l'article 269. de la Coûtume Reformée.

Garde-noble se doit acccepter en jugement.

CHAPITRE IX.

De Garde-bourgeoise.

ARTICLE CI.

Au lieu de cet article & de l'article 99. ont été faits les articles 265. 266. 267. & 268. de la Coûtume Reformée.

PAr la Coûtume tenuë & gardée en la Ville de Paris, quand l'un des deux conjoints ensemble par mariage, va de vie à trépas, délaissez aucuns leurs enfans mineurs, il est loisible au survivant d'accepter la garde bourgeoise, gouvernement & administration desdits mineurs & de leurs biens meubles & immeubles, en jugement. Et en ce faisant, faire par ledit survivant, les fruits & revenus des heritages desdits mineurs siens : En nourrissant & entretenant par ledit survivant iceux mineurs, & payant & acquittant les charges desdits heritages, & iceux entretenant de reparations viageres jusques à la fin d'icelle garde, qui dure aux enfans mâles jusques à quatorze ans, & és femelles jusques à douze, finis & accomplis. Pourvû que le pere ou la mere survivant qui acceptera ladite garde bourgeoise, ne se remarie : car en ce cas le temps de ladite garde sera fini, & sera pourvû ausdits mineurs de tuteurs & curateurs, par le Juge auquel il appartient d'y pourvoir.

ARTICLE CII.

Au lieu des articles 100. & 102. a été fait l'article 269. de la Coûtume Reformée.

Item, garde bourgeoise se doit accepter en jugement, & est tenu le gardien faire faire inventaire, & bailler caution.

ARTICLE CIII.

Au lieu de l'article 103. a été fait l'article 270.

Par ladite Coûtume, un gardien qui a la garde bourgeoise *b* de ses enfans, ne peut intenter, ne déduire les droits & actions réelles desdits mineurs, en jugement, durant ladite garde : mais appartient à se faire aux tuteurs & curateurs desdits mineurs.

b Idem, *du gardien noble, & encore moins autorisez à aliéner immeubles.* C. M.

CHAPITRE X.

Communauté de biens.

ARTICLE CIV.

Cet article est le 229. de la Coûtume Reformée.

PAr la Coûtume de la Ville, Prevôté & Vicomté de Paris, quand l'un des deux conjoints ensemble par mariage va de vie à trépas, les meubles & conquêts immeubles faits durant & constant ledit mariage, & qui communs étoient à l'heure du trépas du premier mourant, se divisent en telle maniere, que la moitié en appartient au survivant, & l'autre moitié aux heritiers du trépassé.

ARTICLE CV.

Cet article est le 223. de la Coûtume Reformée.

Item, une femme étant en lien de mariage, ne peut vendre, aliéner, ni hypothequer ses heritages, sans l'autorité & consentement exprés de son mary.

ARTICLE CVI.

Cet article est le 224. de la Coûtume Reformée.

Item, une femme ne peut ester en jugement, sans le consentement de son mary, sinon qu'elle soit separée.

ARTICLE CVII.

Cet article est le 225. de la Coûtume Reformée.

Item, le mary est seigneur des meubles & conquêts immeubles par luy faits durant & constant le mariage de luy & de sa femme, en telle maniere qu'il les peut vendre, aliéner ou hypothequer, & en faire & disposer par disposition faite entre-vifs, à son plaisir & volonté, sans le consentement de sadite femme, à personne capable, & sans fraude. *c*

c *C'est-à-dire, sans s'enrichir ou ses hoirs, en diminution de la communauté.* C. M.

Item,

ARTICLE CVIII.

Cet article est le 226. de la Coûtume Reformée.

Item, le mary ne peut vendre, faire partage, ou licitation, charger, obliger, n'hypothequer le propre *a* heritage de sa femme, sans le consentement de ladite femme, icelle de par luy autorisée à cette fin.

a *Icy est dit propre tout ce qui est à la femme, sans entrer en communauté. Recours à mon Commentaire.* C. M.

ARTICLE CIX.

Cet article est le 221. de la Coûtume Reformée.

Entre homme & femme conjoints par mariage, y a communauté ensemble, en telle maniere que, à cause d'icelle communauté, le mary est tenu personnellement de payer les dettes mobiliaires dûës à cause de sa femme, & en peut être valablement poursuivi durant leur mariage. Et aussi la femme est tenuë aprés le trépas de son mary, payer la moitié *b* des dettes mobiliaires faites & accruës par ledit, tant durant ledit mariage que paravant iceluy.

b *Si elle est obligée pour le tout à cause du fait de la communauté, elle sera convenuë pour le tout, sauf son recours pour la moitié, & l' Velleian n'a lieu en ce cas. Recours à mon Commentaire, & à ce que j'en ay écrit au Traité des rentes & usures, latin, q. 38. num. 91. & françois, q. 11.* C. M.

ARTICLE CX.

Cet article est le 220. de la Coûtume Reformée.

Item, homme & femme conjoints ensemble par mariage, sont communs en biens meubles & conquêts immeubles faits durant & constant ledit mariage.

ARTICLE CXI.

Cet article est le 229. de la Coûtume Reformée.

Item, & aprés le trépas de l'un d'eux, iceux biens se divisent en telle maniere, que la moitié en appartient au survivant, & l'autre moitié aux heritiers du trépassé.

ARTICLE CXII.

Cet article est le 230. de la Coûtume Reformée.

Item, & laquelle moitié des conquêts ainsi appartenant & avenuë aux heritiers du trépassé, est le propre heritage desdits heritiers, tellement que si tels heritiers vont de vie à trépas, sans hoirs de leurs corps, icelle moitié retourne à leur plus prochain heritier du côté & ligne *c* de celuy desdits mariez, par le trépas duquel leur est avenuë telle moitié.

c *Cecy se dit comme pour l'exclusion des parens de l'autre des mariez, & ne se doit tirer à plus longue consequence, mêmement du retrait lignager, contre les paroles de cette même Coûtume, chap. 16. pour la faire en cet endroit contraire au Coûtumier d'Orleans, Lorris, Berry, Poitou, & autres, comme on a cydevant mal fait. Recours à mon Commentaire.* C. M.

ARTICLE CXIII.

Cet article est le 233. de la Coûtume Reformée.

Item, le mary est seigneur des actions mobiliaires & possessoires, *d* posé qu'elles procedassent du côté de la femme, & peut le mary agir seul, & déduire lesdits droits & actions en jugement sans sadite femme.

d *Et non des petitoires concernans les immeubles.* C. M.

ARTICLE CXIV.

Cet article est le 234. de la Coûtume Reformée.

Item, une femme étant en lien de mariage, ne se peut obliger sans le consentement de son mary, si elle *e* n'est separée ou Marchande publique, auquel cas elle se peut obliger touchant le fait & dépendances de ladite marchandise publique. *f*

e *Et n'en est tenuë encore aprés le decés de son mary, sinon en tant que le cas tomberoit en délit. Et si on a jugé autrement, c'est un abus.* C. M.

f *Et en ce cas elle oblige son mary comme elle peut être obligée par luy. Recours à mon Commentaire.* C. M.

ARTICLE CXV.

Cet article est le 237. de la Coûtume Reformée.

Item, il est loisible à une noble femme, attraite de noble lignée, & vivant noblement, de renoncer, si bon luy semble, aprés le trépas de son mary, à la communauté des biens d'entre elle & sondit mary, la chose étant entiere: & en ce faisant, demeurer quitte des dettes mobiliaires dûës par sondit feu mary au jour de son trépas. *g*

g *Autant en effet d'une roturiere, qui ne doit être tenuë des faits de son mary, où elle n'a parlé outre sa part de la communauté. Car autrement le mary pourroit vendre ou hypothequer les propres d'icelle: & ainsi a été dit par Arrest. Recours à mon Commentaire.* C. M.

ARTICLE CXVI.

Au lieu de cet article & du 131. a été fait l'article 238. de la Coûtume Reformée.

Quand l'un des deux conjoints ensemble par mariage *h*, & vivans noblement, va de vie à trépas, il est en la faculté du survivant d'accepter les meubles étans hors la Ville & Faubourgs de Paris sans fraude: auquel cas il est tenu de payer les dettes mobiliaires que devoit le trépassé, & les obseques & funerailles d'iceluy trépassé, pourvû qu'il n'y ait enfans du trépassé. Et où il y aura enfans, lesdits biens se partiront par moitié entre eux & le survivant.

h *La femme quant à cet effet est annoblie par le mary: car il faut que l'un ait autant de droit que l'autre.* C. M.

ARTICLE CXVII.

Cet article est le 239. de la Coûtume Reformée.

Homme & femme conjoints par mariage ensemble, sont reputez usans de leurs droits. *i*

i *Il s'entend, quand pour le moins l'homme a l'administration de luy, sa femme & leurs biens. Recours à mon Commentaire.* C. M.

ARTICLE CXVIII.

Cet article est le 240. de la Coûtume Reformée.

Quand l'un des deux conjoints ensemble par mariage va de vie à trépas, & délaisse aucuns enfans mineurs dudit mariage, si le survivant desdits conjoints ne fait faire inventaire, ou autre acte dérogeant à communauté des biens, qui étoient communs durant ledit mariage, & au temps du trépas, soient meubles ou conquêts immeubles, les enfans ou enfant survivant peuvent, si bon leur semble, demander communauté en tous les biens meubles & conquêts immeubles du survivant, posé qu'iceluy survivant se remarie. *k* Et jusques à ce que ledit inventaire ait été fait.

k *Auquel cas anciennement lesdits enfans prenoient la moitié. Depuis cela a été corrigé, & ne prennent qu'un tiers par plusieurs Arrests. Ce qu'il faut entendre regulierement, & sauf les circonstances du fait. Recours à mon Commentaire.* C. M.

ARTICLE CXIX.

Cet article est le 245. de la Coûtume Reformée.

Quand aucune rente dûë par l'un des deux conjoints ensemble par mariage, ou sur ses heritages paravant leur mariage, est rachetée par lesdits deux conjoints, ou l'un d'eux, constant ledit mariage, tel rachat est reputé conquêt. *l*

l *Quant à l'effet du partage de la communauté, comme j'ay écrit sus §. 57. num. 4.* C. M.

CHAPITRE XI.

De Succession.

ARTICLE CXX.

Cet article est le 299. de la Coûtume Reformée.

EN la Prevôté & Vicomté de Paris, institution *a* d'hoirie n'a point de lieu.

a *Elle n'est necessaire, & ne saisit, mais vaut comme un simple legs. Recours à mon Commentaire.* C. M.

ARTICLE CXXI.

Cet article est le 300. de la Coûtume Reformée.

Aucun ne peut être heritier & legataire *b* d'un défunt ensemble.

b *Mais bien donataire en ligne collaterale, & non en directe.* C. M.

ARTICLE CXXII.

Cet article est le 302. de la Coûtume Reformée.

Les enfans & heritiers d'aucun défunt, viennent également à la succession d'iceluy défunt : fors & excepté des heritages tenus en Fief, ou franc-aleu noble selon la limitation dessusdite.

ARTICLE CXXIII.

Cet article est le 304. changé de la Coûtume Reformée.

Enfans mariez de biens communs de pere & de mere, après leur trépas peuvent venir à leur succession avec les autres enfans leurs freres & sœurs, qui n'ont été mariez de biens communs desdits pere & mere, en rapportant ce qu'il leur auroit été donné en mariage, ou moins prenans *c* esdites successions.

c *Et rendant les coheritiers indemnes, autrement faut rapporter en especes. Recours à mon Commentaire.* C. M.

ARTICLE CXXIV.

Cet article est le 303. de la Coûtume Reformée.

Pere & mere ne peuvent par donation faite entre-vifs, par testament, ordonnance de derniere volonté, ou autrement, en maniere quelconque, avantager leurs enfans venans à la succession l'un plus que l'autre.

ARTICLE CXXV.

Cet article est le 304. de la Coûtume Reformée.

Si par le pere & mere, ou l'un d'eux, en leur vivant, a été ordonné aucune chose à aucun ou aucuns de leurs enfans, & après leur trépas, ils se veulent d'eux porter pour heritiers avec leurs autres enfans qui n'ont rien eu, & ausquels n'a été aucune chose donnée, ils sont tenus de rapporter & remettre esdites successions ce qu'ainsi leur a été donné, pour être parti avec les autres biens desdites successions, entre eux & les autres enfans leurs coheritiers, ou moins prendre esdits biens desdites successions : autrement ne doivent être reçûs à eux porter heritiers de leursdits pere & mere.

ARTICLE CXXVI.

Cet article est le 19. de la Coûtume Reformée.

Entre filles, quand il n'y a que filles venans à succession de pere & de mere, droit d'aînesse n'a point de lieu : mais viennent toutes, & partissent également les biens des successions de leursdits pere & mere, tant en Fief & heritages tenus noblement, comme les autres.

ARTICLE CXXVII.

Cet article est le 310. de la Coûtume Reformée.

Quand aucun, soit pere ou mere, va de vie à trépas, délaissant plusieurs enfans habiles à luy succeder, & les aucuns s'abstiennent & renoncent à ladite succession, le droit qui leur eût appartenu és biens d'icelle succession, s'ils n'eussent renoncé, accroît aux autres qui se veulent porter heritiers.

ARTICLE CXXVIII.

Cet article est le 311. de la Coûtume Reformée.

Pere & mere *d* succedent à leurs enfans nez en loyal mariage, s'ils vont de vie à trépas, sans hoirs de leur corps nez ou à naître, quant aux meubles & conquêts immeubles.

d Idem, *de l'ayeul ou ayeule, & tous deux sont exclus par le pere ou la mere. Recours à mon Commentaire.* C. M.

ARTICLE CXXIX.

Cet article est le 312. de la Coûtume Reformée.

En ligne directe, en matiere de succession, propres heritages ne remontent point. *e*

e *C'est seulement à ce qu'ils ne sortent hors la ligne.* C. M.

ARTICLE CXXX.

Cet article est le 316. de la Coûtume Reformée.

Item, il ne se porte heritier qui ne veut.

ARTICLE CXXXI.

Au lieu de cet article & du 116. a été fait l'article 131. de la Coûtume Reformée.

En la Prevôté & Vicomté de Paris *f* hors la Ville & fauxbourgs de Paris, entre Nobles, quand l'un de deux conjoints ensemble par mariage va de vie à trépas, le survivant peut, si bon luy semble, prendre les meubles & créances demeurées de son decés, & qui communs étoient entre eux, & dont ils joüissoient au temps d'iceluy trépas, en payant les dettes mobiliaires & personnelles, obséques & funerailles, ce que s'ensuit ajoûté, pourvû qu'il n'y ait enfans du trépassé, & où il y aura enfans, lesdits biens se partiroient par moitié entre eux & ledit survivant.

f Quia habitantes extra urbem non solent habere tot mobilia, nec est tantum periculi, ut de habitantibus in urbe, sup. §. 116. *C. M.*

ARTICLE CXXXII.

Cet article est le 318. de la Coûtume Reformée.

En la Prevôté & Vicomté de Paris *g*, le mort saisit le vif son hoir.

g *Cela est general par toutes les Gaules, & quasi par toute l'Europe.* C. M.

ARTICLE CXXXIII.

Cet article est le 319. de la Coûtume Reformée.

Par ladite Coûtume, en ligne directe representation a lieu.

ARTICLE CXXXIV.

Cet article est le 324. de la Coûtume Reformée.

Par ladite Coûtume, quand il y a enfant mâle du fils aîné survivant son pere, en venant à la succession de ses ayeul ou ayeule, il represente sondit pere au droit d'aînesse : & s'il n'y a que filles, elles representent leurdit pere toutes ensemble pour une tête, & partissent avec leurs oncles, sans droit d'aînesse quant ausdites filles. *h*

h *Mais qu'elles ayent droit d'aînesse contre leurs oncles, a été jugé par Arrest 1550. Recours à mon Commentaire, à qui aussi est conforme la Coûtume de Montfort, art. 105.* C. M.

CHAPITRE XII.

Des Doüaires.

ARTICLE CXXXV.

Cet article est le 247. de la Coûtume Reformée.

PAr ladite Coûtume de la Ville, Prevôté & Vicomté de Paris, les femmes mariées sont & demeurent doüées de doüaire coûtumier, posé que par exprés au traité de leur mariage ne leur eût été constitué, ni octroyé aucun doüaire.

ARTICLE CXXXVI.

Cet article est le 248. de la Coûtume Reformée.

Item, par ladite Coûtume, doüaire coûtumier si est de la moitié des heritages que le mary tient & possede au jour des épousailles, & de la moitié des heritages qui depuis la consommation dudit mariage, & pendant iceluy, échéent & adviennent en ligne directe *a* audit mary.

a *Descendente & non pas ascendente, sinon en certains cas contenus en mes écrits sur cet article.* C. M.

ARTICLE CXXXVII.

Cet article est le 249. de la Coûtume Reformée.

Item, par ladite Coûtume, le doüaire coûtumier de la femme est le propre heritage des *b* enfans venans dudit heritage, en telle maniere que les pere & mere desdits enfans, *etiam* dés l'instant de leur mariage, ne les peuvent vendre, engager, ni hypothequer au préjudice de leurs enfans.

b *Egalement & sans droit d'aînesse, comme jadis fut jugé en la maison de Montmorency, sinon qu'ils fussent heritiers du pere, auquel cas il se confond, sinon pour le regard de ceux du second mariage, qui ne seroient heritiers du pere, combien que la Coûtume d'Estampes, redigée l'an 1556. art. 132. dise autrement.* C. M.

ARTICLE CXXXVIII.

Cet article est le 250. de la Coûtume Reformée.

Item, & en telle maniere, que si les enfans venans dudit mariage, ne se portent heritiers de leur pere, & s'abstiennent de prendre sa succession, en ce cas ledit doüaire appartient ausdits enfans purement & simplement, sans payer aucunes dettes procedans du fait de leur pere.

ARTICLE CXXXIX.

Cet article est le 255. de la Coûtume Reformée.

Item, par ladite Coûtume, le doüaire constitué à la femme en mariage par le mary, ses parens, ou autres de par luy, est le propre heritage aux enfans issus dudit mariage, pour d'iceluy joüir aprés le trépas de pere & de mere, incontinent que doüaire a lieu. *c*

c *Car s'ils meurent devant le pere sans enfans, leur doüaire est aussi-bien mort pour eux que pour la femme prémourant.*

ARTICLE CXL.

Au lieu de cet article a été fait le 256. de la Coûtume Reformée, qui abroge l'article suivant de l'ancienne Coûtume.

Doüaire coûtumier saisit.

ARTICLE CXLI.

Cet article est abrogé par l'article 256. de la Coûtume Reformée.

Doüaire prefix n'a point de lieu jusques à ce qu'il soit demandé en jugement.

ARTICLE CXLII.

Cet article est le 261. de la Coûtume Reformée.

Femme doüée de doüaire prefix ne peut demander doüaire coûtumier, s'il ne luy est permis par son traité de mariage.

ARTICLE CXLIII.

Cet article est abrogé par l'article 256. de la Coûtume Reformée.

Par ladite Coûtume, doüaire prefix a lieu, & courent les arrerages d'iceluy depuis le jour & datte que ledit doüaire a été demandé en jugement, par celuy ou ceux à qui il est dû, aux heritiers du mary, dont procede & qui a constitué ledit doüaire.

ARTICLE CXLIV.

Cet article est le 263. de la Coûtume reformée.

Item, le doüaire d'une somme de deniers pour une fois promis à une femme au traité de son mariage, n'est qu'à la vie de la femme tant seulement, s'il n'y a enfans nez & procréez du mariage, & doit tel doüaire aprés le trépas de la femme, revenir aux heritiers du mary, s'il n'y a contrat au contraire.

CHAPITRE XIII.

De Successions en ligne collaterale.

ARTICLE CXLV.

Cet article est le 25. changé de la Coûtume Reformée.

QUand aucun va de vie à trépas sans hoir en ligne directe ses plus prochains parens & lignagers en ligne collaterale, habiles à être ses heritiers, tous en un même & égal degré, si tels ils se veulent dire & porter, luy succedent quant aux biens meubles & conquêts immeubles. Et aussi quant aux propres heritages, chacun en ce qui procede, & qui de son côté & ligne est advenu & échû au défunt, en tant que touchent les heritages tant propres que conquêts, rotures, & qui ne sont tenus noblement.

ARTICLE CXLVI.

Cet article est le 327. de la Coûtume Reformée.

Les heritiers d'aucun défunt ou défunte en ligne collaterale, partissent & divisent également entre eux par têtes & non par lignes, les biens & succession dudit défunt, tant meubles qu'heritages non tenus & mouvans en Fief.

ARTICLE CXLVII.

Cet article est le 326. de la Coûtume Reformée.

En ligne collaterale, les propres heritages d'aucun défunt, retournent à ses parens & lignagers habiles à luy succeder, les plus prochains du côté & ligne, dont procedent & luy sont venus & échûs lesdits heritages (si d'iceluy défunt ils se veulent porter pour heritiers) supposé qu'ils ne soient les plus prochains simplement dudit défunt.

ARTICLE CXLVIII.

Cet article est le 331. de la Coûtume Reformée.

En ligne collaterale, en tant que touche les heritages tenus & mouvans en Fief, se partissent & divisent également entre coheritiers, & n'y ont les aînez aucun droit ou prérogative plus que les autres à cause de leur aînesse.

ARTICLE CXLIX.

Au lieu de cet article a été fait le 320. de la Coûtume Reformée.

En ligne collaterale, representation n'a point de lieu.

ARTICLE CL.

Cet article est le 332. de la Coûtume Reformée.

Les heritiers d'aucun défunt en pareil degré, tant en meubles qu'immeubles, sont tenus personnellement de payer & acquitter les dettes de celuy dont ils sont heritiers, chacun pour telle *a* part & portion qu'ils sont heritiers d'iceluy défunt.

a *Et non pour la part du profit, sinon aprés les meubles & acquêts épuisez. Recours à mon Commentaire.* C. M.

ARTICLE CLI.

Cet article est le 336. de la Coûtume Reformée.

Les parens & lignagers des Evêques *b* & autres gens d'Eglise seculiers, leur succedent.

b *Mais si l'Evêque avoit acquis au nom de son Eglise, cela ne seroit pas hereditaire, comme il a été jugé par Arrest contre les heritiers d'un Evêque de Chartres.* C. M.

ARTICLE CLII.

Cet article est le 337. de la Coûtume Reformée.

Religieux & Religieuses profés ne succedent point à leurs parens, ne le Monastere pour eux.

ARTICLE CLIII.

Cet article est le 338. de la Coûtume Reformée.

L'oncle *c* succede au neveu avant le cousin germain.

c *Mais il viendroit en concurrence avec le neveu collateral du défunt.* C. M.

ARTICLE CLIV.

Cet article est le 340. de la Coûtume Reformée.

Freres & sœurs, supposé qu'ils ne soient que de pere ou de mere, succedent également avec les autres freres & sœurs de pere & de mere, à la succession de leur frere ou sœur, quant aux meubles & conquêts immeubles.

CHAPITRE XIV.

De Don mutuel.

ARTICLE CLV.

Cet article est le 280. de la Coûtume Reformée.

HOmme & femme conjoints ensemble par mariage, étant en santé, peuvent & leur loist faire donation mutuelle l'un à l'autre, également de tous *d* leurs biens meubles, & conquêts immeubles faits durant & constant leur mariage, communs entre eux, & qui sont trouvez à eux appartenir, & être communs entre eux à l'heure du trépas du premier mourant desdits conjoints, pour en joüir par le survivant d'iceux conjoints, sa vie durant seulement; en baillant par luy caution *e* suffisante, de restituer lesdits biens aprés son trépas; ce que s'ensuit ajoûté: pourvû qu'il n'y ait enfans. *f* Et où il y aura enfans, ledit don mutuel n'aura lieu pour le temps avenir. *g*

d *Et au dessous, pourvû qu'il soit égal.* C. M.

e *Qui ne se peut remettre, & ne suffiroit la caution juratoire.* C. M

f *Sinon du consentement de tous lesdits enfans, comme il a été jugé par Arrest, il s'entend qu'ils fussent majeurs, ou qu'il apparût être leur profit, comme au cas touché en mon Commentaire.* C. M.

g *Car si les enfans prémeurent, tel don est bon, autrement jamais ne peut convaloir, combien que cette clause nouvelle ait été ajoûtée pour la donation faite depuis ladite redaction.* C. M.

ARTICLE CLVI.

Cet article est le 282. de la Coûtume Reformée.

Par ladite Coûtume, homme & femme conjoints ensemble par mariage, constant & durant leurdit mariage ne peuvent avantager l'un l'autre par donation faite entre vifs, par testament *h* ou ordonnance de derniere volonté, n'autrement, directement, nobliquement en quelque maniere que ce soit, *i* sinon de don mutuel. *k*

h *Tellement que le testament fait auparavant est rompu en tant qu'il seroit en faveur de la personne depuis épousée, sinon qu'auparavant il fût accepté par le contrat.* C. M.

i *Par laquelle toutefois le bien de celuy qui avantage est diminué. Recours à mon Commentaire.* C. M.

k *Entendez, & ne peut saisir, tellement que les clauses du constitut, précaire, quand ores seroient reciproques, ne valent rien, il en faut demander la délivrance en offrant & baillant caution.* C M.

ARTICLE CLVII.

Cet article est le 284. de la Coûtume Reformée.

Un don mutuel de soy ne saisit point.

ARTICLE CLVIII.

Cet article est le 286. de la Coûtume Reformée.

Le survivant de deux conjoints par mariage, qui ayent fait don mutuel l'un à l'autre, si au moyen dudit don mutuel veut joüir sa vie durant des meubles & conquêts immeubles sujets à retour aux heritiers du premier decedé (qui est la moitié des biens meubles & conquêts immeubles faits constant ledit mariage) est tenu de payer les obseques & funerailles *l* dudit premier decedé, avec la moitié des dettes dont on pourroit faire demande aux heritiers, des dettes qui étoient dûës par lesdits conjoints au jour du trépas dudit premier decedé, sur la part & portion *m* des biens du premier decedé.

l *Qui sont necessaires selon la qualité de la personne, mais non pas les legats & disposition testamentaire.* C M.

m *C'est à-dire, que les heritiers ne seront pas tenus de payer, ou ont recours contre le survivant, tant que monte ladite portion qui aussi en est diminuée.* C. M.

ARTICLE CLIX.

Cet article est le 278. de la Coûtume Reformée.

Quand pere & mere ont donné à leurs enfans, ou aucun d'eux, aucun heritage, tel heritage est reputé donné en avancement d'hoirie.

ARTICLE CLX.

Cet article est le 273. de la Coûtume Reformée.

Donner & retenir ne vaut. *n*

n *Cela est contre les fraudes, partant n'a lieu en traité de mariage, ne où il appert de récompense dûë.* C. M.

ARTICLE CLXI.

Cet article est le 275. de la Coûtume Reformée.

Donner la proprieté d'aucun heritage, l'usufruit à vie, ou à temps à soy retenu, n'est reputé donner & retenir, & vaut telle donation.

CHAPITRE XV.

Arrests, Exécutions & Gageries.

ARTICLE CLXII.

Cet article est le 160. de la Coûtume Reformée.

PAr ladite Coûtume, aucun n'est recevable à proceder ou faire proceder, par voye d'arrest sur les biens d'autruy, ne par emprisonnement en la personne d'autruy, sans obligation, condamnation, délit ou quasi délit, chose privilegiée, ou qui le vaille.

ARTICLE CLXIII.

Cet article est le 161. changé de la Coûtume Reformée.

Item, il est loisible à un propriétaire d'aucune maison par luy baillée à titre de loyer, de faire proceder par voye de Gagerie en ladite maison, pour les termes à luy dûs pour ledit loüage, sur les biens du conducteur étant en icelle maison. a

a *Non seulement du principal conducteur, mais aussi d'un tiers, auquel il en auroit loüé une chambre, combien que cela ne luy fût prohibé, voire pour le tout, & n'est pratiquée la Loy*, solutum, §. solutam, verf. p anè, D. de p gnora. actio. *Car cette Coûtume est nôtre droit commun, laquelle en cet article, ni en l'article sequent ne distingue point. Parquoy ne faut recourir à autre droit qui ne nous peut lier.* C. M.

ARTICLE CLXIV.

Cet article est le 161. changé de la Coûtume Reformée.

Item, que quand le conducteur d'aucune maison assise en la Ville, Prevôté & Vicomté de Paris, (de quelque état ou condition qu'il soit,) est défaillant de payer, par un ou plusieurs termes, la pension ou loüage d'icelle, le locateur peut faire proceder par voye de gagerie, pour les termes échûs à cause dudit loüage, sur les biens étant en icelle maison.

ARTICLE CLXV.

Cet article est le 163. de la Coûtume Reformée.

Quand aucun Bourgeois *b* de Paris a droit de rente constituée sur aucune maison assise en la Ville & Faubourgs de Paris, à cause de laquelle luy sont dûs trois termes d'arrerages & non plus, luy est loisible de proceder ou faire proceder par voye de gagerie, pour iceux trois termes, sur les biens meubles étans en ladite maison, appartenans au détempteur & propriétaire.

b Idem, *s'il n'est domicilié de Paris, car Paris* communis patria est *de tout ce Royaume*, ut de Roma ut dicunt Romani in l. Roma. D. ad legem municipal. *C. M.*

ARTICLE CLXVI.

Cet article est le 164. de la Coûtume Reformée.

Item, qu'une obligation faite & passée sous le scel Royal, est exécutoire sur les biens meubles & immeubles de l'obligé.

ARTICLE CLXVII.

Cet article est le 160. de la Coûtume Reformée.

Item, aucun n'est recevable de proceder ou faire proceder par voye d'arrest, ou autre exploit de fait, sur les biens d'autruy, sans obligation, condamnation, chose privilegiée, ou qui le vaille.

ARTICLE CLXVIII.

Cet article est le 170. de la Coûtume Reformée.

Item, meuble n'a point de suite par hypotheque. *c*

c *Superflu. sus article* 78.

ARTICLE CLXIX.

Cet article est le 167 de la Coûtume Reformée.

Item, quand le propriétaire & possesseur d'aucuns heritages va de vie à trépas sans hoir, le haut Justicier, en la Justice duquel lesdits heritages sont assis, peut & luy loist iceux heritages vacans, & non occupez, saisir *d* & mettre en sa main.

d *C'est pour la garder, il faut qu'il en fasse inventaire ou exploit portant declaration pour en bailler main-levée à qui appartiendra, ou les appliquer à soy par connoissance de cause.* C. M.

ARTICLE CLXX.

Cet article est le 108. de la Coûtume Reformée.

Item, un tel transport ne saisit point.

ARTICLE CLXXI.

Cet article est le 168. de la Coûtume Reformée.

Item, l'obligation passée par le mary, ou Sentence contre luy donnée, aprés le trépas dudit mary, ne sont exécutoires sur les biens de ladite femme, ne des heritiers dudit défunt. *e*

e *Que premierement ne soient sur ce appellez. L'ordonnance contraire bâtie par Poyet 1539. a été depuis abrogée.* C. M.

CHAPITRE XVI.

En matiere de Retrait lignager.

ARTICLE CLXXII.

Cet article est le 129. de la Coûtume Reformée.

PAr l'usage & Coûtume de la Prevôté & Vicomté de Paris, quand aucun a vendu rente *f* sur ses propres heritages, à personne étrange non étant du lignage dont procedent lesdits heritages propres, il est loisible au parent & lignager du côté *g* dont procedent lesdits heritages propres, de demander & requerir en jugement à avoir ladite rente par retrait lignager, dedans l'an de la vendition d'icelle rente, ou dedans l'an de la saisine ou infeodation prise par l'acheteur d'icelle rente.

f *Il ne s'entend pas des rentes volantes, qui ne sont que hypotheques pour secourir à l'affaire de l'indigent, mais les rentes qui peuvent être non rachetables : autrement seroit un abus, dont j'ay touché en mon traité* des Usures, *latin, q. 45. nomb. 332. & au françois, nomb 184. & sus art. 57.* C. M

g *Il faut aussi qu'il soit de la ligne, sous art.* 174. 184. 186. *conformément aux autres Coûtumes Recours à mon Commentaire.*

ARTICLE CLXXIII.

Cet article est le 130. de la Coûtume Reformée.

Item, par lesdits Coûtume & usage, le temps de retrait lignager ne court point, sinon depuis l'infeodation ou saisine faits, ou pris par l'acheteur. *h*

h *Cela n'est pas seulement fait en faveur de Seigneurs directs, mais aussi en faveur des Lignagers, afin que la vente soit plus facilement sçûë : car si elle étoit faite secretement en la saisine par secret affectée, l'an ne commenceroit à courir pendant ledit secret. Recours à mon Commentaire* C. M.

ARTICLE CLXXIV.

Cet article est le 129. de la Coûtume Reformée.

Par ladite Coûtume, quand aucun a vendu & transporté son propre heritage, à personne étrange de son lignage du côté & ligne dont luy est venu & échû par succession ledit propre heritage, il est loisible au parent & lignager dudit vendeur, du côté & ligne dont est venu & échû ledit heritage, de demander à avoir par retrait lignager iceluy heritage, dedans l'an & jour que l'acheteur en a été ensaisiné (s'il est tenu en censive) ou qu'il ait été reçû en foy & hommage (s'il est tenu en Fief) en remboursant ledit acheteur de son sort principal & loyaux coûts.

ARTICLE CLXXV.

Cet article est le 133. de la Coûtume Reformée.

S'aucune personne acquiert un heritage propre de son parent du côté & ligne dont il est parent, & il vend ledit heritage, tel heritage chet en retrait.

ARTICLE CLXXVI.

Cet article est le 136. de la Coûtume Reformée.

Par l'usage, Coûtume & commune observance notoirement tenuë & gardée en la Ville, Prevôté & Vicomté de Paris, (& mêmement en l'Auditoire du Châtelet,) s'aucun a vendu son propre heritage à aucun acheteur d'iceluy heritage, & un dudit lignage du vendeur a fait ajourner tel acheteur en cas de retrait. S'audit lignager l'heritage est adjugé par retrait, ledit lignager est tenu de payer & rembourser ledit acheteur des deniers qu'il a payez audit vendeur pour l'achat dudit heritage, ou consigner les deniers au refus dudit acheteur, dedans Soleil couchant, au moins dedans les vingt-quatre heures aprés ledit retrait à luy adjugé par Sentence ou Jugement, & que l'acheteur ait mis ses lettres au Greffe, partie presente ou appellée, & outre affermé le prix s'il en est requis. Et s'il ne le fait, ledit temps passé, tel retrayant est debouté dudit retrait. *a*

a *C'est pourquoy on luy adjuge les fruits sans avoir consigné l'argent; car il faut qu'il se tienne toûjours prêt.*

ARTICLE CLXXVII.

Cet article est le 140. de la Coûtume Reformée.

Item, par lesdits usage & stile, quand aucun lignager du vendeur d'aucun heritage a fait ajourner ledit acheteur d'iceluy heritage, pour l'avoir par retrait, il convient que tel qui veut avoir ledit heritage pour retrait, offre bourse, deniers, loyaux coûts, & à parfaire à chacune journée de la cause, *b* excepté à la journée d'absence, s'aucune en est prise, & s'il ne le fait, il doit être debouté dudit retrait.

b *Principale, & non en cause d'appel, ni aprés qu'il a consigné & notifié; car la consignation vaut offre continuel & permanent, pourvû qu'il ne retire les deniers.* C. M.

ARTICLE CLXXVIII.

Cet article est le 141. de la Coûtume Reformée.

Item, le parent & lignager qui premier fait ajourner en matiere de retrait, doit être préferé à tous autres, posé qu'ils soient plus prochains parens du vendeur.

ARTICLE CLXXIX.

Cet article est le 143. de la Coûtume Reformée.

Quand aucun a échangé son propre heritage à l'encontre d'un autre heritage, l'heritage échangé est propre heritage de celuy qui l'a échangé; & s'il le vend, il chet en retrait.

ARTICLE CLXXX.

Cet article est le 144. de la Coûtume Reformée.

Choses mobiliaires ne chéent point en retrait.

ARTICLE CLXXXI.

Cet article est le 147. de la Coûtume Reformée.

Si aucun vend l'usufruit de son propre heritage à personne étrange, telle vendition & usufruit ne chet en retrait.

ARTICLE CLXXXII.

Cet article est le 150. de la Coûtume Reformée.

Propre heritage vendu & adjugé par decret *c* en jugement par criées & subhastations, chet en retrait.

c *Sinon en une chose indivisible, & que le retrayant n'est parent que pour le regard d'une petite portion, qui seroit limitée sans recommencer la licitation. Recours à mon Commentaire.* C. M.

ARTICLE CLXXXIII.

Cet article est le 159. de la Coûtume Reformée.

Un Seigneur feodal qui a retenu par puissance de Fief le Fief vendu par son vassal, iceluy appartenant du propre dudit vassal: tel Fief ainsi retenu par ledit Seigneur feodal, gist en retrait, & se peut retraire par un des parens & lignager du vendeur, dedans l'an & jour qu'il a retenu par puissance de Fief, & du remboursement, en payant les droits seigneuriaux.

ARTICLE CLXXXIV.

Cet article est le 155. de la Coûtume Reformée.

Quand l'heritage propre est acquis durant & constant le mariage des deux conjoints, dont l'un d'iceux est parent & lignager du vendeur du côté & ligne dont ledit heritage appartenoit audit vendeur, tel heritage ainsi vendu ne gist en retrait durant & constant ledit mariage; mais aprés le trépas de l'un desdits conjoints, la moitié dudit heritage gist en retrait à l'encontre de celuy qui n'est lignager, ou ses hoirs, (s'ils ne sont lignagers dudit vendeur dudit côté & ligne dont ledit heritage appartenoit à iceluy vendeur) dedans l'an & jour du trépas du premier mourant desdits conjoints: 1. supposé qu'il y eût saisine ou infeodation prise durant iceluy mariage, en rendant & payant par le retrayant la moitié du sort principal, frais & loyaux coûtemens.

1. Cecy s'entend, pourvû qu'il n'y ait enfans du mariage; car s'il y en a, l'heritage ne gist en retrait pour l'esperance qu'on a, que l'enfant succedera au survivant, sinon aprés le decés de l'enfant, & dedans l'an & jour d'iceluy, ainsi jugé par Arrest de la Cour, le 8. Juin 1574.

ARTICLE CLXXXV.

Cet article est le 22. de la Coûtume Reformée.

Item, quand le Seigneur feodal a pris & retenu par puissance de Fief, aucun Fief tenu & mouvant de luy, & ledit Fief luy est depuis évincé par retrait, le retrayant est tenu payer audit Seigneur les droits de quints & requints, si requints y a, avant que ledit Seigneur soit tenu de le recevoir en foy & hommage dudit Fief: sauf audit retrayant son recours contre le vendeur, si la vente n'avoit été faite à francs deniers.

ARTICLE CLXXXVI.

Cet article est le 158. de la Coûtume Reformée.

Qui n'est habile à succeder, comme un bâtard, *d* ne peut venir à retrait lignager.

d *S'il n'est tellement legitimé dés paravant la vente, qu'il soit habile à succeder, le cas échéant sans nouveau consentement du vendeur, comme j'ay amplement écrit au Commentaire, & ay touché en mes annotations à Philippe Dece, cons. 275. n. 4.* C. M.

CHAPITRE XVII.

Des Criées des quatre Quatorzaines anciennes.

ARTICLE CLXXXVII.

Au lieu de cet article ont été faits le 345. & les trois suivans de la Coûtume Reformée.

PAr les usage & stile de la Prevôté & Vicomté de Paris, avant qu'aucunes criées faites par lesdites quatorzaines anciennes, d'aucunes Terres, Seigneuries & Fiefs assis en ladite Ville, Prevôté & Vicomté de Paris, soient tenuës & reputées bonnes & valables, il convient & est requis, que préalablement les Terres, Seigneuries & Fiefs assis en ladite Ville, Prevôté & Vicomté de Paris, soient pris, saisis & arrêtez, & mis en la main de la Justice: & que la main-mise soit faite sur les principaux manoirs de chacun desdits Fiefs, Terres & Seigneuries.

ARTICLE CLXXXVIII.

Au lieu de cet article ont été faits le 345. & les trois suivans de la Coûtume Reformée.

Par lesdits usage & stile, quand aucunes Terres, Seigneuries & Fiefs sont saisis & mis en la main du Roy nôtre Sire, *a* & en criées, il convient & est requis, que lesdites Terres, Seigneuries & Fiefs criez, soient nommez & declarez en la premiere desdites criées, & premier rapport fait d'icelles, avec les lieux où lesdites Terres, Seigneuries & Fiefs sont assis: ou autrement, telles criées sont défectives.

a *Ou d'autres Seigneurs ayant Justice.* C. M.

ARTICLE CLXXXIX.

Au lieu de cet article ont été faits le 345. & les trois suivans de la Coûtume Reformée.

Par ladite Coûtume, chacun est reçû à soy opposer *b* aux criées d'aucuns heritages criez & subhastez par quatorzaines anciennes à la requête d'aucun, jusques à ce que le decret soit adjugé, levé & scellé *c*

b *Et non pas à encherir aprés l'adjudication pure & simple.* C. M.

c *Et se doit par stile loüable garder vingt-quatre heures avant qu'être scellé.* C. M.

ARTICLE CXC.

Au lieu de cet article ont été faits le 345. & les trois suivans de la Coûtume Reformée.

Par lesdits usage & stile, quand aucuns heritages appartenans à aucun propriétaire, sont mis en criées par les quatre quatorzaines anciennes accoûtumées, l'on ne peut valablement proceder à l'adjudication du decret d'iceux heritages, plûtôt & jusques à ce que tel propriétaire & possesseur soit *d* adjourné à sa personne suffisamment presens témoins, pour voir bailler le decret d'iceux heritages, ou iceux voir être adjugez par decret.

d *Ou son tuteur & curateur, non pas en la cause, mais à la personne & biens.* C. M.

AUTRES COUTUMES.

ARTICLE CXCI.

Cet article est le 168. de la Coûtume Reformée.

PAr la Coûtume de la Ville, Prevôté & Vicomté de Paris, s'aucun a pris à cens ou rente heritage pour certain prix chacun an, il peut renoncer en jugement, partie presente ou appellée, en payant tous les arrerages passez & le terme ensuivant: jaçoit ce que par lettres il eût promis payer ladite rente, & obligé tous ses biens, s'entend telle promesse tant qu'il est propriétaire: si ainsi n'est que par les lettres d'accensement il eût promis *e* mettre aucun amendement, ce que n'a fait, ou qu'il eût promis fournir & faire valoir ladite rente, & à ce obligé tous ses biens: En laissant toutefois l'heritage en aussi bon état & valeur qu'il étoit au temps de la prise.

e *A cause du profit qu'il en avoit pris ou pû prendre. Car si ladite promesse étoit pure lucrative au bailleur, & que le preneur n'eût sçu faire le profit qu'il esperoit, le benefice de cette Coûtume auroit lieu. Recours à mon Commentaire.* C. M.

ARTICLE CXCII.

Cet article est le 173. de la Coûtume Reformée.

Par privilege usité, quiconque est bourgeois, demeurant & habitant à Paris, & par an & jour y a demeuré, il peut user & proceder par voye d'arrest sur les biens de ses debiteurs forains trouvé en icelle Ville, *f* posé qu'il n'y eût obligation ni cedule.

f *Ou ès fauxbourgs, afin d'élire domicile & bailler caution pour la discussion de l'Arrest. Car s'il remontre avoir défenses valables, la connoissance en sera renvoyée à son Juge, dépens & inte ês reservez en fin de cause. Sinon qu'il y eût obligation sous le scel de Paris, qui a attrait de Jurisdiction ou autre privilege.* C. M.

ARTICLE CXCIII.

Cet article est le 175. de la Coûtume Reformée.

Dépens d'hôtelage livrez par hôtes à pelerins ou à leurs chevaux, sont privilegiez, & viennent à préferer devant tout autre, sur les biens & chevaux hôtelez: & les peut l'hôtelier retenir jusques à payement. Et s'aucun autre créancier les vouloit enlever, l'hôtelier a juste cause de soy opposer.

ARTICLE CXCIV.

Cet article est le 176. de la Coûtume Reformée.

Qui vend aucune chose mobiliaire, sans jour, sans terme, esperant d'en être payé promptement, il peut sa chose poursuivre en quelque lieu qu'elle soit transportée, pour en être payé du prix *g* qu'il a venduë.

g *Et pour la recouvrer & en demeurer saisi jusqu'à ce qu'il soit payé*, §. venditæ verò res Inst. de rer. divis. *& plus au long en mon Commentaire.* C. M.

ARTICLE CXCV.

Cet article est le 111. de la Coûtume Reformée.

Item, un répit ne peut avoir lieu contre le dû d'aucun à luy adjugé par Sentence diffinitive & contradictoire, loüage de maison, arrerages de rentes, moisson de grains, & dettes de mineurs contractées avec les mineurs durant leur minorité. *h*

h *Encore durant*, Idem, *si c'étoit dette dûë à leur prédecesseur dont ils sont heritiers, si pauvres qu'ils n'ont dequoy eux aider. Car une charité ou necessité doit ceder à la plus grande.* C. M.

ARTICLE CXCVI.

Cet article est le 179. de la Coûtume Reformée.

En matiere de déconfiture, chacun créancier vient à contribution, au sol la livre sur biens meubles du detteur, & n'y a point de prérogative.

ARTICLE CXCVII.

Cet article est le 112. de la Coûtume Reformée.

La connoissance & punition des délits appartient au Juge du domicile des délinquans, & non pas au Juge où le délit a été commis, quand il est requis par le Juge du domicile, s'il n'y a cas privilegié. *i*

i L'Edit de Moulins, du Roy Charles IX. art. 35. est contraire. Voyez l'article 19. de l'Edit de l'an 1563. Fr. Rag.

ARTICLE CXCVIII.

Cet article est le 183. de la Coûtume Reformée.

Par ladite Coûtume, qui confisque [k] le corps, il confisque les biens.

[k] *Par jugement ordinaire non sujet à nullité. Recours à mon Commentaire.* C. M.

ARTICLE CXCIX.

Au lieu de cet article ont été faits les articles 125. 126. *&* 127. *de la Coûtume Reformée.*

Item, Marchands, gens de métier, & autres vendans leurs denrées & marchandises en détail, [l] Medecins, Chirurgiens, Barbiers, Orfévres, Epiciers, Apoticaires, Maçons, Charpentiers, laboureurs, manouvriers, serviteurs, & autres mercenaires, demeurans en la Ville & banlieuë, Prevôté & Vicomté de Paris, ne peuvent faire action, question ou demande de leursdites denrées & marchandises, salaires & services aprés trois ans passez, lesdites denrées venduës, debitées & livrées à détail, ouvrages, labeurs, salaires & services faits, fors & excepté celles qui seroient reconnuës par obligation, cedule, ou autrement dûëment.

[l] *Reduit à six mois, & quant aux serviteurs à un an, par l'Ordonnance de l'an* 1512. *art.* 67. 68. C. M.

LEs Coûtumes & articles cy-dessus écrits, ont été lûës & publiées en la grande salle de l'Hôtel épiscopal de R. Pere en Dieu, Monseigneur l'Evêque de Paris, par Pierre de Monts, Greffier de la Prevôté de Paris, par l'ordonnance & és presences de Nous, Thibaut Bailler, Conseiller du Roy, nôtre Sire, & President en sa Cour de Parlement, & Roger Barme, Conseiller & Avocat dudit Seigneur en icelle, commis & deputez par ledit Seigneur pour faire ladite publication : Et aussi és presences de honorables hommes Maître Guillaume de Velute & Hugues le Blanc, Procureurs de R. Pere en Dieu, Monseigneur l'Evêque de Paris (de present étant delà les monts de l'ordonnance & commandement du Roy :) Guy de Montmiral, Abbé de S. Magloire, à Paris : Guillaume Briçonnet, Abbé de S. Germain des Prez lez Paris : frere Robert à l'Espée, Abbé de Joyenval : frere Simon Mangoyen, Abbé d'Abbecourt : frere Jean Olivier, Abbé de S. Marc de Soissons, Vicaire & Procureur de l'Abbé de Saint Denis en France : frere Laurent le Pelé, Religieux Official de ladite Abbaye de Saint Denis : frere Jean Lizore, Procureur ; & frere Guillaume le Duc, Souspricur de l'Abbaye de sainte Geneviéve au mont de Paris, pour frere Philippe Cousin, Abbé de ladite Abbaye : frere Etienne de la Porte, Chambrier de l'Abbaye Saint Victor lez Paris, pour frere Nicaise de Lorme, Abbé de ladite Abbaye : Maître David Chambellan, Doyen & Chanoine : Maître Jean Basin, aussi Chanoine de l'Eglise de Paris, commis & députez par le Chapitre de ladite Eglise de Paris : Maître Nicole Compagnon, Procureur des Doyen, Chanoines & Chapitre de Saint Germain de l'Auxerrois, à Paris : Dom Jean Bisieu, Secretain de Saint Martin des Champs, à Paris, & Receveur dudit lieu : Frere Jean de Vedasty, Procureur des Commandeurs du Temple, à Paris : Maître Jean le Grand, Procureur des Religieux, Abbé & Convent de Thiron : Maître René Auvrault, Procureur des Religieux, Abbé & Convent de S. Maur des Fossez : Fiacre de Herville, Procureur de Monseigneur Louys, Seigneur de Graville, Admiral de France, Seigneur & Voyer de Chastres, Marcoussis, & d'autres Terres & Seigneuries étant situées & assises dedans les fins & limites de ladite Prevôté & Vicomté : Guy Fleury, Procureur de Messire Hemon de Prie, Chevalier, Comte de Dampmartin : Maître Jean de la Porte, & Jacques d'Anneguy, Procureur & Receveur de Guillaume, Seigneur & Baron de Montmorency : Maître Jean Baudouyn, Procureur de Messire Florimond Robertet, Chevalier, Trésorier de France, Seigneur Châtelain de Ville-Monble : Nicolas de Cantheleu, Seigneur de Thieux : Fiacre de Herville, Seigneur de Palaiseau : Gencian Cordelier, Seigneur de Chenevieres sur Marne : Jean Sanguin, Seigneur de Meudon : Maître Dreux Raguier, Seigneur de Thionville : Maître Jean Baluë, Seigneur de Villepreux : Maître Jean Piedefer, Seigneur de Giencourt : Geoffroy de la Croix, Seigneur de Villeneuve sous Dampmartin : noble homme & sage Maître Gilles Maillart, Lieutenant Criminel de la Prevôté de Paris : Maître François Goyet, Robert Piedefer, Avocats & Conseillers du Roy, nôtre Sire, au Châtelet de Paris : Maître Bureau Boucher, Procureur dudit Seigneur audit Châtelet : Maîtres Jean Poncet, Jean Poart, Jean le Clerc, Jean le Cour, Jean Tronson, Conseillers du Roy nôtredit Seigneur en iceluy Châtelet : Maître Nicole Charmoluë, Conseiller & Procureur du Roy en Cour d'Eglise : Monseigneur Maître Robert Turquant, Conseiller du Roy, nôtre Sire, en sa Cour de Parlement, Prevôt des Marchands : Maître Charles de Montmiral, Avocat en ladite Cour : François Choart, Sires Jean Croquet & Regnault Anthouillet, Echevins de la Ville de Paris : Sires Jean le Gendre, Robert Bonnœuvre, Bourgeois de Paris : Maître Gilles Malin, Prevôt de Châteaufort : Geoffroy le Maistre, Prevôt de Montlhery : Noël de la Leude, Prevôt de Corbeil : Maître Jean d'Aubours, Prevôt de Torcy : Maître Jean Frolo, Prevôt de Tournant : Maître Macé Coustau, Prevôt de Gonnesse : Maître Jean le Metayer & Pierre Potin, chacun d'eux soy disant Prevôt & sous-Bailly de Poissy, & de plusieurs autres, tant gens d'Eglise, Nobles, Praticiens & Bourgeois, écrits & nommez en nôtre Procés Verbal. Aprés laquelle publication, avons enjoint aux dessusdits & à tous autres, de dorénavant garder & observer, comme Loy, lesdites Coûtumes publiées & arrêtées, & fait défenses de non alleguer autres Coûtumes contraires ne dérogeantes à icelles. Et outre, avons fait défenses ausdits Lieutenans, Juges, Officiers du Roy, & autres, Avocats, Praticiens & Coûtumiers de ladite Prevôté & Vicomté de Paris, que dorénavant pour la preuve desdites Coûtumes publiées ils ne fassent aucune preuve par turbes ou témoins particuliers. Mais l'Extrait d'icelles signées du Greffier de la Prevôté de Paris, & dûëment expediées. En témoin desquelles choses Nous avons cy mis nos seings manuels, le mardy premier jour d'Avril, mil cinq cens dix, avant Pâques. *Ainsi signé*, BAILLET & BARME.

PROCEZ VERBAL DES COUTUMES de la Prevôté & Vicomté de Paris.

LE Samedy huitiéme jour du mois de Mars, l'an mil cinq cent dix, Nous Thibault Baillet, Conseiller du Roy, nôtre Sire, & President en sa Cour de Parlement, & Roger Barme, Conseiller & Avocat dudit Seigneur en ladite Cour : Nous transportâmes au Châtelet de Paris, où étoient Maître Gilles Maillart, Lieutenant Criminel, les Avocats, Procureurs du Roy, & plusieurs des Conseillers dudit Seigneur audit Châtelet : ausquels en l'absence de Maître Jean de Rueil, Lieutenant Civil de la Prevôté de Paris, fut par Nous dit & recité, qu'avions reçû les Lettres Patentes & commission du Roy nôtredit Seigneur, afin de faire publier & arrêter les Coûtumes de la Ville, Prevôté & Vicomté de Paris, desquelles Lettres Patentes & commission la teneur s'ensuit.

LOUIS,

LOUIS, par la grace de Dieu, Roy de France : A nos amez & feaux, Maîtres Thibault Baillet, President, & François de Morvillier, Conseiller en la Cour de Parlement : Roger Barme, nôtre Avocat, Salut & dilection. Comme en ensuivant le vouloir & Ordonnance de nos prédecesseurs Rois de France, & pour le soulagement de nos sujets, eussions ordonné toutes les Coûtumes de nôtre Royaume être accordées en l'assemblée des trois Etats de chacuns Bailliages & Sénéchaussées de nôtredit Royaume, & redigées & mises par écrit, & ce fait, rapportées pardevers les Commissaires sur ce par Nous députez, pour icelles Coûtumes voir, & icelles vûës, faire publier, pour être dorénavant gardées comme Loy, sans ce qu'elles soient enregistrées en nos Cours de Parlement, de chacun de nos Bailliages, Sénéchaussées & Provinces : Et soit ainsi, que les Coûtumes de nôtre Prevôté & Vicomté de Paris, ayent été pieça, en assemblée dûë & competente, rapportées, accordées & écrites ; Et depuis par Vous autres nos Commissaires par Nous ordonnez sur le fait desdites Coûtumes, vûës & arrêtées, tellement qu'il ne reste plus qu'à les publier : Sçavoir faisons, que Nous desirans lesdites Coûtumes pour le bien & soulagement de nos sujets, être publiées & enregistrées, pour être gardées inviolablement dorénavant : Vous mandons, & aux deux de vous, que vous transportiez au lieu principal & siege de ladite Prevôté, auquel lesdites Coûtumes n'ont été publiées : Et illec vous faites assembler tous & chacun les Comtes, Barons, Chastelains, Seigneurs, hauts-Justiciers, Prelats, Abbez, Chapitres, nos Officiers ausdits lieux, Avocats, Licenciez, Praticiens, & autres bons & notables Bourgeois de ladite Ville, Prevôté & Vicomté, en leurs personnes, sans recevoir aucun par procureur, sinon qu'il eût juste & legitime excusation : en leurs presences, faites derechef lire & accorder lesdites Coûtumes. Et si en faisant ladite publication sur aucuns des articles desdites Coûtumes, y survenoit contradiction & opposition par la plus grande & saine partie des gens d'Eglise & des Nobles, ou de ceux du tiers Etat, & que ladite difficulté ne peut être vuidée en ladite assemblée, faites mettre & rediger par écrit les differens & discords d'une part & d'autre, pour icelles rapporter pardevers les gens de nôtre Cour de Parlement, afin d'en ordonner comme de raison. Et quant aux articles desdites Coûtumes qui seront en ladite assemblée, & en vos presences accordez & arrêtez, faites iceux publier & enregistrer és registres de ladite Prevôté, avec nos Lettres d'Edit, sur ce presentes en vos Procez verbaux, pour iceux être dorénavant gardez & observez comme Loy & Edit perpetuel & irrevocable. Et néanmoins vous mandons, que vous contraigniez toutes & chacune les personnes des qualitez dessusdites, à eux trouver en ladite assemblée par la prise du temporel ; les gens d'Eglise & les gens laïs par la prinse & saisie de tous leurs biens meubles & immeubles, & ajournemens personnels en nôtredite Cour de Parlement ; & ce nonobstant oppositions ou appellations quelconques, & sans préjudice d'icelles. Et pour ce qu'aucuns Prelats, Chapitres, Barons, Seigneurs, & autres, prétendent par privilege être exempts de nôtredite Prevôté, combien qu'ils & leurs terres soient dedans les metes d'icelles ; Nous voulons & vous mandons, que sans préjudicier à leurs privileges & exemptions, pour cette fois vous les contraigniez à eux trouver en ladite assemblée, laquelle sera faite au lieu dessusdit. Et outre voulons & ordonnons toutes les Coûtumes generales & locales être accordées & arrêtées, en declarant tous les sujets de ladite Prevôté & Vicomté, être astraints à les entretenir & garder, selon ce qu'elles seront accordées esdites assemblées. De ce faire Vous avons donné & donnons pouvoir, commission, autorité & mandement special ; mandons & commandons à tous nos Justiciers, Officiers & sujets, qu'à vous en ce faisant obéïssent & entendent diligemment. Donné à Blois le 21. jour de Janvier 1510. & de nôtre Regne le 13. Ainsi signé, par le Roy, Robertet. Et aprés la lecture faite audit Lieutenant Criminel & Conseillers desdites Lettres cy-dessus transcrites, leur fut par Nous enjoint de faire convoquer & assembler en ladite Ville de Paris les gens d'Eglise, Nobles, Officiers, Avocats, & autres du tiers Etat, au Jeudy 27. jour dudit mois de Mars ensuivant, pour proceder à la publication desdites Coûtumes : Et pour icelle faire fut choisi ; élu pour lieu plus convenable, la grande salle de l'Hôtel Episcopal de Reverend Pere en Dieu Monseigneur l'Evêque de Paris. Auquel jour de Jeudy 27. dudit mois de Mars nous transportâmes en ladite grande salle, où comparut ledit M. Gilles Maillart, Lieutenant Criminel, & en l'absence dudit M. Jean de Rueil, Lieutenant Civil de ladite Prevôté de Paris, lors exonié de maladie, nous dit, qu'il avoit fait convoquer plusieurs gens d'Eglise, Nobles, Praticiens, Avocats, & autres du tiers Etat, en grand nombre. En ensuivant les lettres missives du Roy nôtredit Seigneur, qui paravant luy avoient été apportées, desquelles la teneur s'ensuit.

De par le Roy, nos amez & feaux, Nous avons entendu que les Coûtumes generales & locales de nôtre Prevôté & Vicomté de Paris, ont été en l'assemblée qui pour ce a été faite dernierement en nôtre Ville de Paris rapportées & redigées par écrit, & envoyées par vous devers lesdits Commissaires par Nous établis sur le fait desdites Coûtumes. Et pour ce que lesdites Commissaires nous ont fait sçavoir qu'ils avoient vûës icelles Coûtumes, & qu'ils étoient prêts, quoique ce soit les aucuns d'eux de faire la publication & decret d'icelles Coûtumes le Jeudy 27. jour du mois de Mars, Nous voulons & commandons bien expressement, que vous fassiez derechef assembler tous ceux qui dernierement se trouverent en ladite assemblée, & qu'avons ordonné être appellez pour arrêter lesdites Coûtumes, & qu'à ce faire vous les y contraigniez par vertu de nos Lettres Patentes que ja pieça vous avons envoyées, pour eux trouver en l'assemblée que voulons être tenuë ledit 27. jour du mois de Mars. Auquel jour & assemblée se trouveront nos amez & feaux, M. Thibaut Baillet, Conseiller & President en nôtre Cour de Parlement ; Et Roger Barme nôtre Avocat en icelle, pour faire la publication, Arrest & decret desdites Coûtumes. Si n'y vüeillez faire faute ; car nous avons cette matiere tres fort à cœur, pour le bien & soulagement qui en peut venir à nos sujets. Donné à Blois le 26. Février. Ainsi signé, Louis. Et au bas desdites Lettres, Robertet. Et au dos d'icelles, A nos amez & feaux, les Prevost, Lieutenant, Avocats & Procureur de nôtre Prevôté & Vicomté de Paris. Et lors fismes lire à Maître Pierre Desmons, Greffier de ladite Prevôté & Vicomté de Paris, les Lettres Patentes de nôtre commission, ensemble les Lettres missives du Roy nôtredit Seigneur, envoyées ausdits Lieutenans & autres Officiers de ladite Prevôté de Paris, cy-dessus transcrites. Et ce fait ordonnâmes audit Greffier appeller les Prelats, Colleges, Chapitres, & autres gens d'Eglise, les Nobles, Avocats, Praticiens, & autres personnes du tiers Etat, qui avoient été ajournez, pour assister à la publication dessusdite. En ensuivant laquelle Ordonnance, furent appellez & comparurent, pour ledit Reverend Pere en Dieu Monseigneur l'Evêque de Paris, étant lors delà les monts par l'ordonnance & commandement du Roy pour les affaires dudit Seigneur) M. Guillaume de Velute, & Hugues le Blanc, son Procureur ; Reverend Pere en Dieu Monseigneur l'Evêque de Lodéve, Abbé de Saint Germain des prez lés Paris ; R. Pere en Dieu Monseigneur l'Evêque de Rousse, Trésorier de la Sainte Chapelle du Palais Royal à Paris ; Frere Philippes Cousin, Abbé de Sainte Geneviéve, au mont de Paris ; F. Guy de Montmiral, Abbé de Saint Magloire, à Paris ; F. Jean Olivier, Abbé de Saint Marc de Soissons, & Vicaire de l'Abbé de Saint Denis en France ; F. Laurent le Pelé, Religieux & Official de ladite Abbaye de Saint Denis ; F. Nicaise de l'Orme, Abbé de Saint Victor lés Paris ; F. Etienne de la Porte, Chambrier de ladite Abbaye ; F. Robert à l'Espée, Abbé de Joyenval ; F. Simon Maugrion, Abbé d'Abecourt ; les Doyen, Chanoines & Chapitre de l'Eglise Nôtre-Dame de Paris, par M. David Chambellam, Doyen & Chanoine de ladite Eglise, & Jean Basin, aussi Chanoine d'icelle, commis & deputez par ledit Chapitre ; les Doyen, Chanoines & Chapitre de S. Germain de l'Auxerrois à Paris, par M. Nicole Compagnon, leur Procureur & Receveur ; le Prieur & Convent de Saint Martin des Champs, par F. Jean Bisieu, Secretain, Procureur & Receveur ; F. Antoine le Barbier, Receveur des Commandeur & Religieux du Temple à Paris, & F. Jean Vedasti leur Procureur ; les Religieux, Abbé & Convent de Tiron, au Perche, à cause des Terres & Jurisdiction qu'ils ont en ladite Ville de Paris, par M. Jean le Grand, leur Procureur ; les Religieux, Abbé & Convent de S. Maur des Fossez, par M. René Amirault, leur Procureur ; M. Imbert de la Plastiere, Conseiller du Roy nôtredit Seigneur en sadite Cour de Parlement, & Prieur de S. Eloy à Paris, par M. Christophe Prevost son Procureur ; le Prieur de S. Ladre lés Paris, par F. Guillaume Leurenceau, Procureur dudit S. Ladre ; les Chapitre & Chanoines de ladite Sainte Chapelle du Palais Royal à Paris, par M. Robert Mausset leur Procureur ; les Religieux, Prieur & Convent de Rueil en Brie, par Dom Simon Charpentier, Religieux dudit lieu, & M. Fourcy leur Procureur ; les Religieuses, Prieure & Convent de Poissy, par M. Pierre Rossignol leur Procureur, les Chanoines & Chapitre de l'Eglise Nôtre-Dame de Poissy, par M Jean le Moine, Chanoine en ladite Eglise ; M. Pierre Bastelart, Curé de Crespieres ; F. Jacques de la Fons, Pierre Chasteaufort, les Religieuses, Abbesse & Convent de Vaulparfonde, par Messire Jean le Moine leur Procureur, les Doyen, Chanoines & Chapitre de l'Eglise S. Merry de Lynois prés Montl'hery, par M. Guillaume Granger, Doyen de ladite Eglise ; F. Jean l'Homme, Prevôt d'Autinville ; les Religieux, Prieur & Convent de Longpont, par M. Hugues le Comte leur Procureur ; Messire Jean Bourdin, Prêtre, Curé dudit S. Merry de Lynois, les Chanoines de l'Eglise Nôtre-Dame de Corbeil, par M. Laurent du Four leur Procureur, les Chanoines de S. Spire dudit Corbeil, par M. Jean Roger, Chanoine dudit lieu ; les Religieux, Abbé & Convent de Lagny sur Marne, à cause de leur Prieuré de S. Thibaut des Vignes, par M. Christophe Prevost, leur Procureur, & Dom Jean Bazille, Prieur dudit S. Thibaut ; les Religieux, Abbé & Convent d'Armieres, par F. Esmery Choise, l'un d'iceux ; M. Jacques Pison, Trésorier de Vivier en Brie ; les Religieux, Prieur & Convent des Celestins de Marcoussis, à cause de leur Fief de Retalle & de Bois de l'Isle, assis en la Châtellenie de Tournant, par M. Jean le Roy, Religieux des Celestins ; M. Guillaume Grotteau, Prieur de Fontenay en Brie ; les Religieux, Prieur & Convent de Gournay, par Dom Antoine Bisieu, leur Procureur ; les Trésorier, Chanoines & Chapitre du Bois de Vincennes, à cause de leur Terre & Seigneurie de Champs sur Marne, par M. Guillaume Cretin, Trésorier, & Etienne du Bouchet, l'un desdits Chanoines ; M. Jean Bataille, Prêtre, Curé de Gonnesse ; M. Pierre Henault, M. de l'Hôtel Dieu de Gonnesse. Comparurent aussi Madame la Comtesse de Vendôme, Dame de la Ferté sous Joërre, par M. Jacques Brestay, Avocat en la Cour de Parlement, son Baillif ; Messire Hemon de Prie, Chevalier, Comte de Dampmartin, par Guy Flory son Procureur ; Loüis, Seigneur de Graville, Amiral de France, Seigneur, Voyer de Chastres, & aussi Seigneur de Marcoussis, Boissy, Sainction, Gommets, & autres Terres & Seigneuries situées & assises dedans les fins & metes de ladite Prevôté & Vicomté de Paris, par noble homme Fiacre de Harville, Seigneur de Palaiseau, son Procureur ; Guillaume, Seigneur, Baron de Montmorency, par M. Jean de la Porte, son Procureur, & Jacques Rayvigny aussi son Procureur & Receveur ; Messire Florimont Robertet, Chevalier, Trésorier de France, Seigneur Châtelain de Villemonble, par M. Jean Baudoüin, son Procureur ; Messire Etienne Petit, Chevalier, Seigneur de Croisi ; Dreus Raguier, Seigneur de Theonville, Maître des eaux & forests ; Antoine de Chanteleu, Seigneur de Chevreuses ; Guillaume de Gillon, Seigneur de Macy, en leurs personnes ; Philippe du Molin, Seigneur de Brus, exonié par Guillaume du Molin, Seigneur de Messi son fils, qui a affirmé que sondit pere étoit malade des fiévres ; Antoine des Essars, Seigneur de Thieux ; ledit Fiacre de Harville, Seigneur de Palaiseau, Gencian Cordelier, Seigneur de Chenevieres sur Marne ; Jean Sanguin, Seigneur de Meudon ; M. Jean Baluë, Seigneur de Villepreux ; M. Jean Piedefer, Seigneur de Giencourt ; M. Jean de Reillac, Seigneur en partie de la Queuë en Brie ; M. Jean Pouart, Seigneur de la Granche Lessart, & de Versailles en partie ; M. Jacques Michel, Seigneur de Vieils Moulin ; Jean de Morenville, Seigneur de Morenvillier & de Maule ; Maître Loüis de Montmiral, Seigneur de Fourqueux ; Marin Bureau, Seigneur de Bernay & de la Houssoye ; M. Thibaut de Vitry, Seigneur de Crespieres en partie ; Nicolas du Puy, Seigneur d'Igny ; Guillaume de Voisins, Seigneur de Villers-le-Bacle en partie ; Nicolas de Noyon, Seigneur du Pont S. Maurice ; Guillaume de Meanze, Seigneur de Courtanbeuf ; M. Dreux Budé, Seigneur Chastellain d'Ierre, & en partie de Mont-Giron ; Guillaume de la Rocque, Seigneur de Montbelin ; François de Flevay, Seigneur de Merangis ; M. Jean le Charron, Seigneur de Nery en Brie ; M. Jean du Pré, Seigneur de Cossigny : Jean de la Rocque, Seigneur de Bucy S. George : François de Mineray, Seigneur d'Armanville : Jean Simon, Seigneur de la Granche-Gaucheron : M. Jean Bauchart, Seigneur de Boictetron : M. Jean Alart, Seigneur de Vignolles : M. Martin Courtin, Seigneur de Pomponne & de Villeneuve-aux-asnes : Antoine du Croq, Seigneur de Chenevieres en France : tous presens en leurs personnes. Noble homme Philippe d'Aunoy, Seigneur de Droüille & de Coussanville, comparant par M. Pierre du Vivier, son Procureur : M. Jean Brinon, Seigneur de Medan & Villaines, comparant par Pierre le Brun, son Procureur : les Religieux Chartreux de Paris, Seigneur du lieu S. Ladre & Thilly, comparans par F. Guillaume de la Mote, leur Procureur : M. Jean des Ruës, Seigneur de Sansailles, (à quoy M. Denis de Souslefourt present s'est opposé, & a dit que ledit des Ruës n'est Seigneur dudit Sansailles, mais que ladite Seigneurie luy appartient) Charles de Vests, Seigneur de Savigny & Viry, par M. Gilles Jacquet, Procureur en Parlement, son Procureur : M. Germain Chartelier, Seigneur de Longnes, comparant par ledit M. Jean de la Porte, son Procureur : A tous lesquels Procureurs dessus nommez, ordonnâmes mettre vers le Greffe leurs lettres de procuration, en commandant au Greffier les prendre & garder devers luy. Comparurent aussi honorables personnes, M. Robert Turcan, Conseiller du Roy nôtredit Seigneur, en sadite Cour de Parlement, & Prevôt des Marchands de la Ville de Paris: ledit Maître Gilles Maillard, Lieutenant Criminel de ladite Prevôté de Paris: M. François Coyer: Robert Piedefer, Avocats & Conseillers du Roy; Et aussi M. Bureau Bucher, Procureur audit Châtelet; M. Jean Poncet, Jean Poliart, Jean le Clerc, Jean le Court, Jean Tronson, Conseillers du Roy nôtredit Seigneur audit lieu: M. Nicole Charmoulüe, Conseiller & Procureur du Roy en la Cour d'Eglise, à Paris: M. Charles de Monemiral, Avocat en ladite Cour: François Chouart, Jean Croquet, & Regnault Anthonillet, Echevins en ladite Ville de Paris: M. Jean Radin, Procureur d'icelle: M. Jean Chouart, leur Avocat: & Hilaire du Guet, Procureur de ladite Ville audit Châtelet, Sires Jean le Gendre, Robert Bonnecœuvre, bourgeois de Paris: M. Gilles Maliu, Prevôt de Chasteaufort: M. Geoffroy le Maistre, Prevôt de Montl'hery: M. Jean le Merayer, & Pierre Potin, prétendans l'Office de Prevôt sous-Bailly de Poissy: Noël de la Lende, Prevôt de Corbeil: M. Jean d'Ambours, Prevôt de Torcy: M. Jean Frolo, Prevôt de Tournant: M. Macé Coustault, Prevôt de Gonnesse: M. Girard le Pere, François Cousinot, Philippe Jaye, Jacques le Févre, Jean Pelerin, Claude Bequet, Jean Vassoris, Jean du Molin, Avocats audit Châtelet: M. Jean Sevin, Procureur en Parlement: M. Raoul Regnart, Guillaume Rondeau, Antoine Farceval, Geoffroy Carpie, Etienne de Villemart, Jean Poussepin, Claude Frolo, Jean d'Arras, Antoine Rachier, Pierre Chenart, Adrian Menoust, Procureurs audit Châtelet: M. Nicole Michel, Substitut du Procureur du Roy à Montl'hery: M. Pierre Meignen, Jean Farcilly, Robert de Vannes, Lionnet Preuves, Praticiens audit Montl'hery: Thomas Benoist, Procureur du Roy à Corbeil, Jacques Cauterel, Yves Caruel, Pierre Fide, Pierre Verger, Praticiens audit Corbeil, Thomas Abur, Greffier & Tabellion de Torcy: Raulin Julian, Praticien audit lieu: Jean Simon, Lieutenant du Prevôt de Tournant: Messire Philippe Ruaut, Prêtre: Pierre Prisonneau, Praticiens audit Tournant: M. Thomas l'Asne, Procureur du Roy à Gonnesse: M. Guillaume Maheu, Greffier, & Pierre du Vivier, Praticien audit lieu de Gonnesse. Et aprés sismes faite serment à tous les dessusdits, de bien & loyaument conseiller, & dire verité sur le fait desdites Coûtumes, & avertir & remontrer ce qui seroit contraire & préjudiciable au bien commun & utilité des manans, habitans de ladite Prevôté & Vicomté de Paris. Et lors par lesdits Guillaume Velute, & Hugues le Blanc, pour mondit Seigneur l'Evêque de Paris; Aussi par lesdits Frere Jean Olivier, Abbé de S. Marc de Soissons, & Vicaire dudit Abbé de S. Denis en France; & Frere Laurent le Pelé, Religieux & Official de ladite Eglise & Monastere, pour lesdits Abbé & Religieux dudit S. Denis, qui par ledit Antoine de Canteleu, Seigneur dudit Chevreuse, fut dit & maintenu, qu'ils, ne leurs sujets, n'étoient pas de la Jurisdiction de ladite Prevôté & Vicomté de Paris, & que la comparition qu'ils faisoient, étoit pour ce que le Roy l'avoit ainsi voulu & ordonné, protestans que ladite comparoissance ne préjudiciât à leurs droits & prérogatives en autres choses. Requerans chacun d'eux, avoir acte de leurdite protestation, & que de ce en fût fait mention en nôtre Procés Verbal, ce que Nous leur avons accordé. Aussi par lesdits Prevôts & autres Officiers du Roy en ladite Prevôté & Châtellenie de Montl'hery, pour & au nom dudit Seigneur, fut dit, que combien que Loüis de Graville, Amiral de France, & Philippe du Molin, Seigneur de Brus, qui avoient été ajournez pour assister à la publication desdites Coûtumes, comme étans en la Prevôté de Paris, c'est à sçavoir ledit Amiral, à cause des Terres & Seigneuries de Marcoussis, Chastres, Boissi, Sanction, Gommers & autres Terres & Seigneuries, & ledit Philippe du Molin, à cause de ladite Terre & Seigneurie de Brus, & que ledit de Graville eût comparu par ledit Fiacre de Herville, comme son Procureur, & aussi que ledit du Molin eût été exonié par sondit fils, toutefois lesdites Terres & Seigneuries étoient & sont situées & assises en la Prevôté & Châtellenie dudit Montl'hery, & du ressort d'icelle. A cette cause protestoient lesdits Prevôt & Officiers du Roy audit Montl'hery, que la comparoissance des dessusdits, ne puist nuire ne préjudicier à iceluy Seigneur, à cause de sadite Prevôté, Châtellenie, & ressort dudit Montl'hery, où ils disent lesdites Terres & Seigneuries desdits de Graville & du Molin, être situées & assises, & en la haute Justice dudit Seigneur. Et par ledit Fiacre de Harville, Seigneur de Palaiseau, pour ledit Seigneur de Graville, & par ledit Guillaume du Molin, Seigneur de Messy, fils dudit du Molin, Seigneur de Brus, fut dit & remontré, que lesdites Terres & Seigneuries dessus declarées, étoient dedans la Prevôté & Vicomté de Paris, y avoient Justice, & n'étoient sujettes audit Siege & ressort dudit Montl'hery, faisans protestations au contraire, requerans chacune desdites parties avoir Acte de ce, & en être fait mention en nôtredit Procés Verbal. Pareillement ont dit & soûtenu lesdits Prevôt & Officiers du Roy audit Montl'hery, que les Terres & Seigneuries de Savigny & Viry qui avoient été appellées esdites Coûtumes, comme étant de la Prevôté de Corbeil, étoient de ladite Châtellenie & Prevôté de Montl'hery, & protesté que ce ne puist nuire ne préjudicier audit Seigneur, à cause de sadite Prevôté & Châtellenie. Et lesdits Prevôt & Officiers du Roy en ladite Prevôté de Corbeil, ont soûtenu & protesté au contraire. Et avons ordonné, que de ce que dessus en ferions mention en nôtre Procés Verbal. Et ce fait, en procedant au fait de ladite publication, fismes faire lecture par ledit Desmons, Greffier de ladite Prevôté de Paris, des Coûtumes d'icelle Prevôté & Vicomté.

Et en lisant le dixiéme article étant au chapitre de matiere feodale, auquel est contenu.

Quand aucun Fief, tenu aux us & Coûtumes de France, échet par succession de pere & mere, ayeul ou ayeulle, il n'est dû au Seigneur feodal dudit Fief, par les descendans en ligne directe, que la bouche & les mains, avec le serment de feauté, quand lesdits pere & mere, ayeul ou ayeule, ont faits les droits & devoirs en leur temps. Leur avons remontré, que ledit article étoit trop general, & que d'iceluy pourroient survenir plusieurs procez, pour les mots apposez en iceluy, *tenus aux us & Coûtumes de France*: car aucuns pourroient dire, que les Fiefs seroient tenus en particulieres Coûtumes, pour ce qu'en France, touchant les teneures feodales, y a diverses Coûtumes, & mêmement en ladite Prevôté & Vicomté de Paris: En leur demandant qu'ils entendoient par ces mots, *tenus aux us & Coûtumes de France.* Surquoy par les Nobles, Praticiens étans en ladite assemblée, nous fût dit, que les mots dessusdits étoient mis audit article, pour ce qu'en la Prevôté & Vicomté de Paris y a certains Fiefs qui se reglent selon la Coûtume du Vuelquecin le François, esquels Fiefs ladite Coûtume n'a point de lieu: Et à cette cause par les anciens ont été toûjours mis ces mots, *tenus aux us & Coûtumes de France.* Surquoy de leur consentement avons ordonné, que dudit article seroient ôtez lesdits mots, *tenus aux us & Coûtumes de France*, & que ledit article seroit écrit ainsi qu'il s'ensuit.

Reformation du second article de matiere feodale.

Quant aucun Fief échet par succession de pere, mere, ayeul ou ayeule, il n'est dû au Seigneur feodal dudit Fief, par les descendans en ligne directe, que la bouche & les mains, avec le serment de feauté, quand lesdits pere & mere, ayeul ou ayeule, ont fait & payé les droits & devoirs en leurs temps; en ce non comprins les Fiefs qui relievent & se gouvernent selon la Coûtume du Vuelquecin le François.

Sur le huitiéme article contenant.

Reformation du viij. article audit titre.

Le fils aîné prend pour son droit d'aînesse le principal manoir, avec le jardin, selon la clôture tenuë en Fief. Et s'il n'y a point de jardin, un arpent de terre, ou le vol d'un chapon au joignant de ladite maison. Par l'avis de tous les assistans en ladite assemblée, a été ajoûté aprés ces mots, *s'il n'y a point de jardin, un arpent de terre*, ce mot, *tenu en Fief.* Toutefois au Texte, cesdits mots, *tenu en Fief*, sont mis aprés cesdits mots, *ou le vol d'un chapon*: & meritement vû que l'arpent est en cette part l'abonnissement du vol d'un chapon. Car s'il n'y avoit que la maison feodale, & qu'il n'y eût point de jardin tenu en Fief, & toutes les autres terres adjacentes fussent roturieres, en ce cas le fils aîné ne prendroit pour son droit d'aînesse que le principal manoir, & n'auroit pas ledit arpent de terre.

Sur le treiziéme article contenant.

Rejet du xiij. article audit titre.

Qu'en prenant & retenant par le Seigneur feodal le Fief mouvant de luy, il peut retenir son quint denier du prix d'icelle vendition, & payer le residu à l'acheteur. Aprés la lecture d'iceluy, par plusieurs étans en ladite assemblée a été remontré que ledit article n'étoit raisonnable, & que quand les Seigneurs feodaux prenoient par puissance de Fief la chose venduë, attendu qu'ils n'étoient contraints à ce faire, ils devoient rembourser l'acheteur de son sort principal, sans déduire ne rabbattre le quint denier sur la somme par luy baillée. Sur quoy avons demandé l'opinion des gens d'Eglise, & aussi de ceux du tiers Etat, lesquels tous concordablement ont été d'avis que ledit article devoit être corrigé. Et quant aux Nobles, plusieurs d'iceux ont soûtenu le contraire: Et sur ce leur avons remontré, qu'en la plûpart des Bailliages de ce Royaume, esquels y a plusieurs Nobles ayans Fief, & où il y a Coûtume que le vendeur doit le quint; ledit article n'est observé ne gardé: tellement que si le Seigneur feodal veut prendre & retenir à soy la chose venduë par puissance de Fief, il est tenu rembourser l'acheteur de tous ses deniers. Et aussi quand ledit article seroit rayé, les Seigneurs feodaux ne seroient interessez: car ils peuvent acquerir, & souvent acquierent Fiefs, lesquels on peut prendre sur eux par puissance de Fief, & si la Coûtume étoit observée, ne seroient remboursez de tous leurs deniers. Et aprés ont consenti, en ensuivant l'opinion des gens d'Eglise, & de ceux du tiers Etat, que desdites Coûtumes fût ôté & rejetté l'article dessusdit, ce qui a été fait.

Sur le trente-deuxiéme article contenant.

Reformation du xxxij article audit titre.

Item, *le gardien ou baillistre d'aucuns enfans mineurs faisans les fruits siens, est tenu de payer droit de relief pour les heritages feodaux, appartenans à iceux enfans mineurs.* Pour les causes cy-aprés inserées, en l'article faisant mention des baillistres, de l'avis & consentement de tous assistans, dudit article avons fait ôter ces mots, *ou baillistre.*

Sur le quarante-sixiéme article contenant.

S'entend franc aleu bien lisé en icelle

Item, *franc-aleu se partit comme Fief noble.* Leur avons dit, qu'il a plusieurs maisons ou heritages en la Ville, Prevôté & Vicomté de Paris, non chargées de foy, d'hommage, ne de censive tenuës, comme on dit, en franc-aleu, desquelles ne sont dépendans ne mouvans aucuns Fiefs, ne pour raison d'icelles n'est dûë sur autres heritages aucune censive, & en iceluy n'y a Justice, & partant ne se devroient partir comme Fief noble: car peut-être qu'en telle maison y auroit plusieurs enfans. Or par ladite Coûtume, joint les précedentes, faudroit que le fils aîné eût toute la maison, & que les autres fussent sans heredité & legitime portion. Sur quoy ouyes les opinions des gens d'Eglise, Nobles, Praticiens & autres du tiers Etat, d'un commun accord & consentement a été ledit article écrit, ainsi qu'il s'ensuit.

Item, *franc-aleu, auquel y a Justice, censive, ou Fiefs mouvans de luy, se partit comme Fief noble: mais où il n'y a Fiefs mouvans, Justice ou censive, se partit roturierement.*

Sur le quarante-septiéme article contenant.

Reform du xlvij article audit de matiere feodale.

Quand le Fief ou Seigneurie feodale vient de nouvel, par succession, acquisition, ou autrement, à aucune personne, ledit nouveau Seigneur ne peut empêcher, ne mettre en sa main les Fiefs qui sont tenus de luy, jusques à ce qu'il ait fait faire les proclamations & significations que ses vassaux luy viennent faire la foy & hommage dedans quarante jours; & ce fait, lesdits quarante jours passez, si lesdits vassaux ne se présentent, il peut saisir & exploiter les Fiefs tenus & mouvans de luy, & faire les fruits siens, pourvû toutefois que ladite proclamation & signification ait été suffisamment & dûëment faite. Par l'avis & opinion des dessusdits, ledit article a été corrigé comme s'ensuit.

Reform & corre du xlvij cle de m feodale.

Quand le Fief ou Seigneurie feodale vient de nouvel par succession, acquisition ou autrement, à aucune personne, le nouveau Seigneur ne peut empêcher, ne mettre en sa main les Fiefs qui sont tenus de luy, jusques à ce qu'il ait fait faire les proclamations & significations, que les vassaux luy viennent faire la foy & hommage dedans quarante jours. Et ce fait, lesdits quarante jours passez, si lesdits vassaux ne se presentent, il peut saisir & exploiter les Fiefs tenus & mouvans de luy, & faire les fruits siens; pourvû toutefois que ladite proclamation & signification ait été faite. C'est à sçavoir, quant aux Fiefs étans és Comtez, Baronnies & Châtellenies dont ils sont mouvans, par proclamation à son de trompe & cry public, par trois jours de Dimanche, ou marché, si marché y a. Et quant aux autres Fiefs étans hors desdites Comtez, Baronnies & Châtellenies dont ils sont mouvans, par signification faite au vassal, à sa personne ou au lieu du Fief, s'il y a manoir, ou au Procureur dudit vassal, s'aucun en a; sinon au Prône de l'Eglise Parrochiale dudit lieu, en jour de Dimanche, ou autre jour plus solemnel.

Sur le cinquante troisiéme article contenant.

Item, *par ladite Coûtume les droits de vente dûs au Seigneur censier sont de douze deniers un denier, qui est pour chacun franc, seize deniers parisis. Excepté en la Châtellenie, Prevôté & Vicomté de Corbeil. Et aussi en la Châtellenie & Prevôté de Tournant*, dont cy-aprés en la fin de ce chapitre est faite mention. Et aussi que le Procureur du Roy audit Châtelet dit & maintient, que de tout temps & ancienneté, ledit Seigneur a joüy de cinq sols parisis pour chacune saisine. Et Velute pour l'Evêque de Paris, & l'Abbé de S. Magloire, ont dit & maintenu avoir pareil droit de cinq sols parisis en leurs terres & censives. Aprés que les Praticiens étans en ladite assemblée nous ont dit, le commencement dudit article être veritable, c'est à sçavoir, que les droits de ventes étoient de douze deniers parisis un denier parisis, les avons interrogez par serment, s'ils sçavoient qu'és Prevôtez de Corbeil & de Tournant y eût plus grandes & moindres ventes, que celles dont dessus est faite mention. Et sur ce par aucuns Praticiens, non étans en grand nombre, ne suffisans pour déposer & prouver coûtume, nous a été répondu, qu'esdits lieux ils prenoient plus grandes ventes. Et par tous les autres Praticiens nous a été dit, qu'ils n'en sçavoient aucune chose, & que jamais n'avoient vû ne sçû par actes extrajudiciaires ne judiciaires, que plus grandes ventes ayent été payées, n'à Corbeil, n'à Tournant, n'en la Prevôté de Paris. Semblablement aprés que les avons interrogez par serment, si dudit droit de cinq sols, que le Procureur du Roy prétend pour la saisine, si on a accoûtumé les payer au Receveur du Roy, lesquels nous ont dit qu'ils n'en sçavoient rien; par quoy avons ordonné, de l'accord & consentement de tous les assistans, que l'article dessusdit demeurera & sera comme s'ensuit.

Reformation de l'art. lxij. du titre de censive & droits seigneuriaux.

Item, *par ladite Coûtume, les droits de vente dûs au Seigneur censier, sont de douze deniers un denier, qui est, pour chacun franc, seize deniers;* & néanmoins a été reservé au Procureur du Roy, à l'Evêque de Paris, & Abbé de Saint Magloire, & aux Seigneurs censiers & fonciers des Châtellenies de Corbeil & Tournant, de prendre tels droits de vente & saisine sur les heritages qui sont en leur censive, qui leur sont & peuvent être dûs. Et à leurs sujets acheteurs ou vendeurs, leurs défenses au contraire.

Sur le lix. article contenant.

Item, *quand aucune rente constituée, nommément sur un heritage tenu en censive est rachetée, le rachetant est tenu payer aux Seigneurs censiers ou fonciers, dont est tenu & mouvant ledit heritage, les ventes dudit rachat.* Les Avocats & Praticiens étans en ladite assemblée ont dit, que pour raison dudit rachat n'étoient dûës aucunes ventes, & n'y avoit Coûtume en ladite Prevôté faisant mention de ce, & jamais n'en avoient vû donner jugement. Et si par aucuns Avocats avoit été alleguée pour coûtume, elle avoit été en jugement contredite & débatuë. Et pour ce qu'aucuns soûtenans ladite Coûtume, alleguoient qu'il y avoit eu Sentence donnée du Prevôt de Paris, puis un mois, conforme à icelle. Les Praticiens, & mêmement ceux qui avoient conduit le procés, sur lequel étoit intervenuë ladite Sentence, semblablement aucuns des Conseillers qui avoient assisté au jugement dudit procés; dirent que ladite Sentence n'étoit causée sur ladite Coûtume, mais sur plusieurs autres points étans audit procés. Les gens d'Eglise soûtenans le contraire, disans que c'étoit vraye coûtume. Et sur ce par le Prevôt des Marchands, Echevins, & Bourgeois de la Ville de Paris, furent faites plusieurs remontrances; mêmement que toutes rentes constituées à prix d'argent sur les maisons de la Ville de Paris, sont rachetables par l'Ordonnance: tellement que les parties ne pourroient faire paction au contraire, & que tous les contrats dont est fait mention en ladite Coûtume, sont contrats qui se resoulent, pour lesquels ne pourroit être dû aucune vente: maintenans & soûtenans pour la liberté des maisons de la Ville de Paris, & pour le bien des manans & habitans en icelle, que pour raison desdites rentes constituées à faculté de rachat, ne sont dûës aucunes ventes, ne pour la vendition, ne pour le rachat, requerans sur ce être plus amplement oüys. Sur quoy avons ordonné, attendu la contradiction dessusdite, que le contenu audit article ne demeureroit arrêté pour coûtume, & que si les gens d'Eglise, Nobles, Prevôt des Marchands, & ceux du tiers Etat, vouloient aucune chose produire pour l'entretenement ou correction dudit article, qu'ils le mettroient devers nous, afin d'en faire nôtre rapport à la Cour, pour en ordonner comme de raison. Et entant que touche la Requête faite par lesdits Prevôt & Echevins de ladite ville de Paris par laquelle ils requierent qu'il soit dit, que pour les constitutions de rentes faites à faculté de remeré, on ne paye aucunes ventes au Seigneur: Avons ordonné, qu'en ensuivant le contenu au lviij. article desdites Coûtumes, l'acheteur d'icelle rente payera les ventes au Seigneur censier ou foncier, jusques à ce que sur leur Requête qu'avons remise à la Cour, autrement y soit pourvû. a

a *Depuis les Prevôt des Marchands & Echevins, plus de quarante ans aprés en ont appellé, tenus pour bien relevez, & tant l'ancienne Coûtume, que ladite Sentence corrigée par Arrest du dixiéme May 1517. que j'ay ajoûté à la fin de ce present Procés Verbal.* C. M. Et partant ne se trouve inseré au Coûtumier ledit lviij. article dont cette Sentence des Commissaires fait mention.

Sur le lxij. article contenant.

Item, *toutes personnes tenans leurs maisons & heritages en censive, sont tenus de payer les droits de cens aux Seigneurs ou Seigneur, dont leurs heritages sont tenus & mouvans, au jour & lieu que dûs sont, sur peine de cinq sols parisis d'amende, fors & excepté des heritages assis en la Ville & banlieuë de Paris, qui ne doivent aucune amande, par faute dudit cens non payé.* Sur la fin dudit article contenant ces mots, *fors & excepté, &c.* La plûpart des gens d'Eglise & Nobles, étans en ladite assemblée ont dit, que pour raison desdits heritages assis en la Ville & banlieuë, par faute de cens non payez, y a amende comme és autres lieux de la Prevôté de Paris, alleguans à cette fin plusieurs raisons. Sur quoy avons oüy tous les Praticiens: Et par le serment qu'ils avoient fait, nous ont dit ladite Coûtume être notoire: Et que pour les heritages étans en la Ville & banlieuë de Paris, par faute de cens non payez, n'est dû aucune amende, & l'ont ainsi vû alleguer au siege dudit Châtelet, l'ont vû pratiquer en plusieurs cas qu'ils ont déduits pardevant Nous. Bien dient, qu'ils n'entendent par ladite Coûtume, que si aucun prenoit en la Ville & banlieuë heritage à censive d'aucun Seigneur censier ou foncier, & que par le bail fût expressément obligé à payer amende, à défaut de cens non payez, qu'en ce cas, par vertu de ladite obligation, par faute de cens non payez, ne soit tenu payer l'amende. Et néanmoins audit article se sont formellement opposez les gens d'Eglise & Nobles, disans & maintenans, que pour ledit cens non payé est dû amende, tant dedans la Ville & banlieuë, que dehors. Sur quoy, vû la déposition de tous les Praticiens, étans en ladite assemblée, avons ordonné, que ledit article demeureroit pour coûtume. Toutefois, qu'en la fin d'iceluy seroient ajoûtez ces mots, *Si à ladite amende payer les détenteurs d'iceux ne sont expressément obligez.* Et néanmoins, que de la dessusdite opposition en ferions mention en ce present Procés Verbal, pour par la Cour en être ordonné comme de raison. Et pour ce que par l'avis & opinion des assistans en ladite assemblée, sous ladite rubriche de censive & droits seigneuriaux, avoit été obmis l'article qui s'ensuit,

Ampliation sur le lxij. article au titre de censive & droits seigneuriaux.

Il ne prend saisine qui ne veut. Avons ordonné, que ledit article seroit écrit & ajoûté esdites Coûtumes.

Sur le xcv. article contenant.

Item, *les exécuteurs d'aucun défunt sont saisis dedans l'an & jour du trépas dudit défunt, des biens meubles demeurez de son decés, pour l'accomplissement de son testament.* Par plusieurs étans en ladite assemblée Nous a été remontré, que ledit article se devoit moderer, pour ce que le testateur qui a délaissé en meubles douze ou quatorze mille francs, aucunes fois ne dispose que de cinq à six cens livres, ou autre moindre somme, pour l'accomplissement de son testament, & sont les heritiers désaisis du reste, montant à grande somme. Et suffiroit que les exécuteurs fussent saisis jusques à la concurrence des deniers qu'il faut pour l'accomplissement dudit testament. Les autres, & en plus grand nombre, disans la Coûtume être telle, & qu'elle étoit raisonnable: car communément en tous testamens est mise la clause de *payer les dettes, & amender les torts faits*; sous lesquelles paroles est comprise telle incertitude, qu'elle ne peut être si-tôt éclaircie, & que les testateurs souvent élisent exécuteurs, ceux ausquels ils ont entiere confiance, pour payer plus promptement leurs dettes, & amender leurs torts faits. Et par ce est convenable qu'ils soient saisis de tous les meubles. Et aprés sur ce, d'un commun accord & consentement, a été ledit article moderé ainsi qu'il s'ensuit.

Modification & amplification sur le xcv article, du titre des testamens & exécution d'iceux.

Item, *les exécuteurs d'aucun défunt sont saisis dedans l'an & jour du trépas dudit défunt, des biens meubles demeurez de son decés, pour l'accomplissement de son testament, si le testateur n'avoit ordonné que ces exécuteurs fussent saisis jusques à somme certaine seulement.* Et outre, avons remontré à ladite assistance les fraudes qui de jour en jour se commettent és testamens qui se font non seulement en la Ville, Prevôté & Vicomté de Paris, mais en plusieurs lieux de ce Royaume, tellement qu'à ceux qui sont si prochains de la mort, & fort pressez de grandes maladies, à l'occasion desquelles sont fort diminuez d'entendement & de sens, on leur fait faire testament qui procede trop plus de la volonté du Chapelain ou Curé, ou autre suggerant, étans prés desdits malades, que de la leur, & sur ce, d'un commun accord de tous les assistans, a été ajoûté audit chapitre l'article qui s'ensuit.

Article xcvj. ajoûté au coûtumier.

Avant qu'un testament soit reputé solemnel, il est requis qu'il soit écrit & signé de la main & seing manuel du testateur, ou signé de sa main, & à luy lû, & par luy entendu, en la presence de trois témoins, ou qu'il soit passé pardevant deux Notaires, ou pardevant le Curé de sa Paroisse[a]*, ou son Vicaire general, & un Notaire, ou dudit Curé, ou Vicaire & deux témoins, ou d'un Notaire & deux témoins, ou de quatre témoins, iceux témoins idoines & suffisans, & non legataires dudit testateur, fors & excepté en tant que touche les lais pitoyables, obseques & funerailles d'iceluy testateur, esquels toutefois, & pour le moins sera gardée la solemnité de Droit Canon,* audit chapitre

L'art. xcvij. ajoûté au coûtumier.

Par l'avis & opinion que dessus, a été ajoûté le xcvij. article qui s'ensuit. *Il est loisible à toute personne franche, âgée, usant de ses droits, de donner & disposer, par donation & disposition faite entre-vifs, de ses heritages propres, ou a conquest, à personne capable.*

a *Il est ainsi aux registres de la Cour de Parlement, quoique aucuns livres mettent, &c.* C. M.

Aprés la lecture du xcix. article, selon la cotte ancienne, qui est écrit ainsi qu'il s'ensuit. *Par ladite Coûtume generale gardée & observée en ladite Prevôté & Vicomté de Paris, hors la Ville & fauxbourgs de Paris, il est loisible au plus prochain parent & lignager d'aucuns enfans mineurs nobles en ligne collaterale, d'accepter le bail desdits mineurs, & tel baillistre fait les fruits siens des heritages desdits mineurs, à la charge de payer par ledit baillistre les dettes que doivent lesdits enfans, les nourrir & alimenter, & entretenir lesdits heritages, payer les charges qu'ils doivent, & à la fin dudit bail rendre lesdits heritages en bon état. Et dure ledit bail, c'est à sçavoir aux enfans mâles jusques à vingt ans, & aux filles jusques à quinze ans accomplis.* Avons dit & remontré à ceux desdits Etats, que selon le contenu audit article, lequel on avoit paravant gardé pour coûtume, le plus prochain en ligne collaterale, parent & lignager d'aucuns enfans mineurs nobles, avoit & pouvoit accepter le bail desdits mineurs, à la charge de les nourrir & entretenir selon leur état. Et faisoit les fruits siens des heritages appartenans ausdits mineurs, & les appliquoit à son profit, durant le temps dudit bail, & souvent délaissoit les heritages desdits mineurs en ruine & en décadence, dont entre lesdits mineurs venus en âge & baillistres, y avoit grand procés qui étoit grandement préjudiciable à plusieurs étans mineurs, en ladite Prevôté & Vicomté. Car au moyen dudit bail, lesdits mineurs perdoient les fruits & levées de leurs heritages, échûs pendant leur minorité, qui étoit chose contraire à bonne raison & équité. Et aussi ceux à qui appartenoit ledit bail, n'en prenoient la charge, sinon quand ils voyoient qu'il leur étoit utile & profitable. A cette cause fut par Nous demandé aux gens d'Eglise, Nobles, Avocats, Praticiens, & autres du tiers Etat, leur avis sur ce, qui tous concordablement furent d'opinion, que ledit article devoit être rayé & mis hors dudit cahier, ce qui a été fait.

Rejet du x... & xcix. a... dudit titre Garde-nob...

Et les xcix. & ci. articles étans au chapitre de garde noble & garde bourgeoise, contenans, *Par la Coûtume generale de la Prevôté & Vicomté de Paris, hors ladite Ville & fauxbourgs de Paris, il est loisible aux pere, mere, ayeul ou ayeule, nobles, accepter la garde-noble de leurs enfans en ligne directe, aprés le trépas des pere & mere desdits enfans. Et font lesdits gardiens les fruits leurs, des heritages, rentes & revenus appartenans ausdits mineurs, à la charge de payer par lesdits gardiens les dettes que doivent lesdits enfans, les nourrir; alimenter & entretenir, payer & acquitter les charges que doivent lesdits heritages, & à la fin de ladite garde rendre lesdits heritages en bon état. Et dure ladite garde, c'est à sçavoir aux enfans mâles jusques à vingt ans, & aux filles jusques à quinze ans accomplis: Et par la Coûtume tenuë & gardée en la Ville de Paris, quand l'un des deux conjoints ensemble par mariage va de vie à trépas, délaissez aucuns de leurs enfans mineurs, il est loisible au survivant d'accepter la garde bourgeoise, gouvernement & administration desdits mineurs, & de leurs biens meubles & immeubles en jugement. En ce faisant, faire par ledit survivant les fruits & revenus des heritages desdits mineurs siens, en nourrissant & entretenant par ledit survivant, iceux mineurs, & payant & acquittant les charges desdits heritages, & iceux entretenir de reparations viageres jusques à la fin d'icelle garde, qui dure aux enfans mâles jusques à quatorze ans, & és femelles jusques à douze ans.* Aprés la lecture des articles dessusdits, en communiquant du contenu en iceux aux gens Nobles & Praticiens, leur a été remontré, que souvent les peres ou meres qui doivent employer le revenu desdits mineurs à l'utilité & profit d'iceux, se remarioient, & étoient les maris ou femmes, ou les enfans d'iceux du second mariage, nourris & alimentez des biens & revenus des enfans du premier mariage, & en ce lesdits mineurs avoient grandes pertes & dommages. Et aprés avoir ouy l'avis & opinion de tous les dessusdits, a été ordonné, qu'en la fin desdits deux articles, seroit ajoûté la clause qui s'ensuit. *Pourvû que le pere ou mere, ayeul ou ayeule survivant, qui acceptera ladite garde noble ou bourgeoise ne se remarie. Car en ce cas le temps de ladite garde sera fini, & sera pourvû ausdits mineurs de tuteurs & curateurs par le Juge, auquel il appartient d'y pourvoir.*

Ajoûtement xcix. & ci. au titre de rde-noble garde bourgeoise.

Item, au chapitre *de communauté de biens*, a été ajoûté par l'opinion que dessus le cvi. article contenant, *Une femme ne peut ester en jugement sans l'autorité de son mary, sinon qu'elle soit separée.* Le cxvi. & cxxxi. articles étans audit chapitre de *communauté de biens*, contenans, *Quand l'un des deux conjoints ensemble par mariage, Nobles & vivans noblement, va de vie à trépas, il est en la faculté du survivant, d'accepter les meubles étans hors la Ville & faubourgs de Paris, sans fraude, auquel cas il est tenu de payer les dettes mobiliaires que devoit le trépassé, les obseques & funerailles d'iceluy trépassé. Et en la Prevôté & Vicomté de Paris, hors la Ville & faubourgs de Paris, entre Nobles, quand l'un des deux conjoints ensemble par mariage va de vie à trépas, le survivant peut, si bon luy semble, prendre les meubles & créances demeurez de son decés, & qui communs étoient entre eux, & dont ils joüissoient au temps d'iceluy trépas, en payant les dettes mobiliaires & personnelles, obseques & funerailles.* Aprés la lecture desdits deux articles avons dit & remontré à tous ceux de l'assemblée, pour ce que souvent advient que le survivant desdits Nobles conjoints, qui a prins les meubles, se remarie, & parce qu'il fait lesdits meubles siens, les enfans du premier mariage sont frustrez desdits meubles, qui montent aucunes fois à grande somme de deniers, & en sont nourris les enfans du second mariage: Ou quand il n'y a enfans, & que celuy qui se remarie en secondes nôces va de vie à trépas, demeurent à celuy qui ne les a acquis ne gaignez. A cette cause, du vouloir & consentement des dessusdits, à la fin desdits articles a été ajoûtée la clause qui s'ensuit: *Pourvû qu'il n'y ait enfans du trépassé; & où il y aura enfans, lesdits biens se partiront par moitié entre eux & le survivant.*

Ajoûtement r le cxvj. article, au titre communauté de biens

Ajoûtement sur les cxvj. & cxxxj. art. au titre de communauté de biens.

Et le cxix. article étant audit chapitre, contenant. *Que quand aucune rente, dûë par l'un des deux conjoints ensemble par mariage, est rachetée par les deux conjoints, tel rachat est reputé acquêt.* Pour plus declarer ledit article, par la déliberation que dessus, a été écrit comme s'ensuit. *Quand aucune rente dûë par l'un des deux conjoints ensemble par mariage, ou sur ses heritiers paravant leur mariage, est rachetée par lesdits deux conjoints, ou l'un d'eux constant ledit mariage, tel rachat est reputé conquêt.*

Declaration de l'art. cxix. au titre de communauté de biens.

Le cxxiii. article étant au chapitre *de Succession*, contenant, *Enfans mariez de biens communs de pere & mere, aprés leur trépas, ne peuvent venir à leur succession avec les autres enfans, leurs freres & sœurs qui n'ont été mariez de biens communs desdits pere & mere, si par le traité de leurdit mariage faisant, ne leur a été reservé par leursdits pere & mere.* Les gens d'Eglise, Nobles & Praticiens ont été d'avis, qu'au moyen présentation a été permise en ligne directe, ainsi que contenu est cy-aprés, ledit article devoit être corrigé, & écrit ainsi que s'ensuit. *Enfans mariez de biens communs de pere & de mere, aprés leur trépas, peuvent venir à la succession avec les autres enfans, leurs freres & sœurs, qui n'ont été mariez de biens communs desdits pere & mere, en rapportant ce qui leur avoit été donné en mariage, ou moins prenans esdites successions.*

Correction du cxxiij. art. au titre de succession.

Et le cxxxii. article contenant, *En la Prevôté & Vicomté de Paris, l'on tient la Coûtume être telle & commune en ce Royaume, que le mort saisit le vif son hoir.* Pour ce que les gens d'Eglise, Nobles & Praticiens, disoient n'être assemblez, sinon pour les Coûtumes de la Prevôté & Vicomté de Paris, & d'icelles avoient à déposer seulement: Par leur opinion & avis dudit article ont été ôtez ces mots, *On tient la Coûtume être telle & commune en ce Royaume*, & écrit comme s'ensuit, *En la Prevôté & Vicomté de Paris, le mort saisit le vif son hoir.*

Reformation de l'article cxxxij. au titre de succession.

Item, l'article cxxxiii. étant audit chapitre *de Succession*, contenant, *Que par la Coûtume de la Prevôté & Vicomté de Paris, représentation n'a point de lieu, s'il n'a été reservé en traitant le mariage, & s'il est reservé à l'un, il est reservé aux autres.* Aprés plusieurs raisons & remontrances faites sur le contenu audit article, par l'avis & opinion desdits Etats, a été corrigé ainsi que s'ensuit. *Par ladite Coûtume en ligne directe, représentation a lieu.* Et pour plus declarer le droit de ladite représentation, par l'opinion que dessus, audit chapitre a été ajoûté l'article qui s'ensuit. *Quand il y a enfant mâle du fils aîné survivant son pere, en venant à la succession de ses ayeul ou ayeule, represente sondit pere au droit d'aînesse: & s'il n'y a que filles, elles representent leurdit pere toutes ensemble pour une tête, & partissent avec leurs oncles, sans droit d'aînesse quant ausdites filles.*

Correction de l'art. cxxxiij. audit chap. de succession.

Addition au Coûtumier de l'art. cxxxiv. Rejection des art. cxxxij. & cxxxiij. du vieil Coûtumier.

Les cxxxii. & cxxxiii. articles, selon la cotte ancienne, étant audit chapitre *de Succession*, contenans, *Les enfans du fils aîné, auquel a été reservé & permis, par representation de leur pere & mere, venir à la succession de leur ayeul ou ayeule, avec leurs oncles & tantes, freres & sœurs de leur feu pere, n'ont aucun avantage esdites successions, à cause de l'aînesse de leurdit feu pere; mais tous ensemble pour une tête seulement, comme representans leur pere, viennent aux successions de leursdits ayeul ou ayeule, avec leursdits oncles & tantes, tant en Fief & heritages tenus noblement, comme autres. Et les neveux & niéces en ligne directe, venans à la succession d'aucun défunt, leur ayeul ou ayeule, qui ayent survécu leurs propres enfans aprés le trépas d'iceluy défunt, partissent & divisent par tête également les biens d'icelle succession. Et n'y peuvent les enfans du fils aîné d'iceluy défunt, ne pareillement l'aîné desdits neveux, soit mâle ou femelle, prendre prerogative au droit d'aînesse.* Par l'avis & déliberation desdits gens d'Eglise, Nobles, & de ceux du tiers Etat, pour la correction ou addition des deux articles précedens, faisans mention de représentation, lesdits deux articles ont été rayez, & mis hors dudit cayer.

Correction & abolition des cxxxij. & cxxxiij. articles audit chapitre de succession; selon le cahier ancien.

Sur le clj. article étant au chapitre *de Succession*, en ligne collaterale, contenant, *Les parens & lignagers des Evêques, & autres gens d'Eglise seculiers leur succedent.* Au contenu audit article se sont opposez lesdits Abbez de sainte Geneviéve, saint Magloire, saint Marc de Soissons, tant en son nom, que comme Vicaire dudit Abbé de Saint Denis en France, ledit Secretain de saint Martin des Champs, & ledit Receveur du Temple, à Paris, & autres Religieux, disans & maintenans, que quand un Evêque, ou autre Prêtre seculier, tenant un Prieuré ou Abbaye en commande, dépendans de leurs Abbayes ou Prieuré, va de vie à trépas, que les biens étans en ladite Abbaye, Prieuré, ou autres Benefices, à l'heure dudit trépas, leur competent & appartiennent, par quoy s'opposoient formellement à ce que ledit article ne fût écrit & arrêté pour Coûtume : Les gens du Roy audit Châtelet, Prevôt des Marchands & Echevins de la Ville de Paris, les Avocats, Praticiens, & autres assistans en ladite assemblée, disans ladite Coûtume être telle, & qu'ils en avoient toûjours & de toute ancienneté ainsi vû user, comme vraie & notoire, par quoy devoit demeurer comme il étoit écrit audit cahier. Ce fait, avons ordonné que ledit article demeureroit pour Coûtume, sans préjudice de l'opposition des dessusdits, dont ferions mention en nôtre Procés Verbal.

Confirmation de l'art. clij. audit chap. de succession.

Sur le clij. article contenant, Religieux & Religieuses profés ne succedent point à leurs parens, ne le Monastere pour eux. A cet article s'est opposé ledit Receveur du Temple, à Paris, disant, que lesdits du Temple ont privilege au contraire, protestant que là où ladite Coûtume auroit lieu, que ce ne peut nuire, ne préjudicier à leurdit privilege. Les gens d'Eglise, Nobles, Avocats, Praticiens, & gens du tiers Etat, maintenans ladite Coûtume être telle & toute notoire en ladite Prevôté & Vicomté. Sur quoy avons ordonné, par l'avis & opinion de ceux desdits Etats, que ledit article, attendu l'ancien usage d'iceluy, demeureroit pour Coûtume. Et lesdits Religieux du Temple, qui s'opposoient audit article, écriroient & produiroient ce que bon leur sembleroit, qui seroit montré & communiqué au Procureur du Roy pour y répondre, afin d'en faire nôtre rapport à la Cour.

Confirmation du clij art. audit chap. de succession.

Item, au clv. article, étant au chapitre *de Don mutuel*, contenant ce qui s'ensuit, *Homme & femme conjoints ensemble par mariage, étant en santé, peuvent & leur loist faire donation mutuelle l'un à l'autre également de tous leurs biens meubles & conquêts immeubles, fait durant & constant leur mariage, communs entre eux, & qui sont trouvez à eux appartenir, être communs entre eux à l'heure du trépas du premier mourant desdits conjoints, pour en joüir par le survivant d'iceux conjoints sa vie durant seulement, en baillant par luy caution suffisante de restituer lesdits biens aprés son trépas.* Aprés plusieurs causes & raisons sur ce déduites & alleguées, par l'avis & déliberation de tous les Etats dessusdits, à la fin dudit a été ajoûté la clause qui s'ensuit. *Pourvû qu'il n'y ait enfans ; & où il y aura enfans, ledit Don mutuel aura lieu pour le temps avenir.*

Ajoûtement au clv. article chap. de don mutuel.

Et sur le clxxxj. article, qui est au chapitre *de Retrait lignager*, contenant, *Quant audit retrait lignager faire vient le frere, la sœur, ou autre prochain vendeur dudit vendeur du côté & ligne dont ledit heritage est mouvant jusques au cousin germain, ledit retrayant n'est point tenu rembourser l'acheteur des ventes par luy payées au Seigneur foncier, à cause de l'achat par luy fait dudit propre heritage, ny à cause d'icelles ventes luy offrir aucune chose.* Sur lequel article les gens d'Eglise, Nobles, Avocats & Praticiens étoient en different, pour ce que les aucuns disoient, qu'en ladite Coûtume devoient être compris seulement les oncles, freres & sœurs : Les autres, qu'avecque l'oncle, frere & sœur, le cousin germain y devoit être comprins, & ne devoient les dessusdits rembourser celuy de qui ils retrayoient l'heritage des ventes qu'il avoit payées. Et aprés plusieurs causes & raisons alleguées au contraire. Par l'avis & opinion de la plus grande partie, tant de gens d'Eglise, Nobles, que Praticiens, ledit article a été rayé, comme contraire à bonne raison & équité. Et pour plus declarer le contenu audit chapitre de retrait lignager, de l'avis & déliberation desdits gens d'Eglise, Nobles, Avocats, Praticiens, & autres du tiers Etat, y ont été ajoûtez les clxxiv. clxxxiv. & clxxxv. articles contenans ce qui s'ensuit. *Si aucune personne acquiert un heritage propre de son parent, du côté & ligne dont il est parent, & il vend ledit heritage, tel heritage chet en retrait. Et quand l'heritage propre est acquis durant & constant le mariage de deux conjoints, dont l'un d'iceux est parent & lignager du vendeur du côté & ligne dont ledit heritage appartenoit audit vendeur, tel heritage ainsi vendu ne gist en retrait durant & constant ledit mariage, mais aprés le trépas de l'un desdits conjoints, la moitié dudit heritage gist en retrait à l'encontre de celuy qui n'est lignager, ou ses hoirs (s'ils ne sont lignagers dudit vendeur dudit côté & ligne dont ledit heritage appartenoit à iceluy vendeur) dedans l'an & jour du trépas du premier mourant desdits conjoints. (Supposé qu'il y eût saisine ou infeodation prinse durant iceluy mariage) rendant & payant par le retrayant la moitié du sort principal, frais & loyaux coûtemens.* Et, item, *quand le Seigneur feodal a prins & retenu par puissance de Fief aucun Fief tenu & mouvant de luy, & que ledit Fief luy est depuis évincé par retrait, le retrayant est tenu payer audit Seigneur les droits de quints & requints, si requint y a, avant que ledit Seigneur soit tenu de le recevoir en foy & hommage dudit Fief, sauf au retrayant son recours contre le vendeur, si la vente avoit été faite francs deniers.*

Reject du vieil art. clxxxj. du Coûtumier.

Addition Coûtumie des art. clxxiv. clxxxiv. & clxxxv.

Item, aprés la lecture faite du clxxxiij. article, selon la cotte ancienne, contenant, *Par lesdits usage & Coûtume, un heritage baillé à cens ou rente, ne chet point en retrait, s'il n'y a deniers baillez.* A été dit & remontré par plusieurs des assistans, que ledit article devoit être ôté dudit cahier, ou à tout le moins corrigé, pour les fraudes & abus que l'on disoit y avoir été commis par cy devant, & qu'on y pourroit commettre cy-aprés. Et la plus grande partie desdits assistans, tant de gens d'Eglise, Nobles, Praticiens, ont été d'avis & opinion, que ledit article devoit être corrigé, & que quand propre heritage est baillé à rente rachetable, que ledit heritage gist en retrait dedans l'an & jour du bail fait, ou de la saisine, ou infeodation prinse, à la charge de payer promptement par le retrayant (en faisant l'adjudication du retrait) les deniers du rachat de ladite rente. Mais si ladite rente est non rachetable, que ledit heritage ne gist en retrait. Aucuns ont été d'avis, que supposé que ladite rente soit non rachetable, que néanmoins si ladite rente non rachetable est venduë, que ledit heritage chet en retrait dedans ledit an & jour de ladite saisine ou infeodation de la vente de ladite rente. Les autres, en petit nombre, ont été d'opinion, que ledit heritage n'est retrayable, jusques à ce que la rente rachetable soit rachetée. Pour la diversité des opinions, ledit article n'a été arrêté pour Coûtume, & ont requis les dessusdits, que fissions nôtre rapport à la Cour de ce que dessus, pour y pourvoir & en ordonner.

Le clxxx[illegible] art. au chap[illegible] de retrait [illegible]gnager a é[illegible] remis à la Cour.

Et aprés lecture faite de tous les articles dudit chapitre *de retrait lignager*, a été demandé par aucuns des assistans : Quand un Fief est baillé à toûjours à rente emphitheose, retenu au bailleur la foy & hommage, & tous droits seigneuriaux, & il advient que ledit bailleur ou ses ayans cause, acquiérent la proprieté & Seigneurie utile dudit Fief ainsi baillé, & réünient ladite Seigneurie utile, avec la Seigneurie directe, si telle réünion & consolidation vaut équipolle à infeodation, quant aux lignagers, en telle maniere, que si le lignager ne vient au retrait dedans l'an de la réünion, s'il peut aprés ledit an passé venir au retrait dudit heritage & Seigneurie utile, ainsi réünie avec la Seigneurie directe que dit est.

est. Et aussi, quand un Seigneur a acheté aucun heritage tenu en censive, qui est propre au vendeur, si ledit heritage gist en retrait contre le Seigneur aprés l'an & jour de ladite acquisition passée. Et s'il est métier qu'és cas dessusdits, ledit Seigneur declare en Jugement, ou autrement lesdites réünion ou acquisition : Aucuns, en petit nombre, ont été d'avis qu'on devoit laisser la chose ainsi qu'elle est, sans en parler. Les Nobles ont été d'opinion, que le Seigneur soit tenu declarer en sa Justice lesdites réünion ou acquisition, & que l'an dudit retrait courre du jour & datte de ladite declaration faite en leurdite Justice, & non plûtôt. Aucuns gens d'Eglise ont dit, que ladite declaration se fasse pardevant le plus prochain Juge, ou au Prône de l'Eglise Parrochiale, où ledit heritage est assis. Et la plus grande partie des Conseillers, Avocats, Praticiens, & gens du tiers Etat, ont été d'avis, que ladite declaration se fasse pardevant le plus prochain Juge Royal, au lieu où ledit heritage est assis. Sur quoy avons ordonné, pour la contrarieté des opinions, que de ce ferions mention en nôtre Procés Verbal, pour par la Cour en être ordonné.

es arti- dit cha de re- ren- à la

Et sur le clxxxvj. article, selon la cotte ancienne, étant au chapitre intitulé, *des Criées des quatre Quatorzaines anciennes*, dont la teneur s'ensuit. *Par lesdits usage, stile, & Coûtume, quand aucuns heritages assis en la Ville, Prevôté & Vicomté de Paris, sont saisis & mis en criées par lesdits quatre Quatorzaines anciennes, & depuis adjugez par decret, & le rentier qui a la rente nommément constituée & assise sur lesdits heritages, dûëment perçûë, & en saisine, ou infeodée sur iceux heritages, ne s'oppose ausdites criées, en ce cas tel rentier, par ladite vente & adjudication de decret, perd seulement les arrerages de sadite rente, & non pas le droit d'icelle.* Aprés la lecture dudit article, fut par Nous dit & remontré ausdits assistans, que ledit article pouvoit être contre le bien & profit commun des manans & habitans de ladite Prevôté & Vicomté, parce que l'acheteur par decret ne seroit seur de ce qui luy seroit adjugé par decret, qui est l'une & la principale cause pour laquelle se font telles criées, & que si de ladite Coûtume s'en trouvoit aucune chose par écrit, toutefois si étoit-elle à corriger & moderer. Et en autres Bailliages & Sénéchaussées de ce Royaume, semblable article avoit été couché pour Coûtume, mais les gens d'Eglise, Nobles, & Praticiens, avoient requis qu'il fût corrigé en ce qui touche & concerne les rentes & arrerages constituez sur les heritages criez : Attendu qu'és criées faites en la Cour de Parlement, és Requêtes du Palais, du Trésor, & aussi en la plûpart des Bailliages & Sénéchaussées de ce Royaume, celuy ou ceux qui ne seroient opposans ausdites criées pour rentes & arrerages, le decret adjugé, perdent leur rente & arrerages qu'ils pouvoient avoir sur lesdits heritages adjugez par decret. Du vouloir & consentement de tous les dessusdits, ledit article a été rayé.

t du article

Sur le clxxxv. article, contenant, *qu'un répit ne se peut adapter, ni avoir lieu contre le dû d'aucun, à luy adjugé par Sentence diffinitive & contradictoire, loüage de maison, arrerages de rentes, moisson de grains, & dettes de mineurs.* Par l'avis & déliberation desdits assistans, a été écrit comme s'ensuit. *Un répit ne peut avoir lieu contre le dû d'aucun, à luy adjugé par Sentence diffinitive & contradictoire, loüage de maison, arrerages de rentes, moisson de grains, & dettes de mineurs contractées avec leurs mineurs ou leurs tuteurs, durant la minorité.* Aussi, par l'opinion de tous ceux de ladite assemblée, les articles qui faisoient mention de la forme de relever les appellations pardevant le Prévôt de Paris, ou son Lieutenant, és Jurisdictions esquelles il a accoûtumé de tenir les assises : Et des bêtes trouvées en dommage, pareillement des adjournez à trois briefs jours, ont été rayez, & mis hors dudit cahier : parce que tous ont dit, que ce n'étoient Coûtumes, & qu'on le devoit alleguer par stile seulement.

Modification & autorisation du ccxv. article sur le chap. commençant autres Coûtumes.

Ce fait, par l'avis & déliberation de tous les dessusdits a été ajoûté à la fin dudit cahier le ccxix. article, duquel la teneur s'ensuit. *Marchands, gens de métier, & autres vendans leurs denrées & marchandises à détail, Medecins, Chirurgiens, Barbiers, Orfévres, Epiciers, Apothicaires, Maçons, Charpentiers, Laboureurs, Manouvriers, serviteurs & autres mercenaires, demeurans, en la Ville, Banlieuë, Prevôté & Vicomté de Paris, ne peuvent faire action, question ou demande de leursdites denrées & marchandises, salaires & services, aprés trois ans passez, lesdites denrées venduës & livrées à détail, ouvrages, labeurs, salaires & services faits : fors & excepté celles qui seroient reconnuës par obligation, cedulle, ou autrement dûëment.*

Ajoûtement du ccxix. article. Cette Coûtume a été par Ordonnances de l'an 1512. restrainte à six mois, & quant aux serviteurs à un an.

Lesquelles corrections, modifications, ou additions, du vouloir & consentement desdits Evêque, Abbez, gens d'Eglise, Nobles, Conseillers, Praticiens, Avocats, & autres du tiers Etat, ont été faites comme dessus, pour servir à valoir és questions & procez qui surviendront pour le temps avenir. Et aprés avons demandé ausdits gens d'Eglise, Nobles, Praticiens, & autres étans en ladite assemblée, s'ils sçavoient autres Coûtumes que celles que dessus. Lesquels, & mêmement les Praticiens, nous ont dit & répondu que non ; dont ils fussent recors & memoratifs. Aussi l'avons demandé ausdits Officiers & Praticiens desdites Prevôtez & Châtellenies ; lesquels, & chacun d'eux, nous ont fait réponse que non, & s'arrêtoient du tout ausdites Coûtumes generales de ladite Prevôté & Vicomté de Paris. Aprés lesquelles choses, tous les dessusdits concordialement ont été d'avis, qu'aucun dorénavant ne devoit être reçû à alleguer, poser, ou articuler aucunes Coûtumes, autres que celles qui sont écrites & arrêtées comme dit est ; en nous requerans de ce en avertir le Roy, & en faire faire mention en ce present Procés Verbal, ce que leur avons accordé. Ce fait, avons prins lesdites Coûtumes, pour les apporter en la Cour de Parlement ; & en avons laissé un double, pour mettre audit Châtelet, signé de Nous Commissaires dessusdits, & desdits Lieutenant & Greffier de ladite Prevôté de Paris. En faisant défenses ausdits Lieutenant, Officiers du Roy, Conseillers, Avocats & Praticiens de ladite Prevôté & Vicomté, que dorénavant pour la preuve desdites Coûtumes publiées comme dessus, ils ne fassent aucune preuve par turbes, ou témoins particuliers ; mais seulement par l'extrait d'icelles, signé & dûëment expedié. Et aussi de non alleguer, ne poser autres Coûtumes contraires, ou dérogeantes ausdites Coûtumes publiées & arrêtées ; ains les observent & gardent, le tout selon les Lettres de l'Edit du Roy nôtredit Seigneur, desquelles la teneur s'ensuit.

LETTRES ENVOYE'ES PAR LE ROY, pour proceder à la visitation des Coûtumes de ce Royaume.

LOUIS, par la grace de Dieu, Roy de France. A nos amez & feaux Conseillers, Maître Thibaut Baillet, Jacques Olivier, Presidens : Guillaume Dauvet, Maître des Requêtes ordinaire de nôtre Hôtel : Guillaume de Besanson, Guy Arbaleste, Germain Châtellier, François de Morvillier, Estienne Buynart, Jean le Lievre, Jacques Chevrier, Conseillers en nôtre Cour de Parlement : Roger Barme, nôtre Avocat, & Guillaume Roger, Procureur General, Salut & dilection. Comme Nous ayons toûjours desiré regir & gouverner nos sujets par bonne & vraie Justice, & icelle garder, faire garder & entretenir en tout nôtre Royaume, comme la principale vertu par laquelle les Rois regnent, & sans laquelle tous Royaumes, Monarchies, & Communautez publiques, ne peuvent continuer ne
a durer. *a* Et pour à ce parvenir, ayons quis, & fait
b querir tous les moyens qu'avons sçû & pû *b* Et singulierement connoissans les grandes vexations, longueurs, frais, & dépens, que nos pauvres sujets ont eu & souffert par cy-devant, au moyen de la confusion, obscurité, & incertitude, qui se trouvoit és Coûtumes des Provinces, Bailliages, Sénéchaussées, & autres pays & contrées de nôtredit Royaume. Ayons voulu (en ensuivant ce qui avoit été par plusieurs fois commencé par nos prédeces-
c seurs de bonne memoire, les Rois Charles VII. *c* Loüis XI nôtre feu Seigneur & cousin le Roy Charles VIII. derniers décedez, & ce qui n'avoit pû sortir, pour les grandes affaires & occupations qui étoient survenuës à nosdits prédecesseurs, dû & convenable parachevement) que les Coûtumes, que ja, par Ordonnance de nôtredit feu Seigneur & cousin, avoient été rapportées, & par vous, ou aucuns de vous, ou autres Commissaires à ce deputez par iceluy feu Seigneur & cousin, visitées & arrêtées ; fussent par vous publiées sur les lieux, selon la forme & en la maniere ordonnée par nôtredit feu Seigneur & cousin. Et soit ainsi, que desdits Commissaires. Ja pieça par feu nôtredit Seigneur & cousin, & par Nous commis pour besogner au fait desdites Coûtumes, soient les aucuns d'iceux décedez, & les autres pourvûs en autres Etats & Offices, ou Dignitez ; tellement qu'ils ne pourroient vacquer au parachevement desdites affaires. Pour ce est-il, que Nous confians de vos litteratures & suffisances, Voulons & vous mandons, que vous procediez au parachevement desdites Coûtumes, en publiant ce que ja a été vû & arrêté sur le fait desdites Coûtumes ; & parachevant à toute diligence, de voir par vous les autres Coûtumes ja rapportées : & icelles faites publier en chacun nos Bailliages, Sénéchaussées, & autres Jurisdictions de nôtredit Royaume. Et pour ce qu'en aucuns de nos Bailliages, Sénéchaussées, & autres nos pays & Seigneuries, lesdites Coûtumes n'ont été rapportées par la maniere devant dite, ou les aucunes d'icelles, si elles ont été rapportées, n'ont pû être recouvertes ne trouvées, Nous voulons & vous mandons, que vous contraigniez tous & chacuns nos Baillifs, Sénéchaux, Juges, & autres nos Officiers, à icelles Coûtumes rapporter, & faire rediger par écrit, avec les modifications, corrections, interpretations & leur avis : Et le tout ainsi que nôtredit feu Seigneur & Cousin l'avoit voulu & ordonné, envoyent pardevers vous, dedans certain brief délay, qui par vous leur sera statué & ordonné. Et ausquels, en-tant que métier seroit, Nous envoyerons nos Lettres Patentes, contenans les commissions pour eux assembler & vaquer audit affaire, & la forme qu'ils auront à tenir pour le rapport desdites Coûtumes. En leur enjoignant par vous, qu'icelles Coûtumes ils ayent à rapporter dedans deux mois, au plus tard, aprés la reception de nos Lettres & des vôtres, si plus brief terme ne leur étoit sur ce par vous donné. Et icelles Coûtumes rapportées, visitez & voyez, comme les autres qui ja ont été vûës & visitées, & icelles faites publier comme dessus. Et outre voulons & ordonnons, que toutes & chacunes lesdites Coûtumes, qui ont été vûës & visitées par Nous ou autres Commissaires, par Nous, ou nôtredit feu Seigneur & Cousin, établis sur le fait desdites Coûtumes, & aussi icelles qui seront cy-aprés par vous vûës & visitées, soient publiées par vous, ou ceux de vous, qui à ce seront par vous choisis & élûs ; pourvû qu'en faisant ladite publication, soit gardé & observé ce qui s'ensuit. C'est à sçavoir, que les gens des trois Etats de chacun desdits Bailliages & Sénéchaussées de nôtredit Royaume, soient assemblez en bon & grand nombre ; & leurs difficultez & avis soient lûs & ouverts en leurs presences. A ce que si les Etats, ou la plus grande partie d'aucun d'iceux, avoient quelque discords ou different, qui ne se pourroient pour lors terminer, soient rapportez pardevers lesdites gens de nôtredite Cour de Parlement, pour par eux, vous presens & appellez, en ordonner comme de raison. Et néanmoins voulons tous & chacuns les articles desdites Coûtumes, qui seront accordées par lesdits trois Etats, assemblez comme dit est, ou pour la plus grande & saine partie d'iceux *d*, & ceux d'entre d
vous qui serez commis à la publication d'icelles Coûtumes, être publiez. Et dés maintenant pour lors, & déslors pour maintenant, les Coûtumes contenuës en iceux articles accordez en la maniere dessusdite, de nôtre certaine science, propre mouvement, pleine puissance & autorité Royale, avons decreté & autorisé, decretons & autorisons par ces presentes : & icelles voulons inviolablement être observées & gardées, sans enfraindre, comme Loy perpetuelle. En mandant par ces presentes, à nos amez & feaux les gens de nos Cours de Parlement, à Paris, Thoulouse, Bordeaux, Dijon, & nôtre Eschiquier *e* de Normandie, nos Baillifs & Séné- e
chaux, & autres nos Officiers & Justiciers ; icelles Coûtumes faire garder & observer, & en faire registres publiques, aux extraits desquels, dûëment faits, foy soit ajoûtée, & toutes & chacunes les causes, dont la décision cherra esdites Coûtumes, soient selon icelles jugées, decidées & determinées, sans quelque difficulté : & sans ce qu'on soit tenu de faire enquête, n'autre preuve, sur lesdites Coûtumes, que par lesdits extraits dûëment faits. Si vous mandons, & aux deux de vous, qu'en chacun de nosdits Bailliages, Sénéchaussées, & autres Jurisdictions & Provinces de nôtredit Royaume, en gardant & observant la forme & solemnité devant dite pour faire ladite publication, vous procediez à publier, & faire publier & enregistrer lesdites Coûtumes en la forme dessusdite. Et icelles faites entretenir, garder, & observer inviolablement, comme Loy perpetuelle, comme dit est. Et néanmoins, si en faisant ladite publication, y entrevenoient aucunes difficultez sur aucuns articles desdites Coûtumes. Nous, desirans icelles être vuidées, vous avons donné & donnons, pour faire ladite publication, pouvoir, puissance, & autorité, de les accorder, du consentement toutesfois desdits trois Etats de chacun Bailliage, Sénéchaussée, ou Jurisdiction, ou de la plus grande & saine partie d'iceux. Et au cas que lesdites difficultez qui surviendroient sur aucuns

articles desdites Coûtumes, en faisant ladite publication ne pourroient être vuidées (icelle publication demeurant toutefois en sa force & vertu, quant aux articles & Coûtumes accordées.) Voulons & ordonnons, que ceux de vous commis à faire ladite publication, mettent & redigent, ou fassent mettre & rediger par écrit icelles difficultez, ensemble les raisons & avis de nosdits Officiers, & desdits gens des trois Etats: Et le tout renvoyent pardevers nosdits gens de nôtre Cour de Parlement, pour par eux, vous presens & appellez, en decider & déterminer ainsi qu'ils verront être à faire par raison. De ce faire vous donnons plein pouvoir, autorité, commission, & mandement special, par ces presentes. Et d'abondant, par ces mêmes presentes, mandons & commandons à tous nos Baillifs, Sénéchaux, & autres nos Officiers & sujets, qu'à vous, comme dit est, en ce faisant, obéissent & entendent diligemment; en contraignant à ce faire & souffrir, tous ceux qui pour ce seront à contraindre, par toutes voyes & manieres dûës & raisonnables. Nonobstant oppositions ou appellations quelconques, faites ou à faire: pour lesquelles ne voulons aucunement être differé: car ainsi Nous plaît être fait, nonobstant comme dessus, & quelconques lettres, mandemens, ou défenses à ce contraires. Donné à Blois, le vingt-uniéme jour de Janvier, l'an de grace mil cinq cens & dix: de nôtre Regne le treiziéme *f*. Ainsi signé sur le reply, par le Roy, Robertet. En témoin des choses dessus contenuës, Nous avons signé ce present nôtre Procés Verbal de nos seings manuels, & fait sceller de nos scels, le jour & an dessusdits.

Ainsi signé, T. BAILLET. R. BARME.

a *Honteux & perilleux reproche à ceux qui depuis en ont fait une banque de marchandise, en rejettant mon saint Conseil presenté, & depuis imprimé à la fin de mon livre François*, des Rentes, Usures, & Monnoyes. *C. M.*

b *Cela est vray de ce bon Roy, pere du peuple, amateur de la Justice, mais depuis aucuns ont fait le contraire.* C. M.

c *Art.* 135. *de ses Ordonnances, de l'an* 1453.

d *Partant les articles accordez par la plus grande part des Etats, & mis au Coûtumier, sont gardez pour Coûtume, nonobstant la litispendence de l'opposition & appel de la moindre partie. Et ainsi en usons.* C. M.

e *Il fut erigé en Parlement, l'an* 1499. *par ce bon Roy, du conseil de Georges d'Amboise, Archevêque de Roüen, qui luy dit du commencement de son Regne, Sire, oubliez les injures, & regnez par Justice. Ce qu'il fit, & fut victorieux, & laissa le Royaume en paix, & riche.* C. M.

f *Ces mêmes lettres étoient de mot à mot transcrites superfluement, & par deux fois au Procés Verbal des Coûtumes de Meaux, sous la datte, à Blois, le* 18. *jour de Septembre, l'an mil cinq cent & neuf, l'an douziéme du Regne, signé par le Roy*, Cotereau. *C. M.*

TENEUR DE L'ARREST DE LA COUR DE PARLEMENT DE PARIS, dont est faite mention en la marge du feüillet deuxiéme, page deuxiéme.

ENtre les Prevôt des Marchands & Echevins de cette Ville de Paris, Demandeurs à l'enterinement d'une Requête, & Appellans de certain appointement donné par les Commissaires commis à la redaction des Coûtumes de la Prevôté & Vicomté de Paris, d'une part: & les Religieux, Prieur & Convent de Saint Martin des Champs, Prieur & Religieux du Temple, Religieux, Abbé & Convent de Sainte Geneviéve: l'Evêque de Paris, & les Religieux, Abbé & Convent de Saint Magloire, Défendeurs, d'autre. Veu par la Cour, le Plaidoyé fait en icelle, le dix-neuviéme jour de May mil cinq cent cinquante-six, entre icelles parties; par lequel auroit été ordonné, qu'elles corrigeroient & ajoûteroient à leurs plaidoyez tout ce que bon leur sembleroit dedans trois jours: autrement, lesdits trois jours passez, sans autre forclusion ni signification de Requête, verroit ladite Cour le registre & les Coûtumes, pour en déliberer au Conseil. Les articles desdites Coûtumes; ensemble le Procés Verbal desdits Commissaires, les Lettres Patentes du Roy, données à Paris, le 2. jour de Fevrier dernier passé, contenans renvoy fait par ledit Seigneur en ladite Cour, desdites instances de Requête & appel, pour en connoître & decider ainsi que de raison, lesdites Lettres enregistrées és Registres d'icelle Cour par son Ordonnance: & tout consideré. La Cour a tenu & tient les appellans pour bien relevez; & en faisant droit sur l'appel par eux interjetté de la Sentence ou appointement donné par lesdits Commissaires, l'an mil cinq cent & dix. Ladite Cour a mis & met l'appellation, & ce dont a été appellé, au néant: Et en emendant le jugement, & ayant égard à la Requête desdits Prevôt des Marchands & Echevins, ordonné, que l'article cinquante huitiéme desdites Coûtumes sera rayé: & que les autres faisans mention, que pour rentes constituées à prix d'argent sont dûs lots & ventes, ne demeureront, pour ce regard, pour Coûtume: & au lieu dudit article cinquante huitiéme, sera mis & écrit: *Pour rentes constituées à prix d'argent sur maisons ou autres heritages assis és Ville, Prevôté & Vicomté de Paris, ne sont dûs aucuns droits de lots & ventes, ni autres profits seigneuriaux, soit pour la constitution, ou rachat desdites rentes.* Et a ladite Cour reservé & reserve à ceux qui sous ombre de ladite prétenduë Coûtume non accordée, & de ladite Sentence donnée par provision par lesdits Commissaires, ont payé aucuns lots & ventes, de pouvoir repeter ce qu'ils auront payé. Et sera le present Arrest lû & publié en jugement, à jour de plaidoyer du Châtelet de Paris, en la presence de Maître Guillaume Allard & Charles Desdormans, Conseillers en ladite Cour, qu'elle a commis & commet, pour executer ledit Arrest. Publié en jugement, le dixiéme jour de May, l'an mil cinq cent cinquante-sept.

Il est retenu, *in mente Curiæ*, que de rentes constituées à prix d'argent, à la charge desquelles aucunes venditions volontaires, ou adjudications par decret, auront été faites, sont reputées, & les repute la Cour, faire partie du prix. Et a été arrêté, qu'en ce cas lots & ventes sont dûs aux Seigneurs censiers & fonciers, non seulement pour le regard des deniers déboursez, mais aussi pour le sort principal desdites rentes constituées. Et sera le present *Retentum* delivré au Greffe de ladite Cour, aux parties qui le requerront, & enregistré au Greffe dudit Châtelet.

Signé, CAMUS, C. M.

Fin des Textes de la Coûtume de Paris, redigée en 1510.

TEXTES DE LA COUTUME DE PARIS.

REFORMÉE EN 1580.

Avec des renvois aux pages où les articles sont expliquez dans ce Commentaire.

TITRE PREMIER.

DES FIEFS.

ARTICLE PREMIER.

C'étoit aussi le premier article de l'ancienne Coûtume.

Comment le Seigneur feodal peut saisir, & faire les fruits siens.

LE Seigneur feodal par faute d'homme, droits & devoirs non faits & non payez, peut mettre en sa main le Fief mouvant de luy, & iceluy Fief exploiter en pure perte, & faire les fruits siens pendant la main mise ☞ à la charge d'en user par luy comme un bon pere de famille.

Voyez les articles 7. 12. 24. 30. 31. 52. 54.

Cet article est expliqué dans ce Commentaire, tome premier, page 105.

ARTICLE II.

Comme l'usufruitier d'un Fief peut faire saisir, la forme & l'effet.

☞ L'usufruitier d'un Fief peut, à sa requête, perils & fortunes, sans saisir le Fief ou Fiefs, & arriere-Fiefs ouverts, mouvans & dépendans du Fief dont il joüit par usufruit, à faute d'hommes, droits & devoirs non faits & non payez. Pourvû qu'en l'exploit qui sera fait, le nom du proprietaire du Fief soit mis & apposé: sommation toutefois préalablement faite dudit propriétaire, à sa personne, ou au lieu du Fief dominant, & faire saisir. Et ne peut le propriétaire bailler main-levée, sinon en payant les droits audit usufruitier.

Voyez lesdits articles 24. 54. & 55.

Cet article est expliqué dans ce Commentaire, tome 1. *page* 181.

ARTICLE III.

C'étoit le deuxiéme article.

Ce qui est dû au Seigneur pour Fief échû par succession des ascendans.

Quand aucun Fief échet par succession de pere, mere, ayeul ou ayeule, il n'est dû au Seigneur feodal dudit Fief par les descendans en ligne directe, que la bouche & les mains, avec le serment de fidelité, quand lesdits pere & mere, ayeul ou ayeule, ont fait & payé les droits & devoirs en leurs temps: en ce non compris les Fiefs qui relevent & se gouvernent selon la Coûtume du Vexin le François. ☞ Esquels Fiefs qui se gouvernent selon la Coûtume dudit Vexin, est dû relief à toutes mutations. Et aussi ne sont dûs quints.

Voyez l'article suivant & 26. 33. en la fin, & le 24.

Cet article est expliqué dans ce Commentaire, tome 1. *page* 201.

ARTICLE IV.

Quid, par succession des descendans?

☞ Pareillement aux successions venans à pere, mere, ayeul ou ayeule, de leurs enfans & descendans, n'est dû au Seigneur feodal que la bouche & les mains, avec le serment de fidelité, quand lesdits enfans ont fait l'hommage, & payé les droits: fors & excepté les Fiefs du Vexin, comme dessus.

Voyez l'article précedent & les 313. 314. *au commencement, &* 315.

Cet article est expliqué dans ce Commentaire, tome 1. *page* 219.

ARTICLE V.

S'il est dû quelques droits par la veuve, & les heritiers.

☞ N'est dû foy & hommage, relief ne profit feodal par la femme acceptant communauté, pour le Fief acquis par le mary durant ladite communauté. Aussi n'est dû relief ne profit feodal par les heritiers dudit advenant que ladite veuve renonce à ladite communauté: encore que par le moyen de ladite renonciation, le total dudit Fief demeure aux heritiers du mary, pourvû qu'esdits cas ledit mary ait fait la

foy & hommage, & payé les droits.
Voyez les articles 39. 40. 296.

Cet article est expliqué dans ce Commentaire, tome 1. page 225.

ARTICLE VI.

Pour accroissement de portions par renonciation gratuite, nul droit de relief.

☞ N'est aussi dû droit de relief pour la renonciation faite par aucuns des enfans à l'heredité de leur pere, mere, ayeul ou ayeule, encore que par ladite renonciation il y ait accroissement au profit des autres enfans: pourvû toutefois que pour faire ladite renonciation n'y ait argent baillé ou autre chose équipollente.
Voyez les articles 26. 310. 317.

Cet article est expliqué dans ce Commentaire, tome 1. page 237.

ARTICLE VII.

C'étoit le quatriéme article.

Saisie feodale ne se fait que quarante jours après le déces.

Le Seigneur feodal après le trépas de son vassal, ne peut saisir le Fief mouvant de luy, ne exploiter en pure perte, jusques à quarante jours aprés ledit trépas.
Voyez les articles 1. 60. en la fin, & le 65.

Cet article est explique dans ce Commentaire, tome 1. page 245.

ARTICLE VIII.

C'étoit le cinquiéme.

Denombrement dans quarante jours après la reception de foy, & en quelle forme.

Le vassal qui a été reçu en foy & hommage par son Seigneur, est tenu de son denombrement, ☞ en forme probante & authentique, écrit en parchemin, passé pardevant Notaire ou Tabellion, dedans quarante jours, à compter du jour de ladite reception.
Voyez le 21. article, & les 11. & 44.

Cet article est expliqué dans ce Commentaire, tome 1. page 263.

ARTICLE IX.

C'étoit le sixiéme.

Saisie se fait à faute de dénombrement: mais n'emporte les fruits.

Si le vassal ne baille son dénombrement dedans quarante jours aprés qu'il aura été reçû par son Seigneur en foy & hommage, iceluy Seigneur peut saisir le Fief, & y mettre Commissaire jusques à ce que ledit denombrement luy ait été baillé: mais il ne fait les fruits siens, & en doit rendre compte le Commissaire, aprés iceluy denombrement baillé.
Voyez l'article precedent, & les 1. & 12.

Cet article est expliqué dans ce Commentaire, tome 1. page 281.

ARTICLE X.

C'étoit le quarante-quatriéme.

Dénombrement se doit blâmer dans quarante jours, & doit le vassal demander le blâme.

Aprés que le vassal a baillé son dénombrement au Seigneur feodal, ledit Seigneur est tenu de blâmer ledit dénombrement dedans quarante jours aprés iceluy baillé, autrement est tenu pour reçû. Toutefois ledit vassal est tenu d'aller ou d'envoyer querir ledit blâme, au lieu du principal manoir dont est mouvant ledit Fief.
Voyez l'article suivant, & le 8.

Cet article est expliqué dans ce Commentaire, tome 1. page 293.

ARTICLE XI.

Se peut bailler plûtôt, si le vassal veut.

☞ Néanmoins le vassal qui a fait ses foy & hommage & offres au desir de la Coûtume, peut bailler sondit dénombrement quand bon luy semble, & n'est tenu attendre lesdits quarante jours, ni la reception en foy.
Voyez les trois articles précedens.

Cet article est expliqué dans ce Commentaire, tome 1. page 299.

ARTICLE XII.

Au lieu du septiéme corrigé.

Si le Fief, les fruits & la foy se prescrivent.

Le Seigneur feodal ne peut prescrire contre son vassal ☞ le Fief sur luy saisi ou mis en sa main par faute d'homme, droits, & devoirs non faits, ou dénombrement non baillé, ne le vassal la foy qu'il doit à son Seigneur, ☞ pour quelque temps qu'il en ait joüy, encores que ce fût par cent ans & plus. Toutefois les profits des Fiefs échûs se prescrivent par trente ans, s'il n'y a saisine ou instance pour raison d'iceux.
Voyez les articles 119. 123. 124. 186.

Cet article est expliqué dans ce Commentaire, tome 1. page 301.

ARTICLE XIII.

Au lieu du huitiéme.

Préciput du fils aîné.

Au fils aîné appartient par préciput le Château ou manoir principal & basse-court attenante & contiguë audit manoir, destinée à iceluy: encore que le fossé du Château ou quelque chemin fût entre deux. Et outre luy appartient un arpent de terre de l'enclos ou jardin joignant ledit manoir, si tant en a; & si ledit enclos contient davantage, l'aîné peut retenir le tout, en baillant récompense aux puînez de ce qui est outre ledit arpent, en terre, de même Fief, si tant y en a, sinon en autres terres ou heritages de ladite succession, à la commodité des puînez, le plus que faire se pourra, au dire de prud'homme. Et s'entend l'enclos, ce qui est fermé de murs, fossez, ou hayes vives.
Voyez les cinq articles suivans, & le 334. vers la fin.

Cet article est expliqué dans ce Commentaire, tome 1. page 325.

ARTICLE XIV.

Quid, *si dans l'enclos y a moulin, four, ou pressoir?*

☞ Si dans l'enclos du préciput de l'aîné y a moulin, four, ou pressoir, le corps dudit moulin, four ou pressoir appartient à l'aîné: mais le profit du moulin bannal ou non bannal, & du four, & pressoir, s'ils sont bannaux, se partira comme le reste du Fief. Et sont tenus les puînez de contribuer aux frais des moulans, tournans, & travaillans dudit moulin, corps du four, pressoir & ustencilles d'iceux, pour portion du profit qu'ils y prennent. Peut toutefois l'aîné avoir ledit droit de profit & bannalité, en récompensant lesdits puînez, comme dessus.
Voyez l'article précedent, & les 72. & 334. en la fin.

Cet article est expliqué dans ce Commentaire, tome 1. page 371.

ARTICLE XV.

C'étoit le neuviéme article.

N'y ayant que deux enfans, quel sera ledit préciput.

Quand pere & mere ayant Fiefs & heritages tenus noblement, vont de vie à trépas, délaissez seulement deux enfans venans à leur succession, au fils aîné pour son droit d'aînesse appartient par préciput en chacune desdites successions, tant de pere que de mere, un hôtel tenu en Fief, tel qu'il veut choisir pour manoir principal, ☞ avec l'enclos & bassecourt, comme dessus est dit: * & les deux tiers des susdits Fiefs & heritages tenus noblement: Et à l'autre desdits enfans compete & appartient l'autre tiers & residu desdits Fiefs & heritages noblement tenus étant desdites successions.
Voyez les deux articles precedens.

Cet article est expliqué dans ce Commentaire, tome 1. page 377.

ARTICLE XVI.

C'étoit le dixiéme article corrigé.

S'il y a plus grand nombre d'enfans, quel sera le préciput.

S'il y a plusieurs enfans excedans le nombre de deux, venans à leur succession, au fils aîné par préciput pour son droit d'aînesse, appartient en chacune desdites successions, tant de pere que de mere, un hôtel tenu en Fief, tel qu'il veut choisir pour principal manoir, ☞ avec l'enclos & bassecourt, ainsi que dit est, * & la moitié de tous les autres heritages tenus en Fief, & à tous les autres enfans ensemble, l'autre moitié & residu desdits Fiefs & heritages tenus noblement.
Voyez ledit article 13. & le 253.

Cet article est expliqué dans ce Commentaire, tome 1. page 401.

ARTICLE XVII.

S'il n'y a qu'un Fief és successions d'ascendans, quel préciput?

☞ Si esdites successions de pere & mere, ayeul ou ayeule, y a un seul Fief consistant seulement en un manoir, basse court & enclos d'un arpent, sans autre appartenance, ni autres biens, audit fils aîné seul appartient ledit manoir, basse court & enclos, comme dessus: sauf toutefois aux autres enfans leur droit de legitime, ou droit de doüaire coûtumier ou prefix, à prendre sur ledit Fief. Et où il y auroit autres biens qui ne fussent suffisans pour fournir lesdits droits aux enfans, le supplément de ladite legitime ou dudit doüaire, se prendra sur ledit Fief. Et toutefois audit cas le fils aîné peut bailler aux puînez récompense en argent, au dire de prud'hommes, de la portion qu'ils pourroient prétendre sur ledit Fief.
Voyez les articles 13. 248. 298. & 307.

Cet article est expliqué dans ce Commentaire, tome 1. page 411.

ARTICLE XVIII.

C'étoit l'onziéme article changé.

Item, *s'il n'y a que des terres sans manoir.*

S'il n'y a manoir principal en un Fief appartenant à deux ou plusieurs enfans par la succession de leur pere ou mere, ains seulement terres labourables, le fils aîné peut avoir un arpent de terre en tel lieu qu'il voudra élire par préciput, pour & au lieu dudit manoir.
Voyez l'article 13. & les suivans.

Cet article est expliqué dans ce Commentaire, tome 1. page 421.

ARTICLE XIX.

Au lieu des articles 12. 16. & 126.

Droit d'aînesse n'a lieu, quand il n'y a que filles.

☞ Quand il n'y a que filles venans à succession directe ou collaterale, droit d'aînesse n'a lieu, & partissent également.
Voyez les articles 250. en la fin, & 324. aussi en la fin, avec le 331.

Cet article est expliqué dans ce Commentaire, tome 1. page 427.

ARTICLE XX.

C'étoit le treiziéme article.

Retrait feodal, comment se fait par le Seigneur?

Le Seigneur feodal peut prendre, retenir, & avoir par puissance de Fief, le Fief tenu & mouvant de luy, qui est vendu par son vassal, en payant le prix que l'acquereur en a baillé, & payé les loyaux coûtemens, dedans quarante jours aprés qu'on luy a notifié ladite vente, & exhibé les contrats, si aucuns y en a par écrit, ☞ & d'iceux baillé copie.
Voyez les articles suivans, & les 108. 130. 135. 159.

Cet article est expliqué dans ce Commentaire, tome 1. page 433.

ARTICLE XXI.

C'étoit le quatorziéme article.

Quand est exclus dudit retrait feodal.

Si le Seigneur feodal a reçû le quint denier à luy dû, à cause de la vendition du Fief mouvant de luy, chevy ou baillé souffrance, ledit Seigneur feodal ne peut plus retenir ledit Fief par puissance de Fief, pour l'unir & mettre en sa table, à cause d'icelle vendition.
Voyez l'article précedent & le suivant, avec le 317.

Cet article est expliqué dans ce Commentaire, tome 1. page 493.

ARTICLE XXII.

Au lieu des 15. & 183 le requint ôté, & la derniere clause.

Seigneur feodal évincé par retrait lignager, doit avoir les quints.

Quand le Seigneur feodal a pris & retenu par puissance de Fief le Fief tenu & mouvant de luy, & ledit Fief luy est depuis évincé par retrait ☞ lignager, * le retrayant est tenu payer audit Seigneur les droits de quint, avant que ledit Seigneur soit tenu de le recevoir en foy & hommage dudit Fief.
Voyez les articles 29. 79. & 159.

Cet article est expliqué dans ce Commentaire, tome 1. page 509.

ARTICLE XXIII.

Quint denier dû de Fief vendu, ou baillé à rente rachetable.

☞ Quand un Fief est vendu, ou baillé à rente rachetable, l'acheteur doit payer le quint denier du prix, ou sort principal de la rente, encore qu'elle ne soit rachetable.
Voyez les articles 78. 83.

Cet article est expliqué dans ce Commentaire, tome 1. page 513.

ARTICLE XXIV.

Profits de Fiefs sont réels.

☞ Le Seigneur feodal se peut prendre à la chose pour les profits de son Fief.
Voyez l'article précedent, & les 1. 33. 38.

Cet article est expliqué dans ce Commentaire, tome 1. *page* 525.

ARTICLE XXV.

C'étoit le seiziéme article.

Femelles n'heritent avec les mâles en pareil degré, en ligne collaterale.

En succession ou hoirie en ligne collaterale en Fief, les femelles n'heritent point avec les mâles en pareil degré.
Voyez les articles 19. 323. 326. *au milieu.* 327. *en la fin, &* 331.

Cet article est expliqué dans ce Commentaire, tome 1. *page* 529.

ARTICLE XXVI.

C'étoit le dix-septiéme retranché.

Bouche & mains pour Fief baillé en avancement d'hoirie des ascendans.

Le fils aîné auquel le pere ou mere, ayeul ou ayeul, ont donné aucun heritage tenu en Fief en avancement d'hoirie, ne doit que la bouche & les mains au Seigneur feodal, ☞ encore que la chose donnée ait été evaluée, & qu'il renonce à la succession ou successions de sesdits pere ou mere, ayeul ou ayeule, & que ladite portion vaille plus que sa portion hereditaire, ou que la chose luy soit baillée en payement de ce qui luy auroit été promis par le contrat de mariage.
Voyez les articles 3. 6. 307.

Cet article est expliqué dans ce Commentaire, tome 1. *page* 537.

ARTICLE XXVII.

Si c'est à l'aîné, & qu'il renonce, nul droit d'aînesse entre les puînez.

☞ Si telle donation est faite à l'aîné, & par le moyen d'icelle il renonce à la succession, entre les puînez n'y a droit d'aînesse.
Voyez les articles 6. 250. *en la fin*, 310. 324. *aussi en la fin.*

Cet article est expliqué dans ce Commentaire, tome 1. *page* 549.

ARTICLE XXVIII.

Seigneur feodal n'acquitte durant sa saisie les charges & hypotheques non infeodées.

Le Seigneur feodal aprés qu'il a saisi ou fait saisir, & mettre en sa main le Fief tenu & mouvant de luy par faute d'homme, droits & devoirs non faits, pendant & durant le temps de ladite main-mise, & qu'il le tient en sa main, n'est tenu de payer & acquitter les rentes, charges ou hypotheques non infeodées, constituées sur iceluy par son vassal.
Voyez les articles 1. 21. 52. 59. *en la fin.*

Cet article est expliqué dans ce Commentaire, tome 1. *page* 559.

ARTICLE XXIX.

C'étoit le dix neuviéme article.

Vassal qui enfraint main-mise venuë à sa connoissance, rend les fruits.

Si le vassal enfraint ladite main-mise venuë à sa connoissance, il est tenu rendre les fruits & levées par luy reçûës dés & depuis ladite main-mise.
Voyez les articles 1. 43. 62.

Cet article est expliqué dans ce Commentaire, tome 1. *page* 567.

ARTICLE XXX.

Notification de la saisie feodale necessaire, & comment.

☞ Et pourtant ledit Seigneur feodal est tenu faire notifier la main-mise à son vassal au principal manoir de son Fief, du moins à celuy qui tient ledit Fief, ou laboure les terres d'iceluy, ou par publication generale au Prône de l'Eglise parochiale dudit lieu saisi, & faire enregistrer au Greffe de la Justice dudit lieu.
Voyez les articles 1. 7. 60. *à la fin*, 108. 203. 259.

Cet article est expliqué dans ce Commentaire, tome 1. *page* 573.

ARTICLE XXXI.

Saisie feodale n'a effet que pour trois ans.

☞ La saisie feodale doit être renouvellée de trois ans en trois ans, autrement n'a effet que pour trois ans, & pour l'avenir demeurent les Commissaires déchargez.
Voyez les articles 1. 7. 12. 62. *en la fin.*

Cet article est expliqué dans ce Commentaire, tome 1. *page* 581.

ARTICLE XXXII.

C'étoit le 21. quelques mots changez.

Pour foy & hommage & charge de Fief, quel âge est requis.

Tout homme tenant Fief est tenu & reputé âgé à vingt ans, & la fille à quinze ans accomplis quant à la foy & hommage ☞ & charges de Fief.
Voyez les articles 41. *au milieu*, 63. 239. 268. *au commencement.*

Cet article est expliqué dans ce Commentaire, tome 1. *page* 587.

ARTICLE XXXIII.

Au lieu des 22. 23. & 24. changez

Quand est dû droit de rachat & relief.

En toutes mutations de Fief est dû droit de rachat ou relief, fors & excepté celles qui se font par vendition ou bail à rente rachetable, esquelles est dû par l'acheteur ou preneur à rente le quint denier, comme dessus est dit: Et pour celles qui se font par succession ou par donation en ligne directe, n'est rien dû, ☞ si ce n'est au Vexin le François, comme dessus.
Voyez les articles 2. 4. 23. 37. 38. 47. 83.

Cet article est expliqué dans ce Commentaire, tome 1. *page* 595.

ARTICLE XXXIV.

Curateur & Commissaire, comme font foy & hommage.

☞ Le Curateur ou Commissaire établi à la requête des créanciers, à un Fief saisi, peut faire la foy & hommage au Seigneur feodal au refus d'un vassal propriétaire dudit Fief, pour obtenir main-levée de la saisie feodale.
Voyez les articles 151. 344. & 353.

Cet article est expliqué dans ce Commentaire, tome 1. *page* 627.

ARTICLE

ARTICLE XXXV.

Cet article & les autres suivans jusques au 40. inclus, sont au lieu des 3. & 15.

Foy & hommage de l'aîné comment acquitte ses sœurs.

Le fils aîné en faisant la foy & hommage au Seigneur feodal, acquitte ses sœurs de leur premier mariage, ☞ tant de la foy que du relief, où il est dû relief, les noms & âges desquelles il est tenu de declarer en portant la foy.

Cet article est expliqué dans ce Commentaire, tome 1. page 641.

ARTICLE XXXVI.

Quid, *s'il n'y a que filles, ou que l'aîné n'ait porté la foy?*

☞ Et s'il n'y a que filles, ou que le fils aîné, si aucun y a, n'ait porté la foy, n'est dû droit de relief en ligne directe par lesdites filles, à cause de leur premier mariage, lesquelles néanmoins esdits cas, ou leurs maris pour elles, doivent porter ladite foy sans payer relief.

Voyez les deux articles suivans, & les 3. & 33.

Cet article est expliqué dans ce Commentaire, tome 1. page 661.

ARTICLE XXXVII.

Filles doivent relief pour leurs seconds & autres mariages.

☞ Mais si elles se marient en secondes ou autres nôces, est dû relief pour chacun desdits autres mariages.

Voyez l'article précedent & le suivant, avec le 47. & le 264.

Cet article est expliqué dans ce Commentaire, tome 1. page 667.

ARTICLE XXXVIII.

Que doit une femme pour Fief à elle échû ès cas icy exprimez.

☞ Et si pendant ledit premier, second ou autre mariage, ledit Fief échet à une femme en ligne directe, semblablement n'est dû relief pour ladite mutation: mais si ledit Fief échet en ligne collaterale, avant qu'elle soit mariée, est dû relief: Comme aussi est dû en toutes mutations qu'elle fera par mariage: & si pendant l'un desdits mariages ledit Fief luy échet en ligne collaterale, n'est dû qu'un seul droit de relief pour ladite mutation, tant pour son mary que pour elle.

Voyez l'article précedent, & les 3. 33. 36.

Cet article est expliqué dans ce Commentaire, tome 1. page 681.

ARTICLE XXXIX.

Que doit une veuve qui ne se remarie.

☞ La femme demeurant en viduité après le decés de son mary qui avoit relevé son Fief, & payé les droits pour ce dûs, ne doit aucun relief, ains seulement est tenuë faire la foy & hommage, si elle ne l'a faite.

Voyez l'article suivant & les 5. & 264.

Cet article est expliqué dans ce Commentaire, tome 1. page 689.

ARTICLE XL.

L'heritier n'est tenu acquitter la doüairiere.

☞ La femme doüairiere n'est tenu pour son doüaire faire la foy & hommage, ne payer aucun relief ne profit; mais est tenu l'heritier l'en acquitter & payer le profit, s'il est dû de son chef.

Voyez l'article precedent, & les 5. 257. en la fin, & le 260.

Cet article est expliqué dans ce Commentaire, tome 1. page 695.

ARTICLE XLI.

Cet article contient les 28. & 29. anciens.

Souffrance pour mineurs, jusques à quel âge, & que doit faire leur tuteur.

Si tous les enfans, ausquels appartient aucun Fief, sont mineurs & en tutelle, le Seigneur feodal est tenu de leur bailler souffrance, ou à leur tuteur, jusques à ce qu'ils, ou l'un d'eux soit en âge, pour faire ladite foy & hommage. Pour laquelle faire le fils est reputé âgé à l'âge de vingt ans, & la fille à l'âge de quinze ans accomplis, comme dessus est dit. ☞ Et est tenu le tuteur declarer les noms & âges des mineurs pour lesquels il demande souffrance.

Voyez l'article suivant & les 32. 35. en la fin, & 67. aussi en la fin.

Cet article est expliqué dans ce Commentaire, tome 1. page 703.

ARTICLE XLII.

C'étoit l'article vingt-sept.

Souffrance durant, vaut foy.

Souffrance vaut foy tant qu'elle dure.

Voyez l'article précedent & le 67.

Cet article est expliqué dans ce Commentaire, tome 1. page 729.

ARTICLE XLIII.

C'étoit le trentiéme article.

Déniant tenir de son Seigneur, confisque son Fief.

Le vassal qui dénie le Fief être tenu du Seigneur feodal dont il est tenu & mouvant, confisque iceluy Fief.

Voyez les articles 29. & 45.

Cet article est expliqué dans ce Commentaire, tome 1. page 733.

ARTICLE XLIV.

Communication de titres, & affirmation, entre Seigneur & vassal.

☞ Et après que le vassal aura avoüé ledit Seigneur feodal, lesdits Seigneurs & vassal communiqueront l'un à l'autre leurs aveus, dénombremens, & titres de la teneure dudit Fief, qu'ils ont pardevers eux, & s'en purgeront par serment, s'ils en sont requis, & est tenu le vassal satisfaire le premier.

Voyez l'article 50.

Cet article est expliqué dans ce Commentaire, tome 1. page 767.

ARTICLE XLV.

C'étoit le trente-uniéme article.

Vassal déniant à Seigneur, joüit par provision.

Si le Seigneur a mis en sa main le Fief, qu'il dit être mouvant de luy par faute d'homme, & le vassal le desavoüe ou dénie à Seigneur, iceluy vassal doit avoir provision, & joüir dudit Fief pendant le procés.

Voyez les articles 29. & 43.

Cet article est expliqué dans ce Commentaire, tome 1. page 777.

ARTICLE XLVI.

Au lieu du 32. abrogé & changé.

Gardien, Noble, ou Bourgeois, dequoy tenu pour Fiefs.

Le Gardien Noble ou Bourgeois n'est tenu payer droit de relief pour les heritages feodaux appartenans aux mineurs desquels il est gardien; mais il est tenu les en acquitter, s'il en est dû du chef desdits mineurs.

Voyez l'article 267.

Cet article est expliqué dans ce Commentaire, tome 1. page 785.

ARTICLE XLVII.

C'étoit le trente-troisiéme article.

Droit de relief, ce que c'est.

Droit de relief est le revenu du Fief d'un an, ou le dire de prud'hommes, ou une somme pour une fois offerte de la part du vassal, au choix & élection du Seigneur feodal.

Voyez les deux articles suivans & le 33.

Cet article est expliqué dans ce Commentaire, tome 1. page 791.

ARTICLE XLVIII.

Revenu d'un an, quel, en choses qui ne se perçoivent par chacun an.

☞ S'il y a bois taillis, étangs, saussayes, & autres choses semblables, qui ne se coupent ou perçoivent par chacun an, les fruits se prennent pour portion du temps qu'ils ont accoûtumé être pris, coupez ou perçûs, encore qu'ils soient coupez ou perçûs, ou non, en ladite année, les frais déduits sur lesdits fruits.

Voyez l'article précedent, & la fin des 56. & 131.

Cet article est expliqué dans ce Commentaire, tome 1. page 809.

ARTICLE XLIX.

Quand commence l'année de relief: & qu'il n'y a qu'une seule cüeillette d'un fruit.

FA. Et commence ladite année au jour des offres acceptées, ou valablement faites par le vassal jusques à pareil jour, l'an revolu, & ne se fait qu'une seule cüeillette d'une sorte de fruits.

Voyez l'article précedent, le 1. & le 27.

Cet article est expliqué dans ce Commentaire, tome 1. page 817.

ARTICLE L.

C'étoit le 34. article.

Vassal communique ses papiers de recette au Seigneur, & comment.

Le Seigneur feodal, qui a choisi pour son droit de relief, le revenu d'un an, du Fief mouvant de luy, peut (si bon luy semble) prendre iceluy revenu, & est le vassal tenu de luy communiquer les papiers de ses recettes, ou luy en extraire la declaration sur iceux papiers aux dépens du Seigneur.

Voyez l'article 44.

Cet article est expliqué dans ce Commentaire, tome 1. page 825.

ARTICLE LI.

C'étoit le 35. & l'addition est au lieu du 41.

Ne peut démembrer son Fief, & dequoy disposer.

Le vassal ne peut démembrer son Fief au préjudice & sans le consentement de son Seigneur: ☞ bien se peut joüer & disposer, & faire son profit des heritages, rentes, ou cens étant dudit Fief, sans payer profit au Seigneur dominant, pourvû que l'aliénation n'excede les deux tiers, & qu'il en retienne la foy entiere & quelque droit seigneurial & domanial sur ce qu'il aliéne.

Voyez l'article suivant.

Cet article est expliqué dans ce Commentaire, tome 1. page 833.

ARTICLE LII.

En quel cas le Seigneur peut exploiter ce qui est aliéné.

☞ Et néanmoins s'il y a ouverture dudit Fief, le Seigneur peut exploiter ledit Fief, tant pour ce qui est retenu qu'aliéné, sinon que le Seigeur feodal eût infeodé le droit domanial retenu en faisant ladite aliénation, ou bien qu'il l'eût reçû par aveu.

Voyez l'article précedent, le 28. vers la fin, & les 54. 59.

Cet article est expliqué dans ce Commentaire, tome 1. page 865.

ARTICLE LIII.

Comment sont réünis les heritages acquis par le Seigneur.

☞ Les heritages acquis par un Seigneur de Fief, en sa censive, sont réünis à son Fief, & censez feodaux, si par exprés le Seigneur ne declare, qu'il veut que lesdits heritages demeurent en roture.

Voyez l'article 2. à la fin, & le 246.

Cet article est expliqué dans ce Commentaire, tome 1. page 873.

ARTICLE LIV.

C'étoit le 36. article.

Seigneur feodal met en sa main les arriere-Fiefs ouverts.

Le Seigneur feodal qui met en sa main le Fief mouvant de luy par faute d'homme, droits & devoirs non faits, peut semblablement mettre en sa main tous les arriere Fiefs ouverts dépendans d'iceluy Fief, ☞ pour en joüir comme un bon pere de famille.

Voyez l'article précedent, & le 1. 24. & 161.

Cet article est expliqué dans ce Commentaire, tome 1. page 895.

ARTICLE LV.

C'étoit le 17. quelques mots retranchez.

Main-levée aux Seigneurs d'arriere-Fiefs, à quelle charge.

En ce cas les propriétaires ou Seigneurs desdits arriere-Fiefs, & chacun d'eux, peuvent faire la foy & hommage au Seigneur dont ils tiennent en arriere-Fiefs, lequel est tenu de les recevoir, & leur bailler main-levée, en luy payant les droits & devoirs, si aucuns en sont dûs, à cause de l'arriere-Fief qui leur appartient.

Voyez l'article précedent, & le 161.

Cet article est expliqué dans ce Commentaire, tome 1. page 905.

ARTICLE LVI.

Cet article & le 58. sont au lieu des 38. & 40. changez.

Seigneur feodal prend le loyer dû par le fermier: & pour le surplus que peut faire.

Le Seigneur feodal qui met en sa main par faute d'homme, droits & devoirs non faits, le Fief tenu FA. & mouvant de luy, qui de bonne foy & sans

fraude, a été baillé à loyer ou moisson par son vassal en tout ou partie, doit se contenter de la redevance dûë par le fermier ou preneur, pour ce qui est baillé à ferme, & pour le surplus le peut exploiter par ses mains, en rendant les labours, semences & frais de ce qu'il exploite & met en ses mains.
Voyez l'article suivant, & le 48. en la fin, 50. 59.

Cet article est expliqué dans ce Commentaire, tome 1. page 907.

ARTICLE LVII.

C'étoit le 39. article.

L'article précedent a lieu, quand il prend le revenu de l'année.

La Coûtume dessusdite a lieu, quand le Seigneur feodal veut avoir le revenu d'un an pour son droit de relief.
Voyez l'article précedent & le 47.

Cet article est expliqué dans ce Commentaire, tome 1. page 917.

ARTICLE LVIII.

Cet article & le 56. sont au lieu desdits 38. & 40. changez.

Si le vassal tient son Fief en ses mains, ou s'il n'y a qu'une maison, comment?

Si le vassal tient en ses mains son Fief, & ne l'a baillé à ferme ou moisson, & il est exploité par le Seigneur dominant, ledit Seigneur dominant doit avoir les caves, greniers, granges, étables, pressoirs & celliers, qui sont au principal manoir & basse-court servant pour recüeillir & garder les fruits, & aussi portion du logis pour se loger quand il y voudra aller, pour cüeillir & conserver les fruits, sans toutefois déloger son vassal, femme, enfans, & famille y demeurans & habitans: Et si le Fief consiste en une maison seule, si elle est loüée par le vassal, se doit le Seigneur contenter du loüage: Et si elle n'est loüée, il prendra le loyer au dire des gens à ce connoissans.
Voyez les articles 17. 30. 56. vers la fin.

Cet article est expliqué dans ce Commentaire, tome 1. page 921.

ARTICLE LIX.

C'étoit le 50. article.

Comment en Fief baillé à rente sans démission de foy?

Et si le vassal avoit baillé son Fief à rente sans démission de foy, & le Seigneur le met en sa main par faute d'homme, droits & devoirs non faits, s'il y a des terres emblavées, ledit Seigneur peut, si bon luy semble, prendre les gagnages de ladite terre, en rendant les feurs, labours & semences, & n'est tenu ledit Seigneur se contenter de prendre la rente, pourvû qu'elle ne soit infeodée.
Voyez les articles 28. en la fin, 52. au milieu, 56. & 231. en la fin.

Cet article est expliqué dans ce Commentaire, tome 1. page 927.

ARTICLE LX.

C'étoit le 41. article.

Comment le vassal est reçû par main souveraine, & que doit faire.

Quand entre plusieurs Seigneurs est question d'aucun Fief, que chacun d'iceux Seigneurs dit être mouvant de luy, le vassal en doit être reçû par main souveraine, & joüir pendant le procés, en consignant par luy en Justice les droits & devoirs par luy dûs à cause d'iceluy Fief: ☞ Et aprés le procés terminé est tenu le vassal faire & porter la foy à celuy qui aura obtenu quarante jours aprés la signification à luy faite de la Sentence ou Arrest.
Voyez les articles 7. en la fin, 65. vers le milieu, 108. 203. au milieu, 361. au commencement.

Cet article est expliqué dans ce Commentaire, tome 1. page 935.

ARTICLE LXI.

C'étoit le 43. article.

Vassal dormant, le Seigneur veille, & au contraire.

Tant que le vassal dort, le Seigneur veille, & tant que le Seigneur dort, le vassal veille.
Voyez l'article suivant, & le 285.

Cet article est expliqué dans ce Commentaire, tome 1. page 953.

ARTICLE LXII.

Explication de l'article précedent.

C'est-à-dire, que le Seigneur ne fait les fruits siens paravant qu'il ait saisi, & aprés la saisie les fruits sont siens jusques à ce que le vassal ait fait son devoir, en renouvellant toutefois par le Seigneur la saisie de trois ans en trois ans, comme dessus est dit.
Voyez l'article précedent, & le 1. 29. 31.

Cet article est expliqué dans ce Commentaire, tome 1. page. 955.

ARTICLE LXIII.

C'étoit le 45. changé.

Forme & lieu de la foy & hommage.

Le vassal pour faire la foy & hommage, & ses offres à son Seigneur feodal, est tenu aller vers ledit Seigneur, au lieu dont est tenu & mouvant ledit Fief, & y étant, demander si le Seigneur est au lieu, ou s'il y a autre pour luy, ayant charge de recevoir les foy & hommage & offres. Et ce fait, doit mettre un genoüil en terre, nuë tête, sans épée & éperons, & dire qu'il luy porte & fait la foy & hommage qu'il est tenu faire à cause dudit Fief mouvant de luy: Et declarer à quel titre ledit Fief luy est avenu, le requerant qu'il luy plaise le recevoir. Et où le Seigneur ne seroit trouvé, ou autre ayant pouvoir pour luy, suffit faire hommage & offres devant la principale porte du manoir, aprés avoir appellé à haute voix le Seigneur par trois fois. Et s'il n'y a manoir au lieu Seigneurial dont dépend ledit Fief, & en cas d'absence dudit Seigneur ou ses Officiers, faut notifier lesdites offres au prochain voisin dudit lieu Seigneurial, & laisser copie.
Voyez l'article suivant & le 35.

Cet article est expliqué dans ce Commentaire, tome 1. page 959.

ARTICLE LXIV.

Seigneur n'est tenu la recevoir qu'au lieu de son Fief.

☞ Ledit Seigneur feodal n'est tenu recevoir la foy de son vassal en autre lieu que celuy du Fief, si bon ne luy semble.
Voyez l'article précedent, & le 67. au commencement.

Cet article est expliqué dans ce Commentaire, tome 1. page 973.

ARTICLE LXV.

C'étoit le 47. article.

Que doit faire le nouveau Seigneur avant que saisir?

Quand un Fief vient de nouvel par succession, acquisition ou autrement à aucune personne, le nouveau Seigneur ne peut empêcher ni mettre en sa main les Fiefs qui sont tenus de luy jusques à ce qu'il ait fait faire les proclamations & significations que ses vassaux luy viennent faire la foy & hommage dedans quarante jours. Et ce fait, lesdits quarante jours passez, si lesdits vassaux ne se presentent, il peut saisir & exploiter les Fiefs tenus & mouvans de luy, & faire les fruits siens: Pourvû toutefois que ladite proclamation & signification ait été faite: C'est à sçavoir, quant aux Fiefs étans és ☞ Duchez, Comtez, Baronies, Châtellenies, dont ils sont mouvans, par proclamations à son de trompe & cry public, par trois jours de Dimanches ou de marché, si marché y a: Et quant aux Fiefs étans hors desdits ☞ Duchez, Comtez, Baronies & Châtellenies, dont ils sont mouvans, par signification faite au vassal à sa personne, ou au lieu du Fief, s'il y a manoir, ou au Procureur dudit vassal, si aucun y a, sinon au Prône de l'Eglise parochiale dudit lieu en jour de Dimanche, ou autre jour solemnel.

Voyez la fin des articles 7. & 60. & le 108.

Cet article est expliqué dans ce Commentaire, tome 1. page 981.

ARTICLE LXVI.

C'étoit le 48. article.

Que luy doit l'ancien vassal?

L'ancien vassal ne doit que la bouche & les mains à son nouveau Seigneur.

Voyez l'article precedent, & les 3. 4. & 26.

Cet article est expliqué dans ce Commentaire, tome 1. page 991.

ARTICLE LXVII.

C'étoit le 49. article.

Hommage reçû par Procureur en cas d'excuse suffisante, ou bien faut bailler souffrance.

Le Seigneur feodal n'est tenu, si bon ne luy semble, de recevoir la foy & hommage de son vassal, s'il n'est en personne, si ledit vassal n'a excuse suffisante. ☞ Auquel cas d'excuse suffisante, est tenu le recevoir par Procureur, si mieux n'aime ledit Seigneur bailler souffrance, & attendre que l'excuse cesse.

Voyez les articles 41. au commencement, 42. 63. 64.

Cet article est expliqué dans ce Commentaire, tome 1. page 995.

ARTICLE LXVIII.

C'étoit le 46. article.

Franc-aleu, comment se partit.

Franc-aleu auquel y a Justice, censive, ou Fief mouvant de luy, se partit comme Fief noble: mais où il n'y a Fief mouvant de luy, Justice ou censive, il se partit roturierement.

Voyez les articles 132. 308. vers la fin.

Cet article est expliqué dans ce Commentaire, tome 1. page 1005.

ARTICLE LXIX.

Seigneur haut-Justicier, comment peut avoir colombier à pied.

☞ Le Seigneur haut Justicier qui a censive, peut avoir colombier à pied, ayant boulins jusques au rez de chaussée.

Voyez l'article suivant.

Cet article est expliqué dans ce Commentaire, tome 1. page 1019.

ARTICLE LXX.

Et le Seigneur non haut-Justicier, comment.

☞ Aussi le Seigneur non haut-Justicier ayant Fief, censive, & terres en domaine jusques à cinquante arpens, peut avoir colombier à pied.

Voyez l'article precedent.

Cet article est expliqué dans ce Commentaire, tome 1. page 1025.

ARTICLE LXXI.

Quel titre pour un four ou moulin bannal, ou bien pour corvées.

☞ Nul Seigneur ne peut contraindre ses sujets d'aller au four ou moulin qu'il prétend bannal, ou faire corvées, s'il n'en a titre valable, ou aveu, & dénombrement ancien. Et n'est reputé titre valable, s'il n'est auparavant vingt-cinq ans.

Voyez l'article suivant, & les 14. 186. au commencement.

Cet article est expliqué dans ce Commentaire, tome 1. page 1031.

ARTICLE LXXII.

Quand moulin à vent peut être dit bannal.

☞ Le moulin à vent ne peut être bannal, ni sous pretexte de ce les meusniers voisins empêchez de chasser, s'il n'y a titre, ou reconnoissance par écrit, comme dessus.

Voyez l'article précedent.

Cet article est expliqué dans ce Commentaire, tome 1. page 1051.

TITRE II.

DES CENSIVES ET DROITS Seigneuriaux.

ARTICLE LXXIII.

C'étoit le 51. article de l'ancienne Coûtume.

Seigneur foncier ou censier poursuit l'acquereur, afin d'exhiber & payer.

Il est loisible à un Seigneur foncier ou censier de poursuivre l'acquesteur nouvel detenteur d'aucun heritage étant en sa censive ou Seigneurie fonciere, afin d'apporter & exhiber les lettres d'acquisition d'iceluy heritage, si aucunes y en a, pour être payé des droits de vente, saisines & amendes.

Voyez les articles 76. 78. 80 en la fin, 81. 83. vers le milieu, 87.

Cet article est expliqué dans ce Commentaire, tome 1. page 1087.

ARTICLE LXXIV.

C'étoit le 52. article.

Arrest ou brandon pour arrerages de cens.

Un Seigneur censier peut proceder ou faire proceder par voye d'arrest ou brandon, sur les fruits pendans en l'heritage à luy redevable d'aucuns cens ou fonds de terre, pour les arrerages qui luy sont dûs.

Voyez l'article 86.

Cet article est expliqué dans ce Commentaire, tome 1. page 1105.

ARTICLE LXXV.

Main-levée en consignant trois années.

☞ Si le propriétaire saisi s'oppose à la saisie, il doit avoir main-levée par provision, en consignant trois années du cens.

Voyez l'article precedent, & le 45. en la fin.

Cet article est expliqué dans ce Commentaire, tome 1. page 1117.

ARTICLE LXXVI.

C'étoit le 53. article.

Droits de ventes sont de seize deniers parisis pour livre.

Les droits de vente dûs au Seigneur censier, sont de douze deniers un denier, qui est pour chacun franc seize deniers parisis.

Voyez l'article suivant, & les 73. 78.

Cet article est expliqué dans ce Commentaire, tome 1. page 1121.

ARTICLE LXXVII.

C'étoit le 54. changé.

Des ventes recelées vingt jours, soixante-quinze sols d'amende.

Pour ventes recelées ou non notifiées au Seigneur censier dedans vingt jours de l'acquisition, est dû un écu, & un quart d'écu d'amende au Seigneur censier.

Voyez l'article 81.

Cet article est expliqué dans ce Commentaire, tome 1. page 1131.

ARTICLE LXXVIII.

Au lieu du 55. changé.

Ventes dûës d'heritage acheté ou pris à rente rachetable.

Si aucun achete à prix d'argent, ☞ ou prend à rente rachetable heritage étant en la censive d'un Seigneur censier ou foncier, tel acheteur dudit heritage ☞ ou preneur à rente, est tenu payer au Seigneur censier ou foncier les ventes dudit achat ☞ ou sort principal de la rente, encore qu'elle ne soit rachetée.

Voyez les articles 83. au milieu, & 87.

Cet article est expliqué dans ce Commentaire, tome 1. page 1141.

ARTICLE LXXIX.

Le Seigneur a le choix des ventes du contrat ou decret sur déguerpissement.

☞ Si l'acheteur d'un heritage est contraint déguerpir & délaisser l'heritage pour les dettes de son vendeur; & en ce faisant, il se vend & adjuge par decret à la poursuite des créanciers, ledit acquereur succede au droit du Seigneur, pour avoir & prendre à son profit les ventes dudit decret, telles qu'eût pris ledit Seigneur. Ou est au choix dudit Seigneur de les prendre, en rendant celles qu'il a reçûës de l'acquisition premiere.

Voyez l'article 84. sur la fin.

Cet article est expliqué dans ce Commentaire, tome 1. page 1105.

ARTICLE LXXX.

D'heritage acquis par coheritiers en licitation, ne sont dûës ventes, mais bien par étranger.

☞ Si l'heritage ne se peut partir entre coheritiers, & se licite par justice sans fraude, ne sont dûës aucunes ventes pour l'adjudication faite à l'un d'eux: Mais s'il est adjugé à un étranger, l'acquereur doit ventes.

Voyez les articles 154. 155. au milieu, & le 157.

Cet article est expliqué dans ce Commentaire, tome 1. page 1219.

ARTICLE LXXXI.

Simple action pour ventes & amendes.

☞ Les ventes & amendes se poursuivent par action seulement. *Voyez les articles 73. 76. 78. vers la fin.*

Cet article est expliqué dans ce Commentaire, tome 1. page 1143.

ARTICLE LXXXII.

Au lieu des 55. en la fin, & 56.

Si on doit prendre saisine: & combien payer.

Ne prend saisine qui ne veut: ☞ Mais si on prend saisine, sera payé douze deniers parisis pour la saisine.

Voyez les articles 130. 135.

Cet article est expliqué dans ce Commentaire, tome 1. page 1147.

ARTICLE LXXXIII.

Cet article & le suivant sont au lieu des 58. 59. 60. & 61.

Quints ou ventes dûs en vendition ou decret, à la charge de rente rachetable.

Pour heritages vendus ou adjugez par decret à la charge de rente rachetable, soit que ledit heritage soit Fief ou roture, est dû au Seigneur de Fief le quint denier du prix: Et au censier le droit de ventes, tant pour le prix contenu és contrats ou decret, que pour le sort principal desdites rentes, encore que lesdites rentes ne soient lors rachetées.

Voyez les articles 23. 78. 87.

Cet article est expliqué dans ce Commentaire, tome 1. page 1255.

ARTICLE LXXXIV.

Cet article au lieu, &c. comme le précedent.

Un seul droit de quint ou ventes pour contrat d'acquisition & decret purgeant hypotheques.

Si aucun achete un heritage à la charge qu'il sera adjugé par decret; ou bien si l'acheteur, pour purger les hypotheques, le fait decreter, & tel acheteur est adjudicataire, n'est dû qu'un seul droit de quint ou vente, tant pour le contrat d'acquisition que le decret: Est toutefois au choix du Seigneur de prendre lesdits quints ou ventes selon le prix dudit contrat ou decret.

Voyez l'article 79.

Cet article est expliqué dans ce Commentaire, tome 1. page 1271.

ARTICLE LXXXV.

C'étoit le 62. article.

De cens non payé s'il y a peine: & comment.

Toutes personnes tenans leurs maisons & heritages en censive, sont tenus de payer les droits de cens au Seigneur, dont les heritages sont tenus & mouvans, au lieu & jour que dûs sont, sur peine de cinq sols parisis d'amende: fors & excepté des assis en la ville & banlieuë de Paris, qui ne doivent aucune amende par faute dudit cens non payé, si à ladite amende payer les détenteurs d'iceux ne sont expressement obligez.

Voyez l'article 77.

Cet article est expliqué dans ce Commentaire, tome 1. page 1283.

ARTICLE LXXXVI.

C'étoit le 63. article.

En la ville & banlieuë, simple gagerie pour le cens: & comment se fait.

Il est loisible à un Seigneur censier en la ville & banlieuë de Paris, en défaut de payement des droits de cens, dont sont chargez les heritages tenus en sa censive, de proceder par voye de simple gagerie sur les biens étans és maisons pour trois années d'arrerages dudit cens & au dessous. ☞ Et est entendu simple gagerie, quand il n'y a transport de biens.

Voyez les articles 26. 153.

Cet article est expliqué dans ce Commentaire, tome premier, page 1293.

ARTICLE LXXXVII.

Ventes, comment dûës pour rentes foncieres non rachetables.

☞ De toutes rentes foncieres non rachetables venduës à autres, ou délaissées par rachat depuis le premier bail, sont duës ventes, eu égard au prix de la vente ou rachat d'icelle rente, tout ainsi que si l'heritage ou partie d'iceluy étoit vendu.

Voyez les articles 73. 83. & 349.

Cet article est expliqué dans ce Commentaire, tome 1. page 1299.

TITRE III.

☞ QUELS BIENS SONT MEUBLES, & quels immeubles.

ARTICLE LXXXVIII.

Deux especes de biens, à sçavoir, meubles & immeubles.

☞ EN la Prevôté & Vicomté de Paris, il y a deux sortes & especes de biens seulement : c'est à sçavoir, meubles & immeubles.
Voyez les articles 94. 95.

Cet article est expliqué dans ce Commentaire, tome 1. page 1317.

ARTICLE LXXXIX.

Cedules & obligations, quand reputées meubles.

☞ Cedules & obligations faites pour sommes de deniers, marchandises ou autres choses mobiliaires, sont censées & reputées meubles.
Voyez les articles 93. 94. & 95.

Cet article est expliqué dans ce Commentaire, tome 1. page 1333.

ARTICLE XC.

Ustancilles d'hôtel, moulins & pressoirs, de quelle espece.

☞ Ustancilles d'hôtel qui se peuvent transporter sans fraction & deterioration, sont aussi reputez meubles : mais s'ils tiennent à fer & à cloud, ou sont scellez en plâtre, & sont mis pour perpetuelle demeure, & ne peuvent être transportez sans fraction & deterioration, sont censez & reputez immeubles, comme un moulin à vent & à eau, pressoir édifié en une maison, sont reputez immeubles, quand ne peuvent être ôtez sans dépecer ou dessassembler, autrement sont reputez meubles.
Voyez les deux articles suivans.

Cet article est expliqué dans ce Commentaire, tome 1. page 1345.

ARTICLE XCI.

Poisson, comment meuble ou immeuble.

☞ Poisson étant en étang ou en fosse, est reputé immeuble : mais quand il est en boutique ou reservoir, est reputé meuble.
Voyez l'article suivant.

Cet article est expliqué dans ce Commentaire, tome 1. page 1361.

ARTICLE XCII.

Item, *le bois, foin, & grain, quels.*

☞ Bois coupé, bled, foin, ou grain sayé ou fauché, supposé qu'il soit encore sur le champ, & non transporté, est reputé meuble : Mais quand il est sur le pied & pendant par racine, est reputé immeuble.
Voyez l'article précedent, & les 94. & 231.

Cet article est expliqué dans ce Commentaire, tome 1. page 1367.

ARTICLE XCIII.

Destination, comment rend des deniers immeubles.

☞ Somme de deniers donnée par pere, mere, ayeul ou ayeule, ou autres ascendans, à leurs enfans en contemplation de mariage, pour être employée en achat d'heritage, encore qu'elle n'ait été employée, est reputée immeuble à cause de la destination.
Voyez les articles 236. 232. 246. & 259.

Cet article est expliqué dans ce Commentaire; tome 1. page 1379.

ARTICLE XCIV.

Au lieu du 57. changé.

Rentes constituées de majeurs ou mineurs, de quelle espece.

Rentes constituées ☞ à prix d'argent, sont reputées immeubles jusques à ce qu'elles soient rachetées : ☞ toutefois au cas que celles qui appartiennent à mineurs, soient rachetées pendant leur minorité, les deniers du rachat ou le remploy d'iceux en autres rentes ou heritages, sont censez de même nature & qualité d'immeubles, qu'étoient les rentes ainsi rachetées, pour retourner aux parens du côté & ligne dont lesdites rentes étoient procedées.
Voyez les articles 230. au milieu, 232. 259. & 329.

Cet article est expliqué dans ce Commentaire, tome 1. page 1431.

ARTICLE XCV.

Item, *l'office venal qui se decrette : & comment se vend & se distribuent les deniers.*

☞ Office venal est reputé immeuble, & a suite par hipotheque, quand il est saisi par le detteur par autorité de Justice, paravant resignation admise & provision faite au profit d'un tiers : & peut être crié & adjugé par decret : Et toutefois les deniers provenans de l'adjudication, sont sujets à contribution, comme meubles, entre les créanciers opposans qui viennent pour ce regard à déconfiture au sol la livre.
Voyez l'article précedent 180. au commencement, 350. & 351.

Cet article est explique dans ce Commentaire, tome 1. page 1457.

TITRE IV.

DE COMPLAINTE EN CAS DE SAISINE & de Nouvelleté, ☞ & simple Saisine.

ARTICLE XCVI.

C'étoit le 64 article de l'ancienne Coûtume.

QUand le possesseur d'aucun heritage, ou droit réel reputé immeuble est troublé & empêché en sa possession & joüissance, il peut & luy loist soy complaindre & intenter poursuite en cas de saisine & de nouvelleté dedans l'an & jour du trouble à luy

fait & donné audit heritage ou droit réel contre celuy qui l'a troublé.
Voyez les articles 98. 125. & sur la fin du 130.

Cet article est expliqué dans ce Commentaire, tome 1. page 1515.

ARTICLE XCVII.

C'étoit le 65. article.

N'a lieu pour chose mobiliaire, sinon pour université de meubles.

Aucun n'est recevable de soy complaindre & intenter le cas de nouvelleté pour une chose mobiliaire particuliere : ☞ Mais bien pour université de meubles, comme en succession mobiliaire.
Voyez l'article précedent & le 144.

Cet article est expliqué dans ce Commentaire, tome 1. page 1531.

ARTICLE XCVIII.

C'étoit le 73. article.

Quand faut venir par simple saisine, & la forme.

Quand aucun a joüy & possedé aucune rente, & icelle prise & perçûë sur aucun heritage paravant & depuis dix ans, & par plus grande partie d'iceluy temps, s'il est troublé & empêché en la possession & joüissance d'icelle, il peut intenter & poursuivre le cas de simple saisine personnellement contre celuy ou ceux qui ainsi l'ont troublé, & requerir être remis en la possession en laquelle il étoit paravant ladite cessation.
Voyez l'article 96.

Cet article est expliqué dans ce Commentaire, tome 1. page 1535.

TITRE V.

DES ACTIONS PERSONNELLES & d'hypotheques.

ARTICLE XCIX.

C'étoit le 70. article de l'ancienne Coûtume.

Pour les heritages chargez & redevables, comment s'acquittent les charges personnellement.

Les détenteurs & propriétaires d'heritages chargez & redevables de cens, rentes charges réelles & annuelles, sont tenus personnellement de payer & acquitter icelles charges à celuy ou à ceux à qui dûës sont, & les arrerages échûs de leur temps, tant & si longuement que desdits heritages, ou de partie & portion d'iceux, ils seront détenteurs & propriétaires.
Voyez l'article 101. & le 221. au commencement, 331. & 333.

Cet article est expliqué dans ce Commentaire, tome 2. page 9.

ARTICLE C.

Explication des mots, chargez & redevables.

☞ Et s'entendent chargez & redevables, quand lesdits heritages sont specialement obligez, ou qu'il y a generale obligation sans specialité, ou qu'il y a clause que la speciale ne deroge à la generale, ni la generale à la speciale. Esquels cas le detenteur est tenu personnellement desdits arrerages.
Voyez l'article précedent.

Cet article est expliqué dans ce Commentaire, tome 2. page 27.

ARTICLE CI.

C'étoit le 71. article.

Pour heritages obligez ou acquittez, comment s'acquittent.

Les détenteurs & propriétaires d'aucuns heritages obligez ou hypothequez à aucunes rentes ou autres charges réelles ou annuelles, sont tenus hypothecairement icelles payer avec les arrerages qui en sont dûs, à tout le moins sont tenus iceux heritages délaisser pour être saisis & adjugez par decret au plus offrant & dernier encherisseur, à faute de payement des arrerages qui en sont dûs, ☞ sans qu'il soit besoin de discussion : & si la rente est fonciere, doit être l'heritage adjugé à la charge de la rente.
Voyez les articles 99. 109. au commencement, 333.

Cet article est expliqué dans ce Commentaire, tome 2. page 31.

ARTICLE CII.

C'étoit le 72. article.

Tiers détenteur, quand & comment peut déguerpir.

Quand un tiers détenteur d'heritage est poursuivi pour raison d'une rente dont est chargé ledit heritage qui luy a été vendu sans la charge de ladite rente, & dont il n'avoit eu connoissance paravant ladite poursuite, aprés qu'il a sommé son garand, ou celuy qui luy a vendu ou promis garantir ledit heritage, lequel luy défaut de garantie, ledit tiers détenteur ainsi poursuivi paravant contestation en cause, peut renoncer audit heritage ; & en ce faisant, il n'est tenu de ladite rente & arrerages d'icelle, supposé même que les arrerages fussent & soient échûs de son temps & paravant ladite renonciation.
Voyez l'article precedent & les deux suivans, avec le 153.

Cet article est expliqué dans ce Commentaire, tome 2. page 65.

ARTICLE CIII.

Item, *si aprés contestation, & à quoy tenu?*

☞ Et aprés contestation, tel détenteur peut renoncer à l'heritage, en payant les arrerages de son temps, jusques à la concurrence des fruits par luy perçûs, si mieux il n'aime rendre lesdits fruits.
Voyez l'article précedent, & le suivant vers le milieu.

Cet article est expliqué dans ce Commentaire, tome 2. page 75.

ARTICLE CIV.

Explication de la contestation en cause.

☞ Contestation en cause est quand il y a reglement sur les demandes & défenses des parties, ou bien quand le défendeur est défaillant & débouté de défenses.
Voyez l'article précedent vers la fin, les 102. & 140.

Cet article est expliqué dans ce Commentaire, tome 2. page 81.

ARTICLE CV.

C'étoit le 74. article.

Compensation a lieu de liquide à liquide.

Compensation a lieu d'une dette claire & liquide à une autre pareillement claire & liquide, & non autrement. *Voyez l'article 317. sur la fin.*

Cet article est expliqué dans ce Commentaire, tome 2. page 87.

ARTICLE CVI.

C'étoit le 75. article.

Si reconvention a lieu, & comment.

Reconvention en cour laye n'a lieu, ☞ si elle ne dépend de l'action, & que la demande en reconvention soit la défense contre l'action premierement intentée: Et en ce cas le défendeur par le moyen de ses défenses, peut se constituer demandeur.

Voyez l'article 273.

Cet article est expliqué dans ce Commentaire, tome 2. page 103.

ARTICLE CVII.

C'étoit le 78. article changé.

Cedule privée, quand emporte hypotheque, l'Ordonnance de 1539. art. 93.

Cedule privée, qui porte promesse de payer, emporte hypotheque du jour de la confession ou reconnoissance d'icelle faite en jugement, ☞ ou pardevant Notaires, ou que par jugement elle soit tenuë pour confessée, ou du jour de la dénegation, en cas que par aprés elle soit verifiée.

Voyez l'article 264.

Cet article est expliqué dans ce Commentaire, tome 2. page 111.

ARTICLE CVIII.

C'étoit le 107. article.

Transport ne saisit qu'aprés signification, & copie baillée.

Un simple transport ne saisit point, ☞ & faut signifier le transport à la partie, & en bailler copie auparavant que de l'executer.

Voyez l'article 20. en la fin, 178. 203. 284. au commencement.

Cet article est expliqué dans ce Commentaire, tome 2. pag. 123.

ARTICLE CIX.

C'étoit le 191. article.

Preneur à cens ou rente, comment peut renoncer à l'heritage.

Si aucun a pris un heritage à cens ou rente à certain prix par chacun an, il y peut renoncer en jugement, partie présente ou appellée, en payant tous les arrerages du passé, & le terme ensuivant: Jaçoit que par lettres il eût promis payer ladite rente, & obligé tous ses biens: Et s'entend telle promesse tant qu'il est propriétaire: sinon que par les lettres d'accensement, il eût promis mettre aucun amendement, ce qu'il n'eût: ou qu'il eût promis fournir & faire valoir ladite rente, & à ce obligé tous ses biens, en laissant toutefois l'heritage en aussi bon état & valeur qu'il étoit au temps de la prise.

Voyez l'article suivant, & les 101. au milieu, 102. vers la fin.

Cet article est expliqué dans ce Commentaire, tome 2. page 203.

ARTICLE CX.

L'acquereur du preneur, comment y peut renoncer.

☞ Celuy qui n'est preneur, mais est acquereur du preneur, à la charge de la rente seulement, sans faire mention d'autres charges, comme de mettre amendement, fournir & faire valoir & laisser l'heritage en bon état, il peut renoncer, pourvû qu'il n'ait promis expressément acquitter & garantir son vendeur & bailleur.

Voyez l'article précedent.

Cet article est expliqué dans ce Commentaire, tome 2. page 231.

ARTICLE CXI.

C'étoit le 195. article.

Répit, en quel cas n'a lieu.

Un répit ne doit avoir lieu contre le dû d'aucun adjugé par Sentence définitive & contradictoire, loüage de maison, arrerages de rentes, moisson de grains, & dettes de mineurs contractées avec les mineurs ou leurs tuteurs, durant leur minorité.

Cet article est expliqué dans ce Commentaire, tome 2. page 241.

ARTICLE CXII.

Au lieu du 197. article.

Bourgeois de Paris, non tenus en civil plaider ailleurs en défendant.

☞ Par privilege notoire des Bourgeois de Paris en matiere civile, ne peuvent être les Bourgeois de ladite Ville contraints plaider ne répondre en défendant ailleurs qu'en la Ville de Paris, pour quelque cause & privilege que ce soit.

Voyez l'article 137. au commencement.

Cet article est expliqué dans ce Commentaire, tome 2. page 267.

TITRE VI.

DE PRESCRIPTION.

ARTICLE CXIII.

C'étoit le 66. article changé de l'ancienne Coûtume.

Prescription pour heritages ou rente, par dix ou vingt ans.

Si aucun a joüi & possédé heritage ☞ ou rente, à juste titre & de bonne foy, tant par luy que par ses prédecesseurs, dont il a le droit & cause franchement & sans inquiétation par dix ans entre presens, & vingt ans entre absens, âgez & non privilegiez, il acquiert prescription dudit ☞ heritage ou rente.

Voyez l'article suivant & les 116. & 118.

Cet article est expliqué dans ce Commentaire, tome 2. page 329.

ARTICLE CXIV.

Prescription contre rentes ou hypotheques.

Quand aucun a possédé & joüi par luy & ses prédecesseurs, desquels il a le droit & cause d'heritage ☞ ou rente, à juste titre & de bonne foy, par dix ans entre presens, & vingt ans entre absens, âgez & non privilegiez, franchement & paisiblement, sans inquiétation d'aucune rente ou hypotheque: tel possesseur dudit heritage ☞ ou rente a acquis prescription contre toutes rentes ou hypotheques ☞ prétenduës sur ledit heritage ou rente.

Voyez l'article précedent.

Cet article est expliqué dans ce Commentaire, tome 2. page 379.

ARTICLE CXV.

Cas esquels la prescription a lieu, ou est empêchée.

☞ Et a lieu ladite prescription, supposé que ladite rente soit payée par celuy qui l'a constituée, ou autre au déceu du tiers détempteur: toutefois si le créancier a eu juste cause d'ignorer l'aliénation, parce que le detteur de ladite rente seroit toûjours demeuré en possession

en possession de l'heritage par le moyen de location, retention d'usufruit, constitution de précaire, ou autres semblables, pendant ledit temps la prescription n'a cours.
Voyez vers la fin des articles 274. & 275.

Cet article est expliqué dans ce Commentaire, tome 2. page 391.

ARTICLE CXVI.

Qui sont reputez presens.

☞ Sont reputez presens ceux qui sont demeurans en la Ville, Prevôté & Vicomté de Paris.
Voyez les deux articles suivans, & les 113. & 114.

Cet article est expliqué dans ce Commentaire, tome 2. page 397.

ARTICLE CXVII.

Prescription contre doüaire.

☞ En matiere de doüaire la prescription commence à courir du jour du decés du mary seulement entre âgez & non privilegiez.
Voyez les articles 249. 255. & 256.

Cet article est expliqué dans ce Commentaire, tome 2. page 405.

ARTICLE CXVIII.

C'étoit le 68. article

Prescription par trente ans, sans titre, comment s'acquiert.

Si aucun a joüi, usé, & possedé d'un heritage ☞ ou rente, ou autre chose prescriptible par l'espace de trente ans continuellement, tant par luy que par ses prédecesseurs franchement, publiquement, & sans aucune inquiétation : supposé qu'il ne fasse apparoir du titre, il a acquis prescription entre âgez & non privilegiez.
Voyez les articles 12. sur la fin, 120. 123. & sur la fin les 124. & 186.

Cet article est expliqué dans ce Commentaire, tome 2. page 423.

ARTICLE CXIX.

Rentes constituées en argent, rachetables à toûjours.

☞ Faculté de racheter rentes constituées à prix d'argent, ne se peut prescrire par quelques laps de temps que ce soit : ains sont telles rentes rachetables à toûjours, encore qu'il y ait cent ans.
Voyez au commencement des articles 12. 124. & 186.

Cet article est expliqué dans ce Commentaire, tome 2. page 439.

ARTICLE CXX.

Prescription à la faculté de racheter heritage ou rente de bail d'heritage.

☞ La faculté donnée par contrat de racheter heritage ou rente de bail d'heritage à toûjours, se prescrit par trente ans entre âgez & non privilegiez.
Voyez l'article 118. le 123. au commencement, & les 124. & 186. en la fin.

Cet article est expliqué dans ce Commentaire, tome 2. page 447.

ARTICLE CXXI.

Exception de l'article précedent, avec limitation.

☞ Ce que dessus n'a lieu és rentes de bail d'heritages sur maisons assises en la Ville & Fauxbourgs de Paris, lesquelles rentes sont à toûjours rachetables, si elles ne sont les premieres aprés le cens & fonds de terre. *Voyez l'article précedent, le suivant, & les 73. 74. 78. & 87.*

Cet article est expliqué dans ce Commentaire, tome 2. page 455.

ARTICLE CXXII.

Legs pitoyables sur maisons de la Ville de Paris, & Fauxbourgs, comment rachetables.

☞ Legs pitoyables de rentes en deniers, grains, ou autres especes sur une maison de la Ville de Paris, & Fauxbourgs d'icelle, sont rachetables au denier vingt, sans que ledit rachat se puisse prescrire, ores qu'il fût dit par le Testament, non rachetable. En faisant toutefois faire le remploy en autres heritages, ou autres rentes.
Voyez l'article précedent, & les 94. au milieu & 119.

Cet article est expliqué dans ce Commentaire, tome 2. page 463.

ARTICLE CXXIII.

Prescription de cens, contre qui, & comment.

☞ Cens portant directe Seigneurie, est prescriptible par Seigneur contre Seigneur, & se peut prescrire par trente ans contre âgez & non privilegiez, & par quarante ans contre l'Eglise, s'il n'y a titre ou reconnoissance dudit cens, ou que le détenteur ait acquis l'heritage à la charge dudit cens.
Voyez les articles 12 & 118.

Cet article est expliqué dans ce Commentaire, tome 2. page 477.

ARTICLE CXXIV.

Si le droit, quotité, & arrerages de cens se prescrivent.

☞ Le droit de cens ne se prescrit par le détenteur de l'heritage contre le Seigneur censier, encore qu'il y ait cent ans, quand il y a titre ancien ou reconnoissance faite dudit cens. Mais se peut la quotité du cens & arrerages prescrire entre majeurs âgez & non privilegiez.
Voyez les articles 12. 119. 355. au commencement, & 358.

Cet article est expliqué dans ce Commentaire, tome 2. page 503.

ARTICLE CXXV.

Cet article & les 126. 127. & 128. sont au lieu du dernier de l'ancienne Coûtume, quelque chose changée.

Prescription annale contre Medecins, Chirurgiens, & Apoticaires.

Les Medecins, Chirurgiens & Apoticaires doivent intenter leurs actions dedans un an, & aprés ledit an ne sont recevables.
Voyez les articles 96. vers la fin. & 127.

Cet article est expliqué dans ce Commentaire tome 2. page 525.

ARTICLE CXXVI.

Au lieu du dernier, comme dessus.

Prescription par six mois contre les Boulangers, & autres vendeurs en détail : sinon, &c.

☞ Marchands, gens de métier, & autres vendeurs de marchandise & denrée en détail, comme Boulangers, Paticiers, Cousturiers, Selliers, Bouchers, Bourreliers, Passementiers, Maréchaux, Rotisseurs, Cuisiniers, & autres semblables, ne peuvent faire actions aprés les six mois passez du jour de la premiere délivrance de leurdite marchandise ou denrée, sinon qu'il y eût arrest de compte, sommation ou interpellation judiciairement faite, cedule ou obligation. *Voyez l'article précedent, & le suivant.*

Cet article est expliqué dans ce Commentaire, tome 2. page 529

ARTICLE CXXVII.

Au lieu du dernier, comme dessus.

Prescription d'un an, contre marchands, grossiers, & mercenaires : & l'exception.

Drapiers, Merciers, Epiciers, Orfévres, & autres Marchands grossiers, Massons, Charpentiers, Couvreurs, Barbiers, serviteurs, Laboureurs, & autres mercenaires, ne peuvent faire action ne demande de leur marchandise, salaires, & services aprés un an passé, à compter du jour de la délivrance de leur marchandise ou vacation, s'il n'y a cedule, obligation, arrest de compte par écrit, ou interpellation judiciaire.
Voyez les deux articles précedens.

Cet article est expliqué dans ce Commentaire, tome 2. page 531.

ARTICLE CXXVIII.

Action déniée aux Cabaretiers pour vin vendu par assiette.

☞ N'ont les Taverniers & Cabaretiers aucune action pour vin ou autres choses par eux venduës en détail par assiette en leurs maisons.
Voyez les articles 119. & 175.

Cet article est expliqué dans ce Commentaire, tome 2. page 551.

TITRE VII.

DE RETRAIT LIGNAGER.

ARTICLE CXXIX.

Au lieu des 172. & 174. articles de l'ancienne Coûtume.

Qui peut retraire, quoy, quand, & comment.

QUand aucun a vendu & transporté son propre heritage, ☞ ou rente fonciere, à personne étrange de son lignage du côté & ligne, dont ledit propre heritage ☞ ou rente fonciere luy est venu & échû par succession, il est loisible au parent & lignager dudit vendeur, du côté & ligne dont est venu & échû ledit heritage ☞ ou rente fonciere, de demander & avoir par retrait lignager iceluy heritage, ☞ ou rente, dedans l'an & jour que l'acheteur en a été ensaisiné, s'il est tenu en censive, ou qu'il a été reçu en foy & hommage, s'il est tenu en Fief, en remboursant ledit acheteur de son sort principal & loyaux coûts.
Voyez les articles 20. 96. vers la fin, 133. 136. 137. 142. 143. 145. 148. 149. 150. 151. 154. 155. 157. 159. 329. Voyez aussi les renvois de l'article 144.

Cet article est expliqué dans ce Commentaire, tome 2. page 587.

ARTICLE CXXX.

C'étoit le 143. article.

Quand commence le retrait : & quand doit écheoir l'assignation.

Le temps de retrait lignager ne court sinon depuis l'infeodation ou saisine faits ou pris par l'acheteur, ☞ & doit l'ajournement être fait, & l'assignation échéoir dedans ledit an & jour de ladite infeodation ou saisine.
Voyez les articles 82. 132. & 135.

Cet article est expliqué dans ce Commentaire, tome 2. page 675.

ARTICLE CXXXI.

Il court contre mineurs, sans restitution.

☞ L'an du retrait court tant contre le majeur que mineur, sans esperance de restitution.
Voyez vers le milieu des articles 354. & 356.

Cet article est expliqué dans ce Commentaire, tome 2. page 691.

ARTICLE CXXXII.

De quel jour il court en franc-aleu.

☞ L'an du retrait du propre heritage tenu en franc-aleu, ne court que du jour que l'acquisition a été publiée & insinuée en jugement au plus prochain Siege Royal.
Voyez les articles 68. 130. & 131.

Cet article est expliqué dans ce Commentaire, tome 2. page 697.

ARTICLE CXXXIII.

C'étoit le 175. article.

Cas où le premier vendeur peut retraire.

Si aucune personne acquiert un heritage propre de son parent du côté & ligne dont il est parent, & il vend ledit heritage : tel heritage chet en retrait : ☞ Auquel cas peut aussi retraire le premier vendeur, comme ne l'ayant au précedent mis hors la ligne.
Voyez les articles 129. & 242.

Cet article est expliqué dans ce Commentaire, tome 2. page 701.

ARTICLE CXXXIV.

Les fruits dûs depuis l'ajournement & offre.

☞ En matiere de retrait lignager sont dûs les fruits du jour de l'ajournement & offre de bourse, deniers, loyaux coûts, & à parfaire,
Voyez les articles 48. au milieu, 138. & 285.

Cet article est expliqué dans ce Commentaire, tome 2. page 709.

ARTICLE CXXXV.

Seigneur, comment reputé ensaisiné ou infeodé.

☞ Le Seigneur qui acquiert l'heritage tenu de luy en Fief ou censive, est reputé être infeodé ou ensaisiné du jour de son acquisition publiée en jugement au plus prochain Siege Royal.
Voyez les articles 130. 132.

Cet article est expliqué dans ce Commentaire, tome 2. page 723.

ARTICLE CXXXVI.

C'étoit le 176. article.

Retrayant ne remboursant dans vingt-quatre heures, déchû.

Le retrayant auquel l'heritage est adjugé par retrait, est tenu de payer & rembourser l'acheteur des deniers qu'il a payez au vendeur, pour l'achat dudit heritage, ou consigner les deniers au refus dudit acheteur, ☞ iceluy dûment appellé à voir faire ladite consignation, & ce dedans vingt-quatre heures aprés ledit retrait adjugé par Sentence, & que l'acheteur aura mis ses lettres au Greffe, partie presente ou appellée, & outre qu'il aura affermé le prix, s'il en est requis : Et s'il ne le fait, le temps passé, tel retrayant est déchû dudit retrait.
Voyez l'article suivant, & les 21. 129.

Cet article est expliqué dans ce Commentaire, tome 2. page 729.

ARTICLE CXXXVII.

Idem, *en heritage baillé à rente rachetable, & comment se fait le remboursement.*

L'heritage baillé à rente rachetable, est sujet à retrait dedans l'an & jour de la saisine ou infeodation, en remboursant celuy à qui la rente est dûë, ou consignant en son refus dedans les vingt-quatre heures, le sort principal de la rente & arrerages échûs depuis le jour de l'ajournement, aprés que l'acquereur aura mis ses lettres au Greffe, & affermé le prix comme dessus est dit, & à faute de ce faire, le retrayant est déchû du retrait.

Voyez l'article precedent, & les 78. 83. 129.

Cet article est expliqué dans ce Commentaire, tome 2. page 769.

ARTICLE CXXXVIII.

Des arrerages de la rente, & fruits de l'heritage.

Et quant aux arrerages échûs dedans l'an precedent l'ajournement, l'acheteur les peut mettre en loyaux coûts, en rendant par luy les fruits qu'il auroit perçûs dedans ledit an.

Voyez les articles 129. 134.

Cet article est expliqué dans ce Commentaire, tome 2. page 781.

ARTICLE CXXXIX.

A quel heritier appartient l'heritage retiré: & comment.

L'heritage retiré par retrait lignager, est tellement affecté à la famille, que si le retrayant meurt délaissant un heritier des acquêts & un heritier des propres, tel heritage doit appartenir à l'heritier des propres de la lignée dont est venu & issu ledit heritage, & non à l'heritier des acquêts, en rendant toutefois dedans l'an & jour du decés aux heritiers desdits acquêts, le prix dudit heritage.

Voyez les articles 94. *en la fin,* 155. 244. 326. *vers le milieu.*

Cet article est expliqué dans ce Commentaire, tome 2. page 783.

ARTICLE CXL.

Au lieu du 177. aucunement changé.

Offre du retrayant à peine de déchéance.

Quand le lignager d'un vendeur d'heritage a fait ajourner l'acheteur d'iceluy heritage, pour l'avoir par retrait, il convient que tel qui veut avoir ledit heritage par retrait, offre bourse, deniers, loyaux coûts, & à parfaire, tant par l'ajournement, que à chacune journée de la cause principale, jusques à contestation en cause inclusivement, & d'appel aussi inclusivement. Et s'il ne le fait, il doit être debouté dudit retrait.

Voyez les articles 104. *au commencement,* 129. 136. *en la fin.*

Cet article est expliqué dans ce Commentaire, tome 2. page 799.

ARTICLE CXLI.

C'étoit le 178. article.

Lignager, comment preferé aux autres,

Le parent & lignager qui premier fait ajourner en retrait, doit être preferé à tous autres, posé qu'ils soient plus prochains parens du vendeur, encore que le retrayant ne soit descendu de celuy duquel vient ledit heritage.

Voyez les articles 178. 314. *en la fin,* 329.

Cet article est expliqué dans ce Commentaire, tome 2. page 821.

ARTICLE CXLII.

Heritiers du vendeur peuvent retraire, étant de la ligne.

Les heritiers du vendeur aprés son trépas, peuvent retraire l'heritage propre par luy vendu, pourvû qu'ils soient du côté & ligne.

Voyez l'article precedent, & les 129. 133. 230. *au milieu, &* 329.

Cet article est expliqué dans ce Commentaire, tome 2. page. 835.

ARTICLE CXLIII.

C'étoit le 179. article.

Heritage reçu en échange d'un propre, est fait propre, & chet en retrait.

Quand aucun a échangé son propre heritage à l'encontre d'un autre heritage, ledit heritage est propre de celuy qui l'a eu par échange, & s'il le vend, il chet en retrait.

Voyez les articles 53. 94. *vers la fin,* 139. *&* 145.

Cet article est expliqué dans ce Commentaire, tome 2. page 841.

ARTICLE CXLIV.

C'étoit le 180. article.

Retrait n'a lieu en meubles.

Choses mobiliaires ne chéent en retrait.

Voyez l'article 97. *au milieu, le* 129. *les renvois au dessous d'iceluy, & les* 147. 152. 153. 156. *&* 158.

Cet article est expliqué dans ce Commentaire, tome 2. page 845.

ARTICLE CXLV.

S'il a lieu en échange, & comment.

En échange, s'il y a soulte excedante la valeur de la moitié, l'heritage est sujet à retrait pour portion de la soulte: Mais si la soulte est moindre que ladite moitié, n'y a lieu au retrait.

Voyez l'article 143.

Cet article est expliqué dans ce Commentaire, tome 2. page 853.

ARTICLE CXLVI.

Si l'on peut reparer, augmenter, ou empirer l'heritage durant l'an & jour.

Durant l'an & jour du retrait, l'acheteur ne peut faire aucuns bâtimens ne reperations, s'ils ne sont necessaires, pareillement ne peut empirer l'heritage. Et s'il le fait, est tenu de le rétablir.

Voyez l'article 203.

Cet article est expliqué dans ce Commentaire, tome 2. page 863.

ARTICLE CXLVII.

C'étoit le 181. article.

En usufruit d'heritage de propre n'y a retrait.

Si aucun vend l'usufruit de son propre heritage à personne étrange, ledit usufruit ne chet en retrait.

Voyez les articles 129. *&* 149.

Cet article est expliqué dans ce Commentaire, tome 2. page 873.

ARTICLE CXLVIII.

Cet article est de soy sommaire.

Loges, boutiques, étaux, places publiques achetées du Roy, & venant à succession, sont sujettes à retrait.

Voyez l'article suivant, & le 129.

Cet article est expliqué dans ce Commentaire, tome 2. page 879.

ARTICLE CXLIX.

Baux à longues années sujets à retrait.

☞ Baux à quatre-vingt dix-neuf ans, ou longues années, sont sujets à retrait.

Voyez l'article précedent & les 129. 147.

Cet article est expliqué dans ce Commentaire, tome 2. page 893.

ARTICLE CL.

C'étoit le 182. article

Retrait a lieu en decret de propre.

Propre heritage vendu par decret en jugement par criées & subhastations, chet en retrait.

Voyez l'article 83. au commencement, & 152.

Cet article est expliqué dans ce Commentaire, tome 2. page 897.

ARTICLE CLI.

Idem, *adjugé sur curateur aux biens vacans, ou heritier beneficiaire.*

☞ Un heritage propre adjugé par decret sur un curateur aux biens vacans, ou sur l'heritier par benefice d'inventaire, est sujet à retrait.

Voyez l'article précedent & les subsequens, avec les commencemens des 34. 144.

Cet article est expliqué dans ce Commentaire, tome 2. page 905.

ARTICLE CLII.

Non pas d'heritage d'acquest adjugé sur tel curateur.

☞ Mais l'heritage d'acquêt d'un defunt adjugé sur le curateur aux biens dudit défunt, n'est sujet à retrait.

Voyez l'article précedent, & les 129. 150.

Cet article est expliqué dans ce Commentaire, tome 2. page 911.

ARTICLE CLIII.

Ni sur le curateur à la chose abandonnée.

☞ L'heritage adjugé sur un curateur à la chose abandonnée, n'est sujet à retrait.

Voyez les deux articles précedens, le 79. vers le commencement, les 101. & 102. au milieu, 109. au commencement, 110. vers la fin.

Cet article est expliquée dans ce Commentaire, tome 2. page 913.

ARTICLE CLIV.

Retrait a lieu en licitation de portion d'heritage indivis.

☞ Portion d'heritage venduë par licitation, qui ne se peut bailler par divis, est sujet à retrait.

Voyez les articles 80. 157. au commencement.

Cet article est expliqué dans ce Commentaire, tome 2. page 927.

ARTICLE CLV.

C'étoit le 184. article.

Retrait du my-denier après le decès de l'un des conjoints.

Quand aucun heritage propre est acquis durant & constant le mariage de deux conjoints, dont l'un d'iceux est parent lignager dudit vendeur, du côté dont ledit heritage appartenoit audit vendeur, tel heritage ainsi vendu ne gist en retrait durant & constant ledit mariage: mais aprés le trépas de l'un desdits conjoints, la moitié dudit heritage gist en retrait à l'encontre de celuy qui n'est lignager, ou ses hoirs, s'ils ne sont lignagers dudit vendeur, du côté & ligne dont ledit heritage appartenoit à iceluy vendeur, dedans l'an & jour du trépas du premier mourant desdits conjoints: supposé qu'il y eût saisine ou infeodation prise durant iceluy mariage, en rendant & payant par le retrayant la moitié du sort principal, frais & loyaux coûts.

Voyez les articles 139. au milieu, 232. 244.

Cet article est expliqué dans ce Commentaire, tome 2. page 935.

ARTICLE CLVI.

Retrait n'a lieu quand y a des enfans en ligne.

☞ Quand celuy qui n'est en ligne a des enfans qui sont en ligne, retrait n'a lieu.

Voyez l'article précedent.

Cet article est expliqué dans ce Commentaire, tome 2. page 953.

ARTICLE CLVII.

En partage, comment retrait a lieu.

☞ Et si par partage l'heritage sort hors la ligne, il est sujet à retrait pour moitié: pourvû toutefois que le retrayant ait intenté son action, & sur icelle protestée dedans l'an du decés de celuy des deux conjoints qui luy est parent.

Voyez les articles 80. 154. 155.

Cet article est expliqué dans ce Commentaire, tome 2. page 961.

ARTICLE CLVIII.

C'étoit le 186. article.

Inhabile à succeder ne peut retraire.

Qui n'est habile à succeder, comme un bâtard, ne peut venir à retrait lignager.

Voyez l'article 337.

Cet article est expliqué dans ce Commentaire, tome 2. page 973.

ARTICLE CLIX.

C'étoit le 183. changé.

Retrait lignager sur le feodal, & de quel jour.

Le Fief venant de propre vendu par le vassal, & retenu par puissance de Fief par le Seigneur feodal, peut être retrait par l'un des parens & lignagers du vendeur, de l'estoc & ligne dont il est procedé, dans l'an & jour que ledit Fief a été retenu par puissance de Fief, ☞ & ladite retenuë publiée en jugement au plus prochain Siege Royal.

Voyez les articles 20. 22. 130. 131. & 135.

Cet article est expliqué dans ce Commentaire, tome 2. page 983.

TITRE VIII.

ARRESTS, EXECUTIONS, & Gageries.

ARTICLE CLX.

C'étoit le 161. article de l'ancienne Coûtume changé.

Pour arrêter, exécuter, ou emprisonner, qu'est requis.

ON ne peut proceder par voye d'arrest, exécutions, ou autres exploits, sur les biens d'autruy, ne par emprisonnement, sans obligation, condamnation, délit, ou quasi-delit, chose privilegiée, ou qui le vaille.
Voyez les articles 166. 167. 171. 173. 175 176.

Cet article est expliqué dans ce Commentaire, tome 2. *page* 1003.

ARTICLE CLXI.

C'étoit le 163. changé.

Gagerie pour le loyer par privilege des Bourgeois.

Il est loisible à un propriétaire d'aucune maison par luy baillée à titre de loyer, faire proceder par voye de gagerie en ladite maison, pour les termes à luy dûs pour le loüage, sur les biens étans en icelle.
Voyez les articles 86. *au milieu*, 163. *sur la fin*, *&* 171.

Cet article est expliqué dans ce Commentaire, tome 2. *page* 1039.

ARTICLE CLXII.

Item, *sur les biens des sous-locatifs, & comment rendus.*

☞ S'il y a des sous-locatifs, peuvent être pris leurs biens pour ledit loyer & charges du bail, & néanmoins leur seront rendus en payant le loyer pour leur occupation.
Voyez les articles 54. 55.

Cet article est expliqué dans ce Commentaire, tome 2. *page* 1057.

ARTICLE CLXIII.

C'étoit le 16. article.

Gagerie pour trois quartiers de rentes.

Qui a droit de rente constituée sur aucune maison assise en la ville & fauxbourgs de Paris, à cause de laquelle luy sont dûs trois termes d'arrerages, & non plus, peut proceder par voye de gagerie pour iceux trois termes sur les biens meubles étans en ladite maison, appartenans au détenteur & propriétaire.
Voyez l'article 86. *&* 161.

Cet article est expliqué dans ce Commentaire, tome 2. *page* 1065.

ARTICLE CLXIV.

C'étoit le 166. article.

Obligation de scel Royal, comment exécutoire.

Une obligation faite & passée sous le scel Royal, est exécutoire sur les biens meubles & immeubles de l'obligé.
Voyez l'article 160.

Cet article est expliqué dans ce Commentaire, tome 2. *page* 1071.

ARTICLE CLXV.

Item, *l'obligation de scel authentique.*

☞ Et le semblable doit être gardé pour les obligations passées sous scel authentique & non Royal: pourvû qu'au jour de l'obligation passée, les parties obligées fussent demeurans au lieu où ladite obligation est passée.
Voyez l'article précedent.

Cet article est expliqué dans ce Commentaire, tome 2. *page* 1091.

ARTICLE CLXVI.

Si la contrainte a lieu pour chose non liquide.

☞ On n'est recevable à proceder par voye d'arrest, saisie, exécution ou emprisonnement en vertu d'obligation ou Sentence, si la chose ou somme pour laquelle on veut faire ledit exploit, n'est certaine & liquide en somme ou espece. Et néanmoins si l'espece est sujette à appréciation, on peut exécuter & adjourner, afin d'apprécier.
Voyez les articles 160. 169.

Cet article est expliqué dans ce Commentaire, tome 2. *page* 1101.

ARTICLE CLXVII.

C'étoit le 169. article.

Saisie du haut-Justicier sur heritages vacans.

Quand le propriétaire possesseur d'aucun heritage va de vie à trépas sans hoirs apparens, le haut-Justicier, en la Justice duquel les heritages sont assis, peut & luy est loisible iceux heritages vacans & non occupez, saisir & mettre en sa main.
Voyez les articles 330. 344. *au commencement.*

Cet article est expliqué dans ce Commentaire, tome 2. *page* 1109.

ARTICLE CLXVIII.

C'étoit le 191. article.

Si obligation ou Sentence sont exécutoires sur les biens de veuve & heritiers.

Obligation passée par le mary, ou Sentence contre luy donnée aprés le trépas dudit mary, ne sont exécutoires sur les biens de la veuve, ni des heritiers dudit défunt, ☞ avant que tels soient declarez. Et pour ce faire les faut appeller.
Voyez l'article suivant, & le 160.

Cet article est expliqué dans ce Commentaire, tome 2. *page* 1143.

ARTICLE CLXIX.

Comment on saisit les biens d'un detteur défunt.

☞ Néanmoins pour la conservation du dû des créanciers, peuvent être les biens du défunt & de la communauté saisis & arrêtez, commandement préalablement fait à la veuve & heritiers.
Voyez l'article précedent, & les 221. 332.

Cet article est expliqué dans ce Commentaire, tome 2. *page* 1159.

ARTICLE CLXX.

C'étoit le 168. article.

Si meubles ont suite par hypotheque.

Meubles n'ont point de suite par hypotheque, ☞ quand ils sont hors de la possession du detteur.
Voyez l'article suivant, & les 176. 177. 178. 181. *&* 182.

Cet article est expliqué dans ce Commentaire, tome 2. *page* 1165.

ARTICLE CLXXI.

Comment suivis & arrêtez pour loyers ou maison.

Toutefois les propriétaires des maisons scises ès Villes & Fauxbourgs & fermes des champs, peuvent suivre les biens de leurs locatifs ou fermiers exécutez, encore qu'ils soient transportez, pour être premiers payez de leurs loyers ou maison, iceux arrêter, jusqu'à ce qu'ils soient vendus & délivrez par autorité de Justice.
Voyez l'article 161. & 176.

Cet article est expliqué dans ce Commentaire, tome 2. page 1231.

ARTICLE CLXXII.

Dans quel temps doivent les exécutans faire vendre.

Les exécutans sont tenus de faire vendre les biens dedans deux mois après les oppositions jugées ou cessées.
Voyez l'article 160.

Cet article est expliqué dans ce Commentaire, tome 2. page 1277.

ARTICLE CLXXIII.

C'étoit le 191. article.

Qui peut arrêter les biens des detteurs forains : & comment.

Par privilege usité, quiconque est Bourgeois demeurant & habitant à Paris, & par an, & par jour y a demeuré, il peut proceder par voye d'arrests sur les biens de ses detteurs forains trouvez en icelle Ville, posé qu'il n'y eût obligation ne cedule, & non sur autres detteurs que forains.
Voyez l'article suivant, & le 112. 160. & 175.

Cet article est expliqué dans ce Commentaire, tome 2. page 1285.

ARTICLE CLXXIV.

Prevost de Paris en connoist, & non autre.

De tel arrest fait en la Ville & Fauxbourgs connoît le Prevôt de Paris, & non autre.
Voyez l'article precedent, & le suivant.

Cet article est expliqué dans ce Commentaire, tome 2. page 1303.

ARTICLE CLXXV.

C'étoit le 193. article.

Privilege d'Hôtelier sur biens & chevaux de Pelerins.

Dépens d'hôtelage livrez par hôtes à pelerins, ou à leurs chevaux, sont privilegiez, & viennent à préferer devant tout autre, sur les biens & chevaux hôtelez, & les peut l'Hôtelier retenir jusques à payement : & si aucun autre créancier les vouloit enlever, l'Hôtelier a juste cause de soy opposer.
Voyez les articles 128. 161. & 171.

Cet article est expliqué dans ce Commentaire, tome 2. page 1309.

ARTICLE CLXXVI.

C'étoit le 194. article.

Chose mobiliaire venduë sans terme, peut être suivie.

Qui vend aucune chose mobiliaire sans jour & sans terme, esperant être payé promptement, il peut sa chose poursuivre en quelque lieu qu'elle soit transportée, pour être payé du prix qu'il l'a venduë.
Voyez l'article suivant, & les 170. 171.

Cet article est expliqué dans ce Commentaire, tome 2. page 1317.

ARTICLE CLXXVII.

Préférence nonobstant le terme : en quel cas.

Et néanmoins encore qu'il eût donné terme, si la chose se trouve saisie sur le detteur par autre créancier, il peut empêcher la vente ; & est préferé sur la chose aux autres créanciers.
Voyez les articles précedent & suivant.

Cet article est expliqué dans ce Commentaire, tome 2. page 1337.

ARTICLE CLXXVIII.

Premier saisissant choses mobiliaires préferé.

Le créancier qui fait premier arrêter & saisir valablement, ou prendre par exécution aucuns meubles appartenans à son detteur, doit être le premier payé.
Voyez l'article suivant & les 108. 141. 170.

Cet article est expliqué dans ce Commentaire, tome 2. page 1347.

ARTICLE CLXXIX.

C'étoit le 196. article.

En cas de desconfiture, nulle préference sur meubles.

Toutefois en cas de desconfiture chacun créancier vient à contribution au sol la livre, sur les biens meubles du debiteur. Et n'y a point de préference ou prérogative pour quelque cause que ce soit : encore qu'aucun des créanciers eût fait premier saisir.
Voyez l'article précedent, le suivant, avec les 95. en la fin, 181. & 182.

Cet article est expliqué dans ce Commentaire, tome 2. page 1363.

ARTICLE CLXXX.

Desconfiture, que c'est : & de la caution qui se baille en cas de contestation.

Le cas de la desconfiture est, quand les biens du detteur, tant meubles qu'immeubles, ne suffisent aux créanciers apparens : & si pour empêcher la contribution se meut different entre les créanciers apparens sur la suffisance ou insuffisance desdits biens, les premiers en diligence qui prennent les deniers des meubles par eux arrêtez, doivent bailler caution de les rapporter, pour être mis en contribution, au cas que lesdits biens ne suffisent.
Voyez l'article précedent, & les deux suivans, & le 95. en la fin.

Cet article est expliqué dans ce Commentaire, tome 2. page 1375.

ARTICLE CLXXXI.

Contribution n'a lieu sur le gage duquel on est saisi.

Et n'a lieu la contribution quand le créancier se trouve saisi du meuble qui luy a été baillé en gage.
Voyez l'article 179.

Cet article est expliqué dans ce Commentaire, tome 2. page 1381.

ARTICLE CLXXXII.

Ni sur le dépôt en nature.

Aussi n'a lieu la contribution en matiere de dépôt, si le dépôt se trouve en nature.
Voyez les trois articles précedens.

Cet article est expliqué dans ce Commentaire, tome 2. page 1387.

ARTICLE CLXXXIII.

C'étoit le 198. article.

Biens se confisquent avec le corps.

Qui confisque les biens, il confisque le corps.

Cet article est expliqué dans ce Commentaire, tome 2. page 1395.

TITRE IX.

DES SERVITUTES ET RAPPORTS de Jurez.

ARTICLE CLXXXIV.

C'étoit le 79. article corrigé.

Quand & comment se font visitations.

EN toutes matieres sujettes à visitation, les parties doivent convenir en jugement de Jurez ou Experts, & gens à ce connoissans, qui font le serment pardevant le Juge. Et doit être le rapport apporté en Justice, pour en plaidant ou en jugeant le procés, y avoir tel égard que de raison, sans qu'on puisse demander amendement. Peut néanmoins le Juge ordonner autre ou plus ample visitation être faite, s'il y écher. Et où les parties ne conviennent de personnes, le Juge en nomme d'office.
Voyez l'article suivant.

Cet article est expliqué dans ce Commentaire, tome 2. page 1493.

ARTICLE CLXXXV.

Comment doit être fait, signé, & délivré le rapport.

Et sont tenus lesdits Jurez ou Experts, & gens connoissans, faire & rediger par écrit, & signer la minutte du rapport sur le lieu, & paravant qu'en partir, & mettre à l'instant ladite minutte és mains du Clerc qui les assiste: lequel est tenu dedans les vingt-quatre heures aprés délivrer ledit rapport aux parties qui l'en requierent.
Voyez l'article précedent.

Cet article est expliqué dans ce Commentaire, tome 2. page 1509.

ARTICLE CLXXXVI.

Au lieu des 80. & 87. articles.

Comment servitute & liberté s'acquierent.

Droit de servitute ne s'acquiert par longue joüissance quelle qu'elle soit, sans titre, encore que l'on en ait joüy par cent ans: mais la liberté se peut reacquerir contre le titre de servitute par trente ans, entre âgez, & non privilegiez.
Voyez les articles 12. 71. 124. 215. 216.

Cet article est expliqué dans ce Commentaire, tome 2. page 1517.

ARTICLE CLXXXVII.

C'étoient les 81. & 83. articles de l'ancienne Coûtume.

Qui a le sol, a le dessus & le dessous: s'il n'y a titre au contraire.

Quiconque a le sol, appellé l'étage du rez de chaussée, d'aucun heritage, il peut & doit avoir le dessus & le dessous de son sol, & peut édifier par dessus & par dessous, & y faire puits, aisemens, & autres choses licites, s'il n'y a titre au contraire.

Cet article est expliqué dans ce Commentaire, tome 2. page 1543.

ARTICLE CLXXXVIII.

Quel contre-mur requis en étable.

Qui fait étable contre un mur moitoyen, il doit faire contre-mur de huit pouces d'épaisseur, de hauteur jusques au rez de la mangeoire.
Voyez les quatre articles suivans.

Cet article est expliqué dans ce Commentaire, tome 2. page 1577.

ARTICLE CLXXXIX.

Item, *en cheminées & atres.*

Qui veut faire cheminées & atres contre le mur moitoyen, doit faire contre-mur de tuilots, ou autre chose suffisante de demi pied d'épaisseur.
Voyez l'article suivant.

Cet article est expliqué dans ce Commentaire, tome 2. page 1581.

ARTICLE CXC.

Pour forge, four, & fourneau, ce qu'on doit observer.

Qui veut faire forge, four & fourneau contre le mur moitoyen, doit laisser demi pied de vuide & intervalle entre deux du mur du four ou forge, & doit être ledit mur d'un pied d'épaisseur.
Voyez l'article précedent.

Cet article est expliqué dans ce Commentaire, tome 2. page 1587.

ARTICLE CXCI.

Contre-mur & épaisseur de massonnerie, pour privez ou puits.

Qui veut faire aisances de privez ou puits contre un mur moitoyen, il doit faire contre-mur d'un pied d'épaisseur. Et où il y a de chacun côté puits d'un côté & aisance de l'autre, suffit qu'il y ait quatre pieds de massonnerie d'épaisseur entre deux, comprenant les épaisseurs des murs d'une part & d'autre. Mais entre-deux puits suffisent trois pieds pour le moins.
Voyez l'article 217.

Cet article est expliqué dans ce Commentaire, tome 2. page 1593.

ARTICLE CXCII.

Pour terres labourées ou fumées, & pour terres jectisses.

Celuy qui a place, jardin, ou autre lieu vuide qui joint immediatement au mur d'autruy, ou à mur moitoyen, & il veut faire labourer & fumer, il est tenu faire contre mur de demi pied d'épaisseur, & s'il a terres jectisses, il est tenu faire contre-mur d'un pied d'épaisseur.
Voyez l'article 188. & 211.

Cet article est expliqué dans ce Commentaire, tome 2. page 1601.

ARTICLE CXCIII.

En la Ville & Fauxbourgs de Paris faut avoir privez.

Tous propriétaires de maisons en la Ville & Fauxbourgs de Paris, sont tenus avoir latrines & privez suffisans en leurs maisons.
Voyez l'article 218.

Cet article est expliqué dans ce Commentaire, tome 2. page 1609.

ARTICLE CXCIV.

Bâtissant contre-mur non moitoyen, que doit payer : & quand.

☞ Si aucun veut bâtir contre un mur non moitoyen, faire le peut en payant moitié tant dudit mur que fondation d'iceluy, jusques à son heberge. Ce qu'il est tenu payer paravant que rien démolir, ni bâtir. En l'estimation duquel mur est comprise la valeur de la terre sur laquelle est ledit mur fondé & assis : au cas que celuy qui a fait le mur, l'ait tout pris sur son heritage.

Voyez les articles suivans, & les 198. 203. 204. 205. 209. *&* 211.

Cet article est expliqué dans ce Commentaire, tome 2. page 1613.

ARTICLE CXCV.

C'étoit le 82. article.

Si l'on peut hausser un mur moitoyen : & comment.

Il est loisible à un voisin hausser à ses dépens le mur moitoyen d'entre luy & son voisin, si haut que bon luy semble, sans le consentement de sondit voisin, s'il n'y a titre au contraire, ☞ en payant les charges : pourvû toutefois que le mur soit suffisant pour porter le rehaussement ; & s'il n'est suffisant, faut que celuy qui veut rehausser, le fasse fortifier, & se doit prendre l'épaisseur de son côté.

Voyez l'article precedent & les trois suivans.

Cet article est expliqué dans ce Commentaire, tome 2. page 1621.

ARTICLE CXCVI.

Pour bâtir sur un mur de clôture.

☞ Si le mur est bon pour clôture & de durée, celuy qui veut bâtir dessus, & démolir ledit mur ancien, pour n'être suffisant pour porter son bâtiment, est tenu de payer entierement tous les frais ; & en ce faisant ne payera aucunes charges : mais s'il s'aide du mur ancien, payera les charges.

Voyez l'article suivant & les 204. 209. *&* 211.

Cet article est expliqué dans ce Commentaire, tome 2. page 1633.

ARTICLE CXCVII.

Charges qui se payent au voisin.

☞ Les charges sont de payer & rembourser par celuy qui se loge & heberge sur & contre le mur moitoyen, de six toises l'une de ce qui sera bâti au dessus de dix pieds.

Voyez les deux articles précedens, & les 209. 211.

Cet article est expliqué dans ce Commentaire, tome 2. page 1639.

ARTICLE CXCVIII.

C'étoit le 84. article.

Pour se loger ou édifier au mur moitoyen.

Il est loisible à un voisin se loger, ou édifier au mur commun & moitoyen d'entre luy & son voisin, si haut que bon luy semblera, en payant la moitié dudit mur moitoyen, s'il n'y a titre au contraire.

Voyez les articles 194. 195. 196. *&* 204.

Cet article est expliqué dans ce Commentaire, tome 2. page 1643.

ARTICLE CXCIX.

Nulles fenêtres ou trous pour vûë au mur moitoyen.

☞ En mur moitoyen ne peut l'un des voisins, sans l'accord & consentement de l'autre, faire faire fenêtres ou trous pour vûë, en quelque maniere que ce soit, à verre dormant, ni autrement.

Voyez les deux articles suivans, & le 211.

Cet article est expliqué dans ce Commentaire, tome 2. page 1651.

ARTICLE CC.

Fenêtres ou vûës en mur particulier, comment.

☞ Toutefois si aucun a mur à luy seul appartenant, joignant sans moyen à l'heritage d'autruy, il peut en iceluy mur avoir fenêtres, lumieres ou vûës aux us & coûtumes de Paris : C'est à sçavoir de neuf pieds de haut au dessus du rez de chaussée & terre, quant au premier étage : & quant aux autres étages, de sept pieds au dessus du rez de chaussée : Le tout à fer maillé & verre dormant.

Voyez l'article précedent & les deux suivans.

Cet article est expliqué dans ce Commentaire, tome 2. page 1659.

ARTICLE CCI.

Fer maillé & verre dormant, que c'est.

☞ Fer maillé est treillis dont les trous ne peuvent être que de quatre pouces en tout sens : & verre dormant, est verre attaché scellé en plâtre, qu'on ne peut ouvrir.

Voyez les deux articles précedens.

Cet article est expliqué dans ce Commentaire, tome 2. page 1673.

ARTICLE CCII.

Distances pour vûës droites & bées de côté.

☞ Aucun ne peut faire vûës droites sur son voisin, ne sur places à luy appartenantes, s'il n'y a six pieds de distance entre ladite vûë & l'heritage du voisin : & ne peut avoir bées de côté, s'il n'y a deux pieds de distance.

Voyez l'article 199. *&* 200.

Cet article est expliqué dans ce Commentaire, tome 2. page 1677.

ARTICLE CCIII.

Signifier avant que démolir, ou percer mur moitoyen, à peine, &c.

☞ Les massons ne peuvent toucher ne faire toucher à un mur moitoyen pour le démolir, percer & réedifier, sans y appeller les voisins qui y ont interêt, par une simple signification seulement. Et ce à peine de tous dépens, dommages & interêts, & rétablissement dudit mur.

Voyez l'article suivant & les 108. *au milieu*, 146. 195. 198. *&* 205.

Cet article est expliqué dans ce Commentaire, tome 2. page 1689.

ARTICLE CCIV.

C'étoit le 85. article.

On le peut percer, démolir, & rétablir, & comment.

Il est loisible à un voisin percer ou faire percer, & démolir le mur commun & moitoyen d'entre luy & son voisin pour se loger & édifier, en le rétablissant dûëment à ses dépens, s'il n'y a titre au contraire : ☞ en le dénonçant toutefois au préalable à son voisin. Et est tenu faire incontinent & sans discontinuation ledit rétablissement.

Voyez l'article précedent & le 208.

Cet article est expliqué dans ce Commentaire, tome 2. page 1691.

ARTICLE

ARTICLE CCV.

C'étoit le 86. article changé de l'ancienne Coûtume.

Contribution à refaire le mur commun, pendant, & corrompu.

Il est aussi loisible à un voisin contraindre ou faire contraindre par justice son autre voisin, à faire ou faire refaire le mur & édifice commun pendant & corrompu entre luy & sondit voisin, & d'en payer sa part chacun son heberge : & pour telle part & portion que lesdites parties ont & peuvent avoir audit mur & édifice moitoyen.

Voyez les articles 195. 196. & 206.

Cet article est expliqué dans ce Commentaire, tome 2. page 1697.

ARTICLE CCVI.

C'étoit le 88. article.

Poutres & solives ne se mettent dans le mur non moitoyen.

N'est loisible à un voisin de mettre ou faire mettre & loger les poutres & solives de sa maison, dans le mur d'entre luy & sondit voisin, si ledit mur n'est moitoyen.

Voyez les deux articles suivans.

Cet article est expliqué dans ce Commentaire, tome 2. page 1703.

ARTICLE CCVII.

C'étoit le 89. article.

Pour asseoir poutres au mur moitoyen, ce qu'il faut faire : même aux champs.

Il n'est aussi loisible à un voisin de mettre ou faire mettre, & asseoir les poutres de sa maison dedans le mur moitoyen d'entre luy & son voisin, sans y faire faire & mettre jambes, parpaignes ou chênes & corbeaux suffisans de pierre de tailles pour porter lesdites poutres, en rétablissant ledit mur : ☞ toutefois pour les murs des champs, suffit y mettre matiere suffisante.

Voyez l'article précedent & le suivant.

Cet article est expliqué dans ce Commentaire, tome 2. page 1707.

ARTICLE CCVIII.

C'étoit le 90. article.

Poutre sur la moitié du mur commun, & à quelle charge.

Aucun ne peut percer le mur moitoyen d'entre luy & son voisin, pour y mettre & loger les poutres de sa maison, que jusques à l'épaisseur de la moitié dudit mur, & au point du milieu en rétablissant ledit mur : & en mettant ou faisant mettre jambes, chênes, & corbeaux, comme dessus.

Voyez les deux articles précedens.

Cet article est expliqué dans ce Commentaire, tome 2. page 1713.

ARTICLE CCIX.

Es Villes & Fauxbourgs, on contribuë à murs de clôture, jusques à dix pieds.

☞ Chacun peut contraindre son voisin és Villes & Fauxbourgs de la Prevôté & Vicomté de Paris, à contribuer pour faire faire clôture faisant separations de leurs maisons, courts, & jardins assis esdites Villes & Fauxbourgs, jusques à la hauteur de dix pieds de haut du rez de chaussée, compris le chaperon.

Voyez l'article suivant, & les 196. 205. & 211.

Cet article est expliqué dans ce Commentaire, tome 2. page 1717.

ARTICLE CCX.

Comment hors lesdites Villes & Fauxbourgs.

☞ Hors lesdites Villes & Fauxbourgs on ne peut contraindre voisin à faire mur de nouvel separant les courts & jardins : mais bien le peut-on contraindre à l'entretenement & refection necessaire des murs anciens selon l'ancienne hauteur desdits murs, si mieux le voisin n'aime quitter le droit de mur & la terre sur laquelle il est assis.

Voyez l'article précedent, & les deux suivans.

Cet article est expliqué dans ce Commentaire, tome 2. page 1725.

ARTICLE CCXI.

Si murs de separation sont moitoyens : & des bâtimens & refection d'iceux.

☞ Tous murs separant courts & jardins sont reputez moitoyens, s'il n'y a titre au contraire. Et celuy qui veut faire bâtir nouveau mur, ou refaire l'ancien corrompu, peut faire appeller son voisin pour contribuer au bâtiment ou refection dudit mur, ou bien luy accorder lettres que ledit mur soit tout sien.

Voyez les articles 194. 195. 198. 203. 204. 205. 209. & 214.

Cet article est expliqué dans ce Commentaire, tome 2. page 1731.

ARTICLE CCXII.

Comment on peut rentrer au droit de mur.

☞ Et néanmoins és cas des deux précedens articles, est ledit voisin reçû quand bon luy semble, à demander moitié dudit mur bâti, & fonds d'iceluy, ou à rentrer dans son premier droit, en remboursant moitié dudit mur & fonds d'iceluy.

Voyez les deux articles précedens.

Cet article est expliqué dans ce Commentaire, tome 2. page 1739.

ARTICLE CCXIII.

Des anciens fossez communs : Idem, que des murs de separations.

☞ Le semblable est gardé pour la refection, vuidanges & entretenemens des anciens fossez communs & moitoyens.

Voyez l'article précedent & le 210.

Cet article est expliqué dans ce Commentaire, tome 2. page 1743.

ARTICLE CCXIV.

Marques du mur moitoyen ou particulier.

☞ Filets doivent être faits accompagnez de pierres, pour connoître que le mur est moitoyen, ou à un seul.

Voyez l'article 211.

Cet article est expliqué dans ce Commentaire, tome 2. page 1747.

ARTICLE CCXV.

De servitutes retenuës ou constituées par pere de famille.

☞ Quand un pere de famille met hors ses mains partie de sa maison, il doit specialement declarer quelles servitutes il retient sur l'heritage qu'il met hors ses mains, ou quelles il constituë sur le sien : & les faut nommément & specialement declarer, tant

pour l'endroit, grandeur, hauteur, mesure, qu'espece de servitute. Autrement toutes constitutions generales de servitutes, sans les declarer comme dessus, ne valent.
Voyez l'article suivant & le 186.

Cet article est expliqué dans ce Commentaire, tome 2. page 1755.

ARTICLE CCXVI.

C'étoit le 91. article.

Destination de pere de famille par écrit.

Destination de pere de famille vaut titre ☞ quand elle est, ou a été par écrit, & non autrement.
Voyez l'article precedent, & les 73. 186.

Cet article est expliqué dans ce Commentaire, tome 2. page 1767.

ARTICLE CCXVII.

Pour fossez à eauës ou cloaques, quelle distance du mur d'autruy ou moitoyen.

☞ Nul ne peut faire fossez à eauës ou cloaques, s'il n'y a six pieds de distance en tous sens des murs appartenans au voisin ou moitoyen.
Voyez les articles 191. 213.

Cet article est expliqué dans ce Commentaire, tome 2. page 1777.

ARTICLE CCXVIII.

Porter hors la Ville vuidanges de privez.

☞ Nul ne peut mettre vuidanges de fosses de privez dans la Ville.
Voyez l'article 193.

Cet article est expliqué dans ce Commentaire, tome 2. page 1781.

ARTICLE CCXIX.

Enduits & crespis en vieux murs, comment toisez.

☞ Les enduits & crespis de massonnerie faits à vieux murs, se toisent à la raison de six toises pour une toise de gros mur.
Voyez l'article 197.

Cet article est expliqué dans ce Commentaire, tome 2. page 1785.

TITRE X.

COMMUNAUTE' DE BIENS.

ARTICLE CCXX.

C'étoit le 110. article de l'ancienne Coûtume.

Communauté entre mariez, de quels biens & jour.

HOmme & femme conjoints ensemble par mariage, sont communs en biens meubles & conquêts immeubles, faits durant & constant ledit mariage. ☞ Et commence la communauté au jour des épousailles & benediction nuptiale.
Voyez les articles 229. 237. 239. 244. 246. 282.

Cet article est expliqué dans ce Commentaire, tome 3. page 27.

ARTICLE CCXXI.

C'étoit le 109. article.

Tenus des dettes mobiliaires l'un de l'autre, & comment.

A cause de laquelle communauté, le mary est tenu personnellement payer les dettes mobiliaires dûës à cause de sa femme : & en peut être valablement poursuivi durant leur mariage. Et aussi la femme est tenuë aprés le trépas de son mary, payer la moitié des dettes mobiliaires faites & accrûës par ledit mary, tant durant ledit mariage qu'auparavant iceluy. ☞ Et ce jusques à la concurrence de la communauté, comme il sera dit cy-aprés.
Voyez l'article suivant, & les 228. 237. 244. 245.

Cet article est expliqué dans ce Commentaire, tome 3. page 99.

ARTICLE CCXXII.

Pour se liberer des dettes l'un de l'autre, qu'est requis.

N. Combien qu'il soit convenu entre deux conjoints, qu'ils payeront separément leurs dettes faites auparavant leur mariage : Ce néanmoins ils en sont tenus, s'il n'y a inventaire préalablement fait : Auquel cas ils demeurent quittes, représentant l'inventaire ou l'estimation d'iceluy.
Voyez les articles 228. vers la fin, 237. & 241.

Cet article est expliqué dans ce Commentaire, tome 3. page 127.

ARTICLE CCXXIII.

C'étoit le 105. article.

Contrat de femme mariée, non autorisée ni separée, est nul.

La femme mariée ne peut vendre, aliéner, ne hypothequer ses heritages, sans l'autorité & consentement exprés de son mary. N. Et si elle fait aucun contrat sans l'autorité & consentement de son mary, tel contrat est nul, tant pour le regard d'elle, que de sondit mary, & n'en peut être poursuivie, ni ses heritiers aprés le decés de sondit mary.
Voyez les deux articles suivans & les 234. 235. & 236.

Cet article est expliqué dans ce Commentaire, tome 3. page 139.

ARTICLE CCXXIV.

C'étoit le 106. article.

Si ladite femme peut ester en jugement.

Femme ne peut ester en jugement sans le consentement de son mary, si elle n'est ☞ authorisée ou separée ☞ par justice, & ladite separation executée.
Voyez l'article precedent, & lesdits 234. 236.

Cet article est expliqué dans ce Commentaire, tome 3. page 169.

ARTICLE CCXXV.

C'étoit le 107. article.

Mary maître de la communauté : & comment en peut disposer.

Le mary est Seigneur des meubles & conquêts immeubles par luy faits durant & constant le mariage de luy & sa femme. En telle maniere qu'il les peut vendre, aliéner ou hypothequer, & en faire & disposer par donation ou autre disposition faite entre-vifs à son plaisir & volonté, sans le consentement de sadite femme, à personne capable, & sans fraude.
Voyez les articles 233. 283. & 296.

Cet article est expliqué dans ce Commentaire, tome 3. page 207.

ARTICLE CCXXVI.

C'étoit le 108. article.

S'il peut disposer des propres de sa femme.

Le mary ne peut vendre, ☞ échanger, faire partage ou licitation, charger, obliger, ni hypothequer le propre heritage de sa femme, sans le consentement de sadite femme, & icelle de par luy authorisée à cette fin.
Voyez l'article suivant, & le 233.

Cet article est expliqué dans ce Commentaire, tome 3. page 233.

ARTICLE CCXXVII.

Il peut en faire baux: & comment.

¶ Peut toutefois le mary faire baux à loyer, ou moison à six ans pour heritages assis à Paris, & à neuf ans pour heritages assis aux champs, & au dessous, sans fraude.
Voyez l'article precedent.

Cet article est expliqué dans ce Commentaire, tome 3. page 249.

ARTICLE CCXXVIII.

Si le mary peut obliger sa femme, & comment.

¶ Le mary ne peut par contrat & obligation, faite devant ou durant le mariage, obliger sa femme sans son consentement, plus avant que jusques à la concurrence de ce qu'elle, ou ses heritiers, amendent de la communauté, pourvû toutefois qu'aprés le decés de l'un des conjoints, soit fait loyal inventaire, & qu'il n'y ait faute ou fraude de la part de la femme ou de ses heritiers.
Voyez en la fin des articles 221. 222. 233. & 257.

Cet article est expliqué dans ce Commentaire, tome 3. page 259.

ARTICLE CCXXIX.

C'étoit le 111. article.

Comment se divise la communauté.

Aprés le trépas de l'un desdits conjoints, les biens de ladite communauté se divisent en telle maniere, que la moitié en appartient au survivant, & l'autre moitié aux heritiers du trépassé.
Voyez les deux articles suivans, & les 220. 227. & 240.

Cet article est expliqué dans ce Commentaire, tome 3. page 265.

ARTICLE CCXXX.

C'étoit le 112. article.

Moitié de conquêts, comment propre: à qui retourne, & l'usufruit d'icelle.

Laquelle moitié des conquêts avenuë aux heritiers du trépassé, est le propre heritage desdits heritiers. Tellement que si lesdits heritiers vont de vie à trépas, sans hoirs de leur corps, icelle moitié retourne à leur plus prochain heritier du côté & ligne de celuy desdits mariez, par le trépas duquel leur est avenuë ladite moitié: ☞ desquels biens toutefois les pere ou mere, ayeul ou ayeule, succedans à leurs enfans, joüiront par usufruit leur vie durant, au cas qu'il n'y ait aucuns descendans de l'acquereur.
Voyez les articles 314. 326. au commencement.

Cet article est expliqué dans ce Commentaire, tome 3. page 295.

ARTICLE CCXXXI.

A qui sont les fruits des propres non cueillis lors du decés: & comment.

☞ Les fruits des heritages propres, pendans par les racines au temps du trépas de l'un des conjoints par mariage, appartiennent à celuy auquel advient ledit heritage, à la charge de payer la moitié des labours & semences.
Voyez les articles 59. vers la fin, 92. & 94.

Cet article est expliqué dans ce Commentaire, tome 3. page 299.

ARTICLE CCXXXII.

Alienation de propres durant le mariage.

¶ Si durant le mariage est vendu aucun heritage ou rente propre, appartenante à l'un ou à l'autre des conjoints par mariage, ou si ladite rente est rachetée, le prix de la vente ou rachat est repris sur les biens de la communauté, au profit de celuy auquel appartenoit l'heritage ou rente: encore qu'en vendant n'eût été convenu de remploy ou récompense: & qu'il n'y ait eu aucune declaration sur ce faite.
Voyez les articles 244. 282.

Cet article est expliqué dans ce Commentaire, tome 3. page 311.

ARTICLE CCXXXIII.

C'étoit le 113. article.

Mary Seigneur des actions mobiliaires & possessoires.

Le mary est Seigneur des actions mobiliaires & possessoires, posé qu'elles procedent du côté de sa femme: & peut le mary agir seul, & déduire lesdits droits & actions en jugement sans sadite femme.
Voyez les articles 225. 226. 228.

Cet article est expliqué dans ce Commentaire, tome 3. page 343.

ARTICLE CCXXXIV.

C'étoit le 114. article.

Comment femme mariée peut obliger son mary & elle.

Une femme mariée ne se peut obliger sans le consentement de son mary, si elle n'est separée ☞ par effet, ou marchande publique, auquel cas étant marchande publique, elle s'oblige ☞ & son mary touchant le fait & dépendance de ladite marchandise publique.
Voyez les deux articles suivans, & les 223. 224.

Cet article est expliqué dans ce Commentaire, tome 3. page 349.

ARTICLE CCXXXV.

Comment est dite marchande publique.

☞ La femme n'est reputée marchande publique pour debiter la marchandise dont son mary se méle: mais est reputée marchande publique, quand elle fait marchandise separée, & autre que celle de son mary.
Voyez l'article precedent, & le suivant.

Cet article est expliqué dans ce Commentaire, tome 3. page 371.

ARTICLE CCXXXVI.

Elle s'oblige pour ce qui dépend de ladite marchandise.

☞ La femme marchande publique se peut obliger sans son mary, touchant le fait & dépendance de ladite marchandise. *Voyez les deux articles precedens.*

Cet article est expliqué dans ce Commentaire, tome 3. page 373.

ARTICLE CCXXXVII.

C'étoit le 115. article.

Comment la veuve peut renoncer à la communauté.

Il est loisible à toute femme noble ☞ ou non noble de renoncer (si bon luy semble) aprés le trépas de son mary, à la communauté des biens d'entre elle & sondit mary, la chose étant entiere: Et en ce faisant demeurer quitte des dettes mobiliaires dûës par sondit mary au jour de son trépas, ☞ en faisant faire bon & loyal inventaire.
Voyez les articles 228. sur la fin, 240. & 241.

Cet article est expliqué dans ce Commentaire, tome 3. page 377.

ARTICLE CCXXXVIII.

Au lieu des articles 116. & 131.

Quelle faculté a l'un des conjoints Nobles, survivant sans enfans.

Quand l'un des deux conjoints Nobles, demeurans tant en la Ville de Paris que dehors, & vivans noblement, va de vie à trépas, il est en la faculté du survivant de prendre & accepter les meubles étans hors la Ville & Fauxbourgs de Paris, sans fraude: auquel cas il est tenu payer les dettes mobiliaires & les obseques & funerailles d'iceluy trépassé, ☞ selon sa qualité, pourvû qu'il n'y ait enfans. Et s'il y a enfans, partissent par moitié.
Voyez les articles 226. 267. & 286.

Cet article est expliqué dans ce Commentaire, tome 3. page 467.

ARTICLE CCXXXIX.

C'étoit le 117. article.

Mariez mineurs jouissent de leurs droits: mais n'engagent leurs immeubles.

Homme & femme conjoints par mariage, sont reputez usans de leurs droits, ☞ pour avoir administration de leurs biens, & non pour vendre, engager, ou aliéner leurs immeubles, pendant leur minorité.
Voyez les articles 32. 258. 272. en la fin, & 293.

Cet article est expliqué dans ce Commentaire, tome 3. page. 491.

ARTICLE CCXL.

Au lieu du 118. article.

Continuation de communauté à faute d'inventaire valable.

Quand l'un des deux conjoints par mariage va de vie à trépas, & délaisse aucuns enfans mineurs dudit mariage, si le survivant des deux conjoints ne fait faire inventaire, ☞ avec personne capable & legitime contradicteur des biens qui étoient communs durant ledit mariage, & au temps du trépas, soit meubles ou conquêts immeubles, l'enfant, ou enfans survivans, peuvent, si bon leur semble, demander communauté en tous les biens, meubles, & conquêts immeubles du survivant. Posé qu'iceluy survivant se remarie.
Voyez les articles 242. 243. 297. en la fin.

Cet article est expliqué dans ce Commentaire, tome 3. page 521.

ARTICLE CCXLI.

L'inventaire doit être parfait & clos dans trois mois: aliàs, &c.

☞ Et pour la dissolution de la communauté, faut que ledit inventaire soit fait & parfait, & à la charge de faire clorre ledit inventaire par le survivant, trois mois aprés qu'il aura été fait: Autrement & à faute de ce faire par le survivant, est la communauté continuée si bon semble aux enfans.
Voyez l'article precedent, & le suivant, avec le 237. en la fin.

Cet article est expliqué dans ce Commentaire, tome 3. page 581.

ARTICLE CCXLII.

Pour quelles portions la communauté est continuée, si on se remarie.

☞ Si le survivant se remarie, ladite communauté est continuée entre eux pour un tiers. Tellement que les enfans ont un tiers, le mary & la femme chacun un autre tiers: Et si chacun d'eux a enfans d'autre précedent mariage, ladite communauté se continuë par quart, & est ladite communauté multipliée, s'il y avoit d'autres lits, & se partit également. En sorte que les enfans de chacun mariage ne font qu'un chef en ladite communauté. Le tout au cas qu'ils n'eussent fait inventaire, comme dessus est dit.
Voyez les articles 240. 253.

Cet article est expliqué dans ce Commentaire, tome 3. page 595.

ARTICLE CCXLIII.

Et si quelques-uns des enfans meurent, comment.

☞ Si aucun des enfans qui ont continué la communauté meurt, ou tous, fors un, les survivans ou survivant d'iceux enfans, continuent ladite communauté: & prennent autant que si tous lesdits enfans étoient vivans.
Voyez l'article précedent, & le 254.

Cet article est expliqué dans ce Commentaire, tome 3. page 611.

ARTICLE CCXLIV.

C'étoit le 119. article.

Rente acquittée par l'un des conjoints, reputée conquêt.

Quand aucune rente dûë par l'un des conjoints par mariage, ou sur ses heritages, paravant leur mariage, est rachetée par lesdits deux conjoints, ou l'un des deux constant ledit mariage, tel rachat est reputé conquêt.
Voyez l'article suivant, & les 155. vers le commencement, & 332.

Cet article est expliqué dans ce Commentaire, tome 3. page 621.

ARTICLE CCXLV.

Comment se continuë moitié de telle rente: la communauté dissoluë.

☞ Et est tenu l'heritier ou détenteur de l'heritage sujet à la rente, continuer la moitié de ladite rente, & payer les arrerages du jour du decés, jusques à l'entier rachat.
Voyez l'article précedent & ledit 232.

Cet article est expliqué dans ce Commentaire, tome 3. page 627.

ARTICLE CCXLVI.

Si l'immeuble donné à l'un des conjoints tombe en communauté.

☞ Chose immeuble donnée à l'un des conjoints pendant leur mariage, à la charge qu'elle sera propre au donataire, ne tombe en communauté. Mais si elle est donnée simplement à l'un des conjoints, elle est commune, fors & excepté les donations faites en ligne directe, lesquelles ne tombent en communauté.
Voyez les articles 53. 93. 220. & 278.

Cet article est expliqué dans ce Commentaire, tome 3. page 635.

TITRE XI.

DES DOUAIRES.

ARTICLE CCXLVII.

C'étoit le 135. article de l'ancienne Coûtume.

Doüaire coûtumier a lieu, quand il seroit obmis au contrat de mariage.

Femme mariée est doüée de doüaire coûtumier: Posé que par exprés, au traité de son mariage, ne luy eût été constitué, ne octroyé aucun doüaire.
Voyez l'article suivant, & les 220. 253. 256. 261. 262. & 263.

Cet article est expliqué dans ce Commentaire, tome 3. page 669.

ARTICLE CCXLVIII.

C'étoit le 136. article.

Doüaire coûtumier, en quoy consiste.

Doüaire coûtumier est de la moitié des heritages, que le mary tient & possede au jour des épousailles, ☞ & benediction nuptiale: Et de la moitié des heritages qui depuis la consommation dudit mariage, & pendant iceluy, échéent & adviennent en ligne directe audit mary.
Voyez l'article precedent & le 253.

Cet article est expliqué dans ce Commentaire, tome 3. page 703.

ARTICLE CCXLIX.

C'étoit le 173. article.

Est propre aux enfans, & ne peut être engagé à leur préjudice.

Le doüaire coûtumier de la femme, est le propre heritage des enfans venans dudit mariage: En telle maniere que les peres & meres desdits enfans, dés l'instant de leur mariage, ne le peuvent vendre, engager, ne hypothequer au préjudice de leurs enfans.
Voyez les articles 17. au milieu, 117. 255. 256. & 263.

Cet article est expliqué dans ce Commentaire, tome 3. page 753.

ARTICLE CCL.

C'étoit le 138. article

Renonçans l'auront franc & quitte: & n'y a droit d'aînesse.

Si les enfans venans dudit mariage, ne se portent heritiers de leur pere, & s'abstiennent de prendre la succession: En ce cas ledit doüaire appartient ausdits enfans, purement & simplement, sans payer aucunes dettes, procedant du fait de leur pere, ☞ créées depuis leur mariage. Et se partit le doüaire, soit prefix ou coûtumier, entre eux, sans droit d'aînesse ou prérogative.
Voyez les articles suivans, & les 13. 27. & 310.

Cet article est expliqué dans ce Commentaire, tome 3. page 777.

ARTICLE CCLI.

Nul heritier du pere & doüairier.

☞ Nul ne peut être heritier & doüairier ensemble, pour le regard de doüaire coûtumier ou prefix.
Voyez l'article précedent avec le suivant, & les 261. & 300.

Cet article est expliqué dans ce Commentaire, tome 3. page 789.

ARTICLE CCLII.

Doüairier, que doit rendre, ou moins prendre.

☞ Celuy qui veut avoir le doüaire, doit rendre & restituer ce qu'il a eu & reçû en mariage, & autres avantages de son pere, ou moins prendre sur le doüaire.
Voyez les articles 278. & 304.

Cet article est expliqué dans ce Commentaire, tome 3. page 799.

ARTICLE CCLIII.

Doüaire coûtumier où il y a plusieurs lits.

☞ Quand le pere a été marié plusieurs fois, le doüaire coûtumier des enfans du premier lit, est la moitié des immeubles qu'il avoit lors dudit premier mariage, & qui luy sont avenus pendant iceluy mariage, en ligne directe. Et le doüaire coûtumier des enfans du second lit, est le quart desdits immeubles: ensemble moitié tant de la portion des conquêts appartenans au mary, faits pendant ledit premier mariage, que des acquêts par luy faits depuis la dissolution dudit premier mariage, jusques au jour de la consommation du second, & la moitié des immeubles qui luy échéent en ligne directe pendant ledit second mariage. Et ainsi consequemment des autres mariages.
Voyez l'article 242. & le 248.

Cet article est expliqué dans ce Commentaire, tome 3. page 805.

ARTICLE CCLIV.

N'est augmenté par la mort des enfans du premier lit, aux veuves & enfans d'un subsequent.

☞ Si les enfans du premier mariage meurent avant leur pere, pendant le second mariage, la veuve & autres enfans dudit second mariage les survivans, n'ont que tel doüaire qu'ils eussent eu, si les enfans dudit premier mariage étoient vivans. Tellement que par la mort des enfans dudit premier mariage, le doüaire de la femme & enfans dudit second mariage, n'est augmenté. Et ainsi consequemment des autres mariages.
Voyez l'article precedent, & le 243.

Cet article est expliqué dans ce Commentaire, tome 3. page 817.

ARTICLE CCLV.

C'étoit le 139. article.

Doüaire propre aux enfans, pour en joüir dés qu'il a lieu.

Le doüaire constitué par le mary, ses parens ou autres de par luy, est le propre heritage aux enfans issus dudit mariage: Pour d'iceluy joüir aprés le trépas de pere & mere incontinent que doüaire a lieu. *Voyez les articles suivans, & les 117. & 249.*

Cet article est expliqué dans ce Commentaire, tome 3. page 821.

ARTICLE CCLVI.

Au lieu du 140. & abrogeant le 141.

Doüaire saisit, & comment courent les fruits & arrerages.

Doüaire, soit coûtumier ☞ ou préfix, saisit, ☞ sans qu'il soit besoin de le demander en jugement, & courent les fruits & arrerages du jour du decés du mary.
Voyez l'article precedent, & les 285. 318.

☞ *Cet article est expliqué dans ce Commentaire, tome 3. page 835.*

ARTICLE CCLVII.

Doüaire préfix sur les biens qui ne sont point du don mutuel.

☞ La femme doüée de doüaire préfix d'une somme de deniers pour une fois, ou d'une rente : Si durant le mariage est fait don mutuel, joüit aprés le trépas de son mary par usufruit de la part des meubles & conquêts de sondit mary : Et sur le surplus des biens dudit mary prend sondit doüaire, sans aucune diminution, ne confusion.
Voyez les articles 40. 248. 260. 280.

Cet article est expliqué dans ce Commentaire, tome 3. page 853.

ARTICLE CCLVIII.

Contre-lettres nulles en mariage, & comment.

☞ Toutes contre-lettres faites à part, & hors la presence des parens, qui ont assisté aux contrats de mariages, sont nulles.
Voyez l'article 182.

Cet article est expliqué dans ce Commentaire, tome 3. page 863.

ARTICLE CCLIX.

Doüaire comment reputé mobiliaire, & qui y succede.

☞ Doüaire d'une somme de deniers pour une fois payer venuë aux enfans, est reputé mobilier, & perd la nature de doüaire, & y succedent les plus proches heritiers mobiliers.
Voyez les articles 94. 311. & 325. au milieu.

Cet article est expliqué dans ce Commentaire, tome 3. page 881.

ARTICLE CCLX.

Doüaire prefix se prend sur la part du mary.

☞ Doüaire préfix, soit en rente ou deniers, se prend sur la part du mary : sans aucune confusion de la communauté, & hors part.
Voyez les articles 40. & 257. en la fin.

Cet article est expliqué dans ce Commentaire, tome 3. page 885.

ARTICLE CCLXI.

C'étoit le 141. article.

Femme n'a le prefix & coûtumier ensemble : s'il n'est stipulé.

Femme doüée de doüaire préfix, ne peut demander doüaire coûtumier, s'il ne luy est permis par son traité de mariage.
Voyez les articles 251. 257.

Cet article est expliqué dans ce Commentaire, tome 3. page 889.

ARTICLE CCLXII.

Reparations viageres de la veuve doüairiere.

☞ La femme qui prend doüaire coûtumier, est tenuë entretenir les heritages de reparations viageres : qui sont toutes reparations d'entretenemens, hors les quatre gros murs, poutres, & entieres ouvertures & voutes.
Voyez l'article 267. vers la fin, 287.

Cet article est expliqué dans ce Commentaire, tome 3. page 901.

ARTICLE CCLXIII.

C'étoit le 144. article.

Comment le doüaire retourne aux heritiers du mary, la veuve decedée.

Le doüaire, ☞ soit en espece, rentes ou deniers, promis à une femme, n'est qu'à la vie de la femme tant seulement : s'il n'y a enfans nez & procréez du mariage. Et doit tel doüaire aprés le trépas de la femme revenir aux heritiers du mary, s'il n'y a contrat au contraire.
Voyez les articles 249. & le 314. en la fin.

Cet article est expliqué dans ce Commentaire, tome 3. page 919.

ARTICLE CCLXIV.

Quelle caution baille la femme pour son doüaire.

☞ Et au cas que ladite femme ne se remarie, aura délivrance de sondit doüaire à sa caution juratoire. Mais si elle convole en autre mariage, sera tenuë bailler bonne & suffisante caution.
Voyez les articles 39. 268. vers la fin, 276. en la fin, & 285.

Cet article est expliqué dans ce Commentaire, tome 3. page 935.

TITRE XII.

DE GARDE-NOBLE & Bourgeoise.

ARTICLE CCLXV.

Cet article & les 266. 267. & 268. sont au lieu des 99. & 101. de l'ancienne Coûtume.

Qui peut accepter Garde-Noble.

IL est loisible aux pere, mere, ayeul ou ayeule Nobles, demeurans dedans la Ville de Paris, ou dehors, accepter la Garde-Noble de leurs enfans aprés le trépas de l'un d'eux.
Voyez l'article suivant.

Cet article est expliqué dans ce Commentaire, tome 3. page 951.

ARTICLE CCLXVI.

Au lieu desdits articles 99. & 101.

Qui accepte la Garde Bourgeoise.

Pareillement est permis aux pere & mere Bourgeois de Paris, prendre & accepter la Garde Bourgeoise, & l'administration des enfans mineurs, aprés le decés de l'un d'eux.
Voyez l'article precedent.

Cet article est expliqué dans ce Commentaire, tome 3. page 973.

ARTICLE CCLXVII.

Au lieu desdits articles 99. & 101.

Emolumens & charges des Gardiens Nobles & Bourgeois.

Le Gardien Noble demeurant hors la Ville de Paris, ou dedans la Ville & Fauxbourgs d'icelle, & pareillement le Gardien Bourgeois, a l'administration des meubles, & fait les fruits siens durant ladite garde, de tous les immeubles, tant heritages que rentes appartenans aux mineurs, assis en la Ville ou dehors: à la charge de payer & acquitter par ledit Gardien les dettes & arrerages des rentes que doivent lesdits mineurs: Les nourrir, alimenter, & entretenir selon leur état & qualitez. Payer & acquitter les charges annuelles que doivent lesdits heritages. Et iceux heritages entretenir de toutes reparations viageres. Et en fin desdites gardes rendre lesdits heritages en bon état.
Voyez les articles 46. & 287.

Cet article est expliqué dans ce Commentaire, tome 3. page 977.

ARTICLE CCLXVIII.

Au lieu desdits articles 99. & 101.

Quand finissent lesdites Gardes.

La Garde-Noble dure aux enfans mâles jusques à vingt ans, & aux femelles jusques à quinze ans accomplis. Et la Garde Bourgeoise dure aux enfans mâles jusques à quatorze ans, & aux femelles jusques à douze ans finis & accomplis. Le tout pourvû que lesdits pere & mere, ayeul ou ayeul ne se remarient. Auquel cas la Garde est finie.
Voyez l'article 32. & le 276. en la fin.

Cet article est expliqué dans ce Commentaire, tome 3. page 1037.

ARTICLE CCLXIX.

Au lieu des articles 100. & 102.

Comment s'acceptent lesdites gardes & inventaire, & caution.

La Garde Noble ou Bourgeoise se doit accepter en jugement: & est tenu le Gardien Noble ou Bourgeois faire faire inventaire. Et outre celuy qui a la Garde Bourgeoise doit bailler caution.
Voyez l'article 280. vers le milieu.

Cet article est expliqué dans ce Commentaire, tome 3. page 1047.

ARTICLE CCLXX.

Au lieu du 103. article.

Tuteurs & curateurs élûs durant lesdites Gardes: & pourquoy.

Pendant la Garde Noble ou Bourgeoise, sont élûs Tuteurs ou Curateurs ausdits mineurs, si besoin est, pour intenter, défendre, & déduire les actions réelles & personnelles, autres que pour les fruits & revenus échûs pendant ladite Garde. Et lesdits Gardiens n'étant Tuteurs, ne les peuvent intenter & déduire.
Voyez l'article suivant, & le 239. vers la fin.

Cet article est expliqué dans ce Commentaire, tome 3. page 1057.

ARTICLE CCLXXI.

Gardiens peuvent être Tuteurs.

☞ Celuy qui a la Garde Noble ou Bourgeoise peut être Tuteur ou Curateur, & sont les deux qualitez compatibles en une même personne.
Voyez l'article precedent & les 251. & 300.

Cet article est expliqué dans ce Commentaire, tome 3. page 1065.

TITRE XIII.

DES DONATIONS ET DON MUTUEL.

ARTICLE CCLXXII.

Au lieu des articles 97. & 98. de l'ancienne Coûtume.

Qui peut donner entre-vifs, quoy, & à qui.

Il est loisible à toute personne âgée ☞ de vingt-cinq ans accomplis, & saine d'entendement, donner & disposer par donation & disposition faite entre vifs, de ☞ tous ses meubles & heritages propres, ☞ acquêts & conquêts, à personne capable. ☞ Et néanmoins celuy qui se marie, ou qui a obtenu benefice d'âge entheriné en Justice, peut ayant l'âge de vingt ans accomplis, disposer de ses meubles.
Voyez les articles 239. 276. 277. 283. 293. & 293.

Cet article est expliqué dans ce Commentaire, tome 3. page 1159.

ARTICLE CCLXXIII.

C'étoit le 160. article.

Ne donner & retenir.

Donner & retenir ne vaut.
Voyez l'article suivant, & le 106. au commencement.

Cet article est expliqué dans ce Commentaire, tome 3. page 1217.

ARTICLE CCLXXIV.

Comment s'entend donner & retenir.

☞ C'est donner & retenir, quand le donateur s'est reservé la joüissance de disposer librement de la chose par luy donnée, ou qu'il demeure en possession jusques au jour de son decés.
Voyez l'article suivant, & le 115. vers la fin.

Cet article est expliqué dans ce Commentaire, tome 3. page 1235.

ARTICLE CCLXXV.

Au lieu du 161. article.

S'il y a retention d'usufruit, constitut ou précaire, ce n'est retenir.

Ce n'est donner & retenir, quand l'on donne la proprieté d'aucun heritage, retenu à soy l'usufruit à vie ou à temps: ☞ ou quand il y a clause de constitut ou précaire: Et vaut telle donation.
Voyez l'article précedent, & le 115. en la fin.

Cet article est expliqué dans ce Commentaire, tome 3. page 1255.

ARTICLE CCLXXVI.

Si les mineurs & autres en puissance d'autruy, peuvent donner ou tester, & à qui.

☞ Les mineurs & autres personnes étans en puissance d'autruy, ne peuvent donner ou tester directement ou indirectement, au profit de leurs tuteurs, curateurs, pedagogues, ou autres administrateurs, ou aux enfans desdits administrateurs, pendant le temps de leur administration: & jusques à ce qu'ils ayent rendu compte. Peuvent toutefois disposer au profit de leur pere, mere, ayeul ou ayeule, ou autres ascendans, encore qu'ils soient de la qualité susdite: Pourvû que lors du testament & decés du testateur, lesdits pere, mere, ou autres ascendans ne soient remariez.

Voyez les articles 268. en la fin, 272. 293. 294.

Cet article est expliqué dans ce Commentaire, tome 3. page 1271.

ARTICLE CCLXXVII.

Donations, comment reputées à cause de mort, & testamentaires.

☞ Toutes donations, encore qu'elles soient conçûës entre-vifs, faites par personnes gisans au lit malades de la maladie dont ils décedent, sont reputées faites à cause de mort, & testamentaires, & non entre-vifs.

Voyez l'article 272. 280. & 292.

Cet article est expliqué dans ce Commentaire, tome 3. page 1339.

ARTICLE CCLXXVIII.

C'étoit le 159. article.

Quelles choses reputées en avancement d'hoirie.

Meubles ou immeubles donnez par pere ou mere à leurs enfans, sont reputez donnez en avancement d'hoirie.

Voyez l'article 246. en la fin, & les 304. & 308.

Cet article est expliqué dans ce Commentaire, tome 3. page 1375.

ARTICLE CCLXXIX.

Disposition & succession de femme qui se remarie, ayant enfans.

☞ Femme convolant en secondes ou autres nôces, ayant enfans, ne peut avantager son second mary, ou autre subsequent mary, de ses propres & acquêts, plus que l'un de ses enfans. Et quant aux conquêts faits avec ses précedens maris, n'en peut disposer aucunement au préjudice des portions, dont les enfans desdits premiers mariages pourroient amender de leur mere. Et néanmoins succedent les enfans des subsequens mariages ausdits conquêts, avec les enfans des mariages précedens, également venant à la succession de leur mere. Comme aussi les enfans des précedens lits succedent pour leurs parts & portions aux conquêts faits pendant & constant les subsequens mariages. Toutefois si ledit mariage est dissolu, ou que les enfans du précedent mariage décedent, elle en peut disposer comme de sa chose.

Voyez l'article suivant.

Cet article est expliqué dans ce Commentaire, tome 3. page 1381.

ARTICLE CCLXXX.

C'étoit le 155. article.

Donation mutuelle entre mariez : Et comment, & dequoy.

Homme & femme conjoints par mariage, étans en santé, peuvent & leur loist, faire donation mutuelle l'un à l'autre également de tous leurs biens, meubles & conquêts immeubles, faits durant & constant leur mariage, & qui sont trouvez à eux appartenir, & être communs entre eux à l'heure du trépas du premier mourant desdits conjoints : pour en joüir par le survivant d'iceux conjoints sa vie durant seulement, en baillant par luy caution suffisante de restituer lesdits biens aprés son trépas : pourvû qu'il n'y ait enfans, ☞ soit des deux conjoints, ou de l'un d'eux lors du decés du premier mourant.

Voyez l'article 220. le 238. sur la fin, 257. au milieu, 283. en la fin, 284. au commencement, 285.

Cet article est expliqué dans ce Commentaire, tome 3. page 1471.

ARTICLE CCLXXXI.

Convention licite des pere & mere mariant leurs enfans.

☞ Pere & mere mariant leurs enfans peuvent convenir, que leursdits enfans laisseront joüir le survivant de leursdits pere & mere, des meubles & conquêts du prédecedé, la vie durant du survivant, pourvû qu'ils ne se remarient. Et n'est reputé tel accord avantage entre lesdits conjoints.

Voyez les deux articles suivans, & sur la fin des 268. & 276.

Cet article est expliqué dans ce Commentaire, tome 3. page 1537.

ARTICLE CCLXXXII.

C'étoit le 156. article.

Mariez ne se peuvent avantager que par don mutuel.

Homme & femme conjoints par mariage, constant iceluy, ne peuvent avantager l'un l'autre par donation faite entre-vifs, par testament ou ordonnance de derniere volonté, ne autrement, directement ne indirectement, en quelque maniere que ce soit, sinon par don mutuel, ☞ tel que dessus.

Voyez les deux articles précedens, & le suivant, avec les 232. 258. 280. & 295.

Cet article est expliqué dans ce Commentaire, tome 3. page 1551.

ARTICLE CCLXXXIII.

S'ils peuvent donner aux enfans l'un de l'autre.

☞ Ne peuvent lesdits conjoints donner aux enfans l'un de l'autre d'un premier mariage : au cas qu'ils, ou l'un d'eux, ayent enfans.

Voyez les articles 279. 280. en la fin, & 306. au commencement.

Cet article est expliqué dans ce Commentaire, tome 3. page 1575.

ARTICLE CCLXXXIV.

C'étoit le 157. article.

Don mutuel ne saisit, comment se doit insinuer : & s'il est revocable.

Un don mutuel de soy ne saisit, ☞ ains est sujet à délivrance. Et pour être valable doit être insinué dans les quatre mois du jour du contrat, & l'insinuation faite par l'un d'eux, vaut pour tous deux. Aprés laquelle insinuation ledit don mutuel n'est revocable, sinon du consentement des deux conjoints.

Voyez l'article suivant & les 256. 280. & 318.

Cet article est expliqué dans ce Commentaire, tome 3. page 1589.

ARTICLE CCLXXXV.

Des fruits & de la caution du don mutuel.

☞ Le donataire mutuel ne gagne les fruits que du jour qu'il a presenté caution suffisante, & demeurent les fruits à l'heritier, jusques à ladite caution presentée : laquelle caution il peut presenter en jugement dés la premiere assignation.

Voyez l'article précedent, & les 61. 134. 256. & 318.

Cet article est expliqué dans ce Commentaire, tome 3. page 1651.

ARTICLE

ARTICLE CCLXXXVI.

C'étoit le 158. article.

Que doit avancer le donataire mutuel.

Le donataire mutuel est tenu avancer & payer les obseques & funerailles du premier décedé ; ensemble la part & moitié des dettes communes dûës par ledit premier decedé. Lesquelles obseques & funerailles, & moitié des dettes, luy doivent être déduites sur la part & portion dudit premier décedé. ☞ Toutefois n'est tenu payer les legs & autres dispositions testamentaires.

Voyez l'article 267. vers le milieu, & plus bas, 293. en la fin, & 296.

Cet article est expliqué dans ce Commentaire, tome 3. page 1657.

ARTICLE CCLXXXVII.

De quelles reparations & charges annuelles est tenu.

☞ Aussi est tenu celuy qui veut joüir du don mutuel, faire faire les reparations viageres étans à faire sur les heritages sujets audit don mutuel : & payer les cens & charges annuelles, les arrerages tant des rentes foncieres, que des autres rentes constituées pendant la communauté, échûës depuis la joüissance dudit don mutuel, sans esperance de les recouvrer.

Voyez les articles 262. 267. vers le milieu & plus bas.

Cet article est expliqué dans ce Commentaire, tome 3. page 1669.

ARTICLE CCLXXXVIII.

Nouvelle prisée des meubles à la juste valeur.

☞ L'heritier peut demander à l'encontre dudit donataire, que nouvelle prisée soit faite des meubles par gens dont ils conviendront : pour être lesdits meubles prisez à la juste estimation, autre que celle faite par l'inventaire. Et en ce faisant, ledit donataire aura la joüissance desdits meubles, sans qu'il soit tenu les faire vendre.

Voyez en la fin des articles 58. 221. & 305.

Cet article est expliqué dans ce Commentaire, tome 3. page 1673.

TITRE XIV.

DES TESTAMENS, ET EXECUTIONS d'iceux.

ARTICLE CCLXXXIX.

Au lieu de l'article 96. de l'ancienne Coûtume changé.

De la forme & solemnité d'un Testament.

POur reputer un testament solemnel, est requis qu'il soit écrit & signé du testateur, ou qu'il soit passé pardevant deux Notaires, ou pardevant le Curé de la Paroisse du testateur, ou son Vicaire general, & un Notaire : ou dudit Curé ou Vicaire, & trois témoins : ou d'un Notaire & deux témoins. Iceux témoins idoines, suffisans, mâles, & âgez de vingt ans accomplis, & non legataires : & qu'il ait été dicté & nommé par le testateur ausdits Notaires, Curé ou Vicaire general, & depuis à luy relû en la presence d'iceux Notaire, Curé, ou Vicaire general, & témoins : & qu'il soit fait mention audit testament, qu'il a été dicté, nommé, & relû. Et qu'il soit signé par ledit testateur, & par les témoins : ou que mention soit faite de la cause pour laquelle ils n'ont pû signer.

Voyez les articles 63. 293.

Cet article est expliqué dans ce Commentaire, tome 4. page 71.

ARTICLE CCXC.

Des Vicaires pour recevoir testament.

☞ Sont tenus iceux Curez, de bailler lettres de Vicariat general, & icelles faire enregistrer és Greffes Royaux pour le regard des Paroisses assises és Villes, où il y a Juge Royal : & és autres lieux en la Justice ordinaire d'iceux, avant que les Vicaires puissent recevoir aucun testament.

Voyez l'article précedent & le suivant.

Cet article est expliqué dans ce Commentaire, tome 4. page 141.

ARTICLE CCXCI.

Des registres de Baptêmes, mariages, testamens & sepultures.

☞ Sont aussi tenus lesdits Curez & Vicaires generaux, de porter & faire mettre de trois mois en trois mois és Greffes comme dessus, les registres des Baptêmes, mariages, testamens & sepultures : sur peine de tous dépens, dommages & interêts. Et pour ce ne doivent rien payer au Greffe.

Voyez l'article précedent.

Cet article est expliqué dans ce Commentaire, tome 4. page 147.

ARTICLE CCXCII.

Pris des 92. & 93.

Qui peut disposer par testament : & dequoy.

Toutes personnes saines d'entendement, âgées & usantes de leurs droits, peuvent disposer par testament & ordonnance de derniere volonté, au profit de personne capable, de tous leurs biens, meubles, acquêts & conquêts immeubles, & de la cinquiéme partie de tous leurs propres heritages : & non plus avant : ☞ encore que ce fût pour cause pitoyable.

Voyez l'article suivant, & les 272. 294.

Cet article est expliqué dans ce Commentaire, tome 4. page 151.

ARTICLE CCXCIII.

Age requis pour tester.

☞ Pour tester des meubles, acquêts & conquêts immeubles, faut avoir accompli l'âge de vingt ans. Et pour tester du quint des propres, faut avoir accompli l'âge de vingt-cinq ans.

Voyez l'article précedent, & le suivant, & les 272. & 289.

Cet article est expliqué dans ce Commentaire, tome 4. page 219.

ARTICLE CCXCIV.

Qui n'a que propres peut tester du quint aprés 20. ans.

☞ Toutefois si le testateur n'a meubles, acquêts, ne conquêts immeubles, peut audit cas tester du quint de ses propres aprés vingt ans accomplis.

Voyez les deux articles précedens, & le suivant.

Cet article est expliqué dans ce Commentaire, tome 4. page 227.

ARTICLE CCXCV.

Heritiers se tenans aux quatre quints.

☞ Si l'heritier se veut contenter de prendre les quatre quints des propres, & abandonner les meubles, acquêts & conquêts immeubles, avec le quint desdits propres, à tous les legataires, faire le peut : en quoy faisant il demeurera saisi desdits quatre

quints, & lesdits legataires prendront le surplus, les dettes toutefois préalablement payées sur tous les biens de l'heredité.
Voyez l'article 298. en la fin.

Cet article est expliqué dans ce Commentaire, tome 4. page 231.

ARTICLE CCXCVI.

C'étoit le 94. article.

Mary ne peut tester que de sa moitié.

Le mary par son testament ou ordonnance de derniere volonté, ne peut disposer des biens meubles, & conquêts immeubles, communs entre luy & sa femme, au préjudice de ladite femme, ni de la moitié qui luy peut appartenir en iceux par le trépas de sondit mary.
Voyez les articles 225. 282. & 286. en la fin.

Cet article est expliqué dans ce Commentaire, tome 4. page 259.

ARTICLE CCXCVII.

C'étoit le 95. article.

Exécuteurs, comment saisis, & à quoy tenus.

Les exécuteurs testamentaires sont saisis durant l'an & jour du trépas du défunt, des biens meubles demeurez de son decés pour l'accomplissement de son testament : si le testateur n'avoit ordonné, que ses exécuteurs fussent saisis de sommes certaines seulement. ☞ Et est tenu ledit Exécuteur faire faire inventaire en diligence, si-tôt que le testament est venu à sa connoissance, l'heritier présomptif present, ou dûëment appellé.
Voyez l'article 228. vers la fin, 237. en la fin, 240. vers le milieu, 269. au milieu, & le 318.

Cet article est expliqué dans ce Commentaire, tome 4. page 267.

ARTICLE CCXCVIII.

Legitime, que c'est.

☞ La legitime est la moitié de telle part & portion que chacun enfant eût eu en la succession desdits pere & mere, ayeul ou ayeule, ou autres ascendans, si lesdits pere & mere ou autres ascendans n'eussent disposé par donations entre-vifs, ou derniere volonté Sur le tout déduit les dettes & frais funeraux.
Voyez l'article 17. vers le milieu, & à la fin des 293. & 307.

Cet article est expliqué dans ce Commentaire, tome 4. page 294.

TITRE XV.

DE SUCCESSION en ligne directe & collaterale.

ARTICLE CCXCIX.

C'étoit le 120. article de l'ancienne Coûtume.

Si l'institution d'heritier a lieu.

INstitution d'heritier n'a lieu, ☞ c'est-à-dire, qu'elle n'est requise & necessaire pour la validité d'un testament : mais ne laisse de valoir la disposition jusques à la quantité des biens, dont le testateur peut valablement disposer par la Coûtume.
Voyez les articles 292. 294.

Cet article est expliqué dans ce Commentaire, tome 4. page 381.

ARTICLE CCC.

C'étoit le 121. article.

Nul heritier & legataire de mêmes biens.

Aucun ne peut être heritier & legataire d'un défunt ensemble.
Voyez l'article suivant, & les 251. 261.

Cet article est expliqué dans ce Commentaire, tome 4. page 409.

ARTICLE CCCI.

Mais bien donataire, & heritier, & comment.

☞ Peut toutefois entre-vifs être donataire & heritier en ligne collaterale.
Voyez l'article précedent & le 257.

Cet article est expliqué dans ce Commentaire, tome 4. page 429.

ARTICLE CCCII.

C'étoit le 122. article.

Si les enfans heritiers succedent également.

Les enfans heritiers d'un défunt viennent également à la succession d'iceluy défunt : fors & excepté des heritages tenus en Fief ou franc-aleu noble, selon la limitation mentionnée au Titre des Fiefs.
Voyez les articles 13. 15. 16. 17. 18. & 68.

Cet article est expliqué dans ce Commentaire, tome 4. page 435.

ARTICLE CCCIII.

C'étoit le 124. article.

Ne peuvent être avantagez l'un plus que l'autre.

Pere & mere ne peuvent par donation faite entre-vifs, par testament & ordonnance de derniere volonté, ou autrement en maniere quelconque, avantager leurs enfans venans à leurs successions l'un plus que l'autre.
Voyez l'article suivant, & le 307.

Cet article est expliqué dans ce Commentaire, tome 4. page 441.

ARTICLE CCCIV.

Au lieu du 125. article.

Rapporter en partage, ou moins prendre.

Les enfans venans à la succession de pere ou mere, doivent rapporter ce qui leur a été donné, pour avec les autres biens de ladite succession, être mis en partage entre eux, ou moins prendre.
Voyez l'article 246. en la fin. 278. & 306.

Cet article est expliqué dans ce Commentaire, tome 4. page 451.

ARTICLE CCCV.

Forme de rapport d'heritages.

☞ Si le donataire lors du partage a les heritages à luy donnez en sa possession, il est tenu les rapporter en essence & espece, ou moins prendre en autres heritages de la succession de pareille valeur & bonté. Et faisant ledit rapport en espece, doit être remboursé par ses coheritiers des impenses utiles & necessaires. Et si lesdits coheritiers ne veulent rembourser lesdites impenses, en ce cas le donataire est tenu rapporter seulement l'estimation d'iceux heritages, eu égard au temps que division & partage est fait entre eux, déduction faite desdites impenses.
Voyez l'article 48. en la fin, & le 309.

Cet article est expliqué dans ce Commentaire, tome 4. page 499.

ARTICLE CCCVI.

Rapport de ce qu'ont reçû les enfans des heritiers.

Pareillement ce qui a été donné aux enfans de ceux qui sont heritiers, & viennent à la succession de leur pere, mere, ou autres ascendans, est sujet à rapport, ou à moins prendre, comme dessus.
Voyez les articles 304. & 308.

Cet article est expliqué dans ce Commentaire, tome 4. page 509.

ARTICLE CCCVII.

On se peut tenir à son don, la legitime reservée aux autres.

Néanmoins, où celuy auquel on auroit donné, se voudroit tenir à son don; faire le peut: en s'abstenant de l'heredité, la legitime reservée aux autres enfans.
Voyez l'article 298. & le 316.

Cet article est expliqué dans ce Commentaire, tome 4. page 517.

ARTICLE CCCVIII.

Rapport à succession d'ayeul ou ayeule.

L'enfant ayant survécu ses pere & mere, & venant à la succession de ses ayeul ou ayeule, survivant lesdits pere & mere, encore qu'il renonce à la succession de sesdits pere & mere, est néanmoins tenu rapporter à la succession de sesdits ayeul ou ayeule, tout ce qui a été donné à sesdits pere & mere par sesdits ayeul ou ayeule, ou moins prendre.
Voyez l'article 306.

Cet article est expliqué dans ce Commentaire, tome 4. page. 523.

ARTICLE CCCIX.

De quel jour se rapportent les fruits & profits: & à quelle raison.

Les fruits de la chose donnée par pere ou mere, ayeul ou ayeule, soit heritages ou rentes ne se rapportent, sinon du jour de la succession échûë. Et s'il y a deniers baillez, les profits se rapporteront depuis ledit temps, à raison du denier vingt.
Voyez l'article 305.

Cet article est expliqué dans ce Commentaire, tome 4. page 537.

ARTICLE CCCX.

C'étoit le 127. article.

La portion de celuy qui renonce, accroît sans droit d'aînesse.

Le droit & part de l'enfant qui s'abstient & renonce à la succession de ses pere & mere, accroît aux autres enfans heritiers, sans aucune prérogative d'aînesse de la portion qui accroît.
Voyez les articles 27. & 250. en la fin.

Cet article est expliqué dans ce Commentaire, tome 4. page 545.

ARTICLE CCCXI.

C'étoit le 128. article.

Ascendans, comment succedent aux meubles, acquêts & conquêts.

Pere & mere succedent à leurs enfans, nez en loyal mariage, s'ils vont de vie à trépas sans hoirs de leurs corps, aux meubles, acquêts, & conquêts immeubles. Et en défaut d'eux, l'ayeul ou ayeule, & autres ascendans.
Voyez les articles 313. 314. & 315.

Cet article est expliqué dans ce Commentaire, tome 4. page 555.

ARTICLE CCCXII.

C'étoit le 129. article

En directe, propres ne remontent point.

En succession en ligne directe, propre heritage ne remonte: & n'y succedent les pere, mere, ayeul ou ayeule.
Voyez les trois articles suivans.

Cet article est expliqué dans ce Commentaire, tome 4. page 571.

ARTICLE CCCXIII.

Ascendans succedent ès choses par eux données.

Toutefois ès choses par eux données à leurs enfans, décedans sans enfans, & descendans d'eux.
Voyez l'article 230. en la fin, & le 315.

Cet article est expliqué dans ce Commentaire, tome 4. page 595.

ARTICLE CCCXIV.

Usufruit des pere & mere, & reversion de biens.

Les pere & mere joüissent par usufruit des biens délaissez par leurs enfans, qui ont été acquis par lesdits pere & mere, & par le decés de l'un d'eux, advenus à l'un de leursdits enfans: encore qu'ils soient, & ayent été faits propres ausdits enfans. Au cas toutefois que lesdits enfans décedent sans enfans & descendans d'eux. Et aprés le decés desdits pere & mere, qui ont joüy desdits biens par usufruit, lesdits biens retournent aux plus proches parens desdits enfans, desquels procedent lesdits biens.
Voyez l'article précedent & le suivant, le 230. en la fin, & le 263. vers la fin.

Cet article est expliqué dans ce Commentaire, tome 4. page 621.

ARTICLE CCCXV.

Ayeuls, comment succedent en proprieté.

Si le fils fait acquisition d'heritages, ou autres biens immeubles, & il décede, délaissant à son enfant lesdits heritages: & ledit enfant décede aprés sans enfans & descendans de luy, & sans freres & sœurs, l'ayeul ou ayeule succedent ausdits heritages en pleine proprieté, & excluënt tous les autres collateraux.
Voyez l'article 230. en la fin, & le 311.

Cet article est expliqué dans ce Commentaire, tome 4. page 639.

ARTICLE CCCXVI.

C'étoit le 30 article.

Adition d'heredité est volontaire.

Il ne se porte heritier qui ne veut.
Voyez l'article suivant, & le 307.

Cet article est expliqué dans ce Commentaire, tome 4. page 645.

ARTICLE CCCXVII.

Comment on fait acte d'heritier.

Et néanmoins, si aucun prend & appréhende les biens d'un défunt, ou partie d'iceux, quelle qu'elle soit, sans avoir autre qualité ou droit de prendre lesdits biens ou partie, il fait acte d'heritier, & s'oblige en ce faisant à payer les dettes du défunt. Et supposé qu'il luy fût dû aucune chose par le défunt, il le doit demander, & se pourvoir par justice: autrement s'il prend de son autorité, il fait acte d'heo ritier. *Voyez l'article 6. en la fin, & le 105.*

Cet article est expliqué dans ce Commentaire, tome 3. page 595.

ARTICLE CCCXVIII.

C'étoit le 132. article.

Heritier saisit à l'instant du decès.

Le mort saisit le vif : son hoir ☞ plus proche & habile à luy succeder.
Voyez l'article 169. en la fin, & les 256. 258.

Cet article est expliqué dans ce Commentaire, tome 4. page 679.

ARTICLE CCCXIX.

C'étoit le 133. article.

Représentation en ligne directe infinie.

En ligne directe représentation a lieu ☞ infiniment, & en quelque degré que ce soit.
Voyez les articles 308. 311. en la fin, 315. & 324.

Cet article est expliqué dans ce Commentaire, tome 4. page 785.

ARTICLE CCCXX.

Représentation, comment a lieu en ligne collaterale.

☞ En ligne collaterale représentation a lieu quand les neveux ou niéces viennent à la succession de leur oncle ou tante, avec les freres & sœurs du décedé. Et audit cas de représentation, les représentans succedent par souches, & non par têtes.
Voyez l'article 323. & en la fin des 326. & 328.

Cet article est expliqué dans ce Commentaire, tome 4. page 825.

ARTICLE CCCXXI.

Succedans par têtes, & non par souches, partagent également.

☞ Mais si les neveux en semblable degré viennent de leur chef, & non par représentation, succedent par têtes & non par souches : tellement que l'un ne prend non plus que l'autre.
Voyez les articles 327. 328. 332. & 339.

Cet article est expliqué dans ce Commentaire, tome 4. page 837.

ARTICLE CCCXXII.

En Fiefs, les mâles venans des filles ne représentent point avec leurs oncles.

☞ Toutefois les mâles venans d'une fille, & succedans, comme dit est, par représentation, ne prennent aucune chose és Fiefs délaissez par le trépas de leur oncle & tante; non plus que leur mere eût fait, venant à succession avec ses freres.
Voyez l'article précedent & le 326. au milieu.

Cet article est expliqué dans ce Commentaire, tome 4. page 843.

ARTICLE CCCXXIII.

Mais les enfans du frere y succedent avec leur tante, & font une tête.

☞ Et si en ladite succession collaterale il y a Fiefs, les enfans des freres n'excluent leurs tantes, sœurs du défunt, ains y succedent lesdites tantes de leur chef, comme étant les plus proches avec les enfans des freres. Et s'ils sont plusieurs enfans du frere, succedent seulement pour une tête avec leur tante.
Voyez l'article précedent, & les 25. 320. & 335.

Cet article est expliqué dans ce Commentaire, tome 4. page 867.

ARTICLE CCCXXIV.

Au lieu du 134. article.

En succession d'ayeuls, qui a le droit d'aînesse : & comment si ce sont filles.

Les enfans du fils aîné, soient mâles ou femelles, survivans leur pere, venans à la succession de leur ayeul ou ayeule, représentent leurdit pere au droit d'aînesse. Et s'il n'y a que filles, elles représentent leur pere toutes ensemble pour une tête audit droit d'aînesse, & sans droit d'aînesse entre elles.
Voyez l'article 3. 13. 19.

Cet article est expliqué dans ce Commentaire, tome 4. page 873.

ARTICLE CCCXXV.

Au lieu du 141. article changé.

Collateraux plus prochains ont les meubles & acquêts ; & y a représentation.

En ligne collaterale, les plus proches parens d'un enfant décedé sans hoirs, luy succedent quant aux meubles & acquêts immeubles : ☞ sans exclure toutefois les enfans des freres & sœurs, venans par représentation, comme il est dit cy-dessus.
Voyez l'article suivant, & les 320. 318.

Cet article est expliqué dans ce Commentaire, tome 4. page 883.

ARTICLE CCCXXVI.

Au lieu du 147. article.

Comment succedent aux propres en Fief & roture.

Et quant aux propres heritages luy succedent les parens qui sont les plus proches du côté & ligne dont sont avenus & échûs au défunt lesdits heritages : encore qu'ils ne soient plus proches parens du défunt. Fors & excepté, qu'en Fiefs le mâle exclud les femelles en pareil degré : ☞ sans aussi exclure les enfans des freres & sœurs venans par représentation.
Voyez l'article 25. les 94. & 141. en la fin, 230. au milieu, 320. 329. 331.

Cet article est expliqué dans ce Commentaire, tome 4. page 981.

ARTICLE CCCXXVII.

C'étoit le 146. quelques mots changez.

Succession collaterale, comment se partit en roture.

☞ Les heritiers d'un défunt en ligne collaterale, partissent & divisent également entre eux par têtes, ☞ & non par souches, les biens & succession dudit défunt, tant meubles qu'heritages, non tenus, & mouvans en Fief.
Voyez l'article 25. en la fin, 320. 321. 323. & 331.

Cet article est expliqué dans ce Commentaire, tome 4. page 955. signature ooo.

ARTICLE CCCXXVIII.

Enfans des freres & sœurs font une tête : & leur oncle une autre.

☞ Excepté les enfans des freres & sœurs, qui partissent, & font tous ensemble une tête au lieu de leur pere & mere, s'ils succedent avec leur oncle, & entre eux ils partissent également.
Voyez lesdits articles 320. 321.

Cet article est expliqué dans ce Commentaire, tome 4. page 949. signature ppp.

ARTICLE CCCXXIX.

Comment sont reputez du côté & ligne.

☞ Et sont reputez parens du côté & ligne, supposé qu'ils ne soient descendus de celuy qui a acquis l'heritage.
Voyez les articles 141. en la fin, 230. au milieu, & 314. aussi en la fin.

Cet article est expliqué dans ce Commentaire, tome 4. page 951. signature ppp.

ARTICLE CCCXXX.

Défaillant ceux d'un côté & ligne succedent ceux de l'autre côté.

☞ Et s'il n'y a aucuns heritiers du côté & ligne dont sont venus les heritages, ils appartiennent au plus prochain habile à succeder de l'autre côté & ligne: en quelque degré que ce soit.
Voyez l'article précedent, les 167. 326. au milieu.

Cet article est expliqué dans ce Commentaire, tome 4. page 955. signature ppp.

ARTICLE CCCXXXI.

C'étoit le 148. article.

N'y a droit d'aînesse en ligne collaterale.

En ligne collaterale, les heritages tenus & mouvans en Fief, se partissent & divisent entre coheritiers, sans droit ou prérogative d'aînesse.
Voyez les articles 19. 326. & 327.

Cet article est expliqué dans ce Commentaire, tome 4. page 971.

ARTICLE CCCXXXII.

C'étoit le 150. article.

Succedans également, payent les dettes également.

Les heritiers d'un défunt en pareil degré, tant en meubles qu'immeubles, sont tenus personnellement de payer & acquitter les dettes de la succession chacun pour telle part & portion qu'ils sont heritiers d'iceluy défunt: ☞ quand ils succedent également.
Voyez les articles 321. 334.

Cet article est expliqué dans ce Commentaire, tome 4. page 977.

ARTICLE CCCXXXIII.

Et s'ils sont détenteurs d'heritages obligez, comment.

☞ Toutefois s'ils sont détenteurs d'heritages qui ayent appartenu au défunt, lesquels ayent été obligez & hypothequez à la dette par ledit défunt, chacun des heritiers est tenu payer le tout, sauf son recours contre ses coheritiers.
Voyez les articles 99. & 101.

Cet article est expliqué dans ce Commentaire, tome 4. page 991.

ARTICLE CCCXXXIV.

Succedans également, contribuënt au prorata. Et l'exception.

☞ Et quand ils succedent les uns aux meubles, acquêts & conquêts, les autres aux propres, ou qu'ils sont donataires ou legataires universels, ils sont tenus entre eux contribuer au payement des dettes, chacun pour telle part & portion qu'ils en amendent. En quoy ne sont compris les aînez en ligne directe, lesquels ne sont tenus des dettes personnelles en plus que les autres coheritiers: pour le regard de leurdite aînesse.
Voyez l'article suivant, & les 13. 14. 179. au commencement.

Cet article est expliqué dans ce Commentaire, tome 4. page 1007.

ARTICLE CCCXXXV.

Idem, où il y a Fief & roture, en succession collaterale.

☞ En succession collaterale, quand il y a mâles & femelles succedans en Fief & roture: chacun paye pour portion de l'émolument.
Voyez l'article précedent, & le 323.

Cet article est expliqué dans ce Commentaire, tome 4. page 1059.

ARTICLE CCCXXXVI.

C'étoit le 15. article.

Les parens succedent aux Ecclesiastiques seculiers.

Les parens & lignagers des Evêques, & autres gens d'Eglise seculiers, leur succedent.
Voyez l'article 318.

Cet article est expliqué dans ce Commentaire, tome 4. page 1063.

ARTICLE CCCXXXVII.

C'étoit le 157. article.

Reguliers ne succedent à leurs parens, ni le Monastere.

Religieux & Religieuses profez, ne succedent à leurs parens, ne le Monastere pour eux.
Voyez l'article 158.

Cet article est expliqué dans ce Commentaire, tome 4. page 1071.

ARTICLE CCCXXXVIII.

C'étoit le 153. article.

L'oncle exclud le cousin germain.

L'oncle succede au neveu avant le cousin germain.
Voyez l'article 318. & 325.

Cet article est expliqué dans ce Commentaire, tome 4. page 1089.

ARTICLE CCCXXXIX.

Oncle & neveu, quand succedent également.

☞ L'oncle & le neveu d'un défunt, qui n'a délaissé frere ni sœur, succedent également, comme étant en même degré; & sans qu'audit cas il y ait representation.
Voyez l'article 321. & le 332.

Cet article est expliqué dans ce Commentaire, tome 4. page 1093.

ARTICLE CCCXL.

C'étoit le 154. article.

Freres & sœurs d'un côté seulement, comment succedent.

Freres & sœurs, supposé qu'ils ne soient que de pere ou de mere, succedent également avec les autres freres & sœurs de pere & de mere, à leur frere ou sœur, aux meubles, ☞ acquêts, & conquêts immeubles.
Voyez l'article suivant, & les 325. 326.

Cet article est expliqué dans ce Commentaire, tome 4. page 1097.

ARTICLE CCCXLI.

Item, *les autres collateraux, ainsi joints d'un côté.*

☞ Ce que dessus a lieu aux oncles & autres parens collateraux, qui ne sont joints que d'un côté.
Voyez l'article precedent.

Cet article est expliqué dans ce Commentaire, tome 4. page 1115.

ARTICLE CCCXLII.

Heritier simple n'exclud le beneficiaire en ligne directe.

☞ L'heritier en ligne directe, qui se porte heritier par benefice d'inventaire, n'est exclu par autre parent qui se porte heritier simple.
Voyez l'article suivant, & le 302.

Cet article est expliqué dans ce Commentaire, tome 4. page 1117.

ARTICLE CCCXLIII.

Si le mineur le peut exclure.

☞ Le mineur qui se porte heritier simple, ne peut exclure l'heritier par benefice d'inventaire, qui est en plus proche degré.
Voyez l'article precedent.

Cet article est expliqué dans ce Commentaire, tome 4. page 1163.

ARTICLE CCCXLIV.

Comment l'heritier beneficiaire, & le curateur aux biens vacans, font vendre les meubles.

☞ L'heritier par benefice d'inventaire, ou Curateur aux biens vacans d'un défunt, ne peut vendre les biens meubles de la succession ou curatelle, sinon en faisant publier la vente devant la principale porte de l'Eglise de la Paroisse où le défunt demeuroit, à l'issuë de la Messe parochiale: & délaissant une affiche contre la porte de la maison du défunt.
Voyez les articles 34. 161. & 167.

Cet article est expliqué dans ce Commentaire, tome 4. page 1167.

TITRE XVI.

DES CRIE'ES.

ARTICLE CCCXLV.

Cet article & tout le reste sont mis au lieu des 187. 188. 189. & 160. articles de l'ancienne Coûtume.

Forme de saisie, & Criées de Fiefs.

PAr la Coûtume & stile de la Prevôté & Vicomté de Paris, pour la validité des Criées des Fiefs, Seigneuries & Terres nobles, faut se transporter sur les lieux: & suffit saisir les principaux manoirs de chacun Fief & Seigneurie, avec les appartenances & dépendances: sans qu'il soit besoin les declarer par tenans & aboutissans, ne autrement entrer esdits manoirs. Et faut que lesdits Fiefs, Seigneuries, & Terres nobles soient nommez tant par la main-mise, qu'en la premiere criée. Et outre declarer les causes de la saisie.
Voyez l'article suivant.

Cet article est expliqué dans ce Commentaire, tome 4. page 1291.

ARTICLE CCCXLVI.

Au lieu desdits articles.

Pour saisies & criées des terres roturieres.

Quant aux terres roturieres, il les faut declarer par le menu, tenans & aboutissans, tant par la main-mise, qu'en la premiere criée, & les causes de la saisie.
Voyez l'article precedent.

Cet article est expliqué dans ce Commentaire, tome 4. page 1297.

ARTICLE CCCXLVII.

Au lieu desdits articles.

Pour les criées de rentes sur l'Hôtel de Ville.

Quand une rente constituée sur l'Hôtel de la Ville de Paris est saisie, & mise en criée, faut faire les criées & proclamations devant la principale porte de l'Eglise parochiale dudit Hôtel de Ville, & mettre affiches & panonceaux contre les portes de ladite Eglise & Hôtel de Ville.

Cet article est expliqué dans ce Commentaire, tome 4. page 1301.

ARTICLE CCCXLVIII. Idem.

Criées de rente constituée par un particulier.

Et quand une rente constituée par un particulier, est saisie & mise en criées, il suffit faire les criées devant la principale porte de l'Eglise parochiale du saisi créancier de ladite rente: & faut mettre affiches & panonceaux, tant contre la maison dudit saisi, qu'en la principale porte de ladite Eglise, & Paroisse dudit saisi, créancier de ladite rente.

Cet article est expliqué dans ce Commentaire, tome 4. page 1318.

ARTICLE CCCXLIX. Idem.

Des rentes foncieres, même forme que pour les heritages y sujets.

Quant aux rentes foncieres, les criées doivent être faites en la même forme que les heritages sujets ausdites rentes.
Voyez les articles 87. 126. & 346.

Cet article est expliqué dans ce Commentaire, tome 4. page 1321.

ARTICLE CCCL. Idem.

Item, *d'Office Royal, comptable, & de provision du Roy.*

Quand un Office est saisi, & mis en criées, si ledit Office est Royal, & la provision d'iceluy prise du Roy, & ledit Office comptable en la Chambre des Comptes à Paris, les criées se doivent faire devant la principale porte de l'Eglise Saint Barthelemy, Paroisse de la Chambre des Comptes: & les affiches & panonceaux être mis tant contre la principale porte de ladite Eglise, que contre la maison où est demeurant le detteur: au cas qu'il soit demeurant en la Ville ou Fauxbourgs.
Voyez l'article suivant, & le 95.

Cet article est expliqué dans ce Commentaire, tome 4. page 1323.

ARTICLE CCCLI. Idem.

Criées des autres Offices.

Et pour le regard des autres Offices se doivent faire les criées en la Paroisse du Siege dont dépend & se fait le principal exercice dudit Office.
Voyez l'article précedent.

Cet article est expliqué dans ce Commentaire, tome 4. page 1327.

ARTICLE CCCLII. Idem.

Et quand le detteur n'est demeurant à Paris, comment.

Et si le detteur est demeurant hors la Ville & Fauxbourgs de Paris, faut outre la solemnité susdite faire les criées & quatre quatorzaines en la Paroisse du domicile du detteur saisi: & mettre affiches & panonceaux, tant contre la principale porte de l'Eglise parochiale, que contre la maison du detteur saisi.
Voyez l'article précedent.

Cet article est expliqué dans ce Commentaire, tome 4. page 1333.

ARTICLE CCCLIII. Idem.

Etablir Commissaires en toutes choses saisies: même és Offices.

En toutes choses saisies & mises en criées, faut établir Commissaires. Et és Offices où il y a gages, sera établi Commissaire pour recevoir les fruits.
Voyez l'article 34.

Cet article est expliqué dans ce Commentaire, tome 4. page 1335.

ARTICLE CCCLIV. Idem.

Oppositions, quand doivent & peuvent être formées.

Si on veut s'opposer, afin de distraire ou annuller, ou afin de faire adjuger à quelque charge, telle opposition se doit former auparavant l'adjudication, & non aprés. Mais l'opposition, afin de conserver droit pour être mis en ordre sur le prix, est reçûe jusqu'à ce que le decret soit levé & scellé.
Voyez l'article 131. en la fin, 156.

Cet article est expliqué dans ce Commentaire, tome 4. page 1383.

ARTICLE CCCLV. Idem.

Si le Seigneur feodal ou censier se doit opposer.

Le Seigneur feodal ou censier n'est tenu s'opposer aux criées pour son droit de Fief ou censive, ains est entendu l'adjudication par decret être faite à la charge desdits droits de Fief ou censive: fors & excepté pour le regard des arrerages ou profits feodaux précedens l'adjudication, pour lesquels lesdits Seigneurs sont tenus de s'opposer, autrement en sont exclus.
Voyez l'article 358.

Cet article est expliqué dans ce Commentaire, tome 4. page 1403.

ARTICLE CCCLVI. Idem.

Opposition sur le prix, quand se peut former: & des vingt-quatre heures du scel.

Toutefois si aucun avoit obmis à s'opposer, afin de distraire, ou de faire adjuger l'heritage à quelque charge, il peut s'opposer pour venir sur le prix avant le decret levé & scellé, & non aprés. Et doit ledit decret être vingt-quatre heures és mains du scelleur, avant que le sceller.
Voyez l'article 136. & 354.

Cet article est expliqué dans ce Commentaire, tome 4. page 1407.

ARTICLE CCCLVII. Idem.

N'est besoin d'opposition pour chef de cens.

Et où lesdites redevances seroient de chef de cens, n'est besoin d'opposition.
Voyez l'article suivant & les 124. 355.

Cet article est expliqué dans ce Commentaire, tome 4. page 1410.

ARTICLE CCCLVIII. Idem.

Seigneurs, pourquoy sont tenus encore s'opposer.

Comme aussi sont tenus lesdits Seigneurs eux opposer pour droits de quints, reliefs, ventes & amendes; & autres droits Seigneuriaux qu'ils veulent prétendre sur l'heritage decreté. Et ce faisant, sont préferez à tous autres créanciers.
Voyez l'article 355.

Cet article est expliqué dans ce Commentaire, tome 4. signature uuuu, page 1411.

ARTICLE CCCLIX. Idem.

De l'ajournement à voir adjuger: & comment courent les quarante jours.

Avant que proceder à l'adjudication des choses saisies, est requis que le saisi soit adjourné, parlant à sa personne, pour voir adjuger par decret, quarante jours aprés le jugement donné, lesquels quarante jours ne courent que du jour de la premiere affiche mise. Et où l'on ne pourroit parler à la personne dudit saisi, suffit de faire l'ajournement au domicile du saisi, & au Prône de l'Eglise parochiale du lieu où l'heritage est assis, avec affiche à la principale porte de ladite Eglise.
Voyez l'article 30.

Cet article est expliqué dans ce Commentaire, tome 4. page 1415.

ARTICLE CCCLX. Idem.

Opposans doivent élire domicile, qui ne finit par la mort, &c.

Les opposans aux criées, élisans domicile, sont tenus nommer leursdits domiciles en certain lieu de la Ville, où du lieu où les criées sont poursuivies. Et declarer la ruë & l'enseigne, ou autre marque publique & certaine, pour être appellez à la distribution du prix. Lequel domicile n'est fini par la mort du Procureur ou autre, en la maison duquel auroit été ledit domicile élû. Et valent tous exploits de significations & autres faits audit domicile sur l'exécution du decret, tant pour l'ordre que distribution de deniers.

Cet article est expliqué dans ce Commentaire, tome 4. page

ARTICLE CCCLXI. Idem.

Forme de proceder en execution du decret.

Lesdits opposans aux criées sont tenus dans la huitaine après signification à eux faite aux domiciles par eux élûs, ou à leurs personnes, de porter leurs titres pardevers le Commissaire commis pour fonder leurs oppositions : à tout le moins dans un second délay, qui sera encore de huitaine pour tous délais : Et à faute de ce faire, doit le Commissaire proceder à l'ordre des opposans qui auront fourni de leurs titres, sans avoir égard aux hypotheques & oppositions des défaillans. Sur lequel ordre, le saisi & opposant mis en ordre, oüis dedans une autre huitaine pour tous délais, doit être procedé à la distribution selon que ledit ordre est accordé.

Cet article est expliqué dans ce Commentaire, tome 4. page

ARTICLE CCCLXII. Idem.

Du renvoy sur les differends, & distribution cependant.

S'il y a different entre aucuns opposans pour raison dudit ordre, sera fait renvoy entre tels opposans seulement, sans comprendre au renvoy qui sera delivré, les oppositions, dites & remontrances, & ce qui auroit été fait avec les autres opposans. Et néanmoins on procede à la distribution entre les autres opposans, reservant les deniers appartenans aux opposans renvoyez, venans en ordre.

Cet article est expliqué dans ce Commentaire, tome 4. page

PROCEZ VERBAL.

L'*An* 1580. *le Lundy* 11. *jour de Février*, Nous Christophe de Thou, *Chevalier, Conseiller du Roy, nôtre Sire, en son privé Conseil, & Premier President en sa Cour de Parlement: Claude* Anjorrant, *Mathieu* Chartier, *Jacques* Viole, *& Pierre* de Longüeil, *Conseillers en icelle, Nous sommes transportez en la grand'Salle de l'Evêché de Paris, lieu destiné pour y être faite la convocation & assemblée, pour proceder à la redaction des Coûtumes de la Prevôté & Vicomté de Paris, suivant les Lettres Patentes* du Roy *à nous adressées; desquelles, ensemble du mandement* du Roy *aux Prévôt, Lieutenans, Avocat & Procureur du Roy en ladite Prevôté & Vicomté, la teneur ensuit :*

HENRY, par la grace de Dieu, Roy de France & de Pologne, à nos amez & feaux Messire Christophe de Thou, Chevalier Conseiller en nôtre Conseil privé, & Premier President en nôtre Cour de Parlement, Maîtres Claude Anjorrant, Mathieu Chartier, Jacques Viole, & Pierre de Longueil, Conseillers en icelle, Salut & dilection : Comme aucuns de vous ayent par cy-devant été commis par nos prédecesseurs Rois, à rediger & mettre par écrit les Coûtumes de nos Pays & Provinces ressortissans en nôtredite Cour, qui n'auroient encore été accordées & redigées, ou si redigées & accordées avoient été, les Procez Verbaux d'icelles étoient perdus & adirez, ou bien chargez de plusieurs renvois faits en nôtredite Cour : dont se seroient mûs plusieurs procez & differends sur l'interprétation desdites Coûtumes, & les parties appointées à informer par turbes, aux grands frais & foule de nos sujets : suivant lesquelles commissions auroit été redigé & mis par écrit, & reformé plusieurs Coûtumes desdits Pays & Provinces : au grand contentement & soulagement de nosdits sujets. Mais les autres n'ont encore pû, par la malice du temps, être reformées, mêmement celles de nôtre bonne Ville de Paris, capitale de nôtre Royaume, à l'exemple de laquelle les autres villes d'iceluy se reglent & conduisent : Et nous étant bien avertis, que plusieurs articles d'icelles sont obscurs & non intelligibles, lesquels par usance, Jugemens & Arrests, ont reçû interprétation, laquelle n'a été redigée par écrit : Et outre pour la varieté de l'usage, ont besoin d'être interpretez ou reformez : Et aussi qu'il y a plusieurs cas de l'usage commun, esquels n'a été pourvû par la redaction, qui par cy-devant en a été faite : Sçavoir faisons, que Nous desirant le bien & soulagement de nos sujets, la matiere par Nous mise en deliberation, avec autres Princes de nôtre Sang, & gens de nôtre Conseil privé, étans lez Nous : Avons ordonné, voulons & Nous plaît, que vous ayez à vacquer en toute diligence à *la nouvelle redaction & reformation desdites Coûtumes* de nôtre Ville & Prevôté de Paris. Et à cette fin faire convoquer & assembler les gens des trois Etats d'icelle, lesquels à ce faire seront contraints; A sçavoir les gens de l'Eglise, par prise & saisie de leur temporel, & les gens laics, par prise & saisie de leurs biens, meubles & immeubles : Et ce, nonobstant oppositions ou appellations quelconques, & sans préjudice d'icelles : En presence & du consentement desquels Etats, vous enjoignons, ou à trois de vous, pourvû que vous, Premier President, soyez l'un des trois, de nouvel rediger & accorder, & si besoin est, muer, corriger, augmenter, & diminuer lesdites Coûtumes, ou partie d'icelles : Et faire bons Procez Verbaux des debats & oppositions qui seront faits, en procedant par vous, au nombre que dessus, à la redaction & accord d'icelles, en la maniere dûë & accoûtumée: Pour lesdites Coûtumes redigées, accordées, moderées, augmentées ou corrigées, comme dit est, être publiées & registrées és Greffes de nôtredite Cour de Parlement, & du Châtelet de Paris: Et dorénavant gardées & observées, comme Loy & Edit perpetuel & irrevocable. Voulons aussi, & Nous plaît, que lesdites Coûtumes, ainsi par vous redigées, ayez à faire taxe des frais qu'il aura convenu faire pour la redaction d'icelles : Ensemble des vacations & salaires d'aucuns de nos Officiers & autres notables personnages, qui pour vacquer à la visitation & reformation desdites Coûtumes, & assister à ladite redaction, auroient été distraits de l'exercice de leurs Offices & Etats, & tous autres frais qu'il aura convenu faire, pour raison, & en consequence d'icelle redaction : Lesquels frais voulons être pris & levez sur les gens des trois Etats de chacune desdites Provinces qui auront été appellez & convoquez à la redaction desdites Coûtumes : Et ce, par les contraintes, forme & maniere qui ont été par cy-devant observées à la levée des deniers par vous taxez en semblables affaires & commissions. De ce faire, vous donnons pouvoir, autorité, commission & mandement

& mandement special par ces presentes, en revoquant par Nous toutes autres commissions au contraires, si aucunes il y a. Mandons & commandons à tous nos Justiciers, Officiers & sujets, à vous en ce faisant obéïr: Car tel est nôtre plaisir. Donné à Paris, le quinziéme jour de Decembre, l'an de grace 1579. & de nôtre Regne le sixiéme. Ainsi signé par le Roy, Pinart. Et scellé en simple queuë du grand scel dudit Seigneur, de cire jaune.

De par le Roy, nos amez & feaux, Nous avons entendu, que les Coûtumes generales de nôtre Prevôté de Paris, ont été par vous, avec aucuns notables & experimentez Avocats & Praticiens de nôtre Châtelet, reformées & augmentées en ce qu'elles défailloient, & y avoit été obmis: Et pour ce que les Commissaires par Nous ordonnez sur le fait de ladite reformation, Nous ont fait sçavoir, qu'ils avoient vû icelles Coûtumes selon ladite reformation, & qu'ils étoient prêts de faire ladite publication & decret d'icelles Coûtumes, le Lundy 22. jour de Février 1580. Nous voulons & vous commandons bien expressément, que fassiez incontinent sçavoir à tous les Prevôts & autres, tant nos Juges qu'autres étans en vôtre ressort, regis & gouvernez selon les Coûtumes de nôtredite Prevôté: Ausquels nos Juges envoyez un *cahier desdites Coûtumes*, selon ladite reformation, pour si-tôt qu'ils l'auront reçû, faire assembler au lieu le plus commode de leur Jurisdiction, les gens d'Eglise, Nobles, & gens du tiers Etat, de leur ressort. Et avec eux voir ladite reformation, & faire bons memoires de ce qu'ils y trouveront à dire, pour l'augmentation ou diminution: Et qu'en ladite assemblée ils nomment, & élisent deux ou trois personnes, pour se trouver devant vous, le Jeudy 18. jour dudit mois de Février, précedent le jour cy-dessus, qu'entendons être procedé à la publication desdites Coûtumes, au lieu que vous leur assignerez, pour être oüis & entendus sur les remontrances qu'ils voudront faire sur chacun article desdites Coûtumes: Et par même moyen ferez sçavoir, en la meilleure sorte que faire se pourra, à tous Ducs, Comtes, Barons, Châtelains, Seigneurs hauts-Justiciers, Prelats, Abbez, Prieurs, Chapitres, Prevôt des Marchands & Echevins de nôtredite Ville, Juges, Praticiens, & autres bons & notables Bourgeois de nôtredite Ville & Prevôté, qu'ils ayent à eux trouver, & comparoir en personne ledit jour 22. Février, en nôtredite Ville de Paris, pour arrêter & accorder lesdites Coûtumes: Et à ce faire les contraignez, à sçavoir lesdits gens d'Eglise, par la saisie de leur revenu temporel: Et lesdits Nobles & gens du tiers Etat, par la saisie de leurs Fiefs, & autres leurs biens. Auquel jour se trouveront nos amez & feaux, Messire Christophe de Thou, Seigneur de Cely, Conseiller en nôtre privé Conseil, & Premier President en nôtredite Cour de Parlement; & Maîtres Claude Anjorrant, Mathieu Chartier, Jacques Violé, & Pierre de Longueil, Conseillers en nôtredite Cour, pour faire ladite Publication, Arrest & Decret desdites Coûtumes. Et n'y faites faute; car nous avons cette matiere en singuliere recommandation, pour le bien & soulagement qui en peut venir à nos sujets. Donné à Paris le 10. jour de Janvier, l'an de grace 1580. signé HENRY, & plus bas, PINART.

Auquel lieu se sont trouvez plusieurs personnes des trois Etats, assemblez suivant les assignations à eux baillées: Et aprés que de nôtre Ordonnance a été fait lecture par Nicolas d'Obillon, Clerc de l'Audience du Châtelet de Paris, Greffier par Nous à ce commis, des lettres de nôtredite commission, & mandement du Roy ausdits Officiers du Châtelet, a été dit par Maître Jean le Bourguignon, Avocat du Roy en ladite Prevôté, present & assistant Maître Charles de Villemontée, Procureur du Roy en icelle: Que suivant le vouloir du Roy, & en vertu dudit mandement, assignation auroit été donnée aux trois Etats de ladite Prevôté audit jour, à comparoir audit lieu, pardevant Nous, requerant qu'ils fussent appellez: Ce qu'avons ordonné être fait par Laurent Testart, Audiancier du Châtelet de Paris: Et ont comparu, & se sont presentez ceux qui ensuivent:

Et premierement, Messire Pierre de Gondy, Evêque de Paris, Conseiller du Roy en son Conseil privé, & Commandeur de l'Ordre du S. Esprit, en personne, & par Maître Jean Longuet son Procureur. Les Doyen, Chanoines & Chapitre de l'Eglise de Paris, par Maître Arnoul du Mesnil, Chanoine & Archidiacre de Brie, en l'Eglise de Paris: & Mathieu de Machcco, aussi Chanoine d'icelle Eglise, & ledit Maître Jean Longuet, leur Procureur.

Le Cardinal de Bourbon, Abbé de Saint Germain des Prez lez Paris, & les Religieux & Convent dudit lieu, Seigneurs, à cause de ladite Abbaye, du bourg dudit Saint Germain, & des terres & Seigneuries de Pareil, Cachant, Villeneuve Saint Georges, Yssi & Vaugirard, & autres terres & Seigneuries, étans dans la Prevôté & Vicomté de Paris, par Maître Thomas de Rochefort, Avocat en la Cour de Parlement, Bailly dudit Saint Germain, Pierre Baron, Procureur en ladite Cour de Parlement, & Jean Doutre, Procureur au Châtelet de Paris, & Procureur Fiscal dudit Abbé & Convent: Et par Frere Gilles Mauldier, Religieux & Procureur de ladite Abbaye.

Le Cardinal de Guyse, Abbé de Saint Denys en France, & les Religieux & Convent dudit lieu, Seigneurs de ladite Ville de Saint Denys en France, Pierre-Fitte, Haubervilliers, la Cour-neuve, le Pré Saint Gervais, le port de Neüilly, le haut & bas Roulle, la Villette Saint-Denis, Asnieres, Genevilliers, Saint Oüyn, Rueil, Nanterre, Colombes, Corbevoye, Puteaux, Vaucresson, & Touventienne, du grand & petit Tremblay, Ville-pinte, de Cormeilles, la Ferté & Herbelay, Montigny, Franconville, & Pierrelée, de Trapes, & autres Seigneuries qui sont assises en & au dedans de ladite Prevôté & Vicomté de Paris, par Frere Pierre Bourgeois, Religieux & Grand Prieur de ladite Abbaye, & Vicaire dudit Abbé, assisté de Maître Thierry Cauchon, Avocat en la Cour de Parlement, Seigneur de Couble, & Bailly dudit Saint Denys, & Maître Jacques le Grand, Lieutenant audit Bailliage, & de Maître Pierre le Bossu, Avocat en Parlement.

Messire Charles de Lorraine, Abbé de Saint Victor lez Paris, & les Religieux, Abbé & Convent dudit lieu, à cause des Terres, Fiefs, & Seigneuries du Cardonnet, Jardin Dailles, Cultures prés Sainte Catherine du Val des Ecoliers, appartenances & dépendances, situées en la Ville & Fauxbourgs de Paris, Fontenay sur le bois de Vincennes, & Montreüil prés ledit bois en partie, Baigneux en partie, de Victry aussi en partie, & du port à l'Anglois, & Beauroye: Le tout situé en la Prevôté & Vicomté de Paris, par Maître Jacques de Monthelon, Grand Archidiacre de Chartres, Vicaire General dudit Abbé.

Les Trésorier & Chanoines de la Sainte Chapelle du Palais Royal à Paris, Seigneurs de Montreüil-sur-le-bois en partie, par Maître Antoine Caillot, & Maître René Foucher, Chanoines de ladite Sainte Chapelle, leurs Procureurs.

Messire Claude Dangennes, Evêque & Comte de Noyon, Pair de France, par Maître Mathieu Marteau, Procureur au Châtelet de Paris, son Procureur.

Le Recteur & Suppôts de l'Université de Paris, par Maître Nicolas Vignier, Procureur de l'Université, en personne.

Messire René, Cardinal de Biragues, & Chancelier de France, Abbé de l'Abbaye de la sainte Trinité de Tyron, & les Religieux & Convent de ladite Abbaye, par Maître Guillaume Morin, Procureur en la Cour de Parlement.

Messire Loüis de Brezé, Evêque de Meaux, à cause de son Hôtel Episcopal, assis audit Meaux, avec la grande place devant la porte d'icelny Hôtel, & qui s'étend devant la principale porte de l'Eglise Cathedrale dudit Meaux, ensemble des Fiefs & Seigneuries de Chambres, de Massy, de Donjon; le tout assis en ladite Ville de Meaux, & outre à cause des Terres & Seigneuries de Germigny l'Evêque, de Varedes, Destre-Pilly, de Villevry, de Trilleport en partie, des Fiefs de la Croix de Crully, la ferme & Seigneurie du Mans en Brie; & generalement toutes les terres & Seigneuries de l'ancien domaine & patrimoine dudit Evêque de Meaux, par Maître Anselme de Caillot, Seigneur de la Goupilliere, Chanoine de la Sainte Chapelle du Palais Royal à Paris, son Procureur.

Les Religieux, Abbé & Convent de Sainte Geneviéve au mont de Paris, par Frere Joseph Foulon, Abbé de ladite Abbaye, en personne, assisté de Maître François Chauvelin, Avocat en la Cour de Parlement, Maire de la haute-Justice de sainte Geneviéve, & autres qui en dépendent, Seigneurs de Jossigny, Venves, Espinay, Quincy, Cratin, Vergalle, Choisy, Trianon, Nanterre, Autheüil, Rosny & Passy: & Seigneurs en partie des Villages d'Issy, Vaugirard, Fontenay, Baigneux, Bourg la-Reine, Aulnay, Roucy; & encore ledit Frere Joseph Foulon, comme Curé de saint Estienne du Mont.

Le grand Prieur de France, Commandeur du Temple en cette Ville de Paris, par Maître Julien Chauveau, Procureur en la Cour de Parlement, & Frere Pierre Genyer, Religieux de l'Ordre de Saint Jean de Jerusalem, Curé de la Chapelle-Bason en Champagne, & Chancelier du Chapitre provincial du Prieuré de France, Seigneur dudit Temple, de Rully lez Paris, de Montreüil-sur-le-Bois, en partie, de Clichy en Launoy, Balisy, de Fromaul, de l'Hôpital, de Cerney, & de l'Hôpital lez Mesnil, en partie, d'Armon, de Choisy, de Tour, de Taverny, de Bissancourt, & Plessis-Bouchard, du Château de Mail, de Sattonville, de Screelles, & de Villiers-le-Bel, de Gonnesse en partie, Seigneur de Moisy-le-Temple, Sablonnieres, l'Hôpital, & hameaux qui en dépendent, Sentenay, de Sersay, & en partie de Ville-cresne, & de Sucy en Brie, de Choisy-le-Temple, Charny-la-Trasse, & du Temple de Piseux en France; & en partie de Marly-la Ville, Belle-Fontaine, & Fontenay en France, par lesdits Chauveau & Genyer. Maître Pierre le Roullier, Conseiller en la Cour de Parlement, Abbé de Lagny sur Marne, & les Religieux & Convent dudit Lagny, Seigneurs de Dampmartin, par Maître Jacques Guerry, Procureur au Châtelet de Paris, Messire Nicolas Fumée, Evêque & Comte de Beauvais, Vidame de Gerberoy, Pair de France, Prieur de Gournay sur Marne, Seigneur de Gournay, de Roissy en Brie, le Chesnay & Noisier, par Maître Bertrand Briant, Procureur au Châtelet de Paris, son Procureur. Maître Antoine Martin, Conseiller & Aumônier ordinaire du Roy, Abbé de l'Abbaye de Jully, en personne, & les Religieux & Convent dudit lieu. Les Religieux, Abbé & Convent de Nôtre-Dame du Val, par Dom Noël Cossard, Docteur en Theologie, & Dom Honoré Robaut, Religieux de ladite Abbaye, assistez de Maître Claude Guichard, Procureur au Châtelet de Paris, & Procureur desdits Religieux, Abbé & Convent. Les Religieux, Abbé & Convent d'Hermieres, par Maître Claude Hardy, Procureur au Châtelet de Paris, & Procureur de Maître Moyse Vaillant, Conseiller & Aumônier ordinaire du Roy, Abbé de ladite Abbaye, & par Maître Claude Vincent, Procureur au Châtelet de Paris, Procureur des Religieux & Convent dudit lieu. Les Religieux, Abbé & Convent de Livry, par Frere Pierre Abelly, Abbé de ladite Abbaye, & Frere Jacques Guesden, Prieur de ladite Abbaye, assistez de Maître Nicolas Rossignol, Procureur au Châtelet de Paris, leur Procureur. Les Religieux, Abbé & Convent des Vaux de Cernay, Seigneurs de Cernay en partie, les grands & petits Fontieux, Aile, Boutineau, Roissy, la Verville, & Raches, Charantonneau, les Cerisors, les Moines blancs, Montlhery, la Grange-aux-Moines, Saint Nom, & de la Bretéche, Saint Robert, Saint Benoist, les deux Maisons, les Jocques, les Enclaves, & autres terres & Seigneuries qu'ils ont assises au dedans de ladite Prevôté & Vicomté de Paris, par Messire Mathurin Vincent, Abbé de ladite Abbaye, & Frere Laurent Morthier, Prieur de ladite Abbaye, assistez de Maître Bertrand Briant, Procureur au Châtelet de Paris, leur Procureur. Les Doyen, Chanoines & Chapitre de l'Eglise Collegiale de saint Paul, fondez en l'exemption de saint Denys, par Maître Antoine Josse, Prêtre, Chanoine de ladite Eglise, assisté de Maître Mathieu Marteau, Procureur au Châtelet de Paris, leur Procureur. Maître Gilbert Fillol, Abbé commendataire de l'Abbaye de saint Pierre de Neaufles-le-Vieil, & les Religieux & Convent dudit lieu, par Maître René Broutesauge, Procureur au Châtelet de Paris, leur Procureur. Les Religieux, Abbé & Convent de Joyenval, par Maître Mathieu de Macheco, Chanoine de Paris. Les Doyen, Chanoine & Chapitre de Saint Germain de l'Auxerrois, par Maître Gilles Sermisy, Chantre & Chanoine de ladite Eglise, assisté de Maître Claude Hardy, Procureur au Châtelet de Paris, leur Procureur. Les Chantre, Chanoines & Chapitre de saint Honoré, par Maître Pierre Menart, Chanoine de ladite Eglise, assistez dudit Maître Claude Hardy, leur Procureur. Les Doyen, Chanoines & Chapitre de saint Marcel, par Maître Jean le Tellier, Doyen, & Gabriel Dean, Chanoine de ladite Eglise. Les Chevecier & Chanoines de saint Mederic, par ledit Maître Claude Hardy, leur Procureur. Les Chanoines & Chapitre de saint Benoist, par Maître Pierre le Bossu, Avocat en la Cour de Parlement. Les Chevecier & Chapitre de sainte Opportune, par Maître Nicolas Godefroy, Chanoine de ladite Eglise. Les Trésorier & Chanoines de saint Jacques de l'Hôpital, par Maître Mathieu Marteau, Procureur audit Châtelet, leur Procureur. Les Doyen, Chanoines & Chapitre de saint Thomas du Louvre, par Maître Michel Chauveau, Chanoine de ladite Eglise, assisté de Maître Jean Longuet, Procureur au Châtelet de Paris, leur Procureur. Les Doyen & Chapitre de saint Maur des Fossez, par Maître Urbain du Mesnil, Procureur audit Châtelet, leur Procureur. Les Doyen, Chanoines & Chapitre de saint Cloud, par Maître Estienne du Bois, Chanoine de ladite Eglise, & Maître Jean Longuet, Procureur audit Châtelet, leurs Procureurs. Les Doyen, Chanoines & Chapitre de saint Merry de Linats, par Maître Amable Petit, & ledit Maître Jean Longuet, leur Procureur. Les Abbé, Chanoines & Chapitre de saint Spire de Corbeil, par Maître Renaut Soyer, Chanoine de ladite Eglise, leur Procureur. Les Chantre, Chanoines & Chapitre de Nôtre-Dame de Corbeil, par Maître Laurent Perrier, Chanoine de ladite Eglise, leur Procureur. Les Chantre & Chanoines de Montmorency, par Maître Jean d'Y, Chanoine de ladite Eglise, leur Procureur & Receveur. Les Trésorier, Chanoines & Chapitre de la Chapelle du Vivier, en Brie, Seigneurs hauts-Justiciers de Ville-Genart,

& Autheüil, d'Escoublay, Lardy, en partie, Marle, en partie, Favieres, en partie, du Fief d'Aigrefin assis à Fontenay, des Fiefs de la Bourbonniere, Pregontier, Mottegrappin, Miraul, Pecy, Chanroye, Thure, de Courcelle, en partie, des trois Charmes, de Renouleux, Seigneurs des moulins & fours bannaux de Revernay, & en partie de Torcy, Rentigny, de saint Germain des Noyers, des bois Chanoines, de l'isle & moulin de Domire, par Maître Jacques de Donon, Trésorier de ladite Chapelle. Les Doyen, Chanoines & Chapitre de Dampmartin, par Maître Pierre d'Amoraison, Procureur Fiscal du Comté dudit Dampmartin, leur Procureur. Les Chevecier, Chanoines & Chapitre de Poissy, par Maître Gervais Senestre, leur Procureur, assisté de Maître Gentian Champenois, Procureur au Châtelet de Paris, & ledit Senestre & Maître Dominique Boullard, comme deputez du Clergé de la sous-Baillie de Poissy. Le Commandeur de Saint Jean de Latran, Seigneur de l'Ursine, de l'Hôtel-Jaune, de la Tombe-Ysore, de la Brosse, du Deluge, & de la Ville-Dieu-les-Maurepas, par lesdits Maîtres Julien Chauveau & Genier. Les Prieur & Convent de S. Martin des Champs, Seigneurs dudit saint Martin, & autres terres, & eux disans hauts Justiciers audit lieu, & avoir droit de censive en plusieurs lieux & endroits de cette Ville de Paris, par Dom Jacques Amelot, Prieur dudit lieu, en personne. Les Religieux, Prieur & Convent de Nôtre-Dame de Vauverd, Ordre Chartreuse lez Paris; Seigneurs de Villeneuve-le-Roy, petit Vault, Lieurains, des Fiefs des Marniers, de Coulon, de Brion, de Lauffement & du Colombier, Mandre, Tilly, Molineaux, & Fiefs de Louviers, assis à Issy, & autres de la Ville, Prevôté & Vicomté de Paris, par Dom Denys Guillebon, & Dom Simon Morel, leurs Procureurs generaux, en personnes, garnis de Maître Gaspard Demoiron, Procureur au Châtelet de Paris, leur Procureur. Les Religieux, Prieur & Convent des Celestins de Paris, par Frere Pierre Cudey, & Jacques d'Orleans, Religieux dudit Convent, assistez de Maître Guillaume le Normand, Procureur au Châtelet de Paris, leur Procureur. Les Religieux, Prieur & Convent des Bernardins, par Frere Jean Huon, Docteur, Regent en la Faculté de Theologie, Proviseur dudit Convent des Bernardins. Les Religieux, Prieur & Convent des Mathurins, par Frere François Petit, Religieux & Ministre dudit lieu, assisté de Maître Pierre Dollet, Procureur au Châtelet de Paris, son Procureur. Les Religieux, Prieur & Convent de sainte Croix de la Bretonnerie, Seigneurs de Victry sur Seine, en partie, Fromenteau, Grignon, & Arcis, par Frere Robert Trippier, Prieur dudit Prieuré Sainte Croix. Le Prieur de Soüilly, par Maître Nicolas Rossignol, Procureur au Châtelet de Paris. Les Religieux, Prieur & Convent des Blancs-Manteaux, par Frere Jean Chanterel, Prieur dudit lieu, Seigneurs du Plessis-Gassot, en France. Les Religieux, Prieur & Convent de Nôtre-Dame, dite la Charité des Billettes, à Paris, Seigneurs du Fief appellé le Fief au Flamant, assis en cette Ville de Paris, Malassise, & Ville-Payen, de la Paroisse de Croquetaine, en Brie, par frere Jean Robert, Prieur general de l'Ordre dudit lieu, assisté de Maître Jacques Guerry, Procureur au Châtelet de Paris, leur Procureur. Les Religieux, Prieur & Convent de saint Lazare, par frere René Hector, Prieur dudit lieu, assisté de Maître Guillaume Morin, Procureur au Châtelet de Paris. Les Religieux, Prieur & Convent de saint Jacques du Haut-pas, par Maître Jean Longuet, leur Procureur. Dom Pierre Bequet, Prieur, Seigneur de Marolles, en Brie, par Maître Guillaume le Normand, Procureur audit Châtelet, son Procureur. Frere Guillaume Secret, Prêtre, Religieux en l'Abbaye de sainte Marie Magdeleine de Château-dun, Prieur, Curé de Claiz, par Maître Charles Faucher, Procureur audit Châtelet, son Procureur. Frere Thomas Pion, Prêtre, Religieux de l'Abbaye de Jumieres, Prieur de saint Martin de Bonaffle, Diocése de Chartres, en personne, assisté de Maître Jean Doutre, Procureur audit Châtelet, son Procureur. Maître Jacques Foüyn, Prieur & Seigneur temporel d'Argenteüil, Seigneur de Satrouville, Sonnois, Bezons, Houilles, Chavenay & Lancourt, en personne, & par Maître Pierre le Bossu, Avocat en la Cour de Parlement, Bailly dudit Argenteüil. Maître Jacques Brisart, Conseiller en la Cour de Parlement, Prieur de Lonjumeau, & les Religieux & Convent dudit lieu, par Maître Antoine Badran, Procureur audit Châtelet, leur Procureur. Le Prieur de saint Germain en Laye, Seigneur dudit lieu, en partie, par Maître Dominique Boullard, son Procureur. Maître Pierre Boucher, Prieur de Versailles, par Maître Jean de Lan, Praticien en Cour-laye, son Procureur. Maître Gaspard le Fevre, Prêtre, Prieur commendataire du Prieuré de Basainville, Diocése de Chartres, Seigneur temporel dudit Basainville, assisté de Maître Nicolas Guynet, Procureur au Châtelet de Paris, son Procureur. Les Religieux, Prieur & Convent de Rueil, par Frere Antoine Simon, Religieux & Procureur dudit Rueil, assisté de Maître Nicolas Guynet. Les Religieux, Prieur & Convent de Grand-Champ, Seigneurs dudit Grand Champ, Ville-mineur, Morgoultin, les Essars, Rueil, en partie, Tronchet, grand Gerard, en partie, & du Fief de Cocherel, Ucy sur Marne, & du moulin de Jacques Tancrou, en partie, par Dom Jean Potier, Prieur dudit lieu, assisté de Maître Jean le Fevre, Procureur audit Châtelet de Paris. Frere Jacques Reynault, Prieur de Claye, assisté de Maître Nicolas Rossignol, Procureur audit Châtelet de Paris. Les Religieux, Prieur & Convent de sainte Catherine du Val des Ecoliers, par Frere Jean Choquet, leur Procureur. Dom Jean Heron, Prieur du Prieuré de saint Denys de la Chartre, en la cité de Paris, Ordre de Cluny, par ledit Maître Bertrand Briant, son Procureur. Maître Martin Spifame, Prieur du Prieuré Saint Thibaut des Vignes, en personne. Maître Jean Tanchon, Prieur de Saint Julien le Pauvre, par Maître Loüis de Sainction, Avocat en la Cour de Parlement, son Procureur. Maître René Boyer, Avocat en la Cour de Parlement, Prieur de Limours, en personne. Maître Estienne Arnoul, Prieur de Herbeville, par Maître Jean Longuet, Procureur au Châtelet de Paris, son Procureur. Maître Martial Richevillain, Prieur de Dueil sous Montmorency, en personne. Les Marguilliers laïcs de l'Eglise de Paris, par Maître Jean Longuet, l'un des quatre Marguilliers laïcs, leur Procureur. Maître Pierre d'Albeilne, Prieur de la Celle en Brie, & les Religieux & Convent dudit lieu, par Maître Pierre Milet, Procureur Fiscal dudit lieu. Les Religieuses, Abbesse & Convent de Montmartre, par Maître Henry de Colomb, Procureur au Châtelet de Paris, leur Procureur. Les Religieuses, Abbesse & Convent de Chelles, sainte Baldour, à cause de leur terre & Seigneurie dudit Chelles sainte Baldour, leur terre & Seigneurie de Villiers sur Morin, Noisy, par Maître Nicolas Rossignol, Procureur au Châtelet de Paris, leur Procureur. Les Religieuses, Abbesse & Convent d'Yerre, par Maître Gabriel Guinet, Procureur en Parlement, & Maître Gaspard Demoyron, Procureur au Châtelet, leur Procureur. Les Religieuses, Abbesse & Convent de Malnoüe, par Maître Pierre le Bel, Procureur au Châtelet de Paris, leur Procureur. Les Religieuses, Abbesse & Convent de Gersey, par Maître Jean Coulomp, Procureur au Châtelet, leur Procureur. Les Religieuses, Abbesse & Convent de Maubuisson, par Maître

Robert Alloy, leur Procureur. Les Religieuses, Abbesse & Convent de saint Antoine des Champs, par Maître Pierre Baron, Procureur en la Cour de Parlement, leur Procureur. Les Religieuses, Abbesse & Convent de Port-Royal, Dame dudit Port-Royal & de Germainville, Launay, Champ-Garnier, Valmilier sous Germainville, Villiers lez Bascle sous Chasteaufort, petit Port-Royal, Mondeville sous Corbeil, par ledit Maître Gaspard Demoyron, Procureur au Châtelet de Paris, leur Procureur. Les Religieuses, Abbesse & Convent de Faremonstier en Brie, Dames de Boissy, le Repos & Corfelix, par Maître Pierre Mallet, leur Procureur. Les Religieuses, Abbesse & Convent de Villiers lez la Ferté-Aleps, Ordre des Cisteaux, par ledit Maître Jean Longuet, Procureur audit Châtelet de Paris, leur Procureur. Les Religieuses, Prieure & Convent des Filles-Dieu, par Maître Pierre le Baron, Procureur en la Cour de Parlement, leur Procureur. Les Religieuses, Prieure & Convent des Cordelieres saint Marcel, par Maître Claude Hardy, Procureur audit Châtelet de Paris, leur Procureur. Les Religieuses, Prieure & Convent de Long-champ, par Maître Jean Cheneau, Procureur en Parlement, leur Procureur. Les Religieuses, Prieur & Convent de Nôtre-Dame des Champs, par Frere Laurent Gabout. Maître Joseph Nepveu, Curé de sainte Geneviéve des Ardens, & de Songnoles, en personne, qui a dit être deputé pour le Clergé du Bailliage de Brie Comte-Robert. Maître Jean Deschamps, Curé de saint Josse, Chanoine du Sepulcre, à Paris, en personne. Maître Claude de Lair, Prieur & Curé de Fontenay, en Brie, Seigneur dudit Fontenay en Brie, & de Marle: en partie, & du Mesnil Chasse Martin, en Brie, en personne. Maître Simon Follam, Prêtre, Prieur de Nôtre-Dame de Beaulieu, prés Chevreuse, present en personne. Frere François Dumetz, servant d'armes, de l'Ordre de saint Jean de Jerusalem, Commandeur & Seigneur du grand & petit Saulsoy, Auvergneraux & Bandeleu, en personne. Maître Germain le Sec, Prêtre, Chanoine de Lusarches, pour le Chapitre dudit lieu, en personne. Maître Jean Lair, Boursier du College de Maître Gervais Chrétien, en personne. Maître Jean Colas, Curé de sainte Opportune, en personne. Maître Antoine le Tellier, Chanoine de S. Cloud, en personne. Frere Loüis Bolduc, Religieux de Gournay, en personne. Maître Dominique Boullard, Prêtre, Curé de saint Germain en Laye & de Crelpiere, present en personne. Maître Simon Follet, Prieur de Beaulieu. Maître Jean du Bois, Curé de Creteil. Maître René Planson, Chapelain de l'Eglise de Paris. Maître Pierre Brescheur, Prêtre, Curé de Trappes, tous en personne. Maître Jean Bich, Curé de l'Eglise & Fabrique de saint Oüen, lez Pontoise, par Maître Jean l'Hostellier, Procureur en Parlement. Maître Claude Becquet, Docteur, Regent en Theologie, Curé de la Magdelaine, par Maître Jean de Sevieres, son Vicaire. Maître Pierre la Pie, Curé de Fontenay sur le bois de Vincennes, en personne. Maître Jean Papelart, Prêtre, Curé de Ville neuve sous Dampmartin, par Baudichon Julian, son Procureur. Maître Valentin Moignard, Prêtre, Curé de Hoüilles, en la Carriere de saint Denys, son annexe, en personne. Maître Nicolas Julian, Prêtre, Curé de S. Martin de Bezoliert, en personne. Maître Pierre Edeline, Chanoine prebendé en l'Eglise de saint Martin, Curé de saint Denys Dugny, & du Bourget son secours, en personne. Maître François Cheval, Curé de sainte Croix, à Paris, en personne. Frere Guillaume Butel, Religieux, Commandeur de saint Antoine, en personne.

Et pour l'Etat de Noblesse, sont comparus Maître Antoine Matharel, Procureur General de la Reine Mere du Roy, Comtesse de Clermont & d'Auvergne, Duchesse de Valois, d'Orleans, Comtesse de Melun, & Dame de saint Maur des Fossez, & de Crecy, à cause de sadite Terre & Seigneurie de saint Maur des Fossez, assisté de Maître Antoine Loisel, Avocat en la Cour de Parlement, de ladite Dame. Maître Michel Buffet, Procureur General de Monsieur, Frere du Roy, Duc d'Anjou & d'Alençon, assisté de Maître Simon Marion, Avocat en ladite Cour de Parlement, & dudit Seigneur. Messire Henry de Bourbon, Prince de Condé, Seigneur de la Ferté-au-Col, de Chavigny & Bellet, par Me Etienne Droüyn, Avocat en la Cour de Parlement, Lieutenant de ladite Ferté. Messire François de Bourbon, Prince, Dauphin d'Auvergne, tuteur des enfans mineurs d'ans, de feu Messire Henry Robert de la March, Duc de Boüillon, à cause des Terres, Seigneuries, & Baronnies de Bayne, Limours, & Grignon, par Maître François de Laloüette, Avocat en la Cour de Parlement, & Maître Jean le Noir, Avocat en Parlement & Châtelet de Paris. Messire Henry de Lorraine, Duc de Guise & de Chevreuse, à cause dudit Duché de Chevreuse, Meudon, Dampierre, Domviller, Mesnil, S. Denys, & autres Terres unies audit Duché, par Maître Nicolas de Thumery, Bailly dudit Chevreuse, son Procureur. Dame Magdelaine de Savoye, Duchesse de Montmorency, veuve de feu Messire Anne, luy vivant Duc dudit Montmorency, Pair & Connétable de France, & Messire Henry Duc de Montmorency, Pair & premier Maréchal, Gouverneur & Lieutenant general pour le Roy au pays du Languedoc, à present fils aîné dudit feu Messire Anne Duc de Montmorency, & de ladite Dame Duchesse, à cause dudit Duché & Pairie de Montmorency, & autres terres qui en dépendent, comme Taverny, Tours, dit de S. Prix, Conflans sainte-Honorine, pour le Comté de Dampmartin, ses appartenances & dépendances, pour la Terre & Seigneurie d'Escoüen, Villiers-le-Bel, Ezanville, & le Mesnil-Aubry: Et aussi pour la Baronie, Terre & Seigneurie de Masli, par Messire Toussaint Barrin, Abbé de Ferrieres. Messire René le Villequier, Chevalier des deux Ordres du Roy, premier Gentilhomme de sa Chambre, Gouverneur & Lieutenant General pour le Roy en la Ville de Paris, & Isle de France, à cause de sa Seigneurie & Châtellenie d'Evry, Grenay & Melian, étans de la Prevôté & Vicomté de Paris, par Maître Antoine Mesnin, Procureur en la Cour de Parlement, son Procureur. Messire Albert de Gondy, Maréchal de France, à cause de sa Seigneurie & Châtellenie de Villepreux, par Maître Claude Guilloire, Procureur au Châtelet de Paris. Messire Christophe de Thou, Chevalier, Conseiller du Roy en son privé Conseil, & Premier President en sa Cour de Parlement, Seigneur de Bonneüil en France, de Stains, Emery & Charanton-saint-Maurice, par Maître Jacques le Grand, Bailly dudit Stains, & Maître Claude de la Boissiere, Prevôt dudit Bonneüil. Et Messire Nicolas de Thou, Evêque de Chartres, Seigneur & haut-Justicier des Terres & Seigneuries de Vilbon-la-Plesse, de Villiers sous Seaux, de Ville-feu, & autres Seigneuries, assises en ladite Prevôté & Vicomté de Paris, par Maître Mathieu de Macheco, Chanoine de l'Eglise de Paris, son Vicaire general, & Procureur special. Et Messire Bernard Prevôt, Conseiller du Roy nôtre Sire, en son Conseil privé, President en sa Cour de Parlement, à Paris, Seigneur de Groslay, par Maître Olivier Cartier, son Procureur. Messire Pomponne de Bellievre, Conseiller du Roy en son Conseil privé, & President en sa Cour de Parlement, Seigneur en partie de la terre de Bussy-saint-Georges, par Maître Jean Regnard, Procureur au Châtelet de Paris, son Procureur. Messire Henry de Mesme, Seigneur de Roissy en France, Conseiller du Roy en son Conseil privé, par Maître Nicolas Guinet, Procureur au Châtelet de Paris, son Procureur. Messire François de Balsac, Chevalier des Ordres du Roy, Conseiller en son Conseil privé, Seigneur d'Entragues, le Bois-malerbe, Boissy, Esglier, & Marcoussis, par Maître Yves Robert, son Bailly en la terre de Boissy. Messire Nicolas de la Mark, Chevalier des deux Ordres du Roy, Comte de Maulevrier, Seigneur en partie de la Seigneurie & Châtellenie de Bauves, & du Mesnil-Madame-Rance, à cause de Damoiselle Françoise de la Mark, fille mineure d'ans dudit sieur de Bauves, & de défunte Damoiselle Jacqueline d'Averton, ses pere & mere, en personne. Messire Thomas de Balsac, Chevalier de l'Ordre du Roy, Gentilhomme ordinaire de sa Chambre, Baron, Seigneur & Châtelain de saint Cler, & de Gemets-le-Chastel, de la Roüe, Villejust, & autres heritages, faisans partie de la Terre & Seigneurie de Marcoussis, par Maître Jean le Noir, Avocat en la Cour de Parlement, & Châtelet de Paris, son Procureur. Messire Jean de Balsac, Chevalier de l'Ordre du Roy, Seigneur de la Ville & Châtellenie de Chastres, par ledit Maître Jean le Noir, Maître Etienne l'Allemant, Seigneur de Voulsay, Conseiller du Roy, & Maître des Requêtes ordinaire de son Hôtel, à cause des Fiefs & Seigneuries de Montagut, de la Tasse-au-Noyer, & de Tressaucourt le grand, en la Châtellenie de Poissy, Bretigny, en la Châtellenie de Montlhery, & de Bois-Briart, & Courcouronne, en la Châtellenie de Corbeil, par Maître Nicolas Rougeault, Procureur en Parlement, son Procureur. Maître Claude Anjorrant, Conseiller du Roy en sa Cour de Parlement, Seigneur de Claye, en partie, & Seigneur d'Avernes, prés la Ferté au Col, & de la Pessiere, assis à Aunet sur Marne, par Maître Nicolas Guinet, Procureur au Châtelet de Paris, son Procureur. Maître Mathieu Chartier, Seigneur de Lacy, & du petit Plessier prés Luzarches, Conseiller du Roy en sa Cour de Parlement, à Paris, par Maître Jacques Blanchet, Procureur en ladite Cour, son Procureur. Maître Etienne Charlet, Conseiller du Roy en son Conseil privé, & President és Enquêtes de sa Cour de Parlement, Seigneur de Tourvoye lez le pont d'Antony, par Maître Claude Guillotte, Procureur au Châtelet de Paris, son Procureur. Maître Jacques Viole, Conseiller du Roy en sa Cour de Parlement, à cause de sa Terre & Seigneurie d'Aigremont, & Fief de Thilliers dans Poissy, par Maître Mathieu Chaillou, son Procureur & Receveur. Maître Pierre de Longueil, Conseiller du Roy en sa Cour de Parlement, Seigneur de Gasclolnet, de Bou, le grand & le petit, Paroisse d'Esury sur Seine lez Corbeil, & en partie dudit Esury, par Maître Guillaume le Normand, Procureur au Châtelet de Paris, son Procureur. Maître Claude Viole, Conseiller du Roy en sa Cour de Parlement, Seigneur de Noyseau sur Amboile, en partie, par Maître Jean de la Corne, Praticien, demeurant à Sucy en Brie, son Procureur Fiscal. Maître François le Cirier, Conseiller du Roy en son privé Conseil, & President aux Enquêtes de sa Cour de Parlement, Seigneur de Sucy, en partie, & de la Halle-aux Moines, par Maître Denys Jallery, son Receveur audit Sucy, assisté de Maître Jean le Noir, Avocat Maître Barnabé Brisson, Conseiller du Roy en son Conseil privé, son Avocat au Parlement de Paris, à cause de sa Seigneurie & Châtellenie de Briel, & Espinay sur Orge, en la Prevôté & Vicomté de Paris, par Maître Jean Doultre, Procureur au Châtelet de Paris, son Procureur. Maître Claude de Faucon, Conseiller du Roy en son Conseil privé, & President aux Enquêtes en sa Cour de Parlement, Seigneur de Ris & la Borde, & en partie d'Orengy & Thorigny en la Châtellenie de Corbeil. Messire Claude de Lens, Chevalier de l'Ordre du Roy, sieur Châtelain de Magny-lez-Essars, par Nicolas Astaion, Seigneur de l'Exure, son Procureur. Messire Nicolas le Gendre, Chevalier de l'Ordre du Roy, Seigneur de Villeroy, de Vaux lez Essone, des Montis, des Moncelets, & de Fontenay-le-Vicomte. Et Messire Nicolas de Neufville, aussi Chevalier & Conseiller du Roy, & premier Secretaire d'Etat, aussi sieur de Villeroy, de Malvoisine, de Noysement, & Crevecoeur, par Maître Jean le Berger, Prevôt de Corbeil, leur Procureur. François Dangennes, Baron de Montlay, Seigneur de Licy, Thorigny, le Pin, Courtery, en personne. Messire François Loüis Dagoust, Seigneur de Montaubanc, de Best & de Montlor, Comte de Sault, Chevalier de l'ordre du Roy, & Seigneur de Savigny sur Orge, Viry, Orangy, Thorigny, Trouceau, & Champaigne, par Maître François Biller, Procureur en la Cour de Parlement, son Procureur. Messire Charles de Dormans, Seigneur Châtelain de Bievres, Conseiller du Roy, & Maître ordinaire en sa Chambre des Comptes, en personne. Messire Claude Châtillon, Chevalier de l'Ordre du Roy, Seigneur & Baron d'Argenton, Boville, Farchevi le, & la Maison-rouge, assisté de Maître François Philiponat, Procureur au Châtelet de Paris, son Procureur. Messire Loüis de la Ville-neuve, Chevalier de l'Ordre du Roy, Seigneur d'Enville & Rogonant, en personne, assisté dudit Maître François Philiponat. Maître Jean le Charron, Seigneur Châtelain de Loüans, Conseiller du Roy en son privé Conseil, par Maître Gabriel Binot, Procureur en la Cour de Parlement, Bailly dudit Loüans, son Procureur. Messire Claude de Herville, Chevalier, Gentilhomme ordinaire de la chambre du Roy, Seigneur de Palaiseau, par Maître Simon le Fourbeur, Procureur au Châtelet de Paris, son Procureur. Maître Jacques Allegrin, Seigneur d'Ablainvillier, Conseiller du Roy en sa Cour de Parlement, en personne, assisté de Maître Robert Vorse, Procureur au Châtelet de Paris, son Procureur : Et encore ledit Allegrin, & Maître Jacques de Thumery, Seigneur de Boisize, aussi Conseiller en ladite Cour, Seigneurs des Fiefs de Beaumont & Marceval, assis à Dravel, par ledit Maître Robert Vorse, leur Procureur. Maître Claude de Hacqueville, Conseiller du Roy, & Maître ordinaire en sa Chambre des Comptes, à Paris, Seigneur de Garges, & Maître Joseph de Hacqueville, aussi Conseiller du Roy, & Correcteur en ladite Chambre des Comptes, en leurs personnes. Maître Jean le Clerc, Conseiller du Roy en son Conseil privé, & en sa Cour de Parlement, President aux Requêtes du Palais, à Paris, Seigneur en partie du Tremblay & de Bisoches, par Maître Laurent Laudes, Procureur en Parlement, son Procureur. Maître Adrian du Drac, aussi Conseiller du Roy en sa Cour de Parlement, tant en son nom, que pour Maître Olivier du Drac, aussi Conseiller du Roy, & Maître des Requêtes ordinaire de son Hôtel. Maître Jean du Drac, aussi Conseiller dudit Seigneur en sa Cour de Parlement, Seigneurs en partie du Fief des trois Pucelles, assis en cette Ville de Paris; & encore ledit Maître Adrian du Drac, comme Procureur de Damoiselle Marie Boulard, Dame de Grand-ville, à cause de la Terre & Seigneurie de Brou, & de la Ville-neuve-aux-Aulnes. Messire Robert des Pois, Chevalier de l'Ordre du Roy, Seigneur de Croüy, par Maître Guillaume le Normand, Procureur au Châtelet de Paris, son Procureur. Messire Michel Gaillart, Chevalier, Chastelain de Chailly lez Long-jumeau, en personne. Messire Pierre Brulard, Chevalier, Seigneur de Crosne & de Triel, Conseiller du Roy, & son Secretaire d'Etat, par Maître Bertrand Briant, Procureur au Châtelet de Paris, son Procureur. Jean de Paillart, Ecuyer, sieur Châtelain de Goupillieres, en personne, & par Maître Nicolas Rossignol, son Procureur. Messire Gabriel de la Vallée, Chevalier de l'Ordre du Roy nôtre Sire, Gentilhomme ordinaire de sa chambre, Seigneur de Deberville, Bouville, & de Montainville, par ledit Maître Bertrand Briant. Jean Hodoart, Ecuyer, Seigneur de Lugny, Chanteloup, le petit Violette, & Moissi en partie. Maître Henry le Maréchal, Conseiller du Roy en son Grand Conseil, au nom & comme tuteur des enfans mineurs de feu Maître Gilles Bourdin, en son vivant Conseiller du Roy en son privé Conseil, & son Procureur General en sa Cour de Parlement, à Paris, à cause de la Terre & Seigneurie de Bougyval, par ledit Maître Bertrand Briant. Messire Jean de Monceaux, Chevalier, Seigneur de Ville-accoublay, la Houssaye, & Marle, en personne. Messire Jacques du Mansel, Chevalier de l'Ordre du Roy, Seigneur de Feucherolle, par Maître Pierre de Troges, Procureur en Parlement, son Procureur. André Bailler, Seigneur de Sceaux & de Tresme, Bailly du Palais Royal, à Paris, par Maître Odo de la Roye, son Procureur. Maître Pierre de Masparault, Conseiller du Roy en son Conseil privé, & Martin de Masparault, Ecuyer, aussi Conseiller du Roy, & Maître ordinaire en sa Chambre des Comptes, Seigneurs de Chenevieres sur Marne, de Biezy, & appartenances, par Maître Guillaume le Normand, Procureur au Châtelet de Paris, leur Procureur. Maître Nicolas Potier, Conseiller du Roy, & Maître des Requêtes ordinaire de son Hôtel, Seigneur du Blanc-mesnil & du Bourget, par ledit Chartier, son Procureur. Maître Loüis Potier, Conseiller du Roy, & Secretaire en son Conseil d'Etat, & de ses Finances, par ledit Chartier, son Procureur. Maître Nicolas Moreau, Conseiller du Roy, & Trésorier de France, Seigneur de Corbevoye, par ledit Chartier, son Procureur. Maître Guillaume Lotin, Seigneur de Charny, & de Vere, en partie, Conseiller du Roy, Maître ordinaire en sa Chambre des Comptes. Maître Thomas Gayant, Conseiller du Roy en son Conseil privé, & en sa Cour de Parlement, President aux Enquêtes d'icelle, Seigneur de Voisins, situé en Brie prés Corbeil, & Seigneur de la place & lieux qui en dépendent, étant au Hurepois, sous la Prevôté & Vicomté de Paris, en personne. Maître Jean Huault, Seigneur de Vere, Conseiller du Roy en sa Cour de Parlement, en personne, Maître Charles Huault, Seigneur de Montmaigny, Conseiller du Roy en son grand Conseil. Loüis Anjorrant, Ecuyer, Châtelain de Clayes, & Seigneur de Soly, en personne. Jean le Comte, Ecuyer, Seigneur de Marguerïs, de la Mothe, de Lauret, de Montfermeil, & de Villecresne, en personne. Pierre de Martine, Ecuyer, Seigneur d'Ormoy, en personne. Antoine Tiernaut, Seigneur de la Riviere, en personne. Maître Jacques Lallemant, Seigneur de Sucy, en partie, Conseiller du Roy en son Châtelet de Paris, en personne. Jean de Riviere, Ecuyer, Seigneur de Vaux-la-Reine, Conlaville, en partie, Paloiser, & Courtabeuf. Antoine de Pompon, Ecuyer, Seigneur de Bondoufle, present en personne. André Dupuys, Commissaire ordinaire des guerres, Seigneur de Choisy sur Seine, de Thiers & Grignon, en partie, en personne. Loüis du Crocq, Ecuyer, Seigneur de Chenevieres, en France, de Vemars, Ville-parisis, en personne. Jean de Victry, Ecuyer, Seigneur de Crespieres, & S. Souplex en Mulcian, en personne. Messire Jean Olivier, Seigneur de Limville, pont de Charenton, & de Carriere, par Maître Jean Polet, Procureur au Châtelet de Paris, son Procureur. Jean de Vallans, Ecuyer, Seigneur de Verneüil, par Maître Antoine Chauveau, Avocat en la Cour de Parlement. Messire François de Maricourt, Chevalier de l'Ordre du Roy, Gentilhomme ordinaire de sa chambre, Seigneur de Sery-fontaine, par Maître Claude Bertheau, Procureur en la Cour de Parlement, son Procureur, pour la Terre & Seigneurie de Montreüil sous le bois de Vincennes. Chrétien le Boutellier, Ecuyer, fils aîné, & principal heritier de défunt Messire Girard le Boutellier, luy vivant, Chevalier, Sénéchal de Lorraine, Seigneur de la moitié de la Terre & Seigneurie de Mouss-le-neuf, & de la tierce partie de Brunel, prés Nantoüillet, par Guillaume le Normand, son Procureur. Antoine de Brehaut, Ecuyer, Seigneur de Bonneüil sur Marne, Gentilhomme ordinaire de la maison de la Reine Mere du Roy, par Maître Jean Levesque, Tabellion & Greffier de la Queüe en Brie. Loüis de Bonneval, Ecuyer, Seigneur de Joüy sur Morin, & les habitans dudit lieu, par Maître René de Broutesauge, leur Procureur. Messire Pierre de Herville, Chevalier, Gouverneur & Bailly de Montreüil, Seigneur de la Grange-au-bois, de S. Germain, de Morinville, Maurepas, Plaisir, & des Fiefs de Damars, Gillart-des Essars, & Arcy, pour les quatre parts & portions, les cinq faisant le tout, tant en son nom, que comme gardien, tuteur & legitime administrateur des personnes & biens de Mathurin, Henry, & Loüis de Herville, enfans mineurs d'ans de luy, & de défunte Dame Loüise de la Salle, sa femme, Seigneurs des Terres & Seigneuries de Puisieux, en France, & Carriere prés Saint Germain en Laye, par ledit Broutesauge, son Procureur. André de Merot, Ecuyer, Seigneur de Chesne-bocard, Gentilhomme de la chambre de Monsieur frere du Roy, present en personne. Maître Dreux Budé, Secretaire du Roy, & l'un des quatre Notaires de la Cour de Parlement, Seigneur Châtelain d'Yerre, en personne. Pierre Budé, Ecuyer, Seigneur de Villiers sur Marne, & Fleury prés Meudon, & d'Yerre, en partie, Maître des eaux & forêts de la Prevôté & Vicomté de Paris, en personne. Jean de Nogaret, sieur de la Valette, Gentilhomme de la chambre du Roy, Seigneur Châtelain de Fontenay, en Brie, par Maîtres Nicolas Roüillard, & Claude Hardy, Procureurs au Châtelet de Paris, ses Procureurs. Pierre de Halde, Ecuyer, Baron d'Aurilly, Seigneur Châtelain de Beauchesne & de Hermainvillier, premier valet de la chambre du Roy, par Maître François Chauvelin, Avocat en la Cour de Parlement, son Procureur. Maître Geoffroy Camus, Conseiller du Roy, & Maître des Requêtes ordinaire de son Hôtel, Seigneur de Pont-carré, par Maître Guillaume le Normand, Procureur au Châtelet de Paris, son Procureur. Michel de Caujon, Ecuyer, Seigneur d'Elluyer, en personne. Maître Etienne Guybert, Notaire & Secretaire du Roy, Seigneur de Neufville sur Orge, Paroisse de Fraigny, en personne. Maître Jean le Picard, Conseiller en la Cour, Seigneur de Ville-favereux, Paroisse de Biévre, en personne. Lazare le Maréchal, Ecuyer, Seigneur de Chavennes, pays de Gâtinois, par Maître Loüis Giry, Procureur en la Cour de Parlement. Maître Jean de Saint André, Chanoine en l'Eglise de Paris, Seigneur de Villepesque, en partie, par Maître Jean Concans, Avocat en la Cour de Parlement, Me Jacques Canaye, Avocat en la Cour de Parlement, à cause de sa Terre & Seigneurie de Fresne, prés le pont d'Antony, en personne. René de Meaux, Ecuyer, Seigneur de la Marche & de Courtery, en partie, en personne. Jacques Grancher, Ecuyer, Seigneur de la Boissiere, en personne. François de Maillart, Conseiller du Roy, Trésorier de France, & General de ses Finances, en Picardie, Seigneur de Bernay, en Brie, & des Fiefs & Seigneuries de Richebourg, Maison rouge, la Relliere, Trousseauville, Seronville, Bostulle, & autres Fiefs, en personne. Maître Thierry Graffin, Seigneur d'Ablon, par Maître Olivier Mesnager, Avocat en la Cour de Parlement, son Procureur. Claude du Crocq, Ecuyer, Seigneur de Mathau & de Clichy-la-Garenne, en personne. Claude Berruyer, Seigneur de Creslie, tuteur & curateur des enfans mineurs de feu Maître Jacques Berruyer, en son vivant, l'un des quatre Notaires & Secretaires de la Cour de Parlement, & de feuë Damoiselle Anne le Moine, jadis sa femme : Et Maître Jacques Michon, Seigneur de Tréve, & Damoiselle Catherine Berruyer, sa femme, Seigneur de Bordeaux, par Maître Guillaume le Normand, Procureur audit Châtelet, leur Procureur. Maître Jacques Sanguin, Conseiller du Roy, & Lieutenant General des eaux & forêts de France, Seigneur & Châtelain de Livry en Launoy, en personne. Maître Jean le Noir, Seigneur de la Garenne, & dépendances, seise à Ville-momble, & Seigneur du Fief du Jardin, autrement appellé Hauteloup, assis à Fontenay sur le Bois, & és environ, en personne. Pierre Hamelin, Seigneur du Fief d'Auvel, dit du Beis, assis à la Ville-neuve sous Maurepas, en personne. Pierre de Ficte, Seigneur de Soucy, en la Prevôté & Châtellenie de Montlhery, & en partie de Bruieres-le-Chastel, de la Vicomté de Paris, en personne. Toussaint Renaut, Ecuyer, Seigneur de Moligner, Gentilhomme de la Maison du Roy, en personne. Jerôme d'Escamyn, Seigneur de Launay & saint Michel sur Orge, tuteur de Lazare & François Boullard, Seigneur de Champmenil, en personne. Messire Charles Do, Chevalier de l'Ordre du Roy, Seigneur de Baillet, en France, & de Franconville-au bois, de Buremont, assis en la Prevôté & Vicomté de Paris, assisté de Maître Claude Guichart, Procureur au Châtelet de Paris, son Procureur. Jean le Tonnelier, Seigneur de Breteul, Notaire & Secretaire du Roy, au nom & comme tuteur & curateur des enfans mineurs d'ans de feu Simon de Cressé, luy vivant, Conseiller du Roy, & General en sa Cour des monnoyes, Seigneur haut-Justicier de Challiau : Et encore Maître Mathieu Bardon, Avocat en la Cour de Parlement, Seigneur à cause de sa femme, avec ledit le Tonnellier, audit nom dudit Challiau, en leurs personnes. Nicolas le Rond, Ecuyer, Seigneur de Brevilliers-Tangeux, & de Godefroy prés la Ferté-sous-Joüarre, assisté de Maître Gaspard de Moiron, Procureur au Châtelet de Paris, son Procureur. Maître Guy Pignard, Conseiller du Roy, & Maître ordinaire en sa Chambre des Comptes, Seigneur du Challifer, Javellines, Varennes & Arigny, en personne. François de Vigny, Seigneur haut-Justicier de Forest & de Ville-Guiné, par Maître Nicolas Guinet, Procureur au Châtelet de Paris, son Procureur. Messire Jean de Launay, Chevalier, Seigneur dudit lieu, & de Congnieres, à cause de sa Terre & Seigneurie de Congnieres, en personne. Jacques de Baugy, Seigneur de Laideville, Bichecorne & Bondis, en personne. Maître Claude Hennequin, Conseiller du Roy, & Maître ordinaire des Requêtes de son Hôtel, Seigneur de Bermainville Haulte-vesve, de Coudre, & de Compans, par Maître Nicolas Chantereau, Procureur au Bailliage de Dampmartin. Maître Germain le Picard, Seigneur de Ville-vetard, Tessonville, & Boucqueval, Conseiller en la Cour de Parlement, Commissaire és Requêtes du Palais, à Paris, par Maître Jean de Villemart, Procureur au Châtelet de Paris, son Procureur. Emard de Paris, Ecuyer, Seigneur de Boissy & de Ville parisis, en partie, par Maître Nicolas Guynet, Procureur au Châtelet de Paris, son Procureur. Loüis de Paris, Conseiller du Roy aux eaux & forêts, à Paris, sieur en partie desdits Boissy & Ville-parisis, en personne. Maître Geoffroy Luillier, Conseiller & Secretaire du Roy, & Maître ordinaire en sa Chambre des Comptes, Seigneur d'Orgeval, par Maître Nicolas Jacquart, Procureur au Châtelet de Paris, son Procureur. Pierre Viole, Ecuyer, Seigneur du Chemin & Roquemont, prés Lagny sur Marne, & en partie de Noiseau sur Amboille, Commissaire ordinaire des guerres, par Maître Nicolas Rossignol, Procureur au Châtelet de Paris, son Procureur. Maître Thomas le Pilleur, Conseiller, Notaire, & Secretaire du Roy, Contrôleur de l'Audiance de Paris, Seigneur Châtelain de la Châtellenie de Bailly en Brie, de Serris, de Chatou, Magny le Hongre, & de Verre, en partie, assisté de Maître Loüis Bernage, Avocat en la Cour de Parlement. Maître Loüis Galoppe, Avocat en la Cour de Parlement, Seigneur des Fiefs des Boursiers, autrement dit la grand maison de Balainvilliers, en la Châtellenie de Montlhery, par Maître Pierre Loriot, Procureur au Châtelet de Paris, son Procureur. Maître Jean de Bragelongne, Seigneur haut-Justicier de Ville-Juifve, en personne. Jean de Gresle, Seigneur de Ville Pesse, en la Châtellenie de Corbeil, Paroisse de Lieursains & de Beaupré, en la Paroisse d'Athis, prés Dampmartin, en personne. Tristan de Raillac, l'un des cent Gentilshommes de la Maison du Roy, Ecuyer, Seigneur de Ponthaut & Membray, par Michel Trehet, Praticien en Cour-laye, son Procureur. Raoul Moreau, Seigneur de Grosbois-le-Roy, en Brie, par Maître Jean de la Corne, Praticien, demeurant à Sucy, Prevôté dudit Grosbois, son Procureur. Maître Regnaut Formé, Ecuyer, Avocat en la Cour de Parlement, Seigneur de Coustil, en personne. Jean Guillemin, Seigneur du Fief de Passy, assis à Sucy, en personne. Jean de Valence, Ecuyer, Seigneur de Vermeil, par Maître Antoine Chauveau, Avocat en la Cour de Parlement, son Procureur. Maître Jean Gaudais, Secretaire du Roy & de ses Finances, Seigneur du Fief de Pont, assis à Lurfiennes, & en partie le Seigneur de Piroy, & de Chartran, en personne. Robert de Hongrie, Seigneur du Fief saint Victor, assis à Lay, en personne. Christophe du Crocq, Ecuyer, Seigneur de Chenevieres, & Vemars, par Loüis du Crocq, son Procureur. Philippes Dangennes, Seigneur du Fargy, par Maître Mathieu Marteau, Procureur au Châtelet de Paris, son Procureur. Antoine de Billy, Ecuyer, Seigneur de Mauregard, par Maître Pierre le Bel, Procureur au Châtelet de Paris, son Procureur. Jacques le Roy, Seigneur de la Grange Nivelon, Conseiller du Roy, & Tresorier de son Epargne, par Maître François Paillot, Procureur au Châtelet de Paris, son Procureur. Georges de Selve, Ecuyer, fils aîné de Lazare de Selve, Gentilhomme ordinaire de la Chambre du Roy, Seigneur de Villiers le-Chastel, prés la Ferté-Aleps, en la Châtellenie de Montlhery, & de Messis, en la Châtellenie de Corbeil, en personne. Jean de Marle, Seigneur de Forcille, à cause de sa Terre & Seigneurie de Forcille, prés Brie-Comte-Robert, en personne. Messire François de Paillart, Chevalier, Seigneur de Choqueuse & de Bonviller, Gentilhomme ordinaire de la Chambre du Roy, par Maître Guillaume le Normand, Procureur au Châtelet de Paris, son Procureur. Messire Claude de la Fayette, Baron de S. Remy, Seigneur des Châtellenies de Maffliers, Mosault, Merville, Belhemont, & la Mal-Maison, Chevalier de l'Ordre du Roy, Gentilhomme ordinaire de sa Chambre, par Maître Jacques le Sec, Procureur au Châtelet de Paris, son Procureur. Antoine du Vivier, Ecuyer, Seigneur de Rhesne-moulin, au Val de Galie, Secretaire de Monsieur Frere du Roy, en personne. Jean Granger, Ecuyer, Seigneur de Liverdis & du Relly, grand & petit Gaigny, par Etienne Durant, son Procureur. Maître Eustache Allegrin, Seigneur de Herbelay, & Montigny, en partie, par Maître Dreux Budé, Seigneur d'Yerre, son Procureur. Adrian Porcher, Seigneur de Montreüil-aux-Lions, Mont-bathun, Haloup, Cramaille, & de la Gravelle, par Maître René Leger, Procureur au Châtelet de Paris, son Procureur. Jean Hennequin, Ecuyer, Seigneur de Croissy, par ledit Maître René Leger. Denys Peaudeloup, Seigneur de Perigny, en partie, Herault d'armes du Roy, en personne. Nicolas Tartereau, Seigneur de Boisval, par ledit Leger, son Procureur. Nicolas Aurillot, Ecuyer, Seigneur de Champlastreux, & du Fief de Vital, Bois-Boudran lés Luzarches, par Maître Jean Lamy, Procureur au Châtelet de Paris, son Procureur. Pierre Loüis de Martines, Ecuyer, Seigneur de Perry sur Orge, en personne. Jacques de Paillart, Ecuyer, Seigneur du Franc-aleu de Hautonne, assis en la ville de Paris, par Maître Nicolas Rossignol, Procureur au Châtelet de Paris, son Procureur. Mederic de Donon, Ecuyer, Seigneur de Chastres, en Brie, de Loribet, Corfelix, Bouteron, petit Mesnil, Conseiller du Roy nôtre Sire, & Contrôleur general de ses bâtimens, en personne. Isaac Chanteriau, Conseiller & Secretaire des Finances du Roy & de la Reine sa mere; Seigneur de Chasteaufort, & Croquetaines, & des Fiefs de Precappon, le Brusslis, & Ville-payen, par Maître Maurille de Lorec, Avocat en la Cour de Parlement, son Procureur. Loüis de Lhospital, Seigneur de Victry, Coubert, & Songnoles, en Brie, par Maître Adrian Nauldier, Procureur au Châtelet de Paris, son Procureur. Claude Garault, Seigneur haut-Justicier de Belleassise, prés de Jossigny, en Brie, par Maître Claude Hardy, Procureur au Châtelet de Paris, son Procureur. Georges Dupuis, Ecuyer, & Michel Caujon, aussi Ecuyer, sieur de Bulloyer, tuteur & curateur de Merry Dupuis, Ecuyer, Seigneur de Dugny: Et encore ledit Georges en son nom, en personne. Maître Robert Boüet, Seigneur de Blemurt, en personne, tant pour luy, que pour Eustache Boüete, aussi Ecuyer, Seigneur dudit lieu, Gentilhomme de la Maison du Roy, à cause de ladite Terre assise en la Paroisse de Piscot. Messire Christophe du Crocq, Chevalier, Seigneur de Viermes & de la haute-Justice de Belloy, en France, & de la moitié de la moyenne, & en partie de Chenevieres, assisté de Maître Antoine Godard, Procureur au Châtelet de Paris, son Procureur. Loüis du Cloz, Ecuyer, Seigneur d'Orangy, en partie, en personne. Antoine d'Alenville, Ecuyer, Seigneur de Lardy & du Plessis saint Benoist, Gentilhomme ordinaire de la Maison du Roy, par Maître Oudin Crucé, Procureur au Châtelet de Paris, son Procureur. François de Cosrelas, Ecuyer, Seigneur de Villiers-le-Bascle, par Maître Honoré Rousseau, Procureur au Siege Royal de Chasteaufort. Charles de Manterne, Ecuyer, Seigneur de Voisins-le-Cuit, en la Châtellenie de Châteaufort, par ledit Maître Honoré Rousseau, son Procureur. Pierre Gilbert, Ecuyer, Seigneur de Voisins-les-Bretonneaux, & du Fief Michel le Bœuf de Versailles, & de Guy de Meridon & Boullart, assis à Voisins, & de Bonnieres, en personne, Maître Jacques Leger, Seigneur de Clignancourt, & de Montmartre, par Maître Etienne de Brie, Procureur au Châtelet de Paris, son Procureur. Maître René Chopin, Ecuyer, Seigneur d'Arnonville, & de Chaston, en Anjou, Avocat en la Cour de Parlement, en personne. Maître Guillaume le Bellandan, Ecuyer, Avocat en ladite Cour de Parlement, en personne. Maître Pierre Bicher, Seigneur du Val Coquatrix, & de la Grange, en la Prevôté & Châtellenie de Corbeil, par Maître Ponce Sauvage, Procureur au Châtelet de Paris, son Procureur. François Bernardin, Ecuyer, Seigneur de Bry sur Marne, en personne. Maître François de Monthelon, Seigneur du Vivier lés Aubervilliers, & Seigneur dudit Aubervilliers, en partie, par Maître François de Monthelon, son fils. Maître Jean de Ville-Coq, Avocat en la Cour de Parlement, Seigneur de Longnes, par Maître Benjamin de Ville-Coq, son fils. Maître Fiacre Guesdon, Seigneur de Presles, & de Ville-passerour, en Brie, Avocat en Parlement, à cause de sa Seigneurie de Presles, pour la plus grande partie de ses Fiefs, la Borde, & de Monthery, leurs appartenances & dépendances, assis au village & en la Paroisse dudit Presles: Et encore Seigneur de la Cour lés Courcelles, en France, Fief de Robillac, Merle-fontaine, assis audit Cercelles, du Val, de Villiers, & du Moulin couppé, assis és environs dudit Cercelles, en personne, Maître Michel Cordelier, Avocat en la Cour de Parlement, Seigneur des Fiefs de la Croix de Montgazon, assis au Bailliage de Brie-Comte-Robert, & de la Brosse, assis en la Prevôté de Tournan, en Brie, en personne. Jean de Florettes, Seigneur en partie de Villiers-Adam, en personne. Nicolas Chevalier, Seigneur en partie de Ville-neuve-le-Roy, en personne. Maître Martin Langlois, Avocat en la Cour de Parlement, Seigneur de Chanteville, en partie, en personne, tant pour luy, que pour ses coseigneurs. Maître Olivier Rapponel, Avocat en Parlement, & Seigneur de Varastre, prés Corbeil, en personne. Maître Claude Frollo, Avocat en la Cour de Parlement, Seigneur du Fief de Tire-chappe, assis dans la ville de Paris, en personne. Maître Charles Maheut, Seigneur haut-Justicier du village, Terre & Seigneurie de Seurau, en France, en personne. Maître René le Cointe, Avocat en Parlement, Seigneur en partie d'Arpenty, par Maître Loüis le Cointe, son Procureur. Maître Etienne Bouchard, Avocat en la Cour de Parlement, Seigneur de Bouteron, en Brie, en la Châtellenie, de Tournan, en personne. Charles Bouquet, Seigneur du petit Val, en Brie, en personne. Maître Loüis Buisson, Avocat en la Cour de Parlement, & Michel de Thelis, Procureur en icelle, Seigneurs de S. Aubin, du Fief de Challuau & du Mesnil, situez en la Prevôté & Vicomté de Paris, au dedans de la Prevôté de Chasteaufort, en personne. Pierre Brillet, Secretaire de la Chambre du Roy, Seigneur de Limons, par Maître Philippes l'Ange, Procureur au Châtelet de Paris, son Procureur. Maître Pierre Mercier, Procureur en la Cour de Parlement, Seigneur de Charmontel, prés Luzarches, en personne. Maître Julien Chauveau, Procureur en ladite Cour, Seigneur de Ville-Taneuse, en personne. Jean du Crocq, Bourgeois de Paris, tuteur des enfans mineurs de feu Jean Antoine, Seigneur de Chenevieres, à Crespieres au Val de Galie, en personne. Maître Jean Huguet, Docteur, Regent en la Faculté de Medecine, en l'Université de Paris, Seigneur de Saint Soupplex & du Forsery, du Fief de Brezay, sis à Vinante, par Maître Jean le Page, son Procureur. Etienne Richer, Seigneur de Tousus, en personne. Maître Guillaume du Mont, Seigneur de Merlan, Bourgeois de Paris, par Maître Pierre le Bossu, Avocat en la Cour de Parlement, Bailly d'Argenteüil, son Procureur. Maître Michel Bonnault, Seigneur de Presle, par Maître Etienne de Brie, Procureur au Châtelet de Paris, son Procureur. Maître Jean de Martines, Conseiller du Roy en son Parlement de Bretagne, sieur de la Hilquiniere, par Maître Isaac de Martines, Avocat en la Cour de Parlement, son fils. Loüis Budé, Ecuyer, Seigneur de Montgeron, en personne, & Damoiselle Anne de Valenciennes, Dame de Coppeaux, de Villabé prés Corbeil, par ledit Loüis Budé, son fils. Nicolas de Thumery, Ecuyer, Seigneur de Becheret, en personne. Robert Pied-de-fer, Seigneur de Maisons sur Seine, en personne. Messire Mathieu Coignet, Conseiller du Roy, Maître des Requêtes de son Hôtel, n'agueres Ambassadeur en Suisse & Grisons, Seigneur de la Thuillerie lés Dampmartin, & de Bregy en Mulcien, en partie. Maître Jean de Longüeil, Ecuyer, Seigneur de Maisons sur Seine, en personne.

en personne. Jean le Charon, Ecuyer, Seigneur de Monceaux, Valet de chambre du Roy, en personne. Pierre le Gentilhomme, Chevalier, Seigneur de la Barre, Châtellenie de la Ferté sous Joüarre, en personne. Denis de Bezançon, Seigneur de Timécourt, & du Fief Jean du Camp, en personne. François de la Saurre, Seigneur d'Esraigny, en personne. François Preud'homme, Ecuyer, Seigneur de Luzarches, en partie, en personne. Laurent le Vaux-Picard, Seigneur de Neuf-Monstier; d'Astilly, & des Chappelles, en Brie, en personne. Charles de Meaux, l'aîné, Ecuyer, Seigneur de Beru. François de Gorbie, Seigneur de Jagny, en France. Maître Jean Barré, Ecuyer, Seigneur de la Vallée. Maître Antoine Cognet, Avocat en la Cour de Parlement. Laurent de Mosny, Seigneur de Mau-ville. Maître Pierre Guedon, & Claude Guedon, Seigneurs en partie de Bagnolet. Loüis de Baillon, Ecuyer, Seigneur de Boüillon. François Bernard, Seigneur de Baugie. Antoine Binard, Seigneur de Ville-Mer. Jean Miette, Ecuyer, Seigneur du Fief de Lambert, assis à Baudreville, Paroisse de Gomers-la-Ville, & du Fief de Nouville. Nicolas des Lions, Ecuyer, Seigneur de Bry. Claude de Baillon, Seigneur de Forges. Pierre le Moine, Seigneur de la Brosse. Jean Bertaut, Seigneur de Vauvert. Olivier Bertault, Seigneur de Beauchesne. Pierre Enixe, Seigneur de Montabbé, & de Tousus, en partie. Jacques de Quevret, Ecuyer, Seigneur de Vau-Martin. Claude Gastelier, Seigneur de la Riviere, Bourgeois de Paris. Emery Terceau, Seigneur du Couldray. Robert Boëte, Ecuyer, Seigneur d'Espoir. Loüis Albert, Seigneur du Mesnil. Marin Ramisery, Seigneur de Lumeau. François de Mailly, Seigneur d'Estrées, en partie. Pierre Maillard, Seigneur de Lutannes. Etienne de Curot, Seigneur de Vau-Martin. Loüis Loisel, Seigneur de Rougemont, tous en leurs personnes. Dame Anne Briçonnet, veuve de Messire Claude Robertet, vivant Chevalier, Seigneur, Baron d'Alluye & de Bury, Conseiller du Roy, Dame de Cornay, demeurante à present à Orleans, par Maître Denis Dreux, son Procureur. Damoiselle Loüise Hrollier, Dame d'Otis, sous Dampmartin, par Maître Philippes l'Ange, son Procureur. Damoiselle Jeanne Charmot, veuve de noble homme Messire Philippes Valton, en son vivant, Conseiller du Roy, & Auditeur des causes du Châtelet de Paris, tant en son nom, que comme heritiere pour un tiers de feu Maître Pierre Charmot, son frere, Dame en partie de saint Supplex, & de Forsery, en partie, par Maître Merault Boiton, son Procureur. Marie Guinant, veuve de feu Jean Aubery, vivant Bourgeois de Paris, Dame de moitié par indivis avec Messire Mathieu Coignet, Conseiller du Roy, Maître des Requêtes de son Hôtel, & n'agueres Ambassadeur aux Suisses & Grisons, du Fief des Chevaliers, assis à Bregy, en la Paroisse de saint Germain dudit Bregy, par Maître Guillaume le Normand, Procureur au Châtelet, son Procureur. Damoiselle Jeanne Boileve, Dame de Persant, veuve de Maître Roger de Vaudetar, vivant Conseiller du Roy en sa Cour de Parlement, par Maître Michel le Bleu, son Procureur. Damoiselle Marthe de Martines, veuve de Jacques Budé, vivant Seigneur de Drancy, au nom & comme Procuratrice de Jean Budé, Seigneur dudit lieu de Drancy, par Maître Gaspard de Moiron, Procureur au Châtelet, son Procureur. Damoiselle Corneille de Reilhac, Dame de la Baronnie & Châtellenie de la Queuë, en Brie, pour moitié, & Dame des Bordes de Maulavées, Paroisse de ladite Queuë, par Maître Jean l'Evêque, son Procureur. Damoiselle Magdelaine du Luc, veuve de Loüis de Tourne-branle, vivant Ecuyer, Seigneur de Ville-Habert, tant en son nom, que comme tutrice & curatrice des enfans mineurs d'ans de défunt Maître Jean Ricaud, vivant Avocat en Parlement, par Maître Olivier Mesnager, son Procureur. Dame Anne Baillet, Dame de Louvres, Coussainville, Oreille, du Fief de Savigny, & Boursieres, par Maître Denis Dreux, Procureur au Châtelet, & Jean Afforte, ses Procureurs. Damoiselle Antoinette le Peré, veuve d'Antoine de la Grange, vivant Seigneur de Villement, & de Crusy, en son nom, comme Dame doüairiere dudit Crusy, & comme ayant la Garde-noble des enfans mineurs dudit défunt & d'elle, par Maître Nicolas Rossignol l'aîné, Procureur au Châtelet, son Procureur. Damoiselle Anne de Lautier, veuve de Maître Henry Groslot, vivant Seigneur de Champ-Baudoüin, & du Fief de Janville, prés la Ferté-Aleps, tant en son nom, que comme tutrice de ses enfans, par Maître Simon Tenaille, Procureur en Parlement, son Procureur. Marie Cattin, Dame de Clamart, en partie, en personne. Damoiselle Heleine de Montmiral, fille de feu Maître Etienne de Montmiral, luy vivant Conseiller du Roy en sa Cour de Parlement, Dame en partie de Forqueux, par Maître René Capperon, Procureur au Châtelet, son Procureur. Damoiselle Marguerite de Montmiral, veuve de feu Messire Odet du Fay, en son vivant Chevalier, Gentilhomme ordinaire de la chambre du Roy, Seigneur de Mailleu, & de Pusignan en Dauphiné, & Renée de Montmiral, Dame de Forqueux, en partie, par Maître René Capperon, Procureur au Châtelet, leur Procureur. Damoiselle Marguerite Guiot, Dame de Crespieres & de Sautour, veuve de noble homme Pierre Picquet, vivant Seigneur de Vuideville, Conseiller & Intendant des Maisons & Finances de la Reine de Navarre, par Maître Claude Vincent, Procureur au Châtelet, son Procureur. Dame Marie Motin, veuve de Messire Michel de l'Hospital, Chevalier, Chancelier de France, & Magdelaine de l'Hospital, veuve de Messire Robert Hurault, vivant Chevalier, Seigneur de Belebat, & pour la Seigneurie de Vere, assise à Val-le-grand, & pour les Seigneuries de Courtemanche & de Bouligny; & ce qui dépend du Bailliage de la Ferté-Aleps, & ladite Motin, Dame de la Châtellenie de Champ-moreux, & de Vere le Grand, par Maître François Gontant, Procureur en Parlement, leur Procureur. Damoiselle Anne le Clerc, veuve de noble homme Maître Jean le Prevost, en son vivant Seigneur de Mal-assis, Conseiller du Roy en sa Cour de Parlement, & President des Enquêtes d'icelle, Dame en partie de Vanves, par Maître Charles le Prevost, son fils, aussi Conseiller en Parlement. Catherine des Mirets, veuve de Martin le Comte, vivant Bourgeois de Paris, tant en son nom, que comme tutrice des enfans mineurs d'ans dudit défunt & d'elle, Dame du Fief, appellé le Fief de la Damoiselle, par Maître Claude Guichard, Procureur au Châtelet de Paris, son Procureur. Geneviéve Charlot, Dame en partie du Fief de saint Supplex, prés Dampmartin en Goile, veuve de Maître Pierre Mallet, vivant Avocat en Parlement, par Maître Meraut Boiton, Bourgeois de Paris, son Procureur. Damoiselle Anne d'Aligre, Dame de Clichy-la Garenne, Aubervilliers, la Chapelle, & Fremanville, par Maître Guillaume le Normand, Procureur au Châtelet, son Procureur. Damoiselle Françoise de Romain, tant en son nom, que pour ses enfans, Dame de Grigny, par Maître Claude Hardy, son Procureur. Dame Jeanne de Loines, veuve en premieres nôces de feu Maître Georges Maynard, vivant Conseiller du Roy en sa Cour de Parlement, & en dernieres nôces de feu Messire Michel le Clerc, vivant Chevalier de l'Ordre du Roy, Seigneur de Maisons, Dame de Belle-Fontaine, par Maître Charles Maynard, Avocat en Parlement, son fils. Dame Marie Robertet, Dame de la Châtellenie, Terre & Seigneurie de Fresne, veuve de Messire

André Guillard, vivant Chevalier, Seigneur du Mortier, Conseiller du Roy en son Conseil privé, par Maître Robert Sabourin, Bourgeois de Paris, son Procureur, Damoiselle Charlotte de Marle, Dame de Luzancy, par Maître Joseph Longis, Procureur en Parlement, son Procureur. Damoiselle Marie de Baugy, veuve de Maître Jean Sanguin, vivant sieur de Roquencourt, Conseiller, Notaire, & Secretaire du Roy, Maison & Couronne de France, tant en son nom, que comme tutrice des enfans mineurs d'ans dudit défunt & d'elle, par Maître Pierre le Bel, Procureur au Châtelet, son Procureur. Damoiselle Françoise Aimery, tant en son nom, que comme tutrice des enfans mineurs d'ans de feu Olivier Aimery, en son vivant, Ecuyer, Conseiller du Roy, & General de ses Monnoyes, Seigneur de Viroflay, & Jean Aimery, Ecuyer, tant en son nom, que comme tuteur de Damoiselle Anne Aimery, tous sieurs par indivis du Fief, Seigneurie & haute-Justice de Viroflay, sise au Val de Galie, en personne. Damoiselle Jacqueline Rebours, veuve de feu Pierre de Masparaut, vivant Seigneur de Chenevieres sur Marne, & Martin de Masparaut, Ecuyer, Conseiller du Roy nôtredit Sieur, Maître ordinaire de sa Chambre des Comptes, à Paris, en leurs noms, & comme eux faisans & portans forts de Messire Gabriel de Masparault, Chevalier, Conseiller, & Maître ordinaire de la Reine de Navarre, sieur de Chenevieres sur Marne, par Maître Guillaume le Normand, Procureur au Châtelet de Paris, leur Procureur.

Sont aussi comparus les Officiers du Roy de ladite Prevôté; à sçavoir, Maître Pierre Seguier, Lieutenant Civil, Guillaume Geléc, Lieutenant Criminel, Mathias de la Bruyere, Lieutenant Particulier de ladite Prevôté, & Maîtres René Poupart, Jacques des Jardins, Jacques Nicolas, Antoine de Saindion, Jean Poussepin, Simon Clapisson, Nicolas Valençon, Martin Chanterel, Jacques Lalement, Jacques Poussemy, Guillaume de Pleurs, Antoine Ferrant, Jean de Moussy, Philippes Hotman, Pierre Broyer, Jean de Tardif, Leon de Bragelonne, Claude Rubentel, Gabriel Fournier, Nicolas de Bragelonne, François de Paris, Robert Belle, Conseillers du Roy au Châtelet de Paris: Et Maître Pierre Regnault, Juge & Garde pour le Roy des Prevôtez & sous-Bailliages de Poissy, Triel, & saint Germain en Laye, Guillaume Rayer, Garde de la Prevôté & Châtellenie de Montlhery. Claude de la Voysiere, Substitut du Procureur General du Roy audit lieu, Jean le Berger, Garde pour ledit Sieur de la Prevôté de Corbeil, Eustache Gillebert, Substitut du Procureur General du Roy audit lieu; Louis Bobey, Prevôt, Juge ordinaire & Garde de la Justice, Prevôté & Châtellenie de Torcy, en Brie, & Claude Turgis, Substitut dudit Procureur General en ladite Justice; Pierre Proust, Prevôt, Juge & Garde de la Prevôté & Châtellenie de Chasteaufort, & Honoré Rousseau, Substitut dudit Procureur General audit lieu, Jean le Breton, Prevôt de Gonnesse, Jean Prevost, Prevôt de Tournan, en Brie, & Jean de Villemart, Substitut dudit Procureur General dudit lieu.

Aussi sont comparus Maître Claude d'Aubray, Conseiller, Notaire, & Secretaire du Roy, Grand Audiancier de France, Prevôt des Marchands de ladite Ville de Paris; Jean le Comte, Bourgeois de Paris; Jean Gedoyn, Seigneur de Graville, l'un des Payeurs de la Gendarmerie de France; Maître Pierre Laisné, Conseiller du Roy en son Châtelet de Paris, Echevins de ladite Ville; Maître Pierre Perot, Procureur du Roy & de la Ville; Maître Philippes le Liévre, Avocat en la Cour de Parlement; Maître Jacques de Paillart, Seigneur de Jumeauville, aussi Avocat en ladite Cour, ledit Maître Dreux Budé, Seigneur d'Yerre, & l'un des quatre Notaires de ladite Cour; Maître Jacques Sanguin, Seigneur Châtelain de Livry, Conseiller du Roy, & Lieutenant General aux eaux & forêts de France, Claude Aubery, aussi Notaire & Secretaire du Roy, tous Conseillers de ladite Ville; Maître Mathieu de Fontenay, Maître Jacques Canaye, & Claude Mango, Avocats en la Cour de Parlement, députez des autres Avocats de la Cour de Parlement; Maître Antoine le Pere, François Bouterouë, Regnaut Fotue, Jean le Noir, Laurent Mahaut, Loüis de Saindion, Jean Deniellé, Denis des Cordes, & Mathurin Marchant, Avocats au Châtelet de Paris, Maître Jean Poussemotte, & Pierre Baron, Procureur en Parlement, & Procureurs de la Communauté des Procureurs de ladite Cour. Maître Nicolas Rossignol, Guillaume le Normand, Pierre le Bel, Nicolas Guinet, Antoine Badran, Guillaume Vieillard, l'aîné, Silvestre Picard, Claude Hardy, Claude Guiloire, Etienne Tolleron, Gilles Roze, Jean Doultre, Jean Pelet, Philebert Picard, Philippes l'Ange, Procureurs au Châtelet de Paris.

Et pour le tiers Etat sont comparus les manans & habitans de Poissy, Triel, & Saint Germain en Laye, & des autres villages de la Châtellenie, étans du tiers Etat, par Maître Lazare le Masson, Elû pour le Roy en la Ville & Châtellenie de Poissy, & Maître Pierre du Roux, Prevôt d'Andresy, leurs Procureurs. Les manans & habitans de Mont'hery, par ledit Maître Guillaume Rayer, Prevôt. Maître Claude de la Voysiere, Substitut du Procureur General, & Maître Joseph Poynet. Les manans & habitans de Corbeil. Les manans & habitans de la ville de Melun, par Maître Pierre Fourniquet, Procureur en la Cour de Parlement, leur Procureur. Les manans & habitans de Torcy, en Brie. Les manans & habitans de Brie Comte-Robert, par Maître Antoine Mesnin, Procureur en la Cour de Parlement, leur Procureur. Les manans & habitans de Chasteaufort, par Maître Honoré Rousseau, Substitut du Procureur General du Roy audit lieu. Les manans & habitans de Tournan, par Maître François Bouguier, & Pierre Hanot. Les manans & habitans de S. Denis, en France, par Maître Jacques le Grand, Lieutenant General dudit lieu, assisté de Gilbert Angoulant & Claude Hasté, Echevins de ladite Ville. Les manans & habitans du Duché de Montmorency, par Maître Mathurin Sany, Procureur és Sieges du Duché de Montmorency, Prevôt de S. Leu lés Taverny, leur Procureur. Les manans & habitans de Viermes, par Georges David, & David de la Fosse, Marguilliers dudit Vierme. Les manans & habitans de Genevillieres-la-Garenne, par Maître Mathieu Marteau, Procureur au Châtelet de Paris, leur Procureur. Les manans & habitans de Combeaux, en Brie, par Jean l'Evesque, Procureur fiscal dudit lieu. Les manans & habitans de Marolles, par Germain Alleron, Marguillier dudit lieu, assisté de Maître Gillaume le Normand, Procureur au Châtelet de Paris. Les manans & habitans de Romainville, par Sebastien Vassoul, Marguillier dudit lieu. Les manans & habitans de Thieux, en France, par Maître Antoine Godefroy, Procureur au Châtelet de Paris, leur Procureur. Les manans & habitans de Bossaville, par Maître Nicolas Guinet, Procureur au Châtelet de Paris, leur Procureur. Les manans & habitans d'Atteinville, par ledit Maître Guillaume le Normand, leur Procureur. Les manans & habitans de la Pissotte, par Vincent Savard, Marguillier dudit lieu. Les manans & habitans de Liverdy, par Nicolas Perault, Marguillier dudit lieu. Les manans & habitans de Gomets-le-Chastel, par Maître Marin Garnier, Procureur Fiscal dudit lieu. Les manans & habitans de Rosny, par Marin Doraine & Jean Orfévre, Marguilliers

& Laboureurs demeurans audit lieu, leurs Procureurs. Les manans & habitans de Luzarches, par Charles Halban, Marguillier dudit lieu. Les manans & habitans de Pierrefitte, par ledit Maître Jacques le Grand, Lieutenant General au Bailliage dudit saint Denis, leur Procureur. Les manans & habitans de la Cour-neuve, par ledit le Grand, leur Procureur. Les manans & habitans d'Aubervilliers, par ledit Maître Jacques le Grand, leur Procureur. Les manans & habitans d'Asnieres, par ledit le Grand, leur Procureur, assisté dudit Maître Mathieu Marteau. Les manans & habitans de Coulombes, par ledit Maître Jacques le Grand, leur Procureur. Les manans & habitans de Rueil, par ledit le Grand, leur Procureur. Les manans & habitans de Puteaux, par ledit le Grand, leur Procureur. Les manans & habitans de Vaucresson, par ledit Maître Jacques le Grand, leur Procureur. Les manans & habitans de Louciennes, par ledit Maître Jacques le Grand, leur Procureur. Les manans & habitans du grand & petit Tremblay, par ledit le Grand, leur Procureur. Les manans & habitans de Ville-pinte, par ledit le Grand. Les manans & habitans de Stains, par ledit le Grand, leur Procureur. Les manans & habitans de Resne-moulin, au Val de Galie, par Maître Jean Labbé, Contrôleur des Tailles en l'Election de Gisors, leur Procureur. Les manans & habitans de Marne lés S. Cloud, par Jean Bihory, Marguillier dudit lieu, leur Procureur. Les manans & habitans de Maule-sur-Mouldre, par Maître Bertrand Briant, Procureur au Châtelet de Paris, leur Procureur. Les manans & habitans de Montainville, par Maître Bertrand Briant, leur Procureur. Les manans & habitans de Cernay, par Maître Pierre Coulomp, Procureur Fiscal du Duché de Montmorency, leur Procureur, assisté de Didier Blanchard & Michel Bernard, Marguilliers dudit lieu. Les manans & habitans de Villiers-le-Bel, par ledit Maître Pierre Coulomp, leur Procureur, assisté des susdits Marguilliers. Les manans & habitans d'Essanville, par ledit Maître Pierre Coulomp, leur Procureur, assisté des susdits Marguilliers. Les manans & habitans d'Engervilliers, par Maître François du Teltre, Procureur Fiscal dudit lieu, leur Procureur. Les manans & habitans de Bonnelle, par ledit Maître François du Teltre, leur Procureur. Les manans & habitans de Bonneüil sur Marne, par Maître Laurent Pillet, Juge dudit lieu, leur Procureur. Les manans & habitans de Moucy le vieil, par Noël des Jardins, & Nicolas Quarrier, Marguilliers dudit lieu, leurs Procureurs. Les manans & habitans de Cuissy, par Laurent Salomon, demeurant audit lieu, deputé desdits habitans, assisté de Maître Nicolas Rossignol, Procureur au Châtelet de Paris Les manans & habitans de S. Oüen, par Jacques Thiboust, Marchand, demeurant à l'Aumosne prés Ponthoise, l'un des Marguilliers dudit lieu, leur Procureur, assisté de Maître Jean l'Hostellier, Procureur en Parlement, leur Procureur. Les manans & habitans de Fontenay en Brie, par Martin Vellant, Marguillier dudit lieu, leur Procureur, assisté de Maître Claude Hardy, Procureur au Châtelet de Paris. Les manans & habitans de Bagnolet, par Pierre Fournier & Antoine de Rosny, Marguilliers dudit lieu, leurs Procureurs. Les manans & habitans de la Villette-saint-Lazare, par Pierre Rousseau, leur Procureur. Les manans & habitans de Villeroy, en France, par Jean Robert, Marguillier dudit lieu, leur Procureur. Les manans & habitans de Mitry, en France, par Maître Pierre Damerousan, Procureur Fiscal du Comté de Dampmartin, leur Procureur. Les Manans & habitans de Mons sur Orge, par Jacques l'Huillier, leur Procureur. Les manans & habitans de Forelles, par Jean Helox, Marchand, demeurant audit lieu, leur Procureur. Les manans & habitans de Sucy, en Brie, par Maître Jean Guillemin, Lieutenant de la Prévôté dudit lieu, leur Procureur. Les manans & habitans de Genevilliers sur Marne, par ledit Maître Laurent Pillet, leur Procureur. Les manans & habitans de Long-perier lés Dampmartin, par ledit Pierre Damerousan, Procureur Fiscal dudit Comté de Dampmartin, leur Procureur. Les manans & habitans de Cranetin, par Lienard Pony, l'un des Marguilliers dudit lieu, leur Procureur, assisté de Maître Savinien Carré, Procureur au Châtelet de Paris. Les manans & habitans de la Châtellenie de Villepreux, par Maître Jacques Vigoureux, Lieutenant de la Prevôté & Châtellenie dudit lieu, & Jean Thernau, Huissier, Sergent à cheval, Receveur de la Terre & Seigneurie dudit Villepreux, leurs Procureurs. Les manans & habitans de Clayes, par Jacques Hay, Marguillier dudit lieu, leur Procureur, assisté de Maître Nicolas Rossignol, Procureur au Châtelet de Paris. Les manans & habitans de Molagnon, par Jean Gravier, Marguillier dudit lieu, leur Procureur. Les manans & habitans de Sainte Mesme, par ledit Maître Pierre Damouresan, Procureur Fiscal audit Comté de Dampmartin, leur Procureur. Les manans & habitans de Poignis, par Maître Mathieu Marteau, Procureur au Châtelet de Paris, leur Procureur. Les manans & habitans de Fontenay le-Bois, par Roch Housseau, Marguillier dudit lieu, leur Procureur. Les manans & habitans de Faremonstier, par Maître André, Avocat en la Cour de Parlement, leur Procureur. Les manans & habitans de Monligner, par ledit Maître Pierre Damouresan, leur Procureur. Les manans & habitans de Thorigny, par Maître Savinien Carré, Procureur au Châtelet de Paris, leur Procureur. Les manans & habitans de Gouspillieres, par Jean Boulette, Marguillier dudit lieu, leur Procureur, assisté de Maître Nicolas Rossignol, Procureur au Châtelet de Paris. Les manans & habitans de Conflans, par Maclou de la Croix, Procureur Fiscal de la Baronie dudit lieu, leur Procureur. Les manans & habitans de Fontenay, en France, par Jean Gillart, Marguillier dudit lieu, leur Procureur. Les manans & habitans de Massy, en France, par Christophe Courtier, l'un desdits habitans, leur Procureur. Les manans & habitans d'Aysfargis, par Maître Mathieu Marteau, Procureur au Châtelet de Paris, leur Procureur. Les manans & habitans de la Queuë, en Brie, par Jean l'Evesque l'aîné, Tabellion & Greffier dudit lieu, leur Procureur. Les manans & habitans de Neauphe-le-vieil, par Girault Naveau, Marchand Hôtelier, demeurant audit lieu, leur Procureur, assisté de Maître René Broute-sauge, Procureur au Châtelet de Paris. Les manans & habitans de Dampmartin, par ledit Maître Pierre Damouresan, Procureur Fiscal dudit lieu, leur Procureur. Les manans & habitans de Jully, par Pierre Pescheret, leur Procureur. Les manans & habitans de Palaiseau, par Maître George Versier Praticien, demeurant audit lieu, leur Procureur. Les manans & habitans de Cressi, en France, par Martin Patin, leur Procureur. Les manans & habitans de Massy, par Claude Mollier, Marguillier dudit lieu, leur Procureur, assisté de Maître Philippes l'Ange, Procureur au Châtelet de Paris. Les manans & habitans de Mongeron, par Jean Beauquesne, leur Procureur. Les manans & habitans de Verrieres, par David Rousseau, leur Procureur, assisté de Maître Philippes l'Ange, Procureur au Châtelet de Paris. Les manans & habitans de Thuisson, par Jean du Bois, Marguillier dudit lieu, leur Procureur. Les manans & habitans de Grosbois, par François le Maire, Marguillier dudit lieu, leur Procureur. Les manans & habitans d'Arnonville, par Evrard Moussetin, Marguillier dudit lieu, leur Procureur, assisté de Maître Robert Vorse, Procureur au Châtelet de Paris. Les manans

& habitans de Bondoufle, par Girard Guerin, Praticien en Cour-laye, leur Procureur. Les manans & habitans de Vinantes, par ledit Maître Pierre Damourefan, leur Procureur. Les manans & habitans de Lazy, par Maître Regnault Martin, & Maître Savinien Carré, Procureur au Châtelet de Paris, leurs Procureurs. Les manans & habitans du Mesnil-Madame-Rance, par Augustin de la Ruë, Laboureur, demeurant audit lieu, leur Procureur. Les manans & habitans de Charny, par Charles Lodon, Marguillier dudit lieu, leur Procureur. Les manans & habitans de Joüy, par Maître René Brouite-fauge, Procureur au Châtelet de Paris, leur Procureur. Les manans & habitans de Charly, par Maître Charles Taupin & Martin de la Haye, deputez par les habitans dudit lieu. Les manans & habitans de la Paroisse de Moisy-le-Temple, & de Montigny-Laillier, comparans par ledit Frere Pierre Genyer, leur Procureur. Les manans & habitans de Couppin, par lesdits Taupin & Martin, leurs Procureurs. Les manans & habitans de Baffeuil, par lesdits Taupin & Martin, leurs Proc. Les manans & habitans de Pontault, en Brie, par Jean l'Evesque, Procureur Fiscal dudit lieu, leur Procureur. Les manans & habitans de Mauregard, par Maître Pierre le Bel, Procureur au Châtelet de Paris, leur Procureur. Les manans & habitans de Garges, par Nicolas le Doux, Marguillier dudit lieu, leur Procureur, assisté de Maître Jean de Mauroy, Procureur au Châtelet de Paris. Les manans & habitans de Triasnon, au Val de Galie, par Jean le Tard, l'un desdits habitans, leur Procureur. Les manans & habitans d'Aigremont, par ledit Chaillou. Les manans & habitans de Villeneuve, sous Dampmartin, par ledit de Mauroy, leur Procureur. Les manans & habitans de Sceaux, par Michel Bouthemothe, leur Procureur. Les manans & habitans de Ruel, en Brie, par Simon de May, l'un desdits habitans, leur Procureur, assisté de Maître Nicolas Guynet, Procureur audit Châtelet. Les manans & habitans de Conlaville, par Etienne le Coq, leur Procureur. Les manans & habitans de Croisy, sur Orc, par Maître Guillaume le Normand, Procureur au Châtelet de Paris, leur Procureur. Les manans & habitans de Noiseau, par Etienne le Blanc, l'un desdits habitans, leur Procureur. Les manans & habitans de Versailles, par Maître Nicolas du Breil, Lieutenant dudit Versailles, leur Procureur, assisté de Maître Claude Hardy, Procureur au Châtelet de Paris. Pierre Guillin, Maître Masson, Bourgeois de Paris, par Maître Pasquier Dumetz, Receveur des Aydes de Paris. Maître Bernard Noblet, Procureur au Châtelet de Paris. Noël Viron, Marchand Drapier, Bourgeois de Paris. Maître Jean Lamy, Procureur au Châtelet de Paris. Maître René Capperon, Procureur audit Châtelet. Maître Claude Vincent, Procureur audit Châtelet. Maître Etienne de Brie, Procureur audit Châtelet. Maître Denys Boisguillot, Procureur audit Châtelet. Geoffroy Chaillou, Marchand, Bourgeois de Paris. Maître Gaspard de Moiron, Procureur audit Châtelet. Nicolas du Chesne, Bourgeois de Paris. Maître Martin de la Couppelle, Procureur audit Châtelet de Paris. Maître Jacques Guerry, Procureur audit Châtelet. Maître Silvestre Picard, Procureur audit Châtelet. Maître Charles Bordereau, Commissaire Examinateur audit Châtelet. Maître Arthus Perreau, Procureur en Parlement. Antoine Drolincourt. Maître Maurice de Lorge, Avocat en la Cour de Parlement. Maître Jean Gueffier, Avocat en la Cour de Parlement. Maître Pierre Baron, Avocat en ladite Cour. Maître Arnould Denyau, Avocat en ladite Cour. Maître Ponce Sauvage, Procureur audit Châtelet. Maître Jacques le Sec, Procureur audit Châtelet. Maître Germain Martines, Avocat en ladite Cour de Parlement. Maître Antoine Doultre, Procureur au Châtelet. Maître Jean Doultre, Procureur au Châtelet. Bernard de Chavasse, Maître Administrateur de l'Hôtel-Dieu de Gonnesse. Maître Jean Content, Avocat en la Cour de Parlement. Maître Antoine Hautemet, Avocat en Parlement. Maître Jean Coulomp, & Jean Posé, Procureurs audit Châtelet. Etienne Ligurier, Bourgeois de Paris. Maître Pasquier du Bois, & Etienne Pinguet, Procureurs au Châtelet. François Langlois. Maître Claude Beudon, Avocat en Parlement. Maître Jean de la Place, & Simon Laffilé, Procureurs audit Châtelet. Gilles Rongolien, Bourgeois de Paris. Nicolas Heroüet, Bourgeois de Paris. Maître Marquis Reparant, Procureur audit Châtelet. Maître Jean Berault, Procureur en Parlement. Maître René Baron, Avocat audit Châtelet. Maître Denys Fousteau, Avocat en la Cour. Laurent Petit, Bourgeois de Paris. Maître François Philipponat, Procureur audit Châtelet. Maître Pierre Nevolet, Avocat en la Cour. Jean Cochet, Bourgeois de Paris. Maître Loüis Pordevin, Avocat audit Châtelet. Maître Loüis de Chaselles, Avocat en Parlement. Maître François Cuilier, Procureur audit Châtelet. Jacques Baillet, Bourgeois de Paris. Maître Antoine Godard, Avocat en Parlement. Maître Gabriel Lallemant, Procureur du Roy aux eaux & forêts de Paris. Maître Claude de Fourcroy, Avocat en Parlement, & Bailly de l'Evêché de Paris. Maîtres Jean de Provincieres, & Jean Lamy, Avocats en Parlement. Maître Jacques le Moine, & Nicolas du Chesne, Procureurs audit Châtelet Maître Jean Potherat, Procureur en Parlement. Maître Urbain du Mesnil, Procureur audit Châtelet. Maître René le Beau, Loüis des Cordes, Jean Doujat, Avocats en Parlement. Guillaume Pautin, Bourgeois de Paris. Maître Milles le Moine, & Jean de Brion, Procureurs audit Châtelet. Gregoire Cavet, Olivier Lheureux, Nicolas de Secy, Cyprien Bruneau, Bourgeois de Paris. Maître François Damboise, Avocat en Parlement. Maître Christophe Dasnieres, Avocat en Parlement. Pierre de Verdun, & Pierre Hamelin, Bourgeois de Paris. Maître Thomas Sebillet, & Jacques Michel, Avocats en Parlement. Maître Claude Breteau, Procureur en Parlement, Prevôt de Montreüil sur le bois de Vincennes. Maître Pierre Durant, Procureur audit Châtelet. Maître François du Breil, Procureur en Parlement. Maître Jacques des Jardins, Avocat audit Châtelet. Thomas Marchand, Macé Patroüillard, Roch Bizet, Claude Bernard, André Canay, Jean Musnier, Henry Pithonnat, tous Bourgeois de Paris. Maître Jean Estampes, Avocat en Parlement. Jean Couraillon, Huissier des Comptes. Maître Jean Hubert, Avocat audit Châtelet. Maître Claude Troüillet, Solliciteur au Palais. Maître Nicolas Charanton, Greffier de l'Audiance des Requêtes du Palais. Maître Jacques Paris, Procureur audit Châtelet. Maître Gilbert Baudichon, Claude Santeüil, Jacques de Monthers, Bourgeois de Paris. Maître Jean Hubert, Avocat en Parlement. Maître Claude Poncet, Guillaume Veillart, Jacques Gournin, Procureurs audit Châtelet. Maître André de Sainction, Lieutenant de la Monnoye dudit lieu. Jacques Havart, Jean le Jeune, Jean Heurier, Jean de l'Aulnay, Bourgeois de Paris. Jean Jerôme Gelée, Déchargeur de l'Artillerie de France. Laurent Basot, Receveur de la grande Confrerie des Bourgeois de Paris. François Morignet, Pierre Jouvenceau, Guillaume Jartier, Severin Pigneau, Bourgeois de Paris. Maître Antoine Chauveau, Avocat en la Cour de Parlement. Maître Claude le Muet, Avocat en Parlement. Maître Jean Dardenec, Clerc du Greffe criminel de la Cour. Maître Nicolas Rossignol le jeune, Procureur audit Châtelet. Jacques Rousseau, Solliciteur à la Cour. Maître Michel Paris, &

Pierre Cesar, Avocats en Parlement. Claude Guerroust, Bourgeois de Paris Maître Jean Forme, Pierre Hermon, Procureur audit Châtelet. Claude Huret, Bourgeois de Paris. Maître Guillaume Poitevin, Avocat audit Châtelet. Maître Athanais Amy, Procureur au Parlement. Antoine Favereau, Apothicaire, à Paris. Jacques Don, Bourgeois de Paris, Maître Claude de Mopetlier, Conseiller du Roy en sa Cour des monnoyes, & Bourgeois de Paris. Maître Jean le Roy & Denys Reversic, Procureurs en la Cour. Gaspard Landry, habitant de Jagny. Maître François de Ravel, Avocat en Parlement. Maître Durant de Beauville. Maître Regnault Soyer, Avocat en Parlement. Georges Lambert, Contrôleur du Grenier à Sel de Clermont, Bourgeois de Paris. Maître Pierre Cointerel, Avocat au Châtelet de Paris. Guillaume Mestayer, & Anceaume Lorger, Bourgeois de Paris Maître Pierre Huart, Gilles Aulmont, Jean le Peintre, & Jean Chambon, Procureurs au Châtelet. Maître Florent Regnard, Notaire & Procureur des Cours Ecclesiastiques, à Paris. Maître Nicolas Bridou, Avocat en Parlement. Edme de Cossay, Jean Menessier, Sergent au Bailliage du Palais. Maître Jean Nattier, François Allego, Clercs au Greffe du Châtelet de Paris, Jean de Valois, Loüis Essebin, François de la Roche, Joseph Moniot, Mathurin de la Vigne, Jean le Peultre, Eustache Cossard, François le Comte, & Germain le Tellier, tous Bourgeois de Paris. Maître Jean Brachier, Guillaume Noblet, Procureur audit Châtelet. Maître Jean Durantel, Voyer & Grand Maître des œuvres du Roy, à Paris. Maître Loüis de Bave, Avocat en Parlement. Maître Jean Muset, Avocat au Bailliage de Melun. Maître Guillaume le Normand, Avocat en Parlement. Maître Jacques Sevillart, Procureur en Parlement. Maître Laurent Fusier, Bourgeois de Paris. Pierre de Hongrie, & Jean Duché, Bourgeois de Paris. Maître Jean Franquelin, Joachim d'Espoigny, Procureur audit Châtelet, Jean Cochart, Huissier des Comptes & Trésor, à Paris. Maître Jacques Doultre, & Jean Gruant, Procureurs en Parlement. Charles Marchand, Capitaine de cent Harquebusiers. Maître Pierre Pichon, Procureur en Parlement. Maître Antoine Maricle, Avocat en Parlement. Maître Melchisedech Garnier, Avocat en ladite Cour. Odo Bertel, Bourgeois de Paris. Maître Pierre l'Affilé, Docteur, Regent en la Faculté de Medecine. Maître Mathieu l'Allemant, Avocat en la Cour. Loüis Don, Huissier, Sergent à cheval au Châtelet de Paris. Pierre Guillemin, aussi Huissier, Sergent à cheval audit Châtelet de Paris. Philebert Richardeau, Nicolas Tourin, Gaspard Baeton, Pierre Guerard, Nicolas Cossard, Jacques Vivier, Augustin Germain, Simon l'Hoste, Claude l'Huilier, Jean Gilbert, Pierre Thomas, & Pierre Bretel, Bourgeois de Paris. Maître Robert Vorse, Michel Martin, Nicolas Droüyn, Nicolas Minot, Adrien Fournier, Julien Soreau, Yves du Perche, Procureurs au Châtelet. Maître Claude Gaillard, Procureur en Parlement. Maître Eustache Cossard, Receveur des Aydes & Tailles de Montfort l'Amaury, Bourgeois de Paris. Etienne Piron, Valet de chambre du Roy de Navarre, demeurant à Paris. Maître Nicolas Moreau, Procureur aux Auditoires basses du Châtelet de Paris. Maître Antoine le Pere, Avocat audit Châtelet. François des Touches, Avocat en la Cour de Parlement. Pierre Bouchet, Claude Guignard, Jacques Hardy, Bertrand de Verneil, Jean Guerreau, Nicolas Feüillot, Jean Combaut, Nicolas Boulanger, Laurent Estienne, Adrian de la Place, Michel Bussieres, Etienne Janot, Pierre Villain, Jean Mesnager, Pierre de Restif, Bernard Desprez, Claude Auger, & Claude de Mortier, tous Bourgeois de Paris. Maître André Crosnier, Procureur en la Cour de Parlement. Maître Etienne Cordelle, Commissaire & Examinateur audit Châtelet. Aubert Beauclerc, Payeur de la Compagnie du Seigneur de Torcy. Maître Jean Gallain, premier Huissier des Requêtes du Palais. Maître Gregoire Prevost, Huissier à la Cour. Maître Claude de la Haye, Procureur à Dolainville. Maître Pierre Richer, Tabellion à Suresnes. Maître Simon Boulanger, Procureur au Châtelet de Paris. Maître Etienne Oudet, Commissaire & Examinateur audit Châtelet. Olivier des Loges, François Thiault, Guillaume du Pont, Jacques Marchand, Guillaume Hubert, Jacques Blanchon, & Guillaume Bardon. Maître Nicolas Loisel, Avocat en Parlement. Simon Sagan, Lieutenant du Chevalier du guet. Georges Requier aussi Lieutenant du Chevalier du guet. Maître Michel le Vacher, Commissaire & Examinateur audit Châtelet de Paris. Claude Gallet, Huissier, Sergent à cheval audit Châtelet. Ambroise Baudichon, Quartenier de Paris. Adam Denise. Maître Claude André, Avocat en Parlement. Charles le Comte, Maître des œuvres de la ville de Paris. Maître Philippes Cothereau, Notaire audit Châtelet. Maître Jean Pescheur, Docteur, Regent en la Faculté de Medecine. Pierre le Févre. Maître Antoine de Villiers, Avocat en Parlement. Mathurin du Perrot, Pierre Breteau, Martin Bacquet, Claude Hallery, & François l'Escuyer, tous Bourgeois de Paris. Maître Nicolas Fleury, Clerc au Greffe criminel du Châtelet de Paris. Maître Claude Larchanger, Antoine Godefroy, Jean de Coulomp, & Jean Vorse, Procureurs audit Châtelet. Maître Claude Charmoy, Pierre Chastelain, Michel le Nau, Avocats en la Cour de Parlement. Adrian Rousset, Claude le Roy, Jacques Blaise, & Jacques du Vault, Bourgeois de Paris. Jacques Mahuet, de Crou, Pierre Drouart, Sergent à cheval audit Châtelet. Geoffroy Saulnier, Claude Thibeuf, Jean Gaillard, & Guillaume Guerin, Bourgeois de Paris. Maître Guillaume Colletet, Notaire & Clerc du Greffe civil dudit Châtelet. Pierre Sevestre, Jean Caiet, Bourgeois de Paris. Pierre Renard, Praticien, demeurant au Tremblay, en France. Maître Jean Poulain, Docteur en Theologie. Maître Claude Gorret, Chantre de S. Quentin lès Beauvais. Jean Frenoüillet, Sergent à verge audit Châtelet. Pasquier Rossignol, Crieur Juré du Roy, de la Ville, Prevôté & Vicomté de Paris. Michel Noiret, Trompette du Roy en ladite Ville, Prevôté & Vicomté de Paris. Jacques le Gros, & Jacques le Maire, Bourgeois de Paris, & Antoine Langlois, Bourgeois de Paris. Jean Touchard, Prevost d'Issy. Maître Jean Rozée, Avocat en Parlement. Maître Claude Hureau, Procureur au Châtelet de Paris. Maître Jean Adam, Avocat en Parlement. Maître Jean Poncet, Commissaire & Examinateur audit Châtelet. Denys de Sancteur, Claude Favier, Edme de Lavant, Pierre Preud'homme, Philippes Andras, Pierre le Bossu, Mathieu de Cour, Jacques Malle, Simon Rinbau'le, Jacques Boisseau, Claude le Vasseur, Jacques Aleaume, Jacques Muid-de-bled, Pierre Corogny, Jean de Chemin, Charles Tourle, tous Bourgeois de Paris. Maître Charles Fabry, Procureur au Châtelet de Paris. Maître Noël Grandin, Procureur de l'Hôtel de Ville. Blaise du Pont, Valet de chambre de Monsieur, frere du Roy. Claude Cloüet, Secretaire du Seigneur de Fervaques. Maître François Leger, Clerc au Greffe de la Cour de Parlement. Jean Remiel, Secretaire du Duc de Guise. Maître François Morise, Procureur audit Châtelet. Antoine de Montigny, Archer des Gardes du Roy. Antoine Quatin, Chantre du Roy. Claude le Roy, Chirurgien. Remy Baudin, demeurant à Espinay sur Orge. Maître Jean Assier, Prevôt de Courvoy, Julian Allis, Luc de Berlant, Antoine Carré, Laurent le Févre, Guillaume Fouquelon, Christophe Godde, Loüis le Bel,

Guillaume Donier, Felix Courrier, & Jacques de Lux, tous Bourgeois de Paris. Maître Nicolas Bluette, Avocat en Parlement. Maître Guillaume Mouger, Greffier de la Justice de sainte Geneviéve. Nicolas du Pont, Huissier, Sergent à cheval audit Châtelet. Maître Nicolas du Clos, Procureur audit Châtelet. Maître Antoine Arnault, Avocat en ladite Cour. Maître François Tessier, Avocat à Lonjumeau. Maître François Brigard, Avocat en Parlement. Germain Bontemps, Claude le Bray, Jean le Blon, Jean Jacob, Marc Picaut, Jean Sureau, Pierre Puthome, Jean Vatel, Anselme Gallant, François Perruchon, Antoine Caday, Claude Posset, Abel Langelier Jean Bourdin, Guillaume Cuignet, tous Bourgeois de Paris. Jean Bourdin, Marchand, demeurant à Cormeilles en parisis Maître Claude Robinet, Avocat en Parlement. Maître François Bernard, Procureur en Parlement. Maître Jean Chambon, Procureur au Châtelet de Paris. Robert Planchet, habitant de Dampierre. Rollet le Goix, Marchand, demeurant à Saclay. Maître Jean de Benots, Avocat en Parlement. Nicolas Challoppin, Marchand de Coulommiers, en Brie. Maître Robert de Laudine, Avocat en Parlement. Jean Amelot, Juré Masson. Maître Jean Canto, Commissaire & Examinateur audit Châtelet. Maîtres Arthus Dupuis, Guillaume Canto, Antoine Michel, Nicolas Gobin, Nicolas Torques, Procureurs audit Châtelet. Maître Etienne Bonnet, Procureur en Parlement. Maître Etienne Prevosteau, Docteur, Regent en la Faculté de Medecine. Pierre de Laulné, Praticien à Paris. Adam Huberdeau, Claude d'Aubray, & Gilles Charbonnier, Bourgeois de Paris. Guillaume Chevalt, Sergent de l'Hôtel de Ville. Maître René Fricolle, Avocat en Parlement. Maître Guillaume Gibouret, Jean Subtil, Thomas le Prêtre, Bourgeois de Paris, Nicolas Ricot, Jean Beauroy, Robert Freval, Jean Bernard, Thomas Binel, Guillaume Beart, Loüis Gervais, Jean Selin, Conducteur de l'artillerie du Roy, Jean Freiol, Jean Gaudicher, Georges du Soleil, Etienne Petit, Pierre Yon, Laurent Mathou, Guillaume Guillemin, Garde de la Bastille, Bourgeois de Paris Maître Juste de Cunis, Avocat en Parlement. Maître Jacques Gilbert, Procureur en ladite Cour. Maître Jacques Fardeau, Greffier des présentations de Corbeil. Maître Nicolas Mousset, Procureur en Parlement Jean de Traillant, Praticien, à Paris. Claude Lorrain, Huissier des Requêtes du Palais. Thomas Harpin, Nicolas Leger, Jean le Sourd. Mathurin Charton, Procureurs audit Châtelet. Thomas Chaudiere, Payeur de la Compagnie de Monsieur le Maréchal de Biron. Jacques Vauldoüin, Ecrivain, à Paris. Simon Hervin, Nicolas Julien, Jacques de Briou, Jacques Troüin, Augustin Barat, Jean Raguenéau, Capitaine des Arbalestriers. Guillaume Pellecerf, Michel Raffrein, tous Bourgeois de Paris. Jean de Freven, Maître Claude Bachelier, Greffier de la ville de Paris. Guillaume Saudry, Notaire au Châtelet de Paris. Jean le Preux, Sergent à verge audit Châtelet. Maître Hugues Merlon, Procureur audit Châtelet. Gabriel Bourgoin, demeurant à saint Denys, en France. Nicolas Boüet, Pierre Martin, Pierre de Guerres, Michel Regnault, Orféves. Antoine Ameau, Robert Sabourin, Philippes Hassart, Etienne le Comte, Ferry Collier, Guillaume Cavillard, Christophe Fileau, Jean Gasse, Etienne Gazin, Claude Bigoret, Paul Breton, Nicolas Baudoüin, Nicolas Drouart, Huchon Fleury, tous Bourgeois de Paris. Maître Didier la Frongne, Notaire au Châtelet de Paris Maître Vincent de Saint Jean, Docteur, Regent en la Faculté de Medecine Maître Jacques Regnault, Procureur en la Prevôté de Corbeil.

En procedant à l'appel des personnes assignées & comparuës pardevant nous, ont été par les cy-aprés nommez, faites les remontrances & protestations qui ensuivent:

De la part de l'Evêque de Paris, a été dit & protesté, que la comparution qu'il faisoit pour luy & pour son Clergé, étoit sans déroger aux privileges, immunitez, libertez, franchises, & prééminences de luy & de sondit Clergé & Eglise, & ne consentir aucune chose qui se feroit contre iceux. Qu'à cause de sa Dignité Episcopale, il a Justice haute, moyenne & basse, en cette ville & fauxbourgs de Paris: Et pour l'exercice d'icelle a Bailly & Officiers au Siege & Auditoire du Fort-l'Evêque, les appellations dudit Bailly ressortissent en la Cour de Parlement: Et pour le regard des terres qu'il tient en la Prevôté & Vicomté de Paris, qui sont la Châtellenie de saint Cloud, Conlaville, Moussy l'Evêque, Creteil, Maison sur Seine, Jantily, Auzoy, la Ferriere, & autres terres assises au dedans de ladite Prevôté, les hôtes & justiciables ne sont en rien sujets audit Prevôt de Paris: Et par privilege special, elles sont éclipsées de ladite jurisdiction, & ressortissent pardevant son Bailly, en son Siege devant son Hôtel Episcopal.

Par ledit Maître Jean le Bourguignon, pour ledit Procureur du Roy, a été protesté au contraire, & que le dire dudit Evêque de Paris ne puisse préjudicier aux droits du Roy, soit pour sa Justice de sa ville de Paris, ou autres lieux.

Par lesdits du Mesnil & Machcco, pour lesdits Doyen, Chanoines & Chapitre de Paris, a été protesté que la presente comparution, soit sans préjudice à l'exemption, immunitez, franchises, & libertez que lesdits de Chapitre ont dans leur Eglise, Cloistre, & aux environs: Et ont remontré, que lesdits de Chapitre sont Seigneurs de Sacy, en Brie, Mons & Ablon, Soisy sur Seine, Beauvoir en Gâtinois, Saint Forges, Ite-ville, Hui sous, Andresy, Orly, Lay, Chevilly, Rongy, Vitry, Ivry sur Seine, Chastenay, Baigneux, Fontenay lés ledit Baigneux, la Barre de Chevigny, Maury, la Villette-S.-Laurent, la Courtille: Et encore sont Seigneurs en partie de Compans, Herbelot, & le Mesnil Madame-Rance, ausquels lieux ils ont droit de haute Justice, moyenne & basse: Et pour l'exercice d'icelle en chacun desdits lieux, Prevôts & Officiers. Et combien que lesdites Terres & Seigneuries soient situées & assises en & au dedans de ladite Prevôté & Vicomté de Paris; toutefois elles sont éclipsées de la jurisdiction du Prevôt de Paris, tant en civilité, que criminalité; tellement que leursdits sujets, hôtes & justiciables desdits lieux, ne sont aucunement responsables devant ledit Prevôt de Paris, soit en premiere instance ou par appel; dautant que les appellations des Prevôts desdits lieux ressortissent pardevant le Chambrier laïc de ladite Eglise dudit Paris, autrement appellé le Bailly à la Barre du Chapitre d'icelle Eglise, & dudit Bailly en la Cour de Parlement. Et aussi que lesdits du Chapitre sont Seigneurs de Ponts & Auber-Janville, lesquelles terres & Seigneuries ne sont de la Prevôté de Paris, mais du Bailliage de Mantes & Meulan, duquel elles sont aussi éclipsées; & ont lesdits du Chapitre pareil privilege & exemption de la jurisdiction dudit Bailly, comme dudit Prevôt de Paris.

Par ledit Maître Thierry Cauchon, pour ledit Cardinal Abbé, Religieux & Convent de S. Denys en France, a été remontré, que lesdits Religieux, Abbé & Convent de Saint Denys, ont accoûtumé d'être appellez les premiers, & préceder les susdits, aprés l'Evêque de Paris, en son Diocése: partant protesté que les appellations & comparutions enregistrées, ne puissent préjudicier audit Seigneur Cardinal du Guise, Abbé & Religieux dudit S Denys: Et que par les anciens privileges octroyez aux Religieux, Abbé & Convent dudit S. Denys, par les Rois de France, & par eux confirmez successivement, même par le Roy à present regnant, toutes leurs Justices, tant en la ville de S. Denys, qu'en la Châtellenie & Prevôté de Rueil, Cormeil, Tremblay, Trappes, & generalement en toutes les Terres & Seigneuries qu'ils ont & possedent, assises au dedans de l'étenduë, fins & limites de la Prevôté & Vicomté de Paris, leurs sujets, manans & habitans de leursdites Villes, Châtellenies, Terres & Seigneuries, ne sont & ne furent jamais de la Justice & Jurisdiction de la Prevôté de Paris, n'ont jamais reconnu le Prevôt de Paris, soit en premiere instance, ou par ressort ou appel; mais leurs appellations ont toûjours été immediatement relevées en la Cour de Parlement, laquelle seule, leurs Officiers en leurs Justices ont reconnu & reconnoissent pour superieure, protestant que la convocation & assemblée faite audit Châtelet, pour la presente reformation, ne puisse nuire ni préjudicier à leurs droits, & autres choses. A aussi remontré que l'Abbaye de S. Denys, comme la plus celebre, non seulement du Diocése & Evêché de Paris, mais de tout ce Royaume, a été honorée par les Rois fondateurs & dotateurs d'icelle, des plus excellentes prérogatives & dignitez, non seulement en l'Ordre Ecclesiastique, mais aussi en leurs droits temporels: de sorte que l'Abbé a toujours eu cet honneur, autorité & prééminence d'être Conseiller nay du Roy en sa Cour de Parlement, à Paris, & en cette qualité a séance & voix déliberative en icelle Cour: Auquel droit, titre & dignité ledit Seigneur Reverendissime Cardinal de Guise, Abbé de ladite Abbaye, par Arrest dernierement donné contradictoirement, avec le Procureur General du Roy, a été maintenu & conservé: Pour ces considerations il maintient en l'ordre de sa séance, que ledit Seigneur Abbé ou son Grand Vicaire, qui le représente, doit tenir & avoir le premier rang & lieu, aprés l'Evêque de Paris, en son Diocése.

Et par ledit Maître Jean le Bourguignon, pour ledit Procureur du Roy, a été protesté au contraire, que tout ce ne puisse préjudicier aux droits du Roy, & à sa Justice du Châtelet de Paris.

Par ledit Maître Anselme de Caillot, Seigneur de la Couppilliere pour ledit Evêque de Meaux, a été dit, qu'il comparoissoit pour ledit Evêque, à cause de son Hôtel Episcopal, assis audit Meaux, & la grande place devant la porte d'iceluy Hôtel, qui s'étend devant la principale porte de l'Eglise Cathedrale dudit Meaux, pour les Fiefs & Seigneuries de Messy, & du Donjon, le tout assis en la ville de Meaux: Et outre, à cause des Terres & Seigneuries de Germiny-l'Evêque, de Varedes, d'Estrepilly, de Villenoy, de Trilleport, en partie, du Fief de la Croix, de Coully, la ferme & Seigneurie du Mans, en Brie, & generalement de toutes les Terres & Seigneuries de l'ancien domaine & patrimoine dudit Evêque, esquelles il a droit de toute Justice, haute, moyenne & basse, dont les appellations ressortissent de tout temps & ancienneté pardevant le Prevôt de Paris, comme étant de la Prevôté & Vicomté de Paris; comme aussi sont les arriere-Fiefs & Seigneuries qui relevent dudit Evêque.

A quoy par Maître Simon Marion, pour ledit Procureur General de Monsieur, Frere unique du Roy, assisté de Maître Loüis Coffer, Substitut du Procureur du Roy audit Bailliage & Comté de Meaux, a été dit & protesté, que la comparution faite par ledit Evêque de Meaux, & qui seroit faite par tous autres Ecclesiastiques, Seigneurs, Juges & autres particuliers & habitans, tant pour eux, que pour tous les villages qu'ils tiennent & possedent, sçavoir est le Bailliage & Châtellenie de la Ferté-au-Col, la Châtellenie de Faremonstier, la Celle, la Châtellenie de Jouy sur Morin, Juert & Thigert, Neufmonstier, en Brie, & tout ce qui dépend d'icelles Seigneuries, Dampmartin, en Brie, & ce qui dépend dudit Meaux; Lagny, & ce qui en dépend; Saint Thibault des Vignes, Serris, Bailly, Choisy, en Brie, Ville-maison, Puisieux, Courtery, Couchere, Fontaine-les Nonnains, Charly, Pavant, la haute-Maison, Marolles, Lizy, Vincy, Rozay, le Pont-aux-Dames, Chambre-Fontaine, Messy, pour ce qui dépend dudit Meaux, ne puisse nuire ni préjudicier aux droits du Roy, & dudit Seigneur Comte dudit Meaux, ressort, détroit, & étenduë dudit Comté & Bailliage de Meaux Empêchant formellement, que ladite comparution soit reçûë, & enregistrée en nôtre Procés Verbal, ni que les Procureurs & députez desdits lieux sont notoirement du Bailliage de Meaux, usent & doivent user de la Coûtume dudit Meaux, à la reformation de laquelle, lesdits Evêque & Chapitre, & autres Seigneurs particuliers desdits lieux, ont assisté & comparu sans aucune contestation ou contradiction: Ont comparu lesdits Seigneurs aux convocations de l'arriere-ban audit Meaux: Et ont de tout temps les Sergens dudit Meaux, exploité esdits lieux, comme encore de present ils exploitent, sans contredit: même les Juges & Officiers dudit lieu, ont de tout temps connu des cas Royaux, sur les sujets & justiciables desdites villes, bourgs & villages, & les Substituts Notaires établis esdits lieux, rapportent au Tabellion de Meaux, & pour plusieurs autres raisons & particularitez à déduire & remontrer en tems & lieu: Et supposé que l'on voulût mettre en avant, qu'aucuns desdits lieux ayent relevé leurs appellations au Châtelet de Paris, se trouvera, que ç'a été par une injuste usurpation, sous prétexte d'un prétendu & inconnu privilege de garde gardienne, éteint par les Edits & Ordonnances du Roy, lequel ne peut préjudicier aux droits de son domaine, & du Comté dudit Meaux, baillé pour appanage à Monsieur, son Frere unique, faisant semblables protestations contre tous autres qui auront fait ou voudront faire semblable comparution, consentement & declarations, au préjudice du Comté dudit Meaux; Le tout sous les protestations susdites, & que l'appel qui pourroit être fait de plusieurs particuliers, lesquels n'ont aucun droit de Justice, ni de vassalité, étans dudit Comté, ajournez pour comparoir à ladite convocation, ne puisse nuire ni préjudicier à Monsieur, & de se pourvoir en ce regard, ainsi que de raison, pour les entreprises par eux faites, à l'appel & convocation de ladite reformation de ladite Coûtume de Paris, sur les sujets dudit Seigneur Comte de Meaux.

Et par ledit Maître Jean le Bourguignon, pour ledit Procureur du Roy, a été protesté au contraire.

Ledit Maître Jacques Guerry, pour ledit le Roullier, Abbé de Lagny, a dit que le Prieuré de saint Thibault des Vignes, ne doit être compris en cette Coûtume, comme étant de la Coûtume de Meaux.

Ledit Millet pour ledit Prieur & Religieux de Celle, a dit, que de tout temps ils ont usé de la Coûtume de Meaux, protestant que ce qui sera fait pardevant nous, ne luy puisse préjudicier.

Par ledit Millet, pour lesdites Religieuses, Abbesse, & Convent de Faremonstier, en Brie, a été dit, que combien que lesdites Religieuses, Abbesse & Convent, & le Bailliage & Châtellenie de Faremonstier, soient du ressort de ladite Prevôté & Vicomté: toutefois on n'a jamais usé des Coûtumes de Paris, ains de celles du Bailliage de Meaux, protestant que tout ce qui sera fait, arrêté & accordé par les présentes Coûtumes, ne leur puisse préjudicier.

Et par ledit Marion, pour ledit Procureur General de Monsieur, Frere du Roy, a été soûtenu; que lesdites Religieuses & Châtellenie de Faremonsttier, sont non seulement de la Coûtume, mais aussi du Bailliage & ressort de Meaux.

Ledit Loisel, pour le Procureur General de la Reine, Mere du Roy, present & assistant Maître Guy Chauveau, Lieutenant general du Bailliage de Melun, & Maître Isaac Pinot, Substitut du Procureur general audit Bailliage. Et Maître Anne Robert, Avocat en ladite Cour de Parlement, au nom & comme Procureur des Maire & Echevins de ladite ville de Melun, a été dit, qu'il empêchoit que les terres dépendantes des Comtez & Seigneuries de Melun & Crécy, fussent comprises sous la Coûtume de Paris : Et notamment de Dampnemois, Soisy-sur-Escolle, Saint Germain, Bernay, Courpelay, Vilbert, Verneüil, Vernoüillet, Nesle, le Gilleberde, Escoublay, Planoy, Lissy, Sougnolles, Dampmartin, en Brie, Saint Gobert, Fourches, Limoges, Naudy, Berpeau, Mons prés Iebles, Nainville, le Plessis-Maria, Pringy, la Forest prés Chaulme, & Tocquin, lesquelles terres, Seigneuries & villages ont été de tout temps & ancienneté du ressort & Jurisdiction du Bailliage de Melun & Coûtume d'iceluy, comme il disoit apparoir par les Procez Verbaux, tant de l'ancienne que de la nouvelle Coûtume de Melun.

Et par Maître Pierre Huart, Procureur au Châtelet de Paris, au nom, & comme Procureur fondé de procuration speciale de Jean de Lauthare, Ecuyer, Seigneur de Tocquin : Et encore Procureur des manans & habitans dudit lieu de Tocquin, a remontré, que sans cause il avoit été ajourné & assigné pardevant nous, parce que ledit lieu de Tocquin est du Bailliage de Melun, auquel les appellations ressortissent, & de la Coûtume d'iceluy, à cette cause a protesté, que la comparution ne puisse préjudicier ausdits Seigneurs & habitans dudit Tocquin.

Et par Maître Nicolas Guillotin, Substitut du Procureur general du Roy, à Estampes, a été remontré, que les manans & habitans de la Châtellenie de la Ferté-Aleps, ont été appellez, combien qu'ils ne soient de la Prevôté & Vicomté de Paris, & que lors que le défunt Roy François, premier de ce nom, érigea le Comté d'Estampes en Duché par ses Lettres Patentes, verifiées en la Cour de Parlement, & Chambre des Comptes, pour embellissement & augmentation dudit Duché, il y a annexé & compris les Châtellenies de Dourdan, & de la Ferté-Aleps ; tellement que faisant ladite Châtellenie de la Ferté-Aleps ; part & portion du Duché d'Estampes, il est bien plus raisonnable qu'ils soient regis & gouvernez sous les Coûtumes d'Estampes, que de Paris. Et quant aux Seigneuries de Vere, Villiers, & d'Huisson, a soûtenu qu'elles sont assises dans ledit Bailliage d'Estampes, à deux lieuës prés dudit Estampes : Lesquelles Seigneuries ont appartenu anciennement au Seigneur de Foix, & ont été unies avec le Comté d'Estampes, au temps que les Seigneurs de Foix en étoient propriétaires : Et depuis ont les Officiers dudit Estampes, comme Bailly, Prevôt, & Procureur, & pareillement le Receveur du domaine dudit Estampes, fait & exercé leurs Etats & Offices sur le domaine & Seigneurie desdits lieux : Et ce, par le temps & espace de soixante ans, & jusques à ce que le President de Selve ait acquis les Seigneuries de Villiers & d'Huisson, & un appellé de Hacqueville la Seigneurie dudit Vere, lesquels ont changé les Officiers, mais n'ont pas immué la Coûtume : Et ont les appellations dudit Vere longuement depuis ressorti pardevant le Bailly d'Estampes, & usé des mêmes Coûtumes que ceux d'Estampes. Et au regard de Bouville & Farcheville, dit que lesdits lieux sont prés les portes d'Estampes, enclavez de toutes parts au dedans dudit Bailliage, se sont voulu les Seigneurs exempter du ressort dudit Bailliage, lors qu'Estampes étoit hors de la Couronne de France, mais leurs titres y resistent : Et aussi se sont toûjours les Seigneurs desdits lieux pourvûs pardevant le Bailly d'Estampes és cas dont la premiere connoissance appartient aux Juges Royaux : A ces causes soûtient, que lesdits lieux & habitans d'iceux, n'ont pû ni dû être appellez à la reformation des Coûtumes de Paris ; & qu'ils doivent être gouvernez selon les Coûtumes d'Estampes.

Et par ledit Marion, pour ledit Procureur general de Monsieur, Seigneur de la Ferté-Aleps, a été soûtenu, que c'est un Bailliage à part, ne reconnoissant aucunement en ressort, ni en Coûtume la Prevôté de Paris, ni le Bailliage d'Estampes, protestant que leur évocation en cette assemblée, ni la remontrance des Officiers d'Estampes ne puissent préjudicier aux droits de Monsieur.

Et outre ledit Marion, present & assistant avec luy Maître Jacques des Monthiers, Lieutenant du Bailliage de Senlis, en la Ville & Châtellenie de Ponthoise, André de Forests, Prevôt, Nicolas Bredoüille, & André Fournier, Avocat & Procureur du Roy, & de mondit Seigneur en ladite Ville & Châtellenie de Ponthoise, s'est opposé à l'assignation qui a été donnée par les Officiers du Châtelet de Paris, aux Religieux, Abbé & Convent de Nôtre Dame du Val, Religieuses, Abbesse & Convent de Nôtre-Dame la Royale, dite de Maubuisson, habitans des Paroisses de saint Oüen, & du bourg de l'Aumosne, Maladerie, & Leproserie de ladite Ville de Ponthoise, hameaux de la Vacherie, Pluches & Courcelles, situez en icelles Paroisses, Seigneurs, habitans de Mery, de Sougnoles, d'Eragny, de Lieux & Andresy, Joüy le Monstier, & hameaux enclavez en icelles Paroisses, soûtenant que lesdites Abbayes du Val, de Nôtre Dame la Royale, dit de Maubuisson, & tous lesdits villages & hameaux, sont des Bailliage & Coûtume dudit Senlis, & Châtellenie dudit Ponthoise, ayant été appellez, & la plûpart comparus, à la redaction & reformation faite des Coûtumes dudit Bailliage en l'an mil cinq cent trente-neuf, même en la derniere reformation des Coûtumes des Ville, Prevôté & Vicomté de Paris, n'ont lesdits Religieux, Abbé, & Convent de Nôtre-Dame du Val, & Nôtre-Dame la Royale, dite de Maubuisson, Seigneurs & habitans des lieux susdits, été appellez : De sorte que l'ajournement qui leur a été donné, est une entreprise de nouvel faite par lesdits Officiers du Châtelet de Paris. Et pour le regard de ladite Abbaye de Nôtre-Dame la Royale, dite de Maubuisson, les Officiers de ladite Châtellenie de Ponthoise, ont de tout temps exercé toute Cour & Jurisdiction sur icelle, fait proceder par saisie, scellé, & inventaire, lorsque vacation en est avenuë, & non les Officiers de ladite Prevôté & Vicomté de Paris : Et outre, ont lesdites Religieuses, Abbesse & Convent, baillé par declaration, leur revenu temporel de ladite Abbaye, pardevant le Bailly de Senlis, ou son Lieutenant general lorsque les bans des Francs-Fiefs & nouveaux acquêts, ont été décernez, & autres semblables, comme en la convocation des hommages dernierement publiez pour Monsieur, Frere du Roy, pardevant Maître Guillaume Bailly, President en la Chambre des Comptes. Aussi lesdits bourgs de l'Aumosne, Maladerie & Leproserie de Ponthoise, & autres Bailliages & Paroisses cy-dessus declarées, sont desdits Bailliage & Coûtume de Senlis, & de tout temps anciennement reglez suivant icelle : Et en cette qualité, Barthelemy de l'Isle, Seigneur dudit Andresy, la Seigneurie duquel releve de Monsieur Frere du Roy, à cause de son Château de Ponthoise, a comparu à la redaction des Coûtumes du Bailliage de Senlis : Et pareillement les Doyen, Chanoines & Chapitre de Nôtre-Dame de Paris, de Paris, Seigneurs en partie dudit Andresy: Et a été ordonné, qu'il seroit procedé avec eux à la redaction & homologation des Coûtumes de Senlis, protestant que si aucunes des personnes susdites, comparent à l'assignation à eux donnée, que lesdites assignations & comparutions ne puissent préjudicier aux droits du Roy & de mondit Seigneur. Et par ledit Bourguignon, pour ledit Procureur du Roy, a été soûtenu & protesté au contraire.

Et outre par ledit Marion, audit nom, assisté de Maître Noël Raffron, Procureur du Roy & de Monsieur Frere du Roy, au Bailliage de Montfort, a été dit & remontré, que les Abbayes, Paroisses & Fiefs cy-aprés declarez, qui ont été assignez & appellez à la reformation des Coûtumes de ladite Ville, Prevôté & Vicomté de Paris, sont du ressort & Coûtume dudit Bailliage de Montfort, assises & enclavées de toutes parts au dedans dudit Bailliage, ont été appellez & convoquez à l'homologation desdites Coûtumes, comme il appert par le Procés Verbal de la redaction d'icelle, & se sont toûjours depuis ladite homologation reglez & gouvernez selon lesdites Coûtumes de Montfort, sans aucun contredit ou empêchement; c'est à sçavoir l'Abbaye de Neauphle le Vieil, l'Abbaye de Vaux de Cernay, l'Abbaye de la Ronsche, l'Abbaye de saint Cyr, le Prieur des Paisirs, le Prieur de Bonnelle, le Prieur de saint Arnoult, le Prieur de Bazinville le Fargy, Cognieres, les Vaux de Cernay-la-Ville, la Celle, & les Bordes, les Marais & Val Saint Germain, Voullons, Saint Cyr prés Rochefort, Honnolles, le Fief des Loges, Corbeuses, Denisy, Baudreville, Angerville, Guilly, Noisy lés Clais, la Breteche, Saint Nom, Chauvenay, Tivernal, Saint Germain de Morinville, Plaisir, Joüarre, le Tremblay, Basoches, Darget, & Leancourt: partant proteste que l'évocation qui en a été faite, ne puisse préjudicier aux droits de Monsieur: soûtenu au contraire, pour le regard de Goupillieres, tant par Jean de Paillart, Ecuyer, sieur Châtelain dudit Goupillieres, present en personne, que par les habitans dudit lieu, comparans par ledit Jean Boüillette, Marguillier de la Paroisse dudit Goupillieres, & Maître Nicolas Rossignol, leur Procureur, declarant que de tout temps ledit Goupillieres a été & est de la Prevôté de Paris. Dont nous avons ordonné que les parties auront acte pour leur servir & valoir ce que de raison.

Et par Maître Simon le Fourbeur, audit nom de Procureur des manans & habitans de la Paroisse de la Celle, & les Bordes, a été declaré que lesdits habitans ne furent jamais du ressort & jurisdiction de la Prevôté & Vicomté de Paris, ni sujets à la Coûtume d'icelle, ains sont du ressort & jurisdiction du Bailliage & Comté de Montfort-l'Amaury, & regis & gouvernez selon la Coûtume dudit Montfort: Et au cas qu'on voulût comprendre lesdits habitans en cette Coûtume de Paris, s'y oppose.

Ledit de l'Aloüette, pour ledit Messire François de Bourbon, Prince Dauphin, audit nom de tuteur des enfans mineurs dudit Duc de Boüillon, dit, la Terre, Seigneurie, & Baronnie dudit Bayne, appartenante ausdits enfans, être assise & au dedans du Bailliage & Comté de Montfort-l'Amaury, regie & gouvernée par la Coûtume du Bailliage de Montfort, & que toutes les appellations de ladite Baronnie de Bayne ressortissent audit Montfort, comme il apparoît par Arrest de la Cour, donné entre Anne de Pisseleu, Duchesse d'Estampes, lors Dame, Baronne, Châtelaine dudit Bayne, appellante de la Sentence du Bailly de Montfort, d'une part, & le Procureur General du Roy, prenant la cause pour son Substitut audit Montfort, d'autre part: Et qu'à la redaction des Coûtumes dudit Montfort, la Duchesse de Valentinois, défunte, lors Dame de Bayne, ayeule desdits mineurs, comparut. Et fut ladite Châtellenie & Baronnie de Bayne comprise en ladite Coûtume de Montfort, comme il appert par le Procés Verbal d'icelle, & ne fut jamais comprise en la Coûtume de la Prevôté & Vicomté de Paris: Aussi que ladite Terre & Seigneurie de Grignon est du ressort, Bailliage & Coûtume de Neauphle, separée de celle de Paris & Montfort: Et partant empêchoit que la Châtellenie & Baronnie du Bayne, & ladite Terre & Seigneurie de Grignon, fussent comprises sous ladite Coûtume de Paris, protestant que la reformation qui s'en fera en la presente assemblée, ne luy puisse nuire ni préjudicier.

Par ledit Thumery, pour ledit Duc de Guise & de Chevreuse, a été dit, que la comparution qu'il faisoit en la presente convocation, pour la reformation de la Coûtume de Paris, n'est que pour le regard du fait de ladite Coûtume, d'autant qu'il ne connoît en rien le Prevôt de Paris pour Superieur, mais la Cour de Parlement, où les appellations de son Bailly de Chevreuse sont relevées immediatement: Et répondant à ce que le Procureur de Monsieur, Frere du Roy, a voulu maintenir, que les Seigneuries du Tremblay, de Monceaux & Darget étoient de la Coûtume & Bailliage de Montfort, a dit que lesdites Seigneuries sont mouvantes en plein Fief de la Châtellenie dudit Maurepas, enclavées & assises en icelles, laquelle est unie au Duché de Chevreuse.

Ledit Maître Jean le Noir, pour ledit Messire Jean de Balsac, a dit & remontré que ladite Baronnie & Châtellenie de saint Clere, n'est tenuë ni sujette à la Châtellenie de Montlhery, ni de Chasteaufort, & que ladite Châtellenie & Ville de Chastres n'est tenuë ni sujette à la Châtellenie de Montlhery.

Par ledit Maître Yves Robert, pour ledit Messire François de Balsac, a été protesté, que si l'assignation à luy donnée, & à ses freres & sœurs pardevant le Prevôt de Montlhery, pour nommer & convenir de Gentilshommes pour assister pardevant nous, ne puisse nuire ni préjudicier à luy, ni à sesdits freres & sœurs, parce que leursdites terres cy-dessus mentionnées, ne sont du ressort du Prevôt de Montlhery, mais du Prevôt de Paris.

Ledit Bynot, pour ledit Maître Jean le Chiron, a declaré que ladite Châtellenie de Louans n'est en rien sujette à la Châtellenie de Montlhery.

Ledit le Fourbeur, pour ledit Messire Claude de Herville, a declaré, que la Terre & Seigneurie de la Celle, appartenante audit Herville, ne fut jamais du ressort de la Prevôté & Vicomté de Paris, ni gouvernée selon la Coûtume d'icelle, mais est sujette au Bailliage & Comté de Montfort-l'Amaury, & empêche être comprise en cette Coûtume.

Lesdits Maître Claude & Joseph de Hacqueville ont declaré qu'ils empêchoient la comparution faite par le Grand Prieur de Saint Denis, en qualité de Seigneur de Garges, en partie: Et soûtenu qu'il n'est loisible audit Prieur, ni autres, eux dire Seigneurs de partie & portion dudit Garges. Et ledit Grand Prieur au contraire.

Ledit Loüis Anjorrant a protesté, que la qualité de Seigneur de Claye, prise par ledit Maître Claude Anjorrant, Conseiller, ne luy puisse préjudicier. Et ledit Maître Claude Anjorrant au contraire.

Par ledit Maître Jacques l'Allemand, a été protesté, que la qualité prise par les Doyen, Chanoines & Chapitre de l'Eglise de Paris, en ce qui concerne la Seigneurie de Sucy, ne luy puisse nuire.

Ledit Antoine de Pompon a protesté, que combien qu'il se soit presenté étant appellé au nombre des Notables de la Prevôté de Corbeil, que la presentation qu'il y a faite, comme Seigneur dudit Bondoufle, ne luy puisse préjudicier pour sa Justice dudit Bondoufle, d'autant qu'il ne reconnoît point le Prevôt de Corbeil pour Superieur, ou Juge d'appel de la Justice dudit Bondoufle, sans moyen.

Ledit Broute-sauge, pour ledit Loth de Bonnel, Seigneur de Joüy, sur Morin, & habitans dudit lieu, a remontré & soûtenu, que lesdits habitans de Joüy, n'ont jamais été regis selon la Coûtume de la Prevôté & Vicomté de Paris, mais selon celle de Meaux, comme étant de l'ancien ressort du Bailliage de Meaux, partant declarent qu'ils ne veulent rien dire & remontrer sur la reformation de la Coûtume de la Prevôté & Vicomté de Paris, comme n'y ayant aucun interêt.

Ledit Broute-sauge, pour ledit Pierre de Herville, Seigneur de la Grange-au-Bois, esdits noms, a remontré, que les Seigneurs de la Grange-au-Bois, Tivernal, Plaisir, & S. Germain de Morinville, sont de la Coûtume du Comté & Bailliage de Montfort-l'Amaury, a protesté que les comparutions que pourroit faire Jean de la Salle, Ecuyer, Capitaine de Saint Germain en Laye, à cause de ses enfans, & le Seigneur de Belloy à cause de sa femme, ne luy puissent préjudicier, ni les qualitez qu'ils pourroient prendre à cause des terres de Puiseux & Carrieres. Aussi, que la comparution que pourra faire frere Jean de la Salle, Abbé d'Apecourt, & les qualitez qu'il pourroit prendre, comme Seigneur desdites terres, ne luy puissent préjudicier au procés pendant pardevant le Prevôt de Paris, entre lesdits enfans mineurs de luy & de feuë Dame Loüise de la Salle, sa femme, & ledit Abbé.

Ledit François de Maillart a protesté, atendu qu'il releve du Roy, à cause de Tournan & non de Melun, n'être sujet aux Officiers dudit Melun, & Coûtume dudit lieu.

Ledit Bernage, pour ledit Maître Thomas le Pilleur, a declaré ladite Châtellenie de Serris être ressponsable par appel à Meaux, & néanmoins se gouverner par la Coûtume de Paris. Et par ledit Marion, pour Monsieur Frere du Roy, a été protesté, que la comparution & declaration dudit Bernage, audit nom, ne puisse nuire ni préjudicier à Monsieur, de se pourvoir contre ledit Pilleur, ainsi que de raison.

Par ledit Maître Antoine Chauveau, pour Jean de Vallans, Seigneur de Verneüil, a été dit & declaré, que combien que le Chastel dudit Verneüil soit tenu & mouvant du Roy, à cause de sa grosse tour de Tournan : néanmoins ledit Verneüil, tant le Chastel, que le Village, Paroisse, Terre & Seigneurie à luy appartenantes, sont du Bailliage de Melun, regis & gouvernez sous la Coûtume dudit Bailliage: Et proteste que la presente comparution ne puisse préjudicier audit de Vallans.

Ledit Maître Fiacre Guesdon a declaré, que combien que sesdits Fiefs de la Borde & de Montlhery, soient tenus & dépendans de la Seigneurie & Châtellenie de Chastel lés Nangis, assis dedans le Bailliage de Melun, néanmoins ne sont aucunement sujets à la Coûtume dudit Bailliage, soit quant à la forme de prêter la foy, ou pour le regard des droits & devoirs seigneuriaux, quand le cas y échet: ains sont regis & gouvernez selon la Coûtume de cette Ville, Prevôté & Vicomté de Paris, & particuliere de Tournan, dedans le ressort de laquelle lesdits Fiefs sont assis.

Par ledit le Bossu, pour ledit Maître Guillaume du Mont, a été dit & declaré, que la comparution qu'il fait, est sans aucunement approuver la Jurisdiction dudit Prevôt de Paris, pour le regard de ladite Seigneurie de Merlan : les appellations du Prevôt de laquelle Seigneurie de Merlan ressortissent directement pardevant le Bailly d'Argenteüil, & dudit Bailly en la Cour de Parlement, tant en civil que criminel.

Par ledit l'Hostelier, pour lesdits manans & habitans de saint Oüen, a été dit, que les manans & habitans de l'Aumosne sont de la Paroisse dudit saint Oüen, & du Bailliage de Senlis au Siege de Pontoise, & en ont toûjours été de tout temps & ancienneté hôtes & justiciables, & non de la Prevôté de Paris.

Ledit Maître Antoine Mesmin, pour les manans & habitans de Brie-Comte-Robert, a remontré avoir charge des deputez des trois Etats dudit lieu, qui sont Maître Joseph Nepveu Curé dudit Songnolles, Pierre de Manchy, Ecuyer, Seigneur de Grisy, & des Adrets, & Maître Jean Piloust, Procureur du Roy au Bailliage & Châtellenie dudit Brie-Comte-Robert, presens en personnes, de dire & declarer qu'ils ne sont sujets ni justiciables du Prevôt de Paris; & sans cause ont été appellez à la reformation de la Coûtume: & toutefois en tant qu'à eux est, accordent lesdites reformations & Coûtumes de Paris, & en veulent user comme bonnes, justes & équitables, pour le bien public à l'avenir, ainsi qu'elles seront reformées, n'ayant autres Coûtumes redigées par écrit pour leurdit Bailliage : protestant toutefois, que ce ne leur puisse nuire ni préjudicier en aucune maniere à la Jurisdiction & ressort dudit Bailliage, qui est du tout distinct & separé de la Prevôté & Vicomté de Paris, & hors du Gouvernement de l'Isle de France, & au dedans du Gouvernement de Brie & Champagne.

Par ledit Bourguignon, pour ledit Procureur du Roy, a été protesté generalement contre toutes les remontrances cy-dessus faites, qu'elles ne puissent préjudicier aux droits du Roy, ressort & Jurisdiction de la Prevôté de Paris ; & à chacune d'icelles pouvoir répondre particulierement en temps & lieu, & quand il appartiendra.

Ont aussi été appellez les cy-aprés nommez, qui ne sont comparus, à sçavoir, les Doyen, Chanoines & Chapitre de Meaux : les Religieux, Abbé & Convent d'Ivernaux, Davencourt, Darmont, Chambre-Fontaine, Chanoines & Chapitre du Sepulchre, de Saint Estienne des Grecs, de Champeaux, du Bois de Vincennes, les Religieux, Prieur & Convent de Saint Antoine le Petit, des Celestins de Marcoussis, & les Bons Hommes du Bois de Vincennes, de Longpont, d'Auron, de Villepreux : les Religieuses, Abbesse & Convent de Gif, Val-parsons, Joüarre, Val de Grace, Nôtre-Dame de Soissons, Saint-Cyr, Fontaines, Pont aux-Dames, de la Saulsaye, Saint Eutrope prés Trappes : le Seigneur de Ville-vole, Bobigny, de Lusarches, Mont-rouge, Champlan, Ville-Maison, Orangy, Bretigny, Luois, Lardy, Châtronville, Duranville, Ledeville, & Argenvilliers, contre tous lesquels avons donné défaut, ce requerant ledit Procureur du Roy, portant tel profit que de raison.

Et le lendemain vingt-troisiéme jour dudit mois de Février, étant audit lieu, où étoient les susdits assemblez, avons fait faire le serment aux gens desdits trois Etats, en tel cas requis & accoûtumé, à sçavoir, qu'en leur conscience & loyauté, ils nous rapporteroient ce qu'ils avoient vû garder & observer des Coûtumes de ladite Prevôté & Vicomté de Paris, & ce qu'ils en sçavoient : cessant toute affection privée & particuliere, ayant seulement égard au bien public; nous disans aussi leurs avis & opinions de ce qu'ils trouveront dur, rigoureux & déraisonnable des Coûtumes anciennes cy-devant gardées, pour être par nous temperées, & moderées, corrigées, & abrogées selon qu'il nous est mandé par nôtre commission: ce qu'ils ont promis & juré faire. Leur avons enjoint d'eux assembler chacun desdits Etats separément, & déliberer entre eux ce qu'ils auroient à dire & proposer; & pour ce faire, élire l'un d'entre eux, ou autre homme de conseil, pour porter la parole : ce que depuis ils ont dit avoir fait : à sçavoir, les Ecclesiastiques, avoir élû Maître Antoine Loysel, Avocat en la Cour de Parlement, pour parler d'eux: Les Nobles, Maître Simon Marion, aussi Avocat en ladite Cour: Et lesdits Prevôt des Marchands & Echevins, & ceux du tiers Etat; Maître François d'Auvergne, Conseiller du Roy en son Trésor, à Paris, Seigneur de Dampont, & Loüis de Sainction, Avocat en ladite Cour & Châtelet de Paris, & chacun d'eux.

Et ledit jour voulant proceder à la lecture des Coûtumes de ladite Prevôté, Maître Pierre Seguier, Lieutenant de ladite Prevôté de Paris, aprés avoir fait entendre à l'assistance le bien que pourroit apporter la reformation & nouvelle redaction desdites Coûtumes, a dit, qu'ayant reçû la commission & mandement du Roy, il auroit fait assembler en la Chambre civile du Châtelet de Paris, les Officiers dudit lieu, & anciens Avocats & Procureurs dudit Châtelet; lesquels, aprés avoir par plusieurs journées & vacations, conferé ensemblement, tant des anciennes Coûtumes, que de ce qu'ils avoient vû juger en la Cour de Parlement & Prevôté de Paris, garder & observer par commun usage, & qu'ils pensoient devoir être ajoûté, interpreté, corrigé ou abrogé de ladite Coûtume, auroit été dressé un cahier, duquel ils auroient envoyé copie aux Prevôts de Corbeil, Montlhery, Chasteaufort, Tournan, Gournay, Poissy, Brie-Comte-Robert, la Ferté-Aleps, & autres Sieges, Justices, & Jurisdictions de ladite Prevôté: Aucuns desquels, à sçavoir, lesdits Prevôt & sous-Bailly de Poissy, Prevôt de Montlhery, Corbeil, Torcy, Chasteaufort, Tournan & Montmorency, auroient fait assembler les Avocats & Procureurs de leur ressort, & en leur assemblée, vû ledit cahier, & sur iceluy dressé memoires & avis de ce qu'ils pensoient devoir être reçû pour Coûtume, qu'ils auroient mis pardevers luy. Et depuis auroient été faites autres assemblées audit Châtelet, ausquelles avec lesdits Officiers & Procureurs au Châtelet, auroient été assemblez & appellez plusieurs Avocats & Procureurs anciens de ladite Cour, en la presence desquels, & par leur avis, auroit été dressé le cahier d'articles des Coûtumes * qu'il nous auroit presenté, pour en faire lecture.

Et nous par l'avis desdits assistans, avons fait lecture de l'ancien Coûtumier de ladite Prevôté & Vicomté de Paris, ensemble dudit cahier à nous presenté, rapportant & faisant lire ledit nouvel sur chacun article dudit ancien.

* *En une autre Edition il y a*, qu'ils nous présentoient.

EN PROCEDANT A LA LECTURE DES SUSDITS CAHIERS & Articles de la Coûtume, par l'avis des trois Etats, a été l'intitulation mise comme il s'ensuit:

COUSTUME DE LA PREVOSTÉ ET VICOMTÉ DE PARIS.

Rubriche premiere des Fiefs, qui étoit intitulée en l'ancien Coûtumier, de Matiere feodale.

AU premier article, commençant, *le Seigneur feodal*, qui étoit le premier article de l'ancien Coûtumier, ont été ajoûtez à la fin ces mots, *à la charge d'en user par luy, comme un bon pere de famille.*

A été par l'avis desdits trois Etats ajoûté le second article, commençant, *L'usufruitier d'un Fief*, pour avoir lieu à l'avenir, sans préjudice du passé.

En la fin du troisiéme article, qui étoit le second de l'ancien Coûtumier, ont été ajoûtez pour interprétation ces mots, *Esquels Fiefs qui se gouvernent selon la Coûtume du Vexin, est dû relief à toutes mutations, & aussi ne sont dûs quints.*

Aussi ont été ajoûtez les articles, 4. commençant, *Pareillement*; 5. commençant, *N'est dû foy*; 6. commençant, *N'est aussi dû droit*, pour avoir lieu à l'avenir, sans préjudice du passé.

A l'article 8. commençant, *Le vassal*, qui étoit le cinquiéme au Coûtumier ancien, ont été par l'avis desdits Etats ajoûtez ces mots, *En forme probante, & authentique écrit en parchemin, passé pardevant Notaires ou Tabellions.* Aussi a été ajoûté le 11. article, commençant, *Néanmoins*, le tout nouvel, & pour avoir lieu à l'avenir.

Le 12. article commençant, *Le Seigneur feodal ne peut prescrire*, a été mis au lieu du 7. article de l'ancien Coûtumier, pour ce qui a été ajoûté outre la teneur dudit 7. article, avoir lieu à l'avenir, sans préjudice du passé, duquel la teneur étoit telle: *Item, le Seigneur feodal ne peut acquerir prescription contre son vassal, ne le vassal contre son Seigneur, de chose tenuë en Fief.* A la lecture dudit article, Maître Antoine Loisel, pour l'Etat de l'Eglise, a requis qu'au lieu de trente ans, fût mis quarante ans, pour les biens du Clergé: Et ledit Maître Thierry Cauchon, pour lesdits Religieux, Abbé & Convent de Saint Denys, & ledit Maître Mathieu Fontenay, pour ledit Grand Prieur de France, & saint Jean de Jerusalem, ont remontré, que par privilege special, confirmé par les Rois, & Arrêts de la Cour, on ne peut prescrire contre eux, même par cent ans, se sont opposez audit article: Et ledit Maître Simon Marion pour la Noblesse, & lesdits d'Auvergne & Sainction pour lesdits Prevôt des Marchands & Eschevins de la ville de Paris, & tiers Etat, ont protesté & soûtenu au contraire, que la prescription de trente ans doit avoir lieu contre toutes sortes de personnes. Et par ledit Maître Jean le Bourguignon, pour ledit Procureur du Roy, a été protesté, que ladite Coûtume ne puisse préjudicier aux droits du Roy. Sur quoy avons ordonné, que les parties auront acte de leurs remontrances & protestations: Et que néanmoins l'article tel qu'il est couché, passera pour Coûtume, comme dessus, sans préjudice des droits & privileges prétendus, & aussi sans préjudice des droits du Roy.

Le 13. article commençant, *Au fils aîné*, a été accordé & mis au lieu du 8. article de l'ancien Coûtumier, pour avoir lieu comme nouvelle Coûtume, en ce qui a été ajoûté, outre le contenu audit 8. article, duquel la teneur étoit telle, *Le fils aîné prend pour son droit d'aînesse le principal manoir, avec le jardin, selon la clôture tenu en Fief, & s'il n'y a point de jardin, un arpent de terre, ou le vol du chapon, tenu en Fief, au joignant de ladite maison.*

Le 14. article commençant, *Si dedans l'enclos,*

a été accordé comme Coûtume nouvelle.

A l'article 15. commençant, *Quand pere & mere*, qui étoit le 9. article, & au 16. commençant, *S'il y a plusieurs enfans*, qui étoit le 10. dudit ancien Coûtumier, ont été ajoûté ces mots, *avec l'enclos & basse-court, comme dessus est dit*, en consequence des deux précedens articles.

Le 17. article commençant, *Si esdites successions*, a été accordé pour Coûtume nouvelle, sans préjudice du passé.

Le 19. article commençant, *Quand il n'y a que filles*, a été mis au lieu des 12. & 16. articles anciens, comme étans lesdits deux articles compris en iceluy.

A la fin de l'article 20. qui étoit le 13. article de l'ancien Coûtumier, ont été ajoûtez ces mots, *& d'iceux bail.r copie.*

A l'article 22. commençant, *Quand le Seigneur feodal*, qui étoient les 15. & 185. articles de l'ancien Coûtumier, aprés ces mots, *Par retrait*, a été ajoûté ce mot *lignager*, & le requint dont étoit fait mention en l'ancien Coûtumier, a été par l'avis de tous les Etats, tollu & abrogé pour l'avenir.

Le 23. article commençant, *Quand un Fief*, a été ajoûté sans préjudice du passé.

Pareillement, le 24. commençant, *Le Seigneur feodal*, a été ajoûté sans préjudice de ce qui a été observé par le passé.

A l'article 26. commençant, *Le fils auquel*, qui étoit le 17. de l'ancien Coûtumier, ont été ajoûtez ces mots, *Encore que la chose donnée ait été evaluée, ou qu'il renonce à la succession, ou successions de sesdits pere ou mere, ayeul ou ayeule*, & *que ladite portion vaille plus que sa portion hereditaire, ou que la chose luy soit baillée en payement de ce qui luy auroit été promis par contrat de mariage*, pour avoir lieu à l'avenir, comme aussi a été ajoûté le 27. article: commençant, *Si telle donation*, peut avoir lieu à l'avenir, sans préjudice du passé.

Le 30. article commençant, *Et pourtant*, & 31. commençant, *La saisie feodale*, ont été accordez pour nouvelle Coûtume.

A l'article 32. commençant: *Tout homme*, qui étoit le 21. de l'ancien Coûtumier, ont été mis ces mots, *Et charge de Fief*, pour & au lieu de ces mots, *Et administration de Fief*, qui étoit en l'ancien.

L'article 33. commençant, *En toutes mutations*, a été mis au lieu des 22. 23. & 24. articles dudit ancien Coûtumier, & ledit 24. tollu & abrogé pour le requint, comme dessus est dit.

Le 34. article commençant, *Le curateur*, a été ajoûté pour Coûtume nouvelle.

Le 35. article commençant, *Le fils aîné*. 36. commençant, *Et s'il n'y a que filles*. 37. commençant, *Mais si elles se marient*. 38. commençant, *Et si pendant*. 39. commençant, *La femme demeurant*. 40. commençant *La femme doüairiere*, ont été accordez pour l'avenir, & mis au lieu du 25. article de l'ancien Coûtumier, duquel la teneur étoit telle, *Quand une femme, à laquelle appartient un Fief, se marie, il est dû rachat ou relief au Seigneur feodal.* A quoy ledit Maître Toussaint Bartin, pour ladite Dame Magdelaine de Savoye, Duchesse de Montmorency, & pour ledit Messire Henry Duc de Montmorency, s'est opposé pour raison de l'innovation qu'on prétend faire contre & au préjudice de l'ancienne Coûtume, laquelle par articles exprés veut que la fille qui n'a point de frere, par lequel elle soit acquittée, doit rachat pour son premier mariage, qui est un droit acquis aux Seigneurs dominans, qui ne leur peut être ôté par nouvelle Coûtume sans leur consentement. Et combien qu'aucuns de sa Noblesse en l'assemblée qui s'est faite sur la déliberation desdits articles, l'ayent consent, doit être consideré que ceux qui ont comparu & se sont trouvez aux conferences de l'Etat de la Noblesse, sont la plûpart, citoyens de cette ville de Paris, ayant Fiefs servans & sujets à tels rachats; & n'y ont tel interêt que ladite Dame & Duc de Montmorency, qui ont grand nombre de vassaux sous eux, & trop plus que ceux qui veulent faire nouvelle Coûtume, & changer l'ancienne à leur dommage & préjudice: declarant ledit Bartin audit nom, qu'au cas qu'on voulût passer outre par dessus ladite opposition, qu'il en appelloit, & en a requis acte, que luy avons octroyé, & néanmoins ordonné sans préjudice dudit appel, que lesdits articles demeureront ainsi qu'ils ont été presentement accordez.

A l'article 141. commençant, *Si tous les enfans*, auquel sont compris les 28. & 29. articles de l'ancien Coûtumier, ont été ajoûtez ces mots, *Et est tenu le tuteur de declarer les noms & ages des mineurs, pour lesquels il demande souffrance*, pour nouvelle Coûtume.

Le 44. article commençant, *Et aprés*, a été accordé pour nouvelle Coûtume, sans préjudice du passé.

Le 46. article commençant, *Le gardien noble*, a été accordé: Et par l'avis desdits Etats, le 32. article du vieil Coûtumier abrogé, duquel la teneur étoit telle; Item, *le gardien d'aucuns enfans mineurs faisant les fruits siens, est tenu de payer droit de relief pour les heritages feodaux appartenans à iceux mineurs.* A quoy ledit Maître Toussaint Bartin pour ladite Dame Magdelaine de Savoye, & ledit Messire Henry Duc de Montmorency, s'est opposé, comme étant contre l'ancienne Coûtume, a protesté & appellé comme dessus, & requis acte, qui luy a été octroyé: Et néanmoins ordonné sans préjudice dudit appel, que l'article, ainsi que presentement il a été accordé, sera gardé pour Coûtume.

Le 48. article commençant, *S'il y a bois*, & 49. commençant, *Et commençant ladite année*, ont été accordez pour Coûtume nouvelle, sans préjudicier à ce qui a été fait par le passé.

Au 51. article commençant, *Le vassal ne peut démembrer*, qui étoit le 35. article de l'ancien Coûtumier, ont été ajoûtez ces mots, *Bien se peut joüer & disposer, & faire son profit des heritages, rentes ou cens étans dudit Fief, sans payer profit au Seigneur dominant, pourvû que l'aliénation n'excede les deux tiers, & qu'il en retienne la foy entiere, & quelque droit seigneurial & domanial sur ce qu'il aliene.* En ce faisant a été rayé le 41. article du vieil Coûtumier, dont la teneur étoit telle, Item, *un vassal se peut joüer de son Fief jusques à demission de foy, sans que le Seigneur luy puisse demander profit.*

Le 52. article commençant, *Et néanmoins*, & 53. commençant, *Les heritages*, ont été ajoûtez pour nouvelle Coûtume, sans préjudicier a ce qui a été fait par le passé.

A la fin du 54. article, commençant, *Seigneur feodal qui met en sa main le Fief mouvant de luy*, qui étoit le 36. article de l'ancien Coûtumier, ont été ajoûtez ces mots, *pour en joüir comme un bon pere de famille*, pour l'interprétation de l'article.

Le 56. article commençant, *Le Seigneur feodal*, le 57. commençant, *La Coûtume*, & le 58. commençant, *Si le vassal*, ont été mis au lieu des 38. 39. & 40. articles de l'ancien Coûtumier, pour avoir lieu à l'avenir seulement, en ce qui a été ajoûté outre ladite ancienne Coûtume, de laquelle la teneur étoit telle; Item, *le Seigneur feodal qui met en sa main par faute d'hommes, droits & devoirs non faits, le Fief tenu de luy, auquel il y a terres emblavées par aucun fermier ou laboureur, auquel sont baillées à ferme icelles terres, iceluy Seigneur feodal, s'il veut avoir l.s gagnages d'icelles terres ; est tenu de rendre & restituer au Fermier & Laboureur ses feures & semences.* Item, *la Coûtume dessusdite a lieu quand le Seigneur feodal veut avoir le revenu d'un an pour son droit de relief.* Item, *ès cas dessusdits le Seigneur feodal, si bon luy semble, peut prendre & avoir la maison dûë par le Fermier ou Laboureur qui tient lesdites terres & autres heritages à maison.*

A l'article 60. commençant, *Quand entre plusieurs,* ont été ajoûtez sur la fin ces mots, *Et après le procès terminé est tenu le vassal faire & porter la foy à celuy qui aura obtenu, quarante jours après la signification à luy faite de la Sentence ou Arrest,* qui sont pour interprétation, fors que pour les quarante jours est la Coûtume nouvelle.

L'article 61. commençant, *C'est à-dire,* a été ajoûté pour l'interprétation du précedent, jusques à ces mots, *En renouvellant la saisie de trois ans en trois ans,* qui est Coûtume nouvelle.

Le 63. article commençant, *Le vassal pour faire,* a été mis au lieu du 45. article ancien; & amplifié pour interprétation, le 64. article commençant, *Ledit Seigneur,* a été ajoûté de nouvel.

A l'article 65. commençant, *Quand un Fief,* qui étoit le 47. article du vieil Coûtumier, ce mot, *Duchez,* a été ajoûté en deux endroits.

A l'article 67. commençant, *Le Seigneur feodal,* qui étoit le 49. article du vieil Coûtumier, ont été à la fin d'iceluy ajoûtez ces mots, *auquel cas d'excuse suffisante, est tenu le recevoir par procureur, si mieux n'aime ledit Seigneur bailler souffrance; & attendre que l'excuse cesse,* pour avoir lieu à l'avenir.

Le 69. article commençant *le Seigneur haut-Justicier,* & 70. commençant, *Aussi le Seigneur,* ont été accordez par les Etats de l'Eglise & de la Noblesse.

A été presenté autre article, duquel la teneur étoit, *Celuy qui n'a Fief, censive, ne Justice, peut avoir volliere ou fuye de cinq cent boulins, & au dessous, pourvû qu'il ait au terroir où est construite ladite volliere, cinquante arpens de terre:* A quoy a été remontré par les Prevôt des Marchands & Echevins, que la grande cherté des terres ne peut permettre que l'on ait si grande quantité de terres en un même terroir, & n'est raisonnable de diminuer ou restraindre l'ancienne liberté, & qu'il est dur que celuy qui a quarante-neuf arpens ne puisse avoir aucune volliere ou fuye, non plus que celuy qui ne tient qu'un ou deux arpens, & qu'il seroit plus équitable de permettre plus grande ou moindre quantité de boulins, selon le nombre & quantité des arpens de terre. Ce qui a été contredit par les deux autres Etats; sur quoy avons ordonné que les parties se pourvoiront à la Cour, ainsi qu'elles verront être à faire.

Les 71. articles commençant, *Nul Seigneur,* & 72. commençant, *Le moulin,* ont été accordez comme Coûtume nouvelle pour l'avenir, & sans préjudice du passé. Ausquels deux articles ledit Maître Toussaint Bartin pour ladite Dame Magdelaine de Savoye & Duc de Montmorency, s'est opposé, & a soûtenu que le fait de possession immemoriale est recevable en droit de corvées & bannalitez de fours, pressoirs & moulins à eau & à vent, protestant que lesdites Dame & Seigneur Duc de Montmorency useront de leurs droits, ainsi qu'ils ont fait d'ancienneté, comme étans conservez en iceux par le moyen de la presente opposition dont il a requis acte, qui luy a été octroyé pour luy servir ce que de raison: néanmoins ordonné que lesdits articles demeureront écrits pour Coûtume, sans préjudice de ladite opposition.

De Censives & Droits Seigneuriaux.

L'Article 75. commençant, *Si le propriétaire,* a été ajoûté pour l'avenir, sans préjudice du passé.

A la lecture du 76. article, commençant, *Les droits de vente,* qui étoit le 53. article du vieil Coûtumier, se sont opposez ledit Evêque de Paris, tant pour le domaine de sondit Evêché, qu'Abbaye de saint Magloire y annexée, ledit Abbé de sainte Geneviéve, ledit Prevôt de Corbeil, Maître Guillaume le Normand, Procureur de noble homme M. Pierre de Longueil, Conseiller en la Cour de Parlement, Seigneur de Bou, & en partie d'Esury sur Seine lès Corbeil, & les autres Seigneurs ayans Fiefs, Seigneuries & censives en ladite Prevôté de Corbeil, les Prevôt, Procureur du Roy, & Officiers de la Ville, Prevôté & Châtellenie de Tournan, Jean le Comte, Ecuyer, Seigneur de Montfermeil, pour sadite Terre & Seigneurie de Villecresne, assise en la Prevôté & Châtellenie de Corbeil, Maître Nicolas Guynet, Procureur au Châtelet de Paris, & Procureur des Religieux & Convent de saint Pierre de Rueil, en Brie, & Maître François Chauvelin, Avocat en la Cour de Parlement, Procureur de Pierre Ha de, Ecuyer, Seigneur, Baron d'Aurilly, Seigneur Châtelain de Beauche & Hermainville, & premier Valet de Chambre du Roy: Lesquels ont dit être en possession, sçavoir est ledit Evêque de Paris, de prendre pour le droit de lods & ventes cinq sols parisis en ses terres & censives, lesdits Prevôt de Corbeil, & autres susdits, de prendre trois fois quatre deniers tournois pour livre, requerans y être maintenus & gardez, & ont protesté que cet article ne leur puisse nuire ne préjudicier, ainsi que sur semblable article eux ou aucuns d'eux se sont opposez à la redaction des Coûtumes de la ville de Paris, qui fut faite l'an 1510. comme est contenu au Procés Verbal d'icelle, à laquelle opposition ils persistent. Sur quoy avons ordonné, de l'accord & consentement de tous les assistans, que ledit article demeurera, & sera écrit comme il étoit anciennement; & néanmoins reservé audit Evêque de Paris, & aux Seigneurs censiers & fonciers des Prevôtez & Châtellenies de Corbeil, Tournan, & autres, de prendre droits de ventes & saisine sur les heritages étant de leur censive, tels qu'ils leur sont & peuvent être dûs, reservé aux acheteurs & vendeurs leurs défenses au contraire, ainsi qu'il leur a été reservé par ledit Procés Verbal de l'an 1510. Et par ledit Maître Jean le Bourguignon pour ledit Procureur du Roy audit Châtelet, a été protesté que ledit article ne puisse préjudicier aux droits du Roy, ce qui luy a été accordé.

A l'article 77. commençant, *Pour ventes recelées,* qui étoit le 54. du vieil Coûtumier, ont été mis *vingt jours* au lieu de la huitaine, qui étoit audit vieil Coûtumier, pour avoir lieu à l'avenir seulement.

Au 78. article commençant, *Si aucun achete,* qui étoit le 55. du vieil Coûtumier, ont été ajoûtez ces mots, *Ou prend à rente rachetable*: pareillement ces mots, *Ou preneur à rente,* & à la fin de l'article ces mots, *Ou fort principal de la rente, encore qu'elle ne soit rachetée.* Et ont été rayez ces mots: *Et saisine pour ce dûë & accoûtumée, avec douze deniers parisis pour la saisine,* qui étoit à la fin dudit article de l'ancienne Coûtume: Le tout pour l'avenir, & sans préjudice du passé.

Les articles 79. commençant, *Si l'acheteur,* 80. commençant, *Si l'heritage,* ont été ajoûtez pour Coûtume nouvelle, & le 81. commençant, *Les ventes,* a été ajoûté pour interprétation.

Au 82. article commençant, *Ne prend saisine*

qui étoit le 56. article de l'ancien Coûtumier, ont été ajoûtez ces mots, *Mais si on prend saisine, sera payé douze deniers parisis pour la saisine.* A quoy se sont opposez lesdits Maîtres Antoine Loisel, Thierry, Cauchon, & François Chauvelin, Avocat pour les Ecclesiastiques, & encore pour lesdits Evêque de Paris, Abbé de saint Denis, & de sainte Geneviève, & soûtenu être en possession de prendre cinq sols tournois pour saisine. Sur quoy avons ordonné, qu'ils auront acte de leurs oppositions, & que leurs pretendus droits leur seront reservez, & aux acquereurs & vendeurs leurs défenses au contraire, comme dit est.

Les articles 83. commençant, *Pour heritages*, & 84. commençant, *Si aucun achete*, ont été accordez pour avoir lieu à l'avenir, & mis au lieu des 58. 59. 60. & 61. articles de l'ancien Coûtumier, qui ont été rayez en consequence des Arrêts donnez en la Cour de Parlement.

A la fin du 86. commençant, *Il est loisible*, pour interprétation ont été ajoûtez ces mots, *Et est entenduë simple gagerie, quand il n'y a transport de biens.*

Aussi a été ajoûté le 87. article commençant, *De toutes rentes foncieres*, pour l'avenir, & sans préjudice du passé.

Quels biens sont meubles, & quels immeubles.

CEtte Rubriche & les 88. 89. 90. 91. 92. & 93. articles ont été ajoûtez de nouvel pour interprétation, & sans préjudice de ce qui a été gardé par le passé.

L'article 94. commençant, *Rentes constituées*, a été pris du 57. article de l'ancien Coûtumier, & mis sous cette Rubriche, & y ont été ajoûtez ces mots, *Toutefois au cas que celles qui appartiennent à mineurs soient rachetées pendant leur minorité, les deniers du rachat ou remploy d'iceux en autres rentes ou heritages, sont censez de même nature & qualité d'immeubles, qu'étoient les rentes ainsi rachetées, pour retourner aux parens du côté & ligne dont étoient lesdites rentes procedées.* Ladite addition faite de nouvel, sans préjudice du passé, encore que les Nobles ayent remontré, que par le moyen de cet article, & autres contenus en la Coûtume, qui declarent la rente constituée immeuble, ils sont grandement defraudez de leurs droits.

Le 95. article commençant, *Office venal*, a aussi été ajoûté de nouvel; sans préjudice du passé.

De Complainte en cas de saisine & nouvelleté, & simple saisine.

A La fin de l'article 97. commençant, *Aucun n'est recevable*, ont été pour interprétation ajoûtez ces mots, *mais bien pour université de meubles, en succession mobiliaire.*

Le 98. article commençant, *Quand aucun a joüy*, a été pris du 71. article, qui étoit sous le titre des actions personnelles au vieil Coûtumier, & mis sous cette Rubriche, lieu qui a semblé plus convenable, à laquelle Rubriche, à cette occasion, ont été ajoûtez ces mots, *& simple saisine.*

Des actions personnelles & d'hypotheque.

LE 100. article commençant, *Et s'entendent*, a été ajoûté de nouvel, sans préjudice du passé.

A la fin de l'article 101. commençant, *Les détempteurs*, ont été ajoûtez ces mots, *sans qu'il soit besoin de discution, & si la rente est fonciere; doit être l'heritage ajugé à la charge de la rente*, ce qui a été accordé pour Coûtume nouvelle, pour le regard de la discution.

Les articles 103 commençant, *Et après contestation*, & 104. commençant, *Contestation*, ont été ajoûtez pour interprétation, & sans préjudice du passé.

A la fin de l'article 106. commençant, *Reconvention*, ont été ajoûtez pour interprétation ces mots, *Si elle ne dépend de l'action, & que la demande en reconvention soit la défense contre l'action premierement intentée: & en ce cas le défendeur par le moyen de ses défenses se peut constituer demandeur.*

A l'article 107. commençant, *Cedule privée*, ont été pour interprétation ajoûtez ces mots, *Ou pardevant deux Notaires, ou que par jugement elle soit tenuë pour confessée au jour de la dénegation, en cas que par aprés elle soit verifiée.*

A l'article 108. commençant, *Un simple transport*, qui étoit le 170. article de la vieille Coûtume, ont été ajoûtez ces mots, *Et faut signifier le transport à partie, & en bailler copie auparavant que l'executer.*

L'article 110. commençant, *Celuy qui n'est preneur*, a été accordé pour Coûtume nouvelle.

L'article 112. commençant, *Par privilege*, a été accordé & ajoûté, & le 197. de l'ancien Coûtumier rayé. Par lesdits d'Auvergne & Sainction, a été insisté, tant pour ledit Prevôt des Marchands, que pour le tiers Etat, que ledit privilege appartient aux Bourgeois de Paris, non seulement en matiere civile, mais criminelle: Lequel privilege donné & octroyé par les Rois de France aux Bourgeois de Paris, verifié en la Cour de Parlement, contient que les Bourgeois de Paris ne peuvent être poursuivis ni contraints de répondre pardevant autre Juge que le Prevôt de Paris, soit en matiere civile ou criminelle. Protestant que l'article, ainsi qu'il est couché, ne leur puisse préjudicier: Ce qui a été contredit & empêché par ceux de la Noblesse, & aucuns des Officiers des Justices inferieures de ladite Prevôté, avons octroyé actes ausdits d'Auvergne & Sainction de leurs remontrances, & declaré que n'entendions aucunement préjudicier aux privileges de ladite Ville & Bourgeois d'icelle.

De Prescription.

AUx articles 113. commençant, *Si aucun a joüy*, & 114. commençant, *Quand aucun*, qui étoient les 66. & 67. articles de l'ancien Coûtumier, ont été par l'avis desdits Etats ajoûtez ces mots, *Ou rente*, & aussi ont été ajoûtez les articles 115. commençant, *Et a lieu*, 116 commençant, *Sont reputez*, & 117. commençant, *En matiere*, le tout pour interprétation & pour l'avenir, sans préjudice du passé.

Pareillement à l'article 118. commençant, *Si aucun a joüy*, qui étoit le 68. du vieil Coûtumier, ont été ajoûtez ces mots, *Ou rente, ou autre chose prescriptible:* Aussi ont été ajoûtez les 119. commençant, *Faculté de racheter*, 120. commençant, *La faculté donnée*, 121. commençant, *Ce que dessus*, pour avoir lieu à l'avenir, sans préjudice du passé.

A la lecture du 122. article commençant, *Legs pitoyables*, qui a été ajoûté de nouvel: pour le tiers Etat a été dit, qu'il étoit bon d'ajoûter audit article, que les legs mentionnez en l'article, sur les maisons des villes de la Prevôté & Vicomté de Paris, sont rachetables, comme ceux qui sont sur les maisons de la ville de Paris, & fauxbourgs d'icelle. Ce que par les Ecclesiastiques a été empêché, & dit, que lesdits legs ne sont aucunement rachetables, ains doivent être perpetuellement payez & continuez, suivant la volonté des défunts: & ce qui a été accordé pour la ville & fauxbourgs de Paris, a été fait en consequence de l'Ordonnance faite pour le privilege donné à ladite ville, pour l'entretenement & decoration d'icelle. Par les Nobles a été dit, qu'ils n'empêchoient le rachat être generalement accordé par toutes les villes de ladite Prevôté & Vicomté : Sur quoy avons ordonné que ledit article demeurera en la forme qu'il est écrit.

A la lecture du 123. article commençant, *Cens portant directe*, 124. commençant, *Le droit de cent*, qui ont été ajoûtez pour l'avenir, s'est opposé ledit Maître Thierry Cauchon, pour les Religieux, Abbé & Convent de S. Denys en France, & soûtenu comme dessus, que par privilege donné & octroyé à ladite Abbaye, on ne peut prescrire contre icelle que par cent ans : Comme aussi a fait ledit Maître Mathieu de Fontenay, Avocat, pour l'Ordre de saint Jean de Jerusalem, prétendant pareil privilege. Avons ordonné qu'ils auront acte de leurs oppositions, pour sur icelles se pourvoir, ainsi qu'ils verront être à faire.

Les 125. articles commençant, *Les Medecins*, 126. commençant, *Marchands*, 127. commençant, *Drapiers*, 128. commençant, *N'ont les Taverniers*, ont été mis au lieu du dernier article de l'ancienne Coûtume, dont la teneur étoit ainsi qu'il s'ensuit, Item. *Marchands, gens de métier, & autres vendans leurs denrées & marchandises en détail, Medecins, Chirurgiens, Barbiers, Orfévres, Epiciers, Apothiquaires, Massons, Charpentiers, Laboureurs, manouvriers, serviteurs, & autres mercenaires demeurans en la ville, banlieuë, Prevôté & Vicomté de Paris, ne peuvent faire action, question, ou demande de leursdites denrées & marchandises, salaires, & services trois ans passez, aprés lesdites denrées venduës, debitées, & livrées à détail, ouvrages, labeurs, salaires & services, fors & excepté celles qui seront reconnuës par obligation, cedules, ou autrement dûement.*

De Retrait lignager.

A L'article 129. commençant, *Quand aucun a vendu*, qui comprend les 172. & 174. articles de l'ancien Coûtumier, ont été pour declaration d'iceux ajoûtez ces mots, *Ou rente fonciere.*

A l'article 130. commençant, *Le temps de retrait*, qui étoit le 173. article de l'ancien Coûtumier, ont été pour declaration ajoûtez ces mots, *Et doit ledit ajournement être fait & l'assignation écheoir dans ledit an & jour de ladite infeodation ou saisine.* Aussi pour declaration ont été ajoûtez les 131.e articles commençant, *L'an du retrait court*, & le 132. article commençant, *L'an du retrait du propre heritage*, pour avoir lieu à l'avenir sans préjudice du passé.

A l'article 133. commençant, *Si aucune personne*, qui étoit le 165. de l'ancien Coûtumier, ont été ajoûtez ces mots, *Auquel cas, le peut aussi retraire le premier vendeur, comme ne l'ayant au precedent mis hors la ligne.*

Aussi ont été ajoûtez les articles 134. commençant, *En matiere de retrait*, & 135. commençant, *Le Seigneur qui acquiert l'heritage*, pour l'avenir, & sans préjudice du passé.

L'article 136. commençant, *Le retrayant*, a été mis au lieu de pareil article qui étoit en l'ancien Coûtumier le 176. Et y ont été ajoûtez les articles 137. commençant, *L'heritage baillé*, 138. commençant, *Et quant aux arrerages*, 139. commençant, *L'heritage retiré*, tant pour l'interprétation des anciennes Coûtumes, que pour avoir lieu à l'avenir, sans préjudice du passé.

A l'article 140. commençant, *Quand le lignager*, qui étoit le 177. de l'ancien Coûtumier, ont été ajoûtez ces mots, *Tant par l'ajournement*, & ces mots, *Principal, jusques à contestation en cause inclusivement, & d'appel jusques à conclusion sur l'appel aussi inclusivement*, pour l'avenir, & sans préjudice du passé : Et ont été rayez du vieil Coûtumier ces mots, *Excepté la journée d'absence si aucune est prise.*

A l'article 141. commençant, *Le parent*, qui étoit le 178. article ancien, ont été ajoûtez ces mots, *Encore que le retrayant ne soit descendu de celuy duquel vient ledit heritage* : Et aussi a été ajoûté le 142. article commençant, *Les heritiers*, le tout pour avoir lieu à l'avenir, & sans préjudice du passé, & procés pendant.

Les articles 145. commençant, *En échange*, 146. commençant, *Durant l'an & jour*, 148. commençant, *Loges, boutiques, étaux*, 149. commençant, *Baux à quatre-vingt-dix neuf ans*, 151. commençant, *Un heritage*, 152. commençant, *Mais l'heritage*, 153. commençant, *L'heritage adjugé*, 154. commençant, *Portion d'heritage*, 156. commençant, *Quand celuy qui n'est*, 157. commençant, *Et si par partage*, ont été ajoûtez pour l'avenir, sans préjudice du passé.

A l'article 159. commençant, *Le Fief venant*, qui étoit le 185. de l'ancien Coûtumier, ont été ajoûtez ces mots, *Ladite retenuë publiée en jugement au plus prochain Siege Royal.*

Arrêts, Executions, & Gageries.

DE l'article 161. commençant, *Il est loisible*, qui étoit le 163. article de l'ancien Coûtumier, a été ôté ce mot, *De conducteur*, qui étoit audit ancien article, & a été mis simplement, *sur les biens étans en icelle.*

Et a été ajoûté le 164. article, commençant, *S'il y a des sous-locatifs*, pour l'interprétation du précedent article.

Les articles 165. commençant, *Et le semblable*, & 166. commençant, *On n'est recevable*, ont été ajoûtez pour avoir été toûjours gardez.

L'article 169. commençant, *Néanmoins*, a été ajoûté pour declaration du précedent.

A l'article 170. commençant, *Meubles n'ont point*, ont été ajoûtez pour interprétation ces mots, *Quand ils sont hors de la possession du debiteur.* Aussi ont été ajoûtez les articles 171. commençant, *Toutefois*, & 172. commençant, *Les executans*, pour avoir lieu à l'avenir.

A l'article 173. commençant, *Par privilege*, qui étoit le 192. de l'ancien Coûtumier, ont été pour interprétation ajoûtez ces mots, *Et non sur autres debiteurs que forains.*

A aussi été ajoûté le 174. article commençant, *De tel Arrest*, à la lecture duquel se sont opposez les Ecclesiastiques, les Nobles, les Prevôt des Marchands, Echevins, & Officiers de la ville de Paris, disans, qu'aucuns d'eux ont Justice en la ville & fauxbourgs de Paris, & mêmes lesdits Prevôt des Marchands & Echevins sur la riviere : Et partant que la connoissance des Arrêts faits en leur Justice & Seigneuries, appartient à leurs Juges Officiers respectivement : Et par ledit Maître Jean le Bourguignon pour ledit Procureur du Roy, a été dit, n'être d'accord que lesdits Ecclesiastiques, Nobles, Prevôt des Marchands & Echevins, ou autres ayent Justice en ladite ville & fauxbourgs de Paris, au préjudice du Roy, comme il est dit cy-dessus, & que des Arrêts étans faits par privilege octroyé par le Roy, la connoissance en appartient au Prevôt de Paris. Sur quoy avons ordonné, que ledit article demeurera, & néanmoins auront les susdits, lettres de leurs oppositions & remontrances.

Les articles 177. commençant, *Et néanmoins*, & le 178. commençant, *Le créancier*, ont été ajoûtez pour l'avenir, sans préjudice du passé.

A l'article 179. commençant, *Toutefois*, qui étoit le 195. article de l'ancien Coûtumier, ont été pour interprétation ajoûtez ces mots, *Pour quelque cause que ce soit, encore qu'aucun des créanciers eût fait premier saisir.*

Aussi ont été ajoûtez les articles 180. commençant, *Le cas*, 181. commençant, *Et n'a lieu*, 182. commençant, *Aussi n'a lieu.*

De Servitudes & Rapports de Jurez.

L'Article 184. commençant, *En toutes matieres*, a été mis au lieu du 79. article de l'ancien Coûtumier, lequel ancien a été corrigé pour l'amendement des Bacheliers. A la lecture duquel article, & du suivant, commençant, *Et sont tenus*, qui a été ajoûté pour nouvel, Maître Claude Hardy, au nom & comme Procureur de Maître Jean de Verdun, a remontré que ledit de Verdun est pourvû en titre d'Office formé, de l'Office de Clerc des Jurez Massons, Bacheliers & Preud'hommes de la Ville, Prevôté & Vicomté de Paris, a été sa provision amplifiée & confirmée par Lettres Patentes en forme d'Edit, lûës & verifiées en la Cour de Parlement, à cause duquel luy appartient d'assister à toutes visitations, prisées & estimations de maisons, & autres heritages, avec lesdits Jurez, Bacheliers & Preud'hommes, & rediger par écrit, & signer avec eux leurs rapports, & garder les minutes d'iceux, dont il est responsable, commettre à ces fins tel Clerc & Commis qu'il voudra du fait duquel il est chargé, & responsable, & ne peuvent les Jurez, Bacheliers & Preud'hommes prendre autres personnes que ledit de Verdun ou ses commis, sur peine de nullité des rapports, protestoit, que l'article ne luy puisse préjudicier, & s'opposoit à la publication d'iceluy, ainsi qu'il étoit couché, sinon que ses droits luy soient gardez. Et par ledit Maître Simon Marion, pour l'Etat de la Noblesse, a été dit que par l'Edit de la Police, verifié en la Cour de Parlement, ledit Office de Clerc a été supprimé, & partant est loisible aux parties & aux Jurez prendre tel Clerc que bon leur semble pour écrire le rapport desdits Jurez. Et par Maître Jean le Noir, Avocat pour les Maîtres Jurez Massons & Charpentiers de cette Ville de Paris, créez & érigez par le Roy en titre d'Office, a été remontré, que les grandes longueurs desquelles on se plaint à l'encontre d'eux en l'expedition des rapports, procedent de la faute & negligence des Clercs, lesquels écrivent leurs rapports qui sont personnages pauvres, choisis par ledit de Verdun, lesquels il change quand il luy plaît, au grand détriment & préjudice du public, requerant qu'il leur fût permis d'appeller tels Clercs que bon leur semblera, de ceux qui sont capables de telle charge, qui auront fait serment à Justice, conformément à l'Edit du Roy, verifié en la Cour de Parlement, sur le fait de la Police generale en l'an 1577 au titre des Massons & Charpentiers, article 11. ont remontré lesdits Jurez Massons & Charpentiers, qu'ils sont vingt-quatre en nombre, pourvûs audit Etat & Office par le Roy, & que par Arrest de son privé Conseil, il a été dit & jugé que ledit nombre de 24. ne pourroit être augmenté : Et défenses faites à tous autres de s'ingerer ou immiscer à faire visitation, sur peine de nullité, & de cent livres parisis d'amende : qu'il suffit d'appeller pour faire lesdites visitations, deux Jurez, sans en prendre trois ni quatre, & sans prendre des Bourgeois, & que le grand nombre apporte plus grande longueur, & plus grands frais & dépens aux parties, & s'il avenoit qu'il fût besoin faire autre visitation, la premiere étant débatuë, que pour la corriger ne doivent être appellez autres personnes que des vingt-quatre Jurez, pourvûs en titre d'Office, en tel nombre qu'il sera trouvé bon. A quoy Maître Claude l'Estourneau, Commissaire & Examinateur au Châtelet de Paris, tant en son nom, que comme Syndic des autres Commissaires & Examinateurs audit Châtelet, est intervenu, & dit, qu'ausdits Commissaires & Examinateurs dudit Châtelet appartient recevoir le serment des Jurez convenus par les parties, ou nommez par le Prevôt de Paris ou son Lieutenant, pour visiter, priser & estimer quelque chose que ce soit, assister aux visitations & prisées, recevoir l'avis & rapports desdits Jurez, pour de tout ce qui est fait, en délivrer acte aux parties, ainsi que par plusieurs Arrests de la Cour, contradictoirement donnez entre les Jurez & lesdits Commissaires, a été ordonné. Et par Maître Nicolas Valençon, Conseiller audit Châtelet, a été soûtenu au contraire : Dont à toutes leursdites parties ce requerant, avons octroyé acte pour leur servir ce que de raison.

Le 186. commençant; *Droit de servitude*, a été accordé, & mis au lieu des 80. & 87. de l'ancien Coûtumier, desquels la teneur étoit telle qui ensuit : Item, *En la ville & fauxbourgs de Paris, un voisin ne peut acquerir sur son autre voisin aucun droit de servitude sans titre, par quelque laps de temps qu'il en ait joüy.* Item, *par lesdits usage & coûtume, droit de servitude ne s'acquiert point par prescription ou longue joüissance, quelle qu'elle soit, sans titre.*

Les articles 188. commençant, *Qui fait étable contre un mur moitoyen*, 189. commençant, *Qui veut faire cheminées*, 191. commençant, *Qui veut faire aysances*, 192. commençant, *Celuy qui a place*, 193. commençant, *Tous propriétaires de maisons*, 194. commençant, *Si aucun veut bâtir*, ont été ajoûtez pour l'avenir, sans préjudice du passé.

A l'article 195. commençant, *Il est loisible à un voisin hausser*, qui étoit le 82. de l'ancien Coûtumier, ont été ajoûtez ces mots, *En payant les charges, pourvû toutefois que le mur soit suffisant pour porter le rehaussement, & s'il n'est suffisant, faut que celuy qui veut rehausser, le fasse fortifier, & se doit prendre l'épaisseur de son côté :* Aussi ont été ajoûtez les articles 196. commençant, *Si le mur est bon*, 197. commençant, *Les charges sont*, 199. commençant, *En mur moitoyen*, 200. commençant, *Toutefois*, 201. commençant, *Fermaille*, 202. commençant, *Aucun ne peut*, & 203. commençant, *Les Massons*, pour avoir lieu à l'avenir, sans préjudice du passé.

Au 204. article commençant, *Il est loisible*, qui étoit le 85. article de l'ancien Coûtumier, ont été ajoûtez ces mots, *En le dénonçant toutefois au préalable à son voisin, & est tenu faire incontinent & sans discontinuation ledit rétablissement*, pour avoir lieu à l'avenir.

A l'article 207. commençant, *Il est loisible*, ont été sur la fin ajoûtez ces mots, *Toutefois pour les murs des champs suffit y mettre matiere suffisante.*

Les articles 209. commençant, *Chacun peut*, 210. commençant, *Hors lesdits*, 211. commençant, *Tous murs*, 212. commençant, *Et néanmoins*, 213. commençant, *Le semblable*, 214. commençant, *Filet*, 215. commençant, *Quand on peut*, ont été ajoûtez pour l'avenir, sans préjudice du passé.

A l'article 216. commençant, *Destination*, ont été ajoûtez ces mots, *Quand elle est, ou a été par écrit, & non autrement*, Coûtume nouvelle.

Les articles 217. commençant, *Nul ne peut faire*, 218. commençant, *Nul ne peut mettre*, 219. commençant, *Les enduits*, ont été ajoûtez pour l'avenir, sans préjudice du passé.

Communauté de Biens.

AU 220. article du titre de Communauté de biens, commençant, *Homme & femme*, qui étoit le 110. de l'ancien Coûtumier, ont été ajoûtez ces mots, *Et commence la communauté du jour des épousailles, & benediction nuptiale.*

A la

A la fin de l'article 221. commençant, *A cause de laquelle*, qui étoit le 109. de l'ancien Coûtumier, ont été ajoûtez ces mots, *Et ce jusques à la concurrence de la communauté; comme il sera dit cy-après*.

Aussi a été ajoûté l'article suivant, commençant, *Combien qu'il soit convenu*, pour l'avenir, sans préjudice du passé.

A l'article 223. commençant, *La femme mariée*, pris en partie du 105. article de l'ancien Coûtumier, ont été ajoûtez ces mots, *Et si elle fait aucun contrat sans l'autorité & consentement de sondit mary, tel contrat est nul, tant pour le regard d'elle, que de sondit mary, & n'en peut être poursuivie; ni ses heritiers, après le decès de sondit mary*; & ce pour avoir lieu à l'avenir, sans préjudice du passé.

A l'article 224. commençant, *Femme ne peut*, qui étoit le 106. article de l'ancien Coûtumier, ont été ajoûtez ces mots, *si elle n'est autorisée*, & après ces mots, *ou separée*, qui étoient au vieil Coûtumier, ont été ajoûtez ces mots, *par Justice, & ladite separation executée*.

A l'article 226. commençant, *Le mary ne peut*, qui étoit le 106. du vieil Coûtumier, a été ajoûté ce mot, *échanger*, & pareillement a été ajoûté l'article 227. commençant, *Peut toutefois*, pour interprétation.

L'article 228. commençant, *Le mary ne peut par*, a été ajoûté, & mis pour nouvel.

A l'article 230. commençant, *Laquelle moitié*, qui étoit le 112. du vieil Coûtumier, ont été ajoûtez pour nouvelle Coûtume les mots qui ensuivent, *Desquels biens toutefois les pere ou mere, ayeul ou ayeule succedans à leurs enfans, joüiront par usufruit leur vie durant, au cas qu'il n'y ait aucuns descendans de l'acquereur*.

Les articles 231. commençant, *Les fruits des heritages*, & 232. commençant, *Si durant*, ont été ajoûtez pour l'avenir; sans préjudice du passé.

A l'article 234. commençant, *Une femme*, qui étoit le 114. de l'ancien Coûtumier, ont été ajoûtez & interposez ces mots, *par effet*, & ces mots, *& son mary*, pour interprétation.

Le 235. article commençant, *La femme n'est reputée*, a été ajoûté de nouvel, sans préjudice du passé.

A l'article 237. commençant, *Il est loisible*, qui étoit le 115. du vieil Coûtumier, ont été ajoûtez ces mots, *ou non noble*, & à la fin d'iceluy ont été ajoûtez ces mots, *En faisant faire bon & loyal inventaire*, le tout pour l'avenir, & sans préjudice du passé.

A l'article 238. commençant, *Quand l'un des deux conjoints nobles*, qui est pris des 116. & 131. de l'ancien Coûtumier, ont été ajoûtez ces mots, *demeurans, tant en la ville de Paris, que dehors*, & ces mots, *selon la qualité*, sans préjudice de ce qui a été gardé cy-devant.

A l'article 239. commençant, *Homme & femme*, qui étoit le 117. article de l'ancienne Coûtume, ont été ajoûtez pour interprétation ces mots, *Pour avoir administration de leurs biens, & non pour vendre, engager ou aliéner leurs immeubles pendant leur minorité*.

A l'article 240. commençant, *Quand l'un des deux conjoints par mariage*, qui étoit le 118. de l'ancien Coûtumier, ont été ajoûtez ces mots, *avec personne capable & legitime contradicteur*, & dudit ancien article ont été rayez ces mots, *ou autre acte dérogeant à communauté*, & ce sans préjudice de ce qui a été gardé par le passé, & des procez pendans, si aucuns il y a, & aussi sans préjudice, comme dessus, ont été mis de nouvel les 242. article, commençant, *Si le survivant*, 243. commençant, *Si aucun des enfans*, 245. commençant, *Et est tenu*, 246. commençant, *Chose immeuble*.

Des Doüaires.

A L'article 248. commençant, *Doüaire Coûtumier est*, qui étoit le 136. de l'ancien Coûtumier, ont été ajoûtez ces mots, *& benediction nuptiale*.

A la fin de l'article 250. commençant, *Si les enfans*, qui étoit le 138. de l'ancien Coûtumier, ont été ajoûtez ces mots, *Créez depuis ledit mariage, & se partit le doüaire, soit préfix ou coûtumier entre eux, sans droit d'aînesse ou prérogative*: ensemble ont été ajoûtez de nouvel, les 251. article, commençant, *Nul ne peut*, 252. commençant, *Celuy qui veut*, 253. commençant, *Quand le pere*, 254. commençant, *Si les enfans*, pour avoir lieu, tant ladite addition que les articles pour l'avenir; sans préjudice du passé.

Le 256. article commençant, *Doüaire*, est nouvel pour le doüaire prefix, & en ce faisant a été abrogé le 141 article de l'ancien Coûtumier, & ont été pour l'interprétation ajoûtez ces mots, *Sans qu'il soit besoin de le demander en jugement, & courent les fruits & arrerages du jour du decès du mary*.

Aussi ont été ajoûtez les articles 257. commençant, *La femme doüée*, 258. commençant, *Toutes contre-lettres*, 259. commençant, *Doüaire d'une somme*, 260 commençant, *Doüaire préfix*, 262. commençant, *La femme qui prend*, pour l'avenir, sans préjudice du passé.

A l'article 263. commençant, *Le Doüaire*, qui étoit le 144. article de l'ancien Coûtumier, ont été ajoûtez ces mots, *Soit en especes ou rente*, & a été le 264. article commençant, *Et au cas*, ajoûté pour Coûtume nouvelle.

De Garde-Noble & Bourgeoise.

LEs articles qui sont sous ce titre ont été mis au lieu des articles qui étoient en l'ancien Coûtumier en deux Rubriches, l'une de Garde Noble, & l'autre de Garde Bourgeoise, lesquels anciens articles ont été corrigez, ainsi qu'il peut apparoir par la conference d'iceux, & lesquels anciens articles ont été à cette fin transcrits, comme il s'ensuit.

99. *Par la Coûtume generale de la Prevôté & Vicomté de Paris, hors ladite ville & fauxbourgs de Paris, il est loisible au pere ou mere, ayeul ou ayeule noble, accepter la Garde Noble de leurs enfans en ligne directe, après le trépas des peres ou mere desdits enfans, & font lesdits gardiens les fruits leurs, des heritages, rentes & revenus appartenans ausdits mineurs, à la charge de payer par lesdits gardiens, les dettes que doivent lesdits enfans, les nourrir, alimenter, & entretenir, payer & acquitter les charges que doivent lesdits heritages, & à la fin de ladite Garde, rendre lesdits heritages en bon état; & dure ladite Garde, c'est à sçavoir, aux enfans mâles jusques à vingt ans, & aux filles jusques à quinze ans accomplis, pourvû que les pere ou mere, ayeul ou ayeule survivant, qui acceptera ladite Garde noble, ne se remarie; car en tel cas le temps de ladite Garde noble sera fini, & sera pourvû ausdits mineurs de tuteur par le Juge, auquel il appartient d'y pourvoir.*

100. *Garde noble se doit accepter en jugement.*

101. *Par la Coûtume tenuë & gardée en la ville de Paris, quand l'un des deux conjoints ensemble par mariage va de vie à trépas, délaissez aucuns de leurs enfans mineurs, il est loisible au survivant d'accepter la Garde bourgeoise, gouvernement & administration desdits mineurs, & de leurs biens meubles & immeubles, en jugement; & en ce faisant, faire par ledit survivant les fruits & revenus des heritages desdits mineurs, siens, en nourrissant & entretenant par ledit survivant, iceux mineurs, & payant & acquittant*

les charges desdits heritages, & iceux entretenant de reparations viageres, & jusques à la fin d'icelle garde, qui dure aux enfans mâles jusques à quatorze ans, & aux femelles jusques à douze ans finis & accomplis, pourvû que le pere ou la mere survivant, qui acceptera ladite Garde bourgeoise, ne se remarie : car en ce cas le temps de ladite Garde sera fini, & sera pourvû ausdits mineurs de tuteurs & curateurs par le Juge auquel il appartient d'y pourvoir.

102. Item, *Garde bourgeoise se doit accepter en jugement, & est tenu le Gardien faire faire inventaire & bailler caution.*

103. *Par ladite Coûtume le Gardien qui a la Garde bourgeoise de ses enfans, ne peut intenter ni déduire les droits & actions réelles desdits mineurs en jugement devant ladite Garde, mais appartient à ce faire aux tuteurs & curateurs desdits mineurs.*

Des Donations & Don mutuel.

DEs deux Rubriches qui étoient au Coûtumier ancien de Don mutuel separément, & l'autre, de dispositions & dons, conjoints avec la Rubriche des testamens, a été faite la presente Rubriche.

A l'article 272. commençant, *Il est loisible*, qui a été pris des 97. & 98. dudit ancien Coûtumier, ont été ajoûtez ces mots, *âgez de vingt-cinq ans accomplis*, & à la fin d'iceluy ces mots, *& néanmoins celuy qui se marie, ou qui a obtenu benefice d'âge, entheriné en Justice, peut, ayant l'âge de vingt ans, disposer de ses meubles* ladite addition faite pour l'avenir, sans préjudice du passé.

L'article 274. commençant, *C'est donner*, a été ajoûté pour l'interprétation du précedent.

A l'article 275. commençant, *Ce n'est donner*, qui étoit le 161. de l'ancien Coûtumier, ont été ajoûtez ces mots, *quand il y a clause de constitut ou précaire.*

Les articles 276. commençant, *Les mineurs*, 277. commençant, *Toutes donations*, ont été ajoûtez de nouvel.

L'article 279. commençant, *Femme convalant*, a été de l'avis de toute l'assistance, accordé pour Coûtume nouvelle.

A l'article 280. commençant, *Homme & femme*, qui étoit le 155. article de l'ancien Coûtumier, ont été ajoûtez ces mots, *soit des deux conjoints, ou de l'un d'eux, lors du decés du premier mourant*, ladite addition faite pour l'avenir, sans préjudice du passé : Comme aussi ont été ajoûtez, & sans préjudice, comme dessus, les articles 281. commençant, *Pere & mere marians*, & 283. commençant, *Ne peuvent.*

A l'article 284. commençant, *Un don mutuel*, qui étoit le 157. article du Coûtumier ancien, ont été ajoûtez ces mots, *Ains est sujet à délivrance, & pour être valable, doit être insinué dans les quatre mois du jour du contrat, & l'insinuation faite par l'un d'eux, vaut pour tous d'eux, aprés laquelle insinuation, ledit don mutuel n'est revocable, sinon du consentement des deux conjoints*, pour aussi ladite addition avoir lieu à l'avenir, sans préjudice du passé.

Aussi a été ajoûté, sans préjudice, comme dessus, le 285. article commençant, *Le donataire mutuel ne gagne.*

A la fin de l'article 286. commençant, *Le donataire mutuel est tenu*, qui étoit le 158. de l'ancien Coûtumier, ont été ajoûtez ces mots, *Toutefois n'est tenu payer les legs & autres dispositions testamentaires*, & ce pour plus grande explication.

L'article 288. commençant, *L'heritier*, a été de nouvel ajoûté.

Des Testamens, &c.

L'Article 289. commençant, *Pour reputer*, a été accordé au lieu du 96. article de l'ancienne Coûtume, comme nouvel, pour ce qui est outre le contenu en ladite ancienne Coûtume, de laquelle la teneur étoit telle : Item, *avant qu'un testament soit reputé solemnel, il est requis qu'il soit écrit & signé de la main & seing manuel du testateur, ou signé de sa main, & à luy lû, & par luy entendu en la presence de trois témoins ; ou qu'il soit passé pardevant deux Notaires ou pardevant le Curé de sa Paroisse, ou son Vicaire general, & un Notaire, ou dudit Curé ou Vicaire, & deux témoins ; d'un Notaire & deux témoins, ou de quatre témoins, iceux témoins idoines, suffisans, & non legataires dudit testateur, fors & excepté entant que touche les legs pitoyables, obseques & funerailles d'iceluy testateur, esquels toutefois & pour le moins sera gardée de Droit Canon.*

Les articles 290. commençant, *Sont tenus*, 291. commençant, *Sont aussi tenus*, ont été ajoûtez pour être gardez à l'avenir. Et en relisant iceux articles, le Vendredy quatriéme jour de Mars audit an, se sont lesdits Ecclesiastiques opposez, & soûtenu n'être tenus de porter leurs registres, dont est fait mention ausdits articles, aux Greffes Royaux, ni autres. Et les Nobles & le tiers Etat ont dit, lesdits articles être bons, & devoir être gardez & observez, & comme tels à la lecture premiere qui en a été faite, avoir été accordez par lesdits Ecclesiastiques, & qu'en leur faveur & requête avoit été mis ausdits articles, que pour porter & bailler lesdits registres, ils ne doivent rien payer au Greffe, qu'à present ils ne sont recevables à les debattre. Sur quoy avons ordonné que lesdits articles demeureront, ainsi qu'ils ont été premierement accordez.

A la fin de l'article 292. commençant, *Toutes personnes*, pris des 92. & 93. de l'ancien Coûtumier, ont été ajoûtez ces mots, *encore que ce fût pour cause pitoyable*, pour ladite addition avoir lieu à l'avenir.

Les articles 293. commençant, *Pour tester*, 294. commençant, *Toutefois*, ont été ajoûtez pour Coûtume nouvelle.

Et le Vendredy quatriéme jour de Mars audit an, relisant lesdits deux articles, ledit Chauvelin pour lesdits Ecclesiastiques, a dit & remontré qu'étant loisible en l'âge de seize ans de disposer de sa personne, & faire vœu de Religion, il doit aussi être loisible de disposer de ses biens audit âge, même quand le mineur entre en Religion, & y fait profession. Et par ledit Maître Simon Marion pour la Noblesse, a été dit, que la Coûtume se doit faire pour la conservation des maisons & familles, qui seroient grandement interessées, si un mineur audit âge pouvoit disposer de ses biens, & les donner aux Monasteres, ou à autres personnes. Et par lesdits d'Auvergne & de Sainction a été dit, lesdits articles avoir été accordez en faisant la premiere lecture d'iceux, & partant doivent demeurer : Avons ordonné que lesdits articles demeureront, ainsi qu'ils ont été par cy-devant accordez, & que les susdits auront acte de leurs remontrances, & d'icelles sera fait mention en ce Procés Verbal.

L'article 295. commençant, *Si l'heritier*, a été accordé & ajoûté de nouvel.

A la fin de l'article 297. commençant, *Les executeurs*, qui étoit le 95. de l'ancien Coûtumier, ont été ajoûtez pour l'avenir, ces mots, *Et est tenu ledit executeur faire faire inventaire en diligence, si-tôt que le testament est venu à sa connoissance, l'heritier présomptif present, ou dûement appellé.*

L'article 298. commençant, *La legitime*, a été accordé pour nouvelle Coûtume.

De Succession en ligne directe & collaterale.

A L'article 299. commençant, *Institution*, ont été ajoûtez pour interprétation ces mots, *C'est-à-dire, qu'elle n'est requise & necessaire pour la validité d'un testament, mais ne laisse de valoir la dis-*

position jusques à la concurrence de ce que le testateur peut valablement disposer : aussi a été ajoûté pour interprétation l'article 301. commençant, *Peut toutefois*.

Les articles 305. commençant, *Si le donataire*, 306. commençant, *Pareillement*, 307. commençant, *Néanmoins*, 308. commençant, *L'enfant*, 309. commençant, *Les fruits*, ont été ajoûtez pour avoir lieu à l'avenir, sans préjudice de ce qui a été gardé par le passé.

A l'article 310. commençant, *Le droit & part*, qui étoit en substance le 127. de l'ancien Coûtumier, ont été pour l'avenir, & sans préjudice du passé, ajoûtez ces mots, *sans aucune prérogative d'aînesse de la portion qui accroit*.

A l'article 311. commençant, *Pere & mere*, qui étoit le 128. de la Coûtume ancienne, ont été pour interprétation ajoûtez sur la fin ces mots, *Et en défaut d'eux, l'ayeul ou l'ayeule, & autres ascendans*.

L'article 313. commençant, *Toutefois*, a été ajoûté pour l'avenir, sans préjudice du passé.

Les articles 314. commençant, *Les pere & mere*; 315. commençant, *Si le fils*, ont été accordez pour Coûtume nouvelle.

L'article 317. commençant, *Et néanmoins*, a été ajoûté pour l'avenir, sans préjudice du passé.

A l'article 318. commençant, *Le mort*, qui étoit le 1. 2. & le 132. de l'ancienne Coûtume, ont été pour interprétation ajoûtez ces mots, *plus proche & habile à luy succeder*.

A l'article 319. commençant, *En ligne directe*, qui étoit le 133. de l'ancienne Coûtume, ont été ajoûtez ces mots, *infiniment, & en quelque degré que ce soit*.

Les articles 320. commençant, *En ligne collaterale*, 321. commençant, *Mais si les neveux*, 322. commençant, *Toutefois les mâles*, 323. commençant, *Et si en ladite succession*, ont été accordez pour Coûtume nouvelle : Et par l'avis de tous lesdits Etats, l'ancienne Coûtume, par laquelle en ligne collaterale, représentation n'avoit lieu, a été abrogée.

L'article 324. commençant, *Les enfans*, a été accordé & mis au lieu du 134. article de l'ancienne Coûtume, dont la teneur étoit telle, *Par ladite Coûtume, quand il y a enfant mâle du fils aîné survivant son pere, ou venant à la succession de ses ayeul ou ayeule, il represente son pere au droit d'aînesse, & s'il n'y a que filles, elles représentent leurdit pere, toutes ensemble, pour une tête, & partissent avec les oncles, sans droit d'aînesse quant ausdites filles.*

Les 325. article commençant, *En ligne collaterale*, & 326. commençant, *Et quant aux propres heritages*, ont été mis au lieu des 145. & 147. articles de l'ancienne Coûtume, avec les additions qui sont à la fin desdits articles, faites en conséquence de la Coûtume nouvelle de représentation cy-devant accordée.

A l'article 327. commençant, *Les heritiers d'un défunt*, qui étoit le 146. de l'ancienne Coûtume, ont été mis ces mots, *Et non par souches*, au lieu de ces mots, *Et non par lignes*, qui étoient en ladite ancienne Coûtume.

Et ont été ajoûtez les 328. commençant, *Excepté*, 329. commençant, *Et sont reputez*, & 330. commençant, *Et s'il n'y a*, pour avoir lieu à l'avenir, sans préjudice du passé.

A la fin de l'article 332. commençant, *Les heritiers*, ont été mis ces mots, *quand ils succedent également*.

Et pareillement ont été ajoûtez les articles 333. commençant, *Toutefois*, 334. commençant, *Et quand*, 335. commençant, *En succession*, pour avoir lieu, tant en ladite addition, qu'aux articles, pour l'avenir, sans préjudice de ce qui a été gardé par le passé.

L'article 339. commençant, *L'oncle & le neveu d'un défunt*, a été ajoûté pour l'avenir, sans préjudice du passé.

L'article 341. commençant, *Ce que dessus*, a été aussi ajoûté pour avoir lieu à l'avenir, sans préjudice du passé.

Les articles 342. commençant, *L'heritier en ligne*, 343. commençant, *Le mineur*, 344. commençant, *L'heritier par benefice d'inventaire*, ont été de nouvel ajoûtez.

Des Criées.

Ce titre des Criées & articles contenus sous iceluy, ont été mis au lieu du titre du Coûtumier ancien intitulé, *Touchant les Criées & les quatre quatorzaines anciennes*, & des articles 187. 188. 189. & 190. qui étoient sous ledit titre, pour être iceux articles de nouvel redigez, ajoûtez & gardez à l'avenir, sans préjudice de ce qui se gardoit & observoit par le passé.

Les articles qui étoient sous la rubrique intitulée, *Autres Coûtumes*; ont été transportez & mis sous titres & rubriques, ainsi qu'il a semblé être convenable.

Ce fait, & ayant été lûs tous lesdits articles, à quoy avons vacqué par chacun jour sans discontinuation, tant le matin que de relevée, jusques au Samedy vingt-huitiéme dudit mois inclus, avons continué l'assignation au Vendredy quatriéme jour de Mars ensuivant, enjoignant à tous de se rassembler ledit jour au même lieu, pour en leur presence être faite lecture de ce qui a été accordé & passé, qui sera pendant ledit temps redigé & mis au net. Et avenu ledit jour de Vendredy quatriéme Mars, nous nous serions transportez audit lieu, où avons trouvé lesdits trois Etats assemblez en bon & grand nombre, en présence desquels avons fait relire ce qui avoit été passé & accordé és séances précedentes, & pendant ledit intervalle de temps, mis en cahier dressé par rubriches & articles, & ordre convenable, selon qu'il nous a semblé devoir être fait.

Et sur la Requête faite par le Procureur General du Roy, Avons dit & ordonné, disons & ordonnons, que les ajournez qui ne sont comparus à ladite redaction durant lesdites séances, soient gens d'Eglise, de la Noblesse, ou du tiers Etat, seront pour le profit du défaut pour nous contre eux donné, censez & reputez être sujets ausdites Coûtumes, & au surplus, dit & ordonné, que lesdites Coûtumes seront, tant par les comparans que par les défaillans, gardées & observées pour la loy du pays. Et à ce faire les avons condamnez & condamnons, leur faisant, & à tous Avocats, Procureurs, & Conseillers les inhibitions & défenses de poser & articuler dorénavant autres Coûtumes, que les susdites. Et ausdits Prevôt, Lieutenans, & autres Officiers de ladite Prevôté, de les recevoir à ce faire, & d'en informer par turbes.

Et tout ce que dessus, nous Commissaires susdits, certifions être vray, & avoir été fait comme est contenu en ce present Procés Verbal Lequel en témoin de ce avons signé de nos seings manuels, & scellé du scel de nos armes, les jours & an que dessus.

De Thou. *Anjorrant.*

Chartier. Viole. de Longueil.

EXTRAIT DES REGISTRES de Parlement.

Apportées & presentées par Maître Christophe de Thou, Chevalier, Premier President, & Jacques Viole, Conseiller en la Cour de ceans, Commissaires à ce deputez par le Roy, & mis au Greffe d'icelle Cour, en la presence du Procureur General dudit Seigneur, le Vendredy vingt-septiéme Août mil cinq cens quatre-vingt.

Du Tillet.

ARTICLES DE L'ANCIENNE COUSTUME CHANGEZ *ou retranchez lors de la redaction qui en fut faite en l'année mil cinq cent quatre-vingt.*

5. ITem, & que le fils aîné en faisant la foy & hommage aux Seigneurs feodaux, acquitte les filles de leur premier mariage. 7. & 8. Ces deux articles sont transcrits au Procés Verbal.

10. Quand pere & mere ayans Fiefs & heritages tenus noblement, vont de vie à trépas, delaissent plusieurs enfans, excepté dans le nombre de deux, & jusques à trois ou quatre, ou plus grand nombre venans à leur succession, au fils aîné par préciput pour son droit d'aînesse, appartient en chacune desdites successions tant de pere que de mere, un hôtel tenu en Fief, tel qu'il veut choisir pour principal manoir, ainsi qu'il se comporte d'ancienneté, avec la moitié de tous les autres heritages tenus en Fief: Et à tous les autres enfans ensemble l'autre moitié & residu desdits Fiefs & heritages tenus noblement.

11. *Item*, quand en un Fief appartenant à deux ou plusieurs enfans par succession de leur pere ou mere n'y a point de manoir principal, & n'y a que terres labourables, le fils aîné peut avoir un arpent de terre en tel lieu qu'il voudra élire par préciput, au lieu dudit manoir.

12. Entre filles, & quand il n'y a que filles venans à la succession de pere & mere, droit d'aînesse n'a point de lieu: mais viennent toutes, & partissent également les biens desdites successions de leursdits pere & mere, & tant en Fiefs & heritages tenus noblement, comme autres.

15. *Item*, quand le Seigneur feodal à pris & retenu par puissance de Fief aucun Fief tenu & mouvant de luy, & que ledit Fief luy est depuis arrivé par retrait, le retrayant est tenu payer audit Seigneur les droits de quints & requints (si requint y a) avant que ledit Seigneur soit tenu de le recevoir à la foy & hommage dudit Fief, sauf audit retrayant son recours contre ledit vendeur, si la vente n'avoit été faite à francs deniers.

17. *Item*, le fils (auquel son pere ou mere, ayeul ou ayeule, ont donné aucun heritage tenu en Fief, en avancement d'hoirie) ne doit que la bouche & les mains au Seigneur feodal dudit Fief, ne plus ne moins que si ledit Fief étoit échû par le trépas & succession de ses pere & mere, ayeul ou ayeule.

21. *Item*, tout homme noble tenant Fief est tenu & reputé à l'âge de vingt ans, & la fille à quinze ans accomplis, quant à la foy & hommage, & administration de Fief.

22. Par ladite Coûtume, quand un Fief change de main (autrement que par vendition) faut suppléer, soit, ou comme par mort, échange, succession, autrement il y échet droit de relief; fors qu'en succession ou donation en avancement d'hoirie en ligne directe.

23. Quand un Fief est vendu ou alienè à prix d'argent, le vendeur doit payer le quint denier du prix.

24. Par ladite Coûtume, quand Fief est vendu à francs deniers au vendeur, il est dû au Seigneur feodal le quint denier, & requint du prix.

25. Cet article est transcrit au Procés Verbal.

26. *Item*, entre filles, soit en succession de ligne directe ou collaterale, il n'y a point d'aînesse.

28. *Item*, si tous les enfans ausquels appartient aucun Fief, sont mineurs & en tutelle, le Seigneur feodal est tenu de leur bailler souffrance, ou à leur tuteur, jusques à ce qu'ils, ou l'un d'eux, qui puisse faire la foy & hommage, soit en âge.

29. *Item*, en ce cas pour faire foy hommage, le fils est reputé âgé à vingt ans accomplis, & une fille à quinze ans.

33. C'est le 47. de la nouvelle Coûtume, rien de changé.

35. *Item*, le vassal ne peut demembrer son Fief au préjudice & sans le consentement de son Seigneur.

37. *Item*, en ce cas les propriétaires ou Seigneurs d'iceux arriere-Fiefs, & chacun d'eux, peuvent faire la foy & hommage au Seigneur, dont ils tiennent en arriere-Fief, lequel est tenu de les recevoir, & leur bailler main-levée, & faire délivrance, en luy payant les droits & devoirs, si aucuns luy en sont dûs, à cause de l'arriere-Fief qui luy appartient.

38. *Item*, le Seigneur feodal qui met en sa main, par faute d'homme, droits & devoirs non faits, le Fief tenu de luy, auquel il y a des terres emblavées par aucun Fermier ou Laboureur, auquel sont baillées à ferme icelles terres, iceluy Seigneur feodal (s'il veut avoir les gagnages d'icelles terres) est tenu de rendre ou restituer au Fermier ou Laboureur ses feurs & semences.

39. *Item*, la Coûtume susdite a lieu aussi, si le Seigneur feodal veut avoir le revenu d'un an pour son droit de relief.

40. *Item*, és cas susdits, le Seigneur feodal (si bon luy semble) peut prendre & avoir la moison dûë par le Fermier ou Laboureur qui tient lesdites terres & autres heritages à moison.

41. Cet article est transcrit dans le Procés Verbal.

45. *Item*, le vassal est tenu faire les offres à son Seigneur feodal au lieu du principal manoir, ou autre lieu dont est tenu & mouvant le Fief, & icelles notifier audit Seigneur ou à l'un de ses Officiers, si aucun y en a sur le lieu, & où ledit Seigneur ou ses Officiers ne sont trouvez par le vassal audit Fief, il suffit notifier lesdites offres au prochain voisin d'iceluy Fief.

54. *Item*, pour ventes recelées & non notifiées au Seigneur censier dedans la huitaine de l'acquisition, il y a soixante sols parisis d'amende au Seigneur censier.

55. *Item*, si aucun achete à prix d'argent aucun heritage étant en la censive d'aucun Seigneur censier ou foncier, tel acheteur dudit heritage est tenu payer audit Seigneur censier ou foncier, les ventes audit achat & saisine pour ce dûës & accoûtumées, avec douze deniers parisis pour la saisine.

56. *Item*, il ne prend saisine qui ne veut.

57. *Item*, toutes rentes nommément constituées sur heritages, soient rachetables ou non, jusques à ce qu'elles soient rachetées, sont reputées immeubles & heritages.

58. 59. 60. 61. Pour rentes constituées à prix d'argent, sur maisons ou autres heritages assis és Ville, Prevôté & Vicomté de Paris, ne sont dûs aucuns droits de lods & ventes, ni autres profits seigneuriaux, soit pour la constitution ou rachat desdites rentes. *Cet article a été par Arrest de la Cour de Parlement prononcé le 10. jour de May 1577. subrogé au lieu des 58. 59. 60. & 61. anciens articles de ladite Coûtume abrogez par ledit Arrest.*

Voyez la Note de M. Charles du Molin, inserée après le 199. & dernier des presens articles anciens.

66. Par ladite Coûtume, si aucun a possedé &

joüy d'aucun heritage à juste titre, & de bonne foy, tant par luy que par ses prédécesseurs, dont il a le droit & cause, franchement & sans inquietation d'aucune rente par dix ans entre presens, & vingt ans entre absens, âgez & non privilegiez, il acquiert prescription d'icelle rente.

79. Par la Coûtume de la Ville, Prevôté & Vicomté de Paris, à un rapport de Jurez dûement fait par autorité de Justice, partie presente ou appellée de ce qui gist en leur art & industrie, foy doit être ajoûtée, s'il n'en est demandé l'amendement des Bacheliers.

80. Cet article est transcrit au Procés Verbal.

81. *Item*, en ladite ville & fauxbourgs d'icelle, à qui appartient le rez de chaussée, appartient le dessus & le dessous du rez de chaussée, s'il n'y a titre au contraire.

83. Par ladite Coûtume, quiconque a le sol, appellé l'étage du rez de chaussée, d'aucun heritage, il peut & doit avoir le dessus & dessous de son sol, & y peut édifier par dessus ou par dessous, & y faire puits, aisemens, & autres choses licites, s'il n'y a titre au contraire.

87. Cet article est transcrit au Procés Verbal.

92. Par la Coûtume generale de la Ville, Prevôté & Vicomté de Paris, il n'est loisible à aucun de disposer par testamens de ses propres heritages, au préjudice de ses heritiers, outre le quint d'iceux.

93. *Item*, toutes franches personnes, saines d'entendement, âgées & usans de leurs droits, peuvent disposer par testament & derniere volonté, de tous leurs biens meubles & conquêts immeubles, & de la quinte de tous leurs propres heritages, au profit de personnes capables.

96. Cet article est transcrit au Procés Verbal.

97. Il est loisible à toute personne franche, âgée & usante de ses droits, de donner & disposer, (par donation & disposition faite entre-vifs) de ses heritages propres (ou conquêts) à personne capable.

98. Il est loisible à toute personne franche, usant de ses droits, & saine d'entendement, de disposer de ses propres heritages, & les donner par contrat & donation faite entre-vifs à personne capable.

99. 100. 101. 102. & 103. sont transcrits au Procés Verbal.

116. Quand l'un des deux conjoints ensemble par mariage, & vivans noblement, va de vie à trépas, il est en la faculté du survivant d'accepter les meubles étans hors de la ville & fauxbourgs de Paris, sans fraude, auquel cas il est tenu de payer les dettes mobiliaires que devoit le trépassé, & les obseques & funerailles d'iceluy trépassé, pourvû qu'il n'y ait enfans du trépassé: Et où il y ait enfans, lesdits biens se partiront par moitié entre eux & le survivant.

123. Enfans mariez de biens communs de pere & de mere, aprés leur trépas, peuvent venir à leur succession avec leurs enfans, leurs freres & sœurs, qui n'ont été mariez des biens communs desdits pere & mere, en rapportant ce qui leur avoit été donné en mariage, ou moins prenant esdites successions.

131. En la Prevôté & Vicomté de Paris, hors la Ville & fauxbourgs de Paris, entre Nobles, quand l'un des deux conjoints ensemble par mariage va de vie à trépas, le survivant peut, si bon luy semble, prendre les meubles & créances demeurez de son decés, & qui étoient communs entre eux, & dont ils joüissoient au temps d'iceluy trépas, en payant les dettes mobiliaires & personnelles, obseques & funerailles: ce qui s'ensuit ajoûté, pourvû qu'il n'y ait enfans du trépassé: & où il aura enfans, lesdits biens se partiront par moitié entre eux & ledit survivant.

134. Cet article est au Procés Verbal.

145. Quand aucun va de vie à trépas sans hoirs en ligne directe, ses plus prochains parens & lignagers en ligne collaterale, habiles à être ses heritiers, tous en un même & égal degré (si tels ils se veulent dire & porter) luy succedent quant aux biens meubles & conquêts immeubles, aussi quant aux propres heritages, chacun en ce qui procede & qui de son côté & ligne est advenu & échû audit défunt, en tant que touchent les heritages, tant propres que conquêts rotures, & qui ne sont tenus noblement.

146. Les heritiers d'aucun défunt ou défunte (en ligne collaterale) partissent & divisent également entre eux par têtes, & non par lignes, les biens & succession dudit défunt, tant meubles qu'heritages non tenus & mouvans en Fief.

147. En ligne collaterale, les propres heritages d'aucun défunt retournent à ses parens & lignagers habiles à luy succeder les plus prochains du côté & ligne dont procedent, & luy sont venus & échûs lesdits heritages (si d'iceluy défunt ils se veulent porter pour heritiers) supposé qu'ils ne soient les plus prochains simplement dudit défunt.

161. Donner la proprieté d'aucuns heritages (l'usufruit à vie ou à temps à soy retenu) n'est reputé donner & retenir, & vaut telle donation.

162. Par ladite Coûtume, aucun n'est recevable à proceder ou faire proceder par voye d'arrest sur les biens d'autruy, ni par emprisonnement en la personne d'autruy, sans obligation, condamnation, délit ou quasi délit, chose privilegiée, qui le vaille.

163. *Item*, il est loisible à un propriétaire d'aucune maison par luy baillée à titre de loyer, de faire proceder par voye de gagerie en ladite maison pour les termes à luy dûs pour ledit loüage sur les biens du conducteur étans en icelle maison.

172. Par l'usage & Coûtume de la Prevôté & Vicomté de Paris, quand aucun a vendu rente sur ses propres heritages à personne étrange, non étant du lignage dont procedent lesdits heritages propres, il est loisible au parent & lignager (du côté dont procedent lesdits heritages propres) de demander & requerir en jugement, & avoir ladite rente par retrait lignager dedans l'an de la vendition d'icelle rente, ou dedans l'an de la saisine ou infeodation prise par l'acheteur d'icelle rente.

174. Par ladite Coûtume, quand aucun a vendu & transporté son propre heritage à personne étrange de son lignage, du côté & ligne dont luy est venu & échû par succession ledit propre heritage, il est loisible au parent & lignager dudit vendeur (du côté & ligne, dont est venu & échû ledit heritage) de demander à avoir par retrait lignager iceluy heritage, dedans l'an & jour que l'acheteur a été ensaisiné (s'il est tenu en censive) ou qu'il a été reçû en foy & hommage, s'il est tenu en Fief, en remboursant ledit acheteur de son fort principal & loyaux coûts.

176. Par l'usage, Coûtume & commune observance, notoirement tenuë & gardée en la Ville, Prevôté & Vicomté de Paris: & mêmement en l'Auditoire du Châtelet, si aucun a vendu son propre heritage à aucun acheteur d'iceluy heritage, & un dudit lignage du vendeur a fait ajourner tel acheteur en cas de retrait, si audit lignager l'heritage est adjugé par retrait, ledit lignager est tenu de payer & rembourser ledit acheteur des deniers qu'il a payez audit vendeur pour l'achat dudit heritage, ou consigner les deniers au refus dudit acheteur dedans Soleil couchant, au moins dedans vingt quatre heures aprés ledit retrait à luy adjugé par Sentence ou Jugement, & que l'acheteur ait mis ses lettres au Greffe, partie presente ou appellée: Et outre affirmer le prix s'il en est requis. Et s'il ne le fait, ledit temps passé, tel retrayant est debouté dudit retrait.

177. *Item*, par lesdits usage & stile, quand aucun lignager du vendeur d'aucun heritage a fait ajourner ledit acheteur d'iceluy heritage, pour l'avoir par retrait, il convient que tel qui veut avoir ledit heritage par retrait, offre bourse, deniers, loyaux coûts, & à parfaire à chacune journée de la cause, excepté la journée d'absence, si aucune en est prise: & s'il ne le fait, il doit être debouté dudit retrait.

185. *Item*, quand le Seigneur feodal a pris & retenu par puissance de Fief, aucun Fief tenu & mouvant de luy, & ledit Fief luy est depuis évincé par retrait, le retrayant est tenu payer audit Seigneur les droits de quint & requint (si requint y a) avant que ledit Seigneur soit tenu de le recevoir en foy & hommage dudit Fief, sauf audit retrayant son recours contre le vendeur, & si la vente n'avoit été faite à francs deniers.

187. Par les usage & stile de la Prevôté & Vicomté de Paris, avant qu'aucunes criées (faites par lesdites quatorzaines anciennes) d'aucunes terres, Seigneuries, & Fiefs assis en ladite Ville, Prevôté & Vicomté de Paris, soient tenuës & reputées bonnes & valables, il convient, & est requis, que préalablement les terres, Seigneuries & Fiefs (assis en ladite Ville, Prevôté & Vicomté de Paris) soient pris, saisis & arrêtez, & mis en la main de la Justice, & que la main-mise soit faite sur les principaux manoirs de chacun desdits Fiefs, terres & Seigneuries.

188. Par lesdits usage & stile, quand aucunes terres, Seigneuries & Fiefs sont saisis, & mis en la main du Roy, nôtre Sire, & en criées, il convient, & est requis que lesdites terres, Seigneuries & Fiefs criez, soient nommez & declarez en la premiere desdites criées, & rapport fait d'icelles, avec les lieux où lesdites terres, Seigneuries & Fiefs sont assis: où autrement telles criées sont défectives.

189. Par ladite Coûtume, chacun est reçû à soy opposer aux criées d'aucuns heritage, criez & subhastez par les quatorzaines anciennes à la requête d'aucun, jusqu'à ce que le decret soit adjugé, levé & scellé.

190. Par lesdits usage & stile, quand aucuns heritages appartenans à aucuns propriétaires, sont mis en criées par les quatre quatorzaines anciennes & accoûtumées, l'on ne peut valablement proceder à l'adjudication du decret d'iceux heritages, plûtôt & jusques à ce que tel propriétaire & possesseur soit ajourné à sa personne, suffisamment, presens témoins, pour voir bailler le decret d'iceux heritages, ou iceux voir être adjugez par decret.

199. Cet article est transcrit au Procés Verbal.

* *M. Charles du Molin, au Procés Verbal de l'ancienne Coûtume de 1510. sur l'article 59. a mis cette Note:* Depuis le Prevôt des Marchands & Eschevins, plus de quarante ans aprés en ont appellé, tenus pour bien relevez: Et tant l'ancienne Coûtume que ladite Sentence corrigée par Arrest du 10. May 1557. que j'ay ajoûté à la fin de ce present Procés Verbal. *C. M.* Et partant ne se trouve inseré au Coûtumier le 58. article, dont cette Sentence des Commissaires fait mention.

* *Le même Maître Charles du Molin sur le même article 58. a mis cette Note, qui est rapportée, mais tronquée de plusieurs periodes de consequence, sur l'article 83. de cette Coûtume redigée en 1580. Elle est telle en son entier.* Cet article a été par Arrest de la Cour de Parlement, prononcé le 10. May 1557. subrogé au lieu des 58. 59. 60. & 61. anciens articles de ladite Coûtume abrogez par ledit Arrest, par lequel justement a été ordonné, que le 58. ancien article seroit rayé dudit Coûtumier, & que les 59. 60. & 61. anciens articles ne demeureroient pour Coûtume, & que le present article seroit mis & inseré audit Coûtumier: Ce que j'ay fidelement fait, la même année, comme il appert par mon Commentaire sur la seconde partie de cette Coûtume, imprimée audit an. Aussi lesdits quatre articles avoient-ils été dés l'an 1510. fort débattus d'iniquité, en l'assemblée des trois Etats, comme il appert par le Procés Verbal, où il y a renvoy à ladite Cour, qui y pourvût cinquante-sept aprés, émûë par le grand feu qui s'embrazoit du don fait par le Roy Henry second, de tous les lods & ventes des rentes constituées sur les maisons & terres tenuës de luy en censive, à un grand Seigneur, qui ja les bailloit à ferme à ceux qui les rebailloient à des sous-fermiers exacteurs, qui eussent travaillé. Il apparoissoit par mes livres imprimez sur ladite Coûtume, dés l'an 1538. & sur le Traité des usures, Latin 1545. & sur le Traité François 1547. que j'avois restraint lesdits énormes articles aux rentes constituées au denier vingt, & au denier vingt-cinq: Et sur ce j'avois apprêté grand nombre de raisons & droits, qu'il n'a été besoin de faire imprimer, pour le benefice dudit Arrest, qui y a mis un beaucoup meilleur & prompt remede. Recours à mon Commentaire imprimé dés l'an 1538. au §. 58. nombre 4. où on trouvera lesdits quatre anciens articles abrogez, pour ceux qui auront la curiosité & le loisir de les voir. Et à la fin dudit Procés Verbal, j'ay ajoûté au long ledit Arrest, par lequel il est reservé à ceux, qui sous ombre de ladite ancienne Coûtume, & de la Sentence donnée par provision, par les Commissaires, l'an 1510. ont payé aucuns lods & ventes, de les pouvoir repeter; & retenu *in mente Curiæ*, que des rentes constituées à prix d'argent, à la charge desquelles aucunes venditions volontaires ou adjudications par decret, ont été faites, lods & ventes sont dûs aux Seigneurs censiers & fonciers, non seulement pour le regard des deniers déboursez; mais aussi pour le sort principal desdites rentes constituées. *C. M.*

TABLE GENERALE DES PRINCIPAUX MOTS & Dictions du Texte des Coûtumes de la Prevôté & Viçomté de Paris, servant à toutes sortes de volumes & impressions, dont les Chiffres dénotent les Articles.

D

E

Escrit,

Fin de la Table generale des Mots & Dictions.

TABLE DES LIEUX

REGIS PAR LESDITES COUTUMES.

Ceux pour lesquels il y a eu opposition, sont marquez par *Opp.*

Sera noté que cette Table a été tirée de l'observation analytique sur lesdites Coûtumes, imprimée en l'année mil six cens un.

A

Ablon.
Aigrefin.
Aigremont.
Aile.
Alluye.
Amblainvilliers.
Andrezy. *Opp.*
Antragues.
Arcis.
Arcueil.
Argenton.
Arigny.
Armon.
Argenteüil.
Arnonville.
Arpenty.
Asnieres.
Astilly.
Atainville.
Aubervilliers.
S. Aubin.
Avergnes.
Aufargis.
Aulnay.
Auteüil.
Autheüil.
Auvergenaux.
Auroüer la Ferriere.

B

Bagnolet.
Baigneux.
Billet en France.
Bailly en Brie.
Balisi.
Bandelu.
la Barre.
Bassainville.
Basoches.
Basseville.
Baugié.
Bauves.
Bayne.
Beauche.
Beau-chesne.
Beaumont.
Beau pré.
Beau-royt.
Becheret.
Belle-assise.
Belhemont.
Belle-fontaine.
Bellot.
Belloy en France.
Belleville sur Sablon.
S. Benoist.
Berchelles.
Bermainville.
Beru.
Bezons.
Bichecorne.
Bievres.
Biezy.
Bissancourt.
Blanc-Mesnil.
Blemur.
le bois Baudran.
le bois Biart.
le Bois-Malherbe.
le Bois val.
la Boissiere.
Boissy.
Boissy le Repos.
Bologne.
Bollainvillier.
Bondis.
Bondoufle.
Bonnelle. *Opp.*
Bonneüil en France.
Bonneüil sur Marne.
Bonvillier.
la Borde.
Bordeaux.
les Bordes maulavées.
Bossaville.
Bostallé.
Boü, le grand & le petit.
Bouqueval.
Beaufront.
Bougyval.
Boüille Boüillon.
Bourbonniere.
Bourg la Reyne.
Bourget.
Boursieres.
les Boursieres de la grande maison de Boullainvillier.
Bouteron en Brie.
Boutigny.
Boutineau Bouvieres.
Brie Comte-Robert.
Breil.
la Brecéche.
Bretigny.
Brevilliers Tangueux.
Brezay.
Brion.
la Brosse.
Brou.
Bruieres le Chastel.
Brunel prés Nantoüillet.
le Brussis.
saint Brice.
Bry.
Bry sur Marne.
Buremont.
Bury.
Bussy saint Georges.
Bussy saint Martin.

C

Cachant.
Cardonnet.
Carnetin.
Carriere. *Opp.*
la Celle. *Opp.*
Cercelles.
les Cerisotts.
Cernay.
Chailleau.
Chaillifer.
Chailly.
Chambre du Masli, & du Donjon.
Chamontel.
Champagne.
Champ Baudoüin.
Champ Garnier.
Champ sur Marne.
Champs Moreux.
Champ Penil.
Champeaux.
Champlatreux.
Chantelou.
Chanteville.
Chantoy.
la Chapelle.
les Chapelles en Brie.
Crosne.
pont de Charanton.
Charanton S. Maurice.
Charentonneau.
Chaily. *Opp.*
les trois Charmes de Rendulleux.
Charny. Chartran.
Chasteau-fort.
Chasteau de Mail.
Chastenay.
Chartres en Brie.
Chastres sous Montlhery.
Chatou.
Chavenay.
Chavigny.
Chauvry.
Chelles.
du Chemin.
Chenevieres sur Marne.
Chenevieres à Crespieres, au Val de Galie.
Chenevieres en France.
le Chalnay.
les Chevaliers à Bregy.
Chevilly.
Chevreuse.
Chevigny.
Choisy.
Choisy le Temple.
Choisy sur Seine.
Choqueuse.
Clamart.
Clayes. S. Clere.
Clichy en Launoy.
Clichy la Garenne.
Clignancourt.
Clotomont.
saint Cloud.
Cocherel. *Opp.*
Colombes.
Colombier.
Combeau en Brie.
Compens.
Conflans.
Conflans sainte Honorine.
Cognieres.
Conlaville.
Coppeaux.
Corbeil.
Corbevoye.
Corbevois.
Corfelix.
Cormeilles.
Cormeilles en Parisis.
Coubert.
du Coudre.
Coudray.
Coully.
Coulon.
Coulombes.
Coupin.
Courcelles.
Courcerin.
Courcouronne.
la Cour lez Cercelles.
la Cour-neuve.
Courtabeuf.
Courte-manche.
Courtry. *Opp.*
la Courtille.
Courvoy.
Cranville.
Cratin.
Crespieres.
Creteil.
Creve-cœur.
Croissi.
la Croix.
la Croix de Crussy.
la Croix de Mongazon.
Croquetaine.
Crosne.
Croüy.
Croüy sur Orc.
Crussy. Crussy.
Culture sainte Catherine du Val des Escoliers.

D

Damas.
la Damoiselle.
Dampmartin.
Dampmartin en Brie. *Opp.*
Dampierre.
Dampmart.
Daumont.
Deberly.
Delege.
S. Denys en France.
Destrepilly.
l'Isle & Moulin de Desmire.
Domvillier.
Domjou.

Drancy.
Draver.
Dugny.

E

EQuibonne.
Elluyer.
Emery.
les Enclaves.
Engervillier.
Enville.
Escoublay. *Opp.*
Escoublay hardy.
Escoüen.
Eglier.
Espinay sur Orge.
Esraigny.
Essainville.
les Essars.
Estiolles.
Estrées.
Estrepilly.
Esury.
Eury.
Ezanville.

F

FAremontier. *Opp.*
Farcheville. *Opp.*
Fargy.
Favieres.
la Ferté.
Ferté-Aleps. *Opp.*
Ferté au Col. *Opp.*
Ferté sur Joüarre.
Feucherolle.
le fief au Flamant.
Fleury prés Meudon.
Fontenay sur le bois.
Fontenay sur Bagneux.
Fontenay en France.
Fontenay en Brie.
Fontenay le Vicomté.
les grands & petits Fontieux.
Foreilles.
Forelles.
Forest.
Forfery.
Forges.
Forqueux.
Franconville sous le bois.
Franconville.
Fremanville.
Fromanteau.
Fresne.
Fresne prés Antony.
Fromant.

G

GAigny grand & petit.
Gaillart des Essarts.
Garges.
Gaschoinet.
la Garenne à Ville-monde.
Genevilliers.
Genevilliers la Garenne.
Genevilliers sur Marne.
Genitoy.
S. Germain de Noyers des bois.
S. Germain en Laye.
Saint Germain sous Torcy.
Germainville.
Germigny l'Evesque.
Girandon.
Godefroy prés la Ferté sur Joüarre.
Gomets le Chastel.
Gonnesse.
Goulart.
Goupillieres. *Opp.*
Gournay sur Marne.
Gousainville.
Grand champ.
grand Gerard.
la Grange aux bois.
la Grange aux Moines.
la Grange Nivelon.
la Grenelle.
Grenay.
Gressy en France.
Grignon.
Grigny.
Gros-bois.
Gros-bois le Roy en Brie.
Grosl.y.
Guyne la putain.

H

la HAlle aux Moines.
Haloup.
Haubervilliers.
Hauronne.
Harbelay.
Herbelot.
Hermanvillier.
Heurtelou.
Hilquiniere.
Hiverneaux.
l'Hospital.
l'Hospital de Cernay.
l'Hospital lez Messi.
l'Hostel Jaune.
Hoüilles.
la Houssaye.

I

IAgny.
Jagny en France.
Janville.
Jardin, dit Heurtelou.
Javelines.
Jean de Camp.
Jentilly.
les Joques.
Jossigny.
Joüy.
Joüy sur Morin. *Opp.*
Isle Adam.
Iteville.
Ivert. *Opp.*
Jully.
Ivry sur Seine.
Issy.

L

LAcy.
Laquette.
Laideville.
Lambert.
Lancourt.
Lardy.
Launay.
Lauret.
Laussement.
Laï.
Lezigny.
S. Leu lez Taverny.
Licy.
Lieursains.
Limey.
Limons.
Limours.
Limville.
Liverdy.
Livry en Launoy.
Lizy. *Opp*
Long-jumeau.
Longues.
Long-periers.
Lobert.
Loüans.
Louciennes.
Louviers à Yssy.
Louvres.
Lugny.
Lumeau.
Lutannes.
Luzancy.
Luzarches.

M

MAffliers.
Magny les Essarts.
Magny le Hongre.
la Maison rouge.
Maisons.
Maisons sur Seine.
les deux Maisons.
Mal-assise.
la Male-maison.
Malvoisine.
Mambray.
S. Mandé.
Mandre.
Maniers.
Mans en Brie.
Marcoussis.
la Marche.
Margueris.
Marle.
Marlou.
Marly la Ville.
Marne lez S. Cloud.
Maroles. *Opp.*
Maroles en Brie.
Marseval à Dravet.
Massi.
Mathau.
Maubuisson. *Opp.*
Maule sur Marne.
Maule sur Mauldre.
Maurainville.
Mauregard.
Maurepas.
S. Maur des Fossez.
l'Hostel Episcopal de Meaux, avec la grande place devant la porte dudit hostel, qui s'étend devant la principale porte de l'Eglise Cathedrale dudit Meaux.
Melian.
Merlan.
Merville.
S. Mesme.
Mesnil.
petit Mesnil.
Mesnil Aubry.
Mesnil. Chassemartin en Brie.
Mesnil S. Denys.
Mesnil Madame Rance.
Messis.
Messi. *Opp.*
Messi en France.
Meudon.
Michel le Bœuf à Versailles.
Miraut.
Mitry en France.
les Moines blancs.
Moissi.
Moissi le Temple.
Molagnon.
Moligneaux.
Monceaux.
Moncelet.
Mondeville sous Corbeil.
Mons.
Mons prés Iebles.
Mons sur Orges.
Monstreüil aux Lions.
Monstreüil sur le bois.
Montabbé.
Montagu.
Montainville.
Montbathum.
Montfermeil.
Mont-Geron.
Mont-Goultin.
Mont-hery.
Mont-Jay.
Montigny.
Montigny Laillier.
Montis.
Mont-l'hery.
Montliger.
Mont-magny.
Mont-martre.
Montmorency.
Montrouge.
S. Mor.
Motter.
Mosault.
Motte-Grappin.
Moucy le vieil.
Moulin couppé.
les Moulins & fours bannaux de Revernay.
les Moulins de Jacques Trancíou.
Moussi le neuf.
Moussi l'Evêque.

N

NAmville. *Opp.*
Nanterre.
Neausle le vieil.
Neuf-monstier en Brie *Opp.*
Neuville.
Neuville sur Orge.
Nogent.
Noiseau.
Noiseau sur Amboile.
Noisement.
Noisi le Sec.
Noisi le grand.
Noisier.
S. Nom.

O

OReille.
Orengy.
Orgeval.
Orly.

Ormoy.
S. Oüen, prés Ponthoise. *Opp.*

P

Palaiseau.
Paloisel.
Pantin.
Pareil.
Passy.
le Pecq sous S. Germain en Laye.
Pecy.
Peray sur Orge.
Perigny.
Persant.
la Pessiere.
Pierr-fiche.
Pierrelée.
le Pin.
Picquepuce.
la Pissotte.
Pitoy.
la Place aux Hurepois.
Plaisir. *Opp.*
petit Plessier prés Luzarches.
Plessis Bouchart.
Plessis S. Benoist.
Plessis Gassot en France.
Plessis S. Antoine.
Poigny.
Poissy.
Pompone.
Pontault.
Pontault en Brie.
Pont-carré.
Pont à Lursienne.
Pont d'Antony.
Pontillot.
le Port à l'Anglois.
le Port de Neuilly.
Port Royal.
petit Port Royal.
Pré cappon.
Pré S. Gervais.
Pré Gontier.
saint Prix.
Presles.
les trois Pucelles.
Puisseaux.
Puisieux en France.
Puteaux.

Q

la Queuë en Brie.
Quincy.

R

Raches.
Reilly.
le Relliere.
Rentigny.
Resne-moulin.
les moulins & fours banneaux de Revernay.
Richebourg.
la Riviere.
Riz.
S. Robert.
Rogonant.
Roissy.
Roissy en Brie.
Roissy en France.
Romainville.
Roquemont prés Lagny.
Rocquencour.
Rongis.
Rosni.
Rouci.
la Rouë.
Rougemont.
le haut & bas Roule.
Ruel.
Rueïl en Brie.
Rully.
Rully lez Paris.

S

Sablonnieres.
Sannoy.
Saclay.
Sartrouville.
Savigni.
Savigny sur Orge.
Saulsoy le grand & le petit.
Sautour.
Sceaux.
Sercelles.
Seronville.
Sertenay.
Serris.
Seuran.
Seuze.
Soisi sur Seine.
Soly.
Sognoles en Brie. *Opp.*
S. Supplex.
S. Supplex en Mulcien.
Stains.
Soucy.
Sucy en Brie.
Suresne.

T

la Tasse au Noyer.
Taverny.
Telly.
le Temple de Puisieux en France.
Tessonville.
Thiers.
Thieux en France.
Thilly.
Thilliers.
Thilliers dans Poissi.
Thuilleries prés Dampmartin.
Thuison.
Thure.
Timecourt.
Tire chappe.
la Tombe d'Ysore.
Toquin. *Opp.*
Torcy.
Torcy en Brie.
Torigny.
Tournan.
Tours de S. Prix.
Tourvoye.
Tousus.
Touvenciennes.
Trenou.
Trappes.
la Trasse.
Treil.
Tremblay.
le grand & petit Tremblay.
Tréne.
Tresme.
Tressäucourt le grand.
Trianon.
Triel.
Trille port.
Trouchet.
Troussean.
Troussëauville.

V

la Vallée, du Val. *Opp.*
Val Coquatrix.
Val de Galie.
Valenton.
Valmilier sous Germainville.
petit Val.
Vanves.
Varastre.
Varedes.
Varennes.
Vaucresson.
Vaugirard.
Vaumartin.
petit Vaulx.
Vauvert.
Vaux de Cernay. *Opp.*
Vaux lez Essaune.
Vaux la Reine.
Ucy sur Marne.
Vemas.
Venves.
Vere.
Vergale.
Verte le grand.
Verneüil. *Opp.*
Verrieres.
Versailles.
la Verville.
S. Victor à Laye.
Victry.
Vitry Coubert.
Vitry sur Seine.
Viermes.
Viemes.
Villabbé.
Villacoublay.
Villebon la Plese.
Villebon.
Ville-cresne.
Ville-Davré.
Ville-Dieu prés Maurepas.
Ville-favreux.
Ville-feu.
Ville-genard.
Ville-Guiné.
Ville-Hobert.
Ville-Juive.
Ville-just.
Ville-minan.
Ville-mer.
Ville-mineur.
Villemont.
Ville-neuve aux aulnes.
Ville-neuve sous Dampmartin.
Ville-neuve S. Georges.
Ville-noy.
Ville-parisis.
Ville-passetour en Brie.
Ville payen.
Ville-pinte.
Ville-pesque.
Ville-preux.
Ville-Roy.
Ville-Roy en France.
Ville-taneuse.
Villette S. Denys.
Villette S. Laurent.
Villette S. Lazare.
Ville-Verard.
Ville-vry.
Villiers. *Opp.*
Villiers Adam.
Villiers le bascle.
Villiers le bel.
Villiers le Chastel.
Villiers sur Marne.
Villiers sur Morin.
Villiers sous Saux.
Vinantes.
Vincennes.
le petit Violette.
Viroflay.
Viry.
Vital.
Vitry.
Vivier lez Aubervilliers.
Voisins le Bretonneux.
Voisins en Brie.
Voisins le cuit.
Vomar.
S. Urin.
l'Ursine de l'Hostel Jaune.
Vuideville.

Y

Yerre.
la Tombe d'Yssy.

Fin de la Table des Lieux.

TABLE DES SEIGNEURS QUI ONT DROIT DE JUSTICE, Fiefs & Censives, en la Ville & Faux-bourgs de Paris, les noms de leurs Fiefs, limites, & situations d'iceux.

Seigneurs qui ont Fief & Justice.

PRemierement, Monsieur l'Archevêque de Paris, à cause de son Archevêché, en cent cinq ruës, & comme Prieur de S. Eloy, en cinquante neuf ruës.

L'Abbé de S. Germain des Prez, en l'étenduë de tout le Faux-bourg dudit S. Germain; & en trente ruës en la ville de Paris.

L'Abbé de S. Victor, en l'étenduë du Faux-bourg, & en ving-cinq ruës en la ville.

L'Abbé de sainte Genevieve, en l'étenduë du Faux-bourg S. Marceau, & en cinquante-quatre ruës dedans la ville de Paris.

L'Abbé de la sainte Trinité de Tiron, appellé le fief de Tiron, assis à Paris, ruë S. Antoine, a pour maison seigneuriale la maison de la Trinité, dit l'Hôtel de Tiron, censives & toute Justice en 31. ruës.

L'Abbé de saint Magloire, en septante ruës.

L'Abbaye de S. Antoine des Champs, en 50. ruës.

L'Abbaye de Montmartre, en la ruë de la Heaumerie, & autres.

Le grand Prieur du Temple, en plusieurs ruës.

Le Prieur de S. Martin des Champs, en 54. ruës.

Le Prieur & fief de S. Lazare de Jerusalem, Bethléem & Nazareth, dont le chef lieu en France, est la Commanderie de Boigny ou Voigny en Beausse, paroisse de Villerman, ledit fief consistant en censives, portant lods & ventes sur plusieurs maisons, assises en ladite ville de Paris en dix-huit ruës, depuis le carrefour de la Pierre au laict, jusques au Cloistre de S. Jacques de la Boucherie, & jusques au Crucifix saint Jacques, en revenant audit Cloistre.

Le Prieur de Nostre-Dame des Champs, en 4. ruës.

Le Prieur de saint Denis de la Chartre, en quelques ruës proche ledit Prieuré.

Le Commandeur de S. Jean de Latran en neuf ruës.

Les Chanoines de S. Merry, en trente-trois ruës.

Les Chanoines de S. Germain l'Auxerrois, en 18. ruës.

Les Chanoines de S. Maur des Fossez, en onze ruës.

Les Chanoines de la grande Eglise de Paris, en 38. ruës.

Les Chanoines de saint Benoît, en quinze ruës.

Les Chanoines de sainte Opportune, en seize ruës.

Les Chanoines de saint Honoré, en cinq ruës.

L'Hostel de la Ville de Paris, Prevôt des Marchands & Eschevins, & Parloirs aux Bourgeois, ont Justice en cinquante ruës, & sur la riviere de Seine.

Le Bailly du Palais en l'étenduë de l'Isle & du Palais, Marché neuf, Faux bourg S. Jacques, & en 8. ruës.

Le Grand Chambrier de France, en huit ruës.

Et tous les susdits qui sont au nombre de ving-cinq, ont leurs Juges & Officiers, qui exercent la Justice envers leurs Justiciables, & chacun d'eux ont voyeries, & ont Voyers à part.

Seigneurs qui n'ont que simple fief & censives, sans Justice, jusqu'au nombre de cent vingt-quatre.

PRemierement, le franc-fief de Joigny appartient à Damoiselle Jeanne de Boileve, Dame de Persan, veuve de feu M. de Vaudetar, Conseiller du Roy en sa Cour de Parlement, lequel par deux Arrêts de la Cour, des treiziéme Decembre 15.5. & sixiéme Juillet 1585. a été déclaré s'étendre sur deux maisons attenans & suivans la maison de la Couronne assise ruë jusques au coin de la ruë de Mauconseil, du côté & vers les Halles, à commencer au coin de la ruë Comtesse d'Artois, & de Mauconseil continuant jusques à la maison de la Levriere, icelle incluse, tenant aux maisons de l'Hôpital de S. Jacques.

Item, le fief des Tumbes, assises au Faubourgs de saint Jacques, & prés la porte de S. Jacques, à main gauche, lequel s'étend sur une partie & du long de la ruë, jusques par de-là l'Ecu de Milan, du long des fossez de la ville, & en la ruë des Postes, par de-là le jeu de paulme de l'Huis de fer, & appartient ledit fief aux quatre Marguilliers laïcs de l'Eglise de Paris, à l'œuvre & fabrique d'icelle.

Autre fief des Tumbes, assis au Faux-bourg saint Jacques, qui appartient aux heritiers de feu Monsieur le President de Saint André.

Le fief de la petite Bretonniere, assis prés ladite porte S. Jacques, faisant partie de la ruë anciennement dite du puits, à present Bretonnerie ou des Bretons, en allant à sainte Genevieve, joignant les murs de la ville, contenant cinq arpens & demy de terre, anciennement plantée en vigne, & sur lesquels est bâty le College de Torcy, dit de Lisieux, avec cinq autres maisons prés d'iceluy, s'entretenant l'une l'autre, tenant d'une part audit College, & d'autre bout sur & quasi joignant ladite porte S. Jacques, aboutissant par derriere aux murailles de la ville, & pardevant sur ladite ruë des Bretons, lequel fief a été infeodé dés l'an 1219. par le Roy Philippe II. qui en investit un nommé Thibault de Chartres, détenteur dudit lieu à titre de censive: A present appartient aux Religieuses, Abbesse & Convent de l'Humilité de Nôtre-Dame, dites de Long-champ, par acquisition qu'elles en ont faite des hoirs dudit Thibault: Et pour raison duquel fief lesdites Religieuses ont obtenu Sentence du Tresor à leur profit, contre le Substitut de Monsieur le Procureur General, le septiéme Decembre 1585.

Le fief du Crucifix S. Jacques, consistant en une maison où il y a un Crucifix sur le devant; en la ruë qui va à la porte de Paris, au coin de l'Eglise de saint Jacques de la Boucherie, est tenu & mouvant du Seigneur d'Ablon sur Seine.

Le fief de Theroüane acquis par le Roy Philippes, assis à Paris, s'étend d'un côté tout le long de la ruë jusqu'à la porte de S. Denis, depuis le coin de la ruë du Foirre, prés les SS. Innocens, jusques à la porte de S. Denis, & de l'autre côté le long des Halles. Sera observé que les Procureur & Principal du College de M. Gervais Chrétien en l'Université de Paris, ruë du Foin, sont Seigneurs en partie du fief de Theroüanne.

Les Dames & Religieuses des Filles Dieu de Paris, ruë S. Denis, sont Dames du fief de la Ville-neufve, seis au Faux bourg de S. Denis: Les lieux qui en dependent baillez par lesdites Dames à nouveau cens en l'année 1622.

Le fief de Haren, dit Coquatrix, appartient à Nicolas Privé: De la censive duquel dépend la maison de la pierre aux Plats, & du Croissant, assises ruë des Arsis, prés l'Eglise de S. Jacques de la Boucherie: *Item*, la maison où est à present l'enseigne de S. Bonaventure, assise en la même ruë des Arsis: Trois maisons sises ruë Guillaume Josse.

Le fief Tire-Chappe, duquel il est fait mention au procez verbal de la nouvelle Coûtume.

Le fief de Marly.

Le fief Guillory, prés la Greve.

Le fief des trois Pucelles, prés S. Jacques de la Boucherie, appartient à Monsieur du Drac.

Le fief de Poissy, assis sous la Tonnellerie prés les Halles, duquel dépend la maison de la Nef d'argent, assis sous les pilliers de la Tonnellerie, prés lesdites Halles de Paris: appartient à present à Monsieur Mazuier, premier President au Parlement de Tholoze.

Le fief du Fort, ou Fort aux Dames, assis ruë de la

la Heaumerie, duquel fief dépend la maison du Moulinet, assise ruë S. Honoré, du côté & prés la Croix du Tiroir : appartient ledit fief aux Dames de Montmartre.

Le fief de Bizé, où est à present l'Hôtel de Bourgogne, appartient au Roy, & se confine aux ruës Françoises, de Montorgüeil, autrement dite Comtesse d'Arthois, & de Mauconseil.

Le fief de la grande Confrairie aux Bourgeois, scitué au Faux-bourg S. Michel, qui a été borné par bornes plantées par Arrêt du Grand-Conseil, donné contre les Religieux, Abbé & Convent de S. Germain des Prez.

Le fief, dit le Clos des Jacobins de cette ville de Paris, scitué aux Faux-bourgs de S. Michel & de S. Jacques. A present il y a quantité de maisons & ruës bâties, des regnes d'heureuse memoire de Henry le Grand, & de Loüis XIII.

Le fief des Bourfiers de S. Aignan, en l'Eglise saint André des Arcs.

Le Chapellain de la Chapelle sainte Reine, en l'Eglise S. Merry.

Le Chapellain de S. André, en l'Eglise de saint Germain de l'Auxerrois.

Le Chapelain de S. André, en l'Eglise de S. Eustache.

Le College de l'*Ave-Maria*.

Les Religieux du petit S. Antoine.

Les Seigneurs du fief de Bersi Malon.

Les Religieux de l'Abbaye de Barbeaux, en Brie.

Les Bernardins.

Les heritiers du General Bonneval.

Les Religieux des Billettes pour le fief aux Flamans.

La Chapelle des Bons-enfans.

Les Bons-hommes du bois de Vincennes.

Le College de Bayeux, au lieu de M. Gervais Chrétien.

Sainte Catherine du Val des Ecoliers, prés la Culture sainte Catherine.

Le fief appartenant aux Celestins de Paris.

Le Seigneur du fief de la Brosse.

La Chapelle des Saints, en l'Eglise de S. Germain de l'Auxerrois.

La sainte Chapelle lez-Mathau.

La Damoiselle le Clerc.

Les Religieux de sainte Croix de la Bretonnerie de Paris, pour le fief aux Bretons.

Les Religieux de l'Abbaye de Chailly, prés Senlis.

Le Chapellain de la Chapelle de sainte Catherine, fondée en l'Eglise de Paris.

Le College du Cardinal le Moine.

André Merault.

Les Religieux de Nôtre-Dame aux Yverneaux.

Le College d'Authun.

S. Denis du Pas, en l'Eglise de Paris.

Le Seigneur du fief d'Avignon.

Le fief de S. Denis en France, que tient le Chantre S. Denis.

Le fief d'Ablon.

Les heritiers de feu M. Dreux Raguier.

Le Seigneur de Domerville.

Le Chapellain de S. Denis, fondé en l'Eglise saint Germain de l'Auxerrois.

Jacques de Paillart, seigneur du Franc-alleu de Hautonne.

Messieurs de Sorbonne, seigneurs du fief dit Franc Rozier.

M. François de Sugy.

M. François de l'Arche.

L'Abbaye de S. Faron.

Le fief de Garges, autrement Culdine.

Le fief des Gloriettes & Marché-palu.

Le College de Maître Gervais Chrétien, autrement du Plessis.

Le fief Hallevé, que possede le Mandié de Nôtre-Dame de Paris.

Le fief des Haudrietes.

Le Chantre S. Honoré.

Les Chanoines S. Marcel aux Faux-bourgs de Paris.

Les Religieuses des hautes Bruyeres.

L'Abbé d'Erivaux.

Les Religieux & Abbé de Joyenval.

Saint Julien le Pauvre.

Saint Jacques de l'Hôpital.

M. Jean Migot.

Les heritiers de M. Jacques Blas.

Saint Julien de l'Isle lez Corbeil.

M. Jean Sarreau.

Les heritiers de M. Jean de Saline.

Les heritiers de M. Jean Budé.

Saint Jean le Rond.

Le Curé de S. Jean en Greve.

L'Hôtel-Dieu de Paris, pour le fief d'Alby, scitué aux Halles.

Le seigneur de la terre de S. Landry.

L'Hôtel-Dieu prés S. Gervais.

Damoiselle Louyse Segnier.

L'Hôpital de sainte Catherine, ruë S. Denys.

L'Abbaye de Long-pont lez-Moutlhery.

Le Prieur de Long-jumeau.

Le College de Laon.

Le seigneur de S. Mandé prés Paris.

Sainte Marine, Curé & Marguilliers.

Les heritiers de Matthieu Mathreau.

L'Abbaye de Maubuisson.

Le fief Mercadé.

Le fief Marinier, appartenant à Dame Raoul, veuve de feu Maître Pierre Boalard, Avocat en la Cour.

Le Chapellain de saint Michel, & S. Brice, à la sainte Chapelle de Paris.

Le College de la Marche.

Le fief, dit le Melodieux.

Saint Mard de Soissons.

Le Chapellain de la Chapelle saint Nicolas, fondé en l'Eglise de S. Benoist, dit le bien tourné.

Le Chapellain de la Chapelle de Mets, fondée en l'Eglise de saint Germain de l'Auxerrois.

Maître Nicolas Boisleve.

Le fief Poupin.

Le fief de saint Nicolas du Louvre.

Le Pitancier de sainte Geneviéve.

M. l'Evêque de Poitiers.

Les Quinze-vingt.

Les heritiers de Quentin Trierbeux, ou Ruellery.

Madame la Baillifve Robertet.

Jeanne la Viste.

Le fief du Roullet, appartenant au Chantre de S. Denys.

Les successeurs de René d'Alance.

Les Religieux, Abbé & Convent de Rigny.

Le fief Marançonnet, autrement Rançonnet.

M. Reniere.

La Dame Renée de Montrimal.

Les Maîtres & Gouverneurs du Sepulchre.

Le fief du Four Derfeu, prés la grand'Boucherie, appartenant aux Chanoines de S. Symphorien, de la ville de Senlis.

Les Marguilliers de saint Severin.

Le fief de la petite Tournelle.

Le fief de Thirmelle.

Le fief de la Trimoüille.

Le College des Thresoriers, ruë de la Harpe, prés la porte S. Michel.

Le fief de l'Hôtel de Tancarville.

Le College de Tours.

M. de Ville-neuve.

Les Religieux de Grigny lez-Orleans.

Les Religieux de Daix.

Le Seigneur de Dellecomble.

Messire Tristan de Rostaing.

Le fief de Clermont, ruë S. Antoine.

Le fief Galande, appartenant aux Chanoines de saint Aignan d'Orleans.

TITRES ET ARTICLES
DE LA COUTUME DE PARIS,
Expliquez dans ce premier Volume.

TITRE PREMIER.

DES FIEFS. Page 37.

TITRE SECOND.

Des Censives, & Droits Seigneuriaux. Pag. 1057.

TITRE TROISIE'ME.

Quels biens sont meubles, & quels immeubles. P. 1313.

TITRE QUATRIE'ME.

De complainte en cas de saisine, & de nouvelleté, & de simple saisine. Page 1505.

FIN.

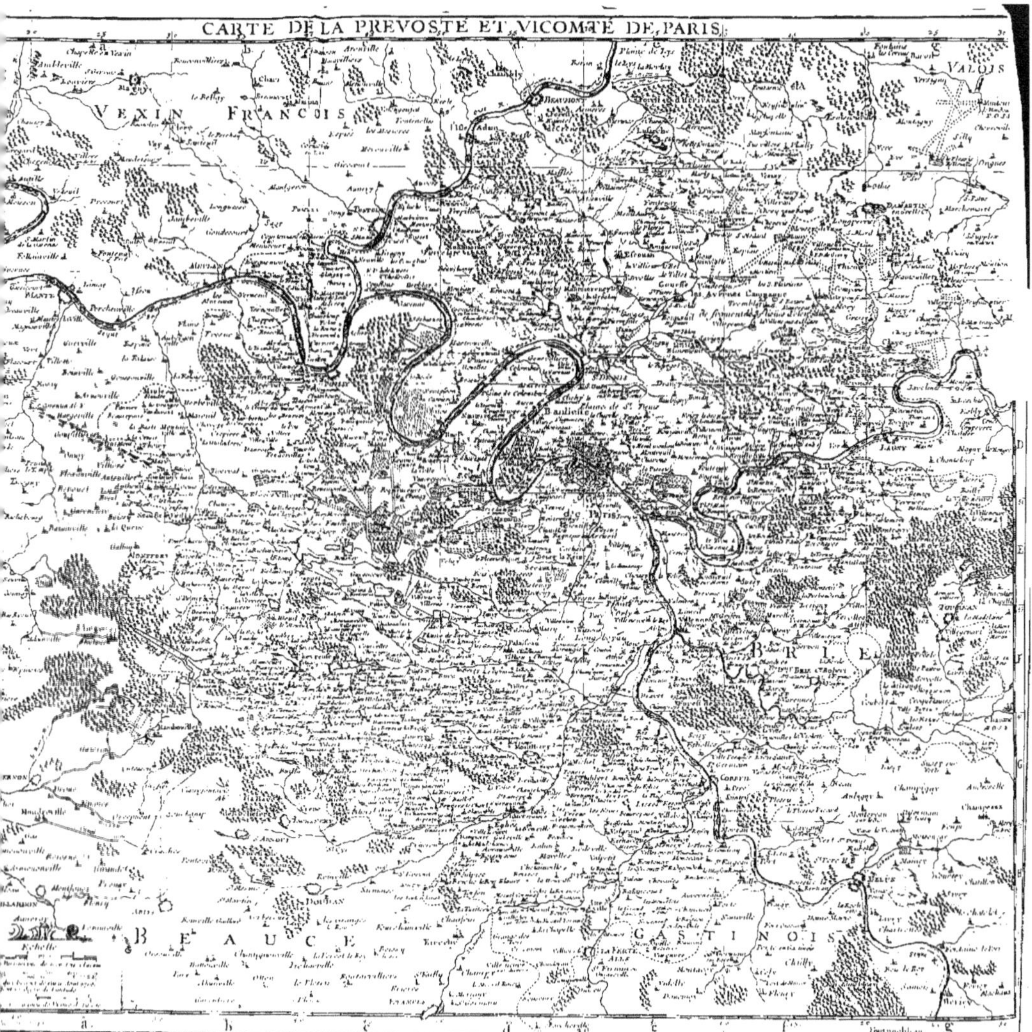
CARTE DE LA PREVOSTE ET VICOMTE DE PARIS
VEXIN FRANCOIS
VALOIS
BRIE
BEAUCE
GASTINOIS

COUTUMES
DE
LA PREVOSTÉ
ET VICOMTÉ
DE PARIS.

COUTUMES
GLOSE PREMIERE.
§. 1. De la Coûtume en general.

SOMMAIRE.

1. Coûtume, *ce que c'est.*
2. *Conditions requises pour l'introduire.*
3. *Quel temps est necessaire pour cet effet.*
4. *Elle doit être conforme à la raison.*
5. *Coûtumes en usage parmy toutes les nations.*
6. *Coûtumes & Usages chez les Romains.*
7. *Coûtume a autorité de Loy.*
8. *Les Coûtumes obligeoient en France avant leur redaction.*
9. *La Coûtume interprete la Loy, & quelquefois l'abroge.*

1. COUTUME dans sa propre signification est un droit non écrit, que le tacite consentement du Souverain & du peuple a introduit, pour avoir été observé pendant un temps considerable. *Sine scripto jus venit, quod usus approbavit; nam diuturni mores consensu utentium comprobati legem imitantur, §. 9. Inst. de jure natur. gent. & civil. & L. 1. C. quæ sit longa consuet.*

2. Plusieurs conditions sont requises pour l'introduire.

La premiere est le tacite consentement du Souverain & du peuple; car comme il n'appartient qu'au Souverain de faire des loix, aussi rien n'en peut avoir l'autorité, sans son consentement exprés, ou tacite.

La deuxiéme est le temps; mais nous ne trouvons point de temps défini par les loix pour l'introduire.

3 Les Docteurs ne conviennent pas aussi quel temps est necessaire pour cet effet. Les uns tiennent que dix ans suffisent, *ut putat Glossa ad tit. C. quæ sit longa consuetudo*; mais cette opinion n'est pas soûtenable, parce que la Coûtume est appellée *usus diuturnus, longævus, inveteratus, tenax*, & observée pendant plusieurs années *L. 32. & 35. ff. de legib. L. 2. & 3. C. quæ sit longa consuetudo.* Ce qui ne convient pas au temps de dix années. A l'égard de la prescription, elle n'acquiert droit qu'aux particuliers, & la Coûtume établit un droit general.

La Glose sur le Chapitre 25. *de verb. signif.* tient que quarante ans suffisent pour introduire un usage, & luy donner force de Loy, & cela paroît autorisé sur ce que *Quadraginta annis temporis diuturnitas æstimatur ex L. 57. §. 1. ff. de rit. nupt.* mais d'autres veulent pour introduire une Coûtume un temps immemorial.

Pour moy je croy que cela dépend des circonstances & de la diversité des affaires, & d'autant que les Coûtumes sont de fait, cela doit être laissé à l'arbitrage du Juge: c'est l'opinion de Cujas dans ses Paratitles sur le Code *quæ sit longa consuetudo.*

La troisiéme condition requise pour introduire 4.
une Coûtume est, qu'elle soit conforme à la raison, *L. 39. ff. de legib. aliàs vetustas est erroris potiùs, quàm consuetudo can. 8. dist. 8.* Un usage introduit contre la raison, l'équité, & l'interêt des particuliers, est un abus qui doit être reformé, & qui n'a

point autorité de Loy. *Veritati prascribere nemo potest, non spatia temporum, non patrocinia personarum, non privilegia regionum, inquit Tertullianus lib. de veland. virginib.*

La Coûtume doit en ce point imiter la Loy, laquelle est la regle de ce qui est juste, & de ce qui est injuste, *L. 2. ff. de legib. Itaque consuetudo debet esse rationi consentanea, quia error communis non facit jus, licet quandoque juridicendo, & consuetudini introducenda occasionem dare possit, arg. L. 3. §. ult. ff. de sup. legat. L. 3. ff. de offic. Pretor. & L. 39. ff. de legib.*

Nous pouvons dire que la Coûtume a été formée par la nature & par la raison, qui enseignent aux hommes à se procurer une maniere de vivre, & une regle ordinaire qui soit la plus convenable à leur état.

5. Toutes les nations ont eu de tout temps leurs Usages & leurs Coûtumes; ce n'est pas un droit particulier aux François: la raison est que chaque peuple s'est toûjours porté à suivre ce qui avoit plus de rapport & de conformité à son état, à ses mœurs, & à ses inclinations. Mais il faut remarquer que les François ont toûjours eu plus agréable le nom de *Coûtumes*, que celuy de *Loy*; car l'un témoigne la liberté & une sujettion volontaire, l'autre la servitude; ainsi que l'ont observé Monsieur Pithou sur la Coûtume de Troyes, & Robert, chap. 1. liv. 2. de ses Arrests. *Laudabilior sæpiùs est consuetudo, quàm lex, quia lex est jus coactum, consuetudo voluntarium, illa in tabulis, hæc in animis custoditur.*

6. Les Romains avoient des usages & un droit non écrit, dont-ils se servoient, lequel étoit ou generalement reçu parmy eux, ou étoit particulier & different suivant la diversité des lieux; & ces loix étoient appellées *Mores Regionis, leges municipales consuetudinum, l. 1. in fine ff. de inspiciendo ventre.* Ils permettoient même aux peuples qu'ils avoient vaincus, d'observer leurs Loix & leurs Coûtumes.

La Coûtume est un droit non écrit, & partant elle a autorité de Loy, & oblige comme la Loy; *Quid enim interest suffragio populus voluntatem suam declaret, an rebus ipsis & factis L. 32. ff. de legib. L. 1. C. quæ sit longa consuet.* 7.

Auparavant la redaction des Coûtumes en France les Juges étoient obligez de juger conformément aux usages reçûs; ce qui est enjoint par une Ordonnance de S. Loüis de l'an 1278. rapporté par Belleforest; car comme dit l'illustre Monsieur Bignon *lib. 2. Marculphi ad cap. 12. in princip. Hæ leges multò ante usu receptæ sunt, quam in scriptis redactæ.* 8.

Pour ce qui concerne le pouvoir & l'autorité de l'usage ou de la Coûtume, il faut distinguer, ou elle est introduite au défaut de la Loy, ou contre la Loy, ou suivant la Loy.

Celle qui s'est introduite au défaut de la Loy a la même autorité que la Loy, & elle établit un droit nouveau, *L. 32. ff. de legibus.*

Celle qui est selon la Loy sert pour en interpreter les doutes, de sorte qu'elle la confirme. Ainsi quand une Loy se trouve conçuë en termes obscurs & ambigus, on a égard à ce qui s'est observé depuis qu'elle a été faite, *L. 37. & seqq. de legib.* C'est pourquoy la Coûtume est appellée *optima legum interpres*, & pour lors on ne peut pas dire, que ce soit une Coûtume, mais plutôt l'observation du droit commun. 9.

Celle qui est contraire à la Loy, abroge la Loy, & la détruit; car la raison de la Loy cessante, la Coûtume peut abroger la Loy. *Quare rectissimè illud receptum est, ut leges non solùm suffragio Legislatoris, sed etiam tacito consensu omnium per desuetudinem abrogentur, L. 32. in fine ff. de legib. Ea verò, inquit Justinianus §. 11. Inst. de jur. natur. gent. & civil. quæ ipsa sibi civitas constituit, sæpè mutari solent, vel tacito populi consensu, vel alia postea lege lata.*

§. 2. Quand est-ce que la Rédaction des Coûtumes s'est faite en France, de quelle maniere, & par quelle raison?

SOMMAIRE.

1. *Avant la redaction des Coûtumes comment s'en faisoit la preuve.*
2. *De la redaction des Coûtumes en France, & quelle en a été la raison.*
3. *Quand est-ce qu'on a travaillé à la redaction des Coûtumes.*
4. *Quelle a été la raison de leur reformation.*
5. *Il seroit à souhaiter qu'il n'y eut qu'une même Loy dans tout le Royaume.*
6. *Temps de la redaction & de la reformation de la Coûtume de Paris.*
7. *Avant la redaction de nos Coûtumes elles étoient observées.*
8. *Redaction & reformation des Coûtumes ne se peuvent faire que par autorité du Roy.*
9. *Comment se fait la redaction & reformation des Coûtumes.*
10. *Si on peut s'opposer à la teneur de quelques articles.*
11. *Pourquoy l'autorité du Roy est necessaire pour la redaction & reformation des Coûtumes.*
12. *Les peuples ont le choix des décisions de leurs Coûtumes.*

1. AVANT la redaction des Coûtumes en France, quand il survenoit quelque contestation entre particuliers, la preuve de l'usage pour la décider se faisoit souvent par enquêtes par turbes ordonnées par le Juge, lesquelles se trouvoient assez ordinairement incertaines & douteuses.

Des Mares en sa décision 265. dit que *pour prouver Coûtume dûment usage, ou stile allegué, il convient necessairement que ladite preuve soit faite & rapportée en tourbe par dix sages Coûtumiers, rendans certaine & affirmative cause de leur déposition, ou par plus, & si par moins que dix personnes en tourbe la Coûtume étoit témoignée, cette preuve ne suffiroit pas, mais seroit comme nulle de soy.*

Pour obvier à ces abus & à ces inconveniens, & afin que la Jurisprudence fut plus certaine, il falloit que les Coûtumes fussent redigées par écrit.

2. Ce fut par cette raison que les Etats generaux assemblez à Tours l'an 1453. demanderent au Roy Charles VII. que les Coûtumes de chaque Ville fussent redigées par écrit, par l'avis des trois Etats de chaque Province, assemblez pour cet effet sous son autorité, afin que s'il survenoit quelque difficulté sur icelles, on en fit preuve au Juge, par l'exhibition de l'original avec la copie prise au Greffe: ce que le Roy Charles VII. accorda par Lettres Patentes

du 28. Janvier 1453. par lesquelles il ordonna que toutes les Coûtumes seroient écrites & redigées par les Praticiens de chaque Province de son Royaume, qu'elles seroient examinées, & qu'elles seroient observées comme Loix; abrogeant tout autre usage contraire à ce qui seroit porté par les Coûtumes, aprés la redaction d'icelles.

3. On ne travailla cependant à cette redaction qu'aprés la mort de ce Roy, & la Coûtume de Ponthieu fut redigée la premiere sous Charles VIII. en 1495. Ensuite on continua à travailler à la redaction des autres Coûtumes sous Charles VIII. sous François I. sous Henry II. & sous Charles IX.

4. Depuis la redaction des Coûtumes, on s'apperçut qu'il y avoit dans le plûpart des ômissions considerables; c'est ce qui donna lieu à la reformation de plusieurs.

On remarqua même qu'il s'étoit glissé des erreurs dans quelques-unes; car souvent les Legislateurs ne prévoyent pas les inconveniens qui peuvent arriver des Loix qu'ils établissent: delà vient que dans la suite elles sont abrogées par des Loix posterieures, ou par un non usage.

5. Du Moulin dit que le dessein de Charles VII. étoit de faire une Loy generale de toutes les Coûtumes, & que la redaction particuliere qu'il en ordonna en 1453. n'étoit que provisionnelle; mais il n'executa pas son projet, puisque même aucune Coûtume particuliere ne fut redigée de son Regne.

Philippes de Commines rapporte que Loüis XI. désiroit qu'on n'usât dans son Royaume que d'une même Coûtume, d'un même poids, & d'une même mesure. Le Clergé de France aux Etats de Blois avoit aussi requis, qu'il n'y eut qu'une Coûtume generale en France.

Du Moulin dans un discours qu'il a fait pour la réünion des Coûtumes, dit qu'il n'y auroit rien de plus avantageux; ce qu'il prouve par plusieurs raisons, dont la principale est, que ce seroit un moyen assuré pour empêcher une infinité de procez. *Judicio meo non est alia via ad amputandam & moderandam infinitam illam litium multitudinem & prolixitatem, quâ tot annos miserè, nec sine magno præ cæteris nationibus dedecore quatitur & premitur Francia; neque enim multiplicatione Legum aut Constitutionum lites cohibentur, sed magis irritantur (ut notum est & docuit experientia) & multò minùs earum perplexitate; sed simplicitate, æquitate, & claritate.*

6. La Coûtume de Paris fut redigée en l'an 1510. & reformée en l'an 1580. Sur quoy il n'est pas inutile d'observer, premierement que les articles qui composent la Coûtume de Calais & du pays reconquis, redigée en 1583. ont été tirez mot à mot de celle de Paris, à la reserve de quelques articles en petit nombre, qui ont été ajoûtez pour leurs usages particuliers.

En second lieu, que plusieurs articles qui ont été ajoûtez de nouveau lors de la reformation de nos Coûtumes, ne doivent pas être considerez comme une nouvelle correction du passé; mais pour être nouvellement redigez en forme de Coûtume arrêtée; au lieu qu'en la premiere redaction ils n'y étoient pas compris, mais demeuroient ês termes de raison de droit, comme dit Du Moulin sur l'article 187. de la Coûtume de Melun.

7. Quoique la redaction de nos Coûtumes ne soit pas ancienne, néanmoins elles étoient observées plusieurs siecles auparavant. Celestin III. qui a tenu le S. Siege vers la fin du douziéme siecle, en fait mention dans le chap. *Quod Clericis de foro competenti*, rapporté tout entier par Antonius Augustinus, *antiq. collect.* 2. *decretal. lib* 2. *tit.* 2. *cap.* 5. & le Pape Innocent III. dans le chap. *Dilecti. Extr. de Arbitris. Voyez*

CHOPIN. *Chopin sur cette Coûtume tit.* 3. *num.* 2. *Dubreüil Tom. I. livre premier des Antiquitez de Paris.*

La redaction & la reformation des Coûtumes ne se peuvent faire que par l'autorité du Roy, en son nom, & par des Commissaires par luy députez pour cet effet; lesquels décernent leur commission pour faire appeller les trois Etats, à certain jour & lieu, où ils sont assignez en vertu d'icelle, & défaut est donné contre les défaillans. 8.

Le jour de l'Assemblée étant arrivé, les Commissaires avant toutes choses doivent faire prêter le serment à ceux qui auront été nommez par les trois Etats, de leur rapporter en conscience ce qu'ils ont vû observer dans leurs Coûtumes, afin que sur leur rapport il en soit fait un cahier d'articles suivant la prudence de Messieurs les Commissaires,

Ensuite on lit les anciens usages, ou les anciennes Coûtumes, & on examine chaque article en la presence des Commissaires & des Officiers & gens des trois Etats, ou des Procureurs ayant charge d'eux; & sur leur avis & consentement on change, on corrige, on augmente, & on diminuë selon qu'il est trouvé necessaire. 9.

Aprés que la Coûtume a été arrêtée, il est ensuite enjoint à tous les Députez des trois Etats, de se rassembler à certain jour, pour être la Coûtume lûë en presence de tous les assistans, à haute & intelligible voix; & aprés sur la Requête du Substitut du Procureur General du Roy au Siege, défaut est donné contre les défaillans, & pour le profit ils sont declarez sujets à la Coûtume: Et en outre il est dit & ordonné par les Commissaires, que la Coûtume sera tant par les comparans que par les défaillans, gardée & observée pour Loy de la Province; & à ce faire condamnez par les Commissaires, avec défenses à tous Avocats, Procureurs, & Conseil, de poser & articuler à l'avenir d'autres Coûtumes; & aux Officiers du ressort, de les y recevoir, ou d'en informer par turbes: & du jour de cette publication & decret des Commissaires, les Coûtumes ont lieu, sans qu'il soit besoin d'autre confirmation, ou d'autres Arrests du Parlement, au Greffe duquel elles sont apportées par aprés, pour les y déposer & garder.

Que si quelques Seigneurs, Communauté, ou autres, veulent s'opposer pendant la redaction ou reformation à la teneur de quelques articles, ils le peuvent faire; ils peuvent même appeller en la Cour du Decret des Commissaires, & pour lors ils peuvent dire leurs causes d'opposition; ou en cas d'appel, relever leur appel au Parlement, & faire intimer les trois Etats & les Commissaires, & il leur est fait droit avec connoissance de cause, la Coûtume demeurant en sa force pour les non-opposans ni appellans. 10.

C'est par autorité du Roy que les Coûtumes sont redigées par écrit pour avoir force de Loix; & c'est aussi l'autorité du Roy qui donne la force à la Coûtume, & en fait une espece de Loy: car le pouvoir de faire des Loix est un droit de Souveraineté, il n'a jamais été communiqué aux Seigneurs, mais plusieurs l'avoient usurpé sous la seconde Race de nos Rois; & lorsque les Seigneurs veulent faire proceder à la reformation de leur Coûtume, ils doivent obtenir des Lettres Patentes, pour contraindre les Etats à s'assembler pour cet effet. 11.

Le choix & la disposition de la matiere est accordé aux peuples; parceque, comme il s'agit de donner autorité de Loy à ce qu'ils ont établi eux-mêmes par un consentement public & general, il est juste de leur en laisser le choix: c'est par ce moyen qu'on fait des Loix fermes & stables, & qui ne se détruisent pas si facilement par un non usage, ou par un usage contraire. 12.

§. 3. De l'autorité des Coûtumes.

SOMMAIRE.

1. Coûtume, *ce que c'est en France.*
2. *Les Coûtumes sont comprises sous le nom de Droit François écrit.*
3. *Chacun est tenu de les observer.*
4. *Difference entre la Coûtume & l'usage.*
5. *Coûtume oblige* in foro conscientiæ.
6. *La Coûtume & l'usage dans la France coûtumiere ont le même rapport entre eux, que le Droit écrit & la Coûtume chez les Romains.*
7. *Les Juges doivent juger suivant les dispositions des Coûtumes.*
8. *Une Coûtume n'a force de Loy que dans l'étenduë du lieu pour lequel elle a été faite.*
9. *Stile & usage prescrits par l'Ordonnance doivent être observez.*
10. *Les Coûtumes reglent les droits des particuliers, & non ceux du Roy.*
11. *Ordonnance déroge aux Coûtumes.*
12. *De quel jour une Coûtume a autorité de Loy.*
13. *De quel jour les Ordonnances ont autorité.*
14. *Si pour regler les droits d'une Communauté conjugale il faut recourir à l'ancienne Coûtume qui étoit au temps du mariage.*
15. *Si dans la reformation de la Coûtume les trois Etats avoient envoyé à la Cour la resolution de quelques articles, de quel jour tels articles auroient autorité de Loy.*
16. *Pour les dispositions personnelles il faut suivre la Coûtume du domicile.*
17. *Les droits réels se reglent par la Coûtume du lieu.*
18. *Dans les Contrats & dans les Testamens il faut observer les formalitez requises par les Coûtumes des lieux où ils sont passez.*
19. *La foy & hommage se doit faire selon les formalitez requises par la Coûtume du Fief dominant.*

1\. LES Coûtumes dans la France coûtumiere sont des Loix qui dans leur origine n'ont pas été écrites, mais qui se sont établies par le tacite consentement des habitans d'une Province, & par une espece de convention de les observer.

Mais parceque ces Loix ne se conservoient que par l'usage, & que souvent cet usage étoit incertain, nos Rois ont fait recüeillir en chaque Province les Coûtumes qui y étoient établies, & sous leur autorité les ont fait rediger par écrit en l'assemblée des Etats, comme nous avons dit.

2\. Ainsi, quoique les Coûtumes soient, à vray dire, les anciens usages de chaque Province, & souvent de chaque grand Bailliage ou Sénéchaussée, elles sont néanmoins comprises sous le nom de Droit François écrit, parce que leur redaction ayant été faite sous l'autorité du Roy, chacune a force de Loy écrite dans l'étenduë de la Province, ou du lieu pour lequel elle a été faite. Ainsi nous distinguons la Coûtume de l'usage, qui s'observe sans avoir été redigé par écrit, & sans avoir autorité de Loy.

3\. La Coûtume oblige non seulement les peuples qui s'y sont soûmis, mais encore ceux qui viennent établir leur demeure dans les Provinces, ou qui y passent pour des affaires qu'ils y ont. *L. 1. C. Quæ sit long. consuet.* Les Eglises, les mineurs & tous autres y sont soûmis, s'ils n'en sont expressément exceptez. C'est l'opinion de Du Moulin, sur le titre des Cens de la Coûtume de Paris, num. 44. DU MOULIN.

4\. Les Coûtumes de France ne sont donc point à present de simples statuts, ou usages locaux; mais le Droit civil, commun, & municipal de la Province, qui s'y est soûmise volontairement par une espece de Contrat & accord, qui se peut appeller avec Papinian, *L. 1. de legibus, communis Reipublicæ sponsio:* Contrat qui est fait & redigé par écrit, du consentement des trois Etats, dûëment convoquez & assemblez de l'autorité du Roy, par les Commissaires deputez de sa part; & ensuite de ce, publié & registré en la Cour de Parlement, du ressort de laquelle est la Province; qui sont formalitez absolument essentielles pour autoriser une Coûtume, & en faire une Loy.

C'est la décision de l'article dernier de l'Ordonnance du Roy Charles VII. de l'an 1453. Ce qui est remarqué par Maître Charles Du Moulin sur *Decius consil. 685. num. 2. verbo jus commune*; & sur le même *Decius cap. licet causam extra. de probat.* & plus amplement en son Commentaire sur la Coûtume de Paris, *in Præfat. tit. 1. num.* 108. par Charondas, liv. 1. de ses Pandectes du Droit François, chap. 25. dont le titre est de la Coûtume; & par *Equinarius Baro ad titulos Digest. de origin. jur. & de legib. & Senatusconsultis in prin.* DU MOULIN

5\. C'est par cette raison que Brodeau dit avoir toûjours soûtenu dans ses Avis & Conférences, qu'il n'est pas permis même dans le for intérieur, & de conscience, d'éluder la disposition de la Coûtume, & y contrevenir indirectement, & en cachette, non plus qu'à un Contrat & à une convention synallagmatique, & reciproquement obligatoire, & ce pour quelque cause & prétexte que ce soit, même de charité, de pieté, d'équité naturelle, ou autrement, comme tous les Docteurs en sont d'accord, citez par *Petrus Peckius, de testamentis conjugum, lib. 4. cap. 24.* D'où il conclud, que la donation faite manuellement d'une somme de deniers par un mary, qui ne laisse que des heritiers collateraux, en degré éloigné, à sa femme, qui luy a rendu tous les devoirs imaginables; ou par la femme à son mary, est un vol sujet à restitution, comme étant un acte injuste, contre la disposition de la Coûtume, prohibitive aux conjoints, de se donner l'un à l'autre, directement ou indirectement; Coûtume qui établit une Loy dans le public, comme la prescription un Droit singulier entre les particuliers. BRODEAU

En quoy la Coûtume est bien differente du stile, qui dépend de la seule autorité du Siege, ou de l'usage de tout temps observé par les Praticiens du Siege; & regarde & concerne seulement les formes des procedures judiciaires; *Stilus est jus non scriptum, ab uno Judice circa sententias & acta judiciaria intro-*

ductus, qui si in scriptis redactus sit, statuti vim habet, Joan. Faber, & Angel. Aretinus, §. ex non scripto, instit. de jure natur. gent. & civ. ainsi qu'il est remarqué sur la fin du Procés Verbal de l'ancienne Coûtume, qui porte, que *les articles faisant mention de la forme de relever les appellations pardevant le Prevôt de Paris, ou son Lieutenant, ès Jurisdictions où il a accoûtumé de tenir ses assises; des bêtes trouvées en dommage, pareillement des ajournez à trois briefs jours, furent rayez & mis hors du cahier des Coûtumes, présentez à Messieurs les Commissaires, parce que ce n'étoient Coûtumes, & par consequent qu'on les devoit alleguer par stile seulement.*

Les mêmes termes se remarquent en plusieurs articles de l'ancienne Coûtume, art. 176. 177. 187. 188. 190. qui parlent de l'usage, stile, & commune observance, notoirement tenuë & gardée en l'Auditoire du Châtelet. Voyez Chopin sur cette Coûtume, liv. 3. tit. dernier, nomb. 1. 2. 3. & *Decius consil. 11. num. 11. & ad rubr. tit. de consuet. ext.* Du Moulin, §. 52. *glos. 1. num. 162.* dit que *Si Ius & observantia Præfecturæ Parisiensis, deficiente consuetudine, ubique servari debet.* CHOPIN. DU MOULIN.

6. La Coûtume & l'usage dans la France coûtumiere ont le même rapport entr'eux, que le Droit écrit & la Coûtume chez les Romains; c'est-à-dire, que l'usage est à l'égard de la Coûtume dans la France coûtumiere, ce que la Coûtume est à l'égard du Droit écrit.

7. Les mœurs & les inclinations naturelles des peuples étant confirmées & autorisées par le Prince, les Juges sont obligez de veiller à les maintenir & conserver, & doivent empêcher qu'il ne se fasse rien au contraire; & ils ne peuvent juger contre un Droit si bien établi, sans blesser l'autorité du Prince, & les interêts de toute la Province.

8. Il faut donc conclure de tout ce que nous venons de dire, que les Coûtumes, depuis leur redaction, sont comprises sous le nom de Droit François écrit, qu'elles sont le Droit commun & municipal de la Province qui s'y est soûmise volontairement par une espece de Contrat, & elles ne sont plus de simples statuts ou de simples usages locaux. Mais leur autorité est particuliere, & chaque Coûtume est bornée à l'étenduë de la Province ou du lieu, pour lequel elle a été faite.

9. Au reste ce que nous avons dit du stile & de l'usage ne se doit entendre que de celuy qui n'est pas prescrit par les Ordonnances; car ce qui est prescrit pour les instructions des procez civils & criminels dans les Ordonnances de Loüis XIV. doit être observé, & il n'est pas permis de s'en écarter sans donner ouverture à des Requêtes civiles, ou à des cassations d'Arrêts.

10. Les Coûtumes reglent les droits des particuliers; mais pour ce qui concerne les droits du Roy, elles n'y peuvent apporter aucun préjudice, quoique Monsieur le Procureur General ait été present à leur redaction; car sa presence ne peut servir à obliger le Roy. Bacquet, au traité des droits de Justice, chap. 10. nomb. 8. du droit d'aubeine, chap. 29. nomb. 2. & du droit des Francs-fiefs, chap. 11. nomb. 5. Brodeau en son Sommaire sur la Coûtume de Paris, Tronçon sur l'art. 75. de la même Coûtume, & Galland dans son Traité du Franc-aleu, chap. 8. BRODEAU. TRONÇON.

11. Il y en a qui ont prétendu, que les dispositions des Coûtumes ne sont point abolies par les Ordonnances contraires, à moins que dans les Ordonnances il n'y ait ces mots, *nonobstant toutes Coûtumes contraires*, ou autres clauses dérogatoires; parce que, comme les Coûtumes sont de fait, & qu'elles consistent en fait, le Prince est présumé ne les pas sçavoir, & par consequent n'avoir pas eu intention de les anéantir. Rebuffe sur les Ordonnances, Preface, Glose 5. n. 148.

Cependant il ne faut pas douter que les Ordonnances ne dérogent aux Coûtumes ausquelles elles sont contraires; car qui peut faire la Loy, y peut déroger. Elles y dérogent même quoy qu'elles ne contiennent pas de clause dérogatoire, parce qu'elles sont les Loix generales du Royaume. Voyez Loüet & Brodeau, lett. D. n. 25.

De quel jour une Coûtume a autorité de Loy, si c'est du jour qu'elle a été arrêtée, ou du jour qu'elle a été publiée en l'assemblée des Etats, & imprimée? 12.

Les Arrêts ont distingué deux cas: le premier, que dans les choses qui dépendent entierement de la disposition de la Loy, sans le fait de l'homme, la Coûtume a autorité de Loy, dés qu'elle est arrêtée par les trois Etats, en la presence des Commissaires, la publication qui s'en fait depuis ayant un effet retroactif au jour qu'elle a été arrêtée.

Monsieur Loüet, *l. C. n. 20.* & Monsieur Le Prestre, *Cent. 1. chap. 55.* remarquent un Arrest sans datte, donné au rapport de Monsieur Thurin, en la cinquiéme Chambre des Enquestes, conforme à un précedent donné en l'Audience de la Grand'-Chambre, en la Coûtume d'Amiens, au procés du Vidame d'Amiens, sieur de Pequigny, le 7. Septembre 1571. qui l'a jugé ainsi.

Par autre Arrest rapporté par Monsieur Le Prestre, *loco citato*, donné au rapport de M. Ribiere le 22. Juin 1602. entre la Biche & Lescalopier, il a été jugé pour le remploy des propres aliénez de la femme, quoique l'aliénation eût été faite, *medio tempore*, aprés que la Coûtume de Paris eût été resoluë & arrêtée, mais auparavant la publication d'icelle, & avant qu'elle eut été apportée au Greffe de la Cour; parce que les Coûtumes ne s'omologuent, & ne se verifient pas en la Cour, & qu'on ne les apporte au Greffe de la Cour que pour y avoir recours.

L'autre cas est, que lorsqu'il s'agit d'une chose qui a eu besoin du ministere de l'homme: par exemple, s'il s'agit de quelque solemnité ou formalité nouvelle, introduite dans les Testamens & dans les Actes ou Contrats, la Coûtume n'a autorité que du jour de la publication, & qu'elle est venuë à la connoissance d'un chacun.

Monsieur Le Prestre remarque un Arrest donné en l'Audience le 7. Mars 1581. qui a déclaré bon & valable un Testament fait depuis la reformation de la Coûtume de Paris, & auparavant l'impression d'icelle, quoique dans le Testament, les solemnitez requises par la nouvelle Coûtume n'eussent point été observées.

La raison pour laquelle la Coûtume n'a lieu que du jour qu'elle a été publiée, lors qu'il s'agit d'une chose qui a eu besoin du ministere de l'homme, est, que les Notaires & autres personnes n'ont pû avoir connoissance de ce qui a été arrêté de nouveau que du jour de la publication.

A l'égard des Ordonnances, elles n'ont jamais lieu que du jour de leur publication, par la raison qu'elles ne peuvent être connuës auparavant; mais les Coûtumes étant arrêtées du consentement des trois Etats de la Province, on ne peut point objecter le défaut de publication pour les droits nouvellement établis, qui ne requierent point le fait de l'homme, comme les successions, les partages, la faculté de disposer de ses biens, & autres semblables. 13.

Cette Question s'est presentée, si pour regler les droits d'une Communauté entre conjoints par mariage, il faut avoir recours à l'ancienne Coûtume qui étoit lors du Contrat de mariage, ou à la Coûtume reformée qui étoit au temps de la dissolution de la Communauté.

14. Par Arrest donné au rapport de Monsieur Loüet, en la cinquiéme Chambre des Enquêtes, le 17. Octobre 1587. & par luy rapporté *sous la lett. C. nomb. 6.* il a éte jugé qu'il faut avoir égard à la Coûtume qui est au temps de la dissolution du mariage, & non pas à celle qui étoit lors du Contrat.

La raison est, que la Loy qui doit regler la Communauté pour les droits & le partage d'icelle, est celle qui est en vigueur au temps que cette Communauté finit, & qu'il s'agit d'en faire le partage, parce que le droit n'en est pas acquis auparavant.

Il en faut dire de même du doüaire & des autres droits prétendus par la femme, *in vim solius consuetudinis*, lorsqu'il n'y a aucune convention expresse qui regle ses droits & ses actions.

15. Il faut encore ici remarquer, que si dans la reformation de la Coûtume les trois Etats avoient renvoyé à la Cour la resolution de quelques articles, tels artiles n'auroient lieu que du jour que la Cour y auroit prononcé par Arrest, comme dit Loüet, *l. C. nomb.* 20.

Quelle Coûtume il faut suivre, si c'est celle du domicile des parties, ou celle dans l'étenduë de laquelle les biens sont situez, ou celle du lieu où l'Acte est passé?

Pour resoudre cette question, il faut distinguer entre les dispositions personnelles de nos Coûtumes, & les dispositions réelles, & les solemnitez des Actes.

16. Les dispositions personnelles de nos Coûtumes concernent les personnes, elles reglent leur état, leur capacité, condition & qualité; pour cet effet il faut suivre la Coûtume de leur domicile, parce que c'est la Loy du domicile qui soûmet les personnes qui font leur residence dans son détroit.

La capacité personnelle, *afficit personam*, elle est attachée & inherente à la personne, elle en est inséparable, & elle la suit en quelque lieu qu'elle aille, & qu'elle se trouve; & ce seroit une absurdité tres-grande, si la capacité des personnes se changeoit selon les lieux où elles se trouveroient; c'est une regle observée par tout selon le sentiment des Docteurs, *in l. cunctos C. de summ. Trin.*

17. Les dispositions réelles concernent les choses & droits immobiliaires (comme la legitime, le droit d'aînesse, le retrait, les servitudes réelles, le doüaire coûtumier, la disposition des heritages, tant entre-vifs que testamentaires, la discussion, le droit de succeder aux heritages, le droit du double bien, & autres) ainsi ces droits se reglent par la Coûtume de la situation des heritages. La raison est, que les Coûtumes soûmettent les personnes qui y sont domiciliées, & les heritages qui y sont situez. C'est la disposition expresse de quelques Coûtumes; celle de Chauny, art. 59. porte: *Faut noter que toutes & quantes fois qu'il est question du droit de quelques heritages, l'on se regle, & se doit-on regler selon les Coûtumes des lieux, où tels heritages dont seroit question, sont situez & assis.* Celle de Vermandois, art. 57. en dispose de même; c'est la disposition du Droit écrit, *l. si fine. §. Lucius de admin. tut.*

Pour la validité des Contrats, des Testamens & autres Actes, il faut observer les formalitez requises par les Coûtumes des lieux où ils sont passez, sur peine de nullité; quoique ceux qui les passent ayent leur domicile ailleurs. La raison est, que les Actes qui requiérent quelque solemnité, ne se passant que pardevant les Officiers du lieu, ils doivent être revêtus des formalitez qui y sont requises: parce que les Officiers sont obligez d'observer les Loix de la Province où ils font leurs fonctions. 18.

Quant aux Testamens ils doivent se faire selon les formalitez du lieu où ils sont passez, quoique les Testateurs ayent leur domicile en Coûtume qui en requiérent d'autres; c'est la disposition de la Coûtume de Vermandois, art. 57. Maître Antoine Loisel en ses Institutes coûtumieres, art. 2. tit. 2. regle 12. dit: *Il faut tester selon les formes du lieu où l'on teste; mais les dispositions prennent leur force par les Coûtumes des lieux où les choses sont: car les Coûtumes sont réelles.*

In his quæ concernunt nudam ordinationem, dit Du Moulin sur la Loy, *cunctos C. de sum. Trinit. vel solemnitatem actûs, semper inspicitur statutum, vel consuetudo loci ubi actus celebratur, sive in Contractibus, sive in Judiciis, sive in Testamentis, aut aliis conficiendis.* On n'a point d'égard ni au domicile des parties contractantes, ou à celuy du Testateur, ou à la Coûtume des lieux où les heritages dont il s'agit sont situez.

Les Actes ainsi passez ont leur exécution par tout, en Coûtumes qui requiérent d'autres formalitez; pourvû qu'il n'y ait point d'autre raison qui en cause la nullité, un Contrat ou Acte qui est valable en un lieu, ne peut ne l'être pas dans un autre.

Les procedures & formes judiciaires doivent aussi être gardées & observées selon le stile & l'usage du lieu où l'on plaide, *In præparatoriis judiciorum ejus loci lex vel consuetudo servanda est, ubi jus redditur*, selon la Loy 3. *§. fin. de testib.*

Ainsi l'Acte de foy & hommage qui se fait au Seigneur au principal Manoir du Fief dominant, se fait selon les formalitez & solemnitez requises par la Coûtume du Fief dominant, quoique le vassal ait son domicile dans une autre Coûtume, & que le Fief servant, à raison duquel la foy se rend, soit aussi situé dans une autre Coûtume, qui ordonne d'autres formalitez; par la raison que l'Acte se faisant sur les lieux, & étant plus réel que personnel, il se doit faire selon la Coûtume du lieu, où il doit être fait indispensablement, si le Seigneur du Fief dominant ne consentoit qu'il luy fut fait ailleurs, auquel cas même il faudroit garder les formalitez de la Coûtume du Fief dominant, comme nous avons observé ailleurs. 19.

§. 4. De l'origine de la diversité des Coûtumes, des Ordonnances de nos Rois, & de l'usage du Droit Romain en France.

SOMMAIRE.

1. *Il y a dans le Royaume prés de trois cent Coûtumes.*
2. *Qu'est-ce qu'on appelle parmy nous Droit coûtumier.*
3. *Origine de la diversité des Coûtumes en France.*
4. *Partage des Gaules entre les François, les Goths, & les Bourguignons.*
5. *Loy Salique, par qui establie.*
6. *Des Capitulaires de nos Rois.*
7. *Comment les Coûtumes se sont introduites.*
8. *Origine des droits des hauts Justiciers.*
9. *Droit coûtumier s'est augmenté considerablement avec le temps.*

10. *Ordonnances faites par les Rois de la troisiéme Race.*
11. *La diversité des mœurs a donné lieu à la diversité des Coûtumes.*
12. *Droit Romain, quand a commencé d'être reçu en France.*
13. *Recommandation de ce Droit par quelques-uns de nos Rois.*
14. *Droit Romain presque entierement aboly dans la France sur la fin de la seconde Race.*
15. *Extinction des Lettres dans l'Europe aprés le deceds de Justinien.*
16. *Temps auquel on commença d'enseigner publiquement ce Droit en France.*
17. *Deffense de l'enseigner à Paris par Honoré III.*
18. *Sur quoy fondée.*
19. *Rétablissement de ce Droit dans toutes les Universitez du Royaume.*
20. *Droit Romain exactement observé dans les Provinces de France voisines de l'Italie, depuis Jules-Cesar.*
21. *Provinces de France où il est observé comme Loy.*
22. *En pays coûtumier le Droit Romain doit être consideré comme une raison écrite.*

1. IL y a dans le Royaume près de 300. Coûtumes, mais il n'y en a qu'environ soixante de principales, les autres sont locales & propres à quelques Bailliages, Villes, Châtellenies, & Prévôtez.

2. Ce qui se trouve décidé sur une même matiere par le plus grand nombre des Coûtumes, qui ont des dispositions semblables, est ce qu'on appelle le Droit commun coûtumier, comme *le mort saisit le vif son plus proche heritier habile à luy succeder. En France institution d'heritier n'a lieu.*

Les differentes dispositions qui se trouvent dans plusieurs de nos Coûtumes sont la source d'une infinité de procez.

3. Les Historiens tirent l'origine de la diversité de nos Coûtumes, de l'ancienne Gaule, prétendans que Jules-Cesar après l'avoir conquise, permit aux Gaulois de vivre sous les Loix & les Coûtumes ou usages dont ils se servoient pour lors; que néanmoins dès ce temps-là le Droit Romain s'y introduisit.

4. Sur le declin de l'Empire Romain, au temps d'Honorius & de Valentinien, les Gots, les Bourguignons, & les François, peuples d'Allemagne, descendirent dans les Gaules; ils les partagerent en plusieurs Royaumes, & y firent des Loix propres à leur état, à leurs mœurs, & à leurs inclinations.

5. Les François appellez Saliens, y établirent la Loy Salique, qui contenoit plus de quatre cens articles; elle reçut quelques augmentations sous la premiere & seconde Race des Rois de France; & Clovis s'étant fait Chrétien, Childebert & Clotaire en retrancherent en faveur de la Religion, ce qui ressentoit le Paganisme.

Charlemagne l'an 803. le troisiéme de son Empire, ajoûta plusieurs articles à cette Loy, pour suppléer ce qui y manquoit, retrancher ce qui s'y trouvoit inutile, & concilier ce qui paroissoit contraire; & ordonna que ces articles ajoûtez seroient réputez de la Loy Salique, & en auroient l'autorité. Loüis le Débonnaire en ajoûta aussi plusieurs.

6. Les Capitulaires de Charlemagne, de Loüis le Débonnaire, de Charles le Chauve, & de quelques autres Rois, succederent à cette Loy.

Touchant ces Capitulaires, il faut observer que Charlemagne, sur la fin de son Regne, assembla souvent ses Etats, ausquels les Evêques & Archevêques assistoient: on y faisoit des déliberations qui étoient redigées par écrit.

C'étoit le Roy qui arrêtoit les articles, ensuite on les faisoit lire à l'Assemblée; & quand ils étoient approuvez de tout le monde, on les signoit, & on les mettoit dans les Archives du Chancelier; d'où les Evêques & les Comtes étoient obligez d'en tirer des coppies, & de les faire publier dans leurs Jurisdictions, & aux Prônes des Messes paroissiales, afin que tout le monde en eut connoissance.

Ces décisions étoient redigées succinctement, & par articles; c'est pourquoy on les appelloit Chapitres; & le Recüeil des Chapitres étoit appellé du nom *Capitulaire*. Ces Capitulaires ont été recüeillis en deux volumes in folio, avec des Notes, par M. Baluze, ouvrage tres-curieux.

Sur la fin de la seconde Race, au commencement du dixiéme siécle, l'autorité des Rois diminua considerablement; les Ducs & les Comtes se rendirent maîtres des Provinces & des Villes, dont ils étoient Gouverneurs. Ils s'attribuerent, tous les droits de Souveraineté dans l'étenduë de leur territoire; ils donnerent des privileges, franchises & exemptions, y établirent des Loix & des Coûtumes differentes, pour empêcher la réünion de leurs Provinces à la Couronne, dont ils les avoient separées, & laisserent vivre leurs sujets selon leurs propres inclinations; ce qui donna lieu dans la suite des temps à plusieurs usages qui s'introduisirent dans chaque Province: ainsi il se forma quantité de Coûtumes differentes selon la diversité des Provinces, & même des Villes particulieres. 7.

Delà viennent les Coûtumes generales des Provinces, & les Coûtumes locales de quelques Villes & lieux particuliers; ce qui fut cause que la Loy Salique & les Capitulaires des Rois de France furent negligez, & enfin abolis par des usages contraires.

Delà viennent aussi les droits de confiscation, de desherence, de bâtardise, de poids & de mesures, d'espaves, de biens vacans, d'amendes, & autres que les Seigneurs Justiciers se sont attribuez. 8.

Ce Droit coûtumier consistoit dans les commencemens en peu d'articles; mais il s'est augmenté selon les cas particuliers qui sont survenus avec le temps: de même que les Loix Romaines consistoient d'abord dans les Loix Royales & Curiales, & depuis dans les Loix des douze Tables, & après dans toutes les autres especes du Droit que la necessité des affaires publiques & particulieres introduisit, dont nous avons parlé amplement dans la Jurisprudence du Code, sur les trois Ordonnances de l'Empereur Justinien, servant de Preface à ce Livre d'Ordonnances & Constitutions Imperiales. Ces Coûtumes ont été ensuite redigées par écrit, & depuis reformées, comme il a été observé cy-dessus. 9.

Les Rois de la troisiéme Race firent des Loix generales pour être observées par tout le Royaume, appellées Ordonnances. François I. en fit plusieurs, & les Rois ses successeurs ont suivi son exemple; en sorte qu'à present il y en a un tres-grand nombre. 10.

Touchant l'origine de la diversité des Coûtumes, voyez ce qui est dit de l'origine du Droit François dans une Preface qui est au commencement d'un Livre intitulé *Bibliotheque des Coûtumes.*

Au reste il faut demeurer d'accord, que la diver- 11.

sité des mœurs & des inclinations des peuples a donné lieu à la diversité des Coûtumes que nous avons ; car comme dit Ciceron *in Orat. pro Cornelio Balbo : dissimilitudo civitatum varietatem juris habeat necesse est.*

12. Pour ce qui regarde les Loix Romaines depuis l'établissement de la Monarchie Françoise, le Droit Romain fut observé dans l'Aquitaine & dans la Gaule Narbonnoise, où les Gots avoient établi leur Royaume. Alaric II. un de leurs Rois, fit faire une compilation des Loix Romaines, qu'il publia sous le nom de Code Theodosien, l'an de grace 701. & de son Regne le 22.

Après que les François eurent conquis le Royaume des Gots & des Bourguignons, les Loix Romaines y furent observées, comme il est marqué dans l'Epître de Theodoric Roy d'Italie, par laquelle après la victoire de Clovis il témoigne la joye qu'il a d'apprendre que toute la Gaule Gotique se regit par la Loy Romaine.

Sous la seconde Race, le Code des Loix Romaines composé par les ordres d'Alaric, fut rétabli & corrigé par Charlemagne, pour servir aux peuples d'Aquitaine, comme il est remarqué par les paroles ajoûtées sur la fin de la Preface du Code Theodosien. Eginart écrit qu'en ce temps les François se gouvernoient par les dispositions de deux Loix bien differentes, la Romaine & la Salique, & que Charlemagne pour les concilier avoit ajoûté quelques Chapitres à ses Capitulaires.

13. Loüis le Pieux a reconnu la Loy Romaine pour la mere & la source de toutes les loix des hommes.

Charles le Chauve voulut que le Droit Romain servit pour regler, & composer les differends de ses peuples d'Aquitaine, & de ses autres sujets.

14. Le desordre étant arrivé dans la France sur la fin de la seconde Race, les Loix particulieres de chaque Province, & les usages differens qui s'y étoient introduits, l'abolirent presque entierement, & pendant trois ou quatre cens ans il n'y avoit point de Loix certaines dans la France, de même que chez les Romains depuis l'abrogation des Loix Royales jusqu'à l'établissement de la Loy des douze Tables, comme nous apprenons de Pomponius, *l. 2. §. 3. ff. de orig. jur. Exactis deinde Regibus lege Tribunitiâ omnes leges hæ exoleverunt ; iterumque cœpit populus Romanus incerto magis jure & consuetudine ali, quàm per latam legem.*

15. Après le decés de l'Empereur Justinien (à qui nous sommes redevables des Loix Romaines) arrivé sur la fin de l'année 565. selon Baronius, ou de l'année 566. selon Victor & Jean son continuateur, les Lettres furent presque entierement éteintes par les courses des Barbares, qui ravagerent l'Empire Romain, tant en Orient qu'en Occident : en sorte que les volumes de Droit qui avoient été composez avec tant de travail, & qui étoient l'ouvrage de plus d'onze siecles, furent ensevelis dans les tenebres pendant plus de six cens ans jusques à l'Empire de Lothaire.

16. Sous cet Empereur l'an 1132. ou environ, on trouva dans Melphis, ville de la Poüille, les Pandectes, qui ont été reçûës depuis avec beaucoup d'applaudissement.

Il faut pourtant demeurer d'accord, qu'avant Lothaire le Droit Romain n'avoit pas toûjours été inconnu depuis la mort de Justinien.

Premierement, parce que le chap. 29. du liv. 2. des Capitulaires de Charlemagne est tiré du commencement de la Novelle septiéme de Justinien, ainsi que l'a rendu Julien l'Antecesseur.

En second lieu, parce que Charles le Chauve dans la réponse qu'il fit au Pape Adrien II. rapporte les termes de la Novelle 133.

En troisiéme lieu, qu'Ives Evêque de Chartres, dans son livre du Decret, cite les Pandectes, rapporte même la définition des Nopces, telle qu'elle est dans Justinien, & ce qui est dit aux Institutes dans le commencement du titre des Nopces.

Quoy qu'il en soit, depuis la découverte des Pandectes le Droit Romain commença, pour ainsi dire, à renaître ; & Lothaire II. par le conseil d'Irnerius, ordonna que ce Droit seroit enseigné dans les Ecoles publiques, & observé dans le Barreau.

Il commença aussi, quelques temps après, d'être enseigné publiquement dans la France, par la permission du Roy, suivant les Lettres Patentes de Philippe le Bel, l'an 1312. pour l'établissement de l'Université d'Orleans : *Nous voulons qu'on exerce librement l'étude des Loix seculieres & du Droit écrit, dans les meilleures Villes de nôtre Royaume.*

Le Pape Honoré III. l'an 1219. sous le Regne de 17.
Philippe Auguste, avoit défendu auparavant de graduer en Droit Civil dans l'Université de Paris, sur peine d'excommunication, *cap. super specula : extra. de privileg.* sur quoy voyez les Notes de Cironius.

Cette constitution étoit fondée sur ce qu'en ce 18.
temps-là on se servoit peu des Loix Romaines, & que les Juges Ecclesiastiques vouloient décider toutes les contestations mêmes des choses temporelles par l'autorité des Papes & leurs constitutions decretales.

Le dessein de ce Pape étoit de rendre par ce moyen l'étude seule du Droit canonique necessaire, donner aux constitutions de ses prédécesseurs beaucoup plus d'autorité, & d'abolir dans la suite l'étude du Droit Romain par toute la France.

Quoique ce fut une entreprise sur l'autorité du Souverain, néanmoins Philippe le Hardy & Philippe le Bel par Ordonnances des années 1277. & 1304. confirmerent cette défense, laquelle a été confirmée par l'Ordonnance de Blois en l'an 1579. en l'art. 86. en ces termes : *Nous défendons à tous ceux de l'Université de Paris, de lire & graduer en Droit Civil.*

Elle a été renouvellée par l'Ordonnance de Loüis XIII. l'an 1629. art. 44. *Nous défendons à toutes personnes, soit de l'Université ou autres, de faire lecture publique ailleurs qu'esdites Universitez, même lire le Droit Civil en nôtre bonne Ville de Paris.*

Quelques-uns ont prétendu que ces défenses ont été faites par cette raison politique, que les Rois de France n'ont pas voulu souffrir qu'on enseignât publiquement dans la Ville capitale de leur Royaume les Loix de l'Empire Romain, crainte qu'ils ne se reconnussent par-là sujets de l'Empire.

Cette raison paroît sans fondement ; car si elle avoit été le motif de cette défense, ils n'auroient pas permis que le Droit Romain eût été enseigné dans les autres Universitez.

D'autres prétendent que ç'a été pour favoriser l'étude de la Théologie dans l'Université de Paris, & pour empêcher que les Moines & les Ecclesiastiques ne s'adonnassent à cette Science : ainsi par le Concile de Tours en l'an 1163. sous le Pape Alexandre III. il fut défendu aux Religieux de sortir de leurs Cloîtres, pour aller étudier ou enseigner la Phisique & les Loix mondaines, c'est-à-dire, la Medecine & le Droit Civil, *cap. 3. ne Cler. vel Mon.*

Le Roy a fait un Edit au mois d'Avril de l'année 19.
1679. pour l'établissement du Droit Civil, dans toutes les Facultez de Droit du Royaume, & dans celle de Paris.

Dans le commencement de cet Edit il reconnoît que ce Droit est la source de tous les principes de la Jurisprudence, dont il faut avoir une connoissance parfaite pour rendre des jugemens & des décisions équitables ; voicy les termes : *Ayant reconnu que l'incertitude des jugemens, qui est si préjudiciable à la fortune de nos sujets provient principalement de ce*

que

que l'étude du Droit Civil a été presque entierement negligé depuis plus d'un siecle, dans toute la France, & que la profession en a été discontinuée dans l'Université de Paris, &c.

20. Le Droit Romain avoit été plus exactement observé depuis Jules-Cesar, qui conquit les Gaules, dans les Provinces qui sont voisines de l'Italie; sçavoir, le Dauphiné, la Provence, le Languedoc, la Gascogne, le Lyonnois & l'Auvergne; c'est pourquoy elles ont obtenu par Lettres Patentes de nos
21. Rois, que ce Droit leur serviroit de Loy. Du Tillet au Recüeil de nos Rois de France en fait mention.

Le Droit Romain a dans ce Royaume deux differens usages, & il a pour chacun son autorité.

L'un est d'être observé comme Loy dans plusieurs Provinces, quand l'usage des lieux où les Ordonnances n'y sont point contraires.

Ce sont les Provinces dont nous venons de parler, & dont on dit qu'elles se regissent par le Droit écrit, qui y a la même autorité qu'ont dans les autres les Coûtumes propres.

L'autre usage s'étend à toutes les Provinces, & comprend toutes les matieres, & il consiste en ce qu'on l'observe par tout comme une raison écrite; & il y a la même autorité que doivent avoir sur nôtre esprit la justice & l'équité.

C'est la difference du pays coûtumier d'avec le pays de Droit écrit.

En effet le Droit Romain n'a jamais eu force de Loy dans la France coûtumiere : les Rois de France n'ont point voulu luy donner cette autorité : ensorte
que c'est un principe certain que le Droit Romain 22
n'y est point suivi dans les cas où la Coûtume y est contraire; & dans les autres qui ne sont point décidez par la Coûtume, il peut & doit être consideré comme une raison écrite.

Cependant ç'a été une grande question, sçavoir si le Droit Romain est le Droit commun en pays coûtumier, pour les cas qui ne sont point exprimez par les Coûtumes? C'est ce que nous allons expliquer dans le paragraphe suivant.

§. 5. A quoy il faut avoir recours dans les cas qui ne sont pas exprimez par les Coûtumes.

SOMMAIRE.

1. *Si le Droit Romain est le Droit commun en pays coûtumier, pour les cas qui ne sont point exprimez par les Coûtumes.*
2. *Deffenses d'alleguer le Droit Romain contre les Ordonnances & les Coûtumes.*
3. *Droit Romain appellé* Ratio scripta.
4. *Comment il est observé dans la France coûtumiere.*
5. *Comment les Coûtumes sont le Droit general de la France.*
6. *Si la Coûtume de Paris sert de Loy dans les autres Coûtumes.*
7. *L'usage de la ville de Rome suivi dans les autres villes de l'Empire Romain au deffaut des Coûtumes particulieres.*
8. *Arrests sur la question, si on doit suivre la Coûtume de Paris ou les Coûtumes voisines, ou le Droit Romain au deffaut de la Coûtume des lieux.*
9. *Si les Ordonnances sont le Droit commun de la France.*
10. *Les Coûtumes n'ont pas autorité de Loy hors leur Province.*
11. *Equité des Loix Romaines.*
12. *Loix qui ne sont pas fondées sur la raison ne sont pas de durée.*
13. *Matiere des Ordonnances, des Coûtumes, & du Droit Romain.*
14. *Comment les Coûtumes peuvent estre appellées Droit commun de la France.*

1. C'A été, comme nous venons de dire, une grande question; sçavoir, si le Droit Romain est le Droit commun en pays coûtumier pour les cas qui ne sont point exprimez par les Coûtumes.

Monsieur Lizet Premier President du Parlement de Paris a tenu l'affirmative.

Monsieur de Thou, depuis Premier President du même Parlement, a soûtenu au contraire que les Coûtumes étoient le Droit commun de la France coûtumiere, & appelloit le Droit Romain la raison écrite : & ce sentiment a prévalu.

2. Les anciennes Ordonnances de Philippe III. de l'an 1277. de Philippe IV. de l'an 1304. défendent expressément d'alleguer les Loix Romaines contre les Ordonnances & les Coûtumes de France. Il se trouve un ancien Arrest de la Cour, par lequel il est fait défenses aux Avocats, d'opposer le Droit Romain aux Ordonnances & aux Coûtumes.

Du Moulin. Du Moulin sur le Titre 1. de la Coûtume de Paris,
3. *num.* 110. est de cet avis : *Mutuamur è jure Romano quod & aquitati consonum & negotio, de quo agitur, aptum, congruumque invenitur, non quod nusquam subditi fuerimus Justiniano Magno, aut successoribus ejus, sed quia jus illo authore à sapientissimis viris ordinatum, tam aequum est, rationabile & undequaque absolutum, ut omnium ferè Christianarum gentium usu & approbatione commune sit effectum.*

Coquille, un des plus sçavans Commentateurs de nos Coûtumes, dit en sa Préface sur la Coûtume de Nivernois, que le Droit Romain n'a pas force de Loy en France; mais qu'il doit être seulement consideré comme raison : Que les Romains ont excellé en l'exercice des armes, & en l'établissement des bonnes loix pour gouverner les peuples en temps de paix; que nous devons nous en servir, quand les Ordonnances des Rois, & les Coûtumes manquent.

Mornac sur la Loy 9. *ff. de Just. & Jur.* dit, que si la question dont il s'agit, n'est point décidée par la Coûtume du lieu, ou par les Coûtumes voisines, *tunc ad jus commune & Romanum confugimus.*

Monsieur le Prestre, Centurie 3. Chapitre 85. est du sentiment de Du Moulin, que le Droit Romain n'est point le droit commun de la France, & qu'au defaut d'une Coûtume il faut avoir recours à la disposition des Coûtumes voisines; par la raison qu'en France les Coûtumes sont le Droit commun; & qu'ainsi l'on ne se sert du Droit Romain que comme d'une raison écrite, & en ce qu'il est conforme à l'équité, & convenable pour la décision de la question dont il s'agit; quand la Coûtume du lieu, &

les Coûtumes voisines n'en décident rien.

Charondas en ses Réponses, *livre* 3. *chapitre* 87. touchant l'Edit des Meres, dit la même chose: C'est aussi l'opinion d'Argentré sur le Titre 20. de la Coûtume de Bretagne, *num.* 3.

L'Oyseau au Traité du déguerpissement, *livre* 2. chapitre 6. nombre 5. & 6. dit, que c'étoit une maxime de son temps au Palais, que les cas obmis par les Coûtumes, doivent être décidez selon la disposition du Droit Romain, qui est le droit commun de la France: qu'auparavant que d'étendre aux autres Coutumes la décision de celle de Paris, il faut premierement, sonder le Droit Romain; & que s'il contient la décision de la question non contraire à l'usage general de la France, il en faut suivre la disposition, sans s'arrêter à celle de Paris: ce qui a lieu même pour les articles ajoûtez à la reformation de la Coûtume, ajoûtez sur les Arrests de la Cour.

Monsieur Pithou en dédiant la Conférence de la Loy Mosaïque avec le Droit Romain, à Monsieur de Thou, Premier Président, dit, *Romanarum legum majestatem sic comiter conservamus, ut tamen illis nihil in nos licere patiamur, nisi quod earum rationi & aquitati, non autoritati & sanctioni concedimus.*

Monsieur Marion, Avocat General, dans la remontrance qu'il fit en 1578. à l'ouverture de l'Echiquier d'Alençon, dit, *Nous honorons grandement le Droit Romain; toutefois il n'a pas sur nous telle puissance, qu'il y soit reçû comme Loy.: car nous ne sommes point ses sujets; nous l'admettons pour raison, &c.*

Monsieur Ricard en son Traité des Donations, nomb. 45. dit, que nous ne considerons pas le Droit Civil comme une Loy absoluë, & à laquelle nous soyons assujettis par necessité; que nous en avons reçû la raison, & que comme il est composé des sentimens des esprits les plus éclairez, qui ayent jamais été au monde, dans la Jurisprudence, nous nous servons de leurs décisions, pour y conformer les nôtres, autant que nôtre usage le peut permettre.

Entre les autres Commentateurs des Coûtumes, & les Arrestographes, qu'il seroit trop long de rapporter en ce lieu, les uns trouvent que le Droit Romain est le Droit commun de la France, qu'il faut suivre au défaut de la Coûtume des lieux, & des Ordonnances, qui sont les Loix generales du Royaume: D'autres, que nous ne le devons suivre qu'en tant qu'il est conforme à la droite raison, sans y être assujettis, & que les Coûtumes sont le Droit commun de la France, c'est ce que dit Chopin en sa Préface sur la Coûtume d'Anjou.

4. On ne suit pas au Parlement l'opinion de ceux qui prétendent qu'on doit l'observer comme Loy au défaut des Coûtumes; on n'y a égard, qu'autant qu'il est conforme à la raison & à l'équité, & les Juges s'en écartent quand ils le jugent à propos.

5. Les Coûtumes de France sont le Droit general de la France, non pas qu'une Coûtume ait autorité de Loy dans une autre Province; cette opinion seroit absurde: car une Coûtume n'a autorité de Loy dans une Province, que parce qu'elle y a été établie sous l'autorité du Roy, par les trois Etats de la Province; d'où il s'ensuit que l'on ne doit point se servir d'une Coûtume voisine, pour la décision d'une question, au défaut de la Coûtume des lieux, qu'en tant que sa décision se trouve tres-juste & tres raisonnable, & plus conforme à l'inclination & aux mœurs des habitans de la Province, ensorte que si la disposition du Droit Romain se trouve plus juste, elle doit être préférée sens obligation néanmoins.

6. Quoique les Coûtumes n'ayent point force & autorité de Loy dans les autres Provinces; cependant quelques-uns prétendent que la Coûtume de Paris a cet avantage qu'elle sert de Loy dans les autres, pour les cas qui n'y sont pas décidez, sur ce qu'elle a été reformée sur les Arrests de la Cour: c'est le sentiment de Coquille au lieu cité.

Monsieur Bouguier en ses Arrests lettre C. nomb. 9. dit, qu'en matiere de Coûtumes, le cas obmis est supplée par la Coûtume voisine, ou par celle de Paris, quand ils sont conformes au Droit Civil: ainsi cet Auteur est d'avis que le Droit Civil est preferé, & à la Coutume de Paris, & à la Coûtume voisine.

Chopin sur cette Coûtume, *lib.* 1. *tit.* 3. *num* 5. en parlant des Reformateurs d'icelle, dit: *Leges toti Regno scripsisse videntur.* Chop

Brodeau sur ces termes, *Coûtumes de la Prevôté & Vicomté de Paris*, dit que cette Coûtume est ordinairement étenduë aux autres Coûtumes, pour les cas qui n'y sont pas décidez, & principalement dans les matieres qui sont de Droit pur François, & non tirées du Droit Romain, comme sont les fiefs, les censives, les préciputs & droits d'aînesse, la communauté, le doüaire, le don mutuel, le remploy des propres des conjoints par mariage, le déguerpissement, la complainte, la difference des biens paternels & maternels, & les propres conventionnels, la garde-noble ou bourgeoise, le retrait lignager ou feodal, & autres semblables, entierement, où en partie inconnuës au Droit Romain, & qui se trouvent décidées par nos Coûtumes. Brodeau

Mais ce même Auteur tient qu'on n'étend pas si facilement la Coûtume de Paris aux autres Coûtumes, dans les matieres qui sont traitées dans le Droit Romain, comme sont les formalitez des testamens, la legitime, & autres semblables, non décidées par les Coûtumes; auquel cas on a recours au Droit Civil, non comme Droit commun, mais comme à une raison écrite, & à l'opinion des hommes sages, au jugement desquels on doit déferer.

Ensuite il dit, qu'il y a quelques articles particuliers dans la Coûtume de Paris, lesquels sont contraires à la disposition de ce Droit, & à l'usage general de toute la France, qui ne doivent point être étendus aux autres Coûtumes.

Du Moulin, Titre des Fiefs, *num.* 2. dit, que la Coûtume de Paris, *Caput est omnium hujus regni, & totius etiam Belgicæ Galliæ consuetudinum.* C'est le sentiment de Tronçon, en sa Preface sur cette Coûtume. Du Mou Tronço

L'article 22. de la Coûtume de Calais, redigée sous le Regne du Roy Henry III. dit, que pour les droits des Fiefs & differends qui pourroient survenir sur iceux, sera suivie & observée la Coûtume de Paris.

Le Jurisconsulte Julian, en la Loy 32. *ff. de Legib.* sur la proposition, sçavoir comment il faut décider une question au défaut de la Loy écrite, resout qu'il la faut décider par l'usage du lieu; & que s'il manque, il faut avoir égard à l'usage des lieux voisins, & s'il n'y en a point, à la Coûtume qui s'observe en la ville de Rome: *De quibus causis scriptis legibus non utimur, id custodiri oportet quod moribus & consuetudine inductum est: & si qua in re hoc deficeret, tunc quod proximum & consequens ei est; si nec id quidem appareat, tunc jus quo urbs Roma utitur, servari oportet.*

L'Empereur dans le Titre *de conceptio. Digestorum* §. 10. ordonne la même chose, qu'au défaut de loix & d'usage particulier, on suive l'usage de la ville de Rome: *Sed & si qua leges in veteribus libris positæ, jam in desuetudinem abierunt, nullomodo vobis easdem ponere permittimus; cùm hæc tantummodo obtinere volumus, quæ vel judiciorum frequentissimus ordo exercuit, vel longa consuetudo hujus almæ urbis comprobavit, secundum Salvii Juliani scripturam, quæ indicat debere omnes civitates consuetudinem Romæ sequi, quæ caput est orbis terrarum, non ipsam alias civitates.* 7.

Toutes ces autoritez ne me persuadent pas, que

la Coûtume de Paris doive être étenduë dans les autres Coûtumes, pour les cas qui y sont obmis; par la raison que chaque Coûtume n'a autorité que dans son territoire: qu'au défaut des Coûtumes des lieux, pour la décision des questions dont il s'agit, la Cour fonde ses jugemens & Arrests sur ce qui luy paroît plus juste & plus équitable.

8. Par ce moyen il est facile de concilier les Arrests de la Cour, qui ont en quelques cas étendu la Coûtume de Paris aux autres Coûtumes, dans les cas non décidez; & quelquefois ont préferé les Coûtumes voisines, & en d'autres le Droit Romain. Ainsi l'article 171. de la Coûtume de Paris, n'a pas été étendu aux autres Coûtumes; mais la Cour a suivi le Droit Romain, comme plus équitable dans le cas qui est décidé par cet article.

Sur l'article 293. il a été observé, que la disposition de la Coûtume de Paris, en ce qui est de l'âge pour tester, étoit plus raisonnable que le Droit Romain; que pour cette raison, par quelques Arrests il a été jugé, qu'il falloit suivre la Coûtume de Paris, dans celles qui ne reglent pas l'âge pour faire Testament. Voyez ce que nous avons dit sur cet article.

9. Cette resolution doit servir à décider une autre question; sçavoir, si les Ordonnances ou les Coûtumes sont le Droit commun de la France.

DU MOULIN. Maître Charles du Moulin, sur le Titre des Fiefs, *num.* 106. dit, que ceux qui n'ont pas une connoissance parfaite du Droit François, estiment que les Ordonnances sont le Droit commun de la France; mais qu'ils se trompent fort, & que les Coûtumes doivent avoir cet avantage; qu'elles ont de tout temps reglé les successions, les mariages, & autres matieres particulieres à la France coûtumiere, inconnuës au Droit Romain, & qu'elles sont le Droit particulier & commun des François.

Il est certain que les Ordonnances sont le Droit general de toute la France, qu'elles ont une autorité universelle par tout le Royaume, *arg. §. sed & quod Inst. de jure natur. gent. & civili*, à la reserve de quelques-unes, dont les dispositions ne regardent que quelques Provinces. Mais il faut aussi demeurer d'accord que presque toutes les Ordonnances regardent le droit public, & reglent les droits du Roy, & le pouvoir des Officiers, les procedures, & les formalitez de Justice; mais qu'il y en a peu qui contiennent des regles pour les affaires des particuliers & des maximes de Jurisprudence.

10. A l'égard des Coûtumes elles n'ont force de Loy que dans les Provinces où elles ont été établies, & non pour les autres.

11. Ainsi quoique le Droit Romain dans la France coûtumiere ne soit point suivi dans les cas qui ne sont point décidez par la Coûtume; neanmoins comme les Loix Romaines ont été établies par les plus grands hommes de l'antiquité, sur des raisons naturelles, & sur les principes de l'équité, il est presque impossible d'encherir sur la plus grande partie de leurs décisions.

Les Réponses des Jurisconsultes paroissent si justes, & les Empereurs Romains étoient si persuadez de l'équité de leurs resolutions, qu'ils vouloient que leurs décisions fussent sans appel, & ne permettoient pas aux Juges de s'en écarter dans leurs jugemens, §. 8. *Institut. de jure natur. & civ.*

Ces Réponses sont l'ouvrage de prés de mille ans; & quoiqu'il se soit passé plus de onze siecles depuis que l'Empereur Justinien les a fait reduire dans le volume du Digeste ou des Pandectes, elles n'ont pas vieilli, & n'ont rien perdu de leur beauté & de leur vigueur; leur principe qui est la raison, n'est point sujet au changement, ni à la corruption, c'est un rayon de la divinité, que Dieu a communiqué aux hommes, qui doit avoir une autorité semblable parmi toutes les Nations.

Cette raison & cette équité doit être la regle des Loix & des Jugemens, & celles qui ont d'autre fondement, ne sont pas de durée, *Æquitas juris & morum norma est; sicut enim per normam judicantur structuræ ædium, & aliarum rerum vitia; sic æquitas de jure scripto & omnibus humanis functionibus ac moribus rectè dijudicat.* C'est pour cette raison que le Droit Romain s'est répandu par toutes les Nations, & qu'il est enseigné publiquement presque par toute l'Europe. 12.

Les Ordonnances des Rois de France ont été faites principalement pour regler les procedures & l'instruction des procez: Les Coûtumes traitent peu de matieres, dont la plus grande partie sont inconnuës au Droit Romain. 13.

Le Droit Romain traite les obligations, les contrats, les actions, les donations, les institutions & substitutions, les testamens, les tutelles, curatelles, la legitime des enfans, les restitutions, les délits publics & privez, & les peines dont ils doivent être punis, & une infinité d'autres, dont nos Coûtumes ne font point mention, ou dont elles ne traitent que legerement. Il faut donc recourir au Droit Romain, pour en avoir la connoissance.

C'est dans ce sens qu'on peut dire que le Droit Romain est le Droit commun de la France, mais improprement, puisque les Juges ne sont pas obligez de le suivre comme Loy; & c'est sur ce motif que le Droit Romain est enseigné dans les Universitez du Royaume.

On peut dire aussi, que les Coûtumes sont improprement le Droit commun de la France Coûtumiere pour les matieres qui sont de Droit Coûtumier, non pas que les Juges soient obligez de conformer leurs Jugemens à la disposition des Coûtumes voisines, dans les cas obmis dans celle des lieux; mais parce que ce qui se trouve dans les Coûtumes, semble devoir être étendu dans celles qui sont voisines, & qui n'en parlent point; sur ce que la proximité des lieux, de la situation, & des climats, donne des mœurs & des inclinations qui approchent beaucoup les unes des autres. 14.

§. 6. De l'Interprétation & de l'Extension de nos Coûtumes.

SOMMAIRE.

1. *Les Loix ont besoin d'interprétation, & pourquoy.*
2. *D'où provient l'obscurité des Loix.*
3. *Si les Coûtumes sont de Droit rigoureux & étroit, ou si on les doit interpreter avec extension.*
4. *Difference entre la Loy & l'usage, & si le Juge peut changer quelque chose à la Loy écrite.*
5. *A qui appartient le droit d'interpreter nos Coûtumes.*
6. *Les Coûtumes en France se doivent interpreter de même que le Droit Civil l'étoit chez les Romains.*
7. *Coûtumes ne reçoivent point d'extension, quand leurs dispositions sont exorbitantes du Droit commun.*

8. *Dispositions exorbitantes du Droit commun, comment s'introduisent.*

9. *Nos Coûtumes reçoivent toutes les applications, & les extensions que la raison & l'équité permettent de leur donner.*

10. *Interpretation des Loix doit estre tirée de la raison & du motif de leur établissement.*

11. *Les Loix doivent estre fondées sur l'équité & sur l'interest public.*

12. *La décision de la Loy ou de la Coûtume s'étend aux cas semblables.*

13. *Cette regle, que les exceptions confirment la regle dans les cas non exceptez, n'est pas infaillible.*

14. *Quand est-ce que l'exception reçoit extension.*

15. *Dispositions contenant un Droit singulier ou contraire au Droit commun, ne reçoivent point d'extension.*

16. *Il n'y a point d'extension à faire de la Loy où la raison & le motif de son établissement cesse.*

17. *Les dispositions demonstratives sont susceptibles d'extension, mais non pas les dispositions limitatives.*

18. *Maniere de connoître si une disposition est demonstrative.*

19. *L'expression du cas le plus frequent n'exclud pas les autres semblables.*

20. *Les dispositions penales ne reçoivent point d'extension.*

21. *Les Loix s'interpretent selon la propre signification de leurs termes.*

22. *Ce terme,* mort, *s'entend de la mort naturelle, & non de la mort civile.*

23. *Lorsque les Loix sont obscures, il faut en chercher le veritable sens par elles-mesmes, ou par leur esprit, & leur intention.*

24. *Les dispositions d'une Coûtume ou les stipulations faites en faveur de quelqu'un ne doivent pas s'interpreter à son préjudice.*

25. *Celles qui sont faites en faveur de la cause publique, s'interpretent favorablement, & reçoivent les extensions que l'interest public requiert.*

26. *Les consequences tirées par un sens contraire, & opposé sont ordinairement fausses.*

27. *Stipulations & fictions legales ou conventionnelles ne reçoivent point d'extension.*

28. *Les stipulations & clauses particulieres n'en reçoivent point aussi.*

29. *Les dispositions conformes au Droit commun ont leurs extensions.*

30. *La disposition de l'homme fait ordinairement cesser celle de la Loy.*

31. *Il faut excepter si elle est contraire à la raison naturelle, au droit public, au droit d'un tiers, & à la nature des choses dont il s'agit, ou à la prohibition de la Loy.*

32. *Pour que la disposition de l'homme fasse cesser celle de la Loy, elle doit estre revestuë des formalitez requises.*

33. *La prohibition de la Loy s'entend tant directement qu'indirectement.*

34. *Comment l'interpretation d'une Coûtume se peut faire par elle-mesme.*

35. *De quelle autre maniere on peut interpreter, ou suppléer une disposition de Coûtume.*

1. IL est des Loix comme des dernieres volontez des hommes; quelque soin que les Legislateurs & les Testateurs prennent pour rendre claires leurs dispositions, elles se trouvent souvent obscures & ambiguës, & chacun les explique suivant son genie & ses lumieres, & presque toûjours suivant ses interêts.

La Loy des XII. Tables, & les Loix Romaines qui en sont descenduës, ont eu besoin d'une juste & legitime interprétation, pour établir une Jurisprudence certaine & indépendante du caprice ou de la malice des chicaneurs, *l. 2. §. exactis ff. de orig. Juris.*

2. L'obscurité des Loix provient des causes suivantes: 1°. De l'ambiguité des termes dans lesquels elles sont conçûës. 2°. Des sens differens qu'on peut leur donner. 3°. Souvent du doute, si leurs dispositions sont renfermées dans les personnes, les choses & les cas qu'elles expriment. 4°. Du doute, si, & quand les fictions qui sont d'un grand usage dans nos Loix & dans nos Coûtumes, s'étendent hors leur cas. 5°. Quand la disposition de l'homme fait cesser celle de la Loy, ou au contraire. 6°. La diversité de nos Coûtumes fait aussi souvent douter, si leurs dispositions sont réelles ou personnelles. 7°. Quelle Coûtume il faut suivre pour les formalitez des Actes, pour les differentes qualitez des personnes, & pour la faculté de disposer de ses biens.

3. C'est une grande question parmy nos Docteurs; sçavoir, si nos Coûtumes sont de Droit rigoureux & étroit, ne recevant point d'extension d'un cas, d'une personne, & d'une chose à une autre, ou si on les doit interpreter avec extension.

Le sentiment commun est, qu'elles sont de Droit étroit, & qu'elles ne sont pas sujettes à extension, auquel le mien n'est pas conforme.

On peut dire néanmoins dans un sens, que les Coûtumes sont de Droit rigoureux, en ce que les Juges sont obligez de les observer dans les cas, qui sont expressément décidez par leurs dispositions, & d'y conformer leurs Jugemens, quand même elles leur paroîtroient trop rigoureuses: *Judicantibus non est permissum de conditis legibus censuram facere, nec enim illis tantum creditum est, ut de legibus, sed id modo, ut secundùm leges judicent*, selon S. Augustin en son livre *de Relig. Christ.* & l'Authentique *Jubemus C. de judic.* où il est dit, que le Juge *debet proferre sententiam omnibus legibus & moribus consonantem.*

Il y a cette difference entre la Loy & l'usage, que 4.
si l'usage non redigé par écrit, paroît trop severe & trop rude, le Juge le peut corriger, & peut juger selon l'équité; mais qu'il ne peut rien changer de la Loy écrite, telles que sont nos Coûtumes: *Rem ita distinguimus*, dit Cujas, *lib. 2. de Feudis, tit. 1. ut in his quæ scripto palam comprehensa sunt, etiamsi prædura videantur, Judex à scripto recedere non possit sicut à duritie legis Juliæ, de quâ l. prospexit*

ff. qui & à quib. manum. lib. non fi. l. in adulteris C. ad leg. Jul. de adultero. In his autem quæ palam scripto comprehensa non sunt, Judex spectare debet æquitatem potiùs quàm jus non scriptum. C'est aussi le sentiment de Godefroy sur la Loy *prospexit*; citée par Cujas.

5. Cependant comme les Coûtumes ont été introduites par un long usage, elles peuvent être abrogées ou par le non usage, ou par un usage contraire; ainsi l'article 98. de cette Coûtume est sorti de l'usage, selon l'opinion commune des Commentateurs, remarquée sur cet article: & d'autres articles ont été dans la suite des temps observez autrement, & contre leur disposition expresse. Comme le Roy peut interpreter une Coûtume, les Cours Souveraines en ont aussi le pouvoir; ainsi nous voyons que la Cour a interpreté plusieurs articles de cette Coûtume, comme l'article 283. & autres.

Il est vray que les Coûtumes ayant été établies par le commun consentement des trois Etats de la Province, il semble qu'il faudroit recourir à eux pour en faire l'interprétation, par la raison que *ejus est legem interpretari, cujus est condere*; mais la difficulté de le faire a transferé ce droit aux Cours Souveraines, ainsi que chez les Romains la difficulté qui se trouva de faire assembler le Peuple Romain pendant la Republique, pour faire des Loix, donna occasion au Senat Romain de l'entreprendre, sans en avoir reçû l'autorité du peuple.

6. Pour ce qui regarde l'interprétation & l'extension de nos Coûtumes, il faut demeurer d'accord, qu'il y a des cas esquels leurs dispositions reçoivent des extensions; & c'est un abus de croire que nos Coûtumes soient d'un Droit plus étroit & plus rigoureux que les Loix Romaines, puisque nos Coûtumes sont dans nos Provinces, ce que ces Loix étoient chez les Romains; ainsi elles reçoivent des extensions des cas exprimez à ceux qui ne le sont pas, quand il y a parité de raison; parce qu'elles ne peuvent comprendre tous les cas qui peuvent se presenter sur une matiere, *L. non possunt de ll.* mais elles n'en reçoivent point, quand leurs dispositions sont exorbitantes du
7. Droit commun, suivant la Loy, *quod non ratione ff. eod. tit. statutum exorbitans in residuo restringitur*, dit du Moulin sur l'article 52. de la Coûtume de Paris, *tit. 2. Gl. 2. in verbo*, Arrest.

8. Il est certain que les dispositions exorbitantes du Droit commun ont été introduites, ou par erreur, ou par l'autorité des Seigneurs & des personnes puissantes dans les Provinces, plûtôt que par le consentement des peuples, selon le sentiment de du Moulin, *de concordia & un. consuet.* en ces termes: *Multæ iniquæ consuetudines, quæ aliàs per errorem & imperitiam irrepserunt, aliàs sine vero & legitimo populi consensu per ambitionem quorumdam usurpatæ & persuasæ sunt.*

Ainsi la Coûtume de Ponthieu, qui défere toute la succession à l'aîné, comme contraire à la pieté naturelle, à la charité, & à la justice, n'a point été suivie dans les autres; *Numquid natura divisit merita filiorum? Ipsa nos doceat non discernere patrimoniis, quos titulo germanitatis æquastis*, dit saint Ambroise en son livre *de Josepho Patriarchâ*, parlant de l'égalité que les pere & mere doivent garder dans le partage de leurs biens entre leurs enfans.

9. C'est donc un principe certain, que nos Coûtumes reçoivent toutes les applications & les extensions que la raison & l'équité permettent de leur donner, *l. 10. & 12. de ll.* & le cas décidé tacitement par interprétation, a le même effet que celuy qui est décidé expressément, *L. de quibus ff. de legib. l. cum quid ff. si certum pet. l. triticum ff. de V. O.*

Les Loix ne peuvent renfermer & décider tous les cas, qui peuvent se présenter sur une matiere, *d. l. 10. & 12. de ll. & l. 2. C. de vet. jure enucl.* Il n'en faut rien imputer aux Legislateurs; c'est un effet de la nature des choses humaines, qui tendent incessamment à l'infini.

C'est pour cette raison que l'interprétation des Loix est necessaire, pour suppléer ce qu'elles ont obmis, ou pour les restraindre, ou les étendre selon les regles de l'équité & de la raison, *l. 12. 13. & 14. de ll. l. 2. §. 2. de orig. jur.* Aussi le Parlement de Paris depuis plus d'un siecle a jugé que les dispositions de Coûtume pouvoient par une juste interprétation être étenduës d'un cas, d'une personne, & d'une chose à une autre.

10. La principale regle pour l'interprétation des Loix, est fondée sur la raison & le motif de leur établissement. Les termes de la Loy n'en sont que la figure; mais la raison en est l'ame & la partie principale qui la compose, & qui la fait subsister avec vigueur: c'est pourquoy il ne suffit pas d'en sçavoir les termes, il faut en penetrer la force & la puissance, *l. scire de ll.*

L'esprit de la Loy est la raison sur laquelle elle est établie. *Mens legis nihil aliud est quàm sententia & ratio legis manifesta, ex quâ vel obscura vel ambigua ipsius legis dispositio declaratur*, dit Valla, *de reb. dub. cap. 1.* & saint Augustin *lib. 2. de Consil. Evang. cap. 28.* parle ainsi de ceux qui ne s'attachent qu'aux termes, *Miseros aucupes vocum, qui apicibus quodam modo litterarum putant ligandam esse unitatem, cum non in verbis tantùm, sed etiam in cæteris signis animorum, ipse animus sit inquirendus.*

Il faut donc en premier lieu s'arrêter à la raison de la Loy; si elle n'y est pas comprise en termes exprés, il la faut chercher; car il n'y a point de Loix sans raison, mais on ne la penetre pas toûjours facilement.

11. Toutes les Loix ont pour raison generale l'interêt & l'utilité publique; & des raisons particulieres tirées des principes & des regles de la matiere dont il s'agit: il y néanmoins certaines dispositions, dont on ne peut pas rendre raison speciale & necessaire, comme celles qui reglent les temps & les âges pour la validité de certains Actes; aussi voyons-nous que sur ce sujet nos Coûtumes sont fort differentes; c'est ainsi qu'il faut entendre la Loy, *non omnium de ll.*

12. De cette regle comme d'un principe certain nous tirons les consequences suivantes.

La premiere, que la décision de la Loy ou de la Coûtume s'étend aux cas qui sont semblables à celuy qui y est décidé. L'article 7. nous en fournit un exemple, où le cas de la mutation du vassal par mort, est étendu au cas de la mutation arrivée par toute autre cause, selon le sentiment commun; elle s'étend aussi quelquefois d'une personne à une autre, ainsi l'article 80. s'étend aux copropriétaires, & l'article 179. aux maris: enfin elle s'étend aux choses qui y sont obmises, lorsqu'il y a parité de raison.

La deuxiéme, que les distinctions & les exceptions ne dérogent à la regle generale, que parce qu'elles sont fondées sur des raisons particulieres.

13. La troisiéme, que cette regle, sçavoir que les exceptions confirment la Loy dans tous les autres cas non exceptez, n'est pas infaillible, puisque si la raison de l'exception se rencontre dans quelques autres, il y a lieu d'en faire d'autres exceptions. C'est une regle generalement vraye, que l'exception confirme la regle lorsqu'elle la restraint dans ce qu'elle excepte; parce qu'il y a lieu de présumer que la volonté du Legislateur a été, que la Loy fût observée dans tous les cas, hors celuy qu'il a excepté; de sorte que si l'exception consiste *ne liceat*, on se persuade necessairement que la Loy a permis *ubi non est exceptum*, *Cic. pro Balbo.*

Ainsi quand la Coûtume en l'art. 246. excepte les donations en lignes directes, elle confirme la regle en tous les autres cas non exceptez, & les immeubles donnez à l'un des conjoints, soit par un étranger ou par un parent, soit qu'ils soient propres ou acquêts au donateur, soit que le donataire soit son heritier présomptif ou non, soit que la donation soit faite entre-vifs, ou par ordonnance de derniere volonté, universelle ou particuliere, tombent en communauté, & sont acquêts au donataire en tous cas, comme il est observé cy-après.

14. Quelquefois néanmoins l'exception reçoit extension de la personne à une autre; ainsi l'article 279. de la Coûtume de Paris, touchant la part des conquêts que la femme a eu de son premier mariage, s'étend de la femme au mary, parce qu'il y a parité de raison : *v. infrà* des Donations au cas des secondes nôces.

Pareillement l'article 4. de nôtre Coûtume, qui contient une exception à la regle generale, s'étend au cas de la donation.

15. La quatriéme, que les dispositions contenant un Droit singulier ou contraire au Droit commun, ne reçoivent point d'extension, *l. 39. de ll.* parce qu'un Droit singulier est fondé sur une raison particuliere qui ne peut préjudicier au Droit commun, qui est generalement plus utile & plus avantageux aux peuples.

Ainsi la représentation étant introduite specialement pour la ligne directe en faveur des descendans, elle ne peut être étenduë à la collaterale sans une disposition expresse.

Ainsi la continuation de communauté, qui n'est accordée qu'aux enfans mineurs par l'article 240. ne peut pas être étenduë aux enfans majeurs; & les Arrests ont jugé, que les heritiers des mineurs ne pouvoient point opter cette continuation de communauté, quoique représentans les mineurs qui seroient décedez sans avoir fait leur option, comme nous avons dit sur cet article.

* Il faut dire aussi, que les dispositions particulieres, qui sont contraires au Droit commun, & fondées seulement sur un ancien usage local, ne reçoivent point d'extension. Par exemple, tous les Fiefs situez en la Prevôté de Paris ne se reglent pas d'une même façon, & ne produisent pas semblables droits & profits : ceux du Vexin se gouvernent par un usage particulier, & une Coûtume locale, qui n'a lieu que dans l'étenduë d'un certain territoire.

Le Senatusconsulte Claudian, qui permit chez les Romains le mariage de l'oncle avec la fille du frere, contre le Droit commun & l'honnêteté publique, qui est principalement requise dans les mariages, ne fut pas étendu à la fille de la sœur, quoiqu'il y eût parité de raison. *Ulp. tit. 5.*

Il n'y a point d'extension à faire de la Loy aux cas non exprimez.

16. I. Où la raison & le motif de son établissement ne se rencontrent pas, excepté lorsque la faveur des personnes permettent d'en faire l'extension. Ainsi, par la faveur des ascendans, l'article 4. s'étend au cas de la donation, quoique les donations faites par les descendans à leurs ascendans ne soient pas reputées faites en avancement d'hoirie.

17. II. Dans les dispositions limitatives, vû qu'au contraire les démonstratives sont susceptibles de toutes les extensions, que la raison de la Loy peut leur donner.

18. Dans le doute on connoît que la disposition est démonstrative, lorsqu'il y a raison de faire l'extension aux personnes, & aux cas non exprimez. Par la raison, que *ubi eadem est ratio, idem jus statuendum est*; & comme dit du Moulin sur l'art. 14. de l'ancienne Coûtume, n. 1. *species expressa per modum exempli non restringunt, arg. 6. damni de dom. inf. l. 2. §. quod vulgò de vi & vi arm.* Mais il faut observer, que dans le doute la disposition est censée faite, *causâ demonstrationis, vel tollendæ dubitationis, non taxationis causâ*, s'il n'apparoît du contraire, *l. fin. §. sitia in fine, de liber. leg.*

L'article 279. qui ne parle que des femmes est démonstratif, & s'étend aux hommes, comme proposant le cas le plus frequent; parce qu'au cas des secondes nôces, *propter fragilitatem sexûs*, la femme est plus capable de faire des donations immenses & déréglées au profit d'un second mary, que non pas l'homme en faveur d'une seconde femme : mais parce que ce déreglement arrive quelquefois à l'un comme à l'autre, qu'il est bon d'empêcher pour l'interêt des enfans du premier lit, la prohibition de l'Ordonnance a été étenduë aux hommes; l'expression du cas le plus frequent n'exclud pas les autres cas qui sont semblables, au contraire ils y sont compris par une juste interprétation de la Loy, *l. ab omnibus in princ. de leg.* 1. 19.

Mais les articles qui parlent de l'autorisation de la femme mariée, ne s'étendent point à la fiancée, vû qu'elle n'est fondée que sur la puissance maritale.

Les dispositions penales ne reçoivent pas d'extension du cas exprimé à celuy qui ne l'est pas, ou de la chose à une autre, ni d'une personne à une autre. *l. 19. de lib. & pos.* Ainsi l'art. 279. *verbo*, & quant aux conquêts, ne s'étend des conquêts aux meubles; & si le commencement du même article s'étend des propres & acquêts aux meubles, ce n'est pas proprement par extension, mais parce qu'il est relatif à l'Edit des secondes nôces, qui comprend aussi les meubles; & à la Loy *hâc edictali. C. de sec. nupt.* qui comprend generalement tous les biens du pere ou de la mere qui se remarie. 20.

Les Loix s'interpretent selon la propre signification de leurs termes; ainsi quand les Coûtumes parlent de la mort, elles s'entendent de la mort naturelle seulement, & non de la mort civile; ainsi le doüaire n'est acquis à la femme qu'au cas de la mort naturelle. 21.

Il faut excepter lorsque l'esprit & l'intention du Legislateur ne nous permet pas de nous en écarter, *l. 3. c. de hared. Instit.* Ainsi ce mot, *prendre*, en l'art. 20. ne s'entend qu'improprement, *via actionis*, & par Sentence du Juge, & non pas *privatâ autoritate*. 22.

Lorsque les Loix sont obscures par les divers sens qu'on peut leur donner, il faut en chercher la veritable interprétation par elles-mêmes, ou par leur esprit & leur intention. L'article 315. s'interprete par le 312. le 318. par le 316. le 314. par le 230. & dans les articles 313. & 314. ces termes *descendans d'eux*, s'interprétent diversement; car il n'y a point de meilleurs interpretes de nos volontez que nous-mêmes. Mais il faut les interpreter favorablement de même que les dernieres volontez, afin que leur intention soit observée, *Benigniùs leges interpretandæ sunt, quo voluntas eorum servetur, l. benigniùs de ll.* 23.

Les dispositions d'une Coûtume, ou les stipulations faites en faveur de quelqu'un, ne doivent pas s'interpreter à son préjudice. *l. 25. de ll.* par la raison qu'il n'y a pas lieu de croire que ç'ait été l'intention du Legislateur, à laquelle uniquement il faut avoir égard. Ainsi la stipulation de propre n'empêche le stipulant de disposer par Testament du meuble stipulé propre. V. sur l'art. 292. *gl. 3. n. 11. & seq.* & l'article 238. qui donne au survivant des Nobles les meubles, ne l'empêche de renoncer à cet avantage, & de partager tous les effets de la communauté, comme les non-Nobles. 24.

Celles qui sont faites en faveur de la cause publique, s'interprétent favorablement, & reçoivent les extensions que l'interêt public requiert. *arg. leg. 2. in fi. l. comm. de man.* La raison est, que l'utilité publique est préferable à celle des particuliers. 25.

Les consequences tirées par un sens contraire & 26.

opposé, sont ordinairement fausses ; ainsi cette consequence tirée, *à contrario sensu*, de l'art. 89. que les obligations & cedules faites pour le prix d'un immeuble vendu, sont aussi immeubles, est tres-fausse ; & ces sortes d'interprétations ne doivent point être reçûës, à moins qu'elles ne soient fondées sur la raison de la Loy, ou que la Loy ne les autorise.

27. Les stipulations & fictions legales ou conventionnelles ne reçoivent point d'extension, quand elles sont contraires au Droit commun.

28. Les stipulations ou clauses particulieres se mettent dans les Contrats ordinairement, à l'effet de déroger au Droit commun & ordinaire ; ainsi elles ne reçoivent point d'extension, comme les conventions de propres apposées dans les Contrats de mariage, *arg. leg. si unus §. ante omnia. de pact. ante omnia animadvertendum est, ne conventio in aliâ re factâ, aut cum aliâ personâ, in aliâ re vel aliâ personâ noceat.* Ainsi la stipulation de reprendre par la femme en renonçant, ne s'étend pas à ses heritiers, enfans ou collateraux : V. sur l'art. 237. *gl.* 1. *n.* 14. *& seqq.*

29. Mais les dispositions conformes au Droit commun ont leurs extensions ; ainsi l'article 248. de la Coûtume de Paris, qui ne parle que des heritages pour le doüaire coûtumier, s'étend aussi aux rentes foncieres & aux rentes constituées suivant le Droit commun du pays coûtumier.

30. La disposition de l'homme fait ordinairement cesser celle de la Loy ; ou plûtôt la Loy autorise la disposition de l'homme, & luy donne son exécution ; car la disposition de l'homme est confirmée, & prend sa vigueur de l'autorité de la Loy ; ensorte que la disposition de l'homme & celle de la Loy concourent ensemble, autrement elle seroit inutile & sans effet : c'est la doctrine de Cujas en ses Observations, *lib.* 24. *cap.* 26. où il dit, *Non est verum quod vulgò jactatur à Doctoribus ; provisionem hominis tollere provisionem legis ; quod nec ex eis qui eruditiores sunt, admiserim temerè ; nisi fortè legis cautio major pleniorque non sit eâ quam adhibuit homo.*

Il faut excepter dans les cas suivans.

31. 1°. Quand elle est contraire à la raison naturelle, comme si elle préjudicie à la legitime des enfans ; ainsi la disposition expresse, qui ôte la legitime aux enfans, ou qui la diminuë par des charges, conditions & substitutions, est nulle, comme contraire à la raison naturelle, qui veut que les peres & meres laissent à leurs enfans une portion de leurs biens ; mais la quotité se regle par le Droit civil de chaque peuple, ou par la Coûtume & l'usage des lieux.

2°. Lorsqu'elle est contraire au Droit public des familles. Ainsi toute disposition, soit par Contrat de mariage, ou en faveur de mariage au profit des puînez, ou par derniere volonté faite en faveur des autres enfans, ne peut ôter ou diminuer le préciput & droit d'aînesse au préjudice de l'aîné ; par la raison qu'il est introduit par nos Coûtumes en faveur principalement des Maisons nobles & illustres pour les conserver dans leur état & splendeur.

3°. Lorsqu'elle préjudicie aux droits d'un tiers. Ainsi toute convention faite entre le vendeur & l'acquereur, pour empêcher le retrait lignager, est nulle, comme étant un droit fondé sur la disposition des Coûtumes au profit des parens lignagers, lequel est indépendant du vendeur & de l'acquereur.

4°. Lorsqu'elle repugne à la nature des choses dont il s'agit. Par exemple, la renonciation que feroit le debiteur d'une rente constituée à prix d'argent au rachat d'icelle, seroit inutile, comme contraire à sa nature, vû que la faculté de racheter les rentes constituées dépend seulement du debiteur, & elle ne se peut prescrire par quelque temps que ce soit, art. 121. de la Coûtume de Paris ; & la convention contraire est contre sa nature.

5°. Lorsqu'elle est contraire à la prohibition de la Loy. Ainsi dans la Coûtume de Paris la convention portée par Contrat de mariage, de se pouvoir avantager l'un l'autre pendant iceluy, est nulle ; parce que toute convention, qui permet ce qui est prohibé expressément par la Loy, est sans effet ; autrement les Loix seroient sans force & sans vertu, si par des conventions contraires on y pouvoit donner atteinte.

Par la même raison, ceux qui contractent mariage en Normandie ne peuvent stipuler communauté, parce que la Coûtume le défend expressément. D'où il faut conclure, que quand l'article d'une Coûtume est prohibitif, negatif, ou irritatif, toutes les stipulations contraires sont inutiles.

6°. Quand la disposition particuliere de l'homme est faite sans les formalitez requises. Ainsi la declaration faite par un Testateur, qu'il veut & entend que son Testament, quoique non solemnel & défectueux, soit exécuté, est sans effet, & le Testament ne laisse pas d'être nul, *l. nemo de leg.* 1. Les solemnitez & formalitez des Actes sont tellement essentielles, qu'elles doivent être gardées exactement, *in formâ specificâ, & non per æquipollentiam.* 32.

La prohibition expresse de la Loy s'entend tant directement qu'indirectement ; & c'est faire fraude à sa disposition, que de chercher des voyes obliques pour la rendre sans effet, *l.* 29. *&* 30. *de ll.* La raison est ; que ce seroit défendre & ne pas défendre, vû que les hommes ne manqueroient pas de moyens & de voyes indirectes pour les rendre inutiles. Ainsi qui ne peut donner à quelqu'un, ne peut se servir de personne interposée pour luy donner. Paris 280. 33.

Lorsque les décisions des Coûtumes sont douteuses, l'interprétation s'en peut faire, ou des Coûtumes mêmes, ou des sources plus éloignées qui concernent les Coûtumes, ou par le secours d'autres Coûtumes, ou par la disposition des Loix Romaines. 34.

Il y a trois manieres d'expliquer ou de suppléer une Coûtume par elle-même.

La premiere est, de conferer ses articles les uns avec les autres ; car de cette conférence on tire souvent des raisons justes & solides pour en éclaircir les doutes & les difficultez. 35.

La seconde est, de conferer les articles de l'ancienne & de la nouvelle Coûtume. C'est pourquoy nous rapporterons à la fin de cet ouvrage les Textes de l'ancienne Coûtume de Paris.

La troisiéme est, d'en entendre les décisions, & les expliquer conformément au titre sous lequel elles se trouvent, selon Brodeau sur la Rubrique du Titre des Fiefs : *verba enim sunt intelligenda pro subjectâ materiâ.*

Lorsqu'on ne peut interpréter une Coûtume par elle-même, il faut avoir recours aux Us & Coûtumes du lieu avant qu'elles fussent autorisées ; car elles peuvent beaucoup servir à éclaircir des droits anciens, & à contester ou à défendre des titres passez dans les mêmes temps.

DE LA PREVOSTE' ET VICOMTE' DE PARIS.

GLOSE DEUXIEME.

SOMMAIRE.

1. *Vicomté plus ancienne que la Prevosté.*
2. *Paris, autrefois Comté, depuis réüni à la Couronne, & appellé Vicomté.*
3. *Depuis la suppression des Comtes & des Vicomtes de Paris, le Juge fut appellé Prevost.*
4. *Le Prevost de Paris n'est que Garde pour le Roy.*
5. *Difference entre la Prevosté & Vicomté de Paris.*
6. *Le Prevost de Paris est le premier Baillif de France.*
7. *Le Prevost de Paris n'a point de prévention sur les Prevostez Royales qui sont dans son ressort.*
8. *Prévention du Prevost de Paris sur les Justices subalternes avant la suppression d'icelles.*
9. *Si le Prevost de Paris a droit de prévention sur les Officiers des Seigneurs Hauts-Justiciers qui ont leurs Seigneuries & Justices dans la Prevosté, hors la ville & fauxbourgs de Paris.*
10. *Paris est la premiere ville du Royaume de France.*
11. *Elle est appellée la commune Patrie.*
12. *Elle est tres-ancienne, mais son origine est incertaine.*

1. BRODEAU. PRevôté & Vicomté; Brodeau dit que l'ordre de l'écriture ne convient pas avec celuy du temps, la Prevôté étant nommée avant la Vicomté, quoique la Vicomté soit beaucoup plus ancienne que la Prevôté, les Prevôts de Paris n'ayant été instituez qu'aprés la suppression des Vicomtes; cette reflexion est peu considerable, vû que dans cette inscription on n'a point eu égard à l'ordre des temps, & que la Prevôté & Vicomté de Paris ont été instituées, & que d'ailleurs le Titre de Prevôté a prévalu.

2. Paris étoit autrefois un Comté separé de la Couronne; & il y fut réüni, à ce qu'on prétend, en 987. que Hugues Capet Comte de Paris fut élu Roy, qui abolit le nom de Comté de Paris, & le réünit à la Couronne.

3. Avant cette réünion les Comtes y rendoient la justice, mais les Rois en commirent l'administration à des Seigneurs particuliers, qu'on appella Vicomtes, comme faisant la fonction des Comtes. Ainsi le Comté de Paris fut changé en Vicomté, & sa Jurisdiction fut érigée en Prevôté; & cette érection ayant aboli la Vicomté, la Prevôté a été depuis considerée comme la premiere, & nonobstant cette suppression on n'a pas laissé d'appeller la Prevôté & Vicomté de Paris.

4. Brodeau dit que le Prevôt de Paris n'est que Garde pour le Roy de la Prevôté, & qu'il est ainsi qualifié dans tous les anciens Titres & Registres, d'autant que le Roy est le vray Prevôt de Paris, comme il est porté dans l'ancien stile du Châtelet de Paris vers la fin, imprimé en l'an 1521. *faut noter que le Roy nôtre Sire, est Prevôt de Paris, mais icelle Prevôté baille en garde.* Et on tient que les Rois, & particulierement saint Loüis, ont souvent rendu en personne la Justice au Châtelet de Paris: c'est pour cette raison qu'il y a perpetuellement un dais en la Chambre; ce qui n'est dans aucun Siege ni Cour Souveraine de France, sinon lorsque le Roy y tient son lit de Justice.

5. L'Auteur du grand Coûtumier de France liv. 1. chap. 2. des Etats du Châtelet de Paris, *num.* 17. dit qu'il y a difference entre la Prevôté & la Vicomté de Paris, en ce que l'on appelle Vicomtez quelques Châtellenies Royales, comme Mont-le-heri, Gonesse, Corbeil, & Poissy, desquelles, quand elles sont tenuës en la main du Roy, le Prevôt de Paris de son droit en est Baillif, & esdites Châtellenies on plaide pardevant le Prevôt des lieux, & des assises du Baillif, directement au Parlement; mais l'on appelle Prevôté de Paris, où le Prevôt de Paris est Juge Souverain & présomptif de droit commun, parce que l'on vient directement & sans moyen au Châtelet de Paris.

Quoique la Prevôté soit le premier degré de la Jurisdiction Royale, dont l'appel ressortit aux Baillifs & Présidiaux, néanmoins le Prevôt de Paris a été declaré le premier Baillif de France, précedant tous les autres Baillifs & Sénéchaux du Royaume, suivant Maître Charles du Moulin, & l'opinion de plusieurs autres anciens Auteurs. 6.

Cependant Brodeau au commencement de son Commentaire sur le mot *Prevôté*, dit, que le Baillif du Palais, ou son Lieutenant, avant la reduction de son ressort, à ce qui est seulement compris dans la salle, galeries, & enceinte du Palais, a toûjours eu la premiere place dans le banc des Baillifs & Sénéchaux, aux Audiences de la Grand'Chambre. BRODEAU.

Le Prevôt de Paris n'a point droit de prévention sur les Prevôtez Royales qui sont dans son ressort. 7.

Il avoit droit de prévention sur les Justices subalternes qui étoient dans la ville & fauxbourgs de Paris, avant la réünion qui en a été faite au Châtelet, comme il a été jugé par Arrest de l'Audience du 30. Decembre 1615. entre Monsieur l'Evêque de Paris, à cause de sa Justice de Saint Eloy, Appellant, d'une part; & le Lieutenant Civil & Officiers du Châtelet, Intimez, d'autre; rapporté par Tronçon en sa Preface sur cette Coûtume. 8. TRONÇON.

Cette prévention a cessé depuis la suppression des Justices Royales qui étoient dans la ville & fauxbourgs de Paris, par l'Edit de création d'un nouveau Châtelet.

Mais comme la question subsiste toûjours pour les Seigneurs Hauts-Justiciers, qui ont leurs Seigneuries & Justices dans la Prevôté hors la ville & fauxbourgs de Paris, on demande si le Prevôt de Paris a droit de prévention contre les Officiers de ces Hauts-Justiciers? Il faut dire que non, ensorte que si un justiciable de ces Hauts-Justiciers appellé pardevant luy, demande son renvoy, & est revendiqué, il le doit renvoyer. 9.

La ville de Paris est la capitale du Royaume, la maîtresse Cité du Royaume, dit l'Auteur des Chroniques de Saint Denis, vol. 2. au commencement, fol. 10.

fol. 3. *Cathedra Regni*, *Greg. Tur. lib. 2. Hist. Franc. cap.* 38. Elle est appellée *Regia Sedes, Francorum Regia, Civitas Regia, Caput totius Gallici Imperii, Caput Regni, Galliæ princeps Urbs, cujus salvo & incolumi statu, Regni salus continetur*, dans les anciennes Chartres & Auteurs François, dont les lieux sont citez par Roulliard au 30. de ses Reliefs Forenses part. 2. fol. 46. de la seconde édition.

Un de nos Historiens dit, que les Rois ont toûjours lié leur fortune avec celle de Paris : *Nobile Caput resplendens gloriâ, abundans opibus fertilitate soli, incolarum quietissimâ pace, quam non immeritò imperium dixeris populorum*, dit Guil. *Gemmeticensis, lib. 1. de Normanorum Ducum gestis, cap. 8. Maxima Regni totius Metropolis, Regis regia, in quâ viri sunt hospitales, & benigni erga omnes transeuntes*, qui est l'éloge & le témoignage de *Benjaminus Tudelensis*, Juif, originaire de la ville de Castille, dans son Itineraire, sur la fin, p. 114. de la Version Latine sur l'Hebreu, par *Arias Montanus*, à l'endroit où est décrit le voyage que cet Auteur fit en France, sous le Regne de Loüis le Jeune.

La Ville de Paris, *ut in orbe Romano Roma*, est appellée la commune Patrie, dit *Jo. Galli. q.* 132. qui est la raison pour laquelle, quand la Cour de Parlement prononce un bannissement contre un criminel, de quelque Province que ce soit, elle ajoûte perpetuellement, *ensemble de la Prevôté & Vicomté de Paris.* 11.

La Ville de Paris est tres-ancienne ; mais les Historiens ne conviennent pas du temps de son origine. Voyez Brodeau en ce lieu, où il remarque une infinité de choses tres-curieuses touchant l'antiquité de la ville de Paris. 12.

OBSERVATIONS DE MONSIEUR***.

Sur le mot de *Coûtumes*.

SOMMAIRE.

1. *Ce que c'est que* Coûtume.
2. *En quoy la Coûtume differe de l'usage.*
3. *Ce que c'est qu'usage.*
4. *Comment se prouvoit autrefois une Coûtume ou usage.*
5. *Comment se faisoient les Enquestes par turbes.*
6. *Ces sortes d'Enquestes abrogées.*
7. *Comment se prouve aujourd'huy un usage.*
8. *Comment s'obtient un Acte ou Certificat de notorieté.*
9. *Si les Coûtumes sont renfermées dans les limites de leur territoire.*
10. *En pays de Droit écrit, au défaut de la Coûtume locale, on suit le Droit Romain.*
11. *En pays coûtumier, si c'est une Coûtume locale, on suit la Coûtume du chef-lieu.*
12. *Si c'est une Coûtume principale, à son défaut on suit celle de Paris.*

1. COUTUME est un Droit municipal établi par l'usage en certaines Provinces, & depuis redigé par écrit sous l'autorité du Roy.

2. La Coûtume differe aujourd'huy de l'usage ; car dans le pays coûtumier nous entendons par Coûtume la Loy municipale écrite par autorité publique, & par l'usage nous entendons la maniere dont le Droit commun & municipal est pratiqué & observé dans un Siege.

3. Cet usage est ce qu'on appelle *Tritura Fori quæ descendit ex recepto usu forensi & praxi continua, & ex rerum perpetuo similiter judicatarum autoritate*, d'où est venu cet ancien Proverbe, *Une fois n'est pas Coûtume.*

4. Autrefois sur les points douteux de Coûtume, & sur l'usage observé dans une Jurisdiction, on avoit recours aux Enquêtes par turbes.

5. On n'y entendoit que des Praticiens, & dix témoins n'étoient comptez que pour un seul, parce que chaque turbe devoit être composée de dix personnes non recusées de part ou d'autre. Ces dix Praticiens formoient leur avis ensemble, & l'un d'eux portoit leur résolution au Commissaire pour toute la turbe.

6. Une Enquête devoit être composée de deux turbes tout au moins.

7. Mais ces sortes d'Enquêtes ont été abrogées par l'Ordonnance de 1667. tit. 13. & à present on prend des Certificats de notorieté du Juge sur une Requête qu'on luy presente à cet effet.

8. Les Coûtumes sont réelles, & sont renfermées dans les limites de leur territoire.

9. En pays de Droit écrit, où il y a des dispositions locales, si elles ne décident une question, on doit avoir recours au Droit Romain ; ce qui est sans difficulté.

10. En pays coûtumier, au défaut de la Coûtume, si c'est simplement une Coûtume locale, on suit la Coû-
11. tume du chef-lieu. Si c'est une Coûtume principale, & dans laquelle une question ne se trouve pas décidée
12. par une nouvelle Jurisprudence du Parlement de Paris, on y suit la Coûtume de Paris ; comme il a été décidé depuis peu par Arrest du Parlement, non pas par aucune prérogative sur les autres Coûtumes ; mais parce qu'elle a été redigée en plus grande connoissance de cause, & par gens les plus experimentez & consommez qu'il y eut dans la science du Droit coûtumier.

Auteurs à voir sur le mot de *Coûtumes*.

De l'origine des Coûtumes, de leur redaction, & de leur autorité.

BRodeau en sa Preface sur la Coûtume de Paris.

Ordonnance de Fontanon, tome 1. livre 4. page 704.

Les Conjectures du Droit François, qui sont au commencement de la Bibliotheque des Coûtumes.

Guenois en sa Preface de sa Conference des Coûtumes.

La Lettre de Monsieur Pasquier à Monsieur Robert, liv. 19. de ses Lettres, où il parle de la reformation & redaction nouvelle de la Coûtume de Paris.

De l'autorité des Coûtumes, & si elles peuvent s'étendre hors leur territoire.

Henrys tome 1. livre 4. chap. 6. quest. 103.

Renusson, Traité du Droit de Garde, page 84.

Bouguier lettre C. nomb. 9.

Peleus question 106.

Bouvot tome 2. *verbo Coûtume* quest. 2.

Du Moulin *Consil.* 53.

De quelle maniere on prouve une Coûtume.

Loisel, livre 5. titre 5. regle 11. & 13. avec les Notes.

Franc. Marc. tome 1. question 255.

De quelle maniere les Coûtumes s'interprêtent.

Charondas, liv. 13. réponse 40.

Voyez dans les Plaidoyers & Harangues de M. Quarré un Discours, qui enseigne comment il les faut expliquer.

Franc. Marc. tom. 2. quest. 217.

Papon, liv. 17. tit. 13. nomb. 2.

La Methode generale pour l'intelligence des Coûtumes de France, par M. Paul Challine, Avocat en Parlement.

De quel jour une Coûtume a force & autorité de Loy.

Anne Robert, *Rerum judicatarum, lib.* 2. *cap.* 1.

M. Le Prestre ès Arrests de la Cinquiéme.

Monsieur Loüet, lett. C. sommaire 6. & 20.

Charondas, liv. 5. chap. 1. liv. 6. Rep. 72. & liv. 7. Rep. 34.

Montholon, Arrest 24.

M. Le Brun, liv. 1. de la Communauté, chap. 2. nomb. 53. & suivans.

Si une Ordonnance doit être suivie contre la disposition de la Coûtume.

M. Le Prestre, 1. Cent. chap. 54.

Bibliotheque de Bouchel, *verbo, Coûtume.*

Si un cas obmis dans une Coûtume doit être supplée par celle de Paris.

M. Bouguier, lett. C. nomb. 9.

Peleus, quest. 9. & 106.

Coquille, tome 2. en ses Questions & Réponses, quest. 1.

M. Le Prestre, 3. Cent. chap. 85.

M. Le Maistre, Plaidoyé 12.

Mornac, *ad l.* 1. *§. sed etsi C. de veteri jure enucleando.*

CORPS ET COMPILATION
DE TOUS
LES COMMENTATEURS
ANCIENS ET MODERNES
SUR
LA COUTUME DE PARIS.

Enrichie de nouvelles Observations & de plusieurs Questions décidées par les Arrests des Cours Souveraines : avec la Conference des autres Coûtumes.

TITRE PREMIER
De Fiefs.

§. 1. Des Fiefs en general, & de leurs especes.

SOMMAIRE.

1. *Matiere des Fiefs tres-difficile.*
2. *Leur origine.*
3. *S'ils descendent du Droit des Lombards.*
4. *Fiefs autrefois donnez à vie.*
5. *Rendus depuis hereditaires & patrimoniaux.*
6. *Droit des Lombards peu suivi en France.*
7. *Tous heritages sont nobles ou roturiers.*
8. *Definition du Fief.*
9. *Le Domaine est direct ou utile.*
10. *La foy & hommage est de l'essence du Fief.*
11. *Vassal, d'où vient ce mot.*
12. *Seigneur & vassal sont relatifs.*
13. *Etimologie de Fief.*
14. *Fiefs sont corporels ou incorporels.*
15. *Fiefs en l'air, ce que c'est.*
16. *Fiefs sont nobles ou non nobles.*
17. *Roturiers autrefois incapables de les posseder.*
18. *Coûtumes qui défendent aux roturiers de posseder Fiefs, non observées.*
19. *Fiefs simples & Fiefs de Dignité.*
20. *Comtez & Marquisats qui ne relevent pas du Roy immediatement.*
21. *Fiefs nobles & Fiefs non nobles en la Coûtume de Nivernois.*
22. *Si les Fiefs de Dignité annoblissent.*
23. *Si la Noblesse s'acquiert par prescription.*
24. *Arrest du Conseil sur ce sujet.*
25. *Fiefs partageables & non partageables.*
26. *Fiefs liges & fiefs simples.*
27. *Fief lige, ce que c'est.*
28. *Qui fait l'hommage lige doit excepter le Roy.*
29. *Conditions requises pour le Fief lige.*
30. *On ne peut estre vassal lige de deux Seigneurs.*

31. *Peine de celuy qui refuse de faire l'homage lige.*
32. *Fiefs simples & Fiefs de danger.*
33. *Fief dominant & Fief servant.*
34. *Seigneur direct, Seigneur utile.*
35. *Fief & Justice n'ont rien de commun.*

Il est traité dans ce Titre de la matiere des Fiefs.

Ce Titre en l'ancienne Coûtume étoit ainsi conçû de *Matiere feodale.*

En la Nouvelle ce Titre est *de Fiefs*, & contient soixante & douze articles.

Dans la premiere impression faite en l'an 1580. par Jacques Dupuis, on avoit ajoûté ces mots, *& de Jurisdiction*, qui ne sont point dans l'Original qui est au Greffe de la Cour, mais ils ont été retranchez dans les Editions suivantes.

1. Tous nos Docteurs & tous les Commentateurs de nos Coûtumes sont d'accord de ce point, que la matiere des Fiefs est la plus difficile qui se trouve dans la Jurisprudence Françoise.

Inter consuetudines Franciæ & Galliæ, major, prolixior & uberior, & plerumque difficilior est tractatus de Feudis, dit Maître Charles du Moulin en sa Preface sur ce Titre de l'ancienne Coûtume de Paris *num.* 2. Du Moulin.

Pontanus en sa Preface sur le même Titre de la Coûtume de Blois, dit la même chose : *Feudorum usum, ac materiam juris non scripti partem meo judicio, ut abstrusiorem, ita & difficiliorem aggressurus, &c.*

Outre l'autorité de nos Interprêtes, l'expérience ne nous convainc que trop de cette verité ; & quoique les Commentaires de nos Coûtumes, & les volumes des Arrests des Cours Souveraines soient remplis d'une infinité de décisions & resolutions sur cette matiere, nous voyons néanmoins tous les jours des difficultez nouvelles, qui paroissent même souvent ne pouvoir pas être décidées par les principes ordinaires, & par les regles qui sont déja établies.

La matiere des Fiefs n'est pas seulement une des plus difficiles & des plus étenduës, elle est encore, sans difficulté, une des plus importantes.

Pour traiter avec ordre un si grand & si vaste sujet, avant que d'expliquer les articles de ce Titre, nous donnerons icy une idée generale des Fiefs, aprés avoir dit en peu de mots à quoy il semble qu'on doive attribuer leur origine.

2. On sçait que l'origine des Fiefs est fort ancienne, mais on ignore qui sont les peuples qui en ont introduit l'usage.

Quelques-uns disent qu'il a commencé chez les Romains : Lucas à Penna a été l'Auteur de cette opinion ; Udalricus Zasius, Cujas *lib.* 1. *de Feud.* & *lib.*8. *Observat.cap.* 14. & autres, l'ont suivi, voulant que l'origine des Seigneurs feodaux & des Vassaux vienne des Patrons & des Vassaux ou Esclaves affranchis du Droit Romain.

Du Moulin. Cependant, comme remarque tres-judicieusement Maître Charles du Moulin, les Fiefs, les Vassaux, & les droits qui les concernent, ne descendent point des Loix Romaines, la plus grande partie de nos Docteurs en conviennent.

En effet peut-on avancer avec raison qu'il y ait aucun rapport des Patrons & des Esclaves affranchis du Droit Romain, avec les Seigneurs feodaux & leurs Vassaux ? Au contraire l'on peut dire que les Fiefs composent parmy nous une espece de biens qui étoit entierement inconnuë chez les Romains.

3. La commune opinion est qu'ils viennent du Droit coûtumier des Lombards ; parce que l'usage de ces peuples sur cette matiere a été le premier redigé par écrit, & s'est par ce moyen communiqué dans toute l'Europe.

Cependant ce n'est pas une consequence que les Lombards en ayent été les inventeurs, & qu'il ne fut pas auparavant en usage dans les autres Royaumes, puisque celuy qui a compilé ce Droit coûtumier des Fiefs, dit *lib.* 1. *tit.* 1. §. 1. qu'il est tres-ancien.

Du Moulin en sa Preface sur ce Titre de la Coûtume de Paris *num.* 100. dit que cette compilation a été faite par Obert *de Horto*, qui étoit un Avocat de Milan.

D'autres veulent que Herard y ait travaillé conjointement avec luy ; il faut voir Chantereau le Févre de l'origine des Fiefs.

Quoiqu'il en soit, il est certain que cet ouvrage a été fait sans autorité publique, & du seul mouvement de ces particuliers, ou de l'un d'eux.

Du Moulin en tire cette consequence, que les Livres qu'il contient n'ont jamais eu en France autorité de Loy, & que mal-à-propos il a eu pour Titre, *Consuetudines Feudorum, & sic tanquam opinio nec scriptura unius privati, nullius est autoritatis, nec meretur nuncupari consuetudo, sed opinio & testificatio cujusdam Oberti de consuetudinibus & legibus imperialibus super Feudis*, dit ce Docteur.

Dans le temps de cette compilation l'usage des Fiefs étoit introduit dans les autres Royaumes, mais presque different par tout ; ainsi il n'y avoit par tout que des Coûtumes locales sur cette matiere, c'est pourquoy il n'y a pas lieu d'attribuer aux Lombards l'origine des Fiefs.

C'est le sentiment de Chopin sur nôtre Coûtume, titre des Fiefs, nomb. 1. où il dit, que la memoire des Fiefs est en France plus ancienne que celle des Fiefs des Lombards, & leurs Us & Coûtumes pratiquez au Milanois ; & tels Fiefs de France prennent leur origine du terroir de Paris : de sorte que la Coûtume de Paris, en matiere de Fiefs, non moins qu'en d'autres parties, doit être suivie comme le Droit universel de la France. Car lorsque le Roy Childebert fonda l'Abbaye de S. Vincent aux fauxbourgs de Paris, maintenant appellée S. Germain des Prez, il la dota de plusieurs Fiefs & droits de Seigneurie superieure ; & entr'autres il luy donna le Domaine seigneurial & feodal d'Issy lez Paris, qui luy appartenoit. Chopin.

Le Moine Aymon nourri en cette Abbaye, a recüeilli, des Lettres Royaux de la fondation d'icelle, ces mots : *Concedimus fiscum largitatis nostræ, qui vocatur Issiacus, qui est in pago Parisiorum prope alveum Sequanæ, unà cum omnibus quæ ibi aspiciunt, cum mansis & commanentibus in eis, agris, &c. cum insulis quæ ad ipsum fiscum adjacent, &c.* Et ces Lettres de fondation sont dattées du 6. Decembre l'an 48. du Regne de Childebert, &c.

Mezeray en son Abregé Chronologique dans la Vie de Chilperic I. marque que l'Empereur Maurice voulant exterminer les Lombards, ils jugerent à propos pour leur conservation de remettre leur Etat en Royauté, & ils élûrent Otharis fils de Clephus ; néanmoins les trente Ducs qu'ils avoient, garderent en propre & à titre hereditaire les Villes qu'ils tenoient, à la charge de luy obéïr & de le suivre à la guerre, & de quelques autres devoirs ; d'où l'on pourroit dire que ce seroit là l'origine des Fiefs.

Quelques-uns, comme Maître Auzanet, ont prétendu que les François introduisirent cette nouvelle maniere de posseder les terres & les heritages, quand ils furent descendus dans les Gaules, & qu'ils s'en furent rendus les maîtres.

C'est aussi le sentiment de Maître Charles du Moulin en sa Preface sur nôtre Coûtume, que les Fiefs *sunt proprium quoddam & peculiare politeuma veterum Francorum, non parum utile, idoneum & ad* Du Moulin.

subditos & incolas in officio continendos ; à quibus Francis invectum est in Galliam, deinde dimanavit & in Insubres, & in utramque Siciliam, Apuliam, & plerasque alias Regiones. Verum est Longobardos Insubriam ingressos anno Christi 1072. *Feudorum usum in Insubriam & Italiam invexisse. Sed illum usum prius in Germania à vicinis Sicambris, qui Francos se nominabant, didicerunt. In utramque autem Siciliam, & magnam, quam vocant Graciam, hunc usum & consuetudines hujusmodi Francorum Feudales invexerunt, è Neustria parte Gallia occidentali irrumpentes & Vincentes Galli Normanni circa annum Domini* 1008. *Hac est vera Feudorum origo, nec ulla antiquior inveniri potest.*

Voyez Chantereau le Févre, qui est celuy de tous nos Auteurs qui a le mieux réüssi dans la recherche de l'origine des Fiefs.

4. Tous les Docteurs tombent d'accord, que dans les premiers temps les Fiefs n'étoient donnez qu'à vie, & que ceux qui les possedoient, n'en étoient proprement qu'usufruitiers.

La raison est, que les Princes ne les accordoient qu'à la charge de foy & hommage, & de service en guerre ; ainsi ils ne les donnoient qu'à ceux qui étoient capables de les défendre, & dont ils pouvoient recevoir du secours dans le besoin.

5. Mais parceque dans la suite on a trouvé que cette maniere de posseder les heritages étoit incommode & fâcheuse pour les familles, que ceux qui avoient de grands revenus en cette espece de possessions, laissoient leurs enfans aprés leur mort dans la necessité, & dépoüillez des biens dont leurs parens joüissoient pendant leur vie ; par cette consideration les Fiefs qui n'étoient auparavant que des Benefices à vie, ont pris dans la suite des temps une forme nouvelle, & ont été rendus hereditaires & patrimoniaux par toutes les Provinces, à la charge de certains droits que les Princes & les Seigneurs se sont attribuez dans le démembrement de leurs Seigneuries.

Cela est marqué par l'Ordonnance de Loüis XI. en ces termes : *La condition des Fiefs de nôtre Couronne étant de leur origine une liberalité que nos prédecesseurs Rois faisoient à ceux qui les assistoient en leurs conquêtes, étoit assujettie à des loix fort étroites, comme la défense de les pouvoir vendre, ni d'en disposer, & celle du retour à la Couronne le vassal mourant : mais aucuns Rois nos prédecesseurs, mûs de l'amour qu'ils portoient à la Noblesse, auroient moderé cette rigueur, rendu les Fiefs patrimoniaux, permis d'en disposer, & même de les vendre ; & à même temps que cette faveur leur fut accordée, les mêmes vassaux voulurent étendre cette grace au préjudice des droits de nôtre Domaine. Car au lieu de se tenir à la permission de vendre leur Fief simplement, & au lieu de servir à nôtre Couronne l'hommage qui étoit dû de tous les Fiefs, ils vendoient une partie d'iceux, se reservoient l'hommage de cette partie venduë, à celle qui leur demeuroit en proprieté : ainsi en divisant, en dépeçant le Fief, ils dépeçoient l'hommage, & vendoient ce qui étoit tenu en plein Fief de nôtre Couronne en arriere-Fief : en quoy ils commettoient une espece de commise, en ce que nos prédecesseurs Rois ayant retenu ladite vente, ils n'ont point quitté l'hommage des parties du Fief vendu, non plus que du total.*

Quoique la foiblesse du sexe ne permette pas aux filles de prendre les armes pour défendre ceux dont ils tiendroient leurs possessions, toutefois on a voulu qu'elles succedassent aux Fiefs, au moins dans les successions en ligne directe ; de sorte que cette espece de biens se regle suivant les autres patrimoines en chaque Coûtume, à la reserve de quelques charges particulieres, & les possesseurs en peuvent disposer à leur volonté, soit pat actes entre-vifs ou par derniere disposition, *Ita quod in omnibus secundum jus commune vel locale, regulantur, & disponuntur sicut bona reliqui patrimonii, exceptis tantum conditionibus vel oneribus appositis ex pacto, vel tenore investitura, aut consuetudine, vel statuto speciali loci*, dit Maître Charles du Moulin en sa Preface *num.* 104. *Nunc perpetuo jure possident, qua quasi precario jure possidebant*, dit Cujas *lib.* 8. *Observat. cap.* 4. Du Moulin

Loisel, Titre des Fiefs, art. 1. dit : *Tous Fiefs sont patrimoniaux, & se peuvent vendre & engager sans le consentement du Seigneur, & en sont les heritiers saisis.*

Mais autrefois le Fief retournoit au Seigneur par le décés du vassal, & c'étoit du Seigneur que les heritiers du défunt en devoient recevoir la saisine. L'Auteur du grand Coûtumier, liv. 2. chap. 21. page 140. à la fin. *Si c'est un Fief noble, saisine de droit, ne autre, n'est acquise sans foy, car le Seigneur directe est avant saisi que l'heritier, mais par faire hommage, & par relief, le Seigneur direct doit saisir l'heritier, &c.* Quand le vassal, qui possedoit un Fief, vouloit le donner à un autre, il devoit le remettre entre les mains du Seigneur, avec priere d'en investir celuy qu'il en vouloit gratifier. *Vide tit.* 14. *lib.* 2. *Feudor. De Refutatione Feudi, & ibi Cujacium. Resignare autem seu Refutare est Renuntiare.* V. Loyseau, des Offices, livre 1. chap. 11. n. 1. 2. 3. Et comme les Benefices sont à vie, les Fiefs y étoient aussi anciennement.

Voyez Cujas sur le Titre premier du premier Livre des Fiefs, & Loyseau, des Offices, livre 5. chapitre 6. n. 9. & 10. Voyez Coquille, dans son Institution, Titre des Fiefs, page 26. de l'édition de 1665.

C'est la commune opinion que les Fiefs n'ont commencé d'être patrimoniaux que sous le Regne de Charles le simple, *ex lib.* 1. *Odon. de vitâ sancti Geraldi cap.* 17.

Nos Coûtumes se sont en beaucoup de choses écartées de l'usage des Fiefs des Lombards, elles sont aussi en beaucoup d'endroits differentes les unes des autres sur cette matiere. 6.

Maître Auzanet dit, que ceux qui ont été employez aux redactions & reformations des Coûtumes, ont pris le soin en conservant aux Seigneurs feodaux l'autorité, les marques & les prérogatives d'honneur, qui leur sont dûës, de temperer autant que la nature des Fiefs le peut permettre, les rigueurs des charges ausquelles les Vassaux & leurs Fiefs étoient autrefois assujettis : mais qu'en toutes les Coûtumes de France on a toûjours consideré celle de Paris comme la plus civile & la plus favorable aux Vassaux ; c'est aussi la remarque qu'en fait Maître Charles du Moulin sur l'art. 1. *Glos.* 3. *num.* 16. *in fine.* Auzanet.

Ce qui donne lieu à une question qu'il traite en sa Preface, sçavoir à *quoy il faut avoir recours pour la décision des doutes en matiere de Fiefs, au défaut d'une Coûtume, si c'est au droit des Lombards, ou aux Coûtumes voisines.* Du Moulin

Le sentiment de du Moulin est, que les Coûtumes des Lombards pour les Fiefs n'ont aucune autorité en France, que d'ailleurs nos Fiefs se reglent autrement que par leurs dispositions, il ne faut point y avoir recours ; ensuite il fait cette distinction : Les difficultez qui naissent sur les Fiefs, ou c'est en qualité de Fiefs, ou d'heritages considerez comme les autres biens & patrimoines : A l'égard de celles qui viennent à l'occasion des Fiefs considerez comme d'autres heritages, il est sans doute qu'elles se décident par les voyes ordinaires, par lesquelles se resolvent toutes les questions touchant les autres biens : Mais à l'égard de celles qui naissent sur les Fiefs, qui ont des regles & des maximes differentes, il faut premierement avoir égard aux conventions, charges & conditions ausquelles l'heritage a été donné en Fief au premier Vassal ; & si la premiere investiture ne se peut trouver, il faut recourir aux aveus & dénombremens qui en auront été donnez par les Vassaux aux Seigneurs. En second lieu, il faut considerer la Coûtume du lieu en laquelle est situé le Fief en question ; & si elle n'établit rien qui serve pour la décision de la cause, il faut voir quel est l'usage general du Royaume & les Coûtumes voisines.

7. Avant que de venir à la définition du Fief, il faut observer que les heritages se divisent en deux especes ; les uns sont possedez noblement, & les autres roturierement.

Les heritages possedez noblement sont les Fiefs & les franc-aleus nobles.

Les heritages possedez roturierement sont ceux qui sont tenus à cens ou censive, ou à autre droit comme de Champart, ou autre semblable, & les franc-aleus roturiers.

Dans ce premier Titre de la Coûtume de Paris il est traité des Fiefs, & par occasion du franc-aleu dans l'article 68.

La qualité & la nature des biens feodaux est differente de celle des heritages roturiers, & ils se reglent par d'autres maximes ; c'est pourquoy la Coûtume traite des Fiefs & des heritages possedez à cens & censives sous deux titres differens.

8. Fief est, selon Charondas en ses Mémorables, un heritage ou droit tenu d'un Seigneur à foy & hommage ; & dans sa Preface sur ce Titre, il dit que c'est un heritage tenu & mouvant d'autruy à condition de la foy & hommage.

Dans cette définition sous ce mot *heritage*, on comprend tous les droits réels, qui sont tenus en fief & à foy & hommage, comme les Fiefs en l'air, dont il sera parlé cy-aprés.

JOLY. Joly sur l'article 1. de nôtre Coûtume, rapporte une autre définition du même Auteur au second Livre des Pandectes chapitre 15. *Beneficium rei immobilis, quæ sub fidei & obsequii conditione sic datur, ut usu ab accipiente habeatur, & dominium apud dantem remaneat.*

Il en remarque une quatriéme du même Auteur au Code Henry livre 6. tit. 12. art. 1. où il dit que c'est un heritage tenu à foy & hommage, baillé à aucun pour la fiance qu'on avoit euë de luy.

DU MOULIN. Du Moulin en sa Preface nomb. 114. le définit en ces termes : *Benevola, libera & perpetua concessio rei immobilis vel æquipollentis, cum translatione utilis dominii proprietate retentâ, sub fidelitate & exhibitione servitiorum.*

9. Les Docteurs ont introduit deux especes de domaine, sçavoir le domaine direct & le domaine utile, Bartole *in leg. si quis §. differentia. ff. de acquir. possess.*

Le domaine direct est celuy, que le Seigneur superieur s'est reservé sur la chose alienée, soit à titre de fief ou d'emphyteose, ou de cens ou censives ; & ce domaine est *sine fructu*, celuy qui se l'est retenu ayant seulement esperance de réünir un temps à venir l'heritage ainsi alienė, à ses autres domaines.

Le domaine utile est celuy, que le vassal & le preneur à cens ou à titre d'emphyteose, ont sur les choses qu'ils ont prises à ces titres, avec leur joüissance entiere.

Ce qui a donné lieu à cette division du domaine, c'est que le preneur à emphyteose est appellé proprietaire de l'heritage baillé dans la Loy 11. *in fine C. de fund. patrimon.* & que celuy auquel il paye la pension & la rente annuelle & perpetuelle portée par le bail emphyteotique, est pareillement appellé proprietaire de l'heritage, dans la Loy 1. *in fine ff. si agro vectig. & emphyt.* & comme ils ne peuvent pas être l'un & l'autre proprietaires d'un même heritage par un même genre de domaine & de proprieté, on a établi deux especes de domaine, l'un direct, lequel est retenu par celuy qui aliene, & l'autre utile, lequel est transferé en la personne de celuy qui reçoit, & puisque le droit de celuy qui aliene, est entierement different du droit qui passe en la personne de l'acquereur, & qu'ils peuvent en disposer par quelque Acte que ce soit, entrevifs ou de derniere volonté, indépendamment l'un de l'autre ; ce sont en effet deux domaines differens.

Pontanus sur le titre des droits Seigneuriaux, dit que *utile dominium est quod à directo dependet, illudque velut recognoscit : verbi gratiâ, si cum ego fundi Sempronii verè dominus essem, illud concesserim Titio in Feudum, seu emphyteusim, mihi quidem directum dominium perpetuò reservo, utile autem in Feudatarium vel emphyteutam accipientem transfero.*

Fief n'est donc autre chose qu'une concession gratuite d'un heritage, ou d'un droit immobilier, par laquelle le Seigneur de la chose se reserve la proprieté directe, & en transfere seulement au vassal la proprieté utile ; à la charge de la fidelité & de certains droits aux mutations ; à la difference des heritages en roture qui doivent le cens ou autre droit seigneurial.

Il n'y a proprement que la fidelité qui soit de l'essence du Fief ; les autres droits n'en sont que l'accessoire ; & l'on trouve encore aujourd'huy quelques Fiefs qui n'en doivent aucuns.

La foy & hommage est de l'essence & de la substance du Fief, puisque c'est un heritage donné à la charge de la foy & hommage. 10.

Neanmoins du Moulin au lieu cité *num.* 114. dit que la foy & hommage n'est pas de la substance du Fief, parce que *potest subsistere Feudum absque obligatione servitiorum, imò etiam absque juramento fidelitatis* ; mais qu'il ne peut subsister *absque fidelitate in se*. DU MOULIN.

Il est vray que le Seigneur peut décharger de la foy & hommage ses vassaux & leurs successeurs dans les Fiefs mouvans de luy, mais il ne les peut pas décharger de l'obligation, à laquelle les heritages qu'ils possedent les engagent ; autrement ce seroit une contrarieté d'être vassal, & n'être point obligé à la fidelité.

C'est par cette raison que d'Argentré sur la Coûtume de Bretagne en la Préface des Fiefs, dit que la substance du Fief consiste, *quòd fidelitas exhibeatur, etsi sacramentum ipsum fidelitatis remitti potest, nec substantiale est.*

Ceux qui sont proprietaires des Fiefs, sont appellez *Vassaux*, c'est-à-dire sujets, qui vient du mot *vas vadis*, qui signifie pleige, caution, ou baillé en ôtage. 11.

D'autres dérivent ce mot *vassal* de *Gessel*, qui signifioit autrefois en langue Germanique, un valet ou domestique ; *sed & vassi & vassalli nomen quod eisdem competit, servitium significat sive comitatum, cùm deducatur non ex eo quòd sint quasi in vasario nobilium, & vasa eorum instrumentaque censeantur, sed à Germanicâ & veteri Gallicâ voce* Gessel, *quâ significatur Comes, qui nobis servit mercede certâ, unde & Gessetas populos Gallicâ linguâ nuncupatos*, dit Cujas sur le titre *de Feudis.*

Il y en a qui veulent qu'il y eut autrefois difference entre *vassi* & *vassalli* ; en ce que *vassi* étoient de la Maison & Vassage des Rois & des grands Seigneurs ; & que *vassalli* étoient sous la puissance de ceux qui étoient appellez *Vassi*.

C'est le sentiment de Charondas sur ce titre, qu'il autorise d'un passage d'Aymon au Livre cinquiéme, chapitre premier, parlant de Charlemagne : *Ordinavit per totam Aquitaniam Comites, Abbatesque, necnon alios plurimos, quos Vassos vulgò vocant, ex gente Francorum, eisque commisit curam Regni prout utile judicavit, finium tutamen, villarumque regiarum ruralem provisionem.* CHARONDAS.

12. Ceux desquels relevent les Fiefs, sont appellez *Seigneurs*, c'est-à-dire, Maîtres, Superieurs, & Dominans, *quasi seniores*. Ainsi le Seigneur feodal est celuy qui possede un heritage en fief dont un autre releve, & le vassal est celuy qui possede un Fief qui releve d'un autre Fief.

Aussi ce mot *vassal* vient du mot *vassus*, & *vassus* est dérivé de l'Allemand *vassen*, qui signifie *obligare*, *vincire*, selon Sande, *ad consuetud. feudal. Gelria, cap. in prælim. num. 19. p. 4. col. 2.* & selon Goris, *in adversar. tract. 3. cap. 13. num. 11.* Voyez Chantereau le Févre, de l'origine des Fiefs, où il fait voir que ces termes *vassus*, *vassallus*, n'ont été employez dans les Actes de foy & hommages, que vers la fin du douziéme siecle.

Il y a une relation absolument necessaire entre ces deux termes, *Vassal & Seigneur*, car il n'y a point de vassal sans Seigneur, ni de Seigneur sans vassal: le terme *vassal* marquant l'honneur, le respect, l'obéïssance, & la soumission à laquelle il est obligé envers son Seigneur, dont le nom marque par une relation absolument necessaire, l'autorité, la superiorité, & la prééminence qu'il a sur ses vassaux.

Cette superiorité étoit bien plus grande dans les premiers siecles de l'établissement de la Monarchie, où les vassaux étoient obligez d'obéïr aux ordres de leurs Seigneurs, mais à present que le Royaume ne reconnoît qu'un Souverain, & qu'il n'y a que luy qui puisse faire la guerre, & mettre des gens sous les armes, les vassaux ne sont obligez envers leurs Seigneurs qu'à la prêtation de foy & hommage, laquelle en effet se trouve inutile, & n'est pour ainsi dire, que l'ombre de cette ancienne fidelité qui engageoit les vassaux envers les Seigneurs.

13. La fidelité que les vassaux doivent indispensablement à leurs Seigneurs, semble avoir donné le nom aux Fiefs; parce que celuy qui donnoit autrefois des heritages à ce titre, les donnoit à la charge que ceux qui les recevoient, luy seroient fideles, luy rendroient tout service, tant en guerre qu'en paix, & luy promettoient foy & fidelité; ainsi il se confioit en eux, comme sur des gens entierement dévoüez à luy, par le serment qu'ils luy en faisoient; BRODEAU. car comme remarque Brodeau sur ce Titre nomb. 9. *fié* en vieux langage signifioit foy & fidelité, d'où vient le mot ancien de *feal* & *feaux*, qui signifie fideles & vassaux, dont on se sert encore aujourd'huy dans les Lettres de Chancellerie.

D'autres dérivent ce mot à *fœdere*: quelques-uns le prennent de *Feed* mot Allemand, qui signifie hosCHARONDAS tilité ou guerre, comme remarque Charondas en ses Mémorables, parce que ceux qui les possedent sont obligez de servir en guerre leurs Seigneurs contre leurs ennemis.

D'autres disent que les Fiefs furent ainsi appellez, parce que dans la basse latinité *feodi* & *feoda* signifioient des récompenses, du mot Saxon *Feoh merces*; d'autant que les heritages feodaux n'étoient qu'une solde quand ils étoient donnez à des personnes qui faisoient profession des armes, ou de simples gages quand ils étoient donnez à des domestiques.

Sans nous arrêter aux differentes étymologies des Docteurs, je crois que ce mot *fié* est celuy dont est dérivé *Fief*, étant le nom primitif qui marque la vraye qualité du Fief.

Ceux qui ont traitté cette matiere, rapportent plusieurs divisions des Fiefs, nous nous contenterons de proposer icy celles qui nous semblent les plus necessaires & les plus conformes à l'usage des Provinces de France.

14. La premiere se fait en Fief corporel & Fief incorporel: le Fief corporel est celuy qui consiste en heritage tenu à foy & hommage: & le Fief incorporel est un droit réel, comme cens ou rente tenuë à foy & hommage d'un Seigneur.

Avant la reformation de la Coûtume de Paris, il étoit permis à un vassal d'aliéner toutes les terres de son Fief, & s'en retenir un droit Domanial & Seigneurial, comme le cens avec retention de foy; de sorte que tel Fief consistoit dans le cens qui étoit retenu par le vassal, pour lequel il rendoit la foy & hommage à son Seigneur; mais par l'article 51. de la nouvelle Coûtume, il est défendu aux vassaux d'aliéner plus des deux tiers de leurs Fiefs sans démission de foy, afin d'empêcher par ce moyen que les veritables Fiefs ne deviennent des Fiefs en l'air & incorporels, & qui ne soient d'aucun ou de peu de revenu au vassal, appellez autrement *Fiefs volans*, selon Bacquet, Traité des Francs-Fiefs chapitre 2. nomb. 17.

Cependant ces Fiefs en l'air sont encore en usage dans plusieurs Coûtumes, il y en a dans la Coûtume de Normandie, pour lesquels les acquereurs ne doivent que la foy & hommage, comme nous voyons en l'article 157. où il est dit que *dignitez sans fonds ni glebe, doivent hommage & non relief.*

Il y en a aussi dans la Coûtume d'Orleans.

Il y en a dans cette ville de Paris plusieurs qui consistent seulement en cens & censives sur des maisons, érigez avant la reformation de la Coûtume.

Ces Fiefs en l'air sont Fiefs impropres; car com- 15.
me dit Cujas, *Feudum propriè in rebus soli consistit*, semblables à ceux qui étoient appellez autrefois *de camera aut de cavena*, dont il est fait mention au commencement du Livre 2. des Fiefs, lesquels consistoient en une rente ou pension viagere en bled, en vin, ou en autres especes à prendre *ex camera*, c'est-à-dire sur les trésors, ou sur les revenus du Seigneur, *quod ex aliquo loco thesaurario, vel ex vectigalibus, vel ex mensa argentaria solvitur*: Ou à prendre *ex cavena*, c'est-à-dire, sur les vivres qui se trouvent dans la dépense ou dans les offices du Seigneur; car la Glose au Livre 2. *de feudis* interprete ainsi ces termes, *vel de cavena: id fit quoties ex cellario Domini vassallo prabentur annona: Utrumque feudum de camera scilicet & de cavena in curte Domini est. Proprium feudum est extra curtem, & propriè consistit in prædiis.*

Au reste les Fiefs en l'air ne peuvent être saisis que par main-mise sur les arriere-Fiefs. Voyez Peleus, quest. 75. & Charondas liv. 2. Rep. 6.

La deuxiéme est des Fiefs nobles & des Fiefs non 16.
nobles.

Cette division est tirée du droit des Lombards, mais elle n'a point été reçûë dans le Royaume. Les Fiefs nobles sont ceux qui ne peuvent être possédez que par gens nobles; & les Fiefs non nobles sont ceux qui peuvent être possedez par roturiers.

En France tous les Fiefs sont nobles, c'est pour- 17.
quoy autrefois ils ne pouvoient être possedez que par personnes nobles; ils ont été appellez Francs-Fiefs, parce que les Loix du Royaume veulent qu'ils ne soient possedez que par des gens francs, c'est-à-dire nobles, libres & déchargez de tailles, aydes, subsides, & d'autres charges & droits qui sont imposez aux roturiers.

Le motif de ces anciennes Ordonnances étoit d'empêcher que les Gentilshommes & personnes nobles, ausquelles originairement la possession & la proprieté des biens nobles avoit été baillée, les aliénassent, afin qu'ils fussent plus en état de servir le Roy pendant la guerre.

Mais les Gentilshommes s'étant trouvez pressez d'argent pour le service de l'Etat, nos Rois permirent aux roturiers d'acquerir & posseder des Fiefs; & les roturiers s'étant trouvez dans la suite posseder une grande partie des Fiefs, nos Rois leur firent payer une certaine finance pour en continuer la possession; & cette finance fut appellée le droit des Francs-Fiefs.

Haute-serre, *de orig. Feudor. cap.* 10. dit que l'on accorda la permission aux roturiers de posseder des Fiefs, lorsque les Gentilshommes se croiserent pour les voyages d'outre-mer; & pour supporter les frais de la guerre, on leur permit de vendre leurs Fiefs à des roturiers. Ce qui est autorisé par la Lettre du Pape Eugene III. rapportée par *Otho Frisius lib.* 1. *de gest. Freder.* qui permet aux Croisez de vendre ou d'engager leurs Fiefs à toutes sortes de personnes.

Cette finance a été differemment taxée selon les temps par les Edits, Declarations, & les Arrests du Conseil; il y en a un si grand nombre, qu'il n'est pas à propos de les rapporter en ce lieu. Voyez Bacquet au Traité du Droit des Francs-Fiefs, & la Declaration du 9. Mars 1700.

18. Il y a des Coûtumes qui défendent aux roturiers de posseder des Fiefs, comme celle de Meaux, article 154. Vitry article 46. & autres, mais elles sont quant à ce hors d'usage, étant permis à tout roturier dans tout le Royaume, de posseder des Fiefs, à la charge de payer au Roy le droit des Francs-Fiefs.

L'amortissement étant obtenu du Roy, les Seigneurs ne peuvent point aussi contraindre les gens de mainmorte de vuider leurs mains des heritages qu'ils ont acquis; ce qu'ils peuvent faire au cas que les gens de main-morte n'ayent point obtenu Lettres d'amortissement, & qu'ils n'en obtiennent point dans l'an de la sommation à eux faite de la part des Seigneurs.

L'exemption du droit des Francs-Fiefs a été accordée par nos Rois aux habitans de quelques villes du Royaume.

Les Bourgeois de Paris ont été exempts par privilege contenu dans les Lettres Patentes du Roy Charles V. du mois d'Août 1391. confirmées par autres Lettres Patentes des Rois Charles VI. du mois de Septembre 1409. de Louis XI. au mois d'Octobre 1465. verifiées en la Cour le 21. Novembre ensuivant; & du Roy Henry II. du 2. Decembre 1547. ainsi qu'il est rapporté par Brodeau sur ce titre nombre 14. & sur l'article 13. nombre 14. & par Bacquet Traité des Francs-Fiefs chap. 10. Brodeau.

19. Quoique tous les Fiefs soient nobles en France, en quoy on n'a pas eu égard aux personnes qui les possedent, mais à la qualité de la chose qui est reputée telle, néanmoins nous avons des Fiefs qui semblent contenir une plus grande noblesse ou une qualité plus éminente que les autres, sçavoir les Fiefs qu'on appelle *Fiefs de dignité*, c'est-à-dire, qui ont une dignité annexée, comme les Duchez, les Marquisats, les Comtez & Baronies: & ces Fiefs relevent immediatement du Roy & de la Couronne, & ceux qui les possedent, sont obligez d'en faire leurs hommages, & rendre leurs aveus en la Chambre des Comptes.

20. Toutefois il y a des Fiefs, que les Rois ont érigez en Titre de Comtez ou de Marquisats, qui relevent d'autres Seigneurs, mais ils ne sont considerez que comme de simples Titres honoraires, ainsi que remarque Loyseau dans son Traité des Seigneuries, Chap. 6. nomb. 9. où il dit que le Comté du Lude a été declaré simple Comté honoraire, parce qu'il releve du Duché de Beaumont, par Arrest des 6. Août & 5. Decembre 1549. rapportez par Maître René Chopin sur la Coûtume d'Anjou: Et dans son Traité du Domaine, il cite un autre Arrest de l'an 1570. par lequel un Comté relevant d'une Baronie, fut declaré simplement honoraire.

Ainsi, dit cet Auteur, *la Baronie de Lucé fut declarée simple titre honoraire, parce qu'elle releve de la Seigneurie du Château du Loir.*

21. La Coûtume de Nivernois, titre des Fiefs, articles 38. & 39. distingue deux sortes de Fiefs, sçavoir les Fiefs nobles, & les Fiefs non nobles & ruraux, l'article 39. porte que, *est reputé Fief noble celuy auquel y a justice ou maison forte, notable edifice, motte, fossez, ou autres semblables signes de noblesse & d'ancienneté; & tous autres sont reputez ruraux & non nobles.*

Coquille sur ces articles, dit que tous Fiefs sont nobles de leur nature, parce qu'ils doivent service aux guerres. Et que quand tous les Royaumes furent établis par la ruine de l'Empire Romain par les François, Gots, & Lombards, ces Etrangers ôterent l'usage des armes aux anciens habitans, & les reserverent à eux seuls.

Ces vainqueurs seuls faisoient la guerre, & les anciens habitans s'adonnoient au ménage rustique & à la marchandise: comme il se voit dans les Epîtres de Cassiodore, Chancelier du Roy Dietrich, dit Theodoric, qui regnoit avec les Gots en Italie.

De ce temps est venuë la distinction des Nobles & des roturiers, & la Loy par laquelle les roturiers ne peuvent tenir Fiefs. Mais ils sont dits *Fiefs nobles* par antonomasie, à cause des marques de Noblesse & d'ancienneté.

Si ces Fiefs nobles, c'est-à-dire Fiefs de dignité, tels qu'ils sont specifiez cy-dessus, annoblissent ceux qui les possedent? 22.

Les Docteurs qui ont écrit sur le droit coûtumier des Fiefs, tiennent l'affirmative, *c.* 1. *qui dic. Dux, March.* Barthol. *ad leg. quicumque C. de Fund. limitroph. & lib.* 1. *C. de dignit. num.* 93. 97. & 98.

Cependant ce n'est pas en France un moyen d'annoblissement, parce que l'Ordonnance de Blois article 23. porte, que *les roturiers & non nobles, achetans Fiefs nobles, ne seront annoblis, ni mis au rang & degré des Nobles, de quelque revenu & valeur que soient les Fiefs par eux acquis.* Voyez le Glossaire du Droit François sur le mot *Francs-Fiefs*.

Toutefois si le Roy donnoit à un roturier, qu'il connoîtroit tel, pour récompense de services, l'investiture d'un Fief de dignité, il seroit présumé avoir voulu l'annoblir, *Beneficium Imperatoris, quod à divinâ scilicet ejus indulgentiâ proficiscitur, quàm plenissimè interpretari debemus*, dit la Loy *Beneficium. ff. de Constitut. Princip.*

C'est une juste interprétation qu'il faut faire, puis qu'autrement la grace deviendroit inutile & sans exécution, & que celuy qui auroit reçû cette gratification du Prince, seroit obligé de vuider ses mains du Fief de dignité, dont il auroit été favorisé.

C'est le sentiment de Bacquet au Traité du droit d'Amortissement, chap. 20. & de Maître Charles du Moulin, §. 13. *Glos.* 3. *n.* 4. qu'un Fief noble & de dignité, dont auroit été investi un roturier par le Roy, seroit un moyen de l'annoblir, *Intelligo superiorem*, dit ce Docteur, *nedum ratione Feudi, sed etiam in potestate nobilitandi, quæ spectat ad solum Regem, seu dominum supremum; si enim Dux, Comes, vel Baro infeudaret rusticum de Castellania, non efficeretur nobilis, quia infeudans non habet potestatem eum nobilitandi directè, & sic non potest per indirectum. Ratio est, quia hujusmodi de se nobilia Feuda non congruunt nisi nobilibus, ita quòd non possunt acquiri nec retineri per ignobilem, sed poterit cogi ad dimittendum extra manus suas, vel transferendum in nobilem: & poterit, non obstante tali acquisitione & investiturâ inferioris, cogi ad contributionem subsidiorum & collectarum inter plebeïos.* Du Moulin.

Monsieur le Maître en son Traité des Amortissemens, chapitre 5. *in fine*, tient que les Fiefs de dignité annoblissent le roturier.

C'est aussi le sentiment de Loysel en ses Institutions Coûtumieres, livre 1. titre des personnes, articles 10. & 11. où il dit, *Il n'étoit pas permis aux roturiers de tenir Fiefs, sans congé & permission du Prince: Aujourd'huy toutes personnes peuvent tenir Fiefs, sans congé & permission du Prince, aussi n'annoblissent-*

nobliſſent-ils point s'il n'y avoit titre de grande dignité.

Mais l'opinion de ces Auteurs n'eſt pas ſuivie.

Loyſeau en ſon Traité des Seigneuries, chapitre 8. nombre 24. prétend pour exception de cette regle, que ſi pendant deux generations un Fief de dignité avoit été poſſedé publiquement par le pere & par l'ayeul, les deſcendans ſeroient nobles, quoique les aſcendans de l'ayeul fuſſent roturiers : ce qu'il confirme par l'exemple des Offices nobles, qui annobliſſent la poſterité, quand ils ont été poſſedez par le pere & le fils.

Du Moulin C'eſt auſſi l'opinion de Maître Charles du Moulin, *loco citato*, où il dit, *Si autem aliquis & ſui primogenitores diù poſſediſſent aliquod Feudum nobile, tunc quamvis fortè primus eorum fuiſſet ruſticus, nec appareat de aliquâ collatione nobilitatis factâ per Principem, tamen ex quo diù nobiliter vixerunt, & nobiles reputati fuerunt, praceſſiſſe præſumitur.*

Cette queſtion n'eſt pas ſans difficulté ; il eſt vray que s'il n'apparoît pas, que les prédeceſſeurs de celuy qui a été inveſti du Fief de dignité, fuſſent roturiers, c'eſt une préſomption aſſez forte pour déclarer nobles les deſcendans ; mais auſſi ſi on prouve qu'ils fuſſent roturiers, il y a lieu de croire que l'ayeul avoit uſurpé ſa nobleſſe, & qu'ainſi les deſcendans ne peuvent point prétendre le titre de nobleſſe.

23. Ce ſeroit une illuſion de ſe perſuader, comme quelques-uns, que la nobleſſe ſe peut acquerir par preſcription, quelque longue qu'elle ſoit.

La raiſon eſt, que la nobleſſe vient du Prince, & qu'elle ne peut être acquiſe que par les moyens qui ſont par luy autoriſez pour cet effet ; car comme elle eſt hors le commerce, elle ne tombe point dans la preſcription, & ne ſe peut acquerir par les moyens, par leſquels les choſes peuvent être acquiſes : les uſurpateurs de nobleſſe tombent dans le crime de faux, ſuivant la Loy *eos §. ſi pro milite. ff. de falſ.* & ils ſont punis de peines pecuniaires ; ainſi on ne peut pas dire qu'ils ayent jamais été en poſſeſſion de nobleſſe.

24. Le Reglement des Tailles fait en l'an 1600. article 58. *défend à toutes perſonnes de prendre titre d'Eſcuyer, & de s'inſinuer au Corps de la Nobleſſe, ſinon entr'autres à ceux qui ſont iſſus d'ayeul & pere, qui ayent fait profeſſion des armes, ſans avoir fait acte vil ou dérogeant à leur qualité.* Il ſemble par cet article, que la nobleſſe peut s'acquerir par deux generations, enſorte que quoique le biſayeul fût roturier, neanmoins la nobleſſe ſeroit acquiſe aux petits-enfans, ſans qu'ils puſſent paſſer pour uſurpateurs.

Toutefois il faut dire le contraire ; car ce Reglement ne declare pas expreſſément nobles ceux dont le pere & l'ayeul ont vécu noblement & dans la reputation de nobleſſe, il ne dit pas qu'apparoiſſant d'ailleurs, que l'ayeul fût roturier d'extraction, les petits enfans ayent acquis & preſcrit la nobleſſe : au contraire il ſuppoſe, que les prédeceſſeurs de l'ayeul fuſſent nobles, ou du moins qu'on ignore s'ils étoient nobles ou roturiers ; & en ce cas ce ſeroit une poſſeſſion immemoriale qui pourroit ſervir de titre ſuffiſant, autrement il arriveroit ſouvent que les veritables nobles décherroient de l'ancienne nobleſſe de leurs anceſtres, faute de la juſtifier par titres.

Cependant le Roy en a ordonné au contraire par un Arreſt du Conſeil d'Etat du 19. Mars 1667. pour la Provence, par lequel ſa Majeſté a voulu, que ceux qui ſoûtiendroient être nobles, ſeroient tenus de juſtifier pardevant les Commiſſaires, comme eux, leurs peres & ayeuls, ont pris la qualité de *Chevalier* ou d'*Ecuyer*, depuis l'année 1560. juſques à preſent, & prouveroient leurs deſcentes & filiations, avec poſſeſſion de Fiefs, emplois & ſervices de leurs Auteurs, par des Contrats de mariages, partages, actes de tutelles, aveus & dénombremens, & autres actes authentiques, ſans avoir fait ni commis aucun acte dérogeant à nobleſſe ; Et néanmoins en cas qu'il fut rapporté aucunes pieces, par leſquelles il parut que les auteurs de ceux qui ſoûtiendroient leur nobleſſe, fuſſent roturiers avant ladite année 1560. Sa Majeſté declara qu'elle n'entendoit pas que leſdits Commiſſaires euſſent aucun égard aux qualifications portées par leſdits Contrats & autres Actes, &c.

Nous pouvons inferer de cet Arreſt du Conſeil ; que la nobleſſe ne ſe peut preſcrire par quelque temps que ce ſoit, ſoit par cent ans ou au deſſus ; & qu'il faut que la nobleſſe s'acquiere par les moyens autoriſez par ſa Majeſté, ſans quoy on eſt uſurpateur de nobleſſe, quand on ne peut point prouver par quel moyen la nobleſſe qu'on s'attribuë, a été acquiſe, ſoit par ſoy ou par ſes aſcendans.

La troiſiéme diviſion des Fiefs, eſt en Fiefs partageables, & en Fiefs qui ne ſouffrent point de partage.

Par l'ancien droit des Fiefs ils ne ſe partageoient point, & c'étoit en France l'ancien uſage ; mais dans la ſuite des temps le droit des Lombards en ayant permis la diviſion, elle a auſſi été introduite en France, principalement entre les coheritiers, excepté les Fiefs de dignité, conformément au chapitre *Imperialem. §. Firmiter. tit. de prohibita feudi alien. per Frideric. in uſib. Feudor.* en ces termes : *Præterea Ducatus, Marchia, Comitatus, de cætero non dividantur ; aliud autem Feudum, ſi conſortes voluerint, inter conſortes dividatur.* 25.

Les Fiefs de dignité ſont ceux qui ne ſouffrant point de partage, ſont ſujets néanmoins à eſtimation & récompenſe dans les ſucceſſions.

Les autres Fiefs au contraire ſouffrent le partage en leurs corps, comme il a été jugé par Arreſt ſolemnel de la Pentecôte 1519. pour la Seigneurie de Montmorency, pour lors ſimple Baronie, érigée depuis en Duché-Pairie, comme remarque Loyſeau en ſon Traité des Seigneuries, chapitre 6. nomb. 9. Ce qui ſe doit entendre des Terres, Domaines & Droits dépendans de ces Fiefs, qui ont de petites Seigneuries annexées, leſquels peuvent être diviſez. Voyez ce que nous diſons *infrà* ſur l'art. 51.

Mais ce que nous venons de dire, que les Fiefs de dignité ſont impartageables, ſe doit entendre, lorſqu'il ſe trouve d'autres biens pour remplir les puînez de leurs portions hereditaires ; car autrement les Fiefs de dignité ſouffrent diviſion, non pas quant à la qualité de Duché, Comté, ou Marquiſat ; mais ſeulement par rapport aux heritages & émolumens du Fief, ſurleſquels l'aîné eſt tenu d'aſſigner la portion hereditaire de ſes puînez.

La quatriéme diviſion eſt, des Fiefs ſimples & des Fiefs liges. 26.

Les Fiefs ſimples ſont ceux pour leſquels il n'eſt dû au Seigneur que la foy & hommage, dont l'obligation eſt plus réelle que perſonnelle ; de ſorte que le vaſſal qui a aliené ſon Fief, en eſt déchargé, parce que la foy & hommage n'eſt dûë qu'à cauſe du Fief ; & partant dés que l'on ceſſe d'en être poſſeſſeur, cette obligation de fidelité qu'on avoit promiſe au temps de ſa reception & inveſtiture, ſe trouve éteinte & reſoluë ; de même que ces qualitez de *Vaſſal* & de *Seigneur*.

Fief lige eſt un Fief réel & perſonnel ; appellé Fief de corps ; parce que celuy qui en devient proprietaire, eſt obligé en faiſant la foy & hommage à ſon Seigneur, de faire ſerment de le ſervir & défendre envers & contre tous juſqu'à la mort, *nemine excepto*, en y obligeant tous ſes biens, *Domino debet opera ferre contra omnes, excepto patre, etiam adverſus Imperatorem vel Regem*, dit Cujas ; *lib. 2. Feudor. tit. 5. lib. 4. tit. 93. 99. Hinc ligantiæ verbum in ſupplemento Sigeberti an. 1176. Rex Scotiæ fecit* 27.

homagium de omni terrâ suâ Regi Angliæ ut proprio Domino. hominium cum ligantiâ, id est, solemni cautione standi cum eo & pro eo contra omnes homines, Guillelm. Neubrigens. lib. 2. rer. Anglic. cap. ult. At ex constitutione Friderici quoties Feudali jure recepto vassallus fieri juramenta præstat, excipiendus est Romanus nomine Princeps, inquit Gunthese. lib. 8. Ligur.

En l'année 1566. Henry Duc d'Anjou & François Duc d'Alençon, firent au Roy Charles IX. la foy & hommage lige pour leur appanage.

Le Roy d'Angleterre, à cause d'Aquitaine & du Duché de Ponthieu & de Montreüil, étoit tenu faire l'hommage lige au Roy de France, comme remarque Froissart tom. 1. cap. 25. Philippe Archiduc d'Autriche fit cet hommage le 5. Juillet 1499. au Roy Louis XII. ès mains de son Chancelier dans la ville d'Arras pour les Comtez de Flandre & de Charolois. Les Ducs de Lorraine le font aux Rois de France pour le Duché de Bar.

28. Quand cet hommage est dû aux grands Seigneurs en France; celuy qui le fait doit excepter le Roy, comme il fut arrêté aux Etats tenus à Tours au mois de Mars 1468. sous le Roy Louis XI. au rapport de Philippes de Commines en la vie de ce Roy, chap. 45. où nous lisons, que le Comte d'Eu fit sa plainte aux Etats, de ce que le Duc de Bourgogne, en qualité de Comte de Ponthieu, avoit fait saisir sa Terre & Seigneurie de S. Valery relevant du Comté de Ponthieu, pour luy avoir refusé l'hommage & le serment de fidelité contre tous, sans même en excepter le Roy de France: & d'autant que telle prestation de fidelité étoit contraire à l'autorité souveraine du Roy, il fut ordonné, que le Duc de Bourgogne seroit ajourné à comparoir en personne au Parlement, pour voir casser & annuller tout ce qu'il avoit fait & entrepris contre l'autorité du Roy, comme remarque Chopin en son Traité du Domaine, liv. 3. tit. 12. nomb. 19.

Le mot *lige* peut venir du mot latin *ligatus*: c'est-à-dire homme lié, & qui est étroitement obligé & engagé. Il y en a qui font dériver ce mot de l'Allemand *luiden* ou *leuten*, parce que ces sortes de vassaux liges, qui sont personnellement obligez envers leur Seigneur, sont plus frequens en Allemagne.

Ligium, dit d'Argentré sur la Coûtume de Bretagne, art. 314. nomb. 3. *scriptores Feudorum describunt, quod immediatè Principis beneficio habeatur ejus qui superiorem non agnoscat, & excessit omnis alieni imperii hominium quod ab eo præstetur. Ligium autem dici, quod concipi solet sub verbis de fidelitatem & auxilium præstando Regi contra omnes homines qui vivere & mori possunt: quod Feudistæ dicunt, nemine dempto: cui sic præstetur necesse est cum supremâ potestate præditum.*

Quoique le Fief lige soit réel & personnel; cependant il n'oblige le vassal que pendant qu'il demeure en possession du Fief lige; car le devoir de ligence ne demeure attaché à la personne du vassal que parce que c'est une clause de la concession qui s'éteint, comme n'étant qu'accessoire, si-tôt qu'il cesse de posseder le Fief lige.

29. Deux conditions sont requises pour le Fief lige, selon du Moulin sur l'article 1. *verbo* Fief, *glos.* 5. *num.* 5.

La premiere, que le vassal prête serment, *Nullius alterius fidelitate salvâ vel exceptâ*, selon la Clementine *Pastoralis.* §. *rursùs. junct. glos. de sentent. & re jud.* d'où il s'ensuit qu'on ne peut être vassal lige de deux differens Seigneurs, quoique ce soit

Du Moulin pour differens Fiefs, c'est le sentiment de du Moulin *loco citato*, & de Guy Pape quest. 310.

Quant à ce que cet Auteur rapporte, que *Petrus Jacobi* dit qu'il a vû des vassaux faire hommage lige à divers Seigneurs *pro diversis castris*, du Moulin pretend que ce n'étoit pas l'hommage lige, mais l'hommage simple. Et sur ce que Guy Pape dit, qu'en plusieurs endroits du Dauphiné tel est l'usage, & qu'une même personne y peut faire hommage lige à plusieurs Seigneurs, du Moulin dit, que *talis consuetudo esset nulla & abusiva, tanquam impossibilis & repugnans veritati & substantiæ actûs & rei quæ est immutabilis, &c.*

C'est le sentiment commun des Docteurs, que l'hommage lige n'est point reçû en France, Coquille sur l'article 14. du titre des Fiefs de la Coûtume de Nivernois, d'Argentré au lieu cité, & autres.

La Coûtume de Bretagne prend ce mot *lige* en l'article 329. dans une autre signification, sçavoir pour l'hommage qui se rend au Seigneur immediat.

Voicy ce que dit Coquille sur ledit article 14. *num.* 5. *Ut de ligio ampliùs dicamus, illa Italica significatio nobis recepta non est, quæ supremi imperii agnitione fit, sed pro vulgari & communi feudi & homagii jure, quod à quolibet vassallo cuilibet domino præstari solet ratione dominii directi* & d'obéïssance, *& simplicis superioritatis feudalis jure. Itaque hic ligium appellatur, quod cuique domino immediato Feudi exhibetur, etiamsi ille alium superiorem habeat; quomodo à suis quoque usurpari Guido Papa decis. 310. retulit, & Petrus Jacobus, quem Papa refert; quo significatu & usu Cenomani & alii quidam accipiunt. Hoc significatu nihil vetat unum plurium esse ligium, &c.*

Ce mot *lige* est pris en même signification dans les Coûtumes du Maine & d'Anjou; & Guy Pape aprés avoir dit en sa question 309. que *homines ligii sunt ii qui fidelitatem jurant, nullius alterius fidelitate exceptâ*, & que par cette raison une même personne ne peut être vassal lige de deux Seigneurs, atteste en la question suivante, que le contraire s'observe en la Province de Dauphiné, & dans les autres pays circonvoisins, & que les vassaux liges font hommage lige à plusieurs Seigneurs à raison de divers Fiefs, & rapporte l'opinion de *Jacobi* sur la matiere des Fiefs. 30.

Pasquier au livre 2. de ses Recherches de la France, chapitre 15. dit que lorsque les Fiefs furent rendus patrimoniaux en France, les Seigneurs qui tenoient de grandes terres du Roy, commencerent à les subdiviser à d'autres personnes, desquelles ils attendoient service, à telles conditions qu'ils trouvoient à propos; & que de-là est venuë l'origine des Fiefs & arriere-Fiefs en France, & que l'on commença d'appeller *liges* quelques-uns de ces vassaux; lesquels sans exception promettoient tout devoir & fidelité à leurs Seigneurs; & les *non liges* ceux qui promettoient devoir à raison du Fief superieur.

Monsieur Mainard livre 4. chapitre 34. fait aussi mention des vassaux liges du Vicomté de Turenne, prenant le mot *lige* en la même signification, pour un vassal qui reconnoît un Seigneur Feodal quoique non Souverain.

La peine de celuy qui a fait l'hommage, lorsqu'il refuse de prendre les armes pour son Seigneur, ou qu'il les prend contre luy, est la commise du Fief. 31.

Touchant l'hommage lige il faut voir Chantereau dans son Traité des Fiefs.

La seconde condition pour qu'un Fief soit lige, suivant du Moulin, sur l'article 1. *verbo* Fief, *glos.* 5. *num.* 8. est qu'il soit exprimé dans la concession du Fief, qu'il est Fief lige.

Touchant ces sortes de Fiefs, voyez ce que dit cet Auteur, *loco citato.*

La cinquiéme division est, des Fiefs simples & des Fiefs de danger. 32.

Les Fiefs simples sont ceux qui se reglent suivant les autres biens & patrimoines que l'on peut aliéner, & dont on peut se mettre en possession sans le consentement des Seigneurs ; mais les Fiefs de danger obligent les acquereurs & nouveaux possesseurs de faire la foy & hommage aux Seigneurs, avant que d'en prendre possession, sur peine de commise & de confiscation entiere du Fief ; c'est pour cela qu'ils sont appellez *Fiefs de danger*.

Quibusdam Galliæ moribus Feuda sunt periculo obnoxia, & Domino committitur, si absque Domini permissu quis eorum vacuam possessionem accipiat, ante exhibitum obsequium & datam fidem Domino.

Il y en a dans la Coûtume de Troyes comme il paroît par l'article 37. de cette Coûtume, & par le Procés verbal sur le même article.

Nous en avons dans les Coûtumes du Comté de Bourgogne, article 16. & du Duché, chapitre 3. article dernier, au titre des Fiefs. Cet article dernier porte, que *en aliénation & transport de la chose feodale commise n'a point de lieu, si l'acheteur ou celuy qui a acquis ladite chose feodale, n'en prend la possession réelle, sans consentement du Seigneur de Fief.*

Mais cette commise n'a pas de lieu pour possession prise sans le consentement du Seigneur par les heritiers du vassal, suivant l'article 3. du même titre. Cette distinction a lieu aussi dans la Coûtume du Comté, dans les articles 6. 7. 8. & 16. du même titre. Il y a un ancien Arrest du Parlement de Paris du 20. Decembre 1393. remarqué par du Tillet.

Les Coûtumes de Bar article 1. & de la Prevôté de Vaucouleur au Bailliage de Chaumont, admettent
BRODEAU. aussi les Fiefs de danger, comme remarque Brodeau sur l'article 23. nombre 10.

Ces Coûtumes suivent en cela l'ancien droit des Fiefs des Lombards qui tomboient en commise, quand ils étoient aliénez sans la permission du Seigneur, & que l'acquereur avoit laissé passer l'an & jour, sans prendre l'investiture du Fief qu'il avoit acquis.

Loisel titre des Fiefs, art. 95. dit. *En Fief de danger, le vassal, qui s'en met en joüissance sans le congé de son Seigneur, perd son Fief.*

Voyez du Cange dans sa Dissertation 30. sur Joinville, des Fiefs jurables & rendables p. 352.

DU MOULIN. Du Moulin sur l'article 56. de la Coûtume de » Chaumont en Bassigni dit, *nulla esse ejusmodi Feuda* » *Trecis, nec ferè in hoc regno, nisi in Burgundia. Tamen ante quindecim annos vidi processum, in quo litigantes, qui erant Dux Guisianus ex una parte, & quidam vassallus ex altera parte, contendebant*, que » à Bar-le-Duc les Fiefs sont Fiefs de danger : *quod nunc falsum apparet, vel abrogatum*. Car tout Bar-le-Duc ressort à Sens, & est purement sujet & regi » par la Coûtume generale de Sens, & n'a aucune Coûtume locale ou particuliere, comme j'ai montré en » la premiere annotation sur le Procés Verbal des Coûtumes de Sens. Or il me souvient d'un notable cas » où j'ai consulté. Le Duc de Lorraine à cause de son » Marquisat de Pont-à-Mousson qu'il tient de l'Empire, a un Comté mouvant de luy ; est avenu que » la Comtesse s'est mariée à un Quidam non noble, » auquel elle a donné ledit Comté, auquel le mary » veuf aprés la mort de sa femme s'est mis dedans sans » le sçu & le consentement du Duc de Lorraine, & » ainsi a commis & perdu le Fief qui est de danger. » Toutefois le Duc n'a pas jurisdiction sur ledit lieu » servant qui est de la Jurisdiction de Luxembourg en » prime instance, & ressort par appel à Malines. » *Respondi*, que le Duc de Lorraine le pouvoit saisir » & mettre reaulment & de fait en sa main par faute » d'homme, & en joüir en pure perte, & rejetter les » offres du mary, comme étant le Fief à luy retourné » & acquis par la nature d'iceluy, & en joüir maintenant, nonobstant opposition ou appellation quelconque.

Conformément à la disposition de la Coûtume de Bourgogne, le Parlement de Dijon par Arrest du 5. Mars 1635. au rapport de Monsieur Jacquetot, Doyen de ce Parlement, adjugea la commise de la terre de Poligny, au profit de Loüet d'Antrenville-Bourdillon, Marquis d'Espoisses, sur Françoise de Rouvray, veuve du sieur de Chauligny, remarqué par Monsieur Salvaing en son Traité des Fiefs, chapitre 3.

Hors ces Coûtumes il n'y a point en France de Fiefs de danger.

C'est l'avis de Brodeau sur l'article 23. nombre 10. de Tournet sur l'article 1. & des autres Commentateurs, & Chopin sur ce titre nombre 3. dit que dans les autres Provinces ou Pays de Droit écrit, la Loy des Lombards a été abolie, par laquelle le Fief étoit confisqué, si le vassal n'en avoit demandé l'investiture dans l'an. Il fait mention d'un ancien Arrest qui l'a jugé ainsi de l'an 1388. rapporté par *Galli quæst.* 162. C'est aussi, dit cet Auteur, l'usage du Royaume de Naples. BRODEAU. TOURNET. CHOPIN.

Quant aux heritages roturiers, il n'y a aucune Coûtume en France, par laquelle ils tombent en commise, pour avoir été aliénez sans le consentement du Seigneur, ni même pour toute autre cause, comme pour felonie, Brodeau sur l'article 78. nombre 10. BRODEAU.

La sixiéme division est, des Fiefs dominans, servans, & arriere-Fiefs. 33.

Le Fief dominant est celuy duquel un autre releve immediatement & en plein Fief. Un Fief n'est dit dominant qu'à l'égard de celuy qui en est mouvant ; car le Fief qui est dominant à l'égard d'un Fief, est servant à l'égard d'un autre duquel il releve ; & les Fiefs relevent les uns des autres, excepté les Fiefs de dignité, qui ont des Duchez, Marquisats, Comtez, & Baronies annexez, qui relevent immediatement du Roy & de la Couronne.

Le Fief servant est celuy qui releve d'un autre, & dont le proprietaire est obligé de porter la foy & hommage au proprietaire du Fief dominant.

Le Fief servant, quant au profit, est regi par la Coûtume du lieu où il est assis, & quant à l'honneur du service par la Coûtume du lieu du Fief dominant, Coquille tome 2. quest. 267. *quoad onera*, l'on regarde le Fief servant, *quoad honores* le lieu du Fief dominant, & même pour la commise, le lieu de l'arriere-Fief. Arrest du Parlement de Bourgogne de l'an 1584. Bouvot 3. partie *verbo*, *charges de Fief*.

Le proprietaire du Fief dominant est appellé *Seigneur direct* ; & le proprietaire du Fief servant est dit *Seigneur utile & profitable* : la Coûtume de Clermont en l'article 108. dit, *En matiere de Fiefs un Seigneur se peut dire Seigneur direct, & l'autre Seigneur profitable. Le Seigneur profitable est celuy qui joüit du Fief & des fruits en dépendans : & le Seigneur direct est celuy à qui on doit la foy & hommage, pour raison dudit Fief, & des dépendances d'iceluy.* 34.

Arriere-Fief est dit à l'égard du Seigneur Suzerain ou Superieur, duquel il ne releve pas immediatement ; ainsi je tiens mon Fief en plein Fief du Seigneur duquel je releve immediatement, & auquel je suis obligé de faire la foy & hommage ; mais je le tiens en arriere-Fief du Seigneur de mon Seigneur. Et dautant que je ne suis pas obligé de luy faire la foy & hommage, quand mon Seigneur est en foy, je ne suis pas son vassal, mais son arriere-vassal ; & mon Fief à son égard n'est pas un Fief servant, mais un arriere-Fief ; & le proprietaire de ce Fief n'est pas proprement mon Seigneur, mais il est dit Seigneur Superieur ou Suzerain.

Avant que de finir ce §. il faut observer qu'il ne faut point confondre le Fief avec la justice, quoique souvent le Seigneur feodal soit aussi Seigneur-Justicier ; ce sont choses si separées, qu'elles n'ont rapport ensemble, soit pour l'établissement, soit pour 35.

les droits, soit pour la joüissance.

Le droit du Fief est purement réel, il ne regarde les personnes qu'autant qu'elles ont joüi ou joüissent de la terre en Fief: la Justice est bornée par les territoires, mais elle peut être exercée par celuy qui en a le droit, sans avoir aucun bien dans l'étenduë de la Paroisse, où il a droit de Justice, au contraire le Fief est attaché à la glebe.

Le Fief est une chose individuë, néanmoins il peut tenir de deux divers Seigneurs, & avoir des arriere-Fiefs relevans desdits Seigneurs, quand il se justifie que l'un & l'autre est en possession immemoriale d'être servi du Fief, sans que l'on puisse discerner quelle portion, *& sic ambo dominium obtinent, non divisione corporis, sed juris intellectu.* Arrest du 19. Avril prononcé le 21. Charondas fol. 405.

§. 2. Des Droits de Fiefs.

SOMMAIRE.

1. *En quoy consiste la science des Fiefs.*
2. *Toutes Terres sont libres, & ne relevent point les unes des autres par le droit naturel.*
3. *Fiefs, ce que c'est dans leur origine.*
4. *Comment les Coûtumes des Fiefs ont été établies.*
5. *Quels droits & devoirs les Seigneurs peuvent demander.*
6. *Devoirs & droits du vassal selon nôtre Droit coûtumier.*
7. *Effet de la foy & hommage.*
8. *Possesseurs de Fiefs obligez au ban & à l'arriere-ban.*
9. *Articles où il est parlé de la foy & hommage.*
10. *De l'aveu & dénombrement.*
11. *Des droits utiles dûs aux Seigneurs en certains cas, & pourquoy il n'en est point fait mention* in libro feudorum.
12. *Les Seigneurs peuvent stipuler d'autres droits que ceux qui sont portez par la Coûtume.*
13. *Droits que le Seigneur peut exercer sur les Fiefs qui sont dans sa mouvance.*
14. *Droits que les gens de main-morte payent pour leurs acquisitions.*

1. LA science des Fiefs consiste principalement à sçavoir les droits du Seigneur du Fief dominant, & les devoirs & les droits ausquels le Seigneur du Fief servant ou vassal est obligé.

2. Pour connoître quels sont les droits du Seigneur dominant sur le Fief mouvant de luy, & les devoirs ausquels le vassal est obligé envers son Seigneur, il faut établir pour principe, que selon le droit naturel & le droit des gens les terres ne relevent point les unes des autres, elles sont toutes libres & exemtes de tous droits & servitudes. *l. altius.* 8. *C. de servit. & aqua*, de sorte qu'autrefois tous les heritages étoient allodiaux; d'où il s'ensuit que les Fiefs
3. sont dans leur origine des Contrats faits par des Seigneurs puissans, qui ont abandonné une partie de leurs domaines & possessions en faveur de ceux qu'ils en ont voulu gratifier sous certaines conditions; & ces conditions ont été telles qu'ils en ont voulu convenir, & telles qui se peuvent justifier par les foys & hommages, les aveus & dénombremens qui en ont été faits ou rendus, & par les titres primordiaux, lorsqu'ils se trouvent, & n'ont point été perdus par la longueur du temps.

4. Quoique dans les commencemens ces conditions ayent été differentes, comme étant dépendantes de la volonté de ceux qui ont fait ces démembremens; néanmoins celles qui se sont trouvées les plus commodes, tant pour les Seigneurs que pour les acquereurs, ont été confirmées par l'usage, & ont servi de Loy dans certains lieux & certaines Provinces, pour établir les mêmes droits & les mêmes devoirs dans les démembremens qui se sont faits dans la suite.

5. C'est cet usage commun qui a fait rediger les articles de chaque Coûtume, pour faire un droit commun de ce qui s'y pratiquoit le plus ordinairement; de sorte que quand il n'y a point de titre au contraire le Seigneur du Fief dominant ne peut demander que les droits & les devoirs établis par la Coûtume, & le vassal n'est obligé d'en faire ou payer d'autres, étant l'un & l'autre obligez de suivre la disposition de la Coûtume qui sert de titre. Voyez cy-aprés ce que Monsieur *** a remarqué sur le titre des Fiefs.

Les devoirs & les droits ausquels un vassal est obligé envers son Seigneur, selon nôtre Droit coûtumier, sont la foy & hommage, l'aveu & le dénombrement, le quint & le rachat ou relief. 6.

La foy & hommage rend celuy qui la fait l'homme & le vassal de son Seigneur, & l'engage à luy rendre le service qu'il luy doit en toute occasion, & prendre les armes pour sa défense; au moins tel étoit autrefois l'effet de cet hommage; mais à present les Fiefs n'ont qu'une ombre d'honneur, de respect & de soûmission, sans aucuns services, à la charge de quelques droits utiles à certaines mutations; par la raison qu'il n'y a que le Roy en France qui puisse faire la guerre, & mettre des hommes sous les armes. 7.

Mais d'autant que tous les Fiefs du Royaume relevent du Roy immediatement, comme les Fiefs de dignité, ou mediatement relevant des autres Fiefs, *Omnia Feuda à Rege procedunt, & ad Regem redeunt*; tous ceux qui en sont propriétaires ou possesseurs sont sujets au ban & arriere-ban. 8.

Il est parlé de la foy & hommage dans les articles 7. 12. 32. 34. 35. 36. 39. 40. 41. 42. 60. 63. 64. & 69. 9.

L'aveu & dénombrement est la description de toutes les terres & droits que le vassal tient en Fief, & qu'il est obligé de bailler à son Seigneur duquel il releve, dans quarante jours, de la foy & hommage dûment faite, art. 8. 9. 10. 11. & 44. 10.

Les droits & profits pecuniaires que le vassal est obligé de payer au Seigneur dans certains cas, sont le quint & le rachat ou relief. 11.

Il n'en est point fait mention dans le Livre des Fiefs des Lombards; parce que, comme remarque *Joan. Andr. in additio. ad speculat. tit. de prescript. nec ea debentur ex natura Feudorum, nisi speciali aut consuetudine locorum aut partium conventione.* L'investiture se donnoit autrefois *gratis*, mais le Fief retournoit au Seigneur par la mort du vassal, & l'usage contraire s'est introduit dans la France.

Le quint est la cinquiéme partie du prix de la vente d'un Fief, voyez les articles 22. 23. 33. 51. 52. & 84.

Le rachat ou le relief est le revenu du Fief d'un an, touchant lequel, voyez les articles 3. 4. 5. 6. 26. 33. 37. 38. 46. 47. 48. 49. 50. 56. 58. 66. l'article 47. nous marque ce que c'est que le relief.

32. Outre ces droits ordinaires qui sont dûs par la seule disposition de la Coûtume, les Seigneurs s'en peuvent reserver d'autres dans le démembrement de leurs Fiefs, comme nous avons observé ailleurs.

33. Les droits que le Seigneur peut exercer en certains cas sur les Fiefs qui sont dans sa mouvance, sont la saisie feodale, le retrait feodal, & la commise.

Touchant la saisie feodale & ses effets, voyez les articles 1. 2. 7. 9. 24. 28. 29. 30. 71. 45. 52. 54. 55. 59. 61. 62. & 65.

Il est traité du retrait feodal dans les articles 20. 21. 22. & 159.

La succession des Fiefs se regle autrement que les autres biens, voyez les articles 13. 14. 15. 16. 17. 18. 19. 25. 27. 53. 68. 310. 312. 314. 317. & 331.

Il est traité dans l'article 51. du démembrement des Fiefs.

L'article 68. parle du franc-aleu.

Quand les gens de main-morte acquierent des Fiefs & d'autres heritages, ils sont obligez de prendre du Roy des Lettres d'amortissement, & payer aux Seigneurs le droit d'indemnité, & tous possesseurs de Fiefs sont obligez de se trouver au ban & arriere-ban, dont il sera traité dans les paragraphes suivans 34.

§. 3. Du Ban & arriere-Ban.

SOMMAIRE.

1. Ban, *ce que c'est.*
2. *Fiefs obligent au Ban & à l'arriere-Ban.*
3. *D'où vient ce mot.*
4. *De ceux qui en sont exempts.*
5. *Ordonnance touchant le Ban & l'arriere-Ban.*
6. *Si la doüairiere est tenuë au Ban.*
7. Quid, *du Prevôt de Bar-sur-Seine.*

BAN est la publication qui se fait pour convoquer à prendre les armes pour le Roy, ceux qui tiennent des Fiefs immediatement de luy. C'est pourquoy l'ancienne chronique de Flandres, chap. 11. nomb. 42. *Est quasi armatum Concilium indicere, quod more Gallorum fuit initium belli, quo lege communi omnes puberes armati convenire cogebantur; Cesar. lib. 5. belli Gallici.*

Le ban est la convocation des vassaux qui tiennent des Fiefs relevans immediatement du Roy, & l'arriere-ban est la convocation des vassaux qui ne relevent que mediatement du Roy.

On confond aujourd'huy ces deux mots, de sorte que ban & arriere-ban est un mandement à tous Gentilshommes & autres tenans Fiefs, de venir à la guerre pour le service du Prince.

2. Tous proprietaires ou possesseurs de Fiefs sont sujets au ban & arriere-ban, quand la necessité des affaires de l'Etat obligent d'en faire la convocation; de sorte que les Nobles sont contraints d'aller servir le Roy en personne, ainsi que leur qualité & la charge de leurs biens le demandent; & les roturiers qui ne sont pas dignes de porter les armes avec les Nobles, sont tenus de contribuer à la taxe du ban & arriere-ban, selon la valeur & le revenu de leurs Fiefs.

L'Ordonnance de Blois article 277. porte, que *avenant necessité de guerre, tous Gentils-hommes faisans profession des armes; seront tenus de les prendre; & de se rendre là où il sera mandé par le Roy, pour servir suivant l'obligation de leurs Fiefs, ainsi qu'il est porté par les Ordonnances, à peine de privation du titre de Noblesse; & de leurs Fiefs.*

DU MOULIN. Du Moulin sur l'article 43. de la Coûtume de Paris, *glos.* 1. *num.* 38. *in fine*, dit, que les Fiefs de ceux qui ne veulent pas assister à l'arriere-ban, ou y contribuer, peuvent être saisis & mis sous la main du Roy avec établissement de Commissaires. Et les francs-aleus nobles y sont aussi sujets relevans du Roy comme les Fiefs, quoi qu'ils ne soient pas assujettis aux devoirs & aux droits des Fiefs.

3. BRODEAU. Brodeau sur l'article 40. de la Coûtume de Paris, nombre 8. dit, que ce mot *arrie-ban* vient de *here* ou *hare*, qui signifie *armée* en langue Allemande, & de *bannum* qui est un vieux mot François, qui signifie *publication*, Edit & amende, ou peine pecuniaire.

CHOPIN. Chopin sur ce titre, nombre 33. dit, que la convocation du ban & arriere-ban est tres-ancienne en France, que dés la premiere memoire du nom Gaulois, les soldats étoient enrôlez en Gaule aux assemblées militaires.

Hoc more Gallorum, fuit initium belli, quo lege puberes omnes convenire armati consueverant: Et qui ex his novissimus veniret, in conspectu multitudinis omnibus cruciatibus affectus necabatur; dit Cesar dans ses Commentaires livre 5.

Vercingentorix, Chef des Gaulois, étant assiegé dans Alexie, fut d'avis de licentier toute la cavalerie, & commanda à ceux qui s'en alloient, de se retirer chacun dans sa ville; & que tous ceux qui étoient en âge de porter les armes, fussent contraints de venir à la guerre. Mais les Gaulois par un sentiment contraire ordonnerent, que chaque ville fourniroit certain nombre de gens d'armes seulement; sans avoir égard à l'ordonnance de Vercingentorix, que tous ceux qui pouvoient porter les armes, les prissent.

Les Bourgeois de Paris sont exempts du ban & arriere-ban, par Lettres Patentes du Roy Louis XI. du 9. Novembre 1465. confirmées par le Roy Henry II. en Decembre 1547. comme rapporte Chopin, livre 1. du Domaine, titre 13. nombre 17. & Bacquet, au Traité du droit des Francs Fiefs, chapitre 10. nombre 3.

Le Roy Louis XII. par ses Lettres Patentes du mois de Juin 1512. a confirmé ce privilege. 4.

Le Roy Louis XIII. ayant convoqué le ban & arriere-ban dans une partie des Provinces de son Royaume, qui sont marquées ci-aprés; sa Majesté par ses Lettres Patentes remarquées ci-dessus, a confirmé tous les privileges accordez par les Rois de France ses prédecesseurs, aux Bourgeois & habitans de la ville de Paris, entre lesquels est celuy d'être exempts de la convocation du ban & arriere-ban; pour les Fiefs qu'ils possedent.

Les Officiers du Parlement de Paris ont pareillement obtenu cette exemption par Lettres Patentes du Roy Charles VIII. du mois de Février 1484. verifiées en la Cour le 1. Mars ensuivant.

La même exemption a été accordée par le Roy Charles VII. aux Officiers du Parlement de Toulouse, & depuis à tous les habitans de la ville; & le Roy Louis XI. confirma ce privilege par ses Lettres Patentes de l'an 1471. comme remarque Brodeau, *loco citato*. BRODEAU.

Comme en 1689. sous pretexte de la qualité de Bourgeois de Paris, plusieurs personnes tâchoient de s'excmpter du ban, Monsieur le Lieutenant Civil rendit une Ordonnance le 29. Mars 1689. par laquelle il ordonna à tous Nobles & non-Nobles possedant Fiefs ou n'en possedant point, faisant profession des armes, demeurant dans la Ville, Prevôté & Vicomté de Paris, & qui ne rendent pas le service personnel dans les autres Bailliages, Sénéchaussées & Prevôtez, de comparoître au Parc Civil du Châtelet, le 4. Avril de la même année 1689.

Cette Ordonnance étoit conçûë en la maniere qui suit :

DE PAR LE ROY,

Monsieur le Prevôt de Paris, ou Monsieur son Lieutenant Civil.

Sur ce qui Nous a été remontré par le Procureur du Roy, qu'il y a plusieurs personnes Nobles & non Nobles possedant des Fiefs, & Nobles qui n'en possedent pas, mais qui font la profession des armes, & leur séjour plus ordinaire en la ville de Paris, qui voudroient peut-être se servir de la qualité de Bourgeois de Paris, & s'exempter par ce moyen du service & de la contribution au ban & arriere-ban; & comme par la disposition des Ordonnances, ceux qui sont Nobles, & font profession des armes, sont obligez au service ou à la contribution, & que le séjour qu'ils font à Paris, ne peut être un titre suffisant pour les en exempter, Requeroit sur ce luy être pourvû. Nous ayant égard audit Requisitoire, Ordonnons que tous les Nobles & non Nobles demeurans dans la Ville, Prevôté & Vicomté de Paris, possedans Fiefs, qui font profession des armes, & qui ne rendent pas le service personnel dans les autres Bailliages, Sénéchaussées & Prevôtez, & les Nobles qui suivent la profession des armes, quoy qu'ils ne possedent aucuns Fiefs, seront tenus de faire leurs comparutions au Parc Civil du Châtelet, au Lundy quatriéme du mois prochain, pour être mis dans les Rôles de ceux qui doivent servir, ou de ceux qui doivent contribuer, ou dans le Rôle des exempts; & afin d'en avoir connoissance certaine, Ordonnons que par l'ancien Commissaire de chaque quartier, il sera dressé des Memoires de tous les Nobles qui y demeurent, qui font profession des armes, soit qu'ils ayent des Fiefs ou qu'ils n'en possedent pas, lesquels seront assignez à la requête du Procureur du Roy, pour comparoir pardevant Nous, & faire en sa presence telle declaration qu'ils aviseront, pour sur icelle être pourvû ainsi qu'il appartiendra, ce qui sera executé nonobstant oppositions ou appellations quelconques, & sans préjudice d'icelles. Ce fut fait & ordonné par Messire Jean le Camus, Chevalier, Conseiller du Roy, en tous ses Conseils, Maître des Requêtes ordinaire de son Hôtel, Lieutenant Civil, de la Ville, Prevôté & Vicomté de Paris, le 29. jour de Mars 1689.

Signé, LE CAMUS.

ROBERT.

GAUDION, Greffier.

Le même privilege ou la même exemption de ban & arriere-ban a été accordée aux habitans de plusieurs autres villes, comme de Sens, suivant le Procés Verbal de la Coûtume de Sens, & autres.

Il y a eu plusieurs Ordonnances faites touchant le ban & arriere-ban, qui se trouvent dans la Conférence des Ordonnances.

4. Le Roy Louis XIII. fit un Reglement sur la convocation du ban & arrier-ban, le 30. Juillet 1635. contenant vingt articles, pour prévenir les difficultez qui pourroient y arriver.

Nous observerons en ce lieu ceux qui sont les plus remarquables.

Par l'article premier il est porté, que les Lettres pour la convocation du ban & arriere-ban seront adressées aux Siéges principaux des Bailliages & Sénéchaussées, avec défenses aux inferieurs de faire aucune convocation, s'il ne leur est mandé, &c.

Par l'article 2. les Baillifs & Sénéchaux, aprés les Lettres reçûës pour la convocation du ban & arriereban, en feront la publication en toute l'étenduë de leur ressort; avec commandement aux Nobles, & aux autres tenant Fiefs, de se trouver au jour qui leur sera ordonné, & au lieu principal de chacun Bailliage & Sénéchaussée de leur ressort; auquel jour & lieu lesdits Nobles & autres tenant Fiefs, comparoîtront en équipage requis, sur peine de confiscation de leurs Fiefs, & d'être privez à jamais de porter armes, sinon qu'ils eussent excuses legitimes; auquel cas ils seront tenus d'envoyer homme pour les représenter, qui leur fera entendre à son retour ce qui aura été ordonné en la premiere convocation, afin qu'il y soit par eux pourvû. Et attendant que la Déclaration judiciaire de la confiscation des Fiefs soit faite; veut Sadite Majesté être procedé à la saisie d'iceux, & ses Receveurs plus proches des lieux, être établis Commissaires; défendant à tous Juges, à peine de privation de leurs Charges, d'en faire aucune main-levée, qu'en vertu de ses Lettres Patentes commandées par Sa Majesté.

Par l'article 3. les Gentilshommes & autres tenans Fiefs qui ne seront pas en état de porter armes, & de faire le service en personne, envoyront en leurs lieux & places gens experimentez, & en l'équipage qu'eux-mêmes sont tenus de fournir, lesquels ils seront tenus de soldoyer durant le service dudit ban & arriere-ban, & de leur allée & retour, à raison du service qu'ils doivent, eu égard à la valeur de leurs Fiefs: Et où ceux qui seront présentez ne seront capables & en équipage requis; défend Sa Majesté à ses Commissaires & Contrôleurs qui en feront les montres, de les recevoir & passer; & en seront mis d'autres en leurs places par les Baillifs & Sénéchaux qui les prendront dans l'étenduë de leur ressort.

Par l'article 6. les Gentilshommes qui auront Fiefs en divers Bailliages, serviront en celuy de leur principale demeure, en tel & si bon équipage qu'ils sont tenus, eu égard à la valeur de tous leursdits Fiefs; & où ils ne feront personnellement le service, contribueront en tous les Bailliages où tous leursdits Fiefs seront assis; & quant aux roturiers, encore qu'ils servent en personne, ils ne joüiront point de la même grace; mais contribueront en tous les Bailliages où ils auront Fiefs.

Par l'article 8. le service du ban & arriere-ban se fera en une seule forme, qui est de Cheval-Leger; & ceux qui auront en Fief neuf cens ou mille livres de revenu annuel, feront un Cheval-Leger en l'équipage requis, & de plus, plus, & de moins, moins, en assemblant les Fiefs desdits Bailliages, tant qu'ils soient suffisans pour l'équipage & solde d'un Cheval-Leger.

Par l'article 10. l'estimation du revenu des Fiefs se fera suivant les declarations baillées par les gens tenant lesdits Fiefs: Et quant à ceux qui n'auront fourni leurs declarations, ils y seront contraints par saisie de leurs Fiefs; & cependant par forme de provision, seront taxez par les Baillifs & Sénéchaux, & leurs Fiefs estimez, suivant la connoissance qu'ils en pourront avoir; & ce nonobstant oppositions ou appellations quelconques: & au cas que lesdites declarations, qui auront été ou seront présentées, soient défectueuses; veut Sadite Majesté qu'il soit procedé contre ceux qui les auront données, par confiscation de leurs Fiefs.

Par l'article 13. ceux qui auront rentes infeodées sur les Fiefs, contribueront à proportion du quart du revenu desdites rentes, au service du ban & arriere-ban, avec les proprietaires & Seigneurs desdits Fiefs.

Par l'article 15. Sa Majesté veut & entend, que les Officiers domestiques & Commensaux de sa Maison, soient exempts du ban & arriere-ban; ceux de la Maison de la Reine, de celle de Monsieur le Duc d'Orleans son frere, de celle de Monsieur le Prince de Condé. Comme aussi seront exemps les Capitaines & Hommes-d'armes des Compagnies de ses Ordonnances & Chevaux-Legers; & autres Officiers qui auront charge, tant de gens de cheval que de pied, servant actuellement; tous lesquels seront exempts du service & contribution audit ban & arriere-ban, en faisant apparoir à ceux qui en feront les montres & revûës, à sçavoir pour les Officiers & Commensaux des Maisons susdites, la certification des Trésoriers d'icelles, comme ils y sont couchez & employez, & servent actuellement, & payez de leurs gages. Et quant ausdits Capitaines, &c.

Par l'article 16. que Sa Majesté a eu avis qu'il y a dans son Royaume bon nombre de personnes faisant profession des armes, & vivant noblement, qui ne possedent aucuns Fiefs, mais ont d'autres biens, soit en rotures ou rentes constituées; veut & entend qu'ils soient obligez & contraints par les peines portées cy-dessus, de rendre le service du ban & arriere-ban en personne, & en équipage requis, s'ils en sont capables, sinon de présenter pour eux un homme qu'ils seront obligez d'entretenir durant le temps du ban & arriere-ban, au même équipage qu'ils seront obligez de servir.

Par l'article 18. les Juges Présidiaux & non autres, connoîtront des procez & differends, qui interviendront pour raison du ban & arriere-ban, &c.

Il y a eu depuis un autre Reglement sur la convocation du ban & arriere-ban, qui se fit en l'année 1639. duquel nous observerons l'article 3. par lequel il est porté, que les peres dont les enfans non mariez serviront dans les troupes, seront exempts du ban & arriere-ban, à la charge toutefois qu'ils seront obligez de servir en icelles, tant qu'elles seront sur pied, à faute dequoy lesdits peres demeureront sujets aux peines ordonnées contre les défaillans à l'arriere-ban.

Le Roy Louis XIV. donna des Lettres Patentes le 11. Août 1674. pour la convocation du ban & arriere-ban dans les Provinces de l'Isle de France, de Normandie, d'Anjou, Touraine, Berry, Orleanois, Blaisois, pays Chartrain, Bourbonnois, Nivernois, Maine, Limousin, haute & basse Marche, Auvergne, Lyonnois, Forest, Beaujolois, Bourgogne, Bresse, Champagne, & Brie.

Par ces Lettres, Sa Majesté ordonne à tous Nobles, Barons, Chevaliers, Ecuyers, Vassaux, & autres tenant de Nous des Fiefs & arriere-Fiefs, sujets à nôtre ban & arriere-ban, qu'ils ayent, toutes excuses cessantes, sur peine de saisie & de confiscation de leursdits Fiefs, à se mettre en armes, monter & équiper selon qu'ils seront tenus, & obligez de faire pour nôtre service, & se trouver prêts aux jours & au lieu qui sera choisi, &c. le tout à peine aux défaillans d'y être contraints par la saisie & confiscation de leurs Fiefs.

La doüairiere est tenuë au ban & arriere-ban, comme nous dirons sur l'article 262.

Le Prevôt de Bar-sur-Seine, & Conseiller d'honneur au Bailliage du même lieu, a été déclaré exempt en cette qualité de la taxe du ban & arriere-ban imposée sur les Fiefs faisant partie du bien de sa femme, par Arrest du 3. Août 1691. rapporté au Journal des Audiences, tome 5. livre 7. chapitre 38.

§. 4. Du Droit d'Amortissement.

SOMMAIRE.

1. *Ce que c'est qu'amortissement.*
2. *Gens de main-morte ne peuvent posseder heritages sans la permission du Roy.*
3. *Ce que c'est que gens de main-morte.*
4. *Comment ils ont commencé d'en posseder.*
5. *Le Roy seul peut amortir les heritages.*
6. *Trois sortes d'amortissemens.*
7. *Gens de main-morte ne peuvent obliger le Roy d'amortir les heritages.*
8. *Le Roy donnant à gens de main-morte est présumé avoir amorti.*
9. *Heritages non amortis, sujets au droit des nouveaux acquests.*
10. *Si ce droit se peut prescrire.*
11. *Finance qui se paye pour l'amortissement.*
12. *Edits & Declarations sur ce sujet.*
13. *Le Roy est preferé à tous autres créanciers pour le droit d'amortissement & autres semblables.*
14. *Si les gens de main-morte, aprés avoir payé le droit d'amortissement pour un heritage, l'aliénent, & par aprés l'acquiérent de nouveau, seroient-ils tenus d'en payer encore l'amortissement.*

1. AMORTISSEMENT est une faculté accordée par le Roy aux gens de main-morte, moyennant certaine somme, d'acquerir & posseder à perpetuité des terres, heritages, & biens immeubles.

Au moyen des Lettres d'amortissement, & de la finance payée, les gens de main-morte peuvent posseder des immeubles, comme affranchis & amortis.

2. Les Eglises, Corps & Communautez, regulieres, seculieres ou laïques, appellées *gens de main-morte*, ne peuvent tenir ni posseder aucuns heritages, soit Fiefs, rotures ou franc-aleus, sans la permission du Roy, qui leur est accordée par Lettres d'amortissement, pour l'impetration desquelles ils sont obligez de payer une certaine finance, à laquelle ils sont taxez par Messieurs les Commissaires députez par le Roy, pour le recouvrement des deniers provenans du droit des francs-Fiefs & nouveaux acquêts.

Maître Charles du Moulin sur l'art. 51. *glos.* 1. *num.* 54. nous enseigne qui sont les gens de main-morte : 3.
Manum mortuam vocare solent Ecclesiam, sive Civitatem, aut Collegium, vel aliud quodcumque corpus, sive sæculare, sive Ecclesiasticum, bonorum capax; quod ideò manus mortua vulgò nuncupatur, quòd sicut semel mortuus ampliùs non moritur, ita hujusmodi corpus non moritur nec mutatur; & licet omnes personæ ex quibus consistit, moriantur & mutentur, idem semper permanet. l. proponebatur. ff. de judic. cap. quoniam extra. de offic. & potest. judic. deleg.

Monsieur le Maître en son Traité des Amortissemens, chapitre 1. dit, gens de main-morte, comme sont Eglises, Colleges & Communautez, sont dits & appellez *gens de main-morte*, parce que jamais ne meurent; & partant les heritages étant une fois à eux, ne changent jamais de main, *quòd semper sit idem Capitulum, eadem Ecclesia, idem Collegium, eadem Civitas per subrogationem, argum. leg. proponebatur. ff. de judic.* par subrogation ceux qui naissent, viennent au lieu de ceux qui meurent.

4. Par les anciennes Loix & Constitutions du Royaume, les Eglises & Communautez Ecclesiastiques ne pouvoient acquerir ni posseder aucuns heritages: mais peu-à-peu elles trouverent moyen d'avoir part aux biens temporels. On voulut les obliger d'en vuider leurs mains, ou de payer la taille à raison de leurs possessions, ils eurent recours au Pape Alexandre IV. qui défendit d'imposer aucune taille sur les Ecclesiastiques & sur les Eglises, pour raison de leurs biens temporels, ni de les contraindre d'en quitter la possession, *cap. 5. de immun. Eccles. in 6.*

Saint Louis ayant eu connoissance de cette Constitution, voulant signaler sa pieté, & faire connoître la consideration qu'il avoit pour l'Eglise, permit aux Eglises, aux Convens, & aux personnes Ecclesiastiques, de faire des acquisitions: mais comme il vid que les gens de main-morte ne pouvoient acquerir des biens sans causer un préjudice notable au Domaine Royal, & même aux Seigneurs & aux particuliers; il leur accorda cette grace, à la charge de luy payer une certaine finance pour le droit d'amortissement, & de payer l'indemnité aux Seigneurs; croyant que ces droits étant extrémement forts, ils n'acquereroient pas si facilement des heritages; cependant ils ont fait depuis des acquisitions si considérables par le moyen des legs & des donations qui leur ont été faites, qu'ils possedent dans le Royaume le tiers de tous les biens en fonds de terres; voyez Bacquet en son Traité du droit d'amortissement, chap. 40. où il rapporte les raisons pour lesquelles les gens de main-morte ne peuvent acquerir toutes sortes de biens.

Voyez aussi le Traité de l'origine du droit d'amortissement, composé par Maître Lauriere, où il refute les raisons que l'on prétend communément avoir donné lieu à l'origine de ce droit.

5. Il n'y a que le Roy seul, comme Seigneur Souverain, qui puisse accorder amortissement; il est vray qu'autrefois les Seigneurs hauts-Justiciers prétendoient ce droit, & principalement les Pairs, Ducs, Comtes & autres Seigneurs, comme nous apprend Monsieur le Maistre au Traité des amortissemens, chapitre 11. Mais les Commissaires députez pour le recouvrement du droit des nouveaux acquêts, sans avoir égard à ces Lettres accordées par des Seigneurs particuliers, ne laissoient pas de condamner les gens de main-morte à payer au Roy la finance, à laquelle ils étoient taxez pour leurs acquisitions; voyez Bacquet au lieu cité, chap. 41.

Les Pairs de France prétendent avoir droit d'amortir les arriere-Fiefs, qui relevent de leurs Pairies.

Monsieur le Maistre au chapitre 2. rapporte un ancien Arrest du Parlement de l'an 1277. qui l'a jugé en leur faveur: & un autre Arrest de la Chambre des Comptes, du mois d'Août 1372. & ils sont en possession de ce droit.

Charles V. par son Ordonnance de l'année 1372. declara qu'au Roy seul appartient le droit d'amortir; mais avant cette Ordonnance on ne laissoit pas de le juger ainsi au Parlement de Paris, *voyez Papon. liv. 1. tit. 14. n. 1.*

La Coûtume de Bretagne, art. 368. dit en termes exprès, que le Prince, & non autre, peut amortir; voyez Ragueau & Loüet, *verbo. amortissement*; voyez aussi Salvaing, de l'usage des Fiefs, chap. 59.

La raison pour laquelle il n'appartient qu'au Roy d'amortir les heritages, est que si l'amortissement étoit accordé par les autres Seigneurs, Sa Majesté pourroit être privée des droits qu'elle pourroit avoir sur les heritages situez dans son Royaume sans son consentement: comme sont les droits de confiscation pour crime de leze-Majesté, & autres, pour lesquels la confiscation des biens des criminels est adjugée au Roy, à l'exclusion des Seigneurs hauts-Justiciers, les droits de deshérence & de bâtardise, à l'égard des biens situez dans les terres du Domaine: car les biens acquis & possedez par gens de main-morte ne sont plus sujets à ces droits.

De ce qui a été dit ci-dessus il s'ensuit, qu'amortissement est l'extinction des droits & devoirs féodaux & censiers, en indemnisant les Seigneurs de la perte d'iceux; mais non pas de la qualité des heritages qu'ils conservent toûjours aprés l'amortissement obtenu & l'indemnité payée.

Il y a trois sortes d'amortissement en France: la premiere espece est des amortissemens généraux, qui sont accordez par le Roy à tout un pays, ou à toute une Province, ou à un Diocése; par lequel sont amortis tous les biens & les heritages possedez par tous les gens de main-morte de la Province, sans les specifier ni declarer par le menu & en détail. 6.

La deuxiéme est des amortissemens particuliers; par lesquels sont déclarez par le menu & en détail, par tenans & aboutissans les heritages féodaux, roturiers ou franc-aleus, qui sont amortis, appartenans à quelque Communauté.

La troisiéme concerne géneralement toutes les Terres, Seigneuries, cens, rentes & droits immobiliaires appartenans à une Abbaye, à un Prieuré, à un Chapitre, ou à une Communauté, à quelque titre que ce soit, sans les déclarer ni specifier; voyez Bacquet, chap. 43. & Monsieur le Maistre, chap. 9.

Les gens de main-morte ne peuvent obliger le Roy de leur amortir les heritages; il n'en est pas de même des hauts-Justiciers, lesquels aprés l'amortissement du Roy, peuvent être contraints de recevoir ou indemnité ou bien homme vivant & mourant. 7.

Si le Roy donne à la main-morte, il est présumé avoir amorti la chose donnée. Mornac *ad l. 2. ff. de jurisdictione, & l. penult. C. de sacrosanct. Eccles.* Chopin *Par. lib. 1. tit. 3. num. 10.* 8.

Que si les gens de main-morte ont fait des acquisitions, sans les avoir fait amortir, ils sont sujets au droit des nouveaux acquêts. 9.

On appelle *nouveaux acquêts*, tous heritages féodaux, roturiers & alodiaux, & tous droits immobiliaires, appartenans à gens de main-morte, non amortis; & parce qu'ils ont acquis & qu'ils possedent des heritages sans la permission du Roy contre la disposition des anciennes Ordonnances, ils sont contraints de payer au Roy une certaine Finance, appellée *Droit de nouveaux acquêts.* Et quoique ce terme semble ne marquer que les acquêts nouvellement faits, néanmoins il comprend toutes les acquisitions faites par les gens de main-morte, pour lesquelles ils n'ont point obtenu Lettres d'amortissement, bien qu'il y ait plusieurs années qu'ils les possedent.

Ce droit de nouveaux acquêts est imprescriptible, ensorte que si le Roy n'avoit point amorti des heritages possedez par gens de main-morte, depuis plus de cent ans, néanmoins ils y seroient sujets. 10.

La raison est, qu'ils ne peuvent posseder aucuns heritages dans le Royaume sans la permission du Roi, sans laquelle ils demeurent toûjours dans cette incapacité.

La finance pour les amortissemens & le droit des nouveaux acquêts, a été diversement taxée. 11.

Il y a sur ce sujet un grand nombre d'Edits, de Déclarations, & Arrêts du Conseil; voyez Bacquet qui 12.

qui en a traité, la Déclaration du 9. Mars 1700. & une autre du 9. Mars 1706.

13. Le Roy peut faire saisir les biens non amortis, & en prendre les fruits à compte, jusqu'à ce que les gens de main-morte ayent payé la finance dûë à Sa Majesté, ou qu'ils ayent mis les biens immeubles hors de leurs mains.

Il y a un Arrest du Conseil d'Etat du Roy du 9. Decembre 1692. qui ordonne que les fruits & revenus des heritages sujets aux droits d'amortissemens & de nouveaux acquêts qui se trouveront avoir été saisis pour lesdits droits par les Traitans, leur seront baillez & délivrez jusques à la concurrence desdits droits, nonobstant toutes autres saisies faites sur les biens sujets ausdits droits.

Par autre Arrest du Conseil d'Etat du Roy du 17. Février 1693. la même chose est ordonnée pour le recouvrement des droits de francs-Fiefs ou franc-aleu.

14. On a demandé, si les gens de main-morte, aprés avoir payé au Roy le droit d'amortissement pour un heritage, l'aliénent, & par aprés l'acquierent de nouveau, étoient tenus d'en payer encore l'amortissement.

Cette question a été décidée par Arrest du Conseil d'Etat du 9. Octobre 1708. dont voicy la teneur.

Extrait des Registres du Conseil d'Etat, du 9. Octobre 1708.

SUR la Requête présentée au Roy en son Conseil par les Abbé & Religieux de l'Abbaye de saint Achoeül prés Amiens; contenant qu'ils ont été taxez par un Rôle arrêté au Conseil le 21. Avril 1705. à une somme de mille vingt-cinq livres dix sols, & les deux sols pour livre, pour les droits d'amortissement & de nouvel acquêt d'une maison & jardin nommez la Grapin, qui leur ont été donnez en 1154. sous prétexte que les ayant aliénez en 1623. moyennant trente-six livres de Bail d'heritage, ils y sont rentrez en 1703. moyennant six mille liv. Et dautant que ces heritages étoient amortis à leur profit, qu'ils n'y sont rentrez qu'en vertu de la faculté qui leur en a été accordée par Sa Majesté, à laquelle ils ont, à cet effet, payé le huitiéme denier; qu'ainsi, si on les obligeoit de nouveau à en payer l'amortissement, leur condition seroit plus fâcheuse que s'ils avoient fait une nouvelle acquisition, puisqu'ils en auroient été quittes pour le payement de ces droits, sans être assujettis au huitiéme denier. A ces causes, ils auroient requis qu'il plût à Sa Majesté sur ce leur pourvoir. Veu ladite Requête & les pieces jointes à icelle; Ensemble la Réponse de Maître Martin Aubet, chargé du recouvrement desdits droits d'amortissement & de nouvel acquêt: Oüy le rapport du sieur Desmarerz, Conseiller ordinaire au Conseil Royal, Contrôleur Général des Finances. LE ROY EN SON CONSEIL, sans s'arrêter à ladite Requête, a ordonné & ordonne, que le Rôle du 21. Avril 1705. sera exécuté selon sa forme & teneur; & qu'au payement de ladite somme de mille vingt-cinq livres dix sols, & les deux sols pour livre, les Suplians seront contraints par les voyes portées par la Déclaration de Sa Majesté du 4. Octobre 1704. Fait au Conseil d'Etat du Roy, tenu à Marly, le neuviéme jour d'Octobre 1708. Collationné. Signé, DE LAISTRE.

§. 5. Du Droit d'Indemnité, & de la prestation d'homme vivant & mourant.

SOMMAIRE.

1. *Qu'est-ce que le droit d'indemnité dû par les gens de main-morte au Seigneur, & pourquoy il leur est dû.*
2. *S'ils peuvent estre contraints par le Seigneur de vuider leurs mains des heritages par eux acquis.*
3. *Diversité des Coûtumes touchant ce droit.*
4. *Quelle somme se paye dans les Coûtumes qui n'en parlent pas.*
5. *A qui se paye ce droit.*
6. *Si ce droit se doit partager entre le Seigneur feodal & le Seigneur haut-Justicier.*
7. *Arrest sur ce sujet.*
8. *Si les gens de main-morte payent l'indemnité pour les Fiefs qui relevent d'eux.*
9. *S'ils doivent donner homme vivant & mourant pour les Fiefs qu'ils acquierent.*
10. *Disposition de quelques Coûtumes.*
11. *Si l'homme qu'ils donnent est confisquant.*
12. *S'ils donnent l'homme vivant outre l'indemnité.*
13. *Pourquoy l'homme vivant & mourant est donné.*
14. *Arrest contre les gens de main-morte.*
15. *Coûtumes qui donnent l'un & l'autre.*
16. *Si le Beneficier est tenu bailler homme vivant & mourant.*
17. *Si les Hôpitaux y sont obligez.*
18. *Si outre l'indemnité il faut payer les droits ordinaires.*
19. *Si par la mort de l'homme vivant & mourant il y a ouverture au Fief.*
20. *Si le droit d'indemnité se prescrit.*
21. Quid, *de la préparation d'homme vivant mourant.*
22. *Usage du Parlement de Toulouse.*
23. *Si le Seigneur recevant ses droits ordinaires préjudicie au droit d'indemnité.*
24. *Si une main-morte acquerant d'une autre main-morte doit l'indemnité.*
25. *Si l'amortissement a effet resolutif de la mouvance.*
26. *Si les droits seroient dûs pour heritage vendu par une main-morte à une autre main-morte.*
27. Quid, *si le Seigneur, en recevant l'indemnité, avoit cedé à la main-morte ses droits Seigneuriaux sur le Fief amorti.*

1. INDEMNITÉ' eſt un droit qu'on paye au Seigneur féodal, quand un Fief tombe en main-morte, c'eſt-à-dire, qu'il eſt acquis par l'Egliſe ou par des Communautez, pour le dédommager des pertes qu'il ſouffre, en ce qu'il n'y aura plus de changement de vaſſal qui puiſſe donner ouverture à des profits de Fiefs.

On paye auſſi indemnité au Seigneur, quand un homme main-mortable ou de condition ſerve, obtient du Roy des Lettres d'affranchiſſement, ou en cas de formariage qui ſe taxe au tiers des biens meubles & heritages de l'homme de main-morte.

On paye encore l'indemnité, lors qu'une terre qui relevoit d'un Seigneur particulier eſt érigée en Duché ou autre Dignité; ce qui la fait relever du Roy immédiatement. Le Parlement de Paris par un Arreſt du 26. Janvier 1685. a reglé au tiers du prix de la vente, l'indemnité de la Terre de la Milleraye, érigée en Duché.

Les gens de main-morte ſont tenus payer aux Seigneurs deſquels relevent les heritages qu'ils ont acquis, le droit d'indemnité, ou d'en vuider leurs mains; parce que par le moyen de leur acquiſition les Seigneurs féodaux ou cenſiers ſont privez des droits ordinaires de quints, reliefs, retrait féodal, ſaiſie féodale, commiſe, lots & ventes, ſaiſines, amendes, & autres, ſelon la diſpoſition des Coûtumes; & les Seigneurs haut-Juſticiers ſont privez des droits qui peuvent leur écheoir en vertu de leur Juſtice.

2. Aprés l'obtention des Lettres d'amortiſſement ils ne peuvent être contraints par les Seigneurs de vuider leurs mains des heritages qu'ils ont acquis, en leur payant l'indemnité.

La raiſon eſt, que la conceſſion du Prince les rend capables de poſſeder des Fiefs & autres heritages, de quelque nature qu'ils ſoient; de ſorte que les Seigneurs ſont obligez de recevoir leurs acquiſitions, de les inveſtir ou enſaiſiner, ne pouvant pas contrevenir à la volonté du Prince.

C'eſt le ſentiment d'Argentré ſur la Coûtume de Bretagne, art. 56. not. 1. nomb. 24. contre celuy de du Moulin, en ces termes.

Nec ſententiam Molinæi adhuc recipimus, qui putat cuivis in territorio ſuo jus eſſe prohibendi, ita ut manum mortuam cogere poſſit ad vacuandum manus ſuas de ſuo Feudo. Quod uſus non recipit, & nuper judicatum ex provocatione Curia irritavit anno 1567. & id tantùm poſſidenti in manu mortua indictum, ut hominem viventem & morientem, & confiſcantem daret, id eſt qui lege communi cæterorum & vivens obſequia præſtaret, & cujus morte ſolverentur debita, & qui per noxam Feudum committeret.

Du Moulin ſur l'art. 51. *gloſ.* 2. *num.* 97. tient l'opinion contraire, que l'amortiſſement accordé par le Roy n'empêche point que les Seigneurs ne puiſſent obliger les gens de main-morte qui l'ont obtenu, de vuider leurs mains des heritages amortis. Du Mo

Chaſſanée ſur la Coûtume de Bourgogne, tit. des Cenſes, §. 19. *gloſ.* 1. *num.* 54. a été de même ſentiment.

La Coûtume de Melun chap. 4. art. 29. dit, *n'eſt tenu le Seigneur feodal recevoir en foy les gens de main-morte, mais les peut contraindre d'en vuider leurs mains; & s'ils ne le font après an & jour, peut ſaiſir leurs Fiefs, & en faire les fruits ſiens, juſqu'à ce qu'ils en ayent vuidé leurs mains, ſinon que les gens de main-morte en ayent joüi plus de quarante ans; auquel cas ils ſeront tenus bailler au Seigneur feodal homme vivant & mourant, & luy payer indemnité.* Quelques autres Coûtumes en diſpoſent de même, comme Senlis titre 11. art. 220.

On n'a pas en cela ſuivi la diſpoſition de ces Coûtumes; & il y a long-temps qu'il eſt permis aux gens de main-morte d'acquerir toutes ſortes d'heritages, en payant au Roy les ſommes auſquelles ils ſont taxez de temps en temps, & le droit d'indemnité aux Seigneurs.

Ce droit eſt different ſelon la diverſité des Coûtumes: par la Coûtume d'Anjou, art. 37. *in fine*, & celle du Maine, art. 41. l'indemnité ſe monte au revenu de trois années du Fief. 3.

Par celle de Sens, art. 7. il eſt eſtimé au revenu de trois années de l'heritage acquis, ou au ſixiéme du prix de l'acquiſition, au choix des acquereurs. Mais de plus, les gens de main-morte ſont obligez de bailler homme vivant & mourant, par le trépas duquel le Seigneur prendra le revenu d'une année de l'heritage acquis, ſoit Fief ou roture.

La Coûtume d'Auxerre en l'article 8. & celle de Laon art. 209. & 250. en diſpoſent de même.

La Coûtume de Bar, art. 12. eſtime l'indemnité à la ſixiéme partie du prix du Fief, & oblige de plus les gens de main-morte à bailler homme vivant & mourant, à peine de privation de leurs acquiſitions.

Par la Coûtume de Tours, art. 105. les gens de main-morte ſont obligez de payer au Seigneur l'indemnité pour une fois, ou une rente par chacun an; & cette indemnité ſe monte à la cinquiéme partie du prix de l'acquiſition, ou à la cinquiéme partie de la valeur de la choſe, s'il n'y a eu deniers baillez; ou à payer la cinquiéme partie du revenu de l'heritage par chacun an à perpetuité, au choix du Seigneur.

La Coûtume de Melun, art. 30. dit, que l'indemnité est le cinquiéme denier de la valeur & estimation de la chose.

La Coûtume de Rheims, art. 83. dit, que si l'Eglise a possedé Fief ou heritage par quarante ans en exemption de bailler homme vivant & mourant & confisquant, & de pourvoir à l'indemnité du Seigneur, elle tiendra delà en avant le Fief ou heritage en pure aumône, & ne sera tenuë que de bailler simple declaration au Seigneur.

C'est la disposition des Coûtumes de Lodunois, chap. 14. art. 19. de Berry, tit. des Fiefs, art. 53. de Bar, art. 10.

La Coûtume de Paris & plusieurs autres n'en parlent point, néanmoins c'est un droit commun & general, que les gens de main-morte sont obligez de payer aux Seigneurs ce droit pour les acquisitions qu'ils font, quoi qu'ils ayent obtenu du Roy des Lettres d'amortissement des heritages par eux acquis : car le Roy ne peut pas préjudicier au droit des Seigneurs, qui leur est acquis par le moyen de leurs Fiefs & de leurs Seigneuries, & même le Roy le déclare toûjours dans les Lettres d'amortissement qu'il accorde, par cette clause qui y est toûjours inserée, *sauf l'interêt d'autruy & des Seigneurs*.

4. Selon l'usage de ce Parlement, confirmé par plusieurs Arrests, l'indemnité est estimée au tiers du prix & valeur des heritages pour les Fiefs, & au quint pour les rotures, dans les Coûtumes qui n'ont point de disposition touchant l'indemnité.

La Cour par son Arrest du 9. Avril 1565. rapporté par le Vest, chap. 78. & par Bacquet au Traité de l'amortissement, chap. 54. regla le droit d'indemnité du Seigneur à la cinquiéme partie du prix, pour raison de la Maison & Cour de Langres à Paris, acquise par les Ecoliers du College de Clermont en la censive de l'Abbaye de sainte Geneviéve du Mont, & du Commandeur de saint Jean de Latran.

Bacquet, au lieu cy-dessus cotté, en remarque un autre plus ancien du mois d'Août 1557 donné entre les Religieux de sainte Geneviéve & les Boursiers du College de Cambray.

Par autre Arrest du 2. Avril 1487. l'indemnité fut estimée au tiers du prix de la vente faite de la Terre de Clery par le Seigneur de la Salle, au Roy Louis XI. qui en avoit fait don au Chapitre de Clery.

CHOPIN. C'est le sentiment de Chopin sur ce titre, nombre
TRONÇON. 42. & de Tronçon sur l'article 1. *in verbo* le Seigneur, où il cite l'Arrest rendu pour la maison & cour de Langres à Paris.

5. *A qui se paye l'indemnité, quand la Justice & la mouvance de l'heritage appartiennent à deux Seigneurs?*

Ce qui cause le doute est, que par le Fief acquis par gens de main-morte, le Seigneur féodal est privé pour toûjours à l'avenir de tous ses droits féodaux, & le haut-Justicier des droits de Justice qui peuvent luy échéoir, sçavoir de confiscation de deshérence, de bâtardise, & autres.

6. BRODEAU. Brodeau sur l'article 167. de la Coûtume de Paris nombre 6. est d'avis que les droits se doivent partager entre le Seigneur féodal & le Seigneur haut-Justicier, & il remarque deux Arrests, par lesquels la Cour l'a jugé ainsi entre les Religieux de S. Lazare, Seigneurs haut-Justiciers du Fief de Marly, & les Chanoines de saint Mederic, Seigneurs propriétaires du même Fief, pour l'indemnité d'une maison seise ruë Quinquempoix, donnée à l'Hôtel-Dieu; le premier du 19. Août 1609. l'autre du 11. May 1619.

7. DU MOULIN. Maître Charles du Moulin est d'avis contraire, prétendant qu'il n'est rien dû au Seigneur haut-Justicier, au §. 51. *glos. 2. num. 64.*

La raison qu'il en rend, est, parce que *Domino simplici Justitiario nullum fit prajudicium, ex eo quòd res perpetuò in Ecclesiam transfertur, quoniam aquè sub ejus jurisdictione remanet ut priùs: Quòd si causetur quòd ex delictis privatorum posset res confiscari, & ad eum reverti, non est adversa hujusmodi fortuna spectanda, nec speranda.*

Il paroissoit juste que les Seigneurs haut-Justiciers fussent indemnisez; mais comme la perte de leurs droits n'est pas si ordinaire par les acquisitions faites par gens de main-morte, que celle des Seigneurs de Fiefs, la Cour par un Arrest du 28. Mars 1692. & publié en la Communauté des Avocats & Procureurs le 17. Avril ensuivant, a ordonné que de l'indemnité dûë par les gens de main-morte, les Seigneurs haut-Justiciers ne prendroient que le dixiéme.

Si les gens de main morte sont obligez de payer le droit d'indemnité pour les Fiefs qui relevent d'eux, & qu'ils ont acquis, soit par retrait feodal, ou autrement? 8.

Il n'est rien dû au Seigneur duquel releve en arriere-Fief le Fief acquis par gens de main-morte, quoiqu'il soit réüni au Fief servant, & qu'il ne fasse plus qu'un même Fief avec luy.

La raison est, que le droit d'indemnité n'est dû qu'au Seigneur immédiat, parce qu'il est privé à l'avenir des droits qu'il pouvoit esperer sur le Fief tenu de luy en plein Fief: or quand un Fief est mouvant immédiatement d'une main-morte, & en arriére-Fief d'un Seigneur particulier, ce Seigneur n'a aucune espérance de droits sur cet arriére-Fief, ainsi il ne peut rien prétendre de l'acquisition qui en est faite par les gens de main-morte, en la mouvance desquels il est.

Si les gens de main-morte sont tenus outre l'indemnité, de bailler aux Seigneurs, dans la mouvance desquels sont les Fiefs qu'ils acquierent, homme vivant, mourant & confisquant, par le décès duquel il leur soit dû rachat ou relief? 9.

Bacquet en son Traité du droit d'amortissement, chapitre 53. nombre 5. dit qu'autrefois il suffisoit de bailler homme vivant & mourant, ou payer l'indemnité au Seigneur: que cette question s'étant présentée, & ayant été plaidée en la Cour, elle fut appointée au Conseil le 7. Février 1554. entre les Religieux, Prieur & Convent de saint Nicolas d'Acy lez-Senlis, ayant eu par échange quelques terres féodales de feu Monsieur le Connétable, appellans du Prevôt de Paris, d'une part, & Maître Roger Cellier, Auditeur en la Chambre des Comptes, & Maître Nicolas de Plancy, Procureur en la même Chambre, d'autre part.

Il dit que pareille question fut plaidée en la Cour les 9. Septembre & 18. Novembre 1557. entre les Religieux des Blancs-Manteaux, appellans d'une part, & Monsieur du Val Maître des Comptes, Seigneur de Fontenay, intimé, d'autre, pour raison du Fief, Terres & Seigneuries du Plessis Sasot, donné à ces Religieux par défunt Maître Antoine Robert, à la charge de dire, chanter & celebrer plusieurs Messes; sur laquelle la Cour appointa aussi les Parties, ordonnant néanmoins, que les appellans auroient mainlevée par provision des Fiefs qui avoient été saisis, en payant le droit ordinaire dû pour leur acquisition, & de plus l'indemnité, & en donnant homme vivant & mourant.

Cet Auteur, nomb. 9. dit, qu'il semble que cet Arrest soit general, & qu'il serve de Loy pour l'avenir. Et dans le chap. 57. nomb. 1. il dit encore, que les gens de main-morte sont obligez de bailler au Seigneur homme vivant & mourant, & outre ce, de luy payer l'indemnité.

C'est la disposition generale des Coûtumes, que les gens de main-morte sont obligez de bailler homme vivant & mourant pour les Fiefs qu'ils acquiérent, qui fasse la foy & hommage au Seigneur, parce que les gens de main-morte ne la peuvent pas faire : & comme il n'y a point de Fief sans foy & hommage, il faut que les gens de main-morte nomment un homme qui la fasse pour eux & en leur nom, aprés le décés duquel ils soient obligez d'en nommer un autre, qui porte aussi la foy & hommage au Seigneur du Fief dominant ; c'est pour cette raison que cet homme est appellé *homme vivant & mourant*, parce qu'il n'est pas comme les gens de main-morte, pour lesquels il fait la foy & hommage, qui ne meurent jamais par le moyen de la subrogation, ainsi qu'il a été dit cy-dessus.

C'est la disposition des Coûtumes de Melun, chap. 4. art. 29. Mantes, chap. 1. art. 43. Boulenois, tit. 13. art. 55. de Cambray, tit. 1. art. 55. Montargis, chap. 1. art. 86. du grand Perche, tit. 2. art. 103. de Berry, tit. 5. art. 53. & autres.

10. Nous avons des Coûtumes qui obligent de donner homme vivant, mourant & confisquant, sçavoir, Laon, tit. 16. art. 208. Bar, tit. 1. art. 10. Peronne, tit. 2. art. 75. Normandie, chap. 9. art. 140.

Celle de Mantes, chap. 1. art. 43. dit que les gens de main-morte ne sont point obligez de bailler homme vivant, mourant & confisquant, s'il n'est convenu par exprés.

La Coûtume de Montfort, chap. 1. art. 47. porte *vivant, mourant & confisquant* : cet article fut ajoûté à la reformation de cette Coûtume, & les gens d'Eglise s'y opposerent, & dirent que ce mot *confisquant* devoit être rayé : le contraire fut soûtenu par les autres Etats, par l'avis desquels il fut ordonné, que cet article demeureroit ainsi qu'il avoit été dressé.

11. Quoique ces Coûtumes ordonnent que les gens de main-morte donneront homme vivant, mourant & confisquant, néanmoins il est certain que le Fief n'est jamais sujet à la confiscation par le fait de l'homme vivant & mourant ; & nous n'avons point d'Arrests qui ayent adjugé la confiscation des Fiefs appartenans à gens de main-morte par le fait, la faute & le crime de l'homme vivant & mourant par eux baillé au Seigneur.

La raison est, que cet homme n'est pas le veritable propriétaire du Fief, il ne l'est que par fiction, & puisque la confiscation n'est ordonnée que *in pœnam* du délit commis, & que la peine n'est imposée qu'à ceux qui l'ont meritée, *l. Sancimus 22. C. de pœn. l. 26. ff. eod. tit.* il s'ensuit que le crime de l'homme vivant ne peut point rendre le Fief des gens de main-morte sujet à confiscation.

C'est aussi la raison pour laquelle, quoique le mary soit reputé le maître des biens de sa femme, tant que dure la communauté ; néanmoins ni pour désaveu ni pour felonie il ne commet le Fief de sa femme, voyez *infrà* sur l'art. 43.

DU MOULIN Du Moulin sur l'article 51. *glos. 2. n. 62.* ne peut souffrir l'opinion de ceux qui veulent que l'homme vivant & mourant donné par l'Eglise, soit aussi confiscant : *Ego illud nec verum nec rationabile puto : aut enim intelligitur de vera confiscatione propter delictum commune, & tunc patroni non interest, quia ad eum non esset Feudum reversurum, sed ad habentem merum imperium in loco : aut intelligitur de noxia vel ingratitudine adversùs Dominum committenda, & non debet tam tristis eventus expectari, nec hujusmodi interesse ulla ratio haberi, l. inter stipulantem. §. sacram. ff. de verb. oblig. Prætereà aut intelliges de noxia committenda in ipsummet Vicarium, & non esset æquum Ecclesiam fidelem & innocentem propter alienum debitum puniri. Aut de noxia, si qua fortè committatur per Ecclesiam Vassallam, & tunc quæcunque conventa & præstita indemnitas non liberat à pœna commissi, nec facit quod Feudum æquè committatur saltem ad vitam delinquentium, ac si nulla indemnitas præstita, nulla amortizatio esset facta.*

Monsieur le Maistre en son Traité des Amortissemens, chap. 11. dit que le confisquant n'est ni de l'usage, ni de la raison.

La Coûtume de Vitry en l'art. 4. dit, *les gens de Religion ne peuvent forfaire ni confisquer.*

Il n'y a point de Coûtume qui décharge les gens de main-morte de donner homme vivant & mourant en payant l'indemnité ; c'est pourquoy le sentiment commun des Docteurs est, que dans les Coûtumes qui n'en parlent point, les gens de main-morte y sont obligez. 12.

Le Parlement de Toulouse est de cette opinion, comme nous apprenons par les Arrests qu'il a rendus sur ce sujet, rapportez par Monsieur Dolive en ses Questions, liv. 2. chap. 12. & suivans.

La raison est, que le droit d'indemnité est dû pour les droits de quints, requints, de retrait féodal, de confiscation & de commise, que les Seigneurs perdent pour toûjours, quand les Fiefs sont acquis par les mains-mortes ; parce qu'ils ne vendent presque jamais leurs heritages, & qu'ils ne les confisquent jamais.

Quant à l'homme vivant & mourant il leur est baillé afin de conserver la directe sur le Fief mouvant d'eux, & qu'en cas d'aliénation par les gens de main-morte, les Seigneurs soient payez de leurs droits, & que d'autres Seigneurs voisins ne puissent point prétendre la mouvance, ou que les gens de main-morte ne puissent point soûtenir contre les droits de leurs Seigneurs, que tels heritages seroient tenus & possedez en franc-aleu. 13.

De plus, l'homme vivant & mourant est aussi baillé aux Seigneurs, pour être payez du droit de rachat ou relief dans les Coûtumes, qui veulent que pour toute mutation soit dû relief.

Il y a néanmoins quelques Auteurs qui veulent que les Seigneurs ne puissent choisir que ou l'indemnité ou la prestation d'homme vivant & mourant ; c'est le sentiment de Monsieur le Maistre dans son Traité des Amortissemens, chap. 6. 14.

Cette question a été jugée par Arrest, donné en la cinquiéme Chambre des Enquestes, au rapport de Monsieur Meliand, le 27. Août 1676. entre les Dames Religieuses de l'Hôtel-Dieu de Pontoise, & le sieur Marquis d'Ally, qui condamne lesdites Dames pour raison d'une acquisition par elles faite de Monsieur le President de la Grange, des Fiefs de la mouvance d'Annery, à bailler audit sieur d'Ally, homme vivant & mourant, & le relief à chaque mutation, & luy payer l'indemnité à raison du tiers du prix pour les Fiefs, & du quint pour les rotures.

Contre cet Arrest lesdites Dames s'étoient pourvûës en Requeste civile, & par Arrest du 24. Juillet 1681. attendu que les demanderesses en Lettres n'avoient point obtenu amortissement du Roy, il fut ordonné qu'avant faire droit sur les Lettres, elles se pourvoiroient pardevers le Roy pour obtenir amortissement dans un an, ou que dans le susdit temps elles mettroient les Terres par elles acquises hors leurs mains ; ce qui est un préjugé contre la demande en entherinement des Lettres de Requeste civile.

Le Palais est partagé sur cette question, plusieurs prétendent, que le Seigneur est assez indemnisé par le droit d'indemnité, ou par la prestation d'homme vivant & mourant au choix du Seigneur ; l'un de ces deux étant plus que suffisant pour l'indemniser de la perte qu'il fait par l'acquisition de la main-morte ; mais il s'en faut tenir aux Arrests citez cy-dessus, n. 9. qui ont, à mon avis, établi une Jurisprudence certaine sur ce point, parce que la cause des gens de main-morte est peu favorable en ce cas.

Quelques Coûtumes obligent en termes exprés les gens de main-morte de payer l'indemnité, & bailler homme vivant & mourant, par la mort du- 15.

quel est dû droit de relief; sçavoir, Châlons, tit. 10. art. 208. Peronne, tit. 2. art. 76. de Cambray, tit. 1. art. 55. de Montargis, chap. 1. art. 87. de Tours, tit. 15. art. 142.

16. Quand un Fief appartient à un Beneficier en vertu de son Benefice, il n'est pas obligé de bailler homme vivant & mourant, parce que par sa mort il y a mutation, & son successeur doit le relief: il le doit aussi quoiqu'il ne soit pas son successeur *per obitum*, mais par resignation.

C'est la disposition de la Coûtume de Tours, tit. 15. art. 141. qui porte, *que si l'homme d'Eglise qui doit foy & hommage pour raison d'aucun Fief amorti & indemnité, dépendant de son Benefice, se meurt, ou se départ de son Benefice, est dû rachat au Seigneur pour la nouvelle foy.*

La Coûtume d'Anjou, art. 3. porte, que *au regard des choses hommagées des Fabriques & autres Colleges, qui n'ont point de chef principal, le rachat sera dû par la mort naturelle de celuy qui a fait hommage, & non plûtôt, supposé qu'ils eussent laissé paravant leur Benefice, charge ou administration.*

La Coûtume du grand Perche, en l'art. 71. & de Blois, tit. 4. art. 44. en disposent de même.

17. On prétend que les Hôpitaux ne sont obligez qu'à l'un ou à l'autre en faveur des pauvres, ou à payer l'indemnité, ou à bailler homme vivant & mourant, au choix du Seigneur.

Galland qui a traité du Franc-aleu, remarque deux Arrests qui l'ont jugé ainsi au profit de l'Hôtel-Dieu de Paris, l'un du 20. Septembre 1578. l'autre de l'an 1534. entre l'Hôtel-Dieu & Messire François Lhuillier sieur d'Interville, rapportez aussi par Monsieur le Maistre en son Traité des Amortissemens, chap. 11.

18. *Si les gens de main-morte sont obligez de payer au Seigneur, outre l'indemnité, les droits ordinaires de leur acquisition?*

Il semble que le droit d'indemnité est payé au Seigneur, tant à raison de l'acquisition faite par les gens de main-morte amortie par le Roy, que pour l'interêt que le Seigneur a d'être indemnisé de la perte qu'il fera à l'avenir des droits ordinaires qui luy appartiennent; & ce droit d'indemnité est assez fort, pour qu'ils ne soient pas encore tenus de luy payer les droits ordinaires de leur acquisition.

Néanmoins le contraire a été jugé par un Arrest de l'Audience de la Grand'Chambre, du 6. Août 1663. remarqué en la question 7. *infrà*, rapporté dans le deuxiéme tome du Journal des Audiances, par lequel la Cour, conformément aux conclusions de Monsieur l'Avocat General Bignon, condamna les Religieuses Carmelites de Chartres à payer à l'Hôtel-Dieu de la même Ville les lods & ventes & le droit d'indemnité, pour l'acquisition faite d'une maison dans sa censive. Mais cela n'arrive guéres, dautant qu'ordinairement les mains-mortes, qui veulent acquerir des heritages, composent avec les Seigneurs des droits qu'ils peuvent prétendre.

TRONÇON. C'est le sentiment de Tronçon sur l'art. 1. *in verbo* le Seigneur, qu'outre l'indemnité les droits ordinaires sont dûs. Il cite un Arrest du 20. Juillet 1619. entre Albert de Valence, Ecuyer sieur de Verneüil, intimé, d'une part, & les Prieur & Societé du College de Sorbonne, opposans & appellans d'une Sentence du Prevôt de Paris, du 7. Avril 1618. par lequel ils ont été condamnez à bailler homme vivant & mourant, payer l'indemnité & les droits de quint.

19. *Si par la mort civile de l'homme vivant & mourant, baillé par les gens de main-morte, il y a ouverture au Fief, & au relief?*

Voyez sur l'art. 1. Glos. 2.

20. *Si le droit d'indemnité & la prestation d'homme vivant & mourant se prescrivent contre les Seigneurs?*

Puisque les droits utils, comme les quints & autres, se prescrivent même contre le Roy, le droit d'indemnité se peut aussi prescrire par 30. ans contre les Seigneurs, dautant qu'ils tiennent lieu de ces droits qui sont estimez par l'amortissement & le payement de l'indemnité. Voyez Bacquet au Traité des Amortissemens, chap. 60.

Ce droit est prescriptible par quelques Coûtumes; celle de Tours tient, qu'il ne se prescrit que par un temps immemorial; celle de Lodunois, chap. 10. art. 4. en dispose de même: il se prescrit par soixante ans par celle d'Orléans, titre des Fiefs, article 41.

Celle de Normandie, chapitre 9. article 141. dit, *neanmoins si l'Eglise a possedé Fief ou heritage par quarante ans en exemption de bailler homme vivant, mourant & confisquant, ou de pourvoir à l'indemnité du Seigneur, elle tiendra de-là en avant le Fief ou heritage en pure aumône, & ne sera tenuë que bailler simple declaration au Seigneur.*

Dans celles qui n'en font point mention, je crois que le droit d'indemnité se prescrit par trente ans contre les particuliers, & par quarante contre l'Eglise.

C'est le sentiment de Maître Charles du Moulin sur la Coûtume de Paris, *art.* 51. *glos.* 2. *num.* 70. en ces termes: *Nota quòd non censetur remissa indemnitas per investituram, vel receptionem jurium utilium ratione acquisitionis debitorum, sed nihilominus pro futuro tempore exigi poterit: & hoc nisi post lapsum 30. annorum servato, vel 40. in Ecclesia Domina, quo temporis spatio secundùm dispositionem juris communis praescribi puto jus indemnitatis exigendae, nedum pro praeterito, sed etiam pro futuro tempore & in perpetuum.* DU MOULIN.

La raison est que toutes les actions personnelles se prescrivent par 30. ou 40. ans, *l. omnes. l. cùm notissimi. C. de praescript. 30. vel 40. annor. Authent. quas actiones. & ibi Accurs. C. de sacros. Eccles.*

De plus, il y a présomption que les Seigneurs ont été payez du droit d'indemnité, quand ils ont souffert que les gens de main-morte fussent si long-temps en possession des biens, pour lesquels il leur étoit dû droit d'indemnité, sans leur demander.

Il y a un ancien Arrest dans le stile du Parlement, *part. 7. art. 84.* donné le 8. Février 1479. entre le Chambrier de saint Martin des Champs lez-Paris, & Pierre le Mire, qui l'a jugé ainsi.

Tronçon sur l'article 1. *in verbo*, le Seigneur, tient que l'indemnité se prescrit par quarante ans; ce qui n'est pas generalement vray, ce ne peut être que contre l'Eglise, ou dans les Coûtumes qui en ont une disposition expresse; car à l'égard des autres, elle se doit prescrire *ad instar* des autres droits & actions par trente ans. TRONÇON.

Le droit d'obliger les gens de main-morte à bailler homme vivant & mourant, pour faire le serment de fidelité, n'est pas de même qualité, car il ne se peut prescrire par quelque temps que ce soit, au moins dans les Coûtumes qui n'ont point de disposition sur ce sujet. 21.

La raison est, qu'il est donné en reconnoissance de la Seigneurie directe, & pour faire la foy & hommage au Seigneur direct, dans la mouvance duquel est le Fief acquis par gens de main-morte; de sorte que le Seigneur féodal peut saisir le Fief par eux acquis faute d'homme, droits & devoirs non faits & non payez, par quelque temps qu'ils en ayent joüy sans en bailler un, même par cent ans & plus; & telle saisie dureroit en pure perte, jusqu'à ce qu'ils y eussent satisfait, & qu'il eût prêté le serment de fidelité au Seigneur, parce que la foy & hommage ne se prescrit point, non plus que le cens ou censive, suivant les art. 12. & 124. de nôtre Coûtume.

On observe au Parlement de Toulouse cette diffe- 22.

rence, entre le droit d'indemnité & la prestation d'homme vivant & mourant.

Monsieur Dolive dans ses Questions notables de droit, liv. 2. chap. 12. rapporte deux Arrests, l'un donné en la premiere Chambre des Enquêtes, au rapport de Monsieur de Senaut, le 7. Février 1628. par lequel il fut jugé, que le Syndic des Prêtres servans la Table du Purgatoire de l'Eglise de Nôtre-Dame de la Jonquiére, en la ville de l'Isle d'Albigeois, bailleroit & nommeroit un homme vivant & mourant, au sieur Rollet, Seigneur censier, & que ledit Syndic étoit déchargé du droit d'indemnité qu'il pouvoit devoir, parce qu'il avoit été prescrit par trente ans & plus.

L'autre est du 26. Février 1635. confirmatif de la Sentence du Sénéchal de Toulouse, aprés partage porté de la premiere Chambre des Enquêtes, & jugé en la deuxiéme; qui a pareillement déchargé du droit d'indemnité les gens de main-morte, parce qu'il étoit prescrit, les obligeant seulement à la prestation d'homme vivant & mourant envers leurs Seigneurs.

Ce droit de bailler homme vivant & mourant ne se prescrit point aussi en la Coûtume d'Orleans, quoique le droit d'indemnité s'y prescrive par soixante ans: car en l'art. 41. titre des Fiefs, remarqué cy-dessus, il est dit que si les gens de mainmorte avoient tenu & joüi des heritages par soixante ans, ou qu'ils eussent Lettres d'amortissement, en ces cas ils ne sont point obligez d'en vuider leurs mains, mais ils sont tenus de bailler & nommer Vicaire au Seigneur de Fiefs sans payer profit.

Monsieur Salvaing, dans son Traité de l'Usage des Fiefs, chap. 59. prétend que le droit de bailler homme vivant & mourant, se peut prescrire comme le droit d'indemnité, étant subrogé au lieu de ce droit: car, dit cet Auteur, autre chose est le droit d'indemnité, autre chose la directe Seigneurie; & nonobstant la prescription de l'indemnité, le fonds ne laisse pas d'être obligé à la prestation de la foy & hommage, si c'est un Fief; de sorte que si la mainmorte aliénoit le fonds, pour lequel elle a payé les droits au Seigneur, ou qu'elle a prescrits contre luy, l'acquereur ne seroit pas moins obligé de payer ceux dûs pour son acquisition, comme il a été jugé par les Arrests: dautant que le payement ou la prescription de l'indemnité ne change point l'état & la qualité de l'heritage, soit féodal ou censuel. Mais l'acquereur ne seroit pas tenu de payer l'indemnité pour eux.

Il est certain que les gens de main-morte sont obligez de bailler homme vivant & mourant au Seigneur, en reconnoissance de sa directe Seigneurie; afin que le Fief soit desservi, & que la foy & hommage soit renduë au Seigneur: Or comme la foy & hommage ne se peut prescrire contre le Seigneur, par quelque temps que le Fief ait été possedé par une longue suite d'années & de possesseurs, sans qu'ils ayent fait aucuns devoirs au Seigneur du Fief dominant; & que le Seigneur est toûjours en droit de saisir le Fief qui releve de luy faute d'homme, droits & devoirs non faits & non payez; aussi est-il en droit d'obliger les gens de main-morte de luy fournir un homme, qui luy prête le serment de fidelité pour le Fief qu'ils possedent, quoiqu'ils l'ayent possedé pendant plus de cent ans sans en bailler un; car ils n'ont pas plus de droit en ce cas que les particuliers; & s'ils prescrivoient cette prestation, ils prescriroient en effet la foy & hommage; & on ne peut pas dire, suivant le sentiment de Salvaing, qu'ils puissent prescrire cette prestation, & que néanmoins s'ils aliénent le Fief, l'acquereur soit obligé à faire la foy & hommage au Seigneur.

23. *Si le Seigneur en recevant les droits ordinaires dûs pour l'acquisition des gens de main-morte, préjudicieroit au droit d'indemnité qu'il pouvoit demander.*

Maître Charles du Moulin sur l'art. 51. *glos.* 2. *num.* 70. tient que non, à moins que ce droit ne fût prescrit; de sorte qu'auparavant il seroit toûjours en droit de l'éxiger; car il y a lieu de croire, que s'il n'a pas demandé ce droit, c'est qu'il a bien voulu accorder du temps à l'Eglise pour luy en faire le payement, n'ayant rien fait qui pût faire croire qu'il l'eût entiérement remis. Du Moulin.

Pareillement il faut dire, que le Seigneur ne préjudicie point au droit d'indemnité, en recevant par chacun an les arrerages du cens dûs pour une roture.

Maître Charles du Moulin en rend la raison, *loco citato, num.* 72. *Census est onus ordinarium debitum & omninò solvendum à quovis possessore, l. cùm possessor. ff. de censib. imò etiamsi dominus instaret contra Ecclesiam ad hoc ut cogeretur ponere extra manum suam, nihilominus posset ab eâ exigere censum pro anno & tempore currenti, putà pendente lite, si fortè Ecclesia contendat se habere à domino, vel ejus prædecessoribus amortizationem sive licentiam acquirendi prædia feudalia, vel censualia, ab eo moventia usque ad centum vel ducenta jugera, vel usque ad centum libras annui reditûs, idque probare nitatur.*

Si l'indemnité est personnelle, de sorte que si la main-morte aliene le Fief, l'acquereur soit obligé de payer les droits ordinaires dûs pour son acquisition? 24.

Il semble que l'Eglise en payant l'indemnité au Seigneur, décharge le Fief qu'elle acquiert, de tous les droits qui pourroient luy être dûs pour les mutations subsequentes, au moins pour celle qui arriveroit par l'aliénation qu'elle en feroit; de sorte qu'en le revendant, elle le revendroit exempt de tous les droits que le Seigneur pourroit prétendre autrement; & si l'acquereur étoit obligé de payer les droits ordinaires pour son acquisition, ce seroit un grand préjudice que recevroit l'Eglise, parce qu'elle le vendroit bien moins; & le Seigneur recevroit par ce moyen doubles profits aux dépens de l'Eglise; car quoique ce soit l'acquereur qui paye les droits au Seigneur, néanmoins on peut dire que c'est des deniers du vendeur, vû que si l'acheteur n'étoit pas obligé de payer les droits au Seigneur, il payeroit au vendeur un prix plus fort pour son acquisition.

Néanmoins la Cour par Arrest solemnel, prononcé à la Pentecôte l'an 1586. a condamné l'acquereur en ce cas à payer les droits au Seigneur, comme si l'Eglise n'avoit point payé l'indemnité, ou qu'il l'eût acquis d'un autre particulier.

Cet Arrest est rapporté par Montholon, Arrest 41. par M. Le Prestre, Centurie 1. par Chopin, *de Doman. lib.* 1. *tit.* 13. *num.* 12. par Bacquet, au Traité du Droit d'Amortissement, chap. 46. nombre 10. par Charondas, en ses Resolutions, tit. 15. chap. 1.

La raison est, que quand l'Eglise paye l'indemnité pour un heritage, c'est pour tout le temps qu'elle en pourra joüir, & pour toûjours, s'il arrive qu'elle ne mette jamais hors ses mains l'heritage qu'elle auroit acquis, & pour lequel elle auroit payé l'indemnité au Seigneur. Mais dés-lors qu'elle cesse de le posseder, & qu'elle l'a transferé à un autre, il y a mutation de vassal, les droits qu'elle a payez ne luy peuvent aucunement servir, vû qu'elle les a payez pour son acquisition, & non pour celle d'autruy; & partant un nouveau vassal ou sujet, est obligé de payer pour son acquisition, sans qu'on ait égard à ce que les droits qu'il doit, pour acquerir la libre possession de l'heritage acquis, ne peuvent être par luy payez qu'au préjudice de l'Eglise, dautant que le Seigneur joüit de ses droits.

L'Amortissement n'a qu'un effet suspensif & non 25.

resolutif de la mouvance, c'est pourquoy les Seigneurs ont coûtume de contraindre les gens de main-morte à payer l'indemnité, & à leur bailler homme vivant & mourant, par la mort duquel il y ait ouverture au Fief, ainsi qu'il a été dit cy-dessus. C'est l'opinion de Faber sur la Loy *quoties. Cod. de rei vindicat.*

Du Moulin sur l'article 51. *glos.* 2. *num.* 78. est de même avis, où il dit que par l'amortissement *dominus nullum dominium amittit, nec immutatur status & qualitas rei amortizata, qua semper remanet feudalis, vel censualis, & in dominio directo vel Jurisdictione aut territorio domini, ut priùs, & Ecclesia efficitur vassalla, vel censuaria. Ita quod in feudo etiam amortizato tenetur ad capitula fidelitatis, & illud aquè per noxiam in patronum admissam amittet, ac si non esset amortizatum ad vitam delinquentium.*

D'où il s'ensuit que dés que la main-morte a remis l'heritage entre les mains des particuliers, il reprend sa premiere nature & qualité, & le Seigneur peut exercer les mêmes droits qu'il feroit, si l'heritage étoit vendu par un autre que par une main-morte.

La Cour a depuis rendu un semblable Arrest à celuy de 1586.

Le Fief de Milly avoit été vendu aux Religieux, Abbé & Convent d'Ourscamps, ils en obtinrent Lettres d'Amortissement en l'année 1284. sous le Regne de Philippe le Hardy. Ils le revendirent en l'année 1599. à un nommé Charles Marchand, à la charge & sous cette clause expresse, que ce Fief seroit & demeureroit en leur mouvance. Marchand le revend quelque temps aprés au sieur d'Haumencourt; le sieur de Genlis Seigneur direct de ce Fief, le fit saisir faute d'homme, droits & devoirs non faits & non payez.

Le sieur d'Haumencourt interjetta appel de la saisie, prétendant que par le moyen de l'Amortissement, le sieur de Genlis avoit perdu la directe sur ce Fief; outre que ce Fief avoit été possedé plus de trois cens ans, sans reconnoître le Seigneur de Genlis.

Sur l'appel la Cour par Arrest du dernier Août 1624. rendu en la seconde Chambre des Enquêtes, au rapport de Monsieur Seguier, condamna le sieur d'Haumencourt à payer les droits dûs pour son acquisition, & aux dépens.

26. Les droits seroient pareillement dûs au Seigneur, si la main-morte, qui auroit payé l'indemnité, vendoit à une autre Eglise ou main-morte; parce que suivant ce qui a été dit cy-dessus, l'amortissement est personnel, & ne peut servir qu'à ceux qui l'ont obtenu; car comme il n'est donné que pour rendre capables de posseder des heritages, ceux ausquels la possession en est interdite par les loix du Royaume; il s'ensuit delà que l'amortissement obtenu par une main-morte, ne peut point servir à une autre, à qui l'heritage amorti seroit vendu; de sorte que cette main-morte seroit contrainte d'obtenir Lettres d'amortissement du Roy, & de payer l'indemnité au Seigneur avec les droits ordinaires.

Bacquet au lieu cité, chap. 46. nomb. 4. & 5. & Charondas en ses Questions, liv. 7. chap. 197. rapportent un Arrest donné en la premiere Chambre des Enquêtes, le 23. May 1587. qui l'a ainsi jugé entre Messire Pierre de Gondy, Evêque de Paris, demandeur, d'une part, & les Marguilliers de l'Oeuvre & Fabrique de l'Eglise Parroissiale de saint Sauveur de cette Ville de Paris, défendeurs, d'autre.

Bacquet cite encore un autre Arrest qui a jugé la question de même, au profit de Monsieur le Comte de Chaulne.

Cette Jurisprudence a été confirmée par un autre Arrest du 6. Août 1663. en l'Audiance de la Grand'-Chambre, rapporté dans le second tome du Journal des Audiances.

Dans le fait il s'agissoit de sçavoir si les Religieuses Carmelites de Chartres, ayant acquis des Chevaliers de Malthe, une maison dont ils étoient en possession depuis un temps immemorial, située dans l'étendue de la censive du petit Baulieu lez-Chartres, l'Hôtel-Dieu de Chartres, à qui les droits utiles de la censive appartenoient, étoit bien fondé à demander à ces Religieuses les droits de lods & ventes & d'indemnité, à cause de cette acquisition, la vente ayant été faite avec reserve par le Grand Maître de l'Ordre de Malthe, de partie du fonds, & l'acquisition faite pour construire & bâtir une Eglise. La cause des Carmelites étoit favorable par ces circonstances, néanmoins la Cour, conformément aux Conclusions de Monsieur l'Avocat General Talon, condamna les Religieuses au payement des droits ordinaires & de l'indemnité.

Du Fresne en son Journal rapporte un Arrest du 20. Avril 1651. Monsieur Molé prononçant, qui semble avoir jugé le contraire, par lequel la Cour jugea, qu'un Seigneur qui avoit été satisfait du droit d'indemnité, pour l'acquisition d'une maison par deux Convens d'un même Ordre, chacun pour moitié, ne pouvoit prétendre un nouveau droit d'indemnité pour le transport fait par l'un d'eux de sa moitié à l'autre, par échange fait plusieurs années aprés.

Cet Arrest n'est pas contraire aux précedens, dautant qu'il s'agissoit d'une acquisition faite par les Religieuses Carmelites de la ruë Chapon, conjointement avec celles du Fauxbourg saint Jacques, lesquelles ne composent qu'un même corps, & vivent sous mêmes Regles & Constitutions, sous mêmes Directeurs spirituels & temporels, quoique ce soient deux Communautez qui ont leurs revenus separez, & que même si un Convent venoit à être rendu inhabité, ou desert par quelque malheur, tout le bien accroîtroit aux autres, ainsi qu'il seroit avisé entr'eux.

Monsieur l'Avocat General Talon avoit conclu à ce que les Religieuses Carmelites fussent condamnées à payer nouveau droit d'indemnité, pour la moitié de la maison par elles acquise, comme y ayant mutation & changement par transport de l'heritage d'une main-morte en une autre, néanmoins la Cour par un motif d'équité les en déchargea.

Dans la rigueur elles y devoient être condamnées, parce qu'encore que ces Religieuses soient de même Ordre, toutefois ce sont deux mains-mortes differentes, leurs maisons & leurs biens sont separez, & ce qui est acquis par l'une n'est pas commun à l'autre.

Suivant les regles rapportées cy-dessus, l'amortissement accordé à une main-morte, ne peut point servir à d'autres; l'amortissement avoit été accordé à ces deux Convens, à chacun pour la moitié de cette maison, ainsi elles n'avoient permission que d'en posseder la moitié, il falloit donc acquerir cette capacité par le moyen de Lettres d'amortissement, & en payant au Seigneur l'indemnité.

Mais souvent la Cour préfere l'équité à la rigueur du droit §. *ult. ff. de R. I. quoties æquitate desiderii naturalis ratio aut dubitatio juris moratur, justis decretis res temperanda est.*

Voyez Soëfve, tom. 1. Cent. 3. chap. 75. Bacquet chap. 46. n. 4. & suivans.

Si le Seigneur avoit cedé & transporté aux gens de main-morte les droits Seigneuriaux qu'il avoit sur le Fief amorti, le droit de Fief luy retourneroit par l'aliénation qu'ils feroient du Fief? 27.

Il semble que non; mais qu'il demeureroit pardevers la main-morte qui auroit fait l'aliénation, ensorte que les droits féodaux luy appartiendroient à l'avenir, au moins dans les Coûtumes qui permettent les Fiefs en l'air, comme en celle d'Orleans, dans lesquelles on peut se retenir le cens sur tout le domaine du Fief aliéné.

Mais dans la Coûtume de Paris où il ne se fait plus de Fiefs en l'air depuis la reformation par l'article 51. il y a plus de difficulté : Je crois, suivant l'opinion de Bacquet, chap. 61. nomb. 10. que le Seigneur ne pourroit prétendre aucuns droits, & qu'ils appartiendroient à la main-morte.

La raison est, qu'à la verité par la Coûtume reformée il n'y a plus de Fief en l'air & sans domaine, mais cela se doit entendre sans le consentement du Seigneur, c'est-à-dire que le vassal ne peut pas aliéner tout son Fief, en se retenant pour le Fief aliéné la foy & hommage envers le Seigneur, sans son consentement, mais si le Seigneur y consent, le vassal le peut ; car chacun peut renoncer à ses droits, *l. penult. C. de pactis* ; auquel cas si la main-morte vend le Fief avec retention de foy, la féodalité & la directe luy appartient ; & si elle cede & transporte avec le Fief tout droit de féodalité, le Fief devient un franc-aleu noble.

C'est pourquoy, selon Bacquet au lieu cité, les Ecclesiastiques, lors qu'ils contractent avec les Seigneurs censiers pour les droits d'indemnité, doivent stipuler une expresse cession & transport des droits Seigneuriaux & censuels, soit que perpetuellement ils possedent l'heritage amorti, ou qu'ils en vuident leurs mains.

Il est certain que le Seigneur peut renoncer aux droits qu'il peut prétendre sur un Fief acquis par gens de main-morte, tant pour le present que pour l'avenir, mais cette renonciation ne se doit entendre que tant que le Fief est possedé par eux, à moins qu'il ne soit porté en termes exprés, qu'il renonce à tous droits de directe qu'il a sur le Fief, auquel cas l'heritage seroit tenu des gens de main-morte en franc-aleu, ce que le Seigneur peut faire ; néanmoins le Seigneur Suzerain le pourroit empêcher à cause de l'interêt qu'il pourroit y avoir en cette qualité ; & le plus sûr pour les gens de main-morte seroit d'y faire consentir le Seigneur Suzerain.

28. *De quel jour court l'an & jour contre les gens de main-morte pour vuider leurs mains des heritages qu'ils ont acquis ?*

C'est du jour qu'ils ont été sommez & interpellez par le Seigneur, de vuider leurs mains des heritages qu'ils ont acquis, de sorte qu'ils sont toûjours recevables à vuider leurs mains de leurs acquisitions dans l'an & jour qu'ils sont sommez, quoiqu'il y eût vingt ans & plus ; sans que le Seigneur puisse rien prétendre pour le temps de leur possession, car il doit s'imputer de ne les avoir pas sommez plûtôt ; telle est la faveur des gens de main-morte, qu'ils peuvent acquérir les heritages, & les posseder tant qu'ils soient poursuivis par le Roy ou par les Seigneurs, pour en vuider leurs mains ; & ils ont encore un an & jour pour les transferer en d'autres mains, ou satisfaire aux droits du Roy, en obtenant des Lettres d'amortissement, & aux droits des Seigneurs, sans que pour ce temps ils soient contraints de payer aucuns droits aux Seigneurs ; à l'égard du Roy, Messieurs les Commissaires députez pour le recouvrement des deniers dûs pour les nouveaux acquêts, les taxent à raison du temps de leurs possessions & de leurs revenus, ainsi qu'il a été dit cy-dessus.

Ainsi dés que les Seigneurs ont connoissance qu'une Communauté a fait une acquisition, ils doivent luy faire commandement de mettre l'heritage hors ses mains ; & aprés cette sommation elle a un an & jour pour en disposer au profit de personnes capables, ou s'accommoder avec le Seigneur pour son indemnité. Mais si aprés ce temps elle se trouve encore en possession de l'heritage, le Seigneur le peut saisir, & faire les fruits siens jusques à ce que la main-morte ait quitté l'heritage qu'elle a acquis.

C'est la disposition de la Coûtume d'Orleans en l'article 41. en ces termes : *Si lesdits gens d'Eglise ou de main-morte ne vuident leurs mains desdits heritages dans l'an, en ce cas le Seigneur de Fief exploitera l'heritage feodal, & en fera les fruits siens, jusques à ce qu'ils ayent vuidé leurs mains, &c.*

Cette Jurisprudence, que l'usage a introduite en faveur des mains-mortes, est observée dans les Coûtumes qui n'en parlent point, comme dans la Coûtume de Paris, ce qui ne cause aucun préjudice aux Seigneurs ; car ou la main-morte retient l'heritage acquis, ou elle en vuide ses mains : au premier cas l'indemnité est dûë au Seigneur, au second les droits ordinaires luy sont dûs par l'acquereur. 29.

Monsieur de la Lande sur cet article de la Coûtume d'Orleans, fait une distinction que je ne peux suivre : Il dit, que quand les mains-mortes de leur bon gré, ou crainte d'être forcées par le Seigneur, ont aliéné le Fief à personne capable, en ce cas elles doivent les droits au Seigneur pour leur acquisition ; & qu'au contraire, si elles en ont vuidé leurs mains aprés sommation à elles faites par le Seigneur, elles ne les doivent point.

C'est veritablement l'opinion de Maître Charles du Moulin sur l'article 33. *glos.* 1. *num.* 141. mais il y a plusieurs décisions de cet Auteur qui n'ont pas été suivies. Du Moul.

Je ne voy pas pourquoy au premier cas il soit dû relief au Seigneur ; & sans doute que cette opinion est contraire à la doctrine des Fiefs, & à l'usage de toutes les Coûtumes de France, car n'ayant point obtenu amortissement du Roy, leur possession n'étant point legitime, mais contre les Ordonnances & les Statuts du Royaume, elle est nulle, & ne peut par consequent produire aucun effet, ni donner lieu aux droits que le Seigneur pourroit dans le même cas prétendre des particuliers : comme suivant la disposition de plusieurs Coûtumes, le Seigneur peut obliger les gens de main-morte de vuider leurs mains des heritages qu'ils ont acquis, & qui ne sont pas amortis dans l'an, à compter du jour de la sommation qui leur en auroit été faite ; si elles vuident leurs mains volontairement ou par contrainte, on peut dire que telle aliénation n'est d'aucune considération, le Seigneur devant s'imputer de ne les avoir pas poursuivi plûtôt pour cet effet.

Que si les gens de main-morte avoient obtenu amortissement, & qu'aprés ils aliénassent l'heritage amorti, avant que d'avoir payé aucuns droits au Seigneur, je croy indubitablement que le Seigneur seroit bien fondé à leur demander les droits ordinaires pour leur acquisition, ou de quints, reliefs ou lods & ventes selon la nature de l'heritage & la qualité de l'acquisition. 30.

La raison est, que par le moyen de l'amortissement, étant rendus capables de posseder toute sorte d'heritages, leur possession est legitime, & le Seigneur n'est plus obligé d'attendre un an pour être payé de ses droits, ou que l'heritage acquis soit transferé en d'autres mains ; mais il peut déslors exiger ses droits, & faire saisir l'heritage pour en être payé ; & en ce cas il n'y a aucune difference entre les particuliers & les gens de main-morte : or comme un particulier qui auroit acheté, & qui revendroit quelque temps aprés, seroit obligé de payer les droits dûs pour son acquisition, quoique lors de la poursuite du Seigneur il ne se trouvât plus en possession de l'heritage, aussi il en faut dire de même des gens de main-morte, qui aliénent les heritages amortis avant que d'avoir payé l'indemnité au Seigneur.

Il est vray qu'en aliénant ils ne sont pas obligez de

de payer l'indemnité au Seigneur, parce que l'indemnité ne se paye pas pour le temps passé, mais pour le temps à venir: mais ils seroient tenus de payer les droits ausquels seroient obligez les particuliers.

31. *Si les gens de main-morte sont obligez de payer au Roy le droit d'amortissement & d'indemnité, & de luy bailler homme vivant & mourant, pour les heritages qu'ils acquierent du Roy étant en sa mouvance?*

Bacquet, au Traité des Amortissemens, chap. 50. traite cette question, où il dit, qu'elle fut plaidée en la Cour le Jeudy 23. Février 1570. entre un Prieur, duquel Monsieur le Duc d'Alençon, Frere du Roy, avoit fait saisir des terres comme féodales, faute d'hommes, droits & devoirs non faits & non payez.

Le Prieur avoit interjetté appel de la saisie féodale, soûtenant que ses terres étoient alodiales, & non féodales, par le moyen de l'amortissement qui en avoit été obtenu, & que luy & ses prédecesseurs en avoient joüi pendant un temps immémorial, sans avoir été obligez à bailler homme vivant & mourant, ni payer aucune redevance, ni droits ou devoirs quelconques.

Le Duc d'Alençon disoit au contraire, que l'amortissement n'éteint pas la féodalité, & ne décharge pas de la prestation de foy & hommage, & d'homme vivant & mourant; qu'il donne seulement la faculté de posseder des heritages à ceux qui en sont incapables par les Loix & les Statuts du Royaume.

Cet Auteur dit, qu'aprés une longue plaidoirie la cause fut appointée; & il ajoûte, qu'il faut soûtenir que par l'amortissement les gens de main-morte sont à l'avenir déchargez de la prestation d'homme vivant & mourant, foy & hommage & profits féodaux à l'égard du Fief amorti, mouvant immédiatement du Roy; & de la censive pour les heritages roturiers. Il le prouve par les raisons suivantes.

La premiere est, qu'un heritage amorti est hors du commerce des hommes, étant voüé, dédié, & consacré à Dieu: que pour cette raison le Roy amortissant un heritage, use de ces mots: *Avons amorti & dédié à Dieu, amortissons & à Dieu dédions, &c.*

La deuxiéme, que ce mot *Amortissement* ne signifie pas seulement dispense & permission aux gens de main-morte de posseder des heritages, mais qu'il signifie aussi quittance, renonciation, & remission generale du droit qui est dû sur l'heritage amorti.

La troisiéme, que les heritages amortis sont reputez alodiaux, & par consequent exempts & déchargez de prestation d'homme vivant & mourant, & de tous droits & devoirs qui pourroient être prétendus autrement.

La quatriéme, que si on obligeoit les gens de main-morte de bailler homme vivant & mourant, l'amortissement leur seroit inutile, dautant que quand les gens de main-morte ont acquis des heritages mouvans immédiatement du Roy, on ne les oblige pas d'en vuider leurs mains, mais seulement de payer les droits dûs pour leur acquisition, & bailler homme vivant & mourant, lequel est reçû en la Chambre des Comptes, & par le décés duquel est dû le rachat, à cause de l'ouverture du Fief, & de la mutation de vassal.

La cinquiéme, que si pour chacun Fief mouvant du Roy, & amorti par Sa Majesté, les gens de mainmorte étoient obligez de bailler au Roy homme vivant & mourant, il y a tel Archevêque, Evêque ou Abbé, qui seroit tenu de bailler au Roy des hommes vivans & mourans pour plus de vingt & trente Fiefs; & que cependant l'usage a toûjours été tel, qu'ils n'ont jamais été obligez d'en bailler.

Il est certain que si les Lettres d'amortissement portoient la décharge & l'exemption de payer à l'avenir aucuns droits, & de bailler homme vivant & mourant, les gens de main-morte en seroient déchargez, parce que le Roy auroit renoncé expressément aux droits qu'il pourroit prétendre sur l'heritage acquis par les gens de main-morte, ce qu'il pourroit faire à l'exemple des Seigneurs particuliers, & il ne sembleroit pas bien fondé de vouloir venir contre son propre fait; c'est pourquoy, dit Bacquet, au chapitre cité sur la fin, quand on dresse un amortissement, il faut bien prendre garde à mettre cette clause, qu'on ne sera tenu à l'avenir de faire foy & hommage, ni payer aucuns droits.

Le Roy Charles IX. a ordonné par plusieurs Edits, que les heritages Ecclesiastiques mouvans du Roy seroient exempts de tous droits qui pourroient être prétendus par Sa Majesté, ainsi que remarque Chopin sur ce titre nombre 38. Chopin.

Les Ecclesiastiques ont été presque toûjours en possession d'être exempts de faire la foy & hommage, de donner aveu & dénombrement & déclaration des biens de leurs Benefices; & cette possession a été confirmée par plusieurs Rois.

C'est le sentiment de Monsieur le Maistre, chapitre 11. où il dit, que par le moyen de l'amortissement, non seulement ils sont rendus capables de posseder immeuble, mais aussi les heritages qui relevent nuëment du Roy, comme dédiez à Dieu, sont affranchis de toutes charges, reputez alodiaux, non sujets à hommage, lods & ventes, homme vivant & mourant, ban & arriere-ban, si ce n'est que par reservation en l'amortissement ils y soient obligez; ou que les Abbez, Prieurs & autres, soient tenus de rendre la foy, & payer rachat; ou que la Coûtume, comme celle d'Anjou, art. 110. de Touraine, art. 10. & 11. du titre des rachats, & du Maine, art. 121. le reserve.

Nonobstant cette possession les Ecclesiastiques ont été poursuivis en differens Tribunaux, pour raison de la foy & hommage, aveus, dénombremens, & déclarations de leurs Fiefs, terres, possessions & heritages, lesquels leur étoient demandez, d'un côté par les Procureurs de Sa Majesté en ses Chambres des Comptes, lesquels prétendoient que lesdits Beneficiers y devoient porter la foy & hommage, fournir & faire recevoir leurs aveus & dénombremens; d'autre par les Officiers & Commissaires députez pour la confection du papier terrier de Sa Majesté, qui décernoient tous les jours des Ordonnances pour contraindre les Beneficiers à passer pardevant eux leurs aveus, dénombremens & declarations, & les y faire recevoir & verifier, & pour cet effet représenter les titres justificatifs de leur possession. 32.

Mais ils remontrerent au Conseil d'Etat du Roy, qu'il leur étoit presque impossible de représenter les titres des fondations & dotations de leurs Benefices, & que d'ailleurs les Rois prédecesseurs de Sa Majesté les avoient déchargez par plusieurs Edits, Déclarations & Arrests, de faire la foy & hommage, & bailler aveus, dénombremens & declarations des biens & revenus dépendans de leurs Benefices.

Pour faire cesser leurs plaintes, en leur donnant un Tribunal fixe & commode, dans lequel les declarations, aveus ou dénombremens du temporel de leurs Benefices, soit pour les biens qu'ils tiennent dans la mouvance ou directe de Sa Majesté, ou sous sa protection, fussent gardez, pour y avoir recours quand ils en auroient besoin; ce qui leur seroit tres-avantageux pour conserver la connoissance de leurs biens & leur consistance, & en empêcher l'usurpation. Sa Majesté par Arrest de son Conseil du 12. Decembre 1673. ordonna que les Archevêques, Evêques, Abbez, Prieurs & autres Beneficiers du Royaume, fourniroient aux Chambres des Comptes, au ressort desquelles leurs Benefices sont situez, des declarations signées de leurs mains, & scellées de leurs seaux, de tout le temporel de leurs Benefices, lesquelles contiendroient la consistance en détail & par le menu, tenans & aboutissans des Fiefs, Terres & Seigneuries mouvans & relevans de sa Majesté, unis & incorporez à leursdits Benefices, des maisons, fermes, métairies, prez, bois, rentes, & autres heritages par eux possedez en la censive & Seigneurie directe de sa Majesté, & de tous les autres biens qui leur appartiennent à cause de leurs Benefices, tant en Fief qu'en roture, en la mouvance & directe des Seigneurs particuliers; lesquelles declarations serviroient d'aveus & dénombremens pour ce qui concerne les Fiefs mouvans de sa Majesté; seroient envoyées pardevant les plus prochains Juges Royaux des lieux, pour y être lûës, publiées & verifiées en la maniere accoûtumée, pour la justification desquelles declarations, en cas qu'elles fussent contestées par les Procureurs Generaux de sa Majesté esdites Chambres des Comptes, ou Procureurs du Roy desdits Siéges Royaux, lesdits Beneficiers ne seroient tenus de rapporter, à l'égard des biens & droits qui leur ont été amortis, d'autres titres que ceux par lesquels ils feroient connoître que leurs prédecesseurs titulaires desdits Benefices, étoient en possession & joüissance desdits biens & droits lors de l'Edit de Melun de l'an 1581. comme baux à ferme, papiers terriers, cueilloirs, reconnoissances, registres & autres semblables. Et à l'égard des biens non amortis par eux acquis, retirez, donnez ou échangez depuis l'année 1641. ils représenteroient les Contrats de leurs acquisitions, retraits, donations, ou échanges, sans que lesdites declarations pussent préjudicier à l'avenir aux amortissemens generaux & particuliers accordez ausdits Beneficiers, tant par sa Majesté que par les Rois ses prédecesseurs, & sans préjudice aussi de la foy & hommage que lesdits Beneficiers devoient faire pour raison des Fiefs, Terres & Seigneuries dépendans de leursdits Benefices, mouvans & relevans immediatement de sa Majesté. Et en cas que lesdits Beneficiers eussent besoin de quelques délais pour dresser & mettre en état leursdites declarations, ils se pourvoiroient ausdites Chambres des Comptes, pour leur être pourvû, moyennant lesquelles declarations sa Majesté ordonna par le susdit Arrest, que tous lesdits Beneficiers seroient & demeureroient déchargez de toutes instances & poursuites faites à l'encontre d'eux, par lesdits Procureurs Generaux de sa Majesté, leur accordant pleine & entiere main-levée des saisies faites de leurs biens, à la charge de passer & fournir par chacun d'eux pardevant les Commissaires du Terrier, une declaration sommaire de leurs biens & droits mouvans, & tenus en Fief & censive de sa Majesté, contenant seulement en gros leur dénomination & situation, & dont ils diroient le détail être contenu dans leurs declarations fournies aux Chambres des Comptes.

Plusieurs Archevêques, Evêques, & autres Beneficiers du Royaume, ayant été poursuivis par voye de saisie réelle de leur temporel, & établissement de Commissaires sequestres, à la requête des Procureurs Generaux des Comptes, & Contrôleurs du Trésor, depuis l'année 1673. pour faire foy & hommage, bailler aveu & dénombrement, & declaration des biens & revenus de leurs Benefices, se pourvurent au Conseil du Roy pour faire cesser ces poursuites.

Par Arrest dudit Conseil du 9. Septembre 1675. il fut sursis pendant deux ans à toutes les poursuites & procedures contre lesdits Archevêques, Evêques, & autres Beneficiers du Royaume, & cependant leur fut accordé main-levée des saisies faites sur leurs biens pour raison de la foy & hommage, aveu & dénombrement, & declarations des biens dépendans de leurs Benefices. En consequence de ces Arrests du Conseil, les Ecclesiastiques ont été faire la foy & hommage en la Chambre des Comptes pour les Fiefs qui relevent du Domaine du Roy.

Si après que les gens de main-morte ont baillé homme vivant & mourant, le Fief qu'ils ont acquis, peut être saisi par le Seigneur du Fief dominant, faute par eux d'avoir payé le droit d'indemnité? 33.

Bacquet, au Traité des Amortissemens, chap. 57. dit, que sur cette question la Cour appointa les parties au Conseil le 7. Février 1554. entre les Religieux, Prieur, & Convent de saint Nicolas d'Acy lez-Senlis, & Maître Roger Cellier, Auditeur des Comptes, & Nicolas Plancy, Procureur en la même Chambre.

Ce même Auteur dit, que la même question fut depuis plaidée en l'Audiance de relevée, le 14. May 1555. entre les Boursiers du College de Montaigu, appellans, d'une part, & le Seigneur de Villepreux, intimé, d'autre; mais il ne dit pas ce qui fut jugé.

Il résout ensuite la question contre les Seigneurs, disant que les Seigneurs qui ont reçû purement & simplement à foy & hommage, l'homme vivant & mourant présenté par les gens de main-morte, sans avoir reçû l'indemnité, ne peuvent saisir le Fief amorti, faute de payement de ce droit, & qu'ils ne peuvent se pourvoir que par simple action.

Il fonde son opinion sur ce qu'en matiere féodale c'est une maxime, que quand le Seigneur de Fief a reçû en foy purement & simplement son vassal sans aucune protestation ou reservation, il ne peut plus user de saisie pour les droits & devoirs qu'il prétend luy être dûs, mais qu'il les doit demander par action, soit que les droits soient dûs du chef du vassal, ou de celuy de ses prédecesseurs, conformément à l'opinion de Maître Charles du Moulin.

Il y a encore une autre raison, qui est que suivant la commune opinion, la saisie féodale n'a lieu que pour les droits ordinaires établis par les Coûtumes, & non pour ceux qui sont extraordinaires, comme le droit d'indemnité.

On dit au contraire, que l'indemnité n'est pas un droit extraordinaire, puisqu'il est établi par plusieurs Coûtumes, qu'il n'est pas juste qu'un Seigneur soit obligé d'avoir un procés pour être payé de ses droits; ainsi ayant saisi le Fief acquis par gens de mainmorte, il n'est point tenu d'en bailler main-levée, qu'il ne soit payé des droits introduits par le droit coûtumier, & reçû generalement par tout le Royaume.

C'est la disposition expresse de la Coûtume d'Orleans, art. 41. dont les termes sont rapportez cy-dessus.

Si les gens de main-morte sont obligez de bailler aux Seigneurs homme vivant & mourant, & l'indemnité pour les rotures? 34.

Bacquet, chap. 54. tient qu'il est au choix des gens de main-morte de payer l'indemnité, ou de bailler homme vivant & mourant, par le décés duquel soient dûs au Seigneur les droits seigneuriaux, & dit avoir été jugé ainsi par deux Arrests au profit de l'Evêque de Paris, contre les Marguilliers de l'Eglise de saint Sauveur, & contre les Marguilliers de l'Eglise de saint Eustache.

Il y a grande difference entre les Fiefs & les rotures quant aux droits utiles: la perte que les Seigneurs font quand les gens de main-morte acquiérent des Fiefs, est incomparablement plus grande que celle des Seigneurs censiers; c'est pourquoy l'indemnité pour les Fiefs est plus forte que celle pour les rotures.

Les acquereurs de rotures ne doivent aucuns devoirs, les droits ne sont dûs qu'en cas de vente; mais à chaque mutation de Fiefs la foy & hommage est toûjours dûë, & le quint ou le relief, excepté en quelques mutations; ainsi il doit suffire pour les rotures de payer au Seigneur le droit d'indemnité, hors dans la Coûtume d'Orleans, qui ordonne, art. 118. 119. 120. de bailler homme vivant & mourant pour les rotures, avec l'indemnité.

Quant aux Arrests citez par cet Auteur, vrai-semblablement ils ont été rendus du consentement des gens de main-morte.

55. *Si le payement de l'indemnité fait par les gens de main-morte pour les acquisitions de rotures, les exemte de payer au Seigneur les cens, rentes & charges annuelles dont elles sont chargées envers luy?*

On répond que non; la raison est, que l'indemnité ne se paye que pour indemniser le Seigneur des droits qui pourroient écheoir & être dûs pour les ventes qui seroient faites par les particuliers, ausquels appartiendroient des heritages. Mais puisque les gens de main-morte peuvent payer au Seigneur les cens, rentes, & autres charges annuelles dont sont chargez envers luy les heritages qu'ils ont acquis, il n'y a pas lieu de dire qu'ils en soient exemts par le payement d'indemnité, à moins que le Seigneur n'y ait consenti, & qu'il ne les en ait déchargez expressément, autrement il ne seroit censé avoir voulu les en décharger: c'est le sentiment de Bacquet, chap. 53. nomb. 14.

56. *Si le Seigneur qui a vendu à une main-morte un Fief relevant de luy, peut l'obliger à payer l'indemnité, & à luy bailler homme vivant & mourant?*

Quant au droit d'indemnité, il est sans doute que le Seigneur seroit mal fondé de le prétendre, puisque même il ne peut pas demander les profits ordinaires de quints ou de lods & ventes; dautant qu'en vendant lui-même il a renoncé aux droits & profits utiles qui luy appartiennent pour les aliénations faites par d'autres, à moins que par le contrat il ne fût porté expressément, que les droits ordinaires & l'indemnité luy seroient payez, aprés avoir par la main-morte amorti l'heritage qu'elle auroit acquis.

Salvaing en son Traité de l'usage des Fiefs, chap. 59. dit qu'il a été ainsi jugé par Arrest du Parlement de Grenoble le 3. Mars 1665. donné au rapport de Monsieur Marnais la Roussiliere, entre Etienne Allian, ayant droit de Messire Honoré de Grimaldi, Prince de Monaco, Duc de Valentinois, Pair de France, demandeur en payement de droits de main-morte par luy prétendus, contre la Communauté de Saillans, à cause de la faculté à elle accordée par sa Majesté, de prendre de l'eau de la riviere de Drome, & la conduire au Moulin de la Communauté, sous la cense annuelle d'une mine de froment, d'une part, & les Consuls & Communauté de Saillans, défendeurs, d'autre.

A l'égard de la prestation d'homme vivant & mourant, suivant ce que nous avons dit cy-dessus, le Seigneur y peut obliger les gens de main-morte qui ont acquis de luy; dautant que cette prestation se fait en reconnoissance de la Seigneurie directe, à laquelle il n'est pas censé vouloir préjudicier sans un consentement exprés.

57. *Si l'heritier du Testateur est tenu faire amortir l'heritage legué à une main-morte, & payer l'indemnité?*

Cette question a été jugée plusieurs fois en faveur de l'Eglise.

Montholon, au chap. 7. & 132. de ses Arrests, en rapporte deux, le premier a été prononcé à la Nôtre-Dame de Septembre 1579. au profit de l'Hôpital de Montreüil, & l'autre à Noël 1581. en faveur de l'Hôtel-Dieu de Paris.

Monsieur Loüet, lett. A, nomb. 12. remarque l'Arrest de 1579. & un autre plus ancien du 22. Mars 1558. donné en la Grand'Chambre, au profit des Gouverneurs de l'Hôpital de la Trinité de Paris. Brodeau au même lieu en cite plusieurs; sçavoir, des 20. Juillet 1592. au profit des Minimes de la ville de Tours, 26. Juillet 1616. au profit du Chapitre de Nôtre-Dame de Chartres, 7. Septembre 1619. au profit de l'Hôtel-Dieu de Paris, du 27. May 1633. du 1. Juillet 1634. aussi au profit de l'Hôtel-Dieu de Paris, & un autre en païs de Droit écrit du 24. Février 1624. pour les Religieux Recollets de la ville d'Aix en Provence.

Ces Arrests ont été confirmez par un autre du 4. Decembre 1657. rapporté dans le second tome du Journal des Audiances, au profit des Chapitres & Chanoines de Senlis.

Il y a eu autrefois quelques Arrests qui ont jugé le contraire, Brodeau au lieu cité en remarque deux, qui ont jugé pour les heritiers, l'un du 11. Mars 1589. & l'autre de l'année 1595.

Mais à present on ne doute point, que tous les Arrests qui ont jugé pour les mains-mortes contre l'heritier, n'ayent établi une maxime certaine sur ce sujet.

Aussi cette question s'étant présentée depuis peu, elle a été décidée en faveur des legataires particuliers contre les heritiers & legataires universels, par Arrest du 1. Septembre 1690. rendu en faveur des Religieux Chartreux de la ville d'Orleans, & par un autre rendu le 4. Août 1705. au profit de la Fabrique de Moussy, & par un autre rendu le 12. Août 1706. au profit de la Faculté des Droits de Paris.

Cette question n'est pas néanmoins sans difficulté, & il y a plusieurs raisons considerables de part & d'autre.

On peut dire pour les heritiers;

Premiérement, que l'heritier n'est obligé, suivant la disposition du Droit, tant Civil que Canonique, qu'à la délivrance des legs, ou des choses leguées, telles qu'elles sont au temps de la mort du testateur, ou du jour que la demande luy en est faite, *legatum est donatio quædam à defuncto relicta ab herede præstanda:* Or l'heritier peut fort bien délivrer le legs à la main-morte à qui il a été fait, sans le faire amortir, ni payer l'indemnité au Seigneur, dautant qu'il n'est pas défendu aux main-mortes d'acquerir des heritages, mais il leur est défendu de les posseder; ils ont toûjours eu le pouvoir de faire des acquisitions, mais comme elles ne peuvent demeurer en leur possession que jusques à ce qu'ils soient sommez & interpellez d'en vuider leurs mains, & encore ils ont un an pour les transferer en mains capables de les posseder; d'où il s'ensuit qu'ils peuvent bien acquerir par actes entre-vifs, ou par ordonnances de derniere volonté, & disposer des choses qu'ils ont acquises selon les Ordonnances.

En second lieu, que l'heritier n'est obligé qu'à l'éxécution de la volonté du Testateur; ce qu'il peut faire sans se charger de l'amortissement & de l'indemnité dont il ne l'a pas chargé, son engagement se borne au payement & à la délivrance du legs, ensorte qu'il semble ne devoir être tenu de la diminution qui peut être causée audit legs par cas fortuit, ou autrement, pourvû que ce ne soit pas par son propre fait.

En troisiéme lieu, que l'incapacité de posseder des heritages vient de la part & du défaut des main-mortes; ainsi s'il y a quelque finance à payer pour acquerir cette capacité, c'est aux main-mortes à la payer, & non pas aux heritiers; de même que quand celuy qui est incapable d'acquerir une chose, stipule qu'elle luy soit donnée, telle stipulation est inutile, & il ne s'en peut point servir: ainsi autrefois un Juif stipuloit inutilement un Esclave Chrétien, parce qu'il ne luy étoit pas permis de l'acquerir, *§. 2. instit. de inutilib. stipulat. l. mortuo. §. Labeo. ff. de leg. 2. l. multum interest de verb. obl.* Que si un roturier achetoit un Fief d'une personne noble, & que pour cet effet il fût obligé de payer au

Roy le droit des francs-Fiefs pour être rendu capable de le posseder, & qu'il fût dans la suite évincé par un parent lignager, ou par le Seigneur féodal, il ne pourroit pas prétendre être remboursé de la finance qu'il auroit payée pour acquerir cette capacité, comme il a été jugé par Arrest rapporté par du Luc, liv. 9. chap. 7. parce que cette finance auroit été payée en conséquence d'un défaut venant de sa personne.

Les raisons qui ont déterminé la Cour à juger en faveur des main-mortes, sont celles qui suivent :

La premiere est, que lors qu'il s'agit des legs faits à l'Eglise, quand on doute de la volonté des Testateurs, il en faut toûjours faire une interprétation favorable; & partant quand un Testateur a fait un legs à une Eglise sans parler du droit d'amortissement & d'indemnité, on présume qu'il a voulu en charger son heritier, afin que le legs parvint tout entier aux Legataires, & les rendre capables de l'acquerir & de le posseder sans aucune diminution; *Authent. similiter. C. ad leg. falcid. cap. nos quidem. Extrà. de Testam.*

La seconde, que l'heritier est tenu faire à ses dépens tout ce qui est necessaire pour l'éxécution de la volonté du Testateur; delà vient que s'il a legué l'usufruit d'un fond, l'heritier doit fournir au Legataire un chemin pour y parvenir, *l.* 1. *§.* 1. *ff. si usufruct. pet. usufructus legatus adminiculis eget, sine quibus uti frui quis non potest, & ideò si usufructus legetur, necesse est ut sequatur cum aditus.*

La volonté du Testateur doit être interprétée dans le sens le plus favorable au Legataire, & dans le doute on ne doit pas présumer que son intention ait été de charger ou diminuer sa disposition. Ainsi, quand il fait un legs à gens de main-morte, il est censé avoir voulu leur donner tout ce qui est necessaire pour joüir de sa liberalité; il connoissoit leur qualité, & sçavoit qu'ils n'en pouvoient pas joüir sans payer l'amortissement, *Heres debet præstare Legatario ut uti frui liceat.*

Dans la Loy *his verbis.* §. 3. *ff. de legat.* 3. Un maître par son testament legue une Charge à son affranchi, *Seio liberto meo militiam, do, lego,* l'affranchi ne pouvoit en faire les fonctions sans payer les frais d'entrée & de reception, le Jurisconsulte sur la question, si ces frais tomboient sur le Legataire ou sur l'heritier, répondit, *onera omnia & introitus militiæ ab herede præstanda.*

Maître Antoine Mornac sur cette Loy dit, que nous l'avons reçûë en France, & que c'est sur ce fondement que nous chargeons les heritiers de payer le droit d'amortissement pour les legs faits à gens de main-morte : *Nota ex hoc textu judicari solere contra heredes ejus qui legavit fundum Ecclesiæ, nimirùm eos teneri solvere Regi jus morticinii seu amortissamenti.*

Enfin, toutes les fois que la question s'est présentée, elle a été décidée depuis plus d'un siecle en faveur des Legataires particuliers contre les heritiers & les Legataires universels.

Il y a un cas auquel l'heritier ne seroit pas obligé de faire amortir l'heritage legué à une Eglise, ni payer au Seigneur l'indemnité, qui est quand l'heritier se tient aux quatre quints des propres, car ces quatre quints luy doivent appartenir *sine onere*, & le testateur ne les a pû charger, suivant l'art. 292. qui porte, qu'on ne peut disposer par derniere volonté de plus de la cinquiéme partie de ses propres, *encore que ce fût pour cause pitoyable.* Et suivant l'article 295. qui permet à l'heritier des propres de prendre les quatre quints, & d'abandonner les autres biens aux Legataires.

38. *S'il en faut dire de même des donations entre-vifs faites aux Ecclesiastiques, & si les donateurs ou leurs heritiers sont obligez de faire amortir les heritages donnez, & payer aux Seigneurs le droit d'amortissement ?*

Cette question a été jugée par plusieurs Arrests, Brodeau sur Monsieur Loüet, *loco citato*, remarque deux Arrests, par lesquels les Ecclesiastiques sont obligez de faire amortir à leurs dépens les heritages à eux donnez, & d'en payer l'indemnité aux Seigneurs.

Le premier est du 1. Février 1642. infirmatif de la Sentence de Messieurs des Requêtes du Palais, du 20. Août 1640. par laquelle Philippes Mauverny & Marie Garnier sa femme, petits-enfans & heritiers d'Antoine de Saignes & de Françoise Bourgineau sa femme, avoient été condamnez d'acquiter les Religieux Minimes de Nijon du droit d'indemnité, à eux demandé par les Chevecier, Chantre & Chanoines de l'Eglise de saint Mederic à Paris, à cause de la donation entre-vifs, faite ausdits Religieux par lesdits de Saignes & sa femme, par Contrat du 27. Août 1612. d'une maison scise à Paris ruë Geoffroy l'Angevin, en émandant sur la demande des Religieux, les parties mises hors de Cour & de procez : L'Instance ayant été communiquée à Monsieur le Procureur General pour la conséquence, la cause avoit été appointée au Conseil par Arrest du 31. Janvier 1641. plaidans Chardon, Martin, & Monsieur l'Avocat General Briquet.

L'autre a été donné en la troisiéme Chambre des Enquêtes, au rapport de Monsieur Tibeuf, le 31. Mars 1643. par lequel fut il jugé, que les heritiers de Messire Robert Hennequin, qui avoit donné à l'Ordre de Malthe par donation entre-vifs, la Terre & Seigneurie du Cuzy, scise au village de Valois, pour être érigée en une Commanderie & Bailliage dudit Ordre, n'étoient point obligez de payer le droit d'indemnité au Seigneur.

La raison de cette décision est, qu'il y a grande différence entre les choses laissées par testament ou ordonnance de derniere volonté, & celles qui sont données par acte entre-vifs.

A l'égard des dispositions de derniere volonté, on présume toûjours, que le testateur a eu intention & volonté de charger son heritier du payement & acquit des droits d'amortissement & d'indemnité, suivant les raisons remarquées cy-dessus.

Quant aux donations entre-vifs, qui sont contrats obligatoires de part & d'autre, il n'y a rien à suppléer, on n'en fait point d'interprétations favorables pour les donataires, on ne reçoit point de présomptions ni de conjectures à leur profit, tout s'y interprete à la rigueur comme dans les autres contrats, où tout ce qui n'est point exprimé, est censé & reputé obmis, & ne peut avoir lieu. 39.

Ainsi quand il y a quelque difficulté à expliquer en un contrat de vente ou de loüage, on l'interprete contre celuy qui devoit s'expliquer plus clairement, *l. si arborem.* 16. §. *hac lex. ff. de servitut. urbanor. præd.* sur lequel Bartole dit. *pactio obscura interpretatur contra proferentem.*

Dans les stipulations les doutes s'interprétent toûjours contre les stipulans, *l. cum quæritur. ff. de reb. dubiis;* & la Loy 30. *ff. de pact.* dit, que *in venditionibus & locationibus, pactio ambigua vel obscura venditori & locatori nocet, in quorum potestate fuit apertiùs legem dicere.*

La Loy *quidquid ff. de verb. obl.* porte, que *quidquid adstringendæ obligationis causâ dictum est, id nisi palam verbis exprimatur, omissum intelligendum est.* Et la Loy *stipulationes*, au même titre, dit que *stipulationes commodissimum est ita componere, ut quæcumque specialiter comprehendi possint, contineantur.*

Ainsi, lorsque les Ecclesiastiques acceptent une donation entre-vifs, ils doivent faire inserer dans le contrat une clause, qui oblige le donateur à l'amortissement de l'heritage donné, & au payement du droit d'indemnité envers le Seigneur, sinon ils en sont chargez.

TRONÇON. Tronçon sur l'article 1. *in verbo* le Seigneur, dit qu'en cas de donation d'heritages à des Ecclesiastiques ou Communautez & Fabriques d'Eglise Paroissiale, le donataire ou ses heritiers sont tenus de fournir tous les frais de l'indemnité & de l'amortissement; mais il se trompe quant à la donation, ainsi qu'il a été jugé par les Arrests remarquez cy-dessus.

40. *Si le Seigneur immediat recevant l'indemnité des gens de main-morte, préjudicie aux droits du Seigneur suzerain, & empêche qu'il ne puisse étendre sa saisie sur le Fief acquis par iceux en cas d'ouverture du Fief du vassal?*

DU MOULIN. Du Moulin sur l'article 51. *glos.* 2. *num.* 85. & *seqq.* traite cette question, & aprés avoir rapporté des raisons de part & d'autre, il dit pour resolution, qu'il faut examiner la forme de l'investiture & de l'amortissement fait par le Seigneur immediat; car s'il est fait à la charge d'une certaine rente payable par chacun an, en donnant par la main-morte homme vivant & mourant, ou une certaine somme payable dans un certain temps, comme tous les quinze ans, pour droit de relief, en ce cas le Seigneur suzerain pendant la saisie du Fief de son vassal, ne peut exiger de la main-morte que cette rente, ou cette somme dans le temps qu'elle est payable.

Que si le Seigneur immediat a déchargé la main-morte du droit d'indemnité, il dit qu'en ce cas le Seigneur suzerain qui tient saisi le Fief de son vassal, ne peut contraindre cette main-morte de mettre le Fief hors ses mains, mais qu'il en peut éxiger l'indemnité, proportionnée au revenu du Fief à raison du temps que durera la saisie.

Enfin il resoud que le Seigneur immediat peut bien par l'amortissement accordé aux gens de main-morte, empêcher que le Seigneur suzerain ne les contraigne de vuider leurs mains des Fiefs qu'ils auroient acquis, mais que par ce moyen il ne peut pas préjudicier au droit d'indemnité, qu'il peut justement prétendre pendant la saisie du Fief de son vassal.

In summa dico, quod immediatus patronus potest amortizare in prajudicium omnium superiorum patronorum Rege inferiorum, respectu juris expellendi, sed non respectu indemnitatis. Ita quod sive gratis, sive acceptâ certâ summâ semel pro omni futuro tempore solutâ investierit, sive veterem indemnitatis compositionem immutaverit, nihilominus superior patronus diù pendente prehensione feudi, potest congruam indemnitatem ratione feudi amortizati exigere pro rata temporis, quo feudum in ejus manu prehensum manet. Nec video quod justiùs aut æquiùs omnibus consideratis decerni possit. Si enim dicamus superiorem patronum posse, non obstante quacunque vassalli amortizatione, cogere Ecclesiam ad vacuandam manum suam, nedum illud est contra dispositionem hujus consuetudinis in d. §. 37. sed etiam durum & iniquum, quia sequeretur Ecclesiam teneri rem justo pretio emptam, iterùm redimere, nedum à proprio & immediato domino directo, & à supremo, videlicet Rege, sed etiam ab omnibus intermediis dominis, propter quos interesse censuale & remotum sufficere debet pro tempore eorum, si casus accidat indemnes reddi. Si autem diceremus immediatum patronum posse omne jus indemnitatis futuri temporis etiam in prajudicium superiorum remittere posse, & hoc etiam iniquum esset. Sequamur igitur hanc mediam æquitatis viam, per quam utrique parti commodius consulitur, juxta leg. 1. ff. si quis caut.

Je ne vois pas qu'on puisse suivre le sentiment de Maître Charles du Moulin, car l'indemnité étant reçûë par le Seigneur immediat avant la saisie du Seigneur suzerain du Fief mouvant de luy, elle est valablement reçûë, & doit produire son effet, tant contre celuy qui l'a reçûë, que contre le Seigneur suzerain, ayant été reçûë par celuy qui en avoit le pouvoir, & dans un temps auquel le Seigneur suzerain n'avoit aucun droit ni puissance, soit sur le Fief immediat ou sur les arriere-Fiefs.

Il n'importe que le vassal ait reçu des gens de main-morte une certaine somme d'argent une fois payée pour le droit d'indemnité, ou qu'il l'ait remis; ce qui est conforme à l'esprit & à l'intention de nôtre Coûtume, car le Seigneur ayant investi ses vassaux, le Seigneur suzerain pendant la main mise sur le Fief mouvant de luy, ne peut saisir les arriere-Fiefs couverts, mais seulement ceux qui sont ouverts, suivant l'art. 54. de la Coûtume de Paris; d'où il s'ensuit que si le Seigneur a investi une main-morte, & qu'il en ait reçû l'indemnité, avenant l'ouverture du Fief servant, le Seigneur Suzerain ne peut mettre sa main sur l'arriere-Fief acquis par la main-morte; & il seroit injuste que la main-morte qui auroit payé l'indemnité au Seigneur, fût encore obligée avenant une saisie féodale du Fief de son Seigneur immediat, de payer d'autres droits au Seigneur suzerain, il n'y a aucune Coûtume qui y oblige les main-mortes. 41.

Quand des Terres sont érigées en Duchez, elles ne relevent immédiatement que du Roy, & cette érection donne lieu à l'indemnité envers les Seigneurs desquels elles relevoient auparavant: par Arrest du 26. Janvier 1685. rendu en la Grand'Chambre, au rapport de Monsieur Boudoüin, rapporté dans le second tome du Journal du Palais, la Cour a condamné Monsieur le Duc Mazarin à payer au sieur de Sourdis pour le droit d'indemnité, deslors de l'érection de la Terre de la Meilleraye en Duché, en l'année 1640. le tiers du prix des maisons, terres & heritages faisant partie de celle de la Meilleraye & Sauraye, qui relevoient du Fief de trois hommages avant l'érection desdites Terres en Duché-Pairie, suivant l'estimation qui en seroit faite par Experts, & gens à ce connoissans, dont les parties conviendroient, & aux interêts des sommes ausquelles se monteroit le droit d'indemnité, à compter du jour de la demande jusqu'à l'actuel payement. 42.

Cet Arrest est fondé sur les principes établis cy-dessus, & sur la raison pour laquelle le droit d'indemnité est dû aux Seigneurs; sçavoir, que les Seigneurs ausquels l'indemnité est dûë, étant privez pour toûjours des droits de quint & autres, il est juste que dans l'estimation de ce droit, outre tout ce qui compose la Terre pour laquelle ce droit est dû; cependant l'estimation ne s'en doit faire, au cas de l'Arrest, selon la juste valeur de chaque partie qui la compose, mais *ex æquo & bono*; c'est-à-dire, selon qu'elle pouvoit être venduë.

Maître Auzanet, touchant l'indemnité, dit que l'indemnité a été diversement reglée, tant pour les Fiefs que pour les rotures, au tiers, au quart au cinquiéme denier, & qu'à present l'avis le plus commun va à la regle au tiers pour les Fiefs, & au quint pour les rotures.

Qu'il y a peu de difficulté en cas de vente; mais que quand il s'agit de legs, donation ou d'échange, la regle n'est pas certaine, que quelques Arrests l'ont reglée pour les rotures au centiéme denier de la censive; que quelques Arrests ont donné au Seigneur l'option de prendre un homme vivant & mourant, ou le droit d'indemnité en argent, & d'autres ont laissé le choix aux gens de main-morte.

Les gens de main-morte peuvent être contraints par le Seigneur féodal ou censier, de mettre hors leurs mains les heritages par eux acquis, s'ils ne font apparoir des Lettres d'amortissement; & quoiqu'ils les ayent obtenuës, le Seigneur féodal peut retirer, s'il veut, par puissance de Fief, les biens

& droits féodaux par eux acquis, en rendant le prix de l'acquisition avec les frais & loyaux coûts.

Cet Auteur tient que, si le Chapitre de l'Eglise Cathedrale acquiert dans le Fief dépendant de l'Evêché, & si l'Evêque acquiert dans le Fief du Chapitre, ils peuvent être contraints de vuider leurs mains ou payer l'indemnité.

Qu'au contraire, si les Religieux font acquisitions dans le Fief, étant de la manse de l'Abbé & Prieur, & si l'Abbé ou Prieur fait acquisitions dans le Fief dépendant de la manse des Religieux, ils ne peuvent respectivement être contraints de vuider leurs mains, ni payer aucun droit d'indemnité.

La raison de la difference est que depuis la division faite entre les Evêques & leur Chapitre des biens de leur Eglise, on les a considerez comme propriétaires differens des biens contenus dans leurs manses; & cette division n'a rien de contraire aux Canons & aux Loix Ecclesiastiques, & elle est même necessaire; & qu'à l'égard de la division des Monasteres entre l'Abbé ou Prieur commandataire & ses Religieux, elle est abusive & contraire aux Canons, comme la commande d'où elle procede, & la division des biens des Monasteres entre ces Abbez & leurs Religieux n'a été autorisée que parce que tous ces Abbez prenoient tous les revenus, & n'en laissoient pas aux Religieux pour vivre; ainsi on ne considere tous les biens des Monasteres que comme appartenans à l'Abbé & aux Religieux, conjointement & sans distinction.

Nonobstant le payement de l'indemnité les, cens & rentes & autres devoirs annuels doivent être payez & continuez tant sur les Fiefs que sur les rotures, selon le sentiment de Maître Auzanet, ce que je crois veritable. AUZANET.

Extraits des principales Declarations & autres Pieces concernantes les droits de Francs-Fiefs, d'Amortissemens, & de nouveaux Acquêts.

DEclaration du Roy, *du 29. Decembre 1652.* pour la liquidation, levée, & perception des droits de Francs-Fiefs, nouveaux Acquêts & Amortissemens dûs à sa Majesté, depuis le dernier Decembre 1633. sur le pied du revenu d'une année des choses sujettes ausdits droits.

Edit du Roy, *du mois de Novembre 1656.* portant permission aux roturiers de posseder des Fiefs, arriere-Fiefs, Alleux, Heritages, Rentes, Dixmes inféodées, & autres biens nobles, avec affranchissement des droits de Francs-Fiefs à l'avenir.

Lettres Patentes du Roy, *du 25. Juin 1657.* expédiées pour l'exécution dudit Edit, registrées en la Chambre souveraine des Francs-Fiefs, nouveaux Acquêts & Amortissemens.

Declaration du Roy, *du 27. Août 1657.* Pour la confirmation des Privileges & Exemptions des droits de Francs-Fiefs, cy-devant accordez aux habitans des Villes & lieux privilegiez, & tous autres particuliers joüissans de ladite Exemption, décharge de la taxe ordonnée *par l'Edit du mois de Novembre 1656.* Et confirmation des Franchises & Immunitez des droits seigneuriaux & féodaux, accordez aux possesseurs des biens tenus en franc-aleu, franches-bourgades, & franches-bourgeoisies, &c.

Arrest du Conseil d'Etat, *du 24. Octobre 1658.* portant renvoy en la Chambre souveraine des Francs-Fiefs, de toutes les oppositions & appellations formées au Parlement de Paris, par les habitans des Villes, exempts & privilegiez, & ceux qui possedent des biens en franc-aleu; défenses de proceder ailleurs, & audit Parlement d'en plus prendre connoissance, aux peines y contenuës.

Arrest de la Chambre, *du 17. Mars 1660.* qui ordonne que les redevables, qui auront détourné leurs fruits saisis, seront contraints par corps.

Arrest de la Chambre, *du 25. Juin 1660.* qui ordonne que les fermiers des redevables des taxes pour le droit de confirmation des Fiefs, seront contraints par corps.

Arrest du Conseil, *du 21. Octobre 1660.* qui fait défenses aux Maires, Echevins & habitans des Villes privilegiées, de se pourvoir pour raison des Francs-Fiefs, au Parlement, ni ailleurs qu'au Conseil, & en la Chambre souveraine, ou pardevant les subdéleguez d'icelle.

Arrest du Conseil, *du 12. Janvier 1662.* portant que le recouvrement des taxes de l'affranchissement des Francs-Fiefs, ordonné par l'*Edit du mois de Novembre 1656.* sera fait & continué avec défenses à toutes personnes d'y apporter aucun empêchement, & à tous Juges, autres que les subdéleguez, de prendre connoissance de l'exécution dudit Edit, que sa Majesté veut être exécuté, ensemble les Arrests & Reglemens rendus en consequence.

Edit du Roy, *du mois de Mars 1672.* en faveur des roturiers, & non-nobles possedans Fiefs, Alleux, Heritages, Rentes, dixmes inféodées, & autres biens & droits nobles, qui leur accorde la faculté de les posseder, en payant trois années du revenu d'iceux, tant pour la joüissance du passé, que pour l'affranchissement à l'avenir, &c.

Declaration du Roy, *du 23. Mars 1672.* qui confirme en exécution de l'*Edit du mois de Novembre 1656.* l'affranchissement des droits de Francs-Fiefs, portée par iceluy, dans le ressort des Cours de Parlement de Paris & Roüen, en payant une année du revenu d'iceux, & pour la recherche & recouvrement dudit droit, contre ceux qui se sont exemtez, & qui ne l'ont payé.

Arrest du Conseil, *du 26. Mars 1672.* Pour l'exécution des Edit & Declaration des Francs-Fiefs, & affranchissement d'iceux, qui regle la forme dans laquelle les redevables doivent fournir leurs declarations, les délais des oppositions & procedures, ordonne la représentation des Titres, Baux & Quittances, & que le droit sera payé par préférence à toutes saisies, même réelles, &c.

Arrest du Conseil, *du 5. Juillet 1672.* qui modere à la moitié le droit de Contrôle des Exploits, à l'égard des Interessez au recouvrement des Francs-Fiefs, &c.

Arrest du Conseil, *du 19. Juillet 1672.* en exécution des Edit & declaration, pour la levée des droits de Francs-Fiefs, & affranchissement d'iceux; qui regle la forme des declarations, & les délais des oppositions & procedures, ordonne la représentation des Titres, Baux & Quittances, & le payement des droits par préférence à toutes saisies, même réelles, &c.

Arrest du Conseil, *du 9. Août 1672.* qui ordonne que le recouvrement des droits de Francs-Fiefs, affranchissement d'iceux & droits de nouveaux acquêts, sera fait par les Receveurs des Tailles, commis ausdites recettes ou autres, &c.

Arrest du Conseil, *du 9. Août 1672.* qui ordonne que les frais des contraintes, qui seront faits pour le recouvrement des droits de Francs-Fiefs, & affranchissement d'iceux, seront taxez par les Commissaires départis, ou leurs subdéleguez.

Arrest du Conseil, *du 20. Septembre 1672.* qui défend à tous Seigneurs & autres personnes privilegiées, de souffrir en leurs maisons aucuns vins, grains, eaux-de-vie, bestiaux, ni autres effets appartenans aux redevables des droits de Francs-Fiefs, affranchissement d'iceux, & nouveaux acquêts, permet d'informer contre les contrevenans, & cependant de faire saisir & vendre les choses recellées.

Arrest du Conseil, *du 20. Septembre 1672.* qui

ordonne que les particuliers qui prétendent avoir payé le droit d'affranchissement des Francs-Fiefs en exécution de l'Edit, *du mois de Novembre 1656.* representeront leurs quittances pardevant les Commissaires départis, ou leurs Subdéleguez, dans un mois aprés la publication de cet Arrest, aux Prônes des Parroisses, pour être paraphées aprés avoir été communiquées à Maître Claude Vialet, ses Procureurs ou Commis.

Arrest du Conseil, *du 23. Nov. 1672.* qui ordonne que les Rôles des Taxes des Francs-Fiefs, affranchissement d'iceux, & de nouveaux acquêts, seront faits sur les anciens Rôles, ou sur l'estimation des Experts nommez par les sieurs Intendans.

Arrest du Conseil, *du 31. Decembre 1672.* Pour faire communiquer, & expédier au Traitant des Francs-Fiefs, par les Greffiers, Notaires, & autres personnes publiques, les Actes qu'ils ont entre les mains, necessaires à son recouvrement, moyennant salaires raisonnables.

Arrest du Conseil, *du 4. Janvier 1673.* en forme de Reglement, pour les poursuites & contraintes qui seront faites pour le recouvrement des droits de Francs-Fiefs, nouveaux acquêts, & affranchissement desdits droits de Francs-Fiefs, tant par les Soutraitans que par les redevables, qui leur ordonne de faire élection de domicile, de déclarer les noms de leurs Avocats, &c.

Arrest du Conseil, *du 28. Janvier 1673.* pour la confirmation des Privileges des habitans des Villes franches, en payant par les possesseurs des Fiefs, & autres biens en franc-alleu, franches-bourgades, & franches bourgeoisies, le revenu de deux années.

Arrest du Conseil, *du 25. Février 1673.* qui ordonne que les redevables des droits de Francs-Fiefs, & affranchissement, payeront les taxes sur eux faites, sans avoir égard aux contrats qu'ils pourroient avoir faits pour la division de leurs Fiefs, & autres Actes posterieurs à la Declaration du Roy.

Arrest du Conseil, *du 18. Mars 1673.* portant Reglement des frais qui seront faits contre les redevables des droits de Francs-Fiefs, affranchissement d'iceux, & nouveaux acquêts, faute de payement de leurs taxes.

Arrest du Conseil, *du 18. Mars 1673.* qui confisque au profit de sa Majesté, & réünit à son Domaine les biens nobles qui n'auront été declarés, ou qui auront été obmis dans les déclarations des redevables des droits de Francs-Fiefs & nouveaux acquêts.

Arrest du Conseil d'Etat, *du 11. May 1673.* pour informer des compositions illicites, & exactions faites par les Préposez au recouvrement des Francs-Fiefs, & affranchissement d'iceux, nouveaux acquêts, &c.

Arrest du Conseil, *du 20. Juin 1673.* qui ordonne que les Ecclesiastiques non nobles payeront les droits de Francs-Fiefs & autres biens nobles par eux acquis à titre particulier, ou pour leurs biens patrimoniaux de ladite qualité, &c.

Arrest du Conseil, *du 29. Juillet 1673.* qui ordonne que les roturiers possedans Fiefs & autres biens nobles, qui ont payé deux années du revenu d'iceux, pour joüir de l'affranchissement porté par l'*Edit de 1656.* payeront seulement une année du revenu desdits biens, pour y être confirmez, & que ceux qui se sont indûment exemtez dudit affranchissement, seront tenus de payer, outre ladite année, deux autres années dudit revenu, &c.

Arrêt du Conseil *du 2. Decembre 1673.* Qui ordonne que les Soûtraitans du recouvrement des taxes des Francs-Fiefs & autres affaires, feront incessamment expedier & contrôler les quittances du Garde du Tresor Royal, & du Tresorier des revenus casuels necessaires à leurs recouvremens.

Arrêt du Conseil *du 10. Fevrier 1674.* qui attribuë aux Requêtes de l'Hôtel, toutes les saisies réelles qui seront faites pour raison du recouvrement du droit de Francs-Fiefs & affranchissement d'icelui, à l'exclusion de tous autres Juges.

Arrest du Conseil *du 16 Juin 1674.* pour faire juger les oppositions formées par les particuliers dénommez aux Rôles des taxes de Francs-Fiefs, affranchissement d'iceux, & nouveaux acquêts dans les temps y portez, sinon les Rôles executez pour le tout.

Arrest du Conseil *du 21. Juillet 1674.* qui ordonne que les redevables des droits de Francs-Fiefs seront contraints au payement de leurs taxes, & deux sols pour livre d'icelles, par saisies réelles de leurs immeubles sujets ausdits droits; que les criées seront faites & poursuivies aux principaux Bailliages des villes où les Bureaux des Finances sont établis, &c. Qu'à la vente & adjudication par decret d'iceux, les Commissaires départis dans les Provinces pourront presider; & que sur les deniers en provenants, les sommes contenuës aux Rôles desdites taxes, seront payées par préference à tous creanciers; & les Adjudicataires, ou autres, qui auront payé lesdites taxes, subrogez aux droits & privileges de Sa Majesté.

Arrest du Conseil *du 31. May 1675.* qui ordonne que les particuliers qui ont fait des consignations entre les mains de Maistre Claude Vialet, & René Drouet, leurs Procureurs, Commis & Préposez, ou des Notaires & autres, pour être reçûs en leurs oppositions & appellations des taxes faites pour raison des droits de Francs-Fiefs, Amortissement d'iceux, & nouveaux Acquêts, seront tenus de les faire juger dans un mois: autrement les sommes consignées seront par lesdits Vialet & Drouet leurs Procureurs, Commis & Préposez portées au Tresor Royal.

Arrest du Conseil *du 6. Mars 1675.* pour faire convertir en quittances des sieurs de Bartillac Garde du Trésor Royal & du Mets Trésorier des revenus casuels, les recepissez des Commis & Préposez de Maistre Claude Vialet, chargé par Sa Majesté du recouvrement des droits de Francs-Fiefs & nouveaux acquêts, &c.

Arrest du Conseil *du 9. Mars 1675.* qui déclare nulles les quittances de Maistre Gabriel Dallet, qui n'ont pas été representées dans le temps porté par autre Arrest sur ce rendu; & ordonne que nonobstant icelles, les Redevables seront contraints au payement de trois années.

Arrest du Conseil *du 28. Octobre 1675.* qui ordonne, que sur les deniers provenans des Fermages, Regies & Adjudications des Fiefs & biens nobles saisis & vendus par decret, qui ont été compris dans les Rôles expediez pour les droits de Francs-Fiefs, Maître Claude Vialet, ses Procureurs & Commis, seront payez par préférence à tous créanciers des taxes faites sur iceux.

Arrest du Conseil, *du 14. Août 1677.* qui ordonne que dans un mois pour tout délay, les opposans feront vuider les Instances, & feront signifier les Jugemens qu'ils auront obtenus, faute dequoy ils seront contraints pour toutes les sommes contenuës aux Rôles, avec défenses de se pourvoir contre les Traitans, pour raison des sommes reçûës à peine d'amende, & que les redevables qui n'ont pas rapporté les quittances d'affranchissement dûment paraphées, payeront le surplus des sommes contenuës aux quittances qui ont été expédiées par le Garde du Trésor Royal.

Arrest du Conseil, *du 1. Juin 1680.* pour le recouvrement du droit de Francs-Fiefs en Flandres, à raison de trois années du revenu.

Arrest du Conseil, *du 1. Juin 1680.* qui regle la forme des déclarations & les délais des procedures,

& ordonne la représentation des Titres & Baux, à peine de confiscation des biens saisis, & de cinq cent livres d'amende.

Arrest du Conseil d'Etat, *du* 15. *Janvier* 1681. pour le recouvrement des droits de Francs-Fiefs au pays d'Artois, qui regle le droit à l'égard des non-Nobles, à une année du revenu de leurs Fiefs, & à l'égard des Ecclesiastiques, Communautez & gens de main-morte, à deux années de leurs acquisitions.

Arrest du Conseil d'Etat, *du* 1. *Février* 1681. pour le recouvrement des droits de Francs-Fiefs en Flandres, qui regle le pied sur lequel le recouvrement des biens acquis avant l'année 1671. & depuis sera fait.

Arrest du Conseil d'Etat, *du* 23. *May* 1681. qui ordonne que dans un mois, du jour de la publication du present Arrest, à l'Audience des Sieges des Justices Royales, les Notaires, Procureurs, Huissiers, Sergens & autres, qui ont entre les mains des Recepissez des Commis, Procureurs & Soutraitans de Claude Vialet, chargez dans les Provinces du recouvrement des Francs-Fiefs, &c. seront tenus de les représenter aux Greffes desdites Justices Royales, sinon ledit temps passé lesdits Recepissez déclarez nuls, &c.

Arrest du Conseil, *du* 6. *Novembre* 1688. qui ordonne que tous ceux qui ont entre les mains des Recepissez des Commis de Maître Claude Vialet, concernant les Francs-Fiefs, &c. seront tenus de les représenter dans un mois, & ledit passé, qu'ils seront contraints de nouveau au payement des taxes sur eux faites à leurs frais, &c.

Declaration du Roy *du* 5. *Juillet* 1689. pour la levée & liquidation des droits d'Amortissement & de nouveaux Acquêts.

Arrest du Conseil d'Etat du Roy, *du* 6. *May* 1690. qui condamne les Chantre, Chanoines & Chapitre de saint Honoré, payer à sa Majesté les droits d'Amortissements & de nouveaux Acquêts des maisons par eux construites depuis 1641. à raison du denier vingt-deux, des loyers & revenus d'icelles, &c.

Arrest du Conseil d'Etat du Roy, *du* 11. *Juillet* 1690. qui ordonne qu'en cas que les rentes foncieres ou constituées par dons & legs, pour lesquels les droits d'Amortissement auront été payez, soient rachetées aux Gens de main-morte, les heritages ou autres biens qu'ils pourront acquerir des deniers provenans dudit rachat, seront & demeureront amortis sans nouvelle finance.

Arrest du Conseil d'Etat du Roy, *du* 16. *Août* 1692. portant reglement pour le recouvrement des droits de Francs-Fiefs, & des taxes ordonnées être payées pour la confirmation du franc-aleu.

Edit du Roy, *du mois d'Août* 1692. qui confirme les Roturiers possedans des Fiefs & biens nobles, & les Villes franches du Royaume, dans l'affranchissement du droit de Franc-Fief.

Arrest du Conseil d'Etat du Roy, *du* 1. *Septembre* 1693. qui ordonne que les creanciers des rentes foncieres dûës sur les Fiefs, maisons & autres heritages sujets à l'affranchissement des droits Seigneuriaux & Feodaux, contribueront audit affranchissement.

Ordonnance de Messieurs les Commissaires Generaux, *du* 16. *Janvier* 1694. renduë en faveur des Bourgeois de Paris, pour l'exemption des droits de Francs-Fiefs, en quelque endroit du Royaume qu'ils soient situez.

Arrest du Conseil d'Etat du Roy, sa Majesté y étant, *du* 19. *Mars* 1694. qui décharge les Portemanteaux ordinaires de sa Majesté, des taxes pour lesquelles ils peuvent avoir été compris dans les Rôles arrêtez pour les droits de Francs-Fiefs, à cause des Fiefs qu'ils possedent, leur fait pleine & entiere mainlevée des saisies sur eux faites pour raison de ce: & fait défenses à Maistre Jean Fumée, ses Procureurs & Commis, de continuer leurs poursuites à l'avenir, à peine de tous dépens, dommages & interêts.

Ordonnance de Messieurs les Commissaires Generaux, *du* 22. *Avril* 1694. portant décharge des taxes faites pour raison du franc-aleu, en faveur des Gens de main-morte possedans des biens amortis.

Arrest du Conseil d'Etat du Roy *du* 8. *Juin* 1694. rendu en faveur des Ecclesiastiques de la Province de Bourgogne, qui les décharge des taxes faites sur eux, en consequence des Edits des mois de Mars & Septembre 1693. pour l'affranchissement des cens & rentes dûs au Roy dans les Villes, Fauxbours & Bourgs Fermés du Royaume.

Arrest du Conseil d'Etat en faveur des Secretaires du Roy, *du* 15. *Juin* 1694. portant confirmation de l'exemption des taxes, pour raison des Francs-Fiefs, franc-aleu, don gratuit, affranchissement des droits Seigneuriaux & autres.

Arrest contradictoire du Conseil d'Etat du Roy en datte *du* 6. *Juillet* 1694. par lequel les Beneficiers sont déchargez de la foy & hommage au Roy, & de payer aucuns rachapts, ni droits Seigneuriaux, lors des mutations des Titulaires, pour raison de leurs biens amortis.

Ordonnances de Nosseigneurs les Commissaires Generaux de la Chambre Souveraine, pour les droits de Francs-Fiefs & de franc-aleu, *du* 14. *Juillet* 1694. qui condamnent les Ecclesiastiques à payer leur part des sommes pour lesquelles les Provinces & Villes se sont rachetées desdits droits.

Arrest du Conseil d'Etat du Roy, *du* 31. *Août* 1694. qui ordonne que les jugemens des Commissaires qui ont déchargé aucuns Bourgeois de Paris, de la taxe des Francs-Fiefs, seront rapportez comme nuls. Ce faisant ordonne que tous les Bourgeois de ladite Ville qui ont été compris dans les Rôles arrêtez au Conseil, pour les Fiefs & autres biens nobles qu'ils possedent, seront executez selon leur forme & teneur; & lesdits Bourgeois contraints au payement des sommes pour lesquelles ils y sont compris.

Arrest du Conseil d'Etat du Roy, *du* 9. *Novembre*, 1694. qui ordonne que dans huitaine aprés la publication du present Arrest, aux Prônes des Messes Parroissiales des Provinces & Generalitez du Royaume, les Redevables des droits de Francs-Fiefs seront tenus chacun à son égard, de fournir leurs déclarations des Fiefs & autres biens nobles qu'ils possedent, contenant au vrai & par le menu leurs consistances & dépendances; & faute de ce faire dans ledit temps, & iceluy passé, que les Fiefs & biens nobles possedez par les Redevables desdits droits, seront confisquez & réünis au Domaine de sa Majesté.

Arrest du Conseil d'Etat du Roy, *du* 6. *Septembre* 1695. qui ordonne que tous les particuliers de condition roturiere, qui sont devenus Proprietaires de Fiefs & biens nobles par acquisition, succession, donation, ou autrement; seront tenus de payer le droit de Franc-Fief.

Declaration du Roy, *du* 2. *Novembre* 1695. qui ordonne le recouvrement des droits de Francs-Fiefs & d'Amortissement dans les Provinces, Châtellenies, & Villes des Païs-Bas.

Arrest du Conseil d'Etat du Roy, *du* 7. *Fevrier* 1696. qui exempte & décharge l'Hôtel Dieu, & l'Hôpital des Incurables de cette Ville de Paris, du payement des taxes pour raison des Francs-Fiefs & du franc-aleu.

Arrest du Conseil d'Etat du Roy, sa Majesté y étant, *du* 13. *Novembre* 1696. qui décharge les Valets de Chambre du Roy, des taxes pour lesquelles ils peuvent avoir été compris dans les Rôles arrêtez au Conseil pour les droits de Francs-Fiefs; à cause des Fiefs qu'ils possedent, leur fait pleine & entiere main-

main-levée des saisies sur eux faites. Pour raison de ce, ordonne que ce qui aura été par eux payé à Jean Fumée chargé du recouvrement des taxes des Francs-Fiefs, ses Procureurs & Commis, sera rendu & restitué; & fait défenses audit Fumée & ses Commis de continuer leurs poursuites contre eux, à peine de tous dépens, dommages & interests.

Arrest du Conseil d'Etat du Roy, *du 15. Janvier 1697.* qui réduit & modere à la moitié les droits d'Amortissement & de nouveaux Acquêts, dûs par les Religieux Mandians, pour tous leurs heritages, y compris les Curez, Chapelains, & autres Titulaires des petits Benefices.

Arrest du Conseil d'Etat du Roy, *du 30. Avril 1697.* Qui décharge le sieur de Brodard, Conseiller du Roy, Maître en sa Chambre des Comptes, de la somme à laquelle il a été taxé, par les Rôles arrêtez au Conseil pour le droit de Franc-Fief & Franc-aleu.

Declaration du Roy donnée à Versailles, *le 9. Mars 1700.* Pour le Recouvrement des droits d'Amortissement & nouvel Acquêt & de Frans-Fiefs, sur les gens de main-morte, & les roturiers possedans Fiefs dans toute l'étenduë du Royaume, Pays, Terres & Seigneuries de l'obéïssance de sa Majesté.

Declaration du Roy donnée à Versailles, *le 16. Juillet 1702.* Qui regle la maniere de lever les droits de Francs-Fiefs & Amortissemens.

Declaration du Roy donnée à Fontainebleau, *le 4. Octobre 1704.* Portant que les Rentes constituées à prix d'argent au profit des Ecclesiastiques, Beneficiers, Communautez seculiéres, reguliéres, Curez, Fabriques, Confréries, & généralement de tous gens de main-morte, seront sujetes aux droits d'Amortissement.

Arrest du Conseil d'Etat du Roy, *du 24. Janvier 1705.* Qui ordonne que les gens de main-morte seront tenus de comprendre dans leurs declarations les rentes constituées à leur profit, à prix d'argent, sous des noms empruntez, à peine en cas d'obmission, de confiscation du principal desdites rentes, dont un tiers appartiendra au dénonciateur, un tiers à Chaplet, & l'autre aux Hôpitaux des lieux, & qu'ils seront tenus d'y comprendre aussi les rentes dont ils ont été remboursez depuis la Declaration du 4. Octobre 1704.

Arrest du Conseil d'Etat du Roy, *du 10. Février 1705.* Qui ordonne à tous les Notaires, Tabellions, & Greffiers de délivrer à Maître Etienne Chaplet, dans huitaine pour tout délay, les Extraits des Contrats de rentes constituées à prix d'argent depuis le 1. Janvier 1600. & de ceux passez pour acquisitions, donations, fondations & autres, au profit des gens de main-morte, depuis le 1. Janvier 1702. jusqu'au 4. Octobre 1704. le tout à peine d'interdiction, & de trois cent livres d'amende, & encore de cent livres d'amende pour chaque Extrait qu'ils auront recelé.

Declaration du Roy donnée à Versailles, *le 16. Juin 1705.* Qui amortit en faveur du Clergé tous les heritages, fonds de terre, rentes foncieres ou constituées, dont les droits d'Amortissement & de nouvel acquêt ont été payez en éxécution de la Declaration du 9. Mars 1700.

Arrest du Conseil d'Etat du Roy, *du 7. Avril 1705.* Qui ordonne que les saisies faites à la requête de Maître Estienne Chaplet, pour raison des droits d'Amortissement & de nouvel Acquêt, en éxécution de la Declaration du 4. Octobre 1704. seront poursuivies dans les Jurisdictions ordinaires, où elles auront été portées, sans qu'elles en puissent être évoquées sous quelque pretexte que ce soit: Que les locataires, fermiers & debiteurs des gens de main-morte, seront tenus d'affirmer les sommes dont ils sont redevables, pardevant les Juges où ils auront été assignez, que sur icelles ledit Chapler, ses Procureurs, Commis ou Préposez seront payez par préférence à tous créanciers de la portée entiére desdits droits, sans qu'il soit necessaire de le faire ordonner avec les gens de main-morte, & qu'à ce faire lesdits debiteurs seront contraints, comme pour les propres deniers & affaires de sa Majesté, quoi faisant ils en seront & demeureront valablement déchargez.

Declaration du Roy donnée à Versailles, *le 18. Août 1705.* Qui décharge des droits d'Amortissement les rentes constituées à prix d'argent par le Clergé, au profit des gens de main-morte.

Declaration du Roy donnée à Versailles, *le 9. Mars 1706.* Portant que les droits d'Amortissement pour les rentes constituées à prix d'argent, au profit des gens de main-morte, seront moderez à deux années du revenu desdites rentes.

Arrest du Conseil d'Etat du Roy, *du 25. May 1706.* Qui ordonne que les gens de main-morte, domiciliez dans les lieux où les rentes sont reputées meubles, seront tenus de fournir à Maître Martin Aubert, Subrogé à Maître Estienne Chaplet, pour l'éxécution de la Declaration du 4. Octobre 1704. leur declaration de celles qui leur appartiennent, dont les Contrats de constitution auront été passez dans le ressort d'une Jurisdiction où elles sont déclarées ou reputées immeubles, & d'en payer l'Amortissement sur le pied fixé par la Declaration du 9. Mars 1706.

OBSERVATIONS DE MONSIEUR***.

Sur le Titre des *Fiefs*.

SOMMAIRE.

1. *Les Fiefs dans leur origine sont des Contrats, par lesquels les Seigneurs puissans ont abandonné des terres à des particuliers sous de certaines conditions.*
2. *Le pouvoir des Seigneurs & le devoir des vassaux sont tels, que les uns & les autres les ont imposé.*
3. *Si les Seigneurs peuvent demander d'autres droits que ceux qui sont approuvez & confirmez par les Coûtumes.*
4. *Chaque Coutume fait un Droit separé pour les Fiefs & autres immeubles scituez dans son étenduë.*
5. *Si en vertu de cette maxime,* nulle terre sans Seigneur, *une terre scituée dans l'étenduë d'une Seigneurie, en est dépendante.*
6. *De quelle maniere se doit entendre cette maxime,* nulle terre sans Seigneur.

7. *En France il y a deux sortes de personnes, les unes sont nobles, les autres non nobles.*
8. *En France les heritages sont Fiefs, censiers ou allodiaux.*
9. *Les roturiers ne peuvent posseder des Fiefs ou heritages sans permission du Roy, ou bien sont sujets aux droits de Francs-Fiefs.*
10. *Les gens de main-morte ne peuvent posseder des immeubles, sans avoir obtenu du Roy l'amortissement, autrement sont sujets aux droits de nouveaux acquests.*
11. *Trois sortes de gens de main-morte.*
12. *Si les particuliers des Communautez de gens de main-morte doivent quelques droits pour les immeubles qu'ils possedent de leur chef.*

LA matiere des Fiefs est fort ample, leur origine est fort incertaine; & celuy qui m'a paru l'avoir mieux expliqué, est le sieur Chantereau le Févre dans son Livre, intitulé de l'Origine des Fiefs.

En supposant dans nôtre Coûtume l'établissement des Fiefs, il faut examiner trois choses.

La premiere, quel est le pouvoir du Seigneur du Fief dominant.

La deuxiéme, quel est le devoir du Seigneur du Fief servant.

La troisiéme, quel est le pouvoir de l'un & de l'autre sur les possesseurs des biens tenus en censive qui en dépendent.

1. Pour connoître quel est le droit du Seigneur dominant & le devoir du Seigneur du Fief servant, il faut tenir pour maxime, que toute terre originairement est allodiale; c'est-à-dire, franche, & libre de toute servitude; ensorte que suivant la loy naturelle & le droit des gens on ne connoissoit point les mots de Fiefs dominans, servans & mouvans; & par consequent les Fiefs sont dans leur origine des Contrats faits par des Seigneurs puissans qui ont abandonné des terres à des personnes qu'ils en ont voulu gratifier à certaines conditions.

2. C'est pourquoy il est vray generalement parlant, de dire que les pouvoirs des Seigneurs & les devoirs des vassaux sont tels que les uns & les autres les ont imposé, & dont ils sont convenus, & tels qu'ils se peuvent justifier par les foys & hommages, aveus & dénombrement, qui ont été faits ou rendus, & par les titres primordiaux.

3. Mais quoique dans les commencemens la phantaisie des hommes ait imposé & imaginé des sujettions bien extraordinaires & bien differentes; néanmoins comme elles se sont établies par succession de temps, il s'en est fait un usage (qui tient lieu de Loy) suivant lequel les hommes dans certains cantons ont imposé sur tous les Fiefs mouvans, comme par un droit general, les mêmes sujettions & les mêmes redevances: & c'est cet usage commun qui fait que l'on a redigé les articles de chaque Coûtume pour faire servir de Droit commun, ce qui s'y pratiquoit le plus ordinairement; ensorte que lorsqu'il n'y a point de titre au contraire, le Seigneur du Fief dominant ne peut demander d'autres droits ni devoirs que ceux établis par la Coûtume, & le Seigneur du Fief n'est obligé d'en faire ni payer d'autres; l'un & l'autre étant obligez également d'obéïr & satisfaire à la disposition generale de la Coûtume qui sert de titre.

Et comme en vertu de la seule Coûtume & sans titre, le Seigneur les peut demander, le vassal ne peut pas les refuser, parce que la Coûtume a fait un titre public de ce qui n'étoit qu'usage particulier, d'où il faut tirer deux consequences qui ne souffrent point de doute.

4. 1°. Que chaque Coûtume fait un Droit separé pour tous les Fiefs, pour toutes les terres & biens immeubles situez dans son étenduë.

2°. Que lorsque les choses ne sont point décidées expressément dans une Coûtume, l'usage le plus ordinaire qui se pratique dans le Barreau & la Jurisprudence établie par les jugemens, est ce qui doit servir de Loy, *usus forensis*, sans considérer beaucoup ce qui se pratique dans les Coûtumes voisines, ausquelles l'on aura recours seulement, lorsque l'usage ne sera pas constant dans celles où les terres qui donnent lieu à la contestation sont situées.

5. Ces maximes ont de grandes suites; car dans la Coûtume de Paris, par exemple, on a demandé, si un homme qui posséde des terres en rotures dans l'étenduë d'une Seigneurie, au Seigneur de laquelle, de temps immémorial, il n'a point payé les cens ni les droits de lods & ventes, peut dire au Seigneur que son bien est allodial, en obligeant le Seigneur de luy justifier son titre qui impose la servitude sur son heritage, ou si suivant la maxime fameuse, *nulle terre sans Seigneur*, il suffit au Seigneur de dire, que la terre est dans l'étenduë de sa Seigneurie, & par cette raison sujette comme toutes les autres, à moins que le Tenancier ne justifie du titre qui a affranchi son bien.

6. Il semble que suivant la regle generale, toutes les terres étant allodiales, il faudroit décider en faveur de la liberté & de l'exemption, d'autant plus qu'il est constant que la maxime, *nulle terre sans Seigneur*, est une maxime sans fondement, & qui n'a jamais été dite, & ne peut être appliquée que pour les Justices; c'est-à-dire, qu'il n'y a point de territoire qui ne doive connoître un Juge de Seigneur ou Royal.

Cette maxime mal interprétée a été appliquée aux Fiefs, au lieu qu'elle a été dite pour les Justices. On peut ajoûter que constamment la Coûtume de Paris reconnoît le Franc-aleu, soit en l'art. 68. soit dans les articles 123. & 124. qui prouvent que celuy qui a droit de cens doit au dessus de cent ans justifier des titres, autrement le vassal prescrit: ce qui marque que toutes terres sont allodiales, *ab origine*.

Mais comme l'article 68. parle seulement du Franc-aleu, & que les articles 123. & 124. ne décident point la question particuliere, ni comment ce Franc-aleu se prouvera, & que la consequence de l'allodialité ne se tire que par induction, il faudra avoir recours à l'usage ordinaire qui sert de Loy en matiere de Fiefs, & dire contre ces raisonnemens qui me paroissent néanmoins tres-forts & tres-solides, que l'usage étant établi, que le Seigneur ne doit avoir de titre de sa Seigneurie, & le Tenancier étant obligé de justifier son exemption, cet usage prévaudra, puisque les Fiefs dominans n'ont pour justes titres de leurs droits que la Coûtume, lorsqu'il n'y a point de titre particulier, laquelle n'a pour fondement qu'un usage qui est different suivant la diversité des lieux qui se regissent par des dispositions differentes, & qui ne laisse pas de servir de Loy & de regle.

Puisqu'il est donc constant que c'est la disposition de chaque Coûtume qui sert de Loy, il faut examiner en détail les articles de celle de Paris, pour sçavoir précisément les droits & les devoirs des Seigneurs de Fiefs dominans & servans, & en quoy consistent les droits des Seigneurs de Fiefs sur les rotures qui sont dans l'étenduë de la Seigneurie.

Mais avant toutes choses, pour acquerir une connoissance parfaite de la matiere des Fiefs, il est necessaire de faire icy quelques observations.

La premiere est qu'en France il y a deux sortes de personnes ; les unes sont nobles, les autres roturieres & non-nobles. Sous ces deux especes de personnes sont compris tous les habitans du Royaume, soit gens d'Eglise, gens de Justice, Gentils-hommes de race, & gens annoblis, Bourgeois, Marchands, Artisans, Laboureurs, & Paysans. 7.

La seconde, qu'en France il y a trois sortes de biens & heritages ; les uns sont féodaux, les autres censiers ou roturiers, & les autres allodiaux. 8.

Sous le nom de féodaux sont compris toutes possessions, terres, maisons & droits immobiliers, pour lesquels on est tenu de faire foy & hommage, communément appellez Fiefs.

Sous le nom de censiers & roturiers on comprend toutes possessions, terres, maisons & droits immobiliers, pour raison desquels on est tenu de payer censive, rente, ou autre redevance annuelle au Seigneur, duquel ils sont tenus, en reconnoissance de la Seigneurie directe & fonciere.

Les heritages allodiaux sont ceux dont les propriétaires ne sont point tenus de faire la foy & hommage, & ne doivent aucuns droits seigneuriaux.

Les heritages allodiaux sont de deux especes ; les uns sont tenus en Franc-aleu noble, desquels il y a Justice, censive, ou Fiefs mouvans ; les autres sont tenus en Franc-aleu roturier, desquels il n'y a aucun Fief mouvant, Justice ni censive.

Par les Loix du Royaume les Fiefs & heritages nobles ne doivent être tenus, sinon par homme Franc, c'est-à-dire Noble, & il n'est pas permis aux roturiers & non-nobles de posseder en France Fiefs & heritages nobles ou droits seigneuriaux sans permission du Roy. 9.

C'est par cette raison que les roturiers & non-nobles possedans Fiefs, heritages & droits nobles & allodiaux sont sujets au droit de Franc-Fief ; c'est-à-dire, sont tenus de payer finance au Roy, lorsqu'on leve ledit droit pour la tollerance de la possession & joüissance desdits Fiefs, heritages & droits.

Par les Ordonnances & anciens Statuts du Royaume les gens de main-morte ne peuvent pas aussi posseder en France des heritages sans en avoir obtenu l'amortissement du Roy ; autrement ils sont sujets aux droits de nouveaux acquêts que le Roy leur fait payer de temps en temps, pour la tolerance de la possession & joüissance desdits immeubles, qu'il ne leur est pas permis de posseder suivant les Ordonnances & anciens Statuts du Royaume. 10.

Nouveaux acquêts signifient tous heritages, tant féodaux, allodiaux que roturiers, & tous droits immobiliers appartenans à gens de main-morte non amortis par le Roy.

Ils sont appellez nouveaux acquêts, parce qu'ordinairement les gens de main-morte, Ecclesiastiques, Communautez & autres ont accoûtumé de faire amortir par le Roy les biens, heritages & droits immobiliers qui leur appartiennent à cause de la fondation & ancienne dotation de leurs Benefices, Monasteres, Colleges & Hôpitaux, ou qui leur ont été donnez, leguez & aumônez.

Tous lesdits biens & droits, soit heritages allodiaux ou roturiers d'ancienne fondation ou dotation, & qui leur ont été donnez, leguez, & aumônez, ou par eux acquis, & qui n'ont pas été amortis, sont appellez nouveaux acquêts, pour raison desquels lesdits gens de main-morte sont sujets au payement dudit droit.

Il y a trois sortes de gens de main-morte. 11.

La premiere comprend les particuliers gens de main-morte ; sçavoir, Archevêques, Evêques, Abbez, Prieurs, Curez, Chapelains, Obituaires, & autres ; ou Communautez Ecclesiastiques, comme Religieux, Abbé & Convent ; Religieux, Prieur & Convent ; Doyen Prevôt, Chanoines & Chapitre ; Religieuses, Abbesse & Convent ; Commanderies conventuelles & autres Monasteres & gens d'Eglise. Tous lesquels sont sujets au droit de nouveaux acquêts pour tout le temporel de leurs Benefices & Monasteres, soit heritages féodaux, allodiaux ou roturiers cotisez à la taille, droits de Justice, censive, champart, quarts & quints, rentes féodales, foncieres ou constituées à prix d'argent ; & generalement pour tous droits immobiliers & possessions quelconques, dépendans de leurs Benefices & Monasteres tenus immediatement du Roy en Fief ou censive, ou d'autres Seigneurs, même pour les dixmes inféodées dépendantes des Fiefs, Terres & Seigneuries qui leur appartiennent à cause de leurs Benefices & Monasteres, à la reserve néanmoins de ceux qui ont été amortis par sa Majesté, & des dixmes ordinaires non inféodées, pour lesquelles ils ne doivent pas ledit droit, parce que telles dixmes sont censées spirituelles.

La deuxiéme sorte comprend les Gouverneurs des Hôpitaux, Hôtels-Dieu, Maladeries, Leproseries, Aumôneries, Commanderies, simples Stipendies, Confréries, Marguilliers de Fabriques, Luminiers, & autres semblables, lesquels sont sujets au droit de nouveaux acquêts, tant pour les heritages & droits immobiliers qui sont de l'ancienne fondation ou dotation desdits Hôpitaux, Hôtels-Dieu, Maladeries, Confréries ou Fabriques, que pour ceux qui ont été donnez, leguez & aumônez, ou qui ont été acquis par les Gouverneurs d'iceux tenus en plein Fief ou censive du Roy ou d'autres Seigneurs, & en Franc-aleu.

La troisiéme comprend les Communautez seculieres, composées de gens laïs, comme Maires, Echevins, Jurats Capitouls, Consuls, & autres Gouverneurs des Villes, habitans des Villages, Bourgs, Parroisses, possedans biens en commun, Universitez, Colleges, Principaux & Boursiers, Maîtres Jurez des Métiers, Communautez de Marchands, & autres semblables, tous lesquels sont aussi sujets audit droit pour tous les Fiefs & heritages, biens & droits immobiliers, nobles, allodiaux & roturiers, qui leur appartiennent ; tellement que si les habitans desdites Villes, Villages & Communautez ont quelques communaux, bois, pastis, prez, marais, étangs, terres, maisons ou autres heritages à eux appartenans en commun & pleine proprieté, ou bien ont droit d'usage, chaufage, pâturage, pascage, panage, poisson ou quelque autre droit és bois, forêts, pastis, prez ou marais appartenans au Roy ou à quelques autres Seigneurs Ecclesiastiques ou laïs, ils sont tenus payer au Roy ledit droit, pour la tolerance de la possession & joüissance desdits heritages & droits, soit que telles communes, pastis, heritages soient tenus en Franc-aleu, ou soient immédiatement tenus en Fief ou censive du Roy ou autres Seigneurs, quand même lesdits habitans payeroient annuellement pour chacun d'iceux censives, droit de champart, de terrage, bourdelage, avenage, ou autre redevance au Roy, & aux Seigneurs desquels les forêts, prez & marais sont mouvans, ou ausquels ils appartiennent en proprieté.

Les gens de main-morte ne doivent les droits de nouveaux acquêts que pour les immeubles qui dépendent de leurs Benefices & Communautez ; mais les particuliers ne doivent pas les droits de nouveaux acquêts 12.

pour les immeubles qu'ils possedent de leur chef, & qui leur sont propres ou acquêts. Mais s'ils sont roturiers, & que lesdits immeubles soient biens nobles, ils doivent les droits de Francs-Fiefs, comme nous avons dit cy-dessus.

Auteurs sur la matiere des Fiefs.

QUinque Feudorum Libri cum doctissimi Cujacii Commentariis.
Franc. Hotmanni *in libros Feudorum Commentarii.*
Baro, *Tractatus de Feudis.*
Contius, *Tractatus de Feudis.*
Ysermia, *Tractatus de Feudis.*
Zazius, *de Feudis.*
Gerardus Niger, *de Feudis.*
Speculator, *de Feudis.*
Vultejus, *lib. de Feudis.*
Altesserra, *de origine Feudorum.*
Bronchorstii *Methodus Feudorum.*
Pekius, *de Amortizatione bonorum.*
Rosental, *de Feudis.*
Guillelmus Oneronus, *de Jure Feudorum.*
Julius Clarus, *de Feudis.*
Marinus Frecia, *de Feudis.*
Hanetonus, *de Feudis.*
Tiraquellus, *Tract. de nobilit. cap.* 7.
Carolus Molinæus, *tom.* 1. *ubi totam Feudorum materiam singulari eruditione exposuit.* Vide *eundem consil.* 50.
Chantereau le Févre, de l'origine des Fiefs.
Salvaing, Traité de l'usage des Fiefs.
Charondas, en ses Pandectes, liv. 2. chap. 6. en ses Réponses, Rép. 72.
La Rocheflavin, des Droits Seigneuriaux.
D'Argentré, sur l'ancienne Coûtume de Bretagne.
Chassanée, sur la Coûtume de Bourgogne, titre des Fiefs.
Chopin, sur la Coûtume de Paris, liv. 1. tit. 2. & sur celle d'Anjou, liv. 1. tit. 1. & liv. 2. tit. 1.
Rat, sur l'ancienne Coûtume de Poitou, tit. 1.
Theveneau, sur la même Coûtume, tit. 1.
Duret, sur la Coûtume de Bourbonnois, tit. 1.
Gousset, sur la Coûtume de Chaumont, tit. 2.
L'Abbé, sur la Coûtume de Berry, tit. 5.
Boërius, sur les mêmes Coûtumes & Titres.
Beraud, sur la Coûtume de Normandie, tit. des Fiefs.
Basnage, *ibidem.*
Coquille, sur la Coûtume de Nivernois, tit. 4. & dans ses Institutes du Droit François, tit. des Fiefs.
De Lommeau, sur la Coûtume d'Anjou, liv. 1. tit. 3. & dans ses Maximes du Droit François, tit. des Fiefs.
Ferron, sur la Coûtume de Bordeaux, liv. 2. tit. 8.
Pontanus, sur la Coûtume de Blois, tit. 5.
Englebermæus, sur la Coûtume d'Orleans, tit. 1.
Monsieur le President le Maistre, Traité des Fiefs, & Traité des Amortissemens.
Samson, sur la Coûtume de Tours, tit. des Fiefs.
Publierus, sur la Coûtume d'Auvergne, tit. 22.
Basmoison, sur les mêmes Coûtumes & Titres.
Pasquier, en ses Recherches de la France, chap. 9.
Papon, en son Recüeil d'Arrests, liv. 13. tit. 1. & sur Bourbonnois, tit. 27.
Loyseau, Traité des Offices, liv. 2. chap. 2. & liv. 5. chap. 4. n. 74. 75.
Tullus, sur la Coûtume de Chartres, Chap. 1. 2. 3. 4. 5. 6. & 7.
Frerot, sur les mêmes Coûtumes.
Loysel, titre des Fiefs.
Theveneau, dans son Commentaire sur les Ordonnances, livre 2. titre 13. dit quelque chose des Fiefs.
Le Grand Coûtumier, liv. 2.
Salligny, sur la Coûtume de Vitry, tit. 2.
Galland, Traité du Franc-aleu, chap. 5.
Vigier, sur la Coûtume d'Angoumois, art. 22.
L'Hoste, sur la Coûtume de Montargis, tit. 1.
Vrevin, sur Chauny, tit. 14. 15. 16. & 17.
Buridan, sur la Coûtume de Vermandois, tit. 16. & sur celle de Reims, tit. des Fiefs.
Expilly, Plaidoyé 27.
Bibliotheque du Droit François, *verbo* Fief.
Glossaire du Droit François, *verbo* Fief.
Corbin, Traité des Fiefs.
Le Factum de Maître Husson, imprimé ensuite des Traitez de Monsieur Du Plessis sur la Coûtume de Paris.
Loüet & Brodeau, lett. C. n. 53.
Lauriere, de l'origine du droit d'amortissement.
Maître Du Plessis, tit. des Fiefs.
Maître Auzanet, tit. des Fiefs.
Arrêtez de Monsieur de Lamoignon, tit. des Fiefs.
Guenois, dans sa Conférence des Coûtumes, tit. des Fiefs.
Duret, dans son alliance des Coûtumes, sixiéme partie, titre 27.
Le Glossaire du Droit François, *verbo*, Fief.
Maître Dargou, dans son Institution au Droit François, liv. 2. tit. 2.
La Somme rurale, liv. 1. tit. 82. & 83.
Le Dictionnaire des Arrests de Maître Brillon, sur les mots de Seigneur, de foy & hommage, de saisie féodale.
Ma nouvelle Institution coûtumiere, liv. 1. tit. 3.

ARTICLE PREMIER.

C'étoit aussi l'Article premier de l'ancienne Coûtume.

Comment le Seigneur Féodal peut saisir, & faire les fruits siens.

LE Seigneur féodal par faute d'homme, droits & devoirs non faits & non payez, peut mettre en sa main le Fief mouvant de luy, & iceluy Fief exploiter en pure perte, & faire les fruits siens pendant la main-mise: *à la charge d'en user par luy comme un bon pere de famille.*

Voyez les Art. 7. 12. 24. 30. 31. 52. 34.

REMARQUES.

CET article, qui est des anciens François, est à peu prés gardé, non seulement par toutes les Gaules: mais aussi par delà le Rhin, és Allemagnes, & par delà les Monts en Lombardie & Sicile, & en Angleterre, & quasi par tout où l'usage des Fiefs est reçû. Voyez mon Comment. gl. 8. q. 5. sur la fin C. M. sur l'art. 1. de l'ancienne Coûtume de Paris.

Le Seigneur plaide toûjours saisi, nonobstant opposition ou appellation quelconques, sinon en trois cas.

1. Quand le vassal désavoüe.

2. Quand il y a contestation entre deux Seigneurs, & que le vassal se fait recevoir par main souveraine en consignant.

3. Quand le vassal a fait offres suffisantes. Bacquet du droit d'amortissement c. 9. Touraine art. 22. met une autre exception, si le vassal montre promptement le devoir par luy fait. Mol. in Consf. Par. §. 1. gl. 4. n. 41. 42. 43. en rapporte une cinquiéme.

Si reditus feudi essent ampli & patronus non esset solvendo, nam tunc vel fructus debent sequestrari, vel Commissarios qui essent solvendo stabiliri, vel cautionem à domino exigere.

Potestas prehendendi est in mera facultate patroni, & jus in eo residens, & illi competens jure proprio & non judicis officio, vel ministerio, cùm verba legis ad eum non ad judicem dirigantur, LE SEIGNEUR PEUT SAISIR. *Mol. in Consf. Par.* §. 1. *gl.* 5. *num.* 9.

Etiamsi commissio non sit in forma debita, non idcirco prehensio annullanda est, dum hæc prehensio sic in forma aliàs requisita: quia dominus non eget commissione. Mol. d. §. 1. *gl.* 4. *sub. fin.*

Quoique cette opinion de du Moulin, qu'il n'est pas besoin de commission, soit tres-juste & fondée en raison, puisque la Coûtume est une commission suffisante, néanmoins il y en a qui tiennent, qu'il est necessaire au Seigneur de saisir en vertu d'une commission: de sorte que c'est le plus sûr d'en obtenir.

Prehensio feudalis non habet locum nisi pro juribus ordinariis, & de quibus Consuetudo mentionem facit p. relevium quintum pretii, non autem pro extraordinariis, etiamsi in investitura creata sint. Molin. d. l. §. 33. *gl.* 1. *num.* 125. 126.

Sumptus legitimos & necessarios prehensionis fert vassallus in casibus, in quibus dominus fructus suos non facit. Secus si fructus suos faciat: nisi patronus nondum fructus sufficientes perceperit. Molin. d. l. §. 54. n. 8. sub fin.

Ad prehensionem hanc faciendam nullum requiritur fieri præceptum, nulla interpellatio vassallo; ut fidelitas præstetur, juraque solvantur: sed feudo apertò lapso tempore statim nullo alio præmisso potest dominus manum suam injicere. Mol. d. l. §. 1. gl. 4. num. 2.

LE SEIGNEUR FEODAL.

GLOSE PREMIERE SUR L'ARTICLE I.

SOMMAIRE.

1. *Usage de cet article.*
2. *Si le droit de saisir féodalement n'appartient qu'au Seigneur féodal, & non au Seigneur haut-Justicier.*
3. *Si par ces termes,* Seigneur féodal, *on entend aussi le propriétaire du Franc-aleu noble.*
4. *Si les Appanagistes peuvent aussi saisir les Fiefs de leurs vassaux.*
5. *Si ceux qui sont aux droits du Seigneur féodal, peuvent saisir.*
6. *Si le Procureur du Seigneur peut saisir.*
7. *Si le mary peut saisir les Fiefs mouvans de celuy de sa femme.*
8. *Si le Tuteur, le Curateur & le Gardien peuvent aussi exercer la saisie féodale.*
9. *Si les créanciers peuvent saisir les Fiefs mouvans de leur debiteur.*
10. *Si le propriétaire du Fief dominant, qui n'est pas encore en foy, peut saisir les Fiefs servans.*
11. *Si le vassal est saisi de son Fief nonobstant*

la saisie féodale.

12. *Si le nouveau Seigneur peut saisir les anciens vassaux.*

13. *Si le Seigneur en partie peut saisir les Fiefs servans sans le consentement de ses Coseigneurs.*

14. *Si le droit de saisir est cessible.*

15. *Si la saisie profite au successeur.*

1. CET article, qui est observé par-tout où l'usage des Fiefs est reçû, donne au Seigneur féodal le droit de saisir les Fiefs mouvans de luy, pour les causes qui y sont énoncées.

2. Ces mots, *le Seigneur féodal*, nous marquent que la saisie féodale n'appartient qu'au Seigneur du Fief dominant, à l'exclusion du Seigneur Haut-Justicier, lequel n'étant point Seigneur du Fief, n'a pas droit de saisir les Fiefs ouverts qui sont dans l'étenduë de sa Justice; quoique le Seigneur féodal soit négligent d'exercer cette saisie.

La raison est, que c'est un droit qui n'appartient qu'au Seigneur du Fief dominant, en vertu de la superiorité qu'il a sur les Fiefs qui sont dans sa mouvance, fondé sur l'interêt qu'il a, d'avoir un homme ou vassal, qui luy rende le service auquel il est obligé par la nature & la qualité de son héritage.

Quoiqu'à présent les vassaux ne soient point obligez de servir en guerre leurs Seigneurs, comme autrefois, neanmoins nos Coûtumes ont voulu en conséquence, & sur les vestiges de cet ancien usage, que les vassaux fissent la foy & hommage à leurs Seigneurs, & leurs prêtassent le serment de fidelité, permettant aux Seigneurs d'user de saisie sur les Fiefs servans en pure perte des fruits, faute par les Proprietaires d'iceux, de leur avoir rendu les devoirs & payé les droits qui leur sont dûs.

3. Par le *Seigneur féodal*, nous entendons le Proprietaire du Fief dominant, & le Proprietaire du franc-aleu noble, duquel releve un Fief; car quoique le franc-aleu ne soit pas Fief, néanmoins celuy qui le possede, est réputé Seigneur féodal à l'égard des Fiefs qui en relevent; d'autant que le franc-aleu peut avoir des Fiefs dans sa mouvance, suivant l'article 68.

Du Moulin C'est pourquoi du Moulin sur cet article *Glos.* 1. *num.* 1. dit, *fundi dominantis*, & non pas *Feudi*, parce que, dit-il, *non omne prædium dominans est feudum, sed quandoque alaudium, ut patet in alaudiis privatorum, quæ quandoque habent subfeuda à se dependentia, ut infra* §. 68. de sorte que le franc-aleu noble n'est Fief qu'à l'égard des héritages, qui sont dans sa mouvance féodale, où dans sa censive.

Nous entendons aussi par *Seigneur féodal*, celuy, qui possede le Fief dominant *animo Domini*, quoiqu'il n'en soit pas en effet Proprietaire. Brodeau sur l'article 35. nomb. 14. Brodeau.

4. Ceux qui ont la qualité de Proprietaires des Fiefs dominans, peuvent aussi saisir les Fiefs servans, comme les Princes qui tiennent des appanages de la Couronne; car ils joüissent des droits & avantages des Proprietaires, ils prennent le titre & la qualité de Seigneurs, de Ducs, de Comtes ou autres, selon la nature de l'appanage: ils conferent les Offices qui en dépendent, ils font rendre la justice au nom du Roy & au leur; ils exercent la saisie féodale en leur nom, & reçoivent les hommages des vassaux; ils sont seulement obligez par l'Ordonnance du Domaine faite à Moulins l'an 1566. article 3. d'envoyer à la Chambre des Comptes les doubles & copies des prestations de foy.

Encore que cet article ne parle que du Seigneur féodal, toutesfois il y en a d'autres, qui peuvent exercer la saisie féodale; sçavoir,

5. Premiérement, ceux qui sont aux droits du Seigneur dominant, & qui les exercent en son nom, peuvent saisir féodalement les Fiefs des vassaux, quand ils sont ouverts; comme sont les Fermiers, lesquels dans les Baux à Ferme qu'ils ont faits des Fiefs dominans, ont compris tous les fruits & profits féodaux qui pourroient être dûs à raison d'iceux.

Du Moulin traite cette question sur cet article, *Glos.* 1. *num.* 21. *& seqq.* où il décide, que si le Bail est seulement fait au Fermier, des fruits naturels, les profits de Fief ne luy appartiennent pas, & qu'ainsi il ne peut pas se servir de la saisie féodale; mais que si tous les fruits generalement quelconques, qui peuvent échoir au Seigneur par le moyen du Fief dominant, sont compris dans le Contrat, au cas que le Bail soit fait *ad longum tempus*, & non pas *ad modicum*, le Fermier peut exercer la saisie féodale *procuratorio nomine Domini*; & pour cet effet il n'est pas obligé de faire voir d'autre pouvoir, que celuy qui est porté par le Contrat, *ad quod mandatum probandum non erit opus alio documento, quam instrumento suæ locationis, fructus & obventiones horum jurium includentis, sine reservatione actuum dominicalium.* Du Mou[lin]

En second lieu, l'usufruitier du Fief dominant peut aussi exercer la saisie féodale suivant la forme prescrite par l'article deuxiéme.

En troisiéme lieu, le Procureur du Seigneur dominant selon du Moulin, *d. Glos.* 1. *num.* 72. *quidquid enim procurator habens sufficiens mandatum nomine Domini faciat, ipse Dominus facere censetur, etiam verè & propriè. cap. mulieres in fine de sentent. excommuni.* Et la Procuration speciale n'est pas necessaire, parce que *agitur de simplici administratione, & utilitate Domini.* 6. Du Mou[lin]

En quatriéme lieu, le mary peut saisir les Fiefs, qui sont dans la mouvance de sa femme, comme il sera dit sur l'article 2. Glose. 1. 7.

En cinquiéme lieu, le tuteur & le curateur, parce que dit du Moulin, *d. Glos.* 1. *num.* 73. *munere funguntur autoritate publicâ ad utilitatem pupillorum vel minorum & similium, quorum commoda dum legaliter curant, pro Dominis habentur, l. qui fundum* §. *qui tutor. ff. pro empt.* 8. Du Mou[lin]

En sixiéme lieu, les Gardiens Nobles & Bourgeois comme joüissans des biens, qui sont en garde, selon du Moulin, *d. num.* 73. Du Mou[lin]

Nous acheverons cette premiére partie par les questions suivantes.

Si les Créanciers du Fief dominant peuvent saisir les Fiefs servans ouverts, mouvans du Fief de leur debiteur par eux saisi réellement. 9.

Du Moulin sur cet article, *Glos.* 3. *num* 5. dit que le Créancier ne peut pas exercer les droits de patronage & de Jurisdiction, annexez & appartenans au Fief qui luy est affecté & hypotequé pour la seureté de sa dette. Du Mou[lin]

Il en rend deux raisons: La premiére parce que *ad creditorem non transit res, nec quantum ad dominium directum, nec quantum ad dominium utile; & sic in illum non transfertur res nec universitas rei, sed simplex possessio quantum ad vim & effectum hypothecæ; in reliquo enim non creditor, sed debitor possidere censetur:* La deuxiéme, parce que *creditor tenetur omnes fructus rei servare & restituere, vel in sortem imputare.*

Il semble aussi que les Créanciers qui ont saisi le Fief dominant, ne peuvent pas saisir les Fiefs servans ouverts, au cas que leur debiteur soit refusant de le faire.

Néanmoins il y a lieu de dire, que les Créanciers étant subrogez aux droits de leur debiteur, par le moyen de la saisie réelle, peuvent en son nom saisir les Fiefs ouverts qui sont en sa mouvance, & gaguer les fruits pendant la saisie, à la charge d'en tenir compte à leur debiteur ; & c'est le Commissaire établi au regime & gouvernement du Fief saisi, pendant sa commission, ou au Fermier Judiciaire, à exercer la saisie féodale sur les Fiefs ouverts, tant au nom des Créanciers saisissans, qu'au nom du debiteur saisi.

Il n'en est pas de même des droits honorifiques, comme d'exercer la Jurisdiction ou instituer des Officiers, d'user du droit de patronage, recevoir la foy & hommage, & d'exercer d'autres semblables droits; parce que ce sont des droits personnels qui appartiennent au debiteur, nonobstant la saisie de son Fief.

10. *Si le Proprietaire du Fief dominant qui n'a pas encore fait la foy & hommage à son Seigneur, peut exercer la saisie féodale sur les Fiefs servants ouverts*

Il semble que non. Loisel tit. des Fiefs art. 50. dit, qu'*un Seigneur ne peut saisir le Fief de son vassal, avant qu'il soit luy-même entré en foy.*

La Coûtume de Clermont en l'article 79. dit, que le Seigneur féodal ne peut contraindre ses vassaux à luy venir faire la foy & hommage, & luy payer les droits dûs pour leur acquisition ; jusques à ce que luy-même soit investi par son Seigneur ; ensorte qu'encore qu'ils luy eussent fait la foy & hommage, ils pourroient être saisis par le Seigneur suzerain ; & il ne seroit pas obligé de leur donner mainlevée de sa saisie, jusques à ce qu'ils eussent satisfait aux causes d'icelle envers luy ; & il ne suffiroit pas si ils y satisfaisoient envers le vassal pendant la saisie du Seigneur suzerain.

On peut dire, pour ce qui regarde les Coûtumes, qui n'ont pas décidé cette question, que le Seigneur suzerain peut saisir les arriere-Fiefs ouverts pendant la saisie du Fief servant : or ces arrieres-Fiefs sont ouverts lorsque les arrieres-vassaux ont fait la foy au Proprietaire du Fief servant, avant que d'être investi, d'autant que le Seigneur ne reconnoît pas l'investiture faite par le Proprietaire du Fief servant, puisqu'il ne le reconnoît pas pour tel, jusqu'à ce qu'il l'ait investi ; & les arrieres-vassaux peuvent-ils dire avec raison qu'ils sont tels, ayant été investis par celuy qui n'avoit pas la qualité de vassal, ni par consequent celle du Seigneur dominant à leur égard ? Car pour être arriere vassal, il faut être le vassal du vassal. Ils ne peuvent pas dire qu'ils soient vassaux du vassal, puisque celuy qui les a investis, n'étoit point vassal du Seigneur suzerain, ainsi ils ne sont point à son égard arriere-vassaux.

Charondas remarque un Arrest donné en l'audiance de la Grande Chambre, le 12. Août 1561. qui l'a jugé ainsi pour un nommé de l'Etang.

Pour moy je croy, que le Proprietaire du Fief dominant qui n'a pas encore fait la foy & hommage à son Seigneur, peut exercer la saisie féodale sur les Fiefs servans ouverts, au cas que le Seigneur suzerain n'ait pas encore saisi sur luy ; mais si-tôt que le Seigneur a saisi le Fief de son vassal, ce vassal ne peut pas saisir les Fiefs relevans de luy, qui sont ouverts.

Dans ce dernier cas, il faut demeurer d'accord qu'il ne le peut ; mais à l'égard du cas précedent, il me paroît qu'il le peut.

La raison est, que la saisie qu'il a droit d'exercer sur ses vassaux, se fait par luy en qualité de Proprietaire du Fief dominant, & non comme vassal du Seigneur suzerain.

C'est la disposition de la Coûtume de Nivernois, tit. 4. art. 60. qui porte, que le Seigneur se peut servir de la saisie de son vassal, & par consequent le vassal qui n'est pas en foy, peut saisir ses vassaux & les investir.

De plus les arriere-vassaux ne doivent point être obligez de s'informer si le Proprietaire du Fief dominant a été investi ou non ; il suffit s'ils font la foy & hommage, ainsi que la Coûtume ou le Fief dominant est situé, l'a prescrit, l'ayant fait ils se sont acquittez de leur devoir ; & on ne peut pas dire que leurs Fiefs soient ouverts, d'autant que la foy & hommage à plus de réalité, que de personnalité. Or le Seigneur suzerain ne peut saisir que les arriere-Fiefs ouverts, & la foy & hommage, à laquelle sont obligez les arriere-vassaux, ne luy est dûë que lorsque le Fief servant est saisi ; & qu'ensuite la saisie a aussi été faite sur les arriere-Fiefs.

Cette décision me paroît encore fondée sur l'art. 54. qui permet au Seigneur de saisir les arriere-Fiefs ouverts ; donc ils peuvent être couverts par l'investiture donnée par le vassal non encore investi.

C'est aussi l'opinion de Maître Duplessis, fondée sur ce que *tant que le Seigneur dort, le vassal veille* ; ensorte qu'en consequence de cette maxime le vassal peut faire tous actes de proprieté, & de maître, quoiqu'il ne soit pas investi ; & qu'il peut tirer de son Fief tous les profits qu'il en peut percevoir, jusqu'à ce qu'il y ait saisie sur luy. Du Plessis.

De l'opinion contraire il s'ensuivroit une absurdité; sçavoir, que les arriere-vassaux seroient tenus de faire la foy & hommage au Seigneur suzerain, & luy payer les droits dûs pour leur mutation, quoiqu'ils les eussent payez à leur Seigneur, contre lequel ils auroient recours pour les repeter, & par consequent un procés contre luy ; que pour l'éviter ils seroient en droit d'obliger leur Seigneur avant que de luy rendre les devoirs, & luy payer les droits dûs, de leur justifier son investiture, ce qu'on ne peut pas avancer avec raison.

Il est vrai qu'autrefois le Seigneur ne pouvoit saisir le Fief de son vassal, avant qu'il eût fait luy-même la foy & hommage à son Seigneur.

La raison étoit, que suivant les principes de nôtre ancien Droit François, celuy qui acquiert un Fief n'en devient possesseur & n'en a la saisine que par la foy, comme il est prouvé par ce que dit Desmarets décision 285. *La Coûtume que le mort saisit le vif, son hoir n'a pas lieu tant que à ce qui touche le Seigneur; car le fils n'est saisi ne possesseur du Fié son feu pere, jusques à tant qu'il soit en foy & en hommage, ou souffrance du Seigneur du Fié.*

L'Auteur du grand Coûtumier, liv. 2. chap. 21. pag. 140. à la fin. *Si c'est un Fief noble, saisine de Droit, ne autre n'est acquise sans foy ; car le Seigneur direct est avant saisi que l'heritier. Mais par faire hommage & par Relief le Seigneur directe doit saisir l'heritier. Et la raison si est ; car le Seigneur féodal à la Seigneurie directe, à laquelle la profitable est adonques conjointe & annexée par la mort du vassal.*

Du Moulin s'est expliqué à peu prés de la même maniere sur l'article 1. de l'ancienne Coûtume de Paris. Glose 4. n. 48. *Vassalus nondum per Dominum in fidem admissus & investitus non est integrè & absolutè vassallus, mutatione enim prioris vassalli soluta fidelitate, in qua Feudum consistit, interim non videtur esse Feudum,*

Si celuy qui n'est point en foy, n'est pas saisi de son Fief, & ne peut point être appellé *Vassal*, il s'ensuit qu'il ne peut point être appellé *Seigneur*, par rapport aux Fiefs qui relevent du sien ; & que par consequent, tant qu'il n'est point en foy, il ne peut point les saisir féodalement.

Mais dans les trois derniers siécles, la maxime, *tant que le Seigneur dort, le vassal veille*, ayant été établie, cet ancien Droit a été aboli ; l'on a regardé le silence du Seigneur dominant, comme une souffrance tacite, & l'on n'a plus douté que le vassal, qui n'étoit point en foy, ne pût, *pendant que son Seigneur dormoit*, faire saisir le Fief mouvant de luy ; & tel a été l'avis de du Moulin ; car aprés avoir dit au lieu marqué cy-dessus, que *Vassalus nondum per Dominum admissus & investitus non est integrè & absolutè vassallus*, il ajoûte, *& hoc saltem Domino vi-*

gilante, & ut verbis nostræ consuetudinis utar, & Feudum ad suam manum revocante.

En effet, quand le Seigneur a saisi le Fief de son vassal, ce vassal ne peut pas au préjudice de cette saisie exercer la saisie féodale sur les Fiefs servants ouverts.

C'est aussi le sentiment de Pontanus, sur l'art. 77. de la Coûtume de Blois, & il en rend la raison en ces termes. *Absurdum est vassallum à quo sublatum est Feudum, & proinde cui manus sunt ligatæ ex vi saisinæ à Domino factæ, alios investire posse: quandoquidem per missionem Domini in possessionem Feudi, omnia jura ac fructus Feudi devoluta sunt, ita ut quandiu durat saisina, possit Dominus subvassallos loco primi vassalli in fidem admittere, & eosdem investire.*

Voyez Brodeau sur l'art. 82. de la Coûtume de Paris, n. 3. & 4. tom. 1. p. 627. 367. & 368.

Dans la Coûtume de Clermont, la maxime *tant que le Seigneur dort, le vassal veille*, n'a point été admise, & delà vient que cette Coûtume décide dans l'art. 79. que *le Seigneur ne peut saisir le Fief de son vassal, avant qu'il soit luy-même entré en foy.*

12. *Si le nouveau Seigneur peut saisir les Fiefs des anciens vassaux, faute de luy avoir rendu leurs devoirs?*

Cette question est décidée par l'art. 65.

13. *Si celuy qui n'est Seigneur qu'en partie d'un Fief dominant, peut saisir les Fiefs servans en cas d'ouverture, sans le consentement de ses Coseigneurs?*

Du Moulin *d. Glos.* 4. *num.* 71. dit, qu'il peut user de saisie féodale selon la portion qu'il a dans le Fief dominant, & faire les fruits siens du Fief saisi à proportion, *arg. l. communis. ff. de in jus voc.* où dans les choses penales un Patron est appellé de ce nom, quoiqu'il ne le soit pas seul.

La raison est que ce qui est commun entre plusieurs, est censé appartenir à tous en particulier, & chacun d'eux peut s'en appeller le Proprietaire, suivant le sentiment des Jurisconsultes; & puisqu'il est vray de dire que celuy qui n'est Seigneur qu'en partie du Fief dominant, en est veritablement le Seigneur, aussi est-il vray, qu'il peut saisir les Fiefs servans contre la volonté de ses Coseigneurs.

DU PLESSIS. C'est aussi le sentiment de Maître Duplessis, qui dit, que quand il y a plusieurs Seigneurs dominans, chacun peut saisir pour sa part, & les uns malgré les autres.

Néanmoins si la saisie étoit faite par un au nom de tous, elle vaudroit pour chacun d'eux, quoiqu'ils n'y eussent pas donné leur consentement exprés.

In dubio, dit du Moulin, *unus heredum potest manum injicere toti Feudo vice omnium, & omnibus pro rata fructus acquirere, l. heredet. §. si unus ff. famil. ercisc. Sicut potest nomine omnium investire & jura recipere &c. & quæcumque sint administrationis, vel usus destinati: & maximè si habet majorem partem: hinc est quòd Consuetudines hujus Regni crebriùs hoc deferunt primogenito, qui hæc jura in solidum exercendo tanquam primogenitus, censetur non solùm nomine proprio, sed etiam nomine coheredum vel consortum, in quantùm eos tangit, & opus est facere. Nec spectat ad vassallum inquirere, an & quod prehenderis, habent coheredes & consortes vel non, &c.*

C'est le sentiment de Brodeau sur cet article nombre 18. Voyez cet Auteur en cet endroit.

Si le droit de saisir féodalement se peut ceder par le Seigneur.

Du Moulin sur cet article Glos. 1. nomb. 34. tient que non, parce que *jus ipsum prehendendi est inseparabile à proprietario*: Tronçon sur l'art. 7. *verbo, ne peut saisir*, a suivi son opinion.

Néanmoins je crois au contraire que ce Droit est cessible. La raison de du Moulin n'est d'aucune consideration, puisque l'usufruitier peut se servir de la saisie féodale, au refus du Proprietaire, suivant l'art. 2. le Fermier du Seigneur le peut aussi, comme il a été dit cy-dessus. Brodeau, sur l'art. 2. *in fine*.

Si la saisie sert au successeur de celuy qui l'a faite?

Charondas sur l'art. 24. cite un Arrest du 20. May 1575. qui a jugé pour l'affirmative, au profit du successeur à titre universel pour le Fief de Gilcourt.

La question ne me semble pas indistinctement vraye, quand la saisie est faite faute de foy & hommage seulement, je crois que la saisie est finie & éteinte par l'alienation du Fief faite par le saisissant, & même par sa mort; ensorte qu'elle ne peut continuer en la personne de son héritier, parce que la cause d'icelle saisie est éteinte, d'autant qu'elle est personnelle, & que les droits personnels ne passent point à d'autres.

Que si elle est faite pour devoirs & droits non faits & non payez, la saisie subsiste au profit de l'héritier ou de tout autre successeur à titre universel; mais elle ne sert pas au successeur à titre particulier, comme à l'acheteur ou au donataire, parce que la saisie est éteinte à l'égard du vendeur ou du donateur, à moins qu'il ne se reserve le droit de continuer sa saisie pour les droits qui luy seroient dûs, ou qu'il n'eut cedé à l'acheteur ou au donataire les droits à luy dûs, avec le droit de poursuivre & continuer la saisie par luy faite pour cette cause.

PAR FAUTE D'HOMME, DROITS ET DEVOIRS NON FAITS ET NON PAYEZ

GLOSE DEUXIE'ME SUR L'ARTICLE I.

SOMMAIRE.

1. *Saisie féodale pour devoirs non faits, & droits non payez.*
2. *Quand il y a faute d'homme dans un Fief.*
4. *Droit ancien des Seigneurs de s'emparer des Fiefs faute de prestation de foy & hommage.*
5. *Quand arrive ouverture de Fief.*
6. *Comment elle arrive.*
7. *Si elle arrive par la Profession Monastique.*
8. *Si l'ouverture de Fief arrive par la mort civile de l'homme vivant & mourant.*
9. *La mort de nos Coûtumes s'entend de la mort naturelle.*
10. *Pourquoy l'homme vivant & mourant est baillé au Seigneur.*
11. *Disposition de quelques Coûtumes touchant l'homme vivant & mourant.*
12. *S'il y a ouverture de Fief par la mort de celuy qui représente le propriétaire.*
13. *S'il y a ouverture par le déguerpissement.*
14. *Si l'ouverture arrive sans mutation de vassal.*
15. *Si elle arrive par l'absence du vassal.*
16. *Le Fief de l'absent non investi peut estre saisi.*

17. Si

1. LA saisie féodale se peut faire pour trois causes: la premiére & la principale, est l'ouverture de Fief, qui est marquée par ces termes, *faute d'homme*: La deuxiéme, le défaut du payement des droits aprés que le Fief est couvert: La troisiéme, faute d'avoir donné par le vassal un aveu & dénombrement. Les deux premieres sont portées par cet article, & la troisiéme dans l'article 8. & les trois suivans.

2. Il y a ouverture de Fief quand celuy qui étoit l'homme du Seigneur a cessé de l'être. Par homme nous entendons le vassal, c'est-àdire, celui qui a été reçû en foy par le Seigneur; & par cette reception le Fief a été couvert.

3. L'interêt que les Seigneurs avoient autrefois d'avoir des vassaux, leur donnoit pouvoir de s'emparer des Fiefs qui relevoient d'eux, lorsque les Proprietaires ne leur en avoient pas prêté le serment de fidelité; & même cet usage s'observoit en France, selon le Droit des Lombards, que les Fiefs tomboient en commise lorsque les Proprietaires s'en étoient mis en possession, avant que d'en avoir pris l'investiture.

BRODEAU. Brodeau sur cet art. nomb. 6. remarque sur ce sujet un Arrest de 1387. rapporté par Jean Galli q. 162. qui a pour titre *in fide non intrans & homagio per annum & diem post mortem sui prædecessoris, amittat Feudum*: mais la saisie féodale a été introduite au lieu de cette commise.

4. L'ouverture de Fief arrive donc quand celui qui étoit Proprietaire & vassal, a cessé de l'être; ce qui arrive ou par sa mort naturelle ou civile, ou quand il en a quitté la proprieté, ou qu'il l'a alienė: dans tous ces cas le Fief est ouvert jusqu'à ce que le nouvel acquereur ait été investi.

La mort du vassal cause ouverture de Fief; c'est pourquoi elle arrive au cas qu'une succession, dans laquelle il y a un Fief, soit vacante. Voyez sur l'art. 33. nomb. 4.

5. La mort civile rend incapable de tous effets civils ceux qui y tombent.

6. Elle arrive en trois maniéres.

La premiére, est la profession monastique; car la prise d'habit & le noviciat ne suffisent pas: du DU MOULIN Moulin sur l'art. 51. *Glos.* 2. *n.* 81. tient que si le vassal fait profession aprés avoir donné son Fief au 7. Monastere, il n'y a point ouverture, *putà quòd quandiu naturaliter vivit vassallus Monasterium ingressus, non posset Monasterium cogi ad vacuandam manum suam, nec ad præstandam aliquam indemnitatem pro rata temporis quo ingressus est.* Il est facile de connoître que ce sentiment n'est pas conforme aux principes, vû que par la donation il y a une véritable mutation qui cause ouverture au Fief, & au relief, & que le Monastere entre en la proprieté du Fief, & devient par conséquent sujet aux droits des main-mortes, le vassal profez ne pouvant plus retenir le Domaine de ses biens.

Le deuxiéme, est la condamnation aux Galeres perpetuelles.

Le troisiéme, est le bannissement perpetuel: l'usage de toute la France a introduit cette distinction entre le bannissement perpetuel & le bannissement à temps; c'est-à-dire, pour neuf ans & au-dessous; le bannissement à temps ne cause pas la mort civile, de même que chez les Romains la rélegation, *tot. tit. ff. de cap. min.* mais le bannissement ou l'exil perpetuel induit la mort civile, voyez *Infra* sur l'article 183.

Il faut excepter la mort civile, de l'homme vivant & mourant qui ne cause pas ouverture au Fief; c'est le sentiment de du Moulin sur l'art. 51. Glos. 2. n. 81. & de Chopin sur la Coûtume d'Anjou, liv. 2. chap. 1. tit. 2. n. 12. 8.

Les Arrests l'ont jugé ainsi: Le dernier Commentateur de la Coûtume de Montargis, en rapporte un du 6. Août 1619. Et Dufresne en rapporte un autre du 6. Fevrier 1642. dans l'espece suivante.

Les Administrateurs de l'Hôtel-Dieu de la ville de Nogent-le-Rotrou, avoient baillé au sieur de Nossé, Seigneur féodal d'un Fief appartenant à l'Hôtel-Dieu de Paris, un homme vivant & mourant, lequel se fit Religieux; le sieur de Nossé fit saisir le Fief sous prétexte d'ouverture, en conséquence de cette profession: le Juge des lieux jugea en sa faveur, & condamna les Administrateurs à luy bailler un autre homme vivant & mourant; sur l'appel en la Cour par Arrest donné en l'Audiance de la Grand Chambre, mainlevée pleine & entiere leur fut accordée de la saisie féodale, conformément aux Conclusions de Monsieur l'Avocat General Talon.

La raison de douter est, que l'homme vivant & mourant est réputé le vassal & le Proprietaire du Fief, puisqu'il fait la foy & hommage au Seigneur. Or par la mort civile du vassal, il y a ouverture au Fief, puisque la mort civile produit souvent les mêmes effets que la mort naturelle; ainsi la succession de celuy qui est mort civilement se partage entre ses héritiers, comme s'il étoit mort de mort naturelle; parce qu'un homme mort civilement *pro nullo habetur*, qu'il est incapable de rendre service au Seigneur en qualité de vassal & de sujet.

La raison de la décision est, que quand une Loy, 9.

un Statut, ou une Coûtume parle de la mort ; elle se doit entendre de la mort naturelle, si ce n'est dans les cas exprimez, *l. sed si. de donat. int. vir. & uxor. l. cum patr. §. 4. de legat. 2.* qu'en plusieurs cas la mort civile ne produit pas les effets de la mort naturelle ; le doüaire n'est dû que par la mort naturelle du mary : *non aliter quam à morte doarium debetur, nec mors civilis comparanda est naturali*, dit Argentré sur l'art. 433. de la Coûtume de Bretagne ; comme il est observé sur l'art. 183.

Quoique par la disposition du Droit un homme mort civilement, soit entierement & pour tous effets civils réputé mort, comme s'il l'étoit de mort naturelle, suivant le sentiment de Monsieur Cujas sur la Loy 121. §. *in insulam ff. de verb. oblig.* & des autres Docteurs ; toutefois suivant ce §. quand celuy qui a promis de payer une somme au temps de sa mort, s'il est banni elle n'est pas dûë pour cela, ni exigible avant sa mort naturelle, *deportato reo promittendi stipulatio ita concepta, cùm morieris dabis, non nisi moriente eo committur* : & sur ce mot *moriente*, la Glose dit, *scilicet naturaliter, & quòd appellatione mortis intelligitur naturalis, non civilis.*

Pareillement en matiere de substitution, la mort civile ne produit pas toûjours le même effet que la naturelle, & elle ne donne pas ouverture à la substitution.

La Loy 48. §. *Cornelio. ff. de jure fisci*, y est formelle : *mater rogata erat restituere hereditatem post mortem suam, condemnata fuit, constitutum est nondum diem fideicommissi venisse, quia poterat filius priùs ipse mori.*

Que si en plusieurs cas la mort civile ne peut pas être comparée à la mort naturelle, il est vray de dire que dans le fait dont il s'agit, la mort civile ne produit pas le même effet que la naturelle ; d'autant que l'homme vivant & mourant baillé par les gens de main-morte au Seigneur, n'est pas le vray proprietaire du Fief, qu'il ne l'est que par fiction, afin que par sa mort il y ait ouverture au Fief & mutation de vassal ; & qu'ainsi le Seigneur puisse être payé de temps en temps des droits qui lui appartiennent sur le Fief servant, suivant la disposition generale des Coûtumes de France. Or cette fiction ne cesse pas par la mort civile de cet homme, elle dure jusqu'à sa mort naturelle, & produit toûjours les mêmes effets, & rend le Fief couvert jusqu'à ce temps ; car sa mort naturelle fait cesser entierement cette fiction : mais avant il importe peu que cet homme soit devenu incapable des effets civils, puisqu'il n'est pas en effet vassal du Seigneur.

10. De plus l'homme vivant & mourant n'est baillé au Seigneur que pour servir de régle & de mesure à la vie naturelle d'un vassal, parce que l'Eglise qui possede le Fief ne meurt point ; c'est pourquoi il faut qu'elle donne au Seigneur un certain homme qui soit censé son vassal, afin que par sa mort il arrive au profit du Seigneur ce qui arriveroit par la mort naturelle du véritable proprietaire du Fief.

11. La Coûtume d'Orléans en l'art. 42. dit, que par la mort civile de l'homme vivant & mourant, il n'y a aucune ouverture au Fief, pourvû toutefois que le Seigneur ne meurt point avant cet homme vivant & mourant ; car s'il venoit à déceder avant que cet homme mourut civilement, y ayant sommation ou empêchement fait de la part du nouveau Seigneur, les gens de main-morte seroient obligez de bailler un autre homme, sans payer le relief, pourvû que ce nouvel homme vivant soit baillé dans les quarante jours aprés l'empêchement.

La Coûtume de Montargis en dispose de même en l'art. 88. titre des Fiefs, & celle de Lorraine, chap. 1. art. 88.

La raison pour laquelle ces Coûtumes requierent qu'il y ait aussi mutation de la part du Seigneur, est que l'ancien Seigneur seroit mal fondé de demander un nouvel homme qui luy fit la foy & hommage, puisque celuy qu'il auroit reçû en foy, seroit encore vivant ; & que la Coûtume décide expressément que par la mort civile il n'y a point ouverture au relief, mais comme tout nouveau Seigneur peut obliger ceux qui relevent de luy en plein Fief, de luy venir faire la foy & hommage ; & que celuy qui l'avoit faite au précedent Seigneur, est réputé n'être plus dans le monde, ni capable de luy faire la foy & hommage : c'est pourquoi ce nouveau Seigneur peut obliger les gens de main-morte de leur donner un autre homme vivant & mourant.

Cependant il est injuste que le relief soit dû par le changement du Seigneur, & qu'il ne le soit pas par le changement de l'homme vivant & mourant dans ces Coûtumes de Montargis & de Loraine ; car le changement de Seigneur ne doit pas rendre désavantageuse la condition des vassaux, puisque ce n'est pas par leur fait, mais par le sien que la mutation arrive : c'est pourquoi la Coûtume d'Orleans ne donne point dans ce cas de profit au Seigneur.

Il y a ouverture au Fief par la mort naturelle de celuy qui represente le vassal & le proprietaire du Fief, sçavoir par la mort du Curateur à la succession vacante, aux biens confisquez, par la mort du mary qui avoit été investi pour les Fiefs de sa femme, au cas qu'elle n'ait pas fait la foy & hommage ; & par le partage fait par les pere & mere de leurs biens entre leurs enfans, suivi de tradition & de possession ; car quoique le partage soit revocable *ad nutum* des peres & meres, néanmoins il y a translation de proprieté, quoique non incommuable ; & parconséquent mutation de vassal. Voyez sur l'article 33. Glos. 1. 12.

Il y a ouverture par le déguerpissement du Fief fait par le proprietaire, pour être déchargé de la rente à laquelle il l'avoit pris, selon l'opinion de Loyseau, du déguerpissement, livre 6. chap. 5. n. 10. & de du Moulin sur l'art. 33. n. 5. *si vassallus Feudum habeat pro derelicto, statim est apertum, etiamsi maneat derelictum & ab alio non occupetur ; ad hoc autem ut patronus prehendere possit & fructus suos facere, sufficit simplex Feudi apertura.* 13. Du Moulin.

Il y a ouverture quand le vassal a aliené son Fief par vente, donation ou échange. Voyez sur les art. 23. & 33.

De ce qui a été dit cy-devant, il s'ensuit que l'ouverture du Fief arrive ordinairement par la mutation du vassal. 14.

C'est une question si elle arrive par une longue absence du vassal. Maître Charles du Moulin sur cet art. Gl. 2. n. 4. & 5. & Charondas tiennent que non, à moins que l'absence ne soit si longue que le vassal puisse avoir cent ans, qui est le temps qui borne la plus longue vie de l'homme, *l. an usufructus ff. de usufr. & quemadmod. quis utat. l. ut. inter. C. de sacros. eccles.* si ce n'est que le Seigneur voulut prouver sa mort, suivant un Arrest du 7. Aoust 1576. pour Maître Pierre Charlot, Avocat en la Cour, contre le sieur Dalegre, qui avoit fait saisir le Fief de Fourferi, faute d'homme, droits & devoirs non faits & non payez, à cause de sa longue absence. 15. Du Moulin. Charondas.

Toutefois si un autre possedoit le Fief de l'absent comme nouveau vassal, ou en qualité de son heritier, ou ayant cause de luy ; en ce cas le Seigneur pourroit saisir pour droits & devoirs non faits & non payez selon du Moulin, d. Glos. 2. n. 5. *contrà justum novum occupatorem, putativum vassallum, feudalia obsequia, & jura non præstantem, & in ejus præjudicium posset Dominus prehensione Feudali uti, per tex. in fin. vers. sin autem ex contractibus. C. de petit. heredit.* mais la saisie cesseroit par son retour avec restitution de fruits. Du Moulin.

Ce qui se doit ainsi entendre du vassal absent, qui

a déja fait la foy & hommage & payé les droits au Seigneur ; car s'il étoit échû une succession à un absent, dans laquelle il y eut un Fief, l'absent quoique fondé sur une juste cause, n'empêcheroit pas que le Seigneur ne fit saisir aprés quarante jours, & ne fit les fruits siens faute de foy & hommage, jusqu'à ce que l'absent eut demandé souffrance, ou autre pour luy.

17. Que si pendant plusieurs années on n'a point oüi de nouvelles de celui qui s'est absenté, ses présomptifs héritiers peuvent obtenir du Juge permission de partager ses biens entr'eux, sauf à les restituer en cas de retour, en donnant bonne & suffisante caution pour la seureté de l'absent ; ainsi le Seigneur seroit payé de ses droits ; & même il seroit bien fondé de saisir le Fief & d'en percevoir les fruits, sauf à les restituer au cas que le vassal revint.

Cette question s'étant présentée en l'Audiance de la Grand'Chambre, le 14. Mars 1628. sçavoir, si un absent depuis quatorze ans auparavant le décés de sa mere étoit présumé vivant, pour la légitime, qui eut pû lui appartenir en sa succession, être adjugée à ses Créanciers, en baillant par eux caution suffisante, de la rendre & restituer, au cas qu'il fut justifié par ses freres qu'il étoit décedé avant sa mere.

La cause fut appointée au Conseil, mais l'appointé fut jugé ensuite au profit des Créanciers, par Arrest du 7. Juillet 1629. rapporté par Dufresne.

Par autre Arrest du 27. Avril 1662. rapporté dans le second tome du Journal des Audiances, liv. 4. chap. 40. la Cour ordonna que la succession de Maître Symphorien Hautin, Auditeur des Comptes, seroit partagée entre ses heritiers collateraux ; en donnant par eux caution suffisante de restituer en cas de retour, ce qu'ils auroient reçû par le partage de ses biens : il n'y avoit que quatre ans qu'il étoit absent.

Mais il y avoit des circonstances par lesquelles on avoit lieu de croire qu'il étoit mort ; ainsi cet Arrest est conforme à un précédent rendu le 1. Janvier 1634. au Rôle de Vermandois rapporté par Dufresne, par lequel la Cour ordonna que la succession d'un jeune homme, qui ne paroissoit plus depuis dix ans, seroit adjugée à son ayeul, quant aux meubles ; contre ses heritiers collateraux, qui le prétendoient vivant ; mais il y avoit aussi des circonstances assez fortes pour le présumer mort.

Les Coûtumes d'Anjou art. 269. & du Maine art. 128. portent que si quelqu'un a été absent pendant sept ans continuels, sans qu'on en ait reçû des nouvelles, ses présomptifs héritiers se peuvent ensaisiner des choses de la succession : Que si aprés il retournoit au pays, ses biens luy seroient rendus avec les fruits qui en auroient été perçûs.

18. C'est une question si le Seigneur peut saisir le Fief du vassal aprés l'avoir reçû en foy, faute de droits non payez.

Du Moulin. Maître Charles du Moulin sur cet art. Glos. 2. n. 1. & 2. & Glos. 9. n. 29. est d'avis que la saisie féodale ne peut avoir lieu, faute de payement des droits utiles & pecuniaires dûs au Seigneur, quand le vassal a été reçû en foy, parce *causa principalis & productiva est ipsa interruptio fidelitatis & vassalli ; defectus autem solutionis jurium non est causa effectiva nec productiva potestatis prehendendi, sed saltem accessoria & concomitans causam principalem* : Or l'accessoire suit le principal, & il cesse ordinairement quand le principal n'a plus lieu. *L. cum principalis de R. J.*

Ce Docteur *Glos. 2. n. 2.* remarque un cas auquel le Seigneur ayant reçû le vassal à foy & hommage, peut user de saisie pour ses droits ; *Si vassallus jam esset in fidem admissus, & investitus non sufficeret jura quædam alia deberi, ut relevamenta, vel quintum pretii, nec tunc posset dominus procedere per viam prehensionis, sed haberet petere residua jura via actionis : & talis est communis observantia valde æqua non mutanda. Quod limito, nisi admissio in fidem esset facta sub conditione resolutiva, si infra tale tempus non solverentur reliqua jura, quoniam admissio in fidem juribus nondum solutis, est gratiosa & liberalis, & sic potest tunc dominus apponere conditionem & modum quem vult, utpote cui liceret vassallum rejicere, & feudo frui. Adde fortius si receptio in fidem sit limitata ad certam causam, & feudum sit apertum ex alia, tunc in nihilo prodest. Et feudum iterum libere prehendi potest puta si vasallus fuerit investitus tanquam ex permutatione, sed in rei veritate emerat : non enim clauditur apertura per investituram erroneam, & ad aliam causam relatam.*

Il est fort juste que la fraude ne soit point avantageuse au vassal, & ne préjudicie point à son Seigneur. Il en faudroit dire de même si le vassal avoit déclaré faussement au Seigneur que la cause & le titre de son acquisition est une succession en ligne directe.

Charondas tient que si le vassal a fait la foy & hommage en l'absence du Seigneur, le Seigneur peut saisir son Fief pour droits non payez, mais que si elle a été faite au Seigneur en personne sans protestation de sa part, il ne seroit pas recevable à saisir le Fief de son vassal, étant censé y avoir renoncé. Charondas.

Tronçon sur l'art. 8. *in verbo, en Foy*, tient aussi qu'il ne peut user de saisie, à moins qu'il ne s'en soit reservé le droit en recevant la foy & hommage. Loysel, tit. des Fiefs, liv. 2. art. 52. est de même sentiment. Tronçon.

Brodeau sur cet article nomb. 11. dit que le Seigneur peut saisir le Fief de son vassal pour les droits qui luy sont dûs, quoiqu'il l'ait investi, & specialement quand l'acte de foy & hommage n'est point fait au Seigneur en personne, ou qu'étant fait en sa presence il contient une protestation & reserve des droits pour lesquels il peut se prendre à la chose, comme étant la saisie féodale, réelle, domaniale, patrimoniale, & fonciere ; & sur l'art. 24. nomb. 2. il dit qu'on peut induire de cet article, que le Seigneur peut saisir non seulement faute d'homme, mais aussi faute des droits & profits féodaux. Brodeau.

Du Plessis dit que le Seigneur ne peut saisir pour ses droits, qu'en faisant saisir conjointement pour la foy & hommage ; & que depuis qu'il a investi son vassal, il ne luy reste que l'action pour se faire payer de ses droits. Du Plessis.

Il prouve cette proposition, parce qu'il n'y a pas un seul article de la Coûtume qui parle des causes de la saisie féodale qui n'exprime conjointement ces termes, *par faute d'homme, droits & devoirs non faits & non payez* ; & qu'il faut examiner quatre cas esquels la question se peut rencontrer.

Le premier est quand le vassal a fait la foy & hommage à son Seigneur en son absence au principal manoir de son Fief, mais sans offre du relief ou du quint qu'il devoit ; dans ce cas, si le Seigneur peut faire saisir féodalement, à cause que les droits n'ont pas été offerts, ce n'est pas purement & simplement pour ses droits, mais pour la foy ; dautant que la prestation qui en a été faite, est nulle faute d'offres de droits, parce que la Coûtume requiert ces offres dans l'art. 63. pour la validité de la prestation. 19.

Le second est, quand le vassal présente la foy au Seigneur, & qu'il la refuse, parce qu'il ne luy fait pas offre des droits qui luy sont dûs, le Seigneur peut faire saisir féodalement non pas pour ses droits, mais parce que la présentation de foy est nulle faute de payement des droits, dont les offres doivent être réelles & à découvert.

Le troisiéme est, quand le Seigneur aprés avoir saisi féodalement faute d'homme, droits & devoirs non faits & non payez, reçoit la foy du vassal sans en recevoir les droits, & lui baille main-levée de sa saisie, à la charge qu'il lui payera les droits dans un certain temps : si le vassal y manque, le Seigneur peut encore saisir féodalement, par la raison que l'investiture & la main-levée de la saisie ne luy ont été données que sous condition, à la charge de payer les droits dans un temps, & que le défaut de la condition cause la nullité de l'investiture, & lui donne droit de faire une nouvelle saisie, & renouveller la premiere.

Le quatriéme est, quand sans saisie précedente, ni sans condition le Seigneur reçoit son vassal en foy sans être payé de ses droits, pour lors le vassal étant investi, le Seigneur ne peut plus saisir féodalement pour ses droits, il doit se pourvoir par action pour en avoir le payement.

AUZANET. Maître Auzanet tient, que pour droits non payez la saisie peut être faite, & il dit que cet article peut être ainsi reformé: le Seigneur féodal par faute d'homme, droits non payez, & devoirs, si aucuns sont dûs, non faits, ou pour l'une de ces causes, &c.

Monsieur ***. dit, que quand la saisie est faite faute de foy & hommage, elle cause la perte des fruits, & jusqu'à ce que la foy & hommage soit faite; & les droits payez, les fruits appartiennent au Seigneur: qu'il n'en est pas de même lorsque le vassal a été reçu en foy & hommage, & a fait offres suffisantes de payer les droits; car pour lors il s'est rangé à son devoir, & ne s'agissant que d'un interêt pecuniaire, la saisie se peut faire, mais sans perte de fruits, comme quand elle est faite faute de dénombrement baillé au desir de la Coûtume; ce qu'il faut bien distinguer dans cet article qui semble confus, & vouloir une perte de fruits dans tous les cas, mais il faut que le défaut de foy & hommage en soit la cause premiere, & subsidiairement quand les droits ne sont pas payez: car pour les mots *de devoirs non faits*, dont la Coûtume se sert, quoique bien des gens habiles les veulent retrancher comme ne signifiant rien, & ne pouvant concevoir à quoy on peut les appliquer; pour moi je les croi synonimes avec les mots *faute d'homme*; c'est-à-dire, que l'on procede par saisie féodale faute d'homme qui ait fait ses devoirs en rendant la foy & hommage.

20. Quelques Coûtumes qu'on peut voir dans la Conference ne permettent pas au Seigneur d'user de la saisie féodale, pour être payé de ses droits, quand il a investi son vassal, voulant qu'il se pourvoye par simple action: celle d'Orleans art. 66. ajoûte, sinon qu'il eut fait reservation desdits profits.

21. Cette question s'est présentée dans celle de Lorris, & par Arrest du 13. Juillet 1678. rendu en la troisiéme des Enquêtes, rapporté dans le Journal du Palais, il a été jugé que la saisie faite pour droits non payez aprés la reception en foy, n'emporte pas perte de fruits.

22. Je crois qu'il s'en faut tenir à cette décision, & au sentiment de Monsieur ***, que la saisie peut être faite, mais qu'elle ne donne pas gain de fruits au Seigneur, par la raison que l'origine de la saisie féodale vient de la vacance & ouverture du Fief par la mort du vassal, & si ces morts, *droits non payez*, ont été ajoûtez, c'est que le Seigneur peut refuser l'investiture jusqu'à ce qu'il soit payé de ses droits, & la saisie dure toûjours jusqu'au payement d'iceux.

Il paroît que tel étoit l'ancien usage par le grand Coûtumier, livre 2. titre 29. en ces termes, *Quand aucun fendataire reçoit en sa foy son vassal pleinement & paisiblement sans aucune reservation, il ne peut ny ne doit depuis lors en avant, faire aucun empêchement audit Fief de son vassal, mais le doit garder & faire tenir en possession d'iceluy; ainsi comme il y a mis pour raison du temps passé: toutefois depuis la reception en foy & hommage, il ne luy en revienne aucune cause raisonnable.* Nota, *que tant que le Seigneur tient le Fief en sa main par dessaisine d'aucun, tant que son quint denier en soit payé, il peut lever & recevoir les profits vacans dudit Fief.*

23. Néanmoins, à mon avis, il pourroit y avoir cause pour laquelle la saisie emporteroit perte de fruits, comme si le vassal avoit trompé le Seigneur, & qu'il lui eut declaré une ouverture de Fief qui ne donneroit point lieu aux droits féodaux, quoique veritablement les droits fussent dûs pour sa mutation, dans ce cas je croirois que la saisie emporteroit perte de fruits, parce que *nemini dolus patrocinari debet, & alteri nocere.*

S'il est permis au Seigneur féodal de saisir pour droits extraordinaires établis par la concession? 24.

Du Moulin sur l'art. 33. glos. 1. nomb. 125. & Brodeau sur cet article nomb. 12. tiennent que non, ou au moins que la saisie n'emporteroit pas perte de fruits, *prehensio feudalis cum lucro fructuum habet tantum locum pro oneribus ordinariis & approbatis, non etiam pro juribus extraordinariis, insolitis & ab eadem consuetudine incognitis; & generalis dispositio refertur ad ordinarias, & non ad extraordinarias prestationes.* Du Moulin.

Maître Du Plessis est de même sentiment, & que le Seigneur peut saisir, mais sans perte de fruits. Du Plessis.

Cette opinion se doit entendre ainsi, que si le vassal offre la foy & hommage au Seigneur sans luy offrir les droits extraordinaires qu'il doit suivant la condition apposée à la concession de la terre en Fief; le Seigneur peut bien saisir, mais cette saisie n'emportera pas perte de fruits.

La question n'est pas sans difficulté; car la Coûtume en cet article permet de saisir féodalement pour devoirs & droits non faits & non payez, & ne declare point pour quels droits, & s'il ne faut entendre que ceux portez par la Coûtume, laquelle n'a fait mention que de ceux qui se payoient ordinairement au temps de la redaction d'icelle, d'où on ne peut pas conclure valablement, que la saisie faite faute d'homme & droits, quoi qu'extraordinaires, non payez, n'emporte pas perte de fruits, laquelle est la peine de la negligence du nouveau vassal, de n'avoir pas satisfait à ses devoirs & aux droits qu'il doit au Seigneur, dont il releve: ce seroit obliger le Seigneur d'avoir un procés pour en être payé, & d'établir un Commissaire pour la perception des fruits, de l'insolvabilité duquel il seroit tenu. Voyez sur l'art. 9. glos. 1.

Quand un Seigneur prétend des droits extraordinaires qui lui sont disputez, il les doit justifier par la premiere investiture, *Feudi lex & origo servanda tanquam radix, nec mutari potest*, dit du Moulin, *Consil.* 50. 25.

Néanmoins le Seigneur peut prescrire des droits extraordinaires; de sorte que s'il avoit reçû à chaque mutation en ligne directe le droit de relief plusieurs fois, avec des aveus & dénombremens contenant, que le Fief est tenu à ce droit extraordinaire à chaque mutation, il est sans doute qu'on ne luy pourroit pas contester, de même que les vassaux prescrivent les droits dûs contre leurs Seigneurs, ainsi qu'il sera dit sur l'art. 12. *infrà.*

Si la saisie est valable pour les droits dûs par les prédecesseurs du vassal, de sorte qu'il n'en puisse obtenir main-levée qu'en les payant? 26.

Il est certain que tout nouvel acquereur est tenu payer les droits dûs par ses prédecesseurs; mais la difficulté est de sçavoir si le Seigneur peut user de saisie pour ces droits, & si ayant saisi pour la foy & hommage les ordinaires dûs par le vassal, & pour ceux de ses auteurs & prédecesseurs, il n'est pas tenu de luy donner main-levée en lui faisant la foy & hommage, & lui offrant les droits ordinaires qui sont dûs de son chef.

Du Moulin sur cet article, *Glos.* 9. *num.* 29. & *seqq.* résoud la question par cette distinction: *Aut prior & immediatus vassallus fuit aliàs in fidem admissus & investitus, salvâ actione jurium, ita quòd prior immediata apertura Feudi, & consequenter om-* Du Moulin.

nes prædentes fuerunt clausæ: nec est Feudum ullo modo apertum, nisi ex sola & ultima mutatione: aut verò Feudum pluries fuit apertum, & nulla fuit renovata fidelitas, nec admissio in fidem facta pro illis antiquis mutationibus.

Primo casu censeo patronum nullâ retentione Feudi uti posse, prætextu antiquorum jurium; nec feudali retentione, de qua in hoc §. faciendo fructus suos: sed simplici pignorantiâ retentione, tanquam simpliciter pignori incumbens. Probo, quia manus injectio, de qua in hoc §. est præcisè limitata ad causam in hac consuetudine, & in forma actualis prehensionis expressam; videlicet propter defectum clientis & jurium: & causa principalis & productiva est ipsa interruptio fidelitatis & vassalli: defectus autem solutionis jurium non est causa effectiva nec productiva potestatis prehendendi; sed solum accessoria, & concomitans causam principalem. Et sic quamvis consuetudo loquatur simpliciter de juribus, tamen non debet indistinctè intelligi de quibuscumque juribus, ex quacumque antiquâ mutatione Feudi debitis, sed solùm de his quæ debentur ratione illius mutationis, sive interruptionis, ex quâ Feudum potest prehendi: non autem de illis, si quæ fortè restant ex præteritis interruptionibus, quæ fuerunt sublatæ dudum redintegratâ fide. Cùm enim consuetudo non permittat prehendere pro juribus, nisi accessoriè & dependenter, ad interruptionem & aperturam Feudi, meritò non debet intelligi, nisi de juribus quæ accedunt & dependent à præteritis mutationibus, quarum ratione nullo modo licet manum Feudo injicere; & quæ jura non dependent ab apertura Feudi, de qua est quæstio, & nihil cum ea habent commune, accessorium enim debet naturam & conditionem sui principalis sequi; cap. accessorium de R. I. in 6.

Tum per ultimam renovationem fidei præterita interruptiones Feudi clausæ fuerunt; & potestas prehendendi Feudum ratione illarum, & jurium ab illis dependentium, fuit funditùs & perpetuò sublata & extincta, & pro dictis juribus si qua non soluta fuerunt, non remansit Domino nisi jus agendi. Et sic quamvis postea accidat nova mutatio Feudi, non tamen redeunt in potestatem prehendendi &c.

Secundo casu principali, quando sunt plures mutationes clientum, & à nullis fuit renovata fidelitas, tunc dico patronum posse Feudum prehensum retinere pro omnibus juribus illarum mutationum non renovatarum, idque efficaciter, faciendo interim fructus suos. Ratio quia ante secundam, tertiam, vel novissimam mutationem, poterat manum Feudo injicere, & fructus suos facere, donec jura illius mutationis solverentur. Igitur si nulla sit facta fidelitas, sed semper mansit Feudum apertum; idem poterit, quamvis Feudum bis, ter, vel ulterius mutetur, absque ulla exhibitione fidei; quia quantò frequentiùs mutatur, tantò magis & pluries contemnitur Dominus, qui non recognoscitur; & sicut ratione unius solius mutationis potest prehendere, ita ratione plurium; & quamvis pro omnibus sufficiat una fidelitas, utpotè personalis & individua, & in tantum debita ab uno quantum à pluribus. Tamen ad defectum omnium mutationum non renovatarum, & omnium jurium dependentium refertur prehensio, & sic cum effectu tenet & perseverat; donec omnia illa jura integrè sint persoluta; &c.

Cette distinction de Maître Charles du Moulin est fort juste; & c'est ainsi qu'il faut entendre les Coûtumes, qui obligent le nouvel acquereur de payer les droits dûs par ses prédecesseurs; à faute dequoy le Seigneur n'est pas obligé de lui donner main-levée de sa saisie, comme celles de Rheims, art. 62. & du Perche, art. 55.

La Coûtume d'Orleans en l'article 2. veut, que si le Seigneur féodal, auparavant la vente du Fief, ou partie d'icelui, avoit saisi le total du Fief, en ce cas l'acheteur qui l'auroit acquis, soit tenu de payer entiérement au Seigneur les profits qui étoient dûs avant la vente, pour lesquels le Seigneur auroit saisi, sauf à l'acheteur son recours. C'est une disposition particuliere, laquelle ne se doit entendre que des acquereurs à titre particulier, comme sont les acheteurs, les donataires, les legataires, & ceux qui acquiérent à titre d'échange; & non des successeurs à titre universel, comme les heritiers, lesquels dans toutes les Coûtumes sont obligez de payer les droits dûs par ceux dont ils sont heritiers, & ausquels ils ont succedé dans le Fief en cette qualité.

La raison est, que les heritiers représentent la personne du défunt, & partant ils sont obligez comme eux à toutes leurs dettes & obligations.

Charondas sur l'article 3. dit, que si le Seigneur a reçu à homme le nouvel acquereur qui ne lui devroit aucuns droits pour sa mutation, il ne pourroit plus faire saisir le Fief pour ceux de ses prédecesseurs, mais seulement se pourvoir par simple action; la raison est, que l'acquereur peut ignorer si son auteur a payé droits ou non. CHARONDAS.

Tronçon sur l'article 24. Brodeau sur cet article 1. nomb. 11. & Auzanet sur l'article 4. tiennent qu'il peut se pourvoir par saisie féodale. TRONÇON. BRODEAU. AUZANET.

Maître Du Plessis dit, que le vassal n'est pas obligé d'offrir au Seigneur les droits dûs pour les mutations de ses prédecesseurs, & que quoiqu'il ne les ait point offerts, ses offres ne sont pas nulles, parce qu'il peut ignorer qu'ils soient dûs; que néanmoins quelques-uns tiennent que s'il ne les offre, & ne lui paye les droits précedans sa mutation, échus dans les trente dernieres années, il peut lui refuser l'investiture; qu'il ne croit pas que faute par le vassal de les offrir & payer, le Seigneur puisse saisir féodalement, qu'il a véritablement pour ses droits un droit de suite d'hypotheque & de privilege, mais qu'il faut le justifier & le liquider en Justice, & jusqu'à contestation en cause le vassal est en bonne foy. DU PLESSIS.

Ce sentiment est fort; il n'y a qu'un cas, à mon avis, auquel le refus du Seigneur seroit bien fondé, sçavoir s'il avoit saisi le Fief sur l'ancien vassal faute de foy & hommage, & d'avoir payé le quint par lui dû, le Seigneur ne seroit pas obligé de donner main-levée à celui qui lui succederoit, qu'en payant les droits par lui dûs, & ceux dûs par son auteur.

Si le Beneficier est tenu payer les droits dûs par son prédecesseur pour les Fiefs qui dépendent de son Benefice?

Il faut dire, qu'il n'y est pas obligé, à moins que dès le temps de la joüissance du prédecesseur, le Seigneur ne se fût assuré de ses droits par la saisie du Fief; car la saisie féodale affecte & oblige le Fief de telle sorte, que cette obligation passe contre tout possesseur du Fief saisi; & ne peut être éteinte que par le payement des droits, sauf à celui qui les a payez, son recours contre celui qui les devroit, ou contre ses heritiers, en exerçant les actions & droits du Seigneur, qui est tenu d'en faire cession à celui qui en fait le payement, ce qui est fondé sur la Loy *cùm possessor. ff. de censib.* & sur la Loy *Imperatores. ff. de publican.*

La raison est qu'il n'en a pas la proprieté, il n'en est qu'usufruitier, & l'usufruit lui seroit inutile pendant plusieurs années, au cas qu'il fût dû plusieurs reliefs au Seigneur pour les mutations de ses prédecesseurs: Or comme l'usufruit finit par la mort de l'usufruitier, & qu'il n'en transmet aucuns droits sur la chose dont il joüissoit pendant son vivant, à ses heritiers ou autres ayans cause, il s'ensuit que le droit du Seigneur ne se peut exercer contre un nouvel usufruitier pour les profits dûs par son prédecesseur.

De plus, les Benefices ont toûjours des charges annexées plus ou moins grandes, & il seroit injuste qu'un Beneficier fût obligé aux charges de son Benefice sans en tirer aucun émolument.

Il n'en est pas de même de celui qui acquiert par contrat volontaire, ou qui succede à titre universel à celui qui n'auroit pas payé les droits; car l'on se doit imputer de ne s'être pas informé, si les droits ont été payez par son auteur; & l'autre ne les peut pas refuser comme étant obligé personnellement aux dettes de celui dont il est heritier, parce qu'il représente sa personne, tant pour les charges, que pour les émolumens de sa succession.

28. *Si le Seigneur qui a reçu les droits dûs pour la derniere mutation, sans protestation de se pourvoir pour ceux qui pourroient luy être dûs, à cause des mutations précedentes, peut les demander?*

Plusieurs sont d'avis qu'il n'en peut plus faire demande, parce qu'il semble y avoir renoncé.

Néanmoins je crois qu'il seroit recevable d'en poursuivre le payement, non pas par voye de saisie, mais par la voye d'action; dautant qu'il pouvoit ignorer qu'il lui fût dû d'autres droits pour les précedentes mutations; car c'est une ignorance du fait d'autrui qui ne doit point nuire au Seigneur; & on ne peut pas justement inferer que telle étoit sa volonté de remettre les droits qui lui étoient dûs, ou au moins de renoncer au droit qu'il avoit de poursuivre son nouveau vassal, parce qu'il ne lui auroit pas demandé les droits qu'il ignoroit lui être dûs, *voluntas elici non potest ex errore & ignorantia*; c'est pourquoi ce seroit au nouvel acquereur à prouver, que le Seigneur avoit connoissance des droits qui lui étoient dûs.

29. *Si le nouvel acquereur qui a été contraint de payer les droits dûs par ses prédecesseurs, les peut repeter contre eux?*

Il doit prendre cession des droits & actions du Seigneur contre eux ou contre leurs heritiers.

C'est la disposition de l'article 2. de la Coûtume d'Orleans, *in fine*. Ce qui doit avoir lieu dans nôtre Coûtume & dans les autres, cette disposition étant fondée sur le droit commun, & sur une raison d'équité.

Le Jurisconsulte en la Loy *Imperatores. ff. de publican.* dit *Imperatores Antoninus & Verus rescripserunt in vectigalibus ipsa prædia non personas conveniri; & ideò possessores etiam preteriti temporis vectigal solvere debere, eoque exemplo actionem, si ignoraverint, habituros.*

Cette Loy nous marque, que l'acheteur qui a payé les droits & charges réelles dûës au fisc par ses auteurs & prédécesseurs, a son recours contre eux pour ce qu'il auroit payé pour eux.

Que si l'acquisition est faite par decret, l'acquereur n'est point tenu de payer les droits dûs par ses prédécesseurs, parce qu'ils sont purgez par le décés, soit volontaire ou forcé. Voyez sur les articles 355. & 358.

30. *Quelle Coûtume il faut suivre en matiere féodale pour la foy & hommage, profits de Fief & autres, quand le Fief dominant & le Fief servant sont situez en differentes Coûtumes, comme celle de Paris, celle du Vexin & autres.*

Tous les Auteurs conviennent que pour les profits de Fief il faut suivre la Coûtume du Fief servant, comme il a été jugé par Arrest du 7. Septembre 1537. entre Saint Simon, d'une part, & les heritiers de Michel Charlier, d'autres, rapporté par Monsieur Loüet, lett. C. chapitre 49. & cité par les Commentateurs.

Mais pour ce qui concerne la foy & hommage & devoirs dûs au Seigneur féodal, il faut suivre la Coûtume du Fief dominant, comme il a été jugé par Arrest du 27. Août 1604. remarqué par Monsieur Loüet, *loco citato*, par Tournet sur l'article 3. par Labbé sur l'art. 63.

TOURNET. LABBÉ.

C'est une Jurisprudence certaine; la raison est, que c'est au Fief dominant que la foy & hommage est faite; mais à l'égard des droits, vû qu'ils sont dûs à raison du Fief servant, il faut considérer la disposition de la Coûtume où il est situé.

C'est aussi le sentiment de Monsieur *** sur l'article III. La raison qu'il en rend est, parce qu'il faut que le vassal se transporte au principal manoir du Fief dominant; mais pour les droits il faut suivre la Coûtume du Fief servant, parce qu'il faut que le Seigneur dominant se transporte sur le lieu pour joüir, & ce seroit troubler l'ordre dans toutes les terres, si on faisoit autrement; & si un Fief est situé en différentes Coûtumes, il faut suivre la Coûtume où le principal manoir est situé.

C'est aussi ce que dit Loysel, titre des Fiefs, article 43. *Les droits dûs par le vassal à son Seigneur, se payent selon la Coûtume du Fief servant: mais les foys & hommages se doivent faire en la forme du Fief dominant.* 31.

Cette regle qui est generale dans toute la France, est tirée de l'article 224. de la Coûtume du Vermandois, du 138. de celle de Reims, & du 224. de celle de Châlons. Voyez Monsieur Loüet, lett. F. chap. 19. & du Moulin sur l'art. 229. de la Coûtume du Vermandois.

Voyez Maître Challine, Regle XIV. premiere Partie, Exemple I.

Que si le corps & les dépendances du Fief sont situez en différentes Coûtumes, il faut toûjours suivre celle où est situé le principal manoir, Maître Auzanet sur l'art. 4. *in fine*. 32.

De ce qui a été ci-dessus il s'ensuit, que si un mineur qui n'auroit pas quatorze ans, Seigneur & propriétaire d'un Fief servant situé dans une Coûtume où la majorité féodale seroit fixée à cet âge, ne pourroit pas porter la foy & hommage à un Seigneur d'un Fief dominant situé dans celle de Paris, où les mâles ne sont estimez majeurs de la majorité féodale qu'à vingt ans accomplis, quoique suivant le sentiment de Bartole & des autres Docteurs sur la Loy *cunctos. C. de summa Trinit. quotiescumque agitur de capacitate & habilitate personæ, domicilii leges & statuta spectantur.*

Que si le Fief dominant & le Fief servant se trouvoient dans la succession d'un défunt, au moyen de la declaration qu'il auroit faite, qu'il vouloit les tenir séparément, & comme Fiefs distincts & dépendans l'un de l'autre, qu'ils fussent situez en différentes Coûtumes, & qu'il s'agit de faire le partage des biens du défunt; ils se regleroient chacun suivant la Coûtume où ils seroient situez.

Mais si le Fief servant avoit été réüni au Fief dominant, par l'acquisition faite sans la declaration susdite; en ce cas je crois, suivant le sentiment de Maître Auzanet, qu'il faudroit suivre la Coûtume du lieu, où le principal manoir seroit situé. AUZANET.

Le Grand sur l'article 18. de la Coûtume de Troyes, *num.* 7. dit indistinctement, que si le Fief dominant & le Fief servant sont situez en différentes Coûtumes, il faut suivre dans les partages la Coûtume du Fief dominant, comme n'étant, dit cet Auteur, le Fief dominant avec les Fiefs servans qu'un même corps, qui ne doit point être jugé diversement, *ne à capite membra discedant, quod non decet, cap, non decet.* I. *distinct.* I.

Cette opinion n'est pas soûtenable, vû que les Fiefs servans n'étant pas réünis, sont des Fiefs distincts & séparez, qui se doivent par consequent regler suivant les Coûtumes où ils sont situez.

Par ce mot, *devoirs*, dans cet article, on entend la foy & hommage, c'est-à-dire, le serment de fidelité que tout vassal doit à son Seigneur, avec le respect & la soûmission, ainsi qu'il est requis par la Coûtume. 33.

§. 2. De la foy & hommage, par qui & à qui elle doit être renduë.

SOMMAIRE.

1. LA foy signifie le serment de fidelité que le vassal fait à son Seigneur, par lequel il lui promet de le servir en toutes occasions; & l'hommage est la soûmission avec laquelle il lui fait ce serment: *Homagium est veneratio, quam vassallus Seniori propter Beneficium acceptum tribuit, cùm se, eo nomine, in hominem & clientem ipsius fore profitetur*, dit Hotoman, *cap. 21. de Feudis*; Maître Charles du Moulin sur cet article, glos. 3. n. 14. dit que *Homagium ratione Feudi nihil aliud est quàm sponsio fidelitatis.*

Bouteiller en sa Somme rurale, chap. 82. & Rageau aprés lui, disent que l'hommage est à son Seigneur promettre foy & loyauté en choses droiturieres & necessaires, & lui donner conseil & ayde envers tous, ainsi que remarque Joly sur cet article. Joly.

Néanmoins à prendre ces mots dans leur propre signification, l'hommage & le serment de fidelité sont differens: les Evêques & les Archevêques prêtent au Roy le serment de fidelité, à cause du grand nombre de sujets qu'ils ont à gouverner, parce qu'il est de l'interêt du Roy de les obliger de maintenir & conserver les peuples sous son obeïssance.

2. Monsieur le Maistre en son Traité des Regales, chap. 14. dit que le serment est dû au Roy par l'Evêque, bien qu'il ne possede aucun temporel; que l'Evêque fait au Roy l'hommage pour le temporel de son Eglise, comme son vassal, & qu'il fait comme Evêque & à cause de sa dignité Episcopale le serment de fidelité; que l'un est dû pour le temporel, & l'autre pour le spirituel: Que le Pape permet à une Abbesse de sortir de son Monastere avec d'autres Religieuses, pout aller rendre au Seigneur féodal l'hommage qu'elle doit pour raison des Fiefs qui dépendent de son Abbaye, au cas que son Seigneur ne le veüille pas recevoir par Procureur, comme il a été jugé par Arrest entre Jean de Valencienne, Seigneur d'Ormoy, & les Religieux, Abbé & Convent de saint Victor lez Paris, conformément au chap. 1. §. *verum de stat. Regul. in 6.*

3. La reception en foy est appellée investiture, parce que par ce moyen le vassal est investi, & devient l'homme du Seigneur; la foy & hommage servant de saisine & de prise de possession, suivant l'article 88. de la Coûtume d'Orleans.

Les actes de foy & hommage ne sont pas le titre de Fief, mais actes d'exercice, exécution, & possession du Fief qui induisent une preuve entre le vassal & le Seigneur.

4. C'est une regle generale du Droit Coûtumier, que tout nouveau vassal est tenu faire la foy & hommage au Seigneur duquel il releve: *Feudi substantia est ipsa fendalitas, cùm Feudum à fidelitate vel à fide dicatur, lib. 2. tit. 3. in fine, de Feudis*; sans avoir égard à la qualité & condition du Seigneur dominant & du vassal, parce que la foy & hommage est plus réelle que personnelle.

Par l'Ordonnance du Roi Henri III. du 3. Sept. 1578. tous Seigneurs de Fief, de quelque Religion, qualité & condition qu'ils soient, tenant Fiefs des Prélats &
5. gens Ecclesiastiques, sont tenus de leur faire la foy & hommage & le serment de fidelité en la forme que leurs prédécesseurs l'ont faite, selon la nature & qualité de leurs Fiefs, sans que les Ecclesiastiques soient tenus de recevoir nouvelle forme ou condition en la prestation du serment.

6. Quoique le vassal soit noble & le Seigneur roturier, il ne peut s'exempter de faire la foy & hommage en personne & non par Procureur, ou il faut quitter le Fief, Brodeau sur l'article 67. n. 6.

7. Quoique l'acquereur d'un Fief soit troublé dans sa possession, il doit faire la foy & hommage au Seigneur, & lui payer les droits, si aucuns sont dûs, Tronçon sur cet article, ce que je crois veritable; parce que le Seigneur n'est pas obligé d'attendre la fin de la contestation. Le défaut d'homme ou l'ouverture du Fief lui donne pouvoir de se servir de la saisie féodale.

8. Il y a des cas esquels la foy & hommage se peut faire par Procureur suivant l'article 67.

Il y en a d'autres esquels le vassal ne la fait pas.

9. Le premier est celui de l'article 5.

Le second est, quand l'aîné fait la foy & hommage pour ses sœurs, & les en acquitte. Voyez l'article 35.

Le troisiéme, en cas de contestation de la mouvance féodale entre deux Seigneurs. Voyez l'article 60.

Le quatriéme, quand les enfans sont mineurs, le Seigneur est tenu donner souffrance. Voyez l'article 41.

Le cinquiéme, quand le Fief servant est ouvert, & est saisi réellement. Voyez l'article 34.

Le sixiéme, lorsque le vassal dénie son Seigneur. Voyez l'article 45.

10. C'est au propriétaire du Fief servant, & non à l'usufruitier à faire la foy & hommage au Seigneur; dautant que l'usufruitier n'est pas l'homme du Seigneur, puisqu'il n'a pas la proprieté du Fief, & qu'il n'y a qu'un droit passager & à vie: c'est pour cette raison, que les droits honorifiques ne lui appartiennent point.

D'où il s'ensuit que le donataire d'un Fief, avec retention d'usufruit par le donateur, est tenu de faire la foy & hommage, & payer les droits au Seigneur, à faute dequoi le Fief peut être saisi. Tronçon sur l'article 2. *in fine.* Tron

La Doüairiere n'est pas tenuë de faire la foy & hommage au Seigneur, mais c'est à l'heritier à la faire, & à payer le relief, si aucun est dû, suivant l'article 40.

Du Moulin sur l'article 55. *glos.* 2. *num.* 3. rend cette raison pour laquelle c'est au propriétaire à faire la foy & hommage, & non à l'usufruitier, *quoniam præstationi fidelitatis, inest recognitio & subjectio rei recognitæ sub conditione feudali, quæ non potest rem subjicere & afficere, nec ejus statum immutare. Et pariter circa personas inest mutua correlatio, quæ non potest cadere nisi in propriis & veris subjectis correlativorum; quoniam fidelitatem facere est debitum honoris & reverentiæ inseparabile à persona, multò magis quàm opera personæ, cujus industria est delecta, quia per alium ejusdem conditionis & industriæ solvi potest, l. nemo. & ibi Bartol. ff. de duob. reis. sed hic non agitur de aliquo opere facto, sed de ipsa operatione cohærente personæ, & prout est in fieri, ideò nullomodo per alium suo nomine, nec alii præstari potest, quia jam esset honor alterius, & aliud obsequium, l. servus & l. quia aliæ. ff. de oper. libert.* Du Mou

Bien que les gens de main-morte soient obligez de payer l'indemnité aux Seigneurs desquels relevent les Fiefs qu'ils acquiérent, & leur bailler homme vivant & mourant pour leur faire les devoirs ordinaires dûs pour les Fiefs qu'ils possedent, comme nous avons dit ci-dessus; toutefois ils ne les doivent que pour les biens temporels, & non pour les choses spirituelles, comme pour les Eglises, Abbayes & autres Benefices, suivant le sentiment des Canonistes sur le Chapitre *indignum de R. J.* & sur le Chapitre *ex diligenti. Ext. de simon.* 11

Maître Charles du Moulin sur le même Chapitre *indignum*, dit qu'en France il y a plusieurs Eglises & Abbayes tenuës en foy & hommage, comme l'Abbaye de Marbec, laquelle releve de Monsieur l'Archevêque de Tours, & l'Abbaye de Commery qui releve de saint Martin de Tours. Du Mou

On tient abusive la Constitution du Pape Boniface au Chapitre 2. *de reb. Eccles. alienandis in sexto*, qui défend aux Prélats de France & Beneficiers de faire sans la permission du Pape la foy & hommage pour les choses spirituelles, & pour les Fiefs qu'ils tiennent à cause de leurs Benefices, parce que, selon Tronçon sur l'art. 5. *verbo* n'est dû foy, étant sujets du Roy, quand ils ne posséderoient aucun temporel, comme Citoyens & membres de l'Etat, faisant partie d'icelui, ils sont obligez de droit divin aux Loix du Royaume sous lesquelles ils vivent. Outre que les biens des Ecclesiastiques procedent de la liberalité des Rois de France, & non des Papes. 12 Tronç

Si le vassal qui a réüni à son Fief l'heritage censuel qui en relevoit, ou l'arriere-Fief qui en étoit mouvant, est obligé d'en faire la foy & hommage à son Seigneur, & luy payer les droits pour son acquisition? 13

Les Coûtumes sont partagées sur ce sujet; quelques-unes veulent qu'il y est obligé, comme celles de Bourbonnois, art. 388. de Melun, art. 49. de Mantes, art. 76. & 78. de Clermont, art. 95.

La raison en est renduë audit article 95. sçavoir, que ce qui étoit arriere-Fief au Seigneur suzerain, lui devient plein Fief.

D'autres ont une disposition contraire, comme celles de Montargis, art. 44. d'Orleans, art. 18. & de Dunois,

Dunois, article 15. qui n'obligent point le vassal de faire la foy & hommage pour cette réünion, mais elles veulent que son heritier en soit tenu, au cas que le Fief se trouve en la succession du vassal au temps de sa mort.

Ces Coûtumes doivent être observées dans leurs limites; à l'égard de celles qui n'en parlent point, comme celle de Paris, il y a quelque difficulté, & les Auteurs se trouvent partagez sur cette question.

Il semble que le vassal y soit obligé, à moins qu'il ne declare en faisant l'acquisition, qu'il veut tenir en arriere-Fief le Fief qu'il acquiert; dautant que le Fief réüni fait partie du Fief dominant, il relevé par consequent en plein Fief du même Seigneur, & puisque tout acquereur de Fief est tenu de faire la foy & hommage à son Seigneur, le vassal y est obligé pour le Fief qu'il a acquis, mouvant de lui en arriere-Fief.

On peut dire néanmoins, qu'il n'y a point en ce cas de mutation de vassal, puisque le vassal qui a fait la réünion, est déja le vassal du Seigneur, & que la foy & hommage n'étant dûë que par les nouveaux vassaux, elle ne doit point être réïterée par celui qui s'en est acquitté une fois, outre que le vassal qui a réüni à son Fief l'heritage censuel, ou l'arriere-Fief qui en étoit mouvant, a seulement augmenté le Fief dont il étoit déja en foy: & je croi cette opinion la plus juste.

MOULIN C'est le sentiment de du Moulin sur l'article 20. *glos. 1. num. 67.* que le vassal ne doit en ce cas aucuns droits ni devoirs à son Seigneur, parce que, dit-il, *exinde nulla mutatio contingit circa fidelitatem Feudi principalis, cui retentum Feudum annectitur.*

Celui qui lui succedera dans le Fief sera obligé de lui faire la foy & hommage pour tout le Fief; & au lieu de lui donner dans son dénombrement ce Fief réüni comme un arriere-Fief, il le declarera comme faisant partie de son Fief, selon le sentiment de cet Auteur.

CHOPIN. TRONÇON. BRODEAU. Chopin, livre 2. titre 6. nombre 21. Tronçon sur l'article 22. *verbo* retenu. Brodeau sur l'article 53. *num.* 15. & Pontanus sur la Coûtume de Blois, art. 66. & 67. sont de même avis.

Loysel en ses Institutes Coûtumieres, liv. 4. tit. 3. art. 92. dit, *le Seigneur qui a réüni à sa table le Fief de son vassal, n'est tenu en faire hommage à son Seigneur: mais avenant mutation de part & d'autre, il doit faire hommage du total, comme d'un Fief uni.*

La Coûtume de Vermandois, article 260. porte, que le Fief retenu par puissance de Fief, n'est point estimé réüni au Fief dont il dépend, si ce n'est que le vassal l'ait employé par son aveu & dénombrement baillé à son suzerain, comme tenu de lui en plein Fief: Et n'est tenu le Seigneur retraïant réunir, si bon ne lui semble, ains demeure toûjours arriere-Fief pour le regard du suzerain, comme il étoit auparavant.

CHARONDAS Ceux qui tiennent l'opinion contraire, sont Charondas, sur l'art. 33 *in fine*, d'Argentré sur la Coûtume de Bretagne, art. 340. *verbo*, tenu de lui roturierement, & Boërius sur la Coûtume de Bourges, titre des Fiefs, §. 5. *in fine.*

Il y en a qui font cette distinction entre l'acquisition de l'arriere-Fief faite par le vassal par retrait féodal, & celle qui est faite par toute autre cause, comme par vente, donation, legs ou autre semblable; voulant que si l'acquisition est faite par retrait féodal, le vassal n'en doive aucuns droits ni devoirs à son Seigneur, mais qu'au contraire si elle est faite par toute autre cause, le Seigneur soit bien fondé de les prétendre.

BRODEAU. Néanmoins Brodeau, *loco citato*, dit, qu'il n'y a point de raison d'admettre cette distinction, & qu'il n'est dû aucuns droits ni devoirs au Seigneur par quelque cause que l'arriere-Fief soit acquis par le vassal.

Par Acte de notorieté du Châtelet de Paris, donné le 4. Septembre 1706. il paroît qu'il s'y est toûjours pratiqué, que le Seigneur qui acquiert des terres qui relevent de lui, en Fief ou en censive, ne doit aucuns droits seigneuriaux au Seigneur dominant, dont il releve; cet usage est fondé sur la Coût. de Paris, art. 53. qui veut que quand le Seigneur acquiert des heritages en sa censive, ils deviennent féodaux, & sont réunis au Fief, à moins qu'il n'ait expressément declaré, qu'il veut posseder comme rotures les heritages qui étoient dans sa censive.

Cet article ne donne aucuns droits au Seigneur, & il n'auroit pas raison d'en prétendre; parce qu'il ne perd rien par cette réunion; au contraire son Fief en devient plus considérable, parce qu'il produira de plus grands droits, quand il arrivera mutation dans le Fief, que le Seigneur n'auroit pas, si la réünion ne se faisoit pas.

Cet article 53. a été ajoûté à l'ancienne Coûtume, avec raison, puisque le Seigneur dominant qui a démembré son Fief, à la charge de foy & hommage envers lui, & en faire des arriere-Fiefs ou des censives, sans payer aucuns droits à son Seigneur, suivant l'article 51. peut aussi en faire la réünion, quand le cas échet, sans lui en payer aucuns; cette réünion remettant le Fief dant l'état & l'integrité qu'il avoit avant le démembrement.

Dans les Coûtumes, dans lesquelles la réünion ne se fait pas, *ipso jure*, quand le vassal qui a acquis un Fief mouvant du sien, le revend ou le met hors ses mains, par quelque maniere que ce soit, avant qu'il en ait fait la foy & hommage, il est tenu du vassal qui en fait l'aliénation, parce qu'il n'a jamais été réüni au Fief dominant; c'est la disposition de l'article 19. de la Coûtume d'Orleans.

Mais dans les Coûtumes où la réünion se fait *ipso jure*, si le vassal qui a fait l'acquisition, sans déclarer qu'il entend le tenir & posseder en arriere-Fief, le vend ou le met hors ses mains, l'acquereur ne le tiendra pas de son vendeur, mais du Seigneur dominant: & partant il sera obligé de luy en faire la foy & hommage, & luy payer les droits dûs pour son acquisition; de même que si le vassal qui auroit fait l'acquisition sans déclaration, venoit à deceder, ses heritiers collateraux seroient obligez de faire les devoirs, & payer les droits pour les deux Fiefs, comme n'en faisant qu'un par le moyen de la réünion.

Necessariò confunduntur illæ correlationes, & res unita desinit esse subfeudum, & efficitur pars integralis & æquè principalis rei vel Feudi principalis; & incipit immediatè teneri & moveri à Feudo superiori, à quo descendit Feudum, cui facta est unio, dit Maître Charles du Moulin sur l'art. 20. *Glos.* 1. *num.* 68. DU MOULIN

Quant aux droits, il n'est dû ni quint ni relief, parce que les droits ne sont dûs qu'au Seigneur immediat; & si l'acquisition avoit été faite par autre que par le Seigneur, les droits luy auroient été dûs; l'ayant faite luy-même, c'est luy qui en est devenu le créancier & le debiteur, ce qui ne peut recevoir aucun doute. 15.

Il s'ensuit de ce qui a été dit cy-dessus, que si un Seigneur haut-Justicier, qui est aussi proprietaire du Fief dominant, acquiert un Fief en vertu de sa haute-Justice, soit par desherence, confiscation ou droit de bâtardise, il est obligé d'en faire la foy & hommage au Seigneur, s'il ne déclare qu'il veut & entend tenir & posseder ce Fief en arriere-Fief, ou qu'il n'en vuide pas ses mains dans l'an & jour, qui est le temps accordé aux Seigneurs hauts-Justiciers, pour aliener les héritages qu'ils acquierent en vertu de leur haute-Justice, sans pour ce payer aucuns droits aux Seigneurs féodaux pour leur acquisition; auquel cas il ne devroit aucuns droits ni devoirs au Seigneur dominant. 16.

17. Que si le Fief étoit acquis par le Seigneur superieur ou suzerain à cause de sa haute-Justice, il seroit obligé d'en vuider ses mains dans l'an & jour, s'il en étoit requis, *propter continuam repugnantiam terminorum clientelæ, cùm non possit quis respectu ejusdem clientelæ, seu ejusdem Feudalis dependentiæ esse vassallus vassalli sui*, dit du Moulin sur l'art. 33. *Glos. 1. num. 161.*

Toutefois s'il aimoit mieux faire la foy & hommage à son vassal pour l'arriere-Fief acquis, il le pourroit, mais il ne pourroit pas lui offrir la foy & hommage par Procureur; ce qui semble être contraire au sentiment de ce Docteur.

La répugnance dont il parle n'est pas un obstacle invincible, car si le Seigneur suzerain veut bien consentir à faire la foy & hommage à son vassal, on ne l'en peut empêcher; parce que ce n'est point pour la même chose, & il n'est pas impossible, qu'un créancier soit debiteur de son debiteur pour une autre cause.

Il est vrai qu'autrefois ç'auroit été une contrarieté, dautant que les vassaux s'obligeoient à prendre le parti de leurs Seigneurs, & leur défense envers & contre tous: Or il seroit absurde qu'un homme eût pû commander à celui à qui il auroit été obligé d'obéïr; c'est pourquoi il étoit de l'interêt du vassal d'avoir un autre vassal que son Seigneur, car s'étant engagé par serment à le servir quand il le requerroit, il n'auroit pas pû l'obliger reciproquement à lui rendre les mêmes services, ausquels il auroit été obligé envers lui.

18. Mais à present que les devoirs des vassaux ne consistent qu'en de simples respects & soûmissions, & qu'ils n'obligent point les vassaux à prendre les armes pour la défense de leurs Seigneurs, puisqu'il n'y a que le Roy seul en France qui soit Souverain, & pour lequel & par les ordres duquel on soit obligé de prendre les armes, & que les duels sont défendus, un Seigneur ne peut point obliger son vassal de prendre les armes pour le défendre. Ainsi il n'est plus absurde, que le Seigneur dominant fasse la foy & hommage à son vassal, puisque tels devoirs sont plus réels que personnels, & qu'ils sont dûs plûtôt à cause des choses que des personnes.

La Coûtume de Dunois art. 17. dit, que si le Seigneur suzerain haut-Justicier a acquis un Fief à cause des droits de sa haute-Justice, il est obligé d'en vuider ses mains dans l'an qu'il en sera requis, ou s'il veut le retenir, il est obligé d'en faire la foy & hommage au Seigneur féodal & luy payer les droits & profits de Fief.

19. *Si le mineur qui s'est fait restituer contre la vente de son Fief, & qui a obtenu gain de cause, est obligé d'en réiterer la foy au Seigneur?*

GUERIN. Guerin sur cet article tient l'affirmative; & que si le Seigneur avoit fait saisir le Fief sur l'acquereur du mineur, la saisie tiendroit contre le mineur, qui auroit été restitué contre la vente.

Certum est, dit-il, *alienationem à minore factam ratam esse cum auxilio restitutionis: Ideo cùm emptor novus sit vassallus, minor de novo restitutus sit etiam novus vassallus qui fidem & hominium Domino præstare tenetur: aliàs prehensio à Domino facta valet & manet.*

Il n'y a point de doute, que l'alienation faite par le mineur contre laquelle il se fait restituer, est valable, & que l'acquereur du mineur est devenu le vassal du Seigneur; mais la conséquence n'est pas bonne, que le mineur restitué devienne un nouveau vassal au Seigneur, & c'est une erreur de tenir cette opinion; il s'ensuivroit delà, que ce mineur restitué seroit tenu de payer de nouveaux droits au Seigneur, ce qu'on ne peut pas avancer avec raison; or si le mineur ne doit aucuns droits au Seigneur pour sa restitution, il faut dire aussi qu'il n'est point tenu de lui faire la foy & hommage, au cas qu'il l'eût faite pour son acquisition avant la vente de son Fief. La raison pour laquelle le mineur ne doit rien au Seigneur pour sa restitution, c'est que par le benefice de la restitution, la vente qui étoit bonne & valable dans son commencement, a été cassée, renduë nulle & sans effet, & partant ne peut point donner ouverture à de nouveaux droits: bien davantage le Seigneur est tenu de rendre ceux qu'il a reçûs de l'acquereur, la vente étant cassée sans le fait ni la faute de l'acquereur, & par un benefice accordé par la Loy au mineur.

On ne peut pas disconvenir, que le Contrat ne soit cassé par les Lettres de restitution, c'est une des clauses d'icelles, qui se met en ces termes, *cassez, rescindez, annullez ledit Contrat, remettez les parties en tel état qu'elles étoient auparavant icelui, sans qu'il puisse nuire ni préjudicier à l'exposant, &c.* ce qui est conforme à la disposition du Droit, *l. 24. §. restitutio. ff. de minor.* où le Jurisconsulte dit, *restitutio ita facienda est, ut unusquisque integrum jus suum recipiat, & l. 27. §. 1. & l. 39. §. fin. ff. eod.* Voyez sur l'art. 23. Glos. 1. n. 30. & 62.

Si un Seigneur est obligé de recevoir à foy & hommage un de plusieurs heritiers ou proprietaires d'un même Fief, faisant offre de luy payer les droits qu'il luy doit pour sa portion? 20.

Du Moulin sur l'art. 3. Glos. 4. n. 28. & 29. dit, que le Seigneur est obligé de le recevoir en foy; & que cette reception ne lui cause aucun préjudice, & n'opere point le démembrement du Fief, *nec ex hoc præjudicatur patrono in unitate Feudi, nec inducitur ulla divisio Feudi, licet unus ex heredibus recipiatur in fidem expressè pro parte, seu quota, aut rata sua, &c.* DU MOU.

C'est aussi l'avis de Chopin, *lib. 3. de privileg. rustic. part. 3. cap. 10. num. 1.* de Tournet sur l'art. 35. de Labbé sur l'art. 62. de Tronçon sur l'art. 8. *verbo*, en foy & hommage, de Brodeau sur l'art. 35. CHOPIN. TOURNET. TRONÇON. BRODEAU.

Monsieur Loüet, lett. F. *num. 26.* rapporte un Arrest donné en la Coûtume de Tours, au rapport de Monsieur Boucher, en la cinquiéme Chambre des Enquestes, le 7. Septembre 1604. Lunois & Charles de Tranchelion Baron de Chenevieres, parties plaidantes; par lequel la Cour accorda main-levée à celui des coheritiers qui avoit fait la foy & hommage pour sa part & portion dans le Fief possedé par indivis, sauf au Seigneur du Fief à se pourvoir contre ceux qui n'avoient pas prêté le serment de fidelité, à l'égard desquels la saisie subsista en pure perte des fruits.

Cet Arrest est aussi rapporté par Tronçon & Brodeau aux lieux citez ci-dessus, par Tournet sur l'art. 35. & par Labbé sur l'art. 62. TOURNET. LABBÉ.

CHARONDAS. Charondas sur cet article fait cette distinction: Ou le Fief est divisé & parti en portions séparées, ou il est possedé par indivis. Au premier cas l'hommage se peut faire séparement, comme si chaque portion étoit un Fief: mais si le Fief n'est point divisé, le vassal ne peut contraindre son Seigneur de le recevoir à homme pour sa part, ni aussi recevoir ses droits pour sa part, mais il faut porter la foy pour tout le Fief, & payer aussi les droits pour tout le Fief.

Cette opinion n'est pas recevable, & il en arriveroit un tres-grand inconvenient, qui est que plusieurs coproprietaires d'un Fief ne pourroient faire la foy & hommage que tous ensemble & dans le même temps, & il se pourroit faire que par des raisons particulieres quelques-uns n'y voudroient pas consentir, soit par des inimitiez mortelles qu'ils se porteroient, ou par autre cause, ou par intelligence avec le Seigneur, lequel par ce moyen tiendroit cependant tout le Fief saisi, ce qui seroit tres-injuste, ainsi il n'y a pas lieu de suivre le sentiment de cet Auteur.

L'article 9. des Arrestez titre de Fiefs porte, *si le Fief servant est possedé par plusieurs vassaux par indivis ou autrement, chacun peut faire la foy & hom-*

mage pour sa part, sauf au Seigneur à se pourvoir sur les portions des autres vassaux qui n'ont fait leur devoir.

Il n'en est pas de même du dénombrement, lequel est un acte indivisible qui se doit fournir tout entier & non par parties, ainsi qu'il sera dit sur l'art. 8.

21. *Si un Seigneur est obligé de recevoir à foy & hommage un de plusieurs habiles à se porter heritiers, faisant offre de luy faire la foy & hommage pour tout le Fief, & luy payer entierement les droits qui pourroient luy être dûs ?*

MOULIN. Du Moulin traite cette question sur l'art. 33. *Glos. 1. num.* 89. 90. *& seqq.* & aprés avoir exposé les inconveniens qui arriveroient de part & d'autre, il la decide enfin par cette distinction.

Aut iste qui admitti petit, solus possidet Feudum, aut non. Primo casu debet admitti : Quandiu enim alii coheredes non apparent ; nec se pro heredibus gerunt, iste habet fundatam intentionem super tota hereditate & toto Feudo ; nec habet necesse probare non habere proximiorem se, vel non concurrentem secum. Prætereà ex quo potest integrè satisfacere patrono, & solidum relevium præstare, patronus non habet interesse probabile, nec causam justam eum repellendi ; & Feudum totum vel pro parte retinendi, &c.

Au nombre 94. il dit pour la décision du second cas, que *ante prehensum Feudum unus solus non potest fidelitatem & relevium nomine suo offerre, & præstare pro toto ; quoniam patrono eligente fructus unius anni, non potest fruendi patientiam præstare nisi pro parte sua, & post prehensionem adhuc idem est dicendum, &c.*

Ce qui est sans difficulté dans la Coûtume de Paris & dans celles qui n'en parlent point, où un des heritiers ne fait point la foy pour les autres, si ce n'est le fils aîné pour ses sœurs suivant l'art. 35.

Nous avons des Coûtumes qui permettent à un des heritiers de faire la foy pour tous les autres, sçavoir Maine art. 113. & Anjou art. 100. & autres.

Que si plusieurs se présentent pour faire la foy & hommage au Seigneur pour tout le Fief, le Seigneur est obligé de les recevoir, sans se mettre en peine des droits d'un chacun, parce que c'est une discussion qui ne se fait qu'entr'eux : il n'est pas Juge de cette contestation qui ne le regarde pas ; il suffit que pour les droits qui lui appartiennent, il soit entierement indemnisé, & que le Fief soit couvert, & qu'il y ait un vassal ; c'est la disposition de la Coûtume de Rheims art. 121. & de Chaulny art. 102. & 103.

CHARONDAS Charondas sur l'art. 7. dit, qu'il suffit que ceux qui se présentent, prouvent qu'ils sont en possession de parenté, ce qui se peut justifier tant par la déclaration & témoignage de parenté, qu'en faisoit le défunt envers eux, que par la commune renommée & autres actes remarquez par nos Docteurs sur la Loy *non epistolis*, la Loy *non nudis. C. de probat.* Le Seigneur en ce cas les doit recevoir sous la clause ordinaire, *sauf nôtre droit & l'autruy* ; & s'il en refusoit quelqu'un, celui qui seroit refusé, pourroit se faire recevoir par main souveraine ; & en fin de cause les fruits seroient adjugez à celui qui obtiendroit gain de cause avec dommages & interêts.

22. *Si celui qui a acheté un Fief sous condition, & auquel la tradition d'icelui a été faite avant l'évenement de cette condition, doit faire la foy & hommage au Seigneur, & lui payer ses droits ?*

Il faut dire que non, parce que la vente n'est pas parfaite avant l'évenement de la condition sous laquelle elle est faite, *l. 7. ff. de contrah. empt.* & la tradition n'étant que l'accomplissement & la consommation de la vente, elle n'en peut pas causer la perfection avant l'évenement de la condition, & *interim* ; on peut dire que c'est par une espece de précaire que le vendeur fait la délivrance de la chose venduë, avant que la condition arrive ; & dautant que cette tradition n'est pas un moyen d'acquerir la proprieté du Fief, étant faite en conséquence d'une vente qui n'est pas parfaite, elle ne cause point de mutation dans le Fief, & par conséquent elle ne donne point lieu aux droits & devoirs féodaux, ensorte qu'il faut que le Seigneur attende que la condition arrive.

La Loy *traditionibus. C. de pact.* qui dit que la proprieté se transfere par la tradition, se doit entendre lorsqu'elle est faite en vertu d'un moyen d'acquerir qui est parfait, & non pas autrement. Voyez cette question sur l'art. 23. *infra.*

Si celuy qui possedant séparément le Fief dominant & le Fief servant, vend le Fief dominant, est tenu de faire la foy & hommage à l'acquereur pour le Fief servant qu'il retient ? 23.

On répond, que si par déclaration faite en acquerant le Fief servant ou le Fief dominant, il a empêché la réünion de l'un avec l'autre, en ce cas alienant le Fief dominant, il doit la foy & hommage à l'acquereur & même que s'il aliene le Fief servant, l'acquereur lui en doit faire le serment de fidelité.

La raison est, que tout vassal doit ce serment à son Seigneur ; & il n'importe qui soit le vendeur & l'acquereur du Fief servant ou du Fief dominant, la nature des Fiefs ne permettant pas qu'un Seigneur soit sans vassal qu'autant qu'il lui plaît ; & si le proprietaire du Fief servant est negligent de couvrir le Fief, le Seigneur dominant peut user de la saisie féodale, pour l'obliger de se rendre à son devoir.

Que si la réünion avoit été faite au moyen de l'acquisition faite du Fief dominant ou du Fief servant, par le vassal ou par le Seigneur dominant, sans déclarer qu'il empêchoit la réünion & consolidation, en ce cas n'y ayant plus de Fief dominant, ni de Fief servant, l'acquereur d'une partie du Fief qui étoit autrefois le Fief servant, est obligé d'en faire la foy & hommage au Seigneur duquel tout le Fief releve, à moins que le vendeur ne l'aliene à la charge de la foy & hommage envers lui-même, ainsi que nous dirons sur l'art. 51.

Si l'acquereur d'un Fief conjointement avec le Seigneur du Fief servant, est obligé de luy en faire la foy & hommage avant que d'en faire le partage ? 24.

Chopin sur la Coutume d'Anjou livre 2. chap. 1. tit. 2. nomb. 5. dit, que l'acquereur y est obligé ; parce que le Seigneur n'est pas tenu de reconnoître pour son associé dans le Fief, ou possesseur d'icelui, celui qui n'a pas encore été investi ; dautant qu'il n'appartient qu'au Seigneur de donner la possession civile des Fiefs qui relevent de luy, comme remarque Masuer en sa Pratique sur ce titre en ces termes : *Le particulier successeur ou heritier testamentaire, qui ne sont saisis par la Coûtume, ne peuvent entrer en la possession de la chose féodale que par les mains du Seigneur.* CHOPIN.

Si le mary est obligé faire la foy & hommage pour les Fiefs qui appartiennent à sa femme ? 25.

Il faut distinguer, car pour le Fief qu'elle auroit ameubli, il est sans doute que le mary est obligé d'en faire la foy & hommage, quoique la femme en eut rendu ses devoirs avant le mariage : & même le Seigneur peut refuser à foy & hommage la femme pour les Fiefs qui lui échéent : à moins qu'elle ne soit séparée, comme nous avons dit ailleurs ; quant aux Fiefs de la femme qui lui sont propres, le mary est aussi tenu d'en faire la foy & hommage, comme nous avons dit sur l'art. 35.

Si les Coseigneurs qui possedent en commun le Fief dominant & le Fief servant se doivent respectivement la foy & hommage, ou si elle n'est dûë qu'aux proprietaires du principal manoir du Fief dominant lorsque l'un des Coseigneurs en à seul la proprieté. 26.

Il semble que la foy & hommage ne soit dûë qu'au proprietaire du principal manoir, puisqu'elle est plus réelle que personnelle, & que c'est au principal manoir qu'elle doit être renduë.

Néanmoins le contraire a été jugé par Arrest du 30. Mars 1677. rendu en la Grand'Chambre, au rapport de Monsieur Godart, confirmatif de la Sentence du Juge de Rethel, & rapporté dans le Journal du Palais, par lequel il a été jugé que les Coseigneurs se doivent respectivement la foy & hommage.

La raison est, que la foy & hommage se doit rendre véritablement au principal manoir du Fief dominant, ou au lieu Seigneurial d'icelui; mais au nom de tous les Seigneurs tant présens qu'absens, & non pas au nom du seul proprietaire du Château ou principal manoir, lequel la reçoit pour lui & pour ses Coseigneurs; & quant il l'auroit reçûë pour lui, il ne pourroit pas prétendre en avoir prescrit le droit tant que le Fief dominant est possedé par indivis.

La foy & hommage est réelle & personnelle, elle est dûë au Seigneur à raison du Fief dominant; ainsi elle doit être faite par tous les vassaux proprietaires du Fief servant à tous les Coseigneurs du Fief dominant, suivant le sentiment de la Glose sur le titre 26. liv. 2. *de Feudis §. omnes*, ou elle propose & décide cette question, *an vassallus teneatur jurare & fidelitatem facere omnibus heredibus, an sufficiat si paratus sit jurare uni? Solve quod jurare debet omnibus; quia vassallorum jus est individuum, vel esse debet ad instar libertorum quorum jus est individuum, & ea que individua sunt, debentur heredibus in solidum; nec enim fit eo incurritur infinitas, cum effectus in idem; tantùm enim facit heredibus in solidum, quantùm faciebat soli defuncto, quare jurando uni pro omnibus poterit liberari.*

C'est aussi le sentiment de Monsieur Cujas sur le même paragraphe, & de Maître Charles du Moulin sur l'art. 3. *Glos.* 4. *n.* 59. *jur.* serment de féauté.

27. Ainsi quand l'aîné ou le proprietaire du Château ou principal manoir fait saisir un Fief, les fruits perçûs pendant la saisie féodale appartiennent à tous les Seigneurs, au pro rata des portions qu'ils ont au Fief dominant: c'est le sentiment de Chopin sur la Coûtume d'Anjou, part. 2. liv. 2. chap. 1. n. 6. & c'est une Jurisprudence certaine, à moins que la saisie ne fut faite que pour sa part seulement.

Ainsi quand un Fief servant appartient aux Coseigneurs du Fief dominant, ils sont chacun obligez de faire la foy & hommage au Château de ce Fief à tous leurs Coseigneurs.

Si le Roy est obligé, pour les Fiefs qui luy échéent, de faire la foy & hommage aux Seigneurs dont ils sont mouvans;

On répond que non, parce que le Roy étant Souverain dans son Royaume, il ne peut pas être obligé de faire aucun acte de soûmission envers ses Sujets, comme il a été jugé par Arrest du 25. Février 1558. entre le Seigneur de la Tremoüille & Monsieur le Procureur General, & la Dame de Flosseliere, défendeurs, rapporté par Monsieur le Maître, titre des foys & hommages, & par Tronçon.

Chopin sur ce titre, nomb. 8. dit, que le Roy ne doit serment de fidelité ni de vasselage à aucun homme, & de lui tous les Seigneurs de France tiennent leurs Fiefs, & sont ses vassaux. Il ne reconnoît aucun Superieur au temporel, & tous les Grands du Royaume tiennent de lui, & relevent leurs terres nobles & féodales.

Du Moulin sur le §. 20. *Glos.* 4. *num.* 3. dit, que le Roy est tenu de vuider ses mains des heritages qu'il acquiert mouvans des Seigneurs, *in privatum idoneum clientelari conditioni subeunda*, par l'Ordonnance du Roy Jean, laquelle est rapportée dans les Registres de la Chambre des Comptes; & sur l'art. 73. *Glos.* 2. *num.* 5. il dit que la plus ancienne Ordonnance sur ce sujet est celle de Philippes le Bel de

TRONÇON. l'an 1302. Elle est remarquée par Tronçon sur cet art.

BRODEAU. *verbo*, le Seigneur, & par Brodeau sur l'article 67. *num.* 10.

Néanmoins l'usage étoit, que si le Roy vouloit retenir le Fief acquis, il étoit obligé d'en faire au Seigneur la foy & hommage par Procureur.

Pithou sur la Coûtume de Troyes art. 40. dit, qu'il a été ainsi accordé par le 3. art. de la Chartre des Nobles de Champagne de l'an 1315. au mois de May, & qu'il a été ainsi jugé par un ancien Arrest du Parlement de la Toussaints l'an 1314. au profit du Procureur du Roy contre l'Evêque de Nevers, qui porte, que le Gentilhomme nommé par le Roy, sera reçû à faire audit sieur Evêque la foy & hommage pour le Fief de Donzy, echû au Roy par la confiscation de Loüis de Flandres Comte de Nevers, sans préjudice des droits & devoirs à lui appartenans comme Seigneur féodal.

Chopin *loco citato* dit, qu'Henry VI. Roy d'Angleterre, qui durant les troubles de la France sous le Roy Charles VII. demeuroit à Paris, & occupoit le Royaume, ordonna par deux Lettres Patentes de l'an 1423. & du 20. Octobre 1430. que le Procureur du Roy au Châtelet seroit commis homme & vassal des Fiefs échûs au Roy, mouvans d'autres Seigneurs pour leur faire la foy, & qu'il pourroit faire les devoirs par Procureur: & ces Lettres sont enregistrées au Livre bleu du Châtelet; & il se trouve un mandement de la Chambre des Comptes du 23. Juillet 1492. à Pierre de Quatre livres Procureur du Roy au Châtelet, pour faire la foy & hommage à cause du Fief de Chaliot, sans toutefois s'agenoüiller ni baisser. CHOPIN.

Voyez Chopin sur ce titre nomb. 9.

A présent les Roys ne sont pas obligez de faire la foy & hommage par Procureur à leurs Sujets, de quelque condition qu'ils soient; c'est un acte qui marque la soûmission & le respect de celui qui le fait envers le Seigneur à qui il est fait; & comme le Roy ne reconnoît aucun Superieur dans son Royaume, & que tous ses Sujets tiennent leurs Fiefs de lui immédiatement ou médiatement, tel acte seroit contraire à la raison, à la Majesté & à la Souveraineté Royale.

Mais comme les Rois doivent se faire justice à eux-mêmes, & qu'ils ne doivent faire souffrir aucunes pertes aux Seigneurs par les acquisitions qu'ils font dans leur mouvance, ils ont ordonné qu'ils en vuideroient leurs mains dans l'an, ou qu'ils payeroient aux Seigneurs des indemnitez suffisantes; & ce seroit une erreur de dire, comme Tronçon, sur l'art. 5. *verbo*, n'est dû foy, que le Roy est tenu bailler homme vivant pour faire la foy & hommage. TRONÇON.

La Coûtume de Sens art. 206. porte, que *le Roy auquel le Fief est avenu par confiscation pour crime de Leze-Majesté, est tenu de le mettre hors ses mains dans l'an & jour qu'il sera écheu, ou bailler homme pour ledit Fief.*

Mais cette disposition est abrogée par toutes les Coûtumes, quant à la prestation d'homme pour faire la foy & hommage; dautant que *qui per alium facit, per se facere videtur, l.* 5. *§.* 3. *ff. administ. tut.* de sorte que quand le Roy a fait acquisition de quelque heritage dans la mouvance d'un Seigneur, il est seulement tenu de lui payer indemnité, sans néanmoins que le Seigneur pour être payé de ce droit, puisse saisir l'héritage, soit féodal ou censuel, mais il doit venir par opposition.

La raison est, que toutes les saisies se font en France sous l'autorité du Roy; Or le Roy ne donne pas son autorité contre lui-même. Deplus, la saisie dépossede, seroit-il convenable que le Sujet dépossedât le Roy d'un héritage qu'il auroit acquis. 29.

A l'égard des Fiefs qui échéent au Roy par confiscation ou autrement, il commet des Gentilhommes pour faire la foy & hommage; & dans la Coûtume de Paris il commet son Procureur au Châtelet pour la rendre en son nom, comme remarque Monsieur *** sur l'art. 67.

30. Puisque la foy & hommage doit être faite par le proprietaire du Fief servant, comme il a été dit cy-devant, elle doit aussi être renduë au proprietaire du Fief dominant, & non pas à l'usufruitier, suivant l'art. 2. où il est dit que le proprietaire ne peut bailler mainlevée au vassal, sinon en payant les droits à l'usufruitier; de sorte que les profits utiles & pécuniaires appartiennent à l'usufruitier, & les droits honorifiques au proprietaire.

La Coûtume de Nivernois titre des doüaires art. 9. porte, *la doüairiere ni autre usufruituaire n'ont droit de recevoir hommages, dénombremens, user de retenuë, bailler souffrance aux vassaux, prendre les commises, faire baux à temps, excedant neuf ans, &c.*

Maître Charles du Moulin en sa note sur cet art. dit, *per hanc consuetudinem derogatur tacito mandato quod aliàs hæc vidua haberet tacito nomine proprietarii & qualitate doariæ, ut scripsi in consuet. Paris. §. 1. Glos. 1. q. 1. ad fin. num. 24. secundum veterem, & num. 36. secundum novam editionem. C. M.*

Ce que Maître Charles du Moulin dit dans cette note, n'est pas vray, que sans la disposition expresse de cet article, la doüairiere pourroit en cette qualité & par une procuration tacite au nom du proprietaire, faire ce qui est porté dans cet article; car ni la doüairiere ni tout autre usufruitier ne peut recevoir les hommages, dénombremens, ni bailler souffrance au nom du proprietaire; parce que, comme il a été dit ci-dessus, ce sont des actes qui sont inséparables de la proprieté.

31. Quand il y a plusieurs Seigneurs d'un même Fief, le vassal n'est pas tenu de prêter la foy à tous, il suffit s'il la fait à l'un d'eux au nom de tous au principal manoir, ou au lieu Seigneurial du Fief, s'il n'y a point de manoir.

La Coûtume de Nivernois tit. 4. art. 45. contient une disposition sur ce sujet en ces termes: *S'il y a plusieurs Seigneurs d'un même Fief, & l'un tient le manoir & Chastel dont dépent le Fief, le vassal est quitte en luy faisant ou representant dûëment l'hommage; si ledit Chastel ou manoir est commun ausdits Seigneurs: où il n'y en a point en la Seigneurie, ledit vassal sera quitte en faisant ou représentant ledit hommage à celui qui aura la plus grande part en ladite Seigneurie. Et si tous lesdits Seigneurs sont communs par égales portions, en le faisant ou présentant à l'aîné, s'ils sont freres, sinon à celui ou à ceux qui sont demeurans sur ledit Fief; & si aucun d'eux n'y demeure, aux Officiers du lieu.*

La Coûtume de la Marche, art. 203. 204. & 205. & celle de Bourbonnois, art. 391. en disposent de même. Par la Coûtume de Dunois, article 24. le vassal peut faire la foy & hommage à qui il veut des Seigneurs qui possedent par indivis le Fief dominant, & lui faire les offres des droits qui sont dûs; en sorte que l'acceptation de la composition d'iceux que ce Seigneur en fera, vaudra pour tous les autres. Toutefois ceux qui n'auroient pas été présens à la composition des droits, ont leur recours contre le Seigneur, pour la part qu'ils peuvent prétendre dans les droits qui étoient dûs.

C'est la commune opinion des Commentateurs, que le vassal n'est tenu de faire la foy & hommage qu'à un des Seigneurs au nom de tous, en l'absence des autres.

Du Moulin. Du Moulin §. 3. Glos. 4. *num.* 57. *seqq.* d'Argentré sur l'art. 332. de la Coûtume de Bretagne *num.* 1. Cujas sur le Livre *de Feud. tit.* 9. Coquille en son Institution au droit François, titre des Fiefs, Charondas sur l'art. 3. sont de cet avis. (Charondas)

Ce dernier Auteur dit, que le vassal n'est pas tenu de faire plus d'un serment de fidelité, & reconnoître plus d'un Seigneur d'un même Fief, *lib.* 2. *tit. de probib. feud. alien. §. praterea*, & que la plus commune opinion, que Zazius dit être observée en Allemagne, est qu'à tous les Seigneurs s'ils conviennent ensemble, le vassal porte une fois & par un seul acte le serment de fidelité, ou à l'un d'eux, le recevant au lieu & au nom de tous: Car le vassal peut requérir que tous les Seigneurs conviennent & accordent ensemble auquel il fera la foy & hommage.

Cette question, dit cet Auteur, est décidée par les articles 63. & 64. par lesquels il est ordonné au vassal de faire la foy & hommage au lieu dont est tenu & mouvant le Fief, sans qu'il soit tenu de la faire ailleurs; & par conséquent si tous les Seigneurs sont au Fief dominant, le vassal est tenu de la faire à tous en même-temps, & s'il n'y en a qu'un il reçoit la foy pour tous les autres.

C'est aussi l'avis de Tournet sur l'art. 35. de Tronçon sur l'art. 8. *verbo*, devant serment, & sur l'art. 63. & de Brodeau sur l'art. 63. *num.* 7. Tournet. Tronçon. Brodeau.

Mais Tournet sur l'art. 7. dit le contraire, & se contrarie lui-même sur ces deux articles: car sur l'article 7. il dit, si le Fief est tenu de deux Seigneurs, la foy & hommage doit être faite à chacun d'eux; & il dit qu'il a été ainsi jugé par Arrest du 19. Avril 1595. Et sur l'article 35. il dit, que s'il y a plusieurs Seigneurs d'un Fief, il suffit de faire la foy & hommage à l'un d'eux, jugé par Arrest du 7. Septembre 1604.

C'est une maxime incontestable, que si tous les Seigneurs sont au Fief, le vassal est tenu de leur faire la foy & hommage, ou à ceux qui y sont, & à un seul s'il n'y en a qu'un, au nom de tous; car puisque la foy & hommage peut être faite en l'absence du Seigneur, sans que le vassal soit obligé de la réïterer, il peut par consequent la faire à un de plusieurs Seigneurs en l'absence des autres; pour & au nom de tous.

Quand il y a contestation entre plusieurs Seigneurs touchant la mouvance féodale d'un même Fief, le vassal se doit faire recevoir par main souveraine, suivant l'article 60. 32.

Quoique le vassal ne puisse prêter le serment de fidelité par Procureur, sans une cause legitime, néanmoins le Seigneur la peut recevoir par un autre, parce que *juramentum accipere reale est; at prastare, personale censetur*, dit du Moulin sur l'article 49. de la Coûtume de Blois; ce que Pontanus dit aussi sur l'art. 54. de la même Coûtume, *prastatio est quid personale, at juramenti receptio, quid reale.* Voyez ci-après l'art. 67. 33.

Si les arriere-vassaux sont obligez de faire la foy & hommage au propriétaire du Fief dominant, en cas qu'il n'ait pas été investi par le Seigneur suzerain? 34.

Il ne faut pas douter qu'ils n'y soient obligez, à moins que le Fief de leur Seigneur n'ait été saisi par le Seigneur suzerain, & alors il y auroit quelque difficulté, si les arriere-Fiefs n'étoient pas saisis.

Cependant je croi qu'ils seroient obligez de faire la foy & hommage à leur Seigneur, autrement il pourroit saisir leurs Fiefs en pure perte des fruits; car ce n'est pas à eux à s'informer si le Propriétaire du Fief dominant est en foy ou non, ils doivent s'acquitter de leurs devoirs envers lui, & l'ayant fait, le Seigneur suzerain devroit s'imputer de n'avoir pas saisi leurs Fiefs auparavant. Voyez ci-dessus glose 1. nomb. 10.

Si le Commissaire établi à la requête du Seigneur faute d'homme, droits & devoirs non faits & non payez, peut recevoir la foy dûë au vassal, & exercer les droits honorifiques qui lui sont dûs, & qui dépendent de son Fief, comme sont les droits de patronage, droit de destituer les Officiers, ou d'en pourvoir de nouveaux? 35.

Maître Charles du Moulin, sur l'art. 34. *glos.* 4. Du Moulin.

num. 8. dit, *Ad eos spectat exigere & recipere relevamenta, laudimia, & alia pecuniaria jura, ratione venditionum & mutationum, vel investiturarum debita: secus de actionibus dominicalibus in se, quæ non possunt geri, nisi per dominum proprietarium, vel qui loco domini & proprietarii habetur.*

LABBE'. TRONÇON. C'est aussi le sentiment de Labbé & de Tronçon sur le même article, qui rapporte un Arrest de l'Audience de la Grand'Chambre, du 21. Juin 1610. qui l'a jugé ainsi.

36. *Si les mineurs peuvent recevoir la foy & hommage?* Voyez l'article 41.

37. *Dans quel temps le nouveau vassal est tenu de faire la foy & hommage à son Seigneur?* Voyez l'article 7.

38. *Si la foy & hommage se prescrit par le vassal contre le Seigneur?* Voyez l'article 12.

39. *A qui se rend la foy & hommage dûë par les vassaux, qui relevent immediatement du Roy?*

CHOPIN. Chopin sur ce titre, nombre 21. dit, que les vassaux immediats de nos Rois par une belle prérogative, sont tenus de faire la foy & hommage de leurs Fiefs entre les mains du Chancelier de France, ou en la Chambre des Comptes, & qu'ils n'en sont pas quittes, quand ils ont offert la foy aux Magistrats des lieux, suivant un ancien Extrait des Registres de la Chambre des Comptes, du 27. Janvier 1392.

Le grand Coûtumier de France, livre 2. titre des Fiefs, porte, que *Baillif Royal ne peut recevoir aucun en foy du Roy*, &c.

Gousset qui a commenté la Coûtume de Chaumont en Bassigny, écrit qu'en ce pays-là les vassaux du Roy ont accoûtumé de prêter le serment de fidelité entre les mains des Lieutenans du Bailliage & des Juges Royaux du lieu, pour raison des Fiefs qui ne montent de revenu annuel qu'à 25. livres ou au dessous: & pour les plus grands en revenu, ils doivent le faire au Roy ou en la Chambre des Comptes à Paris.

BRODEAU. C'est aussi le sentiment de Brodeau sur l'art. 63. *num.* 25. où il dit, que cela a lieu aussi pour les Fiefs tenus & mouvans des terres domaniales engagées ou venduës sous la faculté de rachat perpetuel; car la foy & hommage qui est dûë pour ces terres, ne se fait pas par les vassaux aux Engagistes, elle appartient au Roy, & se rend à la Chambre des Comptes, suivant l'Ordonnance de Charles IX. donnée à Moulins au mois de Février 1566. article 15. en ces termes: *La reception en foy & hommage des Fiefs dépendans des terres domaniales au cas d'aliénation d'icelles, nous demeurera & appartiendra, & à nos successeurs, & les profits desdits Fiefs, foy & hommage, & ce qui en dépend, à ceux à qui les terres sont dûëment & licitement transferées.*

La raison est, qu'il n'est pas juste qu'un vassal de la Couronne prête la foy & hommage, & le serment de fidelité à d'autre qu'au Roy, ni qu'il reconnoisse un autre Seigneur.

Il ne faut pas confondre les Engagistes avec les Appanagistes; les Engagistes ne peuvent pas recevoir la foy & hommage des vassaux de la Couronne, qui dépendent des terres qu'ils ont euës par engagement, suivant l'article cité de l'Ordonnance de Moulins, vû qu'au contraire les Appanagistes la reçoivent, selon l'article suivant de la même Ordonnance, en ces termes: *En quoy ne sont compris ceux qui tiendront lesdites terres de nôtre Domaine en Appanage, à la charge toutefois d'envoyer par chacun an en nôtre Chambre des Comptes de Paris, des doubles & copies dûëment signées des receptions en foy & hommage à eux faits, ou à leurs Officiers.* 40. BRODEAU.

Les Commentateurs remarquent un Arrest, qui a jugé, que la foy & hommage doit être renduë au Roy, & non pas à l'Engagiste, ou à l'usufruitier, Charondas & Tournet le rapportent sur l'article 2. *in fine*, & il est cité ci-aprés sur le même article 2. CHARONDAS. TOURNET.

Si les tuteurs peuvent recevoir la foy des vassaux de leurs mineurs?

Il semble que comme le Seigneur dominant, dont relevent les Fiefs des mineurs, est tenu de leur bailler souffrance, les tuteurs aussi ne peuvent donner que la souffrance aux vassaux de leurs mineurs, & qu'ils ne les peuvent pas investir. 41.

Charondas néanmoins est d'avis contraire: la raison est que les Propriétaires des Fiefs doivent la foy & hommage à leur Seigneur, & ils la lui doivent prêter personnellement, ainsi leur tuteur ne la peut pas faire pour eux; mais les vassaux peuvent bien faire la foy au tuteur de leur Seigneur, étant censez la faire à lui-même: c'est l'avis de *Faber* sur la Loy *Sancimus. C. de administrat. tut.* fondé sur le chapitre 2. *de feud.* & sur le chapitre 1. *qui feud. dar. poss.* CHARONDAS.

L'opinion de Charondas est juste, & ne reçoit point, à mon avis, de difficulté.

PEUT METTRE EN SA MAIN LE FIEF MOUVANT DE LUY.

GLOSE TROISIE'ME SUR L'ARTICLE I.

SOMMAIRE.

1. *Main mise & main mettre, que signifie.*
2. *Droit ancien des Seigneurs de s'emparer des Fiefs ouverts.*
3. *Si le Seigneur plaide toûjours main garnie.*
4. *Conditions pour la saisie féodale.*
5. *S'il faut une commission.*
6. *S'il faut se servir d'un Sergent.*
7. *Si Lettres de confortemain sont necessaires.*
8. *Si un Seigneur peut saisir un Fief dans la Justice d'un autre Seigneur.*
9. *Si la commission generale suffit.*
10. *Si le Roy seul peut donner des commissions generales.*
11. *Si le Juge d'un Seigneur peut donner une commission generale pour contraindre les Propriétaires d'exhiber leurs Titres.*
12. *Si pour saisir les arriere-Fiefs ouverts il faut une commission speciale.*
13. *Si le Sergent doit se transporter sur les lieux.*
14. *Comment on saisit les censives.*
15. *Comment on saisit les Fiefs en l'air.*
16. *Les causes doivent estre exprimées.*
17. *La saisie doit estre faite au nom du Seigneur, & non pas au nom du Procureur Fiscal.*
18. *Doit estre notifiée au vassal.*
19. *La sommation n'est pas necessaire.*

20. *Si le Sergent doit estre assisté de témoins.*
21. *Si le vassal peut former complainte contre son Seigneur.*
22. *Quel Juge connoît de la saisie féodale.*
23. *Si les Présidiaux en connoissent au premier chef de l'Edit.*
24. *Si le vassal peut aliéner le Fief saisi féodalement.*
25. Mettre en sa main, *que signifient ces termes.*
26. *Que signifient ces termes*, le Fief mouvant de luy.
27. *Si la Justice est comprise dans la saisie féodale.*

1. LA saisie féodale est un droit domanial & seigneurial, qui appartient au Seigneur dominant à cause de sa directe; car par la loy & l'usage general de tout le Royaume, le Seigneur a droit de saisir la partie qu'il a démembrée de son Fief, faute par le nouveau Propriétaire de satisfaire aux devoirs & aux droits ausquels, selon la Coûtume, il est obligé envers son Seigneur.

2. Charondas sur cet article, dit que la Coûtume s'est servie de ces termes, *mettre en sa main*, selon l'ancienne formule dont se servoient autrefois les Seigneurs, lesquels de leur autorité privée entroient en la joüissance du Fief mouvant d'eux, faute d'homme, droits & devoirs non faits & non payez, comme étant les premiers & vrais Seigneurs d'icelui.

Il est vrai que depuis un long-temps le Seigneur ne peut par voye de fait & de son autorité se mettre en possession du Fief de son vassal; & qu'il doit se servir du ministere d'un Sergent pour saisir féodalement ledit Fief.

Ainsi ces termes, *mettre en sa main*, signifient seulement aujourd'hui la saisie féodale, laquelle étant faite pour causes énoncées en cet article, ne requiert point d'établissement de Commissaire, à la différence de celle qui est faite faute d'aveu & dénombrement, pour laquelle la Coûtume requiert l'établissement d'un Commissaire, comme il est porté par l'art. 9.

3. La saisie valablement faite dure nonobstant oppositions ou appellations; car il n'y a jamais lieu à la provision pour le vassal, jusqu'à ce qu'il ait fait la foy & hommage, & payé les droits, si aucuns sont dûs; parce que le Seigneur plaide toûjours *main garnie*, sinon en trois cas.

Le premier, quand le vassal désavoüe son Seigneur, suivant l'article 43. *infra.*

Le deuxiéme, quand il y a contestation entre deux Seigneurs pour la mouvance, & que le vassal se fait recevoir par main souveraine, suivant l'article 60. *infra.*

Le troisiéme, quand le vassal a fait offres suffisantes.

Moulin. Maître Charles du Moulin observe une quatriéme exception sur cet article, *glos.* 4. *num.* 41. 42. & 443. qui est si pendant le procés sur la nullité de la saisie, le vassal justifioit avoir fait la foy & hommage par un acte de reception en foy, contre lequel le Seigneur s'inscriroit en faux, en ce cas le vassal auroit main-levée de sa saisie par provision jusques au jugement diffinitif du procés, suivant la Loy *satis apertè C. ad leg. Cornel. de fals.*

Il en faut dire de même, si le vassal produisoit un acte de souffrance qui fût contesté.

La Coûtume d'Orleans en l'article 80. porte, que *le Seigneur de Fief n'est tenu plaider desaisi contre son vassal, quand le Fief est saisi par faute d'homme, sinon que le vassal fit apparoir estre en foy ou souffrance dudit Seigneur, ou avoir fait dûement ses offres, ou qu'il fut desavoüé à Seigneur par le vassal, auquel cas de desaveu, ledit Seigneur aura temps & délay pour informer, comme il est Seigneur féodal, & cependant ledit vassal joüira.*

Il y a un autre cas auquel le Seigneur ne plaide pas main garnie, mais les fruits sont sequestrez, sçavoir, quand le Fief est d'un revenu considérable, & que le Seigneur est insuffisant & suspect de dilapidation, en ce cas, si les Juges le trouvent à propos, ils peuvent ordonner le sequestre; car si la saisie étoit declarée tortionnaire & injurieuse, la perte des fruits tomberoit sur le vassal saisi par l'insolvabilité du Seigneur, à moins qu'il n'offrit bonne & suffisante caution de restituer les fruits qu'il auroit perçûs jusques au jugement du procés.

Plusieurs conditions sont requises pour rendre valable la saisie féodale.

La premiere condition est, qu'elle soit pour les causes remarquées dans la Glose précedente, ou pour dénombrement non baillé au desir de la Coûtume. Voyez l'article 8. 4.

La deuxiéme, qu'elle soit faite dans le temps porté par la Coûtume. Voyez l'article 7.

La troisiéme, qu'elle soit faite par forme de Justice, c'est-à-dire par un Sergent en vertu de l'Ordonnance du Juge du Seigneur. 5.

Maître Charles du Moulin sur cet article, Glos. 3. *in verbo*, prétend qu'il n'a pas besoin de commission ni de permission du Juge, qu'il le peut faire de son autorité privée, & que le pouvoir de saisir *est in mera facultate Patroni, & jus in eo residens & illi competens jure proprio, & non judicis officio vel ministerio, cùm verba hujus §. ad eum, & non ad Judicem dirigantur.* Du Moulin.

Sur le même article, *Glos.* 4. *num.* 11. il dit, *audacter dico Dominum suâ tantùm, vel privatâ autoritate manum suam injicere posse feudo aperto; sive per se, sive per familiam suam privatam, & ex tunc facere fructus suos, sicut habetur in hoc §. licet nec Judicis, nec Apparitorum suorum autoritas, vel ministerium intervenerint.*

Mais comme cette opinion donneroit lieu aux voyes de fait qui sont défenduës en France, si le Seigneur entroit de sa propre autorité dans le Château de son vassal, & que ce seroit donner occasion aux Seigneurs d'en venir aux mains & aux armes, elle n'a pas été suivie, vû que le Seigneur n'a pas sujet de se plaindre, car la Justice ne refuse jamais son secours à ceux qui l'implorent: il n'est pas juste de se faire justice à soi-même, encore que l'on soit bien fondé dans ses demandes & prétentions.

Ainsi les Empereurs Severe & Antonin, dans la Loy 3. *C. de pignorib. & hypoth.* veulent que les créanciers prennent possession des biens de leurs debiteurs par autorité du Juge, *Creditores, qui non redditâ sibi pecuniâ, conventionis legem, ingressi possessionem exercent, vim quidem facere non videntur, attamen autoritate Præsidis possessionem adipisci debent:* Et comme dit le Jurisconsulte en la Loy *non est singulis* 176. *ff. de R. J. Non est singulis concedendum, quod per Magistratum publicè possit fieri, ne occasio sit majoris tumultûs faciendi.*

Du Moulin même, aux lieux citez, avouë que l'usage de son temps étoit de saisir par autorité du Juge, & qu'il est plus à propos de le faire ainsi, quoiqu'il n'y ait pas de necessité.

Quelques Coûtumes requiérent commission du Juge du Seigneur, s'il a Justice, *sinon par son Seigneur ayant Justice*, Blois, art. 38. & 76. Du Moulin en sa note sur cet article dit, *Itaque defectu commissionis non lucrabitur fructus, sed non debet sumptus &*

damna, vel interesse si ex justa causa manum minus solemniter injecit.

Il y a des Coûtumes qui permettent au Seigneur de saisir de sa propre autorité, comme celles de Berry, titre des Fiefs, articles 17. 25. & 26. d'Auvergne, chapitre 22. articles 1. & 2. de Bourbonnois, article 102. & de Bretagne, article 67.

Ces Coûtumes sont observées à cet égard dans leur étenduë; mais pour celles qui n'en parlent point, il est certain que la saisie ne s'y fait point sans autorité de Justice.

CHOPIN. CHARONDAS TRONÇON. RICARD. C'est le sentiment de Chopin sur ce titre *num.* 19. de Charondas, de Tronçon, *in verbo*, peut; de Brodeau, sur cet article, nombre 15. & sur l'article 28. nombre 1. de Ricard sur cet article, qui dit, que l'opinion de Maître Charles du Moulin est tres-juste & bien fondée, que néanmoins il y en a qui veulent que le Seigneur soit obligé de saisir en vertu d'une commission, & que c'est le plus sûr d'en obtenir: il doute d'un usage qui avoit même lieu du temps de du Moulin, & dont on ne fait aucune difficulté à present, de sorte que ce seroit une nullité dans la saisie, qui n'emporteroit ni perte de fruits, ni condamnation de frais contre le vassal, suivant l'article 76. de la Coûtume de Blois.

AUZANET. Maître Auzanet dit avoir été ainsi jugé par Arrest du 9. Decembre 1595. au rapport de Monsieur de Mesmes, en la cinquiéme Chambre des Enquêtes.

C'est aussi le sentiment de Maître Du Plessis, qui dit que du Moulin & plusieurs autres ont tenu, que le Seigneur pouvoit prendre & mettre en sa main le Fief de son autorité privée, & l'exploiter par ses mains, se fondant sur les termes de cet article, qui le disent ainsi: & de fait cela fait voir, que tel étoit l'ancien usage; mais à present la pratique est contraire, & cette saisie doit être faite par forme de Justice; c'est-à-dire par un Sergent, en vertu de l'Ordonnance du Juge du Seigneur, ou s'il n'y en a point en son Fief, de celui des lieux, soit Royal ou subalterne; & la Coûtume nous témoigne que c'est son intention, lorsque dans l'article 31. elle fait mention des Commissaires dans cette saisie, ce qui ne convient qu'à celles qui sont faites par autorité de Justice.

Monsieur ***. est de sentiment contraire. Voyez ci-aprés, nombre 28. Voyez Glose suivante, le sentiment de Monsieur ***.

6. CHOPIN. Le Seigneur peut saisir les Fiefs de ses vassaux par les Sergens de sa Justice, Chopin, *loco citato*, dit que c'est une chose vulgaire, que les Seigneurs qui ont Jurisdiction, font saisir par leurs Sergens & Procureurs Fiscaux les Fiefs de leurs vassaux, & y établit Commissaire, s'ils ne sont payez de leurs droits: Mais ceux qui n'ont point de Jurisdiction, ne peuvent saisir sans Lettres de commission ou de conforte-main pour saisir le Fief, octroyées par le Supérieur, suivant l'article 11. de la Coûtume d'Angoumois, & l'article 194. de celle de Meaux.

CHARONDAS Charondas sur cet article dit aussi, que le Seigneur qui a Justice, peut saisir par la commission du Juge de sa Justice, & la faire executer par son Sergent.

Bacquet, au Traité des droits de Justice, chap. 3. nombre 4. 10. & suivans, tient, que les Seigneurs peuvent créer des Sergens pour saisir, encore qu'ils n'ayent point de Justice: & au nombre 23. il dit, que pour valider telles saisies, quelques-uns obtiennent Lettres Royaux en Chancelleries, qu'on appelle *Lettres de conforte-main*; parce qu'elles servent pour fortifier la saisie féodale, & lui faire mieux sortir son effet.

7. En l'art. 27. il dit que c'est l'usage d'obtenir ces Lettres, quoiqu'elles ne soient pas necessaires; & qu'ordinairement les Seigneurs qui ont Justice, présentent leur Requête au Juge ordinaire, à ce qui leur soit permis de faire saisir les Fiefs mouvans d'eux, ou les heritages qui sont en leur censive, & qu'en vertu de la Requête qui est répondue par le Juge, ils font faire les saisies par un Sergent, avec établissement de Commissaire.

Il est certain qu'un Seigneur féodal peut saisir les Fiefs qui sont en sa mouvance & dans sa Justice par son Sergent; mais on demande s'il peut saisir par son Sergent les Fiefs situez dans une autre Justice, en vertu seulement de la commission de son Juge? 8.

Chopin sur ce titre *num.* 19. dit, que ceux qui n'ont point de Jurisdiction, ne peuvent saisir sans Lettres de commission ou de conforte-main, suivant l'article 11. de la Coûtume d'Angoumois, & l'article 194. de celle de Meaux. CHOPIN.

Tronçon sur l'article 34. *verbo*, saisi, dit que l'article 9. du titre des Fiefs de la Coûtume de Nivernois, qui porte que la saisie féodale se peut faire par le Sergent du Seigneur du Fief, posé que ce soit en Justice d'autrui, semble être general, & qu'il doit être observé dans les Coûtumes qui n'en disposent point, quand la saisie féodale est faite en vertu de la commission du Juge du Seigneur saisissant; il cite la Coûtume de Blois, titre 4. article 38. qui porte generalement & indistinctement, que les Seigneurs qui ont droit de Fief, cens ou terrage, ou leurs Procureurs, peuvent par la commission du Seigneur, s'il a Justice, sinon par son Supérieur ayant Justice, prendre, saisir & mettre en leur main, si bon leur semble, l'heritage tenu d'eux à l'un desdits droits, &c. TRONÇON.

Je ne crois pas que le Seigneur, au cas proposé, puisse valablement saisir en vertu de la commission de son Juge, mais qu'il faut une commission du Juge du lieu où le Fief servant est situé: la raison est, que ces Coûtumes se doivent entendre au cas que le Fief servant soit situé dans la Justice du Seigneur féodal, & non autrement; dautant que Fief & Justice n'ont rien de commun; & la saisie que peut exercer le Seigneur féodal sur les Fiefs mouvans de lui, ce n'est pas par le moyen de sa Justice, mais par le moyen de son Fief: or cette regle, *Actor forum rei sequitur*, a lieu tant pour les Justices seigneuriales, que pour les Jurisdictions royales, ainsi le Seigneur féodal en qualité de Seigneur justicier, ne peut prendre commission de son Juge pour saisir les Fiefs qui sont situez dans les Justices des autres Seigneurs.

La commission doit être particuliere pour le Fief, que le Seigneur veut faire saisir, & doit contenir les causes de la saisie, les commissions generales pour saisir tous Fiefs ouverts étant défenduës, ainsi qu'il a été jugé par plusieurs Arrests, & entr'autres par un donné en l'Audiance de la Grand'Chambre le 13. May 1530. conformément aux Conclusions de Monsieur l'Avocat General Liset, entre Maître Augustin de Thou, Avocat en la Cour, & Messire François de Mouceau, sieur de saint Cyre, par lequel une commission generale décernée par le Prevôt d'Etampes, pour saisir tous Fiefs ouverts, fut cassée, avec défenses à tous Juges de donner à l'avenir telles commissions. 9.

Cet Arrest est rapporté par Tournet sur l'article 65. & par Brodeau sur cet article 1. *num.* 18. par Monsieur le Maistre, au Traité des Fiefs & hommages, chapitre 6. par Coquille sur la Coutume de Nivernois, titre des Fiefs, au commencement & sur l'article 55. TOURNET. BRODEAU.

Il n'appartient qu'au Roy à donner des Commissions generales, comme *Committimus*, ou Lettres en forme de *debitis*, pour contraindre tous debiteurs, ausquelles équipollent telles commissions; mais quant aux Baillifs & Juges des Provinces, il leur est défendu expressément par les Ordonnances du Roy Louis XII. publiées l'an 1510. article 40. de bailler Lettres de *debitis* ou de sauve-garde. 10.

Cette Ordonnance est conçuë en ces termes: *Item, avons*

avons interdit & défendu, interdisons & défendons à tous nos Baillifs & Sénéchaux, ou leurs Lieutenans, qu'ils ne baillent & délivrent dorénavant aucunes Lettres de debitis, *ou sauve-gardes generales, &c.*

11. Par cette raison, il a été jugé par Arrest donné en la Grand'Chambre, au rapport de Monsieur Mainardeau, le 7. Avril 1648. infirmatif de la Sentence du Sénéchal de la basse-Marche, ou son Lieutenant à Belac, du 18. May 1646. qui avoit confirmé l'Ordonnance du Juge de Touron, du 2. Août 1644. qu'un Seigneur de Fief ne peut pas décerner une commission generale par son Juge, portant que tous possesseurs & propriétaires de maisons & heritages situez dans l'étenduë de sa Seigneurie, seroient tenus de représenter les titres, en vertu desquels ils joüissent, autrement permis au Seigneur de s'en emparer, la Cour lui reservant par l'Arrest de se pourvoir par action.

BRODEAU. Cet Arrest est remarqué par Brodeau sur cet article, nombre 18.

TRONÇON. Tronçon sur l'article 7. *verbo*, ne peut saisir, dit que les commissions generales pour saisir tous les Fiefs ouverts sont défenduës par les Arrests, si ce n'est en un cas, sçavoir quand la cause de la saisie est exprimée par l'exploit fait en vertu de la commission: cette opinion n'est pas suivie quant à l'exception, & il y auroit nullité en la saisie.

12. Lorsque le Seigneur qui a fait saisir le Fief de son vassal, veut faire saisir les arriere-Fiefs ouverts, qui dépendent du Fief saisi, il doit encore avoir une commission speciale & expresse pour cet effet; car il ne suffiroit pas de comprendre dans la commission & la saisie, le Fief & les arriere-Fiefs qui en dépendent, mais il faut autant de commissions & de saisies qu'il y a d'arriere-Fiefs ouverts, qu'on veut saisir, & les faire signifier à chacun des arriere-vassaux; la raison est, que tous les arriere-Fiefs ne dépendent pas les uns des autres, & n'ont rien de commun; & partant les saisies qui en sont faites, sont distinctes & separées; de sorte qu'un des arriere-vassaux peut obtenir main-levée en satisfaisant pour sa part, la saisie subsistant pour les autres. Brodeau sur l'article 54. *num.* 12. BRODEAU.

Si une saisie féodale étoit faite de l'autorité privée du Seigneur & sans commission, le vassal ne pourroit pas poursuivre contre lui ses dommages & interêts, pourvû que la cause de la saisie fut juste & legitime, elle demeureroit seulement nulle & sans effet, sans perte de fruits ni dépens.

13. La quatriéme condition requise pour la validité d'une saisie féodale, est que si le Fief consiste en fonds de terre & maisons, le Sergent se transporte sur les lieux, autrement la saisie seroit nulle, à moins qu'il n'en fut empêché par le vassal, selon le sentiment de Maître Charles du Moulin sur cet article, Gl. 4. n. 3. 6. & 7. & de Tronçon sur le même article *verbo*, fruits, auquel cas il suffiroit de la faire entre les mains du vassal, en parlant à sa personne, au lieu du Fief ou ailleurs, comme il a été jugé par Arrest du 22. Decembre 1608. rapporté dans les Arrêtez de la cinquiéme Chambre des Enquêtes. DU MOULIN. TRONÇON.

14. Si ce sont censives & rentes inféodées, le Seigneur doit signifier par un Sergent aux debiteurs d'icelles, & au créancier qui en est propriétaire, & vassal du Seigneur, qu'il saisit lesdites redevances; & il n'est pas besoin de se transporter sur les heritages sujets & affectez aux cens & rentes, qui sont saisies, parce que les droits qu'il faut saisir, ne consistent pas dans les terres & heritages qui en sont chargez, mais plûtôt en la personne du créancier, & ils n'occupent point de lieu. C'est pourquoi il faut faire signifier la saisie à ceux qui en sont redevables, à ce qu'ils ne payent pas les cens, profits & devoirs au vassal, à qui autrement ils pourroient valablement payer.

Quand c'est un Fief en l'air, qui ne consiste qu'en droits, il faut saisir & arrêter ce qui peut être dû au vassal des cens & rentes par les censiers & rentiers. Charondas sur l'article 59. *in fine*. 15. CHARONDAS.

Pareillement, s'il y avoit des arriere-Fiefs dépendans du Fief en l'air, le Seigneur doit saisir & arrêter sur eux tous les profits qui pourroient être dûs par mutations & ouvertures, comme il a été jugé par Arrest du mois de May 1580. en la troisiéme Chambre des Enquêtes, au rapport de Monsieur Courtin, pour le Fief des Lucas d'Orleans, rapporté par Chopin sur la Coûtume d'Anjou, livre 1. titre 1. chapitre 6. nombre 8. & par Tronçon sur l'article 7. *verb.* ne peut saisir, & par ce moyen le Seigneur gagneroit tous les profits & droits utiles dûs au vassal saisi, jusques à ce que la foy & hommage lui fût renduë. TRONÇON.

La cinquiéme condition requise pour la validité d'une saisie féodale est, que les causes de la saisie soient exprimées dans la commission, afin que le vassal ne l'ignore pas, & qu'il y satisfasse. 16.

La sixiéme, que la saisie soit faite au nom & à la requête du Seigneur, & non pas au nom du Procureur Fiscal, par les raisons suivantes. 17.

Premierement, c'est le sentiment des Docteurs; de Papon sur l'article 368. de la Coûtume de Bourbonnois, & de Brodeau sur cet article 1. n. 6.

En second lieu, il paroît que c'est l'esprit de la Coûtume; vû que dans l'article suivant elle veut, que quand le Fief est saisi par l'usufruitier, le propriétaire soit sommé; d'où on peut conclure que le ministere seul du Procureur Fiscal n'est pas suffisant, autrement les Reformateurs d'icelle auroient declaré valable la saisie faite sans cette sommation.

En troisiéme lieu, comme la foy & hommage ne se fait ni au Juge ni au Procureur Fiscal, mais au Seigneur, celle qui se fait faute d'homme, droits & devoirs non faits & non payez, doit être faite au nom & à la requête du Seigneur.

En quatriéme lieu, le Procureur Fiscal peut plaider & requerir en jugement, sous son nom, dans les choses qui regardent le Seigneur, mais il ne peut pas exécuter à sa requête; ainsi il ne peut pas, à sa requête & en son nom, exercer la saisie féodale.

On remarque deux Arrests qui l'ont jugé ainsi; le premier a été donné aux grands jours de Moulins en 1540. rapporté par du Moulin sur cet article, Glose 3. & par Brodeau sur cet article n. 16.

L'autre a été donné le 14. Février 1661. conformément aux Conclusions de Monsieur l'Avocat General Talon, rapporté dans le second tome du Journal des Audiances.

On dit au contraire pour soûtenir la saisie faite par le Procureur Fiscal en cette qualité.

Premiérement, que l'Ordonnance de 1667. titre des Recusations, déclare que les Juges des Seigneurs ne peuvent être recusez; & qu'ils sont competens pour connoître de tout ce qui concerne les domaines de la terre, droits & revenus ordinaires, ou casuels, tant en Fiefs qu'en roture, même des baux, sousbaux & joüissances, circonstances & dépendances, soit que l'affaire soit poursuivie sous le nom du Seigneur, ou du Procureur Fiscal.

Qu'il seroit tres-incommode à un Seigneur, si à chaque Acte & à chaque Requisitoire qu'il auroit à faire dans sa Justice, il falloit une Procuration generale pour maintenir la Jurisdiction, & conserver les droits féodaux, d'autant plus que c'est pour cela que les Juges sontaccordez aux Seigneurs par le Roy.

La Coûtume de Poitou permet aux Seigneurs de saisir par l'ordre de leur Juge, & à la requête de leur Procureur Fiscal. L'article 88. porte: *le Sergent peut saisir par le commandement du Seigneur, ou de ses Juges susdits à la requête de son Procureur.*

Du Moulin C'est le sentiment de Maître Charles du Moulin sur cet article 1. §. 1. *verbo*, le Seigneur féodal, n. 24. où il dit, que quelque cession qu'un Seigneur ait faite de ses droits & profits féodaux à son fermier, ce fermier ne peut point saisir à sa requête, & qu'il doit s'addresser ou au Seigneur ou à son Procureur Fiscal, *sed non poterit Feudum etiam apertum, vel prædium censuale prehendere, sed poterit adire Dominum vel Procuratorem ejus.* Et au nombre 72. il fait la question & la décide, *Octavo quæro an Procurator Domini possit prehensionem Feudi facere? & non est dubium quod sic:* & il en rend cette raison, *quicquid Procurator, habens sufficiens mandatum, nomine Domini facit, ipse Dominus facere censetur, etiam verè & propriè, cap. mulieres. Extrà. de sent. excommun.*

Que si un Procureur Fiscal peut requerir la saisie, comme c'est sa principale fonction, il peut aussi exécuter la saisie en son nom & en sa qualité de Procureur Fiscal, puisque l'exécution n'est qu'une suite de la permission accordée par le Juge.

Sur ces raisons de part & d'autre, Arrest a été rendu en l'Audiance de la Grand'Chambre de relevée, sur les Conclusions de Monsieur l'Avocat General Talon, le 11. Mars 1681. rapporté dans le premier tome du Journal du Palais, qui a jugé en confirmant la Sentence du Châtelet, que la saisie étoit bonne & valable.

La même question s'est depuis présentée au Grand Conseil, Arrest semblable y a été rendu le 7. Mars 1692. rapporté dans le Journal du Palais.

18. La septiéme condition requise pour la validité d'une saisie féodale, est la notification de la saisie au vassal. Voyez sur l'article 30.

La huitiéme est, qu'elle soit faite du Fief & non des fruits, sur peine de nullité, suivant ces termes de l'article 1. *le Fief mouvant de luy.* Voyez la Glose suivante.

19. Il n'est pas necessaire qu'elle soit procedée d'une sommation ou d'un commandement, selon le sentiment de du Moulin sur cet article, Glos. 4. n. 2. & de Brodeau n. 8. parce que *dies interpellat pro homine*, & que la Coûtume sert d'interpellation.

20. Si depuis l'Edit du Contrôle des Exploits on est dispensé de se servir de témoins dans la saisie féodale dans les Coûtumes qui ne l'ordonnent pas, c'est une question.

Pour le vassal, on dit que par l'Ordonnance de Louis XII. de 1498. l'assistance des témoins est necessaire dans les Exploits, celle de Charles IX. de 1560. l'ordonne sur peine de nullité & d'amende arbitraire: celle de Blois du Roy Henry III. de l'an 1576. l'ordonne aux Huissiers sur peine d'amende & de suspension de leur Office; & Duret qui l'a commentée, tient que la nullité qui y est ômise, doit être supplée selon l'Ordonnance d'Orleans: & enfin celle du mois d'Avril 1667. titre des Adjournemens, art. 2. en prononce la nullité; & au titre 33. art. 3. elle veut que toutes les formalitez des Adjournemens soient observées dans les Exploits de saisies & exécutions sous les mêmes peines.

On dit au contraire pour le Seigneur, que l'Ordonnance de 1667. a été abrogée à cet égard par l'Edit du Contrôle, qui ne fait point d'exception, & que la Coûtume de Paris n'ordonnant point cette formalité, elle n'est point necessaire, vû que la nullité d'un Acte est de rigueur, & ne peut avoir lieu, si elle n'est ordonnée, pourvû que d'ailleurs il soit valablement fait.

Que si pour les Exploits de saisies réelles & du retrait lignager on a retenu l'usage des témoins, c'est pour une plus grande précaution, & que d'ailleurs dans les saisies réelles & criées il s'agit de dépoüiller un propriétaire de son bien, & que le retrait lignager ôte la liberté du commerce; & que la saisie féodale n'est que pour les fruits que le vassal peut empêcher, en satisfaisant aux causes d'icelle, devant s'imputer s'il ne l'a pas fait avant la saisie de son Fief, n'ignorant pas les devoirs & les droits ausquels la qualité de son Fief l'oblige, ayant quarante jours pour y satisfaire.

Sur ces raisons, par Arrest du 11. Mars 1681. rendu dans la Coûtume de Paris, & rapporté dans le Journal du Palais, il a été jugé au profit du Seigneur.

Cependant pour prévenir les surprises qui se peuvent faire plus facilement dans les saisies féodales, faites sans assistance de témoins, cette formalité semble necessaire; mais on ne la doit point observer, si elle n'est ordonnée.

Si l'établissement de Commissaire est necessaire. Voyez Glose suivante.

Si l'enregistrement est requis. Voyez l'article 30.

Quoique le vassal prétende que la saisie féodale est injurieuse & mal fondée, néanmoins il ne peut pas se servir de complainte contre son Seigneur, suivant l'opinion commune & un ancien Arrest entre le Comte de S. Paul & la Comtesse d'Artois, pour le Château de Libour, de l'an 1328. 21.

Du Moulin sur cet article, *Glos.* 4. *num.* 48. dit, que cela est sans difficulté, au cas que le vassal n'ait pas été reçû en foy, encore que le Seigneur l'ait saisi de sa propre autorité, parce qu'avant l'investiture il ne peut pas se dire possesseur de son Fief, au moins contre son Seigneur, puisqu'il n'y a que luy qui luy en puisse donner la possession par la reception en foy, *vassallus non debet intrare, nec consequi possessionem Feudi, nisi de manu Domini, & de ejus voluntate.* Du M.

Au nombre 49. il dit, que si la saisie est faite par autorité du Juge, il y a moins lieu à la complainte, parce que *contra actum Judicis procedentis viâ jurisdictionis nunquam competit interdictum*, Uti possidetis, *nec* Unde vi, *nec aliud possessorium interdictum, etiamsi nulliter vel injustè procedant. Sed necesse habet indebitè gravatus vel spoliatus, sibi providere per viam oppositionis, vel appellationis.*

Au nombre 51. & suivans, il fait cette distinction: Ou le Seigneur a saisi pour les causes contenuës en cet article, ou par faute de dénombrement, & en ces cas il n'y a pas lieu à la complainte; & si le vassal prétend, que la saisie est injuste, il doit se pourvoir par opposition, *petendo retractari & manum levari, Domino interim possidente & fruente.* Ou le Seigneur s'est emparé du Fief, non pas comme Seigneur féodal, mais en qualité de propriétaire d'iceluy, comme, par exemple, s'il prétend être l'heritier de l'ancien vassal; & en ce cas il est constant que la complainte a lieu, parce qu'elle est intentée contre le Seigneur féodal, non pas en qualité de Seigneur, mais comme se prétendant propriétaire du Fief.

L'usage est, que quand le vassal soûtient, que la saisie est injuste, il en interjette appel en la Cour, avec clause dans le relief pour convertir l'appel en opposition, afin de ne point plaider pardevant un Juge suspect, comme celuy du Seigneur, si on se pourvoyoit par la voye de simple opposition, Brodeau sur cet article, nombre 19.

La Coûtume d'Orleans en l'article 68. porte, que le vassal étant en foy, ou ayant dûëment fait ses offres, peut former & intenter complainte en matiere de nouvelleté contre son Seigneur, pour raison de la possession de l'heritage qu'il tient de luy. En l'article 88. elle porte, qu'un vassal ne se peut dire saisi de son Fief, à l'encontre de son Seigneur, jusqu'à ce qu'il en ait fait la foy & hommage, ou qu'il en ait obtenu souffrance, ou qu'il ait dûëment fait les offres des droits & devoirs.

Charondas sur l'article 60. dit avoir été jugé par Cha.

Arrest du 7. Mars 1556. qu'il y a lieu à la complainte au cas de la saisie faite aprés la reception en foy, ce que je ne crois pas, parce que cette regle est generalement observée, que la complainte n'est point reçûë contre le Seigneur; parce que, selon Chopin sur ce titre, *in fine*, la complainte possessoire laisse quelque note & tache à l'honneur de celuy contre lequel elle est intentée, *cap. caterum. Extrà. de judic.*

CHOPIN.

Néanmoins ce dernier Auteur est d'avis, que si le Seigneur avoit pris par force & par violence possession du Fief servant, le vassal seroit bien fondé de se servir de la complainte, ce qui dépend des circonstances.

22. La connoissance de la saisie féodale & de l'opposition qui y est formée, appartient au Juge du Seigneur du Fief, à la requête duquel la saisie a été faite, comme ayant droit de connoître de tous les droits qui luy sont dûs, & luy appartiennent en cette qualité.

Monsieur Loüet, lett. R. n. 36. & du Moulin sur l'article 45. de cette Coûtume, ont avancé que Messieurs des Requêtes pouvoient connoître des droits fonciers & Exploits domaniaux, même des saisies féodales, à cause de l'éminence du privilege du *Committimus*.

Néanmoins le contraire a été jugé par Arrest donné en la Grand'Chambre le 4. Juin 1703. sur les Conclusions de Monsieur Joly de Fleury, fondé sur ce que la saisie féodale est matiere réelle, puisque c'est la réünion du Fief à la table du Seigneur, qui se fait, *jure Feudi*, & en consequence du Domaine direct.

Cet Arrest est rapporté dans le Recüeil des Arrests notables, page 372. & a jugé qu'une saisie féodale ne peut être évoquée aux Requêtes de l'Hôtel ou du Palais, en vertu d'un *Committimus*, ou sous prétexte de connexité.

23. Les Présidiaux n'en peuvent pas connoître par jugement dernier; ils doivent en juger par jugement ordinaire, à la charge de l'appel, quoiqu'il ne s'agisse pas pour la perte des fruits de la somme de deux cens livres, parce que les droits seigneuriaux & féodaux ne reçoivent point de prix, & ne sont point sujets à estimation, comme il a été jugé par Arrest donné en la premiere Chambre des Enquêtes, le 15. Avril 1600. au procés d'entre les Doyen, Chanoines & Chapitre de l'Eglise S. Pierre d'Angoulesme, & Louis Michau, Seigneur du Fief de Rochefort, remarqué par Brodeau, nombre 7. par lequel défenses ont été faites aux Présidiaux d'Angoulesme, de juger en dernier ressort les causes où il s'agit de saisies & matieres féodales. Pareilles défenses ont été faites en matiere de retrait lignager, par les Arrests remarquez par Monsieur Loüet, lettre R. *num.* 37.

24. Quoique la saisie soit faite sur le Fief & non sur les fruits, néanmoins le vassal peut disposer de son Fief à sa volonté sans le consentement du Seigneur, lequel est tenu recevoir à foy & hommage le nouvel acquereur, en luy payant les droits qui luy sont dûs; ensorte que quoique la saisie féodale soit faite sur un bois de haute futaye tenu en Fief, le vassal pourroit en vendre la coupe sans que le Seigneur le pût empêcher pour les droits qui luy seroient dûs, comme il a été jugé par Arrest donné en la Chambre de l'Edit, le 25. Janvier 1606. au profit du sieur de Montloüet.

Mettre en sa main, c'est-à-dire saisir, & *mainmise* signifie saisie, d'où vient que dans les Exploits de saisie réelle & dans le commandement qui le précede, les Sergens mettent qu'ils ont saisi & mis en la main du Roy, & cette saisie est appellée mainmise en l'article 348. & ce terme convient encore plus à la saisie féodale, selon Brodeau sur cet article, n. 5. & sur l'article 28. n. 2. parce que c'est un Exploit domanial, féodal & seigneurial, qui appartient au Seigneur, à cause du domaine direct qu'il s'est reservé sur la chose aliénée, en vertu de la disposition du droit presque generalement observé dans le Royaume. 25.

Ces termes, *le Fief mouvant de luy*, nous marquent que la saisie doit être faite du Fief & non des fruits, sur peine de nullité, comme il a été jugé par Arrest du 14. Février 1661. rapporté dans le second tome du Journal des Audiances. 26.

La raison est, que la saisie des fruits est une saisie mobiliaire, qui ne se fait que pour une dette mobiliaire: or la saisie féodale ne se fait pas pour cette cause, c'est une espece de saisie réelle, par laquelle le Seigneur rentre en quelque façon dans le fond qui a été démembré de sa terre, & par ce moyen il joüit des fruits du Fief saisi; c'est pourquoy si elle étoit faite seulement des fruits, elle seroit nulle, comme tendante à une autre fin qu'à celle qui en doit être l'objet.

Quand la Justice est annexée au Fief servant, Charondas tient qu'elle est comprise dans la saisie féodale; cependant il faut distinguer, si la Justice est mouvante du Seigneur comme le Fief, elle y est comprise, si elle n'en est pas mouvante, la saisie du Fief n'emporte pas celle de la Justice, c'est le sentiment de Brodeau sur cet article n. 8. 27.

La raison est que *Fief & Justice n'ont rien de commun*, tel a la Justice qui n'a pas le Fief, & au contraire; & ce sont toûjours biens & droits differens, quoy qu'appartenans à une même personne.

La Coûtume de Berry, sur ce titre, article 57. celle de Bourbonnois, titre de Jurisdiction, article 1. & de Tours, tit. des crimes, article 379. portent, Jurisdiction & ressort d'icelles n'ont rien de commun, & peut-être la Jurisdiction & ressort à un, & le Fief à un autre.

Maître Charles du Moulin en sa note sur ledit article 379. de la Coûtume de Tours, dit, *Hac consuetudo malè dicitur hic localis, quia est generalis*; d'autant que la disposition de cet article est generale par toute la France.

V. les Coûtumes rapportées par Duret. tit. 1. §. 1. p. 1.

ET ICELUY FIEF EXPLOITER EN PURE PERTE.

GLOSE QUATRIÉME SUR L'ARTICLE I.

SOMMAIRE.

1. *Si le Seigneur peut se mettre en possession de sa propre autorité du Fief ouvert.*
2. *Disposition du droit des Fiefs sur ce sujet.*
3. *Si l'établissement de Commissaire est necessaire.*
4. *Sentiment particulier de Du Plessis.*
5. *Si la saisie se peut faire sur les effets mobiliaires du vassal.*
6. *Fruits perçus par le Seigneur pendant la saisie, luy appartiennent.*
7. *Si le relief se deduit sur les fruits perçûs.*
8. *Si le Seigneur peut affermer le Fief saisi.*

9. *Si le fermier évincé par le vassal peut agir contre le Seigneur en dommages & interêts.*
10. *Le Seigneur joüit tant que dure la saisie.*
11. *Quels fruits le Seigneur fait siens.*
12. *Comment il gagne les fruits civils.*
13. *Comment il acquiert la redevance duë par le fermier.*
14. Quid, *si pendant la saisie il n'y a point eu de recolte.*
15. Quid, *si pendant la saisie les recoltes de tous les fruits sont échuës.*
16. *Comment il acquiert les arrerages des cens & rentes foncieres.*
17. *Si les fruits se prennent à raison de la durée de la saisie.*
18. *Difference entre la joüissance pour le relief & celle pour la saisie féodale.*
19. *Si le Seigneur prend à son profit les bois taillis.*
20. Quid, *des bois de haute-futaye.*
21. *Si dans l'espece proposée le Seigneur peut prendre droit de relief.*
22. *Si par la saisie faite au temps de la recolte, le Seigneur peut lever les fruits.*
23. *Les fruits ne sont acquis au Seigneur que par la perception.*
24. *Si l'heritier qui recüeille les fruits pendant les quarante jours avant leur maturité, est tenu les restituer.*
25. Quid, *du Seigneur qui recüeille les fruits avant leur maturité pendant la saisie.*
26. *Si la saisie du Seigneur est préferée à celle des créanciers.*
27. *S'il est preferé pour le quint aux créanciers du vendeur.*
28. *Si pendant la saisie il a la collation & présentation aux Benefices.*
29. *Si les profits échus des arriere-Fiefs avant la main-levée luy appartiennent.*
30. *Si la saisie féodale continuë aprés la vente du Fief, faite par le vassal.*
31. *Qui doit porter les frais de la saisie féodale.*

1. Autrefois, dés la mort du vassal le Seigneur pouvoit se mettre en possession de son Fief, comme vacant, jusqu'à ce qu'il y eut un nouveau vassal par luy investi; mais pendant quarante jours il n'appliquoit pas les fruits à son profit comme il est porté par quelques Coûtumes.

2. Nos Coûtumes ont voulu pour éviter les voyes de fait, que les saisies féodales se fissent avec les formalitez remarquez cy-dessus, & qu'elles ne fussent que suspensives de la joüissance & non résolutives du droit de proprieté, en quoy elles n'ont pas suivi le droit des Fiefs qui en confisque la proprieté; faute d'avoir demandé l'investiture dans l'an & jour, *l. 1. de feud. tit. 22. & lib. 2. tit. 14. in Francia consuetudines obsoleta sunt de beneficiis periculo commisso obnoxiis Arresto veteri* 1388. *ait Joan. Gal.*

Mais il faut excepter de cette maxime generale les Fiefs de danger en quelques Coûtumes, comme nous avons dit cy-dessus.

3. De ces termes, *iceluy Fief exploiter*; il paroît que le Seigneur qui a saisi le Fief mouvant de luy pour les causes énoncées au commencement de cet article, peut joüir par luy-même du Fief saisi, sans être obligé de faire établir Commissaire par le Sergent qui fait la saisie, parce que la Coûtume ne l'ordonne pas; & quand la saisie est faite faute de dénombrement baillé dans le temps prescrit, la Coûtume en l'article 9. dit que le Seigneur pour cette cause peut saisir le Fief & y mettre Commissaire, ce qu'elle ne dit point en cet article premier, en parlant de la saisie pour droits & devoirs non faits & non payez.

Et quoyque le Seigneur eut en ce cas établi Commissaire, cependant il pourroit joüir par ses mains; c'est l'opinion de Charondas sur cet article, & de Brodeau sur l'art 31. *num.* 11. qui rapportent un Arrest du 9. Decembre 1586. qui l'a jugé ainsi. CHARONDAS

BRODEAU. RICARD. AUZANET. Brodeau sur l'art. 9. 10. & 11. & Ricard sur l'art. 31. disent, qu'il n'est pas besoin d'établir Commissaire; & Auzanet sur cet art. dit aussi qu'il n'est pas necessaire quand la saisie est faite pour cause qui emporte la perte des fruits, mais qu'il l'est sur peine de nullité quand elle ne l'emporte pas.

La raison est, qu'au premier cas cette saisie emporte perte de fruits pour le vassal, & la Coûtume donne droit au Seigneur de joüir du Fief par ses mains; suivant ces termes, *peut mettre en sa main le Fief mouvant de luy, & iceluy Fief exploiter, &c.* mais il n'en est pas de même de la saisie faute de dénombrement, dont il est parlé en l'art. 9. laquelle n'emporte pas perte de fruits; c'est pourquoy la Coûtume veut que le Seigneur établisse Commissaire au Fief saisi pour cette cause, lequel rende compte de son administration & des fruits perçûs, aprés que le dénombrement sera baillé; & c'est de la saisie pour cette cause qu'il faut entendre l'art. 31. parce que par la saisie il rentre dans le Fief qui vient originairement de luy.

Néanmoins il a un Arrest de la Cinquiéme Chambre des Enquêtes rapporté à la fin des Arrests de M. le Prêtre, & cité par Brodeau sur l'art. 31. du 9. Decembre 15[illegible] au rapport de Monsieur de Mesmes, par lequel la Cour jugea, en la Coûtume de Poitou, que la saisie féodale n'emporte la perte des fruits du Fief saisi, que du jour que le Commissaire a été établi; mais l'opinion commune est contre cet Arrest. BRODEAU.

La Coûtume du Perche art. 80. statuë au contraire que le Seigneur fait les fruits siens quoyqu'il n'ait point établi Commissaire: c'est aussi la disposition de celle de Rheims, art. 100.

Il est vray que l'Ordonnance des criées de l'an 1551. art. 4. veut que la saisie réelle soit faite avec établissement de Commissaire; mais il y a grande différence entre une saisie réelle & une saisi féodale; en ce que la saisie féodale emporte la perte des fruits du Fief saisi au profit du Seigneur, & ne touche aucunement au fond; mais la saisie réelle concerne le fond & la proprieté de l'héritage saisie réellement, & ne donne point les fruits aux créanciers saisissans; & dautant que la saisie dépossede, il faut que pour la sureté tant des créanciers que du debiteur, il y ait établissement de Commissaire qui rende compte de son régime & administration, & rende les fruits à qui il appartiendra, & à qui il sera ordonné par justice. Touchant le Commissaire établi aux Fiefs saisis féodalement: voyez ce qui est dit sur l'art. 31.

Monsieur Auzanet est aussi d'avis que l'établissement de Commissaire n'est pas necessaire, parce que dit-il, ces mots *mettre en sa main*, marquent assez que pour la validité des saisies féodales exprimées en cet article, cette condition n'est pas necessaire; la Coûtume ajoûtant sur la fin, *à la charge* AUZANET.

d'en user comme un bon pere de famille.

4. Duplessis tient que l'établissement de Commissaire est necessaire, parce que l'Ordonnance établit generalement cette formalité pour les saisies. Monsieur *** est d'avis contraire qui me semble conforme à l'esprit de nôtre Coûtume ; il dit que le Seigneur peut saisir féodalement sans commission, sans commandement précedant & sans établir Commissaire ; & que c'est la difference qu'il y a entre cette saisie & les saisies ordinaires.

5. Par ces termes *& faire les fruits siens*, la Coûtume reduit l'effet de la saisie aux fruits du Fief saisi tant que dure la saisie, sans que le Seigneur puisse saisir les meubles du vassal étant au Fief, ny même les fruits, *non potest patronus mobilia vindicare quæ sunt in feudo, quia res illa non sunt in fructu*, selon du Moulin sur cet art. Glos. 5.

6. Enfin les fruits perçûs pendant la saisie, tombent en pure perte pour le vassal, *hoc est in purum & merum damnum vassalli; qui interim purè & irrevocabiliter perdit omnem feudi sui commoditatem, quæ cedit lucro & commodo patroni, quandiu feudum erit ad manum suam, sine aliqua diminutione sortis principalis, jurium debitorum patrono*; dit du Moulin sur cet art., *Glos. 7. princ.*

7. C'est pourquoy, bien que le Seigneur ait exploité le Fief pendant plusieurs années en vertu de sa saisie, néanmoins il acquiert les fruits ; de sorte que le vassal n'est pas moins obligé de luy payer le relief, s'il luy est dû pour sa mutation.

La Coûtume de Berry en l'article 33. y est expresse. *Le Seigneur tenant Fief saisi, és cas esquels il fait les fruits siens, aprés les avoir recueillis en pure-perte du vassal, en maniere que par le gain des fruits ne pourra prétendre le vassal, le Seigneur avoir été satisfait de son droit de rachat*, comme a remarqué Tronçon sur cet article de nôtre Coûtume *in verbo*, le Seigneur.

TRONÇON. C'est aussi la disposition de la Coûtume d'Orleans art. 71. parce que *pœna semel depensa non restituitur, l. 49. de R. J. & l. 79. ff. de pœn.*

8. Puisque le Seigneur a droit d'exploiter le Fief saisi & faire les fruits siens, il s'ensuit qu'il le peut bailler à ferme, mais le bail expire avec la saisie, c'est-à-dire dés que le vassal a satisfait aux causes d'icelle ; quoyque le bail ait été fait pour un certain temps non encore expiré.

9. Le Fermier évincé par le vassal, n'a aucun recours contre le Seigneur pour ses dommages & interêts, en cas qu'il luy ait declaré par le bail qu'il luy a fait, le titre ou la cause de sa joüissance, ou que le Fermier n'ait pû l'ignorer ; sçavoir que c'étoit en consequence de la saisie féodale faite à sa requeste.

La raison est que le Fermier a dû sçavoir que telle joüissance n'étoit que momentanée, & qu'elle pouvoit prendre fin dés son commencement, le vassal se mettant à son devoir envers son Seigneur, qui ne pouvoit transmettre à un autre plus de droit qu'il n'en avoit sur le Fief saisi, parce que *resoluto jure dantis, resolvitur jus accipientis.*

La même chose arrive dans les baux judiciaires, lesquels se font ordinairement pour trois ans ; car quoy qu'avant ce temps le saisi obtienne main-levée de ses biens saisis, ou que l'adjudication en soit faite auparavant, le Fermier judiciaire évincé n'a aucun recours pour ses dommages & interêts, ainsi que nous avons dit ailleurs plus amplement.

BRODEAU. C'est l'avis de Brodeau sur l'art. 56. *num.* 11. & 12. qui dit, que cela est general pour les baux de l'usufruitier, de la doüairiere, du Beneficier, du mary pour les propres de sa femme, des criminels absens & contumaces, dont les biens sont saisis & annotez par autorité de Justice, conformément à la loy 9. §. 1. *ff. loc.* où le Jurisconsulte dit, *si fructuarius locaverit fundum in quinquennium, & decesserit, heredem ejus non teneri, ut frui præstet*, par la raison que *hoc evenire posse prospicere debuit.*

L'Ordonnance du Roy Charles IX. donnée à S. Maur le 7. Septembre 1568. y est expresse pour les Fermiers des benefices, dont les baux expirent par la mort du Beneficier, & ne donne le recours au Fermier contre les héritiers du défunt pour ses dommages & interêts, qu'en cas qu'ils ayent fait des avances.

C'est le sentiment des autres Docteurs citez par Brodeau *loco citato.*

Le Seigneur fait les fruits siens du Fief saisi pour les causes énoncées en cet article, nonobstant opposition faite de la part du vassal, tant que dure la saisie; c'est la disposition generale des Coûtumes, de celles de Laon, art. 218. de Chaulny, art. 204. & de Lorris, tit. 1. art. 83. 10.

Il faut excepter quand le vassal desavouë le Seigneur saisissant, & qu'il declare qu'il ne le reconnoît point pour Seigneur, suivant l'art. 45.

La main-mise dure tant que le vassal ait satisfait aux causes d'icelle; néanmoins la Coûtume y a prescrit des bornes & un certain tems, qui est l'espace de trois ans, par-delà lequel elle devient nulle *ipso jure*, sans le faire ordonner par le Juge, à moins qu'elle ne soit renouvellée dans l'espace de 3. ans, suivant les art. 31. & 62.

C'est donc le principal effet de la saisie féodale que la perte des fruits du Fief saisi, de sorte que le Seigneur applique à son profit tous ceux qu'il a cüeillis pendant la saisie, encore qu'ils fussent prêts à cüeillir au temps d'icelle.

C'est la disposition de la Coûtume de Lorris, tit. 1. art. 70. Quant aux fruits pendans par les racines ils demeurent au vassal en remboursant le Seigneur de ce qu'il a avancé pour les labours & semences. 11.

Il fait les fruits siens tant naturels que civils, industriaux, ordinaires & extraordinaires, parce que le Seigneur par sa saisie succede aux droits du vassal ; pourveu qu'à l'égard des fruits naturels ils soient encore attachez au fond & non separez au temps de la saisie ; car s'ils étoient engrangez & recüeillis ou coupez, quoyqu'encore sur le champ avant la saisie, le Seigneur ne les feroit pas siens, dautant qu'ils ne font point partie du fond, & sont réputez meubles, suivant l'art. 92.

Et parce que le Seigneur ne peut point s'addresser aux autres biens du vassal, non pas même aux meubles, qui sont dans la maison féodale, ny aux bestiaux, & autres effets mobiliaires qui luy appartiennent, il ne peut pas saisir les fruits, dés qu'ils sont separez du fond saisi.

C'est ce que dit du Moulin, *Glos. 5. num. 13. & 14. servitus feudi est obligatio realis, id est in rem ipsam & possessorem, non personalis. Et prehensio est etiam realis, non personalis, & respicit rem, non personam; ideò Dominus potest solum fendum prehendere, non etiam mittere manum in mobilia vassalli, quia non sunt pars feudi.*

C'est un des points jugez par un Arrest du 14. Février 1661. remarqué cy-dessus, rapporté dans le 2. Tome du Journal des Audiences.

Du Moulin poursuit, & dit, *intelligendum id existimo de fructibus qui pendentes erant tempore saisina, ac eadem saisinâ pendente percepti sunt, non autem de his, qui jam collecti ac ante saisinæ tempus à solo feudali separati erant. Fructus enim Feudi ut primùm à solo separati sunt, jam ampliùs fructus feudales non censentur, sed allodiales. Stant quippe per se sicut & cætera quæque res mobiles, ita ut neque pars neque species Feudi intelligantur; ut notatur in l. divortio. ff. sol. matrim. & l. quod acervus, ff. quod vi aut clam.* DU MOULIN

La Coûtume d'Orleans en l'article 69. contient une disposition generale en ces termes : *Et combien que le Fief soit ouvert, & que le Seigneur de Fief le puisse exploiter, néanmoins avant les fruits cüeillis & abbatus, le vassal peut purger sa demeure, & être reçû à faire ses offres & devoirs dûëment faits, le Seigneur ne peut plus abbatre, ny acquerir à soy les fruits qui ne sont cueillis, ny abbatus, & sera seulement tenu payer les frais de la saisie.*

12. A l'égard des fruits civils comme sont les revenus annuels des loyers des maisons tenuës en Fief, ils ne se réglent pas comme les fruits naturels; car ils sont dûs au Seigneur à proportion du temps que sa saisie a duré.

La raison est, que tels fruits & revenus quoique payables en certains temps de l'année, sont dûs néanmoins à tout moment à raison de l'usage des maisons; de sorte qu'il n'y a point d'instant qui ne les augmente de quelque chose; mais les fruits naturels, dont on ne fait la recolte qu'en un certain temps de l'année, ne sont au Seigneur que quand il les a séparez du fond.

Du Moulin. Du Moulin sur cet article *Glos.* 1. *num.* 51. 52. & 53. nous marque fort bien la difference qu'il y a entre les fruits naturels & civils en ces termes : *Different in modo producendi, quia naturales producuntur per separationes à re corporali; ante enim quàm nascantur vel separentur, non propriè fructus, sed pars rei verè & propriè dicuntur, &c. civiles autem producuntur statim quod incipiunt deberi. Itaque quod operatur in naturalibus fructibus separatio, hoc operatur in civilibus obligationis cessio; & sicut in naturalibus attenditur tempus separationis quantum ad effectum acquisitionis; ita in civilibus attenditur tempus quo incipiunt deberi.*

Hinc est quòd in pensionibus domuum, vel mercedibus operarum, quæ tempus successivum habent, & quotidie deberi incipiunt, inspicitur temporis rata, ad acquisitionem inter venditorem & emptorem, l. Julianus. §. si fructibus. ff. de act. emp. &c. Et ita expressum. Balde *in c. uni. §. sciendum. de feu l. cognit. in cap.* 1. *in fi. princ. de pace tenen. in usib. feud. dicens quòd fructus naturales pendentes judicantur ut fundus, & sunt ejus pars & quid immobile; si verò sint separati, statim sunt quid mobile : pensiones autem seu fructus civiles æquiparat fructibus separatis à solo, si cessit dies pensionis solvendæ; si autem nondum cessit, æquiparat fructus pendentibus : si pro parte temporis cessit, & pro parte non, judicat de eis pro rata temporis; & nihil posset brevius & verius ad rem adduci.*

Ex quibus sequitur quòd in fructibus civilibus qui non successivo tempore, sed semel & in momento deberi incipiunt, debet attendi quantum ad effectum acquisitionis, tempus quo semel cæperunt deberi, &c.

13. Pour ce qui est de la pension à laquelle le Fief a été baillé au Fermier; cette pension ou redevance est subrogée au lieu des fruits du Fief, & par conséquent pour juger si elle appartient au Seigneur saisissant, il faut avoir égard au temps auquel les fruits sont perçûs, & non au temps auquel la pension est dûë, selon le sentiment des Docteurs citez par Pontanus sur l'art. 78. de la Coûtume de Blois. *Unde ergo concludendum existimo, ut si Calendis Octobris, fructibus Feudi jam collectis, Dominus feudalis in Feudi possessionem mitteretur, jampridem à vassallo locati, pro certa pensione solvenda Calendis Novembribus, ea sanè pensio vassalli erit, nec ad Dominum pertinebit, eo quòd jam sit fructus perceptos à vassallo, ejusve colono aut conductore, Feudum apprehensum sit.* Ce qui est fondé sur la Loy *defunctæ.* 58. *princ. ff. de usufr.*

14. Delà, il s'ensuit que si le terme du payement de la ferme n'échet que depuis la main-levée, le Seigneur n'aura rien, si pendant la durée de la saisie il n'est point échû de recolte, comme il n'auroit perçû aucuns fruits, si le Fief n'avoit pû être affermé.

15. Que si au contraire les recoltes de tous les fruits de l'année sont échûës pendant la saisie, quoique le temps du payement de la Ferme n'échet qu'aprés la main-levée obtenuë comme à Noël; néanmoins le Seigneur l'aura toute entiere.

Que si dans le temps de la saisie échet la recolte d'une espece de fruits seulement, comme des vignes & celle des autres fruits, n'échet qu'aprés la main-levée; dans ce cas selon le sentiment de Maître du Plessis, il faut faire ventilation de cette recolte échûë durant la saisie & donner au Seigneur sur le prix de la Ferme, la somme à laquelle elle aura été destinée, toute déduction faite des frais, & le vassal n'aura que ce qui restera.

Quant aux cens & rentes foncieres, qui se payent ordinairement en un seul payement, on ne regarde pas le temps de la recolte des fruits, mais le jour auquel le payement en doit être fait, selon la Loy derniere §. *triphonio ff. de jure fisci*, sur laquelle Bartole dit, *inspicitur dies, quo pensio debet præstari, non dies, quo fructus percipiuntur.* 16.

C'est aussi le sentiment de *Pontanus tit. de obventi. feudal.* art. 78. §. 3. & de Maître du Plessis : ce qui est sans difficulté.

Si le Seigneur fait les fruits siens à raison du temps de la durée de sa saisie? 17.

De ce qui a été dit cy-dessus, il s'ensuit que non : c'est le sentiment de Maître du Plessis. La raison est que la saisie féodale fait rentrer le Seigneur dans la possession & la joüissance du Fief, pour en joüir comme feroit le proprietaire, ou le possesseur de bonne foy : or le proprietaire & le possesseur de bonne foy ne gagnent les fruits que pendant la joüissance du fond, de sorte que le fond étant vendu, ou ce possesseur cessant de posseder le fond de bonne foy *naturis fructibus*, ils n'acquierent pas partie des fruits qui sont perçûs aprés. Du Pl.

Cela s'observe encore à l'égard de l'usufruitier, comme de la doüairiere, du gardien & du donataire mutuel, excepté le Beneficier auquel les fruits sont dûs *pro rata temporis*, comme nous avons dit ailleurs.

Quand l'art. 56. dit, que le Seigneur en vertu de sa saisie prend le loyer du Fermier, cela s'entend au cas que la recolte ait été faite pendant icelle; parce que c'est la perception des fruits faite par le Seigneur ou par un autre pour luy qui les applique à son profit : c'est pourquoy quoyque le Fermier par le bail fait avec le vassal fut obligé de luy payer la redevance par chaque quartier de l'année, néanmoins si la saisie avoit duré pendant la plus grande partie de l'année, & que la recolte eut été faite aprés la main-levée, le Seigneur n'en pourroit rien prétendre.

Quoyque ce sentiment soit sans difficulté, néanmoins par Sentence du Châtelet du 29. Janvier 1681. il avoit été jugé que la saisie faite à la Requête de Monsieur Voisin Avocat General au Grand Conseil, sur le Fief de Versailles appartenant à Dame Marie Charlet, épouse de Monsieur Pradel, Gouverneur de S. Quentin, emportoit perte de fruits pour une année & quatre mois qu'elle avoit duré. Mais par l'Arrest du 11. Mars ensuivant rapporté dans le Journal du Palais, elle fut infirmée & la perte en fruits réduite à une année.

De ces principes, il s'ensuit que le Seigneur applique à son profit la coupe des bois taillis de sausayes qu'il fait pendant sa saisie selon l'usage des lieux, & les poissons des étangs qui sont en saison de pêcher, dont il a fait lever la bonde, comme il a été jugé aux grands jours de Poitiers par Arrest du 26. Octobre 1579. entre un nommé Champion, Fermier de la Terre de Brouffin & la Comtesse de la Suze, remarqué par Chopin sur la Coûtume d'Anjou, *lib.* 1. *cap.* 36. *n.* 2. & par Brodeau sur l'art. 48. n. 2.

La raison est, que le Seigneur par sa saisie entre dans tous les droits de son vassal, ainsi il peut faire siens les fruits qu'il fait couper ou cüeillir pendant sa saisie, sans que le vassal puisse déduire les droits de quint ou de rachat qu'il luy doit; pourvû que le Seigneur n'ait pas anticipé le temps de la recolte des fruits; car il doit exploiter le Fief saisi comme un bon pere de famille.

18. C'est une difference remarquable d'avec le relief dans lequel il entre toûjours partie de la coupe ou de la pêche à proportion du temps, suivant l'art. 48. qui ne parle que du relief.

La raison de la difference, est que dans le relief le Seigneur joüit comme usufruitier qui a un droit certain sur toutes choses; mais dans la saisie féodale il joüit *jure Domini*, comme proprietaire lequel prend tout ce qu'il trouve à cüeillir, comme auroit fait son vassal, dit Maître du Plessis.

Cependant la raison qu'il allegue n'est pas vraye que le Seigneur au cas du relief joüit comme usufruitier, car un usufruitier pendant sa joüissance perçoit indistinctement tous les fruits qui se peuvent percevoir: & même si dans la derniere année de sa joüissance il y avoit deux cueilletes de fruits, il les feroit siens *percipiendo*, de sorte qu'il perçoit les fruits comme proprietaire.

Mais la véritable raison renduë cy-après sur l'art. 48. est que la joüissance du relief est bornée à un an, & par conséquent le Seigneur ne peut avoir ny plus ny moins que les fruits d'une année de quelque nature qu'ils soient.

19. Il est donc constant que le Seigneur prend à son profit tous les fruits qui sont en maturité & en état d'être perçus pendant sa saisie, & par consequent il a droit de prendre à son profit tous les bois taillis saussayes qui sont en coupe pendant sa saisie, & les poissons qui sont en temps de pêche.

Cela s'observe ainsi dans toutes les Coûtumes qui n'ont point de disposition contraire, comme il a été jugé par Arrest donné au grands jours de Poitiers, du 26. Octobre 1579. remarqué en la page précedente.

C'est aussi le sentiment de Maître du Plessis.

La Coûtume d'Orleans en l'art. 75. contient une disposition générale pour toutes les Coûtumes touchant les bois, en ces termes: *Le Seigneur de Fief emmeublit & fait siens les bois de coupe de luy tenus en Fief, étant en état & saison de couper, en les faisissant & abbattant, s'ils sont hors de grurie; & s'ils sont en grurie, quand ils seront en coupe, mesurez, arpentez, layez, criez, & livrez selon la Coûtume de ladite grurie.*

Par les bois en coupe on entend les bois taillis, que le Seigneur peut abbatre quand il est temps de les couper; cependant il ne peut pas les couper entierement, car il est tenu de laisser des balliveaux de distance en distance, suivant les Ordonnances.

Par l'Ordonnance de Charles IX. donnée à Meulan l'an 1563. art. 4. & par celle du Roy Henry III. à Paris en 1588. il est défendu de couper les bois taillis avant qu'ils soient âgez de 10. ans.

Ces Ordonnances sont confirmées par l'Ordonnance des Eaux & Forests du mois d'Aoust 1669. art. 1.

On observe encore de ne pas couper les bois depuis la my-May jusqu'après la my-Aoust, parce que la coupe des arbres faite dans cette saison cause la mort aux arbres.

Les bois qui sont en grurie, ne peuvent être coupez & abbatus, qu'en gardant les formes prescrites par les Ordonnances, & avec la permission des Officiers des forests.

20. Quant aux bois de haute-fustaye, il est constant que par toutes nos Coûtumes le Seigneur, soit en vertu de sa saisie, ou du relief, ne les peut pas abbatre, parce qu'ils ne sont pas *in fructu*, *l.* 11. *ff. de usufr.* ny ceux qui sont laissez pour l'embellissement de la maison, c'est la disposition de la Coûtume d'Orleans article 74.

Les bois de haute-fustayé sont ceux qui ont passé trois coupes sans être abbatus, & qui sont âgez de 27. à 30. ans, comme il a été jugé par Arrest en la cinquiéme Chambre des Enquestes le 10. Février 1618. entre René d'Escoubleau Marquis de Sourdis, & Anne de Rostain, femme de Jacques de la Veuhe, Seigneur de Montaignac. Mais le Seigneur a droit de joüir de la glandée, panage, & paison.

On m'a proposé la question qui suit touchant les bois de haute-futaye. 21.

Le proprietaire d'un Fief vend un bois de haute-futaye faisant partie de son Fief, quatorze ans aprés il décede, laissant des héritiers collateraux, les bois qui avoient été coupez, en avoient poussez d'autres qui n'avoient pas encore été coupez, le Seigneur prétendoit qu'il pouvoit prendre son relief sur ces bois à proportion du temps, soûtenant que c'étoient bois taillis. Les héritiers au contraire disoient, que le Seigneur étoit mal fondé, parce qu'ils vouloient laisser venir ces bois en futaye.

Mon avis a été que le défunt ayant laissé passer le temps des coupes, avoit eu dessein de laisser monter les bois en futaye, & que ses héritiers avoient le même droit, chacun disposant de son bien à sa volonté; d'autant plus que le Seigneur n'avoit jamais pris droit de relief sur ces bois qui n'avoient jamais été *in fructu*, & qui ne l'étoient pas encore, vû la destination du défunt & de ses heritiers; & qu'en tout cas, si ces heritiers les faisoient abbattre avant qu'ils fussent veritablement en haut-bois, il auroit droit d'en prendre le relief à proportion d'un an, suivant l'article 48.

Touchant les bois taillis, les garennes & colombiers. Voyez l'article 48. Quant au Trésor trouvé. Voyez sur l'article suivant, Glose 1. nombre 13.

Si la saisie étoit faite au temps de la recolte, & que le vassal l'eût déja commencée, sçavoir si le Seigneur pourroit l'empêcher de continuer, & pourroit en consequence lever les fruits qui resteroient? 22.

La Coûtume de Nivernois décide cette question, tit. 4. art. 57. & dit, que le Seigneur exploite les fruits du Fief saisi, tels qu'ils appartenoient au vassal, en l'état qu'il les trouve au temps de la saisie & notification d'icelle, à moins que le vassal eût prévenu & commencé, comme en terre de blayer, en pré de faucher, en vigne de vendanger, en étang de lever la bonde, en bois d'y mettre les porcs, & de même en tous fruits apparens étant en terre, pourvû que cette prévention ne soit pas frauduleuse, ni anticipée avant le temps d'une maturité raisonnable.

La raison est, que *initium inspiciendum*, & que la prévention sur une partie d'une terre pour la recolte des fruits, donne droit sur le total; de sorte que si le vassal a prévenu sur une partie des terres labourables du même Fief, il a acquis droit sur toutes autres terres labourables, mais non pas sur les autres terres, comme prez, vignes & autres; parce que ce sont des terres separées, & dont les fruits se perçoivent dans des temps differens.

C'est la disposition de la Coûtume de Nivernois, mais elle ne doit pas être étenduë à celles qui n'en parlent point; car je croy, que le droit de percevoir les fruits, seroit acquis au Seigneur dés le temps de sa saisie & notification d'icelle, de sorte que le Seigneur étant subrogé aux droits du vassal & en son lieu & place pour la perception des fruits, il pourroit l'empêcher de continuer la recolte qu'il auroit commencée, la prévention ne donnant aucun droit au vassal, que sur les fruits qui seroient separez du fond.

Comme au contraire, quand le vassal a satisfait aux causes de la saisie dans le temps de la perception des fruits, il la fait cesser, & empêche que le Seigneur ne la continuë, & s'il le fait, il est responsable envers son vassal des fruits qu'il a perçûs depuis, sans que la prévention du Seigneur dans la recolte des fruits puisse luy donner aucun droit sur ceux qu'il n'a pas encore perçûs.

La raison est, que le Seigneur ne fait les fruits siens que par la perception *ad instar* de l'usufruitier & du possesseur de bonne foy, §. *si quis à non Domino. Instit. de rer. divis. l. 48. ff. de acquir. rer. Domin. l. 78. ff. de rei vindicat. l. 13. ff. quib. mod. ususfr. amitt. & l. 25. §. 1. ff. de usur.*

23. Les fruits ne sont acquis au Seigneur, que par la saisie faite par les causes déclarées en cet article, & par la perception d'iceux, & non pas par la seule ouverture du Fief; car quoique l'ouverture du Fief donne lieu à la saisie, néanmoins elle ne cause la perte des fruits que par la saisie.

C'est ce qui nous est marqué par cet article, où il est dit, que le Seigneur fait les fruits siens pendant la main-mise.

D'où il s'ensuit, que l'heritier d'un défunt peut pendant quarante jours aprés sa mort, recüeillir à son profit les fruits du Fief, sans que le Seigneur y puisse rien prétendre, bien qu'il saisisse aprés les quarante jours, parce que avant les quarante jours l'heritier est maître & possesseur des biens du défunt par la disposition de la Coûtume.

24. *Si l'heritier qui recüeilleroit les fruits pendant ce temps, avant qu'ils fussent meurs, seroit obligé de les restituer au Seigneur qui feroit saisir immediatement aprés les quarante jours?*

Du Moulin. Du Moulin sur l'article 7. *num.* 11. & 12. veut qu'il soit obligé de les restituer au Seigneur, ou l'estimation d'iceux, au cas que le Seigneur saisisse le Fief immédiatement aprés les quarante jours, faute de devoirs & droits non faits & non payez: mais selon le sentiment de cet Auteur, l'heritier peut se hâter & faire la recolte avant les autres, sans que le Seigneur puisse s'en plaindre.

Il semble néanmoins, que le Seigneur ne pourroit pas obliger l'heritier du vassal d'en faire la restitution, ou luy en payer l'estimation, il pourroit seulement par le ministere de son Procureur Fiscal, empêcher la recolte des fruits avant leur maturité, à cause de l'interêt public.

La raison est, que pendant les quarante jours l'heritier est en la place du défunt, il exerce ses droits, & est le maître & possesseur de tous les biens qu'il a laissez aprés sa mort, & que le droit n'est acquis au Seigneur que par la possession que luy donne la saisie féodale, ainsi il succede aux droits de l'heritier dans le Fief en l'état qu'il le trouve, & il ne peut se plaindre que l'heritier en ait usé comme il a voulu, avant qu'il eût aucun droit sur son Fief, puisque *quilibet rei suæ est moderator & arbiter, etiam abutendo, l. in re mandata. C. mand.*

Et quoiqu'on puisse dire, que le dessein de l'heritier ait été d'empêcher que la saisie, que le Seigneur pourroit faire aprés, n'eût son effet, toutefois en ce cas il ne peut y avoir aucune action contre luy, pour en avoir l'estimation, parce que *dolo non facit qui suo jure utitur*, dit la Loy *nullus. ff. de R. J.*

Il suffit que l'heritier par la perception des fruits avant leur maturité, ait pû en tirer quelque utilité, pour n'être point obligé à la restitution ou des fruits ou de l'estimation; car s'il avoit abbatu les fruits par une pure malice, & dans le dessein seulement que la saisie que le Seigneur pourroit faire, luy fût infructueuse, je croirois qu'en ce cas il seroit condamnable, parce que *malitiis non est indulgendum, l. in fundo. §. constituimus. ff. de rei vindicat. l. 2. ff. sol. matrim. l. si cui. ff. de servitut.*

25. Il n'en est pas de même du Seigneur, qui recüeille les fruits avant la maturité pendant sa saisie, au cas qu'il se trouve obligé d'en bailler main-levée avant que le temps soit venu pour en faire la cüeillette.

La raison est, que le Seigneur pendant sa saisie doit joüir du Fief saisi en bon pere de famille, sur lequel il n'a point d'autre droit que celuy que la saisie luy donne, lequel droit peut cesser dés son commencement, le vassal satisfaisant aussi-tôt aux causes de la saisie.

Si la saisie féodale est préferée à celle des créanciers hypothequaires du vassal? 26.

Loysel, tit. des Fiefs, art. 27. dit; *est la saisie du Seigneur préferée à toutes autres.*

Maître Charles du Moulin sur cet article, *Glos.* 2. *num.* 3. tient aussi indistinctement l'affirmative: la raison qu'il en rend est, que le droit du Seigneur est plus ancien que celuy des créanciers, *prehensio & injectio manus Domini feudalis, tanquam ex causa primordiali & antiquiori procedens, debet manere & præferri omnibus aliis.* Du Moulin.

D'Argentré sur l'article 319. de la Coûtume de Bretagne, *num.* 1. dit la même chose *in debitis feudalibus prior est immediata Domini causa*, semblable au droit de corvées que les patrons avoient autrefois sur leurs affranchis, suivant la Loy *in liberto. ff. de solutio.* lequel étoit plus ancien que tout autre; *in liberto antiquior contractus operarum esse non potest, sine quo libertas ei data non esset.*

Le même du Moulin sur l'article 28. *num.* 20. & *seqq.* dit, que les créanciers ne peuvent empêcher la saisie féodale, qu'en présentant au Seigneur un curateur qui luy fasse la foy & hommage, qu'il n'est pas néanmoins obligé de recevoir en foy, s'ils ne luy payent les droits & profits qui luy sont dûs, ce qu'il dit, sans distinguer si la saisie féodale a prévenu celle des créanciers, ou si elle en a été prévenuë. C'est aussi ce que dit Loysel, livre 4. tit. 3. regle 28. *Mais si les créanciers le satisfont de ses droits, il sera tenu leur en bailler souffrance.*

Chopin est aussi d'avis, que la saisie féodale est préferée à celle des créanciers; sur ce titre *num.* 36. il dit que l'ancienne Coûtume de France attribuë & donne autant de force à la main-mise féodale qu'à la saisie Royale, de sorte que l'une ne cedoit point à l'autre, en ces termes: Chopin.

Item ubi manus regia fuit apposita in feudo alicujus ex aliqua causa, Dominus immediatus non potest impediri assignare Feudo suo propter defectum hominis, vel alia justa de causa justitiare Feudum prætextu dictæ manûs. Tamen propter honorem superioritatis, non debet facere sine licentia Regis, quæ de facili obtinetur. Et ideò cùm Baillivus apposuit manum Regis propter quasdam emendas Regi debitas in Feudo, quod ab Episcopo Noviomensi movebatur, & dictus Episcopus assignasset manum ad illud propter defectum hominis, per Arrestum dictum fuit, quod non restituetur Episcopo dictum Feudum, donec satisfecisset Regi de dicta emenda.

Il dit qu'il étoit question de sçavoir qui devoit être préferé en concurrence de saisie du Fief du vassal, ou l'Evêque de Noyon Seigneur du Fief, ou le Roy créancier du vassal pour une amende qui luy étoit dûë: mais la main du Roy, dit cet Auteur, s'étend bien plus loin que celle d'un Seigneur particulier sur les terres, heritages, & Fiefs du fisc & du domaine de la Couronne, pour la conservation d'iceluy par l'Edit de Moulins du mois de Février 1566.

Charondas sur cet article est aussi d'avis, que la saisie féodale est préferée à toute autre, quoiqu'elle soit posterieure, il cite un ancien Arrest du mois de Novembre 1543. qui l'a jugé ainsi. Et au livre 3. de ses Réponses, chapitre 1. il rapporte un Arrest de l'Audiance de la Grand'Chambre, du Jeudy 9. Août 1582. entre Charles du Postel, Seigneur d'Ormoy, appellant, François le Comte, & Antoine Panchet, Commissaires intimez, & les Prevôt des Marchands & Echevins de la ville de Paris, prenant la cause pour François de Vigny, Receveur de la Ville, défendeurs en sommation; par lequel il fut dit, Charondas.

dit, que la saisie féodale, faite à la requête de l'appellant Seigneur du Fief, tiendroit, à laquelle de Vigny demeureroit opposant ; & ce faisant, les Commissaires établis déchargez.

TOURNET. Tournet sur l'article 28. est aussi de même sentiment.

LABBE'. TRONÇON. Mais Labbé sur le même article, & Tronçon sur l'article 28. *verbo*, saisir, tiennent, que si le créancier avoit prévenu par saisie réelle du Fief sous la main de Justice, avec établissement de Commissaire, il ne pourroit être dépossedé par le Seigneur féodal, lequel sera reçû opposant aux criées pour être payé par préference des fruits & de ses quints & profits de Fief, si aucuns luy sont dûs.

Ils disent qu'il a été ainsi jugé par un ancien Arrest de l'an 1334. contre l'Evêque d'Auxerre Seigneur féodal.

Ces deux Auteurs remarquent un autre Arrest donné en la Coûtume de Paris, le Jeudy 21. Février 1613. plaidant Gautier pour la veuve l'Argentier, intimée, d'une part, & le sieur Datichi, appellant, d'autre, par lequel il fut ordonné au profit de ladite veuve, que la saisie féodale de la Terre de Pontillaut, située en Brie, saisie sur le sieur de Gondy, faite par ledit Datichi, faute de payement des droits seigneuriaux, seroit convertie en opposition, pour être payée par préference de ses droits ; & que la saisie réelle de la veuve l'Argentier, créanciere du sieur de Gondy seroit préferée, pour être procedé à l'adjudication de la Terre saisie.

TRONÇON. Tronçon remarque un troisiéme Arrest de la Chambre de l'Edit, du 25. Août 1626. entre Dame Charlotte de Nassau, Princesse d'Orange, veuve de feu Messire Claude de la Trimoüille, vivant Duc de Thoüars, tant en son nom que comme tutrice des enfans mineurs dudit défunt & d'elle, demandeur à l'enterinement d'une Requête, & Dame Renaude de Ferrieres, & Maître Jean Griffon, qu'il dit avoir jugé la même chose.

BRODEAU. Brodeau sur l'article 24. *num.* 3. tient indistinctement, que la saisie féodale est préferée à celle des créanciers.

Il est de même avis sur l'article 25. *num.* 7. disant, qu'il importe peu aux créanciers, que le Seigneur fasse les fruits siens pendant la main-mise, puisque la proprieté du Fief leur demeure affectée & hypothequée, nonobstant la saisie féodale, & qu'ils peuvent purger la demeure, la negligence & le mépris du vassal leur debiteur, & obtenir mainlevée de la saisie féodale, en exécutant ce qui est prescrit par l'article 34. qui leur permet de faire présenter au Seigneur la foy & hommage par un Curateur établi à leur requête, & en payant & avançant les droits dûs ; quoy faisant, ils sauvent les fruits du jour qu'ils ont satisfait.

Ce même Auteur sur l'art. 34. *in fine*, dit, qu'il ne peut approuver la distinction de Tronçon, estimant que la saisie féodale postérieure doit être préferée à la saisie réelle des créanciers ; & outre les Arrests cy-dessus il en remarque un autre donné en l'Audience de la Grand'Chambre le Jeudy 21. Juillet 1639. prononcé par Monsieur le Premier President le Jay, confirmatif de la Sentence de Messieurs des Requêtes du Palais du 10. May précedent, par lequel la Cour jugea que la saisie féodale faite à la requête de Messire François du Val, Marquis de Fontenay, & Damoiselles Françoise & Charlotte Sanguin, Seigneurs du Fief de Jaigny, sur la moitié de la Terre & Seigneurie de Chattou, faute d'homme, droits & devoirs non faits & non payez, tiendroit, nonobstant la saisie réelle, établissement de Commissaires, criées & bail judiciaire, faits long-temps auparavant, à la requête de Damoiselle Loüise de Lagers, veuve de Nicolas Tartereau ; & ce faisant, le Commissaire établi à ladite saisie réelle, condamné rendre compte ausdits Seigneurs de Jaigny, Fief dominant, ou à leur Commissaire, des fruits échus depuis la saisie féodale, suivant l'estimation qui en seroit faite, à la charge que ce qui seroit payé par le fermier judiciaire, luy seroit imputé & déduit sur le prix de son bail.

Mais Brodeau se contrarie luy-même sur l'article 58. *in fine*, où il dit en ces termes : *Et si avant l'ouverture du Fief il y a saisie réelle & établissement de Commissaire fait à la requête des créanciers du vassal, suivie de bail judiciaire, le Seigneur ne peut pas exploiter le Fief par ses mains, ni par consequent se loger dans la maison seigneuriale, mais sa saisie doit être convertie en opposition, pour être préferée à tous créanciers, des droits, profits & fruits à luy dûs & acquis du jour de sa saisie.* BRODEAU.

C'est une contrarieté manifeste avec ce qu'il a dit sur les articles remarquez cy-dessus ; car s'il est vray, comme il dit sur ces articles, que la saisie du Seigneur est préferée à celle des créanciers, quoy qu'elle soit posterieure, ce qu'il avance, sur l'article 58. n'est donc pas vray, que si l'ouverture de Fief arrive aprés la saisie réelle des créanciers, sa saisie féodale doit être convertie en opposition ; ce sont deux propositions qui se détruisent l'une l'autre.

Maître Du Plessis tient aussi, que la saisie féodale est préferée à celle des créanciers, & emporte les fruits à leur préjudice, soit qu'elle la précede ou non ; c'est pourquoy comme il pourroit arriver qu'un vassal dépossedé en haine de ses créanciers, negligeroit de servir le Fief, ou qu'il affecteroit ce défaut par collusion avec son Seigneur, afin de joüir toûjours du Fief sous son nom, au préjudice de la saisie des créanciers, les Reformateurs de la Coûtume ont trouvé à propos d'ajoûter l'article 34. DU PLESSIS.

Maître Ricard sur l'article 34. *in fine*, est de l'avis de du Moulin. RICARD.

Maître Auzanet sur le même article, est d'opinion contraire, estimant que la saisie du Seigneur doit ceder à celle des créanciers, parce que celle-cy est faite par autorité de Justice, & celle-là de la part du Seigneur particulier. AUZANET.

Mais cette raison n'est pas valable, vû que l'une & l'autre sont faites par autorité de Justice ; & d'autant que la saisie feodale est fondée sur le droit primitif de la Seigneurie directe, & que celle des créanciers n'a pour fondement qu'une simple hypotheque qui n'affecte que la Seigneurie utile, elle ne peut pas empêcher que le Seigneur n'use de ses droits, qu'il ne saisisse le Fief ouvert, & ne dépossede les Commissaires établis par les créanciers, sur quelques privileges qu'ils soient fondez, pour joüir des fruits par ses mains, jusqu'à ce qu'il ait été satisfait de ses droits, sans qu'il soit tenu d'attendre l'adjudication du Fief saisi ; ce qui est d'autant plus équitable, qu'il ne tient qu'aux créanciers d'y satisfaire suivant l'article 34.

Ce même Auteur sur l'article 34. dit, que puisque ledit article 34. permet au Commissaire établi à la saisie réelle, de servir le Fief, & faire la foy & hommage, il suppose que la saisie réelle a précedé celle du Seigneur, & qu'elle n'empêche pas que le Seigneur ne poursuive ses droits par saisie féodale, mais qu'elle n'a effet que pour l'hommage qui doit luy être fait par le Commissaire, qu'il n'en est pas de même des droits & profits de Fief dûs à cause de la mutation pour lesquels il est obligé de se pourvoir en l'ordre ; c'est pourquoy la saisie féodale doit ceder à la saisie réelle faite par autorité de Justice pour le bien commun des créanciers ; comme il a été jugé par Arrest du 7. Août 1627. en la Grand'Chambre sur une instance entre Dame Ester de Jamard, & Dame Magdeleine Berthelemy, veuve du sieur du Plessis-Praslin.

La question ne paroît pas sans difficulté ; car l'article 34. dit bien que le Commissaire établi à la requête des créanciers, peut faire la foy & hommage au refus du vassal saisi; mais il n'oblige pas les créanciers de payer les droits au Seigneur, & la question se trouve diversement jugée.

Mon sentiment est contre celuy de Maître Auzanet, que le Seigneur, soit qu'il ait prévenu la saisie réelle, ou que sa saisie soit posterieure, doit être payé par les raisons renduës ci-dessus; mais dans ce cas la Cour en juge *ex æquo & bono*, pour empêcher l'effet rigoureux de la saisie féodale au préjudice des créanciers, *qui certant de damno vitando*, le Seigneur au contraire, *qui certat de lucro captando*, ne perd pas ses droits pour attendre que le Fief soit vendu & adjugé par decret, sur le prix duquel il est préferé à tous autres créanciers.

Cette question s'est presentée en la Cour dans cette espece.

Le sieur de Vernaucour fut condamné aux Grands-Jours de Troyes en de grosses amendes envers le Roy pour crime de fausse monnoye: le Receveur des amendes fit mettre une Terre en criées appartenante audit Sieur, pour être payé desdites amendes: le Seigneur s'y opposa pour être payé d'un droit de rachat qui luy étoit dû.

La cause portée à l'Audiance, Messieurs les Gens du Roy avoient conclud à ce que le Roy fût préferé au Seigneur, parce que la condamnation étoit intervenuë pour crime de leze-Majesté; mais dautant qu'on allegua plusieurs Arrests, par lesquels on prétendoit, qu'il avoit été jugé contre le Roy en cas semblable, la Cour appointa au Conseil.

Depuis elle jugea au profit du Seigneur, & l'Arrest fut prononcé par Monsieur le Premier President de Harlay à Noël l'an 1601. & il est rapporté par Montholon, Arrest 97.

Il y a un cas, auquel les créanciers sont préferez au Seigneur, soit qu'il ait saisi le premier, ou aprés, sçavoir les créanciers des rentes inféodées, parce que suivant l'article 59. le Seigneur est tenu de les acquitter, par le consentement qu'il y a donné en les inféodant.

Monsieur ***. tient que la saisie féodale faite faute de foy & hommage & droits non payez, quoique faite sur un Fief déja saisi réellement, est préferée à celle des créanciers, c'est aussi mon avis.

La raison est, que le Seigneur n'est pas obligé de reconnoître les créanciers de son vassal, qui ne peuvent pas avoir autant de droit que luy, puisqu'il ne sont mis en possession des choses saisies que pour exercer les droits de leur debiteur.

Voyez l'article 107. de la Coûtume de Vermandois, d'où cette regle, que *la saisie féodale est préferée à toutes autres*, est tirée.

Voyez aussi Coquille sur l'article 8. de la Coûtume de Nivernois, au titre des Fiefs.

Il est inutile de dire que la seconde saisie doit être convertie en opposition; car cette regle de pratique, *saisie sur saisie ne vaut, mais est convertie en opposition*, s'entend d'une seconde saisie de même nature & qualité que la premiere. La saisie féodale est d'une autre qualité que celle des créanciers; c'est le droit des Fiefs qui veut que le Seigneur rentre dans le Fief qu'il a autrefois aliéné à titre de foy & hommage, jusqu'à ce que les devoirs luy ayent été faits, & jusqu'à ce le Seigneur ne reconnoît point le propriétaire du Fief, ni par consequent ses créanciers.

Delà vient que si un debiteur ne veut pas faire la foy & hommage à son Seigneur, en fraude de ses créanciers, la Coûtume leur permet en l'article 34. de la faire faire par un curateur établi à leur requête au Fief saisi, au refus du propriétaire, sans distinguer si la saisie féodale a prévenu ou non.

Que si outre la foy & hommage il est dû au Seigneur des droits par le propriétaire pour la mutation arrivée en sa personne, ses créanciers, soit que leur saisie ait prévenu ou non, sont tenus de les payer, sinon il n'est pas obligé de donner main-levée à sa saisie; parce que tel est le droit du Seigneur sur les Fiefs mouvans de luy, qu'il ne peut point être contraint de recevoir son vassal en foy, qu'il n'ait été satisfait des droits qui luy sont dûs; dautant que les profits de Fiefs sont réels, suivant l'article 24. & pour en avoir le payement il peut s'addresser à la chose.

Que s'il avoit reçu son vassal en foy, il ne pourroit plus se pourvoir pour avoir le payement de ses droits par opposition à la saisie des créanciers. Voyez sur les articles 355. & 358.

C'est une question, si le Seigneur est préferé pour 27.
le quint aux créanciers du vendeur?

Elle a été jugée par Arrest donné en la Grand'-Chambre, au rapport de Monsieur Daurat, le 23. Août 1678. rapporté dans le Journal du Palais, pour le fermier de Limour, contre les Administrateurs de l'Hôtel-Dieu de Paris & des Incurables, anciens créanciers hypothequaires sur la Terre de Châtres. Voyez sur l'article 358.

Le Seigneur pendant sa saisie peut exercer sur les Fiefs, qui sont en la mouvance de son vassal, & sur les heritages qui sont en sa censive, les mêmes droits qu'exerceroit son vassal, s'il étoit reçu en foy.

Et dautant que les collations, présentations & no- 28.
minations aux Benefices sont comprises dans les obventions & fruits civils, *cap. illa 2. ne sede vac. glos. ad cap. cùm olim. 14. verbo capitulo. de majorit. & obed. arg. cap. querelam 24. de elect. & cap. consultationibus. 19. de jure patronatûs*, le Seigneur saisissant est en droit d'en joüir.

C'est le sentiment de du Moulin sur le §. 55. *glos.* Du Mo[ulin]
10. *num.* 3. *& seqq.* de Coquille sur la Coûtume de
Nivernois sur ce titre, article 58. de Charondas sur Charon[das]
l'article 8. & suivans, de Brodeau sur l'article 28. Brodeau
num. 18. parce que *jus illud adhæret castro vel fundo, cùm quo transit, unde transit ad fructuarium & ad colonum ad longum tempus, cap. ex litteris de jure patron.*

Il n'auroit pas le même droit, si la saisie étoit faite faute du dénombrement, comme nous dirons cy-aprés sur l'article 9.

Le Commissaire établi au regime & à l'administration du Fief saisi pour les causes comprises en cet article premier, ne l'a pas, & ne joüit pas des droits honorifiques appartenans au vassal saisi.

C'est le sentiment de du Moulin sur l'article 9. Du Mo[ulin]
glos. 3. *num.* 5. *glos.* 4. *num.* 8. & sur l'article 55.
glos. 10. *num.* 38. 39. & 40. Brodeau sur l'article 31. Brodeau
nombre 15. est du sentiment de du Moulin. Tronçon Tronçon
sur l'article 34. est d'avis contraire, mais c'est une opinion qui n'est pas reçuë.

Du Moulin aux lieux citez cy-dessus montre, que quoique le Collateur ordinaire eut admis la présentation du fermier judiciaire, néanmoins le propriétaire saisi pourroit présenter de sa part, ou former sa demande dans le temps reglé par le droit Canonique; & celuy qu'il auroit présenté, seroit préferé à celuy que le Commissaire ou le fermier auroit présenté.

C'est la disposition du Chapitre *cùm Bertholdus 18. ext. de sentent. & re judic. glos. ad cap. ex literis. 7. verbo. ad firmam de jur. patron.*

Cette Jurisprudence a été confirmée par les Arrests. Brodeau, *loco citato, num.* 16.
Brod[eau]
Mornac sur la Loy *in modicis. 24. de contrah. empt.* en remarque un donné en l'Audience du Lundy 21. Juin 1610. prononcé par Monsieur de Blancmenil, conformément aux Conclusions de Monsieur l'Avocat General le Bret, pour la Chapelle de Cambrezé en Poitou, Noël Escoüard fermier judiciaire de la Terre & Seigneurie de Pinsay, & Messire

Abraham Poirier saisi, parties plaidantes.

BRODEAU. Brodeau en remarque un autre donné en la Grand'-Chambre le 11. Mars 1634. au profit de Messire Jean de Beüil, Comte de Sancerre, Baron de Vailly, par lequel la Cour infirma le bail judiciaire du Comté de Sancerre fait aux Requêtes du Palais, le 29. Novembre 1629. parce que par iceluy la nomination aux Benefices, & provision aux Offices, étoit accordée au fermier judiciaire, &c. en émendant ordonna qu'elle appartiendroit audit sieur Comte de Sancerre, qui étoit la partie saisie.

Le Parlement de Toulouze a jugé la question au contraire par ses Arrests, rapportez par Monsieur Mainard, tome 2. livre 2. chapitre 41. confirmant & maintenant les pourvûs à la nomination des Sequestres, Commissaires & Fermiers judiciaires, contre les pourvûs sur la nomination des saisis.

AUZANET. Maître Auzanet sur l'article 34. dit, que le Seigneur joüit des droits honorifiques, des nominations aux Benefices, & institutions aux Offices qui viendront à vaquer durant la saisie, sans toutefois pourvoir les Officiers à titre onereux, ni pour recompense de services.

Ainsi le vassal aprés avoir obtenu main-levée de la saisie féodale, pourra destituer les Officiers instituez par son Seigneur pendant sa saisie: mais quand la saisie n'emporte pas perte de fruits, les mêmes droits demeurent au vassal.

Le Seigneur pendant la saisie acquiert les droits de relief, quints, lods & ventes & autres droits qui échéent au Fief saisi, quoiqu'ils ne soient pas payez avant la main-levée.

DU PLESSIS. Le sentiment de Maître du Plessis est, que ces droits luy appartiennent, quoiqu'ils ne soient payez qu'aprés la main-levée de sa saisie, pourvû que l'ouverture qui produit ces droits soit veritablement arrivée durant la saisie féodale; & qu'au contraire, si la mutation est arrivée avant la main-mise du Fief, les droits ne luy appartiennent pas, quoiqu'il les touche, & que l'investiture de l'arriere-Fief soit prise avant la main-levée de la saisie du Fief dont il releve.

Il propose deux raisons de douter contre cette décision.

La premiere; que c'est une maxime en matiere féodale, que la saisie n'acquiert au Seigneur que ce qu'il prend actuellement, & que ce qu'il n'a point perçû & recüeilli demeure au vassal aprés la main-levée.

La deuxiéme, que ces droits ne sont dûs que pour l'investiture; de sorte que quand elle n'est point prise, ni la foy faite durant la saisie féodale, il ne doit rien entrer en icelle: que si le Seigneur avoit fait ses diligences, & usé de son droit, en saisissant l'arriere-Fief ouvert, ses droits seroient conservez; que ne l'ayant pas fait; il ne peut plus les prétendre dans un temps où il n'a plus ni droit ni qualité.

Mais à la premiere raison il répond, que la maxime alleguée ne s'entend que des fruits des terres, que le Seigneur n'acquiert que *per separationem à solo*, & non des fruits civils qui s'acquiérent par la seule échéance du terme du payement.

Quant à la seconde, qu'il n'est pas vray de dire, que les droits ne soient dûs que pour l'investiture; ils sont dûs à raison de la mutation, & dés qu'elle est arrivée; qu'il y a bien moins d'apparence d'objecter le défaut de saisie & poursuite, parce que c'est plûtôt une patience de courtoisie qu'une obmission.

29. A l'égard du quint & des lods & ventes la question ne fait pas de difficulté, il peut y en avoir pour le relief; car quoiqu'il soit acquis par la mutation, cependant il semble qu'il n'est pas dû *ipso jure*, vû que la Coûtume y requiert *factum hominis*, sçavoir les offres que le vassal doit faire à son Seigneur; & qu'elle veut que l'an du relief ne commence à courir que du jour qu'elles sont acceptées ou valablement faites: or si la mutation qui donne ouverture au relief étant arrivée durant la saisie féodale, il n'y a eu ni offres ni option avant la main-levée, il y a doute si le Seigneur doit rien avoir de ce relief dans sa main-mise, puisque l'année ne commence à courir que depuis qu'il n'a plus de droit de le demander.

Ce même Auteur dit, qu'il y a encore deux difficultez; la premiere est de sçavoir, au cas qu'il y ait eu offres faites durant la saisie, & non acceptées avant la main-levée, ce qui doit de ces offres appartenir au Seigneur? L'autre est, sçavoir, quand le Seigneur a pris le revenu ou l'exploitation de l'arriere-Fief pour le relief, par acceptation expresse ou tacite & présumée, si la main-levée de la saisie féodale échéant au milieu de cette année, s'il n'en doit avoir qu'à proportion du temps, ou ce qu'il a recüeilli des fruits, ou s'il peut percevoir tous les fruits de l'année.

La décision de l'une & de l'autre question dépend de ces principes; sçavoir, que le droit de relief est acquis, *ipso jure*, par la mutation, suivant l'article 33. & que les offres que doit faire le vassal, l'acceptation & le temps auquel l'année du relief commence aprés les offres valablement faites, ne sont que des formes concernant la maniere de le percevoir, & non des conditions qui en suspendent ou en diminuent le droit.

D'où il s'ensuit que le relief n'est point au rang des fruits naturels qui ne s'acquiérent que *per separationem à solo*; mais un fruit civil qui est acquis par la seule ouverture, comme il a été jugé par Arrest du 5. Août 1606. rapporté par Monsieur Loüet, lett. R. n. 43. au profit d'un fermier auquel la Cour adjugea le relief entier, quoiqu'il ne fut échu que le dernier jour de son bail; de sorte qu'il suffit que la mutation de l'arriere-Fief dont il est dû relief, soit arrivée pendant la saisie féodale, ou le relief du Fief à qui ce droit échet, afin qu'il appartienne tout entier au Seigneur suzerain.

Mais pour éviter la contestation qui pourroit arriver, le Seigneur doit prendre le relief en argent, afin de consommer son droit dans le temps de la saisie ou de son relief; il doit même dés l'ouverture de l'arriere-Fief, sans attendre les offres, declarer qu'il accepte le dire de Preud'hommes, afin de consommer tout son droit par ce moyen. Voyez sur l'article 54.

Si le Seigneur qui a saisi le Fief de son vassal, peut continuer sa saisie aprés la vente de son Fief? 30.

Guenois dans la Conference des Coûtumes sur cet article; lettre B. remarque un Arrest du 10. Decembre 1565. par lequel il a été jugé, que quoique l'acquereur du Fief dominant ait reçu en foy le vassal saisi; néanmoins l'ancien Seigneur peut continuer sa saisie, au cas qu'en vendant son Fief il se soit reservé le droit de la poursuivre; la raison est, que l'acquereur ne peut préjudicier aux droits acquis à son vendeur par la saisie qu'il a faite pour droits qui luy sont dûs; quand il s'est reservé le droit de la poursuivre; c'est une clause du contrat qui doit avoir son effet; tant contre le vassal saisi, qu'à l'égard du Seigneur acquereur; sans cette reserve la saisie dureroit toûjours tant que le vassal n'auroit point été investi par le nouveau Seigneur, mais l'investiture la feroit cesser, & l'ancien Seigneur n'auroit qu'une simple action pour avoir le payement des droits qui luy seroient dûs.

Au cas de la reserve, la saisie faite par le nouveau Seigneur, faute d'homme, droits & devoirs non faits & non payez, n'empêcheroit pas l'effet de celle de l'ancien; mais elle subsisteroit aprés que les droits auroient été payez à l'ancien; parce qu'étant valablement faite, le vassal n'en peut avoir main-levée, qu'en satisfaisant aux causes d'icelle.

31. Du Moulin. *Qui doit porter les frais de la saisie féodale.*

Du Moulin, §. 54. nombre 8. décide ainsi cette question, *Sumptus legitimos & necessarios prehensionis fert vassallus in casibus, in quibus Dominus fructus suos non facit; secùs si fructus suos faciat: nisi patronus nondum fructus sufficientes perceperit.*

Cette décision me paroît juste; au premier cas il n'y a pas de difficulté, vû que la negligence du vassal a donné lieu à la saisie, dont par conséquent il doit porter les frais.

Cette raison semble aussi obliger le vassal à les payer dans l'autre cas; c'est-à-dire, lorsque le Seigneur fait les fruits siens; mais comme la saisie se fait par le Seigneur pour entrer en possession du Fief, & en joüir tant qu'elle dure, & par conséquent pour son utilité, les frais d'icelle se doivent prendre sur les fruits perçus, au cas qu'ils soient suffisans; cependant à la rigueur le vassal les doit.

Mais le vassal n'est tenu des frais que quand la saisie est bonne & valable; que si elle est faite sans cause legitime, le Seigneur est condamné aux dommages & interêts; mais si elle est nulle pour avoir été faite avant le temps, ou par défaut de formalitez, il n'y est pas condamné, selon Maître Auzanet sur cet article. Auzan.

A LA CHARGE D'EN USER COMME UN BON PERE DE FAMILLE.

GLOSE CINQUIE'ME SUR L'ARTICLE I.

SOMMAIRE.

1. *Comment se doit comporter le Seigneur pendant sa saisie.*
2. *Il doit joüir comme l'usufruitier.*
3. *Ne peut changer la face du fonds, &c.*
4. *De quelle faute est garand le Seigneur pendant l'exploitation du Fief saisi.*
5. *De quelles reparations il est tenu.*
6. *Difference entre le Seigneur joüissant pendant sa saisie & l'usufruitier.*
7. *Comment le vassal en doit user, poursuivant son Seigneur pour dommages & interests.*

1. CES mots, *à la charge*, &c. ont été ajoûtez à l'article 1. de l'ancienne Coûtume, pour faire connoître au Seigneur de quelle maniere il se doit comporter pendant qu'il tient saisi le Fief de son vassal, & qu'encore que par cette saisie il semble rentrer dans l'héritage qu'il avoit autrefois démembré de son Fief, & qu'il en soit réputé le maistre, néanmoins il n'en a pas la propriété, il n'en a que la joüissance, & une joüissance qui n'est que momentanée, & qui ne durera qu'autant qu'il plaira au propriétaire du Fief saisi.

Comme la raison & l'équité veulent, que l'usufruitier joüisse des biens dont il a l'usufruit pendant sa joüissance, sans en deteriorer la substance & la propriété, & qu'il en use en bon pere de famille, c'est-à-dire, de la maniere qu'un pere de famille qui prendroit soin d'augmenter son patrimoine, en useroit, afin que le propriétaire reprenne la joüissance de ses biens, l'usufruit étant fini, telle qu'elle étoit au temps de la constitution d'iceluy, comme il est ordonné par une infinité de Loix, *l. 13. princ. & l. 65. ff. de usufr. & quemadm. quis utat. fru. & l. 1. ff. de usufr. quemad. caveat. §. sed si gregis. Institut. de rer. divis.* aussi nôtre Coûtume a voulu prescrire expressément le devoir du Seigneur dominant pendant sa saisie, non pas que ce ne fut l'usage avant la réformation de la Coûtume; mais elle a voulu en faire une Loy.

Du Moulin. Du Moulin sur l'article 1. *Glos. 7. num. 1.* dit, *non intelligitur quòd patronus possit demoliri in re beneficiaria, aut malè versari, quia impiè & prædonis non patroni more ageret, & ad interesse teneretur. Sed intelligitur quòd potest non abuti, sed uti, sicut Dominus re suâ, & exequi omnia jura feudalia, ad sui solius utilitatem.*

Glos. 8. num. 25. il dit, *non debet abuti, sed secundum modum regionis & boni patrisfamilias, undè cædendo sylvam caduam non potest cædere vel vendere arbores quæ secundum numerum vel distantiam solent reservari, Galli vocant* les balliveaux, *sic nec terram cultam immutare aut deteriorare, nec columbarium evacuare; nec piscando stagnum penitus exhaurire, non relinquendo solita relinqui vel apponi, sed terram modo consueto reficere, & seminarios istos relinquere, ut etiam in Consuetudine Cenomanensi §. 131. & in summa, sicut usufructuario uti & frui liceret; & ut bonus paterfamilias, ut expressè volunt Consuetudo Pictonum antiqua §. 100. Cenomanensis 117. Andegavensis §. 104. Et idem de cæteris, etiam si non exprimatur, intelligendum.*

Charondas. Charondas sur cet article *in fine* dit, que ces termes ajoûtez y étoient assez sous-entendus, parce que le Seigneur, qui ne se peut par telle main-mise attribuer la perpetuelle possession du Fief & en priver son vassal, doit si bien s'y gouverner comme s'il n'en joüissoit que par usufruit; de sorte qu'il ne prend que les fruits qui sont en maturité, qu'il ne peut prendre à son profit que les bois taillis & saussayes qui sont en coupe pendant la saisie, lesquels il a fait couper, & le poisson des étangs qui étoient en saison de pêche, dont il a fait lever la bonde, ainsi qu'il a été dit cy-dessus; autrement il seroit obligé aux dommages & interêts envers le vassal.

Il ne peut pas aussi faire abbattre les bois de haute-futaye, parce qu'ils ne sont pas *in fructu*, ainsi qu'il sera dit cy-aprés sur l'art. 48.

C'est une Jurisprudence fondée sur l'ancien droit des Fiefs, *cap. ult de prohibita feud. alienat. per Lothar.* au titre *de feud. nihil dolosè admittere debet patronus in clientem, vel rem clientelariam.*

Ainsi le Seigneur joüissant du Fief de son vassal pendant la saisie féodale, convient en ce point avec l'usufruitier, qu'il doit se comporter comme un bon pere de famille, duquel il est différent en beaucoup d'autres choses, & notamment en ce qu'il n'est point tenu de bailler caution, à quoy l'usufruitier est obligé, *l. 1. §. cavere & passim. ff. usufr. quemadm. cav.* 2.

Il ne peut changer la face du fond ny détruire les édifices, dit Maître Du Plessis, ny abbatre les bois de haute-futaye, selon l'article 74. de la Coûtume d'Orleans, ny arbres fruitiers ny autres arbres ou plantes servans de clôtures, comme des hayes vives, ou de décoration, comme des ormes, ou des fleurs exquises; & s'il le fait, il est tenu des dommages & interêts. 3. Du Pless.

Il ne peut aussi hâter une recolte & faire cüeillir les fruits avant leur maturité; & s'il le fait, & que le temps de cette recolte échée depuis la main-mise, il sera obligé à restitution & aux dommages & interêts.

Il s'ensuit de cet article, que le Seigneur pendant la saisie est obligé de veiller à la conservation des droits du Fief, & d'entretenir les bâtimens de menuës réparations, ainsi que l'usufruitier & la doüairiere, suivant l'art. 262. *infra.* & la Loy 7. *C. de usufr.* de façonner les vignes & de cultiver les terres dans la saison, & les jardins & plans d'arbres, *l. si cujus.* 13. *§. 2. ff. eod. tit. l. ei qui* 54. *§. ult. ff. de petit. hered.*

Il faut aussi conclure, que le Seigneur en pêchant les étangs y doit laisser la novation & l'allevin pour les peupler, & en cas qu'il ne s'y en trouvât pas assez, il seroit obligé d'en acheter, sauf à répeter le prix de l'achat, si le vassal obtenoit main-levée avant l'autre pêche; qu'il doit aussi laisser un nombre suffisant de pigeons dans le colombier, & laisser la volée du mois de Mars, comme il s'observe ordinairement, pour renouveller & entretenir les colombiers; *leg. deducta §. hereditatem. ff. ad SC. Trebellian. l. l.* 62. *l.* 68. *& l. seq. ff. de usufr.* car c'est ainsi qu'un bon pere de famille a coûtume d'en user.

4. Mais on demande de quelle faute le Seigneur est responsable envers son vassal pour les dommages qui seront causez par luy pendant la main-mise?

Du Moulin. Maître Charles du Moulin sur cet article *Glos.* 8. *num.* 65. dit, qu'il ne peut être poursuivy que pour sa lourde faute, *quia patronus suum negotium gessisse intelligitur, l. prætor ait §. est præterea, & §. in eum quoque ff. de reb. autorit. judic. possid.*

Il semble contre l'opinion de cet Auteur, qu'il doive être tenu de sa faute legere, parce qu'il se doit comporter comme un bon pere de famille, c'est-à-dire en homme exact & diligent à conserver son bien: Or la faute legere est opposée à la diligence exacte, *levis culpa committi dicitur, cùm quis non est providus in eo vitando, quod bonus paterfamilias cavere potuisset, nec diligens est ad modum, quem homines frugi adhibent in rebus curandis, l. si putator* 31. *ff. ad leg. Aquil. l. quod sæpè §. si res vendita ff. de contrah. empt.*

Toutefois il y a lieu de suivre l'opinion de du Moulin, dautant que ces termes, *à la charge d'en user comme un bon pere de famille*, ne s'entendent principalement que eu égard à la perception des fruits, comme il paroît par les termes précedens, qui portent que le Seigneur fait les fruits siens du Fief saisi pendant la saisie; mais il ne les doit prendre & percevoir que comme un bon pere de famille, & ne doit faire aucune chose que ce qu'il feroit dans ses propres biens.

D'où il faut conclure, que le Seigneur pendant sa saisie n'est pas tenu d'avertir son vassal des grosses réparations qui sont à faire, en quoy il est different de l'usufruitier, lequel en seroit tenu, suivant la Loy *si usufructus legatus §. deniqne ff. de usufr.* Et puisque le Seigneur pendant sa saisie n'est tenu que des menuës réparations, il s'ensuit que si faute d'avoir fait les grosses réparations une perte considerable étoit arrivée à la maison du Fief, ou autre chose en dépendant, il n'en seroit pas responsable. 5.

C'est l'avis de du Moulin sur cet article *Glos.* 8. *num.* 68. Du Moulin.

Guerin remarque cette difference entre l'usufruitier & le Seigneur joüissant en vertu de sa saisie, que l'usufruitier est tenu des dommages & interêts envers le propriétaire *nisi denuntiet, l. fidejussor. ff. mand.* parce qu'il est *tanquam ejus procurator, l.* 1. *in fine ff. de oper. nov. nunciat.* & qu'il est tenu d'avoir toute la diligence & tout le soin qui se peut demander pour la conservation de la proprieté, étant tenu de la rendre en bon état au temps de la restitution, *l.* 1. *in fine ff. usufr. quemadmod. cav.* mais qu'au contraire le Seigneur n'y est pas obligé, parce que *jure suo non vassalli utitur manente prehensione, & sibi vassallus imputet, si rem suam neglexerit, quæ ejus periculo pereat, l. pignus C. de pigner. actio.* Et ce sentiment est juste. Guerin. 6.

Le vassal poursuivant son Seigneur pour ses dommages & interêts, pour malversation dans le Fief de son vassal pendant la saisie, ne peut se servir d'une action infamante, comme de vol; suivant le sentiment de du Moulin §. 1. *Glos.* 8. *num.* 28. & 29. 7.

La raison est, que le respect & la soumission à laquelle le vassal est obligé en cette qualité, ne donne pas ouverture aux actions infamantes, *temperamentum quoddam actioni quærendum est, quando agitur adversus eos quibus exhibenda est reverentia*, ainsi on ne pouvoit se servir de l'action du tuteur suspect contre un patron qu'avec quelque temperamment; *quid si patronus? dit* l'Empereur *§.* 2. *Institut. de suspect. tutor. adhuc idem erit dicendum; dummodo meminerimus famæ patroni parcendum esse; licet ut suspectus remotus fuerit; & l.* 1. *§. ff. eod. tit.*

OBSERVATIONS DE MONSIEUR***.

Sur l'Article I.

SOMMAIRE.

1. *De quelle maniere il faudroit rediger cet article.*
2. *A quoy est tenu le Seigneur du Fief mouvant.*
3. *Combien il y a de sortes de saisies féodales, & quand est-ce qu'elles emportent la perte des fruits.*
4. *Ce qu'on entend par ces mots*, devoirs non faits.
5. *Si la saisie féodale se fait sans commission sans commandemens préalables.*
6. *Au nom & à la requeste de qui se peut faire la saisie féodale.*
7. *Si le Seigneur peut ceder à quelqu'un le droit de saisir féodalement.*
8. *Si la saisie féodale est préferée à toute autre saisie.*
9. *Aprés quel temps se peut faire la saisie féodale.*
10. *Si le Sergent doit dans les saisies féodales se faire assister de deux témoins.*
11. *Si en toutes mutations, soit de la part du Seigneur, soit de la part du vassal, est dûe foy & hommage.*
12. *Droits qui sont dûs dans les mutations qui arrivent de la part du vassal.*

13. *L'usage établit les droits des Fiefs.*
14. *Quels droits sont dûs pour les Fiefs situez en la Coûtume du Vexin.*
15. Quid, *De quelques terres situées proche Meaux.*
16. *Cas esquels, contre la regle generale, l'acquereur ou nouveau possesseur d'un Fief n'est pas tenu de faire en personne la foy & hommage dans les quarante jours.*
17. *S'il est dû quelque chose par une femme qui accepte la communauté, & à qui il advient par le partage la totalité d'un Fief qui faisoit partie des biens de ladite communauté.*
18. *Si le Seigneur qui a saisi féodalement, en faisant les fruits siens, doit avoir la nomination aux Offices & Benefices qui dépendent de la terre saisie féodalement.*
19. *Si les Curateurs aux biens vacans ou abandonnez ont ce droit.*
20. Quid, *du Commißaire qui est préposé aux biens saisis.*

Il faudroit rediger cet article en la maniere qui suit:

1. *LE Seigneur féodal faute d'homme, droits & devoirs non faits & non payez peut saisir féodalement à sa requête, sans commission du Juge ni commandement précedent, & mettre en sa main le Fief mouvant de luy & iceluy Fief exploiter en pure perte, & faire les fruits siens sans établir de Commissaires pendant la main-mise, à charge d'en user par luy comme un bon pere de famille, & doit la foy être faite dans les 40. jours.*

2. Il faut considerer deux choses principales dans les Fiefs, les devoirs du vassal, & les droits du Seigneur dominant. Mais comme il y a une relation naturelle entre l'un & l'autre, quoique la Coûtume n'ait pas exprimé par des articles précis les devoirs du vassal, elle les a dit suffisamment en expliquant les droits du Seigneur du Fief dominant sur le Fief servant; de sorte que, quand la Coûtume exprime que le Seigneur féodal peut saisir le Fief, *faute d'homme, droits, & devoirs*, elle dit necessairement que le Seigneur du Fief mouvant doit faire la foy & hommage, payer les droits & faire tous les autres devoirs d'un vassal.

3. Il y a deux sortes de saisies féodales, les unes emportent la perte des fruits, les autres ne l'emportent pas.

Quand la saisie est faite faute de foy & hommage, elle cause la perte des fruits, & en ce cas jusqu'à ce que la foy soit faite & les droits payez, les fruits appartiennent au Seigneur.

Il n'en est pas de même lorsque le vassal a commencé, & a été reçû à faire la foy & hommage & des offres suffisans de payer les droits; car pour lors il s'est mis a son devoir, & ne s'agissant plus que d'un interêt pecuniaire la saisie se peut faire, mais elle n'emporte pas la perte des fruits; il n'y a que quand le défaut de foy & hommage est la cause premiere de la saisie.

4. Pour les mots de *devoirs non faits* dont la Coûtume se sert, quoique des gens habiles les retranchent comme ne signifians rien, je les croy synonimes avec les mots, *faute d'homme*, c'est-à-dire, que l'on procede par saisie féodale faute d'homme qui ait fait ses devoirs, en rendant la foy & hommage, ainsi ne nuisans à rien je ne les ôterois pas de l'article.

5. Nous avons ajoûté à l'article que le Seigneur peut faute d'homme saisir féodalement *sans commission, sans commandement précedent sans établir de Commissaire*, & c'est la difference qu'il y a entre les saisies ordinaires & les saisies féodales.

Dans les saisies ordinaires le créancier doit contumacer le debiteur, mais dans les saisies féodales le Seigneur n'a pour titre exécutoire que l'article de la Coûtume qui sert de commandement au vassal, & qui l'advertit au lieu de commandement qui précederoit la saisie, & le Commissaire établi seroit fort inutil, puisque le Seigneur fait les fruits siens, dont par conséquent il n'a aucun compte à rendre. Il n'en est pas de même lorsque la saisie se fait faute de payer les droits, & de donner aveu; car il faut établir en ce cas un Commissaire & rendre un compte.

Autrefois, l'on avoit formé de grandes difficultez s'il falloit une commission du Juge, s'il en faloit une particuliere, ou si une generale suffisoit. Il y a encore même des Praticiens qui le conseillent pour plus grande sûreté: mais dans la vérité elle est inutile.

6. Nous avons mis qu'il faloit que la saisie fut faite à la requête du Seigneur, pour montrer qu'elle ne devoit point se faire à la requête du Procureur du Seigneur ou Fiscal, parce qu'il faut toûjours faire grande difference entre Fief & la Justice, le Procureur Fiscal n'est fait que pour la Justice, & pour demander & requerir devant le Juge du Seigneur ce qui convient, soit pour l'interêt public, soit pour l'interêt particulier du Seigneur pour raison des droits de la Seigneurie; ou dans les causes où son ministere est necessaire. Mais la Coûtume donnant la main-mise au Seigneur, cela ne se traite point par le ministere du Juge, il n'est pas necessaire qu'il y ait une commission, & il suffit que par le ministere d'un Sergent, le Seigneur exerce son droit à sa requête seulement, & non à la requête du Procureur Fiscal.

7. Ce droit de saisie est tellement inherant au Seigneur du Fief dominant, qu'il ne le peut point ceder, il peut bien aprés que la saisie a été faite, transporter ses droits utils qui luy sont dûs, même vendre les fruits saisis. Mais si la saisie féodale avoit été faite à la requête d'un homme ayant droit par transport du Seigneur ou du Procureur Fiscal, elle seroit nulle, parce que les droits des Fiefs affectent les Fiefs servans & dominans, de telle maniere qu'il n'y a que les possesseurs d'iceux qui puissent avoir ces droits, comme il faut que les Seigneurs des Fiefs mouvans de leur part fassent aussi les devoirs en personne.

8. Cela est si vray, que la saisie féodale même qui en derive est préférable à toutes les saisies, à toutes dettes quelque privilege qu'il puisse y avoir qui y soit attaché, aussi-bien que lorsque le Fief est confisqué par félonie, parce que ces devoirs & droits sont proprement des conditions inherentes établies avec la constitution du Fief, avec lesquelles il passe en étant toûjours chargé en quelque main qu'il se trouve.

Nous avons ajoûté que la foy doit être faite dans les quarante jours, parce qu'il y avoit autrefois bien de la difficulté de sçavoir s'il en étoit de même en matiere de vente, comme en cas de succession ouverte.

9. L'opinion de Maître Charles du Moulin se trouvant contraire à ce que nous avons mis dans cet article, cela faisoit que bien des gens tres-éclairez, nonobstant qu'en tous les autres cas, la Coûtume donne quarante jours, prétendoient que ce temps de quarante jours n'étoit pas accordé dans le cas de la vente.

Néanmoins l'usage & le bon sens voulans qu'un acquereur ait un temps légitime pour se mettre dans son devoir, nous avons cru qu'on ne pouvoit pas mieux faire que de donner le même délay en cas de vente, que celuy que la Coûtume a donné aux héritiers aprés la succession ouverte.

10. Pour la formalité de l'exploit de la saisie féodale, il est de l'usage que nonobstant le contrôle des Exploits, le Sergent se fasse assister de deux témoins qui sçachent signer, de même que dans les saisies réelles & les demandes en retrait lignager, autrement il y auroit nullité.

11. Il faut donc établir pour une régle généralle dans nôtre Coûtume, qu'à chaque mutation soit de Seigneur soit de vassal, la foy & hommage est dûë au Seigneur, avec cette différence néanmoins; que lorsque le Seigneur change il doit faire des diligences pour avertir ses vassaux de luy rendre la foy, & qu'en ce cas il n'est point dû de droits par le vassal, lequel n'est pas aussi obligé de donner un nouvel aveu & denombrement, pourvû qu'il ait payé les droits, & donné l'aveu au Seigneur qui étoit avant la mutation.

12. Mais quand il y a mutation de la part du vassal, le nouveau vassal doit la foy dans les quarante jours pour quelque cause, & à quelque titre que la mutation se fasse; & outre cela differens droits suivant les différentes manieres d'acquerir.

En succession directe il n'est dû aucuns droits, non plus qu'en cas de partage de biens de la Communauté entre la mere & les enfans, ny par la femme quand elle partage la Communauté avec les héritiers de son défunt mary, lorsqu'il n'y a point d'enfans issus du mariage.

En cas de vente l'acquereur doit les droits du quint du prix de la vente, ce qui a lieu quand un Fief *datur in solidum* à un créancier.

Et pour tout autre titre de posseder, l'acquereur doit une année du revenu pour le droit de relief, excepté en délaissement d'héritage par bail à rente, pourquoy il n'est rien dû, n'y ayant pas proprement mutation, pour que les rentes tiennent nature d'héritage.

13. L'usage est le seul titre qui établit les droits des Fiefs.

14. Pour les Fiefs situez en la Coûtume du Vexin, il n'est jamais dû le quint du prix, mais il est toûjours dû droit de relief en quelque mutation que ce soit, même de pere à fils.

15. Il y a d'autres terres & Fiefs situez proche Meaux, où il est dû quint & requint, mais comme ces Fiefs sont contestez par le Bailly & Juges de Meaux, n'étant pas décidé dans laquelle des deux Coûtumes ils sont, cela fait de grands procés lors des partages, ou quand il se fait des ventes, & je suis persuadé qu'il seroit fort à propos de terminer ces contestations de maniere ou d'autre.

16. Contre la régle générale que l'acquereur ou nouveau possesseur d'un Fief doit faire la foy dans les quarante jours, & qu'il l'a doit faire en personne, il y a six exceptions.

I. Lorsque le vassal denie le Seigneur & soûtient qu'il ne luy doit point la foy, & qu'il ne releve pas de luy. Pendant le Procés le vassal joüit, mais s'il succombe, son Fief tombe en commise, c'est-à-dire, qu'il le perd avec les fruits depuis la saisie féodale, ce qui prouve clairement que toutes Terres sont allodiales, & que le Seigneur doit justifier la féodalité.

II. Lorsque deux Seigneurs contestent ensemble, & prétendent que le Fief mouvant releve d'eux, comme le vassal ne doit point prendre de party entre les deux Seigneurs, pendant le litige, il ne doit point faire hommage ny la foy, mais elle se reçoit par main Souveraine.

III. Lorsque les vassaux n'ont pas encore atteint l'âge prescrit pour faire la foy, qui est de vingt ans pour les mâles, & de quinze ans pour les filles, le Seigneur ne peut pas les y contraindre, & est obligé de donner souffrance.

IV. Lorsque l'acquereur a un légitime empêchement, & que par une Procuration speciale il l'expose à son Seigneur; en ce cas le Seigneur est obligé, ou de recevoir la foy par Procuration, ou de donner souffrance.

V. Lorsque le Fief servant est saisi réellement, le Commissaire est reçû à la foy.

Mais il faut remarquer qu'en ces cinq cas le vassal n'est pas dispensé de faire foy & hommage, laquelle n'est proprement que suspenduë où differée jusqu'à ce que les procés soient finis ou que les causes légitimes ayent cessé, & que le vassal soit en état de la faire.

17. Il y a un sixiéme cas, dans lequel la foy n'est pas seulement suspenduë, mais le nouveau possesseur n'est tenu de faire la foy; c'est lorsqu'une femme accepte la communauté, quand dans le partage d'icelle il luy advient une Terre, quoiqu'elle n'en ait que la moitiée de son chef à cause de la communauté, néanmoins la totalité luy advenant par le partage, elle ne doit ny foy ny droits, non plus que le mary, lorsque les héritiers de la femme renoncent à la communauté, & que par cette renonciation la moitiée de la femme luy accroît, parce que c'est plûtôt *jure non decrescendi* qu'ils en deviennent les propriétaires, que *jure accrescendi*: il en est de même quand par le partage avec les héritiers de la femme, le mary est propriétaire de la totalité du Fief acquis pendant la communauté.

18. On demande si le Seigneur qui a saisi féodalement en faisant les fruits siens, doit avoir la nomination aux Offices & non aux Benefices qui dépendent de la Terre saisie féodalement.

Il faut distinguer, lorsqu'il y a une saisie faite faute d'homme, droits & devoirs non faits & non payez, le Seigneur devient le maître, en telle sorte qu'il peut pourvoir aux offices & benefices; à la charge néanmoins qu'il ne pourra point pourvoir à titre onereux, ny pour récompense de service, parce qu'il en doit user comme un bon pere de famille.

Mais lorsque le Seigneur a été prévenu par le vassal en luy faisant la foy & offre de droits, il ne peut prétendre que le payement du quint, ou un droit de relief, & alors il ne dispose point des offices ny des benefices.

19. Cette différence peut servir de Loy à l'égard des curateurs des insensez, & aux biens & successions abandonnées, lesquels ont constamment droit de nommer aux benefices & de pourvoir aux offices vacans, lorsque la saisie féodale est faite faute d'homme, droits & devoirs; mais lorsqu'elle est faite faute de payer les droits, les Seigneurs ne nomment point aux offices.

20. Et c'est une différence qu'il faut mettre entre le curateur & le Commissaire, que le Commissaire n'a jamais droit de disposer des offices ny des benefices. La partie saisie quoique dépossedée par un bail judiciaire se conservant toûjours la propriété jusqu'à l'adjudication, & par conséquent le droit de nommer aux offices & benefices, comme celuy de faire luy-même la foy & hommage, laquelle est valable sans payer le droit, lorsqu'il y a saisie réelle.

CONFERENCE SUR L'ARTICLE I.

LA plus grande partie des Coûtumes ont une disposition semblable à celle de Paris, contenuë en cet article, & celles qui n'en parlent point l'observent; c'est pourquoy du Moulin en sa Note sur le même article dit, qu'il est gardé presque par tout où l'usage des Fiefs est reçû.

Celles qui suivent ont une disposition expresse semblable audit article, sçavoir,

Amiens, art. 1. *Anjou*, art. 103. 104. 105. & 436.

Artois, tit. 1. art. 20. *Auxerre*, art. 42.

Berry, tit. 5. art. 7. 25. 42. 43. *Blois*, art. 38. 39. 76. & 78. *Boulenois*, tit. 12. art. 54. *Bourbonnois*, art. 368. 372. *Bourgogne Comté*, art. 1. *Bourgogne Duché*, chap. 3. art. 1. *Bretagne*, tit. 17. art. 336.

Calais, tit. 2. art. 11. *Châlons*, art. 210. *Chartres*, art. 29. 31. & 32. *Châteauneuf en Thimerais*, art. 30. 32. & 33. *Chaumont*, art. 15. 18. & 21. *Chauny*, tit. 17. art. 91.

Dourdans, art. 1. *Dreux*, art. 21. 22. & 23.

Estampes, art. 1. chap. 1.

Laon, art. 1. 182. 195. *Lodunois*, chap. 1. art. 18. & chap. 11. art. 1.

Le Maine, art. 116. 117. *La March*, chap. 18. art. 183. *Meaux*, art. 124. *Melun*, art. 77. *Montargis*, chap. 1. art. 8. 19. 20. 21. 69. 73. 92. 93. *Montfort*, art. 1. 8. 61.

Nivernois, chap. 4. art. 7. *Normandie*, chap. 9. art. 109.

Orleans, art. 43.

Peronne, art. 21. 23. & 25. *Grand-Perche*, art. 32. 7. *Poitou*, art. 91. 118. 120.

Rheims, art. 99. 103. *Ribemont*, art. 16. *La Rochelle*, chap. 4. art. 5. 7.

Saint Pol, chap. 4. art. 8. *Saint Quentin*, art. 61. *Senlis*, art. 159. 248. *Sens*, art. 179.

Tours, art. 21. 22. 109.

Valois, art. 34. 40. *Vitry*, art. 41.

Xaintonge, art. 19. 23. 336.

PAR FAUTE D'HOMME.

La Coûtume de Bourgogne, chap. 3. art. 3. dit, *que pour ce défaut ne peut prétendre droit de commise.*

De même, *Sens*, art. 183. & *Nivernois*, chap. 4. art. 10.

COUTUMES CONTRAIRES.

Bar. art. 1. dit, *La Coûtume est telle que tous les Fiefs tenus du Duc de Bar, en son Bailliage dudit Bar, sont Fiefs de danger, rendables à luy à grande & petite force, sur peine de commise; & se gouvernent & reglent selon les Loix & Coûtumes Imperiales, és cas où il n'y en a Coûtumes particulieres contraires audit Bailliage.*

Chaumont, art. 56. *Au Bailliage de Chaumont n'y a aucun Fief de danger, sinon en la Prevôté de Vaucouleurs, où il y a Fiefs de danger, qui sont de telle nature, que le vassal ne se peut ou doit mettre ausdits Fiefs, sans avoir fait les foy & hommage au Seigneur, dont lesdits Fiefs sont tenus & mouvans,* &c. *Et si ledit vassal se mettoit en possession de son Fief de danger, autrement que dessus est dit, il commet son Fief; si tant n'étoit qu'il luy fût échu ou avenu de pere ou de mere; auquel cas ledit vassal se peut mettre dedans ledit Fief sans licence de son Seigneur, & faire les fruits siens jusqu'à ce qu'iceluy Seigneur ait empêché iceluy Fief par faute de foy & hommage non faits.*

Voyez la Note de Maître Charles du Moulin sur ce titre *suprà*, n. 39.

Bourgogne Duché, chap. 3. art. 8. dit, *En aliénation & transport de chose féodale, commise n'a point de lieu, si l'acheteur ou celuy qui a acquis ladite chose féodale, n'en prend la possession réelle sans consentement du Seigneur dudit Fief.*

De même, Bourgogne Comté, art. 6. 7. 8. & 16. l'article 7. contient une exception remarquable: *En choses féodales & mouvans de Fief, les heritiers,* ab intestat, *peuvent succeder comme en autres choses, & prendre la possession desdites choses féodales sans consentement des Seigneurs du Fief, & sans danger de commise, excepté les Religieux.* [a]

Maître Charles du Moulin en sa Note, dit,

[a] *Qui quia incapaces Feudorum, non gaudent hac immunitate, de qua in hoc §. Scio tamen quòd quidam etiam ex ordine togato Sequanorum dicunt quòd Monachi hic excipiuntur, ut possint exercere jus commissi indistinctè etiam in cives munificos, à quibus opulentas has fundationes acceperunt, & ideò legunt* excepté des Religieux, *ut vidi in quodam solemni transsumpto. Sed hoc est durum & iniquum & etiam contra C. Ex parte. Ext. de censib. Ideò puto retinendam communem literam & intelligendam, ut dixi.* C. M.

Anjou, art. 100. dit, *l'un des coheritiers peut couvrir le Fief, faire offres d'hommage, & empêcher la prise par défaut d'homme.*

PEUT METTRE EN SA MAIN.

Quoique la plus grande partie ne requiérent point expressément de Commission pour exercer valablement la saisie féodale, néanmoins elle est requise, ainsi qu'il a été dit cy-dessus.

Il y a quelques Coûtumes qui la requiérent en termes exprés, comme celles qui suivent.

Blois, art. 38. & 76. *requiert Commission du Juge du Seigneur s'il a Justice, sinon par son superieur ayant Justice.* [b] Du Moulin en sa Note sur cet article, dit.

[b] *Itaque defectu Commissionis non lucrabitur fructus, sed non debet sumptus, vel damna, vel interesse, si ex justa causa manum minus solemniter injecit.* C. M.

La Coûtume de Tours, art. 19. porte, *que le Seigneur ne peut saisir par Commission generale,* [c] *& ne peuvent lesdites saisies être faites sans declarer particulierement les causes d'icelle.* [d]

[c] *C'est icy une erreur provenant de cupiditez d'augmenter les Greffes, comme j'ay prouvé sur la Coûtume de Paris, §. 51. 52. num. 109. & autres suivans.* C. M.

[d] *Il suffit que cela soit declaré dans l'Exploit.*

Quelques Coûtumes permettent au Seigneur de saisir par son Sergent.

Telles sont la Coûtume de Laon, qui porte en l'article 182. *par son Sergent, appellez deux hommes de Fief, ou gens de Justice.*

De Châlons, article 188. *par son Sergent assisté de témoins, & en cas d'opposition la connoissance doit aller pardevant le Juge, auquel elle appartient.*

De Nivernois, chap. 4. art. 9. *la saisie de la chose féodale se peut faire par le Sergent du Seigneur du Fief, posé que ce soit en Justice d'autruy. Et doit ledit Sergent demander assistance au Seigneur Justicier du lieu où il fait sadite saisie.*

EN PURE PERTE.

La Coûtume de Montargis, au chapitre premier article 69. contient une disposition generale pour toutes les Coûtumes, touchant les fruits du Fief saisi, en ces termes, *sans qu'ils viennent en déduc-*

tion des droits à luy dûs par le vassal.

Idem, Orleans, art. 69. qui ajoûte, *en payant au préalable par le Seigneur féodal les labourages, semences, cultures & autres loyaux cousts & mises raisonnables.*

ET FAIRE LES FRUITS SIENS.

Anjou, article 103. porte, *peut lever le revenu & accroist du bétail, nourri du domaine & métairie tenuë de luy à Fief & hommage pour la portion du vassal sujet, & Seigneur utile dudit lieu, avec tous autres profits, revenus & avantures de Fief, qui écherront en la chose tenuë de luy, & appliquer à son profit.* Cet article est general.

Nivernois, chapitre 4. article 8. dit, *peut faire lever lesdits fruits par Commissaire à ce député, ou les laisser lever à son vassal, qui est tenu de rendre compte, quand il luy sera enjoint.*

Celle de Tours, article 22. dit, *qu'il est au choix du Seigneur de les lever ou faire lever en sa main ou par Commissaire commis par sa Justice, & étant de sa Justice*, &c. *Vide suprà.*

L'article 57. de la Coûtume de Nivernois, au même titre, contient une disposition, qui semble devoir être observée en toute autre Coûtume qui n'en parle point.

Voicy les termes : *Le Seigneur exploite les fruits de son Fief, tels qu'ils appartenoient à son vassal, en l'état qu'il les trouve à l'instant de la saisie & notification d'icelle ; sinon que le vassal eût prévenu ou commencé, comme en terre de blayer, en pré de faucher, en vigne de vendanger, en étang de lever la bonde, en bois d'y mettre les porcs : & de même en tous fruits apparens étant par terre : pourvû que ladite prévention ne soit frauduleuse, ni anticipée avant le temps de maturité raisonnable. Et quant aux redevances, si le terme est écheu avant les saisies & notifications susdites, les fruits appartiennent au vassal*, & è contrà, *s'ils échéent après.*

L'article suivant porte, *Au regard des collations & présentations de Benefices, quints deniers, lods, ventes, tiers deniers, remuëmens, & autres droits qui communément ne peuvent si-tôt venir à la connoissance du Seigneur, ils appartiendront au vassal, à sçavoir, collations, présentations, & semblables droits, si la vacation échet. Et lesdits quints deniers, &c. & semblables droits, si le contrat est passé & arrêté ; le tout avant lesdites saisie & notification. Et si lesdites vacations échéent, & contrats sont passez après lesdites saisie & notification dudit Fief, ils appartiennent au Seigneur.*

La Coûtume de Melun, article 80. dit, *Le Seigneur faisant les fruits siens du Fief saisi, reçoit tous droits & profits échûs pendant la main-mise, leve tous les fruits meurs, & en saison coupe les bois taillis, & pêche les étangs en temps convenable, & en tout joüit pleinement dudit Fief*, &c.

PENDANT LA MAIN-MISE.

La saisie féodale dure nonobstant opposition ou appellation.

Blois, article 39. dit, *Et s'il y a opposition* [c] *ladite main de Justice tiendra jusqu'à ce que par Justice en soit ordonné, ou que l'opposant présente garant qui prenne la cause, & prétende l'heritage saisi être tenu de luy, à l'un desdits droits.*

c *Idem dico*, si appellation, *quamvis vulgò contrarium putant, & male, quia ista manûs injectio non est actus jurisdictionalis, sed domanialis, & commissio Judicis de se non est necessaria, sed ut de scripto & testato constet, ut dixi in Consuetudine Paris. §. 1. glos. 4.* C. M.

Le Seigneur ne fait les fruits siens, que ceux qu'il a perçus avant que le vassal ait satisfait aux causes de la saisie, suivant la Coûtume d'Orleans en l'article 69. Et bien que le Fief soit ouvert, & que le Seigneur de Fief le puisse exploiter, néanmoins avant les fruits cüeillis & abbatus, le vassal peut purger sa demeure, & être reçu à faire ses offres & devoirs. Et deslors que les offres & devoirs sont dûëment faits, le Seigneur ne peut plus abbatre, ni acquerir les fruits qui ne sont cüeillis, ni abbatus, & sera seulement le vassal tenu de payer les frais de la saisie.

FAIRE LES FRUITS SIENS.

La Coûtume de Tours, article 109. dit, *que si l'heritier du vassal ne fait la foy & hommage dans quarante jours, le Seigneur peut lever à son profit tous les fruits & revenus de la Terre* ; dans cet article il n'est point dit, *que le Seigneur doit saisir*, ce qui cause un doute : sçavoir, *si le Seigneur gagneroit les fruits sans saisir.*

Maître Charles du Moulin en sa Note sur cet article, dit :

f *Sed utrùm* sans saisie précedente ; *vidi ante 20. annos quæstionem de facto in Auditorio Libellorum supplicum Palatii : Vassallus in istis propriis terminis negabat se debere fructus*, car il n'avoit point été saisi.

Dominus Joannes Prevost Præses dicti Auditorii me consuluit, & argumentabatur per hunc textum conformem veteri Consuetudini §. 1. hoc titulo, fructus deberi ex sola negligentia, de qua hic sans saisie actuelle.

Ego verò dicebam hoc iniquum & odiosum, & contra circumvicinas Consuetudines. Tandem ei persuasi per textum in §. 19. in veteri Consuetudine tit. 1. ubi fit mentio de prehensione actuali ex defectu hominis, antequam fiat mentio de commisso fructuum. Ille textus nunc apertiùs habetur sup. §. 21. 22. per quos hic §. debet modificari.

Plus dicebam, quòd etiam cessantibus dictis §. 5. hæc verba textûs, ledit Seigneur pourra lever à son profit, *sunt facultatis pœnalis ; & sic Dominus debet priùs declarare suam voluntatem super commisso fructuum, & illam significare, quæ significatio non trahitur retrò, quemadmodum in emphyteusi Dominus debet.* C. M.

A LA CHARGE D'EN USER, &c.

Cette disposition est generale, comme il a été dit cy-dessus, tant pour celles qui la contiennent, que pour celles qui n'en parlent point.

Châlons, article 210. dit, *doit joüir par raison & comme bon pere de famille, sans couper les arbres de haute-futaye, ni bois taillis, ni pescher les étangs, sinon à leur saison & temps convenable, doit repeupler les viviers, & s'y conduire sans rien gâter, ni endommager ledit vassal.*

De même, Chauny, article 101. Grand-Perche, article 37. Orleans, article 70. Laon, titre 16. article 211. Blois, article 78. Berry, article 48.

Melun, article 80. dit, *doit repeupler les étangs, & entretenir les bâtimens de menuës reparations necessaires, & se conduire par tout comme un bon pere de famille.*

Rheims, titre 3 article 103. 118. Laon, article 195.

Poitou, article 119. & Xaintonge, article 22. *ne couper gros bois, ne deserter les maisons, vignes, étangs, garennes, & autres choses, ains les doit tenir en état.*

Anjou, article 103. *sans couper les bois marmenteaux, n'arbres fruitiers, n'empirer la proprieté de la chose.*

Blois, article 78. ajoûte, *ne cüeillir les fruits, s'ils ne sont en maturité, comme bleds en la saison d'Aoust, & les vignes en la saison des vendanges.*

Montargis, article 73. *& au regard des maisons & édifices de Fief exploitez, le Seigneur sera tenu les entretenir l'année qu'il en joüira par exploit, ensemble les jardins, terres, prez & autres choses dont il joüira, & prendra le revenu sans rien deteriorer, mais user comme un bon pere de famille.*

Auteurs sur l'Article premier.

THeveneau, dans son Commentaire sur les Ordonnances, livre 2. titre 12.
Loysel, livre 4. titre 3. regle 24. 27. 28. 50. 51. & 52.
Bobé, sur l'article 124. de la Coûtume de Meaux.
Tourette, sur l'article 1. de la Coûtume de Montfort-là-maury.
Buridan, sur Reims, article 99. & 103.
Basnage, sur la Coûtume de Normandie, article 109.
De la Lande, sur la Coûtume d'Orleans, article 43.
Ma nouvelle Institution coûtumiere, livre 2. titre 3. *de la saisie féodale.*
Le Dictionnaire des Arrests, *verbo*, saisie féodale.
M. Du Plessis explique cet article dans son Traité des Fiefs, livre 5. chapitre 1. page 44. chapitre 3. page 46. & chapitre 4. section 1. page 47.

LE SEIGNEUR FEODAL.

Pontanus, sur la Coûtume de Blois, article 76. & 77.
Chopin, *de Domanio*, titre 19. nombre 3.
Baquet, *des Droits de Justice*, chapitre 12. nombre 14. & chapitre 14. nombre 2. 3. & 4.
Vigier, sur la Coûtume d'Angoumois, article 11.
Salligny, sur la Coûtume de Vitry, article 41.
Vrevin, sur la Coûtume de Chauny, article 92.
Bodreau, sur la Coûtume du Maine, article 116.
Le Let, sur la Coûtume de Poitou, article 32.
Buridan, sur Vermandois, article 182. & 195.
Basmaison, sur Auvergne, titre 22. *initio.*

PAR FAUTE D'HOMME, DROITS ET DEVOIRS.

Pontanus, sur la Coûtume de Blois, article 48. 49. 97. & 99.
Rat, sur la Coûtume de Poitou, titre 1. article 73. sur ces mots *par faute d'homme.*
Challine, regle 19. exemple 1. de la premiere partie.
Coquille, sur la Coûtume de Nivernois, titre 1. article 1. & en l'Institution au Droit François, titre des Fiefs.
De l'Hommeau, en ses Maximes generales du Droit François, article 2. livre 8.

PEUT METTRE EN SA MAIN.

Rat, sur la Coûtume de Poitou, titre 1. article 25.
Le Let, sur la même Coûtume, article 25. & 82.
Pontanus, sur la Coûtume de Blois, titre 4. article 39.
Chassanée, sur la Coûtume de Bourgogne, titre 1. article 1. sur ces mots, *peut mettre.*
Rouillé, sur la Coûtume du Maine, titre 1. article 15.
Chopin sur Anjou, livre 1. chapitre 5. nombre 1. & liv. 2. titre 5. nombre 5. & sur celle de Paris, livre 1. titre 1. nombre 19.
Coquille, sur Nivernois, titre 4. article 1.
De l'Hommeau, sur Anjou, titre 1. article 8. & 105.
Labbé, sur la Coûtume de Berry, titre 5. article 7.
Baquet, *du droit de desherence*, chapitre 7. nombre 25. & *des droits de Justice*, chapitre 3. nombre 2. & suivans.
Vigier, sur Angoumois, article 23.
Lhoste, sur Montargis, titre 1. article 89.
Salligny, sur Vitry, article 41.

ET FAIRE LES FRUITS SIENS.

Chassanée, sur la Coûtume de Bourgogne, titre 3. article 1. sur ces mots, *faire les fruits siens*, nombre 3. & titre 14. article 17. nombre 2.
Challine, regle 7. exemple 6.
Pontanus, sur la Coûtume de Blois, titre 2. article 5. sur ce mot, *fructus*, titre 5. article 65. & titre 6. article 1.
Rat, sur Poitou, article 120.
D'Argentré, sur la Coûtume de Bretagne, article 76. *nota* 5. article 79. *nota* 2. & article 313.
Chopin, sur la Coûtume d'Anjou, livre 2. titre 1. partie 2. nombre 4. 7. & 8.
Vigier, sur Angoumois, article 23.
Lhoste, sur la Coutume de Montargis, article 8.

PENDANT LADITE MAIN-MISE.

Boërius, sur la Coûtume de Berry, titre 4. article 3. sur ces mots, *par son opposition.*

A LA CHARGE D'EN USER, &c.

Pontanus, sur la Coûtume de Blois, article 5. & article 78.
Vrevin, sur la Coûtume de Chauny, article 100.
Brodeau, sur cet article, *in fine.*
Rat, sur Poitou, article 119.
Buridan, sur la Coûtume de Vermandois, article 211.
Ricard, sur la Coûtume de Senlis, article 159.

ARTICLE II.

Cet article a été ajoûté à la reformation de la Coûtume.

De la saisie faite par l'usufruitier du Fief dominant.

1. *L'Usufruitier d'un Fief peut, à sa requête, perils & fortunes, faire saisir le Fief, ou Fiefs & arriere-Fiefs ouverts, mouvans & dépendans du Fief, dont il joüit par usufruit, à faute d'homme, droits & devoirs non faits & non payez; pourvû qu'en l'Exploit qui sera fait, le nom du Propriétaire du Fief soit mis & apposé; sommation toutefois préalablement faite audit Propriétaire à sa personne, ou au lieu du Fief dominant, de faire saisir. Et ne peut le Propriétaire bailler main-levée, sinon en payant les droits audit usufruitier.*

Voyez les articles 54. & 55.

REMARQUES.

1. *QVod potest etiamsi ex illa prehensione nullum ei veniat commodum. Mol. §. 1. Gl. 1. num 18.*

De tutore & curatore non ambigitur quin nomine tutorio vel curatorio possint prehensione feudali uti, cùm munere fungantur authoritate publica. Mol. in hanc Consuet. §. 1. Gl. 1. num. 73.

Quid in casu converso si apertum sit feudum quo fructuarius frui debet; & ea de causa prehensum fuerit à patrono, num usufructuarius recusante proprietario, potest fidelitatem præstare & jura solvere, ut obtineat manus dominicæ levationem? Respondet negativè Molin. dicens usufructuarium personam non esse idoneam ad præstandam patrono fidem: sed ei contra proprietarium esse cogendum, ut subeat clientelaris munera, vel omnis quod inde patitur detrimenti, eum reddat indemnem.

Excipe viduam quæ jure doarii feudi usumfructum percipit; nam licet hac in cæteris assimiletur usufructuario, nec ampliori jure gaudeat, tamen hoc in casu conceditur ei, ut pro tempore sui usufructus admittatur in fidem, jura debita solvendo. Mol. in Consf. Parisf. tit. 1. §. 54. Gloss. 2. in verbo proprietaires & Seigneurs, *num. 4. & seqq.*

Cet article desire qu'avant que l'usufruitier puisse saisir, il ait fait une sommation au propriétaire.

Mais la question est de sçavoir, si le vassal peut prétendre que la saisie soit nulle, faute d'avoir été précedée par cette sommation?

Il semble que l'on puisse dire que s'agissant d'un droit réel, le vassal est obligé de luy-même d'aller faire la foy & hommage au Château, sans qu'il soit necessaire à son égard d'aucune sommation.

Néanmoins il est plus veritable que l'usufruitier n'ayant point droit de saisir de son chef, il ne le peut faire qu'en observant les formalitez contenuës en cet article; dont la sommation fait partie, & la condition sous laquelle ce pasledroit luy a été accordé, ne se trouvant pas accomplie; il est vray de dire qu'il manque de pouvoir, d'autant plus qu'il s'agit d'une disposition penale, que l'on ne peut pas étendre au-delà de ses limites. De plus il est necessaire, que la sommation soit notifiée au vassal avec la saisie: parce qu'il s'agit d'une solemnité de la Coûtume, qui doit être verifiée par écrit.

On peut encore demander si l'usufruitier peut saisir faute de dénombrement non baillé?

Ce qui fait pour autoriser la saisie est; que l'on peut soûtenir que le dénombrement est compris sous les mots de *droits & devoirs*; desquels s'est servy cet article, & que l'usufruitier a interêt de connoître la qualité & la valeur des Fiefs des vassaux durant le temps de sa joüissance.

La negative est toutefois mieux fondée, dautant qu'il se reconnoît assez par le texte de la Coûtume qu'elle n'a entendu comprendre sous ces mots de *droits & devoirs* que la foy & hommage & les profits féodaux, & non pas le dénombrement pour lequel elle fait dans la suite des articles separez, où il n'est point parlé de l'usufruitier; de sorte que son pouvoir est réduit au contenu en cet article, & il n'est pas en effet à propos qu'il s'engage dans les contestations qui accompagnent ordinairement les dénombremens, lesquelles concernent la proprieté & le fonds, la joüissance présente devant être reglée par les anciens aveus.

Aussi cet article n'empêche-t-il le propriétaire de bailler main-levée; que jusques à ce que l'usufruitier ait été payé de ses droits, & cet article ne dit pas que le propriétaire ne pourra donner main-levée jusques à ce que le vassal ait donné l'aveu & le dénombrement.

L'USUFRUITIER D'UN FIEF.

GLOSE PREMIERE SUR L'ARTICLE II.

SOMMAIRE.

1. *En quels cas l'usufruit est reputé immeuble, & faire partie de l'heritage dans lequel il est constitué.*
2. *Si l'usufruitier a droit de prendre & percevoir tous les fruits & profits, qui adviennent à l'occasion du Fief dominant, dont il a l'usufruit.*
3. *Si l'usufruitier du Fief dominant peut saisir féodalement.*
4. *Si la foy & hommage des Fiefs servans appartient à l'usufruitier.*
5. *Si l'usufruitier peut nommer aux Offices & aux Benefices.*
6. *Sentiment des Docteurs sur cette question.*
7. *Distinction entre la nomination des Officiers, & leur Institution.*
8. *Si le mary peut nommer aux Offices, & presenter aux Benefices qui dépendent du Fief de sa femme.*
9. Quid, *au cas qu'il y ait separation de biens par contrat de mariage, ou aprés.*
10. *Si le tuteur & le gardien ont le mesme droit.*
11. *Si la confiscation des biens appartient à l'usufruitier de la haute-Justice.*
12. *Si la commise appartient à l'usufruitier.*
13. *Si l'usufruitier peut exercer la retenuë féodale.*
14. *Si l'usufruitier peut prétendre quelque chose dans le trésor trouvé dans le Fief, dont il a l'usufruit.*
15. *Si l'usufruitier saisit à ses perils & fortunes.*
16. *S'il ne faudroit pas changer ce terme* usufruitier *en cet article.*

La saisie féodale est un exploit domanial, qui se doit faire au nom du propriétaire du Fief, & néanmoins pour son refus de saisir, il est pourvû par cet article à l'interêt de l'usufruitier en satisfaisant aux formalitez qu'il prescrit.

Cet article a été ajoûté à la réformation de la Coûtume par l'avis des trois Etats, pour decider une question qui avoit été agitée dans l'ancienne Coûtume, par Maître Charles du Moulin, sçavoir si l'usufruitier pouvoit exercer la saisie féodale sur les Fiefs servans, ouverts, tenus & mouvans du Fief dominant ?

Cette question souffroit de grandes difficultez, & on la pouvoit soûtenir de part & d'autre.

Il semble que l'usufruitier puisse exercer la saisie féodale ; quoiqu'il n'ait que l'usufruit du Fief dominant ; parce que l'usufruit est censé en beaucoup de choses faire partie de la propriété, *l. 1. & 4. ff. de usufr. & quemadm. quis ut. fru.*

1. Premierement, il est réputé immeuble susceptible d'hypoteque, sujet au decret & aux criées, comme un véritable immeuble ; & la donation qui en est faite, bien qu'il soit séparé de la propriété, doit être insinuée sur peine de nullité, comme il a été jugé par les Arrêts de la Cour, remarquez dans les Arrêts de Monsieur Loüet, lettre D. nombre 23.

En second lieu, la stipulation du fond contient l'usufruit & la propriété ; encore qu'il n'en soit point fait mention, comme faisant partie de la propriété, *l. qui usumfructum ff. de verb. oblig.*

Delà vient, que si je suis débouté de la demande d'un fond, & que j'en poursuive ensuite l'usufruit, le défendeur peut m'opposer l'exception de la chose jugée, *l. si cùm §. si fundus ff. de except. rei judic.* Et si je suis convenu de ne demander pas un certain fond que je prétens m'appartenir, je ne peux pas en demander l'usufruit, autrement on m'opposeroit l'exception du pacte, *l. si unus §. item si pactum ff. de pact.*

Pour une preuve encore plus forte, posons qu'un testateur legue un fond dont son héritier ait l'usufruit, l'héritier sera obligé de livrer la pleine propriété de ce fond sans en retenir l'usufruit qu'il avoit au temps de la mort du testateur : la raison est que *ususfructus totius fundi emolumentum continet, ideoque pro parte rei habetur, l. 6. Mævius §. ff. de legat. 2.*

En troisiéme lieu, l'usufruitier a un droit réel dans le fond dont il joüit, suivant la Loy 30. *ff. de noxali actione. § Domini, sive aliquod in ea re jus habeant, qualis est creditor & fructuarius.*

En quatriéme lieu, l'usufruitier peut se servir de l'action utile en son propre & privé nom, sans se servir de celuy du propriétaire, *l. 1. ff. si ususfr. petat. & l. 22. ff. de aq. & aqua pluv. arc.* Il peut aussi se servir de la complainte, en cas qu'il soit troublé en sa joüissance, *l. 2. ff. si servit. vindic.*

Quant à l'usufruitier du Fief dominant, il est certain qu'on n'a jamais révoqué en doute qu'il n'eût droit de prendre & percevoir tous les droits & profits, qui peuvent provenir dans le fond dominant, dont il a la joüissance.

D'où il s'ensuit, que pour la poursuite des droits qui en peuvent provenir, il doit avoir non seulement l'action, mais aussi il doit pouvoir exercer la saisie féodale, qui est un moyen particulier & plus fort, introduit par nos Coûtumes pour les exiger des vassaux ; car la saisie féodale n'est pas introduite seulement pour obliger les vassaux à rendre à leurs Seigneurs les devoirs, ausquels ils sont obligez par la qualité de leurs biens, mais aussi a leur payer les droits & profits dûs pour la mutation arrivée en leur personne ; comme il paroît par ces termes de l'article 1. *faute d'homme, droits & devoirs non faits & non payez* ; c'est pourquoy il y a lieu de dire, que l'usufruitier peut se servir de la saisie féodale sur les Fiefs tenus & mouvans du Fief dominant, dont il a l'usufruit. 3.

On peut dire pour l'opinion contraire, que la saisie féodale est un acte de féodalité, qui ne peut appartenir qu'à celuy à qui la féodalité appartient : Or la féodalité réside en la personne du propriétaire du Fief dominant, & l'usufruitier n'y peut rien prétendre ; c'est pourquoy les droits honorifiques ne sont dûs qu'au propriétaire, comme nous dirons cy-aprés : Et quoique l'usufruit soit censé faire partie de la propriété en plusieurs cas, néanmoins, à proprement parler, il n'en fait point partie, ce n'est qu'une espece de servitude ; or les servitudes ne font point partie des choses qui en sont chargées, ce sont des droits incorporels, *quæ juris tantùm habent intellectum* : Je dis avec raison, que je suis seul propriétaire d'un fond, bien que je n'en aye pas l'usufruit, *l. 25. ff. de verb. signif. l. 1. §. 2. ff. de SC. Sillan. & Claudian.*

Mais au contraire l'usufruitier d'un fond ne s'en peut pas dire propriétaire : le Jurisconsulte Papinian montre fort bien *in l. 33. §. 1. ff. de usufr. & quemadm. quis utat. fruat.* que l'usufruit n'est pas partie de la propriété, & sans nous arrêter plus long-temps sur ce point, il est certain que la saisie féodale est un coup de maître, un effet d'un tres-grand pouvoir, & qui ne peut être exercé que par celuy à qui la Loy l'a accordée.

Et pour reprendre les choses dans leur origine, il est vray de dire, que les Seigneurs féodaux n'ont droit de saisir féodalement les Fiefs qui sont dans leur mouvance, que parce qu'autrefois ils les ont donnez à la charge de certains devoirs & droits qui leur seroient dûs, faits & payez, à certaines mutations : & partant ces biens, faute par les nouveaux acquereurs de satisfaire aux charges ausquelles ils ont été accordez par les Loix des premieres investitures, peu ent être saisis par ceux qui les ont accordez & demembrez de leurs Seigneuries ; mais ils ne sont pas obligez de reconnoître les usufruitiers, puisqu'ils ne tiennent point originairement d'eux leurs possessions ; & si l'usufruitier veut percevoir les profits, qui luy appartiennent en conséquence de son usufruit, dûs par les vassaux du Fief servant, il doit s'adresser au propriétaire du Fief dominant, à ce qu'il ait à l'en faire payer, & en cas de refus, il doit le poursuivre en Justice pour l'y faire condamner, & à tous ses dommages & interêts.

D'Argentré sur la Coûtume de Bretagne, *art. 76. not. 4. num. 2.* est d'avis contraire, disant qu'il étoit de l'usage de son temps que l'usufruitier saisît les Fiefs ouverts, tenus & mouvans du Fief, dont il avoit l'usufruit.

Quæ sententia cùm usu recepto & ratione civili refellatur, dit cet Auteur, *non est magnoperè laborandum in quo hæreat ; Dicit enim Molinæus, non etiam demonstrat, cur inseparabilis ejusmodi actus dici debeat à persona Domini. Quod ille sic vult accipi quasi per se & principaliter & privativè ad Dominum manente qualitate Domini fieri nequeat, cedo, quia separatio actûs à sua causa impedit actionem : Quòd si prehensionem à Domino separes, non erit feudalis aut dominica prehensio, sed aliud quidvis. Sed fallit Molinæus sophismate à secundum quid ad simpliciter (ut loquuntur) cùm id quod secundùm quid accidit, simpliciter vult intelligi. Quia scilicet Dominus abdicare à se, & privare potestate prehendendi nequeat, manente & integrâ qualitate Domini, idcirco nullo modo, aut nullo casu prehendendi jus cedere posse ; quod neutiquam verum est. Cedi enim id jus potest, non per se aut privativè ad Dominum, sed accessoriè & instrumentaliter ad consecutionem jurium usufructûs in prædio dominante constituti, & ex jure & causa ipsius prædii dominantis.*

Nec ista ex Philosophorum sententiis exigimus, qui ut corpora à loco separari negant posse, sic actiones ab agentibus, ut actus unius alterius cujusquam aut dici aut esse possit, sed effectus considerandus intellectu & vi & potestate juris, ut prehensionem exercere à fructuario aut cessionario tàm putemus posse, quàm fructus de alieno colligi ; sicuti in instrumentis garentigiatis, ex quibus actiones & potestas ipsa executionis realis utiliter ceditur, aut facultas ingrediendi possessionem, aut adulteri occidendi ab eo marito cui id jus sit.

Nec recipio hîc Molinæi responsum, qui id ideo posse fieri putat, quia in totum jus à cedente abscedit, & in accipientem transfertur, quæ ratio valet ut cedentem negemus posse executione uti, non etiam ut eam transferre possit, si prehensionem incessibilem diximus.

Cette question a été terminée par cet article, ajoûté à la réformation de cette Coûtume.

Le même article tout entier a été aussi ajoûté à celle d'Orleans, réformée depuis la nôtre, en l'an 1583. par Monsieur le Premier President de Harlay, article 63.

Auparavant que d'entrer plus avant dans l'explication du présent article, il faut voir quels sont les fruits & droits qui appartiennent à l'usufruitier.

Premierement, par la disposition du droit l'usufruitier prend tous les fruits tant civils que naturels, qui proviennent de l'héritage dont il a l'usufruit, & toutes les commoditez qui en peuvent être perçûës à l'occasion d'iceluy, luy appartiennent ; *l. usufructu 7. l. item si fundi 9. l. arbores 59. paragrapho 1. ff. de usufr. l. Mævius 66. §. penult. ff. de leg. 2.*

D'où il s'ensuit que l'usufruitier d'un Fief dominant, doit avoir & appliquer à son profit, outre le revenu ordinaire d'iceluy, tous les profits extraordinaires, qui aviennent par mutations de vassaux, comme les quints, requints, reliefs, lods & ventes, & autres droits dûs suivant la diversité des Coûtumes.

Mais il y a quelque difficulté touchant quelques droits, qui dépendent du Fief dominant, sçavoir si ils appartiennent à l'usufruitier, ce qui sera décidé dans les questions suivantes.

Si la foy & hommage des Fiefs servans appartient à l'usufruitier? 4.

Les droits utils, féodeaux, appartiennent à l'usufruitier ; mais les devoirs personnels, comme la foy & hommage se doivent rendre au propriétaire du Fief, & n'appartiennent point à l'usufruitier.

Si l'usufruitier joüit des droits honorifiques ? 5.

L'usufruitier n'a pas les droits honorifiques de l'Eglise, comme la primauté du banc, procession, offrande, pain beni, & autres prééminences, suivant le sentiment des Docteurs, parce que ces droits sont personnels, & ne sont pas *in fructu*.

Du Moulin sur l'article 1. *Glos. 1. num. 19.* dit que *jura honorifica dominicalia non sunt in fructu.* DU MOULIN

Maître Bobé sur l'article second de la Coûtume de Paris, tient qu'on ne peut contester les droits honorifiques à l'usufruitier, & prétend que ce que dit du Moulin, que *jura honorifica dominicalia non sunt in fructu*, se doit seulement entendre des droits qui appartiennent au Seigneur féodal *ratione Dominii*, & qui sont inséparables de la propriété, tels qu'est le droit d'investir, & de pouvoir saisir féodalement, & de sa propre autorité, & non pas des droits honorifiques.

Maître Bobé pour prouver que les droits honorifiques appartiennent à l'usufruitier, dit que la joüissance desdits droits pendant le temps de l'usufruit, ne diminuë en rien la valeur du fond auquel cette prérogative est attachée, & n'empêche pas que l'usufruit étant fini, il ne retourne au propriétaire en son entier.

Il réfute l'argument que l'on pourroit tirer de la Loy, *item apud §. si usumfructum ff. de injuriis*, & soûtient qu'elle ne peut avoir de relation à cette question.

Pour moy, quoiqu'il en soit, je tiens que l'opinion contraire est celle qu'il faut suivre, & que les droits honorifiques n'appartiennent point à l'usufruitier, parce qu'ils ne sont dûs qu'au Seigneur, & que l'usufruitier n'est pas Seigneur, & n'a droit que de percevoir ce qui est *in fructu*, & non pas de joüir des prérogatives qui sont attachées à la personne & à la qualité du Seigneur : *civiles actus & jura hono-*

rifica dominicalia soli Domino competunt.

Le Seigneur même qui tient par engagement Terre du Domaine du Roy, ne doit point avoir litres, ni faire apposer ses armes aux Parroisses de la Terre, dont il est engagiste, comme il a été jugé par Arrest prononcé le 5. Juillet 1554. contre les Religieux, Prieur & Convent de S. Martin des Champs à Paris, appellans du Prevôt de Paris ou son Lieutenant Criminel d'une part, & Dame Anne Baillet intimée d'autre, le Procureur General prenant la cause pour son Substitut joint, d'autre part.

Cet Arrest est rapporté par Tronçon sur cet article, par Bacquet dans son Traité des Droits de Justice, chapitre 20. nombre 12. & 13. & par Mareschal dans son Traité des Droits honorifiques, chapitre cinquiéme vers la fin.

Ce dernier Auteur remarque dans le même endroit un autre Arrest du 17. Août 1620. donné au rapport de Monsieur Roy, confirmatif d'une Sentence des Requêtes du Palais, entre Antoine Desducs Ecuyer sieur de Crespiere, d'une part; & Claude de Picquet sieur de Sautour, Seigneur haut-Justicier par engagement de cette Terre & Seigneurie de Crespiere. Voyez Tronçon & Bacquet aux endroits citez cy-dessus.

Si l'usufruitier à droit de présenter aux benefices, qui dépendent du Fief, dont il joüit par usufruit ?

Du Moulin — Du Moulin sur l'article 55. *Glos.* 10. *num.* 2. 3. & 4. tient, que le droit de présenter aux benefices qui dépendent du Fief, & qui viennent à vaquer pendant la joüissance & l'usufruit, appartient à l'usufruitier, au mary & à la doüairiere, parce que *collatio & præsentatio sunt in fructu*, *Glos. & Doct. in cap. cùm olim de major. & obed. Glos. fin. in cap. cùm Bertholdus de re judic. Panorm. in cap. cùm olim. col.* 1. *de jur. patron.*

Coquille sur ce titre de la Coûtume de Nivernois article 58. Pontanus sur celle de Blois, titre 7. article 76. & Brodeau sur l'article 31. *num.* 19. sont de même sentiment.

D'Argentré sur la Coûtume de Bretagne article 409. *Glos.* 2. *num.* 5. & Chopin *lib* 3. *de Doman. tit.* 19. *num.* 5. sont d'avis contraire.

Les Canonistes sont tous d'accord, que le droit de patronage appartient à l'usufruitier, à l'exclusion du propriétaire, parce qu'il ne consiste qu'en une simple présentation, qui n'est pas un acte de propriété. Mais ils ne conviennent pas si la femme ayant droit de patronage, c'est au mary ou à la femme à présenter.

Rochus de Curte sur la fin de son Traité *de jure Patron.* & Tiraqueau en son dernier livre *de leg. connub.* rapportent les differentes opinions des Canonistes sur cette question, avec les raisons & fondemens de part & d'autre.

Mais la plus grande partie décident, que le mary & la femme ont droit de présenter par concurrence, & sur la rencontre de deux présentez l'un par le mary, & l'autre par la femme, ils resolvent que le présenté par la femme, doit être preferé.

Leur sentiment est étably sur ce que le véritable Domaine & la vraye proprieté de la dot réside toûjours en la personne de la femme.

Mais nous ne suivons pas en France ce sentiment; car comme on considere le mary plus qu'un usufruitier, que c'est luy qui reçoit en foy les vassaux de sa femme, & qui fait la foy & hommage pour les Fiefs qui luy appartiennent, & que d'ailleurs on tient communément, que la présentation aux Benefices appartient à l'usufruitier, on suit l'avis

Du Moulin — de Maître Charles du Moulin sur l'article 55. *Glos.* 10. qui veut, que le mary seul ait droit de présenter aux Benefices, & d'instituer des Officiers, comme il sera dit cy-après. Ce qui est fondé sur la puissance maritale, qui est beaucoup plus grande en France, qu'elle n'est suivant la disposition du Droit Romain, comme nous avons dit ailleurs.

Si l'institution des Officiers appartient à l'usufruitier ? 6.

Pour ce qui est des Officiers, on fait distinction entre l'institution & la nomination. L'institution des Officiers est le pouvoir de leur donner le titre de l'Office, par des Lettres de provision; & ce droit demeure inséparablement attaché au propriétaire: mais leur nomination appartient à l'usufruitier, parce que c'est un profit & un émolument qui vient à l'occasion de la chose, dont l'usufruitier a la joüissance: Et au cas que le Seigneur propriétaire fit refus de bailler les Lettres de provision à celuy qui luy seroit nommé & présenté par l'usufruitier, le nommé pourroit demander au Juge, à qui la reception appartiendroit, d'être reçû & installé en l'Office sur la nomination de l'usufruitier, & l'acte de refus du propriétaire.

Quant au mary, il est sans doute, qu'il a droit seul de nommer & instituer aux Offices dépendans des Seigneuries de sa femme sans son consentement; mais il doit dans les provisions qu'il donne, se qualifier Seigneur à cause de sa femme, ou specifier autrement la cause de son pouvoir, déclarant que la Seigneurie appartient à sa femme, afin de conserver les droits qui luy appartiennent: il peut recevoir la foy & hommage des vassaux, qui tiennent en Fief de la Seigneurie de sa femme, suivant l'article 250. de la Coûtume de Senlis. 7.

Il faudroit dire le contraire, si la femme par son contrat de mariage s'étoit réservé la libre administration & la joüissance de ses propres biens, car en ce cas, le mary n'ayant point l'usufruit de ces biens, il ne pourroit exercer aucun acte qui dépendît de l'administration; ainsi il ne pourroit pas en faire la foy & hommage, ni recevoir en foy les vassaux mouvans des Fiefs de sa femme, suivant la Note de Maître Charles du Moulin sur l'article cité de la Coûtume de Senlis, en ces termes: *Intellige quando sunt communes in bonis, ut crebrius est; secus si non esset communitas, & sic uxor sua administraret, ut patet factâ bonorum separatione.*

Il faut dire aussi, que le mary n'a aucun droit de présenter aux Benefices, ni d'instituer ou de nommer aux Offices, au cas qu'il y ait séparation de biens survenuë depuis le mariage, par la même raison. 8.

En effet, quoique telle séparation ne détruise pas entierement la puissance maritale sur la personne de la femme: toutefois on peut dire, que par cette séparation elle est bien diminuée en ce qui concerne ses biens, parce que par telle séparation la femme obtenant l'administration de ses biens, il faut de necessité que le mary n'ait plus de pouvoir ni d'autorité pour tout ce qui concerne cette administration, la femme usant de ses droits pour cet égard. Or la provision des Offices est un acte de simple administration, & non pas d'alienation, veu que par icelle la proprieté n'en est pas aliénée.

Il s'ensuit de ce que nous venons de dire, que la femme séparée de biens, soit par contrat de mariage, ou par une séparation ordonnée depuis par Justice, peut valablement conferer les Offices qui dépendent des Seigneuries qui luy appartiennent, indépendemment de son mary.

Pour ce qui est du tuteur, il peut recevoir les hommages dûs à son pupille jusques à ce qu'il soit en âge de les recevoir, mais il les reçoit au nom de son pupille & en qualité de tuteur, & il demande souffrance pour luy aux Seigneurs des Fiefs, dont sont tenus ceux qui luy appartiennent. 9.

Quant à la collation & présentation des Benefices, les Canonistes tiennent, que le pupille majeur de sept ans a droit de pourvoir, & de présenter aux Benefices.

C'est le sentiment de *Rochus de Curte*, in verbo, *competens. num.* 14. & de Benedict. *ad capit. Raynutius.* in verbo, *adjecta impuberi. num. 61.*

Mais comme le mineur à cet âge n'a aucune connoissance des affaires du monde, qu'il n'est pas capable de discerner si celuy qui se présenteroit pour être pourvû d'un Benefice, en seroit digne, on ne reçoit pas les présentations faites avant l'âge de 14. ans accomplis.

Loyseau en son Traité des Offices, livre 5. chapitre 2. nombre 54. dit, que quoique la charge & administration des tuteurs dure dans la France coûtumiere jusques à 25. ans accomplis; néanmoins quant aux actes, qui concernent l'exercice de la Seigneurie féodale *activè vel passivè*, il faut reputer les Seigneurs majeurs pour conferer les Offices à l'âge, auquel nos Coûtumes les déclarent capables de le faire, & de porter & recevoir les foys & hommages.

Dautant que la collation & présentation aux Benefices, & la nomination aux Offices, sont *in fructu*; au cas que le gardien n'ait pas aussi la qualité de tuteur, il faut dire que c'est à luy à exercer ces actes, qui autrement appartiendroient au tuteur.

La raison est, que le gardien a l'administration & la joüissance des biens qui sont en sa garde; à l'égard des Fiefs & Seigneuries appartenans aux mineurs, dont le gardien n'auroit pas la garde, le tuteur auroit droit de présenter aux Benefices, & dénommer & instituer des Officiers.

10. *Si les confiscations de biens meubles & immeubles trouvez & assis en une Justice tenuë en Fief, le droit de bâtardise & de deshérence, appartiennent à l'usufruitier à l'exclusion du propriétaire?*

C'est le sentiment de la plus grande partie de nos Docteurs, que les confiscations appartiennent à l'usufruitier, comme remarque Maître Charles du Moulin sur l'article 1. *Glos.* 1. *num.* 68. ce qui a lieu non seulement quant aux meubles & effets mobiliaires confisquez, mais aussi pour les immeubles, tant pour la propriété que pour la joüissance, de sorte que l'usufruitier n'est pas obligé de les restituer, après l'usufruit fini. Du Moulin

Balde sur la Loy derniere *ff. solut. matrim.* est d'opinion contraire, voulant que l'usufruitier n'ait que l'usufruit des choses confisquées, parce qu'autrement *finito usufructu non restitueretur integrum territorium.*

Mais Paul de Castres sur cette Loy dit, que cette raison n'est d'aucune force, parce que *non diminuitur in aliquo quantum ad jurisdictionem*; & Maître Charles du Moulin *loco citato* ajoûte, qu'en ce cas *subjectum usufructûs est ipsa jurisdictio, cujus substantia salva & integra remanet, quamvis proprietas bonorum immobilium, quæ subsunt jurisdictioni, acquiratur fructuario vel alii cuicumque.*

De plus, il est constant que les biens confisquez sont les fruits de la Jurisdiction, & que le propriétaire du Fief n'en a jamais eu la propriété; d'où il s'ensuit que le propriétaire ne peut pas se plaindre, que la propriété de la chose ne luy est pas renduë telle qu'elle étoit au temps de la constitution de l'usufruit, puisque la chose confisquée n'en faisoit pas partie pour lors.

Bartole sur la Loy derniere *ff. sol. matrim. num.* 1. & 2. est de cet avis; il rapporte pour exemple, que les confiscations & amendes en conséquence de la Terre & Seigneurie donnée en dot par la femme à son mary, appartiennent au mary comme fruits civils de la Jurisdiction, & ne se rendent point après la dissolution du mariage.

Charondas C'est aussi le sentiment de Charondas sur l'article 183. *in fine*, & au livre premier des Pandectes, chapitre 22. de Brodeau sur l'article 183. *num.* 24. où il cite les Auteurs qui sont de cet avis; sçavoir Balde sur la Loy 1. *C. de fruct. & expens.* Panorme sur le chapitre *consultationibus. Ext. de jur. Patron.* Guy Pape quest. 477. *num.* 3. *ubi Ferrer. Bened. tract. de Camerariat. Lugdun. Eccles. num.* 4. Boërius sur la Coûtume de Bourges, titre des Fiefs §. 9. *in fin.* Sainson sur la Coûtume de Tours, titre des droits de Peage, article 1. & titre des rachats; Chassanée sur la Coûtume de Bourgogne, titre 2. §. 1. *verbo*, au Seigneur haut-Justicier. Du Moulin *dicto loco*; Chopin en son livre du Domaine *lib.* 1. *tit.* 4. *num.* 5. & *lib.* 2. *tit.* 5. *num.* 2. & 3. Pontanus sur la Coûtume de Blois: Coquille sur la Coûtume de Nivernois: chapitre 2. article 1. Belut sur Bacquet Traité des droits de Justice chapitre 12. article 16. où il est remarqué une Sentence donnée à son rapport en la Chambre du Trésor, le 4. Septembre 1597. qui l'a jugé ainsi. Brodeau.

Si la commise & reversion du Fief arrivée par la félonie du vassal, ou par desaveu, appartient à l'usufruitier? 11.

Voyez sur l'article 43.

Si l'usufruitier peut exercer la retenuë féodale? 12.

Voyez cy-après sur l'article 20.

Si l'usufruitier peut prétendre quelque chose dans le Trésor trouvé par un autre & dans le Fief dominant, soit en propriété ou en usufruit? 13.

Du Moulin traite cette question *num.* 60. où il reprend Guill. Benedict. de ce qu'il soûtient, que l'usufruitier joüit d'une partie du trésor par forme d'usufruit, la propriété appartenant au propriétaire du Fief. Du Moulin.

La raison qu'il en rend est que *omissâ mediâ parte thesauri, quæ absque dubio cedit fortunato inventori, altera media soli domino semper cedit, nec est dubium quin solius Domini prædii sit. Hæc sunt verba textûs in l. si is qui. §. si communis. ff. de acquir. rer. domin. Quòd autem non spectet ad fructuarium etiam quoad usum tantùm pendente usufructu, probo, quia thesaurus nullo modo est fructus fundi, nec naturalis, nec civilis, l. divortio. §. si fundum. in fin. ff. solut. matrim. Nec est etiam pars vel portio aliqualis fundi, sed res prorsus separata, nihil cum fundo habens commune*, &c.

Ce sentiment est selon les principes, un trésor n'est pas un fruit du fond, c'est pourquoy si le mary a trouvé un trésor dans un fond dotal, il en a la moitié & l'autre moitié est à sa femme, *l.* 7. §. *si fundum.* 12. *sol. matrim. in fructu non computatur, sed pars ejus dimidia restituetur uxori quasi in alieno inventi*; or le mary a plus de droit sur les biens de sa femme qu'un usufruitier.

Les Réformateurs de cette Coûtume ont accordé à l'usufruitier le droit de saisir les Fiefs & arriere-Fiefs ouverts, tenus & mouvans du Fief dont il a l'usufruit, contre le sentiment de Maître Charles du Moulin, afin qu'il ne dépendît pas du propriétaire du Fief de faire la condition de l'usufruitier, pire ou plus avantageuse; mais puisqu'il peut saisir de son chef, il est juste aussi que ce soit à ses risques & fortunes, suivant la Loy 10. *ff. de R. J. secundùm naturam est commoda cujusque rei eum sequi, quem sequuntur incommoda*, ou au contraire; c'est pourquoy par cet article il est permis à l'usufruitier de saisir, mais à ses risques, perils & fortunes; de sorte que si la saisie par luy faite se trouvoit injuste & tortionnaire, comme si elle étoit faite sans cause légitime, ou sur des causes supposées & fausses; ou si elle étoit faite avant les quarante jours de l'ouverture du Fief, le nouvel acquereur ne pourroit pas poursuivre le propriétaire du Fief dominant pour ses dommages & interêts, mais seulement l'usufruitier à la requête duquel la saisie auroit été faite. 14. Du Moulin.

Maître Auzanet estimoit qu'il falloit changer ce terme *usufruitier*, comme ne signifiant pas assez les possesseurs des biens emphyteotiques, & les baux à longues années, mais en lisant bien cet article on trouve qu'il n'y manque rien; & comme il n'est pas à 15.

propos de changer, quand en changeant on ne met rien de nouveau, le changement qu'on y apporteroit, pourroit causer quelque nouvelle difficulté.

A FAUTE D'HOMME, DROITS ET DEVOIRS NON FAITS ET NON PAYEZ.

GLOSE DEUXIE'ME SUR L'ARTICLE II.

SOMMAIRE.

1. *Si l'usufruitier peut saisir, quoiqu'il ne soit dû par le vassal que la foy & hommage.*
2. *S'il peut aussi saisir, encore que le vassal ait fait ses devoirs au propriétaire, pour droits non payez.*
3. *Si l'usufruitier peut saisir pour dénombrement non baillé.*
4. *Si le propriétaire peut saisir, quoique les droits appartiennent à l'usufruitier.*
5. *Conditions sous lesquelles l'usufruitier peut saisir.*
6. *Si la sommation doit estre faite au propriétaire avant la saisie.*
7. *Si elle doit estre suivie d'un refus exprés ou tacite.*
8. *Si le nom du propriétaire doit estre mis dans la saisie.*
9. *A qui, & où doit estre faite la sommation.*
10. *Si faute de sommation la saisie est nulle.*
11. *Comment la doüairiere & les engagistes peuvent saisir.*
12. Quid, *des apanagistes.*
13. *Et des tuteurs & gardiens.*
14. *Et des cessionnaires.*
15. *Le propriétaire du Fief servant doit acquitter l'usufruitier des droits & devoirs.*
16. *Et en cas de saisie par le Seigneur, il doit les dommages & interests à l'usufruitier.*
17. *Si l'usufruitier peut faire la foy & hommage pour le propriétaire.*

1\. CEs termes nous marquent les causes pour lesquelles l'usufruitier a droit de saisir les Fiefs & arriere-Fiefs ouverts mouvans & dépendans du Fief dont il a l'usufruit.

Mais il y a quelque difficulté sçavoir si l'usufruitier peut saisir un Fief quand le nouvel acquereur ne doit par sa mutation que la foy & hommage sans aucuns droits & profits utiles ?

Il faut dire que quoique ces causes, *faute d'homme, droits & devoirs non faits & non payez*, par lesquelles il est dit au commencement de cet article, que l'usufruitier peut saisir, soient mises conjointement, néanmoins elle se peuvent séparer, de sorte que l'usufruitier peut saisir pour ouverture de Fief faute par le nouvel acquereur d'avoir été reçû en foy, bien qu'il ne soit dû aucuns droits pécuniares pour la mutation, & que la foy & hommage n'appartienne qu'au propriétaire.

La raison est, que tous les profits tant ordinaires qu'extraordinaires & casuels appartiennent à l'usufruitier, comme les quints, les reliefs, & les fruits acquis par la saisie féodale ; ainsi pour acquerir ces fruits il faut qu'il luy soit permis de saisir pour cette cause seulement, sçavoir pour devoirs non faits, faisant les fruits siens jusques à ce que le vassal ait satisfait aux causes de la saisie.

Brodeau. Du Plessis. C'est l'avis de Brodeau, nombre 6. & de Maître Du Plessis, qui me semble bien fondé. Mais en ce cas le propriétaire peut en donner main-levée aussitôt s'il veut, puisqu'il n'est rien dû à l'usufruitier.

2\. Il faut dire aussi, qu'encore que le vassal ait fait la foy & hommage au propriétaire du Fief dominant, toutefois s'il n'a pas payé les droits ordinaires dûs pour la mutation arrivée en sa personne, l'usufruitier peut saisir son Fief, jusques à ce qu'il soit payé de ses droits.

La raison est, qu'autrement il dépendroit du propriétaire, en recevant simplement la foy & hommage du vassal, d'empêcher l'usufruitier de saisir, & il l'obligeroit d'avoir recours à une simple action. Et la Coûtume luy accorderoit inutilement le droit de saisir féodalement, s'il ne pouvoit pas le faire pour se faire payer des droits qui luy sont dûs.

On n'a pas suivi dans la réformation de la Coûtume le sentiment de Maître Charles du Moulin, lequel sur l'article 1. *Glos.* 3. *num.* 10. tient, que le propriétaire pouvoit faire grace & remise au vassal de la perte des fruits par luy encouruë, sans que l'usufruitier eût droit de l'empêcher. Du M.

Chopin sur la Coûtume d'Anjou livre 2. partie 2. chapitre 1. titre 1. dit que le fait du propriétaire nuit tellement à l'usufruitier, que s'il a reçû son vassal en foy, l'usufruitier ne peut plus saisir pour les droits qui luy sont dûs, sauf seulement son action pour faire condamner le vassal à les payer, & il dit qu'il a été ainsi jugé par Arrest du 2. Avril 1579. où il plaida pour la Reine d'Ecosse, usufruitiere de Chaumont en Bassigny, contre Loüis Adjacet, qui avoit acquis le Comté de Château-Vilain ; mais cet Arrest a été rendu avant la réformation de la Coûtume ; car quoique cet article ne soit point ajoûté à d'autres Coûtumes qu'à celles de Paris & d'Orleans, néanmoins sa disposition s'observe dans toutes les autres, parce qu'il est fondé sur une tres-grande équité. Chop.

Cet Arrest est aussi rapporté par Charondas sur l'article 2. *in fine*, & par Labbé sur le même article. Char. L.

Monsieur *** tient que la saisie féodale qui est faite par l'usufruitier, aprés que le propriétaire du Fief a reçu la foy & hommage du vassal, n'emporte pas la perte des fruits, & n'opere que le payement des droits ; c'est aussi mon avis.

Si l'usufruitier peut saisir faute de dénombrement baillé ? 3.

Il faut dire que non, parce qu'il n'y a aucun interêt, la saisie en ce cas n'emportant point gain des fruits suivant l'art. 9. *infrà*. Néanmoins il peut demander au vassal l'exhibition de son titre, & le dernier dénombrement, qui a été reçu ou tenu pour reçu, afin qu'il connoisse les droits qui luy sont dûs ; mais comme cette exhibition est pour l'interêt de l'usufruitier, elle se doit faire à ses frais.

Cependant Maître Du Plessis est d'avis que l'usufruitier Du P.

fruitier peut saisir féodalement : ce qu'il faut entendre aprés avoir sommé le propriétaire de le faire, à cause que l'usufruit pouvant durer long-temps, celuy qui en joüit a interêt de conserver la consistance du Fief, & voir quels droits luy sont dûs à chaque mutation.

4. Quoique la Coûtume permette à l'usufruitier de saisir pour les causes portées en cet article, elle n'exclud pas le propriétaire de le faire, & sa saisie est valable, quoique les profits en appartiennent à l'usufruitier ; & s'il les a reçus, il est tenu de les luy rendre.

La raison pour laquelle le propriétaire peut saisir, est que la principale cause de la saisie féodale est le défaut d'homme qui regarde le propriétaire du Fief dominant.

La Coûtume permet à l'usufruitier de saisir les Fiefs ouverts, non pas purement & simplement, de la même maniere que le Seigneur propriétaire, mais sous trois conditions.

5. La premiere est, que quand il y a lieu à la saisie féodale, l'usufruitier voulant l'exercer, doit auparavant sommer & interpeller le propriétaire du Fief dominant, de saisir, & en cas de refus, il est permis à l'usufruitier de le faire à sa requête, perils & fortunes.

Que si pour satisfaire à la sommation & au desir de l'usufruitier, le propriétaire saisit, la saisie est commune entre luy & l'usufruitier, & sert à l'usufruitier pour gagner les fruits du Fief, quoique le propriétaire n'ait pas declaré qu'il saisissoit pour luy & pour les droits qui luy sont dûs. Et cette saisie durera trois ans en perte de fruits, au profit de l'usufruitier, si dans ce temps le vassal ne satisfait pas aux causes d'icelle ; & aprés les trois ans l'usufruitier doit derechef sommer le propriétaire de renouveller sa saisie, & en cas de refus, il peut saisir en son nom & à ses perils & fortunes.

6. Cette sommation doit être suivie d'un refus exprés ou tacite : le refus exprés est quand le Seigneur a répondu sur la sommation qui luy a été faite, qu'il ne vouloit pas saisir, & qu'il permet à l'usufruitier d'en user comme il luy plaira : en ce cas dés le jour du refus, l'usufruitier peut saisir, pourvû que les 40. jours soient expirez.

Le refus tacite se fait lorsque le propriétaire ayant été sommé avant les 40. jours, a été negligent de saisir, pour lors les 40. jours étant passez ; le vassal a suffisamment satisfait à cette formalité, & ce refus tacite fait par le propriétaire, produit le même effet que le refus exprés & formel.

Que si la sommation est faite aprés les 40. jours ; dans le temps que la saisie peut être faite, & qu'elle soit faite en l'absence du propriétaire, ou sans parler à sa personne, en ce cas je croy ; que l'usufruitier peut saisir dés le lendemain, parce qu'il y a lieu de présumer que le propriétaire, qui n'a pas encore saisi, le pouvant faire, est refusant de le faire : d'ailleurs nôtre Coûtume ne prescrit aucun temps aprés la sommation pour attendre la volonté du Seigneur, de sorte même qu'encore qu'elle fût faite dés le même jour, il n'y auroit pas nullité, la Coûtume ne l'ordonnant pas, voulant seulement qu'avant que de saisir, l'usufruitier fasse une sommation au propriétaire, à sa personne, ou au lieu du Fief dominant.

7. La seconde condition ou formalité requise pour rendre valable la saisie faite par l'usufruitier, est, que le nom du propriétaire soit mis dans icelle, afin qu'il apparoisse, que l'usufruitier n'est pas le propriétaire du Fief, & que le vassal saisi soit dûëment informé à qui il doit la foy & hommage, & à qui il doit payer les droits & profits par luy dûs à cause de sa mutation.

8. La sommation ou interpellation doit être faite au propriétaire, en parlant à sa personne, ou au lieu du Fief dominant ; ce qui se doit entendre, soit qu'il y ait quelqu'un de ses domestiques ou de ses Officiers, s'il y a Justice, ou de la famille du Seigneur dans le lieu, pour recevoir la sommation, ou qu'il n'y ait personne ; dautant que les actes qui concernent les droits du Fief, se doivent faire au lieu seigneurial du Fief ; de sorte qu'en ce cas il suffit que la copie de la sommation soit attachée à la porte principale du Château ou Manoir, suivant l'Ordonnance du mois d'Avril 1667. titre 2. article 4. en avertissant le proche voisin, &c. ainsi qu'il est porté par ledit article.

Que s'il n'y avoit point de lieu seigneurial au Fief, il n'est pas necessaire que la sommation soit faite au domicile du propriétaire sur peine de nullité, mais elle peut être faite aux Officiers de sa Justice s'il y en a, sinon au plus prochain voisin du lieu seigneurial, & il en faut laisser copie, par argument de l'art. 63. *infrà, in fine* ; qui porte que, *s'il n'y a personne au lieu seigneurial dont dépend le Fief, & en cas d'absence du Seigneur ou de ses Officiers, faut notifier les offres de foy & hommage au prochain voisin dudit lieu seigneurial, & laisser copie.* Autrement si la sommation devoit être faite au domicile du Seigneur propriétaire, ce seroit reduire l'usufruitier à l'impossible, ou au moins l'empêcher pendant quelque temps de joüir des droits que la Coûtume luy accorde, le propriétaire ayant son domicile dans un lieu fort éloigné du Fief dominant.

On demande, si le défaut de sommation causeroit 9.
la nullité de la saisi.

Il semble que non, la raison est qu'elle ne regarde pas le vassal saisi, mais le propriétaire dominant auquel cet acte qui est un coup de maître, comme il a été dit cy-dessus, appartient, de sorte que ce ne doit être qu'à son refus que l'usufruitier doit saisir ; mais il importe peu au vassal d'être saisi par le propriétaire ou par l'usufruitier, & partant il ne peut point contester la saisie de l'usufruitier, sous prétexte que le propriétaire n'auroit pas été sommé.

Mais comme la Coûtume en cet article ordonne, que la sommation soit faite préalablement 10
au propriétaire, l'usufruitier n'a pas droit de saisir auparavant, & sa saisie seroit nulle ; car n'ayant pas droit de saisir de son chef, il ne le peut faire, dit Maître Ricard, qu'en observant les formalitez contenuës en cet article, dont la sommation fait partie, & la condition sous laquelle cette faculté luy a été accordée ; ne se trouvant pas accomplie ; il est vray de dire qu'il manque de pouvoir, & ce d'autant plus qu'il s'agit d'une disposition penale, que l'on ne peut étendre au-delà de ses limites. RICARD.

Maître Auzanet prétend que cette formalité est peu necessaire, parce que ne s'agissant que d'un droit réel, le vassal est obligé de luy-même de faire la foy & hommage, & que sans sommation préalable il suffiroit que la saisie fut faite par l'usufruitier au nom du propriétaire ; mais parce que telle sommation est expressément ordonnée par la Coûtume, je croy qu'il faut l'observer. AUZANET.

Ce qui est dit en cet article de l'usufruitier, se doit entendre de la doüairiere, & de tout autre usufruitier, même de tout possesseur des biens emphitheotiques & des baux à longues années.

Ceux même qui tiennent des Fiefs par engagement, ne peuvent faire saisir à leur requête seulement, sans la jonction du Procureur du Roy, les Fiefs qui relevent de ceux dont ils sont Engagistes : la raison est, qu'ils sont plûtôt usufruitiers que propriétaires : delà vient qu'ils ne peuvent pas se qualifier du titre & dignité des Seigneuries qui leur ont été données en nantissement, ni se dire Ducs, Marquis, ou Comtes, mais seulement Seigneurs par engagement de tel Duché, Marquisat, ou Comté.

11. Il n'en est pas de même des Princes du Sang, qui tiennent des Terres de la Couronne en appanage; car la proprieté du Domaine est transferée en leur personne, encore que ce soit à la charge de reversion par défaut d'hoirs mâles: c'est pour cette raison que l'Appanager prend le titre de la Seigneurie, en prenant la qualité de Duc, de Marquis, de Comte ou autre, selon la qualité de la Terre, nomme aux Offices, & rend la Justice au nom du Roy & au sien, saisit féodalement, & reçoit les foys & hommages, comme il a été dit sur l'article 1.

12. Pareillement le Gardien noble ou Bourgeois est obligé de sommer le tuteur du mineur dont il a la garde, à ce qu'il ait à saisir en cette qualité, & en cas de refus exprès ou tacite du tuteur, le gardien peut saisir à sa requête, perils & fortunes, en déclarant dans sa saisie le nom du mineur propriétaire du Fief sujet à la garde, afin que le vassal n'ignore pas à qui il doit rendre ses devoirs: La raison est, que le gardien n'est qu'usufruitier, & le tuteur represente en cette qualité la personne du mineur propriétaire du Fief dominant.

Mais quand le gardien a aussi la qualité de tuteur, comme il arrive ordinairement, il saisit comme tuteur & gardien, sans qu'il soit besoin de sommation.

13. Celuy qui a cession & transport du Seigneur féodal des droits & profits de Fief, ne peut saisir les Fiefs servans, non plus que l'usufruitier, sans nommer le propriétaire du Fief dominant, & sans l'avoir préalablement sommé de faire saisir, suivant le sentiment de Tronçon sur cet article, vers la fin, TRONÇON. néanmoins je ne croy pas qu'en ce cas la sommation soit necessaire, si le droit de saisir est compris dans la cession, quand le cas y échet; parce que par cette cession le propriétaire a transferé le droit de saisir au cessionnaire, lequel ne luy peut être contesté par le vassal.

Les créanciers du Seigneur peuvent aprés l'ouverture du Fief servant en vertu d'une commission prise en Justice, faire saisir par un Sergent en présence de témoins les profits dûs par le nouveau vassal, avec défenses de les payer à son Seigneur sur peine de payer deux fois, & faire ordonner par Justice avec le Seigneur que les deniers leur seront payez jusques à concurrence; mais cette saisie n'est pas féodale, ce n'est qu'un simple arrest de deniers, ce qui peut avoir lieu au cas du quint dû, ou dû relief. 1

A l'égard de l'usufruitier du Fief servant, ce n'est point à luy à faire la foy & hommage, ni à bailler aveu & dénombrement au Seigneur dominant, ce sont des actes du propriétaire qui doit l'en acquitter, selon l'article 40. 1

Que si le Seigneur a fait saisir par faute d'homme, droits & devoirs non faits & non payez, il en fait les fruits siens au préjudice de l'usufruitier du Fief servant, l'usufruitier a son recours contre le propriétaire par forme de dommages & interêts. 16

Mais en ce cas il peut empêcher l'effet de la saisie féodale, & en avoir main-levée en faisant la foy & hommage au Seigneur, au lieu & place du propriétaire, suivant l'esprit de cette Coûtume en l'article 84. 1

Ce qui est encore fondé sur cet article 2. selon Maître Du Plessis, duquel cette reciprocité entre l'usufruitier du Fief dominant & celuy du Fief servant doit resulter; joint que *videtur esse procurator in rem suam.*

Voyez cependant du Moulin, §. 55. *Glossa* 3. *num.* 8.

ET NE PEUT LE PROPRIETAIRE BAILLER MAIN-LEVE'E, SINON EN PAYANT LES DROITS AUDIT USUFRUITIER.

GLOSE TROISIEME SUR L'ARTICLE II.

SOMMAIRE.

1. *Si le Seigneur peut donner main-levée à son vassal, avant que l'usufruitier soit payé de ses droits.*
2. *Que doit faire l'usufruitier pour estre payé de ses droits, quand la saisie est faite par le propriétaire.*
3. *Si l'usufruitier peut luy-mesme exploiter le Fief encore que le propriétaire l'ait fait saisir.*
4. *Si le propriétaire est responsable envers l'usufruitier, de l'insolvabilité du Commissaire qu'il a établi à la saisie féodale.*
5. *Si c'est au propriétaire à donner main-levée de la saisie, ou si l'usufruitier la peut donner.*
6. *Que peut faire le Seigneur, quand le vassal neglige de luy faire la foy & hommage par intelligence avec l'usufruitier.*
7. *Si l'usufruitier peut demander au nouveau vassal exhibition de son titre & le dernier dénombrement.*

1. CET article ne permet pas au propriétaire de bailler main-levée au vassal saisi, à moins que l'usufruitier ne soit payé de ses droits; mais la difficulté est, de sçavoir de quelle saisie il doit être entendu, si c'est de celle faite par l'usufruitier, ou de celle que le propriétaire auroit fait.

Ces termes, *& ne peut le propriétaire, &c.* sont une suite de ce qui est dit au commencement, qui ne parle que de la saisie faite par l'usufruitier, & par conséquent il se doit ainsi entendre, que quand l'usufruitier a fait saisir *faute d'homme, droits & devoirs, &c.* le propriétaire qui aura ensuite investi son vassal, ne peut pas luy donner main-levée de sa saisie, à moins que les droits ne soient payez à l'usufruitier, & s'il le fait, la saisie durera toûjours, parce que le propriétaire ne peut pas *deteriorem facere conditionem fructuarii, l.* 15. *&* 17. §. 1. *de usufr. l. Mævius* §. *fundo. de legat.* 2. *l. vacca de evict.* & que pour en obtenir la main-levée il faut satisfaire à toutes les causes pour lesquelles elle a été faite.

Que si le propriétaire a fait saisir seulement pour foy & hommage non faite, sans parler des droits dûs à l'usufruitier, n'étant pas obligé de l'exprimer, il peut en donner main-levée, parce que la saisie ne peut s'étendre aux causes qui n'y sont pas exprimées, *tantum valent quantum sonant*; & l'usufruitier ne peut pas s'en plaindre, puisqu'il a dû veiller à ses interêts, & saisir luy-même pour ses droits, en observant les formalitez requises par cet article, nonobstant la saisie déja faite par le propriétaire pour devoirs non faits.

Que si le propriétaire a fait saisir pour droits & devoirs non faits & non payez, il ne peut pas donner main-levée de sa saisie, si les droits ne sont payez à l'usufruitier, ou consignez.

Monsieur ***. dit, que quand il n'y a point de saisie féodale faite par le propriétaire, la foy reçûë par luy ôte la perte des fruits.

Que si les droits ont été payez au propriétaire qui auroit saisi pour ces causes, l'usufruitier n'auroit qu'une simple action contre le propriétaire pour en être payé, & il ne pourroit pas saisir le Fief du vassal, qui auroit satisfait aux causes de la saisie; car la saisie étant faite par le propriétaire pour droits & devoirs non faits & non payez, le vassal n'est pas obligé de sçavoir le droit de l'usufruitier; & quand même il ne l'ignoreroit pas, il suffit qu'il ait une fois satisfait à son devoir, & payé les droits ausquels il étoit obligé.

Néanmoins si la saisie étoit faite par l'usufruitier, & que le vassal eut payé les droits au propriétaire, en ce cas la saisie subsisteroit en pure perte des fruits jusques à ce que les droits fussent payez à l'usufruitier, lequel pour lors ne seroit pas obligé d'avoir son recours, & un procés contre le Seigneur propriétaire.

CHARONDAS Charondas sur cet article dit, que le propriétaire peut donner main-levée aprés sommation faite à l'usufruitier, à sa personne, ou au lieu du Fief dominant, de recevoir les droits qui luy sont dûs, & à la charge de les payer par le vassal, lequel s'étant mis en son devoir, a mis l'usufruitier en demeure, de sorte que la saisie n'a plus d'effet, mais l'usufruitier se doit pourvoir par action.

Je ne croy pas que cette opinion puisse être soûtenuë contre les termes formels de nôtre Coûtume, qui défend expressément au propriétaire de bailler main-levée au vassal saisi, si ce n'est en payant les droits à l'usufruitier; & ainsi une simple sommation ne suffit pas, il faut ou que les droits soient actuellement payez au propriétaire pour l'usufruitier au cas qu'il veüille bien les recevoir, ou qu'ils soient consignez entre les mains d'une personne publique, & qu'il apparoisse au propriétaire de la consignation réelle & actuelle; autrement il ne seroit pas difficile au vassal de supposer une sommation faite à l'usufruitier, & par ce moyen obtenir main-levée de la saisie faite sur son Fief.

2. Quand le propriétaire a fait saisir de son chef le Fief servant pour droits & devoirs non faits & non payez, l'usufruitier doit pour éviter d'avoir son recours pour ses droits contre le propriétaire, faire signifier au propriétaire du Fief servant, qu'il ait à luy payer les droits qui luy sont dûs à cause de l'usufruit qu'il a dans le Fief dominant, avec défenses de les payer au propriétaire du Fief saisissant, à peine de payer deux fois; & si au préjudice de telles défenses le vassal payoit au propriétaire, le vassal seroit obligé de payer les mêmes droits à l'usufruitier; sauf son recours contre le propriétaire pour la restitution de ce qu'il luy auroit payé, à faute dequoy l'usufruitier seroit en droit de saisir son Fief en pure perte des fruits.

3. Et quoique le propriétaire eût saisi pour droits & devoirs non faits & non payez, & qu'il eût pour cet effet mis & établi Commissaire, toutefois l'usufruitier pourroit, s'il vouloit, exploiter par luy-même le Fief saisi par le propriétaire, ou y mettre & constituer un fermier de sa part, & en expulser le Commissaire établi à la requête du propriétaire saisissant, autrement le Commissaire seroit tenu d'en rendre compte à l'usufruitier.

4. *Si le Commissaire établi par le propriétaire étoit insolvable, le propriétaire en seroit responsable envers l'usufruitier?*

On répond que non, à moins qu'il n'y eût de la fraude & du dol de la part du propriétaire, en établissant un Commissaire, qu'il sçavoit être insolvable, parce que, comme il ne tire aucun profit de la saisie, & que d'ailleurs l'usufruitier doit s'imputer de n'avoir pas luy-même pris l'exploitation du Fief saisi, ou de n'y avoir pas mis un fermier, il n'est pas juste qu'il soit responsable de son insolvabilité. C'est un office qu'il a bien voulu rendre à l'usufruitier, auquel il n'étoit pas obligé, qui ne doit pas luy causer du dommage.

Il n'en est pas de même, lorsque le Seigneur fait saisir le Fief servant faute de dénombrement baillé; car en ce cas le Seigneur est garand de l'insolvabilité du Commissaire par luy étably, ou par le Sergent qui a saisi à sa requête: la raison est, qu'on ne peut rien imputer au vassal saisi, il ne pouvoit pas empêcher la commission qu'en donnant l'aveu & dénombrement, qu'il étoit obligé de bailler, & qu'il ne pouvoit peut-être pas bailler dans le temps de la saisie, comme il sera dit cy-aprés sur l'article 9.

Si c'est au propriétaire à donner main-levée de la saisie féodale faite par luy ou par l'usufruitier? 5.

TOURNET Tournet sur cet article dit, que l'usufruitier ne peut pas donner main-levée, mais qu'il faut que le Seigneur propriétaire la donne, ou que sommation luy soit faite de la donner, à cause que la féodalité & Seigneurie demeure toûjours pardevers luy; ensorte néanmoins qu'elle soit faite sans fraude & préjudice des droits de l'usufruitier.

Nonobstant le sentiment de Tournet, je croy que cette proposition n'est pas generalement vraye, mais qu'il faut faire cette distinction; sçavoir, que si la saisie est faite par le propriétaire, la main-levée doit être donnée par luy & non par l'usufruitier; en payant par le vassal les droits à l'usufruitier; parce qu'ayant mis en sa main le Fief, c'est à luy à le mettre hors sa main, & d'en bailler main-levée; & celle qui seroit donnée par l'usufruitier; ne serviroit qu'à son égard, & pour faire voir qu'il auroit été satisfait de ses droits: c'est le sentiment de Maître du Plessis. DU PLESSIS

Que si la saisie est faite par l'usufruitier, ayant été satisfait de ses droits, bien que la foy & hommage n'ait pas été faite au propriétaire, je ne vois pas de raison valable qui puisse l'empêcher d'en bailler main-levée, car celuy qui peut sa fir doit donner main-levée de sa saisie, *argum. leg. nihil tam. ff. de R. J. Authent. è contra. C. de repud.* mais le propriétaire pourroit par aprés saisir faute d'homme & devoirs non faits, nonobstant la main-levée accordée par l'usufruitier.

Mais comme il pourroit arriver que le vassal par intelligence avec l'usufruitier ne voudroit pas faire la foy & hommage au Seigneur propriétaire, à qui elle est dûë, l'usufruitier permettant au vassal de percevoir les fruits de son Fief, nonobstant la saisie faite par le propriétaire dont les profits appartiennent à l'usufruitier, on demande ce que pourroit faire le propriétaire, & par quelle voye il pourroit contraindre son vassal à luy venir rendre la foy & hommage à laquelle il est obligé envers luy? 6.

Je crois que cette contumace devroit être punie par la commise, si le vassal persistoit; & pour cet effet, le propriétaire devroit le faire assigner pardevant son Juge ou autre competant; pour voir ordonner qu'il viendroit luy rendre la foy & hommage dans un délay competant, & qu'à faute de le faire, la commise seroit declarée encouruë, comme étant un mépris & une contumace équipollante à un desaveu téméraire & fait à dessein. Voyez cy-aprés l'article 43.

L'usufruitier peut demander au nouveau vassal 7.

l'exhibition de son titre, & le dernier dénombrement qui a été baillé & reçû, ou tenu pour reçû, afin de connoître les droits qui luy sont dûs, Auzanet sur cet article; ce que je crois sans difficulté.

OBSERVATIONS DE MONSIEUR***

Sur l'Article II.

SOMMAIRE.

1. *Conditions requises pour la validité de la saisie féodale faite par l'usufruitier.*
2. *Si le vassal qui a fait la foy & hommage au Seigneur propriétaire, peut être inquieté par voye de saisie féodale par l'usufruitier.*
3. *Si le Seigneur propriétaire peut donner main-levée de la saisie féodale, au préjudice de l'usufruitier.*
4. *Effet de la saisie féodale faite par l'usufruitier, aprés la foy & hommage du vassal.*

NOUS n'avons rien changé en cet article, le trouvant fort clair.

Maître Auzanet vouloit en faire un nouveau, croyant que le mot usufruitier ne signifioit pas assez les possesseurs des biens emphitheotiques, & les possesseurs des baux à longues années.

Mais en lisant bien l'article on trouvera qu'il n'y manque rien.

1. Il est donc constant, aux termes de cet article, que pour ce qui regarde la saisie féodale, l'usufruitier joüit du même droit que le propriétaire du Fief dominant, en observant quelques formalitez.

La premiere est, que l'usufruitier somme le Seigneur propriétaire du Fief dominant de faire saisir. Cette sommation doit être faite à sa personne, ou au lieu du Fief dominant.

La seconde est, que dans la saisie le Sergent employe le nom du Seigneur du Fief dominant, comme propriétaire, & qu'il dise, que l'Exploit se fait à la poursuite & diligence de l'usufruitier.

2. Lorsque le vassal a fait la foy & hommage au Seigneur dominant, il en est quitte envers l'usufruitier, à qui l'on fera seulement le payement des droits; car l'on ne fait jamais de foy & hommage à l'usufruitier.

3. Lorsque la saisie féodale a été faite faute d'homme, droits & devoirs non faits & non payez, le Seigneur propriétaire du Fief dominant ne peut pas donner main-levée de la saisie, sans que les droits soient préalablement payez à l'usufruitier; & le Seigneur propriétaire recevant le vassal à foy & hommage aprés ladite saisie, & luy en donnant main-levée, n'empêcheroit pas qu'elle ne courut & n'emporta la perte des fruits, jusques à ce que les droits fussent payez à l'usufruitier.

4. Mais quand il n'y a point encore de saisie féodale, le propriétaire recevant la foy du vassal, la saisie féodale, qui seroit par aprés faite par l'usufruitier, n'emporteroit point la perte des fruits, & elle n'opereroit que le payement des droits, le Seigneur ayant été reconnu par son vassal.

CONFERENCE SUR L'ARTICLE II.

ORleans, article 63.

Par la Coûtume de Senlis, article 250. le mary peut recevoir les foy & hommage des vassaux qui tiennent en Fief de la Seigneurie de sa femme.

Du Moulin sur cet article fait cette remarque [a].

a *Intellige quando sunt communes in bonis, ut crebrius est; secus si non esset communitas, & sic uxor sua administraret, ut patet facta bonorum separatione.* C. M.

Nivernois, titre des Doüaires, article 9. porte, la doüairiere ni autre usufructuaire n'ont droit de recevoir hommages, dénombremens, user de retenüe, bailler souffrance aux vassaux, prendre les commises, faire baux à temps, excedant neuf ans, &c.

Maître Charles du Moulin en sa Note sur cet article [b], dit:

b *Per hanc Consuetudinem derogatur tacito mandato quod aliàs hæc vidua haberet tacito nomine proprietarii sub qualitate doariæ, ut scripsi in Consuet. Paris.* §. 1. *Glos.* 1. *q.* 1. *ad finem.* 24. *secundùm veterem, & num.* 36. *secundùm novam editionem.* C. M.

Auteurs sur l'Article second.

Bobé, sur cet article.

De la Lande, sur Orleans, article 63.

Maître Du Plessis explique cet article, livre 5. *du Traité des Fiefs*, chap. 7. sect. 1. p. 55.

L'USUFRUITIER D'UN FIEF.

Pontanus, sur la Coûtume de Blois, titre 4. article 39.

Le Let, sur Poitou, articles 32. & 122.

Le Grand, sur Troyes, article 86. Glose 8. nomb. 47.

D'Argentré, sur la Coûtume de Bretagne, article 7. *nota* 4.

Choppin, *du Domaine*, livre 3. titre 19. nombre 5.

Vigier, sur Angoumois, article 23.

Le Journal du Palais, Arrest du 11. Mars 1681.

De l'Hommeau, en ses Maximes generales du Droit François, livre 2. article 12.

ARRIERE-FIEFS OUVERTS.

Choppin, sur la Coûtume d'Anjou, livre 1. chapitre 6. nombre 11. & 12.

A FAUTE D'HOMME.

Choppin, sur la Coûtume d'Anjou, livre 2. partie 2. titre 1. nombre 6.

POURVÛ QU'EN L'EXPLOIT.

Tiraqueau, du retrait lignager, article 8. Glos. 8. Sanson, sur la Coûtume de Tours, titre 1. article 6.

ARTICLE III.

C'étoit le deuxiéme Article de l'ancienne Coûtume.

Ce qui est dû au Seigneur pour Fief échû par succession des ascendans.

QUand aucun Fief échet par succession de pere, mere, ayeul ou ayeule, il n'est dû au Seigneur féodal dudit Fief, par les descendans en ligne directe, que la bouche & les mains, avec le serment de fidelité, quand lesdits pere, mere, ayeul ou ayeule, ont fait & payé les droits & devoirs en leurs temps : en ce non compris les Fiefs qui relevent & se gouvernent selon la Coûtume du Vexin le François ; *esquels Fiefs, qui se gouvernent selon la Coûtume dudit Vexin, est dû relief à toutes mutations, & aussi ne sont dûs quints.*

Voyez l'article suivant & les 26. 33. à la fin, & l'article 324.

QUAND AUCUN FIEF ECHET PAR SUCCESSION.

GLOSE PREMIERE SUR L'ARTICLE III.

SOMMAIRE.

1. *Cet article contient une regle generale, & deux exceptions.*
2. *Si les enfans doivent relief pour donation à eux faite par les ascendans.*
3. *Si le relief est dû pour succession des descendans échûë aux ascendans.*
4. *Si les droits sont dûs pour le Fief pris par les enfans pour le doüaire.*

1. CEt article contient une regle generale, qui est, que les descendans ne doivent que la foy & hommage pour les Fiefs qui leur échéent par la succession de leurs pere, mere, ayeul ou ayeule ; ou autres ascendans ; & ne doivent aucuns profits au Seigneur féodal pour la mutation arrivée en leur personne ; ce qui provient de la faveur de la ligne directe ; ainsi que le déclare la Coûtume de Chartres, article 3.

Par Coûtume generale de France, en ligne directe n'est dû rachat, ainsi qu'il est porté au livre second du grand Coûtumier de France, titre des Coûtumes des Fiefs, & n'en est dû sinon en ligne collaterale. *Sicut olim jure civili in limite directo nullum erat onus vicesima caducorum nullum quarta curia civitati debita & siliquatorum ; ut scribit Cujacius ad lib. 1. feudor. tit.* 25. Toutefois audit grand Coûtumier sur la fin dudit titre des Fiefs est dit : *En ligne directe ne chiet point de rachap ; mais toutefois par défaut d'homme le Seigneur lieve les fruits.* Guenois sur cet article.

En effet c'est une maxime, que dans les choses favorables le pere & l'enfant ne sont considerez que comme une même personne.

Naturalis & civilis est ratio hujus consuetudinis ; quoniam filius censetur una & eadem persona cum patre, & vel patre vivo quodammodo Dominus bonorum patris, à quo moriente non dicitur de novo in filium transferri, sed continuari dominium, nec censetur filius rem acquirere, sed ejus liberam administrationem consequi, Molin. art. 1. Glos. 1. num. 1.

Quant à la foy & hommage il n'y a point de difficulté qu'elle ne soit dûë, parce que c'est un devoir personel, qui est essentiel & de la substance du Fief ; ainsi tout nouvel acquereur y est obligé ; de sorte qu'encore que le fils soit censé une même personne avec son pere, pour ce qui concerne les biens paternels, & qu'il semble que la proprieté de ces biens n'est pas transferée par la mort du pere en la personne du fils, qu'elle est continuée sans une nouvelle acquisition, *l. filio.* 23. *in princ. ff. de lib. & posthum. §. sui autem. Institut. de hered. qualit. & differ. & §. 3. Instit. de heredit. quæ ab intest. defer. l. fin. C. de impub. & aliis substit. l. cùm scimus §. ult. C. de agr col. & censit.* néanmoins les enfans sont obligez de faire la foy & hommage aux Seigneurs, desquels relevent les Fiefs qui leur échéent en ligne directe.

Mais aussi, parce qu'il n'y a pas de veritable mutation en la personne des enfans succedans à leurs ascendans, & que les Fiefs qui leur échéent par ce moyen, sont censez ne point changer de main ni de propriétaire & possesseur, la plus grande partie des Coûtumes de France n'ont pas voulu charger les enfans de payer aucuns droits aux Seigneurs : Et c'est la raison rapportée par tous nos Commentateurs sur cet article.

Cette regle souffre deux exceptions contenuës en cet article : La premiere est en ces mots, *quand lesdits pere & mere*, &c. La seconde est à l'égard des Fiefs qui se reglent suivant la Coûtume du Vexin le François, comme il sera observé cy-aprés.

Les enfans & descendans sont exempts de payer 2.

le relief pour les Fiefs qui leur échéent par succession de leurs ascendans par cet article, & pour ceux qui leur sont donnez en avancement d'hoirie, par l'article 26.

3. Mais on demande, si pour succession de Fiefs échûë aux ascendans par le décés des descendans, seroit-dû droit de relief au Seigneur ?

Du Moulin. L'article 4. *infra*, décide qu'il n'est rien dû au Seigneur; & c'étoit le sentiment de Maître Charles du Moulin sur l'article 2. & 3. Glos. 2. n. 2.

C'est pourquoy il faut dire, qu'il n'est rien dû dans les Coûtumes qui n'en parlent point: Et la Coûtume d'Orleans, article 22. dit en general, qu'en succession de ligne directe n'y a aucun profit de Fief, pour faire voir qu'elle comprend la ligne ascendante & descendante dans un même droit & une même disposition.

Il n'est rien dû aussi pour le Fief, que l'enfant qui renonce prend pour son doüaire; car quoy qu'il ne le prenne pas en qualité d'heritier, mais de créancier; néanmoins il n'en doit rien, ainsi jugé par Arrest donné en la Grand'Chambre le 14. Fevrier 1661. contre Monsieur de Beringhan, plaidans Maurice, Vautier & Billard. 4.

La raison est, que le doüaire tient lieu de legitime, & qu'il suffit qu'il soit pris sur les biens du pere pour n'être rien dû, c'est le sentiment de Maître Auzanet, & de Maître Du Plessis.

LA BOUCHE ET LES MAINS, AVEC LE SERMENT DE FIDELITE'.

GLOSE DEUXIE'ME SUR L'ARTICLE III.

SOMMAIRE.

1. *Que signifient la bouche & les mains.*
2. *Ce qui s'observe touchant la bouche & les mains.*
3. *Si le serment de fidelité est encore en usage.*

1. Charondas. Brodeau. PAR ces termes la bouche & les mains, selon le sentiment de Charondas & de Brodeau, nomb. 4. on entend la foy & hommage : & cette maniere de parler vient de ce que suivant l'ancien usage, qui s'observe encore à present en quelques endroits, lors de l'investiture & reception en foy, le vassal mettoit ses deux mains jointes en celles de son Seigneur, en signe d'humilité, & qu'il se dévoüoit tout entier à luy sous la foy qu'il luy en donnoit, en disant ces paroles qui sont dant la Somme rurale, *Sire, je deviens vôtre homme de bouche & de mains, vous jure & promets foy & loyauté de garder vôtre droit à mon pouvoir*; aprés cela le Seigneur le baisoit à la bouche, *cap.* 7. & 8. *de fer. fidelit. in consuet. feudor.*

La bouche & les mains sont le symbole, le gage, le témoignage & l'assurance de l'amour, de la fidelité & sujetion du vassal, *osculum mutui amoris indicium est, & pignus charitatis*, dit S. Ambroise, livre 6. sur S. Luc, chap. 7. & Budée *in Forens. Ut necessitudinis & benevolentiæ mutuæ index est osculum, ita obnoxiæ conditionis manus supplices inferioris, in manus superioris datæ*, comme remarque Brodeau, *loco citato*.

Les Coûtumes de Poitou, article 112. de la Marche, article 89. & de Lodunois, chap. 2. article 9. ont retenu en l'hommage simple le baiser en la joüe.

La bouche est le baiser & les mains sont les marques de l'union: *Fœdus fit, & dextræ copulantur*, dit Lactance, *de mortib.*

La bouche & les mains sont l'hommage, & le serment de fidelité est la foy. La foy & l'hommage sont deux choses differentes; & du Moulin a mal confondu ces deux choses sur le §. 3. Glos. 3. nomb. 14.

Anciennement les roturiers qui possedoient des Fiefs n'en faisoient point l'hommage, mais la foy seulement. *In Regno Franciæ faciliùs se expediunt, nam nobilis homo flexis genibus coram Rege, & immissis manibus junctis intra manus regias sibi fidelitatem jurat, & homagium facit, & Rex illum recipit ad osculum. Si verò sit ignobilis, licet habeat nobile Feudum, non recipitur ad osculum*, dit Durand, *tit. de Feudis.* §. *quoniam* 2. *n.* 66. *lib.* 4. Beaumanoir, chap. 48. p. 265. dit que les roturiers tiennent les Fiefs *par feute sans faire humage.*

2. Lorsque nôtre Coûtume prescrit la forme de faire la foy & hommage en l'article 63. *infrà*, elle n'ordonne point au vassal de mettre les mains en celles de son Seigneur, ni de luy présenter le baiser; quant à l'apposition des mains, cela s'observe quelquefois, & même aussi le baiser, mais c'est le Seigneur qui le présente à son vassal en signe d'amitié; ce ne sont pas des formalitez essentielles; c'est pourquoy du Moulin en sa Note sur ces mots, *la bouche & les mains*, dit, *hæc verba non debent ad captionem trahi : Vidua vassalla præsens obtulerat fidem & homagium; posteà Dominus cavillabitur quod non obtulerat, seu speciatim præsentaverat osculum & manus, oblationem validam judicatum fuit.* Du M.

Le même du Moulin sur cet article, *Glos.* 3. *num.* 16. dit, que cette maniere de faire la foy & hommage n'étoit en usage de son temps, que pour l'hommage lige, *nimis esset indecens, imò reprehensibile, nisi in fidelitate ligia, quæ debetur soli Principi; unde apud nos rarò practicatur, quamvis alibi in quibusdam locis etiam consuetudo scripta certam hujusmodi formam præscribat à vulgi fæce & superstitione magis quàm à ratione sumptam, &c.* Du M.

Chopin sur ce titre, nombre 4. dit la même chose. Voyez Brodeau sur ce titre, *num.* 5. Du Moulin sur l'article 54. de la Coûtume de Blois. Cho.

Tronçon sur l'article 4. *in verbo*, bouche, dit que la bouche ne signifie autre chose que le baiser qui se donnoit anciennement entre le Seigneur & le vassal, de bouche à bouche, pour marque d'amitié mutuelle & reciproque. Il remarque les Coûtumes qui ont retenu le baiser, voyez cy-aprés en la Conférence sur cet article. Tron.

Maldonat en son Commentaire sur S. Mathieu, chapitre 26. dit, qu'il étoit ordinaire entre les Juifs & les premiers Chrétiens, que ceux de moindre qualité présentoient le baiser aux personnes d'une qualité plus relevée: *Erat usitatum ut oscula si Judæi præsertim inferiores superiores salutarent, & quicumque magnum erga eos, quos salutabant, amorem ostendere volebant, quod & inter Christianos usitatum fuit, & longo etiam post tempore, ut ex Tertulliano cognoscimus lib. 1. de Oratione. Hoc est quòd Christus apud Pharisæum illum queritur : intravi in domum tuam, osculum mihi non dedisti.*

Suivant l'avis de Brodeau, lorsque les Reformateurs ont ajoûté ce qui est contenu en l'article 63. qui prescrit la forme de faire la foy & hommage, ils n'ont pas songé d'ôter ces mots de l'ancienne Coûtume, *la bouche & les mains*, qui sont en ce troisiéme article & dans les articles 4. 26. & 66. & au lieu d'iceux de mettre simplement la foy & hommage, ou le serment de fidelité, qui est marqué par ces termes, *la bouche & les mains*, selon la maniere Bro.

ancienne de faire la foy & hommage. Voyez cy-après sur l'article 63. où il y a des formules de foy & hommage.

3. Le serment de fidelité n'est plus en usage dans la prestation de l'hommage simple, aussi l'article 63. qui prescrit la forme de la foy & hommage n'en parle point, il dit seulement, que le vassal en faisant la foy & hommage doit mettre un genouil en terre, sans épée, ni éperons, & dire qu'il porte à son Seigneur la foy & hommage qu'il est tenu de luy faire, à cause de tel Fief mouvant de luy ; & la prestation de serment n'est observée que pour les hommages liges qui se font aux Souverains, comme il a été observé sur ce titre, nomb. 2.

Néanmoins nous ne laissons pas de nous servir de ces termes, *serment de fidelité*, pour marquer la foy & hommage.

Du Moulin sur l'article 12. de l'ancienne Coûtume d'Orleans *verbo*, hommage, dit, *quid, si etiàm Dominus exigat formale juramentum fidelitatis?* Répond, *Vassallus non tenetur ultra formam consuetam, nec ad formas insolitas, & nihil ad nos de Consuetudinibus Longobardorum.*

Enfin tous nos Docteurs tombent d'accord, que le serment de fidelité n'est point necessaire, comme la prestation de foy & hommage : la raison est, que depuis que les guerres particulieres ont été abolies en France entre les Seigneurs, il a été inutile que les vassaux leur prétassent un serment, qu'ils ne pouvoient pas garder ni exécuter ; la foy & hommage qui se rend présentement, n'étant qu'un devoir respectueux & une soûmission, à laquelle nos Coûtumes ont voulu assujettir les vassaux envers les Seigneurs.

ONT FAIT ET PAYE' LES DROITS ET DEVOIRS EN LEURS TEMPS.

GLOSE TROISIE'ME SUR L'ARTICLE III.

SOMMAIRE.

1. *Si les descendans en ligne directe sont tenus de payer les droits dûs par les ascendans.*
2. *Si c'est au fils à faire apparoir du payement fait par son pere.*
3. *Si le fils doit doubles droits, encore que le pere n'ait pas fait la foy & hommage.*
4. *Si tout successeur doit prouver que ses prédecesseurs dans le Fief ont payé les droits.*
5. *Coûtumes qui chargent du relief le Fief donné par l'ayeul au petit-fils.*

1. CEs termes contiennent la premiere exception à la régle generale contenuë au commencement de cet article, qui est que pour Fiefs échûs par succession des ascendans aux descendans ne sont dûs aucuns droits, & les descendans ne doivent que la foy & hommage ; néanmoins si les ascendans n'avoient pas payé les droits dûs pour leur acquisition, quoy que les descendans ne doivent rien pour les Fiefs qui leur échéent par cette succession, ils seroient obligez de payer les droits dûs par leurs ascendans pour lesdits Fiefs, & les Seigneurs ne seroient pas obligez de les recevoir en foy s'ils ne les payoient.

La raison est, comme il a été dit sur l'article 1. que les droits des Fiefs sont réels, & par conséquent ils passent en la personne de tout possesseur d'iceux, à l'exemple des charges réelles, suivant l'article 24. *infrà*, qui porte, que *le Seigneur féodal se peut prendre à la chose pour les profits de Fief* ; & comme il a été dit sur l'article 1. *suprà*.

2. C'est une question, si c'est au fils à faire apparoir de l'investiture ou inféodation prise par celuy de ses ascendans auquel il a succedé, & du payement des droits au cas qu'il en fût dû pour la mutation survenuë en la personne d'iceluy ?

Il est sans doute, que c'est à celuy qui succede au Fief, à prouver que ses ascendans ont payé les droits qu'ils pouvoient devoir pour la mutation arrivée en leur personne, au cas qu'ils eussent acquis le Fief par une cause, qui donnoit ouverture aux profits féodaux.

La raison est, que c'est aux debiteurs à justifier du payement par eux fait, & non aux créanciers à prouver qu'ils n'ont pas été payez, *l. 1. C. de probation. l. incivile. C. de rei vindicat. l. in exceptionibus ff. de probatio.* Or le successeur à titre universel est reputé debiteur des droits dûs par ceux ausquels il succede, puisqu'il est personnellement obligé à toutes leurs dettes, ainsi il n'y a point de difficulté qu'il ne soit obligé à prouver le payement fait des droits dûs par ceux dont il est heritier, pour l'acquisition qu'ils auroient faite du Fief, pour laquelle seroient dûs droits & profits utiles, comme le quint ou le relief.

Et non seulement le fils seroit obligé de payer les droits dûs par son pere, mais aussi ceux qui pourroient être dûs par son ayeul ou autre ascendant, à moins qu'ils ne fussent prescrits par 30. ans, ou couverts par la reception de foy, & par le payement des droits fait par le pere sans protestation de la part du Seigneur. Et jusqu'à ce que le fils eût payé ou fait offres valables au Seigneur pour tous les droits qui pourroient luy être dûs, il ne pourroit pas obtenir main-levée de sa saisie. C'est le sentiment de Maître Du Plessis. Du Plessis.

Il faut dire le contraire, lorsque celuy qui est au milieu a été reçû en foy, car en ce cas, ce seroit au Seigneur à prouver que les droits ne luy auroient pas été payez pour la mutation de l'ayeul, nonobstant la reception en foy du fils.

La raison est, que la présomption étant contre le Seigneur, elle l'oblige à faire preuve qu'il n'a pas été payé, *l. nuptura ff. de jure dot.* Car la reception en foy du fils ne l'excluroit pas de demander les droits dûs par l'ayeul, au cas qu'il prouvât qu'il n'en eut pas été payé, attendu qu'il n'en peut être exclus que par la prescription. Voyez sur l'article 12.

Du Moulin sur l'article 3. *Glos.* 5. dit que quoique que cela ne fût pas compris dans cet article, néanmoins il auroit lieu, *quia immunitas successionis directæ nihil infert ad jura, quæ ex successione collaterali vel particulari acquisitione prædecessoris debentur.* Du Moulin

Il dit ensuite, que ce seroit la même chose, quoy que les enfans succedassent au Fief par autre cause que par succession, comme en vertu d'une substitution testamentaire ou contractuelle, ou enfin qu'ils prissent le Fief par toute autre cause d'acquisition, étans obligez en tous ces cas de payer les droits dûs par leurs prédecesseurs, autrement le Seigneur ne seroit pas obligé de leur donner main-levée de sa saisie.

ONT FAIT ET PAYE', &c. Cette expression n'est pas juste, il faloit mettre *ont fait les devoirs & payé les droits* : d'ailleurs ces termes sont inutiles, parce qu'encore que le pere n'ait pas rendu la foy & hommage à son Seigneur, néanmoins le fils n'en devroit 3.

rien davantage, au cas que le pere eût acquis le Fief par succession en ligne directe, ou par donation aussi en ligne directe.

Mais si le pere avoit fait la foy & hommage & que le Seigneur prétendit n'avoir pas été satisfait des droits pécuniaires dûs pour son acquisition, ce seroit à luy à le prouver, comme s'il avoit reçû le pere en foy avec protestation & reserve pour ses droits ; ou que le pere eut reconnu autrement ne luy avoir pas payé le quint ou le relief à luy dû : Mais quand il n'apparoît point de la foy & hommage faite par le pere, le fils est obligé de payer les droits dûs par son pere pour son acquisition au cas qu'il en fut dû.

Le Maistre est d'avis contraire, & il prétend que c'est au Seigneur à prouver que le pere n'a point été investi & n'a point payé les droits : il me semble que c'est une régle de Droit *negantis non est probatio*, & que c'est celuy qui allegue le payement à le prouver, il tient bien d'autres opinions semblables.

4. Il faut dire aussi, que tout héritier en ligne collaterale est obligé de prouver que celuy à qui il succede dans le Fief, a payé au Seigneur les droits dûs pour sa mutation, si aucuns étoient dûs, à cause de l'obligation personnelle, qui passe de la personne du défunt en celle de son héritier, soit en ligne directe ou collaterale, *l. 59. ff. de R. J. l. 62. ff. eod. l. sed si plures.* 10. *§. filio. ff. de vulg. & pup. substitut.* & de tout acquereur par autre cause que de succession ; c'est la disposition de la Coûtume de Rheims, article 62. Ce qui doit être observé dans les Coûtumes qui n'en parlent point ; c'est l'avis de Buridan sur l'article 70. de la même Coûtume.

Les Coûtumes d'Anjou article 84. du Maine article 97. & de Lodunois, chapitre 14. article 2. portent que si l'héritage décend d'ayeul ou ayeule à l'enfant de leur fils ou fille, qu'iceux ayeul ou ayeule ayent survécu, y a rachat, parce qu'il y a moyen entre l'ayeul & l'enfant de l'enfant. Voyez la Note de du Moulin dans la Conference.

LE VEXIN LE FRANCOIS.

GLOSE QUATRIE'ME SUR L'ARTICLE III.

SOMMAIRE.

1. *Si le Vexin le François est une Coûtume particuliere.*
2. *Origine du Vexin le François & du Vexin le Normand.*
3. *Ancien aveu qui marque l'usage du Vexin le François.*
4. *Si les droits particuliers ne sont point abrogez par les Coûtumes generales.*
5. *Si c'est au Seigneur à prouver qu'un Fief se regle suivant le Vexin le François.*
6. *Si le relief est dû pour le premier mariage de la fille pour les Fiefs du Vexin.*
7. *Si le relief est dû pour ces Fiefs, quand la mutation arrive en la personne du Seigneur.*
8. *Si la dénegation de ce droit à toute mutation en pays Vexin, cause quelque peine.*
9. *Si le Seigneur est tenu de laisser aux enfans du vassal, ne egeant, au cas proposé.*
10. *Sentiment de l'Auteur.*
11. *Si le petit-fils venant à la succession de son ayeul par représentation de son pere, doit double relief pour Fief du Vexin.*
12. *Au pays de Lyonnois il y a des Seigneurs qui sont fondez à prendre droits pour successions de pere à fils.*

1. Du Moulin. DU Moulin sur cet article *Glos. 6.* explique ce que c'est que le Vexin François.

Il dit, que ce n'est pas une Coûtume particuliere, mais que dans l'étendüe de la Coûtume de Paris il y a quelques Fiefs, lesquels relevent à toutes mains, c'est-à-dire à toutes mutations, par les Loix de la premiere investiture & concession faite par les Seigneurs, lesquels n'ont démembré ces Fiefs de leurs Terres, qu'à la charge qu'il leur seroit payé le relief à toutes mutations, même par succession en ligne directe : & ces Fiefs sont situez vers les frontieres de la Normandie.

Est jus particulare & privatum quorumdam particularium feudorum & patronorum, qui feuda sua sub hoc onere concesserunt, quorum particularibus juribus Consuetudo nostra noluit derogare. Et ne fortè per generalitatem universalem hujus §. viderentur abrogata, nominatim fuerunt hìc excepta, non tamen confirmata, nec inducta de novo, sed in quantum aliàs justè debentur, du Moulin *loco citato.*

2. Chopin. Le Vexin François, dit Chopin sur ce titre, nombre 7. a lieu en quelques endroits situez dans la Prevôté & Vicomté de Paris, vers la Normandie ; comme à Pontoise, au Val de Gallie & au Comté de Chaumont, qui est surnommé *du Vexin François.*

Cet Auteur rapporte en ce lieu l'étymologie du mot *Vexin*, tirée de l'histoire de France : Il dit, que Charles le simple Roy de France, donna sa fille Gillette en mariage à Raoul Normand, & la Normandie pour sa dot, depuis la Riviere nommée *Andele*, jusques à Riviere de Coisnon, qui sépare la Bretagne de la Normandie. Depuis, Loüis d'Outre-mer étendit les limites du Duché de Normandie jusques à la Riviere d'Epte, par le traité de paix qu'il fit avec Richard Duc de cette Province, comme on void dans la Chronique de Normandie. Pour lors la ville de Gisors située sur la Riviere d'Epte, servoit de bornes & de limites à plusieurs Seigneuries : Ce qui étoit au deça de cette Riviere, étoit appellé *Vexin François*, & ce qui étoit au-delà, *Vexin Normand.*

Cette ville fut cause de plusieurs différens entre les Rois de France & les Rois d'Angleterre Ducs de Normandie : car d'un côté les François disoient que cette ville leur appartenoit, & d'un autre les Normands prétendoient qu'elle étoit de leur Province. Dans la suite des temps le Roy Philippe I. se rendit maître de tout le Vexin, & l'incorpora au Domaine de France, au rapport d'Aimon, ou de celuy qui a fait son supplément, au livre 5. de l'histoire de France, chapitre 47.

Ensuite Henry Roy d'Angleterre quitta au Roy Loüis VII. petit fils du Roy Philippe I. le Vexin Normand, situé entre les Rivieres d'Iée & d'Andele, par un traité de paix qu'ils firent ensemble. Enfin le Vexin fut donné en mariage par Loüis VII. à Marguerite de France sa fille, qu'il maria l'an 1157. avec

avec le fils de Henry Roy d'Angleterre.

Voyez Chopin titre 2. nombre 7. livre 1. & le Moyne Aimon livre 5. de l'histoire de France chapitre 53.

Guenois en sa Conference des Coûtumes sur cet article, dit que Vexin ou Vulquecin ou Volxin est vers le pays de Normandie, tirant du côté dudit pays. Le Seigneur féodal prend relief à toutes mutations venans du côté du vassal, qui est droit particulier auquel la Coûtume generale n'a voulu déroger : parce que les Seigneurs féodaux ont baillé leurs Fiefs à telles conditions. A cette cause sont exceptez les Fiefs qui se gouvernent selon la Coûtume du Vexin le François, ainsi nommé à la difference du Vexin qui est en Normandie, Senlis, article 156. au grand Coûtumier, titre des rachats de Fiefs. *En aucuns autres lieux l'on rachepte de toutes mains, comme d'achapt, d'échange, de don de quelconques autres aliénations ; & pour ce l'on dit audit pays, comme à Gonesse, & és Fiefs qui se relievent & se gouvernent selon la Coûtume du Vexin le François.*

Joly. Joly sur cet article remarque un ancien Aveu de Guillaume le Bouteiller Chevalier, rendu à Dame Perrenelle de Villers, veuve de Messire Charles, Seigneur de Mont-morency, pour le Fief de Marie Cermoise sa femme, situé à Moucy-le-neuf, par lequel l'usage du Vexin est justifié.

Il est rapporté par du Chesne dans les Preuves du livre 3. chapitre 8. de l'Histoire de Mont-morency ; & est conçû en ces termes :

A tous ceux qui ces Lettres verront & oyront, Parronnelle de Villers, Dame de Mont-morency & de Villers-le-Sec, salut : Sçavoir faisons qu'aujourd'huy, tant en nôtre privé nom, comme ayant la garde & le gouvernement de nos enfans, & enfans de nôtre tres-cher Seigneur & mary Messire Charles, jadis Seigneur de Mont-morency, à qui Dieu pardoint, avons reçû & mis en nôtre foy & hommage, noble homme Messire Guillaume le Bouteiller, Chevalier, d'un Fief qu'il a avoüé & avoüe tenir de nous as Us de France, à cause de nôtre tres-chere & amée cousine Marie de Cermoise sa femme ; lequel Fief est assis à Moucy-le-neuf & environ : en laquelle foy nous le promettons tenir & garder selon que ledit Fief le desire, &c. Et avec ce confessons, que ledit Messire Guillaume a contraudé & finé avec nous pour l'année dudit Fief, qui nous doit & peut appartenir à present, par la mort & tripassement de Messire Pierre de Cermoise, Chevalier, pour la somme de cent cinquante francs d'or, de laquelle somme nous connoissons avoir eu & reçû quatre-vingt dix francs par la main de Jean de la Tour, Escuyer dudit Messire Guillaume, &c. En témoin de ce nous avons scellé ces Lettres de nôtre propre seel : Donné à Escoüen le 3. jour de Juillet l'an de grace 1387.

Cet Aveu marque l'ancien usage de Vexin avant la redaction des Coûtumes.

Les Fiefs au païs de Gonesse se gouvernent aussi selon le Vexin, suivant l'Auteur du grand Coûtumier, livre 2. chap. 32. p. 212. *En aucuns autres lieux l'on rachette de toute mains ; comme d'achat, d'échange de don, de quelconques autres alienations ; & pour ce l'on dit, comme à Gonesse, que les Fiefs relevent de toutes mains qui se gouvernent suivant la Coûtume du Vexin le François.*

4. La disposition de nôtre Coûtume, touchant le Vexin, fait voir, que les droits particuliers ne sont pas abrogez par les Coûtumes publiques & generales, comme dit du Moulin en ses Notes sur l'article 48. de la Coûtume de Chartres, article 281. de la Coûtume de la Marche, & sur l'article 109. de celle de Blois, où il cite un Arrest du Parlement de Paris du 13. Juin 1535. qui l'a jugé ainsi : ce qui est rapporté

Tronçon. par Tronçon sur cet article, *in verbo*, Vexin.

5. *Si c'est au Seigneur à prouver qu'un Fief se regle suivant la Coûtume du Vexin, ou suivant celle de Paris.*

C'est le sentiment de Maître Charles du Moulin sur cet article *Glos. 6. num. 2.* que si le Seigneur prétend qu'un Fief se regle suivant le Vexin le François, c'est à luy à le prouver par de bons titres & actes de possession immemoriale : la raison est, que celuy qui prétend un droit extraordinaire, est obligé de le justifier : Or il est certain que le droit du Vexin le François est extraordinaire, odieux & exorbitant. Du Moulin.

D'où ce même Auteur au même lieu tire une conséquence, que bien que le vassal déniant que son Fief se regle suivant le Vexin, néanmoins s'il succombe, il n'encourt point la confiscation ou commise de son Fief, parce qu'il ne desavoüe point son Seigneur ni la mouvance, mais il conteste seulement la qualité de son Fief, & le droit extraordinaire qui est prétendu par le Seigneur, ce qui est sans difficulté, & c'est le sentiment de Brodeau sur cet article nombre 13. Brodeau.

Mais il ne suffiroit pas au Seigneur pour prouver qu'un Fief se regleroit suivant le Vexin le François, de faire voir qu'il seroit situé entre plusieurs autres qui suivroient cette Coûtume selon le sentiment de Maître Charles du Moulin, parce que c'est un droit extraordinaire & odieux, *quod est valdè odiosum & illiberale, & à quodam fortè sordido & avaro inventum, cui non sufficiebant onera ordinaria & regularia feudorum nostrorum, tametsi satis onerosa, atque ideò non solebat infeudare nisi cum onere releviorum ab omni manu.* Du Moulin.

La raison est, que le Vexin le François n'est pas renfermé dans de certaines bornes, dans lesquelles toutes les terres se reglent à l'égard des Fiefs suivant l'usage marqué cy-dessus, vû que les Fiefs du Vexin sont quelques Fiefs situez en plusieurs endroits dans la Prevôté de Paris.

Si le relief est dû dans cette Coûtume pour le premier mariage de la fille ? 6.

Voyez *infrà*, sur l'article 36.

Si le relief est dû pour les mutations qui arrivent de la part du Seigneur dans les Fiefs qui se gouvernent selon le Vexin ? 7.

Il faut dire que ces termes, *à toutes mutations*, ne se doivent entendre que pour celles qui arrivent de la part du vassal, & non pour celles qui procedent de la part du Seigneur, ce qui est prouvé par les articles 65. & 66. *infrà*, qui portent indistinctement, que l'ancien vassal ne doit que la bouche & les mains à son nouveau Seigneur, sans aucunement excepter les Fiefs du Vexin le François ; car comme c'est une regle generale du droit Coûtumier, que l'ancien vassal ne doit que la bouche & les mains à son nouveau Seigneur, la Coûtume ou les Réformateurs d'icelle n'auroient pas manqué de declarer que la rigueur du Vexin le François auroit lieu non seulement pour les mutations survenantes de la part des vassaux, mais aussi pour celles qui proviendroient du côté des Seigneurs.

Et dautant que les mutations qui se font en la personne des Seigneurs, arrivent sans le fait des vassaux, mais par le fait ou la volonté de leurs Seigneurs, il est juste qu'elles ne causent aucun préjudice aux vassaux. De plus, il y a une tres-grande raison d'équité qui le veut ainsi, sçavoir que si les droits étoient dûs pour les mutations qui arrivent en la personne des Seigneurs, les Seigneurs donneroient souvent lieu à ces droits en vendant, permutant ou alienant par d'autres moyens leurs Fiefs, ce qui causeroit un grand préjudice à leurs vassaux qui se trouveroient souvent obligez à payer ce droit.

C'est le sentiment de Maître Charles du Moulin en sa Note sur cet article, *au Vexin*, dit-il, *le Seigneur prend relief à toutes mains venant du côté du vassal*, d'où il faut conclure que le relief n'est point dû pour celles qui arrivent de la part du Seigneur. Du Moulin.

8. *Si la dénegation faite par le vassal du droit de quint à toute mutation au pays de Vexin, cause quelque perte au vassal.*

La dénegation de ce droit n'emporte pas la commise; & le vassal pour raison de ce ne doit être condamné qu'aux dépens, & ne peut le Seigneur pour ce sujet user de saisie féodale; mais il n'a que la voye de l'action, ainsi que Maître Charles du Moulin l'a remarqué, §. 2. de la Coûtume de Paris, Glos. 6. *in verbo* Vulquecin, nombre 1. où il dit, *Istud jus exigendi relevia in omni mutatione Vulquecini non est jus consuetudinarium nec potest peti aut exigi per modum legis, nec in vim hujus consuetudinis: sed est jus particulare, & privatum quorumdam patronorum qui feuda sua sub hoc onere concesserunt.*

Ce même Auteur, au lieu cité, nombre 3. fait cette question, *quid si vassallus negaverit Feudum suum Regi hoc Vulquecini more utrum convictus amittat Feudum, vel aliter puniatur. Respondeo non nisi in impensis litis quia jure non cavetur*; parce que les Constitutions penales ne reçoivent point d'extension d'un cas à l'autre.

9. *Si en cas d'ouverture de Fief qui se regle suivant le Vexin le François, arrivée par la mort du vassal, ce vassal laissant plusieurs enfans mineurs qui n'eussent point d'autres biens pour vivre que le Fief, sur lequel le Seigneur auroit droit de prendre relief, le Seigneur en ce cas pourroit prendre tous les fruits à son profit?*

Du Moulin. Du Moulin sur cet article *Glos. 6. num.* 7. dit, que le Seigneur est tenu de leur laisser des fruits suffisans pour leurs alimens, & qu'il avoit fait ainsi juger cette question: *hunc casum habui de facto anno sesquimillesimo quinquagesimo septimo, dum vassallus obiisset in bello, relictis tribus pupillis; Dominus Feudi siti in Comitatu Calvimontis, volebat capere omnes fructus unius anni, & negabat se teneri ad alimenta, nec Consuetudines Insubria quantum ad hoc receptas in Gallia; & ad summum docebat, quòd mater tutrix poterat hypothecare aut vendere partem proprietatis Feudi pro alimentis. Ego verò scripsi & obtinui pro dictis pupillis.*

Les raisons dont il se sert sont, premierement, que comme le vassal est tenu de nourrir & alimenter son Seigneur quand il est tombé dans la pauvreté, & qu'il n'a pas dequoy avoir ses alimens, aussi par une obligation mutuelle & reciproque, le Seigneur doit donner des alimens à son vassal, & à plus forte raison il ne doit pas prendre pour son relief tous les fruits de son Fief, de sorte qu'il ne luy en reste point pour ses alimens pendant l'année; c'est le sentiment des Docteurs qu'il rapporte, *ita decidit Bartolus in l. alimenta. §. Imperator. ff. de liber.*

Cette raison est inutile en France, où cette mutuelle obligation entre les Seigneurs & les vassaux n'est qu'imaginaire, puisqu'elle n'est contractée qu'à raison de la chose & non des personnes, & que la foy & hommage qui est prêtée par le vassal à son Seigneur, ne l'oblige aucunement envers luy, soit à le défendre contre ses ennemis, ou autrement, comme il a été dit cy-dessus.

En second lieu les enfans de l'ancien vassal sont censez une même personne avec luy, ce qui fait qu'il n'y a point de veritable mutation en leur personne, ainsi qu'il a été dit cy-devant.

Enfin, parce que ce relief dû à toutes mutations, est un droit odieux & exorbitant, il faut par une raison d'équité le moderer dans le cas dont il s'agit, qui est favorable pour les enfans mineurs.

Nous avons des Coûtumes qui décident la question.

Celle d'Anjou, article 108. veut, que pour les alimens du mineur soit pris le tiers du revenu du Fief tombé en rachat, au cas que le mineur n'eût pas d'autrs biens.

Celle de la Marche article 131. veut que le Seigneur levant la Taille sur ses sujets pour plusieurs cas en une même année, il leur laisse raisonnablement, *& deducto ne egeant.*

A plus forte raison, selon l'esprit de cette Coûtume, le Seigneur est-il obligé de laisser aux enfans mineurs de l'ancien vassal des fruits du Fief pendant l'année du relief, *ne egeant*; & ce d'autant plus que c'est un droit qui est contraire à la disposition de toutes les Coûtumes.

La Coûtume de Sens a une disposition contraire en l'article 209. en ces termes: *Si le Seigneur féodal tient en ses mains les terres des mineurs, qui n'ont aucuns meubles, parens, gardes, ni dequoy vivre, il n'est pourtant tenu, s'il ne luy plaît, de nourrir & gouverner lesdits enfans, ni de payer la rente, ou rentes à vie, à une, ni à deux filles de son vassal trépassé, ausquelles lesdites rentes pourroient avoir été constituées.*

Celle de Melun article 81. dit aussi que pendant la saisie le Seigneur n'est point tenu de nourrir le propriétaire du Fief, quoiqu'il fût mineur, & n'eût d'autres biens, & n'est point tenu de payer pensions de Religieuses, rentes ou autres charges, &c.

Du Moulin sur l'article cité de la Coûtume de Sens dit en sa Note, *iniquissima Consuetudo*, vû même que souffrance est dûë au mineur, *& contrarium obtinui per Arrestum Parlamenti Parisiensis in terminis Consuetudinis* de Chaumont au Vexin François. C. M. Voyez Monsieur de Boissieu question 1. page. 90. du Plaid Seigneurial.

Tronçon *in verbo*, à toutes mutations, & Brodeau sur cet article nombre 17. rapportent le sentiment de du Moulin & le suivent; c'est aussi celuy de Maître Du Plessis. Tronçon. Brodeau.

Mais pour moy je croy, que pour les Coûtumes qui n'en disposent point, & pour celles qui veulent que *alimenta non deducantur*, on pourroit prendre un temperament commode pour les mineurs, & qui ne préjudicieroit point au Seigneur; sçavoir, en ordonnant, que le Seigneur prendroit les fruits à la reserve de ce qui seroit necessaire pour les alimens des mineurs, lesquels, ou leur estimation, il reprendroit sur l'année prochaine ou sur les années suivantes; car le Seigneur n'est pas obligé de prendre l'exploitation du Fief pour son relief, il peut, si bon luy semble, prendre l'estimation du revenu de l'année au dire d'Experts & gens a ce connoissans, suivant l'article 47. *infrà*, & la Coûtume le laisse à son choix. 10.

Posons donc qu'il ait choisi cette estimation, qu'elle se monte au dire d'Experts à mille livres, & que pour les alimens des mineurs il faille cinq cens livres, en ce cas il n'est pas juste que le Seigneur exige le payement de toute la somme, parce qu'il doit rester des alimens aux mineurs, & ils ne doivent pas être contraints de vendre leur Fief pour le payement de ce droit; mais aussi comme il n'est pas juste, que le Seigneur soit privé des droits qui lui sont dûs & acquis par la disposition de la Coûtume, il devroit se contenter de la moitié de cette somme la premiere année, & attendre le payement de l'autre l'année suivante: Ce qui pourroit être ainsi ordonné pour les enfans de l'ancien vassal, soit qu'ils fussent majeurs ou mineurs au cas qu'ils n'eussent pas de bien d'ailleurs.

Si dans les Fiefs qui se reglent par la Coûtume du Vexin, en succession directe, le petit fils venant par representation de son pere à la succession de son ayeul, doit double relief? 11.

Il semble qu'il en doit deux, l'un pour son pere qu'il représente, & l'autre pour luy; néanmoins il faut dire que le Seigneur n'en peut demander qu'un.

La raison est, que le petits fils succede à son ayeul *ex propria persona*, & non pas *ex persona patris*, auquel la succession n'a jamais appartenu, & qu'en ce cas il n'y a qu'une mutation arrivée en la personne du petit-fils.

Il en seroit de même, bien que le petit fils succedât à son ayeul par la mort civile de son pere, parce qu'il ne viendroit pas à la succession de son ayeul par représentation de son pere, mais de son chef.

12. Au Païs de Droit écrit de Lyonnois, il y a des Seigneurs qui sont fondez en titre particulier, de prendre les reconnoissances & payement de my-lods, de pere à fils, à raison du douziéme denier de la valeur des biens à eux échûs.

Tronçon. Tronçon sur cet article *in verbo*, à toutes mutations, dit, qu'il a été ainsi jugé par Arrest du 23. May 1615. entre frere Antoine de Sainte-Colombe, Doyen de Terland, appellant de la Sentence donnée par le Juge ordinaire de Terland, ou son Lieutenant, le 3. Avril 1594. d'une part, & Etienne & Jean Perrin d'autre, & encore ledit Colombe appellant d'une Sentence du Sénéchal de Lion, ou son Lieutenant à Lion d'autre part, du vingt-quatre May mil cinq cent quatre-vingt-quinze.

Par cet Arrest, la Cour faisant droit sur le procès évoqué, avoit condamné les intimez a payer audit de Sainte-Colombe, Doyen, les droits de my-lods, à raison du douziéme un denier, de la valeur à laquelle seroient estimez les héritages appartenans aux intimez, & à eux échûs par le decés & trépas de défunt leur pere, étans en la directe dudit Sieur Doyen & sans dépens.

Cet Auteur remarque au même lieu, un autre Arrest du 27. Février 1616. sur procés par écrit, entre Messire Pierre d'Albon, Seigneur de Saint Fargeol, demandeur en reconnoissance de cens & payement de my-lods de pere à fils, d'une part, & Benoist Chirat Laboureur fils & heritier de feu Chirat son pere, défendeur, d'autre.

OBSERVATIONS DE MONSIEUR***.

Sur l'Article III.

SOMMAIRE.

1. *De quelle maniere Monsieur ***. a redigé la fin de cet article.*
2. *Droit de relief est dû à toutes mutations en Vexin.*
3. *Si lorsqu'un Fief échéoit par succession en directe ou collaterale, le relief est dû pour les Fiefs situez en Vexin.*
4. *Si les heritiers de la femme doivent relief, ou ceux du mary, quand par les renonciations & partages ils acquierent le Fief qui y est sujet.*
5. *Difference des Fiefs, qui sont dans le Vexin, des autres Fiefs.*
6. *Par quelles maximes il faut, touchant le relief, expliquer les cas qui ne sont point prevûs par la Coûtume.*
7. *Quand le Fief dominant se trouve dans une Coûtume, & le Fief servant dans une autre, quelle Coûtume il faut suivre.*
8. *Si par le mot de dépendances on n'entend que les biens situez dans la mesme Paroisse.*

1. LA fin de cet article devroit être dressée ainsi. *Es Fiefs qui se gouvernent par la Coûtume du Vexin François n'est dû quint, mais relief est dû à toutes mutations, même en directe.*

2. Es Fiefs qui se gouvernent par la Coûtume du Vexin François le droit de relief est dû à toutes mutations; mais la question est de sçavoir ce que c'est que mutation, & s'il y en a lorsqu'une femme renonce à la communauté, & se paye des effets de ladite succession, ou si elle se paye d'ailleurs en argent & si les heritiers du mary doivent relief.

Pour bien connoître ce qui est exempt de relief en Vexin il faut établir une maxime, & examiner ensuite si elle est véritable. C'est qu'en Vexin il faut qu'il y ait mutation de personne pour donner lieu au relief, & que toutes les fois qu'il y a mutation de personnes le droit de relief est dû; & de cette maxime nous conclurons que ce qui se possede par quelqu'un *jure non decrescendi*, ne doit point de relief, parce qu'il n'y a point de mutation de personne, au contraire que ce qui s'acquiert *jure accrescendi* doit le relief, parce qu'il y a mutation, d'où nous tirerons deux consequences.

3. La premiere, que lorsqu'un Fief échoit par succession en directe ou collateralle, le relief est dû.

Mais que quand dans les partages une terre échoit à l'un des heritiers, ou que par la renonciation d'aucun d'eux la part de ceux qui renoncent accroit aux autres, il n'est point dû de relief pour ledit accroissement, parce que les autres heritiers reviennent *jure non decrescendi*.

Il en est de même, lorsqu'une femme renonce à la communauté, & qu'elle se paye des effets de cette même communauté, elle ne prend que ce dont elle avoit moitiée, & la chose étant présumée acquise de ses deniers & par elle-même, quoique ce soit des titres differens de posseder, il ne se fait pourtant point de mutation de personne.

Comme aussi la femme étant morte la premiere, si les heritiers de la femme renoncent à la communauté, le mary qui devient le maître de la totalité du Fief acquis pendant la communauté dans laquelle il n'avoit que la moitiée ne doit point de relief, parce qu'il n'y a point de mutation de personne, quoique ce soit néanmoins un different titre de posseder.

4. La seconde consequence est, que les heritiers de la femme ou ceux du mari doivent le relief, quand par les renonciations & partages, ils acquierent le Fief, qui y est sujet, même en directe, parce qu'il y a mutation de personne.

5. C'est la difference qu'il faut établir entre les Fiefs qui se regissent par nôtre Coûtume generale & ceux qui sont dans le Vexin; car il est tres-constant que tous ceux qui suivant la Coûtume generale doivent le relief le doivent en Vexin, *sed non è contra* parce qu'il y en a qui en sont exceptez, qui en Vexin le doivent, comme les heritiers des maris & des femmes en directe en cas de renonciation à la communauté.

6. Pour bien connoître la Loy qu'il faudra suivre dans les cas qui ne sont point prévûs par la Coûtume, nous nous servirons de ces maximes suivantes.

La premiere, qu'il n'y a point de relief qu'il n'y ait mutation de personne.

La deuxiéme, que pour une mutation de personne il ne peut jamais être dû qu'un droit, & s'entend être mutation de personne lors même que la même personne acquiert le même Fief differentes fois : car si un homme acqueroit, vendoit, & ensuite acqueroit le même Fief, les droits sont dûs pour chaque mutation, & differens titres de posseder.

7. Quand le Fief dominant se trouve dans une Coûtume, & le Fief servant dans un autre, pour ce qui regarde la foy & hommage, il faudra toûjours suivre la Coûtume dans l'étenduë de laquelle le Fief dominant se trouve situé, parce qu'il faut que celuy qui a le Fief servant se transporte au principal manoir du Fief dominant.

Mais pour ce qui est du payement des droits, & de la maniere de joüir des biens que le Seigneur féodal met en sa main, il faudra necessairement suivre la disposition de la Coûtume dans l'étenduë de laquelle le Fief servant se trouve situé, parce qu'il faut que le Seigneur du Fief se transporte sur le lieu pour joüir, & ce seroit troubler l'ordre dans toutes les terres si l'on faisoit autrement ; surquoy il survient quelquesfois une autre difficulté, lorsque le Fief dominant est situé dans differentes Coûtumes, s'il y a des Fiefs qui se regissent par une Coûtume, & des Fiefs qui se regissent par une autre Coûtume dans une même terre, auquel cas il sera necessaire de suivre celle dans l'étenduë de laquelle le principal manoir est bâty.

Mais on demande sur quelle Coûtume il faudra regler les droits dûs au Seigneur, si le Fief servant à des dépendances qui soient dans des Coûtumes differentes.

Quelques-uns ont prétendu qu'il falloit faire une ventilation & faire payer les droits differemment eu égard aux differentes parties du Fief.

Maître Auzanet pense avec plus de raison qu'il est à propos de suivre la Coûtume où est le principal manoir, & cela me paroît fondé en raison & plus commode pour empêcher les frais & les differentes procedures qui ne peuvent pas manquer d'être tres-grandes, lorsqu'il faut faire ces distinctions & ventilations de Fief, au lieu que par une équité tres-juste il faut que les dépendances d'un Fief suivent la Loy, & l'établissement principal du Fief.

Je voudrois néanmoins apporter une restriction à ce sentiment, lorsque par droit de félonie ou autrement un Fief fort éloigné du principal manoir situé en differentes Provinces aura été réüni au principal Fief, je ne croirois pas qu'en cette rencontre la Loy dût s'y étendre, mais seulement pour les dépendances dans une même Parroisse où dans les lieux voisins.

8. Ainsi il faut prendre le mot de dépendances pour les biens situez dans la même Parroisse ou lieux voisins qui font une dépendance & non pas des lieux qui ont fait autrefois un corps de Fief.

Pour moy nonobstant le sentiment de Monsieur**. auquel je défere le plus souvent tres-volontiers, je croy que dans l'un & l'autre cas, les dépendances comme parties du principal Fief n'en doivent pas être séparées, le Fief & les dépendances ne composant qu'un même Fief.

CONFERENCE SUR L'ARTICLE III.

CET article au commencement contient une disposition presque generale de toutes les Coûtumes ; Sçavoir.

Amiens, article 49. *Auxerre*, article 62.

Berry, titre 5 article 12.

Calais, titre 2. article 12. ajoûte, *si ce n'est que par convention soit dû à toutes mutations aucun droit*. *Châlons*, article 166. *Châteauneuf*, article 22. *Chartres*, article 16. & 17.

Ces deux dernieres Coûtumes ajoûtent : *toutefois si le Fief est aboné, on se doit regler selon l'abonnage : & si ledit abonnement porte, que le fils doive rachat par le decis de pere ou de mere, ayeul ou ayeule, il se doit payer selon ledit abonnement.*

Chaumont, article 16. 25. & 47. *Chauny*, article 73. *Clermont* article 72.

Dourdan, article 2. *Dreux*, article 13.

Estampes, article 2.

Laon, article 157.

Mantes, article 6. *Meaux* ; article 134. *Melun* ; article 52. ajoûte *par succession ou partage*. *Montargis*, chapitre 1. article 32. & 33.

Sur cet article 33. du Moulin en sa Note dit : a

a *Non solùm descendenti sed etiam ascendenti, ut dixi in Consuetudine Paris. §. 1. & expressim Consuet Trecens §. 25. Calvimontis §. 16. 22. 25. 47. quidam hanc immunitatem extendunt in fraterna vel sororina successione ; ergo & donatione in anticipatione successionis Sed Arvernia & aliis locis de quibus dixi in Consuetudine Paris. §. 23. nulla ullo casu jura pecuniaria debentur.*

Montfort, article 2.

Noyon, article 25.

Orleans, article 22.

Peronne, art. 32.

Saint Quentin, article 62.

Rheims, article 62. & 70.

Ribemont, article 3.

Sedan, titre 3. article 44. *Senlis* ; article 152. 156.

Sens, article 192.

Tours, article 133. *Troyes*, article 25.

Valois, article 33. *Vitry en Parthois*, article 29.

Grand Perche, article 31. dit, que foy, hommage & rachats de Fief sont dûs en toutes mutations de vassal propriétaire du Fief, par mort ou autrement, soit en ligne directe ou collaterale, & ne sont point dûs tels rachats que pour choses hommagées.

Idem Artois, titre 2. article 85. & *Tournay*, titre 10. article 14.

LA BOUCHE ET LES MAINS.

Il y a des Coûtumes qui ont retenu en l'hommage simple le baiser en la jouë.

Poitou, article 111. *La Marche*, article 89. *Lodunois*, chapitre 2. article 9.

AYEUL OU AYEULE.

Les Coûtumes d'Anjou, article 84. du Maine, article 97. & de Lodunois, chapitre 14. article 2. portent, que *si l'heritage descend d'ayeul ou ayeule à l'enfant de leur fils ou fille, qu'iceux ayeul ou ayeule ayent survécu, y a rachat, parce qu'il y a moyen entre l'ayeul & l'enfant de l'enfant.*

Du Moulin dit sur l'article cité de la Coûtume du Maine ; b

b *Et sic non debetur relevium in mutatione de patre in filium, de fratre in fratrem : sed docetur aliàs etiam de avo in nepotem, quod est ineptum & correctione dignum, & multò magis debetur de donante in donatarium, quamvis Pragmatici quidam hujus Regionis dicerent non deberi, quia non cavetur, sed imò satis cavetur infrà §. 100. 109. 126. 133.*

QUE LA BOUCHE ET LES MAINS.

Quelques Coûtumes donnent au Seigneur un droit de Chambellage : sçavoir, *Chauny*, article 73. droit. *Clermont*, article 73.

Laon, article 157.

Noyon, article 25.

Peronne, article 33.

Ribemont, titre 2. article 3. Rheims, titre 3. article 70.

Saint Quentin, article 62. *Senlis*, article 156.

La Salle de Lisle dit, *tous Fiefs sont chargez à la mort de l'heritier vers les Seigneurs dont ils sont immediatement tenus de dix livres de relief, ou de trois années l'une, au choix du relevant, s'il n'appert du contraire.*

Ce droit est estimé differemment par les Coûtumes. Par celle de *Clermont*, il est de vingt sols Parisis, par celle de *Laon*, c'est une piece d'or à la volonté du Seigneur, par celle de *Saint Quentin*, c'est aussi une piece d'or qui vaut demy écu, & au dessus à la discretion du vassal, pourvû que le Fief soit de vingt livres tournois de rente par chacun an; & s'il vaut moins, il n'est que de cinq sols suivant l'article 76.

EST DÛ RELIEF A TOUTES MUTATIONS.

Il y a quelques Coûtumes locales qui sont semblables au Vexin François.

Senlis, article 156. dit, *excepté les Fiefs des Châtellenies de Pontoise & Chaumont, qui se relevent de toutes mains & mutations; comme pareillement les Châtellenies de Mello & Moucy-le-Châtel, & les Fiefs qui en dépendent.*

Clermont dit en l'article 74. que les Seigneuries de Bulles & Conty, ensemble tous les Fiefs & arriere-Fiefs qui en sont mouvans (sauf & reservé la Terre & Châtellenie de Milly mouvans dudit Bulles) se relevent de toutes mains & de toutes mutations, soit en ligne directe ou collaterale, & autrement.

En l'article 75. il est dit, que la Terre & Châtellenie de Milly, & les Fiefs qui en dépendent, arriere-Fiefs de Bulles, se relevent à nature de ceux mouvans du Châtel de Clermont en ligne directe, excepté trois Fiefs seulement; le Fief de la Cour d'Anneul, divisé en deux, & le Fief de Arames, lesquels se relevent selon la nature des Fiefs mouvans de Bulles, c'est à sçavoir de toutes mains & mutations.

Auteurs sur l'Article troisiéme.

Challine, regle 10. exemple 1.

Bobé, sur cet article & sur l'article 134. de la Coûtume de Meaux.

De la Lande, sur Orleans, article 22.

Thourette, sur Monfort, article 2.

Le Grand, sur Troyes, article 25.

Basnage, sur Normandie, article 163.

Ragueau, sur Berry, titre 5. article 12.

Buridan, sur Rheins, articles 62. 70.

Maître Du Plessis explique cet article, livre 1. *des Fiefs* : chapitre 4. page 22. & 24.

Duret, en son alliance des Coûtumes, page 881. & 882.

QUAND AUCUN FIEF.

Pontanus, sur la Coûtume de Blois, titre 6. article 85.

Marion, Plaidoyer 7.

Lhoste, sur Montargis, titre 1. article 33.

Vrevin, sur la Coûtume de Chauny, article 76.

Brodeau, sur la Coûtume du Maine, article 97.

Buridan, sur la Coûtume de Vermandois, article 157.

PAR SUCCESSION DU PERE.

Choppin, sur Anjou, livre 2. titre 1. nombre 13.

QUE LA BOUCHE ET LES MAINS.

Du Moulin, sur la Coûtume de Blois, article 54.

Pontanus, sur la même Coûtume, titre 6. article 91.

Le Let, sur la Coûtume de Poitou, article 111.

Brodeau, sur Paris, article 3. nombre 5.

Loysel, livre 4. titre 3. regle 10.

Chopin, sur Paris, livre 1. nombre 4.

Challine, regle 5. exemple 2. & 7.

Ragueau, *des Droits Royaux*, sur ces mots, *la bouche & les mains*.

AVEC LE SERMENT DE FIDELITÉ.

Chassanée, sur la Coûtume de Bourgogne, titre 3. article 1. Glose 2. article 3. nombre 7. article 4. nombre 1. & suivans.

Rat, sur la Coûtume de Poitou, article 96.

Chopin, sur la Coûtume d'Anjou, livre 2. titre 1. nombre 6.

Ferronus, sur Bordeaux, titre 8. article 14.

Englebermeus, sur Orleans, titre 1. article 3.

Roüillé, sur la Coûtume du Maine, article 140.

SELON LA COUTUME DU VEXIN.

D'Argentré, sur la Coûtume de Bretagne, article 277.

Chopin, sur Paris, livre 1. nombre 7.

Ricard, sur la Coûtume de Senlis, article 132.

Challine, regle 7. exemple 6. & 7.

Baudran, dans son Dictionaire Geographique, *verbo* Vexin.

ARTICLE IV.

Cet article a été ajoûté à la reformation de la Coûtume.

Quid, par succession des descendans.

Pareillement aux successions venans à pere, mere, ayeul ou ayeule, de leurs enfans ou descendans, n'est dû au Seigneur féodal que la bouche & les mains, avec le serment de fidelité, quand lesdits enfans ont fait l'hommage, & payé les droits, fors & excepté les Fiefs, comme dessus.

Voyez l'article précedent, & les articles 313. 314. & 315.

PAREILLEMENT AUX SUCCESSIONS VENANS A PERE, &c.

GLOSE UNIQUE.

SOMMAIRE.

1. *Cet article a été ajoûté suivant l'avis de Maître Charles du Moulin, & pourquoy.*
2. *Si pour donation de Fief, faite par les descendans à leurs ascendans, est dû relief.*
3. *Si pour donation de Fief faite aux ascendans*, aliquo accepto, *est dû droit de relief ou de quint.*
4. *Si ce qui est dit de la donation, se doit entendre de toute donation, soit entre-vifs, ou testamentaire.*
5. *Si le relief est dû, quand le Fief donné par le pere luy retourne.*

1. Du Moulin — CET Article a été ajoûté à la reformation de nôtre Coûtume, suivant le sentiment de Maître Charles du Moulin sur l'article 3. *Glos.* 3. *num.* 2. *stare debet regula uniformis in omni successione lineæ directæ, sive descendentis, sive ascendentis, ut nulla jura utilia, onerosa, sed solum honorifica debeantur: Idem enim favor ascendentium & descendentium.*

Cet article est fondé sur ce qu'il semble qu'il y ait une même raison d'exempter les ascendans venans à la succession de leurs descendans des droits & profits féodaux, comme les descendans qui succedent aux ascendans, pour n'augmenter pas l'affliction des pere & mere par la surcharge d'un droit onereux, & qui rend le Seigneur comme cohéritier avec eux.

On peut dire au contraire, que la raison pour laquelle les enfans ne doivent rien pour les Fiefs qui leur échéent par la succession de leurs ascendans, est, dautant qu'il semble qu'ils n'acquiérent rien par la mort de leurs pere & mere, étant censez de leur vivant maîtres & propriétaires de leurs biens; que cette fiction n'a pas de lieu en faveur des ascendans, vû que ce n'est que contre l'ordre de la nature lorsqu'ils succedent à leurs enfans, *turbato mortalitatis ordine.*

Néanmoins les Réformateurs de la Coûtume ont voulu, que la disposition favorable de l'ancienne Coûtume pour les enfans, eût aussi lieu pour les ascendans, parce que la faveur doit être égale en ce cas pour les uns & pour les autres. *Regulariter ut liberi, ita parentes non debent relevium Domino Feudi, & onus redemptionis Feudi est tantùm in limite transverso*, dit Chopin. — Chopin

Par les Constitutions des Empereurs Trajan & d'Antonin les successions des peres & meres, & celles des enfans n'étoient point sujettes au tribut qui se payoit par les heritiers, appellé *vicesima hereditatum, & siliquatica sive lucrativa descriptio, l. unic. in princ. C. de impon. lucrat. descript.*

C'est pourquoy Pline en son Panegyrique loue l'Empereur Trajan de ce qu'il n'avoit pas voulu que les pleurs des peres & des meres venans à la succession de leurs enfans, fussent tributaires, *egregiè verò Cæsar quòd lacrymas parentum vectigales esse noluisti.* Et le Jurisconsulte Papinian dit en la Loy *nam & si ff. de inoffic. testam. Et si parentibus non debetur filiorum hereditas propter votum parentum & naturalem erga liberos charitatem, turbato tamen mortalitatis ordine, non minus parentibus quàm liberis piè relinqui debet.*

Cet article & le précedent ne parlent que des pere & mere, ayeul ou ayeule, d'où il semble qu'on doive conclure, que pour les successions qui viendroient de bisayeuls & bisayeules, ou qui remonteroient par la ligne ascendante aux mêmes degrez, & aux autres degrez supérieurs, les droits seroient dûs aux Seigneurs.

Cependant cet article se doit étendre à toutes successions en directe en quelque degré qu'elles viennent, & c'est l'usage, comme remarque Maître Auzanet; parce que la Coûtume a exprimé le cas le plus ordinaire, lequel doit être étendu à celuy qui arrive plus rarement, y ayant parité de raison. — Auz.

Si pour donation de Fiefs faite par les enfans à leurs pere & mere ou autres ascendans, est dû relief? 2.

Par l'article 26. *infra*, il n'est rien dû pour donation faite par pere & mere à leurs enfans; mais il semble que ce ne soit pas la même chose, dautant que ce qui est donné par les pere & mere à leurs enfans, est censé donné *in anticipationem futuræ successionis*, en avancement d'hoirie.

On ne peut pas dire la même chose des donations faites par les enfans à leurs ascendans, lesquelles ne sont jamais censées faites en avancement d'hoirie, puisque ce ne peut être que contre l'ordre de la nature, que les ascendans succedent à leurs descendans, comme il a été dit cy-dessus.

De plus, dautant que cet article 4. ne parle que des Fiefs qui échéent aux ascendans par la succession de leurs descendans, & que l'article 26. dit, que pour donations faites aux enfans par les peres & meres n'est dû aucun droit de relief, sans parler des donations faites aux ascendans par les enfans, il semble qu'il y ait lieu de dire, que *inclusio unius sit exclusio alterius*, & que l'on peut tirer avec raison l'argument *à contrario sensu*.

TRONÇON. Tronçon sur l'article 26. *in princ.* dit, que *pour donations des descendans par nôtre Coûtume est dû rachat*.

BRODEAU. Brodeau est d'opinion contraire sur cet article *in fine*; & sur l'article 26. nombre 5. (& c'est celle qu'il faut suivre, à mon avis,) voulant que la disposition de l'article 4. qui ne parle que de la succession, soit étenduë au cas de la donation, dont la Coûtume n'a point fait mention, parce que le cas arrive tres-rarement.

La Coûtume d'Orleans y est formelle en l'article 14. *in fine*, en ces termes: *& pareillement si par les descendans est donné aux ascendans, en chacun de tous lesquels cas exceptez, n'est dû aucun profit*.

3. Cette décision se doit entendre de la donation faite à un des ascendans, *nullo accepto*, car si le fils donnoit à son pere un Fief pour un autre, ou pour autre chose qu'il en auroit reçûë, ou à la charge de luy en donner une autre, ou pour demeurer quitte envers luy de quelque somme, il est certain que comme cette donation ne pourroit pas passer pour une veritable donation, n'étant pas faite *mera liberalitatis exercendæ causâ*, il seroit dû ou le relief ou le quint, selon la nature & la qualité de la convention; car une donation faite pour demeurer quitte par le donateur envers le donataire d'une certaine somme, n'est pas une veritable donation, mais une vente; & tous les Docteurs conviennent, que *datio in solutum* est un acte équipollent à la vente, ainsi qu'il sera dit cy-aprés sur l'article 23.

4. Ce que nous venons de dire, se doit entendre tant des donations entre-vifs que testamentaires, & par derniere volonté.

Mais il y a quelque difficulté touchant les biens ausquels le pere ou autre ascendant n'auroit pas succedé, sçavoir si le relief seroit dû pour la donation testamentaire qui luy en seroit faite.

Il faut observer pour cela, que les pere & mere succedent à leurs enfans dans leurs acquêts, ou dans les biens de leurs enfans par droit de reversion, suivant les articles 311. 313. 314. & 315.

Si un enfant qui a son pere & son ayeul paternel, donne un Fief à son ayeul, soit entre-vifs ou par testament, le relief est dû pour cette donation?

Il faut dire que non, parce que comme il n'est rien dû pour donations faites en ligne directe à celuy même qui n'auroit pas succedé, comme quand l'ayeul donne à son petit-fils du vivant de son fils, comme il sera dit sur l'article 26. il faut dire aussi qu'il n'est rien dû pour semblables donations faites à un des ascendans, qui n'auroit pas succedé au donateur, s'il étoit décedé au temps de la donation.

La raison est, que c'est la faveur de la ligne directe, qui décharge les ascendans & descendans du relief; laquelle est d'autant plus grande que les droits seigneuriaux & féodaux sont odieux, & partant restraignables.

Voyez ce qui est dit sur l'article 26.

Il faut dire aussi à plus forte raison, que le relief n'est pas dû quand le Fief retourne à celuy des ascendans qui en avoit fait donation à un de ses enfans, suivant la Coûtume de Reims, article 73. qui porte, *quand ledit Fief retourne audit pere: avenant la condition sous laquelle il l'avoit donné en faveur de mariage à sondit enfant: à sçavoir, au cas que sondit enfant décedât sans hoirs procréez de son corps*. 5.

La Coûtume de Reims en cet article ne décharge le pere du relief pour le Fief à luy échû par la mort de son enfant, qu'au cas qu'il le luy ait donné à la charge qu'il luy retourneroit, si le fils donataire venoit à déceder sans enfans; la raison de cette disposition est qu'il semble, que le pere se soit toûjours retenu la proprieté de la chose par cette clause, & que quand elle luy retourne, il n'acquiert pas un droit nouveau, & partant que par le retour il ne doit rien au Seigneur: D'où il semble qu'on doit conclure, que quand les pere & mere & autres ascendans succedent à leurs enfans dans d'autres biens, qu'à ceux qui leur ont donné à la charge de retour, comme à leurs acquêts, ils doivent le relief, d'autant que la Coûtume se restraignant à un certain cas, & à une certaine espece de biens, elle ne doit pas être étenduë à d'autres.

Toutefois il faut dire le contraire, suivant l'avis du Commentateur de cette Coûtume, parce que, dit-il, la Coûtume ne dit pas que pour autre Fief de l'enfant auquel le pere succede, il soit dû profit, & on ne peut pas dire qu'en interpretant cet article pour le regard des acquêts, l'on fasse extension d'un cas à un autre, mais plûtôt on supplée le cas obmis pour être de soy assez sous-entendu par l'expression de l'autre, avec laquelle il y a parité de raison par une tacite disposition de la Loy, Paul de Castres, *Consil.* 83. *lib.* 2. Tiraqueau, *de retract. consanguin.* §. 20. *num.* 1. *& seqq.*

OBSERVATIONS DE MONSIEUR ***

Sur l'article IV.

SOMMAIRE.

1. *Nouvel article composé par Monsieur. *** au lieu des* 3. 4. *&* 33.
2. *En toutes mutations le droit de rachat est dû, & en toutes ventes est dû le droit de quint.*
3. *En ligne directe ascendante ou descendante il n'est dû aucuns droits.*
4. *Il en est de même pour les donations qui se font en ligne directe descendante.*
5. Quid, juris, *des donations faites à un des ascendans.*
6. *A qui se fait aujourd'huy l'hommage par la bouche & les mains.*
7. *Pourquoy ces mots*, quand les droits & devoirs & hommages ont été faits & payez, *doivent estre retranchez des articles trois & quatre de nôtre Coûtume.*
8. *Foy & hommage est un devoir personel qui s'éteint par la mort.*

1. AU lieu des articles 3. 4. & 33. nous avons fait celuy qui suit. *Quand un Fief échoit par succession ou donation en ligne directe ascendante ou descendante, en quelque degré que ce soit, il n'est dû au Seigneur féodal par les heritiers ou donataires, que la foy & hommage, ou le serment de fidelité, sans préjudice des droits & profits de Fief, si aucuns sont dûs par le défunt ou autre, pour lesquels il pourra se pourvoir même par saisie féodale.*

2. Il faut poser pour regle generale, qu'en toutes mutations le droit de rachat est dû, & en toutes ventes le droit de quint, comme il est porté par l'article 23.

3. Mais le present article contient une exception de la regle generale, qui est que tout ce qui vient par succession ou donation directe ascendante & descendante ne doit que la foy, d'où il faut conclure que le droit de relief est dû pour ce qui échoit ou est donné par succession ou par donation en ligne collaterale.

Les articles trois & quatre ne parlent que du pere & de l'ayeul, & le trente-trois parle indistinctement des successions en ligne directe sans parler de l'ascendant ou descendant.

Nous avons redigé l'article suivant le sentiment de Maître Auzanet, qui dit qu'à quelque degré que ce soit, tant en ligne directe ascendante que descendante, il n'est dû aucuns droits.

4. Il en est de même pour les donations qui se font en ligne directe descendante, parce qu'elles sont toûjours reputées faites en avancement d'hoiries, & c'est pour cela que nous y avons ajoûté le mot de donations que nous avons trouvé dans l'article 33.

5. On a souvent agité cette difficulté, sçavoir si la donation faite en ligne ascendante ne doit pas droit de relief.

Plusieurs raisons sembloient persuader que le droit étoit dû. 1°. Parce qu'elles ne peuvent pas être reputées faites en avancement d'hoirie. 2°. Parce que propre heritage ne remonte point suivant la Coûtume, ainsi les ascendans ne pourront point l'avoir *jure successionis*. 3°. Parce que la Coutume ne le decide point.

Néanmoins aprés avoir examiné la question nous avons trouvé que *eadem debet esse ratio ascendentium & descendentium*, puisque suivant le Droit Romain qui doit être reputé le Droit commun, les peres & ascendans succedoient à leurs enfans, & que la faveur doit être égale pour les uns comme pour les autres, vû même que les peres & meres succedent aux propres par eux donnez à leurs enfans.

6. Nous avons ôté ces termes de la *Bouche & les mains*, parce que l'article soixante-huit qui regle la maniere de faire la foy en a retranché la bouche & les mains, & il n'y a plus que le Roy à qui l'hommage se fasse de cette maniere, & nous avons mis le mot le plus commun, qui est celuy de foy & hommage & serment de fidelité.

7. Nous avons retranché des articles trois & quatre les mots, *quand les droits & devoirs & hommages ont été faits & payez*, parce qu'il est constant que lorsque celuy par le décés duquel le Fief échoit n'a pas fait la foy, il suffit à l'heritier de la faire, & ce ne seroit pas une raison pour demander le relief; ce qui sembleroit néanmoins devoir être fait, si l'on suivoit les articles trois & quatre à la lettre, mais il me semble beaucoup plus raisonnable de décider l'exemption des droits en faveur des heritiers ou donataires en directe, & reserver aux Seigneurs les droits acquis auparavant, pour raison desquels ils peuvent faire saisir féodalement & poursuivre par action, comme ils le jugeront le plus convenable pour leurs interêts, étant certain que la foy & hommage non faite par le vassal qui est depuis décedé ne se peut réparer, étant
8. un devoir personnel qui s'éteint par la mort, & qui a causé la perte des fruits de son vivant, en cas que le Seigneur féodal ait fait proceder par voye de saisie réelle, mais la foy qui se fait par le nouveau vassal fait cesser la saisie féodale faute de foy, qui peut néanmoins se poursuivre quand les droits ne luy sont pas payez.

CONFERENCE SUR L'ARTICLE IV.

LEs Coûtumes suivantes ont une disposition semblable à celle de Paris.

Chartres, article 16. *Châteauneuf*, art. 22. *Chaumont*, article 40.

Dreux, article 13.

Meaux, articles 13, 139. & 154. *Melun*, art. 53. *Reims*, article 73.

Tournay, titre 10. article 36. *Troyes*, article 25. *Valois*, article 33. *Vitry*, article 26.

Auteurs sur l'Article quatriéme.

CHopin, sur Anjou, livre 2. partie 3. titre 4. nombre 16.

Loysel, *titre des Fiefs*, article 9.

M. Bobé, sur l'article 134. & 139. de la Coûtume de Meaux.

De la Lande, sur Orleans, article 22.

Le Grand, sur Troyes, article 25.

Buridan, sur Reims, article 73.

De Saligny, sur Vitry, article 26.

Maître Du Plessis explique cet article, livre 1. *des Fiefs*. chapitre 4. page 22. & 24.

ARTICLE

ARTICLE V.

Cet article a été ajoûté à la reformation de la Coûtume.

S'il est dû quelque droit par la veuve & les heritiers.

N'Est dû foy & hommage, relief, ne profit feodal, par la femme acceptant communauté, pour le Fief acquis par le mary durant ladite communauté. Aussi n'est dû relief, ne profit feodal par les heritiers du mary, avenant que ladite veuve renonce à ladite communauté, encore que par le moyen de ladite renonciation le total dudit Fief demeure aux heritiers du mary: Pourvû qu'esdits cas ledit mary ait fait la foy & hommage, & payé les droits.

Voyez les articles 39. 40. & 296.

REMARQUES.

SEd quid si uxor ex divisione facta cum haredibus viri totum Feudum obtineat? Dic quod nihilominus debetur relevium pro dimidiâ parte quæ fuit haredum, sed ex eâ divisione non oritur novum jus, nec debetur bis relevium. Mol. §. 33. Glos. 1. num. 142.

Mais que doit-on dire si à la femme qui a ainsi renoncé à la communauté sont donnez par les heritiers du mary des Fiefs, ou autres heritages de la communauté, en payement de ce qui luy est dû pour ses reprises & remplois ?

Les Arrests ont jugé que la femme ne doit aucuns droits au Seigneur, parce que les acquisitions sont présumées avoir été faites de ses deniers.

Mais comme la raison de cette décision cesse, lorsque la femme prend les propres de son mary en payement, il faut tenir le contraire, & dire en ce dernier cas, que cette espece de contrat équipollant à une veritable vente, les droits en sont dûs au Seigneur comme d'une vente.

N'EST DÛ FOY ET HOMMAGE, &c.

GLOSE PREMIERE SUR L'ARTICLE V.

SOMMAIRE.

1. *Si la femme doit quelque chose pour sa part des Fiefs qu'elle prend par le partage de la communauté.*
2. *Si elle doit la foy & hommage & les profits pour sa part, quand le mary n'a point satisfait.*
3. *Si le relief est dû par la femme pour la totalité du Fief à elle échûë par le partage de la communauté.*
4. *Si ce qui est dit au commencement de cet article, a lieu pour les Fiefs qui se reglent suivant le Vexin le François.*
5. *Si la femme seroit tenuë de faire la foy, si elle n'avoit pas été dénommée dans celle que son mary auroit faite.*
6. Pourvû que ledit mary, &c. *Comment s'entendent ces termes.*

CEt article ajoûté à la réformation de la Coûtume, contient deux décisions.

1. La premiere est, que la veuve qui accepte la communauté dans laquelle il y a des Fiefs, ne doit aucun profit féodal, non pas même la foy & hommage pour la part qu'elle y a.

MOULIN Maître Charles du Moulin sur l'article 33. *Glos.* 1. *num.* 142. tenoit qu'elle ne devoit pas le relief, mais qu'elle étoit obligée d'en faire la foy & hommage, *quamvis nunquam fuerit in fide patroni, sed solus vir nomine suo proprio tantùm fidelitatem fecerit, prout potest in conquæstis, tamen non censetur de novo acquirere, sed ab initio censetur hac dimidia pertinuisse ad uxorem, & sic non dicitur mutare manum, unde non tenetur vidua nisi ad simplicem fidelitatem.*

Les Réformateurs ont suivy son sentiment quant au relief, mais non pas pour ce qui est de la foy & hommage, ayant trouvé à propos d'en décharger la veuve; parce que la foy faite par le mary pour les Fiefs de la communauté, est censée faite pour l'un & l'autre, la veuve étant reputée avoir eu la proprieté des biens, qui se trouvent au jour du décés du mary, dés le temps de leur acquisition, suivant la doctrine du même Auteur, sur l'article 36. & suivans *num.* 2. en ces termes : *quamvis ista communio pendente matrimonio propriè non sit in actu, sed in credito & in habitu; tamen soluto matrimonio ipso jure exit in actum, & in veram & actualem dominii & possessionis communionem. Imò etiam constante matrimonio potest ille habitus ipso jure exire in actum, putà si marito malè versante aut ex alia causa bonorum separatio fiat.*

La raison de douter est, que la moitié du Fief acquis pendant la communauté appartient à la femme, en cas qu'elle l'accepte, de sorte que l'acceptation semble un moyen d'acquerir pour la femme puisque sans acceptation elle n'y auroit aucun droit, & que la totalité du Fief appartiendroit aux heritiers du mary.

La raison de décider est, que par l'acceptation de la communauté, la femme n'acquiert aucun droit nouveau, dans la moitié des biens d'icelle; dautant qu'il luy étoit acquis de plein droit par la Coûtume du jour de son contract de mariage, ainsi il n'y a point de mutation en sa personne, point de nouveau vassal, point d'ouverture de Fief pour la part qui luy échet; dautant que l'acceptation n'est pas attributive de la propriété de la moitié qui luy appartient dans les biens communs, mais seulement confirmative d'icelle, suivant la disposition de la Coûtume dans les articles 220. 229. & autres, contenus sous le titre de communauté.

Ainsi quoique le mary soit le maître de tous les biens communs, tant que dure la communauté, pour en pouvoir disposer entierement à sa volonté par actes entre-vifs, soit par donation, vente, engagement ou autre maniere, sans le consentement de sa femme, néanmoins si par l'évement il se trouve qu'à sa mort il n'en ait pas disposé, & qu'il ne se soit pas servy du pouvoir & de la faculté qui luy étoit accordée par la Coûtume, on peut dire que le droit que la femme a dans les biens communs qui se trouvent au jour du décés du mary, est censé acquis, dés l'instant qu'ils ont été acquis; ainsi l'acceptation faite par la femme a un effet retroactif à ce jour, & elle ne luy attribuë aucun droit nouveau.

2 Toutefois si le mary n'avoit pas fait la foy & hommage pour les Fiefs de la communauté, ni payé les droits qui en étoient dûs, il est sans doute qu'elle seroit obligée de faire la foy & hommage pour la moitié, & payer aussi la moitié des droits que son mary étoit obligé de payer: & par ce moyen le Seigneur seroit tenu de luy donner main-levée de la saisie, qu'il auroit faite sur la totalité du Fief; car comme nous avons dit sur l'article 1. *Glos.* 2. un de plusieurs propriétaires d'un Fief ou coheritiers peut faire la foy & hommage au Seigneur, & luy payer les droits pour la part & portion qu'il a dans le Fief, & le Seigneur est tenu de luy donner main-levée de sa saisie pour sa portion, la saisie tenant pour les portions des autres qui n'ont pas satisfait à leurs devoirs envers le Seigneur.

C'est la raison pour laquelle il est dit dans cet article sur la fin, *pourvû qu'esdits cas le mary ait fait la foy & hommage & payé les droits.*

Quelques Coûtumes déchargent la veuve de la foy & hommage, d'autres l'y obligent. Voyez la Conférence.

3. Mais on demande si le relief seroit dû par la femme pour raison du Fief à elle échû par le partage de la communauté, au moins pour la moitié du Fief appartenante aux heritiers de son mary, à cause de la mutation? Voyez l'article 80.

AUZANET. Maître Auzanet dit, qu'il faudroit ajoûter à cet article qu'il n'est point dû aussi droit de ventes pour les rotures en ce premier cas, parce que cet article ne parlant que des hommages & des droits féodaux, il semble vouloir que les ventes soient payées pour les rotures.

Cet addition à mon avis seroit inutile, parce que si le Seigneur pouvoit prétendre de la femme quelque droit pour la moitié des Fiefs de la communauté qui luy appartient aprés le décés de son mary, ce ne pourroit être que le relief, à cause de la mutation qui semble arriver en sa personne; dautant que le mary de son vivant étoit le maître & le veritable propriétaire des biens de la communauté, & puisque par sa mort la femme en acquiert la moitié, à cause de cette mutation elle devroit le relief; mais il n'est dû pour les rotures autres droits que les lots & ventes au seul cas de la vente, suivant la disposition de nôtre Coûtume, ainsi on ne peut pas former cette difficulté sur cet article.

Cet article a lieu soit pour les Fiefs de nôtre Coûtume, ou pour ceux qui se reglent suivant le Vexin le François, qui relevent à toutes mains & à toutes mutations, suivant le sentiment de Brodeau; ce qui est sans doute, dautant que cet article est general, & qu'il n'y a point de mutation en la personne de la femme pour ce qui concerne le premier point de cet article. 4

Si la femme seroit tenuë de faire la foy & hommage au cas que le mary l'eût faite sans y dénommer sa femme? 5

Du Moulin sur l'article 33. *Glos.* 1. *num.* 142. tient l'affirmative, ce qui n'est pas sans difficulté, vû que cet article se trouveroit presque toûjours inutile & sans effet, dautant qu'un mary fait ordinairement les acquisitions sous son nom, à moins qu'il n'y ait raison d'y comprendre sa femme, & fait aussi sous son nom la foy & hommage; outre que cet article décide generalement & indistinctement que la femme n'est pas obligée de faire la foy & hommage pour le Fief acquis par le mary durant la communauté.

Cet article est de la Coûtume reformée, ainsi il ne faut pas s'étonner si du Moulin a tenu une opinion contraire: c'est une grace qu'elle a bien voulu faire à la veuve, la foy & hommage faite par son mary étant présumée faite aussi pour elle.

Maître Lauriere a suivy l'opinion de du Moulin, & il rapporte le sentiment de Pontanus, qui étoit de cet avis, parce que la Coûtume de Blois article 86. oblige la femme de faire la foy & hommage; ainsi la remarque de Maître Laurier n'est pas selon tous les principes. Il se fonde sur l'article 39. mais mal-à-propos. Voyez sur cet article.

Ces termes *pourvû que ledit mary, &c.* qui se rapportent à la premiere partie de cet article, n'expliquent pas clairement l'intention de la Coûtume; car il semble que si le mary n'a pas fait la foy & hommage & n'a pas payé les droits de son acquisition, le Seigneur peut demander de nouveaux droits outre ceux qui seroient dûs en cas d'acceptation ou de renonciation à la communauté, mais elle a voulu seulement marquer que le Seigneur peut se faire payer des droits dûs à cause de l'acquisition du mary, Auzanet sur cet article. 6

AUSSI N'EST DÛ RELIEF, &c.

GLOSE DEUXIE'ME SUR L'ARTICLE V.

SOMMAIRE.

1. *Pourquoy les heritiers du mary ne doivent point de relief pour la moitié des Fiefs de la communauté, qui leur échéent par la renonciation faite par la femme.*
2. *Quelle difference il y a entre le droit d'accroissement, & le droit de non decroissement.*
3. *Entre qui a lieu le droit d'accroissement.*
4. *Entre quelles personnes le droit de non accroissement a lieu.*
5. *Differens effets de ces deux droits.*

6. *Si la renonciation à la communauté faite par la femme, attribuë quelque droit nouveau de proprieté aux heritiers du mary.*

7. *Si lorsque la femme, aprés avoir accepté la communauté, cede aux heritiers du mary sa part dans les Fiefs, ces heritiers doivent les droits aux Seigneurs pour cette portion.*

1. LA seconde décision de cet article est, que les heritiers du mary ne doivent aucuns droits au Seigneur pour la moitié des Fiefs acquis par le mary, qui leur advient par la renonciation que la veuve fait à la communauté.

La raison de douter est, qu'il semble, que cette renonciation donne & acquiert aux heritiers du mary la moitié du Fief qui appartenoit à la femme, vû que de leur chef ils n'en pouvoient esperer que la moitié.

La raison de la décision est, que le mary étant le maître de la communauté & de tous les biens dont elle est composée, solidairement & pour le tout, & la femme n'en ayant la moitié que potestativement & virtuellement, & non pas actuellement; la femme ne transfere aucun nouveau droit en la personne des heritiers de son mary, par la renonciation qu'elle fait à la communauté, puisque la totalité est censée leur appartenir, & que le droit sur la totalité ne leur est diminué que par le concours de la femme au moyen de l'acceptation, *concursu fiunt partes*, de même que quand un legs est fait à plusieurs conjoints *re non verbis*, il appartient à chacun d'eux solidairement & pour le tout, & le droit d'un chacun d'eux n'est diminué que par l'acceptation que les autres font du legs qui leur a été fait, *concursu fiunt partes*, *l. 1. §. 2. ff. de usufr. accresc.* de sorte qu'en ce cas on peut dire que rien n'accroît aux heritiers du mary par la renonciation de la femme, mais qu'ils ont le tout, parce que rien ne leur decroît, c'est-à-dire, qu'ils prennent le tout, *non jure accrescendi, sed jure non decrescendi.*

2. Il faut observer en ce lieu la difference qu'il y a entre le droit d'accroissement & le droit de non decroissement:

BRODEAU. Le droit d'accroissement vient par un gain & profit étranger, dit Brodeau sur cet article nombre 4. à celuy qui ne possedoit point auparavant actuellement ou habituellement la chose qui accroît.

Les Docteurs definissent ainsi ce droit, *jus quo portio deficiens, vel quæ repudiata est, alii qui partem agnovit, acquiritur*: ou autrement en ces termes, *est augmentum partis vacantis per repudiationem, vel mortem unius conjuncti, quod alteri conjuncto advolvitur; quod locum habet quando pars vacat, antequam alteri sit quæsita; ut potè cùm conjunctus suam partem repudiat, vel illa deficit: tunc enim alteri conjuncto accrescit. C. de caduc. toll.*

Le droit de non decroissement, est celuy par lequel une chose leguée à plusieurs, demeure entiere à l'un d'eux, faute d'être acceptée par les autres, non pas parce qu'il auroit acquis les portions des autres pour n'avoir pas été demandées, mais parce que la totalité de la chose n'a pas été diminuée par le concours de tous les légataires.

Jus est quo pluribus res aliqua legata, aliis non petentibus, solida res apud alterum remanet, non quasi accrescens ei, ut legatum augeri videatur, sed quasi nullius concursu diminuta, l. un. §. ubi autem legatarii. C. de caduc. toll.

3. Le droit d'accroissement a lieu suivant ce §. entre ceux qui sont conjoints *re & verbis*, comme si le testateur dit, *je legue à Titius & à Mevius le fond Tusculan*, en ce cas si Titius accepte le legs, & que Mevius ne l'accepte pas, Titius obtient le legs entier par droit d'accroissement; parce qu'étant conjoints *re & verbis*, la volonté du testateur étoit qu'ils partageassent entr'eux le legs, & que les portions de ceux qui manqueroient, accrussent à ceux qui l'accepteroient.

Le droit de non decroissement au contraire a lieu entre ceux qui sont conjoints *re tantùm*, & disjoints *verbis*; comme si le testateur dit, *je legue le fond Tusculan à Titius*, & qu'ensuite il dit, *je legue à Mevius le fond Tusculan*: Titius & Mevius sont conjoints *re tantùm*, parce que le testateur leur a legué à l'un & à l'autre la même chose *in solidum*, mais ils sont disjoints *verbis*, parce que le legs leur est fait par differentes énonciations; & dans ce cas si Titius accepte seul le legs, il le prend solidairement non pas par droit d'accroissement, parce que la portion de Mevius ne luy accroît pas, vû que la totalité de la chose luy étoit leguée, il la prend de son chef par la volonté du testateur, *& suo jure*, sans que le legs soit censé augmenté par la repudiation qui auroit été faite du legs par Mevius. 4.

Il est vray que la totalité pouvoit luy décroître, & par le concours de Mevius être reduite à la moitié, mais c'est par le non décroissement que la totalité luy appartient, & si Mevius l'avoit accepté, ç'auroit été par le décroissement que son legs auroit été reduit à la moitié. *Sin verò nemo alius veniat, vel venire potuerit, tunc non vacatur pars quæ deficit, nec alii accrescit, ut ejus qui primus accepit, legatum augere videatur, sed apud ipsum qui habet, solida remaneat, nullius concursu diminuta*, dit l'Empereur *d. §. ubi autem Legatarii cod. de caducis toll.*

Ces deux droits produisent des effets differens; car celuy qui prend le legs solidairement par droit d'accroissement, est obligé de reconnoître la charge à laquelle le legs avoit été fait à son colegataire. 5.

Par exemple, *je legue à Titius & à Mevius le fond Tusculan, à la charge que Mevius donnera cent à Caïus*: en ce cas si Titius seul accepte le legs, il a tout le fond Tusculan par droit d'accroissement, en sorte qu'il est obligé de donner cent à Caïus, parce qu'il est censé n'avoir la moitié qui devoit appartenir à Caïus que parce que cette moitié est accruë à la sienne; & partant elle luy doit accroître avec la charge qui luy est annexée, autrement il ne seroit pas recevable à prendre le legs, vû que conformément à la Loy 10. *ff. de R. J. non est ferendus, qui emolumentum quidem amplectitur, onus verò ei annexum contemnit.*

C'est ce que dit l'Empereur au même §. en ces termes: *Si verò pars quædam ex his deficiat, sancimus eam omnibus, si habere maluerint, pro virili portione cum omni suo onere accrescere.*

Au contraire, quand un légataire prend la totalité d'un legs par droit de non decroissement, il n'est pas obligé de reconnoître la charge à laquelle la chose avoit été leguée à un autre, comme dans cette espece: *Je legue à Titius le fond Tusculan*; & ensuite; *je legue à Mevius le fond Tusculan, à la charge de donner cent à Caïus*: en ce cas si Titius accepte seul le legs qui luy est fait, il le prendra sans être obligé de donner cent à Caïus.

La raison est, qu'il n'a pas la moitié de ce fond par droit d'accroissement, & par le défaut d'acceptation de la part de Mevius; mais il a la totalité du fond par la volonté du testateur qui luy a legué le fond tout entier; il est vray que Mevius pouvoit l'accepter, & par son acceptation il auroit fait diminuer & réduire cette totalité à la moitié, de sorte qu'il n'acquiert rien par le fait de Mevius, mais il auroit perdu par son fait, c'est-à-dire, qu'au lieu de tout le fond, il n'en auroit eu que la moitié, si Mevius avoit concouru avec luy dans la demande du legs, qui luy étoit fait aussi solidairement.

Puisque Titius n'acquiert point la portion qui devoit appartenir à Mævius, ou qui luy auroit appartenu s'il avoit accepté le legs qui luy avoit été fait, il s'ensuit fort bien, que Titius n'est point obligé de porter la charge à laquelle ce legs avoit été fait à Mevius, quoiqu'en effet par le défaut d'acceptation de la part de Mevius, il ait la moitié qui lui eût apartenu en satisfaisant à la charge qui luy avoit été imposée par le testateur.

Et ideò si onus fuerit in persona ejus apud quem remanet legatum adscriptum, hoc omnino impleat, ut voluntati testatoris pareatur. Sin autem ad deficientis personam hoc onus fuerit collatum, hoc non sentiat is qui non alienum, sed suum tantùm legatum imminutum habet. Sed & varietatis non in occulto sit ratio, cùm ideò videatur testator disjunctum hoc reliquisse, ut unusquisque suum onus non alienum agnoscat, d. §. ubi autem legatarii cod. de caducis tollend.

6. Le mary pendant la communauté est maître de tous les biens qui la composent, pour en pouvoir disposer à sa volonté sans le consentement de sa femme, & aprés sa mort la Coûtume permet à la femme d'accepter la communauté ou d'y renoncer; en y renonçant, elle ne transfere aucun droit aux heritiers de son mary sur la moitié des biens communs, parce que ces heritiers representant la personne du mary & entrant dans ses droits, conservent le droit sur la totalité des biens communs qu'il avoit au temps de sa mort, par le droit de non décroissement, dautant que cette totalité n'est pas diminuée, ni réduite à la moitié par l'acceptation d'icelle faite par la femme; cette renonciation ne fait que confirmer le droit qui étoit acquis aux heritiers du mary au jour de son decés sur la totalité des biens communs, mais elle n'établit & n'augmente point leur droit, ainsi il n'y a point de mutation ni de changement de personne, par conséquent point d'ouverture, ni de lieu aux droits féodaux: cette renonciation produisant cet effet, que la femme qui la fait, est censée n'avoir jamais été commune en biens avec son mary.

L'article 296. qui dit, *au préjudice de la femme ni de la moitié qui luy peut appartenir par le trépas de son mary*, marque par ce mot *peut*, que le droit de la femme n'est point actuel, ni formé & certain, mais habituel, potestatif, casuel & contingent, & dans la puissance prochaine; & qu'il ne luy est acquis que par l'acceptation, & qu'en renonçant il est censé n'avoir jamais residé en sa personne *ne momento quidem*, mais avoir toûjours demeuré en celle du mary, & avoir par sa mort passé tout entier en celle de ses heritiers.

Delà vient, que si le mary a legué ses meubles & acquêts, & que la femme renonce à la communauté, tous les biens de la communauté y compris la moitié que la femme auroit eüe par son acceptation, appartient au legataire des meubles & acquêts, sans que l'heritier du mary puisse prétendre que la moitié qui auroit appartenu à la femme, luy doive appartenir, comme il a été jugé par Arrest qui sera remarqué cyaprés sur l'article 296. la Cour jugeant que la totalité de la communauté a toûjours demeuré *in bonis mariti*.

Il faudroit dire le contraire, si la femme aprés avoir accepté la communauté, cedoit sa part des Fiefs aux heritiers de son mary, car en ce cas il y auroit mutation de personne, & les droits seroient dûs au Seigneur pour cette part & portion, non pas pour l'acceptation de la femme, mais pour la cession qu'elle auroit faite, car ayant acquis actuellement le droit & la proprieté de la moitié de tous les biens; & venant ensuite à les transferer aux heritiers de son mary, il y a mutation de personne de même que si la cession étoit faite à un étranger: c'est pourquoy selon le sentiment de Maître Du Plessis, il faudroit ajouter a cet article l'exception qui est dans le sixiéme, *pourvû qu'il n'y ait argent baillé pour faire cette renonciation ou autre chose équipollente.* Du Pl.

Quoique cet article ne parle que des Fiefs, néanmoins on le doit entendre aussi des rotures, dit Maître Auzanet sur cet article.

Cette observation est fort inutile, car il y a grande difference entre les Fiefs & les rotures; il y avoit raison de douter, si la veuve ou ses heritiers au moins en ligne directe, doivent le relief pour la moitié des Fiefs qui leur échéent par le partage de la communauté, à cause de la mutation de personnes, mais la mutation de personne ne donne lieu à aucuns droits pour les rotures. Mais si pour l'acquisition des rotures le mary n'avoit pas payé les droits, c'est à-dire, les lots & ventes, la femme ou ses heritiers seroient tenus d'en payer la moitié.

S'il en faudroit dire de même, si par le partage tout le Fief tomboit dans le lot de la femme, ou dans le lot des heritiers?

Plusieurs prétendent qu'en l'un & en l'autre cas le Seigneur seroit bien fondé de prétendre les droits féodaux pour la moitié, qui seroit acquise par ce moyen par la femme ou par les heritiers du mary. C'est une question qui se resoud par une autre, sçavoir, si pour le partage entre copropriétaires les droits sont dûs au Seigneur, ce qui sera traité sur l'article 80.

AUX HERITIERS DU MARY.

GLOSE TROISIE'ME SUR L'ARTICLE V.

SOMMAIRE.

1. *Si cet article ne se peut entendre que des heritiers en ligne directe.*
2. *Si le doute de Tournet est bien fondé.*
3. *Cet article est mal conçu, pourquoy.*

1. CELA s'entend des heritiers en ligne directe, ce qui est sans difficulté, d'autant qu'ils ne doivent aucuns droits à raison des Fiefs qui leur échéent.

Il n'y a que les heritiers en ligne collaterale qui sont obligez de payer le relief pour les Fiefs qui leur aviennent par succession collaterale, suivant l'article 33. en sorte qu'on ne peut pas douter que si la femme renonçoit à la communauté, & que par ce moyen la totalité d'un Fief fût acquise aux heritiers collateraux du mary, ils ne dussent le relief pour tout le Fief.

CHARONDAS C'est le sentiment de Charondas sur cet article 5. & de tous les autres.

Il n'y a que Tournet qui en doute en disant que cet article est contre l'avis de Maître Charles du Moulin, si ce n'est qu'il s'entende des heritiers en ligne directe, suivant les articles précedens & le suivant; mais ce doute est mal fondé, & cet article seroit formellement contre la doctrine des Fiefs & contre le susdit article 33. s'ils s'entendoit des heritiers collateraux. 2. Tour.

Ainsi un mary étant décedé laissant un Fief dans la communauté à laquelle sa veuve renonce, ou il y a des enfans issus du mariage, ou des enfans du mary d'un premier lit, ou il n'y en a aucuns; s'il a laissé des heritiers de la ligne directe descendante ou ascen- 3.

dante, ils ne doivent que la foy & hommage pour la totalité du Fief ; & s'il n'a laissé que des heritiers collateraux, ils doivent le relief pour la totalité ; ce qui est sans difficulté, ainsi cet article de nôtre Coûtume est mal conçû pour ce qui regarde les heritiers du mary.

OBSERVATIONS DE MONSIEUR***.

Sur l'Article V.

SOMMAIRE.

1. *Nouvel article au lieu du cinquiéme.*
2. *Si la femme doit quelque chose pour la totalité du Fief à elle échûë par le partage de la communauté.*
3. *Lorsque la femme décede la premiere, & que ses heritiers renoncent à la communauté, s'il est par eux dû la foy & le relief.*
4. *Autre nouvel article au lieu du cinquiéme.*
5. *Lorsque la veuve renonce à la communauté, & que le total du Fief demeure aux heritiers du mary, s'il est dû foy & relief.*

NOUS avons fait fait deux articles au lieu de cet article cinq.

1. Le premier est conçû en ces termes. *En cas d'acceptation de communauté n'est dû relief par la femme ou par ses heritiers en ligne directe pour le Fief acquis par le mary pendant le mariage à cause de l'acceptation de la communauté par ladite femme ou ses heritiers, encore que par le partage le total ou la plus grande portion du Fief leur demeure, en faisant par lesdits heritiers la foy & hommage.*

Il est traité dans cet article des Fiefs acquis pendant la communauté, au cas de renonciation par la femme à icelle, & au cas de l'acceptation.

2. Cet article est tiré du huitiéme dont nous avons retranché la fin, parce que nous comprendrons seulement icy ce qui arrive, lorsque la femme accepte la communauté, auquel cas où la femme prend moitié dans le Fief, ou par le partage qui se fait des biens de la même communauté, la femme se trouve propriétaire du Fief entier acquis pendant icelle, & en ces deux cas elle ne doit pas les droits *quia habebat partem in toto, & totum in parte qualibet*, & cela fait que devenant maîtresse de la moitié qui luy appartient naturellement, ou par le partage, le sort luy ayant donné le tout, les droits ne sont point dûs ni la foy quand elle a été une fois faite par le mary, & les droits payez lors de l'acquisition.

3. Il en est de même lorsque la femme décede la premiere, & que ses heritiers renoncent à sa communauté.

C'est ce que Maître Auzanet a remarqué, & que la Coûtume n'avoit pas prévû.

Mais il me semble qu'il faut encore remarquer deux choses sur ce qu'a dit Maître Auzanet.

La premiere, qu'il a composé six articles, de maniere qu'il semble que les heritiers de la femme ne soient point obligez à faire la foy pour le Fief qui leur est échû soit en directe ou en collaterale.

La seconde est, qu'il a mis indefiniment, que les heritiers de la femme qui a renoncé, & les heritiers qui renoncent aprés la mort de la femme ne devoient point de droits, ce qui me semble contraire à ce que nous avons cy-dessus expliqué, & qu'il faut distinguer la ligne directe de la collaterale; ensorte que les heritiers en directe qui renoncent à la communauté, ou qui sont aux droits de la femme qui avoit renoncé, ne devront aucuns droits.

Mais si les heritiers sont en collaterale, nous ne voyons pas que Maître Auzanet ait de bonnes raisons pour les exempter de faire la foy, & payer le droit de relief, puisqu'il est sans difficulté que les heritiers de la femme sont obligez de faire la foy pour le Fief qui leur est échû.

C'est pourquoy nous avons ajoûté à l'article les mots, *d'heritiers en ligne directe* & fait mention à la fin qu'ils devoient faire la foy & hommage, pour faire connoître, que les heritiers en ligne collaterale d'une femme qui a renoncé, ou s'ils ont eux-mêmes renoncé, doivent le droit de relief, & faire la foy, & que les heritiers en directe ne doivent que la foy.

La Coûtume mettoit deux mots synonimes, à sçavoir *le relief, & profit féodale*, ce qui paroissoit être deux droits differens, quoique néanmoins ce n'en soit qu'un. C'est pourquoy nous avons mis seulement le droit de relief comme un droit qui explique davantage la chose, & nous n'avons retranché le mot de profit féodal que comme trop general, & qui veut aussi bien dire le quint que le relief.

Nous avons ôté de l'article le mot de *foy & hommage*, qui étoit au commencement, parce que nous ne traitons icy que des droits, & qu'il est constant que les heritiers de la femme doivent faire la foy, c'est pourquoy nous l'avons mis à la fin.

Second article au lieu du cinquiéme.

4. *En cas de renonciation à la communauté aussi n'est dû relief par les heritiers du mary en ligne directe, lorsque la veuve renonce à la communauté, encore que par le moyen de ladite renonciation, le total du Fief demeure aux heritiers du mary.*

Le précedent article que nous avons fait au lieu du cinquiéme, parle du cas auquel la femme accepte la communauté, ou ses heritiers en directe, celuy-cy parle du cas auquel la femme aprés le décés de son mary renonce à la communauté, au moyen de laquelle renonciation les heritiers du mary deviennent propriétaires du Fief dont la moitié appartenoit à la femme, à cause de la même communauté. Mais comme le mary en est le maître par la renonciation de la femme, il ne se fait aucun changement, & le mary ou plûtôt ses heritiers qui le représentent, sont obligez seulement de rendre la dot, le doüaire & preciput suivant & aux termes des clauses du contrat de mariage, lesquels heritiers peuvent faire le payement en trois manieres : ou en deniers comptans ; & c'est le sens du précedent article, ou en abandonnant à la femme des Fiefs, ou des rotures de la communauté, qui se donnent à la femme en payement de ses propres & autres droits, auquel cas il n'est dû ni quint ni relief, ni lots & ventes ; ou bien les heritiers du mary abandonnent des propres du mary, auquel cas il y auroit mutation & non seulement le relief, mais le quint pour les Fiefs, & le douziéme denier pour les rotures seroit dû.

La raison de cette difference est, que lorsqu'un heritier du mary abandonne les conquêts en Fief ou roture, pour payer ou remplacer les propres de sa femme, il ne se fait point de mutation.

1°. Parce que la femme y avoit moitié.

2°. Parce qu'il semble que ces conquêts de communauté soient subrogez au lieu des propres alienez dont les deniers ont été employez à faire des acquisitions.

Mais il n'en est pas de même des propres que les heritiers du mary donnent en payement, ces raisons ne peuvent point y être appliquées, & on ne peut feindre en aucune maniere que le propre alienê de la femme soit la même chose que le propre alienê du mary qu'on luy donne en payement.

Nous avons ajoûté les mots *en ligne directe* aprés celuy *d'heritier*, quoique Brodeau soit d'un sentiment contraire, & qu'il pense qu'un heritier en collaterale du mary decedé sans enfans, puisse succeder aux Fiefs en ligne collaterale, sans faire de foy & hommage & sans payer les droits, étant constant par la veritable disposition de nôtre Coûtume, & par son esprit, qu'en directe la foy est dûë sans relief, & qu'en collaterale il est dû foy & relief.

Comment pourroit-on dire avec raison, que parce qu'un homme est marié, les Fiefs de sa succession qui sont des conquêts de sa communauté, fussent exempts de la foy en directe & du relief en collaterale? Il sembleroit même plus raisonnable d'exempter les heritiers de faire la foy & de payer les droits pour les anciens propres des familles, que pour des conquêts qui ne sont que propres naissans dans la personne des heritiers, soit en directe soit en collaterale.

Ce qui a fait cette confusion c'est que l'article cinq a été mal redigé, & renferme en luy des dispositions tant à l'égard de la femme veuve, qu'à l'égard des heritiers du mary pour lesquels les mêmes paroles ne conviennent point. Car le commencement de l'article dit, n'est dû foy & hommage ni relief, & cette premiere partie ne doit s'appliquer qu'à la femme veuve, laquelle ne doit effectivement ni foy ni relief; mais elle ne se peut jamais s'appliquer à la derniere partie de l'article qui concerne les heritiers, parce qu'il est constant que les heritiers du mary soit en directe, soit en collaterale doivent la foy, & c'est en quoy Brodeau s'est trompé, en voulant trouver de la contradiction dans l'opinion de ceux qui veulent faire distinction de la ligne directe & collaterale, en appliquant aux heritiers ce que la Coûtume n'a dit, & n'a voulu dire que pour les femmes.

C'est ce qui fait que la derniere partie de l'article dit aussi *n'est dû relief*, il ne repete pas *ni foy ni hommage* pour marquer la difference entre la femme veuve, laquelle ne doit ni foy ni relief.

Mais l'heritier du mary ne doit relief, dit la Coûtume, & par consequent il est obligé de faire la foy lorsqu'il est heritier en directe, & c'est de ceux-là que la Coûtume a voulu parler. Mais pour ceux qui sont heritiers en ligne collaterale, il est constant qu'ils doivent & la foy & le relief.

Au moins je ne vois pas de bonnes raisons qui les en puissent exempter, ni qui puissent établir quelque difference raisonnable entre les heritiers des acquêts d'un homme marié, & ceux d'un homme qui ne l'est pas.

Si l'on veut bien examiner la Coûtume, on trouvera que c'est son esprit & son intention, que la femme ne fasse point de ferme foy & paye aucuns droits pour le Fief acquis pendant la communauté, quand même par le partage d'icelle tout le Fief luy écheroit.

Il en est de même lorsqu'elle renonce à la communauté, & qu'on luy abandonne des conquêts pour le remplacement de ses propres, mais si on luy abandonne des propres du mary, alors elle doit foy & relief. Et à l'égard des heritiers tant du mary que de la femme, en cas que les uns ou les autres succedent, si c'est en directe ils doivent la foy, si c'est en collaterale ils doivent la foy & le relief.

Il faut cependant remarquer que tout ce que nous disons ne regarde point les Fiefs regis par le Vexin.

CONFERENCE SUR L'ARTICLE V.

Les Coûtumes suivantes sont conformes à cet article, & il doit être observé comme tres-équitable & conforme à la doctrine des Fiefs par toutes les Coûtumes qui n'en parlent point.

Aussi a-t-il été ajoûté tout entier en la Coûtume d'Orleans par les Réformateurs d'icelle.

Cambray, titre 1. article 1. 2. *Chartres*, article 25.
Châteauneuf, article 27. *Chaumont*, article 29.
Dreux, article 18.
Orleans, article 38.
Peronne, article 84.
Sedan, article 60.

Les Coûtumes qui suivent, obligent la femme de faire la foy & hommage.

Anjou, article 294.
Blois, article 86.
Lodunois, chapitre 14. article 20.
Maine, article 309. *Melun*, chapitre 4. article 48.
Rheims, article 63.
Senlis, article 261.
Tours, article 144.

Valois, article 47. & ajoûte, *qu'elle doit payer droit de Chambellage.*

La Coûtume d'Amiens article 102. porte, *quand le mary seul saisi des acquêts communs faits durant le mariage survit, le Seigneur féodal, aprés le trépas de la femme, ne les peut empêcher à la joüissance d'iceux acquêts, si les heritiers de ladite femme s'abstiennent d'appréhender la moitié d'iceux à eux échûë par le trépas de ladite femme.*

L'article suivant dit, *Et quand le mary seul saisi prédecede sa femme, si ladite femme ne veut prendre sa moitié, les heritiers dudit défunt mary peuvent relever le total desdits acquêts, & ne peut contredire le Seigneur.*

En l'article 104. il est porté, *que quand le mary ou la femme sont ensemble saisis d'aucuns acquêts, l'un d'eux prédecedant, sont iceux acquêts simplement divisez en deux, & faut que les heritiers du prédecedé relevent du Seigneur féodal la moitié dudit prédecedé; autrement elle seroit réünie à la table & domaine dudit Seigneur, dont elle est mouvante, aprés la saisie dudit Seigneur.*

Auteurs sur l'Article cinquiéme.

CHalline, regle 11. exemple 2. & regle 6. exemple 4.
Du Moulin, sur la Coûtume de Paris, §. 33. Glos. 1. nomb. 69. 79. 81. & 142.
Buridan, sur la Coûtume de Reims, article 63. nombre 4.
Bobé, sur cet article.
De la Lande, sur Orleans, article 38.
Pontanus, sur la Coûtume de Blois, titre 8. art. 86.
Salligny, sur la Coûtume de Vitry, article 28.
Bodreau, sur la Coûtume du Maine, article 309.
Buridan, sur Reims, article 63.
Duret, dans son Alliance des Coûtumes, page 890.
Maître Du Plessis explique cet article, livre 1. chap. 4. page 23. & 24.

ARTICLE VI.

Cet article a été ajoûté à la reformation de la Coûtume.

Pour accroissement de portions par renonciation gratuite, nul droit de relief.

N'Est aussi dû droit de relief par la renonciation faite par aucuns des enfans à l'heredité de leurs pere & mere, ayeul ou ayeule, encore que par ladite renonciation il y ait accroissement au profit des autres enfans; pourvû toutefois que pour faire ladite renonciation n'y ait argent baillé, ou autre chose équipollente.

Voyez les articles 26. 310. 317.

N'EST AUSSI DÛ DROIT DE RELIEF.

GLOSE PREMIERE SUR L'ARTICLE VI.

SOMMAIRE.

1. *Raison de la regle contenuë en cet article.*
2. *N'est heritier qui ne veut.*
3. *Comment les heritiers prennent les portions de ceux qui renoncent.*
4. *Si la disposition de cet article a lieu quand l'un des enfans décede aprés la succession échûë de son pere ou de sa mere.*
5. *Raison de l'exception contenuë en cet article.*
6. *Quels droits sont dûs au Seigneur au cas de renonciation,* aliquo dato.
7. *Opinion de Charondas, de Tournet, Brodeau, & de Du Plessis rejettée.*
8. *Le quint doit estre dû selon les termes de l'article.*
9. *L'usage est contraire, & il n'est rien dû.*
10. *Sentiment d'Auzanet.*
11. Quid, *en cas de vente de la portion hereditaire.*
12. *Sentiment de Pontanus.*
13. *Si les droits sont dûs pour renonciation faite par un collateral.*
14. Quid, *si un des enfans acceptoit la succession, & qu'aprés il y renonçât.*
15. *Chose équipollente, que signifie.*

CEt article contient une regle & une exception.
1. La regle est, que quand l'un des enfans renonce à la succession de son pere ou de sa mere, il n'est point dû relief au Seigneur par ceux qui sont heritiers, pour raison de cette renonciation, de même que les heritiers en ligne directe du mary ne doivent point relief au Seigneur pour la moitié des Fiefs qui leur échet, ou plûtôt qui leur demeure par la renonciation de la femme à la communauté; parce qu'ils n'acquiérent rien par cette renonciation; aussi les enfans qui acceptent la succession de leur pere, mere ou autre ascendant, ne doivent rien au Seigneur pour les portions des autres enfans qui renoncent, qu'ils acquiérent par droit d'accroissement.

La raison est, selon tous les Commentateurs de nôtre Coûtume, que les enfans qui apprêhendent la succession échûë, ne prennent rien du chef de celuy qui renonce, mais par droit d'accroissement, ou plûtôt par droit de non décroissement, (ainsi qu'il a été dit sur l'article précedent), qui procede de la loy, laquelle défere à l'heritier la portion de celuy qui renonce, & ne provient point de la volonté & disposition de celuy qui renonce; de sorte que telle renonciation ne cause point de mutation, vû que celuy qui renonce n'a jamais été vassal, n'ayant jamais eu la proprieté des biens de la succession à laquelle il renonce.

En effet, quoique par une regle generalement observée en France, *le mort saisisse le vif*, selon l'article 318. de nôtre Coûtume, & que ceux qui sont habiles à se porter heritiers, soient heritiers, *ipso jure*, & heritiers siens de celuy qui décede, & soient dès le moment de sa mort comme saisis de leur portion hereditaire, néanmoins ils n'en ont pas la qualité, jusques à ce qu'ils ayent appréhendé la succession, ou qu'il ayent fait acte d'heritier, suivant la loy 12. *ff. de acquir. vel omit. hered.* dautant qu'en France il n'y a point d'heritiers necessaires, & que suivant l'article 316. de la même Coûtume, *il ne se porte heritier qui ne veut.*

2. C'est pour cette raison que ceux qui sont capables d'appréhender la succession d'un défunt, sont appellez ses présomptifs heritiers, ou habiles à se porter heritiers.

3. L'accroissement des portions des enfans qui renoncent, fait que ceux qui appréhendent la succession la prennent toute entiere, non pas tant par droit d'accroissement que par droit de non décroissement, comme s'ils avoient été seuls capables d'appréhender la succession; ce qui est fondé sur la disposition de la Loy, & c'est un droit presque generalement observé, *l. si duo sint. ff. de acquir. vel omit. heredit.* & comme dit la Loy *si in testamento. ff. de vulg. & pupill. substitut. qui ex parte est heres, partem alterius deficientis ex lege vindicat.*

Le Jurisconsulte en la Loy *interdum. §. 1. ff. de hered. institut.* dit la même chose: la loy *qui ex duabus. ff. de acquir. vel omitt. hered.* dit, *qui semel aliqua ex parte heres extiterit, deficientium partes etiam invitus excipit.*

La Loy *si ex pluribus. ff. de suis & legit. hered.* dit, *si ex pluribus legitimis heredibus quidam omiserint hereditatem, vel morte, vel qua alia ratione, reliquis, qui adierint, accrescit illorum portio.*

C'est ce que nôtre Coûtume dit en l'article 310. que le droit & part de l'enfant qui s'abstient & renonce à la succession de ses pere & mere, accroît aux autres enfans heritiers.

D'Argentré sur l'article 551. de la Coûtume de Bretagne, *Glos. 2. num. 3.* dit, *certum est repudiantem partem non facere adeuntibus, & ideò hoc casu de portione ejus qui repudiat, nihilo plus defertur primogenito, quàm cæteris jure quidem translato, nisi quia portio ejus pinguior non fit, sed remanet non decrescendo. Nec enim à jure accrescendi istud evenit, sed deficit portio non acceptata, veluti caduca, aut potius non effecta portio & nulla, sublato de rerum natura & numero capientium eo qui repudiat, sic ut numerum non faciat, & veluti remoto obstaculo succedit sequens in gradu, l. qui repudiantis. ff. de inoffic. testam. Alex. d. §. si duobus. facit enim repudiatio ut hereditas tali nunquam delata videatur repudianti, l. perinde. ff. si cert. pet.* &c.

TRONÇON. Tronçon sur cet article *in verbo, au profit des autres enfans*, dit, que la Cour avoit jugé avant la reformation de cette Coûtume par Arrest du 7. Septembre 1551. sur un appel du Prevôt de Paris, qu'il n'étoit dû aucun droit au Seigneur par la renonciation faite par aucuns des enfans à la succession de leurs pere, mere & autres ascendans.

BRODEAU. C'est aussi l'avis de Brodeau; ce qui ne souffre point de difficulté.

4. La disposition de cette article n'auroit pas lieu, si un des enfans étoit décedé après la mort de son pere ou de sa mere; car sa portion hereditaire n'appartiendroit pas à ses freres & sœurs, *jure accrescendi*, dans les biens de leur pere ou de leur mere; ce seroit une nouvelle succession en collaterale à partager entre eux.

5. L'exception que contient cet article est en ces termes, *pourvû toutefois que pour faire ladite renonciation n'y ait argent baillé, ou autre chose équipollente*, lesquels nous marquent que, si ceux qui appréhendent la succession, donnent de l'argent à ceux qui renoncent pour faire la renonciation, le Seigneur est bien fondé de prétendre les droits féodaux; & tous nos Commentateurs en conviennent.

La raison, dit Charondas, est qu'il est raisonnable de pourvoir à l'interêt du Seigneur contre les enfans, qui par fraude & collusion, & sous prétexte d'une renonciation, acquiérent la portion de la succession qui appartenoit à celuy, ou à ceux qui renoncent, *argum. leg. quis autem. §. si patronus, si quis omiss. caus. testam. & leg. qui pretio. ff. de mort. caus. donat.* Et que telle renonciation faite par argent est reputée aliénation & espece de vendition, *sufficit, quod in fraudem patronatûs factum sit, leg. 1. ff. si quid in fraud. patr.* CHAR.

Tournet, Guerin, Brodeau, nombre 1. disent aussi que telle renonciation équipolle à aliénation, & que c'est une vente du droit successif échû. TOUR. GUE. BRO.

Mais supposé que ce soit l'esprit & l'intention de nôtre Coûtume, qu'au cas de cette exception soient dûs droits au Seigneur, on demande quel droit est dû, si c'est le quint ou le relief. 6.

Charondas, Tournet, Brodeau, & du Plessis, disent que c'est le relief. CHAR. TOUR. BROD. DU PL.

Il semble en effet que ce soit le relief; car aprés qu'au commencement de cet article il est dit, que le relief n'est point dû au cas de la regle qui y est proposée, il est dit ensuite, *pourvû que pour faire ladite renonciation n'y ait argent baillé ou autre chose équipollente.*

Néanmoins par la raison alleguée par ces Commentateurs, je conclus contre leur sentiment, que le Seigneur peut prétendre le quint, au cas que la renonciation ait été faite pour argent baillé ou promis; & qu'il n'est pas obligé de se contenter du relief. 7.

La raison est, que si le relief est dû en conséquence de l'argent qui a été donné à celuy qui a renoncé, on peut dire que le quint est dû comme d'une vente; & sans doute ç'a été l'esprit des Reformateurs de nôtre Coûtume, voulant que par la renonciation d'un des enfans à la succession de son pere, ne soit dû ni relief, ni autre droit, ni profit féodal, ainsi qu'il faut suppléer au commencement de cet article; mais que si la renonciation n'est pas gratuite, & qu'elle soit faite *aliquo dato vel promisso*, par ceux qui ont appréhendé la succession, les droits soient dûs au Seigneur, sçavoir le quint, si la renonciation a été faite pour une somme d'argent, ou pour autre chose équipollente; ou le relief, au cas qu'ils ayent donné autre chose, comme un fond ou autre immeuble qui ne seroit pas de la succession. 8.

C'est ainsi, à mon avis, qu'il faut interpréter cet article. 9.

Cependant cette exception est contraire à l'usage & à la doctrine des Fiefs, & il n'y a pas lieu de s'en servir; car si dans la succession il y a de l'argent comptant ou des meubles, ou effets mobiliaires, comme des promesses & obligations, lesquels seroient donnez à un des enfans pour faire sa renonciation, on ne peut pas dire avec raison, que ce soit une vente de sa portion hereditaire, mais un accommodement, par lequel les effets mobiliaires, ou partie d'iceux ont été donnez à un des enfans pour tous les droits qu'il pouvoit esperer dans les autres biens hereditaires. 1

Charondas sur cet article *in fine*, & Tournet, remarquent un Arrest du 25. Juillet 1573. qui a jugé qu'en ce cas il n'étoit rien dû au Seigneur. CHAR. TOUR.

De plus, quand même il n'y auroit point d'argent dans la succession, & que les enfans heritiers donneroient *de suo* une somme à celuy qui renonceroit à la succession, il y auroit lieu de dire, que le Seigneur n'en pourroit prétendre aucuns droits.

La-

La raison est, que pour donner lieu au quint ou au relief, il faut disposer d'un Fief ou d'une partie, soit par divis, soit par indivis : car s'il n'y avoit point d'aliénation, il n'y auroit point de mutation, & par conséquent point d'ouverture aux droits féodaux : Or quand un enfant reçoit une somme d'argent de ses freres & sœurs, pour renoncer à la succession de ses pere & mere, on ne peut pas dire qu'il leur vende aucun Fief, ni aucune partie de Fief appartenant à la succession, puisque les heritiers présomptifs n'acquiérent aucuns biens, ni aucune part dans les biens hereditaires, que par l'appréhension de la succession.

De sorte que quand un enfant reçoit une somme d'argent pour renoncer à la succession, il ne vend point sa portion hereditaire, ni ses droits successifs, à proprement parler, puisque pour les vendre, il faudroit qu'il les eût acquis, selon la Loy *non videntur*, & la Loy *non potest ff. de R. J.* Or cet enfant n'a jamais acquis aucune portion dans la succession de son pere ou de sa mere, vû qu'il n'y a rien de plus contraire à l'acquisition d'une succession que la renonciation à icelle ; & s'il reçoit de l'argent ce n'est que pour ne pas acquerir la portion qu'il a droit d'acquerir dans la succession échûë : & partant la convention qui se fait entre les enfans heritiers de leur pere & celuy qui renonce, est un contrat sans nom appellé par les Jurisconsultes, *do ut facias*, par lequel les uns donnent afin que leur frere renonce à la succession qu'il avoit droit comme eux d'appréhender.

Les Arrests ayant jugé, que quand un de plusieurs enfans qui ont appréhendé la succession de leur pere, a cedé aux autres tous ses droits successifs pour une somme d'argent, le Seigneur n'en peut demander aucuns droits, la Cour jugeant que ce sont des accommodemens qui se font souvent pour éviter la difficulté des partages, & pour empêcher que les parties ne soient obligées d'avoir procés les unes contre les autres, comme nous avons observé sur l'article 23. Nous pouvons dire avec plus de raison, que la même Jurisprudence doit être observée, quand un des enfans renonce à la succession de son pere, moyennant une somme d'argent, qu'il auroit reçûë de ses freres & sœurs.

Il en seroit de même, au cas que par un accommodement la mere vint à renoncer à la communauté, à la charge de luy bailler une certaine somme, qui luy seroit payée par ses enfans ; car pour lors, à mon avis, il ne seroit dû aucuns droits au Seigneur, parce qu'on ne pourroit pas dire que ce seroit une vente, mais un accommodement pour éviter les difficultez d'un partage des choses qui ne se peuvent pas facilement partager.

La Coûtume de Nivernois, chapitre des Fiefs, article 59. porte, que *si le frere marie sa sœur ou sœurs, ayant droits acquis és choses féodales à elles échûës par succession de leur pere, mere, ou autres parens ; & que par ledit mariage, moyennant ladite dot constituée en deniers par ledit frere à sadite sœur ou sœurs, elles renoncent à tous biens, ou ausdits biens féodaux au profit desdits freres ; ne sont pour ce dûs au Seigneur féodal aucuns profits, pourvû qu'il n'y eût eu aucun partage précedent fait entre lesdits freres & sœurs.*

Voyez ce qui est dit sur l'article 78.

10. AUZANET. C'est l'avis de Maître Auzanet, qui dit qu'il faut ôter l'exception contenuë en ces derniers termes, *pourvû toutefois*, &c. parce que, dit-il, pour une soulte de partage il n'a jamais été prétendu aucun droit féodal ou seigneurial.

Les derniers Arrests ont même jugé, qu'un heritier pouvoit acquerir la portion entiere de son cohéritier, & tirer de sa bourse l'argent pour le récompenser, sans payer aucun droit au Seigneur, comme étant des accommodemens de famille, pour lesquels il n'est rien dû ; & par conséquent il n'en est dû aucun pour la renonciation faite par un des heritiers à la succession, moyennant une somme d'argent, ou chose équipollente.

Maître Du Plessis tient, que s'il y a argent baillé ou chose équipollente pour la renonciation, les droits sont dûs au Seigneur ; parce que c'est une aliénation ou vente de la portion de celuy qui renonce. DU PLESSIS.

Il ajoûte que l'article ne dit point, quel droit est dû, que quelques-uns prétendent que c'est le relief, mais que ce doit être le quint ; & que s'il luy étoit donné quelque heritage de la succession, il ne seroit rien dû, comme étant en effet un partage. Cet Auteur a en cela suivi l'opinion de Charondas, Tronçon & Brodeau, qui passeroit à present pour une erreur.

Si un des enfans vendoit à un étranger sa part & portion dans les biens hereditaires de son pere ; je ne fais pas de difficulté, que celuy auquel cette portion auroit été venduë, n'en dût le quint ou les lods & ventes au Seigneur, parce que pour transferer à un autre sa portion hereditaire, il faut l'avoir acquise, & dés le temps qu'il vend sa portion hereditaire, il se declare heritier 11.

La raison est, que *nudâ voluntate & solo animo aditur hereditas*, §. *ult. Instit. de hered. qualit. & differ. l.* 20. §. 4. *l.* 88. *ff. de acquir. heredit.* la Loy *si avia* 6. *C. de jure deliber.* décide, que *si is qui nondum adierat hereditatem sibi delatam, testamentum condens alicui eam donet, hoc ipso pro herede se gessisse intelligitur.*

Mais si un enfant cedoit & transportoit ses droits successifs pour quelque immeuble, en ce cas ce seroit un échange pour la portion qu'il auroit dans chaque immeuble de la succession, pour lequel par conséquent seroient dûs les droits qui se prennent pour échange.

Pontanus sur l'article 81. de la Coûtume de Blois fait cette distinction : *Ita distinguendum arbitror utrumne renunciantibus aut abstinentibus jus in hereditate vel legato alterius juri aut rei cui renuntiant, quæsitum esset, necne: Nam si ut ab hereditate cæteri coheredes abstineant, aut ne illam adirent, pecunia accepta sit ; aut ne legatarius, cui certa hereditatis species relicta erat, legatum agnosceret, nec illi sanè pro herede, nec hic pro legatario, & sic neuter pro Domino se gessisse videretur. Unde à neutro illorum, nec ab eo qui pecuniam numeravit, ut solus hereditate potiretur, laudimiis quinti debentur ut potè, quia ii qui renuntiaverunt, nunquam Domini extitere, nec se pro Dominis rerum hereditariarum vel legatarum gessere.* 12.

At diversum omninò obtinere censerem ; si jam illi aditâ hereditate, vel agnito perceptóque legato, illi juri ob certam pecuniam numeratam renuntiassent : Jam enim pro Dominis se gessisse intelligerentur ; unde laudimia deberentur, & ea quidem duplices. Primæ quidem pro adita hereditate, agnitóque legato, quas laudimias rachatus dicimus : secunda verò quinti, quia intercessit pecunia numerata ob renuntiationem.

Et hac nostra distinctio mihi optimè probari videtur in lege quæstionis. ff. de acquir. heredit. Idem dicendum erit si pecunia non quidem numerata sed promissa fuerit, datâ in eam rem cautione quam litterarum obligationem appellare possumus, l. ult. C. ad leg. falcid. sive intercedente stipulatione, l. si patronus. §. 1. *ff. de donatio. sive promissa sit ea per simplex pactum, l.* 3. §. *hoc Edicto. ff. de calumniat.*

Tronçon, sur cet article, *verbo*, renonciation, rapporte le sentiment de Pontanus, au lieu cité. TRONÇON.

13. A l'égard des heritiers collateraux, il faut dire, que quand un des heritiers présomptifs renonce purement & simplement, le Seigneur ne peut prétendre

aucun droit pour cette renonciation, mais seulement le relief, dû par ceux qui appréhendent la succession *ex suo capite*, étant présumez ne rien acquerir par la renonciation d'un collateral habile à se porter heritier, par la raison remarquée cy-dessus, que l'heritier qui renonce, n'attribuë rien à ceux qui appréhendent l'héredité. C'est le sentiment de AUZANET. Maître Auzanet.

Au contraire, si la renonciation étoit faite en forme de cession & transport à quelqu'un des heritiers, ou à quelque étranger, il seroit dû le quint avec le relief ou double relief; car si la cession étoit faite pour argent ou chose équipollente, ce seroit une vente, & si c'étoit *gratis*, il seroit dû deux reliefs.

Heres præsumptus cedendo adivit, & in alios transtulit, quapropter duplex relevium tanquam ex duplici vera mutatione debetur; etiamsi cedens aliàs nihil apprehenderit, nec perceperit ex hereditate, DU MOULIN dit du Moulin sur l'article 33. *glos.* 1. *num.* 104.

Si la renonciation étoit faite pour argent donné par tous les cohéritiers, en ce cas je croirois qu'il ne seroit rien dû; parce que ce seroit par forme d'accommodement, comme il a été dit cy-dessus, & principalement si c'étoit de l'argent ou des effets mobiliaires de la succession, qui seroient donnez pour faire la renonciation.

Que si un des enfans acceptoit la succession, & qu'après il y renonçât pour une somme d'argent, quoique par ce moyen il fût censé vendre & ceder sa portion aux autres; néanmoins je croy qu'il ne seroit rien dû au Seigneur, parce que ce seroit un accommodement entre cohéritiers, pour faciliter le partage entre les autres; car bien que telle renonciation ne pût avoir son effet contre les créanciers de la succession, cependant elle vaudroit entre les héritiers, comme si veritablement celuy qui auroit renoncé, n'avoit jamais pris qualité, *argument. leg. licet C. famil. ercisc.* 14.

Par ces mots, *chose équipollente*, il faut entendre les meubles & effets mobiliaires, qui seroient donnez par les enfans héritiers à celuy qui renonceroit. 15.

Pareillement, si pour faire la renonciation les enfans consentoient, que les sommes dont un d'entr'eux se trouveroit redevable envers la succession, en fût déchargé, pour renoncer à la succession, en ce cas ce seroit une chose équipollente à l'argent. Cependant dans tous ces cas il ne seroit rien dû au Seigneur, suivant ce qui a été dit cy-dessus.

OBSERVATIONS DE MONSIEUR ***

Sur l'Article VI.

SOMMAIRE.

1. *Article changé.*
2. *S'il est dû quelque droit au Seigneur par des copartageans ou cohéritiers, pour les abandonnemens de leurs parts, & renonciations à leurs droits.*
3. Quid, *S'il y a argent baillé ou chose équipollente.*

CET article doit être conçu en ces termes:

N'est aussi dû relief ni profit de Fief pour la renonciation faite par aucuns des heritiers en une succession directe ou collaterale, encore qu'il y ait argent baillé, ou autre chose équipollente.

Nous avons ajoûté à cet article, premierement le mot de *profit de Fief*, parce que l'on doutoit, si la renonciation de l'un des cohéritiers ne produisoit pas un droit de quint, ce qui a toûjours été décidé pour la negative.

La Coûtume ne parloit que des enfans, & laissoit douter, si ne parlant que des enfans, il ne falloit pas dire le contraire lorsqu'il s'agissoit des autres successions; mais comme il est d'usage, que les cohéritiers d'une succession ne doivent jamais rien à cause de la renonciation de l'un d'eux. L'article doit être mis indéfiniment pour toutes les successions tant en directe ascendante, descendante, que collaterale.

La raison de l'usage est, que par la renonciation de l'un des cohéritiers, les autres deviennent propriétaires de sa part, *non jure accrescendi*, mais *jure non decrescendi*, ce qui fait qu'il n'y a point de mutation.

Nous avons mis à la fin de cet article, *encore qu'il y ait argent baillé ou autre chose equipollente.* En quoy nous changeons entiérement la disposition de la fin de cet article, qui porte, *pourvû toutefois, que pour faire ladite renonciation n'y ait argent baillé, ou autre chose équipollente.*

La raison de ce changement est, qu'il est constant dans l'usage, que pour le partage il n'est rien dû, & que le premier acte qui se fait entre les cohéritiers, pour accommoder entre eux les differents qu'ils peuvent avoir, à cause de leurs droits dans une succession, ne doit aucuns droits de quint & de vente; & il y auroit trop d'embarras, s'il falloit discuter les droits de chacun des heritiers, pour connoître s'il y a soulte ou chose équipollente, ce qu'on ne pourroit jamais connoître, ni à quoy elle se pourroit monter sans faire cette discussion.

Il faut donc établir pour maxime certaine, qu'il n'est jamais dû par des copartageans ou cohéritiers pour les abandonnemens de leurs parts & renonciations à leurs droits, soit en directe, soit en collaterale, ce qui est fondé sur ce que ceux qui sont héritiers, sont censez ne rien acquerir par la renonciation de ceux qui étoient habiles à se porter héritiers comme eux.

CONFERENCE SUR L'ARTICLE VI.

CEt article a été entiérement ajoûté à la Coûtume d'Orleans, titre 1. article 39.

La Coûtume de Saint Agnan, chapitre 8. article 24. dit, *Quand il avient que gens nobles vont de vie à trépas, & qu'ils délaissent des filles, lesquelles prennent & recüeillent leurs successions, si lesdites filles renoncent à ladite succession au profit de leur frere aîné, ou autre moyennant certaine somme de deniers, en ce cas en est dû profit au Seigneur féodal, duquel lesdites choses sont tenuës en foy & hommage.*

Celle de Berry, titre 5. article 17. dit, *En renonciation, cession & transports faits par freres & sœurs, de leurs parts & portions des Fiefs, à leurs autres freres & sœurs en contrat de mariage, moyennant le dot ou somme de deniers baillez par lesdits freres & sœurs, en faveur desquels lesdites cession & transport se font par ledit contrat de mariage & en faveur d'icelny, ne sont dûs aucuns droits de rachat ou profit de Fief, pourvû qu'il n'y eût partage au précedent. Et le semblable a lieu, quand par contrat de mariage le pere ou la mere, ou autre ascendant appanage aucun des descendans en directe ligne, & le fait renoncer tant aux successions futures que déferées.*

La Coûtume de Nivernois, chapitre 4. article 69. dit, *Si frere marie sa sœur, ayant droit acquis és choses féodales à elle échûës par succession de leur pere ou mere, ou autres parens; & que par ledit mariage moyennant le dot constitué en deniers par lesdits frere à sadite sœur ou sœurs, elles renoncent à tous biens où esdits biens féodaux au profit desdits freres, ne seront pour ce dûs au Seigneur féodal aucuns profits; pourvû qu'il n'y eût aucun partage précedent fait entre lesdits freres & sœurs.*

Ladite Coûtume de Nivernois, article 70. dit, *Pour cas semblable, ne sera dû aucun tiers deniers, lods, ventes, ou autres profits des choses tenuës en bourdelage, censive, ou autre directe.*

La Coûtume de Normandie, chapitre 9. article 176. porte que, *Si l'un des puînez renonce à sa part, elle revient à l'aîné, & non au Seigneur.*

Auteurs sur l'Article sixiéme.

BObé, sur cet article.
Salligny, sur la Coûtume de Vitry, article 28.
De la Lande, sur Orleans, article 39.
Pontanus, sur Blois, articles 81. & 88.
Guenois, sur cet article.
Coquille, sur Nivernois, chapitre 4. articles 69. & 70.
Maître Du Plessis explique cet article, livre 1. des *Fiefs*, chapitre 4. page 21.

ARTICLE VII.

C'étoit l'Article quatriéme de l'ancienne Coûtume.

Saisie féodale ne se fait que quarante jours aprés le décés.

LE Seigneur féodal aprés le trépas de son vassal, ne peut saisir le Fief mouvant de luy, ne iceluy exploiter en pure perte, jusques à quarante jours aprés ledit trépas.

Voyez les Articles 1. 60. & 65.

REMARQUES.

SEd si Dominus prehenderit ante tempus, prehensio ipso jure nulla est, nec convalescit etiam eo tempore quo manum injicere poterat. Imò antequam possit Dominus de novo validè prehendere, necesse est ut vassallus redintegretur contra hanc injustam prehensionem. Mol. in hanc Cons. §. 7. n. 16. 17. 18.*

Potestas injiciendæ manus Dominicæ precisè pendet ab apertura Feudi: quare dato eo quod Feudum apertum est, nullus casus, nullus eventus obstare potest Domino, quin prehendat Feudum lapsis his 40. diebus: quare si his adhuc currentibus & nondum completis Feudum in novam manum, vel novi vassalli morte, vel venditione, vel quovis alio contractu transire contingat, non tenetur Dominus expectare 40. dies post jus quæsitum huic ultimo proprietario. D. Mol. gl. hujus art. jusques à quarante jours, *num.* 4.

Maître Charles du Moulin sur l'article 28. de la Coûtume de Troyes, tient que dans la Coûtume de Paris le délay de quarante jours donné par la Coûtume n'a lieu que lorsque la mutation arrive par mort. *Ergo dilatio 40. dierum de qua sup. §. 24. non habet locum nisi in successione, non autem in contractu, quia contrahentes statim sunt certi. Et sic statim debent justa facere, ut in simili dixi in Consuet. Par. §. 4. C. M.*

La resolution de Maître Charles du Moulin, que le délay de quarante jours donné par la Coûtume, lorsque la mutation arrive par mort, ne doit pas avoir lieu dans le cas de la vente, peut recevoir de la difficulté dans la Coûtume de Troyes, à cause du mot, *incontinent*, dont elle se sert, quoique le Grand remarque, que même dans la

Coûtume de Troyes cela ne soit pas observé.

Mais l'opinion de M. du Moulin n'a pas été approuvée, en ce qu'il a voulu étendre la disposition rigoureuse de la Coûtume de Troyes à la Coûtume de Paris & autres semblables, qui donnent, sçavoir celle de Paris en l'article 7. un semblable délay de quarante jours en cas de mort, sans parler expressément des autres mutations qui arrivent à titre particulier : ayant été jugé que ce délay qui est fondé sur la nature des Fiefs, & sur ce qu'il ne doit pas y avoir de surprise entre le Seigneur & le vassal, est commun pour toutes sortes de mutations.

Le premier Arrest qui l'a ainsi jugé, a été prononcé par Monsieur le Président Seguier, en la Chambre de l'Edit, le Mercredy 25. Janvier 1617. entre Etienne le Bel, sieur de Sannoy, & Messire Thierry Sevin, Président aux Enquêtes : dans l'espece duquel Arrest il s'agissoit d'une saisie féodale, faite au sujet d'une adjudication par decret, & auparavant les quarante jours accomplis du jour de l'adjudication, d'une Terre située en la Coûtume de Meaux, dont la disposition en l'article 128. est conforme à celle de Paris.

Cet Arrest a été suivi d'un autre semblable intervenu en l'Audiance de la Grand'-Chambre, le Mardy 23. Mars 1621. entre Messire Antoine de Lenoncourt & le sieur Marquis de Rambouillet, par lequel la Cour a aussi declaré nulle une saisie féodale faite vingt-six jours aprés l'adjudication par decret de la Terre & Seigneurie de Perray, située en la Coûtume de Monfort-l'Amaury, semblable à celles de Paris & de Meaux.

Voyez le Grand, sur le susdit article de la Coûtume de Troyes.

JUSQUES A QUARANTE JOURS APRE'S LE TRE'PAS ; s'il n'y avoit ouverture précedente, C. M. sur l'article 4. de l'ancienne Coûtume.

GLOSE UNIQUE SUR L'ARTICLE VII.

SOMMAIRE.

1. *Dans quel temps le Seigneur peut exercer la saisie féodale.*
2. *Si la saisie faite avant les quarante jours donne lieu aux dommages & interests.*
3. *Quelle difference il y a entre la saisie nulle faute de formalitez, & celle qui est faite sans cause legitime, ou avant le temps prescrit par la Coûtume.*
4. *Si les quarante jours se comptent* de momento ad momentum.
5. *Tournet rapporte mal à propos sur cet article une Note de M. Charles du Moulin.*
6. *Si le délay de quarante jours est commun, & ordonné dans la plus grande partie des Coûtumes.*
7. *Quelles Coûtumes permettent de saisir avant les quarante jours.*
8. *Si le délay de quarante jours est accordé tant à la veuve qu'à l'heritier.*
9. *Pourquoy ce délay est accordé à l'heritier.*
10. *En quel cas le Seigneur saisissant aprés les quarante jours, ne feroit pas les fruits siens.*
11. *Si le Seigneur fait les fruits siens aprés les quarante jours, quand il n'a point saisi.*
12. *Si la saisie produit son effet pour la moitié qui appartient à la veuve, au cas qu'elle n'accepte la communauté qu'aprés la recolte des fruits.*
13. *Si les quarante jours se comptent du jour de la mort du propriétaire du Fief, qui seroit décedé sans avoir fait ses devoirs, ou du jour de la mort de son heritier.*
14. *Ce qui s'observe à l'égard du successeur du Benefice duquel dépend un Fief.*
15. *Si la main-levée accordée au possesseur d'une succession, sert à celuy à qui elle appartient veritablement.*
16. *Si l'heritier peut dans les quarante jours recüeillir les fruits avant leur maturité.*
17. *Si tout acquereur a quarante jours pour faire la foy & hommage.*
18. *Diversité d'opinions sur la question précedente.*
19. *De quel jour courent les quarante jours pour Fiefs appartenans à l'Eglise.*
20. *Dans quel temps les Fiefs acquis par gens de main-morte peuvent estre saisis.*
21. *Si ces termes,* exploiter en pure perte, *sont inutiles en cet article.*

CET article, qui étoit le quatriéme de l'ancienne Coûtume, abolit l'usage qui se pratiquoit auparavant, que dés le moment qu'un vassal étoit décedé, le Seigneur pouvoit saisir le Fief mouvant de luy, comme vacant, & le mettre à sa table, jusqu'à ce qu'il eût un autre vassal ; ainsi que nous l'apprenons de l'article 7. d'un ancien stile M. S. du Châtelet. *Item, par la Coûtume des Fiefs, si-tôt comme un vassal est mort, le Seigneur peut assigner au Fief, mais il ne peut rien lever jusqu'à quarante jours aprés la mort du vassal.*

La Coûtume de Melun dans l'article 7. a encore une disposition semblable.

Voyez l'Auteur du Grand Coûtumier, livre 2. chapitre 17. page 182. Des Mares, Décision 193. Les Etablissemens, livre 1. chapitre 18.

Cet article prescrit le temps auquel le Seigneur peut valablement saisir le Fief mouvant de luy aprés le trépas de son vassal, qui est de quarante jours, délay ordinaire en matiere féodale, tant pour le Seigneur que pour le vassal, suivant les articles 8. 9. 10. 11. 20. 60. & 65. dans lesquels il est fait mention de ce temps de quarante jours. 1.

Auparavant ce temps le Seigneur ne peut pas user de la saisie féodale ; autrement elle seroit nulle, tortionnaire & injurieuse, ce délay étant donné en faveur de l'heritier du nouveau vassal, & non pas en faveur du Seigneur.

C'est le sentiment des Commentateurs sur cet article, Charondas, Tournet, Brodeau, nomb. 5. & 6. CHAR. TOURN. BROD.

La saisie féodale faite avant les quarante jours ne pourra pas même être convertie en action, quoique par l'évenement le vassal n'eut pas satisfait à ses devoirs dans le temps des quarante jours, comme il a été jugé par deux Arrests; l'un de l'an 1542. l'autre du 9. Mars 1576. remarquez par ces Commentateurs.

2. On demande, si la saisie féodale faite avant les quarante jours pourroit donner lieu à des dommages & interests contre le Seigneur.

AUZANET. Maître Auzanet sur l'article 1. est d'avis, que quand une saisie est faite sans cause legitime, le Seigneur est tenu des dommages & interêts; mais quand elle est nulle, pour avoir été faite avant le temps, ou pour défaut de formalitez, il n'y a point lieu aux dommages & interêts; cependant il dit le contraire, sur cet article 7. que si la saisie est faite avant les quarante jours, elle est nulle avec dommages & interêts.

3. Il est sans doute, que quand une saisie est faite sans cause legitime, le Seigneur est tenu des dommages & interêts envers son vassal, comme s'il avoit fait saisir le Fief de son vassal pour droits pecuniaires qu'il prétendroit sans raison, aprés l'avoir reçû en foy.

Il faut dire au contraire, que quand la saisie est juste & bien fondée, mais qu'il n'y a nullité pour défaut de solemnité, comme si elle est nulle pour n'avoir pas été notifiée au vassal, ou pour avoir été faite par un Sergent sans être assisté de témoins, en ce cas elle ne cause point perte de fruits, elle ne donne point aussi ouverture au vassal pour des dommages & interêts; car les dommages & interêts, suivant Bartole, sont fondez *in alicujus factum injustum, vel cessationem injustam*: or dans ce cas la saisie n'est pas un fait injuste, & par conséquent elle ne produit point de dommages & interêts.

Il y a plus de difficulté à l'égard de la saisie nulle pour avoir été faite avant les quarante jours, car si le nouveau vassal ne satisfait pas dans ce temps, il semble que la saisie qui ne peut valoir dans son commencement, devient bonne & valable; ainsi le fait du Seigneur ne paroît pas injuste.

Cependant il faut dire le contraire, parce que la saisie étant faite avant les quarante jours, elle est vicieuse dans son commencement, ainsi elle demeure toûjours nulle & sans fondement, selon la Loy *quod ab initio. ff. de R. J.* le Fief au temps de la saisie ne pouvoit pas être saisi, & partant le fait du Seigneur est injuste, & donne lieu à des dommages & interêts; mais comme les dommages & interêts ne contiennent que l'estimation du gain qu'on auroit fait sans le fait de la partie, & de la perte qu'on auroit soufferte par le fait d'icelle, il n'y auroit point de dommages & interêts, si le Seigneur aprés avoir saisi avant les quarante jours, avoit abandonné sa saisie, & souffert que son vassal emportât & levât les fruits du Fief saisi.

L'article 5. des Arrêtez titre de la saisie féodale porte, *si le Seigneur féodal, l'usufruitier ou le Fermier a saisi sans cause legitime, ou avant le temps, il sera condamné aux dommages & interêts; mais si la saisie est nulle faute de formalité, elle sera déclaré telle sans dommage & interêts.*

4. Les quarante jours doivent être entiers & complets, & on ne les compte point *de momento ad momentum*, de sorte que les jours des termes n'y sont point compris.

DU MOULIN. C'est le sentiment de Maître Charles du Moulin sur cet article *num.* 4. parce qu'en ce cas il faut prendre l'interprétation la plus favorable pour le vassal; car quoiqu'ordinairement par la disposition du droit les délais courent *de momento ad momentum*, néanmoins les délais accordez par les Coûtumes ne se comptent pas de même, dit ce Docteur sur l'art. 10. *Glos.* 10. *n.* 2. & il dit qu'il la vû observer au Châtelet & au Parlement; soit que les délais soient accordez par les Ordonnances ou donnez par le Juge. Ce qui doit avoir lieu à plus forte raison dans les choses qui sont odieuses, comme la saisie féodale, par laquelle le vassal est depossedé de son Fief avec perte de fruits au profit du Seigneur saisissant.

Guy Pape en sa Décision 270. dit, *quidquid sit de jure, de stylo dicta Curia Parlamenti & communi observantia, & similiter aliarum Curiarum præsentis patriæ Delphinatus, dies termini non consuevit computari in termino.*

Brodeau nombre 6. remarque un Arrest du 2. Avril 1573. cité par Lhommeau sur la Coûtume d'Anjou, par lequel la Cour a jugé, que les jours des termes ne devoient point être compris dans les quarante jours; c'est la disposition formelle de la Coûtume de Château-neuf article 31. C'est aussi le sentiment de Maître du Plessis & de Maître Charles du Moulin. BRODEAU. DU PLESSIS.

Du Moulin sur cet article *num.* 4. aprés avoir rapporté les raisons de douter, dit *quibus non obstantibus dicendum nec diem obitûs, nec diem prehensionis computari in hoc termino, sed hos quadraginta dies esse liberos, per ea quæ latius tracto infrà §. 10. quæst. 1.* 5. DU MOULIN.

Ce temps de quarante jours qui est de droit commun, & ordonné par la plus grande partie de nos Coûtumes, doit être observé dans celles qui n'en parlent point. 6.

La Coûtume de Troyes article 28. & celle de Reims article 99. veulent que l'acquereur par autre cause que de succession aille faire incontinent la foy au Seigneur.

Ce terme *incontinent* dans l'article 99. de celle de Rheims, ne se doit pas entendre à la rigueur comme remarque Buridan, & le Seigneur auroit mauvaise grace de saisir aussi-tôt l'acquisition faite, il y auroit de la précipitation, le vassal doit avoir un temps suffisant pour se transporter au Fief dominant pour y rendre ses devoirs *arg. §. loca. instit. de V. O. L.* 41. *§.* 1. *& l.* 73. *ff. red. lit.*

Il y a d'autres Coûtumes qui permettent au Seigneur de saisir incontinent aprés le decés, sans attendre les quarante jours, qui sont remarquez dans la Conférence de cet article. 7.

On demande si dans ces Coûtumes le vassal qui satisfait aux causes de la saisie dans les quarante jours, encourt la perte des fruits perçûs depuis la saisie?

C'est le setiment de Maître Charles du Moulin sur l'article 20. de l'ancienne Coûtume d'Orleans, que le vassal doit être investi par son Seigneur sans perte de fruits, & sans payer aucuns frais. DU MOULIN.

Ce même Auteur sur l'article 106. de la Coûtume de Rheims, qui porte, que si dans les quarante jours l'heritier ne fait son devoir, le Seigneur fait les fruits siens dés & depuis le jour de la saisie, laquelle se peut faire dés le moment du decés du vassal, par l'article 105. *hoc nimis durum, inquit, propter crebra impedimenta heredum, ideo limitandum ut procedat, si heres scivit prehensionem illam acceleratam, & spatium habuit; secus si ignoravit, vel si justa impedimenta habuit, quia tunc saltem quadraginta dies ab obitu defuncti immunes habere debet.*

Brodeau sur cet article nombre 10. fait cette question, sçavoir si le délay de quarante jours est aussi bien établi pour la veuve que pour l'heritier? 8. BRODEAU.

Il resoud que oüy, pour le Fief qui luy appartient, & pour lequel elle est obligée de prêter de nouveau la foy & hommage, à cause de la mutation qui survient en sa personne, afin qu'il ne puisse être saisi qu'aprés les quarante jours, à compter du jour du decés du mary qui avoit prêté la foy & hommage de son vivant, suivant l'opinion formelle de Maître Charles du Moulin sur l'article 37. *Glos.* 1. *num.* 10. *&* 11. & sur l'art. 31. de la Coûtume de Chaumont, parce que *soluto matrimonio mulier incipit pleno suo* DU MOULIN.

jure per se administrare & possidere Feudum : & potissima ratio renovandæ fidelitatis est personalitas fidelitatis seu juramenti, quod numquam egreditur personam & qualitatem in qua præstatur ; ideo quandocumque & quoties solvitur vinculum & religio jurisjurandi, renovari debet, sive nova jura utilia debeantur, sive non.

9. La raison pour laquelle la Coûtume accorde le delay de quarante jours à l'heritier est, suivant du Moulin sur l'article 106. de la Coûtume de Rheims *propter crebra impedimenta heredum*, & afin qu'il ait le temps pour deliberer s'il acceptera la succession, ou s'il y renoncera, car il ne peut faire ses devoirs au Seigneur sans faire acte d'heritier, autrement il seroit tenu ou d'accepter une succession inconsiderement, ou d'y renoncer à son préjudice.

Brodeau. Brodeau *num.* 12. dit que ce temps de quarante jours est fondé sur les quarante jours donnez à l'heritier pour deliberer ; mais cette raison ne me semble pas bonne, dautant que ce temps est à la verité accordé à l'heritier pour deliberer, mais c'est aprés la confection de l'inventaire, pour laquelle il a trois mois ; & aprés les trois mois il a quarante jours pour deliberer, ç'a toûjours été l'usage en France, confirmé par l'Ordonnance du mois d'Avril 1667. titre 7. article 1. ainsi les inconveniens remarquez cy-dessus ont toûjours lieu, nonobstant ce delay accordé à l'heritier.

C'est la decision de Monsieur ***. qui dit, que le Seigneur n'est pas obligé d'attendre que l'inventaire soit fait, parce que le delay de quarante jours coure du jour du decés du vassal.

La veritable raison est, afin que l'heritier puisse pendant ce temps voir les titres, s'informer de l'état & consistance du Fief, & sçavoir à quels devoirs & droits il est obligé envers son Seigneur ; & de plus, que pendant ce temps il prenne connoissance des dettes & des biens de la succession, afin que ou il renonce à la succession, ou il l'accepte purement & simplement, ou sous benefice d'inventaire ; car il ne peut pas faire la foy & hommage sans faire acte d'heritier.

Il peut encore arriver que l'heritier sera absent lors de la mort du défunt, ou qu'il aura d'autres empêchemens, qui ne luy permettront pas de se transporter dés le temps de la mort du défunt pour rendre ses devoirs à son Seigneur, tant par la raison des obseques, que par le soin qu'il faut avoir que les biens ne soient distraits ; & il seroit rigoureux que l'heritier fût reduit à l'impossible, & que le Seigneur se servît de cette occasion à son préjudice.

10. Du Moulin. Du Moulin sur cet article *num.* 8. ajoûte une exception remarquable ; sçavoir lorsque le vassal est decedé dans une Province éloignée, en sorte que ses parens n'en ayent pas pû recevoir des nouvelles ; auquel cas le Seigneur féodal qui en auroit reçû avant les autres, & auroit fait aussi-tôt saisir, ne feroit les fruits siens, qu'aprés que les heritiers présomptifs en auroient eu connoissance ; mais il seroit tenu de les restituer.

C'est aussi l'avis de Chassanée sur la Coûtume de Bourgogne titre des Fiefs, §. 1. *verbo*, ou à la personne, nombre 7. Ce que je trouve fort juste.

La raison est, que la perte des fruits n'est pas accordée principalement en faveur du Seigneur ; mais pour punir la negligence du vassal, qui semble faire mépris de son Seigneur ; auquel il ne fait pas la foy & hommage dans le temps porté par la Coûtume ; ainsi il ne seroit pas raisonnable qu'il profitât de l'ignorance des heritiers, qui est une ignorance de fait, qui ne leur doit pas être imputée ; & je ne fais pas de doute que le Seigneur ne fût tenu de rendre les fruits.

11. Il s'ensuit de cet article, que le Seigneur ne fait les fruits siens qu'aprés sa saisie, & non pas seulement aprés les quarante jours expirez, dautant que comme il a été dit sur l'article 1. ce n'est pas l'ouverture de Fief qui donne lieu à la perte des fruits, mais la saisie féodale valablement faite en conséquence de l'ouverture, de sorte que l'heritier de l'ancien vassal peut purger sa demeure, quand il voudra aprés les quarante jours, pourvû que ce soit avant la saisie, sans perte de fruits.

C'est l'opinion commune de tous les Docteurs, de Charondas, de Tronçon *in verbo*, jusques à quarante jours, de Guy Pape question 166.

C'est ce que dit du Moulin sur l'article 23. de la Coûtume de Chartres, qu'encore que le vassal ne se presente pas dans les quarante jours, il peut aprés iceux faire la foy & hommage sans perte de fruits, pourvû que les choses soient entieres, c'est-à-dire, que le Seigneur n'ait point encore mis le Fief en sa main.

12. *Si la saisie produit son effet pour la moitié qui appartient à la veuve, au cas qu'elle n'accepte la communauté, qu'aprés la recolte des fruits ?*

Pour l'intelligence de cette question, il faut poser cette espece.

L'ancien vassal étant decedé, laissant sa femme & des heritiers, soit en ligne directe ou en collaterale ; ces heritiers laissent passer les quarante jours, sans rendre les devoirs au Seigneur, & la femme sans accepter ou renoncer à la communauté, ayant quarante jours à deliberer aprés la confection de l'inventaire ; pour raison de ce, le Seigneur fait saisir dés que les quarante jours sont passez. Un mois aprés l'inventaire fait, les heritiers se portent heritiers, & la femme accepte la communauté ; pendant la saisie le Seigneur avoit recueilli les fruits de l'année, on demande si les fruits sont exploitez en pure perte pour la part qui appartient à la femme ?

Il semble que oüy, parce que jusques à ce qu'elle ait accepté la communauté, elle n'a aucun droit dans les biens communs, & partant le Fief de la communauté ayant été saisi par le Seigneur, il doit faire siens les fruits qu'il a perçûs pendant sa saisie.

Néanmoins il faut dire le contraire, parce que par l'acceptation que la femme fait de la communauté, elle n'acquiert aucun droit de propriété sur les biens communs, elle confirme seulement celuy qu'elle avoit par la disposition de la Loy sur iceux, & cette acceptation a un effet retroactif au jour de l'acquisition qui en a été faite, de sorte que comme la femme n'est point obligée de faire la foy & hommage pour les biens de la communauté qui luy échéent par l'acceptation d'icelle, il se trouve par l'évenement, que la saisie du Seigneur ne peut subsister que pour la moitié du Fief saisi, qui appartient aux heritiers du mary, la saisie demeurant nulle & sans effet pour l'autre qui appartient à la femme comme commune ; ce qui est contre l'opinion de Maître Charles du Moulin, qui prétend, comme il a été dit cy-dessus, que la femme est tenuë de faire la foy & hommage au Seigneur pour les Fiefs, ou portion de Fiefs, qui luy échéent en qualité de commune. Comme l'article 5. décide le contraire, je ne croy pas que mon opinion puisse souffrir difficulté.

13. *Si pendant les quarante jours du decés du proprietaire du Fief, son heritier vient à deceder, si l'heritier de cet heritier doit avoir autres quarante jours entiers, à compter du jour de son decés ?*

Le sentiment de Lhommeau sur la Coûtume d'Anjou livre 1. article 102. sur la fin, est qu'il les doit avoir.

Du Moulin en sa Note sur cet article dit, *s'il n'y a ouverture precedente*, & en son Commentaire *num.* 9. & 10. est d'avis que l'heritier n'ait que ce qui reste des quarante jours, qui est le temps fatal, pendant lequel le pouvoir & le droit du Seigneur est suspendu, sans qu'il puisse être prorogé, s'il n'y a une disposition expresse de la Coûtume ; car quoique les droits des Seigneurs soient peu favorables, néanmoins les Coûtumes ne se doivent pas interpreter au préjudice des droits qui leur sont accordez. Or nôtre Coûtume en cet article dit, que *le Seigneur féodal aprés le trepas de son vassal, ne peut saisir le Fief mouvant de luy jusques à quarante jours.*

On peut justement inferer de ces termes, que le Seigneur peut saisir quarante jours aprés le decés de son vassal faute d'homme, quoique son heritier soit mort peu de temps avant ce delay expiré; dautant que ce mot *vassal*, ne s'entend que de celuy qui a été reçû en foy & investi; & puisque l'heritier de celuy qui avoit fait la foy & hommage, n'a point été reçû à homme par le Seigneur, il ne doit point être reputé tel; & c'est comme si l'heritier de cet heritier, étoit heritier du vassal decedé, qui a donné l'ouverture au Fief, & du jour de la mort duquel il faut compter les quarante jours.

Pour prouver d'abondant cette opinion, il faut considerer, que si celuy qui avoit quarante jours pour faire la foy & hommage, & payer les droits au Seigneur, est decedé aprés l'expiration de cette surséance, avant que d'avoir satisfait à son devoir, son heritier ne peut pas avoir quarante jours aprés sa mort pour faire la foy & hommage, mais le Seigneur peut saisir son Fief, s'il ne l'a pas encore fait, dés la mort de son vassal, sans attendre aucun delay; & par conséquent celuy qui succede au vassal, auquel étoit échû un Fief à titre de succession, ne peut avoir que le temps qui luy restoit pour faire la foy & hommage au Seigneur, aprés lequel il est permis au Seigneur d'user de saisie féodale, & faire les fruits siens du Fief saisi.

Voicy encore une autre raison, qui est que si le Seigneur avoit saisi la veille de la mort du vassal, son heritier n'auroit pas quarante jours pour faire la foy & hommage; ensorte que pendant ce temps la saisie fut en suspend; mais elle courreroit en pure perte pour cet heritier, d'où il s'ensuit que le Seigneur peut saisir dés le jour du decés ou aprés à sa volonté dans le cas proposé.

Brodeau, *n.* 11. suit l'opinion de du Moulin.

Maître du Plessis tient au contraire que le delay doit être renouvellé, parce que les mêmes raisons qui obligent la Loy de donner le premier se trouvent dans celuy-cy; cette derniere opinion est suffisamment refutée par les raisons rapportées cy-dessus, & je ne puis me départir de celle de du Moulin.

Cependant M***. dans ses observations sur cet article est de même avis, par cette raison que quoiqu'il soit dû plusieurs droits à cause des différentes mutations, dés qu'il se fait un changement par mort, il faut un nouveau délay, le défunt *morte purgavit moram*, ainsi le Seigneur ne peut point proceder par saisie, ni faire les fruits siens; & il dit que c'est un sentiment uniforme qui ne reçoit point de contradiction, puisque toutes les raisons qu'on peut alleguer contre les quarante jours que nous croyons devoir être accordez au nouvel acquereur, prouvent en même-temps qu'il ne les faudroit point accorder à l'heritier de celuy qui n'auroit pas de son vivant fait la foy & hommage; mais le contraire étant étably, il faut aussi que les mêmes raisons d'équité servent pour faire qu'un nouvel acquereur ait quarante jours pour se reconnoître & satisfaire à tous les devoirs de vassal.

14. *De quel jour courent les quarante jours au cas de la resignation d'un benefice, duquel dépend un Fief, si c'est du jour de la resignation, ou de la prise de possession du resignataire?*

L'opinion commune des Docteurs est, que c'est du jour de la prise de possession au cas de la resignation; c'est le sentiment de Bacquet, des droits d'amortissemens, chap. 55. *num.* 5. où il remarque un Arrest du 17. Mars 1574. conformément au Chapitre, *si*

Brodeau. *tibi absenti de prabendis. in* 6. C'est aussi l'avis de Brodeau, n. 16. de Maître Auzanet & de du Plessis.

La raison est, que jusques à la prise de possession du resignataire le resignant demeure toûjours en possession, ainsi il n'y a point de mutation.

C'est pour cette raison, que selon les Canonistes le pourvû par resignation, soit pure ou simple, ou *in favorem*, ne peut avant la prise de possession, conferer les Benefices qui sont à sa collation, sur peine d'intrusion, *Rebuff. in praxi beneficior. part.* 3. *tit. de simon. num.* 25. *& sen. Glos. Pragmat. sanctio. tit. de collatio.* §. *item insuper. verbo, obtinebunt.*

Mais au cas de vacation par mort, c'est du jour du decés du titulaire sans attendre qu'il y ait possession prise par un nouveau pourvû; c'est aussi le sentiment de ces Commentateurs.

Monsieur ***. dit, que quand un Beneficier est decedé, & que le Benefice qui a un Fief servant, est vacant *per obitum*, le Seigneur ne peut point saisir que quarante jours aprés le decés; & si le benefice est vacant par resignation, le resignataire doit avoir quarante jours du jour de la prise de possession.

Si quelqu'un se prétendant heritier d'un défunt, avoit fait la foy & hommage au Seigneur, & obtenu 15.
par ce moyen main-levée de la saisie qu'il auroit faite, & qu'ensuite il y eût contestation entre ce prétendu heritier & un autre, qui auroit soûtenu être en plus proche degré, & que par l'évenement celuy qui auroit fait la foy & hommage au Seigneur, eût succombé, & que la succession eut été adjugée à l'autre, le Seigneur seroit bien fondé de repeter les fruits perçûs par celuy qui luy auroit fait la foy & hommage?

Il est certain que selon la disposition du droit commun & l'usage de toute la France, celuy qui est possesseur d'une succession, est obligé de restituer les fruits qu'il a perçûs, à celuy qui prouve sa qualité, & à qui la succession est adjugée, avec cette distinction entre le possesseur de bonne foy & celuy qui est de mauvaise foy, que le possesseur de bonne foy n'est tenu à la restitution des fruits, que *in quantum factus est locupletior, l.* 20. §. *pridiè. ff. de petit. heredit.* Vû qu'au contraire le possesseur de mauvaise foy est tenu de restituer tous les fruits perçûs pendant sa possession, & même ceux qu'il a pû & dû percevoir, *l.* 25. §. 2. *ff. eod. tit.*

Mais dautant que le Seigneur a investi celuy qui n'avoit pas le droit de l'être, n'étant pas propriétaire du Fief, & qu'ainsi cette investiture est nulle, & par conséquent tout ce qui s'est ensuivy de cette investiture, est pareillement nul, il faut conclure, que la main-levée qui a été donnée par le Seigneur, ne luy peut nuire ni préjudicier, puisqu'elle est censée avoir été accordée, supposé que celuy qui se présentoit, fût veritablement vassal du Seigneur.

D'où il s'ensuit que la main mise doit subsister efficacement contre celuy qui a obtenu la sucession par jugement ou même par transaction, avec perte des fruits perçûs par celuy qui en étoit possesseur, celuy qui a obtenu gain de cause devant s'imputer de n'avoir pas été présenter ses devoirs au Seigneur; car il n'est pas juste qu'il joüisse de la diligence de ce possesseur, *jura vigilantibus opitulantur*, puisqu'au contraire sa contumace & negligence doit être punie des peines imposées par la Coûtume; & on peut dire qu'au desir de la Coûtume, le Seigneur a veillé, puisqu'il a fait saisir, & que celuy qui a été declaré son vassal, est demeuré endormy, en ne faisant pas ses devoirs; ce qui suffit pour donner lieu à la perte des fruits; & la main-levée donnée par le Seigneur ne luy peut servir d'obstacle par la raison qui a été remarquée cy-dessus.

Si l'heritier peut dans les quarante jours recüeillir 16.
les fruits avant leur maturité, sans être obligé de les restituer au Seigneur au cas qu'il saisit aprés ce delay expiré?

Voyez cette question sur l'article 1. Glose 4.

Si le delay de quarante jours a lieu pour les acquisitions faites par autre cause que par succession directe ou collaterale ?

Du Moulin. Maître Charles du Moulin sur cet article nombre 1. 2. & 3. tient, que le delay de quarante jours se doit restraindre au cas de la mort, quand le Fief vacque *per obitum*, sans l'étendre au cas d'ouverture de Fief qui arriveroit par vente, par donation ou autre moyen, voulant que pour lors le Seigneur ne soit pas tenu d'attendre les quarante jours, mais qu'il puisse saisir plûtôt.

Ainsi suivant l'opinion de cet Auteur, ce delay de quarante jours n'est donné qu'à l'heritier & non à aucun successeur du Fief à titre particulier ; dautant que ce delay ne peut avoir lieu qu'au cas exprimé dans cet article, de sorte que le Seigneur a droit de saisir dés le moment de l'ouverture, parce que les Coûtumes sont de droit étroit, & on doit suivre severement ce qu'elles ordonnent & prescrivent, sans faire extension du cas exprimé à celuy qui ne l'est pas, quand il n'y a pas même raison pour l'un que pour l'autre : Or il y a raison pour donner quarante jours à l'heritier de l'ancien vassal, qui ne se trouve pas en la personne de tout autre acquereur par autre cause, *alia est ratio in herede, alia in singulari successore :* ce qu'il prouve par les raisons suivantes.

La premiere, que l'heritier peut avoir cause legitime d'ignorer si le devoir est dû au Seigneur ; si la terre est féodale ou non ; si c'est un Fief ou un francaleu.

17. La deuxiéme, que par la pratique & l'usage general de tout le Royaume, tout heritier a quarante jours pour deliberer, ainsi qu'il a été dit cy-dessus, & que ce benefice seroit ôté à l'heritier s'il étoit obligé dés le temps de la succession ouverte, de faire la foy & hommage, ou souffrir la perte des fruits du Fief saisi : Or ces raisons cessent à l'égard de tout acquereur à titre particulier, sçavoir par achat, donation, échange ou autre semblable, car avant que de contracter il est certain, ou il doit être certain des devoirs & droits ausquels il est obligé, en vertu de l'heritage qu'il acquiert, *ideo statim à traditione verâ vel fictâ, vel dimissione fidei, non autem à simplici contractu, potest patronus manum injicere, & fructus suos facere secundum formam §. 1.*

Charondas. Tournet. Charondas & Tournet ont suivy le sentiment de du Moulin.

18. Tronçon. Guerin. Brodeau. Tronçon, Guerin, Brodeau sur cet article, nombre 15. Auzanet & Monsieur ***. sont d'avis contraire, estimant qu'en toute mutation, soit par mort, donation, vente, ou autrement, le Seigneur doit attendre les quarante jours. Je croi que c'est le sentiment qu'il faut suivre étant plus conforme à l'équité.

La raison est, que la Coûtume a exprimé en cet article le cas le plus frequent & le plus ordinaire ; & qu'il y a lieu de faire extension du cas exprimé à celuy qui ne l'est pas, à cause qu'il y a parité de raison ; car le delay n'est pas accordé à l'heritier de l'ancien vassal, seulement pour chercher les titres & actes concernans les terres féodales qui sont de la succession, mais aussi pour prendre son temps, pour se transporter à sa commodité dans le lieu où le Fief dominant est situé ; or cette raison ne doit pas être moins valable pour le successeur particulier, car il seroit sans doute trop rigoureux, que dés le moment de l'acquisition le Seigneur pût user de la saisie féodale, laquelle étant faite pendant la maturité des fruits, en causeroit la perte à l'acquereur, ses affaires ne luy permettant pas de se transporter sur l'heure de l'acquisition pardevers le Seigneur dominant au lieu du Fief, pour luy faire la foy & hommage.

Il pourroit même luy être impossible de le faire, en ce que le Fief servant seroit éloigné de beaucoup du Fief dominant, ou parce que le vassal auroit fait des acquisitions de plusieurs Fiefs situez dans des lieux éloignez les uns des autres ; c'est sur ce fondement que je croy, que tout acquereur à titre particulier, a quarante jours pour faire la foy & hommage à son Seigneur.

Brodeau le prouve encore par l'article 65. qui porte, que *quand un Fief vient de nouvel par succession, acquisition ou autrement, à aucune personne, le nouveau Seigneur ne peut empêcher ni mettre en sa main les Fiefs qui sont tenus de luy, &c.*

Cet article prescrit le temps auquel le nouveau Seigneur peut saisir les vassaux qui relevent de son Fief, sans distinguer si son acquisition est à titre universel ou particulier, & par conséquent il en faut dire de même des nouveaux vassaux, à quelque titre qu'ils soient acquereurs de leurs Fiefs, dautant qu'il faut observer le même droit entre l'un & l'autre, parce qu'ils sont correlatifs, de sorte que ce qui est dit de l'un, doit avoir lieu à l'égard de l'autre.

Cette raison n'est pas valable & l'argument tiré à *pari* ne conclud pas en ce cas, car il n'importe pas aux vassaux, que le nouveau Seigneur ait acquis son Fief par succession, ou à titre particulier ; de quelque maniere que ce soit, ils sont leurs vassaux, & partant ils sont tenus de luy venir rendre leurs devoirs dans le temps prescrit par la Coûtume : mais il n'en est pas de même des vassaux, car il y a bien de la difference entre l'acquisition qui se fait par succession, & celle qui se fait à titre singulier ; vû que l'heritier peut pendant quelque temps ignorer les droits & les biens de la succession, mais non pas l'acquereur à titre singulier, lequel s'est informé de tout ce qui concernoit son acquisition, avant que de la faire ; ainsi il semble que tout acquereur à titre particulier devroit faire la foy à son Seigneur dés le temps de son acquisition.

Et quand même à la rigueur les acquereurs à titre particulier seroient obligez de rendre leurs devoirs avant quarante jours, néanmoins le Seigneur auroit mauvaise grace d'user de saisie dés le temps de l'acquisition, l'honnêteté & l'humanité requerreroient qu'ils donnassent quelque temps à leurs vassaux pour se préparer à leur rendre les devoirs ausquels ils seroient obligez, à l'exemple de celuy qui s'oblige à payer présentement, auquel son creancier doit accorder quelque delay raisonnable pour faire le payement auquel il s'est obligé, *neque enim cum sacco adire debet*, dit la Loy *quod dicimus*, 105. *ff. de solutio. Neque enim tam amare recipi debet consuetudo inter patronos & clientes veluti inter infestos, sed cum quodam æquitatis temperamento Molin. in consuetud. Parisiens. §. 4. num. 3. Argentr. in consuet. Britann. articulo 322. num. 2.*

Bacquet au chapitre 14. nombre 4. des droits de Justice suit cette opinion, & dit que la saisie faite auparavant les quarante jours n'emporteroit pas perte de fruits pour le vassal. Boër. dit la même chose sur la Coûtume de Berry *tit. de feudis. §. 15. verbo*, devoirs de rachat, & que telle est la disposition de la Coûtume de Paris ; c'est aussi le sentiment de Lhoste sur la Coûtume de Montargis chapitre 1. article 18. *verbo*, peu aprés les quarante jours. Ba

La question s'étant présentée en la Cour en interprétation de l'article 128. de la Coûtume de Meaux conçûë en ces termes : *Aprés le trépas du vassal le Seigneur féodal avant que saisir & empêcher les Fiefs mouvans de luy, doit attendre quarante jours ; autrement si avant la revolution desdits quarante jours il saisit, il ne fait les fruits siens ; & sera reçû l'heritier dedans lesdits quarante jours, en faisant & payant droits & devoirs*, &c. par Arrest donné en la Chambre de l'Edit le Mercredy 25. Janvier 1617. prononcé par Monsieur le Président Seguier ; plaidans le Blanc, Monsieur Jacques Talon, & Monsieur l'Avocat General

neral le Bret; Estienne le Bel, Sieur de Saunoy, & Monsieur Sevin President aux Enquêtes, parties plaidantes; il a été jugé, que tout acquereur à titre particulier a quarante jours pour faire la foy & hommage dans cette Coûtume, quoiqu'elle ne parle que de l'heritier de l'ancien vassal.

Bry sur l'article 34. de la Coûtume du Grand-Perche, rapporte un autre Arrest donné en interpretation de l'article 3. de la Coûtume de Montfort, en l'Audience de la Grand'-Chambre, luy plaidant, le Mardy 23. May 1621. entre le Sieur de Lenoncourt & Dame Marie Dangennes sa femme, & le Sieur Marquis de Rambouillet, Seigneur du Fief des Essarts, par lequel une saisie féodale faite 26. jours aprés l'adjudication par decret de la Terre & Seigneurie du Perray, a été declarée nulle.

BRODEAU. RICARD. TRONÇON. Ces deux Arrests sont remarquez par Brodeau nombre 15. & par Maître Ricard sur cet article, & le premier est cité par Tronçon, *in verbo*, jusques à 40. jours.

AUZANET. Maître Auzanet est d'avis que tout acquereur doit avoir quarante jours, lesquels semblent necessaires pour prévenir les artifices & surprises des Seigneurs

19. qui font saisir la veille de la recolte; Et que pour les Fiefs appartenans à l'Eglise, ce delay est compté du jour de la vacation par mort, & du jour de la prise de possession du resignataire en cas de resignation.

Le Grand sur l'article 28. de la Coûtume de Troyes *num.* 3. dit, que la disposition de cet article qui permet au Seigneur de saisir le Fief incontinent aprés l'acquisition faite par toute autre cause que de succession, doit être restrainte & resserrée dans le territoire de cette Coûtume, comme contraire & exorbitante du droit commun, dautant que les Loix ne permettent pas dans les autres cas, que les creanciers puissent se mettre si promptement en possession des biens de leur debiteur, *sed post aliquod intervallum. l. si finita. §. non autem. ff. de damno infect. l. hac stipulatio. 14. & l. seq. ff. ut in possess. legat. l. quod dicimus. 105. ff. de solutio. ubi Gothofred. Cujac. ad leg. liber homo. 108. ff. de V. O.*

Maître du Plessis est de même avis, parce que toutes choses se doivent concevoir avec temperament d'équité, & qu'il est bien raisonnable que le vassal ait un temps pour se préparer; & il le prouve par l'article 60. qui porte *& aprés le procés terminé est tenu le vassal porter la foy à celuy qui aura obtenu quarante jours aprés la signification à luy faite de la Sentence ou Arrest.* DU PLESSIS.

Maître Auzanet en a fait un article dans ses Arrests titre des Fiefs, article 42. *quand un Fief vient de nouveau par succession, acquisition ou autrement à aucune personne, les vassaux sont tenus de luy porter dans quarante jours la foy & hommage pour les Fiefs qu'ils tiennent en sa mouvance.* Mais cet article ne paroît pas trop bien digeré.

De quel temps commencent à courir les quarante jours contre les gens de main-morte? 20.

Ce n'est pas du jour de leur acquisition, comme dans les Fiefs acquis par les particuliers, mais il faut compter du jour que l'an est passé, duquel ils ont quarante jours pour vuider leurs mains des acquisitions qu'ils ont faites, s'ils n'en ont pas obtenu l'amortissement ou en faire la foy & hommage, & en payer les droits ordinaires & l'indemnité.

Que signifient ces termes, *ni exploiter en pure perte?*

Maître Auzanet les tient inutiles, parce que la saisie féodale étant prohibée pendant les quarante jours, le Seigneur ne peut gagner les fruits du Fief de son vassal.

OBSERVATIONS DE MONSIEUR ***.

Sur l'article VII.

SOMMAIRE.

1. *Pendant quel temps du jour de l'ouverture du Fief le Seigneur féodal ne peut saisir le Fief vacant.*
2. *Si le délay de quarante jours, pour faire la foy & hommage accordé à l'heritier, est le mesme que celuy qui luy est accordé pour déliberer.*
3. *Si le jour de la mort & le quarantiême sont compris dans ce delay.*
4. *Si ce délay de quarante jours est accordé à tout acquereur de Fief à quelque titre que ce soit.*
5. *Si l'acquereur est decedé avant les quarante jours, sans avoir rendu la foy, quel délay on accorde aux heritiers.*
6. *Quel délay est accordé à un Beneficier pour faire la foy.*

ON devroit rediger cet article en la maniere qui suit.

Le Seigneur féodal aprés le trepas de son vassal ne peut saisir le Fief mouvant de luy, & faire les fruits siens jusques à quarante jours francs aprés le trépas, ce qui aura lieu pour les acquisitions faites par contrat de vente ou autrement.

1. Il est juste que les heritiers présomptifs ayent un delay suffisant pour prendre une qualité certaine, & la Coûtume a suivy apparamment le delay que l'on donne pour deliberer, qui est pour l'ordinaire de quarante jours.

2. Ce n'est pas que l'on puisse asseoir un Jugement certain sur cela, parce que, quoiqu'il semble que ce soit le même delay, on ne peut pas néanmoins le dire *absolutè loquendo*, parce qu'il est constant que le delay de quarante jours pour deliberer, ne coure que du jour que l'inventaire a été achevé, mais il est également certain que le Seigneur féodal n'est pas obligé d'attendre que l'inventaire soit entierement achevé, parce que le delay pour les quarante jours portez en cet article coure du jour du decés du vassal,

3. Nous avons retranché les mots, *ni exploiter en pure perte*, parce qu'ils sont synonimes avec ces mots *de saisir*, étant constant, comme nous l'avons remarqué sur les précedens articles, que la saisie féodale faute d'homme emporte avec soy la perte des fruits, & que ne pouvant pas saisir par cet article, il ne peut faire les fruits siens.

Nous avons ajoûté le mot de *francs*, parce que l'on a douté si le jour de la mort, & celuy qui est le quarantiéme jour y étoient compris ; & aprés avoir traité la matiere, on convient que la maxime est certaine, que l'on ne comprend point le jour du decés ni de l'échéance de la quarantaine, ce qui est quelquefois de conséquence pour les fruits naturels qui tombent en perte.

La Coûtume a bien déterminé qu'il falloit quarante jours depuis le décés du vassal, mais elle n'avoit pas parlé du delay dans lequel un vassal nouveau possesseur à titre d'acquisition particuliere, devoit faire l'hommage, & cela a partagé les sentimens.

Les uns ont crû que la Coûtume étoit de droit étroit, & qu'elle ne pouvoit pas s'étendre au-delà des termes dans lesquelles elle est conçûë.

4. D'autres ont pretendu avec beaucoup plus de raison le contraire, & ont décidé que celuy qui étoit acquereur à quelque titre que ce soit, avoit quarante jours pendant lesquels il pouvoit faire la foy & hommage, & que le Seigneur pendant ces quarante jours à compter du jour du contrat, ne pouvoit pas faire une saisie féodale qui fut valable.

Il faut convenir que Maître du Moulin & Charondas sont d'un sentiment contraire, mais quand on y fait un peu de reflexion, comment peut-on convenir que du moment que l'acquisition est faite, l'acquereur doive partir pour rendre la foy & hommage. Il est raisonnable de donner du temps à un homme de se reconnoître, & si l'on peut raisonner par exemple, nôtre Coûtume nous en fournit un dans l'article 65. qui donne quarante jours aux vassaux pour rendre la foy aux nouveaux Seigneurs, du jour qu'il a fait les significations & proclamations reglées par la Coûtume, ce qui marque qu'en toutes mutations de quelque nature qu'elles soient, ou du vassal ou du Seigneur, le vassal doit avoir toûjours quarante jours francs pour aller en personne rendre la foy & hommage, & si la raison de Maître du Moulin avoit lieu, l'article 65. ne devroit pas être suivy,

Le delay doit être la regle immuable pour faire valider la saisie du Seigneur, de sorte que si elle est faite avant l'expiration des quarante jours elle est nulle, & ne se peut changer ni convertir en action.

On peut faire deux questions sur cette matiere qui ne sont pas difficiles à décider.

5. La premiere regarde les heritiers d'un acquereur. Si l'acquereur est decedé devant ou aprés les quarante jours sans avoir rendu la foy, sçavoir quel delay on accorde aux heritiers.

Il semble d'abord qu'il faille que les heritiers fassent ce que celuy dont ils sont heritiers devoit faire : néanmoins quoiqu'il soit dû plusieurs droits à cause des différentes mutations, dés le moment qu'il se fait un changement par mort, il faut un nouveau delay, parce que le mort *morte purgavit moram*. Ainsi le Seigneur ne pourra point proceder par saisie, ni faire les fruits siens, & cela est étably par un sentiment uniforme qui ne reçoit point de contradiction. Ce qui fait voir que la maxime qui veut un delay de quarante jours, en tout cas est conforme à l'esprit de la Coûtume, puisque toutes les raisons que l'on peut dire contre les quarante jours, que nous croyons devoir être accordez au nouvel acquereur, prouvent en même-temps qu'il n'en faudroit point accorder à un heritier de celuy qui n'avoit pas de son vivant fait la foy & hommage. Mais le contraire étant étably, il faut aussi que les mêmes raisons d'équité servent pour faire qu'un nouvel acquereur ait quarante jours pour se reconnoître, & satisfaire à tous les devoirs du vassal.

6. La deuxiéme question regarde les Beneficiers qui ont des Fiefs dépendans de leurs benefices, pour lesquels à chaque mutation il est dû foy & hommage, sur quoy il faut remarquer que lorsque la mutation se fait du Seigneur dominant, le Beneficier qui a un Fief mouvant suit les regles ordinaires, & il doit la foy 40. jours aprés que le Seigneur a fait les significations & proclamations ordinaires. Mais quand un Beneficier est decedé, & que le benefice qui a un Fief servant est vacant *per obitum*, ou par resignation ; *quid juris ?*

Il me paroît que la maxime est assez constante, c'est que lorsque la Coûtume ne décide point précisément les questions, il faut suivre en tout son esprit, & faire que le Seigneur du Fief dominant ne puisse point saisir que quarante jours aprés le décés du Beneficier ; & si le benefice est vacant, le Titulaire ayant fait une resignation, donner aussi quarante jours à compter du jour de la prise de possession faite par le resignataire.

Ainsi en toutes sortes de rencontres, nous donnerons toûjours à chaque mutation quarante jours libres au vassal, pendant lesquels il ne pourra être saisi par le Seigneur, & aprés lesquels sans sommation ni interpellation, le Seigneur le pourra faute de foy & hommage, devoirs non faits, & droits non payez.

Il faut convenir que la plus grande partie des maximes que nous avons étably, & principalement celle qu'il faut quarante jours *in omni mutatione*, & que lorsque l'acquereur decede sans avoir fait la foy, on doit donner autres quarante jours à l'heritier, sont contraires au sentiment de Maître du Moulin que nous ne suivrons pas par un sentiment d'équité, que la pratique & l'usage ont confirmé avec raison.

CONFERENCE SUR L'ARTICLE VII.

Il y a des Coûtumes qui sont entierement conformes a celle de Paris, donnant quarante jours à l'heritier de l'ancien vassal pour faire ses devoirs & payer les droits féodaux au Seigneur, avant lesquels la saisie faite seroit nulle, comme celles qui suivent :

Amiens, article 1. *Auxerre*, article 41.

Chartres, article 30. *Châteauneuf*, article 31. *Chauny*, titre 19. article 77. sur la fin.

Dreux, chapitre 2. article 11. & ajoûte, *pourvû que tel Fief soit venu par succession.*

Mante, chapitre 1. article 10. *Meaux*, article 128. 129. *Montfort*, chapitre 1. article 4.

Nivernois, chapitre 4. article 1. ajoûte, *& si par autre voye ledit Fief est ouvert, le Seigneur le peut faire saisir vingt jours aprés.*

Orleans, titre 1. article 50.

Grand-Perche, article 34.

Salle de Lisle, article 36.

Sens, article 179. & ajoûte, *mais si pour aucune cause raisonnable ledit Seigneur féodal avant les quarante jours appose sa main, il ne fera les fruits siens jusques à ce que lesdits quarante jours soient passez.*

Tours, article 109. *Tournay*, titre 10. article 14. & 17. *Troyes*, titre 3. article 24.

Vitry, article 41. 54.

Il y a quelques Coûtumes, qui permettent de saisir dés la mort du vassal, mais le Seigneur ne commence à faire les fruits siens qu'aprés les quarante jours.

Berry, titre 5. article 9.

Peronne, titre 2. article 24.

Saint Quentin, titre 4. article 59.

Senlis, titre 7. article 159.

Valois, titre 4. article 34. & 41.

Meulun, article 78. dit, *si-tôt que le vassal est mort, le Seigneur féodal peut faire saisir le Fief du défunt; mais si dedans quarante jours aprés le decés l'heritier se met en devoir, le Seigneur féodal ne fait les fruits siens, échûs depuis le trépas, ains en doit l'heritier avoir main-levée, sans qu'il soit tenu des frais & dépens de la saisie, jusques à ce qu'il ait homme.*

Idem. *Rheims*, article 105. & 106. du Moulin sur l'article 106. dit; [a]

[a] *Hoc nimis durum propter crebra impedimenta heredum: Ideò limito ut procedat si heres scivit prehensionem illam acceleratam, & spatium habuit secus si ignoravit, vel si justa impedimenta habuit, quia tunc saltem quadraginta dies ab obitu defuncti immunes habere debet.* C. M.

Idem *Laon*, article 183. 184. *Chaalons*, titre 20. article 187, 188. *Auvergne*, chapitre 22. article 1. 2. 3. 4. 5. *Lodunois*, chapitre 11. article 3. *Sedan*, article 65. ajoûte, que *l'heritier doit payer les frais de la saisie.*

Dans ces Coûtumes, la saisie pendant les quarante jours ne sert que de sommation à l'heritier, mais aprés ce temps passé, sans avoir fait la foy & hommage, elle emporte perte de fruits, de sorte que si le vassal avoit pris & perçû les fruits, il seroit tenu de les restituer.

C'est l'avis du Commentateur de la Coûtume de Rheims article 105. *in fine.*

Dourdan, titre 1. article 14. dit, *quand le Fief est ouvert par le decés du vassal, le Seigneur féodal ne le peut saisir que quarante jours aprés le decés, & ladite saisie faite, si celuy auquel est échû Fief, ne vient dedans autres quarante jours aprés la saisie faire ses devoirs, le Seigneur fait les fruits siens.*

Il y en á d'autres, qui donnent du delay à tout autre acquereur à titre particulier, comme *Clermont*, titre 8. article 77. *Peronne*, titre 2. article 24. *Anjou*, article 101. 102.

La Marche, 183. *Blois*, chapitre 5. article 53. ajoûte, *si le Fief est venu par succession, ou vingt jours si par acquêt.*

Normandie, article 109. *Valois*, article 31. *Boulonois*, titre 10. article 24. *Maine*, article 114. & article 115. qui ne donne que quinze jours aux acquereurs à titre particulier, article 368. permet au Seigneur de faire saisir dés l'ouverture, mais ne fait les fruits siens qu'aprés quarante jours du jour de la saisie, soit que l'ouverture soit arrivée par succession ou par autre cause.

Ribemont, titre 2. article 17.

En l'article 18. il est dit: *quand la mutation avient autrement que par mort du dernier vassal, comme par acquisition faite de Fief, par donation, échange ou autre titre, le Seigneur de Fief incontinent qu'il est averty de la mutation, peut faire saisir, & tombent les fruits en pure perte à son profit, si le vassal ou acquereur ne fait son devoir: & s'il ne paye & satisfait au Seigneur de Fief, de ce qu'il est tenu faire par la Coûtume.*

Par la Coûtume d'Auvergne chapitre 1. 2. 3. 4. 5. le Seigneur peut saisir dés l'ouverture, par quelque cause qu'elle soit arrivée, mais il ne fait les fruits siens que quarante jours aprés la saisie dûëment signifiée au vassal, &c.

Montargis, chapitre 1. article 17.

Le vassal pendant les quarante jours ne peut empirer l'heritage, *Anjou*, article 101.

Chasteau-neuf, article 31. dit, *pendant les quarante jours le vassal ne pourra user de son Fief sinon comme un bon pere de famille.*

Idem *Chartres*, article 30. *Lodunois*, chapitre 11. article 3.

Chasteau-neuf, article 31. dit, *ne seront compris les jours du trépas & de la quarantaine.*

Bourgogne Duché, chapitre 3. article 1. porte, que *le Seigneur féodal peut mettre sa main à la chose mouvante de son Fief aprés le decés de son vassal, pour cause de devoir de Fief non fait dedans l'an & jour aprés ledit decés, ou aprés ledit an, quand bon luy semble; mais ne fait les fruits siens qu'aprés ledit an & jour passez.*

Idem *Bourgogne Comté*, article 1.

La Coûtume de Troyes article 28. dit, *si l'acheteur ne fait incontinent foy & hommage & paye les quint requint denier au Seigneur féodal, iceluy Seigneur peut saisir.* Du Moulin sur cet article dit, [a]

[a] *Ergo dilatio quadraginta dierum de quâ sup.* §. 24. *non habet locum nisi in successione, non autem in contractu, quia contrahentes statim sunt certi.*

Auteurs sur l'Article septiéme.

Loysel, livre 4. titre 3. regle 51.

M. Bobé, sur l'article 128. de la Coûtume de Meaux.

Thourette, sur Montfort, article 4.

Pontanus, sur Blois, article 53.

De la Lande, sur Orleans, article 50.

Le Grand, sur Troyes, article 24.

Buridan, sur Reims, articles 105. 106.

Chassanée, sur la Coûtume de Bourgogne, titre 3. article 1. sur ces mots, *durant l'an & jour*, nombre 5.

Boërius, sur la Coûtume de Berry, titre 4. art. 6.

Labbé, sur la même, titre 5. article 9. Glos. *dedans quarante jours.*

Basnage, sur Normandie, article 109.

Englebermeus, sur Orleans, titre 1. article 8.

Coquille, sur la Coûtume de Nivernois, titre 4. article 1.

De Lommeau, sur la Coûtume d'Anjou, livre 1. article 101.

Bacquet, *des Droits de Justice*, chapitre 14. nomb. 3.

Bry, sur Perche, article 34.

Bodreau, sur la Coûtume du Maine, article 114.

Buridan, sur la Coûtume de Vermandois, articles 183. & 184.

Duret, dans son Alliance des Coûtumes, titre 27. pages 789. & 797.

Maître Du Plessis explique cet article, *des Fiefs*, livre 1. chapitre 1. page 14. livre 5. chap. 2. p. 45.

ARTICLE VIII.

C'étoit le cinquiéme Article de l'ancienne Coûtume.

Dénombrement dans quarante jours aprés la reception de foy, & en quelle forme.

LE vassal qui a été reçu en foy & hommage par son Seigneur, est tenu de bailler son dénombrement *en forme probante & authentique, écrit en parchemin, passé pardevant Notaires ou Tabellions*, dedans quarante jours, à compter du jour de ladite reception.

Voyez les deux Articles suivans, & les 11. & 43.

REMARQUES.

Catalogus rerum clientelarium qui Domino offertur à vassallo, continere debet principalem mansionem si qua sit cum accessoriis & quot jugera soli contineant. 2. Singula prædia cum eorum situ. 3. Censualia & vectigalia prædia. 4. Cætera servitutes aut alia jura quæcumque. 5. Subfeuda ab hoc dependentia. Mol. §. 8. gl. 1. initio.

Ces mots *en forme probante & authentique, &c.* qui sont de la nouvelle reformation, ont été ajoûtez en conséquence de l'Arrest prononcé en Robes rouges par Monsieur le President de Thou, le Lundy 23. Decembre 1566. par lequel Monsieur Mathieu, Seigneur de Vellervode, Conseiller au Grand Conseil, avoit été condamné de bailler à Dame Loüise d'Orgemont, veuve de Loüis de Broullart, Baron de Montiay, en parchemin & pardevant Notaires, autant de l'aveu qu'il avoit fourny en papier & sous sein privé.

LE VASSAL QUI A ETE' RECEU EN FOY.

GLOSE PREMIERE SUR L'ARTICLE VIII.

SOMMAIRE.

1. *Que doit contenir l'aveu & dénombrement.*
2. *Si le mary est tenu donner un dénombrement.*
3. *Si le Seigneur est tenu de fournir les précedens dénombremens au vassal.*
4. *Pourquoy cet acte est appellé* dénombrement.
5. *Pourquoy les anciens aveus se trouvent ordinairement défectueux.*
6. *Si le vassal est obligé de fournir par tenans & aboutissans toutes les censives & droits contenus aux anciens dénombremens, dont il n'a point de connoissance.*
7. *En quel lieu le dénombrement doit estre présenté.*
8. *Si le vassal est tenu le présenter luy-mesme.*
9. *Si le dénombrement baillé doit estre conforme aux précedens.*
10. *Si l'ancien vassal doit bailler son dénombrement au nouveau Seigneur, quoy qu'il l'ait déja baillé à l'ancien.*
11. *Si le dénombrement se doit donner tout entier & non par parties.*
12. *Si un seul dénombrement suffit, quoy qu'il y ait plusieurs Seigneurs.*
13. *Si celuy qui tient plusieurs Fiefs d'un mesme Seigneur, est tenu de luy bailler plusieurs dénombremens separez, ou s'il les peut tous bailler en un mesme acte.*
14. *Si le dénombrement se donne au propriétaire ou à l'usufruitier.*
15. *Si la majorité feodale est requise pour donner dénombrement.*
16. *Quel est l'effet du dénombrement.*
17. *Si le dénombrement fait foy contre un tiers.*
18. *Si la reconnoissance d'une charge réelle, ou redevance portée dans un contrat de vente, fait foy.*

1. APRE'S que le vassal a été reçû en foy par son Seigneur, & qu'il a pris l'investiture & la possession de son Fief, il est obligé de bailler à son Seigneur un aveu & dénombrement.

Guenoys en sa Conférence sur cet article dit, que quelqu'autres Coûtumes se servent aussi du mot de dénombrement, sans y ajoûter celuy d'aveu, que néanmoins plusieurs font différence entre aveu & dénombrement, disans que le dénombrement se prend pour la description du Fief, & l'aveu pour la reconnoissance personnelle du vassal. Mais il tient que ces mots sont confondus & se doivent prendre pour une même chose : car par la déclaration des heritages, cens & rentes & autres droits qu'il tient de son Seigneur féodal, à foy & hommage, il les doit avoüer & reconnoître par même moyen tenir de luy.

Dénombrement est une déclaration de Fief que le vassal donne par écrit en bonne forme & authentique à son Seigneur, par laquelle il luy déclare l'étenduë, la consistence, les charges & conditions du Fief qu'il tient de luy.

Touchant ce mot aveu, ou avoüer *vide cap. ult. de reb. Eccles. non alienand. in 6. juncta glossa.*

Ce dénombrement est une description de tout ce qui est contenu dans le Fief, par laquelle le vassal doit déclarer précisément, & en détail, par articles distincts & separez, toute la consistance, les appartenances & dépendances de son Fief.

Ainsi le nouveau vassal est tenu de declarer dans cet aveu & dénombrement, qu'il donne à son Seigneur, le nom, la Parroisse & le lieu où est situé le Fief, ses droits, prérogatives & prééminences, comme s'il a Justice, & quelle, haute, moyenne ou basse : si le Fief consiste en Châtellenie ou Baronie ; le prix de la Ferme du Greffe, Tabellionage s'il y en a, défauts, amendes & autres droits : ensuite le principal manoir, le domaine, la quantité & la qualité des terres, prez, vignes, bois, étangs & autres heritages qui composent le domaine du Fief, les confins, tenans & aboutissans des terres : combien elles sont affermées, & par qui.

Item, si le vassal les fait valoir par ses mains, à combien elles peuvent monter par chacun an ; les cens, rentes & autres redevances, & à quelle somme elles peuvent aller par chacun an, avec les noms des détenteurs des heritages sujets à icelles.

Il doit aussi déclarer les droits & servitudes en conséquence dudit Fief : s'il a droit de guet, de moulin ou four bannal, foires & marchez : les terres en roture qui en dépendent, & les arriere-Fiefs avec une designation particuliere pour chaque.

Enfin, il doit déclarer à quel titre il possede le Fief, si c'est par succession directe ou collaterale, par achat, donation, ou autre semblable maniere d'acquerir ; & reformer les erreurs & défauts du dénombrement, s'il s'y en trouve quelques-uns.

C'est ce que dit la Coûtume de Cambray, titre 1. article 55. *dénombrement doit contenir declaration speciale par le menu, de tous les droits, prérogatives & preéminences du Fief ; ensemble le Chastel, maisons, grange, court, Maréchaussée, terres, prez, bois, viviers, les rentes & autres redevances, les arriere-Fiefs & droits sur iceux.*

Voyez celle de Nivernois dans la Conference.

Du Moulin. C'est le sentiment de du Moulin sur cet article, *Glos.* 1. *num.* 2.

La raison pour laquelle le vassal est obligé de déclarer dans son dénombrement les droits qui sont annexez à son Fief, & les arriere-Fiefs qui en relevent, est à cause des ouvertures du Fief de son vassal, des reversions par commise, par desherence, ou par confiscation, ou retenuë féodale, qui peuvent arriver, pour lesquelles le Seigneur a grand interêt de sçavoir, non seulement les terres & heritages qui composent le Fief, mais aussi tout ce qui en dépend & releve.

4. L'obligation de donner un aveu & dénombrement cesse en la personne des maris, à cause des Fiefs de leurs femmes, pour lesquels ils sont tenus de faire la foy & hommage, & non pas de donner un dénombrement, selon M. Ricard, sur l'article 14. de la Coûtume d'Amiens.

La raison est, qu'ils ne sont pas vrais propriétaires ; ce qu'il faut néanmoins entendre, à mon avis, au cas que le dénombrement ait été baillé par la femme, autrement le mary y seroit obligé.

3. *Si le vassal pourroit contraindre son Seigneur de luy faire connoître les choses & droits qui sont mouvans de luy en Fief, declarant qu'il n'en auroit aucune connoissance ?*

C'est le sentiment de du Moulin sur cet article, *verbo*, denombrement, *num.* 5. & de Guerin, que le Seigneur y seroit obligé en cas d'une ignorance legitime de la part du vassal, n'étant pas juste de le reduire à l'impossible ; comme s'il est heritier du vassal dont les titres & papiers auroient été perdus ou brûlez ; parce qu'il y a une mutuelle obligation entre le Seigneur & le vassal ; & quant à la communication des titres le vassal doit commencer le premier, mais s'il n'en a point, le Seigneur doit l'aider de ceux qu'il a pardevers luy, & luy bailler copie des précedens dénombremens, sur lesquels il en fasse dresser un pour le fournir au Seigneur ; cependant le vassal doit donner à son Seigneur un dénombrement tel qu'il le peut, & declarer qu'il n'en sçait pas davantage. Du Moulin. Guerin.

Au cas que le Seigneur fasse refus de luy donner copie des dénombremens précedens, le vassal pourroit faire ordonner, qu'à faute dans le temps (que le Juge trouveroit à propos) d'y satisfaire, il obtiendroit main-levée de la saisie, ce qui seroit fort juste, puisque le défaut du dénombrement proviendroit de la faute du Seigneur, & la copie des dénombremens seroit baillée aux dépens du vassal ; ce qui est sans difficulté.

Cet acte est appellé *dénombrement*, parce que c'est une description de toutes les choses, que le vassal tient de son Seigneur, soit mediatement, soit immediatement. 4.

Il est aussi appellé *aveu*, parce qu'il sert au vassal pour un aveu & une declaration de ce qu'il reconnoît tenir de son Seigneur, suivant les articles 52. & 71. *infra*.

Quelquefois ce terme *aveu* se prend pour la reconnoissance personnelle, que le vassal fait de son Seigneur, lorsqu'il luy fait la foy & hommage, suivant l'article 44. *infra*.

Le dénombrement sert pour un aveu & declaration des choses que le vassal avoüe tenir de son Seigneur, dit Charondas sur cet article & les trois suivans ; & partant il est ainsi appellé *aveu* ; lequel reçu par le Seigneur, ou par luy non débattu dans les quarante jours, vaut pour contrat & obligation reciproque entre le Seigneur & le vassal. Charondas.

Cet acte est diversement appellé par les Coûtumes, celle de Boulonnois l'appelle *rapport* ; la Marche, article 198. & Bourbonnois, article 342. *nommée*, parce que les heritages & domaines tenus par le vassal doivent être declarez & designez par des confins les plus apparens, comme remarque Tronçon sur cet article. Tronçon.

Il n'est pas necessaire que le dénombrement soit présenté par le vassal en personne, il le peut faire par Procureur fondé par procuration speciale, la Coûtume ne l'obligeant point de le présenter luy-même, vû que ce n'est pas un devoir personnel.

Tronçon sur cet article, *verbo*, dénombrement, & Brodeau, nombre 4. remarquent, que les anciens dénombremens se trouvent ordinairement défectueux, parce qu'autrefois les vassaux ne bailloient point, ou peu de dénombremens ; ils avoüoient seulement en gros ce qu'ils tenoient des Seigneurs ; mais ils ne declaroient rien précisément, sans distinction du domaine, de la Justice & droits honorifiques, & les manoirs du Fief, mais à la fin on a commencé à bailler les aveus & dénombremens par le menu, avec une ample & specifique declaration de tous les droits du Fief, du domaine, censives, terres seigneuriales, & des arriere-Fiefs qui en dépendent, droits de Justice, couchez par chapitres separez & par le menu. 5. Tronçon. Brodeau.

Le Seigneur féodal ne peut point contraindre son vassal de luy fournir par tenans & aboutissans, toutes les censives & autres droits contenus aux anciens 6.

dénombremens de son Fief, dont le vassal n'a point de connoissance; & à l'égard des droits dont il ne joüit pas, il suffit de déclarer qu'il n'en a aucune connoissance, & le Seigneur est obligé de se contenter de ces declarations.

Chopin. Tournet. Tronçon.

C'est le sentiment de Chopin sur la Coûtume d'Anjou, partie 2. livre 2. titre 2. de Tournet, sur l'article 44. qui cite un Arrest du 18. Mars 1594. qui l'a jugé ainsi; & de Tronçon sur cet article, *verbo*, dénombrement; & le vassal en est quitte, en disant qu'on avoit coûtume de recevoir telles redevances, mais qu'à present on n'en reçoit que telle quantité, pourvû que ce soit de bonne foy & sans fraude.

7. Le dénombrement se doit présenter au principal manoir du Fief dominant, & il ne suffiroit pas de le présenter à la personne du Seigneur en autre lieu, à moins qu'il ne voulût bien le recevoir, parce que c'est un acte relatif à la foy & hommage qui ne se peut faire ailleurs qu'au principal manoir.

Charondas. Tronçon.

C'est le sentiment de Charondas sur cet article, & de Tronçon sur l'article 10. *verbo*, envoyer querir; ce qui est sans difficulté.

Néanmoins il est au choix du vassal de le présenter en la Justice du Seigneur, à jour & heure d'Audiance, l'original laissé entre les mains du Procureur de la Justice: ou si le Seigneur n'a point de Justice, ou qu'au jour de l'offre il n'y ait point d'Audiance, il peut présenter son dénombrement au principal manoir du Fief dominant, & l'original laissé au Seigneur; & en cas d'absence à son Receveur ou Fermier; & au défaut des uns ou des autres, au plus prochain voisin, dont le vassal doit prendre acte en présence d'un Notaire ou Tabellion, & deux témoins. Maître Auzanet.

Auzanet.

8. Le vassal doit présenter son dénombrement sans en être requis; mais il n'est pas obligé d'y aller en personne, selon Maître du Plessis; parce que la Coûtume ne l'ordonne pas, il peut l'envoyer par Procureur: ce qui se peut prouver par l'article 10. qui dit que le vassal doit aller ou envoyer querir le blâme; la raison est, que ce n'est pas un devoir personnel, il doit suffire au Seigneur de l'avoir dans la forme requise par la Coûtume.

C'est aussi le sentiment de Maître Auzanet, pourvû que ce soit par un Procureur fondé de procuration speciale, comme il est dit en la page précedente.

9. Le dénombrement que le vassal est tenu de bailler à son Seigneur, doit être conforme aux précedens; & en cas que le Seigneur prétende qu'il y ait des omissions, c'est à luy à l'instruire & à luy communiquer les titres qu'il a sur la mouvance du Fief, & les heritages ou droits qu'il prétend avoir été obmis dans le dénombrement qu'il luy a baillé. Enfin il doit luy communiquer toutes les pieces sur lesquelles il fonde son action & sa demande, autrement le défendeur seroit renvoyé absous; aussi le vassal doit bailler communication des pieces & titres, sur lesquels il se défend contre l'intention de son Seigneur, suivant l'article 44. *infra*.

10. Nous observerons premierement, que le vassal quoy qu'ancien est obligé de bailler son dénombrement au nouveau Seigneur, bien qu'il l'ait déja baillé, comme il a été jugé par Arrest du 29. Mars 1583. remarqué par Charondas sur cet article; avec cette difference néanmoins que le nouveau Seigneur ne peut pas contraindre l'ancien vassal qui a déja baillé un dénombrement au précedent Seigneur, par saisie, mais par action seulement; & que le dénombrement que le nouveau Seigneur requiert de l'ancien vassal qui l'a déja donné, est baillé aux frais & dépens du nouveau Seigneur, selon l'avis de Maître Charles du Moulin sur cet article *num.* 3. & 4. de Charondas, de Tournet sur l'article 9. de Tronçon sur cet article, & sur l'article 44. *in fine*, de Guerin & de Brodeau sur cet article, *num.* 3. & 6.

Du Moulin. Charondas. Tournet. Tronçon. Guerin. Brodeau.

Ce qui est fort juste, vû que le dénombrement ne se donne qu'une fois par un même vassal, voyez Loysel, livre 4. titre 3. regle 48. de sorte que si le Seigneur vouloit avoir une autre copie du dénombrement qui luy auroit été baillé par son vassal, sous prétexte qu'il l'auroit perdu, ou pour autre cause, il ne la pouroit éxiger qu'à ses frais & dépens.

La Coûtume d'Amiens, article 18. dit que le vassal qui a une fois baillé son dénombrement, ne peut être contraint de le bailler une autre fois, quelque mutation de Seigneur qu'il y ait.

En second lieu, que le dénombrement est un acte individu, qui se doit bailler entier & non par parties; de sorte que s'il y a plusieurs Seigneurs d'un même Fief, ils doivent bailler un seul dénombrement tous ensemble au Seigneur, & ils ne seroient pas recevables à le donner chacun pour sa part & portion; parce que ce n'est qu'un même Fief qu'ils possedent tous; & par conséquent si le Fief est saisi faute de dénombrement, si un d'eux veut avoir main-levée de la saisie féodale, il est obligé de le donner tout entier & parfait, sauf son recours contre les autres, *argu n. leg. heredes. §. an ea. & seq. ff. familiæ ercifcundæ*, autrement ce ne seroit pas un dénombrement, mais une partie seulement. 11.

Charondas. Guerin. Brodeau.

C'est le sentiment de Charondas sur cet article, de Guerin, de Brodeau, *num.* 11. & de Maître du Plessis, comme il a été dit sur l'article 1. *Glos.* 2. *num.* 39. Et par ce moyen il obtiendra main-levée pour sa part, la saisie demeurant pour les portions des autres.

Ce qui se doit ainsi entendre lorsque le Fief est possedé par indivis; car quand il est partagé, chacun donne son dénombrement pour sa part; la portion du Fief qui luy est échûë par le partage faisant un Fief à son égard, il n'est pas tenu en ce cas de bailler un dénombrement pour toutes les autres portions échûës à ses coheritiers.

C'est l'avis d'Argentré sur les articles 85. & 329. de l'ancienne Coûtume de Bretagne, *rebus adhuc indivisis; nam divisione factâ unusquisque pro se respondet.*

Pareillement, s'il y avoit plusieurs Seigneurs du Fief dominant, un seul dénombrement suffiroit pour tous, à la charge de le faire recevoir & approuver, ou discuter & juger les blâmes avec tous les Seigneurs; & en cas qu'il n'eût été reçû que par un, néanmoins il seroit tenu pour reçu par les autres, en faisant par le vassal ce qui est prescrit par l'article 10. 12.

Tronçon. Brodeau.

C'est l'opinion de Tronçon sur cet article, & de Brodeau sur l'article suivant, nombre 5.

Que si le Fief est partagé, chacun n'est tenu de donner qu'un dénombrement de sa portion; & si le Fief dominant est commun entre les freres, la présentation ou offre du dénombrement faite à la personne de l'aîné, vaut aussi pour les puînez. Maître Auzanet, page 10.

Auzanet.

Au cas qu'un vassal tienne plusieurs Fiefs d'un même Seigneur, relevans d'un même Fief, s'il est obligé de luy bailler autant de dénombremens separez, ou s'il les peut tous donner par un même acte? 13.

La Coûtume d'Artois, article 17. dit qu'il n'est tenu de bailler qu'un seul dénombrement de tous ses Fiefs, & une seule declaration de ses terres cottieres: ce que du Moulin explique tres-bien, & selon le veritable sens de cet article en ces termes: *id est, in uno volumine continente distinctam singulorum Feudorum descriptionem; id quod Dominus exigere potest.*

Du Moulin.

Cette interprétation est fort juste, & sans doute qu'elle doit être observée dans toutes les Coûtumes qui n'en parlent point, & qui n'ont point de disposition contraire; car il seroit desavantageux au Seigneur que le vassal pût ne faire qu'un Fief de plusieurs au préjudice de son Seigneur, en renfermant dans un même acte les dépendances de tous les Fiefs qu'il posséderoit, quoique séparez, & ayans des droits annexez différens.

BRODEAU. C'est le sentiment de Brodeau sur l'article suivant nombre 3.

Néanmoins quant à la foy & hommage, le vassal ne seroit obligé qu'à la faire une seule fois pour tous les Fiefs qu'il tiendroit du même Seigneur, en déclarant dans l'acte de foy & hommage les Fiefs, pour lesquels il luy feroit le serment de fidelité.

La raison est, qu'il seroit inutile que le vassal fit plusieurs sermens au même Seigneur, puisque par un seul il s'obligeroit autant envers luy que par plusieurs; il n'en est pas de même des dénombremens, lesquels sont différens suivant la diversité des Fiefs, de leurs droits, appartenances & dépendances.

AUZANET. Maître Auzanet est d'avis que le vassal est tenu de donner des aveus séparez pour chacun Fief. Je crois qu'il le faut suivre, parce que le vassal peut aliéner quelqu'un de ses Fiefs.

Il faut dire aussi qu'il ne suffiroit pas qu'un de plusieurs vassaux d'un même Fief, baillât au Seigneur féodal un dénombrement tout entier pour tout le Fief, en son nom, ou même au nom de tous les autres, à moins qu'ils ne l'eussent signé, ou que ce ne fût par procuration, par laquelle ils auroient donné pouvoir à un d'entr'eux de le présenter, & d'avoüer & approuver le contenu en iceluy, pour en cas de blâme être les articles debattus, discutez & decidez avec eux & chacun d'eux.

Dautant que la présentation du dénombrement entier fait par un des propriétaires, n'obligeroit point les autres, aussi par la raison du contraire il faut dire qu'elle ne leur pourroit point servir pour obtenir la main-levée de la saisie, laquelle ne pourroit avoir lieu que pour celuy qui l'auroit présenté; à l'exemple de celuy qui de plusieurs vassaux fait la foy & hommage au Seigneur, ainsi qu'il a été dit sur l'article 1. Glose 2. desorte que la saisie tiendroit pour les portions des autres, jusques à ce qu'ils eussent donné un autre dénombrement entier pour tous, ou qu'ils eussent employé pour eux celuy qui auroit été baillé par un des copropriétaires du Fief.

La raison est, que le Seigneur a interêt que le dénombrement soit baillé ou approuvé par tous, afin que dans la suite il ne soit plus sujet à être contesté

BRODEAU. & debattu; c'est le sentiment de Brodeau sur l'article suivant, nombre 4. & il est fort juste; dautant que par le dénombrement baillé par le vassal & accepté par le Seigneur, il naît une obligation mutuelle entre eux pour le contenu au dénombrement.

14. En troisiéme lieu, que le dénombrement ne se donne qu'au propriétaire du Fief dominant; & non pas à l'usufruitier, parce que cet acte concerne la proprieté du Fief & non pas la joüissance.

C'est la raison pour laquelle d'Argentré sur l'article 85. de l'ancienne Coûtume de Bretagne Glos. 2. *num.* 4. resoud que le Seigneur suzerain pendant la saisie du Fief servant, ne peut contraindre ses arriere-vassaux à luy donner leurs aveus & dénombremens, & s'il les avoit reçûs, il seroit tenu de les restituer à son vassal, parce que, dit cet Auteur, *ista proprietatem magis aspiciunt quàm administrationem*.

15. *Si les mineurs de majorité féodale sont tenus de bailler leur dénombrement?*

DU MOULIN. CHARONDAS. GUERIN. BRODEAU. Maître Charles du Moulin sur l'article 10. n. 4. & 5. & Charondas sur l'article 42. Guerin sur l'article 10. & Brodeau sur l'article 8. n. 9. tiennent que non, parce que le tuteur pourroit être mal instruit des dépendances & appartenances du Fief, & par négligence & même par dol avoüer plus ou moins au préjudice du mineur; que l'aveu concerne le fait du propriétaire.

Que si la souffrance dure encore; pendant icelle, le Seigneur peut encore moins exiger l'aveu, parce que souffrance vaut foy tant qu'elle dure, & pendant icelle le Seigneur ne peut exiger aucuns devoirs de ceux a qui il l'a accordé, *attentâ personâ minoris est magna & evidens diversitatis ratio inter simplicem agnitionem, seu verbalem confessionem & traditionem catalogi; tum minor non renuntiavit induciis, imò etiamsi renunciasset, non valeret renuntiatio propter illegitimatem personæ in actibus feudalibus & damnosis*, dit du Moulin.

On dit au contraire que le Seigneur a interêt d'avoir l'aveu & dénombrement pour connoître les droits qui luy sont dûs, & qui doivent luy être payez nonobstant la minorité de son vassal, & qu'il n'en peut être instruit autrement; car il se peut faire que le mineur venant à mourir, & son heritier ne satisfaisant pas à ses devoirs, le Seigneur fasse saisir le Fief qui luy seroit échû, & que, pendant sa saisie, des Fiefs en relevants seroient ouverts, que le Seigneur faute d'en avoir connoissance ne feroit pas saisir; & même que pendant plus de trente & quarante ans un même Fief tombant successivement à des mineurs il n'en recevroit point de dénombrement.

Le Seigneur est tenu bailler souffrance au mineur, parce qu'avant la minorité féodale il n'est pas capable de faire la foy & hommage, & elle ne se peut faire par le tuteur ou le curateur, si le Seigneur n'y consent; mais le dénombrement se peut donner par le tuteur qui est présumé avoir une parfaite connoissance des affaires du mineur, ayant pardevers luy tous les titres & actes qui concernent ses biens.

La raison de Charondas & de Brodeau, que le dénombrement est un acte du propriétaire, sçavant & instruit dans son propre fait; & que le tuteur ou curateur pourroit par le dénombrement avoüer plus ou moins, dont le mineur pourroit être lezé, n'est qu'un leger fondement de leur opinion, en ce que le mineur aprés la souffrance finie ne seroit pas plus instruit de ses affaires que pendant icelle; & en cas que le dénombrement luy soit préjudiciable, il peut recourir au benefice de restitution, parce qu'il s'agit de *proprietate & perpetuò præjudicio rerum & jurium feudalium quæ sunt patrimonia nostra*; du Moulin sur l'article 10. n. 8. tient que le mineur qui a donné son dénombrement peut être restitué, ce qui est sans difficulté.

Quoiqu'il semble que le Seigneur peut l'exiger nonobstant la souffrance accordée, la Coûtume ne la donnant que pour la foy, *la souffrance vaut foy tant qu'elle dure*, & qu'ainsi quand elle est accordée pour minorité; le dénombrement doive être baillé par le tuteur ou le curateur, néanmoins j'estime qu'il ne doit être donné qu'à l'âge de la majorité féodale; sauf au mineur la restitution s'il est lezé.

L'article 10. des arrêtez titre du dénombrement, porte *l'âge requis pour faire la foy & recevoir la foy, suffit pour bailler, recevoir ou blâmer le dénombrement.*

Quel est l'effet du dénombrement baillé par le vassal? 16.

Il est certain que le dénombrement baillé & reçû, fait foy entre le Seigneur & le vassal, ou leurs heritiers & ayans cause; de sorte qu'à leur l'égard & entre telles personnes l'aveu & dénombrement vaut titre, néanmoins suivant la Coûtume de Montargis article 80. le Seigneur de Fief n'est tenu emplir ni fournir le contenu de l'aveu de son vassal, quelque reception qu'il en ait faite; car l'aveu se baille sans préjudice des droits du Seigneur; sauf toutefois les prérogatives & droits d'autorité, ausquels il est reçû; comme de Justice, de Pont-levis, de Garennes, droit de colombier, droit de chasse, & autres telles préeminences; car aprés la reception de l'aveu dans lequel le vassal prétendroit que ces droits luy appartiendroient, le Seigneur seroit mal fondé de les luy contester, pourvû qu'il ait été reçû par écrit par le Seigneur; car la reception de l'aveu, faute de l'avoir blâmé dans le temps porté par l'article 10. *infra*, n'obligeroit pas le Seigneur.

Du Moulin. C'est le sentiment de du Moulin sur cet art. nom. 8.

17. *Si le dénombrement baillé par le vassal fait foy contre un tiers?*

A l'égard d'un tiers les aveus & dénombremens ne sont pas une forte preuve, de sorte qu'un Seigneur qui auroit reçu le vassal d'un autre Seigneur en foy, & de qui il auroit reçu dénombrement, ne pourroit pas avec raison prétendre la mouvance de son Fief, parce que les Seigneurs ne prescrivent pas la feodalité par un simple acte de foy & hommage & de dénombrement, ainsi qu'il sera dit *infra* sur l'article 124. Il faut qu'il y ait deux ou trois dénombremens pour établir une feodalité, avec possession de tenure feodale de ce qui est compris dans le dénombrement, dit Tronçon sur cet article, voyez ledit article 124. c'est pourquoy on dit vulgairement que dénombrement n'est pas titre.

Tronçon.

Néanmoins les aveus & dénombremens nuisent & préjudicient à un tiers, *Quoad acquisitionem tituli & conditionis usucapiendi, vel præscribendi, nec non bonæ fidei fructuumque lucrandorum, quia quoad hæc & alia hujusmodi instrumentum extraneis præjudicat*, dit du Moulin, *d. loco*, *num.* 10.

Guerin. Guerin est d'avis contraire sur cet article, *in fine*, où il dit que le dénombrement fait foy, *tam inter Dominum & vassallum, quàm quoad cæteros omnes*; mais c'est une opinion que je ne croy pas soûtenable. Maître du Plessis dit, qu'il ne peut servir au plus que de demi preuve contre les autres, comme les papiers censiers.

La raison pour laquelle les aveus & dénombremens ne nuisent point à un tiers, est que *res inter alios acta alteri non præjudicat*, c'est pourquoy dans les aveus on met ordinairement cette clause, *sauf le droit d'autruy & le nôtre*.

Du Moulin. Maître Charles du Moulin sur l'article 10. *verbo*, blâmer ledit dénombrement, *num. ult.* explique cette clause par cette distinction: *Aut clausula*, salvo jure, *refertur ad certum quid reservatum, & tunc operatur conservationem juris reservati, ut inquit Baldus in Consil. 96. decreto cavetur lib. 1. & tantùm operatur quantùm expressa protestatio reservatoria in eodem casu secundùm subjectam materiam operari potest, & ita procedit, d. loco, si debitor §. ibi salva, &c. Aut verò dicta clausula*, salvo jure, *est vaga, & non refertur ad aliquid certum & determinatum, & tunc nihil omninò operatur; tum quia generalis clausula non derogat dispositioni præcedenti, nec refertur ad ea de quibus specialiter est dispositum, l. doli clausula. ff. de V. O. d. l. cohæredi. §. qui partem ff. de vulg. & pupill. substit. tum quia propriè illa generalis & incerta clausula*, salvo jure, *refertur ad excludenda ea, de quibus in dispositione præcedenti non fuit actum nec cogitatum, quæ de se etiam sine dicta clausula censentur exclusa; & sic illa vulgaris clausula in investituris & renovationibus apponi solita*, salvo jure nostro in aliis à prædictis & alieno in omnibus, *nihil operatur, quod etiam voluit Zazius, &c.*

D'où il s'ensuit que cette clause qui se met ordinairement à la fin des aveus & dénombremens, *sauf à iceluy diminuer ou augmenter, si cas y échet*, est tres-necessaire, tant pour le Seigneur que pour le vassal, pour la conservation de leurs droits non exprimez au dénombrement, & qui ont été obmis, & pour en diminuer, si on y avoit employé des droits appartenans à un autre Seigneur, & d'autre feodalité par erreur de fait, ainsi que remarque Tronçon sur cet article; où il dit avoir vû plusieurs anciens aveus avec cette clause, *Supplie humblement l'avoüant, mondit Seigneur, que s'il y a quelque chose obmise, de mettre en cette présente Nommée, tenuë en foy & hommage de luy, qu'il luy plaise l'en aviser, & faire aviser par aucuns ses Gens & Officiers: iceux avoüera tres-volontiers, & dés maintenant les avoüe tenir en foy & hommage de mondit Seigneur, & sera content les bailler par declaration quand il en sera requis.*

Tronçon.

Il semble néanmoins que cette clause se doit suppléer en cas d'omission, parce que le dénombrement est un acte, qui se donne par le vassal de bonne foy, de sorte que *ex æquo & bono* on y doit suppléer de part & d'autre, ce qui y auroit été obmis, ou en ôter ce qui y auroit été inseré au préjudice des droits de l'un ou de l'autre.

Et quoique le vassal eût imprudemment avoüé tenir quelque chose de son Seigneur, qu'il ne tiendroit pas de luy, ou qu'il tiendroit de luy-même, ou en arriere-Fief; ou en franc-aleu; ou qu'il auroit avoüé tenir en Fief ce qu'il ne tiendroit qu'en censive, il seroit recevable à reconnoître son erreur; & pour cet effet il doit se pourvoir par lettres Royaux pour faire casser l'aveu & dénombrement, & voir ordonner qu'il en donnera un conforme à la verité & à la tenure de ses heritages; car en France les voyes de nullité n'ont point de lieu, & le vassal qui auroit une fois donné un aveu, ne seroit pas recevable d'en vouloir donner un autre, il faudroit auparavant faire casser & annuller celuy qu'il auroit donné.

Mais cette clause seroit utile au Seigneur dans quelques cas, comme si le vassal avoit compris dans le dénombrement quelque droit contesté par le Seigneur.

C'est l'opinion d'Argentré sur l'article 324. de la Coûtume de Bretagne, de Zazius & autres Docteurs.

Charondas sur l'article 50. fait cette question, sçavoir si la reconnoissance faite au profit d'un Seigneur en son absence, luy profite, comme quand le vendeur d'un heritage declare qu'il est chargé de cens ou d'autre redevance envers tel Seigneur, sçavoir, si en ce cas ce Seigneur peut se servir du contrat contre l'acquereur pour être payé de cette redevance, sans avoir d'autre titre. Charondas.

Cet Auteur dit, suivant le sentiment de Bartole, 18.
que telle concession ne vaut pas une preuve entiere, mais qu'elle sert de semi-preuve, *l. capite. in fine, junct. Glos. ff. ad leg. Jul. de adulter.* Ce qui fait quelque difficulté, vû que ce qui est porté dans un contrat, ne doit avoir force qu'entre les parties, & non pas pour ou contre d'autres, *l. Publia. §. fin. ff. depos. l. ex facto. 1. ff. de hered. instit. l. optimam. C. de contrah. & committ. stipulat. l. ex his. C. de testam. milit.*

Aprés avoir proposé ce doute il résoud, que telle reconnoissance fait foy entiere contre l'acheteur, parce que les contractans ne peuvent pas venir contre leur propre fait, confession & promesse; & l'acheteur ayant acheté à cette charge, n'est pas recevable à la contester, vû que c'est au préjudice du vendeur qui a vendu l'heritage à meilleur prix.

C'est le sentiment de Guy Pape, *quæst.* 272. qui dit que de son temps c'étoit l'usage du Parlement & des Jurisdictions de Grenoble; *& ita servant stylus & Consuetudo Curiarum Parlamenti Gratianopol. Graysivodani, & Bannaretorum præsentis patriæ Delphinalis, prout vidi fieri & judicari in contradictorio judicio. Et credo quòd de tempore meo reperientur ultra centum sententiæ in dictis Curiis, in quibus ex sola recognitione fuit commissum adjudicatum, & declaratum etiam contra tertium possessorem; & ista videtur mihi æqua opinio: probato tamen quòd recognoscens esset Dominus rei recognitæ tempore recognitionis.*

C'est aussi l'avis de Ranchin, en sa Note sur cette question.

EN FORME PROBANTE ET AUTHENTIQUE, &c.

GLOSE DEUXIE'ME SUR L'ARTICLE VIII.

SOMMAIRE.

1. *En quel forme doit estre le dénombrement.*
2. *De la qualité des Notaires & des témoins pour le dénombrement.*
3. *Si le dénombrement doit estre scellé.*
4. *Raison pour laquelle le dénombrement doit estre en parchemin.*
5. *Si la disposition de cet article pour la forme du dénombrement, doit estre observée dans les autres Coûtumes qui n'en prescrivent rien.*
6. *Dans quelle forme se donnent les aveus & dénombremens par les vassaux du Roy.*

1. CEs mots, *en forme probante & authentique*, &c. ont été ajoûtez à la nouvelle Coûtume, en conséquence de l'Arrest prononcé en Robes rouges par Monsieur le President de Thou le 23. Decembre 1566. remarqué par Monsieur le Prestre, Centurie 3. chapitre 51. de la derniere édition, par Maître Ricard sur cet article, par Brodeau nombre 2. entre Monsieur Mathieu Seigneur de Vellervode, Conseiller au Grand-Conseil, demandeur, & Loüise d'Orgemont, veuve du Baron de Montjay, défenderesse, par lequel il a été jugé, que le vassal étoit tenu de bailler à son Seigneur féodal, son aveu & dénombrement en parchemin passé pardevant Notaires, & que le Seigneur féodal n'étoit point obligé, s'il ne vouloit, le recevoir en autre forme. (RICARD. BRODEAU.)

BRODEAU. Brodeau au même lieu dit, qu'il a vû juger la question de même par un autre Arrest en la troisiéme Chambre des Enquêtes, au rapport de Monsieur Gontier, le 10. Mars 1641. intervenu en la Coûtume de Montargis, sur un appel du Bailly de Sens, qui condamne Jean de Grillet, sieur des Essars: à donner à Nicolas Baillet, sieur de Plevery, un acte en parchemin de foy & hommage de son Fief de Moteux, & l'aveu & dénombrement.

DU PLESSIS. C'est aussi le sentiment de Maître du Plessis, qui dit, que le Seigneur pouvoit user de la peine établie par la Coûtume, comme si le vassal ne luy en avoit point présenté.

Il suffit qu'il soit en parchemin & passé pardevant deux Notaires, ou pardevant un Notaire & deux témoins, car en plusieurs lieux il n'y a qu'un Notaire ou Tabellion, & en ce cas les actes sont authentiques étant passez pardevant le Notaire du lieu & deux témoins, suivant les Ordonnances de Loüis XII. article 66. de Blois au mois de Novembre 1507. article 247. & de François I. à Fontainebleau, le 11. Decembre 1543.

La même Ordonnance de Blois en l'article 166. permet que dans les lieux où il n'y a qu'un Notaire, il soit tenu de faire appeller un témoin au moins pour signer la minute avec luy; néanmoins l'usage est que les actes soient pardevant un Notaire & deux témoins, & que l'un des témoins sçache signer. Ainsi ce que dit la Coûtume *pardevant Notaires ou Tabellions*, ne doit pas être observé à la rigueur dans les lieux où il n'y en a qu'un.

2. Les témoins doivent être de la qualité & en la forme portée par la derniere Ordonnance titre 2. article 2. c'est-à-dire, qu'ils doivent signer l'original & la copie, & les Notaires doivent avoir pouvoir d'instrumenter au lieu où le dénombrement sera passé, suivant la remarque de Maître Auzanet. (AUZANET.)

Mais le vassal n'est point obligé de se servir des Notaires de son Seigneur pour donner son aveu, parce que la Coûtume ne le requiert pas.

3. BRODEAU. Brodeau nombre 2. dit, que pour être en forme probante & authentique, il doit être scellé, cependant la Coûtume ne le requiert point, ni l'Arrêt sur lequel cet article a été réformé, & on n'a jamais dit, qu'il fallût qu'un acte fût scellé pour être authentique, mais bien pour être exécutoire, & cela seroit inutile pour le dénombrement; deplus l'article 165. de nôtre Coûtume n'induit point cela, il parle des obligations passées sous scel authentique, parce que les obligations ne peuvent être mises à exécution, si elles ne sont scellées du Sceau de la Jurisdiction où elles sont passées, à moins que ce ne fût par Sentence, qui ne pourroit aussi être mise à exécution sans le scel de la Jurisdiction où elle auroit été passée.

La raison pour laquelle le dénombrement doit être en parchemin & pardevant Notaire, est parce que ce sont actes qui doivent être conservez pour les temps avenir, (le parchemin n'étant pas si sujet à se corrompre que le papier,) & qui doivent servir de titres, & faire foy entre le Seigneur & le vassal, & preuve contre d'autres par l'ancienneté & continuation des droits qui appartiennent au Fief, au moins pour la verité de ce qui y est contenu, & empêcher que dans la suite ils ne soient usurpez sur luy. 4.

C'est ce que dit Maître Charles du Moulin sur cet article *Glos. 1. num. 8. & plenam facit quoad omnes, nedum inter patronum & clientem & eorum heredes, sed etiam contra quoscumque extraneos, quoniam acta vel quacumque scripta publica probant seipsa, id est rei taliter gesta fidem faciunt inter quoscumque, ut decidit Bartolus in leg. cùm lite*, &c. DU MOULIN.

En effet, on ne peut point douter de la verité des actes anciens, quand ils ont été passez pardevant Notaires, vû qu'on ne peut pas si facilement supposer des signatures publiques qui sont connuës d'un chacun, que des signatures d'un particulier; outre que le Seigneur & le vassal pourroient antidater un aveu & dénombrement, & le Seigneur pourroit en supposer plusieurs donnez sous-seing privé par ses précedens vassaux, pour justifier sa possession contre un tiers, & par ce moyen prétendre avoir accomply la prescription à son préjudice.

La disposition de cet article touchant la forme du dénombrement, doit être observée dans toutes les Coûtumes qui n'en parlent point, & qui n'ont rien de contraire, parce qu'elle est tres-juste & tres-équitable, & introduite pour la conservation des droits du Seigneur; & ce d'autant plus qu'elle a été ajoûtée sur un Arrest à la réformation de la Coûtume, avec grande connoissance de cause. 5.

De quelle maniere, & en quelle forme les vassaux du Roy sont obligez de donner leurs aveus & dénombremens? 6.

Ils les doivent présenter en la Chambre des Comptes, qui les reçoit à la charge de les verifier, mais auparavant ils doivent être montrez & communiquez aux Gens du Roy, qui sont les parties principales, pour être vûs, lûs & confrontez aux aveus & dénombremens anciens pour sçavoir s'ils sont conformes & semblables, séparément, article par article;

autrement les verifications seroient nulles, & on n'y auroit aucun égard dit Tronçon sur cet article *verbo*, dénombrement; mais ce n'est pas ainsi que cela s'observe, car les aveus étant présentez à la Chambre, elle les renvoye par son attache pardevant les Trésoriers de France, Sénéchaux, Baillifs des lieux où les terres sont situées, pour être verifiez, & sur la verification des aveus ils sont ensuite reçûs à la Chambre.

TRONÇON.

Du Plessis dit, qu'aprés la foy & hommage faite à la Chambre des Comptes, le dénombrement y étant présenté, elle décerne commission au Bailly, Sénéchal des lieux qui le reçoit en connoissance de cause.

DU PLESSIS.

DEDANS QUARANTE JOURS.

GLOSE TROISIE'ME SUR L'ARTICLE VIII.

SOMMAIRE.

1. *De quel jour commencent les quarante jours à l'égard de celuy qui a esté reçû par main souveraine.*
2. *Sentiment de Brodeau repris par l'Auteur.*
3. *Si la foy & hommage étant faite en l'absence du Seigneur, les quarante jours courent du jour de cette prestation.*

1\. LE temps de quarante jours qui est donné au vassal pour bailler son dénombrement, commençe à courir du jour de la reception en foy, suivant cet article; excepté lorsque le vassal est reçû par main souveraine, suivant l'article 60.

BRODEAU.

Brodeau sur cet article nombre 7. dit, que ces quarante jours ne courent point contre le vassal reçû par main souveraine, mais seulement aprés le procés sur le combat de Fief terminé, & aprés la signification faite de la Sentence ou Arrest, parce que pendant le procés la tenure du Fief est incertaine, suspenduë, & tenuë en surséance.

DU PLESSIS.

C'est aussi le sentiment de Maître du Plessis, parce qu'il n'y a point de reception en foy.

2\. Il est constant, que les quarante jours ne commencent à courir, qu'aprés que le vassal a été reçû en foy & hommage par celuy qui aura obtenu gain de cause, car par l'article 60. le vassal a quarante jours pour faire la foy & hommage à celuy qui aura obtenu gain de cause sur la mouvance féodale, à compter du jour de la signification de la Sentence ou Arrest qui aura adjugé la mouvance, & les quarante jours pour bailler son aveu & dénombrement ne commencent à courir que du jour de la reception en foy, de sorte que si le vassal n'avoit rendu la foy & hommage que six mois aprés la signification du jugement par la négligence de celuy qui auroit obtenu gain de cause, les quarante jours ne commenceroient à courir que du jour de la reception en foy, suivant cet article 8. ce qui est sans difficulté.

3\. *Si lorsque le vassal a fait la foy & hommage à la porte en l'absence du Seigneur, ou pour refus par luy fait de la recevoir, les quarante jours courent du jour de la prestation?*

Maître du Plessis propose cette question, & pour raison de douter il dit, qu'on peut dire qu'ils ne courent que du jour que le Seigneur luy fera signifier qu'il accepte la foy & hommage par luy faits, & qu'il le reçoit en foy, à ce qu'il ait à luy bailler son aveu & dénombrement: que le vassal ayant rendu son premier devoir, il n'est pas obligé de passer outre jusqu'à ce que reciproquement le Seigneur l'ait reconnu à homme; cette interprétation se peut confirmer par le commencement de cet article, *le vassal qui a été reçû en foy & hommage par son Seigneur, est tenu de bailler son dénombrement*; de sorte que c'est une condition de la disposition: & par l'article 11. qui distingue la foy & les offres faites, & les quarante jours de la reception.

Il dit cependant qu'il ne peut être de cet avis, & il conclud que lorsque le vassal a fait la foy & hommage à la porte en l'absence du Seigneur, les quarante jours courent du jour de cette reception tacite.

La raison est, que comme il n'est point parlé de cette signification dans la Coûtume, elle n'est point necessaire de la part du Seigneur, pour faire courir les délais pour bailler dénombrement; au contraire la Coûtume donnant le même effet à la foi & hommage faite à la porte en l'absence du Seigneur, qu'à celle qui est faite à luy-même, c'est une reception tacite, d'où il faut conclure que les 40. jours courent du jour de la reception en foy au cas proposé. Il faut excepter quand il y a eu un refus effectif & formel de la part du Seigneur de recevoir le vassal en foy, car pour lors le vassal n'est pas obligé de luy bailler son dénombrement, & les 40. jours ne courent qu'aprés que le Seigneur l'a agréé, ce qui doit venir de luy, puisque le vassal a fait de sa part ce qu'il étoit obligé de faire.

OBSERVATIONS DE MONSIEUR ***.

Sur l'Article VIII.

SOMMAIRE.

1. *Dans quel temps se doit donner au Seigneur l'aveu & le dénombrement.*
2. *En quelle forme il doit estre donné.*
3. *Si le vassal qui a fait offres en l'absence du Seigneur, doit dans les quarante jours donner son dénombrement.*
4. *Si le dénombrement doit estre baillé par le vassal en personne.*
5. *Par qui doit estre signé le dénombrement, & à qui il doit estre donné.*
6. *Dans quel temps le dénombrement doit estre baillé au Seigneur, quand le vassal a esté*

reçû par main souveraine.

7. Si le vassal n'est tenu que de bailler un dénombrement de son Fief en sa vie.

1\. APRES que le vassal a fait la foy & hommage à son Seigneur, qu'il a été reçû ou fait des offres suffisantes, il doit donner en détail par le menu les terres qu'il tient en Fief, & tous les droits qui y sont joints ou dont il joüit separément, & cet aveu se doit donner quarante jours aprés que la foy & hommage a été faite.

2\. Pour la forme il faut qu'il soit en parchemin signé du vassal & de deux Notaires, ou d'un Notaire & de deux témoins, & que le Notaire ait droit d'instrumenter dans le détroit du Fief dominant. Lorsque le vassal n'y est pas en personne, il suffit d'une Procuration speciale; & quand le Seigneur ne se trouve pas au principal manoir, il suffit d'en faire les offres au Fermier & Concierge du principal manoir, & d'en laisser copie, & du tout en faire acte pardevant les Notaires porteurs de l'aveu & dénombrement.

Le Seigneur dans les quarante jours suivans accordera ou blâmera ledit dénombrement, & s'il ne le fait il est censé accordé.

Mais comme les articles 8. 9. 10. 11. 44. qui traitent cette matiere, n'expliquent pas assez toutes ces formalitez pour les faire connoître plus clairement, nous avons adjoûté quelques mots à cet article, & fait quelques articles nouveaux pour regler les questions qui sont survenuës depuis la réformation de la Coûtume. Voicy comme nous avons redigé l'article 8.

Le vassal qui a été reçû en foy & hommage par son Seigneur ou qui a fait des offres, est tenu de bailler en personne ou par Procureur fondé de procuration speciale, son dénombrement écrit en parchemin passé pardevant deux Notaires, ou un Notaire & deux témoins signé de luy; & ce quarante jours aprés la reception ou offres au Seigneur, & en son abscence au Procureur de Seigneurie, ou Fermier ou Concierge du principal manoir.

Cet article changé & augmenté en plusieurs endroits, contient non seulement le temps que le vassal a pour donner l'aveu & dénombrement, mais aussi la forme en laquelle il doit être donné.

3\. Nous avons ajoûté, ou *qui a fait des offres*, parce qu'il se peut faire que le vassal, pour l'absence du Seigneur, ou pour quelque autre cause, n'ait pas été reçu à faire la foy, mais en ce cas il luy suffit d'avoir fait des offres suffisantes, & dans les quarante jours, à compter de celuy des offres, il doit fournir son aveu.

4\. Nous avons ajoûté *en personne ou par Procureur fondé de Procuration speciale*, pour montrer qu'il est au choix du vassal, & qu'il n'est point obligé d'y être en personne. Mais il faut néanmoins que la Procuration soit speciale, parce que ces sortes de choses ne se présument point avoir été prévûës dans une Procuration generale.

La Coûtume disoit *pardevant Notaire* au singulier, mais parce qu'il est constant dans les maximes qu'un acte n'est pas valable qu'il ne soit passé pardevant deux Notaires, ou un Notaire & deux témoins nous l'avons expliqué dans l'article, & dit que les quarante jours couroient contre le vassal du jour de la foy & hommage reçûë, ou des offres valables.

5\. Nous avons mis que l'acte doit être signé du vassal, parce que c'est ce qui donne la force à l'aveu, joint qu'un acte pardevant Notaire doit être signé par la partie.

L'article ne disoit pas aussi à qui l'aveu devoit être donné: par les derniers mots de celuy-cy, nous avons reglé qu'il devoit être donné au Seigneur, s'il est present; & lorsqu'il n'y est pas, qu'il suffit qu'il soit laissé avec l'acte qui se dresse, ou au Procureur Fiscal, ou au Fermier du principal manoir, ou au Concierge, parce que le Seigneur a quarante jours pour le blâmer, & ensuite le vassal doit aller demander l'accord ou le blâme; ainsi il suffit que l'acte soit laissé au domicile ou personne qui soit au Seigneur.

ARTICLE NOUVEAU.

6\. *Si le vassal est reçû en foy par main souveraine à cause du combat du Fief, les quarante jours pour la foy ne commenceront que du jour de la signification faite au vassal à personne ou au principal manoir du Fief servant de la transaction ou jugement définitif, & le délay des quarante jours pour le dénombrement, ne commencera que du jour de la reception en foy.*

Il étoit juste que la Coûtume qui par des articles separez a reglé la maniere dont la foy se devoit faire, lorsque plusieurs Seigneurs prétendent la mouvance d'un Fief, regla aussi la maniere avec laquelle le dénombrement se devoit faire dans la même rencontre, c'est à quoi l'on a prévû par cet article qui n'a pas besoin d'une plus longue explication.

ARTICLE NOUVEAU.

7\. *Le vassal n'est tenu de bailler le dénombrement de son Fief qu'une fois en sa vie, s'il n'y a titre au contraire.*

C'est la difference qu'il y a entre l'aveu & la foy & hommage: à toutes mutations la foy est dûë, soit que cette mutation vienne de la part du Seigneur, soit qu'elle vienne de la part du vassal, mais l'aveu n'est dû que lorsque le vassal change.

CONFERENCE SUR L'ARTICLE VIII.

Les Coûtumes suivantes sont conformes à celle de Paris.

Amiens, titre 1. article 14. *Anjou*, article 6. & 139. *Artois*, titre 1. article 14. & 36. *Auvergne*, titre 22. article 6. *Auxerre*, titre 2. article 50.

Bar, titre 1. article 8. *Berry*, titre 5. article 24. *Blois*, titre 8. article 102. *Boulonois*, titre 12. article 52. *Bourbonnois*, titre 27. article 381. & ajoûte *à ses dépens*. *Bourgogne Comté*, titre 1. article 4. *Bourgogne Duché*, titre 3. article 4.

Cambray, titre 1. article 53. *Châlons*, titre 20. article 204. *Clermont*, titre 8. article 78. *Chartres*, titre 5. article 33. *Châteauneuf*, titre 3. article 35. *Chaumont*, titre 1. article 19. *Chauny*, titre 17. article 99.

Dourdan, titre 1. article 15. *Dreux*, titre 5. article 24. *Dunois*, titre 1. article 20.

Estampes, titre 1. article 42.

Laon, titre 16. article 203. *Lodunois*, titre 1. article 2.

Maine, titre 1. article 7. titre 8. article 152. *Mantes*, titre 1. article 15. *La Marche*, titre 18. article 188. ajoûte, *sinon qu'il ait répit de son Seigneur de plus long terme*. *Meaux*, chapitre 17. article 135. *Melun*, chapitre 4. article 39. *Montargis*, titre 1. article 64.

Nivernois, titre 4. article 6.

Orleans, titre 1. article 78.

Peronne, titre 2. article 60. *Grand-Perche*, titre 1. article 42. *Poitou*, titre 1. article 135. *S. Paul*, titre 1. article 9. *S. Paul en Artois*, article 6. *Ponthieu*, titre 4. article 72. 74.

S. Quentin, titre 5. article 83.

Rheims, titre 3. article 108. *Ribemont*, titre 2. article 32.

La Salle de Lisle, titre 1. article 41. *Sedan*, titre 3. article 68. *Sens*, titre 20. article 187.

Tournay, titre 10. article 16. *Tours*, titre 1. article 2. *Troyes*, titre 3. article 30.

Valois, titre 4. article 48. *Vitry*, titre 3. art. 42.

Il y a quelques-unes de ces Coûtumes qui requiérent, que le vassal soit sommé de bailler son dénombrement, en sorte que les quarante jours ne commencent à courir que du jour de la sommation, sçavoir :

Artois, *Auxerre*, *Blois*, *Chaumont*, *Chauny*, *Dunois*, *Lodunois*, *Poitou*, *Ponthieu*, *Saint Paul*, *la Salle de Lisle*, *Tournay*, *Tours*, *Troyes*.

DÉNOMBREMENT.

Nivernois, chapitre 4. article 68. dit, *Dénombrement doit contenir tous les droits, prérogatives, & prééminences du Fief, ensemble les Châteaux, maisons, granges, pourpris & domaines étant és mains du vassal, avec leurs situations, & tenans, au moins deux des plus certains. Aussi doit-il contenir les cens, rentes, bourdelages, & autres redevances, sommes d'iceux, personnes & lieux sur qui ils se reçoivent en gros, les hommes & femmes de condition, droits qu'ils ont sur iceux, la situation de leur Mex & tenement, semblablement les noms de leurs vassaux, & situations de leurs Fiefs en gros. Et si le vassal par dol recele quelque chose étant dudit Fief, elle est commise audit Seigneur.*

Artois, titre 11. article 17. dit, *le vassal tenant plusieurs Fiefs d'un Seigneur, à cause d'une même Seigneurie, est tenu de bailler seulement un dénombrement de tous ses Fiefs* : du Moulin en sa Note sur cet article, dit, a

a *Id est in volumine continente distinctam singulorum Feudorum descriptionem ; id quod Dominus directus rectè exigere potest.* C. M.

La Salle de Lisle, titre 1. article 41. oblige l'ancien vassal à bailler un autre dénombrement au nouveau Seigneur.

Idem, *Maine*, article 8. du Moulin sur cet article dit, b

b *Scilicet impensis Domini, etiamsi mutatio novi Domini sit per obitum, vel aliàs, ut dixi in Consuetudine Paris. §. 48. quamvis aliud videatur de Consuetudine Andensi. §. 7. in fine, ubi videtur inconsideratè scriptum.* C. M.

La Coûtume d'*Artois*, titre 1. article 17. dit au contraire, que *l'ancien vassal n'est tenu bailler dénombrement au nouveau Seigneur, ni luy prêter le serment de fidelité.*

EN FORME PROBANTE ET AUTHENTIQUE.

Poitou, titre 1. article 135. ajoûte, *scellé de scel authentique, ou du scel de celuy qui le baille, s'il a haute Justice, & signé par un Notaire à sa requête. Amiens*, titre 1. article 14. dit, *sous scel, ou autrement, en forme authentique.*

DANS QUARANTE JOURS.

Berry, titre 5. article 24. donne soixante jours. *Bretagne*, article 360. donne un an.

Il y a des Coûtumes qui ordonnent amende contre le vassal qui a passé les quarante jours sans bailler son dénombrement, sçavoir, *la Salle de Lisle*, amende de soixanre sols. *Montargis*, de quinze sols. *Idem*, Dunois, & Orleans.

Auteurs sur l'Article huitiéme.

L'Auteur du Grand Coûtumier, livre 2. chapitre 27. page 178.

Bobé, sur l'article 135. de la Coûtume de Meaux.

Thourette, sur Montfort, article 5.

Pontanus, sur Blois, titre 8. article 102. & suivans.

Le Let, sur la Coûtume de Poitou, articles 82. & 135.

Guido Papa, Decisione, 272.

Benedictus ad cap. Raynurius, verbo uxorem, num. 437.

Molinæus, in Consuet. Paris. §. 35. *n.* 11. 12. 13. 15. 20. & 23.

Bacquet, *des Droits de Justice*, chapitre 29.

Rat, sur la Coûtume de Poitou, article 135.

Les Arrestez de Monsieur le Premier President de la Moignon, recüeillis dans Auzanet.

Le Dictionaire de M. Brillon, *verbo*, aveu, & *verbo*, dénombrement.

Le Grand, sur Troyes, article 30.

Buridan, sur Reims, article 109.

Ragueau, sur Berry, titre 5. articles 24. 30.

Theveneau, sur la même, article 85.

Chassanée, sur la Coûtume de Bourgogne, titre 3.

article 3. sur le mot, *dénombrement*, & art. 4. sur ces mots, *aprés ledit hommage*.
Boërius, sur la Coûtume de Berry, titre 4. art. 12.
Labbé, sur la même, titre 5. article 24.
Publicius, sur Auvergne, titre *de Fiefs*, article 8.
Roüille, sur la Coûtume du Maine, article 7. Glose 2. & 5.
D'Argentré, sur la Coûtume de Bretagne, article 85. *nota* 1. col. 379.
Choppin, sur la Coûtume d'Anjou, livre 1. chapitre 6. nombre 1. chapitre 7. nombre 2. livre 2. titre 5. nombre 1.
Coquille, sur la Coûtume de Nivernois, titre *de Fiefs*, article 67. & en l'Institution au Droit François, titre *de Fiefs*.
Bourdin, sur l'Ordonnance de 1539. article 66.
Rebuffe, *Tract. de litt. obligatoriis*, Glose 7.
Baquet, *des Droits de Justice*, chapitre 5. nombre 6.
De Lommeau, en ses Maximes generales, livre 2. articles 11. & 12.
Vigier, sur Angoumois, article 23.
Lhoste, sur la Coûtume de Montargis, titre 1. article 64.
Vrevin, sur la Coûtume de Chauny, article 98.
Bodreau, sur la Coûtume du Maine, article 152.
Pineau, sur la Coûtume d'Anjou, articles 7. & 139.
Buridan, sur la Coûtume de Vermandois, art. 203.
Frerot, sur la Coûtume de Chartres, chapitre 5. article 33.
Basmoison, sur la Coûtume d'Auvergne, titre 22. article 6. & suivans.
Duret, dans son Alliance des Coûtumes, page 836.
Du Plessis explique cet article, livre 2. *de Fiefs*, chapitre 1. 2. 3. page 26. & 27.

ARTICLE IX.

C'étoit le sixiéme Article de l'ancienne Coûtume.

Saisie féodale se fait faute de dénombrement : mais n'emporte point les fruits.

SI le vassal ne baille son dénombrement dedans quarante jours, aprés qu'il aura été reçu par son Seigneur en foy & hommage, iceluy Seigneur peut saisir le Fief, & y mettre Commissaires, jusques à ce que ledit dénombrement luy ait été baillé ; mais il ne fait les fruits siens ; & en doit rendre compte le Commissaire, aprés iceluy dénombrement baillé.

Voyez les articles 8. 10. & 12.

SI LE VASSAL NE BAILLE SON DE'NOMBREMENT.

GLOSE UNIQUE SUR L'ARTICLE IX.

SOMMAIRE.

1. *Quelle difference il y a entre la saisie faite faute d'homme, droits & devoirs non faits & non payez, & celle qui est faite faute de dénombrement.*
2. *Si lorsque la saisie est faite faute d'homme, le Seigneur est tenu d'établir Commissaires.*
3. *Si le vassal obtient main-levée de pleindroit, dés que le dénombrement est presenté, tant pour les articles accordez, que pour ceux qui sont blasmez.*
4. *Si le vassal, son fermier, ou ses créanciers, peuvent joüir de quelque chose pendant cette saisie.*
5. *Si l'usufruitier peut saisir faute de dénombrement baillé.*
6. *Si le Seigneur est garand de l'insolvabilité du Commissaire.*
7. *Si le Seigneur est tenu de l'insolvabilité du Commissaire choisi par le Sergent d'une autre Justice.*
8. *Si les créanciers sont responsables de la perte du gage arrivée sans leur faute.*
9. *Si les Commissaires établis aux saisies feodales, dépendent de la Charge du Commissaire aux saisies réelles.*
10. *Si les Commissaires établis aux saisies feodales, sont tenus de faire proceder au bail judiciaire.*
11. *Si le Commissaire peut presenter aux Benefices, & exercer les droits honorifiques dépendans du Fief saisi.*
12. *Si le debiteur pendant la saisie réelle de son Fief, peut exercer les droits honorifiques.*
13. *Si le Seigneur pendant la saisie faute de dénombrement, peut saisir les arriere-Fiefs ouverts.*
14. *Le Seigneur pendant la saisie pour cette cause ne fait les fruits siens.*

1. NOstre Coûtume en cet article, permet au Seigneur féodal de saisir le Fief de son vassal, si dans les quarante jours, aprés la reception en foy, il ne luy baille un aveu & dénombrement de son Fief: mais cette saisie est bien différente de celle qui se fait pour droits & devoirs non faits & non payez, en ce que celle-cy emporte perte de fruits pour le vassal, tant qu'elle dure, mais celle qui est faite pour dénombrement non baillé ne l'emporte pas, en sorte que dans le cas de cet article le Seigneur qui saisit le Fief relevant de luy, ne le met point à sa table; c'est pourquoy la Coûtume ordonne, que le Seigneur saisissant établisse Commissaires au regime & gouvernement du Fief saisi, jusques à ce que le vassal ait satisfait à son devoir, en luy présentant un dénombrement en la forme requise par l'article précedent.

BRODEAU. Brodeau sur cet article nombre 1. dit, que c'est plûtôt empêcher, sequestrer, ou évoquer & transferer la possession de la personne du vassal, en celle du Seigneur, que saisir; & que les Praticiens appellent cette sorte de saisie *impedimentum*, n'étant faite que pour incommoder, embarasser, inquieter le vassal; néanmoins nos Coûtumes se servent indifféremment de ce mot *empêchement*, pour signifier la saisie féodale.

2. Quand le Seigneur saisit pour droits & devoirs non faits & non payez, il n'est pas tenu d'établir Commissaires, mais il peut luy-même exploiter le Fief, parce qu'il n'est pas obligé de restituer les fruits perçûs, suivant les termes de l'article premier; mais quand la saisie est faite pour dénombrement non baillé, l'établissement de Commissaires est tellement necessaire, que la saisie seroit nulle autrement, & sans effet; car ce mot *peut*, ne se rapporte qu'à la saisie & non à l'établissement; le sens de cet article étant, que le Seigneur peut, s'il veut, saisir le Fief de son vassal qui a été reçû en foy, au cas qu'il ne luy ait pas présenté un dénombrement dans les quarante jours, & en cas de saisie il doit établir Commissaires. Interpréter autrement cet article, ce seroit aller contre l'esprit & l'intention de nôtre Coûtume,

TRONÇON. comme fait Tronçon, lequel sur cet article, *verbo*, Commissaires, dit, que par cet article le Seigneur peut établir Commissaires pour rendre compte des fruits.

CHARONDAS. Charondas sur ce même article dit, que les deux se doivent conjointement faire, & que la saisie seroit nulle sans établissement de Commissaires. C'est

BRODEAU. aussi l'opinion de Brodeau, nombre 12. Voyez ce qui est dit sur l'article 1. Glose 3. où la question est traitée amplement.

3. La saisie cesse, *ipso jure*, dés que le vassal a présenté son dénombrement au Seigneur, sans qu'il soit necessaire d'attendre qu'il soit reçû ou blâmé.

La raison est, que *cessante causâ cessare debet effectus*: or la cause de la saisie est le défaut du dénombrement, & partant aussi-tôt que le dénombrement est présenté, la saisie doit cesser; ce qui se prouve encore, parce que si le Seigneur n'avoit point fait saisir, & qu'il eut reçû le dénombrement, quoiqu'il en voulût blâmer quelques articles; néanmoins il est constant qu'il ne pourroit point saisir; ainsi la saisie faite avant le dénombrement baillé, cesse dés qu'il est présenté, & ne peut point subsister pour les articles que le Seigneur blâmeroit.

La saisie étant une fois éteinte par la présentation du dénombrement, elle ne peut revivre en partie par la volonté du Seigneur, autrement il dépendroit de luy de faire durer la saisie sur telle partie qu'il voudroit du Fief par le blâme qu'il en fourniroit, & par ce moyen déposseder son vassal, & l'empêcher de joüir de cette partie.

De plus, c'est qu'il ne faut pas étendre les peines au delà de l'intention de la Loy, nôtre Coûtume dit en cet article, que la saisie dure jusques à ce que le dénombrement ait été baillé, & puisque c'est une disposition pure & simple, il n'y a pas lieu de l'étendre par une distinction qui luy est contraire.

C'est le sentiment de du Moulin sur l'article 10. *Glos.* 1. *num.* 11. *& seqq.* & il cite deux Arrests qui l'ont jugé ainsi, remarquez par Charondas, l'un du 1. Février 1534. entre Odet de Foix & Huguette de Quinquempoix: l'autre du 23. Decembre ensuivant, entre Jean des Ursins & Jeanne du Tremblay. Charondas en remarque un autre du 18. Juin 1558. DU MOULIN. CHARONDAS.

C'est aussi l'avis de Guerin sur l'article 10. & de Brodeau sur cet article 9. *num.* 9. GUERIN. BRODEAU.

Du Moulin sur l'article 252. de la Coûtume de Senlis cite un autre Arrest, qui a jugé le contraire, où il dit, *sed interim pro rata* de ce qui est accordé, se doit bailler main-levée, *ut sub hâc Consuetudine judicatum fuit per Arrestum an.* 1563. *relatore Dom. Michaële Larcher, Senatore doctissimo. C. M.* Cet Arrest est aussi rapporté par Gousset sur la Coûtume de Chaumont, article 19. nombre 31.

C'est le sentiment de Coquille sur la Coûtume de Nivernois, chapitre 4. article 17. de Loysel en ses Institutes Coûtumieres, titre des Fiefs, article 46. où il dit, *doit le Seigneur lever la main de ce dont il n'est en discorde, la saisie tenant pour le surplus.*

Mais ces Coûtumes qui veulent que la main-levée n'ait lieu que pour les articles accordez, la saisie demeurant pour le surplus, ne peuvent être étenduës aux autres, au contraire il faut suivre celle de Paris dans les Coûtumes qui n'en parlent point.

C'est le sentiment de Maître Charles du Moulin, au lieu cité, *num.* 19. en ces termes: *hæc Consuetudo ut æquissima, & juri & rationi conformis, debet in toto regno observari, nisi sicubi per Consuetudinem particularem loci aliter determinetur.* DU MOULIN.

Tronçon sur l'article 10. *verbo*, blâmer, tient sans distinction, que la saisie a lieu pour les articles blâmez, & qu'elle cesse pour ceux qui sont accordez. TRONÇON.

Mais son opinion en ce lieu, comme en beaucoup d'autres, n'est pas reçûë.

C'est aussi le sentiment de Tournet sur l'article 10. se servant pour toutes les autres Coûtumes de l'Arrest rendu sur la Coûtume de Senlis. TOURNET.

Le Grand, sur l'article 30. de la Coûtume de Troyes, *Glos.* 2. *num.* 6. tient que la main-levée doit avoir lieu pour tous les articles; & c'est avec raison.

Quoique le Seigneur ne fasse pas les fruits siens par cette saisie, néanmoins le vassal ni ses fermiers ne peuvent joüir d'aucune chose du Fief; & même les créanciers du vassal ne se peuvent point adresser aux Commissaires établis à la saisie, pour leurs dettes & hypotheques, jusques à ce que le dénombrement soit baillé. 4.

La raison est, qu'il est de l'interêt du Seigneur d'ôter à son vassal toute possession & joüissance par sa saisie, jusques à ce qu'il ait été satisfait pour les causes d'icelle, & ce pour obliger le vassal de se presser à y satisfaire.

C'est le sentiment de du Moulin sur l'article 28. *num.* 5. DU MOULIN.

Si l'usufruitier peut saisir faute de dénombrement baillé? 5.

Il semble qu'il le peut, parce que par l'article 1. il luy est permis de saisir pour droits & devoirs non faits & non payez, & d'autant que sous ces mots, *droits & devoirs*, le dénombrement est compris, il y a lieu de dire qu'il seroit bien fondé d'exercer la saisie.

Néanmoins il faut dire le contraire, parce que sous ces mots on entend seulement la foy & hommage & les profits de Fief, & non le dénombrement, qui concerne simplement la proprieté sans profit, & telle saisie seroit inutile à l'usufruitier, puisqu'elle n'emporte point perte de fruits, c'est l'opinion de Maître Ricard sur l'article 2. & de Maître Auzanet. Voyez ce qui a été dit cy-dessus, article 2. nombre 3.

RICARD AUZANET.

6. *Si le Seigneur est garand & responsable de l'insolvabilité du Commissaire établi, faute de dénombrement baillé?*

DU MOULIN Du Moulin sur cet article, *verbo*, Commissaire, semble être d'avis, que le Seigneur n'en est pas tenu.

CHARONDAS Charondas dit, que si la saisie est faite par le Sergent du Seigneur, il en doit répondre, parce qu'il est tenu du fait de son Officier: mais si la saisie est faite en vertu de la commission du Juge Royal, en forme de conforte-main par un Sergent Royal, faut distinguer: Ou le Seigneur a nommé le Commissaire, & donné charge au Sergent de l'établir; ou le Sergent l'a établi de luy-même. Au premier cas le Seigneur en est tenu, sans que la discussion du Sergent soit necessaire, parce qu'il est censé avoir luy-même causé la perte; mais si le Sergent l'a établi de luy-même, il semble que la discussion soit requise, parce que c'est une personne publique, & que le Seigneur l'estimant capable de son employ, il n'est aucunement en fraude; néanmoins il dit qu'il a vû juger contre le Seigneur par l'Arrest remarqué cy-dessus; dautant qu'il s'est servi du Sergent pour faire la saisie, sans quoy la perte des fruits ne seroit pas arrivée.

TOURNET. BRODEAU. Tournet & Brodeau, *num.* 2. *&* 13. tiennent indistinctement, que le Seigneur en est tenu, & remarquent un Arrest de l'Audiance, du 17. Mars 1582. qui l'a jugé ainsi.

7. Je ne fais pas de difficulté, que le Seigneur ne soit garand & responsable du Commissaire établi par le Sergent de sa Justice, parce que c'est par la faute du Sergent du Seigneur qui a pris pour Commissaire un homme non solvable; autrement un Seigneur feroit nommer exprés pour Commissaire quelqu'un qui ne seroit pas suffisant, mais qu'il soit garand & responsable de celuy qui auroit été établi par le Sergent d'une autre Justice de bonne foy, je ne croy pas que cela soit dans l'ordre.

En effet, pour que le Seigneur en soit tenu, il faut que la perte vienne de sa faute: Or on ne peut dire, que quand un Seigneur fait saisir un Fief par un Sergent qui y établit un Commissaire qui devienne insolvable, ce soit par la faute du Seigneur; car puisque c'est une personne qui a un caractere public, un chacun a droit de s'en servir, & on ne peut rien imputer au Seigneur qui l'a choisi pour faire une saisie, & pour établir un Commissaire au Fief saisi, vû que ce n'est pas à faire au Seigneur à faire choix d'une personne pour Commissaire.

Ceux qui tiennent que le Seigneur en tout cas doit répondre de l'insolvabilité du Commissaire, lorsque la saisie féodale est faite faute de dénombrement, disent que le Seigneur peut également suggerer à un Sergent d'une autre Justice, le choix d'un Commissaire insolvable; & qu'ainsi ce n'est point de la qualité du Sergent, qu'on doit tirer le principe de garantie, mais de ce que le Seigneur ne pouvant jamais faire les fruits siens par une saisie féodale, faute de dénombrement, il negligeroit toûjours le choix d'un Commissaire solvable.

Cependant je croy que le Seigneur n'est garand de l'insolvabilité du Commissaire, que quand il a été établi par un Sergent de sa Justice, & qu'on ne prouve point de fraude de sa part.

Si le Seigneur étoit toûjours & en tout cas responsable de l'insolvabilité du Commissaire, il luy seroit souvent plus avantageux de n'user pas de saisie contre son vassal, sa contumace & sa negligence demeureroient impunies, & inutilement la Coûtume auroit accordé cet avantage aux Seigneurs, de pouvoir saisir faute de dénombrement, si telles saisies pouvoient leur causer des pertes considérables; que la Coûtume ayant par ce moyen voulu favoriser les Seigneurs, & contraindre les vassaux de satisfaire à leur devoir, il n'est pas à croire qu'elle ait voulu que l'insolvabilité du Commissaire retombât sur le Seigneur, par l'ordre duquel la saisie & l'établissement du Commissaire auroient été faits, autrement ce seroit faire contre l'intention de la Loy, qui ne permet pas que, *quæ salubriter pro utilitate alicujus introducta sunt, ea nos duriore interpretatione contra ipsius commodum producamus ad severitatem*, dit Modestin, *in l. nulla. ff. de legib.*

Les créanciers ne sont responsables envers leurs debiteurs pour la perte causée dans les choses qui leur ont été données pour gages & pour seureté de leur dû, que de la faute legere, *ea igitur, quæ diligens paterfamilias in suis rebus præstare solet, à creditore exiguntur, l. 14. ff. de pignerat. act.* & si le Seigneur étoit responsable de l'insolvabilité du Commissaire établi par le Sergent d'une autre Justice que de la sienne, non seulement il seroit responsable de sa faute legere, mais aussi du cas fortuit, & sa condition qui se trouve en beaucoup de choses bien plus favorable, que toutes sortes de créanciers les plus privilegiez, seroit en ce point beaucoup plus desavantageuse. 8.

D'ailleurs, les choses perissent ordinairement pour leurs maîtres, *l. 9. C. de pigner. act.* Or le vassal saisi demeure toûjours maître des fruits du Fief saisi, puisqu'ils n'appartiennent point au Seigneur, mais il ne les peut point percevoir, & s'il permet que les fruits soient vendus par le Commissaire, à cause qu'ils ne peuvent être gardez sans peril, l'estimation qui succede, *loco rei*, luy appartient, & le compte des fruits perçûs ne se rend pas au Seigneur aprés la main-levée accordée de la saisie, mais au vassal.

Il est vray que tel est nôtre usage, que la perte des deniers provenant des biens ajugez sur un debiteur, arrivée par l'insolvabilité du Receveur des Consignations, retombe sur les créanciers & non pas sur le debiteur, comme il a été jugé par les Arrests remarquez par Monsieur Loüet, lett. C. nomb. 50. Ce qui est sans difficulté.

La raison est, que dés que les biens du debiteur sont adjugez par decret, il n'en est plus propriétaire, il n'est point aussi maître des deniers provenans de l'adjudication, puisqu'ils appartiennent aux créanciers, & que c'est par leur fait que les deniers sont mis entre les mains du Receveur des Consignations.

C'est aussi pour cette raison, que si un Sergent qui auroit fait la vente des meubles saisis & executez sur un debiteur, emportoit les deniers qui en proviendroient, la perte tomberoit sur les créanciers, qui auroient fait faire la saisie & exécution, & non sur le debiteur.

Mais il n'en est pas de même du Seigneur qui a saisi pour dénombrement non baillé, dautant que ni les fruits, ni leur estimation, aprés qu'ils ont été vendus par le Commissaire, n'appartiennent point au Seigneur, mais au vassal saisi, ainsi il est juste que la perte en retombe sur luy, & non pas sur le Seigneur.

Il est vray que si le vassal saisi connoissoit que les Commissaires établis ne fissent pas leur devoir, ou qu'ils fussent insolvables, il pourroit poursuivre son Seigneur à ce qu'il fût obligé d'en établir d'autres, suivant le sentiment de Maître Charles du Moulin sur cet article, Glos. 4. nomb. 3. ce qui est fort juste; & en cas de refus ou de negligence, il est sans doute qu'il seroit responsable de leur insolvabilité, parce qu'en ce cas la perte seroit arrivée par DU MOULIN sa faute, au moins depuis qu'il auroit été poursuivi pour établir d'autres Commissaires, c'est aussi le sentiment de Guerin & de Brodeau, nomb. 13. GUERIN. BRODEAU.

Le vassal peut contraindre les Commissaires établis à la saisie, de luy rendre compte de leur administration, dés qu'il a baillé son dénombrement, & de payer le reliqua, à l'exemple du tuteur ou du curateur, *l. 1. §. officio. & §. de rationibus. ff. de tutel. & ration. distrah. l. adversus. l. rationes. C. de administr. tut.* & du Procureur *l. qui proprio. §. procurator. ff. de procurat.*

L'Ordonnance du mois d'Avril 1667. titre de la reddition des comptes, article 1. porte, que *les tuteurs, protuteurs, curateurs, fermiers judiciaires, sequestres, gardiens, & autres qui auront administré les biens d'autruy, seront tenus de rendre compte aussitôt que leur gestion sera finie.*

Dans ce compte le Commissaire doit declarer clairement tout ce qu'il a reçu, & les frais qu'il a faits, & les sommes qu'il a payées ; & cela sans confusion, afin qu'on puisse connoître ce dont il est reliquataire, *l. non servus ff. de condition. & demonstration.* Il doit justifier les frais & impenses necessaires qu'il a faites pour la recolte, & tous les autres chefs de son compte, tant dans le chapitre de recepte, que dans celuy de dépense, au cas qu'ils soient contestez, *l. qui sub conditione. ff. de condition. & demonstrat.*

9. *Si quand il y a plusieurs Commissaires établis à un même Fief, ils sont tenus solidairement un seul pour le tout?*

DU MOULIN. Du Moulin sur cet article, Glos. 6. nomb. 36. tient qu'il y a solidité entre eux, quand ils sont établis par autorité du Juge, parce que leur charge est publique, quoique l'interêt soit particulier ; & qu'ils peuvent gerer & administrer solidairement, *l. 2. in fine, & l. 3. ff. de curat. bon. dand.* Mais que quand ils ne sont commis que par le Seigneur de son autorité particuliere, & non par le Juge, en ce cas il n'y a point de solidité ; *tunc enim nullum publicum gerunt officium, sed privatum ; & idem juris est ac de procuratoribus à privato commissis, ut non teneantur in solidum, sed tantùm pro parte.*

La Loy 60. *§. duobus. ff. mand.* semble être contraire, où le Jurisconsulte dit, que plusieurs mandataires sont tenus *in solidum*, mais selon la Glose, cette Loy & quelques autres semblables, doivent s'entendre au cas qu'ils soient convenus de la solidité.

Il est certain que les Commissaires établis par autorité du Juge, ou en vertu d'un acte portant son exécution parée, sont tenus solidairement, & que comme le Seigneur ne peut saisir que par une commission du Juge, les Commissaires établis par son Ordonnance sont tenus solidairement, & sont aussi contraignables par corps pour la restitution des fruits, faute par eux d'avoir rendu leur compte, & payé le reliqua.

GUERIN. C'est le sentiment du même Auteur, sur cet article, Glose sixiéme, *num.* 37. Guerin est aussi d'avis, que les Commissaires sont tenus solidairement.

Si les Commissaires établis aux saisies féodales dépendent de la charge du Commissaire aux saisies réelles?

On répond que non, parce que les saisies féodales sont des exploits, qui ne concernent point la proprieté, ni le fond du Fief saisi, mais seulement les fruits, ainsi elles ne dépendent point de la Charge du Commissaire aux saisies réelles, créé par Edit du Roy Loüis XIII. au mois de Février 1626. C'est le sentiment de Maître du Plessis.

10. *Si les Commissaires établis au Fief saisi, sont obligez de faire proceder au bail judiciaire, de même que les Commissaires établis à la requête des creanciers?*

DU MOULIN. On répond que non, suivant l'opinion de du Moulin sur cet article *Glos.* 4. *num.* 10. & de Brodeau, nombre 13. BRODEAU.

La raison est, que l'Ordonnance des Criées art. 4. n'a été établie que pour les saisies réelles, que le debiteur saisi ne peut pas empêcher, au lieu que le vassal saisi peut empêcher l'effet de la saisie en satisfaisant aux causes d'icelle, ce qui dépend entierement de luy. Et il luy doit suffire que le Commissaire établi luy rende compte des fruits qu'il a perçûs, devant s'imputer cette dépossession, qui ne peut durer qu'autant qu'il luy plaît.

Si le Commissaire établi au Fief saisi pour dénombrement non baillé, peut présenter aux benefices qui sont à la nomination & présentation du vassal saisi? 11.

C'est l'opinion de tous les Commentateurs, que les droits honorifiques n'appartiennent pas au Commissaire établi au regime du Fief saisi, comme la reception en foy & hommage, la nomination ou provision aux benefices, dont le patronage est inféodé.

Du Moulin sur cet article *Glos.* 3. *num.* 5. *& seqq.* traite amplement la question, & aprés avoir proposé les raisons de part & d'autre, il conclud *num.* 10. que le Seigneur ni le Commissaire ne peuvent exercer les droits honorifiques ; de même que le créancier qui n'a point la Seigneurie & proprieté directe ni utile, ne peut pas présenter aux benefices, ni exercer les droits de patronage du Fief qui luy est hypothequé, s'il n'a pouvoir special. Et il dit, que tel étoit l'usage de son temps. DU MOULIN.

C'est aussi l'avis de Charondas sur cet article, & de Maître du Plessis. CHARONDAS.

Guerin dit, que l'opinion de du Moulin est, qu'il peut exercer tous les droits de Seigneurie pendant cette saisie ; il a mal pris le sentiment de cet Auteur rapporté au nombre 10. & c'est une erreur de tenir le sentiment de Guerin. GUERIN.

Cette question ne souffre point de difficulté, dautant que la saisie pour dénombrement non baillé, ne regarde proprement que les fruits, & pour en empêcher au vassal la perception.

Mais il n'en est pas de même de la saisie faute d'homme droits & devoirs non faits & non payez, laquelle concerne le domaine & la proprieté du Fief, de sorte que le Fief est censé retourné au Seigneur par droit de reversion, tellement que dans ce cas le Seigneur pendant sa saisie exerce les droits honorifiques qui dépendent du Fief saisi, & il reçoit les arriere-vassaux en foy & hommage.

C'est une différence remarquée par du Moulin *loco citato*, *num.* 3. *maxima est ratio diversitatis inter primam illam prehensionem, & hanc secundam, quoniam in prima verè & propriè feudum est apertum patrono, cùm non habeat vassallum, & sit interrupta fidelitas, quæ est vinculum formale & substantiale feudi, & est feudum quasi reunitum & consolidatum dominio directo patroni. At in ista feudum non est aliquo modo apertum nec interruptum, cùm sit repletum de persona certi clientis, qui à domino in fide admissus & investitus fuit, & est verus ejus vassallus ; & sic nulla est interim consolidatio, nec quasi consolidatio, cùm subsit verus utilis dominus, idemque verus directus dominus actu permanens respectu subvassallorum, &c. cùm igitur vassallus non obstante hac secundâ prehensione, sit verus vassallus, verus & immediatus dominus directus subvassallorum feudi sui, sequitur necessariò quòd ad eum spectat jura dominicalia & feudalia administrare & exercere in subfeuda, &c.* DU MOULIN.

Il en faut dire de même des autres droits honorifiques, comme de présenter aux Benefices suivant cette distinction.

Ainsi le creancier hypotequaire qui a fait saisir le Fief de son vassal, ni le Fermier judiciaire ne peut présenter aux Benefices, ni exercer les droits de patronage, ni autres droits honorifiques. Voyez ce que nous 12.

nous avons dit sur l'article 1. *Glos.* 4. *num.* 29.

13. *Si le Seigneur féodal pendant la saisie du Fief servant faute de dénombrement, peut saisir les arriere-Fiefs?* Voyez sur l'article 54.

14. Le Seigneur pendant la saisie pour cette cause ne fait les fruits siens, c'est un droit generalement observé, excepté dans la Coûtume de Troyes article 30. du Perche article 43. & de Chaumont article 19. remarquées en la Conference sur cet article.

Celle de Troyes article 30. permet au Seigneur de faire saisir le Fief faute de dénombrement, & en faire les fruits siens, aprés l'an de la saisie dûëment signifiée au vassal : en interprétation de cet article par Arrest du Vendredy de relevée 24. Janvier 1642. plaidans Pietre pour Jacques Bieus & Anne de Lantage appellans, & Loudier pour Dame Claude de Cazillac, veuve de Messire Charles de Choizeul, Marquis de Prasslin, Dame de Cahours, intimée, il a été jugé que le vassal n'ayant point satisfait aux Sentences portant condamnation de réformer son aveu & dénombrement, le Seigneur avoit pû saisir, comme si le vassal n'en avoit point baillé du tout. Cet Arrest est rapporté par Brodeau sur cet article nombre 10.

OBSERVATIONS DE MONSIEUR ***.

Sur l'Article IX.

SOMMAIRE.

1. *Différence de la saisie féodale qui se fait faute d'homme, d'avec celle qui se fait faute d'aveu & dénombrement.*

Si le vassal ne donne son dénombrement dans les quarante jours aprés qu'il aura été reçu par son Seigneur en foy & hommage, ou faire les offres, iceluy Seigneur peut saisir le Fief, & y mettre Commissaire jusqu'à ce que le dénombrement luy ait été baillé, mais il ne fait les fruits siens, & en doit rendre compte le Commissaire aprés iceluy dénombrement baillé.

1. Nous n'avons rien changé de l'article, si ce n'est que nous avons ajoûté les mots, *ou faire les offres*, suivant ce qui a été dit sur le premier article.

La saisie féodale faute de foy & hommage, ou faute de dénombrement, se fait sans permission du Juge ou commission, si le Seigneur n'en veut point prendre: Il faut bien remarquer la différence qu'il y a entre ces deux saisies; car dans la saisie féodale faute de foy, il ne faut point d'établissement de Commissaire, par la raison que le Seigneur peut joüir par ses mains; au contraire dans celle qui est faite faute de donner un dénombrement, il faut necessairement établir un Commissaire à peine de nullité, parce que le Seigneur ne fait point les fruits siens.

Il faut aussi remarquer que la saisie féodale cesse dés le moment que l'aveu a été donné par le vassal, & qu'ensuite le Commissaire doit rendre les fruits qu'il a perçûs au vassal, ou luy en rendre compte.

CONFERENCE SUR L'ARTICLE IX.

Les Coûtumes conformes à celle de Paris sont, *Amiens*, titre 1. articles 15. 16. 17. *Artois*, articles 14. 18. *Auvergne*, titre 27. articles 7. 8. *Auxerre*, titre 2. article 50.

Bar, article 8. *Berry*, titre 5. article 24. *Blois*, titre 8. articles 103. & 104. & condamne le vassal à quinze sols d'amende. *Boulonois*, titre 12. article 52. *Bourbonnois*, titre 27. article 381. *Bourgogne Comté*, titre 1. article 4. *Bourgogne Duché*, titre 3. article 4. *Bretagne*, titre 17. article 360.

Châlons, titre 20. articles 204. 205. 206. *Chartres*, titre 5. articles 33. 34. *Châteauneuf*, titre 3. articles 34. 36. & condamne à quinze sols d'amende. *Chauny*, titre 17. art. 99. *Clermont*, titre 8. article 78.

Dourdan, titre 1. article 16. *Dreux*, titre 5. article 25.

Estampes, titre 1. article 42.

Laon, titre 16. article 203.

Mantes, titre 1. article 15. *Marche*, titre 18. article 188. *Meaux*, chapitre 17. article 135. *Melun*, titre 4. article 42. *Montfort*, titre 1. article 6.

Nivernois, titre 4. article 8.

Peronne, titre 2. articles 60. 61. *Poitou*, article 135. *Ponthieu*, titre 4. article 73.

Rheims, titre 1. article 15. *Saint Quentin*, article 83. *Saint Paul*, article 9. *La Salle de Lisle*, titre 1. article 41. *Senlis*, titre 13. article 252. *Sens*, titre 20. article 187.

Tours, article 2. *in fine*.

Valois, titre 4. article 48. *Vitry*, titre 3. article 42.

Il y a quelques-unes de ces Coûtumes qui ajoûtent en payant les frais raisonnables de la saisie, mais il est inutile de les remarquer, dautant que tel est l'usage dans toutes les autres qui n'en parlent point, que le vassal paye les frais de la saisie, & salaires du Commissaire, à déduire sur les fruits dans le compte qui luy en est rendu.

JUSQU'A CE QUE LEDIT DENOMBREMENT, &c.

Il y a quelquelques Coûtumes qui ne donnent main-levée au vassal que pour les articles accordez.

Senlis, article 252. ajoûte, *qu'il luy soit accordé, & ait main-levée*. Sur quoy du Moulin en sa Note dit, a

a *Sed interim pro rata* de ce qui est accordé, se doit bailler main-levée.

Vermandois, article 205. dit, *où le Seigneur féodal aura blâmé aucuns articles du dénombrement seulement, & n'aura blâmé les autres, le vassal aura main-levée des articles passez sans blâme, demeurant la saisie pour les autres articles blâmez, à la charge des dommages & interêts.* Du Moulin en sa Note dit, b

b *Ita etiam intelligitur Consuetudo Sylvanectensis, ubi dixi. Idem infrà de Consuetudine Cathalaunensis.* §. 206.

Cette disposition n'a lieu que pour les Coûtumes qui en parlent, & non pour les autres, ainsi qu'il a été dit cy-dessus, même suivant le sentiment de Maître Charles du Moulin.

Châlons, article 206. *Laon*, titre 16. article 215. *Grand-Perche*, titre 1. article 44. & *Peronne*, titre 2. article 62. en disposent de même.

Montargis, titre 1. article 64. dit, *un vassal sur peine de quinze sols d'amende est tenu de bailler dedans quarante jours aprés qu'il est reçu en foy, son aveu & dénombrement bien au long & bien declaré, sans rien délaisser; car s'il délaissoit aucune chose par malice, il seroit acquis au Seigneur de Fief. Pour avoir lesquels quinze sols, il peut saisir son Fief, & lever les fruits, ou faire lever, en luy payant lesdits quinze sols avec les frais, sera tenu de restituer les fruits au vassal; excepté en la Châtellenie & ressort d'Tenville, où il n'y a que cinq sols.*

Et en l'article 65. il est dit, *Et lesdits quarante jours passez, peut ledit Seigneur derechef sommer ou saisir son vassal, de luy bailler son aveu, lequel vassal a encore quarante jours pour fondit aveu bailler, & si pareillement il ne le baille dedans lesdits quarante jours, sera tenu de pareille amende que devant, laquelle payant, aura main-levée en payant les frais, &c. lesquels fruits ledit Seigneur de Fief fera siens aprés lesdits quatre saisissemens, jusqu'à ce que ledit vassal baille ledit aveu, &c.*

MAIS IL NE FAIT LES FRUITS SIENS.

Troyes, contraire aux autres Coûtumes, dit en l'article 30. *peut saisir & tenir en sa main, & aussi en faire lever les fruits, sans les faire siens, jusqu'aprés l'an de ladite saisie dûëment signifiée audit vassal, ses Procureurs ou Receveurs du Fief saisi. Aprés lequel an passé en défaut dudit dénombrement non baillé, ledit Seigneur féodal peut faire les fruits siens.*

Chaumont en dispose de même, article 9.

Cambray, titre 1. article 56. *Poitou*, article 91. permettent au Seigneur de faire les fruits siens; lorsque le vassal ayant été condamné à bailler son aveu dans un certain terme, il n'y a pas satisfait; car en ce cas le Seigneur peut ensuite faire les fruits siens, tant que le vassal n'aura point obéi.

Sedan, article 68. permet au Seigneur de faire les fruits siens, si aprés six mois le vassal ne baille son dénombrement.

Auteurs sur l'Article neuviéme.

Loysel, livre 4. titre 3. regle 44. & 45.
Brodeau, sur cet article, nombre 9.
Le Grand, sur la Coûtume de Troyes, article 30.
Bobé, sur l'article 135. de la Coûtume de Meaux.
Thourette, sur Montfort, article 6.
Pontanus, sur Blois, article 103.
Le Let, sur la Coûtume de Poitou, article 85.
Le Dictionaire de M. Brillon, *verbo*, dénombrement, nombre 4.
Buridan, sur Reims, article 109.
De Salligny, sur Vitry, article 42.
Pontanus, sur la Coûtume de Blois, titre 2. article 6. & titre 7. article 2.
Chopin, sur la Coûtume d'Anjou, livre 1. chapitre 6. nombre 3.
Coquille, sur la Coûtume de Nivernois, titre 4. article 7.
Theveneau, sur la Coûtume de Poitou, titre *de Fiefs*, Conclusion 3.
Rebuffe, *Tract. de præconiis & licitationibus*, article 1. Glos. 2. nombre 12.
Vrevin, sur la Coûtume de Chauny, article 98.
Buridan, sur la Coûtume de Vermandois, article 203.
Maître du Plessis explique cet article, livre 2. chapitre 4. page 29.
Duret, dans son Alliance des Coûtumes, page 838.

ARTICLE X.

C'étoit l'Article quarante-quatriéme de l'ancienne Coûtume.

Dénombrement se doit blâmer dans quarante jours, & le vassal doit en demander le blâme.

APrés que le vassal a baillé son dénombrement au Seigneur féodal, ledit Seigneur féodal est tenu de blâmer ledit dénombrement dedans quarante jours aprés iceluy baillé, autrement est tenu pour reçu : Toutefois ledit vassal est tenu d'aller ou envoyer querir ledit blâme au lieu du principal manoir, dont est mouvant ledit Fief.

Voyez l'Article suivant & le huitiéme.

APRES QUE LE VASSAL A BAILLE' SON DE'NOMBREMENT.

GLOSE UNIQUE SUR L'ARTICLE X.

SOMMAIRE.

1. *Si le temps de quarante jours se compte* de momento ad momentum.
2. *Pourquoy ce temps est accordé au Seigneur.*
3. *Quelle peine encourt le vassal, qui recele frauduleusement quelque partie de son Fief dans le dénombrement.*
4. *Quels sont les moyens de blâme dont le Seigneur peut se servir contre le dénombrement baillé.*
5. *Si un de plusieurs vassaux qui a prescrit une portion du Fief de l'autre, est tenu d'ajoûter dans son dénombrement ce qu'il a prescrit.*
6. *Sentiment de Charondas refuté par l'Auteur.*
7. *Si le Seigneur est tenu garantir ce qui est contenu dans le dénombrement approuvé, & comment.*
8. *De quel temps courent les quarante jours.*
9. *Que doit faire le vassal, lorsque le Seigneur a blâmé le dénombrement pour causes d'obmission.*
10. *Si le temps de quarante jours est fatal.*
11. *Pourquoy le vassal est tenu d'aller querir le blâme.*
12. *Si le Seigneur peut estre restitué contre l'aveu reçu.*
13. *Si le temps de quarante jours court contre le mineur.*

1. NOstre Coûtume en cet article donne quarante jours au Seigneur depuis la présentation du dénombrement à luy faite par son vassal, pour le blâmer, & contester les articles, qu'il ne pourroit accorder qu'à son préjudice.

Ce terme commence à courir du jour de la présentation du dénombrement, il ne se compte pas *de momento ad momentum*, mais civilement, desorte que les jours de termes n'y sont point compris, comme il a été jugé par Arrests des années 1572. 1573. &

CHARONDAS 1577. remarquez par Charondas sur l'article 8. & suivans.

TOURNET. BRODEAU. C'est aussi le sentiment de Tournet, de Brodeau nombre 1. & des autres Commentateurs.

2. Ce temps est accordé au Seigneur pour examiner si le dénombrement qui luy est présenté, est conforme aux précedens, s'il comprend tout ce qui est mouvant & relevant du Seigneur, soit immediatement, ou mediatement, à titre de Fief ou de censive ou à d'autres droits, qui sont du Fief servant, ou dépendant d'iceluy; afin que s'il est dans les formes, & qu'il n'y ait rien à redire, le Seigneur le reçoive, ou par luy ou par ses Officiers; ou s'il est defectueux, il soit débattu, contesté & blâmé dans les articles qui seroient contraires aux anciens, ou qui contiendroient plus ou moins, ou autres choses que celles qui releveroient du Seigneur.

Si le vassal avoit mis dans son dénombrement des heritages comme censuels, que le Seigneur prétendroit féodaux, il seroit tenu d'en verifier la roture par les anciens dénombremens, partages ou autrement, à cause de la présomption qui est pour le Seigneur contre luy, *argum. leg.* 23. *ff. de usucapio. l.* 3. *ff. de divers. & temporal. prescript.*

Quelle peine encourt le vassal quand il a obmis à dessein quelques pieces dans son dénombrement? 3.

Quelques-uns veulent, qu'il en soit privé & qu'elles tombent en commise pour le Seigneur, par argument de la Loy *Paulus respondit. ff. ad SC. Trebellian.* & de la Loy *rescript. ff. de his quæ ut indign. auferunt.* Par lesquelles l'heritier est privé des choses hereditaires qu'il a soustraites.

C'est l'avis de Loysel, livre 4. titre 3. regle 49. de Buridan sur l'art. 109. de la Coûtume de Rheims,

& de le Grand sur celle de Troyes, article 30. glose 1. nombre 5.

Automne en sa Conférence du droit François sur le titre *C. de jure emphyt.* cite un Arrest du Parlement de Bordeaux de l'an 1579. qui l'a jugé ainsi.

Il y a quelques Coûtumes qui en disposent de même, comme celles de Melun article 39. & de Nivernois titre des Fiefs, article 68.

Mais dautant que la nôtre n'en parle point, & que la commise ne doit pas être si facilement accordée, je croy, suivant le sentiment de Charondas sur l'article 8. & suivans, que le vassal est tenu de réformer son dénombrement, & d'y augmenter ce qui se trouvera être mouvant du Seigneur. CHARONDAS

C'est aussi l'opinion de Maître du Plessis, que le vassal n'est point tenu d'avoüer ou desavoüer sur les blâmes cotez par le Seigneur, & qu'il n'y échet point de commise, quoiqu'il eut contesté témerairement, parceque depuis que le Seigneur a reçû son vassal en foy, c'est à luy à l'instruire & luy communiquer ses titres.

4. *Quels sont les moyens de blâme qu'un Seigneur peut proposer contre le dénombrement qui luy est presenté?*

DU MOULIN Du Moulin sur cet article *Glos.* 1. *num.* 11. dit, qu'il y en a sept, trois par lesquels le dénombrement est défectueux par excés, & quatre par lesquels il manque par défaut & obmission.

Premierement quand le vassal a compris dans son dénombrement un heritage faisant partie du Fief qui ne l'est pas, mais qui fait partie d'un autre Fief appartenant au vassal, ou qui ne luy appartient pas, ou qui appartient au Seigneur

En second lieu, lorsque le vassal a prétendu dans son aveu, que quelque heritage étoit tenu en arriere-Fief, le Seigneur soûtenant au contraire qu'il est tenu de luy en plein Fief; ou au contraire.

En troisiéme lieu, si le vassal a pris dans son aveu une qualité, qui ne luy soit pas dûë, & qui porte préjudice au Seigneur; comme s'il a pris la qualité de Seigneur du Fief dominant: ou s'il a déclaré que son Fief ne se gouvernoit pas selon la Coûtume du Vexin le François.

5. En quatriéme lieu, si le vassal a obmis de déclarer tout ce qui est de son domaine, relevant du Seigneur féodal.

CHARONDAS Charondas sur l'article 12. fait cette question, sçavoir si deux vassaux tenans divers Fiefs tenus d'un même Seigneur, l'un d'iceux prescrit quelques portions & droits du Fief appartenant à l'autre par une juste & legitime prescription, le Seigneur en ce cas peut contraindre son vassal qui a fait cette acquisition, d'augmenter en son dénombrement ce qu'il a prescrit de l'autre Fief, outre le contenu dans les dénombremens donnez par ses prédecesseurs?

Pour la résolution de cette question il distingue ainsi: Si le vassal a tenu & joüy de ce qu'il a acquis sous la même administration de son Fief, comme si c'étoit des appartenances d'iceluy, il le doit augmenter en son dénombrement, ce qu'il prouve par l'argument de plusieurs Loix: mais s'il en a joüy séparement, comme d'un heritage séparé de son Fief, il semble que puisqu'il ne tenoit du Seigneur féodal ce qu'il a ainsi acquis, il l'a prescrit comme sien & non comme dépendant de son Fief, c'est pourquoy il n'est pas obligé d'en augmenter son dénombrement.

6. Cette distinction ne me paroît pas conforme à la doctrine des Fiefs, & pour resolution je croy, que si c'est une portion d'un Fief qui releve du Fief dominant, dont son Fief dépend, il le doit mettre dans son dénombrement.

La raison est, que le propriétaire d'un Fief est obligé de mettre dans son dénombrement tout ce qu'il a acquis dépendant du Fief dominant, duquel son Fief releve, comme étant son Fief augmenté par ce moyen, & il n'importe par quelle sorte d'acquisition l'augmentation s'est faite.

Que si c'étoit une portion de Fief relevant du même Seigneur, mais d'un autre Fief, il le tiendroit comme portion séparée relevant de ce Fief, il seroit obligé d'en faire la foy & hommage au Seigneur, & il faudroit que luy & celuy qui tiendroit la principale partie de ce Fief servant, en donnassent conjointement un même dénombrement.

En cinquiéme lieu, s'il a obmis de déclarer tout ce qui est tenu en arriere-Fiefs, & censives, & à d'autres droits & redevances, dépendant de son Fief.

En sixiéme lieu, s'il a obmis de déclarer les charges & servitudes de son Fief.

En septiéme lieu, si le vassal a obmis de déclarer les tenans & aboutissans de son Fief ou de ses dépendances.

Si le Seigneur est obligé de garantir ce qui est contenu dans le dénombrement qu'il a approuvé? 7.

Quand le Seigneur a reçû le dénombrement de son vassal, il est obligé de luy garantir tout ce qui y est contenu, prendre le fait & cause pour luy contre tous Seigneurs qui prétendroient quelques parties contenuës dans le dénombrement, être mouvantes d'eux; sinon & à faute de ce, le vassal demeureroit déchargé envers luy de la mouvance de ce dont il seroit évincé par d'autres.

C'est le sentiment de du Moulin sur cet article *num.* 23. de Faber sur la Loy *si controversia Cod. de evictionibus*, de Charondas sur cet article, de Tournet sur l'article 11. de Tronçon, de Brodeau nombre 8. C'est aussi le mien. DU MOULIN. TOURNET. TRONÇON. BRODEAU.

Ce n'est pas à dire, que le Seigneur soit obligé de parfournir au vassal tout ce qui est contenu au dénombrement, conformément à l'article 80. de la Coûtume de Montargis, titre des Fiefs, qui dit, que le Seigneur de Fief n'est tenu remplir ni fournir le contenu de l'aveu de son vassal, quelque reception qu'il ait faite de l'aveu, car cela s'entend sans préjudice du Seigneur.

Tronçon sur cet article *verbo*, dénombrement, dit avoir été ainsi jugé par un ancien Arrest sans datte pour le Seigneur de Crussol.

Ce temps court du jour que le dénombrement a été presenté au Seigneur quoiqu'il ait fait refus de le recevoir; car il est censé en ce cas avoir été baillé, bien que le Seigneur ne l'ait pas reçû. 8.

C'est le sentiment de Maître Charles du Moulin sur cet article *Glos.* 1. *num.* 10. *quia quoties per eum cujus interest, & qui obligandus est, stat quominus aliquid impleatur, habetur pro impleto, & æquè obligatur ac si verè impletum esset, l. jure civili. ff. de conditio. & demonstrat. l. jure civili. ff. de R. J.* DU MOULIN.

Que si le Seigneur a blâmé le dénombrement qui luy a été présenté prétendant qu'il y a des omissions, le vassal peut demander à son Seigneur qu'il declare ce qu'il prétend être tenu de luy, outre ce qui est contenu au dénombrement, afin qu'il l'y comprenne s'il est tenu de luy en Fief, ou qu'il le conteste, ainsi qu'il a été jugé par Arrest du 3. Juin 1573. pour le Sieur de Maison-neuve, remarqué par Charondas sur l'article 8. 9. CHARONDAS.

Le temps de quarante jours est fatal, puisqu'après qu'il est expiré le dénombrement est tenu pour reçû, par la raison que *qui poterat agere intra tempus jus agendi vel eligendi amittit*, & que *quod certo tempore promissum est, post tempus videtur prohibitum, l. statu liberum. §. stychum. de legat.* 2. 10.

Néanmoins le dénombrement n'est point tenu pour reçû, que le vassal n'ait été querir ou n'ait envoyé querir le blâme au principal manoir du Fief dominant; car c'est au vassal a envoyer querir le blâme de son aveu, & d'en faire dresser un acte. 11.

La raison est, afin que le vassal se rendant à son devoir, ôte au Seigneur toute occasion d'excuse de n'avoir pas baillé son blâme dans les quarante jours.

12. Du Moulin sur cet article Glose 1. n. 8. tient, que le Seigneur peut être restitué contre un dénombrement qu'il auroit approuvé & reçû, parce que *agitur de proprietate & perpetuo prajudicio rerum & jurium feudalium qua sunt patrimonia nostra, tunc locus est restitutioni in integrum prout aliàs de jure communi in cæteris rebus patrimonialibus*; & comme il dit *n. 9. tanta approbatio vel confessio non debet habere plus roboris, nec plus operari quàm expressa; imò expressum est fortius & extensius quàm tacitum, l. precibus. ff. de impuber. & aliis substitut. l. pen. in quib. caus. pign. vel hypoth. cap. quod à se. extrà. de conjug. clerie.*

Plessis. Maître du Plessis dit que cette prescription courte de 40. jours, est une grande rigueur contre le Seigneur qui l'exclud de blâmer un aveu défectueux; que par cette raison quand il est mineur ou qu'il a excuse legitime, elle n'a pas lieu, & même entre majeurs & toute excuse est faute, si le Seigneur avoit blâme legitime & justifié par droit, il est juste de dire qu'il seroit reçû, l'approbation tacite ne pouvant avoir plus d'effet que l'expresse, où l'erreur de fait est toûjours sujette à reformation: c'est pourquoy cette disposition de la Coûtume n'est que pour donner autorité aux anciens aveus.

Cette opinion est juste, & cela doit être observé dans les Coûtumes qui n'en parlent point, comme remarque le Grand sur l'article 30. de la Coûtume de Troyes Glose 5. n. 9. qui dit avoir été jugé ainsi dans ladite Coûtume, par Arrest sans datte, par lequel Madame la Maréchal de Prasslin a été reçûë à blâmer le dénombrement de la Terre de Jessé, onze mois aprés que le dénombrement luy en avoit été baillé.

Brodeau au nombre 7. dit, que la requisition doit être faite dans les quarante jours, néanmoins à mon avis il faut dire au contraire qu'elle ne doit être faite qu'aprés les quarante jours, vû que le Seigneur ayant ce temps pour fournir de blâme, on ne peut pas dire qu'il y ait manqué, jusques à ce qu'ils soient passez. Brodeau.

Si ce temps de quarante jours court contre les mineurs? 13.

Brodeau nombre 5. dit, que non, & qu'il faut être majeur de vingt-cinq ans, ou de la majorité féodale.

Néanmoins je croy au contraire, que ce terme court contre les mineurs, pourvû que le vassal aprés les quarante jours aille querir le blâme au principal manoir, & qu'en cas de refus, il fasse assigner le tuteur ou curateur du mineur, pour en fournir, & voir ordonner qu'autrement il sera tenu pour reçû.

Mais le mineur étant devenu majeur, pourroit se faire restituer contre la reception du dénombrement, soit par Sentence du Juge, ou par son tuteur, au cas qu'il luy causât quelque préjudice, suivant ce qui a été dit cy-dessus.

CONFERENCE SUR L'ARTICLE X.

Les Coûtumes conformes à cet article sont, *Artois*, article 15.

Blois, article 106. *Bourbonnois*, article 383. & ajoûte, *si le dénombrement est reçu par le Seigneur, il fait foy contre luy au profit du vassal.*

Cambray, article 58. *Châlons*, article 205.

Dourdan, article 17.

Estampes, titre 1. article 44.

Laon, titre 16. article 204.

Mantes, article 15. *La Marche*, titre 18. article 188. *Melun*, article 39. & ajoûte, *le vassal est tenu d'aller ou envoyer, &c. pour sçavoir si le Seigneur féodal aura pour agréable ledit dénombrement; & des diligences qui sont faites, prendre attestation devant Notaires*, &c. *Montargis*, article 66. *Montfort*, article 7.

Orleans, article 82.

Grand-Perche, titre 1. article 44. *Peronne*, titre 2. article 61.

La Salle de Lisle, titre 1. article 42.

Rheims, article 108.

Ribemont, titre 2. article 32.

Troyes, titre 3. article 30.

Valois, titre 4. article 51. *Vermandois*, article 204.

Blasmer, &c.

Quelques Coûtumes n'accordent la main-levée que pour les articles accordez, la saisie durant pour ceux qui sont debattus, comme *Boulenois*, article 51. *Châlons*, article 206. *Laon*, article 205. *Peronne*, art. 92. *Grand-Perche*, art. 44. *Valois*, art. 49.

D'autres donnent main-levée pour le tout pendant le debat. *Orleans*, article 82. *Sedan*, titre 3. article 70. *Montargis*, titre 1. article 66.

Dedans quarante jours.

Châteauneuf, tit. 1. art. 35. *Amiens*, art 19. donnent trois mois au Seigneur pour fournir de blâme.

Celles de Bretagne, article 361. & de Normandie, article 122. donnent trente ans.

Auteurs sur l'Article dixiéme.

Coquille, quest. 43. & 44. & sur l'article 67. de la Coûtume de Nivernois.

Le même, en son Institution au Droit François, tit. *de Fiefs*.

Brodeau, sur cet article, nomb. 4.

Loysel, livre 4. titre 3. regle 47.

Bobé, sur cet article.

Thourette, sur Montfort, article 7.

Le Grand, sur Troyes, art. 30.

Buridan, sur Reims, articles 108. & 109.

Chopin, sur la Coûtume d'Anjou, livre 2. titre 5. nombre 2. & 3.

Gouffet, sur Chaumont, article 19.

Vigier, sur Angoumois, article 23.

Buridan, sur Vermandois, article 204.

Du Plessis explique cet article, livre 2. chapitre 3. page 28.

Duret, dans son Alliance des Coûtumes, page 844.

ARTICLE XI.

Cet article a été ajoûté à la reformation de la Coûtume.

Le dénombrement se peut bailler avant les quarante jours.

Neanmoins le vassal qui a fait ses foy & hommage & offres au desir de la Coûtume, peut bailler sondit dénombrement quand bon luy semble; & n'est tenu attendre lesdits quarante jours, ni la reception en foy.

Voyez les trois Articles précedens.

GLOSE UNIQUE SUR L'ARTICLE. XI.

SOMMAIRE.

1. *Si le vassal peut donner son dénombrement avant les quarante jours.*
2. *Si le parent lignager peut user du retrait, dés que le contrat a esté infeodé ou ensaisiné.*
3. *Si le vassal peut donner son dénombrement dans le mesme temps qu'il fait la foy & hommage.*
4. *Si le vassal peut donner son dénombrement avant la reception en foy.*
5. *Si la disposition de cet article doit avoir lieu dans toutes les autres Coûtumes.*

1\. Les actes de foy & hommage sont separez, & peuvent se faire à differens temps, & produisent leurs effets à part.

Quoique le vassal qui a été reçû en foy & hommage ait quarante jours pour donner son aveu & dénombrement à son Seigneur, néanmoins, s'il veut, il peut le donner auparavant; parce que comme ce délay est accordé au vassal, il peut y renoncer.

Du Moulin. C'étoit l'avis de du Moulin sur l'article 9. *Glos.* 2. *num.* 1. parce que *quod certâ die promissum est, vel statim dari potest; totum enim medium tempus ad solvendum promissori liberum relinqui intelligitur*, selon la Loy *quod certâ. ff. de solut.* La Loy *stipulatio.* §. *inter incertam.* La Loy *eum qui Calendis.* §. 1. *in fine.* & la Loy *continuus* 137. §. *cùm ità. in fine ff. de verb. oblig.* la Loy *post mortem.* 11. *C. de fidicommiss.*

2\. Ainsi le parent lignager peut user du retrait, dés que le contrat a été infeodé ou ensaisiné; & le Seigneur féodal peut exercer le retrait féodal aussi-tôt que la vente luy a été notifiée, sans qu'il soit tenu d'attendre aucun temps; parce qu'on peut ne pas se servir des avantages, qui nous sont accordez par la Loy ou par la Coûtume, *l. ult. C. de pactis.*

3\. Ainsi le vassal peut donner son dénombrement dans le même temps qu'il fait la foy & hommage à son Seigneur, & le Seigneur ne le peut pas refuser; car quoique dans les articles précedens il soit dit, que le dénombrement se donne aprés la reception en foy, néanmoins cela n'empêche pas que le vassal ne fasse l'un & l'autre dans le même temps, la Coûtume ayant voulu déclarer le cas le plus frequent, & que les quarante jours aprés la reception en foy, sont accordez en faveur du vassal, pour en user, si bon luy semble; mais néanmoins le vassal ne peut pas par un ordre prepostere & extraordinaire, bailler son dénombrement, avant que d'être reçû en foy, car le dénombrement ne peut être baillé que par le vassal: or on ne peut acquerir cette qualité que par la reception en foy, ainsi le dénombrement baillé avant la prestation de foy & hommage, seroit nul dés son commencement, de sorte qu'encore que la foy & hommage fût renduë ensuite, le dénombrement ne pourroit pas être rendu valable, parce que *quod ab initio non valet, tractu temporis non potest convalescere, l. quod initio. ff. de R. J.*

Maître Bobé sur cet article dit, qu'il doit avoir lieu dans la Coûtume de Meaux.

Ensuite, il dit, que le délay de quarante jours pour fournir le dénombrement n'étant qu'en faveur du vassal, il le peut prevenir tout entier, si bon luy semble, en fournissant son dénombrement aussi-tôt qu'il a fait la foy & hommage, & même par un seul acte, sans attendre *la reception en foy*, c'est-à-dire, que le Seigneur ait approuvé l'acte de foy & hommage qu'il luy a présenté, car il est reputé bien & dûëment investi de son Fief, aprés qu'il luy a fait la foy & hommage, & ses offres pertinentes au desir de la Coûtume.

Les termes des articles 8. & 9. nous marquent assez que le dénombrement ne peut être baillé avant la reception en foy; en l'article 8. il est dit, *le vassal qui a été reçû en foy*, &c. & à la fin, *dans quarante jours, à compter du jour de ladite reception*: l'article 9. dit, *si le vassal ne donne son dénombrement dans quarante jours aprés qu'il aura été reçû par son Seigneur, &c.* 4

C'est le sentiment de Brodeau nombre 3. & de Maître du Plessis. Br.

Charondas dit, que le vassal peut bailler son dénombrement avant la reception en foy: il a sans doute fondé son erreur sur les derniers mots de cet article, *& n'est tenu d'attendre lesdits quarante jours, ni la reception en foy*; la Coûtume voulant nous marquer que le vassal peut dans un même temps faire la foy & hommage, & bailler son dénombrement, sans qu'il soit tenu d'attendre que les quarante jours soient expirez, & qu'il ait été reçû en foy, l'un & l'autre se pouvant faire dans un même temps. Maître Lauriere a suivi cette opinion. Ch.

Ce sentiment n'est pas soûtenable, car outre que l'article y est exprés au commencement, c'est que l'aveu ne se peut donner au Seigneur que par celuy qui est par luy reconnu pour propriétaire du Fief, & pour vassal: or ce n'est que par l'investiture &

l'inféodation que l'acquereur d'un Fief en est réputé le propriétaire à l'égard du Seigneur ; ainsi il ne peut auparavant donner son aveu & dénombrement, & le Seigneur peut avec raison luy dire qu'il ne le connoît pas pour tel, & même déchirer le dénombrement qu'il luy presenteroit.

Mais il suffit que le vassal ait fait la foy & hommage, soit en presence du Seigneur ou en son absence, pour donner son dénombrement, car l'ayant faite en l'absence & sans avoir été reçû par le Seigneur, cela suffit. La raison est, que la foy & hommage faite en l'absence au desir de la Coûtume article 63. vaut reception de foy.

Cet article a été ajoûté à la reformation de la Coûtume, & il n'y en a point dans les autres Coûtumes qui luy soit semblable ; néanmoins sa disposition doit avoir lieu par tout, parce qu'il est conforme à la raison, à l'équité, & à la doctrine des Fiefs. 5

Auteurs sur l'Article onziéme.

Bobé, sur cet article.
Buridan, sur Reims, articles 108. & 109.
Du Plessis explique cet article, livre 2. chapitre 3. page 28.

ARTICLE XII.

Au lieu du septiéme corrigé.

Si le Fief, les profits, & la foy se prescrivent.

LE Seigneur feodal ne peut prescrire contre son vassal *le Fief sur luy saisi, ou mis en sa main, par faute d'homme, droits & devoirs non faits, ou dénombrement non baillé:* ne le vassal la foy qu'il doit à son Seigneur ; *pour quelque temps qu'il en ait joüy, encore que ce fût par cent ans & plus : Toutefois les profits des Fiefs échûs se prescrivent par trente ans, s'il n'y a saisie ou instance pour raison d'iceux.*

Voyez les articles 119. 123. 124. & 186.

REMARQUES.

LE vassal qui a commencé à posseder, *jure Feudi*, ne peut prescrire la foy à son Seigneur. *Secùs si constaret quod non cœpit possidere jure Feudi, sed pro suo domanio, ut dixi in Consuetud. Paris.* §. 7. C. M.

L'article 7. de l'ancienne Coûtume de Paris, porte, Le Seigneur féodal ne peut acquerir prescription contre son vassal, ni le vassal contre son Seigneur de la chose tenuë en Fief. Recours à mon Commentaire sur cet article, nomb. 6. C. M.

Toutefois les profits des Fiefs échûs se prescrivent par trente ans, *ut nec hypothecaria quidem supersit. Adde infrà.* §. 334. C. M. sur l'article 31. de la Coûtume de Bourbonnois.

S'il n'y a saisie ou instance pour raison d'iceux, *Adde quod hæc præscriptio interrumpitur per minorem ætatem Domini. Mol.* §. 12. *num.* 39. 40.

LE SEIGNEUR FEODAL NE PEUT PRESCRIRE.

GLOSE PREMIERE SUR L'ARTICLE XII.

SOMMAIRE.

1. *Pourquoy le Seigneur ne prescrit point le Fief de son vassal qu'il a saisi.*
2. *Arrest qui a jugé la question.*
3. *Si le vassal peut toûjours prouver, que le Seigneur possede le Fief par droit de saisie féodale.*
4. *Quelle difference il y a entre la possession du Seigneur en vertu de sa saisie, & celle de l'usurpateur.*
5. *Si l'heritier du Seigneur peut prescrire le Fief du vassal saisi.*
6. Quid, *du successeur à titre particulier.*
7. *Si l'acquereur de bonne foy prescrit par dix ou vingt ans le Fief saisi par le Seigneur.*
8. *Si les choses volées tombent dans la prescription.*
9. *Si le Seigneur peut prescrire le Fief de son vassal, quand il l'a acquis par quelque cause translative de proprieté.*
10. *Si la prescription centenaire avoit lieu en l'ancienne Coûtume.*
11. *Si cet article, quant à cette prescription, a lieu dans les Coûtumes qui n'en parlent pas.*

CET article traite de la prescription en matiere féodale, & contient trois parties.

Dans la premiere, le Seigneur ne peut prescrire le Fief de son vassal qu'il auroit saisi, quoiqu'il l'ait possedé pendant cent ans & plus, en vertu d'une saisie féodale ; il faut ajoûter que la censive est aussi imprescriptible, comme il sera observé sur l'article 144. & que la féodalité & la censive se peuvent prescrire par Seigneur contre Seigneur, suivant l'article 123. *infrà.*

Dans la seconde, le vassal au contraire ne peut prescrire la foy qu'il doit à son Seigneur.

Dans la troisiéme, le vassal peut prescrire les droits & profits pecuniaires qu'il doit à Son Seigneur, tant pour les mutations arrivées en la personne de ses predecesseurs dans le Fief, que pour la sienne ; c'est ce qui sera expliqué dans les sections de cet article.

2. La raison de la decision contenuë en cette premiere partie, est que pour commencer & accomplir une prescription la possession est necessaire, autrement point de prescription, *cap. sine possessione. de R. J. in 6. & l. 25. ff. de usurpat.* ce qui nous est marqué par la definition de la prescription, *adjectio dominii per continuationem possessionis temporis lege definiti, l. 5. ff. eod. tit.*

La possession requise pour la prescription doit être civile, comme il est dit cy-aprés sur le titre des prescriptions, c'est-à-dire, qu'il faut que celuy qui veut prescrire, possede *animo dominii*, se croyant le maître & propriétaire de la chose, pour l'avoir acquise par un titre translatif de propriété, *l. acquiritur. §. ult. ff. de acquir. rer. dom. l. Celsus. §. Julianus. ff. ad exhibend. & l. 1. §. penul. ff. de acquir. poss.* Or le Seigneur qui possede le Fief de son vassal qu'il a saisi pour une des causes exprimées en cet article, ne possede que naturellement & corporellement, & non pas civilement, puisqu'il sçait que le Fief saisi ne luy appartient pas, & que son vassal en est le maître ; car à proprement parler le Seigneur qui joüit du Fief de son vassal en vertu de sa saisie, n'en est que comme usufruitier & depositaire, ainsi il ne peut jamais prescrire, quelque temps que dure sa joüissance, *l. 8. C. de usufr. l. 10. §. ult. ff. de acquir. rer. domin. & l. ult. in fine. C. de præscript. long. temp.*

C'est par cette raison que les usufruitiers & les dépositaires qui ne possedent pas en leur nom, mais au nom du propriétaire, ne peuvent jamais prescrire quelque longue que soit leurs possessions ; car le temps ne peut point changer la cause de la possession, laquelle continuë toujours en la personne du possesseur, & passe en celle de ses heritiers & autres successeurs à titre universel, *nemo potest ipse sibi causam possessionis mutare, nisi aliquid extrinsecus eveniat, l. qui bona. ff. de acquir. vel amitt. possess. l. cùm nemo. C. eod. l. non solùm. 33. §. 1. ff. de usurpat.*

C'est pourquoy si le Seigneur commence sa possession par la saisie féodale, il est reputé continuer cette même cause de possession, tant qu'il tiendra la chose saisie ; ainsi il ne peut jamais prescrire, & il peut être contraint de rendre la chose qu'il possedoit à ce titre, & par cette cause, dans quelque temps que le vassal ou son heritier, ou ayant cause, se presentera pour satisfaire aux causes de la saisie : car il vaut mieux n'avoir point de titre que d'en avoir un vicieux, comme il est dit au chapitre *dudum. Ext. de Decim.* & selon du Moulin *in tract. de usur. quæst.* 17.

2. Sur ce fondement la Cour rendit un Arrest pour le Comté de Clermont, au profit de la Reine Catherine de Medicis, le 21. Avril 1551. par lequel elle jugea, que les dépositaires ne peuvent prescrire le dépôt par quelque temps que ce soit, même par l'espace de trois cens ans & plus ; car le Comté de Clermont fut rendu à la Reine de Medicis aprés plus de trois cens ans de possession par l'Evêque de Clermont.

Cet Arrest est rapporté par les Commentateurs sur cet article ; par Coquille sur la Coûtume de Nivernois chapitre 18. article 1. & par les Arrestographes.

Puisque le Seigneur ne peut prescrire le Fief de son vassal qu'il auroit possedé pendant cent ans & plus par cause de saisie féodale, il s'ensuit que le vassal seroit recevable à justifier que la joüissance du Seigneur ne seroit fondée que sur une saisie féodale, quelque longue qu'eût été sa possession, c'est l'esprit de nôtre Coûtume en cet article. 3.

Deplus, il y a une grande difference entre le Seigneur qui possede un Fief par saisie féodale, & celuy qui le possede par usurpation, en ce que le Seigneur n'a eu dans le commencement qu'une possession naturelle qui ne suffit pas pour la prescription ; cette possession continuë toûjours, & elle ne peut changer, parce que la cause n'en a point changé, suivant cette regle de droit, que *nemo potest mutare causam sua possessionis.* Mais celuy qui a usurpé un heritage, & qui s'en est emparé par violence, a pour cause de sa possession cette usurpation, par laquelle il possede *loco domini* ; car elle est censée faite pour une juste cause, jusques à ce que le contraire soit prouvé ; & on ne peut pas dire que celuy qui a usurpé un bien, pretendant, quoique sans raison, qu'il luy appartenoit, l'ait possedé pour un autre, de sorte que pendant le temps de sa possession il n'en change point la cause ; *qui pro alio possidet, nullo tempore præscribit*, dit Bartole sur la Loy 2. *C. de præscript. 30. vel 40. annor.* 4.

L'heritier du Seigneur ou tout autre successeur à titre universel, ne peut point aussi prescrire le Fief du vassal saisi par le Seigneur : La raison est, que l'heritier n'a pas plus de droit que le défunt, il represente sa personne, & il exerce les mêmes droits qu'il avoit au temps de sa mort, *l. heredem. l. hereditas. ff. de R. J.* & le même empêchement passe & continuë aux personnes des heritiers de degré en degré, *possessio defuncti quasi juncta descendit ad heredem, l. cùm miles. ff. ex quib. caus. major.* 5.

Mais il faut dire le contraire du successeur à titre particulier, comme celuy qui auroit acheté de bonne foy du Seigneur le Fief qu'il auroit saisi, car il en acquereroit la prescription en le possedant pendant le temps requis pour cela. 6.

La raison est, que le successeur à titre particulier ne represente point la personne de son auteur ; il se sert du temps de sa possession, si elle est trouvée juste dans son commencement, & il le joint avec celuy pendant lequel il a luy-même possedé, pourvû qu'il ait commencé sa possession de bonne foy ; mais si la possession de son auteur a été vicieuse dans son commencement, quoique cet auteur ne pût pas prescrire à cause de sa mauvaise foy, ou parce qu'il possedoit en vertu d'un titre contraire à la prescription, néanmoins son successeur particulier peut commencer la prescription *ex sua persona*, pourvû qu'il ait commencé sa possession de bonne foy ; le vice de la possession de son auteur ne luy fait aucun obstacle, parce qu'il ne le represente point, *l. 14. l. 22. ff. de usurpat. l. 48. ff. de acquir. rer. domin. §. diutina. Institut. de usucap. l. 1. & l. ult. ff. de acquir. possess.*

Du Plessis tient que l'acquereur du Seigneur qui a acquis & joüy de bonne foy, quoique le Seigneur fut en dol, peut prescrire comme tout autre, sauf toutefois au vassal son recours contre son Seigneur pour le prix du Fief & ses dommages & interêts, dont l'action est imprescriptible par le Seigneur comme le Fief l'étoit, ce qu'il estime veritable nonobstant toutes objections qu'on peut faire ; c'est aussi mon avis, mais il est difficile que ce cas arrive. Du Ple

Par

7. *Par quel temps l'acquereur à titre particulier & de bonne foy prescriroit le Fief que le Seigneur possedoit en vertu de la saisie féodale?*

Chopin Charondas Tournet. Chopin sur ce titre *num.* 37. Charondas & Tournet, sont d'avis qu'en ce cas le tiers acquereur peut prescrire par trente ans, & il remarque un Arrest du 5. Avril 1497. entre l'Abbé & les Religieux de saint Maur des Fossez : il est sans doute, que le tiers detenteur peut prescrire par trente ans, puisque l'acquereur du voleur peut prescrire la chose volée par cet espace de temps, *l.* 1. *&* 3. *C. de præscript.* 30. *vel* 40. *annor.*

Mais la question est sçavoir si la prescription de dix ou de vingt ans suffit.

L'article 113. porte generalement & indistinctement que tout possesseur de bonne foy prescrit par dix ou vingt ans l'heritage qu'il a acquis ; & pour cette prescription trois choses sont seulement requises, la bonne foy de l'acquereur, le titre, & la possession continuée pendant dix ou vingt ans ; & partant ces trois conditions se rencontrant en la personne de celuy qui auroit acquis du Seigneur un Fief qu'il auroit saisi, il pourroit soûtenir qu'il en auroit acquis le domaine par la prescription.

8. On peut dire pour l'opinion contraire, que les choses volées, ou les immeubles dont on s'est emparé par force, ne tombent point dans une prescription moindre que de trente ans, §. *furtiva. Institut. de usucap. & l.* 5. *C. de usucap. pro empt.* quoique l'acquereur soit de bonne foy, parce que *nihil operatur bona fides propter vitium reale semel contractum.*

Néanmoins contre le sentiment de ces Commentateurs je suis d'avis, que dans la Coûtume de Paris & dans celles qui n'en parlent point, la prescription de dix ou vingt ans suffit pour prescrire les choses volées, & les immeubles dont le vendeur s'est emparé par force, parce que la bonne foy de l'acquereur est favorable, le propriétaire de la chose devant s'imputer de l'avoir laissée si long-temps en la possession d'un autre. A plus forte raison cette prescription doit avoir lieu au profit de l'acquereur de bonne foy du Fief saisi par le Seigneur, le vassal ou propriétaire du Fief ayant laissé son Fief en la possession de son Seigneur, par une espece de mépris pour ne luy avoir pas voulu rendre la foy & hommage.

L'Arrest cité cy-dessus n'est pas contraire à cette opinion, vû qu'il n'a jugé que la question, sçavoir si le tiers acquereur de bonne foy pouvoit prescrire, parce que le Seigneur qui étoit son vendeur, ne le pouvoit pas ; & dans l'espece cet acquereur avoit possédé pendant trente ans.

D'ailleurs le Fief saisi par le Seigneur & par luy aliené sans opposition, n'est pas une chose volée, ni un heritage envahi par force ; par consequent il peut être prescrit par un possesseur de bonne foy, par dix ou vingt ans selon l'article 113.

9. Il faut dire au contraire, qu'un Seigneur peut prescrire le Fief de son vassal, lorsqu'il en a acquis la possession par une cause translative de propriété, comme par achat, par donation, par legs, ou par autre semblable titre capable de transferer la propriété en la personne du possesseur : pourvû que sa possession ait commencé de bonne foy ; & par ce moyen il en acquiert la propriété par une possession de dix ou vingt ans, comme tout autre possesseur à titre particulier, *tot. tit. C. de præscript. long. temp.* parce que, dit du Moulin sur l'article 37. de la Coûtume de Blois, *non præscribit tanquam patronus feudalis contra vassallum, sed quasi extranea persona contra extraneum*, & en sa note sur cet article il dit : *secùs si constaret quòd non cœpit possidere jure feudi, sed pro suo domanio, ut dixi in Consuetudine Parisiensi* §. 7.

10. Ce qui est marqué par la Coûtume en ces termes, *le Fief sur luy saisi*, comme l'observe Tronçon, nous fait voir que la prescription ne cesse qu'au cas de cet article, dont la disposition est restrainte à la saisie féodale du Fief, laquelle n'exclud pas la prescription introduite par le droit & les Coûtumes, pour acquerir les domaines où il n'y a rien de special ni de privilegié contre le Seigneur. Tronçon

C'est la disposition de la Coûtume de Montargis article 9. où cette exception est portée, *sinon que le Seigneur de Fief eût titre particulier de la propriété, & eût joüy par trente ans.*

Charondas sur cet article est d'avis qu'en ce cas il ne peut prescrire, parce que la prohibition de prescrire ne dépend pas de la saisie, mais du droit mutuel & relatif qui est entre le Seigneur & le vassal, qui fait que la possession de l'un conserve celuy de l'autre, & il dit avoir été ainsi jugé par Arrest sans datte pour le Fief de Malaise, au Bailliage de Clermont, contre Monsieur le Procureur General, au profit de Canonne. Charondas

Mais cette opinion n'est pas suivie, & semble contraire à l'esprit de la Coûtume en cet article, ces mots *le Fief par luy saisi ou mis en sa main*, nous marquant le cas seul auquel la prescription n'a pas lieu au profit du Seigneur.

Les mots de *cent ans & plus*, sont ajoûtez en la nouvelle Coûtume, pour ôter tout le doute que l'opinion de plusieurs Docteurs avoit fait naître à ce sujet ; car avant la réformation de la Coûtume il y avoit difficulté, sçavoir si la prescription de cent ans avoit lieu entre le Seigneur & le vassal, de sorte que par cent ans le Seigneur pût prescrire le Fief servant en vertu de la saisie féodale.

Plusieurs croyoient que la feudalité & propriété du Fief servant pouvoient être prescrites par ce temps, parce que dans les dispositions & statuts prohibitifs de prescrire, on pretendoit que la prescription centenaire & immemoriale étoit toûjours exceptée.

C'est ce que dit Maître du Plessis, que selon le sentiment des Docteurs l'exclusion de la prescription ne comprend jamais la centenaire, c'est-à-dire, que quoique une chose soit declarée imprescriptible, elle peut être prescrite par cent ans ; parce que la possession d'un siecle n'est pas tant une prescription qu'un veritable titre : c'est pourquoy dans l'ancienne Coûtume, quoique l'on tint que le cens étoit imprescriptible, on voyoit cependant qu'il se pouvoit prescrire par cent ans.

C'étoit le sentiment de du Moulin sur cet article *Glos.* 4. *num.* 15. que cette possession centenaire tenoit lieu de titre ; cependant il estimoit que la prescription centenaire ne pouvoit avoir lieu pour prescrire au cas de cet article, par la raison qu'il en rend ainsi : *quamdiu ex hac causa & in hac qualitate possidet, etiam per spatium mille annorum nunquam præscribit, quia tandiu continuè se patronum esse, & rem feudalem ad futurum vassallum quandocumque justa offerentem reversuram recognoscit ; sicut in simili emphyteuta, colonus, creditor hypothecarius, quandiu in illa qualitate possident, vel detinent, etiamsi nihil solvant, nec aliter recognoscant, nullo tempore præscribunt, nec unquam incipiunt præscribere nisi à die qua possessione priori interversâ cœperint pro suo possidere, l. malè l. cùm notissimi. §. eodem jure. C. de præscript.* 30. *vel* 40. *annor. &c. Unde si patronus & sui prædecessores quietè & continuè possederunt feudum ultra centum annos ; si successor quantumcumque mediatus antiqui vassalli justa offerens, petens renovationem investituræ, probet istud feudum quondam ultra centum annos fuisse prehensum ob carentiam vassalli, per prædecessorem possessoris, obtinebit, nec proderit possessori allegare possessionem sive præscriptionem etiam plusquàm centenariam, quia præsumitur habita & continuata in eadem causa & qualitate in qua cœpit, &c.*

maximè cùm non possit aliquis ex sola animi sui destinatione mutare sibi causam possessionis, sed ad hoc requiratur causa justa, vera vel putativa extrinsecus superveniens, l. non solum. §. quod vulgo. ff. de usurpat. l. cùm nemo. C. de acquir. & retin. possess.

Excepté ce cas, cet Auteur prétend que toutes choses sont sujettes à la prescription centenaire.

TOURNET. Tournet dit mal-à-propos sur cet article que du Moulin excepte cette prescription contre l'expresse decision de la Coûtume, ce qui est contraire à ce qui est rapporté cy-dessus du même Auteur ; & quand il auroit tenu cette opinion, il n'y auroit pas lieu d'y trouver à redire, vû qu'il a écrit sur l'ancienne Coûtume, où ces mots *cent ans & plus* n'étoient pas.

Tournet au même lieu dit, que la Cour avoit jugé avant la reformation contre la prescription centenaire au cas de cet article, par plusieurs Arrests, & nommément par un de l'an 1572. cité par Charondas sur cet article 12. cependant Charondas n'en fait point mention. CHARONDAS.

Pour ôter le doute fondé sur cette opinion commune : on a ajoûté ces termes *par cent ans & plus*, ce qui doit avoir lieu dans toutes les Coûtumes qui n'ont point de disposition contraire.

NE LE VASSAL LA FOY QU'IL DOIT A SON SEIGNEUR.

GLOSE DEUXIE'ME SUR L'ARTICLE XII.

SOMMAIRE.

1. *Pourquoy le vassal ne peut prescrire la foy & hommage.*
2. *Si pour prescrire il faut un acte contraire à la possession d'autruy.*
3. *Si le vassal n'a que le domaine utile de son Fief.*
4. *Si la disposition de la Coûtume de Paris contenuë en cet article, est suivie dans les autres.*
5. *Si elle est suivie aussi dans les pays de Droit écrit.*
6. *Si le vassal prescrit la foy & hommage, quand il a contesté la mouvance à son Seigneur.*
7. *Si la foy & hommage se prescrit par temps immemorial.*
8. *Sentiment de Coquille.*
9. *Quid, en pays de Droit écrit.*
10. *Si dans le cas proposé par Pontanus la prescription a lieu.*
11. *Si le vassal peut prescrire le droit de servitude, de corvées, de bannalité, & autres charges réelles, dûës à son Seigneur féodal.*

1. DAns la seconde partie de cet article il est dit, que le vassal ne peut prescrire la foy qu'il doit à son Seigneur, pour quelque temps qu'il ait joüy de son Fief, sans luy avoir fait hommage, même par cent ans & plus, c'est-à-dire, qu'il ne peut acquerir la liberté & franchise de la foy & hommage qu'il doit à son Seigneur, ou plûtôt qu'il ne peut par quelque temps que ce soit, décharger son Fief de cette charge à laquelle il est sujet, & en faire un franc-aleu, par trois raisons.

La premiere est, que le titre auquel un vassal a commencé la possession de son Fief, empêche qu'il puisse prescrire la foy qu'il doit à son Seigneur ; parce qu'on ne peut point prescrire contre son titre, & que le titre du Fief est de tenir un heritage à foy & hommage ; & cette foy est tellement essentielle au Fief, que le Fief ne peut être sans elle ; de même qu'il n'y a que les Fiefs qui sont chargez de foy & hommage envers les Seigneurs, desquels ils relevent : ainsi cette foy est imprescriptible.

Le Seigneur & le vassal sont deux correlatifs, qui ne peuvent être l'un sans l'autre, la qualité de vassal oblige perpetuellement au respect, à la soûmission & sujettion envers le Seigneur, tant que le vassal est propriétaire du Fief servant, il conserve cette relation entre son Seigneur & luy, sans que le temps soit capable de la détruire, parce que pour prescrire il faut une possession : or on ne peut pas dire que le vassal ait jamais commencé de posseder son Fief exempt & déchargé de soûmission, car ce n'est pas tant l'acte de foy & hommage, qui fait le vassal, que le Fief, lequel par sa qualité & sa nature oblige le possesseur à garder la foy à son Seigneur & le rend sujet envers luy, & par conséquent la possession de tel heritage conserve cette relation entre le Seigneur & le vassal, la dépendance du vassal, & la superiorité du Seigneur.

2. La seconde est, que pour prescrire contre le droit d'autruy, il faut un acte contraire à la possession d'iceluy, autrement la possession est censée conservée & maintenuë, *l. hac autem de servitut. urban. prædior. l. si cùm alia. §. si cum jus. quemadm. servit. amit.* Or la cessation du vassal n'est pas un acte contraire à la possession de féodalité & de directe appartenante au Seigneur dominant, puisque ce n'est rien, & que la cessation ne cause pas du trouble, & par conséquent il faut dire que le Seigneur conserve toûjours son droit sur le Fief mouvant de luy, & qu'ainsi il peut quand il voudra contraindre le possesseur du Fief servant, à luy rendre les devoirs ausquels il est obligé par la qualité & la nature de son Fief.

3. La troisiéme est, que le vassal n'a que le domaine utile de son Fief, le domaine directe appartenant au Seigneur dominant par la concession & la Loy de l'investiture ; il sçait qu'il possede son Fief à cette charge, & il ne peut changer la cause de sa possession, & par conséquent il ne peut prescrire contre son Seigneur le Domaine ou la Seigneurie directe qu'il s'est reservée sur la Terre qu'il a démembrée de son Fief à cette condition.

4. C'est la disposition de la plus grande partie des Coûtumes, & elle est si bien fondée & établie, qu'elle est observée dans celles qui n'en parlent point, & même dans celles qui admettent le franc-aleu, comme il a été jugé par Arrest du 7. Août 1599. rendu en la cinquiéme Chambre des Enquêtes, au rapport de Monsieur Ribier, en la Coûtume de Nivernois, qui admet le franc-aleu, & qui veut que plusieurs terres soient tenuës libres & franches ; cet Arrest ayant jugé, que le vassal ne peut prescrire contre son Seigneur, & que ces mots de la Coûtume, *que le vassal ne peut prescrire par quelque laps de temps que ce soit*, ont lieu *etiam in centenariâ præscriptione.* 5.

Ce qui s'observe, non seulement en païs Coûtumier, mais aussi en païs de droit écrit, parce que cela seroit contre le droit public, comme remarque du Moulin sur l'article 33. de la Coûtume de Blois en ces termes: *aliàs non prodesset allegare tempus centum annorum vel immemorabile, quia talis pratensa præscriptio non solum esset contra jus privatum; sed etiam contra jus publicum Consuetudinis, ut de facto*

6. *consului pro domino* Luce *anno* 1548.

Il s'ensuit des raisons que nous avons rapportées cy-dessus, que le vassal peut prescrire la foy & hommage, au cas que le Seigneur ayant voulu obliger son vassal à luy rendre ses devoirs, le vassal y ait contredit, & l'ait desavoüé pour son Seigneur, soûtenant qu'il ne relevoit point de luy, & qu'il tenoit son Fief en franc-aleu, & que trente ans se soient passez sans qu'il y ait été contraint; car en ce cas le vassal a prescrit la foy & hommage contre luy.

La raison est, qu'il a dés-lors commencé à posseder *suo nomine, non alieno*, & indépendamment du Seigneur, *l. quod meo. ff. de acquir. vel a nitt. possess.* Car ce refus, ou ce desaveu est une interruption ou un trouble causé en la possession du droit du Seigneur, par lequel le vassal se met en possession de liberté, ce qui est marqué en l'article 14. de la Coûtume de Nivernois titre *des Fiefs*, & en l'article 387. de la Coûtume de Bourbonnois.

L'article cité de la Coûtume de Nivernois porte, *Néanmoins en chacun desdits deux cas le contredisant, soit Seigneur ou vassal respectivement, prescrit par l'espace de trente ans, à compter du jour de la contradiction tolerée.* Ce qui est conforme à la disposition du droit, en la loy *si quis rem. ff. de acquir. possess.* & de la loy *colonus. ff. de vi & vi arm.* Et s'entend la contradiction tolerée par celuy qui l'a sçûë, ou qui l'a pû sçavoir vray-semblablement, *l. ult. ff.*

7. *quis ordo in possess. bonor.*

Coquille sur les articles 13. 14. & 15. de la même Coûtume, ajoûte une autre limitation, sçavoir lorsque le Fief a passé entre les mains & en la possession de plusieurs successeurs particuliers, sans qu'ils ayent fait la foy & hommage au Seigneur, & qui ayent possedé l'heritage pendant un temps immemorial sans la charge de foy & hommage, ils ont prescrit contre le Seigneur.

Voicy ses termes: *Mais si c'étoit un acquereur à titre singulier, qui eût acquis sans charge de Fief, & que luy & ses successeurs ayent possedé allodialement par cent ans ou temps immemorial, je croy que les successeurs auroient prescrit, car en eux défaut la qualité de vassal, laquelle qualité conserve la possession*

8. *du Seigneur féodal.*

Le sentiment de cet Auteur est juste dans les Coûtumes où la plus grande partie des heritages sont tenus en franc-aleu, comme dans celle de Nivernois, de Troyes & autres.

C'est l'avis de le Grand sur l'article 23. de la

9. Coûtume de Troyes Glos. 3. *nombre* 2.

Salvaing dans son Traité des Fiefs chapitre 13. dit, que par l'usage des Provinces de droit écrit, la prescription centenaire a été reçûë en faveur du vassal contre le Seigneur, comme il a été jugé en ce Parlement par un Arrest donné en l'ancienne Coûtume, au rapport de Monsieur Helin, en la troisiéme Chambre des Enquêtes l'an 1570. remarqué par Pithou sur la Coûtume de Troyes article 23. Monsieur d'Expilly le témoigne dans son Plaidoyer 27. nombre 10. & 21.

Cet Auteur rapporte des Arrests du Parlement de Grenoble, qui ont jugé le contraire, mais il remarque des particularitez, sur lesquelles ils ont été rendus.

Basset en ses Arrests, livre 3. titre 4. chapitre 2. rapporte un autre Arrest du même Parlement du 5. Février 1616. qui a jugé, que la directe se prescrit par cent ans, rendu au profit de Monsieur Deron contre Monsieur le Commandeur de Saint Vincent lez-Valence, quoique les Chevaliers de Malthe ayent des privileges qui les exemptent de cette prescription.

Pontanus sur l'article 37. §. 5. de la Coûtume de Blois, pose un cas auquel le vassal peut prescrire la foy & hommage: Titius ignorant le Seigneur duquel il releve, en fait reconnoissance à Seïus à titre de cens: quelque-temps aprés il achete ce cens de Seïus sans fraude, pour rendre par ce moyen son fonds alodial: il en joüit par trente ans sans trouble: on demande si le Seigneur duquel il releve en foy & hommage, ou dans la censive duquel il est, peut prétendre la mouvance féodale, ou censuelle; ou si elle est prescrite. 10.

Cet Auteur tient qu'elle est prescrite, parce que *non à se, sed ab autore à quo titulum habuit, possessio mutata est; indeque præscribendi causam habuisse intelligitur.*

Cette opinion ne seroit pas reçûë dans nôtre Coûtume & dans celles qui ont disposition semblable, parce que suivant cet article, le vassal ne peut jamais prescrire contre son Seigneur la foy qu'il luy doit; & que la cause sur laquelle cette décision est fondée, n'a pas lieu dans cette Coûtume, & dans celles où cette regle a lieu, nulle terre sans Seigneur; car le vassal au cas de la décision se feroit un franc-aleu: or les francs-aleus ne sont point reçûs sous titres valables. Voyez sur l'article 68.

Du Plessis tient que la possession immemoriale du propriétaire d'un heritage, de ne reconnoître aucun Seigneur, sans pourtant avoir aucun titre, n'est point considerable, & que nonobstant icelle, n'est tenu reconnoître le Seigneur dans le Territoire duquel l'heritage est situé, à la même raison & condition que les heritages voisins, comme il a été jugé par Arrest du 17. Mars 1608.

Quoique le vassal ne puisse pas prescrire la directe contre son Seigneur, néanmoins il peut prescrire contre luy le droit de servitude, de corvées, de bannalité & autres charges particulieres, ausquelles le Fief auroit été donné par le Seigneur au premier acquereur: la raison est, que tous ces droits reservez par le Seigneur par la Loy de l'investiture & premiere concession du Fief, ne sont pas essentiels au Fief, ni fondez sur le droit commun; & comme elles sont imposées à la charge du vassal au profit du Seigneur & de ses successeurs dans le Fief dominant, c'est à luy à prendre garde d'être conservé dans la possession, car par le droit commun quoique les servitudes ne puissent point être acquises, ni constituées par prescription sans titre, néanmoins elles peuvent être éteintes par la prescription, la liberté contre telles charges & servitudes pouvant être acquise par la non joüissance de celuy auquel elles sont dûës, suivant l'article 186. 11.

C'est le sentiment de Brodeau sur l'ar. 12. *num.* 4. BRODEAU.

Il y a des Coûtumes qui admettent la prescription en faveur du vassal contre le Seigneur, lesquelles seront remarquées en la Conference cy-aprés.

GLOSE TROISIE'ME SUR L'ARTICLE XII.

SOMMAIRE.

1. *Si les profits de Fiefs se prescrivent par quarante ans contre l'Eglise.*
2. *Si ces profits se prescrivent par trente ans contre le Roy.*
3. *Pourquoy les Seigneurs ne joüissent pas de la prescription de quarante ans, en vertu de l'action hypothequaire, pour les profits de Fiefs.*
4. *Si les mineurs peuvent se faire restituer contre cette prescription.*
5. *Si le vassal prescrit par trente ans les droits extraordinaires, qu'il doit pour sa mutation.*
6. *Si le vassal prescrit les droits & profits de Fiefs par trente ans pendant la saisie.*
7. Quid, *au cas d'instance formée sur la demande en profits de Fiefs.*
8. Quid, *si l'instance étoit perie.*
9. *Si le vassal ne prescrit que par trente ans les profits dûs par ses prédecesseurs.*
10. *Sentiment de Brodeau & d'Auzanet.*
11. *Sentiment contraire de l'Auteur.*
12. *Si le Seigneur feodal peut obliger le possesseur d'un Fief de luy faire la foy & hommage, au cas qu'elle ne luy ait jamais été faite, & luy payer les droits feodaux.*
13. *Si le Seigneur ayant été plus de cent ans sans exiger les droits dûs d'un Fief, il peut exiger les derniers dûs non prescrits.*
14. *Si la quotité des droits se prescrit.*
15. *Si les droits ordinaires se prescrivent contre les Seigneurs, pour ne les avoir pas reçus dans differentes mutations.*
16. *Si on peut prescrire la quotité du Fief.*
17. *Si un seul acte de foy & hommage suffit, pour rendre feodal ce qui est roture.*
18. *Sentiment de l'Auteur.*
19. *Si le partage d'un Fief fait roturierement, le rend censuel.*

DAns l'article septiéme de l'ancienne Coûtume il n'étoit point parlé des droits & profits féodaux contre le vassal, il étoit seulement dit, que la prescription n'avoit lieu entre le Seigneur & le vassal, mais les Réformateurs de la Coûtume trouverent à propos de mettre à la fin de l'article 12. de la nouvelle, que les profits de Fiefs échûs se prescrivent contre le Seigneur par trente ans, avec l'exception qui est ensuite, conformément à l'avis de Maître Charles du Moulin sur cet article nombre 16. où il dit, que ces droits & profits casuels se peuvent prescrire par trente ans contre les Seigneurs seculiers, & par quarante contre l'Eglise. (Du Moulin.)

1. C'est aussi l'avis de Brodeau sur l'article 24. nombre 2. à moins qu'il n'y ait saisie ou instance pour raison d'iceux, laquelle interromproit le cours de la prescription. (Brodeau.)

Sur ce point il y eut contestation dans l'assemblée des Estats, celuy des Ecclesiastiques requerant, qu'au lieu de trente ans il fût mis quarante ans pour l'Eglise comme il s'observoit avant la réformation : & les Religieux, Abbé & Convent de saint Denis en France & de saint Jean de Jerusalem, remontrant que par privilege special confirmé par les Rois & par les Arrests de la Cour, on ne pouvoit point prescrire contre-eux, même par cent ans : La Noblesse & le tiers Estat soûtenant au contraire, que la prescription de trente ans devoit avoir lieu en ce cas contre toutes personnes sans distinction ; & le Procureur du Roy protestant que cet article ne pourroit nuire ni préjudicier aux droits du Roy.

Cependant tel profits se prescrivent par trente ans contre l'Eglise.

Bacquet en son Traité du droit de desherence remarque une Sentence des Requêtes du Palais du 9. Mars 1585. qui l'a jugé ainsi contre les Religieux, Prieur & Convent de saint Martin des Champs, au profit de Maître Loüis Bernage, Avocat au Parlement, qui fut renvoyé absous de la demande à luy faite, pour le payement des lods & ventes d'une maison par luy acquise en la censive desdits Religieux, avec condamnation de dépens, parce qu'il y avoit plus de trente ans que l'acquisition étoit faite.

Ce même Auteur remarque une autre Sentence du Prevôt de Paris, par laquelle il fut jugé, que les Religieux ne pouvoient demander que 29. années d'arrerages de rente ; & un Arrest donné à l'Audience, entre Mathurin Cordac, appellant d'une Sentence donnée par le Juge de Loudun, le 22. Juin 1571. d'une part, & les Religieuses, Abbesse & Convent de Poictiers, intimées, d'autre.

La raison est, que ce sont des fruits separez du fond, & qui n'en font point partie, *quarum obventionum nomine competit actio in personam, scilicet condictio ex lege municipali, & ea propter illis praescribitur spatio 30. annorum, ut in omnibus actionibus personalibus obtinet, l. sicut. C. de praescript. 30. vel 40. annor.* dit Bartole sur la Loy, *malè agitur. d. t.* Outre que ces droits appartiennent aux Beneficiers & Titulaires des Benefices : ainsi il ne s'agit pas de l'interêt de l'Eglise, si ce n'est quand les Fiefs relevent des Communautez & Convents, mais ils doivent s'imputer s'ils n'ont pas exigé les droits & profits casuels qui leur étoient dûs, dans un temps aussi considerable que celuy de trente ans.

Quant à ce qu'on dit que l'Eglise joüit de ce privilege, que les biens & droits qui luy appartiennent, ne se peuvent prescrire que par quarante ans, suivant l'Authentique *quas actiones. C. de sacros. Eccles.* laquelle est reçûë en France ; on répond que cette Authentique n'a lieu que pour les droits de proprieté, mais que les profits féodaux sont casuels, & ne préjudicient qu'aux Beneficiers & Titulaires des Benefices ; ainsi l'Eglise n'en souffre aucune diminution dans son patrimoine.

La même prescription a lieu contre le Roy, suivant l'opinion de du Moulin, *d. num.* 16. parce que *fiscus jure communi utitur, l.* 1. *C. de petit. heredit.* 2. (Du Mo.)

où il dit, que les Avocats Consultans de son temps étoient de cet avis. Ensorte même que cette prescription a lieu pour les échûtes, comme les biens acquis au Roy par droit d'aubaine, par droit de bâtardise, ou de desherence.

La raison est, que ce sont des profits casuels, lesquels n'étant point unis ni incorporez au domaine, se peuvent prescrire par le possesseur de bonne foy par trente ans, comme il a été jugé par un Arrest prononcé en robes rouges par Monsieur le Président Prevost de Morsan, le Vendredy 8. Juin 1576. infirmatif de la Sentence de Messieurs de la Chambre du Trésor, au profit de Jeanne Lamiraut, veuve de Bertrand Droüet, contre le donataire du Roy, rapporté par Brodeau sur cet article, nombre 11.

BRODEAU. C'est le sentiment de Bacquet, au lieu cotté cydessus, & du Plessis dit que la prescription de trente ans a lieu contre l'Eglise & contre le Roy, au cas de cette Glose, parce qu'il ne s'agit point du fond, mais d'un profit casuel; & que quand on dit que l'action personnelle & hypothecaire concourantes ensemble, il faut quarante ans pour prescrire, cela n'a pas lieu en cette matiere, où il ne s'agit pas d'une hypotheque contractuelle, mais d'une hypotheque tacite legale; c'est pourquoy trente ans suffisent.

3. Cela est conforme à la disposition du Droit, qui permet la prescription des biens échûs au fisc, avant qu'ils soient réünis au domaine, *§. res fisci. Instit. de usucapio. l. 1. junct. Glos. C. de quadr. prascript. l. 1. §. Divus Pius. & §. seq. ff. de jure fisci. l. 2. ff. de requir. reis.*

Les Seigneurs ne joüissent pas de la prescription de quarante ans, en vertu de l'action hypothécaire, pour les profits de Fief.

En effet, quoique le Seigneur ait une action hypothécaire & réelle pour être payé de ses droits dûs & échûs, & que l'action hypothécaire, jointe à la personnelle, soit prorogée jusques à quarante ans, suivant la disposition du droit commun & de nôtre usage, comme il a été jugé par les Arrests du 7. Septembre 1587. rapporté par Monsieur Loüet, lettre H. nombre 3. néanmoins toute action, tant personnelle qu'hypothécaire, est déniée au Seigneur contre l'acquereur du Fief pour les droits dûs à cause de sa mutation, conformément à cet article, qui est une exception de la regle susdite.

DU MOULIN C'est le sentiment de Maître Charles du Moulin en sa Note sur cet article, en ces termes: *ut nec hypothecaria quidem superfit. Adde infra §. 334.* & sur l'article 31. de la Coûtume de Bourbonnois.

La raison est, que l'action personnelle est prorogée jusques à quarante ans, quand l'hypothéque procede du contrat & de la convention des parties, mais non pas quand elle procede de la Loy ou de la Coûtume.

Cette prescription n'a lieu que pour les profits échûs, comme il est marqué en cet article, car pour ceux qui sont à écheoir, n'étant pas encore dûs, ils ne sont pas sujets à prescription, c'est le sentiment de tous les Commentateurs, qui est sans difficulté. Voyez sur l'article 118.

4. *Si la minorité est un moyen pour se faire restituer contre cette prescription?*

DU MOULIN Du Moulin sur cet article nombre 39. est pour l'affirmative, parce que *agitur de relevio quasito; & sic de lucro jam quasito & radicato, quod perdere damnum est, l. 1. §. si quis. junct. Glos. in verbo, per in integrum. ff. de itinere actuque priv.* &c.

Or le mineur est restituable toutes & quantes fois qu'il diminuë son patrimoine par la foiblesse de son âge, ou par le dol & la surprise de sa partie.

5. *Si le vassal prescriroit par trente ans les droits extraordinaires, qu'il devroit pour sa mutation, portez & mentionnez dans son contrat d'acquisition?*

Il faut dire que oüy: par exemple, j'acquiers un Fief declaré par le contrat, être sujet au relief à toutes mutations, suivant l'usage du Vexin le François, je le possede pendant trente ans sans payer le relief au Seigneur: il prétend que je n'ay pû prescrire ce droit, parce qu'on ne peut prescrire contre son titre, que par mon titre d'acquisition je me suis obligé à payer le relief, & qu'ainsi je ne suis pas recevable d'alleguer contre luy la prescription.

La raison de décider est, que quand il ne s'agit que de profits casuels & pecuniaires, on peut prescrire contre son titre, vû qu'il y a présomption, que le Seigneur en a été payé: outre que ce qui est decidé par cet article a lieu tant pour droits & profits ordinaires établis par la Coûtume, que pour droits extraordinaires stipulez par la concession & démembrement du Fief dominant; d'autant que celuy qui acquiert un Fief, l'achete tacitement à la charge de payer le quint, quoiqu'il n'en soit fait aucune mutation dans le contrat, ainsi la prescription a lieu en l'un & en l'autre cas.

Il faudroit dire le contraire, s'il étoit question de quelque droit de proprieté reservé par le Seigneur dans la premiere concession: comme si le Seigneur avoit vendu une partie de son Fief à la charge de foy & hommage envers luy, & qu'il se fût reservé la Justice annexée à cette partie de Fief; quoique le vassal & ses successeurs à titre universel en eussent joüi pendant cent ans & plus, il est constant qu'il n'y auroit point de prescription contre le Seigneur pour la Justice.

Charondas sur cet article remarque un Arrest du 9. Septembre 1595. donné sur un appel du Lieutenant d'Angoulesme, au profit du Baron de Marton & Comte de Roucy, contre le nommé de Livennes, sieur du Bois, qui l'a jugé ainsi.

La raison est, qu'on ne peut prescrire ces droits réels, & qui concernent les domaines & proprieté contre son titre, par les raisons remarquées, Glose premiere.

Autre chose seroit du successeur à titre particulier, lequel prescriroit par une possession juste & legitime de dix ou vingt ans, ainsi qu'il a été dit cydessus.

Du Plessis tient que les droits seigneuriaux extraordinaires, qui ne sont pas dûs *ex naturâ Feudi*, tombent en prescription, se purgent par decret, & ne peuvent être prétendus sans titre, & c'est l'opinion commune des Docteurs.

Cet article 12. de nôtre Coûtume contient deux cas ou exceptions, ausquelles le vassal ne prescrit point les profits de Fief échûs, par l'espace de trente ans.

La premiere est, au cas que le Seigneur ait possedé & joüi du Fief de son vassal en consequence d'une saisie féodale; car tant que dure la saisie & la joüissance du Seigneur en vertu d'icelle, le vassal ne peut prescrire les profits qu'il luy doit.

Ce qui se doit entendre au cas que la saisie soit faite faute d'homme, droits & devoirs non faits & non payez, car si elle n'étoit que pour foy & hommage, & que dans la commission & l'exploit de saisie le Seigneur n'eût point fait mention des droits utiles qui luy étoient dûs, par exemple, du relief, & que la saisie renouvellée au desir de la Coûtume eût duré plus de trente ans, il est certain que le Seigneur auroit fait siens les fruits qu'il auroit perçûs, mais il ne pourroit pas obliger son vassal qui luy feroit la foy & hommage, de luy payer le relief, parce que la saisie ne conserve que les droits du Seigneur, pour lesquels elle a été faite.

La seconde exception est, au cas qu'il y ait instance formée sur la demande faite par le Seigneur 7.
de ses droits utiles, le vassal soûtenant au contraire qu'il n'en doit point, & que le procés dure plus de trente années, en ce cas le vassal ne peut point pré-

vendre, que les droits qu'il devoit fussent prescrits, parce que l'instance liée entre les parties perpetuë l'action & les droits qui sont poursuivis par icelle, de sorte qu'ils ne tombent point dans la prescription, *l. 2. C. de prascript. long. tempor.* L'instance sur la demande des profits échûs empêche le cours de la prescription de trente ans, de même que la sommation ou interpellation judiciaire suspend la fin de non recevoir, de six mois, ou d'un an, portée par les articles 126. & 127.

8. Si la saisie n'étoit point renouvellée dans les trois ans, ou si l'instance étoit discontinuée pendant trois ans, elles demeureroient peries & éteintes, & la prescription continueroit son cours, comme s'il n'y avoit jamais eu de saisie ou d'instance, suivant l'Ordonnance de Roussillon, article 15. Voyez cy-aprés l'article 31. ensorte que les fruits perçûs depuis les trois ans appartiendroient au vassal saisi, & aprés les trente ans du jour des profits dûs & échûs, ils seroient prescrits contre le Seigneur, parce que l'instance étant perie, ou la saisie étant finie par le moyen de la peremption, elles ne peuvent produire aucun effet, & c'est comme s'il n'y avoit jamais eu de saisie ou d'instance à raison des profits échûs.

Charondas. C'est le sentiment de Charondas sur cet article.

Par *instance* dont il est parlé en cet article, nous n'entendons pas un simple adjournement, mais une demande contestée, autrement elle ne pourroit pas interrompre la prescription. Voyez cy-aprés sur le titre des prescriptions, & sur l'article 126.

9. Le vassal ne peut prescrire les profits qu'il doit pour sa mutation que par trente ans; il en faut dire de même des profits dûs par ses prédecesseurs, au cas qu'il soit successeur à titre universel; desorte que le Seigneur me peut contraindre à payer les droits dûs par mon ayeul & par mon pere pour leurs mutations, à moins qu'ils ne soient prescrits par ce temps; quoique je n'aye pas succedé à mon ayeul immediatement, & que le Fief ait passé en la personne de mon pere, avant que de venir à moy par sa succession.

La raison est, que les heritiers représentent ceux ausquels ils succedent; & dautant que je suis heritier de mon pere, je représente sa personne, ainsi je suis obligé à toutes les dettes qu'il devoit; & par consequent je suis tenu de payer le quint dû par mon pere comme heritier de mon ayeul, pour la mutation arrivée en la personne de mon ayeul par l'achat qu'il auroit fait du Fief dont je suis devenu propriétaire par la succession de mon pere.

Pour ce qui est du successeur particulier, comme seroit l'acheteur du Fief, le donataire, le legataire, ou autre successeur particulier, Brodeau sur l'art. 1. nombre 11. dit, que les profits dûs pour les mutations précedentes, ne se prescrivent que par trente ans; quoique tels acquereurs ayent acquis le Fief sans la charge des droits dûs pour les précedentes acquisitions ou mutations, & qu'ils soient en bonne foy, sauf leur recours contre leur vendeur & auteur.

Brodeau.

Auzanet. C'est aussi l'avis de Maître Auzanet sur l'art. 124.

10. La raison qu'il en rend, est, parce que l'acquereur dés l'instant de son acquisition contracte avec le Seigneur une obligation personnelle, qui n'est sujette à autre prescription qu'à celle de trente ans.

Ils remarquent tous deux un Arrest de l'Audience de la Grand'-Chambre, du mois de Janvier 1647. au profit de M. Montholon, celebre Avocat, qui a jugé contre leur sentiment: mais Maître Auzanet dit, que Monsieur le Premier Président, qui prononça l'Arrest, avertit, que la Cour s'étoit fondée sur les circonstances particulieres de l'affaire, sçavoir les grands & notables services rendus par ses prédecesseurs à la Maison de Guise, du chef de laquelle les profits étoient demandez: outre que le demandeur étoit un acheteur de procez.

Toutefois je ne peux suivre cette opinion, croyant au contraire, que la prescription de dix ou vingt ans a lieu en faveur du successeur particulier, comme il a été jugé par cet Arrest du mois de Janvier 1647. conformément aux articles 113. & 114. de nôtre Coûtume. 11.

La raison rapportée par Brodeau n'est d'aucune considération; car quoique le Seigneur se puisse prendre à la chose, & saisir le Fief pour les profits qui luy sont dûs, cela s'entend au cas qu'ils ne soient pas prescrits: or ceux qui sont dûs pour les mutations précedentes, se prescrivent par dix ou vingt ans par le successeur à titre particulier. Brodeau.

La veritable raison est, que le successeur à titre particulier ne doit point de son chef ces droits, qu'il ne représente point la personne de son auteur, & qu'ainsi il n'est point obligé personnellement au payement des droits dûs pour les ouvertures précedentes, mais il y est obligé comme étant des charges du Fief qui passent avec la chose contre ceux qui s'en trouvent possesseurs: Or un acquereur à titre particulier acquiert prescription par dix ou vingt ans contre toutes charges réelles, rentes ou hypothéques prétenduës sur l'heritage qu'il acquiert, suivant l'art. 114. de nôtre Coûtume, qui le declare en termes exprés, de sorte qu'il ne laisse aucun lieu d'en douter.

Quant à cet article 12. sur lequel ils se fondent, il ne décide la question qu'à l'égard du vassal, ces termes *toutefois les profits échûs des Fiefs se prescrivent par trente ans*, se rapportent au vassal, & sont une exception de la décision précedente que le vassal ne prescrit la foy qu'il doit à son Seigneur.

Maître du Plessis tient aussi que la prescription de dix ou vingt ans a lieu en ce cas. Du Plessis.

Si un Seigneur qui n'auroit jamais exigé ni droits ni devoirs pour un Fief qui seroit en sa mouvance, pourroit obliger le possesseur d'iceluy, de luy faire la foy & hommage, & de luy payer les droits dûs pour sa mutation, quoique depuis cent ans & auparavant, les prédecesseurs de ce possesseur n'eussent jamais fait ni payé aucuns droits & devoirs? 12.

Pour resoudre cette question, je croy qu'il faut faire cette distinction: Ou le Fief servant est situé dans une Coûtume, dans laquelle on ne paye aucuns droits au Seigneur, s'ils ne sont stipulez par les concessions: Ou dans une Coûtume où certains droits sont dûs au Seigneur.

Au premier cas il est certain, que les droits que le Seigneur se seroit stipulé, en faisant l'aliénation d'une partie de son Fief, faite à la charge de foy & hommage ou de censive, se peuvent prescrire contre luy au cas qu'il ne les ait pas exigez: parce que par ce moyen il est censé avoir luy-même renoncé au droit qu'il avoit de les exiger, & les choses sont reduites au droit commun des autres Fiefs; car ces droits étant onereux & établis contre le droit commun, ils peuvent être éteints en ne les exigeant pas: de sorte que le Seigneur ne pourroit pas les prétendre, quoy qu'il apportât les anciens titres des concessions qui en auroient été faites à la charge de certains droits.

Mais afin que les droits soient prescrits en ce cas, il faut que le Seigneur ait reçu plusieurs vassaux à foy & hommage, dont il n'auroit point reçu les droits qui luy étoient dûs; autrement on ne pourroit pas dire qu'ils seroient prescrits, ayant reçu pendant plus de cent ans des vassaux, dont il n'auroit reçu aucuns droits, parce que pour leurs mutations ils ne luy en devoient aucuns.

Il faut dire aussi, que les droits ne seroient pas prescrits contre le Seigneur, qui auroit été plus de cent ans sans recevoir à foy & hommage les vassaux d'un Fief; parce qu'étant en droit d'obliger les propriétaires de ce Fief, de luy venir faire la foy & hommage, en justifiant la directe par les titres des 13.

anciennes concessions, il seroit aussi en droit d'exiger les droits en vertu des mêmes titres, sur lesquels il prouveroit sa mouvance, le propriétaire du Fief servant ne pouvant alleguer la prescription des droits féodaux, qu'en montrant que le Seigneur auroit fait des actes contraires, par lesquels il seroit présumé avoir renoncé aux droits qu'il auroit stipulez dans les concessions qu'il auroit faites de ce Fief, ou son prédecesseur; car ce propriétaire ne pourroit prétendre la prescription contre ces droits, qu'en justifiant une possession contraire aux droits du Seigneur, dautant que *sine possessione non procedit usucapio. cap. sine possessione. de R. J. in 6. & tot. tit. ff. de usurpat.*

14. D'où il s'ensuit, que si le Seigneur avoit reçu des droits moindres que ceux qui luy seroient dûs, portez par les concessions qu'il auroit faites, par plusieurs vassaux pour differentes mutations, les droits dûs par les concessions seroient prescrits, & reduits à la quotité qui en auroit été reçûë; car la quotité des droits se prescrit, suivant l'art. 124. qui parle de la quotité du cens, ce qui doit avoir lieu pareillement pour les droits & profits féodaux.

15. Au second cas, c'est-à-dire, quand le Fief servant est situé dans une Coûtume, qui donne aux Seigneurs certains droits pour les mutations, comme dans la Coûtume de Paris, le quint pour les mutations par vente, & le relief pour toutes les mutations qui arrivent par les autres causes, excepté par succession ou donation en ligne directe: dans ces Coûtumes, les droits ne se peuvent pas prescrire contre un Seigneur qui auroit reçu à foy & hommage plusieurs vassaux successivement, sans avoir reçu d'eux aucuns droits, quoiqu'ils en dûssent par la disposition de la Coûtume pour leurs mutations; & le propriétaire du Fief servant ne pourroit, sans être fondé en titre, prétendre avoir acquis prescription contre la disposition de la Coûtume.

Mais il pourroit en avoir prescrit la quotité; par exemple, de payer le relief en cas de vente au lieu du quint, au cas que le Seigneur l'eut reçu de plusieurs acquereurs par vente; car en ce cas il y auroit lieu de croire que le Seigneur auroit fait cet accord avec ses vassaux prédecesseurs de l'acquereur, pour ne payer que le relief au lieu du quint en cas de vente; & quoique le Seigneur fist voir par ses anciens titres, que le Fief servant auroit été donné à la charge des droits établis par la Coûtume, néanmoins la prescription auroit lieu contre luy, parce qu'il seroit présumé y avoir renoncé, en recevant plusieurs fois des droits moindres que ceux qui luy seroient dûs par la Coûtume.

16. Pontanus sur la Coûtume de Blois, art. 57. dit, *ut putà certas & speciales libertates praescribere potest, putà cùm Feudum vendit, ut nulla Domino debeantur laudimia, vel non ad rationem quinti denarii, sed ut duodecima tantùm pars solvatur, vel ut cùm frater fratri succedit, nullus debeatur rachatus.*

TRONÇON. Suivant le sentiment de Tronçon sur cet article, on peut prescrire par trente ans la quotité des droits utiles du Fief qui recevoit à toutes mutations selon la Coûtume du Vexin le François; s'il a été possédé par le vassal pendant trente ans aux Us & Coûtumes de France.

Néanmoins cela n'est pas vray de la maniere que dit cet Auteur, car il faudroit qu'à plus d'une mutation où les droits auroient été dûs selon le Vexin, le Seigneur n'en eût point exigé, ou qu'il n'eût exigé que les droits ordinaires de la Coûtume; dautant qu'un seul acte ne suffit pas pour donner lieu à la prescription contre le Seigneur, par l'espace de trente années, ainsi qu'il sera dit sur l'art. 124.

Si un heritage censuel peut être rendu féodal, lorsque le propriétaire en a fait la foy & hommage au Seigneur sans contradiction, & l'a possedé pendant trente ans?

Suivant le sentiment de Tronçon sur cet article, *verbo*, le vassal, un heritage censuel peut être rendu féodal, lorsque le propriétaire en a fait la foy & hommage au Seigneur sans contradiction, & l'a possedé pendant trente ans. Mais la question n'est pas sans difficulté.

Il y en auroit moins au cas que le Seigneur eût reçu le dénombrement donné & fourni par l'acquereur d'iceluy, parce que l'acte de foy & hommage suivi d'une possession de trente ans, est suffisant pour établir la féodalité contre le Seigneur.

C'est aussi le sentiment des Feudistes sur le chap. 1. *de prohibit. Feud. alienand. per Lothar.*

Charondas est d'avis contraire, voulant qu'un seul acte de foy & hommage avec la joüissance de trente années, ne soit pas suffisant pour rendre féodal ce qui ne l'est pas; qu'il faut afin qu'un heritage soit féodal, qu'il apparoisse de sa qualité, laquelle se prouve non par une simple & premiere prestation de foy faite par le possesseur d'iceluy; mais par ses prédecesseurs, avec aveus & dénombremens reçûs par le Seigneur; comme au contraire, suivant cet Auteur, si un heritage est veritablement féodal, quoy qu'autrefois il ait été partagé roturierement entre coheritiers par partage volontaire, sans préciput & droit d'aînesse, il ne perd pas néanmoins sa qualité de Fief, de sorte que dans les partages suivans, l'aîné y prendra son préciput & droit d'aînesse, comme il a été jugé par Arrest du 4. Mars 1595. au profit de Louis le Févre. 17. CHARONDAS.

Je ne serois pas du sentiment de cet Auteur, car par l'acte de foy & hommage rendu au Seigneur par le propriétaire de l'heritage censuel, la possession du Seigneur est intervertie par un acte qui luy est contraire, & cette possession ayant duré trente ans, elle fait perdre à cet heritage la qualité de censuel, pour luy faire prendre celle de féodal; comme au contraire un heritage féodal peut devenir censuel, parce que le propriétaire d'iceluy aura pris saisine telle qu'elle se prend pour les heritages roturiers, aura payé les lods & ventes au cas qu'ils soient dûs, & aura possedé cet heritage en cette qualité pendant trente ans; en ce cas il y a lieu de dire que le Seigneur y a donné tacitement son consentement, contre lequel joint la possession de trente ans il n'est plus recevable de revenir; ce qui n'est pas contraire à cet article, puisque le propriétaire de l'heritage reconnoît toûjours la mouvance du Seigneur, le Seigneur devant s'imputer d'avoir reçu un acte contraire à ses droits, & de ne s'y être pas opposé pendant un temps si considerable que trente ans. 18.

Il n'en est pas de même de l'heritage féodal, lequel aura été party roturierement, car on ne peut pas dire, que ce soit un acte qui le puisse rendre censuel, vû que c'est *res inter alios acta*, que le Seigneur a interêt que tel heritage demeure féodal, & que le partage n'a pas été fait avec luy, ainsi il ne peut luy nuire ni préjudicier en aucune maniere, quand même il n'y auroit eu aucune mutation aprés iceluy depuis plus de quarante années.

OBSERVATIONS DE MONSIEUR***.

Sur l'Article XII.

SOMMAIRE.

1. *Si le Seigneur qui a saisi, peut prescrire contre son vassal.*
2. *Si le vassal peut prescrire les droits seigneuriaux contre son vassal.*
3. *Si l'heritier du Seigneur qui joüissoit d'un Fief par saisie féodale, le peut prescrire.*
4. *Si celuy qui acquiert à titre particulier, peut prescrire le Fief que le Seigneur possedoit en vertu de la saisie féodale.*
5. *Si celuy qui possedoit des terres en Fief, peut faire que ces mesmes terres deviennent roture*, vel è contra.
6. *Si le Seigneur & le vassal peuvent entre eux, par une convention particuliere, changer la nature du Fief servant, ou de la roture, sans le consentement du Seigneur suzerain.*

IL y a deux principes generaux qui regnent dans toute la matiere des prescriptions, & suivant lesquels on décidera aisément toutes les difficultez qui pourront survenir touchant les prescriptions entre le Seigneur & le vassal ; car quoique les Fiefs ou les vassalitez ayent été inconnuës dans le Droit Romain, cela n'empêche pas que ces regles generales qui ont été si sagement établies, ne servent de loy dans toute nôtre Jurisprudence Françoise, puisqu'elles sont toutes raisonnables, & qu'il n'est pas possible d'en faire de plus convenables au bien public & des particuliers.

Le premier principe en matiere de prescription est, que *nemo potest sibi mutare causam possessionis.*

Le deuxiéme, que personne ne peut prescrire que celuy *qui possidet animo dominii.*

1. C'est pour cela que le Seigneur qui a saisi ou mis en sa main un Fief, ne peut jamais prescrire, tant parce que *non possidet animo dominii*, que parce qu'il ne peut *sibi mutare causam possessionis.*

Par la même raison le vassal ne prescrit jamais pour la foy qu'il ne rend pas, parce qu'il n'a jamais eu intention de posseder son Fief, que chargé de foy & hommage, & qu'il ne peut aller directement contre son titre, *& sibi mutare causam possessionis.*

2. Mais au contraire le vassal par trente ans prescrit les droits seigneuriaux échûs, parce qu'ils dégenerent en action personnelle qui se prescrit par l'espace de trente ans, à moins qu'il n'y ait des actes qui puissent interrompre les prescriptions & les peremptions, & ces quatre choses sont renfermées dans la disposition de cet article ; & s'il survient quelque difficulté nouvelle, en appliquant ces deux principes, il ne sera pas difficile de les resoudre.

3. Ainsi, quand on demandera si l'heritier du Seigneur, qui joüissoit par saisie féodale d'un Fief mouvant de luy, peut, aprés que la succession luy est échuë, prescrire ce Fief, on dira fort bien que non, quoique cet heritier ait joüi de ce Fief, croyant qu'il appartenoit veritablement à celuy dont il est heritier.

La raison est, que *quamvis hæres possideat animo dominii* ; néanmoins il ne prescrira pas, parce que *nemo potest sibi mutare causam possessionis*, il posséde à titre universel d'heritier, il est tenu des faits du défunt, qui ne possédoit point, *animo dominii*, & comme en matiere de prescription les temps se joignent à l'égard du possesseur & de son heritier, cette conjonction de temps fait qu'il ne sont reputez qu'un, & que le titre de posseder, qui ne se divise point par le changement de personne, étant de nature à ne pouvoir point donner lieu à la prescription, l'on décidera sans peine, que la prescription n'aura pas de lieu.

4. Il n'en est pas de même, quand le Seigneur, qui a mis le Fief en sa main, & qu'aprés en avoir joüi, il le vend ou en dispose à titre particulier. Alors le successeur ignorant la cause de posseder de celuy qui luy vend, ayant pardevers luy un juste titre de posseder, *possidet animo dominii ex nova causa possidendi* ; & c'est pour cela qu'il prescrit par dix ans & vingt ans, & le propriétaire du Fief saisi doit s'imputer s'il a été un temps aussi considerable sans faire aucun acte qui pût interrompre la prescription : mais il faut un juste titre ; car si le Seigneur qui joüissoit du Fief servant par saisie féodale, vendoit son Fief dominant, avec ces mots, circonstances & dépendances, sans vendre *nominatim & specifice* le Fief servant, alors la prescription ne courreroit pas, parce que le titre ne seroit pas formel, & que le Fief dont il joüissoit par saisie féodale n'est pas une dépendance du Fief dominant, n'y ayant point été uni ni incorporé.

Il faut donc établir pour une maxime indubitable, que lorsqu'il n'y a point de saisie féodale, il n'y a jamais de prescription entre le Seigneur & le vassal, & lorsqu'il y a saisie féodale, que jamais le Seigneur, ses heritiers ou autres ayant droit de luy à titre universel, ne peuvent prescrire.

5. L'on a demandé, si celuy qui possedoit des terres en Fief pouvoit faire que ces mêmes terres devinssent rotures *& è contra*, si les possedant en roture, il pouvoit les posseder en Fief, au moyen de la prescription sans titre, ni convention faite avec le Seigneur.

Je ne le crois pas, parce que toutes les fois que le titre est constant du Fief ou de la roture, cela ne peut jamais changer par la possession qui ne peut détruire le titre.

6. Mais la difficulté est de sçavoir, si le Seigneur & le vassal peuvent entre eux par une convention particuliere changer la nature du Fief servant ou de la roture sans le consentement d'un Seigneur suzerain, & de quelle maniere il en faudroit user, s'il y avoit perte de Fief dans la suite par felonie.

Le consentement du Seigneur suzerain n'est pas necessaire, si le vassal consent que la roture qui est dans sa censive prenne la qualité de Fief, le Seigneur suzerain n'y perd rien ; au contraire ce changement peut luy être dans la suite avantageux, avenant ouverture du Fief servant ; il ne peut point aussi empêcher la conversion du Fief en roture, quoique cette mutation pourroit luy être plus préjudiciable ; car si le vassal a pû autrefois donner une partie de son Fief à la charge de la foy & hommage, ou en faire une censive

sans

sans le consentement du Seigneur, suivant l'article 51. l'ayant donné à foy & hommage, il peut consentir qu'à l'avenir elle ne soit tenuë de luy qu'en censive.

Que si le changement se peut faire, ce n'est point une question, si le Fief du vassal tombe en commise, le Seigneur suzerain sera tenu entretenir la convention faite entre son vassal & celuy dont l'heritage étoit dans sa mouvance féodale, ou dans sa censive.

CONFERENCE SUR L'ARTICLE XII.

Le Seigneur feodal ne peut prescrire.

Amiens, titre 1. article 5. *Anjou*, article 439. *Artois*, titre 1. article 30. *Auvergne*, chapitre 17. article 12. *Auxerre*, titre 2. article 77. & titre 8. article 186. & ajoûte, *sinon du jour du desaveu & contradiction legitimement faite.*

Bar, titre 1. article 16. *Berry*, titre 12. article 3. ajoûte, *pour la mutuelle & reciproque obligation de fidelité de l'un envers l'autre, par quelque laps de temps que ce soit. Blois*, titre 4. article 36. *Bourbonnois*, chapitre 7. article 387. ajoûte, *sinon qu'en aucun desdits cas il y eut contradiction, & aprés icelle, joüissance & paisible possession de trente ans, & à l'Eglise de quarante ans.*

Châlons, article 211. *Chartres*, titre 13. article 81. *Chasteauneuf*, chapitre 13. article 96. *Chauny*, chapitre 17. article 92. *Clermont*, titre 7. article 72.

Dreux, titre 14. article 69.

Estampes, chapitre 1. article 26.

Laon, titre 16. article 185.

Maine, article 450. *Mantes*, chapitre 1. art. 23. *la Marche*, chapitre 13. article 95. *Meaux*, chapitre 17. article 136. *Melun*, article 103. *Montargis*, chapitre 1. article 9. ajoûte, *sinon que le Seigneur eut titre particulier de la proprieté, & en eût joüy par trente ans. Montfort*, chapitre 1. article 8.

Nivernois, chapitre 4. article 12. *Normandie*, article 117. & 512.

Orleans, article 86.

Grand-Perche, article 79. *Peronne*, titre 2. article 74.

Reims, article 183.

La Salle de Lisle, article 75. *Saint-Omer*, titre 5. article 25. *Sedan*, titre 1. article 74. *Senlis*, titre 9. article 195. *Sens*, article 218.

Troyes, titre 3. article 23.

Vitry, article 49. & 136.

Berry, titre 12. article 4. dit, *Toutefois n'est entendu qu'aucun ne puisse prescrire par le laps & espace de trente ans, droit de feodalité & vasselage actif sur aucun heritage, qui n'étoit tenu de luy en Fief, & encommencé ladite prescription dés & depuis qu'il y aura eu exploitation faite par luy sur ledit heritage comme feodal, & qu'il aura reçû, pris & perçu les droits appartenans au Seigneur feodal, contre la foy & hommage, droits de rachat, & exploité le Fief, & pris les fruits, & qu'il ait depuis continué, soit aisant Seigneur feodal, tous cas semblables avenans sans interruption jusques à trente ans continuels & consecutifs.*

Ne le vassal la foy qu'il doit a son Seigneur.

Aire, article 2. *Amiens*, titre 9. article 164. *Artois*, titre 1. article 31. *Auvergne*, titre 17. article 12.

Bar, titre 1. article 16. *Berry*, titre 12. article 3. *Blois*, chapitre 4. article 35. *Bourbonnois*, titre 3. article 31. titre 7. article 387.

Cambray, titre 1. article 67. *Châlons*, article 211. *Chartres*, titre 13. article 8. *Chasteauneuf*, chapitre 13. article 95. *Chaumont*, titre 2. article 52. *Chauny*, titre 17. article 92. *Clermont*, titre 7. article 72.

Dreux, titre 14. article 69.

Estampes, chapitre 1. article 26. ajoûte, *bien peut ladite tenure être acquise par un tiers.*

Laon, articles 213. 216.

Mantes, chapitre 1. article 23. *la Marche*, titre 13. article 95. *Meaux*, chapitre 17. article 137. *Melun*, chapitre 4. article 103. *Montargis*, chapitre 1. article 9.

Nivernois, chapitre 4. article 13. en l'article 14. dit, *néanmoins en chacun desdits cas le contredisant, soit Seigneur ou vassal respectivement, prescrit par l'espace de trente ans, à compter du jour de la contradiction tolerée. Normandie*, chap. 9. article 116. chapitre 20. article 510.

Orleans, article 86.

Peronne, titre 2. article 71. *Grand-Perche*, titre 2. article 79.

Reims, article 133.

Sedan, titre 1. article 74. *Senlis*, titre 9. art. 195. *Sens*, articles 218. 263.

Troyes, titre 3. article 23.

Vitry, titre 3. article 49. titre 14. art. 136. *Xaintonge*, titre 13. article 112.

Anjou, article 440. dit, *le sujet ne peut prescrire, n'acquerir l'heritage, rente, devoir ou autres droits de son Seigneur, n'exemption contre luy de ses devoirs, ou droits dûs sur l'heritage & choses immeubles tenans de luy, par tenement moindre de trente ans.*

Idem, *Maine*, article 451.

Berry, titre 12. article 5. dit, *peut aucun prescrire comme vassal aucun heritage étant en la pleine Seigneurie d'aucun Seigneur pour être feodal, & commencer ladite prescription dés & depuis le temps qu'il aura fait les foy & hommage au Seigneur; & aura été reçu à faire les autres devoirs, ausquels le vassal est obligé envers le Seigneur; & icelle possession continuer sans contradiction ou interruption jusques à trente ans continuels & consecutifs, le cas semblable avenant.*

Toutefois les profits des Fiefs echûs se prescrivent.

Amiens, article 164. *Anjou*, article 440. *Artois*, titre 1. article 31. dit, *mais en tant que touche rentes, redevances ou servitudes, le vassal peut prescrire contre son Seigneur. Auxerre*, titre 8. article 186.

Bar, titre 1. article 16. *Berry*, titre 2. article 7. *Blois*, titre 4. article 35. *Bourbonnois*, titre 3. article 31.

Cambray, titre 1. articles 67. 68. *Châlons*, article 212. *Chartres*, titre 13. article 18. *Chasteauneuf*, chapitre 13. article 16. *Chaumont*, titre 2. art. 52.

Dreux, titre 14. article 69.

Laon, article 213.

Mantes, chapitre 1. article 23. *Melun*, chap. 4. article 103. *Montfort*, chapitre 1. article 8.

Nivernois, chapitre 4. article 16. mais elle donne quarante jours contre l'Eglise.

Orleans, article 86.

Peronne, titre 2. article 74. dit, *mais se peut prescrire la qualité du droit, & les profits dûs & échûs à cause de mutation par l'espace de trente ans.* Grand-Perche, titre 2. article 79. ajoûte, *aussi ladite tenure peut être prescrite par un tiers par ledit temps de trente ans.*

Reims, article 134.

La Salle de Lisle, titre 1. article 75. *Sens*, tit. 22. article 263.

Troyes, titre 3. article 23.

Tours, article 146. dit, *le Seigneur de Fief doit être reçu à faire demande de ses ventes, des choses acquises en son Fief contre l'acquereur jusques à trente ans; mais il ne sera reçu à faire demande desdites ventes, à la femme ou heritiers, que dedans l'an des dix ans, aprés l'acquest, sinon que l'acquereur en eût été mis en procès; mais si le procès avoit été discontinué par trois ans, il n'en pourra plus faire poursuite: & semblablement ne reçu à faire demande de ses ventes contre le tiers acquereur, pour le regard des ventes qui sont dûës par son auteur auparavant dix ans, n'aussi pour l'exhibition des contrats de ses prédecesseurs; mais pour les autres ventes échûës depuis dix ans peut saisir; toutefois en baillant par le sujet caution desdites ventes de son prédecesseur, & payant celles de son acquest, il aura main-levée & provision en luy baillant délay competant pour faire appeller son auteur.*

Idem, *Lodunois*, chapitre 14. article 22.

Auteurs sur l'Article douziéme.

DEs Mares, Décision 138.

Loysel, livre 5. titre 3. regle 24.

Henrys, tome 2. livre 3. quest. 2.

Bobé, sur cet article & sur l'article 136. & 137. de la Coûtume de Meaux.

Thourette, sur Montfort, article 8.

De la Lande, sur Orleans, article 86.

Le Dictionnaire de M. Brillon, *verbo*, *Prescription*, nombre 325. & suivans, & nombre 398. *verbo*, *Droits seigneuriaux*, nombre 117. & suivans.

Basnage, sur Normandie, article 116. & 117.

Le Grand, sur Troyes, article 23.

Buridan, sur Reims, article 135.

De Salligny, sur Vitry, article 136.

Duret, dans son Alliance des Coûtumes, page 856.

Du Plessis explique cet article, livre 2. *du Franc-aleu*, chapitre 1. page 107. & 110.

LE SEIGNEUR FEODAL.

Du Moulin, sur la Coûtume de Blois, article 33.

Pontanus, sur la même, titre 4. article 37.

Chopin, sur la Coûtume de Paris, livre 1. nombre 19.

Pithou, sur Troyes, article 23.

D'Argentré, sur la Coûtume de Bretagne, art. 281.

Coquille, sur la Coûtume de Nivernois, titre 4. article 12. & 13. & en l'Institution au Droit François, titre *de Fiefs*.

Labbé, sur la Coûtume de Berry, titre 12. art. 3. & 7.

Gousset, sur Chaumont, article 52.

Bacquet, *du droit de desherence*, chap. 7. nomb. 21.

Le même, au Traité *des Francs-Fiefs*, chapitre 22. nombre 34.

Loüet & Brodeau, *litt. C. num.* 2.

Mornac, *ad lib. 7. tit. 6. lib. 8. ff.*

Buridan, sur la Coûtume de Vermandois, art. 185. 212. & 213.

Basmaison, sur Auvergne, titre 17. art. 12. & 13.

Bodreau, sur la Coûtume du Maine, art. 451.

Vrevin, sur la Coûtume de Chauny, art. 93. 94.

Lhoste, sur la Coûtume de Montargis, titre 1. art. 9.

Salligny, sur la Coûtume de Vitry, art. 49.

NI LE VASSAL LA FOY.

Pontanus, sur la Coûtume de Blois, titre 4. art. 37.

Papon, sur la Coûtume de Bourbonnois, art. 31.

Duret, sur le même article.

Boërius, sur Berry, titre *de Fiefs*, art. 10.

Chopin, sur Anjou, livre 2. titre 3. nombre 2.

POUR QUELQUE TEMPS.

Chassanée, sur la Coûtume de Bourgogne, titre 3. art. 2.

Pontanus, sur Blois, titre 4. art. 37.

Chopin, sur Paris, livre 1. titre 2. nombre 37.

Ricard, sur la Coûtume de Senlis, art. 195. & sur Amiens, art. 38. & 171.

TOUTEFOIS LES PROFITS.

Le Let, sur Poitou, art. 36.

Coquille, sur la Coûtume de Nivernois, chapitre 4. article 16.

ARTICLE XIII.

C'étoit le huitiéme Article de l'ancienne Coûtume.

Du Préciput de l'aîné.

AU fils aîné appartient par préciput le Château ou Manoir principal, & basse-court, attenant & contiguë audit Manoir, destinée à iceluy; encore que le fossé du Château, ou quelque chemin fût entre-deux. Et outre luy appartient un arpent de terre de l'enclos & jardin joignant ledit Manoir, si tant y en a. Et si ledit enclos contient davantage, l'aîné peut retenir le tout, en baillant récompense aux puînez, de ce qui est outre ledit arpent, en terres du même Fief, si tant y en a, sinon en autres terres ou heritages de la succession à la commodité des puînez, le plus que faire se pourra, au dire de Preud'hommes. Et s'entend l'enclos, ce qui est fermé de murs, fossez ou hayes vives.

Voyez les Articles suivans & le 334. en la fin.

REMARQUES.

I*Ntelligitur primogenitus de eo qui ante se neminem habet, quamvis majores natu fratres habuerit, sed mortuos. Alciat. in l. proximus 92. ff. de verb. signif.*

Præcipuum non potest capi nisi in rebus soli, & cessat in juribus incorporalibus pro reditibus, Jurisdictione, &c. In his enim primogitus collocare non potest præcipuum, etiam in defectu mansionis: sed tantùm prætendere potest in his majorem partem secundùm Consuetudinem. Mol. 109. §. 18. *num.* 2.

Avec le manoir l'aîné emporte les armes destinées pour la défense de la maison. Ainsi jugé par Arrest du 16. Février 1547. Voyez cy-aprés art. 90.

Plurium mansionum feudalium primogenitus eligere potest quam vult, etiam minus principalem. Mol. §. 13. *gl.* 4. *n.* 1.

Debet mensurari secundùm mensuram Domini Jurisdictionis. Idem Mol. §. 18. *n.* 5. 6. 7.

Legitimatio nunquam retrotrahitur in præjudicium tertii cui jus est quæsitum: quare jus primogenituræ pertinet ad primum masculum legitimè natum, licet alter major natu filius naturalis per subsequens matrimonium, post primum scilicet dissolutum, legitimus efficiatur. Molin. §. 13. *gl.* 1. *num.* 35.36.

Legitimatus autem rescripto principis legitimis liberis concurrentibus nunquam jus primogenituræ percipit, nec plus ad eum pertinere potest quam portio ejus qui minus inter legitimos capit. Ibid. num. 41. 43. & 51.

Monsieur le Bret, l. 2. c. 12. témoigne que cette doctrine de du Moulin s'observe, & qu'il l'a vû juger & pratiquer au Parlement.

Primogenitus non potest renuntiare primogenituræ suæ in gratiam tertiogeniti prætermisso secundo genito; quamvis alioqui renunciatio illa valeat in præjudicium cedentis. Tiraq. de jure primogen. qu. 26. 27.

Peres & meres ne peuvent par contrat de mariage, entre-vifs ou autrement, faire aucun avantage à leurs enfans puînez, au préjudice du droit d'aînesse qui appartient à leur aîné. Ainsi jugé par Arrest du 14. Août 1629. en la succession de Messire Adrian de Boisdescours, Seigneur de Favieres, lequel Arrest a été suivi par plusieurs autres semblables.

Jugé par Arrest du 10. May 1608. pour la succession de Monsieur Pinart, que si le Fief tenu par le pere étoit du Domaine du Roy engagé avec faculté de rachat perpetuel, le partage s'en feroit au profit de l'aîné, pour y prendre son préciput.

Non attenditur jus primogenituræ in iis quæ liberi capiunt jure communionis ob defectum inventarii. Mol. in Conf. Aurel. art. 182.

Si quid sit indivisibile, encore qu'il n'y ait droit d'aînesse, l'aîné ou l'aînée, s'il n'y a que filles, le peuvent demander, en récompensant les autres. Mol. sur Bourb. art. 304.

Jus primogenituræ determinatur secundùm Consuetudinem loci, ubi Feudum situm est. Idem Mol. §. 13. *gl.* 1. *num.* 1.

Jugé par Arrest du 3. Juillet 1604. que l'aîné avoit son droit d'aînesse en un Fief à luy échû, & à ses freres, en vertu d'une substitution faite en leur faveur par un collateral, le Fief ayant passé en directe, & le fideicommis étant fait suivant l'ordre de la succession *ab intestat*. Monsieur Bouguier, *litt. F. num.* 3

MANOIR PRINCIPAL. Pourvû qu'il soit destiné à la demeure & habitation du pere de famille: car le toict du Meusnier à eau ou à vent, n'est pas manoir ni pareillement grange, ni un pressoir, encore qu'il fut couvert, & ne se peut choisir pour manoir, quand ores n'y en auroit d'autres, *dixi in Consuetudin. Paris.* §. 8. *C. M.* sur ces mots, Manoir tel qu'il luy plaira, de l'art. 143. de la Coûtume de Blois.

AU FILS AISNE'.

GLOSE PREMIERE SUR L'ARTICLE XIII.

SOMMAIRE.

1. *Si le préciput n'est dû qu'aux aînez en ligne directe.*
2. *Si l'aîné s'entend de celuy qui se trouve tel au jour de l'ouverture de la succession.*
3. *Si les aînez s'entendent de ceux qui sont legitimes.*
4. *Si les bâtards peuvent prendre le droit d'aînesse.*
5. *Si ceux qui sont legitimez par subsequent mariage, le peuvent prendre.*
6. *Si celuy qui est né avant le premier mariage de son pere, legitimé ensuite par un second subsequent mariage, prend le droit d'aînesse.*
7. *A qui appartient le droit d'aînesse entre ceux qui sont legitimez par subsequent mariage.*
8. *Si le legitimé par un second subsequent mariage, prend le droit d'aînesse au préjudice des filles du premier lit.*
9. *Si l'enfant né pendant le second mariage de sa mere de bonne foy,* vivente primò marito, *prend le droit d'aînesse.*
10. *Lequel des deux gemeaux est l'aîné.*
11. *Si le legs fait au premier né est caduc, quand on ignore lequel de deux est le premier né.*
12. *Opinion de Tiraqueau sur ce sujet.*
13. Quid, *si on ignore qui de deux est l'aîné.*
14. *Si le droit d'aînesse ne se prend que* jure hereditario.
15. *Si ce droit n'est acquis à l'aîné qu'au temps de la mort du pere ou de la mere.*
16. *Si celuy qui renonce ou qui est exheredé, peut avoir le droit d'aînesse.*
17. *Si l'aîné est saisi du droit d'aînesse, sans estre tenu d'en demander la délivrance.*
18. *Si le droit d'aînesse passe aux enfans de l'aîné decedé avant son pere ou sa mere.*
19. *Disposition particuliere de la Coûtume de Melun.*
20. *Differens noms donnez par quelques Coûtumes aux aînez & aux puînez.*

CET article, les six qui suivent & les 25. 27. 310. 322. 324. 326. 331. & 334. traitent du droit d'aînesse, qui est matiere de succession, c'est pourquoy Maître du Plessis & autres n'en ont traité que sous le titre des successions, mais comme nous donnons un Commentaire sur chaque article, il ne nous est pas permis d'en changer l'ordre.

Dans cet article & les six suivans, nous verrons ceux qui peuvent prétendre ce droit, quelle en est la nature & en quoy il consiste.

1. Il faut auparavant remarquer que le procès verbal porte, que cet article 13. a été accordé & mis au lieu du huitiéme de l'ancienne Coûtume, pour avoir lieu comme nouvelle Coûtume, en ce qui a été ajoûté, outre le contenu audit article 8. duquel la teneur étoit telle : *Le fils aîné prend pour son droit d'aînesse le principal manoir avec le jardin selon la clôture tenu en Fief, & s'il n'y a point de jardin, un arpent de terre, ou le vol du chapon tenu en Fief, au joignant de ladite maison.*

Par la Conférence de l'ancien article avec le nouveau, on trouve un changement considerable, non seulement des termes ajoûtez, mais aussi des décisions ; & quoique dans les textes de l'ancienne Coûtume, l'on ait distingué en lettre italique, ou par des mains & des étoiles ce qui a été changé ou ajoûté, cependant cet article 13. est inseré par tout, comme s'il avoit été transcrit mot à mot sur l'ancien sans aucun changement.

2. Ces termes *au fils aîné* nous marquent que le droit d'aînesse n'est dû qu'à l'aîné de la famille dans la succession directe des ascendans, de sorte que comme dans cette succession la representation a lieu à l'infini, elle a lieu aussi pour ce droit.

L'aîné, dit Charondas sur cet article, est celuy qui précede en âge les autres enfans mâles, mais il faut ajoûter *au temps de la succession ouverte* ; car l'aîné ne se considere qu'en ce temps-là, tellement que le puîné devient l'aîné par la mort de l'aîné sans enfans, arrivée du vivant du pere. *Intelligitur primogenitus de eo qui ante se neminem habet, quamvis majores natu fratres habuerit, sed mortuos. alciat. in l. 92. ff. de verb. sign.*

C'est l'opinion de Maître Auzanet, quand il dit, que le fils aîné s'entend de celuy qui se trouve l'aîné au moment de la succession ouverte, sans considerer les enfans précedens, si ce n'est qu'ils ayent laissé des enfans & descendans, lesquels prennent leur place par le benefice de la representation ; sans considerer ceux qui sont decedez auparavant, ni pareillement les enfans qui ont été condamnez contradictoirement aux galeres perpetuelles, ou au bannissement perpetuel avant l'ouverture de la succession, comme étans *extra numerum Civium* : ou par contumace cinq ans avant la succession échûë, suivant la nouvelle Ordonnance criminelle, titre des défauts & contumaces, article 29.

Cet Auteur ajoûte, ni les Religieux qui ont fait Profession, & les autres personnes qui sont incapables de succeder, comme il sera remarqué sur les articles 318. & 337.

Les aînez s'entendent de ceux qui sont legitimes, & nez en legitime mariage ; & des mâles. 3.

Ils s'entendent aussi de ceux qui sont capables de succession, & qui se portent heritiers de celuy de la succession duquel il s'agit, ainsi il appartient, suivant la Note de Maître Auzanet, aux aînez bannis ou condamnez aux galeres pour un temps, supposé même que le temps de la peine ne soit expiré lors de l'ouverture de la succession ; même à celuy qui est en curatelle, pour fureur & demence incurable dès le temps de la naissance, ou pour prodigalité.

La raison en est évidente, parce que la condamnation aux galeres ou au bannissement à temps ne cause pas la mort civile, comme nous avons dit ailleurs.

Ce droit appartient aussi à l'aîné ; quoiqu'il soit Ecclesiastique & engagé dans les Ordres sacrez, & consequemment incapable de servir le Roy & l'Etat, & de satisfaire aux autres fonctions, pour lesquelles la Coûtume a donné aux aînez de grands avantages dans les biens féodaux selon la Note du même Auteur.

4. Le droit d'aînesse n'appartient point aux bâtards comme incapables de succeder, la Loy ne les reconnoissant point enfans de leur pere, étant présumez n'en avoir point, ou avoir pour pere celuy *quem habere non licet* : Ce qui se doit entendre même des bâtards legitimez par Lettres du Prince avec la clause de succeder, quoiqu'il n'y ait point d'enfans legitimes de leur pere.

En effet, les Lettres de legitimation ne rendent point capables de succession ceux dont la naissance n'est pas legitime, & qui apportent en naissant une tache qui ne se peut effacer entierement par ces Lettres, mais seulement par le mariage subsequent de leurs pere & mere, comme il a été jugé par une infinité d'Arrests.

La Cour a même declaré les bâtards incapables de disposition universelle faite à leur profit par leur pere & mere, par ses Arrests remarquez par Brodeau sur Monsieur Loüet lettre L. nombre 7.

5. Ce droit est accordé à ceux qui sont legitimez par le mariage subsequent, dautant que par ce moyen ils sont rendus semblables à ceux qui sont nez en legitime mariage, par un effet retroactif au jour de leur conception, pour operer dés ce jour leur legitimation, §. *aliquando. Institut. de nupt. & tot. tit. C. de natural. liber.*

6. *Si celuy qui est né avant le premier mariage de son pere, & dont la naissance precede celle des enfans nez de ce mariage, & qui est legitimé par le second mariage de son pere, est préferé au droit d'aînesse ?*

On répond que non, & que bien que le legitimé soit rendu capable de succeder à son pere par un mariage subsequent, il ne peut pas néanmoins prétendre le droit d'aînesse au préjudice de celuy qui est né en legitime mariage.

La raison est, que ce droit n'est accordé qu'à ceux qui sont legitimes, & que le bâtard legitimé n'en a été rendu capable qu'au temps de sa legitimation, auquel ce droit étoit déja acquis au fils premier né du premier mariage.

On ne peut pas dire que cette legitimation puisse avoir un effet retroactif au jour de sa naissance, parce qu'en ce temps-là il étoit illegitime, & qu'on ne peut pas feindre que pour lors il fût legitime, à cause du premier mariage qui a précedé sa legitimation.

Mais quand bien même on feroit cette fiction, elle ne pourroit nuire, ni préjudicier à l'aîné du premier mariage, dont les droits étoient acquis avant la legitimation de cet enfant legitimé par un autre mariage posterieur.

DU MOULIN C'est le sentiment de Maître Charles du Moulin sur cet article *Glos. 1. num. 35.*

Benè potest lex ex nunc fingere, prout fingit, retrò in preteritum eos fuisse legitimos, & est fictio translativa de tempore ad tempus : hac autem fictio nihil immutare vel auferre debet de jure aliis quæsito, cap. quamvis. de rescript. in 6. & Authent. quib. mod. natur. effic. legit. &c.

Legitimatio nunquam retrotrahitur, dit le même Auteur, *in prajudicium tertii, cui jus est quæsitum : quare jus primogenituræ pertinet ad primum masculum legitimè natum, licet alter major natu filius naturalis per subsequens matrimonium, post primum scilicet dissolutum, legitimus efficiatur.*

Deplus, cette fiction seroit contraire à la Loy, en ce qu'elle feindroit que le bâtard auroit été né en legitime mariage, & qu'ainsi son pere auroit été marié avec sa mere dans le temps même qu'il l'étoit avec sa premiere femme.

C'est le sentiment de Charondas sur cet article, où il dit que cette opinion est tenuë pour commune. CHARONDAS

Brodeau *num. 6.* est de même avis. BRODEAU.

Maître Auzanet dit, que *prior natus ex complexu prohibito & legitimatus per subsequens matrimonium, prafertur masculis natis* depuis le mariage qui a fait la legitimation, *sive ex eodem vel ex altero matrimonio, aut subsequente matrimonio : fallit*, si d'un mariage legitime il soit provenu auparavant la legitimation des enfans mâles ; & que depuis la dissolution de ce mariage le mary ait épousé en secondes nopces celle qu'il avoit entretenuë avant son premier mariage, & de laquelle il avoit un enfant mâle ; car en ce cas la legitimation des mâles nez de concubinage ne peut avoir un effet retroactif au préjudice des enfans issus du mariage legitime, & l'aîné des mâles issus du premier mariage seroit preferé aux mâles issus du concubinage, quoique plus âgez & legitimez par le second mariage ; parce que le temps de leur naissance pour les rendre capables de succeder & prendre les droits d'aînesse, ne doit être consideré que du jour de leur legitimation. 7. AUZANET.

Monsieur le Brun, *en son Traité des Successions livre 2. chapitre 2. section premier n.* 15. est d'avis contraire. Il n'y a point, dit-il, de disposition particuliere qui attribuë le droit d'aînesse au premier fils d'un mariage legitime. 2°. Le droit d'aînesse n'est gueres plus acquis pendant la vie du pere que le droit de succeder. 3°. Supposé même que le fils aîné du premier mariage pût se dire être en quelque sorte de possession du droit d'aînesse du vivant du pere, ce qui ne pourroit consister que dans une simple esperance, il ne seroit pas extraordinaire de le voir déchoir de cette esperance, par l'effet retroactif d'un mariage subsequent : cela n'est pas sans exemple, puisque si un pere avoit fait son testament, sans faire mention de ses enfans naturels, & qu'il les legitimât ensuite par un mariage subsequent, le testament seroit nul par cette préterition, selon Decius sur la Loy *posthumo C. de bonor. possess. contra tabul.* 8.

Cependant je ne vois pas que ces raisons soient capables de faire quitter l'opinion de du Moulin & de la plûpart de nos Jurisconsultes, qui est sans difficulté la meilleure, comme étant plus équitable & plus fondée en raison, comme il resulte de ce qui a été dit cy-dessus.

Pour ce qui est des filles du premier mariage, il est sans difficulté qu'elles ne peuvent prétendre le droit d'aînesse au préjudice du bâtard legitimé par mariage subsequent, dautant que le droit d'aînesse n'est pas deferé par la Coûtume à la fille aînée, mais seulement au fils aîné.

C'est l'opinion de Brodeau sur cet article nomb. 18.

Si l'enfant né pendant un second mariage de sa mere contracté de bonne foy vivo primò marito, *peut prétendre le droit d'aînesse dans les biens de sa mere, au préjudice des enfans qui seroient nez d'elle & de son premier mary aprés son retour ?* 9.

Il n'en faut point douter, dautant que le mariage dont il est issu, a été valablement & legitimement contracté, quoiqu'il soit rendu nul par le retour du premier mary, & les enfans qui en sont nez, sont reputez legitimes & capables de succeder à leurs pere & mere, comme il a été jugé par plusieurs Arrests remarquez dans la Jurisprudence du Digeste sur le titre des Nopces.

C'est le sentiment de Charondas sur cet article, à cause de la bonne foy de l'une des parties, *cap. cùm inhibitio. ubi Glos. & Doct. Ext. de clandestin. despons. cap. 2. qui fil. sint legit.* Bald. *in l. qui contra. C. de incest. nupt. &* Jason *in l. ex facto. ff. de vulg. & pupil. substit.* CHARONDAS

10. Le droit d'aînesse n'appartient pas à l'aîné des mâles en succession collaterale, suivant l'article 331. cy-aprés.

Ce droit n'est point aussi accordé à l'aînée des filles en succession en ligne directe, quoiqu'il n'y ait point d'aîné, suivant l'article 19.

11. Les petits enfans, soient fils ou filles, qui viennent à la succession de leur ayeul ou ayeule par representation de l'aîné leur pere, prennent le droit d'aînesse, comme il l'auroit pris s'il avoit survécu son pere ou sa mere, suivant l'article 324. cy-aprés.

12. Que si celuy de la succession duquel il s'agit, laissoit des enfans de plusieurs mariages, le droit d'aînesse appartient au premier enfant mâle né de l'un de ces mariages, parce qu'en une succession il n'y a qu'un droit d'aînesse ; c'est pourquoy la Coûtume en cet article dit *au fils aîné*, étant incompatible qu'il y ait deux aînez enfans d'un même pere ou d'une même mere, Tronçon *in verbo*, au fils aîné, Brodeau nombre 17.

Tronçon. Brodeau.

13. *Lequel est l'aîné de deux gemeaux ?*

Quelques-uns veulent que celuy qui est venu au monde le dernier, soit l'aîné, parce que, disent-ils, il a été le premier conçû, suivant l'opinion commune des Medecins ; & que celuy qui est conçû est censé né lorsqu'il s'agit de son utilité. Ce sentiment n'est fondé que sur des conjectures tres-legeres & tres-incertaines, c'est pourquoy on ne s'y doit point arrêter.

D'autres sont d'avis que celuy qui vient au monde le premier, est l'aîné ; & je croy que c'est l'opinion que nous devons suivre ; car l'aîné est celuy qui est né le premier, & on ne dit pas que celuy qui est encore *in utero*, soit né, il faut pour cela être venu au monde pour être mis au nombre des vivans. Voyez Henry tome 2. livre 6. question 8. avec les Observations.

14. Il y a plus de difficulté, sçavoir *au cas qu'on ignore lequel des deux est venu au monde le premier, à qui appartiendra le droit d'aînesse ?*

Quelques-uns veulent qu'il faut préferer celuy que la nature a avantagé de belles qualitez par dessus l'autre ; mais cette opinion ne plaît pas, parce que le droit d'aînesse ne suit pas les avantages de la nature, & quelquefois les aînez ont moins d'esprit que leurs cadets : Ou qu'il faut que le sort en decide pour l'un ou pour l'autre.

Du Moulin. C'est le sentiment de Maître Charles du Moulin sur cet article *Glos.* 1. *num.* 3. *& seqq.*

Il semble que le droit d'aînesse ne devroit appartenir ni à l'un ni à l'autre, par argument de la Loy *si fuerit.* 15. *ff. de stat. homin.* qui décide qu'un legs fait au premier né, est caduc, si on ignore quel est l'aîné ; comme si la mere est accouchée de deux enfans par un même accouchement, *uno impetu*, dit la Loy.

La raison est, que *mutuo concursu sese impediunt*, ils s'empêchent l'un l'autre, & perdent le droit qu'ils y ont par leur concurrence.

Le docte Faber *lib.* 20. *cap.* 4. *Conjectur.* condamne cette décision, & soûtient, que quoiqu'on ait égard à l'intention du testateur, ou qu'on examine les termes dont elle est conçûë, il n'y a rien qui puisse empêcher que tous deux en ce cas ne soient reçûs à sa liberalité, puisque chacun d'eux se peut dire le premier né.

Ce n'est pas à dire, qu'ils puissent l'un & l'autre prétendre le legs entier, la volonté du testateur n'ayant pas été de faire deux legs, mais un seul, la faveur de l'heritier empêchant cette multiplication ; mais ils ont droit de demander la délivrance du legs pour être partagé entr'eux, puisque par ce moyen ils ne contreviennent point à l'intention du testateur, & que ce partage ne cause aucun préjudice à l'heritier, ne payant que ce dont il est chargé par celuy auquel il succede.

On peut dire avec Godefroy en ses Notes sur cette loy, que *hoc legatum stricto jure neutri debetur, ex æquitate verò utrique* supposé que le legs se puisse partager, comme nous avons dit en nôtre Jurisprudence du Digeste sur le titre *de rebus dubiis*.

Tiraqueau en son Traité du droit d'aînesse *quæst.* 17. *in fine* est d'avis, que le droit d'aînesse en ce cas se doit partager entre l'un & l'autre. 15.

Cette opinion est assez équitable, à moins qu'ils ne consentissent étant majeurs de vingt-cinq ans, que la chose fût mise au sort, pour avoir l'un ou l'autre ce droit tout entier sans partage : les puisnez ne pourroient pas empêcher qu'il ne fût partagé, dautant qu'il leur doit être indifferent qu'il appartienne à un seul, ou qu'il soit divisé entre deux. Tronçon *in verbo*, au fils aîné, propose la question, mais il ne la décide pas, comme il fait d'une infinité d'autres. Tronçon.

Quoiqu'on ignore celuy qui est l'aîné de deux gemeaux, néanmoins celuy-là y doit être maintenu qui en a été en possession ; jusqu'à ce que l'autre prouve qu'il est veritablement l'aîné, car l'effet de la possession est qu'elle oblige à preuve celuy qui soûtient le contraire, *l. circa eum. ff. de probatio. l. liberis in fine, & l. quod autem ff. de liber. cav.* 16.

C'est le sentiment de Charondas sur cet article, & des autres Docteurs.

Le droit d'aînesse ne se prend par l'aîné que par droit hereditaire & en qualité d'heritier, étant un avantage annexé à sa portion hereditaire ; Brodeau nombre 30. 17. Brodeau.

Loysel en ses Institutes Coûtumieres livre 4. titre 3. article 69. dit, *nul ne prend droit d'aînesse, s'il n'est heritier* ; d'où il s'ensuit :

Premierement, que ce droit n'est formé & acquis à l'aîné, qu'au moment du decés de ses pere & mere ; & par conséquent s'il decedoit avant eux sans enfans, les creanciers de l'aîné ne pourroient rien prétendre dans son droit d'aînesse, non plus que dans les successions de ses pere & mere qui luy auroient survécu ; Et en ce cas le puisné entreroit en la place de l'aîné pour prendre le droit d'aînesse ; Brodeau *num.* 18. conformément à l'opinion de du Moulin sur l'article 35. *quæst.* 6. *num.* 10. car ce qui est dit de l'aîné en cet article & dans les suivans, se doit entendre de celuy qui se trouve l'aîné au temps que les successions des pere & mere sont ouvertes, dans lesquelles il y a des biens sujets à ce droit. 18. Brodeau. Du Moulin.

En second lieu, que si l'aîné renonce à la succession il n'y a point de droit d'aînesse pour luy, Brodeau sur cet article *num.* 16. 19. Brodeau.

Mais on demande s'il appartient au puisné en ce cas. Voyez l'article 27. & 310.

Maître Auzanet sur l'article 15. dit, que la renonciation faite par le fils aîné, qui a choisi la profession Ecclesiastique, à ses droits d'aînesse, & à ses autres droits successifs du vivant de son pere, & ratifié la renonciation par une transaction faite depuis le decés de son pere, moyennant une augmentation de pension & d'une somme pour une fois payée beaucoup au-dessous de la juste valeur desdits droits, n'est reçû à reclamer, qu'il a été ainsi jugé par Arrest du 20. Février 1623. en l'Audience de la Grand'-Chambre, plaidans Fourcroy & Chamillart, entre Messieurs de Banquemarre freres. Auzanet.

En troisiéme lieu, que si l'aîné est exheredé pour une juste cause, le droit d'aînesse passe au puisné, ce qui n'est pas sans difficulté.

En quatriéme lieu, que l'aîné est saisi de ce droit dés la mort de son pere ou de sa mere, sans qu'il soit obligé d'en demander la délivrance, de même que de sa portion hereditaire par la Coûtume generale du Royaume *le mort saisit le vif*, c'est le sentiment de tous les Docteurs qui ne reçoit aucune difficulté, Brodeau *loco citato*. 20.

Ce qui étoit marqué par ce terme *prend*, qui étoit en l'article 8. de l'ancienne Coûtume, au lieu duquel cet article 13. a été mis : & même ce terme *appartient*, qui est dans cet article 13. nous denotent assez que l'aîné n'est pas obligé d'en demander la délivrance, puisqu'il luy appartient, & qu'il en est le maître & propriétaire au moment du decés de son pere, *ad instar* de sa portion hereditaire, de laquelle il est saisi ainsi que tous ses autres coheritiers.

21. Si l'aîné venoit à mourir sans enfans immediatement aprés son pere, avant que d'avoir apprehendé sa succession, ce droit ne passeroit pas au puîné : parce que l'aîné en a été saisi dés la mort de son pere, puisqu'en vertu de cette regle, *le mort saisit le vif*, contenuë en l'article 318. il a été saisi de sa portion hereditaire, dont le droit d'aînesse fait partie ; ainsi il n'a pas été necessaire qu'il ait apprehendé la succession avant sa mort, pour acquerir les droits & la portion qu'il y avoit.

D'où il s'ensuit qu'aprés sa mort il faut separer la portion de l'aîné dans les Fiefs & biens nobles, & aprés partage fait des portions qui restent entre les autres enfans, la portion de l'aîné doit ensuite être partagée entre les freres, à l'exclusion des sœurs, pour la portion des Fiefs & terres nobles, que l'aîné avoit droit de prendre en vertu de son préciput & droit d'aînesse, dautant que cette portion tombe en succession collaterale.

La Coûtume de Melun a une disposition contraire en l'article 94. qui porte que, *si aprés que la succession directe est échuë à plusieurs enfans, le fils aîné meurt sans hoirs procréez de son corps paravant partage, le plus âgé d'aprés aura le droit d'aînesse qu'auroit eu le défunt.*

Cette question s'étant présentée en la Cour en ladite Coûtume de Melun, l'Arrest qui intervint le 13. May 1662. jugea que la succession de l'aîné échuë avant qu'il eût fait partage avec ses puîsnez, se devoit partager comme directe, & non comme collaterale ; & sur les lettres obtenuës en forme de Requête civile contre cet Arrest, la Cour par son Arrest du 3. Février 1667. rapporté dans le 3. Tome du Journal des Audiences, mit les parties hors de Cour. 22.

Mais cette Coûtume est restrainte dans ses limites, de sorte qu'en ce cas en toute autre Coûtume qui n'auroit pas une semblable disposition, on observeroit le contraire, comme étant plus conforme à la doctrine des Fiefs.

Les puîsnez sont appellez *Maisnez* dans sa Coûtume de Clermont article 82. *Juvigneurs* dans celle de Bretagne article 341. & *Parageurs* en celle de Poitou article 125. & dans la même Coûtume les aînez sont appellez *Chemiers*. Les aînez sont appellez parageurs, & les puîsnez *parageaux* dans les Coûtumes d'Anjou, du Maine & de Tours. 23.

PAR PRECIPUT.

GLOSE DEUXIEME SUR L'ARTICLE XIII.

SOMMAIRE.

1. *Si ces termes*, préciput & droit d'aînesse, *sont synonimes.*
2. *Pour quelle raison ce droit a esté introduit.*
3. *S'il a lieu entre roturiers.*
4. *Si les biens nobles se partagent sans droit d'aînesse entre roturiers en la Coûtume de Vitry.*
5. *Si le droit d'aînesse a lieu en succession d'heritages roturiers.*
6. *Si cet avantage est de droit public, & reçu par toutes les nations.*
7. *Si les pere & mere peuvent préjudicier au droit d'aînesse.*
8. *Si le pere peut transferer le droit d'aînesse au puîné.*
9. *S'il peut ordonner dans le contrat d'acquisition d'un Fief, qu'il se partagera également entre ses enfans sans droit d'aînesse.*
10. *Si un aîné peut renoncer au droit d'aînesse.*
11. *Si un pere peut donner un Fief en mariage à sa fille, au préjudice du droit d'aînesse.*
12. Quid, *s'il y a plusieurs Fiefs.*
13. *Si le puîné donataire d'un Fief l'avoit aliené, sçavoir, si la donation pourroit estre revoquée.*
14. *Si le donataire peut valablement constituer des hypotheques, au préjudice du droit d'aînesse.*
15. *Si la vente d'un Fief étant revoquée, les droits payez au Seigneur, peuvent estre repetez.*
16. *Si un pere peut disposer d'un Fief au profit d'un étranger, au préjudice du droit d'aînesse.*
17. *Si le pere peut charger son aîné de restitution, au préjudice du droit d'aînesse.*
18. Quid, *du Fief donné par contrat de mariage au premier né, si une fille le pourroit prétendre.*
19. *Si le droit d'aînesse peut estre diminué par un legs de meubles & acquests faits aux puînez, ou par conversion d'un Fief en roture.*
20. *Si le consentement des enfans pour le partage égal au temps de l'acquisition du Fief, empescheroit le droit d'aînesse.*
21. *Si le droit d'aînesse se prend sur le Fief acquis par le pere au nom d'un de ses puînez.*
22. *Si l'aîné peut ceder, vendre & aliéner son droit d'aînesse du consentement du pere à un étranger.*
23. *Si l'aîné peut disposer du droit d'aînesse aussi-tost que la succession est ouverte, avant*

que de partager.

24. *Si le droit d'aînesse se peut prescrire.*

25. *Quelle Coûtume il faut suivre pour regler le droit de l'aîné.*

1. LE droit d'aînesse est souvent appellé *préciput* ; & ces termes *preciput & droit d'aînesse* sont par fois synonimes, se prenant souvent dans une même signification, pour signifier tout l'avantage que le fils aîné prend dans les biens nobles de ses pere & mere aprés leur decès, comme dans les articles 15. & 16.

Néanmoins le droit d'aînesse consiste en deux avantages accordés à l'aîné, sçavoir au préciput & dans une plus grande portion que la Coûtume luy donne dans les terres nobles & droits féodaux.

Ainsi le préciput dans sa propre signification, se prend pour le manoir ou Château avec la basse court & l'enclos d'un arpent que l'aîné prend avant partage *per praeceptionem & ante capionem* : car prendre par préciput, c'est *capere ante heredes*, hors part & sans confusion, *l. 34. §. 1. l. ult. ff. de legat.* 2. de même que le preciput accordé par contract de mariage au survivant des conjoints, qui se prend sur les biens de la communauté, hors part & sans diminution de la part du survivant sur les biens communs, le preciput étant pris auparavant, comme il sera dit sur l'article 229.

2. CHARONDAS Ce droit selon Charondas a été introduit pour conserver & maintenir la grandeur & la puissance des Souverains ; car en donnant de grands avantages aux aînez des familles, ils peuvent donner de grands secours à leur Prince, soit en argent, ou en entretenant des gens de guerre à leurs frais & dépens, dont il seroient privez, si les biens des grandes familles étoient partagez également entre un nombre considerable d'enfans : ainsi l'interêt public a donné principalement l'origine à ce droit, plûtôt que l'interêt particulier de quelques familles.

3. Il appartient à l'aîné soit noble ou roturier, car quoique cet avantage pour les aînez ait été introduit en faveur des maisons nobles pour en conserver la splendeur, en donnant à l'aîné de grands avantages dans les partages des successions de leurs pere & mere, dans les temps esquels les nobles avoient droit de posseder Fiefs à l'exclusion des roturiers ; néanmoins depuis que l'on a permis aux roturiers de les posseder, les regles établies pour les successions nobles entre Nobles, ont été observées pour les successions & partages de biens nobles entre roturiers. Ainsi quoique le pere decedé ait été de condition roturiere, le droit d'aînesse appartient à son aîné dans les biens nobles de sa succession ; c'est pourquoy la plus grande partie de nos Coûtumes ne distinguent point entre les Nobles & les roturiers pour le partage des biens nobles.

Celle de Rheims article 42. porte, *le fils aîné en chacune succession de pere, mere, ayeul, ayeule, ou autre ascendant, soit Noble ou roturier* ; plusieurs autres ont une semblable disposition, laquelle s'observe dans celles qui n'en parlent point.

4. Cette question s'est présentée dans la Coûtume de Vitry, sçavoir *si les biens féodaux se doivent partager sans préciput ni droit d'aînesse entre roturiers ?* ce qui a formé le doute, sont les articles 46. & 55. de cette Coûtume.

L'article 46. porte, *Coûtume est audit Bailliage notoire, qu'aucun ne peut tenir terre de Fief s'il n'est Noble personne, sans congé du Roy*, &c.

L'article 55. est en ces termes, *en successions de Nobles personnes qui décedent & délaissent un ou plusieurs Châteaux, l'aîné fils emporte par droit d'aînesse & successif, lequel Château ou maison forte que bon luy semble.*

De ces articles il s'ensuit que la Coûtume s'étant expliquée dans le cas d'une succession noble, en ce qui concerne le préciput & droit d'aînesse, elle exclud celuy de la succession non noble, & ne peut avoir lieu dans le partage d'une succession roturiere ; sa disposition est limitatif & laxatif, ainsi elle ne peut pas s'étendre au cas contraire & opposé, *quando verba disponunt, & dispositionem qualificant & limitant, & super quibus principaliter fundatur dispositio, restringunt, secus si gratiâ exempli vel majoris frequentiâ infirmitur*, selon du Moulin sur le §. 20. Glos. 3. n. 7.

Les Coûtumes sont de droit étroit & rigoureux, leurs décisions ne souffrent pas d'extension, il faut suivre les termes dont elles sont conçûës, & on ne s'en doit point écarter sans des raisons tres-fortes, *earum verbis est inherendum, nec illis licet addere, nec aliàs interpretari quàm loquantur*, dit du Moulin sur l'article 1. de cette Coûtume, Glose 4. nombre 12. 5.

D'Argentré sur l'article 266. de celle de Bretagne, dit la même chose, que *casus omissus debet haberi pro omisso, quantumcumque par ratio videatur.*

On dit au contraire que quand la Coûtume de Vitry dit, qu'on ne peut tenir Fief si on n'est Noble, c'est une regle qui a lieu par toute la France, & ce n'est que par tolerance de nos Rois que les roturiers les possedent, en payant les sommes ausquelles ils sont taxez de temps en temps, & néanmoins dans cette Coûtume, comme dans les autres, les roturiers les peuvent acquerir & posseder.

Il est vray que l'article 55. parlant du partage des Fiefs, n'en parle que par rapport aux Nobles, mais il ne s'ensuit pas que sa disposition ne doive être étenduë aux roturiers, selon le droit qui s'observe dans les autres Coûtumes, dont la disposition est expresse, de même dans celles qui n'en parlent pas ; L'article 53. de la même Coûtume contient une disposition generale qui n'est point restrainte & limitée aux Nobles en ces termes, *quand un homme va de vie à trépas, & il a terres nobles & féodales en divers Bailliages Royaux, comme Vitry & Vermandois, son fils aîné prend droit d'aînesse à son choix & en chacun desdits Bailliages.*

Nonobstant ces raisons & autres que l'on peut voir dans le Journal du Palais, par Arrest du 16. Mars 1678. rendu en forme de Reglement en la Quatriéme Chambre des Enquêtes, au rapport de Monsieur Bertault, la Cour a ordonné l'égalité du partage entre les parties pour raison des biens féodaux, c'est-à-dire, qu'ils seroient partagez également sans préciput & droit d'aînesse à l'égard de personnes roturieres. Et il fut ordonné par ledit Arrest, qu'à la diligence du Substitut de Monsieur le Procureur General il seroit lû, publié & affiché ès Sieges Royaux, Bailliages & Presidiaux étant de l'étenduë en la Coûtume de Vitry.

De ce qui a été dit cy-dessus, il s'ensuit qu'en succession d'heritages roturiers & biens meubles, il n'y a point de droit d'aînesse, mais qu'ils se partagent toûjours également, sans que l'aîné y puisse prétendre aucune prérogative.

C'est la disposition expresse de la Coûtume de Blois article 142. qui est conçu en ces termes. *En succession d'heritages & biens meubles, tant mâles que femelles succedent également sans aucune prérogative, soit en ligne directe ou collaterale.*

Le droit d'aînesse est un avantage de droit public autorisé par les Coûtumes de France, & même reçû presque par toutes les Nations du monde, selon l'avis de Tiraqueau en son Traité du droit d'aînesse, nombre 3. qu'il confirme par le sentiment d'une infinité d'Auteurs ; de-là vient que l'aîné succede à la Couronne. 6.

Ce

Ce droit trouve son fondement sur le droit naturel, *qui nos tam latè patens, & veluti uno omnium populorum, gentiumque ac Nationum consensu institutus, à natura ipsa rerum omnium magistra manasse videtur, quæ homines primigeniorum amantiores, quàm cæterorum efficit, ut omnibus exploratum est, qui filios genuerunt*, dit le même Auteur *num.* 37.

Ce droit est favorable en France, où l'on a moins de consideration pour l'avantage des aînez, que pour la conservation des familles qui est procurée par ce moyen; excepté dans les Coûtumes où l'aîné prend tous les Fiefs, dans lesquelles il arrive souvent, que les aînez sont opulens, & leurs puisnez dans l'indigence, obligez de faire des choses indignes de leur naissance pour avoir le necessaire.

Moulin. Brodeau. C'est le sentiment de du Moulin sur cet article *Glos.* 3. *num.* 30. de Brodeau *num.* 14. d'Argentré en ses avis sur le partage des Nobles *quæst.* 2. & sur la Coûtume de Bretagne, *article* 224. *Glos.* 7. *num.* 8.

Moulin. Néanmoins du Moulin fait une distinction sur cette question qui est fort juste, sçavoir que ce droit est favorable & non odieux dans les Coûtumes, où l'aîné ne prend qu'un avantage moderé, & qui n'exclud pas entierement les autres enfans des biens de leurs pere & mere, comme dans la Coûtume de Paris, où l'aîné n'a qu'un avantage qui ne comprend qu'une partie des biens possedez noblement, suivant l'article 15. cy-aprés. Mais qu'au contraire il est odieux dans les lieux où l'aîné prend tous les Fiefs, parce qu'il exclud les enfans de la legitime qui leur est dûë par le droit naturel, sur les biens de leurs pere & mere; *& tantò odiosius, quantò magis exorbitat, & à debito naturæ reliquas filias excludit*, dit du Moulin *num.* 30.

7. Puisque cet avantage se prend par les aînez par la disposition des Coûtumes & du droit public, & non par la volonté de ceux dans les biens desquels il se prend, il s'ensuit que les peres & meres ne peuvent par aucune disposition, soit entre-vifs, ou par derniere volonté, disposer de leurs biens nobles entre leurs enfans au préjudice de ce droit, *istud non est beneficium patris, sed legis, vel Consuetudinis, unde non potest à patre auferri*, dit Balde *in consil.* 360.

Il faut dire aussi de ce droit que la Loy *si arrogato. §. sed si impuberi. ff. de adoption.* dit de la portion dûë à l'impubere adrogé sur les biens de son pere adoptif, *in quarta filio arrogato debita non potest pater arrogator substituere per fideicommissum, nec aliud onus apponere; quoniam non judicio patris ad filium pervenit, sed principali providentiâ.*

C'est pour cette raison que l'Empereur Justinien en la Novelle 22. *de nuptiis. cap. deinceps. in fine*, parlant des gains nuptiaux, dit qu'entre les enfans ils ne peuvent être diminuez à chacun d'eux, à moins que ce ne soit pour cause d'ingratitude. *Unde si præmium est ex lege descendens in eos, nullâ adjectione neque turbetur, neque minuatur, nisi fortè causam ipsi dent filii suæ diminutionis.*

Et comme le même Empereur dit au chapitre, *sed hæc quidem. eod. tit. in fine: quod ex lege datum est lucrum, privatus modis omnibus auferre non valebit.*

8. Il s'ensuit delà que le pere ne peut pas ordonner par derniere volonté, ou autrement, que le droit d'aînesse appartiendra au puisné, ou que tous ses biens nobles se partageront également entre ses enfans.

C'est le sentiment de Tiraqueau *d. loco. quæst.* 21. *num.* 1. quoique ce fût un roturier & même un villageois, comme il a été jugé par Arrest du 30. Octobre 1556. remarqué par Monsieur le Maître, Tronçon. au Traité des foy & hommage, & par Tronçon, *verbo*, au fils aîné.

Fileau. Brodeau sur Monsieur Loüet lettre S. chapitre 10. en cite un du 11. Aoust 1615. rapporté par Fileau au deuxiéme Tome de ses Arrests, qui a jugé qu'un pere, quoique de condition roturiere, acquerant un Fief, ne peut par quelque déclaration qu'il fasse dans le contrat, ordonner que le Fief se partagera également entre ses enfans.

Il y a quelques Coûtumes contraires, comme celle d'Orleans article 91. mais elles n'ont force de Loy que dans leur étenduë; & quant aux Coûtumes qui n'en parlent point, on suit la Jurisprudence établie par les Arrêts.

Le pere en faisant acquisition d'un Fief, ne pourroit pas dans le contrat déclarer valablement, que 9. cette acquisition seroit faite à la charge que le Fief par luy acquis seroit partagé roturierement entre ses enfans; parce que telle charge & déclaration ne pourroit valoir en fraude de la Coûtume.

Si un aîné peut renoncer au droit d'aînesse au profit 10. *d'un des puisnez?*

Du Moulin sur cet article *Glos.* 3. *num.* 27. tient Du Moulin. que le fils aîné peut renoncer à son droit d'aînesse du vivant du pere, pourvû que ce soit du consentement de son pere.

Charondas, Tronçon sur cet article *verbo*, au fils Charondas. Tronçon. aîné, Brodeau sur Monsieur Loüet lettre E. chapitre Brodeau. 7. & Maître Auzanet sont d'avis contraire. Auzanet.

Charondas remarque trois Arrests des 29. Octobre 1556. 14. Aoust 1566. & 14. Mars 1603. qui ont jugé que l'aîné qui a renoncé du vivant de son pere, peut se faire relever de cette renonciation.

Tronçon & Brodeau *loco citato*, citent un autre Arrest d'Audience du 14. Avril 1616. donné au profit de Pierre Baron, Chanoine de l'Eglise de saint Calais, intimé d'une part, & René Baron son puîné, appellant d'autre, la Cour enterina les Lettres obtenuës par un aîné, pour être relevé de la renonciation par luy faite au droit d'aînesse au profit de son puîné du vivant de son pere; & remit les parties en même état qu'elles étoient auparavant, quoique cette renonciation eût été faite en faveur du mariage du puîné, lequel n'eût pas été fait autrement. Ce qui se doit ainsi entendre, quoique l'aîné eût reçû recompense de son puîné.

La raison de cet Arrest est, que telle renonciation faite du vivant du pere, quoique par un majeure, est présumée faite par contrainte & contre la volonté du fils.

On ne peut pas dire en ce cas, que *coacta voluntas, voluntas fit*, parce qu'il n'y a pas lieu de croire que le fils ait consenty volontairement à la perte de ses droits auparavant qu'ils luy fussent acquis, quand même l'aîné auroit eu recompense pour renoncer à ce droit, *non videntur rem amittere quibus propria non fuit*, dit la Loy *non videntur. ff. de R. J.* & comme dit le Jurisconsulte en la Loy 4. *ff. eod. tit. velle non creditur, qui obsequitur imperio patris.* Et du Moulin sur l'article 99. de la Coûtume de Vitry, *consensus filii præsumitur vi aut metu extortus, timens ne pater pejus faceret.*

On présume facilement, que l'aîné n'a pû rien refuser à celuy à qui il est redevable de la naissance, & que s'il vouloit resister à ses commandemens, il ressentiroit avec plus d'effet la rigueur de sa colere; que l'aîné prévoyant que son pere peut le reduire à sa legitime, aime mieux condescendre à ses volontez, dans l'esperance qu'il en tirera plus d'avantage; mais la Cour qui a interêt, que la disposition des Coûtumes en faveur des aînez, ne soit point éludée par quelque adresse & artifice que ce soit, a toûjours jugé pour la conservation de ce droit.

Ce qui auroit lieu même, quoique l'aîné qui auroit renoncé du vivant de son pere, fût Ecclesiastique & pourvû de Benefices, de sorte qu'il seroit restitué contre sa renonciation au droit d'aînesse faite par le contrat de mariage de son puîné, & la prescription des dix ans de l'Ordonnance, ne commenceroit à courir que du jour du decés du pere.

Il en faudroit dire de même de la renonciation faite du vivant de la mere par l'aîné au droit d'aînesse pretendu sur ses biens, parce qu'il y a parité de raison.

Voyez Loysel livre 4. titre 3. regle 70. & Brodeau sur cet article nombre 39. & 40. & les Auteurs qu'il cite.

La renonciation au droit d'aînesse est valable, pourvû qu'elle soit faite par l'aîné majeur, aprés la mort de celuy de la succession duquel il s'agit, ou même de son vivant & ratifiée aprés sa mort.

AUZANET Maître Auzanet sur l'article 15. remarque un Arrest du 20. Février 1623. en l'Audiance de la Grand'-Chambre, entre Messieurs de Bauquemar freres, par lequel la renonciation faite par le fils aîné du vivant du pere, & ratifiée depuis son decés par une Transaction, moyennant une pension & une somme pour une fois payer, quoique au-dessous de la valeur de ses droits, a été confirmée.

La renonciation doit être expresse, car celle qui s'induit d'un consentement tacite, ne seroit pas suffisante, comme il a été jugé par Arrests des années 1571. & 1608. rapportez par Brodeau sur Maître Loüet *loco citato* : comme si l'aîné avoit rendu la foy & hommage au Seigneur en son nom & au nom de ses freres & sœurs, pour une maison tenuë en Fief, qui luy appartiendroit toute entiere pour son droit d'aînesse.

Maître Auzanet dit que l'aîné ne peut ceder son droit d'aînesse avant l'ouverture de la succession, ni même du consentement de ses pere & mere, & des autres puînez, à un puîné; non pas même par le contrat de mariage d'un puîné.

C'est la doctrine commune du Palais fondée sur un Arrest du 14. Avril 1616. donné en l'Audience de la Grand'-Chambre, plaidans Guerin & Royer: dautant que les prérogatives des aînez ont été établies par un droit public, auquel on ne peut deroger par des conventions particulieres.

Et néanmoins cette proposition paroît fort rude, dit cet Auteur, principalement dans les maisons illustres, ausquelles il importe d'avoir des aînez puissans & capables de continuer l'éclat & la grandeur de la famille.

II. *Si le pere peut au préjudice du droit d'aînesse, donner un Fief en mariage à sa fille, ayant d'autres biens, tant meubles qu'immeubles, suffisans pour parfournir la legitime aux autres enfans?*

On tient que non, quoique ce droit ne soit pas encore acquis à l'aîné du vivant de son pere, & qu'il n'ait qu'une simple esperance & une attente incertaine, laquelle n'ôte pas au pere la faculté de disposer librement de son vivant des biens sujets au droit d'aînesse, au moins au profit d'étrangers.

Il en faut tirer la raison, de ce que du Moulin rapporte sur cet article, Glose 3. nombre 15. pour raison de doute; car il tenoit un sentiment contraire; *quamvis filii vivo patre non habeant etiam respectu legitimæ, nisi spem simplicis expectationis, tamen non licet patri illam defraudare per donationes in alios collatas, sed erit locus querelæ inofficiosæ donationis. Istud autem jus præcipui est vera legitima primogeniti aucta & data per Consuetudinem. Igitur non licuit patri diminuere, & multominus in totum fraudare spem hujus præcipui, quin sit locus querelæ inofficiosæ donationis: quamvis enim non sit inofficiosa respectu legitimæ primogeniti. Imo videtur talem alienationem ipso jure nullam, tanquam factam, nedum in fraudem primogeniti, sed etiam in fraudem Consuetudinis.*

DU MOULIN. Du Moulin rapporte cette raison pour objection contre l'opinion contraire qu'il tient, Tiraqueau au Traité du droit d'aînesse, question 61. nombre 1. est de même sentiment, parce que *omnia sunt apud nos instar patrimoniorum redacta; possuntque liberè dari in dotem, & donari ad usque portionem à consuetudinibus cujusque provinciæ præceptam.*

Les pere & mere ne peuvent par le contrat de mariage d'un puîné, luy faire une donation préjudiciable au droit d'aînesse, quand même l'aîné y donneroit son consentement.

Cette opinion ne fait à présent aucun doute, étant fondée sur plusieurs Arrests; le premier est du 14. Aoust 1566. remarqué cy-dessus. Le second remarqué par Filcau au second Tome de ses Arrests, & par Ricard, est du 14. Août 1629. donné entre les Boisdecour, en la Chambre de l'Edit, au rapport de Maître Meliand, par lequel en émendant une Sentence arbitrale, qui ordonnoit que tous les biens délaissez par Adrian de Boisdecour, seroient partagez entre ses enfans donataires, sans aucune prérogative, sauf à Gedeon de Boisdecour, fils aîné, de se tenir à sa legitime, telle qu'il pourroit avoir comme heritier de son pere; la Cour a ordonné, que partage seroit fait, & que le preciput & droit d'aînesse seroit baillé à Gedeon fils aîné, suivant la Coûtume où les Fiefs appartenans au pere, étoient situez.

Ce qui a été encore jugé par d'autres rendus depuis, specialement par un Arrest du 14. Avril 1654. au Rôle de Paris, rapporté par du Fresne, lequel en remarque d'autres plus anciens, qui ont jugé ainsi la même question: de sorte qu'il n'y a pas lieu d'en douter.

Par cet Arrest la Cour jugea qu'un pere ne peut, par donation entre-vifs faite à sa fille, d'une somme de deniers à prendre sur tous ses biens aprés sa mort, diminuer le droit d'aînesse qui doit appartenir à l'aîné; parce que ce seroit faire indirectement, ce que l'on ne peut pas faire directement.

D'où il s'ensuit, que si un pere avoit donné à sa fille en mariage un Fief pour en joüir aprés la mort du donateur, l'aîné auroit droit de prendre le principal manoir, & la moitié ou les deux tiers des terres qui en dépendent, selon le nombre des enfans, sans que la fille ou son mary pût obliger l'aîné à se pourvoir sur les autres biens de la succession, soit meubles ou immeubles. Et en ce cas si la fille renonçoit à la succession se tenant à son don, l'aîné & les autres coheritiers seroient obligez de luy donner en d'autres heritages ou biens, la valeur dudit Fief, en cas qu'ils fussent suffisans pour la legitime des autres enfans.

C'est le sentiment de Tronçon sur cet article, *in verbo*, au fils aîné.

S'il étoit permis au pere de disposer de ses Fiefs par actes entre-vifs au profit de ses puînez, il pourroit éluder la disposition de la Coûtume, & priver son aîné de l'avantage qui luy est donné par la Loy; & comme dit Seneque en sa troisiéme Controverse *lib. 3. Non potest eripi filio quod à lege accepit, quomodo enim pater potest eripere quod non potest dare?*

C'est la disposition des Loix Judaïques *Deuteron. cap. 12. si habuerit homo uxores duas, unam dilectam, alteram odiosam, genueritque ex eis liberos, & fuerit filius odiosæ mulieris progenitus, volueritque substantiam inter filios suos dividere, non poterit filium dilectæ facere primogenitum, & præferre filio odiosæ, sed filium odiosæ agnoscere primogenitum: iste est enim præcipuus liberorum ejus, & huic debentur primogenita.*

Cette Jurisprudence est une exception de l'article 272. qui permet de donner entre-vifs tous les meubles & heritages; & de l'article 307. qui permet aux pere & mere de donner à leurs enfans ce qui leur plaît, & aux enfans de se tenir à leur don en renonçant à la succession.

Quoique les pere & mere ne puissent par donation faite à un puîné, même du consentement de l'aîné majeur, préjudicier au droit d'aisnesse; néanmoins les pere & mere qui ont plusieurs Fiefs, peuvent donner un Fief entier, qui ne soit pas le principal Fief de la succession à l'un des puînez, sauf à l'aîné prenant la qualité d'heritier, ou se reduisant à sa legitime, à prendre sur les autres biens du donateur, la récompense de la por- III.

tion avantageuse, qu'il doit avoir comme aîné dans le Fief. Ainsi jugé par Arrest du 7. Septembre 1630. entre les de Lanouë freres, au sujet d'une donation faite au puîné, par Dame Gabrielle de Carman leur mere.

Si l'enfant donataire d'un Fief en ayant disposé,
13. *l'alienation pourroit être revoquée, ensorte que l'aîné pût retirer le Fief des mains de l'acquereur pour y prendre son droit d'aînesse; ou s'il devroit se contenter de prendre sur les autres biens de la succession, la valeur du droit d'aînesse dans le Fief que son pere auroit donné à son puîné en avancement d'hoirie, ou à sa sœur en mariage?*

Du Moulin sur cet article *Glos.* 13. *num.* 15. tient
MOULIN que non, parce qu'il estimoit que le pere pouvoit donner valablement un Fief à un de ses puînez, sans que l'aîné se pût plaindre de la donation, comme faite au préjudice de son droit d'aînesse.

Mais comme on n'a pas suivy en ce cas le sentiment de ce Docteur, & qu'on a toûjours tenu pour maxime, que le pere ne peut pas disposer de ses Fiefs & autres biens nobles, au préjudice du droit d'aînesse, en faveur d'un de ses enfans, il s'ensuit que telle donation étoit valable dans le temps qu'elle a été faite, mais que dés lors elle étoit sujette à cassation; de même que quand quelqu'un vend un bien plus de la moitié moins qu'il ne vaut, la vente en est valable, mais elle peut être cassée par le benefice de la Loy 2. au Code *de rescind. vendit.* De même que quand un mineur vend un bien avec les formalitez requises, l'aliénation est bonne, mais elle peut être cassée & annullée par le benefice de restitution. Aussi quand un pere donne un Fief a un de ses puînez, la donation est bonne, parce qu'un chacun peut disposer de ses biens à sa volonté, suivant la disposition de la Loy *in re mandata C. mand.* & par l'article 272. de nôtre Coûtume, & que le droit d'aînesse n'y met aucun empêchement, puisqu'il n'est acquis à l'aîné qu'au temps que la succession est ouverte; étant incertain s'il aura lieu; comme si l'aîné venoit à mourir avant son pere, & qu'il n'y eut que filles venant à sa succession; ou si l'aîné renonçoit à la succession au moyen des avantages qu'il auroit reçûs de son pere. Ainsi quand un pere vient à mourir laissant un enfant mâle, cette aliénation se trouve nulle, comme étant faite contre la volonté de la Coûtume, suivant la Loy *si libertus. in princ. ff. de jure patronat.* qui dit, que les aliénations faites en fraude de la Loy, & contre sa disposition expresse, sont nulles *ipso jure.*

D'où il s'ensuit que le donataire n'en a pû valablement disposer au préjudice du droit d'aînesse, & que toutes les aliénations qui se trouveroient avoir été faites, sont révoquées; de sorte que les décrets même n'auroient pas pû purger le droit de l'aîné, parce qu'il ne luy étoit pas encore acquis avant la mort de son pere, & que le possesseur ne pourroit pas prétendre l'avoir prescrit, par quelque temps que ce fût du vivant du pere, parce que *contra non valentem agere non currit præscriptio.*

Que si l'aliénation ne pouvoit point être révoquée, ce seroit un moyen de frustrer les aînez de leur droit d'aînesse, contre la Jurisprudence des Arrests & l'esprit de nos Coûtumes.

Il ne serviroit de rien de dire que si telle aliénation pouvoit être révoquée, ce seroit un préjudice notable que souffriroient des acquereurs de bonne foy: dautant qu'ils n'ignoroient pas, ou ne devoient pas ignorer, que les biens qu'ils acqueroient, étoient sujets au droit d'aînesse, & qu'aprés la mort du pere donateur, l'aîné auroit droit d'y prendre l'avantage qui luy est accordé par la Coûtume. De même que ceux qui acquierent des biens sujets à reversion, ou à un doüaire, quoique par decret, sont obligez de les abandonner à ceux à qui ils appartiennent, sauf leur recours contre leurs vendeurs, devant s'imputer de n'avoir pas pris toutes les précautions qu'ils pouvoient prendre.

Nous pouvons encore tirer delà une autre consequence, qui est, que le donataire n'auroit pû hypothequer le Fief au préjudice du droit d'aînesse; 14.
comme si un pere ayant de grands biens donnoit à un puîné un Fief, & qu'avant son decés il fût déchû de toutes ses facultez, de sorte que toutes les dettes payées il ne restât rien que le Fief, qui auroit été donné par le pere; en ce cas l'aîné seroit bien fondé de prendre son droit d'aînesse, la legitime reservée aux autres, sans que les hypotheques constituées par le donataire pussent y mettre aucun empêchement; parce que la donation ne pouvoit luy être faite sans cette charge tacite, que le Fief donné étoit sujet au droit d'aînesse & à la legitime des autres enfans; & parce que ce droit d'aînesse & la charge de la legitime des enfans précedent l'hypotheque des creanciers, elle ne les peut point empêcher, sauf aux creanciers leurs recours contre leur debiteur, devant s'imputer de n'avoir pas pris d'autres assurances, ne pouvant pas prétendre cause d'ignorance des droits ausquels étoit sujet le Fief, sur lequel ils établissoient la sureté de leurs creances.

La vente que le donataire du Fief auroit faite étant 15.
cassée & renduë nulle à la poursuite de l'aîné, les droits payez au Seigneur pourroient être repetez, parce qu'elle seroit reduite *ad non causam* par une cause intrinseque, & inherente à la chose au temps du contrat, comme il sera dit cy-aprés sur les articles 23. & 33.

Du Moulin sur cet article *glos.* 3. *num.* 17. dit, 16.
que la donation d'un Fief faite à un puîné, ne pourroit être révoquée, qu'au cas qu'il y eût sujet Du Moulin
de croire, qu'elle auroit été faite en fraude du droit d'aînesse, qu'autrement la donation seroit valable, comme si elle étoit faite pour quelque juste cause, comme pour procurer au puîné un mariage avantageux.

Mais cette opinion n'a pas été reçûë, comme il a été dit cy-dessus; car pour rendre nulle la disposition du pere, il suffit qu'elle se trouve faite au préjudice du droit d'aînesse, sans examiner si le pere en faisant la donation à un de ses enfans, avoit dessein de frustrer son fils aîné du droit d'aînesse, ou autrement.

Il n'en seroit pas de même si la disposition entre-vifs étoit faite au profit d'un etranger; soit à titre lucratif ou onereux; & au cas qu'elle fut faite à titre lucratif, l'aisné & les puisnez ne pourroient prétendre que telle disposition seroit inofficieuse, si leur pere leur avoit laissé leur legitime; parce que par l'article 271. de nôtre Coûtume, il est permis à ceux qui sont majeurs de vingt-cinq ans de dispôser de tous leurs biens au profit de personnes capables, par actes entre-vifs.

Le pere pourroit encore moins disposer de ses Fiefs par derniere volonté au profit d'un de ses puisnez au préjudice du droit d'aisnesse, les donations à cause de mort & testamentaires ne commençans à avoir lieu, qu'au temps que le droit est acquis à l'aisné.

Maître Charles du Moulin sur cet article *glos.* 3. Du Moulin
num. 24. tient que le pere ne peut pas disposer d'un Fief par derniere volonté au profit d'un étranger; en ces termes: *talis dispositio nullum omnino sortiri potest effectum nisi post mortem; sed statim in tempore mortis proprietas & possessio rerum quæ cadunt in jus primogenituræ, transit ipso jure in primogenitum, eique incommutabiliter acquiritur nonobstante quâvis contrariâ dispositione ultimæ voluntatis, &c. Et istud jus primogenituræ, quamvis non sit legitima jure naturæ debita, quatenus trientem vel semissem virilis ab intestato portionis excedit; est tamen quædam legitima consuetudinaria, & beneficium legis, quod non*

potest auferri per patrem testantem, nec aliquod onus imponi, & quantum ad hoc æquiparatur legitima jure naturæ debita, cui nullum gravamen potest appeni, l. quoniam. C. de inofficios. testam.

Néanmoins l'opinion contraire est mieux fondée, dautant que par l'article 292. il est permis de disposer de tous ses biens, de quelque nature qu'ils soient, excepté les quatre quints des propres, & pourvû que la legitime soit reservée aux enfans, qui est reglée en l'art. 298. C'est le sentiment de Brodeau sur l'ar. 13. n. 35. BRODEAU.

17. Que si le pere ne peut en aucune façon diminuer le droit d'aisnesse par ordonnance de derniere volonté, il ne peut par conséquent charger son aisné de restituer les choses sujettes à ce droit, aprés sa mort, au cas même qu'il n'eût point d'enfans, quoique ce fût au profit de l'un de ses puisnez ou de ses enfans, parce qu'il ne peut ôter, ce qui appartient à l'aisné par la disposition de la Coûtume, & il ne le peut charger de restitution de même que la legitime, suivant la Loy *quoniam* citée par du Moulin *loco citato*.

Il y a un cas auquel il me semble que le droit d'aisnesse pourroit être chargé de restitution, sçavoir lorsque l'aisné est un dissipateur & d'une mauvaise conduite & chargé de dettes, ayant reçû de son pere en d'autres biens la valeur de sa legitime, le pere par une juste prévoyance peut charger de substitution au profit de ses enfans ou petits enfans, la portion qui pourroit écheoir à son aisné.

Enfin, il est sans doute que hors ce cas, le droit d'aisnesse n'est sujet à aucune charge, soit comme dit du Moulin *num. 25. per viam dispositionis, sive per viam pœnæ, aut alterius conditionis : Unde si gravaverit primogenitum dare etiam Ecclesiæ vel pauperibus centum, nisi feuda æqualiter divideret, talis pœna & dispositio ipso jure nulla est ; sive directò ; ut legando prædia feudalia ; sive aliàs per indirectum, ut plures summas pecuniarum ultra vires bonorum legando : quia nedum debebit ante omnia defalcari legitima jure naturæ debita, sed etiam omne jus primogenituræ, etiam in feudis quæ sunt de mero conquæstu vel acquæstu testatoris*, &c. C'est aussi le sentiment de Tiraqueau touchant le droit d'aisnesse, *quæst. 76.* DU MOULIN

Un pere ne pourroit pas aussi charger de substitution le droit d'aisnesse, quoiqu'il le laissât à son aisné, plus avantageux que celuy de la Coûtume, à moins qu'il ne le voulût recevoir à cette charge.

Si le pere ayant laissé à son aîné mineur un plus grand avantage que celuy de la Coûtume, avec charge de substitution au profit d'étrangers, & cet aîné étant decedé mineur & sans enfans, ses heritiers collateraux seroient restituables contre l'acceptation par luy faite ?

Cette question a été decidée par l'Arrest des Colberts, donné en la Grand'-Chambre, au rapport de Monsieur Coqueley, le 23. Juillet 1644. rapporté par Brodeau *num. 42.* dont voicy l'espece. BRODEAU.

Monsieur Edoüard Colbert Sieur de Villacerf, Secretaire du Roy, demeurant à Troyes en Champagne, ayant sept enfans, dont Monsieur Edoüard Colbert, Conseiller en la Cour, aisné, étoit decedé du vivant de son pere, laissant Edoüard Colbert, son fils aisné, & des filles, avoit par testament olographe du 23. Mars 1637. donné & legué à cet Edoüard son petit-fils, qui représentoit l'aisné, tous ses meubles, acquêts & conquêts, & le tiers de ses propres, à la charge toutefois, que si ses autres enfans vouloient luy delaisser la Terre & Seigneurie de Villacerf, située en la Coûtume de Troyes, circonstances & dépendances, & la septiéme partie de tous ses biens, pour être partagée entre luy & ses sœurs, le legs demeureroit nul, & aussi à la charge qu'il ne prendroit aux successions paternelle & maternelle autre préciput & droit d'aisnesse, que cette Terre de Villacerf.

Aprés avoir ainsi reglé le preciput de son fils aisné, ou de sa representation, il ordonne que s'il venoit à deceder sans enfans mâles, la Terre appartiendroit à Monsieur Maistre Jean-Baptiste Colbert, Sieur de saint Poüange, Maître des Comptes, second fils du testateur, & des enfans mâles, au profit desquels elle étoit substituée.

Ce testament fut publié, & ensuite de la declaration faite par les six puisnez, qu'ils délaissoient à Edoüard leur neveu la Terre de Villacerf, & la septiéme partie des biens, pour être partagez conformément au testament accepté par les tuteurs, de l'avis des parens, le partage se fit de l'autorité de Messieurs des Requêtes du Palais. Edoüard entre en possession de la Terre, en joüit trois ans, & deceda sans enfans au mois d'Août 1642.

Par Arrest il a été jugé, que la substitution étoit ouverte au profit du Sieur de saint Poüange, & que les sœurs d'Edoüard n'étoient pas recevables ni bien fondées à la debattre, étant constant au fait que le testament luy étoit utile & avantageux, nonobstant la charge de la substitution, luy donnant une Terre entiere de grand prix, qui excedoit vingt ou trente fois son preciput & droit d'aisnesse ; de sorte que s'il eut vêcu, ou qu'il eut laissé des enfans appellez à la substitution, ils ne se fussent pas servi de la restitution ; parce que la charge de cette substitution étoit recompensée par la liberalité de l'ayeul. Et qu'on ne devoit pas considerer la lezion du chef des heritiers collateraux, qui est un interêt éloigné, qu'on ne doit avoir égard qu'à l'interêt du mineur decedé, & ce qui luy étoit plus utile, & non pas ce qui pouvoit préjudicier aux collateraux, ou à ceux d'une ligne, lesquels dans l'évenement reçoivent du dommage de l'acte qui étoit avantageux au mineur, suivant l'Arrest des Guyots, donné en la troisiéme Chambre des Enquêtes, au rapport de Monsieur de Lamoignon qui a été depuis premier President, du 14. Août 1611. remarqué par Monsieur le Prestre en ses Arrests, Centurie 2. chapitre 79.

Si par contrat de mariage le futur époux donnoit un Fief au premier né de ses enfans soit fils ou fille, sçavoir au cas que ce fut une fille, si le Fief luy appartiendroit au préjudice du droit d'aînesse ? 18.

Il semble que oüi, parce que le mariage a été contracté à cette charge, sans laquelle il ne l'auroit point été.

Néanmoins il faut dire le contraire, dautant que les pere & mere ne peuvent préjudicier au droit d'aisnesse, au profit d'un de leurs enfans, par quelque maniere que ce soit.

Il s'ensuit de ce qui a été dit cy-dessus, que si le pere avoit legué à un puisné tous ses meubles & acquêts, telle disposition ne seroit pas valable, si les autres enfans étoient obligez de prendre leur legitime sur un Fief de la succession en diminution du droit d'aisnesse. 19.

La raison est, qu'elle seroit faite en fraude de la Loy, car il ne suffit pas de ne rien faire directement contre sa disposition expresse, mais il ne faut rien faire qui en puisse éluder la disposition indirectement, & c'est proprement faire en fraude de la Loy, *fraus legi fit, ubi quod fieri noluit, id fit*, dit Ulpian en la Loy *fraus. ff. de legib.* ensorte qu'en ce cas le legataire seroit obligé de parfournir la legitime aux autres *salvo jure primogenituræ* ; ce qui est conforme au sentiment de du Moulin remarqué cy-dessus. DU MO.

Il faut dire aussi, qu'un pere ne peut faire convertir un Fief en roture, du consentement du Seigneur dominant au préjudice du droit d'aisnesse, parce que ce qu'il ne pourroit pas faire directement, il le feroit indirectement, & rendroit par ce moyen sa succession partageable également entre ses enfans au préjudice du droit d'aisnesse.

Néanmoins du Moulin sur cet article *glos. 3. num. 23.* est d'opinion contraire. DU MO.

La raison qu'il en rend est, que *principalis causa, quâ pater motus est ad hoc faciendum, non fuit ini-*

quum odium vel fraus in primogenitum, sed aqualis amor & pietas paterna in omnes liberos juri & aquitati naturali conveniens.

Cette raison n'est d'aucune consideration au préjudice du droit d'aisnesse, qui est un benefice qui vient de la Loy, quoiqu'à prendre sur les biens du pere, qu'il ne peut diminuer par quelque maniere que ce soit, si ce n'est par aliénation entre-vifs, au profit d'étrangers, comme il a été dit cy-dessus.

AUZANET. Maître Auzanet dit, que le pere peut eriger une roture en Fief, parce *jure communi utitur.*

C'est aussi mon avis, mais il ne peut faire le contraire, parce qu'il peut procurer à son aisné le droit d'aisnesse, mais il ne peut pas y préjudicier.

20. *Si un pere étant sur le point d'acquerir un Fief, prenoit un acte de tous ses enfans, par lequel ils demeurassent d'accord de le partager également dans la succession de leur pere, sçavoir si cet acte pourroit empêcher le droit d'aîneße?*

L'acte a été declaré valable par Arrest du 11. Decembre 1621. donné en l'Audience de la Grand'-Chambre à huis clos, entre les enfans de Monsieur Courtin Doyen de la Grand'-Chambre, plaidant Tubeuf remarqué par Maître Auzanet.

Pour moy j'estimerois qu'il ne pourroit pas empêcher le droit d'aisnesse; d'autant que si on dit que que le pere n'auroit pas fait l'acquisition autrement, il s'ensuivroit que le pere voulant empêcher le droit d'aînesse dans un Fief déja acquis, y feroit renoncer l'aîné, déclarant qu'à faute de sa renonciation, il vendroit son Fief; au dernier cas il est certain que le droit d'aînesse auroit lieu; d'où je tire une conséquence qu'il devroit avoir lieu aussi au second, y ayant parité de raison entre l'un & l'autre.

21. *Si l'aîné prend son droit d'aîneße sur un Fief acquis par un pere au nom d'un de ses autres enfans?*

AUZANET. Maître Auzanet tient que ce Fief n'entre point dans le partage des biens paternels, & que l'aîné n'y prend point son droit d'ainesse; ce qui est sans doute, d'autant qu'il n'a jamais été *in bonis* du pere, lequel est censé a oir donné ses deniers au fils pour faire l'acquisition, ainsi ce fils est tenu seulement de rapporter la somme employée pour la faire.

22. *Si l'aîné peut ceder, vendre & aliéner son droit d'aîneße du vivant de son pere?*

Il est certain que non, parce qu'il ne luy est pas encore acquis, & qu'il n'a qu'une esperance incertaine de l'avoir; vû que le pere ou la mere peuvent luy ôter cette esperance par l'aliénation qu'ils feroient de leurs Fiefs par actes entre-vifs.

C'est le sentiment de Maître Charles du Moulin, *num. 6. & 7. loco citato. licet jus primogenitura sit ei proprium & competens de prasenti, tamen ejus pracipui, quod est unum & apud nos potissimum, de effectibus hujus juris primogenitura, non est ei proprium nec competens de prasenti, sed solùm spe probabilis expectationis speratur competiturum post mortem patris jure hereditario & successivo; & interim manet in primo jure & dominio patris: & sic non potest filius de eo, nec in totum, nec in partem disponere; quòd si attentaverit, non valet ipso jure, nec confirmabitur, etiamsi postea sit heres patris.*

Ce qui auroit lieu pareillement, quoique le pere y donnât son consentement, principalement si c'étoit à un des puînez, par les raisons remarquées cy-dessus, nomb. 9. mais la disposition étant faite au profit d'un étranger, du consentement du pere, elle vaudroit, soit que ce fût une vente ou une donation, conformément à la Loy derniere *C. de pactis*, qui porte, que les conventions faites touchant une succession non échuë, sont valables, au cas qu'elles soient faites du consentement de celuy dont la succession est à écheoir, & qu'il persevere dans cette volonté jusques à la mort; desorte que si le pere avoit donné son consentement à la vente, ou à la donation du droit d'aînesse faite par l'aîné, & que le pere aliénât ensuite tous les biens sujets au droit d'aînesse, la vente & la donation seroient nulles & de nul effet; à moins qu'en donnant son consentement, il n'eût promis, & ne fût convenu qu'il n'aliéneroit point les biens qu'il auroit acquis sujets au droit d'aînesse.

Charondas sur cet article tient, que le fils aisné peut renoncer à son droit d'aisnesse du consentement de son pere au profit d'un de ses puisnez, pourvû qu'il n'ait point d'enfans, mais qu'il ne peut le ceder, ni quitter au profit d'un étranger. CHARONDAS

Brodeau sur cet article, nombre 34. dit generalement que l'aisné peut aliéner son droit d'aisnesse par vente ou autre disposition, pourvû que ce soit du consentement du pere ou de la mere. BRODEAU.

Au nombre 39. & 40. il dit, que l'aisné ne peut pas renoncer à son droit d'aisnesse pour quelque cause que ce soit, même du consentement de son pere.

C'est une contradiction, & ce qu'il dit au nombre 34. n'est pas generalement vray, puisqu'il est certain qu'un aisné ne peut en aucune maniere disposer de son droit d'aisnesse au profit d'un de ses puisnez, soit du consentement de son pere, ou autrement, suivant même son sentiment, nombre 39.

Il est sans difficulté qu'aprés la mort du pere, le fils peut transporter son droit d'aisnesse en la personne d'un de ses puisnez, ou d'une de ses sœurs, c'est-à-dire le profit & l'avantage qui luy appartient pardessus les autres en vertu de son droit d'aisnesse, mais non pas les prérogatives & la dignité de l'aisné, parce que c'est un droit qui est tres-personnel, & par conséquent qui ne peut passer en une autre personne par quelque cause & raison que ce soit, aprés qu'il est acquis à l'aisné. 23.

Mais il faut que ce soit par un consentement & un transport qui soit formel & exprés, autrement tout consentement tacite ne suffiroit pas, comme il a été jugé par les Arrests remarquez par Brodeau sur Monsieur Loüet, lettre E. nombre 7. ainsi que ce même Auteur remarque sur cet article, nomb. 41.

Maistre Auzanet dit, que les avantages donnez à l'aisné peuvent être par luy cedez aprés l'ouverture de la succession à l'un de ses puisnez, & même à une fille ou à un étranger, *etiam* avant partage; parce que le droit luy est acquis, duquel par consequent il peut disposer à sa volonté. AUZANET.

La raison est, qu'on peut vendre une succession échuë; ensorte que l'acheteur succede aux droits de son vendeur, non pas en qualité d'aisné, car ce droit ne se peut ceder, puisque, comme disent les Docteurs, *personalissimum est*, mais pour acquerir par le moyen de la vente ou de l'aliénation qui en auroit été faite, les droits qui appartenoient à l'aisné.

C'est ainsi qu'il faut concilier les Docteurs, entre lesquels quelques-uns disent, que ce droit ne se peut ceder à un autre, d'autres sont d'avis contraire.

Si le droit d'aisneße se peut prescrire contre l'aisné, soit par un des puisnez, ou par un étranger, qui prendroit ce droit en qualité d'aisné de la famille? 24.

Du Moulin sur cet article, *Glose* 3. *num.* 29. Tiraqueau, *loco citato*, *quaſt.* 30. *num.* 10. Brodeau sur cet article, nombre 10. tiennent, que ce droit est imprescriptible par quelque temps que ce soit, par trente ans & plus. DU MOULIN BRODEAU.

La raison est, que ce droit est accordé à celuy qui est l'aisné, il est annexé à l'aisnesse, & il en est inséparable. Et comme il ne se peut pas faire qu'un puisné ou qu'un étranger soit veritablement l'aisné, aussi est-il impossible que tel puisse prescrire un droit qui repugne à sa qualité; & il suffit de prouver que celuy qui auroit été en possession du droit d'aisnesse, n'est pas l'aisné, ou qu'il est étranger à celuy de la succession duquel il s'agit, pour faire voir que la prescription n'a jamais pû avoir lieu en sa personne.

Toutefois les biens sujets au droit d'aisnesse sont prescriptibles par la prescription ordinaire de dix ans entre presens, & de vingt ans entre absens; mais, comme dit du Moulin *loco citato*, *istud non est prascribere jus primogenitura, sed res primogenito quasitas in vim sua primogenitura.*

25. *Quelle Coûtume il faut suivre pour regler le préciput & droit d'aisnesse, ou celle du Fief dominant, ou celle en laquelle le Fief servant est situé?*

Il faut suivre celle du Fief servant; parce que ce droit se prend dans ce Fief, & non dans le Fief dominant.

Mais si le Fief servant étoit situé dans deux Coûtumes differentes, on ne suivroit pas pour tout le Fief la Coûtume dans laquelle le manoir seroit bâti, mais l'une & l'autre à raison des parties du Fief qui y seroient situées: la raison est, que chaque partie du Fief doit être considerée separément, & reglée suivant la Coûtume où elle seroit située, étant indépendante du manoir; ensorte que les cens & les vassaux se partageroient suivant les Coûtumes ou les terres chargées de cens, & les Fiefs des vassaux seroient situez.

Maistre Auzanet sur l'article 15. dit qu'on n'avoit point trouvé d'autre moyen, que de regler les droits & les avantages des aisnez par moitié, suivant la Coûtume de Paris, & pour l'autre moitié suivant la Coûtume voisine; ce qui cause un grand préjudice aux aisnez & aux puisnez, étant fort difficile qu'une terre ne soit pas plus étenduë dans une Coûtume que dans une autre; cette opinion ne seroit pas suivie, au cas que la plus grande partie fut dans celle de Paris, & peu dans une autre, l'aisné dans chacune y prendroit son avantage, & le manoir se regleroit suivant celle où il seroit situé. Auz.

LE CHASTEAU OU MANOIR PRINCIPAL.

GLOSE TROISIE'ME SUR L'ARTICLE XIII.

SOMMAIRE.

1. *Si le chasteau & manoir principal s'entend du manoir destiné pour l'habitation.*
2. *Si, lorsqu'il y a plusieurs Fiefs, l'aisné peut choisir tel manoir qu'il veut.*
3. *Le manoir doit estre en Fief.*
4. *Ce qui n'est pas destiné pour l'habitation, n'est pas reputé manoir.*
5. *Si le manoir basti de nouveau appartient à l'aisné.*
6. *Si l'aisné est tenu de se contenter du chasteau, quand il est ruiné.*
7. *Pourquoy le manoir appartient pour le tout à l'aisné.*
8. *Si les fossez & chaussées autour du chasteau sont à l'aisné.*
9. Quid, *des lapins, pigeons, &c.*
10. *Des armes, &c. qui sont dans le chasteau.*
11. *Si l'aisné prend un manoir dans chaque Fief.*
12. *S'il suffit que les vassaux fassent la foy & hommage à l'aisné à cause du principal manoir.*
13. *S'il a droit de presenter aux Benefices.*
14. *Ce qu'on entend par ces mots* avins *&* préclostures.

1. NOstre Coûtume en cet article donne à l'aisné pour son préciput le château ou manoir principal du Fief situé dans nôtre Coûtume, destiné pour la demeure & l'habitation du pere de famille.

C'est la disposition de l'article 143. de la Coûtume de Blois, sur lequel du Moulin en sa Note dit, *pourvû qu'il soit destiné à la demeure & habitation du pere de famille; car le toict du Meusnier à eau ou à vent, n'est pas manoir, ni pareillement une grange, ni un pressoir, encore qu'il fut couvert, & ne se peut choisir pour manoir, quand il n'y en auroit point d'autre*, dixi in Consuetud. Parisſ. §. 8.

2. Que s'il y avoit plusieurs manoirs d'un même Fief, l'aisné n'en pourroit prendre qu'un, & il pourroit choisir celuy qu'il voudroit, quoique son pere eût établi son habitation dans l'autre, qu'il y fit exercer la Justice, qu'il y reçût les cens & rentes, les foys & hommages, & autres actes dépendans de la Justice, ou du Fief.

Pareillement, au cas que par réünion quelques maisons dépendantes du Fief ayent été renduës féodales, il en peut choisir une pour son manoir, & laisser le manoir dont son pere se servoit pour sa demeure.

Brodeau. Auzanet. C'est le sentiment de Brodeau sur l'art. 15. nomb. 9. & de M. Auzanet.

3. Quoique dans cet article il soit parlé generalement du château ou manoir principal, sans declarer s'il ne se doit entendre que de ce qui est féodal & dépendant du Fief, néanmoins il se doit ainsi entendre; car si le manoir ou la maison étoit située dans un fond roturier, encore qu'il n'y eût point d'autre demeure pour le pere de famille qui auroit un Fief considerable auprés, l'aisné ne le pourroit prétendre pour son préciput, parce que le préciput & droit d'aisnesse ne se prend que sur ce qui est féodal & tenu en Fief.

C'est le sentiment de du Moulin sur cet article, *Glos.* 4. *num.* 2. de Brodeau, nomb. 21. & des autres Commentateurs; & cela ne souffre aucune difficulté. Du Mo. Brod.

4. Le toict du Meusnier n'est pas destiné pour l'habitation du pere de famille, de même que la grange, ou autres lieux semblables, c'est pourquoy l'aisné ne les peut point prendre pour manoir principal quoiqu'il n'y en eût point. Il en faut dire de même du moulin tenu en Fief, suivant l'art. 5. en la Coûtume de Chartres, titre *des Fiefs*; parce qu'un moulin n'est pas un manoir ni la demeure d'un pere de famille.

5. Il importe peu, que le manoir soit ancien ou, bâti de nouveau, ou que le pere y ait fait de grandes ameliorations, & qu'il soit d'un prix considerable, ensorte qu'il soit d'une plus grande valeur que tout le reste du Fief; car tel qu'il se trouve au jour du decez du pere ou de la mere, il appartient à l'aisné, sans qu'il soit tenu d'en faire récompense à ses puisnez.

Aussi au contraire, si le manoir tomboit en ruine, & qu'il fût en partie démoli, & qu'il fallût de grandes dépenses pour le rétablir, l'aisné le prendroit en cet état, sans que ses puisnez fussent tenus de contribuer en aucune chose à le rétablir.

BRODEAU. DU PLESSIS. C'est le sentiment de tous ses Commentateurs sur cet article, Brodeau, nomb. 23. & 25. & Maistre du Plessis, page 16.

6. Mais si le principal manoir étoit entierement ruiné, & qu'il ne restât que des démolitions, il ne seroit pas obligé de le prendre, mais il pourroit prendre un arpent de terre, suivant l'art. 18. & les materiaux & démolitions seroient partagez entre luy & ses puisnez également comme meubles, selon le sentiment de ce dernier Auteur.

7. Le château ou manoir principal est un avantage délaissé par préciput à l'aisné presque par toutes les Coûtumes de France, même par celles qui ne luy donnent aucun autre avantage pour son droit d'aisnesse, comme celles de Berry & de Sens.

La raison est, que les terres & les appartenances & dépendances d'un Fief, les cens, censives, rentes féodales, les vassaux, & tous les droits féodaux qui peuvent dépendre du Fief, se peuvent bien partager, mais le château ou manoir ne souffre point de partage, & ce seroit obliger les enfans à venir à une licitation, & vendre un Fief, qui seroit peut-être tres-ancien dans la famille, faute de pouvoir par l'un des enfans l'acheter & payer à chacun des autres leur part & portion.

8. Les fossez & les chaussées qui sont autour du château, sont censez en faire partie, de quelque étenduë qu'ils soient, ainsi ils suivent le château ou manoir principal, quelque étenduë qu'ils ayent; tout ce qu'ils renferment y est compris, selon Maistre du Plessis, page 14.

DU PLESSIS. DU MOULIN. TRONÇON. C'est aussi le sentiment de Du Moulin sur cet article, *Glos. 5. num.* 2. de Tronçon, *verbo*, fossé, c'est un des points jugez par l'Arrest de 1571. pour le Fief de Courtigis, cité par Charondas. La raison est, que les fossez, de quelque étenduë qu'ils soient, sont tenus & reputez être des appartenances du manoir.

9. D'où il s'ensuit, que les lapins ou les poissons qui se trouvent dans les fossez du château, appartiennent aussi à l'aisné, sans qu'il soit obligé d'en récompenser ses puisnez, comme il a été jugé par deux Arrests, l'un du 10. Juin 1564. l'autre du 14. Août 1589. remarquez par Chopin sur la Coûtume d'Anjou, part. 1. tit. 3. nomb. 4. par Charondas, par Ricard, & par Brodeau sur l'art. 14.

Par l'Arrest de 1589. la Cour jugea que la veuve, qui a son doüaire sur une terre, & son habitation dans la maison seigneuriale, n'a pas le revenu des pigeons du colombier, ni des poissons qui sont dans les fossez du Château, parce qu'ils ne font point partie du revenu de la terre; ainsi ils furent ajugez à l'aisné. *Secùs*, si elle avoit eu la joüissance du Château.

Montholon en ses Arrests, chapitre 60. rapporte cet Arrest directement contre sa décision, ainsi que remarque Brodeau sur cet article, *num.* 4. disant, que la Cour jugea, que la veuve prendroit à son profit les pigeons du colombier, & les poissons des fossez.

10. Les armes qui sont dans le Château appartiennent pareillement à l'aisné, comme faisant partie d'iceluy par destination du pere de famille, comme il a été jugé par Arrest du 16. Février 1547. pour l'artillerie du Château de Vignori, remarqué par Charondas & Tournet, sur l'article 15. & par Monsieur Auzanet, sur l'article 13. où il dit, que les arquebuses à croc y sont comprises, mais non les épées, mousquets & autres armes ordinaires. CHARONDAS TOURNET. AUZANET.

Ainsi, quand on dit que l'Hôtel tenu en Fief est à l'aisné, on entend aussi les armes qui sont en iceluy pour la défense de la maison, & pour y demeurer perpetuellement; ce qui est fondé sur la Loy *si quando C. de bon. vacant. ut domus integro statu donata intelligatur cum adjacentibus, &c. & omni jure suo, ut ea qua ad instructum possessionis, vel domus pertinent.*

Quoique par les termes de cet article il semble que l'aisné doive avoir le Château & principal manoir de chaque Fief qui seroit dans la succession du pere ou de la mere; néanmoins il n'en peut choisir qu'un dans un des Fiefs qu'il voudra choisir pour son habitation, & pour y établir le siege de sa famille, suivant les articles 15. & 16. 11.

Si la foy & hommage se doit faire à l'aisné par les vassaux, à cause qu'il est propriétaire seul du principal manoir? 12.

Quoique les vassaux relevent de tout le Fief dominant, & qu'ils n'appartiennent pas à l'aisné seul, mais à luy & à ses puisnez, néanmoins il suffit qu'ils luy fassent la foy & hommage, comme Seigneur principal du Fief, n'étant pas obligez de sçavoir s'il a des freres qui partagent le Fief avec luy.

C'est la disposition de la Coûtume de Nivernois, titre 4. art. 45. qui porte que, *s'il y a plusieurs Seigneurs d'un même Fief, & l'un tient le manoir & Châtel dont dépend le Fief, le vassal est quitte en luy faisant ou présentant dûëment l'hommage. Si ledit Châtel ou manoir est commun ausdits Seigneurs, où il n'y en a point en la Seigneurie, ledit vassal sera quitte en faisant ou presentant ledit hommage à celuy qui aura la plus grande part en ladite Seigneurie. Et si tous lesdits Seigneurs sont communs par égales portions, en le faisant ou présentant à l'aisné, s'ils sont freres, sinon à celuy ou à ceux qui sont demeurans.*

Cette disposition de la Coûtume de Nivernois doit être suivie dans celles qui n'ont point de disposition particuliere sur ce point.

C'est l'opinion de Chopin sur ce titre, nomb. 14. Voyez sur l'article 1. section 2. GUERIN.

13. *Si l'aisné a droit de présenter aux Benefices dépendans du Fief?*

L'opinion des Canonistes est, que ce droit appartient à tous les enfans, *cap. filiis.* 16. *q.* 7. *& clement. si plures. de jur. patron. c. cùm seculum. Ext. de jure patron.*

Le sentiment de Chopin sur ce titre, nomb. 14. de Charondas sur l'art. 15. est que ce droit appartient à l'aisné, parce que ce n'est pas un fruit du Fief, mais une dignité & une prérogative. CHOPIN. CHARONDAS

Brodeau sur Monsieur Loüet, lettre P. chap. 20. remarque un Arrest confirmatif de la Sentence du Prevost de Paris, du 19. Mars 1611. prononcé par Monsieur le President Seguier, par lequel Bonart pourvû de la Cure du Cardinal le Moine, à la présentation du fils aisné qui étoit en possession, fut préferé à celuy qui avoit été présenté par tous les puisnez. BRODEAU.

Maistre Auzanet dit, *quid de patronatu Ecclesia:* & qu'il faut distinguer la nomination de la Cure, ou autre Benefice, d'avec les autres Benefices; car pour la nomination de la Cure, aviser s'il ne seroit pas à propos de la donner pour le tout à celuy auquel demeurera le manoir principal; parce que les choses de cette nature qui appartiennent à plusieurs, causent souvent des divisions. AUZANET.

Mais qu'à l'égard des honneurs de l'Eglise il semble à propos de les laisser en commun à tous ceux qui prendront part dans le Fief, en telle sorte que néanmoins l'aisné, & ceux qui le représenteront à l'infini, auront toûjours la préséance; & entre les puisnez & ceux qui les représenteront sera gardé l'ordre & l'antiquité de l'âge des personnes vivantes, sans considerer la priorité de l'âge de ceux desquels ils sont issus.

A l'égard des droits qui sont indivisibles, chacun des enfans y doit participer à proportion de sa part contingente; *quia usus & commodum rerum individuarum dividi potest*, comme le droit & patronage de la Cure & autres Benefices, les hommages & mouvances des Fiefs, des vassaux, & autres droits semblables.

Qu'est-ce qu'on entend par ces mots, avins & preclôtures?

Par acte de notorieté du Châtelet de Paris du 12. Novembre 1699. lorsqu'il est question de regler la part qui peut appartenir à celuy à qui on a donné un Château avec les termes *d'avins & preclôtures*, la maison Seigneuriale, la court & basse-court y sont comprises, quand même la basse-court seroit separée par un chemin public, ou par le fossé du Château; & par les mots *d'avins & preclôtures* on entend les logemens ordinaires du Fermier & de sa famille, des bestiaux, granges & greniers où il serre ses grains, & les bâtimens, cours & clos qui joignent immediatement à la maison, quoique separez de murailles, pourvû qu'il n'y ait point de chemin entre-deux, & la difference qui se trouve entre la basse-court & les avins & preclôtures, est celle *qua inservit domui*, quand même elle seroit separée par des fossez ou des chemins; & les avins & preclôtures est ce qui sert à l'exploitation de la Ferme & des jardins ou autres lieux separez de murailles, mais qui joignent immediatement les cours & jardins pourvû qu'elles ne soient point separez par des chemins, rivieres, ou quelqu'autres heritages; ce que nous attestons être l'usage qui s'observe, lorsque pareilles questions surviennent sur l'explication de l'article 13. de la Coûtume de Paris: fait & donné le 12. Novembre 1699.

ET BASSE-COURT ATTENANT.

GLOSE QUATRIE'ME SUR L'ARTICLE XIII.

SOMMAIRE.

1. *Si basse-court attenante contiguë & destinée au Château, fait partie du préciput.*
2. Quid, *des bâtimens qui sont dans la basse-court.*
3. *Si, au cas qu'il n'y eut point de basse-court, l'aisné pourroit prétendre autre chose en récompense.*
4. *Ce que signifie ce terme*, destinée à iceluy.
5. *Si la basse-court est considerée* ex destinatione Domini.
6. *Si un jeu de paulme bâti hors les preclôtures du Château, est censé du Château.*
7. *Si ce mot contiguë doit estre retranché.*
8. *Si le Château étant évincé, l'ainé peut en prendre un autre dans un Fief de la succession.*

1. LA basse-court attenant contiguë & destinée au Château où sont les granges, étables, & le logis du Fermier, & autres choses de quelque étenduë qu'elles soient avec tous les bâtimens, font partie du
2. preciput, selon le sentiment de Maître du Plessis, parce que ces choses sont reputées être des dépendances, & appartenances au manoir. S'il y a un colombier dans la basse-court, il en fait partie, & appartient à l'aisné sans aucune recompense, ce qui a lieu, soit qu'il soit enfermé dans la clôture d'icelle, ou qu'il en soit separé pourvû que ce ne soit pas de loin, comme dit du Moulin sur l'art. 14. Du Plessis.

3. Mais s'il n'y a point de basse-court, l'aisné ne peut pas prétendre en être récompensé en d'autres effets de la succession, selon le sentiment du même Auteur & de Monsieur ***.

4. Ces termes *destinée à iceluy*, marquent que si c'étoit quelque belle maison non servant de basse-court, proche du principal manoir, quoiqu'elle n'en fut pas separée par quelque chemin, elle ne seroit pas comprise dans le préciput.

5. Ce qui est dit en cet article de la basse-court destinée au manoir, *encore que le fossé du Chasteau ou quelque chemin entre-deux*, a été ajoûté à la réformation de la Coûtume sur la Loy *prædiis*. 91. §. *ult. ff. de legat.* 3. qui porte, que si un pere de famille a acheté un jardin proche sa maison pour la rendre plus belle, & l'augmenter, & qu'ensuite il la legue, le jardin sera compris dans le legs: aussi la basse-court étant destinée pour la commodité du Château, quoiqu'elle en soit separée par un chemin, est censée faire partie d'iceluy, & par conséquent elle est comprise dans le droit d'aisnesse.

Il faut ajoûter cette limitation, pourvû qu'elle fût bâtie sur la terre du Fief; car si elle étoit bâtie sur une terre roturiere, ou qui ne fist point partie du Fief, il est certain, que l'aisné ne la pourrroit pas prétendre, quoique destinée pour le Château: la raison est, que l'aisné ne peut rien prendre pour son preciput, que ce qui est tenu en Fief, comme il a été dit cy-dessus.

Maître Auzanet dit, que l'expression de la basse-court destinée au manoir Seigneurial est bonne; parce que *ex destinatione domini*, la basse-court est considerée comme dépendance du manoir Seigneurial: laquelle destination doit être considerée du chef du Seigneur précedent qui a possedé immediatement le Fief comme Seigneur propriétaire, *non ex usu antiquorum dominorum*, quand la destination des Seigneurs propriétaires qui ont suivi, a été contraire: *Nec ex usu simplicis fructuarii vel simplicis coloni, sed ex usu prioris domini præmortui ante 25. annum, licet ætatem legitimam pro fidelitate facienda excesserit:* Car ce n'est pas un usage suffisant pour changer la face du preciput, qui est une espece d'aliénation. Auzan.

Ce même Auteur dit, que dans le temps du partage de la succession de défunt Monsieur le Maréchal de Schombert, on a demandé si le Jeu de courte-Paulme bâti hors les preclôtures du Château, & auquel on alloit du Château par une voûte souterraine sans passer par la ruë, faisoit partie du Château; *& sic judicatum. Idem* d'un Jeu de longue Paulme attenant aux murs du Château. 6.

Sur ce mot CONTIGUE, il dit, que ce mot doit être retranché, & ne convient pas avec la suite du même article, *encore que le fossé du Château, ou quelque chemin fût entre-deux.* Que pour le mot de *fossé* il ne fait point de contradiction; car comme le fossé fait partie des dépendances du Château; on peut dire que la court attenante au fossé est joignante sans moyen au Château. Mais qu'il est impossible de s'imaginer qu'une basse-court soit attenante au Château quand 7.

il y a

il y a un chemin public entre-deux ; & néanmoins cela n'empêche pas que la basse-court, quoique separée par un chemin public, ne soit des appartenances du manoir.

8. *Si le manoir ou Château que l'aîné auroit choisi, luy étant évincé, il seroit recevable d'en prendre un autre au cas qu'il y en eût?*

L'affirmative est sans difficulté, vû que le manoir qu'il auroit choisi, n'étant pas de la succession en conséquence de l'éviction, on ne pourroit pas l'empêcher d'en prendre un autre en cas qu'il y en eût dans la même succession : & s'il n'y en avoit point, il pourroit prendre un arpent de terre suivant l'article 18.

UN ARPENT DE TERRE.

GLOSE CINQUIE'ME SUR L'ARTICLE XIII.

SOMMAIRE.

1. *Si l'enclos se doit prendre quand il n'est point tenu en Fief.*
2. *S'il appartient à l'aisné quand il n'est point contigu.*
3. Quid, *si l'enclos ne contient pas un arpent.*
4. *Quand l'enclos contient plus d'un arpent, si l'aisné a le choix de le prendre où il veut.*
5. *Observation de Maistre Auzanet sur ce sujet.*
6. *Si l'aisné peut prendre un arpent de terre, quand il n'y a point d'enclos.*
7. *S'il n'y a point d'enclos, si l'aisné peut prendre un arpent de terre ailleurs.*
8. *Si l'enclos dépendoit d'un autre Fief, si l'aisné le pourroit prendre.*
9. *Pourquoy un arpent de l'enclos est accordé à l'aisné.*
10. *Si lorsque l'enclos n'est point joignant le manoir, l'aisné peut prendre un arpent dans iceluy.*
11. *Suivant quelle mesure se prend l'arpent dû à l'aisné pour son préciput.*

1. Outre le Château ou manoir principal avec la basse-court, nôtre Coûtume donne à l'aisné pour son preciput un arpent de terre de l'enclos ou jardin joignant le manoir, si tant y en a, de sorte toutes fois que s'il n'y avoit point de jardin ou d'enclos, ou que le jardin ou l'enclos ne fût point tenu en Fief, mais en roture, l'aisné ne prendroit que le Château où le manoir, & n'auroit pas droit de prendre un arpent de terre du même Fief pour & au lieu du jardin & enclos ; Brodeau nombre 26. & 27. BRODEAU.

Il en faudroit dire de même, si l'enclos ou le jardin n'étoit pas contigu au Château.

2. *Non lucratur hortum, quia non est contiguus*, dit du Moulin sur l'article 126. de la Coûtume de Senlis ; & sur cet article *Glos. 5. verbo*, le jardin, *num.* 3. *& dicitur hortus cohærens sive accessorius, nedum si sub eadem clausura continetur, sed etiamsi sit extra clausuram, habens tamen aditum per domum, & ejus gratiâ paratus.*

Par l'article 8. de l'ancienne Coûtume au lieu duquel a été mis cet article 13. le jardin entier appartenoit à l'aisné, & suivoit le manoir ; mais il a été reformé en ce que l'aisné ne prend point ce qui est enclos avec le principal manoir ; parce qu'autrement un Fief pourroit être tout renfermé dans un même enclos avec le principal manoir ; ainsi il appartiendroit tout entier à l'aisné au préjudice des puisnez ; lequel par ce moyen emporteroit presque tous les biens de la succession, reduisant les puisnez à leur legitime.

3. Que si l'enclos ou jardin ne contient pas un arpent, l'aisné s'en doit contenter, suivant ces termes, *si tant y en a*, ainsi lorsqu'il y a moins d'un arpent l'aisné ne peut pour raison de ce, demander recompense à ses puisnez. Mais s'il y en a davantage, il n'a droit de prendre qu'un arpent pour son preciput ; néanmoins il peut prendre le tout en recompensant ses puisnez, ainsi qu'il sera dit cy-aprés.

4. Maître Auzanet dit, que cette disposition est bonne pour obliger l'aisné de se contenter de moins d'un arpent, si le jardin ou enclos n'en contient pas davantage ; mais quand l'enclos contient plus d'un arpent, l'article ne dit point en quel endroit l'arpent de l'aisné luy sera fourni, ni par qui l'assignation ou le choix sera fait, ni en quel endroit il sera fourni, si à l'extrémité du jardin ou en un lieu éloigné du Château. Que si dans l'enclos il y a une touffe de bois de haute-futaye, on a raison de douter, que l'aisné puisse prendre son arpent en cet endroit. AUZANET.

En d'autres Coûtumes il est dit en termes exprés, que la portion du jardin assignée à l'aisné pour son preciput, doit être prise proche & attenant le Château ou manoir Seigneurial, lorsqu'il n'y a point de fossez : sinon attenant les douves & fossez s'il y en a. Ce qui semble juste, supposé même qu'il y ait du bois en cet arpent.

Maître Auzanet ajoûte qu'il est constant dans l'usage, que l'aisné ne peut prendre un arpent de terre en roture, supposé qu'il se trouve dans l'enclos & proche du Château ; mais qu'il y a une autre observation importante à faire sur cet article qui est de l'ancienne Coûtume, qui fut redigée en 1510. auquel temps les plus grands jardins ne contenoient au plus qu'un arpent ; & les parcs & les grands jardins étoient inconnus. Et à present que les Terres & Fiefs un peu considerables contiennent de fort grandes preclôtures, en reduisant le preciput de l'aisné à un arpent de terre, & pour avoir le surplus de l'enclos étant obligé de donner la portion des puisnez, qui est du tiers où de la moitié selon le nombre des enfans dans les terres & domaines du même Fief, il arrive souvent que l'aisné pour conserver le parc entier, n'a pour tout son droit que le seul manoir avec ses preclôtures ; ce qui degrade notoirement une Terre, quand on luy donne un manoir avec un jardin considerable, & qu'au lot des puisnez on laisse tout le revenu utile. 5. AUZANET.

Cela est arrivé, dit-il, dans le partage de la Terre de saint Geran, dans lequel feu Monsieur le Comte de saint Geran, pour en conserver le Château avec le parc entier, fut contraint d'abandonner toutes les dépendances de la Terre, & de bailler encore pour supplément la portion d'une autre petite Terre ; & cela pourroit arriver pour la Terre de Grois-bois proche Paris en cette Coûtume.

C'est pourquoy plusieurs estiment qu'il seroit à propos :

Premierement, d'augmenter le preciput de l'aisné

à l'égard de l'enclos jusques à douze, quinze ou vingt arpens.

En second lieu, d'obliger l'aisné de prendre le preciput proche & attenant le manoir Seigneurial, & laisser le choix de l'endroit à l'aisné, pourvû qu'il le prenne entierement en des heritages contigus.

En troisiéme lieu, en donnant aux puisnez la recompense en autres domaines hors l'enclos, regler que la recompense sera donnée eu égard au revenu ordinaire & actuel que l'on pourra retirer des bois & des autres heritages.

6. L'aisné n'a pas droit de prendre un arpent de terre joignant le manoir, s'il n'y a point de jardin ou d'enclos joignant le manoir ; quoiqu'il y ait auprés des vignes, bois, prez, & terres labourables.

BRODEAU. CHARONDAS. TRONÇON. C'est le sentiment de Brodeau sur cet article *in fine*, & sur l'article 18. nombre 2. & de Charondas sur l'article 14. *in fine*, & de Tronçon, qui rapporte un Arrest du 7. Septembre 1572. pour la Terre des Bordes, par lequel il a été jugé que l'aisné ne prendroit que le jardin du Fermier pour son preciput, & non les vignes & les bois taillis, quoiqu'ils fussent dans l'enclos. Ce qui se prouve par l'article 15. qui porte, en ces termes : *& outre luy appartient un arpent de terre de l'enclos ou jardin.*

7. D'où il s'ensuit que s'il n'y a ni enclos ni jardins, l'aisné ne peut pas prendre un arpent des terres du même Fief contiguës au manoir ; ni en pretendre recompense sur les autres heritages ; c'est aussi le sentiment de Maître du Plessis, ce qu'il prouve par deux raisons.

La premiere, que cet article luy donnant un arpent de terre de l'enclos ou jardin, ajoûte *si tant y en a*, de sorte qu'un seul pouce de terre outre le manoir suffiroit.

La seconde, se tire de ces mots du même article, *& s'entend l'enclos ce qui est fermé, &c.* la Coûtume ne faisant cette designation que pour faire connoître que s'il n'y avoit point d'enclos ou jardin fermé de mur, fossez, ou hayes vives, l'aisné n'y pourroit rien pretendre pour son preciput.

D'où il s'ensuit que si le jardin ou enclos étoit dans l'étenduë du Fief, mais separé du manoir il n'entreroit pas dans le preciput, parce qu'il ne seroit pas des appartenances du manoir ni destiné à son usage, puisqu'il en seroit éloigné, & que l'article porte *enclos ou jardin joignant ledit manoir.*

Que si le jardin ou enclos & même la basse-court quoique destiné pour le Château & joignant, n'est pas tenu en Fief, il n'entre pas dans le preciput, par la raison que le preciput ne se prend que dans les choses féodales.

8. Et même il n'y entreroit pas s'il étoit dépendant d'un autre Fief, parce qu'il faut qu'il depende du Fief duquel depend le principal manoir, mais l'aisné pourroit le retenir à la charge d'en recompenser ses puisnez.

Par l'article 8. de l'ancienne Coûtume le jardin joignant le manoir appartenoit tout entier selon la clôture à l'aisné ; & au cas qu'il n'y eût point de jardin, cet article luy accordoit un arpent de terre tenu en Fief joignant la maison.

Mais les Reformateurs de nôtre Coûtume n'ont voulu accorder à l'aisné qu'un arpent de terre de l'enclos ou jardin joignant le manoir, au cas qu'il y eût enclos ou jardin, reformant l'ancienne Coûtume en ce qu'elle donnoit à l'aisné un arpent de terre du même Fief contiguë au manoir, en cas qu'il n'y ait point d'enclos ni manoir ; car il est à presumer que s'ils avoient voulu luy accorder un arpent, ils n'auroient pas manqué d'en faire mention, puisque telle étoit la disposition de la Coûtume qu'ils reformoient.

Cet arpent de terre est appellé en l'article 8. de l'ancienne Coûtume *le vol du Chapon*, qui est une maniere de parler usitée dans nos Coûtumes, comme qui diroit autant de terre qu'un chapon en peut parcourir en volant, ainsi que dit Perse dans sa quatriéme Satyre parlant d'un Oyseau appellé Milan :

Dives arat Curibus, quantum non Milvus oberret.

Dans quelques Coûtumes le vol du chapon est appellé *le Chezé*, comme en celles du Maine article 335. de Tours article 248. 260. & 295.

Touchant ce terme *vol du Chapon*, voyez le Glossaire du Droit François & Brodeau sur cet article nombre 29.

La raison pour laquelle cet arpent de l'enclos ou jardin est accordé à l'aisné, est afin qu'il ne soit pas obligé de prendre un Château ou manoir tout nud & sans l'enclos ou jardin qui est joignant ; & qu'au cas qu'il le veüille prendre tout entier, & recompenser les puisnez de la portion qu'ils peuvent y prétendre, il luy soit facile de faire cette recompense, emportant luy seul la plus considerable partie de l'enclos ou jardin ; car outre cet arpent, qu'il prend hors part, il prend encore dans le partage de ce qui reste de cet enclos ou jardin, la moitié ou les deux tiers, suivant les articles 15. & 16. cy-aprés. 9.

Si l'enclos ou jardin n'étoit pas joignant le manoir, mais qu'il en fut éloigné, l'aisné n'auroit pas droit d'en prendre un arpent, suivant ces termes, *joignant le manoir*. 10.

Néanmoins quoiqu'il y eût un chemin entre-deux, l'aisné auroit droit d'y prendre son preciput, parce qu'il seroit destiné pour la maison, de même qu'il a été dit cy-dessus de la basse-court attenant & contiguë au manoir ; car ces termes ne se doivent pas prendre si à la rigueur, dautant que si l'enclos ou le jardin est separé du manoir, ce n'est qu'en consideration de l'interest public, qui a voulu qu'entre l'un & l'autre il y eût une ruë ou chemin public. Mais s'il en étoit plus éloigné, il n'appartiendroit pas à l'aisné, suivant l'opinion de Maître Charles du Moulin remarquée cy-dessus, & des autres Commentateurs. DU MOULIN.

L'arpent du jardin se prend suivant la mesure ordinaire du lieu de la situation, comme remarque Maître Auzanet. 11. AUZANET.

EN BAILLANT RECOMPENSE.

GLOSE SIXIÉME SUR L'ARTICLE XIII.

SOMMAIRE.

1. *Si la récompense portée par cet article, est fondée sur les Arrests de la Cour.*
2. *Si cette récompense a lieu dans les Coûtumes qui n'en parlent point.*
3. *Si la récompense doit estre faite en terres de mesme Fief.*
4. *Si l'aisné peut estre contraint de faire la récompense, & de prendre tout l'enclos.*
5. *Si ce droit de récompenser les puisnez a lieu pour toutes les terres du Fief, ou seulement pour l'enclos.*
6. *Si la récompense doit estre faite suivant l'es-*

timation du partage.

7. *Si la declaration de l'aisné, de faire la récompense; se peut faire quand le Fief est possedé par indivis.*

8. *Du partage du Fief quand il y a une doüairiere.*

9. *Dans quel temps se doit faire la declaration de l'aisné en la Coûtume de Noyon.*

10. *Si le puisné meurt avant la declaration de l'aisné, sçavoir, si pour la récompense par luy faite, est dû droit au Seigneur feodal.*

1. QUand l'enclos ou jardin joignant le Château ou manoir contient plus d'un arpent de terre, il est permis par cet article à l'aisné de retenir le tout, en baillant récompense aux puisnez de ce qui excede l'arpent, selon la portion qu'ils y prendroient autrement; & par l'article suivant il a droit de retenir le droit entier de la bannalité, en récompensant aussi ses puisnez, & par l'article 17. le même droit est accordé à l'aisné au cas du même article, ce qui est fondé sur les Arrests donnez en l'ancienne Coûtume, remarquez par les Commentateurs, par Brodeau sur cet article nombre 44. Brodeau.

Le premier a été prononcé le 7. Septembre 1572. remarqué par Chopin, *lib. 2. de Privil. rustic. part. 1. cap. 4.* le second a été donné en la premiere Chambre des Enquêtes, le 9. Février 1577. entre les Jarys. Ces Arrests ont été rendus suivant le sentiment de Maistre Charles du Moulin sur cet article, *Glos. 4. num. 3.* Moulin

La raison est, qu'il est de l'interêt de la famille qu'on ne divise point l'integrité de la maison seigneuriale & du jardin ou enclos qui est joignant; que ce n'est pas seulement l'interêt de l'aisné, mais aussi des puisnez, dautant que le jardin ou enclos entier est estimé beaucoup plus, que quand il est divisé en plusieurs portions; que les portions des puisnez étant peu considerables eu égard à celle de l'aisné, lequel outre l'arpent qu'il prend hors part, prend encore de ce qui excede l'arpent, la moitié ou les deux tiers, ainsi ce seroit un préjudice notable qu'il souffriroit, s'il falloit donner à ses puisnez de petites portions de cet enclos ou jardin, dont ils ne tireroient pas grand avantage, & détruire & ruiner par ce moyen la beauté d'une maison qui auroit coûté des sommes considerables à mettre dans l'état où elle se trouveroit. Ce qui est fondé sur la Loy *ad officium. C. comm. divid.* & sur le *§. quod commodè. Instit. de off. judic.* car en ce cas l'enclos est censé ne se pouvoir pas commodément partager.

2. Cette faculté de récompenser les puisnez pour ce qui excede l'arpent, est accordée à l'aisné par plusieurs Coûtumes, comme on peut voir dans la Conference: mais on demande si elle a lieu dans celles qui n'en parlent point.

C'est l'opinion de du Moulin sur l'article 61. de la Coûtume de Valois, qui accorde à l'aisné ce même droit, *hoc non solùm*, dit-il, *habet locum sub hac Consuetudine, sed etiam sub alia officio Judicum*, de Brodeau, nombre 44. de Tronçon, *verbo*, récompense. Brodeau. Tronçon.

3. La récompense au cas de cet article, du suivant & de l'article 17. doit être faite selon cet article 13. en terres du même Fief, si elles sont suffisantes pour cet effet, ou en autres terres & heritages de la succession, selon qu'il se trouvera plus commode & utile pour les puisnez; autrement l'aisné les peut récompenser en argent, quoiqu'il ne soit pas declaré dans cet article, qui se doit ainsi entendre, suivant l'article 17. qui permet de faire la récompense en argent; ce qui doit aussi avoir lieu au cas de cet article 13. parce qu'il y a parité de raison pour conserver l'integrité de la maison & du jardin joignant; & ce pour l'interêt même des puisnez, qui ne recevroient pas un grand avantage d'avoir chacun seulement une petite portion de terre de l'enclos ou jardin, & qui ne pourroient demander tel partage que pour causer du dommage à leur aisné, *sed malitiis non est indulgendum.*

Dautant que la faculté de récompenser les puisnez dans les cas de ces articles est accordée à l'aisné par une grace & une faveur speciale, il s'ensuit qu'il ne peut être contraint par les puisnez de l'exercer, ce qui est marqué par ces termes de cet article 13. *l'aisné peut retenir*, car il pourroit avoir des raisons pour ne pas retenir le tout, ainsi ce qui seroit introduit en sa faveur, *retorqueretur in ejus perniciem.* 4.

La récompense n'a pas lieu pour tous les Fiefs indistinctement, ni même pour tout le Fief entier, lorsqu'il y a des terres féodales, mais seulement pour l'enclos ou jardin joignant le manoir, quand il excede la quantité d'un arpent de terre, & pour les cas exprimez dans l'article suivant, & l'article 17. parce que les privileges & droits speciaux accordez par faveur, ne souffrent point d'extension, mais doivent recevoir leur exécution étroitement & sévérement, sur tout quand l'extension ne s'en pourroit faire qu'au préjudice d'un tiers, *l. nec avus. C. de Emancipat. liberor. l. 2. §. merito. ff. ne quid in loc. public. cap. quamvis. de Rescript. in 6.* 5.

Il s'est présenté une difficulté, sçavoir, *si la récompense doit être faite suivant l'estimation du partage faite par les Experts, ou par une nouvelle prisée, & par d'autres Experts?* 6.

La Cour par Arrest, donné aux Enquêtes sur procez par écrit, le 22. May 1641. confirmatif de la Sentence du Prevôt de Paris, entre Antoine & André Bernardin, freres aisné & puisné, Seigneurs de Bry sur Marne, a ordonné qu'en cas qu'Antoine Bernardin optât de bailler récompense, elle seroit faite suivant l'estimation faite du partage entre les parties.

Cet Arrest est remarqué par Brodeau, nombre 50. & par Monsieur Auzanet. Brodeau. Auzanet.

La declaration de l'aisné de faire la récompense ne se peut faire tant que le Fief est possedé par indivis entre l'aisné & ses puisnez, soit majeurs ou mineurs; & l'aisné ne la doit point faire avant le partage; parce que tant que le Fief est possedé par indivis, les choses demeurent dans l'état qu'elles étoient du vivant du pere. 7.

Que si l'aisné avoit souffert la division & le partage de l'enclos ou manoir, il est sans doute qu'il ne seroit plus recevable à demander à reprendre le tout, en récompensant ses puisnez; dautant que le choix qu'il avoit étant une fois consommé, il ne peut plus changer de volonté, selon la Loy *nemo. ff. de R. J. & l. si fundus. §. eleganter. ff. de lege commissor.* Brodeau, *num.* 50. Brodeau.

Ainsi quand le Seigneur a reçu le quint denier, au lieu d'user du retrait féodal, il ne peut plus changer de volonté suivant l'article 21. *infra.*

Quand la veuve joüit du Fief pour son doüaire, ordinairement le partage se fait de tous les autres biens, à la reserve de ceux dont elle joüit pour son doüaire, néanmoins si les puisnez veulent, ils peuvent obliger l'aisné de faire le partage des biens sujets au doüaire coûtumier, & en ce cas il est obligé de faire son choix, & de récompenser ses puisnez de la portion qu'ils peuvent avoir dans l'enclos ou jardin, quoiqu'il soit incertain quand il en joüira. 8.

Brodeau sur cet article, nombre 50. dit, qu'il ne seroit pas juste, que l'aisné fist le remboursement Brodeau.

d'une chose dont il ne peut pas joüir presentement ; néanmoins il ne souffre aucun préjudice par ce moyen, par le choix qu'il a de faire le partage du jardin ou enclos, ou de récompenser ; car s'il y a des terres du même Fief, il peut faire la récompense par icelles, sans qu'il en reçoive aucun dommage.

Ce ne seroit pas un moyen legitime d'empêcher le partage, que la joüissance de la veuve, autrement il s'ensuivroit que les puisnez seroient propriétaires d'une portion de Fief dont ils ne pourroient pas disposer : *si familiæ erciscundæ judicio actum sit, singulas res singulis heredibus adjudicare debet*, dit l'Empereur au §. 4. *Instit. de offic. Judic.* ainsi toutes les choses tombent dans le partage au cas qu'elles soient partageables, sinon elles sont sujettes à licitation.

9. Il s'est présenté une question dans les Coûtumes de Picardie & Vermandois, qui donnent trois ans à l'aisné majeur pour racheter le quint qu'ont les puisnez dans les Fiefs, sçavoir *de quel jour ils courent*, si c'est *du jour du decez* du pere, ou du partage ?

Par Arrest du 30. Decembre 1638. rapporté par du Fresne dans son Journal, livre 3. chapitre 56. & BRODEAU. par Brodeau sur cet article, *num.* 50. il a été jugé, que quand l'aisné est majeur lors de la succession échûë, les trois ans courent du jour du décez du pere, & non du jour du partage ; quoiqu'il fût représenté, que la réünion du quint des Fiefs aux Fiefs entiers, étoit favorable, & que l'aisné n'étoit pas en état de pouvoir user du benefice de rachat & de réünion introduit en sa faveur, jusqu'à ce que par le partage fait avec ses freres, il eût connu les forces de son bien, & la commodité ou incommodité de la réünion par le moyen des situations des terres. Mais d'un autre côté il fut allegué, que ce seroit un expédient tres-propre pour obliger les aisnez, qui ont déja de tres-grands avantages en Picardie, à faire partage avec leurs puisnez, pour discerner par l'évenement d'iceluy, l'état des terres échûës en leur quint.

Brodeau, *loco citato*, dit, qu'il n'estime pas que cet Arrest ait jugé la these, le particulier & les circonstances l'ayant emporté, sur ce qu'il y avoit quarante-huit ans, que la succession de Vincent de Ferrierés étoit échûë, pendant lesquels il y avoit eu quinze ans de majorité de l'aisné ou de ses représentans, le partage fait des rotures, à la reserve des Fiefs, dés l'an 1593. & une transaction faite en 1634. qui avoit reglé les portions que les représentans de l'aisné, & les puisnez devoient avoir au Fief, & ce que chacun devoit porter des charges d'iceluy, & ce sans protestation ni reserve de retenir les portions des puisnez ; le Fief de Divers, le partage duquel étoit demandé, & les offres du remboursement faites en 1638. ayant toûjours été possedé par indivis, & les baux faits par les coheritiers, même le dernier en 1638. chacun pour telle part & portion qui leur appartenoit, nonobstant lequel laps de temps, Monsieur Talon, Avocat General, avoit conclu pour les offres du remboursement.

Le droit que l'aisné a de récompenser ses puisnez 10. aux cas des articles susdits, produit tel effet, que si avant le partage des biens de la succession le puisné venoit à mourir, il ne seroit dû aucun rachat ou relief au Seigneur par l'aisné qui luy succederoit, à raison de ce qu'il auroit droit de retenir : parce que le puisné n'avoit point, à proprement parler, droit de proprieté dans la part & portion de ce dont l'aisné pouvoit le récompenser ou rembourser, mais une simple action pour avoir la récompense ou le remboursement, laquelle demeure confuse en la personne de l'aisné son heritier ; & par conséquent à cet égard il n'y a point de mutation & point d'ouverture au relief.

C'est le sentiment de Brodeau, nombre 47. lequel BRO. ne souffre point de difficulté.

OBSERVATIONS DE MONSIEUR***.

Sur l'Article XIII.

SOMMAIRE.

1. *Quelles sont les dispositions particulieres de Coûtumes pour la succession des biens nobles.*
2. *Si ces dispositions sont réelles.*
3. *Si le droit d'aisnesse dans une succession appartient à l'aisné* jure sanguinis.
4. *L'aisné ne doit contribuer aux dettes pour raison de son droit d'aisnesse.*
5. *Si les créanciers d'un défunt peuvent s'attaquer aux biens en quoy consiste le droit d'aisnesse.*
6. *Droit d'aisnesse de plusieurs sortes.*
7. *Le droit d'aisneße est uni à la qualité d'heritier.*
8. *Enfans morts ou étant indignes & incapables de succession au jour de la mort du pere ou de la mere* pro nullis habentur.
9. *En succession directe les filles ne sont point admises au droit d'aisnesse, ni les masles en collaterale.*
10. *De quelle maniere il faudroit rediger cet article.*
11. *Si un fils legitimé a le droit d'aisneße.*
12. *De deux freres jumeaux qui le doit avoir.*
13. *Si pour composer la legitime des puisnez, on doit comprendre, pour faire l'état du bien, le préciput de l'aisné.*
14. *Si lorsque l'ainé prend une legitime seulement, il doit avoir le droit d'aisnesse separément.*
15. *Le fils du vivant du pere & de la mere n'a aucun droit dans leurs biens.*
16. *Si l'aisné peut demander le droit d'aisnesse sur une terre qui a été donnée ou laissée à son pere à charge de substitution.*

17. *Du principal manoir de la basse-court, & autres choses en quoy consiste le droit d'aisnesse.*

18. *Si le droit d'aisnesse a lieu sur les terres tenuës du Roy par engagement, ou acquises à faculté de remerer.*

LEs maximes qui ont lieu dans les successions des biens en roture, sont ordinairement communes pour les successions des biens nobles, à l'exception de ce qui est reglé au contraire par la Coûtume. Ainsi lorsqu'on ne trouve rien de decidé au contraire par la Coûtume pour la succession des biens nobles, il faut suivre la regle generale des successions.

1. Pour ce qui concerne le droit particulier pour le partage des biens nobles qui se trouvent dans une succession, il est toûjours necessaire de distinguer les successions directes & collaterales, parce que les choses s'y reglent differemment.

2. Il faut encore remarquer, que ces dispositions particulieres qui ont lieu pour les successions nobles, sont réelles ; en effet elles ne regardent que les biens nobles & non les personnes, de sorte que les roturiers partageront noblement les biens nobles, qui se trouvent dans les successions, comme les nobles partageront roturierement les biens en roture.

L'exception du droit commun, ou le droit particulier qui a lieu dans les successions des biens nobles, consiste principalement dans le preciput, le droit d'aisnesse, & l'exclusion des femmelles en collateralé qui sont en pareil degré.

Il faut établir quelques maximes generales qui servent à decider les questions qui se pourroient faire.

3. La premiere maxime est, que le droit d'aisnesse dans une succession, appartient à l'aisné Noble ou Roturier *jure sanguinis, non jure successionis*, en sorte néanmoins qu'il ne le peut avoir s'il n'est heritier ; d'où il faut tirer deux consequences.

4. La premiere, que l'aisné ne doit point contribuer aux dettes pour raison de ce qui luy appartient pour le droit d'aisnesse *strictè sumptum* : ces mots nous obligent à une plus grande explication.

5. 1°. Qu'il les faut entendre *respectu coheredum*, & non pas *respectu creditorum* : car les créanciers peuvent s'attaquer à l'aisné, faire saisir le principal manoir comme les autres biens : mais lorsqu'il faudra faire la contribution des dettes entre tous les coheritiers, il est sans difficulté, que le principal manoir, la basse-court, & l'arpent d'enclos n'entreront point dans le capital, sur lequel on fixera la contribution *inter heredes*.

6. C'est par cette raison que nous avons mis le droit d'aisnesse *strictè sumptum* ; car nous trouverons plusieurs droits d'aisnesse de differentes sortes.

1°. Le principal manoir, la basse-court & l'arpent d'enclos.

2°. Le droit de retenir tous les clos fermez de fossez, de hayes ou de mur, en remboursant les puisnez en heritages en Fief, ou autres de pareille valeur.

3°. Le droit de retenir les moulins, pressoirs, & fours bannaux qui se trouvent dans l'enceinte de l'arpent qui est proche le principal manoir, en remboursant & dédommageant les autres freres & sœurs de la juste valeur.

4°. D'avoir les deux tiers dans tous les biens nobles quand il n'y a que deux enfans, y compris l'aisné, & la moitié quand il y en a plus de deux.

Lorsque nous avons dit que l'aisné ne contribuoit point aux dettes pour le droit d'aisnesse *inter coheredes*, cela ne se doit entendre que pour ce qui regarde le manoir, la basse-court, & l'arpent dans l'enclos. Car pour le reste il doit contribuer comme les autres heritiers à proportion de ce qu'il amande, parce que le droit de retenir n'est qu'une faculté, laquelle *nihil dat ex re, sed jus tantum ad rem assequendam numerato pretio.*

7. Quoique le droit d'aisnesse appartienne à l'aisné *jure sanguinis*, il est néanmoins tellement joint & uni à la qualité d'heritier qu'il en est inseparable ; ainsi dés le moment que l'aisné se declare heritier ou legitimaire, il peut avoir son droit d'aisnesse, mais s'il renonce *etiam nullo dato*, ou s'il est doüairier, alors le droit d'aisnesse cesse, & accroît à tous les autres enfans sans droit d'aisnesse entr'eux, & de même s'il renonce *nullo dato*, suivant l'article 310.

8. La deuxiéme consequence est, que les enfans morts avant le decés de leur pere ou mere sans enfans, les condamnez à mort, au bannissement perpetuel, aux galeres perpetuelles, les enfans exheredez, indignes & incapables de succession *pro nullis habentur.*

Ainsi le fils aisné étant mort au jour du decés du pere ou de la mere, celuy qui le suit & qui est capable de succeder, aura le droit d'aisnesse *jure suo*, parce que dans le moment du decés du pere ou de la mere il est effectivement l'aisné, & il est saisi par la Coûtume en vertu de la regle, *le mort saisit le vif.*

Que si l'aisné decedé avant son pere ou sa mere, a laissé des enfans, quand même il n'y auroit que des filles, ses enfans par le droit de la representation ont le droit d'aisnesse, comme auroit eu leur pere, s'il eût vécu ; & s'il n'y a que des filles, elles partageront entr'elles également : & s'il y a un mâle il prendra le droit d'aisnesse dans la portion qui leur écheoit, tel que la Coûtume le donne à l'aisné.

Il ne faut pas dire la même chose des enfans des indignes, exheredez, incapables, condamnez à mort par contumace, & aux galeres perpetuelles, ou au bannissement perpetuel. Car il faut faire une distinction, si ces indignes & condamnez & autres sont vivans naturellement, lors de la mort du pere ou de la mere, alors ces indignes qui *pro nullis habentur*, ne peuvent par consequent joüir du droit d'aisnesse, qui est inseparable de la qualité d'heritier.

A l'égard de leurs enfans ils ne succedent point & ne viennent point par representation, parce que leur pere est vivant, & que *viventis non est representatio*, & par consequent il n'y a point pour eux de droit d'aisnesse, mais en ce cas c'est au mâle capable de succeder, qui se trouve l'aisné, à qui appartient le droit d'aisnesse.

Si au contraire le fils aisné indigne ou incapable, ou exheredé, ou condamné est mort, non seulement civilement, mais naturellement, & qu'il ne soit plus au monde au temps de la mort de son pere, ses enfans ont le droit d'aisnesse *representationis jure* ; car alors la representation a lieu, & quoique les enfans representent une personne indigne & incapable, néanmoins ils succedent par une fiction par laquelle l'on fait qu'ils representent le degré & non pas la personne incapable ou indigne ; *tunc enim non persona sed gradui fit representatio.*

La deuxiéme maxime est, que lorsqu'il n'y a point de mâles, & qu'il n'y a que des filles, il n'y a point de droit d'aisnesse; & on considere tellement les enfans du premier degré, que les mâles descendans des filles n'ont pas plus de droit que les filles, & que les filles descendantes de l'aisné mâle, ont le droit d'aisnesse à l'exclusion des autres enfans mâles.

Quand la succession écheoit en collaterale, il y a une regle generale à observer, qui est, que le mâle en pareil degré exclud la femelle, non seulement pour avoir un droit d'aisnesse au prejudice des sœurs, mais pour avoir toute la consistance des Fiefs, comme il a esté decidé dans l'article 25. de sorte que si un frere meurt, tous les Fiefs de la succession appartiendront aux freres mâles, à l'exclusion des sœurs; mais sans prerogatives entre les mâles.

9. La troisiéme maxime à observer est, qu'en ligne collaterale il n'y a point de droit d'aisnesse entre coheritiers.

Aprés avoir donné ces maximes generales, venons aux difficultez qui ont coûtume de se faire sur les articles de nôtre Coûtume, qui ont parlé du droit d'aisnesse.

Voicy d'abord comme doit être redigé l'article 13. de nôtre Coûtume.

10. *Au fils aisné vivant capable de succeder, ou à ses enfans qui le representent, appartient dans la succession du défunt par preciput, le Château ou manoir principal, & basse-court attenant & contiguë audit manoir destiné à iceluy, encore que le fossé du Château, ou quelque chemin fut entre-deux: & outre luy appartient un arpent de terre de l'enclos, ou jardin joignant ledit manoir, si tant y en a, & si ledit enclos contient davantage, l'aisné peut retirer le tout en baillant recompense aux puisnez de ce qui est outre ledit arpent en terre de même Fief, si tant y en a, sinon en d'autres terres ou heritages de ladite succession; à la commodité des puisnez le plus que faire se pourra, au dire de prudes hommes, & s'entend l'enclos ce qui ferme de murs, fossez ou hayes vives.*

On a ajoûté à cet article le mot de *vivant*, afin de faire connoître, que tous les mâles decedez sans enfans avant leur pere & mere *pro nullis habentur*, & que le droit d'aisnesse appartient à celuy qui est vivant, lors du decés du pere ou de la mere, dont on partage la succession.

Nous avons ajoûté les mots de *capable de succeder*, afin de faire connoître, que les indignes, les condamnez à mort par défaut, les condamnez au bannissement ou galeres perpetuelles, les exheredez *pro nullis habentur*, & que celuy qui est vivant & capable lors du decés, a le droit d'aisnesse, pourvû qu'il se porte pour heritier ou legitimaire; car s'il renonce, ou s'il se dit doüairier, il perd son droit d'aisnesse, qui n'a jamais lieu, qu'en cas de succession legitime, lesdites qualitez étans incompatibles avec celles d'heritier: & au contraire, que les interdits pour demence ou prodigalité, les bannis ou condamnez aux galeres *ad tempus*, qui sont capables de succeder, quand même la succession écheoiroit pendant le temps de la peine, prennent le droit d'aisnesse.

Nous avons mis le cas de la representation, où les enfans de l'aisné mort, soit mâles ou femelles, le representent, & ont le droit d'aisnesse, dans lequel l'aisné des mâles a son preciput suivant la Coûtume; & quand il n'y a que des femelles, elles partagent entr'elles également, parce qu'il se fait un second partage entre les enfans qui succedent par representation.

Mais cecy se doit entendre avec restriction à l'égard des enfans des indignes, incapables de succeder, & des exheredez, lesquels, du vivant de leur pere, n'ont aucun droit, à cause de l'indignité ou incapacité & que *non est viventis representatio*; mais si les peres ou meres indignes avant la mort de celuy, *de cujus bonis agitur*, sont decedez, les enfans representeront le degré, & auront le droit d'aisnesse.

On a fait plusieurs questions sur cette matiere, qu'on peut voir dans Maître Charles du Moulin. Voicy les principales & les plus ordinaires.

1°. On demande si un fils legitimé a le droit d'aisnesse?

11. Il faut distinguer, s'il est legimé *per solum principis rescriptum*, il n'a pas le droit d'aisnesse, mais s'il l'étoit *per subsequens matrimonium*, il a droit d'aisnesse, pourvû qu'il n'y ait point eu de mariage & des enfans legitimes entre la naissance de l'enfant, & le mariage fait avec la mere du legitimé.

12. 2°. On demande de deux freres jumeaux, qui le doit avoir?

On convient que c'est celuy, *qui prior totum corpus emisit, non membrum singulare.*

Maître Tiraqueau n'est pas de cet avis, & veut qu'on les fasse tirer au sort.

13. 3°. Sçavoir si pour composer la legitime des enfans puisnez, on doit mettre & comprendre, pour faire l'état du bien, le preciput de l'aisné?

14. On dit qu'ouy, parce qu'il fait *partem bonorum & successionis.*

4°. Si lorsque l'aisné prend une legitime seulement, il doit avoir le droit d'aisnesse separement?

On dit qu'oüy, *quia utrumque diverso titulo datur à lege*, l'un comme à un fils, & l'autre comme à l'aisné.

Mais comme nous avons ajoûté le mot de *succession* dans l'article de la Coûtume, il faut en expliquer la raison, & en tirer en même temps deux consequences, que nous avons dit en passant.

La premiere est, que personne ne peut prendre le droit d'aisnesse sans être heritier, & par consequent sans avoir part dans la succession; de sorte que l'aisné qui renonce à la succession & qui prend le doüaire, ne peut avoir le droit d'aisnesse.

15. La deuxiéme consequence est, que lorsqu'on dit succession, on dit en même temps, que le fils, du vivant du pere & de la mere, n'a aucun droit, parce qu'il n'y a point encore de succession, *non est viventis hereditas*, & delà on tire deux autres consequences.

1°. Que le fils majeur du vivant de pere & mere ne peut vendre, engager, hypotequer & se desaisir, en quelque maniere que ce soit, de sa legitime en faveur de ses freres, même par contrat de mariage, comme il a été jugé par Arrest du 14. Avril 1616.

2°. Qu'il faut prendre la succession en l'état qu'elle se trouve, & par consequent, que rien n'empêche les pere & mere de leur vivant, de vendre, engager, hypotequer, leurs immeubles & leurs Fiefs, & les donner à des étrangers, mais non pas à leurs enfans au prejudice de l'aisné, qui a le droit acquis dés sa naissance, *cujus tamen juris differtur executio post mortem.*

Enfin, puisque les successions se prennent en l'état qu'elles se trouvent, il faut que ce soit celuy qui est le fils aisné vivant, lors du decés du pere ou de la mere, ou ses enfans, qui le representent, capables de succeder, qui ayent le même droit.

Mais il s'est mué une grande question sur ce sujet, sçavoir si un fils donataire, ou legataire particulier de son pere, ou même substitué en directe pouvoit demander le droit d'aisnesse, parce que les qualitez d'heritier, & celle de donataire legataire étoient incompatibles, & pour la substitution qu'étant faite aux enfans, elle venoit plûtôt de la liberalité, que de la succession.

16. Subsidiairement on a agité une seconde question; sçavoir, si une terre donnée par substitution *ab extraneo aut collaterali*, à un ami, & substituée à ses enfans; si, dis-je, l'aisné de ces enfans avoit le droit d'aisnesse.

Maistre du Moulin dit, *non habet locum, nisi in his, quæ jure hereditario & universalis successionis acquiruntur*; d'où on pouvoit conclure, que celuy qui venoit à la succession, *jure singulari*, comme d'une donation, ne devoit point avoir de droit d'aisnesse, suivant nôtre maxime cy-devant établie.

Néanmoins on a fait une exception de cette regle pour la ligne directe, & suivant l'article 278. qui veut, que tout ce qui est donné aux enfans en directe, soit donné en avancement d'hoirie, & que tout ce qui est donné est toûjours sujet à rapport, *respectu coheredum*, cela fait que l'aisné donataire qui rapporte est toûjours tenu pour heritier à l'égard de ses freres coheritiers: aussi il n'y aura point d'inconvenient que l'aisné se tienne à son don, & qu'il prenne le droit d'aisnesse.

Cette raison, à mon sens, est décisive, quoique particuliere, & c'est elle qui a donné lieu à l'Arrest du 14. Août 1629. qui a jugé, qu'on pouvoit avoir le droit d'aisnesse, & se tenir à son don.

Il en sera de même de la substitution faite en directe par deux raisons.

La premiere, que celuy qui substituë ne peut pas contre l'ordre de la Coûtume ôter à l'aisné le droit dans les Fiefs qui se trouvent au jour de son décés.

La deuxiéme, que la substitution n'empêche pas d'être heritier, & d'avoir le droit d'aisnesse, *potest enim capere jure sanguinis quod capit in vim substitutionis*: la substitution en directe n'étant proprement qu'une prohibition d'aliéner, *tam ex parte donantis quam ex parte donatarii in directa*.

La plus grande difficulté se trouveroit, quand un étranger a donné une terre à son amy, & la substituée aux enfans de son amy, parce que la chose vient, *jure singulari*, au pere & aux enfans, il semble que l'aisné des enfans ne pourroit pas prétendre le droit d'aisnesse, puisque la chose leur est donnée aussi-bien qu'à leur pere.

Néanmoins il y a eu un Arrest de la Grand'Chambre, qui a jugé que la terre donnée à un amy, & substituée à ses enfans, étoit propre, quoiqu'elle leur appartint de la liberalité du donateur, & que leur pere n'en ait pas pû disposer au préjudice de ses enfans.

Il y a eu un autre Arrest du 3. Juillet 1604. qui a jugé qu'il y avoit lieu au droit d'aisnesse.

Maistre Auzanet en rapporte la raison, qu'il dit avoir tirée de Maistre du Moulin, qui est que les enfans pouvoient venir à la succession, *jure sanguinis*, & prendre la terre, *per manum patris*: la substitution n'est bonne que pour empêcher le pere d'aliéner, mais non pas pour troubler entre les coheritiers l'ordre de la Coûtume & des successions; ainsi la substitution fera, qu'on ne pourra pas aliéner la chose donnée; mais le pere l'ayant possedé, & les enfans devenans les maistres par la succession de leur pere, le droit d'aisnesse appartient à l'aisné suivant la Coûtume.

Aprés avoir expliqué à qui appartient le droit d'aisnesse, il faut voir présentement en quoy consiste le droit d'aisnesse.

17. L'aisné a premierement par son droit d'aisnesse le principal manoir, mais ce droit de prendre le principal manoir est un privilege auquel il peut renoncer, & prendre un autre manoir, s'il y en a deux, quoiqu'il ne soit pas le principal, mais il faut qu'il soit bâti sur le Fief; & c'est en cela qu'un pere peut facilement faire un avantage considerable à son aisné, en faisant un bâtiment d'un grand prix, parce qu'il n'y a point pour cela de récompense aux puisnez.

Il est encore certain que l'aisné qui ne veut pas choisir le principal manoir peut en prendre un autre, pourvû qu'il soit bâti sur le Fief, & cela se doit faire sans fraude; car on a vû qu'un aisné vouloit prendre la maison du Meusnier pour avoir le moulin, ce qui ne se souffre point.

Le deuxiéme droit de l'aisné est de prendre la basse-court attenant & contiguë audit manoir destinée à iceluy, c'est-à-dire, *quæ servit domui*, & le droit de prendre par l'aisné cette basse-court du manoir a lieu, quoique le fossé du Château ou quelque chemin fut entre-deux.

Le troisiéme est de prendre un arpent de terre de l'enclos ou jardin joignant ledit manoir, si tant y en a, & ainsi il faut que cet arpent soit dans le même Fief que le manoir, & l'aisné peut choisir l'arpent dans le parc, où il luy plaira, même celuy où il y aura de la futaye, pourvû qu'il soit contigu de proche en proche au Château, & qu'il soit en Fief.

La Coûtume dit, *si tant y en a*: d'où il faut conclure que s'il y a moins en Fief, l'aisné ne peut pas demander récompense à ses puisnez.

La quatriéme est, que lorsque l'enclos a plus d'un arpent, l'aisné peut le retenir, en récompensant ses puisnez en terres de même qualité & de même Fief, ou autres de la succession au choix des puisnez.

Il n'est pas necessaire que les terres & les biens qui se donnent en récompense soient situez dans la même Coûtume, il suffit qu'elles soient de la succession, quoiqu'en differentes Coûtumes, pourvû que cela ne cause pas de préjudice aux puisnez.

Comme on ne convenoit pas toûjours de ce qui s'appelle enclos, la Coûtume l'a déterminée, en disant, que *s'entend l'enclos, qui est fermé de murs, fossez, ou hayes vives*.

Ainsi les hayes qui ne sont pas vives, ne font pas un enclos, & c'est proprement en cette rencontre, que l'inspection des lieux fait juger proprement de l'intention du propriétaire, s'il a voulu faire un veritable enclos, pour être joint à son manoir.

Il n'y a point de droit d'aisnesse pour l'heritage acquis pendant la continuation de communauté, parce que les enfans en sont copropriétaires & coacquereurs avec le survivant, avec lequel la communauté continuë, ainsi *non veniunt jure successionis*.

On a demandé comment il falloit partager les droits honorifiques, comme les droits de l'Eglise, le droit de conferer un Benefice dépendant de la terre en patronage laïque, & la Justice.

Les choses qui peuvent se diviser se divisent comme les honneurs de l'Eglise, l'aisné aura la préséance, & les puisnez, qui ont part au Fief, ensuite.

Pour les droits de patronage, de justice de Fief, ils sont indivisibles, mais *usus potest dividi*. C'est pourquoy on prend differents expédiens de commettre des Juges conjointement, ou bien *per turnum*, qu'on appelle, afin que chacun joüisse de son droit, & ait part dans les honneurs.

Pour ce qui est du colombier & pigeons, des poissons & lapins qui se trouvent dans l'étenduë de l'arpent du préciput, ils appartiennent à l'aisné sans en faire récompense aux puisnez, non plus que des bâtimens construits sur le principal manoir, parce que *superficies solo cedit*, & ces choses sont immeubles, & font partie du fond.

Quand il y a plusieurs Fiefs qui sont heritages propres de pere & mere décedez, le droit d'aisnesse se prend sur une des terres de la succession qui sont dans la même Coûtume.

Mais lorsqu'il y a plusieurs Fiefs acquis pendant une communauté, par le décés de l'un des conjoints la communauté se divise, & la question est, sçavoir, si l'aisné aura l'un des deux Fiefs, ou s'il n'aura que la moitié dans chacun.

Quoique souvent en faisant les partages de la communauté, on mette dans un lot un Fief entier, & dans l'autre un autre Fief, néanmoins le droit d'aisnesse étant acquis au moment du décés, & la division des conquêts se faisant de droit, en telle sorte que la moitié d'un conquêt appartient au survivant, & l'autre aux enfans, l'aisné ne pourra avoir que le droit d'aisnesse dans la moitié, laquelle moitié est considerée comme un tout à l'égard de la succession échûë; & si pour la commodité des partages on met dans un lot une terre, & dans une autre, une autre terre toute entiere, cela fait seulement qu'aprés le décés du survivant l'aisné aura le droit d'aisnesse sur toute la terre qui étoit échûë au survivant par le partage.

La raison est, que les successions se doivent partager en l'état qu'elles se trouvent, & le droit d'aisnesse se prendra sur ce qui fait actuellement partie de la succession lors du décés de celuy, dont la succession se partage.

18\. Une grande question se peut faire au sujet des domaines du Roy engagez, sçavoir, s'il y a droit d'aisnesse ou non. *Idem*, des terres acquises à faculté de remerer.

Pour ce qui regarde les domaines, quelque Declaration que le Roy fasse pour rentrer dans ses domaines, le Roy n'est censé y être rentré que du jour du remboursement actuel; desorte qu'il faut prendre les choses en l'état qu'elles se trouvent lors de la succession ouverte; par consequent si le decedé étoit en possession au moment de son décés, le mort saisit le vif, & le droit est acquis, & le remboursement posterieur doit appartenir au fils à proportion du droit d'aisnesse.

Il n'en est pas de même des terres qu'on possede à faculté de remerer, ou celles qu'on a acquises qui sont sujettes à retrait, il faut faire difference des temps; ensorte que si devant le décés l'action de retrait étoit intentée, ou l'action de remerer, & qu'il y eut une Sentence qui eut adjugé le retrait, ou qui eut ordonné que l'ancien vendeur rentreroit avant le décés, quoiqu'il y eut appel, *si ex post facto*. La Sentence est confirmée, l'aisné n'a point de droit d'aisnesse, parce qu'au jour du décés il n'y avoit plus que l'action pour demander le prix, la Sentence faisant une dépossession de droit.

Mais si, *ex post facto*, la Sentence étoit infirmée, je croy qu'il y auroit lieu au droit d'aisnesse, parce que *appellatio suspendebat judicatum*, & les choses se réduisent en leur premier état, le défunt n'ayant jamais été dépossedé de fait, & la dépossession de droit étant anéantie par l'Arrest qui auroit infirmé la Sentence.

Il n'en seroit pas de même, s'il n'y avoit eu qu'une demande en retrait, ou pour rentrer sans Sentence de condamnation, parce qu'en ce cas il n'y a jamais eu de dépossession, ni de droit, ni de fait, & la terre *erat in bonis*, lors du décés, & sujette au droit d'aisnesse.

A l'égard des domaines, si la dépossession étoit actuelle, & si le fond étoit fait à l'épargne, quoiqu'il ne fut pas touché actuellement, les termes & les assignations n'étant pas échus, je ne croirois pas qu'il y eut lieu au droit d'aisnesse.

Ce qui doit avoir lieu pour les successions en directe pour le droit d'aisnesse, doit aussi être suivi en collaterale pour exclure les femelles de leurs prétentions sur les Fiefs qui sont domaines du Roy, aliénez à faculté de rachat, ou sur les terres sujettes au retrait & à la faculté de remerer.

CONFERENCE SUR L'ARTICLE XIII.

De même, *Amiens*, article 71. & 72. *Angoumois*, article 87. & 88. *Anjou*, article 222. *Auvergne*, chapitre 12. article 51. *Auxerre*, article 53.

Bayonne, article 2. & 3. *Blois*, article 143. *Boulenois*, titre 20. article 63. *Bourbonnois*, article 301. & 302.

Calais, titre 2. article 13. *Châlons*, article 150. *Chartres*, article 4. *Chaumont*, article 8. *Clermont*, article 81. & 86.

Dourdan, articles 4. 6. 10. 54. *Dreux*, article 3.

Estampes, articles 9. 10.

Laon, articles 147. 148. *Lodunois*, chapitre 27. article 4.

Maine, article 138. *Mantes*, article 1. & 3. *Marche*, article 215. *Meaux*, article 160. *Melun*, articles 89. 90. 91. 92. *Monfort*, articles 9. 10.

Nivernois, chapitre 35. articles 5. 6. *Normandie*, article 321.

Perche, article 137. *Peronne*, articles 179. 180. *Poitou*, article 189.

Rheims, articles 42. 44. 45. *Romorantin*, article 2. *La Rochelle*, article 54.

Sedan, article 158. *Senlis*, articles 126. 127. 128. *Sens*, article 200.

Tours, articles 260. 261. *Troyes*, article 14.

Vitry, article 53. & 55.

Xaintonge, article 189.

Dreux, article 3. *Le fils aîné entre plusieurs enfans, pour sa part & portion de pere ou de mere, doit avoir pour son droit d'aînesse le principal manoir, & arpent & demy de terre, ou environ iceluy, s'ils y sont, ou le vol d'un chappon, avec la moitié de tous les Fiefs; & l'autre appartient aux autres. Et s'il advient qu'ils ne soient que deux, & il y a un fils, tel fils doit avoir les deux tierces parties avec le principal manoir, & le puîné le tiers seulement. Et n'y a qu'un droit d'aînesse quant au principal manoir.* a

a *Id est si illud accepit in successione communis patris, non debet rursus aliam principalem mansionem capere in successione communis matris, & è contra. Secus si parens in cujus successione accepit, non esset communis, sed alterius matrimonii.* C. M.

PAR PRÉCIPUT.

Sens, article 200. ajoûte, *les armes pleines, le cry & titre de Seigneur.* De même, *Auxerre*, article 54. *Bourbonnois*, article 301. *Auvergne*, chapitre 12. article 51. *Troyes*, article 14.

BASSI-

BASSE-COURT ATTENANT ET CONTIGUE.

Perche, article 137. & 140. ajoûte, *avec le circuit, & toutes les choses étant dedans ledit circuit ; comme granges, étables & autres édifices, pressoir, douves & fossez. Et s'il n'y a fossez, luy appartient avec manoir & clôture, un arpent de terre : Appartient aussi audit aîné le bois de haute-futaye étant prés, & à la veuë de ladite maison, limité & réduit à un quart de lieuë, où ledit bois ne contiendra que quarante arpens. Et où il contiendra davantage, le surplus demeurera aux puisnez, desquels toutefois ledit aîné le pourra racheter, en les récompensant en autres biens de la succession, si tant y en a, sinon en deniers & prix raisonnable.*

Amiens, article 73. ajoûte, *aussi demeure & appartient à l'aîné la provision & institution des Officiers, fruits & émolumens de la Justice, & présentation aux Benefices.*

ET OUTRE LUY APPARTIENT UN ARPENT.

Troyes, article 14. dit, *le principal châtel, ou maison forte, motte ou place de maison seigneuriale tenu en Fief, si aucun y a, à son choix, la basse-court, la muraille, ou autre clôture, les fossez & les heritages à l'environ, de l'étenduë du vol d'un chapon*, [b] *l'un des Fiefs s'aucun en y a mouvant & tenu dudit châtel, ou de ladite maison, lequel qu'il luy plaît choisir & accepter. Et ainsi luy appartient le nom de Seigneur, le cry & les armes ; avec un arpent de chacune espece dudit Fief & Seigneurie ; c'est à sçavoir s'il y a prez, un arpent de pré ; s'il y a vignes, un arpent de vignes, & s'il y a étang, un arpent d'étang ; s'il y a bois, un arpent de bois, en continuant de membre en membre de ladite Seigneurie.*
De même, *Chaumont*, article huitiéme.

b *Id est*, un arpent de terre *tantùm* & de simple terre, & non l'arpent où seroit le moulin : Toutefois le 5. jour d'Août l'an 1550. en la Chambre tierce ou nouvelle, au rapport de Monsieur Desloges, fut jugé que le moulin dans les clôtures & fossez appartient à l'aîné, combien qu'il fût questuaire de volonté : *Secùs*, s'il étoit bannier, car le droit de bannalité se divise comme les arriere-Fiefs. *C. M.*

Bourbonnois, article 202. dit, *& outre l'enclos desdits fossez quarante toises* [c] *de terres à prendre du bout des fossez de toutes parts par dehors, tant que lesdites quarante toises se pourront étendre à l'entour desdits fossez.*

c *Intellige hexapedas quadratas more agrimensorum, de quibus dixi in Consuetudin. Paris.* §. 11. *num.* 6. *non in directum seu in longum, sed in circuitu : & sic primogenitus ultra mansionem & ejus clausuram, debet habere mille quadragintos quadraginta pedes quadratos, si tantùm terra feudalis seu nobilis admetiri queat æqualiter in circuitu mansionis, ut plenius dixi in Commentario meo in has Consuetudines ann.* 1550. *rogatu primorum inclita urbis Molinensis incœpi, & mox videns chariss. D. Io. Papon Commentaria in has edidisse, decedi : sed cum ille ut candidi est animi & patriæ amantissimi, obnixè me rogavit ut nihilominus pergerem ut feci, donec anno* 1552. *propter jus publicum Galliæ & Ecclesiæ à me propugnatum coactus sum in Germaniam* 4. *annos migrare.* C. M.

SINON EN AUTRES TERRES OU HERITAGES DE LADITE SUCCESSION.

Auxerre, article 53. ajoûte, *ou en deniers, en défaut d'autres heritages d'icelle succession.*
De même, *Orleans*, article 92.

Ribemont, article 63. dit, *que la récompense est au denier trente, où il y a haute-Justice, moyenne & basse, qui est trois mille francs pour cent livres de rente ; & au denier vingt-cinq, quand il n'y a que Justice moyenne & basse, qui est pour cent livres de rente deux mille cinq cens livres.*

Anjou, article 223. dit, *que si les choses d'une même succession nobles, sont assises en divers Bailliages ou Sénéchaussées Royales, toutefois l'aîné ou heritier principal aura un préciput & avantage en chacun Bailliage ou Sénéchaussée.* [d]

d *Id est in diversis & distinctis Provinciis : non autem in eadem Provincia, in singulis localibus sedibus, seu Præfecturis ejusdem Provinciæ ; quod esset nimis durum, nec est de mente Consuetudinis, ut dixi in Consuet. Paris.* §. 8. C. M.

Valois, article 61. dit, *que s'il y a plusieurs Fiefs, Terres & Seigneuries en une succession, il sera loisible au fils aîné, de pouvoir retenir l'une desdites terres entiere, en récompensant ses coheritiers d'autres heritages de ladite succession de pareille nature & valeur.* [e]

e *Hoc non solum habet locum sub hac Consuetudine : sed etiam sub aliis officio Judicum, de quo in l. ad officium C. commun. divid. in* §. *quod commodè Instit. de offic. Jud.* C. M.

Auteurs sur l'Article treiziéme.

Challine, regle 9. exemple 1. de la premiere partie.
Loysel, livre 4. titre 3. regles 66. 68. 69. 70. & 79.
Brodeau, sur cet article, nomb. 17.
Bobé, sur cet article.
Thourette, sur Montfort, articles 9. & 10.
D'Argou, en son Institution au Droit François, livre 2. titre 25.
Pontanus, sur la Coûtume de Blois, article 143. & suivans.
Le Let, sur Poitou, article 289.
De la Lande, sur Orleans, article 89.
La Bibliotheque de Bouchel, & celle de Joüet, *verbo*, aînesse.
Le Dictionaire de M. Brillon, *verbo*, aînesse, *verbo*, préciput.
Les Arrests de Monsieur le Premier President de la Moignon, reciieillis dans les œuvres de Maître Auzanet.
Le Traité du droit d'aînesse par Maître Tiraqueau.
Papon, livre 21. titre 5.
Le Brun, Traité des Successions, livre 2. chapitre 2. section 1.
Le Grand, sur Troyes, article 14.
Buridan, sur Reims, articles 42. 43. & 45.
Lhoste, sur Montargis, articles 22. 23.
De Salligny, sur Vitry, article 55.
Du Moulin, sur Paris, article 8. Glose 1. nomb. 30. & article 9. Glose 4.
De l'Hommeau, en ses Maximes, livre 3. art. 21.
Du Cange, 3. 10. & 12. Dissertation sur Joinville.
La Bibliotheque des Coûtumes sur le mot *aînesse* & sur *parage & ferage*, & sur *armes pleines*, & sur *chapon*.
Basnage, sur Normandie, articles 337. & 356.
Pasquier, en ses Recherches, livre 2. chap. 10.
D'Argentré, sur les Partages des Nobles, q. 3.
Loüet & Brodeau, *lit. E. num.* 7. & *lit. R. num.* 24. *lit. V. num.* 30. *lit. R. num.* 17.
Roüillard, en ses Reliefs *Forenses*, qu. 25. selon la premiere édition, & 31. selon la seconde, part. 2.
Filleau, Arrest 201.
Vigier, sur Angoumois, art. 88. 93. & sur la Rochelle, article 54.
Vrevin, sur Chauny, article 74.
Bodreau, sur Maine, art. 238. 262. 263. 264. & 294.

Pineau, sur Anjou, art. 222.
Buridan, sur Vermandois, art. 147. & 148.
Frain, en ses Arrests, chap. 132.
Basmaison, sur Auvergne, titre 12. art. 51.
Dufresne, en son Journal, liv. 1. chap. 1. & liv. 2. chap. 57.
Montholon, Arrest 125.
Mornac, *ad l. 22. tit. 7. lib. 1. ff. ad §. 2. l. 8. ff. famil. ercisc. ad l. 15. ff. de statu hominum.*
Le Vest, Arrest 115. & 227.
Ricard, sur Senlis, art. 126. 127. & sur Amiens, art. 71. & 81.
Feron, sur la Coûtume de Bordeaux, titre des *Testamens*, art. 23.
Rat, sur Poitou, titre *des Successions*, art. 221. sur ces mots, *prend pour ses droits.*
Pithou, sur Troyes, article 14.
Englebermeus, sur Orleans, titre 1. art. 29.
Coquille, sur Nivernois, titre *du droit d'aînesse*, en l'Institution au Droit François, titre *de Fiefs.*
Choppin, sur Anjou, liv. 1. chap. 33. nomb. 4. & suivans, & livre 2. titre 3. nomb. 12. & part. 2. titre 5. nomb. 5. *du Domaine*, livre 1. titre 10. nomb. 7. & 8. liv. 2. titre 2. nomb. 10. livre 3. titre 1. nomb. 8. *des Privileges des Rustiques*, liv. 2. part. 2. chap. 9. nomb. 4. sur la Coûtume de Paris, liv. 1. nomb. 31.
Labbé, sur Berry, titre 19. art. 31.
Le Cirier, en son Traité du droit des aînez, liv. 1. qu. 130.
Hotoman, en ses Questions illustres, qu. 2.
Journal du Palais, Arrest du 16. Avril 1677. & du 22. Avril 1686.
Dufresne, liv. 7. chap. 37.
Journal des Audiences, tom. 3. liv. 11. chapitre 39. tom. 4. livre 1. chap. 6.
Loüet, lettre D. Sommaire 30. lettre E. Sommaire 7. lettre F. Sommaire 1.
Tiraqueau, *de jure primigen.* quest. 21. & suiv. lett. L. Sommaire 17.
Auzanet, en ses Arrests, liv. 2. chap. 31.
Duret, dans son Alliance des Coûtumes, titre 23. p. 650.
Duplessis explique cet article, Traité *des Successions*, liv. 1. chap. 2. p. 195. & 196.

ARTICLE XIV.

Cet article a été ajoûté à la reformation de la Coûtume.

Du moulin, four, ou pressoir qui se trouvent dans l'enclos.

SI dans l'enclos du Préciput de l'aisné y a moulin, four, ou pressoir, le corps dudit moulin, four ou pressoir, appartient à l'aisné, mais le profit du moulin bannal, ou non bannal, & du four & pressoir, s'ils sont bannaux, se partira comme le reste du Fief: & sont tenus les puisnez, de contribuer aux frais des moulans, tournans, & travaillans dudit moulin, corps du four & pressoir, & ustancilles d'iceux, pour portion du profit qu'ils y prennent. Peut toutefois l'aisné avoir ledit droit du profit & bannalité, en récompensant lesdits puisnez comme dessus.

Voyez l'Article précedent, & les 72. & 334. sur la fin.

REMARQUES.

MAis quand il n'y a point de manoir, sçavoir si l'aîné peut choisir le toict d'un moulin, grange ou pressoir?

Ait Ch. posse de moribus Paris. l. 1. tit. 2. §. 14. negat Molin. ad art. 143. Cons. Bles. idemque innuit §. 13. hujusce Cons. gl. 4. num. 1. debet enim esse locus ad habitandum factus.

Les pigeons du colombier, les poissons des fossez & les lapins des clapiers qui se rencontrent dans les limites du préciput de l'aisné luy appartiennent, sans récompenser ses puisnez, parce que toutes ces choses sont plûtôt pour le plaisir & la commodité de la maison, que pour en tirer un revenu certain & ordinaire.

Ainsi jugé par deux Arrests, l'un du 2. Juin 1564. pour le Fief de haute maison, & l'autre prononcé en Robes rouges, le 7. Septembre 1572. rapportez par Maître Julien Brodeau sur cet article.

SI DANS L'ENCLOS.

GLOSE UNIQUE SUR L'ARTICLE XIV.

SOMMAIRE.

1. *Pourquoy les profits des fours & pressoirs bannaux n'appartiennent pas entierement à l'aisné.*
2. *Pourquoy les profits des moulins, quoique non bannaux, se partagent entre l'aisné & ses puisnez.*
3. *Si le moulin appartiendroit entierement à l'aisné, au cas que le Fief ne consistast que dans ce moulin.*
4. *Si l'aisné peut prendre le moulin bannal*

ou non bannal ; en recompensant les puisnez.

5. *Pourquoy l'aisné doit contribuer également aux frais du moulin bannal ou non bannal.*

6. *Quelle difference il y a entre les pressoirs, les fours, & les moulins bannaux.*

PAr cet article de la nouvelle Coûtume, il est décidé en premier lieu, que si dans l'étenduë de l'enclos ou jardin, que l'aisné prendra pour son préciput, se trouve moulin, four ou pressoir, le corps d'iceux appartient à l'aisné, ce qui est fondé sur cette regle de droit, que *ædificium solo cedit, l. adeò. §. cum in suo. ff. de acquir. rer. domin. & §. cum in suo. Institut. de rer. divisi.*

1. Il n'en est pas de même des profits que rapportent les moulins bannaux ou non bannaux, les fours & les pressoirs, s'ils sont bannaux, lesquels sont souvent tres-considerables ; c'est pourquoy les Reformateurs de nôtre Coûtume n'ont pas trouvé à propos de les donner à l'aisné pour son droit d'aisnesse, mais ils ont ordonné en cet article, que si le four ou pressoir est bannal, le profit se divise de même que le reste du Fief, suivant les articles 15. & 16.

La raison est, que la bannalité ne concerne pas le seul manoir & l'enclos ou jardin, mais il regarde tout le Fief, & produit un revenu perpetuel & annuel, qui fait partie du domaine du Fief ; c'est pourquoy elle doit être reglée de la même maniere que les terres féodales & les droits qui en dépendent, & qui sont tenus en Fief ; & par consequent tombe dans le partage qui s'en fait entre l'aisné & ses puisnez.

Mais si le four & le pressoir ne sont point bannaux, il n'y a point de raison qui oblige l'aisné d'en diviser la commodité & l'utilité avec ses puisnez, n'ayant été faits & construits que pour la commodité du manoir, dont l'aisné est seul propriétaire.

2. Le profit du moulin bannal ou non bannal, qui se trouve dans l'enclos ou jardin que prend l'aisné pour son préciput, ne suit pas le droit d'aisnesse, mais il doit être divisé entre l'aisné & ses puisnez comme le reste du Fief, suivant cet article : la raison est, que le moulin soit bannal ou non bannal ; produit un revenu annuel & perpetuel, & n'est pas bâti seulement pour la commodité de la maison, mais pour augmenter les revenus du Fief, ainsi il se doit partager, de même que le four & pressoir s'ils sont bannaux. Ce qui avoit été ainsi jugé par Arrest en l'ancienne Coûtume, donné en la troisiéme Chambre des Enquêtes, au rapport de Monsieur Desloges le 5. Aoust 1550. entre les heritiers du sieur de Saint Maurice, rapporté sur cet article par Brodeau, nombre 2. & par les autres Commentateurs.

BRODEAU. Brodeau, *loco citato*, remarque un autre Arrest donné en la Coûtume de Melun le dernier Decembre 1556. par lequel, en infirmant la Sentence du Prevôt de Paris, fut adjugé à l'aisné le moulin contentieux non bannal, avec le pourpris bâti dans le préciput de l'aisné.

3. Ce qui auroit lieu, quoique le Fief ne consistât que dans un moulin bannal ou non bannal ; desorte que le profit se partageroit suivant les articles 15. & 16. & l'aisné ne le pourroit pas prétendre pour son droit d'aisnesse, parce qu'un moulin n'est pas un manoir, ainsi qu'il a été remarqué cy-dessus.

BRODEAU. Brodeau sur cet article nombre 2. dit, qu'il appartiendroit entierement & pour le tout à l'aisné, suivant en cela l'opinion de Maître Charles du Moulin sur l'article 13. *Glos. 3. num. 5.* mais c'est un sentiment formellement contraire à cet article, qui a été ajoûté à l'ancienne Coûtume contre l'avis de Maître Charles du Moulin.

MOULIN. C'est pourquoy il faut tenir pour loy aux termes de cet article, que quoique même le moulin fût dans le principal manoir, s'il étoit questuaire & rapportant un revenu annuel, parce que les étrangers y seroient reçus à moudre, l'aisné seroit obligé d'en partager le profit avec ses puisnez, ou de les récompenser : parce qu'il n'y a pas plus de raison que le moulin qui est dans le manoir appartienne entierement à l'aisné, tant pour le corps que pour le profit, que celuy qui se trouve dans l'arpent de terre contigu au manoir, c'est pourquoy par parité de raison il faut étendre le cas exprimé par cet article au cas non exprimé, suivant la Loy 12. *ff. de Legib.*

Il n'en seroit pas de même du moulin, lequel ne seroit destiné que pour l'usage & la commodité de la maison, & qui ne seroit pas questuaire, parce que ne produisant aucun revenu, il n'y auroit rien à partager.

Et quand même le moulin seroit destiné pour manoir principal du pere de famille, y ayant quelque édifice bâti pour cet effet, ainsi que Maître Charles du Moulin dit en avoir eu un, néanmoins la même décision auroit lieu, que tout l'édifice & le corps du moulin appartiendroit à l'aisné, mais que le profit & revenu annuel d'iceluy seroit partageable.

Tournet dit sur cet article, qu'on faisoit autrefois difference entre le moulin bannal & le moulin non bannal ; que le bannal se divisoit quant aux profits, & que le non bannal appartenoit en pleine proprieté & joüissance à l'aisné ; mais que la Coûtume ôte icy cette difference : ensorte que le profit du moulin bannal ou non bannal qui se trouve dans l'enclos ou jardin que prend l'aisné, se doit diviser entre luy & ses puisnez comme le reste du Fief. Il ajoûte, qu'il en faut dire de même *de columbario & piscina & vivario, in quo pisces inclusi sunt, idemque de apum examine*, suivant le sentiment de Chopin sur la Coûtume d'Anjou, *liv. 2. nomb. 4.* & ainsi on voit que *commoditas rerum individuarum dividi potest*, comme dit Tiraqueau, *lib. de jure primog. quest. 4. num. 52.*

Mais comme il seroit incommode à l'aisné de partager tels profits, il luy est permis de le prendre tout entier, en récompensant ses puisnez, ainsi qu'il a été dit sur l'article 13. Et s'il veut bien les partager, tous les enfans sont tenus de contribuer aux frais & impenses qu'il convient faire pour faire valoir & entretenir les four, pressoir & moulin, chacun à proportion de ce qu'il en amande, suivant la loy 10. *ff. de R. J.* de sorte que l'aisné est obligé d'y contribuer la moitié ou les deux tiers, selon la portion qu'il prend en iceux. 4.

Ce qui doit avoir lieu dans les autres Coûtumes qui n'en parlent point ; parce qu'il ne seroit pas raisonnable que chacun des puisnez payât autant que l'aisné, qui prend une plus grande partie du profit : Ce n'est pas comme une dette de la succession ; qui se doit payer par chacun des coheritiers pour leurs portions hereditaires ; mais à raison de la perception des fruits civils, lesquels comme ils se divisent, les charges aussi qui arrivent pour la perception d'iceux, se doivent partager de la même maniere. 5.

Les moulins, pressoirs, & fours non bannaux sont ceux ausquels les sujets du Seigneur du lieu ne sont pas assujettis, & ne sont pas tenus d'y aller moudre, pressoirer, ni cuire, & n'y peuvent être contraints, si le Seigneur n'est fondé en titre, suivant l'article 72.

La raison est, que le droit de bannalité est un droit de servitude qui ne se peut acquerir sans titre valable, quelque longue & ancienne possession qu'il y ait, suivant l'article 186. *infra.*

C'est l'opinion de du Moulin sur l'article 14. de la Coûtume de Troyes ; de Chopin sur celle d'Anjou, *part. 2. lib. 2. tit. 3. & part. 1. cap. 14. & lib. 3. de doman. Franc. tit. 22. cap. 16.* de Bacquet, *des droits de Justice*, chap. 27. & 29.

D'Argentré est de même avis sur l'article 257. de la Coûtume de Bretagne, où il dit, que les moulins qui ne sont pas bannaux, font plus de frais & de dépenses que de profit, y ayant toûjours quelque chose à refaire.

Cependant nôtre Coûtume a voulu donner à l'aisné le corps entier du moulin non bannal, qui se trouve dans l'enclos, à la charge de partager le profit qui en peut provenir avec ses puisnez, à proportion de la part & portion d'un chacun.

Puisque la disposition de la Coûtume en ce cas est pour l'interêt des puisnez, & non pour celuy de l'aisné, en ce qu'il se peut faire qu'un moulin non bannal, qui se trouveroit dans l'enclos qu'il prendroit pour préciput, & droit d'aisnesse, seroit d'un revenu considérable, excedant peut-être le revenu de toutes les terres & droits, étant de la dépendance du Fief, les puisnez peuvent, s'ils veulent, abandonner le moulin entier & les revenus & profits d'iceluy à leur aisné, pour être par ce moyen déchargez des frais ausquels ils seroient tenus à proportion de leur part & portion, qu'il conviendroit faire pour le moulin; autrement ce que la Coûtume auroit introduit pour leur avantage, tourneroit à leur préjudice, contre toute raison & équité, ainsi qu'il est porté par la Loy *nulla.* 25. *ff. de R. J. nulla juris ratio, aut æquitatis benignitas patitur, ut quæ salubriter pro utilitate hominum introducuntur, ea nos duriore interpretatione contra ipsorum commodum producamus ad severitatem.*

AUZANET. Les Notes de Maistre Auzanet sur cet article sont à remarquer; Il dit que la Coûtume partage diversement les corps des moulins & du four & pressoir bannal d'avec les profits & revenus qui en proviennent; & que par la même raison on sépare aussi les frais & dépenses des bâtimens d'avec ceux des moulans, tournans, & travaillans. Que ceux qui ont redigé & reformé la Coûtume, ont consideré que communément les fours & les pressoirs sont faits pour l'usage particulier du Seigneur, & doivent être considerez comme étant des appartenances du manoir seigneurial, même lorsqu'ils sont bâtis en un lieu distinct & separé du manoir; & doivent conséquemment appartenir à l'aisné; mais lorsque la bannalité y est annexée, c'est pour en retirer du revenu, qui fait partie des fruits, & par conséquent il est partageable entre les enfans, comme les mouvances & autres dépendances du Fief.

L'article parle des pressoirs, des fours & des moulins bannaux, entre lesquels il y a quelque difficulté à faire.

A l'égard des fours & moulins, les bannalitez d'iceux sont charges personnelles, qui concernent le pain servant à la nourriture des habitans qui demeurent dans le lieu où est établie la bannalité; pour cette raison on doit suivre l'usage & la Coûtume du domicile des personnes sujettes ausdites bannalitez.

Mais à l'égard de la bannalité des pressoirs, c'est une charge réelle & fonciere des vignes sujettes à la bannalité, & à laquelle sont sujets les raisins recüeillis dans le territoire du Seigneur auquel appartient la bannalité, quoique le propriétaire des vignes soit domicilié ailleurs; comme il a été jugé par Arrest du 24. Avril 1600. en l'Audience de la Grand'Chambre au profit du sieur de Gigny, plaidant Foulé.

Les moulins à vent ou à eau sont d'une autre nature; car il n'est point croyable qu'une personne fasse la dépense d'un moulin pour son usage particulier, mais pour en retirer un revenu: pour cette raison la Coûtume veut, que le moulin bannal ou non bannal, soit partagé comme les autre domaines dépendans du Fief.

OBSERVATIONS DE MONSIEUR ***

Sur l'Article XIV.

SOMMAIRE.

1. *Si les moulins bannaux ou non bannaux sont sujets au partage sans droit d'aisnesse.*
2. Quid, *des pressoirs & fours.*
3. *Pourquoy l'aisné peut retenir les bannalitez & les moulins qui sont dans l'enceinte, en donnant récompense aux puisnez.*

LA Coûtume a donné à l'aisné le principal manoir, la basse-court, les fossez, & un arpent; mais comme il arrive souvent que dans cette étenduë il y a des moulins, fours & pressoirs; l'on a demandé si l'aisné en profiteroit au préjudice des puisnez.

La même Coûtume en cet article a fait deux choses fort sagement.

1. La premiere, elle a distingué les moulins d'avec les fours & pressoirs, voulant que les moulins bannaux ou non bannaux fussent sujets au partage, parce qu'il ne seroit pas juste qu'un aisné profita d'un revenu aussi considérable qu'est celuy qui provient des moulins bannaux ou non bannaux.

2. A l'égard des pressoirs & fours, elle a ordonné que s'ils étoient bannaux, ils tombassent en partage; mais que s'ils n'étoient point bannaux, n'étant d'aucun usage que pour la cuisson & pressurage du Maistre, ils ne fussent point sujets à partage entre l'aisné & les puisnez, devant appartenir uniquement à l'aisné, auquel cas les puisnez ne doivent point contribuer aux reparations.

3. La deuxiéme chose que la Coûtume a fait, a été de donner le droit à l'aisné de retenir les bannalitez & les moulins qui sont dans son enceinte, en donnant récompense aux puisnez, afin d'éviter les troubles & les divisions qui naissent dans les familles, quand les biens sont possedez par indivis.

CONFERENCE SUR L'ARTICLE XIV.

De même, *Auxerre*, article 54.
Bourbonnois, article 303.
Châlons, articles 152. 153. *Chartres*, article 5.
Chauny, article 70.
Dourdan, article 5.
Estampes, article 9.
Laon, article 149. *Lodunois*, chapitre 27. art. 5.
Mantes, article 2. *la Marche*, article 225. *Montfort*, article 10.
Orleans, article 92.
Saint-Paul, titre 1. article 1. titre 3. art. 7. *Grand-Perche*, article 141. *Ponthieu*, article 1.
Reims, article 43.
Sens, article 200.

SI DANS L'ENCLOS.

Grand-Perche, ajoûte, *encore que les moulins ne soient assis au Fief du principal manoir, pourvû qu'ils soient à la veuë d'iceluy; & où ils seroient assis dedans ledit Fief, les doit aussi avoir, en cas qu'ils ne soient à la veuë du it manoir.*

Contre *Blois*, article 143. *Toutefois si audit arpent de terre y avoit four bannier, moulin ou chaussée d'étang, separez dudit manoir, ils n'y seroient compris.*

De même, *Romorantin*, article 3.

Auteurs sur l'Article quatorziéme.

L'Auteur du Grand Coûtumier, livre 2. chapitre 27. page 185. chapitre 29. page 193.
Bobé, sur cet article.
Thourette, sur Montfort, article 14.
Pontanus, sur Blois, article 143. & suiv.
De la Lande, sur Orleans, article 92.
Le Dictionaire de M. Brillon, *verbo*, aisnesse.
Buridan, sur Reims, article 43. & 45.
Lhoste, sur Montargis, chapitre 15. article 16.
Chopin, sur la Coûtume d'Anjou, livre 2. partie 2. titre 3. nombre 4. sur Paris, titre 2. nombre 45. & des privileges des rustiques, livre 2. chap. 4. nombre 3.
Coquille, en l'Institution au Droit François, titre *de Fiefs*.
Loüet & Brodeau, *litt. M. num.* 21.
Buridan, sur Vermandois, article 149.
Journal des Audiences, tome 4. livre 8. chapitre 47.
Duret, dans son Alliance des Coûtumes, titre 23. page 653.
Duplessis explique cet article, Traité *des Successions*, livre 1. chapitre 2. page 197.

ARTICLE XV.

C'étoit le neuviéme Article de l'ancienne Coûtume.

N'y ayant que deux enfans, quel sera ledit préciput.

Quand pere & mere ayant Fiefs & heritages tenus noblement, vont de vie à trépas, délaissez seulement deux enfans venans à leur succession, au fils aîné, pour son droit d'aînesse, appartient par préciput en chacune desdites successions, tant de pere que de mere, un Hôtel tenu en Fief, tel qu'il veut choisir pour manoir principal, *avec l'enclos & basse-court, comme dessus est dit*; & les deux tiers des susdits Fiefs & heritages tenus noblement; & à l'autre desdits enfans compete & appartient l'autre tiers & residu desdits Fiefs & heritages noblement tenus, étant desdites successions.

Voyez les Articles 13. & 14.

REMARQUES.

Ce que dit la Coûtume des Fiefs & heritages tenus noblement, est réel & non pas personnel, *Non intellige de personâ, sed de re, id est*, tenu en Fiefs. *Mol. §. 13. gl. 3. n. 1.*

Per usus feudasticos feuda dignitatum dividi non possunt: sed nostris Consuetudinibus ista feuda instar aliorum se habent. Mol. §. 19. gl. 4. n. 4. & seqq.

L'aîné prend son préciput en tel façon, qu'il n'est point précompté sur la part qui luy appartient au reste du Fief. *Mol. §. 15. gl. 5.*

AYANT FIEFS ET HERITAGES TENUS NOBLEMENT.

GLOSE PREMIERE SUR L'ARTICLE XV.

SOMMAIRE.

1. *Si le préciput de l'aisné se prend dans les francs-aleus nobles.*
2. *Si les cens & rentes nobles & seigneuriales se partagent noblement, & avec le droit d'aînesse.*
3. *Combien il y a de sortes de rentes nobles.*
4. *Si la rente, à la charge de laquelle une partie d'un Fief est donnée, se partage noblement.*
5. *Si une partie de Fief a été donnée à la charge du cens & d'une rente fonciere, cette rente, avant qu'elle soit infeodée, n'est pas noble.*
6. *Si le droit de champart est noble.*
7. *Si une partie de Fief est donnée à la charge de la foy & hommage, & d'une rente fonciere, cette rente est noble.*
8. *Si une rente créée sur un Fief non rachetable, est noble.*
9. *Si le partage d'un Fief fait roturierement, empêche l'aîné de prendre son préciput.*
10. Quid, *si le partage est fait par erreur.*
11. *Si le droit d'ainesse a lieu dans les terres nobles du Domaine, acquises par engagement.*
12. Quid, *si le rachat du Fief tenu par engagement, est fait aprés le decés du pere.*
13. Quid, *du Fief vendu sous faculté de rachat, racheté aprés le decés du pere.*
14. *S'il y a difference pour le droit d'aînesse entre le Fief vendu par engagement racheté, & le Fief vendu sous faculté de rachat.*
15. *Quelle difference il y a entre le commodat & le precaire.*
16. *Si les terres du Domaine achetées par engagement, sont censées,* in bonis, *de l'acquereur.*
17. *A quels heritiers appartiennent les deniers du rachat des rentes, aprés le decés du proprietaire.*
18. *En quoy different les rentes constituées rachetées, & les terres du Domaine rachetées aprés le decés du proprietaire.*
19. *A quels heritiers appartiennent les deniers du rachat en terres tenuës par engagement.*
20. *Sentiment de Maistre Auzanet.*
21. *Si le droit d'aînesse se prend sur le Fief acheté par le pere, decedé avant la tradition & le payement du prix.*
22. Quid, du Fief acquis à non Domino, *& revendiqué, &c.*
23. Quid, *si le vendeur acquiert la proprieté du Fief par luy vendu aprés le decés de l'acheteur.*
24. Quid, *du Fief vendu, dont la vente est cassée pour lezion d'outre moitié de juste prix, aprés la mort de l'acheteur.*
25. *Si lorsque les enfans usent de la faculté de remeré, il y a lieu au droit d'aînesse.*
26. *Si le droit d'aînesse se prend sur les Fiefs vendus aprés le decés du pere.*
27. *Si le droit d'aînesse se prend sur les deniers procedans de la vente d'un Fief, à la charge du decret fait aprés la mort du vendeur.*
28. *Si le droit d'aînesse se prend sur les Fiefs acquis pendant la communauté continuée.*
29. *Si le droit d'aînesse se prend sur les biens substituez.*
30. *Si le droit d'aînesse se prend sur les biens sujets au doüaire.*
31. *Si le droit d'aînesse se prend dans un immeuble, que le pere a subrogé au lieu d'un Fief.*
32. *Si le droit d'aînesse se prend sur les heritages tenus en censive, acquis & rëunis par le pere ou la mere au Fief qui leur appartient.*
33. *Si l'aîné est tenu des dettes de la succession, à proportion de ce qu'il prend, tant en qualité d'heritier, qu'à cause de son droit d'aînesse.*

1. CEs termes *ayant Fiefs & heritages tenus noblement*, nous marquent que le droit d'aînesse ne se prend pas seulement dans les Fiefs, mais aussi dans les heritages tenus noblement, comme sont les francs aleus nobles, suivant l'article 302.

2. Quoique le present article ne parle que des Fiefs & heritages tenus noblement, néanmoins il faut comprendre dans sa décision les cens, censives & rentes féodales & Seigneuriales, suivant la Note de du Moulin sur cet article en ces termes, *& autres droits, cens, vassaux, rentes, dont le profit se divise: Recours à mon Commentaire icy*, & article 10. *questio* 5. [Du Moulin]

A l'égard des cens & censives il n'y a aucune difficulté, dautant que *cens ne peut être sans Fief*, & c'est la marque de la directe Seigneurie; & quand elle est sans domaine, c'est ce qu'on appelle *un Fief en l'air*, qui consiste seulement dans le cens qu'un Seigneur de Fief s'étoit reservé sur la totalité de son Fief qu'il avoit aliéné à cet charge; ainsi qu'il se pouvoit faire dans l'ancienne Coûtume, mais par l'article 51. de la nouvelle, on ne peut plus faire de Fiefs en l'air, & ceux qui se trouvent à present, ont été faits avant la reformation. Voyez sur ce sujet l'article 51.

3. Quant aux rentes nobles, Seigneuriales & féodales, Bacquet en son Traité des *francs-Fiefs*, dit, qu'il y en a de trois sortes.

4. La premiere est, quand le propriétaire d'un Fief en donne une partie jusques aux deux tiers ou au dessous à rente fonciere non rachetable, soit en argent ou en grain, ou en autres especes; en ce cas, soit que la rente soit inféodée par le Seigneur dominant ou non, elle se partage noblement, comme le cens à la charge duquel une partie du Fief auroit été donnée.

C'est la disposition de la Coûtume d'Orleans en l'article 347.

L'inféodation du Seigneur n'est pas necessaire pour rendre telle rente féodale, parce que nôtre Coûtume en l'article 51. permet au vassal de disposer d'une partie de son Fief, en se retenant la foy entiere & un droit domanial, tel qu'est le cens ou la rente fonciere, ou autres qui seront cy-aprés declarez sur l'article 51. sans que le consentement du Seigneur y soit requis.

Mais suivant l'art. 52. cette disposition du vassal ne peut préjudicier aux droits du Seigneur, s'il n'y a donné son consentement, desorte que s'il arrive ouverture du Fief, le Seigneur dominant peut saisir, tant ce qui est aliéné que ce qui a été retenu par l'ancien vassal; & l'inféodation n'est necessaire que pour empêcher les droits du Seigneur en cas d'ouverture du Fief.

Je ne croy pas qu'il faille suivre l'opinion contraire de Monsieur de la Lande sur ledit article de la Coûtume d'Orleans, où il dit que les rentes non inféodées fortifient nature de bien roturier dans les partages des successions.

5. Que si une partie du Fief a été baillée à cens & à la charge d'une rente non rachetable; en ce cas le cens est féodal & Seigneurial, mais la rente ne l'est pas, jusqu'à ce qu'elle ait été inféodée, comme il a été jugé par Arrest du 15. Mars 1582. cité par Tronçon sur l'article 78. & par les autres Commentateurs. Tronçon.

6. Pareillement si le Seigneur d'un Fief en avoit baillé une partie à la charge du droit de champart; cette charge seroit féodale & Seigneuriale, & emporteroit les lods & ventes, & se partageroit noblement.

7. La seconde est, quand le propriétaire d'un Fief en a baillé une partie à foy & hommage, & à la charge que cette partie seroit chargée envers luy d'une rente non rachetable; en ce cas cette rente est noble & féodale.

8. La troisiéme est, lorsque le vassal a créé sur son Fief une rente annuelle & perpetuelle & non rachetable, comme pour soulte de partage; telle rente est noble & féodale, pourvû qu'elle soit inféodée; car auparavant elle ne l'est pas, ce cas n'étant pas le même que celuy de la premiere espece fondée sur l'article 51. de nôtre Coûtume; le vassal n'ayant pas la faculté de charger son Fief de rentes sans le consentement de son Seigneur: & les acquereurs de ces rentes nobles & féodables sont tenus d'en porter la foy & hommage aux Seigneurs des Fiefs dominans.

9. Nous expliquerons en ce lieu, en quels biens se prend le droit d'aînesse dans les questions suivantes.

Si un partage de biens nobles qui auroit été fait autrefois entre l'aîné & ses puînez, comme biens roturiers sans preciput & droit d'aînesse, empêcheroit que dans la suite le fils aîné de cet aîné y prit le droit d'aînesse?

On répond que non, comme il a été jugé par Arrest du 4. Mars 1595. cité par Charondas sur l'article 12. & par Labbé sur l'article 1. Charondas. Labbé.

La raison est, que la qualité d'un heritage ne se peut point changer sans le fait & la volonté du Seigneur, & que la foy & hommage dûë par le propriétaire d'iceluy ne se peut prescrire.

Il faut dire aussi, que si l'aîné avoit partagé par erreur, roturierement les biens nobles avec ses coheritiers, il pourroit se pourvoir contre tel partage, & le faire casser, & demander son droit d'aînesse; d'autant que ce droit étant introduit pour l'interest public, il faut une renonciation expresse de la part de l'aîné, & la tacite ne seroit pas suffisante, comme il a été dit cy-dessus sur l'article 13. 10.

Maître Auzanet dit, que le partage volontaire fait entre les enfans, dans lequel par erreur ou obmission le fils aîné n'a été satisfait de son preciput & autres avantages, même entre majeurs, ne l'empêche pas d'en faire demande, s'il n'y a renoncé par une clause formelle; & qu'à ce propos on allegue ordinairement l'Arrest de l'Huissier Cordelle de l'an 1576. & un autre du 31. Juillet 1607. donné en l'Audience de la Grand'-Chambre. Auzanet.

Si le droit d'aînesse a lieu dans les Fiefs & terres nobles du Domaine, acquises par engagement à la charge du rachat perpetuel? 11.

Il a été jugé, qu'il y avoit lieu, par Arrest du 10. May 1608. entre les enfans & heritiers de Monsieur Pinart; au rapport de Monsieur Gillot, rapporté par Tronçon sur l'article 13. *verbo*, au fils aîné, par Tournet sur le même article, par Monsieur Loüet lettre D. chapitre 30. Tronçon. Tournet.

Si le rachat étoit fait du Fief tenu par engagement, aprés le decés du pere, si l'aîné pourroit pretendre son droit d'aînesse sur les deniers en provenans? 12.

Il semble qu'il seroit bien fondé de le prendre, parce qu'il faut considerer quels sont les biens d'une succession, & de quelle nature ils sont au temps du decés de celuy de la succession duquel il s'agit, pour regler les droits de ses heritiers: Or en ce temps le Fief tenu par engagement étoit en la possession du défunt, ainsi son aîné a été dés lors saisi de son droit d'aînesse, & si le rachat s'en fait, il faut que les deniers soient partagez entre luy & ses puînez, suivant les parts & portions que chacun d'eux a dans ce Fief au temps de rachat.

Bacquet au Traité des *droits de Justice*, chapitre 12. remarque un Arrest de la Cour, confirmatif de la Sentence de Messieurs des Requêtes du Palais, donné entre les heritiers de défunt Monsieur Bailly, President en la Chambre des Comptes, par lequel la Cour jugea, que les deniers du rachat de la Chastellenie de la Ferté-Alaix fait par le Roy aprés le partage de la succession dudit sieur Bailly, seroient partagez également entre ses enfans.

Cet Arrest est aussi rapporté par Monsieur Loüet lettre D. nombre 30. & par Tronçon *loco citato*. 13.

Monsieur Loüet au même lieu en rapporte un autre du mois de Mars 1584. qui a jugé, que les deniers provenans du rachat d'un Fief, vendu avec faculté de remeré, retiré aprés le decés de l'acquereur, se doivent partager également entre ses enfans.

La raison qu'il en rend, est, que *non est alienatio perpetua nec vera*, mais sujette à resolution en vertu du contrat, ainsi il n'y a point de droit d'aînesse, qui n'est accordé que pour les immeubles en Fief, incommutablement acquis, c'est-à-dire, qui ne sont point sujets à la resolution.

Brodeau sur Monsieur Loüet au lieu cité, remarque un autre Arrest, donné au rapport de Monsieur Chevalier, prononcé en robes rouges par Monsieur le President Prevost de Morsan, à la Pentecoste 1578. par lequel la Cour, en infirmant la Sentence du Juge de Mondidier, qui avoit adjugé le prix entier à l'aîné comme Fief, ordonna que le prix se partageroit également, sans aucun droit d'aînesse.

Monsieur le Prestre en ses Arrests Centurie 1. chapitre 37. remarque ce dernier Arrest, donné au rapport de Monsieur Chevalier, & dit que la Cour ordonna, que les deniers se partageroient également, quoique le rachat fût fait depuis le decés du pere.

Quant à l'Arrest donné entre les enfans & heritiers de Monsieur Bailly, il dit contre ce qui est rapporté par Monsieur Loüet & par Bacquet, que la Cour jugea, que les deniers procedans du remboursement qu'avoit fait le Roy pour le rachat de la Terre de la Ferté-Alaix, seroient partagez noblement, comme eût été cette Terre, d'autant, dit cet Auteur, que *in quantitate patrimonii exquirenda, tempus mortis servari debet ; item in qualitate :* de sorte que le Fief étant en nature lors du decés du pere, & cette qualité appartenant au fils aîné *causa supervenens, vel ex privilegio, vel ex gratia Principis* ne doit point resoudre son droit.

Quelques-uns pretendent que Monsieur le Prestre s'est trompé dans la decision de ce dernier Arrest, & qu'il a jugé le contraire.

14. Mais quoiqu'il en soit, encore que la commune opinion soit pour le sentiment de Monsieur Loüet, néanmoins la question ne semble pas sans difficulté, & s'il m'étoit permis de m'éloigner du sentiment commun, je dirois conformément à Monsieur le Prestre, que le droit d'aînesse ne se peut pas prendre dans les deniers du rachat d'un Fief fait aprés le decés de l'acquereur & même aprés le partage de la succession ; comme il a été jugé par Arrest prononcé à la Pentecoste l'an 1574. & remarqué par Chopin sur ce titre nombre 13. qu'au contraire il doit avoir lieu dans les deniers provenans du remboursement fait par le Roy des terres du Domaine aliénées par engagement, à la charge du rachat perpetuel. CHOPIN.

La raison de la difference que j'en rapporterois, dont Monsieur le Prestre n'a point fait mention, est que le temps du rachat étant stipulé dans un contrat de vente, fait que l'acquereur est moins consideré comme propriétaire de l'heritage acquis à faculté de rachat, que comme creancier du vendeur sous l'engagement de cet heritage, de sorte que bien que le pere decede avant le rachat, & pendant que dure la faculté de racheter, le droit d'aînesse n'a point de lieu, pour transferer incommutablement la propriété de ce droit en la personne de l'aîné, mais seulement la joüissance de ce qui peut appartenir à l'aîné pour son droit d'aînesse, jusques à ce que le rachat soit exercé ; & le partage qui seroit fait des biens de la succession conjointement avec tel Fief & le droit d'aînesse, n'empêcheroit pas que les deniers du rachat qui seroit fait ensuite, ne fussent partagez également.

Il n'en est pas de même des terres données par engagement, car quoique ce soit toûjours à la charge du rachat perpetuel, de sorte que jamais les acquereurs n'en sont propriétaires incommutables, & qu'eux ni leurs successeurs ne peuvent jamais prescrire contre le Roy cette faculté de rachat, toutefois, parce que le temps du rachat n'est pas defini ni declaré par le contrat, que même il n'y est point parlé ordinairement de la reserve de cette faculté, les biens acquis par engagement doivent être considerez dans une succession comme des biens immeubles, dont on n'attend pas le rachat, quoiqu'il se puisse faire à tous momens ; tellement qu'on les doit considerer comme de veritables immeubles dont la propriété appartenoit au défunt au jour de son decés, le rachat n'en ayant pas été fait alors.

15. Cette difference est fondée sur celle que les Jurisconsultes rapportent entre le commodat & le précaire : ils disent que la possession civile du commodat ne passe point en la personne du commodataire, *l. 8. ff. commodati.* qu'au contraire la possession quasi civile du précaire passe en la personne de celuy qui reçoit la chose à ce titre, *l. & habet. §. eum qui. ff. de precario.* La Loy 8. *ff. commodati*, dit, *rei commodatæ & possessionem & proprietatem retinemus.* & le §. *eum qui*, porte, *eum qui precariò rogaverit ut sibi possidere liceat, nancisci possessionem non est dubium.* Quoiqu'il semble que le commodataire devroit plûtôt posseder, parce qu'avant le temps defini par le contrat, le commodat ne luy peut pas être redemandé, vû qu'au contraire le précaire peut être toûjours repeté à la volonté de celuy qui l'a donné, *opportunè vel importunè. l. 1. ff. de precario.*

La raison de la difference est, que quant à l'usage du précaire le droit de celuy qui le reçoit est beaucoup plus fort que celuy du commodataire, dont le droit est fini, borné & déterminé par un certain usage & un certain temps, aprés lequel il doit rendre la chose ; mais le précaire n'étant limité par aucun temps à cause de l'incertitude où se trouve celuy qui l'a reçû, si on le luy retirera bien-tôt ou non, semble être perpetuel jusqu'à ce qu'il soit repeté ; c'est pourquoy il semble que celuy qui l'a reçû, le possede *tanquam animo domini.*

Nous en pouvons dire de même des terres du Domaine acquises par engagement, lesquelles doivent être considerées comme dans les biens & le Domaine de l'acquereur, quoique la faculté de rachat en soit inseparable. 16.

La raison est, que le rachat ne s'en fait ordinairement qu'aprés un nombre considerable d'années ; il y en a même qui ont été alienées il a plus de deux cens ans, & parce qu'elles peuvent être retirées, ce n'est pas à dire, que les acquereurs & possesseurs n'en soient pas les vrais propriétaires, mais ils ne le sont pas incommutablement, & il y a quelque difference entre le droit de ses possesseurs, & le droit de ceux qui sont possesseurs de biens qui sont dans le commerce ordinaire des hommes, comme nous avons remarqué ailleurs ; & s'ils sont propriétaires de tels biens, il s'ensuit que si le rachat n'en est pas fait au jour de leur decés, leurs enfans & heritiers en sont saisis dés-lors, de même que de leurs autres biens, dans lesquels par consequent les aînez ont droit de prendre leur droit d'aînesse.

Et quoique le rachat s'en fist peu de temps aprés le decés du pere, même avant le partage, les deniers en devroient être partagez, selon que les terres l'eussent été ; car ce n'est pas le partage qui attribuë droit de propriété à l'aîné des choses sujettes au droit d'aînesse, puisque comme nous avons dit sur l'article 13. l'aîné est saisi de ce droit dés la mort de son pere, de même que de sa portion hereditaire, suivant la regle generale du Royaume contenuë en l'article 318. *infra*, *le mort saisit le vif.* Il s'ensuit qu'il en est propriétaire, & qu'ainsi il doit prendre des deniers du rachat à proportion de la part qu'il avoit dans les terres retirées.

Que si les deniers du rachat se partageoient également entre les enfans sans droit d'aînesse, il s'ensuivroit que si aprés la mort d'un particulier qui auroit laissé des heritiers des meubles & des heritiers des propres, & des rentes constituées propres de la ligne, lesquelles fussent rachetées aprés son decés, le rachat en devroit être fait aux heritiers des meubles, quoique les heritiers des propres en eussent été saisis dés le decés du défunt ; ce qu'on ne peut pas avancer sans absurdité ; car on peut justement comparer les rentes constituées à prix d'argent aux terres du Domaine, acquises & possedées par engagement ; car comme ces terres sont à tous momens sujettes au rachat, & que l'acquereur ne le peut jamais refuser quand il luy est offert ; aussi les rentes constituées sont toûjours rachetables, & le rachat dépend seulement de la volonté du debiteur. 17.

Monsieur Loüet au lieu cité lettre D. Sommaire 30. se fait à luy-même cette objection, & il y répond en disant, que le contrat de constitution de rente emporte avec soy une aliénation réelle & actuelle, & le rachat n'est pas tant *ex conventione*, que *ex ipsius rei*

rei natura, & comme essentielle & inseparable; que telles rentes sont tenuës pour immeubles, bien que rachetables à perpetuité, desorte que considerant leur qualité *tempore delata hereditatis*, le rachat n'est pas capable de leur faire perdre leur qualité immobiliaire.

18. Ce que Monsieur Loüet dit pour réponse des rentes constituées, se peut dire des terres du Domaine acquises par engagement; car premierement les terres du Domaine baillées par engagement, sont veritablement aliénées &, par une aliénation réelle & actuelle, mais à la charge du rachat perpetuel, tellement que les acquereurs les peuvent vendre, & en disposer comme de biens à eux appartenans, soit par actes entre-vifs ou par derniere volonté; & elles passent à leurs heritiers legitimes, soit directs ou collateraux, sans qu'elles retournent au Roy, aprés quelque temps que ce soit, sinon par le rachat ou remboursement.

En second lieu, le rachat ne vient pas *ex conventione*, mais *ex natura rei*, car la faculté de rachat en est inseparable, & elle ne se peut prescrire par quelque espace de temps que ce soit.

En troisiéme lieu, au temps du decés le pere étoit vrayement propriétaire de ces terres, ainsi l'aîné a droit d'y prendre son preciput, sans que le rachat qui en seroit fait par aprés, luy puisse faire perdre le droit qu'il auroit acquis auparavant par le benefice de la Loy; car dés-lors il ne faut plus considerer ces terres comme appartenantes au défunt, ou étant de sa succession, mais comme appartenantes à ses enfans, selon les portions qu'un chacun d'eux y peut prétendre par la disposition de la Coûtume.

Que si nous admettions l'opinion contraire, il s'ensuivroit, que si le rachat étoit fait aprés une possession de plusieurs années, l'aîné dont la portion vaudroit plus de deux tiers de toute la terre, ne pourroit recevoir qu'une portion égale avec ses coheritiers dans les deniers du rachat. Il ne trouveroit personne qui voulût acheter la portion qu'il auroit euë dans cette terre avec son droit d'aînesse, ainsi ce seroit le réduire à une simple joüissance, & faire sa condition pire que celle de ses coheritiers.

Que si nous suivons la decision des Arrests alleguez par nos Auteurs, qui rapportent que le rachat avoit été fait aprés le partage fait des terres possedés par engagement, nous pouvons dire, qu'en quelque temps que le rachat soit fait, quoique la portion de l'aîné eût fait souche plusieurs fois en la directe, ou passé à divers heritiers, le rachat devroit être fait également entre ceux qui se trouveroient possesseurs de la portion de l'aîné, & ceux qui seroient possesseurs de chaque portion des autres enfans, bien que d'un prix bien inégal, ce qui seroit tres-absurde.

MOULIN Maître Charles Dumoulin sur l'article 18. *glos.* 1. *num.* 31. tient, que les deniers du remboursement fait aprés le decés du pere, du Fief acheté à faculté de rachat, se doivent partager *pro portione quam quisque habet in feudo*: la raison qu'il en rend est, que *verè portiones suas revendunt, & dissolvitur prior contractus per novum contractum.*

19. On peut encore ajoûter une autre raison pour confirmer cette opinion; qui est que si un particulier étoit decedé sans enfans, laissant des biens acquis du Domaine qui luy fussent propres paternels, & qu'auparavant que ses heritiers eussent pris qualité, le rachat fut fait, les deniers du rachat n'appartiendroient pas à l'heritier des meubles. En effet les heritiers des propres paternels pourroient dire, avec raison, qu'ils auroient acquis la propriété de ces biens avant le rachat dés le temps du decés du défunt, & que le droit qu'ils auroient acquis par la disposition de la Loy & en qualité d'heritiers, ne leur pourroit pas être ôté sans leur fait & leur consentement, suivant la Loy *nemo. de R. J.* Que si cela a lieu pour la totalité de l'heritage, ne doit-on pas dire qu'il a lieu pour une partie, & que l'aîné ayant été saisi de son preciput & droit d'aînesse par le benefice de la Coûtume, il ne le peut plus perdre, & n'en peut plus être desaisi sans son fait & son consentement?

Maître Auzanet sur l'article 13. dit, que le Fief acquis du Roy par engagement, se partage noblement; mais que quand il est retiré par le Roy, les deniers se partagent également, suivant un Arrest du 10. May 1608. donné en la succession de Monsieur Pinart Secretaire des Commandemens, au rapport de Monsieur Gillot, en la Grand'-Chambre, remarqué par Labbé: qui a pour fondement un Arrest precedent donné en la maison de Monsieur Bailly, President en la Chambre des Comptes, le pere; en l'espece duquel il y avoit une convention particuliere entre les enfans, que cet Auteur dit avoir vûë. 20. AUZANET.

Que cette decision apporte souvent des troubles & divisions dans les familles, sur ce que l'aîné retarde le remboursement de l'engagement le plus qu'il peut; & les puînez au contraire, font leurs efforts pour l'avancer.

Qu'il sembleroit plus naturel de partager le Fief engagé comme il se trouve lors du decés de celuy qui possede l'engagement; & même d'avancer le terme de quinzaine ou trois semaines pour regler la forme du partage, pour prevenir les brigues, que les enfans peuvent faire durant la maladie du pere, pour retarder ou avancer le remboursement.

Qu'on pourroit étendre la disposition en ligne collaterale, lors qu'entre les heritiers il y a des mâles & des femmelles qui ont des interêts differens dans les Fiefs qui sont du Domaine du Roy, qui se trouvent engagez au temps de l'ouverture de la succession. Que *idem dici potest*, des Fiefs sous faculté de rachat dans certain temps, lorsque le temps est expiré, ou non, du vivant du pere.

Si le droit d'aînesse se prend sur le Fief acheté par le pere, quoiqu'il soit decedé avant que la tradition luy en eût été faite, & qu'il en eût payé le prix? 21.

Il faut tenir l'affirmative: La raison est, que l'action que les enfans ont contre le vendeur, tend à la délivrance de la chose venduë; & c'est un contrat aux droits duquel les enfans succedent à leur pere, qui produit une obligation mutuelle entre les parties, l'une pour la délivrance de la chose contre le vendeur; & l'autre pour le payement du prix contre l'acquereur. Ce qui se doit entendre ainsi, au cas que le vendeur fût veritablement propriétaire de la chose, & qu'il en pût faire la délivrance.

Que si le Fief avoit été acheté *à non domino*, qu'il eût été livré à l'acquereur, & qu'il en eût payé le prix, & qu'aprés les partages faits aprés sa mort entre ses enfans avec le droit d'aînesse pour son aîné, ils fussent évincez par le propriétaire, l'aîné dans le remboursement qui seroit fait par le vendeur, ne recevroit que sa portion égale comme les autres, sans droit d'aînesse; ce qui ne reçoit aucun doute. 22.

Si en cas de vente d'un Fief faite à non domino, *aprés la mort de l'acheteur, le vendeur acquiert la propriété du Fief qu'il avoit vendu, & qu'ainsi la vente soit confirmée aprés le decés du pere; ou si le propriétaire du Fief vendu approuve la vente qui en auroit été faite à son insçû, sçavoir si l'aîné peut prétendre son droit d'aînesse?* 23.

Il semble que non, parce que le Fief n'étoit pas veritablement dans le Domaine du pere au temps de sa mort.

Du Moulin sur l'article 18. *Glos.* 1. *num.* 34. resoud la question par cette distinction: Ou la cause DU MOULIN.

pour laquelle le vendeur est devenu le propriétaire du Fief qu'il avoit vendu, peut avoir un effet retroactif par la disposition du droit au jour de la vente, ou non.

Au premier cas il y a lieu au droit d'aînesse, parce que le Fief vendu est presumé avoir été *in dominio*, *& in bonis* du défunt au temps de sa mort ; comme s'il avoit acheté le Fief d'un faux procurateur, vendant sans procuration, & livrant au nom du propriétaire sans son consentement, & si aprés la mort du pere acquereur du Fief, le propriétaire d'iceluy en a ratifié la vente ; car cette ratification a effet retroactif au jour de la vente, & fait que la vente est presumée faite de son consentement, & par consequent elle doit produire les mêmes effets, *cap. ratihabitio. de R. J. in 6.*

Au second cas, sçavoir lorsque le défunt a acheté un Fief *à non domino*, vendant en son nom & comme propriétaire d'iceluy, & qu'aprés la mort de l'acheteur le propriétaire a approuvé la vente qui en a été faite à son insçû ; en ce cas, parce que cette confirmation ne peut avoir un effet retroactif au jour de la vente, elle ne peut pas faire, que la propriété du Fief semble acquise avant la mort du pere acquereur; mais elle fait seulement, que la propriété du Fief est acquise *de novo* par le moyen de cette confirmation aux enfans heritiers du défunt, lesquels par consequent n'ont acquis aucun droit dans la propriété d'iceluy, *ex persona defuncti patris*, soit que l'on ait égard à la verité du fait, ou à la fiction, mais seulement *ex persona approbantis & de novo transferentis.*

24. *Si le pere avoit acheté un Fief, en la vente duquel le vendeur auroit été lezé d'outre moitié de juste prix, pour laquelle lezion le vendeur eût fait casser la vente, sçavoir si le prix seroit restitué aux enfans, à la charge du droit d'aînesse ?*

Il est sans doute qu'il seroit restitué sans droit d'aînesse.

La raison est, que le prix n'est pas restitué par une revente faite par les enfans, mais en vertu de la resolution du contrat de vente qui avoit été faite à leur pere ; ainsi la vente étant resoluë par le benefice de la Loy 2. *C. de rescind. vendit.* les parties sont remises au même état qu'elles étoient auparavant la vente, ainsi elles sont censées n'avoir jamais contracté.

D'où il s'ensuit, que si les enfans choisissoient plûtôt de fournir au vendeur le supplément du juste prix, il y auroit lieu au droit d'aînesse, parce que par ce moyen le contrat de vente subsisteroit, & la propriété du Fief demeureroit incommutablement aux enfans, lesquels contribuëroient également au payement du supplément.

Il pourroit dans ce cas y avoir quelque difficulté entre l'aîné & les puînez, l'aîné voulant qu'on payât le supplément de la juste valeur du Fief, les puînez au contraire consentant à la resolution du contrat, ou au moins soûtenant, que si leur aîné veut que le contrat subsiste, c'est à luy à payer entierement le supplément du juste prix, ou d'en payer au *pro rata.*

La question est assez difficile à resoudre, car dans les regles de Droit, au cas de la lezion d'outre moitié de juste prix, l'acquereur a le choix, ou de consentir à la resolution du contrat, ou de payer le supplément : Or l'aîné n'a pas plus de droit que ses puînez dans le choix qu'ils peuvent exercer comme heritiers de leur pere, il faut voir & examiner ce qu'auroit fait leur pere, s'il avoit vêcu, & ce qui est plus avantageux à la succession. Il y a sujet de croire que leur pere n'a fait l'acquisition qu'à cause qu'il y trouvoit un gain considerable ; & si on considere ce qui est plus avantageux pour la succession, il est sans doute que l'avantage n'est que pour l'aîné, & que les puînez en reçoivent un préjudice notable ; & si la chose se décidoit à la pluralité des voix, ils l'emporteroient contre leur aîné.

D'ailleurs, il pourroit arriver, que les puînez n'auroient pas d'argent pour faire le remboursement, de sorte qu'ils seroient peut-être obligez de vendre leur portion dans le Fief, ou autre partie de leurs biens, en quoy ils souffriroient une double perte. Au moins je croy, qu'en ce cas l'aîné voulant faire le remboursement seul, il y seroit recevable, & pourroit ce faisant contraindre ses puînez à luy ceder chacun leurs parts & portions du Fief, en les remboursant de la valeur & du prix d'icelles.

Si le pere a vendu un Fief avec faculté de rachat dans un certain temps, ses enfans & heritiers usans de la faculté du remeré dans le temps de la grace, sçavoir s'il y a lieu au droit d'aînesse ? 25.

Du Moulin sur l'article 18. *glos.* 1. *num.* 29. répond pour l'affirmative ; parce que le Fief ainsi vendu est censé être demeuré dans les biens du pere, jusqu'à ce qu'il soit déchû de la faculté du rachat portée par le contrat ; & quoique le rachat ne se fasse pas *per viam meræ resolutionis, sed per viam novi contractûs*, néanmoins parce que le rachat est plûtôt l'execution du contrat de vente, qu'un nouveau contrat, vû qu'il ne se fait pas du consentement de l'acheteur, mais contre sa volonté, & par une suite necessaire du premier contrat, eu égard à son effet, c'est plûtôt la resolution du premier contrat qui remet les choses *in pristinam causam*, qu'une nouvelle acquisition.

Ainsi les droits Féodaux & Seigneuriaux ne sont pas dûs pour le rachat exercé par les heritiers du vendeur, ausquels l'heritage eût appartenu s'il ne l'avoit pas vendu, parce que *eodem jure censetur actio, atque res a qua competit, imò fingitur ipsa eadem res, l. qui actionem. ff. de R. J.* Mais parce que les enfans heritiers de leur pere ne sont pas obligez d'user du rachat, & que les uns n'y peuvent pas être contrains par les autres, ils sont obligez de payer le prix du rachat, non pas *pro portionibus hereditariis*, mais *pro modo emolumenti* : parce que *non est æs hereditarium nec debitum solo remanente contractûs defuncti & titulo hereditario* ; de sorte que si les enfans veulent user du rachat, à quoy ils ne sont pas obligez, *ex novo & voluntario contractu oritur obligatio & actio ad pretium, ideoque illud debent in tantum, & quatenus emunt vel redimunt ; & sic pro portionibus quas acquirunt in re empta.*

Que si les puînez ne veulent pas consentir au rachat l'aîné le peut faire tout seul, sans que l'acquereur le puisse empêcher, ou retenir leurs parts & portions : cependant l'aîné feroit mieux de prendre cession des droits appartenans à ses puînez pour exercer cette faculté, ou les faire contraindre de les luy ceder.

Un des puînez le pourroit aussi, au refus de l'aîné & de ses autres coheritiers, parce que l'action pour le rachat est hereditaire, & les autres renonçans à cet avantage, il luy appartient tout entier par droit d'accroissement.

Si le droit d'aînesse se prend sur les deniers procedans de la vente des heritages tenus noblement aprés le decés du pere ? 26.

Il faut dire que oüy, comme il arrive quand les créanciers du pere font vendre par decret aprés son decés un Fief de sa succession ; en ce cas les dettes étant payées, l'aîné prend son droit d'aînesse sur les deniers qui restent de la vente du Fief, c'est-à-dire, le tiers ou la moitié, selon la disposition de cet art. & de l'article suivant. Et si le manoir a été vendu, il doit prendre l'estimation d'iceluy au dire de Prud'hommes, pourvû que les autres enfans ayent leur legitime, laquelle est preferée au droit d'aînesse, suivant l'article 17.

Il faut dire au contraire, que le droit d'aînesse ne se 27.

prend pas sur les deniers, qui procedent de la vente d'une terre noble venduë par le pere à la charge du decret, qui n'a été fait qu'aprés sa mort, comme il a été jugé par Arrest sans datte pour la Terre d'Ablége, saisie sur les heritiers du Greffier Fourmiget, adjugée, à Monsieur de Maupeou, Conseiller d'Etat, Intendant des Finances, remarqué par Tronçon sur l'article 310. de nôtre Coûtume. TRONÇON.

La raison de cet Arrest est, que la vente avoit été parfaite du vivant du pere, quoique l'execution n'en eût été faite qu'aprés sa mort.

Il faut dire aussi qu'il n'y a point lieu au droit d'aînesse, si un pere avoit vendu un Fief & qu'il eût donné un terme pour le payement du prix qui ne seroit pas encore échû lorsqu'il viendroit à deceder; parce que cela n'empêcheroit pas que l'action pour le payement du prix, ne fut une pure action mobiliere.

28. *Si le droit d'aînesse se prend dans les Fiefs acquis pendant la continuation de la communauté par défaut d'inventaire?*

On répond que non, de sorte que la Communauté étant continuée entre le survivant & les enfans mineurs au cas de l'article 240. le droit d'aînesse n'a point lieu pour les Fiefs qui échéent aux enfans pour la moitié qui leur appartient dans les biens acquis pendant la continuation de la communauté, & tous les enfans, entre lesquels & le survivant la communauté a été continuée, partagent également tous les biens, de quelque nature qu'ils soient, qui leur aviennent en vertu de cette continuation.

Ce qui n'a pas lieu pour ceux qui étoient déja acquis du vivant des pere & mere, & pour ceux qui appartiennent au survivant, quoiqu'ils soient acquis pendant la continuation de communauté, lesquels avenans aux enfans aprés sa mort, se partagent selon leur qualité & avec droit d'aînesse, si ce sont des biens tenus noblement.

La raison de la decision est, que la continuation de communauté rend les enfans entre lesquels elle a lieu, associez avec le survivant des pere & mere dans les biens qui sont acquis pendant cette societé; dans lesquels par consequent l'un ne peut pas être plus avantagé que les autres, parce qu'ils en sont tous acquereurs, & ils ne les prennent pas en qualité d'heritiers.

BRODEAU. AUZANET. C'est le sentiment de Brodeau sur l'article 13. nombre 33. & de Maître Auzanet sur le même article.

29. *Si le droit d'aînesse se prend dans les biens substituez?*

Posons pour exemple l'espece qui suit: Deux freres se font une donation mutuelle entre-vifs de tous leurs biens meubles & immeubles, contenant un fideicommis graduel au profit de leurs enfans, & du survivant de l'un d'eux. Un de ces freres étant decedé sans enfans, & le survivant étant decedé quelque temps aprés laissant plusieurs enfans; l'aîné pretendoit droit d'aînesse tant sur les biens nobles venans du chef de son pere, que sur ceux qui leur étoient tombez du côté de leur oncle, par la donation mutuelle faite entre luy & leur pere: les puînez luy disputoient cet avantage, non seulement sur les biens qui avoient appartenu à leur oncle, mais aussi sur ceux de leur pere.

Quant aux biens du pere, les puînez se fondoient sur ce que ses biens leur étoient échûs, plûtôt en vertu de la donation mutuelle qu'il avoit faite avec leur oncle, que par succession; que par cette donation faite au profit des enfans qui resteroient aux donateurs au temps de leur decés, tous les enfans y étoient appellez également, étant joints *re & verbis*, qu'ainsi ils devoient partager les biens de leur pere par égales portions, *argum. leg. qui quartam. §. si quis ff. de legat.* 1. car quand deux ou plusieurs sont instituez par un testament, qui n'a point exprimé les portions, pour lesquelles chacun des heritiers étoit institué, ils partagent également la succession testamentaire, *l. 36. l. 63. ff. de heredib. instit.*

Ils alleguoient encore, que le droit d'aînesse ne se prend que sur les biens hereditaires, & dans les successions des pere & mere selon l'article 13. & les suivans de nôtre Coûtume, & qu'il ne s'agissoit pas de la succession de leur pere, mais des biens qu'il leur avoit donnez par donation entre-vifs; ainsi ils concluoient contre leur aîné, qu'il étoit mal fondé de pretendre son droit d'aînesse sur les biens qui venoient du chef de leur pere.

L'aîné répondoit, que la disposition de son pere ne pouvoit pas déroger au droit d'aînesse établ y par nos Coûtumes pour l'interêt public; qu'il est vray, que la disposition de l'homme empêche celle de la Loy, pourvû que ce soit sans préjudice de l'interêt public, & du droit acquis à un tiers; qu'ainsi un pere ne peut pas, par quelque maniere que ce soit, disposer de ses biens par derniere volonté au prejudice de la legitime dûë à ses enfans, même pour cause pieuse, les particuliers ne pouvans pas empêcher par leurs dernieres volontez, que les loix ne soient executées, *l. nemo. ff. de legat.* 2.

Quant aux biens qui appartenoient à leur oncle, à eux échûs par le moyen de la donation, il y a plus de difficulté: car il semble que ces biens ayant resîdé en la personne du pere, avant que d'être parvenus aux enfans, les enfans les prennent non pas comme biens venans de leur oncle, mais comme faisant partie de la succession de leur pere, ainsi l'aîné doit y prendre droit d'aînesse.

La Cour a jugé la question au profit de l'aîné, tant pour les biens du pere, que pour ceux de l'oncle, par Arrest du 3. Juillet 1604. rapporté par Monsieur Bouguier lettre F. chapitre 3. confirmatif de la Sentence des Presidiaux de Sens.

Maître Auzanet sur l'article 13. dit, qu'au cas qu'une terre soit donnée par un étranger ou parent collateral pour demeurer substituée aux enfans du donataire, l'aîné y prendra son preciput & avantages, parce que le substitué peut prendre la chose *per manum patris*; & il cite le susdit Arrest; mais il dit, qu'on doute si la chose donnée sera propre au substitué, comme n'étant pas provenuë de la succession de son pere, mais d'une personne étrangere, ou d'un parent collateral, à autre titre que de succession. Qu'il y a un Arrest de l'Audience de la Grand'-Chambre, qui a jugé l'immeuble propre. Voyez ce que nous avons dit sur l'article 33. AUZANET.

Si le droit d'aînesse se prend sur les biens sujets au doüaire coûtumier, quand les enfans se tiennent au doüaire? 30.

L'article 250. dit, qu'ils se partagent également sans droit d'aînesse.

Si le droit d'aînesse se prend dans un immeuble, que le pere a subrogé au lieu d'un Fief, aprés avoir declaré qu'il vouloit & entendoit, que son fils aîné le prît? 31.

Voicy l'espece:

Un pere fait l'échange d'un Fief avec un heritage roturier, declarant qu'il veut & entend, que son fils prenne le même avantage dans cet heritage aprés sa mort, qu'il auroit pris sur le Fief, s'il n'en avoit point fait l'alienation. Il est sans doute, qu'en ce cas l'aîné n'y peut prendre aucun avantage.

La raison est, que la Coûtume n'accorde ce droit que dans les biens nobles, & comme le pere ne peut pas empêcher que l'aîné ne l'y prenne dans les biens nobles, aussi ne peut-il pas faire, par quelque maniere que ce soit, qu'il le prenne dans les biens roturiers, ne pouvant rien faire contre la disposition expresse de la Coûtume; comme il a été jugé par un Arrest de l'Audience de la Grand'-Chambre, du

21. Juillet 1607. cité par Mornac sur la Loy *cùm pater. 77. ff. de legat. 2.*

32. *Si le droit d'aînesse se prend dans les heritages tenus en censive, acquis & reunis par le pere ou la mere au Fief à eux appartenant ?*

Voyez cette question sur l'article 53.

Si l'aîné qui prend son droit d'aînesse, est tenu des dettes de la succession à proportion de ce qu'il prend, tant en qualité d'heritier, qu'à cause de son droit d'aînesse? 33.

Voyez sur l'article 334.

DELAISSEZ SEULEMENT DEUX ENFANS, &c.

GLOSE DEUXIE'ME SUR L'ARTICLE XV.

SOMMAIRE.

1. *Si cet article se doit aussi entendre des successions des ayeul & ayeule.*
2. *Si le droit d'aînesse peut avoir lieu entre les petits enfans, qui ne sont issus que de filles.*
3. *Si l'aîné peut prendre un préciput dans chaque Fief de la mesme succession.*
4. Quid, *de plusieurs Fiefs situez dans la Coûtume de Paris, les uns se reglant suivant ladite Coûtume, d'autres suivant le Vexin le François,*
5. *Quelle Coûtume il faut considerer pour le droit d'aînesse.*
6. *Comment se regle le droit d'aînesse, quand il n'y a qu'un Fief acquis par les pere & mere pendant la communauté.*
7. Quid, *s'il y a deux Fiefs acquis par les pere & mere pendant la communauté.*
8. *Si le manoir bâti par le pere pendant la communauté appartient à l'aîné, & comment.*
9. *Si l'aîné peut prendre son préciput dans le Fief assigné à la mere pour ses deniers dotaux.*
10. *Si l'aîsné, aprés avoir choisi un manoir, peut changer de volonté.*
11. *Cas ausquels il le peut.*
12. *Si l'aîné peut prendre le principal Fief tout entier, en vertu de quelque usage particulier.*

1. QUoique cet article, le 13. & le 16. ne parlent que des successions de pere & de mere, néanmoins ils se doivent aussi entendre de celles des ayeul & ayeule, dans lesquelles le droit d'aînesse a lieu par representation du fils aîné decedé, de sorte que les filles de l'aîné decedé representent leur pere au droit d'aînesse dans les successions de leurs ayeul & ayeule, au cas qu'elles se portent heritieres, suivant l'article 324. *infra*. Ce qui est aussi marqué en l'article 17. qui parle des successions des pere & mere, ayeul & ayeule.

D'où il s'ensuit, que le droit d'aînesse auroit lieu en la succession de l'ayeul pour les enfans du fils aîné decedé, quoique tous les autres enfans ne vinssent à sa succession que par representation ; ce qui est sans difficulté.

TRONÇON. Cependant Tronçon sur cet article, *verbo*, preciput, dit mal à propos que cet article étant limité aux pere & mere pour le preciput, ne se doit étendre, ni avoir lieu aux successions de l'ayeul ou ayeule, suivant l'article 27. de la Coûtume d'Orleans ; cet article 27. ne parle point du droit d'aînesse, mais l'art. 96. de la même Coûtume dit au contraire, que le preciput a lieu dans les successions de l'ayeul & ayeule.

2. Il est vray, que si tous les petits-fils venans par representation à la succession de leur ayeule, n'étoient enfans que de filles, le droit d'aînesse n'auroit pas lieu, parce que les petits-fils & autres descendans ne succedent point par testes, mais par souches, & par representation de leurs pere & mere, de sorte que les descendans des filles n'auroient pas plus de droit que leurs meres pour prétendre le droit d'aînesse.

3. Par cet article l'aîné ne peut prendre qu'un seul manoir & arpent de l'enclos ou jardin par preciput dans chaque succession de ses pere & mére, quoiqu'en chacune il y ait plusieurs Fiefs, pourvû qu'ils soient situez dans nôtre Coûtume ; car si dans chaque succession il y a des Fiefs situez dans differentes Coûtumes, l'aîné peut prendre son droit d'aînesse dans les Fiefs qui se trouvent dans chaque Coûtume suivant la disposition de chacune d'icelles ; de sorte que le principal manoir avec la basse-court & l'arpent que l'aîné aura pris par preciput dans un Fief situé dans nôtre Coûtume, n'empêchera pas qu'il ne prenne un autre manoir d'un Fief situé dans une autre qui attribuëra le manoir à l'aîné pour son preciput.

La raison est, que le droit d'aînesse suit les Coûtumes, dans lesquelles les heritages qui y sont sujets, sont situez.

Du Ple Maître Duplessis dit, qu'il ne faut pas s'imaginer que l'aîné doive avoir le Château & principal manoir de chaque Fief, qui sera dans la succession, comme il sembleroit resulter de l'article 13. mais que le sens de cet article est, que s'il y a plus d'un Fief dans la succession dans la même Coûtume, il n'aura entre tous qu'un seul Château & manoir pour son preciput ; car la Coûtume le luy donne pour son habitation, & pour en faire le siege de sa famille ; c'est ce qui paroît par les articles 15. & 16. Et quand il y a ainsi plusieurs Fiefs & manoirs tenus en Fief dans la même succession, l'aîné choisit celuy qu'il veut pour son preciput, & n'est point obligé de prendre plûtôt l'un que l'autre, les articles 15. & 16. le marquent distinctement, mais il n'en peut prendre qu'un qui soit tenu en Fief, & s'il y avoit une belle maison bien ornée & bien chere, mais qui fut tenuë en censive, il ne la pourroit pas prendre pour son preciput, parce que *in rebus non feudalibus nullus est locus precipuo :* ces mêmes articles le marquent disertement, usant du mot *tenu en Fief.*

Si deux Fiefs sont situez dans la Coûtume de Paris, l'un se reglant suivant le Vexin le François, & l'autre suivant nôtre Coûtume, sçavoir, si l'aîné seroit bien fondé de prendre un manoir dans chacun ? 4

Brod Brodeau sur l'article 3. *num.* 10. & sur l'article 15. *num.* 3. tient qu'il ne pourroit choisir qu'un seul manoir dans tous les Fiefs, qui se regleroient suivant nôtre Coûtume, & suivant la Coûtume du Vexin ;

parce que le Vexin n'est pas une Coûtume differente de celle de Paris, mais un droit particulier, privé & local, introduit pour quelques Fiefs au profit des Seigneurs, qui leur donne le relief à toutes mutations, mais le quint n'est dû en aucun cas. De même, que si un pere laissoit un Fief au Baillage de Beauvais, & l'autre en celuy de Chaumont; dans lesquels l'aîné ne pourroit choisir qu'un seul manoir, parce que ces deux Bailliages sont situez dans la Coûtume de Senlis.

6. *Si dans les successions des pere & mere il n'y a qu'un seul Fief par eux acquis pendant la communauté, & s'il y a deux manoirs, sçavoir si l'aîné les prendra tous deux pour preciput dans les deux successions?*

Il faut dire que oüy suivant cet article, qui donne à l'aîné un manoir dans chaque succession. Et s'il n'y en a qu'un, il le prend tout entier, la moitié en une succession, & l'autre moitié dans l'autre; & si l'enclos contient deux arpens, il les prend aussi, l'un pour une succession, & l'autre pour l'autre, c'est l'opinion de Brodeau sur cet article *in fine*. BRODEAU.

C'est aussi l'avis de du Moulin, que s'il n'y avoit qu'un seul Fief en la succession commune de pere & mere acquis par iceux, tel Fief se partira en deux, dont une moitié sera tenuë pour celle de la mere par indivis, & en toutes les deux l'aîné aura son preciput: *Ideo si sint duæ mansiones in illo feudo, utramque habebit primogenitus, unam respectu successionis patris, alteram respectu successionis matris.*

Que s'il n'y avoit qu'un seul manoir, basse-court & un enclos d'un arpent dans le Fief, en ce cas l'aîné le prendroit pour les deux successions, & il ne pourroit pas le prendre pour une succession, & prendre encore pour l'autre un arpent de terre, suivant l'article 18. dont la decision est dans une espece toute differente.

7. Que si les pere & mere ont acquis deux Fiefs pendant la communauté aprés le decés de l'un d'eux, le survivant aura moitié dans chacun, & ces deux moitiez, sont considerées comme deux Fiefs; ensorte que l'aîné n'aura qu'un préciput dans l'une d'icelle; que si par le partage un des Fiefs écher au survivant, & l'autre aux enfans comme heritiers du prédecedé, l'aîné aura son préciput dans la totalité aprés le décés du survivant, selon le sentiment de Maître Auzanet sur l'article 13.

8. *Si le pere avoit fait bâtir un manoir dans son Fief pendant la communauté, si l'aîné le peut prendre tout entier?*

On répond que oüy, mais à la charge de rembourser aux puînez leurs parts de la moitié des frais faits pour le bâtiment, laquelle appartenoit à leur mere en qualité de commune, suivant l'opinion de du Moulin en sa Note sur l'article 126. de la Coûtume de Senlis, qui est sans difficulté.

AUZANET. Maître Auzanet sur l'article 13. dit, que si sur le fonds appartenant à l'un des conjoints on a fait des bâtimens, ou bâti entierement le manoir seigneurial, il doit être consideré comme appartenant pour le tout au propriétaire du fonds, *quia superficies solo cedit*; & est sujet au préciput de l'aîné; & l'autre des conjoints n'a qu'une simple action pour la repetition de sa part, en la somme qui a été employée aux bâtimens, qui est une simple action mobiliaire qui se résoud en argent.

Ce même Auteur sur le même article 13. dit que les bâtimens & ameliorations faites par les pere & mere dans le manoir principal, & aux lieux qui tombent dans le préciput de l'aîné, luy demeurent pour le tout, sans faire aucun rapport, ni remboursement à ses puînez: Mais que si le Fief, dans lequel ils ont été faits, appartient pour le tout au pere ou à la mere, le my-denier qui est dû à l'autre des conjoints, doit être partagé par tous les heritiers de l'autre par égales portions, encore que l'aîné en profite luy seul; & il remarque un Arrest du 27. Mars 1626. de l'Audience de la Chambre de l'Edit, plaidans Desnoyers & le Feron.

Si l'aîné heritier de sa mere peut prendre son préciput sur le Fief, qui auroit été assigné à sa mere par leur pere pour ses deniers dotaux? 9.

On répond que non, suivant un Arrest du 27. May 1583. cité par Charondas sur les articles 13. & 14. par lequel il a été jugé, que l'aîné qui avoit choisi un Hôtel ou manoir en la succession de son pere, ne pouvoit prendre celuy que sa mere avoit fait bâtir sur le Fief qui luy avoit été assigné pour ses deniers dôtaux par son mary. CHARONDAS

La raison est, que tel assignat n'est pas translatif de proprieté, il produit seulement un hypotheque pour la seureté des deniers dotaux; c'est l'opinion de Brodeau sur cet article, *num.* 5. BRODEAU.

Si l'aîné ayant choisi un de plusieurs manoirs, suivant le choix qui luy est déferé par cet article, peut varier & changer de volonté pour prendre un autre manoir? 10.

Du Moulin sur l'article 16. *Glos.* 1. *num.* 10. résoud que non, parce que, dit-il, *continuò ejus fuit simul ac elegerit, quæ ipsissima ratio militat in præsenti, ubi Consuetudo dat primogenito optionem mansionum, quâ optione factâ, statim mansionis electa dominium in eum transit: imò etiam possessio, cùm istud jus præcipui jure hereditario habeatur, & saisiat primogenitum. Igitur cùm ista electio trahat secum executionem de jure & de facto, in proprietate & possessione, nullus relinquitur locus variationi.* DU MOULIN

Il faut neanmoins remarquer quelques exceptions.

La premiere est, lorsque le principal manoir choisi par l'aîné n'appartenoit pas en proprieté à son pere, & qu'il n'en avoit que la possession, & qu'aprés le choix il en a été évincé; car pour lors, s'il y a d'autres manoirs en la même succession & en la même Coûtume, il en peut choisir un autre.

La raison est, que *jus illud eligendi non fuit consumptum per optionem quæ non valuit, nec secum aliquam executionem traxit, quod procedit, nedum si solo verbo electio esset facta, sed etiam si divisione factâ & de facto executâ, reliquæ mansiones aliis filiis adjudicatæ & traditæ essent, etiam Judice autore, quia nihilominus hinc inde debetur evictio.*

Que si au cas de l'éviction il n'y a point d'autre manoir dans la même Coûtume, quoiqu'il y en ait dans d'autres, l'aîné n'en peut pas prendre ni demander à ses coheritiers récompense pour raison de telle éviction, parce que les puînez ne sont pas obligez à cette garantie; & n'y ayant point de manoir dans la Coûtume, les puînez ne sont pas tenus d'en fournir un à leur aîné. Brodeau sur cet article, *num.* 5. BRODEAU.

La deuxiéme exception est, lorsque le manoir choisi par erreur par l'aîné n'est pas tenu en Fief, mais en roture, à moins qu'il ne l'ait bien voulu prendre pour un autre, du consentement de ses puînez: Mais l'erreur de l'aîné dans le choix d'un manoir touchant sa valeur & ses commoditez, ne luy donne point droit de varier, à moins que l'erreur ne procedât de la fraude de ses coheritiers, parce que par ce moyen son choix seroit rendu nul; n'étant pas juste, que *dolus suus alicui prosit, & alteri noceat.*

Si l'aîné pourroit prendre le principal Fief tout entier en vertu de quelque usage particulier? 11.

Maître Auzanet dit sur l'article 13. qu'il s'est trouvé de grandes maisons, ausquelles *ex usu antiquissimo*, sans autres titres, l'aîné étoit fondé d'avoir le principal Fief tout entier. AUZANET.

On allegue à ce propos deux Arrests anciens, donnez en la maison d'Albret, l'un provisoire de l'an 1517. & l'autre diffinitif de l'an 1551. pour le Comté de Dreux; & un autre pour le Comté de Laval;

prononcé en Robes rouges; & un quatriéme Arrest pour la Baronnie de Montmorency, depuis érigée en Duché, entre Guillaume & Philippes de Montmorency, du 14. Août 1519. par lesquels quelques-uns, qui ont écrit sur nôtre Coûtume, prétendent avoir été jugé, que telles Coûtumes domestiques & familieres n'étoient point considerables, *quia pactis privatorum juri publico derogari non potest*.

Néanmoins par la lecture des anciens Arrests on reconnoît, que les contestations jugées par iceux, ne concernoient pas tant la validité de ces Coûtumes domestiques & familieres, que la verité de la preuve de ces Coûtumes, lorsqu'il n'y avoit point de Coûtumes redigées par écrit. Mais d'autre part il faut considerer que l'origine de ces usages particuliers est fort ancienne, & a commencé en un temps auquel nôtre Coûtume n'étoit point encore redigée par écrit, mais depuis la redaction de nos Coûtumes, on a estimé qu'il étoit plus à propos, & plus sûr de s'attacher à la Loy generale des Bailliages & Senéchaussées, redigée par l'avis commun des trois Etats d'une Province, qu'à des usages particuliers.

LES DEUX TIERS DES SUSDITS FIEFS, &c.

GLOSE TROISIE'ME SUR L'ARTICLE XV.

SOMMAIRE.

1. *Si la moitié ou les deux tiers se prennent par l'aîné dans les cens & censives, & autres profits de Fiefs.*
2. *Si les Fiefs de dignité entrent en partage.*
3. *Si les Jurisdictions entrent en partage.*
4. *Si la Justice est sujette à licitation.*
5. *Si les puisnez tiennent leurs portions de l'aisné.*
6. *Si l'aîné est tenu de venir à licitation, quand le Fief ne se peut diviser.*
7. *Comment un Fief est censé non partageable.*

1. L'Aîné, au cas de cet article, n'a pas seulement les deux tiers des Fiefs & heritages tenus noblement, il a encore les deux tiers des droits & profits du moulin bannal, ou non bannal, & des fours & pressoirs, s'ils sont bannaux, ainsi qu'il a été dit sur l'article précedent, des cens & censives, rentes feodales & autres droits feodaux.

Du Moulin. Du Moulin en sa Note sur cet article dit, *& autres droits, cens, vassaux, rentes, dont le profit se divise*: desorte même que les vassaux se partagent de la même maniere entre l'aîné & ses puînez selon le nombre des enfans, à cause que les profits qui en viennent de temps en temps par les mutations, sont considerables; néanmoins les vassaux ne sont pas obligez d'aller faire la foy & hommage ailleurs qu'au principal manoir, s'ils n'y consentent, ainsi qu'il sera dit sur l'article 51.

2. Il faut excepter les Fiefs de dignité, comme les Pairies, Duchez, Comtez, Marquisats & Baronnies, lesquels ne souffrent point de partage, mais appartiennent entierement à l'aîné, sauf la récompense aux puînez, comme il a été dit sur ce titre.

3. Les Justices & Jurisdictions, encore qu'elles soient annexées au principal manoir, n'appartiennent pas pour le tout à l'aîné; elles sont communes entre luy & ses coheritiers comme le reste du Fief.

Du Moulin. C'est le sentiment de du Moulin sur le §. 16. *num.* 24.

La raison qu'il en rend est, que *quantumcumque jurisdictio sit annexa vel unita castro, vel mansioni, tamen non est ejus pars integralis, sed res diversa, unde jus præcipui limitatum ad mansionem, non potest ad jurisdictionem, utpotè rem diversam, & in verbis Consuetudinis non comprehensam extendi. Tum jurisdictio regulariter & in dubio non inesse soli castro vel mansioni, sed toti feudo & territorio, quamvis potissimum resplendeat in castro, tanquam in capite totius corporis feudi & territorii.*

Hinc est quòd diverso territorio per habentem potestatem dividitur jurisdictio, & remanet in quâlibet parte, non autem in sola parte in qua situm est castrum.

Non tamen admitto quòd quisque filiorum possit per se jurisdictionem separatim suo nomine, etiam in parte feudi sibi divisim assignata tantùm exercere, nec etiam quòd primogenitus solus possit suo solo nomine eam exercere in castro, tametsi sibi soli præcipuo, & multò minùs admitto multiplicationem tribunalium vel juridicorum, sed dico quòd debet jurisdictio remanere, & exerceri in illa forma, & in illis terminis, in quibus fuit concessa à superiore, nomine tamen omnium Dominorum illius jurisdictionis, cujus commoda, & fructus, & obventiones debent inter eos dividi pro rata dominii, quam quisque habet in ea.

La Justice ne se divise point, & n'est point sujette à licitation, mais ou les puînez doivent s'accommoder avec l'aîné, & la luy ceder toute entiere en recevant récompense de luy au cas qu'ils le veulent, car ils ne peuvent point y être contraints; ou ils la doivent posséder en commun; & en ce cas les amendes & autres profits de la Justice sont partagez, & les charges portées selon la portion que chacun a dans les terres du Fief; & il ne peut y avoir qu'un Juge qui l'exerce, commis par les copropriétaires alternativement de trois ans en trois ans, suivant l'Ordonnance de Roussillon, articles 25. & 26. ainsi qu'il s'observe entre deux ou plusieurs patrons d'une même Eglise, lesquels présentent l'un aprés l'autre, selon la Clementine *plures, de jure patron.* 4.

La raison est, que la Justice ne peut être divisée ni multipliée, soit à raison du territoire, ou pour l'exercice en la faisant exercer par chaque Seigneur, par son Juge particulier.

Quoique l'aîné ait une tres-grande partie du Fief avec le principal manoir, néanmoins les puînez ne tiennent point, & ne relevent point de luy leurs portions, le parage introduit par les Coûtumes d'Anjou, du Maine, de Tours, de Poitou, de Lodunois, de Bretagne & de Normandie, n'ayant point lieu en nôtre Coûtume, où l'aîné n'est point Parageur, ni les puînez Parageaux; ils relevent nuëment & immediatement leurs portions du même Seigneur dont le Fief est mouvant, auquel par consequent ils sont obligez de faire la foy & hommage comme leur aîné, suivant l'article 35. & suivans, encore que l'aîné soit propriétaire du manoir entier & lieu seigneurial d'une plus grande portion de Fief, & que les droits honorifiques luy appartiennent. 5.

C'est le sentiment de Maître Charles du Moulin sur l'article 3. de nôtre Coûtume, *Glos.* 4. *num.* 35. de Charondas sur l'article 15. & suivans, de Brodeau sur l'article 13. Du Moulin. Charondas. Brodeau.

Au cas que le Fief ne se pût partager entre l'aîné & les puînez, sans en diminuer considerablement la valeur ; deserte que les parties seroient obligez d'en venir à la licitation, sçavoir si l'aîné seroit preferable à ses freres & sœurs ? Tiraqueau au Traité du droit d'aînesse, *quest. 60. in fine*, tient qu'il peut prendre le tout suivant l'estimation qui en seroit faite, de même qu'au cas de l'article 14.

C'est aussi l'opinion de Sainson sur la Coûtume de Tours, *tit. de success. §. 4.*

Mornac sur la loy *si major 4. C. communi divid.* & Brodeau sur l'article 90. *in fine*, sont aussi de même avis.

7. Un Fief seroit censé non partageable, s'il y avoit peu de terres, & qu'il les fallût partager entre plusieurs enfans, comme s'il n'y avoit que quatre arpens, dont l'aîné en eût deux, & que les deux autres fussent partageables entre six puînez, en ce cas on pourroit dire, que le Fief ne se pourroit pas partager, eu égard aux portions modiques qui écheroient à chacun des puînez ; néanmoins l'aîné ne seroit pas obligé de soûmettre à la licitation ses deux arpens, mais les puînez leurs parts dans les deux autres ; & au cas que la portion de l'aîné ne pût être separée de celle des puînez, il pourroit faire ordonner d'être reçu de les récompenser, & par ce moyen conserver l'integrité du Fief, étant juste que *major pars attrahat ad se minorem* ; quand autrement il y auroit d'un côté de la lezion sans profit de l'autre.

OBSERVATIONS DE MONSIEUR***.

Sur l'Article XV.

SOMMAIRE.

1. *Quelle part appartient à l'aisné dans les biens nobles, quand il n'y a que deux enfans.*
2. *Quelle part appartient à l'aisné dans les biens nobles, quand il y a plus de deux enfans.*
3. *Si un pere, avant que d'acquerir un Fief, peut faire convenir ses enfans, que le partage s'en fera également.*

IL y a peu de choses à dire sur cet article.

1. Quand il n'y a que deux enfans, l'aisné a son préciput, & les deux tiers des biens nobles, & l'autre enfant l'autre tiers.

2. Quand il y a plus de deux enfans, l'aisné a son préciput & la moitié des biens nobles, & tous les autres enfans l'autre moitié à partager entr'eux.

3. Maistre Auzanet remarque seulement qu'il a été jugé par Arrests du 11. Decembre 1621. qu'un pere avant d'acquerir un Fief, pour faire convenir ses enfans, que le partage s'en feroit également ; parce que c'est une condition & une charge, avec laquelle le Fief est entré dans la famille, sans quoy le pere ne l'auroit peut-être pas acheté.

CONFERENCE SUR L'ARTICLE XV.

DE même, *Artois*, article 94.

Bayonne, articles 2. 3. & 4. *Blois*, article 13. *Boulenois*, articles 142. 145. *Bretagne*, article 541.

Calais, titre 2. article 15. *Châlons*, article 151. *Chartres*, article 4. *Châteauneuf*, article 5. *Chauny*, article 70.

Estampes, article 9.

Lodunois, chapitre 27. article 4.

Mantes, article 1. *Meaux*, article 162. *Melun*, article 89. *Montargis*, chapitre 1. article 23. *Montfort*, article 9.

Noyon, articles 2. & 4.

Orleans, article 90.

Saint-Paul, articles 1. & 2. *Grand-Perche*, articles 142. 145. *Peronne*, articles 180. 181. *Poitou*, article 290.

Saint-Quentin, articles 32. 33.

Ribemont, articles 59. 60.

Sens, article 215.

Tours, article 260.

Valois, article 58. *Vitry*, article 53.

Xaintonge, article 91.

Chartres, article 98. *Aux enfans du premier mariage appartiennent les propres heritages tenus en Fief, & aux enfans du second mariage les conquêts tenus en Fiefs. Et sont tous mariages reputez seconds hors le premier. Les autres heritages tenus en censive se partissent également entre tous lesdits enfans.* [a]

a *Tantum dicitur primum illud de quo supersunt seniores filii : omnia vero sequentia matrimonia dicuntur unum, secundum. Videque valde controversam : Titius habet filiam quæ ex primo viro habet filios & etiam ex secundo, deinde moritur relicto patre & filiis, qui non sunt hæredes matris ob ejus debita, postea moritur Titius avus, nepotes ex primo viro volunt habere omnia feuda antiqua, quia tacite videntur matri succedere, sed non ita, quia omnes veniunt ex capite suo, verumtamen quia veniunt ex pluribus matrimoniis ejusdem filiæ, videtur eadem mens Consuetudinis etiam in nepotibus. Porrò si hæcque fuit valde controversa in dicto casu simplici, multo magis fuit ambagiosa in casu mixto, Titio relinquente filios & filias & nepotes & neptes diversorum matrimoniorum filiæ prædefunctæ, sed hic margo non capit : remitto ad mea commentaria. Sed ad intellectum tex. adverte quod amita filia primi matrimonii in antiquis excludit omnes masculos secundi. Vidi lepidam quæstionem : vidua habens unicam filiam hoc tacito & ut virgo nupsit nobili qui dedit ei dimidiam* de sa terre de Marolles pour luy être propre, *& ipsa in tractatu matrimonii vicissim dat mediam* de tous ses biens pour en joüir par luy & les siens, à la charge que s'il y a enfans, il en joüira seulement sa vie durant. *Resp. Et hoc patet quòd*, les siens *intelliguntur de liberis hujus matrimonii qui sunt vocati : ergo donatarii matris suæ, ergo si velint ei succedere, debent conferre & consequenter omnia feuda quæ fuerunt matris relinquere sorori uterinæ per §. 99. C. M.*

Quid de feudis acquisitis per maritum de parte pecuniæ dotalis ut essent propria uxoris juxta conventa matrimonii : num debeant cedere filiis secundi matrimonii uxoris ? Videretur quod sic : quia non sunt hæredia, nec propria, nisi respectivè contra maritum. Resp. contrarium tam jure communi per L. cum aliis. C. de sec. nupt. & per hanc Consuetudinem, quàm per tacitum pactum. L. tale pactum. in fin. D. de pact. ubi dixi in meo consilio, quo remitto : & in tract. de revoc. donat. & inofficio. C. M. sur l'article 82. de la Coûtume de Dreux.

SEULEMENT DEUX ENFANS.

Mantes, article 1. ajoûte, *soit qu'il y ait un ou plusieurs enfans puisnez.*

Senlis, article 126. 127. 128. & 129. distingue en cette sorte :

S'il y a plusieurs enfans, le masle aisné aura & emportera les deux parts des Fiefs b *par tout le Bailliage de Senlis, & anciens ressorts d'iceluy, en ce qui est delà la riviere d'Oise (non compris la Châtellenie de Pontoise, où le fils aisné a les deux parts, dont les trois font le tout des Fiefs ou arriere-Fiefs,) & és Fiefs étans delà la riviere d'Oise (comme venant de Creil, Beaumont & Compiegne audit Senlis, tirant au pays de France & Valois) il n'aura que la moitié : & s'il n'y a que deux enfans, tant deçà que delà ladite riviere, aura les deux parts desdits Fiefs.*

b *Non distinguit an feudum nobile vel rurale, ergo idem Consultus fui de hâc quæstione sub hac Consuet. Rusticus habens domum & hortum non contiguum continentem duo jugera, omnia in censum, egit cum Domino directo ut hæc deinceps non in censum, sed in feudum teneventur, & fecit & fidelitatem & homagium, dinumeramentum dedit, receptum. Postea dictam domum ædificando auget ultra 200. aureos, & moritur relictis pluribus filiis : Resp. quod primogenito spectat tota domus jure præcipui, nec tenetur aliquid refundere de iis ædificatis, sed non lucratur hortum in totum, quia non est contiguus, quamvis in dinumeramento ponatur, ut hortus domus, quia attenditur veritas ; Et sic habet tantum bessem horti.* C. M.

Romorantin, article 2. dit, *que hors le manoir, le surplus des heritages, soit roturiers ou féodaux, se partagent également par tête entre le fils aîné & sesdits freres & sœurs.*

EN CHACUNE DESDITES SUCCESSIONS.

Sens, article 215. ajoûte, *encore que ledit aîné fils eût pris en autre Bailliage ce qui luy est permis par la Coûtume des lieux.*

Reims, article 49. dit, *s'il y a plusieurs Fiefs, tant en succession de pere que de mere, assis en divers Bailliages* ; à sçavoir, *l'un au Bailliage de Vermandois, l'autre au Bailliage de Vitry, ou autre Bailliage que celuy de Vermandois, le fils aîné en chacun desdits Bailliages prend par préciput & avantage le droit d'aînesse, qui luy est dû en chacun desdits Bailliages.*

De même, *Xaintonge*, article 92.

Noyon & *Saint Quentin*, articles 2. 3. 4. & 5. distinguent entre Nobles.

Quand aucun Noble va de vie à trépas, délaissant plusieurs enfans, le fils aîné succede en tous les Fiefs & nobles tenemens, à la charge d'un quint à vie à ses puînez, soient fils ou filles. Et où il n'y auroit que filles, la fille aînée succede pareillement en tous lesdits Fiefs, à la charge dudit quint à vie ses sœurs puînez.

Entre roturiers, s'il y a plusieurs enfans, appartient la moitié au fils aîné de ce qui est tenu en Fief, & l'autre moitié se divise également entre les puînez, soient fils ou filles ; & s'il n'y avoit que deux enfans, audit aîné appartiennent les deux tiers, & l'autre tiers au puîné, soit fils ou fille.

Et néanmoins en chacun desdits deux cas, & outre ce que dessus, au fils aîné appartient le principal manoir, si aucun y en a, avec la basse-court, fossez, jardin, prez, cloture, & aisément du clos.

De même, *Ribemont*, articles 59. & 60. *Coucy*, articles 5. & 6.

EN CHACUNE DESDITES SUCCESSIONS.

Contre *Dreux*, article 3. *car il dit, qu'il n'y a qu'un droit d'aînesse, quant au principal manoir.*

De même, *Romorantin*, article 4. *& ne peut le fils aîné avoir ne prétendre qu'une aînesse en la succession de son pere ou de sa mere, lequel que bon luy semblera.* c

c *Scilicet respectu feudorum sitorum intra hoc territorium. Quid si pater & mater acquisiverunt fundum feudalem in hoc territorio in quo mansionem construxerint, an integram habeat primogenitus hæres utriusque parentis ? Et sic cum verba hujus localis Consuet. non congruant, videtur recurrendum ad Consf. generalem : sed æqualitas filiorum favorabilis est. L. illam, uni Philipp. Dec. C. de collat.* C. M.

Montargis, chapitre 1. article 24. *le fils aîné ne peut demander prérogative d'aînesse, quant au manoir principal, qu'une fois seulement, ou en succession de pere, ou en succession de mere. Toutefois si lesdites successions advenoient audit fils, & il n'y eût qu'un manoir quand viendra à la succession du dernier décedé desdits pere ou mere, ledit aîné prendra l'autre moitié dudit manoir, qui ne seront en ce cas reputées que pour un manoir.*

Auxerre, article 55. ajoûte, *que le fils aîné pourra après le décés du survivant prendre son droit d'aînesse au Fief du dernier décedé, se déportant du droit d'aînesse, qu'il avoit premierement pris.*

De même, *Châteauneuf*, article 5.

TANT DE PERE QUE DE MERE.

Montfort, article 9. ajoûte, *ayeul ou ayeule, ou autre ascendant.*

De même, *Senlis*, article 129. *Tours*, article 260. *Blois*, article 143. *Melun* ajoûte, *Nobles ou non Nobles.*

De même, *Mantes*, article 1. *Reims*, article 42. *Perche*, article 141. ajoûte, *soit que lesdites successions échéent & soient partagées en même ou divers temps.*

Ancienne Coûtume d'Orleans, article 27. *Le fils aîné ne peut demander prérogative d'aînesse, quant audit manoir qu'une fois seulement, c'est à sçavoir en succession de pere, ou en succession de mere.* d

d *Si utriusque sit hæres. Idem Consuet. Dunensis eod. tit. §. 10. Sed non debet fieri extensio ad successiones Avi & Aviæ, quia iste §. exorbitat à regula communi Consuetudinum.* C. M.

ET LES DEUX TIERS DES SUSDITS FIEFS.

Contre *Meaux*, article 100. qui porte, *Au surplus les Fiefs se partent & divisent entre luy & ses autres freres & sœurs également, excepté qu'és Fiefs deux filles partissent, & n'ont qu'autant qu'un fils : mais en heritages roturiers & non nobles, les filles prennent autant que le fils, & partissent tête à tête, fors que Baronnies & Châtellenies ne se divisent point, & appartiennent à l'aîné, en récompensant ses coheritiers de leur portion contingente.*

Vermandois, articles 50. & 51. *Au fils aîné appartient la moitié de tous les Fiefs assis en ladite Prevôté, & se partit le residu entre les puînez, en maniere toutefois que deux filles ne prennent qu'autant qu'un des fils puînez. Et où il n'y auroit que deux fils sans filles, à l'aîné desdits fils appartient la moitié des Fiefs, avec sondit préciput, & au puîné l'autre moitié ; & s'il y a un fils & une fille seulement, audit fils appartiennent les deux tiers, & à ladite fille autre tiers seulement.*

De même, *Châlons*, art. 154. 157. & 158. *Reims*, articles 46. & 47.

Normandie, article 322. dit, *Et au cas que l'aîné choisisse ledit Fief noble par préciput, il laisse le reste de toute la succession à ses puînez.*

Troyes, article 14. *& au pardessus desdits Fiefs, ledit*

ledit aîné fils, & les fils & filles le partagent également, excepté qu'un fils y prend autant que deux filles. De même, *Chaumont*, article 8.

Artois, premiere redaction, article 70. *Si aucuns des puînez délaissent* c *à appréhender leur part ou portion de quint, telle part non appréhendée demeure au gros du Fief.*

c *Scilicet quando post acceptationem non utuntur, vel sine liberis utuntur, quia tunc fecerunt partem. Secùs si repudiaverunt vel inhabiles fuerunt, quia tunc non faciunt reliquis partem secundogenitis, quibus ut fatis habilibus & acceptantibus in totum quantum jure decrescendi remanet.*

Auteurs sur l'Article quinziéme.

Tiraqueau, *de jure primog. quæst.* 5. & *quæst.* 82. & *de retractu lineari, tit.* 2. *qu.* 43. 82.
Coquille, quest. 169.
Du Moulin, *in Consuetud. Parisiens.* article 139.
Valla, *de rebus dubiis, tract.* 20. *num.* 20. & 23.
Goris, *tract.* 2. *cap.* 2. *num.* 3.
Monsieur Le Prestre, Cent. 1. chap. 82.
Loisel, livre 4. titre 3. regle 80.
De Lhommeau, en ses Maximes, livre 3. article 21.
Brodeau, sur cet article, nomb. 2. & 3.
Bobé, sur cet article & sur l'article 160. de la Coûtume de Meaux.
Thourette, sur Montfort, articles 9. & 12.
Pontanus, sur Blois, article 143. & suivant.
Basnage, sur la Coûtume de Normandie, art. 337.
Le Let, sur Poitou, articles 289. & 290.
De la Lande, sur Orleans, articles 89. 90. & 97.
Le Dictionaire de M. Brillon, *verbo* aisnesse.
Le Grand, sur Troyes, article 14.
Buridan, sur Reims, articles 42. 48. 49.
Lhoste, sur Montargis, chap. 1. article 23.
Charondas, en ses Réponses, livre 3. chapitre 2.
Chopin, sur Anjou, livre 3. titre 1. nombre 4. de la Police Ecclesiastique, livre 3. titre 8. nombre 17.
Loüet & Brodeau, *litt.* D. *num.* 30.
Monsieur Le Prestre, Cent. 2. chap. 57.
Vrevin, sur Chauny, articles 73. 74. 75.
Bodreau, sur Maine, article 239.
Buridan, sur Vermandois, article 151.
Loüet, lett. L. Sommaire 17
Duret, dans son Alliance des Coûtumes, titre 23. pages 646. & 648.
Duplessis explique cet article, Traité des Successions, livre 1. chapitre 2. pag. 195. & 199.

ARTICLE XVI.

C'étoit l'Article dixiéme de l'ancienne Coûtume.

S'il y a grand nombre d'enfans, quel sera le préciput.

S'Il y a plusieurs enfans excedans le nombre de deux venans à leur succession, au fils aisné par préciput pour son droit d'aisnesse, appartient en chacune desdites successions, tant de pere que de mere, un hostel tenu en Fief tel qu'il veut choisir pour principal manoir, *avec l'enclos & basse-court, ainsi que dit est*; & la moitié de tous les autres heritages tenus en Fiefs; & à tous les autres enfans ensemble, l'autre moitié & residu desdits Fiefs & heritages tenus noblement.

Voyez les Articles 13. 215. 253. & 370.

REMARQUES.

CE que dit la Coûtume de plusieurs enfans excedans le nombre de deux venans à la succession, se doit aussi entendre de ceux qui se tiennent à un don considerable. Sens, article 8. Glose 1. quest. 4. C. M. sur l'article 10. de l'ancienne Coûtume de Paris.

In uno eodemque feudo capi potest duplex jus primogenituræ : nam si feudum vir & uxor acquisierint, media pars illius erit in successione uxoris, & sic primogenitus capiet duplex jus in hoc feudo, unum scilicet in unaquaque successione, & sic, si sit duplex mansio, utramque sibi habebit : vel habitationem, cum jugero agri, si non est nisi una : vel duo jugera si nulla est Molinæus, §. 18. *in verbo* manoir principal.

Du Moulin dans un de ses Apostiles sur cet article dit, qu'outre la moitié des Fiefs & heritages que l'aisné prend, il a aussi moitié dans les autres droits, cens, vassaux, rentes, dont le profit se divise, & il renvoye à son Commentaire sur la Coûtume de Paris, article 10. quest. 5.

S'IL Y A PLUSIEURS ENFANS.

GLOSE PREMIERE SUR L'ARTICLE XVI.

SOMMAIRE.

1. *Pourquoy le droit d'aisnesse est plus ou moins avantageux selon le nombre des enfans.*
2. *Comment se regle la legitime selon le Droit Romain.*

1\. CEt article n'a pas besoin d'autre explication que celle de l'article précedent, il n'est different de l'article 15. qu'en ce qu'il ordonne, que si l'aisné concourt avec trois heritiers ou plus, il ne peut prétendre que la moitié des terres nobles & droits féodaux; mais l'article précedent veut, que si l'aisné ne vient à la succession qu'avec un seul coheritier, il ait les deux tiers des heritages nobles & autres droits réels tenus en Fiefs.

Cette différence établie selon le nombre des enfans est fort juste; car si l'aisné avoit les deux tiers des terres nobles & droits féodaux, indistinctement, l'autre tiers étant à partager entre un grand nombre d'enfans, ils auroient chacun si peu de chose, qu'ils n'en tireroient pas un grand avantage; c'est pourquoy la Coûtume a voulu, que si deux heritiers, ou plus, concourent avec l'aisné, il ne prenne pour son droit d'aisnesse que la moitié des terres nobles & droits tenus en Fief, à l'exemple de la legitime du Droit Romain, laquelle est plus ou moins grande, suivant le nombre des enfans. L'Empereur Justinien 2. ayant voulu dans sa Novelle 18. *de triente & semisse*, qu'elle fut le tiers de la part & portion que chaque enfant eut eu en la succession de son pere ou de sa mere, s'ils n'avoient pas disposé de leurs biens au préjudice de leurs enfans, au cas qu'ils ne fussent que quatre enfans ou moins, venans à leur succession: & qu'au contraire elle fut la moitié, si le nombre des enfans excedoit celuy de quatre.

VENANS A LEUR SUCCESSION.

GLOSE DEUXIEME SUR L'ARTICLE XVI.

SOMMAIRE.

1. *Si pour regler le droit de l'aisné il faut avoir égard au nombre des enfans venans à la succession.*
2. *Sentiment de du Moulin.*
3. *Sentiment de Maistre Auzanet.*
4. *Sentiment de l'Auteur.*
5. *Comment se regleroit l'avantage de l'aisné, si un de deux puisnez avoit cedé sa portion à l'autre.*
6. *Ou si l'un de trois enfans decedoit aprés la succession ouverte, sans avoir pris qualité.*
7. *Consequence qu'il en faut tirer.*
8. *Pourquoy le droit d'aisnesse est different selon le nombre des enfans.*

1\. C'Est une question des plus difficiles à decider; sçavoir si pour regler le droit de l'aîné on ne doit avoir égard qu'au nombre des enfans venans à la succession?

Ces termes, *venans à la succession*, mis dans cet article & dans l'article précedent, semble la decider clairement, de sorte que si le pere en mourant laisse deux enfans, dont l'un renonce à la succession, l'aîné doit avoir suivant l'article 15. les deux tiers des Fiefs, & l'autre tiers appartenir à son puîné son coheritier.

2\. C'est le sentiment de du Moulin sur cet article, *Glos. 1. n. 2. & seqq. non obstat quod abstinens ipso jure fuit heres, quia fateor resolubiliter prout eo abstinente facta est ipso jure resolutio, & eo relapsu ac si nunquam fuisset. Minus obstat quod mero jure civili remanet suus, tum quia hoc non sufficit sed expressè requirit textus §. sequentis actualem vel effectualem aditionem trium filiorum ad minimam & hic §. aliud requirit quàm quòd sint duo tantum cum effectu adeuntes, quod accidit tertio abstinente, &c.*

CHARONDAS. TOURNET. BRODEAU. Charondas, Tournet, & Brodeau nombre 16. sont de même avis.

AUZANET. Maître Auzanet est d'avis contraire : voicy ce qu'il en dit sur cet article: Pour regler la portion 3. de l'aîné lorsqu'il y a un ou plusieurs puînez, on tient communément qu'il faut considerer le nombre des enfans & l'état de la famille, non pas au temps du partage, mais au jour de l'ouverture de la succession.

Par cette raison, l'abstention ou renonciation à la succession commune faite par un ou plusieurs des puînez, n'augmente & ne diminue point la part de l'aîné, laquelle doit être reglée eu égard au nombre des enfans qui se trouvent vivans lors du decés du pere ou de la mere, & qui sont saisis de leurs portions contingentes par la Loy generale, *le mort saisit le vif.*

Sur ce fondement, si de plusieurs puînez tous renoncent à la reserve d'un seul, l'aîné n'aura que la moitié du Fief outre le precipur, & le puîné qui reste, prendra l'autre moitié par droit d'accroissement *jure non decrescendi*; c'est ainsi que l'on explique communément l'article 310. qui porte, *le droit & part de l'enfant qui s'abstient & renonce, accroît aux autres enfans heritiers sans prérogative d'aînesse*; ce qui n'est pas intelligible, comme il sera remarqué sur cet article 310.

Pour autoriser cette decision, on ajoûte que si cet article 310. & les articles 15. & 16. étoient autrement entendus, on pourroit par des conventions secrettes & frauduleuses, faire fraude à la Coûtume, & augmenter ou diminuer les portions de l'aîné & des puînez.

Afin d'approfondir & connoître plus clairement la difficulté qui se presente, il semble à propos d'examiner separement les especes particulieres, dans lesquelles la difficulté peut arriver.

Quand aucuns des enfans ont été avantagez du vivant des pere & mere, & que moyennant les donations entre-vifs, ou à cause de mort, ou les legs à eux faits, ils renoncent aux successions, il est constant que cela est licite suivant l'article 307. de la Coûtume.

On ne peut pas aussi arguer de fraude la renonciation, puisqu'elle est faite *aliquo dato*, & que la donation est vray-semblablement plus avantageuse que la portion hereditaire, puisque l'on quitte la qualité d'heritier pour prendre celle de donataire ou de legataire.

Que si c'est l'aîné qui renonce, il est certain que les droits de prérogatives d'aînesse demeurent éteints, & ne passent point au second ni aux autres puînez; parce que les prérogatives de la Coûtume ne sont dûës à l'aîné qu'en qualité d'heritier, & ne passent point aux autres enfans, suivant l'article 27. *quia facto hominis jus publicum lædi non potest*, & supposé que la renonciation soit faite par un ou plusieurs des puînez; en telle sorte qu'il en demeure deux au plus pour partager avec l'aîné; c'est le cas de l'article 16. dans lequel il ne se trouve aucun inconvenient.

La seule difficulté qui est à éclaircir, est lorsqu'en retranchant le nombre des puînez qui ont renoncé, il n'en reste qu'un, sçavoir si l'aîné en ce cas aprés la distraction de son preciput, prendra les deux tiers du surplus des biens féodaux, ou seulement la moitié, qui est la portion qui luy doit revenir selon la Coûtume, eu égard au nombre des enfans qui étoient vivans au jour de l'ouverture de la succession. Mais en ce cas la portion du puîné qui reste heritier, est égale à celle de l'aîné; ce qui paroît contraire à l'esprit & aux termes de la Coûtume, qui donne à l'aîné une portion plus avantageuse dans les lieux féodaux, qu'à chacun des puînez.

C'est ce qui semblera à propos de regler sur les articles 15. & 16. ou plûtôt sur l'article 310. selon que l'on jugera à propos; ou plûtôt marquer la difficulté dans chacun des trois articles, en ajoûtant deux mots en chacun d'iceux.

Plessis. Maître Duplessis Traité des Successions, dit, qu'au cas proposé, si de trois enfans l'un a renoncé, on tient que celuy qui a renoncé ne fait pas nombre, & que l'aîné aura les deux tiers pour sa part comme s'il n'avoit point été *in rerum natura*, & on en tire la decision de cet article qui porte, *s'il y a plusieurs enfans excedans le nombre de deux venans à leur succession*: car par ce mot *venans à succession*, la Coûtume marque qu'elle ne compte point ceux qui n'y viennent pas; & pour montrer que ce mot n'a pas été mis temerairement, c'est qu'il est mis de même dans l'article 15.

Il fait ensuite cette reflexion: que si cela avoit lieu, ce seroit un moyen au pere d'avantager son fils aîné, en faisant un gros avantage à un cadet des heritages en rotures, dans lesquels l'aîné n'a pas plus grande part que les autres, afin qu'il trouvât plus expedient de renoncer, & ce afin que l'aîné prit les deux tiers dans toutes les terres nobles, qui sont quelquefois la meilleure partie de la succession; desorte que l'aîné, & le puîné donataire profiteroient tous deux aux dépens du troisiéme. C'est pourquoy il dit qu'il n'estime pas que ç'ait été le sens de la Coûtume, & qu'il croit que par ces mots *venans à succession*, elle marque seulement qu'elle ne veut point compter au nombre de ceux qui sont exclus de la succession, comme les exheredez, les Religieux & Religieuses, les filles qui ont renoncé en se mariant, ou ceux qui voudroient renoncer sans avoir rien eu, & non pas ceux qui renoncent pour se tenir à un gros don, lesquels emportant une bonne partie de la substance de la famille, doivent faire nombre; car à vray dire, un enfant donataire qui renonce, est effectivement heritier, du moins jusqu'à la concurrence du don, & il ne le faut pas tant considerer comme renonçant, que comme se tenant à ce qu'il a.

Cette question se trouve si difficile à decider, que ces 2. celebres Avocats s'y sont trouvez tres-embarrassez: Maître Auzanet tient d'abord qu'il faut compter les enfans vivans au jour de l'ouverture de la succession, quoiqu'ils y renoncent, pour regler la portion de l'aîné; & sur la fin, il trouve que ce sentiment est contraire à l'esprit de la Coûtume, en ce que le puîné étant seul heritier avec l'aîné, auroit dans les Fiefs une portion égale à luy; ainsi on ne peut pas sçavoir quelle est au vray son opinion. AUZANET.

Maître Duplessis decide d'abord au contraire en faveur de l'aîné: sa decision dans la suite ne luy plaît pas. Du Plessis

Premierement, par l'inconvenient qui en arriveroit, que ce seroit une porte ouverte pour avantager l'aîné, au préjudice du puîné qui concourroit avec luy.

Il ne faut que deux mots pour faire voir l'inutilité de cette raison, sans néanmoins diminuer en aucune maniere, de l'estime qu'on doit avoir de son Auteur, qui a été de son temps l'honneur du Barreau.

Les articles 15. & 16. sont de la Coûtume redigée en 1510. il y a 200. ans & plus. L'opinion des Docteurs a toûjours été en faveur de l'aîné, au cas proposé: combien a-t-on d'exemples de pere qui se soient servis de ce moyen pour avantager leur aîné au prejudice d'un puîné: on n'en a jamais entendu parler? Et qui voudroit leur conseiller ce moyen remply de difficultez, lorsque la Coûtume en fournit un si facile & si naturel, à ceux qui veulent avantager quelqu'un de leurs enfans au préjudice des autres? Il n'y a qu'à luy faire un si grand avantage que les autres soient obligez de se tenir à leur legitime, & sans préjudice à l'aîné de son preciput & droit d'aînesse.

En second lieu, Maître Duplessis pour soûtenir ce sentiment, est d'avis que ces mots des articles 15. & 16. *venans à leur succession*, s'entendent de ceux ou qui sont incapables de succeder, ou qui voudroient renoncer sans avoir rien reçû de celuy de la succession duquel il s'agit; s'il étoit permis de donner des interpretations aux termes de nos Coûtumes si éloignées de leur sens naturel, chacun les interpreteroit à sa maniere, & contre l'intention de ceux qui les auroient redigées ou reformées; car enfin, ces termes dans toutes nos Coûtumes sans excepter une seule, ne signifient que ceux qui sont heritiers, excluant tous ceux ou qui sont incapables de l'être, ou qui renoncent aux successions de ceux dont ils seroient heritiers s'ils vouloient.

Il arriveroit au contraire une autre absurdité, sçavoir que si le puîné avoit renoncé *nullo accepto*, l'aîné n'ayant que moitié des biens nobles, il n'auroit point le droit d'aînesse, lequel cependant ne luy peut être ôté directement ni indirectement, suivant ce qui a été dit sur l'article précedent; ainsi il faut decider la question en faveur de l'aîné, conformément aux termes exprés de l'article 16.

On oppose l'article 310. cité cy-devant, par lequel la portion de celuy qui renonce accroît aux autres sans droit & prérogative d'aînesse entr'eux; desorte qu'au cas de la renonciation de l'un de trois enfans, le Fief ne sera pas partagé comme s'ils n'étoient que deux, mais comme étant trois.

Je feray voir sur cet article que cette objection ne détruit point ma decision, qui est conforme à celle des autres Commentateurs de nôtre Coûtume.

Ainsi mon sentiment est, que quoique les enfans renonçans ayent reçû de grands avantages de leur pere, pour lesquels ils auroient renoncé à sa suc- 4.

cession, néanmoins l'aîné prendroit les deux tiers des biens nobles, & l'autre tiers appartiendroit au puîné son coheritier. Voyez sur l'article 310.

Ce qui auroit lieu pareillement, quoique le puîné venant à la succession, eut fait quelque avantage au troisiéme pour y renoncer ; & l'aisné ne seroit pas obligé de le rembourser d'une partie de ce qu'il en auroit donné, l'ayant fait sans son consentement.

5. Il n'en seroit pas de même si l'un avoit cedé sa part & portion de la succession à l'autre ; car dans ce cas l'aisné n'auroit que la moitié des biens nobles & le puîné heritier l'autre moitié, un quart *suo jure*, & l'autre quart en vertu de la cession & transport fait à son profit ; & il auroit les deux tiers de tous les biens en roture, & l'aisné l'autre tiers seulement.

C'est le sentiment de Maître Charles du Moulin, sur l'article 14. *Glos.* 4. *num.* 4. ce qui est sans difficulté, parce que la cession de sa portion hereditaire est addition d'heredité, vû qu'on ne peut ceder & transporter que ce qui nous appartient.

Ces termes *venans à leur succession*, semble devoir être suppléez au cas des articles 15. & 16. dans les autres Coûtumes où ils sont obmis, par les raisons remarquées cy-dessus.

6. C'est encore une question, si l'un de trois enfans décedoit sans enfans aprés la succession ouverte, avant que d'avoir pris qualité, s'il feroit nombre ?

Il faut tenir l'affirmative avec du Moulin *loco citato*, nombre 8. & qu'il transmettroit à ses freres & sœurs la portion de la succession qui luy étoit acquise dés l'ouverture d'icelle, par la regle *le mort saisit le vif*, & elle n'accroîtroit point à la succession du pere, ensorte que ceux qui auroient renoncé à celle du pere, pourroient venir à celle de leur frere.

D'où il s'ensuit, que si quelqu'un de ces freres renonçoit à sa succession, il ne prendroit rien dans la portion de la succession du pere qui seroit échûë à leur frere décedé, comme faisant partie de sa succession. 7.

C'est le sentiment de Maître Charles du Moulin sur l'article 15. *Glos.* 4. *num.* 9. *quoniam ex quo jus illius tanquam transmissorium fuit derelictum in ejus hereditate, non potest acceptari repudiatâ hereditate cujus factum est pars ; sed una cum hereditate repudiata transibit ad quoscumque hereditas perveniet, sive ad creditores, vel ad curatorem hereditatis jacentis, ad eorum instantiam constitutum, vel ad habentem merum imperium in loco ad quem spectant bona vacantia.*

Cette difference établie pour le droit d'aisnesse selon le nombre des enfans, est fort juste ; car si l'aisné avoit les deux tiers des biens nobles, les puisnez qui seroient en grand nombre ne tireroient pas un grand avantage du tiers qui leur resteroit ; de même que la legitime a été reglée par le droit écrit, suivant le nombre des enfans. 8.

OBSERVATIONS DE MONSIEUR ***.

Sur l'Article XVI.

SOMMAIRE.

1. *Si quand l'aisné est doüairier, & qu'il renonce à la succession, il peut prendre le droit d'aisnesse.*
2. *De quelle maniere il faut regler le droit d'aisnesse, lorsqu'il y a cinq enfans, dont trois des quatre puisnez renoncent à la succession de leur pere.*

CEt Article est, pour ainsi dire, une suite du précedent, qui regle la portion de l'aisné pour son droit d'aisnesse, lorsqu'il y a plus de deux enfans.

Lorsqu'il n'y en a que deux, la Coûtume donne les deux tiers à l'aisné de ce qui est en Fief.

Lorsqu'il y en a plus de deux, la Coûtume luy en donne la moitié, & l'autre moitié aux puisnez.

1. Quand l'aisné est doüairier, & qu'il renonce à la succession, il n'a point de droit d'aisnesse entr'eux. Toutes ces maximes sont constantes.

Mais on demande de quelle maniere il faut regler le droit d'aisnesse, lorsqu'il y a cinq enfans, dont trois des quatre puisnez renoncent à la succession de leur pere ; desorte que l'aisné se trouve seul à partager avec celuy des puisnez qui n'a pas renoncé.

2. Dira-t-on que la renonciation des trois puisnez donne le droit au seul puisné qui ne renonce point de partager également avec l'aisné, ce qui semble contraire à l'esprit de la Coûtume.

D'un autre côté l'esprit de la même Coûtume est, qu'il n'y ait point de droit d'aisnesse dans les choses qui accroissent aux heritiers par les renonciations d'aucuns d'eux, & si la renonciation des trois puisnez faisoit que l'aisné eut les deux tiers au lieu de la moitié, l'aisné trouveroit une grande prérogative dans cet accroissement.

Pour moy j'aurois assez de penchant à croire, que suivant l'esprit de la Coûtume le mort saisit le vif, & que le droit d'aisnesse se doit regler eu égard au nombre des enfans qui sont au jour du decés de celuy duquel la succession se partage ; desorte que les trois puisnez venant à renoncer, l'aisné ne doit pas avoir un plus grand droit. Il luy suffit d'avoir le principal manoir, l'arpent dans le parc, & les autres droits de retenuë, & celuy des puisnez aura par droit, *non decrescendi*, le surplus des portions des puisnez qui ont renoncé ; d'autant plus que la renonciation des trois puisnez ne se fait gueres que parce qu'ils ont eu d'ailleurs plus que leurs portions hereditaires par des donations, qui diminuant la part de celuy qui n'en a point eu, & sans quoy les trois puisnez n'auroient pas renoncé.

Néanmoins l'article 310. s'oppose à ce sentiment d'équité, voulant que quand un enfant renonce, sa portion soit partagée entre les autres enfans sans prérogative. Mais comme cet article 310. n'est pas bien clair, & qu'il est presque impossible de dire, s'il a voulu parler de la renonciation faite par l'aisné seulement, ou de celle faite par les puisnez, il seroit necessaire d'en décider la question par un article précis.

CONFERENCE SUR L'ARTICLE XVI.

DE même, *Anjou*, article 222.

Blois, article 144.

Calais, article 16. *Chartres*, article 4. *Châteauneuf*, article 5.

Estampes, article 9.

Laon, article 150. qui ajoûte, *en maniere toutefois que deux filles ne prennent qu'autant qu'un des fils puisnez.*

Melun, article 89. *Montargis*, chapitre 1. article 22.

Orleans, article 89.

Grand-Perche, article 144. *Peronne*, article 182.

Valois, article 57.

Contre *Noyon*, article 254. ainsi qu'il est declaré sur le précedent article : & *Saint-Quentin*, articles 32. & 33.

Maine, article 239. donne à l'aisné les deux tiers sans diminution du nombre d'enfant, & dit *que les puisnez succederont pour l'autre tiers, mais que les puisnez masles n'ont leur portion dans ledit tiers qu'un bienfait* [a] *seulement, c'est à sçavoir leur vie durant.*

[a] Bienfait,) *Quod multis iniquum videtur, sed D. Desleges, Cenomanus in hoc Senatu Consiliarius plausibilem rationem mihi reddidit, quia mercatores artem exercent, sed nobiles non, ideò si hi dividerent, fieri multi pauperes qui mutuo sese gravare possint, nec secundum statum vivere, ideò etiam secundogenitis inter nobiles utilior est hæc consuetudo, in quibus utilitas est potentem habere consanguineum, cujus nobilitate nobilem militiam vel collocationem nancíscerentur : Alias cogerentur mercaturis & mechanicis artibus se subjicere : quoniam status nobilitatis per minutulas partes conservaretur. Adde hoc utile in locis limitrophis ut sint qui possint tuitionem locorum suscipere.* C. M.

Maine, article 273. *Quant à la succession des gens coûtumiers, le fils aisné, ou la fille aisnée, s'il n'y a que filles, succede pour les deux tiers des choses tenuës à foy & hommage entierement, & qui sont chûtes par succession en tierce foy.* [b]

[b] *Exclusivè ; sufficit enim patrem tenuisse, deinde filium post eum, postea nepotes dividentes dicuntur in tertia fide, sive facto, sive faciendo ; sive actu, sive habitu ; non enim requiritur quod pater vel avus homagium fecerint :* la souffrance leur vaut foy, pourvû qu'ils en ayent joüy comme de Fief. C. M.

Auteurs sur l'Article seiziéme.

COquille, quest. 166.
Bobé, sur cet article.
Thourette, sur Montfort, article 12.
Pontanus, sur Blois, article 145. & suivant.
De la Lande, sur Orleans, articles 89. & 90.
Le Dictionaire de Monsieur Brillon, *verbo* aisnesse.
Buridan, sur Reims, article 42.
Ferronus, sur Bordeaux, titre 5. article 23.
Tiraqueau, *du Droit des aisnez*, questions 55. & 72.
Du Luc, en ses Arrests, liv. 8. titre 11. article 1.
Papon, livre 21. titre 5. article 2.
Loüet & Brodeau, *litt.* F. *num.* 21.
Le Vest, articles 115. & 227.
Monsieur Le Prestre, en ses Arrestez de la cinquiéme Chambre, article 37.
Lhoste, sur Montargis, titre 1. articles 22. 23.
Buridan, sur Vermandois, article 150.
Maistre Duplessis explique cet article, Traité *des Successions*, livre 1. chapitre 2. pages 195. & 199.

ARTICLE XVII.

Cet article a été ajoûté à la reformation de la Coûtume.

Du Préciput quand il n'y a qu'un Fief en la succession, & de la préference de la legitime au droit d'aisnesse.

SI esdites successions de pere & de mere, ayeul ou ayeule, il y a un seul Fief, consistant seulement en un manoir, basse-court & enclos d'un arpent; sans autre appartenance ni autres biens, audit fils aisné seul appartient ledit manoir, basse-court & enclos, comme dessus; sauf toutefois aux autres enfans leur droit de legitime, ou droit du doüaire coûtumier, ou préfix, à prendre sur ledit Fief. Et où il y auroit autres biens qui ne fussent suffisans pour fournir lesdits droits aux enfans, le supplément de ladite legitime ou dudit doüaire, se prendra sur ledit Fief. Et toutefois audit cas le fils aisné peut bailler aux puisnez récompense en argent, au dire de Prud'hommes, de la portion qu'ils pourroient prétendre sur ledit Fief.

Voyez les Articles 13. 248. 298. & 307.

REMARQUES.

POur l'execution de cet article, on demande de quelle maniere doit être fournie la legitime aux puisnez?

Il y en a qui tiennent que l'on doit considerer les choses, comme si le manoir avoit été donné à l'aisné, & que la donation fût inofficieuse: Desorte que l'aisné doit passer pour donataire & fournir la legitime à ses puisnez, sans avoir égard à la qualité du bien, & de la même façon que si le manoir étoit en roture.

C'est l'avis de Maître Charles du Moulin en son Commentaire sur la Coûtume de Paris article 13. *glos.* 4. *num.* 56. *seqq.*

D'autres au contraire, veulent que l'explication de cet article soit tirée de l'article 91. de la Coûtume de Melun qui est voisine, & qui veut en ce cas que le manoir perdant sa qualité de manoir, retienne celle de Fief; & en consequence que le manoir dans l'espece qui se presente, soit partagé comme le autres heritages féodaux: Desorte que l'aisné y prenne les deux tiers, s'ils ne sont que deux enfans, & le puisné l'autre tiers: Et s'ils sont plus grand nombre l'aisné la moitié, conformément à ce qui est ordonné hors de cette espece pour le partage des autres Fiefs par l'article 81. de la même Coûtume.

Cette derniere opinion me semble plus raisonnable que la premiere, parce qu'elle reduit davantage les choses au droit commun.

En effet, cet article 17. de la Coûtume de Paris, faisant perdre au manoir sa veritable qualité, pour faire que l'aisné ne la prenne pas entierement pour son preciput: il faudroit encore une autre disposition pour luy ôter celle de Fief & empêcher qu'il n'y prenne ses autres prérogatives d'aisnesse: le droit commun demeurant toûjours en sa vigueur, sinon en tant qu'il y est particulierement dérogé.

Mais je n'estime pourtant pas que nôtre question doive être entierement decidée par la disposition de la Coûtume de Melun, qui laisse aux puisnez leur portion hereditaire, au lieu que la Coûtume de Paris ne leur donne qu'un simple droit de legitime: Desorte qu'en suivant le même principe, je ne crois pas que les puisnez puissent prétendre autre chose que la moitié de ce qu'il leur auroit appartenu *ab intestat*, dans la maison, en la dépoüillant de sa qualité de manoir, & en luy laissant celle de Fief; ma pensée étant en un mot, que les puisnez ne doivent avoir aux termes de nôtre article, que la legitime telle qu'ils l'obtiendroient dans un Fief sans manoir, si le pere en avoit disposé au profit de l'aisné, qui ne seroit par l'article 298. que la moitié de leur portion hereditaire.

Il ne faut pas que l'autorité de Maître Charles du Moulin, empêche d'embrasser cette opinion, parce que dans le temps qu'il a écrit, la legitime n'avoit pas encore été reglée à la moitié de la part & portion qui eut appartenu aux enfans dans les successions de leurs pere & mere, cessant la donation. Tellement qu'il n'y avoit pas d'autre legitime dans la Coûtume de Paris que le *triens* ou le *semis* du droit civil, qui ne faisoit aucune difference entre les Fiefs & les rotures, & qui donnoit indistinctement aux enfans la moitié ou le tiers de tous les biens pour leur legitime. Desorte qu'il ne faut pas douter, que si du Moulin avoit écrit depuis la nouvelle Coûtume, il ne se fut accommodé aux termes de la reformation, & qu'il n'eût suivy la difference qui est presentement à faire entre les Fiefs & les rotures.

Pour ce qui est de la Coûtume de Melun, son voisinage de celle de Paris ne doit pas servir de decision, attendu que leurs dispositions ne conviennent pas pour le particulier de nôtre question; l'une donnant aux puisnez leur portion hereditaire, & l'autre ne leur attribuant que leur legitime qui n'est que la moitié de la même portion.

Ce que nous venons de dire, ne satisfait pas à une autre difficulté qui naît de la fin de l'article, où il est dit, que s'il y avoit d'autres biens qui ne fussent suffisans pour fournir la legitime, le supplément s'en pourra prendre sur le Fief, ce qui donne lieu de demander quelle quantité de biens est necessaire aux termes de cet article, pour faire que le manoir dont il parle demeure entierement à l'aisné, & pour empêcher que les puisnez y prennent aucune part à titre de legitime?

Si les puisnez intentent la demande en supplément de legitime, il conviendra examiner si ce qu'il y a de biens outre le manoir, est suffisant pour les remplir de leur legitime, eu égard à leur portion qui leur revient dans le manoir, suivant l'opinion que nous avons établie; & s'il y en a assez le manoir demeurera entierement à l'aisné, sinon il suppléra la legitime de ses puisnez jusques à concurrence.

A l'égard du payement des dettes; pour raison de quoy on peut encore former une difficulté, pour sçavoir suivant quelle proportion elles doivent être payées entre l'aisné & les puisnez, dans l'espece de cet article?

Voicy de quelle maniere je la voudrois resoudre: s'il n'y par exemple que deux enfans, l'aisné en payera une part & demie; c'est à sçavoir une part de son chef, & une demie part, comme profitant de la moitié de la portion hereditaire de son puisné, & le puisné ne payera qu'une demie part des dettes.

Mais si par ce moyen la part du puisné se trouve absorbée, comme il peut arriver, il faudra suivant l'expedient que propose Maître Charles du Moulin, au lieu où nous l'avons cité, nombre 6. qui est de distraire les dettes sur le tout, parce que la disposition qui veut qu'un pere ne puisse tellement avantager l'un de ses enfans au préjudice des autres, qu'il ne demeure quelque chose à tous pour leur tenir lieu d'alimens & de legitime, est une Loy prédominante, qui tire son origine de la nature, & qui doit par conséquent prévaloir à toutes les autres dispositions.

SI ESDITES SUCCESSIONS DE PERE ET DE MERE, &c.

GLOSE UNIQUE SUR L'ARTICLE XVII.

SOMMAIRE.

1. *Anciens Arrests qui ont préferé le doüaire au droit d'aisnesse.*
2. *Raison de cette préference.*
3. *Comment on void si les biens de la succession sont suffisans pour le doüaire, ou pour la legitime des autres enfans.*
4. *Si les dettes se doivent payer sur le total de la succession, ou aprés partage.*
5. *Si le droit d'aisnesse ne préjudicie point au doüaire ou à la legitime.*
6. *Comment s'estime la quantité de la legitime.*
7. *Si le doüaire appartient toûjours tout entier à ceux qui s'y tiennent.*
8. *Si la disposition de cet article a lieu, quand la succession est épuisée par donation faite à un étranger.*
9 *Si ces termes,* ayeul & ayeul, *se peuvent étendre aux autres ascendans.*
10. *Si le doüaire est preferé au droit d'aisnesse dans une Coûtume qui n'en parle point, entre les enfans de divers lits.*
11. *Raisons pour le doüaire.*
12. *Raisons pour le droit d'aisnesse.*
13. *Si le doüaire est acquis aux enfans au préjudice du droit d'aisnesse.*
14. *Arrest en faveur du doüaire.*
15. *Raison pourquoy la Coûtume a introduit la récompense au cas de cet article.*
16. *Si dans les Coûtumes qui n'en parlent point, le doüaire est préferé au droit d'aisnesse entre les enfans d'un mesme lit.*
17. *Si l'aisné peut prendre par préciput tout le Fief, au cas qu'il ne consiste qu'en un seul arpent.*

CEt article qui a été ajoûté à la réformation de la Coûtume, conformément à l'avis de Maître Moulin Charles du Moulin, *article 13. glos. 4. num. 6. & 7.* où il dit, que la legitime est préferée au droit d'aisnesse, decide une question celebre & diversement agitée dans l'ancienne Coûtume, sçavoir si le droit d'aisnesse est preferable à la legitime ou au doüaire, quand dans les successions directes il ne se trouve qu'un seul Fief, consistant seulement dans un manoir, basse-court & enclos d'un arpent, sans autres appartenances & dépendances, comme de cens, rentes, profits & revenus, ni autres domaines & heritages, & biens meubles & immeubles; ou lorsqu'il y a dans la succession quelques autres biens, mais qui ne sont pas suffisans pour parfournir la legitime, ou donner le doüaire aux autres enfans.

1. Cette question avoit été jugée en l'ancienne Coûtume pour la legitime & le doüaire, par un Arrest du 9. Février 1577. cité par Charondas sur cet article, par Tournet & autres Commentateurs; par lequel la totalité du Fief fut adjugée au fils aisné, en recompensant les puisnez en argent de la portion qu'ils pouvoient prétendre dans le Fief pour leur legitime ou le doüaire.

Charondas. Tournet.

Il y avoit eu auparavant un Arrest du 7. Septembre 1571. rapporté par les Commentateurs sur cet article, par lequel la totalité de la maison du Crucifix S. Jacques, tenuë en Fief du Seigneur d'Ablon sur-Seine, fut adjugée à Nicolas Cordel, Huissier en la Cour, fils aisné de Jean Cordel Notaire au Châtelet, à l'exclusion de ses freres.

La raison pour laquelle du Moulin dit, que la legitime ou le doüaire est preferé au droit d'aisnesse, est que la legitime, ou le doüaire se prend par les enfans comme une dette naturelle, *jure creditoris, tanquam as alienum*, selon la Loy *Papinianus. §. si quis impubes. ff. de inoffic.* laquelle parlant de la quarte de l'Empereur Pie en faveur de ceux qui étoient arrogez avant leur puberté, se doit aussi entendre de la legitime des enfans naturels. 2

La legitime & le doüaire sont destinez pour les alimens des enfans, & par conséquent plus favorables que le droit d'aisnesse, qui est un benefice de la Loy, pour augmenter les biens & les facultez de l'aisné: ainsi il est tres-juste, que cet avantage cesse pour fournir la legitime aux autres, outre que le droit d'aisnesse n'est pas *addictio totius hereditatis, sed quoddam velut prælegatum legale in successione.*

Que s'il y avoit d'autres biens, sur lesquels les puisnez pussent prendre une partie de leur legitime, mais qui ne fussent pas suffisans pour la leur fournir toute entiere, en ce cas le supplément seroit pris sur le Fief.

Pour ne pas démembrer & diviser un Fief en plusieurs parties, qui ne consiste qu'en un manoir & en un arpent, ou obliger les enfans d'en venir à licitation, la Coûtume a fort judicieusement accordé à l'aisné la faculté de prendre le Fief entier, en recompensant en argent, au dire de Prud'hommes, les puisnez, pour la portion du Fief qu'ils pourroient pretendre pour leur legitime, ou pour le supplément d'icelle.

Voyez ce que nous avons dit de la recompense sur l'article 13.

3. Au premier cas de cet article, il faut faire l'estimation du manoir, basse-court & enclos d'un arpent, & prendre sur iceluy la legitime ou le doüaire pour les autres enfans, & le surplus restera à l'aisné.

Que s'il y a quelques autres biens avec, pour sçavoir si ces autres biens sont suffisans pour la legitime ou le doüaire des autres enfans, il faut faire estimation de tous les biens, y compris le Fief entier; desorte que si la legitime peut être prise sur les autres biens, le Fief demeurera entierement à l'aisné, autrement il suppléra la legitime à ses puisnez, suivant cet article.

Posons, par exemple, que l'aisné vient à la succession de son pere avec deux coheritiers, & que dans icelle il y a un Fief, qui consiste seulement en un manoir & en un arpent, estimé dix mille livres, & qu'il y a d'autres terres nobles estimées cinq mille livres.

Dans cette espece l'aisné devroit avoir suivant l'article 16. le Fief entier, & la moitié des terres nobles, desorte que ses deux coheritiers n'auroient chacun que la valeur de mille deux cens vingt-cinq livres, qui ne feroient pas leur legitime, car y ayant trois heritiers à partager, & la succession consistant en la valeur de quinze mille livres, la legitime de chacun seroit la somme de deux mille cinq cens livres, qui font aux deux puisnez celle de cinq mille livres, qui leur doit être fournie par l'aisné en terres, s'il y en a, & le supplément en argent.

Quant aux dettes, elles doivent être payées sur le tout, avant que les enfans partagent, & sur le restant l'aisné doit prendre son droit d'aisnesse s'il le peut, & les puisnez leur legitime ou le doüaire, conformément à l'article 298. cy-aprés, qui en parlant de la legitime, dit, *sur le tout déduit les dettes & frais funeraux.*

4. DuMoulin. C'est le sentiment de Maître Charles du Moulin sur l'article 13. *glos. 4. num. 6.* en ces termes, *sciendum est quòd post æris alieni & impensa funebris deductionem, ante omnia debet deduci legitima filiorum jure naturæ debita.*

Ainsi la question formée par Maître Ricard sur cet article, sçavoir suivant quelle proportion les dettes doivent être payées entre l'aisné & les puisnez, se trouve inutile.

Il seroit absurde, que l'aisné prît son preciput & droit d'aisnesse, & les puisnez leur legitime, & qu'ensuite ils payassent les dettes également, & qu'ainsi l'aisné n'en payât pas plus qu'eux; car par ce moyen ils n'auroient pas leur legitime entiere.

5. Il s'ensuit de cet article, que le droit d'aisnesse ne prejudicie point au doüaire, soit coûtumier ou prefix, ensorte que les autres enfans se tenans au doüaire, il leur doit être fourni au prejudice de la legitime; & si les uns demandent leur legitime, & les autres se tiennent au doüaire, la legitime doit être donnée à ceux qui la demandent, & le doüaire à ceux qui s'y tiennent en renonçant à la succession. La legitime se donne à ceux qui sont heritiers, & le doüaire à ceux qui s'y tiennent & qui renoncent à la succession.

La quantité de la legitime s'estime eu égard à tous les biens, dont le pere a disposé entre ses enfans, soit par donation entre-vifs, ou par derniere volonté, & à la portion que chaque enfant auroit, s'il n'avoit point disposé de ses biens au profit des autres; & toutes les terres nobles avec le preciput de l'aisné viennent dans l'estimation; tellement que l'estimation se fait de tous les biens, tant de la succession, que de ceux qui ont été donnez aux enfans, & de ceux dans lesquels se doit prendre le doüaire coûtumier ou prefix par les enfans qui se tiennent au doüaire constitué par le contrat de mariage de leurs pere & mere: & ceux qui demandent leur legitime, doivent avoir la moitié de la portion qu'ils auroient, si tous les biens se trouvoient dans la succession au temps de la mort de leur pere, & qu'il n'en eût pas disposé par ordonnance de derniere volonté, au profit de quelques-uns de ses enfans. 6.

Quant au doüaire, il n'appartient pas entierement à ceux qui s'y tiennent, car ils n'y peuvent demander que leur portion; & par consequent, s'il y a quatre enfans, entre lesquels l'un renonce à la succession, & deux autres l'acceptent, & un autre se tient au doüaire; celuy qui prend le doüaire, n'en peut avoir que la quatriéme partie, ainsi qu'il est dit cy-aprés sur l'article 251. 7.

D'où il s'ensuit, que s'il n'y avoit que deux enfans, un seul Fief dans la succession, sur lequel par contrat de mariage le doüaire coûtumier auroit été constitué, & que le puisné se tint au doüaire, le puisné auroit droit de prendre le tiers de ce Fief pour son doüaire, c'est-à-dire, le tiers, tant des terres, droits & appartenances du Fief, que du principal manoir; desorte que l'aisné ne pourroit pas pretendre son preciput & les deux tiers des terres feodales.

Le puisné pourroit aussi, au cas qu'il concourût seulement avec l'aisné, prendre pour sa legitime, en qualité d'heritier de son pere, le quart de tout le Fief, sans que l'aisné pût prétendre le Château ou principal manoir, sinon en récompensant son puisné pour la portion qu'il y pourroit prendre, suivant la disposition de cet article.

La disposition de cet article à lieu, quoique la succession du pere se trouve épuisée par une donation faite à un étranger; car en ce cas les puisnez n'ont point d'action contre luy, tant qu'il reste assez dans la succession pour la fournir; quoiqu'il y ait un Fief qui dût appartenir à l'aisné pour la plus grande partie: ils prennent leur legitime à son préjudice & à la décharge de l'étranger donataire, selon le sentiment de Duplessis. 8. DuPlessis.

Maître Auzanet dit, qu'au lieu de ces mots, *ayeul ou ayeule*, il faudroit mettre *& autres ascendans*, parce que les successions directes passent quelquefois le degré des ayeul & ayeule: cependant cela s'entend bien ainsi, & la Coûtume a exprimé le cas qui arrive le plus souvent, étant rare qu'il se trouve des successions qui ne se partagent que *inter pronepotes.* 9. Auzanet.

« Cet Auteur ajoûte, que le surplus de l'article paroît obscur, & a besoin d'interpretation; car l'article dit bien, que la legitime des puisnez mâles & filles & leur portion du doüaire coûtumier ou prefix, peuvent au défaut d'autres biens être pris sur le manoir, basse-court & enclos d'un arpent, qui sont destinez pour le preciput de l'aisné; mais que l'article ne definit point ce qui peut être demandé en ce cas, pour la legitime, & le doüaire coûtumier des puisnez; ce qui a néanmoins besoin d'éclaircissement; si ce n'est qu'on vueille dire, comme il y a grande apparence, que l'intention de la Coûtume soit d'assujettir le preciput entier à la legitime, ou

au

» au doüaire coûtumier ; car l'aisné aura toûjours la » moitié du preciput libre & franche du doüaire & » de la legitime avec sa portion personnelle égale des » autres enfans dans l'autre moitié.

» Et ce qui rend la resolution plus difficile, c'est que » la décision du present article ne va pas seulement » au doüaire coûtumier, qui est restraint à la moitié » des heritages, que le mary possede lors du maria- » ge, auquel cas l'autre moitié pourroit satisfaire, » du moins en quelque chose, au droit d'aisnesse, » mais le present article assujettit le preciput de l'aisné » au doüaire prefix, lequel peut consommer le preci- » put entier.

10. Il y a plus de difficulté, sçavoir si le doüaire se peut prendre sur les biens sujets au preciput & droit d'aisnesse, en l'espece suivante dans une Coûtume qui n'en parle point.

Un homme se marie & constituë à sa femme & aux enfans qui pourroient naître du mariage le doüaire coûtumier : de ce mariage reste une fille au jour du decés de la mere qui avoit prédecedé son mary : le pere ensuite se remarie, & de ce second mariage laisse plusieurs enfans aprés sa mort ; la fille du premier lit renonce à la succession, & se tient au doüaire coûtumier, & en consequence elle demande la moitié de tous les biens immeubles, tant nobles que roturiers, que son pere avoit lorsqu'il avoit contracté mariage avec sa mere.

Le fils aisné, enfant du second lit soûtient, qu'il doit prendre son droit d'aisnesse & son préciput sur une terre noble, de la succession de son pere, preferablement au doüaire pretendu par sa sœur, sauf à elle à prendre son doüaire sur les autres biens, s'ils sont suffisans, tant pour le doüaire que pour la legitime des autres enfans, desorte que la legitime devroit être prise sur le reste des biens, au préjudice du doüaire appartenant à la fille du premier lit.

11. Cette fille établit l'équité de sa demande sur ce qu'elle est créanciere de la succession de son pere, que la moitié des biens qu'il avoit au temps qu'il a contracté son premier mariage luy appartient en vertu du même contrat, puisque par l'article 255. de la Coûtume de Paris, à laquelle en ce point toutes les autres sont presque conformes, il est porté, *que le doüaire constitué par le mary, ses parens ou autres de par luy, est le propre heritage des enfans issus du mariage, pour d'iceluy joüir après le trepas de leurs pere & mere, incontinent que doüaire a lieu.*

D'où il s'ensuit, que le pere n'en a pû disposer par quelque maniere que ce soit, à titre onereux ou lucratif, au profit de personnes étrangeres, ou même de quelques-uns de ses enfans. Que son second mariage n'a pû donner atteinte au droit qui étoit acquis à cette fille dans la moitié des immeubles qu'il avoit au jour de son premier mariage, suivant la Loy *Si quid nostrum. de R. J.*

C'est un droit acquis à la fille, non pas par un titre lucratif, mais par un titre onereux ; c'est une mere qui a sagement pourvû à l'interêt des enfans qu'elle pourroit avoir de son mariage ; elle vouloit leur donner une esperance certaine sur les biens de leur pere, en ne voulant point contracter mariage, qu'à la charge que la moitié de ses biens leur appartiendroit au jour de son decés. Mais sa prévoyance se trouveroit bien inutile, s'il falloit qu'au préjudice d'un droit de proprieté, qu'elle auroit stipulé pour les enfans qu'elle pourroit avoir, dans la moitié des biens immeubles de son mary, des enfans nez d'un second mariage, dont la cause est bien moins favorable, que celle des enfans d'un premier lit, pussent leur ravir des biens qui leur ont été comme acquis, avant que leur pere eut contracté le mariage dont ils seroient issus.

Elle se fonde encore sur ce que le droit d'aisnesse ne se prend que sur les biens, qui composent la succession du pere au temps de sa mort ; que de sa succession il falloit distraire la moitié des biens qui étoient sujets au doüaire constitué par le premier mariage, que pendant sa vie il n'en avoit eu que la joüissance, ayant luy-même consenty à ce que la proprieté en appartint à ses enfans du premier lit ; que l'aisné ne pouvoit pretendre son droit d'aisnesse qu'en qualité d'heritier ; qu'ainsi il étoit obligé aux faits & promesses de son pere, & ne pouvoit pas s'opposer à ce que sa sœur prît la moitié de tous les biens sujets au doüaire du premier mariage.

L'aisné dit au contraire, que la cause du droit d'aisnesse est favorable, qu'elle est fondée sur l'interêt public pour la conservation des familles, & que le doüaire n'a pour fondement que l'utilité de quelques particuliers ; que la cause des doüairiers est moins favorable que celle des heritiers, qu'ils font une espece d'affront à leur pere en renonçant à sa succession ; que tel est le privilege du droit d'aisnesse, qu'il se doit prendre avant le doüaire & preferablement à iceluy, si ce n'est quand pour tous biens il n'y a qu'un Fief consistant seulement au manoir, suivant l'article 17. de la Coûtume de Paris. 12.

Que le doüaire n'est qu'une legitime coûtumiere qui ne doit pas être plus forte que le droit d'aisnesse, n'étant subrogé qu'en la place de la legitime que les enfans pourroient demander sur les biens de leur pere ; qu'inutilement les Coûtumes auroient accordé aux aisnez des droits particuliers sur les biens nobles, si leur prévoyance se trouvoit sans effet par le moyen du doüaire des puisnez, puisque l'aisné concourant avec un seul heritier seroit obligé de partager avec luy tous les biens paternels, excepté les conquêts ; que le puisné se tenant au doüaire coûtumier, auroit même avantage que l'aisné d'un second lit, puisqu'il auroit droit de prendre la moitié de tous les biens tant nobles qu'en roture, & même la moitié du Château ou principal manoir. 13.

Que le doüaire est acquis aux enfans issus du mariage, & que néanmoins c'est sous cette tacite condition de ne préjudicier point aux droits d'aisnesse, qui sont acquis aux aisnez par un privilege special sur les biens de celuy qui se marie, au moins entre ses enfans : qu'il ne sert de rien de dire, que le doüaire étant acquis à la fille avant que son pere se remariât ; car on peut dire, que quand au temps de la mort du pere il se trouve des Fiefs dans sa succession, le droit d'aisnesse étoit acquis à l'aisné dés le temps de son mariage, de même que le doüaire à ceux qui renoncent, mais avec cette difference, que le privilege du droit d'aisnesse est plus fort que celuy du doüaire.

Il ajoûte, que la fille n'avoit point la proprieté acquise du vivant de son pere, qu'elle n'en avoit qu'une esperance douteuse, étant incertain si elle survivroit à son pere, ou si elle decedroit avant luy, & que le pere en retient & conserve toûjours la proprieté, mais avec charge de le restituer aux enfans qui prendront le doüaire.

C'est le sentiment de Maître Charles du Moulin en sa Note sur l'article 177. de la Coûtume de Senlis, qui dit, que le doüaire est propre aux enfans : *pariter dic quod vivo patre non possunt alienare vel hypothecare, & sic in veritate pater interim est magis proprietarius, ut de re subjecta restitutioni.*

14. Cette question s'est presentée dans l'espece proposée, dans la Coûtume de Senlis, en la premiere Chambre des Enquêtes, entre la Damoiselle de Cormeille, d'une part, & les Sieurs & Dames de Charmont, d'autre ; mais elle y fut partagée, & portée en la deuxiéme, où la Cour jugea en faveur du doüaire, par Arrest du 16. Avril 1677. au rapport de Monsieur de Breteuil, rapporté dans le Journal du Palais.

15. Pour ne pas demembrer & diviser un Fief qui ne consiste, suivant cet article, qu'en un manoir, & basse-court, & enclos d'un arpent, ou obliger l'aisné d'en venir à une licitation, la Coûtume y a prudemment pourvû, en permettant à l'aisné de retenir le tout, en récompensant ses puisnez de la portion qu'ils pourroient y avoir : desorte que faute de remboursement, il faut en venir à une licitation de vente de la totalité.

16. *Si la disposition de cet article doit être étenduë aux Coûtumes qui n'en parlent point, entre enfans d'un même lit?*

Auzanet. Maître Auzanet dit, qu'il n'est pas inutile d'observer qu'en la Coûtume de Senlis qui est voisine, & en laquelle au-delà de la riviere d'Oise, l'aisné outre le manoir prend les deux tiers du Fief, & le doüaire coûtumier est reglé comme à Paris, à la moitié des heritages appartenans au mary lors du mariage; on a jugé le droit d'aisnesse preferable au doüaire, & que l'aisné prendroit le manoir avec les deux tiers du Fief, & le doüaire des puisnez reduit au tiers restant.

L'Arrest est du 7. Septembre 1640. au rapport de Monsieur Gilbert, en la premiere Chambre des Enquêtes, entre Pierre du Puis Escuyer Sieur de la Tour, & Loüise du Puis sa niéce, issuë du fils aisné, mariée au Sieur Leonard. Il y avoit eu une information par turbes, mais il ne se trouva aucune preuve de l'usage de part & d'autre.

Pour moy, sans l'autorité de cet Arrest, j'estimerois, que cet article de nôtre Coûtume devroit être étendu aux autres qui n'en parlent point, comme étant fondé sur les Arrests de la Cour & sur une grande équité, & peut-être que si la même question se presentoit, la Cour en jugeroit autrement.

Pareillement ce qui est dit à la fin de cet article de la récompense faite en argent par l'aisné aux puisnez, de la portion qu'ils pourroient pretendre sur le Fief, doit être étendu aux autres Coûtumes, pour conserver l'unité & l'integrité du Fief, quand il ne se peut pas commodement partager, sans une diminution considerable du prix.

Puisque le Fief qui consiste en un manoir, basse-court & enclos d'un arpent de terre, appartient tout entier à l'aisné, il s'ensuit que s'il ne consiste seulement qu'en un arpent, l'aisné le peut prendre par preciput & droit d'aisnesse, sauf la legitime aux puisnez, comme il a été jugé par Arrest du 12. Avril 1588. rapporté par Tournet & par Tronçon sur cet article. 17. Tournet. Tronçon.

OBSERVATIONS DE MONSIEUR ***.

Sur l'Article XVII.

SOMMAIRE.

1. *Si le droit d'aisnesse préjudicie au doüaire, ou à la legitime.*
2. *Ce qu'il faut faire quand les biens ne suffisent pas pour payer la legitime, ou le doüaire aux puisnez.*
3. *Si l'aisné peut estre doüairier, & avoir son droit d'aisnesse.*
4. *Quel part doit avoir l'aisné, quand les puisnez prennent le doüaire coûtumier ou préfix.*

IL n'y auroit rien à changer dans cet article que le commencement, je croy qu'au lieu de ces termes, *si esdites successions de pere & mere, ayeul ou ayeule*, il faudroit mettre si esdites successions de pere & mere, ou autres ascendans; parce que ce terme d'ascendans est plus general, & comprend tous les ascendans à l'infini, dans la succession desquels il y a toûjours lieu au droit d'aisnesse.

1. La Coûtume voulant prévoir tous les cas qui peuvent arriver, a reglé dans cet article la maniere dont on en devoit agir, lorsqu'il n'y avoit dans une succession que le manoir, la basse-court, l'arpent d'enclos : elle décide qu'ils appartiennent à l'aisné. Mais comme la legitime, & le doüaire coûtumier ne sont pas moins établis par la loy que le droit d'aisnesse; & comme le doüaire préfix est aussi autorisé par la même loy, la Coûtume en donnant à l'aisné son droit d'aisnesse, a reservé aux puisnez le droit de legitime, ou de doüaire coûtumier ou préfix, dont les puisnez seront payez sur les autres biens de la succession, s'il y en a assez, & s'ils ne suffisent pas, l'on prendra le supplément sur le Fief, avec la liberté néanmoins à l'aisné de récompenser en argent les puisnez, & par ce moyen retenir tout son préciput.

2. La seule difficulté qui pourroit se trouver dans la disposition de cet article, est à cause du doüaire préfix; parce que s'il étoit stipulé d'une somme fort considérable, il absorberoit tout le droit de l'aisné, qui se trouveroit réduit à la necessité de prendre sa portion dans le doüaire comme les autres enfans, sans aucune prérogative; ce qui me semble contraire à la disposition de la Coûtume, qui a toûjours été, que lorsqu'il manque de biens pour payer la legitime aux enfans, ils viennent subsidiairement sur le préciput de l'aisné, en telle sorte néanmoins que l'aisné a toûjours la moitié dudit Fief, basse-court, & arpent, avec le droit de retenir l'autre moitié, en donnant récompense aux puisnez en argent.

Par exemple, supposons que dans la succession il n'y ait que le manoir, la basse-court, & l'arpent de terre labourable en Fief, de valeur de vingt mille livres, sans autres biens, il sera au choix des puisnez de prendre leur legitime.

Supposons aussi qu'il y a cinq enfans, y compris l'aisné; il est constant que la legitime des quatre puisnez seroit de deux mille livres, faisant moitié de quatre mille livres qu'ils eussent eu, si les biens du défunt étoient partagez également entr'eux; desorte que les quatre puisnez auront huit mille livres, & l'aisné aura la moitié de la succession de vingt mille livres, & deux mille livres comme les autres enfans, lesquelles deux sommes font celle de douze mille livres.

Mais si les quatre puisnez prennent le doüaire coûtumier, ou le doüaire préfix, il n'en sera pas de même par deux raisons qui produisent le même effet.

La premiere est, que le doüaire coûtumier est de la moitié des heritages.

3. La deuxiéme, que l'aisné ne peut pas être doüairier, & avoir son droit d'aisnesse, comme nous l'avons dit cy-devant, les qualitez de doüairier & d'heritier étant incompatibles; d'où il faut conclure, que lorsque les enfans demanderont le doüaire, l'aisné n'aura que la moitié des heritages, & ne prendra point de part
4. dans l'autre moitié. Ainsi, à proprement parler, dans la succession de la mere, les enfans prendront la legitime sur le droit d'aisnesse, & l'aisné, outre la moitié, aura encore sa part & portion dans la succession, & dans les biens du pere, les enfans prendront le doüaire coûtumier, s'il est stipulé, ou le doüaire préfix qui sera réduit au coûtumier, en cas qu'il soit plus fort que le coûtumier, auquel cas l'aisné n'aura que la moitié pour son préciput, & ne prendra point de part dans l'autre moitié, à cause de l'incompatibilité des deux qualitez; & si les puisnez trouvent que le doüaire préfix stipulé soit moindre que la legitime, ils prendront la legitime dans laquelle l'aisné aura part, le préciput s'accordant au legitimaire qui est heritier.

Ainsi dans la même supposition que nous avons fait, le doüaire de la moitié de vingt mille livres sera de dix pour les puisnez, & de dix pour le préciput de l'aisné, qui n'aura aucune part dans les dix mille livres de doüaire. La chose ainsi reglée ne peut pas faire de difficulté.

CONFERENCE SUR L'ARTICLE XVII.

De même, *Orleans*, article 96. *Reims*, article 48.

Contre *Melun*, article 88. *si en la succession n'y avoit heritages en Fief ou roture, qu'un manoir ou accroît tenu en Fief, la moitié dudit manoir appartiendra à l'aisné, & l'autre moitié aux puisnez, s'ils sont plus de deux: & s'ils ne sont que deux enfans, l'aisné en prendra les deux tiers, & le puisné l'autre tiers.*

Auteurs sur l'Article dix-septiéme.

Loysel, livre 4. titre 3. regle 65.
Bobé, sur cet article.
De la Lande, sur Orleans, article 96.
Le Dictionaire de Monsieur Brillon, *verbo aisnesse.*
Buridan, sur Reims, article 48.
Salligny, sur Vitry, article 53.
Ferronus, sur Bordeaux, titre 5. article 23.
Tiraqueau, du droit des aisnez, questions 55. & 72.
Du Luc, en ses Arrests, livre 8. titre 11. Arrest 1.
Papon, livre 21. titre 5. Arrest 2.
Loüet & Brodeau, *litt. F. num.* 21.
Le Vest, Arrest 115. & 227.
Monsieur Le Prestre, en ses Arrestez de la cinquiéme Chambre, Arresté 37.
Lhoste, sur Montargis, titre 1. articles 22. 23.
Buridan, sur Vermandois, article 150.
Duplessis explique cet article, Traité *des Successions*, livre 1. chap. 2. page 200. & chap. 3. page 207.

ARTICLE XVIII.

C'étoit l'onziéme Article de l'ancienne Coûtume.

Du Préciput, lorsqu'il n'y a que terres sans manoir.

S'Il n'y a manoir principal en un Fief, appartenant à deux, ou plusieurs enfans, par la succession de leur pere ou mere, mais seulement terres labourables, le fils aisné peut avoir un arpent de terre, en tel lieu qu'il voudra élire par préciput, pour & au lieu dudit manoir.

Voyez l'Article 13. & les suivans.

Remarques.

Jugé qu'en un Fief, qui ne consiste qu'en un arpent de terre, ou moins, l'aisné y est fondé pour le tout par droit de préciput, sans que les puisnez y puissent rien prétendre. Monsieur Pelletier, Rapporteur, le 2. Avril 1588. Le Noir, Deshayes, Monsieur Loüet, en ses Arrests, *litt. F. num.* 1. G. F. Ou il faut dire que cet Arrest n'a pas été donné en cette Coûtume, l'article 17. y étant contraire; ou bien que dans l'espece en laquelle il est intervenu, les puisnez avoient dequoy prendre leur legitime sur d'autres biens; car puisque cet arpent tient lieu du manoir, il est sujet aux mêmes loix, & j'estime que les conditions du précedent article doivent être repetées & sous-entenduës en celuy-cy.

* *Jugerum agri, cujus electio primogenito concessa est intelligi debet de eo, in quo non est nisi ordinaria cultura: nam si in uno feudo non esset inter multa alia omnimode conditionis & speciei jugera, nisi unum aut alterum consitis arboribus obsitum, ad hoc primogenitus non posset extendere suam electionem. Mol. §. 18. in*

verbo, manoir principal, *num.* 1.

Que si dans une succession qui est à partager il n'y a qu'une portion de Fief, par exemple, la moitié, l'aisné aura-t-il le préciput entier; sçavoir, toute la maison s'il s'en trouve une bâtie sur cette portion, ou un arpent de terre à défaut de manoir, ou bien s'il n'aura que la moitié de la maison, ou d'un demy arpent ?

Il semble d'abord que le préciput ne doive être donné à l'aisné qu'à proportion de la quotité de Fief qui se rencontre dans la succession, parce qu'autrement il y auroit autant de préciput en un Fief que de propriétaires.

Il faut néanmoins tenir le contraire, attendu que le préciput est un droit personnel, qui est dû pour chacune succession à raison des heritages féodaux qui s'y rencontrent, sans que la Coûtume requiere pour cet effet que le Fief soit entier dans la succession; ce qui est si veritable, que l'article 15. cy-dessus ne donne pas seulement le préciput au fils aisné en chacune succession, tant de pere que de mere, mais aussi il l'assigne tant sur les Fiefs, ce qui pourroit être entendu des Fiefs entiers, que sur les heritages tenus noblement, ce qui comprend les Fiefs divisez. Et de fait Maître Charles du Moulin, §. 18. *Gl.* 1. *num.* 4. suit cette opinion.

S'IL N'Y A MANOIR PRINCIPAL.

GLOSE UNIQUE SUR L'ARTICLE XVIII.

SOMMAIRE.

1. *Si lorsqu'il n'y a point de manoir, l'aisné ne peut prendre qu'un seul arpent de terre.*
2. *Si l'aisné peut prendre un arpent de vignes ou d'autre nature que terres labourables.*
3. *Si l'aisné peut prendre une maison entiere étant d'une moitié de Fief de la succession du pere ou de la mere.*
4. *Si l'aisné peut prendre pour son préciput le logement du laboureur.*
5. *Si cet arpent de terre labourable doit estre tenu en Fief.*
6. *S'il n'y a qu'un seul arpent dans le Fief, l'aisné le peut prendre.*
7. *Si le Fief est conquest, l'aisné peut-il prendre deux arpens.*

1. DAutant qu'il arrive souvent, qu'il n'y a aucun manoir dans un Fief, & par consequent point d'enclos qui soit joignant & contigu au manoir, nôtre Coûtume a voulu donner quelque avantage à l'aisné en ce cas pour préciput, luy permettant de prendre un arpent de terres labourables du Fief en tel endroit qu'il veut choisir pour & au lieu du manoir, sans qu'il en puisse prendre deux, l'un pour le manoir, & l'autre pour l'enclos.

Que s'il y a une petite maison dans le Fief de si peu de valeur, que l'aisné aimât mieux prendre un arpent de terre, néanmoins l'option ne luy en appartiendroit pas; il suffit qu'il y ait un Hôtel tenu en Fief, quel qu'il soit, pour être obligé de le prendre. C'est le sentiment de Maître Duplessis, page 16. & le mien.

Desorte que l'aisné n'a aucun préciput dans les Fiefs en l'air, qui n'ont aucuns domaines, mais il partage avec ses puisnez les cens, les rentes féodales, les vassaux & autres droits incorporels tenus en Fief, suivant les articles 15. & 16. c'est-à-dire la moitié ou les deux tiers de ces profits.

2. Ces termes, *terres labourables*, nous marquent que s'il y a des terres labourables étant du Fief où il n'y a point de manoir, l'aisné est obligé d'en prendre un en tel lieu qu'il veut choisir, sans qu'il soit à son choix de prendre un arpent de vignes, prez, bois taillis, ou d'autre nature & qualité, parce que les Coûtumes sont de droit rigoureux, qui ne souffrent point d'extension, & on peut avec raison appliquer en ce cas la regle *inclusio unius est alterius exclusio*.

BRODEAU. C'est aussi le raisonnement que fait Brodeau sur cet article, que l'aisné doit prendre un arpent de terres labourables seulement, & non de bois, prez, vignes, ou étang, ce qui s'induit de ces termes, *ains seulement terres labourables*, pour dire que ce n'est qu'en terre de cette qualité que le manoir se doit changer, pourvû toutefois qu'il y en ait; car s'il n'y avoit point de terres labourables en Fief dans la succession, il semble qu'en ce cas l'aisné seroit bien fondé de prendre un arpent de vignes, prez, ou d'autre qualité, dautant que quand la Coûtume dit, ains seulement terres labourables, ce n'est pas qu'elle veuille, s'il n'y en avoit point, ôter à l'aisné la faculté de prendre cet arpent en terre d'une autre qualité; mais elle parle des terres labourables, parce que c'est le cas le plus fréquent, les terres féodales étant plus ordinairement labourables qu'autres d'une autre nature; c'est le sentiment de Brodeau sur cet article, la Coûtume ayant exprimé le cas le plus ordinaire; sçavoir, que les terres dépendantes des Fiefs sont ordinairement terres labourables. Brodeau.

Maître Auzanet est d'avis contraire, tirant cette consequence de ces termes, *un arpent en terres labourables, ergo non in sylva cadua, vel non cadua:* & pour cette opinion on peut dire, que si au défaut de manoir la Coûtume n'avoit donné à l'aisné un arpent de terre, il n'auroit pas droit de le demander, parce qu'il est d'ailleurs assez avantagé, ainsi il s'en doit tenir à la disposition de la Coûtume, & ne l'étendre pas; car un arpent de prez, de bois, & de vignes est ordinairement d'une plus grande valeur qu'un arpent de terres labourables. Auzan.

Si dans la succession du pere il n'y a qu'une portion de Fief, par exemple, la moitié, & que sur cette moitié il y ait une maison ou manoir bâti, sçavoir, *s'il appartiendra pour le tout à l'aisné, ou s'il sera obligé de se contenter d'un arpent de terres labourables, à choisir en tel lieu qu'il voudra?* 3.

Il faut dire, que l'aisné seroit bien fondé de prendre tout le manoir entier, & même l'enclos d'un arpent, s'il y en avoit.

La raison est, que la moitié de ce Fief, à l'égard de la succession du pere, est censée un Fief tout entier, & ce n'est qu'à l'égard du Seigneur superieur, qu'il est censé une partie de Fief, de même qu'une partie d'un fond est un fond consideré separément, *lege* 30. §. 15. *ff. de legat.* 1.

De plus, les articles qui parlent du droit d'aisnesse, disent qu'il a lieu dans les Fiefs & les heritages tenus noblement, ce qui comprend les portions de Fiefs, ou de francs-aleus nobles, ce qui est sans difficulté.

MOULIN. C'est le sentiment de Maître Charles du Moulin sur cet article, *Glos.* 1. *num.* 4.

4. SANIT. Maître Auzanet dit sur cet article, *quid*, s'il n'y a qu'un simple logement destiné pour l'habitation du laboureur qui fait valoir les terres, on demande si l'aisné doit avoir ce logement entier avec l'arpent de terre marqué dans l'article? *minimè*, parce que ce logement n'est point destiné pour la demeure du Seigneur, mais pour le logement & usage du Fermier; ce qui est sans doute, suivant ce qui a été dit sur l'article 13.

5. Cet arpent de terre labourable que donne la Coûtume à l'aisné au défaut de manoir principal en un Fief, doit être tenu en Fief, ainsi que remarque

MOULIN Maître Charles du Moulin; *Quia si non esset feudale tale jugerum, nullus esset locus præcipuo, nulla prærogativa primogenituræ haberet locum, quæ tantùm consistit in rebus feudalibus vel alaudialibus.*

6. S'il n'y a qu'un seul arpent dans le Fief, il appartiendra entierement à l'aisné, sans que les puisnez y ayent part: comme il a été jugé par Arrest entre le Noir & Des Hayes, du 2. Avril 1588. remarqué par Labbé sur cet article.

Cet article, qui porte que s'il n'y a manoir en un Fief, l'aisné peut prendre par préciput un arpent de terres labourables, se doit entendre quand il n'y a qu'un Fief qui soit propre du côté paternel ou maternel: car s'il étoit conquêt pour lors en chaque succession de pere & mere, l'aisné aura un préciput, ainsi il luy faut un arpent de terre sur la succession paternelle, & un autre arpent sur la succession maternelle; quoique ce ne soit qu'un Fief; de même qu'en chacune succession il auroit un manoir, s'il s'en trouvoit deux dans un Fief de conquêt, comme dit du Moulin, *loco citato*. 7.

Challine, dans sa Methode generale pour l'intelligence des Coûtumes, dit que la disposition de cet article est contraire au droit commun & à l'égalité d'entre les enfans, qui est la premiere regle de la Justice, & ainsi qu'il ne doit pas être ajoûté, ni sous-entendu aux Coûtumes qui n'ont point de disposition semblable.

OBSERVATIONS DE MONSIEUR ***.

Sur l'article XVIII.

IL n'y a rien à changer à cet article, il explique & décide que, lorsqu'un Fief est sans manoir, l'aisné au lieu du manoir, prend un arpent de terre. Ainsi dans cette espece, l'aisné n'aura qu'un arpent de terres labourables en tout; parce que s'il n'y a point de manoir, il n'y aura point d'enclos, ni de jardin, ni de basse-court, la legitime ou le doüaire reservé aux puisnez, comme il a été dit dans l'article précedent.

CONFERENCE SUR L'ARTICLE XVIII.

DE même, *Meaux*, article 161.

Montfort, article 13. qui ajoûte, *pourvû qu'il y ait autres heritages que ledit arpent.*

Senlis, article 126.

Auteurs sur l'Article dix-huitiéme.

CHalline, en sa Methode, regle 3. exemple 3.

Bobé, sur l'art. 161. de la Coûtume de Meaux.

Thourette, sur Montfort, article 13.

De la Lande, sur Orleans, articles 93. & 94.

Le Dictionaire de M. Brillon, *verbo* aisnesse.

Chopin, sur Paris, livre 1. titre 2. nombre 14.

Loüet & Brodeau, lettre F. Sommaire 1.

Duret, dans son Alliance des Coûtumes, titre 23. page 650.

Duplessis explique cet article, Traité *des Successions*, livre 1. chapitre 2. page 198.

ARTICLE XIX.

Au lieu des 12. & 26. de l'ancienne Coûtume.

Droit d'aisnesse n'a lieu, quand il n'y a que filles.

Quand il n'y a que filles venans à succession directe, ou collaterale, droit d'aisnesse n'a lieu, & partissent également.

Voyez les Articles 250. sur la fin, 324. aussi vers la fin, & le 331.

Remarques.

Non tamen tollitur prærogativa juris communis de qua in l. ult. de fide instrum. l. cæteræ famil. ercifcunda; unde si quid sit indivisibile, primogenita filiarum non tenetur judicium sortis subire, sed si velit jure majoris ætatis preferenda erit, sorores de æstimatione partium recompensando, idem in similibus ut tetigi in Consuetud. Paris. §. 26. C. M. sur la Coûtume de Bourbonnois.

QUAND IL N'Y A QUE FILLES.

GLOSE UNIQUE SUR L'ARTICLE XIX.

SOMMAIRE.

1. *Pourquoy entre filles il n'y a aucun droit d'aisnesse.*
2. *Si les petites-filles représentent leur pere au droit d'aisnesse.*
3. *Si un pere peut ordonner que l'aisnée des filles, quand il n'y a point de masle, prendra le droit d'aisnesse en sa succession.*
4. *Si l'aisnée des filles a la préséance entre ses puisnées, encore qu'elle n'ait pas le droit d'aisnesse.*
5. *Si elle a la préference pour les choses indivisibles, en récompensant ses puisnées.*
6. *Si le fils de l'aisnée a le droit d'aisnesse en la succession de l'ayeul ou ayeule.*
7. *Quid, si l'ayeul n'a laissé que des petits-fils d'une fille décedée avant luy.*
8. *Quid, si la fille étoit vivante, & qu'elle eût renoncé, pour donner lieu au droit d'aisnesse en faveur de son fils.*
9. *Si le droit d'aisnesse appartient à l'aisnée des filles, dans les Coûtumes qui n'en parlent point.*

1. Cet article est au lieu des 12. & 26. de l'ancienne Coûtume, qui contenoient une même disposition, qu'entre filles venant à succession directe ou collaterale, il n'y a point de droit d'aisnesse, mais elles partagent entr'elles également tous les biens, de quelque nature qu'ils soient.

La raison est, que le droit d'aisnesse a été introduit pour conserver les maisons, & que les femelles ne perpetuent point leur race, mais passent dans une autre famille, & causent par ce moyen l'extinction de leur nom, ainsi que marque le Jurisconsulte en la loy *pronuntiatio. de V. S.* où il dit, que *mulier familiæ suæ & caput & finis est.*

Il y a néanmoins un cas auquel entre les filles il s'en trouve une qui a le droit d'aisnesse, & succede seule au Fief & choses féodales avec la prérogative & le préciput de primogeniture; sçavoir, quand une petite-fille née du fils aisné prédecedé, succede avec ses oncles, tantes & petites-filles des autres fils ou filles puisnées; *quia jus & gradum patris repræsentando subintrat, verum & solidum jus primogenituræ obtinet*, dit du Moulin sur l'article 26. de l'ancienne Coûtume. Du Moulin

2. Ainsi les petites-filles succedent au droit d'aisnesse par représentation de leur pere en la succession de leur ayeul ou ayeule, à l'exclusion de leurs oncles, mais sans droit d'aisnesse entr'elles, comme il est porté par l'article 324. ensorte que quand il est dit dans cet article 19. que quand il n'y a que filles &c. droit d'aisnesse n'a lieu, cela ne s'entend, que quand elles viennent à la succession de leur chef.

3. Et d'autant que la Coûtume exclud les filles du droit d'aisnesse; il s'ensuit qu'un pere n'ayant que des filles, ne peut ordonner que l'aisnée aura le droit d'aisnesse, tel qu'auroit un fils aisné, soit par testament, ou même par le contrat de mariage; parce que c'est une prérogative qui n'est accordée qu'aux aisnez masles; desorte que l'aisnée à qui son pere auroit accordé le droit d'aisnesse sur ses biens nobles par son contrat de mariage, ne pourroit pas prendre la valeur de ce droit sur les autres biens de la succession; parce que cela seroit encore contraire à un autre article de la Coûtume qui est le 303. qui ne permet pas aux pere & mere d'avantager un de leurs enfans plus que les autres, venant à leur succession, l'article 304. obligeant tous les enfans heritiers de rapporter tous les avantages qu'ils ont reçus de celuy de la succession duquel il s'agit, ou moins prendre. Ce qui a été jugé en l'ancienne Coûtume par Arrest du mois de Juin 1563. sur un procés parti, au rapport de Monsieur Millet, remarqué par les Commentateurs sur cet article, par lequel il fut ordonné,

que sans avoir égard à la clause du contrat de mariage, les Fiefs seroient partagez également entre les filles.

Le pere pouvoit faire un avantage à sa fille par son contrat de mariage, & réduire les autres à leur legitime, mais ne l'ayant pas fait, & ayant fait ce qu'il ne pouvoit pas faire, la disposition est nulle, & elle ne peut produire aucun effet; semblable à celuy qui donne tous ses propres par testament, ayant d'autres biens dont il pouvoit disposer utilement au profit du legataire.

4. Quoique le droit d'aisnesse soit refusé à l'aisnée des filles, néanmoins elle a la préséance, le premier rang, la garde des titres communs de la maison, & autres prééminences qui sont déferées à l'âge, suivant l'opinion de Maître Charles du Moulin sur cet article, *num.* 1. & en sa Note sur l'article 304. de la Coûtume de Bourbonnois, en ces termes: *Non tamen tollitur prærogativa juris communis, de qua in l. ult. ff. de fide instrument. & l. cætera. ff. fam. ercis. Unde si quid sit indivisibile, primogenita filiarum non tenetur judicium sortis subire; sed si velit, jure majoris ætatis præferenda erit, sorores de æstimatione partium recompensando.*

MOULIN

5. Je ne serois pas de l'avis de Maître Charles du Moulin, touchant la préference accordée à l'aisnée des choses de la succession qui sont indivisibles, comme s'il y a une maison, ou un Fief, ou autre chose semblable, en récompensant; car c'est un avantage qu'elle ne peut avoir par droit d'aisnesse, puisque la Coûtume ne luy accorde pas; ce qui tourneroit au préjudice des puisnées, & l'usage est contraire à son opinion; dautant que s'il y a differens biens dans la succession, on en fait autant de lots qu'il y a de partageans, & les lots étant égalez les uns aux autres, se jettent au sort; & s'il n'y avoit qu'une chose qui ne se pût facilement & commodement partager, elle seroit licitée, sans qu'il fût au choix de l'aisnée de la prendre en récompensant ses puisnées; parce qu'il est de l'avantage de tous les heritiers, de mettre à enchere les choses qui ne se peuvent partager, leur condition en est renduë plus avantageuse, étant ordinairement adjugées à un prix plus considerable, & qui excede souvent leur juste valeur.

6. Il faut dire aussi que le fils de l'aisnée n'a point le droit d'aisnesse en la succession de l'ayeul ou de l'ayeule, quoiqu'il n'y ait que les enfans des filles qui viennent à la succession desdits ayeul ou ayeule.

C'est le sentiment de Tiraqueau en son Traité du droit d'aisnesse, *qu.* 13. *num.* 6. où il dit, *masculum non esse censendum qui ex fœmina natus est, quantum ad successionem & aliorum exclusionem pertinet.*

Les autres Docteurs sont de même avis.

La raison est, que le petit-fils ne peut avoir plus de droit en la succession de l'ayeul, que la mere auroit si elle vivoit: Or par la disposition de cet article elle n'auroit pas le droit d'aisnesse, & partant son fils ne le peut pas prétendre.

7. Il faudroit dire le contraire, si l'ayeul n'avoit laissé que des petits fils & petites-filles d'une fille décedée, sans autres enfans, ou petits-enfans d'autres enfans; car en ce cas, dit Monsieur Auzanet, entre les enfans de cette fille venans par représentation à la succession de leur ayeul dans la division qui seroit faite entr'eux, l'aisné masle peut prendre le préciput & les avantages donnez à l'aisné par la Coûtume.

ARRT.

La raison de la difference est, que quand il y a des petits-enfans de plusieurs filles qui viennent par représentation, les enfans de l'aisnée n'ont pas plus de droit que leur mere auroit, si elle vivoit; & puisqu'elle ne pourroit prendre le droit d'aisnesse sur ses sœurs ou sur les enfans de ses sœurs, ses enfans ne peuvent pas aussi le prétendre. Mais quand celuy de la succession duquel il s'agit, n'a laissé que des petits-enfans d'une fille décedée, venans à sa succession, ils succedent tous à leur ayeul *ex sua persona & suo capite*, & non par représentation, c'est pourquoy l'aisné masle des petits-fils a le droit d'aisnesse, de même que si sa mere étoit décedée peu aprés leur ayeul.

Il y a plus de difficulté au cas que l'ayeul laisse une fille unique qui renonce à la succession de son pere, sçavoir si le petit-fils aura le droit d'aisnesse. 8.

Cette question s'est présentée en la cinquiéme Chambre des Enquêtes dans l'espece suivante: Monsieur de Villeroy, Seigneur de Courmars, avoit marié sa fille unique & sa seule heritiere, au Baron de Neuflise; de ce mariage étoient issus quatre enfans, un masle & trois filles.

Le Baron de Neuflise étant décedé, le sieur de Courmars son beau-pere survivant, maria une de ses petites-filles à Monsieur de Nou, & luy donna en mariage le Château & la basse-court de la Seigneurie de Courmars, avec la moitié de la terre, Seigneurie & domaine en dépendant.

Le sieur de Courmars donateur étant décedé, sa fille unique & seule heritiere, veuve du Baron de Neuflise renonce à sa succession. Le sieur de Nou & la Dame sa femme demandent l'exécution de la donation portée par leur contrat de mariage. Le fils aisné, frere de ladite dame de Nou, se porte heritier de son ayeul maternel, & demande son préciput, sans avoir égard à la donation, c'étoit dans la Coûtume de Reims, qui donne un préciput à l'aisné.

La renonciation avoit été faite par la fille, à la succession de sa mere, pour donner lieu au préciput & droit d'aisnesse de son fils, au préjudice de la donation faite à sa fille; la question étoit de sçavoir, si ce petit-fils étoit bien fondé à le demander.

Par Arrest sans datte, rendu en la cinquiéme Chambre des Enquêtes, au rapport de Monsieur de Bullion, rapporté dans la cinquiéme Partie du Journal du Palais, page 141. la Cour a adjugé le préciput à l'aisné.

La raison de douter étoit, que quand la donation avoit été faite par le sieur de Villeroy à sa fille, elle étoit sa fille unique & sa seule présomptive heritiere, qu'il pouvoit reduire à sa legitime, en faisant des donations à ses petits enfans, & même à des étrangers; que la donation faite par ledit sieur de Villeroy à sa petite-fille mariée au sieur de Nou, étoit bonne & valable, & que la donataire en avoit été saisie, que la proprieté des choses données avoit passé en sa personne, & qu'elle ne la pouvoit point perdre par une renonciation frauduleuse faite par sa mere à la succession de son ayeule.

La raison de la décision est, que le préciput est un droit introduit favorablement pour la conservation des familles, qu'il ne faut point considerer par quel esprit la fille a renoncé à la succession de sa mere, qu'il est au pouvoir & en la faculté des heritiers présomptifs de renoncer aux successions qu'ils peuvent recüeillir, parce que n'est heritier qui ne veut, suivant l'article 316. & que ceux qui renoncent sont reputez étrangers, ainsi ils ne peuvent faire aucun obstacle aux autres parens du défunt, entre lesquels la succession se doit partager, suivant la disposition de la Coûtume, comme si en effet celuy qui a renoncé n'étoit pas vivant; ceux qui appréhendent la succession au moyen de telle renonciation, succedans *jure suo & ex suo capite*; & puisque si la mere étoit morte avant l'ayeule, les petits-enfans auroient recüeilli sa succession avec le droit d'aisnesse pour l'aisné masle des petits-fils, comme il est dit cy-dessus, & partant au cas proposé, l'aisné le devoit aussi prétendre.

9\. *Si le droit d'aisnesse est accordé à l'aisnée des filles dans les Coûtumes qui n'en parlent point?*

Tiraqueau, *d. loco, q.* 10. est d'avis qu'au défaut de masles l'aisnée prenne le droit d'aisnesse; néanmoins je croy au contraire, qu'elle n'a pas droit de le prendre, parce que la Coûtume qui accorde expressément ce droit au fils aisné, est censé en exclurre les filles, quoiqu'il n'y ait aucuns enfans masles.

La raison est, que c'est un privilege & une prérogative specialement accordée aux masles, contre la disposition du droit commun, ainsi elle ne peut pas être étenduë aux filles, quand elle ne leur est pas accordée expressément; & au défaut de masles les choses sont reduites au droit commun, qui veut que tous les enfans heritiers succedent également, sans que l'un soit plus avantagé que les autres.

OBSERVATIONS DE MONSIEUR***

Sur l'Article XIX.

NOus avons laissé l'article comme il étoit conçû; & quoique nous ne parlions icy que de la succession des Fiefs en ligne directe, nous n'avons pas retranché le mot de *collaterale*, parce que la disposition est commune, tant à la directe qu'à la collaterale. Du reste la disposition de cet article est fort claire, qu'il n'y a jamais de droit d'aisnesse, quand il n'y a que des filles qui puissent partager, tant en directe qu'en collaterale.

CONFERENCE SUR L'ARTICLE XIX.

DE même, *Saint-Agnan*, article 17. *Auvergne*, chapitre 12. article 52. *Auxerre*, article 58. & ajoûte, *succedans en pareil degré.*

Bar, article 116. *Blois*, article 145. *Boulenois*, tit. 20. article 66. *Bourbonnois*, article 304.

Calais, article 19. *Chablis*, chapitre 4. article 17. *Châlons*, article 156. *Chartres*, article 6. *Châteauneuf*, article 6. *Chaumont*, article 8. & ajoûte, *qu'elle emporte seulement le nom & les armes. Clermont*, article 83. *Coucy*, article 7.

Dourdan, article 8. *Dreux*, article 4.

Estampes, article 10.

Laon, article 153. *Lodunois*, chapitre 27. art. 16.

le Maine, article 243. *Mante*, article 9. *la Marche*, article 213. *Meaux*, article 163. *Melun*, art. 97. & ajoûte, *venans de leur chef. Montargis*, chap. 1. article 25. *Montfort*, article 14.

Nivernois, chapitre 35. article 2. *Noyon*, art. 6.

Grand-Perche, article 150. & ajoûte, *fors quant au droit de choisir l'un des lots & portion de partage, lequel droit appartient à l'aisnée & ses représentans, & aprés elle aux puisnées, de degré en degré selon leurs âges.*

Reims, article 41.

Sedan, article 165. *Senlis*, articles 131. 135. *Sens*, article 203.

Troyes, article 14.

Valois, article 59. *Vitry*, article 58.

LES COUTUMES SUIVANTES ONT UNE disposition contraire à cet article.

Amiens, article 71. *Anjou*, article 227.

Clermont, article 83.

Le Maine, article 243.

Poitou, article 296.

Tours, article 173.

Dans ces Coûtumes l'aisnée fille emporte hors part un chef lieu, & le reste des Fiefs se partit également.

Auteurs sur l'Article dix-neuviéme.

L'Auteur du grand Coûtumier, livre 2. chap. 29. page 201. à la fin.

Loysel, livre 4. titre 3. regle 81.

Bobé, sur l'article 163. de la Coûtume de Meaux.

Thourette, sur Montfort, article 14.

Pontanus, sur Blois, article 145.

De la Lande, sur Orleans, article 89.

Le Dictionaire de M. Brillon, *verbo* aisnesse.

Le Grand, sur Troyes, article 14.

Buridan, sur Reims, article 61.

De Salligny, sur Vitry, article 58.

Rat, sur Poitou, titre *des Successions*, article 221.

Coquille, sur la Coûtume de Nivernois, titre *de droit d'aisnesse*, article 2.

Tiraqueau, *du droit des aisnez*, quest. 1.

Monsieur Le Prestre, Centurie 1. chapitre 22.

Lhoste, sur Montargis, titre 1. article 25.

Vrevin, sur Chauny, article 75.

Bodreau, sur Maine, article 246.

Buridan, sur la Coûtume de Vermandois, articles 152. & 153.

Duret, dans son Alliance des Coûtumes, titre 23. page 655.

Maître Duplessis explique cet article, Traité *des Successions*, livre 1. chapitre 2. page 194.

ARTICLE XX.

C'étoit le treiziéme Article de l'ancienne Coûtume.

Retrait feodal, comment se fait par le Seigneur ?

LE Seigneur feodal peut prendre, retenir, & avoir par puissance de Fief, le Fief tenu & mouvant de luy, qui est vendu par son vassal, en payant le prix que l'acquereur en a payé, & les loyaux-cousts, dans quarante jours, aprés qu'on luy a notifié ladite vente, & exhibé les contrats, si aucuns y en a par écrit, *& d'iceux baillé copie.*

Voyez les deux Articles suivans, & les Articles 108. 130. 135. & 159.

REMARQUES.

LEs Seigneurs Ecclesiastiques sont capables d'exercer le retrait feodal; sauf néanmoins à leur faire vuider les mains en la maniere qu'on les peut contraindre à vendre les heritages qu'ils auroient acquis de nouveau; le défendeur en retrait ne pouvant se prévaloir, à l'effet de l'empêcher, de leur incapacité à posseder heritages. Mol. §. 20. glos. 1. nomb. 1. & suiv.

Usufructuarius retractu feudali uti potest. Mol. §. 20. gl. 1. num. 33. 34. 35. Arrest entre les d'Argilliers, du 23. Février 1571. *Item maritus nomine uxoris potest. Mol. ibid. num.* 47.

Sed finito usufructu Dominus proprietatis feudo retracto gaudere potest, pretium restituendo. Similique modo feudum retractum constante matrimonio fit proprium ejus conjugis, à cujus feudo dependet, salva restitutione dimidii pretii alteri conjugi ejusve hæredibus. Mol. ibid.

Potest unus ex pluribus Dominis retrahere, ac unire pro parte quam habet in feudo : sed volente emptore totum dimittere, tenetur Dominus totum retrahere. Mol. d. l. §. 20. gl. 1. num. 49. & seqq. Arrests du quinziéme Avril 1581. & 30. May 1587. rapportez par Monsieur Loüet & son Commentateur, *litt. R. num. 25. & 26.*

Superior patronus qui tenet feudum prehensione, jure feudali potest uti retractu. Ita tenet. Mol. §. 20. gl. 4. num. 2.

Sed vassallo postea in fidem admisso, teneri Dominum extra manus suas prædium retractum ponere, quia vassalli sui vassallus esse nequit ratione ejusdem rei.

Cum hæc consuetudo non loquatur nisi de retractu feudali, censuarius non obtinet. Mol. §. 78. num. 114.

In venditione usufructus, vel grandium arborum, aut ædificii diruendi, non est retractus. Mol. §. 20. gl. 4.

Reditus fundiarius infeudatus potest retrahi, alius non, ibid.

Si plura feuda unico pretio simul venierint, ab uno patrono pendentia, potest unum retrahere, alia relinquere : non enim deterior conditio patroni fieri debet ex quo dicta feuda ad unam personam pervenerunt. Mol. §. 20. gl. 1. num. 4. A plus forts termes, si les heritages vendus par un même contrat, sont en la foy de plusieurs Seigneurs, D. Mol. sur Auvergne, c. 21. art. 10. &c. 22. art. 24. sur la Marche art. 281. sur Lodunois, titre 5. article 20. & sur la Rochelle, article 53.

Tempus 40. dierum à die exhibiti instrumenti currit contra minorem sine spe restitutionis, sicut contra Ecclesiam, & alios quosvis. Mol. §. 20. gl. 2.

Tempus 40. dierum post notificationem currit cum effectu sine spe restitutionis. Quod limitandum. 1. Nisi impedimentum causetur facto emptoris. 2. Si casus contingens in persona Patroni includat impossibilitatem absolutam. 3. Si res empta sit contentiosa interemptorem & venditorem, vel etiam tertium qui prætendit possessionem. 4. Si emptio ejusdem feudi notificata fuerit à duobus; Post autem quam intervenit sententia in favorem emptoris non currit tempus nisi à die notificationis sententiæ. Mol. §. 20. gl. ult. n.6. & seqq.

Le Seigneur peut retenir le Fief aprés les quarante jours passez en cas de fraude, depuis qu'elle a été découverte. Arrests des 13. Août 1558. 2. Decembre 1569. 1. Mars 1596.

Notificatio debet fieri Patrono capaci & administrationem rerum suarum habenti. Mol. §. 20. gl. 11.

Non sufficit ut currant cum effectu 40. dies, ut notificatio fiat venditionis; sed etiam debet fieri exhibitio instrumentorum copias dimittendo, & certé omnium, saltem eorum quæ faciunt ad facilitatem retractus, si qui sint actus separati. Mol. §. 20. gl. 12. n. 1. & seqq.

Retractus feudalis purgatur 30. annis; etiam si nulla facta fuerit notificatio. Mol. §. 20. gl. ult. n. 11. 12. 13.

Sed quæstionis est an retractus feudalis cedi possit ?

Negat. Mol. §. 20. gl. 1. n. 20. & seqq.

Toutefois l'opinion contraire a prévalu, & on ne doute pas aujourd'huy que le retrait feodal ne soit cessible, dont Monsieur le Bret l. 5. dec. 12. rapporte Arrest du 23. Janvier 1612. donné en l'Audience sur ses conclusions.

Domino feudali retrahente nulla debentur jura feudalia : & sic si venditor tenebatur solvere, purè liberatur & gaudebit nihilominus toto pretio : nisi Dominus evincatur à lineari; quia linearis solvet Domino, & ipse recuperabit à venditore. Mol. §. 20. gl. 9. n. 5. 6. & §. 22.

Dominus retrahens debet agnoscere omnia onera, & hypothecas retracti feudi, quia hic Dominus loco emptoris est : excipienda tamen debita imposita ab emptore, inter emptionem & retractum. Mol. §. 20. gl. 5. n. 26. & seqq.

LE SEIGNEUR FEODAL.

GLOSE PREMIERE SUR L'ARTICLE XX.

SOMMAIRE.

1. *Retrait conventionnel*, quid.
2. *Retrait lignager*, quid.
3. *Retrait feodal*, quid.
4. *Origine du retrait feodal.*
5. *S'il est en usage dans les pays de Droit écrit.*
6. *Ce qu'on entend par* Seigneur feodal.
7. *Si quand le Fief releve de plusieurs Seigneurs, l'un peut retraire, & l'autre prendre le quint.*
8. *Si dans le Parlement de Toulouse un de plusieurs Seigneurs ne peut user du retrait, pour la portion de ses Coseigneurs, que du consentement de l'acquereur.*
9. *Si un de plusieurs Seigneurs peut n'exercer le retrait que pour la portion qu'il a dans le Fief dominant, contre la volonté de l'acquereur.*
10. *Si le Fief entier retiré par un de plusieurs Seigneurs, est rëüni pour le tout à la portion du Fief dominant.*
11. *Si celuy de plusieurs Seigneurs qui retire le Fief entier, doit payer les droits à ses Coseigneurs.*
12. *Si une terre consistant en plusieurs Fiefs relevant de plusieurs Seigneurs, le retraïant est tenu retraire le tout vendu par un mesme contrat & un mesme prix.*
13. *Si l'acquereur à faculté de remeré, peut exercer le retrait.*
14. *Si l'acquereur à faculté de remeré, est tenu de rendre au vendeur les Fiefs qu'il a retirez.*
15. *S'il en est de mesme des Fiefs retirez par le legataire universel, ou de l'heritier chargé de restituer.*
16. Quid, *du possesseur de bonne foy.*
17. *Si le Roy peut user du retrait.*
18. *Si le Roy peut rëünir à la Couronne les heritages qu'il acquiert.*
19. *Si les Engagistes peuvent user du retrait.*
20. *Contrarieté de Tronçon.*
21. *Si les heritages retirez demeurent aux Engagistes aprés le rachat.*
22. *Comment les Engagistes peuvent avoir le droit de retrait.*
23. *Si l'Eglise peut user du retrait.*
24. *Si l'Eglise peut user du retrait au Parlement de Toulouse.*
25. *Si l'usufruitier peut user du retrait contre la volonté du propriétaire.*
26. *Si, & quand le propriétaire peut reprendre le Fief retiré par l'usufruitier.*
27. *Si le propriétaire doit payer le quint à l'heritier de l'usufruitier, quand il reprend le Fief retiré.*
28. *Si l'usufruitier peut ceder le droit de retraire à un tiers.*
29. *Comment l'usufruitier peut user du retrait sans crainte d'estre évincé aprés son decés.*
30. *Si le payement des droits fait à l'usufruitier exclud le propriétaire du retrait.*
31. *Que doit faire le propriétaire, pour exercer le retrait, au cas que l'usufruitier n'en veüille pas user.*
32. *Si le mary peut user du retrait.*
33. *Si le Fief retiré entre en la communauté.*
34. *Si la femme peut user du retrait contre la volonté de son mary.*
35. *Si le vassal peut user du retrait sur son Seigneur.*
36. *Si le fermier du Fief dominant peut user du retrait.*
37. *Si le Seigneur suzerain peut user du retrait sur les arriere-Fiefs.*
38. *Si le curateur établi à un Fief saisi peut exercer le retrait feodal.*
39. *Si le droit de retrait feodal est cessible.*
40. *Si les gens de main-morte le peuvent ceder.*

IL est traité dans cet article, & dans les deux suivans du retrait féodal, qui est un des trois droits que le Seigneur peut exercer sur les Fiefs mouvans de luy en plein Fief, qui sont le retrait, la saisie féodale, & la commise.

Sur ces trois articles nous expliquerons principalement quatre choses, sçavoir ceux qui peuvent user du retrait féodal, les cas ausquels ce retrait a lieu, comment & dans quel temps il peut être exercé, & les effets de ce droit.

Mais auparavant il faut observer, que le retrait est un droit par lequel une chose venduë est retirée des mains de l'acquereur, par celuy auquel il appartient, ou en vertu de sa convention, ou par la disposition de la Loy Municipale.

La convention apposée dans un contrat de vente, 1
de retirer par le vendeur la chose qu'il a venduë en rendant le prix qu'il en reçoit, dans un certain temps, donne la faculté au vendeur de la retraire, pourvû qu'il y vienne dans le temps convenu ; parce que les clauses inserées dans les contrats doivent être gardées, quand elles ne sont point contre les Loix, les bonnes mœurs, ou l'interêt public ; c'est pourquoy elles sont appellées les Loix des contrats, telle

qu'est la clause appellée *pactum de retrovendendo*, c'est-à-dire, *retrait conventionel* ou *faculté de remeré*.

2. La Loy Municipale donne le droit de retirer l'heritage vendu, au parent du vendeur, du côté & ligne duquel étoit échû au vendeur l'heritage qu'il a vendu; afin que par le moyen de ce retrait l'heritage rentre dans la famille, de laquelle il étoit propre, & de laquelle il étoit sorti par la vente qui en avoit été faite; c'est pour cela que ce droit de retrait est appellé *retrait lignager*, dont il est traité dans le titre 7. de cette Coûtume.

Le retrait féodal, est celuy par lequel il est permis au Seigneur du Fief dominant, de retirer le Fief vendu par son vassal pour le réünir au Fief dominant, ou en faire & disposer à sa volonté, & même le transferer à un étranger tel qu'il luy plaît, à l'effet de n'avoir point pour vassal quelqu'un qui ne luy seroit pas agréable.

3. Le droit coûtumier accorde la faculté de retraire un heritage vendu au Seigneur, duquel il est mouvant & tenu en plein Fief.

Ce droit est étably & suivy par toutes les Coûtumes de France, même dans le païs de Droit écrit.

Il n'y a que la Coûtume de la Salle, Bailliage & Châtellenie de Lisle en Flandre, titre 1. article 65. qui le refuse aux Seigneurs. C'est pourquoy Brodeau sur cet article nombre 5. dit, que cette disposition comme contraire au droit commun & general des Fiefs, devroit être reformée. ODEAU.

Le retrait lignager procede du seul benefice de la Loy, *Covarru. lib. 3. variar. resolut. cap.* 10. & le retrait féodal est fondé sur la convention expresse ou tacite du Seigneur & du vassal; car si dans la premiere & originaire concession du Fief il n'en a point été fait mention, on presume qu'ils ont tacitement contracté à la charge de la retenuë, selon du Moulin dans sa Preface sur cet article, & Guy Pape *quest.* 508.

Le retrait féodal a succedé à la réünion qui se faisoit autrefois par le Seigneur, de plein droit & sans intenter aucune action en retrait.

4. Autrefois, dans la Prevôté & Vicomté de Paris, comme par tout ailleurs, le vassal qui vendoit son Fief, s'en desaisissoit entre les mains du Seigneur féodal; l'acheteur en faisant la foy en recevoit la saisine du Seigneur, & si le Seigneur vouloit avoir le Fief pour le prix qu'il avoit été vendu, comme il étoit entre ses mains, il n'avoit qu'à le retenir.

Nota, dit l'Auteur du grand Coûtumier, *que le Seigneur après le dessaisinement du vendeur, peut retenir l'heritage pour tel prix comme l'acheteur l'avoit acheté*, livre 2. chap. 27. de saisine en Fief p. 171.

Voyez le même Auteur page 178. des Mares decision 28. *& lib. feudor. lib.* 2. *tit.* 9.

Mais depuis, cet usage s'est changé comme on voit par cet article & par les suivans, ensorte que le vassal qui aliene son Fief, ne le remet point aujourd'huy en la main du Seigneur, & par consequent, si le Seigneur le veut avoir, il doit intenter son action en retrait. Voyez Coquille question 45.

On trouve le retrait féodal établi en France dés l'an 977. dans la Charte de retablissement du Monastere de la Reole en ces termes: *statutum est quod si quis possessiones, quas tenet in feudo de Ecclesia, vendere voluerit, cum assensu Prioris vel prepositi faciat, & Prior ipse si voluerit emat, alioquin cui voluerit vendat, salvo jure Ecclesia, scilicet de uno quoque solido numerum unum &c. vide tom.* 2. *Biblioth. M. SS. Labbei, p.* 7. 44.

Ce droit a lieu au profit du Seigneur féodal, nonobstant les Lettres d'amortissement obtenuës par les gens de main-morte, suivant le sentiment de Maître Auzanet sur le titre des Fiefs; qui est sans difficulté. ANET.

La raison est, que les Lettres d'amortissement ne sont accordées que pour avoir droit de posseder des heritages, qui ne pourroient pas autrement être possedez par gens de main-morte, & non pour leur donner droit de les posseder au préjudice du retrait féodal.

Ce droit est en usage dans le Parlement de Toulouse, comme nous apprenons des Arrests de Monsieur de Cambolas livre 1. chapitre 15. de Ferrieres sur la question 508. de Guy Pape, de Monsieur Maynard livre 4. chapitre 34.

Brodeau nombre 4. remarque un Arrest solemnel donné en la Chambre de l'Edit au Parlement de Paris, au rapport de Monsieur Durand, le 3. Août 1613. au profit de Messire Henry de la Tour, Duc de Bouillon, Vicomte de Turenne, contre Messire Henry de Noüailles, par lequel en confirmant la Sentence de Messieurs des Requêtes du Palais du 8. May 1611. le Sieur de Noüailles fut condamné à délaisser au Sieur Vicomte de Turenne, par droit de prelation & retenuë féodale, les terres acquises par ledit Sieur de Noüailles, tenuës & mouvantes de la Vicomté de Turenne, enclavée dans les ressorts des Parlemens de Bordeaux & de Toulouze. BRODEAU.

Mais il est incertain s'il a lieu dans le Dauphiné sans une stipulation expresse faite dans les Concessions féodales, ainsi que remarque Monsieur Salvaing en son Traité des Fiefs chapitre 20.

Basset dans ses Arrests livre 3. titre 7. chapitre 1. dit, qu'il n'a point lieu dans la Province de Dauphiné, s'il n'est stipulé expressement, & il rapporte plusieurs Arrests du même Parlement qui l'ont jugé ainsi.

Le premier est du 6. Juillet 1628. par lequel Pierre de Gumin fut debouté du retrait féodal par luy prétendu contre Benoist Carré.

Le deuxiéme sans datte, a été rendu au profit du Seigneur de Bressieux contre ses vassaux, parce qu'il avoit des reconnoissances generales, expresses & particulieres de ce droit.

Le troisiéme, est du 21. Juillet 1653. entre le Prieur de Beaumont d'une part, & le Sieur de Saillans, d'autre, par lequel il fut jugé, que le retrait féodal n'a lieu sans stipulation.

Il en ajoûte un quatriéme du 26. Mars 1612. entre Claude Brun & les Allians.

Le retrait féodal bien-loin d'être odieux, est tres-favorable puisqu'il est fondé en la disposition du droit commun & general, étant un droit subrogé au lieu de l'ancienne prohibition d'aliéner les Fiefs. 5.

C'est le sentiment de du Moulin sur cet article *in princ. num.* 2. *glos.* 4. *num.* 8. *glos.* 6. *num.* 5. de Brodeau nombre 3. DU MOULIN. BRODEAU.

Le retrait féodal vient de ce qu'après que les Fiefs furent rendus hereditaires & patrimoniaux, & qu'il fut permis aux vassaux de les vendre, aliener & en disposer à leur volonté sans le consentement des Seigneurs & sans encourir la commise, l'usage introduisit dans le même temps le droit de retenuë féodale, comme nous avons dit cy-dessus, car les vassaux étans obligez de défendre leurs Seigneurs dans le besoin, & de prendre les armes pour eux, il pouvoit arriver qu'un vassal disposât de son Fief au profit d'un autre peu affectionné au service de son Seigneur, & peut-être son ennemy, c'est pourquoy il étoit de l'interêt des Seigneurs, ou de recevoir l'acquereur en foy, ou de rentrer dans le Fief qu'il avoit autrefois aliéné, comme remarque Brodeau *loco citato*, & Charondas sur cet article; & en cela l'acquereur n'avoit aucun sujet de se plaindre, ni le vendeur; d'autant que le contrat de vente subsiste en son entier, & doit être executé selon sa forme & teneur par le Seigneur, & l'acquereur est entierement indemnisé. BRODEAU. CHARONDAS.

Par *Seigneur féodal*, en cet article nous entendons le propriétaire du Fief dominant duquel releve un heritage en plein Fief; à l'exclusion du Seigneur cen- 6.

fier, lequel n'a pas droit d'user de retrait dans la Coûtume de Paris sur les heritages vendus, étans en sa censive.

Nous avons quelques Coûtumes qui l'admettent, mais elles sont restraintes dans leurs limites à cet égard, car pour celles qui n'en parlent point, comme celle de Paris, le retrait n'a point lieu sur les choses tenuës à cens ou censives, ou en roture, parce que les raisons qui ont donné lieu au retrait pour les Fiefs, cessent pour les heritages en roture.

Touchant le retrait censuel, voyez la Coûtume de Berry titre 13. art. 6. tit. 14. art. 13. & les Commentaires de Rageau & de la Thaumassiere sur ces articles. Voyez aussi le Glossaire du Droit François
Brodeau. sur ce mot, & Brodeau sur cet article nombre 18.

7. Quand le Fief vendu releve de plusieurs coseigneurs, en ce cas l'un d'eux ne peut retraire le Fief vendu qu'à proportion de la portion qu'il a dans le Fief dominant, les autres voulant le quint, à moins qu'il ne prenne cession des droits de ses Coseigneurs, comme il a été jugé par Arrest du mois d'Août 1577.

Brodeau. Du Plessis. C'est le sentiment de Brodeau sur cet article nombre 22. & de Maître Duplessis.

La raison est, que le retrait féodal se peut diviser, ainsi que la directe se divise; & c'est l'esprit de nôtre Coûtume quand elle dit en cet article *le Fief tenu & mouvant de luy*; & comme il n'y a qu'une partie du Fief qui releve de celuy qui veut user du retrait, aussi ne peut-il l'exercer pour le tout. Ce qui est fondé sur ce que le retrait féodal n'a été étably que pour la réünion du Fief servant au Fief dominant, laquelle ne peut être faite que pour la part que le retrayant a dans le Fief dominant, comme il a été jugé par Arrest du 15. Avril 1581. au rapport de Monsieur
Auzanet. du Four, remarqué par Maître Auzanet.

On ne peut pas dire que le droit entier compete à un de plusieurs Seigneurs par droit d'accroissement, à l'exemple des servitudes, *l. proprium. ff. comm. predior.* où il est dit que si j'ay stipulé une servitude pour moy & pour mon voisin, s'il ne s'en veut pas servir, elle m'est dûë entierement; parce que *servitus tota est & in toto fundo, & in qualibet parte fundi, l. si stillicidii. §. ult. ff. quemadm. servit. amitt.* & les servitudes sont indivisibles.

8. Le Parlement de Toulouse a jugé qu'un des Seigneurs ne pouvoit exercer le retrait pour ses Coseigneurs, si ce n'est du consentement de l'acquereur, par Arrest du 22. Decembre 1601. en la premiere Chambre des Enquêtes, rapporté par Monsieur de Cambolas livre 3. chapitre 10.

C'est le sentiment de Guy Pape *quæst.* 411. ces deux
Brodeau. Arrests sont rapportez par Brodeau sur cet art. n. 24.

La raison est, que dans le Parlement de Toulouse & autres du Païs de Droit écrit, ce retrait n'est pas cessible, mais il faut dire le contraire dans les autres Parlemens, où les Seigneurs peuvent ceder le droit de retrait; mais les Coseigneurs ne peuvent pas être contraints de ceder ce droit à celuy des Coseigneurs qui voudroit user du retrait, parce que *nemo invitus emit vel vendit.*

9. C'est une question, *si l'acquereur d'une terre mouvante de deux Seigneurs, peut obliger celuy des deux qui veut retraire, de retirer le Fief entier?*

Il y a des Coûtumes qui obligent le retraïant de retirer le Fief entier, & dans lesquelles le retrait ne se reconnoît pas par parties ni par quartier, Lodunois chap. 15. art. 20. de Nantes art. 80. & autres.

Celle de Paris & quelques autres n'en parlent point, c'est une difficulté dans cette Coûtume, qui partage les Docteurs.

Du Moulin Du Moulin sur cet article 20. *Glos.* 1. *num.* 49. *& seqq.* tient que s'il y a plusieurs Seigneurs d'un même Fief vendu, que les uns veulent recevoir les droits, & un autre exercer le retrait, ils le peuvent, & le choix des uns ne préjudicie pas aux autres, mais ceux qui veulent exercer le retrait, ne peuvent l'exercer qu'à raison de la portion qu'ils ont dans le Fief dominant, c'est-à-dire, que si celuy qui l'exerce n'y a qu'un quart, il ne peut avoir qu'un quart dans le Fief vendu par le vassal; ils sont même obligez de retirer le Fief entier, au cas que l'acquereur ne veüille pas le diviser.

La raison est, que l'acquereur n'auroit pas voulu acquerir le Fief s'il avoit sçû qu'il eut fallut le diviser, *arg. leg. fistulas. §. qui feudum. de contrah. empt. vendit. l. inter.* 47. *§. curator. de minor. l.* 34. *de adilit. Edic.* ou demeurer en societé avec le retraïant; & parce que tous ces Seigneurs sont considerez comme un seul, & de même qu'un Patron quand il est seul, ne peut pas exercer le retrait pour une partie, aussi un de plusieurs Coseigneurs ne le peut pas contre la volonté de l'acquereur.

Il en est de même en ce cas du retrait féodal, comme au cas du retrait conventionel, quand le vendeur laisse plusieurs heritiers, dont les uns veulent exercer à retrait, les autres non, le retrait doit être exercé pour le tout, *Idem in pacto redimendi conventionali; si enim unus ex heredibus venditoris, qui vendidit sub pacto de retrovendendo, ageret ad retrovendendum pro parte sua hereditaria, non esset audiendus, nisi offerret totum redimere, & totum pretium refundere, quo casu rectè ageret, & electio esset rei conventi*, selon le sentiment de Bartole, *in l. cui ususfructus, de usu & ususfr. leg.* de Jason sur la Loy *stipulationes. de V. O.*

C'est aussi l'opion de Monsieur Loüet & de Brodeau lettre R. nomb. 25. Monsieur Loüet lettre R. nomb. 26. remarque un Arrest rendu en la Cinquiéme Chambre des Enquêtes, le 15. Avril 1581. au rapport de Monsieur Dufour qui l'a jugé ainsi; & Brodeau lettre R. nombre 25. en rapporte un autre rendu en la Deuxiéme Chambre des Enquêtes au rapport de Monsieur Aleaume, le 30. May 1587.

Monsieur de Boissieu dans son Traité de l'usage des Fiefs, chap. 25. est de même avis, il rapporte un Arrest du Parlement de Grenoble qui a jugé de même.

On dit au contraire;

Premierement, pour le Seigneur, que le retrait féodal est favorable, puisqu'il est presqu'aussi ancien que l'origine des Fiefs, qu'il est fondé sur la loy de l'investiture, les Fiefs étans accordez à la charge du retrait à l'effet de réünir les parties démembrées aux Fiefs dominans.

En second lieu, que le retrait féodal est un droit domanial, qui appartient au Seigneur dominant, sur les Fiefs qui relevent de luy, auquel par consequent le vassal ne peut préjudicier, desorte que si un de plusieurs Seigneurs veut retirer, il ne peut être contraint de retirer une plus grande portion du Fief vendu, que celle qu'il a au Fief dominant.

En troisiéme lieu, que l'acquereur doit s'imputer d'avoir acquis un Fief, ne devant pas ignorer le droit des Seigneurs desquelles il relevoit, c'est une ignorance de droit *quæ neminem excusat.*

Par les raisons rapportées cy-dessus, j'estime qu'un de plusieurs Seigneurs qui retire, est tenu de retirer le tout, si l'acquereur le veut, auquel cas la réünion ne se fait qu'à proportion de la portion qu'il a au Fief dominant; & pour les autres portions du Fief retiré, il est obligé de les tenir de ses Coseigneurs, comme auroit fait celuy, sur lequel le retrait a été exercé, s'il avoit retenu lesdites portions. 10.

Deplus, il est tenu de payer le quint à ses Coseigneurs, chacun selon la portion qu'ils ont dans le Fief dominant. 11.

C'est le sentiment de Maître Charles du Moulin *loco citato, num.* 53. & de Charondas sur cet article, qui est sans doute; & de Brodeau sur cet article *num.* 23. & de Monsieur Duplessis. Du Moul. Charond. Brodeau. Du Pless.

La raison est, qu'il ne peut pas préjudicier aux

droits des autres copropriétaires du Fief dominant, qui ont le choix ou de recevoir leur part du quint, qui leur est dû pour la vente du Fief servant, ou d'user du retrait, chacun pour la portion qui leur appartient dans le Fief dominant. Et quoiqu'il y ait deux ventes, toutefois il n'est dû qu'un seul droit de quint aux Coseigneurs, par celuy d'entr'eux qui retire tout le Fief; parce que la vente qui luy est faite par l'acquereur des portions du Fief, qu'il n'avoit pas droit de retirer, est contrainte & forcée, & non pas volontaire; c'est pourquoy il n'en est dû aucuns droits.

Deplus, la revente que fait l'acquereur, n'est pas en effet une nouvelle vente, mais une subrogation des droits de l'acquereur en la personne du retraïant; c'est pourquoy il seroit obligé de faire la foy & hommage à ses Coseigneurs pour ces portions; & en cas d'aliénation d'icelles l'acquereur seroit tenu de faire ses devoirs, & payer les droits seulement aux Coseigneurs, & le vendeur n'y pourroit rien prétendre, lesdites portions ne relevant point de luy.

12. C'est encore une question, sçavoir, *si une terre consistante en deux Fiefs relevants de deux differens Seigneurs, l'acquereur peut obliger l'un de ces Seigneurs qui veut exercer le retrait, de retirer toute la terre, ou s'il suffit qu'il retire ce qui est de sa mouvance?*

Quelques Coûtumes veulent que le retrait s'exerce pour le tout, si ce n'est du consentement de l'acquereur, Lodunois chap. 15. art. 20. Mantes art. 80.

D'autres ont une disposition contraire, par lesquelles le retraïant peut retirer seulement ce qui est de sa mouvance, Auvergne chapitre 21. article 9. & chapitre 22. article 23. la Marche article 182.

Cette question s'est présentée dans la Coûtume de Montfort Lamaury, dans laquelle il n'y a rien pour la décision de la contestation, & par Arrest rendu en l'Audience de la Quatriéme Chambre des Enquêtes, au mois de Juin 1683. conformément aux Conclusions de Monsieur l'Avocat General Talon, rapporté dans le second Tome du Journal du Palais, il a été jugé en confirmant la Sentence des Requêtes du Palais en faveur de Monsieur le President de Maisons, contre Monsieur de Bragelogne Conseiller en la Cour, que le Seigneur n'est tenu retirer que ce qui est en sa mouvance.

Du Moulin. Cette question partage les Docteurs: Maître Charles du Moulin s'est déclaré en faveur du Seigneur en plusieurs endroits, sur l'article 20. *Glos.* 1. *num.* 55. il reprend l'opinion contraire de Guy Pape, & soûtient qu'elle n'est pas raisonnable, parce que l'unité du contrat de vente fait entre les parties, ne peut pas nuire au Seigneur, & encore moins à différens Seigneurs; il prétend même que si plusieurs Fiefs mouvans d'un même Seigneur, ont été vendus par un même contrat & pour un même prix, le Seigneur peut exercer le retrait pour l'un des Fiefs seulement, & prendre les droits pour les autres, suivant l'estimation qui doit en être faite par rapport au prix de la vente, *itaque concludo quòd quoties sunt plures tituli feudi, & plura distincta feuda vendita, tunc sive unico sive distributo pretio, sive à diversis, sive ab eodem patrono moventur, sive respectu ejusdem feudi dominantis, semper potest fieri variatio, non in eodem, sed in diversis feudis, & respectu unius poterit emptor cogi ad fidelitatem & alia jura investituræ, & respectu alterius ad dimittendum pro pretio & legalibus impensis, & hoc casu debet arbitrio peritorum in hoc fieri æstimatio omnium feudorum venditorum particulariter, ut sciatur quantum de pretio convento cuique respondeat, & sic quantum sit refundendum ratione illius, in quo jus prælationis eligetur, & quantum jure quinti denarii pro aliis feudis non retentis pendendum.*

Sur l'art. 182. de la Coût. de la Marche, il fait difference entre le retrait féodal & le retrait lignager, *hoc est æquum*, parlant du retrait lignager, *tamen frequentius consuetudines dicunt, quod retrahens jure proximitatis tenetur etiam retrahere, quæ simul eodem pretio vendita sunt volente reo, quamvis non sint de linea actoris, quod est justum, quia retractus proximitatis est quædam gratia contra jus commune, & emptor debet reddi indemnis, secùs de retractu feudali, quia est de rigore & competit jure conventionis & investituræ feudalis. Amplio etiamsi emptor per decretum subhastationum emerit; quia ex quo partem emit ut feudalem ad onera feudalia, huic oneri sciens sese subjecit, ut eo invito directus Dominus partem se contingentem retrahere possit.*

C'est le sentiment de Coquille sur la Coûtume de Nivernois article 27. de Monsieur Tiraqueau & de Monsieur Loüet lettre N. nombre 25.

Guy Pape dans sa décision 508. Boyer sur l'ancienne Coûtume de Bourges titre de la retenuë des choses, de Boissiere, de l'usage des Fiefs chapitre 25. & autres, tiennent au contraire que le Seigneur est obligé de retirer le tout, à cause de l'unité du prix & de la vente, que l'acheteur n'auroit pas acheté un heritage, & que le retrait n'a lieu que quand il ne peut pas luy préjudicier.

Monsieur de Boissiere remarque un Arrest du Parlement de Grenoble, du 26. Mars 1612. qui a jugé contre le Seigneur.

Nonobstant ces raisons, j'estime le droit du Seigneur incontestable, parce que le retrait féodal est presque aussi ancien que les Fiefs; deplus c'est que les Fiefs ne sont donnez qu'à la charge de ce droit, ainsi les acquereurs d'iceux n'y peuvent pas préjudicier, ce qui arriveroit si le Seigneur étoit obligé de retirer les autres heritages non mouvans de luy, vendus conjointement avec celuy qui en releveroit; comme si le Fief qui seroit dans sa mouvance ne valoit que mille écus, & que les autres heritages en va'ussent dix mille, y auroit-il de la raison d'obliger le Seigneur au retrait du total, le retrait luy seroit à charge, en l'obligeant d'acheter des heritages qui ne luy conviendroient pas, ou de renoncer au retrait de la partie démembrée de son Fief.

L'acquereur d'un Fief à faculté de remeré peut exercer le retrait féodal, parce qu'il est veritablement propriétaire du Fief dominant, quoique ce ne soit pas incommutablement. 13.

Mais on demande s'il seroit obligé de rendre avec le Fief, les Fiefs qu'il auroit retirez au vendeur, usant de la faculté apposée dans le contrat de vente? 14.

On répond, qu'il n'y seroit pas obligé, suivant l'avis de Maître Charles du Moulin sur l'article 20. *Glos.* 1. *num.* 64. *Non tenetur vi pacti de retrovendendo restituere feudum dominans, nisi tale quale emit. Retinebit igitur subfeuda jure prælationis redemptâ; & pro illis remanebit vassallus illius, qui feudum dominans redemit, nec tenebitur ad aliud ex mutatione redemptionis quàm ad fidelitatem, sicut antiquus vassallus, cùm mutatio contingit solùm ex parte patroni.* Du Moulin.

Il en faut dire de même de l'heritier chargé de fideicommis; ou du legataire universel, chargé de restituer aprés un certain temps, le legs qui luy a été fait; & du donataire chargé de substitution contractuelle. 15.

La raison est, que le retrait féodal est un fruit qui appartient à l'acheteur, comme tous les autres fruits provenans de la chose, *l.* 2. *C. de pact. inter empt. & vendit.* & les fruits n'ont rien de commun avec la resolution de la vente, Chopin livre 2. titre 6. *num.* 7. *in fine*, sur cette Coûtume, & en son Traité du Domaine titre 5. C'est aussi l'avis de Jean Faber sur le §. *is cui. Instit. de legat.* Chopin.

Au contraire si le possesseur de bonne foy a réüny au Fief des arriere-Fiefs pendant sa possession, il ne les peut pas retenir aprés l'éviction du Fief dominant. 16.

La raison de la difference est, que l'acquereur à faculté de remeré, ou l'heritier chargé de fideicommis, est vray & legitime propriétaire du Fief, & partant il a droit de retrait pendant sa possession ; mais le possesseur de bonne foy n'est pas propriétaire du Fief qu'il possede, il n'en a que la possession.

Du Moulin. C'est aussi le sentiment de du Moulin *dicto loco*.

17. Le Roy peut user du retrait féodal ; & même Monsieur le Procureur General le peut aussi, pour les Terres & Seigneuries, qui sont en la mouvance féodale du Roy.

Du Moulin. Brodeau. Tronçon. C'est le sentiment de du Moulin sur cet article *Glos.* 4. *verbo* retrait féodal, qu'il le peut ; de Brodeau sur cet article, de Monsieur le Maistre en son Traité des Fiefs chapitre 5. de Tronçon sur l'article 21. & des autres Commentateurs.

Chopin. Chopin & Loisel livre 3. titre 5. regle 11. tiennent au contraire, que le Roy ne peut user du retrait, s'il n'est necessaire à l'Etat.

Quelques autres Auteurs ont été de même avis, mais on n'a pas suivi leur opinion ; dautant que le Roy ne doit pas être de pire condition que les autres Seigneurs de son Royaume.

Ils disent pour fondement, que le Roy dans la suite des temps réüniroit à son Domaine tous les Fiefs au préjudice des Seigneurs : mais cette raison est peu considerable ; premierement, parce qu'il arrive rarement, que le Roy se veüille servir de ce droit, à moins que ce ne soit des Châteaux & maisons fortes, qu'il soit de l'interêt de l'Etat de réünir à la Couronne, & quand il le fait, c'est par Lettres Patentes, comme remarque Tronçon.

La Coûtume de Bourdeaux article 90. dit, que le Roy & l'Eglise n'ont point droit de prélation par puissance de Fief ; sinon quant au Roy pour le bien de la chose publique ; & quant à l'Eglise, pour la necessité d'icelle.

Tronçon. Tronçon *loco citato* cote un Arrest du 15. May 1533. remarqué par Bodin livre 5. chapitre 3. de sa Republique, qui a jugé que le Roy ne peut pas exercer le retrait féodal, mais, comme dit Tronçon, on pratique le contraire.

Voyez l'article 90. de la Coûtume de Bourdeaux, l'article 23. du titre 10. de celle d'Acqs, & les Observations de du Pineau sur l'article 347. de la Coûtume d'Anjou.

18. Quant aux terres qui viennent au Roy par droit de confiscation, par l'Ordonnance de Philippes le Bel article 2. le Roy pour ne préjudicier pas aux droits des Seigneurs, doit en vuider ses mains, lorsqu'ils sont situez au dedans des Justices, Fiefs ou Censives des Seigneurs du Royaume.

A l'égard de ceux qui sont situez au dedans des Justices, Seigneuries ou Censives du Roy, ou de ceux qui sont tenus immédiatement de la Couronne, il n'est point tenu d'en vuider ses mains, il les peut retenir & réünir au Domaine, du Moulin sur cet article *Glos.* 4. *num.* 3.

19. Ceux qui tiennent des terres du Domaine par engagement, ne peuvent user du retrait féodal, qu'en obtenant des Lettres du Roy à cet effet.

Charondas. Tronçon. C'est le sentiment de Bacquet *loco citato* : de Charondas, de Tronçon, *verbo*, peut prendre.

20. Ce dernier Auteur sur l'article 21. *verbo*, retenu, dit indistinctement, que ceux qui tiennent par engagement des terres du Domaine du Roy, peuvent user du retrait féodal, & sur l'article 20. *verbo*, peut prendre, il dit qu'ils n'en peuvent user qu'en obtenant des Lettres Patentes du Roy, ainsi il n'est pas d'accord avec luy-même.

21. Le retrait étant exercé par les Engagistes, & le Roy venant à racheter son Domaine aliéné, les Fiefs retirez leur demeurent pour les tenir dépendans de la Couronne ; le Parlement de Toulouse l'a jugé ainsi par Arrest du 13. Août 1599. au profit de l'Engagiste de la Terre de Fabrezan, contre les Consuls de la même Ville, rapporté par la Rocheflavin chapitre 13. des droits Seigneuriaux article 4.

Brodeau sur l'article 20. de nôtre Coûtume nombre 4. & 9. dit, que les Engagistes ne peuvent user du retrait, sans une stipulation expresse, & s'il n'en est fait mention dans l'aliénation, ou si depuis ils n'obtiennent Lettres Patentes, dûëment verifiées, partant que l'Engagiste joüira tout ainsi que le Roy du droit de retrait féodal. Brodeau.

Il semble neanmoins qu'ils le peuvent sans aucune permission en vertu de leur qualité ; car ils sont propriétaires des terres qu'ils tiennent par engagement, ainsi ils exercent les mêmes droits que le Roy exerceroit ; à la reserve seulement qu'ils ne peuvent pas recevoir les foys & hommages des vassaux, qui n'appartiennent qu'au Roy.

Néanmoins l'usage est d'obtenir des Lettres Patentes du Roy addressantes à Messieurs du Thresor pour retenir par retrait féodal le Fief vendu, & l'unir au Fief duquel il est mouvant. 22.

* Brodeau *loco citato* nombre 9. dit, que les Arrests qui ont déclaré le retrait cessible, ont aussi jugé, que l'Engagiste ne peut user du retrait, sans stipulation expresse, ou sans Lettres Patentes. Et quoique l'usufruitier qui a usé de la retenuë féodale pendant sa joüissance, soit obligé, aprés que l'usufruit est fini, de rendre l'heritage retiré au propriétaire du Fief, au cas que le propriétaire le veüille réünir à son domaine, en remboursant l'usufruitier ou son heritier ; néanmoins l'Engagiste ne peut pas être évincé par le Roy du Fief qu'il a retiré pendant l'engagement, sous pretexte de le réünir au Domaine. Brodeau.

La raison est, que les Engagistes ont plus de droit que les usufruitiers, puisqu'ils sont propriétaires des terres qu'ils possedent par engagement, jusques à ce qu'ils soient remboursez.

Il cite au nombre 10. un Arrest du 16. Janvier 1639. qui jugea, que la Dame Marquise de Verneüil, Dame par engagement de Boisjency, ne pouvoit prétendre par droit de bâtardise les biens d'une nommée Erard, decedée sans hoirs, & que les biens furent adjugez au Roy, quoique par le contrat d'engagement fait à ladite Dame, les droits d'Aubaine & les Espaves luy eussent été expressément transferez. Cet Arrest est rapporté par du Fresne en son Journal.

Maître Duplessis tient aussi que l'Engagiste ne peut user de retenuë féodale, s'il n'y en a clause expresse dans leurs Lettres, comme il a été jugé par plusieurs Arrests. Du Plessis.

Il n'en est pas de même des Appanagistes, lesquels peuvent de plein droit & sans autre concession, exercer le retrait féodal & tous les autres droits de propriété en vertu de leur Appanage, c'est l'avis de Charondas, qui est sans difficulté. La raison de la difference est, qu'ils en sont vrais propriétaires, desorte qu'il ne dépend pas du Roy de le reprendre, s'il n'a que le droit de reversion faute d'enfans mâles. Charondas.

L'Eglise peut user du retrait féodal sur les Fiefs qui sont en sa mouvance, c'est le sentiment de du Moulin sur cet article, *Glos.* 1. *nombre* 1. qui dit, que les Ecclesiastiques sont capables d'exercer le retrait féodal ; sauf néanmoins à leur faire vuider les mains en la maniere qu'on les peut contraindre à vendre les heritages qu'ils auroient acquis de nouveau ; le défendeur en retrait ne pouvant se prévaloir à l'effet de l'empêcher, de leur incapacité à posseder heritages. 23. Du Moulin.

C'est aussi le sentiment de Guerin & des autres Commentateurs, comme il a été jugé par Arrest du 15. Février 1538. remarqué par Monsieur le Maistre en son Traité des Criées. Guerin.

BRODEAU. Brodeau sur cet article, nombre 13. en remarque d'autres.

Le premier est, du 6. Mars 1637. donné en la premiere Chambre des Enquêtes, au rapport de M. Tournebulle, au profit des Religieux Chartreux du Val-Dieu, infirmatif de la Sentence du Baillif du Perche, rapporté par le Vest, Arrest 14. Autre Arrest en la Coûtume de Normandie, qui ne décide rien du retrait féodal en faveur de l'Eglise, du 6. Septembre 1642. en la Troisiéme Chambre des Enquêtes, au rapport de Monsieur Thibeuf, confirmatif de la Sentence de Messieurs des Requêtes du Palais du 30. Juillet 1640. au profit de Maître Ythier Chastelain, Prêtre, Prevost en l'Eglise de Chartres, auquel fut adjugé par retrait féodal la portion seconde du Fief de Martot, tenu & mouvant du Fief de Vray-ville, dépendant de ladite Prévôté, contre Monsieur Maître Pierre Vigor Conseiller au Parlement de Roüen, lequel s'étant pourvû au Conseil Privé du Roy en cassation de ladite Sentence, & de l'Arrest confirmatif, il en a été débouté par Arrest donné au rapport de Monsieur Renoüard, Sieur de Villayer, Maître des Requêtes, le 23. Octobre 1643.

Cet Auteur dit, que le même Arrest porte, que le Châtelain sera tenu de vuider ses mains de ce Fief dans l'an & jour, s'il n'obtient permission expresse du Roy dans ledit temps de posseder ce Fief; & que Godefroy sur l'article 177. de la Coûtume de Normandie, & Berault sur l'article 451. de la même Coûtume, rapportent un Arrest, donné en l'Audience de la Grand'-Chambre du Parlement de Roüen, qui a jugé le contraire contre les Doyen, Chanoines & Chapitre de l'Eglise de Roüen.

Mais les gens de main-morte ne peuvent user du retrait qu'à la charge d'en vuider leurs mains, s'ils en sont requis, ou qu'ils ayent payé le droit d'amortissement au Roy; quant au droit d'indemnité, ils ne sont point obligez de le payer à leur Seigneur, si ce n'est dans les Coûtumes qui l'ordonnent; d'autant que ce droit ne se paye qu'au Seigneur duquel releve immediatement le Fief acquis par gens de main-morte; & puisque les gens de main-morte ont la directe sur le Fief qu'ils retirent par retrait féodal, ils ne sont point obligez de le payer au Seigneur duquel releve leur Fief; vû que ce retrait luy est avantageux, parce que le rachat ou relief qui luy sera dû à l'avenir à chaque mutation de l'homme vivant & mourant, luy sera beaucoup plus avantageux par le moyen de la réünion.

AUZANET. Maître Auzanet tient au contraire, que les gens de main-morte ne peuvent user du retrait, mais il me semble mal-fondé par les raisons remarquées cy-dessus.

Loysel livre 3. titre 5. regle 12. dit, *l'Eglise a droit de retenuë, mais il faut qu'elle le cede, & en vuide ses mains dans l'an & jour.* Il paroît même que cela est conforme à l'ancien usage de France. Voyez la Charte du rétablissement de la Reole de l'an 977. Monsieur le Maistre dans son Traité des Fiefs chapitre 5. & l'article 90. de la Coûtume de Bourdeaux.

Nous avons néanmoins quelques Coûtumes qui défendent à l'Eglise d'user de la retenuë féodale, sçavoir Berry, titre de retenuë article 4. Bourbonnois article 479. Nivernois, titre des cens, article 8. Xaintonge, art. 31. Bordeaux, art. 90. & autres.

Voyez sur ledit article 4. du titre 13. de retenuë de la Coûtume de Berry, les Commentaires de Ragueau & de la Thomassiere.

Quant aux Coûtumes qui n'en parlent point, il n'y a pas de difficulté que l'Eglise n'y puisse exercer le retrait féodal; car puisqu'elle peut acquerir toutes sortes d'heritages, nobles ou autres, en obtenant amortissement du Roy, pourquoy n'usera-t-elle pas des avantages que luy donne la qualité des biens qu'elle a déja acquis?

L'Eglise use du droit de prélation au Parlement de Toulouse, suivant le sentiment de Durant, question 31. où il dit, que *Ecclesia jure prelationis utitur, maximè in Provincia Occitana, qua jure scripto regitur.* 24.

Monsieur de Cambolas livre 2. chapitre 39. remarque un Arrest du Parlement de Toulouse du 14. Février 1614. au rapport de Monsieur le Noir, qui sert de préjugé pour cette question, au moins quand le retrait féodal est exercé pour la commodité de l'Eglise, car autrement on ne luy permet pas facilement d'user de ce droit; ce même Auteur remarque un Arrest du 9. Avril 1630. au rapport de Monsieur d'Assejat qui a débouté l'Eglise du retrait féodal.

L'usufruitier du Fief dominant peut retraire les Fiefs relevans du Fief, dont il a la joüissance sans le consentement du propriétaire & sans sommation préalable, quoiqu'il semble par ces termes, *le Seigneur féodal*, qu'il n'en puisse pas joüir; ce qu'il peut faire même contre la volonté du Seigneur propriétaire, & quoiqu'il voulût luy-même se servir de ce droit, suivant l'opinion de Maître Charles du Moulin sur cet article *Glos.* 1. *num.* 33. avec cette difference néanmoins, que quand l'usufruitier exerce le retrait du consentement du propriétaire, le Fief retiré demeure & appartient incommutablement à l'usufruitier; & que s'il le fait sans son consentement, quoiqu'au nom du propriétaire, le Fief demeure réüny & consolidé au Fief dominant, si bon semble au propriétaire, en rendant par luy *finito usufructu* à l'usufruitier ou à son heritier, ce qu'il a déboursé pour executer le retrait, avec les loyaux coûts & frais qu'il aura faits. 25. DU MOULIN

C'est la disposition de la Coûtume de Normandie article 23. sinon & à faute de faire le remboursement du prix & des loyaux coûts & frais par le Seigneur, dans le temps arbitré par le Juge, le Fief retiré doit appartenir incommutablement à l'usufruitier ou à son heritier, pour le tenir immédiatement du Seigneur propriétaire, comme il étoit tenu du vassal qui l'a vendu, ainsi qu'il a été jugé par l'Arrest d'Argilliere du 23. Février 1571. cité par Charondas, Brodeau sur cet article & l'article 53. *num.* 19. & de Maître Auzanet. 26. CHARONDAS. BRODEAU. AUZANET.

Il n'y a que Tronçon sur cet article, *verbo*, peut prendre, qui dit qu'un simple usufruitier ne peut pas retenir par retrait féodal les Fiefs mouvans de luy, mais c'est une erreur. TRONÇON.

Si au cas que le Seigneur retire le Fief de l'heritier de l'usufruitier, le Seigneur doit restituer le quint qui auroit été payé à l'usufritier, s'il n'avoit exercé le retrait? 27.

Il semble que le Seigneur n'y est pas obligé; parce que l'usufruitier exerçoit les droits du propriétaire, quand il a usé de retenuë féodale; or le propriétaire s'exclud de la demande du quint quand il choisit le retrait; il en faut donc dire de même de l'usufruitier, lequel ayant le choix ou de prendre le quint ou d'user du retrait, a aimé mieux le retrait, quoiqu'il sçût que c'étoit à la charge de rendre le Fief retiré au Seigneur propriétaire aprés l'usufruit finy. Et quand le Seigneur retire le Fief des mains de l'heritier de l'usufruitier, il le doit retirer comme il le retireroit de celles de l'acquereur, auquel cas il ne seroit obligé de payer aucuns droits. Et si le retrait dans la suite s'est trouvé moins avantageux pour l'usufruitier, que n'auroit été le quint qu'il auroit reçû au lieu, il doit l'imputer à son mauvais choix.

C'est le sentiment de Maître Auzanet sur cet article page 22. AUZANET.

On dit au contraire, que si l'heritier de l'usufruitier évincé par le Seigneur, ne pouvoit pas exiger les droits qu'il auroit reçû de l'acquereur, il pourroit souffrir une perte considerable par le retrait qu'il auroit exercé ; car la joüissance du Fief pendant la vie de l'usufruitier, pourroit ne le pas récompenser du quint qu'il perdroit par ce moyen, ainsi il seroit plus avantageux à l'usufruitier de ne pas exercer ce retrait ; c'est pourquoy j'estime contre le sentiment que j'ay tenu autrefois, que le Seigneur doit rembourser le quint qui étoit dû à l'usufruitier par l'acquereur, & qu'il auroit dû luy payer au cas qu'il eût exercé le retrait.

28. *Si l'usufruitier peut ceder ce droit à un tiers?*

BRODEAU. Brodeau sur cet article *num.* 15. dit, que l'usufruitier d'un Fief ne peut ceder à un tiers la faculté d'exercer le retrait féodal, si ce n'est du consentement du propriétaire du Fief, suivant le sentiment de Coquille sur la Coûtume de Nivernois, chapitre 4. article 58. *verbo*, remuëmens, & chapitre 24. article 9. *verbo*, user de retenuë.

Cependant je ne vois pas, que le Seigneur puisse empêcher cette cession, puisqu'elle ne luy cause aucun préjudice, & qu'il luy doit être indifférent qui exerce le retrait, ou l'usufruitier, ou un tiers, en vertu de la cession, que l'usufruitier auroit fait de son droit ; car soit que le retrait ait été exercé par l'usufruitier, ou par un tiers, le propriétaire n'a pas moins de droit de réünir le Fief retiré aprés l'extinction de l'usufruit, quoiqu'il ait été retiré par le cessionnaire de l'usufruitier, en le remboursant, puisque l'usufruitier n'a pas pû ceder plus de droit qu'il en avoit, *l. nemo. ff. de R. J. & resoluto jure dantis, resolvitur & jus accipient's.*

29. *Comment l'usufruitier peut exercer le retrait sans crainte, que ses heritiers soient évincez aprés sa mort?*

Il doit incontinent aprés la retenuë du Fief faire appeller le propriétaire pour déclarer, s'il entend accepter pour & à son profit la retenuë féodale, ou non : consentant de luy délaisser le Fief en le remboursant du prix & des loyaux coûts, & luy payant les quints à luy dûs à cause de la vente ; & s'il ne veut pas, l'usufruitier le retiendra en pleine propriété incommutablement, sans que le propriétaire en puisse évincer ses heritiers, *l. sed si. 15. ff. de usufr. l. Julianus. 13. §. si quis. ff. de actio. empt. l. 16. ff. de administr. tut.*

30. *Si le payement des droits féodaux fait à l'usufruitier, & la quittance qui en auroit été baillée pure & simple, donneroit ouverture à une fin de nonrecevoir contre le propriétaire, pour l'empêcher d'exercer, ou ceder & transporter le retrait féodal, en indemnisant l'usufruitier ou son Fermier, des droits féodaux?*

BRODEAU. Brodeau, nombre 10. dit avoir été ainsi jugé au profit du propriétaire par Arrest de 1637. cité cyaprés, déclarant le retrait feodal cessible.

31. *Que doit faire le propriétaire pour exercer le retrait au cas que l'usufruitier n'en veüille pas user?*

Le propriétaire peut exercer ; & en ce cas l'usufruitier ne joüiroit pas du Fief retiré ; mais aussi le propriétaire seroit obligé de payer les droits de quint dûs à l'usufruitier, lesquels il auroit eu de l'acquereur, au cas qu'il n'eut point été évincé par le propriétaire.

32. *Si le mary peut user du retrait feodal?*

Le mary en cette qualité peut retirer par puissance feodale le Fief vendu, étant mouvant de celuy de sa femme, & l'acquereur ne le peut contraindre à représenter le consentement de sa femme, parce que,

DU MOULIN. dit du Moulin sur cet article, *Glos. 1. num. 47. hoc judicio sive vincat, sive obtineat, non potest sequi aliqua alienatio, vel deterior conditio propriorum uxoris, sed bene potest fieri melior conditio. Unde etiam invitâ uxore posset agere & evincere ; non enim posset auctorari à judice, nec audiri ad contradicendum marito in hoc, cùm non haberet justam causam contradicendi.*

Le Fief retiré par le mary n'entre point en la communauté, & le mary n'en a que l'usufruit ; il est fait propre à la femme pour le tout, au cas qu'elle, ou ses heritiers, aprés la dissolution de la communauté, veüillent la réünion : toutefois arrivant la dissolution du mariage, le mary ou ses heritiers reprennent la moitié du prix du Fief réüni : *Feudum retractum constante matrimonio fit proprium ejus conjugis à cujus feudo dependet, salvâ restitutione dimidii pretii alteri conjugi, ejusve heredibus.* Du Moulin *ibidem.* 33. DU MOULIN.

Au contraire, si le mary avoit acquis le Fief mouvant de celuy de sa femme, non par droit de retenuë feodale, mais par autre cause d'acquisition, le Fief en ce cas seroit reputé entre les acquêts & biens de la communauté, & il ne seroit réüni au Fief dominant que pour moitié seulement, & l'autre qui demeureroit aux heritiers du mary, releveroit du Fief de la femme ; & quarante jours aprés la dissolution de la communauté par le décés de l'un des conjoints, la femme ou ses heritiers seroient recevables à exercer la retenuë feodale sur cette moitié.

C'est la doctrine de Maître Charles du Moulin, *loco citato.* DU MOULIN.

La femme ne peut pas se faire autoriser par Justice, pour user du retrait feodal contre la volonté de son mary, qui voudroit prendre les droits feodaux, comme nous dirons sur l'article suivant, Glose 1. 34.

Si le vassal peut user du retrait sur son Seigneur? 35.

On tient veritable l'affirmative, parce que le retrait est accordé au Seigneur immediat indistinctement, pour s'en servir à l'encontre de tout acquereur ; & comme ce droit n'appartient point au Seigneur superieur, lequel ayant acquis le Fief mouvant de luy en arriere-Fief, ne le réünit point au sien, c'est pourquoy le vassal en peut évincer son Seigneur.

Charondas sur l'article 54. dit avoir été jugé ainsi par plusieurs Arrests, ce que j'estime juste & bien fondé. CHARONDAS.

Si le Fermier du Fief dominant qui a compris dans son bail tous les droits & profits feodaux, peut aussi user du retrait feodal? 36.

On tient l'affirmative, comme il a été jugé par Arrest donné en la Coûtume du Maine du 26. Avril 1636. remarqué par Maître Duplessis. L'article 410. de cette Coûtume y est précis.

Mais le Fermier est tenu rendre le Fief retiré au Seigneur aprés que le bail sera fini, au cas que le Seigneur le demande, ainsi qu'il a été dit de l'usufruitier. Et pour avoir droit d'user du retrait, il faut qu'il en soit fait mention expresse dans le bail : la raison est, que le bail est pour tous les fruits qui peuvent échéoir & se percevoir sans le fait & la volonté du Seigneur : Or le cas du retrait requiert, que le Seigneur en fasse option, & partant le Fermier ne le peut pas prétendre sans cession expresse.

C'est le sentiment d'Auzanet en ses Arrestez, titre de la retenuë feodale, article 17. AUZANET.

Que si nonobstant le bail le Seigneur du Fief dominant recevoit les quints de l'acquereur, le Fermier seroit exclus du retrait, à moins qu'avant le payement fait, le Fermier n'eût fait signifier à l'acheteur qu'il vouloit retirer le Fief. C'est le sentiment de Chopin sur la Coûtume d'Anjou, titre du retrait feodal, nomb. 8. ce que je crois incontestable ; parce que l'acquereur n'est pas obligé de sçavoir les clauses du bail fait par le Seigneur duquel il releve, avec son Fermier. CHOPIN.

Si le Seigneur suzerain peut exercer le retrait sur les arriere-Fiefs? 37.

C'est l'avis de du Moulin sur cet article, Glose 4. nombre DU MOULIN.

nombre 2. qu'il le peut. La raison qu'il en rend est, que *eo ipso quòd feudum immediatum est prehensum, & ad manum suam redactum ex defectu hominis, censetur quasi commissum, & quasi reunitum. Et facit dominus omnes fructus suos jure proprio tanquam dominus & tanquam de re sua, ad suam primordialem causam reversa*, de Charondas sur l'article 55. de Brodeau sur l'article 54. *num.* 4. Toutefois il est obligé aprés la main-levée de la saisie, de remettre entre les mains de son vassal les Fiefs réünis, s'il en est requis.

ARONDAS ODEAU.

UZANET. Maître Auzanet sur l'article 54. est d'avis contraire, estimant que cet article vingtiéme ne peut être entendu que de la mouvance proche & immediate, & non de la mouvance des arriere-Fiefs; parce que la loy de la retenuë feodale a été inventée pour empêcher, que *invito domino vassallus ingratus, id est non gratus, detur*; ce qui est juste; mais cela ne regarde que l'interest du Seigneur prochain & immediat, & non le Seigneur suzerain; je ne croy pas qu'il faille s'arrêter à cette opinion; car puisque par la saisie faite par le Seigneur sur le Fief servant, il entre dans les droits de son vassal, il peut exercer tous les droits seigneuriaux que son vassal pourroit exercer, sans que les arriere-vassaux le puissent empêcher.

Ainsi j'estime, selon du Moulin, Charondas & Brodeau, que le Seigneur suzerain peut exercer le retrait feodal, par la raison qu'en rend Charondas, que par le moyen de sa saisie il est au lieu de son vassal; qu'ainsi il est censé le faire tant en son nom, que comme administrateur des droits de son vassal; d'autant que cette retenuë concerne l'utilité & le profit du Fief; c'est pourquoy elle est accordée au mary & à l'usufruitier.

18. *Si un curateur établi à un Fief saisi peut exercer le retrait feodal?*

Voyez sur l'article 34.

19. *Si un Seigneur feodal peut ceder à un tiers le droit de retraire un Fief vendu par son vassal?*

MOULIN Du Moulin sur cet article *Glos.* 1. *num* 20. *& seqq.* traite cette question, & dit qu'elle est tres-difficile; & aprés avoir proposé des raisons tres-fortes pour l'affirmative, il se détermine pour l'opinion contraire, & il l'établit sur les raisons suivantes.

La premiere est, que le retrait feodal a été accordé aux Seigneurs, pour faciliter la réünion & la consolidation du Fief servant au Fief dominant, qui ne faisoient autrefois qu'un même Fief; & cette raison est tirée de ces termes de l'article 21. *pour l'unir & mettre en sa table.*

Dans cet article la Coûtume rend la raison, pour laquelle le retrait feodal est accordé au Seigneur, sçavoir pour unir à son domaine le Fief qu'il retire, & par consequent le Seigneur ne peut pas le ceder à un tiers, parce que par ce moyen le Fief retiré ne seroit pas réüni au Fief dominant.

La deuxiéme est, que le retrait lignager est plus favorable que le feodal, & puisque le lignager n'est pas cessible, le feodal ne le doit pas être.

La troisiéme est, que le retrait feodal est un droit seigneurial & une puissance de Fief, comme il est dit en cet article, & partant il ne peut être exercé que par celuy qui a cette puissance, & non par un

MOULIN autre; ainsi l'opinion de du Moulin a été que le Seigneur feodal ne peut ceder ce droit à un tiers.

Plusieurs Auteurs ont suivi le sentiment de Maître Charles du Moulin, comme Boërius sur la Coûtume de Bourges, *titre de retin. re feud.* §. 1. Guy Pape *decis.* 411. Chassanée sur la Coûtume de Bourgogne, titre des censes, §. 11. *Glos.* 3. *in princ.* & plusieurs autres citez par Tiraqueau en son Traité du retrait.

Plusieurs autres ont suivi l'opinion contraire, Tiraqueau *de retract.* §. 26. *Glos.* 1. *num.* 44. Grimaudet, chapitre 8. livre 1. des retraits. Loysel, livre 3. titre 5. regle 7. Coquille en plusieurs endroits de ses ouvrages. Monsieur Loüet, lettre R. nombre 3. Le Bret, *lib.* 5. *decis.* 12. Bacquet, Traité des droits de Justice, chap. 12. nomb. 9. la plus grande partie des Commentateurs de nôtre Coûtume, & plusieurs Commentateurs des autres Coûtumes; desorte même que Coquille qui est mort en 1603. dit en ses questions, chap. 37. que la commune opinion du Palais de son temps étoit, que la retenuë feodale pouvoit être cedée par le Seigneur; c'est aussi l'opinion de Brodeau sur cet article, nomb. 6. & de Maître Duplessis. C'est aussi la disposition de la Coûtume de Bourbonnois, article 457. En effet, ce seroit à present une erreur, si on vouloit soûtenir le contraire.

La raison est, que ce n'est pas une faculté qui soit purement personnelle, mais un droit patrimonial & domanial, qui est *in bonis patroni*, & par consequent il peut être cedé, comme tous autres droits & actions, qui ne sont point restraintes à certaines personnes.

De plus, c'est un droit & un avantage qui descend plûtôt de la concession & des conventions des parties intervenuës dans les premiers temps dans les aliénations des Fiefs, que de la seule disposition de la loy; & de même que le retrait conventionnel peut être cedé, aussi le retrait feodal le peut être, étant une pure faculté, *quæ est in fructu*, afin que le Seigneur ait un vassal qui luy agrée.

Il n'en est pas de même du retrait lignager, parce que dit du Moulin sur cet article, *Glos.* 1. *num.* 20. Du MOULIN *fuit introductus favore consanguineorum, cui favori derogaretur, si posset cedi extraneo; sed retractus feudalis est inductus favore directi domini, cui favori non contravenitur, sed magis obtemperatur, si liceat cedere cuilibet. Nec est iniquum is tribui patrono, autori feudi, ut possit deligere quem vult vassallum sibi gratum sine prajudicio veteris vassalli, cui tantum pretii numeratur, quantum ab alio consequi posset.*

Il y a encore une autre raison, qui est que le Seigneur pourroit exercer le retrait pour luy, & quelque temps aprés il le pourroit revendre à celuy à qui il voudroit ceder ce droit, & l'acquereur ne pourroit faire autre chose que déferer le serment au Seigneur, sçavoir s'il auroit usé du retrait pour luy; mais ce seroit un foible recours; c'est pourquoy la Cour a jugé plus à propos de permettre la cession du retrait feodal.

On répond au premier argument de Maître Charles du Moulin, que ce droit a été principalement introduit, afin que les Fiefs servans se réünissent, & soient consolidez aux Fiefs dominans, que cela n'empêche pas que le Seigneur qui peut exercer le retrait feodal pour cet effet, n'en puisse tirer quelque utilité, en cedant ses droits à un étranger; car il doit être indifferent à l'acquereur, que ce soit le Seigneur qui use du retrait, ou un autre en vertu de la cession que le Seigneur luy en auroit faite. De même qu'un Seigneur peut donner à ferme son Fief avec tous les profits feodaux qui peuvent écheoir, comme les quints, requints, reliefs & autres.

Il faut ajoûter à cela, que ce droit est patrimonial & domanial, c'est pourquoy il peut être cedé; ce qui sert de réponse aux objections qu'on pourroit proposer contre cette opinion.

La Cour a jugé la question contre le sentiment de Maître Charles du Moulin, par plusieurs Arrests remarquez par nos Commentateurs, & principalement par Brodeau.

Le premier est de l'an 1520. au profit de Messire Erard de la Marck, Evêque de Chartres, touchant la Baronnie d'Alluye.

Le second du 14. Mars 1573. donné entre le sieur de Pontallier, de Chastillion & Sablonnier, cité par Chopin sur la Coûtume d'Anjou, *lib.* 1. *cap.* 4. *num.* 12.

Le troisiéme a été donné en la premiere Chambre des Enquêtes, les autres consultées, au rapport de Monsieur Cocquelain, au profit du Vicomte d'Arcy, adjudicatif du retrait feodal, suivant le don & cession faite par le Roy, aprés que deux de Messieurs se seroient, de l'Ordonnance de la Cour, transportez en la Chambre des Comptes, & rapporté avoir vû plusieurs titres de pareils dons & cessions, qui y avoient été verifiées, remarqué par Charondas, liv. 7. de ses Réponses, chap. 140.

CHARONDAS

Au livre 3. chap. 22. du même volume, il en cite deux autres, l'un donné au profit de Monsieur le Président de Thou, cessionnaire de Monsieur le Connétable de Montmorency, du droit de retrait feodal; l'autre du dernier de Mars 1575. au profit de Chesna, ayant le droit cedé du sieur de S. Romain.

Autre Arrest du dernier Avril de la même année 1575. donné en la quatriéme Chambre des Enquêtes, au rapport de Monsieur de la Vau, au profit de Jean Journes Vaurainbaut, cessionnaire du sieur de la Feüillée, curateur de Messire Guy Comte de Laval, par lequel il fut dit, qu'il avoit été bien jugé par le Juge de Laval, lequel par sa Sentence avoit adjugé le retrait feodal en vertu de la cession mal & sans grief appellé, l'appellant qui étoit l'acquereur du Fief condamné en l'amande & aux dépens.

Autre Arrest donné en la Grand'Chambre, au rapport de Monsieur de Soulfour, le 16. Juillet 1616. au profit de Maître Claude de Cornoaille, ayant droit de M. le Connétable Duc de Montmorency, contre Louis Hebert, Maître Chirurgien à Paris, tuteur de Denys Hebert son fils, par lequel la Cour en infirmant la Sentence du Prevôt de Paris, du 8. Juillet 1612. adjugea par retrait feodal au cessionnaire les Fiefs & heritages scis à Foullenges, tenus & mouvans du cedant, à cause de sa Baronnie de Mello, mentionnez en son transport.

Autre Arrest rendu en la Coûtume d'Amiens, donné en la troisiéme Chambre des Enquêtes, au rapport de Monsieur de Montholon, le 22. Decembre 1634. confirmatif de la Sentence du Bailly de Tilloloy, du 8. Nov. 1621. au profit de Jacques Routier, ayant les droits cedez de François de Viancourt, Ecuyer sieur de Tilloloy, contre Charles Routier & Adrian Pasquier.

Autre Arrest donné en la même Chambre, au rapport de Monsieur Sarrus, le 26. Avril 1636. confirmatif de la Sentence de Messieurs des Requêtes du Palais, Cupif & Robert le Clerc, parties plaidantes, qui a jugé en la Coûtume du Maine, que le retrait feodal est cessible, non seulement de la part du Seigneur de Fief, mais même de son Fermier ou Receveur, dans le bail duquel le retrait feodal est compris, ou quand il n'est point reservé.

C'est l'un des points de l'Arrest intervenu en la Coûtume de Paris, donné en la Chambre de l'Edit, au rapport de Monsieur Madelaine, le 21. Août 1649. qui condamne Maître René Parrain, sieur des Coustures, Secretaire du Roy, de laisser la Terre & Seigneurie de Courtabeuf, sise en la Prevôté de Mont-le-hery, par droit de retrait feodal, à Messire Josias de Roüan, qui en avoit don & transport de Monsieur le Duc d'Orleans, Seigneur Appanagé du Comté de Mont-le-hery, & de Messire Charles d'Escoubleau, Marquis de Sourdis, Seigneur de Magny-Lessart, dont ladite Terre de Courtabeuf releve en partie.

Ce dernier Arrest jugé contre l'avis de Chopin sur la Coûtume d'Anjou, *lib.* 1. *cap.* 4. *num.* 12. que la cession du retrait feodal peut être faite par un Appanagé, contre un Secretaire du Roy, quoy qu'exempt de tous droits seigneuriaux, utiles, profitables & pecuniaires pour les Terres mouvantes du Domaine du Roy, sans même qu'il puisse en ce cas prétendre contre le retrayant, qui est aux droits du Roy, les quints non payez par le Secretaire du Roy: cet Arrest est rapporté par du Fresne en son Journal des Audiences.

Autre Arrest donné en la Grand'Chambre, au rapport de Monsieur Camus de Pont-carré, le 7. Avril 1637. par lequel les tuteurs & curateurs, & coadjuteurs de Barthelemy de Foureaux, fils mineur de défunt Maître Pierre de Foureaux, Lieutenant Criminel de la Basse-Marche au Dorat, ont été condamnez de laisser à Maître Jacques du Peirat, Trésorier de France à Limoges, comme ayant les droits du Roy par transport de retrait feodal, la Terre & Seigneurie de Touron, située en la Châtellenie de Rancon, dépendante du Comté de la Basse-Marche, venduë par Arrest d'adjudication par decret de la Cour du 17. Septembre 1620. audit défunt de Foureaux, sur Albert de la Cosse, en remboursant ou consignant le prix de l'adjudication, frais & loyaux cousts, nonobstant la production nouvelle faite par les tuteurs, des Lettres Patentes du Roy, contenant le délaissement fait à la Reine Marie de Médicis sa mere, de la joüissance du Comté de la Marche, pour partie de ses deniers dotaux, verifiées en la Cour, le 8. Août 1611. en consequence dequoy ils soûtenoient, que quand bien le retrait feodal seroit cessible, le don & transport n'auroit pû être fait par le Roy; pour l'importance de laquelle contestation la Cour auroit ordonné, que l'instance seroit communiquée à Monsieur le Procureur General, qui y auroit pris ses Conclusions; & sur ce que lesdites Lettres Patentes ne comprenoient point le retrait feodal adheré au donataire du Roy: les tuteurs s'étant pourvûs contre cet Arrest par Lettres en forme de Requête civile, les parties ont été mises hors de Cour & de procés, par Arrest, donné au rapport de Monsieur le Meusnier, le 30. Août 1641.

Brodeau dit, qu'il avoit écrit au procés contre ledit Peirat: & qu'il y avoit eu un précedent Arrest donné sur instance en la même Grand'Chambre le 8. Avril 1628. donné contre Maître Antoine Bamy, Conseiller au Siege Presidial de Limoges, cessionnaire du sieur des Masures, qui avoit eu don de la Reine-Mere du Roy, du droit de retrait feodal, de ladite Terre de Touron, par lequel il avoit été debouté de sa demande en retrait feodal, avec dépens. BRODEAU

Autre Arrest donné en la Chambre de l'Edit le 7. Mars 1646. par lequel la Cour, conformément aux Conclusions de Monsieur l'Avocat General Talon, adjugea à Dame Jeanne de Fabas veuve de Messire Pierre de Caumont, Marquis de Dammé, la Terre de Châteauneuf, comme ayant cession du droit de prelation & retrait feodal, de Dame Jeanne du Bec veuve de Monsieur le Maréchal de Guebriant, Dame par engagement de la Vicomté de Limoges, appartenant au Roy, dont ladite Terre de Châteauneuf est mouvante, avec clause dans son contrat d'engagement du droit du retrait feodal, ladite Terre de Châteauneuf acquise par decret par Dame Françoise de Châteauneuf; Brodeau audit lieu dit, que c'est pour cette raison qu'on insere à present cette clause dans tous les contrats d'engagement du Domaine du Roy, & dans les Lettres Patentes des Appanages, & que c'est sur ce fondement que la Cour a rendu un Arrest du 21. Août 1649. remarqué cy-dessus. Cet Arrest est rapporté dans le second tome du Journal des Audiences. BRODEAU

On ne doute plus que le Roy ne puisse ceder le retrait feodal, ainsi que les autres Seigneurs, mais pour cet effet, il faut que ceux à qui il est accordé, obtiennent des Lettres Patentes, sans lesquelles ils n'y pourroient pas être reçûs selon le sentiment des Docteurs. Chopin, *lib.* 3. *tit.* 23. *de doman.* Bacquet, des droits de Justice, chap. 12. nomb. 8. Tronçon sur l'article 22. *verbo*, retenu.

Le Parlement de Grenoble au contraire, n'admet

point la cession du retrait feodal, comme nous apprenons de Monsieur Salvaing, en son Traité des Fiefs, chap. 22.

Le Parlement de Toulouse en fait de même; la Rocheflavin rapporte un Arrest de ce Parlement du 4. Août 1572. chap. 13. art. 1. par lequel un Seigneur fut obligé de jurer s'il vouloit exercer le retrait feodal pour luy.

C'est aussi le sentiment de Monsieur de Cambolas, liv. 3. chap. 10. nomb. 2. de ses décisions, & des autres Arrestographes du même Parlement.

Brodeau sur cet article nomb. 10. dit avoir vû un Arrest du Parlement de Bordeaux du mois de Janvier 1607. donné en la Grand'Chambre au rapport de Monsieur de Lescure, par lequel la Seigneurie d'Estafort a été adjugée par puissance de Fief, à Messire Maleis de Narbonne, en consequence du don & cession du droit de retrait feodal à luy fait par la Reine Marguerite, avec défense à Blaise de la Ville de le troubler: la cause ayant été appointée au Conseil, par Arrest du 6. Août 1706. plaidans Malvin & Paillet.

Le même Auteur dit, qu'il y a un Arrest de ce Parlement, donné en la deuxiéme Chambre des Enquêtes, au rapport de Monsieur Alleaume, le 19. Août 1600. au profit de Maître Gallerand Gaillard, Conseiller au Siege Presidial de Blois, & Philippes de Naves, confirmatif de la Sentence du Baillif de Blois, qui avoit debouté Dame Françoise de Noüailles, veuve de Messire François de Clermont Tallard, sieur de Thoury, du retrait feodal, dont elle avoit cession & transport. Mais il dit, que cet Arrest n'a point jugé la these, ayant été rendu sur des circonstances particulieres, dont la principale étoit, que le Seigneur avant la cession avoit approuvé la vente du Fief, ainsi il n'étoit plus recevable au retrait feodal, ni par consequent son cessionnaire, qui n'avoit pas plus de droit que luy.

Par autre Arrest du 1. Decembre 1684. rendu au Parlement de Mets, rapporté dans le 4. tome du Journal des Audiences. Il a été jugé que le Roy peut ceder le droit de retraire les Fiefs vendus dans sa mouvance.

Nous avons quelques Coûtumes qui permettent aux Seigneurs de ceder le retrait feodal; sçavoir, Melun, article 164. Mantes, article 78. la Marche, article 280. Auvergne, chap. 1. art. 20. Bourbonnois, article 457. D'autres au contraire, comme Lodunois, voyez dans la Conference & la Note de du Moulin.

Quant aux Coûtumes qui n'en parlent point, il faut suivre la maxime établie par les Arrests de ce Parlement sur cette matiere, à moins que l'usage de la Province n'y soit contraire.

L'Eglise peut aussi ceder le droit de retrait feodal; car comme ce droit est reputé domanial & seigneurial, & qu'il appartient à l'Eglise, si ce n'est dans les Coûtumes qui le défendent, elle a droit de le ceder à un tiers. 40.

C'est le sentiment commun des Docteurs, de Brodeau sur cet article nombre 12. où il dit, qu'il n'en est pas de même de la faculté accordée aux Ecclesiastiques par les Edits, Declarations & Lettres Patentes, de retirer les biens & domaines dépendans de leurs Benefices, aliénez pour la subvention. Brodeau.

La raison est, que cette faculté n'est pas de droit commun; mais une grace speciale & un privilege particulier, accordé par le Roy *ex plenitudine potestatis*, pour réünir les biens aliénez à la mense & au domaine de l'Eglise & du Benefice; & ce privilege étant pur personnel, il n'est pas cessible, même de la part d'une Abbaye à une autre du même Ordre, comme il a été jugé par Arrest du 14. Janvier 1628. rapporté par le Grand sur l'article 27. de la Coûtume de Troyes, Glos. 4. nomb. 18. plaidans Buffet pour les appellans, & de Montholon pour les Religieux, Abbé & Convent des Eschaalis, conformément aux Conclusions de Monsieur l'Avocat General Bignon.

Mais le retrait feodal est réel, foncier, patrimonial & domanial, dépendant de la condition naturelle & essentielle du Fief, & fait partie des fruits & obventions; ainsi les Ecclesiastiques peuvent user de ce droit au nom de l'Eglise, & non pour eux, ou le ceder à un tiers, quand la Coûtume n'exclud pas l'Eglise du retrait feodal.

Maître Auzanet tient au contraire, que les gens de main-morte ne peuvent ceder le droit de retenuë feodale. Auzanet.

PEUT PRENDRE, RETENIR ET AVOIR PAR PUISSANCE DE FIEF.

GLOSE DEUXIEME SUR L'ARTICLE XX.

SOMMAIRE.

1. *Si le retrait feodal ne se peut exercer que par Sentence du Juge.*
2. *Si le retrait feodal étoit cessible avant la reformation de la Coûtume.*
3. *Si le retrait feodal a lieu, quoique par la cession du Fief il n'en soit point fait mention.*
4. *Que doit faire le Seigneur, quand l'acquereur ne veut pas acquiescer au retrait.*
5. *Si aprés la Sentence adjudicative du retrait le Seigneur peut changer de volonté.*

1. Quoiqu'il semble par ces termes, que le Seigneur puisse prendre & rentrer dans le Fief mouvant de luy, tombé en retrait, sans que pour ce il soit obligé d'avoir recours à l'autorité du Juge, le retrait par cet article luy étant accordé de plein droit, néanmoins il est incontestable, que le Seigneur ne peut l'exercer à present que par voye d'action, faisant assigner l'acquereur pardevant son Juge ou autre du lieu où le Fief est situé, ou pardevant le Juge du domicile de l'acquereur, pour voir ordonner le retrait, & l'acquereur condamné à luy délaisser le Fief qu'il a acquis, en luy payant le prix de son acquisition & ses loyaux-couts, comme il est ordonné par cet article.

Molin. C'est ainsi que Maître Charles du Moulin sur cet article, *Glos. 3. num. 1.* explique ces termes, *prendre, retenir, &c. jus retractus per se non competit nisi per viam actionis, ut emptor condemnetur ad dimittendum pro pretio.* Voyez ce que nous avons dit dans la Glose précedente, nomb. 4.

Le terme *retenir* avoit été inseré dans la redaction de la Coûtume, & a été conservé en la reformation, parce qu'en ce temps-là le retrait feodal n'avoit lieu, que lorsque le Seigneur vouloit réünir le Fief à sa table; ce qui sembloit fort juste & fort utile aux particuliers; mais on a depuis jugé le retrait feodal cessible, comme il est remarqué cy-devant, l'interêt des Seigneurs se trouvant en ce point tres-favorable, pour n'être pas obligez d'avoir pour vassaux des personnes inconnuës, ou qui peut-être 2.

seroient leurs ennemis, ou gens avec lesquels ils pourroient avoir des differends.

3. Le Seigneur & le vassal sont censez avoir contracté à la charge de la retenuë feodale, quoique le titre primitif de la concession n'en fasse point mention, Guy Pape, *quæst.* 508. du Moulin sur cet article *in princ.*

Du Moulin.

C'est ce qui a été jugé par Arrest du 5. Août 1611. remarqué par Galland dans son Traité du Franc-aleu, par lequel Monsieur le Duc de Boüillon Vicomte de Turenne, a été reçu au droit du retrait feodal contre le sieur de Noüailles, quoique le titre d'investiture ne portât aucune reserve de la retenuë feodale.

4. Quand l'acquereur ne veut pas acquiescer au retrait feodal, la Coûtume de Chauny, article 117. dit, que le Seigneur peut saisir son Fief, & l'exploiter en pure perte.

Dans nôtre Coûtume, & dans toutes celles qui n'en parlent point, le Seigneur doit se pourvoir par voye d'action, & faire condamner l'acquereur à luy délaisser le Fief qu'il a acquis, en le remboursant du prix de la vente & des loyaux-cousts; & soit que l'acquereur soit condamné contradictoirement, ou par défaut, aux fins & conclusions du Seigneur, le Seigneur ne peut point user de saisie, mais il doit faire executer la Sentence ou Arrest adjudicatif du retrait, & faire sortir l'acquereur de la possession du Fief par les voyes ordinaires, & par autorité de Justice.

5. *Si aprés la Sentence adjudicative du retrait, le Seigneur pourroit changer de volonté, renoncer au droit de retrait acquis par la Sentence, & demander le quint à l'acquereur?*

Il semble qu'il le pourroit, en payant à l'acquereur les frais & dépens du procés: la raison est, que le retrait a été introduit en sa faveur, pour s'en servir s'il le trouve avantageux, sinon recevoir les droits ordinaires pour la vente du Fief; autrement ce qui auroit été introduit pour son interêt, tourneroit à son préjudice, contre la disposition de la Loy *nulla juris ratio.* & la Loy *quod favore C. de legib.* Il pourroit arriver, que dans le temps de l'action le Seigneur pourroit avoir de l'argent comptant pour faire le remboursement, & qu'aprés la Sentence adjudicative du retrait, les choses pourroient être changées; desorte qu'il ne seroit plus en état d'en trouver pour executer le retrait, ce qui luy causeroit un notable préjudice, s'il y pouvoit être contraint.

Nonobstant ces raisons, je croy qu'il pourroit y être obligé par l'acquereur, parce que *non licet mutare consilium in alterius damnum, l. nemo. ff. de R. J.* Que s'il peut être desavantageux au Seigneur d'être contraint d'executer le retrait adjugé par Sentence, il peut aussi au contraire être tres-desavantageux à l'acquereur, s'il ne l'execute pas aprés l'avoir poursuivi; dautant que l'acquereur auroit peut-être disposé ses affaires pour recevoir le remboursement du Fief tombé en retrait, soit en achetant quelques autres biens, pour lesquels il luy faudroit de l'argent pour en payer le prix, ou parce que cela luy feroit manquer d'autres occasions favorables, & il est plus juste que le fait du Seigneur luy soit préjudiciable qu'à un autre, *l. factum. ff. de R. J.* devant s'imputer de n'avoir pas pris ses mesures, comme il devoit, suivant les choses qui pouvoient arriver.

D'ailleurs, par le moyen de la Sentence adjudicative du retrait, la vente faite entre le vendeur & l'acquereur est resoluë, & le Seigneur succede à la place de l'acquereur, & c'est comme si le Seigneur avoit acheté du vendeur: Or s'il avoit acheté du vendeur, il ne pourroit pas se départir de la vente, parce que c'est un contrat qui se fait du consentement mutuel & reciproque des parties, lequel par consequent ne se peut resoudre que par le commun accord des contractans, *tot. tit. ff. de contrah. empt.* Ainsi je croy, que le Seigneur ne peut pas renoncer au profit de la Sentence adjudicative du retrait; mais qu'il pourroit se départir de sa demande & poursuite, avant la prononciation de la Sentence, parce que *res adhuc est integra*, en payant les frais & dépens du procés.

LE FIEF TENU ET MOUVANT DE LUY.

GLOSE TROISIE'ME SUR L'ARTICLE XX.

SOMMAIRE.

1. *Si le retrait a lieu sur les arriere-Fiefs.*
2. *Si la mouvance venduë est sujette au retrait.*

CEt Article se doit entendre du Fief tenu en plein Fief, & immediatement mouvant & dépendant du Seigneur feodal, & non pas de celuy qui est tenu en arriere-Fief; car quoique le Seigneur immediat refusât d'user du retrait feodal, le Seigneur suzerain seroit mal fondé de le vouloir exercer, en payant au Seigneur immediat son vassal le quint denier pour ses droits, ou en le remboursant à l'acquereur, au cas qu'il l'eût déja payé.

1. Néanmoins le Seigneur suzerain peut user du retrait sur les arriere-Fiefs pendant la saisie du Fief mouvant de luy en plein Fief, pourvû que la saisie emporte perte de fruits, car pour celle qui est faite pour dénombrement non baillé, elle ne luy donneroit pas la faculté d'user du retrait feodal. Voyez cy-dessus glose 1.

Ces termes, *le Fief*, montrent que le retrait n'a lieu qu'en cas de vente de Fief.

Brodeau.

C'est le droit commun de nos Coûtumes, Brodeau nomb. 18. néanmoins quelques-unes l'accordent aussi pour les rotures, mais elles sont restraintes dans leurs limites, desorte que dans celles qui n'en parlent point, retrait n'a lieu.

On demande si la mouvance feodale, venduë ou remise, est sujette au retrait feodal, de la part du Seigneur dont le Fief étoit autrefois mouvant: Par exemple, la mouvance d'un Fief m'appartient, je la vends au propriétaire de ce Fief, au moyen dequoy il cesse de tenir son Fief de moy, & d'être mon vassal, & commence de le tenir de luy-même en consequence de la mouvance qu'il a achetée dudit Fief, & il le tient toûjours de mon Seigneur en arriere-Fief. La question est, si mon Seigneur peut retraire cette mouvance sur l'acquereur. 2.

Il est sans doute qu'il le peut, parce que cette mouvance est un Fief en l'air, & sans domaine, duquel releve les terres feodales appartenantes à celuy qui l'a acquise; & le Seigneur n'a pas moins de droit de la retraire sur son arriere-vassal, que sur un étranger auquel cette mouvance auroit été venduë, auquel cas on ne peut pas douter qu'il y auroit lieu au retrait. Ce qui a été jugé par Arrest donné en la Chambre de l'Edit, le 15. May 1619. confirmatif de la Sentence de Messieurs des Requêtes du Palais, rapporté par Monsieur le Bret, en ses Décisions, partie 2. liv. 2. Décision 15.

& cité par Brodeau, nombre 17.

BRODEAU. De ces termes, *le Fief, &c.* il s'ensuit que ce retrait n'a lieu en vente d'usufruit d'un Fief, ainsi que le retrait lignager n'a lieu en vente d'usufruit d'un heritage par l'article 147. *infrà*; ni en vente de bois de haute-futaye, dans lequel le Fief consisteroit, parce que quand il est abbatu, ce n'est qu'un meuble, du Moulin sur cet article, *Glos.* 4. DU MOULIN.

QUI EST VENDU PAR SON VASSAL.

GLOSE QUATRIE'ME SUR L'ARTICLE XX.

SOMMAIRE.

1. *Si le retrait feodal n'a lieu qu'en cas de vente.*
2. *En quel cas le retrait feodal peut avoir lieu.*
3. *Si le Seigneur peut exercer le retrait feodal, encore qu'il ait consenti à la vente du Fief.*
4. *Pourquoy le Seigneur ne doit point refuser son consentement.*
5. Quid, *s'il l'avoit vendu luy-mesme au nom d'un autre.*
6. *Si le Seigneur du Fief dominant peut user du retrait feodal, pour les portions venduës par les copropriétaires du Fief.*
7. *Quelle est la disposition de la Coûtume de Nivernois.*
8. Quid, *lorsque le vassal n'a vendu qu'une partie de son Fief.*
9. *Si lorsque le quint n'est point dû au Seigneur, il peut exercer le retrait feodal.*
10. *En quel cas le Seigneur est tenu de rembourser les impenses utiles & necessaires, quand il retire un Fief par droit de retenuë feodale.*
11. *Quelle partie peut retraire le Seigneur, quand la moitié du Fief a été donnée.*
12. Quid, *s'il se trouve que le Fief n'a point été donné en partie.*
13. *Si le Seigneur peut retirer le Fief, quoique la vente soit faite* in diem, *& que la tradition du Fief n'ait pas été faite.*
14. *Si le Seigneur peut user du retrait feodal, encore que le contrat de vente ait été resolu peu de temps aprés.*
15. *Si lorsque le Fief a été vendu plusieurs fois, le Seigneur peut retraire le Fief de la vente qu'il veut.*
16. *Si le Seigneur est tenu de retirer tout le Fief, quand plusieurs heritages sont vendus par un mesme contrat.*
17. *Comment se fait la ventilation d'un heritage.*
18. *Si lorsqu'un Fief dépend de plusieurs Seigneurs, la ventilation faite d'iceluy peut estre par eux debattuë en Justice.*
19. *Si le Seigneur peut retirer le Fief acheté par gens de main-morte, quand ils ont obtenu Lettres d'amortissement.*
20. *Si le Seigneur qui use du retrait feodal, est tenu de payer toutes les charges imposées sur le Fief par le vendeur.*
21. *Si le retrait a lieu au cas du bail à rente rachetable.*

1. CEs termes *vendu* & *prix* qui sont dans cet article, & ceux de *quint denier* & de *vendition* font assez connoître que le droit du retrait féodal n'a lieu qu'en cas de vente, ou d'acte équipollent à la vente, comme si le Fief a été baillé par l'ancien vassal en payement d'une dette qu'il devoit, parce que *datio in solutum*, est une vente, *l. si prædium. C. de evictio.*

Ainsi ce droit n'appartient pas au Seigneur féodal pour Fief donné ou aliéné par quelque autre maniere que ce soit, non pas même en cas d'échange, à moins qu'il ne soit frauduleux, c'est-à-dire, lorsque les parties ont déguisé un contrat de vente sous celuy d'échange, pour empêcher les droits du Seigneur; car comme en ce cas c'est une veritable vente, le Seigneur a le choix du quint, ou du retrait, comme il a été jugé par Arrest du 6. Février 1574. remarqué par Charondas en ses Réponses livre 3. BRODEAU. chapitre 16. & 17. & cité par Brodeau sur cet article nombre 2.

Le retrait féodal a lieu dans les cas suivans.

2. I. Encore que la vente ait été faite par contrat volontaire ou par autorité de Justice, & par decret forcé; car quoique le Seigneur ait eu connoissance de la poursuite faite contre son vassal par ses créanciers, & qu'il eût pû mettre encheres, néanmoins il n'est pas moins recevable au retrait: Ce qui est vray, même au cas que le Seigneur y eût mis encheres, & que l'adjudication eût été faite à un autre; d'autant que ce retrait est accordé par la Coûtume indistinctement sur un acquereur en cas de vente, ainsi le Seigneur peut s'en servir de quelque maniere que la vente ait été faite.

Ce seroit aussi la même chose, quoique le vassal eût offert son Fief, au Seigneur pour le même prix qu'il l'auroit vendu. Maître Auzanet dit, qu'il ne faudroit pas que ce retrait pût être exercé au cas de ventes judiciaires, ny de celles qui se font en l'assemblée de créanciers, chez un Notaire ou ailleurs, néanmoins tel est l'usage. AUZANET.

II. Quoique le Seigneur ait donné son consentement à la vente; car le consentement qu'il a donné à une vente qu'il ne pouvoit pas empêcher quand il auroit voulu, ne fait pas présumer qu'il ait voulu renoncer au droit qu'il avoit d'user du retrait féodal: au contraire si son consentement avoit été requis quoiqu'inutile, il ne devoit pas faire difficulté de le donner, puisque l'acte auquel il devoit consentir, luy devoit être avantageux, soit pour le quint, ou pour le retrait féodal. 3.

Il en faut dire de même, au cas que le Seigneur 4.

ait été présent à la vente du Fief, & qu'il ait signé comme témoin, quoiqu'il n'ait point fait de reserve ou de protestation, c'est l'opinion de Brodeau sur cet article nombre 4.

BRODEAU.

5. III. Bien que le Seigneur luy-même ait vendu pour & au nom d'un autre, comme par procuration, ou en qualité de tuteur, quoiqu'il se fût obligé à la garantie en cas d'éviction. La raison est, que ce n'est pas luy qui vend, mais celuy au nom duquel il fait la vente, & que *officium suum nemini debet esse damnosum*.

6. Que si le Seigneur avoit vendu le Fief mouvant de luy en plein Fief, conjointement avec d'autres propriétaires du Fief servant, il ne pourroit pas exercer le retrait pour les portions par eux venduës : parce qu'en ce cas il contreviendroit à son propre fait, en cassant & annullant la vente qui auroit été faite du Fief par luy & ses copropriétaires, non seulement pour lesdites portions, mais pour la totalité du Fief si l'acquereur le requeroit, ainsi il rentreroit dans la portion du Fief qu'il auroit venduë avec celles des autres copropriétaires, & contreviendroit par ce moyen à son propre fait, ce qui seroit contre l'équité & la Loy *si non sortem. §. filiusfamilias. ff. de condict. indeb.*

7. IV. En vente à faculté de rachat, c'est la disposition de la Coûtume de Nivernois titre 4. chapitre 30. article 41. & le retrait se fait à la charge du rachat.

La Coûtume de Berry titre 13. article 9. dit au contraire, qu'en vente à faculté de rachat à neuf ans ou au-dessus retrait n'a lieu.

La disposition de la Coûtume de Nivernois doit avoir lieu dans celles qui n'en parlent point.

La raison est, que le retrait féodal étant accordé au Seigneur indistinctement par une Coûtume, on ne doit pas y faire aucune distinction entre les ventes pures & simples, & celles qui sont faites à faculté de rachat, n'y ayant aucune raison qui oblige de la faire : car un Fief vendu à faculté de rachat n'est pas moins vendu, que celuy qui l'est par une vente pure & simple, & si la clause du rachat est inserée au contrat, elle aura lieu contre le Seigneur qui aura usé du retrait, étant obligé d'executer le contrat de vente selon sa forme & teneur, comme auroit fait l'acquereur en la place duquel il est entré par le retrait.

8. V. Quoique le vassal n'ait vendu qu'une partie de son Fief, sans se retenir la foy & hommage, ni autre droit domanial, comme de censive ; parce que c'est une aliénation de cette partie qui tombe en retrait : Il faudroit dire le contraire au cas que la vente n'excedât pas les deux tiers, & que le vassal en eût retenu la foy & hommage envers son Seigneur ; car en ce cas le quint n'est point dû au Seigneur, & partant il n'y a pas lieu au retrait, lequel ne peut être exercé si le quint n'est dû, pour & au lieu duquel le Seigneur peut opter le retrait ; ce qui est fondé sur l'interprétation de l'article 51. *infra*.

9. La raison est, qu'au cas de l'article 51. il n'y a point de veritable aliénation ni de mutation de vassal pour la vente ou le bail à cens, à rente, ou à titre d'emphyteose, fait jusques aux deux tiers du Fief ou au dessous, le vassal se retenant la foy entiere sur ce qu'il aliéne.

Mais au cas que le vassal ou ses heritiers, ou successeurs à titre particulier, excepté la vente, viennent à vendre la partie que le vassal s'étoit reservée, avant que ce démembrement ait été inféodé par un dénombrement qui en auroit été reçû par le Seigneur, en ce cas il y a lieu au retrait, tant pour ce qui a été reservé, que pour le domaine vendu ou baillé à cens ou à rente avec retention de foy, par quelque temps que l'acheteur en ait joüy, pendant trente ou quarante ans & plus ; parce qu'on ne peut pas objecter au Seigneur le temps qui a couru entre les deux aliénations, quelque long qu'il ait été, n'ayant pas eu la faculté d'user du retrait avant l'ouverture du Fief qui n'est survenuë que long-temps après.

Dans ce cas le Seigneur doit rembourser l'acquereur du prix qu'il a payé pour son acquisition avec les impenses utiles & necessaires qu'il a faites de bonne foy dans le Fief, & les loyaux coûts, & le décharger du cens & de la rente, à la charge de laquelle la vente luy a été faite, sans que l'acquereur puisse prétendre aucun recours contre le vassal son vendeur, parce qu'il est présumé n'avoir pas ignoré la nature & la qualité de l'heritage qu'il achetoit. 10.

Mais si le Seigneur avoit inféodé le droit domanial retenu par le vassal en faisant l'aliénation, ou qu'il l'eût reçû par aveu, en cas de vente de la portion que le vassal s'étoit reservée, le Seigneur pourroit exercer le retrait seulement sur cette partie, & non sur celle qu'il auroit aliénée autrefois sans démission de foy, suivant l'article 52. desorte que par le retrait de cette partie le Seigneur seroit subrogé dans les droits de son vassal, & le cens, ou autre droit domanial que le vassal se seroit reservé sur la portion de son Fief, dont il se seroit joüé, appartiendroit au Seigneur ; car le cens ne peut plus être dû au vassal qui n'a plus rien dans le Fief, à raison duquel le cens ou autre droit domanial luy auroit été dû ; & le preneur à cens tiendroit du Seigneur dominant aux mêmes clauses & conditions qu'il tenoit du vassal avant l'aliénation entiere de son Fief ; desorte qu'il ne dépendroit pas du vassal de se reserver par une clause expresse & speciale, en aliénant le reste de son Fief, le droit de faire la foy & hommage au Seigneur pour la portion qu'il auroit premierement aliénée ; ni prétendre que le droit domanial reservé sur cette portion, luy seroit payé, autrement ce seroit admettre des Fiefs en l'air sans domaine, lesquels n'ont pas lieu dans nôtre Coûtume, depuis qu'elle a été reformée. Voyez l'article 52. *infra*.

Que si un Fief a été vendu en partie & donné en partie, en ce cas le Seigneur peut retraire la partie venduë, & prendre le relief pour celle qui a été donnée, au cas qu'il n'y ait point de fraude, car si les parties supposoient, que le Fief auroit été vendu en partie, & donné en partie, quoiqu'il eût été vendu sa juste valeur, par intelligence & par fraude, pour empêcher que le Seigneur n'exerçât le retrait, en ce cas il en pourroit user pour le tout : parce que veritablement il auroit été vendu pour le tout, *cum pretium ascendit ad valorem totius feudi, nihil est residui.* 11.

Il n'y a pas lieu de prétendre que le Fief ait été donné en partie, parce qu'il auroit été vendu moins que son juste prix ; à moins que dans le contrat il ne fût exprimé, que le vendeur auroit vendu son Fief moins pour gratifier l'acheteur du surplus ; mais il faudroit qu'il n'y eût pas lieu de douter que tel étoit le dessein du vendeur, & que la chose valut ce que le vendeur l'auroit estimée, *primùm spectandum est principale propositum contrahentium, & quid inter eos actum sit ; unde si agant vendere, contractus non erit justus, sed totus erit mera venditio, tametsi minoris, etiamsi scienter facta sit, nisi ita actum sit ut in eo quod res supervalet pretio, sit donatio, l. si quis. ff. de contrah. empt. l. si sponsus. §. circa. ff. de donat. inter vir. & uxor.* 12.

VI. Quoique la vente soit faite *in diem*, & que la tradition du Fief n'ait pas encore été faite à l'acquereur ; parce qu'il suffit que le Fief soit vendu pour donner lieu au retrait féodal, suivant ces termes de cet article *qui est vendu par son vassal*, quoique la tradition de la chose n'ait pas encore été faite ; car la perfection du contrat de vente ne dépend pas de la tradition, mais du seul consentement des parties, 13.

tot. tit. ff. & Institut. de contrah. empt. vendit.

Moulin. La raison qu'en rend Maître Charles du Moulin sur cet article *glos. 3. num. 8*, est, que *idem debet judicari de actione competente ad feudum, sicut de feudo, saltem quando est pura & præcisa. Igitur si nihil aliud causetur emptor, quam se nondum assecutum dominium per traditionem, & non habere facultatem immediatam rei dimittendæ per retractum, saltem non potest impedire, quin ex tunc condemnetur ad dimittendum patrono jure retractûs statim postquam traditio erit facta. Igitur si ex nunc potest condemnari ad restituendum; postquam venditor ei sponte tradiderit, vel per actionem ex empto ad hoc coactus fuerit, sequitur quòd potest compelli ad cedendum actiones quas habet contra venditorem, solventi patrono pretium & sumptus legales.*

Il en faut dire de même au cas que la vente soit faite sous condition, c'est le sentiment de Maître Auzanet en ses Arrests, titre de la retenuë féodale article 3. Auzanet.

14. VII. Quoique la vente ait été resoluë le lendemain du contrat fait & parfait.

Monsieur Pithou sur l'article 27. de la Coûtume de Troyes remarque un Arrest de la troisiéme Chambre des Enquêtes du 9. Février 1533. qui a jugé que si le vassal vend son Fief, & que le contrat de vente soit parfait, le Seigneur féodal peut exercer le retrait féodal, encore que le lendemain le contrat ait été resolu du consentement mutuel des parties; supposé même que la délivrance n'en ait pas été faite à l'acheteur, *quia sufficit venditum, & facile utile dominium ad directum redit*: que néanmois Faber sur le §. 1. *Institut. de empt. & vendit.* est d'avis contraire.

Depuis la même question a été jugée de même au rapport de Monsieur Bouguier en la deuxiéme Chambre des Enquêtes le 17. Mars 1635. au profit de Madame de Montlaur. Voyez cy-aprés cette question sur l'article 23. glose 1. nombre 7.

15. *Si le Fief a été vendu plusieurs fois, le Seigneur n'ayant point reçû ses droits, sçavoir s'il peut retraire le Fief de la vente qu'il voudra?*

Du Moulin sur cet article glose 5. nombre 44. dit, qu'il le peut; parce que le droit du retrait féodal ne se prescrit que par trente ans, desorte qu'il peut choisir de quelle vente il veut exercer le retrait, de celles qui ont été faites depuis trente ans. Et que s'il retrait le Fief de la premiere vente, il ne peut demander les quints dûs pour les suivantes; mais au contraire si le retrait est exercé de la derniere, il aura les quints de toutes les prédentes.

Il dit encore que si le retrait est exercé de la premiere, le Fief sera exempt des charges qui auront été imposées par les ventes subsequentes.

Cette resolution ne me semble pas sans difficulté, car il paroît absurde qu'un Seigneur puisse exercer le retrait sur un acheteur, de la vente qu'il n'aura pas contractée: quand le retrait est exercé il faut que trois personnes se rencontrent, sçavoir le Seigneur retraïant, l'acheteur sur lequel le retrait est exercé, & le vendeur; si je suis le dernier acheteur, le Seigneur ne peut retraire que sur moy qui suis en possession du Fief, & il ne peut pas le retraire sur Mevius qui seroit mon vendeur & premier acheteur, puisque retraire, c'est retirer des mains & de la possession de quelqu'un, & que Mevius n'a plus le Fief que j'ay acheté, ayant passé de luy entre mes mains.

Il faut donc qu'il exerce le retrait sur moy; or on ne peut pas dire qu'il exerce le retrait sur moy, & qu'il ne me rendra pas ce que j'en ay payé de plus que mon vendeur premier acheteur du Fief, dautant que cet article dit, *en payant le prix que l'acquereur en a baillé*, & ce terme *acquereur* ne se peut entendre que de celuy sur lequel l'heritage est retiré, & non pas d'un précédent acqueteur. Le Seigneur doit s'imputer de n'avoir pas usé du droit qui luy appartenoit dans le temps de la premiere vente faite à Mevius avant qu'il me l'eût revendu; car jusques-là le Seigneur pouvoit retraire le Fief mouvant de luy sur Mevius jusques à trente ans, mais aprés la revente par luy faite il ne peut plus retraire sur luy, parce que ce droit est éteint, celuy sur lequel il pouvoit être exercé, n'étant plus en état de le souffrir, puisqu'il ne posséde plus le Fief qui est tombé dans le retrait féodal.

Que si l'opinion de Maître Charles du Moulin avoit lieu, il s'ensuivroit que moy qui suis le dernier acheteur, je ne pourrois recevoir du Seigneur retraïant que la somme que Mevius auroit payée au vassal vendeur qui seroit par exemple de dix mille livres, quoique j'en eusse payé douze mille à Mevius, & contre qui en ce cas aurois-je mon recours pour douze mille livres? Du Moulin

Ce seroit suivant l'avis de Maître Charles du Moulin contre mon vendeur, & mon vendeur auroit son recours contre son vendeur qui seroit le vassal; ce qui ne se peut dire avec raison; parce que sur quel fondement intenterois-je action en recours contre mon vendeur, lequel ne peut être garand que de ses faits & promesses, & non pas des faits d'autruy? il m'a vendu un Fief dont il avoit la propriété, s'il m'est évincé par le Seigneur en vertu du retrait féodal, il n'en est point responsable; c'est un fait d'autruy fondé sur la disposition du droit coûtumier, dont par conséquent il n'est point garand, & il n'y a aucune raison qui me donne lieu de le poursuivre pour être remboursé de ces deux mille livres. Du Moulin

Ainsi il faut dire, que le Seigneur ne peut retirer le Fief que sur le dernier acquereur, en le remboursant du prix qu'il en a payé, avec les loyaux cousts, & reconnoissant toutes les charges qui auroient été imposées sur le Fief par les ventes precedentes.

Pour l'opinion de Maître Charles du Moulin on peut ajoûter, que le premier acquereur n'ayant point été inféodé, le Seigneur n'est point obligé de reconnoître l'aliénation qu'il auroit faite, & que quoiqu'il ne puisse poursuivre l'action du retrait que contre le possesseur du Fief, néanmoins il n'est pas tenu de s'arrêter au prix de son acquisition, mais au prix de la vente faite par l'ancien vassal au cas qu'il y trouve son avantage. Ainsi par l'action de retrait qui est *in rem scripta*, le demandeur poursuit le possesseur pour voir adjuger contre luy le retrait du Fief sur la premiere vente non notifiée au Seigneur.

D'ailleurs, que si le Seigneur ne pouvoit exercer le retrait que sur le dernier acquereur, ce seroit ouvrir un chemin aux fraudes contre le Seigneur, l'acquereur ayant droit de revendre le Fief acquis à un autre qui luy en donneroit un plus haut prix, ce qui empêcheroit le Seigneur d'user de son droit. Le possesseur du Fief sur lequel le retrait seroit adjugé, auroit un recours valable contre son vendeur pour être indemnisé de ce que le Seigneur ne l'auroit remboursé que sur le pied de la premiere vente, parce que ce seroit par sa faute que le Seigneur useroit du retrait, pour n'avoir pas été investi, & n'avoir pas notifié la vente au Seigneur, & ce seroit une faute dont il seroit responsable envers l'acquereur.

Maître Auzanet est d'avis contraire à Maître Charles du Moulin, estimant que le retrait ne peut être exercé que pour le prix de la derniere aliénation; & que s'il est arrivé d'autres mutations précedentes pour lesquelles le retrait féodal n'ait point de lieu, il n'en doit être payé aucun droit au Seigneur. Auzanet.

Cette question s'est présentée au Châtelet dans l'espece du retrait lignager. Un heritage avoit été vendu la somme de mille cinquante livres; l'acquereur le revend pour la somme de quatre cent livres, &

sur ce second acquereur il est retiré par un parent lignager, lequel prétendoit ne le devoir rembourser que sur le prix de son acquisition : cet acquereur soûtenoit au contraire qu'il le devoit rembourser sur le prix de la premiere vente.

Par Sentence du Châtelet il fut jugé que le remboursement se feroit sur le pied de la seconde vente ; sur l'appel interjetté, par Arrest de la Tournelle Civile du 1682. la cause fut appointée au Conseil. Le Parlement de Toulouse a jugé suivant l'opinion de du Moulin par Arrest du 3. Aoust 1594. remarqué par Monsieur de la Rocheflavin livre des droits Seigneuriaux chapitre 13. article 9.

16. *Si le Seigneur qui exerce le retrait, peut obliger l'acquereur de luy payer les droits dûs pour les précedentes mutations ?*

DU MOULIN. Du Moulin *loco citato* dit qu'il le peut ; cependant je croy que cette opinion n'est pas soûtenable : la raison est, que la vente faite à cet acquereur étant renduë nulle par le moyen du retrait, il ne peut point être poursuivi pour les droits qui étoient dûs par ses predecesseurs ; mais le Seigneur peut poursuivre chacun d'eux ou leurs heritiers pour avoir le payement de ceux qu'ils devroient, quoiqu'ils ne soient plus possesseurs du Fief, parce que les propriétaires des Fiefs sont obligez personnellement au payement des droits dûs pour leur acquisition, & pour celles de leurs prédecesseurs, s'ils ne sont prescrits, comme nous avons dit sur l'article 12. c'est l'avis de Maître

AUZANET. Auzanet.

17. *Si plusieurs heritages étant vendus par un même contrat, & pour un même prix, le Seigneur est obligé de retirer le tout ?*

La Coûtume d'Auvergne chapitre 21. dit, que si l'acheteur offre la totalité des choses venduës, le Seigneur est tenu de les prendre, voyez en la Conference la Note de du Moulin sur la Coûtume de la Marche, qui porte en l'article 282. que si plusieurs heritages tenus en même droit, sont vendus par un même prix, le Seigneur n'est recevable de demander l'un & laisser l'autre.

La Coûtume de Nivernois titre du retrait lignager article 27. fait une distinction qui est fort équitable, & qui doit être suivie dans toutes les Coûtumes qui n'en parlent point ; sçavoir que le Seigneur doit retirer tout ce qui est compris dans la vente, pourvû que toutes les choses venduës soient en sa mouvance féodale, & mouvantes d'un même être, mais si elles sont mouvantes de diverses directes, chacun des Seigneurs peut retirer ce qui sera mouvant de sa directe, sans que l'un soit obligé de retirer ce qui n'est pas mouvant de luy en plein Fief ; & en ce cas les choses venduës doivent être estimées par le Juge ou par deux Experts élûs par les parties.

DU MOULIN. Du Moulin sur cet article *glos. 1. num. 54.* est d'avis, qu'encore que plusieurs Fiefs vendus par un même contrat, soient dans la directe d'un même Seigneur, néanmoins il peut retraire un ou plusieurs d'iceux à sa volonté, ayant le choix de retirer l'un & de prendre le quint pour les autres, parce qu'il peut avoir des raisons pour lesquelles il retire un des Fiefs vendus, qui cesseroient pour les autres.

TRONÇON. BRODEAU. Cette opinion est tres-juste & bien fondée, c'est aussi l'avis de Tronçon sur l'article 22. *verbo*, retenu, & de Brodeau nombre 19.

CHARONDAS. Charondas tient, que le Seigneur est tenu de retraire tous les Fiefs vendus par une même vente, qui sont en sa mouvance, mais je ne croy pas qu'il faille suivre cette opinion, par les raisons remarquées cy-dessus.

AUZANET. Maître Auzanet dit aussi, que si plusieurs Fiefs mouvans d'un même Seigneur ont été acquis par des prix differens, le Seigneur peut retirer les uns, & laisser les autres ; mais que si tous ont été acquis pour un même prix, l'acquereur le peut contraindre de prendre ou laisser le tout.

Je croy cependant, que quoique plusieurs Fiefs ayent été acquis *unico pretio*, le Seigneur peut retirer celuy qu'il luy plaît : la raison est, que ce sont divers Fiefs, & puisque le retrait luy appartient pour chacun, il le peut exercer séparément.

C'est l'avis de le Grand sur l'article 25. de la Coûtume de Troyes, *glos. 6. in fine.*

C'est aussi le sentiment de Maître Duplessis. DU PLESSIS.

Il en faut dire de même à plus forte raison, quand plusieurs Fiefs sont vendus mouvans de differens Seigneurs, ou quand il y a des heritages en roture, auquel cas le Seigneur ne retirant que le Fief mouvant de luy, & le Seigneur pour lors n'est pas obligé de prendre ce qui n'est de son Fief, comme le dit Loysel livre 3. titre 5. article 37. & en ce cas le retrait s'en peut aller par partie. Voyez la Coûtume d'Anjou article 384. celle du Maine article 394. & celle de Touraine article 349.

Mais on demande si dans ces cas la ventilation doit être faite aux frais & dépens de l'acquereur, ou du Seigneur qui ne retire qu'un heritage & non pas les autres vendus par le même contrat.

Je crois que la ventilation doit être faite aux frais & dépens de l'acquereur.

C'est le sentiment de Tronçon sur l'article 20. *verbo*, peut prendre, de Brodeau sur Monsieur Loüet *loco citato num. 8.* & de Maître Auzanet. TRONÇON. BRODEAU. AUZANET.

La raison est, que le Seigneur est en droit de retraire le Fief qu'il veut entre plusieurs mouvans de luy, pour le prix qu'il a coûté à l'acquereur, & dautant que la ventilation ou estimation qui doit être faite de tous les heritages vendus par un même contrat & pour un même prix, provient de la faute de l'acquereur qui devoit declarer les prix de chaque heritage, quoy faisant, il auroit évité les frais d'une ventilation, c'est pourquoy ils doivent tomber sur luy, & non sur le Seigneur.

La ventilation ou estimation d'un heritage se fait eu égard à la totalité du prix de l'acquisition faite de tous les heritages vendus par un même contrat & pour un même prix, Tronçon *loco citato*. 18. TRONÇON.

Que si la ventilation est faite de plusieurs Fiefs mouvans de differens Seigneurs, tous, ou aucuns d'eux la peuvent debattre & en faire ordonner une autre en Justice au dire d'Experts, à leurs frais, ou de ceux qui la requereront ; mais si le prix de chaque Fief étoit ventilé par le contrat, chacun des Seigneurs doit retirer le Fief s'il veut, sur le prix porté par le contrat fait sans fraude, sans qu'il puisse requerir une autre ventilation.

Si le retrayant lignager est obligé de retirer avec les propres les heritages qui ne le sont pas ? 19.

Voyez sur l'article 129.

Si pour le retrait féodal il faut suivre la Coûtume où le Fief dominant est situé ou celle du Fief servant ? 20.

Quoique le retrait appartienne au Seigneur en conséquence du Fief dominant qu'il possede, néanmoins on ne suit pas la Coûtume où il est situé, mais celle du Fief servant, ce qui est sans difficulté.

Si le Seigneur peut retirer le Fief acheté par gens de main-morte, après qu'ils ont obtenu du Roy Lettres d'amortissement ? 21.

On répond pour l'affirmative, parce que les Lettres d'amortissement ne sont pas accordées au préjudice des Seigneurs, ce n'est que pour donner droit aux gens de main-morte de posseder des heritages, dont ils sont incapables, sans la permission du Roy, & à faute de les avoir obtenuës, les Seigneurs peuvent les obliger de vuider leurs mains des heritages qu'ils ont acquis, en celles de personnes capables de les posseder ; desorte que le droit des Seigneurs est toûjours entier, sçavoir de choisir ou les droits féodaux avec l'indemnité, ou le retrait ; c'est pourquoy dans ces Lettres on met ordinairement cette clause, *sauf en autres choses nôtre droit & l'autruy*, ou ou *sauf l'interêt des autres Seigneurs*, ou en autres termes qui ont la même force ; & si telle clause étoit omise, elle seroit supplééo.

21. *Si le Seigneur usant du retrait féodal, est obligé de reconnoître toutes les charges que le vendeur a imposées sur le Fief, & souffrir toutes les hypoteques dont il a été chargé ?*

Basset livre 3. titre 17. chapitre 2. rapporte un Arrest du Parlement de Grenoble qui a jugé pour l'affirmative.

Il semble néanmoins que le Seigneur ne les devroit pas reconnoître, parce que par le moyen du retrait, le Fief retourne au Fief dominant par une puissance de Fief, laquelle est plus ancienne que les hypotheques ; ainsi le Fief servant doit être réüni tel qu'il étoit au temps de la concession, & tel qu'il en a été séparé ; & le droit du vassal étant resolu, celuy de ses créanciers, & de ceux au profit desquels il a imposé des charges sur son Fief, doit être resolu & éteint, *l. nec vectigali. ff. de pignor. & hypoth.*

Mais il faut dire conformément à cet Arrest, que le Seigneur est obligé de reconnoître toutes les charges qui ont été imposées sur le Fief par le vendeur & autres précedens possesseurs du Fief.

La raison est, que les Fiefs en France sont patrimoniaux & hereditaires, & se gouvernent comme les autres heritages ; ainsi le retrait féodal ne cause pas l'extinction des charges que les possesseurs d'un Fief ont imposées sur iceluy, ayant été en droit de le faire ; car par le retrait le Seigneur entre au lieu & place de l'acquereur, pour posseder le Fief de même que l'acquereur l'autoit possedé, si le retrait n'avoit pas été exercé sur luy. Deplus, le Seigneur n'a aucun sujet de se plaindre, dautant que si le Fief est chargé, il en est moins vendu, & il dépend de luy d'user du retrait, s'il est avantageux, ou de laisser le Fief à l'acquereur, s'il trouve plus d'utilité à prendre le quint. Et il seroit contre l'interêt public que les charges imposées de bonne foy sur un Fief, fussent éteintes par le moyen du retrait féodal ; ce seroit ôter la liberté aux propriétaires des Fiefs d'en user à leur volonté, & on auroit moins d'empressement d'acheter des Fiefs que d'autres heritages.

Il semble que nôtre Coûtume ait voulu, que le Seigneur fût obligé aux charges, quand elle dit dans cet article, *en payant le prix que l'acquereur*, &c. car comme les charges tiennent lieu d'un plus grand prix, elle a voulu que le Seigneur prît la place de l'acquereur en payant le prix qu'il en auroit donné, & par conséquent en reconnoissant les charges, ausquelles il auroit acheté le Fief, ne pouvant pas être de meilleure condition que luy, puisqu'il succede en son lieu & place.

Il y auroit plus de difficulté pour les charges, hypotheques & servitudes imposées par l'acquereur, sçavoir si le Seigneur usant du retrait en vertu de la vente qui auroit été faite à cet acquereur, seroit tenu de reconnoître les charges qu'il auroit imposées sur ce Fief.

Du Moulin sur cet article glose 5. nombre 45. dit, que le Seigneur n'y est pas obligé, parce que dés le moment de la vente *res fuit actualiter affecta restitutioni erga patronum habentem jus in re ratione directi dominii, & sic nihil fieri potuit in prajudicium juris ei quæsiti in re : & maximè cùm jus istud in re, competat ex causa antiqua, videlicet ab initio infeudationis ad hoc onus & non aliàs facta.* Du Moulin

L'opinion de du Moulin n'est pas sans difficulté, parce que le retrait ne compete pas *ipso jure* au Seigneur, il faut qu'il le poursuive en Justice, & qu'il luy soit accordé pour entrer en la place de l'acquereur ; & comme cet acquereur étoit propriétaire du Fief, il l'a pû vendre, engager & hypothequer, & il l'a pû charger de telles servitudes & autres charges qu'il a voulu pour son utilité, parce qu'il ignoroit si le Seigneur useroit du retrait.

Toutefois il faut dire que toutes charges réelles imposées par l'acquereur, sont éteintes dés le tems que le Seigneur use du retrait ; la raison est, que son acquisition étant éteinte il est censé n'avoir jamais eu aucun droit de propriété en la chose, ainsi les droits réels constituez par luy au profit d'autres particuliers sont éteints, parce que *resoluto jure dantis resolvitur jus accipientis.*

Dautant que par le retrait féodal la vente faite à l'acquereur est renduë nulle à son égard, & que ce n'est pas luy qui revend au Seigneur, il s'ensuit que si la vente a été faite sans decret, & que le Seigneur soit poursuivi par les créanciers du vendeur pour les hypotheques constituées sur le Fief, le Seigneur est obligé de les reconnoître & de les acquitter, sauf son recours contre son vendeur, sans pouvoir en cas d'insolvabilité, exercer aucun recours contre l'acquereur, c'est l'avis de Chopin sur ce titre nombre 21. qui est sans difficulté. Chopin.

Si le retrait féodal a lieu au cas du contrat de bail à rente rachetable ? 22.

Il semble que non, parce que cet article n'en parle pas, mais l'article 137. sous le titre du retrait lignager en fait mention, où il donne & accorde le retrait, usant indistinctement de ce mot *retrait*, sans y ajoûter lignager, c'est pourquoy il y a lieu de dire qu'il y a lieu au retrait féodal, comme au retrait lignager. D'ailleurs ce contrat en plusieurs endroits de nos Coûtumes, est comparé au contrat de vente, & il produit le quint & les ventes comme le contrat de vente, la somme pour laquelle la rente est rachetable tenant lieu du prix.

EN PAYANT LE PRIX QUE L'ACQUEREUR EN A BAILLÉ ET PAYÉ.

GLOSE CINQUIÉME SUR L'ARTICLE XX.

SOMMAIRE.

1. *Si le Seigneur retrayant est tenu de rembourser l'acquereur du prix qu'il a payé.*
2. *Si le Seigneur peut user de compensation en exerçant le retrait.*
3. *Si lorsque le vendeur remet le prix à l'acquereur, le Seigneur est tenu de le rembourser.*
4. *Si le Seigneur peut demander le quint à l'acquereur, quand il use du retrait.*
5. *Si le Seigneur, exerçant le retrait, doit indemniser l'acquereur de tout ce qui peut tenir lieu de prix.*
6. Quid, *lorsque le Fief est vendu à la charge de quelque servitude.*
7. Quid, *si une servitude étoit dûë à l'acquereur avant la vente du Fief à luy faite.*
8. *Si la servitude étant éteinte, elle est rétablie par le moyen du retrait. Explication*

de la loy si tibi ff. quib. mod. usufruct.

9. *Si les servitudes réelles sont rétablies comme les servitudes personnelles, aprés le retrait.*

10. *Si l'acheteur ignoroit qu'il avoit une servitude sur l'heritage, sçavoir si aprés le retrait elle seroit rétablie.*

11. *Si les charges sont rétablies telles qu'elles étoient avant l'acquisition.*

12. *Si ce que l'acquereur a payé au vendeur pour estre déchargé de la faculté du remeré, entre dans le prix du Fief.*

13. Quid, *du supplément de juste prix payé par l'acquereur.*

14. *Si le Seigneur a les mesmes termes de payer qui ont été accordez à l'acquereur.*

15. *Si le Seigneur est tenu de rembourser l'acquereur du sort principal de la rente.*

16. *Comment se fait le retrait feodal, & s'il requiert les formalitez du retrait lignager.*

1. LE Seigneur retrayant est obligé de rembourser le prix entier que l'acquereur a payé, excepté au cas que le retrait se fasse sur l'acquereur, en consequence d'une vente précedente, qui auroit été faite à plus haut prix, supposé que l'opinion de du Moulin, remarquée cy-devant sur cet article glose 3. nombre 8. ait lieu. Et le Seigneur ne seroit pas moins obligé de payer le prix entier, quoique la chose fût diminuée, ou par une diminution generale & commune des heritages, ou par quelque malheur ou cas fortuit. Aussi au contraire, bien que par quelque circonstance le Fief fût devenu d'un plus grand prix *medio tempore* entre la vente & le retrait, le Seigneur ne seroit pas obligé de rembourser l'acquereur d'un plus grand prix que celuy qu'il auroit payé pour son acquisition.

2. *Si le Seigneur ne peut pas user de compensation de la somme qui luy seroit dûë par l'acquereur, avec le prix du Fief vendu?*

On répond, que le Seigneur en peut user, pourvû que la somme qu'il veut compenser, soit liquide, parce que *compensatio facta de liquido æquipollet veræ & reali solutioni, l. si debitor. ff. qui potior. in pign. hab. l. amplius. ff. rem rat. hab.*

Il n'en seroit pas de même au cas du retrait lignager, car la Coûtume en l'article 136. veut que le prix entier soit payé à l'acquereur, à faute dequoy le retrayant seroit déchû du retrait; ainsi il ne pourroit pas user de compensation, sauf à luy à se pourvoir contre son debiteur; car il n'y a point de cause qui puisse apporter du retardement au remboursement du prix payé par l'acquereur, sur lequel le retrait lignager est exercé.

Mais comme nôtre Coûtume ne requiert aucunes formalitez pour le retrait féodal, & qu'elle veut seulement que le Seigneur paye le prix à l'acquereur, il peut user de compensation d'une somme liquide, puisqu'en effet c'est un veritable payement, & qu'inutilement l'acquereur recevroit une somme du Seigneur, laquelle il seroit tenu de luy rendre, pour s'acquitter d'une dette à laquelle il seroit obligé envers luy.

AUZANET. Maître Auzanet remarque un Arrest du 23. Juillet 1622. donné aux Enquêtes sur procés par écrit, par lequel il a été jugé, que le prix pouvoit être compensé avec les dépens, ausquels l'acquereur avoit été condamné envers le Seigneur.

3. *Si le vendeur remettoit le prix convenu à l'acheteur, par donation ou autrement, le Seigneur seroit tenu de le rembourser de tout le prix, quoiqu'il n'en eût rien payé, ou qu'il n'en eût payé qu'une partie?*

On répond pour l'affirmative; à moins que la remise n'eût été faite d'une partie du prix, parce qu'il auroit été excessif; car en ce cas le Seigneur ne seroit obligé que de rembourser ce à quoy les parties se seroient accordées, *quasi discessum esset à primo contractu.*

4. *Si le Seigneur qui use du retrait féodal, peut demander le quint à l'acquereur?*

On répond que non, parce que son acquisition est resoluë, desorte même que le Seigneur s'exclud du retrait en recevant le quint, étant deux droits dont l'un met obstacle à l'autre, comme il est porté par l'article suivant.

Mais il n'y a plus de difficulté dans les Coûtumes qui obligent le vendeur à payer le quint au Seigneur, sçavoir si le Seigneur le peut exiger, parce que ce n'est pas l'acquereur qui le paye.

Il faut dire que le Seigneur ne le peut pas prétendre; parce que par le retrait la vente faite à l'acquereur est resoluë, & c'est comme si le Seigneur avoit acheté du vendeur; auquel cas il ne pourroit pas luy demander le quint pour son acquisition, parce que ce droit ne se paye que pour l'investiture qu'il donne à l'acquereur, laquelle cesse quand il fait luy-même l'acquisition.

La Coûtume de Chaumont article 17. veut en ce cas que le vendeur paye le quint au Seigneur, & du Moulin sur cet article dit, *quod est injustum, quia hoc casu dominus feudi nulla jura pecuniaria debet habere, quia ipsemet est sicut primitivus emptor.* Et sur le §. 20. de nôtre Coûtume *glos. 9. num. 5.* il dit, que la Cour a déchargé le vendeur de ces droits, nonobstant la disposition contraire de cet article, parce que *continet nedum rigorem, sed etiam injustitiam.* Du Mo.

5. *Si le Seigneur qui exerce le retrait féodal doit indemniser l'acquereur de tout ce qui peut tenir lieu de prix?*

Il faut conclure de ces termes, *en payant le prix que l'acquereur en a baillé & payé*, que le Seigneur doit indemniser l'acquereur de tout ce qui peut tenir lieu de prix, autrement il profiteroit au préjudice de l'acquereur; d'où nous tirons les consequences qui suivent.

La premiere est, que si le vassal a vendu son Fief à la charge de quelque servitude pour l'avantage de ses terres, de quelques rentes & hypoteques, le Seigneur usant du retrait sur l'acquereur, est obligé envers le vendeur aux mêmes charges ausquelles l'acheteur l'avoit acheté. 6.

Et il ne faut pas dire, que le Fief retournant au Seigneur par retenuë féodale, il doive être tel qu'il étoit avant l'aliénation, auquel temps il étoit exempt des charges réelles qui ont été depuis constituées par son vassal par l'aliénation qu'il en a faite: La raison est, que les Fiefs étant en France hereditaires & patrimoniaux, les propriétaires d'iceux les peuvent charger de telles servitudes, hypotheques & autres charges qu'il leur plaît, sans que les Seigneurs les puissent empêcher; & si les Seigneurs veulent user du retrait féodal, ils doivent prendre les heritages aux mêmes clauses, conditions & charges ausquelles ils ont été vendus; parce qu'ils sont subrogez au lieu, place & droits des acquereurs qu'ils évincent par retrait féodal; & par conséquent ils ne peuvent pas avoir plus d'avantage qu'en auroient les acquereurs, s'ils étoient maintenus dans leurs acquisitions.

La seconde conséquence est, que si l'acquereur 7.

avoir une servitude, ou une rente fonciere, ou autre charge réelle sur le Fief qu'il auroit acheté, toutes les charges dûës à l'acheteur avant la vente, doivent être restituées telles qu'elles étoient auparavant; quoique par son acquisition elles ayent été confuses en sa personne. Posons, par exemple, que Caïus a l'usufruit dans le Fief de Titius, & qu'il en achete la proprieté, & qu'aprés qu'il l'a possedé pendant quelques années, le Seigneur ignorant la vente du Fief pour ne luy avoir pas été notifiée; & qu'ainsi par confusion il a rendu éteinte cette servitude personnelle qui luy étoit dûë, le Seigneur a poursuivi Caïus en demande du retrait; en ce cas le retrait ne peut être adjugé au Seigneur qu'à la charge de l'usufruit pour Caïus qui luy appartenoit, avant qu'il eût acheté la proprieté de ce Fief.

La raison est, que le retrait n'a lieu que pour ce qui est vendu: or la pleine proprieté du Fief n'a pas été venduë, mais seulement la simple proprieté *deducto usufructu*, & par consequent il n'y a que la seul proprieté sans l'usufruit, laquelle soit sujette au retrait, l'usufruit demeurant toûjours à celuy à qui il appartenoit auparavant; autrement l'acquereur ne seroit pas indemnisé par le Seigneur, & le Seigneur tireroit un grand avantage à son préjudice: c'est comme si l'acquereur n'avoit acheté qu'une partie du Fief, car l'usufruit est *instar partis dominii, l. 4. ff. de usufr. l. cùm filius. §. dominus. ff. de legat. 2.*

Il y a encore une autre raison, qui est que l'acquisition faite par l'acheteur, est renduë nulle par le moyen du retrait qui est exercé sur luy, & partant elle ne peut produire aucuns effets; mais l'acquereur doit être mis dans le même état qu'il seroit, s'il n'avoit point fait cette acquisition; ainsi il retient l'usufruit tel qu'il avoit auparavant: ce qui est conforme à la Loy *dominus ff. de usufr.* qui porte, que l'usufruitier d'un fond, qui en a acquis la proprieté par un legs qui luy en a été fait, ne perd pas son usufruit, quoiqu'aprés avoir accepté son legs, il soit obligé de le rendre au fils du testateur qui auroit fait casser le testament par une juste plainte d'inofficiosité.

La raison est, qu'en ce cas l'usufruitier est censé n'avoir point acquis la proprieté de ce fond, à cause que le testament qui étoit le fondement de son acquisition, a été cassé; ainsi il est remis dans le même état qu'il étoit auparavant.

8. On objecte la loy *si tibi. ff. quib. mod. ususfr. amitt.* dont voicy l'espece: Un testateur legue à Mevius l'usufruit d'un fond *purè*, & il legue la proprieté du même fond à Titius sous condition: avant l'évenement de la condition, Mevius acquiert de l'heritier la proprieté de ce fond; ensuite cette condition arrive: On demande si Mevius peut retirer l'usufruit qui luy avoit été legué?

Le Jurisconsulte répond, que la pleine proprieté appartient à Titius, *pleno jure fundum Titius habebit: Nec interest quòd detracto usufructu proprietas legata sit; Tu enim dum proprietatem acquiris, jus omne legati ususfructûs amisisti*, comme il est dit dans cette Loy.

La raison est, que la proprieté de la chose leguée demeurant à l'heritier jusques à l'évenement de la condition, sous laquelle elle est leguée, & Mevius l'ayant acquise de luy, & la proprieté & l'usufruit étans consolidez ensemble par ce moyen, l'usufruit a été entierement éteint, & il ne peut être rétabli, si le testateur ne l'a declaré; & la condition arrivant, sous laquelle la proprieté a été leguée, fait comme si la proprieté pleine & entiere sans déduction de l'usufruit avoit été leguée *ab initio* par le moyen de la consolidation; D'où il s'ensuit, que si le Seigneur retire le Fief, dont l'acquereur n'a acheté que la simple proprieté, l'acquereur n'en peut pas prétendre l'usufruit, comme il avoit auparavant.

On répond, que cette Loy se doit entendre ainsi *ex rigore juris*, mais que le contraire doit être observé *ex æquitate*, car si par l'acquisition que fait l'usufruitier de la proprieté, l'usufruit est éteint, par la resolution de son acquisition l'usufruit est restitué, & les choses sont remises en l'état qu'elles étoient auparavant; car il est certain que si les hypotheques & les servitudes sont éteintes par l'acquisition d'une proprieté, laquelle n'est pas incommutable, elles sont rétablies par la resolution de l'acquisition, comme il est porté en la Loy *ex sextante. penult. in fine. ff. de except. rei judic.* Car si l'usufruitier a acquis la proprieté, du Fief *commutabiliter*, il faut aussi qu'il ait perdu l'usufruit qu'il avoit dans ce Fief *commutabiliter*.

Il faut dire des servitudes réelles ce que nous venons de dire de l'usufruit, qui est une servitude personnelle; de sorte que le retrait étant executé, elles doivent être rétablies; parce qu'elles sont censées faire partie de la valeur de l'heritage; & le Fief a été vendu moins à proportion de ce qu'elles pouvoient être estimées. 9.

C'est ce que dit du Moulin sur cet article *glos. 5. num. 39. Confusio jurium sibi debitorum est jure augmenti & solutionis reliqui pretii; in tantum enim censetur consequi & recipere venditor ultra pretium conventum, in quantum liberatur ab his quæ debebat emptori, qui tantùm ultrà conventum pretium solvere censetur, quantum de juribus suis confundit & amittit, l. qui etiam ff. de calumn. l. mortis causâ & l. si quis obligatione. ff. de R. J.* Du Moulin

Il faut dire aussi, qu'encore que l'acheteur ignorât, qu'il eût une servitude sur le Fief qu'il achetoit, & qu'il l'eût acheté son juste prix, toutefois aprés le retrait la servitude seroit rétablie; le retrayant devant s'imputer d'avoir usé du retrait; cependant s'il trouvoit le retrait desavantageux à cause de cette servitude, dont il n'auroit point eu de connoissance, & qui ne seroit point declarée par le contrat d'acquisition, il pourroit demander, ou d'abandonner le Fief à l'acquereur, ou d'être déchargé de cette servitude; parce qu'il n'est pas juste que le Seigneur soit tenu des charges non portées par le contrat, vû que s'il en avoit eu la connoissance, il n'auroit peut-être pas opté le retrait. 10.

C'est pour cela que la notification du contrat de vente du Fief luy doit être faite, & qu'il a encore quarante jours ensuite pour deliberer sur le choix qu'il a à faire; autrement il arriveroit souvent que par une intelligence entre le vendeur & l'acquereur, les Seigneurs seroient trompez, & choisiroient des retraits qui leur causeroient de grands dommages dans la suite.

Les charges qui étoient dûës à l'acquereur avant son acquisition, sont restituées aprés le retrait, telles qu'elles étoient, sans qu'il soit au choix du Seigneur retrayant de les éteindre, & d'en payer le prix suivant le dire d'Experts; parce que la vente étant resoluë par le retrait à l'égard de l'acquereur, il doit être remis dans le même état qu'il étoit avant icelle. 11.

La troisiéme consequence est, que si un Fief a été vendu pour un certain prix à faculté de rachat dans un certain temps, & que par aprés le vendeur remette le droit d'user du retrait conventionnel moyennant une certaine somme, si le Seigneur veut user du retrait; il est tenu de rendre à l'acquereur les deux sommes qu'il a payées, parce que *indemnis abire debet, l. 27. ff. de Ædilit. Edic.* 12.

C'est l'avis de Charondas sur cet article. Charondas

Au contraire s'il aime mieux prendre le quint, il le doit prendre sur tout ce qui a été payé par l'acquereur, tant pour le prix de la chose, que pour être delivré du droit de rachat que le vendeur s'étoit reservé par le contrat de vente.

Il faut dire aussi, que si l'acquereur avoit été 13.

condamné à payer au vendeur le supplément du juste prix, en conséquence de la lezion d'outre moitié de juste prix, fondée sur la loy 2. au Code *de rescind. vendit.* le Seigneur retrayant seroit tenu de le rembourser, par la même raison.

C'est le sentiment du même Auteur.

Et quoique l'acquereur n'ait payé qu'une partie du prix & qu'il ait fait une obligation pour l'autre, ou qu'il ait promis par le contrat d'en faire rente au vendeur jusqu'à l'entier payement, néanmoins le Seigneur est obligé de rembourser à l'acquereur ce qu'il a payé au vendeur, & de le décharger pour l'autre partie du prix envers le vendeur, parce que *causa pignoris mutata non est, l. 4. C. de evictio.* comme il a été jugé par Arrest du 7. Février 1633. en l'Audience de la Grand'Chambre, remarqué par Maître Auzanet sur cet article, comme il sera dit cy-aprés sur l'article 136. autrement le Seigneur seroit déchû du retrait. AUZANET.

24. *Si le vendeur avoit donné du temps à l'acquereur pour payer, sçavoir si le Seigneur pourroit se servir de cette clause ?*

Voyez sur l'article 136. *verbo*, est tenu de payer, &c.

25. *Si la vente avoit été faite à la charge d'une rente rachetable, si le Seigneur retrayant seroit tenu de rembourser le sort principal de la rente ?*

Il faut dire que oüy, autrement l'acquereur seroit toûjours obligé pour la rente envers le vendeur, comme il a été jugé par le susdit Arrest du mois de Février 1633. rapporté dans le premier Tome du Journal des Audiences ; & par consequent l'acquereur n'est pas tenu de recevoir le Seigneur féodal au retrait qu'il ne rembourse le sort principal de la rente.

Voyez *infra* sur l'article 139. *verbo*, en remboursant l'acheteur.

26. *Si les formalitez requises pour le retrait lignager, ont lieu pour le retrait féodal ?*

Nôtre Coûtume n'ayant prescrit aucunes formalitez pour les offres du prix, soit dans l'ajournement & exploit de demande, ou dans les actes & journées de la cause, comme elle fait pour le retrait lignager, quoique plus favorable & préférable au féodal, il n'y a pas lieu de les suppléer, & d'étendre la rigueur de la Coûtume d'un cas particulier & special à un autre, dans une matiere severe & de droit étroit ; non pas même pour la déchéance du retrait féodal adjugé ou accordé faute de rembourser le prix & les loyaux coûts dans les vingt-quatre heures, mais il faut que ce soit aprés le temps accordé par le Juge au Seigneur pour faire le remboursement, la Coûtume ne l'ayant point déterminé.

BRODEAU. Brodeau sur cet article nombre 27. dit avoir été jugé par Arrest du Parlement de Bretagne, du dernier Decembre 1648. prononcé le 4. Janvier 1649. sur un procés évoqué de ce Parlement, auquel il avoit écrit, que faute d'avoir par Jacques du Tillet payé à Cesar d'Espinoy la somme de quatre mille huit cens cinquante livres, dans le temps porté par les Arrests du Grand Conseil des 30. Mars & 27. Avril 1606. ou icelle sur son refus effectivement consignée, ledit d'Espinoy à ce faire appellé, Jacques & François du Tillet heritiers dudit Jacques ont été déboutez du retrait féodal, à luy adjugé par le premier Arrest, de la Terre & Seigneurie de Chantre-la-petite.

Brodeau au même lieu dit, qu'il fut donné un Arrest en la Grand'Chambre, au rapport de Monsieur Savarre, le 19. Janvier 1641. contraire à cette Jurisprudence, dont chacun fut étonné : c'étoit en la Coûtume d'Amiens, qui porte en l'article 171. que le lignager doit rembourser l'acquereur des frais & loyaux coûts par luy faits dans la huitaine, aprés qu'ils ont été liquidez, sur peine d'être déchu du retrait. BRODEAU.

Par cet Arrest, faute par Jacques Routier, auquel par Arrest du 2. Decembre 1634. le retrait feodal avoit été adjugé, d'avoir remboursé Charles Routier & Adrian Pasquier acquereurs, des frais & loyaux coûts dans la huitaine, de la taxe & liquidation, il avoit été déclaré déchû du retrait.

On prétendoit que cet article ne pouvoit être entendu que du retrait lignager ; car outre qu'il est sous le titre du retrait lignager, c'est qu'il est dit au commencement *le lignager* ; de plus la même Coûtume en l'article 30. au titre des Fiefs, porte, que *le Seigneur peut retenir par puissance de Fief, en payant & remboursant par luy à l'acheteur tous les deniers du sort principal, frais & loyaux coûts par luy payez :* & elle ne le declare pas, non plus que celle de Paris, déchéable & privable du retrait féodal.

C'est ce qui obligea les Anciens, entre lesquels cet Auteur fut appellé, à conseiller la Requête Civille contre l'Arrest, comme étant contraire au texte & à l'usage de la Coûtume, justifié par un acte de notorieté des Officiers du Bailliage d'Amiens, laquelle ayant été renvoyée du Conseil privé du Roy en la premiere Chambre des Enquêtes, & sur la plaidoirie appointée au Conseil, a été entherinée par Arrest donné au rapport de Monsieur Bouvot, le 29. Août 1643.

Maître Duplessis dit, que ce retrait n'est sujet à aucunes formalitez, qu'il suffit que le Seigneur fasse sa declaration & ses offres de remboursement dans quarante jours ; mais que si le vassal tend le giron, le remboursement doit être fait dans quarante jours : & même dans le même temps que les offres sont faites & acceptées sur le champ, parce que l'article porte, *en payant le prix & loyaux coûts dans les quarante jours* ; il infere encore de ces termes, que les offres doivent être réelles & à découvert, qu'autrement il y auroit déchéance. DU PLESSIS.

Si le remboursement se doit faire en mêmes especes ; voyez cy-aprés sur l'article 136. *verbo*, des deniers qu'il a payez.

Le remboursement peut être offert à l'acquereur, à son domicile, ou au principal manoir dans les quarante jours, sinon le Seigneur en seroit exclus. Maître Auzanet. AUZANET.

ET PAYE' LES LOYAUX COUTS.

GLOSE SIXIE'ME SUR L'ARTICLE XX.

SOMMAIRE.

1. *Ce que c'est que* loyaux coûts.
2. *Si les Juges peuvent moderer le vin du marché, & ce qui est donné aux entremetteurs.*

1. LEs loyaux coûts sont les frais faits par l'acquereur, outre le prix principal pour parvenir à l'acquisition, ou qui ont été faits ensuite, & en consequence; comme sont les frais du contrat, les épingles baillées à la femme du vendeur, pour consentir à la vente, si c'est un heritage qui luy appartienne, ou même si c'est un heritage qui soit à son mary, ou de la communauté, les profits seigneuriaux ou feodaux payez au Seigneur, les reparations & impenses necessaires pendant l'année du retrait, les labourages, semences, façons de vignes, & autres cultures.

Item, ces dépens de la procedure, lorsque l'acquereur aprés avoir été instruit du droit du retrayant, a tendu le giron sans contester.

Item, ce qui a été payé aux entremetteurs ou proxenetes.

Quelques Docteurs font cette distinction, sçavoir, que le salaire des proxenetes doit être remboursé, quand il a eté payé du consentement du vendeur.

C'est l'avis de Boërius sur la Coûtume de Berry, titre du retrait, §. 4. *num. penult.*

Moulin. Du Moulin est d'avis contraire sur l'article 20. de nôtre Coûtume, *Glos. 9. in princ.* & le Feron sur la Coûtume de Bourges, tit. du retrait, §. 15.

Tronçon. Tronçon sur l'article 129. est du sentiment de Boërius.

Mais celuy de du Moulin semble mieux fondé, d'autant qu'entre les loyaux coûts il faut mettre tous les frais faits legitimement pour parvenir à l'acquisition; or on sçait que souvent on se sert d'entremetteurs pour acheter des heritages & des Offices, ausquels on paye le salaire, & souvent les deux parties le leur payent, sans que cela se fasse d'un consentement mutuel, & accordé entr'eux, au contraire une des parties ne sçait pas ce que l'autre a donné à celuy qui a moyenné la vente; & il seroit injuste d'en charger l'acquereur qui doit rembourser tous les frais qu'il a faits.

Toutefois, selon le commun sentiment des Commentateurs, ce qui a été payé aux proxenetes peut être moderé par les Juges. 2.

C'est l'avis de Chopin sur le titre du retrait lignager de nôtre Coûtume, *num. 6.* de Charondas & de Tournet sur l'article 138 qui remarquent un Arrest donné en l'Audience de relevée, le 30. Decembre 1556. sur un appel du Prevôt de Paris, par lequel il fut ordonné, que le vin du marché seroit remboursé à l'acheteur, mais qu'il seroit moderé à l'arbitrage du Juge, selon la Loy derniere. *ff. de proxen.* Chopin. Charondas. Tournet.

Touchant les loyaux coûts, voyez sur l'article 129. *in fine.* Loysel, liv. 3. tit. 5. art. 39. Coquille sur la Coûtume de Nivernois, titre du retrait lignager, article 10.

DANS QUARANTE JOURS APRE'S QU'ON LUY A NOTIFIE' LADITE VENTE.

GLOSE SEPTIE'ME SUR L'ARTICLE XX.

SOMMAIRE.

1. *Dans quel temps le Seigneur est tenu de faire demande du retrait.*
2. *Si ce temps est fatal contre toutes personnes, & contre le mineur, sauf son recours contre son tuteur au cas proposé.*
3. *Si dans les quarante jours on compte celuy de la notification.*
4. *Si le Seigneur est exclus du retrait aprés les quarante jours, quand le vassal l'a empesché de l'exercer.*
5. *Si en cas de fraude le temps ne court que du jour de la fraude découverte.*
6. *Si le Seigneur est reçu à prouver la fraude par témoins.*
7. *Si l'instance du retrait ne perit que par trois ans.*
8. *De quel temps courent les quarante jours, quand il y a procés entre le vendeur & l'acquereur, pour la cassation du contrat.*
9. *Si l'acheteur avoit choisi de suppléer le juste prix, au cas de lezion d'outre moitié de juste prix, si le Seigneur pourroit user du retrait.*
10. *De quel temps courent les quarante jours au cas d'une vente faite* in diem, *ou sans condition.*
11. *Opinion de Tronçon, contraire à la disposition de la Coûtume, & à l'usage.*
12. *Par qui se peut faire la notification.*
13. *A qui elle se doit faire, quand le Seigneur tuteur est mineur.*
14. *Si elle doit estre faite à tous les Seigneurs qui contestent la mouvance.*
15. *Si la notification doit estre faite à l'usufruitier.*
16. *Si l'exhibition & la notification doit estre faite au Seigneur en parlant à sa personne.*
17. *Si elle peut estre faite ailleurs qu'au principal manoir.*
18. Quid, *s'il tient au Seigneur que la notification luy soit faite.*

19. *Par quel temps se prescriroit l'action de retrait, faute par l'acquereur d'avoir fait la notification.*

20. *Pourquoy la prescription du retrait feodal est moindre que celle du retrait lignager.*

21. *Si les parties peuvent se départir de la vente, aprés que le Seigneur a intenté l'action en retrait.*

22. *Dans quel temps le Seigneur peut exercer le retrait dans les Coûtumes qui n'en déterminent point.*

1. CEt article prescrit le temps, dans lequel le Seigneur est obligé de faire la demande du retrait feodal, qui est de quarante jours, à compter du jour que la vente du Fief a été signifiée & notifiée au Seigneur, & que le contrat luy en a été exhibé, & d'iceluy baillé copie.

2. Ce temps étant passé il n'y est plus recevable, c'est un temps fatal qui court irrevocablement & sans esperance de restitution contre les pupilles, les mineurs, les furieux, & les absens; sans distinguer s'ils sont pourvûs de tuteurs ou de curateurs, ou non.

La raison est, que *in acquirendis tutor, Prælatus vel similes possunt præjudicare minoribus vel Ecclesiæ*, dit du Moulin sur ce §. *Glos.* 2. *num.* 2. Mais si le mineur avoit de l'argent comptant qui fût inutile, le tuteur ayant connoissance de la vente du Fief qui seroit dans la mouvance du mineur, il pourroit le poursuivre pour ses dommages & interêts, selon l'opinion de cet Auteur. *num.* 4. Du Moulin.

Le Seigneur ne peut se servir des termes accordez à l'acquereur par le vendeur, pour payer, selon l'article 24. des Arrêtez, titre de la retenuë feodale, ce qui est sans difficulté.

3. *Si dans les quarante jours on compte le jour de la notification faite par le vassal, & celuy de la declaration du Seigneur?*

Du Moulin sur cet article, *Glos.* 10. *in princ.* tient l'affirmative. Du Moulin

Chopin & les autres Commentateurs au contraire disent, qu'ils n'y sont point compris, parce que *dies termini non computatur in termino.* Chopin

Brodeau, nomb. 28. propose cette question sans la decider. Brodeau.

Chopin sur le retrait lignager remarque un Arrest du 8. Juin 1577. qui a jugé qu'en retrait lignager le jour de la vente, & celuy de l'adjournement ne sont point comptez, il est cité par Charondas sur cet article; ce qui doit à plus forte raison avoir lieu pour le retrait feodal, dont le temps est plus court, que celuy du retrait lignager, & c'est mon avis. Charondas

4. Il y a certains cas ausquels le Seigneur n'est pas exclus du retrait aprés les quarante jours de la notification de la vente, exhibition du contrat, & copie baillée d'iceluy.

Le premier est, lorsque l'acquereur a empêché que le retrait ne fût fait dans ce temps.

Du Moulin sur cet article, *Glos.* 12. *num.* 6. dit, que quand le Seigneur n'a pû user du retrait par quelqu'impossibilité absoluë survenuë dans les quarante jours, comme s'il étoit décédé dans ce temps, son heritier auroit quarante jours pour déliberer s'il voudroit exercer le retrait feodal, du jour qu'il auroit eu connoissance de la vente qui auroit été faite. Du Moulin

Je croy au contraire, que l'heritier du Seigneur n'a que le temps qui restoit au défunt pour exercer ce retrait, parce que son heritier ne peut pas avoir plus de droit que luy, ce temps de quarante jours étant fatal, courant contre toutes sortes de personnes, suivant l'opinion du même Auteur, contre les mineurs, absens & autres, parce que *agitur de lucro captando non de damno vitando.*

5. Le second est, en cas de fraude de la part du vassal & de l'acquereur en la vente du Fief, comme s'il est porté un plus grand prix par le contrat, que l'acquereur n'en a payé en effet; & en ce cas les quarante jours ne commencent à courir que du jour de la fraude découverte, comme il a été jugé par trois Arrests remarquez par Charondas, par Tournet & par Guerin, des 13. Août 1558. 1. Decembre 1569. & 1. Mars 1576. & par un autre de l'an 1610. remarqué par Chenu, Centurie 2. quest. 25. Charondas. Tournet. Chenu.

6. Mais on demande, si le Seigneur qui prétend qu'il y a fraude, peut être reçu à la prouver par témoins, contre la disposition de l'Edit de Moulins, article 54.

On répond, qu'il y doit être reçu, parce que c'est une chose dont il s'agit, faite à son préjudice par intelligence entre les parties, *facta autem non pacta probantur*, ce qui est sans difficulté, & le Juge doit avoir égard à la déposition des témoins, eu égard aux circonstances.

7. Le troisiéme est, lorsque l'action est commencée; car quoique le Seigneur n'ait que quarante jours pour l'intenter, & qu'aprés ce temps il en soit exclus, & qu'ordinairement l'instance ne soit pas de plus longue durée que l'action, toutefois l'instance du retrait feodal, contestée ou non, ne perit que par trois ans.

Voyez ce que nous avons dit *infrà* sur l'article 129. *verbo* dans l'an & jour.

8. Le quatriéme est, lorsqu'il y a procés entre l'acheteur & le vendeur, dans lequel il s'agisse de la rescision du contrat.

Secus, si le procés est intenté par un tiers contre l'acheteur; & en ce cas aprés le jugement du procés au profit de l'acheteur contre le vendeur, l'acheteur doit notifier au Seigneur la Sentence ou la Transaction, s'il y en a, avec la vente; & les quarante jours ne courent que du jour de cette notification & exhibition.

Charondas semble être de contraire avis, citant des Arrests des 5. Janvier 1577. & 23. Decembre 1578. qui ont jugé que pendant la contestation sur la resolution du contrat, le Seigneur doit être payé de ses droits. Charondas

Néanmoins il y a lieu de dire, qu'en ce cas le Seigneur doit attendre le jugement du procés, pourvû qu'il ne soit pas formé à dessein & par intelligence entre le vendeur & l'acheteur, & que la cause pour la resolution paroisse bien fondée: la raison est, que si le contrat est cassé, le retrait ne peut avoir lieu, & par consequent jusques à ce que la contestation soit finie, ce seroit sans raison que le Seigneur voudroit exercer le retrait feodal.

9. Au cas qu'il y eut procés entre le vendeur & l'acheteur pour lezion d'outre moitié de juste prix, le Seigneur ne peut retirer le Fief, aprés que l'acquereur a choisi de se départir de la vente.

La raison est, qu'il n'y auroit plus de vente; mais s'il y venoit auparavant, & qu'il declarât qu'il veut retenir le Fief, & payer au vendeur le supplément, il le pourroit, & même il seroit encore temps, quoique l'acquereur eût opté la resolution du contrat, au cas que le Fief n'eut pas été remis en la possession du vendeur, dautant que jusques-là les choses sont encore en leur entier, n'y ayant rien d'executé.

10. Le temps de quarante jours accordé au Seigneur pour faire la demande du retrait feodal, ne commence à courir que du jour de la notification de la vente au Seigneur.

Il faut excepter lorsque la notification est faite d'une vente sous condition, ou *in diem*.

A l'égard de la vente conditionnelle, la notification est nulle, parce qu'avant l'évenement d'une condition, la vente n'est pas parfaite, ainsi le temps de quarante jours ne court pas même aprés que la condition est arrivée, il faut que la vente soit notifiée par aprés, & ce n'est que du jour de la notification faite aprés que la condition est arrivée.

Quant à la vente faite *in diem*, & notifiée, la notification est valable, mais le temps de quarante jours ne commence à courir que du jour auquel le contrat doit être executé, parce que jusques à ce jour la vente n'est pas censée faite, quoiqu'en effet elle le soit; mais quant au retrait, c'est comme si elle ne l'étoit qu'au temps que la tradition de la chose doit être faite.

Il seroit même inutile au Seigneur d'intenter l'action en retrait auparavant, puisqu'il ne pourroit pas retirer la chose des mains de l'acquereur, n'étant pas encore en sa possession; & n'ayant pas plus de droit que l'acquereur, au lieu & place duquel il est subrogé par le retrait quand il est executé.

11. TRONÇON. Tronçon sur cet article, *verbo*, dans quarante jours, dit qu'en nôtre Coûtume les quarante jours pour le retrait ne commencent à courir que du jour que l'assignation a été donnée pardevant un Juge competant; ce qui est expressément contraire à la disposition de cet article, qui n'oblige point l'acquereur de bailler assignation au Seigneur pardevant le Juge; & il cite l'article 228. de la Coûtume de Senlis, qui ne parle que du retrait lignager exercé sur le feodal; ce qui est une autre absurdité.

12. La notification du contrat de vente se peut faire par le vassal en personne, ou par son tuteur, curateur, ou autre administrateur, ou par Procureur fondé de procuration speciale, de laquelle il doit instruire le Seigneur s'il en est requis.

13. La notification doit être faite au Seigneur, s'il est majeur, ou à son tuteur ou curateur, s'il est mineur ou furieux.

Que s'il n'a point de tuteur ou de curateur, l'acquereur doit luy en faire créer un par autorité de Justice, à l'effet seulement de la notification qu'il a interêt de faire promptement pour asseurer son acquisition; & afin que le droit de proprieté ne demeure point en suspens pendant la minorité du Seigneur faute de notification suffisante.

Que si le mineur a plusieurs tuteurs, il suffit qu'elle soit faite à un d'eux, pourvû que la tutelle n'ait point été divisée par le Juge; mais si elle a été divisé par le Juge, ordonnant que l'un des tuteurs administrera les biens situez en une Province, & l'autre tuteur, les biens d'une autre Province; la notification doit être faite au tuteur qui administre les biens du lieu où le Fief dominant du mineur est situé, *l. 2. C. de autorit. præst. l. & si pluribus ff. de autorit. tut. l. 2. C. eod. Joan. Faber. in l. 2. C. de divid. tut.*

Que si les biens sont situez dans une même Province, quoique la tutelle ait été divisée par le Juge, néanmoins la notification peut être faite à l'un des tuteurs, *l. ult. C. de autorit. præst. l. ult. ff. rem. pup. salv. for. l. 2. C. si ex plurib. tut. vel curat.*

Que si le mineur est parvenu à la majorité feodale, la notification luy peut être faite, soit qu'il soit pourvû de tuteur, ou non; parce que cet acte ne concerne point l'aliénation du Fief, mais l'administration des fruits & droits en dépendans, dont il est capable. Brodeau, *num. 30. & 31.* BROD.

14. Quand il y a contestation entre plusieurs Seigneurs, la notification doit être faite à tous, parce qu'il pourroit arriver qu'elle seroit faite à celuy qui succomberoit, & ne le seroit pas à celuy qui auroit obtenu la mouvance.

Maître Auzanet dit, que l'exhibition du contrat doit être faite au propriétaire & à l'usufruitier, cependant nôtre Coûtume ne l'ordonne point, & l'acquereur n'est pas obligé de sçavoir, si le propriétaire du Fief dominant n'en a pas la joüissance; desorte que, l'exhibition étant seulement faite au propriétaire, faute par l'usufruitier d'avoir usé du retrait dans les quarante jours, il en seroit exclus. 15. AUZANET.

Cet article dit, qu'il faut faire l'exhibition & la notification du contrat de vente au Seigneur, d'où il s'ensuit qu'il faut la faire à luy-même au lieu du principal manoir, s'il y est present, de sorte qu'il ne suffiroit pas de la faire à un de ses Officiers ou domestiques, ni à son Procureur Fiscal, ou autre non fondé de procuration; c'est l'esprit de nôtre Coûtume en cet article, qui ne donnant que quarante jours au Seigneur pour exercer le retrait, veut que la notification soit faite au Seigneur, & partant il ne suffit pas qu'elle soit faite au principal manoir où tous les actes qui concernent le Fief, se font valablement. 16.

La raison est, que ce temps étant bref pour l'utilité de l'acquereur, afin qu'aprés ce temps il soit assuré qu'il ne sera pas évincé, il est juste qu'il en soit averti, & qu'il en ait connoissance certaine & par luy-même, pour déliberer sur le choix qu'il a à faire.

Néanmoins, si le Seigneur étoit absent, la notification se feroit à ses Officiers ou domestiques au lieu principal du Fief où le vassal est tenu de faire la foy & hommage; & s'il n'y avoit aucun manoir, ou aucuns domestiques du Seigneur, & que le Fief n'eût point de Justice, l'acquereur pourroit s'adresser au Receveur & Procureur du Seigneur féodal, ou à celuy qui auroit l'administration de son Fief, & luy exhiber son contrat d'acquisition, declarer la cause de l'exhibition, & bailler copie du contrat.

Pour preuve de la notification, l'acquereur devroit en prendre acte des Officiers de la Justice du Seigneur, au cas qu'ils luy en voulussent bailler un, sinon par deux Notaires, ou par un Notaire en présence de deux témoins, ou faire faire l'exploit de l'exhibition & notification par un Sergent en presence de deux témoins, c'est le sentiment de Charondas sur cet article. CHARONDAS

Que si la notification étoit faite à d'autres qu'au Seigneur étant actuellement en son Fief, elle seroit nulle & sans effet, & ne donneroit pas ouverture à la prescription de quarante jours; quand même elle seroit faite à sa femme. 17.

Quoique l'acquereur ne soit pas obligé de faire la notification au domicile du Seigneur, au cas qu'il ne demeure pas dans son Fief, néanmoins s'il veut, il peut la luy faire, & la notification sera valablement faite; la raison est, qu'il suffit que le Seigneur soit rendu certain du contrat de vente, sans qu'il importe si la vente luy a été declarée & notifiée en son domicile ordinaire & actuel, ou au manoir & chef-lieu de son Fief.

Que si la notification n'a pas été dûëment faite au Seigneur par son fait, elle doit être faite au principal manoir du Fief dominant s'il y en a, ou au lieu Seigneurial du Fief, ou au dernier domicile du Seigneur; le Sergent qui la fait declarant qu'il n'a trouvé personne, ou qu'il n'a point trouvé le Seigneur au lieu, &c. & baillé copie du contrat à tel, &c. domestique dudit Seigneur, pour servir à l'acquereur, &c. 18.

Si l'acquereur manquoit à faire la notification du contrat de vente au desir de cet article, ou qu'elle ne fût pas valablement faite, la prescription contre le droit de retenuë féodale dureroit trente ans. 19.

C'est l'avis de du Moulin sur la Coûtume de Berry titre 12. art. 7. de Brodeau nombre 29. DU MOULIN BRODEAU.

C'est aussi ce que dit Loysel livre 3. titre 5. regle

6. Mais le retrait lignager ne dure qu'un an aprés l'ensaisinement, sans qu'on soit tenu rien faire signifier : le Seigneurial trente ans, si on ne fait sçavoir le contrat, & quarante jours aprés l'exhibition d'iceluy.

Vide lib. 2. feudor. tit. 9. cap. 1. vers. porro & Molinæum ad Alexandrum lib. 7. consil. 138. n. 1.

Le Seigneur seroit exclus du retrait féodal par l'espace de trente ans, non seulement à l'égard de l'acquereur, mais aussi à l'égard de ceux qui luy autoient succedé, comme étant une action personnelle.

Pourquoy la prescription du retrait féodal est moindre que celle du retrait lignager qui est d'un an & jour, suivant l'article 129 ?

Du Moulin. Du Moulin sur cet article *glos.* 10. *num.* 6. dit que cela a été ainsi étably en faveur des vassaux, afin qu'ils puissent trouver plus facilement des personnes qui achetent leurs Fiefs; *Nostra Consuetudo noluit tantum spatii dare patrono, quantum consanguineo; nec voluit emptores manere in suspenso respectu retractus feudalis ultra 40. dies à notificatione, non tam favore emptorum, quàm favore vassallorum seu dominorum utilium, ut possent reperire emptores; & ne facultas quæ libera esse debet in disponendo cuique nimis, de patrimonio suo, coarctetur & commercium impediatur contra rationem l. falso. C. de commun. reb. alienat. l. dudum. C. de contrah. empt. &c. Et ideo tam breve tempus statuit, quia voluit emptores post illud modicum tempus esse securos à retractu feudali. Igitur illo tempore lapso non possunt de hoc inquietari, neque absque magnâ rationis discretione plus temporis tribuit retractui proximitatis, quia semel lapso tempore dicti retractûs, nunquam in perpetuum poterunt admitti consanguinei ad rem avocandam; sed tractu temporis res efficietur de familia ejus ad quem transivit, succisâ omnino spe redeundi ad priorem familiam. At rectractus feudalis non expirat in se, licet dominus non utatur, sed semper remanet in vigore suo pro futuris venditionibus, & sic patronus non amittit spem.*

Si les parties peuvent se départir de la vente aprés que le Seigneur a intenté l'action en retrait ? 11.

Il faut dire que quoique l'action ait été intentée peu aprés le contrat de vente, néanmoins les parties s'en peuvent départir, quand l'acheteur n'est pas entré en possession parce qu'il n'y a pas eu translation de proprieté, & que s'il y est entré ils ne le peuvent pas au préjudice du Seigneur, comme il a été jugé par Arrest de l'an 1504. remarqué par Charondas sur cet article; la raison est, que comme ce contrat se fait du mutuel consentement des parties, aussi se resoud-il de même, *l. ab emptione. ff. de pact. l. 1. & toto tit. C. quando lic. ab empt. disc.*

Mais la resolution du contrat étant faite avant l'action intentée, il est certain que le retrait n'auroit point lieu.

Tournet dit le contraire, & cite des Arrests du 9. Février 1533. & quatriéme Decembre 1563. mais son opinion n'est pas soûtenable, car comme *ex contractu nullo nulla debentur laudimia*, dit du Moulin, aussi le retrait ne peut-il être exercé.

Dans quel temps le Seigneur féodal doit user du retrait dans les Coûtumes qui ne le déterminent point, comme dans celle de Troyes ? 11.

Quelques-uns veulent que le Seigneur ait un an & jour, conformément à quelques Coûtumes; d'autres estiment qu'il ne doit avoir que quarante jours suivant la Coûtume de Paris, qui est le temps ordinaire pour les délais en matiere féodale, comme nous avons remarqué ailleurs.

Je croy que ce dernier sentiment est le mieux fondé, le délay de quarante jours étant generalement reçû par nos Coûtumes pour les Fiefs, c'est aussi l'avis de le Grand sur l'article 27. de la Coûtume de Troyes glose 11. nombre 4.

Si l'instance en retrait feodal non contestée ne périt que par trois ans ?

Voyez sur le titre des prescriptions n. 68.

SI AUCUNS Y EN A PAR ECRIT.

GLOSE HUITIE'ME SUR L'ARTICLE XX.

SOMMAIRE.

1. *Ces termes*, si aucuns y en a par écrit, *ont été laissez mal-à-propos, & pourquoy.*

1\. CEs termes *si aucuns il y en a par droit*, qui étoient en l'art. 13. de l'ancienne Coûtume, ont été laissez par inadvertance en cet art. de la nouvelle Coûtume; d'autant que par l'article 54. de l'Edit de Moulins de l'an 1566. il est ordonné, qu'on passera des contrats de toutes choses excedantes la somme de cent livres, autrement qu'on n'en recevra point la preuve par témoins; car avant cet Edit conformément au Droit écrit, on faisoit souvent des ventes d'heritages sans en passer des contrats par écrit, & la preuve en étoit reçûë par témoins, à quelque somme que se montât le prix, ce qui causoit souvent des pertes considerables à des créanciers legitimes ausquels les debiteurs supposoient la vente de leurs biens; & qu'ils prouvoient par des faux témoins qui ne manquoient pas en ce temps-là non plus qu'à present; c'est ce qui donna lieu à cet Edit; mais parce qu'on ne fait pas de ventes d'heritages pour cent livres ou pour moins sans contrat, tous les contrats de vente doivent être redigez par écrit; ainsi ces termes, *si aucuns, &c.* doivent être rayez, & il n'en faut pas douter.

C'est l'avis de Charondas sur cet article.

ET

ET D'ICEUX BAILLE' COPIE.

GLOSE NEUVIE'ME SUR L'ARTICLE XX.

SOMMAIRE.

1. *S'il ne suffit pas de bailler copie du contrat, & s'il faut exhiber la minute.*
2. *Aux frais de qui se doit bailler la copie du contrat.*

1. IL ne suffit pas à l'acquereur de notifier au Seigneur féodal son acquisition, comme il s'observoit avant l'Edit de Moulins, en vente dont il n'y avoit point de contrat mis par écrit, mais il faut qu'il luy donne copie du contrat passé ; desorte que la fin de cet article devroit être redigée en ces termes ; *aprés qu'on luy a exhibé les contrats & d'iceux baillé copie* ; car cette exhibition du contrat de vente & la copie qui en est baillée, est une notification tres-suffisante.

Il ne suffit pas que l'acquereur exhibe au Seigneur son contrat, bien que passé pardevant Notaires, quand ce seroit même pardevant les Notaires qui ont passé le contrat, mais il faut encore qu'il luy exhibe la grosse du contrat, afin qu'il n'ait aucun soupçon de fraude, & qu'il puisse faire avec assurance le choix qu'il trouvera le plus avantageux, ou du quint ou du retrait.

Cette copie se doit bailler aux frais & dépens de l'acquereur, parce qu'il a interêt que son acquisition soit notifiée au Seigneur, pour se rendre aprés quarante jours Seigneur propriétaire incommutable du Fief par luy acquis.

Cette copie n'étant que pour instruire le Seigneur du contenu au contrat d'acquisition du Fief mouvant de luy, elle peut être baillée en papier, sans qu'il soit necessaire de la bailler en parchemin, pourvû que ce soit pardevant Notaires & qu'elle soit collationée à l'original. 2.

Si nôtre Coûtume avoit voulu obliger l'acquereur de bailler une copie authentique & en parchemin, elle l'auroit declaré, comme elle a fait en l'article 8. cy-dessus pour le dénombrement.

OBSERVATIONS DE MONSIEUR***

Sur l'Article XX.

SOMMAIRE.

1. *Sur quelles raisons le retrait lignager & le retrait feodal ont été introduits.*
2. *Article vingtiéme changé.*
3. *Droit de retrait feodal est réel.*
4. *Il n'a lieu qu'en cas de vente.*
5. *Celuy sur lequel il est exercé doit estre indemnisé.*
6. *Dans quel temps il peut estre exercé.*
7. *Si le Seigneur censier le peut exercer.*
8. *Quand plusieurs sont propriétaires par indivis d'un mesme Fief, comment le retrait feodal peut estre exercé.*
9. *De quelle maniere il doit avoir lieu, quand dans un mesme contrat l'on vend plusieurs Fiefs relevans de differens Seigneurs.*
10. *S'il a lieu contre l'acquereur de l'usufruit.*
11. *Si l'usufruitier d'un Fief dominant, & autres qui sont reputez usufruitiers, peuvent exercer le retrait feodal, & à quelles conditions.*
12. *A qui se doit faire l'exhibition du contrat d'acquisition de Fief, quand il y a propriétaire & usufruitier du Fief dominant.*
13. *Si le Fermier du Fief dominant peut retraire.*
14. *A qui des conjoints appartient le Fief réüni à la mouvance de l'un des conjoints.*
15. *Si le droit de retrait feodal peut estre cedé.*
16. *Si les gens de main-morte peuvent retenir par puissance de Fief.*

LA matiere du retrait feodal qui se trouve établie par l'article 20. de nôtre Coûtume, merite une plus longue explication que celle qu'elle nous en donne, afin de prévoir & de décider par des dispositions précises les difficultez que la Coûtume n'a pas prévû.

Quoique par les articles 21. & 22. elle ait exprimé quelques cas, dans lesquels le retrait feodal n'a pas lieu, il y en a une infinité d'autres dont elle n'a pas parlé ; par exemple, elle n'a point decidé, s'il y a lieu au retrait feodal, quand dans un même contrat differens Fiefs sont vendus, relevans du même ou de differens Seigneurs.

Elle n'a point aussi expliqué la difference du retrait feodal & du retrait lignager ; s'il est cessible, ce que doit faire le Seigneur feodal pour satisfaire l'acquereur qu'il depossede, quel droit peut avoir l'usufruitier d'un Fief dominant, & de quelle maniere les Seigneurs des Fiefs dominans & servans doivent agir les uns envers les autres.

Nous avons fait plusieurs articles pour éclaircir tous ces doutes.

1. Nous remarquerons d'abord en general, que l'esprit des Coûtumes de France est de perpetuer les biens dans les familles, & que c'est par cette raison que le retrait lignager a lieu, & exclud même le retrait feodal; mais le retrait feodal est fondé sur les mêmes raisons, afin qu'un Fief démembré dans son origine se réünisse à son principe : il n'en est pas de même quand il s'agit de sçavoir, si le droit de retrait est cessible. Car en matiere de retrait lignager il est constant que ce droit ne se peut ceder, & l'on est toûjours demeuré à cet égard dans la severité des maximes qui ont changé pour le retrait feodal. Car quoique dans son origine il ait été établi pour réünir un Fief separé, on ne laisse pas d'accorder à ce même Seigneur le pouvoir de ceder ce droit à un étranger, parce qu'il y a quelque équité que le Seigneur n'ait pas un vassal qui luy déplaise.

2. Voicy comme nous avons redigé l'article 20.

Le Seigneur feodal peut par puissance de Fief retenir le Fief mouvant de luy, vendu par son vassal, en remboursant le prix & loyaux coûts payez par l'acquereur, quarante jours aprés qu'on luy a exhibé & donné copie du contrat d'acquisition.

Nous avons ôté ces mots, *qui est*, comme étant inutiles pour la construction, les mots de *baillé & payé*, comme étant synonimes, & ceux de *notifié & exhibé*, les mots *prendre & avoir*, celuy de retenir étant suffisant.

Nous avons aussi retranché les mots, *si aucun y a par écrit*; parce qu'aujourd'huy il faut de necessité qu'un contrat soit par écrit pour assurer le payement d'une Terre ou d'un Fief; anciennement tous les contrats n'étoient pas redigez par écrit, mais cet abus a été corrigé par l'Ordonnance de Moulins, article 54. & c'est par inadvertance que ces termes, *si aucun y en a par écrit*, ont été de l'article 13. de l'ancienne Coûtume de Paris, remis dans l'article 20. de la nouvelle.

On trouve dans cet article quatre dispositions differentes qui peuvent servir de quatre principes certains dans cette matiere.

3. Le premier, que le retrait se fait, *ratione feudi* : ainsi ce droit est réel, & est proprement inseparable du Fief; mais comme le Seigneur qui joüit du Fief dominant est libre de se servir, ou de ne pas se servir de son droit, il est aussi établi, qu'il peut s'en servir à l'effet de réünir à son principe le Fief démembré, ou qu'il peut ceder son droit à une autre personne, étant juste qu'il ait le choix de ses vassaux.

4. Le deuxiéme principe est que ce droit de retrait feodal n'a lieu qu'en cas de vente; d'où il faut conclure, qu'en toutes mutations, qui se font par les differens changemens des propriétaires des Fiefs mouvans, quand ce n'est point par vente, le retrait n'a point lieu.

5. Le troisiéme est, que le Seigneur qui retire par puissance de Fief celuy qui est mouvant de luy, doit rembourser à l'acquereur les frais & loyaux coûts; c'est-à-dire, que celuy sur lequel le retrait feodal est exercé, doit sortir indemnisé sans qu'il luy en coûte rien.

6. Le quatriéme est une disposition touchant le temps limité par la Coûtume, dans lequel le Seigneur feodal peut exercer son droit comme le lignager, à un an du jour de la foy & hommage, le Seigneur a quarante jours, mais les quarante jours ne courent pas du jour de la foy & hommage seulement, il faut de plus que l'acquereur exhibe son contrat, & en donne copie au Seigneur.

Ces quatre choses bien entenduës renferment le droit du Seigneur, le temps dans lequel il le peut exercer, le cas auquel il le peut exercer, & ce qu'il est obligé de faire quand il exerce son droit.

7. Il faut faire icy une observation generale qui établisse la difference qui est entre le Seigneur d'un Fief & le Seigneur censier, en ce que ce droit de retrait feodal n'appartient jamais au censier dans nôtre Coûtume de Paris, ni dans toutes celles qui n'en parlent point; mais il appartient seulement au Seigneur du Fief, aprés avoir établi son droit : voyons par les dispositions suivantes à regler les questions qui peuvent naître ordinairement sur cette matiere.

ARTICLE NOUVEAU.

8. *Le Fief mouvant de plusieurs Seigneurs possedé par indivis, ne peut être retiré par l'un d'eux que pour sa part; mais il est libre à l'acquereur de luy abandonner le tout, si bon luy semble, auquel cas le Seigneur sera tenu de prendre le Fief entier.*

Cet article contient deux parties.

La premiere est, que les Seigneurs qui joüissent par indivis d'un Fief dominant, n'ont droit que de retirer la portion du Fief mouvant, à proportion du droit qu'ils ont dans le Fief dominant.

La deuxiéme partie est, que celuy qui a acquis le Fief dont le retrait feodal est intenté pour partie par un des Seigneurs, a la liberté de forcer celuy qui en veut retirer une portion, de retirer tout le Fief; en telle sorte que s'il ne veut pas prendre la totalité, il est exclud de retirer la portion. Cette disposition semble fondée en raison, tant parce que celuy qui n'a qu'une portion, ne doit pas avoir le même droit que s'il avoit le Fief entier, que parce qu'il n'est pas raisonnable que celuy qui a acquis, soit obligé de joüir par indivis de son acquisition avec le Coseigneur.

AUTRE ARTICLE NOUVEAU.

9. *Si plusieurs Fiefs mouvans de differens Seigneurs sont vendus pour un seul prix par un même contrat, l'acquereur sera tenu de faire la ventilation du prix de chacun des Fiefs acquis avec le Seigneur qui voudra user du retrait aux frais de l'acquereur, & si le prix de chaque Fief est veritable par le contrat sans fraude, chacun des Seigneurs pourra retirer le Fief mouvant de luy, pour le prix porté par le contrat, sans que l'acquereur puisse requerir, ou soit tenu de souffrir une autre ventilation.*

L'article explique suffisamment ce que qu'il ordonne. Le mot de *sans fraude* y a été ajoûté, parce qu'on pourroit en faire une infinité, soit dans la ventilation qui se fait dans le contrat, soit par celle qui se feroit avec l'un des Seigneurs, avec lequel on pourroit être d'accord, *in necem*, des autres qui ne seroient point appellez. C'est pourquoy en cas de fraude l'on pourra demander une nouvelle ventilation.

AUTRE ARTICLE NOUVEAU.

Si plusieurs Fiefs mouvans d'un même Seigneur ont été acquis par des prix differens, le Seigneur peut retirer les uns, & laisser les autres; mais s'ils ont été acquis par un même prix, l'acquereur peut contraindre le Seigneur de les prendre, ou de les laisser tous.

La disposition de cet article est conforme à l'usage qui se pratique.

AUTRE ARTICLE NOUVEAU.

10. *Le retrait feodal n'a lieu contre l'acquereur de l'usufruit.*

Le droit du Seigneur par le retrait est de choisir ses vassaux, ou de rëünir le Fief à sa table, lorsqu'il en a été separé; or ce cas n'arrive jamais, lorsque le propriétaire ne change point. C'est pourquoy par l'usage il est établi, que le Seigneur ne peut pas user du retrait, lorsqu'il n'y a que l'usufruit de vendu.

AUTRE ARTICLE NOUVEAU.

11. *L'usufruitier d'un Fief dominant peut de son chef, sans le consentement du propriétaire, sans sommation préalable, user du droit de retrait feodal, sauf au propriétaire, aprés l'usufruit fini, de rentrer dans le Fief retiré, en remboursant le prix, frais & loyaux coûts, les impenses utiles & necessaires, sans être tenu de payer à l'usufruitier les profits qui luy eussent appartenu à cause de la vente faite durant la joüissance, s'il n'y avoit point eu de retrait feodal.*

AUTRE ARTICLE NOUVEAU.

Le propriétaire du Fief dominant pendant le cours de l'usufruit peut sommer l'usufruitier du Fief dominant, de retirer le Fief acquis dans quinzaine, du jour de la sommation, & le temps passé sans procedures, il pourra user du retrait feodal, à l'exclusion de l'usufruitier; en luy payant les profits dûs à cause de la vente.

AUTRE ARTICLE NOUVEAU.

Il en sera usé de même qu'il est dit aux articles precedent à l'égard des acquereurs d'un Fief dominant, à faculté de remerer, d'un créancier qui joüit par engagement du Fief de son debiteur, de la doüairiere, & de celuy qui a un bail à longues années.

AUTRE ARTICLE NOUVEAU.

12. *Quand il y a un propriétaire & un usufruitier, l'exhibition du contrat sera faite par l'acquereur au propriétaire à son domicile, & à l'usufruitier au principal manoir du Fief dominant.*

Cet article doit être entendu, lorsqu'il y a un propriétaire & un usufruitier; *secus*, s'il n'y a point d'usufruitier. Car en ce cas il faudroit notifier le contrat au propriétaire au principal manoir du Fief dominant, & non pas à son domicile.

AUTRE ARTICLE NOUVEAU.

13. *Le Fermier du Fief dominant ne peut retraire le Fief mouvant, s'il ne luy est accordé expressément par son bail; mais aprés le bail expiré, le propriétaire pourra rentrer dans le Fief retrait, en faisant les remboursemens à son fermier comme à un usufruitier.*

Le droit de retrait feodal n'est pas comme le lignager; car le feodal se peut ceder à qui que ce soit, mais le lignager n'est pas cessible dans nôtre Coûtume. Un fermier ne peut pas user de ce droit, lorsqu'il n'est pas exprimé dans son bail, mais quand il l'est, on le considere comme un usufruitier.

AUTRE ARTICLE NOUVEAU.

14. *Le Fief retiré par puissance de Fief pendant le mariage, qui étoit de la mouvance de l'un des conjoints, demeure rëuni de plein droit au Fief duquel il étoit mouvant, en indemnisant l'autre des conjoints de sa part de la somme qui a été payée pour la retenuë, frais impenses utiles & necessaires & des profits qui eussent été payez par l'acquereur, cessant la retenuë du Fief.*

Cet article paroît fort raisonnable & conforme à l'esprit de nôtre Coûtume; parce qu'il empêche tous les avantages indirects entre mary & femme, qui pourroient se faire en cette occasion.

AUTRE ARTICLE NOUVEAU.

15. *Le droit de retenuë feodale peut être cedé par le Seigneur à qui bon luy semble.*

On a dit qu'il y avoit de la difference entre le retrait feodal & le lignager; que le lignager ne peut se ceder, & que le feodal pouvoit se ceder.

La raison de la difference est, que quand il s'agit d'un retrait lignager, celuy à qui on cederoit ce droit, & qui ne seroit pas de la famille, ne pourroit pas remplir l'intention de la Coûtume, qui est d'accorder le retrait lignager, pour qu'un heritage vendu à un étranger rentre dans la famille: mais en matiere de retrait feodal, quoique l'intention principale de la Coûtume soit de rëünir le Fief mouvant à la table du Seigneur du Fief dominant, il y en a encore un autre, que le Seigneur ne doit avoir un vassal malgré luy qui ne luy soit pas agréable, & cette derniere a fait qu'on a admis la cession du retrait féodale, laquelle cesse pour le retrait lignager.

AUTRE ARTICLE NOUVEAU.

16. *Gens de main-morte ne peuvent retenir par puissance de Fief, ni ceder le droit à un autre.*

Les gens de main-morte ne possedent en France les biens immeubles qu'aprés avoir des lettres d'amortissement; desorte que c'est proprement un privilege qui ne peut, ni ne doit s'étendre au-delà de ce qui leur est accordé, d'autant plus que les Religieux qui possedent un tres-grand nombre de Fiefs en France, à la longue se rendroient les maîtres de tous les Fiefs, s'ils avoient droit de retirer par puissance feodale. Or comme ce droit leur est dénié, il n'est pas extraordinaire qu'ils ne le puissent pas ceder, ne l'ayant pas eux-mêmes.

Plusieurs ont pensé que les gens de main-morte pouvoient retirer par puissance de Fief, à la charge de mettre hors leurs mains les Fiefs retenus par retrait feodal dans l'an & jour; faute d'avoir lettres d'amortissement. Mais il est plus prudent & plus convenable de leur ôter cette liberté, eu égard aux grands biens qu'ils possedent, & à l'abus qu'ils en pourroient faire.

CONFERENCE SUR L'ARTICLE XX.

De même, *Aix*, tit. 9. article 1. *Amiens*, art. 38. & ajoûte, *si la vente est faite sans qu'il soit dit francs deniers, que le Seigneur en ce cas peut retenir son droit de quint denier, ou autres droits seigneuriaux selon la nature des heritages. Angoumois*, article 13. *Anjou*, article 347. *Artois*, articles 116. 117. *Auvergne*, chap. 22. article 20. *Auxerre*, article 49. & ajoûte, *autrement, le temps passé, il sera privé dudit droit de retenuë pour cette fois.*

Bar, article 4. *Bayonne*, tit. 5. article 10. *Berry*, tit. 13. article 1. *Blois*, article 18. *Bordeaux*, articles 88. 89. *Boulenois*, articles 51. 139. *Bourbonnois*, article 424. *Bretagne*, article 306.

Châlons, article 256. *Chartres*, articles 65. 66. *Châteauneuf*, article 75. *Chaumont*, article 17. & ajoûte, *le Seigneur peut rabattre au vendeur sur le prix le quint denier.* a

a *Quod est injustum, quia hoc casu dominus feudi nulla jura pecuniaria debet habere, quia ipsemet est sicut primævus emptor, ut dixi in Consuetud. Paris.* §. 13. C. M.

Monsieur Ricard remarque fort bien, que Maître Charles du Moulin s'est abusé en cette Note ; dautant que par le même article 17. de la Coûtume de Chaumont, c'est le vendeur qui doit les droits & non l'acquereur ; ainsi le Seigneur qui exerce le retrait, ne représentant que l'acquereur, il ne confond pas en luy les droits qui luy sont dûs à cause de la vente, si ce n'est qu'elle ait été faite francs deniers au vendeur, & que par ce moyen l'acquereur ait été chargé des droits, ainsi qu'il est porté par l'article 18. de la Coûtume de Chauny, qui doit avoir lieu dans toutes les Coûtumes semblables, qui chargent le vendeur des droits feodaux ou seigneuriaux.

Chauny, article 116. & ajoûte, *soit que le Fief vendu vienne du vassal de son propre, ou naissant ou d'acquêt. Clermont*, article 93.

Dourdan, articles 37. 225. 226. 235. *Dreux*, article 56.

Estampes, article 27. & ajoûte, *encore qu'il soit de main-morte.*

Laon, article 257. 258. & ajoûte, *le Seigneur retenant par puissance de Fief, ne peut déduire ou précompter, ni demander à son vassal le quint ou requint denier, que son vassal luy devroit payer, s'il le recevoit en foy & hommage. Lodunois*, chap. 17. art. 1.

Maine, article 350. *Mantes*, article 28. *la Marche*, article 275. *Meaux*, article 170. *Melun*, articles 30. 162. *Montargis*, chap. 1. article 5. & ajoûte, *si le Seigneur de Fief est Châtelain ;* b *& pourvû que ce soit pour luy & sans fraude.*

b *Non aliàs, & nunquam Ecclesiasticus nisi certis locis.* C. M.

Surquoy voyez sur cet article, *Glos.* 1. *num.* 23.

Montfort, article 15. *Montreuil*, article 35.

Nivernois, chap. 4. article 35. & ajoûte, *il appartient droit de retenuë au Seigneur feodal de la chose feodale venduë & aliénée*, etiam *par decret de Justice. Normandie*, article 177. & ajoûte, *& par ce moyen le Fief retiré est mis au Fief duquel il est tenu. Noyon*, article 36.

Orleans, article 49.

Peronne, articles 255. 256. *Grand-Perche*, article 184. *Poitou*, article 23. *Ponthieu*, articles 68. 69. ajoûte, *en rendant ou payant les deniers du sort principal de la vendition, rabbattu les droits seigneuriaux.*

Reims, articles 135. 220. *Ribemont*, article 2. *Sedan*, tit. 3. article 52. *Senlis*, articles 237. 239. *Sens*, article 185.

Tours, articles 33. 34. 38. où il est dit, *que les gens d'Eglise & de main-morte peuvent avoir & retenir par puissance de Fief les Fiefs mouvans d'eux, quand ils sont vendus, à la charge d'en vuider leurs mains, s'il en sont requis par le Procureur du Roy, ou autre Seigneur. Troyes*, article 27.

Valois, article 29. & ajoûte, *remboursement du sort principal, frais & loyaux coûts, s'ils sont liquides, dedans quarante jours ; & s'ils ne sont liquides, dedans vingt-quatre heures aprés la liquidation d'iceux ;* aliàs, *décherra de sadite retenuë.*

Xaintonge, article 27.

Le prix que l'Acquereur en a baillé.

Chauny, article 118. *Le Seigneur est tenu de restituer à l'acheteur seulement les quatre parties dont les cinq sont le total des deniers principaux d'icelle vendition : parce que le vendeur luy devroit, & seroit tenu payer quint & requint à cause d'icelle vendition : mais s'il avoit été convenu entre les parties, & dit* c *que lesdits deniers principaux seroient & demeureroient francs deniers au vendeur, ledit Seigneur seroit tenu restituer entierement lesdits deniers principaux, pource que l'acheteur seroit tenu du quint & requint & non le vendeur, & lesquels quint & requint seroient éteints & confus en la personne d'iceluy Seigneur, parce qu'il est en faisant ledit retrait au lieu dudit acheteur, qui doit demeurer indemne.*

c *Tacitè vel expressè. Adde quæ dixi in Consuetud. Paris.* C. M.

Dedans quarante jours.

Anjou, article 347. dit, *dedans l'an & jour aprés le contrat exhibé.* De même, *le Maine*, art. 359.

Blois, article 18. dit, *dedans l'an de l'exhibition des lettres d'acquest.*

Bourbonnois, art. 124. donne trois jours aprés l'ostention & exhibition des lettres d'acquisition. De même, *la Marche*, article 275. & *Auvergne*, chap. 22. article 20. & ajoûte, *à les compter du jour de la possession réelle prise par l'acheteur, non plûtôt.*

Maine, article 401. donne an & jour, & dit : *que le Seigneur peut faire saisir les choses immeubles acquises en son Fief depuis trente ans, dont autrefois exhibition ne luy auroit été faite ou à son Juge, & sans qu'il soit tenu en faire ou souffrir délivrance ou être faite à l'acquereur, jusques à ce qu'il luy ait exhibé ses contrats, & baille la copie duëment collationnée à l'original, avec dépens du sujet, si ledit sujet ne vouloit laisser son contrat original, & faire les offres réelles des ventes & devoirs.* d

d *Id est de illis purè solvendis : secùs ergo si eodem actu dixeret se illa solvisse cuidam procuratori Domini nec probet, vel si exhibet apocham privatam non verificatam : quia tunc Dominus non potest incipere eligere, & sic ei non currit tempus etiam per viginti novem annos : sed totum pendet à veritate & validitate apochæ : nec est iniquum tempus tamdiu prorogatum, quia culpa est emptoris qui Dominum actu positivo decepit : & sic non debet esse melioris conditionis eo qui per meram negligentiam fraudavit qui non est in tuto nisi post triginta annos.* C. M.

Contre *la Salle de Lisle*, tit. 1. article 65. *Un Seigneur ne peut retenir les Fiefs ou heritages cotiers vendus, tenus de sadite Seigneurie.*

Amiens, article 39. *Et si ledit Seigneur veut retenir ledit heritage, il est tenu, ou son Baillif &*

Officiers, de declarer pour luy, & lorsqu'on requiert avoir la saisine desdits heritages; que sur ce il aura avis [e] *lequel il peut prendre : C'est à sçavoir pour bailler saisine de chose feodale dedans quarante jours, & de chose costiere dedans sept jours.*

e *Et sic non tenetur interim consignare nec retrahere, sed solum eligere, quo facto quia Consuetudo non præfigit aliud tempus, debet acquisitor petere à judice ut aliud certum breve tempus præfigatur Domino directo, ad refundendum scilicet, & quando eligit retrahere, & puto quod non debet arbitrari longius tempus octo dierum, vel septem argumento hujus Consuetudinis, quia non est æquum acquisitorem manere in suspenso, sed in Consuetudine Paris. non tenetur emptor notificatione facta interpellare Dominum, sed ipso jure ei currit tempus, ut §. 13. in dicta Consuetud. ubi dixi.* C. M.

Maine, article 410. *Si aucun Seigneur de Fief baille sa Terre, Fief & Seigneurie à ferme à aucun, soit à peu de temps ou à long, tel fermier au nom du Seigneur, pourra faire du Fief le domaine, des choses qui seront acquises audit Fief par contrat sujet a retrait feodal durant le temps de sa ferme : & en pourra jouir & prendre les fruits, comme des autres choses de ladite ferme. Et aprés que la ferme sera finie, le Seigneur au dedans de l'an & jour prochain ensuivant, pourra recouvrer sur le fermier lesdites choses prises par puissance de Fief, en luy rendant le principal & loyaux coûts & mises : & aussi en payant les ventes,* [f] *qui en eussent été dûës, si ledit retrait feodal n'eût été fait. Et si ledit Seigneur ne le fait au dedans de l'an & jour, lesdites choses demeureront à toûjours, mais audit fermier & aux siens : & à semblable, d'un bail & d'une doüairiere, & de tous autres usufruitiers, où il en sera ainsi usé.*

f *Quas non tenetur reus deducere in dictis fructibus, quia spectabant ad eum jure proprio & non nomine pœna.* C. M.

Blois, article 18. *Le Seigneur Châtelain a droit de retenuë par puissance de Fief des choses tenuës de luy en foy & hommage venduës à personne étrange du lignage* [g] *dudit vendeur.*

g *Hoc est indistinctè, hoc tantum excepto, si emptor haberet jus retractus proximitatis, si alii venditum fuisset.* C. M.

Berry, titre 12. article 7. *Quant au droit de retenuë, la prescription de quarante jours n'a lieu : mais ne commence à l'avoir que du jour que les lettres d'acquisition ont été exhibées au Seigneur feodal ou censuel.* [h]

h *Sed interim benè incipit præscriptio illa triginta annorum : quia currit quantumvis tituli non fuerint exhibiti, & Dominus ignoraverit, dummodo novus acquisitor naturaliter possederit : secus quamdiu vetus vassallus ut usufructuarius, vel etiam ut colonus in possessione remanet.* C. M.

Berry, titre 12. article 2. *S'il y a aucune rente constituée sur l'heritage feodal ou censuel par le vassal ou censier, la peut le Seigneur feodal ou censuel retenir pour le prix.* [i]

i Cecy ne doit point avoir lieu aux rentes du denier 12. ou 15. constituées pour l'usage du commun commerce, ni même aux rentes rachetables en denier constituées au gendre & à la fille pour les deniers dotaux, par ce que j'ay dit sur la Coûtume de Paris. §. 57. au Traité des usures. *C. M.*

Auvergne, chap. 21. des emphiteoses & loüages, article 10. *Si l'acheteur offre la totalité des choses venduës, le Seigneur direct sera tenu de les prendre.* [k]

k *Hoc est injustum*, veu que le Seigneur est bailleur d'heritage, & que le preneur ne doit contracter à son préjudice, mêmement quand l'acquereur sçait la charge & condition de la chose : *quare dicendum erat, ut etiam infra tit. 22. §. 23. in feudis.* C. M.

Auvergne, chap. 21. article 20. *Le droit de retenuë ou prélation de chose feodale, ou censiviere est cessible* [l] *par le Seigneur feodal ou direct, combien qu'autrement soit en retrait lignager, où l'on ne peut retraire, si ce n'est pour soy, & non pour autre.*

l *Idem Consuetudo Borboniensis, sed non est æquum, ut dixi in Consuet. Paris. §. 12. gl. 1. quæst. 1. & etiam dico quod casu retractus proximitatis resurget & præferetur cessionario Domini directi ut patet. §. 15. sup. eadem rectè ponderando.* C. M.

La Marche, article 275. *Si le Seigneur a reçu l'acquereur à hommage, ou bailler répit,* [m] *il est debouté de son droit de retenuë ou prélation.*

m *Id est*, souffrance de faire ou payer les droits certains, *secus*, s'il a baillé délay de saisir, ou délay de faire offres, lever & exhiber les contrats. *C. M.*

La Marche, article 279. *Droit de retenuë ou prélation peut le Seigneur feodal ou direct donner ou transporter à un tiers, si bon luy semble.* [n]

n Ce qui est inique, *nisi conjunctio, ut dixi in Consuetud. Paris.* §. 13. *glos.* 1. Mais lors de la redaction de cette Coûtume, la tres-noble Anne de Bourbon, dite la Sage Duchesse de Bourbonnois, étoit aussi Comtesse de la Marche, parquoy ses Officiers firent aisément apposer cet article à eux favorable, qui est aussi en la Coûtume de Bourbonnois. *C. M.*

La Marche, article 281. *Si plusieurs heritages tenus en même directe sont vendus par même prix, le Seigneur n'est recevable de demander l'un, & laisser l'autre : mais s'ils sont de diverses directes, il peut demander ce qui est tenu de luy, & ainsi est du lignager quand les choses sont d'un & de divers estocs.* [o]

o *Quod est æquum : tamen frequentius Consuetudines dicunt quod retrahens jure proximitatis tenetur etiam retrahere quæ simul eodem pretio vendita sunt, volente reo, quamvis non sint de linea actoris, quod est justum: quia retractus proximitatis est quædam gratia contra jus commune, & emptor reddi debet indemnis; secus de retractu feudali qui est de rigore & competit jure conventionis & investituræ feudalis. Amplio etiamsi emptor per decretum subhastationum emerit : quia ex quo partem emit ut feudalem, ad onera feudalia huic oneri sciens sese subjecit, ut eo invito Dominus directus partem se contingentem retrahere possit.* C. M.

Lodunois, titre 17. article 4. *Le Seigneur de Fief ne doit prendre par puissance de Fief les heritages acquis en Fief, sinon pour remettre à son domaine, & non en fraude de l'acquereur pour les bailler à un autre : Et s'il avient qu'il les veüille par puissance de Fief, & les bailler à un autre, en celuy cas le premier acquereur les pourra r'avoir dedans un an aprés, en rendant les deniers qu'il a reçus dudit Seigneur de Fief, & en luy payant les lods & ventes qui étoient dûs par l'acquereur.* [p]

p *Et sic patet quod istud jus non est cessibile, quod est æquum; ut scripsi in Consuet. Paris. §. 13. gl. 1. q. 1.* C. M.

Auteurs sur l'Article vingtiéme.

L'Auteur du Grand Coûtumier, liv. 2. chap. 17. page 171. au commencement, & page 178. lig. 15.
Des Mares, Décision 204.
Beaumanoir, page 275. ligne 28.
Liber 2. feudorum, tit. 9. cap. 1. Coquille, *quest.* 45.
Loysel, liv. 3. tit. 5. regle 6.
De Salligny, sur Vitry, art. 18. 38. 45. & 54.
Basnage, sur Normandie, art. 177. & 178.
Henrys, plaid. 19.
Le même, tom. 1. liv. 3. chap. 3. quest. 16.
Mon Institution coûtumiere, tom. 1. liv. 2. tit. 3. §. 8. art. 327. & suiv.
Journal du Palais, Arrest du 1683. Arrest du 1686.
Brodeau, sur cet article, nomb. 29.
Du Moulin, *ad Alexandrum, lib. 7. Consil.* 138. *num.* 1. & sur la Coûtume de Berry, tit. 22. article 7. & les Commentaires de Ragueau & de la Thaumassiere, sur cet article 7. de la Coûtume de Berry.
Dufresne, liv. 2. chap. 130.
Duret, dans son Alliance des Coûtumes, page 1012.
Duplessis explique cet article, liv. 7. chap. 1. pag. 60.
Du Moulin, sur l'ancienne Coûtume de Paris, article 13. Glose 11. nomb. 7. 8. 9. & 12.
Bobé, sur cet article, & sur l'article 170. de la Coûtume de Meaux.
Thourette, sur Montfort, article 15.
Pontanus, sur la Coûtume de Blois, article 18.
De la Lande, sur Orleans, article 49.
Le Grand, sur Troyes, article 27.
Buridan, sur Reims, articles 135. 220.
Charondas, en ses Pandectes, liv. 2. chap. 5.
Du Moulin, sur Maine, art. 405.
Chopin, sur la Coûtume d'Anjou, liv. 1. chap. 4. nomb. 3. 9. & 10. chap. 5. nomb. 2. liv. 2. tit. 4. nomb. 2. 4. & 9. sur la Coûtume de Paris, liv. 1. tit. 1. nomb. 21. & 22. liv. 2. tit. 6. nomb. 21. & 25. & au tit. *des Censives*, nomb. 75. *de la Police Ecclesiastique*, liv. 3. tit. 1. nomb. 16. *du Domaine*, liv. 1. tit. 4. nomb. 5. liv. 2. tit. 5. liv. 3. tit. 23. nomb. 5. & 6.
M. Le Prestre, Cent. 4. chap. 88.
Feron, sur la Coûtume de Bordeaux, tit. 8. art. 7. 9. & 10.
Boërius, sur Berry, tit. 5. art. 2. & 4. tit. *du retrait lignager*, art. dernier.
Labbé, sur la même Coûtume, tit. 13. art. 1. & suivans.
Rat, sur la Coûtume de Poitou, articles 16. 23. & 271.
Pithou, sur la Coûtume de Troyes, art. 27.
Coquille, sur la Coûtume de Nivernois, chap. 4. article 25. & en son Institution, tit. *de Fiefs*, & en ses Questions, Quest. 37. 45.
De Lhommeau, sur la Coûtume d'Anjou, liv. 1. articles 328. & 387.
Le Maistre, Traité *des Fiefs*, chap. 5.
Tiraqueau, *du retrait lignager*, art. 1. Glos. 2. article 32. Glos. 1. nomb. 2. 4. & suivans.
Loüet & Brodeau, *lett. R.* sommaire 2. 16. 25. 26.
Baquet, *des droits de Justice*, chap. 11. nombre 5. & 10.
Peleus, liv. 3. art. 39.
Vigier, sur Angoumois, articles 10. & sur la Rochelle, art. 3.
Lhoste, sur Montargis, articles 4. & 5.
Vrevin, sur Chauny, articles 115. & 117.
Bodreau, sur la Coûtume du Maine, articles 359. 394. 397. & 410.
Pineau, sur la Coûtume d'Anjou, art. 347.
Buridan, sur la Coûtume de Vermandois, art. 257.
Tullus, sur la Coûtume de Chartres, chap. 12.
Basmaison, sur Auvergne, tit. 22. art. 20.
Auromne, sur Bordeaux, articles 89. & 90.
Mainard, liv. 4. chap. 46. liv. 8. chap. 19. & 20. liv. 9. chap. 46.
Le Vest, Arrest 14.
Beraut, sur la Coûtume de Normandie, art. 451.
Papon, liv. 11. tit. 5.
Mornac, *ad l. 47. lib. 4. tit. 4. ff.*
Du Fresne, en son Journal, liv. 2. chap. 61.
Despeisses, tome 3. pages 24. 81. & 87.
Les Arrêtez de Monsieur le Premier President de la Moignon, receüillis dans les œuvres de Maître Auzanet.
Le Dictionnaire de M. Brillon, *verbo* retrait feodal.
Dufresne, liv. 5. chap. 47.
Journal des Audiences, tom. 2. liv. 4. art. 61. tom. 4. liv. 6. chap. 11. tom. 5. liv. 1. chap. 11. & 13.

ARTICLE XXI.

C'étoit le quatorziéme Article de l'ancienne Coûtume.

Quand le Seigneur est exclud du retrait feodal.

SI ledit Seigneur feodal a reçu le quint denier à luy dû, à cause de la vendition du Fief mouvant de luy, chevy ou baillé souffrance, ledit Seigneur feodal ne peut plus retenir ledit Fief par puissance de Fief, pour l'unir & mettre en sa table, à cause d'icelle vendition.

Voyez l'Article précedent & le suivant, avec le 137.

REMARQUES.

CE qui est dit dans cet article, que le Seigneur ne peut plus retenir le Fief par puissance de Fief, lorsqu'il a baillé souffrance, se doit entendre du cas auquel il a volontairement, & de son plein gré, donné souffrance, *scilicet voluntariè, secùs ubi debita est ut pupillo, cui statim debetur, & etiam nullo instrumento viso dari potest. Ideò si tutor nomine pupilli sui feudum emit, & obtinet à Domino directo inducias fidei, Dominus non excluditur à retractatu feudali per has indicias necessarias & debitas, sed per lapsum temporis post notificationem emptionis, & instrumentum exhibitum.* Mol. sur l'article 39. de la Coûtume de Chartres, & sur Dreux, art. 29.

La question du mary sans le consentement de sa femme, à laquelle le Fief appartient, prenant le quint denier, a été vuidée par Arrest du 10. Mars 1563. que la femme ne pouvoit user du retrait feodal, le mary voulant le quint denier, à cause que c'est le profit de la communauté, de laquelle le mary est le maître. *Maritus in feudis dependentibus à propriis uxoris, potest ei prajudicare in retractu. Mol. §. 21. num. 24. & seqq.*

A RECEU LE QUINT DENIER.

GLOSE PREMIERE SUR L'ARTICLE XXI.

SOMMAIRE.

1. *Si le Seigneur a le choix du quint ou du retrait, & si aprés avoir opté, il ne peut plus varier.*
2. *Si lorsqu'un de plusieurs Seigneurs a reçu le quint, les autres sont exclus du retrait.*
3. *Si plusieurs Fiefs avoient été vendus, & que le Seigneur eût reçu les droits pour quelques-uns, s'il seroit exclus du retrait pour les autres.*
4. *Si le Seigneur est exclus du retrait, quand le choix a été fait du quint par son Procureur fondé de procuration speciale.*
5. *Si le fermier d'une terre peut exclure le Seigneur du retrait.*
6. *Si le mary exclud sa femme du retrait.*
7. *Opinion de Brodeau refutée par l'Auteur.*
8. *Si les Prelats & les Beneficiers peuvent exclure l'Eglise du retrait.*
9. *Si le tuteur en recevant le quint exclud le mineur du retrait.*
10. *Si le Seigneur exerçant le retrait, peut déduire les quints sur le prix.*

1. LE retrait féodal n'a lieu qu'en cas de vente, ou d'acte équipollent à la vente, suivant cet article & le précedent ; & en ce cas il est au choix du Seigneur de choisir le retrait féodal, ou les droits utiles & profitables qui sont le quint ; mais aprés qu'il a fait son choix il ne luy est plus permis de varier & changer de volonté, *l. post diem. ff. de leg. commis. l. 4. C. de pact. inter empt. & vendit. l. 36. ff. de minor. l. apud Aufidium. ff. de optio. legat.* parce que le choix de l'un exclud celuy de l'autre.

Quand donc le Seigneur a reçû le quint denier de la vente, ou qu'il en a composé, ou donné souffrance, ou reçû la foy, c'est autant que s'il avoit renoncé au retrait féodal, ainsi qu'il a été jugé en l'Audience de la Grand'-Chambre, par Arrest du 29. Mars 1601. rapporté par Tournet sur cet article ; par consequent il ne peut plus y avoir lieu au retrait féodal, dautant que le Seigneur a approuvé l'achat & la vente.

Que si un de deux Seigneurs du Fief dominant a reçû le quint pour sa part, pour le Fief vendu par son vassal, l'autre Seigneur n'est pas exclu du retrait pour sa portion, le fait de son Coseigneur ne devant pas luy être préjudiciable, & ne pouvant pas l'exclure du choix que la Loy luy accorde. 2.

Si le Seigneur féodal aprés l'exhibition du contrat, par lequel plusieurs Fiefs & heritages auroient été vendus pour differens prix mentionnez & énoncez au contrat, avoit reçû les droits pour partie des heritages vendus par ce contrat, seroit recevable au retrait des Fiefs, pour lesquels il n'auroit point reçû ses droits ? 3.

Il semble que le Seigneur soit bien fondé dans la demande du retrait, vû que plusieurs heritages étant vendus par un même contrat, il y a autant de ventes qu'il y a d'heritages vendus pour divers prix, desorte qu'il seroit recevable à prendre les droits pour les uns, & à retirer les autres par retrait féodal.

Cette question a été jugée en la Coûtume d'Anjou contre le Seigneur, par Arrest de l'Audience de la Grand'-Chambre, le 19. Juin 1612. prononcé par Monsieur le premier President de Verdun, rapporté par Brodeau sur Monsieur Loüet lettre R. nombre vingt-cinq.

La raison est, que le Seigneur en recevant les droits de quelques heritages, sans déclarer qu'il veut user du retrait sur les autres, est censé y avoir renoncé ; mais s'il avoit reçû les droits féodaux pour quelques-uns, avec protestation que ce seroit sans déroger ni préjudicier au droit qu'il auroit d'user du retrait, dans le temps de la Coûtume, sur les Fiefs pour lesquels il n'auroit pas reçû ses droits, au cas qu'il le trouvât à propos, il seroit à son choix de prendre les quints dans le temps de la Coûtume, ou d'user du retrait ; & c'est une distinction notable.

4. Le Seigneur seroit aussi exclus du retrait, si un Procureur fondé de Procuration speciale pour opter ou le retrait, ou le quint, avoit opté le quint.

Il n'en seroit pas de même de l'option faite par un Procureur qui n'auroit qu'une procuration generale, *procurator generalis, etiam cum libera, non potest voluntatem declarare, nec eligere unum ex alternativè debitis, sine speciali mandato, vel nisi ratihabitio domini sequatur, &c.* dit du Moulin sur cet article *num.* 11. (Du Moulin.)

5. *Si le Receveur d'une Terre ou le Fermier, dans le bail duquel est la clause generale de recevoir les quints & rachats, exclud le Seigneur du retrait féodal, par la perception des droits Seigneuriaux ?*

La Coûtume du Maine article 359. porte que le Seigneur est exclud du retrait par la reception des droits faite par son Fermier, parce que selon du Moulin en sa Note sur cet article un pouvoir exprés ou tacite suffit, *sufficit eum habere mandatum expressum vel tacitum, putà*, pour recevoir les droits seigneuriaux & donner la saisine ; *quia talis sicut investiendo prejudicat, ita recipiendo : secùs si esset deputatus ad recipiendam solutionem duntaxat, quia intelligitur de debito certo & incommutabili, non autem de eo in quo requiritur liquidatio, declaratio vel electio domini, quia illa non est mandata, ideo debet dominus consuli, ut scripsi in consuetud. parisiensi* §. 14.

(Charondas) Charondas sur cet article dit, conformément à l'opinion de du Moulin, que si devant la declaration du Seigneur, qui veut user du retrait féodal, le Fermier a reçû les droits, le Seigneur en est exclus; parce que par la cession des droits & profits féodaux, il l'a subrogé en son lieu & place, desorte qu'il est presumé les recevoir par procuration speciale ; mais que si le Seigneur a prevenu & demandé le retrait, il peut en user en indemnisant son Fermier.

Tronçon sur cet article & sur l'article 5. *verbo*, profit, est de même avis.

Charondas cite un Arrest du 28. Février 1572. qui a jugé que le droit payé au Receveur exclud le Seigneur du retrait.

Néanmoins par autre Arrest rendu en la Grand'-Chambre, au rapport de Monsieur Camus de Pontcarré, le 7. Avril 1637. remarqué par Brodeau nombre 9. & sur l'article precedent, la Cour a jugé que le propriétaire est recevable à user du retrait, quoique son Receveur, Commis, Fermier, ou Procureur general, ait reçû le quint. (Brodeau.)

(Chopin. Brodeau.) Chopin livre 2. titre 6. nombre 21. & Brodeau sur cet article nombre 8. tiennent l'opinion contraire.

La raison est, que le Receveur, Fermier, ou Commis, n'ont qu'un pouvoir general, lequel n'est pas suffisant pour aliéner contre l'interêt & l'utilité du Seigneur, ni remettre un droit certain & qui luy est acquis, suivant la Loy *Præses.* 12. *C. de transact.* & la Loy *Procurator. ff. de procurat.*

Deplus, la faculté de choisir de deux choses l'une, comme est le quint ou le retrait, est personnelle, desorte qu'elle ne peut être exercée que par celuy à qui elle appartient, selon le sentiment des Docteurs sur la Loy *si stipulatus.* 76. *ff. de V. O.* ainsi elle ne tombe point dans une procuration generale, mais pour cet effet il faut une procuration speciale.

Si le mary ayant reçû le quint denier pour un Fief vendu, mouvant & relevant de sa femme, peut au nom d'icelle, ou elle-même autorisée par Justice, être reçû au retrait, en rendant à l'acquereur les droits qu'il auroit payez ?

Du Moulin sur cet article *num.* 24. dit, que la femme est excluse du retrait, quand le mary a reçû le quint denier, parce que *non est simplex fructuarius, sed est quasi dominus & administrator omnium bonorum uxoris* ; desorte néanmoins que *rebus integris*, c'est-à-dire, le mary n'ayant pas encore reçû la foy & hommage, ni les quints de l'acquereur, la femme quoique non séparée de biens, peut sans le consentement de son mary, & même contre sa volonté, se faisant autoriser par Justice à son refus, demander la retenuë féodale pour unir le Fief vendu au sien, & il appuye son opinion d'un Arrest du 4. Juin 1515. (Du Moulin.)

Toutefois son sentiment n'a pas été suivi sur ce dernier point, & l'Arrest qu'il cite, n'a été d'aucune consideration, vû que le contraire a été jugé depuis par un autre Arrest du 10. Mars 1563. remarqué par les Commentateurs de nôtre Coûtume, par lequel il fut dit, que la femme ne pouvoit user du retrait, quand le mary vouloit recevoir le quint denier, c'est une maxime dont on ne doute plus à present.

La raison est, que c'est un profit de la communauté, dont le mary est le maître, & que la femme ne peut empêcher pour son interêt particulier : outre qu'ayant la joüissance de ses biens, pour cause onereuse, sçavoir *ad sustinenda matrimonii onera*, il a les mêmes droits que l'usufruitier d'un Fief dominant ; & même ses droits sont beaucoup plus amples, en ce qu'il est reputé maître des biens de sa femme, tant que dure sa joüissance & son administration : or comme le propriétaire du Fief dominant ne peut user du retrait féodal au préjudice des droits de l'usufruitier, aussi la femme n'en peut pas user, quoiqu'elle previenne son mary en demande du retrait féodal, & telle prévention seroit inutile.

C'est le sentiment de Charondas, de Tournet, de Tronçon, de Guerin & de Maître Duplessis, que le mary peut prendre les profits, encore que la femme voulût exercer le retrait féodal. (Charondas. Tournet. Tronçon. Guerin. Du Plessis.)

Brodeau sur cet article nombre 5. dit, quand les choses sont entieres, & que le mary n'a pa reçû la foy ni les quints, la femme, quoique non separée de biens, peut contre le sentiment de son mary, en se faisant autoriser par Justice à son refus, demander l'adjudication du droit de retenuë, pour faire la réünion du Fief vendu au Seigneur, & dit, que c'est l'espece de la décision singuliere de l'Arrest du 4. Juin 1515. donné au profit de Dame Charlotte de Chalon, Comtesse de Joigny, femme autorisée par Lettres Patentes du Roy, au refus de Messire François d'Aligre, contre Messire Emond de Prie, par lequel le retrait féodal de la Terre & Seigneurie de Sermoise, fut adjugé à la femme comme tenu & mouvant du Comté de Joigny, à elle appartenant de son propre, & le mary condamné en son nom, aux dépens, dommages & interêts de l'acquereur. (Brodeau.)

Il

Il dit que Chopin remarque aussi cet Arrest *lib. 3. de privil. rustic part. 3. cap. 5. num. 6.* mais qu'il ne pose pas l'espece au vray, disant que le mary avoit reçû le quint, & que nonobstant, la femme fut admise au retrait par Lettres de Restitution, par elle obtenuës, qui furent entherinées par une consideration d'équité.

Il dit ensuite, que cette distinction de du Moulin *rebus integris*, ou *rebus non integris*; est indubitable, dans la pure doctrine des Arrests bien entenduë, & la pratique notoire de la France coûtumiere, qui est telle, que le mary est non seulement maître absolu de la communauté, mais aussi administrateur des biens dotaux, & propres de sa femme & son Procureur general, par le seul titre du mariage.

7. Cette raison ne sert de rien pour prouver que le mary peut user du retrait contre la volonté de sa femme, car s'il est administrateur des biens de sa femme, il en a la joüissance & l'usufruit pour une cause onereuse, d'où il s'ensuit qu'il prend à luy tous les profits qui en proviennent : or entre les fruits sont, ou le quint ou le retrait féodal, dont il a le choix, sans qu'il puisse être contraint par sa femme, de prendre l'un ou l'autre contre sa volonté; dautant qu'il ne doit pas être de pire condition que tout autre usufruitier, qui a pareil choix, sans que le Seigneur propriétaire puisse l'empêcher de s'en servir; & c'est la commune opinion, que la femme, *rebus integris*, ne peut pas se faire autoriser par Justice, pour exercer le retrait contre la volonté de son mary qui voudroit recevoir les profits féodaux.

Ce qui auroit lieu pareillement quoique la femme fût separée de biens par son contrat de mariage, sans néanmoins avoir l'administration & la joüissance de ses biens; car le mary joüissant des biens de sa femme, *ad sustinenda matrimonii onera*, elle ne pourroit pas le priver de ces profits.

Il faut toutefois observer une difference entre le mary & le simple usufruitier, qui est, que l'usufruitier n'exclud pas le propriétaire du retrait, par la reception des profits féodaux, comme il a été dit cy-dessus, mais que le mary en exclud sa femme.

La raison est, que le mary n'est pas consideré comme un simple usufruitier, mais comme maître & propriétaire des biens de sa femme pendant sa joüissance, desorte qu'il reçoit les foy & hommages qui sont dûs à raison de ses Fiefs, & qu'il rend ceux qu'elle doit; & que c'est pour cela que les seconds maris doivent les reliefs pour les Fiefs de leurs femmes, qu'elles ne seroient pas obligées de payer si elles n'avoient convolé en d'autres nopces, parce que dit du Moulin, *novus maritus, novus vassallus*.

[Du Ples]sis. Maître Duplessis dit, que la femme peut exercer le retrait malgré son mary, étant autorisée par Justice.

L'article 19. des Arrestez titre de la retenuë féodale, porte *si le mary qui a droit de joüir des Fiefs & des autres biens de sa femme, à titre de communauté ou d'administration legitime, a reçû les profits de Fief, la femme ne peut user de la retenuë féodale.*

Si les Prelats & les Beneficiers excluent l'Eglise du retrait féodal en recevant les profits féodaux? 8.

Du Moulin sur l'article 20. *glos. 2. num. 2.* & sur l'article 21. *num. 24.* & Brodeau sur l'article 21. *num. 6.* tiennent l'affirmative; il semble néanmoins que l'Eglise pourroit user du retrait, pourvû que ce fût dans le temps de quarante jours, quoique le Beneficier eût reçû le quint, en le rendant à l'acquereur, comme il s'observe à l'égard du propriétaire, lequel est recevable au retrait, quoique l'usufruitier ait reçû les quints, en les rendant aux acquereurs qui les ont payez. Du Moulin. Brodeau.

C'est le sentiment de du Moulin sur cet article *num. 20. & seqq. retractus feudalis non spectat ad fructuarium pro se vel nomine suo, sed solum ad dominum & commodum proprietatis dominantis. Igitur non potest fructuarius, nec expresse nec tacite hoc jus remittere, nec quicquam facere ad frustrandum patronum hoc jure.* Du Moulin.

C'est aussi l'avis de Charondas sur cet article. Charondas.

Si le tuteur recevant le quint, exclud le mineur du retrait? 9.

Maître Charles du Moulin §. 1. *glos. 1. num. 73.* & sur l'article precedent *glos. 1. num. 1. & seqq.* decide pour l'affirmative. Du Moulin.

La raison est, que l'exclusion du retrait féodal n'est pas une aliénation des biens du mineur, ni une diminution de son fond : desorte qu'il ne peut pas se faire restituer contre l'option faite & consommée par son tuteur, quand il y viendroit dans les quarante jours de la notification & exhibition du contrat.

Brodeau sur cet article nombre 10. & Maître Duplessis sont de cet avis. Brodeau. Du Plessis.

Que si le tuteur a acheté pour luy le Fief relevant de son pupille, & qu'en son compte il ait employé le quint denier, le pupille majeur peut user du retrait, s'il n'apparoît qu'en cela le tuteur ait fait le profit de son pupille, & que pour lors, le retrait eût été moins avantageux au mineur; ou que le mineur n'avoit point d'argent pour la faire.

Secus il y a lieu au retrait, parce que *tutor tenetur utilitatem pupilli sui procurare*, & partant *tenetur jus retractûs illi utile eligere, & à seipso exigere*, dit du Moulin sur cet article *num. 7. & 8.* Du Moulin.

Puisque la reception du quint denier faite par le Seigneur l'exclud du retrait, suivant cet article, il s'ensuit que s'il l'exerce sur l'acquereur, il ne peut déduire, ni retenir sur le prix le quint denier, que l'acquereur devoit pour son acquisition, parce que ce sont deux droits incompatibles, & qui ne peuvent être pris ensemble pour un même Fief, Brodeau sur l'article 22. *num. 4.* Brodeau.

CHEVY OU BAILLE' SOUFFRANCE.

GLOSE DEUXIE'ME SUR L'ARTICLE XXI.

SOMMAIRE.

retrait, encore qu'il ait donné du temps à l'acquereur, pour luy faire la foy & hommage.

7. *Si la contestation entre deux Seigneurs touchant la mouvance, empesche la prescription des quarante jours, ou si les quarante jours passez, ils sont exclus du retrait.*

8. *Si le Seigneur est exclus du retrait, quand la vente est declarée nulle.*

9. *Si le retrait a lieu, quand les parties ont consenti à la resolution du contrat avant la demande en retrait.*

10. *Si lorsque la vente est cassée, l'acquereur est tenu de restituer les arriere-Fiefs acquis par retrait feodal.*

11. *Questions remarquables proposées & decidées par du Moulin touchant le retrait.*

12. *Si lorsque le Seigneur a vendu le Fief servant, il peut user du retrait.*

13. *Si le retrait a lieu, quand le droit du retrait est confus en la personne du vassal, comme dans l'espece proposée.*

14. *Si le Seigneur est exclus du retrait, pour avoir esté present au contrat.*

15. *Si la reception des droits exclud le proprietaire.*

1. LE Seigneur est exclus du retrait non seulement lorsqu'il a reçû le quint denier à luy dû à cause de la vendition du Fief mouvant de luy, mais aussi lorsqu'il a donné du délay au vassal pour satisfaire à ses devoirs & pour le payement de ses droits, suivant ce mot, *chevy*, qui signifie accorder, composer, faire composition & donner du terme, transiger, venir à chef.

Voyez Nicot sur ce mot.

La raison est, que par ce moyen il a tacitement renoncé à l'option des deux droits, sçavoir de retirer ou de recevoir le quint; & il ne peut plus varier ni changer de volonté, quoiqu'il soit encore dans le temps du retrait, au préjudice de l'acquereur, & de la propriété du Fief qu'il a acquise; car par le moyen de ce délay accordé, l'acquisition de l'acheteur qui étoit en suspens & incertaine, a été assurée, & il est devenu Seigneur incommutable du Fief par luy acquis, desorte que sans son fait & son consentement il n'en peût être évincé par le Seigneur.

Bouchel sur l'article 237. de la Coûtume de Senlis remarque un Arrest sans datte, par lequel un Seigneur fut débouté du retrait, pour avoir écrit à l'acquereur d'un Fief mouvant de luy, qu'il luy feroit donner composition de ses droits par son Fermier.

Il en faut dire de même au cas qu'il ait baillé souffrance à son vassal pour faire la foy & hommage.

2. La raison est, que *souffrance vaut foy tant qu'elle dure*, suivant l'article 42. *infra*; ce qui se doit entendre de la souffrance volontaire, c'est-à-dire, qui est accordée par le Seigneur volontairement, comme pour quelque cause ou empêchement, mais non pas de la souffrance necessaire & forcée qui est accordée par la volonté de la Loy pour cause de minorité.

Du Moulin. C'est l'opinion de Maître Charles du Moulin sur cet article *num. 6.* & en sa Note sur l'article 39. de la Coûtume de Chartres de l'article 29. de celle de Dreux.

Le Grand sur l'article 27. de la Coûtume de Troyes *glos. 7. num. 2.* est de même avis.

3. Toutefois il faut dire contre le sentiment de ces Docteurs, que le Seigneur ne seroit pas moins exclus du retrait féodal pour avoir accordé la souffrance pour cause de minorité, que pour tout autre empêchement; car quoique la souffrance pour cause de minorité ne puisse être refusée par le Seigneur; néanmoins elle n'est pas accordée sans son consentement, elle ne compete pas au mineur *ipso jure*, il faut qu'il la luy demande, ou qu'il la luy fasse demander; & le Seigneur en la luy accordant, n'est pas moins presumé l'avoir reçû en foy, que quand il donne souffrance à celuy qui a quelque juste empêchement, & on ne doit pas croire qu'il ait moins renoncé à ses droits, que quand il baille souffrance pour quelque autre cause.

Charondas. Charondas, Tournet, Brodeau & Duplessis remarquent sur cet article un Arrest du 29. Mars 1601. qui a jugé, que quand le Seigneur a donné souffrance ou reçû en foy, n'est plus recevable au retrait, quoique dans l'espece de cet Arrest le Seigneur fut dépositaire de Justice, en vertu d'un Arrest qui ordonnoit qu'il joüiroit par provision. Tournet. Brod. Du P.

4. Néanmoins la souffrance pour ne pas saisir le Fief pendant un certain temps, ne l'excluroit pas selon le sentiment de du Moulin en sa Note sur l'article 41. de la Coûtume de Château-neuf, qui porte quand le Seigneur a donné souffrance à son vassal du Fief tenu de luy, il ne le peut plus avoir par puissance de Fief, *scilicet* à faire foy dit ce Docteur, *secus* de souffrance de saisies, *ut quando dominus tantum permittit cessare à manu injicienda usque ad tempus infra quod fiet editio.*

5. Puisque la souffrance accordée exclud le Seigneur du retrait, à plus forte raison en est-il exclus par la foy & hommage reçûë de l'acquereur, ce qui est sans doute; desorte même que si le Seigneur avoit mandé à l'acheteur qu'il vint dans un certain temps luy rendre la foy & hommage, & luy payer ses droits, il ne seroit plus recevable au retrait, pourvû que l'acheteur y eût satisfait dans le temps; néanmoins il pourroit ensuite purger sa demeure, jusqu'à ce que le Seigneur eût fait sa demande en retrait, suivant le sentiment de du Moulin sur cet article *num.* 3. Du Moulin.

6. Quoique le Seigneur eût donné terme à l'acquereur, pour luy rendre la foy & hommage & luy payer ses droits, néanmoins il seroit reçû au retrait au cas que le délay eût été ainsi accordé, à la charge que si dans le temps accordé l'acquereur ne venoit pas rendre ses devoirs & payer les droits dûs, il declarât vouloir se reserver & retenir le choix du retrait ou des droits utiles & profitables, car le délay n'étant accordé qu'à cette charge & condition, je ne ferois pas de difficulté de dire, que l'acquereur ayant manqué dans le temps de satisfaire à ses devoirs & aux droits du Seigneur, & le Seigneur ayant fait demande du retrait, il n'y fût recevable.

7. *Si la contestation entre-deux Seigneurs touchant la mouvance féodale, empêche la prescription des quarante jours, ou si les quarante jours passez ils sont exclus du retrait?*

Du Moulin. Maître Charles du Moulin sur l'article 60. *glos. 1. num. 70. & seqq.* tient qu'ils en sont exclus, par deux raisons.

La premiere est, que la Coûtume n'a donné au Seigneur féodal que ce terme, pour exercer le retrait du jour de la notification, ne voulant pas que l'acquisition de l'acheteur demeure plus long-temps dans l'incertitude.

La deuxiéme est, que nonobstant la contestation les Seigneurs contestans pour la mouvance féodale, peuvent exercer le retrait féodal, & rembourser cependant l'acquereur à frais communs, tant du prix, que des loyaux coûts, & faire mettre en sequêtre le Fief retiré, pour être les fruits d'iceluy donnez à celuy lequel obtiendroit gain de cause ; & ce seroit inutilement que les Seigneurs feroient protestation d'user du retrait aprés le jugement.

Brodeau. C'est l'avis de Brodeau sur l'article 60. *num.* 19.

Il y a plus de difficulté au cas que l'un des Seigneurs choisit le quint, & l'autre le retrait ; à l'égard du premier, il s'exclud du retrait pour cette élection ; quant à l'autre, selon l'opinion du même Auteur *num.* 71. s'il est *in quasi possessione patronatûs*, il peut retraire le Fief contre la volonté de l'acquereur, en donnant néanmoins caution de le restituer avec les fruits, en cas qu'il vint à succomber. Il seroit aussi tenu de consigner le quint denier pour être donné à l'autre Seigneur, s'il obtenoit gain de cause, aprés le jugement rendu en sa faveur ; & par ce moyen il joüiroit du Fief retiré, sans qu'il y eût lieu au sequêtre.

Il y a d'autres cas ausquels le Seigneur est exclus du retrait féodal.

Le premier, quand le vassal n'a vendu qu'une partie de son Fief au desir de l'art. 51. cy-aprés, ainsi qu'il a été dit sur l'art. precedent nomb. 11.

8. Le second, quand la vente a été declarée nulle par jugement, Sentence, transaction ou autre accord des parties, avant la demande faite en retrait par le Seigneur, comme il a été dit sur l'article précedent ; & comme si la vente avoit été faite à faculté de remeré, & que le vendeur se servit de ce droit dans le temps & avant que le Seigneur eût exercé le retrait féodal, ou si faute par l'acquereur de payer le prix de la vente, le contrat avoit été resolu par Sentence, ou s'il l'avoit été pour cause de lezion d'outre moitié de juste prix.

9. *Si la vente ayant été resoluë entre les parties avant que le contrat eût été exhibé, & d'iceluy baillé copie au Seigneur, comme faute par l'acquereur de payer le prix, le Seigneur pourroit prétendre retirer sur le vendeur pour le même prix porté par le contrat resolu?*

Il faut dire que non, au cas que la resolution du contrat ait été faite par force, par contrainte, & par jugement ; car en ce cas le vendeur rentrant dans son Fief, comme si en effet il n'avoit jamais été vendu, il ne doit aucuns droits au Seigneur pour la reprise de son Fief, & partant le retrait féodal n'a pas lieu, parce qu'il est censé n'avoir jamais été vendu à l'égard du vendeur ; d'où il s'ensuit qu'il n'est pas obligé de le vendre au Seigneur, vû que *nemo invitus rem suam vendere cogitur, l. 6. ff. de pign. actio.*

Mais si la resolution avoit été faite par un accord entre le vendeur & l'acheteur aprés plusieurs années de possession, les parties se départant volontairement de la vente, en ce cas il est certain, comme il sera dit cy-aprés sur l'article 23. que le vendeur doit le quint pour la revente qui luy est faite, comme étant censé faire une nouvelle acquisition, & partant il est obligé de souffrir le retrait ; car où le Seigneur a droit de quint, il a aussi la faculté d'user du retrait, excepté le cas de l'échange.

10. *Si la vente du Fief étant cassée, comme pour lezion d'outre moitié de juste prix, l'acheteur qui restituë le Fief au vendeur, seroit tenu de luy restituer aussi les arriere-Fiefs acquis par retrait féodal pendant sa possession?*

On répond que non ; car quoique la rescision du contrat de vente ait effet retroactif au jour que le contrat a été passé, pour révoquer les hypotheques & toutes autres charges établies sur le Fief par l'acheteur, selon l'avis de Maître Charles du Moulin ; (Moulin.) toutefois cet effet n'a pas lieu quant aux fruits perçûs par l'acheteur *medio tempore*, ni par consequent pour les profits & droits féodaux, perçûs & exercez par l'acquereur : *Non tenetur victus emptor restituere, nisi id solum quod emit à victore ; sed non emit ab eo proprietatem seu dominium utile dicti subfeudi ; sed solum emit jus feudale in eo : igitur hoc solum tenetur restituere, & sic remanebit vassallus sui venditoris in ratione subfeudi sic retracti ; & tenetur fidelitatem praestare tanquam advenienti novo patrono, non autem tenebitur ad aliquod quintum pretii, vel relevium, aut aliud jus utile.*

D'où il s'ensuit *à contrario*, que l'acheteur ne peut pas obliger son vendeur, auquel il restituë le Fief vendu *ex causa lasionis*, de reprendre aussi les arriere-Fiefs qu'il auroit retirez ; parce qu'il est au choix de l'acheteur de retenir le Fief, en suppléant ce qui manque au prix de la juste valeur du Fief qu'il a acheté, ou de le restituer ; & s'il aime mieux le restituer, il doit s'imputer d'avoir retiré les arriere-Fiefs pendant son acquisition du Fief dominant.

Maître Charles du Moulin sur l'article précedent *glos.* 1. *num.* 74. propose trois questions remarquables sur l'espece suivante : Titius achete un Fief de Lucius, duquel releve un autre Fief possedé par Sempronius ; quelque temps aprés & avant que Titius eût fait & payé les devoirs & droits à son Seigneur, Sempronius vend son Fief à Caïus, lequel offre de faire la foy & hommage à Titius, & de luy payer ses droits ; mais Titius le poursuit en demande du retrait féodal, & Caïus tend le girond, & luy remet le Fief qu'il avoit acquis de Sempronius, aux charges ordinaires ; ensuite le Seigneur dominant saisit le Fief de Titius pour droits & devoirs non faits & non payez. On fait trois questions sur cette espece. Du Moulin 11.

La premiere est, sçavoir si dans la saisie du Fief de Titius, le Fief que Caïus avoit acheté, y est compris, quoiqu'il n'en ait point été fait mention.

Du Moulin dit que non, parce que l'arriere-Fief n'est pas censé réüni au Fief dominant, sans une declaration de celuy qui fait le retrait. Du Moulin

Mais cette opinion est contraire à l'article 53. de la nouvelle Coûtume, qui a voulu contre ce qui s'observoit en l'ancienne, que la réunion se fist de plein droit, & sans declaration de la part du Seigneur acquerant ; desorte qu'il faut distinguer : ou Titius en faisant le retrait, a declaré qu'il vouloit tenir separément le Fief vendu à Caïus ; ou il l'a retiré sans déclaration : Au premier cas la saisie ne comprend que le Fief de Titius ; au second elle comprend l'un & l'autre, à cause de la réünion qui s'est faite de plein droit du Fief servant au Fief dominant.

La seconde est, si le Seigneur dominant peut exiger de Titius le quint, tant pour le Fief principal, que pour l'arriere-Fief ?

On répond, qu'il ne peut demander que le quint du Fief acheté par Titius, & non pas pour celuy qu'il a retiré de Caïus ; parce que les droits luy étoient dûs au temps de son acquisition, comme propriétaire du Fief dominant, ou pour mieux dire, ils ont été confus en sa personne, & c'est comme s'ils avoient été payez, & partant le Seigneur dominant ne les peut pas demander.

La troisiéme question que propose Maître Charles du Moulin sur l'espece proposée cy-dessus, est si le Seigneur dominant peut retirer ces deux Fiefs ? Du Moulin

La resolution de cette question dépend de la precedente.

Le troisiéme cas auquel le Seigneur est exclus du retrait féodal, est lorsque le Fief vendu par le vassal luy étoit propre, & a été vendu à un parent du côté & ligne de laquelle il luy est échû ; car le Seigneur n'a pas droit de retrait féodal sur le parent lignager du vendeur, puisqu'au contraire le parent lignager a droit de retraire sur le Seigneur qui auroit en premier lieu exercé le retrait féodal d'un Fief sur l'acquereur, selon l'article suivant & l'article 159.

12. Le quatriéme est, quand un Seigneur a vendu luy-même le Fief mouvant de luy : La raison est, qu'il ne peut pas contrevenir à son propre fait. Il faut dire aussi, que si un Fief servant est possedé par deux Seigneurs, & qu'ils l'ayent vendu conjointement, l'un ne peut pas retraire la part de l'autre, parce que chacun de plusieurs vendeurs est obligé à la garantie de la chose venduë, & que le contrat de vente à cet égard ne se peut pas diviser.

DU MOULIN. CHOPIN. BRODEAU. C'est le sentiment des Docteurs, de du Moulin 20. *glos.* 1. *num.* 12. 14. *&* 15. & sur le §. suivant *num.* 3. de Chopin *lib.* 3. *de privileg. rusticor. part.* 3. *cap.* 5. *num.* 4. & de Brodeau sur l'article 21. *num.* 4. comme il a été jugé par les Arrests, remarquez par cet Auteur sur Loüet lettre R. nomb. 25.

13. Le cinquiéme est, quand le droit de retrait est confus en la personne du vassal ; desorte que quoique la cause de la confusion cesse, ce droit ne reprend pas sa force, comme dans cette espece : Un vassal vend un Fief à Titius, & luy en fait la tradition, quelque temps aprés le Seigneur du Fief dominant vend son Fief à Titius avant qu'il en ait reçû le quint ; ensuite Titius revend le Fief dominant à celuy duquel il l'avoit acquis, & duquel par consequent il commence de tenir son Fief, comme il faisoit auparavant ; ce Seigneur luy redemande le quint qu'il luy devoit autrefois pour l'acquisition du Fief servant, où il veut user du retrait féodal, on demande s'il est bien fondé ?

On répond que non, parce que l'action pour le quint, ou pour le retrait féodal, a été confuse en la personne de Titius par l'acquisition qu'il a faite du Fief dominant, & elle ne peut plus reprendre ses forces, quoique les choses soient rétablies dans le même état qu'elles étoient auparavant, *l. si quis ades. princ. ff. de servitut. urban. prad.* Mais en ce cas Titius est tenu de faire la foy & hommage à son nouveau Seigneur.

Le Seigneur qui auroit été present au contrat de vente simplement en qualité de témoin testamentaire, ou de caution & fidejusseur du vendeur, seroit-il recevable au retrait féodal ? 14

On répond qu'il n'y est pas moins recevable, quoiqu'il n'ait fait aucune reserve ni protestation, c'est le sentiment de Brodeau sur cet article nombre 4.

BRODEAU. DU PLESSIS. Maître Duplessis propose la question, & ne dit pas son avis ; elle paroît sans difficulté, vû que le Seigneur a quarante jours pour faire son option ; dans ce cas l'acquereur n'est pas tenu faire exhibition du contrat auquel le Seigneur a assisté, ainsi les quarante jours courent du jour qu'il est passé ; car cette exhibition n'est ordonnée qu'afin que le Seigneur en ait connoissance.

Si la reception des droits par l'usufruitier ou l'engagiste, exclud le propriétaire ? 15.

Brodeau nomb. 4. & Maître Duplessis page 64. tiennent que non, quoiqu'il ait remboursé luy-même les mêmes droits à l'acquereur ; & quoique les droits ne leur ayent point été payez par l'acquereur, le Seigneur est tenu de les indemniser, comme il a été jugé par Arrest du 7. Avril 1637. remarqué par Maître Duplessis.

Si le tuteur exclud le mineur, & le mary sa femme ? Voyez cy-dessus, *glos.* 1.

POUR L'UNIR ET METTRE EN SA TABLE.

GLOSE TROISIE'ME SUR L'ARTICLE XXI.

SOMMAIRE.

1. *Quelle est la principale cause du retrait feodal.*
2. *Quel est l'effet du retrait exercé par le Seigneur.*
3. *Si aprés le retrait le Seigneur est tenu de faire la foy & hommage à son Seigneur pour le Fief retiré.*
4. *Si & comment le Seigneur peut empescher la réünion du Fief retiré au Fief dominant.*
5. *Si la réünion se fait* in continenti *faute de declaration par le Seigneur.*
6. *Si le Fief réüni est de mesme qualité que le Fief dominant.*

UNir *& mettre à sa table*, est réincorporer à son domaine. *Fleta lib.* 5. *cap.* 5. *p.* 289. *est dominicum propriè terra ad mensam assignata.* Joignez l'Auteur du Grand Coûtumier, livre 4. chapitre 5. page 229. ligne 6.

1. La principale cause, qui a introduit le retrait féodal, est la réünion du Fief servant au Fief dominant, d'où il semble qu'on doive inferer, que le Seigneur ne peut pas ceder ce droit à un autre.

Néanmoins la Cour a jugé le contraire par les Arrests remarquez cy-dessus sur l'art. 20.

2. Le principal effet du retrait féodal exercé par le Seigneur, est que les Fiefs retirez, sont & demeurent réünis & consolidez avec le Fief dominant, desorte que ces deux Fiefs n'en font qu'un, comme avant la concession du Fief par le Seigneur.

La raison est, que le vassal qui possede le Fief dominant & le Fief servant, ne peut pas être le Seigneur & le vassal de luy-même, & ne peut pas exercer la mouvance féodale sur luy-même.

Néanmoins nonobstant cette réünion, il n'est pas obligé de faire la foy & hommage à son Seigneur, ni de luy payer aucuns profits pour le Fief qu'il a réüni au sien, comme il est dit cy-aprés sur l'article 23. parce que les droits étant dûs à luy-même, ils se trouvent confus en sa personne.

Mais son heritier & successeur dans le Fief sera tenu de faire la foy & hommage de tout le Fief, d'en bailler aveu & dénombrement, & payer les droits si aucuns sont dûs pour sa mutation, tant du Fief dominant que de ce qui a été réüni par le moyen du retrait ; parce que par la réünion qui s'est faite *ipso jure*, le vassal tient ses deux Fiefs en plein Fief de son Seigneur. 3.

Il faut dire aussi que s'il y avoit mutation de la part du Seigneur dominant, le vassal seroit obligé de faire la foy & hommage au nouveau Seigneur pour tout le Fief, suivant l'article 65. *infra.*

Quoique la réünion du Fief servant se fasse *ipso jure*, au Fief dominant par l'acquisition faite par le Seigneur par le moyen du retrait, de même que par tout autre cause d'acquisition, néanmoins l'acquereur la peut empêcher, s'il declare en la faisant, qu'il veut que les Fiefs qu'il retire, soient tenus separé- 4.

ment du Fief, qu'il a retiré, par le moyen duquel il a exercé le retrait, & soient mouvans du Fief dominant qu'il possede, conformément à l'interprétation de l'article 53. cy-aprés, qui porte que *les heritages acquis par un Seigneur de Fief en sa censive, sont réünis à son Fief, & censez feodaux, si par exprés le Seigneur ne declare qu'il veut que lesdits heritages demeurent en roture.* Chopin sur cette Coûtume livre 2. titre 6. *num.* 27.

CHOPIN. Loysel en ses Institutes Coûtumieres, livre 3. titre 5. article 41. dit, que tout heritage retenu par puissance de Fief, est reputé réüni s'il n'y a declaration au contraire.

TRONÇON. Tronçon sur l'article 22. *verbo* retenu, dit que le Fief retiré n'est pas à l'instant réüni & consolidé avec le Fief, mais le Seigneur le peut tenir en arriere-Fief.

5. L'avis de Tronçon n'est pas indistinctement vray, car par l'interpretation de l'article 53. *infra*, le Fief servant est réüni *ipso jure*, à moins que le Seigneur qui retire, ne fasse sa declaration *in continenti*, parce qu'il y a parité de raison pour l'un & pour l'autre.

Brodeau sur l'article suivant nombre 9. tient au contraire, que la réünion se fait aussi-tôt, & c'est l'opinion qu'on doit suivre, fondée sur l'article 53. BRODEAU.

Ce mot *table* se prend en ce lieu pour le revenu du Fief retiré & réüni, lequel est destiné pour entretenir la table du Seigneur dominant, lequel augmentant son domaine *lautiùs vivit & utitur re sua*; ou bien il se prend pour le catalogue, le dénombrement & l'inventaire du Fief dominant, au corps & domaine duquel celuy que le Seigneur a retiré, est réüni & incorporé, suivant le sentiment de Brodeau *num.* 10. BRODEAU.

6. *Si le Fief réüni est de même qualité que le Fief dominant, desorte que si le Fief dominant est propre au Seigneur, le Fief servant le fait aussi :*

Voyez cette question sur l'article 53.

Voyez touchant la réünion du Fief servant au Fief dominant par retrait ou par autre acquisition, l'article 53.

OBSERVATIONS DE MONSIEUR ***.

Sur l'Article XXI.

SOMMAIRE.

1. *Article changé.*
2. *Le mary peut donner souffrance du Fief de sa femme, ou user du retrait feodal.*
3. *Si l'usufruitier d'un Fief recevant ledit droit, empesche que le propriétaire ne puisse exercer le retrait feodal.*
4. *Article nouveau contenant, que si un de plusieurs Seigneurs a donné souffrance, ou reçu ses droits, il ne préjudicie point aux autres dans le retrait feodal, pour la part & portion qu'ils ont dans le Fief.*

NOus avons redigé ainsi cet article.

1. *Si le Seigneur feodal a reçu le droit de quint à luy dû, à cause de la vendition du Fief mouvant de luy, ou de son chef, ou de celuy de sa femme, baillé souffrance, ledit Seigneur feodal ne peut plus retirer ledit Fief par puissance de Fief, pour l'unir & mettre à sa table, à cause d'icelle vendition.*

2. Ces mots, *de son chef, ou de celuy de sa femme*, doivent être ajoûtez à cet article, parce que le retrait feodal est dans le droit de l'administration qui appartient au mary; desorte que si le mary n'a pas jugé à propos d'user de son droit, & qu'il ait mieux aimé recevoir les profits, ou qu'il ait baillé souffrance, c'est une renonciation tacite au droit de retenir, tant pour luy que pour sa femme, du bien de laquelle il a l'administration.

3. *Sed quid juris*, si l'usufruitier a reçu les droits, *salvo Domino proprietatis quid?* si un créancier qui avoit le droit par un acte particulier de joüir du Fief, de donner ses ensaisinemens, recevoir la foy, a touché les droits. Maître Charles du Moulin dit, *sufficit habere mandatum expressum, vel tacitum*, de recevoir les droits, & de donner saisine.

ARTICLE NOUVEAU.

4. *Mais si le Fief est possedé par indivis par plusieurs Seigneurs, & qu'aucuns d'iceux ayent reçu les profits, ou baillé souffrance; les autres qui n'ont point reçu, ni baillé souffrance, peuvent user de la retenuë feodale pour leurs parts & portions.*

Cela est conforme à ce que nous avons dit cy-devant, que lorsqu'un Fief étoit possedé par indivis, les Seigneurs pouvoient user du retrait chacun pour leur part & portion de ce qu'ils avoient dans le Fief dominant. Mais il ne seroit pas juste, que, parce que l'un des Seigneurs auroit bien voulu recevoir les droits, ou ne seroit pas en état de faire un retrait, il ôta le pouvoir aux autres d'user de leurs droits.

CONFERENCE SUR L'ARTICLE XXI.

De même, *Anjou*, article 389. *Auxerre*, article 49.

Berry, titre 13. article 1. *Blois*, article 18. *Bourbonnois*, article 424.

Chartres, article 65. *Châteauneuf*, article 75.

Chauny, article 117.

Dreux, article 29.

Estampes, article 28.

Mantes, art. 28. *Marche*, art. 276. *Montfort*, article 16.

Normandie, article 182.

Sens, article 185.

Troyes, article 27.

Châteauneuf en Thimerais, article 41. dit, *quand le Seigneur a donné souffrance* [a] *à son vassal du Fief tenu de luy, il ne le peut plus avoir par puissance de Fief.*

a *Scilicet* à faire foy, *sechs* de souffrance, de saisie, *ut quando dominus tantùm promittit cessare à manu injicienda usque ad tempus infra quod fiet editio.* C. M.

Maine, article 359. dit, *si ledit Seigneur de Fief, ou son Receveur ou Fermier,* [b] *& l'avoit reçu du nouvel acquereur les ventes ou devoirs esquels cas il seroit forclos, sinon que ledit Seigneur de Fief l'eut expressément prohibé, & reservé à luy, & qu'il eut fait publier ladite prohibition & reservation.*

b *Sufficit eum habere mandatum expressum vel tacitum*, puis pour recevoir les droits seigneuriaux; & donner la saisine: *quia talis sicut investiendo prajudicat, ita recipiendo: secùs si esset deputatus ad recipiendam solutionem duntaxat, quia intelligitur de debito certo, & incommutabili, & non autem de eo in quo requiritur liquidatio, declaratio, vel electio Domini: quia illa non est mandata, ideò debet Domino consuli, ut scripsi in Consuet. Paris.* §. 14. C. M.

La même Coûtume du *Maine*, article 399. dit, *que le Seigneur, pour avoir reçu les devoirs ordinaires,* [c] *n'est forclos de l'avoir par retrait feodal.*

c *Quia debentur annuatim à quocumque juste vel injuste possidente, ut dixi in Consuet. Paris.* §. 22. q. 49. C. M.

Auteurs sur l'Article vingt uniéme.

L'Auteur du Grand Coûtumier, liv. 2. chap. 29. page 207. ligne 6.

Loysel, liv. 3. tit. 5. art. 44. & 45.

Bobé, sur cet article.

De la Lande, sur Orleans, art. 49.

Le Grand, sur Troyes, art. 27.

Buridan, sur Troyes, articles 220. 222.

Basnage, sur Normandie, art. 182.

Papon, sur la Coûtume de Bourbonnois, art. 480.

Feron, sur Bordeaux, tit. 8. art. 9.

Chopin, sur Anjou, liv. 1. chap. 38. nomb. 2. sur celle de Paris, liv. 2. tit. 6. art. 2. *du Domaine*, liv. 3. tit. 13. nomb. 3. *des Privileges des Rustiques*, livre 3. partie 2. chapitre 5. nomb. 5.

De Lhommeau, sur la Coûtume d'Anjou, livre 2, article 148.

Vrevin sur la Coûtume de Chauny, art. 116.

Bodreau, sur la Coûtume du Maine, art. 359.

Buridan, sur la Coûtume de Vermandois, article 257.

Frain, en ses Arrests, chap. 15.

Duplessis explique cet article, livre 7. chapitre 5. page 62.

ARTICLE XXII.

Au lieu des Articles 15. & 185. le requint ôté, & la derniere clause.

Le Seigneur feodal évincé par le lignager du vendeur, doit avoir les quints.

QUand le Seigneur feodal a pris & retenu par puissance de Fief, le Fief tenu & mouvant de luy, & ledit Fief luy est depuis évincé par retrait *lignager*, le retrayant est tenu payer audit Seigneur les droits de quint, avant que ledit Seigneur soit tenu de le recevoir en foy & hommage dudit Fief.

Voyez les Articles 20. 79. & 159.

EST EVINCE' PAR RETRAIT LIGNAGER.

GLOSE PREMIERE SUR L'ARTICLE XXII.

SOMMAIRE.

1. *Si le retrait lignager doit estre préferé au retrait feodal.*
2. *Si le retrait feodal est préferé au lignager dans les pays de Droit écrit.*
3. *En quel cas le retrait lignager n'évince pas le feodal.*
4. *Si le Roy peut estre évincé par le parent lignager du vendeur.*

1. LA Coûtume en cet article prefere le retrait lignager au féodal, desorte que si le Fief vendu étoit propre de ligne au vendeur, & que le Seigneur féodal l'eût retiré dans le temps porté par l'article 20. le parent lignager du vendeur auroit droit d'user du retrait sur le Seigneur, dans l'an & jour que le Fief auroit été retenu par puissance de Fief, suivant l'article 159. *infra*.

La raison de cette préférence est, que les Fiefs sont perpetuels, domaniaux & hereditaires en France, & tombent dans le commerce comme les autres biens; & les Seigneurs qui les ont rendus tels dans les concessions anciennes, qu'ils en ont fait à leurs vassaux, pour eux & pour leurs familles, contreviendroient à leur propre fait, s'ils pretendoient les retirer des mains & de la possession d'un des parens du vendeur, ou même si ayant usé du retrait féodal, ils vouloient empêcher que le retrait lignager ne fût exercé sur eux: mais dautant que le retrait lignager n'est accordé qu'en cas de vente de propre, & que le retrait féodal peut être exercé par le Seigneur sur tout Fief étant dans sa mouvance, soit propre ou acquêt, c'est pourquoy le retrait lignager ne peut évincer le féodal que quand le Fief vendu étoit propre de ligne au vendeur, & qu'il est retiré par un parent lignager, suivant l'article 129.

2. C'est l'usage general de la France coûtumiere, que le retrait lignager au cas de la vente d'un Fief propre, est plus fort que le féodal, & que la prevention du Seigneur féodal, n'empêche pas qu'il ne soit évincé par le retrayant lignager, venant au retrait dans le temps porté par la Coûtume; car, comme dit du Moulin, le retrait féodal, *magis est jus prælationis quam redemptionis, & datur patrono magis favore rei sive feudi dominantis, quam personæ retrahentis, ut scilicet feudum sic retentum uniatur mensæ patroni, ut hic dicitur*. MOULIN

Mais au contraire dans le païs de Droit écrit le retrait féodal est plus fort que le lignager, Brodeau sur cet article *num.* 1. Monsieur Mainard au livre 2. de ses Questions rapporte un Arrest du Parlement de Toulouse, prononcé en robes rouges au mois de Septembre 1578. pour servir de loy à l'avenir, par lequel il a été jugé, que le Seigneur féodal est préferable au parent lignager. BRODEAU.

La Coûtume de Bordeaux en dispose au contraire, livre 1. titre 2. article 2. qui porte, que *le lignager sera preferé à retenir les choses venduës, au Seigneur de Fief, & les pourra avoir, & recouvrer dudit Seigneur dans l'an & jour, s'il les avoit retenuës par puissance de Fief.*

Néanmoins Galand en son Traité du Franc-aleu chapitre 10. remarque quelques Arrests du Parlement de Bordeaux, par lesquels le Seigneur féodal a été preferé aux lignagers retrayans; & même un Arrest du Grand'-Conseil du 14. Janvier 1614. qui l'a jugé ainsi pour une Terre située dans le ressort du Parlement de Bordeaux.

Quoiqu'il en soit, il est certain, que le retrait lignager est fondé sur le droit commun des François, introduit pour la conservation des biens dans les familles desquelles ils viennent, & qu'ainsi dans les Coûtumes & les lieux qui n'ont point de disposition contraire, il doit être preferé au féodal qui ne concerne que l'interêt particulier des Seigneurs.

Il y a deux cas remarquez par Tournet & par Guerin sur cet article, ausquels le retrait lignager n'évince pas le féodal. TOURNET. GUERIN.

Le premier est, quand le Seigneur féodal a concedé le Fief au vassal, à condition qu'il seroit preferé au parent lignager, parce que telle clause est valable, chacun pouvant apposer telles conditions & charges qu'il luy plaît dans l'aliénation des choses qui luy appartiennent. 3.

La seconde est en l'emphyteose, en laquelle le Seigneur direct s'est specialement reservé le droit de remeré, à l'exclusion des lignagers de celuy qui auroit vendu l'emphyteose.

4. *Si le Roy peut être évincé par le parent lignager du vendeur?*

Par un ancien Arrest de l'an 1283. rapporté dans le stile du Parlement *part.* 7. il a été jugé que non.

Chopin *lib.* 3. *de doman. num.* 2. le Feron sur la Coûtume de Bordeaux, titre du retrait lignager. §. 18. & au titre des Fiefs §. 7. & 10. Tiraqueau au Traité du retrait lignager §. 1. *glos.* 13. *num.* 38. & 39. sont d'avis contraire.

Faber sur la loy *digna vox. C. de leg.* est de même sentiment, si ce n'est que l'achat ait été fait par le Roy pour l'utilité publique.

Il semble en effet, que cette opinion soit fort juste, car comme il est dit en la loy *digna vox. C. de legib. Digna vox est majestate regnantis, legibus alligatum se Principem profiteri: adeo de autoritate juris nostra pendet autoritas, & re vera majus imperio est submittere legibus principatum; & oraculo præsentis Edicti, quod nobis licere non patimur, aliis judicamus.*

C'est ce que dit l'Empereur Alexandre en la loy 3. *C. de testament: licet lex imperii solemnibus juris Imperatorem solverit, nihil tamen tam proprium imperii est, quàm legibus vivere.*

Les Docteurs sur ces Loix estiment, que le Prince n'est point tenu d'observer les loix civiles, les solemnitez & formalitez du droit, *l. omnium. C. de testam.* mais qu'il est obligé d'observer entre ses sujets les loix de nature & le droit des gens; & qu'ainsi il doit executer & accomplir les contrats & toutes les conventions qu'il fait avec eux, *cap.* 1. *Ext. de probatio.*

Quant au retrait lignager je ne croirois pas qu'on s'en pût servir contre le Prince, dautant que ce retrait est contraire à la liberté publique, & partant peu favorable; & que ceux en faveur desquels il est introduit, *certant de lucro captando;* ainsi il ne sembleroit pas juste d'y vouloir assujettir le Prince, lors même qu'il ne s'agit que de son interêt particulier.

LE RETRAYANT EST TENU PAYER, &c.

GLOSE DEUXIE'ME SUR L'ARTICLE XXII.

SOMMAIRE.

1. *Si le retrayant lignager est tenu de payer les droits au Seigneur, avant qu'il soit reçu en foy.*
2. *Si le retrayant lignager est sujet aux formalitez de ce retrayant, quand il exerce le retrait sur le Seigneur.*
3. *Quels droits sont dûs, quand le Seigneur est évincé d'un heritage roturier par un lignager.*
4. *Si les droits sont dûs, quand le Seigneur qui a acheté un heritage dans sa censive, est évincé par un parent lignager.*

1. LE retrayant lignager qui évince le Seigneur de l'heritage qu'il avoit réüni à sa table par puissance de Fief, est tenu luy payer ses droits avant qu'il soit obligé de le recevoir en foy, suivant la disposition de cet article; c'est ce que dit Loysel livre 3. titre 5. art. 5. *si le lignager retrait sur le Seigneur, il luy payera ses droits.*

Néanmoins il semble qu'il faille dire le contraire, dautant que le lignager entre en la place du Seigneur & il luy succede dans le Fief, & c'est comme s'il acqueroit le Fief de luy, auquel cas il ne luy devroit aucuns droits pour son acquisition.

Mais la raison de cet article est, que le lignager n'est pas presumé avoir acquis du Seigneur, vû que ce n'est pas luy qui a vendu, & que ce n'est pas de luy que le retrayant retire le Fief, mais du premier acquereur sur lequel le Seigneur avoit exercé ses droits de retenuë, desorte que le retrait féodal est reputé comme non fait par le moyen du retrait lignager, ainsi on ne peut pas dire qu'il y ait confusion & extinction de ses droits. Brodeau *num.* 5. & 6. BRODEAU.

2. Le retrayant lignager est obligé de rembourser le Seigneur du prix qu'il a payé pour retirer le Fief, dans les vingt-quatre heures de la Sentence adjudicative du retrait, suivant l'article 136. *infra*, autrement il seroit déchû du retrait, de même que s'il exerçoit le retrait lignager sur l'acquereur, mais il n'est pas tenu de payer dans ce temps au Seigneur les droits de quint, ni d'en faire la consignation avec le prix principal en cas de refus fait par le Seigneur; dautant que cet article n'oblige pas l'acquereur de payer les droits de quint dans le même tems que le prix principal, il veut seulement que le Seigneur ne soit pas obligé de recevoir en foy le lignager avant qu'il luy ait payé ses droits; & jusques au payement d'iceux le Seigneur peut tenir saisi le Fief sur luy retiré en pure perte des fruits pour le retrayant.

C'est le sentiment de Brodeau nombre 7. & de Maître Duplessis, parce que cet article dit, *avant que le Seigneur sont tenu de recevoir en foy, & il ne dit pas, avant qu'il soit tenu de le reconnoître à retrait;* & que d'ailleurs pour le quint comme pour la foy & hommage, il a la voye de saisie féodale aprés le retrait féodal executé. BRODEAU. DU PLESSIS.

En effet comme dit fort bien Tournet sur cet article, le quint n'a rien de commun avec l'essence du retrait, mais il regarde les droits qui reprennent leur force de la resolution du retrait féodal; lesquels étoient dûs avant le retrait. TOURNET.

C'est aussi le sentiment de du Moulin sur cet article nomb. 2. DU MOULIN.

Charondas est d'avis contraire qu'il faut payer en même-temps du remboursement, mais il est mal fondé. CHARONDAS.

Au reste le Seigneur ne peut pas user de saisie sur le Fief retiré par le lignager que quarante jours aprés l'adjudication du retrait, dautant que tout acquereur a quarante jours pour rendre ses devoirs à son Seigneur, pendant lesquels il ne peut point craindre la saisie féodale.

Il s'ensuit de ce que nous venons de dire, que si le Seigneur achetoit un heritage qui luy fût aprés retiré par un parent lignager du vendeur, le retrayant seroit tenu de luy payer ses droits. 3.

La raison est, que le retrayant n'acquiert pas du Seigneur, mais il est censé l'avoir acquis *rectà* & immediatement du vendeur.

Il y a quelque difficulté, sçavoir si le quint est dû ou les lots & ventes, quand le Seigneur qui a acheté un heritage roturier dans sa censive, cet heritage est aprés retiré par un parent lignager. 4.

Ce qui forme le doute est, que l'heritage roturier par la réünion au Fief dans la censive duquel il est, faite par l'acquisition du Seigneur, a été rendu féodal, suivant l'article 53. *infra*, ainsi il semble que le le Seigneur, sur lequel le retrait lignager est exercé, soit bien fondé de pretendre le quint.

Néanmoins il faut dire qu'il ne peut demander que les lods & ventes, & que l'heritage reprend sa qualité de roture, par le moyen du retrait lignager exercé sur luy, lequel rend son acquisition nulle & sans effet, & le lignager étant censé acquerir du vendeur & non du Seigneur, les choses sont telles qu'elles seroient si le Seigneur n'avoit point exercé le retrait féodal; ainsi il n'y a point de réunion, & l'heritage n'a point changé de nature.

C'est l'avis de Brodeau n. 8. BRODEAU.

CONFERENCE SUR L'ARTICLE XXII.

DE même, *Angoumois*, article 69.

Berry, titre 13. article 5. *Bourbonnois*, article 46.

Lodunois, chap. 15. article 9.

Mantes, article 36. *Melun*, article 71. *Montfort*, article 17.

Normandie, article 183.

Reims, article 95.

Senlis, article 234.

Tours, article 165.

Poitou, article 21. dit, *Quand aucune chose immeuble* [a] *a été venduë, le Seigneur foncier & plus prés du fonds, au Fief duquel est ladite chose, est fondé d'en avoir ventes & honneur.*

[a] Scituée en Poitou, *quia inspicitur Consuetudo loci servientis, ut dixi in Consuetud. Paris.* § *in fine*, *& secundùm opinionem meam Dominus Doyneau judicavit Pictavis, anno* 1543. touchant la Baronnie d'Anglesille, *erat probus & doctus Judex*. C. M.

Auteurs sur l'Article vingt-deuxiéme.

LOysel, livre 3. titre 5. regles 4. & 5.

Joannes Faber, ad tit. Inst. de emptione, vendit.

Cujacius, ad librum 2. *de Feudis, tit.* 4.

Du Moulin, sur l'article 61. du titre 6. de la Coûtume de Xaintonge.

Beaumanoir, chap. 51. page 275.

Odofredus, in Summa, fol. 122. n. 69. & 72.

Durant, *quæst.* 84.

Basnage, sur Normandie, articles 183. & 184.

Ragueau, sur Berry, titre 5. article 41.

Bobé, sur cet article.

Pontanus, sur la Coûtume de Blois, art. 18. & 208.

De la Lande, sur Orleans, article 365.

Chopin, sur Anjou, liv. 2. nomb. 7. tit. 4. nomb. 6. & en la troisiéme partie, tit. 4. nomb. 2.

Tiraqueau, *du retrait lignager*, art. 29. Gl. 2. n. 9.

De Lhommeau, en ses Maximes, liv. 3. art. 222. & article 237.

Buridan, sur Reims, articles 95. 188.

Lhoste, sur Montargis, article 53.

De Salligny, sur Vitry, article 24.

Duret, dans son Alliance des Coûtumes, pages 943. & 1049.

Duplessis explique cet article, livre 7. chapitre 6. page 63.

ARTICLE XXIII.

Cet article a été ajoûté à la reformation de la Coûtume.

Quint denier dû pour Fief vendu, ou baillé à rente rachetable.

Q*Uand un Fief est vendu ou baillé à rente rechetable, l'acheteur doit payer le quint denier du prix, ou sort principal de la rente, encore qu'elle ne soit rachetée.*

Voyez les Articles 78. 83.

REMARQUES.

IN *omni casu in quo est locus laudimiis in censu: Ita etiam in feudo locus est quinto pretii, & hæc regula est certissima, Mol.* §. 78. *Gl.* 1. *num.* 11. *& sic ad declarationem hujus articuli, v. infra tit.* de censives, *& quæ ibi notata sunt.*

An jura feudalia statim ante traditionem debeantur?

Relevia non deberi, ait Mol. §. 32. *Gl.* 1. *num.* 2. *& seqq. nisi feudum in alium translatum sit. Secùs de laudimiis & quinto pretii quæ debentur, inquit, ex simplici venditione nulla dum traditione sequuta. In eademque sententia est Coqu. in Consuet. Nivern. tit.* de Fiefs, art. 21.

Contra verò acriter disputat Argentræus de laudim. c. 1. §. 2. *nempe ante traditionem, nec laudimia nec quintum pretii deberi. Idem, Chopin. de morib. Par. l.* 1. *t.* 2. *num.* 29.

Pendentibus 40. *diebus datis per Consuetudinem ad fidem exigendam Dominus feudi non potest exigere jura sibi debita ex hac ultima apertura. Mol.* §. 7. *num. ult.*

L'ACQUEREUR DOIT PAYER LE QUINT DENIER.

GLOSE UNIQUE SUR L'ARTICLE XXIII.

SOMMAIRE.

1. CEt article de la nouvelle Coûtume donne au Seigneur féodal le droit de quint en deux cas, le premier, lorsque le Fief est vendu ; le second, quand il est baillé à rente rachetable.

Ce n'est pas que cet article établisse un droit nouveau pour le droit de quint, car il étoit dû dans l'ancienne Coûtume en cas de vente, suivant l'article 24. qui portoit, *quand un Fief est vendu à francs deniers au vendeur, il est dû au Seigneur féodal quint denier & requint du prix.*

2. Le quint denier est dû de droit commun & ordinaire en cas de vente dans la France coûtumiere, & c'est la disposition de la plus grande partie de nos Coûtumes, remarquées dans la Conférence.

L'origine de ce droit, & du relief vient du temps que les Fiefs commencerent à être rendus patrimoniaux & hereditaires, car pour lors les vassaux transmettoient bien leurs Fiefs à leurs heritiers, mais ils ne les pouvoient pas aliéner sans l'agrément & le consentement de leurs Seigneurs, pour lequel ils exigeoient une partie du prix, en cas de vente, & une année de joüissance, en cas d'autre aliénation.

BRODEAU. Brodeau sur l'article 47. *num.* 1. remarque, que les droits utiles, bursaux & pecuniaires de quints, requints & rachats ne sont point de la premiere institution des Fiefs, soit dans la France, ou dans les autres Royaumes, que les vassaux n'étoient point obligez de payer aucuns droits à leurs Seigneurs féodaux dans les mutations, qui arrivoient en leurs personnes, & pour leur investiture.

Redemptio beneficii ob mutationem quæ morte fit, contra jus beneficiorum, avaritia dominorum in mores nostros producta est, dit *Eguinarius Baro ad tit. institut. de loc. & conduc. part.* 2.

DU MOULIN Voyez du Moulin sur cet article *glos.* 2. & Chopin sur la Coûtume d'Anjou, *lib.* 1. *cap.* 4. *num.* 17. *in princ.*

Ces droits ont été introduits par les mœurs des peuples, les Coûtumes & les usages des lieux, longtemps depuis l'origine & l'établissement des Fiefs, & cela depuis qu'ils ont été rendus patrimoniaux, domaniaux & hereditaires en France, & dans les Royaumes de Naples & de Sicile, par les Constitutions de l'Empereur Frideric II.

Le quint est la cinquiéme partie du prix de la vente d'un Fief qui se paye au Seigneur du Fief dominant par l'acheteur. 3.

Par l'ancienne Coûtume il se payoit par le vendeur, & au cas que le contrat portât *francs deniers au vendeur*, l'acheteur payoit le quint & requint, c'est-à-dire le quint du prix & la cinquiéme partie du quint, ensorte que le quint & requint de dix mille livres, c'étoit deux mille quatre cens livres que l'acheteur étoit obligé de payer au Seigneur, suivant les articles 15. 24. & 185. de l'ancienne Coûtume, mais la nouvelle a abrogé le requint, n'en ayant fait mention dans aucun article. 4.

La plus grande partie des Coûtumes sont conformes à celle de Paris, & quelques-unes donnent au Seigneur le quint & requint.

Celle de Nivernois titre 4. article 21. a une disposition particuliere, elle veut que le quint se prenne en montant, c'est-à-dire ajoûtant un quart au prix, pour le quint, desorte qu'en cette Coûtume le quint de vingt mille livres sont cinq mille livres. 5.

La nouvelle Coûtume ayant chargé l'acquereur de payer le quint, le quint est hors le prix du contrat, vû que par l'ancienne il en faisoit partie, l'acquereur en payant le quint & requint.

Il faut observer que comme le quint pour les Fiefs

& les lods & ventes pour les rotures sont dûs presque dans les mêmes cas, j'ay trouvé plus à propos de les traiter sous l'article 78. qui décide la même chose pour les rotures que cet article 23. pour les Fiefs, & le quint & les ventes sont entendus sous ces mots *droits Seigneuriaux*.

7. Les droits de quint se payent par l'acheteur dans les Coûtumes qui n'y obligent pas le vendeur : la raison est, que c'est luy qui est le nouveau vassal qui donne ouverture aux droits du Seigneur pour être reçû en foy & hommage.

Dans les Coûtumes qui obligent le vendeur à les payer, l'acheteur paye le quint & requint quand cette clause *francs deniers au vendeur*, est portée au contrat de vente.

8. Quoique par cet article l'acquereur soit chargé de payer les droits au Seigneur, néanmoins il est permis de stipuler que le vendeur les payera & en acquittera l'acquereur. Brodeau sur l'article 33. nombre 3. parce que telle convention n'est point prohibée, & ne porte aucun préjudice au Seigneur, lequel nonobstant cette convention peut poursuivre l'acheteur pour en être payé, sauf son recours contre son vendeur, *l. 3. & 5. C. sine censu vel rel.* c'est la disposition de l'article 44. de la Coûtume de Mondidier.

9. Les Coûtumes qui obligent le vendeur à payer les droits au Seigneur, n'ont pas lieu dans les adjudications par decret forcé, quoique faites avec la clause *francs deniers au vendeur*, c'est toûjours l'adjudicataire qui en est chargé. La raison est, que c'est la Justice qui fait la vente, & que les adjudications par decret forcé, se font toûjours à condition de payer les droits par les adjudicataires, comme il a été jugé par les Arrests : c'est le sentiment de Maître Charles du Moulin sur l'article 235. de la Coûtume de Senlis, *fallit in venditione quæ fit per judicem ut in publicis subhastationibus, quia judex non tenetur ire nec reus quo invito venditur, sed emptor videtur procurator judicis ferendo ejus decretum.*

10. Dans le prix de l'acquisition on ne compte point les frais du contrat, ni les loyaux coûts, ni les frais extraordinaires des criées & du decret payez par l'adjudicataire, outre le prix de son acquisition, & les droits du Seigneur ne se prennent que sur le prix qui a été payé au vendeur, comme il a été jugé par Arrest du 25. Février 1614. conformément aux Conclusions de Monsieur l'Avocat General le Bret, remarqué par Brodeau sur l'article 76. & les autres Commentateurs, par Maître Ricard sur l'article 83. & par Maître Auzanet sur l'art. 74.

La raison est, qu'encore que l'adjudicataire en soit tenu, & que toutes les adjudications se fassent à la charge des frais des criées, suivant l'Ordonnance des criées, article 12. néanmoins ces frais n'augmentent point le prix de la vente, & nôtre Coûtume n'ordonne le quint denier que du prix porté par le contrat. Voyez sur l'article 83. nomb. 16.

11. Quoique les droits dûs au Seigneur pour vente de Fief soient le quint, comme les lods & ventes pour vente d'heritage tenu en censive, néanmoins les Seigneurs ont coûtume d'en remettre une partie ou un tiers, un quart, ou moitié, lorsqu'on en compose avec eux, avant que le contrat de vente soit passé, du Moulin sur l'article 1. *glos.* 7. *num.* 3. & *glos.* 8. *num* 38.

Telles conventions sont valables, sans que les parties puissent revoquer le consentement qu'ils auroient donné, quoique mineurs de vingt-cinq ans, pourvû qu'ils soient émancipez ; desorte même que les tuteurs & curateurs peuvent faire telles compositions, sans être responsables de la diminution envers leurs pupilles ou mineurs.

La raison est, que comme les droits des Seigneurs, principalement pour les Fiefs sont tres-grands, souvent on ne trouveroit pas des acquereurs, si les Seigneurs ne vouloient point diminuer une partie de leurs droits ; ce sont des accommodemens qui se trouvent utiles aux Seigneurs & aux acquereurs.

C'est le sentiment de Tronçon sur l'article 6. *verbo*, n'est dû relief, *argum. leg. juris gentium. ff. de pactis*, en ces termes, *si ante aditam hereditatem paciscatur quis cum creditoribus, ut minus solvatur, pactum valiturum.*

C'est pourquoy si un pere avoit remis une partie de ses droits à son fils, soit pour acquisition de Fief, ou de roture, le fils venant ensuite à sa succession, ne seroit pas obligé à rapport.

C'est le sentiment de Brodeau sur l'article 76. *num.* 22.

Mais ce qu'il ajoûte, ne me semble pas soûtenable, sçavoir, *quoique la remise soit du tout*, car il seroit absurde, que le fils ne fût pas obligé de rapporter la somme si elle étoit considerable, en ayant profité.

Ces compositions ne se peuvent plus faire aprés que les contrats sont passez, à moins que le Seigneur n'en eût connoissance lors de la remise ; car si un Seigneur ignorant la vente du Fief servant, eût remis à l'acquereur une partie de ses droits, cette composition ne pourroit luy nuire, ni empêcher qu'il n'en fût payé entierement, parce que ce seroit un dol qui luy auroit été fait par l'acquereur ; & on peut dire qu'en ce cas il n'y auroit point de remise faite par le Seigneur, puisqu'elle n'auroit été faite que pour la vente qui devroit être faite, & non pour celle qui seroit déja faite, de laquelle les droits luy étoient déja acquis au moyen du contrat de vente. 12.

Quand on prevoit que le propriétaire d'un Fief est obligé de le vendre, ou qu'il doit être vendu à la poursuite de ses creanciers, & qu'on a dessein de l'acheter, on compose des droits avec le Seigneur, & on prend cession de luy pour les exiger de celuy qui fera l'acquisition, soit par contrat volontaire, ou par decret forcé ; & en ce cas l'acquereur ou l'adjudicataire est tenu de payer les droits entiers à celuy qui en a pris cession du Seigneur, sans qu'il soit recevable de luy offrir les deniers, pour lesquels la cession luy en auroit été faite, ni demander d'être subrogé en son lieu & place en le remboursant, les Loix *ab Anastasio, & per diversas. C. mand.* n'ayant lieu qu'aux cessions & transports de droits litigieux, & non de ceux qui sont certains & liquides : d'autant que le Seigneur peut ceder & transporter les droits domaniaux & seigneuriaux qui luy appartiennent, & les acquereurs seroient mal fondez de vouloir l'empêcher, puisque par ce moyen il ne rend pas leur condition pire. Ce qui a été jugé ainsi par deux Arrests. 13.

Le premier, a été donné en la Chambre de l'Edit le Mercredy 9. May 1605. Monsieur Molé president au procés, conformément aux Conclusions de Monsieur l'Avocat General Servin, entre Pierre de Juys Sieur des Forges, Adam Jousseaume & Maître Guy Faure, touchant la cession faite par Monsieur le Duc de la Trimoüille, des lods & ventes qui luy seroient dûs d'une adjudication par decret poursuivie & non encore faite.

Le second, a été donné en la même Audience, le Mercredy 14. Juillet 1632. seant Monsieur le President de Bailleul, par lequel la Cour, suivant les Conclusions de Monsieur l'Avocat General Bignon, confirma la Sentence du Prevôt de Paris, du 4. Juillet 1631. qui avoit condamné l'appellant à payer entierement à l'intimé les droits de ventes, dont il avoit eu cession & transport du Seigneur, six mois auparavant l'adjudication, nonobstant l'offre de le rembourser de la somme mentionnée au transport & des interêts du jour d'iceluy ; & la Cour n'eût aucun égard aux circonstances particulieres de la cause, que les lieux adjugez étoient tenus de trois divers Seigneurs, l'un desquels étoit de la Châtellenie de Corbeil, où il y a prétention pour les ventes doubles ; desorte qu'il falloit venir à une ventilation, dont l'execution étoit difficile & de grands frais, & entrer necessairement dans un procés pour les ventes de ce qui étoit situé en la Châtellenie de Corbeil, dont le cessionaire ne vouloit pas se contenter à la raison de la Coûtume.

Ces deux Arrests sont remarquez par Brodeau sur l'article 76. *num.* 23. & sur Monsieur Loüet lettre C. chapitre 13.

14. BRODEAU. Cet Auteur dit *loco citato*, que l'acquereur, ou adjudicataire venant à deceder, & laissant plusieurs heritiers, si l'un d'eux paye les ventes au Seigneur qui luy fait la gratification & remise d'une partie de ses droits, il n'est point tenu de la communiquer à ses coheritiers, principalement quand ils ont été constituez en demeure, & qu'il a été obligé de payer pour eux, le Seigneur ne voulant pas recevoir les droits pour sa part seulement.

15. *S'il est dû quelques droits en une Coûtume, qui ne fait point mention des droits Seigneuriaux ou feodaux, comme sont les Coûtumes d'Auvergne, de la Marche & autres ?*

On répond, que dans ces Coûtumes les droits ne peuvent être dûs qu'au cas que le Seigneur qui les pretend, justifie que les terres mouvantes de luy ont été données à la charge des droits qu'il demande ; ce qu'il doit prouver par titres, comme par investitures, ou infeodations, par lesquelles il feroit voir les payemens qui luy en auroient été faits ; & il n'est pas necessaire qu'il rapporte les titres primitifs & originaires des concessions portans la charge des droits qu'il pretend ; parce qu'il est presqu'impossible de rapporter des titres si anciens ; c'est pour cela que les Seigneurs sont recevables à justifier que les droits leur sont dûs par une longue joüissance & possession, & qu'ils en ont été payez depuis un temps immemorial, par les derniers actes de reception en foy, & des dénombremens baillez, où il en seroit fait mention.

Au cas que le Seigneur n'eût aucun titre ni ancien ni moderne pour justifier sa joüissance, comme si le feu les avoit brûlez, ou qu'ils eussent été perdus par quelqu'autre accident, ensorte qu'on ne pût point revoquer en doute la perte d'iceux, il seroit recevable à prouver sa possession par preuve testimoniale.

Que s'il ne pouvoit prouver sa possession & joüissance immemoriale, il ne pourroit à l'avenir pretendre aucuns droits, comme il a été jugé par Arrest donné en la quatriéme Chambre des Enquêtes, le 6. Septembre 1586. contre Messire Loüis de Lorraine, Cardinal & Archevêque de Rheims, au profit des habitans de cette Ville ; par lequel la Cour jugea que les lods & ventes ne seroient point payez pour vendition des heritages, à l'Archevêque de Rheims, sinon ceux qu'il prouveroit par longue joüissance luy avoir été payez ordinairement.

CHOPIN. Cet Arrest est remarqué par Chopin sur le titre suivant de nôtre Coûtume nombre 5. où il en cite deux autres qui l'ont jugé ainsi auparavant, l'un du 11. Mars 1552. contre Messire François de Bellay Comte de Tonnerre ; l'autre de l'an 1559. contre l'Abbé de Montet, cité par du Moulin sur l'article 499. de la Coûtume de Bourbonnois.

Monsieur de Cambolas livre 1. chapitre 15. remarque un Arrest donné au Parlement de Toulouse le 15. Février 1622. qui a jugé, que les droits n'étoient point dûs au Seigneur, si la Coûtume du lieu où le Fief servant est situé, ne l'ordonne.

C'est le sentiment de Ferrierius sur la question 167. de Guy Pape. Ce qui se doit entendre au cas que celuy qui les pretend, n'ait aucuns titres pour justifier qu'ils luy sont dûs.

Si la réformation des Coûtumes ; qui ont diminué les droits des Seigneurs, préjudicie à ceux qui ont fait opposition aux articles reformez, contre les droits qu'ils prenoient ordinairement en vertu des anciennes concessions ? 16.

On répond que non ; desorte que nonobstant les réformations des Coûtumes qui diminuent les droits des Seigneurs, ceux qui sont fondez en titres primitifs & originaux, par lesquels ils ont donné une partie de leurs terres à titre de Fief, à la charge des droits qui auroient ensuite été reformez par les Coûtumes, peuvent toûjours les exiger.

La raison est, que la réformation d'une Coûtume pour cette matiere n'a lieu que pour les Fiefs qui se reglent suivant la Coûtume, & qui n'ont pas été donnez à la charge des droits établis par la Coûtume, laquelle dans la suite auroit diminué les droits des Seigneurs ; car il faut que les nouveaux possesseurs des heritages les tiennent aux mêmes charges, ausquels ils ont originairement été donnez, à moins que la quotité des droits ne soit prescrite contre le Seigneur.

Pour la conservation de tels droits, il faut qu'il y ait eu opposition formée par ceux qui les pretendent non pas *in vim Consuetudinis*, mais en vertu des titres & concessions qui ont été faites specialement à la charge de tels droits.

C'est le sentiment de Charondas sur cet article *in princ.* qui dit, qu'on ne doit point recevoir le fait d'une possession contraire à la Coûtume d'une Province, à moins que ce ne soit pour un droit reservé par le procés verbal de la redaction ; & qu'il a été ainsi jugé par Arrest du 8. Février 1560. contre le Sieur de la Suze. CHAR.

Dans quel temps le Seigneur doit être payé du quint denier ? 17.

Il doit en être payé dans les 40. jours, dans lesquels le nouvel acquereur du Fief est tenu d'en faire la foy & hommage au Seigneur, desorte que le Seigneur n'est pas tenu de le recevoir en foy, s'il ne luy paye actuellement & réellement le quint qui luy est dû ; ce qui est porté par l'article 63. qui oblige le nouveau vassal d'aller vers son Seigneur au lieu Seigneurial du Fief, pour luy faire la foy & hommage & ses offres, c'est-à-dire offres des droits qu'il luy doit pour son acquisition.

Si le prix de la vente se devoit faire en divers payemens par une clause du contrat, sçavoir si l'acquereur ne seroit obligé de payer le quint qu'en diverses fois & aux temps qu'il recevroit les differentes parties du prix ? 18.

Du Moulin sur l'article 20. *glos.* 3. *num.* 13. & sur l'article 78. *glos.* 1. *num.* 4. & 42. est d'avis que le Seigneur ne peut recevoir le quint que par divers payemens, dans les temps que l'acquereur sera obligé de faire au vendeur ceux du prix : la raison qu'il en rend *d. num.* 42. est, que *si hodie solidam laudimiorum summam repræsentare teneretur, plus solveret domino, &c.* DUMO.

Néanmoins il faut dire le contraire ; & que le Seigneur doit être payé par un seul payement.

La raison est, que cette convention de payer par l'acheteur le prix en divers payemens, ne suspend point la vente, & n'empêche point qu'elle ne soit parfaite, desorte qu'il n'est plus au pouvoir des parties de s'en départir, au préjudice des droits du Seigneur *rebus non integris* ; & telle convention est apposée pour l'interest & la commodité de l'acheteur, laquelle par consequent ne peut nuire ni préjudicier aux droits du Seigneur ; & si telle convention avoit son execution contre le Seigneur, ce seroit donner ouverture aux fraudes contre les Seigneurs. 19.

Du temps de Maître Charles du Moulin & avant

la reformation de la Coûtume cette opinion étoit plus soûtenable, en ce que c'étoit le vendeur qui payoit les droits, sçavoir le quint du prix qu'il recevoit; or il auroit été rude, que le vendeur eût été obligé de trouver de l'argent pour payer les droits au Seigneur, avant qu'il eût été payé du prix de la vente; & je suivrois volontiers l'avis de ce Docteur dans les Coûtumes, qui obligent encore à present le vendeur à payer les droits aux Seigneurs.

Que si la vente étoit faite sous condition, il est sans doute que le Seigneur ne pourroit prétendre ses droits qu'aprés l'évenement d'icelle, parce que la condition apposée à un contrat, en suspend l'effet & l'obligation jusques à son évenement.

20. Quant à la vente faite *in diem*, elle ne suspend pas l'obligation jusques à l'échéance du jour apposé au contrat, mais elle differe seulement l'execution du contrat, jusques au jour convenu entre les parties; desorte qu'auparavant le vendeur n'est pas obligé à la tradition de la chose, ni l'acheteur au payement du prix, *l. 46. ff. de actio. emp. & vend. & l. 4. C. eod.* Et au cas que l'execution du contrat soit stipulée dans un certain temps, tant pour la tradition de la chose que pour le payement du prix, le Seigneur ne peut prétendre ses droits avant que le jour soit arrivé, parce qu'auparavant il n'y a point de mutation de vassal, suivant la Loy *traditionibus. C. de pact.* le contrat de vente non plus que les autres, n'étant pas un moyen d'acquerir, desorte qu'avant la tradition de la chose, la proprieté n'en a pas été transmise en la personne de l'acquereur, & partant il n'y a pas ouverture aux droits du Seigneur: outre que c'est par une clause du contrat, qui doit avoir lieu tant entre les parties qu'à l'égard du Seigneur, car autrement les droits du Seigneur seroient acquis par le seul contrat, supposé qu'il fût parfait, & fait *puré* & sans condition.

Il en seroit de même, au cas que par une clause du contrat il fût convenu entre les parties que l'acheteur payeroit le prix, & que néanmoins le vendeur ne feroit la tradition du Fief que dans un an; car en ce cas le Seigneur seroit obligé d'attendre aprés l'an pour être payé de ses droits, & pour recevoir la foy & hommage de cet acquereur.

En cas de contestation entre deux Seigneurs pour la mouvance féodale, sçavoir si l'acquereur est obligé de payer ou consigner les droits? 21.

Voyez sur l'article 60.

L'acquereur d'un Fief étant troublé en sa possession & joüissance par quelqu'un qui s'en prétendroit le propriétaire, & qui l'en voudroit évincer, le Seigneur peut, pendant le procés touchant la resolution du contrat de vente se faire payer de ses droits; & n'est point tenu d'attendre l'évenement du procés. Tronçon sur l'article 1. *verbo*, en sa main, remarque deux Arrests, l'un du 5. Janvier 1577. & l'autre du 25. Decembre 1578. qui l'ont jugé ainsi; ce qui est sans difficulté. 22.

Mais si l'acquereur est évincé, il a son recours contre son vendeur, tant pour le prix principal que pour les droits qu'il auroit payez outre qu'il peut repeter les droits du Seigneur qui les auroit reçûs d'une vente qui auroit été cassée & annullée sans le fait de l'acquereur.

C'est aussi le sentiment de Charondas sur l'article 23. *in fine*. CHARONDAS

OBSERVATIONS DE MONSIEUR ***.

Sur l'article XXIII.

SOMMAIRE.

1. *Article changé.*
2. *Quand est dû le droit de rachat.*
3. *Quand est dû le droit du quint.*

1. *EN toutes mutations de Fief est dû droits de rachat, ou relief, fors & excepté celles qui se font par vendition, ou bail à rente rachetable, auquel cas est dû par l'achepteur ou preneur à rente le quint denier du prix, ou fort principal de la rente, encore qu'elle ne soit rachetée, sinon en la Coûtume du Vexin le François, où relief est dû à toutes mutations.*

2. 3. La regle generale est, qu'en toutes mutations le droit de rachat est dû, & en toutes ventes le droit de quint, ou quand on prend une Terre en Fief à rente de bail d'heritage, d'où il faut conclure, que par les échanges il n'est dû aucuns droits.

Mais par l'Edit du Roy du 6. Mars 1674. les droits sont dûs en cas d'échange, comme en cas de vente.

CONFERENCE SUR L'ARTICLE XXIII.

DE même, *Amiens*, article 35. *Anjou*, art. 126. *Auxerre*, article 61.

Boulenois, article 50.

Cambray, titre 1. article 33. *Chaumont*, titre 2. article 17. *Chauny*, titre 16. article 86. *Clermont*, article 80.

Dourdan, article 23.

Estampes, article 8.

Maine, article 136. *Meaux*, article 131. *Melun*, article 68. *Montargis*, articles 52. 58. *Montfort*, article 24.

Nivernois, chapitre 4. article 21. *Noyon*, art. 23.

Saint-Omer, titre 2. article 8. *Orleans*, art. 10.

Saint-Paul, tit. article 141. *Peronne*, article 43.

Ponthieu, titre 4. article 68.
Saint-Quentin, article 74.
Ribemont, titre 2. article 9.
Sedan, titre 3. article 42. *Senlis*, articles 235. 236. 238. 245. *Sens*, article 191.
Tournay, titre 10. article 22. *Troyes*, article 27.
Valois, article 26.

COUTUMES CONTRAIRES.

Mantes, article 16. *quint & requint n'ont lieu, & est quitte le vassal en payant le droit du rachat, soit par vendition, aliénation à prix d'argent, ou autre contrat que ce soit.*

Châteauneuf, article 23. dit, *le vassal est tenu à son Seigneur feodal faire foy & hommage, & serment de fidelité, & luy payer profit de rachat de Fiefs qu'il a acquis.*

De même, *Chartres*, article 18. & *Dreux*, article 14.

Vitry, article 22. *Le vassal peut vendre ou engager son Fief au rachat de trois ans, & signifiant* [a] *ledit vendage au Seigneur feodal. Et ne doit point pour ce aucun quint & requint, pourvû que ledit Fief soit racheté dedans lesdits trois ans, pendant lequel temps ledit vassal doit faire à son Seigneur le serment dont ledit Fief est chargé.*

a *Id est, tenetur significare, non enim hoc gerundium facit hic conditionem. Ideò si vassallus non notificaverit, non perdit hoc beneficium, nec incurrit pœnam.* C. M.

QUAND UN FIEF EST VENDU.

Melun, article 69. dit, *s'il est vendu par decret, l'adjudicataire doit quint & requint*, [b] & en l'art. 7. *s'il est transporté pour demeurer quitte d'une rente constituée sur ledit Fief.*

b Cette rigueur devroit être corrigée, comme faisant gain de l'indigence d'autruy. *C. M.*

OU BAILLÉ A RENTE.

Meaux, article 171. ajoûte, *pourvû que le temps du rachat excede trois ans. Vitry*, titre 3. articles 31. 32. 33. 48.

L'ACHETEUR DOIT PAYER.

Dans les Coûtumes suivantes le quint denier est dû par le vendeur, s'il n'est dit *francs deniers*; & s'il est dit est dû le quint & requint par l'acheteur. *Amiens*, article 35. *Artois*, articles 28. 29.

Blois, articles 79. 80. 81.
Châlons, article 183. *Chauny*, article 89. *Clermont*, article 80.
Laon, articles 174. 175.
Meaux, articles 131. 132. *Montargis*, chapitre 1. articles 57. 58.
Peronne, article 43. *Ponthieu*, article 68.
Saint-Quentin, article 74.
Ribemont, article 9.
Sens, article 19.
Vitry, article 51.

LE QUINT DENIER DU PRIX.

Noyon, article 23. ajoûte, *& le requint. Saint-Quentin*, article 74. ajoûte, *& le droit de chambellage, mains & bouche. Peronne*, article 43. ajoûte, *droit de chambellage. Normandie*, article 71. dit, *il est dû le troisiéme du prix, & le relief outre le troisiéme.*

Montargis, chapitre 1. article 77. *Quand le vassal vend son Fief sous faculté de remeré, il y a profit de Fief, si le vendeur se dessaisit de la foy, soit que le remeré soit en une même charte avec la vente, ou en divers; mais quand le vendeur rachete ledit Fief dedans le terme de ladite faculté*, [c] *il n'y a point de profit de Fief.* Article 78. *Un vassal peut vendre son Fief sous faculté de remeré jusques à neuf ans, pour une fois seulement*, [d] *& en retenir la foy pardevers luy, & ce fait il n'y a point de profit pour le Seigneur de qui est tenu ledit Fief.*

c *Scilicet 9. annorum ut §. seq.* C. M.

d *Id est, per eundem contractum vel prorogando, non extendendo illud spatium, secùs si semel vendiderit & redemerit infrà id temporis: quia potest iterum vendere sub simili facultate, & deinceps, sed non ejusdem venditionis facultatem redimendi prorogare ultrà annos 9. nec vendere sub dictâ facultate cum pacto renovandi venditionem, vel prorogandi ultrà id temporis, ut in simili dixi in annot. ad Alex. Consil. 165. lib. 2 & Consil. 104. lib. 3. Ias. in l. manumissiones D. de just. & jure. Patr. Anchar. Cons. 57* C. M.

Nota, que le quint denier est le quint du prix; & le requint le quint du quint: comme si l'heritage est vendu cent livres, il y a vingt livres de quint denier, & quatre livres font le requint de vingt livres.

Les Coûtumes suivantes en disposent ainsi: *Auxerre*, article 61. *Blois*, articles 80. 81. *Meaux*, article 133. *Melun*, article 100. *Reims*, articles 85. 86. *Ribemont*, articles 10. 11. *Sens*, article 190. *Vermandois*, article 175.

Auteurs sur l'Article vingt-troisiéme.

Bobé, sur l'article 138. de la Coûtume de Meaux.
La Bibliotheque de Bouchel, *verbo* quint.
Le Dictionaire de M. Brillon, *verbo* quint.
Le Grand, sur Troyes, article 27.
Buridan, sur Reims, article 86.
Henrys, tom. 2. liv. 3. quest. 11.
Le Caron, en ses Pandectes, liv. 2. chap. 15.
Pontanus, sur la Coûtume de Blois, article 80.
Chopin, sur la Coûtume d'Anjou, liv. 2. partie 1. chap. 2. tit. 3. nomb. 11. & sur celle de Paris, liv. 1. tit. 1. nomb. 29. 31. & suivans.
Coquille, sur la Coûtume de Nivernois, artic[le] & en son Institution, tit. *de Fiefs*.
De Lhommeau, sur Anjou, liv. 1. art. 127. & en ses Maximes, liv. 2. art. 15. 17. 18. & 20.
Labbé, sur la Coûtume de Berry, tit. 5. art. 3.
Corbin, en ses Plaidoyez, chap. 32.
Coquille, quest. 32. & 33.
Le même Auteur, quest. 45. & 113.
Charondas, liv. Resp. 23. liv. 7. Resp. 53.
Papon, liv. 13. tit. 2. nomb. 25.
Journal du Palais, Arrest du 23. Août 1678.
Monsieur Le Prestre, és Arrestez de la cinquiéme.
Dufresne, liv. 5. chap. 47. quest. 2.
Bardet, tom. 1. liv. 6. chap. 5.
Journal des Audiences, tom. 5. liv. 7. chap. 18.
Loüet, lett. L. Sommaire 15. 18.
Duret, dans son Alliance des Coûtumes, page 899.
Duplessis explique cet article, liv. 3. page 29.

ARTICLE XXIV.

Cet article a été ajoûté à la reformation de la Coûtume.

Profits de Fiefs sont réels.

LE Seigneur feodal se peut prendre à la chose, pour les profits de son Fief.

Voyez l'Article précedent & les 33. & 38. avec l'article 1.

REMARQUES.

ONera feudalia rem & possessorem sequuntur etiam pro tempore præterito donec præscripta sint, ita ut teneantur de juribus debitis à possessoribus si non sint præscripta. Mol. §. 33. gl. 1. num. 121. 122. 123.

LE SEIGNEUR FEODAL SE PEUT PRENDRE, &c.

GLOSE UNIQUE SUR L'ARTICLE XXIV.

SOMMAIRE.

1. *Si le Seigneur, qui a reçu la foy & hommage, sans protestation pour ses droits, peut saisir.*
2. *Comment le Seigneur peut poursuivre l'acquereur d'un Fief pour les droits dûs par ses prédecesseurs.*
3. *Si le Seigneur peut s'adresser sur les meubles ou immeubles du vassal, pour estre payé de ses droits.*
4. Quid, *si le Seigneur a obtenu condamnation contre luy.*
5. *Si le Seigneur peut user de saisie pour droits dûs par les prédecesseurs du vassal.*
6. *Si les droits dûs, en consequence d'un Fief propre, doivent estre acquittez par les heritiers des propres.*
7. *Si le Seigneur est préferé aux créanciers du vendeur.*

CEt article a été ajoûté à la reformation de la Coûtume, sans préjudice de ce qui s'observoit auparavant, ainsi qu'il est porté par le procés verbal.

1. Le Seigneur féodal peut user de saisie féodale sur les Fiefs qui sont en sa mouvance pour les profits utiles & droits pecuniaires qui luy sont dûs par son nouveau vassal, sçavoir le quint & le relief, comme nous l'avons amplement expliqué sur l'article 1. glose 2. mais pour les profits de Fief qui luy sont dûs par les Auteurs & Predecesseurs du nouveau vassal, il peut se prendre à la chose, comme il est dit en cet article; c'est-à-dire qu'il peut poursuivre hypothequairement le detempteur du Fief mouvant de luy pour les profits de Fief dûs avant sa détention, *onera feudalia rem & possessorem sequuntur, & ideo res manet affecta, & quivis possessor potest compelli*, dit du Moulin sur l'article 33. nombre 123. comme il a été jugé par l'Arrest de Berruyer du mois d'Avril 1547. cité par Brodeau sur cet article nomb. 1.

2. Ainsi l'action du Seigneur contre le nouvel acquereur ayant plus de réalité que de personalité, seroit éteinte & demeureroit sans effet, s'il déguerpissoit le Fief pour n'être point tenu de payer les droits au Seigneur; ou si par aliénation il cessoit d'en être possesseur & détenteur: dautant que l'acquereur d'un Fief ou d'un heritage n'est tenu personnellement que des droits qu'il doit de son chef, *& ex sua persona*, à cause de son acquisition, suivant le sentiment de Maître Charles du Moulin sur le §. 77. *num.* 28. où il dit, *neque enim personali actione conveniri potest ad laudimia prædecessorum.* Moulin

Brodeau *loco citato* dit, que cette dette suit la chose, comme étant réelle & hypothequaire, & par consequent, que pour le payement d'icelle le Seigneur ne peut s'adresser à la personne de son vassal, ni sur ses biens, meubles ou immeubles, mais seulement au Fief, pour & à cause duquel les profits sont dûs, soit pour son acquisition ou pour celle de ses predecesseurs dans le Fief. 3. Brodeau.

Mais l'acquereur étant condamné au payement d'iceux, le jugement peut être executé sur tous ses biens, meubles & immeubles. 4.

Maître Duplessis tient, que le Seigneur a droit de suite sur le Fief pour ses profits féodaux, ensorte qu'il peut demander au nouvel acquereur, non seulement les droits de sa mutation, mais aussi ceux qui seroient dûs par ses predecesseurs (s'ils ne sont prescrits) *jure hypothecæ*, en vertu d'une hypotheque privilegiée par le seul titre de la Seigneurie directe suivant ces termes *se peut prendre à la chose.*

Il dit que c'est une question s'il peut saisir féodalement le Fief sur le nouvel acquereur non heritier de son predecesseur, pour droits par eux dûs: qu'on ne peut pas dire que ces termes, *se peut prendre à la chose*, luy en donne le pouvoir, mais seulement ait droit de suite hypothequaire & réelle sur le Fief, dautant que la Coûtume ne parle en aucun article dans ce cas du pouvoir d'user de saisie féodale. 5.

Que plusieurs tiennent que le Seigneur peut refuser de recevoir en foy son vassal, s'il ne luy paye les droits anciens qui luy sont dûs, ce qui emporte la saisie féodale; que cette opinion ne peut être veritable en tous cas, qu'elle pouvoit l'être lorsque le Seigneur n'auroit pas investi celuy duquel les droits seroient dûs ; parce que l'ayant investi quoiqu'avec protestation pour ses droits, il ne pourroit pas refuser de recevoir en foy & hommage le nouvel acquereur, ni saisir sur luy pour le payement de ses anciens droits, & qu'il peut seulement se servir de la voye d'action ; & même qu'ayant investi l'acquereur, & reçû les droits de sa mutation sans reserve ni protestation pour ceux dûs par ses predecesseurs, ils sont couverts, & que l'acquereur par luy poursuivi, peut luy opposer la fin de non-recevoir, étant presumé par son silence avoir renoncé à son droit, sauf son recours contre les debiteurs personnels d'iceux ou leurs heritiers.

Que l'action que le Seigneur a pour les profits des mutations precedentes contre l'acquereur, n'est point personnelle, mais hypothequaire, comme detenteur de l'heritage qui y est hypothequé, c'est pourquoy quelques condamnations qu'il en ait obtenuë contre luy, il ne peut s'addresser que sur le Fief & non sur ses autres biens.

Ces sentimens me paroissent fort justes, excepté ce qu'il dit, que quelques condamnations qui interviennent, l'acquereur ne peut être poursuivi pour le payement de ces anciens droits, que sur le Fief ; car par la condamnation renduë contre luy, il devient personnellement obligé, & il ne peut s'en décharger qu'en abandonnant le Fief, de même que le détenteur d'un heritage chargé de rente fonciere, pour les arrerages échûs avant sa détention, comme il sera observé sur l'article 101.

6. C'est une question si les droits étoient dûs en consequence d'un Fief qui fut propre de la personne de l'acquereur, s'ils devoient être payez par les heritiers des propres ?

Cet Auteur dit, que quelques-uns tiennent cette opinion, fondez sur ce que les profits des Fiefs sont réels, mais que ce n'est pas son sentiment ; parce que cette réalité n'est qu'à l'égard du Seigneur & pour son action, & non à l'égard du vassal, & que ces droits étant dûs pour la possession, en ce que le relief ne se prenant que sur les fruits, la dette n'en est que mobiliaire, qui regarde tous les heritiers.

Cette question s'est presentée dans cette Coûtume, si le Seigneur est preferé aux créanciers du vendeur, anterieurs à la vente d'un Fief mouvant de luy pour le quint qui luy est dû. Par Arrest rendu en la Grand'-Chambre au rapport de Monsieur Daurat le 23. Août 1678. rapporté dans le Journal du Palais, elle a été jugée au profit du Seigneur.

Contre l'Arrest, on dit, que le Seigneur n'a qu'une hypotheque pour être payé de ses droits du jour de la vente, l'action n'en étant pas née auparavant ; ces droits sont réels, ainsi ils se doivent regler à raison du temps qu'ils sont dûs.

Pour soûtenir l'Arrest, on dit au contraire que les profits des Fief sont réels suivant l'article 24. mais qu'ils sont privilegiez, & qu'ainsi ils ne se reglent pas *ratione temporis*, mais qu'ils se doivent estimer *ratione causæ* : que les Fiefs servans sont un démembrement des Fiefs dominans qui n'a été fait qu'à la charge & condition de payer les droits ordinaires ; qu'ainsi le droit du Seigneur pour en être payé, precede tous ceux que d'autres pourroient avoir : ainsi les heritages sont vendus & adjugez à la charge d'iceux, sans qu'il soit necessaire aux Seigneurs de s'opposer aux criées pour être payez de ceux dûs pour l'adjudication, suivant l'article 355. c'est une charge réelle & privilegiée inherente au fond, à laquelle la concession a été faite, & sans laquelle elle ne l'auroit pas été.

Cette charge est si privilegiée, que par Arrest rapporté par Monsieur le Maistre en son Traité des Criées chapitre 14. il a été jugé que pour les droits seigneuriaux échûs avant le decret, le Seigneur doit être mis en ordre lorsqu'il s'est opposé pour être premier payé, même auparavant les frais des criées suivant l'article 358.

Le droit que le Seigneur a de saisir les Fiefs pour les droits qui luy sont dûs, marque assez que la dette en est privilegiée, puisque par le moyen de la saisie il en joüit comme si par droit de reversion il en étoit devenu le propriétaire ; ainsi l'obligation de ces droits est aussi ancienne que la concession, & precede par consequent toutes celles que le vassal pourroit avoir contractées. 7.

OBSERVATIONS DE MONSIEUR***

Sur l'Article XXIV.

SOMMAIRE.

1. *De quelle nature est le droit qu'a le Seigneur pour la poursuite des profits de son Fief.*
2. *Si le Seigneur est obligé de faire quelque diligence.*
3. *S'il est tenu de s'opposer aux criées du Fief mouvant de luy.*

1. CEt Article qui porte, que *le Seigneur feodal peut se prendre à la chose pour les profits de son Fief*, signifie que le droit qu'a le Seigneur pour la poursuite des profits de son Fief, est réel, attaché & inherant à la chose ; ensorte qu'en quelque main que le Fief passe, le Seigneur peut toûjours saisir féodalement pour tous les droits qui luy sont dûs, sans être obligé d'exercer l'action personnelle, ni faire declarer son titre executoire, & sans obtenir aucune condamnation, il peut saisir feodalement le Fief sans commandement préalable, & c'est la seule saisie qui soit valable sans faire de commandement.

2. Le Seigneur ne laisse pas d'être obligé à faire quelque diligence : car quand le Fief est en decret, le Seigneur
3. est tenu de s'opposer aux criées pour tous les droits qui luy sont dûs du passé, & il est préferé à tous les autres créanciers. Mais s'il avoit assez de negligence pour ne se point opposer, il ne pourroit prétendre que le droit de quint pour la vente par decret contre l'acquereur ; pour raison dequoy, il ne seroit pas obligé de faire son opposition, mais bien pour tous les arrerages échûs, & aprés le decret il n'a plus droit de se prendre à la chose, ni d'attaquer l'acquereur, suivant l'article 355. de cette Coûtume.

CONFERENCE

CONFERENCE SUR L'ARTICLE XXIV.

De même, *Auxerre*, art. 61.
Chartres, chap. 6. art. 36. *Châteauneuf*, chap. 1. art. 38. *Chaumont*, art. 55. *Chauny*, tit. 16. art. 86. *Clermont* 98.
Dourdan, article 13. *Dreux*, chap. 6. art. 26.
La Marche, art. 182. *Montargis*, art. 59.
Orleans, art. 44.
Peronne, art. 21.
Saint-Quentin, art. 69. *Sedan*, tit. 3. art. 44. *Senlis*, art. 248.
Troyes, articles 28. 40.

Auteurs sur l'Article vingt quatriéme.

Bobé, sur cet article.
Loysel, liv. 4. tit. 2. regle 19.
L'Auteur du Grand Coûtumier, liv. 2. chap. 27. page 177.
Le Grand, sur Troyes, art. 28. & 40.
Salligny, sur Vitry, art. 133.
Chopin, sur Anjou, liv. 2. chap. 2. tit. 1. nomb. 6.
Englebermeus, sur Orleans, tit. 1. art. 59.
Journal du Palais, Arrest du 23. Aoust 1698.
Duret, dans son Alliance des Coûtumes, pag. 987.
Duplessis explique cet article, liv. 4. chap. 5. p. 42.

ARTICLE XXV.

Cet article étoit le seiziéme Article de l'ancienne Coûtume.

Femelles n'heritent avec les mâles en pareil degré, en ligne collaterale.

En succession ou hoirie en ligne collaterale en Fief, les femelles n'heritent point avec les mâles en pareil degré.

Voyez les Articles 19. 323. 326. 327. & 331.

Remarques.

Il n'est pas requis que le mâle soit en même cellule que les filles ; c'est assez qu'il soit aussi prochain au défunt ou défunte, C. M. sur l'article 201. de Sens.

Vraiment pareil & représenté, tellement que le fils du frere du défunt exclud sa tante és Fiefs, comme feroit son pere. C. M. sur l'article 109. de la Coûtume de Montfort qui est semblable à celuy-cy. Et néanmoins le contraire se trouve cy-dessous décidé pour la Coûtume de Paris par l'article 323.

Hic articulus procedit, dummodo masculus sit conjunctus defuncto ex illo latere ex quo processerunt feuda, casu quo sunt antiqua heredia. Idem si nec masculus nec fœmina sint conjuncti ex illo latere.

Secus si accidat solam fœminam conjunctam esse ex illo latere unde antiqua feuda procedunt ; tunc enim præfertur & excludit masculum hac parte non conjunctum, etiamsi alias esset proximior in gradu, Mol. §. 25. num. 13.

Par Arrest du 5. Janvier 1617. il a été jugé que les neveux & niéces représentans leur pere ou mere, subdiviseront les biens entr'eux, selon la Coûtume, comme une succession collaterale, à laquelle leur pere ou mere eussent succedé, s'ils eussent été vivans, & non pas comme s'ils avoient les biens *à patre aut à matre*, & qu'il fut question de partager une succession directe.

Les mâles issus des filles en collaterale, succedent également aux Fiefs avec leurs cousins germains mâles & issus de mâles. Jugé en cette Coûtume par Arrest du 3. Avril 1635. en l'Audience de la Grand'-Chambre, plaidans le Noir & Gobelin.

Il a aussi été jugé par Arrest du 28. Mars 1648. entre Monsieur Perrochel, Maître des Comptes, Monsieur Charreton, President aux Requêtes du Palais, & autres, que la terre de Voisin, située en cette Coûtume, devoit être partagée par tiers dans la succession de Monsieur du Buisson, entre sa sœur, ses neveux issus d'un frere, & ses neveux issus d'une sœur. Cet Arrest intervenu aprés partage porté de la cinquiéme en la troisiéme Chambre des Enquêtes.

Néanmoins depuis par Arrest rendu en la deuxiéme Chambre des Enquêtes, sur un partage de la premiere, le 16. Juillet 1660. au rapport de Monsieur du Tronchay, Monsieur Feydeau, Compartiteur, le contraire a été jugé dans une espece toute semblable, & a été dit que les neveux issus de la sœur, ne prendront aucune part dans la terre de Coigniers, située en cette même Coûtume, dans la succession de Maître Nicolas de Launoy. J'avois écrit au procés.

EN LIGNE COLLATERALE EN FIEF LES FEMELLES N'HERITENT POINT, &c.

GLOSE UNIQUE SUR L'ARTICLE. XXV.

SOMMAIRE.

1. *En ligne collaterale en Fief les femelles n'heritent point avec les mâles en pareil degré.*
2. *D'où provient cette disposition de nôtre Coûtume, & sur quoy elle est fondée.*
3. *A qui appartiennent les Fiefs d'un frere décedé, & qui a laissé des freres & des sœurs.*
4. *Si le droit d'aisnesse a lieu en collaterale.*
5. *Comment les neveux & les niéces, venans de leur chef, succedent aux Fiefs qui se trouvent dans la succession de leur oncle.*
6. *Si les femelles qui sont plus proches du défunt, luy succedent dans les Fiefs, conjointement avec les mâles qui sont plus éloignez, & qui viennent par représentation.*
7. *Si les neveux d'un frere excluent leurs tantes dans les Fiefs de la succession de leur oncle, ou de leur tante.*
8. *Lorsqu'un frere meurt, & laisse pour heritiers des sœurs & un frere, & des neveux d'une autre sœur décedée avant luy, les sœurs sont excluses de la succession des Fiefs.*
9. *Pourquoy, lorsqu'un frere décedé laisse un frere vivant & des enfans d'un frere, sa succession pour ce qui est des Fiefs se partage autrement qu'elle ne se partageroit, s'il ne laissoit que des sœurs vivantes & des enfans d'un frere mort.*
10. *Ce que signifient dans cet article ces termes*, en pareil degré.
11. *Comment les enfans d'un mâle, qui succedent avec leur oncle par représentation, partagent entr'eux la portion des Fiefs qui leur est échûë, au cas qu'il y ait entr'eux des mâles & des femelles.*

LA regle generale des successions est, qu'en succession de biens meubles, acquêts & propres, les femelles succedent avec les mâles qui sont en pareil degré.

1. Cet article 25. contient une exception de cette regle generale, & veut qu'en ligne collaterale en Fief, les femelles n'heritent point avec les mâles en pareil degré; ce qui paroît descendre en quelque façon de la disposition qui a eu lieu à Rome
2. pendant quelque temps, sçavoir que *prudentum interpretatione, vel ex lege voconia repellebantur fœminæ à successione agnatorum, §. 3. apud Justinianum tit. de legitima agnat. success. quia scilicet per mares nomen & familia propagatur.*

Il paroît que c'est sur ce fondement que la Coûtume a établi pour principe, que dans les Fiefs en ligne collaterale, le mâle en pareil degré exclud la femelle, non seulement pour avoir un droit d'aînesse au préjudice de ses sœurs; mais pour avoir toute la consistance des Fiefs, comme il est decidé
3. par cet article; desorte que si un frere meurt sans enfans, tous les Fiefs de sa succession appartien-
4. dront à ses freres, à l'exclusion de ses sœurs, mais sans prérogative du droit d'aînesse, que la Coûtume n'accorde qu'à l'aîné des heritiers en ligne directe.

5. Pareillement quand les neveux viennent de leur chef, & sans representation, à la succession de leur oncle, ou de leur tante, les freres excluent leurs sœurs dans les Fiefs qui se trouvent dans la succession de leur oncle, suivant l'article 321. parce que veritablement ils sont tous en pareil degré, & que dans les Fiefs en ligne collaterale le mâle en pareil degré exclud la femelle.

6. Mais les femelles qui sont plus proches du défunt luy succedent dans les Fiefs, conjointement avec les mâles qui sont plus éloignez & qui viennent par representation.

Ainsi quand il s'agit de la succession d'un homme qui laisse des sœurs & des neveux d'un frere, les neveux n'excluent point leurs tantes dans la succession de leur oncle, parce que ces tantes qui étoient sœurs du défunt, luy étoient plus proches d'un degré que ses neveux, & que ce n'est qu'en pareil degré que les mâles excluent les femelles en collaterale pour les Fiefs; c'est pourquoy dans le cas proposé il n'y a point d'exclusion, & les tantes partagent par souche avec leurs neveux, les Fiefs de la succession de leur frere decedé.

7. Il est donc constant que les neveux d'un frere n'excluent pas leurs tantes dans les Fiefs de la succession de leur oncle ou de leur tante, mais cela se doit entendre quand il n'y a point de frere qui succede avec eux; car si un frere meurt & laisse pour heritiers un frere, & des enfans d'un frere predecedé avec des sœurs, en ce cas elles sont excluses de la succession des Fiefs par leur frere, qui n'empêche pourtant pas que ses neveux n'y soient admis par representation.

8. Pareillement lorsqu'un frere meurt & laisse pour heritiers des sœurs & un frere, & des neveux d'une autre sœur decedée avant luy, les sœurs ne succedent point aux Fiefs, & les neveux mâles qui representent une fille qui étoit leur mere, qui n'eût point succedé aux Fiefs, n'y succederoient point aussi, & le frere suivant la décision de cet article 25. y succedera seul.

9. Mais dans l'espece precedente, c'est-à-dire, quand un frere meurt & laisse un frere & des enfans d'un frere predecedé avec des sœurs, comme la representation à lieu, & se fait d'un frere qui eût succedé avec l'autre frere, les neveux succederont pour moitié avec le frere qui succede aux Fiefs, & les sœurs en seront excluses, quoiqu'elles soient d'un degré plus proche que ne sont les enfans du frere predecedé.

Dans ces deux especes, les sœurs succedant avec les neveux, n'ont point de part dans les Fiefs, parce qu'elles en sont excluses par leur frere, & elles n'y succedent avec leurs neveux, que quand il n'y a point de frere du défunt qui concourent avec elles.

Pour penetrer l'esprit de nôtre Coûtume en ce qui regarde les décisions precedentes, il faut considerer que quand les sœurs d'un défunt sont seules avec des neveux d'un autre frere ou d'une autre sœur prédecedez : comme les tantes sont plus proches d'un dégré de leur frere mort que les neveux, elles les devroient exclure ; mais la Loy les a admises par representation, ce qui n'est qu'une fiction : suivant nos maximes il ne faut étendre la fiction au-dela de ce pourquoy elle a été introduite par la Loy ; or la representation n'a été faite que pour r'approcher d'un dégré, & faire partager les neveux avec les oncles & les tantes, & non pas pour exclure les oncles & les tantes.

9. C'est delà qu'on tire la raison pourquoy la Coûtume veut que lorsqu'un frere decedé laisse un frere vivant & des enfans d'un frere, sa succession, pour ce qui est des Fiefs, se partage autrement qu'elle ne se partageroit s'il ne laissoit que des sœurs vivantes & des enfans d'un frere mort ; car lorsqu'il laisse un ou plusieurs freres, les neveux issus d'un autre frere predecedé, viennent par representation avec les autres freres survivans, & par ce moyen la fiction de la Loy trouve dequoy se faire, & nôtre Coûtume excluant les femelles de la succession des Fiefs en pareil dégré, y ayant un frere vivant elles seront toûjours excluses, & la representation de leurs neveux ne leur fait aucun préjudice, ainsi elle à son effet, & sa disposition est suivie.

Mais au contraire, quand il n'y a que des sœurs survivantes, & qu'il n'y a point de frere, les neveux issus d'un frere ne representent leur pere mort, que pour succeder avec quelqu'un, ce qui n'arriveroit pas s'ils excluoient leurs tantes, parce qu'au lieu de succeder avec elles, ils heriteroient seules, ce qui ne peut jamais être l'esprit de la Coûtume, joint que l'exclusion des femelles est de droit étroit, qui par consequent ne doit point recevoir d'extension du cas exprimé à un autre qui ne l'est pas.

10. Ainsi il faut remarquer que la Coûtume en cet article, quand elle parle de l'exclusion des femelles succedantes avec les mâles, c'est servi de ces termes *en pareil dégré*, parce que les enfans des freres qui viennent par representation, ne sont point compris dans cet article, dautant qu'ils sont bien r'approchez d'un degré, mais pour cela ils ne sont pas proprement en pareil degré que leurs tantes ; c'est pourquoi les articles 322. & 323. ont été mis pour regler ce qui regarde la representation.

11. Mais on demande comment les enfans d'un mâle qui succedent avec leur oncle par representation, doivent partager entr'eux la portion des Fiefs qui leur est échûë, au cas qu'il y ait entr'eux des mâles & des femelles.

Il est certain qu'ils partagent par têtes entr'eux la portion qui est échûë à leur souche, & la question est de sçavoir si entre ces enfans il y avoit des mâles & des femelles, les femelles partagent avec les mâles, ou si l'aîné aura un preciput comme un droit d'aînesse, ou bien si dans cette subdivision les filles seront pareillement excluses, suivant la disposition de cet article comme en collaterale.

Cette question a fait autrefois un grand procés, mais il a été decidé par un Arrest du 5. Janvier 1617. qui a reglé que dans la subdivision qui se faisoit du Fief ou partie d'iceluy échû en collaterale, il n'y avoit point de droit d'aînesse, & que les femelles en étoient entierement excluses, les mâles en collaterale excluant les femelles ; parce que l'on considere la succession que l'on partage, laquelle étant collaterale se doit toûjours partager comme en collaterale.

Cet Arrest est rapporté sur cet article par Tournet, Tronçon, Brodeau nombre 5. & par Maître Auzanet.

La même question a été depuis jugée de même par Arrest du 14. Août 1649. donné en la Seconde Chambre des Enquêtes au rapport de Monsieur Pithou, & remarqué aussi par Brodeau nombre 6.

Au reste cet article concerne la matiere des successions, & est une exception de la regle generale contenuë en l'article 326. où je renvoye le Lecteur. Nous remarquerons seulement icy trois choses, qui concernent les successions des Fiefs, & qui contiennent les differences qu'il y a entre la succession directe & la collaterale, pour ce qui concerne les Fiefs.

Premierement en directe il y a droit d'aînesse, au contraire il n'y a lieu au droit d'aînesse en aucun cas en succession collaterale.

En second lieu en directe, aprés que l'aîné a pris son préciput dans les Fiefs, les puînez mâles ou femelles partagent les biens & les droits qui sont en Fief : suivant les articles 15. & 16. en collaterale, les mâles excluent les femmelles en pareil dégré, excepté le cas prevû par l'article 325.

En troisiéme lieu en directe, l'aîné qui prend son droit d'aînesse, ne contribuë pas plus aux dettes que l'un des puînez, suivant l'article 334.

OBSERVATIONS DE MONSIEUR ***.

Sur l'Article XXV.

SOMMAIRE.

1. *En ligne collaterale femelles n'heritent point en Fiefs en pareil degré.*
2. *Que signifient ces termes*, en pareil degré.
3. *Si en la subdivision les mâles excluent les femelles en collaterale.*

1. EN *succession ou hoirie en ligne collaterale en Fief, les femelles n'heritent point avec les mâles en pareil degré : mais s'il n'y a que des femelles, elles partagent également.*

Le sens de cet article est, qu'en pareil degré les mâles excluent les femelles en ligne collaterale. Ainsi, lorsqu'un frere meurt, & qu'il laisse deux freres & trois sœurs ; les trois sœurs n'auront rien dans les Fiefs, & les deux freres partageront tous les biens feodaux également, & sans prérogatives entr'eux ; mais s'il n'y a point de mâles, & qu'il n'y ait que trois sœurs, elles partagent également.

2. Ces termes, *en pareil degré*, dénotent que les enfans des freres qui viennent par représentation, ne sont point compris dans cet article, parce qu'ils sont bien rapprochez d'un degré, mais ils ne sont point en pareil degré, regulierement parlant. Et c'est par cette raison, que les articles 322. & 323. ont été mis pour regler ce qui est de la représentation.

3. Dans la subdivision qui se fait du Fief, ou partie d'iceluy échû en collaterale, les enfans d'un mâle qui

succedent avec leur oncle par représentation, doivent partager par tête entr'eux la portion des Fiefs qui leur est échûë sans prérogative de droit d'aisnesse, & sans que les femelles, qui sont en pareil degré, y soient admises.

CONFERENCE SUR L'ARTICLE XXV.

De même, *Artois*, art. 96. 99. 104.

Bar, tit. 9. art. 120. *Blois*, art. 152. *Boulenois*, art. 82.

Calais, art. 18. *Cambray*, art. 7. *Châlons*, art. 174. 175. 176. & ajoûte, *mais où le mâle viendroit par représentation, les femelles succedent avec luy; & hors ledit degré de représentation, ledit mâle est exclus par la femelle plus prochaine en degré.*

Chartres, art. 96. qui porte, *En succession & ligne collaterale en pareil degré les filles ne prennent rien ès heritages tenus en Fief, & n'y a point d'aisnesse, mais les terres y succedent également.* [a]

[a] *Magna contentio fuit an hic textus restringeretur ad fratres, vel saltem inter eos qui sunt jure & naturaliter ejusdem cellulæ & gradûs; & cum casus contigisset defuncto Guillelmo Palavoine, reliquit sorore germanâ & nepotibus masculis ex fratre germano præfuncto qui volebant amitam excludere in feudis. Sed per sententiam Præfectorum libellis supplicibus Palatii, Relatore Francisco Alligreto judicatum fuit pro amita. Nepotes appellarunt & vicerunt per Arrestum prolatum, die Sabbati 10. Mart. 1547. & omnia feuda sub hac Consuetudine sita eis adjudicata, exclusâ amitâ. Idem priùs anno 1545. per Arrestum judicatum fuerat pro Domino d'O. & sic non est ampliùs dubitandum: secùs diceretur si illi nepotes essent ex sorore defuncti: quia tunc concurrerint ad dimidiam cum altera sorore defuncti, non enim possent quantumvis masculi potiores esse matre sua quam repræsentant.*

Châteauneuf, art. 159. *Chaumont*, art. 9. *Chauny*, tit. 15. art. 75. *Clermont*, art. 86. *Coucy*, tit. 3. art. 8.

Dourdan, art. 12. *Dreux*, art. 87.

Estampes, art. 25.

Laon, art. 163.

Mantes, art. 20. *Meaux*, art. 165. *Melun*, article 99. *Montargis*, chap. 1. art. 42. *Montfort*, article 109.

Noyon, art. 11. *S. Omer*, art. 5. *S. Omer en Artois*, art. 16. *Orleans*, art. 99.

S. Paul en Artois, art. 12. *Peronne*, art. 178. 179.

S. Quentin, tit. 3. art. 49.

Reims, art. 51. 54. *Ribemont*, art. 64.

Sedan, art. 170. *Senlis*, art. 134. 135. *Sens*, article 201.

Troyes, art. 15.

Valois, art. 60. *Vitry*, art. 59. 67. L'article 59. porte, *Et si les freres ont sœurs, lesdites sœurs ne prennent aucune chose en la succession avec lesdits freres en terres nobles & feodales; car en ligne collaterale,* [b] *le mâle exclud la femelle quand ils sont en pareil degré. Autre chose seroit si ladite femelle étoit en un degré plus prochain; car en ce cas elle excluroit ledit mâle.*

[b] *Ratio generalis facit generaliter intelligi, etiam in infinitum, etiam quando nepos & neptis venirent per repræsentationem, sive sint ejusdem vel diversæ cellulæ seu lineæ; facit §. 67.*

COUTUMES CONTRAIRES.

Auxerre, art. 52. *En succession collaterale succedent les mâles & femelles étant en pareil degré, au Fief par égale portion.*

Grand Perche, article 157. *En succession collaterale, soit noble ou roturiere, les mâles excluent les femelles ès heritages propres du défunt tenus en foy & hommage, sinon que lesdites femelles représentassent l'hoire mâle, auquel cas elles prennent telle part esdits heritages qu'eut fait ledit hoire mâle. Et quant aux autres heritages dudit défunt, encore qu'ils fussent feodaux (étant lesdits feodaux par luy acquis) les femelles y succedent également avec les mâles.*

Auteurs sur l'Article vingt-cinquiéme.

Challine, en sa Methode, regle 2. exemple troisiéme.

Du Moulin, *in Consuet. Parisiens. tit. 1. §. 16. num. 3.*

Buridan, sur les articles 164. & 165. de la Coûtume de Laon.

L'Auteur du Grand Coûtumier, page 184. ligne 31.

Englebermeus, sur Orleans, tit. 1. art. 45.

M. Le Prestre Cent. 1. chap. 22.

Dufresne, en son Journal, liv. 3. chap. 5. & 6.

Du Luc, liv. 7. tit. 4. art. 4.

Vrevin, sur Chauny, art. 39.

Loysel, liv. 2. tit. 5. regle 9. avec la Note de M. Lauriere, & liv. 4. titre 3. regle 83. & 84.

Brodeau, sur cet article, nomb. 2.

Le Brun, dans son Traité des Successions, liv. 2. chap. 2. Section 2. nomb. 24.

Bobé, sur l'article 165. de la Coûtume de Meaux.

Thourette, sur Montfort, art. 109.

Pontanus, sur Blois, art. 152.

De la Lande, sur Orleans, art. 99.

Le Grand, sur Troyes, art. 15.

Buridan, sur Reims, art. 51. 54.

Lhoste, sur Montargis, chap. 1. art. 42.

Salligny, sur Vitry, art. 59.

Gousset, sur Chaumont, art. 9.

Les Coûtumes notoires, art. 71.

Buridan, sur Vermandois, art. 163. 164. & 165.

Tullus, sur Chartres, art. 96.

Frerot, sur les mêmes Coûtumes, & art.

Deux libelles sur une question traitée de part & d'autre; sçavoir, si les niéces d'un défunt peuvent par représentation de leur pere, frere d'iceluy défunt heritier aux Fiefs de sa succession avec leur oncle, sur l'interprétation de cet article. Ensemble des 320. & 322. l'un fait par aucuns Conseillers du Châtelet, l'autre par Maître Jean du Bois.

Ricard, sur la Coûtume de Senlis, art. 135.

Journal des Audiences, tom. 2. liv. 2. chap. 37.

M. Loüet, lett. V. Sommaire dernier.

Auzanet, en ses Arrests, liv. 1. chap. 81. & liv. 2. chap. 40.

Duret, dans son Alliance des Coûtumes, tit. 27. page 785.

Duplessis explique cet article, traité *des Successions*, liv. 2. sect. 2. page 221.

ARTICLE XXVI.

C'étoit l'Article dix-septiéme de l'ancienne Coûtume.

N'est dû que foy & hommage pour Fief donné en avancement d'hoirie.

LE fils auquel le pere ou mere, ayeul ou ayeule, ont donné aucun heritage tenu en Fief, en avancement d'hoirie, ne doit que la bouche & les mains au Seigneur feodal; *encore que la chose donnée ait été évaluée, ou qu'il renonce à la succession ou successions de sesdits pere ou mere, ayeul ou ayeule, & que ladite portion vaille plus que sa portion hereditaire; ou que la chose luy soit baillée en payement de ce qui luy auroit été promis par contrat de mariage.*

Voyez les Articles 3. 6. 38. & 307.

REMARQUES.

IN donatione facta filio vel filiæ, etiamsi non exprimatur causa in anticipationem successionis; tamen præsumitur, si alia non subsit, Mol. §. 16.

Si avus donaret nepoti, vivo filio habili ad succedendum, an procedat hæc Consuet. Molin. ibidem concludit tunc relevium deberi. Ce que je n'estime point, parce que la donation est censée faite au fils, qui est tenu la rapporter venant à la succession.

Item si donatio facta sit illegitimo, etiam favore alimentorum proprietatis alicujus feudi, debentur quoque relevia, d. l.

Quid autem si donatio fiat à descendente ascendenti?

Distinguendum, si subsit causa anticipatæ successionis, non debentur. Secus si non subsit. Mol. d. §. 26. num. 6. 7.

Néanmoins ce même Auteur sur l'article 33. de la Coûtume de Troyes, semble tenir indistinctement, qu'en donation faite par un descendant à un ascendant, le relief n'est point dû, par la raison qu'il en rend, que *eadem ratio, idem favor ascendentium & descendentium, ut dixi in Consuetudine Parisiensi*, §. 4. C. M. sur Troyes, article 33.

Jugé par Arrest du 1. Août 1579. donné en la seconde des Enquêtes, qu'un aîné ayant donné à son puîné un Fief de la succession de leur pere, au lieu d'une somme de deniers de laquelle leur pere avoit ordonné par son testament, que le puîné se contenteroit, il n'en étoit dû aucuns droits au Seigneur feodal.

De même, jugé par Arrest du 23. Août 1576. au profit des Sieurs & Dame d'Apchon, & par un autre du 12. May 1559. qu'un frere ayant baillé à sa sœur un Fief paternel pour la somme qui luy avoit été promise en mariage, le Seigneur n'en pouvoit aussi prétendre aucun droit.

Jugé pareillement par Arrest du 9. Juin 1548. qu'il n'étoit dû aucun droit, encore qu'il y eut reservation au contrat fait par le pere donateur, de pouvoir retirer le Fief pour certaine somme. *Idem dicendum*, si un Fief est baillé à la fille pour en joüir jusques au payement de la somme qui luy a été promise en mariage. Charondas sur cet article.

Des donations faites par collateraux ou par étrangers, est dû relief par l'argument de l'article 33. cy-dessous.

NE DOIT QUE LA BOUCHE ET LES MAINS.

GLOSE PREMIERE SUR L'ARTICLE XXVI.

SOMMAIRE.

1. *Disposition de l'article 17. de l'ancienne Coûtume.*
2. *Pour donation de Fief aux descendans ne sont dûs droits.*
3. *Si cet article se doit entendre des descendans.*
4. *S'il doit estre étendu aux donations faites aux petits enfans.*
5. Quid, *si leur pere ou mere ne peut pas succeder au donateur.*
6. *Si les droits sont dûs par le gendre pour Fief donné par le pere pour la dot de sa fille.*
7. *Sont dûs pour Fief donné aux enfans non legitimes.*
8. *Ne sont dûs, soit que la donation soit entre-vifs, ou à cause de mort.*
9. *Si les donations faites par forme de partage, obligent à faire la foy & hommage.*
10. *Si relief seroit dû pour Fief donné & ameubli.*
11. Quid, *S'il demeuroit au mary*, soluto matrimonio.
12. *Si pour Fief donné à l'enfant qui renonce, est dû relief.*
13. Quid, *s'il seroit dû pour Fief donné au*

fils qui l'auroit fait decretter.

14. Quid, *du Fief acquis par le pere en vertu de sa haute justice, & donné à son fils.*

15. *Si en ce cas le relief seroit dû par le pere ou par le fils.*

16. Quid, *du Fief remis par le Roy aux enfans du pere condamné pour crime de leze-Majesté.*

17. *Si cet article doit estre étendu aux Coûtumes qui n'en parlent point.*

18. *S'il a lieu pour donations faites aux ascendans.*

19. *Si ces termes*, en avancement d'hoirie, *sont inutiles.*

1. CEt article a été mis au lieu de l'article 17. qui portoit, *le fils auquel son pere ou mere, ayeul ou ayeule ont donné aucun heritage tenu en Fief en avancement d'hoirie, ne doit que la bouche & les mains au Seigneur feodal dudit Fief, non plus que si ledit Fief étoit échû par le trépas & succession de ses pere & mere, ayeul & ayeule.*

2. Sa décision est, que pour donation de Fief faite par les ascendans à leurs descendans en avancement d'hoirie, n'est dû que la foy & hommage; la Coûtume ne mettant en cela aucune difference dans les donations faites par les ascendans aux descendans, & les successions des ascendans échûës à leurs enfans.

La raison est, que les enfans sont considerez comme maîtres & propriétaires des biens de leurs pere & mere, même de leur vivant; *pater eo casu non intelligitur donare*, dit Pontanus sur l'article 89. de la Coûtume de Blois, *sed magis anticipare tempus debito restituendo, nimirùm ut quod filio post mortem patris debetur, videatur pater in vita repræsentare.*

Ainsi la donation faite par les ascendans à leurs descendans, n'est reputée autre chose qu'une succession anticipée. *In donatione facta filio vel filiæ, etiamsi non exprimatur causa in anticipationem successionis; tamen præsumitur, si alia non subsit, Molin. §. 26.*

3. Quoique cet article ne parle que du fils, néanmoins elle s'entend aussi des autres descendans, comme il paroît par les termes qui suivent *ayeul & ayeule*, ce mot fils n'étant mis que *demonstrationis causâ.*

4. La décision de cet article doit être étenduë à la donation du Fief, faite par l'ayeul à son petit-fils du vivant du fils habile à succeder, Brodeau nombre 2. parce qu'elle est presumée faite au fils, qui est obligé de la rapporter à la succession de son pere, en cas qu'il soit son heritier, suivant l'art. 306.

5. Il en faut dire de même de celle qui est faite à celuy qui ne peut pas succeder au donateur, ni sa mere qui auroit renoncée par contrat de mariage à la succession de son pere, quoique cette donation ne soit pas faite des avancemens d'hoirie; parce que la faveur de la ligne directe exempte des droits toutes donation de Fiefs; desorte que ces termes *en avancement d'hoirie*, ne sont mis dans cet article, que pour marquer le cas le plus ordinaire.

6. On doit dire aussi par même raison, que le Fief donné au gendre par le beau-pere en dot pour sa fille n'est sujet au relief, quand même il seroit donné des payemens de la somme qu'il auroit promise.

C'est le sentiment de Brodeau nomb. 3. & de Maître Duplessis.

La raison est, que quoique *datio in solutum*, soit vente, néanmoins c'est comme si par contrat de mariage le pere avoit promis le Fief en dot pour sa fille: mais si la donation étoit faite au gendre le relief seroit dû, la cause de l'exception cessant.

Charondas tient que le quint seroit dû si le gendre achetoit un Fief de son beau-pere pour l'employ des deniers; si le contrat portoit vente, il semble que le Seigneur seroit bien fondé de le demander: quoique *ex æquitate* il ne seroit pas dû, parce que c'est comme si par le contrat de mariage le Fief avoit été donné en dot.

Quant aux donations de Fief faites aux enfans naturels, le relief est dû, & parce qu'on les regarde comme étrangers, vû que *patrem habere non intelliguntur*; quoiqu'ils soient legitimez par le Prince, comme incapables de succeder à leur pere & mere & autres ascendans, suivant les Arrests rapportez par Monsieur Loüet & Brodeau, lettre L. nombre 7. & quoique les Lettres les declarent capables de succeder, le Parlement n'y a aucun égard, comme il sera observé sur l'article 318. 7.

Cet article se doit entendre de la donation entre-vifs & de la donation testamentaire, & de la substitution faite au profit d'un des enfans, Brodeau sur l'article 3. nombre 3. Voyez sur l'article 33. 8.

A l'égard des donations de Fiefs faites par pere & mere à leurs enfans par forme de partage; c'est une question s'ils sont tenus d'en faire la foy & hommage avant la mort de leurs pere & mere. 9.

La raison de droit est, que telles donations ne sont considerées que comme donations à cause de mort, les donateurs pouvant les revoquer à leur volonté, suivant l'article 17. titre des successions de la Coûtume de Nivernois, & c'est l'usage.

J'estime que le partage étant executé quoique revocable *ad nutum* du donateur, les donataires sont tenus de faire la foy & hommage sur peine de saisie féodale; & même que le relief seroit dû pour Fief du Vexin, parce qu'il y a translation de proprieté quoique non incommutable.

Il ne seroit rien dû aussi pour donation de Fief faite par le pere à sa fille, pour être mis dans la communauté; Maître Charles du Moulin sur l'article 78. *glos.* 1. *n.* 103. tient que pour Fief de relief seroit dû pour moitié *ex parte sponsi*, & rien *ex parte filiæ*, parce que cette moitié est censée donnée *in anticipationem successionis directæ.* 10.

Il semble néanmoins qu'il est dû pour le tout, parce que le mary en devient le maître & le propriétaire pour en pouvoir disposer à sa volonté sans le consentement de sa femme, comme de tous les autres biens de la communauté.

La raison de décider est, que la femme ne se dépoüille pas des biens qu'elle met dans la communauté, elle conserve toûjours l'esperance de les reprendre ou ses heritiers avenant la dissolution d'icelle; que si pour lors elle reprenoit le Fief qu'elle y auroit mis, elle ne devroit aucuns droits au Seigneur; mais s'il restoit au mary par la renonciation des heritiers de la femme à la communauté, le mary devroit le relief; & si la femme renonçoit, les heritiers collateraux du mary ne devroient qu'un relief *ex sua persona*, & ils n'en devroient pas du chef du mary, le Fief jusqu'à sa mort étant censé avoir appartenu au mary & à la femme. 11.

Que si aprés la mort de la femme laissant des enfans issus du mariage, le Fief étoit échû au pere, dans la rigueur il devroit le relief; mais comme ce Fief regarde les enfans qui ont l'esperance d'y succeder, & que leur écheant par la succession de leur pere, il sera reputé propre maternel en leurs personnes, il me semble qu'il ne seroit pas dû.

Les donations faites aux enfans ne sont point sujettes au relief, quoiqu'ils renoncent à la succession du donateur; parce que ces donations ne laissent pas d'a- 12.

voir été données en avancement d'hoirie, tenant lieu de la portion hereditaire qu'ils pouvoient esperer.

Charondas, sur cet article, remarque un ancien Arrest du 9. Juin 1548. qui a jugé qu'il n'étoit rien dû au Seigneur pour le Fief donné par un pere à sa fille, avec faculté de pouvoir le retirer pour une certaine somme, la fille ayant renoncé aprés la mort de son pere à sa succession; cet Arrest est aussi remarqué par Maître Ricard.

13. Quoique le fils ait fait decreter & se soit fait adjuger le Fief à luy donné par son pere, néanmoins il ne doit aucuns droits au Seigneur, comme il a été jugé par Arrest du 16. Juin 1643. donné au rapport de Monsieur Pithou; la Cour jugeant qu'il n'y avoit point mutation de vassal, mais seulement du titre. Le procés avoit été parti en la Seconde Chambre & départi en la Premiere.

14. *Si le pere ayant acquis un Fief en vertu de sa haute Justice, & que dans l'an & jour il en fasse donation à son fils, double relief seroit dû au Seigneur?*

Il faut dire sans doute qu'il ne seroit dû que du chef du fils, dautant qu'il est permis aux Seigneurs hauts-Justiciers de garder les heritages qu'ils acquierent par le moyen de leur haute Justice, soit par droit de desherence, de confiscation ou bâtardise, pendant an & jour, & dans ce temps d'en vuider leurs mains, sans pour ce, payer aucuns droits aux Seigneurs féodaux pour leur acquisition; ainsi dans ce cas le fils payeroit les droits au Seigneur, comme s'il avoit acquis le Fief directement de l'ancien vassal, néanmoins il seroit reputé donné par le pere en avancement d'hoirie, & il luy seroit propre de ligne.

15. Il semble que ce fils venant à la succession de son pere & retenant le Fief à luy donné, pour sa valeur, pourroit reprendre sur la succession la somme qu'il auroit payée au Seigneur pour le relief, ou l'estimation du revenu d'une année, au cas que le Seigneur eût exploité le Fief pour le relief, comme étant une dette du pere.

Parce que par le titre de son acquisition il ne devoit aucuns droits, & que c'étoit son pere qui devoit ceux qu'il a payez.

Toutefois il faut dire que la reception n'auroit pas lieu, soit qu'il retint le Fief en moins prenant, ou qu'il en fit le rapport en espece en la succession de son pere: la raison est, que cette perte est recompensée par sa jouïssance, & que n'étant point obligé à rapporter les fruits du Fief perçûs avant la mort de son pere, il n'a pas sujet de se plaindre, puisque son pere pouvoit ne luy faire pas cette donation.

16. *Le Roy ayant donné & remis au fils des Fiefs du pere condamné à mort pour crime qui auroient été confisquez, sçavoir si le relief seroit dû?*

Brodeau nombre 6. tient l'affirmative; qu'à la verité par l'ancienne Jurisprudence il n'étoit rien dû; parce que telles donations étoient propres aux donataires, comme s'il n'y avoit point eu de confiscation, mais qu'elle a changé par les derniers Arrests.

Chopin sur cette Coûtume livre 2. titre 3. nombre 17. rapporte l'Arrest de Spifame, rendu le 26. Janvier 1556. par lequel un pere ayant été condamné à mort pour peculat, & ses biens confisquez au Roy, le Roy en ayant fait donation à ses enfans, ils furent dans leur succession reputez propres & non acquêts.

Roüillard dans ses Reliefs Forenses en rapporte un plus ancien du 12. Juin 1542. qui avoit jugé la même chose.

Le même Chopin en rapporte un autre sur la Coûtume d'Anjou *lib.* 1. *cap.* 4. *num.* 14. du 29. Janvier 1599. lequel est aussi remarqué par Tronçon sur l'article 33. & par Labbé sur cet article, qui sont d'avis que le relief n'est point dû.

Depuis, la même question s'étant presentée, la Cour a jugé au contraire, que c'étoit un acquêt, par Arrest du 6. Septembre 1673. en la Seconde Chambre des Enquêtes, au rapport de Monsieur de Genou, rapporté dans le Journal du Palais, entre la Dame de l'Aubespin veuve du Sieur de Canillac, d'une part, & les Sieurs de Beaufort d'autre, conformément aux Conclusions de Monsieur l'Avocat General Talon, que les biens du Sieur de Canillac confisquez au profit du Roy, donnez ensuite à Monsieur de Bartillat, les avoit rendus à la fille dudit Sieur de Canillac, étoient reputez acquêts & non propres. Mais cet Arrest est accompagné d'une circonstance qui fait que la Cour ne pouvoit pas juger ces biens autrement qu'acquêts, à cause que le Roy ne les avoit pas remis directement à la fille du condamné.

Il y avoit eu un autre Arrest rendu auparavant ce dernier, en l'Audience de la Grand'Chambre; il s'agissoit de sçavoir si des biens confisquez, donnez & remis par le Roy aux collateraux du condamné, leur étoient propres ou acquêts; la Cour par Arrest du 15. Juin 1640. jugea qu'ils étoient acquêts, conformément aux Conclusions de Monsieur l'Avocat General Talon, rapporté par du Fresne en son Journal, qui dit qu'à l'égard des heritiers collateraux, il se jugeoit autrefois, que les biens confisquez remis par le Roy étoient propres & non acquêts, & il cite un Arrest qui l'a jugé ainsi du 8. Août 1579.

Ces Arrests ont établi cette distinction entre la ligne directe, & la ligne collaterale, qui est suivie au Palais, sçavoir que les biens confisquez remis par le Roy aux heritiers en directe leur sont propres, & remis aux collateraux, leur sont acquêts; & quoiqu'il semble qu'il n'y ait pas plus de raison pour les uns que pour les autres, néamoins en faveur des heritiers en ligne directe, on feint que les biens qui leur ont été remis, n'ont point appartenu au Roy, & qu'ils n'ont point été confisquez, afin que dans leur succession ils appartiennent aux heritiers de la ligne.

La disposition de cet article doit être étenduë aux autres Coûtumes, qui n'en parlent point, comme étant tres-équitable, excepté celles où les puînez ne sont point heritiers, & où ils ne succedent qu'en bien-fait seulement, car dans ces Coûtumes le relief est dû pour donations faites aux puînez ou à leurs enfans, comme en la Coûtume d'Anjou article 97. qui porte, que *si l'homme noble donne à son fils puîné par heritage chose hommagée, il y a rachat, pour ce qu'iceux fils puînez nobles ne sont heritiers, parce qu'ils succedent en bien-fait & usufruit seulement.* 17.

Il en est de même en celle de Ponthieu; en laquelle les puînez sont considerez comme étrangers, lesquels ne prennent rien des biens de leur pere par droit successif; car dans ces Coûtumes ce qui est donné aux puînez, leur est acquêt & non propre, ainsi jugé que la donation faite par le pere à son puîné par forme de division ou autrement, luy étoit acquêt & non propre. Monsieur Bouguier lettre D. chapitre 10. cite un Arrest sans datte, & dit, que la même question a été depuis jugée par Arrest du 31. Juillet 1602. au rapport de Monsieur Savare.

Si la disposition de cet article doit être étenduë à la donation faite par un des descendans à un de ses ascendans? 18.

Il semble que non; parce qu'il n'est parlé en cet article que des donations faites aux descendans, & il n'y en a point d'autre qui parle de celles qui sont faites aux ascendans.

Deplus, cet article dit *en avancement d'hoirie*; or les descendans ne donnent point à leurs ascendans en avancement d'hoirie, puisque c'est contre l'ordre naturel que les descendans predecedent leurs ascendans, *turbato mortalitatis ordine.*

Du Moulin sur cet article *num.* 6. & 7. dit, que si la donation est faite aux ascendans en avancement d'hoirie, il n'est rien dû au Seigneur, mais que si cette cause est obmise il est dû, *habetur pro absoluta & mera donatione, & debetur relevium, nisi ex-*

presse donationi insit causa anticipandæ successionis.

Néanmoins la commune opinion est, que quoique cette cause ne soit point exprimée dans la donation, il n'est rien dû au Seigneur.

C'est la disposition formelle de la Coûtume d'Orleans en l'article 14. en ces termes : *Et pareillement si par les descendans est donné aux ascendans, n'est dû aucun profit.*

La Coûtume de Troyes article 33. a une disposition semblable, & ne fait en cela aucune difference entre la donation faite à un descendant par un ascendant ; & celle qui est faite par un ascendant à un descendant. Voicy les termes : *En donation d'heritage de Fief de pere à fils & de fils à pere, & autre en ascendant ou descendant en ligne directe, est dû foy & hommage tant seulement, & s'il est donné à autres personnes, il y a relief.* Du Moulin luy-même sur cet article de la Coûtume de Troyes en rend cette raison ; parce que *eadem ratio idem favor ascendentium & descendentium, ut dixi in consuetudine Parisiensi. §. 4.*

Ce qui semble être confirmé par l'article 33. de la Coûtume de Paris *in fine*, en ces termes : *& pour celles* (c'est-à-dire, mutations) *qui se font par succession ou par donation en ligne directe, n'est rien dû.*

Il ne sert de rien de dire contre cette resolution, que la raison pour laquelle pour donation faite aux descendans il n'est rien dû, n'a pas lieu pour celles qui sont faites aux ascendans, sçavoir que la donation faite aux descendans est reputée faite en avancement d'hoirie, dautant que cet article a exprimé la cause ordinaire des donations faites aux descendans, qui est pour tenir lieu de partage, mais que comme la Coûtume en l'article 4. ne charge point les ascendans pour Fiefs à eux échûs par la succession de leurs enfans, parce que la faveur des ascendans ne doit pas être moindre que celle de leurs enfans, pour les décharger de payer des droits aux Seigneurs pour les Fiefs qui leur échéent par leur succession ; car de même que les enfans par cet article 26. ne payent aucuns droits pour donations de Fiefs à eux faites, aussi les ascendans n'en doivent point payer pour celles qui leur seroient faites par leurs enfans.

Nous voyons aussi que les Loix Romaines ont eu la même consideration pour les donations faites aux ascendans que pour celles faites aux descendans, déchargeant également les successions & donations directes, soit de pere à fils, ou de fils à pere, du tribut qui se payoit par les heritiers ou donataires en ligne directe au fils, appellé *vicesima hereditatum & donationum*, qui se levoit *ex lucrativa descriptione*, comme il est porté par la Loy du titre au Code *de imponenda lucrat. descript.* où aprés avoir déchargé de ce tribut les descendans, on en décharge aussi les ascendans, en ces termes : *Æquè ex diverso, si posteriores ad majores prædictâ sibi consanguinitate devinctos præfatis titulis suas conferant facultates, nullius accessione gravaminis hujusmodi liberalitas oneretur : in tam enim necessariis sibi conjunctisque personis, sub liberalitatis appellatione debitum naturale persolvitur.*

Deplus, il faut dire, que la Coûtume en cet art. 26. a exprimé le cas qui arrive ordinairement, & n'a point fait mention de celuy qui n'arrive que tres-rarement, mais elle n'est pas pour cela censée l'avoir exclus, vû qu'au contraire il doit y être compris, parce qu'il y a parité de raison.

C'est le sentiment de Brodeau *num.* 5. qu'il n'est rien dû en ligne directe ascendante, & de Maître Duplessis titre des Fiefs. Brodeau.

Ces termes *en avancement d'hoirie* sont inutiles, puisque la décision de cet article a lieu sans difficulté, soit que la donation soit declarée en avancement d'hoirie, soit qu'elle soit purement & simplement faite ; parce que toute donation est censée faite par les ascendans aux descendans par anticipation de leur future succession, comme il est expressément porté par l'art. 278. Du Pless. 19.

Il est vray qu'anciennement à Paris quand un pere & une mere donnoient un Fief à un de leurs enfans en mariage, on distinguoit s'il étoit donné en avancement d'hoirie, ou s'il n'y étoit pas donné.

S'il étoit donné en avancement d'hoirie, on le consideroit comme une portion prematurée de la succession future des pere & mere, & il n'en étoit point dû de relief.

Mais s'il étoit donné purement & simplement en faveur de mariage, le relief en étoit dû, comme si la donation avoit été faite à un parent collateral.

La Coûtume de Melun, qui est tres-conforme à l'ancien droit observé à Paris, a encore retenu quelque chose de cette disposition dans l'article 63. où elle décide que *quand aucun donne à sa fille un ou plusieurs Fiefs par traité de mariage, & autrement qu'en avancement d'hoirie, le mary payera rachat au Seigneur féodal.*

Voyez du Moulin sur le §. 26. de la Coûtume de Paris n. 1. & 2. Du Moul.

Voila quel étoit autrefois l'effet de la clause *d'avancement d'hoirie* ; mais depuis qu'on a ordonné par ledit article 278. de nôtre Coûtume, que les meubles ou immeubles donnez par pere & mere à leurs enfans seroient reputez donnez en avancement d'hoirie, cette clause est absolument inutile : néanmoins dans les contrats de mariage des enfans que les pere & mere marient, la clause d'avancement d'hoirie est toûjours de stile.

ENCORE QUE LA CHOSE DONNÉE AIT ÉTÉ ÉVALUÉE.

GLOSE DEUXIÉME SUR L'ARTICLE XXVI.

SOMMAIRE.

1. *Pourquoy ce terme*, évaluée, *a été mis en la reformation.*
2. *Pourquoy pour Fief donné au fils, qui excede la portion hereditaire, il n'est rien dû au Seigneur.*
3. *Si au lieu du mot*, portion, *il faut lire*, chose, *suivant l'avis de Brodeau.*
4. *Disposition de la Coûtume de Montfort, touchant la donation faite au fils qui renonce.*
5. *Si la donation faite au fils pour récompense de services, est sujette au relief.*
6. *Si pour Fief baillé au fils en payement sont dûs droits au Seigneur.*
7. *Si le quint seroit dû pour Fief donné par un étranger, au lieu de la dot par luy promise à une fille.*
8. Quid, *du Fief de la succession donné par le frere pour la dot promise à sa sœur.*
9. Quid, *si le pere avoit donné à son fils un Fief,*

Fief, & qu'aprés la mort du pere le fils le rendit à ses freres & sœurs pour une somme d'argent pour laquelle il renonçât.

10. *Ou pour donation faite pour acquitter le donateur d'une somme.*

11. *Quid, si le Fief est donné au Convent pour la dot de la fille.*

12. *Ou quand le pere a donné un Fief en dot, & que le gendre le rend pour une somme d'argent.*

L'Addition a été mise à l'art. 17. de l'ancienne Coûtume, pour abolir un ancien usage qui a paru absurde avec raison, en quatre cas esquels les droits étoient dûs, ou prétendus par les Seigneurs.

Le premier étoit lorsqu'un pere donnoit un Fief à un de ses enfans estimé & évalué à une certaine somme, fondé sur ce que l'estimation ou évaluation tient lieu de vente, *l. 3. ff. loc. l. un. §. cumque. vers. æstimatarum. C. de rei uxor. act.*

Ce qui n'est pourtant pas toûjours vray ; car quelquefois l'estimation se fait seulement pour sçavoir la valeur & le prix de la chose, *cum res in dotem æstimatas soluto matrimonio reddi placuit, summa declaratur, non venditio contrahitur, l. 69. §. cùm res. ff. de jure dot. Cùm res in dotem æstimatas soluto matrimonio reddi placuit, summa declaratur, non venditio contrahitur. l. servo. ff. famil. ercisc. l. si æstimatis. ff. solut. matrim.* Or l'estimation qui se fait des choses qui se donnent par les pere & mere à leurs enfans, ne se fait pas dans le dessein de vendre, puisqu'il n'y a point d'argent deboursé, mais de faire une donation pure & simple ; mais afin que l'enfant donataire sçache le prix & la valeur de la chose donnée, pour en faire un jour le rapport à la succession du donateur, ou renoncer à icelle au cas que l'avantage se trouve si considerable qu'il n'y ait pas lieu d'en esperer un plus grand en acceptant la succession & rapportant, selon le choix que la Coûtume donne aux enfans avantagez dans les articles 302. & suivans ; ainsi à proprement parler c'est le Fief qui est donné, & non pas l'estimation d'iceluy, & partant le Seigneur n'en peut pretendre aucuns droits.

Du Luc livre 7. titre 5. Arr. 2. & Chopin sur la Coûtume d'Anjou *lib. 1. cap. 4. num.* 8. & Papon liv. 13. titre 2. des droits Seigneuriaux, Arrest 5. remarquent un Arrest du 9. Janvier 1548. dans cette espece.

Un pere mariant sa fille luy avoit constitué en dot la somme de mille livres, payables, sçavoir sept cent livres comptant, & le reste en une maison estimée trois cent livres, pour sa legitime & droits paternels à écheoir, à la charge néanmoins qu'en fournissant par luy la somme de trois cent livres, il reprendroit sa maison : le Seigneur direct avoit demandé les lods & ventes de la maison, se fondant sur ce qu'elle avoit été donnée, estimée, & que cette estimation étoit une espece de vente, mais par l'Arrest il en fut débouté.

C'est sur cet Arrest, que ces termes ont été ajoûtez ; ce qui étant fondé sur une grande raison, doit être étendu aux autres Coûtumes qui n'en parlent point.

1. Le deuxiéme cas est, lorsque la donation étoit faite purement & simplement, & que le donataire renonçoit à la succession du donateur relief étoit dû, comme nous avons remarqué à la fin de la glose precedente.

2. Le troisiéme cas, étoit quand le Fief donné excedoit la portion hereditaire de l'enfant, pour lors ce qui excedoit étoit reputé acquêt, comme on voit dans les Arrests du Luc *lib.* 8. *tit.* 5. *n.* 2. Mais cela a été corrigé, & cet article 26. de nôtre Coûtume, porte expressement qu'il n'est dû que la bouche & les mains au Seigneur féodal, pour le Fief donné par pere ou mere, ayeul ou ayeule, quoique l'enfant donataire renonce à leur succession, *& que ladite portion vaille plus que sa portion hereditaire.*

Il n'est donc aujourd'huy rien dû au Seigneur féodal, quoique le Fief donné par pere ou mere, ayeul ou ayeule excede la portion hereditaire.

La raison est, que ce qui excede la portion hereditaire de l'enfant avantagé, est aujourd'huy reputé propre & non acquêt, & en ce cas comme en tout autre touchant les donations faites en ligne directe, on ne considere que la personne du donateur & celle du donataire ; car tout ce qui est donné par les ascendans aux descendans, est censé donné en avancement d'hoirie, sans avoir égard à la valeur de la chose donnée.

Cela est si vray que si un pere donnoit tous ses Fiefs & autres immeubles à un de ses enfans comme à l'aîné, à la charge de donner à chacun des autres certaine somme, & qu'ils acceptassent tous la disposition du pere, il ne seroit rien dû par ce donataire, & tous les biens qu'il auroit ainsi acquis luy seroient propres & non acquêts.

Brodeau nombre 11. dit, qu'au lieu de ces termes *ladite portion* il faut dire *ladite chose*, quoiqu'il y ait dans tous les imprimez *ladite portion* ; d'autant que ces mots *ladite chose*, sont relatifs à ce qui est dit auparavant, *encore que la chose, &c.* 3. Brodeau.

La Coûtume de Montfort en l'article 18 *in fine*, veut que le fils qui a reçû un Fief en avancement d'hoirie, & qui renonce à la succession de celuy de qui il l'a reçû, paye le relief au Seigneur, de ce qui excede la portion hereditaire qu'il eût euë, s'il avoit apprehendé la succession. 4.

Celles de Mantes art. 7. de Reims art. 75. & Laon art. 179. en disposent de même.

Il faut dire aussi, que le Fief que le pere donne à son fils pour recompense de services, est déchargé du relief, quoiqu'il ne soit point sujet à rapport, parce qu'on doit considerer les personnes, entre lesquelles la donation est faite. 5.

Le Grand sur la Coûtume de Troyes art. 33. *Glos. 1. num. 6.* est d'avis contraire, par cette raison que les donations remuneratoires ne sont pas proprement donations, *l. 1. ff. de donation.* & qu'ainsi nous ne devons pas étendre la disposition de l'article 33. de la même Coûtume, qui exempte du relief les donations en ligne directe, aux donations remuneratoires ; mais cette opinion n'est pas soûtenable.

Le quatriéme, quand un Fief étoit donné en payement de la dot promise, parce que c'est *datio in solutum* ; mais la faveur de la ligne directe a fait réformer cet usage : on presume quand ce cas arrive que les parties ont changé de volonté, & qu'ils sont convenus qu'au lieu de la somme promise, seroit baillé un heritage. 6.

Brodeau sur cet article nombre 15. Charondas livre 7. de ses Réponses, & sur cet art. & sur l'art. 6. Chopin sur la Coûtume de Paris, *lib. 1. tit. 3. num.* 8. Tronçon sur l'art. 73. *verbo*, droits de vente, rapportent des Arrests rendus en l'ancienne Coûtume des 25. Avril 1573. 23. Août 1576. & premier Août 1579. qui ont jugé, que les droits n'étoient point dûs au Seigneur pour heritages donnez en payement de la somme promise par contrat de mariage par les pere & mere. Brodeau. Charondas. Chopin. Tronçon.

Mais on demande *quid juris*, au cas qu'un étranger eût promis à une fille une somme d'argent pour sa dot, & qu'aprés le mariage contracté il luy donnât un Fief, ou un heritage tenu en roture, pour & au lieu de la somme promise, duquel le mary & la femme se tiendroient contens ? 7.

Il faut dire aussi, qu'en ce cas pour la roture il ne seroit rien dû au Seigneur, & que pour le Fief il ne luy seroit dû que le relief.

La raison est, que les parties peuvent resilir de leur convention par un consentement mutuel, parce que *pacta conventa contrariis pactis tolluntur, l. pacta. 12. C. de pact. & l. 8. ff. de pact. inter emp. & vendit. pacta novissima servari oportere, tam juris quàm ipsius rei aequitas postulat*, dit la Loy 12. *C. de pact.* Desorte que si les parties conviennent qu'au lieu de la somme promise il seroit baillé un Fief, la convention portée par le contrat de mariage est renduë nulle & sans effet quant à la somme promise, & le Seigneur ne s'en peut pas prévaloir pour demander le quint au lieu du relief.

Il n'en est pas de même, quand c'est une veritable dette qui ne provient pas de la liberalité & de la simple convention du debiteur; car en ce cas il est sans doute, qu'au lieu de la somme dûë, le Fief donné en payement seroit sujet au quint.

Charondas remarque l'Arrest du 23. Août 1576. en ses Réponses livre 7. chapitre 53. où il dit avoir été jugé, que le pere ayant promis à sa fille par contrat de mariage trente mille livres, dont dix mille par stipulation devoient entrer en communauté, pour laquelle somme il avoit ensuite donné un Fief à son gendre, le quint n'étoit pas dû à raison de l'ameublissement d'une partie de ce Fief: que c'est comme si en effet le pere avoit promis par le contrat de mariage de sa fille de luy bailler le Fief, & non la somme de trente mille livres; quant à l'ameublissement.

8. Il faut dire aussi, que le Seigneur ne peut pretendre aucuns droits, quand aprés le decés des pere & mere un Fief de la succession est baillé par le frere en payement de ce qu'ils avoient promis à l'un de leurs enfans par son contrat de mariage, ou en avancement d'hoirie, comme il a été jugé par Arrest du premier Août 1579. remarqué par Chopin, par Charondas sur cet article dans une espece presque semblable, par Tournet sur cet article, & par Ricard, sçavoir d'un pere qui avoit legué par testament une certaine somme à son second fils, & ordonné qu'il s'en contenteroit pour sa portion hereditaire, & aprés la mort du pere l'aîné luy ayant baillé au lieu de cette somme un Fief de la succession, le Seigneur qui demandoit ses droits de quint, fut debouté de sa demande par cet Arrest, la Cour jugeant qu'il ne luy étoit dû que la bouche & les mains, d'autant que ce Fief luy tenoit lieu de sa portion hereditaire.

CHOPIN. CHARONDAS. TOURNET. RICARD.

Il en faut dire de même du Fief paternel donné par le frere à sa sœur au lieu de la somme promise par contrat de mariage, comme il a été jugé par Arrest du 12. May 1559. cité par Ricard & par d'autres, du 25. Avril 1573. remarqué par Tournet sur cet article.

TOURNET.

CHARONDAS. Charondas sur cet article remarque un Arrest qui a jugé le contraire, mais il ne doit être d'aucune consideration.

Cet Auteur dit, que si en ligne collaterale le frere par convention faite avec sa sœur luy laisse un Fief de la succession paternelle, faute par luy de luy payer la somme promise par son contrat de mariage, qu'en ce cas le relief seroit dû, & il remarque un Arrest du 2. Juillet 1565. qui l'a jugé ainsi pour le Sieur de Sansac, contre le Sieur d'Argenton; mais ce que dit cet Auteur avec l'Arrest qu'il rapporte est contre les Arrests citez cy-dessus, & on n'y doit avoir aucun égard. Car en ce cas il n'est rien dû, ou si les droits sont dûs au Seigneur, il faut que ce soit le quint, vû que c'est une espece de vente, néanmoins il faut dire qu'encore que le pere eût promis à sa fille en dot une somme d'argent pour tous droits successifs, qu'elle pouvoit esperer aprés sa mort, le frere ayant donné un Fief de la succession du pere, c'est un accommodement qui est favorable pour n'obliger point un aîné à vendre les biens de la succession de son pere; & ce Fief de la succession paternelle tient lieu de la somme promise par le pere, comme si en effet le pere avoit donné le Fief à sa fille en dot. Voyez sur l'article 80.

Il faut dire encore sur le même principe, que si le pere avoit donné à un de ses enfans en avancement d'hoirie un Fief, ou autre heritage, & qu'aprés sa mort il le rendit à ses freres & sœurs heritiers, pour une somme d'argent, de laquelle il se contenteroit pour tous droits successifs, il ne seroit rien dû au Seigneur, parce que ce seroit comme un rapport qu'il feroit en la succession de l'heritage, pour les droits de laquelle il se contenteroit de la somme à luy donnée; & ce seroit un accommodement, qui ne donneroit aucune ouverture aux droits Seigneuriaux. 9.

C'est la disposition expresse de la Coûtume de Bourbonnois, art. 405. & de celle d'Auvergne, chap. 16. art. 6.

La question a été jugée dans une espece qui donnoit bien plus lieu de douter, dans la Coûtume d'Anjou pour une terre de la succession du pere, baillée par l'aîné à sa sœur legataire universelle de sa mere, en payement des deniers dotaux, remplois & autres conventions matrimoniales de sa mere, par Arrest du 28. May 1641. conformément aux Conclusions de Monsieur l'Avocat General Talon, au profit de Barbe de Montelais, Dame de Fromentieres, femme de Tristant de Martineau, contre Marc de la Planche, Sieur de la Ruille, rapporté par du Fresne en son Journal.

La Cour a passé plus avant, car par Arrest du 12. May 1651. rapporté par le même Auteur, elle a jugé, que pour une donation faite par une mere à l'une de ses filles en avancement d'hoirie, d'une Terre Seigneuriale, à la charge de payer & acquitter la somme de neuf mille livres dûë par son pere, pour laquelle cette Terre étoit specialement affectée & hypothequée, n'étoient dûs aucuns droits pour portion de la charge, quoique par le contrat il y eût clause que la Terre demeureroit pour conquêt jusques à la somme de neuf mille livres. 10.

La raison sur laquelle la Cour s'est fondée, est que les donations faites aux enfans en faveur de mariage, quoiqu'avec charge de payer quelques dettes, sont des accommodemens dans les familles qui ne peuvent point passer pour ventes; de même que quand des heritiers sont obligez de payer à leurs coheritiers quelque somme de deniers pour soulte de partage, comme il sera observé sur l'article 80.

Autre question: *Si le relief est dû pour Fief donné par le pere en payement de la dot pour la profession de sa fille?* 11.

Brodeau nombre 15. tient, qu'il n'est rien dû; je croi que cette opinion n'est pas soûtenable; il est vray que la donation est faite pour la fille, mais non à la fille, c'est un Monastere qui en acquiert la propriété, c'est *datio in solutum*; ainsi les droits sont dûs, au moins le relief; Maître Duplessis rapporte le sentiment de cet Auteur & il en demeure là; cet endroit meritoit bien une Note judicieuse. BRODEAU.

Il s'ensuit des Arrests remarquez cy-dessus, que si le pere a donné un Fief à sa fille en mariage, & que dans la suite le pere luy donne une somme de deniers au lieu de ce Fief, il n'est rien dû au Seigneur, quoiqu'il semble que ce soit une vente qui luy est faite. 12.

Il en faut dire de même du Fief donné au fils en avancement d'hoirie, le fils l'ayant aprés remis à son pere pour une somme d'argent, comme il a été jugé par Arrest du 7. Janvier 1613. rapporté par Brodeau sur cet article.

Auteurs sur l'Article vingt-sixiéme.

L'Auteur du Grand Coûtumier, liv. 2. tit. 40. pages 264. 265.
Du Moulin, sur la Coûtume de Paris §. 26. nomb. 1. & 2.
Salligny, sur la Coûtume de Vitry, art. 26. & 30.
Lhoste, sur Montargis, tit. 1. art. 4.
Buridan, sur Vermandois, art. 179.
Loiset & Brodeau, *litt. D. num.* 52.
Du Fresne, en son Journal, liv. 2. chap. 36. & ch. 96.
Montholon, Arrest 21.
Bobé, sur cet article, & sur l'article 138. de la Coûtume de Meaux.
Thourette, sur Montfort, art. 18.
De la Lande, sur Orleans, art. 14. 273. & 285.
Buridan, sur Reims, art. 70. 72. 75.
Pontanus, sur Blois, art. 87. & 89.
Chopin, sur Anjou, liv. 1. chap. 4. nomb. 8. & 121 en marge, liv. 2. part. 3. chap. 1. tit. 1. nomb. 13.
L'Abbé, sur Berry, tit. 5. art. 26.
De Lhommeau, sur Anjou, liv. 1. art. 95.
Tiraqueau, *du retrait lignager*, art. 1. gl. 14. & suivans.
Le Prestre, Cent. 1. chap. 36.
Duret, dans son Alliance des Coûtumes, p. 902.
Duplessis explique cet article, liv. 1. chap. 4. p. 23.

ARTICLE XXVII.

Cet article a été ajoûté à la reformation de la Coûtume.

Droit d'aînesse ne passe au puîné, quand l'aîné renonce.

SI telle donation est faite à l'aîné, & par le moyen d'icelle il renonce à la succession, entre les puînez n'y a droit d'aînesse.

Voyez les Articles 6. 250. 310. 324.

REMARQUES.

CEt article avec le 310. cy-dessous, doivent s'entendre, lorsque l'aîné renonce, *aliquo accepto*; car s'il renonce purement & simplement, son droit est transmis au suivant, Mol. §. 13. gl. 1. nomb. 28. 29. 30. & conformément à ce jugé en l'ancienne Coûtume, à la reformation de laquelle ces deux articles ont été ajoûtez par Arrest solemnel, prononcé en Robes rouges, le 14. Aoust 1567.

Item primogenito inhabili putà propter delictum, professionem monasticam sit locus secundogenito, qui obtinebit solidum jus primogenituræ. Idem est si primogenitus ille ex vera & justa causa ritè fuerit exhæredatus. Si autem non esset inhabilis, ipso jure: sed indignus & per sententiam privandus non fieret locus posteriori nato, sicut nec cæteris liberis accederet primogeniti portio, quæ non deficit ipso jure, sed ab eo aufertur & in fiscum tota devolvitur. Mol. §. 13. *gl.* 1.

ENTRE LES PUISNEZ N'Y A DROIT D'AISNESSE.

GLOSE UNIQUE SUR L'ARTICLE XXVII.

SOMMAIRE.

1. *Pourquoy cet article a été ajoûté à la reformation de la Coûtume.*
2. *Si l'aîné renonçant par un esprit de liberalité, le puîné peut prendre le droit d'aînesse.*
3. *Raisons pour l'affirmative.*
4. *Raisons pour l'opinion contraire.*
5. *Disposition de la Coûtume de Clermont.*
6. *Si l'aîné peut remettre son droit à tous ses freres.*
7. Quid, *si au temps de la mort du pere l'aîné est incapable de recüeillir sa succession.*
8. *Si l'aîné décedant sans enfans aprés le pere, avant que d'avoir apprehendé sa succession, le puîné succede en sa place au droit d'aînesse.*
9. *Arrest en la Coûtume de Melun.*

1. CEt article a été ajoûté pour ôter un doute, qui pouvoit survenir en interpretation du precedent, par lequel toute donation faite par les ascendans à leurs enfans, n'est sujette aux droits féodaux, quoique le donataire renonce à la succession du donateur aprés sa mort; mais sur ce que la donation pouvoit être faite à l'aîné, par le moyen de laquelle renonçant à la succession de son pere, le puîné auroit pû pretendre le droit d'aînesse, au préjudice des autres, comme étant au lieu de l'aîné, la Coûtume a ordonné que l'aîné renonçant en consequence de la donation qui luy auroit été faite, entre les autres

enfans heritiers il n'y auroit aucun droit d'aîneſſe.

La raiſon eſt, qu'autrement il y auroit deux droits d'aîneſſe, dautant qu'il eſt à croire que l'aîné ne renonce pas à la ſucceſſion en ce cas, qu'il ne juge qu'il luy ſoit plus avantageux de ſe tenir à ſon don que d'accepter la ſucceſſion, & prendre ſon préciput & droit d'aîneſſe, en rapportant ce qu'il auroit reçû ; le don qu'il a reçû luy tenant lieu de ſa portion hereditaire avec ſon préciput & droit d'aîneſſe ; or il n'y a point deux droits d'aîneſſe en une même ſucceſſion, nonobſtant la renonciation de l'aîné.

Ainſi la renonciation que l'aîné fait à la ſucceſſion de ſon pere ou de ſa mere, à cauſe de la donation qu'il en a reçû, ne fait pas qu'entre les puînez, qui ſe portent heritiers, il y ait lieu au droit d'aîneſſe ; enſorte que l'aîné des puînez puiſſe pretendre joüir du droit d'aîneſſe.

CHARONDAS Cela s'obſervoit auſſi de la même maniere dans l'ancienne Juriſprudence, comme remarque Charondas du livre manuſcrit de Philippes de Beaumanoir, ſur la Coûtume de Clermont en Beauvoiſis, qui eſt de l'an 1283. ſelon Brodeau.

Le même Charondas dit avoir été ainſi jugé par Arreſt du 9. Septembre 1552. entre les Bouchers freres & ſœurs.

TOURNET. Ce même Arreſt eſt rapporté par du Luc livre 8. tit. 20. nomb. 11. & par Tournet ſur cet art.

2. Cet article n'a point decidé le doute qui ſe trouve, au cas que l'aîné renonce à la ſucceſſion par un eſprit de liberalité envers tous ſes freres & ſœurs, n'ayant rien reçû de celuy à la ſucceſſion duquel il renonce, ayant aſſez de biens d'ailleurs, comme s'il eſt pourvû de Benefices, ou qu'il en ait acquis par ſon travail & ſon induſtrie, ou par des legs & des donations qui luy auroient été faites par des étrangers, ſçavoir, ſi le puîné pourroit pretendre le droit d'aîneſſe.

Les Docteurs ſont partagez ſur cette queſtion.

BRODEAU. RICARD. Les uns veulent que le droit d'aîneſſe paſſe en la perſonne du puîné, ſçavoir Tiraqueau en ſon Traité du droit d'aîneſſe, Brodeau ſur le même article, Ricard article 27. Challine dans ſa methode generale pour l'intelligence des Coûtumes de France regle premiere, exemple deuxiéme.

DU MOULIN. CHOPIN. TOURNET. JOLY. TRONÇON. D'autres au contraire ſont d'avis que le droit d'aîneſſe demeure éteint par cette renonciation ; & qu'il n'eſt point tranſmis au puîné, ſçavoir du Moulin ſur l'article 13. gloſe 1. nombre 28. *& ſeqq.* Chopin ſur ce titre nomb. 15. Tournet & Joly ſur les art. 27. & 310. Tronçon ſur l'art. 310.

3. Ceux qui croyent que le droit d'aîneſſe paſſe au puîné, fondent leur ſentiment ſur les raiſons ſuivantes.

La premiere eſt, qu'il eſt de l'interêt public, qu'il y ait un aîné dans une famille, que ce droit accordé par la Coûtume ne doit point être caduc, & qu'il doit appartenir à l'aîné de ceux qui ſe portent heritiers ; que c'eſt l'interêt de la maiſon qui le requiert, afin que ce puîné entrant au lieu, place & droits de l'aîné, en puiſſe maintenir l'éclat & la ſplendeur, & que les autres enfans heritiers n'ont pas lieu de ſe plaindre, vû que par la renonciation de l'aîné leurs parts & portions dans la ſucceſſion en deviennent plus fortes.

La ſeconde, que l'aîné ſe doit entendre de celuy qui ſe porte heritier ; deſorte qu'ayant renoncé il n'eſt pas plus conſideré que s'il étoit mort avant ſon pere, auquel cas le puîné auroit ſuccedé en ſa place au droit d'aîneſſe.

Pour confirmer leur ſentiment ils diſent, que l'article 310. en ces termes, *le droit & part de l'enfant qui s'abſtient & renonce à la ſucceſſion de ſes pere & mere, accroît aux autres enfans heritiers ſans aucune prérogative d'aîneſſe, de la portion qui accroît*, ſe doit entendre au cas que l'aîné ait reçû quelque avantage de ſon pere, ſuivant cet article 27. ce qui eſt ſous-entendu en l'article 310. parce qu'ordinairement l'aîné ne renonce pas à la ſucceſſion de ſes pere & mere, ſi ce n'eſt en conſideration des avantages qu'il en auroit reçûs, dont il ſeroit tenu de faire le rapport, s'il apprehendoit la ſucceſſion.

La troiſiéme eſt priſe, *à contrario ſenſu*, de l'article 27. qui veut qu'il n'y ait point de droit d'aîneſſe au cas que l'aîné renonce *aliquo accepto*, ſuivant ces mots, *ſi telle donation eſt faite à l'aîné* ; d'où il s'enſuit, que s'il n'a rien reçu, il y a lieu au droit d'aîneſſe au profit du puîné.

En effet, quand l'aîné renonce, *aliquo accepto*, les avantages qui luy ſont faits luy tiennent lieu de droit d'aîneſſe, & il y a ſujet de croire qu'ils ne valent pas moins que ſon préciput, puiſqu'il s'en contente ; ainſi le droit d'aîneſſe étant conſommé en ſa perſonne, il n'eſt pas juſte que le frere puîné prenne encore un autre droit d'aîneſſe dans la même ſucceſſion.

Mais quand le fils aîné n'a rien reçu de celuy à la ſucceſſion duquel il renonce, le droit d'aîneſſe paſſe en la perſonne de l'aîné des puînez ; parce que l'aîné n'ayant pas uſé de ſon droit, celuy qui le ſuit eſt le veritable aîné des heritiers, à l'égard deſquels la Coûtume doit avoir ſon effet, ainſi il doit avoir toutes les prérogatives de l'aîné.

La quatriéme raiſon eſt, que les enfans renonçans ne font pas nombre, ce qui eſt expliqué par l'article 16. de la même Coûtume, qui porte en termes formels, *s'il y a pluſieurs enfans excedans le nombre de deux, venans à leur ſucceſſion au fils aîné par préciput pour ſon droit d'aîneſſe, &c.*

Ces termes, *venans à leur ſucceſſion*, marquent, que lorſqu'ils s'abſtiennent, & qu'ils n'ont aucune part de la ſucceſſion, ils ne ſont pas conſiderez pour faire nombre entre les enfans, à l'effet de regler le droit d'aîneſſe, ni les autres droits ſucceſſifs, comme la legitime.

Voyez Challine, *loco citato.*

Pour l'opinion contraire on dit,

Premierement, que le droit d'aîneſſe appartient à l'aîné, c'eſt-à-dire à celuy lequel au jour de la ſucceſſion échûë ſe trouve le plus âgé des mâles, ſans qu'il ſoit beſoin d'attendre s'il ſe portera heritier ou non ; & en effet nôtre Coûtume dans les articles 13. 14. & ſuivans, dit generalement & ſans diſtinction, que le droit d'aîneſſe appartient au fils aîné, & elle ne dit point, l'aîné de ceux qui ſeront heritiers ; ainſi, ſuivant l'eſprit & l'intention de nôtre Coûtume, il n'y a pas lieu d'admettre cette diſtinction. 4.

C'eſt ce que dit du Moulin ſur l'article 13. *gloſ.* 1. *num.* 28. *cum extet primogenitus habilis, nullus reliquorum poteſt dici : Nec obſtat quod abſtinendo ab hereditate habetur pro mortuo quantum ad jus primogenituræ ; quia verum eſt quantùm ad effectum conſiſtentem in jure hereditario, non autem quantum ad alios effectus, putà quoad honores, inſignia integra familiæ, & alia quæ citra jus & nomen heredis haberi poſſunt. Et ſic remanet verè re & nomine primogenitus, quamvis omittendo hereditatem omittat lucrum in hereditate duntaxat conſiſtens, &c.* DU MOULIN.

En effet la qualité d'aîné n'eſt pas conſiderée eu égard ſeulement aux freres puînez, mais par rapport au pere, lequel au jour de ſon decés a laiſſé pluſieurs enfans, entre leſquels il n'y en a qu'un qui ſe puiſſe dire veritablement l'aîné, ſçavoir celuy qui eſt le plus âgé des mâles ; c'eſt à luy que la Loy donne des prérogatives ſur tous les autres, qui ſont attachées à ſa perſonne, & ne peuvent paſſer à d'autres par la renonciation volontaire qu'il y feroit. Quoiqu'il renonce à la ſucceſſion, il n'en eſt pas moins l'aîné, & cette renonciation ne peut transferer en la perſonne de celuy qui ne l'eſt pas, cette qualité qui vient de l'ordre des temps & de la nature.

En second lieu, que le droit d'aînesse saisit l'aîné dés la mort du pere, de même que sa succession pour la portion dont il est l'heritier présomptif, suivant la regle *le mort saisit le vif*; d'où il s'ensuit, qu'il ne peut appartenir à un des autres enfans; mais sa portion à laquelle est joint le droit d'aînesse, accroît à tous les enfans qui appréhendent la succession du pere.

En troisiéme lieu, que le droit d'aînesse est un bienfait accordé par la disposition de la Loy à l'aîné, non pas de ceux qui se portent heritiers, mais de tous les enfans mâles, capables des effets civils au jour de la succession échûë, pour conserver la famille dans sa grandeur; que néanmoins il n'est pas obligé de le prendre, puisqu'il ne le peut avoir *citra nomen & qualitatem heredis*, & que nul n'est heritier qui ne veut, chacun pouvant renoncer au droit introduit specialement pour luy; qu'il ne peut renoncer à ce droit qu'en renonçant à la succession, & que puisque par sa renonciation sa portion hereditaire n'appartient point au puîné, il faut dire aussi qu'il ne peut point prétendre le droit d'aînesse qui y est annexé. Que le droit d'aînesse est de la nature de tous les privileges qui sont bornez & restraints en la personne de ceux ausquels ils sont accordez, selon la Loy *privilegia. ff. de R. J.*

Cette opinion est confirmée par l'article 310. duquel il s'ensuit, que si l'aîné habile à appréhender la succession, y renonce, il n'y a point de droit d'aînesse pour le puîné, puisque sa portion accroît aux autres sans droit d'aînesse.

Voyez ce que j'ay dit sur cet article 310.

Maître Lauriere sur cet article 27. dit que c'est mal-à-propos que les Commentateurs concluent de cet article, que si l'aîné renonce aux successions de ses pere & mere, sans avoir eu d'eux aucun don, il y a subrogation au droit d'aînesse en faveur de l'aîné des puînez, suivant l'avis de du Moulin: mais que ceux qui se donneront la peine de lire attentivement le Commentaire de cet Auteur sur le §. 13. de la Coûtume, glos. 1. sur les mots, *fils aîné*, n. 28. 29. & 30. y verront tout le contraire.

Du Moulin, dit-il, ayant donc prouvé, que quand l'aîné habile à succeder, a renoncé aux successions directes, soit avec don ou sans don, il ne peut plus y avoir de droit d'aînesse; parce que tant que l'aîné vit, il ne peut point y avoir d'autre aîné. On a decidé dans cet article, qu'il n'y a point de droit d'aînesse, lorsque l'aîné renonce, en se tenant à son don; & dans l'article 310. on a décidé, qu'il n'y a point encore de droit d'aînesse, quoique l'aîné renonce sans avoir rien reçû.

Cette décision néanmoins ne paroît pas être contenuë dans l'article 310.

[Bro]deau. [To]urnet. [Ch]arondas [R]icard. Brodeau sur l'article 27. nomb. 3. Tournet, Charondas & Ricard remarquent un Arrest du 14. Août 1567. qui a jugé que le droit d'aînesse appartenoit au puîné, lorsque l'aîné a renoncé, *nullo accepto*.

5. [A]uzanet. Maître Auzanet sur l'article 310. dit que cet article s'applique aussi-bien à l'aîné qu'aux puînez, & qu'il a besoin d'explication. Que quand l'aîné renonce, il est croyable qu'il a reçu d'ailleurs d'autres avantages suffisans pour le recompenser de son droit d'aînesse; & que pour cette raison les avantages & préciputs qu'il étoit fondé de prendre dans les biens feodaux, ne passent point au second, mais ils accroissent à tous les puînez également; cet Auteur ne décide point la question, lorsque la renonciation est faite *nullo accepto*, il y a des raisons pour & contre, & il est assez difficile de se déterminer, on auroit besoin d'une décision authentique.

Maître Duplessis, titre *des Successions*, n'en parle point; cependant il paroît être d'avis que le puîné doit succeder au droit d'aînesse, parce qu'il tient ensuite, que si l'aîné avoit été exheredé, & étoit encore vivant lors de la succession ouverte, le plus âgé des mâles aprés luy, ou sa représentation, auroit le droit d'aînesse, nonobstant que l'aîné fut vivant, parce qu'il est retranché de la famille par l'exheredation.

L'Auteur des Additions aux Notes de Tournet, Joly & Labbé décident hardiment, que l'article 310. termine la question, sçavoir que l'aîné renonçant sans avoir rien reçu, le droit d'aînesse ne passe point au puîné qui le suit, & ne trouve pas bon que j'aye marqué sur cet article 27. qu'en consequence de l'article 310. il est assez difficile de se déterminer; cependant Maître Auzanet dit que l'article 310. a besoin d'explication.

C'est aussi ce que disent les Commentateurs rapportez cy-dessus, qui citent l'Arrest de 1567. par lequel ils disent que la Cour a jugé que le droit d'aînesse appartient au puîné, quand l'aîné a renoncé *nullo accepto*.

La Coûtume de Clermont en l'article 84. dit, qu'entre enfans il n'y a qu'un droit d'aînesse, en telle maniere que si à l'aîné fils ou fille aînée, est donné aucune chose en mariage ou autrement, *& que la chose soit de si grande estime & valeur*, qu'aprés le trépas de son pere ou mere, ledit fils aîné ou fille aînée, declarent qu'ils se tiennent audit don, & se déportent de venir à ladite succession d'iceux ses pere & mere, en ce cas ladite declaration vaut pour droit d'aînesse; & pour ce quant aux autres ils partiront entr'eux également, autant l'un comme l'autre.

Cette Coûtume en cet article s'explique fort clairement, & declare sans difficulté, que le droit d'aînesse n'est point dû quand l'aîné se tient à son don, *aliquo accepto*, ayant reçu *une chose de grande valeur*; d'où nous pouvons conclure, que si l'aîné renonçoit à la succession de son pere, *nullo accepto*, le droit d'aînesse passeroit au puîné dans cette Coûtume; car c'est une consequence qu'on peut tirer avec raison des termes de cet article. Quant à l'article 27. de la Coûtume de Paris; il n'est pas si fort, & on n'en peut pas si justement tirer un argument *à contrario sensu*.

Il s'ensuit de ce que nous avons dit cy-dessus, que l'aîné peut valablement remettre son droit d'aînesse à tous ses freres, & partager avec eux également la succession sans préciput & droit d'aînesse.

C'est le sentiment de du Moulin sur l'article 35. *glos. 1. num. 67.* de Tiraqueau en son Traité du droit d'aînesse, où sur cette question il dit, *potest quis renuntiare beneficiis Statutorum & Consuetudinum principaliter inductis in favorem renuntiantis, præsertim cum res redit ad jus commune, ut habet Bartolus in l. omnes populi. ff. de justit. & jur.* Du Moulin.

C'est aussi l'opinion de Brodeau, nomb. 4. lequel dit, qu'au cas du partage égal entre l'aîné & ses freres, il n'est rien dû au Seigneur pour les droits de proprieté que les puînez acquiérent chacun en la portion qu'il a dans les biens qui auroient appartenu à l'aîné pour son droit d'aînesse; ce qui ne souffre point de difficulté, parce qu'ayant remis cet avantage à ses freres & sœurs, il est vray de dire qu'il ne luy a jamais été acquis, & partant il n'arrive point de mutation. Brodeau.

Tiraqueau en son Traité du droit d'aînesse fait cette question, sçavoir si l'aîné peut se repentir d'avoir renoncé à son droit d'aînesse; & il la resoud par cette distinction, *vel fratres acceptaverunt, & tunc non erit liberum primogenito pœnitere, ut in casu fratris qui admisit sorores ad succedendum, non obstante statuto illas excludente nisi esset minor, qui esset restituendus, l. ult. C. de repudian. hered. Si non acceptaverint, poterit pœnitere, quia res erit integra, argum. leg. quòd si minor. §. Scævola. ff. de minorib. l. sicuti. §. si voluntate. ff. quib. mod. pign. vel hypoth. solv.*

8. Que si au temps de la mort du pere l'aîné se trouvoit incapable des effets civils par mort civile, en ce cas le droit d'aîneſſe appartiendroit au puîné, parce qu'il ſeroit veritablement l'aîné, vû que l'aîné ſeroit cenſé mort au temps de la ſucceſſion échûë, & comme il ſeroit incapable de ſucceſſion, il ſeroit auſſi incapable de prendre ſon droit d'aîneſſe; deſorte qu'il paſſeroit au puîné, à moins que l'aîné n'eût laiſſé des enfans qui le repreſentaſſent en la ſucceſſion de l'ayeul, pour prendre avec ſa portion hereditaire le droit d'aîneſſe, ſuivant l'article 324.

Du Moulin. C'eſt l'avis de Maître Charles du Moulin ſur le §. 13. gloſ. 1. en ces termes: *Item primogenito inhabili, putà propter delictum, profeſſionem monaſticam, fit locus ſecundogenito, qui obtinebit ſolidum jus primogenituræ. Idem eſt ſi primogenitus ille ex vera & juſta cauſa ritè fuerit exheredatus. Si autem non eſſet inhabilis ipſo jure, ſed indignus, & per ſententiam privandus, non fieret locus poſteriori nato, ſicut nec cæteris liberis accederet primogeniti portio, quæ non deficit ipſo jure, ſed ab eo aufertur & in fiſcum tota devolvitur.*

9. Mais on demande au cas que l'aîné vint à déceder ſans enfans aprés le decés du pere, avant que d'avoir accepté la ſucceſſion, ou y avoir renoncé, ou ſe faiſoit Religieux, ſçavoir ſi le puîné pourroit prétendre le droit d'aîneſſe? Il ſemble que le puîné ſoit bien fondé de le prétendre, parce qu'en effet il eſt l'aîné, puiſque *nullum habet ante ſe.*

Toutefois il faut dire le contraire, parce que l'aîné a été ſaiſi du droit d'aîneſſe dés la mort du pere, que ſa portion dans ſa ſucceſſion luy a été acquiſe deſlors en vertu de cette regle *le mort ſaiſit le vif*; ainſi il n'a pas été neceſſaire qu'il ait appréhendé la ſucceſſion aprés la mort de ſon pere, pour en acquerir la portion qu'il y pouvoit avoir.

D'où il s'enſuit, qu'aprés la mort de l'aîné il faut ſeparer la portion que l'aîné avoit droit de prendre dans la ſucceſſion de ſon pere, & aprés partage fait des biens reſtans entre les autres enfans, ſa portion doit être enſuite partagée entre les freres à l'excluſion des ſœurs pour la portion des Fiefs, Terres nobles & feodales, qu'il avoit droit de prendre dans les biens de ſon pere en vertu de ſon préciput & droit d'aîneſſe; parce que cette portion tombe dans la ſucceſſion collaterale de l'aîné.

C'eſt le ſentiment de Maître Dupleſſis, titre *des Succeſſions.*

Néanmoins s'il y avoit lieu de croire que l'aîné auroit renoncé à la ſucceſſion de ſon pere en conſequence des avantages qu'il en auroit reçu, en ce cas toute la ſucceſſion du pere ſe partageroit également entre tous les freres & ſœurs, ſans exclure les ſœurs d'aucune partie de ladite ſucceſſion; parce que quand il eſt queſtion d'exercer les droits de quelqu'un aprés ſa mort, pour un choix qui luy appartenoit, il faut faire ce qu'il auroit fait vraiſemblablement s'il avoit vécu, eu égard à ce qui luy étoit plus utile.

Cette queſtion s'étant préſentée en la Grand'-Chambre en la Coûtume de Melun, par Arreſt du 13. May 1662. il a été jugé, que le partage des biens du pere ſe feroit comme en ligne directe, ſans detraction de la portion de l'aîné; & ſur les Lettres obtenuës en forme de Requête civile, les parties furent miſes hors de Cour, le 3. Février 1667. comme il eſt rapporté dans le troiſiéme Tome du Journal des Audiences. 10.

Cet Arreſt n'eſt pas contraire à nôtre déciſion, étant fondé ſur l'art. 94. de la Coûtume de Melun, qui porte, que ſi aprés que la ſucceſſion directe eſt échûë à pluſieurs enfans, le fils aîné meurt ſans hoirs procreez de ſon corps auparavant partage, le plus âgé d'aprés, aura le droit d'aîneſſe qu'auroit eu le défunt. Mais cette Coûtume eſt particuliere en ce cas, & ſa diſpoſition n'auroit pas lieu dans les autres qui n'en parleroient pas.

OBSERVATIONS DE MONSIEUR ***.

Sur l'Article XXVII.

SOMMAIRE.

1. *Nouvel article au lieu de l'article 27. & de l'article 310.*
2. *Quand eſt-ce que le fils aîné peut prendre le droit d'aîneſſe.*
3. *Si la part de l'aîné appartient aux autres enfans, ſans qu'il y ait entr'eux aucun droit d'aîneſſe.*
4. *Pourquoy il faut changer l'article 310.*
5. *Pourquoy entre les puînez il n'y a point de droit d'aîneſſe, lorſque l'aîné a renoncé.*
6. Quid, *ſi l'aîné renonçoit* in fraudem creditorum.

1. NOuvel article au lieu de l'article 27. & de l'article 310.

Le droit & part de l'aîné, qui en ſe tenant à la donation à luy faite, renonce, ou autrement s'abſtient de la ſucceſſion de ſes pere & mere, ou autres aſcendans, accroît aux autres heritiers, qui ſe partagent entr'eux ſans aucune prérogative d'aîneſſe.

Nous avons compris dans cet article la diſpoſition de celuy qui eſt le 27. dans le titre des Fiefs, & une partie de celuy qui eſt le 310. dans le titre des Succeſſions: & aprés avoir expliqué en quoy pouvoit conſiſter le droit d'aîneſſe, eu égard aux biens feodaux qui ſe trouvent dans la ſucceſſion de pere ou de mere, & du nombre des enfans, il a été neceſſaire d'expliquer ce que devenoit ledit droit d'aîneſſe, lorſque l'aîné y renonce; ſur quoy il faut ſe reſſouvenir de deux choſes tres-conſiderables que nous avons remarquées cy-deſſus.

2. La premiere, qu'un fils aîné ne pourroit point avoir le droit d'aîneſſe, que lorſqu'il étoit heritier ou legitimaire; deſorte que lorſqu'il eſt donataire, legataire, ou doüairier, leſdites qualitez ſe trouvent incompatibles avec le droit d'aîneſſe: il faut que ce droit ceſſe en faveur des autres coheritiers. Il en eſt de même, lorſque l'aîné renonce à la ſucceſſion, *etiam nullo dato.*

La deuxiéme eſt, que les enfans ou petits-enfans venans par repréſentation en directe, profitent de la part & portion de ceux des autres enfans qui s'abstiennent, ou qui renoncent *jure non decrescendi*, *non verò jure accrescendi*; ce qui fait que par une fiction *pro nullis habentur*, & l'on fait comme si au jour du decés de celuy *de cujus bonis agitur*, il n'y avoit eu en effet que les enfans qui se portent pour heritiers.

3. Ces maximes ainsi supposées, il est vray de dire, que lorsque l'aîné renonce pour quelque cause que ce soit, *jus primogenituræ cessat*, & tous les autres enfans en profitent, & le partage des biens feodaux se fait sans aucun droit d'aînesse entre tous les puînez.

4. Nous avons changé l'article 310. à cause de son obscurité: car il est impossible de dire, si la Coûtume a voulu parler des puînez qui renoncent, ou de l'aîné qui renonce, ou des uns ou des autres. Joint qu'il seroit impossible qu'il parla de tous en même temps, les maximes étant differentes: c'est pourquoy afin de rendre la chose plus claire, nous avons decidé par un article separé ce qui regardoit le partage des Fiefs, lorsque l'aîné renonce à la succession, & suivant nos maximes, *jure non decrescendi*, tous les Fiefs & la portion de l'aîné appartiennent aux puînez, entre lesquels il n'y a point de droit d'aînesse.

5. La raison est, que ce droit est tellement personnel, qu'il ne peut point passer à un autre des mâles. Ainsi le partage s'en fait également entre les puînez mâles ou femelles.

6. Il n'en seroit pas de même, si un aîné renonçoit à son droit d'aînesse, *in fraudem creditorum*; car comme ce droit ne consiste pas seulement dans une faculté personnelle, & que c'est *jus quæsitum & à lege datum*, les créanciers exerçans les droits de l'aîné, leur debiteur, peuvent avec justice empêcher la renonciation de l'aîné.

CONFERENCE SUR L'ARTICLE XXVII

De même, *Anjou*, art. 96. *Auxerre*, art. 79. *Blois*, art. 89. *Berry*, tit. 5. art. 16.

Cambray, art. 70. *Clermont*, art. 84. *Chaumont*, art. 22. 36.

Dourdan, art. 3. *Dunois*, art. 24.

Estampes, art. 2.

Laon, art. 179. *Lodunois*, chap. 14. art. 8.

Maine, art. 109. *Mantes*, art. 7. *Melun*, art. 53. 54. *Montargis*, art. 41. *Montfort*, art. 18.

Nivernois, chap. 30. art. 31.

Orleans, art. 14. *S. Omer en Artois*, art. 12.

S. Paul en Artois, art. 10. *S. Paul*, tit. 3. art. 35.

Peronne, art. 40.

la Salle de Lisle, art. 51. *Sedan*, art. 45. 47. *Sens*, art. 22.

Tournay, tit. 10. art. 27. *Tours*, art. 190. *Troyes*, art. 33.

Valois, art. 52.

Estampes, art. 2. ajoûte, *pourvû que celuy, auquel ladite donation aura été faite, se porte heritier du donateur aprés sa mort. Et où il ne se voudroit porter heritier, sera lors tenu payer rachat comme pour donation simple, de ce qui aura été donné outre & dessus ce qui luy eut pû appartenir, advenir & écheoir pour sa portion contingente en la succession de ses pere & mere, ayeul ou ayeule, ou autre ascendant. Tellement que si le don n'excede la portion hereditaire du donataire,* [a] *n'est dû aucun rachat.*

a Eu égard au temps du decés du donateur: Car si lors de la donation il y avoit six autres enfans, & lors n'y en a qu'un, ou un seul se porte heritier, la donation qui excedoit la portion hereditaire, quand elle ne l'excede à present il n'y a rachat. *Idem*, si le donataire se trouve seul lors du decés, & néanmoins se tient à son don, car il ne peut exceder la portion hereditaire de celuy qui seroit seul. *Idem*, s'il se porte heritier avec ses freres & sœurs, & retient sa donation pour son partage. *C. M.*

Les Coûtumes de saint Paul, saint Paul en Artois, saint Omer en Artois, Cambray, Mantes, Montfort, Dourdan, Clermont, Troyes, Montargis, la Salle de Lisle, Tournay & Sedan, en disposent de même aux articles marquez cy-dessus.

Melun, art. 54. ajoûte, *ni pareillement quand ledit Fief retourne au pere ou mere par la mort de l'enfant, par condition de retour apposée en ladite donation. Ni quand ledit Fief donné & rapporté en partage de ladite succession directe, advient à autre des enfans qu'au donataire.*

Idem, *Reims*, art. 72. 73.

Chaumont, Laon, Valois, aux articles marquez, ajoûtent, en cas que telle donation excedant la portion qui viendroit au donataire ab intestat.

Noyon, art. 27. *Saint-Quentin*, art. 65. *Ribemont*, art. 14. ajoûtent, *qu'il est dû droit de Chambellage.*

Amiens, art. 40. 47. & 48. porte: *Chacun peut donner par donation entre-vifs à son plus prochain heritier apparent, ses acquêts, & aussi son heritage à luy venu, & échû de ses prédecesseurs, soit feodal ou roturier: Et si le don est ainsi fait audit heritier apparent, & en avancement d'hoirie & de succession,* [b] *le donataire en ce cas peut entrer en la joüissance de l'heritage à luy donné par un simple relief & chambellage; selon la nature de Fief, sans qu'il soit tenu de payer au Seigneur dont est tenu ledit heritage aucun droit de quint denier d'autres, droits de relief & chambellage: mais si tel don se faisoit en avancement de mariage, ou pour autres causes, ores que ce fut à l'heritier apparent, sans que ladite donation fut faite en avancement d'hoirie & de succession, en ce cas les Seigneurs, dont les heritages donnez sont tenus, peuvent demander, & eux faire payer de leurs droits de quint, ou autre, selon la nature des heritages donnez ou transportez.*

b *Id est, hac sola causa expressa, quamvis donatarius præmortuus transmittat ad nepotes in collaterali, etiamsi non sit locus repræsentationi vel etiam ad filios, vel alios heredes in linea collaterali; etiamsi nec communi quidem jure locus esset repræsentationis. Sed an hac donatio fieri possit secundogenito? Certum est quod non à* Montelieu *ut nuper dixi; aliàs fieri potest de hac Consuetudine generali; quia etiam stante primogenito eum præmori vel abstinere possit, secundogenitus dicitur hæres apparens, & in dubio dicitur facta donatio in anticipationem successionis, sive contemplatione futuræ successionis, quod idem est, ut dixi in Consuetudin. Paris. §. 17. & 159. Etiamsi fiat ad onus ut donatarius sit contentus, nec aliud percipere possit in successione cui renunciat. Tum hac jura particularia præsertim in linea directa sunt odiosa & restringenda.* C. M.

Anjou, Tours, le Maine, Blois, Dunois, Berry, Lodunois aux articles citez, ajoûtent, *mais quand icelle donation est faite à la fille en mariage, ou qu'elle se marie aprés le don à elle fait, le mary en fera l'hommage, & en fera rachat.*

Orleans, Valois, & Berry, ajoûtent, *& de fils à pere ou autres en ascendant ou descendant en ligne directe.*

Contre, *Vitry*, art. 34. *ou mere à la fille remariée pour la seconde fois, en payement de la somme promise par ledit pere ou mere à sadite fille, en son premier mariage est dû quint denier.*

Auteurs sur l'Article vingt-septiéme.

CHalline, dans sa Methode pour l'intelligence des Coûtumes, Regle 1. Exemple 1.
Du Moulin, sur la Coûtume de Paris, §. 13. gl. 1. *verbo* Fief, nomb. 28. 29. & 30.
Bobé, sur cet article.
De la Lande, sur Orleans, art. 14. 273. & 185.
Le Grand, sur Troyes, art. 33.
Buridan, sur Reims, art. 72.
Chopin, sur Anjou, liv. 3. tit. 1. nomb. 4.
Ragueau, sur Berry, tit. 5. art. 39.
Duplessis explique cet article, Traité *des Successions*, liv. 1. chap. 2. page 201.

ARTICLE XXVIII.

C'étoit le dix-huitiéme Article de l'ancienne Coûtume.

Seigneur n'acquitte durant la saisie les charges & hypotheques non infeodées.

LE Seigneur feodal, aprés qu'il a saisi, ou fait saisir, & mettre en sa main le Fief tenu & mouvant de luy par faute d'homme, droits & devoirs non faits, pendant & durant le temps de sadite main-mise, & qu'il le tient en sa main, n'est tenu de payer & acquitter les rentes, charges ou hypotheques non infeodées, constituées sur iceluy par son vassal.

Voyez les Articles 1. 21. 52. & 59.

REMARQUES.

AMplia, cum jure relevii unius, vel plurium annorum percipit, Mol. §. 28. gl. 1. num. 4.

Limita si feudum ad Dominum pervenerit, tanquam ad alium privatum : vel jure retractus feudalis ; imò si istud obtineat jure confiscationis feudalis. Ibidem.

Etiamsi redditus creati essent à centum annis, vel in præsentia patroni, Mol. d. l.

N'EST TENU DE PAYER ET ACQUITTER LES RENTES.

GLOSE UNIQUE SUR L'ARTICLE XXVIII.

SOMMAIRE.

1. *Raison de cet article.*
2. *Si la saisie des créanciers empesche la saisie feodale & ses effets.*
3. *Si le Seigneur pendant la saisie feodale est tenu de reconnoistre les droits réels imposez sur le Fief par son vassal.*
4. *Si pendant l'année du relief le Seigneur est tenu de les reconnoistre.*
5. Quid, *quand le Seigneur a acquis le Fief à titre particulier.*
6. *Raison de la difference.*
7. *Si un Fief étant adjugé par decret à la charge d'une rente, telle rente est censée infeodée.*
8. *Si le Seigneur peut se faire payer des rentes dûës sur le Fief par le vassal pendant sa saisie feodale.*
9. *Si le Seigneur est tenu du doüaire préfix.*
10. *S'il est tenu du ban & arriere-ban, & de la taxe des francs-Fiefs.*
11. *Si le Seigneur est tenu d'entretenir le bail à ferme du Fief saisi, fait par son vassal.*
12. *Si le Seigneur est tenu d'acquitter les charges.*
13. *Comment se fait l'infeodation.*
14. *Si l'approbation tacite du Seigneur suffiroit.*
15. *Comment une charge nouvellement imposée sur le Fief, peut estre infeodée.*
16. *Quel est l'effet de l'infeodation.*
17. *Si la rente infeodée est noble ; & si elle se partage comme telle.*
18. *Si un Seigneur est tenu d'infeoder une rente nouvellement imposée sur le Fief.*
19. *Si l'acquereur d'une rente infeodée est tenu d'en faire la foy & hommage au Seigneur.*

Le

1\. LE Seigneur, qui a fait saisir le Fief de son vassal pour une cause emportant perte de fruits, n'est pas tenu de payer les charges, rentes & hypotheques du Fief saisi, comme il est porté par cet article.

La raison est, que le Seigneur par sa saisie joüit du Fief, jusques à ce que le propriétaire d'iceluy ait satisfait aux causes de la saisie, en quoy il est preferé à tous les créanciers du vassal; dautant que son droit procede de la premiere & originaire concession, laquelle est plus ancienne que le droit du vassal, & de ceux ausquels il a succedé dans le Fief, & plus ancienne par consequent que celle de tous ses créanciers sur quelques privileges qu'ils soient fondez, parce qu'il n'a pû transferer en leur personne plus de droit qu'il n'en avoit, c'est-à-dire, qu'il ne leur a pû transferer que la Seigneurie utile, sans pouvoir aucunement préjudicier à la Seigneurie directe, qui demeure toûjours pardevers le Seigneur dominant. En effet, le droit Seigneurial est inherant au Fief duquel il est le vray Seigneur, *tanquam officii præstatio*, comme il est dit en la Loy *cum patronus ff. de operis libertor.* Ainsi le droit du Seigneur n'est point une hypotheque ni sujet aux regles d'icelles, luy étant permis pour le recouvrement de ses droits de faire saisir le Fief de luy-même, sur les tiers detenteurs.

2\. Et parce que le droit du Seigneur est plus ancien & plus fort que celuy des créanciers du vassal, la saisie faite par un créancier n'empêche pas, que le Seigneur ne saisisse ensuite féodalement, & qu'il ne joüisse des effets de sa saisie, c'est-à-dire, qu'il ne fasse les fruits siens, jusques à ce que les créanciers saisissans ayent satisfait aux causes de sa saisie faite faute d'homme, droits & devoirs non faits & non payez, en établissant un curateur pour faire la foy & hommage, ou en le faisant faire par le Commissaire aux saisies réelles, dans les lieux où il y est étably, ou par un Procureur au nom du Commissaire, ainsi qu'il s'observe; & en luy payant les droits dûs pour l'acquisition du vassal saisi; pour lesquels la saisie féodale tient jusques à ce qu'il en soit payé, comme il a été dit sur l'article 1. nombre 24.

3 Ainsi il faut dire, que le Seigneur n'est pas obligé de reconnoître tous les droits réels imposez sur le Fief par son vassal comme servitudes, rentes foncières, hypotheques & autres, pendant la saisie féodale, à moins qu'il ne les ait inféodées: desorte même qu'encore que les charges imposées par le vassal eussent été confirmées par Sentence du Juge renduë contradictoirement avec le vassal, ou qu'elles eussent été prescrites contre luy, néanmois le Seigneur ne seroit pas obligé de les reconnoître pendant sa saisie.

Moulin. Du Moulin sur cét article *glos.* 1. *num.* 4. ajoûte, *etiamsi reditus creati essent à centum annis, vel in præsentia patroni.*

Plessis. C'est le sentiment de Duplessis titre des Fiefs, que le Seigneur pendant sa saisie n'est pas tenu reconnoître les charges non inféodées, soit rentes foncieres ou constituées, doüaires, usufruits, substitutions & hypotheques, de quelque dette que ce soit; il n'en est point tenu aussi pendant sa joüissance pour le relief; mais qu'il joüit dans l'un & l'autre cas au préjudice des créanciers, generalement quelconques, & leurs saisies n'empêchent pas l'effet de la sienne, soit qu'elle soit faite devant ou durant icelle.

Il n'est point aussi obligé de souffrir les servitudes constituées sans son consentement, quand même l'autorité du Juge seroit intervenuë, le fait du Juge n'étant pas plus puissant que celuy de la partie.

Ainsi il faut que les créanciers qui ont saisi le Fief du vassal qui n'a pas fait ses devoirs, les fassent faire au refus du vassal par le curateur ou Commissaire au Fief saisi, autrement la saisie féodale durera jusques à ce en pure perte pour le vassal & pour eux, si les biens ne sont pas suffisans pour les satisfaire; desorte que l'Arrest cité par Labbé sur cet article, du 28. du mois de Février 1613. entre la veuve de Largentier & le sieur d'Atichy, qui a jugé que la saisie féodale est convertie en opposition, se doit ainsi entendre aprés que le vassal ou le curateur au Fief saisi par les créanciers a fait la foy & hommage au Seigneur, ce que l'Auteur des Notes devoit avoir remarqué, voyez l'article 34.

Il en faut dire de même au cas de l'exploitation du Fief par le Seigneur pendant son année du relief, suivant le sentiment de Brodeau sur cet article n. 3. 4. Brodeau.

Il n'en est pas de même, lorsque le Seigneur acquiert le Fief par titre particulier, comme par achat, donation, legs, ou par toute autre cause semblable, lucrative ou onereuse, par retrait féodal, ou de reversion, & de confiscation, desherence ou autre cause; car dans tous ces cas le Seigneur est obligé d'acquitter les rentes & autres charges réelles constituées sur le Fief par le dernier vassal ou ses predecesseurs, sans le consentement exprés ou tacite du Seigneur; c'est le sentiment de Tournet, ce qui est sans difficulté. 5.

La raison de la difference est, que le Seigneur n'acquiert pas le Fief de son vassal par sa saisie, il en joüit seulement jusques à ce qu'on luy ait payé ses droits, si aucuns sont dûs, & qu'on luy ait rendu les devoirs, ausquels le vassal est obligé comme propriétaire du Fief servant; en quoy il est préferé à toutes les dettes & hypotheques des créanciers du vassal non inféodées; dautant que le droit du Seigneur est plus ancien sur le Fief que celuy du vassal, & partant que celuy que ses créanciers peuvent avoir acquis de luy sur son Fief, puisqu'il n'a pû transferer en leur personne plus de droit qu'il n'en avoit. 6.

Mais lorsque le Seigneur est devenu propriétaire du Fief de son vassal par vente, par retenuë féodale, par confiscation ou par autre semblable titre d'acquisition, étant subrogé aux droits de son ancien vassal, il est aussi tenu des mêmes charges que luy, comme des rentes & hypotheques, quoiqu'elles ne soient pas inféodées.

Quand le Fief revient au Seigneur par retenuë féodale, commise, confiscation ou autrement, dit Tournet sur cet article, le Seigneur doit payer les charges, *etiam* non inféodées, *ad instar* des autres biens patrimoniaux, à la forme desquels les Fiefs sont réduits, ainsi *transeunt cum onere*, selon qu'elles se trouvent, lorsque la confiscation ou forfaiture est declarée & adjugée, sans avoir recours à la premiere concession & investiture, comme en tous autres heritages, *l. his solis. C. de revocan. donat. in summa. & l. quod placuit. ff. de jure fisci. & l. 1. C. eod.* Tournet.

C'est aussi le sentiment de Charondas sur cet art. & de Coquille en son institution au droit François titre des Fiefs.

Ce qui est fondé sur ce que le Fief étant saisi par le Seigneur, les créanciers du vassal peuvent luy offrir de satisfaire aux causes de sa saisie, & ils y sont recevables, *argum. leg. vectigali. 1. ff. de pignor. & hypothec.*

Si au cas de la commise le Seigneur est tenu des hypotheques & charges non inféodées? 7.

Voyez sur l'article 43.

Que si le Fief est vendu & adjugé par decret à la charge de la rente, & que cette charge ait été mise & employée dans les affiches & dans les encheres, le Seigneur n'ayant formé aucune opposition, ou s'étant opposé afin de distraire ou pour hypotheque, ou ayant reçû l'adjudicataire en foy & hommage, & reçû ses droits en consequence de l'adjudication, & d'iceux baillé quittance sans protestation.

C'est une question, *Si dans ce cas telle rente est reputée inféodée, & si ce que dessus équipolle à inféodation?*

Du Moulin. Charondas. Brodeau.

On répond que non, suivant la doctrine de Maître Charles du Moulin sur le §. 28. *num.* 2. 3. & 18. C'est aussi le sentiment de Charondas sur le même art. 1. *in fine*, & de Brodeau *num.* 13. car l'inféodation se fait quand le Seigneur reçoit par aveu la rente ou autre charge, qu'il souffre qu'elle soit couchée dans le dénombrement, qu'il en reçoit la foy, qu'il prend de l'argent pour sa constitution, ou qu'il en fait autres actes approbatifs : & l'inféodation est requise expressément par la Coûtume en cet article, pour obliger le Seigneur à payer & acquitter par son vassal pendant sa joüissance, les charges, rentes & hypotheques imposées & constituées par le vassal sur son Fief.

8. Quoique le Seigneur ne soit pas obligé de payer les charges, & rentes non inféodées, desquelles le Fief est chargé, toutefois il ne peut pas pretendre celles que le vassal luy doit pour les années, pendant lesquelles il a joüi du Fief, desquelles le vassal est déchargé envers luy, en consequence de la perte qu'il souffre de tous les fruits de son Fief, ayant dû se payer luy-même sur le revenu du Fief, c'est l'avis

Du Moulin. de du Moulin sur l'article 78. *glos.* 10. *num.* 47.

9. Pareillement le Seigneur n'est point tenu du doüaire prefix, quoique le Fief dont il joüit en soit chargé, sauf à la doüairiere son recours contre l'heritier. A l'égard du doüaire Coûtumier, la veuve laquelle en vertu d'iceluy a droit de joüir d'une partie des heritages appartenans à son mary aprés son decés, peut satisfaire le Seigneur tant pour la foy & hommage, que pour les droits qui luy sont dûs, sauf son recours contre les heritiers de son mary pour ses dédommagemens, comme il sera dit sur l'article quarante.

10. *Si le Seigneur pendant la saisie féodale est tenu du ban & arriere-ban ?*

Du Moulin. Labbé. Brodeau. Tronçon.

C'est l'opinion des Docteurs qu'il en est tenu, du Moulin sur l'article 55. *glos.* 6. *num.* 4. & *seqq.* Labbé sur l'article 28. Brodeau nombre 4. Tronçon, *verbo*, n'est tenu.

La raison est, que c'est une charge du Fief qui se doit porter à raison de la joüissance, laquelle venant en consequence d'une saisie féodale, dont la durée est incertaine, semble obliger le Seigneur à cette charge ; mais au contraire quand le Seigneur joüit du Fief pour son relief, dautant qu'il doit prendre tout le revenu pour les droits qui luy sont dûs, dont il seroit frustré pour la plus grande partie, s'il étoit obligé de fournir un homme pour le ban & arriere-ban pendant cette année, suivant l'avis de Tronçon *dicto loco*.

Du Plessis. Duplessis dit, que l'arriere-ban est une charge privilegiée à tout, parce que le Roy doit être le premier servi à tout ; c'est pourquoy il estime que le Seigneur en est tenu pendant sa saisie féodale jusqu'à concurrence des fruits & du temps ; mais que pendant l'année du relief il n'en est pas tenu ; parce que le relief est un droit reglé qui ne peut souffrir de diminution par une charge extraordinaire : que néanmoins le Seigneur ne peut pas faire préjudice à cette charge que le Roy peut lever preferablement à luy.

A l'égard de la taxe des francs-Fiefs, il tient que le Seigneur n'en doit rien ni dans la saisie féodale, ni pendant la joüissance du relief ; parce que ce droit regarde plûtôt la personne du vassal que le Fief ; qu'il est vray que le Roy le peut lever au préjudice de ces droits, sauf au Seigneur d'en être indemnisé par le vassal.

11. Quoique le Seigneur ne soit pas obligé de reconnoître les charges réelles, rentes & autres charges imposées sur le Fief qu'il exploite pendant sa saisie, ou pour son année de relief, néanmoins il est obligé de reconnoître le bail à ferme qu'en auroit fait le vassal de son Fief sans fraude, & au lieu de la perception des fruits, se contenter de la redevance dûë par le Fermier portée par le contrat, suivant l'article 56.

Dans cet article la Coûtume propose une regle generale au commencement, & la restraint sur la fin 12.
par cette exception & limitation, sçavoir au cas que les charges soient inféodées, lesquelles le Seigneur est tenu d'acquitter pendant sa joüissance.

La raison est, que par le moyen de l'inféodation elles font partie du Fief, & que l'inféodation est une approbation & consentement donné de la part du Seigneur, ou de son predecesseur, auquel il ne peut contrevenir ; desorte que pendant sa joüissance, il est obligé de payer les arrerages des rentes foncieres constituées sur le Fief saisi, & de souffrir les servitudes & autres charges imposées sur iceluy, *argum. leg.* 2. *C. si in fraud. patro. & leg. in diem.* §. 1. *ff. de aq. & aq. pluv. arc. act.*

Or l'inféodation se fait quand le Seigneur reçoit 13.
la foy & hommage, l'aveu & dénombrement, ses droits & autres actes, par lesquels il approuve & agrée les charges & servitudes imposées, ou les rentes & hypotheques constituées par le vassal sur son Fief, sans protestation contre lesdites charges ; car en ce cas le Seigneur ne seroit pas recevable aprés de les vouloir contester, c'est l'opinion de Brodeau nombre 10. ni ceux qui luy succederoient dans le Fief dominant, ou qui exerceroient ses droits, comme son Fermier, l'usufruitier ou autres.

Mais une approbation tacite du Seigneur ne suffi- 14
roit pas, comme celle qui seroit tirée de son silence, & de ce qu'il ne se seroit point opposé à la constitution des charges dont le vassal auroit chargé son Fief.

C'est le sentiment de du Moulin sur cet article Du Moulin.
num. 3. & sur l'article 59. *num.* 2. de Pontanus sur la Coûtume de Blois titre 6. article 76. en ces termes, *nisi dominus isti alienationi expresse consensisset, aut quia infeodasset illum annuum reditum ; nec sufficit quidem simplex domini scientia, quam expressa approbatio secuta non fuerit ; in his enim utpote odiosis alienationibus, & contrà fidei naturam factis, sola domini scientia ac patientia pro consensu non habetur*, &c.

Quand une rente ou autre charge nouvellement im- 15.
posée sur un Fief, est donnée par aveu & dénombrement, il n'est pas necessaire que le Seigneur l'autorise & l'approuve expressément, il suffit qu'il soit fait mention, que ladite charge a été de nouveau imposée sur le Fief, auquel cas le Seigneur ne blâmant point cet article, la charge est dûëment inféodée, ce qu'il ne peut pas empêcher.

C'est le sentiment de Bacquet au Traité des francs-Fiefs, chap. 7. nomb. 26.

L'effet de l'inféodation d'une rente est, non seule- 16.
ment qu'avenant ouverture de Fief, le Seigneur est obligé de la reconnoître, mais aussi d'en payer les arrerages au créancier, à raison du temps qu'il joüit du Fief, & que ce créancier est tenu d'entrer en foy pour cette rente, & en cas d'aliénation & de mutation de propriétaire, les droits sont dûs au Seigneur, ou de quint ou de relief, comme étant veritablement un Fief, & le propriétaire est sujet au droit des francs-Fiefs, s'il est roturier, Bacquet *dicto loco, num.* 7. & 21.

Deplus, cette rente est reputée noble & seigneuria- 17.
le, desorte qu'entre les enfans de l'acquereur elle se partage comme telle avec le droit d'aînesse pour le fils aîné ; mais avant l'inféodation elle est reputée roturiere, & elle se partage roturierement, *res enim feudalis dici non potest, nisi ob eam fides debeatur, & feudum absque fidelitate consistere nequit, cap. un.* §. *fin. per quos fiat investit.*

La Coûtume de Blois article 68. titre des Fiefs, porte, que *rente constituée sur heritage feodal n'est point censée feodale, jusqu'à ce que l'acquereur soit entré en foy & hommage : & si avant ce faire, ledit acquereur decede, ladite rente se partira entre ses he-*

ritiers comme roturiere.

Néanmoins selon nôtre usage dans cette Coûtume de Paris & dans les autres qui n'en parlent point, une rente est noble & féodale, aussi-tôt qu'elle a été inféodée par le Seigneur, sans que pour ce il soit necessaire que l'acquereur soit entré en foy.

11. *Si un Seigneur peut être contraint d'inféoder une rente nouvellement constituée ?*

La Coûtume d'Orleans article 5. porte, qu'*un vassal peut vendre ou constituer rente sur son Fief, sans le consentement de son Seigneur de Fief, mais ledit Seigneur de Fief n'est tenu de recevoir en foy & hommage l'acquereur de ladite rente, si bon ne luy semble. Et aussi ledit Seigneur de Fief ne peut contraindre ledit acquereur de luy faire la foy & hommage de ladite rente.*

Il me semble qu'il faut distinguer à l'égard de nôtre Coûtume qui n'en parle pas, sçavoir que le Seigneur est tenu d'inféoder la rente qui luy est declarée dans l'aveu & dénombrement donné par le vassal de son Fief, desorte qu'il ne peut pas blâmer l'article, dans lequel il sera fait mention de sa constitution, parce que les Fiefs sont reduits *ad instar* des autres biens, dont les propriétaires peuvent faire & disposer à leur volonté ; & c'est en ce cas une espece d'aliénation du Fief, jusques à la valeur de la rente constituée sur iceluy ; mais qu'aprés l'aveu & dénombrement baillée, le Seigneur ne pourroit pas être contraint d'approuver & confirmer la constitution de telle rente.

Si le Seigneur avoit inféodé la rente constituée, soit par aveu ou dénombrement à luy baillé & presenté, ou par un autre acte separé, l'acquereur seroit obligé de luy en faire la foy & hommage, & luy en payer le quint à raison de l'argent debourfé ?

Voyez cette question sur l'article 51.

OBSERVATIONS DE MONSIEUR ***

Sur l'Article XXVIII.

SOMMAIRE.

1. *Article 28. reformé.*
2. *Le droit du Seigneur, comme le plus ancien, anéantit tous les autres droits qui ne sont pas infeodez.*
3. *Si le Seigneur qui confisque le Fief est préferé à toutes sortes de créance de son vassal.*
4. *Les Offices d'Huissiers, Notaires, Commissaires & autres sont affectez aux delits commis par les titulaires.*

1. ARticle 28. reformé.

Le Seigneur feodal, après qu'il a saisi, ou fait saisir, & mettre en ses mains le Fief tenu & mouvant de luy par faute d'homme, droits & devoirs non faits durant ladite main-mise, & à proportion du temps d'icelle, doit payer les arrerages des rentes & charges foncieres, & les autres rentes, charges, dettes & hypotheques, si elles n'ont été infeodées, & le semblable sera observé pour l'année du relief.

2. L'article a été reformé dans les termes, sans rien ôter de la substance. Sa disposition doit servir de maxime generale, pour dire que le droit du Seigneur, comme le plus ancien, anéantit tous les autres droits qui ne sont pas infeodez, lesquels droits infeodez font partie du Fief, & sont des charges adherentes & inseparables d'iceluy ; mais pour ce qui est de toutes lesdites charges, rentes & hypotheques dûës par le vassal, ou ses auteurs, ils cessent aussi-tôt que le droit du Seigneur paroît.

C'est par cette raison que la saisie feodale rend le Seigneur maître des fruits, & exclud tous les créanciers.

3. Il en est de même, lorsque le vassal donne lieu à la confiscation de son Fief par felonie ou autrement, lequel se réünit au Fief dominant, déchargé de toutes dettes & hypotheques, excepté des charges & rentes infeodées ; en telle sorte que le Seigneur possede le Fief réüni, libre, & exempt de toutes dettes, même du doüaire, ainsi qu'il a été jugé par Arrest du mois de Mars 1635. en la premiere Chambre des Enquêtes, sur un procés partagé de la Grand'-Chambre.

4. C'est à peu prés ce qui se pratique à l'égard des Offices d'Huissiers, Notaires, Commissaires, & autres, lesquels par privilege sont affectez aux délits qui se commettent par les titulaires, & les créanciers pour le prix de la charge ne sont point préferez.

CONFERENCE SUR L'ARTICLE XXVIII.

DE même, *Auxerre*, art. 60.

Bar, art. 23. *Blois*, art. 61. *Bretagne*, article 365.

Châlons, art. 196. *Chartres*, art. 38. *Châteauneuf*, chap. 5. art. 40. *Chaumont*, art. 24. *Channy*, tit. 17. art. 97.

Dourdan, art. 27. *Dreux*, art. 28.

Estampes, art. 36.

Laon, art. 193. 194. *Lodunois*, chap. 14. art. 16.

Mantes, art. 11. *Montargis*, art. 3. *Montfort*, art. 19.

Nivernois, chap. 4. art. 39.

Orleans, art. 6.

Grand-Perche, art. 70. *Peronne*, art. 72.

Ribemont, tit. 5. art. 51.

Senlis, art. 205.

Tours, art. 139. *Troyes*, art. 39.

Valois, art. 50.

Auteurs sur l'Article vingt-huitiéme.

Basnage, sur Normandie, art. 114. 201.
Loüet, lett. C. Somm. 53.
L'Auteur du Grand Coûtumier, page 196. ligne 16. page 209. ligne 13.
Des Mares, Décision 274.
Odofredus, *in Summa, fol. 92. num.* 24.
Bobé, sur cet article.
Thourette, sur Montfort, art. 19.
De la Lande, sur Orleans, art. 6. & 262.
Le Grand, sur Troyes, art. 39.
Buridan, sur Reims, art. 103.
Lhoste, sur Montargis, chap. 1. art. 3.
Pontanus, sur Blois, tit. 6. art. 76. sur ces mots, *tertia dubitatio est.*
D'Argentré, sur Bretagne, art. 79. *nota* 2.
Englebermeus, sur Orleans, tit. 1. art. 3.
Coquille, sur Nivernois, tit. *de Fiefs*, art. 29.
Bacquet, *des Francs-Fiefs*, chap. 7. nomb. 21.
Pineau, sur Anjou, art. 113.
Buridan, sur Vermandois, art. 194.
Duret, dans son Alliance des Coûtumes, page 801.
Duplessis explique cet article, liv. 5. chap. 5. p. 55.

ARTICLE XXIX.

C'étoit le dix-neuviéme Article de l'ancienne Coûtume.

Vassal qui enfraint la main-mise venuë à sa connoissance, rend les fruits.

SI le vassal enfraint ladite main-mise venuë à sa connoissance, il est tenu rendre les fruits & levées par luy reçûës dés & depuis ladite main-mise.

Voyez les Articles 1. 43. & 62.

REMARQUES.

ET jusques à ce le Seigneur peut refuser de le recevoir en foy, Mol. §. 29.
Contra prehensionem feudalem praescribitur per triginta annos; & post illud tempus vassallus qui fructus collegit nonobstante prehensione, ad eos restituendos cogi non potest, Mol. loco citato.

SI LE VASSAL ENFRAINT LADITE MAIN-MISE.

GLOSE UNIQUE SUR L'ARTICLE XXIX.

SOMMAIRE.

1. *Si le Seigneur peut refuser de recevoir le vassal en foy, qui enfraint la main-mise, jusqu'à ce qu'il ait restitué les fruits.*
2. *Si le vassal est obligé à l'amende pour avoir enfraint la main-mise.*
3. *Cas auquel il y auroit lieu à l'amende.*
4. *Quels fruits le vassal est tenu de restituer.*
5. *Si pour la restitution des fruits le Seigneur est préferé aux autres créanciers.*
6. *Si le vassal qui prétend, que la saisie est tortionnaire, peut faire violence aux Commissaires établis.*
7. *Si le vassal prétendant que la saisie est nulle, peut intenter le cas de saisine & de nouvelleté.*
8. *Si lorsque le vassal s'oppose, le Seigneur ne laisse pas de joüir.*
9. *Si la connoissance de l'infeodation de la main-mise appartient au Juge du Seigneur haut-Justicier.*
10. *Si la connoissance en appartient à Messieurs des Requestes.*
11. *Si le vassal qui a empesché par force la saisie, est aussi saisi.*

1\. PAr cet article, qui étoit le 19. de l'ancienne Coûtume, il est enjoint au vassal, qui a enfraint & violé la saisie féodale par la perception des fruits, de restituer ceux qu'il auroit pris & enlevez, depuis que la saisie féodale a été dûëment faite & est venuë à sa connoissance, desorte que jusques à ce le Seigneur n'est point tenu de le recevoir en foy & hommage, & toute audience luy doit être deniée sur son opposition ou appellation, suivant l'avis de Maître Charles du Moulin sur l'article 1. glose 9. nombre 1. & comme il a été jugé par Arrest du 19. Juillet 1516. remarqué par cet Auteur, & par Brodeau nombre 1. Jusques à la restitution des fruits la saisie subsiste en pure perte pour le vassal, c'est la dispo- Du Mo[ulin] Brode[au] sition generale des Coûtumes.

La raison est, que le bris de la saisie est une espece de spoliation, *spoliatus ante omnia est restituendus, cap. ult. ext. de ord. cognit. & cap. de litteris. ext. de restitut. spoliat.*

2. Il s'ensuit de cet article, que le vassal qui enfraint la main-mise, n'est point obligé à l'amende envers son Seigneur, parce qu'on presume qu'il perd assez d'être tenu à la restitution des fruits par luy perçûs, avant que de pouvoir être reçû à foy & hommage, la saisie produisant toûjours son effet contre luy.

3. Toutefois si l'infraction de cette saisie étoit faite par force & violence, & par expulsion des Commissaires établis par autorité de Justice, le vassal pourroit être condamné à une amende arbitraire envers le Roy ou le Seigneur haut-Justicier, selon la prudence du Juge & les circonstances du fait, suivant le sentiment de du Moulin sur cet article *num. 2. in fine.* Moulin.

Chopin sur cette Coûtume *tit. 2. num. 36.* Charondas, Tournet, Brodeau, nombre 3. remarquent un Arrest du 30. Juillet 1571. donné au profit de Martial Pomenie contre les Religieux Celestins de Paris, pour le Fief de Versailles & de la Grange-Lezart, par lequel il a été jugé, que le vassal qui enfraint la main-mise, n'est point condamné à l'amende. Chopin. Charondas. Tournet. Brodeau.

Les Coûtumes de Melun & de Peronne aux articles citez dans la Conference donnent l'amende de 60. sols parisis envers le Seigneur.

4. Dans la restitution des fruits sont compris ceux que le vassal a levez & perçûs, & ceux qu'il n'a pas perçûs, mais qu'il a empêché d'être perçûs par le Commissaire, soit par violence, par fraude ou autrement, à l'exemple du possesseur de mauvaise foy *l. si navis. §. fin. ff. de rei vindicat. l. 2. C. de fructib. & lit. expens.*

La restitution des fruits s'entend de ceux qui ont été perçûs avant les offres suffisantes, car deslors que le vassal a fait offres suffisantes, la saisie cesse *ipso jure*, & les fruits luy appartiennent : ces offres se doivent faire tant pour les droits féodaux, que pour les fruits perçûs, pour lesquels le vassal doit consigner une certaine somme jusques à la liquidation d'iceux, comme remarque Charondas. Charondas.

5. C'est une question si pour la restitution des fruits que le vassal a pris pendant la saisie féodale, soit par bris de saisie ou autrement, le Seigneur a hypotheque préferable à tous créanciers, comme pour le quint & le relief, & si cela est compris sous l'art. 24. qui porte, que les profits de Fief sont réels.

Duplessis tient que non, parce que ce droit n'est point comme les autres, mais une peine de *pœna numquam retrahitur* ; & que la saisie féodale n'est point une dette ni une action à laquelle seule l'hypotheque convient ; mais c'est une propriété des fruits, dont le Seigneur est reputé faire l'aliénation du jour de l'obmission qu'il fait de les prendre, qu'il doit s'imputer de ne les avoir pas pris ; & il ajoûte que si le vassal les a enlevés par force, il doit s'imputer de n'y avoir pas mis bonne assurance. Duplessis.

Voicy ce que dit cet Auteur, qui ne me semble pas indistinctement vray, quand le Seigneur a souffert que le vassal ait pris les fruits par sa negligence, faute de les avoir fait cüeillir au temps de leur maturité, il n'a qu'une simple action sans hypotheque pour la restitution, mais quand il les a enlevez par force & violence, les fruits appartenans au Seigneur en vertu de la saisie & par la disposition generale du droit coûtumier, c'est un profit de Fief qui paroît devoir se regler comme les autres par l'article 24. & pour la restitution desquels il paroît juste que le Seigneur ait hypotheque privilegié à tous autres créanciers ; néanmoins je crois l'opinion de l'Auteur mieux fondée.

Quoique le vassal saisi pretende que la saisie féodale soit nulle, ou injurieuse & tortionnaire, néanmoins il ne doit pas faire violence aux Commissaires établis, n'étant pas permis de se faire justice à soy-même, la saisie féodale étant faite par autorité de Justice, mais il doit se pourvoir par les voyes de droit, parce que les voyes de fait sont défenduës en France, *non est singulis concedendum, quod per Magistratum publicè possit fieri, ne occasio sit majoris tumultûs faciendi*, dit le Jurisconsulte Paul en la Loy *176. in princ. ff. de R. J.* 6.

Cependant il n'y auroit en ce cas aucune peine contre le vassal, qui auroit enfraint une saisie vitieuse, soit pour défaut de formalité, ou de cause legitime, mais comme telle violence pourroit avoir des suites & des évenemens fâcheux, on les luy imputeroit d'avoir recouru à la violence & la force, plûtôt qu'à l'autorité des Magistrats & de la Justice, qui ne refuse point son secours à ceux qui l'implorent.

Le vassal qui pretend, que la saisie faite par le Seigneur est nulle, ou injurieuse & tortionnaire, ne peut pas intenter le cas de saisine & de nouvelleté contre luy, laquelle n'a lieu, que quand le trouble a été fait par un particulier contre nôtre possession, mais il doit se pourvoir par action, ou interjetter appel de la saisie, & faire convertir l'appel en opposition, pour la faire casser & declarer injurieuse avec dépens, dommages & interêts. 7.

C'est l'avis de Maître Charles du Moulin sur l'art. 74. *glos. 1. num. 77.* & de Brodeau *num. 6.* Du Moulin. Brodeau.

Quoique le vassal s'oppose à la saisie, ou qu'il en interjette appel, néanmoins le Seigneur ne laisse pas cependant de joüir durant le procès, parce que dit Loysel en ses Institutes coûtumieres, titre des Fiefs art. 26. *le Seigneur de Fief ne plaide jamais désaisi.* 8.

C'est l'avis de du Moulin sur l'article 1. glose. 4. nomb. *66. & seqq.* Excepté en trois cas ; le premier quand il est désavoüé par son vassal, suivant l'art. 45. le second quand le vassal se fait recevoir par main souveraine par l'art. 60. le troisiéme quand les offres sont suffisantes.

La connoissance de l'infraction de la main-mise faite par le vassal, appartient au Juge du Seigneur, s'il a Justice, parce que la saisie féodale est un exploit domanial, dont la connoissance luy appartient. 9.

Du Moulin en son Apostille sur l'article 22. de la Coûtume de Sens, dit que c'est un abus de tirer les droits fonciers & exploits domaniaux & féodaux aux Requêtes du Palais, lesquels appartiennent particulierement à la Justice fonciere : mais comme remarque Tronçon sur cet article, on pratique le contraire aux Requêtes, où l'on retient les causes des matieres féodales, possessoires ou personnelles. 10. Du Moulin. Tronçon.

Ces termes *venuë à sa connoissance*, signifient que la saisie féodale doit être notifiée au vassal, ainsi qu'il est prescrit par l'article suivant, auquel cas la saisie est censée parvenuë à sa connoissance, quoyqu'en effet étant demeurant & domicilié hors le principal manoir, son Fermier, Receveur, ou autres, demeurans dans le Fief, ne luy en ayent rien fait sçavoir ; desorte que la notification étant une formalité essentielle pour la saisie féodale, si elle n'a pas été faite, & que le vassal ait enfraint la saisie non notifiée, la saisie se trouve nulle & de nul effet, & n'emporte point perte des fruits ; ensorte que le vassal ne seroit pas obligé en ce cas à la restitution des fruits qu'il auroit perçûs & levez par force, suivant l'avis de du Moulin sur la Coûtume de Tours art. 109. & 12. *in fine*, où il dit, *prehensio feudi occulta non nocet, sed necesse est, ut perveniat ad notitiam vassalli, & facta sit in loco & tempore congruo & notificata vassallo, ad ejus domicilium aut personam, aut in illo loco, vel ejus colonis aut domesticis, & ad ultimum vicinis, alioquin non obligat ad restitutionem fructuum, & nulla est infractio; Consuetudo enim vult prehensionem probè significari, antequam habeat effectum, quod est generale, &c.*

Voyez l'article suivant.

11. Que si le vassal a empêché par force qu'on ne puisse approcher du manoir Seigneurial du Fief pour le saisir, il est censé saisi féodalement, & le vassal est tenu à la restitution des fruits, selon le sentiment de du Moulin sur l'article 1. glose 4. n. 5. *nam hoc casu feudum habetur pro prehenso, & ad fructuum restitutionem, & eorum quæ dominus consecutus esset per realem manus injectionem, à tempore accessûs impedire.*

Cette decision est fondée sur la Loy 1. §. *sed & aristo & ibi glossa ff. quod vi aut clam, ubi habetur pro prohibito qui cum sciret prohibitum iri, per vim molitus est, ne prohiberi posset, & æque tenetur ac si jure & actualiter prohibitus fuisset.*

OBSERVATIONS DE MONSIEUR ***

Sur l'article XXIX.

SOMMAIRE.

1. *Quel est le sens de cet article.*

SI le vassal enfraint la main-mise venuë à sa connoissance, il est tenu de rendre les fruits & levées par luy reçûës depuis la main-mise.

1. Nous n'avons rien changé à l'article, sinon à la fin le mot *dès*, qui étoit synonime avec celuy *depuis*

La maxime que l'on peut tirer de cet article est, que le Seigneur ne fait jamais les fruits siens que ceux qu'il perçoit aprés la saisie feodale faite suivant la Coûtume, & dûment notifiée au vassal, comme il est porté par l'article suivant; mais quand la saisie feodale est faite suivant la Coûtume, & dûëment notifiée au vassal, le vassal ne peut, au préjudice de cette saisie, percevoir les fruits, & s'il enfraint la main-mise venuë à sa connoissance, il est tenu de rendre au Seigneur les fruits & levées par luy reçûës depuis la main-mise.

CONFERENCE SUR L'ARTICLE XXIX.

DE même, *Acs*, tit. 8. art. 3. & 15. *Amiens*, art. 2. 3. 10. *Angoumois*, art. 14. *Anjou*, art. 169. *Auvergne*, chap. 22. art. 4. *Auxerre*, art. 47.

Berry, tit. 5. art. 25. *Blois*, art. 101. *Bourbonnois*, art. 71.

Chartres, art. 10. 116. *Chasteauneuf*, art. 142. 151.

Dourdan, art. 28. *Dreux*, art. 23.

Estampes, art. 32.

Lodunois, art. 16.

Maine, art. 189. *Mantes*, art. 37. *la Marche*, art. 195. *Melun*, art. 43. *Montargis*, art. 74. *Montfort*, art. 20.

Nivernois, chap. 4. art. 7. *Normandie*, art. 111.

Orleans, art. 77.

Grand-Perche, tit. 2. art. 55. *Peronne*, art. 22. *Poitou*, art. 15. *Ponthieu*, tit. 4. art. 74.

Rheims, art. 104. *Ribemont*, tit. 2. art. 21. 23. *la Rochelle*, art. 7.

Sens, art. 184. *Sole*, tit. 10. art. 7.

Tours, art. 20.

Auxerre, *Estampes*, *Rheims*, & *Sens*, disent que *pour infraction de la main-mise le Fief ne tombe point en commise.*

Melun & Peronne disent, que *le vassal étant averti de la main-mise, s'il enfraint icelle, il est amandable de soixante sols parisis envers son Seigneur, &c.*

Auteurs sur l'Article vingt-neuviéme.

L'Auteur du Grand Coûtumier, page 178. lig. 29. liv. 2. chap. 27.

Bobé, sur cet article.

De la Lande, sur Orleans, art. 77.

Buridan, sur Reims, art. 104.

Chopin, sur Paris, liv. 2. tit. 2. nomb. 36.

Rat. sur Poitou, art. 161.

Vigier, sur la Rochelle, art. 7.

Lhoste, sur Montargis, tit. 1. art. 74.

Bodreau, sur Maine, art. 87.

Buridan, sur Ribemont, art. 21.

M. Loüet, lett. F. somm. 20.

Duret, dans son Alliance des Coûtumes. page 805.

Duplessis explique cet article, liv. 5. chap. 4. sect. 1. page 49.

ARTICLE XXX.

Cet article a été ajoûté à la reformation de la Coûtume.

Notification de la saisie feodale necessaire, & comment.

ET pourtant ledit Seigneur feodal est tenu faire notifier la main-mise à son vassal, au principal manoir de son Fief, du moins à celuy qui tient ledit Fief, ou laboure les terres d'iceluy: ou par publication generale au Prône de l'Eglise Parrochiale dudit lieu saisi, & faire enregistrer au Greffe de la Justice dudit lieu.

Voyez les Articles 1. 7. 20. 60. 83. 85. 77. 108. 203. & 359.

REMARQUES.

SI le Fief est saisi par le Seigneur feodal, son vassal le pourra faire appeller en Justice, & au jour de la premiere assignation sera tenu declarer à quel titre il est detenteur du Fief, & se purger par serment de ce dont il sera requis. Ce fait, sera tenu le Seigneur feodal declarer précisement pour quelles causes, droits & profits il entend avoir saisi, & soûtenir sa saisie, afin que le vassal luy puisse faire offres pertinentes, & requerir en cas de debat telle provision selon droit & Coûtume que de raison, Charles IX. à Roussillon l'an 1563. art. 11.

Consuetudo non determinat certum hujus notificationis modum : tamen videtur ex usu communi posse suppleri, scilicet traditione exemplaris in forma authentica, & sic sentiunt, Mol. §. 1. gl. 4. num. 34. & §. 20. gl. 11. fin. n. & Pithæus in Inst. Juris Gall. tit. de Feudis.

Textus tamen Consuetudinis videtur esse contrarius, ubi diversa hæc esse & vario sensu sumi videntur, NOTIFIER ET BAILLER COPIE, *quod patet ex art. 20. qui cum esset decimus tertius antiquæ Consuetudinis, imponebat vassallo necessitatem notificandi patrono emptionem suam & contractus quos habebat ; ubi in reformatione additum est,* & d'iceux bailler copie. *Undè concluditur eamdem necessitatem non contineri in simplici obligatione notificandi. Similiter, art. 45. antiquæ Consuetudinis caverat, ut vassallus oblationes suas notificare teneretur ; in reformatione additum est, quæ continentur in articulo 83. ut etiam exemplar traderet.*

At id non ita statutum est in casu præsentis articuli, cujus onus cum incumbat patrono levius esse debuit : quare dici potest nihil esse supplendum. Cautius tamen & securius est, tam levi labori, patronum non parcere ; tum ne in suspicionem fraudis incidat ; tumne hac deficiente solemnitate, numquam debitè instructus dicatur vassallus, nec ei sufficienter notificata prehensio, quam semper se ignorasse allegabit ; tum denique quia regiis constitutionibus in omni executione & prehensione necesse est exemplar dari executionem passo, quod ejus respectu authenticum est.

Dum hic articulus de principali mansione loquitur, intelligendum est de idonea ad habitandum & quæ de facto habitetur, maximè cum hac via exclusa, duæ aliæ quæ in promptu sunt, remaneant.

Cette clause de nôtre article, OU PAR PUBLICATION, &c. jusques à la fin, est separée de la precedente ; desorte que l'enregistrement de la saisie qu'elle requiert n'est necessaire, que lorsque la saisie est signifiée par publication au Prône, & non pas lorsque la signification en est faite au manoir principal, ou au Fermier, puisque ces deux clauses ont en soy leur sens parfait & accompli, & qu'il n'est pas à propos de charger le Seigneur d'une solemnité extraordinaire, qui n'est utile que lorsque la saisie n'est point notifiée au vassal, ou à aucun de sa part, afin qu'en ayant reçu la nouvelle par le bruit commun, il puisse en aller reconnoître la verité avec certitude au Greffe.

Mais aussi delà peut-on tirer un argument considerable, pour dire qu'en notifiant la saisie au vassal, il est necessaire de luy en délaisser copie, parce que c'est l'esprit de la Coûtume ; & aussi est-il bien à propos que le vassal aye la saisie presente, afin qu'il puisse plus facilement & plus promptement faire ses offres.

Et l'on ne peut pas prétendre que le contraire de la proposition que nous venons d'établir, que l'enregistrement de l'exploit de saisie feodale n'est pas necessaire, lorsqu'il a été signifié au vassal, ait été jugé, comme veulent quelques-uns, par un Arrest rendu en la seconde Chambre des Enquêtes le 21. Mars 1649. au rapport de Monsieur Quelain, entre les Religieux de l'Abbaye de sainte Geneviéve, & Antoine Animé ; car quoique cet Arrest n'ait pas adjugé la perte de fruit au Seigneur, il a pourtant condamné le vassal aux frais de la saisie liquidez à huit livres parisis, lesquels il n'eût pas dû payer si la saisie avoit été jugée absolument nulle ; ce n'est pourtant pas qu'il ne soit tres-à-propos de faire l'enregistrement en quelque cas que ce soit, parce que le gain des fruits étant fort rigoureux, les Juges s'attachent facilement au moindre défaut de formalité pour en exemter le vassal.

FAIRE NOTIFIER LA MAIN-MISE A SON VASSAL.

GLOSE UNIQUE SUR L'ARTICLE XXX.

SOMMAIRE.

1. *La notification de la saisie est necessaire pour sa validité, & pourquoy.*
2. *Comment se fait la notification.*
3. *Si la notification doit estre faite au vassal en personne.*
4. *Si la notification se fait par copie baillée de la saisie.*
5. *Quand se fait la notification de la saisie par publication au Prosne de l'Eglise du Fief saisi.*
6. *Comment se fait la notification en la Coûtume d'Amiens.*
7. *Raison pour laquelle la notification se doit faire au Prosne au cas de cet article.*
8. *Si cette publication se doit faire un jour de Dimanche.*
9. *Si cette publication a lieu à l'égard de ceux de la R. P. R.*
10. *Si elle a lieu contre les mineurs & les absens.*
11. *Disposition de quelques Coûtumes touchant cette notification.*
12. *Si la notification doit estre faite dans les Coûtumes qui n'en parlent point.*
13. *Si la saisie feodale doit estre enregistrée.*
14. *Avis de Ricard contraire à celuy de Brodeau.*
15. *Arrest touchant la question cy-dessus.*
16. *Avis de l'Auteur.*
17. *Autre Arrest qui a jugé la mesme question.*

1. CEt article ajoûté, ordonne la notification de la saisie féodale, sur peine de nullité, l'article le marque assez en ces termes *est tenu*; c'est une formalité attachée à la saisie féodale, fondée sur une tres-forte raison d'équité, *si prehensio rei sit imaginaria aut clandestina ad circumversionem clientis, doli exceptio vel replicatio obstabit quominus patronus fructus lucretur*, dit du Moulin sur l'article 1. *glos.* 4. *n.* 2. 3. & 4. Voyez Bacquet des droits, chapitre 14. n. 5. & 6.

Nos Coûtumes ont donnez aux Seigneurs un moyen d'obliger leurs vassaux de leur faire promptement, leurs devoirs & leur payer les droits qui leur sont dûs. Mais elles ne leur permettent pas de se servir de surprise & de tenir cachée & secrette une saisie féodale, elles veulent que les vassaux en soient avertis, afin d'y pouvoir satisfaire, de même que l'Ordonnance veut qu'une saisie & execution de meubles & une saisie réelle soient precedées d'un commandement.

C'est pourquoy suivant l'article precedent, le vassal n'est tenu à la restitution des fruits perçûs & levez par infraction de la saisie féodale, qu'au cas qu'elle soit venuë à sa connoissance, c'est-à-dire, qu'elle luy ait été dûëment notifiée, autrement les Seigneurs feroient des saisies secrettes & clandestines, laisseroient percevoir par leurs vassaux, les fruits des Fiefs par eux saisis, & les feroient ensuite contraindre de leur en faire la restitution, ainsi nos Coûtumes seroient *iniquitatis præsidium*.

2. La notification suivant cet article se peut faire de deux manieres.

La premiere est, de la faire ou au vassal ou à son Fermier & Receveur, ou à son Laboureur, au principal manoir, ou au lieu Seigneurial du Fief, par copie baillée de la saisie; elle ne pourroit pas être faite au vassal domicilié ailleurs, parce que c'est un acte féodal qui se doit faire sur le Fief.

3. Quoique le vassal soit sur les lieux, & qu'il demeure dans son manoir, néanmoins la notification se peut faire à son Receveur ou Fermier. Il n'est pas à propos de faire la distinction dont se sert Brodeau sur cet article nombre 1. sçavoir que quand le vassal est sur les lieux, la notification doit être faite en parlant à sa personne; mais que s'il est absent, elle doit être faite à ses Receveurs & Fermiers, cette distinction étant contraire à nôtre Coûtume en cet art. qui permet de faire la notification ou au vassal, ou du moins à son Fermier, ou Laboureur; car par ces termes, *du moins à celuy*, &c. elle fait assez connoître qu'elle n'oblige pas absolument le Seigneur à faire la notification au vassal en parlant à sa personne, étant à presumer qu'étant faite à son Receveur ou Fermier, il en aura la connoissance comme si elle étoit faite à luy-même; parce qu'il est de l'interêt du Receveur ou Fermier de faire connoître la saisie féodale à son Maître, afin qu'il y mette ordre, & qu'il satisfasse aux causes d'icelle, & que la saisie étant éteinte, il puisse continuer sa joüissance & la perception des fruits.

BRODEAU.

4. Cette notification se fait par copie baillée de la saisie, c'est l'avis de Maître Ricard, ainsi que la notification de la vente d'un Fief se fait par copie baillée du contrat qui en a été fait, suivant l'article 20. *suprà*; quoique cette obligation de bailler copie de la saisie ne soit point imposée au Seigneur par cet article, néanmoins cela se doit entendre ainsi, & il faut suppléer, conformément aux Ordonnances qui veulent que de toutes saisies & executions il en soit baillé copie.

RICARD.

5. Cette notification se fait lorsqu'il y a manoir au Fief servant, ou lieu Seigneurial, dans lequel demeure le Seigneur, son Receveur ou Fermier, suivant l'interpretation qu'on peut donner à cet article.

L'autre maniere de notifier une saisie féodale a lieu quand le vassal n'est point dans son Fief, & qu'il n'y a ni Receveur ni Fermier à qui la saisie puisse être notifiée; pour lors cette notification se fait par une publication generale au Prône de l'Eglise Parrochiale du lieu où le Fief saisi est situé.

6. La Coûtume d'Amiens article 4. veut, afin que les vassaux ne pretendent cause d'ignorance de la saisie féodale, que le Seigneur la fasse signifier au chef-lieu du Fief saisi, si aucun y a, sinon au Portail de l'Eglise Parrochiale du lieu & par affiches.

Du Fresne en son Journal rapporte un Arrest rendu en cette Coûtume, du Mardy matin 9. Janvier 1624. par

par lequel la Cour a declaré une saisie féodale nulle, faite au Fermier du vassal, n'y ayant point de manoir au Fief, faute d'avoir été notifiée à la porte de l'Eglise Paroissiale & par affiches.

7. La raison pour laquelle la notification se doit faire par publication, quand elle ne peut être faite au manoir, au vassal, ou à son Receveur ou Fermier, c'est afin qu'elle soit renduë publique, & qu'elle ne puisse être ignorée de personne, & qu'ainsi le vassal n'en puisse pretendre cause d'ignorance, l'ayant pû apprendre de quelqu'un de ceux qui demeurent dans l'étenduë de la Parroisse, où la publication en a été faite, *siquidem ejus quod proscriptum est, causari ignorantiam nemo potest, modò palam sit proscriptum, claris literis, unde de plano rectè legi possit, ante eum locum in quo negotiatio exercetur, vel populus solet convenire*, dit la Loy *sed si populus. 11. §. de quo palam. ff. de institor. act.*

CHARONDAS. Suivant l'opinion de Charondas sur cet art. la notification ne se doit faire par publication, que quand elle ne peut être faite au manoir en parlant au vassal, ou à son Fermier ou Receveur.

Trois choses sont requises suivant cet article pour rendre valable la publication d'une saisie féodale, le lieu où elle se doit faire, le jour auquel elle doit être faite, & l'enregistrement de la saisie au Greffe de la Justice, c'est-à-dire, au Greffe de la Justice du Fief saisi selon Tournet, s'il n'y en a point, au Greffe de la Justice du Seigneur haut-Justicier.

8. La publication de la saisie féodale doit être faite un jour de Dimanche, quoiqu'il ne soit pas dit en cet article, dautant que les Prônes ne se font que ce jour-là ; ce qui se doit suppléer par l'article 65. & je ne crois pas qu'elle se peut faire aux jours de Fêtes, vû que le Prône ne se fait que les Dimanches, ce que la Coûtume a requis, parce que dans les Parroisses de la Campagne, il y a beaucoup plus de monde aux Messes Paroissiales qu'à celles qui se disent les jours de Fêtes.

9. Il est vray qu'en l'article 65. où il est parlé de la publication que doit faire le nouveau Seigneur, a ce que ses vassaux soient tenus de luy venir faire la foy & hommage, il est dit *en jour de Dimanche ou autre jour solemnel* ; & cet article 30. semble devoir prendre son interpretation du 65. néanmoins je conseillerois de faire la publication en un jour de Dimanche, pour ôter toute occasion de contestation.

BRODEAU. C'est le sentiment de Brodeau sur cet article nombre 7. qui dit, qu'on peut dire, que la publication est censée faite au Prône, quand elle est faite à la Messe Paroissiale à l'issuë de l'Evangile, ou de l'Offertoire aux jours de Fêtes, quoiqu'il n'y ait point de Prône ; parce qu'en ce temps on publie les bans & on fait les proclamations de mariages, suivant l'article 40. de l'Ordonnance de Blois.

10. Cette publication a lieu contre le mineur & contre l'absent, parce qu'ils en ont pû être informez,
CHARONDAS. Charondas sur cet article, *argum. leg. operis. ff. de oper. no. nuntiat.*

La Coûtume de Nivernois chap. 4. art. 7. porte que, *à ce que la saisie sorte effet, est besoin qu'elle soit faite sur le Fief & notifiée à la personne du vassal, s'il est au lieu ; sinon à ses Officiers, ou Entremeteurs, ou l'un d'eux ; & où il n'y en auroit point, par cry public & affiche au lieu public du Fief, ou à faute d'iceluy à la porte de l'Eglise Paroissiale.*

La Coûtume d'Orleans en l'article 72. veut, que le Fermier ou Métayer soit tenu de faire sçavoir & notifier à son maître la saisie féodale, incontinent aprés qu'elle luy aura été signifiée, sur peine de tous dommages & interêts envers luy, ce qui semble fort juste, & quoique nôtre Coûtume n'en parle pas, je croy que si par dol ou negligence le Fermier ne l'en avoit pas informé, il devroit être condamné à l'indemniser de la perte qu'il souffriroit par ce moyen.

Si la notification de la saisie féodale doit être faite dans les Coûtumes qui n'en parlent point ? 11.

Je tiens l'affirmative, cette saisie devant se regler 12.
en ce point *ad instar* des autres, lesquelles doivent être signifiées & notifiées ; parce qu'elle dépossede le vassal, dont il doit être averty pour y donner ordre, autrement elle seroit nulle & de nul effet, quoique l'Ordonnance de Roussillon art. 11. ne l'ordonne pas, disant, que *si le Fief est saisi par le Seigneur féodal, son vassal le peut faire appeller en Justice, & au jour de la premiere assignation, il sera tenu de declarer à quel titre il est détenteur dudit Fief ; cela étant fait, le Seigneur sera tenu de declarer précisément pour quelles causes, droits & profits il entend avoir saisi, & soutenir sa saisie, afin que le vassal luy puisse faire offres pertinentes, & requerir en cas de debat telle provision selon droit & coûtume que de raison* ; dautant qu'en France tel est l'usage de signifier les saisies féodales.

Si la saisie féodale doit être enregistrée, soit qu'elle soit notifiée par signification faite au vassal ou à son Fermier ou Receveur, ou qu'elle soit notifiée par publication generale ? 13.

Ricard sur cet article est d'avis, que l'enregistrement n'est necessaire, que lorsque la saisie est notifiée par publication ; dautant que cette clause, *ou par publication, &c.* jusques à la fin de cet article, est separée de la precedente, & que ces deux clauses ont en soy leur sens parfait & accomply, & qu'il n'est pas à propos de charger le Seigneur d'une solemnité extraordinaire, qui n'est utile que lorsque la saisie n'est point notifiée au vassal, ou à quelqu'un de ses Officiers, afin qu'en ayant appris la nouvelle, il en puisse être certain, en consultant les Registres du Greffe de la Justice du lieu.

Brodeau *num.* 11. estime au contraire, que l'enre- 14.
gistrement se doit faire en l'un & en l'autre cas, BRODEAU. afin que le vassal n'en pretende cause d'ignorance, cet enregistrement étant une espece d'insinuation judiciaire, qui peut ôter au vassal toute occasion de se plaindre de la saisie, pour n'en avoir pas eu connoissance. Et il se rapporte à l'exploit de saisie, dont il est parlé au premier chef de l'article, & non pas seulement à la publication au Prône, dont il est fait mention au dernier chef.

Cet Auteur rapporte un Arrest donné en la seconde 15.
Chambre des Enquêtes, au rapport de Monsieur Quelain, le 21. May 1649. confirmatif de la Sentence de Messieurs des Requêtes, contre les Religieux, Abbé, Prieur & Convent de Sainte Geneviéve du Mont à Paris, Seigneurs de la Terre d'Epinay, pour la saisie féodale faite à leur requête des Terres & Seigneuries du grand & petit Quincy, sur Antoine Animé, legataire universel de défunt Jean Animé son oncle, non enregistrée au Greffe de la Justice dudit Quincy, par lequel la Cour jugea que la saisie n'emportoit point perte de fruits.

Maître Ricard dit, que cet Arrest n'a point jugé la question, parce qu'encore qu'il n'ait pas adjugé la perte des fruits au Seigneur, il a néanmoins condamné le vassal aux frais de la saisie, liquidez à huit livres parisis, qu'il n'eût pas dû payer, si la saisie avoit été absolument nulle. Il ajoûte ensuite, qu'il est pourtant tres-à-propos de faire l'enregistrement, en quelque cas que ce soit, parce que le gain des fruits étant fort rigoureux, les Juges s'attachent facilement au moindre défaut de formalité pour en exempter le vassal.

Maître Duplessis tient, que l'enregistrement est DU PLESSIS.
necessaire dans le cas de cet article ; Maître Auzanet au contraire est d'avis d'ôter l'enregistrement en tout cas, & de dresser ainsi l'article, *La saisie féodale sera notifiée à la personne du vassal, ou au principal manoir de son Fief en parlant à son Receveur ou Fermier, sinon sera publiée un jour de Dimanche au*

Prône de la Messe Paroissiale du Fief saisi, sans qu'il soit besoin d'enregistrer la saisie en aucun Greffe.

La question ne paroît pas sans difficulté; il est vray que cet article ne parle de l'enregistrement qu'aprés avoir parlé de la publication; mais on peut dire qu'il est relatif aux autres manieres de notification, ensorte que soit qu'il se fasse par signification ou par publication elle doit être enregistrée, ce qui paroît assez par les termes de l'article, qui oblige le Seigneur de faire notifier la saisie, & faire enregistrer ce qui ne se peut entendre que de la notification.

Pour le Seigneur on dit que l'esprit de la Coûtume est de faire connoître au vassal la saisie de son Fief, pour y satisfaire s'il ne veut pas souffrir la perte des fruits perçûs par le Seigneur pendant qu'elle dure; or quand elle est notifiée à luy-même, ou à son Fermier, ou à celuy qui laboure ses terres, il ne peut pas l'ignorer; comme il pourroit ignorer la notification faite par publication au Prône de l'Eglise Paroissiale, ceux qui y seroient presens n'ayant pas interêt de la luy faire sçavoir, c'est pourquoy dans ce cas l'enregistrement est necessaire.

Cette question s'est presentée en la Grand'-Chambre, & par Arrest du 11. Mars 1681. rendu en l'Audience, rapporté dans le Journal du Palais, il a été jugé que l'enregistrement n'est point necessaire quand la notification a été fait au vassal, ou à son Fermier, ou à celuy qui laboure ses terres.

La même question s'étant depuis presentée entre le sieur de la Ravoye acquereur du Fief de Montbelin, & le sieur de Verneüil Seigneur du Fief de Montlignon, par Arrest du 3. Juin 1699. rendu en la premiere Chambre de la Cour des Aydes, il a été jugé que l'enregistrement est necessaire.

Une raison qui pourroit rendre l'enregistrement necessaire en tout cas de notification est, que les Sergens qui sont quelquefois disposez à faire des faussetez, pourroient supposer des signations qu'ils n'auroient pas faites.

OBSERVATIONS DE MONSIEUR***.

Sur l'Article XXX.

SOMMAIRE.

1. *Article 30. changé.*
2. *Où doivent estre faits le commandement & la saisie feodale.*
3. *Pourquoy il ne faut pas ôter l'enregistrement du Procés Verbal de la saisie feodale.*

1. *LE Seigneur est tenu faire notifier la saisie feodale à son vassal au principal manoir de son Fief, en parlant à sa personne, ou à son Receveur ou Fermier, ou par par publication au Prône de l'Eglise paroissiale dudit lieu saisi, ou faire enregistrer au Greffe de la Justice du lieu.*

Nous n'avons rien dit icy de la forme en laquelle se doit faire la saisie feodale, car l'on sçait que l'on est obligé d'y observer toutes les formalitez que l'on a coûtume d'observer aux autres saisies: qu'il faut necessairement qu'elle soit faite à la requête du Seigneur, & non pas du Procureur Fiscal, & qu'elle doit être recordée de deux témoins, & controllée, & que l'on doit faire mention que l'on en a laissé copie.

2. Mais cet article que nous avons reformé en quelqu'endroit, explique qu'il faut que le commandement soit fait aussi-bien que la saisie au principal manoir du Fief, que l'un & l'autre peut être fait parlant à la personne du saisi, ou à son Fermier, ou en tous cas par publication au Prône de l'Eglise, dans l'étenduë de laquelle le Fief se trouve.

3. Maître Auzanet vouloit qu'on retranchât les derniers mots de l'article, & qu'on ne fut pas obligé de faire enregistrer au Greffe de la Justice le Procés Verbal de saisie; mais il semble que cette précaution ne fait mal à personne, & qu'elle peut empêcher des abus qui pourroient avoir de fâcheuses consequences.

CONFERENCE SUR L'ARTICLE XXX.

DE même, *Amiens*, art. 4.
Nivernois, chap. 4. art. 4.
Tours, art. 20. & ajoute: *Et en arrest & saisie de rente doivent être signifiez à la personne du sujet, ou à son domicile, si aucun en a en la Seigneurie, sinon à la personne du debiteur de ladite rente.*

Auteurs sur l'Article trentiéme.

BObé, sur cet article,
De la Lande, sur Orleans, art. 27. & 45.
Pontanus, sur Blois, art. 101. sur ces mots, *quæ ipsi vassallo.*
Papon, sur Bourbonnois, art. 471.
Bacquet, *des droits de Justice*, chap. 14. nomb. 5.
Duplessis explique cet article, liv. 5. chap. 3. p. 46.

ARTICLE XXXI.

Cet article a été ajoûté à la reformation de la Coûtume.

Saisie féodale n'a effet que trois ans.

LA Saisie feodale doit être renouvellée de trois ans en trois ans, autrement n'a effet que pour trois ans, & pour l'avenir demeurent les Commissaires déchargez.

Voyez les Articles 12. 17. & 62. à la fin.

REMARQUES.

CEt Article qui a été ajoûté en la derniere reformation, est fondé sur l'Ordonnance des peremptions d'instance de l'an 1563. car auparavant on jugeoit que la saisie feodale duroit trente ans; desorte qu'il doit avoir lieu dans les Coûtumes qui n'en disposent pas, ainsi qu'il a été jugé en celle de Clermont par Arrest du 26. Novembre 1588. rendu en la cinquiéme Chambre des Enquêtes. Et en celle de Senlis par autre Arrest donné aux Enquêtes sur procés par écrit le 19. Janvier 1599. entre Charles Hallouïn, sieur de Piennes, & Ludovic de Mantinvillé.

Il a pareillement été jugé par Arrest donné au profit de Monsieur le Cardinal de Gondy, contre Andoüy de Thurin sieur de Lusarches, le 16. Juillet 1586. que s'il y a instance pour raison de la saisie feodale, entre le Seigneur dominant & le vassal, il n'est pas besoin de renouveller la saisie de trois ans en trois ans.

Cet article parlant de Commissaires, s'est expliqué dans le plus frequent usage: mais il n'oblige pas pour cela le Seigneur d'établir un Commissaire à sa saisie feodale à peine de nullité, n'y ayant aucune loy qui ait imposé cette necessité au Seigneur, lorsqu'il fait les fruits siens, & hors du cas de la saisie faite pour dénombrement non baillé, auquel l'article 9. veut qu'il fasse regir le Fief par Commissaire, parce qu'il est comptable des fruits: mais lorsqu'il les gagne incommutablement, il peut joüir par ses mains sans Commissaire.

Ainsi jugé par Arrest donné en l'Audience de la Grand'-Chambre, le Mardy de relevée 9. Decembre 1586. rapporté par Maître René Chopin, sur Anjou, liv. 2. part. 2. chap. 1. tit. 1. nomb. 4.

DOIT ESTRE RENOUVELLE'E DE TROIS ANS EN TROIS ANS.

GLOSE UNIQUE SUR L'ARTICLE XXXI.

SOMMAIRE.

1. *Pourquoy cet article a été ajoûté.*
2. *Ordonnance de Roussillon touchant la peremption d'instance.*
3. *Si cet article est fondé sur cette Ordonnance.*
4. *Si le Seigneur est tenu à la restitution des fruits perçûs aprés les trois ans.*
5. Quid, *des fruits perçûs pendant les trois ans.*
6. *Si le Seigneur seroit responsable de l'insolvabilité du Commissaire pour les fruits perçûs aprés les trois ans.*
7. *Si cet article doit être observé dans les autres Coûtumes.*
8. *Si la saisie doit être renouvellée, quand il y a contestation ou instance à raison d'icelle.*
9. *Si la surséance de la saisie accordée par le Seigneur empesche son effet, aprés que le délay est passé.*
10. *Si pendant les trois ans le Seigneur a souffert que le vassal perçût les fruits de son Fief, s'il les peut repeter.*
11. *Si le Seigneur feodal est tenu d'établir Commissaire au Fief saisi.*
12. *Si les Commissaires établis sont tenus d'accepter la commission.*

1. CEt article a été ajoûté à l'ancienne Coûtume, pour ôter une difficulté qui étoit touchant la durée de la saisie feodale dûëment faite, & notifiée au vassal.

Moulin. Maître Charles du Moulin qui traite cette question sur cet article nomb. 7. étoit d'avis qu'elle duroit trente ans, parce que toutes les actions personnelles se prescrivent par ce temps, aprés lequel si le Seigneur, ou le Commissaire établi à sa requête, souffroit que le vassal saisi joüit paisiblement du Fief, les fruits luy appartenoient, *contra prehensionem feudalem præscribitur per triginta annos, & post illud tempus vassallus, qui fructus collegit, nonobstante prehensione ad eos restituendos cogi non potest.* Et si le vassal aprés ce temps n'avoit point satisfait aux causes de la premiere saisie, le Seigneur étoit obligé de faire proceder à une nouvelle. Du Moulin remarque plusieurs Arrests qui avoient jugé de son temps, que la saisie feodale duroit trente ans.

2. Quelque temps aprés que du Moulin eut écrit sur l'ancienne Coûtume, l'Ordonnance de Roussillon fut faite en 1563. par laquelle en l'article 15. il est porté, que *l'instance intentée, ores qu'elle soit contestée, si par laps de trois ans elle est discontinuée, n'aura aucun effet de perpetuer ou proroger l'action, ains aura la prescription son cours, comme si l'instance n'avoit point été formée ne introduite, & sans qu'on puisse prétendre la prescription avoir été interrompuë.*

3. La disposition de cette Ordonnance a déterminé les Reformateurs de la Coûtume à s'écarter de l'opinion de Maître Charles du Moulin, & de la Jurisprudence qui s'observoit de son temps à ce sujet, croyant qu'il étoit à propos de declarer une saisie nulle aprés trois ans à l'exemple de l'instance, laquelle par la susdite Ordonnance est nulle & de nul effet, si elle est discontinuée aprés les trois ans; parce que, dit Monsieur Loüet, lettre S. chap. 14. *on ne peut pas nier que telle saisie ne soit un acte judiciaire, & instance sujette à peremption.* Desorte qu'aprés les trois ans la saisie feodale non renouvellée, & sur laquelle il n'y a point eu de procedures faites, demeure entierement éteinte de plein droit pour l'avenir, mais elle produit son effet pour les fruits perçûs pendant les trois ans, lesquels appartiennent au Seigneur.

Quant à ceux qui sont perçus aprés, ils appartiennent au vassal, quoiqu'ils ayent été perçus par les Commissaires établis à la requête du Seigneur, sans opposition de la part du vassal, à la restitution desquels il est obligé: la raison est, que par cet article la saisie cesse, *ipso jure*, aprés les trois ans, & les Commissaires sont déchargez de plein droit, sans qu'il soit necessaire qu'ils se fassent décharger par le Juge de leur Commission; & c'est comme si le Seigneur joüissoit du Fief de son vassal sur une prétenduë saisie, ou sur une saisie défectueuse, ausquels cas sans difficulté il seroit tenu à la restitution des fruits par luy perçus.

4. Il en faut dire de même, quand une saisie n'a pas été renouvellée; car aprés les trois ans elle ne subsiste plus pour le temps à venir, de même que si elle n'avoit jamais été faite, & le Seigneur est un possesseur de mauvaise foy, lequel prend les fruits, *tanquam prædo, nullam possidendi causam habens.*

5. Mais quant aux fruits perçûs pendant les trois ans, elle produit son effet, comme nous avons dit cy-dessus, quoiqu'elle soit perie faute d'être renouvellée; en quoy elle est differente des autres instances, lesquelles étant discontinuées pendant trois ans, sont entierement inutiles, tant pour le passé que pour l'avenir, comme remarque Monsieur Loüet, *loco citato*, où il dit, que la saisie feodale a cela de particulier entre les peremptions, que quoiqu'elle ne soit pas renouvellée aprés trois ans, elle est toûjours valable pour trois ans, quelque peremption qu'il y ait; desorte qu'on peut dire, que ce n'est pas une vraye peremption, mais que cela se juge *ad instar peremptionum.*

6. On demande, si le Seigneur seroit responsable de l'insolvabilité du Commissaire par luy établi pour les fruits par luy perçûs aprés les trois ans, au cas qu'il ne les eut pas reçûs?

Je croy que le Seigneur n'en seroit pas responsable, parce qu'on ne peut pas imputer à sa faute de n'être pas rentré dans son Fief, voyant que la saisie ne subsistoit plus, & on ne peut pas objecter au Seigneur, que c'est en vertu de sa saisie, puisque sa saisie étoit faite dans les formes, & que *dolo non facit, qui suo jure utitur, l. nullus. ff. de R. J.*

BRODEAU. C'est le sentiment de Brodeau, nomb. 3. qui dit, que les Commissaires ne sont point reputez joüir aprés les trois ans pour le Seigneur, mais pour le vassal, envers lesquels ils sont comptables des fruits perçus aprés les trois ans.

Cet article ayant été ajoûté sur l'Ordonnance de Roussillon, doit être observé dans les Coûtumes qui n'en parlent point, comme il a été jugé par deux Arrests, l'un du 26. Novembre 1588. en la Coûtume de Clermont en Beauvoisis, au rapport de Monsieur du Drac, rapporté par Monsieur Loüet, *loco citato*, & l'autre en la Coûtume de Senlis, donné aux Enquêtes sur procés par écrit, le 19. Janvier 1599. au rapport de Monsieur de Bullion, entre Charles Halloüin, sieur de Piennes, & Louis de Martinville, pour le Fief de Daumont. 7.

Ces deux Arrests sont rapportez par Tournet, Charondas, Tronçon, Ricard & Brodeau *num.* 4. où il cite un Arrest contraire en la Coûtume de Troyes, du 17. Septembre 1605. confirmatif de la Sentence du Baillif de Troyes, du 5. May 1603. rapporté par Pithou sur l'article 22. de ladite Coûtume, *verbo*, tant que ladite main-mise dure, par lequel il a été jugé, que les fruits de la tierce partie de la Terre de la Loge-Pont-Belin, mouvante de Villebertain, appartiendroient à Dame Simone le Mairat, du jour de la saisie faite en 1585. jusques au 16. Juillet 1595. que la foy & hommage avoit été faite, quoique la saisie n'eût point été renouvellée de trois ans en trois ans.

Quand il y a contestation, instance & procés sur la saisie feodale, en ce cas tant que le procés dure, & qu'il n'y a point de discontinuation de procedures pendant trois ans, il n'est pas besoin de renouveller la saisie tous les trois ans, & il n'y a point de peremption d'instance, la poursuite continuelle que le Seigneur fait contre le vassal, produisant le même effet, que si la saisie étoit renouvellée; dautant que la Coûtume ne requiert que le Seigneur soit tenu de renouveller sa saisie tous les trois ans, qu'afin que le vassal soit dûement instruit, que son Fief est saisi, & qu'il n'impute qu'à luy la perte des fruits: Or quand le Seigneur continuë ses poursuites & procedures sur la saisie qu'il a faite contre le vassal, il n'en peut pas prétendre cause d'ignorance, ainsi il n'est pas necessaire de la renouveller. 8.

Cela a été ainsi jugé par Arrest du 28. Mars 1600. au profit de Monsieur le Cardinal de Gondy, contre Monsieur de Thurin, Seigneur de Luzarches, rapporté par Charondas, Tournet, Tronçon; c'est le sentiment de Chopin sur ce titre, nombre 19. de Brodeau, nombre 4. & de Maître Duplessis, titre *des Fiefs.* CHOP. BROD. DU PL.

Si la surséance ou main-levée de la saisie feodale accordée pour un temps par le Seigneur au vassal, empêche l'effet d'icelle aprés que ledit temps est passé, au cas qu'elle ne soit point renouvellée? 9.

Cette question s'est presentée en la Coûtume de Tours, & la Cour par Arrest du 16. Mars 1565. rapporté par Tronçon sur cet article, a jugé contre le Marquis de Maisieres en Touraine, Comte de Saint Fargeau, au profit du vassal dudit Comte, que la saisie n'a aucun effet, & qu'elle doit être renouvellée. TRONÇ.

La raison est, que la saisie feodale depossede le vassal de son Fief, en pure perte des fruits; or la surseance ou délay accordé au vassal pour satisfaire aux causes de la saisie, remet le vassal dans la possession de son Fief, & dans la joüissance d'iceluy, ainsi elle rétablit ce qui avoit été fait par la saisie, & partant elle détruit entierement la saisie feodale; d'où il s'ensuit qu'elle doit être renouvellée; ensorte qu'encore que le Seigneur eût donné une surseance conditionnée, sçavoir au cas que le vassal satisfit à ses devoirs & droits dans le temps de la surseance, voulant & entendant que la saisie fut valable & produisit son effet aprés ce temps, faute par le vassal d'y avoir satisfait, néanmoins je croirois que la saisie devroit être renouvellée ; d'autant que nonobstant telle condition apposée à la surséance, la saisie devient nulle aussi-tôt que le délay a été accordé, consentant par ce moyen que sa saisie demeure nulle cependant ; ainsi elle ne peut plus ensuite reprendre ses forces.

10. Quoique le Seigneur ait saisi le Fief de son vassal, toutefois, si pendant les trois ans il a souffert que son vassal perçût les fruits de son Fief, il ne peut pas le poursuivre à ce qu'il soit condamné à les luy restituer, soit qu'il n'ait pas établi Commissaires à son Fief saisi, voulant exploiter luy-même, ou que ceux qu'il auroit établis eussent souffert que le vassal saisi eut perçû les fruits, sans force ni violence de sa part, & sans empêchement ou opposition de la part des Commissaires, en ces cas le Seigneur ne peut pas en demander la restitution.

La raison est, qu'il est censé avoir remis l'effet de la saisie feodale à son vassal, qui est la joüissance & exploitation du Fief, & avoir bien voulu qu'il fût rétabli en sa possession ; c'est un rétablissement tacite qui suffit, & contre lequel le Seigneur n'a pas lieu de se pourvoir : car comme on ne peut pas être propriétaire avec un autre *in solidum* de la même chose, aussi n'en peut-on pas être possesseur *in solidum* & puisque le vassal possede *suo nomine*, & non pas au nom du Seigneur, il est sans doute que les fruits qu'il a perçûs luy appartiennent.

11. Par ces termes, *& pour l'avenir demeurent les Commissaires déchargez*, il semble que le Seigneur saisissant feodalement le Fief de son vassal pour l'une des trois causes remarquées sur l'article 1. glose 2. soit obligé d'établir Commissaires au Fief saisi, néanmoins, suivant le sentiment des Commentateurs, il n'y est point obligé, ainsi qu'il a été observé sur ledit article. Et on ne peut pas induire de cet article cette necessité, mais que le Seigneur ayant établi Commissaires au Fief saisi, ils demeurent déchargez de leur Commission de plein droit aprés les trois ans, faute d'avoir renouvellé la saisie, à moins qu'il n'y eût instance pour raison d'icelle ; desorte qu'il ne seroit pas necessaire qu'ils se fissent décharger par Sentence du Juge, comme il est porté par l'Ordonnance de l'an 1667. titre *des Sequestres*, articles 21. & 22.

Touchant les Sequestres, Commissaires & Gardiens des choses saisies : l'article 21. porte, que *ceux qui auront fait établir un Sequestre, seront obligez de faire vuider leurs differends & les oppositions dans trois ans, à compter du jour de l'établissement de Sequestre ; autrement les Sequestres demeureront déchargez de plein droit, sans qu'il soit besoin d'obtenir autre décharge, si ce n'est que le Sequestre fût continué par le Juge en connoissance de cause.* Et l'article 22. dit, *ce qui sera aussi observé à l'égard des Commissaires & Gardiens aprés un an, à compter du jour de leur commission.*

Et puisque le Seigneur n'est pas obligé d'établir Commissaires au Fief saisi, & même qu'il peut expulser ceux qu'il auroit établis, il s'ensuit que les Commissaires établis ne sont pas tenus de faire proceder au bail à ferme, à moins que le Seigneur ne le requiere, en quoy la saisie feodale est bien differente de la saisie réelle : Et deplus, ceux qui sont nommez Commissaires ne sont pas obligez d'accepter la commission, s'ils ne veulent, quoiqu'ils n'ayent point d'excuses legitimes pour s'exempter des charges publiques, & des commissions telles qu'étoient celles des Commissaires établis aux saisies réelles, avant leur érection en titre d'Office par les Edits & Declarations des années 1626. & 1627. dont il est fait mention en l'article 34. *infrà*. 12.

C'est le sentiment de Brodeau, nomb. 14. & de Coquille en ses Questions, quest. 22. BRODEAU.

La raison est, que les saisies feodales sont exploits domaniaux & de Jurisdiction domestique, qui concernent le seul interêt particulier des Seigneurs feodaux ; desorte que ni par autorité, ni par utilité elles ne sont point publiques. Les saisies sous la main de Justice, qui se font à la requête des créanciers, sont publiques d'autorité, & privées quant à l'utilité.

CONFERENCE SUR L'ARTICLE XXXI.

De même, *Orleans*, art. 51.

Normandie, art. 3. dit, *toute prise de Fief est annale, & doivent les diligences être recommencées par chacun an, s'il n'y a Sentence d'adjudication ou procés formé pour lesdites diligences.*

Loris, art. 81. & *Poitou*, 87. *idem*.

Auteurs sur l'Article trente-uniéme.

Loysel, livre 6. titre 5. regle 11.
Bobé, sur cet article.
De la Lande, sur Orleans, art. 51.
M. Loüet, lett. S. Somm. 14.
Charondas, en ses Réponses, liv. 2. ch. 15.
Chopin, sur la Coûtume de Paris, livre 1. titre 1. nomb. 19.
Labbé, sur la Coûtume de Berry, tit. 5. art. 25.
De Lhommeau, sur la Coûtume d'Anjou, liv. 1. art. 84.
Loüet & Brodeau, *litt. S. n.* 14.
M. Le Prestre, Cent. 2. ch. 57.
Duret, dans son Alliance des Coûtumes, titre 27. p. 792.
Duplessis explique cet article, liv. 5. ch. 3. p. 46.

ARTICLE XXXII.

C'étoit l'Article vingt-uniéme de l'ancienne Coûtume.

Pour faire la foy & hommage & charge de Fief, quel âge est requis.

TOut homme tenant Fief est tenu & reputé âgé à vingt ans, & la fille à quinze ans accomplis, quant à la foy & hommage, *& charge de Fief.*

Voyez les Articles 41. 63. 239. & 268.

REMARQUES.

L'Article 21. de l'ancienne Coûtume de Paris disoit, quant à la foy & hommage & administration de Fief : surquoy du Moulin dit, & non quant à hypothequer ou aliéner, partant n'y a difference noble ou non; cy-dessous, art. 29. C. M.

Hæc ætas præscripta in hoc articulo, sufficiens est, tam ex parte patroni quàm vassalli, Mol. §. 22. n. 1. hic art. obtinet tribus concurrentibus. 1. In quantum actus sunt feudales. 2. In quantum sunt actus administratorii. 3. Dummodo non sit provisum de alio administratore, & minor 25. annis, major autem 20. vel 25. qui feudum possidet non sit sub potestate tutoris vel curatoris constitutus. Tamen eo dato nihil impedit quominus minor sine administratoris autoritate utiliter agere possit ex sua parte, & audiri debet ita solus agens nisi ex alia parte correlativi securitas obstet & patroni vel vassalli cum quo agit intersit actum ex utraque parte obligatorium agere, sed quocumque casu minor etiam ante hanc ætatem & tutorem habens potest solus ad damnum vitandum moram purgare : dummodo justas oblationes ferat. Mol. d. l. num. 2. & seqq.

REPUTE' AGE' A VINGT ANS, &c.

GLOSE UNIQUE SUR L'ARTICLE XXXII.

SOMMAIRE.

1. *A quel âge la majorité feodale est estimée dans les mâles.*
2. *Combien il y a d'espece de puberté.*
3. *A quel âge est accordé le benefice d'âge par le Droit Romain.*
4. *Si avant la majorité feodale les Seigneurs sont tenus d'accorder souffrance.*
5. *Si cette majorité n'est que pour les vassaux, qui ont acquis leurs Fiefs par succession directe.*
6. *Avis de l'Auteur contraire à celuy de Charondas.*
7. *Si ceux qui sont parvenus à cette majorité, ont l'administration de leurs Fiefs.*
8. *Si un mineur peut estre reputé capable de desavoüer son Seigneur, quand il est majeur de la majorité feodale.*
9. *Si le Seigneur est reputé majeur à l'âge porté en cet article, pour recevoir la foy & hommage de ses vassaux.*
10. *Si le mineur peut payer ou recevoir les droits seigneuriaux sans son tuteur.*
11. *Si le mineur marié ou émancipé, est capable de faire la foy & hommage, avant l'âge porté par cet article.*
12. *S'il peut donner son aveu & dénombrement sans l'autorité de son tuteur.*

ANciennement ceux qui avoient des Fiefs, n'étoient majeurs que quand ils les pouvoient desservir, en portant les armes & allant à la guerre, & les filles, lorsqu'elles étoient en âge d'avoir des maris qui fissent pour elles les fonctions de vassaux : delà vient que les mâles quant aux Fiefs, n'étoient âgez qu'à vingt ans, & les filles à douze ou quinze ans accomplis, au lieu que pour les heritages en roture, les mâles l'étoient à quatorze ans.

Voyez des Mares décision 249. Loysel dans ses Institutes; livre 1. titre 1. regle 34. L'Auteur du grand Coûtumier livre 2. chapitre 28. page 190. & chap. 41. p. 173. au commencement.

Mais quoique la pleine majorité ait été prescrite à vingt-cinq ans, suivant le droit commun, néanmoins les mâles sont toûjours demeurez majeurs à vingt ans, & les femelles à quinze ans accomplis, *quant à la foy & hommage & les charges de Fief* : & pour tout le reste, ils sont mineurs, ensorte qu'ils ne peuvent hypothequer ni aliener leurs biens, comme du Moulin l'a remarqué sur l'article 29. de l'ancienne Coûtume.

Cet article qui étoit le 21. de l'ancienne Coûtume, ces mots changez *& administration de Fief*, 1. au lieu desquels ont été mis *& charge de Fief*, définit l'âge auquel les vassaux sont reputez majeurs pour être contraints à faire eux-mêmes & en personne la foy & hommage à leurs Seigneurs, sçavoir à vingt ans accomplis pour les mâles, & à quinze ans aussi accomplis pour les filles.

La Coûtume met de la difference en ce point entre les mâles & les filles, voulant que les filles soient reputées majeures quant à cet effet, plûtôt que les mâles, conformément à la disposition des Loix Romaines, qui ont estimé la puberté dans les filles à douze ans accomplis, & dans les mâles à quatorze ans achevez, à l'effet de pouvoir contracter mariage, & tester à cet âge, *princ. Instit. quib. mod. tut. fin.*

La raison de cette difference, selon Aristote, est que *exilia & infirma citiùs ad generis sui maturitatem proveniunt* : Accurse dit, que *mala herba citius crescit quàm bona*.

2\. Cet âge est ce que les Jurisconsultes appellent *nudam pubertatem* ; parce qu'elle ne fait que commencer pour lors, mais les mâles à dix-huit ans commencez, & les filles à quatorze ans accomplis sont reputez parvenus à la pleine puberté, *l. arrogator. 49. §. 1. ff. de adoptio. §. 4. Instit. eod. tit. l. Mela. 14. ff. de aliment. & cibar. l. quidam. ff. de re judic.*

3\. Par la Constitution de l'Empereur Constantin, *l. 1. C. de his qui ven. ætat. impetraver.* les mâles obtiennent le benefice d'âge quand ils ont accomply leur vingtiéme année, & les filles quand elles ont dix-huit ans aussi accomplis ; à l'effet seulement d'avoir l'administration de leurs biens, mais non pas le pouvoir de les aliéner sans les formalitez requises, ainsi qu'il est prescrit par cette Loy.

Nôtre Coûtume en cet article a donc autrement défini l'âge des mâles & des filles pour faire la foy & hommage à leurs Seigneurs. Chopin au livre 2. titre 7. nombre 10. de cette Coûtume, rapporte l'origine de cette feinte majorité à vingt ans pour les mâles, parce qu'à cet âge ils sont capables de porter les armes, & de rendre les autres services féodaux, & par consequent de porter la foy & hommage & faire le serment de fidelité. CHOPIN

Monsieur Marion en son 7. plaidoyé expliquant l'article 21. de l'ancienne Coûtume, dit qu'elle avance l'âge pleinement legitime, en consideration de ce que la remise de ce devoir d'honneur pendant un si long-temps, sembleroit un mépris ; & d'autre part elle ne le met pas à 12. ou 14. ans, mais à 15. ou 20. ans, parce que les actes féodaux sont des actes serieux & de gens prudens, indecens à ceux qui n'ont pas encore un esprit ferme par un âge suffisant.

4\. Avant cet âge les Seigneurs sont obligez de bailler souffrance à leurs vassaux, & dés qu'ils y sont parvenus la souffrance expire, & les Seigneurs sont en droit de faire saisir leurs Fiefs en pure perte des fruits, ainsi qu'il sera dit sur l'article 41.

5\. Cet article s'entend de tous vassaux, soit que les Fiefs leur soient acquis par succession directe ou collaterale, par donation, par legs, par achat, ou par toute autre cause, desorte qu'il n'est pas restraint & borné aux enfans de l'ancien vassal, comme il paroît par ces termes *tout homme, &c.*

CHARONDAS Charondas sur cet article *in fine*, dit mal-à-propos, qu'il ne s'entend que des enfans, & n'a lieu qu'en ligne directe, parce qu'il doit être conjoint avec le 41. *infra*, duquel il reçoit son interpretation, commençant par ces termes : *si tous les enfans, &c.*

6\. Cette opinion ne se peut soûtenir, & l'article 41. se doit entendre generalement de tous mineurs, qui sont censez majeurs pour faire la foy & hommage à l'âge porté par ces deux articles, & il n'y a aucune raison pour faire distinction entre les mineurs à qui appartiennent Fiefs venans d'une succession directe, & ceux qui pourroient être propriétaires des Fiefs autrement que par cette succession.

7\. L'ancienne Coûtume étendoit cette majorité féodale à tout ce qui concernoit l'administration du Fief, par ces mots, *& administration de Fief*, par lesquels il sembloit que ceux qui y étoient parvenus eussent la faculté d'administrer leurs Fiefs, de les bailler à ferme, de recevoir les fruits & revenus, & les redevances des Fermiers, & faire tous autres actes qui ne se peuvent faire que par ceux qui sont émancipez ou mariez ; ce qui étoit contraire à l'usage & à la raison, cet âge ne pouvant pas produire le même effet que le benefice d'âge à l'égard seulement des Fiefs, l'administration des autres biens demeurant pardevers les tuteurs.

Aussi n'étoit-ce pas veritablement l'esprit de l'ancienne Coûtume, mais seulement de pouvoir faire la foy & hommage, & offres, & payer les droits féodaux dûs au Seigneur ; de demander souffrance pour quelque cause legitime, & empêchement, c'est pourquoy les Réformateurs ont changé ces termes, au lieu desquels ils ont mis *& chargé de Fief*. Ensorte que les vassaux étant parvenus à cet âge, sont reputez majeurs pour faire tous les actes qui ne concernent que leurs devoirs envers leurs Seigneurs, & les charges de Fief ; dautant que par ce moyen ils ne rendent point leur condition deterieur ; soit qu'ils ayent un tuteur ou non, sans qu'ils soient tenus d'en être assistez.

D'où il s'ensuit qu'un mineur ne sera pas reputé majeur à cet âge, pour valablement desavoüer son Seigneur, suivant l'avis de Charondas, qui est sans difficulté ; que s'il l'avoit temerairement desavoüé, il en seroit relevé, parce qu'il est censé incapable de faire aucuns actes qui emportent l'aliénation & la perte de ses biens, *arg. l. 2. C. de his qui ven. ætat. impetr.* C'est pourquoy du Moulin en sa Note sur ces termes de l'ancienne Coûtume, *& administration de Fief*, dit, *& non quant à hypothequer ou aliener, partant n'y a difference noble ou non.* 8. CHARONDAS DU MOULIN

Du Moulin expliquant l'article 19. de l'ancienne Coûtume dit, *hic articulus obtinet tribus concurrentibus : 1. in quantum actus sunt feudales : 2. in quantum sunt actus administratorii : 3. dummodo non sit provisum de alio administratore, & minore 25. annis, major autem 20. vel 15. qui feudum possidet, non sit sub potestate tutoris vel curatoris constitutus. Tamen eo dato, nihil impedit quominus minor sine administratoris autoritate utiliter agere possit ex sua parte, & audiri debet ita solus agens, nisi ex alia parte correlativi securitas obstet, & patroni vel vassalli cum quo agit intersit actum ex utraque parte obligatorium agere. Sed quocumque casu minor etiam ante hanc ætatem & tutorem habens ; potest solus ad damnum vitandum moram purgare, dummodo justas oblationes offerat.*

Si la disposition de cet article doit être étenduë au Seigneur du Fief, desorte qu'à cet âge il soit reputé majeur pour recevoir la foy & hommage ? 9.

C'est le sentiment de du Moulin sur cet article, de Tournet, & de Brodeau nombre 16. que cet article se doit entendre *tam activè quàm passivè, sive tam respectu patroni agentis & persequentis jura feudalia, quàm clientis sive vassalli, dominicalibus seu feudalibus oneribus obnoxii.* DU MOULIN, TOURNET, BRODEAU.

La raison est, que le Seigneur & le vassal, le Fief dominant & le Fief servant, sont des correlatifs, desorte que ce qui est disposé par la Coûtume pour l'un, doit avoir lieu pour l'autre, *propter naturam correlativorum* : néanmoins un vassal mineur peut à l'âge porté par cet l'article, payer les droits à son Seigneur sans son tuteur, & en recevoir quittance. Mais c'est une question s'il peut en donner une valable à son vassal des droits qu'il en auroit reçû sans son tuteur.

Du Moulin sur cet article nombre 1. tient l'affirmative, parce qu'il y a parité de raison pour l'un & pour l'autre, & qu'il s'en ensuivroit autrement une absurdité, sçavoir que *aliquis esset idonea ætatis ad exigendum per se ; & recipiendum homagia clien-* DU MOULIN *tum suorum & tamen non esset idonea ætatis, sed indigeret curatore ad subeundam fidem erga superiorem patronum ejusdem feudi*; & il conclud que cet âge est suffisant en la personne du Seigneur, *ad omnes actus feudales, dominicos & clientelares.*

Me Duplessis titre des Fiefs, tient aussi que le payement seroit valable, parce que cet âge est une émancipation legale qui le rend capable de l'administration des meubles & fruits de son Fief.

BRODEAU. Brodeau nombre 19. tient au contraire que le payement ne seroit pas valable, parce que c'est une espece d'aliénation, *arg. §. 2. instit. quib. alien. lic.*

D'Argentré sur l'article 333. de l'ancienne Coûtume de Bretagne nombre 4. marque que la question est douteuse, *etsi in receptione jurium pecuniariorum propter ætatis fragilitatem temperandum est.*

Cependant j'estime qu'un mineur peut à l'âge porté par cet article, recevoir sans son tuteur les droits féodaux.

Dans le procés verbal de la nouvelle Coûtume, on a obmis cet article 32. quoiqu'il y ait eu quelque changement : car le 21. de l'ancienne Coûtume finissoit par ces mots *& administration de Fief*: celuy *d'administration*, trop general, sembloit laisser la faculté au majeur de vingt ans, de faire tous les actes qui sont permis à un majeur de vingt-cinq ans ; c'est ce qui a donné lieu lors de la reformation, de mettre en l'article 32. de la nouvelle Coûtume, *& charge de Fief.* En la nouvelle Coûtume, comme dans l'ancienne, sa disposition paroît correlative, & s'appliquer activement & passivement au Seigneur féodal, comme au vassal ; ainsi le mot, *charge*, de l'article nouveau n'ayant pas été inseré pour ôter la liberté au vassal âgé de vingt ans, de payer les droits ; il semble que la même faculté de les recevoir n'est point interdite au Seigneur âgé de vingt ans, & que cette majorité féodale est une émancipation legale, tant à l'égard de la foy & hommage, que pour les droits qui sont compris sous ces mots, *charge de Fief.*

Si le mineur émancipé ou marié avant l'âge de vingt ans, est censé capable de faire la foy & hommage? 11.

Voyez sur l'article 41.

Si le vassal majeur de la majorité féodale, peut bailler son aveu & dénombrement sans l'autorité de son tuteur? 12.

On répond que non, dautant que par ce moyen le mineur pourroit souffrir la diminution de son Fief, & s'engager à des surcharges, ausquelles il ne seroit point obligé. Voyez ce qui est dit sur l'article 8. nombre 15.

OBSERVATIONS DE MONSIEUR ***

Sur l'Article XXXII.

SOMMAIRE.

1. *Age auquel les mineurs sont reputez majeurs de majorité feodale.*
2. *Souffrance doit estre accordée pour cause de minorité feodale.*
3. *Elle doit estre accordée à un absent pour cause legitime.*
4. *Si le vassal, dont le Fief est saisi, doit faire la foy & hommage; & par qui en ce cas elle doit estre renduë.*
5. *Si la foy & hommage est dûë au Seigneur pour un Fief de communauté que la femme prend entier.*
6. Quid, *des heritiers du mary pour raison desdits heritages.*
7. *Si ce qui est dit icy de la majorité feodale s'entend* tam activè quam passivè.

NOus avons dit, que le Seigneur du Fief dominant pouvoit saisir feodalement, aussi bien que l'usufruitier ; & par la même raison, que le vassal devoit faire la foy & hommage, & les autres devoirs du Fief, & que nous avons établi la regle des quarante jours pour la faire en personne à toute mutation, cela se doit entendre, supposé que le vassal soit en état de la faire.

Nous avons aussi remarqué six choses qui ont été prévûës par la Coûtume, qui peuvent empêcher le vassal de rendre la foy qu'il doit, à quoy elle a apporté des remedes convenables par la prudence de ceux qui l'ont redigé.

1. 1°. C'est la minorité. Il semble que le serment de fidelité d'un mineur, & les engagemens qu'il contracte en le faisant, l'obligent si étroitement & si fortement, qu'il n'y doit y avoir jamais lieu de le restituer, s'il y manquoit ; mais la Coûtume, pour empêcher que les mineurs ne pussent se faire restituer, a fait qu'on doit toûjours reputer les mineurs majeurs, sçavoir les mâles à vingt ans, & les filles à quinze. C'est le même âge où la garde noble cesse pour faire les devoirs d'un vassal, & pour tous les actes & charges du Fief dont il est propriétaire, qui est le même âge que la Coûtume a donné pour finir la garde noble des peres & meres ; & en effet il semble qu'étant en état de sortir de garde à vingt & quinze ans, ils doivent être en état de faire la foy & hommage de leurs Fiefs.

2. Et jusqu'à ce qu'ils ayent atteint ledit âge, la Coûtume oblige les Seigneurs de donner souffrance, qui doit être demandée par le tuteur ou le gardien au nom du mineur.

La souffrance ainsi donnée vaut foy, jusqu'à ce le mineur ait atteint l'âge prescrit par la Coûtume, aprés lequel il a encore les quarante jours francs pour satisfaire à son devoir, & s'il n'y satisfait pas, le Seigneur peut saisir feodalement, & faire par consequent les fruits siens.

3. 2°. Celuy qui est absent pour cause legitime, qui est malade, & qui ne peut venir en personne se mettre en devoir de vassal, en proposant son excuse par une procuration speciale, qui contient les raisons de son excuse, oblige le Seigneur à luy donner souffrance pour tout le temps que l'excuse dure ; & si le Seigneur la refuse, le Juge en connoissance de cause, decide si l'excuse proposée est raisonnable, auquel cas,

cas, s'il la juge bonne, il donne main-levée de la saisie, & s'il la trouve mauvaise, il confirme la saisie feodale avec la perte des fruits.

4 3°. Lorsqu'une terre est saisie feodalement, le Seigneur du Fief servant qui est le vassal, lequel ne pourroit pas faire la foy, parce qu'il est depossedé de fait de la joüissance, & qu'il ne feroit jamais la foy de concert avec le Seigneur, en fraude des créanciers, à ce que la Coûtume a permis de la faire faire par le Commissaire aux saisies réelles, d'où nous tirerons une consequence inconteſtable, que regulierement toute foy & hommage doit être renduë au Seigneur en personne, ou au lieu du Fief dominant par le vassal qui y doit venir en personne, sinon aux cas cy-dessus exprimez, dont nous parlerons en détail sur chacun desdits articles. Il en sera de même, lorsque le vassal déniera le Seigneur, ou que les Seigneurs contestent entr'eux; car dans cette rencontre le vassal est dispensé de faire la foy, lorsqu'il denie le Seigneur; mais il perd son Fief, s'il se trouve qu'il soit vassal, & quand les Seigneurs contestent, il se présente au Roy qui le reçoit par main souveraine comme Seigneur suzerain de tous les Fiefs.

5 4°. Lorsque la femme a la proprieté de tout l'heritage de la communauté, dans lequel elle n'avoit que la moitié de son chef, la proprieté luy arrivant du total par le partage de la communauté, *quod fit jure non decrescendi*, & la premiere foy renduë par le mary subsiste sans en faire de nouvelle; ce qui n'est pas de même à l'égard des heritiers du mary, lesquels doivent la foy pour raison desdits heritages, à cause de la mutation de personne, & les droits quand ils sont collateraux.

Nous avons sur differens articles de cette Coûtume parlé de toutes ces choses, c'est pourquoy nous ne nous y arrêterons pas davantage en ce lieu.

6 Quand la Coûtume a dit que les personnes âgez de vingt ans & quinze ans étoient reputez majeurs pour les charges du Fief, cela s'entend *tam activè quam passivè*; c'est-à-dire, qu'ils ne sont pas seulement reputez majeurs pour faire la foy & les devoirs des vassaux, ils le sont aussi pour se faire rendre les devoirs par les vassaux relevans de leur Fief; en telle sorte que sans l'autorité de leurs tuteurs & curateurs ils peuvent saisir les Fiefs relevans, donner souffrance, exercer & faire de leur chef tout ce qui regarde les devoirs & les droits de leur Fief qu'ils doivent, & qui leur sont dûs; ainsi ils sont hors de tutelle, à proprement parler, pour le regard des Fiefs, desorte que le tuteur n'est garand de rien, ni de la saisie faite faute de payement des droits & de foy non faite, ni du manque de retrait feodal. Mais comme la disposition de cet article n'est qu'une émancipation legale, elle n'empêche pas que celuy ou celle qui a vingt ans ou quinze ans, auroit desavoüé son Seigneur ne s'en fit relever, parce que ce seroit une aliénation du fond non permise aux émancipez.

CONFERENCE SUR L'ARTICLE XXXII

DE même, *Châlons*, art. 181. *Chartres*, art. 42. *Châteauneuf*, art. 44.

Dourdan, art. 31. *Dreux*, art. 31. *Dunois*, art. 2.

Laon, art. 171.

Mantes, art. 26. *Montfort*, art. 22.

Grand-Perche, art. 41. *Peronne*, art. 58.

Sedan, art. 154.

Clermont, art. 91. dit, *qu'enfans nobles sont reputez âgez, le fils à dix-huit ans & un jour accomplis, & la fille à quatorze ans & un jour accomplis, pour l'administration de leurs Fiefs.*

Meaux, art. 145. dit, que *l'âge est reputé en noblesse à un fils à quatorze ans accomplis, & la fille à douze ans, pour faire la foy & hommage à cause de ses Fiefs.*

Melun, art. 32. dit, que *le mâle peut porter la foy étant âgé de dix-huit ans, & la fille âgée de quatorze ans.*

Montargis, chap. 1. art. 28. dit, que *les enfans mâles sont reputez en âge quant à droit de Fief à vingt ans & un jour; & les filles à quatorze ans & un jour.*

Nivernois, chap. 4. art. 5. dit le semblable, horsmis qu'il dit, que *les mâles de quatorze ans, & les filles de douze, peuvent valablement faire hommage.*

Saint-Quentin, art. 77. dit, que *l'enfant mâle âgé de quatorze ans, & la femelle de douze ans complets, sont d'âge competant pour faire foy & hommage, & sont tenus de la faire, & de relever leurdit Fief; autrement & à faute de ce faire, le Seigneur feodal le peut saisir, & faire les fruits siens.*

Senlis, art. 155. dit, qu'*un enfant noble mâle est reputé âgé à vingt ans & un jour, & la fille à seize ans & un jour.*

Sens, art. 158. ajoûte, *à dix-huit ans le fils, & la fille à quatorze ans & un jour.*

Auteurs sur l'Article trente-deuxiéme.

DEs Mares, Décision, 249.

Loysel, liv. 1. tit. 1. regle 34.

L'Auteur du Grand Coûtumier, livre 2. chap. 28. p. 190. & chap. 42. p. 273. au commencement.

Du Moulin, sur l'article 29. de l'ancienne Coûtume.

Bobé, sur cet article.

Thourette, sur Montfort, art. 22.

De la Lande, sur Orleans, art. 24.

Buridan, sur Reims, art. 69. 113.

Chopin, sur Anjou, liv. 2. tit. 2. nomb. 8. & liv. 3. tit. 5. nomb. 11.

Marion, Plaid. 7.

Buridan, sur Vermandois, art. 171.

Basnage, sur Normandie, art. 197.

Duret, dans son Alliance des Coûtumes, p. 821.

Duplessis explique cet article, liv. 1. du Traité des *Fiefs*, chap. 3. p. 17.

ARTICLE XXXIII.

Au lieu des articles 22. 23. & 24. changez, & ledit article 24. abrogé pour le requint.

Quand est dû droit de rachat ou relief.

EN toutes mutations de Fief est dû droit de rachat ou relief, fors & excepté en celles qui se font par vendition ou bail à rente rachetable, esquelles est dû par l'acheteur ou preneur à rente le quint denier, comme dessus est dit. Et pour celles qui se font par succession, ou par donation en ligne directe, n'est rien dû, *si ce n'est au Vexin-le-François comme dessus.*

Voyez les Articles 2. 4. 23. 37. 38. 47. & 83.

REMARQUES.

EX regia donatione confiscatorum prædiorum in liberos damnati, relevia non debentur, Ar. 23. Januar. 1599.

Legatarius qui accipit traditionem rei legatæ ab herede, nihilominus debet nisi unum relevium. Mol. §. 33. *gl.* 1. *num.* 106.

Quid si intra annum pluries vassallorum mutatio accedat in quibus relevium debetur an plura relevia exigi possint? Distinguendum si hæc mutatio fato aliquo accidat puta morte, tunc nisi unum relevium debetur: secùs, si ex mera voluntate & spontaneo facto singulorum succedentium in feudo, contingat. Mol. d. l. num. 113.

Quando patronus mediatus cogitur ponere feudum extra manus suas quod ei venerat per confiscationem non debetur nisi unum jus, ibid. num. 161. 162.

De venditione hereditatis à collaterali duplicia jura debentur unum ex persona heredis scilicet relevium, alterum ex venditione scilicet quintum pretii. Mol. d. l. gl. 2. *num*-34. 39.

EN TOUTES MUTATIONS DE FIEF EST DEU DROIT DE RACHAT OU RELIEF.

GLOSE PREMIERE SUR L'ARTICLE XXXIII.

§. 1. Quelles mutations donnent ouverture au relief.

SOMMAIRE.

1. *Ce que marque l'article* 33.
2. *Ce qu'il y a à observer touchant le relief.*
3. *Le relief n'est dû que pour mutation.*
4. *Causes des mutations qui donnent lieu au relief.*
5. *Relief dû pour mutation d'homme vivant & mourant.*
6. *Quand est dû pour mutation du titulaire d'un benefice duquel dépend un Fief.*
7. *Mutation par mariage.*
8. *Si, & quand relief est dû pour Fief acquis au Seigneur haut-Justicier.*
9. Quid, *si le haut-Justicier en faisoit donation à son fils.*
10. *S'il est dû pour Fief baillé à rente fonciere.*
11. Quid, *s'il est donné à bail emphytheotique.*
12. *S'il est dû pour la reversion au bailleur.*
13. *Sentiment de Maistre Duplessis refuté par l'Auteur.*
14. *Si le relief est dû de toutes mutations qui arrivent en une mesme année.*
15. *Disposition des Coûtumes.*
16. *Arrests sur la question.*
17. *Si le relief se prend sur les fruits perçus pendant la saisie feodale.*
18. *Pourquoy pour mutation est dû relief dans les Fiefs, & qu'il n'est rien dû dans les rotures.*
19. *S'il est dû pour Fief déguerpi & repris par le propriétaire de la rente fonciere.*
20. *Ou pour Fief abandonné aux créanciers du vendeur.*
21. *Si le debiteur perd la proprieté des biens qu'il abandonne à ses créanciers.*

1. CEt article qui a été mis au lieu des 22. 23. & 24. de l'ancienne Coûtume, le 24. abrogé nous marque trois choses principales.

La premiere, pour quelles causes est dû le droit de quint, voyez sur l'article 23.

La deuxiéme, que pour toutes mutations le relief est dû.

La troisiéme, sont deux exceptions à cette regle generale, sçavoir la mutation par succession en ligne directe, & la mutation par donation ou succession en ligne directe, pour les Fiefs du Vexin le François.

2. Touchant le relief il y a quatre points principaux, à sçavoir :

Le premier, ce que c'est que le relief, voyez sur les articles 47. & 49.

Le deuxiéme, quels fruits tombent dans le relief, voyez les articles 48. 50. 56. 57. 58. & 59.

Le troisiéme quelles mutations donnent ouverture au relief ou non, ce qui est traité sur cet article & sur les articles 35. 36. 37. 38. 39. 40. & 46.

Le quatriéme, par qui, & à qui le relief est dû, ce qui est traité dans cet article.

3. Le relief n'est dû que pour mutation en la personne du propriétaire du Fief, lorsque le Fief change de propriétaire.

4. Ces mutations proviennent de plusieurs causes, outre celles qui arrivent par succession & par donation, dont il sera traité dans les gloses suivantes.

5. La premiere est, lorsque l'homme vivant & mourant baillé par les gens de main-morte decede, & qu'il en est donné un autre en sa place, voyez cy-devant dans les preliminaires de ce titre page 72.

6. La deuxiéme est, la mutation du titulaire d'un benefice, qui arrive par mort, resignation ou devolut; dans ces cas le nouveau titulaire est tenu faire la foy & hommage dans quarante jours & payer le relief du Fief dépendant de son benefice : les quarante jours pour faire la foy & hommage courent quant aux vacances *per obitum*, du jour du decés, sans attendre la prise de possession du nouveau titulaire; & à l'égard de celles qui arrivent par resignation, du jour de la prise de possession, selon la Coûtume de Tours article 141. de Lodunois titre des Fiefs article 18. & quant aux vacances par devolut, du jour de la possession de l'ancien possesseur, en vertu d'un Jugement qui adjuge la pleine maintenuë au devolutaire.

7. La troisiéme est, la mutation par mariage, voyez l'article 35. & suivans.

8. La quatriéme est, celle qui arrive par confiscation; desherence & bâtardise; quand cette mutation arrive, le Seigneur haut-Justicier qui acquiert un Fief en vertu de sa haute-Justice, peut en vuider ses mains dans l'an & jour, à compter du jour qu'il en sera requis par le Seigneur dominant, & pendant ce temps il n'est obligé envers luy a aucuns devoirs ou droits, aprés lesquels passez s'il a retenu le Fief il doit faire la foy & hommage & payer le relief, sinon le Fief peut être saisi par le Seigneur.

C'est la disposition de la Coûtume d'Orleans article 21. en ses termes, *quand à un haut-Justicier advient par aubenage ou confiscation un Fief ou arriere-Fief, qui n'est tenu de luy, il en doit dans l'an qu'il en sera requis, vuider ses mains pour l'indemnité du Seigneur de Fief ou arriere-Fief, ou faire la foy & hommage au Seigneur féodal, & luy payer le profit de rachat, autrement le Seigneur de Fief en joüira & l'exploitera.*

Ce terme *aubenage* signifie biens vacans par desherence.

Que si le Seigneur haut-Justicier aime mieux en vuider ses mains, le Seigneur féodal ne peut rien pretendre pour l'acquisition du Seigneur, mais seulement pour celle de l'acquereur, sçavoir le quint ou le relief selon la qualité de l'acquisition; desorte que quoique le haut-Justicier en fit donation à son fils, le relief seroit dû par le donataire.

Nous avons des Coûtumes par lesquelles il n'est rien dû au Seigneur féodal par celuy au profit duquel le haut-Justicier a vuidé ses mains, du Fief acquis en vertu de sa haute-Justice. Melun article 75. Vitry article 36. mais le contraire est observé dans toutes les autres. 9.

La cinquiéme cause de mutation est, lorsqu'un Fief est donné entierement à rente fonciere avec demission de foy, auquel cas le preneur doit au Seigneur la foy & le relief, & s'il y avoit de l'argent deboursé il en donneroit le quint, Charondas sur l'article 23. 10.

La sixiéme est, quand le Fief est baillé à titre d'emphyteose, quoiqu'il soit reversible au bailleur le temps fini du bail, néanmoins la foy & le relief sont dûs au Seigneur; & si le preneur le transporte aprés à un autre sans bourse délier, nouveaux devoirs & droits seront dûs au Seigneur. 11.

C'est le sentiment de Maître Duplessis, qui dit, qu'il y a de la difficulté, sçavoir s'ils seront dûs pour la reversion; parce que d'un côté c'est *resolutio ex causa antiqua*, qui ne fait pas une veritable mutation; la directe étant toûjours demeurée devers le bailleur; d'autre côté la Coûtume n'ayant point étably cette exception, & au contraire cet article 33. voulant que le relief soit dû à toutes mutations, & celle-cy n'en étant pas une exception; néanmoins il se declare pour la negative. 12.

Cette opinion ne me paroît pas soûtenable, dautant que le bail à longues années ordinairement a 99. ans, ou a un temps qui est si long que la reversion ne se peut faire en la personne du bailleur, ainsi elle se fait ou à un de ses heritiers en directe ou en collaterale, ou à un étranger ayant cause; à tout autre qu'à un heritier en directe le relief est dû sans difficulté; si elle se fait à un de ses descendans, c'est le cas auquel on peut appliquer que la reversion se faisant *ex antiqua causa* à un de ses enfans, le relief ne seroit pas dû, puisqu'il ne le seroit pas si le Fief s'étoit trouvé dans sa succession : ainsi il n'est pas vray de dire indistinctement que le relief n'est pas dû pour la reversion; & même je crois qu'il est dû en tout cas, parce qu'il y a une veritable mutation, la proprieté de l'heritage ayant passé du dernier possesseur en la personne de celuy à qui la reversion est dûë : puisqu'il est même dû selon le sentiment de du Moulin, quand la chose donnée retourne au donateur par une clause inherente au cas. 13.

C'est une question, *si le relief est dû de toutes mutations qui arrivent en une même année, ou s'il n'en est dû qu'un ?* 14.

Du Moulin sur cet article glose 1. nombre 113. fait cette distinction : ou les ouvertures de Fief sont arrivées par la mort de plusieurs propriétaires du Fief, ou sont arrivées les unes aprés les autres, & en ce cas il n'est dû au Seigneur qu'un seul rachat : ou elles sont arrivées en une même année par des causes volontaires, comme par contrats, en ce cas le droit est dû pour chaque mutations, parce que *id contingit voluntate & spontaneo facto succedentium in feudo, & non repentinâ successione, fortuito casu, vel subitâ morte*; dans ce cas le Seigneur ne peut pas demander une chose qui est déja à luy, ce seroit exiger deux fois le même droit.

Mais quand elles arrivent par des causes volontaires & non forcées, le nouvel acquereur est tenu comme successeur particulier de payer le droit pour sa mutation, & le payement qu'il en fait ne décharge pas son Auteur de celuy qu'il doit, pour la mutation arrivée en sa personne.

Voyez Loysel titre des Fiefs article 18. & Coquille dans ses Institutes au titre des Fiefs page 31. de l'Edition de 1665.

15. Les réformateurs de la Coûtume d'Orleans ont suivy le sentiment de du Moulin, car l'article 17. ajoûté à l'ancienne Coûtume porte, *si en une année un même Fief tombe en plusieurs rachats par mort envers même Seigneur, ne sera dû qu'un seul rachat.* D'où il s'ensuit *à contrario sensu*, que si les ouvertures arrivent non par mort, mais par des causes volontaires, il est dû au Seigneur autant de rachats.

Nous avons plusieurs Coûtumes, qui veulent, conformément à l'avis de Maître Charles du Moulin, que si durant l'année que le Seigneur joüit, le Fief tombe une seconde fois en rachat, la joüissance de la seconde année commence au temps de l'échéance du second rachat, & que le premier cesse; sçavoir celles d'Anjou article 123. du Maine article 133. de Touraine article 137. de Blois article 92. de Poitou article 134. de Bretagne article 70. ce qu'on appelle *rachat rencontré*: desorte que dans ces Coûtumes le Seigneur joüit pour la premiere mutation jusques à ce que la seconde arrive; & pour la seconde le Seigneur joüit une année entiere, sans déduire ce qu'il a joüy pour la premiere mutation.

16. Charondas en ses Réponses livre 9. chapitre 76. remarque un Arrest donné en l'Audience, pour un nommé Mont-Miral, Sieur de Versailles, du 16. Juillet 1562. par lequel il fut ordonné, que le Seigneur auroit les fruits & les revenus de deux années pour deux mutations arrivées en une même année par mort.

Il semble en effet, que dans les Coûtumes qui n'en parlent point comme la nôtre, le relief soit dû pour chaque mutation, quoique plusieurs soient arrivées par mort en une même année, parce qu'il n'y a point de raison pourquoy *duæ causæ diversa extinguantur concursu*, vû qu'au contraire il faut dire que *debent surbordinari*: c'est un avantage & un profit casuel, que la qualité du Fief produit en faveur du Seigneur, à la charge duquel le Fief a été autrefois baillé, & il ne le faut pas dénier au Seigneur auquel il échet, puisqu'il arrive souvent, que pendant plus de cent années le Seigneur ne tire aucun profit des Fiefs qui sont dans sa mouvance, lorsque ces Fiefs passent de pere en fils par successions, pour lesquelles il n'est rien dû au Seigneur.

Toutefois nonobstant la distinction de Maître Charles du Moulin, il a été jugé en ce Parlement, qu'il n'est dû qu'un seul relief, quand plusieurs mutations arrivent en une même année par contrats volontaires, par deux Arrests, le premier est du 18. Mars 1610. l'autre du 20. Mars 1662. donné en l'Audience de la Grand'Chambre en la Coûtume de Meaux, rapporté dans le 2. Tome du Journal des Audiences.

Dans l'espece de ce dernier Arrest, il s'agissoit d'un Fief, échû par succession collaterale à une fille, qui s'étoit remariée en seconde nôces dans l'an du decés de celuy auquel elle avoit succedé dans ce Fief; ainsi il sembloit qu'elle dût au Seigneur double relief, parce qu'il y avoit eu deux mutations, l'une en sa personne, & l'autre en celle de son second mary: la Coûtume de Meaux portant en l'article 318. que *toutefois & quantes qu'il y a mutation de vassal hors la ligne directe, il y a rachat pour le Seigneur, soit que la donation procede de frere ou de sœur, ou autrement en ligne collaterale*; néanmoins il fut jugé par cet Arrest qu'il n'étoit dû qu'un seul relief.

Que si le donataire laissant des heritiers collateraux decede aprés avoir pris possession dans la même année, c'est un rachat rencontré par une cause non volontaire, ainsi double relief n'est pas dû: mais s'il decede aprés l'année double relief est dû, l'un du chef du défunt, & l'autre du chef de son heritier.

Que si le donataire decede avant que d'avoir pris possession dans quelque temps que ce soit, son heritier ne doit point de relief du chef du défunt, parce qu'il n'en avoit pas acquis la proprieté, *habens actionem ad feudum, non propterea est vassallus, nec tenetur ad petendam investituram, nec potest manûs injectionem pati.*

Quoique la mutation soit arrivée pendant la saisie feodale qui auroit durée long-temps avec perte de fruits, néanmoins le relief seroit dû. 17.

La raison est, que le gain que fait le Seigneur des fruits en vertu de la saisie, est fondé sur sa diligence & sur la negligence du vassal; mais le relief vient de la mutation du vassal, consistant dans le revenu du Fief d'un an, pour le payement duquel le nouveau vassal ne peut pas user de compensation, avec les fruits perçus pendant plusieurs années qu'aura duré la saisie; parce que l'année du relief ne commence que du jour que les offres ont été acceptées par le Seigneur, ou valablement faites par le vassal, suivant l'article 49. desorte que le Seigneur n'est point obligé de tenir compte du profit des fruits qu'il a tiré, tant qu'a duré sa saisie, parce que *jure suo usus est*; & partant s'il avoit saisi un Fief sur l'acheteur pour foy & hommage non faite, & droits non payez, & que pendant cette saisie l'acheteur vint à deceder, laissant des heritiers collateraux, ces heritiers seroient obligez de payer au Seigneur le quint, avant que d'être reçus en foy, & luy faire des offres suffisantes pour la mutation arrivée en leur personne par la mort de l'acheteur auquel ils auroient succedé.

Il ne serviroit de rien de dire, qu'il n'y auroit point de nouvelle mutation de la part des heritiers de l'acheteur, vû qu'il n'a jamais été reçû en foy, & n'a point été le vassal du Seigneur; parce que bien qu'il n'ait point été reçû en foy, néanmoins il avoit la proprieté du Fief par la vente qui luy en avoit été faite; ainsi il y a une nouvelle mutation réelle & effective en la personne de ses heritiers.

Pourquoy pour mutation de personne relief est dû aux Fiefs en certains cas, esquels il n'est rien dû pour les rotures. 18.

La raison est, que dans les Fiefs on considere deux choses; sçavoir, la nature & la qualité de l'acquisition & de la mutation du vassal, & que dans les rotures on ne considere que la qualité de l'acquisition; car il importe peu au Seigneur censier qui devienne propriétaire de la roture; mais il importe au Seigneur feodal qui soit son homme ou son vassal, au moins suivant l'ancienne institution des Fiefs; & quoiqu'il y ait long-temps qu'il importe peu au Seigneur qui soit son vassal, il luy importe néanmoins de le recevoir en foy pour recevoir les droits qui luy sont dûs, & qui peuvent luy être dûs dans la suite.

Nous observerons icy les cas esquels le relief n'est point dû.

Le premier est, pour Fief échû par succession en ligne directe, ou par donation en ligne directe suivant cet article. 19.

Le deuxiéme est, en cas de remise faite par le Roy aux enfans des biens de leur pere condamné à mort, suivant ce qui a été dit sur l'article 26.

Le troisiéme est, au cas de vente ou d'acte équipollent à vente, suivant cet article & l'article 23. Voyez l'article 78.

Le quatriéme, pour échange. Voyez sur l'art. 78.

Le cinquiéme, pour Fief appartenant à une femme mariée, laquelle n'en doit point de relief aprés la mort de son mary. Voyez l'article 39.

Le sixiéme, pour Fief dont la veuve joüit pour son doüaire. Voyez l'article 40.

Le septiéme, dans les articles 36. & 38.

Le huitiéme, dans l'article 5.

Le neuviéme, pour la totalité des Fiefs de la communauté appartenante aux heritiers en ligne directe par la renonciation de la veuve, par le même article.

Le dixiéme, lorsque la femme reçoit des heritiers de son mary des Fiefs de la communauté en payement de ses reprises. Voyez sur l'article 78.

Le onziéme, pour donation de Fief par les ascendans à leurs enfans, article 26.

Le douziéme, pour la garde noble ou bourgeoise, article 46.

Le treiziéme, au cas de mutation de la part du Seigneur, article 66.

Le quatorziéme, par le curateur ou commissaire établi au Fief saisi, article 34.

Le quinziéme, au cas que le contrat soit reduit *ad non causam*. Voyez sur l'article 78.

Le seiziéme, pour partage de Fief, quoiqu'il soit adjugé à un de plusieurs heritiers. Voyez sur l'article 80.

Le dix-septiéme, pour Fief mis par la femme dans la communauté. Voyez sur l'article 26. glose 2.

Le dix-huitiéme, lorsque le vassal a fait bail emphytheotique, ou baillé à rente fonciere, ou à cens, ou à quelqu'autre droit seigneurial & domanial, une partie de son Fief avec retention de foy au desir de l'article 51.

Le dix-neuviéme, pour réünion du Fief servant au Fief dominant, auquel cas n'est dû aucun droit.

Le vingtiéme, pour donation de Fief faite à gens de main-morte, dont ils ont disposé dans l'an & jour. Voyez sur ce titre des Fiefs.

10 Le vingt-uniéme, pour Fief déguerpi par le propriétaire pour rente fonciere dont il étoit chargé, & repris par le propriétaire de la rente; c'est le sentiment de Loyseau au Traité du déguerpissement, livre 6. chap. 5. nomb. 11. parce que le déguerpissement ne cause pas la translation de proprieté de l'heritage déguerpi, mais l'extinction & la resolution du droit de celuy qui a déguerpi; & lorsque le propriétaire de la rente y rentre en vertu du déguerpissement, il n'est pas censé en acquerir la proprieté; de même que quand le donateur rentre dans son Fief par une clause resolutive de la donation inherente au contrat.

Le vingt-deuxiéme, au cas de délaissement & abandonnement de biens fait par un debiteur à ses créanciers, parce qu'il n'en abandonne pas la proprieté, mais la joüissance, & les créanciers n'en deviennent pas propriétaires, *qui bonis cedit ante venditionem bonorum suorum dominium non amittit, l. is qui bonis. C. de cession. bonor.* & les droits ne sont dûs que quand les biens sont vendus & adjugez à la poursuite des créanciers, *l. 4. C. d. tit. non tamen creditoribus suâ autoritate dividere hac bona & jure dominii detinere, sed venditionis remedio quatenus substantia patitur, indemnitati sua consulere permissum est. Cum itaque contra juris rationem res jure dominii teneas ejus qui bonis cessit, te creditorem dicens, longi temporis praescriptione petitorem summoveri non posse manifestum est.* 21. 22.

C'est aussi ce que dit Ulpian, *l. 3. ff. eod. tit. is qui bonis cessit, ante rerum venditionem utique bonis suis non caret, quare si paratus fuerit se defendere, bona ejus non veneunt*, il peut empêcher la vente de ses biens, au cas qu'il puisse satisfaire ses créanciers; c'est aussi ce que dit Paul dans la loy *quem pœnitet. ff. eod. tit.*

§. 2. Qui doit payer le relief, & à qui il doit être payé.

SOMMAIRE.

1. *C'est au nouveau propriétaire à payer le relief.*
2. *Il doit en acquitter l'usufruitier.*
3. Quid, *si pendant l'usufruit il arrive des mutations de propriétaires.*
4. *Arrest sur la question.*
5. *Qui doit payer le relief du donateur ou du donataire, quand la donation est faite* retento usufructu.
6. *Sentiment de du Moulin, que c'est au donateur.*
7. *Raisons contraires.*
8. *Si l'usufruitier le doit, quand il a l'usufruit à titre lucratif.*
9. *Arrest qui a jugé la question.*
10. *Si le survivant des conjoints, donataire mutuel, est tenu payer le relief.*
11. Quid, *quand le don mutuel est sans retour.*
12. *Arrest rendu contre la femme donataire mutuelle.*
13. Quid, *si le don échet au mary par la mort de la femme.*
14. *Conclusion, que le donataire est tenu payer le relief quarante jours aprés qu'il a prie possession du Fief donné.*
15. *Le gardien obligé d'acquitter les mineurs du relief, quand il est dû de leur chef.*
16. *Le donataire mutuel n'ayant pas payé le relief de son vivant, ses heritiers seroient-ils obligez d'en acquitter le prédécedé des conjoints.*
17. *Si un des heritiers qui a payé le relief, a son recours contre ses coheritiers pour leur part.*
18. Quid, *si le Seigneur luy en avoit fait remise.*
19. *Si le relief doit estre payé à l'usufruitier.*
20. *A qui est dû le relief, quand il échet à la fin du bail à qui le Seigneur a affermé les droits casuels.*
21. *Si les droits sont dûs au fermier qui étoit lors de la vente à faculté de rachat.*
22. *Si le relief est dû au fermier qui étoit lors de la donation faite sous condition.*
23. *Si l'amende pecuniaire appartient au fermier de la Justice qui étoit lorsque le crime a été commis.*

Quand le relief est dû, il y a quelquefois de la difficulté, sçavoir, qui le doit payer, & à qui.

1. C'est une regle generalement vraye, que c'est au nouveau propriétaire d'un Fief d'en faire la foy & hommage, & de payer le relief quand il est dû pour mutation arrivée en sa personne, & d'en acquitter l'usufruitier en cas qu'il y en ait un; ainsi c'est à l'heritier du mary à payer le relief dû à cause de sa mutation, & d'en acquitter le doüaire, suivant l'article 40. C'est la disposition de plusieurs Coûtumes marquée sur ledit article, observée dans celles qui n'en parlent pas.

2. Nous avons des Arrêts qui ont jugé, que l'heritier étoit obligé d'acquiter l'usufruitier du relief, Monsieur Loüet, lettre V. chapitre 9. en remarque deux; le premier a été donné entre les Aubrys le 16. Février 1587. au rapport de Monsieur Spifame: l'autre a été rendu en la cinquiéme Chambre des Enquêtes, au rapport de Monsieur Petau le 21. Juin

TOURNET. 1597. ces deux Arrests sont citez par Tournet sur l'article 40.

Ce qui est fondé sur une autre raison, sçavoir que l'heritier est tenu de faire joüir l'usufruitier, ce qu'il ne peut qu'en payant le relief quand il est dû, autrement le Seigneur feroit saisir le Fief, & par ce moyen l'usufruit seroit inutile à l'usufruitier pendant la saisie.

3. *Si pendant la durée de l'usufruit il arrive d'autres mutations de propriétaire du Fief, qui doit payer les droits au Seigneur?*

DU MOULIN. Maître Charles du Moulin sur cet article, *glos.* 1. *num.* 158. dit, qu'il faut distinguer entre les mutations, qui arrivent par la volonté du propriétaire, comme s'il a vendu, donné, cedé, transporté, ou disposé de son Fief par actes entre-vifs; & celles qui arrivent par necessité, comme par la mort du propriétaire: Au premier cas, il tient que les droits doivent être payez par l'acquereur; & qu'au second, c'est à l'usufruitier à les payer: Il dit que cette distinction doit être observée à l'égard du doüaire, quoiqu'il tienne lieu d'alimens: parce qu'il est *ad instar usufructûs*; ainsi ce qui est generalement établi pour l'usufruit, doit être gardé à l'égard du doüaire.

Cette distinction est fondée sur l'article 239. de la Coûtume du Maine, & sur ceux de la Coûtume d'Anjou remarquez cy-dessus.

4. Quelques-uns veulent que cette distinction, comme tres-équitable, soit observée dans les autres Coûtumes qui n'ont point de disposition contraire: Chopin sur la Coûtume d'Anjou, livre 2. chap. 2. tit. 1. art. 4. veut que dans celles qui n'en parlent point, le rachat soit payé par le propriétaire, & non par l'usufruitier, & il remarque deux Arrests, l'un du 28. Août 1568. & l'autre du 23. Février 1570. citez par

CHARONDAS. Charondas sur l'article 2. de nôtre Coûtume, qui l'ont jugé ainsi.

TOURNET. TRONÇON. Ces deux Arrests sont citez par Tournet sur l'article 2. c'est le sentiment de Tronçon sur le même article 2. *in fine*, & de Charondas qui cite les mêmes Arrests sur ledit article 2.

Je croy qu'en ce cas il faut suivre l'avis de Chopin, parce que le relief n'étant point dû du chef de l'usufruitier, ni par son fait, mais par celuy du propriétaire, il n'est pas raisonnable qu'il en porte la peine; car il pourroit arriver, que par les frequentes mutations des propriétaires par mort, la joüissance seroit peu utile à l'usufruitier. Et comme remarque fort bien cet Auteur, c'est au nouveau propriétaire à faire la foy & hommage au Seigneur, & il n'est admis en foy, qu'en payant les droits dûs, ou en luy faisant des offres valables & suffisantes, ainsi qu'il est porté par l'article 63.

5. *Qui doit payer le relief du donateur ou du donataire quand la donation est faite*, retento usufructu?

Du Moulin sur cet article, glos. 1. n. 156. tient que c'est le donateur. 6.

La raison qu'il en rend est, parce que son droit est plus ancien & plus fort que l'usufruit qu'il s'est reservé, qu'il est inherant au Fief, & qu'il se prend sur les fruits d'iceluy, puisqu'il consiste dans le revenu d'un an; qu'il est vray que le donataire en la personne duquel la mutation arrive, y est personnellement obligé; cependant ce n'est qu'à cause des fruits du Fief, & partant le donateur le doit payer.

Nonobstant l'opinion de Maître Charles du Moulin, & les raisons sur lesquelles il la fonde, je croy que c'est au donataire du Fief, comme propriétaire d'iceluy, à le payer, pour deux raisons: 7.

La premiere est, que l'usufruitier n'est obligé qu'aux droits ordinaires, & non aux extraordinaires, lesquels doivent être portez par le propriétaire du Fief; de même que c'est au propriétaire à porter la foy au Seigneur, & à faire les offres suffisantes des droits dûs pour son acquisition, lesquels ne sont dûs qu'à cause de la mutation arrivée en sa personne. Il est vray que le Fief peut être saisi, & que cette saisie peut être exercée contre l'usufruitier, mais par l'evenement elle retombe sur le propriétaire contre lequel l'usufruitier a son recours: de même que quand la saisie est faite d'un Fief baillé à ferme par le Seigneur, elle a lieu au préjudice du Fermier, sauf son recours contre son maistre pour ses dédommagemens.

La seconde est, que le relief ne se paye que pour la décharge du propriétaire, & non pour celle de l'usufruitier, puisque l'usufruitier ne doit rien de son chef.

Il y en a qui font cette distinction, sçavoir, que quand l'usufruit est échû à titre lucratif; c'est à l'usufruitier à payer le relief; mais que quand il est échû à titre onereux, le propriétaire en est chargé.

Ainsi la doüairiere n'est pas obligée de payer le relief pour le doüaire coûtumier dont elle joüit; & si le relief est dû par les heritiers de son mary, c'est à eux de l'en acquitter, suivant l'article 40. de nôtre Coûtume.

La raison est, que la doüairiere n'a pas le doüaire coûtumier par une cause purement lucrative, mais par une cause onereuse, puisqu'il luy est donné *ob causam*; & que comme le survivant des conjoints, donataire mutuel, gagne l'usufruit des biens sujets au don mutuel par une cause purement lucrative, il doit acquitter du relief les heritiers du prédecedé, au cas qu'il soit dû par eux.

Et qu'ainsi le donateur d'un Fief qui s'est reservé l'usufruit du Fief donné, ne doit point le relief, parce qu'il n'a pas cet usufruit par une cause lucrative, puisqu'il ne joüit du Fief en qualité d'usufruitier, que parce qu'il a fait donation de la proprieté.

Tournet sur l'article 2. remarque un Arrest du 18. 9. TOURNET.
May 1615. entre les Doyen, Chanoines & Chapitre de S. Etienne de Troyes, & Pierre de la Porte, donataire de son oncle d'une maison à titre d'emphytheose pour 99. ans, avec retention d'usufruit sa vie durant, par lequel en infirmant la Sentence du Bailly de Troyes, qui avoit declaré le Chapitre non recevable, quant à present, à demander les lods & ventes par luy stipulez en toutes mutations, il fut ordonné que le donataire les payeroit, en consequence de l'acquisition de ladite maison qu'il en avoit faite par la donation.

Maître Auzanet dit sur cet article, *pour la donation d'un Fief faite à un parent en ligne collaterale, ou à un étranger avec retention d'usufruit, le relief sera payé par le donataire dêslors du contrat.* AUZANET.

Son sentiment étoit que cet article fut ainsi ajoûté à l'article 33. C'est aussi le mien, que le donataire paye le relief; & si le Seigneur prend l'exploitation du Fief, le donataire doit en indemniser le donateur; car c'est une charge qui le regarde, & qui vient de l'utilité qu'il reçoit de la donation.

ZANET. C'est le sentiment de Maître Auzanet sur cet article, que le relief doit être payé par le donataire dés-lors du contrat.

10. *Si le donataire mutuel doit le relief?*

Il faut dire aussi que le donataire mutuel n'est point tenu de payer le relief pour les biens qui sont sujets au don mutuel, mais que c'est aux heritiers du prédecedé des conjoints de l'en acquitter, parce que le relief n'est point dû *ex persona* du donataire, mais des heritiers.

ONÇON. Tronçon sur l'article 286. dit en ces termes: *cet article ne parle point des profits de Fief, mais ils sont sous-entendus sous ces mots* rentes foncieres *de l'article 287. comme étant une charge réelle, dont le donataire est tenu de payer la moitié, & avancer l'autre, comme une dette de la communauté, à la charge de la reprendre sur la part du défunt.*

Ce que dit cet Auteur paroît en quelque façon absurde.

Premierement c'est une erreur d'avancer, que le donataire mutuel doive la moitié des profits de Fief pour la part qui luy appartient en la communauté, veu que soit le mary, ou la femme qui survive, ils ne doivent point de relief pour la moitié des Fiefs qui leur appartiennent, comme étant de la communauté, suivant l'article 5. & il n'y a personne qui en puisse douter.

En second lieu, il n'est pas vrai que les profits de Fiefs dûs par les heritiers du prédecedé, pour la moitié sujette au don mutuel, soient une dette de la communauté, autrement il s'ensuivroit que la veuve, laquelle par l'article 5. ne doit aucuns profits au Seigneur feodal pour la moitié des Fiefs qui luy appartiennent en qualité de commune, devroit la moitié du relief dû par les heritiers collateraux de son mary pour la moitié des Fiefs de la communauté, ce qu'on ne peut avancer avec raison: enfin, il est constant que c'est une charge personnelle, qui n'est dûë que par les heritiers du prédecedé, à cause de la mutation arrivée en leur personne, parce que c'est une dette purement personnelle. Voyez sur l'article 286.

11. *Si le relief est dû par le survivant des conjoints donataire mutuel, quand le don mutuel est fait sans retour, pour la moitié qui luy échet en pleine proprieté en vertu de ce don?*

Cette question s'est presentée dans cette espece: Maître Louis du Bois, fameux Avocat en la Cour, & Jeanne Bertrand sa femme par leur contrat de mariage avoient stipulé communauté de biens, & qu'au défaut d'enfans tous les biens de la communauté appartiendroient en pleine proprieté au survivant: pendant cette communauté ils acquierent une Terre feodale dans la Coûtume de Chartres.

Aprés la mort de M. du Bois sans enfans, sa veuve se mit en possession de la Terre en vertu de son contrat de mariage; le Seigneur feodal la fit saisir, prétendant qu'elle luy devoit relief pour la moitié qui auroit appartenu aux heritiers du mary, si le don mutuel n'avoit point été convenu par le contrat de mariage: la saisie feodale fut confirmée par Sentence contradictoire du Presidial de Chartres, qui condamne la veuve du Bois à payer le relief.

12. L'appel de cette Sentence ayant été interjetté, la cause fut plaidée en la troisiéme Chambre des Enquêtes par renvoy de la Grand'-Chambre, à cause des parentez du sieur de Montigny, Seigneur feodal, intimé: Par l'Arrest intervenu le 27. May 1672. prononcé par Monsieur le President de Fourcy, & rapporté dans le troisiéme tome du Journal des Audiences, & dans le Journal du Palais la Sentence a été confirmée.

La raison de douter étoit forte, en ce qu'il semble qu'il n'y avoit point de veritable mutation, car le don mutuel sans retour faisant une clause du contrat de mariage, l'acquisition de tous les conquêts faite par le mary pendant la communauté, étoit censée avoir été faite suivant cette clause *pour appartenir en pleine proprieté au survivant des deux*; desorte que la proprieté avoit toûjours demeuré en suspens durant la vie de tous les deux; & le mary étant prédecedé, on pouvoit dire que la veuve en avoit eu la proprieté dés le moment de l'acquisition, pour laquelle les droits ayant été payez, il n'étoit pas juste de les luy demander une seconde fois.

De même que par l'article 5. de la Coûtume de Paris, auquel est conforme l'article 25. de celle de Chartres, il n'est rien dû par la veuve pour la moitié qui luy échet des biens de la communauté.

Et puisque par la renonciation faite par la femme à la communauté, les heritiers en directe du mary ne doivent point le relief pour les Fiefs acquis pendant la communauté, parce que le mary étoit censé en avoir toûjours eu la proprieté, au moyen de la renonciation de la veuve; aussi le donataire mutuel ne doit aucuns droits au Seigneur pour la moitié qu'il acquiert par le moyen du don mutuel, dautant que par une fiction fondée sur l'intention & la volonté des contractans, toutes les acquisitions se font au profit du survivant, dont par consequent il est censé le maître arrivant la mort de l'autre, dés le jour que les acquisitions ont été faites.

La raison sur laquelle l'Arrest a été rendu, est que la Cour a pris ce don mutuel pour une veritable donation, laquelle n'ayant eu son effet qu'au temps de la mort du mary, auquel il étoit maître & propriétaire de la moitié des conquêts, il y a eu une veritable mutation en la personne de la femme, pour la moitié de ces conquêts qui luy est venuë par le moyen du don mutuel.

Que si le mary survivoit sa femme au cas du don mutuel sans retour, il semble qu'il ne devroit point de relief pour la moitié qu'il acquereroit en pleine proprieté en vertu du don mutuel; parce que le mary est le maître de la communauté, jusqu'à ce qu'aprés la dissolution d'icelle, la femme ou ses heritiers l'ayent acceptée; car la femme par son concours fait que la communauté qui appartenoit entierement & pour le total à son mary, se divise en deux parties, entr'elle & les heritiers de son mary, ou au contraire entre les heritiers de la femme & le mary, suivant l'article 229. Ainsi la convention par laquelle il est porté, que le survivant emportera tous les biens de la communauté, semble ne donner aucun droit de proprieté dans la partie de ces biens qui auroient appartenu aux heritiers de la femme, au mary qui l'a survécu, & qui joüit du don mutuel, puisque les acquisitions des biens de la communauté ont été faites par luy & en son nom. 13.

Cependant il faut dire le contraire, & qu'il ne doit pas moins le relief pour la moitié des Fiefs qu'il acquiert en vertu du don mutuel, parce qu'autrement ils auroient appartenu aux heritiers collateraux de la femme, qui auroient payé le relief pour cette partie.

Quant à ce qu'on objecte, que le mary est le maître de tous les biens communs, & que *concursu tantùm fiunt partes*, cela n'a lieu que quand les heritiers de la femme renoncent à la communauté; en ce cas le mary ne doit point le relief, pour la moitié des Fiefs qui auroient appartenu aux heritiers collateraux de sa femme, s'ils avoient accepté la communauté; parce que le mary est présumé n'acquerir aucun droit de proprieté sur icelle par le moyen de leur renonciation, puisqu'il l'avoit auparavant pleine & entiere.

La raison est, que le mary peut de son vivant disposer de tous les biens de la communauté, parce qu'il les a acquis, ou qu'il est censé les avoir acquis, & la femme ou ses heritiers n'y ont droit que par l'acceptation de la communauté; desorte que s'ils l'acceptent, leur droit dans les biens communs ne leur est acquis que du jour de la mort du mary, & s'ils y renoncent, elle, ou ses heritiers sont présumez n'y avoir jamais eu aucun droit acquis.

Il n'en est pas de même au cas du don mutuel sans retour; car la communauté étant avantageuse, il y a lieu de présumer que les heritiers de la femme l'auroient acceptée, & partant pour cette moitié il y a mutation & ouverture au relief, parce qu'elle auroit appartenu aux heritiers de la femme.

14. C'est donc au donataire à payer le relief pour la mutation qui arrive en sa personne, & dans les quarante jours à compter de la perfection de la donation & de la délivrance du Fief donné, il est obligé de faire la foy & hommage au Seigneur, & luy faire ses offres au desir de la Coûtume en l'article 63. & si le Seigneur accepte ou l'estimation du revenu de l'année, ou le dire de Prud'hommes, il n'y a point de difficulté; mais s'il accepte l'exploitation du Fief pendant l'année, le donateur est obligé de souffrir qu'il en jouisse, parce que la convention faite entre le donateur & le donataire ne peut préjudicier aux droits du Seigneur, & au choix que la Coûtume luy donne, de prendre l'une des trois offres qui doivent luy être faites; sauf toutefois au donateur son recours contre le donataire, pour repeter contre luy l'estimation des fruits de l'année que le Seigneur a choisi pour son relief.

15. Il n'en est pas de même du gardien noble au bourgeois, lequel est obligé d'acquitter les mineurs du relief quand il est dû de leur chef par l'article 46.

16. Si le donataire mutuel qui seroit obligé de décharger les heritiers du prédecedé, du relief qui seroit dû par la mutation arrivée en leur personne, ne l'avoit pas payé de son vivant, & qu'aprés sa mort le Seigneur saisit le Fief, dont l'usufruit seroit consolidé à la proprieté par la mort du donataire mutuel, les heritiers du prédecedé ont leurs recours contre ses heritiers pour leurs dédommagemens envers le Seigneur, c'est-à dire, au cas que le Seigneur choisit le revenu d'une année pour être payez de l'estimation des fruits que le Seigneur percevroit pendant cette année; parce que, quoique l'année du relief ne commence que du jour que les offres ont été acceptées par le Seigneur, ou qu'elles ont été valablement faites par le vassal, toutefois il suffit que le donataire mutuel ait été obligé à le payer au Seigneur, pour rendre ses heritiers obligez envers le propriétaire du Fief pour les acquitter envers le Seigneur; & les dédommager entierement; car les obligations personnelles passent contre les heritiers de ceux qui étoient obligez.

17. *Si un de plusieurs heritiers ou copropriétaires d'un Fief, ayant fait la foy & hommage pour tout le Fief* in solidum, *& payer le relief, peut repeter contre ses coheritiers leur part & portion du relief?*

Du Moulin sur cet article, glos. 1. n. 96. tient l'affirmative, ce qui est sans difficulté, *quia licèt tantùm nomine suo solverit, tamen eos liberavit, & in hoc negotium commune licet in ipso gestu, tamen reipsa gessit, & eo ipso quòd sunt liberati locupletiores facti sunt, ergo contra eos habet actionem.*

18. BRODEAU. Brodeau sur l'article 35. nombre 23. dit que la repetition auroit lieu, quoique le Seigneur eût liberalement & gratuitement remis une partie du droit de relief, le coheritier n'étant point obligé de communiquer cette gratification à ses coheritiers, & principalement quand ils ont été constituez en demeure, & qu'il a payé forcement aprés la saisie feodale.

Il dit que c'est la décision d'un Arrest du Mardy matin 28. Février 1612. plaidans Arragon pour le sieur le Comte, Trésorier de France à Paris, appellant, & Chopin pour l'intimé, touchant la Terre de Boisliste, située en Poitou.

Ce que dit cet Auteur, n'a lieu qu'à l'égard de la portion du relief remise à celuy qui a payé, qu'il devoit pour sa part, laquelle il n'est pas obligé de communiquer aux autres; mais si y ayant quatre coheritiers & le relief étant estimé quatre cent livres pour laquelle le Seigneur se seroit contenté de deux cens livres, ayant remis les deux autres cens livres en consideration de celuy qui luy auroit payé les deux cens livres, il est certain qu'en ce cas ce coheritier ne pourroit repeter des autres que deux cens livres, & non pas trois cens, à moins que le Seigneur ne luy eût fait cession & transport de ses droits contre ses autres coheritiers.

Le relief est un fruit du Fief, & par consequent il doit être payé à l'usufruitier du Fief dominant, à qui appartiennent tous les fruits, tant ordinaires qu'extraordinaires, comme il a été dit sur l'article 2. 19.

Quand le Seigneur du Fief dominant a donné son Fief à ferme avec tous les profits, tant ordinaires qu'extraordinaires, il arrive quelquefois que le relief tombe sur la fin du bail du Fermier, & que le Seigneur a fait bail à un autre, on demande en ce cas si le relief est entierement acquis au premier Fermier, ou s'il doit être partagé entre l'un & l'autre, *pro rata temporis?* 20.

C'est le sentiment commun des Docteurs, que le relief est dû entier au premier Fermier: la raison est, que le relief est acquis *uno momento*, la cause qui donne lieu au relief arrivant en un moment, comme si c'est par la mort du vassal qui n'ait laissé que des heritiers collateraux, ou par autre cause: il semble que c'est l'esprit de nôtre Coûtume en l'article 47. qui donne le choix au Seigneur, ou de prendre le revenu d'une année, ou le dire de Prud'hommes, ou une somme d'argent offerte par le vassal; ainsi le Fermier peut prendre l'estimation du revenu d'une année, ou la somme d'argent offerte par le vassal, auquel cas le second Fermier ne pourroit pas luy objecter qu'il joüiroit par-delà le temps de la ferme.

Monsieur Loüet & son Commentateur, lettre R. nomb. 33. remarquent trois Arrests qui l'ont jugé ainsi, le premier, est du 11. May 1585. le second, du 13. Février 1587. le troisiéme, du 5. Août 1600. confirmatif de la Sentence du Sénéchal de Thoüars en Poitou, donné en la cinquiéme Chambre des Enquêtes, au rapport du même Monsieur Loüet. Charondas sur l'article 47. remarque celuy de 1585. & un autre du 6. Février 1564. CHARONDAS.

C'est l'opinion de du Moulin sur l'article 1. *glos.* 1. *num.* 33. *& seqq.* & de Brodeau sur l'article 49. qui cite les Arrests remarquez cy-dessus. DU MOULIN. BRODEAU.

Chopin sur la Coûtume d'Anjou, livre 2. chapitre 2. titre 1. nombre 3. remarque le même Arrest de 1585. où il dit, que le semblable s'observe en vente à faculté de rachat; desorte que les lods & ventes, ou quints & requints sont dûs au Fermier qui étoit lors de la vente au Fief dominant, & non pas à celuy qui tenoit la ferme au temps que la faculté de rachat est expirée, duquel jour les lods & ventes pouvoient être dûs au Seigneur par la Coûtume d'Anjou. 21.

Il rapporte un Arrest du 22. Decembre 1584. sur l'appel interjetté des Presidiaux du Mans, par Jean Bommier, Fermier précedent de la Terre de Clermont, contre le second, nommé Jean Vachier, qui l'a jugé ainsi.

Ce même Auteur est d'avis, qu'il en faut dire de même au cas d'une donation faite sous condition, ensorte que les droits sont dûs au Fermier qui étoit lors 22.

lors du contrat, & non à celuy du temps de l'évenement de la condition.

Il dit ensuite, que les droits seigneuriaux, que l'acquereur par decret d'une Terre doit, sont dûs du jour que l'adjudication en a été registrée au Greffe, & non du jour qu'elle a été expediée & mise en forme probante & authentique.

Il faut dire le contraire de l'amende pecuniaire dûë *ex delicto*, laquelle appartient au Fermier qui joüit de la Seigneurie au temps de la Sentence de condamnation, & non au Fermier qui avoit la ferme lorsque le crime a été commis.

23. C'est l'opinion de Guy Pape, *quæst. 333. non delicti sed sententiæ tempus spectatur, quia ante sententiam, neque mulcta, neque aliud quicquam in obligatione erat, cùm illud omne ex judicis arbitrio & potestate penderet (nam finis negotii in judiciis potestate ac metu situs est, inquit imperator in l. 10. C. de excusat.) neque ipsum petenda mulcta jus aliundè procedere possit, quàm ex condemnatione & judicis sententia, quia non ante debebatur quàm sententia judicis pronunciata fuerit.*

C'est aussi le sentiment de du Moulin sur la Coûtume de Paris, tit. 1. §. 74. glos. 1. num. 123. DU MOULIN

Charondas rapporte un Arrest du 3. Juillet 1557. qui l'a jugé ainsi. CHARONDAS

Que s'il y avoit appel interjetté de la Sentence de condamnation d'amende pecuniaire, & que la Sentence fût confirmée, l'amende seroit dûë au Fermier qui étoit lors de la Sentence renduë, & non à celuy qui étoit au temps de l'Arrest.

La raison est, que l'Arrest n'a point établi de droit nouveau; il n'a fait que confirmer ce qui avoit été ordonné par la Sentence; ainsi on doit considerer la condamnation de la Sentence, au temps qu'elle a été renduë, comme s'il n'y avoit point eu d'appel.

ET POUR CELLES QUI SE FONT PAR SUCCESSION.

GLOSE DEUXIEME SUR L'ARTICLE XXXIII.

SOMMAIRE.

1. *Relief échû par succession directe n'est point dû.*
2. *Pourquoy il est dû quand il échet par succession collaterale.*
3. *Si relief est dû quand l'heritier beneficiaire renonce à la succession.*
4. *Si c'est à luy d'en acquitter la succession.*
5. *Si lorsque le vassal a réüni à son Fief un Fief servant, ses heritiers collateraux en doivent relief au Seigneur.*
6. *Si lorsque le Fief servant a été acquis par le Seigneur sans réünion, les heritiers des acquests doivent le relief aux heritiers des propres, ausquels seroit échû le Fief dominant.*
7. *Si le relief est dû pour Fief substitué en ligne directe.*
8. *Distinction à faire entre les fideicommis purs & simples, & les fideicommis conditionnels.*
9. *Si le Fideicommissaire conditionnel decedant avant l'évenement de la condition, transmet l'esperance du fideicommis à son heritier.*
10. *Si celuy qui est chargé de restitution sous condition, est proprietaire avant l'évenement d'icelle.*
11. *De qui celuy à qui la restitution est faite, prend-il la proprieté de la chose.*
12. *Raison qui prouve qu'il la prend de celuy qui fait la restitution.*
13. *Si la substitution étant ouverte au profit du frere decedé sans enfans, la proprieté luy est transferée ex personâ fratris.*
14. *Si le frere à qui la restitution appartient, est obligé au rapport en la succession du pere.*
15. *S'il prend la chose restituée des biens de son frere.*
16. *S'il est obligé de payer le relief.*
17. *Si lorsqu'un Fief est donné à charge de restitution, double relief est dû.*
18. *Arrest qui a jugé la question.*
19. *Si une donation étant faite à un étranger pour appartenir à son aîné, le fideicommissaire doit le relief.*
20. *Si le fils seroit obligé d'en faire le rapport à la succession de son pere.*
21. *Sentiment de du Moulin.*
22. *Sentiment contraire de l'Auteur.*
23. *Sentiment de Maistre Auzanet.*
24. *Si pour partage de Fief entre les heritiers collateraux est dû relief.*

1. PAr les articles 3. & 4. pour succession de Fief en directe, n'est dû au Seigneur que la foy & hommage; mais c'est une regle presque generale dans nos Coûtumes, que le relief est dû pour mutation par succession collaterale.

2. La raison est, que dans les premiers temps les Fiefs n'étoient donnez qu'en usufruit, ensuite ils furent rendus hereditaires au profit des enfans mâles, à l'exclusion des filles & des collateraux: quelque temps aprés l'usage s'introduisit d'y admettre les collateraux, en payant une certaine finance, qui fut reglée au prix du Fief d'un an, soit en fruits ou en estimation, ce qui fut appellé rachat; parce que par ce moyen ces collateraux rachetoient du Seigneur le Fief qui luy étoit retourné par la mort de son vassal arrivée sans enfans mâles. C'est aussi la raison pour laquelle ce droit est appellé relief. Voyez sur l'article 47.

Quoique l'heritier collateral renonce à la succession aprés l'avoir appréhendée par benefice d'inventaire, le relief est dû au Seigneur; c'est le sentiment de Brodeau, nomb. 5. par la raison, que par l'acceptation de la succession il y a une veritable mutation de proprietaire, & partant le relief est acquis au Seigneur, 3.

dont il ne peut être privé par le fait de l'heritier, *jus quæsitum adimi non potest* : car il n'y a aucune difference quant à l'acquisition de la succession entre l'heritier pur & simple, & l'heritier beneficiaire; & ce cas ne doit faire aucune difficulté : mais ç'en est une, si c'est à cet heritier à le payer, ou s'il doit être payé par les créanciers.

4. Henrys, tom. 2. livre 3. quest. 14. est d'avis, qu'il n'en peut être tenu qu'en qualité d'heritier beneficiaire; parce que n'ayant pas joüi des biens de la succession, le droit du Seigneur pour le payement du relief est plus réel que personnel; on dit au contraire qu'il en est déchargé, parce qu'il doit s'imputer d'avoir appréhendé une succession qui n'étoit pas avantageuse, & que c'est par son fait ou par sa faute que ce droit est dû au Seigneur, qui ne doit point retomber sur les créanciers; *quod quis ex culpa sua damnum sentit, non intelligitur damnum sentire. l. 203. quod quis. de R. J.*

Nonobstant cette raison j'estime avec cet Auteur, que l'heritier en renonçant n'en est point tenu : la raison est, qu'il n'y a point de sa faute de s'être porté heritier d'une succession qui étoit chargée de dettes, n'ayant point connoissance de la quantité des dettes & de la valeur des biens de la succession, il s'est servi du droit que la loy luy a donné pour le sçavoir, & du benefice qu'elle accorde aux heritiers beneficiaires, de n'être tenus des dettes *ultra vires*; on peut luy appliquer cette loy *nemo damnum facit, nisi qui id fecit quod facere jus non habet. l. nemo damnum. de R. J.*

5. Quand le vassal a réüni à son Fief un Fief qui en relevoit, ses heritiers collateraux doivent le relief de l'un & de l'autre; mais si la réünion n'en a pas été faite, ils ne le doivent pas; parce qu'ils tiennent en plein Fief le Fief acquis par le défunt, & en arriere-Fief du Seigneur, de même que le défunt.

La Coûtume de Dunois veut en l'article 15. que celuy qui réünit le Fief servant, ne doive aucun droit au Seigneur; mais qu'au cas qu'il decede, son heritier collateral doive le relief pour tout le Fief, ce qui me paroît selon les principes.

6. *Au cas que le défunt ait empêché la réünion du Fief servant au Fief dominant qui luy étoit propre, sçavoir si les heritiers des acquêts doivent le relief aux heritiers des propres, ausquels échoit le Fief dominant?*

Il faut dire que non, parce que les heritiers des acquêts tiennent leur droit *ex persona defuncti*, de même que les heritiers des propres, & représentent sa personne, lequel ne se pouvoit pas devoir le relief à luy-même, & relief ne peut être dû pour lors; parce que les heritiers des acquêts se sont trouvez saisis du Fief servant dés la mort du défunt, de même que les heritiers des propres du Fief dominant; ainsi dans ce temps-là les heritiers des acquêts n'en relevoient pas : & il en est de ce cas, comme lorsque le propriétaire d'un Fief dominant & d'un Fief servant, vend à l'un le Fief dominant, & donneroit à un autre le Fief servant, celuy qui auroit le Fief servant ne devroit aucuns droits à l'acquereur du Fief dominant.

Mais en l'un & en l'autre cas l'acquereur du Fief servant seroit tenu de faire la foy & hommage à l'acquereur du Fief dominant, ce qui est sans difficulté; par la raison qu'il est de l'interêt du Seigneur d'avoir pour hommes ou vassaux les acquereurs & propriétaires des Fiefs qui sont dans leur mouvance feodale.

7. C'est une question, *si le relief est dû pour Fief substitué en ligne directe, quand la substitution est ouverte au profit d'un collateral?*

Posons cette espece, un pere a donné à son fils un Fief, à la charge que s'il decede sans enfans, il le restituera à un de ses freres : la question est, si le fideicommissaire doit le relief.

Maître Charles du Moulin sur l'article 33. glose 1. nomb. 87. tient qu'il est dû; la question n'est pas sans difficulté; d'autant que celuy qui prend les biens substituez, les prend *ex judicio defuncti*, & non par la volonté de celuy qui en a fait la restitution; ainsi le relief n'est pas dû; puisque tout ce que les enfans reçoivent de la liberalité des ascendans, n'est point sujet aux droits feodaux, suivant l'article 6. car le fils chargé de restitution, c'est comme s'il n'en avoit jamais eu la proprieté, mais seulement la joüissance.

On peut dire au contraire qu'il est dû, par les raisons suivantes; il faut faire distinction entre les fideicommis purs & les fideicommis conditionnels, en ce que la proprieté des fideicommis purs est transmise dés la mort de celuy qui a fait la substitution aux heritiers du fideicommissaire, quoiqu'ils n'ayent pas été acceptez, à l'exemple des legs, pour la poursuite desquels les legataires ont l'action réelle, l'action personnelle, & l'action hypothequaire, §. 2. *Institut. de legat. & leg. 1. Cod. commun. de legat.* 8.

Mais au contraire, la proprieté du fideicommis conditionnel ne passe pas en la personne du fideicommissaire au temps de la mort du testateur, elle n'y passe qu'au cas qu'il soit vivant, lorsque la condition arrive, sous laquelle la restitution luy doit être faite; desorte que cependant la proprieté reside en la personne de celuy qui est chargé de faire la restitution sous quelque condition.

De là vient, que si le fideicommissaire decede avant l'évenement de la condition, il ne transmet pas l'esperance du fideicommis en la personne de ses heritiers; à moins que le testateur n'en ait disposé au contraire expressément, suivant la Loy au Code *de caduc. tollend.* §. *sin autem aliquid*, en ces termes : 9.

Sin autem aliquid sub conditione relinquatur, vel casuali vel potestativa, vel mixta, quarum eventus ex fortuna, vel ex honoratæ personæ voluntate, vel ex utraque pendeat, vel sub incerto die; expectari oportet conditionis eventum sub qua fuerit derelictum, vel diem; ut tunc cedat dies vel conditio impleatur, vel dies incertus extiterit. Quòd si in medio, is qui ex testamento lucrum sortitus est, decedat, vel eo superstite conditio defecerit, hoc quod ideo non prævaluit, manere disponimus simili modo apud eos à quibus relictum est, &c.

Il est donc certain que celuy qui est chargé de restituer sous une condition, une chose qu'il a reçûë par derniere volonté, ou par acte entre-vifs, est le propriétaire de la chose jusques à l'évenement de la condition, & qu'on ne le doit point considerer comme un simple usufruitier. 10.

Les termes de cette Loy ne permettent pas d'en douter, *manere disponimus apud eos à quibus relictum est*; mais il faut dire que celuy qui reçoit une chose à la charge de la restituer sous une condition, en reçoit la proprieté, à la charge d'en faire la restitution, si la condition arrive.

Dans la Loy premiere §. *dies autem. ff. de condit. & demonstr.* le Jurisconsulte dit, que si un testateur legue à Titius au temps de la mort de l'heritier, & que Titius decede avant l'heritier, le legs est nul, *si legatarius ante decesserit, ad heredem ejus legatum non transit, quia non cessit dies vivo eo, quamvis certum fuerit moriturum heredem.*

Il s'ensuit de ce que je viens de dire, que quand la restitution se fait du fideicommis laissé sous condition, la proprieté passe de la personne de celuy qui l'a reçû à la charge de le restituer sous condition, en celle du fideicommissaire; toutefois il ne le prend *neque ex bonis gravantis, neque ex bonis gravati*. 11.

Il ne le prend pas des biens du testateur, parce qu'au temps qu'il en acquiert la proprieté, il n'étoit plus dans ses biens, vû qu'il avoit cessé d'y être dés le moment de sa mort, pour appartenir à celuy à qui il l'avoit laissé, à la charge de le restituer sous une certaine condition ; ainsi il ne l'acquiert du testateur que mediatement ; la proprieté ayant passé & resîdé auparavant en la personne de celuy qui en a fait la restitution.

Il ne le prend pas aussi des biens de celuy qui le restituë, puisqu'il ne l'a reçu qu'à la charge de le restituer sous une certaine condition ; desorte que dés qu'elle arrive, la proprieté passe *ipso jure* en la personne du fideicommissaire, cessant deslors d'être en la personne de celuy qui l'avoit reçu, à la charge de le restituer, ainsi elle passe *ex persona rogati restituere in fideicommissarium ex judicio testatoris.*

12. Que si la proprieté de la chose substituée sous condition est acquise à celuy qui la reçoit à la charge de la restituer sous condition, & qu'elle passe de sa personne en celle du fideicommissaire par la restitution qu'il en fait, il s'ensuit que veritablement le fideicommissaire acquiert la chose *ex persona rogati restituere*, mais *ex judicio testatoris* ; ce qui suffit pour donner lieu au relief par l'ouverture de la substitution dans l'espece proposée ; car dans cette espece le fideicommis est conditionnel, fait au cas que le fils decede sans enfans ; c'est pourquoy il faut attendre au temps de sa mort, puisqu'il n'est certain s'il decedera sans enfans, qu'au jour de son decés.

13. Le fils donataire du Fief étant decedé *sine liberis*, la substitution est ouverte au profit du frere, la restitution du Fief se fait *ipso jure*, & la proprieté passe en la personne du frere *ex persona* du donataire ; cependant ce Fief n'est pas consideré ni comme un bien du pere, ni comme un bien du frere qui fait la restitution.

Ce n'est pas un bien du pere, puisqu'il a fait partie des biens du fils jusques à l'évenement de la condition, qu'il en a eu la proprieté dés la mort du testateur, qu'il a conservée jusques à son decés.

Ce n'est pas aussi un bien du fils, parce qu'au moment de sa mort il a cessé de faire partie de ses biens par l'évenement de la condition qui a donné ouverture au Fief ; & qui en a transmis *ipso jure* la proprieté en la personne du frere *ex judicio testatoris* ; tellement qu'il faut dire, qu'en ce cas il y a deux donations, l'une faite au fils, à la charge de restituer à son frere sous condition, & l'autre faite au puîné, au cas que la condition de la substitution arrive ; néanmoins le puîné ne prend pas la proprieté du Fief immediatement de la personne du testateur, mais de la personne de son frere.

Je tire de ces principes plusieurs consequences.

14. La premiere est, que le frere, au profit duquel la substitution est ouverte, n'est pas obligé de rapporter dans la succession de son pere, le Fief qui luy est échû par ce moyen ; car il n'en a pas eu la proprieté immediatement de son pere, & on ne rapporte que ce qui a été donné en avancement d'hoirie ; il pourroit arriver que celuy qui seroit chargé de restituer à un de ses freres, decederoit peu de temps aprés son pere, avant que la succession du pere fût partagée, auquel cas celuy au profit duquel la substitution seroit ouverte, ne seroit pas obligé d'en faire le rapport, le Fief qu'il auroit acquis par le moyen de la substitution n'étant pas entre les biens du pere au temps de sa mort ; & même le pere ne souhaitant pas qu'il appartint à celuy au profit duquel il l'auroit substitué, puisqu'il l'avoit donné à un de ses fils pour luy appartenir sans charge de le restituer, au cas qu'en mourant il laissât des enfans nez d'un legitime mariage.

15. La deuxiéme est, que le frere qui reçoit le Fief par le moyen de la substitution, ne le prend pas comme un bien de la succession de son frere ; parce que ce Fief a cessé de faire partie de ses biens au temps de sa mort, par la restitution qui s'en fait *ipso jure* à son profit dés le jour de la mort de son frere.

La troisiéme est, que le frere doit payer le relief au Seigneur pour le Fief qu'il acquiert par la mort de son frere arrivée sans enfans, parce qu'il y a mutation en sa personne ; car puisqu'il est certain qu'il ne prend pas le Fief des biens de son pere, puisqu'il n'en acquiert la proprieté qu'aprés sa mort, & qu'il n'est point tenu d'en faire le rapport en sa succession, il faut tirer cette consequence infaillible qu'il en doit le relief. 16.

La quatriéme est, que si un Fief étoit donné par un autre que par un des ascendans, à la charge de restituer sous quelque condition, le donataire seroit obligé de payer le relief, & le fideicommissaire seroit aussi obligé de le payer, au cas que par l'évenement de la condition la substitution fût ouverte à son profit. 17.

La raison est, que la proprieté de la chose substituée reside en la personne de celuy qui est chargé de restituer jusques à ce que la condition soit arrivée : c'est une proprieté qui n'est pas incommutable ; cependant c'est une veritable proprieté qui cause mutation de vassal en la personne de celuy auquel elle passe.

Cette question s'est presentée en l'Audience de la Grand'-Chambre de relevée, le 29. Mars 1680. dans cette espece. Louis Seguier Prevôt de Paris donna à son fils le Marquisat de S. Brisson, dans la mouvance du Comté de Sancerre qui appartient à Monsieur le Prince de Condé ; & en cas qu'il deceda sans enfans, il le substitua à Nicolas Seguier son neveu, & à son fils aîné. La substitution a été ouverte au profit de Jean Seguier fils aîné du neveu ; Monsieur le Prince pretendit le relief, par l'Arrest il en fut debouté. 18.

Maître Auzanet sur l'article 26. dit que pour Fief échû au vassal par le decés d'un ascendant ou descendant il n'est rien dû, quoique le fideicommis ait été fait par un parent collateral ou par un étranger ; ce sentiment est d'équité, l'autre est de rigueur. AUZANET.

Si au cas de la donation d'un Fief faite par un étranger à Titius pour appartenir aux aînez de la famille, le relief est dû par le fils ? 19.

Par les principes que nous avons établis, le fils est tenu de le payer ; car s'il est vray que les choses substituées ne sont pas censées faire partie des biens de celuy qui est chargé de les restituer sous condition, il faut dire, que le pere qui restituë le Fief qui luy a été donné à la charge de le restituer à son fils aîné au temps de sa mort, ne luy donne pas un bien qui fasse partie de sa succession, mais qui vient d'ailleurs que de ses biens : Or il est sans doute, que ce Fief ne fait point partie des biens du pere au temps de sa mort, parce qu'en mourant il cesse d'en avoir la proprieté, laquelle passe en la personne du fils ; non pas en vertu de cette regle generale des successions legitimes, *le mort saisit le vif*, mais *ex judicio & voluntate testatoris.*

C'est aussi pour cette raison, que le fils aîné n'est pas tenu d'en faire le rapport dans la succession de son pere ; on ne peut pas dire qu'il l'ait en avancement d'hoirie, qui est le seul cas auquel le relief n'est point dû (excepté quand les Fiefs sont donnez par les descendans aux ascendans) suivant l'art. 26. 20.

D'où il s'ensuit, que le fils qui prend ce Fief par la mort de son pere en vertu de la disposition du testateur qui est une personne étrangere, doit le relief : & quoique la proprieté de ce Fief ait residé en la personne de son pere, c'est néanmoins comme s'il l'avoit reçu du testateur ; & ainsi, tant qu'il y aura des fils aînez qui prendront en vertu de la volonté du testateur, le relief sera dû ; desorte qu'il faut dire que le donateur a fait autant de differentes donations qu'il y aura de personnes qui prendront le Fief en vertu de la donation & de la substitution qu'il à faite ; avec cette difference, que le premier donataire prend la proprieté du Fief immediatement *ex persona donatoris*, & les autres ne la prennent que mediatement, aprés avoir resîdé en la personne de ceux qui la restituent.

21. Maître Charles du Moulin traite cette question au lieu marqué cy-dessus, sçavoir sur l'article 33. glos. 1. nomb. 87. il resoud que le relief n'est point dû; & rapporte deux raisons de douter: la premiere est, que le fils du donataire ne prend pas la chose *ex persona patris*, mais *ex persona donatoris*, duquel il ne descend pas, & qui est censé avoir fait plusieurs donations, sçavoir au donataire, & à ceux au profit desquels avec le temps la substitution sera ouverte.

Du Moulin

Il répond à cette raison, qu'il n'y a qu'une seule donation faite au pere, *in veritate non sunt plures donationes in singulas personas successivè, sed una tantùm facta alicui ex descendentibus ex eo.*

Il tire cette raison de la Loy *si Stychum. paragr. stipulatio. ff. de V. O.* où le Jurisconsulte dit, que si quelqu'un promet payer une certaine somme par chaque année au stipulant, il n'y a qu'une seule stipulation, & il y en aura autant d'années que la somme sera payée; desorte que cette stipulation est perpetuelle, & ne finit point par la mort du stipulant, mais elle passe à ses heritiers.

22. Je ne vois pas que cette Loy puisse servir de fondement à son opinion; car il est sans doute qu'il n'y a qu'une seule donation, *una est conceptio*, dit la glose.

Au contraire, dans l'espece dont il s'agit il n'y a qu'un donateur, mais il y a plusieurs donataires: il est vray qu'il n'y a qu'une seule chose donnée; mais comme elle ne leur est pas donnée dans le même temps, & que l'un commencera d'en avoir la proprieté dés le moment que le premier cessera de l'avoir, je croy qu'il n'est pas absurde d'avancer qu'il y a plusieurs donations.

Le §. *stipulatio.* rapporté par Maître Charles du Moulin, est contraire sur la fin à son sentiment; car le Jurisconsulte y met cette difference entre la stipulation *in annos singulos*, & le legs *in annos singulos*, qu'un legs fait ainsi en comprend autant qu'il y aura d'années qu'il sera dû.

Ce §. est conçu en ces termes: *Sipulatio hujusmodi in singulos annos una est, & incerta & perpetua; non quemadmodum simile legatum morte legatarii finiretur*; à quoy est conforme la Loy *cùm in annos. ff. quando dies legat.* & la Loy *cùm in annos. ff. de ann. legat.*

On pourroit objecter, que s'il y a plusieurs donations, ou le premier donataire en aura la proprieté, ou il ne l'aura pas: s'il n'en a pas la proprieté, il n'y a pas de veritable donation en sa personne, puisque l'effet de la donation est de transferer la proprieté en la personne du donataire, *l. si quis argentum. §. sed & si quis. C. de donatio.* d'où il s'ensuit qu'il n'y a qu'une donation à proprement parler, faite à celuy qui recevra la chose, à charge de restitution.

Que si le premier donataire reçoit la proprieté de la chose donnée, le donateur ne la peut plus donner à un autre, parce qu'elle n'est plus à luy: & si on dit que par l'évenement de la condition la donation faite au donataire, est présumée ne luy avoir point été faite, en ce cas il n'y aura qu'une seule donation.

On répond, que le premier donataire reçoit du donateur la proprieté de la chose, à la charge de la restituer *in diem mortis* à son fils aîné; desorte qu'au jour de son decés la proprieté passe de la personne du pere en celle de son fils, en vertu de la donation que le donateur en avoit faite au fils aîné; & il n'y a point de repugnance que le premier donataire ait la proprieté de la chose, à la charge de la restituer sous condition, à l'exemple de celuy qui achete à faculté de rachat, lequel est pendant le temps de la grace propriétaire de la chose; & on ne peut pas dire qu'il n'en ait pas eu la proprieté, quoique le vendeur se serve de la faculté du remeré dans le temps porté par le contrat.

Il est vray qu'il n'en étoit pas propriétaire incommutable, mais il en étoit propriétaire; aussi le premier donataire est propriétaire de la chose donnée, mais il ne l'est pas incommutablement, puisque si la condition arrive, sous laquelle la substitution est faite, il cessera de l'être.

La seconde raison de douter, alleguée par Maître Charles du Moulin, est que le fils ne peut pas prendre le Fief de la personne de son pere, la substitution étant ouverte par son decés, en avancement d'hoirie, & de sa future succession, & qu'ainsi il le prend *ex persona donatoris*, qui est un étranger, d'où il s'ensuit que le relief est dû.

Il répond à cette raison, que dans cette espece le fils qui reçoit le Fief en vertu de la substitution, ne le reçoit pas comme venant de son pere, mais que c'est en effet comme s'il la recevoit de sa succession; & que si on avoit proposé cette espece aux Reformateurs de la Coûtume, ils auroient répondu que le relief ne seroit pas dû, parce que passant de la personne du pere en celle du fils, il ne passe pas en la personne d'un étranger.

Voicy ses termes: *Respondeo quòd & si verè & propriè hæc non sit donatio per successionem in linea directa, tamen habet quandam similitudinem cum ea, & verisimiliter si statuentes fuissent interrogati, respondissent etiam hanc speciem devolutionis esse immunem, attento quòd transeundo de patre in filium, non censetur transire in diversam personam vel manum.*

La réponse de du Moulin me semble contraire à l'esprit de nôtre Coûtume en l'article 26. & je ne vois pas qu'il y ait aucun rapport entre ce qui est donné par le pere de ses biens à son fils, & ce qui passe au fils de la personne du pere par le moyen d'une substitution fideicommissaire; puisque le fils ne prend pas le fideicommis par la volonté de son pere, mais par la disposition du donateur, & que ce n'est pas des biens du pere, autrement il seroit obligé d'en faire le rapport, & il pourroit être poursuivi hypothequairement pour les dettes de son pere, ce qui ne se peut pas dire avec raison.

De plus, la restitution se fait par le pere au fils, comme elle se feroit par un étranger, & ce n'est pas en cela que le pere & le fils sont censez une même personne, mais seulement pour les biens que le pere laisse à ses enfans, lesquels sont reputez n'avoir point changé de maître, le fils du vivant de son pere étant censé en avoir eu la proprieté, comme nous avons dit sur l'article 26. Mais à l'égard des biens qui ne faisoient pas partie de ceux du pere, on ne peut pas dire la même chose.

Maître Auzanet sur cet article tient, que pour Fief échû au vassal à titre de fideicommis par le decés d'un ascendant ou descendant n'est rien dû au Seigneur, quoique le fideicommis ait été fait par un collateral, ou par un étranger, mais ils sont dûs pour la premiere disposition faite au parent collateral ou à l'étranger, & c'est le sentiment qu'il faut suivre à mon avis, nonobstant les raisons alleguées cy-devant au contraire.

Si pour partage de Fief entre heritiers collateraux est dû double relief par celuy à qui il échet entier? 1

Charondas sur cet article estime qu'il n'en est dû qu'un, parce que le relief n'est pas dû à cause du partage, mais par la mutation qui arrive par la mort du défunt, & le relief étant payé pour cette cause, celuy à qui il est échû par le partage n'est point de son chef, voyez sur l'article 80.

OU PAR DONATIONS EN DIRECTE.

GLOSE TROISIE'ME SUR L'ARTICLE XXXIII.

§. 1. Quand est dû relief pour mutation par donation.

SOMMAIRE.

1. *Pour donation de Fief faite à un collateral ou à un étranger est dû relief.*
2. *Si le relief est dû du vivant du donateur, quand la donation est faite* retento usufructu.
3. *Arrest sur la question.*
4. *Quand la donation est pure & simple, de quel jour est dû le relief.*
5. *Si la tradition est necessaire pour donner ouverture au relief.*
6. Quid, *en cas de vente.*
7. *Sentiment de Maître Duplessis, que le relief n'est dû que du jour de l'insinuation, refuté par l'Auteur.*
8. *Pourquoy le quint est dû du jour du contrat, & que le relief n'est pas dû du jour du contrat.*
9. *Si la donation n'est parfaite que par l'insinuation, selon l'opinion de Maître Duplessis.*
10. *Relief est dû du jour de la tradition actuelle, ou feinte du Fief donné.*
11. *Si le relief est dû pour donation à cause de mort d'un Fief.*
12. *Si la donation à cause de mort, suivie de tradition, étant revoquée, les droits payez au Seigneur pourroient estre repetez.*
13. *Si la donation en cas de survie, quoique conçûë entre-vifs, est donation à cause de mort.*
14. *Si lorsque la donation entre-vifs est revoquée, le donateur doit le relief pour la reversion.*
15. *Si la revocation annule la donation.*

1. POur donation de Fief faite à un collateral ou à un étranger, est dû relief au Seigneur, suivant cet article qui n'en exempte que celle qui est faite en directe.

Que si la donation est faite avec retention d'usufruit, c'est une question si le relief est dû avant la mort du donateur: du Moulin sur cet article 33. glos. 1. ver. droit de relief *n.* 152. *& seqq.* tient que le Seigneur peut l'exiger du vivant du donateur.

2. La raison de douter est, qu'il n'y a point encore de mutation, & que *non videtur res perfectè tradita & translata*, que le relief se doit payer *ex fructibus*: or le donataire ne joüit pas, & que les fruits se perçoivent par le donateur.

La raison de la decision est que *feudum verè apertum est & translatum in aliam manum, nec retentio usus fructûs impedit jus patroni, quia contrahentes non possunt facere quin leges & consuetudines feudales habeant locum in eorum negotio, l. nemo potest. de legat.* 1.

On peut ajoûter à cette raison de du Moulin, que la donation faite *retento usufructu* est parfaite, executée & suivie de la tradition au moins feinte, laquelle transfere *ipso jure* le domaine & la proprieté de la chose donnée en la personne du donataire, *per fictionem brevis manûs*, §. *interdum. Inst. de rer. divis.*

3. Par Arrêt donné en la Coûtume de Troyes le 18. May 1615. au profit des Doyen, Chapitre & Chanoines de l'Eglise de Saint Estienne de Troyes, contre Pierre de la Potte, remarqué par le Grand sur l'article 75. de la même Coûtume *glos.* 3. *n.* 1. il a été jugé que le relief est dû dés que la donation est parfaite, sans que le Seigneur soit obligé d'attendre aprés la mort du donateur.

4. Quand la donation entre-vifs est pure & simple, c'est une difficulté, sçavoir, *de quel jour est dûë la foy & hommage, si c'est du jour du contrat fait & parfait, ou du jour que la tradition a été faite.*

5. Du Moulin sur cet article glos. 1. n. 2. tient que le relief n'est point dû *ex simplici contractu*, qu'il faut une tradition réelle ou feinte pour donner ouverture à ce droit, *& feudum mutaverit manum transeundo à veteri vassallo in novum acquirentem & futurum vassallum*; ce qu'il prouve par ces termes de l'article 22. de l'ancienne Coûtume quand un Fief change de main, *quando feudum mutat manum, id est; si & quando mutaverit manum, quia, dictio, quando nedum importat tempus sed etiam conditionem, l. quod pupillæ quan. dies legat. manûs autem mutatio relata ad rei dispositionem importat transitum rei de dominio unius in dominium alterius, nedum secundùm dispositionem juris, sed etiam secundùm communem nostrum usum loquendi.*

C'est aussi le sentiment de Brodeau sur l'article 23. n. 2. où il dit que le quint est dû au Seigneur aussitôt que le contrat de vente est fait, & donne ouverture au retrait lignager & féodal, & les contractans ne s'en peuvent pas départir, & qu'il n'est rien dû pour les contrats de donation, d'échange & autres qui ne sont ni ventes ni équipollans à la vente, mais seulement par la mutation de main & de personnes. 6.

Il semble en effet, que la Coûtume a voulu établir cette difference entre le contrat de vente & celuy de donation, puisqu'en l'article 23. il est dit que quand un Fief est vendu ou baillé à rente rachetable, l'acheteur doit payer le quint, & elle ne requiert pas la mutation de vassal; & qu'au contraire pour donner lieu au relief elle requiert mutation de vassal suivant l'article 23. de l'ancienne Coûtume & l'article 33. de la nouvelle.

Maître Duplessis titre des Fiefs ayant proposé la question de quel jour courent les quarante jours pour la foy & hommage, si c'est du jour du contrat ou du jour de l'insinuation, il tient que c'est du jour de l'insinuation, il a en cela suivi le sentiment de Chopin sur ce titre nombre 34. Du Plessis 7.

L'opinion de du Moulin & de Brodeau semble recevoir difficulté, car il n'y a pas plus de raison pourquoy le quint soit dû dés que la vente est parfaite & auparavant la tradition, & que le relief ne le soit pas dés que la donation est faite; le Fief vendu demeure Du Moulin 8.

toûjours dans le domaine du vendeur, de même que la chose donnée jusqu'à la tradition, *l. traditionibus. C. de pact. & §. 40. Instit. de rer. divis.*

La raison pour laquelle le quint est dû avant la tradition, est que le vendeur est obligé de la faire à l'acheteur, il est vray que le vendeur en peut être déchargé du consentement de l'acquereur, mais c'est *res inter alios acta*, qui ne peut préjudicier aux droits du Seigneur, qui luy sont acquis dés la perfection du contrat de vente, comme il sera observé sur l'article 78.

C'est le sentiment de du Moulin & de tous les Docteurs; or il y a parité de raison à l'égard de la donation.

Si cela étoit autrement il seroit facile de tromper les Seigneurs; car le donateur se reservant l'usufruit du Fief donné par un acte separé de celuy de la donation dont le Seigneur ne seroit pas informé, il ne seroit payé de ses droits qu'aprés la mort du donateur.

Quant à ce que l'article 33. porte *en toutes mutations de Fief*, ce terme *mutation* se doit prendre dans son étroite signification, ensorte que la translation de proprieté se soit ensuivie, soit par une tradition veritable & effective, ou feinte, dont il est parlé sur l'article 2. 3. & suivans.

9. Je ne serois pas aussi de l'opinion de Maître Duplessis, car il n'est pas vray que la donation entre-vifs ne prenne sa perfection que de l'insinuation, puisque le seul consentement des parties suffit. *d. §. 2. & l. sancimus. C. eod. tit.* & on n'a jamais dit que l'insinuation fut requise pour rendre une donation parfaite ce n'est qu'une condition qui la rend sans effet faute d'y avoir satisfait suivant l'ordonnance, l'insinuation se peut faire en tout temps & plusieurs années aprés l'acte parfait de la donation, pourvû que ce soit du vivant du donateur & du donataire, sans que le donateur la puisse revoquer faute d'insinuation, je m'étonne qu'on n'a point fait de Note sur cet endroit car il le meritoit.

10. J'estime donc que la foy & hommage & le relief sont dûs dans les quarante jours à compter de la tradition vraye & effective, ou feinte de la donation.

A l'égard de la donation à cause de mort, elle n'est sujette à aucuns droits ni devoirs du vivant du donateur, parce que pendant sa vie elle n'est pas parfaite & il peut la revoquer quand il veut, étant censée faite sous cette condition *si præmoriatur donator.* 11

Que si le donateur avoit fait la tradition de la chose donnée à cause de mort, les droits & devoirs seroient dûs, & en cas que le donateur revoquât la donation, le Seigneur seroit tenu de rendre les droits *per condictionem sine causa*, au moins *in quantum factus esset locupletior*, selon du Moulin sur cet article glos. 1. n. 82. 12

Il en faut dire de même de la donation en cas de survie, laquelle a l'effet d'une donation à cause de mort, quoiqu'elle fut conçûë entre-vifs. 13

Que si la chose donnée retourne au donateur par une clause du contrat comme au cas que le donataire decede sans enfans, du Moulin n. 31. tient que le relief est dû pour la reversion par le donateur, par cette raison que *non rescinditur nec annulatur in se donatio, nec reducitur retrò ad non causam, & sic in effectu reperitur duplex mutatio, igitur duplex relevium.* 14

Quand la donation est revoquée *ex causa ingratitudinis, vel supervenientia liberorum*, il tient qu'il n'est dû relief que par le donataire en cas que la chose donnée luy ait été livrée, & non pas le donateur pour la reversion, n. 57. & 58. la raison qu'il en rend est, que cette revocation & cette restitution se fait *ex causa necessaria, quæ tacitè inerat à principio donationis*; & que *non est nova mutatio sed resolutio prima ex conditione resolutiva inexistente donationi.*

Dans la revocation de la donation par ces deux causes, la donation n'est pas annulée ni reduite *ad non causam*, c'est pourquoy le donataire doit les droits, mais parce que la chose donnée retourne au donateur *vi & potestate juris*, & par une condition tacite, c'est pourquoy il ne doit point le relief; d'où je conclus contre le sentiment de cet Auteur, qu'il ne le doit point aussi quand le Fief luy retourne par une clause apposée dans l'acte de la donation. 15

§. 2. Si le relief est dû pour mutation par legs.

SOMMAIRE.

1. *Si pour legs fait en directe est dû relief au Seigneur.*
2. *Si double relief est dû, quand le legataire decede avant la delivrance du legs, ne laissant que des heritiers collateraux.*
3. *Si double relief seroit dû en cas que le legataire cedât son droit, pour avoir delivrance du Fief legué.*
4. *Quels droits seroient dûs, si le cessionnaire venoit à mourir, laissant un heritier collateral.*
5. *Si le legataire, qui reçoit le Fief de l'heritier collateral, doit double relief.*
6. *Si double droit est dû, quand le jour ou la condition n'arrive qu'aprés la mort du testateur.*
7. *L'evenement de la condition a effet retroactif au jour de la mort du testateur.*
8. *Si pendant le jour ou la condition apposée au legs l'heritier en a eu la proprieté.*
9. *Sentiment de du Moulin contraire aux principes.*
10. *Si le jour du legs étoit éloigné, sçavoir si double relief seroit dû.*
11. *Si le legataire decedant avant le jour de la delivrance du legs, double relief seroit dû par son heritier collateral.*

1. Il est certain par les principes établis cy-dessus & conformément à cet article 33. que le legs fait en directe, c'est-à-dire, ou à un des descendans, ou à un des ascendans, ne donne point ouverture au relief, & qu'il n'est dû par le legataire que la foy & hommage; à l'égard du legs fait ou à un collateral ou à un étranger, le relief est dû à chaque mutation. Mais il y a plusieurs cas qui peuvent recevoir de la difficulté; sçavoir, si double relief est dû, & s'il y a double mutation; c'est ce qui sera expliqué dans les questions suivantes.

2. *Si les legataires descendans aprés le testateur & avant la delivrance du Fief legué, laissant des heritiers collateraux; double relief est dû?*

Je crois que double relief est dû ; la raison est qu'il y a double mutation, l'une en la personne du legataire, & l'autre en celle des heritiers ; d'autant que la proprieté des choses leguées passe aux legataires par la disposition du Droit dés la mort du testateur. *l. à Titio. ff. de furt. l. si servus. ff de noxal. act. l. sed si. §. 1. ff. de pecul.* c'est la raison pour laquelle l'Empereur donne aux legataires l'action réelle, pour revendiquer les choses qui leur ont été leguées contre les possesseurs d'icelles, *§. sed olim quidem. Instit. de legat.* le legataire ayant acquis la proprieté du legs avant la délivrance d'iceluy, il la transmet à son heritier collateral, en la personne duquel par consequent il y a mutation & ouverture au relief : toutefois si la mort du legataire arrivoit dans l'an de celle du testateur, ce seroit un rachat rencontré, voyez glose 1. n. 13.

3. Il en faut dire de même au cas que le legataire cede son legs & son action de son vivant à quelqu'un contre l'heritier, pour en avoir la délivrance, il seroit dû double relief, par celuy auquel il auroit été transferé par donation ou autre semblable cause, excepté la vente, au cas de laquelle l'acheteur devroit le relief & le quint.

4. Que si le cessionnaire des droits du legataire venoit à mourir avant que la délivrance du legs luy fut faite, laissant un heritier collateral, cet heritier ne devroit que double relief ; d'autant qu'il n'en seroit point dû pour la cession faite au défunt, parce que par le moyen d'icelle il n'y auroit eu aucune mutation de vassal, n'ayant jamais acquis la proprieté de la chose leguée, mais seulement une action pour l'acquerir, par la délivrance qui luy en seroit faite par l'heritier du testateur.

5. *Si le legataire qui reçoit le legs du Fief de la main de l'heritier collateral, doit double relief ?*

Il est sans doute qu'il n'en doit qu'un *ex sua persona*, parce qu'il n'acquiert pas la proprieté du legs *ex persona heredis*, mais *ex persona defuncti*, l'heritier ne l'ayant jamais euë, *l. de legat. 2. l. si damn. §. si creditor. de pecul.* la proprieté d'une même chose ne pouvant appartenir à deux *in solidum. l. si ut certo. §. si duobus. commod.*

Que si le legataire repudie le legs qui luy a été fait, il n'est dû qu'un seul relief par l'heritier collateral du défunt, parce que la proprieté du legs n'a jamais passé au legataire, *l. servum. §. 1. de legat. 1.* de même que le présomptif heritier n'acquiert point la succession qui luy est échûë quand il refuse de la recüeillir.

Si double droit est dû quand l'heritier collateral cede & transporte à un autre la succession ?

Dans ce cas double droit est dû ; l'un par l'heritier & l'autre par le cessionnaire, & ce seroit rachat rencontré s'il n'y avoit point d'argent deboursé, & si c'étoit une vente le quint & le relief seroient dûs.

6. *Si double relief est dû par le legataire quand un legs est fait in diem ou sous condition ; & que le jour ou la condition n'arrive qu'aprés la mort du testateur ?*

Il n'est dû que simple relief quant au legs fait *in diem*, le jour apposé à sa délivrance n'empêche pas que la proprieté de la chose leguée ne passe au legataire dés la mort du testateur, *l. 1. princ. de condit. & demonstr.* c'est pourquoy si le decés du legataire arrive avant l'échéance du temps, la proprieté du legs passe à son heritier.

A l'égard du legs fait sous condition, pour qu'il soit valable, il faut suivant les principes du Droit, que la condition arrive du vivant du legataire, auquel cas il n'est dû qu'un relief, quoique la condition ne soit arrivée qu'aprés la mort du testateur ; parce que l'évenement de la condition a un effet retroactif au jour de la mort du testateur, & produit le même effet que si le legs avoit été fait purement, *l. 11. ff. qui potior. in pign. §. sed hactenus. Instit. de testam. milit.*

Du Moulin sur cet article, *glos. 1. n. 111.* dit qu'il est dû en ce cas double relief, *non obstat quòd die vel conditione legati extante, ipso jure resolvitur jus heredis, & acquisitio feudi ei facta, & transit feudum in legatarium, quia verum est ut ex nunc, non enim resolvitur jus heredis retrò, nec existentia diei vel conditionis trahitur retrò, l. cum hujus. ff. de R. J. & sic patet quòd mutatio medio tempore facta à defuncto in heredem, & acquisitio interim facta heredi non reducitur ad non causam ; & sic reperitur duplex effectualis mutatio, igitur duplex relevium.*

Dautant que l'évenement de la condition à effet retroactif au jour de la mort du testateur, le droit de l'heritier qui sembloit luy avoir été acquis *medio tempore*, est entierement resolu comme si en effet il n'avoit jamais eu la proprieté de la chose ; car le legataire & l'heritier ne peuvent pas en avoir été proprietaires dans le même temps, ainsi il n'y a eu qu'une mutation en la personne du legataire par le moyen de l'évenement de la condition. 7.

Du Moulin au même lieu dit, que *non obstat quòd die vel conditione legati extante, ipso jure resolvitur jus heredis & acquisitio feudi ei facta, & transit feudum in legatarium ; quia verum est ut ex nunc, non enim resolvitur jus heredis retrò nec existentia diei vel conditionis trahitur retrò, l. cum tempus de R. J. & sic patet quòd mutatio medio tempore facta à defuncto in heredem, & acquisitio interim facta heredi non reducitur ad non causam ; & sic reperitur duplex effectualis mutatio, igitur duplex relevium.* Du Moulin 8.

Nonobstant l'estime qu'on doit avoir pour les sentimens de ce Docteur, je ne sçaurois suivre son opinion, elle me paroît entierement contraire aux principes, & on peut dire que *aliquando bonus dormitat Homerus* ; car outre cette raison que l'évenement de la condition à effet retroactif au temps de la disposition entre-vifs, ou au temps de la mort quant aux dispositions de derniere volonté, si l'acquisition du legs faite par l'heritier *pendente conditione*, n'est pas aneantie par l'évenement d'icelle du jour de la mort du testateur, mais seulement *à die existentia conditionis*, il faut necessairement supposer que l'heritier auroit pû en disposer, comme d'un bien à luy appartenant, & que le legataire ne pourroit pas se servir de l'action réelle contre l'acquereur, puisque son droit de proprieté ne luy seroit acquis que du jour de l'évenement de la condition, ce qu'on ne peut dire avec raison. 9.

Que si le jour de la délivrance du legs en étoit éloigné, comme si le testateur avoit ordonné qu'elle seroit faite quatre ans aprés sa mort, cet Auteur au même lieu tient que le relief seroit dû *ex persona heredis*, & un autre relief *ex persona legatarii* ; c'est une autre opinion qu'on ne peut pas laisser passer ; car c'est vouloir obliger un usufruitier de payer le relief : il faudroit dire par consequent que si un Fief étoit donné à l'un en simple proprieté, & la joüissance à un autre, l'usufruitier devroit le relief, & le donataire de la nuë proprieté un autre relief ; ainsi la doüairiere devroit le relief de son chef, ces opinions detruisent nos principes, & on ne les peut suivre ; car enfin le relief n'est dû que pour mutation : dans tous ces cas il n'y en a point deux, or il n'y en a qu'une. 10.

La Loy *cum tempus* qu'il a citée, remarquée cy-dessus, ne decide pas qu'il y ait mutation en la personne de l'heritier, elle dit seulement *cum tempus in testamento adjicitur, credendum est pro herede adjectum* ; & quand il seroit vray que le jour ne seroit apposé que pour donner à l'heritier cependant la joüissance de la chose leguée, l'heritier n'en auroit pas pour cela la proprieté.

Si le legs étant fait ad certum diem, & le legataire decedant avant l'évenement du jour, laissant un heritier collateral, double droit est dû ? 11.

Double relief est dû en ce cas, l'un *ex persona legatarii*, & l'autre *ex persona heredis* ; parce que la proprieté du legs passe en la personne du legataire *statim à morte defuncti*, *l. 64. §. si à Titio. ff. de furtis*, & de sa personne en celle de son heritier, ainsi double relief est dû, à moins que ces deux mutations n'arrivent dans la même année, auquel cas ce seroit rachat rencontré ; il s'ensuivroit du sentiment de du Moulin que cet heritier ne devroit qu'un relief *ex sua persona*, & n'en devroit point *ex persona* du legataire, ce qu'on ne peut pas avancer sans absurdité.

OBSERVATIONS DE MONSIEUR ***

Sur l'Article XXXIII.

SOMMAIRE.

1. *Si le relief est dû pour ce qui vient par succession ou donation en ligne directe, ascendante ou descendante.*
2. *S'il est dû par la veuve ou par ses heritiers en directe pour le délaissement d'un ou de plusieurs conquests de la communauté, en payement de remploy de ses propres.*
3. *Si le relief est dû par l'heritier beneficiaire pour les Fiefs dont il se rend adjudicataire, ou qu'il acquiert des créanciers par contrat volontaire.*
4. *S'il est dû par le changement de Commissaire à une saisie réelle, ou pour le changement de curateur à la demence.*
5. *S'il est dû par le changement de curateur à une succession vacante.*
6. *Ce qu'on entend par changement de curateur.*
7. *Ce qu'on entend par ces termes*, curator hereditati datus personam defuncti sustinet.

1\. C'Est une regle generale qu'en toutes mutations le droit de rachat est dû, & en toute vente le droit de quint.

Il y a plusieurs exceptions de cette regle.

La premiere est, que tout ce qui vient par succession ou donation en ligne directe ascendante ou descendante, ne doit que la foy.

2\. La deuxiéme exception est, qu'il n'est dû relief par la veuve ni par ses heritiers en directe, pour le delaissement d'un ou de plusieurs conquêts de la communauté en payement du remploy de ses propres, reprises & autres conventions, soit qu'elle renonce à la communauté, ou qu'elle l'accepte. Mais si en payement des remplois, reprises & conventions dûës à la femme ou à ses heritiers, on luy délaisse des Fiefs ou rotures étans des propres du mary, les profits & droits Seigneuriaux en seront payez comme en cas de vente. Ce qui est entierement tiré de Maître Auzanet, qui fait la difference des propres & des acquêts qu'on donne en payement. Et quoique cette proposition ne soit pas reçûë de tout le monde, & qu'il y ait même là dessus des Arrests contraires les uns aux autres ; si on consulte la raison, cette proposition doit être précisement suivie.

3\. La troisiéme exception est, que l'heritier par benefice d'inventaire, qui se rend adjudicataire des Fiefs & des rotures étant de la succession beneficiaire, ou les acquiert des creanciers par contrat volontaire, ne doit aucun profit de Fief ni droit Seigneurial, à cause de l'adjudication ou acquisition, encore que le prix entier soit distribué à des creanciers étrangers.

La raison est, que le mort saisit le vif, & que l'heritier étant une fois saisi du Fief, il peut se liberer, & l'adjudication qui s'en fait ne luy donne rien de nouveau, ainsi il ne doit point de nouveaux droits, non plus que le propriétaire qui fait faire sur luy un decret volontaire, ou qui paye les créanciers qui ont hypotheque sur son bien. Mais cela n'empêche pas que l'heritier beneficiaire en collaterale ne doive le relief.

4\. La quatriéme exception est, que par le changement de Commissaire à une saisie réelle n'est dû relief ni pour le changement de curateur à la démence.

5\. Il est vray que par le changement de curateur à une succession vacante, il y a mutation & ouverture de Fief, pour laquelle le droit de relief est dû : mais pour le changement de Commissaire à une saisie réelle il n'est dû relief, ni pour le changement de curateur à la démence.

La raison de la difference est, qu'il y a mutation dans le premier cas ; ainsi les droits sont dûs, mais dans les deux autres cas il n'y a point de mutation, par consequent les droits ne sont point dûs.

6\. La premiere fois que le curateur est étably à une succession vacante, les droits sont dûs, si c'est en collaterale, mais si c'est en directe il n'en est point dû ; car ce qu'on dit icy du changement de curateur n'a lieu que pour les divers changemens de la personne du curateur, & non pas pour les droits qui sont dûs lors de l'échéance des successions ; lesquels doivent être payez quand c'est en collaterale.

7\. Il ne faut pas icy appliquer ce qui se dit communément, que *curator hereditati datus personam defuncti substinet*, car cela est bien admis pour les actions actives & passives que le curateur doit exercer, ou soûtenir & défendre ; mais cela n'a point lieu pour frustrer le Seigneur de ses droits.

Il me semble même que l'on pouroit dire plus veritablement, que *curator hereditati datus personam heredis sustinet* ; c'est-à-dire, qu'il fera les mêmes devoirs, & payera les mêmes droits que feroit l'heritier de la succession, de laquelle il est curateur, si l'heritier n'y avoit point renoncé. Ainsi en directe il ne payera point le relief, & en collaterale il le payera.

Mais

Mais si ce curateur établi à la succession abandonnée vient à mourir; que le Fief soit échu en directe ou en collaterale, le relief sera dû à chaque mutation de curateur, sans faire distinction de quelle ligne provient le Fief.

Ce que dit icy Monsieur ***, que quand un curateur est établi à une succession vacante & échuë en directe, il n'est point dû de relief au Seigneur, ne me paroît pas veritable, comme on peut voir sur l'article suivant.

CONFERENCE SUR L'ARTICLE XXXIII

LEs Coûtumes suivantes ont une disposition semblable à l'article 33. de la Coûtume de Paris.

Anjou, article 84. *Auxerre*, art. 70. & 80.

Berry, titre 5. article 41. *Blois*, article 84.

Dourdan, article 22.

Estampes, article 25.

Maine, article 97. *Mantes*, article 12. *Meaux*, article 158. *Melun*, article 59. *Montfort*, art. 23.

Senlis, article 157. *Sens*, article 199.

Troyes, articles 26. & 32.

Valois, article 33.

Chartres, article 29. porte, *que le vassal est tenu faire la foy, hommage, & serment de fidelité, & luy payer profit de rachat des Fiefs qu'il a acquis*, [a] *& qui luy sont venus & échus en ligne collaterale.*

a *Etiam sine nummis, quia sub hac consuetudine non est locus quinto pretii in feudis: sed tantum relevio, ut in donatione. infra §. 21. 22. quamvis in censu sit locus duodecimo pretii., ut Parisiis infra. §. 48.* C. M.

Grand-Perche, article 31. porte, *que foy & hommage & rachat de Fief sont dûs en toutes mutations de vassal propriétaire de Fief*, [b] *par mort ou autrement, soit en ligne directe ou collaterale.*

b *Quid de possessore?* Resp. *Idem non apparente proprietario, Et ita ut non ex persona utriusque, dixi in consuetudine Paris. §. 22. ad fin* C. M.

Grand-Perche, article 69. porte, *Rachat est dû par donation, encore que le donateur ait retenu l'usufruit des choses par luy données, dès l'instant de la donation acceptée, sans attendre la consolidation.* [c]

c *Hoc est durum per ea quae dixi ad consuetudinem Parisiens. ad finem: tum quia donatarius potest praemori, & feudum ad herdes, qui aliàs vocantur, devenire; & sic trin relevia debarentur pro uno.* C. M.

Auteurs sur l'Article trente-troisiéme.

L'Auteur du Grand Coûtumier, liv. 2. chap. 32. 210. & page 212. ligne 14.

Thourette, sur Montfort, art. 23.

Loysel, livre 4. titre 3. regles 12. 19. 20. 21.

De la Lande, sur Orleans, art. 7. 8. 9. 10. 11. 14. & 22.

Henrys, tom. 2. liv. 3. quest. 14.

La Bibliotheque de Bouchel, *verbo* relief.

Le Glossaire du Droit François, *ibid.*

Le Dictionnaire de M. Brillon, *verbo* rachat, & *verbo* relief.

Dufresne, livre 2. chapitre 68. & liv. 2. chap. 85.

Le Grand, sur Troyes, art. 26. & 32.

Buridan, sur Reims, art. 70. 81. 223.

Pontanus, sur la Coûtume de Blois, art. 84. & 87.

Chopin, sur la Coûtume de Paris, livre 1. titre 1. nomb. 31.

De Lhommeau, sur la Coûtume d'Anjou, livre 1. art. 97. & 126. & en ses Maximes, livre 2. art. 14. & 16.

Loyseau, *du Déguerpissement*, liv. 6. chap. 5. nomb. 13. & suivans.

Salligny, sur la Coûtume de Vitry, art. 30. 31. 33. 36. & 39.

Vigier, sur la Coûtume d'Angoumois, art. 10.

Lhoste, sur la Coûtume de Montargis, tit. 1. articles 57. 58. 61. 77. & 78.

Vrevin, sur la Coûtume de Chauny, art. 79. & 89.

Bodreau, sur la Coûtume du Maine, art. 97. & 109.

Pineau, sur la Coûtume d'Anjou, art. 96.

Buridan, sur la Coûtume de Vermandois, art. 16. & 176.

Du Fail, liv. 1. chap. 6. chap. 270. 289. 311. & 404. liv. 2. chap. 169. liv. 3. chap. 112. & 157.

Soefve, tom. 2. Centurie 2. chap. 68.

Jovet, *verbo* Seigneur, nomb. 18.

Journal des Audiances, tome 5. liv. 5. chap. 16.

Mon Institution Coûtumiere, tom. 1. liv. 2. titre 3. §. 3. & 4.

Duret, en son Alliance des Coûtumes; p. 882.

Duplessis explique cet article, au Traité *des Fiefs*, liv. 3. p. 29. livre 4. chap. 4. p. 34. & au Traité *des Successions*, livre 2. sect. 2. p. 221.

ARTICLE XXXIV.

Cet article a été ajoûté à la reformation de la Coûtume.

Curateur & Commissaire, comment font la foy & hommage.

LE Curateur ou Commissaire établi à la requête des créanciers, à un Fief saisi, peut faire la foy & hommage au Seigneur feodal, au refus du vassal propriétaire dudit Fief, pour obtenir main-levée de la saisie feodale.

Voyez les Articles 151. 153. 344. & 353.

REMARQUES.

CEt article s'entend lorsqu'il y a ouverture de la part des saisis, soit auparavant ou aprés la saisie faite à la requête des créanciers; car par l'établissement de Commissaire, il n'y a aucune mutation ni ouverture, vû qu'il ne possede pas en son nom, mais comme un simple gardien, *l. licet ff. depositi*: & de fait le texte de cet article porte AU REFUS DU VASSAL PROPRIETAIRE. Ce qui montre que la foy n'est dûë sinon pour la mutation arrivée en sa personne.

C'est pourquoy un des Commentateurs de cette Coûtume a mal appliqué en cet endroit l'Arrest de l'an 1544. rapporté par du Moulin, lorsqu'il dit, que par cet Arrest la Cour a jugé qu'en ce cas, les créanciers doivent élire un curateur provisional aux biens du vassal, & que par le decés de ce curateur durant les criées il y aura ouverture de Fief; dautant que cet Arrest n'est qu'au cas d'un curateur établi aux biens vacans, comme il sera dit cy-aprés, le saisi ne cessant pas d'être propriétaire pendant la saisie, & jusques à l'adjudication; desorte qu'en cas qu'il decede pendant ce temps, il y aura ouverture au Fief, & non pas par celuy d'un Commissaire, ni d'un prétendu curateur, ou homme vivant & mourant, qui seroit de nul effet en cette rencontre.

Il faut conclure par l'exemple de cet article, & encore en bien plus forts termes, que le curateur étably à la succession vacante, ou aux biens abandonnez par cession ou autrement, doit aussi être reçû par le Seigneur à luy faire la foy & hommage, vû qu'il represente la personne du propriétaire; & de fait Maître Charles du Moulin §. 55. glose 1. nombre 8. a soûtenu en l'ancienne Coûtume, à laquelle cet article a été ajoûté lors de la réformation, qu'à la rigueur le Seigneur ne peut être contraint à recevoir en foy le Commissaire étably au regime d'un Fief saisi sur le vassal vivant, mais bien le curateur aux biens, ou à la succession vacante.

Quoique nous ayons dit que tel curateur étably à la succession vacante ou aux biens abandonnez, soit au lieu du propriétaire, il faut prendre garde qu'il n'est pas pour cela veritablement propriétaire; desorte qu'il n'y a pas de mutation actuelle en sa personne, mais une simple ouverture par la mort ou l'abandonnement du vassal: d'où s'ensuit que les droits n'étant dûs qu'en consequence de la mutation, & non pas de l'ouverture, comme enseigne le docte du Moulin en plusieurs endroits de son Commentaire, il n'est dû aucun droit pour cet établissement de curateur, sauf ceux qui pourroient être dûs par les mutations precedentes, dont le Seigneur doit être satisfait.

Mais puisque ce curateur ne passe pas pour un veritable propriétaire à l'effet de produire mutation de son chef, & que d'ailleurs il n'est pas juste que le Seigneur soit sans homme pendant un temps considerable que peut durer cet intervalle, il peut obliger ceux qui luy presentent ce curateur de convenir qu'il passera pour homme vivant & mourant, ou luy en bailler un autre, par le decés duquel relief luy soit payé à l'*instar* des main-mortes, ainsi que tient du Moulin §. 28. glose 1. nombre 23. & qu'il a été jugé par cet Arrest du 1. Decembre 1544.

Lorsque l'on dit que le Seigneur est tenu de recevoir en foy tel Commissaire ou curateur, cela se doit entendre sous cette restriction, s'il n'aime mieux bailler souffrance, Mol. §. 33. gl. 1. nomb. 5.

Cet article suppose que le droit du Seigneur feodal est préferable à celuy des autres créanciers, ce qui ne reçoit pas de difficulté, le Seigneur ayant un privilege qui surpasse celuy de tous les autres; & en consequence comme la saisie féodale & la saisie réelle sont de diverses qualitez & produisent de differents effets, rien n'empêche que le Seigneur ne fasse proceder par saisie féodale sur un Fief qui se trouve avoir été auparavant saisi réellement à la requête des créanciers, & pour faire cesser l'effet de la saisie féodale, les créanciers sont obligez d'en faire cesser les causes, & de satisfaire le Seigneur, sinon il fera les fruits siens.

Ainsi jugé en cette Coûtume par Arrest intervenu en l'audience de la Grand'-Chambre le Jeudy 21 Juillet 1639. confirmatif d'une Sentence renduë par Messieurs des Requêtes du Palais, le 10. May de la même année, par laquelle il avoit été ordonné que la saisie féodale faite par le sieur Marquis de Fontenay, en qualité de Seigneur de Jagny, tiendroit nonobstant la saisie réelle, établissement de Commissaire criées & bail judiciaire, faits long-temps auparavant, & ce faisant le Commissaire étably à la saisie réelle, condamné de rendre compte au sieur de Fontenay des fruits échûs depuis sa saisie féodale.

LE CURATEUR OU COMMISSAIRE.

GLOSE UNIQUE SUR L'ARTICLE XXXIV.

SOMMAIRE.

1. *Signification de ces termes*, Curateur, Commissaire.
2. *Difference entre Curateur & Commissaire.*

Plusieurs prétendent que ces termes *Curateur & Commissaire*, en cet article, ont une même signification, pour un Commissaire établi au regime & administration des choses saisies, quoique ce Commissaire ne soit pas proprement appellé Curateur suivant nôtre usage.

Ce qui peut davantage confirmer cette opinion, c'est la particule *ou*, dont les reformateurs se sont servi dans cet article, qui a été ajoûté à la reformation de la Coûtume.

AUZANET. C'est sur ce fondement que Maître Auzanet dit, que ce terme, Curateur, est superflu, & qu'il doit passer pour synonime avec celuy de Commissaire.

DUPLESSIS. 2. Cependant Maître Duplessis, titre *des Fiefs*, tient que ces termes ne sont pas synonimes, & qu'ils établissent chacun une disposition differente, & ont aussi des effets differens; sçavoir, que le Commissaire à une saisie réelle n'est pas reputé comme propriétaire, mais le Curateur à une succession vacante, à des biens vacans, ou à des biens confisquez, est censé propriétaire.

MOULIN. Maître Charles du Moulin sur l'article 9. glose 4. nomb. 1. où il établit les fonctions de ces Commissaires, declare cette difference qu'il y a entre un Commissaire & un Curateur.

Voicy ses termes: *Notabilis est differentia inter Curatores & Commissarios, quia Curator propriè is est, qui gerit vicem persona seu Domini, sive rei sive persona detur; undè non datur nisi persona minus legitima, vel rei, loco persona absentis; seu non existentis, ut quando bona vacant, ut toto titulo de Curatore bonis dando; & habet administrationem juris; cùm sit loco Domini. Commissarius autem non est loco Domini, nec ejus personam representat, sed est vice simplicis gestoris & custodis, ut in l. licet ff. deposit.*

C'est aussi mon sentiment, que quoique ces termes semblent signifier la même chose, & que la particule *ou* paroisse aussi l'établir, cependant ces termes ont deux differentes significations; car le Commissaire peut bien faire la foy & hommage, quand le vassal sur lequel le Fief est saisi ne l'a pas faite, mais il n'y est pas obligé, & outre cela il ne la doit pas de son chef, & elle n'est point dûë à chaque changement de Commissaire; parce qu'il n'est pas *loco Domini*, & qu'il n'arrive point de mutation en sa personne.

Au contraire il y a plusieurs cas esquels le Curateur peut & doit faire la foy, comme nous dirons dans la suite.

Le Commissaire se donne aux biens saisis réellement, le Curateur se donne à la demence ou foiblesse d'esprit, à un absent, à la chose deguerpie ou abandonnée, à une succession vacante: & l'on ne peut pas dire, que dans ces cas le mot de Commissaire peut suffire, puisqu'il n'y a point de Commissaire à ces sortes de biens.

Il y a des maximes toutes differentes pour ce qui regarde le Curateur & le Commissaire, comme nous allons voir. Ainsi il faut faire difference entre ces deux termes Curateur & Commissaire.

Outre cela ces termes de cet article, *au refus du vassal propriétaire*, ne se peuvent rapporter qu'au Commissaire aux biens saisis réellement, puisque quand des biens sont vacans ou confisquez, il n'y a plus de vassal qui puisse faire la foy & hommage, au refus duquel elle se puisse faire *in subsidium* par le Curateur.

Aprés avoir établi en general les differences qu'il y a entre le Commissaire aux biens saisis & le Curateur aux biens vacans & abandonnez, nous allons expliquer dans deux paragraphes separez ce qui concerne l'un & l'autre.

§. 1. Quand & comment la foy & hommage peut être renduë par le Commissaire aux saisies réelles.

SOMMAIRE.

1. *Quelle a été la raison pour laquelle on a permis au Commissaire établi à la requeste des créanciers à un Fief saisi, de faire la foy & hommage.*
2. *Si pour la création d'un Commissaire à un Fief saisi, ou pour le changement d'iceluy la foy & hommage est dûë.*
3. *Raison pour laquelle elle n'est point dûë.*
4. *Effet de la saisie feodale.*
5. *Avant la reformation de la Coûtume il y a eu plusieurs Arrests qui ont obligé le Seigneur à donner surséance, ou à recevoir la foy & hommage du Commissaire établi au Fief saisi.*
6. *Surquoy cette disposition est fondée.*
7. *Si elle doit être étenduë aux Coûtumes qui n'en parlent point.*
8. *Si le Commissaire établi à un Fief saisi a fait pour le vassal la foy & hommage, & que par aprés le vassal obtienne main-levée de la saisie réelle; il n'est pas obligé de faire la foy & hommage qu'il devoit de son chef.*
9. Quid, *quand le tuteur a été reçu à foy & hommage pour & au nom de son mineur.*
10. *Si le Seigneur peut refuser le Commissaire au Fief saisi à faire la foy & hommage, en donnant souffrance.*

11. *En quel temps ont été créées les charges des Commissaires aux saisies réelles.*

12. *Comment se fait aujourd'huy la foy & hommage par les Commissaires aux saisies réelles.*

13. *S'ils sont absolument obligez de faire la foy & hommage, lorsqu'elle est dûë par le vassal, dont le Fief est saisi réellement.*

14. *S'ils la font en personne, ou par Procureur, & comment cela se pratique.*

15. *Si le Commissaire aux saisies réelles peut faire la foy & hommage avant qu'il apparoisse d'un acte de refus de la part du proprietaire du Fief saisi, de la faire.*

AVant que d'entrer plus avant dans l'explication des questions qui concernent cet article, il faut observer, qu'il contient une exception de l'article 67. de nôtre Coûtume, qui veut que le vassal fasse luy-même en personne, & non un autre pour luy, la foy & hommage; ce qui est une regle generale pour la matiere des Fiefs.

1\. Mais comme on a remarqué, que si l'on ne permettoit au Commissaire établi à la requête des créanciers au Fief saisi, de faire la foy & hommage au refus du vassal propriétaire dudit Fief, ce seroit donner une occasion favorable aux Seigneurs de gagner les fruits des Fiefs de leurs vassaux saisis réellement, par une collusion & une intelligence qui se rencontreroit souvent entre le Seigneur du Fief dominant & le vassal du Fief saisi, & cela dans la vûë de nuire aux créanciers; les Reformateurs ont prudemment ajoûté cet article à la reformation de la Coûtume.

Ainsi par cet article il est permis au Commissaire établi par les créanciers au Fief saisi réellement, de faire la foy & hommage au Seigneur, en cas que le propriétaire d'iceluy ne l'ait pas encore faite.

2\. Il ne faut pas croire que cet article ordonne, que pour la création d'un Commissaire au Fief saisi réellement, ou pour le changement d'iceluy, il soit dû la foy & hommage au Seigneur.

3\. La raison est, que par l'établissement de Commissaire à un Fief saisi, on ne peut pas dire qu'il y ait mutation de vassal; puisque ce Commissaire ne possede pas le Fief au regime duquel il est établi, mais il n'en est que comme un simple gardien ou dépositaire; & le debiteur ne cesse pas d'être propriétaire de ses biens, quoique saisis réellement, jusqu'à ce qu'ils soient adjugez: car c'est l'adjudication des biens saisis qui depossede le debiteur; l'adjudication étant un moyen d'acquerir, qui transfere en la personne de l'adjudicataire le domaine & la proprieté des choses adjugées. Ainsi le debiteur n'est point dépoüillé de ses biens auparavant, comme il a été jugé par Arrest de 1623. rendu en la Grand'-Chambre, au rapport de M. Loysel, remarqué par Tronçon sur cet article.

De plus, suivant ces termes, *au refus du vassal propriétaire dudit Fief*, ce Commissaire n'a droit de faire la foy & hommage, qu'au cas que le debiteur saisi soit refusant de la rendre.

Aussi ce Commissaire ne la peut faire que pour & au nom du debiteur saisi, & lorsqu'il la doit de son chef; c'est-à-dire, lorsqu'il ne l'a point faite depuis qu'il est devenu propriétaire du Fief en question.

Ce que nous venons de dire se prouve manifestement par la disposition de la Coûtume d'Orleans, article 3. qui est conçu en ces termes: *quand le vassal est en foy, ou a dûëment fait ses devoirs envers son Seigneur de Fief, & l'heritage dudit vassal pour ses dettes, est saisi & mis en criées, par telle saisie & criées ne sera le Fief ouvert, & ne joüira ledit Seigneur de Fief dudit heritage. Car toûjours dure la foy, jusques à ce que ledit heritage soit vendu & adjugé par decret, ou que la foy fût faillie autrement que par ladite saisie & criées finies du côté dudit Seigneur de Fief, ou dudit debiteur son vassal. Aussi que la main de Justice ne dessaisit personne.*

4\. Il est aisé de voir que le remede que la Coûtume a introduit en cet article en faveur des créanciers, étoit necessaire pour obvier aux fraudes du vassal saisi, & pour survenir à la sureté & à l'interêt des créanciers, d'autant qu'une saisie réelle n'empêche point l'effet rigoureux d'une saisie feodale, qui est la perte des fruits, & que le Seigneur dominant n'est point obligé pendant la saisie feodale de payer ni reconnoître les charges, & rentes non infeodées, constituées par son vassal.

C'est ce qui est porté par l'article 28. de cette Coûtume, & ce qui a été jugé par Arrest rendu en la Grand'-Chambre, au mois de Novembre 1543. entre le sieur de Guise & le President Brinon.

Cet Arrest est cité par Pithou sur l'article 28. de la Coûtume de Troyes. Le Lét sur la Coûtume de Poitou, article 85. en remarque un autre qui a jugé la même chose.

Le present article 34. a été vrai-semblablement dressé suivant l'avis de Maître Charles du Moulin, sur l'article 17. de l'ancienne Coûtume, *num.* 23. & sur un Arrest rapporté par cet Auteur sur l'art. 85. nomb. 100. où il parle en ces termes. 5.

Me præsente die Luna 20. Junii, anno 1538. latum est Arrestum contra Illustrissimum Principem de Condé, *qui feudum prehenderat concurrentibus etiam creditoribus, & dictum quod intra tres menses debitor ille que vassallus justa faceret Domino feudi, aliàs permissum creditoribus curatorem deputare, qui justa feudalia faceret, & sive per fidelitatem, sive per inducias manum levatam à Domino feudi haberet.*

Tournet en remarque un autre du 9. Aoust 1552. qui a jugé la même chose.

Bacquet, au Traité *des droits de Justice*, en remarque plusieurs qui ont aussi dans l'ancienne Coûtume jugé la question de la même maniere.

La disposition de cet article est fondée sur une très-grande équité, suivant laquelle cette maxime a été introduite, *non est hominum malitiis indulgendum.* 6.

Elle est encore fondée sur le Droit Romain, qui veut que tous les droits, actions, & exceptions, qui competent au debiteur, soient exercées par ses créanciers à leurs perils & fortunes, se faisant subroger en son lieu & place, *l. qui cecidit. §. 1. ff. ad leg. Aquil. l. penult. C. de non numer. pecun. & tot. tit. ff. quæ in fraudem creditor.*

Comme cette décision est établie non seulement sur le Droit Romain, mais sur une tres-grande équité, elle doit être étenduë aux Coûtumes qui n'en parlent point. 7.

Puisque le Commissaire établi à la requête des créanciers n'est pas reputé propriétaire du Fief saisi, comme nous avons observé cy-dessus, & que le debiteur, sur lequel la saisie réelle est faite, en conserve toûjours la proprieté jusques à ce que le Fief soit adjugé par decret, il s'ensuit que quoique le Commissaire ait été reçu en foy, néanmoins par sa mort il n'y a point d'ouverture au Fief, ni aucune mutation de vassal, comme il est expressément porté par l'article 3. de la Coûtume d'Orleans.

De ce que cet article 34. de nôtre Coûtume permet au Commissaire établi à un Fief saisi, de faire la foy pour & au lieu du propriétaire d'iceluy, il s'ensuit que si ce Commissaire a fait pour le vassal 8.

saisi la foy & hommage, & que par après le vassal saisi obtienne main-levée de la saisie réelle, il n'est pas obligé de faire la foy & hommage qu'il devoit de son chef; parce que *qui per alium facit per seipsum facere intelligitur*: ainsi le vassal est devenu quitte envers son Seigneur de la foy & hommage qu'il luy devoit.

9. Par la même raison, lorsque le Seigneur a reçu le tuteur en foy pour ses mineurs, quand ils sont parvenus à leur majorité feodale, ils ne sont pas tenus de la réïterer.

C'est mon sentiment, quoique Maître Auzanet ait été d'avis contraire dans ses Arrêtez.

10. Quoique par cet article il soit permis au Commissaire établi au Fief saisi de faire la foy & hommage pour & au nom du vassal saisi, à son refus, néanmoins il dépend absolument du Seigneur de le recevoir en foy, ou de le refuser en luy accordant souffrance pour tout le temps que durera la saisie réelle. C'est le sentiment de du Moulin sur l'article 33. glose 1. nomb. 5.

On peut rapporter à ce sujet la disposition de la Coûtume d'Orleans, en l'article 4. qui me paroît fort juste.

Elle porte, que *le Curateur ou Commissaire établi à la requête des créanciers à un Fief saisi par le Seigneur feodal, soit auparavant, ou depuis la saisie des créanciers, peut demander souffrance au Seigneur feodal pour obtenir main-levée de la saisie feodale, & sera le Seigneur de Fief tenu bailler ladite souffrance au Curateur ou Commissaire: sauf audit Seigneur soy pourvoir pour ses profits sur les deniers de la ferme de l'heritage ou deniers qui proviendront de la vente; & à défaut de la recevoir par ledit Seigneur, il sera reçu par Justice.*

11. Au temps de la reformation de la Coûtume de Paris, à la requête des creanciers il étoit établi Commissaire au Fief saisi, & il n'y avoit point encore de Commissaires aux saisies réelles en titre d'office, commis & établis au regime & administration des biens saisis réellement; c'est pourquoy il en falloit établir sur les lieux, lequel par cet article avoit droit de faire & porter la foy & hommage au Seigneur, pour & au nom du debiteur saisi au lieu du Fief dominant, & non ailleurs, ainsi qu'il est ordonné par les articles 63. & 64.

Mais par Edit du mois de Février 1626. verifié en Parlement le 6. Mars ensuivant, le Roy a créé des Offices de Commissaires Receveurs des deniers des saisies réelles, pour y faire leurs fonctions dans l'étenduë du ressort de leur établissement.

12. Ces Commissaires aux saisies réelles font ou font faire par Procureurs fondez de procuration la foy & hommage aux Seigneurs, pour les Fiefs qui sont commis à leur regime & administration: & la foy & hommage se doit faire pour & au nom du debiteur saisi au lieu du Fief dominant, & non ailleurs, ainsi que nous avons dit qu'il est ordonné par les articles 63. & 64.

13. Mais on demande, si le Receveur aux saisies réelles, qui peut aux termes de cet article faire la foy & hommage pour le vassal du Fief saisi, est absolument tenu de la faire; ensorte que la perte des fruits provenante de la saisie feodale faite du Fief par le Seigneur du Fief dominant, faute de foy & hommage, retombe sur ce Commissaire aux saisies réelles qui ne l'auroit pas faite.

Il faut dire que non, à moins qu'il n'eut été refusant de donner sa procuration pour faire la foy & hommage, & qu'il n'eut procuré par ce moyen la perte des fruits qu'emporte la saisie feodale.

14. En effet, comme il seroit impossible aujourd'huy que le Commissaire aux saisies réelles fit en personne la foy & hommage pour tous les Fiefs saisis réellement, qui sont dans l'étenduë de leur ressort, l'usage est qu'il envoye sur les lieux au Fermier judiciaire du Fief saisi, ou qu'il délivre au poursuivant criées une procuration avec le nom du Procureur en blanc, pour faire la foy & hommage du Fief saisi; & par ce moyen il n'est jamais garand de la perte des fruits qu'emporte la saisie feodale.

C'est ce qui a été jugé depuis peu aux Requêtes de l'Hôtel dans l'espece suivante.

La Terre & Seigneurie de Chaumot est saisie réellement sur Madame le Boust, aux Requêtes de l'Hôtel.

Le bois des Butteaux dépendant de ladite Terre de Chaumot est saisi feodalement par Madame la Duchesse de Lesdiguieres, faute de foy & hommage.

Louis Regnouf & ses consorts poursuivans la saisie réelle de ladite Terre de Chaumot, dénoncerent cette saisie feodale au Commissaire aux saisies réelles, & prétendirent qu'ils étoient tenus de rendre la foy & hommage.

Le Commissaire aux saisies réelles offrit sa procuration, ainsi qu'il se pratique en pareil cas.

Il y eut par la suite une perte de fruits considerable.

Le poursuivant criées prétendit en rendre garand le Commissaire aux saisies réelles, au moins depuis le jour que la dénonciation de la saisie feodale luy avoit été faite.

Par Sentence contradictoire du 13. Mars 1710. où Monsieur le Procureur General porta la parole pendant deux Audiences, la Cour déchargea le Commissaire aux saisies réelles de cette perte, & luy donna acte des offres par luy faites de remettre sa procuration ès mains de qui par la Cour il seroit ordonné sous son recipicé.

Ce qui paroît fondé sur deux motifs d'équité.

Le premier, c'est qu'il n'y a aucuns Edits, Arrests ou Reglemens intervenus sur la fonction du Commissaire aux saisies réelles, qui l'obligent de rendre la foy & hommage, & qu'il n'a aucuns droits attribuez à cet effet.

Le deuxiéme, c'est que la Coûtume dit bien que le Commissaire pourra rendre la foy & hommage: or ce terme, *pourra*, n'est pas une loy, & ne renferme point une injonction absoluë, mais contient seulement une faculté qui luy est accordée.

Ainsi c'est au Commissaire à donner sa procuration pour faire la foy & hommage; & c'est au poursuivant criées à veiller, qu'en consequence de ladite procuration la foy & hommage se fasse.

On demande, si le Commissaire aux saisies réelles peut faire la foy & hommage avant qu'il apparoisse d'un acte de refus de la part du propriétaire du Fief saisi, de la faire. 15.

Brodeau sur cet article, nomb. 1. dit que les créanciers doivent dûement sommer & interpeller leur debiteur de faire la foy & hommage, & que sur son refus ils peuvent faire créer un Curateur ou Commissaire par Justice, *via Juris*, & non de leur autorité privée, qui fasse la foy & hommage au refus du vassal propriétaire du Fief saisi; ce qui paroît assez conforme aux derniers termes de cet article.

Maître Auzanet dit, que pour avoir un acte de refus en bonne forme, il faut poursuivre le vassal en Justice, ce qui tire en longueur, & cause des frais; & cependant les fruits sont acquis au Seigneur.

Il ajoûte ensuite, que par cette raison il seroit à propos, au lieu du terme *refus*, mettre dans cet article, en cas de demeure & negligence; le dernier mot marquant qu'on entend parler d'une simple demeure de fait, & non d'une demeure pour laquelle on soit obligé de faire une procedure ou sommation.

Monsieur *** dans ses Observations sur cet article, est d'avis qu'une simple sommation faite par le poursuivant criées au vassal, dont le Fief est saisi, suffit, & tient lieu de son refus.

La Coûtume d'Orleans en l'article 3. cy-dessus rapporté, permet au Commissaire établi à un Fief saisi de demander souffrance au Seigneur, ou luy offrir la foy & hommage; & elle n'exige point pour cela, qu'on attende le refus fait par le debiteur. Ce qui me paroît fort juste.

Ainsi je croy que cela se doit observer dans les Coûtumes qui ne disent point, que c'est au refus du vassal propriétaire du Fief saisi, qu'il est permis au Commissaire de faire la foy & hommage; dautant qu'il peut souvent arriver que le debiteur soit absent ou caché, auquel cas on ne pourroit avoir de luy un acte de refus, & même quand il ne seroit pas absent; la procedure qu'il faudroit faire pourroit tirer en longueur, & causer des frais; outre que la cause des créanciers semble en ce cas plus favorable que celle du Seigneur, puisque *creditores certant de damno vitando; contra verò Dominus feudi certat de lucro captando.*

Aussi tient-on à present, même dans la Coûtume de Paris, & autres semblables, qu'il est loisible au Commissaire aux saisies réelles de donner sa procuration pour faire la foy & hommage, sans attendre le refus du debiteur saisi, & sans le constituer en demeure par une sommation à luy faire de faire la foy & hommage.

Aprés avoir parlé dans ce paragraphe du Commissaire aux saisies réelles en ce qui concerne la foy & hommage, pour raison des Fiefs saisis réellement, nous allons parler dans le paragraphe suivant des cas esquels la foy & hommage est dûë, & peut être faite par le Curateur aux biens vacans & deguerpis.

§. 2. Cas esquels le Curateur de biens vacans ou abandonnez doit faire la foy & hommage.

SOMMAIRE.

1. *Si le Curateur donné à l'absent, ou à celuy qui est tombé en demence, peut faire la foy & hommage pour le vassal.*
2. *Si ce Curateur la doit de son chef.*
3. *Si un Curateur à une succession vacante, la doit de son chef.*
4. *Si le relief est dû pour la création ou premiere constitution du Curateur à une succession vacante.*
5. *Si le Curateur à une succession vacante represente la personne du defunt.*
6. *S'il represente l'heritier.*
7. *Si aprés que le Curateur auroit payé les droits, un heritier paroissoit, le Seigneur seroit tenu de les rendre.*
8. Quid, *du Curateur établi à des biens confisquez quant à la foy & hommage & au relief.*
9. Quid, *du Curateur à un Fief abandonné par l'acquereur pour les dettes hypotequaires de son vendeur.*

Le Curateur se donne, comme nous avons dit à la démence ou foiblesse d'esprit, à un absent, à la chose déguerpie ou abandonnée, & à une succession vacante.

Pour ce qui est du Curateur donné à l'absent ou à celuy qui est tombé en démence, il doit demander souffrance, ou d'être reçu à faire la foy & hommage pour la personne aux biens de laquelle il est préposé, au cas que la foy & hommage soit dûë au Seigneur par le vassal qui est tombé en démence, ou qui est absent; mais si la foy & hommage n'est pas dûë du chef du vassal, le Curateur ne doit demander ni la souffrance, ni d'être reçu à faire la foy & hommage.

La raison est, qu'il n'y a point de mutation en sa personne, celuy qui est tombé en démence, ou qui est absent demeurant toûjours propriétaire de ses biens.

Ainsi pour tous les changemens qui peuvent arriver dans la suite en la personne de ce Curateur, il n'y a point de mutation ni d'ouverture de Fief; & les droits ne sont point dûs au Seigneur, ni la foy & hommage.

Quand c'est un Curateur à une succession vacante, il doit faire la foy & hommage, parce qu'il y a ouverture de Fief & mutation de vassal en sa personne; & même il est constant, que comme il represente le propriétaire, & qu'il est donné pour homme vivant & mourant; ainsi ce Curateur venant à deceder, le relief est dû par celuy qui est mis en sa place.

C'est le sentiment de Maître Charles du Moulin sur l'article 28. glose 1. nomb. 23. & il a été ainsi jugé par Arrest du 1. Decembre 1544. rapporté par les Commentateurs sur cet article. Tronçon remarque un autre Arrest du 24. Juillet 1600. par lequel il a été jugé, que pour mutation du Curateur aux biens vacans relief est dû.

Mais on demande, si le relief est dû pour la création ou premiere constitution du Curateur à une succession vacante ou abandonnée?

Quelques-uns prétendent qu'il n'est point dû, parce que ce Curateur *personam defuncti sustinet.*

D'autres font distinction par rapport à la qualité des heritiers qui renoncent; & sont représentez par le Curateur. Ils prétendent que par le Curateur à une succession vacante, les droits sont dûs, si c'est en collaterale; c'est-à dire, si la succession est ouverte au profit des collateraux qui ont renoncé. Mais que si ceux qui sont habiles à succeder sont en directe, si ces heritiers présomptifs ont renoncé, le Curateur créé à la succession vacante ne doit point de relief, mais seulement la foy & hommage.

D'autres enfin prétendent que le Curateur à une succession vacante doit le relief, soit que la succession soit ouverte en directe ou en collaterale, à des heritiers présomptifs qui y renoncent.

Ce dernier sentiment me paroît le mieux fondé.

La raison est, qu'il y a toûjours un changement fictif & imaginaire, & que le Curateur à la succession vacante est par fiction un nouveau vassal, ainsi le relief est dû pour la mutation arrivée en sa personne; autrement il pourroit arriver que la succession seroit vacante pendant plusieurs années, pendant lesquelles le Seigneur seroit privé de ses droits.

On ne peut pas dire que ce Curateur represente la personne du defunt; car quand on dit que *Curator hereditati datus sustinet personam defuncti*, cela ne s'entend qu'en ce qu'il est mis au lieu du propriétaire, pour intenter les droits actifs de la succession, & répondre aux actions qui seront intentées contre la succession vacante; mais cela n'a point lieu pour frustrer le Seigneur de ses droits: autrement, s'il étoit vray que le Curateur à une succession vavante est consideré comme representant la personne du défunt, il s'ensuivroit que le Curateur créé à une succession échûë, même en ligne collaterale, ne devroit point de relief, parce que si le défunt vivoit, il n'en devroit point.

On ne peut pas dire aussi qu'il represente l'heritier, c'est-à-dire, celuy qui étoit habile à se porter heritier, & qui a renoncé à la succession; parce qu'il n'y a rien de plus contraire à être le maître d'une succession, que d'y avoir renoncé.

Mais une succession vacante est regardée *tanquam Domina seu pro Domino habetur, lege hereditas ff. de acquir. rer. domin.*

Il faut donc demeurer d'accord, que le Curateur qui ne represente ni le défunt, ni l'heritier doit indistinctement le relief pour la mutation arrivée en sa personne, & s'il decede, le relief est dû pour la mutation arrivée en la personne du nouveau Curateur.

C'est le sentiment de Bacquet au Traité *des droits de Justice*, chapitre 14. nomb. 20. & de Ricard.

C'est aussi l'avis de Maître Auzanet sur cet article, qui en a dressé un autre pour une nouvelle Coûtume, en ces termes.

Le Curateur aux biens vacans d'une succession directe ou collaterale peut & doit porter la foy & hommage, & payer droit de relief à cause de la mutation & ouverture de la même succession pour les Fiefs qui en dépendent; & sera payé un nouveau droit de relief pour chacune mutation de Curateur.

Cette opinion paroît conforme à l'esprit de nôtre Coûtume, laquelle en l'article précedent donne le relief au Seigneur pour chaque mutation de vassal, hors les cas esquels le quint est dû, & où il n'est dû que la foy & hommage; or par la constitution du Curateur à une succession vacante il y a mutation, ainsi le Seigneur est en droit aprés 40. jours, à compter du jour de l'ouverture de la succession, de saisir le Fief faute de foy & hommage, suivant l'article 1. & il n'est pas obligé de donner main-levée de la saisie, & recevoir le nouveau vassal, s'il n'est payé de ses droits, suivant ledit article 1. par faute d'homme, droits & devoirs non faits & non payez. Ainsi le Curateur à la succession vacante étant par fiction un nouveau vassal, le relief est dû pour la mutation arrivée en sa personne.

Mais c'est une question, si aprés que le Curateur auroit été établi à une succession, & que ce Curateur auroit payé les droits au Seigneur, un heritier paroissoit; sçavoir, si le Seigneur seroit tenu rendre le droit de relief, qu'il auroit perçû du Curateur.

Il me semble que oüy; parce que l'addition d'heredité ayant un effet retroactif au jour de l'ouverture de la succession, il seroit vray de dire, que le Seigneur auroit en ce cas perçu des droits qui ne luy étoient pas dûs; ainsi il seroit tenu de les rendre *in quantum factus esset locupletior*, comme quand la vente est cassée *propter læsionem ultra dimidium justi pretii*, selon Maître Charles du Moulin sur l'art. 33. glose 1. *verbo*, droit de relief nomb. 44.

Ce que nous avons dit du Curateur à une succession vacante, sert de décision pour le Curateur établi à des biens confisquez; c'est-à-dire, que la foy & hommage & les droits de relief sont par luy dûs, attendu que par sa constitution il y a un nouveau vassal, dautant qu'il est au lieu & place du propriétaire.

C'est le sentiment de Bacquet, Traité *des droits de Justice*, chap. 14. n. 20.

A l'égard du Curateur créé à un Fief abandonné par l'acquereur pour les dettes hypothequaires de son vendeur, il semble que le relief soit dû; car la proprieté ne reside plus ni en la personne du vendeur aprés la vente suivie de la tradition, ni en la personne de l'acquereur, puisqu'il l'a entierement abandonnée.

Néanmoins par Arrest du 20. Mars 1666. rapporté dans le second tome du Journal des Audiences, il a été jugé qu'il n'étoit rien dû au Seigneur que la foy & hommage par ce Curateur, comme representant celuy qui a fait l'abandonnement, qui est censé n'en avoir quitté que la possession.

Cette raison cependant ne me paroît pas veritable, puisque ce Curateur est tenu de faire la foy & hommage, attendu l'ouverture de Fief.

Loyseau au Traité *du Déguerpissement*, livre 6. chap. 5. nomb. 16. dit que quoique ce Curateur fasse la foy & hommage, néanmoins il n'est pas vassal, & par sa mort il n'y a pas ouverture au Fief: & au nombre 17. il dit la même chose du Fief deguerpi.

Tous ces cas, à mon avis, se doivent decider par la question, si le relief n'est dû, que par mutation du veritable propriétaire, ce que nos Coûtumes ne decident pas.

Il est cependant certain qu'en la personne du Curateur, qui fait la foy & hommage, quand il n'y a plus de propriétaire, il arrive une mutation, puisqu'il est reçû par le Seigneur pour son vassal.

Il faut donc dire par consequent que, *stricto jure*, le relief est dû; mais que *inspectâ æquitate*, attendu que le Seigneur *certat de lucro captando*, à l'encontre des creanciers, *qui certant de damno vitando*, le droit du Seigneur est sans effet, & que c'est sur ce fondement que l'on peut dire, qu'il n'est rien dû en ce cas au Seigneur: mais il seroit à propos d'établir là-dessus une Jurisprudence certaine par une décision précise: autrement la question sera toûjours douteuse.

OBSERVATIONS DE MONSIEUR ***.

Sur l'Article XXXIV.

SOMMAIRE.

1. *Nouvel article au lieu du 34.*
2. *S'il est necessaire qu'il y ait quelques procedures, pour justifier du refus du vassal, dont le Fief est saisi réellement, pour que le Commissaire aux saisies réelles puisse faire la foy & hommage.*
3. *Quand un Fief est saisi réellement, si la foy & hommage étant faite, la saisie feodale dure pour les droits dûs au Seigneur.*
4. *Autre article au lieu du 34.*
5. *S'il est dû quelques droits pour le changement de Curateur à la démence, à un bien déguerpi, ou à une succession vacante.*

POur l'intelligence de cet Article nous en avons fait deux, attendu que ces termes Curateur ou Commissaire aux biens saisis ne sont pas synonimes, & qu'ils produisent differentes choses & differens effets; c'est pourquoy pour ôter toute ambiguité nous avons fait de cet article les deux suivans.

1. Le premier est conçu en ces termes.

Le Commissaire établi à la requête des créanciers à un Fief saisi peut faire la foy & hommage au Seigneur feodal, au refus du vassal propriétaire dudit Fief, pour obtenir main-levée de la saisie feodale aprés une sommation faite au vassal saisi, sans payer aucuns droits pour lesquels le Seigneur sera preferé sur le prix.

Comme il pourroit arriver qu'un vassal dont le Fief seroit saisi réellement, dans la vûë de nuire à ses créanciers, seroit refusant de faire la foy & hommage à son Seigneur; la loy par une sage prévoyance a voulu secourir les créanciers, en ordonnant que le Commissaire aux saisies réelles pût faire la foy, pour empêcher que le Seigneur dominant, de concert avec celuy du Fief servant, ne se rendissent maîtres des revenus au préjudice des créanciers legitimes, parce que la saisie feodale, quoique posterieure, est toûjours préferable à la saisie faite par les créanciers.

2. Nous avons ajoûté à cet article, *aprés une sommation faite*, afin que l'on sçut qu'il n'est pas necessaire de faire aucunes autres procedures, pour que le Commissaire établi à la requête des créanciers à un Fief saisi, fasse la foy & hommage aprés une simple sommation faite au debiteur du Fief saisi, de faire la foy & hommage; cependant le Seigneur dominant n'est pas obligé d'attendre cette formalité; car de plein droit, sans attendre qu'il y ait eu une telle sommation, il peut proceder par saisie feodale, sauf à faire la main-levée, lorsque le Commissaire aura fait la foy.

3. Quand un Fief est saisi réellement, il suffit que le vassal, ou le Commissaire aux saisies réelles, fasse la foy & hommage; car pour les droits, s'ils sont dûs au Seigneur par le vassal, le Seigneur se pourvoit sur les biens pour lesquels il a son privilege contre tous les créanciers du vassal.

Autre Article au lieu du 34.

4. *Le Curateur créé à la démence, à une succession vacante, aux biens déguerpis ou abandonnez, doit faire la foy & hommage dans les quarante jours, & payer les droits, si aucuns sont dûs au Seigneur du Fief, & tels qu'ils peuvent être dûs, c'est-à-dire le quint ou le relief.*

Nous ne parlons point icy du Curateur des mineurs, parce que la souffrance dure tant qu'ils sont en minorité, & du moment qu'ils sont en majorité établie par la Coûtume, & qu'ils sont capables de rendre la foy, ils la doivent eux-mêmes.

Nous avons parlé d'abord des Curateurs à la démence, & ensuite de ceux qui sont donnez aux biens qui se trouvent sans propriétaires, & nous les avons mis ensemble, quoiqu'il y ait quelque difference à observer, principalement pour ce qui regarde les droits qui sont dûs à cause des mutations des Curateurs: car on a fait une grande question, sçavoir, si à chaque changement de Curateur l'on devoit payer de nouveaux droits.

5. Il semble d'abord que la proposition soit extraordinaire, & que l'on ne puisse pas même concevoir pourquoy on pourroit faire payer des droits à cause du changement d'une personne qui n'est point propriétaire; mais aprés y avoir bien pensé, je croy qu'il faut faire une difference entre le Curateur à un insensé, & un Curateur à une succession vacante.

Cette difference se trouve établie sur une maxime generale, qui veut que les loix empêchent toûjours les fraudes, puisqu'elles ne sont faites que pour les reprimer.

Nous dirons que par le changement de Curateur à un bien saisi réellement, il n'est point dû de droits nouveaux, ni pour le changement du saisissant, mais bien pour le changement du saisi, n'y pouvant jamais avoir de fraude, étant toûjours le propriétaire, quoique dépossedé de la joüissance.

Il en est de même pour le Curateur à la démence; parce que l'on sçait toûjours, lorsque celuy qui est en démence décede, lequel est propriétaire, quoiqu'il ne soit pas en état de joüir par luy-même. Ainsi l'on ne peut jamais frauder, & par le changement d'un tel Curateur il n'est dû aucuns droits.

Mais pour ce qui est des successions vacantes, biens abandonnez il n'en est pas de même, il n'y a point de veritable propriétaire, & souvent les heritiers joüissent successivement sous le nom de Curateur, lequel ne change point, quoique les heritiers présomptifs, qui ont abandonné les biens changent, & par ce moyen jamais un Seigneur n'auroit de droits.

C'est pourquoy, afin d'empêcher la fraude, on a sagement établi, que le droit de relief seroit payé au Seigneur à chaque changement de Curateur aux successions & biens abandonnez.

Il est

Il est vray que le profit de Fief ne se doit que lorsqu'il y a mutation de propriétaire ; mais pour empêcher les fraudes, on a decidé, que le droit seroit dû en ce cas ; & que ce ne seroit que le droit de relief simplement.

CONFERENCE SUR L'ARTICLE XXXIV

De même, *Berry*, titre 9. articles 82. & 83.

La Coûtume d'Artois, article 24. *permet aux créanciers de faire créer un Curateur à la succession vacante, qui doit faire la foy & hommage pour les héritiers, & en cas de délay un créancier est recevable à la faire.*

La Coûtume d'Orleans, art. 4. *permet au Commissaire établi à la requête des créanciers à un Fief saisi, de demander souffrance au Seigneur, & porte que ledit Seigneur sera tenu de luy bailler, sauf à luy se pourvoir pour ses profits sur les deniers de la ferme de l'heritage, ou deniers qui proviendront de la vente.*

Auteurs sur l'Article trente-quatriéme.

Valla, *de rebus dubiis, cap.* 20. *p.* 200.
Bobé, sur cet article.
Loysel, livre 4. titre 3. regle 28.
De la Lande, sur Orleans, article 4.
Ragueau, sur Berry, titre 5. articles 9. 12.
Chopin, sur la Coûtume d'Anjou, livre 2. titre 2. nomb. 6. & *du Domaine*, liv. 3. tit. 19. nomb. 3.
Englebermeus, sur la Coûtume d'Orleans, titre 1. art. 96.
De Lhommeau, sur la Coûtume d'Anjou, livre 1. art. 105.
Coquille, en l'Institution au Droit François, titre *de Fiefs.*
Loyseau, *du Déguerpissement*, livre 6. chapitre 5. nomb. 16. & 17.
Duret, dans son Alliance des Coûtumes, p. 819.
Duplessis explique cet article, livre 1. *des Fiefs*, chap. 3. p. 20.

ARTICLE XXXV.

Cet article & les suivans jusques au 41. sont au lieu des 3. & 25. de l'ancienne Coûtume.

Foy & hommage de l'aîné, comment acquitte ses sœurs.

Le fils aîné en faisant la foy & hommage au Seigneur feodal, acquitte ses sœurs de leur premier mariage, *tant de foy que du relief, où il est dû relief : les noms & âges desquelles il est tenu de declarer en portant la foy.*

Voyez l'Article suivant & le 41.

Remarques.

Idem, de son fils ou du puîné tenant le droit de l'aîné. C. M. sur l'article 3. de l'ancienne Coûtume de Paris.

Cet Auteur §. 35. glose 1. nomb. 8. soûtient même que cet article a lieu à l'égard de la fille de l'aîné representant son pere.

Requiritur ut hic articulus obtineat quod feudum ei obvenerit ex successione lineæ directæ ascendentis. Mol. d. §. 35. gl. 1. nomb. 1.

Aîné se tenant à la donation du pere à luy faite, & renonçant au Fief, ne peut porter la foy & hommage pour ses sœurs. *Feudalia enim jura & onera in rem scripta, feudalisque rei possessores, non in personas, familiamve clientum demortuorum.* Chop. de Mor. Paris. l. 1. t. 2. n. 10.

Jugé par Arrest du 23. Juin 1607. tant au profit d'Aignan Mariette, Sieur de Ponteval, & Damoiselle Germaine de Styon sa femme, contre les Religieux de S. Victor, que le fils aîné acquitte sa sœur veuve remariée pour le Fief à elle échû en ligne directe durant sa viduité en la Coûtume de Melun, en interpretant le 62. article pour le Fief de Rebelles.

LE FILS AISNE' EN FAISANT LA FOY ET HOMMAGE AU SEIGNEUR FEODAL, &c.

GLOSE PREMIERE SUR L'ARTICLE XXXV.

SOMMAIRE.

1. *Avant la redaction de la Coûtume, le frere aîné portoit seul la foy & hommage.*
2. *Pouvoir du mary sur les biens de sa femme.*
3. *Si le mary doit relief pour les Fiefs appartenans à sa femme.*
4. *Pourquoy on a permis à l'aîné de faire la foy & hommage pour ses sœurs, pour leur premier mariage.*
5. *Comment s'entend le premier mariage.*
6. *Si l'aîné peut faire la foy & hommage pour ses sœurs, quand elles sont majeures.*
7. *Si ayant fait la foy & hommage, pour ses sœurs, elles ou leurs maris sont obligez de la réiterer.*
8. *Si le frere aîné la peut faire pour elles, quand elles sont mariées.*
9. *S'il la peut faire pour celles qui sont veuves.*
10. *S'il est tenu de leurs dommages & interests, quand il refuse de la faire pour elles.*
11. *Disposition de quelques Coûtumes.*
12. *Si la foy & hommage faite en l'absence du Seigneur par le frere aîné, acquitte ses sœurs.*
13. *Si la reception en foy par main souveraine, obtenuë par l'aîné, acquitte ses sœurs.*
14. *Si l'aîné faisant la foy & hommage pour ses sœurs, a quelque droit seigneurial sur leurs portions.*
15. *Si un puîné peut faire la foy & hommage pour ses sœurs.*
16. *Sentiment de l'Auteur contraire à celuy de du Moulin, &c.*
17. *Si l'aîné ayant renoncé pour les avantages qu'il auroit reçus, un puîné peut faire la foy pour ses sœurs.*
18. *Si le fils de l'aîné decedé la peut faire.*
19. *Si la fille aînée de l'aîné decedé le pourroit.*
20. *Sentiment de l'Auteur contraire à celuy de Brodeau.*
21. *Si l'aîné n'est heritier, il ne peut faire la foy & hommage pour ses sœurs.*
22. *L'aîné s'entend au cas d'une succession directe.*
23. *Si l'aîné mineur peut demander souffrance pour ses sœurs.*
24. *Sentiment de Brodeau refuté par l'Auteur.*
25. *Si étant parvenuës à la majorité, elles sont obligées de faire la foy & hommage.*

1\. CEt article & les suivans expliquent les devoirs d'hommage, & les droits de relief qui peuvent être dûs au Seigneur, à cause des portions que les filles prennent en ligne directe dans les Fiefs délaissez par leur pere & mere, tant de leur chef que du chef de leurs maris, si elles étoient mariées au jour de l'ouverture de la succession, ou que depuis le decés des pere & mere, elles entrent dans l'état du mariage.

Dans l'ancienne Coûtume redigée par écrit en 1510. il n'y avoit que deux articles concernans cette matiere, qui sont l'article 3. & l'article 25.

L'article 3. étoit conçû en ces termes : *Item, & que le fils aîné, en faisant la foy & hommage aux Seigneurs feodaux, acquitte les filles de leur premier mariage.*

L'article 25. étoit ainsi conçû : *quand une femme à laquelle appartient un Fief se marie, il est dû rachat ou relief au Seigneur feodal.*

Sur ces deux articles plusieurs difficultez étant intervenuës en 1580. on proceda à la réformation de la Coûtume, on y ajoûta trois articles pour les terminer. Mais comme il est impossible que les legislateurs prevoyent tous les cas qui peuvent arriver, il s'est presenté depuis quantité de questions qui n'ont pas été prévûës par les Réformateurs de la Coûtume, comme il sera facile de voir par la suite de ce Commentaire : & même on peut dire avec raison que cet article n'est pas bien conçû.

Un des effets du mariage est, que la femme & ses biens tombent dans la puissance du mary, lequel avant la Loy *Julia de fundo dotali*, avoit le pouvoir de les aliener sans son consentement, mais quoique par cette Loy & la Constitution de l'Empereur Justinien, l'alienation des biens dotaux luy ait été défenduë, *princ. Instit. quib. alien. licet vel non*, & *l. un. §. & cum lex Julia. C. de rei uxor. art.* néanmoins il a toûjours été consideré comme maître & propriétaire des biens de sa femme, par la joüissance qu'il en a, le droit que la loy luy donne sur ces biens n'étant pas restraint à une simple joüissance, mais approchant d'une administration semblable à celle d'un maître, dont il fait & exerce toutes les fonctions ; excepté qu'il ne peut pas les aliener sans le consentement de sa femme, qui en conserve toûjours le vray & naturel domaine, suivant la Loy *in rebus. C. de jure dot.* 2

D'où il s'ensuit qu'au moins par une fiction de droit les biens de la femme passent en la personne du mary, & cette mutation doit donner ouverture au relief pour les Fiefs qui se trouvent dans ces biens, le mary devenant vassal au lieu de sa femme ; mais parce que le premier mariage est favorable & necessaire pour la conservation des familles, on a 3 jugé à propos de l'exempter de cette charge envers les Seigneurs contre l'ancien droit, par lequel le relief étoit dû par le premier mary, à moins que son frere ne l'eût affranchie, soit quelle fût mineure ou majeure, selon le grand Coûtumier livre 2. titre 29. page 205. à la fin.

4. Quoique le premier mary de même que les seconds & troisiémes, à cause de la mutation qui arrive en sa personne, soit tenu de faire la foy & hommage pour les Fiefs propres de sa femme, on a permis au fils aîné de la faire pour ses sœurs, pour les Fiefs qui leur échéent auparavant leur premier mariage & de les en acquitter & leurs maris.

C'est un droit special que la Coûtume a accordé à l'aîné, parce qu'il est consideré comme le chef de la famille & le Procureur legitime de ses sœurs pour cet effet seulement, attendu sa qualité & sa dignité d'aîné, & le preciput & les principales portions qu'il emporte dans les Fiefs des successions paternelle & maternelle.

Ce droit est aussi fondé sur une grace speciale accordée aux filles, d'être déchargées de venir en personnes, faire la foy & hommage, quand elle a été faite pour elles par leur aîné; & cela *ut sexûs pudori ac verecundiæ consuleretur*.

Ainsi c'est un droit specialement accordé à l'aîné, d'exempter ses sœurs d'un devoir & d'une soumission peu convenable à la pudeur qui convient aux filles.

Mais l'aîné ne les en acquitte que quand il l'a faite avant partage du Fief; car le partage étant fait, chacun doit la faire pour sa part selon l'article 32. des Arrêtez du titre des Fiefs.

5. *Qu'entend-on dans cet article par le premier mariage?*

Maître Auzanet tient que cet article 35. se doit entendre du premier mariage contracté depuis que la succession est échûë.

Il y a même un Arrest du 23. Juin 1607. donné en la Cinquiéme Chambre des Enquêtes, qui l'a jugé ainsi, & qui est rapporté par Monsieur le Prêtre centurie 1. ch. 57.

La question s'étoit presentée en la Coûtume de Melun, qui porte en l'article 61. que *le frere aîné acquitte sa sœur de son premier mariage*, il s'agissoit donc de sçavoir si cet article de la Coûtume de Melun se devoit entendre du premier de tous les mariages, ou bien de celuy qui est le premier contracté aprés la succession échûë.

Par cet Arrest rendu sur le procés par écrit entre l'Abbé de S. Victor, & Agnan Mariette Sieur de Ponteville, & Damoiselle Germaine de Saint-Yon sa femme, il a été jugé que le premier mariage s'entend de celuy qui est le premier contracté aprés la succession échûë.

Ce qui semble prouver, que par le premier mariage il faut entendre le premier d'aprés la mort du pere ou de la mere, c'est que les Réformateurs dans le commencement de l'article 35. qui étoit le 3. de l'ancienne Coûtume, ont ôté le mot *filles*, & ont mis *sœurs* en la place. *Le fils aîné en faisant la foy acquitte ses sœurs de leur premier mariage*; au lieu qu'il y avoit dans l'article 3. *Item, & que le fils aîné en faisant la foy & hommage aux Seigneurs féodaux, acquitte les filles de leur premier mariage.*

Maître Charles du Moulin sur cet article, *glos.* 1. *verbo* fils, nombre 3. dit, qu'il ne faut entendre cet article que du premier de tous les mariages.

Requiritur quod sint primæ nuptiæ hujus fœminæ; si enim nupsisset, & vidua facta esset, etiam vivo patre vel alio ascendente, cui jam vidua, fortè etiamnum virgo successit, etiam si matrimonium non durasset diem integrum naturalem; si tamen ducta fuit in domum viri, deindè secundas nuptias contrahat; ne quicquam fraterno obsequio liberatur à relevamento inde debito, & hoc quia secundæ nuptiæ sunt, non primæ, quarum contemplatione, propter earum dignitatem partim conceditur hæc immunitas, nec refert an sint secundæ, tertiæ, quartæ, vel ulteriores ex parte viri cui nubit, cujus polygamia non attenditur; sed sufficit quod fœmina ipsa numquam alteri nupserit, nec consuetudo in hoc aliud requirit.

Cependant, le même Auteur *loco citato*, remarque que dans cet article par le premier mariage, on pourroit entendre le premier mariage d'aprés la mort du pere ou de la mere, quoiqu'il ne fût pas le premier des mariages.

Adverte, dit-il, *dici posse quod hic §. loquitur de primo matrimonio sororum contrahendo post obitum parentis; dictio enim* filles, *in tota hac consuetudine non refertur ad virginitatem, sed ad sexum. Et perindè est ac si diceret* les femelles, *ut §.* 12. 16. 21. 36. 29. 126. & 134. *ubi non curatur an sint virgines, vel non, nec an maritatæ sint, vel fuerint, an non. Ergo in hoc §. & in tota hac consuetudine, quando fit mentio filiarum; hoc nomine vocantur, vel respectu parentum, vel ad designandum sexum ut §. 26. Et nullibi in hac consuetudine ponitur hæc dictio ad differentiam nuptæ, vel viduæ, vel corruptæ.*

Il ajoûte ensuite. *Et sic in hac §. idem est ac si textus diceret*, acquitte ses sœurs, *id est liberat sorores: & consequenter debet intelligi de primo earum matrimonio; deinceps à morte parentis futuro; ex quo, utpote feudo jam acquisito deberetur relevium §. 25. si qua enim sororum jam nupserat, & vidua facta est vivo parente, nihil ad Dominum feudi: sed hoc impertinens est, cum ea fœmina nullum unquam jus habuerit in feudo. Dum autem succedit parenti ex suo capite libera est per §. præcedentem.*

Dum ergo postea post feudum quæsitum nubit, obligatur relevio per regulam. §. 25. quæ regula limitatur hoc casu; alias verba hujus textus non verificarentur; quia primogenitus non liberaret sororem à primo matrimonio. Quoad primum enim finitum matrimonium nunquam indiguit nec indiget liberatione. Et sic hæc consuetudo debet intelligi de tali primo matrimonio; ex quo alias deberetur relevium. Ergo de ista post obitum patris parentis & feudum quæsitum contractum, quia liberatio præsupponit obligationem; l. decem de verbor. oblig. l. nam & si sub conditione §. post. receptum de injusto rupt. & irrito facto testam. cap. ad dissolvendum extra de desponsat. impuber. l. manumissiones & ibi Jason num. 12. ff. de justit. & jure & hoc est valdè æquum, verbisque consuetudinis conforme; quæ dat primogenito jus omnes sorores suas post obitum parentis à relevio liberandi ratione primarum per eas contrahendarum nuptiarum; facit quod conditio nuptiarum apposita à sciente legato vel donatione factâ mulieri intelligitur de futuris proximis, non autem de jam factis nuptiis, l. 46. si ita scriptum sit in fine de legatis 2. l. si jam facta de conditionib. & demonstrationib.

Aprés toutes ces raisons déduites du Moulin *loco citato*, conclud ainsi. *Sed tamen communis modus intelligendi hoc hactenus restrinxit ipsarum filiarum nuptias, ut textus simpliciter loquitur, nec addit post obitum parentis contrahendas ideò non ausim addere, nec aliter decernere, contentus æquitatem ostendisse.*

C'est sur ce fondement que quelques-uns ont pretendu, que les Réformateurs de la Coûtume en changeant le mot de *filles* en celuy de *sœurs*, ont suivi, non pas l'opinion de du Moulin, mais le sentiment d'équité qu'il propose, & qu'ainsi dans cet article 35. par le premier mariage de la sœur, il faut entendre le premier d'aprés la mort du pere ou de la mere.

Cependant cette interpretation ne paroît pas naturelle, ni conforme au texte; parce que dans cet article il n'est parlé que du premier mariage; il n'y a donc pas d'apparence qu'on ait fait confusion avec les seconds & troisiémes. Si les Réformateurs avoient voulu que cet article s'entendît ainsi, ils n'avoient qu'à mettre *de leur premier mariage contracté depuis l'ouverture de la succession*, & non pas mettre indefiniment *de leur premier mariage*.

Deplus, il est à presumer que ce n'est que la faveur d'un premier mariage qui donne lieu à l'exemption du relief; & il est certain qu'un second, troisiéme ou quatriéme mariage ne merite pas la même faveur qu'un premier.

L'article 37. qui assujetit le second mariage au relief, ne dit rien non plus qui puisse faire presumer qu'il parle d'un second mariage seulement, par rapport à l'échéance du Fief.

Ainsi nonobstant toutes les raisons contraires & l'Arrest cité cy-dessus, je croy que l'article 35. ne se doit entendre que du premier mariage simplement, & non pas le premier qui a été contracté depuis le décés du pere ou de la mere d'où procede le Fief échû.

6. *Si l'aîné peut porter la foy & hommage pour ses sœurs, quand elles sont majeures de la majorité féodale?*

Maître Charles du Moulin sur cet article glose 2. nombre 4. Tournet, Tronçon sur le même article, & Brodeau sur l'article 36. nombre 11. tiennent, qu'il ne la peut faire, que quand elles sont mineures.

Maître Ricard tient au contraire qu'il la peut faire quoiqu'elles soient majeures; & il cite l'Arrest du 23. Juin 1607. rapporté cy-dessus nomb. 5.

C'est aussi le sentiment de Maître Duplessis & le mien.

Ce qui me paroît incontestable, vû que cet article n'auroit pas dit indistinctement, que le fils aîné acquitte ses sœurs de leur premier mariage, s'il ne devoit être entendu que des filles mineures; sans doute qu'il en auroit fait mention, & il ne seroit pas generalement vray que l'aîné acquitte ses sœurs, s'il ne pouvoit acquitter de la foy & hommage, que celles qui seroient mineures; car quand elles sont mariées elles sont majeures de la majorité féodale.

D'ailleurs il n'y a pas plus de raison pourquoy l'aîné puisse acquitter ses sœurs mineures, que quand elles sont majeures; car si on dit, qu'étant majeures, elles peuvent prêter le serment de fidelité, on peut dire aussi que si elles sont mineures, elles peuvent demander souffrance au Seigneur, laquelle ne leur peut être refusée.

On peut encore tirer cette décision de l'article 36. qui porte, que s'il n'y a que filles, ou que le fils aîné, si aucun y a, n'ait porté la foy pour elles, elles ne doivent relief à cause de leur premier mariage, mais elles ou leurs maris doivent porter la foy.

Ces termes, *les noms & âges desquelles il est tenu declarer en portant la foy*, ne prouvent pas que la foy & hommage ne puisse être faite que pour les filles mineures, puisque cette declaration n'est requise qu'afin que le Seigneur puisse s'informer à l'avenir, si elles ne passent point en secondes nôces, pour leur faire payer le relief pour chacun des subsequens mariages.

C'est aussi afin que le Seigneur puisse être informé si l'aîné ne trompe point, si elles sont bien-tôt en âge d'être mariées, si elles ne seroient pas déja, ou veuves, ou si elles n'auroient pas passé en secondes nôces, donc le relief luy seroit dû.

Ce qui est dit en l'article 41. que la souffrance accordée aux enfans mineurs n'a lieu que jusques à ce qu'ils ou l'un d'eux soit en âge pour faire la foy & hommage, pour laquelle le fils est reputé âgé de 20. ans, & la fille à l'âge de 15. ans accomplis, ne peut pas servir de fondement à l'opinion contraire, parce qu'il s'entend, ou lorsqu'il n'y a que mâles seulement, ou filles, succedans en ligne directe, ausquels cas chacun des mâles & femelles est obligé de faire la foy & hommage, étant parvenu à la majorité féodale.

Si le fils aîné ayant fait la foy & hommage pour ses sœurs, avant qu'elles fussent mariées, elles sont obligées, ou leurs maris pour elles de la reiterer? 7.

Charondas sur cet article & les suivans, tient l'affirmative, & Brodeau nombre 12. & Bacquet au Traité des droits de Justice nombre 41. sont d'avis contraire. Charondas. Brodeau.

C'est aussi le sentiment de Maître Duplessis, que non seulement elles ne sont point tenuës de la réiterer étant devenuës majeures, mais aussi que leur mari n'est point tenu de la faire pour le premier mariage. Duplessis.

La raison est, que non seulement la Coûtume ne distingue point entre la majorité & la minorité; mais elle dit indefiniment, que l'aîné acquitte ses sœurs de leur premier mariage, tant de la foy que du relief: or ce mot *premier mariage*, signifie qu'il en acquitte leur mary: le mary & la femme par la dignité & l'effet du mariage étant reputez une même personne; & ce privilege seroit inutile aux filles, s'il ne pouvoit servir au mary, comme remarque Brodeau sur cet article n. 12.

Le Maître tient, que l'aîné n'acquitte ses sœurs de la foy & hommage & du relief, que jusqu'à ce qu'elles soient en âge de faire leurs offres, cela se prouve, dit-il, évidemment par le texte de cet article; la preuve en effet en est bien claire; cependant personne ne le decouvre comme luy.

Si l'aîné peut faire la foy & hommage pour ses sœurs quand elles sont mariées? 8.

Il semble qu'il le peut, par les termes de cet article, *acquitte ses sœurs de leur premier mariage*; & par ceux de l'article 36. *elles ou leurs maris la doivent faire*; ainsi il la peut faire quoiqu'elles soient mariées.

Maître Duplessis dit que ces articles ne s'expliquent pas assez, & qu'il tient que la Coûtume n'ayant permis au frere de faire la foy pour ses sœurs que pour pardonner à la pudeur de leur sexe, cette raison manquant quand elles sont mariées, & leurs maris en étant plus capables qu'un frere, l'article ne doit pas s'y appliquer, & que s'il parle du mariage, il ne doit être entendu que de celuy qui est contracté aprés la succession échuë. Ainsi le premier mary n'est exempt de faire la foy & hommage, que quand la femme en a été acquittée par son frere aîné avant son mariage.

Si l'aîné peut faire la foy & hommage pour ses sœurs étant en viduité? 9.

Maître Duplessis tient que non: cependant il ne paroît pas de raison pourquoy il ne le pourroit pas; car s'il la peut faire pour ses sœurs avant leur premier mariage, il la peut faire aussi pour elles pendant leur viduité; parce que les mêmes raisons semblent avoir lieu pour l'un & l'autre cas; & que ces termes, *acquitte ses sœurs de leur premier mariage*, ne l'exclud pas de porter la foy pour celles qui sont en viduité; à moins que de dire, que ce privilege étant fondé principalement sur la pudeur du sexe, cette raison de bienséance n'est pas si forte en la personne des veuves. Du Plessis.

Si l'aîné refusant de faire la foy & hommage pour ses sœurs, peut être poursuivy par elles pour leurs dommages & interêts? 10.

Maître Charles du Moulin sur cet article *glos. 2. num. 6. & 7.* a prétendu, que les sœurs pouvoient poursuivre leurs dommages & interêts contre leur frere qui avoit refusé de faire la foy & hommage au Seigneur pour elles, & les en acquitter par ce moyen & du relief pour leur premier mariage. Du Moulin.

Il avoit raison de tenir cette opinion, parce que par l'ancienne Coûtume les filles devoient relief pour leur premier mariage, si elles n'en étoient acquittées par leur frere aîné, suivant l'article 25. de l'ancienne Coûtume en ces termes: *Quand une femme, à la-*

quelle appartient un Fief, se marie, il est dû rachat ou relief au Seigneur féodal : & l'article 3. portoit ces termes : *le fils aîné en faisant la foy & hommage au Seigneur feodal acquitte les filles de leur premier mariage* ; partant *à contrario sensu*, quand le fils aîné ne faisoit pas la foy & hommage, ses sœurs devoient le relief pour leur premier mariage.

BRAU. Brodeau sur cet article nombre 9. a suivi ce sentiment.

Mais je ne vois pas quels dommages & interêts les sœurs pourroient prétendre contre leur frere aîné, puisqu'il n'y va pas de la diminution de leur patrimoine, mais d'un simple devoir, auquel la qualité de leur heritage les oblige, si ce n'est à cause des saisies feodales : ce qui se trouveroit encore inutile, suivant l'opinion de Brodeau, qui veut que l'aîné n'acquitte pas ses sœurs de la foy & hommage, tant qu'elles ne sont pas en âge de la faire, ce qui est encore absurde, comme j'ay remarqué cy-dessus.

Ainsi contre cet avis il faut dire indubitablement, que les sœurs ne peuvent poursuivre aucuns dommages & interêts contre leur frere, puisque par l'article 36. les filles ne doivent aucun relief, quoique l'aîné n'ait point fait la foy & hommage pour elles, pour leur premier mariage.

11. Il est vray que nous avons plusieurs Coûtumes qui veulent, que quand des filles ont un frere, qui a couvert le Fief, tant pour luy que pour elles, elles soient acquittées tant de la foy que du relief pour leur premier mariage, lequel seroit dû autrement, comme celles d'Estampes article 6. de Reims article 79. de Lorris chapitre 1. article 46. de Blois article 85. & autres.

Dans ces Coûtumes je suivrois volontiers le sentiment de Maître Charles du Moulin, par la raison qu'il en rend en ces termes, *loco citato*.

Socius qui in re communi malè versatur ; omittendo id ad quod res est destinata, vel id quod secundùm suum proprium officium sibi incumbit & facere debet, & in re communi quo status rei sic melior saltem conservetur, socius tenetur non solùm de dolo & lata culpa, sed etiam de levi culpa, l. si ut certo. §. nunc videndum. ff. commod. l. cum duobus. paragr. 1. ff. pro soc. Idque non solùm inter socios societate conventionali, sed etiam inter quosdam simpliciter communes. Et sic iste sive dolosus, sive morosus sorores suas suâ culpâ damnificans, tenetur eas indemnes reddere. Aut ergo est in ætate, & potest compelli & tenetur ad interesse. Aut est infra ætatem debitam, & adhuc eximit sorores, quia non potest interim relevium à nubentibus exigi. Quamvis enim dominus non teneatur juniorem in fidem admittere, tamen tenetur inducias dare.

TRONÇON. Tronçon *verbo* la foy & hommage, est aussi d'avis que l'aîné doit être condammé aux dépens, dommages & interêts de ses sœurs audit cas.

La Coûtume d'Orleans en l'article 35. dit, *un fils aîné peut, si bon luy semble, porter la foy & hommage, &c.* desorte que cette Coûtume n'oblige point absolument l'aîné à faire la foy pour ses freres & sœurs ; il en faut dire de même de nôtre Coûtume, quoiqu'il ne soit pas exprimé ni declaré.

12. *Si la foy & hommage faite par l'aîné en l'absence du Seigneur, garantit ses sœurs de la foy & hommage ?*

Il faut tenir pour l'affirmative, pourvû qu'il l'ait faite pour luy & pour elles, & que dans l'acte il ait declaré leurs noms & leurs âges, au desir de cet article ; car puisqu'ayant fait ainsi la foy & hommage, il n'est pas tenu de la réïterer pour luy, comme il est dit sur l'article 63. il s'ensuit fort bien, que la foy & hommage faite par l'aîné pour ses sœurs, les en acquitte pour leur premier mariage.

13. *Si la reception en foy par main souveraine, obtenuë par l'aîné pour luy & pour ses sœurs, les acquitte de la foy & hommage ?*

Il n'y a pas d'apparence, dautant que cette reception n'est qu'une surséance jusqu'à ce que le procès sur la directe soit terminé, l'article 60. obligeant celuy qui a été ainsi reçû, de faire la foy & hommage à celuy des Seigneurs qui obtiendra la directe.

D'où il s'ensuit, que si l'hommage a été rendu par l'aîné pour luy & pour ses sœurs à celuy qui étoit en possession du Fief dominant, & qui a été depuis évincé, il ne décharge pas ses sœurs envers celuy qui est declaré le veritable propriétaire du Fief dominant ; parce que la foy & hommage renduë à celuy qui n'étoit pas Seigneur dominant, ne peut produire aucun effet.

Si l'aîné en faisant la foy & hommage pour ses sœurs a quelque droit de superiorité feodale & Seigneuriale sur elles, ou sur les portions qui leur échéent ? 14.

Réponse. Il n'en a aucun, puisqu'elles les tiennent immediatement, non de leur frere aîné, mais du Seigneur, auquel l'aîné a fait la foy & hommage, les puînez & les filles ayant pareils droits sur les portions de Fiefs qui leur échéent, que l'aîné a sur la sienne ; parce que le partage n'a point lieu dans la Coûtume de Paris, comme il a lieu dans celle d'Anjou, du Maine, de Tours, de Poitou, Lodunois, Normandie, Bretagne & autres ; dans lesquelles l'aîné est parageur, & les puînez parageaux, les puînez relevans leurs portions de l'aîné, & de ses descendans, comme remarque Brodeau nombre 19. & sur l'article 13. nombre 21. & Tronçon *verbo* le fils aîné, jusques à ce que le parentage vienne au sixiéme degré inclusivement. BRODEAU. TRONÇON.

Si un puîné peut faire la foy & hommage pour ses sœurs & les en acquitter ? 15.

De ces termes *le fils aîné*, il s'ensuit que tout autre que l'aîné ne peut pas faire la foy & hommage pour ses sœurs.

Cependant du Moulin sur cet article glose 1. n. 6. & sur l'article 3. de la Coûtume d'Estampes, tient que le puîné le peut au lieu & place de l'aîné, soit qu'il ait renoncé ou qu'il ne veille pas la porter pour elle. DU MOULIN.

C'est aussi le sentiment de l'Abbé sur l'article 62. de Brodeau sur cet article nomb. 10. de Maître Auzanet sur l'article 32.

Maître Duplessis titre des Fiefs dit, que ce mot *aîné* montre que le puîné plus ancien n'a pas pareil droit, quoique l'aîné eût renoncé à la succession. On y ajoûte une Note marginale, qui porte, *j'estime que le puîné le peut en ce cas, parce que ce n'est pas une prerogative accordée à l'aîné, mais une grace que la Coûtume fait aux sœurs, dont elles peuvent également joüir par le puîné.* DU PLESSIS.

Je crois au contraire, que tout autre qui n'entreroit pas dans les droits de l'aîné ne le pourroit pas ; autrement la Coûtume n'auroit pas parlé de l'aîné si précisement, & d'une maniere qui semble exclure tout autre qui n'en a pas la qualité : Il paroît même que c'est l'intention de la Coûtume en l'article 36. qui porte que, *s'il n'y a que filles, ou que l'aîné, s'il y en a un, n'ait pas porté la foy & hommage, &c.* si elle avoit voulu que l'un des puînez pût la porter à son refus, elle manque de le déclarer. 16.

Autre autorité pour confirmer mon sentiment. On prétend qu'auparavant la redaction des Coûtumes le parage avoit lieu à Paris, que le frere aîné portoit la foy & hommage comme seul & unique heritier des Fiefs échûs en directe, & garantissoit comme en parage sous sa foy ses sœurs majeures ou mineures ; l'article 3. de l'ancienne Coûtume portoit, que le fils aîné (termes qui excluënt sans doute tous ceux qui ne le sont pas) tenoit en parage ses sœurs comme ayant la plus grande portion dans le Fief, & quoique le parage ait été, néanmoins on a trouvé à propos que l'aîné fist la foy & hommage pour ses sœurs, tant par un droit special pour l'aîné qu'en faveur de ses sœurs, qui ne peut être transmis au puîné, qu'au cas qu'il entre au droit d'aînesse; car selon du Moulin, nous avons observé sur l'article 1., *ex quo prior natu non succedit, nec vult uti jure suo, non computatur in numero, & sic sequens est primus, etiam verè & propriè loquendo, cum nullum habeat ante se; paria enim sunt alium prius natum non extare, vel extare, & non succedere.*

BRODEAU. Brodeau sur cet article nombre 11. pretend que
17. quoique l'aîné ait renoncé à la succession pour les avantages qu'il auroit reçûs, néanmoins un des puînez le peut representer dans des choses, qui ne sont point avantageuses aux autres, & qui ne peuvent tirer à consequence à leur égard, par lesquelles au contraire un benefice de la loy introduit pour eux ou pour quelques-uns d'entr'eux, est conservé.

Ce qu'il dit au nombre 1. est contraire à ce sentiment, il rend cette raison pour laquelle l'aîné peut faire la foy & hommage pour ses sœurs, sçavoir, parce qu'il est le chef de la famille: or le puîné n'est pas le chef de la famille.

Du raisonnement de cet Auteur il s'ensuivroit que la sœur aînée *deficientibus masculis* pourroit porter la foy & hommage pour ses sœurs; parce que c'est un avantage qu'elle leur pourroit procurer, cependant cela n'est pas vray, parce que la Coûtume en declarant que l'aîné la peut faire pour ses sœurs, l'aînée au défaut de mâles ne la peut point, par même raison le puîné ne la peut point porter, quand l'aîné est heritier.

Prenons encore la chose dans son principe, tout acquereur de Fief, mâle ou femelle doit la foy & hommage au Seigneur, donc les filles qui succedent dans les Fiefs en directe y sont obligées, la Coûtume ne les en exempte qu'à la charge que l'aîné la fasse pour elles; c'est donc l'aîné que la Coûtume charge & qu'elle substituë pour la faire pour elles, peut on contre la disposition expresse de la Coûtume étendre ce droit special à un puîné.

CHARONDAS Charondas sur cet article est de même sentiment, ou plûtôt je suis en cela son sentiment, que le puîné ne peut faire la foy & hommage pour ses sœurs, que quand il entre en droit d'aînesse en sa place.

AUZANET. Maître Auzanet tient, que si l'aîné est decedé avant d'avoir fait la foy & hommage, le plus âgé des puînez la peut faire.

Ce sentiment n'est pas suivi, car ce droit est annexé à l'aîné, il en a été saisi dés la mort de celuy de *cujus bonis agitur*, ce droit a passé à son enfant mâle s'il en a laissé un, lequel peut faire la foy s'il est en âge, s'il n'en a point laissé tous les autres enfans sont tenus de faire la foy & hommage pour leur part & portion au Fief.

18. *Si le fils de l'aîné decedé ou venant par representation de son pere, peut faire la foy & hommage pour ses tantes & pour ses sœurs?*

DU MOULIN Du Moulin sur cet article glose 1. nombre 7. tient l'affirmative, parce que *nepotes filiorum appellatione in favorabilibus continentur.*

Au nombre 8. tient même que la fille aînée de l'aîné succede aussi dans ce droit, parce que *primogenitus præmoriens parenti transmittit hoc beneficium ad filiam suam primogenitam.*

19. BRODEAU. Brodeau nombre 5. a suivi son sentiment, parce qu'elle vient par representation de son pere & par droit de transmission, & qu'elle a toutes les prérogatives d'aînesse, soit utiles ou honorables.

20. Je ne vois pas comment on peut soûtenir cette derniere opinion, car si lorsqu'il n'y a que filles, la fille aînée ne peut porter la foy & hommage pour ses sœurs, ainsi que tous les Commentateurs en conviennent, comment la fille aînée du fils aîné peut-elle la porter pour elle & pour ses sœurs, puisque ce devoir est personnel & qu'on ne s'en peut point exempter, si ce n'est par une disposition expresse de la Coûtume, dérogeant aussi expressément à cette regle generale?

Si l'aîné ne succedant pas peut faire la foy & hommage pour ses sœurs? 11.

Des termes de cet article *en faisant la foy & hommage*, il s'ensuit que si l'aîné ne succede pas, soit en renonçant, ou parce qu'il seroit exclus de la succession par exheredation, ou parce qu'il ne seroit pas du côté & ligne, comme s'il s'agissoit de la succession d'un beaupere, dans tous ces cas ne faisant pas la foy pour luy, il ne la pourroit pas porter pour ses sœurs.

C'est le sentiment de du Moulin nomb. 1. de Chopin sur ce titre nomb. 10. de Brodeau nomb. 1. de Ricard & de Maître Duplessis. DU MOULIN. CHOPIN. BRODEAU. RICARD. DUPLESSIS.

Si la disposition de cet article a lieu en succession collaterale? 12.

Maître Duplessis dit, que le terme *fils*, qui est dans cet article, justifie que cette disposition n'a lieu que pour les Fiefs échûs en directe, c'est-à-dire, par succession de pere & de mere, ou ayeuls droits de doüaire, ou donation faite par les ascendans à l'aîné & à ses sœurs conjointement, mais non pour ceux échûs en collaterale ou autrement, qui est en effet l'opinion vulgaire, quoiqu'il n'y ait pas de veritable raison de difference, pour dire qu'une succession collaterale étant échûë à plusieurs enfans conjointement, qui possedent encore par indivis les biens de la directe, l'aîné ne puisse pas acquitter ses sœurs pour les uns aussi bien que pour les autres; ce qui toûjours ne peut pas recevoir difficulté pour les portions des Fiefs de la directe qui leur échéent par le decés d'autres leurs fréres & sœurs.

Si l'aîné mineur peut demander souffrance pour luy & pour ses sœurs, & quel est l'effet de cette souffrance? 13.

Du Moulin sur le §. 41. *quæst.* 4. *num.* 7. & 8. fait cette distinction: sçavoir, que la souffrance accordée à l'aîné, acquitte ses sœurs de leur premier mariage, au cas qu'il decede pendant la souffrance; car si la souffrance avoit pris fin, & que l'aîné eût été en demeure de porter la foy & hommage, la souffrance baillée mais finie, n'acquitteroit pas la fille de son premier mariage, parce que la souffrance étant expirée, les choses sont remises dans le même état qu'elles étoient avant qu'elle fût accordée. DU M.

Toutefois je croy que les filles ne sont point acquittées de la foy & hommage, quand l'aîné decede avant que de l'avoir faite.

La raison est, que nôtre Coûtume en cet article, veut que l'aîné ait fait la foy & hommage pour en acquitter ses sœurs; & quand même nôtre Coûtume ne l'auroit pas declaré en termes exprés, ce seroit une obmission qu'on devroit suppléer, d'autant qu'il est certain que la souffrance n'est qu'un délay & une surséance pendant quelque temps, accordé à l'aîné pour faire la foy & hommage, de laquelle il ne peut point être déchargé, & qu'il est obligé de faire aprés le délay fini; & partant il est constant que par la souffrance l'aîné n'est pas reputé avoir fait la foy & hommage, & qu'il n'en peut pas acquitter ses sœurs, puisque c'est un devoir personnel qu'il faut faire necessairement.

Brodeau nombre 3. dit que la souffrance accordée au fils aîné aux termes des articles 41. & 42. profite à sa sœur qui contracte un premier mariage pendant qu'elle dure, & à son mary, auquel le relief ne peut être demandé; car, dit-il, comme le fils aîné en faisant la foy & hommage, acquitte ses sœurs de leur premier mariage, tant de la foy que du relief, le même doit avoir lieu au cas de la souffrance baillée, ou demandée & injustement refusée, parce qu'elle équipolle à foy, tant qu'elle dure. 14. BRODEAU.

Tout ce que dit cet Auteur me semble absurde; car premierement il n'est pas vray indistinctement que la souffrance accordée à l'aîné serve à ses sœurs ; pour cet effet il faut qu'elle soit demandée pour luy & pour ses sœurs, de même qu'il ne décharge point ses sœurs en faisant la foy & hommage, qu'en la portant pour elles & en leur nom, & declarant leurs âges & leurs noms, suivant cet article *in fine*.

En second lieu, cela est contraire à ce qu'il avance auparavant nombre 12. que la sœur n'est point acquittée de la foy & hommage, quand elle devient majeure, vû qu'elle est tenuë de la faire ou son mary pour elle, ainsi il n'est pas vray selon son sentiment, que cette souffrance demandée par l'aîné, profite à la sœur, tant qu'elle dure.

En troisiéme lieu, de ce qu'il dit, que pendant la souffrance le relief ne peut être demandé au mary, il s'ensuit qu'aprés qu'elle est finie, il peut être demandé pour le premier mariage, ce qui est une autre absurdité, vû que, soit que l'aîné ait fait la foy & hommage, ou qu'il ne l'ait pas faite, les sœurs ne payent point de relief pour leur premier mariage, par la disposition de l'article suivant qui est expresse ; elles ne le payent point aussi quand un Fief leur échet pendant le second ou autre subsequent par l'article trente-huit.

BRODEAU. Brodeau en ce lieu s'est entierement arrêté au sentiment de du Moulin, conforme à l'ancienne Coûtume, qui a été en ce point reformée par la nouvelle, ce qui a fait tomber cet Auteur dans cette erreur & dans d'autres remarquées cy-aprés.

CHARONDAS. Charondas sur l'article 41. tient, que la souffrance accordée à l'aîné acquitte ses sœurs de la foy & hommage pour leur premier mariage.

Si aprés la souffrance obtenuë par l'aîné mineur, les sœurs étant parvenuës à leur majorité avant luy, seroient obligées de faire la foy & hommage ? 25.

Je crois que non ; la raison est, que l'aîné demandant souffrance pour luy & pour ses sœurs, il la demande jusques à ce qu'il soit en âge de pouvoir faire la foy & hommage pour luy & pour elles, selon le Droit que la Coûtume luy accorde ; ainsi le Seigneur ne doit point s'informer si les filles, pour lesquelles le fils aîné a demandé souffrance, sont en âge, puisque la Coûtume veut qu'elles puissent être déchargées de la faire par la prestation faite à leur nom par leur frere aîné, autrement il empêcheroit qu'elles ne joüissent du privilege que la Coûtume leur donne, d'être acquittées de la foy & hommage par leur aîné, tant qu'elles demeurent filles, ou qu'elles se marient en premieres nôces.

Maître Duplessis dit, que la Coûtume n'ayant point eu d'autre motif de cette disposition qu'une raison de bienséance, de ne pas obliger une jeune fille avant son premier mariage d'aller faire la foy au Seigneur, & exposer sa pudeur à une action qui à quelque chose de public, la même raison milite en ce cas. DUPLESSIS.

Brodeau sur cet article nombre 4. dit, que le fils aîné mineur n'est point capable de demander souffrance pour luy n'y pour ses sœurs, & sur l'article 41. nombre 19. il dit le contraire, que le mineur peût demander souffrance sans l'assistance & l'autorité de son tuteur, voyez l'article 41. BRODEAU.

ACQUITTE SES SOEURS DE LEUR PREMIER MARIAGE.

GLOSE DEUXIE'ME SUR L'ARTICLE XXXV.

SOMMAIRE.

1. *Si l'aîné peut faire la foy & hommage pour ses freres.*
2. *Erreur de Tronçon.*
3. *Si un heritier peut faire la foy & hommage pour ses coheritiers.*
4. *Si le frere aîné avoit fait la foy & hommage pour ses sœurs avant le partage, si elles seroient tenuës de la réïterer aprés le partage.*
5. *Que doit faire l'aîné pour acquitter ses sœurs de la foy & hommage.*

Il est certain comme il est porté par cet article, que l'aîné faisant la foy & hommage pour ses sœurs, & en leur nom, il les en acquitte, desorte qu'elles ne sont pas obligées de la faire en personne, tant qu'elles demeurent filles, ni elles ou leurs maris pour elles quand elles se marient aprés. Mais le frere aîné ne les acquitte de la foy que pour leur premier mariage.

1. Cet article porte, *acquitte ses sœurs de leur premier mariage*, d'où il s'ensuit que l'aîné ne peut faire la foy & hommage que pour ses sœurs, & non pour ses freres, dautant que *inclusio unius est exclusio alterius*, & sans doute que la Coûtume auroit declaré que l'aîné pouvoit faire la foy & hommage pour ses freres & pour ses sœurs ; ce qui est confirmé par la fin de cet article, qui oblige l'aîné de declarer les noms & âges de celles pour qui il fait la foy & hommage, laquelle declaration seroit pareillement necessaire à l'égard des puînez, si l'aîné la pouvoit faire pour eux.

Deplus, il est certain, que sous le nom masculin le feminin y est plûtôt compris & sous entendu, qu'au contraire, *exemplo pessimum est, feminino vocabulo masculos contineri*, *l. si ita. 46. princ. ff. de leg. 3. l. servis. 79. in princ. ff. de leg. 3.*

CHARONDAS. BRODEAU. C'est le sentiment de Charondas sur cet article, & les suivans *in fine*, & de Brodeau nombre 3.

2. TRONÇON. Mais Tronçon *verbo* le fils aîné, dit au commencement, que quoique par l'article 67. de nôtre Coûtume, le vassal soit obligé de faire la foy & hommage en personne & non par Procureur, toutefois l'aîné des enfans, tant pour luy que pour ses coheritiers, peut valablement faire la foy, tant par cet article 35. que par l'article 41. étant mineurs, mais quand ils sont majeurs, ils sont tenus de faire la foy en personne.

Ensuite il dit, que les articles 35. & 36. ne doivent point être étendus aux freres puînez. Sur le même article *verbo* la foy & hommage il dit, *cela est constant en nôtre Coûtume, que le fils aîné peut porter la foy, tant pour ses freres que pour ses sœurs.*

LAURIERE. Maître Lauriere tient aussi que l'aîné peut faire la foy & hommage pour ses puînez mineurs, mais qu'ils sont tenus de la réïterer étant majeurs. Cette opinion ne paroît pas soûtenable, le droit de faire la foy & hommage étant reservé à l'aîné pour ses sœurs : & si la Coûtume avoit voulu luy permettre de la faire pour ses puînez, elle n'auroit pas manqué de le declarer ; il suffit de lire cet article & les suivans pour en être convaincu.

L'aîné étant tuteur de ses puînez pourroit en cette qualité faire la foy & hommage pour eux, au cas que le Seigneur y consentît, ou il seroit obligé de luy accorder souffrance pour eux, suivant l'article 41. comme remarque Brodeau nombre 16.

BRODEAU. Hors le cas du present article, un heritier ne peut
3. point faire la foy & hommage pour ses coheritiers, mais il la peut faire pour sa part, & obtenir mainlevée du Seigneur, la saisie tenant pour les parts des autres, ainsi que nous avons dit sur l'art. 1.

L'aîné ne pourroit pas faire la foy & hommage pour ses puînez dans nôtre Coûtume, si ce n'étoit du consentement du Seigneur, & le Seigneur pourroit le refuser & tenir le Fief saisi pour les parts des puînez, jusques à ce qu'ils vinssent en personne la luy faire, étant un devoir personnel, qui ne se peut faire par l'aîné que pour ses sœurs; il peut seulement demander souffrance pour eux, au cas qu'il soit leur tuteur, laquelle cesse dés qu'ils ont atteint leur vingtiéme année, le Seigneur pouvant dés lors faire saisir les portions qu'ils ont dans le Fief, jusqu'à ce qu'ils viennent en personne luy faire leurs devoirs.

Toutefois le Seigneur pourroit, s'il vouloit, recevoir l'aîné en foy pour ses puînez majeurs ou mineurs, & l'ayant reçû pour eux & en leur nom, ils ne seroient pas obligez de la réiterer ensuite, Brodeau sur l'article 41. *num.* 14.

4. *Si un frere aîné avoit fait la foy & hommage pour ses sœurs avant le partage, aprés le partage fait elles seroient obligées de la faire ?*

Bacquet Traité des droits de Justice, chapitre 14. nombre 41. dit, que le fils aîné majeur de la majorité féodale, peut avant le partage, porter la foy pour le total du Fief, tant pour luy que pour ses freres puînez majeurs de vingt ans, ensemble pour ses sœurs; ce qui est une erreur, suivant ce qui est remarqué cy-devant glose 1.

Quant aux filles, quoique l'aîné ait fait la foy & hommage pour elles, & qu'aprés le Fief soit partagé, elles ne doivent point la faire pour les portions qui tombent dans leurs lots, parce que par la disposition de cet article elles en sont acquittées, soit qu'elles soient filles, & qu'elles demeurent dans le celibat, ou qu'elles se marient, au moins pour leur premier mariage.

Maître Auzanet sur l'article 32. dit, que l'aîné AUZANET. ayant fait la foy & hommage avant le partage pour ses sœurs, elles ne sont pas tenuës de la réiterer; mais que si lors du partage elle n'a point été faite, chacun des enfans est tenu de la faire pour soy, ou obtenir souffrance, au cas qu'ils ne soient pas en âge de la faire.

Que doit faire l'aîné pour acquitter ses sœurs de la foy & hommage ? 5.

Afin que l'aîné en faisant la foy & hommage en acquitte ses sœurs, il la doit porter pour luy & pour elles.

Il doit deplus declarer leurs noms & leurs âges, comme il est ordonné en cet article par ces mots, *les noms & âges desquelles il est tenu declarer en portant la foy.*

Ces termes ont été ajoûtez à la réformation de la Coûtume en faveur & pour l'interêt du Seigneur, qui a un veritable interêt de connoître celles pour lesquelles le fils aîné fait la foy & hommage. Afin qu'il puisse être informé, si l'aîné ne le trompe point, si elles sont bien-tôt en âge d'être mariées, si elles ne le seroient pas déja, ou veuves, ou si elles n'auroient pas déja passé en secondes nôces, dont le relief luy seroit dû.

De ce que nous venons de dire, il resulte qu'il ne suffit pas que l'aîné fasse generalement la foy & hommage pour toutes ses sœurs : mais il est tenu de les exprimer toutes afin que si quelqu'une d'elles venoit à contracter un second mariage dans la suite le Seigneur les connoissant toutes, put en être informé, & se faire payer du relief, Charondas & Brodeau *in fine*, desorte que si l'aîné ayant trois sœurs ne portoit la foy que pour lûy & pour deux de ses sœurs, l'autre n'en seroit pas acquittée; & le Seigneur pourroit saisir sa portion faute par elle de la porter.

TANT DE LA FOY QUE DU RELIEF, OU IL EST DEU RELIEF.

GLOSE TROISIE'ME SUR L'ARTICLE XXXV.

SOMMAIRE.

1. *Dans quel cas le frere aîné peut acquitter ses sœurs du relief.*
2. *Comment on doit entendre ces termes*, où il est dû relief.
3. *Pourquoy ils ne peuvent s'entendre des Fiefs gouvernez suivant la Coûtume du Vexin-le-François.*
4. *Ces termes*, où il est dû relief, *doivent estre rayez de cet article.*
5. *Opinion de Maistre Lauriere refutée par l'Auteur.*

CEt article porte, que le fils aîné en faisant la foy & hommage pour ses sœurs, les acquitte tant de la foy que du relief ou il est dû relief.

Mais la question est dans quel cas le frere aîné peut acquitter ses sœurs du relief.

1. Il ne les en acquitte pas pour les Fiefs qui se reglent par la Coûtume ordinaire de Paris, suivant l'article 36. qui porte, qu'en directe les filles ne doivent point de relief pour leur premier mariage, quoique l'aîné n'ait point fait la foy pour elles.

Il faut dire aussi qu'elles ne le doivent point pour le Fief qui leur échet en directe pendant le premier, second, ou autre mariage, comme il est porté par l'article 38.

2. Elles ne le peuvent donc devoir pour leur premier mariage, que pour les Fiefs du Vexin, lesquels suivant les articles 3. & 4. relevent à toutes mains.

Ainsi ces mots que les Réformateurs ont ajoûté, *tant de la foy que du relief, où il est dû relief*, paroissent se devoir entendre, *des lieux où les Fiefs sont gouvernez suivant la Coûtume du Vexin-le-François.*

C'est l'avis de la plus grande partie de nos Commentateurs.

Tronçon, Tourner, Brodeau, & Ricard rapportent un Arrest du 26. Août 1608. qui a jugé que le relief étoit dû pour le premier mariage pour le Fief du Vexin, ayant condamné Maître Jacques du Quesnel à cause de Damoiselle de Piennes sa femme, Dame du Fief de Gournay, tenu & mouvant aux Us & Coûtumes du Vexin, de la Seigneurie de Baillet.

Cependant je crois que le relief n'est point dû en 3. directe pour le premier mariage, même dans les lieux où les Fiefs sont gouvernez suivant la Coûtume du Vixin-le-François; par la raison que l'article 36. decharge generalement en termes exprés les filles pour leur premier mariage du droit de relief en directe,

recte, quoyque le fils aîné n'ait pas fait la foy & hommage pour ses sœurs, & ledit article 36. dit qu'il n'est point dû : & si les Fiefs du Vexin avoient été exceptez de cette regle generale, les Réformateurs n'auroient pas manqué d'en faire mention, comme ils l'ont fait sur l'article 3. & 4. de cette Coûtume de Paris.

Dans le Vexin François quand un Fief est échû en directe, comme le relief y est dû à toutes mutations même en directe, le relief est dû ; & pour lors ou le Seigneur le prend en essence, auquel cas, c'est sur tous les enfans qu'il est pris à proportion de la part & portion qu'ils ont dans le Fief ; ou le Seigneur l'accepte en denier, & en ce cas l'aîné le payant il en a la repetition sur ses sœurs ; ainsi il ne les acquitte pas du relief qui est dû de leur chef. Ensuite si elles se marient, elles ne doivent point de relief pour leur premier mariage, même dans ladite Coûtume du Vexin, & ce en faveur des premieres nôces, & parce que l'article 36. le décide ainsi generalement, sans excepter les Fiefs du Vexin. Ainsi le relief n'y étant point dû pour le premier mariage des filles, l'aîné n'en acquitte donc pas ses sœurs ; car pour les en acquitter il faudroit qu'il fut dû, puisqu'on ne peut pas supposer de liberation où il n'y a point de dette, la nouvelle Coûtume le décidant ainsi pour abolir l'ancien usage, qui avoit lieu auparavant ; sçavoir, que l'aîné en faisant la foy & hommage pour ses sœurs les acquittoit de la foy & du relief qui étoit dû pour le premier mariage ; mais l'article 36. décidant que pour le premier mariage, il n'est point dû de relief, on ne peut pas dire que le fils aîné les en acquitte où il est dû.

4. Ces raisons me déterminent à persister dans l'opinion que j'ay tenuë jusques icy, qui est que ces termes, *tant de la foy que du relief, où il est dû relief*, doivent être rayez de cet article, & il n'est pas le seul, où il s'en trouve de mal placez.

A l'égard de l'Arrest du 16. Août 1608. cité cy-dessus, un Arrest ne fait pas loy ; & si la question se presentoit, je croy que la Cour jugeroit autrement.

L'Auteur des Notes sur Tournet en reprenant mon sentiment, dit qu'on ne doit pas presumer, que l'addition de ces mots, *tant de la foy que du relief, où il est dû relief*, ait été faite legerement. Néanmoins ce même Auteur dans un autre endroit n'est pas si scrupuleux : car sur l'article 59. il dit, qu'il étoit le 50. de l'ancienne Coûtume, & qu'il a été laissé par inadvertance : ne peut-on pas aussi luy répondre qu'il n'est pas à presumer que les Réformateurs l'ayent laissé legerement, & même que l'ayant changé, il paroît qu'ils ne l'ont pas placé dans la nouvelle Coûtume sans reflexion.

Maître Auzanet dit, que par cet article l'aîné acquitte ses sœurs tant de la foy que du relief, où il est dû, à cause de leur premier mariage, mais que la Coûtume n'explique pas comment il les en acquitte, s'il le doit faire de ses deniers, ou si elles en sont quittes sans rien payer ; & il ne répond pas à la question, qui n'en est pas une à mon avis, puisque l'article suivant décide que quoyque la foy & hommage n'ait pas été faite pour les filles, néanmoins elles ne doivent pas le relief. AUZANET.

Maître Lauriere dit, que ces termes, *où le relief est dû*, ne s'entendent point des Fiefs situez dans le Vexin, comme l'ont estimé les precedens Commentateurs ; qu'ils ne regardent que les seconds, troisiémes, & autres mariages qui sont les premiers aprés le decés des pere & mere, & dont le relief seroit dû, s'il n'y avoit point de frere qui en acquittât ses sœurs, en portant la foy. LAURIERE.

Il pretend que dans l'article 35. les Réformateurs ont eu soin d'employer le mot *sœurs*, & que dans le 36. ils ont usé du mot *filles*, pour nous marquer, que dans l'un le premier mariage est celuy qui est le premier aprés le decés du pere ou de la mere d'où le Fief est échû ; & que dans l'autre le premier mariage est celuy avant lequel il n'y en a point eu d'autre.

Je ne croy pas cette interpretation conforme aux textes de nôtre Coûtume, & que ces termes *de premier mariage*, soient pris de differente maniere dans ces deux articles. Il y a même lieu de dire, suivant tout ce que nous avons remarqué sur cet article, que par premier mariage l'on y entend, comme dans le suivant, le premier de tous les mariages, c'est-à-dire, indefiniment celuy avant lequel il n'y en a point eu d'autre. 5.

Une confusion du premier mariage avec les seconds, troisiémes & autres, telle que la veut admettre Maître Lauriere, ne peut pas être supposée dans la Coûtume.

On ne peut pas aussi se persuader, que par ces termes, *où il est dû relif*, les Réformateurs ayent voulu signifier, *où il seroit dû relief, s'il n'y avoit point de frere, qui en acquittât ses sœurs, en portant la foy.* Au moins si ç'eut été la pensée des Réformateurs, ils la devoient exprimer plus clairement ; & aprés tout je ne vois pas qu'on puisse donner une meilleure interpretation à cet article, que de dire qu'il faut que ces termes, tant de la foy que du relief, où il est dû relief, en soyent rayez.

Voyez les Observations de M***. aprés l'art. 38.

CONFERENCE SUR L'ARTICLE XXXV.

DE même, *Amiens*, art. 79.

Blois, art. 69. *Boulenois*, tit. 20. art. 79.

Châlons, art. 167.

Chartres, art. 2. porte que *Le* [a] *frere aîné peut retenir & porter la foy des Fiefs, venus de pere ou de mere, ayeul ou ayeule, ou autrement en ligne directe, du consentement de ses freres & sœurs : Et en ce faisant, les sauve & garantit du profit de rachat* [b] *; Et se tiendront lesdits freres leurs portions de luy sa vie durant seulement ; fors audit Perche-goüet, pource que de toutes morts & mutations est dû rachat, si ledit frere aîné porte la foy pour ses freres & sœurs, ils tiendront & racheteront de luy leurs parts & portions : s'il advient qu'aucune desdites sœurs se marie, pource que par ledit mariage y a mutation, son mary & elle payeront rachat de leur portion audit frere aîné. Et aussi esdites Baronies ladite Coûtume s'entend en un même Fief ; pource que s'il y a plusieurs Fiefs, le frere aîné, s'il ne prend la moitié en chacun Fief, ne peut porter la foy & hommage pour sesdits freres & sœurs des Fiefs, où il ne prend ladite moitié. Et aprés le trépas de l'aîné ne devront les freres & sœurs aucun rachat,* [c] *sinon qu'aprés ce une des sœurs se remariât.*

a *Vel nepos de eo, vel qui loco ejus ab extraneo emptore retraxit : dummodo retrahens sit de eadem linea directa.* C. M.

b *Etiam filius, etiam plures nubentes, vel invicem in collaterali linea succedentes.* C. M.

c *Scilicet de mutatione vel apertura antiqua ; sed bene de successione fratris sine liberis mortui, ut §. sequ.* C. M.

Châteauneuf, art. 4. *Chaumont*, art. 13. *Chauny*, tit. 14. art. 73. *Clermont*, tit. 8. art. 82.

Dourdan, art. 9. 10. *Dreux*, art. 2.

Estampes, art. 3. & ajoûte ; *& si ledit aîné ne veut porter la foy & hommage, le plus âgé d'aprés & autres successivement*, [d] *le pourront porter.*

[d] Ainsi aussi se doit interpreter la Coûtume de Paris, art. 3. recours à mon Commentaire. *C. M.*

De même, *Montfort*, art. 3. & ajoûte : *& néanmoins pourra ledit aîné être contraint à ce faire.*

De même, *Mantes*, art. 29. & ajoûte : *au cas que ses puînez voulussent opter de tenir leurs portions de Fief dudit Seigneur feodal, & non de leur aîné.*

Laon, art. 159. 167. qui ajoûte : *soit que ladite sœur fût lors mariée, ou qu'elle se soit mariée aprés iceluy Fief échû.*

De même, *Châlons*, art. 167. 168. 169.

Rheims, art. 79. 114.

Montargis, chap. 1. art. 32.

Tours, art. 128.

Poitou, art. 115. & ajoûte, *jusques à ce que partages soient faits.*

Lodunois, chap. 27. art. 9.

Meaux, art. 140. 141. 144. *Mantes*, article 61.

Melun, art. 62.

Normandie, art. 196.

Orleans, art. 35.

Peronne, art. 173. *Ponthieu*, titre 3. art. 63.

S. Quentin, art. 15. *S. Omer*, tit. 2. art. 21. *Senlis*, art. 166. *Sens*, art. 220.

Troyes, art. 14.

Valois, art. 63. *Vitry*, art. 62.

LE FILS AISNÉ.

Montargis, chap. 1. art. 32.

Poitou, art. 115.

Tours, art. 128.

Sens, art. 192.

Ces Coûtumes ajoûtent ; *& fille aînée.*

Troyes, art. 14. porte : *Et pourra ledit aîné fils faire les foy & hommage pour le tout pour ses freres & sœurs ; & de luy reprendront sesdits freres & sœurs, si bon leur semble, & luy en feront l'hommage ou au Seigneur feodal, lequel que mieux leur plaira.* [e]

[e] *Sed si fratri faciant tanquam subvasalli quod non efficit verum & perpetuum subfeudum ; quoniam de facili resolubile est, & ad primum statum prima occasione ipso jure revertitur.* C. M.

ACQUITTE SES SOEURS.

Meaux, article 140. ajoûte : *ses freres & sœurs puînez.*

De même, *Chartres*, art. 2.

Dreux, art. 2.

Estampes, art. 3.

Laon, art. 159.

Mantes, art. 29.

Montargis, chap. 1. art. 23.

Rheims, art. 114.

Troyes, art. 14.

Valois, art. 63.

Auteurs sur l'Article trente-cinquiéme.

L'Auteur du Grand Coûtumier, liv. 2. tit. 29. p. 199. & 205.

Du Moulin, sur la Coûtume de Paris, §. 35. glos. 2. nomb. 3.

Loysel, livre 4. titre 3. regle 76.

Bobé, sur cet article, & sur l'art. 140. & 144. de la Coûtume de Meaux.

Thourette, sur Montfort, art. 3.

De la Lande, sur Orleans, art. 35.

Le Grand, sur Troyes, art. 14.

Buridan, sur Reims, art. 14.

Lhoste, sur Montargis, chap. 1. art. 32.

Salligny, sur Vitry, art. 62.

Pontanus, sur la Coûtume de Blois, tit. 6. art. 83. *verbo, huic autem.*

D'Argentré, sur la Coûtume de Bretagne, art. 78 & 319.

Chopin, sur la Coûtume d'Anjou, liv. 2. tit. 2. n. 10. & sur celle de Paris, liv. 1. n. 4. 15. & 16.

Le Prestre, Cent. 2. chap. 43.

Vigier, sur la Coûtume d'Angoumois, art. 25.

Vrevin, sur la Coûtume de Chauny, art. 80.

Bodreau, sur la Coût. du Maine, art. 100. 113. & 249.

Buridan, sur la Coûtume de Vermandois, art. 167.

Automne, sur la Coûtume de Bordeaux, art. 94.

Bardet, tom. 1. liv. 3. chap. 93.

Duret, dans son Alliance des Coûtumes, p. 770. & 775.

Duplessis, titre *des Fiefs*, explique cet article, liv. 4. chap. 4. p. 37. & 39.

ARTICLE XXXVI.

Cet article a été ajoûté à la reformation de la Coûtume, au lieu du 25. de l'ancienne Coûtume.

Quid, s'il n'y a que filles, ou que l'aîné n'ait point fait la foy ?

ET *s'il n'y a que filles, ou que le fils aîné, si aucun y a, n'ait porté la foy, n'est dû droit de relief en ligne directe par lesdites filles, à cause de leur premier mariage; lesquelles neanmoins esdits cas, ou leurs maris pour elles, doivent porter ladite foy sans payer relief.*

Voyez les Articles suivans, & les 3. & 33.

REMARQUES.

L'Ancienne Coûtume de Paris, art. 25. portoit, quand une femme à laquelle appartient un Fief, se marie, il est dû rachat ou relief au Seigneur feodal. *Mais, non, s'il échet en directe pendant son mariage, ou devant, art. 2. recours à mon Commentaire.* C. M.

Jugé par Arrest du 26. Août 1608. que cet article devoit être interpreté par le troisiéme cy-dessus, qui porte, qu'és Fiefs qui se gouvernent selon la Coûtume du Vexin, relief est dû à toutes mutations, il fut dit que suivant cet article 3. Maître Jacques du Quesnel, Avocat, comme mary de Damoiselle Madelaine de Vienne, devoit payer relief à cause du premier mariage de sa femme, du Fief de Gournay à elle appartenant, mouvant aux Us & Coûtumes du Vexin de la Seigneurie de Baillet.

ET S'IL N'Y A QUE FILLES.

GLOSE UNIQUE SUR L'ARTICLE. XXXVI.

SOMMAIRE.

1. *Si les filles doivent la foy & hommage & le relief, quand il n'y a point d'aisné qui ait fait pour elles la foy & hommage.*
2. *Si ces termes,* où il est dû relief, *se doivent entendre des Fiefs du Vexin.*
3. *Sentiment de l'Auteur contraire à celuy de Brodeau.*
4. *Pourquoy les Reformateurs de la Coûtume ont déchargé les premieres nopces du relief.*
5. *Si le premier mariage s'entend de celuy qui a esté valablement contracté.*
6. *Si l'aisné ayant fait la foy & hommage pour ses sœurs, elles & leurs maris en sont déchargez.*
7. *Si c'est à la fille mariée à faire la foy & hommage, quand l'aisné ne l'a pas faite.*
8. *Si la femme mariée, separée de biens, peut faire la foy & hommage, sans estre autorisée.*
9. *Si en ce cas le Seigneur peut refuser le mary, qui s'offre de faire la foy & hommage.*
10. Ou leurs maris pour elles, *comment ces termes s'entendent.*
11. *Quand la fille n'a point esté acquittée de la foy & hommage, & ne l'a point faite, si le premier mary est tenu de la faire.*
12. *Cet article contient une disposition particuliere.*
13. *Si elle doit estre étenduë aux autres Coûtumes.*

1. CEt article 36. est une suite du precedent, comme il se voit par la particule, *&*, par laquelle il commence.

Il est au lieu du 25. de l'ancienne Coûtume, qui étoit conçû en ces termes: *quand une femme, à laquelle appartient un Fief, se marie, il est dû rachat ou relief au Seigneur féodal.*

Par cet article 36. il est porté, que lorsqu'il n'y auroit que filles, ou que le fils aîné n'auroit pas fait la foy & hommage pour ses sœurs, néanmoins elles ne seroient point, ni leurs maris chargez de payer le relief en ligne directe pour leur premier mariage, en quoy l'article 25. de l'ancienne Coûtume a été abrogé.

Pour rapporter de plus loin l'explication de cet article 36. nous remarquerons icy, qu'avant la redaction des Coûtumes, l'ancien droit donnoit au Seigneur feodal le droit de relief pour le premier mariage des filles; mais ce n'étoit que quand elles n'avoient point de frere qui les en affranchit, comme on peut voir dans l'Auteur du Grand Coûtumier, livre 2. chapitre 29. page 205. à la fin, & page 299.

Mais aujourd'huy, comme il est clairement exprimé dans cet article, les filles sont exemptes du relief en directe pour leur premier mariage, soit qu'il n'y ait que filles, ou que le fils aîné, si aucun y a, n'ait porté la foy. Ce qui est un droit singulier specialement étably en faveur des premieres nôces, pour faciliter le mariage des filles, *quo nimirum facilius nubere possent & legitima sobole replere civitates.*

Le procés verbal porte, qu'il y eût opposition formée, même appel interjetté par les Duc & Duchesse doüairiere de Montmorency, pour raison de l'innovation qu'on vouloit faire, contre & au prejudice de l'ancienne Coûtume, par laquelle le droit de rachat étoit acquis aux Seigneurs dominans par les filles pour tous leurs mariages indistinctement, lequel droit ne leur pouvoit être ôté par la nouvelle Coûtume, sans leur consentement: de laquelle opposition & appel, Messieurs les Commissaires donnerent acte, & néanmoins ordonnerent, que sans préjudice d'iceluy ces articles demeureroient ainsi qu'ils avoient été accordez.

Depuis, l'opposition & l'appel n'ont point été poursuivis par les Sieur & Dame de Montmorency, ni par les autres Seigneurs qui possedent des Fiefs dans la Prevôté & Vicomté de Paris.

2. BRODEAU. Brodeau sur cet article *in princ.* dit, que ces termes de l'article 35. *où il est dû relief*, se doivent entendre des Fiefs du Vexin-le-François, pour lesquels il est dû relief pour le premier mariage, à moins que le frere n'en ait garanti ses sœurs, & que l'article 36. se doit entendre des Fiefs qui se reglent selon la Coûtume de Paris, & il dit que c'est la veritable interpretation & conciliation de ces deux articles.

3. Néanmoins, comme il est remarqué sur l'article precedent, l'intention de la Coûtume a été en cet art. 36. d'exempter les premiers mariages du relief, sans faire cette distinction, soit que l'aîné ait fait la foy & hommage pour ses sœurs, ou non, car il ne feroit pas dit indistinctement, que le relief n'est point dû en ligne directe par les filles à cause de leur premier mariage, & dans une chose de si grande consequence les Commissaires qui ont ajoûté l'article 36. & les quatre suivans, n'auroient pas manqué de le declarer, comme ils ont fait dans les articles 3. & 4. & 33.

Il est inutile de dire, que le relief étoit dû dans la Coûtume du Vexin pour les premiers mariages; & que les Réformateurs ont voulu laisser cet usage local dans sa vigueur; vû qu'il n'y a pas plus de raison pourquoy ils l'ayent voulu conserver que dans la Coûtume de Paris au cas des premiers mariages, laquelle en ce point a été abrogée, & ce en faveur des premieres nôces, laquelle a obligé les Réformateurs de la Coûtume à les décharger indistinctement du relief envers les Seigneurs.

Cette disposition generale est encore repetée en l'article 38. qui porte, qu'il n'est point dû relief pour Fief échû en ligne directe pendant le premier ou autre mariage.

4. La raison pour laquelle les Réformateurs de la Coûtume ont déchargé les premieres nôces du relief envers les Seigneurs pour les Fiefs échûs en directe DU MOULIN selon l'opinion de du Moulin, sur cet article *glos.* 2. *num.* 17. 18. &c. est, parce que ce droit est barbare, sordide, illiberal, déraisonnable, injuste & BRODEAU. odieux, ainsi que remarque Brodeau nombre 2.

N'est-il pas vray que cette raison n'a pas moins lieu à l'égard des Fiefs du Vexin-le-François, que pour ceux qui se gouvernent selon nôtre Coûtume, & partant il y a lieu de croire que l'intention des Réformateurs a été de réformer l'ancienne Coûtume pour les uns & pour les autres.

5. Le premier mariage s'entend de celuy qui a été celebré en face d'Eglise, & qui a sorti son effet.

D'où il faut conclure que si le premier mariage de la fille avoit été cassé & declaré nul par Sentence du Juge, celuy qui seroit contracté ensuite seroit reputé le premier, parce que *quod nullum est, nullum producit effectum*, d'autant qu'il est vray de dire, qu'il n'y a point eu de mariage, desorte que dans les Coûtumes où il est dû relief pour le premier mariage, il n'en seroit point dû en ce cas, ainsi que remarque Brodeau nomb. 7.

Il n'en seroit pas de même d'un mariage contracté, celebré, & non consommé, comme si le mary étoit mort auparavant, car la consommation ne fait pas le mariage, mais le consentement des parties en face de nôtre Mere sainte Eglise, quand les conditions s'y rencontrent, desorte que si la veuve passoit en d'autres nôces, le relief seroit dû au Seigneur pour ce second mariage, ainsi qu'il est observé par Maître Charles du Moulin sur cet article *glos.* 1. *num.* 5.

La Coûtume en cet article n'oblige les filles de faire la foy & hommage aux Seigneurs ou leurs maris en consequence des premieres nôces, que quand l'aîné n'a point fait la foy & hommage pour elles, car l'ayant faite, elles & leurs maris en sont déchargez, soit que la foy eût été faite avant leur mariage ou pendant iceluy, comme il a été dit cy-devant sur l'article precedent. 6.

Mais on demande au cas que la fille, qui a fait elle-même la foy & hommage au Seigneur avant son premier mariage pour un Fief en ligne directe, sçavoir si venant à se marier, son mary est tenu de faire la foy & hommage?

Il faut dire qu'il y est obligé, parce qu'il y a mutation, le mary étant censé & reputé Maître des biens de sa femme.

Voyez l'article 144. de la Coûtume de Poitou, & le Commentaire de le Let sur ledit article.

Ces termes *elles ou leurs maris*, ne s'entendent pas desorte que la fille mariée qui n'a pas été acquittée de la foy & hommage, puisse faire elle-même la foy & hommage, car la mutation arrivant en la personne du mary, c'est à luy à la faire, & ce terme *elles*, se rapporte au cas qu'elles ne soient pas mariées. Charondas sur cet article. 7.

Le mary n'a pas besoin de procuration de sa femme pour faire la foy & hommage au Seigneur pour les Fiefs qui appartiennent à sa femme, parce qu'il est son procureur legitime, à moins que la femme ne soit separée de biens, car en ce cas elle peut faire la foy pour ce autorisée par son mary, ou par Justice à son refus; Brodeau nomb. 12.

Et même cet acte n'allant point à l'aliénation de ses biens, au contraire à la conservation des fruits d'iceux qui seroient acquis au Seigneur par la saisie feodale, la séparation seroit un titre suffisant pour faire la foy & hommage, sans être autorisée, mais il vaut mieux qu'elle la soit pour ôter au Seigneur tout sujet de contestation, l'autorisation ne se pouvant pas refuser par le Juge en ce cas.

Enfin dans tous les cas ausquels un mary est inhabile à porter la foy pour sa femme, elle se peut faire autoriser à l'effet de la porter au Seigneur, & l'obliger par ce moyen de luy donner main-levée de sa saisie; ce qui auroit lieu même, quoiqu'elle ne fût pas separée de biens, à cause de l'interêt qu'elle a dans la conservation des fruits de son Fief, destinez pour soûtenir les charges du mariage, Brodeau n. 13. & 14. 8.

Au cas que la femme ne soit separée de biens d'avec son mary, le Seigneur peut-il refuser le mary à la prestation de foy pour les Fiefs de sa femme? 9.

Puisque suivant l'article 38. le relief n'est point dû pour les seconds ou autres mariages, quand par le contrat il est convenu qu'il n'y aura point de communauté, & que la femme aura l'administration de ses biens, le second mary n'est pas censé un nouveau vassal au Seigneur, n'ayant point la joüissance des

Fiefs à elle appartenans, le Seigneur n'est pas obligé de le recevoir en foy, & peut le refuser & obliger la femme de la venir faire en personne, n'y ayant aucune fiction qui puisse autoriser le mary à la faire, l'autorité maritale ne produisant aucun effet à cet égard : Voyez cet article 38.

Ou leurs maris pour elles: ces termes ne signifient pas
10. que quand l'aîné n'a pas fait la foy & hommage pour sa sœur, & qu'elle ne l'a pas faite avant son mariage, le mary la fasse pour & au nom de sa femme, mais que le mary est tenu de la faire pour luy & en son nom, declarant néanmoins que le Fief est un propre de sa femme, ainsi il la fait pour elle & pour luy.

Que si elle l'a faite avant son mariage, son mary est tenu de la réïterer, à cause de la mutation arrivée en sa personne sans payer relief, parce que le premier mariage n'est dechargé de la foy & hommage que quand elle a été faite par l'aîné.

Maître Lauriere dit, que le sens de cet article est
11. que les filles qui n'ont point d'aîné, ou qui en ont un, qui ne les a pas acquitté, doivent en leurs noms porter la foy au Seigneur, & si avant leur premier mariage, elles ne l'ont point portée, leur premier mary la doit porter *pour elles*; ce qui ne signifie pas que les maris la doivent porter *au nom d'elles*, parce qu'une pareille foy ne couvriroit point le Fief, le mary faisant mutation; mais *au lieu d'elles*, ensorte que le mary en leur place fera en son propre nom la foy comme gardien & baillistre.

Cet article contient une disposition particuliere, 12.
la plus grande partie des Coûtumes statuant que pour Fief échû à une fille en directe, le relief soit dû pour son premier mariage, parce qu'il y a mutation de vassal, le mary étant l'homme du Seigneur.

Cette question s'est presentée au Châtelet de Paris 13.
sur l'adjudication par decret du Fief de Bretencourt au mois de Juillet 1664. sçavoir, si la disposition de cet article doit être étenduë à la Coûtume de Montfort, qui ne distingue point entre le premier & les autres mariages : tous les Officiers & Praticiens ont donné un acte de notorieté en faveur du Seigneur du Fief de Chesnesecq, duquel releve Bretencourt en partie, par acte du 28. Juillet audit an. Cet acte porte, *qu'il s'observe constamment dans la Coûtume de Montfort, que le droit de relief & de rachat est dû au Seigneur feodal en tous mariages de la femme à laquelle appartient le Fief, soit premier ou second, sans aucune distinction : sans qu'il y ait lieu d'étendre la disposition de la Coûtume de Paris qui étoit locale, en celle de Montfort, parce qu'elle a sa disposition particuliere sur ce sujet.*

Voyez les observations de Monsieur ***. qui sont aprés l'article 38.

CONFERENCE SUR L'ARTICLE XXXVI.

LEs Coûtumes suivantes ont une disposition semblable à cet article de la Coûtume de Paris.

Auxerre, art. 77.
Bretagne, art. 71. 351.
Châlons, art. 178. *Chaumont*, art. 28.
Laon, art. 168.
Meaux, art. 146. *Melun*, art. 61.
Normandie, art. 199. *Noyon*, art. 26.
Orleans, art. 36.
Grand-Perche, art. 72.
Ribemont, art. 4. a

a *Etiamsi non habeant fratres.* C. M.

Sens, art. 21.
Vitry, art. 27.

Les Coûtumes suivantes ont une disposition contraire à cet article. *Melun*, qui dit, art. 60. *Si une fille tenant Fief se marie, ou étant mariée luy advient un Fief, son mary rachetera du Seigneur feodal, encore que ledit Fief soit échu en ligne directe, sinon qu'elle eût un frere qui l'eût acquittée.*

De même, *Amiens*, art. 9. 10. 60. *Artois*, article 26.
Boulenois, art. 48.
Cambray, art. 26. *Chartres*, art. 2. *Châteauneuf*, art. 3. *Clermont*, art. 87. *Chauny*, art. 78.
Dourdan, art. 11. *Dreux*, art. 171.
Estampes, art. 5. 6.
Hesdin, art. 1.
Lodunois, chap. 14. art. 1.
Montfort, art. 24. *Montreüil*, art. 16.
S. Omer en Artois, art. 2.
S. Omer, art. 11.
Peronne, art. 74. *Poitou*, art. 116. *Ponthieu*, article 28.
S. Paul, art. 11.
Rheims, art. 79.
Valois, art. 42.
Tours, art. 132. *Homme noble ou roturier, fait rachat de la chose hommagée* b *à luy appartenant à cause de sa femme, soit qu'il y ait communauté de biens ou non, si ce n'étoit durant le partage d'elle ou les siens.*

b *Id est non obstante quod uxor jam fecisset fidem & homagium.* C. M.

L'ancienne Coûtume d'Orleans, art. 40. porte, *Si pere, mere, ayeul, ou ayeule vont de vie à trépas sans enfans mâles, délaissent une fille ou plusieurs étant mariées lors dudit trépas, elles doivent rachat* c *de leurs heritages tenus en Fief.*

c *Iniqua Consuetudo, ut in simili dixi in Consuetud. Paris.* §. 3. *fallit ergò primò si subest filius vel nepos 20. annorum*, qui les exempte, *ut suprà*. §. 35. & *infrà* §. 49.

Auteurs sur l'Article trente-sixiéme.

LOysel, livre 4. titre 3. regle 76.
Bobé, sur l'art. 146. de la Coûtume de Meaux.
Thourette, sur Montfort, art. 24.
Le Let, sur Poitou, art. 144.
De la Lande, sur Orleans, art. 36.
Buridan, sur Reims, art. 79.
De Salligny, sur Vitry, art. 27.
M. Loüet, lett. R. Somm. 45.
Bacquet, *des droits de Justice*, chap. 14. n. 4.
Pineau, sur la Coûtume d'Anjou, art. 87.
Lhoste, sur la Coûtume de Montargis, tit. 1. art. 46.
Buridan, sur la Coûtume de Vermandois, art. 168. & 189.
Duplessis explique cet article, liv. 4. chap. 4. p. 39.

ARTICLE XXXVII.

Cet article a été ajoûté au lieu du 25. de l'ancienne Coûtume.

Filles doivent relief pour leurs seconds ou autres mariages.

MAis si elles se marient en secondes, ou autres nôces, est dû relief pour chacun desdits autres mariages.

Voyez l'Article précedent avec les 47. & 284.

REMARQUES.

EXcipiunt aliqui, si nulla sit inter virum & uxorem bonorum societas, ut hoc casu nullum debitum sit relevium, & hanc opinionem in commentariis ad hunc articulum sequitur Mol. Cujus fundamentum in eo consistit, quod unica hujus relevii inducendi ratio sit quod maritus facit fructus suos, quo cessante, quando & cessat conjugalis communio, sequitur relevium non deberi: alii contra sentiunt.

At patet ex ipsa ratione Molinai, deberi relevium quando specialiter cavetur nuptialibus tabulis non futuram inter conjuges societatem, quia si nihil expressum sit ampliùs, fructus propriorum uxoris nihilominus ad maritum pertinent: sed si precisè caveatur, ut uxor suis bonis per se & separatim fruatur, nulla intervenire potest mutatio, sive in proprietate, sive in fructibus, & huic distinctioni assentit. Lois. tract. du déguerpissement, *lib. 2. cap. 4. num. 10. 11. quæ meo judicio confirmata fuit à placitis quæ apud Dominum Loëtium ejusque scholiastem reperiuntur, quidquid dicat ipse Brodæus ipsa Senatusconsulta contrarietatis arguendo, cum antiquiora quæ ipse cum D. Loëtio affert 20. Junii 1601. scilicet, & 16. Martii 1605. sint in casibus separationis bonorum inter virum & uxorem, divisaque bonorum fruitionis; recentiora verò & quæ primis vult contraria 10. Martii 1629. & 5. ejusdem mensis 1630. sunt in casu non receptæ communionis tantum quæ ritè conveniunt cum distinctione à nobis admissa, cuique inhærendum censeo.*

A
EST DU RELIEF POUR CHACUN DESDITS AUTRES MARIAGES.

GLOSE UNIQUE SUR L'ARTICLE XXXVII.

SOMMAIRE.

1. *Pourquoy le relief est dû, au cas que les femmes se remarient.*
2. *Si le domaine des biens dotaux est transferé en la personne du mary par le Droit Romain.*
3. *Distinction du domaine en naturel & civil.*
4. *Si dés la dissolution du mariage la femme est censée avoir toûjours retenu la proprieté de ses biens.*
5. *Pourquoy les premieres nopces sont exemptes du relief en ligne directe.*
6. *Si les secondes nopces sont odieuses.*
7. *Si lorsque le Fief entier n'appartient pas à la femme, le relief n'est dû que pour sa portion.*
8. *Si un Fief peut n'estre ouvert que pour partie.*
9. *Si la faveur accordée aux premiers mariages, de ne point payer de relief, devroit estre étenduë aux autres.*
10. *Si les mâles doivent quelques droits pour les secondes nopces.*
11. *Si le relief est dû pour le second mariage de la femme, quand il est porté qu'il n'y aura point de communauté.*
12. *Si cet article ne se doit entendre qu'au cas de la communauté.*
13. *Si le relief est dû pour un second mariage, lorsque la femme ne s'est point reservé la joüissance de ses biens.*
14. *Arrests qui ont jugé la question.*
15. *Diversité d'Arrests.*
16. *Si le Seigneur peut poursuivre la femme aprés le decés de son mary, pour le payement du relief pour son second mariage.*
17. *Resolution de la question precedente.*
18. Quid, *si le mary decede le jour du mariage.*
19. *Contrarieté de du Moulin.*
20. *Coûtumes qui obligent nommement le mary à payer le relief.*
21. *Si le relief ainsi dû est une dette de la communauté.*
22. *Avis de l'Auteur contraire à celuy de du Moulin & de Brodeau.*
23. *Si la femme en cas de renonciation à la*

communauté, pourroit reprendre son Fief sans charge du relief.

24. *Si le troisieme mary seroit tenu de payer le relief dû par le second.*

25. *Si double relief seroit dû au cas que la femme se remariât deux fois en une année.*

26. *Si pour regler le relief dû pour un second mariage, il faut considerer les portions indivises qui appartiennent à la femme dans le Fief.*

27. *Raisons pour le Seigneur.*

28. *Si le creancier qui a contracté avec un coheritier, ne peut s'addresser que sur les choses qui tombent dans son lot.*

29. *Quid, s'il échet à la femme un Fief entier par le partage.*

30. *Si le relief est dû, quand la fille qui s'est remariée, fait rapport du Fief en la succession de son pere.*

1. CEt article, qui a été ajoûté à la réformation de la Coûtume, au lieu du 25. de l'ancienne, decide, que pour Fiefs échûs aux filles par succession en ligne directe, avant ou pendant leur premier mariage, est dû relief, au cas qu'elles se remarient.

La raison est, que le mary est censé maître & propriétaire des biens de sa femme, n'en ayant pas seulement les fruits & droits lucratifs, mais joüissant aussi des droits honorifiques qui n'appartiennent qu'au propriétaire & non au simple usufruitier, comme sont les droits de patronage, de recevoir la foy & hommage des vassaux, de prêter la foy & hommage aux Seigneurs dont relevent les Fiefs de sa femme, d'instituer ou destituer les Officiers, & enfin d'exercer tous droits qui n'appartiennent qu'au propriétaire.

2. Ce qui est fondé sur la disposition du Droit Romain, qui transfere le domaine des biens dotaux en la personne du mary, *l.* 1. *§.* 1. *l.* 13. *§.* 2. *ff. de fun. dot. l.* 7. *§. ff. de jure dot. l.* 23. *&* 30. *C. eod. l.* 9. *C. de rei vindicat. & Instit. in princ. quib. alien. lic. vel non.*

Néanmoins la femme retient même pendant le mariage le domaine des biens qu'elle a donnez en dot à son mary, desorte que *soluto matrimonio* ils luy retournent *ipso jure*: par la raison que le domaine que le mary a, n'est étably que sur une subtilité de la Loy & une fiction de droit, fondée sur ce que le mary est maître de la personne de sa femme, & à la joüissance & l'administration de ses biens, comme si en effet il en étoit propriétaire, puisqu'il en fait baux à loyer & à ferme en son propre nom, qu'il exerce & intente toutes les actions à raison de ses biens, que la femme intenteroit & déduiroit, si elle n'étoit pas sous la puissance de son mary.

3. C'est pour cela que ce domaine des biens de la femme qui est transferé en la personne du mary, est appellé domaine civil, *civile dominium, solâ juris fictione introductum*: au lieu que le domaine que la femme se retient pendant le mariage, est appellé naturel, parce que la fiction de droit ne peut pas détruire ce qui est fondé sur la verité; car quand la femme transfere en la personne de son mary ses biens par constitution de dot, ce n'est que pour en joüir *ad sustinenda matrimonii onera*, & non pas pour l'en rendre maître & propriétaire incommutable; ensorte que la cause de ce domaine étant finie, il est éteint en la personne du mary ou de ses heritiers.

4. Il faut dire même que dés l'instant que cette fiction cesse par la dissolution du mariage, la femme est censée avoir toûjours eu la proprieté de ses biens, elle peut aussi-tôt les revendiquer à l'encontre de tous possesseurs, comme si le mary n'en avoit jamais eu le domaine.

Cette distinction de domaine est établie dans la Loy *in rebus.* 30. *C. de jure dot.* qu'il est à propos de remarquer en ce lieu, *in rebus dotalibus, sive mobilibus sive immobilibus, seu se moventibus, sive æstimatæ, sive inæstimatæ sint, mulierem in his vindicandis omnem habere post dissolutum matrimonium prærogativam jubemus, & neminem creditorum mariti qui anteriores sunt, posse sibi potiorem causam in his per hypothecam vindicare, cùm eadem res & ab initio uxoris fuerint, & naturaliter in ejus permanserint dominio. Non enim quod legum subtilitate transitus earum in patrimonium mariti videatur fieri, ideo rei veritas deleta vel confusa est.*

Duplessis dit, que pour le second & autre subséquent mariage de la femme, il est dû relief de tous les Fiefs qu'elle a lors de la celebration de chacun desdits mariages, à cause de la mutation qui se fait de sa personne en celle de son mary, desorte qu'il pourra arriver qu'il sera dû deux droits de reliefs sur un même Fief: le premier, pour la mutation arrivée en la personne de la femme par succession collaterale avant son second mariage; le second, pour mutation qui arrive par son second mariage. DUPLESSIS.

Quoique cette raison ait lieu aussi-bien pour les premiers mariages que pour les autres, néanmoins nôtre Coûtume a voulu exempter les filles de payer le relief en ce cas pour Fiefs à elles échûs en ligne directe; suivant l'article 36. 5.

La raison de cette exception est, que les premiers mariages sont favorables & les subsequens sont odieux; étant une marque d'incontinence & du peu de respect que les veuves portent à la memoire de leurs premiers maris, & du peu d'inclination qu'elles ont pour leurs enfans du premier lit. 6.

Il est de l'interêt public que les filles se marient pour remplir la Republique de Citoyens, *publicè interest abundare civitates liberis hominibus*; mais aussi il est de l'interêt public que les veuves ne se remarient point, par la raison remarquée cy-dessus.

C'est pour cela que la plûpart de nos Coûtumes ont chargé les secondes nôces du droit de relief, dont elles ont déchargé les premieres, qu'elles leur ont imposé diverses peines, dont les premieres sont exemtes.

Ainsi la garde noble & bourgeoise finit par le second mariage selon l'article 168. de nôtre Coûtume, de même que la joüissance des meubles & conquêts du precedé, stipulée & reservée par les contrats de mariage des enfans, par l'article 281. la capacité de recüeillir le don ou legs fait par l'enfant, duquel la mere a été tutrice, qu'elle perd en se remariant, par l'article 276. comme remarque Brodeau sur cet article *num.* 4. *& seqq.* BRODEAU.

Quand le Fief entier n'appartient point à la femme, qui se remarie, le relief n'est dû que pour la portion qu'elle a dans le Fief, desorte que le Seigneur a droit de saisir cette portion faute par le second mary de faire les offres conformes à l'article 47. car il seroit injuste, que tout le Fief pût être saisi, & que le relief fût dû pour les portions des autres proprietaires, pour lesquelles il n'y auroit point de mutation de vassal. 7.

Et comme un Fief peut être couvert par un des coheritiers ou coproprietaires pour sa part & portion, ainsi qu'il a été dit sur l'article premier, aussi un Fief peut être ouvert pour une portion seulement; 8.

pour laquelle les droits sont dûs au Seigneur, comme il a été jugé par Arrest du 8. Janvier 1575. donné aux Enquêtes, au rapport de Monsieur Pardessus, remarqué par Brodeau nomb. 20.

BRODEAU.

9. Depuis que le Fermier auquel les vassaux étoient obligez pour leur Seigneur a été aboli, & que les Fiefs ont été rendus patrimoniaux, cette charge imposée aux seconds mariages des femmes, paroît injuste & la grace accordée aux premieres nôces, devroit être étenduë aux autres, parce que ce droit est odieux selon du Moulin sur cet article, qui dit, *istud genus relevii quod à nubentibus exigitur est valdè odiosum, & illiberale : igitur favorabilis est illius exclusio, & beneficium articuli ampliandum & interpretatione adjuvandum.*

Il dit ensuite : *Istud relevamentum est odiosum & contra naturam feudi ; quia maritus est simplex fructuarius feudi, & in eum non fit translatio feudi :* laquelle raison n'est pas absolument vraye, comme il resulte de ce que nous avons dit sur cet article, nombre 1. 2. & suivans.

Enfin ce même Auteur ajoûte, est *irrationabile, illiberale & sordidum, ex imperitia & avaritia initio irrepsit contra bonum publicum & bonos mores.*

D'où il tire cette conclusion : *absit ut istud relevium nimis de se sordidum & odiosum, utpote matrimonio mulieris indutum, & ut puto per imperitiam & exactionem irrepum extendamus ultra strictam vim verborum, sed magis est ut restingatur.*

D'Argentré est de même sentiment sur les articles 78. &. 139. de la Coûtume de Bretagne.

10. Il n'en est pas de même des seconds & autres mariages contractez par un homme, pour lesquels il ne doit aucuns droits au Seigneur, parce que la raison pour laquelle il est dû relief par la femme qui se remarie, n'a pas lieu aussi pour celuy qui se remarie, car il n'y a point de mutation par les seconds & autres mariages qu'il contracte, vû qu'il demeure toûjours maître & proprietaire de ses biens, en ayant la joüissance & l'administration, de même que s'il n'étoit point remarié, ce qui n'est pas à l'égard de la femme qui convole en secondes nôces, comme il a été dit cy-devant.

DU MOULIN

C'est l'avis de du Moulin sur l'article 35. *glos.* 1. *num.* 3. *in princ.* & sur l'article 27. de la Coûtume de Vitry.

11. *Si lorsque par le second mariage, il est stipulé qu'il n'y aura point de communauté, & que la femme aura la joüissance & l'administration de ses biens, est dû au Seigneur ?*

DU MOULIN. BRODEAU.

Du Moulin sur cet article nombre 9. & 13. & autres Docteurs remarquez par Brodeau nombre 24. tiennent qu'il n'est pas dû ; parce qu'il n'y a point de mutation de vassal, le mary n'ayant aucun droit sur les biens de sa femme en vertu de cette stipulation.

DU MOULIN

Fallit, dit du Moulin nombre 13. *si ab initio in tractatu matrimonii conventum sit, quòd mulier propriorum suorum haberet & retineret liberam potestatem & administrationem, & quòd vir futurus non faceret fructus suos, nec in aliquo de illis quæ intromitteret. Sed quòd illa liberè de illis disponere possit sine consensu & autoritate viri, sicut in terminis juris habetur de bonis quæ mulier extra dotem sibi retinet, in l. maritus. C. de procurat. in l. fin. C. de pact. convent. Quia tunc mulier respectu propriorum etiam ab initio non transit in potestatem viri, sed quoad illa censetur innupta & sui juris, ut factum est : & sic si haberet feuda propria, spectat ad illam solam, & non ad maritum omninò clientelaria munia nomine suo tam activè quàm passivè exercere : unde hoc casu tenetur patronus vassallam nuptam in fidem committere, & investire sine aliquo relevio vel commodo, prætextu matrimonii, quia omnino cessat ratio relevii. Et feuda mulieris nullo modo mutant manum in virum, nec ad alium transeunt, nec verè, nec fictè, nec interpretativè.*

C'est l'opinion de Loyseau au Traité du Déguerpissement, livre 2. chapitre 1. nombre 10. & de Pontanus sur la Coûtume de Blois titre 6. article 85. *cum hujus feudi uxoris neque dominium, neque possessio neque administratio in maritum transeat nulla manus mutatio facta intelligitur.*

On ne peut pas en effet dire, qu'en ce cas par le second mariage de la femme il y ait aucun changement ni mutation de vassal, vraye ou feinte, qui puisse donner ouverture au relief, le mary n'acquerant ni la proprieté ni la joüissance des biens de sa femme ; car quoique le mary ne laisse pas d'avoir la puissance & autorité maritale sur sa femme nonobstant cette clause, procedant de la dignité du Sacrement & de sa qualité, néanmoins elle ne donne point lieu à la mutation, qui est la seule cause pour laquelle le relief peut être dû.

Il est vray que cet article dit generalement, que le relief est dû au cas des secondes ou autres nôces, mais cette decision se doit restraindre au cas le plus frequent & ordinaire, qui est celuy de la communauté, laquelle est ordinairement stipulée, & qui auroit lieu même au cas qu'il n'y eût point de contrat de mariage, ou que dans le contrat il ne fût point parlé de la communauté *in vim Consuetudinis*. & cette decision ne doit pas être étenduë à un cas extraordinaire, qui est celuy auquel la communauté est excluse par une clause qui deroge au droit coûtumier. Et puisque c'est la communauté qui donne lieu au relief, il s'ensuit que s'il n'y en a point, il n'y a point aussi d'ouverture au relief. 12.

Néanmoins, afin que le relief ne soit point dû, il faut, suivant l'opinion de du Moulin, non seulement qu'il n'y ait point de communauté, mais aussi que la femme ait stipulée qu'elle joüiroit de ses biens, & qu'elle en auroit la libre administration, autrement le relief seroit dû ; dautant que le droit qu'a le mary sur ses biens, dont il fait les fruits siens, luy vient à cause & en consequence de la puissance maritale. 13. DU MOULIN.

C'est la disposition de la Coûtume de Tours article 132. & le sentiment de Loyseau au Traité du Déguerpissement livre 2. chapitre 4. *num.* 10. & 11.

Il y en a qui distinguent entre les Coûtumes qui chargent la femme qui se remarie du relief, & d'autres qui en chargent le mary ; estimant que dans celles-cy il ne soit pas dû, lorsqu'il n'y a point de communauté ; parce qu'il n'est pas juste que le mary paye ce droit, quand il ne profite pas des biens de sa femme, & que dans les autres il soit dû ; parce que les Coûtumes qui en chargent la femme n'ont point d'égard si elle est separée ou non : mais cette distinction est inutile dans celle de Paris, qui ne declare point par qui il est dû.

Les Arrests ont jugé diversement la question, ensorte qu'elle est toûjours douteuse : il y en a plusieurs rapportez par Monsieur Loüet & par Brodeau, lettre R. nombre 45. & par Brodeau sur cet article nombre 29. Monsieur Loüet *dicto loco* dit, que cette question avoit été jugée contre le Seigneur de Fief, au profit de la Maison d'Aumont, par Arrest en la premiere Chambre des Enquêtes, au rapport de Monsieur d'Amours, vers l'an 1573. que depuis en pareil cas il avoit été ainsi jugé par six Messieurs du Parlement, Arbitres convenus pour les biens de Madame d'O, sur la clause de son contrat de mariage avec le Seigneur de Chappes. 14. BRODEAU.

Il en remarque un autre au même lieu du 27. Juillet 1601. en la Cinquiéme Chambre des Enquêtes, au rapport de Monsieur Chevalier, qui a jugé en la Coûtume de Blois, *consultis classibus*, que d'un Fief échû à une femme mariée, separée de biens, par la succession de ses pere & mere, il n'étoit point dû relief au Seigneur, quoique par la disposition de cette Coûtume article 73. il soit dû rachat par la femme mariée

mariée pour Fief à elle échû en ligne directe.

Il a été rendu un autre Arrest en la Coûtume du Maine, en la Chambre de l'Edit, au rapport de Monsieur Camus, le 16. Mars 1602. au profit d'Antoinette de Baugé, femme separée de biens de Gabriel Droüesse son mary, contre Messire Jacques le Vasseur, sur un appel du Bailly de Vandomois, ou son Lieutenant à Saint Calais.

Autre Arrest en l'espece de l'exclusion de la communauté, & de stipulation de joüir par la femme de ses biens & revenus comme elle faisoit avant le mariage, donné en la Coûtume d'Anjou, au rapport de l'un de Messieurs aux Enquêtes, le 5. Juin 1606. confirmatif de la Sentence du Senéchal d'Anjou, ou son Lieutenant à Saumur, au profit de Damoiselle Claude de la Roche-David, femme d'Eusebe de Pied-dufort, Sieur de la Semerie, de luy autorisée par son contrat de mariage à la poursuite de ses droits, avec renonciation à l'autorité maritale & communauté de biens, contre François Laurens, Sieur de Joreau & la Tuaudiere.

Autre Arrest en la Coûtume du Grand-Perche, le 3. Juin 1610. Monsieur Potier le President de Blanc-Mesnil séant, entre Messire Charles de Bourbon, Comte de Soissons, Thomas Ruffin, & Dame Jacqueline d'O, femme du Sieur Comte de Croisi, autorisée par son contrat de mariage à la poursuite de ses droits, pour joüir separement de son revenu. Autre Arrest du 9. Août 1613.

15. BRODEAU. Il y a eu d'autres Arrests, qui ont jugé le contraire, remarquez par Brodeau sur Monsieur Loüet *loco citato*, & sur cet article, sçavoir, en la Coûtume de Chartres, du 10. Mars 1629. au rapport de Monsieur Camus de Pontcarré en la Grand'-Chambre, confirmatif de la Sentence de Messieurs des Requêtes de l'Hôtel, du 23. Decembre 1627. par laquelle la saisie du Fief du Grand-Nops faite à la requête de Messire Joachim de Vieux-Pont, Chevalier Sieur de la Grande-Brethe, sur Dame Marguerite d'Allonville, femme autorisée de Messire Charles de Semerie, Sieur de Lestin, avoit été declarée bonne & valable, ordonné qu'elle tiendroit, jusqu'à ce que le Seigneur eût été payé du droit de relief dû à cause du mariage de ladite d'Allonville, & les fruits dudit Fief acquis en pure perte, du jour de la saisie, jusqu'à ce qu'il eût été satisfait aux causes d'icelle, conformément à la Coûtume, avec dépens.

Autre Arrest en la Coûtume de Paris, du Mardy matin 5. Mars 1630. Monsieur le President le Jay séant, par lequel conformément aux Conclusions de Monsieur l'Avocat General Talon, fut confirmée la Sentence du Prevôt de Paris, qui avoit declaré la saisie faite à la requête des Religieuses, Abbesse & Convent de nôtre-Dame de Gif, sur le Fief d'Orvilliers, faute de payement du relief, dû pour le second mariage de Dame Magdeleine de Texier, avec le Sieur Marquis de Dampierre, auparavant veuve du Sieur de Montbrun, bonne & valable.

La clause du contrat de mariage, que Brodeau dit avoir vû, portoit que ladite de Texier demeureroit separée & autorisée, auroit l'administration de ses biens, & qu'il n'y auroit point de communauté, l'Arrest rendu en la Coûtume de Chartres fut allegué & lû en l'Audience.

Autre Arrest donné en la Grand'-Chambre, au rapport du Sieur Camus; le 7. Septembre 1634. en la Coûtume de Poitou, au profit de Messire Henry de la Trimoüille, Duc de Thoüars, contre Damoiselle Catherine de Champlais, femme de Claude Cormier, auparavant veuve de Maître Antoine Amariton Avocat en la Cour, sur l'appel d'une Sentence des Presidiaux de Poitiers, du 7. Avril 1631. confirmative de celle du Senéchal de Thoüars, du 9. Février 1630. par lequel ladite de Champlais, a été condamnée pour le rachat de la Terre du Bouchet, par elle dû pour le mariage par elle contracté avec ledit Cormier son second mary, nonobstant la clause portée par leur contrat de mariage, de n'être point communs en biens, suivant l'opinion de Chopin & de Loyseau, pour la simple exclusion de communauté.

Autre Arrest donné en la Seconde Chambre des Enquêtes, au rapport de Monsieur Magdeleine, confirmatif de la Sentence de Messieurs des Requêtes du Palais, du 12. Avril 1641. par laquelle la saisie feodale faite à la requête de Dame Marguerite de la Guesle, veuve de Messire Pierre Seguier, Baron de Chars, sur le Fief des Chevaliers, seis en la Coûtume de Vitry, appartenant à Dame Elizabeth de Lendes, femme de Messire Jean de Flexelles, President en la Chambre des Comptes, auparavant veuve de Monsieur Briçonnet Maître des Comptes, a été declarée bonne & valable, ce faisant ladite Dame condamnée à payer le droit de relief dû à cause de son second mariage, sans perte de fruits & dépens, y ayant eu appel interjetté de cette Sentence par l'une & l'autre des parties.

Au vû de l'Arrest est énoncée la clause du contrat du second mariage, du 23. Avril 1613. dont l'original avoit été produit en cause d'appel, portant, que, *pendant ledit mariage il n'y auroit point entre lesdits Sieur & Dame de Flexelles aucune communauté de biens, soit meubles ou immeubles, nonobstant la Coûtume de Paris, à laquelle ils auroient dérogé & à toutes autres Coûtumes pour ce regard; & en consequence de ce, ladite Dame seroit & demeureroit, & l'auroit ledit Sieur de Flexelles autorisée à la poursuite de ses droits & actions, pour joüir separement de ses biens, & recevoir par ses mains les revenus de ceux à elle lors appartenans, & de ceux qu'elle pourra acquerir cy-aprés, recevoir les rachats de ses rentes, sans qu'elle eût besoin d'autre autorisation, bailler ses deniers à rente, vendre, aliener, & disposer de ses biens, comme bon luy semblera, prendre deniers à rente, pour raison dequoy ledit Sieur de Flexelles l'auroit aussi autorisée.*

Depuis, la Cour a confirmé l'ancienne Jurisprudence par d'autres Arrests, le premier a été donné en l'Audience de la Grand'-Chambre du Mardy matin 28. May 1641. Monsieur le President de Belliévre séant, plaidant Gaultier pour Barbe de Montalais, Dame de Fromentieres, femme de Tristan de Martineau, appellante & demanderesse, & Brodeau pour Marc de la Planche Sieur de Ruillé, intimé & défendeur, & Monsieur l'Avocat General Talon.

La Coûtume d'Anjou, en laquelle a été rendu l'Arrest, porte en l'article 87. que *si la femme se marie, son mary devra rachat aux Seigneurs des Fiefs, dont les choses hommagées de la femme sont tenuës à foy & hommage.*

Il étoit porté par le contrat de mariage des intimez, qu'il n'y auroit aucune communauté de biens, & ne s'en acquereroit aucune par an & jour, nonobstant la Coûtume d'Anjou & toutes autres, ausquelles les conjoints avoient dérogé & renoncé pour ce regard, & en ce faisant, ils auroient de part & d'autre la libre disposition & administration de tous leurs biens, tant en proprieté que fruits & revenus, & à cette fin la femme autorisée, se reservant néanmoins le pouvoir de rentrer en communauté de biens, en tout ou en partie, toutefois & quantes que bon leur sembleroit.

Par l'Arrest, sur la demande du relief de la Terre de Fromentieres prétendu par le mariage de la femme, les parties ont été mises hors de Cour & de procés, comme n'y ayant aucune mutation & ouverture au rachat, en consequence de la clause du contrat de mariage, sinon en cas que suivant la reserve y mentionnée, les conjoints vinssent à rentrer en communauté, dans laquelle la femme apporteroit les fruits & revenus de ses biens.

Autre Arrest en la même Coûtume, du Lundy 16. Juin 1642. en l'Audience de la Grand'-Chambre, les parties les Champagnes, appellans du Sénéchal de Chemeré le Roy, & Messire Robert du Bellay & Denis de Leo, par lequel la Cour, conformément aux Conclusions de Monsieur l'Avocat General Talon, sur la demande du rachat, mit les parties hors de Cour & de procès. La clause du contrat de mariage portoit seulement, que *les futurs conjoints n'auroient point de communauté, & joüiroient separément de leurs biens.*

Autre Arrest en la même Coûtume donné aux Enquêtes le 10. Février 1646. par lequel, en infirmant la Sentence du Senéchal des Hayes-Gasselin premier Juge, qui avoit adjugé le rachat, mit les parties hors de Cour sur la demande du rachat. Barthelemy Menton, Seigneur du lieu des Hayes-Gasselin & Pierre Tahurlan & Radegonde le Gras sa femme, non commune en biens avec luy, & autorisée à la poursuite de ses droits, parties plaidantes.

Autre Arrest du 24. Juillet 1665. en la Cinquiéme Chambre des Enquêtes avec les Deputez de toutes les autres Chambres, au rapport de Monsieur de Lattaignant, en interpretation de l'article 37. de la Coûtume de Paris, rapporté dans le 2. Tome du Journal des Audiences, entre les Chantres, Chanoines & Chapitre de l'Eglise de saint Maur lez-Fossez, Seigneurs suzerains de la Terre & Seigneurie de Noizeau, demandeurs, & Dame Elizabeth Viole, Dame dudit Noizeau, remariée en secondes nôces avec Messire Gaston de Grieux, Conseiller du Roy, President en sa Cour des Aydes, le contrat de mariage portant, que *les futurs conjoints ne seroient communs en biens, mais joüiroient à part & à divis chacun de leurs biens.*

BRODEAU. Brodeau nombre 34. est d'avis en consequence des Arrests remarquez cy-dessus, qu'il n'est dû aucun relief au Seigneur pour mariage contracté avec clause qu'il n'y aura point de communauté entre les conjoints, & que le mary n'aura pas la joüissance des biens, qui appartiennent à sa femme, tant dans la Coûtume de Paris que dans les autres qui usent de ces termes, *si elles se marient.*

C'est aussi la commune opinion du Palais, étant confirmée principalement par le dernier Arrest donné en interpretation dudit article 37. toutes les Chambres consultées.

Ainsi afin que pour les seconds & autres mariages, il ne soit point dû de relief aux Seigneurs, ce n'est pas assez que la femme stipule qu'il n'y aura pas de communauté, il faut qu'elle stipule qu'elle aura la libre joüissance de son bien. Voyez Soëfve dans son recüeil d'Arrests, centurie 1. chap. 54. p. 53. & centurie 2. ch. 84. p. 192. Tom. 1.

16. *Si le Seigneur ayant été negligent de se faire payer du relief qui luy étoit dû par le mary pour le Fief de sa femme, peut la poursuivre pour en avoir le payement aprés la mort du mary, au cas qu'elle ait renoncé à la communauté?*

BRODEAU. L'opinion de Brodeau nombre 23. est, que la femme n'en peut être poursuivie, soit par saisie du Fief ou par action personnelle, parce que ce droit étoit dû seulement par le mary à cause de sa joüissance, laquelle étant finie par sa mort, & la femme étant remise dans ses droits, & dans le même état qu'elle étoit avant son mariage, le Seigneur n'a qu'une action personnelle contre les heritiers du mary pour en être payé.

DU MOULIN. C'est le sentiment de du Moulin sur cet article *num.* 7. *& seqq.* de Pontanus sur la Coûtume de Blois tit. 6. art. 85. *in fine*, de Monsieur le Prestre Centurie 1. ch. 57. & autres.

AUZANET. Maître Auzanet dans ses Arrests rapporte un Arrest de l'Audience de la Grand'Chambre du 28. Juin 1604. qui a jugé que c'est au mary à le payer.

Dans ce cas on peut dire, que le relief est plus personnel que réel, à cause qu'il est dû par celuy qui n'est pas le vray propriétaire du Fief, lequel néanmoins par fiction en est reputé le Seigneur & maître, c'est pourquoy cette fiction cessant par sa mort, le relief ne peut être demandé au veritable propriétaire. Il semble qu'il faille dire le contraire par l'article 39. en ces termes, *qui avoit relevé son Fief & payé les droits pour ce dûs:* Voyez ce que nous avons dit sur ledit article 39. 17.

Si le mary decedant dés le jour du mariage, aprés qu'il aura été contracté, mais avant la consommation, le relief est dû? 18.

DU MOULIN. Du Moulin sur cet article *num.* 8. *&* 9. dit, qu'il est dû, parce que *momento acquiritur* par le second mariage de la femme, y ayant mutation de vassal.

Mais la difficulté est de sçavoir qui le doit payer, ou la femme ou les heritiers du mary?

Du Moulin *loco citato*, dit que les heritiers du mary n'en doivent rien, & que la veuve le doit payer.

BRODEAU. C'est aussi le sentiment de Brodeau nombre 33, du Moulin sur l'article 21. de la Coûtume de Vitry expliquant ces mots, *son second mary doit relief ou rachat*, dit *quia proprietarius de hoc nullomodo tenetur, nec feudum est ad hoc hypothecatum; tantum est personalis & extraordinaria obligatio; solus enim maritus obligatur, sed ideò quia facit fructus suos; unde si moreretur postridie nuptiarum, heredes ejus nihil deberent, nec etiam vidua; Item si renupta illa moreretur postridie nuptiarum; sed si maritus moritur saltem postquam per annum fecit fructus suos, heredes ejus debent, quos vidua in consequentiam communionis, debet exonerari pro media, vel in totum, si mobilia capiat, ut de debito mobiliari.*

En cette Note du Moulin dit le contraire de ce qu'il a avancé sur cet article 37. *num.* 9. *in fine.* 19.

C'est pourquoy Brodeau, pour concilier les deux passages de cet Auteur, dit que ces mots *nec etiam vidua, item si renupta illa moreretur postridie nuptiarum*, se sont glissez dans cet apostille.

La question n'est pas sans difficulté, car la mutation arrivant en la personne du mary, c'est luy qui doit payer le relief.

Il est vray que c'est à cause qu'il a la joüissance des biens de sa femme, mais cette cause donne lieu au relief aussi-tôt que le mariage est contracté & celebré, & le mary est personnellement obligé.

Il n'importe si dans la suite par la dissolution du mariage le mary n'auroit pas joüy du Fief de sa femme, il suffit qu'il y ait eu mutation en sa personne pour être tenu personnellement du relief; & si le relief avoit été payé par le mary deux ou trois jours aprés le mariage contracté, & qu'aprés sa mort arrivée au même temps sa femme renonçât à la communauté, peut-on dire qu'en ce cas les heritiers du mary pourroient repeter contr'elle le relief, que le mary auroit payé?

Il n'y a pas d'apparence qu'ils y fussent recevables, vû que le mary auroit payé une dette qu'il devoit *ex propria persona*, & par la mutation arrivée en sa personne: que si cela est, il faut dire aussi que le relief n'étant pas payé, c'est aux heritiers du mary à le payer & non pas à la femme.

Nous avons quelques Coûtumes qui obligent nommément le mary à payer le relief, comme celles d'Anjou, du Maine, de Vitry & autres. 20.

CHOPIN. Celle d'Anjou aux articles 87. & 96. dit, que quand une femme se marie, son mary doit rachat aux Seigneurs des Fiefs dont les choses hommagées de ladite femme sont tenuës en foy & hommage; surquoy Chopin livre 2. chapitre 2. titre 1. nombre 6. dit, que le profit féodal est dû par la personne designée par la Coûtume, sçavoir le mary, lequel elle rend seul debiteur, nommément du rachat par les articles 87. & 96. Tellement que par cette Coûtume le Seigneur a action contre le mary & ses heritiers, dautant que le statut est conçû contre la personne, & non contre la chose ou les terres vassalles.

21. Nôtre Coûtume ne dit point par qui le relief est dû en ce cas, elle dit seulement qu'il est dû pour chacun desdits mariages; ce qui fait voir qu'elle n'entend pas que ce soit la femme qui le paye, autrement elle l'auroit declaré.

Enfin il est certain, que dés que le mariage est contracté, le relief est dû; c'est une dette de la communauté, desorte que si la femme l'accepte aprés la mort de son mary avant la perception des fruits, elle en doit payer la moitié & les heritiers du mary l'autre, mais si elle y renonce, elle n'en doit rien.

22. On peut encore ajoûter, pour faire voir que le relief n'est pas dû à cause de la femme, mais à cause du mary, puisque si pendant le second, ou autre mariage il étoit échû un Fief à la femme par succession en ligne directe, il ne seroit rien dû au Seigneur suivant l'article 38.

Ces raisons me font suivre un sentiment contraire à du Moulin & à Brodeau; ainsi je croy, que la femme renonçant à la communauté, peut reprendre son Fief avec les fruits qui y sont pendans, sans qu'elle soit obligée de souffrir la joüissance du Seigneur.

La raison est, que la fiction par laquelle le mary est censé avoir été le maître des biens de sa femme, ne peut pas faire qu'elle n'en ait toûjours conservé le domaine, comme dit la Loy 30. *C. de reb. dot. non enim quod legum subtilitate transitus earum in patrimonium mariti videatur fieri, ideo rei unitas deleta vel confusa est*; autrement il s'ensuivroit qu'aprés la mort de son mary il y auroit une nouvelle mutation, ce qui n'est pas.

23. Et quoique le Seigneur eût choisi l'exploitation du Fief pour son relief, la femme dés le moment du decés de son mary auroit droit en cas de renonciation à la communauté, de reprendre son Fief & la joüissance d'iceluy, quoique le Seigneur eût déja commencé la perception des fruits, sauf au Seigneur son recours contre les heritiers du mary pour l'estimation des fruits qu'il percevroit, si la femme n'y mettoit point empêchement.

La raison est, que dés la mort du mary la femme reprend ses heritages, avec les fruits qui y sont pendans, suivans l'article 231. en remboursant les heritiers du mary des frais des labours & semences; & le fait du mary ne peut pas donner droit au Seigneur de percevoir les fruits aprés sa mort, auquel temps la femme rentre dans le même état qu'elle étoit avant le mariage, & qu'elle seroit, si le mariage n'avoit point été contracté.

24. On peut tirer une consequence de ce que nous venons de dire, que si le second mary n'avoit pas payé le relief de son vivant, ni ses heritiers aprés son decés, ni sa veuve pendant sa viduité, le troisiéme mary ne seroit pas tenu de le payer du chef de ce second mary.

C'est la disposition expresse de la Coûtume de Clermont, article 90.

Celles de Meaux article 65. & de Mondidier en l'article 52. qui ajoûte, que *le Seigneur se doit pourvoir contre les heritiers du mary*, en disposent de même.

Il y a l'Arrest de Gros-bois du 8. May 1553. qui a jugé, que si une femme qui a un Fief, renonce à la communauté aprés la mort de son mary, elle n'est point tenuë de payer le relief qui n'a point été payé par son mari pendant qu'il vivoit.

[Charo]ndas Cet Arrest est rapporté par Charondas sur cet article & les suivans; qui est d'avis que la femme ne peut-être poursuivie par le Seigneur pour avoir le payement du relief dû par le second mary.

Néanmoins sur l'article 37. & suivans *in fine*, il dit, que si le Fief étoit saisi à la requête du Seigneur pour la mutation arrivée en la personne du second mary, faute d'avoir par luy payé le relief, si la femme convoloit en troisiémes nôces, le troisiéme mary n'auroit main-levée qu'en payant le relief dû par le second mary, & pour la mutation arrivée en sa personne, *parce que*, dit-il, *la main mise a attribué droit d'hypotheque au Seigneur pour le precedent relief à luy dû sur le Fief de sa femme, ce droit étant acquis au Seigneur par le fait d'elle*, comme tient Boërius *Consil. 5. 5. tit. de feud.* & Chopin sur ce titre nombre 17. Chopin.

Pour moy je croy au contraire, que le troisiéme mary ne seroit tenu que de payer le relief pour sa mutation, dautant que par la mort du mary le droit réel du Seigneur seroit éteint, n'ayant plus qu'une action personnelle contre les heritiers du second mary, suivant les raisons remarquées cy-dessus.

Brodeau sur l'article 39. nombre 5. qui rapporte le sentiment de Boërius & de Chopin, dit, que la femme renonçant à la communauté n'est point tenuë de cette dette, ni par consequent son troisiéme mary; & la proprieté de son Fief n'y a point été affectée ni hypothequée, mais seulement les fruits du Fief échûs pendant le second mariage, dont elle n'a point profité, le Seigneur devant imputer à sa negligence de ne s'être point fait payer de son droit du vivant de son mary. Brodeau.

Par Arrest du 8. Avril 1647. au rapport de Monsieur Magdeleine, entre de la Marche Comte d'Anglebermer Sieur de Passi, en la Coûtume de Vitry, il a été jugé, que le relief dû par le mary de la doüairiere remariée, étoit personnel, que la terre n'y demeuroit point obligée, & que le Seigneur féodal devoit aprés la mort du mary se pourvoir par action contre ses heritiers, sans pouvoir saisir le relief.

Au cas toutefois que la femme eût accepté la seconde communauté, le troisiéme mary seroit tenu de payer la moitié du relief, sauf au Seigneur son recours pour l'autre moitié contre les heritiers du second mary. Et dautant que cette moitié est une dette de la femme, le troisiéme mary la reprendroit sur la communauté, si sa femme venoit à mourir, ou les heritiers du mary, en cas d'acceptation de communauté par la femme ou par ses heritiers, si par le contrat de mariage il avoit été convenu que les contractans payeroient chacun leurs dettes, suivant l'art. 222.

Duplessis rapporte l'opinion de du Moulin, & dit, qu'on tient en consequence que si le mary decede n'ayant joüy qu'une partie de l'année, la communauté ne doit être chargée du relief qu'à proportion, & que le surplus est une dette des propres de la femme, quand même elle renonceroit à la communauté, parce que le relief est une charge réelle des fruits qui se prend sur la chose même. Du Plessis.

Si double relief est dû au Seigneur au cas qu'en une même année la femme contracte un second & troisiéme mariage? 25.

L'opinion commune est pour l'affirmative; parce que telles mutations sont volontaires, & non forcées, ainsi qu'il a été dit sur l'article 33. & quant au relief dû pour le second mariage, il faut suivre ce qui a été dit cy-dessus.

Si pour regler le relief dû par un second, ou autre mariage, il faut considerer les portions indivises, qui appartiennent à la femme dans les Fiefs dépendans des successions à elles échûës avant son mariage, ou ce qui luy échet par le partage fait depuis son mariage? 26.

Cette question est de consequence, & la difficulté se peut presenter souvent, mais pour l'expliquer plus facilement, posons qu'un pere ayant laissé deux enfans, un fils & une fille, & des Fiefs situez en differentes Coûtumes, la fille avant le partage fait & la succession étant indivise, contracte un second mariage, depuis lequel par le partage il n'échet à la fille que des rotures, ou un Fief situé dans une autre

Coûtume que celle de Paris, où il y en a un qui tombe tout entier dans le lot du frere.

Dans cette espece le Seigneur du Fief situé en la Coûtume de Paris, prétend que le relief luy est dû pour le tiers ou la part qui appartenoit à cette fille dans le Fief échu entierement à l'aîné au jour de son second mariage.

Sa prétention est fondée sur ce que le droit de relief est acquis au Seigneur feodal dés l'instant de la mutation par mariage pour les portions indivises, qui appartiennent à la fille dans les Fiefs de la succession de ses pere & mere & autres ascendans, dont elle a été saisie par leur decés suivant la Coûtume & la regle generale du Royaume, *le mort saisit le vif*, duquel droit acquis le Seigneur ne peut être frustré ni exclus par le partage, qui se fait aprés entre les coheritiers, auquel il n'est point appellé, & auquel il se peut commettre facilement des fraudes contre les interêts des Seigneurs. Et quoique le partage vaille & subsiste entre les copartageans, même à l'égard de leurs créanciers, qui ne peuvent prétendre hypotheque que sur ce qui est échu par le partage dans le lot de leur debiteur, il ne peut pas valoir à l'égard du Seigneur du Fief, le droit duquel est fixe, stable & permanent.

47. Les raisons contre le Seigneur pour la fille remariée, sont que la maxime, *le mort saisit le vif*, a un effet suspensif & relatif au partage qui se fait ensuite; desorte que les droits de chacun des coheritiers est tenu en suspens jusques-là, le sort du partage autorisé par la Loy, détermine le droit de chaque coheritier, étant présumé n'avoir été saisi, & n'avoir eu droit que dans les choses qui sont tombées dans son lot.

48. Sur ces raisons il a été jugé par plusieurs Arrests remarquez par Monsieur Loüet, lett. H. nomb. 11. que le créancier qui a contracté avec un coheritier possedant par indivis avant le partage, ne peut s'addresser que sur ce qui est échû en son lot, à quoy l'hypotheque est restrainte; & le droit du Seigneur pour son relief n'étant pas plus favorable que celuy d'un créancier legitime, il en faut dire de même à son égard, n'y ayant point d'autre raison pertinente & valable; ce qui a été jugé par Arrest du 6. Avril 1574. en la quatriéme Chambre des Enquêtes, entre Baudoüin du Bouchet, & Damoiselle Jeanne de la Roussardiere, par lequel le Seigneur du Fief fut debouté de sa demande pour le relief dû par le second mariage, au préjudice du partage fait depuis sans fraude.

CHARONDAS. BRODEAU. DUPLESSIS. Cet Arrest est rapporté par Anne Robert, *lib. 3. cap. 3. in fine*, par Charondas & Brodeau sur cet article, nomb. 35. & Maître Duplessis.

Je croy qu'il faut suivre en ce cas la commune opinion & l'autorité de cet Arrest.

Charondas même est d'avis, que le Seigneur ne peut faire saisir le Fief pour la part & portion qui appartient à la fille remariée, jusqu'à ce que le partage soit fait, ce qui me semble fort juste, pourvû que les enfans procedent incessamment au partage, & qu'il n'y ait point de fraude contre le Seigneur.

Il faut dire aussi au contraire, que si par le partage il écheoit à la fille un Fief entier, son mary & elle devroient le relief entier au Seigneur. 49.

Mais on demande, si en ce cas le relief seroit dû au Fermier qui étoit lors du second mariage contracté, ou à celuy qui est au temps du partage fait?

Brodeau, nomb. 36. remarque un Arrest donné en la cinquiéme Chambre des Enquêtes, en la Coûtume du Maine, au rapport de Monsieur le Meusnier, le 11. Juillet 1620. sur un appel du Juge du Marquisat de Sablé, par lequel il a été jugé, que le relief dû par la Dame du Bellay, appartenoit au Fermier qui étoit lors du partage.

La question ne me semble pas sans difficulté, car il est vray que c'est le partage qui détermine le droit de chaque heritier, mais il n'est pas la cause de l'acquisition du Fief, c'est la succession, à laquelle le partage est relatif, d'où il s'ensuit que si par le partage il échet un Fief à la fille remariée, le relief est dû au Fermier qui étoit lors de la succession échûë.

Si la fille à qui le pere a donné un Fief, doit rachat pour son second mariage, au cas qu'elle en fasse le rapport en la succession? 50.

Tronçon sur cet article, *verbo*, *mais si elles se marient*, decide la question par cette distinction: Ou le Seigneur incontinent aprés le mariage contracté & celebré, demande le relief au second mary, auquel cas il est dû: Ou le Seigneur ne le demande pas, & cependant le Fief rapporté par la fille mariée en partage échet à l'un des enfans mâles, & en ce cas par une fiction il semble que le Fief donné n'ait jamais appartenu à la fille.

Il semble au contraire qu'il est dû au Seigneur, & qu'il est bien fondé de poursuivre le mary pour avoir l'estimation des fruits d'un an.

La raison est, que dés que le second mariage a été contracté, le relief est acquis au Seigneur, pour lequel il pouvoit saisir le Fief pour en être payé, que ce droit ne luy peut plus être ôté par le fait de son vassal, que le mary & la femme pouvoient se contenter du Fief qui avoit été donné à la femme par son pere, en moins prenant dans les autres biens de la succession, suivant l'article 305. Mais parce que celuy qui devoit le relief n'est plus maître du Fief, au moyen du rapport & du partage, il s'ensuit que le Seigneur ne pourroit pas demander l'exploitation du Fief, mais seulement l'estimation du revenu de l'année.

La question peut recevoir difficulté, si le rapport se faisoit peu de temps aprés la succession échûë, & qu'il n'y eut point de joüissance, je croirois bien qu'il ne seroit pas dû; que s'il avoit été payé au Seigneur en argent, il seroit difficile de l'obliger de le rendre, parce qu'il auroit reçu ce qui luy étoit dû pour lors, *cessat repetitio ab eo qui suum recepit*, *l. 44. ff. de condict. indeb.*

Voyez les Observations de Monsieur ***. sur l'Article suivant.

CONFERENCE SUR L'ARTICLE XXXVII.

De même, *Clermont*, art. 89.
Meaux, art. 146, *Melun*, art. 63,
Orleans, art. 37.
Poitou, art. 146.
Reims, art. 80.
Troyes, art. 46.

Auteurs sur l'Article trente-septiéme.

Bobé, sur l'art. 146. de la Coûtume de Meaux.
Thourette, sur Montfort, art. 24.
De la Lande, sur Orleans, art. 37. & 127.
Le Grand, sur Troyes, art. 46.
Buridan, sur Reims, art. 80.
Salligny, sur Vitry, art. 4. 21. 97.
Pontanus, sur Blois, art. 85.
Chopin, sur Anjou, liv. 1. chap. 4. nomb. 16. liv. 2. ch. 1. tit. 2. nomb. 8. & ch. 2. tit. 1. n. 5. & 7.
Loyseau, *du Déguerpissement*, liv. 2. ch. 4. n. 10.
Le Prestre, Cent. 1. ch. 57.
Vrevin, sur Chauny, art. 80.
Bodreau, sur Maine, art. 100.
Buridan, sur Vermandois, art. 168.
Journal des Audiences, tom. 2. liv. 7. ch. 27.
Monsieur Loüet, lett. R. Somm. 45.
Duplessis explique cet article, liv. 4. ch. 4. p. 39.

ARTICLE XXXVIII.

Cet article a été ajoûté au lieu du 25. de l'ancienne Coûtume.

Cas ausquels la femme mariée doit, ou ne doit pas le droit de relief.

ET si pendant ledit premier, second ou autre mariage, ledit Fief échet à une femme en ligne directe, semblablement n'est dû relief pour ladite mutation: Mais si ledit Fief échet en ligne collaterale, avant qu'elle soit mariée, n'est dû relief. Comme aussi est dû en toutes mutations qu'elle fera par mariage. Et si pendant l'un desdits mariages ledit Fief luy échet en ligne collaterale, n'est dû qu'un seul droit de relief pour ladite mutation, tant pour son mary que pour elle.

Voyez l'Article précedent, & les 3. 33. 36.

ET SI PENDANT LEDIT PREMIER MARIAGE.

GLOSE UNIQUE SUR L'ARTICLE XXXVIII.

SOMMAIRE.

1. *Si le relief est dû pour un Fief échû en ligne directe, pendant le second mariage.*
2. Quid, *pour Fief échû à un des ascendans.*
3. *Si le relief est dû pour Fief échû en ligne collaterale.*
4. *Si double relief est dû, quand par le partage d'une succession échûë avant le mariage, un Fief échet à une femme.*
5. *Si le Seigneur recevoit un seul relief du second mary, la femme luy en devant déja un auparavant, le Seigneur seroit censé avoir renoncé à celuy qui luy seroit dû.*

1. CEt article est encore une suite du précedent, pour ôter le doute qui seroit resté autrement, sçavoir si le relief seroit dû pour le Fief échû en ligne directe à une femme pendant son premier, second, ou autre mariage.

Dans l'article 36. il est porté, que *les filles ne doivent point de relief pour Fief à elles échû en ligne directe à cause de leur premier mariage.*

Par l'article 37. il est dit, *si elles se remarient relief est dû.*

Il semble aussi, que pour Fief échû en ligne directe pendant le second ou autre mariage, soit dû relief au Seigneur, non pas parce qu'il échet à la fille, car il ne seroit pas dû, la mutation qui arrive en ligne directe, ne donnant pas ouverture au relief, mais parce qu'aprés qu'il est échû à la fille, le mary qui est un étranger au défunt, devient le propriétaire du Fief, par la fiction fondée sur le mariage, l'autorité maritale qui en est une suite, & la joüissance du Fief.

Néanmoins cet article 38. decide qu'il n'est rien dû au Seigneur, quoique la joüissance du Fief passe en la personne du mary, comme maître de la communauté.

La raison est, que le mary & la femme sont censez une même personne, & qu'il n'y a qu'une mutation arrivée, non pas en la personne du mary, mais en celle de la femme.

Mais si Fief écheoit pendant la viduité de la femme, & qu'aprés elle passât en d'autres nôces, il est sans doute que pour ce second mariage le relief seroit dû au Seigneur, suivant ce terme *pendant.*

Il faut dire aussi, que pour Fief échû en directe par la succession d'un des descendans, il n'est rien dû, quoiqu'il soit échû pendant le second ou autre mariage; mais qu'il sera dû pour tous les autres mariages subsequens, contractez depuis par la mere, ou par l'ayeule, Brodeau, nomb. 3. ce qui est sans difficulté. 2. BRODEAU.

3. Quant aux Fiefs qui échéent en ligne collaterale à une fille, elle en doit relief, suivant l'article 33. si ensuite elle se marie, il est dû encore relief, ainsi autant de reliefs qu'il y aura de mutations par mariage, suivant cet article, parce que la fille venant à se marier, il y a une nouvelle mutation arrivée dans un autre temps, que celle qui est arrivée en la sienne, Brodeau, nomb. 4. BRODEAU.

En quoy il y a une tres-grande difference entre les successions en ligne directe, & celles qui arrivent en collaterale, & ce à cause de la faveur de ceux qui succedent en ligne directe; & si le Fief luy échet pendant son mariage, il n'est dû qu'un seul relief, tant pour elle que pour son mary, d'autant qu'en ce cas il n'y a qu'une mutation, le mary & la femme n'étant reputez qu'une même personne. La raison est que dans le temps que le Fief échet, sçavoir, pendant le mariage le mary n'est point étranger, mais joint par alliance à la famille qui luy communique tous les droits & privileges de sa femme; & qu'au contraire il est étranger auparavant.

Il y a encore une autre raison, sçavoir, qu'il faudroit faire concourir deux causes lucratives dans un même temps, & admettre aussi dans le même temps une double fiction, sçavoir mutation en la personne de la femme, & mutation en celle du mary. *Duæ causæ lucrativæ non possunt in una, atque eadem re concurrere*, dit Pontanus sur la Coûtume de Blois, tit. 6. art. 85. *in fine*, §. *si res aliena. instit. de legat.*

Ce qui a lieu aussi pour les Fiefs qui se gouvernent selon le Vexin-le-François, par la même raison.

4. Il en faut dire de même, au cas que la succession collaterale soit échüë pendant le mariage, & qu'ensuite elle fût partagée quelque temps aprés, & que par le partage un Fief échût durant le même mariage; car en ce cas il ne seroit dû qu'un seul relief, n'y ayant qu'une même cause d'acquisition & une seule mutation.

Que si la succession étoit simplement échüë en collaterale avant le mariage, & qu'aprés avoir été possedée par indivis, elle fût partagée pendant le mariage de la fille, & que par le partage il luy échût un Fief, en ce cas Brodeau, nombre 5. dit, que les choses sont reduites aux mêmes termes, que si la succession collaterale étoit échüë à la femme pendant le mariage & lors du partage, en consequence dequoy il n'est dû qu'un relief, tant pour la succession collaterale que pour le mariage. BRODEAU.

Néanmoins je croy que le Seigneur est bien fondé à demander double relief, conformément à la disposition de cet article qui y est expresse, en ces termes :

Mais si ledit Fief échet en ligne collaterale, avant qu'elle soit mariée, est dû relief : comme aussi est dû en toutes mutations qu'elle fera par mariage.

Ainsi l'opinion de Brodeau est formellement contraire à cet article.

Ce qui est fondé sur cette raison, que le relief étoit déja acquis au Seigneur avant le mariage, & que par le mariage de la fille il luy est dû encore un autre relief, ce sont deux reliefs, lesquels proviennent de deux causes differentes, & quoique cette regle, *le mort saisit le vif*, ait un effet suspensif & relatif au partage, néanmoins elle n'empêche pas que le Seigneur ne soit bien fondé de demander doubles droits pour le Fief qui est tombé dans son lot.

Charondas sur l'article 35. & les suivans fait cette question, sçavoir si le Fief étoit échû à une femme par succession en ligne collaterale, & qu'ensuite elle vint à se marier avant que d'avoir payé le relief, & que son second mary payât ensuite un seul relief pour la mutation arrivée en sa personne, sans que le Seigneur requît celuy qui luy étoit dû du chef de la femme pour le Fief échû avant son mariage, le mary venant à deceder, sçavoir si le Seigneur pourroit demander à la femme le relief qu'elle devoit *ex suo capite?* CHARONDAS.

Cet Auteur est d'avis qu'il n'y est plus recevable, parce qu'il semble qu'ayant reçû ce second mary en foy & hommage, & le relief, il s'en soit contenté, & qu'il ait ainsi tacitement renoncé au droit qu'il avoit d'exiger celuy qui luy étoit dû par la femme avant son premier mariage; & qu'il l'ait remis, n'y ayant pas lieu de croire qu'il ignorât que ce droit luy étoit dû.

Il remarque deux Arrests notables, l'un du mois de Juin 1504. pour un nommé Perdrier, & l'autre donné au rapport de M. de Lhospital, qui a été depuis Chancelier de France, du mois de Février 1545. au profit d'un nommé Gassot, par lesquels il dit avoir été jugé, que le Seigneur feodal, auquel étoient dûs plusieurs droits, même *ex diversis causis*, en admettant son vassal à la foy & hommage, & recevant un seul droit de luy sans protestation, étoit censé avoir remis les autres, & qu'ainsi il n'étoit plus recevable à les demander, selon la Loy *si quis. §. aream. ff. de solutio.* & la Loy *quæritur. §. si venditor. ff. de Ædil. Edic.*

C'est aussi l'avis de Brodeau sur l'art. 39. *in fine.*

OBSERVATIONS DE MONSIEUR ***.

Sur les Articles XXXV. XXXVI. XXXVII. & XXXVIII.

SOMMAIRE.

1. *Obscurité qui se trouve dans les Articles 35. & 36.*
2. *Si les filles auroient recours contre leur frere qui n'auroit pas fait la foy.*
3. *Si la souffrance que le Seigneur donne pendant la minorité du fils, profite à ses sœurs majeures.*
4. *Si les filles & les veuves doivent la foy & hommage pour les Fiefs qui leur adviennent.*
5. *Quid, si aprés elles se marient, sçavoir si leurs maris doivent la foy & hommage pour les Fiefs qui leur sont échus en ligne directe avant leur mariage, & s'ils doivent payer les droits.*
6. *Ce qui est dû au Seigneur, lorsque celles*

qui étoient filles ou veuves, lors de l'ouverture de la succession, se sont mariées depuis plus d'une fois; ou lorsque celles qui étoient mariées, lors de la succession échûë, se sont remariées depuis.

7. *Seconds mariages moins favorables que les premiers.*

8. *Nouvel Article au lieu du 35.*

9. *Ce qu'on entend icy par seconds mariages.*

10. *Autre Article nouveau touchant le Fief qui écheoit par succession ou donation en ligne directe aux filles mariées.*

11. *Autre Article nouveau touchant le Fief qui écheoit par succession en ligne collaterale à une fille ou veuve non mariée.*

12. *Autre Article nouveau touchant le Fief qui écheoit en ligne collaterale à une femme mariée.*

1. LEs Articles 35. & 36. étoient fort obscures, & il étoit difficile de concevoir pourquoy le fils aisné seul avoit le droit d'exempter ses sœurs de faire la foy; & de sçavoir si le second ou troisiéme aprés le decés de l'aisné avoit le même droit.

Il l'étoit encore davantage de dire pourquoy on vouloit faire répondre les filles de leurs freres, lesquels en ne faisant point la foy, pouvoient d'intelligence avec le Seigneur donner lieu à la saisie feodale de tout le Fief, & comment accorder l'Article 36. qui veut que l'aisné fasse la foy, & que s'il ne l'a fait pas, les filles ne sont pas pour cela obligées de la faire.

2. Maistre Auzanet a prévû ces difficultez, & a demandé si les filles auroient recours contre leur frere qui n'auroit pas fait la foy, & si la souffrance que le Seigneur donne pendant la minorité du fils profite non-seulement pour luy, mais aussi pour les filles majeures.

Pour ce qui est du premier inconvenient, il ne paroît pas fort considerable, parce qu'il est indubitable que la saisie se faisant par la faute du fils, les filles auront un recours contre leur frere.

Il est vray qu'il se pourroit faire qu'un frere qui seroit mal avec ses sœurs s'accommoderoit avec le Seigneur feodal, & d'intelligence avec luy, donneroit lieu à une saisie, en ne faisant pas la foy, ou bien s'il étoit mal dans ses affaires, ou absent, il ne seroit pas juste que des filles ne fussent pas secouruës par la loy, & qu'elles fussent obligées de perdre les revenus & les fruits sans leurs fautes, & sans remede. C'est pourquoy il voudroit que les filles fussent entierement déchargées.

Mais l'on pourroit à cela répondre que la Coûtume y a pourvû par l'Article 36. où il est dit, que s'il n'y a que des filles, ou que si le fils ne fait la foy, que les filles ne courrent point de risque, puisqu'elles sont quittes aprés qu'elles sont mariées de faire faire la foy par leurs maris, sans payer des droits en directe.

Et pour ôter tout embarras, il n'y a qu'à mettre dans un Article, que la saisie feodale ne pourra être faite que sur la portion du fils, & non sur celle des filles.

3. Pour ce qui est de la seconde difficulté, elle me paroît plus considerable; car quoiqu'il soit constant que si le fils qui fait la foy, exempte les filles par la disposition de la Coûtume, le privilege est personnel, & il faudroit qu'il fut dit que la souffrance qui est accordée aux fils profitât aux filles.

4. Comme par ces raisons les Articles 35. & 36. deviennent inutiles, (car à quoy sert de dire que le fils qui fait la foy exempte les filles, *si nullo casu*, les filles ne sont point obligées de la rendre.) Cela fait que je croy qu'il faut reformer lesdits Articles entierement, & expliquer que les filles ne sont point obligées en directe à la foy, mais seulement que quand elles sont mariées, ou qu'elles se marient aprés la succession ouverte, elles sont tenuës de faire rendre la foy par leur mary, on devroit même pour les Fiefs échus en collaterale, décharger les filles & les veuves de la foy & hommage, qui est un acte & une soûmission qui semble blesser en quelque façon la pudeur d'une fille ou d'une veuve.

Il n'est donc plus question à leur égard que des droits de relief.

Il faut distinguer, sçavoir, si le Fief écheoit à une fille ou à une veuve en ligne directe ou en ligne collaterale, comme nous allons voir dans la suite.

J'établiray d'abord pour maxime generale, que les filles, soit qu'il y ait enfans mâles, ou qu'il n'y en ait pas, ne sont pas obligées de faire foy & hommage pour le Fief qui écheoit en directe, & que par cette raison le Seigneur feodal ne peut point proceder par voye de saisie sur la portion du Fief qui est échû aux filles, avec cette difference que si les filles sont mariées, le mary doit porter la foy, autrement le Seigneur peut faire saisir, sinon lorsqu'elles se marieront, le mary quarante jours aprés le mariage l'a doit faire, & en tous ces cas le mary ne devra point le droit de relief.

5. L'esprit des Reformateurs a été, si je ne me trompe, de ne point obliger les filles ou les veuves de rendre la foy & hommage en directe, ni de payer aucuns droits, mais que si elles se marient aprés la succession ouverte pour le premier mariage, contracté par une fille ou une veuve, le mary ni la femme ne doivent point de relief, mais le mary sera obligé de faire la foy & hommage.

Que si lors de l'ouverture de la succession les filles sont mariées actuellement, le mary doit faire la foy & hommage sans payer de droits, & c'est ce que la Coûtume veut dire par le mot de *premier mariage*.

6. Si celles qui étoient filles ou veuves lors de l'ouverture de la succession, & qui se sont déja mariées une fois depuis l'ouverture d'icelle, par aprés se remarient, ou bien si celles qui étoient actuellement mariées, lorsque la succession est échûë, se remarient ensuite, dans tous ces cas pour chaque mutation par mariage, il est dû par le nouveau mary la foy & le relief; parce que ce sont differentes personnes qui joüissent, & que le mary qui devient maître de la communauté, doit faire tous les devoirs de vassal & de Fief.

7. Cela me paroît fort raisonnable, tant parce que les seconds mariages ne sont pas favorables, que parce que c'est une veritable mutation de personne & d'homme à l'égard du Seigneur du Fief.

Il faut avoüer que l'opinion de Maître Charles du Moulin est fort opposée à ces droits de relief établis contre les maris, parce qu'ils ne sont proprement que des usufruitiers du bien de leurs femmes, mais comme c'est un ancien droit dû de tout temps au Seigneur, il sembleroit qu'il y auroit de l'injustice de les retrancher.

Maître Auzanet voudroit aussi ôter les droits de relief pour le deuxiéme, troisiéme mariage, ou autre: mais il ne me paroît pas juste de frustrer le Seigneur feodal de son droit, sous pretexte qu'on le fraude par des separations ou exclusions de communauté, que cet Auteur dit qu'on stipule par les contrats de mariage pour éviter de payer ce droit.

Ces choses étant ainsi expliquées, voicy de quelle maniere, en tâchant de suivre l'esprit de la Coûtume, nous avons redigé l'Article 35.

NOUVEL ARTICLE AU LIEU DU 35.

8. *Quand un Fief écheoit par succession ou donation en ligne directe aux filles ou veuves non mariées, il n'est dû foy & hommage, ni relief de leur chef; & si elles se marient, leurs maris feront la foy & hommage, sans payer aucuns droits; mais si elles convolent par aprés en d'autres nôces, est dû relief pour chacun des autres mariages.*

Et pour éviter la confusion, nous avons seulement compris dans cet Article les Fiefs qui écheoient en directe aux filles ou veuves, & par les Articles suivans nous parlerons des autres.

9. Nous avons ajoûté au précedent Article la disposition de l'Article 37. & nous avons retranché le mot de *secondes nôces*, parce qu'il ne pouvoit pas s'accommoder avec le cas du veuvage; parce que quand une femme se remarie pour la premiere fois depuis le Fief échû, ce sont des secondes nôces à son égard pour lesquelles les droits ne sont point dûs, nous avons seulement mis le mot *d'autres nôces*, ce qui fait connoître que la fille non mariée ou veuve ne peut affranchir qu'une fois son mary du droit de relief, & en faveur de la ligne directe qui n'est point sujette aux droits.

AUTRE ARTICLE.

10. *Quand le Fief écheoit par succession ou donation en ligne directe aux filles mariées pendant les premier, second ou autres mariages, les maris feront la foy & hommage sans payer relief; mais si elles se remarient en d'autres nôces, est dû relief pour chacun autre mariage.*

Cet Article est la suite du précedent, & le second cas où la fille ne doit que la foy, aussi-bien que le mary, & ne sont point obligez de payer aucuns droits, parce que c'est toûjours le premier mariage à l'égard du Seigneur; & comme il a pour fondement l'esprit de la Coûtume dont nous avons parlé dans l'Article précedent, il n'est pas necessaire de nous étendre plus au long.

C'est la difference qu'il faut apporter entre les filles qui se trouvent mariées, lorsque la succession en directe leur advient, & de celles qui ne sont pas mariées; car celles qui sont veuves, ou qui n'ont pas été mariées, peuvent se marier une fois sans payer le droit de relief. Mais comme celles qui se trouvent mariées lorsque le Fief leur écheoit, sont en même état que les veuves ou filles non mariées depuis la succession ouverte, il est juste que la loy soit égale, & que si elles se remarient aprés avoir une fois exempté leur mary, elles payent le droit au Seigneur.

Surquoy il faut faire une reflexion sur les mots *de premieres nôces* de l'Article 35. qu'il ne les faut pas prendre pour premieres nôces simplement, comme si c'étoit la premiere fois qu'une fille se fut mariée: mais il faut prendre le mot de premieres, *respectu Domini Feudi*, & de la succession, c'est-à-dire, les premieres nôces depuis la succession échuë; & quand on voudra bien faire cette distinction, on comprendra facilement le sens de la Coûtume, qui veut qu'une fille en directe soit exempte, & affranchisse une fois son mary du droit de relief; par consequent si la femme est mariée, lorsque la succession écheoit, la femme affranchisse son mary du droit de relief, si elle est veuve ou fille non mariée; quand depuis la succession ouverte elle se marie, le mary est affranchi pour cette fois; mais ensuite, quand il y a eu un premier affranchissement, si elle convole en secondes nôces, il est autant de fois dû le relief qu'il y a de mariages differents qui se contractent depuis.

AUTRE ARTICLE.

11. *Lorsqu'un Fief écheoit par succession en ligne collaterale à une fille ou veuve non mariée, elle ne fera point la foy, mais payera le relief: ensuite si elle se marie, son mary fera la foy & hommage, sans payer relief pour le premier mariage fait aprés l'ouverture de la succession, & pour toutes autres mutations qu'elle fera par mariage, sera dû relief.*

Nous avons fait le present Article & le suivant, pour établir la Jurisprudence qui doit être suivie dans les successions collaterales, pour lesquelles le relief est dû également par les filles, veuves, ou mariées; & afin que le même esprit de la Coûtume regne entierement, nous avons dit, que lorsque le Fief écheoit à une fille ou à une femme veuve, elle doit payer le relief: quand elle se marie la premiere fois aprés la succession ouverte, son mary ne devra point de droit; parce que si le Fief étoit échu à une femme mariée pour elle & pour son mary, elle ne devroit qu'un droit, ainsi pour le premier mariage elle ne devra point le relief, puisqu'elle l'a payé; mais si elle se remarie, elle devra encore le droit de relief pour chaque mariage.

AUTRE ARTICLE.

12. *Quand un Fief écheoit en ligne collaterale par succession à une femme mariée en premieres, deuxiémes, ou autres nôces, le mary doit la foy & hommage, & sera payé un seul droit de relief tant pour la femme que pour le mary pour ladite mutation, comme aussi est dû relief pour toutes autres mutations qu'elle fera ensuite par mariage.*

Cet Article est la suite du précedent, lequel n'est pas conforme au sentiment de Maître Auzanet, qui voudroit qu'en collaterale, lorsqu'une fille, à qui le Fief est échû, a payé une fois le droit de relief, ne le paya plus, quand elle convoleroit en deuxiémes, troisiémes, ou autres nôces; mais nous ne croyons pas que ces mariages soient assez favorables pour ôter aux Seigneurs un droit qu'ils ont, & qui est établi & confirmé par la possession immemoriale, & par la Coûtume, qui n'y a rien changé dans la reformation qui en a été faite, puisqu'au contraire elle a confirmé les Seigneurs dans ce droit, en l'exprimant dans les Articles 35. 36. 37. 38. 39. & 40. de la Coûtume.

CONFERENCE

CONFERENCE SUR L'ARTICLE XXXVIII

Les Coûtumes suivantes ont une disposition semblable à cet article de la Coûtume de Paris.

Bretagne, art. 71. ***Normandie*, art. 199. *Peronne*,** art. 38.

Les Coûtumes suivantes ont une disposition contraire à cet article.

Mo targis, chap. 1. art. 38. qui porte, *Si pere ou mere, ayeul ou ayeule vont de vie à trépas, sans enfans mâles, & délaissent une fille, ou plusieurs étant mariées lors dudit trépas, elles doivent rachat de leurs heritages tenus en Fief.*

De même, *Anjou*, art. 87.

Maine, art. 100.

Montfort, article 24.

Châteauneuf*, art. 26. & ajoûte, *pourvû que son frere aîné ne portât la foy pour elle en succession directe ; car en ce cas il garantit de rachat sa vie durant.

***Chartres*, art. 24.**

Blois*, art. 85. *Combien qu'une fille par succession directe en ligne ascendante ne doit aucun profit pour heritage feodal à elle échû, toutefois si lors de la succession à elle advenuë, elle étoit mariée, ou depuis se marie, le mary* [a] *d'elle doit au Seigneur feodal le profit de rachat, sinon qu'elle eût frere, ou autre qui la garantît en partage.

[a] *Hoc est contra l. unica. C. de impon. lucra descriptio. & iniquum per ea quæ dixi in Consuetud. Paris.* §. 15. C. M.

Auteurs sur l'Article trente-huitiéme.

Bobé, sur cet article, & sur le 146. de la Coûtume de Meaux.
Thourette, sur Montfort, art. 24.
De la Lande, sur Orleans, art. 37. & 127.
Buridan, sur Reims, art. 78. 79.
Pontanus, sur Blois, art. 85. & 344.
De Lhommeau, sur Anjou, liv. 1. art. 58.
Loüet & Brodeau, *litt. R. num.* 45.
Lhoste, sur Montargis, ch. 1. art. 38.
Buridan, sur Vermandois, art. 168.
Dufresne, liv. 2. ch. 68.
Monsieur Loüet, lett. R. Somm. 45.
Duret, dans son Alliance des Coûtumes, p. 893.
Duplessis explique cet article, liv. 4. ch. 4. p. 40.

ARTICLE XXXIX.

Cet article a été ajoûté au lieu du 25. de l'ancienne Coûtume.

Si la veuve doit relief pour ses Fiefs.

La femme demeurant en viduité aprés le decés de son mary, qui avoit relevé son Fief, & payé les droits pour ce dûs, ne doit aucun relief, ains seulement est tenuë de faire la foy & hommage, si elle ne l'a faite.

Voyez l'Article suivant, & les 5. & 264.

Remarques.

Et sic non sufficit quod maritus fidelitatem præstiterit ; nisi & ipsa mulier in fidem recepta sit, cum illud debitum sit personale ; attamen nullum ex hoc novum jus debetur Domino, ut suprà art. 5. cautum est pro parte quæ ei competit in feudis quæ inter eam & maritum communia erant.

LA FEMME DEMEURANT EN VIDUITE'.

GLOSE UNIQUE SUR L'ARTICLE XXXIX.

SOMMAIRE.

1. *Pourquoy cet article a été ajoûté.*
2. *Si la femme est tenuë de payer le relief, au cas que son mary ne l'eût pas payé pendant le mariage.*
3. *Comment ces termes*, & payé les droits pour ce dûs, *se doivent entendre.*
4. *Combien cet article reçoit d'interpretations.*
5. *Si la femme est tenuë de faire la foy &*

hommage pour ses Fiefs propres, au cas qu'elle ait déja été faite par le mary.

6. *Si les sœurs sont tenuës de réïterer la foy & hommage, quand elle a été faite pour elles par leur frere aîné.*

7. *Coûtume de Mantes, qui décharge la veuve de faire la foy & hommage, quand son mary l'a faite.*

8. *Sentiment absurde de l'Auteur judicieux des Notes sur Tournet.*

1. Cet article a été ajoûté, pour ôter le doute qui provient de la disposition des précedens, qui veulent qu'aux cas que la femme se remarie, relief soit dû au Seigneur pour chacun de ses mariages, à cause de la mutation arrivée en la personne d'un second mary : Or s'il y a mutation, parce qu'il est censé être un nouveau vassal, il s'ensuit que venant à mourir, il y a aussi mutation du chef de la femme qui reprend la proprieté de ses biens, & partant elle devroit payer le relief au Seigneur.

Néanmoins cet article decide qu'elle n'en doit point.

La raison est, que la proprieté du Fief a toûjours residé en sa personne pendant le mariage, & que le mary n'a pas joüi du Fief qu'elle luy a apporté en mariage en qualité de propriétaire incommutable, & qu'il l'a seulement desservi pour elle ; ainsi il n'y a point de mutation, quand elle reprend la joüissance de ses biens par la mort du mary.

Il est vray de dire, que jamais le mary n'en a été le Seigneur & le propriétaire, mais que le relief n'a été dû qu'à cause de sa joüissance jointe à la puissance maritale, qui fait reputer le mary maître des biens de sa femme, quoiqu'il n'y ait aucun droit réel, ainsi qu'il a été dit cy-dessus. La femme dans ce cas est comme le mineur, qui ne doit point aussi de relief, mais la foy seulement, quand il entre en la joüissance de son Fief aprés la garde finie.

2. Mais si les droits dûs par la femme pour l'acquisition du Fief, n'avoient point été payez par elle ou par son mari, elle seroit tenuë de les payer, suivant l'interprétation de cet article, qui ne veut pas que la femme demeurant en viduïté, aprés le decés de son mari paye le relief, au cas que son mari l'ait relevé, & payé les droits dûs ; d'où il s'ensuit, que si le mari n'avoit pas payé le relief, elle seroit tenuë de le payer, sauf son recours contre les heritiers de son mari, au cas qu'ils en fussent tenus.

3. Il semble par ces termes, *qui avoit relevé son Fief, & payé les droits pour ce dûs*, que si le relief est dû pour la mutation arrivée en la personne d'un second mari, qui ne l'ait pas payé de son vivant, soit que sa veuve accepte la communauté, ou qu'elle y renonce, elle est tenuë de le payer, sauf son recours contre les heritiers de son mari.

Néanmoins nous avons dit le contraire sur l'article 37. nomb. 15. & que la femme n'est point obligée de le payer, au cas qu'elle renonce à la communauté.

Mais il faut dire, que cet article 39. se doit entendre au cas du relief dû par la femme pour la mutation arrivée en sa personne, comme quand un Fief lui échet en collaterale pendant son premier ou autre mariage, car en ce cas le relief est dû à cause de l'acquisition du Fief qu'elle a faite ; mais quand il n'est dû qu'à cause de la mutation arrivée en la personne du second mari, le mari étant mort sans l'avoir payé, la femme n'est pas tenuë de le payer, suivant les raisons remarquées sur ledit article 37.

Cet article 39. reçoit deux interprétations differentes.

4. La premiere est, que la femme demeurant en viduité, est obligée de faire la foy & hommage pour ses propres heritages, quoiqu'elle ait été faite par son mari, si elle ne l'a faite elle-même.

Du Moulin C'est l'avis de Maître Charles du Moulin sur l'article 37. glose 5. num. 1. in fine.

Et sic concludo, dit ce Docteur, *quòd vidua non obstante fidelitate præstitâ per maritum, tenetur renovare fidelitatem, si patronus velit, sed non solvet relevium.* 5.

C'est aussi l'opinion de Charondas, de Tournet, de Brodeau, nombre 2. de Ricard, & de Maître Duplessis. Charond. Tourn. Brod. Ricar. Duplef.

La raison est, que la foy & hommage est un droit tres-personnel, tellement attaché à la personne du vassal, qu'il est tenu de s'en acquitter en personne une fois envers son Seigneur.

C'est la raison pour laquelle la foy & hommage est dûë par les descendans, quoiqu'ils soient censez mêmes personnes avec ceux ausquels ils succedent.

Ainsi la foy & hommage ayant été faite par le mari, aprés sa mort elle ne subsiste plus, la femme n'étant plus censée une même personne avec lui ; quand il est decedé ; elle commence d'être considerée par elle-même, & étant devenuë maîtresse de ses biens, de ses droits & de ses actions, elle doit rendre elle même la soûmission qu'elle doit à son Seigneur.

La seconde interprétation est, que la femme demeurant en viduité doit faire la foy & hommage pour ses propres, si elle ne l'a faite, ou (*quod supplendum*) son mari pour elle.

Cette derniere interprétation, quoique moins conforme aux termes de cet article, dautant qu'il y faut suppléer, semble mieux fondée.

La raison est, que par l'article 5. la veuve ne doit point la foi & hommage pour les Fiefs, qui lui échéent pour sa part de la communauté aprés le decés de son mari, s'il a fait la foi & hommage pour iceux. Cet article cinquiéme contient clairement cette décision, & on n'en peut pas douter.

Ainsi comme la raison sur laquelle elle est fondée, a lieu pareillement pour les Fiefs propres de la femme, pour lesquels le mari a fait la foi & hommage, il faut dire aussi que cette décision doit être étenduë au cas du present article. Or la raison pour laquelle la femme n'est point obligée de faire la foy & hommage pour les Fiefs, qui lui échéent pour sa part dans la communauté, est que le mari & la femme sont reputez une même personne, que le mari est le chef de sa femme, qu'il est le maître & le Seigneur des biens communs, pour en pouvoir disposer seulement par actes entre-vifs, sans le consentement de sa femme, & non par derniere volonté ; desorte qu'à l'égard des biens communs qu'il laisse au jour de son trépas, la femme est présumée en avoir toûjours eu la proprieté dés le moment de leur acquisition ; c'est pourquoi la foi & hommage faite par le mari est reputée faite pour lui & pour sa femme, comme son Procureur legitime, *arg. l. Lucius Titius ff. de Institor. actione.*

Cette raison a lieu à l'égard des Fiefs propres de la femme, dans lesquels le mari est censé une même personne avec elle à cause de la joüissance qu'il en a pendant la communauté, & desquels il est reputé Seigneur & maître, la femme ne les pouvant aliéner sans son consentement ; ainsi le mari faisant la foi & hommage pour les Fiefs à elle appartenans, est censé l'avoir faite pour & au nom d'icelle, comme par une procuration tacite & legitime, fondée sur la Loi municipale en vertu de l'étroite union que le mariage produit entre les conjoints. Or celui qui a fait la foi & hommage par procureur pour quelque juste empêchement, n'est pas ensuite obligé de la réïterer; quand la cause pour laquelle la reception en foi a été reçûë par procureur, vient à cesser.

6. Ainsi le fils aîné ayant fait la foi & hommage pour lui & pour ses sœurs, le Fief venant à être partagé, elles ne sont pas obligées de la faire, parce qu'elles en ont été acquirées. Il n'y a point de raison pourquoi la femme en ce cas devroit la foi & hommage, puisqu'en effet il n'y a point de mutation de vassal, & qu'il n'y a point d'interruption en la personne de la femme, ni d'ouverture de Fief, qui puisse donner lieu à la saisie feodale, faute de foi & hommage.

C'est le sentiment de Boër sur la Coûtume de Bourges, *tit. de feud.* §. 8. *in princ. si nubat posteà, maritus tenetur iterum facere homagium; tamen si iste maritus decedat, non tenetur iteratò facere homagium, vel solvere aliquod jus.*

C'est aussi l'avis d'Argentré sur la Coûtume de Bretagne, *art.* 339. *num.* 4.

7. La Coûtume de Mantes, art. 32. porte, que *la femme après le decès de son mary, n'est pas obligée de faire la foy & hommage du Fief à elle appartenant, quand son mary l'a portée constant le mariage.* Ces autoritez me paroissent convaincantes, il faudroit des Arrests contraires pour me faire changer d'opinion.

Enfin il paroît qu'il y a beaucoup plus de raison de dire, que quand le mari fait la foi & hommage pour les propres de sa femme, il la fait tant pour lui que pour sa femme, pour lui à cause de sa joüissance, & que le mari & la femme par l'union que produit le Sacrement de mariage, ne sont censez qu'une même personne, & pour sa femme comme veritable propriétaire du Fief; vû qu'au contraire, quand il la fait pour un Fief acquis pendant la communauté, il ne la fait que pour lui, puisque sa femme n'y peut avoir droit qu'aprés la mort de son mari, en acceptant la Communauté.

Ce n'est donc pas sans raison, si je tiens avec quelques autres, qu'il faut suppléer à la fin de cet article, *ou son mari pour elle*: ce que l'Auteur de petites Notes sur cet article dit ensuite, n'est pas vrai, que le mari n'a droit de faire la foi & hommage que comme gardien, & non pour sa femme; car il la fait pour lui à cause de sa femme; autrement il s'ensuivroit que la femme seroit obligée de la faire aussi, ce qui n'est pas veritable, la femme n'ayant pas même droit de la faire, si le Seigneur n'y consent. 8.

M. Lauriere dit que l'article 3. au commencement s'entend, lorsque le mari a fait la foi & hommage tant pour lui que pour sa femme, pour Fief par lui acquis pendant la communauté; mais il se trompe, & cet article ne peut pas recevoir cette interprétation, vû que les Reformateurs n'auroient pas manqué de le declarer. LAURIERE.

L'article 27. des Arrêtez, titre *des Fiefs*, porte, que *la femme en viduité ne réïtere point la foy & hommage faite par son mary.*

OBSERVATIONS DE MONSIEUR ***.

Sur l'Article XXXIX.

SOMMAIRE.

1. *Raison pourquoy cet article a été ajoûté à la reformation de la Coûtume.*
2. *Ce qu'il faudroit retrancher de cet article.*

1. CEt article a été ajoûté à la reformation de la Coûtume; parce que, comme suivant les précedens articles, à chaque mariage, excepté le premier, il faut payer un relief, il sembloit qu'un mari venant à deceder faisoit une mutation, la femme devenant la maîtresse de ses droits; mais le sentiment de l'équité a prévalu sur le scrupule des mots, & la femme a été exemptée de ces droits, puisqu'elle les a payé une fois, & qu'elle n'acquiert rien de nouveau par le decès de son mari, elle commence seulement de joüir de ce qui lui appartient.

2. On peut laisser l'article comme il est, en retranchant ces derniers mots; *ains seulement est tenuë faire la foy & hommage, si elle ne la faite*; parce qu'ils causent du doute & de la difficulté.

CONFERENCE SUR L'ARTICLE XXXIX.

DE même, *Amiens*, art. 11. *Anjou*, article 99.
Artois, art. 26.
Bethune, art. 10.
Châlons, art. 179. *Châteauneuf*, art. 27. *Chaumont*, art. 14. 31. *Clermont*, art. 88.
Dreux, art. 18.
Estampes, art. 41.
Laon, art. 169. 189. 190. *Lodunois*, ch. 14. art. 9.
Maine, art. 112. *Mantes*, art. 32. *Meaux*, article 188.
Poitou, art. 145.
Reims, art. 64.
Senlis, art. 260.
Troyes, art. 19.
Valois, art. 45. 46.
Xaintonge, art. 38.

Auteurs sur l'Article trente-neuviéme.

Loysel, liv. 1. tit. 4. regle 3. & 17.
Bobé, sur cet article & sur le 188. de la Coûtume de Meaux.
Le Let, sur la Coûtume de Poitou, art. 145.
De la Lande, sur Orleans, art. 36. & 38.
Le Grand, sur Troyes, art. 19.
Buridan, sur Reims, art. 64. 81.
Boërius, sur la Coûtume de Berry, tit. 4. art. 8.
Chopin, sur la Coûtume d'Anjou, livre 2. titre 1. nomb. 7.
Buridan, sur la Coûtume de Vermandois, art. 169. & 189.
Duret, en son Alliance des Coûtumes, p. 888.
Duplessis explique cet article, liv. 1. ch. 4. p. 23.

ARTICLE XL.

Cet Article a été ajoûté à la reformation de la Coûtume, au lieu des 3. & 25. de l'ancienne Coûtume.

Heritier tenu d'acquitter la doüairiere du relief, quand il est dû.

La femme doüairiere n'est tenuë pour son doüaire faire la foy & hommage, ne payer aucun relief, ne profit ; mais est tenu l'heritier l'en acquitter, & payer le profit, s'il est dû de son chef.

Voyez l'Article précedent, & les 5. 254. & 260.

LA FEMME DOUAIRIERE N'EST TENUE POUR SON DOUAIRE.

GLOSE UNIQUE SUR L'ARTICLE XL.

SOMMAIRE.

1. *Si la femme est obligée aux devoirs & droits envers le Seigneur feodal, pour le Fief dont elle joüit pour son doüaire.*
2. *Si la possession de la doüairiere cause mutation de vassal.*
3. *C'est au propriétaire à acquitter l'usufruitier du relief dû de son chef.*
4. *Si les Coûtumes qui ont une disposition contraire, sont injustes.*
5. *Arrest qui a jugé que la saisie faite faute de payement du relief dû pour un second mariage de la doüairiere, n'emportoit point perte de fruits.*
6. *Si les heritiers ne satisfont à leurs devoirs & droits envers le Seigneur, il peut saisir le Fief feodalement.*
7. *Si la doüairiere y peut satisfaire pour eux.*
8. *Si la doüairiere a son recours contre les heritiers pour ses dommages & interests, au cas qu'ils soient negligens ou refusans de satisfaire à leurs devoirs.*
9. *Pourquoy la doüairiere n'est pas tenuë de payer les droits au Seigneur.*
10. *Si la mutation arrivant de la part de l'heritier, la doüairiere doit estre acquittée des droits dûs au Seigneur par l'acquereur.*
11. *Si le Seigneur peut choisir l'exploitation du Fief pour relief, au préjudice de la joüissance de la doüairiere.*
12. *Dans les Coûtumes où la doüairiere doit relief pour les mariages qu'elle contracte aprés, qui doit payer le relief.*
13. *Si la doüairiere est tenuë du ban & arriere-ban.*

1. Cet article est le dernier des cinq ajoûtez à la reformation au lieu des 3. & 25. de l'ancienne Coûtume ; il decide que la femme veuve ne doit aucuns devoirs ni droits pecuniaires au Seigneur, pour le Fief dont elle joüit à titre de doüaire, mais que l'heritier du mary est obligé de l'acquitter de l'un & de l'autre, au cas que le relief soit dû.

La raison est, que, *doarium est loco alimentorum* : or si la doüairiere devoit payer les droits, *alenda non perciperet alimenta*, & que la doüairiere n'est point vassalle ni proprietaire du Fief dont elle joüit pour son doüaire, elle n'en a que l'usufruit, ainsi il n'y a aucune mutation de sa part : Elle n'en doit point par consequent la foy & hommage, ni son mary pour elle, au cas qu'elle vienne à passer en d'autres nôces.

C'est le sentiment de Maître Charles du Moulin sur l'article 25. de l'ancienne Coûtume *quaest.* 4. *num-* Du Moulin

3. & num. 13. & §. 33. quaest. 48. num. 158. quaeritur quid respectu feudorum, quibus jure doarii fruitur, & indubitanter dicendum, neque fidelitatem, neque relevium hoc respectu deberi.

Sur la Coûtume de Chaumont, qui decide le contraire en l'article 27. & de Vitry, article 21. Ce même Auteur dit, *sed est stultum, ineptum, & irrationabile, quia doarium est simplex usufructus, cujus mutatio non deberet attendi; imò propriè non est mutatio, quia secundus maritus habet tantùm commodum usufructûs, & non jus usufructûs inseparabile à persona*, &c.

2. Il importe peu que ce soit la doüairiere qui soit en possession du Fief, & qui en ait la joüissance; car cette possession ne cause pas une mutation de vassal, puisqu'elle ne possede pas en son nom, mais au nom de l'heritier, reconnoissant l'heritier pour propriétaire du Fief, ainsi que tout autre usufruitier; la joüissance & la perception des fruits ne cause pas aussi de mutation, puisque c'est une maxime constante, que l'usufruitier n'est point l'homme ni le vassal du Seigneur, ainsi qu'il a été dit cy-dessus sur l'article 1. touchant la foy & hommage, cette joüissance n'étant que momentanée & pendant la vie seulement de la doüairiere.

3. Les Arrests ont jugé que c'est au propriétaire à acquitter l'usufruitier du relief, quand il est dû du chef du proprietaire. Monsieur Loüet lettre V. nombre 9. & les Commentateurs sur cet article en rapportent deux qui l'ont jugé ainsi, des années 1587. & 1597.

Mais quand pendant la durée de l'usufruit échet par mutation de proprietaire ouverture au relief, si c'est au nouveau proprietaire d'en acquitter l'usufruitier, voyez sur l'article 33.

Maître Lauriere dit, qu'anciennement à Paris la veuve ne devoit ni foy ni relief pour son doüaire, comme il se voit dans un ancien acte de notorieté du Parloüer aux Bourgeois, de l'an 1293. que par aprés l'on obligea la veuve d'entrer en foy, ce qu'il prouve par l'Auteur du grand Coûtumier; mais qu'enfin l'on est revenu à l'ancien Droit, & que l'on a déchargé avec raison par cet article la doüairiere de la foy & hommage.

4. Nous avons quelques Coûtumes qui veulent, que la doüairiere paye le relief au Seigneur pour raison du Fief dont elle joüit pour son doüaire pour chacun de ses subsequens mariages, qui seront remarquez en la Conference: mais ces Coûtumes comme étant contraires au droit commun sont renfermées dans leurs limites, & ne sont point étenduës aux autres qui n'en parlent point; au contraire on y observe la disposition de cet article, comme il a été jugé par plusieurs Arrests.

Brodeau nombre 1. en remarque un donné en la premiere Chambre des Enquêtes, au rapport de Monsieur le Grand, le 25. Juin 1622. entre Pierre Guineuf & Julienne de la Gaubertiere. C'est le sentiment de tous les Commentateurs des autres Coûtumes, de Chassanée sur celle de Bourgogne, titre des Fiefs, article 1. glose 2. d'Argentré sur la Coûtume de Bretagne article 77. *not.* 3. de Boërius sur celle de Bourges, titre des Fiefs article 9. & de Labbé sur le même titre art. 18.

5. Monsieur Pithou sur l'article 19. de la Coûtume de Troyes, qui donne le relief au Seigneur pour le doüaire, quand la veuve se remarie, dit, que par Arrest en la Coûtume de Reims, qui est semblable à celle de Troyes, articles 79. & 81. donné au mois d'Août 1608. au rapport de Monsieur Pelletier en la Grand'-Chambre au profit de Dame Charlotte de Miremont, veuve du Sieur Baron de Vezilli, contre les Sieurs de Bazoches & d'Aubilly.

Dans le fait, Dame Françoise d'Anglurre, veuve du Sieur Edme de Miremont, Seigneur de Poüilly, joüissoit de la Terre de Poüilly en doüaire, étant convolée en secondes nôces avec le Sieur de Longueval, dont étoit dû droit de relief, les Sieurs de Bazoches & d'Aubilly, faute de payement avoient fait proceder par saisie feodale de ladite Terre, mouvante des Seigneuries de Bazoches & d'Aubilly, laquelle avoit duré, depuis le decés dudit Sieur de Longueval dés l'an 1606. jusques au jour de l'Arrest, soûtenans avoir acquis les fruits en pure perte; la Dame de Vezilli, opposante à ladite saisie, soûtenoit au contraire que le défaut de payement du droit de rachat, n'emportoit pas perte de fruits depuis le mariage dissolu; par l'Arrest main-levée de la saisie luy fut donnée en payant le rachat seulement.

Que si les heritiers du mary sont negligens ou refusans de prêter au Seigneur la foy & hommage, & de luy payer le relief, s'il est dû, l'usufruit de la doüairiere n'empêche pas qu'il ne puisse user de saisie feodale sur le Fief dont elle joüit à titre de doüaire aprés les quarante jours de la mort du mary, sans qu'il soit obligé d'attendre la mort de la doüairiere, n'étant pas juste que le Seigneur demeure sans vassal pendant la durée du doüaire. 6.

Mais suivans l'avis de Maître Charles du Moulin sur l'article 55. *glos.* 2. *num.* 4. & 5. la doüairiere peut faire la foy & hommage au Seigneur, lequel est obligé de l'admettre à la foy, & de recevoir d'elle les droits feodaux dûs par les heritiers de son mary, comme procuratrice necessaire & legitime des heritiers proprietaires du Fief, à moins qu'il n'aime mieux luy bailler souffrance, tant que son doüaire durera, sauf son recours pour ses dommages & interêts contr'eux. DU MOULIN

Il en faut dire de même de tout autre usufruitier conformément à la Coûtume du Maine article 136. *in fine*; qui porte, que *la doüairiere ou tout autre usufruitier peut faire la foy & hommage au Seigneur, si le propriétaire par dol, collusion ou negligence, est refusant de la faire.* 7.

C'est le sentiment de Charondas sur cet article & sur l'article 33. de Brodeau nomb. 4. & de Tronçon *verbo* acquitter. CHARONDAS. BRODEAU. TRONÇON.

La Coûtume de Peronne article 154. porte, *peut néanmoins ladite veuve payer & acquitter lesdits droits & avoir son recours contre l'heritier.* 8.

Desorte que c'est l'usage de toute la France, que la doüairiere doit être reçûë en foy par le Seigneur au refus des heritiers du mary, ou que le Seigneur est tenu de luy bailler souffrance pendant son doüaire.

La Coûtume de Reims article 253. porte, que *si les heritages baillez en doüaire sont tenus en Fief, les heritiers du défunt l'en doivent acquitter pour ladite veuve envers le Seigneur feodal, de tous profits; & à faute de ne l'avoir fait, seront tenus en tous les dépens, dommages & interêts.*

La raison pour laquelle l'heritier est tenu de payer le relief, s'il est dû pour le Fief sujet au doüaire, & en acquitter la doüairiere, est, que les charges de Fief & les profits feodaux, sont plus personnels que réels, parce qu'ils sont dûs à raison de la mutation du vassal; or la mutation arrive en la personne de l'heritier, & partant c'est à luy à payer le relief au Seigneur. Car si les heritiers du défunt ne doivent point de relief, comme s'ils sont heritiers en ligne directe, la doüairiere n'en doit point pour sa joüissance, suivant cet article *in fine*, en ces termes, *s'il est dû de son chef.* 9.

Ce qui a lieu même dans les Coûtumes qui donnent le relief au Seigneur, quand la doüairiere se remarie; dans lesquelles il n'est rien dû au Seigneur pour le doüaire de la femme, tant qu'elle demeure en viduité.

Il y a encore une autre raison, pour laquelle la veuve ne doit point payer le relief pour son doüaire, aprés le decés de son mary, qui est que c'est à l'heritier à la faire joüir de son doüaire, autrement il luy seroit inutile : or elle n'en peut pas joüir sans le payement des droits dûs au Seigneur, suivant la Loy *his verbis. §. si. ff. de legat.* 3. où il est decidé, qu'un testateur ayant legué à son affranchy son droit de milice, l'heritier le doit acquitter de toutes charges, & même des frais de reception.

Ce qui doit être étendu à plus forte raison à la doüairiere, dont le droit luy est laissé pour luy servir d'alimens, desquels elle seroit privée, si elle étoit tenuë de payer le relief qui est le revenu du Fief d'un an. Voyez *suprà* l'article 33.

Du Moulin. Du Moulin *loco citato*, tient que cela n'a pas lieu à l'égard de tout autre usufruitier, dautant que c'est la faveur du doüaire qui est donné à la femme pour luy servir d'alimens, qui luy donne le droit de faire la foy & hommage pour les heritiers de son mary, & par ce moyen de couvrir le Fief; toutefois il y a sujet de dire que ce qui s'observe à l'égard de la doüairiere, doit aussi être gardé à l'égard de tout autre usufruitier, afin qu'il ne dépende pas d'un heritier malicieux, d'empêcher la joüissance de l'usufruitier par intelligence & collusion avec le Seigneur.

Brodeau. Brodeau qui rapporte l'avis de du Moulin nombre 4. semble suivre son opinion.

10. Que si pendant la durée du doüaire ou de l'usufruit, l'heritier decede, il y a ouverture au Fief, & l'heritier de cet heritier est tenu de faire la foy & hommage au Seigneur, & luy payer le relief, si c'est un heritier collateral, & en cas de refus la doüairiere peut porter la foy, & avancer le relief, comme il est dit cy-dessus.

Pareillement si l'heritiere se marie, elle doit le relief de son chef, & elle en doit acquitter la doüairiere. Voyez ce qui a été dit sur l'article 33. touchant les mutations qui arrivent pendant la durée de l'usufruit.

11. Quoique la doüairiere ait la joüissance du Fief ou de la moitié d'iceluy pour son doüaire coûtumier, néanmoins le Seigneur à qui le relief est dû par les heritiers du mary, a droit de choisir l'exploitation du Fief suivant l'article 47. sauf à la doüairiere son recours contre les heritiers pour l'estimation du revenu de l'année, & des fruits perçûs par le Seigneur, dautant que le droit du Seigneur est plus fort que celuy de la doüairiere & de tout autre usufruitier.

Et dautant que la doüairiere n'est point la vassalle du Seigneur, n'ayant point la proprieté du Fief dont elle joüit, il s'ensuit que si elle convole en d'autres nôces, elle ne doit rien au Seigneur, ni son mary pour elle. 12.

C'est l'opinion de du Moulin sur l'article 25. de l'ancienne Coûtume *num. 13. princ.* Du Moulin.

Quant aux Coûtumes qui obligent la doüairiere ou son mary à payer le relief pour son second, troisiéme, ou autre subsequent mariage, ce n'est pas à l'heritier à les en acquitter, mais au mary qui en est tenu personnellement, à cause de la joüissance du Fief & de la perception des fruits, sans que l'heritier en puisse être aucunement tenu, & que le Fief y soit affecté & hypothequé envers le Seigneur, parce que ce n'est en ce cas qu'une charge personnelle & non réelle, suivant le sentiment de du Moulin sur l'article 46. *quæst. 6. num.* 10. touchant le relief dû pour la garde par le gardien selon l'ancienne Coûtume, qui a été corrigée en ce point par la nouvelle audit article 46. autrement il pourroit arriver, que la doüairiere se remariant plusieurs fois pendant sa vie & la durée de son doüaire, devroit plusieurs reliefs au Seigneur, dont l'heritier seroit obligé de l'acquitter, quoiqu'il ne joüit point du Fief, ce qui sembleroit injuste, vû que ces reliefs ne seroient dûs que par le fait de la doüairiere.

C'est aussi le sentiment de Brodeau nomb. 7. Brodeau.

Si la doüairiere est tenuë du ban & arriere-ban ? 13.
Voyez sur l'article 262.

OBSERVATIONS DE MONSIEUR***

Sur l'Article XL.

SOMMAIRE.

1. *Pourquoy la doüairiere n'est pas tenuë de payer relief.*
2. *Si ces termes*, de son chef, *doivent estre changez en ceux-cy du chef de l'heritier.*
3. *Si le relief est dû par une fille, jusques à ce qu'elle soit mariée.*
4. *Si le relief est dû pour les second & autres mariages qui se font aprés la succession des Fiefs échûs, quand il y a stipulation expresse, qu'il n'y aura point de communauté, & que la femme aura la joüissance de ses biens.*

1. Le doüaire coûtumier n'est qu'un usufruit d'une partie d'une terre, qui ne peut obliger la femme de payer le relief; parce que la mutation qui fait la femme doüairiere, fait que l'heritier doit la foy & hommage, & quelquefois des droits suivant les differens degrez des successions & des personnes.

2. Maître Auzanet vouloit qu'on mit, *du chef de l'heritier*, de peur que le mot, *de son chef*, ne se trouva équivoque, le pouvant appliquer à la femme comme à l'heritier; mais la lecture de l'article fait suffisamment connoître, que ces mots ne peuvent jamais s'appliquer qu'à l'heritier.

Aprés avoir examiné les articles qui ont été faits pour les personnes du sexe feminin, il reste deux scrupules qui ne sont pas clairement expliquez.

3. Le premier est, sçavoir, pourquoy la Coûtume dans l'article 41. parlant des souffrances, dit que le Seigneur est obligé de la donner, jusqu'à ce qu'un des enfans soit en âge de faire la foy, & que pour la faire, les mâles sont reputez majeurs à vingt ans, & les filles à quinze. Ce qui induit une necessité aux filles de faire la foy, quand elles ont l'âge; & néanmoins par les articles 35. & 36. il semble que la fille ne soit point obligée à la faire, jusqu'à ce qu'elle soit mariée.

4. Le deuxiéme est, sçavoir, si le relief est dû pour les seconds & autres mariages qui se font aprés la succession des Fiefs échûë, quand il y a stipulation expresse, qu'il n'y aura point de communauté, & que la femme aura la joüissance de ses biens.

Maître Auzanet rapporte un Arrest de la Grand'-Chambre du 20. Mars 1629. qui l'a ainsi ordonné, aussi-bien que celui du 5. Mars 1650. au Rôle de Paris: il est constant que c'est la Jurisprudence des anciens Arrests, laquelle est fondée en raison; c'est que ce n'est pas proprement le mari & la femme qui doivent le relief, c'est le Fief, il suffit qu'il y ait mutation pour donner lieu à ce droit, lequel se prend par le Seigneur sur le Fief même.

La Jurisprudence des nouveaux Arrests a été néanmoins contraire; car ils ont jugé que le droit n'est point dû, quand il y a exclusion de communauté.

Il seroit à propos de décider la question; mon avis seroit pour la liberation; parce qu'il n'y a pas presque de mutation, la femme étant de son chef propriétaire, les revenus n'appartenant point au mari: il semble que le mariage n'augmente & ne diminuë rien au Fief, & qu'il demeure toûjours au même état; mais comme il s'agit de faire perdre le droit au Seigneur, il faudroit examiner s'il y a des raisons plus solides qui puissent faire changer de sentiment.

CONFERENCE SUR L'ARTICLE XL.

PResque toutes les Coûtumes sont conformes en ce point à la Coûtume de Paris, que la femme doüairiere n'est point tenuë pour son doüaire de faire la foy & hommage au Seigneur, ni payer aucun relief, mais l'heritier est tenu de l'en acquitter, & payer les droits, si aucuns sont dûs:

Amiens, art. 116. *Artois*, art. 169. *Auxerre*, article 78.

Berry, art. 18. *Blois*, art. 191.

Châlons, art. 55. *Chaumont*, art. 14. 26. *Chauny*, art. 126.

Laon, art. 41.

Meaux, art. 188. *Melun*, art. 49.

Peronne, art. 153.

Reims, art. 81. *Ribemont*, art. 87.

La Salle de Lisle, art. 58.

Senlis, art. 180. 184. & ajoûte: *après que les heritiers en auront été sommez par la veuve.*

Sens, art. 208.

Tours, art. 335. *Troyes*, art. 19. dit, *qu'elle doit hommage, & non autre chose, si elle ne se remarie, auquel cas est dû relief.*

Valois, art. 113. *Vitry*, art. 97.

Troyes & *Melun*, obligent la veuve à la foy & hommage; celle de Melun dit, que *le Seigneur peut faire saisir le Fief où il ne seroit deservi, mais que l'heritier sera tenu d'en acquitter la doüairiere, & luy en faire bailler main-levée.*

Tours, art. 335. ajoûte, *mais quant aux autres charges qui écherront par aprés, ladite doüairiere les payera, ensemble les arriere-bans & loyaux aides, échéans pendant le doüaire, & ce jusques à la concurrence de ce qu'elle en tiendra.*

Laon & *Châlons*, art. 56. *Reims*, art. 253. ajoûtent, que *l'heritier à faute d'acquitter la doüairiere de tous profits envers le Seigneur, il est tenu envers elle de tous dépens, dommages & interêts.*

Quelques Coûtumes chargent du relief les seconds mariages de la doüairiere.

Reims, art. 81.

Vitry, art. 97. dit: *Toutefois quand elle se marie, son mary* [a] *doit au Seigneur feodal un relief pour ledit doüaire.*

a Nota *benè verbum, quia proprietarius de hoc nullo modo tenetur, nec feudum est ad hoc hypothecatum, ut dixi in Consuet. Paris.* §. 32. *qu.* 6. *num.* 10. *Tantum est personalis & extraordinaria obligatio; Solus enim maritus obligatur; sed ideò quia facit fructus suos, undè si moreretur postridiè nuptiarum, haredes ejus nihil deberent, nec etiam vidua. Idem si renupta illa moreretur postridiè nuptiarum: sed si maritus moritur, saltem postquam per annum fecit fructus suos, heredes ejus debent, quos vidua in consequentiam communionis debet exonerare pro medio vel in totum si mobilia capiat ut de debito mobiliari.* C. M.

Idem, *Sens*, art. 208.

Troyes, art. 19.

Chaumont, art. 27. *le second mary doit rachat du doüaire de sa femme à elle appartenant à cause de son premier mary.* [b]

b *Idem infra* §. 39. 45. *Sed est stultum, quia doarium est simplex usufructus cujus mutatio non debet attendi. Imò propriè non est mutatio, quia secundus maritus habet tantum commodum usufructûs, & non jus usufructûs inseparabile à persona. Tamen quia mutatio attenditur ex hac parte, necessariò sequitur quod mutationes interim contingentes ex parte proprietarii non considerantur, & quod ex illis jura non debentur per ea qua dixi in Consuetud. Paris.* §. 43. C. M.

Les Coûtumes suivantes ont une disposition contraire à cet article.

Boulenois, art. 49. & dit, *au Seigneur est dû relief par la veuve, apprêhendant son doüaire coûtumier sur les Fiefs tenus de luy, ayant appartenu à son défunt mary, sans chambellage.*

Poitou, art. 265. *Quand le mary va de vie à trépas, & la femme survit; elle doit pour la premiere mutation contribuer aux devoirs dûs pour raison des Seigneurs nobles pour la partie que monte son doüaire; & si ledit Fief court en rachat, y courra sa part qu'elle a en doüaire.*

Anjou, art. 316. *Quand la terre sur laquelle femme prend son doüaire par le decés de son mary chet en rachat, le Seigneur de Fief prend les fruits de l'année, comme il est declaré en la matiere des rachats. Et en chacun cas est tenu l'heritier dédommager la doüairiere; c'est à sçavoir quand l'heritiere* [c] *de la terre tenuë en doüaire se marie, par quoy droit de rachat est acquis au Seigneur de Fief, & est tenu dédommager la doüairiere des fruits & levées qu'elle pouvoit avoir & prendre, si n'eut été ledit rachat.*

c *Id est*, la proprieteresse. *Idem quando aliàs ex facto vel mutatione contingente ex parte proprietarii contingit relevium deberi, ut dixi in Consuetud. Paris.* §. 11. *q.* 43. C. M.

Art. 17. *Et pareillement en autre cas dont l'heritier, ou heritiere est en cause ou en coulpe: mais si par mort la terre tenuë en doüaire chet en rachat, comme quand elle vient par le decés du trépassé ou trépassée en ligne collaterale, n'est point tenu dédommager la doüairiere; n'en autres cas semblables, à quoy il n'auroit pû pourvoir: Et à semblable des autres usufruitiers.*

Auteurs sur l'Article quarantiéme.

DU Moulin, sur la Coûtume de Paris, §. 33. glos. 1. n. 155. 156. 157. & 158.
Loysel, liv. 1. tit. 3. regle 19.
M. Loüet, lett. V. somm. 19.
M. de Renusson, dans son Traité du Doüaire, ch. 8. nomb. 4.
Bobé, sur cet article.
M. Dargou, dans son Institution au Droit François, liv. 3. tit. 10.
Le Grand, sur Troyes, art. 19.
Buridan, sur Reims, art. 253.
De Salligny, sur Vitry, art. 97.
Bacquet, au Traité *des Droits de Justice*, ch. 15. n. 20. & ch. 41. n. 19.
Theveneau, sur Poitou, art. 253.
Monsieur le President de Boissieu, en son Traité *du Plaid seigneurial*, §. 13.
Boërius, sur la Coûtume de Berry, tit. 4. art. 49.
Labbé, sur la même, tit. 5. art. 18.
Chassanée, sur la Coûtume de Bourgogne, titre 3. art. 1. gl. 2.
Dargentré, sur la Coûtume de Bretagne, art. 77. *nota* 3.
Chopin, sur la Coûtume d'Anjou, liv. 2. ch. 1. tit. 1. nomb. 4.
Loüet & Brodeau, *lit. V. n. 6.*
Pontanus, sur Blois, art. 191.
Le Let, sur Poitou, art. 264. & 265.
De la Lande, sur Orleans, art. 218. & 301.
Buridan, sur la Coûtume de Vermandois, art. 41.
Duret, en son Alliance des Coûtumes, p. 889.
Duplessis explique cet article, liv. 5. sect. 2. p. 57.

ARTICLE XLI.

Cet Article contient le 28. & le 29. de l'ancienne Coûtume.

Souffrance pour les mineurs, jusqu'à quel âge, & que doit faire leur tuteur.

SI tous les enfans, ausquels appartient aucun Fief, sont mineurs & en tutelle, le Seigneur feodal est tenu de leur bailler souffrance, ou à leur tuteur, jusques à ce qu'ils, ou l'un d'eux, soit en âge pour faire ladite foy & hommage: Pour laquelle faire le fils est reputé âgé à l'âge de vingt ans, & la fille à l'âge de quinze ans accomplis, comme dessus est dit. *Et est tenu le tuteur declarer les noms & âges des mineurs pour lesquels il demande souffrance.*

Voyez l'Article suivant & les 32. 35. & 67.

REMARQUES.

LA souffrance demeure pour les autres mineurs, la part desquels le Seigneur ne peut point saisir mais seulement celle du majeure, comme il a été jugé sur l'interpretation de cet article par Arrest donné en la premiere Chambre des Enquêtes, au rapport de Monsieur Hennequin de Boinville, le 17. Mars 1601. entre les nommez de Montlhery & le sieur de Leuville. Brodeau sur cet article, nomb. 13. & 27. Jugé par Arrest du 23. Janvier 1596. en Audience, plaidans Talon & le Maistre, entre le sieur de Jumeauville & François de Fontaines, comme tuteur de ses enfans, comme la souffrance se doit demander par le tuteur en personne; & que pendant la saisie feodale le Seigneur de Fief ne fait les fruits siens du Fief appartenant à mineurs.

La même chose a été jugée par Arrest du 25. May 1612. contre Mathurin de Pontsean Ecuyer sieur des Bordes, lequel ayant fait saisir la moitié d'une terre appartenante à des mineurs faute de foy & hommage: & voulant en consequence faire les fruits siens, le tuteur s'y étant opposé, & enfin sur quelque appel la cause étant devoluë au Parlement, la Cour donna aux mineurs main-levée de la terre saisie, & condamna le tuteur à demander souffrance, & aux frais des saisies seulement, plaidans Germain & Mauguin.

Cette doctrine que le Seigneur par sa saisie ne fait les fruits siens en ce cas, quoique les mineurs soient pourvûs de tuteurs, contre qui il semble qu'ils pourroient avoir recours pour les dommages & interêts, est conforme à l'avis de Maître Charles du Moulin, §. 41. nomb. 3. qui estime que le tuteur doit obtenir main-levée, avec restitution des fruits existans, & de ceux qui sont tournez au profit du Seigneur; & que pour le surplus le tuteur doit être condamné aux dommages & interêts de ses mineurs.

Néanmoins Maître Julien Brodeau, sur cet article, rapporte un Arrest contraire donné en la premiere Chambre des Enquêtes, au rapport de Monsieur Gilbert, en l'année 1647. & que les mineurs ayant un tuteur solvable, le Seigneur devoit obtenir gain de fruits, sauf le recours des mineurs contre le tuteur, dans une espece fort avantageuse, attendu que la souffrance avoit été demandée auparavant la recolte des fruits, & dans l'acte il y avoit eu seulement obmission des noms & des âges des mineurs.

Mais ce dernier Arrest est bien rigoureux, & sans doute que l'équité & la moderation des autres meritoient bien autant de consideration.

Licet hæ induciæ ab ipsa consuetudine indictæ sint: non conceduntur tamen ipso jure, nec ad recusationem patroni, cui peti debent. Molin. ibid. n. 12.

Induciæ non obstant quin Dominus possit exigere jura

jura utilia quæ debita sunt, tam ex hac mutatione, quam ex præteritis. Imò si non solvantur justam habet causam inducias recusandi. Tamen non continuo cessante expressa contumacia tutoris, faciet fructus suos, donec jura offerantur & præstentur, sed debebit eos imputare in jura sibi debita. Ibid. n. 8. 9. 12.

Hæ induciæ debent concedi à patrono quocumque modo feuda pervenerint ad minores, sive ex successione, sive emptione, &c. Ibid. n. 12.

Has inducias dare potest major 20. annis masculus, fœmina 15. modo non habeant tutorem vel curatorem, tutor autem vel curator, item procurator generalis; nec non præfecti administrationi jurisdictionis, possunt necessarias inducias à consuetudine indictas concedere, voluntarias, & si fecerint, non ligant Dominum. Mol. §. 42. n. 4.

SONT MINEURS, ET EN TUTELLE.

GLOSE UNIQUE SUR L'ARTICLE XLI.

SOMMAIRE.

1. *Si la minorité est une excuse suffisante pour s'exempter de la foy & hommage.*
2. Souffrance, *ce que c'est.*
3. *Deux especes de souffrance volontaire ou conventionnelle, & legale.*
4. *Si l'usage de la souffrance est tres-ancien.*
5. *Si la souffrance pour minorité est forcée & necessaire.*
6. *Dans quel temps la souffrance doit estre demandée.*
7. *Pourquoy la souffrance est accordée.*
8. *Si le Seigneur n'est tenu de donner souffrance aux mineurs, qu'il ne soit payé de ses droits.*
9. *Si le Seigneur donnoit souffrance sans protestation de ses droits, s'il les peut repeter.*
10. *Si la souffrance empesche l'effet de la saisie feodale faite pour les profits non payez.*
11. *Si tous mineurs proprietaires d'un Fief, par quelque cause que ce soit, peuvent obtenir souffrance.*
12. *Si les mineurs émancipez sont censez capables de faire la foy & hommage avant l'âge requis par la Coûtume.*
13. *Comment, & à quel âge les mâles sont émancipez.*
14. *Resolution de la question, si les Seigneurs peuvent contraindre les enfans émancipez à faire la foy & hommage, avant l'âge porté par la Coûtume.*
15. Quid, *du mineur émancipé par le mariage.*
16. *Disposition de la Coûtume de Melun sur cette question.*
17. *Si la femme mariée, dont le mary seroit mineur, pourroit faire la foy & hommage pour luy.*
18. *Si la souffrance accordée à une fille, finit par le mariage.*
19. *Si la souffrance doit estre baillée aux enfans seulement conçûs.*
20. *De la souffrance donnée*, ventris nomine, *la femme accouchant d'un enfant mort, si la saisie faite auparavant subsisteroit.*
21. *Si la souffrance accordée vaut pour tout le Fief.*
22. *Si le mineur est tenu d'obtenir une nouvelle souffrance pour d'autres Fiefs qu'il auroit acquis.*
23. *Si le Seigneur peut obliger le tuteur de faire la foy pour le mineur, ou le curateur du furieux ou de l'imbecille.*
24. *Si le mineur ou son tuteur doit demander souffrance.*
25. *Si la saisie dure jusqu'à ce que la souffrance soit demandée, sauf au mineur son recours.*
26. *Si la saisie produit son effet en cas d'insolvabilité du tuteur.*
27. *Raisons pour la negative.*
28. *Arrests qui ont jugé la question.*
29. *Arrest qui semble avoir établi une maxime sur la question.*
30. Quid, *si les mineurs n'ont point de tuteur.*
31. *Effet de la saisie sur un majeur qui laisse des heritiers mineurs.*
32. *Contrarieté de Brodeau.*
33. *Si les mineurs peuvent demander eux-mesmes souffrance.*
34. *Si le Seigneur mineur peut demander souffrance.*
35. *Disposition de la Coûtume d'Orleans.*
36. *Si le Procureur du Roy peut demander souffrance pour les mineurs dépourvûs de tuteurs.*
37. *Si la souffrance se peut demander par Procureur.*
38. *Raisons pour & contre.*
39. *Arrests qui ont jugé la question precedente diversement.*
40. *Si la souffrance se peut demander par les mineurs qui possedent un Fief conjointement*

avec des majeurs.

41. *Si la souffrance n'a lieu que pour Fiefs.*

42. *Si la souffrance pour cause de minorité a lieu dans les autres Coûtumes qui n'en parlent point.*

43. *Si le tuteur doit demander la souffrance entre autre lieu qu'au principal manoir du Fief.*

44. *Quand la saisie est faite avant la souffrance accordée, si les frais de la saisie doivent estre payez au Seigneur.*

45. *A qui copie de la souffrance doit estre baillée.*

46. *Que faire quand le Seigneur est refusant de bailler souffrance.*

47. *Que faire quand le Seigneur n'est pas dans le lieu, pour demander souffrance.*

48. *Si la souffrance doit estre expresse.*

49. *Si le curateur au ventre ayant obtenu souffrance, le tuteur est tenu de la demander encore une fois.*

50. *Si les gardiens doivent demander souffrance.*

51. *Si la garde étant finie, le tuteur est tenu de demander une nouvelle souffrance.*

52. *Si la souffrance a effet tant pour l'aveu & dénombrement, que pour la foy & hommage.*

53. *Si la souffrance sert au Seigneur qui la donne.*

54. *Si la souffrance est réelle ou personnelle.*

55. *Quand le Fief est mouvant du Roy, à qui la souffrance doit estre demandée.*

56. *Comment cesse la souffrance, quand plusieurs mineurs sont de divers âges.*

57. *Pourquoy le tuteur est tenu declarer les âges des mineurs.*

58. *Comment s'entendent ces termes* à ce qu'ils ou l'un d'eux, &c.

59. *Si la souffrance a lieu pour l'aveu & dénombrement.*

1. CEs articles 41. & 42. sont au lieu des 28. & 29. de l'ancienne Coûtume, ausquels ont été ajoûtez ces termes qui sont à la fin, *& est tenu le tuteur declarer les noms & âges des mineurs, pour lesquels il demande souffrance.* Contiennent une exception de l'article 67. qui ordonne que tout vassal fasse la foy & hommage en personne à son Seigneur, s'il n'a excuse legitime & suffisante.

Entre les excuses suffisantes est la minorité du vassal, pour laquelle il est exempt d'aller en personne faire la foy & hommage à son Seigneur, desorte que le Seigneur est tenu de la recevoir par leur tuteur pour eux ou par procureur fondé de procuration, ou leur accorder souffrance, ce que les Seigneurs font ordinairement, c'est pourquoy cet article parle de la souffrance accordée aux mineurs.

2. *Souffrance* est une surséance ou délay, que le Seigneur accorde à son vassal pour luy faire la foy & hommage, en consideration de quelque juste empêchement.

Budée sur la Loy *Herennius de evictionibus* appelle cette souffrance dont il est parlé dans nos Coûtumes, *precarium clientelare, patientiam, tolerantiam, inducias fidei.*

3. On distingue deux sortes de souffrances, l'une est volontaire qui se donne par le Seigneur au vassal pour quelque juste empêchement, dont il est parlé en l'article 67. & l'autre est legale & coûtumiere necessaire & forcée, laquelle se donne aux mineurs ou à leurs tuteurs pour cause de minorité, sans que le Seigneur à qui elle est demandée puisse la refuser.

Ce n'est pas que la souffrance qui se demande par un vassal ou par procureur pour luy, se puisse refuser quand elle est demandée pour quelque juste empêchement, mais c'est qu'il suffit de la demander pour les mineurs en justifiant leur minorité ; & elle leur compete dés qu'elle est demandée : vû qu'au contraire la demande de la souffrance est sujette à contestation, mais celle des mineurs ne l'est pas *induciæ illæ fidei sunt legales,* dit du Moulin sur cet art.

Par l'ancien droit de la France, quand un mineur qui n'avoit point de gardien ni de bail, & quand une femme qui n'avoit pas de mari, possedoient des Fiefs, les Seigneurs les pouvoient faire saisir par faute d'hommes ; parce que les femmes & les mineurs n'étoient pas capables de faire les fonctions de vassaux : Il n'y avoit qu'un cas où les Seigneurs n'en pouvoient pas user ainsi envers les mineurs, & où ils devoient leur donner souffrance ; qui étoit quand les mineurs, dont les Fiefs étoient saisis, n'avoient pas de quoi vivre. *Si l'enfant est pauvre,* dit l'Auteur du Grand Coûtumier, *& qu'il n'ait de quoy vivre, sera tenu le Seigneur de luy donner à vivre.* Réponse : *Certes non ; mais ledit Seigneur sera tenu de luy bailler souffrance, si ledit mineur le requiert, ou à son tuteur, s'il en a ; & partant ne fera ledit Seigneur les fruits siens. Laquelle souffrance durera jusqu'à ce que ledit mineur soit en âge pour faire foy & hommage.* lib. 2. chap. 29. pag. 196.

Depuis on a voulu que les Seigneurs fussent obligez de donner souffrance à tous les mineurs qui n'auroient point de gardiens, pourvû néanmoins qu'elle fut demandée par eux ou leurs tuteurs, comme il se pratiquoit auparavant, & tel est encore l'usage.

Cet usage est fort ancien, car il y en a un acte de 4.
l'an 1230. au chapitre 2. du livre de l'Histoire de Dreux, par lequel Robert III. Comte de Dreux dit, qu'à la priere de sa sœur Dame de Châteauneuf, le Roy Loüis IX. lui bailla souffrance de tenir la maison de Sorel, avec tout ce qui étoit de son Fief, sans luy en faire hommage, jusques à ce que son neveu fils de Hugues de Châteauneuf fût parvenu à l'âge legitime.

En voici les termes : *Ego Robertus Comes Drocensis notum facio universis, ad quos litteræ præsentes pervenerint, quod carissimus meus Ludovicus Rex Francorum illustris, ad petitionem carissimæ sororis meæ Dominæ de Castello mihi suffert, quod ego tendam domum de sorello cum omni eo quod est de feodo suo in dicta villa, sine facere ipsi homagium, quousque nepos meus Hugonis de Castello ad legitimam venerit ætatem &c.*

Il y en a encore un autre au chapitre 1. livre 5. de l'Histoire de Montmorency de l'an 1492. en ces termes : *Guillaume Seigneur & Baron de Montmorency, de Montjay, d'Escoüen & de Chantilly, Conseiller & Chambellan du Roy nôtre Sire, aujourd'huy datte de ces presentes avons donné & donnons souffrance à Pierre Lorfévre Escuyer, mineur d'ans, jusqu'à ce qu'il soit en âge competant, de nous faire les foy &*

hommage que tenu nous est de faire, à cause d'un Fief assis à Pont-Sainte Maxence, nommé la Châtellenie de Pont & ses appartenances; lequel Fief est tenu de nous à cause de nôtre Chastel de Chantilly. Si donnons en mandement à nôtre Bailly, Receveur, Procureur, & autres, &c. Fait le 11. jour d'Octobre l'an 1492.

JOLY. Joly sur cet article.

5. La souffrance accordée aux mineurs étant forcée & necessaire, doit être accordée par le Seigneur, sans que pour ce il lui soit rien dû, sinon les droits ordinaires, au cas qu'il en soit dû pour la mutation arrivée en leur personne, du Moulin sur cet article *num.* 1. *in fine*, & Brodeau *num.* 21. Loysel, titre *des Fiefs*, art. 29. MOULIN. BRODEAU.

Il faut dire la même chose de celle qui est accordée pour quelque juste empêchement, suivant l'article 67. parce que la Coûtume veut que le Seigneur l'accorde, sans pour ce exiger aucun droit.

6. L'une & l'autre souffrance doivent être demandées dans le temps de quarante jours, sinon le Seigneur a droit de saisir, & la saisie produit son effet, qui est la perte des fruits perçûs par le Seigneur, quoique le vassal fût bien fondé de la demander, pour cause de minorité, ou pour autre legitime empêchement.

7. La souffrance n'est accordée que pour differer la foy & hommage dans un temps auquel le vassal la pourra faire, suivant cet article & le 67. & non pour differer le payement des droits feodaux qui seroient dûs par le vassal, qui auroit une cause legitime pour demander souffrance; ce qui a lieu même à l'égard des mineurs, desorte que le Seigneur ne leur doit point accorder la souffrance, ou à leur tuteur pour eux, qu'il ne soit payé de ses droits, & jusques à ce que la saisie féodale dure en pure perte pour eux, sauf leur recours contre leur tuteur.

8. La raison de la difference entre la foy & hommage & les droits pecuniaires, est que le Seigneur ne peut pas exiger de son vassal ce que l'âge & l'infirmité ne luy permettent pas de faire, & comme il seroit injuste que ce défaut portât préjudice au vassal, la Loy a voulu que le Seigneur fût tenu de lui bailler souffrance, jusques à ce qu'il fût parvenu à un âge, auquel il seroit capable de s'acquitter en personne de son devoir, *non est audiendus patronus, si poscit operas, quas ætas recusat*, dit la Loy *nec audiendus.* 17. *ff. de oper. libert.* la Loy derniere §. *si minor. ff. de oper. serv.*

Mais les profits de Fief n'ont rien de commun avec la foy & hommage, & ils se peuvent exiger de toutes sortes de personnes qui les doivent, de quelque âge qu'ils soient, presens, ou absens, l'empêchement legitime de faire la foy & hommage de la part du vassal, ne devant point causer du dommage au Seigneur, ni apporter aucun retardement au payement des droits qui lui sont dûs.

C'est le sentiment de Maître Auzanet, page 35. que la saisie féodale a lieu, sauf aux mineurs leur recours contre leur tuteur.

BRODEAU. TOURNET. MOULIN. C'est aussi l'avis de Brodeau nomb. 5. & 6. & de Tournet sur l'article 42. & de du Moulin §. 41. nomb. 8. 9. & 12.

9. Que si le Seigneur ayant saisi le Fief d'un mineur faute de foy & hommage & de droits féodaux, bailloit souffrance purement & simplement sans protestation pour ses droits, en ce cas, suivant l'opinion de du Moulin sur l'article 46. *quæst.* 5. *num.* 9. le Seigneur ne perd pas ses droits, mais il n'en peut poursuivre le payement que par simple action & non par saisie.

10. BRODEAU. C'est le sentiment de Brodeau nombre 6. que la souffrance n'empêche pas l'effet de la saisie feodale pour les profits, jusques à ce qu'ils soient payez, pourvû que la saisie soit faite faute de foy & hommage & de droits non payez, car si elle étoit seulement faite faute de foy & hommage, en ce cas la souffrance accordée donneroit une pleine & entiere main-levée au vassal.

Le Seigneur pourroit donner souffrance, en protestant que sa saisie feodale tiendroit pour les droits qui lui sont dûs jusques à l'entier payement d'iceux, & en ce faisant sa saisie subsiste toûjours en pure perte des fruits pour les mineurs, néanmoins, comme il est dit cy-dessus, quoique la souffrance qui se donne aux mineurs, soit forcée & non volontaire, procedant de la volonté & disposition de la Loi, le Seigneur n'est pas tenu de l'accorder, s'il n'est payé des droits qui lui sont dûs.

Les droits s'entendent seulement de ceux dûs par le mineur selon Maître Auzanet en ses Arrestez titre des Fiefs article 37. *le Seigneur n'est obligé de donner souffrance, sinon en luy payant actuellement les droits & profits dûs pour la derniere mutation.*

Quoique cet article ne parle que d'enfans mineurs comme heritiers en ligne directe, suivant ces termes *si tous les enfans mineurs*, & à la fin *le fils, &c. & la fille, &c.* néanmoins le benefice de la souffrance a lieu pour tous les mineurs qui se trouvent propriétaires d'un Fief, soit par succession en ligne directe ou collaterale, ou par toute autre cause, comme si un Fief a été donné ou legué à plusieurs mineurs, Brodeau nombre 19. *hæ inducia debent concedi à patrono quocumque modo feuda pervenerint ad minores, sive ex successione sive ex emptione*, &c. du Moulin *ibid. num.* 12. 11. BRODEAU. DU MOULIN.

La raison est, que cette disposition n'est pas seulement pour des mineurs heritiers en ligne directe, mais generalement pour tous mineurs, c'est pourquoy du Moulin au lieu de ce mot *enfans* se sert souvent de *convassalli.*

Aussi cet article ne dit pas *si tous les enfans qui sont héritiers de leurs pere & mere*, mais *ausquels appartient aucun Fief sans marquer la cause de leur acquisition.*

Il semble par ces termes *& en tutelle*, que quand les mineurs sont émancipez avant l'âge requis par cet article pour la majorité feodale, le Seigneur n'est pas tenu de leur bailler souffrance, car quand ils sont émancipez ils ne sont plus en tutelle, mais en curatelle, l'émancipation des mâles se faisant quelquefois avant qu'ils ayent vingt ans accomplis, quoique par la Loi 1. au Code *de his qui ven. ætat. impetr.* elle ne se doive pas faire auparavant pour les mâles, cela dépend des parens qui jugent le mineur capable d'administrer ses biens avant qu'il y soit parvenu. 12.

L'émancipation des mâles arrive encore par le mariage, lequel est un moyen en France d'émanciper les enfans, & de leur donner le regime & l'administration de leurs biens, suivant l'art. 239. 13.

Néanmoins il faut dire qu'avant l'âge requis par cet article le Seigneur est tenu de leur bailler souffrance, & il ne peut pas les obliger à lui prêter la foy & hommage, de sorte que ces termes *& en tutelle* sont inutiles, exprimant le cas le plus frequent & ordinaire, qui est qu'avant l'âge de 15. ans accomplis on n'émancipe point les filles, & que les mâles ne sont point émancipez ordinairement avant celui de 20. ans aussi accomplis, & quoique par l'émancipation les enfans soient rendus capables d'administrer leurs biens, d'en faire baux à loyer ou à ferme, & de disposer de leurs meubles & effets mobiliaires, néanmoins ils ne sont pas pour cela rendus capables & habiles de faire la foy & hommage au Seigneur, l'âge defini par cet article & par l'article 32. étant celui que la Coûtume a reglé pour pouvoir faire tous actes concernans les charges de Fief, ainsi qu'il est porté par l'art. 32. *in fine.* 14.

Il en faut dire de même du mineur émancipé par le mariage, dautant que le mariage ne le peut pas rendre habile à faire la foy & hommage avant le tems 15.

requis par la Coûtume, quoique par l'article 239. les mariez ayent l'administration de leurs biens ; Ainsi le mineur marié avant vingt ans n'est pas reputé pour cela capable de tester, non pas même de ses meubles, nôtre Coûtume ne permettant de faire testament de ses effets mobiliaires qu'à l'âge de vingt ans accomplis.

16. La Coûtume de Melun article 34. porte, que *si un fils & une fille non âgez se marient ensemble, le mariage ne leur peut attribuer âge, pour tenir leur Fiefs, toutefois il suffit que l'un d'eux soit âgé pour tenir tous leursdits Fiefs* : c'est-à-dire, que si le mari n'a pas la majorité féodale, & que la femme l'ait, le mari mineur peut autoriser sa femme majeure de la majorité féodale, à l'effet de porter la foy pour leurs Fiefs ; & par cet article la femme est renduë procuratrice pour porter la foy, quand elle est majeure, & que le mari ne l'est pas.

17. Cela ne souffre point de difficulté dans cette Coûtume qui y est expresse ; mais dans celle de Paris la femme, quoique majeure, ne seroit pas recevable à faire la foy & hommage pour les Fiefs qui appartiennent à son mari, ou qui sont de la communauté, à moins que le Seigneur ne la voulût bien recevoir, le Seigneur ne pourroit pas aussi l'y contraindre ; ni même pour les Fiefs qui lui appartiennent, vû que pendant la communauté le mari en a l'administration, & il en est censé le maître & propriétaire, & c'est lui qui en doit porter la foy & hommage, comme nous avons dit sur l'article 1. & par consequent le Seigneur est tenu de bailler souffrance au mari qui la demande, tant pour ses Fiefs que pour ceux qui appartiennent à sa femme.

18. Quant à la fille mariée avant 15. ans ayant obtenu souffrance auparavant son mariage pour un Fief, pour lequel elle n'ait point été déchargée de la foy & hommage par l'aîné, comme si c'est pour un Fief échû en collaterale, ou même en ligne directe, n'y ayant point d'aîné, ou l'aîné n'ayant point fait la foy & hommage pour elle, il est certain que la souffrance finit & expire par le mariage, le mari étant tenu de faire la foy & hommage pour les Fiefs de sa femme au cas qu'il ait 20. ans accomplis, pourvû que la femme ne soit point excluse de la communauté par le contrat de mariage, & qu'elle ne se soit point reservé l'administration de ses biens, car en ce cas le mari ne seroit pas reputé le vassal du Seigneur, & par consequent il ne pourroit pas faire la foy & hommage pour les Fiefs a elle appartenans ; Voyez sur l'article 37. *supra*.

19. La souffrance doit être baillée par le Seigneur non seulement aux enfans déja nez, mais aussi à ceux qui sont conçûs & qui ne sont pas encore nez ; & la souffrance doit être demandée par un curateur créé au ventre, & elle ne peut être refusée, parce que *conceptus habetur pro jam nato*. Tronçon *verbo* souffrance. TRONÇON.

20. *Si la saisie étant faite par le Seigneur & ensuite souffrance donnée* ventris nomine, *& la veuve étant accouchée d'un enfant mort, si la saisie subsisteroit ?*

DU MOULIN. Du Moulin sur cet article *num.* 10. resoud ainsi la question : *Dico prehensionem tanquam prematuram & nimis acceleratam non valuisse, & ex supervenienti eventu confirmatam non fuisse, quoniam sive mulier erat verè paritura, & non poterat fieri prehensio, obstante hoc §. sive non erat in veritate paritura, ut eventus docuit, quia adhuc medio tempore non poterat cum effectu adiri nec agnosci hereditas à collateralibus, l. cum quidem. ff. de acquir. vel omitt. hered. saltem justum & necessarium habuerunt impedimentum inducens impossibilitatem fidelitatis præstanda, & sic indebitè circumvenirentur ; & utroque casu patronus suâ potestate abutitur ad expilationem hereditatis vassalli, cùm utroque casu sit impossibilitas fidelitatis præstanda.*

On demande, *si la souffrance accordée vaut pour tout le Fief, sans que le mineur soit obligé de la redemander par la suite pour les portions qui luy seroient échûës depuis la souffrance accordée.*

Charondas sur cet article tient l'affirmative ; c'est aussi mon sentiment, ce qui est conforme à l'article 41. des Arrestez du titre des Fiefs. CHAR.

Voicy les termes :

La souffrance vaut pour tout ce qui appartient aux mineurs dans le Fief à cause duquel elle a été demandée, même pour les portions à eux échûës depuis la souffrance accordée, par le decès d'un coheritier ou autrement, sans qu'il soit besoin de demander nouvelle souffrance en payant toutefois les droits dûs pour les mutations arrivées depuis la souffrance. 21.

La raison est, que le mineur ne doit pour tout le Fief qu'une foy & hommage, laquelle est indivisuë, n'étant pas obligé de la rendre deux fois, sçavoir une fois pour la part du Fief qui lui est échûë par la succession de son pere, & une autre fois pour la portion du même Fief en laquelle il auroit succedé à son frere après la mort de son pere ; ainsi dans ce cas le Seigneur ne peut pas saisir pour foy & hommage non faite, mais bien pour droits non payez, & c'est un cas auquel la saisie a lieu pour droits & profits de Fief seulement.

Il faut dire le contraire, au cas que quelques nouveaux Fiefs fussent échûs aux mineurs ; car ils seroient tenus d'en demander souffrance, étant aussi tenus au temps de leur majorité féodale, de faire des fois & hommages differentes pour des Fiefs differens, quoique relevans d'un même Seigneur & d'un même Fief dominant ; parce que comme la souffrance vaut foy, tant qu'elle dure, & que la foy est dûë pour chaque Fief mouvant du même Seigneur, je croy que le mineur devroit demander une autre souffrance pour un Fief à lui nouvellement échû ; cependant il pourroit par un même acte demander souffrance pour plusieurs Fiefs. 22.

Maître Auzanet est d'avis contraire, estimant que la souffrance sert pour tous les Fiefs qui écherroient ensuite au mineur qui l'auroit obtenuë, ou valablement demandée. AUZAN.

Si le Seigneur peut obliger le tuteur du mineur de luy faire la foy & hommage pour & au nom du mineur, & jusques à ce refuser main-levée de la saisie ? 23.

Je croy qu'il ne le peut pas, dautant que la Coûtume veut que le Seigneur soit tenu de bailler souffrance, c'est une souffrance forcée & non volontaire, laquelle néanmoins lui doit être demandée, mais de dire que le Seigneur pût contraindre le tuteur de lui venir rendre la foy & hommage pour le mineur, il n'y a pas d'apparence, puisqu'il doit suffire au Seigneur que la souffrance lui soit demandée au nom du mineur, laquelle par l'article suivant vaut foy, tant qu'elle dure.

C'est pour cette raison que Loysel en ses Institutes Coûtumieres sur ce titre regle 31. dit que *mineurs ni leurs tuteurs n'entrent point en foy.*

Toutefois le Seigneur pourroit recevoir le tuteur en foy, au cas qu'il se presentât pour la lui faire pour & au nom du mineur, lequel seroit censé l'avoir faite lui-même, parce que *qui per alium facit, per se facere videtur*, & le mineur ne seroit pas obligé de la réïterer au moins dans les Coûtumes qui ne l'ordonnent pas, de même que ceux qui font la foy par Procureur, ne sont pas tenus de la faire euxmêmes.

Brodeau nombre 16. sur la Coûtume d'Angoumois article 5. dit, que *si un tuteur ou curateur a fait la foy & hommage pour le mineur, le mineur étant parvenu à l'âge de 25. ans, sera tenu de faire derechef ledit hommage.* BROD.

Du Moulin sur cet article dit, *Idem Consuetudo Pictaviensis, quod videtur durum, quia tutor est* DU MOUL.

plusquam procurator, tamen servandum.

L'article 31. des Arrestez titre des Fiefs, porte, *à l'égard des mineurs le tuteur ou curateur est tenu demander pour eux souffrance, si mieux n'aime le Seigneur recevoir le tuteur ou curateur à faire l'hommage, auquel cas les mineurs devenus majeurs ne sont tenus de le renouveller.*

Le Seigneur peut recevoir en foy le tuteur ou le curateur, en cas que le tuteur ou le curateur y consente; car il n'y peut être contraint suivant ce qui a été dit cy-dessus; quant aux curateurs des furieux & des imbecilles, ils peuvent y être contraints, *les curateurs de ceux qui sont insensez, furieux ou interdits, sont tenus de faire la foy, & ne sont reçûs à demander souffrance*, Arrests, titre des Fiefs, article 40.

La raison de la difference est, que la souffrance pour les mineurs cesse par leur majorité, qui n'est pas éloignée, mais celle qui est accordée aux furieux &c. est ordinairement pour toute leur vie, cependant la difference n'est pas grande, puisque souffrance vaut foy, & que celui qui l'a obtenuë est reputé investi & vassal.

Si la souffrance doit être demandée?

24. Cet article 41. porte, *le Seigneur féodal est tenu de leur bailler souffrance, ou à leur tuteur*, d'où il s'ensuit que les mineurs ou leur tuteur la doivent demander, car on doit supposer que le Seigneur la donne quand elle lui est demandée, & il peut prétendre juste cause d'ignorance de la minorité féodale de son vassal, la tutelle durant ordinairement jusques à vingt-cinq ans accomplis; c'est pourquoy la Coûtume en cet article oblige le tuteur de declarer les noms & âges des mineurs pour lesquels il demande souffrance.

BRAU. Brodeau nomb. 26. & Joly sur cet art.

JOLY. Mais il y a encore une autre raison, qui est, que la souffrance vaut foy tant qu'elle dure, & c'est une marque de soûmission que de la demander, semblable en quelque façon à la foy & hommage, c'est pourquoy elle doit être demandée, & par ce moyen celui au nom duquel elle est demandée, est reputé le vassal du Seigneur, comme s'il avoit été par luy reçû en foy.

25. D'où il s'ensuit que la saisie féodale dure en pure perte des fruits jusques à ce que la souffrance soit demandée, sauf au mineur son recours contre son tuteur.

C'est le sentiment de Pontanus sur la Coûtume de Blois article 59. & de Bacquet au Traité des droits de Justice chapitre 14. nombre 39. pourvû que le mineur ait un recours suffisant contre son tuteur; voulant que si le tuteur étoit insolvable, le Seigneur soit tenu de rendre les fruits perçûs en vertu de sa saisie.

BRAU. C'est aussi l'avis de Brodeau *num.* 27.

MOULIN Du Moulin §. 1. *glos.* 7. *num.* 3. & 4. §. 35. *glos.* 1. *num.* 13. *glos.* 2. *num.* 11. §. 41. *num.* 5. & 10. & *passim*, soûtient au contraire, que, soit que le tuteur soit solvable ou non, le Seigneur ne doit point gagner les fruits, & s'il les a pris, il les doit rendre & restituer, parce qu'il est plus avantageux au mineur de conserver son bien, que d'avoir une action en recours contre son tuteur, *melius est rei incumbere & possidere, quàm in personam agere & plus cautionis est in rem quàm in personam, l. plus cautionis. ff. de R. J. §. furti. 5. Instit. de obligat. quæ ex delic.*

Il fonde son opinion sur ce que la souffrance forcée & necessaire qu'il est tenu de bailler aux mineurs par la disposition de la Coûtume, empêche l'effet de la saisie & la perte des fruits, soit que le Seigneur ait eu connoissance de la minorité ou non; voulant qu'en ce cas le tuteur soit responsable en son propre & privé nom des dépens, dommages & interêts du Seigneur.

Il y a encore une autre raison, qui est que l'insolvabilité d'un tuteur ne se découvrant qu'après qu'il a rendu compte aux mineurs, lorsqu'ils sont parvenus à leur majorité, il peut arriver qu'entre la perte des fruits du Fief saisi du mineur & la reddition de compte, il se passe plus de vingt années, & pour lors le tuteur se trouvant insolvable envers le mineur pour le reliqua de son compte, il ne resteroit au mineur qu'une action contre le Seigneur pour la repetition des fruits par luy perçûs pendant la saisie féodale, qui pourroit luy être inutile, ou dont il pourroit se servir pour entreprendre un procés, dont l'issuë pourroit luy être desavantageuse. 26.

Si faute de demander souffrance le Seigneur peut saisir avec perte de fruits? 27.

Parce que la souffrance que le Seigneur accorde au mineur, est forcée & necessaire, provenant de la disposition de la Loi, qui ne veut point que la souffrance puisse être refusée aux mineurs qui la demandent, du Moulin sur cet article *glos.* 1. *num.* 15. tient que le Seigneur ne peut saisir que pour obliger le tuteur de luy demander souffrance, mais qu'il ne peut pas prétendre le gain des fruits, & qu'autrement les mineurs seroient dépoüillez de leurs biens à cause de leur minorité: *Verius puto patronum non debere lucrari fructus, sed debere restituere perceptos extantes vel in rem suam versos. Et est ratio, quia quamvis feudum verè apertum sit, & vero jure prehendi possit, tamen sive scienti, sive ignoranti patrono reipsâ obstat legitima dilatoria exceptio ex dispositione hujus Consuetudinis.* 28. DU MOULIN.

Sur l'article 61. *num.* 3. il dit, *quando vassallus est minor 25. annis, & quotiès contingit pendente prehensione feudali vassallum vel vassallos esse minores ætate idoneâ ad fidelitatis præstationem, quandiu enim durat illa minor ætas, patronus non facit effectum fructus feudi suos, sed tenetur eos restituere vel compensare cum utilibus juribus sibi debitis ratione ejusdem feudi.*

Tournet suit l'opinion de du Moulin. TOURNET.

Cette question a été jugée par plusieurs Arrests le premier est du 17. Mars 1603. rendu en la premiere Chambre des Enquêtes, les autres consultées, au rapport de Monsieur Hennequin, entre Jean Olivier Sieur de Leuville, & Loüis le Rayer, remarqué par Monsieur le Prestre en ses Arrests, Centurie 2. chapitre 47. & par Monsieur Bouguier lettre S. nombre 4. par Labbé, Fortin, qui a jugé en interpretation de cet article, que la saisie féodale faite par le Seigneur faute de foy & hommage, n'emportoit point perte des fruits contre les mineurs. LABBE. FORTIN.

Le second est du Vendredy de relevée 25. May 1612. Monsieur Potier de Blanc-Mesnil prononçant, par lequel la Cour a jugé, conformément au precedent, suivant les Conclusions de Monsieur l'Avocat General le Bret, en la cause de Mathurin de Pontbreant, Sieur Desbordes, rapporté par Monsieur le Bret en ses décisions part. 2. liv. 2. chap. 14. & par Tournet & Ricard. TOURNET. RICARD.

Il y avoit dans l'espece de cet Arrest une circonstance particuliere, qui est que le pere étoit le tuteur des mineurs; or s'ils avoient perdu les fruits, ils auroient été obligez d'avoir un recours contre leur pere, qui leur auroit été inutile dans la suite, ou prejudiciable, car étant ses heritiers, ce recours étoi sans effet, & c'est peut-être sur cette circonstanc que la Cour établit son jugement; desorte que cet Arrest ne doit point tirer à consequence.

Tronçon *verbo* souffrance, remarque cet Arrest, & il dit, qu'à la rigueur les mineurs devoient perdre les fruits, sauf leur recours contre leur pere leur tuteur, & qu'ainsi cet Arrest ne peut être tiré à consequence. TRONÇON.

Le troisiéme a été donné en la premiere Chambre des Enquêtes, au rapport de Monsieur Gilbert l'an 1647. confirmatif de la Sentence du Baillif de Gien, qui avoit declaré la saisie féodale, faite à la requête de Maître David Babauld le 9. Juin 1643. sur le Fief appartenant aux enfans mineurs de défunt Charles du Perou, Ecuyer, Sieur de Fleschet, & Damoiselle Catherine d'Assigny, desquels Messire Aymard de Bourdelet, Chevalier, Sieur de Montalet, étoit tuteur, bonne & valable, & les fruits échûs depuis icelle jusques au 1. de Septembre ensuivant, acquis en pure perte au Seigneur, les mineurs mis en souffrance jusques à ce qu'ils, ou l'un d'eux fût en âge de faire la foy & hommage, le tuteur appellant condamné aux frais de la saisie féodale, de l'établissement de Commissaire & des poursuites du bail judiciaire, sans avoir égard aux lettres par luy incidemment obtenuës en cause d'appel, pour être les mineurs, en tant que besoin seroit, relevez du défaut de la demande de souffrance.

BRODEAU. RICARD. Cet Arrest & les precedens sont rapportez par Brodeau, nombre 27. ce dernier est cité par Maître Ricard qui dit, qu'il est bien rigoureux, & que sans doute l'équité & la moderation des autres meritoient bien autant de consideration.

29. La Cour par ce dernier Arrest a établi une maxime contre le sentiment de Maître Charles du Moulin, qui me semble plus conforme à la doctrine des Fiefs, sçavoir que le Seigneur peut saisir le Fief des mineurs en pure perte des fruits pour eux, jusques à ce qu'ils ayent demandé souffrance; car c'est une regle generale, que tout nouveau vassal doit faire la foy & hommage à son Seigneur, ou qu'il doit obtenir souffrance, s'il a quelque juste empêchement, sinon & à faute de ce, le Seigneur est en droit de saisir le Fief ouvert en pure perte des fruits; c'est un droit annexé aux Fiefs, & il n'y a personne qui s'en puisse exempter.

La Coûtume n'en a pas déchargé les mineurs, puisqu'elle veut qu'ils demandent souffrance ou qu'ils la fassent demander par leurs tuteurs, parce que la souffrance tient lieu de foy & hommage tant qu'elle dure; desorte que jusqu'à ce qu'ils l'ayent demandé, la saisie féodale doit operer son effet, qui est la perte des fruits; & sans doute que si la Coûtume avoit voulu favoriser les mineurs, & les excepter de la regle generale, elle l'auroit declaré; ainsi ils sont compris sous la décision generale de l'article 1. qui donne pouvoir au Seigneur féodal de saisir en pure perte pour les causes y énoncées.

Il ne sert de rien de dire, qu'elle leur accorde une exception dilatoire jusques à leur majorité féodale, d'autant qu'elle les oblige d'en faire la demande au Seigneur; ainsi nous pouvons dire qu'en cela ils sont réduits au droit commun.

La raison pour laquelle la Coûtume ne les a pas voulu excepter, est, parce qu'ayant un tuteur, elle présume qu'il est solvable, & qu'ils auront un recours suffisant pour leur indemnité contre luy, étant juste qu'il soit puni de sa negligence, & que le Seigneur joüisse des droits que la nature & la qualité de ses biens luy donne.

30. D'où nous pouvons conclure infailliblement par une équitable interpretation de la Loy que si les mineurs n'avoient point de tuteur ni de curateur, par lequel ils eussent pû demander la souffrance au Seigneur, & contre lequel ils pussent exercer leur recours, le Seigneur seroit mal-fondé de prétendre les fruits du Fief saisi faute de luy avoir demandé souffrance, Brodeau, nombre 17. Mais selon le sentiment de Maître Auzanet page 35. le Seigneur peut faire ses diligences pour leur en faire créer un à leurs frais & dépens: & dans ses Arrestez titre des Fiefs, article 3. & 4. il tient que le recours cesse contre le tuteur ou le curateur, quand les mineurs mâles ou filles étant parvenus à la majorité féodale n'ont pas fait la foy & hommage. Voyez Monsieur ***.

Que si les mineurs aprés l'âge de vingt ans sont encore en tutelle, leur tuteur ne sera pas garand de la perte des fruits acquis au Seigneur, faute de luy avoir fait la foy & hommage, parce que cette perte vient de leur fait & le tuteur ne pouvoit pas l'empêcher, Auzanet. Auzanet.

Si lorsque le Seigneur a fait saisir le Fief d'un vassal majeur faute de foy & hommage, qui decede avant que de s'en être acquitté, laissant des enfans mineurs, la saisie continuant jusqu'à ce qu'ils ayent demandé souffrance, la perte des fruits a lieu depuis la mort du vassal majeur jusqu'à ce que les enfans mineurs ayent demandé souffrance? 31.

Cette question est la suite de la precedente, c'est pourquoy du Moulin sur cet article *num.* 4. répond que les fruits échûs depuis la saisie jusques au jour du decés du vassal majeur, demeurent acquis au Seigneur; mais qu'à l'égard de ceux qui sont échûs depuis le decés jusques à la souffrance accordée, ils appartiennent au mineur, & doivent luy être restituez par le Seigneur. Du Moulin.

Cette question doit être decidée par la precedente, suivant la distinction qui y est remarquée & établie par les Arrests, sçavoir que le gain des fruits est accordé au Seigneur, quoique perçûs depuis la mort de celuy duquel les mineurs sont heritiers, sauf leur recours contre leur tuteur, s'ils en ont; mais que le Seigneur ne gagne pas les fruits si les mineurs n'en ont point, ou si par l'évenement ils ne peuvent pas avoir un recours contre luy qui ne leur soit inutile.

Brodeau nombre 23. suit sur cette question l'opinion de du Moulin, & dit, que la perte des fruits est en suspens depuis la mort du vassal & pendant la minorité, quoiqu'au nombre 27. il dise au contraire, que la perte des fruits tombe sur les mineurs, si leur tuteur est solvable, sauf leur recours contre luy; c'est une contrarieté manifeste, car cette question ne se peut decider que par la même décision que la precedente. Brodeau. 32.

Maître Duplessis tient, qu'il y a lieu de dire qu'en ce cas le privilege des mineurs interrompt l'effet de cette saisie dés le moment du decés, à cause de la souffrance qui leur est dûë; pourvû néanmoins qu'elle soit demandée dans les quarante jours; ce qui est sans difficulté; mais si elle n'est pas demandée, mon avis est que la saisie continuë avec perte de fruits. Duplessis.

Si les mineurs peuvent eux-mêmes demander souffrance sans l'autorité de leurs tuteur? 33.

Ces termes, *leur bailler souffrance, ou à leur tuteur,* marquent qu'ils peuvent eux-mêmes la demander, Brodeau nomb. 19. Brodeau.

La raison est, que la souffrance accordée au mineur est forcée & non volontaire procedant de la volonté de la Loy; & parce qu'il est de l'interest des mineurs de pouvoir demander souffrance sans être autorisez & assistez de tuteurs ou de curateurs, *hac Consuetudo non intendit nocere, sed potius consulere minoribus, & sic non prohibet quin minor etiam ante hanc ætatem hic præfixam possit facere vel accipere ea quæ sunt ad sui utilitatem*, dit du Moulin sur le §. 32. *glos.* 1. *num.* 3. car par la disposition du droit commun, le pupille même peut valablement faire tous actes sans l'autorité de son tuteur, par lesquels il fait sa condition meilleure, *princ. Instit. de autorit. tutor. l.* 9. *princ ff. eod* §. 9. *Instit. de inutil. stipulat. l.* 1. *C. de autorit. præst. l.* 11. *ff. de acquir. domin.*

Si le Seigneur qui n'est pas encore majeur de la majorité féodale, peut bailler souffrance aux mineurs? 34.

Du Moulin sur l'article 42. *glos.* 1. *num.* 4. dit, qu'il ne le peut pas; Brodeau nombre 21. tient l'opinion contraire que je suis volontiers en ce cas. Du Moulin. Brodeau.

La raison est, que comme le mineur la peut demander, aussi la peut-il accorder, parce qu'elle est necessaire & forcée, l'inhabilité des actes féodaux, soit passifs ou actifs en la personne du mineur, n'ayant point lieu pour la souffrance.

Néanmoins on pourroit dire qu'il y auroit de la difference en l'un & l'autre, en ce que la demandant il fait sa condition meilleure, & en la donnant il n'en profite point, au contraire; c'est pourquoy je croy pour le plus seur qu'il la faut obtenir du tuteur, dautant que par l'article 32. l'âge est determiné pour rendre capable de faire la foy & hommage, & des charges de Fief.

35. La Coûtume d'Orleans article 34. *in fine*, dit, *& en défaut de tuteur & curateur, est tenu ledit Seigneur bailler ladite souffrance à l'un des parens desdits mineurs, ou autre à ce commis par Justice, qui pour eux la demandera, & declarera les noms & âges desdits mineurs.*

Cette disposition est fort équitable, & doit avoir lieu dans les autres Coûtumes qui n'en parlent point comme la nôtre.

36. Brodeau nombre 18. dit, que le Procureur du Roy ou du Seigneur est partie capable pour demander la souffrance au nom des mineurs qui sont destituez de tuteur ou de curateur: la raison est, que c'est à luy à prendre la défense des pupilles & des mineurs.

37. C'est une question qui reçoit quelque difficulté, sçavoir, *si la souffrance se peut demander par Procureur pour le mineur qui est pourvû de tuteur ou de curateur.*

38. Pour la negative on dit, que la foy & hommage est un devoir personnel qui ne se peut faire par Procureur, suivant l'article 67. de cette Coûtume; & c'est un droit presque general dans toute la France; or par cet article 41. souffrance vaut foy tant qu'elle dure, donc elle ne se peut demander que par celuy qui peut faire la foy & hommage.

On ne peut douter dans cette Coûtume de cette verité par ces termes de l'article 41. *& est tenu le tuteur declarer les noms & âges des mineurs pour lesquels il demande souffrance.*

Celle d'Orleans article 34. en parlant de mineurs destituez de tuteurs ou curateurs, marquent assez que quand il y a un tuteur, c'est à luy à demander souffrance, & que ce n'est qu'à son défaut qu'elle peut être demandée par un autre, *& en défaut de tuteur & curateur, est tenu ledit Seigneur bailler ladite souffrance à l'un des parens desdits mineurs, ou autre à ce commis par Justice, qui pour eux la demandera; &c.*

La Coûtume d'Estampes en l'article 20. & 21. le décide en termes exprés, *les tuteurs & gardiens doivent & sont tenus dans quarante jours aprés la creation de la tutelle ou acceptation de bail sur le lieu du Fief dominant, demander souffrance pour eux; & si les mineurs doivent profit à leur Seigneur, ceux qui vont demander pour eux souffrance, le doivent offrir.*

Celle de Normandie article 197. porte, *en baillant declarations par le tuteur des Fiefs & charges d'iceux; ensemble les noms & âges des mineurs, &c.*

Du Moulin. On prétend que c'est le sentiment de Maître Charles du Moulin, sur cet article 41. nombre 3. *Nota quòd si minores habent tutorem vel curatorem, is tenetur adire patronum & inducias postulare; quòd si non fecerit, tenebitur minoribus reparare damnum si quod incurrerint. Jura sunt ad hoc trita.*

Tronçon. C'est aussi l'avis de Tronçon & de Brodeau sur cet article, & ce dernier dit avoir appris des Memoires de Maître Pierre Pithou, qu'il a été jugé pour la negative, par Arrest de l'Audience de la Grand'Chambre, du mois de Janvier 1596.

On dit au contraire que c'est une regle generalement reçûë, que ce qu'on fait par soy-même on peut le faire par un autre, *qui per alium facit, per se facere videtur, l. ita. §. gessisse. vers. quod si quis. de administr. tut. l. 1. §. dejecisse. de vi & vi arm. l. hoc jure. §. dejecit. ff. de R. J. cap. 72. de R. J. in 6.*

Cette regle reçoit ses exceptions dans les cas exceptez par la Loy ou par la Coûtume, & hors ces cas la regle doit être observée; parce que *exceptio firmat regulam*, ainsi la foy & hommage ne se fait par Procureur, que parce que la Loy municipale y est expresse; mais nos Coûtumes ne défendent pas de même de demander la souffrance par Procureur; les Réformateurs de nos Coûtumes n'auroient pas manqué d'en faire un article, vû que le cas peut être frequent; ne l'ayant pas fait, on doit présumer qu'ils ont voulu laisser cette regle dans sa vigueur, *qui per alium facit perinde est ac si ipse faciat.*

Quand nos Coûtumes disent que souffrance vaut foy, c'est-à-dire qu'elle produit le même effet que la reception en foy, tenant le vassal pour investi tant qu'elle dure & empêche que le Seigneur ne saisisse son Fief; ce n'est point un devoir respectueux que le vassal fait, qu'il soit de l'interêt du Seigneur de ne recevoir que de luy, au contraire ce n'est qu'un delay & une souffrance de rendre ce devoir personnel, dont tout autre que le vassal ne peut s'acquitter.

Quand la Coûtume dit que le tuteur doit declarer les noms & âges, &c. Ce n'est pas qu'elle prétende qu'il n'y ait que le tuteur qui le puisse faire, elle a seulement parlé du cas le plus frequent, qui est, que c'est le tuteur qui demande la souffrance au Seigneur.

Bacquet au Traité des droits de Justice, chapitre 14. nombre 38. tient qu'elle peut être faite par Procureur, du Moulin n'est pas de sentiment contraire; car, sur cet article glos. 1. nomb. 5. il dit, que s'il sçait qu'un mineur n'a point de tuteur ou curateur, il doit de luy-même & sans en être requis luy donner souffrance *inducias quas scit debitas à se exigere*; & que si le mineur a un tuteur ou curateur, & qu'il ait fait saisir faute par le tuteur ou le curateur de demander souffrance, il est tenu rendre les fruits qu'il auroit perçûs pendant sa saisie; la raison est, que cette souffrance vient de la Loy, qu'elle est dûë & ne se peut refuser, il suffit que le Seigneur sçache que son vassal est mineur; il n'en est pas de même de la souffrance qui s'accorde pour d'autres causes, qui peuvent recevoir de la difficulté.

Et au nombre 10. il dit, que la souffrance se peut demander *ventris nomine à tutore deputato vel ab alio quocumque, non refert*: parce que quoiqu'elle ne soit pas demandée, le Seigneur ne peut pas saisir avec perte de fruits.

La Lande sur l'article 65. de la Coûtume d'Orleans, dit, que quelques-uns ont prétendu que la souffrance ne se pouvoit demander que par le gardien ou par le tuteur en personne, que néanmoins la plûpart tiennent qu'elle peut être demandée par Procureur ayant charge & mandement special du gardien ou tuteur, lequel laissera copie de l'acte de tutelle & de sa Procuration; que ce dernier avis est fondé en une raison manifeste de difference entre la prestation de foy & la souffrance, dautant que la premiere requiert une soûmission personnelle & promesse d'hommage & de fidelité; la seconde emporte seulement un délay de faire la foy, en attendant l'âge.

Maître Duplessis dit, que le tuteur ni le gardien des mineurs ne sont obligez d'aller demander cette souffrance en personne, mais qu'ils le peuvent faire par Procureur, la Coûtume n'ayant rien dit au contraire. Du Plessis

C'est aussi l'avis de Maître Auzanet en ses Arrêtez titre des Fiefs article 36. *le vassal & son tuteur ou curateur peuvent demander la souffrance par Procureur fondé de Procuration speciale.* Auzanet.

La question a été jugée depuis selon cette opinion, 39.
par deux Arrests; le premier a été donné en l'Au-

dience de la Grand'-Chambre du 25. May 1612. dans l'espece duquel un pere tuteur de son fils ayant negligé de demander ou faire demander la souffrance, fut condamné à payer les frais de la saisie & à demander souffrance, sans néanmoins l'aller demander en personne; & main-levée fut faite dans le même-temps par l'Arrest de la saisie féodale.

L'autre a été donné en la Coûtume de Chartres en la Grand'-Chambre, au rapport de Monsieur Roujault le 22. Juin 1673. rapporté dans le Journal du Palais; la question dans cette Coûtume sembloit faire plus de difficulté, attendu ces termes de l'article 20. *doivent & sont tenus aller, &c.* Ainsi cet Arrest doit avoir étably une Jurisprudence certaine: & il est à presumer que si nos Coûtumes avoient voulu assujettir les mineurs ou leurs tuteurs à demander eux-mêmes la souffrance, elles n'auroient pas manqué de s'expliquer en termes exprés.

40. De ce qui a été dit cy-dessus, il s'ensuit qu'elle doit leur être accordée quoiqu'ils possedent par indivis un Fief conjointement avec des majeures; parce que leur condition ne peut pas être renduë pire pour se trouver avec des majeurs; car si le Seigneur est tenu de recevoir en foy un de plusieurs majeurs pour la part indivise dans le Fief, & luy donner main-levée de sa saisie, la saisie tenant & subsistant pour les autres copropriétaires du même Fief pour leurs portions indivises, ainsi qu'il a été dit cy-devant sur l'article premier; à plus forte raison le Seigneur est-il tenu bailler souffrance aux mineurs qui la demandent, possedant par indivis un Fief avec des majeurs qui n'auroient pas fait la foy & hommage, divisant la féodalité ainsi qu'il est obligé de la diviser au cas de cet article, qui veut que le Seigneur donne souffrance à tous les enfans mineurs propriétaires d'un même Fief, laquelle finit à mesure que l'un d'eux devient majeur, desorte que le Seigneur est en droit de saisir la portion de celuy qui devient majeur le premier de la majorité féodale, la souffrance subsistant toûjours pour les autres, comme il sera dit cy-aprés.

41. *Si la souffrance n'a lieu que pour Fiefs?*

Il est sans doute qu'elle n'a lieu que pour les Fiefs, & non pour les heritages tenus à cens appartenans aux mineurs, sur lesquels la saisie, arrest ou brandon, faite au cas de l'article 74. est bonne & valable, quoique le mineur soit destitué de tuteur & de curateur, sans que le mineur puisse demander souffrance, d'autant qu'elle n'emporte point perte de fruits, & qu'elle est faite pour arrerages de cens dûs par le mineur, au payement desquels il est obligé pour en avoir main-levée, du Moulin sur l'article 74. *glos.* 1. *num.* 76. *in fine*, & Brodeau sur cet article 41. *num.* 24.

Du Moulin
Brodeau.

42. *Si la souffrance pour cause de minorité a lieu dans les autres Coûtumes qui n'en parlent point?*

Cette question est encore sans difficulté, parce que la souffrance procede de l'office de la Loy & du Droit commun & general des Fiefs, sans qu'il soit besoin d'informer par turbes de l'usage dans une Coûtume qui n'en parle point, comme remarque Charondas au sujet d'un Arrest à informer par turbes, si en la Coûtume de Clermont la souffrance vaut foy.

Charondas

C'est l'opinion de Tronçon sur l'article 42. & de du Moulin sur la Coûtume de Vitry article 54. *quamvis tota hac Consuetudo nihil dicat* de la souffrance, *& quod debetur minoribus*, & qu'elle vaut foy, *tamen tacitè intelligitur, & suppletur ex reliquis vicinis Consuetudinibus; & ita sub hac Consuetudine de facto observari vidi, & benè.* Sur la Coûtume de Sens art. 209. *iniquissima Consuetudo*, vû même que souffrance est dûë aux mineurs, &c.

Tronçon. Ce qui n'a pas lieu dans quelques Coûtumes, qui admettent expressément le tuteur à faire la foy & hommage pour les mineurs, à la charge de la réïterer par les mineurs, quand ils sont parvenus à la majorité féodale, comme Poitou, article 117. Angoulmois, article 28. Xaintonge, article 39. Brodeau sur l'article 42. nomb. 1. Bro

En quel lieu la souffrance peut être demandée?

Le tuteur n'est pas obligé de la demander en autre lieu qu'au principal manoir où se fait la foy & hommage, & toutes les offres & significations & autres actes concernans le Fief, sans être tenu d'aller chercher le Seigneur en son domicile ordinaire, qui pourroit être éloigné du Fief dominant: elle se doit demander par le tuteur en personne, ou par le mineur ou par Procureur, suivant l'Arrest cy-dessus, en presence de deux Notaires ou Tabellions, ou d'un Notaire ou Tabellion & deux témoins, & on luy doit faire les offres de ses droits, si aucuns luy sont dûs. 43.

Néanmoins la souffrance peut être demandée au Seigneur au lieu de son domicile, bien que ce ne soit pas le lieu du Fief dominant, & que la foy & hommage ne se puisse pas rendre en un autre lieu qu'au principal manoir, si ce n'est du consentement du Seigneur suivant l'article 64. c'est le sentiment de Maître Duplessis. Dup

La raison est, que la foy & hommage est un devoir personnel & réel, qui ne se peut rendre au Seigneur qu'au lieu du Fief dominant; mais la souffrance n'est qu'une surséance, laquelle est plus personnelle que réelle; d'ailleurs ce n'est pas tant un devoir de Fief qu'une instruction qu'on est obligé de donner au Seigneur de l'état & des âges de ses vassaux.

Quand la saisie féodale est faite avant la souffrance accordée, qui doit payer les frais de cette saisie? 44.

Si le Seigneur avoit saisi féodalement avant la demande de la souffrance, les frais de la saisie luy doivent être payez avec les droits féodaux, ou luy faire offres suffisantes d'iceux, comme s'il luy est dû relief pour la mutation, & le Seigneur doit declarer par le même acte, qu'il en a été satisfait au cas de payement d'iceux, pour servir de quittance, & donner par ce moyen main-levée de sa saisie.

A qui copie de la souffrance doit être baillée?

Les Notaires doivent laisser au Seigneur une copie de cet acte, & en donner une autre au tuteur, pour luy servir en cas de besoin, & le tout aux frais du mineur. 45.

Que faire quand le Seigneur est refusant de bailler souffrance? 46.

Quand le Seigneur est refusant de bailler souffrance & la main-levée de sa saisie, il faut luy donner copie de la demande de la souffrance, le tuteur protestant de la faire donner par Justice, & faire declarer ses offres bonnes & valables, & obtenir main-levée de sa saisie, du jour de la demande & des offres, & pour cet effet, il doit ensuite le faire assigner.

Que faire quand le Seigneur n'est pas dans le lieu Seigneurial pour demander souffrance? 47.

Si le Seigneur n'est pas dans le lieu Seigneurial, les Notaires doivent declarer dans l'acte, que le tuteur d'un tel ou de tels, s'est transporté audit lieu pour luy demander souffrance pour ses mineurs, en luy offrant les droits qui luy sont dûs avec les frais de sa saisie, & en consequence obtenir main-levée d'icelle, protestant de faire declarer ses offres bonnes & valables, & obtenir main-levée, par Justice, de ladite saisie; ensuite le tuteur doit faire assigner le Seigneur au lieu Seigneurial du Fief pardevant le Juge ordinaire, pour voir comme dessus est dit, declarer, &c.

Si la souffrance doit être expresse? 48.

Du Moulin sur la Coûtume de Berry titre 5. des Fiefs article 39. tient, qu'il n'est pas necessaire que la souffrance soit expresse, & qu'étant demandée au Seigneur, il la baille *expressis verbis*, la souffrance tacite produisant le même effet que l'expresse, & que la seule demande d'icelle met le vassal mineur en son devoir, & que le refus injuste du Seigneur ou son silence tient lieu de souffrance. Du Mo

C'est

C'est aussi l'avis de Brodeau sur l'art. 42. *num.* 5.

BRODEAU. Cela est vray lorsque le Seigneur n'a pas saisi, mais ayant saisi, d'autant qu'il est de l'interêt du mineur d'en avoir main-levée, je ne voudrois pas me contenter d'une simple demande de la souffrance faite en l'absence du Seigneur, ou qu'il auroit refusé d'accorder, je voudrois luy faire donner assignation pour voir ordonner ainsi qu'il a été dit cy-dessus, pour éviter à contestation, & rentrer par ce moyen dans la possession du Fief saisi.

49. *Si le curateur au ventre ayant obtenu souffrance, il faut la demander encore une fois?*

Il faut observer icy, que quoique le curateur au ventre ait demandé & obtenu souffrance, néanmoins la mere étant accouchée, il faut créer un tuteur à l'enfant, l'office du curateur finissant dés sa naissance, lequel tuteur est tenu de demander une nouvelle souffrance.

C'est l'avis de Bacquet *& rectè*, chapitre 14. nomb. 34. au Traité des Droits de Justice.

La raison est, que la souffrance n'ayant été demandée par ce curateur que *ventris nomine*, elle est expirée & finie par la naissance du posthume, pour lequel il faut derechef demander une nouvelle souffrance.

50. *Si les gardiens doivent demander souffrance & quand finit la souffrance demandée par les gardiens?*

Si les enfans sont en garde noble ou bourgeoise, leur gardien doit demander souffrance au Seigneur, & luy payer le relief s'il est dû, & si les mineurs ont un tuteur & un gardien, la souffrance peut être demandée par l'un ou par l'autre; comme il est de l'interest du gardien qu'elle soit accordée à ceux dont il a la garde, & que c'est luy qui poursuit toutes les actions qui concernent la joüissance des biens des mineurs, c'est luy qui la demande ordinairement, néanmoins le Seigneur ne pourroit pas la refuser au tuteur.

51. Mais comme la garde bourgeoise finit aux mâles à 15. ans, & aux filles à 12. & que les filles ne sont majeures de la majorité féodale qu'à 15. ans, & les mâles à 20. on demande si la garde étant finie, le tuteur est tenu de demander nouvelle souffrance pour les mineurs, jusques à ce qu'ils soient en âge de faire la foy & hommage?

Bacquet *loco citato* nombre 36. dit, que le tuteur est tenu de la demander pour le temps qui reste jusques à la majorité féodale des mineurs.

Pour moy, je croy au contraire, qu'il n'est pas besoin d'une nouvelle souffrance.

Le principe sur lequel est fondé cet Auteur, est faux, sçavoir que la souffrance est accordée pour & pendant le temps de la garde; car si cela étoit, il y auroit mutation pour laquelle seroient dûs les droits au Seigneur, & il n'en est dû aucun par l'article 46. ainsi quand la souffrance est demandée au Seigneur par le gardien, ce n'est pas pour sa joüissance, mais pour les mineurs, & à cause de leur majorité, jusques à ce qu'ils soient parvenus à la minorité féodale; de même que quand le tuteur demande souffrance, il ne la demande pas pour le temps qu'il administrera la tutelle; ainsi quoique le tuteur decede avant la majorité féodale des mineurs, & qu'il leur en soit creé un autre, on ne peut pas dire, que le second ou autre tuteur soit tenu de demander une nouvelle souffrance, parce que celle qui a été accordée, a été baillée aux mineurs jusques à ce qu'ils soient en âge de faire en personne la foy & hommage, & il n'importe pas par qui elle soit demandée, soit par le tuteur ou par le gardien.

52. *Si la souffrance sert au Seigneur qui la donne?*

CHARONDAS. Charondas sur cet article dit, que la souffrance sert

53. au Seigneur féodal, en ce que pendant icelle la prescription de trente ans pour les profits de Fief ne court point, *Argum. leg.* 1. *C. de annal. except. nec ei enim qui agere non potest, currit præscriptio.*

Cependant cette opinion n'est pas soûtenable, parce qu'il n'est pas vray, que pendant la souffrance le Seigneur ne puisse pas agir pour ses droits, puisque, comme il a été dit cy-dessus, le Seigneur n'est pas obligé de bailler souffrance aux mineurs, qu'il ne soit payé de ses droits si aucuns sont dûs, & par consequent quoiqu'il ait donné souffrance, il les peut poursuivre non seulement par action, mais aussi par saisie féodale, la souffrance n'étant accordée que pour la foy & hommage, pour laquelle faire les mineurs sont censez incapables, mais non pas de payer les droits. Et partant la prescription de trente ans court contre le Seigneur du jour de la mort du vassal, quoiqu'il ait donné souffrance à ses heritiers mineurs.

Et même Charondas *d. loco* tient, que le Seigneur nonobstant la souffrance accordée doit être payé de ses droits, quand ils sont dûs.

Si la souffrance est réelle ou personnelle? 54.

La souffrance est personnelle, & non réelle, tant de la part du Seigneur que des mineurs, desorte que l'heritier du Seigneur ou son successeur dans le Fief, peut faire saisir le Fief des mineurs qui l'ont obtenuë quarante jours aprés les sommations & proclamations faites par le nouveau Seigneur suivant l'article 65. *infrà*, au cas que les mineurs n'ayent pas obtenu de luy souffrance.

C'est le sentiment de Maître Charles du Moulin sur l'article 42. DU MOULIN.

La raison est, que la souffrance obtenuë n'a pas plus de force & d'effet que la foy & hommage qui auroit été prêtée à l'ancien Seigneur: or si la foy & hommage avoit été renduë à l'ancien Seigneur, le vassal ne seroit pas moins obligé de la faire à son successeur à quelque titre qu'il luy eût succedé, soit universel ou particulier, parce que c'est un devoir personnel qui doit être rendu par tout nouveau vassal, & à tout nouveau Seigneur; ainsi quand le vassal a des causes legitimes pour demander souffrance, il les doit proposer, sinon le nouveau Seigneur est en droit d'user de saisie avec perte de fruits pour l'y obliger.

Quand le Fief est mouvant du Roy à qui la souffrance doit être demandée? 55.

Elle doit être demandée aux baillifs & Senechaux ou leurs Lieutenans, quoiqu'ils ne puissent pas recevoir les foy & hommages, lesquelles se doivent faire aux Chambres des Comptes, Charondas sur les articles 41. & 42. *in fine.* CHARONDAS.

Comment cesse la souffrance, quand plusieurs mineurs sont de divers âges? 56.

Suivant ces termes, *jusqu'à ce qu'ils*, &c. la souffrance cesse à proportion que chacun des mineurs a atteint la majorité féodale, desorte que la souffrance dure & subsiste pour les autres mineurs, & le Seigneur peut saisir la part de celuy qui est devenu majeur, faute de foy & hommage, mais non pas celles des autres mineurs, jusques à ce que chacun d'eux soit aussi parvenu à la majorité féodale, comme il a été jugé par Arrest donné en la Premiere Chambre des Enquêtes, au rapport de Monsieur de Boinville, le 17. Mars 1603. remarqué cy-dessus & rapporté par Brodeau sur cet article nombre 13. & 27. par Tronçon, *verbo* vingt ans, & par les autres Commentateurs. *Si unus ex minoribus major deveniat, nihilominus durant induciæ quoad cæteros qui in minoritate permanserunt*, comme dit du Moulin §. 41. BRODEAU. TRONÇON.

La raison est, que la souffrance accordée à plusieurs mineurs est dividuë, & ce sont autant de souffrances qu'il y a de mineurs, lesquelles prennent fin en divers temps, selon & à mesure que ceux ausquels elles sont accordées, deviennent majeurs de la majorité féodale.

C'est le sentiment de du Moulin sur cet art. *num.* 6. en ces termes. DU MOULIN.

Dispositio hujus §. fundata est in æquitate & inducta

ad subventionem minorum ; & sic non debet admitti interpretatio amara tendens ad odium & læsionem minorum ; quia illa verba in hoc textu apponuntur, non ad inducendam conditionem vel taxationem hujus beneficii, quoad omnes simul, sed ἐπὶ τὸ πλεῖστον, ut inquit Pomponius in l. 3. ff. de ll. id est juxta communem frequentiam, qua solet unus consortium major factus, fidem tam pro se, quàm pro consortibus offerre. Alioquin sive stet per patronum, qui nolit majorem admittere pro omnibus, sive stet per ipsum majorem, qui prorsus est contumax in fidelitate offerenda, semper subest eadem causa & necessitas subventionis induciarum respectu minorum : & sic concludo quòd eorum respectu durant cum effectu.

CHARONDAS. TOURNET. BRODEAU. C'est aussi l'avis de Charondas, de Tournet sur l'article 42. & de Brodeau sur cet article, nom. 15.

57. Le tuteur est tenu de declarer les noms & âges des mineurs, pour lesquels il demande souffrance, sur peine de nullité; parce que c'est une condition requise pour demander la souffrance : *le tuteur declarera dans l'acte de souffrance les noms, surnoms, & l'âge précis de tous les mineurs, à peine de nullité*, Arrêtez, tit. *des Fiefs*, art. 35.

La raison de cette obligation est, afin d'instruire le Seigneur du temps auquel chacun des mineurs aura l'âge pour luy rendre la foy & hommage, afin que faute par luy de venir luy rendre ses devoirs, il puisse saisir de nouveau son Fief, & faire les fruits siens,

BRODEAU. Brodeau nomb. 16.

Ce qui a lieu même dans les Coûtumes qui n'en parlent point, Loysel en ses Institutes Coûtumieres sur ce titre, article 34. dit, *qui demande souffrance, doit declarer les noms & âges de ceux pour qui il la demande.*

D'où il s'ensuit que quoique l'aîné ait fait la foy & hommage pour luy & pour ses sœurs, s'il n'a pas demandé souffrance pour ses freres mineurs, le Seigneur est en droit de saisir les portions qu'ils ont dans le Fief.

58. Cet article porte, *Si tous les enfans sont mineurs :* ce n'est pas à dire que le cas de la souffrance soit seulement lorsque tous les enfans sont mineurs, & qu'en cas qu'il y en eut un majeur, il pût porter la foy pour ceux qui seroient encore en minorité, & couvrir le Fief pour tous. Cette interpretation du sieur Lauriere est contraire à l'esprit de la Coûtume, qui ne permet pas à l'un de faire la foy & hommage pour les autres, non pas même à l'aîné pour ses puînez.

On ne peut pas tirer cette interpretation de ces termes, *jusqu'à ce qu'ils ou l'un d'eux soit en âge*, comme si l'article présuppose, que celuy qui est parvenu à sa majorité feodale, pût faire la foy tant pour luy que pour les autres, & que la souffrance dût finir à l'égard de tous par la majorité survenuë à l'un d'eux; ensorte que le Seigneur pût saisir le Fief entier faute par luy de faire la foy & hommage.

Cette interpretation n'est pas recevable; parce que l'un ne peut pas couvrir le Fief pour ses coheritiers ou copropriètaires; autrement il s'ensuivroit que la fille aînée majeure pourroit faire la foy & hommage pour ses sœurs, & même pour ses freres encore mineurs; ce qu'on ne peut pas avancer avec raison; ainsi il faut dire que ces mots se doivent entendre, ensorte que la souffrance finit par leur majorité, & à proposition que chacun devient majeurs; ou qu'il faut rayer ces mots, *jusqu'à ce qu'ils*, & entendre l'article ainsi, *jusqu'à ce que chacun d'eux*, &c.

C'est le sentiment de Maître Duplessis, qui dit que la souffrance peut finir plutôt aux uns qu'aux autres; qu'il y a eu difficulté sur ce que cet article 41. dit premierement, *si tous les enfans sont mineurs*, comme s'il eut voulu établir que c'eut été le seul cas de la souffrance, & qu'il entendit que s'il y avoit quelqu'un âgé, il pourroit porter la foy, & couvrir le Fief pour tous, & sur ce qu'il dit ensuite, *le Seigneur est tenu bailler souffrance jusqu'à ce qu'ils ou l'un d'eux soit en âge*; par où il sembleroit que l'article présupposant que celuy qui a atteint l'âge capable de faire la foy tant pour luy que pour tous les autres, la souffrance devroit finir à l'égard de tous par l'âge acquis à un seul; mais cette interpretation, quoique fort claire, a été rejettée; parce que dans cette Coûtume un coheritier ne peut couvrir le Fief pour les autres, & on a estimé que ces mots *jusqu'à ce qu'ils, ou l'un d'eux*, se devoient entendre *non taxativè, quasi sufficiat unum ad ætatem pervenisse*; mais *ob frequentem usum*, parce que l'aîné ordinairement en portant la foy, la fait aussi pour les autres, quand ils ne sont pas en âge, *scilicet*, si le Seigneur la veut bien recevoir ainsi; mais comme il la peut refuser, il est vray de dire que la souffrance dure à l'égard de chacun, jusqu'à ce qu'il ait atteint l'âge, & qu'on ne peut saisir que pour la part des autres devenus âgez qui n'ont point été en foy; il y en a un Arrest dans Bouguier du 17. Mars 1603. lettre S. nomb. 4.

Si la souffrance a lieu tant pour l'aveu & dénombrement que pour la foy & hommage ? Voyez sur l'article 8. 59.

Voyez sur l'article 67. les autres cas esquels la souffrance peut être demandée.

OBSERVATIONS DE MONSIEUR ***.

Sur l'article XLI.

SOMMAIRE.

1. *Article changé.*
2. *Ce mot, gardien, pourquoy ajoûté.*
3. *Comment le tuteur doit demander souffrance.*
4. *Si l'aîné étant devenu majeur de majorité feodale, le Seigneur peut saisir sa part du Fief, & celle de ses freres mineurs, faute par luy de faire la foy & hommage.*
5. *Dans quel temps souffrance doit estre demandée.*
6. *Comment souffrance dure à l'égard des uns, & finit à l'égard des autres.*
7. *Pourquoy faut-il que le tuteur ou gardien, en demandant souffrance pour des mineurs, exprime l'âge de chacun.*

Voicy de quelle maniere nous avons redigé cet Article.

1. *Si tous les enfans ausquels appartient un Fief sont mineurs & en tutelle, le Seigneur feodal est tenu leur bailler souffrance, ou à leurs tuteurs & heritiers qui la demandent en personne, ou par procuration speciale, jusqu'à ce qu'ils, ou l'un d'eux soit en âge pour faire ladite foy & hommage; pour laquelle faire le fils est reputé âgé à l'âge de vingt ans, & la fille à l'âge de quinze ans accomplis, comme dessus est dit; & est tenu le tuteur ou gardien declarer les noms & âges des mineurs pour lesquels il demande souffrance, laquelle sera demandée quarante jours aprés le decés du proprietaire.*

Cet Article est une exception du droit commun, puisqu'il suspend le devoir du vassal envers le Seigneur à l'égard des mineurs qui ont les Fiefs servans.

2. Ce mot, *gardien*, a été ajoûté, parce que puisqu'il joüit, il peut legitimement demander souffrance comme feroit le tuteur.

3. L'Article disant seulement, que le Seigneur est obligé de donner souffrance, & ne disant point comment il faut la demander, il est de la regle que le tuteur ou le gardien la demande en personne, ou en fasse la demande par Procureur fondé de procuration speciale, dans laquelle soit declaré l'âge de chacun des mineurs, pour lesquels elle est demandée; & lorsqu'un d'eux a l'âge de vingt ans, s'il est mâle, ou quinze ans, si c'est une fille, il doit rendre la foy & hommage, à l'effet d'empêcher la saisie; ensorte néanmoins qu'au temps que chacun des mineurs devient majeur, celuy qui devient majeur doit faire la foy pour sa portion.

4. On a agité cette question, sçavoir si le Seigneur avoit donné souffrance à quatre mineurs, deux ans aprés l'aîné ayant l'âge de vingt ans, ne fait point la foy & hommage dans les quarante jours de sa majorité, si le Seigneur peut saisir tout le Fief, & faire les fruits siens, même de la part des autres mineurs.

La maxime est, que le Seigneur du Fief dominant peut en ce cas saisir la portion du Fief appartenant à celuy qui a l'âge, & que la souffrance tient à l'égard des autres mineurs, laquelle cesse à mesure que chacun d'eux vient en âge. La raison est, qu'il seroit injuste que l'aîné par sa negligence fit tort à des mineurs qui ne peuvent pas agir.

5. La Coûtume n'avoit point déterminé le temps dans lequel on doit demander la souffrance au Seigneur, ce qui néanmoins est tres-necessaire à sçavoir; & suivant la regle generale des quarante jours nous avons ajoûté trois mots à la fin de l'article, qui le reglent.

Mais comme il peut arriver que les parens mal conseillez, ou autrement, ne feroient point l'élection d'un tuteur dans les quarante jours, il se trouveroit que ni les mineurs, ni le tuteur, ni le Seigneur n'auroient point de tort, & que cependant la foy & hommage ne se rendroit point, la question est, si le Seigneur seroit en droit de saisir.

Maître Auzanet ne decide point la question; il ne la decide qu'indirectement, en disant que le Seigneur pourroit provoquer l'assemblée des parens à cet effet, & se faire rembourser de ses frais.

Il me semble que ce n'est point au Seigneur, mais aux parens, qui devroient y être obligez par quelque peine; parce que c'est à eux à songer à établir un tuteur aux mineurs, & que le plus proche parent devroit être responsable envers eux de n'avoir pas provoqué l'assemblée des parens, ou fait provoquer par le Procureur du Roy; & par cette raison la saisie feodale seroit bonne, & les mineurs perdroient les fruits, sauf leur recours contre le plus proche parent qui n'auroit pas fait provoquer l'assemblée des parens, ou dénoncé au Procureur du Roy.

6. Il faut remarquer, que quand la Coûtume en cet article a mis ces mots, *quand tous les enfans sont mineurs, le Seigneur doit donner souffrance*, son esprit n'a pas été de dire que la souffrance ne se donne que quand tous les enfans sont mineurs, mais qu'en cette rencontre le mineur ne releve pas le majeur, étant vray que les majeurs doivent la foy, & la souffrance se donne aux mineurs pour leur part, lesquels devenus majeurs doivent chacun, quarante jours aprés la majorité, faire la foy, & faute de la faire, la saisie a lieu sur leurs portions.

Aussi l'Article dit que la souffrance cesse quand ils sont ou l'un d'eux devenus majeurs, c'est-à-dire que la souffrance se coupe & cesse pour chaque enfant qui devient majeur.

7. C'est par cette raison que la Coûtume veut que dans l'acte de souffrance le tuteur ou gardien exprime l'âge de chacun des enfans, pour qui elle est demandée, afin que le Seigneur soit instruit du temps auquel la foy doit luy être faite par chacun des mineurs pour les portions du Fief servant.

CONFERENCE SUR L'ARTICLE XLI.

De même, *Auvergne*, ch. 22. art. 28.

Berry, art. 39. *Blois*, art. 58. *Bourbonnois*, art. 379. *Bourgogne Duché*, ch. 3. art. 2.

Cambray, art. 27. *Châlons*, art. 180. *Chartres*, art. 39. 40. 41.

En l'article 39. il est dit: *Quand le Seigneur feodal a donné souffrance* a *à son vassal du Fief detenu de luy, il ne le peut avoir par puissance de Fief.*

Châteauneuf, art. 41.

Dourdan, art. 30. *Dreux*, art. 30.

Estampes, art. 20. & 21. & ajoûte, *Que les tuteurs & gardiens doivent & sont tenus aller dedans quarante jours aprés la création de tutelle ou acception de bail sur le lieu du Fief dominant demander souffrance pour eux: Et si les mineurs doivent profit à leur Seigneur, ceux qui vont demander pour eux souffrance, le doivent offrir.*

Article 19. porte, *Quant aux mineurs, les fruits de leurs Fiefs ne tombent en perte pour le regard, sinon quarante jours aprés la saisie réelle & actuelle faite sur leur Fief, le recours reservé contre les tuteurs, curateurs, ou autres qui auroient dû demander souffrance, & faire autres devoirs pour eux.*

a *Scilicet voluntariò: secùs ubi debita est ut pupillo cui statim debetur & etiam nullo instrumento viso dare potest, ideò si tutor nomine pupilli sui feudum emit & obtinet à Domino directo inducias fidei, Dominus non excluditur à retractu feudali per has inducias necessarias & debitas: sed per lapsum temporis post notificationem emptionis & instrumentum exhibitum, de quo dixi in Consuetud. Paris.* §. 13. *gl. ult.* C. M.

Intellige voluntaria ut dixi in Consuet. præcedenti, amplia, sive dederit inducias fidei præstandas, sive relevii solvendi, sed hæc omnia limitata non procedunt postquam priùs facta est exhibitio instrumentorum acquisitionis Domino directo qui deinde scienter has inducias dedit. C. M. Sur l'art. 29. de la Coût. de Dreux.

Laon, art. 170.

Mantes, art. 2. *Marche*, art. 200.

Melun, art. 35. & ajoûte : *& en son refus pourront lesdits baillistres & tuteurs se pourvoir pardevant le Juge Royal, à dire que le Seigneur feodal soit à ce faire contraint.*

Montargis, ch. 1. art. 27. *Montfort*, art. 26.

Nivernois, ch. 4. art. 3.

Normandie, art. 197. & ajoûte, *en baillant declaration par le tuteur des Fiefs & charges d'iceux ; ensemble les noms & âges desdits mineurs, & payant par chacun an les rentes qui sont dûës au Seigneur à cause desdites terres, sinon au cas que le Seigneur tienne les heritages en sa main, & fasse les fruits siens*, & art. 198.

Orleans, art. 34.

Peronne, art. 58. *Grand-Perche*, art. 41.

Reims, art. 112.

Valois, art. 38.

Anjou, art. 106. dit, que *le Seigneur de Fief, dont l'heritage du mineur est tenu à foy, ne peut prendre par défaut d'homme sur luy : c'est à entendre, quand ledit mineur n'a bail, tuteur, ne curateur : Mais quand les mineurs ont bail, tuteur, ou curateur, ils doivent faire la foy & hommage, & servir le Fief.*

Le Maine, art. 118.

Sens, art. 209. *Si le Seigneur feodal tient en sa main les terres des mineurs, qui n'ont aucuns meubles, parens, gardes, ne dequoy vivre, il n'est pourtant tenu (s'il ne luy plaît) nourrir,* [b] *& gouverner lesdits enfans.*

b *Iniquissima Consuetudo*, vû même que souffrance est dûë aux mineurs. *Et contrarium obtinui per Arrestum Parlam. Paris. in terminis Consuetudinis*, de Chaumont au Vexin François. C. M.

Angoumois, art. 18. *Si le tuteur ou curateur a fait la foy & hommage pour le mineur, ledit mineur parvenu à l'âge de vingt-cinq ans, sera tenu de faire derechef* [c] *ledit hommage.*

c *Idem Consuetudo Pictaviensis, quod videtur durum, quia tutor est plus quàm procurator, tamen servandum.* C. M.

Contre, *Meaux*, art. 151. *Celuy qui a la garde d'aucuns enfans mineurs nobles, doit faire la foy & hommage des Fiefs appartenans ausdits mineurs au Seigneur feodal, dont ils sont tenus & mouvans, qui à ce les doit recevoir jusques à ce que lesdits mineurs soient en âge competant pour faire lesdits foy & hommage.*

Auteurs sur l'Article quarante-uniéme.

Challine, regle 13. troisiéme partie, exemple cinquiéme.

L'Auteur du Grand Coûtumier, liv. 2. ch. 29. p. 196. lign. 32.

Du Moulin, sur la Coûtume de Paris, §. 28. nombre 6.

Speculator de Feudis, n. 22.

De Lhommeau, en ses Maximes, liv. 2. art. 9.

Loysel, liv. 1. tit. 4. regle 19. & liv. 4. tit. 3. regle 29. 30. 34. 35. & la 73. avec la note de M. Lauriere.

Brodeau, sur cet article, n. 25.

Thourette, sur Montfort, art. 27.

De la Lande, sur Orleans, art. 23. & 34.

Le Glossaire du Droit François, *verbo* souffrance.

Le Dictionaire de M. Brillon, *verbo* foy & hommage, nomb. 53. & suivans.

Buridan, sur Reims, art. 112.

Lhoste, sur Montargis, ch. 1. art. 26. 28. 29.

Basnage, sur Normandie, art. 197.

Auzanet, en ses Arrests, liv. 1. ch. 54.

Journal du Palais, Arrest du 22. Juin 1673.

Pontanus, sur Blois, tit. 5. art. 58.

Chopin, sur Anjou, liv. 2. tit. 2. n. 7.

Dargentré, sur Bretagne, art. 333.

Coquille, sur la Coûtume de Nivernois, titre 4. article 3.

Bacquet, *des Droits de Justice*, ch. 14. n. 29.

Vigier, sur la Coûtume d'Angoumois, art. 28.

Lhoste, sur la Coûtume de Montargis, titre 1. art. 20.

Buridan, sur Vermandois, art. 170.

Bouguier, *lit. S. n.* 4.

Bouchel, en ses Arrests, liv. 1. ch. 48.

Le Prestre, Cent. 2. ch. 47.

Duret, dans son Alliance des Coûtumes, p. 821.

Duplessis explique cet article, liv. 1. ch. 3. p. 18.

ARTICLE XLII.

C'étoit l'Article vingt-uniéme de l'ancienne Coûtume.

Effet de la souffrance.

SOuffrance vaut foy, tant qu'elle dure.

Voyez l'Article précedent, & le 67.

REMARQUES.

MAître Charles du Moulin, sur l'article 54. de la Coûtume de Vitry, dit, *Quamvis tota hac Consuetudo nihil dicat* de souffrance, *& quod debetur minoribus*, & qu'elle vaut foy, *tamen tacitè intelligitur & suppletur ex reliquis vicinis consuetudinibus: Et ita sub hac consuetudine de facto observari vidi & bene. Idem in similibus casibus, sed habentibus aequitatem, & usum locorum vicinorum per qua dixi in Consuetud. Paris.* §. 28. C. M.

Si vassallus non institutus inducias concesserit subvassallo suo, & iis nondum elapsis patronus vassalli qui dedit inducias feudum prehendat à quo movetur feudum subvassalli qui eas habuit, quaritur an tales induciæ teneant contra hunc patronum. Resp. affirmativè, quia vassallus cum dedit inducias fovebatur suo feudo; ergo licitum & legitimum fecit actum qui non debet rescindi per casum supervenientem. Similiter è converso, si patronus dum feudum vassalli tenet in manum suam redactum inducias præstet ejusmodi subvassallo cujus subfeudum apertum est sua possessione durante illæ induciæ tenent contra vassallum quando obtinuerit levationem manus dominicæ: nimirùm quia patronus poterat omninò investire tunc vassallum; ergò quod minus est, scilicet dare inducias potest. Molin. §. 54. gl. 3. verbo, mettre en sa main, *num.* 10. *quæst.* 12.

Induciæ datæ non respiciunt novam aperturam post illas inducias datas, contingentem tam ex parte patroni quàm vassalli. Mol. §. 42. num. 2.

Si unus ex minoribus major deveniat, nihilominùs durant induciæ quoad cæteros, qui in minoritate permanserunt, Molin. §. 41. Et ainsi jugé par Arrest du 17. May 1603. entre les Montlehery & le Sieur de Lesseville, à cause de son Fief de Güerville, rapporté par Monsieur Bouguier, *lit. S. num.* 4.

Jugé par autre Arrest du 26. May 1565. contre le Sieur de S. Fargeau, que la souffrance étant finie, il faut que le Seigneur, pour faire les fruits siens, fasse saisir de nouveau, sans qu'il puisse se prévaloir à cet effet de la premiere saisie sur laquelle il a donné souffrance.

SOUFFRANCE VAUT FOY.

GLOSE UNIQUE SUR L'ARTICLE. XLII.

SOMMAIRE.

1. *Si la souffrance produit le mesme effet que la foy & hommage.*
2. *Si le Seigneur gagne les fruits après la souffrance finie, quand il a saisi avant la souffrance.*
3. *Arrest qui a jugé la question.*
4. *Si le Seigneur peut saisir avant la souffrance expirée.*

1. CEt article nous marque que la surséance ou délay que le Seigneur a accordé à son vassal pour cause de minorité, ou pour quelque autre cause legitime, pour luy rendre la foy & hommage, produit le même effet, que si le vassal luy avoit veritablement rendu ses devoirs, au moins tant que dure cette surséance.

Hæ induciæ intereà tantùm operantur, quantùm actualis fidelitas; æque enim illis pendentibus vassallus securè fruitur & facit fructus suos, ac si esset admissus in fidem, dit du Moulin sur cet article *in princ.*

2. Mais quoique le vassal ne se presente point aprés la souffrance finie, pour faire la foy & hommage à son Seigneur; néanmoins le Seigneur ne gagne pas les fruits du Fief, si ce n'est en vertu d'une nouvelle saisie, qui n'emporte gain de fruits, que depuis le temps qu'elle est faite.

La raison est, que par la souffrance le vassal obtient pleine & entiere main-levée de son Fief, & il rentre en la possession d'iceluy, comme s'il n'avoit jamais été saisi, au moins pour le temps à venir; c'est pourquoy le Seigneur ne peut gagner les fruits d'iceluy, qu'il ne soit auparavant remis en la possession du Fief.

Il est dit dans ses Arrêtez, titre *des Fiefs*, art. 3.
38. *La souffrance vaut foy tant qu'elle dure; & le temps de la souffrance étant passé, le Seigneur qui avoit saisi auparavant, est tenu proceder par nouvelle saisie.*

Cette question a été ainsi jugée par Arrest du 26. May 1565. au rapport de Monsieur du Val, contre le Marquis de Maisieres, Comte de Saint Fargeau, au profit de son vassal, rapporté par Charondas, Tournet, Brodeau, nomb. 4. & par Maître Ricard. CHARONDAS. TOURNET. BRODEAU. RICARD,

Cette nouvelle saisie ne se peut faire qu'aprés que la souffrance est expirée, & si elle étoit faite auparavant, elle seroit nulle & injurieuse; desorte que non 4.

seulement le Seigneur ne gagneroit pas les fruits du Fief saisi perçus aprés la souffrance expirée; mais aussi, outre qu'il seroit tenu de les restituer au vassal, il seroit condamné envers luy en tous ses dépens, dommages & interêts, parce que *quod ab initio vitiosum est, tractu temporis convalescere non potest, l. quod initio. 29. ff. de R. J.*

Du Moulin. Brodeau. C'est l'avis de Maître Charles du Moulin sur cet article *in princ.* & de Brodeau, *num. 9. & 10.*

Du Plessis Maître Duplessis dit que cette souffrance vaut tant qu'elle dure, entant qu'elle empêche que le Seigneur ne puisse faire saisir feodalement durant icelle, & que s'il avoit fait saisir sur les mineurs dés auparavant qu'elle eut été demandée, la requisition feroit cesser l'effet de la main-mise.

Du Moulin Maître Charles du Moulin §. 28. nomb. 28. dit, que *hac verba*, vaut foy *referuntur tantum ad fidelitatem, & non ad jura utilia debita patronis*, lesquelles ne laissera pas le Seigneur de demander, nonobstant la souffrance, laquelle se donne seulement à cause de l'inhabilité de la personne du mineur, qui ne peut faire la foy avant l'âge; & telle foy n'a rien de commun avec les droits utiles, comme nous avons dit sur l'Article precedent.

Pareillement la souffrance entre plusieurs mineurs vaut seulement pour ceux qui sont encore mineurs, encore que l'un d'iceux soit devenu majeur pendant ladite souffrance; lequel pour lors est tenu faire la foy pour sa part, sinon sa portion dans le Fief peut être saisie par le Seigneur, avec perte de fruits dont le tuteur au curateur ne seroit pas responsable, parce que cette perte proviendroit de la faute du mineur.

OBSERVATIONS DE MONSIEUR ***.

Sur l'Article XLII

SOMMAIRE.

1. *Effet de la souffrance, & combien de temps elle dure.*
2. *Si la souffrance accordée par un Seigneur pour un Fief, est censée accordée pour un autre Fief qui est échu au mesme mineur, lorsqu'il releve du mesme Seigneur.*

Des termes de cet Article on peut tirer deux consequences.

1. La premiere, que la souffrance ne vaut que foy, & qu'ainsi elle n'empêche pas le Seigneur de contraindre le vassal de payer les droits qui sont dûs par la saisie feodale; & que celuy qui la demande doit les offrir, & les payer.

2. La deuxiéme, que dés que les causes de l'excuse cessent, ou que le mineur est parvenu à sa majorité feodale, le Seigneur peut sans commandement ni interpellation préalable user de main-mise, aprés les quarante jours, par nouvelle saisie; car la souffrance accordée anéantit les saisies faites auparavant.

C'est une question, s'il échoit par succession ou autrement à un mineur un Fief qui releve du même Seigneur, qui a donné souffrance pour un autre Fief; sçavoir, si pendant que la souffrance dure, le mineur est obligé de demander une nouvelle souffrance au même Seigneur; car comme ce sont differens Fiefs, le droit qui appartient à un Seigneur pour un Fief, semble n'avoir rien de commun pour un autre Fief; & comme tous les devoirs qui se rendent, *ratione Feudi*, doivent être divisez, distincts & separez, on pourroit avancer avec raison, qu'il faudroit une nouvelle souffrance pour chaque Fief qui adviendroit nouvellement à un mineur pendant la souffrance.

Néanmoins il faut distinguer la souffrance d'avec les droits & les devoirs des Fiefs; il est vray que les droits & devoirs sont réels, mais la souffrance est personnelle, parce qu'elle se donne *persona*, à cause des excuses qui sont personnelles; d'où il faut conclure que tout ce qui regarde la personne du mineur, qui a obtenu souffrance à l'égard du Seigneur, ne se peut pas changer; & il est presqu'impossible qu'une même personne ait en même temps souffrance, & ne l'ait pas; c'est pourquoy on a établi pour maxime, que le mineur n'est pas obligé de demander nouvelle souffrance, quand il luy arrive un nouveau Fief qui releve du même Seigneur de qui il l'a reçûë, puisqu'il ne peut la refuser, les mêmes causes & raisons d'excuse subsistantes, & qu'il y auroit de la mauvaise foy de la part du Seigneur qui feroit saisir faute de foy, sur une personne qu'il sçauroit luy-même n'être pas en état de la luy rendre, ne pouvant pas ignorer son état & son âge, puisque la souffrance qu'il auroit accordée en doit faire mention.

Il me semble que par la même raison, un majeur qui pour cause legitime a obtenu souffrance de son Seigneur, ne peut pas être saisi feodalement, lorsqu'il acquiert un autre Fief, ou qu'il luy en échoit par succession, mouvant du même Seigneur.

CONFERENCE SUR L'ARTICLE XLII.

De même, *Auvergne*, ch. 22. art. 47. qui porte, que *durant le temps de la souffrance & répit de faire la foy & hommage, le Seigneur feodal ne fait les fruits siens.*

Auxerre, art. 78.

Bar, art. 15. *Berry*, art. 5. & 39.

Blois, art. 57. 64. & dit que *la souffrance baillée par le Seigneur au tuteur, empêche la saisie tant que la souffrance durera.*

Châlons, art. 180. *Chartres*, art. 40. *Château-neuf*, art. 42.

Dreux, art. 30.

Estampes, art. 22. & ajoûte, *soit qu'elle soit accordée, ou non, étant legitimement demandée.*

Laon, art. 170.

Mantes, art. 21. *Melun*, art. 35. *Montargis*, ch. 1. art. 53. *Montfort*, art. 27.

Nivernois, ch. 4. art. 64. & ajoûte, *pour l'effet que le vassal n'est tenu pendant icelle faire l'hommage par luy dû, & aussi que le Seigneur ne fait les fruits siens, s'il n'est autrement.*

Orleans, art. 24.

Grand-Perche, art. 41. *Peronne*, art. 58.

Reims, art. 112.

Troyes, art. 47.

Bourbonnois, art. 375. dit: *Répit ou souffrance de faire la foy & hommage octroyé par le Seigneur feodal, vaut foy, & empêche que le Seigneur ne fasse les fruits siens, tant que ladite souffrance ou répit dure: néanmoins ledit répit passé, n'empêche le droit de retenuë dedans le temps* [a] *que le Seigneur feodal le peut avoir.*

[a] *Ergo interim tempus non currit. Adde infrà §. 186. Amplia, non solùm in inducíis necessariis, quæ debentur pupillo, sed etiam in voluntariis. Limita ut procedat, si dentur ab initio, antequam quid actum sit: secùs si dentur postquam emptor jam exhibuit & tempus currere cœpit.*

Auteurs sur l'Article quarante-deuxiéme.

Du Moulin, sur la Coûtume de Paris, §. 28. nomb. 5.
Loysel, liv. 4. titre 3. regle 33. 34. 35. & 36.
Brodeau, sur cet article, nomb. 4.
Bobé, sur l'article 183. de la Coûtume de Meaux.
Thourette, sur Montfort, art. 27.
De la Lande, sur Orleans, art. 24.
Le Grand, sur Troyes, art. 47.
Buridan, sur Reims, art. 112.
Pontanus, sur Blois, tit. 5. art. 64.
Englebermeus, sur la Coûtume d'Orleans, titre 1. art. 56.
Coquille, sur la Coûtume de Nivernois, tit. *de Fiefs*, art. 64.
Papon, sur la Coûtume de Bourbonnois, art. 376.
Pithou, sur la Coûtume de Troyes, art. [illegible]
Lhoste, sur Montargis, tit. 1. art. 53.
Buridan, sur Vermandois, art. 170.
Loyseau, Traité *des Offices*, liv. 2. nomb. 54.
Duret, dans son Alliance des Coûtumes, p. 808.
Duplessis explique cet article, liv. 1. ch. 3. p. 18.

ARTICLE XLIII.

C'étoit le trentiéme Article de l'ancienne Coûtume.

De la commise par desaveu.

Le vassal qui dénie le Fief être tenu du Seigneur feodal, dont il est tenu & mouvant, confisque iceluy Fief.

Voyez les Articles 29. & 45.

Remarques.

Simplex negator conditionis feudalis, ut non impedit prehensionem feudalem, ita non inducit commissum, neque pro formali abnegatione patroni *(qui est le desaveu)* sumenda est; *Ad hoc enim requiritur refutatio & actualis contradictio in judicio scienter & fraudulenter facta, quæ inducat prehensionis Dominicæ absolutionem, saltem provisoriam. Molin.* §. *gl.* glos. 2. *in verbo*, dans quarante jours, *num.* 3. & §. 43. *glos.* 1. *in verbo* qui dénie le Fief, *num.* 5. 8. 25. 26. 68. & 69.

Par nôtre ancien usage nous avions reçu plusieurs causes de commise & de confiscation de Fief, ainsi que nous reconnoissons par la lecture des anciens Praticiens, mais nos Coûtumes & l'usage d'àprésent n'en ont gueres retenu que le desaveu ou faux aveu, & la felonie; laquelle cause de felonnie nous admettons dans les Coûtumes, même qui n'en disposent pas, fondé sur la raison du droit, par lequel toutes concessions qui partent du bienfait d'aucun sont revoquées pour cause d'ingratitude commise contre sa personne, *l. 2. C. de donat.* & en ce genre de commise nous ne comprenons pas toutes les causes de felonie, suivant qu'elles sont énoncées au livre des *feudes*, & chez nos anciens Praticiens : mais pour faire qu'elle ait lieu, il faut qu'il y ait une ingratitude considerable, & une injure atroce, dont la discussion est remise à l'arbitrage du Juge; en quoy néanmoins il doit à peu prés suivre les cinq causes d'ingratitude qui sont mentionnées en la loy derniere. *C. de revoc. donationib.*

Patronus privandus est jure superioritatis & cateris juribus qua habet in subfeudum, si in clientem enormam offensam commiserit, ex quâ cliens privaretur feudo ad Dominum revertente si eam in patronum perpetrasset : aliqualiter tamen faciliùs debet absolvi patronus. Mol. §. 3. gl. 4. num. 10. & 22.

Depuis un Arrest du dernier Decembre 1556. donné à la Tournelle, on a douté, sçavoir, si la commise qui se fait pour cause d'ingratitude & de felonie, produit une réünion perpetuelle en faveur du Seigneur, ou une privation seulement à l'égard du vassal; desorte qu'aprés son decés le Fief commis retourne à ses enfans, dautant que par cet Arrest il fut jugé que le Seigneur injurié joüiroit du Fief tant que le vassal vivroit seulement.

En consequence duquel Arrest plusieurs de nos Auteurs se trouvent fort partagez, & en alleguent même un contraire & posterieur du Parlement de Bretagne du dernier Octobre 1573. rapporté par Monsieur le President Lefrat, qui l'a luy-même prononcé en Robe rouge, où les raisons de part & d'autre sont tres-bien dedüites.

Par cet Arrest la commise fut jugée perpetuelle au préjudice des enfans; mais tant s'en faut que je trouve ces deux Arrests contraires, ils s'accommodent tres-bien à l'établissement qui a été fait cy-dessus de ce droit, lorsque j'ay dit que ce genre de commise étoit laissé parmy nous à l'arbitrage des Juges, qui par consequent là peuvent moderer suivant les differentes occurrences : ce qui a été pratiqué par ces deux Arrests, vû qu'au premier il n'étoit question que d'un démenty, & au second d'un assassinat commis en un cimetiere.

Si res commissa sit subjecta usufructui, usufructuarius jure suo fruetur pendente usufructu quem proprietarius committere non potest. Mol. §. 43. gl. 2. num. 96. è contra si usufructuarius committat, putà beneficiarius proprietatem committere nequit, sed solum usumfructum.

Ut in vim commissi acquiratur feudum Domino, regulariter sententia declaratoria opus est. Mol. conf. 3. num. 5. 6. 7.

Notabilis differentia est inter negationem quæ fit in judicio, & eam quæ extra judicium committitur; nam ex prima commissum indistinctè procedit, sive scienter, sive ignoranter, etiam cum probabili causa ignorantia vassallus Dominum denegaverit, in secundo casu autem, commissum non obtinet, nisi vassallus scienter vel fraudulenter negaverit Patronum. Et utrisque casibus cum negatio seriosè & cum deliberatione facta est, nullus pœnitentia locus relinquitur, nisi fortè antequam Patronus ad commissum concluderet. Mol. §. 43. gl. 1. n. 5. 26.

Mais en l'un & en l'autre de ces cas, nous tenons pour maxime constante, qu'il n'y a pas de commise, lorsque le vassal reconnoît le Roy pour Seigneur.

QUI DENIE LE FIEF.

GLOSE PREMIERE SUR L'ARTICLE XLIII.

SOMMAIRE.

1. *Droits du Seigneur feodal sur les Fiefs mouvans de luy.*
2. Commettre, *ce que c'est.*
3. *Causes de la commise d'un Fief.*
4. *Nos Coûtumes n'en admettent proprement qu'une.*
5. *Ingratitude, vice tres-grand, & puni par les loix.*
6. *Concession des Fiefs revoquée pour ingratitude.*
7. *Commise n'a lieu pour les rotures, pourquoy.*
8. *Deux causes d'ingratitude qui donnent lieu à la commise.*
9. *Desaveu, cause de commise.*
10. *Comment il doit estre fait pour estre cause de la commise.*
11. *Si pendant le procés pour le desaveu la saisie feodale dure toûjours.*
12. *S'il doit estre fait en jugement.*
13. *Pourquoy la commise a lieu pour le desaveu temerairement fait.*
14. *Revocation des bienfaits pour ingratitude.*
15. *Si la commise pour le desaveu est comminatoire.*
16. *Si pour cause de desaveu fait hors jugement, elle peut avoir lieu.*
17. *Si le vassal peut purger son desaveu.*
18. *Comment se fait le desaveu.*
19. *Si c'est desaveu, lorsque le vassal dit que son Fief est roture.*
20. *S'il y a commise, quand le vassal prétend tenir son heritage en franc-aleu.*
21. *Si la commise a lieu, lorsque le vassal dénie tenir son Fief d'un tel Fief appartenant au Seigneur, mais d'un autre, qui appartient au mesme Seigneur.*
22. *Si la commise a lieu pour partie du Fief vendu avant le desaveu.*
23. *Si elle a lieu quand le vassal dénie la qualité du Fief.*
24. *Si le faux aveu fait tomber le Fief en commise.*
25. *Si la commise a lieu, quand le vassal a malicieusement suscité un autre Seigneur contre son Seigneur dominant.*
26. *Si le Fief tombe en commise, quand le vassal soûtient tenir du Roy.*

27. *Arrest qui a jugé la question precedente.*
28. *Si la commise n'a lieu que quand le desaveu est fait au Seigneur immediat.*
29. *Il n'est pas besoin de desaveu pour faire tomber un Fief en commise dans les Coûtumes de danger.*
30. *Si c'est un desaveu, quand le vassal obmet quelques articles dans son dénombrement.*
31. *Si c'est un desaveu, quand le vassal refuse avec opiniastreté de faire la foy & hommage à son Seigneur.*

1. LE Seigneur féodal a trois sortes de droits qu'il peut exercer en certains cas sur les Fiefs qui sont dans sa mouvance, sçavoir la saisie féodale, dont il est traité dans l'article 1. & autres, le retrait féodal dans les articles 20. 21. & 22. & la commise qui fait la matiere de cet article, par laquelle le Seigneur confisque le Fief de son vassal.

2. Commettre c'est confisquer, *sic merces committi dicuntur in fiscum, quæ apud publicanum professæ non sint; quod quis professus non est apud publicanos pro commisso habetur, l. 14. l. ult. de passim. de public.* ainsi la perte du Fief est tant pour le vassal que pour ses enfans, *si committatur feudum propter negationem vel aliam noxam vassalli, revertitur in perpetuum ad patronum*, dit du Moulin sur cet article glos. 1. nombre 134. & selon Mornac sur la Loy 1. *de his qui sui vel alien.*

3. Il y a plusieurs causes de la commise des Fiefs au profit des Seigneurs *in consuetudinibus feudorum*, comme l'aliénation du Fief sans le consentement du Seigneur féodal, la negligence de luy faire par le vassal la foy & hommage dans l'année, le desaveu temeraire, la felonie & quelques autres.

4. Nos Coûtumes n'en admettent proprement qu'une
5. seule, sçavoir l'ingratitude du vassal; l'ingratitude a toûjours été considerée comme un vice tres-grand, qui a donné lieu à l'exheredation des enfans, & à les priver même de leurs alimens, dont les causes sont rapportées dans la Novelle 115. à faire rentrer les affranchis dans l'esclavage, *l. 2. C. de lib. & eor. liber.* & à revoquer par les donateurs les donations qu'ils auroient faites, *l. ult. C. de revoc. don.*

6. Les Fiefs selon leur origine étoient donnez à vie, & comme ils procedoient de la seule liberalité des donateurs, ils étoient appellez benefices, & la donation par consequent pouvoit être revoquée par l'ingratitude des vassaux; & quoiqu'il y ait long-temps qu'ils soient possedez en pleine propriété, comme les autres biens, c'est néanmoins avec une espece de dépendance des Seigneurs dont ils relevent, comme si en effet les propriétaires ne les possedoient que par leur bien fait; c'est pourquoy l'ancien usage de la commise ou de la reversion des Fiefs aux Seigneurs pour l'ingratitude des vassaux envers eux, a été conservé dans nos Coûtumes pour les Fiefs, & non pour les rotures, pour lesquelles on ne fait point la foy & hommage & qui ne proviennent point originairement de la liberalité des Seigneurs en Fiefs; c'est la disposition des Coûtumes de Vitry art. 40. de Peronne art. 98. & d'autres.

7. C'est le sentiment de du Moulin sur l'art. 74. *glos. 1. num. 166. & seqq. quia feudi substantia est fidelitas & vassallus ad majorem fidelitatem & reverentiam adstringitur*, de Pontanus sur la Coûtume de Blois titre 8. §. 115. de Tronçon sur cet article *verbo*, qui denie, & sur l'article 73. *verbo*, Seigneur censuel de Chopin sur la Coûtume d'Anjou, *lib. 2. par. 2. cap. 2. tit. 1. n. 3.* & de Brodeau sur cet article *n. 6. & 7.*

8. Quoique l'ingratitude provienne de plusieurs causes, *l. ult. C. de revoc. don.* néanmoins nos Coûtumes ont reduit celles pour lesquels le vassal peut faire tomber son Fief en commise, à deux, sçavoir le desaveu & la felonie.

9. Nôtre Coûtume ne parle point du cas de felonie à cause de l'étenduë qu'on y peut donner, & quelque expression que l'on pût faire des causes de felonie, il y en auroit toûjours d'autres qui ne seroient pas prévûës, *facta hominum sunt infinita*; c'est pourquoy cela est laissé à l'arbitrage du Juge, d'estimer si le vassal a commis felonie par l'injure qu'il auroit faite à son Seigneur.

C'est une regle generale du droit des Fiefs & de nos Coûtumes, que par le desaveu du vassal le Fief tombe en commise suivant ce viel proverbe françois, *qui Fief dénie, Fief perd.*

Quoique cet article contienne cette décision generale, & sans distinction, toutefois cela s'entend pourvû que le desaveu soit fait de science certaine & de propos deliberé.

Loysel titre des Fiefs article 96. dit, *le vassal mal désavoüant perd son Fief.*

Voyez les Etablissemens liv. 2. chap. 29. & 38. Des Mares décision 134. Brodeau sur cet article nombre 3. & le Glossaire du Droit François sur felonie.

Voyez aussi *lib. 2. feudor tit. 26. §. 4. & Sugerium in vita Ludovici Grossi num. 21. & Schilterum ad jus feudale Allemanicum cap. 32. p. 207.*

C'est pourquoy quand la Coûtume dit, que *le vassal qui dénie, &c.* on doit l'entendre comme s'il y avoit *le vassal qui dénie malicieusement, témerairement, & non par erreur:* car le vassal ne confisque pas son Fief lorsqu'il dénie le Fief être tenu du Seigneur féodal, non par malice, mais par juste cause d'ignorance, comme il pourroit arriver en la personne de l'heritier d'un donataire; ou si le vendeur avoit celé à l'acheteur qu'il relevoit d'un tel Seigneur, & luy avoit dit que le Fief étoit dans la mouvance d'un autre, comme il a été jugé par Arrest du Parlement de Toulouse du 7. Juillet 1598. rapporté par Maître Cambolas liv. 2. chap. 45. par lequel le vendeur fut condamné à une amende envers le Seigneur. 10.

Cependant la saisie du Seigneur dure toûjours en pure perte, car il ne plaide point désaisi, c'est au vassal à couvrir le Fief; & à s'informer de qui il releve; car s'il croit relever d'un autre Seigneur, il doit luy faire sçavoir la saisie qui a été faite par un autre Seigneur, qui prétend que la mouvance féodale luy appartient sur son Fief, afin qu'il fasse pareillement saisir, & qu'ainsi ce vassal saisi & poursuivy par deux Seigneurs, se fasse recevoir par main souveraine, & joüisse pendant le procés entre ces deux Seigneurs, offrant de faire la foy & hommage à celuy qui obtiendra gain de cause, en consignant les droits si aucuns sont dûs, suivant l'article 60. 11.

Mais si le vassal n'étoit poursuivy que par un Seigneur, il seroit mal fondé de le dénier pour tel, sous pretexte qu'il l'ignoreroit s'il l'est veritablement, sans encourir la commise; & il ne confisqueroit pas son Fief pour ne l'avoüer pas, s'il avoit quelque juste cause d'ignorer sa mouvance, il perdroit seulement les fruits d'iceluy perçûs pendant la saisie, d'autant qu'il faut un desaveu pour faire tomber le Fief en commise.

Il y en a qui veulent que le desaveu soit fait en jugement, sçavoir Charondas, Tournet: du Moulin au contraire sur cet article *glos. 1. num. 25. & seqq.* & Brodeau *num. 10.* tiennent qu'il se peut faire tant en jugement, que hors jugement. 12. CHARONDAS TOURNET. DU MOULIN BRODEAU.

La raison est, dit du Moulin, que *Consuetudo §. nostri, loquitur simpliciter generaliter in negante, & si intellexisset de negatione judiciali duntaxat, facilè & absque dubio expressisset : igitur generaliter debet intelligi per jura vulgaria. Tum in negatione quæ est extrajudicialis, adest eadem ratio commissi, videlicet ingratitudo & offensa in eo quòd est forma essentialis & causa prima & finalis feudi, videlicet in fidelitate, &c.*

Quand le desaveu est fait hors jugement, il doit être fait serieusement, de certaine science, & de propos déliberé, & que le desaveu apparoisse par quelque acte serieux & fait exprés, & qui fasse connoître que le vassal a fait le desaveu malicieusement & par mépris de son Seigneur, autrement il pourroit être retracté, & ne causeroit point la commise du Fief.

Et parce que le desaveu fait hors jugement ne seroit pas facilement censé avoir été fait serieusement, mais par emportement & par colere, c'est ce qui a fait dire à plusieurs que le desaveu ne cause la commise que quand il est fait en jugement, n'y ayant plus lieu de retracter ce qui a été fait ainsi.

13. La raison pour laquelle le Fief tombe en commise pour un faux & temeraire aveu, est, dautant que par ce moyen le vassal fait mépris de son Seigneur ne voulant pas reconnoître qu'il tient de luy son Fief par bien-fait ; & se rendant ainsi ingrat en son endroit, il luy donne sujet de revoquer la concession qu'il en a faite aux premiers vassaux ; desquels le Fief a passé jusques à celuy qui fait le desaveu.

14. Deplus, ce vassal contrevient à la condition, sous laquelle la concession du Fief a été originairement faite, sçavoir de reconnoître pour Seigneur le bailleur à titre de Fief, c'est pourquoy à l'exemple des donations, telles concessions peuvent être revoquées, conformément à la Loy derniere *C. de revocand. donat.* dans laquelle entre les causes d'ingratitude est celle de n'avoir pas executé & accomply la condition, sous laquelle la donation avoit été faite par le donateur, *vel quasdam conventiones, sive in scriptis donationi impositas, sive sine scriptis habitas, quas donationis acceptor spopondit, minimè implere voluerit.*

Ce qui est encore fondé sur la Loy qui permettoit aux Patrons de revoquer la liberté donnée à leurs esclaves pour cause d'ingratitude, le Jurisconsulte Modestin rapporte en la Loy *6. §. 1. ff. de agnosc. & alend.* la Constitution de l'Empereur Commode en ces termes : *Imperatoris Commodi Constitutio talis profertur : Cùm probatum sit contumeliis patronos à libertis esse violatos, vel illatâ manu atroci esse pulsatos, aut etiam paupertate vel corporis valetudine laborantes relictos, primùm eos in potestatem patronorum redigi & ministerium dominis præbere cogi.* Et sur la Loy unique *Cod. de ingratis liberis*, qui permet aux peres de revoquer l'émancipation de leurs enfans pour cause d'ingratitude, & les faire rentrer dans la puissance paternelle. Charondas, Brodeau nombre 3. 4. & 5.

CHARONDAS BRODEAU.

Et dautant qu'un vassal ne peut pas faire une injure à son Seigneur plus grande, que de le desavoüer pour tel, c'est pourquoy le desaveu temerairement fait cause la perte du Fief, dans les Coûtumes mêmes qui n'en parlent point, suivant l'opinion de Brodeau nomb. 8.

BRODEAU.

15. La commise imposée pour peine au faux & temeraire aveu, n'est pas une peine simplement comminatoire, elle est fatale, irrevocable & irreparable, desorte qu'il n'est plus au pouvoir du vassal de la retracter & de se repentir, dautant que la Coûtume a étably cette peine contre les vassaux, pour les punir de l'injure atroce qu'ils ont faite à leur Seigneur.

DU MOULIN BRODEAU.

C'est le sentiment de du Moulin sur cet article *num. 18. 54. 55. 97. & 98.* & de Brodeau nombre 8. & 9.

La raison de du Moulin est, que *delictum est consummatum & jus commissi patrono quæsitum eo ipso quòd extitit conditio hujus §. undè res non est integra.*

C'est aussi l'avis de Pontanus sur l'article 101. §. 26. de la Coûtume de Blois, parce que le desaveu fait en jugement & sciemment emporte la confiscation du Fief *ipso jure*, par la disposition & la volonté de la Loy ; & partant on ne peut pas dire, que le vassal puisse le recouvrer par son repentir, & le faire perdre au Seigneur luy étant acquis, sans son fait & son consentement : il ne sert de rien de dire que le desaveu ne produit pas son effet avant la Sentence qui adjuge la commise, parce que cette Sentence ne fait que confirmer la peine imposée par la Loy contre le desaveu.

Pontanus tient aussi au même lieu que le desaveu 16.
fait hors jugement cause la commise du Fief, pourvû qu'il continuë son desaveu jusques à la contestation en cause ; ensorte néanmoins qu'avant le jugement il peut se retracter, ou avant que le Seigneur soit tenu de faire preuve du desaveu ; parce que *confessio extra judicium emissa super re vel jure reali, sive ex errore, sive ignorantia, sive ex certa scientia secundùm communem opinionem, veritatem rerum non intervertit, nec mutat.*

Charondas sur cet article dit, que le vassal peut
purger sa contumace & son desaveu avant le jugement, 17.
en offrant de faire la foy & hommage & payer les droits dûs au Seigneur, si aucuns sont dûs, avec dépens, dommages & interests.

C'est l'avis d'Argentré sur l'article 112. de la Coûtume de Bretagne *glos. 2. num. 3. propter grande commissi periculum, & celerem satisfactionem.* Monsieur le Prestre Centurie 3. chap. 42. est aussi de cette opinion.

Le desaveu se fait en plusieurs manieres remar- 18.
quées par du Moulin sur cet article *num. 9.* par Pontanus sur la Coûtume de Blois *d. loco*, par Chopin sur la Coûtume d'Anjou *lib. 2. Part. 3. cap. 2. tit. 2. num. 1.* par Brodeau nombre 11. & par d'autres Commentateurs de nos Coûtumes.

La premiere est, quand le vassal dénie directement & absolument la nature & la qualité de son Fief, soûtenant qu'il n'est pas tel, mais que c'est une roture.

La deuxiéme, quand le desaveu regarde la personne & la chose conjointement ; ce qui arrive lorsque le vassal dit, que son Fief ne dépend pas du Fief dominant, dont le Seigneur se dit être le propriétaire.

La troisiéme, quand le desaveu regarde seulement la personne du Seigneur ; comme quand le vassal avoüe la mouvance, mais qu'il soûtient que le Seigneur n'est pas propriétaire du Fief dominant, soit parce qu'il prétend que le Seigneur n'est pas heritier du défunt Seigneur, ou le mary de la Dame du Fief dominant, ou enfin qu'il n'a pas le titre de propriété du Fief qu'il prétend luy appartenir.

La quatriéme, quand le desaveu regarde la chose & non la personne, le vassal disant qu'il est en effet le vassal du Seigneur, mais qu'il ne releve pas son Fief d'un tel Fief, mais d'un autre Fief appartenant au même Seigneur, le Seigneur soûtenant le contraire.

La cinquiéme, quand le vassal ne dénie point le Fief entier, mais une partie seulement, qu'il dit être tenuë d'un autre Seigneur, ou qu'il dit être par luy possedée en franc-aleu & indépendamment d'aucun Seigneur.

La sixiéme, quand le desaveu ne concerne que la qualité du Fief, comme si le vassal soûtient que ce n'est pas un Fief lige, ou qu'il se gouverne selon nôtre Coûtume, & le Seigneur au contraire dit, que c'est un Fief lige, ou qui se regle suivant la Coûtume du Vexin-le-François.

Pontanus *loco citato* dit, qu'au premier & au second cas le Fief tombe en commise, parce que c'est un veritable desaveu, pourvû qu'il le fasse malicieusement.

19. Il faut excepter lorsque le vassal dit, que son Fief est un heritage roturier dans la censive de son Seigneur.

C'est la disposition de quelques Coûtumes, sçavoir Vermandois art. 200. Reims art. 128. & Melun art. 86. & 87.

CHARONDAS. C'est l'avis de Charondas.

20. Il faut dire aussi, qu'il y a lieu à la commise, quand le vassal soûtient malicieusement, que son Fief est un heritage tenu allodialement; parce qu'il le desavouë pour Seigneur, Charondas dit, que si le Seigneur prétend l'heritage être Fief & le possesseur franc-aleu, il y a du doute, il est plus juste qu'en affirmant par le possesseur qu'il ne propose tel fait par dol ou fraude, il ne soit tenu d'avoüer ou desavoüer celuy qui prétend la mouvance féodale; parce que la Coûtume reçoit le franc-aleu, ainsi le vassal est fondé sur la disposition d'icelle, & il seroit trop rigoureux d'adjuger la commise en ce cas.

Cette opinion me semble fort juste, car le vassal ne doit commettre son Fief que par un desaveu temeraire & fait malicieusement, c'est pourquoy s'il a sujet de prétendre son heritage un franc-aleu, comme s'il l'a acheté pour tel, le Seigneur ne peut pas prétendre la commise sous pretexte de desaveu, il faut auparavant qu'il justifie à son vassal que c'est un Fief qui est en sa mouvance.

21. Au troisiéme il dit, qu'il n'y a pas lieu à la commise, parce que le vassal ne desavouë pas que son Fief ne soit dans la mouvance du Fief dominant, mais que celuy qui le poursuit en soit le propriétaire, consentant ainsi à le reconnoître pour Seigneur au cas qu'il soit vray que la propriété du Fief luy appartienne.

Au quatriéme il prétend, que le Fief est sujet à la commise, quoique celuy qui agit, soit reconnu par le vassal pour propriétaire & Seigneur du Fief dont il prétend relever, parce que, dit-il, *substantiam feudi prorsus denegat, & quòd ille dominus utriusque feudi, est dominus feudalis, id naturaliter non fit, quia in facto ille non contulit beneficium feudi in clientulum, sed per accidens est dominus feudi dominantis, &c. quòd autem fides præstetur personæ, istud non est ratione personæ suæ, sed quia dominus est feudi dominantis, & sic per accidens. Et propterea in istis denegationibus & confessionibus feudi inspiciendum est ante omnia, an quis confiteatur vel neget feudi substantiam, an accidens, Bald. in c. 1. vers. ex prædictis. & in c. significante. sub fin. pen. coll. de appellat.*

Néanmoins je croy au contraire, que la commise n'a pas lieu, parce qu'elle n'est ordonnée que pour punir le vassal de l'injure qu'il fait à son Seigneur, en le desavoüant pour tel; or dans ce cas il ne le desavouë pas pour Seigneur, puisqu'il le reconnoît pour tel, pourvû que ce ne soit pas malicieusement & de dessein premedité, afin de faire tort à son Seigneur, car l'injure ne se peut faire *sine animo injuriandi*, d'où vient que l'injure ne se commet pas par les animaux, ni par ceux qui sont dépourvûs d'entendement, comme sont les furieux & les enfans, *l. 3. §. 1. ff. de injur.*

22. Au cinquiéme la commise n'a lieu que pour la partie desavoüée, suivant le sentiment de Pontanus, & de Brodeau nomb. 24. BRODEAU.

La raison est, que la peine ne doit point exceder le délit, *l. sancimus C. de pœn.* d'où il s'ensuit que si le vassal avoit vendu ou aliené une partie de son Fief avant le desaveu, la commise n'auroit lieu que pour la portion dont il se trouveroit propriétaire au tems du desaveu, & le Seigneur seroit mal fondé de vouloir revoquer l'aliénation qui auroit été faite par son vassal, le vassal ne pouvant confisquer que ce qui luy appartient

C'est le sentiment de du Moulin sur cet article *num.* 80. 81. & 83. de Chopin sur la Coûtume d'Anjou *lib. 2. part. 3. cap. 2. tit. 3. num.* 8. de Brodeau *num.* 26. DU MOULIN. BRODEAU.

Pareillement quoique le vassal tienne plusieurs Fiefs du même Seigneur, il ne confisque que celuy qu'il a desavoüé être tenu de luy.

C'est l'avis de du Moulin *num.* 168. de Charondas, qui dit que c'est pour cette raison que si le vassal abuse de sa Justice, il la perd, & non pas le reste du Fief, & il rapporte un Arrest du 21. Novembre 1558. qui l'a jugé ainsi, & de Brodeau *num.* 30. CHARONDAS. BRODEAU.

Et dautant que tous délits sont personnels, si un de plusieurs copropriétaires d'un même Fief a desavoüé son Seigneur, la commise n'a lieu que pour la portion qu'il a dans le Fief, & non pour les portions de ses copropriétaires, au cas qu'ils n'ayent fait aucun desaveu de leur part, de même que quand un des copropriétaires a fait ses devoirs & payé les droits au Seigneur, il obtient main-levée de la saisie féodale, laquelle dure & subsiste pour les portions des autres en pure perte des fruits, jusques à ce qu'ils se soient mis à leur devoir.

C'est le sentiment de du Moulin, de Pontanus, de Brodeau *dicto num.* 24. & des autres Docteurs. DU MOULIN. BRODEAU.

Au sixiéme, Pontanus dit, que la commise a lieu, parce que *feudum negare, & feudi conditionem & qualitatem negare idem sunt.* 23.

Brodeau *num.* 12. tient au contraire que le Fief ne tombe point en commise, *& rectè*, principalement quand on ne desavouë point le Seigneur, & qu'on soûtient seulement qu'il n'est point tenu aux charges prétenduës par le Seigneur; car quand je dis que mon Fief releve de Titius, mais non pas en hommage lige, ou qu'il se regle suivant la Coûtume de Paris, & non aux Us & Coûtumes du Vexin-le-François, je ne le desavouë pas pour Seigneur, c'est une prétention qui est à justifier par le Seigneur, dautant que la présomption m'est favorable, y ayant lieu de croire que mon Fief se regle *ad instar* des autres situez dans cette Coûtume.

Il est donc constant, que pour un desaveu fait témerairement & malicieusement, le Fief du vassal tombe en commise. 24.

Mais on demande s'il en est de même du faux aveu, qui se fait lorsque le vassal avouë & fait la foy & hommage à un autre Seigneur qu'à celuy duquel il releve, le reconnoissant pour son Seigneur?

Nous avons quelques Coûtumes qui ordonnent la commise dans l'un & l'autre cas, pourvû que le faux aveu soit fait de dessein premedité & malicieusement la Coûtume de Sens en l'article 198. porte, que *le vassal qui sciemment fait faux aveu, & reprend d'autre Seigneur que celuy qu'il sçait être son féodal, commet son Fief, tout ainsi que si sciemment il dénioit ledit Fief.*

C'est aussi la disposition de la Coûtume d'Auvergne, chapitre 22. article 18. & de Nivernois chap. 4. art. 66.

Celle de Melun art. 86. est contraire, requerant pour cet effet un desaveu formel.

La difficulté est de sçavoir quelle disposition doit avoir lieu dans les Coûtumes qui n'en parlent point, comme celle de Paris?

Du Moulin sur cet article *num.* 165. tient qu'il faut un desaveu formel, quoique par un faux desaveu le vassal fasse une injure à son Seigneur, & que c'est une ingratitude qui paroît aussi punissable que celle du desaveu exprès, toutefois il dit, qu'encore que la commise dût avoir lieu, néanmoins parce que la Coûtume ne l'ordonne pas, *non servatur tantus rigor, sed satis est quòd vassallus vero patrono prosequente jus suum non abneget illum in patronum.* DU MOULIN.

C'est aussi le sentiment de Papon sur la Coûtume

CHARONDAS BRODEAU. de Bourbonnois article 376. de Charondas & de Brodeau nomb. 13.

LAURIERE. Maître Lauriere est de même sentiment que le faux aveu, quoique frauduleux & temeraire, ne doit point emporter de confiscation, parce qu'il n'y a point de *déni* ou de desaveu formel. Il ajoûte que cela a été reçû contre l'ancien usage. Voyez Beaumanoir chap. 45. des aveus : les établissemens de France liv. 2. chap. 29. & dernier, & des Mares, décision 134. 299. & 302.

25. Que si le vassal étant poursuivy par son Seigneur pour le reconnoître, avoit suscité malicieusement & à dessein un autre Seigneur pour contester contre luy la mouvance féodale, ayant refusé de le reconnoître, par ce moyen il commettroit son Fief, parce que ce seroit un veritable desaveu.

Charondas sur l'article 45. remarque un Arrest du 28. Juin 1561. qui l'a jugé ainsi.

La raison est, que le refus qu'il auroit fait de le reconnoître, sous pretexte de la contestation pour la mouvance féodale formée par un autre, seroit un veritable desaveu.

26. Cet article souffre une exception, sçavoir lorsque le vassal soûtient que son Fief est dans la mouvance du Roy, car comme il n'y a point de Fief qui ne releve du Roy, mediatement ou immediatement, & que ce n'est pas une injure que le vassal fasse à son Seigneur que de préferer le Roy à luy, il ne peut pas prétendre faire tomber son Fief en commise, comme pour cause d'ingratitude, non seulement quand il l'a fait *ex errore & ignorantia*, mais aussi quand c'est de dessein prémedité, mais si Monsieur le Procureur General ou son Substitut étant intervenu en cause à la requête du vassal, avoit abandonné la mouvance, & que cependant le vassal continuât son desaveu & fist refus de reconnoître son Seigneur, il est sans doute, qu'il confisqueroit son Fief, non pour avoir avoüé le Roy, mais pour avoir temerairement & malicieusement persisté en son desaveu.

CHARONDAS BRODEAU. TRONÇON. Charondas sur l'article 45. Brodeau nombre 17. & 18. Tronçon sur cet article *verbo* qui dénie.

Ce qui est confirmé par le Grand Coûtumier livre 2. titre des Délits, en ces termes : *si vassallus advocat dominum Regem, supposito quòd non sit dominus, propter hoc non perdit feudum ; secùs si alium dominum advocaret.*

La Coûtume de Meaux article 185. dit, que *celuy qui avoüe le Roy pour son Seigneur, ne confisque point son Fief, pourvû que ce soit sans fraude* ; dans cette Coûtume celuy qui avoüeroit le Roy pour son Seigneur malicieusement & à dessein de faire perdre la mouvance de son Fief à son Seigneur, confisqueroit son Fief, mais il n'en seroit pas de même dans la nôtre, qui n'a pas une semblable disposition.

TRONÇON. Tronçon sur l'article 45. *verbo* dénie, dit qu'en cas d'incertitude de la mouvance du Fief, le vassal doit avoüer le Roy pour son Seigneur pour éviter le desaveu, ou pour n'être obligé d'avoüer pour Seigneur celuy qui ne le seroit pas en effet ; néanmoins il est plus à propos que le vassal qui ignore celuy qui est son Seigneur, fasse la foy & hommage au saisissant, principalement quand il ne doit aucuns droits, & au cas qu'il en doivent, qu'il les paye avec protestation de les repeter, si son Fief est dans la mouvance d'un autre Seigneur, declarant n'avoir aucune connoissance qu'il releve de luy.

La Coûtume de Reims article 127. en dispose ainsi en ces termes : *ne suffit au vassal de dire qu'il tient son Fief du Roy contre le Seigneur Superieur ; ains faut qu'expressément il avoüe celuy ou desavoüe qui prétend être son Seigneur.*

Celles de Laon article 198. de Chalons article 199. de S. Quentin article 80. & de Ribemont article 29. en disposent de même.

Brodeau nombre 18. remarque un Arrest du 21. Août 1649. donné en la Chambre de l'Edit au rapport de Maître Magdeleine, par lequel sur la demande de la commise par Messire Charles Descoubleau Marquis de Sourdis, de la portion de la Terre & Seigneurie de Courtabeuf, dont la mouvance luy appartenoit à cause de la Terre de Magny-Lessart, en conséquence du desaveu de René Parrain Sieur des Coutures, qui avoit soûtenu au procés, que la Terre de Courtabeuf étoit entierement mouvante du Roy à cause du Comté de Mont-lhery, dépendant de l'Appanage de Monsieur le Duc d'Orleans, les parties furent mises hors de Cour, quoique le Marquis de Sourdis soûtint qu'il y avoit grande difference entre avoüer la mouvance du Roy, & celle d'un Appanagiste ; dautant que le premier regarde le Roy immediatement ; & l'autre mediatement ; & que Monsieur le Duc d'Orleans ayant abandonné la mouvance, ledit Parrain eût persisté en son desaveu. 27. Brodeau.

Le Fief ne tombe en commise que pour le desaveu fait au Seigneur immediat suivant ces termes : *être tenu du Seigneur féodal*, lesquels ne s'entendent pas du Seigneur suzerain : Que si le Seigneur suzerain tenoit saisi l'arriere Fief, & que l'arriere-vassal le desavoüât pour son Seigneur suzerain, ne voulant point reconnoître d'autre Seigneur que son Seigneur immediat, il n'y auroit pas lieu à la commise, parce qu'il n'y a pas une si étroite obligation de l'arriere vassal envers le Seigneur suzerain, que du vassal envers le Seigneur immediat. 28.

Mais si l'arriere-vassal desavoüoit le Seigneur suzerain comme tel, declarant qu'il ne tient point son Fief en arriere-Fief de luy, il pourroit y avoir lieu à la commise s'il le faisoit malicieusement & par mépris, & la propriété en appartiendroit au vassal saisi & la joüissance au Seigneur suzerain ; il est difficile que ce cas là arrive, & le jugement dépendroit des circonstances.

Il n'est pas besoin de desaveu dans les Coûtumes où les Fiefs sont de danger, puisqu'ils tombent en commise dés que le vassal s'est mis en possession de son Fief sans le consentement du Seigneur. 29.

Ce n'est pas un desaveu, lorsque le vassal obmet quelque partie de son Fief dans son dénombrement, sauf au Seigneur à blâmer les articles obmis. Voyez sur l'article 10. 30.

Ce n'est pas aussi un desaveu, lorsque le vassal dont le Fief est saisi par son Seigneur, refuse avec opiniâtreté de luy faire la foy & hommage ; mais c'est une injure qu'il luy fait, pour laquelle il peut faire ordonner par le Juge, que dans un certain temps il luy portera la foy & hommage sur peine de commise. C'est le sentiment de Guerin sur l'article 1. *verbo*, pendant la main-mise ; c'est aussi le mien. 31.

§. 2. De la commise pour felonie.

SOMMAIRE.

1. *Felonie, ce que c'est.*
2. *Etymologie de ce mot.*
3. *Causes de la revocation de la donation entre-vifs.*
4. *Si l'injure atroce est reputée felonie.*
5. *Arrest pour un démenti donné par un vassal à son Seigneur.*
6. *Si l'injure est reputée plus grande aprés la reception en foy qu'auparavant.*
7. *Si battre & maltraitter son Seigneur est felonie.*
8. Quid, *d'avoir causé la perte de ses biens.*
9. *Ou de s'estre porté accusateur contre luy.*
10. *Ou avoir attenté à sa vie.*
11. *N'avoir pas accompli les clauses portées par l'investiture.*
12. *Felonie, cause de commise dans toutes les Coûtumes.*
13. *Si dans les Coûtumes qui n'en parlent point, les causes de felonie sont laissées à l'arbitrage du Juge.*
14. *Si le legataire sous condition peut commettre felonie avant l'évenement d'icelle.*
15. *Si avant l'évenement de la condition, l'heritier peut faire tomber le Fief legué en commise.*
16. *Si le Seigneur peut saisir le Fief pour felonie, quand le vassal est investi.*

1. FElonie est une déloyauté qui se commet par le vassal, lorsque malicieusement il met la main sur son Seigneur, qu'il le maltraite & outrage de paroles injurieuses, ou qu'il machine sa mort ou son des-honneur ; c'est une ingratitude dont la peine est la confiscation du Fief du vassal au profit de son Seigneur ou de ses heritiers.

La raison est, que comme les Fiefs sont considerez, eu égard à leur origine, comme des biens-faits accordez par les Seigneurs à leurs vassaux, ils sont revoquez par leur ingratitude à l'exemple des donations, qui se peuvent revoquer par les donateurs pour l'ingratitude des donataires, comme il a été remarqué cy-dessus.

2. Brodeau nombre 2. observe plusieurs étymologies de ce mot *felon*, entre lesquelles celle-cy me semble plus juste, qui le dérive du mot Latin *fel*, le fiel étant le siege de la colere, desorte que ce mot *felon* signifie en vieux François un homme qui est cruel & inhumain.

3. Du Moulin sur cet article, *num.* 136. dit, qu'il y a cinq causes pour lesquelles une donation peut être revoquée, qui peuvent donner lieu à la commise, & que cependant c'est au Juge d'en examiner le merite par les circonstances, ainsi qu'il s'observoit autrefois pour l'exheredation des enfans, avant que l'Empereur Justinian eût declaré les causes pour lesquelles ils peuvent être exheredez par la Novelle 115. *cap.* 3.

4. La premiere, est une injure atroce faite par le vassal à son Seigneur, à sa femme, ou à ses enfans, comme si le vassal avoit donné un démenti à son Seigneur, qu'il eût commis adultere avec sa femme, quoique du consentement d'icelle, ou qu'il eût débauché sa fille.

Ainsi jugé par Arrest, prononcé en Robes rouges, le 23. Decembre 1556. remarqué par Monsieur Loüet lettre F. nomb. 9. par Charondas sur cet article, par Tournet & Brodeau nomb. 6.

5. Un vassal fut condamné à faire amende honorable pour avoir démenti son Seigneur en Jugement, la Cour l'ayant obligé de declarer en presence du Seigneur & de quelques personnes remarquables, que témerairement, indiscretement & malicieusement il l'avoit démenti. Et deplus, il fut privé par cet Arrest de l'usufruit de son Fief sa vie durant, pendant laquelle le Seigneur, ses hoirs, ou autres ayans cause en joüiroient, à la charge de le rendre & restituer aux enfans ou autres heritiers du vassal aprés sa mort.

La Cour apporta par cet Arrest un temperament à la rigueur du droit des Fiefs, car il est certain qu'il devoit perdre & confisquer totalement son Fief, & que si la même question se présentoit, peut-être que la Cour adjugeroit la commise au Seigneur, ce qui dépend fort de la circonstance de la cause du démenti, & de la qualité des personnes du Seigneur & du vassal, la grieveté d'une injure, augmentant ou diminuant par telles circonstances, *toto tit. ff. C. & Instit. de injur.*

On remarque un autre Arrest du 7. Septembre 1574. par lequel la Cour avoit adjugé la commise du Fief servant pour avoir par le vassal assailly son Seigneur féodal en sa maison en armes avec enseigne déployée.

Cet Arrest est cité par le Grand sur l'article 39. de la Coûtume de Troyes *glos.* 3. *num.* 12.

Du Luc liv. 8. ch. 3. fait mention d'un autre rendu sur des circonstances particulieres.

Si l'offense du vassal doit etre estimée moindre avant la reception en foy, qu'aprés ? 6.

C'est le sentiment de du Moulin sur cet article *n.* 147. d'Argentré sur l'art. 616. *num.* 5. de la Coûtume de Bretagne, & de la plus grande partie des autres Docteurs, que la commise du Fief doit être adjugée pour l'offense commise, tant auparavant la reception qu'aprés, & que les Arrests qui ont jugé le contraire, rapportez par Chopin *lib.* 3. *privil. rusticor. cap.* 8. avoient été rendus sur des circonstances particulieres.

La seconde est, lorsque le vassal a mis les mains sur son Seigneur, & qu'il l'a mal-traité. 7.

Charondas sur cet article, remarque un Arrest du Parlement de Bretagne du 30. Octobre 1573. par lequel le vassal confisqua & perdit son Fief pour homicide commis en la personne de son Seigneur.

Il cite au même lieu un autre Arrest du 13. Mars 1562. qui adjugea la joüissance du Fief du vassal au Seigneur pendant la vie du vassal ; parce qu'il en avoit été mal-traité.

La Coûtume de Melun dit en l'article 83. que *le vassal perd son Fief quand par mal talent il met la main a son Seigneur à tort, ou forfait à sa femme ou à sa fille.*

Celle de Reims article 129. en dispose de même.

Ce même Auteur dit avoir vû juger par Arrest de la Cour, que si le vassal ayant tué son Seigneur, obtient remission du Roy, il est néanmoins privé sa vie durant de son Fief.

La troisiéme est, au cas que le vassal ait causé de dessein prémedité la perte des biens ou de la plus 8.

grande partie des biens du Seigneur, soit par procés ou autrement.

Cette cause ne seroit pas suffisante, à mon avis, pour causer la commise, mais cela dépend des circonstances, car si c'étoit, par exemple, par un faux témoignage fait par le vassal contre son Seigneur, qui fût reconnu tel dans la suite du temps, & qui eût causé la perte des biens du Seigneur, la felonie seroit assez griéve pour donner lieu à la commise.

9. *Si le vassal qui se porte pour accusateur contre son Seigneur, luy fait injure, & fait par ce moyen tomber son Fief en commise?*

Il est constant, que le donataire qui s'est rendu accusateur, ou qui a déposé comme témoin contre le donateur, d'un crime par luy commis, *propriam vel suorum injuriam prosequens*, n'est pas reputé ingrat envers le donateur, *argumento à contrario sensu l. filio. §. sua. ff. de adimend. legat. glos. in capit. 1. §. item si delator. quæ fuer. prima cau. benefic. amitt. in feud.* encore que le fils qui a accusé son pere de crime, quoiqu'il en soit coupable, puisse être par luy exheredé suivant l'Authentique *ut cum de appellatio. §. causas. ubi DD.*

Mais le donataire qui auroit accusé le donateur d'un crime qui ne le regarde point ni les siens, seroit reputé ingrat, & la donation pourroit être revoquée par le donateur; de même qu'en tous les autres cas, ausquels le donataire n'est pas obligé de dénoncer le crime à la Justice, *l. 1. ff. de his quib. ut indign.*

Il en seroit de même à l'égard du vassal suivant l'opinion de Chopin sur la Coûtume d'Anjou livre 2. ch. 1. tit. 3. nomb. 4. car il n'y a rien qui soit plus contraire à la fidelité, que d'accuser son Seigneur d'un crime dont la peine pourroit luy faire perdre la vie; ce qui dépend des circonstances, que le Juge doit examiner avec exactitude, en n'adjugeant pas legerement la commise qui est un droit tres-rigoureux contre les vassaux.

10. La quatriéme est, si le vassal a dressé des embûches à la vie de son Seigneur, comme s'il est convaincu de l'avoir voulu tuer, & d'avoir fait tous ses efforts pour executer le dessein qu'il en auroit conçû, je croy que ce seroit un sujet assez fort pour ordonner la commise, n'y ayant pas d'ingratitude plus grande que celle-là.

11. La cinquiéme est, si le vassal n'a pas accompli les clauses & conventions apposées dans l'investiture ou dans la premiere concession du Fief; néanmoins cette cause ne seroit pas suffisante, & le Seigneur n'auroit que l'action pour contraindre son vassal à executer ce à quoy il seroit obligé par les charges & conditions, sous lesquelles le Fief auroit été baillé à ses predecesseurs.

12. C'est l'usage general de toute la France, que le vassal confisque son Fief par felonie.

C'est la disposition expresse de la Coûtume de Peronne article 68. & de Reims article 129. qui porte, que *si le vassal a machiné la mort & destruction de son Seigneur, ou pourchassé son vilain des-honneur, ou autre dommage notable, ou en haine de la saisie de son Fief, & autre exploit féodal, par rebellion ait battu ou injurié sa personne, & de fait expulsé du Fief son Seigneur, & de tout ce il soit atteint & convaincu suffisamment, iceluy vassal confisque son Fief. Mais si le semblable est fait à la personne du Sergent faisant la saisie, ou des Commissaires par luy établis exerçans leur commission, sera tenu le vassal amander telle offense à l'arbitrage du Juge sans commise.*

Par l'article 189. de la Coûtume d'Anjou, il est porté, que *si le vassal met les mains sur son Seigneur, sa femme ou son Sergent, ou autre son Officier faisant son Office, ou en contemps d'iceluy Officier, ou de son Seigneur malicieusement, il perd son Fief. Et s'il commet trahison & felonie contre son Seigneur, il perd son Fief.*

Par l'article suivant de la même Coûtume, il est dit que *si le sujet est sommé par son Seigneur de se départir du domaine de son Seigneur qu'il auroit avoüé & entrepris sur luy, & que depuis la sommation il y persiste malicieusement jusques en diffinitive, il perd autant que vaut ce qu'il a voulu entreprendre du domaine de son Seigneur, & il est condamné en amande arbitraire.* La Coûtume du Maine art. 207. & 208. en disposent de même.

La Coûtume de Lodunois chapitre 38. dit, que *le vassal perd son Fief dans les cas suivans: Premierement s'il met les mains malicieusement sur son Seigneur; s'il entend parler de son Seigneur d'aucun cas de trahison, & il ne le luy découvre pas: s'il a connu charnellement sa femme, ou sa fille étant pucelle: ou si son Seigneur luy a baillé en garde une pucelle & qu'il en ait abusé; ou s'il a battu excessivement le Sergent de son Seigneur en faisant son Office.*

Celle de Bretagne dit en l'article 661. *qui met la main sur son Seigneur pour mal & le frappe, il perd tout ce qu'il tient de luy, si le Seigneur ne luy faisoit excés & injure paravant, par quoy il l'eût frappé en son corps défendant.*

Dans les Coûtumes qui n'en parlent point comme 13.
celle de Paris, les causes de felonie sont laissées à l'arbitrage du Juge, qui doit examiner l'injure qui a été faite au Seigneur, si elle est assez griéve pour faire tomber en commise pour la propriété ou l'usufruit seulement, le Fief du vassal.

Si le legs est fait sous condition ou dans un cer- 14.
tain temps, la felonie du legataire faite auparavant l'évenement d'icelle, ne peut pas commettre le Fief qui luy est ainsi legué, parce qu'il ne peut pas perdre ce qu'il n'a pas, *non potest videri desiisse habere, quod nunquam habuit; l. non potest. ff. de R. J.* & comme il est dit en la Loy *non videntur. ff. eod. tit. Non videntur rem amittere, quibus propria non fuit;* comme dit du Moulin *num. 160. Tunc offensa legata- Du Mou
rii, cùm adhuc non sit vassallus, nec adstrictus fidelitati, non potest dici felonia sive ingratitudo clientelaris, nec facit feudum committi, nec amittit jus offendentis.*

Que si pendant l'évenement de la condition ou du 15.
iour auquel le legs auroit été fait, l'heritier commet felonie, il ne commet le Fief qu'au cas que par le défaut de la condition, ou par la mort du legataire avant l'évenement du temps, l'heritier en devint propriétaire; mais il ne le commettroit pas au préjudice du legataire *adveniente conditione, argum. leg. fin. in fine C. commun. de legat.*

Il en faut dire de même de l'ingratitude commise par l'acheteur sous faculté de remeré, laquelle ne nuit point au vendeur ni à son heritier pour exercer le retrait conventionnel, parce que dit du Moulin, *illi nedum simplex jus ad rem & personalis actio competit, sed etiam actio in rem scripta & jus in re. Et sic venditor vel ejus heres poterit à patrono jure commissi possidente redimere, & tenebitur patronus recepto redemptionis pretio illum investire, nullo utili jure feudali ratione redemptionis exacto.*

Si le Seigneur peut saisir le Fief de son vassal pour 16.
felonie, au cas qu'il soit investy & qu'il ait fait la foy & hommage?

On répond que non, parce que quoique la confiscation ait lieu, toutefois *non nisi præcedente sententiâ declaratoriâ debet res occupari & apprehendi*, & le vassal ne peut pas être privé de son Fief *nisi convictus causâ cognitâ*; & même il demeure en possession pendant l'appel de la Sentence adjudicative de la commise, & nôtre Coûtume ni les autres ne permettent point au Seigneur de saisir le Fief de son vassal, sinon par faute d'homme, droits & devoirs non faits & non payez, suivant l'article 1. & faute du dénombrement baillé pendant le temps porté par l'article 8. Il faut excepter le Fisc, lequel commence par la saific ; parce que selon du Moulin *specialis est prærogativa fisci regalis incipere à prehensione vel saisia, quod non competit cæteris dominis terrarum, etiam merum habentibus imperium.*

§. 3. Qui peut faire tomber un Fief en commise, & au profit de qui.

SOMMAIRE.

1\. LA confiscation & la commise sont des especes d'aliénation ; & puisqu'on ne peut aliéner la chose d'autruy, parce qu'on ne peut pas en transferer la proprieté qu'on n'a pas ; il n'y a que le propriétaire d'un Fief qui a la faculté de disposer de ses biens, qui peut commettre par desaveu ou par felonie des Fiefs : d'où il s'ensuit que le mary
2\. peut commettre les Fiefs de la communauté au préjudice de la portion que la femme peut en esperer avenant la dissolution d'icelle : La raison est, que comme il peut disposer des biens de la communauté sans le consentement de sa femme à titre onereux ou lucratif entre-vifs, comme maître absolu, suivant l'article 225. & que les interêts civils adjugez contre luy pour quelque crime, pour lequel il ne seroit pas condamné à mort, se prennent sur la communauté, le Fief aussi de la communauté tombe entier dans la commise, sans qu'il soit obligé ou ses heritiers d'en faire recompense à la femme ou à ses heritiers.

3\. Brodeau sur cet article, nomb. 22. tient au contraire, que le mary ne commet pas la portion du Fief que la femme peut esperer ; c'est une erreur indubitable, par les raisons remarquées cy-dessus, & que pendant le mariage la femme n'a aucun droit actuel dans les biens de la communauté, il n'est que virtuel & habituel, & ne devient actuel & effectif que par la dissolution de la communauté ; c'est le sentiment de Du Moulin sur cet article, glos. 1. n. 87. que le mary peut commettre les Fiefs de la communauté au préjudice de sa femme, *solius mariti negatio aut felonia facit feudum in totum & perpetuo committi & acquiri patrono etiam in perpetuum in præjudicium uxoris ; tum primò, quia maritus constante matrimonio est pleno jure dominus omnium bonorum conquæstuum, & non uxor, licet ea habeat dominium media partis in habitu, sed infirmum & resolubile, & quod non exit in actum, nec habet vires nisi in puncto dissolutionis vel separationis matrimonii ; tùm secundò, quia maritus potest nomine suo proprio conquæstus alienare dando & disponendo. Tum tertiò, quia etiam, quod durius est, præter intentionem mariti propter ejus delictum, in totum confiscantur non reservatâ aliquâ parte uxori. Igitur multò fortiùs potest statu personæ manente integro, ea confiscare patrono ex causa negationis vel feloniæ, cum hoc procedat magis ex naturâ & conditione rei huic oneri affecta quam ex punitione delicti.*

Que si le mary étoit condamné à mort pour felonie, il ne confisqueroit que sa part dans le Fief & 4.
non celle qui appartiendroit à sa femme, dautant que la condamnation à mort ayant effet retroactif au jour du crime commis, qui auroit causé la dissolution de la communauté, le droit dans la moitié est deslors acquis à la femme, laquelle n'a pû tomber dans la commise. Voyez sur le titre 183. si le mary confisque la part de la femme dans les biens de la communauté.

La femme ne peut commettre les Fiefs de la communauté ni en tout ni en partie ; parce que tant 5.
qu'elle dure, elle n'y a aucune part. Voyez sur l'article 183. Si elle peut confisquer la part qu'elle a dans les biens de la communauté.

Elle ne peut point aussi commettre par un faux & 6.
temeraire desaveu son propre Fief (parce que c'est au mary à faire la foy & hommage au Seigneur pour les Fiefs qui appartiennent à sa femme) à moins qu'elle ne soit autorisée par son mary ; que si elle se faisoit autoriser par Justice, elle ne le confisqueroit pas, parce que la Justice n'autorise la femme que subsidiairement au refus de son mary, lorsqu'il s'agit de son interêt, & non pour la perte de ses biens ; & cette autorisation seroit absurde.

Charondas sur cet article remarque un Arrest du CHARONDAS
4\. Decembre 1557. par lequel un desaveu fait par la femme autorisée par Justice au refus de son mary, a été declaré nul ; parce que la femme ne peut aliéner ses biens sans son autorité, ou l'autorisation par Justice avec juste cause. Mais elle peut commettre son 7.
Fief pour felonie, sans préjudice au mary de la joüissance pendant le mariage.

Quoique le mary soit consideré comme maître des 8.
biens de sa femme, & que c'est luy qui fait les devoirs pour les Fiefs qui luy appartiennent ; néanmoins il ne peut pas les faire tomber en commise, soit par desaveu ou par felonie ; mais parcequ'il est le vassal du Seigneur pendant le mariage, il espere la joüissance, selon du Moulin, *loco citato*, n. 83. *quia quandiu durat matrimonium maritus habetur pro Domino & pro vassallo, & facit fructus & honores feudi suos, & hi fructus committuntur & acquiruntur patrono qui poterit manum injicere, vel declarationem & adjudicationem commissi in judicio petere quandiu vivet maritus, & non ultrà, cùm non sit verus Dominus propriorum uxoris ; nec possit ea alienare nec contrahendo, nec delinquendo. Unde soluto matri-*

monio sive morte viri, sive morte uxoris statim ipso jure finitur illud commissum, & feudum cum fructibus ex eo tempore restituendum est ejus vidua vel heredi, justa obsequia & jura prestanti : mais s'il n'y a point de communauté, & que la femme ait l'administration & la joüissance de ses biens, le mary n'en peut commettre les fruits.

Que si aprés la felonie commise par le mary, & la commise adjugée des fruits des Fiefs de la femme qui étoit en communauté, elle se fait separer par Justice sans fraude, la commise cesse, *cessante causâ*, & si par aprés la communauté étoit rétablie, la commise sur les fruits le seroit aussi; parce que selon du Moulin, n. 85. *vitium ingratitudinis semel contractum donec gratia patroni deletum sit, perpetuò sequitur, & comitatur personam ingrati, sicut lepra leprosum.*

CHARONDAS Charondas tient au contraire, que le mary ne peut par desaveu commettre les fruits du Fief de sa femme, parce qu'elle peut au refus de son mary faire les devoirs au Seigneur, se faisant autoriser par Justice; ce que je ne crois pas veritable, parce que le Seigneur n'est pas obligé de la reconnoître pour sa vassalle, tant qu'elle est sous l'autorité de son mary, & qu'il a la joüissance de ses biens; que c'est à luy à faire la foy & hommage, étant reputé le vassal du Seigneur pendant la vie de sa femme & la communauté.

9. Tout autre usufruitier ne peut pas commettre sa joüissance par desaveu ni par felonie, parce qu'il n'est pas vassal, c'est le sentiment de Charondas & de Brodeau, n. 10.

La Coûtume de Mondidier, art. 70. dit que le Baillistre ne peut commettre que les fruits du Fief dont il joüit, pendant le bail; dans les Coûtumes qui n'en parlent pas je ne crois pas que cette disposition ait lieu, parce que le Baillistre ou Gardien n'est point le vassal du Seigneur.

10. CHARONDAS BRODEAU. A l'égard du Beneficier qui possede un Fief, il ne peut desavoüer le Seigneur dominant sans un consentement exprés du Superieur, Charondas, Brodeau, nomb. 22. & il ne peut commettre le Fief appartenant à l'Eglise, duquel il joüit, parce que le Beneficier n'est pas le proprietaire de ce Fief; ainsi par Arrest du 22. Août 1573. entre les Chartreux du Val-Dieu, d'une part, & Jacques d'Iliers, d'autre, il fut ordonné qu'ils feroient autoriser leur desaveu par le General de l'Ordre de la Grande Chartreuse de Grenoble.

LABBE', TRONÇON. Cet Arrest est rapporté par Labbé & par Tronçon, *verbo*, qui denie, parce que le Beneficier, *Ecclesiasticarum rerum procurator est, non dominus, cap. fraternitatem. Ext. de donat. can. si Episcopum. 16. quæst. 6.* mais il ne les peut pas aliéner, *clement. de reb. Eccles. non alien. & Authent. hoc jus porrectum. C. de sacros. Eccles.*

Monsieur le Maistre en son Traité des *Fiefs & hommages*, chap. 2. remarque un autre Arrest du Mardy 2. Mars 1534. entre Maître Jean Gilbert Avocat du Roy, appellant de Messieurs des Requêtes du Palais, contre le Commandeur de Ville-Roy, par lequel la Sentence de Messieurs des Requêtes fut infirmée, par laquelle ils luy avoient fait main-levée de certains heritages saisis à la requête dudit Gilbert, faute d'homme, foy & hommage, sous pretexte que le Commandeur l'avoit desavoüé, le desaveu n'étant autorisé, ni decreté par le Superieur, comme il étoit requis.

Il semble par ces Arrests que le Religieux ou le Beneficier confisque le Fief *in perpetuum*, au préjudice de l'Eglise, par un desaveu temeraire fait du consentement du Superieur; néanmoins je crois que la commise ne tombe que sur les fruits au préjudice du Beneficier pendant sa vie; car la proprieté du Fief reside dans l'Eglise, dont les biens ne peuvent point être aliénez par les Titulaires des Benefices du consentement des Superieurs, il faut y observer les formalitez requises par les ordonnances, & que *constet de necessitate aut utilitate*; ainsi la commise n'en peut être adjugée, & quand elle le seroit, l'Eglise pourroit en être restituée.

D'où il s'ensuit que le Titulaire ne peut commettre que sa joüissance, *transfert in patronum talem usum & commoditatem, qualem habiturus erat sine prejudicio Ecclesiæ in futurum*; & partant s'il resignoit son Benefice, le Seigneur cesseroit de joüir du Fief, parce que *cessio habetur pro morte, & omninò quantum ad Beneficium cessum, velut mortuus est*, & s'il y rentroit par de nouvelles provisions, *revivisceret commissum, alioquin facilè jura feudalia in totum fraudarentur, ad vitandam autem fraudis occasionem fit extensio in pœnalibus*, dit du Moulin.

Le prodigue ne peut pas commettre son Fief par desaveu, mais il le peut par felonie, selon du Moulin, n. 93. il ne peut pas le commettre par un desaveu, parce que *non est habilis persona ad abnegationem patroni, & exercendam clientelam, & alienationem bonorum*: mais il peut le perdre par crime, *quia capax delicti, capax est pœnæ, l. 1. & 2. C. si advers. delict. l. impunitas. C. de pœn.* 11.

C'est une question, *si le mineur de vingt-cinq ans, & majeur de la majorité feodale peut commettre son Fief.* 12.

Du Moulin n. 170. tient l'affirmative, sans qu'il puisse se servir du Benefice de restitution contre le desaveu fait malicieusement, *& ex certa scientia*; parce que *adversus dolum non restituuntur minores, l. 1. & l. auxilium. ff. de minor.* Ce qu'il estime avoir lieu, quoique le desaveu eût été fait avec l'autorité de son tuteur ou curateur; parce que *nihil operatur ubi agitur de delicto, vel ubi manifestè apparet non esse justam causam autorandi, l. fin. C. si major fact.* pourvû que le mineur ait l'âge suffisant *ad fidelitatem prestandam*, & en cela il n'est pas plus favorable que le majeur de vingt-cinq ans, selon ce Docteur. DU MO[ULIN]

Je ne crois pas cette opinion soûtenable; car quoique le majeur de la majorité feodale puisse valablement rendre ses devoirs à son Seigneur sans l'autorité de son curateur; néanmoins il ne peut pas le desavoüer par un desaveu qui puisse causer la perte de son Fief, puisque le mineur de vingt-cinq ans ne peut pas aliéner ses biens sans ordonnance du Juge, & avec connoissance de cause, *tot. tit. C. de præd. minor.* mais le Seigneur ne seroit pas obligé de donner mainlevée de sa saisie, qui emporteroit perte de fruits tant qu'elle dureroit.

Charondas & Brodeau n. 19. & 20. tiennent que le mineur de vingt-cinq ans ne peut point commettre son Fief par desaveu, quoiqu'il soit non restituable en cas de délit, *l. auxilium de minor. & l. 1. C. si advers. delict.* comme pour felonie. CHAR[ONDAS] BRO[DEAU]

Maître Auzanet est de même sentiment; car quoiqu'avant cet âge il soit capable de couvrir son Fief, & faire la foy & hommage, parce que ce sont des actes de simple administration; néanmoins il ne peut rien faire qui puisse emporter l'aliénation de ses biens. AUZA[NET]

Si le pere peut commettre le Fief qui est substitué au profit de son fils?

Brodeau n. 23. tient que non, parce que le pere chargé de restitution du Fief, n'en est proprement qu'usufruitier, il n'en est pas proprietaire incommutable; ainsi il ne commettroit que la joüissance pendant sa vie; & s'il venoit à mourir sans enfans, la pleine proprieté en appartiendroit au Seigneur en vertu de la commise, la cause de restitution cessant. BRO[DEAU]

C'est une question, *si le Fief tombé en commise appartient à l'usufruitier?* 13.

L'opinion commune est pour la negative, c'est le sentiment de Guy-Pape, q. 477. par la raison que *per commissum fit consolidatio utilis dominii cum directo, sed*

sed fructuarius non est directus dominus, igitur &c. Item commissum venit per modum separatum.

C'est aussi celuy de du Moulin sur l'article 1. *glos.* 1. *n.* 54. *& seqq.* parce que, dit-il, *istud commissum venit jure consolidationis, & nihil aliud est quàm concessio feudalis emphyteuticæ, vel censualis extinctio & utilis dominii reversio & consolidatio cum directo.*

Moulin

Il dit pour réponse aux raisons de l'opinion contraire, sçavoir, que tous les fruits, les émolumens & profits qui échéent tant par la chose qu'à l'occasion d'icelle, appartiennent à l'usufruitier, *tot. tit. ff. de usufr.*

Pour réponse il dit: *Istud commissum nullo modo est, nec potest censeri esse in fructu; hæc enim res commissa tempore primæ concessionis in feudum, censum vel emphyteusim, fuit pars fundi dominantis plenè & omni respectu, & post concessionem remansit adhuc ejus pars respectu directi dominii, & tempore reversionis & commissi redintegratur solùm respectu utilis dominii, quod ad sua initia, & ad primordialem statum revertitur; & sic non dicitur de novo acquiri, &c. ad dictam leg. de usufructu, miratus sum Doctorem dicere illam multum obstare, & ad ejus solutionem anxiè laborasse; mihi videtur nullo modo obstare: tum primò quia illa domus per secundum decretum adjudicata non erat pars fundi in quo habebatur usufructus, nec de ejus substantia, nec illi unitur, nec consolidatur; sed erat & remanet res prorsus separata; & sic patet illam legem nihil habere commune cum commisso rei de quo agitur. Tùm secundò, quia in dicta lege illa domus non committitur virtute proprietatis seu directi dominii, nec in vim legis feudalis vel emphyteuticæ, aut alterius juris existentis in proprietate domini, ut in casu nostro, sed ex causâ prorsus extrinsecâ, & nullo modo dominium vel proprietatem rei concernente; sed solam personam fructuarii concernente, videlicet contumaciam in eum factam à non cavente de damno infecto. Tùm tertiò, quia illa domus non est, nec censeri potest fructus rei usufructûs &c. quia illa domus nec ex virtute usufructûs nec ex aliqua ejus potestate adjudicatur fructuario, sed virtute sententiæ, seu secundi decreti & edicti Pretorii, &c.*

Mais selon le sentiment de ce Docteur, nomb. 62. l'usufruitier a droit de joüir pendant sa vie du Fief acquis au Seigneur par la commise, après avoir proposé la raison de douter, voicy sa décision: *Videtur quòd non per textum in l. item si fundi. §. sed si insula. de usufr. ubi dicitur fructuarium non habere usumfructum in insula juxta fundum in flumine nata, sed quod est proprium & separatum prædium soli proprietati accedens. Sed hoc non obstat, quia talis insula non est pars primi fundi, nec in ejus fructibus vel pertinentiis, ut ibi dicitur. At fortiùs urget quod subjungit textus in fine d. §. ubi latet incrementum usumfructum augeri; ubi autem apparet separatum, fructuario non accedere: sed nec hoc obstat, quia licet incrementum commissi non sit successivum nec latens, sed momentaneum & apparens, tamen non est separatum, sed consolidatum & unitum in unam eamdemque rem, cum fundo dominante; & hâc ratione concludo quòd in unito & consolidato fundo fructuarius habebit usumfructum, &c.*

Ce que dit Ferrerius sur la question 477. de Guy-Pape, qui suit l'opinion de du Moulin, est remarquable: *Bona commissa tempore primæ concessionis in feudum, vel in emphyteusim, fuerunt pars feudi dominantis; post concessionem remanserunt adhuc pars feudi dominantis respectu directi dominii, ita ut tempore reversionis, & commissi revertantur ad suum initium & primordialem statum:* d'où il tire cette conséquence, que l'usufruitier a l'usufruit du Fief tombé en commise; *cum itaque fructuarius habeat integrum usumfructum dominantis, mirum non est, si quamdiu durat usufructus, retineat usumfructum bonorum per commissum feudo dominanti unitorum.*

Ainsi le Beneficier, le mary, & autres usufruitiers joüissent du Fief tombé en commise, *commissa cedunt proprietario quoad proprietatem, fructuario quoad usumfructum*, dit du Moulin sur cet article n. 187. C'est aussi l'avis de Brodeau n. 28.

Si le Seigneur peut être privé de sa mouvance feodale pour avoir desavoüé son vassal, ou l'avoir outragé? 14.

La Coûtume du Perche porte en l'article 52. que *pour pareille cause que le vassal confisque envers son Seigneur feodal, le Seigneur perd la tenuë feodale sur son vassal.*

La raison est que le Seigneur & le vassal sont obligez à des devoirs reciproques, *cap.* 1. *de form. fidel. de feud.* C'est aussi la disposition de celle d'Anjou, art. 187. & 188. *Frustra fidem sibi postulat ab eo servari, cui fidem à se præstitam servare recusat, cap. frustra. de R. J. in* 6. La Glose sur cette regle dit, *sicut vassallus debet fidelitatem Domino suo, similiter Dominus debet esse fidelis vassallo suo, & sicut vassallus privatur feudo propter infidelitatem commissam erga Dominum, ita Dominus privatur superioritate.*

Charondas remarque un Arrest du 14. Mars 1562. par lequel un Seigneur fut privé de la foy & hommage & du service que luy devoit son vassal pour luy avoir donné un soufflet dans le Parlement de Paris; cet Arrest est aussi cité par Chopin sur la Coûtume d'Anjou, liv. 2. part. 3. chap. 2. tit. 4. n. 2.

La Coûtume de Laon, art. 197. porte, *Si le Seigneur feodal commet felonie contre son vassal, il perd la foy & hommage & le droit de Fief; & l'hommage doit retourner au Seigneur suzerain.*

C'est aussi la disposition de celle de Reims, art. 130. de Ribemont, art. 32. d'Amiens, art. 45. de Peronne, art. 69.

Par Arrest dont Papon fait mention dans ses Arrests, livre 23. titre 5. article 2. un Seigneur fut privé de sa directe, pour avoir accusé faussement son vassal d'homicide; c'est le sentiment de du Moulin sur l'art. 2. *glos.* 4. *n.* 10. de Tronçon sur cet article, *verbo*, qui dénie, & de Brodeau, n. 31.

La mouvance feodale que perd le Seigneur, remonte au Seigneur suzerain selon les Coûtumes remarquées cy-dessus, & le sentiment de du Moulin au même lieu, n. 13. 15.

Quand un Fief est mouvant de deux Seigneurs, & que le vassal commet felonie envers l'un d'iceux, le Fief n'est commis que pour la portion qui releve de ce Seigneur, parce que *pœna non debet excedere delictum.* Mais si un vassal a deux Fiefs dépendans de deux Seigneurs, & qu'ayant dessein de tuer l'un d'eux, il tuë l'autre contre son intention, en ce cas le Fief mouvant de celuy qui est tué, n'est pas tombé en commise, parce qu'il n'a pas eu dessein de le tuer: Quant à l'autre il le confisque, parce qu'outre la volonté qu'il avoit de tuer son Seigneur, il l'a executée en la personne d'un autre, *ex eo quòd laboravit & insidiatus fuit ad eum occidendum, & sic satis consummata & perfecta fuit ingratitudo, etiam citra homicidium ipsius patroni*, dit du Moulin, n. 155. 16.

§. 4. Des effets de la Commise.

SOMMAIRE.

1. *La perte du Fief est le principal effet de la commise.*
2. *Si les arriere-Fiefs tombent dans la commise.*
3. *Si le vassal est tenu restituer les fruits perçus depuis le desaveu ou la felonie.*
4. *S'il perd les augmentations & les ameliorations faites dans le Fief tombé en commise.*
5. *Si le Seigneur est obligé de reconnoistre les charges imposées par le vassal sur le Fief tombé en commise.*
6. *Si au cas de la revocation pour ingratitude, le donateur est tenu de reconnoître les charges imposées par le donateur.*
7. *Arrests qui ont jugé la question.*
8. *Sentiment de l'Auteur.*
9. *Si le Seigneur qui perd le Fief par commise, est tenu entretenir le bail fait par le vassal.*
10. *Si le Fief est incorporé & rëüni au Fief du Seigneur.*
11. *S'il est reputé propre au Seigneur, étant rëüni au Fief propre.*
12. *Si le Fief acquis à la femme par commise, est propre ou acquest.*

1. LE principal effet de la commise est la perte du Fief, pour le vassal en pleine proprieté au profit du Seigneur : il y a quelques questions qui peuvent faire difficulté, que nous allons proposer.

2. *Si le vassal commet les arriere-Fiefs qu'il a acquis avant la commise?*

Il faut distinguer entre la felonie & le desaveu, par le desaveu le Fief & l'arriere-Fief acquis tombent dans la commise, soit qu'il tienne le Fief acquis en arriere-Fief, ou qu'il soit rëüni ; parce qu'en desavoüant son Seigneur, il commet tout ce qu'il tient de luy, soit en plein Fief ou en arriere-Fief ; vû que le plein Fief étant confisqué, l'arriere-Fief devient plein Fief à l'égard du Seigneur, lequel par consequent le vassal est tenu reconnoître pour son Seigneur, & l'ayant desavoüé, il commet aussi cet arriere Fief.

Quant à la felonie il faut encore faire cette distinction ; ou l'arriere-Fief est rëüni, ou il ne l'est pas ; s'il est rëüni par l'acquisition du vassal au temps de la commise, il commet aussi l'arriere-Fief, l'un & l'autre n'en faisant qu'un ; mais s'il n'est pas rëüni, il semble qu'il ne commet que le Fief servant, parce que la peine de la felonie n'a lieu que pour les Fiefs qui relevent immediatement du Seigneur qui a été offensé ; & quant à l'arriete-Fief, aprés la commise executée, il doit relever du Seigneur : cependant la question ne paroît pas sans difficulté, vû que le vassal tient son Fief & son arriere-Fief de son Seigneur, & qu'il ne semble pas juste qu'il soit obligé de recevoir en foy & pour son homme & vassal celuy dont il a reçu une injure atroce.

3. *Si le vassal est tenu restituer les fruits du Fief commis, perçus depuis le desaveu ou la felonie, jusqu'à la Sentence adjudicative de la commise?*

Voyez sur l'article 45.

4. *Si le vassal perd les augmentations & ameliorations qu'il a faites dans le Fief?*

DU MOULIN. Le sentiment de du Moulin sur cet article, n. 116. est que, *quæcumque sunt de substantia feudi, sive unitate rei feudalis tempore ingratitudinis admissæ committuntur, & non alia* ; parce que, *cum perditur principale, necesse est ut etiam amittatur quod accessorium est* : le Seigneur qui confisque le Fief, le prend tel qu'il le trouve ; & si le vassal a deterioré son Fief, le Seigneur le prend aussi tel qu'il est, les accessoires suivent le principal, & en font partie, ainsi on ne les en separe pas ; de même que quand l'emphyteute est expulsé faute de payement des trois années de la redevance, il n'a pas droit de repeter ses impenses & ameliorations, *l. 2. C. de jure emphyt.* Il n'en est pas de même des meubles qui seroient dans la maison seigneuriale, lesquels ne sont point sujets à la commise, parce qu'ils ne font point partie du Fief.

Ceux qui tiennent l'opinion contraire disent, que le Seigneur *lucrum faceret ex damno alterius*, & que si un possesseur de mauvaise foy peut retirer les ameliorations qu'il a faites *in fundo alieno*, à plus forte raison le vassal qui perd son Fief doit-il retirer celles qu'il y a faites ; à quoy la réponse est facile, il y a grande difference entre l'un & l'autre, en ce qu'il doit suffire au propriétaire d'un fond qui le retire du possesseur, de le retirer dans le même état qu'il étoit au temps que le possesseur en a acquis la possession, autrement il profiteroit à ses dépens ; mais le Seigneur qui confisque un Fief par droit de commise, ne s'informe pas de l'état auquel étoit l'heritage quand son vassal l'a acquis, il le prend tel qu'il le trouve.

Tronçon sur l'article 47. est d'avis contraire, & dit que c'est le sentiment de Guy-Pape sur la question 159. néanmoins Guy-Pape ne parle pas du cas de la commise ; au contraire il suppose que ce ne soit pas par commise que le Fief retourne au Seigneur, *& aperiatur feudum Domino aliàs quàm ex delicto, putà quia feudum erat datum agnatis qui deficiunt* ; en ce cas il tient que le Seigneur doit rendre les ameliorations, ce qui est fort juste ; parce que comme la reversion ne vient pas du délit du vassal, il suffit que le Fief soit rendu tel qu'il étoit au temps de la concession ; mais quand c'est par délit, les augmentations faisant partie du Fief, le Seigneur le prend tel qu'il le trouve. TRONÇ.

Ferrerius sur cette question fait la même distinction, & dit qu'au cas de la commise il faut dire le contraire ; *sanè aliud dicendum est, si vassallus vel emphyteuta perderet feudum vel emphyteusim culpa quæ cadit in delictum puniendum quod commisit contra Dominum : nam in hoc casu omnes ameliorationes & impensas, sive magnas, sive parvas amittit.*

Si le Seigneur est obligé de reconnoître les charges & hypotheques, & les servitudes imposées par le vassal? 5.

L'affirmative semble mieux fondée, parce que le vassal avoit droit de disposer de son bien comme de ses autres biens, de même que le donataire des choses données, quoique dans la suite la donation soit revoquée par le donateur pour cause d'ingratitude ; desorte que *quæcumque alienat vel disponit antequam ingratus fit, rata manent & non revocantur per in-*

gratitudinem sequentem, *l. his solis. C. de revocan. donat.* La raison est que le donateur au temps de la donation étoit maître & proprietaire de la chose, & l'ingratitude survenant ne peut préjudicier aux droits acquis par un tiers ; d'où il s'ensuit que l'ingratitude du vassal ne peut préjudicier aux droits acquis à d'autres auparavant la commise.

Pour le Seigneur, on dit que comme la commise réünit, & fait retourner le Fief du vassal au Fief dominant, les hypotheques, servitudes & autres droits réels imposez sur le Fief par le vassal, demeurent éteints ; parce que *resoluto jure dantis resolvitur jus accipientis. l. vectigali. de pign. & hypoth.* & que la vente étant resoluë pour lezion d'outre moitié de juste prix, ou en consequence de la faculté de remeré, les hypotheques créées par l'acquereur, *medio tempore*, sont éteintes, selon Bartole sur la loy 4. §. *Marcellus. de in diem addict.*

On ajoûte que la reversion pour desaveu ou felonie est une condition tacite, apposée à la premiere concession du Fief, & cette concession étant resoluë *ex antiquâ & primævâ causâ*, inherente au contrat, les charges imposées depuis sont aussi resoluës & éteintes, & ne peuvent préjudicier aux droits du Seigneur, qui rentre dans le Fief comme si l'aliénation n'en avoit pas été faite ; que les créanciers du vassal n'ont pas plus de droit que luy, n'en ayant acquis le domaine que sous la condition tacite de reversion, le cas de la commise arrivant ; & que s'il perd son Fief, à plus forte raison ses créanciers perdront le droit qu'ils tiennent de luy.

Pour la resolution de la question, il faut distinguer, quand le Fief retourne au Seigneur, *vi conventionis*, comme s'il est donné à vie ou pour un certain temps, toutes les charges imposées, *medio tempore*, sont éteintes comme au cas de la vente à faculté de remeré ; mais s'il retourne au Seigneur par le fait & la volonté du vassal, le Seigneur le prend avec toutes les charges & les droits réels imposez par le vassal, parce qu'autrement ce seroit luy en ôter le commerce & la disposition ; mais le Seigneur peut demander que les créanciers soient obligez à discuter ses autres biens pour être payez de ce qui leur est dû, c'est le sentiment de du Moulin sur l'article 20. glos. 5. n. 26. & sur cet article 43. glos. 1. n. 98. D'ailleurs la cause du Seigneur est moins favorable, parce que *certat de lucro captando*, & les créanciers *de damno vitando.*

7. Les Arrests ont jugé diversement la question, par Arrest du 30. Octobre 1673. remarqué par Bacquet, *des droits de Justice*, chap. 11. n. 5. & par Charondas, il a été jugé contre le Seigneur.

Monsieur Loüet & Brodeau, lettre C. n. 53. en remarquent trois autres, le premier du 7. Septembre 1674. le second du 17. Juillet 1631. & le troisiéme du 10. Mars 1635. qui ont jugé le contraire au profit du Seigneur.

8. Nonobstant ces Arrests j'estime que la commise ne provenant que *ex culpa & delicto vassalli*, elle ne peut avoir lieu au préjudice des créanciers, & de ceux qui ont des droits acquis sur le Fief du vassal, par les raisons remarquées cy-dessus. Voyez Monsieur Loüet au lieu cité, où il traite la question pour & contre.

PLESSIS. C'est aussi le sentiment de Maître Duplessis, que la commise ne revoque point ce qui a été aliéné & démembré du Fief avant le desaveu, qu'elle ne fait point aussi de préjudice au doüaire de la femme ni des enfans, ni aux créanciers anterieurs.

9. *Si au cas de la commise le Seigneur est tenu d'entretenir le bail à ferme ou à loyer fait par le vassal avant le desaveu ou la felonie ?*

MOULIN. Du Moulin resoud cette question par cette distinction : Ou le vassal a donné son Fief à ferme à longues années, c'est-à-dire par-delà dix ans, ou pour moins de dix ans.

Au premier cas le Seigneur est obligé de l'entretenir, parce que c'est une aliénation de la Seigneurie utile faite par le vassal ; ainsi le droit du vassal étant resolu, celuy du preneur ne l'est pas ; *l. 1. & 3. ff. ager vectigalis, & l. 1. §. 1. ff. de superficieb.*

Au second cas le Seigneur peut expulser le Fermier, le bail ne subsistant plus, parce que le Seigneur est successeur à titre singulier, & tout successeur particulier n'est pas obligé d'entretenir le bail fait *ad modicum tempus* par le proprietaire qui a aliéné son heritage, *l. emptorem. C. loc. & l. nihil §. 1. ff. de leg. 1.*

La raison est, que par le bail fait par le proprietaire, le Fermier n'a qu'une action personnelle contre luy, lorsque par son fait il est resolu, le bail n'affectant & n'obligeant point la chose, mais seulement les personnes entre lesquelles il est passé ; ainsi toute cette action se resoud en dommages & interêts contre le bailleur : D'où il s'ensuit que si le preneur s'étoit reservé une hypotheque sur la chose pour la seureté de son bail, le Seigneur en cas de commise, de même que tout autre successeur particulier, ne pourroit pas l'expulser, mais il seroit obligé d'entretenir le bail qui luy auroit été fait.

Il faut dire néanmoins, qu'en l'un & en l'autre cas le Seigneur n'est point tenu d'entretenir le bail, en consequence des Arrests remarquez cy-dessus, qui ont jugé que le Seigneur rentrant dans le Fief de son vassal par droit de commise, n'est point tenu de reconnoître les charges réelles, les hypotheques, & les servitudes créées & imposées par le vassal ; desorte que tous les droits réels qui pouvoient être poursuivis contre le vassal sont éteints, & ne peuvent être exercez contre le Seigneur.

Si le Fief acquis au Seigneur par la commise, est incorporé au Fief dominant ? 10.

Il faut distinguer, le Fief est incorporé au Fief dominant, à moins que le Seigneur n'en ait empêché la réünion, suivant l'article 53.

Si le Fief réüni au Fief dominant par commise est reputé propre, au cas que le Fief dominant le fût ? 11.

Il faut dire que non, parce que c'est un acquêt au Seigneur, dautant qu'il ne luy est pas échu par succession comme le propre dominant ; & la réünion n'est que pour d'un Fief dominant & d'un Fief servant n'en faire qu'un, relevant immediatement du Seigneur dominant ; mais comme ces deux parties du même Fief proviennent de deux causes d'acquisition, il n'est pas absurde que l'une soit propre & l'autre acquêt ; comme si dans le même temps une moitié de Fief échéoit au fils par la succession de son pere, & que l'autre luy soit donnée par un étranger. Ainsi le Fief dominant seroit sujet au retrait lignager, & l'autre non.

C'est l'avis de du Moulin, *num.* 189. & de Brodeau, *num.* 27. DU MOULIN. BRODEAU.

Si le Fief tombé en commise au profit de la femme en vertu de son Fief, est propre ou acquêt ? 12.

Charondas dit qu'il est acquêt du vivant du mary, & qu'il en peut disposer, & qu'aprés sa mort il demeure à la femme pour être réüni & consolidé à son Fief, & dit avoir été jugé ainsi par Arrest du 17. Juin 1562. pour la veuve d'un nommé Lormesson, & autre du 9. Janvier 1563.

Cette opinion me paroît absurde, que le mary en puisse disposer comme acquêt pendant le mariage, & qu'aprés il demeure réüni au Fief de la femme ; car ou le Fief commis est acquêt ou propre : si c'est un acquêt aprés la dissolution du mariage, la femme n'en peut avoir que la moitié, & la réünion ne se feroit que pour cette moitié ; si au contraire c'est un propre à la femme, le mary n'en peut pas disposer comme d'un acquêt pendant le mariage, &

les deux Arrests que cet Auteur cite ont jugé, que le Fief commis est réüni au Fief de la femme, ce qui est prouvé par les raisons suivantes.

La premiere est, que le Fief tombé en commise appartient au proprietaire du Fief dominant, & non à l'usufruitier d'iceluy, comme il sera dit en la question suivante.

La deuxiéme, que ce n'est pas un acquêt fait par le mary, puisque la femme l'auroit faite sans luy par le moyen de son Fief.

La troisiéme, que le Fief tombé en commise est réüni au Fief dominant; pour ne faire qu'un même Fief relevant du même Seigneur en plein Fief, s'il le veut, ce qui ne seroit pas, si le Fief commis étoit un acquêt, lequel appartiendroit au mary entierement, pour en pouvoir disposer à sa volonté pendant sa vie. Deplus, la réünion se faisant *ex antiqua causa*, le cas arrivant il est censé n'avoir point été separé du Fief dominant.

La quatriéme est, que la commise n'a lieu que pour ingratitude commise contre le Seigneur: Or c'est la femme qui a la proprieté du Fief dominant, & par consequent c'est contr'elle que se commet l'ingratitude, & partant la commise luy appartient.

La cinquiéme, que la commise est un droit réel annexé au Fief dominant, & partant le Fief dominant étant propre à la femme, ce qui est acquis par ce moyen est propre aussi à la femme, à l'effet seulement d'exclure le Fief commis de la communauté; Et en effet, le Fief commis est censé être retourné au Fief dominant, comme il étoit avant la concession; & quand la femme a apporté en dot le Fief dominant, elle a aussi apporté l'esperance de la reversion, laquelle luy doit appartenir, comme si veritablement elle l'avoit apporté en mariage.

Pour l'opinion contraire on dit, que tout ce qui est acquis par l'un des conjoints pendant le mariage, soit meubles ou immeubles, tombe dans la communauté, soit par donation entre-vifs, par legs, ou par toute autre cause d'acquisition, excepté ce qui vient par succession en ligne directe ou collaterale, ou par donation en ligne directe, suivant l'art. 246. *infra*: car le mary ne prétend pas droit dans le Fief commis en qualité d'usufruitier du Fief de sa femme, mais comme étant maître de la communauté, ainsi aprés la dissolution d'icelle, le Fief commis se trouvant dans les biens communs, la moitié en est réünie au Fief de la femme, & l'autre moitié qui appartient au mary ou à ses heritiers, releve du Fief de la femme.

CONFISQUER ICELUY FIEF.

GLOSE DEUXIE'ME SUR L'ARTICLE XLIII.

SOMMAIRE.

1. Confisquer, *se prend improprement pour faire tomber en commise.*
2. *Si le vassal étant condamné à mort pour desaveu ou felonie, son Fief tombe en commise.*
3. *Si la commise se fait,* ipso jure.
4. *Si les heritiers du Seigneur peuvent demander la commise.*
5. *Par quel temps se prescrit l'action de commise.*
6. *Cas auquel la prescription ne court point contre le Seigneur.*
7. *Si l'action de commise est cessible.*
8. *Si le Seigneur vendant le Fief dominant est censé avoir cedé l'action pour la commise.*
9. *Si le Seigneur peut poursuivre la commise pardevant le Juge de sa Justice.*

1. CONfisquer, ce mot est pris improprement pour la commise du Fief, ou reversion du Fief servant au Fief dominant par droit de commise; car dans sa propre signification il se prend pour la perte d'un heritage au profit du Seigneur haut-Justicier, pour crime commis par le proprietaire, pour lequel il auroit été condamné à mort naturelle ou civile, laquelle emporte la confiscation des biens, selon l'article 183.

La commise ne se dit que du Fief qui est confisqué au profit du Seigneur du Fief dominant en pure perte pour le vassal, comme remarque du Moulin sur cet article, glose 1. n. 169. 170.

2. Quoique le vassal soit condamné à mort pour felonie, avec confiscation de biens, son Fief tombe en commise au profit du Seigneur feodal, & ses autres biens au profit des Seigneurs haut-Justiciers; c'est le sentiment de Maître Auzanet, ce qui est sans difficulté.

3. La commise ne se fait pas, *ipso jure*, il faut un jugement qui l'ordonne, & le Seigneur ne peut pas s'en mettre auparavant en possession; c'est le sentiment de du Moulin, *consil.* 3. où il dit, *feudum regulariter nunquam ipso jure, sed tantùm per sententiam amittitur*, de Chopin sur la Coûtume d'Anjou, *part.* 2. *cap.* 1. *tit.* 2. *n.* 3. Dargentré, sur celle de Bretagne, art. 516. *verbo* & il frappe, de Tronçon, *verbo* qui dénie, de Brodeau, n. 14. & des autres Commentateurs.

La raison qu'en rend Pontanus sur l'article 101. de la Coûtume de Blois, *quia ante privationem ob culpam aliquam primùm oportet de culpa constare, ac vassallum causâ demùm cognitâ punire, cap.* 1. *de feud. sine cul. non amitt.* de même que le donateur ne peut rentrer de plein droit dans la possession des choses données par l'ingratitude du donataire, il faut que le Juge prononce la revocation de la donation, *l. ult. C. de revoc. donat.* & de même que le patron ne peut revoquer l'affranchissement de son esclave pour cause d'ingratitude, que par Sentence du Juge, *l.* 2. *C. de liber. & eor. liber.*

D'où il s'ensuit, que si le Seigneur ne s'est point plaint de son vivant du desaveu, ou de la felonie, ses heritiers ne sont pas recevables à s'en plaindre, ni à demander la commise, *arg. leg. omni modo. C. de inoffic. test.* où il est décidé, que si le pere ne s'est point plaint de l'ingratitude de son fils, l'heritier par luy institué ne peut pas s'en plaindre; la Glose sur cette Loy *in verbo, non licebit*, dit *argum. quòd hæredes Domini non possunt auferre feudum propter feloniam Domino commissam: si Dominus nihil dixit dum vixit, ut hîc; & argum. l.* 1. *& fin. C. de revocand. donatio.* C'est une injure faite au Seigneur; or l'injure est éteinte par la mort de celuy qui l'a faite, ou qui l'a reçûë avant que l'action ait été intentée, §. 1. *Instit. de injur. l.* 13. *princ. ff. eod. tit.* C'est le sentiment de Brodeau, n. 15. & 16. 4.

5. *Par quel temps l'action de la commise pour felonie se prescrit ?*

On répond, qu'elle ne se prescrit que par l'espace de trente ans, au cas que le Seigneur & le vassal vivent pendant ce temps; car cette action ne passe pas aux heritiers du défunt, ni contre les heritiers du vassal, & le Seigneur ne peut pas poursuivre l'heritier du vassal pour la felonie par luy commise, Tronçon sur cet article *in princ.* & *in verbo* confisque, *in fine*, lorsque sçachant la felonie il n'a pas poursuivi la felonie du vivant du vassal, parce qu'il est présumé l'avoir remise, le délit étant éteint par la mort du coupable.

Au contraire, le Seigneur peut poursuivre le successeur particulier du vassal pendant la vie d'iceluy jusques à trente ans, du jour de la felonie, *ne sit in potestate vassalli privare patronum jure si quaesito*; à moins que ce successeur n'ait possédé le Fief pendant dix ans entre presens, & vingt ans entre absens, sans trouble; parce qu'en ce cas il seroit à couvert des prétentions du Seigneur sur le Fief qu'il auroit acquis, si ce n'est qu'au temps de l'acquisition il eût connoissance du droit de commise, que le Seigneur pouvoit exercer, dautant que *quaedam est suspicio participatae fraudis ab acquirente.*

Les heritiers du Seigneur succedent au droit que le Seigneur avoit de demander la commise en un cas; sçavoir, lorsque le Seigneur a été prévenu d'une mort subite, qui l'a empêché de le faire; ou lorsqu'il est mort avant que d'avoir eu connoissance de la felonie de son vassal; autrement ce droit ne passe pas aux heritiers, conformément à la Loy derniere touchant l'ingratitude du donataire, *C. de revocand. donat. nulla licentia concedenda successoribus hujusmodi querimoniarum primordium instituere.*

6. Du Moulin, *num.* 61. remarque un cas auquel cette prescription ne court point contre le Seigneur; sçavoir, lorsqu'il est en possession du Fief, comme d'un bien qui luy appartient, & dont il est le maître, *tanquam rem ipso jure reversam, vel tanquam reversuram*, & qu'il en fait les fruits siens par sa saisie, parce que *quamdiu possidet, non negligit, nec currit contra eum aliqua praescriptio; imo capta interrumpitur, quemadmodum non currit praescriptio contra creditorem in hypothecaria, quamdiu pignus vel hypothecam possidet, l. cum notissimi. paragr. imo. C. de praescript. 30. vel 40. annor.* & partant le droit de commise ne s'éteint par aucun espace de temps, ni par la mort du Seigneur ou du vassal, arrivée avant que l'action pour se faire adjuger la commise, ait eté intentée.

7. *Si l'action de commise est cessible ?*

Puisque les actions tant réelles que personnelles se peuvent vendre & ceder, selon la Loy derniere, *C. de heredit. vel act. vend.* l'action de commise se peut aussi ceder, desorte que cette action n'est pas éteinte par la raison qu'en rend du Moulin, *resolutio hujus actionis procedens ex eo quòd ante motam querelam praemoritur patronus, fundatur in tacita remissione, quae per expressam cessionem cessat, argum. leg. cum ex filio. §. 1. ff. de vulg. & pupill. substitut.* Ainsi la cession de l'action de la commise a lieu, lorsque le Seigneur legue ou dispose par autre volonté du Fief tombé en commise, parce que *haec voluntas expressè declarata facit cessare praesumptionem tacitae remissionis.*

C'est aussi le sentiment de Pontanus sur la Coûtume de Blois, tit. 6. art. 101. que le droit de commise est cessible, quoiqu'il semble qu'il soit personnel, & attaché à la personne du Seigneur, à l'effet de réünir le Fief commis au Fief dominant, laquelle réünion ne se peut faire par un tiers; mais la raison de la décision est, que toutes les actions se peuvent ceder tant réelles que personnelles.

Brodeau sur l'article 20. nomb. 7. dit, que la raison est, que tout ce qui est *in fructu*, se peut ceder comme le droit de commise; cependant il n'est pas vray que la commise soit *in fructu*; autrement il s'ensuivroit qu'elle appartiendroit à l'usufruitier, ce qui n'est pas vray, ainsi qu'il a été observé. BRODEAU.

Si le Seigneur vendant le Fief dominant avec toutes ses appartenances & dépendances, est présumé avoir vendu l'action qu'il avoit pour la confiscation du Fief de son vassal? 8.

On répond que non, & que cette vente ne cause pas aussi l'extinction de l'action de commise, & qu'elle reste au Seigneur, aprés la vente de son Fief.

Non est amplius de pertinentiis feudi dominantis, sed habetur tanquam proprietas separata, dit du Moulin, *num.* 54. c'est pourquoy il dit ensuite, *ead. num. Nisi venditor aliàs expressè vel tacitè offensam remiserit, poterit infrà 30. annos agere ad declarationem commissi, & condicere feudum, taliterque avocatum tenebit in subfeudum ab emptore feudi dominantis.*

Mais, *quid juris*, si avant l'action intentée par le vendeur, le vassal est reçû en foy par l'acheteur?

Du Moulin répond, *non esse praejudicatum venditori, nisi eo vocato, & non contradicente facta fuerit renovatio investiturae, quia tunc satis consensisse & injuriam remisisse videtur.* Et au cas que le vendeur du Fief dominant repete le Fief par droit de commise, le relief est dû à l'acheteur d'iceluy, parce que *feudum verè mutat manum, & talis mutatio non trahitur retrò ad tempus ingratitudinis ac feloniae, sed solùm ad tempus actionis motae.* DU MOULIN

C'est encore une question, *si le Seigneur peut poursuivre la commise pardevant son Juge & les Officiers de sa Justice?* 9.

Par l'article 191. de la Coûtume d'Anjou il est porté, *Nul Seigneur hors le Prince, ne peut conclure en sa Cour à confiscation de Fief.* Celle du Maine art. 209. en dispose de même.

La Coûtume de Chaulny, art. 99. porte, *Si un vassal commet felonie ou desobéïssance contre son Seigneur, en avoüant tenir son Fief d'autre que de luy, il peut aprés information dûëment & suffisamment faite, proceder par saisie, & faire saisir le Fief que son vassal dénieroit être tenu de luy; ou il peut faire adjourner son vassal pardevant son Bailly & hommes, ou pardevant les Juges Royaux, en la Jurisdiction desquels les Fiefs sont situez, concluant contre son vassal afin de confiscation, & que le Fief soit regi & gouverné pendant le procés par Commissaires & gens solvables, non suspects, ni favorables aux parties.*

Celle de Laon, art. 196. en dispose de même.

OBSERVATIONS DE MONSIEUR ***

Sur l'article XLIII.

SOMMAIRE.

1. *En quoy cet Article est mal redigé.*
2. *S'il n'y a que celuy qui a vingt-cinq ans accomplis qui puisse donner lieu à la commise par desaveu.*
3. *Si le majeur de vingt ans, qui desavoüe son Seigneur, perd les fruits.*
4. *En quel lieu & comment doit estre fait le desaveu.*
5. *Effet du desaveu.*
6. *Si le vassal peut estre contraint par corps à la restitution des fruits perçus, lorsque le desaveu est temeraire.*
7. *Article nouveau au lieu du 43.*
8. *Autre Article nouveau portant ce que doit faire le vassal qui desavoüe son Seigneur pour éviter la commise.*

1\. NOus avons trouvé que cet article est conçû en termes trop courts & mal digerez ; parce que ce mot *tenu* y est deux fois, & que *tenu & mouvant* sont synonimes, & que ce mot *confisquer* regarde plutôt la Justice que les droits d'un Fief.

2\. En second lieu, qu'il étoit necessaire de regler une grande difficulté ; sçavoir, si les mineurs de vingt-cinq ans, qui sont néanmoins reputez majeurs par l'article 41. pour faire la foy & hommage, ne la faisant point, & au contraire desavoüant leur Seigneur dominant, donnent lieu à la commise.

D'un côté on peut dire, puisque celuy qui a vingt ans peut & doit faire la foy, & que la souffrance ne dure que jusqu'à vingt ans, il semble capable de desavoüer son Seigneur, comme il l'est de l'avoüer en faisant la foy. *Contrariorum est eadem ratio.* Que d'ailleurs un mineur qui auroit vingt ans ne manqueroit pas de desavoüer son Seigneur ; sçachant qu'il ne courroit point risque de faire tomber son Fief en commise.

D'un autre côté il faut se persuader que la Coûtume n'a pas voulu tendre un piege au mineur, lequel par la foiblesse de son âge trouve du secours dans les loix qui prononcent la nullité des aliénations des biens des mineurs faites sans l'autorité du Préteur ; & il faut présumer que la loy a fait majeurs à vingt ans ceux qui ont des Fiefs, pour en faire les devoirs, & non pas pour les perdre.

Par cette raison nous avons dressé un autre article qui décide, qu'il n'y a que celuy qui a 25. ans accomplis qui puisse donner lieu à la commise par le desaveu ; ou que s'il l'a desavoüé auparavant vingt-cinq ans, quarante jours luy font donnez par cet article pour faire son désistement, faute dequoy la commise a lieu.

Mais parce qu'il ne seroit pas juste que depuis vingt ans jusqu'à vingt-cinq le vassal ne fit point la foy & hommage, en ce cas le mineur de vingt-cinq ans, qui depuis vingt ans auroit desavoüé son Seigneur, doit perdre les fruits par deux raisons.

3\. La premiere, que par la Coûtume la souffrance ne dure que jusqu'à vingt ans, aprés lesquels par consequent le Seigneur peut le faire saisir, & faire les fruits siens.

La deuxiéme, que la Coûtume qui rend les mineurs capables des devoirs du Fief à vingt ans, leur procure une espece d'émancipation legale, comme elle fait par le mariage, qui donne le droit de disposer des fruits & revenus, & par consequent de les pouvoir perdre.

4\. En troisiéme lieu, que le desaveu doit être fait en jugement, parce qu'on ne doit pas ordonner legerement la commise, & il faut que celuy qui desavoüe y pense mûrement.

En quatriéme lieu, que par cette raison le vassal doit être en personne comme étant un fait personnel, ou que le desaveu qui produit la perte & l'aliénation du Fief soit fait par Procureur fondé de procuration speciale ; un simple Exploit de Sergent, dont il ne reste point de minute, ou des défenses signées d'un Procureur sujet à être desavoüé, ne doivent pas suffire.

Il faut que le même Procureur donne copie de la procuration speciale, pour empêcher les fraudes & les surprises : c'est par cette raison, que lorsqu'un Fief appartient à la femme, le desaveu du mary ne suffit pas pour le faire tomber en commise, si la femme n'en est cause, ou si elle ne forme elle-même le desaveu par une procuration speciale dûëment autorisée.

5\. En cinquiéme lieu, qu'il est fait mention des fruits dans cet article ; parce que, lorsque le desaveu a été jugé temeraire, il y a lieu à la commise, non seulement pour la proprieté du Fief, mais aussi pour les fruits saisis par la saisie feodale, dont la main-levée provisoire a été donnée que le vassal doit rendre.

6\. C'est une question, si le vassal peut être contraint par corps à la restitution de ces fruits, lorsque le desaveu est jugé temeraire.

Brodeau le pense ainsi, parce qu'il est comme un dépositaire, & que la main-levée provisoire est toûjours présumée faite à la caution juratoire de celuy qui l'obtient.

Nous ne sommes pas de cet avis, parce que nous considerons cette saisie comme une gagerie qui empêche bien les autres saisissans, & l'aliénation de la chose saisie, mais ne produit jamais la contrainte par corps. Joint que l'Ordonnance de 1667. a abrogé les contraintes par corps.

ARTICLE NOUVEAU AU LIEU DE L'ARTICLE 43.

7\. *Le Fief du vassal majeur de vingt-cinq ans accomplis, qui desavoüe en jugement en personne, ou par procuration speciale, ou qui ne se desiste pas quarante jours aprés les vingt-cinq ans accomplis du desaveu par luy formé depuis l'âge de vingt ans contre le Seigneur duquel son Fief est mouvant, tombe en commise, & est acquis en pleine proprieté au Seigneur, avec les fruits échus depuis la saisie feodale, si par l'évenement le desaveu est jugé temeraire, & si quarante jours aprés les vingt-cinq ans accomplis il se désiste du desaveu depuis vingt ans accomplis, il perd seulement les fruits depuis le jour de la saisie feodale jusqu'au jour qu'il fera la foy & les devoirs, & payera les droits.*

Autre Article touchant le Desaveu.

8. *Quand le vassal qui desavoüe son Seigneur allegue en même temps que son Fief est mouvant du Roy, il n'y a lieu à la commise, quoique le desaveu soit jugé temeraire; mais le Seigneur fait les fruits siens depuis le jour de la saisie.*

Cet Article est fondé sur la Jurisprudence des Arrests; mais il faut que ce soit par la même procuration speciale, qui porte le desaveu, que le vassal se dise mouvant du Roy, auquel cas il n'y a pas lieu à la commise, parce qu'en remontant jusqu'à la source de mouvance en mouvance, tous les Fiefs relevent du Roy, à moins qu'il n'y ait un franc-aleu, parce qu'il faut titre, suivant nos maximes; mais il y a toûjours perte de fruits, faute d'avoir fait la foy dans le temps porté par la Coûtume.

Par cette raison nous avons ajoûté qu'un vassal ne doit jamais desavoüer son Seigneur, mais declarer seulement la prétention du Roy, ou celle d'un autre Seigneur qui forme un combat de Fief, & offrir de faire la foy, & payer les droits à qui il sera ordonné; & par ce moyen il ne court point risque de perdre les fruits.

CONFERENCE SUR L'ARTICLE XLIII.

Les Coûtumes suivantes ont une disposition semblable à celle de Paris.

Artois, art. 21. *Auvergne*, ch. 22. art. 13.

Bar, art. 20. *Berry*, tit. 5. art. 29. *Blois*, art. 101. *Bourbonnois*, art. 386. *Bretagne*, art. 362.

Cambray, art. 61. *Chartres*, art. 43. *Châteauneuf*, art. 45.

Dourdan, art. 34. *Dreux*, art. 32.

Estampes, art. 34.

Lodunois, ch. 13. art. 1.

Mantes, art. 25. *Marche*, art. 187. *Meaux*, art. 185. *Montargis*, ch. 1. art. 83. *Montfort*, art. 28.

Nivernois, ch. 4. art. 66.

Orleans, art. 81.

Grand-Perche, art. 52.

Reims, art. 126. *Ribemont*, art. 28.

Sedan, art. 67.

Tours, art. 117.

Valois, art. 36. *Vitry*, art. 46.

Le vassal qui denie.

Melun, art. 86. *Le vassal est tenu formellement avouer ou desavoüer le Seigneur de Fief: & si en avouant un autre, il desavoüe celuy qui par l'issuë du procés se trouve Seigneur, ledit Fief & fruits d'iceluy échûs, puis la main-mise, tombent en commis.*

De même, *Châlons*, art. 199.

Laon, art. 198.

Saint-Quentin, art. 80.

Sens, art. 199.

Auxerre, art. 69. porte, *Le vassal qui sciemment fait faux aveu, & reprend d'autre Seigneur que celuy qu'il sçait être son Seigneur feodal, commet son Fief, tout ainsi que si sciemment il dénioit ledit Fief.*

Le Fief.

Vitry, art. 46. *Mais en terres de censives, quand le détenteur & proprietaire nie au Seigneur son cens, & le Seigneur le prouve detenteur, ne perd pour ce sadite Terre.*

Estre tenu du Seigneur feodal.

Meaux, art. 185. dit, *Qui desavoüe à tenir d'aucun Seigneur, il perd son Fief, & le confisque, s'il est trouvé que celuy qu'il a desavoüé soit Seigneur feodal dudit Fief: si ce n'est qu'il avoüe le Roy à Seigneur, & sans fraude.*

Sens, art. 214. & *Auxerre*, art. 81. *Quand le vassal est empêché en son Fief (par faute d'homme, droits & devoirs non faits & non payez) par autre Seigneur que par le Roy, & il s'oppose, parce qu'il ne sçait son Fief être tenu de celuy qui l'a empêché, ledit vassal sera tenu, en faisant sa défense, avoüer ou desavoüer ledit Seigneur au peril & danger de commise de son Fief: s'il affirme par serment qu'il ne sçait, & n'a connoissance par lettres, ne autrement, de quel Seigneur son Fief soit tenu, sinon que celuy qui luy a fait ledit empêchement l'ait premierement informé, & luy ait fait apparoir comme il soit son Seigneur feodal. Laquelle information cessant, & aprés l'affirmation cy-dessus, le vassal en déniant ledit Fief & mouvance, aura mainlevée dudit empêchement, sans danger de commise: mais où le Roy feroit l'empêchement, il faudroit reprendre ou nier sans attendre aucune information.*

Confisque iceluy Fief.

Melun, art. 83. *Le vassal perd son Fief, quand par mal talent il met la main à son Seigneur à tort ou forfait, à sa femme ou fille.*

De même, *Chaulny*, art. 98.

Nivernois, ch. 4. art. 66. *Normandie*, art. 125.

Grand-Perche, art. 50.

Melun, article 84. *Le Seigneur aussi commettant felonie contre son vassal, perd hommage & droit de Fief qui retourne au Superieur de celuy qui commet felonie.*

De même, *Grand-Perche*, art. 51.

Normandie, art. 126.

Lodunois, ch. 38. art. 1. *Le vassal perd son Fief és cas qui s'ensuivent.*

I. *S'il met mains malicieusement en son Seigneur de foy.*

II. *Si ledit vassal oit parler de son Seigneur d'aucuns cas de trahison, & il ne le revele à son Seigneur.* [a]

[a] *Si tamen commodè probare potest, non aliàs, gl. Francisc. de Zarabel. in clem. 1. de haret. dixi in tom. Consil.* C. M.

III. *S'il a connu charnellement la femme ou la fille pucelle de son Seigneur.*

IV. *Si le Seigneur luy bailloit une pucelle en garde, & il la dépuceloit.*

V. *S'il bat énormément le Sergent du Seigneur en faisant son Exploit.*

Et est à entendre la perdition de Fief és cas dessus dits aux hommes de foy simple à vie, & à ceux de foy lige à perpetuité.

Auteurs sur l'Article quarante-troisiéme.

Beaumanoir, ch. 45. *des Aveus*, p. 259.
Les Etablissemens de France, livre 2. ch. 29. & dernier.
Des Mares, Décision 134. 299. & 302.
Sugerius, in vitâ Ludovici Grossi, num. 11.
Liber 2. *Feudorum, tit.* 26. §. 4.
Schilterus, ad jus feudale Allemanicum, cap. 32. *p.* 207.
Du Moulin, sur la Coûtume de Paris, §. 41. glos. 1. quest. 6. nomb. 57.
Loysel, liv. 1. tit. 4. regle 20. livre 4. titre 3. regle 96. & 97. 98. 99. & 100. avec les notes.
Brodeau, sur cet article.
Duplessis, sur le titre des Fiefs, livre 6.
Le Glossaire du Droit François, sur felonie & desaveu.
Bobé, sur l'article 185. de la Coûtume de Meaux.
De la Lande, sur Orleans, art. 10. & 83.
Le Dictionaire de M. Brillon, *verbo* commise, desaveu, & felonie, & *verbo* confiscation, nombre 47.
Buridan, sur Reims, art. 126.
De Salligny, sur Vitry, art. 40.
Basnage, sur Normandie, art. 125. 201.
Coquille, sur Nivernois, ch. 4. art. 60. & question 41.
Cujac. lib. 2. *Feud. tit.* 2. *quib. mod. Feud. amitt.*
Chassanée, sur la Coûtume de Bourgogne, *des Fiefs*, tit. 4. §. 3. nomb. 1.
Boërius, sur Berry, tit. 4. §. 13. & 14.
Basmaison, de l'origine des Fiefs, ch. dernier, sur la fin.
Chopin, sur Anjou, livre 2. chapitre 2. titre 2. nomb. 1.
Argentré, sur Bretagne, art. 12. glos. 2.
M. le Prestre, Centurie 3. ch. 50.
Ragueau, sur Berry, tit. 5. art. 29.
Henrys, liv. 3. ch. 1. quest. 4.
Papon, dans ses Arrests, liv. 23. tit. 5. liv. 13. tit. 1. art. 9. & 13.
Despeisses, tome 3. p. 28. 29. 30.
Coquille, sur Nivernois, art. 67. & quest. 41. 55. & 272.
Bouvot, tome 2. *verbo*, droit de commise.
Guy-Pape, quest. 107. 123. 435. 454. & 477.
Taisand, sur la Coûtume de Bourgogne, titre 3. art. 8. nomb. 1.
Salvaing. Traité *des Fiefs*, part. 1. ch. 9.
Loüet, lett. C. somm. 53. lett. F. somm. 9.
Dufresne, livre 3. ch. 14.
La Rocheflavin, *des droits seigneuriaux*, ch. 19.
Charondas, livre 5. Réponse 41. & livre 7. Réponse 120.
La Peyrere, lett. C. nomb. 74. & 75.
Mon Institution coûtumiere, tome 1. livre 2. tit. 3. §. 9.
Vrevin, sur Chauny, art. 196. 197. & 199.
Dufresne, livre 3. ch. 14.
Faber, Inst. §. *sciendum, n.* 7. *de donationibus.*
Beraut, sur Normandie, art. 125.
Bacquet, au Traité *des droits de Justice*, ch. 11. nomb. 8.
Pontanus, sur Blois, tit. 6. art. 101.
Chassanée, sur Bourgogne, titre 3. art. 30. glos. 1. & art. 4. n. 10.
Papon, sur Bourbonnois, art. 373. & 376.
Labbé, sur Berry, titre 5. art. 29.
De Lhommeau, sur Anjou, livre 1. art. 187.
Chopin, sur la même, liv. 1. ch. 68. n. 4. livre 1. part. 2. tit. 2. & part. 3. ch. 2. tit. 2. & tit. 3. nomb. 5. 7. & 8. & tit. 4. nomb. 7. *des privileges des rustiques*, livre 3. part. 2. ch. 12. nomb. 1. *du Domaine*, liv. 1. tit. 2. nomb. 40.
D'Argentré, sur Bretagne, art. 611.
Publicius, sur Auvergne, titre 22. art. 18.
Le Maistre, titre *de Fiefs*, ch. 22.
M. le Prestre, en son Recüeil des Arrests de toutes les Chambres, n. 48.
Salligny, sur la Coûtume de Chauny, art. 196. 197. & 199.
Duret, dans son Alliance des Coûtumes, p. 852.
Duplessis explique cet article, livre 6. p. 58.

ARTICLE XLIV.

Cet article a été ajoûté à la reformation de la Coûtume.

De la communication des Titres entre le Seigneur & le vassal.

ET aprés que le vassal aura avoüé ledit Seigneur feodal, lesdits Seigneur & vassal communiqueront l'un & l'autre leurs aveus, dénombremens & titres de la tenure dudit Fief, qu'ils ont pardevers eux, & s'en purgeront par serment, s'ils en sont requis, & est tenu le vassal de satisfaire le premier.

Voyez l'Article 50.

REMARQUES.

LA communication que le vassal est tenu de faire le premier en vertu de cet article, doit être faite sans que le Seigneur soit obligé de luy faire vûë, même de luy indiquer les tenans & aboutissans de Fief.

Ainsi jugé par trois Arrests, le premier du Vendredy de relevée 12. Decembre 1586. le 2. donné en l'Audience du Parlement séant à Tours le 12. Juin 1593. au profit de Monsieur le Duc de Montpensier, & le 3. intervenu en l'Audience de la Grand'-Chambre,

bre, du Lundy 12. Decembre 1622. touchant le Fief de Mouceaux, entre les Chartreux du Val de Saint Pierre, & Antoine de la Fons.

Cet article ne parle de communiquer les titres qu'aprés l'aveu ; desorte qu'il reste la question de sçavoir, si auparavant que d'avoüer ou desavoüer, le vassal peut demander d'être enseigné par le Seigneur & communications de ses titres.

Nos Coûtumes sont differentes pour ce sujet, comme aussi nos Auteurs, les uns soûtenant l'affirmative, & les autres la negative.

Maître Charles du Moulin, qui est nôtre lumiere, particulierement en cette matiere des Fiefs, ne revoque pas en doute l'affirmative ; & de fait sur l'article 9. ch. 22. de la Coûtume d'Auvergne, qui porte que le vassal est tenu avoüer ou desavoüer le Fief dont est requis, & n'est tenu le Seigneur feodal montrer au vassal, mais est tenu le vassal s'en enquerir si bon luy semble, ajoûte, *est iniquum, debent enim mutuò edere, ut dixi in Conf. Parif. §. 3.* Ce qui est tres-juste, vû qu'il seroit de mauvaise grace au Seigneur de vouloir surprendre son vassal ; & d'ailleurs, que le vassal ne peut demander cette communication à dessein de fuïr, puis qu'il a interest au contraire d'avoüer ou desavoüer promptement, afin d'obtenir main-levée de la saisie. Et toutefois on peut dire que cette Coûtume qui remet la communication des titres aprés l'aveu, semble l'exclure jusques à ce temps : ce qui peut être fondé sur cette raison, que par cette précaution le vassal est tenu de faire un desaveu mal-à-propos, au lieu qu'ayant le pouvoir, auparavant de former son aveu, de voir les titres de son Seigneur, il se porteroit plus souvent à le desavoüer, reconnoissant que le Seigneur manqueroit d'enseignemens suffisans pour justifier sa superiorité, ce qui arrive souvent par la perte des titres ou autrement. Mais quoiqu'il en soit, si on exempte le Seigneur de communiquer ses titres sur la requisition du vassal, auparavant que de le contraindre à avoüer ou desavoüer, j'estime que s'il paroît que le vassal ait desavoüé de bonne foy & par faute d'enseignemens, si apparoissant des titres, il retracte son desaveu, qu'il ne doit encourir aucune commise.

ET APRE'S QUE LE VASSAL AURA AVOUE'.

GLOSE UNIQUE SUR L'ARTICLE XLIV.

SOMMAIRE.

1. *Si le vassal* in limine judicii *est tenu d'avoüer ou desavoüer son Seigneur.*
2. *Disposition des Coûtumes.*
3. *Arrests qui ont jugé la question.*
4. Quid juris *dans les Coûtumes qui n'en parlent point.*
5. *Pourquoy des heritages censuels le proprietaire étoit tenu de faire vûës & montrées.*
6. *Abrogation des vûës & montrées.*
7. *Si le Seigneur est tenu de faire declaration des droits nouveaux qu'il prétend sur un heritage.*
8. *Si le vassal qui est pressé d'avoüer, peut demander délay de garand.*
9. *Cas ausquels le vassal n'est point tenu d'avoüer ou desavoüer.*
10. *Que doit faire le vassal aprés qu'il a avoüé son Seigneur.*
11. *Si le vassal peut obliger son Seigneur à luy communiquer ses titres.*
12. *Si le vassal est tenu de communiquer les titres primitifs de la concession feodale.*
13. *Si le vassal est obligé de communiquer ses partages.*
14. *Si au cas de la saisie feodale le Seigneur est tenu de communiquer les titres concernans la proprieté du Fief.*
15. *Si cet article a lieu pour le nouveau vassal.*
16. *Si cet article est conforme à l'Ordonnance de Paris.*
17. *Aux dépens de qui se doit faire la communication.*

1\. IL paroît par le commencement de cet article, que le vassal est tenu *in limine judicii* d'avoüer ou désavoüer son Seigneur, sans que le Seigneur soit tenu de l'instruire de la tenure de son Fief, le vassal étant obligé de s'en informer, si bon luy semble.

Plusieurs Commentateurs de nos Coûtumes sont de ce sentiment, voulant qu'avant l'aveu & reconnoissance faite du Seigneur, le vassal ne luy puisse demander aucune communication de ses titres, ni l'obliger à faire preuve que le Fief releve de luy, desorte que le vassal ne voulant point reconnoître son Seigneur duquel il releveroit veritablement, commettroit son Fief à son profit, sans qu'on dût avoir égard à ce qu'il allegueroit, qu'il n'auroit aucuns papiers, lettres, titres & instrumens pour justifier la mouvance.

C'est ce que dit, Loysel livre 4. de ses Institutes Coûtumieres titre 3. art 94. *que le vassal est tenu d'avoüer ou desavoüer son vassal.*

Moulin C'est l'avis de du Moulin sur le §. 1. glose 1. n. 79. de Chopin sur la Coûtume d'Anjou *lib. 2. part 1. cap. 1. tit. 1. num. 7.*

Charondas sur l'article 43. dit, que tel est l'usage de la France, que le vassal est tenu d'avoüer ou desavoüer précisément son Seigneur, qui l'en requiert, & quoiqu'il en doute, il doit le faire, & pour éviter la perte de son Fief, avoüer par protestation de ne se faire préjudice & à celuy qu'il estime être le vray Seigneur féodal ; quant à cette protestation pour les droits d'un tiers, elle est inutile, & la foy & hommage faite à un autre Seigneur, ne nuit point au veritable Seigneur féodal. Charondas

Le même Auteur sur le même article 43. *in fine*, dit que cette maxime, *que le vassal est tenu d'avoüer ou desavoüer son Seigneur*, s'entend quand il appert que c'est un Fief, & que celuy qui a acquis l'heritage, ou l'a eu par succession, le possede en qualité de Fief ; autrement s'il le tient en roture ou en franc-aleu, suivant les titres d'acquisition de ses auteurs ou predecesseurs, il ne sera point tenu d'avoüer ou desaavoüer, & il remarque un Arrest rendu au profit de Maître Jacques Favier Avocat au Parlement, contre le Sieur de Saint Just, du 28. Novembre 1571. qui l'a jugé ainsi.

BRODEAU. C'est aussi le sentiment de Brodeau sur cet article, nombre 2. que le vassal est tenu d'avoüer ou desavoüer son Seigneur, sur peine de commise.

2. Nous avons des Coûtumes qui y obligent le vassal, comme celle de Paris, sçavoir Orleans, Auvergne & autres remarquées cy-aprés.

D'autres au contraire disent, que quand un vassal affirme qu'il ne sçait s'il tient du Seigneur féodal qui a saisi, ou s'il tient d'un autre, ce Seigneur est tenu de l'en instruire : *idem* quand le vassal croit tenir son heritage en roture, comme sont les Coûtumes de Vermandois art. 200. Reims, art. 128. Melun art. 86. & 87.

Dans les Coûtumes qui obligent le vassal d'avoüer ou desavoüer son Seigneur, il doit être puny par la commise de son Fief en desavoüant son Seigneur, quoiqu'il déclare & affirme, qu'il ne sçait point si son Fief releve de celuy qui a fait saisir son Fief, desorte que s'il refuse de l'avoüer ou desavoüer jusques à ce que le Seigneur l'ait instruit par anciens aveus & dénombremens & autres titres concernans la mouvance féodale, le Juge doit ordonner, que le vassal fera la foy & hommage au Seigneur dans un certain temps, sinon & à faute d'y satisfaire, sa contumace ou refus passera pour desaveu, & commettra son Fief par ce moyen.

3. Basset dans ses Arrests du Parlement de Grenoble livre 3. tit. 5. remarque deux Arrests de ce Parlement, l'un du 31. Janvier 1614. l'autre du 7. Mars 1647. par lesquels le Parlement de Grenoble condamna des vassaux à faire la foy & hommage à leurs Seigneurs, sur peine de la commise.

GUERIN. C'est aussi l'avis de Guerin sur l'art. 1.

AUZANET. Maître Auzanet sur l'article 45. dit que le nouvel acquereur d'un Fief est obligé d'avoüer ou desavoüer le Seigneur, qui a procedé par saisie féodale sans pouvoir demander aucune communication de titres, quoique par le contrat de son acquisition le Fief soit declaré être mouvant d'un autre Seigneur, & que l'acquereur eût déja rendu par aveu son Fief & payé les droits à un autre Seigneur, & cite un Arrest du 12. Decembre 1622. donné en l'Audience de la Grand'-Chambre contre les Religieux Chartreux.

C'est aussi le sentiment de Maître Duplessis page 61.

4. On demande *quid juris* dans les Coûtumes qui n'obligent point expressément les vassaux à avoüer ou desavoüer leurs Seigneurs, sçavoir s'ils y sont obligez sur peine de commise, au cas qu'ils ignorent s'ils tiennent de ceux qui ont fait saisir leurs Fiefs ?

Coquille en son Institution au Droit François titre 6. dit, que dans ces Coûtumes le vassal n'est point contraint d'avoüer ou desavoüer son Seigneur, aprés qu'il a affirmé par serment qu'il s'est enquis & informé, & qu'il n'a trouvé aucune instruction, qu'en ce cas le Seigneur doit luy communiquer de bonne foy les titres qu'il a, du moins aux dépens du vassal qui en ira prendre communication en la maison du Seigneur, n'étant pas obligé d'apporter ses titres en jugement, lesquels, comme sont les actes de foy & hommage, les investitures, les aveus & dénombremens & autres semblables, sont communs, concernans le Fief, & ayans été faits pour l'utilité & le profit perpetuel tant du Seigneur que du vassal, entre lesquels il y a une obligation mutuelle & reciproque.

5. Il y a en ce point beaucoup de difference entre les Fiefs & les rotures, car le Seigneur censier est tenu de faire vûës & montrées au possesseur de l'heritage censuel qui le requiert.

Mornac sur la Loy 6. *ff. de rei vindicat.* dit, *advertendum est judicatum fuisse anno* 1595. 19. *Junii designationem rei contentiosæ fieri quidem oportere in fundo censuali, sed in feudali non : Aliud Arestum in id latum anno* 1593. *secundum Ducem Montpenserium Ludovico Buissonio & Leo. Doleto dicentibus in regio Senatu Turonum rebellante Lutetiâ ; doceri enim debet à vassallo patronus feudalis, non autem docere.*

La raison de la difference est, que le Seigneur censier n'a aucun droit de superiorité sur les acquereurs des heritages qui sont en sa censive, c'est pourquoy il n'a point droit de commise pour desaveu temeraire ; outre que le Seigneur féodal étant souvent bien des années sans recevoir des profits ni aveus, ni foy & hommage, il seroit au hazard de perdre sa mouvance, si le vassal n'étoit tenu de l'avoüer pour son Seigneur sur peine de commise.

Cette question a été jugée par d'autres Arrests, sçavoir par Arrest du 12. Decembre 1586. rapporté par Chopin sur la Coûtume d'Anjou, part. 1. chapitre 1. titre 1. nombre 7. par autre Arrest du 12. Decembre 1622. infirmatif de la Sentence du Bailly de Guise, entre Antoine de la Fons & les Chartreux du Val de Saint Pierre, parties plaidantes, pour le Fief de Mouceaux.

Ces Arrests sont rapportez par Maître Ricard & Brodeau nombre 4. BRODEAU. RICARD.

Cette difference pour les vûës & montrées n'a plus lieu entre les Fiefs & les rotures, vu que par l'Ordonnance de l'an 1667. tit. 9. art. 5. elles ont été abrogées pour ôter toute occasion aux chicanes, qui se faisoient par ce moyen. Il suffit, que le Seigneur censier declare & specifie la chose qu'il prétend être dans sa censive, en declarant par l'exploit le Bourg, le Village ou Hameau, le terroir & la contrée où l'heritage est situé ; sa consistance, ses nouveaux tenans & aboutissans, du côté du Septentrion, du Midy, de l'Orient & de l'Occident, sa nature au temps de l'exploit, si c'est terre labourable, prez, bois, vignes, ou d'autre qualité, desorte que le défendeur ne puisse ignorer pour quel heritage il est assigné, suivant cette Ordonnance en l'article 3. où il n'est fait mention que de censive, de rente fonciere, charge réelle, hypotheque & heritages, & non de Fiefs, pour marquer la difference qu'il y a entre les Fiefs & les rotures. 6.

Tournet sur cet article dit, que si le Seigneur demande nouveaux droits & charges sur quelques heritages du vassal, le Seigneur luy en doit faire declaration par designation des limites, tenans & aboutissans, si mieux il n'aime en faire vûë & montrée, & dit avoir été ainsi jugé par Arrest du 18. Mars 1594. 7.

C'est une fausse maxime qu'il rapporte en ce lieu, car on n'a jamais dit, que le Seigneur féodal fût obligé de faire vûë & montrée des Fiefs qu'il prétend être mouvans de luy. Aussi cet Arrest ne l'a-t'il pas jugé, mais, comme remarque Brodeau sur cet article nombre 5. il a jugé, que quand le Seigneur censier prétend, que quelque heritage est dans sa censive, & que le détenteur declare qu'il ne sçait pas pour quel heritage il est poursuivy, le Seigneur luy en doit faire vûë & montrée, & que cela a été ainsi jugé par cet Arrest qu'il rapporte.

Ainsi il faut demeurer d'accord que cet Arrest de 1594. est intervenu dans le cas d'une censive, & non pas d'un Fief ; car la maxime est certaine en matiere féodale, que le Seigneur n'est point tenu de faire vûë & montrée à son vassal ; ce qui avoit donné lieu à Maître Loysel d'ajoûter la regle 100. liv. 4. tit. 3. de ses Institutions Coûtumieres. L'Ordonnance de 1667. a depuis abrogé les vûës & montrées, même à l'égard des censives.

Que si le vassal étant pressé d'avoüer ou desavoüer, remontre qu'il a fait la foy & hommage à un autre 8.

Seigneur, qui en a prétendu la mouvance féodale; ou que par titres, aveus & dénombremens de ses predecesseurs, il trouve qu'ils ayent reconnu un autre Seigneur, il peut demander délay de garand pour le sommer.

C'est l'avis de Charondas sur l'article 43. qui me semble fort juste, dautant qu'il est fondé en titres contre le Seigneur, qui prétend que son Fief est dans sa mouvance.

9. Cette regle generale, que tout vassal est tenû d'avoüer ou desavoüer son Seigneur, sur peine de commise, souffre deux exceptions observées par Brodeau nombre 10.

La premiere est, lorsque le Seigneur s'est pourvû par simple action & non par saisie féodale; car en ce cas il doit instruire son vassal, ainsi que tout demandeur doit faire par la disposition du droit & de l'Ordonnance.

Moulin. C'est l'avis de du Moulin sur l'article 1. *glos.* 9. *num.* 1. 2. & 3. sur l'article 45. nombre 1. & sur l'article 60. nombre 1.

Plessis. Maître Duplessis est d'avis contraire, que soit qu'il ait commencé par la main-mise, ou qu'il se soit pourvû par action, il n'est point tenu d'instruire son vassal, parce que la Coûtume ne le dit pas.

La deuxiéme est, quand il y a combat de Fief entre deux Seigneurs prétendans respectivement la mouvance du Fief, auquel cas le vassal obtient main-levée par main souveraine pendant le procés, sans être tenu d'avoüer ou desavoüer ni l'un ni l'autre, suivant l'art. 60.

10. Aprés que le vassal a avoüé son Seigneur, c'est-à-dire, qu'il luy a fait la foy & hommage, car l'aveu & reconnoissance se fait par la foy & hommage, le vassal doit dans les quarante jours, à compter de la reception, fournir à son Seigneur les aveus & dénombremens de son Fief suivant l'article 8. & au cas que le Seigneur prétende que les aveus & dénombremens baillez soient defectueux, le vassal n'est pas obligé d'avoüer ou desavoüer sur le blasme, pour les omissions prétenduës par le Seigneur, ou qu'il y ait contestation entre le Seigneur & le vassal pour les choses mouvantes en Fief.

Le Seigneur & le vassal sont tenus de se communiquer reciproquement les anciens aveus & dénombremens baillez par les anciens vassaux concernans la tenure féodale, qu'ils ont pardevers eux, & s'ils en sont requis l'un par l'autre ils sont obligez de s'en purger par serment, & le vassal doit satisfaire le premier.

Ce qui a été ainsi jugé en la Coûtume de Berry, par Arrest du 23. Février 1615. donné au rapport de Monsieur Frader, en la quatriéme Chambre des Enquêtes, les autres consultées, François de Gamaches Sieur d'Ouzoüer, & Jacques de Chery, Sieur de Moulin Porchier, & Damoiselle Anne de Chery sa sœur, parties plaidantes, rapporté par Chenu Centurie 2. question 30. & cité par Brodeau nombre 6. La Cour ayant jugé par cet Arrest, que la disposition de cet article comme tres-équitable, devoit avoir lieu dans celles qui n'en parlent point.

Brodeau.

11. Le vassal ayant donc communiqué ses titres à son Seigneur, peut l'obliger à luy communiquer ceux qu'il a pardevers luy, & s'en purger par serment, afin de rendre son aveu & dénombrement conforme aux précedens; la raison est, qu'il y a une mutuelle obligation entre le Seigneur & le vassal, car s'il est de l'interêt du Seigneur de conserver dans sa mouvance tout le Fief entier de son vassal avec ses appartenances & dépendances, le vassal a pareil interêt de ne pas comprendre dans son aveu plus qu'il ne tient en Fief de son Seigneur, c'est le sentiment de tous les Commentateurs conforme à cet article.

12. On demande, si le vassal est tenu de communiquer au Seigneur le titre primitif & originaire de la concession féodale?

Du Moulin sur l'article 8. dit que non, parce que *editio ista sufficienter fit per instrumenta ultimarum renovationum, nisi quando certior patronus vult fieri de conditionibus investituræ, vel ut nihil detrahatur in ultima renovatione: quod debet intelligi, si patronus id non calumniosè postulet; quia inter patronum & vassallum nulla fraus, nec ullum malum ingenium debet intervenire.* Du Moulin.

Tronçon *verbo*, communiqueront, & Brodeau nombre 8. remarquent cette opinion de du Moulin. Tronçon. Brodeau.

Cependant il faut dire, que le Seigneur peut contraindre son vassal de luy communiquer ses titres originaires de la concession féodale, au cas que le vassal declare les avoir pardevers luy, dautant que par là il peut être instruit des charges, clauses & conditions de la tenure du Fief, & de la consistance, dépendances & appartenances du Fief.

Mais il y a plus de difficulté à l'égard des partages, si le vassal peut être tenu de les communiquer à son Seigneur prétendant qu'il sera instruit par iceux de la consistance du Fief échû à son vassal. 13.

Du Moulin, *d. loco glos.* 3. *num.* 6. est d'avis que le vassal n'est pas obligé de les communiquer. Du Moulin.

D'Argentré sur l'article 324. est d'opinion contraire, la raison qu'il en rend est, que tout partage est aliénation, *l.* 1. *C. commun. utriusque judic. Verùm quia talibus inseri solent reditus, & jura solo imposita, unde domini testationes dutunt, expedit, cùm illud quoque sciri conveniat.*

Je croy que l'opinion de du Moulin est plus probable, en ce que les partages sont des titres particuliers qui regardent les familles, qu'il n'est pas souvent à propos d'être communiquez à d'autres; outre que tels titres ne concernent pas la tenure du Fief, ainsi qu'il est requis par cet article, qui oblige les Seigneurs & les vassaux de se communiquer les aveus, dénombremens & titres de la tenure du Fief.

On demande si au cas de la saisie féodale le Seigneur peut contraindre le vassal de luy communiquer les titres concernans la proprieté de son Fief? 14.

Du Moulin sur l'article 55. *glos.* 7. *num.* 3. tient l'affirmative, néanmoins cet article dit, qu'aprés que le vassal aura avoüé ou desavoüé son Seigneur, ils se communiqueront les aveus, dénombremens & titres concernans la tenure du Fief, & suivant cet article je croy, que le vassal n'est point tenu de rien communiquer au Seigneur, parce que le Seigneur ne le reconnoît point pour son vassal pendant la saisie féodale. Du Moulin.

La disposition de cet article pour la communication des aveus & dénombremens, a lieu pareillement à l'égard du nouveau vassal, comme remarque Charondas sur cet article *in fine*, dans l'espece d'un Seigneur, qui a réüni le Fief de son vassal au sien, duquel par consequent les arriere-vassaux tiennent en plein Fief par le moyen de la réünion, pouvant le Seigneur en ce cas obliger les arriere-vassaux à luy faire la foy & hommage, & à luy communiquer les aveus & dénombremens qu'ils ont pardevers eux, & cet Auteur remarque un Arrest du 29. Mars 1583. qui l'a jugé ainsi. 15. Charondas.

Cet article de nôtre Coûtume touchant la communication est conforme à l'Ordonnance de Paris de l'an 1563. appellée l'Ordonnance de Roussillon, article 11. qui porte, que *si le Fief est saisi par le Seigneur féodal, son vassal le pourra faire appeller en Justice & au jour de la premiere assignation sera tenu de declarer à quel titre il est detenteur dudit Fief, & se purger par serment de ce dont il sera requis. Ce fait, sera tenu le Seigneur féodal declarer précisément pour quelles causes, droits & profits il entend avoir saisi, afin que le vassal luy puisse faire offres pertinentes, &* 16.

requerir en cas de debat telle provision selon droit & Coûtume que de raison.

La communication & declaration reciproque enjointe au Seigneur féodal & à son vassal, est fondée sur ce que tout demandeur doit justifier & communiquer les pieces, sur lesquelles il fonde son action & demande; autrement & à faute de la faire, le défendeur doit être renvoyé quitte & absous, *l.* 5. 6. 7. & 8. *C. de edendo*: or le Seigneur & le vassal sont respectivement demandeurs, l'un par la saisie, & l'autre par son assignation.

17. DU MOULIN. Du Moulin sur l'article 20. *glose* 11. *verbo*, & exhibé, *num.* 5. tient que cette communication se doit faire aux dépens de celuy qui la requiert; c'est aussi le sentiment de Pontanus sur l'article 90. de la Coûtume de Blois *verbo*, *exhibere*; & la disposition de l'article 7. de la Coûtume d'Estampes en ces termes: *le Seigneur & vassal sont tenus respectivement communiquer leurs titres & aveus aux dépens du requerant.*

Monsieur ***. n'a rien dit sur cet article, il en a seulement ôté la repetition de ces mots *Seigneur & vassal*, qui semblent inutiles; outre que l'article s'explique mieux & plus nettement sans les y mettre.

CONFERENCE SUR L'ARTICLE XLIV.

DE même, *Auvergne*, ch. 22. art. 9. *Le vassal est tenu avoüer ou desavoüer le Fief dont est requis* [a]. *Et n'est tenu le Seigneur feodal montrer au vassal, mais est tenu le vassal s'en enquerir, si bon luy semble.*

a *Intellige quando vassallus vult pendente lite frui feudo Domino invito, ut dixi in Consuet. Paris.* §. 11. *sed sequens responsum hujus* §. *est iniquum: debent enim mutuo edere, ut dixi in Consuetud. Paris.* § 5. *Sed potest Consuetudo intelligi ad finem provisionis: quia prehensio semper durabit usque ad finem litis sine prajudicio petenda editionis.* C. M.

Estampes, art. 43. & ajoûte, *aux dépens du requerant.*

Orleans, art. 79.

Reims, art. 128.

Sens, art. 214. *Quand le vassal est empêché en son Fief par faute d'homme, droits & devoirs non faits & non payez par autre Seigneur que le Roy, & il s'oppose, parce qu'il ne sçait son Fief être tenu de celuy qui l'a empêché, ledit vassal ne sera tenu en faisant sa défense, avoüer ou desavoüer ledit Seigneur au peril & danger de commise de son Fief, s'il affirme par serment qu'il ne sçait & n'a connoissance par lettres, n'autrement, de quel Seigneur son Fief est tenu: sinon que celuy qui a fait ledit empêchement, l'ait premierement informé, & luy ait fait apparoir, comme il soit son Seigneur feodal. Laquelle information cessant; & aprés l'information cy-dessus, le vassal en déniant ledit Fief & mouvance, aura main-levée dudit empêchement, sans danger de commise: mais où le Roy feroit l'empêchement, il faudroit reprendre ou nier, sans attendre aucune information* [b].

b Si le vassal n'aime mieux souffrir la saisie, pour cependant aviser ce qu'il aura à faire. *C. M.*

Xaintonge, art. 40. *Quand le vassal a perdu les hommages, le Seigneur est tenu luy en aider, en affirmant par serment qu'il n'en a aucunes choses pardevers luy* [c].

c *Idem è converso, ut scripsi in Consuet. Paris.* §. 5. *num.* 4. 6. *Ita etiam Consuetudo Rhemensis*. §. 128. C. M.

Auteurs sur l'Article quarante-quatriéme.

DE la Lande, sur Orleans, art. 79.

Buridan, sur Reims, art. 128.

Pontanus, sur la Coûtume de Blois, tit. 6. art. 96.

Chopin, sur la Coûtume d'Anjou, livre 2. titre 1. nombre 7.

De Lhommeau, sur la même Coûtume, livre 1. article 6. & en ses Maximes, livre 2. art. 10.

Labbé, sur la Coûtume de Berry, titre 5. art. 30.

Coquille, en son Institution, titre *de Fiefs*.

Buridan, sur la Coûtume de Vermandois, art. 201.

Duplessis explique cet article, livre 6. p. 59.

ARTICLE XLV.

C'étoit l'Article trente-uniéme de l'ancienne Coûtume.

Effet du Desaveu.

SI le Seigneur a mis en sa main le Fief, qu'il dit être mouvant de luy par faute d'homme, & le vassal le desavoüe ou dénie à Seigneur, iceluy vassal doit avoir provision, & joüir dudit Fief pendant le procés.

Voyez les Articles 29. & 43.

REMARQUES.

MEsme contre le Roy. Jugé par un ancien Arrest de la Toussaint 1278. rapporte par Duluc, liv. 3. tit. 1. Arrest 5. pour la terre de Montaigu.

La disposition de cet article a été étendu aux autres Coûtumes qui n'en parlent point, par Arrest donné aux grands jours de Poitiers le 1. Octobre 1579.

Sed notandum est quod illa fruitio vassalli non est nisi provisionalis : ideo non fruitur ut proprietarius : nam non potest hypothecare, alienare in prajudicium patroni, si ei commissum adjudicetur. Mol. §. 45. gl. 1. num. 9.

ET LE VASSAL LE DESAVOUE OU DENIE A SEIGNEUR.

GLOSE UNIQUE SUR L'ARTICLE XLV.

SOMMAIRE.

1. *Raison de cet article.*
2. *Si au cas de cet article le Seigneur doit plaider saisi.*
3. *Si cet article doit estre étendu aux autres Coûtumes.*
4. *Si cet article a lieu contre le Roy.*
5. *Si le desaveu étant jugé temeraire, le vassal doit rendre les fruits.*
6. *Si le vassal peut estre contraint par corps à la restitution des fruits.*
7. *Opinion de Brodeau refutée.*
8. *De quel jour le vassal est tenu de rendre les fruits.*
9. *Si le Seigneur ayant laissé perir l'instance, le vassal est tenu de restituer les fruits perçûs pendant la peremption.*
10. Quid, *au cas d'une nouvelle instance.*
11. *Si la main-levée provisionnelle peut estre accordée à autre qu'à celuy qui peut confisquer son Fief.*
12. *Arrests qui ont jugé la question.*
13. *Si la main-levée provisionnelle est accordée au vassal, à la charge de donner caution.*
14. *Si la caution a lieu en cause d'appel, quand le vassal est condamné.*
15. *Si le vassal est obligé de consigner les profits prétendus par le Seigneur, au cas du desaveu.*
16. Quid, *quand le Seigneur a saisi pour droits non payez.*
17. *Difference entre* desavoüer *&* dénier.

LE sens de cet article est, que si le vassal desavoüe le Seigneur qui a saisi son Fief, il doit avoir main-levée par provision de la saisie, & joüir pendant le procés touchant la mouvance.

1. La raison est, que par le desaveu le Seigneur n'est pas reconnu pour tel, ainsi il n'est pas juste que sans la qualité de Seigneur féodal il joüisse des droits & prérogatives, qui n'appartiennent qu'à celuy qui est Seigneur incontestable, autrement il arriveroit souvent, que des Seigneurs feroient saisir des Fiefs qui ne seroient pas dans leur mouvance, à dessein de molester les vassaux des autres Seigneurs, empêchant qu'ils ne joüissent pendant le procés. Et il doit suffire au Seigneur que la main-levée que son vassal obtient au cas qu'il soit declaré tel, ne soit que provisionnelle, & qu'en consequence du desaveu temeraire le Fief soit commis à son profit.

Cet article 45. a été tiré de l'article 11. de l'Ordonnance de 1563. rapporté sur l'article précedent, qui permet au vassal en cas de debat, de requerir telle provision selon droit & Coûtume que raison : ce qui est une exception à la maxime vulgaire que le Seigneur plaide main garnie contre son vassal, ainsi qu'a remarqué Tronçon aprés du Luc en son Recüeil d'Arrests, *lib. 3. tit. 1. cap. 5.* & Maître Charles du Moulin. Ce que Guenois n'ayant pas remarqué en sa Conference des Ordonnances, il a écrit sur ledit article 11. qu'une saisie féodale faite *jure vel injuriâ*, tient communément pendant le procés, le vassal demeurant dépossedé ; & que c'est pourquoy on dit en commun proverbe, *qu'un Seigneur de beurre mange un vassal d'acier.* Mais s'il avoit fait reflexion sur les derniers termes dudit article 11. il n'auroit pas avancé telle proposition, & n'auroit pas confondu l'exception dans la regle.

2. Il faut donc demeurer d'accord que cet article 45. est une exception de cette regle generale en matiere de Fiefs, qui est en l'article 80. de la Coûtume d'Orleans, *le Seigneur n'est tenu plaider dessaisi contre son vassal, quand le Fief est saisi par faute d'homme,* &c. car pendant le procés sur le desaveu le vassal joüit de son Fief, & obtient main-levée de la saisie féodale.

Mais cette main-levée n'est pas diffinitive, & ne détruit & aneantit pas entierement la saisie féodale, elle n'est que provisionnelle, elle en suspend l'effet jusques à la fin du procés, & transmet seulement la possession & la joüissance des fruits du Fief saisi en la personne du vassal, que le Seigneur avoit acquise par la saisie: mais comme le Seigneur conclud à la confiscation du Fief, il est obligé de laisser la joüissance & la possession du Fief au propriétaire d'iceluy, jusques à ce qu'il ait obtenu la commise; desorte que si le desaveu est declaré injuste & temeraire, le vassal commet son Fief entierement.

Que si par l'évenement le desaveu est jugé juste & bien fondé, la saisie doit être declarée injurieuse, & la main-levée en doit être faite purement & simplement avec la restitution des fruits, qui pourroient avoir été perçûs par le Seigneur depuis la saisie jusques au jour de la main-levée provisionnelle adjugée en consequence du desaveu, avec tous dépens, dommages & interêts.

Du Moulin. C'est l'avis de Maître Charles du Moulin §. 1. *glos.* 9. *num.* 2. & sur le §. 43. *num.* 30. *& seqq.* & le §. 45. *num.* 1. *& seqq.* & de Pontanus sur l'article 101. de la Coûtume de Blois, de Brodeau n. 2. & 3.

Brodeau.

Quant aux fruits perçûs par le Seigneur avant le desaveu formé, Auzanet fait cette question, sçavoir, si le Seigneur est tenu les rendre au vassal; il nous la laisse à decider: j'estime que le Seigneur a droit de les retenir, parce que la Coûtume ne donne qu'une main-levée provisionnelle qui ne concerne que la joüissance du jour que le desaveu est formé; car quant aux fruits, sçavoir si le Seigneur a été bien fondé dans sa saisie, c'est ce qui est à juger: il a donc raison de les retirer, puisque le jugement peut être rendu en sa faveur; & si au contraire il doit être condamné à la restitution de tous les fruits perçûs par luy & aux dommages & interêts.

3. La main-levée provisionnelle accordée au cas de cet article, doit avoir lieu dans toutes les autres Coûtumes qui n'en parlent point, comme étant fondée sur une tres-grande équité & une raison tres-forte.

Charondas. Tournet. Charondas sur cet article, & Tournet remarquent un Arrest donné aux grands Jours de Poitiers, du premier jour d'Octobre 1579. qui l'a jugé ainsi.

4. Il a aussi été jugé par un ancien Arrest de la Toussaints, rapporté par du Luc livre 3. Arrest 5. & cité par Ricard, pour la terre de Montaigu, que la disposition de cet article avoit lieu même contre le Roy.

Ricard.

Du Moulin. Néanmoins du Moulin est d'avis contraire sur cet article *num.* 30. *quæst.* 7. *in fine*, & du dernier Commentateur de la Coûtume d'Orleans sur l'article 80. parce que le Roy plaide toûjours main garnie: cette raison ne me semble pas valable, dautant que puisque l'effet du desaveu est la commise & la perte entiere du Fief, & que la Coûtume l'ordonne, obligeant le Seigneur pendant le procés sur le desaveu de la commise, de donner main-levée provisionnelle au vassal, il y a sujet de dire que le Procureur du Roy qui poursuit l'instance, doit accorder cette main-levée au vassal, comme il a été jugé par l'Arrest remarqué cy-dessus.

Si le desaveu étant jugé temeraire & la commise adjugée, le vassal est tenu de rendre les fruits par luy perçûs pendant la main-levée provisionnelle? 5

La Coûtume d'Orleans en l'article 81. ordonne, que le vassal en cas de commise restituë au Seigneur les fruits par luy perçûs depuis la saisie, c'est la disposition de la Coûtume de Laon art. 199. de Châlons art. 203. de Reims art. 126. de Nivernois tit. 4. art. 65. & d'autres.

C'est le sentiment de du Moulin *loco citato*, de Brodeau nombre 2. de Pontanus sur l'article 101. de la Coûtume de Blois, de Maître Auzanet, & de Maître Duplessis. Du Moulin. Brodeau. Auzanet. Duplessis.

La raison est, que le desaveu qui luy fait perdre la proprieté de son Fief, le rend possesseur de mauvaise foy, parce qu'il sçait ou doit sçavoir qu'il tient de son Seigneur, ainsi il l'oblige à la restitution des fruits perçûs depuis la main-levée; c'est la raison pour laquelle elle est appellée *provisionnelle*, la Sentence adjudicative de la commise ayant un effet retroactif au jour du desaveu fait temerairement, & obligeant le vassal à restituer les fruits qu'il a perçûs depuis.

Brodeau nombre 4. dit, que cette main-levée provisionnelle constituë le vassal dépositaire des fruits & revenus de son chef, comme de biens de Justice, & partant le rend sujet à une contrainte par corps, aprés la Sentence adjudicative de la commise, pour la restitution de tous les fruits échûs depuis la saisie féodale. 6 Brodeau.

Il dit que telle est l'opinion de du Moulin sur l'article 1. *glos.* 9. *num.* 2. §. 43. *num.* 30. *& seqq. usque ad* 35. *&* §. 45. *num.* 1. *& seqq.* & de Pontanus sur l'art. 101. Du Moulin.

Néanmoins ils n'en parlent pas, ils disent seulement que le vassal est tenu de restituer les fruits, il n'y a que luy seul qui soit de cet avis, lequel ne me semble pas soûtenable, dautant que le propriétaire a perçû les fruits de son Fief en qualité de propriétaire, & en vertu de la main-levée qui luy a été donnée par Justice de la saisie féodale.

Mais, parce que le desaveu fait par ce propriétaire a été declaré injuste & temeraire, & par consequent la saisie juste & valable, le vassal qui a perçû les fruits, qui devoient appartenir au Seigneur en vertu de sa saisie, doit être condamné à les restituer, non pas par corps, suivant l'article 29. qui oblige le vassal, qui a enfraint la main-mise, à rendre les fruits par luy perçûs, & non pas par corps; or il n'y a pas plus de raison de dire, que le vassal soit contraignable par corps à la restitution des fruits perçûs aprés la saisie féodale en cas de desaveu, que pendant une saisie féodale injuste & deraisonnable. 7

Que si le Seigneur ne s'est pourvû que par simple action sans saisie, pour faire condamner son vassal à luy rendre ses devoirs & luy payer ses droits, & que le vassal l'ait desavoüé, le vassal n'est obligé à luy restituer les fruits que du jour de la demande en commise faite par le Seigneur, en vertu du desaveu de son vassal. 8

C'est le sentiment de Brodeau nombre 4. & de Pontanus *d. loco.* Brodeau.

Ainsi la Sentence adjudicative de la commise a un effet retroactif au jour de la demande.

Cependant le vassal ne peut point deteriorer le Fief, ni le vendre, hypothequer, aliener, ou le charger d'aucunes charges ou hypotheques, comme il a été dit cy-devant sur l'article 43.

Si le Seigneur a laissé perir l'instance sur la demande en commise, & qu'ensuite il la renouvelle, sçavoir si le vassal est tenu de restituer les fruits perçûs pendant ce temps-là? 9

Moulin. Du Moulin sur l'article 43. *num.* 50. *quest.* 9. dit, que le vassal est tenu de restituer tous les fruits, parce que *agitur de ejus facto, ab initio constitutus fuit in mora & vera mala fide, qua non cessavit ex sola discontinuatione prosequendi*, mais qu'à l'égard de son heritier il n'en est pas de même, lequel n'est tenu de restituer les fruits que du jour de l'impetration des Lettres de Chancellerie, pour être relevé de la peremption d'instance.

C'est l'avis de Pontanus, *d. loco*, qui dit, que *instantiam & causam quæ alioquin perempta est, resuscitari ex gratia Principis, qui velut eam jam extinctam suscitat & reviviscere facit.*

10. Mais qu'il faut dire le contraire, quand le Seigneur recommence une nouvelle instance, les fruits en ce cas n'étant dûs que du jour que l'action est recommencé.

Tiraqueau en son Traité du retrait lignager *§.* 15. *glos.* 2. *num.* 17. *& seqq.* & d'Argentré sur la Coûtume de Bretagne titre des appropriances, art. 266.

Brod. & Brodeau *num.* 5. veulent que les fruits échûs pendant la discontinuation de l'instance perie, appartiennent au vassal sans être tenu de les restituer, parce que l'instance étant perie, elle ne peut produire aucun effet, & le Seigneur est presumé avoir renoncé au droit qui luy étoit acquis par sa demande & par la poursuite de la commise, *l. si ego. ff. de negot. gest.* & conformément à la Loy *cum lite, ff. judicat. sol.* où le Jurisconsulte dit, que *peremptâ instantiâ pereunt acta.*

Il y a encore une autre raison qui est, que ces fruits ne peuvent être restituez que *ex officio Judicis, l. 4. paragr. post litem. ff. fin. regund.* Or l'instance étant perie le Juge ne peut pas ordonner, que les fruits seront restituez en vertu d'icelle, parce qu'étant perie elle est presumée n'avoir jamais été commencée.

Brod. Brodeau *d. num.* 5. cite un Arrest donné en l'Audience de la Grand'Chambre du 13. Avril 1518. au profit des Religieuses du Port-Royal contre les Administrateurs de l'Hostel-Dieu de Paris, rapporté dans le stile du Parlement *Part.* 7. *num.* 119. & par Tiraqueau, *loco citato num.* 19. qui l'a jugé ainsi.

11. La main-levée provisionnelle au cas du desaveu, ne peut être accordée qu'à celuy qui est capable de confisquer son Fief par le desaveu, qui peut le vendre, l'hypothequer & en transferer la proprieté, desorte que si un mineur de 25. ans, quoique majeur de la majorité féodale, avoit fait le desaveu sans l'autorité de son tuteur ou curateur, & sans avis de parens homologué en Justice, tel desaveu ne produiroit aucun effet, & ne donneroit pas lieu à la commise, comme il a été dit sur l'article 43. d'où il s'ensuit que tel desaveu ne peut profiter au mineur qui le fait, & à tous ceux qui ne peuvent point commettre leur Fief par desaveu, & que la saisie féodale ne laisse pas de continuer son effet, & de causer le gain des fruits du Fief saisi au Seigneur, tant que le vassal se soit mis à son devoir, & qu'il ait satisfait aux causes de la saisie; autrement il n'y auroit point de mineur ni de beneficier qui ne formât sans crainte un desaveu pour avoir main-levée par provision & la joüissance de son Fief, sçachant bien qu'il n'en pourroit encourir la confiscation.

Ce qui a été jugé ainsi par plusieurs Arrests, Monsieur le Maistre en son Traité des Fiefs & hommages chapitre 2. en rapporte un du 2. Mars 1534. au profit de Maître Jean-Gilbert Avocat General en la Cour des Aydes, contre le Commandeur de Villeroy.

12. Cet Arrest est aussi remarqué par Papon livre 3. chapitre 1. Arrest 9. & par Bacquet au Traité d'amortissement chapitre 58. *num.* 3. & chapitre 59. *num.* 2.

Par cet Arrest la Sentence de Messieurs des Requêtes du Palais fut infirmée, qui avoit donné main-levée au Commandeur, du Fief sur luy saisi à la requête du Seigneur féodal, faute d'homme, droits & devoirs non faits & non payez, en consequence du desaveu par luy fait, lequel fut declaré nul, comme ayant été fait par une personne incapable de le faire & d'aliener, sans être autorisé & decreté par le Superieur, & il fut ordonné que sans y avoir égard la saisie tiendroit.

Bacquet en son Traité de l'amortissement, chapitre 58. nombre 3. remarque un autre Arrest donné en l'Audience de la Grand'-Chambre, du Lundy 28. Novembre 1558. par lequel la Cour donna mainlevée par provision du Fief dépendant du domaine de la Cure de saint Georges de Saulx, saisi à la requête de Messire Jean de Sabrenois, Chevalier Seigneur de Saulx, faute d'homme, droits & devoirs non faits & non payez, parce que Maître André Gevres, Curé dudit saint Georges, avoit fait decreter & autoriser en cause d'appel par Monsieur l'Evêque de Chartres son Diocesain, le desaveu par luy fait en cause principale pardevant Messieurs des Requêtes du Palais.

C'est le sentiment de du Moulin *paragr.* 1. *glos.* 9. *num.* 2. & sur l'article 45. *num.* 6. & de Brodeau *num.* 8. *&* 9. Du Moulin. Brodeau.

Quoique la provision ne s'adjuge ordinairement qu'à la charge de bailler caution, de même que la recréance en matiere beneficiale, quand la provision est adjugée par Sentence, néanmoins nôtre Coûtume n'adjuge la provision au vassal qu'aprés qu'il a formé son aveu, sans l'obliger de donner caution: 13.

La raison est, qu'il est le maître & propriétaire du Fief, & qu'il est présumé faire un desaveu juste & bien fondé, ne pouvant pas ignorer que s'il est injuste & téméraire, il emporte la confiscation du Fief.

Ce qui a lieu tant en premiere instance qu'en cause d'appel, interjetté par le Seigneur de la Sentence renduë au profit du vassal.

Au contraire quand la Sentence a été renduë au profit du Seigneur, & que le vassal en a interjetté appel, quoique l'appel suspende l'execution de la Sentence, & que la main-levée subsiste jusques à l'Arrest confirmatif de la Sentence, toutefois le vassal est tenu de bailler caution suffisante pour la restitution des fruits, qui écherront pendant l'appel seulement, & non pas pour ceux qui sont déja échûs depuis la main-levée obtenuë. 14.

La raison est, que la Sentence ayant confirmé le droit acquis au Seigneur, la présomption est entierement contre le vassal, & partant il doit pourvoir à la sureté du Seigneur pour les fruits qui écherront pendant l'appel.

C'est le sentiment de du Moulin sur cet article question 2. nombre 10. de Charondas sur l'art. 43. & de Brodeau *num.* 6. *&* 7. Du Moulin. Charondas. Brodeau.

Maître Duplessis est d'avis contraire, parce que la Coûtume ne l'a pas dit & que l'appel suspend le droit.

Quand le Seigneur fait saisir le Fief du vassal pour foy & hommage non faite, & pour profits de Fief non payez, le vassal qui desavouë le Seigneur qui a fait la saisie, n'est pas obligé de consigner les droits qui sont prétendus par le Seigneur, par la raison pour laquelle la main-levée provisionnelle luy est accordée, laquelle est remarquée cy-dessus, sçavoir parce que le vassal nie absolument tenir du Seigneur qui a saisi, ainsi la presomption est pour le vassal & contre le Seigneur, c'est pourquoy il a main-levée par provision de la saisie, sans être tenu bailler caution pour la restitution des fruits, ni de consigner les droits qui luy sont demandez. 15.

Au contraire, quand au cas de contestation entre deux Seigneurs pour la mouvance du Fief saisi, le vassal obtient main-levée par main souveraine suivant l'article 60. le vassal est tenu de consigner les droits qu'il peut devoir, parce qu'il se declare vassal de celuy qui obtiendra gain de cause, & en cette qualité il doit dés lors les droits pour sa mutation, au cas qu'il en fût dû, lesquels par consequent il est obligé de consigner pour satisfaire aux causes de la saisie, Brodeau *num.* 11.

BRODEAU. 16. Brodeau nomb. 10. forme cette question, si le vassal est tenu de bailler caution ou consigner les droits quand la saisie est faite faute de droits non payez : & il dit, que soit que la saisie soit faite faute d'homme, ou seulement pour droits non payez, qu'en l'un & l'autre cas la caution n'a pas lieu, ni la consignation des droits au cas du desaveu formé par le vassal, dautant que la Coûtume qui ne parle en cet article que de la saisie faite par faute d'homme, exprime le cas le plus frequent & le plus ordinaire.

17. CHARONDAS Charondas marque cette difference entre ces mots *desavoüer* & *dénier*, qui sont mis en cet article, sçavoir que desavoüer est declarer qu'on n'avoüe point à Seigneur ; & dénier est declarer qu'on ne le reconnoît point à Seigneur, mais qu'on tient d'un autre ; que néanmoins ces deux termes retombent dans une même signification, & que quand le vassal diroit seulement, qu'il dénie à Seigneur celuy qui a saisi, il seroit contraint de l'avoüer ou desavoüer, & il ne pourroit dire qu'il tient d'un autre sans faire un desaveu, quoiqu'il luy eût fait la foy & hommage, à moins que cet autre Seigneur n'entrât en cause & prît le fait & cause pour celuy qui se prétendroit son vassal, auquel cas le vassal se feroit recevoir par main souveraine, suivant l'article 60.

Charondas dit avoir été ainsi jugé par Arrest du 14. Juillet 1558. CHAR.

Cet Arrest est aussi rapporté par Tournet & par Maître Ricard. TOUR. RICA.

OBSERVATIONS DE MONSIEUR ***,

Sur l'Article XLV.

SOMMAIRE.

1. *Pourquoy la Coûtume dit en cet article,* par faute d'homme, *& non pas* faute de devoirs non rendus.
2. *Quand le vassal dénie son Seigneur, est-ce à luy à prouver que le Fief est dans sa mouvance.*
3. *A qui en ce cas la provision doit estre donnée.*
4. Quid juris, *pour les Fiefs qui relevent du Roy.*
5. *Si la commise a été jugée par Sentence, & qu'il y ait ensuite appel de cette Sentence, la saisie feodale reprend-elle sa force?*

NOus n'avons rien changé dans cet article, qui décide que lorsque le vassal dénie son Seigneur, il doit joüir par provision des fruits, dont la Coûtume veut qu'on luy fasse main-levée, tant de ceux qui sont échus auparavant la saisie, que de ceux qui sont échus aprés.

1. La Coûtume dit dans cet article *par faute d'homme*, & ne dit pas faute de devoirs non rendus & droits non payez, & quoiqu'il semble qu'elle ait dit seulement ce qui est de plus fort ; d'où on peut conclure que *à fortiori* on doit faire main-levée de la saisie faite faute de droits non payez.

Néanmoins Maître Auzanet remarque qu'on a jugé le contraire, & par les termes de la Coûtume on pourroit ne point faire main-levée au vassal qui est saisi faute de droits non payez ; parce que cette saisie faite pour cette cause seulement, présuppose que le vassal a une fois rendu la foy, ce qu'étant fait, desavoüant dans la suite le Seigneur à qui il a luy-même fait la foy & hommage, il ne semble pas juste de luy faire main-levée par provision ; il paroît plus raisonnable que la saisie feodale tienne pendant le procés.

Mais au contraire, *rebus integris*, quand le Seigneur procede par voye de main-mise, le vassal le déniant, c'est à luy à prouver ; & pendant qu'il fait la preuve, il est juste que le vassal joüisse ; ce qui est fondé sur une maxime generale, que toutes terres sont allodiales ; c'est pourquoy la provision doit être pour

2. la liberté. Mais quand nous disons que c'est au Seigneur à prouver ; ce n'est pas dans le temps que le Seigneur fait saisir feodalement, qu'il doit prouver que le Fief est dans sa mouvance, c'est au vassal à avoüer ou desavoüer le Seigneur par un Acte de Justice, aprés quoy le Seigneur doit prouver sa mouvance suivant un Arrest du 11. Decembre 1622. donné en la Grand'Chambre contre les Chartreux.

3. Ces termes, *par provision*, marquent que si le vassal en definitif perd son procés, il est obligé à la restitution des fruits échus depuis la saisie feodale, laquelle par l'évenement est declarée bonne & valable, avec la perte de son Fief.

4. Ce qui se juge en ce cas contre les Seigneurs, se juge contre le Roy, nonobstant toutes les clauses qui se mettent dans toutes les lettres de Terrier, *nôtre main suffisamment garnie* ; & cela fondé sur une distinction qu'il faut faire, & qui peut servir de maxime generale dans toutes les affaires des Fiefs qui regardent le Roy ; sçavoir, qu'il le faut considerer comme Roy ou comme Seigneur particulier, & prendre garde de ne pas attribuer à la qualité de Seigneur particulier les privileges & prérogatives de la Royauté & de la Couronne ; & il est constant, que lorsqu'il s'agit d'une saisie feodale faite par le Roy, elle n'est jamais faite que *ratione feudi dominantis* ; ainsi ce n'est pas proprement le droit du Roy, mais le droit d'un Fief particulier possedé par le Roy ; c'est par cette raison que le vassal qui dénie le Roy à Seigneur, doit avoir par provision main-levée de la saisie feodale faite à la requête du Procureur du Roy, ou du Fermier du Fief dominant.

5. Mais, *quid juris?* si par Sentence on a jugé la commise dont le vassal est appellant, lequel appel suspend le jugé, la main-levée provisoire jusqu'à ce qu'il ait un Arrest confirmatif de la Sentence, tiendra-t-elle au profit du vassal, ou si la saisie feodale reprendra sa force ?

Maître

Maître Charles du Moulin tient qu'aprés une Sentence le vassal est obligé de donner caution des fruits qui seront perçûs depuis la sentence seulement, mais non de ceux qui sont échus jusqu'au jour de la Sentence; il y a même des Coûtumes qui l'ont ainsi ordonné.

CONFERENCE SUR L'ARTICLE XLV.

De même, *Blois*, art. 101.
Châlons, art. 203.
Estampes, art. 34.
Laon, art. 199. & ajoûte: *mais s'il se trouve par l'issuë du procés qu'il l'ait mal desavoüé, ledit Fief & fruits d'iceluy échûs depuis le desaveu tombent en commise.*
Montfort, art. 29.
Peronne, art. 66. 67.
Saint-Quentin, art. 81.
Reims, art. 126.
Tours, art. 22. & dit, *en baillant caution.*
Valois, art. 37.

Auteurs sur l'Article quarante-cinquiéme.

Les Etablissemens de France, livre 2. ch. 29.
Du Moulin, sur l'article 31. de l'ancienne Coûtume de Paris, glos. 1. nomb. 9.
Bobé, sur cet article.
Loysel, livre 4. titre 3. regle 26.
De la Lande, sur Orleans, art. 80.
Buridan, sur Reims, art. 126.
Lhoste, sur Montargis, ch. 1. art. 83.
Chopin, sur Paris, liv. 1. tit. 2. nomb. 17.
Englebermeus, sur la Coûtume d'Orleans, article 79.
Labbé, sur la Coûtume de Berry, titre 5. articles 26. & 27.
Pontanus, sur la Coûtume de Blois, tit. 6. art. 101.
Chopin, *du Domaine*, livre 3. titre 10. nombre 11. *& seqq.*
Vrevin, sur la Coûtume de Chauny, article 97.
Bodreau, sur la Coûtume du Maine, art. 199.
Buridan, sur la Coûtume de Vermandois, art. 199. & 264.
Duret, dans son Alliance des Coûtumes, p. 850.
Duplessis explique cet article, liv. 6. p. 59.

ARTICLE XLVI.

Au lieu du 32. abrogé & changé.

Gardien noble, ou Bourgeois, dequoy tenu pour Fiefs.

Le Gardien noble, ou Bourgeois, n'est tenu payer le droit de relief pour les heritages feodaux appartenans aux mineurs, desquels il est Gardien; mais il est tenu les en acquitter, s'il en est dû du chef desdits mineurs.

Voyez l'Article 267.

Remarques.

Au sujet de cet article je voudrois limiter ce qui a été dit sur l'article 41. tiré de l'opinion de du Moulin; sçavoir, que le Seigneur saisissant le Fief de son vassal mineur par faute de droits non faits & non payez, ne doit faire les fruits siens, mais les doit imputer sur les droits, pour n'avoir lieu au cas de nôtre article, vû que c'est une faveur extraordinaire, par laquelle nous déchargeons les mineurs, *solo pietatis intuitu*, d'une peine irrogée par la disposition generale de cette Coûtume; desorte qu'en cette rencontre la perte ne tombant pas sur les mineurs, il n'y a point lieu d'y étendre cette exception.

Un des Commentateurs de cette Coûtume dit que cet article doit être limité à l'égard des Fiefs qui se relevent selon la Coûtume du Vexin-le-François, & que suivant cette Coûtume, relief est dû pour la garde.

Cela n'est pas veritable, & on ne peut tirer aucune consequence à ce sujet, de ce qu'en ce pays le relief est dû pour toutes mutations, vû que la raison pourquoy on a changé par cet article la disposition de l'ancienne Coûtume, qui obligeoit le Gardien noble à payer le relief de son chef, a été, parce qu'on a jugé que possedant au nom d'autruy, il n'y avoit aucune mutation effective, capable de produire ce droit.

D'ailleurs ayant été remarqué sur les articles précedens, que double relief n'est point dû pour deux mutations casuelles qui arrivent en une même année, & particulierement en même temps, il s'ensuit que quand il y auroit une veritable mutation en la persſonne du Gardien, relief étant dû pour l'échéance de la ſucceſſion du chef du mineur, il n'en pourroit être dû un ſecond pour la garde. Mais quoiqu'il en ſoit, c'eſt au Gardien par cet article à acquitter les reliefs qui peuvent être dûs du chef de ſes mineurs.

EST TENU PAYER LE DROIT DE RELIEF.

GLOSE UNIQUE SUR L'ARTICLE XLVI.

SOMMAIRE.

1. *Diſpoſition de l'ancienne Coûtume.*
2. *Pourquoy elle a été reformée au cas de cet article.*
3. *Coûtume d'Orleans ſemblable à la noſtre.*
4. *Coûtumes qui chargent le Gardien du relief.*
5. *Note de du Moulin miſe mal-à-propos par Tournet ſur cet article.*
6. *Si le Gardien eſt tenu de payer le relief de ſon chef.*
7. *Si le Gardien eſt obligé de payer le relief dû du chef des mineurs.*
8. *Si le Seigneur ne s'en étoit pas fait payer par le Gardien, s'il pourroit en pourſuivre le payement contre le mineur.*
9. *Opinion de Brodeau refutée.*
10. *Reſolution de la queſtion.*
11. *Si le Gardien ſeroit tenu d'acquitter le mineur du relief dû pour une ſucceſſion collaterale échûë pendant la garde.*

1. CEt article eſt au lieu de l'article 32. de l'ancienne Coûtume, par lequel le gardien étoit obligé de payer le relief, *ex cauſa cuſtodiæ* de tous les Fiefs des mineurs, il étoit conçû en ces termes : *le gardien d'aucuns mineurs, faiſant les fruits ſiens, eſt tenu de payer droit de relief pour les heritages féodaux, appartenans à iceux mineurs.*

2. Cet article étoit contraire au droit coûtumier qui n'oblige pas l'uſufruitier à payer le relief, ainſi la doüairiere ne le doit point quoique ſa joüiſſance ſoit pour ſa vie, & par l'ancien droit il ne ſe payoit pas par les pere, mere, ayeul ou ayeule, ayant la garde de ſes enfans, comme nous apprenons du grand Coûtumier de France, liv. 2. tit. des Coûtumes de Fief, Voyez des Mares, decision 194. 205. 206. les Coûtumes notoires du Châtelet article 136. 158. & les articles 155. & 156. de la Coûtumes de Sens.

Du Moulin. Du Moulin ſur cet article de l'ancienne Coûtume *gloſ.* 1. *num.* 4. dit, qu'il n'étoit fondé en aucune raiſon, que le gardien *nequidem naturaliter poſſidet ſed detinet tantùm, quæ ex ſupervenientia fructuarii nullum debetur relevium, multominus perdendum eſt ex ſupervenientia cuſtodis* ; qu'il n'étoit point tenu de faire la foy & hommage pour les mineurs, ni deſervir le Fief, *nullam fidelitatem, nullum obſequium clientelare, nec poteſt in illorum fidem ſe conferre niſi prout tutor &c.* & qu'enfin ce relief *contra rationem per errorem inductum eſt* ; & c'eſt ſur ſon ſentiment que l'article a été changé.

Il y eût oppoſition & appel interjetté de la part de Monſieur le Duc & Madame la Ducheſſe doüairiere de Montmorency, dont acte leur fut octroyé par Meſſieurs les Commiſſaires, néanmoins il fut ordonné, que le préſent article ſeroit gardé pour Coûtume, comme il avoit été arrêté par l'avis des Eſtats.

3. La Coûtume d'Orleans réformée ſur la nôtre, porte en l'article 23. que *le gardien noble ou non noble, ne doit que la foy ſans profit, des heritages des mineurs, & que le Seigneur de Fief eſt tenu luy bailler ſouffrance ſans payer profit.*

4. Nous avons néanmoins encore des Coûtumes qui chargent le gardien ou bailliſtre de payer le relief de ſon chef, ſçavoir Arthois, Peronne, Chauny, Boulenois & autres marquées en la Conference ſur cet article, leſquelles ne ſont fondées, comme l'article 32. de l'ancienne Coûtume, que ſur ce que le gardien fait les fruits ſiens pendant la garde, mais cette raiſon n'eſt pas valable, vû qu'autrement tout uſufruitier d'un Fief ſeroit tenu de payer le relief à raiſon de ſa joüiſſance ; ce qui eſt injuſte & abſurde, le gardien ayant beaucoup moins de droit qu'un uſufruitier ; c'étoit pourtant en vertu de ſa joüiſſance qu'il devoit le relief ; c'eſt pourquoy ſuivant la Note de du Moulin ſur cet article, *ſauf s'il declare qu'il en veut tenir compte aux mineurs*, auquel cas le relief n'étoit pas dû.

Ce qu'il dit ſur cet article de la rigueur de ſa diſpoſition, il le dit encore ſur les Coûtumes d'Eſtampes art. 23. de Melun art. 295. & de Montargis ch. 1. art. 94.

Cette Note de du Moulin a été miſe mal-à-propos ſur cet article par Tournet, vû que ſa déciſion eſt contraire & oppoſée à celle de l'ancienne Coûtume, & elle ne peut être en aucune façon appliquée à l'article de la nouvelle Coûtume. 5. Tournet.

Et dautant qu'il n'y a point de mutation en la perſonne du gardien, c'eſt pourquoy dans les Coûtumes qui l'obligent de payer le relief, *ex capite cuſtodiæ*, le mineur n'en doit point pour le decés d'iceluy ; parce que le Fief n'a jamais changé de main, & il n'y a jamais eu de mutation en ſa perſonne, c'eſt pourquoy il n'y en a point auſſi, lorſque le mineur entre en la poſſeſſion de ſes biens, par la mort du gardien, ou par l'expiration du temps de la garde.

C'étoit le ſentiment de Maître Charles du Moulin ſur cet ancien article *num.* 10. & 12. Du Mo[ulin]

Ce qui doit avoir lieu dans les Coûtumes qui ſont encore conformes au ſuſdit article.

On demande ſi le gardien eſt tenu de payer le relief de ſon chef, pour les Fiefs qui appartiennent aux mineurs, qui ſe gouvernent ſuivant la Coûtume du Vexin-le-François ? 6.

Charondas dit, que le relief peut être dû, cependant cela n'eſt pas vray, comme remarque fort bien Monſieur Ricard, parce qu'on ne peut tirer au ſujet de cet article aucune conſequence, de ce qu'à toutes mutations eſt dû relief pour les Fiefs du Vexin-le-François ; vû que la raiſon pour laquelle on a changé par cet article la diſpoſition de l'ancienne Coûtume, a été en ce qu'on jugeoit que le gardien poſſedant au nom du mineur, il n'y avoit aucune mutation en ſa perſonne ; & deplus, que deux mutations caſuelles arrivans en un même temps, il ne pouvoit être dû qu'un ſeul relief, c'eſt pourquoy les mineurs devans de leur chef le relief pour leur mutation, le gardien n'en peut pas devoir encore un autre pour ſa joüiſſance. Cha[rondas]. Ri[card].

Quoique par cet article le gardien ne ſoit point 7.

tenu de payer le relief de son chef, néanmoins s'il en est dû du chef des mineurs, il est tenu de les acquitter suivant cet article, ce qui arrive à l'égard des Fiefs, lesquels se gouvernent par la Coûtume du Vexin-le-François, échûs aux mineurs qui sont en garde, par le decés du predecedé de leurs pere & mere, ou parce que leurs pere & mere n'avoient point acquitté le relief par eux dû; ausquels cas le gardien est tenu d'en acquitter les mineurs, parce que *qui garde prend, quitte la rend*; suivant l'article 267. desorte que quoiqu'il fût dû au Seigneur plusieurs reliefs & autres droits féodaux pour le même Fief, le gardien seroit tenu de les en acquitter.

8. Mais on demande au cas que le Seigneur ne se soit point fait payer par le gardien du relief dû du chef des mineurs, dont le gardien étoit tenu, si aprés la garde finie il peut saisir le Fief des mineurs, pour le relief, ou se pourvoir contr'eux pour en être payé, sauf leur recours, si bon leur semble, contre leur gardien, qui étoit tenu de les en acquitter?

Du Moulin sur l'article 32. de l'ancienne Coûtume *glos.* 1. *num.* 10. & 11. dit que le Seigneur doit s'addresser au gardien, & non aux mineurs.

BRODEAU. DU MOULIN. Brodeau sur cet article *in fine*, suivant le sentiment de du Moulin, dit que le Seigneur ne peut saisir le Fief du mineur aprés la garde finie, pour le relief dû du chef du mineur; parce que, dit-il, c'est une charge des fruits qu'il fait siens; desorte qu'il ne peut pas même le poursuivre par simple action.

Du Moulin avoit raison d'être de cet avis, parce qu'il parloit dans le cas du §. 32. de l'ancienne Coûtume du relief, qui étoit dû *ex persona* du gardien, à cause des fruits qu'il faisoit siens des biens sujets à la garde: Mais l'article 46. de la Coûtume réformée, dit que les gardiens ne sont point obligez de payer le relief au Seigneur à raison de la garde, mais que s'il en est dû du chef des mineurs, ils sont tenus de les en acquitter.

9. Il n'y a pas de difficulté, que suivant l'ancienne Coûtume & selon les Coûtumes qui luy sont conformes encore à present, le relief dû par le gardien ne soit une dette & charge personnelle, à laquelle le gardien seul est obligé, ensorte que si le Seigneur ne s'en fait point payer pendant la garde, il ne peut plus s'addresser au mineur, ni à ses Fiefs pour en être payé, il a seulement une action personnelle contre celuy qui a été son gardien ou contre ses heritiers, pour en avoir le payement.

Mais c'est à mon avis une erreur de tenir cette opinion dans la nouvelle Coûtume, car si le relief est dû du chef des mineurs, il s'ensuit que le Fief pour lequel il est dû, est affecté & obligé au payement d'iceluy, & que si le gardien a été negligent de le payer au Seigneur, & d'en acquitter les mineurs qui étoient en garde, le droit du Seigneur n'est pas pour cela éteint & anéanti par le fait du gardien, mais il subsiste toûjours, à moins qu'il ne soit prescrit, & il a droit de saisir le Fief des mineurs pour en être payé, sans qu'il soit tenu de s'informer si le gardien étoit obligé de les en acquitter, c'est un fait entr'eux qui ne le regarde point & qui ne détruit pas le droit que la Coûtume luy donne en l'article 24. de s'addresser à la chose pour les profits de son Fief.

Ainsi il faut dire nonobstant le sentiment de Brodeau, que si le gardien n'a pas payé le relief pendant la garde, qui étoit dû du chef des mineurs, le Seigneur a droit d'user de saisie féodale pour en avoir le payement, sauf aux mineurs leur recours contre leur gardien, pour leur dédommagement envers le Seigneur; mais comme par l'évenement ce recours retomberoit sur les mineurs, parce que le gardien est ou leur pere ou leur mere, ou leur ayeul ou ayeule, s'ils sont en garde noble, il est plus expedient aux mineurs de faire les offres au Seigneur, & luy payer le relief, que de laisser durer la saisie féodale, jusques à ce que celuy qui étoit gardien, les indemnise de cette dette envers luy, en le sommant néanmoins préalablement de le faire, afin que si le gardien n'y satisfait pas, ils puissent reprendre un jour sur sa succession la somme qu'ils auront payée pour le relief, ou l'estimation du revenu d'une année dont le Seigneur auroit pris l'exploitation pour son relief. 10.

On demande s'il échéoit une succession collaterale à un mineur pendant la garde, si le gardien seroit tenu d'en acquitter le gardien s'il y avoit un Fief? 11.

Brodeau sur cet article *in fine*, tient l'affirmative.

Mon avis est contraire: voyez sur l'article 267.

Maître Lauriere prétend que cet article ne dispensant point le gardien de la foy, il en est tenu infailliblement, parce que, dit-il, il est ainsi decidé par l'article 45. de la Coûtume de Melun, qui est tres conforme à l'ancien droit observé à Paris; & que c'est la même raison pour laquelle le mary doit la foy & hommage pour les Fiefs propres de sa femme. LAURIERE.

S'il étoit permis de raisonner sur une décision infaillible comme celle-là, selon le sentiment de Maître Lauriere, je dirois que le gardien n'est à present que comme un usufruitier dont la jouïssance est encore plus bornée que celle de l'usufruitier, que la foy & hommage ne se fait que par le propriétaire & non par l'usufruitier, que si le mary est obligé de la faire; c'est parce qu'il est, *loco proprietarii*.

Les Docteurs tiennent que quand les enfans sont en garde, le gardien est tenu de demander souffrance pour eux, ce qui ne seroit pas si les gardiens étoient tenus de faire la foy & hommage.

OBSERVATIONS DE MONSIEUR ***.

Sur l'Article XLVI.

SOMMAIRE.

1. *Si le Gardien noble, ou Bourgeois, doit relief.*
2. *Article augmenté, & pourquoy.*

1. LE Gardien noble ou Bourgeois ne doit point le relief; mais comme dans le Vexin il est dû en directe, & comme le gardien est tenu de payer les dettes mobiliaires & charges annuelles, il doit le relief pour la mutation qui donne lieu à la garde quand il en est dû, & aussi les droits qui pourroient être dûs auparavant.

C'est pourquoy nous avons augmenté les derniers mots de l'article, afin que la décision fut certaine, & nous l'avons dressé en la maniere qui suit.

2. *Le Gardien noble ou Bourgeois n'est tenu payer droit de relief pour les heritages feodaux appartenans aux mineurs dont il est gardien; mais il est tenu de les en acquitter, s'il en est dû du chef desdits mineurs, même à cause des mutations précedentes.*

CONFERENCE SUR L'ARTICLE XLVI.

LEs Coûtumes suivantes ont une disposition semblable à celle de Paris.

Chartres, art. 107. *Châteauneuf*, art. 175. *Clermont*, art. 175.
Dourdan, art. 32. *Dreux*, art. 97.
Estampes, art. 24.
Laon, art. 264. *Lodunois*, ch. 14. art. 9.
Mantes, art. 35. 42. *Melun*, art. 36. 46. 296.
Montargis, ch. 1. art. 26. & 33. *Monfort*, art. 30.
Orleans, art. 23. 27.
Sedan, art. 163. *Sens*, art. 155. 156. & 157.
Troyes, art. 17. 20.
Valois, art. 74.

Les Coûtumes suivantes ont une disposition contraire.

Artois, art. 158. *Boulenois*, art. 78. *Chauny*, art. 81. *Peronne*, art. 224. 231. *Montargis*, a

a *Idem Consuetud. Aurel.* § 31. *Sed est iniquissimum & restringendum ut procedat quando à principio nulli sunt gardiani, ita quod initio necesse est tutorem vel curatorem deputari, satis est enim quod vel momento supervixerit* aucun Gardien ou Baillistre: *ut etiam restrinxit Consuetud. Aurel. d.* §. 31. 34. 35. C. M.

Le même Auteur sur ledit article 31. de l'ancienne Coûtume d'Orleans, qui étoit semblable: *Hæc Consuetudo iniqua est restringenda, quando ab initio nulli omninò sunt custodes: Duo enim copulativè requiruntur. Primò, quod desit gardia: Secundò, quod detur tutor extraneus ab initio: Unde sufficit matrem custodem naturalem vel momento supervixisse. Idem si tutela matri decreta sit, quia qualitas tutelæ non impedit jus & favorem custodiæ. Et contra legem iniquam semper facienda est interpretatio. Bald. in l. unic. C. de caduc. tollend. fac. l. Salvius Aristo. ff. de legat. præstand.* C. M.

Auteurs sur l'Article quarante-sixiéme.

DEs Mares, Décision, 194. 205. & 206.
L'Auteur du Grand Coûtumier, livre 2. titre *des Coûtumes de Fiefs*, p. 195.
Les Coûtumes notoires du Châtelet, art. 136. & 158.
Loysel, livre 1. titre 4. regle 16. & 17. avec les Notes de M. Lauriere.
Bobé, sur cet article.
De la Lande, sur Orleans, art. 23. & 27.
Le Grand, sur Troyes, art. 17. & 20.
Buridan, sur Reims, art. 331.
Duplessis explique cet article, liv. 5. sect. 2. p. 57.

ARTICLE XLVII.

C'étoit le trente-troisiéme Article de l'ancienne Coûtume.

Droit de relief, ce que c'est?

DRoit de relief est le revenu du Fief d'un an, ou le dire de Prud'hommes, ou une somme pour une fois offerte de la part du vassal, au choix & élection du Seigneur feodal.

Voyez les deux Articles suivans, & le 33. Il est aussi parlé du relief, ès Articles 3. 5. 6. 35. 36. 37. 39. 40. 46. 50. 57. & 358.

REMARQUES.

S*Ufficit verbalis oblatio, nec requiritur realis. Mol.* §. 47. *gl.* 4. *num.* 3.

Domino quidem per hunc articulum competit electio, sed non eligens potest interpellari à vassallo, in quem demum transferetur electio, secus electio durabit 30. annos. Ibid. gl. 5. *num.* 1. 2.

Electione semel facta à Patrono, amplius variari non potest, si electio probata fuerit à vassallo. Mol. ibid. num. 3.

Usufructuario cui relevium competit, pertinet & electio ut cuivis cessionario dicti juris. Ibid. num. 4.

LE REVENU D'UN AN.

GLOSE PREMIERE SUR L'ARTICLE XLVII.

SOMMAIRE.

1. *Comment le droit de relief a été introduit.*
2. *Comment dans la suite des temps ce droit a été fixé & arresté.*
3. *Choix du Seigneur pour le relief.*
4. *Si les offres du vassal n'ont lieu que quand le revenu du Fief n'est pas reglé.*
5. Quid, *au cas que le Fief soit abonné.*
6. *S'il est permis d'abonner les Fiefs en la Coûtume de* Paris.
7. *Si lorsque le Fief ne consiste qu'en une rente, le Seigneur a droit de prendre les profits casuels.*
8. *Si le Seigneur est tenu de se contenter de la redevance, à laquelle le Fief a été baillé.*
9. *S'il faut faire les offres réellement.*
10. *Comment le Seigneur fait son choix.*
11. *Dans quel temps le Seigneur doit faire l'option.*
12. *Si le vassal doit réïterer ses offres aprés les quarante jours.*
13. *Si le sentiment de* Brodeau *est contraire à l'intention de la Coûtume.*
14. *Difference entre le dénombrement & le rélief.*
15. *Si le vassal laissant son Fief vacant pendant l'année, seroit déchargé du relief.*
16. *Quand la mouvance est contestée, comment le vassal doit faire ses offres.*
17. *Si les offres doivent estre faites à tous les Seigneurs, quand il y en a plusieurs.*
18. *Si les offres doivent estre faites au principal manoir.*
19. *Si le cessionnaire des droits du Seigneur peut faire son choix dans les quarante jours.*
20. *Si le Seigneur aprés avoir opté, peut varier.*
21. *Quels fruits sont compris sous le revenu d'un an.*
22. *Si le droit de patronage passe aux Fermiers.*
23. *Si le Seigneur peut prétendre autres choses que celles qui sont* in fructu.
24. *Si le relief se prend dans le croist des animaux.*
25. *S'il échet le profit extraordinaire d'un arriere-Fief, s'il sera dû au Seigneur.*
26. *Erreur de Tronçon.*
27. *Si les droits qui échéent aprés les offres faites, appartiennent au Seigneur.*
28. *Si le Seigneur pendant le relief peut transporter les pailles ailleurs.*
29. *Si le Seigneur doit joüir du colombier.*
30. *Si le Seigneur peut prendre part dans le trésor trouvé pendant l'année du relief.*
31. *Si dans le revenu du Fief on déduit les fruits perçûs pendant la saisie feodale.*
32. *Si le Seigneur pendant l'année de son relief, peut saisir les arriere-Fiefs ouverts.*
33. *Si le Seigneur peut joüir des arriere-Fiefs acquis par son vassal, & réünis au Fief.*
34. *Si ce qui a été augmenté par le vassal au Fief, est sujet au relief.*
35. *Si le Seigneur a la joüissance de la Justice.*
36. *Si le Seigneur est tenu de préferer son vassal à un étranger, auquel il auroit cedé les fruits du Fief.*
37. *Si le relief dû au vassal pendant l'année de relief, est dû au Seigneur.*
38. *De quel jour commence d'estre dû le relief au Seigneur.*
39. *Si le Seigneur est tenu de payer les charges réelles pendant l'année du relief.*
40. *Si le Seigneur pendant l'année du relief peut exercer le retrait feodal.*

1. LE relief est un droit, qui se paye au Seigneur du Fief dominant pour la mutation du vassal en certains cas exposez en l'article 33. cy-dessus.

Ce droit a été introduit depuis que les Fiefs ont été rendus hereditaires & patrimoniaux en France, & il est en usage dans tous les Royaumes où les Fiefs sont reçûs, suivant les autoritez rapportées par Brodeau nombre 3. & 4.

Coquille en son Institution du Droit François, chapitre des Fiefs, en remarque l'origine en ces termes.

Le mot de rachat dépend de la tres-ancienne usance des Fiefs, selon laquelle les Fiefs en plusieurs cas retournoient au Seigneur féodal; comme si le vassal mouroit sans enfans, ou s'il alienoit sans congé de son Seigneur féodal: & pour racheter cette reversion fut par composition generale des Estats de chacune Province accordé aux Seigneurs le revenu d'un an, qui s'appelle rachat, *comme en cas de vente on paye le quint denier: En maints lieux on l'appelle* droit de relief, *comme si de nouveau on reprenoit & qu'on relevât le Fief étant tombé en cadacité par la reversion.*

D'Argentré sur la Coûtume de Bretagne, titre des droits du Prince, article 74. dit: *Ex eo verò appellatio manavit, quòd reversum in jus ditionemque patroni feudum vassalli morte, heres anni unius fructibus redimit,* &c. *Relevium Franci appellant non absimili sensu, veluti quod interciderat morte relevetur domino feudi pretio convento.*

Delà vient, que quelques Coûtumes usent de ces termes, *relever & droiturer son Fief*, comme celles de Valois article 68. de Ribemont article 16. & autres.

Du Moulin Maître Charles du Moulin sur l'article 33. *num.* 1. dit, que *relevium seu relevamentum* vient *à relevando, id est, liberando, seu solvendo.*

2. Dans les premiers temps ce droit n'étoit pas fixé ni réglé, mais il dépendoit de la volonté des Seigneurs, c'est pour cela qu'il est appellé *plait* dans la Coûtume de Poitou articles 31. 148. 149. 167. 169. & 172. & dans l'usage des Fiefs du Dauphiné, mais depuis il a été borné & limité dans toutes les Provinces, soit par les premieres concessions féodales, que les Seigneurs ont fait d'une partie de leurs Terres, ou par les Coûtumes particulieres des lieux, & toutes s'accordent presque en ce point, que ce droit consiste en la joüissance du Fief d'une année, Brodeau nombre 5. Brodeau.

Néanmoins les concessions faites par les Seigneurs à la charge de droits plus forts que ceux qui sont limitez par une Coûtume, ne laissent pas de valoir soit à l'égard des concessions anciennes, ou de celles qui se font ou se peuvent faire à present, parce que chacun peut donner son bien à telles charges qu'il luy plaît, pourvû qu'elles soient honnêtes, & qu'elles ne préjudicient point à l'utilité publique.

3. Le droit de relief est reglé & limité par nôtre Coûtume en cet article au revenu d'un an, ensorte néanmoins que le Seigneur a le choix de prendre ou les fruits du Fief d'un an, en exploitant le Fief par ses mains, ou l'estimation qui en est faite par Experts nommez & convenus par les parties.

Pour cet effet le vassal est tenu par cet article de faire trois offres; la premiere est, de prendre le revenu du Fief d'un an, c'est-à-dire, les fruits du Fief qui viennent au Fief pendant une année, & ainsi d'exploiter ou faire exploiter le Fief par ses domestiques ou par autres à sa volonté.

La seconde est, de prendre l'estimation du revenu du Fief d'une année, selon qu'elle sera faite par Experts nommez par les parties.

Ce choix donné au Seigneur produit fort souvent des procez sur la convention des Prud'hommes, sur la difficulté d'en trouver qui veüillent accepter la charge, & sur la diversitté des avis; c'est pourquoy selon le sentiment de Maître Auzanet il seroit plus à propos d'ôter cette offre.

La troisiéme est, d'une somme de deniers offerte par le vassal, par le payement de laquelle il est déchargé du relief; ainsi cette somme doit à peu prés égaler l'estimation du revenu du Fief d'une année, autrement elle seroit ridicule & illusoire, & le Seigneur pourroit refuser les offres comme non pertinentes, la saisie subsistant toûjours, car quand la Coûtume dit *une somme pour une fois offerte*, cela se doit entendre d'une somme qui peut égaler la valeur des fruits d'une année, & si elle en étoit beaucoup éloignée, les offres seroient nulles.

Auzanet. Cette offre selon Maître Auzanet est inutile, car si elle est moindre elle n'est point acceptée.

Ces offres se doivent faire par le vassal aux termes de cet art. autrement le Seigneur peut saisir féodalement, ou s'il a saisi auparavant, la saisie subsiste jusques à ce qu'il en ait fait d'autres valables; & la Coûtume a jugé à propos d'obliger le vassal à faire ces trois offres, afin que le Seigneur puisse se décharger de la peine d'exploiter le Fief, & de choisir ou la somme offerte, ou l'estimation au dire de Prud'hommes.

4. Ces offres n'ont lieu qu'à l'égard des Fiefs dont le revenu est incertain & non reglé, & non à l'égard de ceux dont le revenu est certain, perpetuel & uniforme, comme s'il consiste en une rente payable en argent, car il suffit qu'elle soit offerte précisément; mais si elle est dûë en grain, vin ou autres especes, dont l'estimation soit incertaine, le vassal est tenu de faire les trois offres portées par cet article, du Moulin sur cet article *glos.* 2. *num. ult.* Brodeau *num.* 15. Du Moulin. Brodeau.

Quant aux Fiefs où le relief est reglé, limité & borné à cette somme ou redevance payable en deniers ou grains par titre & convention particuliere, il suffit au vassal de faire offre de la somme ou des especes pour lesquelles le Fief a été abonné. 5.

Je ne sçache point de ces Fiefs dans la Coûtume de Paris, mais il y en a dans d'autres.

Nous avons même plusieurs Coûtumes où les Fiefs sont abonnez, comme celles de la Marche article 133. d'Anjou, articles 208. 209. du Maine, articles 233. & 234. Chartres, art. 16. & autres; C'est ce qu'on appelle *abonnement, abournemens & abonnages*; dans ces Coûtumes les Seigneurs ont même accoûtumé d'abourner la foy & hommage à quelque somme ou redevance, ou rente inféodée.

Quoique nôtre Coûtume ne parle point de ces abonnemens, néanmoins il est permis aux Seigneurs d'abonner les profits de leurs Fiefs, en faisant les concessions féodales, Tronçon sur cet article *verbo*, au choix du Seigneur féodal. 6. Tronçon.

Quand le Fief consiste en une certaine rente, le vassal est tenu de l'offrir actuellement & réellement au Seigneur, & le Seigneur doit la recevoir sans préjudice des profits casuels qui peuvent échéoir pendant l'année, comme quints & reliefs dûs à cause des arrieres-Fiefs, lesquels sont profits du Fief servant, ainsi ils tombent dans le relief. 7.

Cet article souffre une exception portée par l'article 56. qui est lorsque le vassal a baillé à ferme son Fief & les profits d'iceluy. 8.

En ce cas le Seigneur est tenu de se contenter de la redevance dûë par le Fermier, ainsi le vassal ne doit pas luy faire ces trois offres, le Seigneur ne pouvant pas prendre le revenu du Fief, ni le dire de Prud'hommes; ce qui est à remarquer afin de ne pas faire des offres qui soient inutiles, mais dans les offres que fait le vassal en ce cas dans l'acte de foy & hommage, il doit offrir seulement la redevance portée par le bail fait à son Fermier, car le dire de Prud'hommes n'a pas aussi lieu, puisque le Seigneur est tenu de se contenter de la rente, & que le revenu du Fief est certain & borné à cette redevance.

Il n'est pas necessaire de faire les offres réellement ou de les consigner, il suffit de les faire verbalement, comme il sera dit sur l'article 63. & même il y a Arrest du 10. May 1662. rapporté par Maître Soëfve, tome 2. Centurie 2. chapitre 64. qu'offrir les droits tels qu'ils sont dûs, sans specifier les trois offres portées par cet article suffit.

Sufficit verbalis oblatio nec requiritur realis Molin. §. 47. *glos.* 4. *num.* 3.

On demande, si le vassal peut au lieu d'une somme de deniers, offrir au Seigneur compensation d'une somme qu'il luy devroit? 9.

On répond que non, parce que nôtre Coûtume veut, que le vassal fasse ces trois offres *in forma specifica*, autrement la saisie féodale subsisteroit toûjours en pure perte des fruits; mais il peut offrir une somme & donner l'alternative au Seigneur, ou de la prendre, ou de la compenser avec celle qu'il luy doit jusques à concurrence.

Le choix & élection de l'une de ces trois offres appartient au Seigneur, & il le fait ou expressément, quand il fait sa declaration précise & expresse de l'une d'icelles; ou tacitement, quand tenant saisi le Fief de son vassal, il continuë sa joüissance pendant un an entier aprés la prestation de foy & hommage; car en ce cas, quoiqu'il ne se soit point expliqué en termes exprés, & qu'il n'ait fait aucune 10.

declaration formelle de sa volonté, la perception des fruits & la joüissance du Fief qui continuë aprés la main-levée du Fief, qu'il tenoit saisi, le fait présumer avoir choisi le revenu d'un an, desorte qu'il ne seroit plus en son pouvoir de quitter ce choix, & de recourir à l'une des trois offres, Charondas, sur l'article 49. Brodeau *num.* 26. parce que, dit Charondas, c'est une élection de fait. Joly sur le même article.

11. Nôtre Coûtume ne prescrit point le temps dans lequel le Seigneur doit faire l'option de l'une des offres faites par le vassal, c'est pourquoy selon l'opinion de plusieurs, ce choix doit dépendre de l'arbitrage du Juge, lequel doit suppléer le défaut de la Loy; d'autres au contraire veulent que le temps pour la consommation du choix du Seigneur soit limité à quarante jours.

En effet, c'est la disposition de quelques Coûtumes comme celles d'Orleans art, 32. de Vitry art. 29. de Dreux art. 10.

Par ces Coûtumes le vassal doit réïterer ses offres faites au Seigneur & le sommer & interpeller de faire sa declaration.

La raison est, que le respect que le vassal doit garder en toutes choses & en toutes occasions envers son Seigneur, ne permet pas, que le Seigneur soit obligé d'envoyer signifier son choix à son vassal.

C'est le sentiment de Brodeau *num.* 28. que le choix doit être fait dans quarante jours, parce que c'est le temps de la prescription en matiere féodale, non seulement contre le vassal, mais aussi contre le Seigneur.

Ainsi le vassal est tenu de faire la foy & hommage dans quarante jours par l'article 7. & donner à son Seigneur son aveu & dénombrement dans quarante jours à compter du jour de la reception en foy par l'article 8.

Le Seigneur est aussi tenu de blâmer le dénombrement dans quarante jours du jour qu'il a été baillé par l'article 10. & doit user du retrait féodal dans quarante jours à compter du jour de la notification & exhibition du contrat de vente, suivant l'art. 20.

12. Du Moulin sur l'article 10. de la Coûtume de Dreux *num.* 2. *verbo* réïterer, qui ordonne que le vassal réïtere ses offres en personne aprés quarante jours, dit, *scilicet ad hoc ut privetur dominus electione: sed si vassallus omittit reïterare, non amittit fructus, nec cadunt in commissum, quia non est scriptum nec aequum.*

Brodeau *num.* 29. dit, que cette réïteration portée par cette Coûtume & autres, semble juridique pour être observée en la Coûtume de Paris, & par tout où il n'y a point de disposition contraire, par l'argument de l'article 10. qui oblige le vassal d'aller querir ou envoyer querir le blâme au lieu du principal manoir, suivant quoy le vassal quarante jours aprés les offres faites, doit aller ou envoyer quelqu'un fondé de procuration pour réïterer les offres au Seigneur, & le sommer & interpeller de faire sa declaration; aprés laquelle sommation, si le Seigneur ne fait son option, elle doit être referée au vassal, laquelle étant signifiée au Seigneur, il ne peut plus opter ni changer de volonté, ayant perdu le droit d'option par sa demeure & negligence.

C'est le sentiment de du Moulin glose 5. nombre 1. & 2. & que si le vassal ne fait la sommation, le Seigneur à 30. ans pour faire son choix.

13. Ce sentiment me semble contraire à l'intention de la Coûtume.

En premier lieu, la Coûtume n'ordonne point que le vassal réïtere ses offres, elle veut seulement qu'elles soient faites, & comme c'est une charge & une incommodité pour le vassal, elle n'auroit pas manqué de l'y obliger expressément; le vassal ayant satisfait à son devoir prescrit par la Coûtume, c'est au Seigneur à faire sa declaration, & s'il ne la fait dans les quarante jours, que je croy être le temps qu'on doit prescrire pour cet effet par une juste interpretation de la Coûtume, qui est favorable tant au Seigneur qu'au vassal, il n'est plus recevable à faire l'option des trois offres, mais il doit se contenter du revenu de l'année.

La raison est, que le choix de ces trois offres est une grace que la Coûtume fait au Seigneur, parce qu'il luy est souvent plus expedient de prendre l'estimation du revenu d'une année que l'exploitation du Fief, ou la somme offerte, laquelle est ordinairement plus modique que la valeur du revenu; mais proprement le rachat consiste dans l'exploitation du Fief pendant l'année, desorte qu'ayant laissé passer les quarante jours sans faire l'option, il est tenu de prendre le revenu d'icelle, si bon semble au vassal, & si le vassal n'a pas laissé de percevoir les fruits pendant l'année, le Seigneur ne peut demander que l'estimation de cette année, comme courante en rachat.

Ce qui a été jugé ainsi par Arrest du mois de May 1577. contre Nicolas Loyseau & autres Fermiers du Duché de Vendosme, & par autre Arrest du 14. Aoûr de la même année, au rapport de Monsieur du Four entre Nicolas Fortin & Nicolas Guilloiseau & Bagy, rapportez par Labbé, par Tronçon *verbo* au choix, & par Ricard sur l'art. 49. LABBÉ, TRONÇON, RICARD.

14. Il y a bien de la difference entre le dénombrement & le relief; le dénombrement est pour l'interêt tant du Seigneur que du vassal, mais le relief n'est que pour le profit du Seigneur, c'est pourquoy la Coûtume a voulu que le vassal allât querir, ou envoyât querir le blâme au principal manoir du Fief dominant, mais elle n'a point chargé le vassal d'aller demander au Seigneur sa declaration sur le choix des trois offres à luy faites, & puisque ce choix est seulement pour l'interêt du Seigneur, c'est à luy à la faire signifier à son vassal.

Si le vassal aprés avoir fait ses offres, laissoit son heritage vacant sans en percevoir les fruits, seroit déchargé du relief, au cas que le Seigneur ne les perçût pas? 15.

Brodeau *num.* 21. *in fine*, est de ce sentiment.

Cependant il est plus seur pour le vassal de les percevoir, ne s'obligeant par-là qu'à payer au Seigneur le revenu de cette année; car le Seigneur n'ayant point declaré son choix, pourroit prétendre que le vassal devoit percevoir les fruits de son Fief, & qu'ainsi il seroit tenu de luy payer l'estimation du revenu.

Il est vray, que la Coûtume d'Orleans en l'article 55. dit, que *le vassal aprés les offres faites & signifiées, laisse son heritage vacant jusques à un an aprés lesdites offres & significations d'icelles, & sans que son Seigneur de Fief luy ait declaré laquelle il veut accepter, ledit an passé ledit vassal sera quitte dudit profit de rachat.*

Cela doit être ainsi observé dans cette Coûtume, parce qu'elle y est expresse, dans la nôtre, ou dans une autre qui n'en parleroit pas, je ne conseillerois pas au vassal de laisser les fruits de l'heritage à l'abandon. Mais il peut faire ordonner que le Seigneur à faute d'avoir fait le choix dans les quarante jours, prendra le revenu de l'année, auquel cas le vassal peut pendant l'année laisser les fruits du Fief, & par ce moyen il en est déchargé.

Quand le vassal doit relief pour un Fief dont la mouvance est contestée par deux Seigneurs, en ce cas il suffit qu'il fasse ses offres judiciairement, & il doit faire ordonner qu'il sera reçû à consigner certaine somme proportionnée au revenu d'une année du Fief, ou telle que le Juge arbitrera; & par l'acte de consignation il doit offrir de l'augmenter, si besoin est, & consentir qu'elle soit mise entre les mains 16.

de celuy qui obtiendra la directe, ou qu'il prenne le revenu du Fief de l'année courante, ou le dire de Prud'hommes.

17. Quand il y a plusieurs Seigneurs du Fief dominant, comme il suffit que la foy & hommage soit faite à l'un d'eux au nom de tous, aussi il suffit que les offres soient faites à l'un d'entr'eux; & si l'un des Seigneurs reçoit les offres ou en compose avec son vassal, telle acceptation ou composition vaut pour luy & pour les autres, sauf aux autres Seigneurs leur recours contre celuy qui a reçû les profits pour leur portion, & les interests qu'ils pouvoient y avoir au cas que le choix leur ait été desavantageux; c'est la disposition de la Coûtume de Dunois art. 24.

Du Moulin. Les offres susdites doivent être faites à l'usufruitier & à celuy qui a les droits du Seigneur, du Moulin, glos. 5. nombre 4.

18. Les offres doivent être faites au principal manoir, ou lieu Seigneurial du Fief, où la foy & hommage doit être faite, suivant l'article 63. & 64. *infra*, Brodeau. Brodeau *num.* 25.

19. Quand le Seigneur a cedé & transporté le droit de relief à quelqu'un, il peut dans les quarante jours faire le choix des trois offres, de même que le Seigneur dont il exerce les droits, pouvoit faire, aprés avoir signifié & donné copie de son transport au vassal, & la declaration du choix se peut faire à personne ou au domicile du vassal, Brodeau *num.* 32. Brodeau.

20. Aprés que le Seigneur a opté, il ne peut plus varier ni changer de volonté, pour prendre une autre offre que celle qu'il a acceptée, suivant la Loy *apud Aufidium. ff. de optio. leg.*

Du Moulin, Charondas, Brodeau. C'est l'avis de du Moulin glose 5. nombre 3. de Charondas, de Brodeau *num.* 30. & des autres Docteurs.

21. Par le revenu d'un an nous entendons tous les fruits, émolumens & profits tant ordinaires que casuels & incertains, qui proviennent du Fief pendant l'année de l'exploitation faite par le Seigneur, en quoy sont compris les profits des arriere-Fiefs & autres droits, parce que sous ce mot de revenu *continentur omnes obventiones, & quicquid commodi ex re percipi potest, l. item si. §. aucupiorum. ff. de usufr. l. 5. §. non passim. ff. de reb. eor. qui subsit. l. 17. & 25. ff. de usu. & usufr. legat.*

Quant au droit de patronage annexé au Fief, on prétend, que le Seigneur n'a pas droit de présenter aux benefices qui viennent à vaquer pendant l'année du relief, parce que le droit de patronage n'est pas tant un revenu du Fief, qu'un droit special annexé au Fief, qui ne consiste pas tant *in utilitate probabili & considerabili, quàm in honore*, dit Balde, *Consil.* 32. *lib.* 1.

22. C'est la raison pour laquelle les Docteurs sur le chapitre *ex literis. Ext. de jure patron.* ont décidé que le droit de patronage ne passe point aux Fermiers, si le bail n'est fait à longues années, auquel cas ils en ont la jouïssance.

Charondas. C'est le sentiment de Charondas sur cet article, qui dit qu'au contraire le Seigneur a droit de presenter pendant le temps qu'il tient le Fief saisi faute d'homme, droits & devoirs non faits & non payez.

Brodeau. Brodeau sur cet article nombre 18. veut au contraire que le droit de patronage est *in fructu*, & qu'il appartient au Seigneur, parce qu'il n'y a point de difference entre ces deux jouïssances.

Tronçon. Tronçon sur l'art. 57. *in princ.* est de même avis.

Néanmoins la difference est grande, dautant que le Seigneur, pendant sa saisie faite pour la cause susdite, exploite le Fief & en jouït comme d'un bien dont il a la proprieté en vertu du droit de reversion, le Fief étant censé être retourné à luy tant qu'il le tient saisi, c'est pourquoy il a droit d'investir les arriere-vassaux nouveaux acquereurs des Fiefs mouvans du Fief saisi, suivant les articles 54. & 55. mais le Seigneur féodal pendant le relief ne peut pas investir les nouveaux vassaux, parce que le vassal étant en foy, a droit de les investir, & c'est un honneur qui n'entre point dans la joüissance du Fief pour le relief.

23. Il faut dire generalement, que le Seigneur ne peut prétendre dans son relief, que les choses qui sont *in fructu*, & qui fournissent un revenu ordinaire tous les ans, ou au moins dans un certain nombre d'années limité, comme sont les poissons en étang, & les bois taillis, comme il sera dit sur l'article suivant.

24. Ainsi le relief se prend dans le croist & effoil des animaux qui sont dans la maison, comme des lapins, des pigeons, & des bestiaux qui sont dans le Fief, en laissant de quoy peupler & entretenir, comme il est remarqué par Monsieur de Sainctyon en son Commentaire sur les Ordonnances des Eaux & Forests livre 2. titre 5. article 13. Brodeau sur l'article 49. *num.* 13. Brodeau.

Le Seigneur peut aussi prendre tous les profits casuels & extraordinaires comme, les quints, reliefs & autres profits dûs par les nouveaux vassaux, du Moulin sur l'article 50. *num.* 3. & 4. Charondas sur l'article 49. Du Moulin, Charondas.

25. Tronçon sur l'article 49. dit, que s'il arrive un grand & extraordinaire profit d'un arriere-Fief, selon du Moulin sur l'article 34. qui est l'article 50. de la nouvelle Coûtume, il n'entrera point dans l'année du revenu. Tronçon.

26. C'est une erreur, & il n'y a que Tronçon qui soit de cet avis, car quand la Coûtume dit, que le relief est le revenu d'une année du Fief, cela se doit entendre de tous les profits, tant ordinaires qu'extraordinaires, & principalement des profits qui viennent à l'occasion du Fief & en consequence de la mouvance d'iceluy, comme sont les quints & requints dûs par les arriere-vassaux.

Du Moulin. Quand à ce qu'il dit, que telle est l'opinion de du Moulin, cela n'est pas vray, vû que du Moulin sur l'article 50. *num.* 4. parle en ces termes, aprés avoir exposé la raison de douter, *contrarium est dicendum, quia totum hujusmodi relevium vel quintum est velut fructus, qui eodem anno relevii, imò eodem momento & seminatur & nascitur, & cedit, sive civiliter & acquiritur; & sic integraliter spectat ad eum ad quem tunc spectant fructus feudi, etiamsi solùm ad eum spectent pro rata temporis; Unde spectarent ad colonum qui fructus & obventiones unius anni conduxit, &c.*

Le même du Moulin sur l'article 47. *glos.* 3. *num.* 18. dit, que les Experts doivent estimer les droits extraordinaires qui viennent des arriere-Fiefs, *debent in æstimatione sua rationem nedum fructuum ordinariorum & domanii feudi, sed etiam subfeudorum & censuum, & quantum circa dominicalia & similes obventiones probabiliter valent in anno.*

27. Mais dautant que les droits extraordinaires *momento acquiruntur*, il s'ensuit que s'ils échéent aprés les offres faites, ou acceptées dans l'année du relief, quoique ce soit sur la fin, ils appartiennent au Seigneur, mais s'ils échéent auparavant, ils ne luy sont pas dûs.

Par exemple, un nouveau vassal fait offre du relief à son Seigneur au premier Janvier de l'année 1682. & par mutation d'arriere-vassal il est dû droit de relief au vassal, la mutation arrivée le dernier jour de Decembre de la même année, en ce cas le Seigneur suzerain prend le relief dû par l'arriere-vassal, parce qu'il est échû pendant sa joüissance; & il peut choisir l'exploitation de ce Fief pendant l'année, quoiqu'il ne joüisse plus du Fief de son vassal, l'année du relief étant expirée.

Au contraire si le relief est dû par l'arriere-vassal pour mutation arrivée peu de jours avant la mutation

tion du vassal, le relief de l'arriere-Fief sera dû au nouveau vassal, & non au Seigneur suzerain, quoiqu'il joüisse du Fief du vassal par droit de relief, ou de saisie féodale, par la raison que *obventiones momento acquiruntur.*

C'est l'espece d'un Arrest rendu en l'Audience de la Chambre de l'Edit le 2. Septembre 1609. en la Coûtume de Poitou, remarqué par le Grand sur l'article 26. *glos.* 3. *num.* 9. de la Coûtume de Troyes, entre la Dame du Bellay & la Dame de la Trémoüille.

28. Le Seigneur pendant l'année du relief, & même pendant la saisie féodale, ne peut pas transporter les pailles ailleurs, mais il est tenu de les faire manger sur le lieu par son bestail, de même que les autres choses qui ont coûtume d'y être consommées, afin d'être converties en fiens & amendemens, pour engraisser les terres de l'année suivante; parce que le Seigneur doit se comporter comme un bon pere de famille, suivant la nature & la qualité des choses, *l. sed & si quid. §. mancipiorum. & §. & generaliter. ff. de usufr.* ce qu'il ne feroit pas s'il transportoit les pailles, qui ôteroient toute esperance de bonne recolte pour les années suivantes, comme remarque le Grand sur l'article 26. de la Coûtume de Troyes *glos.* 2. *in fine*, qui dit, que le Receveur de Villemor & de saint Liebaud avoit prétendu transporter les pailles de la Terre de Chaumedé, dont il joüissoit par droit de relief; mais qu'il n'avoit pas été condamné de poursuivre sa demande.

29. Le Seigneur doit joüir du Colombier, pâturage & autres droits, parce que les colombiers sont mis au rang des fruits, *l. naturalem. 6. §. pavonum. ff. de acquir. rer. domin. l. possideri.* 3. *§. feras. & §. quidam. ff. de acquir. poss.* à la charge néanmoins d'en laisser pour suppléer les pigeons qu'on y prend, & d'entretenir le colombier, & ne le pas depeupler, à quoy sont tenus les usufruitiers, *l. eum, ff. de servitut. urban. præd. l. usufructuarium. paragr. in vinariis. ff. de usufr.*

Moulin Tronçon. C'est l'avis de du Moulin §. 1. *glos.* 8. & de Tronçon sur l'article 69. *verbo*, colombier.

30. Pendant l'année du relief le Seigneur ne peut prendre aucune part dans un trésor trouvé dans le Fief de son vassal, en qualité de propriétaire du fond, parce qu'il n'en a pas la qualité.

Moulin Charondas. C'est le sentiment de du Moulin sur l'article 55. *glos.* 10. *verbo*, en luy payant, *num.* 48. & de Charondas; vû qu'au contraire il prendra part en cette qualité dans le trésor trouvé pendant la saisie feodale faite, pour foy & hommage non faite, par la raison remarquée cy-dessus.

31. Dans le revenu du Fief, que le Seigneur prend pour son relief, on ne déduit point ceux qu'il a pris & perçûs pendant la saisie feodale, parce qu'ils luy sont acquis avant que les offres luy ayent été faites pour le relief, l'année du relief ne commençant à courir que du jour que les offres ont été faites, & valablement acceptées.

Moulin Charondas Brodeau. C'est le sentiment de du Moulin sur cet article, *glos.* 3. *num.* 1. de Charondas sur l'article 49. & de Brodeau, *num.* 21.

Ce dernier Auteur rapporte un Arrest donné en la Coûtume de Poitou en la Chambre de l'Edit le 7. Sept. 1635. sur procés par écrit, Monsieur de Bailleul, Président, entre Messire Henry, Duc de la Trémoüille & de Thoüars, Pair de France, Guillaume Prevost, Antoine Potin, & Paul Foton, cy-devant Fermiers du Duché de Thoüars, Dame Anne de Mornay, veuve de Messire Jacques des Noües, Chevalier, Seigneur de la Tabariere, Baron de Sainte Hermine; & Messire René de la Faye, Chevalier, Sieur de la Duberie de Damiette.

Par cet Arrest la Cour en infirmant la Sentence du Sénéchal de Poitou, ou son Lieutenant à Poitiers, du 6. Septembre 1633. déclara l'année du rachat de la Baronnie de Sainte Hermine, dûë audit Sieur Duc de la Trémoüille par le decés dudit Jacques des Noües, avoir commencé au 12. Decembre 1631. que ladite de Mornay sa veuve, tant en son nom que comme mere & tutrice de ses enfans, avoit été reçûë à faire l'hommage, & fait cesser la perte des fruits encouruë en consequence de la saisie feodale du 15. Septembre précedent, & être finie à pareil jour 12. Decembre 1632. ladite de Mornay condamnée à rendre les fruits.

L'article 49. nous marque, que les fruits perçûs pendant la saisie, ne se déduisent pas sur l'année du relief, par ces termes, *Et commence ladite année*, &c. qui est le temps auquel la saisie feodale cesse par la foy & hommage; & les offres valablement faites.

Si le Seigneur peut saisir les arriere-Fiefs ouverts pendant son relief? 32.

Voyez l'article 54.

Si le Seigneur peut joüir des arriere-Fiefs acquis par le vassal, & réünis au Fief, ou des rotures acquises étant en la censive du Fief, aussi réünies au Fief, dont le Seigneur joüit pour son relief? 33.

Il faut dire que non, soit que les acquisitions & réünions ayent été faites avant la foy & hommage & les offres faites, ou aprés; quoique même le vassal ait mis dans son dénombrement les acquisitions & réünions par luy faites.

La raison est, que le relief n'est dû au Seigneur qu'à cause du Fief & de la mutation arrivée en la personne du vassal: Or cette acquisition de Fief & la mutation de vassal ne se considere qu'au temps que le Fief est échû au vassal par succession collaterale, ou par autre cause donnant ouverture au relief, auquel temps il n'y avoit que le Fief & non les acquisitions & réünions faites depuis, & si telles acquisitions avoient été faites par un autre, les droits auroient été dûs & payez au vassal & non au Seigneur; ainsi, parce qu'il les a acquises & réünies à son Fief, le Seigneur n'en peut rien prétendre, à moins que les acquisitions n'eussent été faites par luy pendant que le Seigneur tenoit saisi son Fief faute d'hommes, droits & devoirs non faits & non payez; car il est certain qu'en ce cas les droits pour ces acquisitions auroient dés lors été acquis au Seigneur.

Ainsi ce qui auroit été bâti & augmenté de nouveau, comme des forges à fer, des carrieres & autres commoditez semblables augmentées au Fief par le vassal, ne sont point sujettes au relief, suivant le sentiment de Brodeau, nomb. 19. 34. Brodeau.

Quant à la Justice annexée au Fief, le Seigneur n'en a pas la joüissance, parce qu'elle ne fait point partie du Fief, & elle n'en dépend point. 35.

C'est ce que dit du Moulin, §. 1. *glos.* 5. *num.* 44. qu'un Seigneur ne peut pas saisir une Justice annexée au Fief par le vassal en saisissant le Fief, parce que *Jurisdictio potest per se subsistere & separari, salvâ sui substantiâ à castro, prædiis & rebus feudalibus, quæ poterunt esse unius & jurisdictio alterius, &c.* Du Moulin.

Si le Seigneur choisissant le revenu du Fief, est obligé de preferer son vassal à un étranger, au cas qu'il veüille ceder ou vendre sa joüissance à un autre pendant l'année du relief? 36.

Du Moulin sur l'article 50. *num.* 9. tient l'affirmative, parce que le vassal étant Seigneur utile de son Fief, il semble qu'il doive être preferé à tous autres en ce cas; ce qui n'auroit pas lieu au cas de la saisie, le Seigneur ne reconnoissant point le propriétaire du Fief pour le Seigneur utile du Fief saisi. Du Moulin.

Brodeau sur l'article 50. *num.* 5. écrit au contraire, que le Seigneur n'est pas obligé de preferer son vassal, au cas qu'il vende l'exploitation du Fief Brodeau.

pendant l'année pour son relief ; & je croy qu'il faut suivre son sentiment.

La raison est, que le Seigneur peut pour certaines raisons s'en accommoder avec un autre, qui n'auroient pas lieu en la personne du vassal ; & que le Seigneur pourroit avoir des motifs pour lesquels il ne voudroit pas en traiter avec luy, & qu'il ne voudroit pas luy declarer.

Ainsi ce seroit ôter au Seigneur la faculté de disposer d'une chose qui seroit à luy à tres-juste titre, & le reduire, ou à prendre les fruits & exploiter le Fief par luy-même à son préjudice, ou d'en traiter avec son vassal, avec lequel il auroit peut-être sujet de ne venir à aucun accommodement.

Et si le Seigneur étoit tenu de préferer son vassal en ce cas, ce seroit donner occasion de procés entre le Seigneur & le vassal, pour une chose de legere consequence ; c'est pourquoy il faut dire, que le Seigneur peut disposer des fruits du Fief dont il a pris le revenu pour son relief, au profit de qui il luy plaît, sans que le vassal puisse l'empêcher.

En un mot le droit de relief est cessible comme celuy du retrait feodal.

37. *Si le relief dû au vassal pendant l'année du relief appartient au Seigneur ?*

Il faut dire que oüi, quoiqu'il échée sur la fin de l'année.

DU MOULIN. CHARONDAS BRODEAU. C'est l'avis de du Moulin sur l'article 50. *num.* 1. de Charondas & de Brodeau, article 54. *num.* 5.

La raison est, que dés qu'il a été ouvert, il a été acquis au Seigneur, & partant il luy appartient ; desorte qu'il peut exploiter le Fief de son arriere-vassal aprés que l'année du relief est expirée.

Et quoique ce relief soit dû par l'arriere-vassal au Seigneur suzerain, néanmoins la foy & hommage & les offres se doivent faire au Fief du vassal ; & que le vassal reçoive ses vassaux en foy, néanmoins le choix des offres ne luy appartient pas, mais à son Seigneur, lequel doit faire sa declaration à l'arriere-vassal, & la luy faire signifier.

38. *De quel jour commence d'être dû le relief pour la mutation arrivée en la personne de l'arriere-vassal, si c'est du jour de l'acquisition du Fief, ou du jour des offres ?*

L'article 49. décide, que l'année du relief commencé au jour des offres acceptées ou valablement faites ; ainsi il semble que le Seigneur suzerain ayant laissé passer l'année de son relief, sans poursuivre l'arriere-vassal pour le relief par luy dû, soit par saisie ou par action, il ne soit plus recevable à le demander aprés que sa joüissance du Fief du vassal est expirée.

Néanmoins, à mon avis, il faut dire le contraire.

La raison est, que le relief est dû pour la mutation, & par consequent dés que la mutation est arrivée, puisque c'est elle qui donne ouverture au relief : mais l'année du relief ne commence que du jour des offres acceptées ou valablement faites.

Si le Seigneur pendant l'année du relief est tenu de payer les charges dûës sur le Fief ? 39.

Il faut tenir l'affirmative, car le Seigneur est tenu des mêmes charges que l'usufruitier, pourvû néanmoins qu'elles soient inféodées, dautant qu'il n'est pas obligé de reconnoître celles qui ne le sont pas ; vû qu'au contraire l'usufruitier est obligé de payer & acquitter par chaque année toutes les charges imposées sur le Fief par le propriétaire au temps de la constitution de l'usufruit, parce qu'il ne peut joüir du Fief que de la même maniere qu'en joüissoit le propriétaire ; mais quant au Seigneur, comme les charges imposées sur le Fief mouvant de luy tournent à son préjudice, il n'est pas tenu de les reconnoître, si elles ne sont inféodées.

Voyez l'article 28.

Quand elles sont inféodées, il ne peut pas refuser de les payer & acquitter pendant son année, parce que le revenu d'une année ne s'entend qu'aprés toutes charges payées, & on ne peut pas dire qu'un Fief dont le revenu est de deux mille livres sans les charges, si les charges sont de cinq cens livres, soit de plus de quinze cent livres de revenu.

C'est la disposition de la Coûtume d'Orleans, article 7.

Si le Seigneur peut pendant l'année du relief exercer le retrait feodal ? 40.

Voyez sur l'article 54.

OU LE DIRE DE PRUD'HOMMES.

GLOSE DEUXIE'ME SUR L'ARTICLE XLVII.

SOMMAIRE.

1. Prud'homme, *que signifie ce mot.*
2. *Comment se fait l'estimation des Experts.*
3. *Si le vassal peut recuser l'Expert nommé par le Seigneur.*
4. *Quels droits tombent dans l'estimation des Prud'hommes.*
5. *Aux dépens de qui se fait l'estimation.*
6. *Si l'offre d'une somme est inutile.*

1. PRud'homme, dit Charondas, est celuy lequel avec la connoissance des choses qu'il a acquises par expérience, est de si bonne conscience, qu'il ne voudroit pas l'offenser en aucune façon ; ou c'est celuy duquel l'expérience est connuë, & bien estimée.

Dans quelques Coûtumes, comme celles de Montfort, Senlis, Valois, & autres, l'estimation se fait par les vassaux tenans Fief d'un même Seigneur, appellez hommes de Fief, hommes de Loy, ou de la Cour, Confiez de Cour, francs hommes de Fief, Juges naturels des causes feodales & domaniales.

Loysel, en ses Institutes coûtumieres, sur ce titre, article 14. dit, *Pairs sont compagnons tenans Fief d'un même Seigneur, l'un desquels est nommé par le Seigneur, & l'autre par le vassal ; & s'ils ne s'accordent, ils prennent un tiers.*

C'est la disposition de la Coûtume d'Orleans, article 53.

Ordinairement on prend des Gentilshommes pour terminer ce differend, & pour faire l'estimation du revenu du Fief d'un an.

Aussi le mot de Prud'homme, en matiere feodale, s'entendoit autrefois de Gentilshommes ; delà vient que la Coûtume de Bretagne décide dans l'art. 151. que *nul roturier ne doit être reçu en témoignage pour fait de noblesse, des personnes ni des Fiefs, s'il n'est Prêtre, ou de l'état de Justice.* Voyez la Note de Perchambaud sur cet article.

Maître Auzanet dit que pour l'ordinaire ce sont Gentilshommes que les parties prennent pour l'estimation du revenu.

L'estimation des Experts se fait, non pas selon le revenu des meilleures années, ni aussi des moindres, mais, *viâ mediâ electâ*, selon le revenu le plus ordinaire & le plus commun des terres, afin que le choix que le Seigneur a fait de la valeur des fruits d'une année, ne luy soit point préjudiciable; & d'un autre côté, que le vassal n'ait pas sujet de s'en plaindre.

Que si l'estimation faite par les Experts est injuste, il est permis à celuy qui se prétend lezé, de se pourvoir pardevant le Juge, pour voir ordonner qu'il en sera faite une autre par d'autres Experts nommez par les parties, si le Juge le trouve à propos, ainsi que par l'article 184. le Juge peut ordonner une autre ou plus ample visitation des lieux.

La raison est, que le dire de Prud'hommes s'entend d'une estimation qui soit proportionnée à la valeur du revenu de l'année, *istud arbitrium confertur expressè sub qualitate proborum virorum, & sic de se tacitam importat conditionem rectè, & æquabiliter arbitrentur, quemadmodum boni & prudentes viri fecerent.*

Aussi la Coûtume d'Orleans audit article 53. dit, *lesquels arbitreront en leur conscience ce que peut valoir ledit rachat*; c'est pourquoy si l'estimation est injuste, soit *per eorum malitiam vel imperitiam*, elle peut être corrigée, ce qui est fondé sur la Loy *societatem. 76. & seqq. ff. pro socio.* & sur la Loy 79. en laquelle le Jurisconsulte dit, *si Nervæ arbitrium ita pravum est, ut manifesta ejus iniquitas appareat, corrigi potest per judicium bonæ fidei.*

3. Dautant que cette nomination se fait ordinairement hors jugement par les parties, il s'ensuit, que le vassal peut recuser celuy qui sera nommé par le Seigneur, *vel ratione imperitiæ, vel ratione suspicionis.*

4. Les profits casuels du Fief du vassal ne doivent point tomber, à mon avis, dans cette estimation, parce qu'ils sont extraordinaires, & qu'il peut arriver qu'il n'en écherra aucuns; le Seigneur ayant le choix du revenu de l'année, ou de l'estimation d'iceluy; & partant pour raison de ceux qui seroient échûs pendant l'année du relief de laquelle le Seigneur auroit pris l'estimation, comme seroient les saisies feodales pour arriere-Fiefs ouverts relevans du Fief du vassal, le Seigneur seroit mal fondé de se repentir de son choix, ou d'en vouloir être indemnisé; car tels profits écheent, à la verité, pour luy dans l'an du relief, lorsqu'il exploite le Fief par ses mains; mais ayant choisi les fruits du Fief, il en souffre le peril; desorte que par quelque accident imprévû que les fruits perissent entierement, ou que par une sterilité extraordinaire les terres du Fief n'en produisent aucuns, le Seigneur ne pourroit prétendre aucune récompense contre le vassal.

Il n'en est pas de même des droits que le vassal perçoit tous les ans sur ses vassaux, lesquels sont sujets à cette estimation, comme des rentes feodales dont ils seroient chargez envers luy, & des cens & rentes dûës par les sujets censiers.

Debent in æstimatione suâ rationem nedum fructuum ordinariorum & domanii feudi, sed etiam subfeudorum & censuum, & quantum jura dominicalia & similes obventiones probabiliter valent in anno, dit du Moulin sur cet article, *glos.* 3. *num.* 18. Du Moulin

5. *Aux dépens de qui se fait l'estimation des Experts?* Elle se fait aux dépens du vassal quand il se trouve par l'évenement que la somme par luy offerte n'est pas suffisante.

C'est l'avis de Maître Charles du Moulin sur l'article 63. *num.* 18. suivi par Brodeau, *num.* 23. Du Moulin Brodeau.

La Coûtume d'Orleans en l'article 53. dit, que cette estimation se doit faire à frais communs; cette disposition me semble fort juste, dautant que cette estimation se fait par des Experts nommez de part & d'autre, & que c'est pour l'interest de l'un & de l'autre, pour empêcher qu'il n'y ait de la lezion d'un côté ou d'autre.

OBSERVATIONS DE MONSIEUR***

Sur l'Article XLVII.

SOMMAIRE.

1. *Si c'est au vassal à faire ses offres, & au Seigneur à choisir.*
2. *Difference entre la joüissance du relief, & la perception des fruits en vertu de la saisie feodale.*
3. *De quel jour le Seigneur perçoit les fruits en vertu de la saisie feodale.*

1. LA Coûtume oblige le vassal de faire des offres, & le Seigneur est le maître de choisir ou le revenu d'un an en nature, en joüissant actuellement de la terre, ou une somme dont le vassal fait l'offre, ou la somme à quoy les Prud'hommes arbitreront le revenu d'un an.

Maître Auzanet voudroit retrancher les offres du vassal, & le choix du Seigneur, & reduire le droit à une joüissance actuelle d'un an.

Mais comme nous ne voyons point dans l'usage que cela fasse peine à personne, ni d'inconvenient, nous avons laissé l'article comme il étoit dans la Coûtume.

2. Nous nous contenterons seulement de marquer la difference qu'il y a dans la joüissance du droit de relief & dans la perception des fruits, en vertu de la saisie feodale.

Quand il s'agit du relief, il faut que le Seigneur fasse la recolte des fruits qui ont coûtume de se percevoir sur la terre.

3. Mais dans la saisie feodale il n'en est pas de même. Le Seigneur ne fait les fruits siens que du jour de la saisie, & jusqu'à ce que le vassal en satisfaisant ait obtenu main-levée; desorte que si c'est en hyver, où l'on ne fait point de recolte, il n'aura rien. Si au contraire elle se fait au mois d'Août ou Juillet, en quatre mois il joüira de tout le revenu.

C'est une perte de fruits qui est réelle, & tout ce qui peut se separer du fond, pendant que la saisie feodale dure, appartient au Seigneur, & par consequent rien ne luy appartient, si rien ne se peut separer.

CONFERENCE SUR L'ARTICLE XLVII.

De même, *Anjou*, art. 113. *Auxerre*, art. 62. *Berry*, tit. 5. art. 6. & 34. *Blois*, art. 84. *Bretagne*, art. 67.

Chalons, art. 177. *Chartres*, art. 8. *Châteauneuf*, art. 8. *Chaumont*, art. 16. *Chauny*, art. 77. *Clermont*, art. 74.

Dourdan, art. 24. & 47. *Dunois*, art. 3. *Dreux*, art. 6.

Estampes, art. 13. & 17.

Laon, art. 166. *Lodunois*, ch. 14. art. 3.

Maine, art. 124. *Mantes*, art. 12. *Meaux*, art. 138. *Melun*, art. 55. *Montargis*, art. 13. 14. *Montfort*, art. 31.

Noyon, art. 25.

Orleans, 52.

Poitou, art. 151.

S. Quentin, art. 64.

Reims, art. 76. *Romorantin*, art. 1.

Senlis, art. 158. *Sens*, art. 193.

Troyes, art. 26.

Valois, art. 33. *Vitry*, art. 26.

Estampes, art. 17. dit, *le Seigneur feodal pour choisir & opter, a le temps de quarante jours, lesquels passez, le vassal est tenu d'aller vers luy sur le lieu du Fief dominant, pour sçavoir s'il luy a plû choisir & opter l'une des trois choses offertes, afin d'y satisfaire; & les quarante jours passez, le Seigneur n'ayant opté, est l'option referée au vassal; mais si le vassal ne retourne vers ledit Seigneur aprés les quarante jours, l'option demeure au Seigneur, jusques à ce qu'il soit satisfait.*

Auxerre, *Sens*, idem.

Senlis, art. 158. dit, *ou le dit des Pairs, qui sont les vassaux du Seigneur feodal, tenant de luy Fief de pareille nature & condition; & si le Seigneur prend & choisit le dit des Pairs, & les Pairs par leur appointement disent l'offre de la somme être raisonnable, la Sentence, appointemens & dépens desdits Pairs sera aux dépens du Seigneur; si contre, ce sera aux dépens du vassal.*

Idem, *Mantes*, art. 12. & *Montfort*, art. 31.

Amiens, art. 7. *Les droits de relief en proprieté sont tels, que pour chacun Fief noble tenu en plein hommage est dû au Seigneur feodal soixante sols parisis, avec vingt sols parisis, droit qu'on dit chambellage; & pour chacun Fief tenu en pairie est dû audit Seigneur feodal pour droit de relief dix livres parisis, avec quarante sols parisis pour droit de chambellage.*

Vitry, art. 29. ajoûte, *& depuis que les offres sont faites, le Seigneur feodal ne prend rien en pure perte.* [a]

a *Igitur multominus postquam soluta jura sunt utilia & oblatio fidei facta Officialibus, & prehensio sequens nulla & injusta.* C. M.

Chartres, art. 13. *Le Seigneur feodal a le choix desdits trois offres à luy faites, à prendre telles qu'il luy plaira dedans quarante jours aprés icelles offres faites, durant lesquels quarante jours le Seigneur ne doit exploiter* [b] *ledit Fief: Et s'il l'exploite, il est reputé payé dudit rachat* [c]. *Et à la fin desdits quarante jours* [d] *est tenu ledit vassal réiterer* [e] *en personne lesdites offres à son Seigneur feodal, s'il n'exploite ledit Fief, ou que composition en ait été faite.*

b *Intellige prehendendo de novo, vel sibi applicando fructus, secùs de simplici continuatione prehensionis jam factæ.* C. M.

c *Id est elegisse*, le revenu de ladite année, sur l'article 10. de l'ancienne Coûtume de Dreux.

d *Id est post lapsum illorum, ut Dominus habeat quadraginta dies ad deliberandum. Sed quid si vassallus tardat ultra duos menses? Respondeo, semper re integra potest hoc facere liberè; sed interim, post illos quadraginta dies potest Dominus cum effectu manum injicere, & fructus suos facere sine prajudicio excusationis, si quam justam vassallus habeat, Domino notificaverit. fac. Consuet. de Lorris.* §. 13. C. M.

e *Scilicet ad hoc privetur Dominus electione. Sed si vassallus omittit reiterare, non amittit fructus, nec cadunt in commissum; quia non est scriptum nec æquum, præsertim si vassallus pupillus: quamvis non defuerint, qui contra opinarentur in favorem Nivernensis tunc hujus ditionis Domini.* C. M. sur l'article 10. de l'ancienne Coûtume de Dreux.

Vermandois, art. 66. dit, que *le revenu d'un an ne se doit estimer par l'année qui est à écheoir, ni par celle prochainement échûë; mais le revenu du Fief des trois prochaines années* [f] *échûës avant ledit offre, doit être estimé par gens à ce connoissans, qui en font une somme, de laquelle le Seigneur feodal en prend la troisiéme partie pour sondit droit de relief, si bon luy semble.*

f *Quæ si fuerint steriles, damnum est utriusque, Domini & vassalli; quemadmodum si fuerint fertiles, commodum est utriusque.* C. M.

Auteurs sur l'Article quarante-septiéme.

L'Auteur du Grand Coûtumier, livre 2. ch. 29. p. 208. & ch. 32. au commencement, p. 210.
Du Moulin, *in Consuetud. Parisf.* §. 33. *qui est hodie* §. 47. *glos.* 3. *n.* 2. *& glos.* 4. *n.* 3. *glos.* 5. *n.* 2. & 3.
Idem §. 34. *qui est hodie* 50. *n.* 1.
Idem §. 39. *qui est hodie* 57. *n.* 4.
Idem §. 14. *qui est hodie* 21. *n.* 17.
Dargentré, sur l'article 152. de la Coûtume de Bretagne.
Perchambaud, sur le même article.
Les Etablissemens de France, p. 73. à la fin.
Bobé, sur l'article 138. de la Coûtume de Meaux.
Loysel, livre 4. titre 3. regle 13.
Beraud, sur la Coûtume de Poitou, p. 262. ch. 16 titre 1. depuis l'art. 151. jusqu'au 168.
Le Let, sur la Coûtume de Poitou, art. 121. & article 151. jusqu'au 168.
De la Lande, sur Orleans, art. 52.
Le Glossaire du Droit François, *verbo*, relief.
Le Dictionnaire de M. Brillon, *verbo*, rachat, & *verbo*, relief.
Le Grand, sur Troyes, art. 26.
Buridan, sur Reims, art. 76.
Lhoste, sur Montargis, ch. 1. art. 13.
De Salligny, sur Vitry, art. 29.
Chopin, sur la Coûtume de Paris, livre 1. titre 2. nombre 42.

De Lhommeau, sur la Coûtume d'Anjou, livre 1. art. 122. & 123.
D'Argentré, sur la Coûtume de Bretagne, art. 74. & 76.
Pontanus, sur Blois, art. 91.
Coquille, sur la Coûtume de Nivernois, titre *de Fiefs*, art. 1. & en son Institution, *eod. tit.*
Loüet & Brodeau, *litt. R. n.* 34. *&* 43.
Lhoste, sur la Coûtume de Montargis, titre 1. article 13.
Buridan, sur la Coûtume de Vermandois, art. 166.
Duplessis explique cet article, liv. 4. ch. 1. p. 31.

ARTICLE XLVIII.

Cet article a été ajoûté à la reformation de la Coûtume.

De quelle maniere le Seigneur feodal prend son droit de relief sur les fruits qu'on ne perçoit pas tous les ans.

S'Il y a bois taillis, étangs, saulsayes, & autres choses semblables qui ne se coupent ou perçoivent par chacun an, les fruits se prennent pour portion du temps qu'ils ont accoûtumé être pris, coupez ou perçûs, encore qu'ils soient perçûs & coupez, ou en ladite année, les frais déduits sur lesdits fruits.

Voyez l'Article précedent, & la fin des 56. & 131.

REMARQUES.

S*Ed quid*, si c'est un bois de haute futaye, sçavoir comment le Seigneur en doit joüir ?

Si tel bois est destiné pour servir d'ornement à la maison, & que le vassal n'aye pas coûtume d'en tirer profit, le Seigneur ne le pourra faire pareillement : mais si l'usage est d'en couper au bout de certain temps quelque quantité, ou bien d'en tirer le chauffage du superflu, le Seigneur en doit faire de même, ainsi qu'en toutes autres semblables choses.

A ce sujet du Moulin §. 1. gl. 8. nomb. 53. & *seqq.* établit une regle generale qui est fort judicieuse. *Ille est debitus modus utendi à Domino, qui fit secundùm Consuetudinem regionis, qualitatem & conditionem rei, & destinationem patrisfamilias, ex his enim ille usus debet temperari.*

S'IL Y A BOIS TAILLIS.

GLOSE UNIQUE SUR L'ARTICLE XLVIII.

SOMMAIRE.

1. *Pourquoy cet article a esté ajousté à la reformation de la Coûtume.*
2. *Comment se fait l'estimation, quand ces sortes de fruits ne sont point perçûs pendant l'année du relief.*
3. *Si le Seigneur doit attendre le temps que ces fruits se perçoivent.*
4. Quid, *si ces fruits n'ont pas esté perçûs auparavant dans le temps ordinaire.*
5. Quid, *du revenu qui consiste dans la nourriture des bestiaux.*
6. *Difference entre le relief & la saisie, quant à la perception des fruits.*
7. *Si les heritiers de l'usufruitier prennent partie des fruits après sa mort.*
8. Quid, *des étangs & des bois taillis : opinion de du Moulin reprouvée.*
9. *Si la doüairiere, ou tout autre usufruitier, fait siens la coupe des bois taillis, & autres fruits prests à couper au commencement de l'usufruit.*
10. *Si le Fermier peut prétendre les feüilles des bois taillis échûës pendant sa ferme, quoique la coupe ne s'en fasse qu'après le bail fini.*
11. *Si le Seigneur pendant son relief, peut avancer la pesche des étangs, & la coupe des bois.*
12. *Si le Seigneur peut abbattre de grands arbres pour servir aux forges & aux fourneaux.*
13. *Si les arbres abbattus par tempestes appartiennent au Seigneur.*
14. *Si le Seigneur est tenu de payer les frais faits pour la recolte des fruits.*

1. Cet article a été ajoûté à la nouvelle Coûtume, sans préjudice de ce qui s'observoit auparavant, ainsi qu'il est porté par le procés verbal, qui étoit qu'à l'égard des fruits du Fief qui ne se perçoivent pas chaque année, comme sont les bois taillis, les étangs & autres semblables, quand durant l'année du relief les bois taillis étoient en coupe, & les étangs en temps de pesche, le Seigneur appliquoit le tout à son profit, mais s'ils n'y étoient pas, il ne prenoit rien, desorte que quand ils étoient en temps de coupe ou de pesche, le Seigneur prenoit la dépoüille & la production de plusieurs années, ce qui causoit un tres-grand dommage au vassal : aussi lorsqu'ils n'y étoient pas, le Seigneur y perdoit considerablement, lorsque les principaux revenus étoient en bois taillis ou en étangs.

C'est pour cette raison que les Réformateurs ont trouvé à propos, que comme les bois taillis, les étangs & autres choses dont les fruits ne se perçoivent pas chaque année, & qui sont néanmoins entre les fruits d'un heritage, *l. item si fundi. 9. paragr. aucupiorum. & paragr. fin. ff. de usufr.* le Seigneur y prit à proportion du temps qu'ils ont accoûtumé d'être coupez, peschez, pris ou perçûs, soit qu'ils soient perçûs dans l'année du relief ou non ; desorte que par ce moyen le Seigneur & le vassal ne sont point lesez.

Ce qui avoit été ainsi jugé par un Arrest du 23. Juin 1573. plaidans Chopin & de Villars, & c'est sur cet Arrest que cet article a été ajoûté à la Coûtume.

CHOPIN. BRODEAU. Il est rapporté par Chopin sur cette Coûtume *lib. 1. tit. 2. num. 24.* & cité par Brodeau *num. 5. in fine.*

2. C'est pourquoy quand ces sortes de fruits ne sont point perçûs pendant l'année du relief, on fait estimer la coupe des bois, & s'ils se coupent de trois ans en trois ans, le Seigneur prend en argent le tiers de l'estimation, au cas que le bois ne soit point en coupe pendant l'année du relief.

Toutefois quoique les bois ne se coupent pas dans cette année, il n'est pas obligé, s'il ne veut, de prendre l'estimation de la portion qu'il pourroit prétendre dans la pesche, ou dans la coupe des bois, mais il peut, si bon luy semble, attendre que la pêche ou la coupe se fasse, pour en prendre la portion qui luy appartient.

3. Il semble que le Seigneur, qui prend le revenu de l'année pour son relief, ne puisse pas demander au vassal la valeur de l'année pour les fruits qui ne se perçoivent pas tous les ans, mais qu'il doive attendre la perception de ces fruits pour en prendre à proportion d'une année, dautant qu'ayant choisi les fruits pour son relief, le vassal n'est pas tenu de luy en payer l'estimation ; nôtre Coûtume même ne luy permet pas de demander la valeur & l'estimation de ces sortes de fruits pour son année, puisque dans cet article il est dit, que *les fruits se prennent pour portion du temps qu'ils ont accoûtumé d'être pris, coupez ou perçûs.*

Néanmoins il faut dire le contraire conformément à l'article 57. de la Coûtume d'Orleans *in fine* en ces termes, *& doit-on estimer combien le revenu desdits étangs peut valoir pour une année, & n'aura ledit Seigneur sinon la valeur d'une année seulement.*

En effet, il est fort juste que le Seigneur ne soit pas tenu d'attendre la perception de ces fruits, autrement il pourroit arriver qu'il seroit obligé d'attendre prés de neuf ans, pour les bois qui ne se coupent que de neuf ans en neuf ans ; la coupe ayant été faite peu de temps avant l'année tombée en rachat.

Il faut dire aussi que si les bois taillis n'ont pas été coupez dans le temps, le Seigneur ne peut prendre son relief qu'à raison du temps, comme un dixiéme de dix années, & ainsi des autres.

Pareillement, quand le revenu du Fief consiste en partie dans la nourriture des bestiaux, & que dans l'année du rachat il y a des moutons à lever, le Seigneur prendra seulement le profit, que peut valoir le revenu du croist d'une année ; suivant Chopin sur la Coûtume d'Anjou livre 2. part. 1. chap. 2. tit. 1. nomb. 8. Brodeau *num. 6.* 5.

Ce qui est fondé sur les Loix, le Jurisconsulte en la Loy 7. *paragr. quod in anno. & paragr. & in pluribus. ff. sol. matrim.* dit, que le mary prend les fruits des heritages de sa femme à proportion du temps que le mariage a duré, quoique les fruits se perçoivent par chaque année ou tous les six mois, ou en plusieurs années, comme à l'égard des bois taillis, *quod in anno dicitur, potest dici & in sex mensibus, si bis in anno fructus capiantur, ut est in locis irriguis : & in pluribus annis idem dici potest, ut in silva cadua.*

Il n'en est pas de même lorsque le Seigneur joüit du Fief de son vassal par saisie féodale, car il prend & applique seulement à son profit les fruits, qui se perçoivent pendant qu'il tient le Fief saisi, desorte que si les bois sont en coupe, & les étangs en temps de pesche, il prend toute la dépoüille à luy ; comme au contraire, si pendant la saisie ils ne l'étoient pas, quoique peu de temps aprés la main-levée de la saisie les bois fussent en temps de coupe, & les étangs en temps de pesche, il n'y peut rien prétendre. 6.

La raison est, que le Seigneur pour son droit de relief n'a que les fruits d'une année, ainsi il n'en peut pas prendre davantage : mais pendant sa saisie il exerce les droits du vassal, & il exploite le Fief, comme si en effet le Fief luy étoit retourné, ainsi qu'il a été dit sur l'article precedent.

Brodeau *num. 1. 2. & 4.* Tronçon article 1. *in princ.* du Moulin *paragr. 1. glos. 8. num. 10. 11. & seqq.*

Ainsi jugé par Arrest du 26. Octobre 1579. donné aux Grands Jours de Poitiers, entre Champion Fermier de Broussin, & la Comtesse de la Suze, rapporté par Chopin, Charondas, Tournet, & Brodeau nombre 2.

Si les heritiers de l'usufruitier peuvent prendre dans les fruits qui ne se perçoivent par chacun an à proportion du temps que l'usufruitier a vecu depuis la derniere perception? 7.

Il faut dire que non, parce que *pendentes adhuc ipso moriente, tanquam pars fundi totum sequentes, unà cum fundo ipso ad dominum proprietatis, extincto per mortem usufructu, redeunt, §. 36. Instit. de rer. divis. l. 25. §. 1. ff. de usur. l. 13. ff. quib. mod. ususfr. amitt.* desorte qu'il n'y a que la seule perception qui fasse acquerir les fruits à l'usufruitier.

Non aliter fructuum dominus efficitur, quàm si ipse eos perceperit : Et ideo licet maturis fructibus, nondum tamen perceptis decesserit, ad heredes ejus non pertinent, sed domino proprietatis acquiruntur, dit l'Empereur, *d. § 36.*

C'est aussi ce qui a été jugé par plusieurs Arrests.

Du Moulin en son Commentaire manuscrit sur la Coûtume de Paris, *art. 135. num. 3.* dit, *doaria est sicut usufructuaria, & si moritur 15. diebus ante fructus collectos, non habet eos, nec pro rata temporis, nisi essent stagna & cadua sylva.*

Quant aux étangs & aux bois taillis son opinion est tres-mal fondée, & il n'y a point de raison de faire aucune difference avec les autres fruits, comme il a été jugé par Arrest, prononcé en robes rouges le 19. May 1589. par Monsieur le President Brisson, par lequel la Cour adjugea au propriétaire tous les bois non coupez, à l'exclusion de l'heritier de la doüairiere sans aucune récompense. 8.

Cet Arrest est remarqué par Brodeau nomb. 3. & par Monsieur Loüet lettre F. nomb. 10.

Brodeau sur Monsieur Loüet *d. loco* remarque un autre Arrest donné en la Grand'-Chambre, au rapport de Monsieur le Roy Dameffaintes, le 7. Septembre 1612. la cause ayant été appointée au Conseil par Arrest du 17. Janvier 1610.

Par cet Arrest la Cour, en infirmant la Sentence de Messieurs des Requêtes du Palais, du 27. Mars 1609. fit main-levée à l'heritier du mary des fruits pendans par les racines, au temps du decés de la doüairiere saisie à la requête de l'heritier d'icelle, qu'elle condamna à la restitution des fruits: Monsieur Maître Charles le Prevost Conseiller au Parlement, & Monsieur Maître Bertrand Soly aussi Conseiller & President aux Enquêtes, heritier de Damoiselle Valentine le Lievre, veuve de Monsieur Maître Jacques le Clerc, parties plaidantes.

9. Il faut dire aussi, que si au temps que le doüaire est ouvert, ou que l'usufruit de tout autre usufruitier commence, les fruits sont prests à cüeillir, quoique ce soient fruits qui ne se perçoivent pas tous les ans, la doüairiere ou l'usufruitier les fera siens par la perception, sans en récompenser le propriétaire, ce qui est sans difficulté, dautant que dés que commence l'usufruit, tous les fruits du fond dans lequel il est constitué, appartiennent à l'usufruitier.

10. *Si le Fermier peut prétendre les feüilles des bois taillis des années échûës pendant le temps de sa ferme contre le Seigneur ou le nouveau Fermier, quoique la coupe n'en soit faite qu'aprés le bail fini?*

Il y a grande difference entre un usufruitier & un Fermier, en ce que l'usufruitier prend les fruits à titre lucratif, & le Fermier les prend à titre onereux, & quand il contracte avec le propriétaire, c'est pour prendre les fruits du fond pour une certaine redevance, vû que l'usufruitier les prend & les applique tous à son profit sans aucune charge envers le propriétaire.

C'est la raison pour laquelle par la mort de l'usufruitier l'usufruit est entierement éteint, & l'usufruit retourne à la propriété, desorte qu'il ne transmet aucun droit de percevoir les fruits attachez au fond quoique prêts à cüeillir en la personne de son heritier.

Mais comme le Fermier acquiert le droit de percevoir les fruits du fond par son fait & sa convention pour un certain nombre d'années, & que nous ne contractons pas seulement pour nous, mais aussi pour nos heritiers, de-là vient que l'heritier du Fermier succede au droit du bail à la charge des clauses & conditions qui y sont portées.

Puisque le Fermier paye par chaque année une redevance & un certain prix au propriétaire pour prendre les fruits de l'heritage qu'il a pris à ferme, il s'ensuit qu'il a droit de prendre les fruits qui ne se perçoivent pas chaque année à proportion des années du bail, autrement il souffriroit une perte considerable, comme si le bail n'est que pour six ans, & que les bois n'ayent accoûtumez d'être coupez que de sept ans en sept ans, & que le temps de la coupe n'arrive pas pendant le temps du bail, il a droit de demander au Seigneur ou au nouveau Fermier qui luy succede, de la coupe des bois qui se fait aprés son bail expiré, à proportion de six années.

Labbé. Labbé sur cet article remarque un Arrest du 27. Septembre 1615. donné entre Antoine Boulanger, appellant du Bailly de Coulommiers d'une part, & Antoine Megissier Fermier du Prieuré, intimé d'autre, par lequel la Cour a ordonné en Coûtume qui n'en dispose point, que le nouveau Fermier payeroit à l'ancien l'estimation des feüilles de six années des bois taillis dépendant dudit Prieuré, la coupe d'iceux échûë au temps du bail du nouveau Fermier, sur ce deduits les frais qu'il conviendroit faire. Cet Arrest est cité par Brodeau *num.* 9. & par Tronçon *verbo* les frais deduits. Brodeau. Tronçon.

11. *Si le Seigneur pendant son relief peut avancer la pêche des étangs & la coupe des bois?*

On tient que non, suivant la Loy *si absente.* 48. §. *sylvam. ff. de usufr.* parce qu'il doit se comporter pendant sa joüissance, soit pour son relief, ou en consequence de la saisie féodale, comme un bon pere de famille, ainsi qu'il est dit en l'article 1. *in fine*, & comme tout usufruitier est obligé, ainsi qu'il a été remarqué sur le même article.

12. Il ne peut aussi par cette raison faire abbatre les bois de haute fustaye, parce qu'ils ne sont point *in fructu, l. sed si grandes. ff. de usufr.* mais font partie du fond, ainsi qu'il est porté par l'art. 74. de la Coûtume d'Orleans, qui porte cette exception, *fors les bois de haute fustaye & ceux qui sont pour l'embellissement de maison, & autres qui n'ont de coûtume d'être coupez*, comme il a été jugé par Arrest donné au profit des heritiers du Comte de Chasteauvilain, contre la Reyne d'Escosse du 23. Juillet 1573. rapporté par Chopin, Charondas, & Brodeau *num.* 9. Chopin. Charondas. Brodeau.

Alta nemora non sunt in fructu, dit Maître Charles du Moulin §. 13. *glos.* 1. *num.* 83. *& glos.* 4. *num.* 1. *&* §. 33. *glos.* 2. *num.* 90. Voyez aussi Coquille sur la Coûtume de Nivernois titre *des Fiefs*, article 21. & Mornac *ad legem* 40. *ff. de actionib. empti.*

Ce principe est certain, & la consequence qu'on en tire par rapport même à la joüissance du Seigneur est si veritable, que quoique le pere de famille eût accoûtumé de couper tous les ans une certaine quantité de ses bois de haute fustaye pour l'usage des forges, ou pour bâtir, ou pour autre cause, néanmoins le Seigneur n'en pourroit pas faire de même, Charondas, Brodeau *d. num.* 9.

Mais il peut prendre la glandée & le paisson, pâturage & panage, Charondas, & Brodeau.

Maître Auzanet dit au contraire, que s'il y a des forges & autres fourneaux dépendans du Fief servant, pour lesquels le vassal ait accoûtumé d'abbattre de grands arbres, le Seigneur le pourra faire aussi pendant l'année du relief. Auzanet.

13. *Si le Seigneur pourroit prendre à son profit les arbres abbatus par la violence des vents pendant l'année du relief?*

Charondas remarque un Arrest de l'an 1598. par lequel la Cour adjugea une partie des arbres abbatus au Seigneur suivant la Loy *arboribus. ff. de usufr.* citée par cet Auteur. Charondas.

Toutefois je ne croy pas qu'il faille faire un grand fondement sur cet Arrest; car si le Seigneur ne peut point prendre son relief sur les bois de haute fustaye, parce que *non sunt in fructu*, par quelle raison peut-il prendre une partie des arbres abbatus & renversez par des tempêtes extraordinaires, arrivées pendant l'année de son relief?

La Loy *arboribus* ne dit pas que l'usufruitier peut prendre les arbres abbatus par la tempête, mais seulement qu'il peut en prendre pour son usage, ce qui se doit seulement entendre du bois qui n'est pas propre à bâtir, comme l'explique la glose, *in verbo, ad usum suum*, en ces termes: *scilicet de lignis quæ non sunt ad ædificandum*; autrement il pourroit arriver, que si l'usufruitier prenoit des bois propres à bâtir pour son usage & pour brûler, *omnes arbores auferret fructuarius*, dit la Loy.

14. *Si le Seigneur est tenu de payer les frais faits pour la recolte des fruits?*

Puisqu'il prend des fruits, à proportion de l'année dont il joüit du Fief, ou qu'il en reçoit la valeur, il faut aussi qu'il paye ou deduise les frais qu'il faut faire pour la perception de ces mêmes fruits, & ce à proportion d'iceux, parce que *quod in fructus impensum est, ipsos diminuit, l.* 46. *ff. de usur.* & que les fruits ne se peuvent percevoir sans quelques frais, lesquels sont deduits sur la valeur des fruits, *l. 36. §. fin. ff. de petit. heredit. l. fructus. 7. ff. sol. matrim.* Voyez sur l'article 56. un Arrest de l'année 1649.

Ainsi supposé, que la coupe qui se fait aprés sept années, soit estimée sept mille livres, & que les frais se montent à la moitié, le Seigneur aprés les frais deduits ne peut demander qu'un septiéme de la somme de trois mille cinq cens livres.

Et au cas que le Seigneur prenne les fruits pour son année à proportion, il doit payer les frais aussi à proportion, & il ne seroit pas recevable à les vouloir déduire sur les fruits en moins prenant, parce que ce sont des dépenses qu'il faut faire à frais communs, & que comme le Seigneur exploite le Fief & prend les fruits, c'est à luy à faire les frais pour les percevoir, & partant à l'égard de ceux qui sont à percevoir entre luy & son vassal, les frais doivent être faits par l'un & l'autre à proportion de la part qu'ils y prennent.

Les frais dont parle cet article se doivent restraindre aux frais ordonnez & accoûtumez & non aux frais extraordinaires, comme sont les marnes, les rétablissemens des fossez, chaussées des étangs & autres semblables, Auzanet.

OBSERVATIONS DE MONSIEUR ***.

Sur l'article XLVIII.

SOMMAIRE.

1. *Si les bois de haute futaye, dont l'on fait des ventes, & qui se coupent en plusieurs années; si on comprend ces ventes dans le revenu d'une année.*
2. *Si le Seigneur peut prendre les bois ordinaires en coupe, pour les faire valoir à droit de relief.*
3. *Si dans l'estimation du revenu d'une année il en faut déduire les frais.*

1. L'On a agité une question touchant les bois de haute-futaye dont l'on fait des ventes, & qui se coupent en plusieurs années. On croit que l'on peut comprendre ces ventes dans le revenu de l'année; mais il me semble que le sentiment contraire est plus raisonnable. Car il est sans difficulté que la futaye est immeuble, & n'est pas un revenu annuel, & quand la Coûtume a mis les bois taillis, elle en a exclud tacitement les bois de haute-futaye. C'est pourquoy on a laissé l'article comme il est conçû dans la Coûtume.

2. On a fait aussi cette question, sçavoir si le Seigneur pouvoit prendre à titre de relief les bois ordinaires en coupe, qui servent au proprietaire à faire valoir les forges; mais dans la Coûtume de Paris nous n'avons point cette difficulté; parce qu'il n'y a point de forges. En general je penserois, que comme les forges font un revenu annuel & ordinaire, le Seigneur qui joüit du relief a droit de prendre les mêmes bois que prendroit le proprietaire pour faire valoir les forges qui composent un revenu annuel.

Nous n'avons rien changé à cet article, nous croyons seulement qu'il en faudroit ôter le mot *de frais* à la fin comme un mot impropre, & qui ne s'applique point aux étangs, bois & saussayes.

3. Mais en laissant ces mots, *les frais déduits*, cela suffit pour dire que le revenu d'une année est estimé à proportion du temps dans lequel les pesches & les coupes ont coûtume de se faire. Il faut en faisant l'estimation commencer par déduire les frais.

CONFERENCE SUR L'ARTICLE XLVIII.

LEs Coûtumes suivantes ont une disposition semblable à cet article.

Auxerre, art. 64.

Berry, tit. 5. art. 44. 45. 47. *Bourbonnois*, article 324. *Bretagne*, art. 67.

Chaumont, art. 16.

Mantes, art. 14.

Melun, art. 58. & ajoûte, *comme si ledit bois se coupoit de dix ans, & valoit la coupe cent livres, le Seigneur prendra dix livres pour ladite année.*

Montargis, ch. 1. art. 71.

Orleans, art. 57.

Reims, art. 107.

Sens, art. 194.

Tours, art. 135. *Troyes*, art. 26.

L'ancienne Coûtume d'Orleans dit, que *le Seigneur de Fief ne pourra faire couper les bois, ni pescher les étangs, sinon en temps & saison dûës & convenables.* a

a *Aliàs non esset fructus capere, sed depopulare, non pecus tundere, sed deglutire, ut dicebat Tiberius, alioqui Tiranni immunis. Adde inf.* 1. §. 81. C. M.

Les Coûtumes suivantes ont une disposition contraire.

Poitou, art. 158. & 159. *Bois, étangs, garennes, fuyes & pescheries, ne courent aucunement en rachat, & les peut exploiter le successeur du vassal durant rachat. Mais s'il n'y a que bois taillis, & l'hommage lige ou plein qui court en rachat, lesdits bois taillis seront prisez & estimez ce qu'ils peuvent valoir pour une fois & cueillette, par quatre Prud'hommes, & prendra le Seigneur la tierce partie de l'estimation pour son rachat. Mais si avec les bois taillis y avoit bois de haute-futaye, en ce cas le Seigneur ayant*

ayant droit de rachat ne peut toucher aux bois taillis, mais doit prendre la paisson desdits bois de haute-futaye, ensemble le pasturage & pasnage, le pareil est quand esdits hommages n'y a qu'étangs, fuyes, rivieres ou garennes.

Maine, art. 116. dit, que *le Seigneur peut prendre & lever l'essoneil, revenu, & ecroît du bétail* b *nourry du domaine & métairie tenus de luy à foy & hommage.*

b *Idem Consuetudo Andium parag.* 103. *sed intelligenda sunt quando fundus ad hoc principaliter destinatus est, ut de stagnis & leporariis dicitur.* C. M.

Auteurs sur l'Article quarante-huitiéme.

L'Auteur du Grand Coûtumier, livre 2. ch. 29. p. 195. & 211.
Coquille, question 155.
De la Lande, sur les articles 57. 58. 72. & 74. de la Coûtume d'Orleans.
Loysel, livre 4. titre 3. regle 16.
Du Moulin sur l'article 71. de l'ancienne Coûtume d'Orleans.
Idem, sur l'article 116. de la Coûtume du Maine.
Le Grand, sur Troyes, art. 26.
Buridan, sur Reims, art. 107.
Charondas, en ses Réponses, livre 3. ch. 36.
Boërius, sur la Coûtume de Berry, titre *de Fiefs*, art. 5.
D'Argentré, sur la Coûtume de Bretagne, art. 60. 75. 76. *nota* 9. 10. & 11.
De Lhommeau, sur la Coûtume d'Anjou, livre 1. art. 122.
Chopin, sur la même Coûtume, livre 3. chap. 36. nomb. 2. livre 2. part. 1. ch. 2. tit. 1. nomb. 8. & sur la Coûtume de Paris, liv. 1. tit. 2. nomb. 24. & 35.
Le même Auteur, traité *du Domaine*, liv. 3. tit. 17. nomb. 4. & 7. *Des Privileges des Rustiques*, liv. 2. ch. 10.
Coquille, en son Institution, titre *de Fiefs*.
Bacquet, *des Droits de Justice*, ch. 14. nomb. 4.
Salligny, sur la Coûtume de Vitry, art. 29.
Lhoste, sur la Coûtume de Montargis, tit. 1. article 71. & 72.
Bodreau, sur la Coûtume du Maine, articles 124. & 131.
Pineau, sur la Coûtume d'Anjou, art. 113.
Loüet, lettre R. nomb. 34.
Duplessis explique cet article, livre 4. chapitre 2. page 33.

ARTICLE XLIX.

Cet Article a été ajoûté à la reformation de la Coûtume.

Quand commence l'année du relief.

ET commence ladite année au jour des offres acceptées ou valablement faites par le vassal, jusques à pareil jour l'an revolu; & ne se fait qu'une seule cüeillette d'une sorte de fruits.

Voyez l'Article précedent, le 1. le 47. duquel ledit 49. est explicatif.

Remarques.

Jugé par deux Arrests du mois de May & 14. Août 1577. rapportez par Tronçon sur cet article, & sur le 47. cy-devant, que si le Seigneur de Fief ne prend le revenu de la premiere année qui luy a été offert, il ne pourra prendre le revenu de l'une des autres années suivantes. Mais aura l'estimation du revenu de la premiere année.

AU JOUR DES OFFRES ACCEPTE'ES, OU VALABLEMENT FAITES PAR LE VASSAL.

GLOSE UNIQUE SUR L'ARTICLE. XLIX.

SOMMAIRE.

1. *Pourquoy cet article a esté ajoûté.*
2. *Quand commence le rachat, lorsque l'année est déja commencée.*
3. *Cet article ajoûté à la Coûtume d'Orleans.*
4. *Si le Seigneur après avoir fait son choix peut changer de volonté.*
5. *Si l'année estoit sterile, sçavoir si le vassal seroit déchargé envers le Seigneur.*
6. *Avis des Docteurs sur cette question.*
7. *Opinion de du Moulin rejettée.*
8. *Tronçon rapporte mal le sentiment de du Moulin.*
9. *Quid, si le vassal offre par finesse le revenu de l'année, qui est la moindre des*

trois folles.

10. *Si le Seigneur ne peut prendre qu'une cüeillette de fruits pendant son année.*

11. *Si la seconde herbe des prez appartient au Seigneur.*

12. *Si cet article s'entend aussi des fruits civils ou obventions provenans de diverses causes.*

13. *Si le relief tombant dans la derniere année du bail du Fermier, ne restant plus que peu de temps, il luy appartient entierement, ou à proportion du temps.*

1. CEt article a été ajoûté pour ôter la difficulté qui naît de l'article 47. par lequel il est dit, que le relief est le revenu du Fief d'une année, sçavoir de quel jour commence à courir l'année tombant en rachat.

Il semble que ce soit du jour de l'ouverture du Fief & de la mutation ; pour laquelle le relief est dû, soit que le Seigneur ait saisi faute d'homme, droits & devoirs non faits & non payez, ou non.

On pourroit aussi dire, qu'aprés plusieurs années depuis l'ouverture du Fief, le Seigneur soit bien fondé de prendre le revenu de l'une de ces années telle qu'il veut choisir ; & plusieurs étoient de cette opinion dans l'ancienne Coûtume.

Mais dautant que le Seigneur prendroit l'année la plus fertile pour son relief, ce qui causeroit une tres-grande perte au vassal ; les Réformateurs *viam mediam quodammodo eligentes*, & pour ne point trop favoriser les Seigneurs au préjudice des vassaux, ils ont été d'avis que l'année du rachat commenceroit du jour des offres acceptées par le Seigneur, ou valablement faites par le vassal au refus fait par le Seigneur de faire le choix des offres à luy faites.

Mais les offres ne se peuvent faire qu'aprés la foy & hommage faite, ou en la faisant ; & les offres faites auparavant ne feroient pas commencer l'année, les offres ne pouvant être faites qu'au desir de l'article 63.

2. Néanmoins, si au temps des offres acceptées l'année est commencée, c'est-à-dire, si le vassal a déja commencé d'en prendre les fruits, comme au milieu de la recolte, l'année suivante sera celle du rachat, pour tous les fruits du Fief ; & au cas que le vassal n'ait pris qu'une espece de fruits, comme s'il a fait la moisson, le Seigneur doit prendre les raisins & faire les vendanges, son année commençant par exemple, au mois d'Août de la presente année, pour finir au mois d'Août de l'année suivante.

Mais le Seigneur ne peut pas diviser l'année & les offres, & prendre les fruits de la premiere demie année du Fief, comme les raisins & autres fruits qui se perçoivent dans l'Automne, & demander à son vassal l'estimation des fruits de l'autre demie année, ou la moitié de la somme offerte, parce que la Coûtume en l'article 47. oblige le Seigneur d'opter l'une des trois offres.

C'est l'avis de du Moulin sur l'article 47. *glos.* 2. *num.* 1. 3. *& seqq.* & de Brodeau *num.* 1. 2.

3. La décision de cet article a été trouvée si juste, qu'elle a été ajoûtée à la Coûtume d'Orleans reformée sur la nôtre en l'article 56. dans les mêmes termes.

Nous avons des Coûtumes qui ont des dispositions contraires remarquées en la Conference.

L'acceptation des offres se peut faire par le Seigneur verbalement ou par écrit, expressément ou tacitement, c'est-à-dire, par continuation de fait & de joüissance, comme quand le vassal a fait ses offres, & que le Seigneur ayant saisi auparavant continuë de joüir aprés la main-levée pendant un an entier, sans avoir declaré quelle des offres il acceptoit, il sera estimé avoir choisi le revenu d'un an du Fief par sa joüissance, qui est une élection de fait, de pareille force que celle de parole, Joly.

4. Quand le Seigneur a accepté le revenu de l'année pour son relief, il ne peut plus changer de volonté, & demander ou la somme offerte par le vassal, ou le dire de Prud'hommes, comme il a été dit sur l'article 47.

Il ne peut pas même demander une autre année, quoique l'année qu'il auroit choisie ne produisît aucuns fruits, & qu'elle fût entierement sterile, soit par une sterilité extraordinaire, par cas fortuit, comme par débordement d'eau, par incursion & ravage fait par les ennemis, ou par le passage d'une armée, ou par quelque autre cause ou malheur qui eût causé la perte totale des fruits ; en tous ces cas la perte des fruits regarde le Seigneur.

En effet, comme le profit qui viendroit en cette année par une fecondité extraordinaire, luy appartiendroit, il est juste aussi que la perte retombe sur luy, selon la Loy *secundum naturam ff. de R. J.*

Par l'acceptation du revenu de l'année le Seigneur devient le Maître des fruits, qui proviendront au Fief pendant l'année, pour en pouvoir disposer à sa volonté, & dés-lors le vassal est déchargé du relief qu'il luy doit. 5.

Il est inutile d'objecter que le relief est le revenu d'une année, & qu'ainsi le vassal n'en est point déchargé, que le Seigneur n'ait perçû les fruits qui se peuvent percevoir du Fief pendant l'année, desorte que si l'année choisie pour le relief a été sterile, & n'ait produit aucuns fruits, le Seigneur soit toûjours à cét égard le creancier de son vassal ; car en ce cas le Seigneur est semblable à celuy dont parlent les Loix 8. & 12. *ff. de actio. & l.* 1. *de condit. & demonstrat.* lequel achete les fruits d'un fond, ou un coup de filet ; car au cas qu'il ne naisse aucuns fruits au fond, ou qu'il ne tombe aucuns poissons dans les filets, il n'est pas moins obligé de payer le prix convenu, que si les fruits, ou les poissons qu'il auroit eus par ce moyen, valoient l'argent qu'il en auroit promis, parce que *spes emitur*.

Aussi quand le Seigneur a choisi les fruits de l'année au lieu de la somme offerte, ou de l'estimation du revenu de l'année, il a crû qu'il en tireroit un plus grand avantage ; c'est pourquoy il doit imputer sa perte à sa mauvaise fortune.

C'est le sentiment commun des Docteurs, de Charondas sur cet article, & sur l'article 47. de Brodeau *num.* 4. 5. 6. & 7. & d'Argentré sur l'article 76. de la Coûtume de Bretagne *not.* 8. *num.* 1. *in fine.* 6.

Du Moulin est d'avis contraire sur l'article 57. *num.* 2. où il dit, *dico quòd aut nulli nati sunt fructus, vel omnes ante perceptionem perierint, & tunc debet patronus habere fructus anni sequentis. Idem dico si aliqui fructus percepti fuerint, sed ita modici ut non excedant sumptus gratiâ fructuum illius anni factos, quia tunc nulli fructus nati censentur. Si verò aliquid ultrà sumptus quamvis modicum superfuerit, illud solum spectat ad patronum, nec potest conqueri se deceptum ultra dimidiam consuetorum fructuum & proventuum, nec petere saltem usque ad dimidiam suppleri ex anno sequenti*, &c.

Cette opinion a été rejettée par tous les Docteurs. 7.

D'Argentré *loco citato* pour la refuter dit, qu'il est vray que l'obligation d'une chose consistante en genre ne perit point, parce que *genus non perit*, selon la Loy *in nave ff. locat.* & la Loy *incendium. C. de reb. credit.* mais qu'il faut dire le contraire, quand l'obligation est limitée à une certaine espece, auquel cas la perte d'icelle arrivée sans la faute de celuy qui en est le debiteur, retombe sur le creancier à qui elle est dûë, par la raison que *nemo tenetur de casu fortuito*, & que la perte des especes tombe sur ceux ausquels elles sont dûës, quoiqu'au temps de la perte ils n'en soient pas les propriétaires; ainsi la perte de la chose venduë arrivée avant la délivrance d'icelle, regarde l'acheteur, *toto tit. ff. & C. de peric. & commod. rei vend.* quoiqu'elle ne fût pas à luy pour lors, dautant que la tradition ne luy en avoit pas encore été faite.

CHARONDAS Charondas sur l'article 47. dit que du Moulin s'abuse grandement, & n'entend pas ce que signifient ces termes *consumi emptionem*, qu'il est d'accord que le Seigneur ayant choisi le revenu d'une année, ne peut point revenir aux autres offres, ni reprendre l'une d'icelles; & puisque la Coûtume ne parle que du revenu d'une année, le Seigneur se doit imputer de l'avoir plûtôt choisi, & étant par ce moyen entré au lieu du vassal, il doit porter la perte, aussi-bien qu'il voudroit joüir du profit. Aussi par l'article 49. le cours de l'année est limité, & la Coûtume ne parle point de suppléer ou récompenser la sterilité d'icelle par le revenu de l'autre; *est enim extincta obligatio*, &c.

8. TRONÇON Tronçon sur l'article 50. *verbo* le revenu, dit que suivant l'opinion de du Moulin §. 39. de l'ancienne Coûtume *num.* 1. il est d'avis que le Seigneur ne pourroit pas demander les fruits d'une année, au cas d'une sterilité ou autre accident.

Cet Auteur se trompe, comme il fait souvent, puisque du Moulin tient l'opinion contraire sur l'article 39. de l'ancienne Coûtume, qui est le 57. de la nouvelle, ainsi qu'il est remarqué cy-dessus.

9. CHARONDAS Charondas fait cette question, sçavoir si le vassal offre par finesse au Seigneur le revenu de l'année qui est la moindre solle de trois, ausquels les laboureurs ont coûtume de diviser les labours & portées des terres, s'il sera tenu de l'accepter?

Il resoud qu'il est tenu de faire son option, n'étant pas obligé de prendre l'exploitation du Fief, mais pouvant choisir ou la somme de deniers offerte, ou le dire de Prud'hommes; ce qui est sans difficulté.

10. Le Seigneur ayant choisi le revenu entier du Fief pendant une année, il semble que si pendant le cours de cette année il y avoit double dépoüille d'une même espece de fruits, il les devroit emporter, ce qui arrive quand l'année où commence le relief, a été tardive, & l'année en laquelle il finit a été hâtive.

Néanmoins cette question a été décidée en l'ancienne Coûtume contre le Seigneur, par Arrest du 8. May 1577. appellé vulgairement l'Arrest de Saulnier, rapporté par Charondas & par Tournet.

La raison est, que ce seroit emporter les fruits de deux années & non pas d'une seule.

Aussi au contraire, lorsque par la hâtiveté de la premiere année les fruits sont perçûs par le vassal avant que l'année du relief commence, & que par la tardiveté de l'année suivante les fruits ne se perçoivent qu'aprés l'an du relief fini, le Seigneur a droit de les prendre, parce qu'il doit joüir du Fief pendant une année, & que s'il ne doit pas prendre deux dépoüilles pendant son année, il en doit prendre une, quoique ce soit aprés l'an du relief expiré.

Ainsi Balde sur la Loy *divortio.* §. *quod in anno.* dit, que *si vendo tibi uvas viridarii mei quæ bis in anno colliguntur, debet intelligi facta venditio de prima vice.*

Quant à la seconde herbe des prez, appellée *regain*, elle appartient au Seigneur, soit qu'elle se coupe ou se fauche dans l'année du relief, ou que le regain ne se fauche qu'aprés; la raison est, que ce n'est qu'une seule cueillette qui se continuë & se réïtere, renaît & repousse dans une même année, Brodeau *num.* 11. & 12. 11. BRODEAU.

Cet article ne s'entend pas des obventions ou fruits civils provenans de diverses causes, quoique dûs par une même personne, comme sont plusieurs condamnations d'amende renduës en une même Justice du Fief, contre la même personne, pour crime ou autre cause. 12.

C'est l'avis de du Moulin sur l'article 50. *num.* 4. *in fine*, & de Brodeau *num.* 14. DU MOULIN. BRODEAU.

Maître Auzanet dit, que si le droit de relief échet durant la derniere année du bail du Fief dominant, le Fermier en prendra une partie à proportion du temps, depuis la mutation jusques au dernier jour du bail. 13. AUZANET.

Pour moy j'estime au contraire, que le relief appartient entier à ce Fermier, & que l'opinion de Monsieur Auzanet n'est pas soûtenable.

La raison est, que le relief est dû *uno momento*, quoique la perception dure un an aprés même l'expiration du bail du Fief dominant; ce droit étant dû en consequence de la mutation & la reception en foy, laquelle se fait *uno momento*; Voyez l'article 33.

OBSERVATIONS DE MONSIEUR ***.

Sur l'Article XLIX.

SOMMAIRE.

1. *S'il seroit à propos de fixer le jour que l'année du relief doit commencer.*
2. *Si le Seigneur peut prendre les fruits en vertu de la saisie feodale par luy faite, & est recevable ensuite à demander l'année du relief.*
3. *Le Seigneur a les fruits en vertu de la saisie feodale, & aprés la main-levée de la saisie il commence à joüir de l'année du relief.*

1. MAître Auzanet a cru que pour remedier plus que l'on a fait dans la derniere reformation aux fraudes, il étoit à propos de fixer le jour que commence l'année du relief, & qu'il falloit prendre le lendemain de la mutation.

2. Mais il n'a pas prévû une difficulté qui ne laisse pas d'être de consequence, de sçavoir, comment en ce cas on feroit s'il y avoit une saisie feodale, si le Seigneur qui en vertu d'une saisie feodale précedente perdroit le droit de relief suivant la regle que *duæ causæ lucrativæ non possunt simul concurrere in eodem objecto*,

Je suis persuadé que le Seigneur ne peut point perdre le relief, étant deux titres d'acquerir tous differens que la saisie feodale & le relief.

C'est par cette raison que la Coûtume fort sagement a mis, que l'année du relief commence du jour des offres acceptées, & valablement faites par le vassal, ce que le vassal ne peut jamais faire, qu'il ne se soit mis en devoir de vassal, & n'ait par consequent levé tout ce qui pouvoit donner lieu à la saisie feodale, pendant laquelle il y a perte de fruits.

Ainsi aprés qu'elle sera levée, le vassal pourra faire valablement des offres, & dés ce jour l'année du relief courrera.

3. Nous avons cru par ces raisons que l'article ne devoit point être changé, & que le Seigneur a les fruits en vertu de la saisie feodale, & aprés la main-levée de la saisie il commence à joüir de l'année du relief.

Le sentiment de Monsieur ***. est tres-juste, & il n'y auroit pas de raison de priver le Seigneur de son droit. Ce seroit ôter aux Seigneurs le plus beau droit que nos Coûtumes leur donnent, de se servir de la saisie feodale, quand le temps de faire les devoirs est passé, sans que les vassaux les ayent faits, & au cas que par la mutation le relief fut dû, le Seigneur ne pourroit saisir qu'aprés que l'an du relief seroit échû, où il saisiroit inutilement, ce qu'on ne peut pas dire.

CONFERENCE SUR L'ARTICLE XLIX.

Les Coûtumes suivantes ont une disposition semblable à cet article.

Orleans, art. 56.
Tours, art. 134.

Coûtumes contraires.

Anjou, art. 115. *& commence ledit rachat dés l'heure de la mort, ou autre cas advenu, pour lequel soit dû rachat, posé qu'hommage n'a été fait ou offert, & que ledit rachat ne soit gagé.*

Poitou, art. 152. *c'est à sçavoir de l'année commençant à la mort ou mutation dudit vassal, dés que ladite mort ou mutation est venuë, ou peut être venuë à la notice & connoissance de celuy qui a droit de rachat.*

Lodunois, chap. 14. art. 16. *le Seigneur qui leve par rachat, n'acquittera aucunes charges, obligations, ni hypotheques d'heritages, sinon qu'il ou ses prédecesseurs les ayent consenties, ou qu'elles soient anciennes de quarante ans.* a

a *Intellige vel palam* continuée, *secùs de occulta hypotheca, subsidiaria.* C. M.

Lodunois, article suivant : *Et si le rachat & les loyaux aydes adviennent en une même année, le rachat se levera par le Seigneur ; & en ce faisant seront confus en luy les loyaux aydes qui écherront pendant ledit rachat.* b

b *Hoc est aquum, & juxta illud quod scripsi in Consuetud. Paris. parag.* 22. *quæst.* 31. C. M.

Auteurs sur l'Article quarante-neuviéme.

Bobé, sur cet article.
Le Let, sur Poitou, art. 152. & 153.
De la Lande, sur Orleans, art. 56.
Buridan, sur Reims, art. 107.
De Salligny, sur Vitry, art. 29.
M. Loüet, lett. R. somm. 43.
Charondas, en ses Réponses, liv. 9. ch. 26.
Pontanus, sur la Coûtume de Blois, tit. 6. art. 8.
Rat, sur la Coûtume de Poitou, art. 134.
D'Argentré, sur la Coûtume de Bretagne, art. 79. *nota* 8. nomb. 4.
Bodreau, sur la Coûtume du Maine, art. 126.
Guy-Pape, question 445.
Du Moulin, §. 33. *qui est hodie* 47. *num.* 2.
Idem §. 42. *hodie* 60. *num.* 41.
Idem §. 45. *hodie* 63. *num.* 23. 25. 26.
Idem §. 2. *hodie* 3. *num.* 33. *& seqq. glossa* 4.
Duplessis explique cet article, liv. 4. ch. 2. p. 32.

ARTICLE L.

C'étoit le trente-quatriéme Article de l'ancienne Coûtume.

Communication des papiers de recepte par le vassal.

LE Seigneur feodal, qui a choisi pour son droit de relief le revenu d'un an du Fief mouvant de luy, peut (si bon luy semble) prendre iceluy revenu, & est le vassal tenu de luy communiquer les papiers de ses receptes, ou luy en extraire la declaration sur iceux papiers, aux dépens du Seigneur.

Voyez l'Article 44.

REMARQUES.

Ergo Dominus hoc petere debet, & interim semper præterit annus per eum electus. C. M. sur l'article 35. de la Coûtume de Valois.

Hujus alternativa electio est penes Dominum. Mol. §. 50. gl. 1. num. 10. 11.

Idem petere potest patronus in casu prehensionis feudalis.

Idem §. 55. gl. 7. num. 3.

QUI A CHOISI POUR SON DROIT DE RELIEF.

GLOSE UNIQUE SUR L'ARTICLE L.

SOMMAIRE.

1. *Si le Seigneur ayant fait son choix, peut changer de volonté.*
2. *Interpretation de ces termes*, peut, quand bon luy semble, *&c. par du Moulin.*
3. *Comment ce terme*, revenu, *se doit entendre.*
4. *Pourquoy le vassal est tenu de communiquer à son Seigneur ses papiers de recepte.*
5. *Si les papiers de recepte sont differens des papiers terriers.*
6. *Si le Seigneur peut obliger son vassal de luy communiquer ses papiers terriers.*
7. *Si le vassal peut estre contraint, au cas de la saisie feodale, de communiquer à son Seigneur ses papiers de recepte.*
8. *Si l'an du relief court pendant le temps que se fait la communication des papiers de recepte.*
9. *Si le vassal a le choix de communiquer au Seigneur ses papiers de recepte, ou de luy en donner un extrait.*
10. *Resolution de la question.*
11. *Cas auquel le vassal n'est pas tenu de communiquer ses papiers de recepte.*
12. *Quand la communication se fait par extrait, aux dépens de qui elle se fait.*
13. *Difference des articles 9. 44. & 50.*
14. *Quand la communication se fait par extraits, si le vassal est tenu d'affirmer la verité du contenu.*
15. *Comment le nouveau vassal, qui n'a point encore fait la foy & hommage, peut communiquer au Seigneur ses papiers de recepte.*

1 CEt article est mal dressé, comme remarque fort bien Maître Auzanet.

Il devroit être ainsi : *le Seigneur durant l'année du relief & le cours de la saisie féodale peut joüir par ses mains des choses qui ne sont point affermées, & est tenu le vassal en communiquer ses papiers de receptes, & luy bailler aux dépens du Seigneur les extraits de tous les articles qu'il souhaittera.*

Pour l'interprétation de cet article, il faut observer que le choix étant consommé par le Seigneur, c'est-à-dire, qu'ayant opté une des offres à luy faites, il ne peut plus changer de volonté & varier, ni recourir à l'une des autres, comme il a été dit sur l'article 47.

Cependant il semble, que cet article établisse une maxime contraire en ces termes, *qui a choisi le revenu d'un an, peut*, si bon luy semble, *prendre iceluy revenu, &c.* on diroit, que le Seigneur qui auroit choisi le revenu d'un an, pourroit le prendre dans la suite, ou se repentant de son choix, recourir à une des autres offres, sçavoir ou à l'estimation du revenu, ou à la somme offerte par le vassal.

Du Moulin interprete ainsi ces termes, *peut, si bon luy semble, prendre iceluy revenu, potest si velit per manus suas eosdem proventus percipere.* 2

Brodeau suit aussi cette interprétation.

Néanmoins il faut dire, ou que ces termes, *peut, si bon luy semble, &c.* sont inutiles & mis mal-à-propos dans cet article, ou qu'ils se doivent expliquer autrement.

Il sont inutiles, puisque le Seigneur ne peut plus changer de volonté après avoir une fois fait son option.

De dire que le Seigneur ayant opté le revenu, peut, s'il veut, prendre luy même le revenu du Fief & en joüir par ses mains, ou le ceder & transporter à un autre, *soit gratis*, ou pour une somme de deniers, ou autrement, cette explication ne me paroît pas fort juste, puisque soit que le Seigneur exploite le Fief par ses mains, ou qu'il cede à un autre l'exploitation d'iceluy, en l'un & en l'autre cas le vassal est tenu de luy communiquer ses papiers de recepte; afin que celuy qui exercera ses droits, puisse être instruit, & sçavoir en quoy ils consistent.

3. L'absurdité que je trouve dans cette interprétation, m'a fait expliquer cet article d'une autre maniere, prenant ce mot *revenu* repeté, ou generalement, soit pour l'exploitation du Fief, ou pour l'estimation du revenu; ou specialement pour l'exploitation du Fief, c'est-à-dire, la perception des fruits.

L'estimation des fruits du Fief est veritablement le revenu du Fief, & on prend souvent ce mot *revenu* pour la valeur des fruits, ou le profit qu'ils rapportent; ainsi on dit ordinairement, *je tire une telle somme du revenu d'une telle terre*, soit que le Seigneur l'exploite par ses mains, ou qu'il la donne à ferme.

Cela posé, il est sans doute, que quand le Seigneur a accepté la somme à luy offerte pour son relief, il ne peut plus varier, quand même il se trouveroit lezé considerablement, sans esperance de restitution, dautant qu'il ne s'agit que de choses mobiliaires, dans lesquelles la lezion n'est pas considerable, comme nous avons dit ailleurs.

Il faut dire aussi que quand le Seigneur a opté le dire de Prud'hommes, il ne peut plus varier, parce qu'il a consommé son choix.

Mais quand il a choisi le revenu du Fief au temps des offres à luy faites, sans s'expliquer autrement, il semble que dans les quarante jours il peut ou opter l'exploitation du Fief, ou le dire de Prud'hommes, parce que ce mot *revenu* se peut prendre pour l'un ou pour l'autre; & que s'il choisit le revenu, c'est-à-dire, les fruits du Fief, en ce cas le vassal est tenu de luy communiquer ses papiers de recepte.

Cette explication reçoit aussi ses difficultez, car il paroît absurde, que le Seigneur fasse son option en deux temps & deux fois, outre que dans l'article 47. le revenu se prend pour les fruits du Fief, étant l'une des trois offres: c'est pourquoy le Seigneur ayant accepté le revenu, sans autre declaration de sa volonté, il seroit censé avoir choisi l'exploitation du Fief, & le vassal seroit bien fondé de s'opposer au choix qu'il voudroit faire ensuite de l'estimation des fruits au dire de Prud'hommes.

D'ailleurs, comme nous dirons cy-après, le vassal est tenu de communiquer ses papiers de recepte au cas que le Seigneur opte le dire de Prud'hommes, c'est pourquoy je croy qu'il vaut mieux dire, que cet article est tres-mal conçû, & qu'il devroit être exprimé en ces termes, ou en d'autres semblables, *quand le Seigneur a choisi pour son droit de relief le revenu d'un an du Fief mouvant de luy, le vassal est tenu*, &c.

4. Cet article oblige donc le vassal à communiquer à son Seigneur ses papiers de recepte, appellez *papiers cueilloirs* ou *cueillerets*, pour luy faire connoître en quoy consiste le revenu du Fief, tant pour les fruits des terres, que pour les cens, rentes & autres droits qu'il perçoit annuellement, afin qu'il les puisse percevoir.

C'est pourquoy je croy aussi, qu'au cas que le Seigneur ait opté le dire de Prud'hommes, le vassal est tenu de faire la même communication pour servir aux Experts nommez pour faire l'estimation du revenu de l'année, car sans cela ils ne la pourroient pas faire, sans causer un notable préjudice au Seigneur.

C'est l'avis de du Moulin sur le §. 47. *glos.* 3. *num.* 18. & de Brodeau *num.* 5.

Ces papiers de recepte sont differens des papiers terriers, comme remarque Charondas; les papiers de recepte ne sont pas ordinairement signez de ceux qui payent les cens & redevances, ni par les Receveurs, mais les papiers terriers contiennent une exacte description des personnes qui doivent, de la quantité & qualité des cens & redevances, declaration des heritages qui en sont chargez, par tenans & aboutissans, à quel Seigneur & pour quelle cause, & du jour des payemens, avec les autres clauses, conditions & charges ausquelles les heritages sont sujets. 5.

Ces terriers se font pardevant Notaires ou Tabellions, & doivent être signez par ceux qui baillent leurs declarations, pour servir de preuve & faire foy contre ceux qui les ont faites & baillées, & même contre les autres, ayant effet de grandes présomptions contre toutes personnes, lorsqu'ils sont anciens & soûtenus par d'autres moyens.

Le Seigneur doit se contenter des papiers de recepte qui luy sont communiquez par son vassal, sans qu'il puisse l'obliger de luy donner communication de ses papiers terriers, declarations, partages, contrats d'acquisition & autres titres concernans la propriété de son Fief, de ses appartenances & dépendances; parce que cette communication étant faite seulement pour la perception des fruits, le Seigneur n'a point d'interêt d'avoir communication des titres concernans la propriété, ce ne pourroit être que par une pure curiosité qu'il la demanderoit, aussi la Coûtume n'oblige pas le vassal à la luy donner. 6.

C'est le sentiment de Charondas, de Brodeau, *num.* 2. d'Argentré sur l'article 76. de la Coûtume de Bretagne *nota* 8. *num.* 6.

Loysel est d'avis contraire en ses Institutes Coûtumieres sur ce titre article 15. où il dit, que le vassal est tenu de communiquer à son Seigneur ses papiers terriers.

L'Auteur du Grand Coûtumier livre 2. chapitre 29. dit avec plus de raison, les papiers des receptes, ce qui convient mieux: ce qui se fait ordinairement; car un vassal qui acquiert un Fief n'a point encore fait de recepte; il ne peut avoir que celles de ses predecesseurs.

On demande, si au cas de la saisie féodale le Seigneur peut contraindre son vassal de luy bailler communication de ses papiers de recepte? 7.

C'est le sentiment de du Moulin sur l'article 55. *glos.* 7. *num.* 3.

Néanmoins je croy au contraire, que le vassal n'y peut être contraint, parce qu'il n'est pas juste d'obliger le vassal de produire & communiquer des pieces pour se punir de sa contumace, & procurer par ce moyen le gain des fruits de son Fief qui ne luy appartiennent que par une cause rigoureuse, telle qu'est la saisie, outre que pendant la saisie le Seigneur ne reconnoît point son vassal pour tel, ainsi le vassal n'est point tenu de luy rien communiquer en cette qualité; & la Coûtume ne l'y oblige point.

Il n'en est pas de même au cas du relief, auquel les fruits du Fief sont dûs au Seigneur pendant l'année entiere pour une cause tres-favorable, qui est pour l'investiture qu'il donne.

L'an du relief court pendant le temps auquel se fait la communication des papiers de recepte, suivant l'article 49. qui veut que l'année du relief commence a courir du jour des offres acceptées, ou valablement faites par le vassal.

MOULIN C'est le sentiment de du Moulin sur l'article 35. de la Coûtume de Valois qui est semblable à cet article 50. où il dit; *ergo dominus hoc petere debet, & interim semper præterit annus*, & de Brodeau *num.* 1.

9. La Coûtume oblige en cet article le vassal de communiquer au Seigneur les papiers de ses receptes, ou luy en extraire une declaration sur iceux, ce qui forme une difficulté, sçavoir si le vassal a le choix de communiquer au Seigneur ses papiers de recepte, ou de luy en donner un extrait? Il semble que le choix appartienne au vassal, parce que *in alternativis electio est debitoris, l. plerumque in fine. ff. de jure dot. l. si in emptione. 34. ff. de contrah. empt. l. 10. C. de condict. indeb.*

MOULIN Néanmoins suivant l'opinion de du Moulin sur cet article *num.* 10. & 11. le choix appartient au Seigneur, lequel peut demander, que les originaux luy soient mis entre les mains, & y demeurent pendant l'année entiere pour en prendre communication sur son recepissé, ou bien d'en prendre des extraits sur iceux, pour n'être pas garand & responsable de leur perte.

La raison est, que la communication ou l'extrait se fait en faveur du Seigneur, pour être instruit du revenu entier du Fief tombé en rachat.

Du Moulin *loco citato*, dit pour raison, *movere ex tacita mente Consuetudinis, & ex alia regula Juris in interpretatione legum & statutorum, quod in dubio debet assumi interpretatio æquior & æquabilior, & quæ magis congruit, & per quam utrique parti melius & æquabilius consulitur, l. in ambigua. ff. de legib.* &c. *Nunc autem si vassalli esset electio, sequeretur quod etiam dato quod suâ non interesset communicare & tradere patrono dictos libros durante illo anno, tamen posset denegare & adhuc gravare patronum impensâ transcriptionis, quod est inconveniens & inæquale, cui obviatur si intelligamus prout intelligi debet esse electionem patroni, quia aut patronus elegit habere libros reditualęs penes se durante illo tempore, & debet habere & fideliter custodire suo periculo, & finito anno integros & illæsos cum additione receptæ illius anni restituere. Quod si patronus nolit subire onus & periculum custodiæ, tunc potest petere à vassallo redituum omnium declarationem à dictis libris fideliter extractam sibi dari, quod tunc impensis patroni fieri debebit, & hunc puto verum esse & genuinum sensum hujus* §.

CHARONDAS BRODEAU C'est aussi l'avis de Brodeau *num.* 8. Charondas est d'avis contraire; voulant que ce soit au vassal de luy faire l'offre qu'il voudra de l'un ou de l'autre.

10. MOULIN L'opinion de Maître Charles du Moulin semble mieux fondée, dautant qu'il importe peu au vassal de donner communication des originaux sur le recepissé du Seigneur, ou d'en donner des extraits, mais qu'au contraire il peut être de consequence au Seigneur de prendre communication des originaux au cas qu'il joüisse par luy-même, pour éviter les frais d'en faire des extraits; mais quand il cede sa joüissance à quelqu'un, il peut aimer mieux en avoir des extraits, de peur qu'en communiquant les originaux à un autre, ils ne soient égarez & perdus, & qu'il n'en soit responsable envers son vassal.

11. Il y a un cas, auquel le vassal ne seroit pas tenu de communiquer les papiers de recepte au Seigneur, sçavoir s'ils étoient contenus dans son papier journal, où il auroit mis les choses concernans sa famille, qu'il auroit interêt de ne pas rendre publiques, & en ce cas le Seigneur seroit tenu de se contenter des extraits qui seroient faits à ses dépens, comme il est dit cy-aprés.

Quand le Seigneur aime mieux prendre communication par extraits, ce doit être à ses dépens, parce que c'est pour son interêt, il n'est pas obligé d'en rien payer au vassal, mais seulement le rembourser des frais qu'il faut faire pour extraire les originaux des receptes: Que si le Seigneur prend communication des originaux sur son recepissé, il ne luy en coûte rien, parce que telle communication se fait sans frais, Brodeau *num.* 9. 12.

Je n'approuve pas l'avis de Charondas suivi par Joly, qui dit, que ces termes, *aux dépens du Seigneur*, se doivent rapporter tant à la communication des originaux, qu'aux extraits d'iceux. BRODEAU CHARONDAS JOLY.

Par l'article 9. le vassal est tenu de bailler à ses dépens un aveu & dénombrement de la tenure de son Fief à son Seigneur, dautant que c'est un devoir auquel la Coûtume l'oblige, cet aveu étant le vray titre de son Fief; de même l'exhibition du contrat de vente, & la copie d'iceluy se baillent aux dépens du vassal, parce que c'est pour s'acquitter de son devoir & faire voir au Seigneur le prix de l'acquisition, duquel le vassal est tenu luy payer le quint denier. 13.

Mais par l'article 44. la communication des aveus & dénombremens & titres concernans la tenure féodale, se fait aux frais de celuy qui la demande, parce que c'est pour son interêt particulier; de même qu'en cet article 50. la communication par extraits des papiers de recepte se fait aux dépens du Seigneur, dautant que c'est pour son interêt, le vassal s'étant acquitté de son devoir par les trois offres qu'il a faites à son Seigneur, & le Seigneur pouvant éviter ces frais, en acceptant la somme de deniers qui luy est offerte par son vassal.

Il faut dire aussi par la même raison, que les extraits se font aux dépens du Seigneur, pour les communiquer aux Prud'hommes qui font l'estimation du revenu de l'année pour le relief du Seigneur.

Quand le Seigneur prend la communication par extraits, le vassal est tenu d'affirmer, s'il en est requis, que l'extrait qu'il luy baille est conforme aux originaux, & de le signer, & s'il se trouvoit contraire, il seroit tenu envers luy de tous ses dépens, dommages & interêts, Brodeau, *num.* 11. & même je croy pour la fausseté qu'il pourroit être condamné à une amende. 14. BRODEAU.

On demande, comment le vassal qui doit dans quarante jours de son acquisition faire la foy & hommage à son Seigneur, & luy faire ses offres contenuës en l'article 47. peut luy donner communication de ses papiers de recepte, puisqu'il n'a pas encore joüi du Fief? 15.

Il faut dire que cet article se doit entendre, ou du vassal qui a joüi de son Fief pendant plusieurs années par la negligence de son Seigneur, avant que de satisfaire à ses devoirs & aux droits qu'il devoit, sans que le Seigneur usast de saisie: Ou de la femme qui doit relief pour chacun de ses mariages pour les Fiefs qui luy appartiennent; car à l'égard du nouveau vassal dont l'acquisition est recente, il est sans doute, que cet article ne peut s'entendre de luy, puisqu'il n'a aucuns papiers de recepte, si ce n'est qu'il eût ceux qui auroient été faits par son predecesseur dans le Fief; car quoique cet article dise *les papiers de ses receptes*, néanmoins il se doit aussi entendre des papiers de recepte faits par l'ancien vassal, lesquels se trouveroient entre les mains d'iceluy.

OBSERVATIONS DE MONSIEUR ***.

Sur l'Article L.

SOMMAIRE.

1. *Article changé.*
2. *Pourquoy le Seigneur qui joüit du relief, ne peut pas déposseder le Fermier.*
3. *S'il en est de mesme, lorsqu'il perçoit les fruits en vertu de la saisie feodale.*

1. *LE Seigneur qui a choisi pour son droit de relief le revenu d'une année, peut pendant l'année tenir par ses mains les choses qui ne sont point affermées, & est tenu le vassal de luy communiquer les papiers de ses receptes, ou luy bailler aux dépens du Seigneur les extraits de tous les articles qu'il desirera.*

2. Nous avons changé quelque chose dans les mots de l'article, comme *joüir par ses mains des choses qui ne sont point affermées*, parce qu'il ne peut pas déposseder le Fermier, ne pouvant pas y avoir une plus juste estimation que les baux.

3. Nous dirons en passant, qu'il en est de même de la saisie pour la maniere de joüir.

Pour moy il me semble que la raison que rend Monsieur ***. n'est pas la veritable; la meilleure, à mon sens, qu'on peut donner, est de dire que si le Seigneur pouvoit deposseder le Fermier, ce seroit donner lieu au Fermier d'agir contre son Maître en dommages & interêts, & c'est veritablement la raison pour laquelle la Coûtume ne permet pas aux Seigneurs de choisir l'exploitation du Fief, lorsqu'il est donné à ferme. Voyez les articles 56. & 57.

CONFERENCE SUR L'ARTICLE L.

LEs Coûtumes suivantes ont une disposition semblable à cet article.

Monfort, art. 31.
Orleans, art. 54.
Poitou, art. 157.
Valois, art. 35.

Auteurs sur l'Article cinquante.

L'Auteur du Grand Coûtumier, livre 2. ch. 29. p. 194. 195.
Bobé, sur cet article,
Thourette, sur Montfort, art. 31.
De la Lande, sur Orleans, art. 54.
Loysel, livre 4. titre 3. regle 15.
Le Let, sur la Coûtume de Poitou, art. 157.
Duret, en son Alliance des Coûtumes, page 873 & 909.
Buridan, sur Reims, art. 107.
Rat, sur la Coûtume de Poitou, tit. 1. art. 136.
D'Argentré, sur Bretagne, art. 76. nomb. 6.
Duplessis explique cet article, livre 4. ch. 2. p. 32.

ARTICLE

ARTICLE LI.

C'étoit l'Article trente-cinq, & l'Addition est au lieu du 41. de l'ancienne Coûtume.

Si le vassal peut démembrer son Fief.

LE vassal ne peut démembrer son Fief au préjudice & sans le consentement de son Seigneur : *bien se peut joüer & disposer, & faire son profit des heritages, rentes, ou cens étant dudit Fief, sans payer profits au Seigneur dominant, pourvû que l'aliénation n'excede les deux tiers, & qu'il en retienne la foy entiere, & quelque droit seigneurial & domanial sur ce qu'il aliéne.*

Voyez l'Article suivant.

REMARQUES.

L'Ancienne Coûtume de Paris, art. 41. portoit, le vassal se peut joüer de son Fief jusques à démission de foy, sans que le Seigneur luy en puisse demander profit. Non pas bailler tout sans retenir qu'un Fief en l'air. Recours à mon Commentaire. C. M. & suivant ce jugé par Arrest du 12. Mars 1647. au profit de Monsieur le Duc d'Orleans, que le Chapitre de Chartres n'avoit pû même du temps de l'ancienne Coûtume, en vendant un Fief, retenir la mouvance, conformément aux Conclusions de Monsieur l'Avocat General Bignon, plaidant Deffita & Robert.

Saint-Quentin, art. 70. interprete à sçavoir le vendre, aliéner, & bailler à autruy.

Et l'article 73. interprete à sçavoir l'engager, hypothequer en tout, ou partie, le bailler à rente ou censive. *Divisio inter hæredes & convassallos utrùm prohibita sit tanquàm diffecti feudi? Ne quoquam modo illud feudum per partes diviserint tanquam unum feudum, secùs si multa facere intenderint.* Mol. §. 51. gl. 1. n. 2. 3.

LE VASSAL NE PEUT DEMEMBRER.

GLOSE PREMIERE SUR L'ARTICLE LI.

SOMMAIRE.

CEt article contient deux parties.

La premiere, décide suivant l'article 35. de l'ancienne Coûtume, que le vassal ne peut diviser & démembrer son Fief sans le consentement de son Seigneur, ce qui sera expliqué dans cette glose.

La deuxiéme, contient une exception de cette regle, sçavoir, comment il peut le faire sans son consentement, & c'est le sujet des deux gloses suivantes.

Il faut cependant observer selon le sentiment de du Moulin sur cet article, glose 1. nombre 11. que le Seigneur & le vassal peuvent convenir que ce que le vassal tient de son Seigneur en Fief, il le tiendra de luy en roture, ou au contraire, & que cette convention sera valable, tant entr'eux qu'entre leurs successeurs dans leurs heritages, ainsi le pere peut lors de l'acquisition d'un Fief, ou même aprés, la 1. Du Moulin.

convertir en roture avec le Seigneur dominant ou au contraire, convertir la roture en Fief, aussi de son consentement, & l'heritage se partagera dans la succession selon la qualité qu'il aura prise par la conversion, parce que le propriétaire peut user de son bien selon sa volonté.

Du Moulin C'est le sentiment de du Moulin sur l'article 13. glose 3. nombre 23. & de Brodeau sur le même article nombre 15. & sur Monsieur Loüet lettre S. nomb. 10.

Mais cette conversion ne se peut faire au préjudice du Seigneur Suzerain, à cause du préjudice qu'il en peut souffrir dans certains cas, principalement quand le Fief du vassal a été ainsi converti en roture; c'est pourquoy le Seigneur pourroit blâmer l'aveu & dénombrement qui luy seroit baillé par le successeur de son vassal dans le Fief, à cet égard, & prétendre que l'heritage qu'il declareroit être en sa censive seroit tenu de luy féodalement; mais je ne serois pas du sentiment de du Moulin, que le Seigneur pourroit contraindre son vassal & le propriétaire de l'heritage, de le remettre en l'état qu'il étoit, *potest eos cogere ad reducendum & reponendum in pristino & antiquo statu subfeudi, quia suâ interest, quoniam majora sunt jura & commoda subfeudorum quàm censualium prædiorum*; je crois en effet que ce changement ne pourroit nuire au Seigneur suzerain, le cas arrivant qu'il eût occasion d'exercer ses droits de Seigneur suzerain sur l'heritage tenu auparavant de luy en arriere-Fief, comme si pendant l'ouverture du Fief de son Fief, il arrivoit ouverture de cet heritage qui seroit toûjours arriere-Fief à son égard, attendu que la mutation seroit arrivée sans son consentement.

2. Démembrer un Fief, c'est en diviser l'unité & l'integrité, & en faire plusieurs tenus également en hommages separez; comme si un vassal aliene partie de son Fief avec demission de foy sur la partie aliénée, desorte que l'acquereur la tienne en plein Fief du Seigneur dominant, & comme un Fief separé de la partie que le vassal s'est retenuë, & non pas comme partie d'iceluy; en ce cas la partie aliénée est démembrée, ce qui ne se peut faire au préjudice & sans le consentement du Seigneur, parce qu'il est de son interêt, que le Fief tenu de luy demeure entier; ensorte qu'il n'ait qu'un vassal, & non plusieurs dont les Fiefs soient de peu de valeur.

3. Auzanet. L'origine de cette disposition vient selon Maître Auzanet sur cet article, de ce qu'autrefois les Fiefs n'étoient qu'à vie, c'est pourquoy les vassaux ne les pouvoient démembrer ni aliéner en tout ou partie; quoique ces concessions féodales viageres, ayent été renduës patrimoniales, néanmoins les Seigneurs ont conservé autant qu'ils ont pû les Fiefs de leurs vassaux dans leur integrité, & en ont empêché le démembrement, afin que leurs vassaux ayant un plus grand revenu, fussent plus en état de les assister & les secourir dans le besoin.

4. C'est ce qui a donné lieu à l'article 35. de l'ancienne Coûtume, mis le 51. dans la réformation d'icelle; ensorte qu'autrefois les vassaux étoient obligez de conserver leurs Fiefs au même état qu'ils étoient au temps de la premiere investiture, sans separer les membres du corps, & le chef & le corps de ses membres.

5. La Coûtume dans cet article défend bien au vassal de démembrer son Fief, mais elle n'établit aucune peine au cas qu'il le fasse.

Auzanet. Maître Auzanet dit, qu'en cas de contravention, la peine peut être suppléée & prise des autres Coûtumes, lesquelles donnent au Seigneur dominant la tenure des choses aliénées, & les droits seigneuriaux & domaniaux reservez sur icelles par l'acte d'aliénation, ce qui semble juste & devoir être expliqué pour éviter les difficultez qui peuvent naître dans la Coûtume de Paris & dans celles qui ne s'expliquent pas sur ce sujet.

En effet, ce doute a donné lieu à trois opinions que Maître Duplessis remarque.

La premiere, que quand la Coûtume dit que le vassal ne peut démembrer son Fief, ce n'est pas une disposition qu'elle établit, c'est une négative qu'elle exprime, voulant signifier qu'il est impossible que le vassal démembre son Fief, par la raison que quoiqu'il en aliéne une partie, néanmoins la foy étant une chose indivisible, il la devra toûjours toute entiere pour le tout, & que ceux qui posséderont ainsi des parties de Fief devront la foy chacun *in solidum*; c'est le sentiment de du Moulin sur cet article 51. mais il ne l'approuve pas par deux raisons. Du... 6.

Premierement parce qu'il s'ensuivroit que l'ouverture du Fief qui arriveroit à une partie, arriveroit à toutes les autres, que le relief & le quint étant dû sur une partie le seroient sur toutes, que l'ouverture arrivant d'une partie le Seigneur pourroit les saisir toutes, que cela a lieu véritablement quand l'aliénation n'excede pas les deux tiers, suivant l'exception portée en cet article, mais non pas quand il y a eu un démembrement effectif; car pour lors le Seigneur ayant investi & reçû en foy le nouvel acquereur, comme il le feroit suivant cette opinion, il ne pourroit plus exiger de luy ni de ses successeurs la reconnoissance féodale que pour la portion demembrée, dont les ouvertures n'arriveront qu'aux mutations seulement de celuy qui en sera possesseur. Que cette proposition est fausse que la foy ne soit pas divisible, vû qu'elle l'est à raison du Fief. 7.

En second lieu, que quand la Coûtume dit que ce démembrement ne se peut faire sans le consentement du Seigneur; cela marque qu'il se peut faire avec son consentement, ainsi ce n'est pas une impossibilité que la Coûtume exprime, mais une prohibition qu'elle fait.

La deuxiéme opinion est, de ceux qui croyent que cet article contient une prohibition expresse de démembrer, mais que toute la peine, quand le vassal le fait, est, non pas qu'il y ait commise ou que le Seigneur puisse faire declarer nulle l'aliénation pour conserver l'integrité du Fief, mais seulement qu'il arrive par ce moyen ouverture de Fief à la partie démembrée; ensorte que le Seigneur a les droits de l'aliénation sur le nouvel acquereur, qui doit luy en faire la foy & hommage, & luy payer les droits de quint ou de relief selon le genre d'aliénation; vû que si l'aliénation avoit été faite suivant l'exception de cet article, il n'auroit dû ni devoirs ni droits féodaux pour cette mutation; c'est le sentiment de Brodeau sur cet article. 8.

Maître Duplessis ne trouve pas cette opinion meilleure que la premiere, parce qu'elle n'en differe qu'en paroles seulement, l'effet de l'une & de l'autre étant semblable. 9. Du Pl...

Premierement, puisque l'aliénation de tout le Fief est permise, & qu'au contraire le démembrement en est prohibé, il s'ensuit qu'on n'accorderoit pas plus au Seigneur dans l'une que dans l'autre; qu'il n'auroit pas été necessaire de faire cette prohibition, si le Seigneur n'avoit simplement que les droits de la mutation, puisqu'ils sont dûs par une regle generale de la Coûtume: Que si le quint est dû pour l'aliénation de tout le Fief, il seroit dû aussi pour l'aliénation de partie avec démission de foy; puisqu'il y a mutation d'icelle; qu'enfin la Coûtume, pour ne donner qu'une même chose, ne se seroit pas servi de termes si contraires en differens endroits, sçavoir, de *concession* en l'un, & de *prohibition* en l'autre.

En second lieu, que l'article établit la prohibition de démembrer pure & simple; or si l'effet de cette prohibition ne tendoit qu'à dire que la foy & le quint seroient dûs au Seigneur, ce ne seroit pas une prohibition, mais au contraire une permission de démembrer le Fief ; & quand l'article dit, *sans le consentement du Seigneur*, il suppose qu'il se peut faire avec son consentement, & qu'il ne se peut pas s'il n'y consent : cependant suivant cette opinion l'effet ne seroit point different dans l'un & dans l'autre cas ; au contraire le Seigneur auroit ce desavantage, que le démembrement se faisant avec son consentement il toucheroit les droits, & se faisant sans son consentement il ne les toucheroit pas, & que néanmoins le démembrement tiendroit ; que ce seroit une violence qui se feroit au sens de la Coûtume de luy donner cette interpretation.

En troisiéme lieu, que la voie du démembrement de partie du domaine de Fief avec retention de foy, & d'un droit domanial & seigneurial sur la partie aliénée, n'a été introduite que parce que celuy du Fief n'est pas permis, & c'est une espece d'exception qui confirme encore la prohibition.

10. La troisiéme opinion qui est celle de Charondas,
RONDAS que Maître Duplessis a suivie, est de dire que le dé-
LESSIS. membrement du Fief ne peut jamais être fait à l'égard du Seigneur sans son consentement ; non pas qu'en cas qu'il se fasse, le Seigneur puisse prétendre que la partie démembrée tombe en commise, parce que la Coûtume ne l'ordonne pas, ni qu'il puisse intenter action pour faire declarer nulle l'aliénation, parce que la Coûtume n'en parle pas ; mais l'article se doit entendre ainsi, sçavoir qu'au cas d'aliénation de partie de Fief avec démission de foy, il y a ouverture du Fief à la portion démembrée, desorte que le Seigneur la peut saisir féodalement, & mettre en sa main s'il n'est servi : or l'acquereur ne l'en peut servir parce que le Seigneur n'est point obligé de recevoir de luy les devoirs & les droits pour partie, attendu la prohibition de démembrer son Fief sans le consentement du Seigneur ; d'autre part il ne la peut point faire pour le tout, parce qu'il faut en être propriétaire, pour faire la foy & les offres valables ; qu'ainsi le Seigneur rendant l'acquisition inutile par le moyen de la saisie avec perte de fruits, il oblige l'acquereur de son vendeur de s'en départir, & remettre le Fief dans une seule main.

11 Cette opinion n'est pas sans difficulté, non plus que les deux autres qu'il n'approuve pas, car selon son avis le Seigneur ne peut saisir en pure perte que faute d'homme, droits & devoirs non faits, si pour cette cause il saisit la partie demembrée, l'acquereur n'a qu'à les luy offrir, en vertu dequoy sa saisie pourra-t-elle subsister, puisque la Coûtume ne donne pas le pouvoir de saisir pour cette cause ? Le Seigneur ne peut user de commise parce que la Coûtume ne le permet pas, luy permet-elle d'user de saisie féodale ? Il est certain que non ; il ne peut pas même selon luy ainsi intenter action pour faire declarer nulle l'aliénation, parce que la Coûtume ne luy permet pas ; usera-t-il de saisie féodale, dont l'effet est tres-rigoureux puisqu'elle emporte perte de fruits pour le vassal saisi ? il ne paroît pas que ce soit l'esprit de nôtre Coûtume.

D'ailleurs supposé que la saisie fût bonne & valable, le Seigneur ne pourra pas empêcher que le vassal qui auroit démembré ne se constituât un droit domanial sur la partie démembrée avec reserve de foy & hommage, & par ce moyen l'acquereur auroit main-levée de la saisie malgré le Seigneur, suivant la seconde partie de cet article.

Quand on dit que ce démembrement fait tort au Seigneur, parce que le Fief est divisé, je trouve qu'il reçoit un bien plus grand préjudice, quand le vassal s'en joüe, puisque le Fief qui étoit tenu de luy en plein Fief, n'en est plus tenu qu'en une partie, & l'autre partie en arriere-Fief ou en censive ; & aprés qu'il aura inféodé ce jeu de Fief par le dénombrement qui luy sera donné dans la suite, il sera privé pour toûjours des droits qui écherront par les ouvertures qui arriveront à cet arriere-Fief ; vû qu'au contraire le démembrement étant fait avec démission de foy, les devoirs & les droits luy seroient dûs pour les ouvertures qui arriveront à la partie retenuë par le vassal, & à celle qu'il aura démembrée.

Dans la difficulté qui se trouve à choisir une de ces trois opinions, j'estime que la deuxiéme qui est celle 12.
de Brodeau, est la mieux fondée par les raisons remarquées cy-dessus, & parce que le démembrement qui se fait par succession directe ou collaterale, est tres-ordinaire & frequent, & que celuy par vente arrive rarement, je ne vois pas que l'inconvenient soit si grand de l'admettre.

Que s'il ne se pouvoit pas faire au cas de la vente, il s'ensuivroit qu'il ne se pourroit pas faire aussi par autre moyen d'acquerir, comme par legs ou par donation ; la donation ou le legs fait, par exemple, à trois, d'un Fief, n'est-il pas valable, & le relief n'est-il pas demembré, & la feodalité partagée, puisqu'il est divisé en trois, chacun des donataires ou des legataires tenant en plein Fief sa part du Seigneur.

Nous avons la Coûtume de Lorris, chap. 1. art. 1. 13.
celle d'Anjou, article 201. & suivans, qui permettent au vassal d'aliéner une partie de son Fief avec démission de foy sans le consentement du Seigneur, voulant qu'en ce cas qui est un despié de Fief, l'acquereur fasse la foy & hommage au Seigneur, & luy paye les droits ordinaires.

Maître Duplessis trouve que dans l'ambiguité que DUPLESSIS.
cause le commencement de cet article, il est difficile de se déterminer ; & quoiqu'il paroisse suivre l'opinion de Charondas, il ne condamne pas absolument les deux autres.

Ce démembrement est appellé volontaire, à la dif- 14.
ference de celuy qui est forcé & necessaire, qui se fait par partage entre heritiers en ligne directe ou collaterale, lesquels partagent & divisent les biens & les droits dépendans des Fiefs qui leur échéent, les devoirs & les droits qu'ils doivent en consequence, sçavoir la foy & hommage qu'ils sont tous obligez de faire, & payer le relief chacun pour sa part, quand il est dû.

Ce partage & démembrement de Fief est autorisé par une Ordonnance de Philippe II. de l'an 1209. qui porte, que *si entre divers heritiers Fiefs se divisent, ils seront tenus du principal Seigneur.*

Il en faut dire de même de la donation en ligne 15.
directe, ou faite à des collateraux ou des étrangers ; car il n'est pas défendu de donner ses biens entre-vifs ou par ordonnance de derniere volonté, selon néanmoins la disposition des Coûtumes, auquel cas la donation étant faite à plusieurs, elle cause un démembrement entre les donataires, qui n'est pas prohibé par la Coûtume.

Un pere ne peut-il pas donner à son fils une portion de son Fief, avec démission de foy, & le Seigneur pourroit-il l'empêcher, ou saisir la portion donnée au fils, jusqu'à ce que le pere l'eût reprise, ou qu'il luy eût donné le Fief entier ? Je ne crois pas qu'il le pût ; le pere pourroit avoir des raisons pour ne pas faire relever cette portion de la sienne, comme s'il luy en avoit donné la principale partie avec le Château ou principal manoir : il pourroit en avoir aussi pour ne pas mettre la sienne dans la mouvance féodale de son fils ; ainsi le démembrement volontaire du Fief arriveroit sans le consentement du Seigneur.

Un Fief étant partagé, les vassaux ne peuvent 16.
point être partagez, ni relever de divers Seigneurs, leur mouvance dépend du principal manoir où ils sont tenus d'aller faire la foy & hommage, & non ailleurs suivant l'article 64. parce que le Seigneur ne peut pas faire leur condition pire sans leur consentement, outre que la foy & hommage est un devoir plus

réel que personnel, étant dû au Seigneur à raison de son Fief.

Coquille en ses Questions, Quest. 20. dit que les coheritiers peuvent d'un commun consentement diviser entr'eux les feodalitez & les droits de Seigneurie dominante, qui sont en leur heredité; ensorte qu'à l'un appartienne la domination d'un seul Fief, à l'autre celle d'un autre, & aprés leur partage ils doivent le faire signifier aux vassaux; que néanmoins ils peuvent contredire leur partage, si ce n'est que les Seigneurs se soûmettent à recevoir la foy au Châtel & lieu ancien du Fief dominant.

Du Moulin. Du Moulin sur l'article 201. de la Coûtume de la Marche, tient qu'un Seigneur ne peut aliéner son vassal, sans aliéner le Fief dont il releve, & sur l'article 1. glos. 3. n. 26. & 27. il dit que le Roy même ne peut aliéner ses vassaux, quoique ce soit, *favore pacis*: cela étoit bon dans ce temps-là.

Au nombre 31. il dit que des vassaux ne peuvent être assignez à l'un des heritiers ou copartageans sans leur consentement, à moins qu'il n'ait une portion du principal manoir. Voyez le nombre 33. & suivans.

Brodeau. Tronçon. C'est aussi le sentiment de Monsieur Loüet, lettre V. nombre 10. de Brodeau sur cet article, nombre 31. de Tronçon sur le même article, & sur l'article 7. & de Monsieur le Prestre, Centurie 2. chap. 74. où il est rapporté à la marge un Arrest sans datte au rapport de Monsieur Renault en la Chambre de l'Edit, au profit du Baron d'Ervaut.

D'Argentré sur l'article 329. de la Coûtume de Bretagne est d'avis contraire, blâmant l'opinion de du Moulin, comme il fait assez souvent, & quelquefois sans de bonnes raisons, comme sur cette question où il dit que les droits des Seigneurs sur leurs vassaux sont personnels & indépendemment du Fief dominant, & qu'ainsi il n'y a rien qui empêche qu'ils n'en puissent être separez.

Nous observerons pour finir cette glose, que les gens de main-morte peuvent aliéner les heritages amortis, à la charge de la foy & hommage envers eux, dans ce cas il n'est rien dû au Seigneur duquel ils relevoient avant l'amortissement; parce qu'ils ne les ont pas absolument aliénez, ni mis hors leurs mains, la mouvance feodale qu'ils se sont reservée représentant les heritages aliénez, suivant quelques Edits rendus pour les aliénations des biens d'Eglise pour cause de subvention qui le leur ont permis par un droit special, ce que d'autres propriétaires de Fiefs ne peuvent pas faire, excepté dans quelques Coûtumes, comme celle de Lorris, qui permettent aux Seigneurs de Fiefs de les aliéner entierement en se reservant la mouvance feodale. 17.

Mais les gens de main-morte ne peuvent les aliéner à la charge du cens envers eux, & s'ils le font, ils perdent la censive, & l'heritage retourne sous la premiere mouvance envers le Seigneur dont il étoit tenu avant l'amortissement; parce qu'on ne peut pas posseder un cens, auquel cas les droits seroient dûs au Seigneur par l'acquereur, comme si l'aliénation avoit été faite sans reserve du cens. 18.

BIEN SE PEUT JOUER.

GLOSE DEUXIEME SUR L'ARTICLE LI.

SOMMAIRE.

1. *Comment le droit de se joüer de son Fief s'est introduit.*
2. *Si se joüer de son Fief est un démembrement.*
3. *Pourquoy ce droit a esté introduit.*
4. *Condition pour se joüer de son Fief.*
5. Quid, *si l'aliénation excede les deux tiers.*
6. *Par l'ancienne Coûtume l'aliénation du total du Fief avec retention de foy estoit permise.*
7. *Du Moulin étoit d'avis, que cela ne devoit pas estre permis.*
8. *Arrest contre une semblable aliénation faite dans l'ancienne Coûtume.*
9. Quid, *si le vassal aliéne tout son Fief avec retention de foy.*
10. *Sentiment de Charondas non soûtenable.*
11. *Sentiment de Maistre Duplessis.*
12. *Comment le vassal peut aliéner jusqu'aux deux tiers de son Fief.*
13. *Si par l'ancienne Coûtume il pouvoit aliéner son Fief avec retention de foy.*
14. Quid, *si le vassal ne se retenoit pas la foy entiere.*
15. Se joüer de son Fief, *que signifie.*
16. *Pourquoy le vassal doit se reserver un droit domanial.*
17. *Quels sont les droits domaniaux, qu'un vassal peut se retenir en l'aliénation d'une partie de son Fief.*
18. *Si le cens est un droit domanial & seigneurial.*
19. *Si la partie du Fief aliénée, à la charge du cens, devient roture.*
20. *A qui le cens doit estre payé au cas cy-dessus.*
21. *Si le vassal qui a aliené jusques aux deux tiers de son Fief, peut encore aliener partie de ce qu'il a retenu.*
22. Quid, *si le vassal quitte le cens à celuy qui avoit pris partie de son Fief à cette charge.*
23. *Si le quint est dû & dequoy, quand le vassal vend le cens à celuy qui avoit pris partie de son Fief à cette charge.*
24. Quid, *si le vassal décharge son sujet censier du cens, à la charge de foy & hommage.*
25. *Si le vassal peut convertir une roture en Fief qui est en sa mouvance, sans le consentement de son Seigneur.*
26. *Coûtumes qui chargent des droits le bail d'accensement, quand il y a de l'argent baillé.*

27. *Si la rente fonciere est un droit domanial, auquel une partie du Fief du vassal puisse estre alienée.*
28. *Si la rente fonciere retenuë par le vassal luy conserve la directe Seigneurie sur la partie alienée.*
29. Quid, *si la rente est rachetable.*
30. *Coûtumes qui permettent les Fiefs en l'air.*
31. *Si la foy & hommage est dûë pour vente d'une rente fonciere, à laquelle partie d'un Fief auroit esté baillée.*
32. *Si le quint est dû pour vente de la rente fonciere, à laquelle partie d'un Fief a esté baillée.*
33. *Difference entre la rente, à laquelle partie de Fief a esté donnée, & la rente fonciere, à laquelle une roture a esté baillée.*
34. *Si on peut bailler tout son Fief à rente comme les rotures.*
35. *Si une partie de Fief peut estre donnée à rente, sans retention de foy.*
36. Quid, *si tout le Fief estoit donné à rente fonciere.*
37. Quid, *s'il estoit baillé à emphytheose.*
38. *Si le vassal peut charger son Fief d'une rente fonciere, sans le consentement de son Seigneur; & si telle rente est feodale. Contrarieté de Brodeau.*
39. *Si les droits sont dûs au Seigneur pour constitution de rente sur le Fief servant.*
40. *Difference entre bailler à cens & bailler à rente.*
41. *S'il y a ouverture au Fief, quand le vassal a baille une partie de son Fief à cens ou à rente, sans retention de foy.*
42. *Si on peut donner partie de son Fief à bail emphyteotique.*
43. *Si la partie du Fief baillée à emphyteose, après le bail fini, fait partie du Fief, comme elle faisoit auparavant.*
44. Quid, *si le bail estoit fait sans retention de foy.*
45. *Si une partie de Fief peut estre baillée à champart.*
46. *Si le vassal peut sous-infeoder. Contrarieté de Brodeau.*
47. *Si la sous-infeodation est avantageuse au Seigneur.*
48. *Coûtumes qui permettent de sous-infeoder.*
49. *Opinion des Docteurs, que le vassal peut sous-infeoder.*
50. *Si les gens de main-morte peuvent se joüer de leurs Fiefs.*
51. *Si les gens de main-morte peuvent donner des rotures à cens.*
52. *Si chaque heritier peut se joüer de la partie du Fief qui luy est échûë.*
53. *Effet de l'alienation de partie de Fief, quand le vassal s'en est joüé.*
54. *Si les Apanagistes peuvent se joüer de leur Fief.*
55. *Si on peut se joüer des Fiefs de Dignité.*
56. Quid, *si le vassal décharge l'acquereur du droit seigneurial qu'il s'estoit reservé.*
57. *Si dans l'aliénation des deux tiers le manoir y est compris.*
58. *Si le Seigneur haut-Justicier peut démembrer sa Justice sans l'autorité du Roy.*
59. *Si les aliénations faites dans l'ancienne Coûtume sont comptées dans les deux tiers.*

VOicy la deuxiéme partie de cet article; depuis ces mots, *bien se peut joüer*, jusqu'à la fin, qui est une exception de la premiere.

Le vassal se joüe de son Fief, quand il garantit sous son hommage les parties qu'il en aliéne, ou quand il retient ou se reserve de porter la foy tant pour les parts qu'il aliéne, que pour celles qu'il retient; ensorte que par rapport au Seigneur, il demeure toûjours vassal pour tout le Fief: delà vient que pour ces sortes d'aliénations, il n'est dû au Seigneur feodal aucun droit, parce qu'il n'y a point de mutation.

1. Par succession de temps les Fiefs ayant été hereditaires & patrimoniaux, presque comme les autres biens, les Reformateurs de l'ancienne Coûtume reconnurent que la rigueur de la prohibition du démembrement des Fiefs portoit un grand préjudice aux vassaux, & que l'article 35. de l'ancienne Coûtume qui la portoit, avoit besoin de correction & de quelque temperament.

Auzanet. Mais comme remarque Maître Auzanet, ils n'oserent pas abolir entierement cette maxime qui étoit encore empreinte dans l'esprit des peuples, ils la laisserent au commencement de l'article de la nouvelle Coûtume, ils permirent ensuite aux vassaux d'aliéner sans le consentement du Seigneur jusqu'aux deux tiers de leurs Fiefs sous certaines conditions qui y sont énoncées; & donnerent à cette espece d'aliénation des termes plus doux, en disant que ce n'étoit pas démembrer, mais se joüer, disposer, & faire profit des domaines & droits dépendans de son Fief; desorte que c'est plutôt se joüer des paroles, que d'expliquer l'esprit & l'intention de la Coûtume.

En effet, n'est-ce pas un veritable démembrement d'un Fief, que d'en aliéner jusques aux deux tiers, & ne s'en reserver qu'un droit domanial qui n'est rien par rapport à la valeur de la chose aliénée; par exemple, la foy & hommage, ou une censive, ou autre qui quelquefois des cent ans ne produira pas des droits seigneuriaux. 2.

Par une fiction qui n'approche guere de la verité, ce droit represente la partie aliénée; desorte que le vassal est censé avoir toûjours conservé pardevers luy l'integrité de son Fief, & pour cette aliénation il n'est rien dû au Seigneur.

Ce qui a été ainsi introduit, afin que le vassal ayant besoin d'argent, en puisse trouver plus facilement sans être obligé d'aliéner son Fief; car par le 3.

moyen de la retention de foy & hommage envers son Seigneur, & d'un droit domanial & seigneurial qu'il se reserve sur la partie aliénée, il est censé s'en conserver la totalité selon l'esprit de la Coûtume en cet article, & le sentiment de tous les Commentateurs, & de Monsieur le Maistre au Traité des foys & hommages, chap. 5.

D'ailleurs le vassal a esperance que luy ou ses successeurs dans le Fief pourront rentrer dans la partie aliénée par retrait feodal, & le réünir à celle qu'il s'est reservée, qu'il ne pouvoit pas exercer au cas d'aliénation faite avec démission de foy.

4. L'aliénation au cas de cette derniere partie requiert trois conditions.

5. La premiere est, que l'aliénation n'excede pas les deux tiers; car si elle étoit faite d'une plus grande partie, l'acquereur la releveroit en plein Fief du Seigneur dominant, & il seroit tenu de luy en faire la foy & hommage, & luy payer les droits dûs pour son acquisition, & le Seigneur pourroit user de retenuë feodale sur cette partie. Maître Auzanet tient que le fond de l'excedant peut-être réüni par le Seigneur de son Fief.

AUZANET.

6. Par l'article 41. de l'ancienne Coûtume de Paris, il étoit permis à un vassal d'aliéner la totalité de son Fief.

Cet article étoit conçû en ces termes: *Un vassal se peut joüer de son Fief jusqu'à démission de foy, sans que le Seigneur luy en puisse demander profit.*

Mais les Reformateurs voyant que par ce moyen les vassaux aliénoient tous leurs Fiefs au préjudice des droits des Seigneurs, en retenant seulement la foy & hommage, qu'ils n'avoient plus que des Fiefs en l'air, sans terres & sans domaine, sans revenu certain & ordinaire, & qu'ainsi avenant les mutations ils étoient privez presque entierement de leurs droits; c'est pourquoy ils trouverent à propos de restraindre cette faculté accordée par l'ancienne Coûtume, & d'empêcher l'aliénation des Fiefs par-delà les deux tiers, sinon en payant les droits aux Seigneurs.

7. Du Moulin sur cet article 41. *num.* 2. avoit aussi été d'avis, que le vassal ne pouvoit pas aliéner tout son Fief en se retenant la foy, & c'est suivant son opinion que cet article a été reformé.

DU MOULIN

La raison qu'il en rend est, que *impossibile est esse vassallum absque feudo, & non potest feudum in totum separari à fidelitate, nec fieri ut unus sit vassallus, alter verò habeat feudum seu feudi dominium, & non sit dismembratio feudi, videlicet separatione formæ à materiâ, & qualitatis substantialis à subjecto.* C'est ce qu'il dit en sa note sur cet article 41. non pas bailler tout, sans retenir un Fief en l'air.

8. Ricard rapporte un Arrest du 12. Mars 1647. par lequel la Cour jugea, que le Chapitre de Chartres n'avoit pû même au temps de l'ancienne Coûtume, en vendant tout le Fief, retenir la mouvance conformément aux Conclusions de Monsieur l'Avocat General Bignon.

RICARD

Par autre Arrest du 16. Juin 1682. rendu en la premiere Chambre des Enquêtes, & rapporté dans le quatriéme tome du Journal des Audiences, il a été jugé dans la Coûtume de Vermandois, qu'un vassal ne peut démembrer son Fief; dans le fait l'acquereur d'un Fief en avoit disposé à la charge de cent livres de rente, & de deux chapons par an, & s'étoit reservé la foy & hommage, & ainsi il s'étoit fait un Fief en l'air.

9. Que si le vassal aliéne tout son Fief avec retention de foy, il y a ouverture au Fief envers le Seigneur, & l'acquereur tiendra du Seigneur en plein Fief, & sera obligé de luy en faire les devoirs, & luy payer les droits, sans avoir égard à la retention de foy faite par le vendeur; parce qu'un Fief ne peut pas relever de deux Seigneurs, & la nouvelle Coûtume n'admet point les Fiefs en l'air; c'est le sentiment de Maître Duplessis.

Dupl

Charondas sur cet article tient une opinion qui ne me paroît pas soûtenable; voicy ses termes. *Il me semble, puisque la retention de foy & quelque droit domanial empêche l'ouverture du Fief, & la Coûtume permet l'aliénation jusqu'aux deux tiers, qu'il n'est dû profit que de ce qui est aliéné par-delà les deux tiers.*

Cha

Ce sentiment est opposé aux termes de cet article, qui ne veut pas que l'aliénation excede les deux tiers, & à l'opinion de tous les Commentateurs, qui tiennent que l'on ne peut faire des Fiefs en l'air, ce seroit se faire un Fief en l'air, si l'acquereur se retenoit la totalité du Fief, & le vendeur la foy & hommage; ainsi la retention est nulle, *ipso jure.* C'est le sentiment de Brodeau, nomb. 27.

Brod

J'estime même qu'il ne seroit pas permis au vendeur & à l'acquereur de consentir que le vendeur reprendroit le tiers du Fief aliéné avec retention d'un droit domanial sur les deux autres qui resteroient à l'acquereur; parce qu'ils ne pourroient pas se départir du contrat par lequel la directe seroit acquise au Seigneur, n'ayant pas fait ce qu'ils pouvoient faire, ils ne seroient pas en droit de changer de volonté, *l. nemo. de R. J.*

Que si l'aliénation excede les deux tiers, Maître Duplessis prétend que le Seigneur pourroit saisir la portion aliénée, & ne seroit obligé de recevoir l'acquereur en foy à cause du démembrement. 11.

Dupl

Maître Lauriere dit, que comme la Coûtume ne permet au vassal que l'aliénation des deux tiers de son Fief, si elle les excede, elle est nulle, car l'hommage dans cette Coûtume n'est point dû par *dépié ou démembrement de Fief,* comme dans celle d'Anjou, du Maine, de Touraine, & quelques autres.

Laur

Cette question dépend de celle qui a été proposée dans la glose précedente.

Le vassal pour aliéner jusques aux deux tiers de son Fief, soit qu'il consiste en terres, de quelque nature qu'elles soient, ou en cens ou rentes dépendantes de son Fief, ainsi qu'il est declaré expressément en cet article. 12.

Mais comme remarque Maître Auzanet, la Coûtume n'explique point, si le tiers que le vassal se doit retenir, se prendra sur chacune espece des choses qui composent le Fief, sçavoir le tiers des heritages, le tiers des rentes, & le tiers des cens; ou si le tiers entier peut être retenu en une seule ou deux especes, eu égard à l'estimation totale du Fief.

Auz

Je croy que ce dernier Auteur doit être suivi.

Avant la réformation de la Coûtume le vassal pouvoit donner tout son Fief à cens, comme remarque Charondas sur cet article, & faire ainsi un Fief en l'air, qui ne consiste qu'en une censive, il y en a ainsi dans cette Ville sur certaines maisons, comme remarque Brodeau *num.* 16. ce qui avoit été jugé en l'ancienne Coûtume par Arrest de Brochard de Champigny, du 15. Juin 1616. cité par cet Auteur. 13.

CHAR

BROD

La seconde condition est, que le vassal retienne la foy entiere sur ce qu'il aliéne, c'est-à-dire, qu'il se charge de faire la foy & hommage à son Seigneur pour ce qu'il a aliéné; autrement ce seroit un démembrement, qui donneroit lieu aux droits féodaux, & l'acquereur seroit tenu de faire la foy & hommage au Seigneur pour la partie qu'il auroit acquise, ainsi qu'il a été dit cy-dessus. 14.

C'est ce qui est marqué par ces termes, *& qu'il en retienne la foy entiere,* & par ceux-cy de l'ancienne Coûtume en l'article 41. *sans démission de foy,* qui sont encore dans quelques Coûtumes, & dans l'article 59. c'est-à-dire, ensorte que le vassal demeure toûjours chargé de la foy entiere pour tout le Fief envers son Seigneur; auquel cas le vassal s'est joüé de son Fief, ainsi il n'y a point d'ouverture, ni pour ce qui est retenu par le vassal, ni pour ce qu'il a aliéné; étant toûjours vassal de tout le Fief, comme il étoit auparavant l'aliénation; le Seigneur n'étant point privé des droits utiles & profitables qui écherront par les ouvertures & mutations qui arriveront à son Fief, comme remarque Brodeau *num.*

BRODEAU. 17. 18. & 19.

Néanmoins le droit du Seigneur n'est qu'en suspens, comme il sera dit sur l'article suivant, qui sert d'interprétation à celuy-cy.

15. Cette aliénation qui se fait avec retention de foy, est appellée par un ancien proverbe, *se joüer de son Fief jusques à mettre la main au bâton*, comme nous voyons dans Otho Frisingensis lib. 1. c. 8. *conditio pacis fuit ut Bertolfus ducatum exfestucaret; sic tamen ut Turegum à manu Imperatoris ei tenendum remaneret; huic verbo contra respondet infestucare pro investire.*

Cette maniere de parler vient de ce qu'autrefois dans l'investiture des Fiefs, le Seigneur recevant son vassal à foy & hommage, l'investissoit par la tradition d'une baguette, ou bâton, ce qui s'observoit aussi, pour marque de vest & de devest.

Cette formule est remarquée par Monsieur le President Brisson en ses Formules *lib. 6.*

Et quand un vassal se demettoit de son Fief, il remettoit entre les mains de son Seigneur les marques de son investiture, sçavoir un bâton, ou autre chose semblable comme une épée.

Ainsi *se joüer de son Fief jusques à mettre la main au bâton*, c'est-à-dire, transporter son Fief à quelqu'un pour en joüir par luy, & en avoir tous titres de propriété.

Boureiller en sa Somme Rurale livre 1. titre 80. rapporte la forme d'éclipser ou éclicher un Fief à des étranges, par le gré & consentement du Seigneur, & dit qu'il faut que le vassal s'en devesse & le rapporte du tout en la main de son Seigneur, *par rain & bâton, & en presence de Loy; & puis le Seigneur le pourra éclicher & despecer ainsi qu'il luy plaira, & y faire tant d'hommes ou d'hommages que luy semblera; & celuy qui a la part éclichée du Fief, en est fait homme au Seigneur, auquel pour ce il en doit faire hommage*, &c. Par rain, c'est-à-dire, *per ramum, per cespitem, herbam, festucam, fustem aut virgam.*

16. La troisiéme condition est, que le vassal se reserve un droit Seigneurial & domanial sur la partie de son Fief qu'il aliéne; car ce droit Seigneurial & domanial represente la partie aliénée, desorte que par ce moyen le vassal n'est pas censé avoir rien aliéné de son Fief, sans cette retention le jeu de Fief est nul, *quando vassallus nullum dominium retinuit, commentitia fidei retentio non prodest* dit du Moulin sur l'article 41. de l'ancienne Coûtume.

17. Nôtre Coûtume ne declare pas en cet article ni en d'autres, quels sont les droits domaniaux & Seigneuriaux, que le vassal se peut retenir sur la partie qu'il aliéne, afin que telle aliénation ne soit pas présumée un démembrement, & qu'il n'en soit dû aucuns droits au Seigneur par l'acquereur.

Il me semble qu'il y a cinq droits seigneuriaux & domaniaux, qui tiennent lieu de fonds, & qui le representent, à la charge desquels une partie de Fief peut être aliénée; sçavoir le cens, la rente fonciere, la redevance de l'emphyteose, le Champart, & la foy & hommage, ou sous-inféodation; lesquels seront expliquez cy-aprés l'un aprés l'autre.

CLARIT. Maître Auzanet est d'avis que ces termes, *droit Seigneurial & domanial*, ne se peuvent entendre que d'une redevance censuelle, laquelle emporte avec soy l'exclusion de l'inféodation, c'est-à-dire, de bailler les deux tiers du Fief à la charge de la mouvance féodale.

Il dit néanmoins ensuite, que selon l'esprit de cet article ces deux tiers peuvent être donnez à foy & hommage, mais quoiqu'il en soit, dans le droit Seigneurial & domanial, je comprens aussi la foy & hommage retenuë par le vassal sur la partie aliénée.

Le premier droit Seigneurial & domanial, auquel une partie d'un Fief jusques aux deux tiers peut-être donnée, est le cens, qui est la veritable marque de la directe Seigneurie sur les rotures, comme la foy & hommage est le caractere de la directe sur les Fiefs. 18.

L'aliénation faite d'une partie d'un Fief à la charge du cens, produit plusieurs effets remarquables; sçavoir,

Premierement, que la partie aliénée à la charge de ce droit, cesse d'être féodale, & qu'elle devient roture en la personne de l'acquereur, & partageable comme telle en sa succession également entre ses enfans & sans droit d'aînesse. 19.

En second lieu, que le preneur & ses successeurs dans cet heritage roturier sont obligez de payer le cens par chacun an au bailleur ou à ses successeurs dans le Fief; & qu'en consequence les lods & ventes seront dûs au bailleur, au cas que cet heritage soit vendu ou échangé, parce que le cens emporte les lods & ventes payables par l'acquereur, ainsi qu'il sera dit sur l'article 76. 20.

En troisiéme lieu, que le vassal qui a fait l'aliénation de son Fief, jusques aux deux tiers, en se retenant un cens ou autre droit domanial & Seigneurial, ne peut plus aliéner aucune partie d'iceluy; car ce seroit faire en plusieurs fois ce que la Coûtume défend expressément; & il y auroit ouverture pour tout ce qui auroit été aliéné, car puisque la Coûtume ne veut pas qu'il y ait ouverture au Fief, quand l'aliénation ne va jusques aux deux tiers, il faut que l'ouverture soit pour tout ce qui est aliéné, quand il excede cette partie dont il est permis au vassal de disposer, & il n'y a plus lieu au benefice accordé par la Coûtume, le vassal ayant contrevenu à sa disposition. 21.

Si le vassal vient ensuite à ceder, ou vendre le cens à celuy qui en est chargé, sans retention de foy, l'heritage qui étoit chargé de cens & par consequent roturier, devient féodal, & le possesseur est tenu d'en faire la foy & hommage au Seigneur de celuy à qui le cens étoit dû auparavant, & les droits luy sont dûs. 22.

Si le quint est dû pour la vente du cens, faite à celuy qui en est chargé, ou de la premiere vente faite à la charge du cens? 23.

Il faut distinguer: Ou la premiere aliénation a été faite du consentement du Seigneur, comme s'il l'a reçû par aveu, & en ce cas le Seigneur ne peut prétendre aucuns droits pour cette aliénation qu'il a approuvée, mais seulement de la vente du cens: Ou cette premiere aliénation n'a pas été inféodée & pour lors le Seigneur peut demander le quint tant de la premiere aliénation à la charge du cens, que de la vente & remise du cens au profit de l'acquereur, parce que c'est en ce cas comme si le vassal avoit vendu par une même vente, une partie de son Fief sans retention de foy, auquel cas le quint auroit été dû pour tout le prix qu'il en auroit reçû.

Mais si le vassal décharge son sujet censier du cens dont son heritage étoit redevable envers luy, à la charge de luy en faire la foy & hommage, cet heritage devient féodal, & le possesseur est tenu dans les quarante jours d'en faire la foy & hommage à celuy qui auparavant étoit son Seigneur censier; car puisque le vassal peut donner jusqu'aux deux tiers de son Fief, à la charge que la foy & hommage luy sera faite par le preneur, il peut aussi en déchargeant son sujet censier du cens, l'obliger de le reconnoître pour son Seigneur féodal, l'un étant une consequence de l'au- 24.

tre, & c'est le sentiment commun des Docteurs, que le vassal peut convertir une roture en Fief, ou un Fief étant en sa mouvance, le convertir en roture, du consentement du propriétaire d'iceluy, sans pour ce requerir le consentement du Seigneur suzerain, comme nous avons observé sur cet article glose 1. nomb. 2.

26. Nous avons des Coûtumes qui veulent que les droits soient dûs au Seigneur, quand le vassal a reçû de l'argent pour faire le bail d'acensement, comme celles de Vitry article 23. de Châlons article 194. & autres.

Quant aux autres qui n'en parlent point, il a été jugé qu'il n'étoit rien dû au Seigneur par Arrest prononcé le 5. Fevrier 1545. confirmatif de la Sentence du Baillif d'Orleans, entre Guillaume Durand Notaire d'Orleans, qui avoit baillé le domaine de son Fief, cens & rentes, moyennant de l'argent, & Florent Bourgoin Seigneur de Cleves, qui avoit saisi par faute d'homme, droits & devoirs, & demandoit le quint dont il fut debouté, & sa saisie fut declarée tortionnaire, & fut condamné aux dépens de la cause, & aux dommages & interêts de la saisie.

Cet Arrest est remarqué par Maître Charles du Moulin sur l'article 4. de l'ancienne Coûtume d'Orleans, qui porte qu'*un vassal peut bailler à cens, rente, ferme ou pension, son domaine, à vies, temps, &c.*

Mais dans nôtre Coûtume article 52. à laquelle quelques autres sont conformes, quand il y a ouverture du Fief du vassal, le Seigneur exploite ce qui a été retenu & ce qui a été aliené.

27. Le second droit Seigneurial & domanial est la rente fonciere non rachetable, quand une partie d'un Fief non excedant les deux tiers, est baillée à la charge d'une rente fonciere non rachetable avec retention de foy; cette rente est un droit Seigneurial & domanial, qui represente la chose donnée à cette charge.

C'est ce que dit Chopin sur la Coûtume d'Anjou livre 2. part. 2. chap. 2. titre 2. nombre. 2. en ces termes.

La rente fonciere est la marque de directe Seigneurie, quand on trouve que l'heritage n'avoit auparavant été baillé à titre de cens: Car si l'on assied cette rente annuelle sur des heritages libres & non obligez à aucun, elle conserve au Seigneur ancien la vraye & legitime proprieté de l'heritage.

28. Cette rente payable par chacun an au bailleur luy conserve la directe Seigneurie sur l'heritage, qui devient roturier, parce que celuy qui le possede, ne le tient point à foy & hommage; & si le preneur le vend, il ne le peut vendre qu'à la charge de la rente fonciere, & l'acquereur devra les lods & ventes au bailleur, parce que telle rente est au lieu du cens.

C'est le sentiment de Bacquet au Traité des Francs-Fiefs nombre 16.

C'est aussi celuy de du Moulin sur l'article 4. de l'ancienne Coûtume d'Orleans, que le Fief pouvoit être baillé à cens ou à rente, sans que pour ce le Seigneur pût prétendre aucuns droits, le vassal se retenant la foy & hommage pour tout le Fief.

Il remarque un Arrest donné au rapport de Monsieur Bermondet le 5. Février 1543. qui l'a jugé ainsi.

CHOPIN. BRODEAU. Cet Arrest est aussi remarqué par Chopin sur ce titre *num.* 13. & par Brodeau *num.* 25.

CHARONDAS C'est l'avis de Charondas, que le Fief peut-être baillé à emphyteose & à rente, & de Brodeau *num.* 26. cela est porté expressément en l'article 59. de nôtre Coûtume.

29. Que si la rente étoit rachetable, elle ne seroit pas domaniale, mais elle tiendroit lieu de prix, c'est pourquoy le quint en seroit dû au Seigneur dominant à raison du sort principal, pour lequel elle seroit rachetable, voyez sur l'article 78.

La Coûtume de Rheims article 117. dit, que *se jouer de son Fief jusques à démission de foy, c'est le bailler à cens & à rente, en portant la foy du Fief à son Seigneur féodal, &c.*

Celle d'Orleans article 7. permet au vassal de bailler à cens, rente, ferme ou pension, son domaine, à vies, à temps, ou à toûjours, en se retenant la foy & hommage, sans que pour ce le Seigneur puisse pretendre aucuns droits féodaux.

Cela est contraire à nôtre Coûtume & à la disposition de la plus grande partie des autres, qui ne permettent pas aux vassaux de se reserver des Fiefs en l'air; desorte que dans cette Coûtume la rente fonciere à laquelle le Fief a été baillé, le represente; & si le vassal vendoit cette rente, l'acquereur seroit obligé d'en faire la foy & hommage au Seigneur, comme si en effet le Fief luy avoit été vendu, parce que cette rente est au lieu du Fief; & il seroit par consequent obligé de payer le quint, non pas du prix qu'il auroit acheté cette rente, mais de l'estimation du Fief qui seroit faite par Experts, suivant l'art. 9. de la même Coûtume.

Ce qui se doit ainsi entendre, quand le Seigneur n'a pas encore inféodé le bail à cens ou à rente; mais quand il l'a inféodé ou reçû par aveu, l'acquereur de la rente n'est obligé qu'à payer le quint du prix qu'il a payé pour l'acquisition d'icelle; c'est le sentiment de Chopin sur la Coûtume d'Anjou, livre 2. part. 2. chap. 2. tit. 2. nomb. 7.

La raison pour laquelle au premier cas le quint doit être payé eu égard à la valeur de tout le Fief baillé à cens ou à rente, est qu'autrement les Seigneurs seroient facilement frustrez de leurs droits, parce qu'un vassal pourroit bailler son Fief à petite censive, & recevoir une grande somme d'argent pour le bail, & ensuite il vendroit la censive qu'il se seroit reservée, dont il ne pourroit avoir qu'un prix peu considerable, ainsi le Seigneur ne tireroit pas grand avantage de ses droits.

Pareillement lorsque le vassal vient à mourir, & qu'il y a lieu au relief, au premier cas le nouveau vassal est tenu de le payer au Seigneur, eu égard à la valeur de tout le Fief; & même le Seigneur, sans s'arrêter au bail qui auroit été fait, pourroit exploiter le Fief qui auroit été baillé à cens ou à rente, selon l'article suivant.

L'article 87. de nôtre Coûtume porte, que *de toutes rentes foncieres non rachetables; venduës à autres, ou delaissées par rachat depuis le premier bail, sont dûës ventes, eu égard au prix de la vente ou rachat d'icelle rente, tout ainsi que si l'heritage ou partie d'iceluy étoit vendu.*

Il semble qu'on doive inferer de cet article, que quand la rente fonciere non rachetable, à laquelle un Fief a été baillé, est venduë, le quint soit dû au Seigneur, puisque les lods & ventes sont dûs pour la vente de la rente fonciere non rachetable, à laquelle une roture a été baillée.

Cependant il faut dire le contraire, parce qu'il y a grande difference entre l'un & l'autre, en ce que les lods & ventes ne sont dûs que pour la vente d'un heritage tenu en censive, c'est pourquoy ils ne sont pas dûs pour bail à rente fonciere non rachetable, parce qu'il n'y a point d'argent déboursé, & que ce bail n'équipolle point à vente, & que la rente fonciere represente l'heritage, qui a été baillé à la charge d'icelle, desorte que le bailleur par le moyen de cette rente, semble toûjours conserver pardevers luy la proprieté de l'heritage, & ne s'en être point désaisi; c'est pour cette raison que s'il vend la rente, les droits sont dûs au Seigneur, parce que c'est comme si d'abord il avoit vendu l'heritage à celuy à qui il a vendu la rente fonciere.

Quant aux Fiefs ce n'est pas la même chose, car nous avons des regles bien differentes pour les Fiefs, que

que pour les heritages tenus en censive.

Premierement, comme nous avons remarqué cy-dessus, un vassal ne peut point bailler tout son Fief à cens ou à rente fonciere non rachetable, comme on faisoit dans l'ancienne Coûtume, quoique le vassal s'en reserve la foy & hommage envers son Seigneur, & s'il le fait, il y a ouverture au Fief, & l'acquereur tiendra du Seigneur & luy devra le relief; ce qui n'a point lieu dans les rotures, lesquelles peuvent être baillées à rentes foncieres, sans que le Seigneur du cens en puisse rien prétendre, parce qu'il n'y a que les lods & ventes qui soient dûs pour ces heritages, seulement en cas de vente ou d'acte équipollant à la vente, ou en cas d'échange en vertu des Edits & Declarations remarquez cy-dessus.

35. En second lieu, une partie de Fief ne peut pas être donnée à cens ou à rente fonciere, sans retention de foy; & si le vassal le faisoit, il y auroit ouverture pour cette partie, & les droits seroient dûs au Seigneur.

MOULIN. Maître Charles du Moulin dit, que quand le propriétaire d'un Fief le donne pour le tout, ou pour une partie seulement à rente fonciere non rachetable, le Seigneur du Fief dominant ne peut prétendre aucuns droits, si le bailleur s'est reservé d'en faire la foy & hommage, parce qu'en ce cas le Fief ne change point de main.

La raison est, que la foy que le bailleur à rente s'est retenuë, fait voir qu'il n'a point mis hors ses mains son Fief, la rente tenant lieu du Fief qu'il a baillé à rente.

Cela avoit lieu dans l'ancienne Coûtume, dans laquelle un vassal pouvoit donner tout son Fief à cens ou à rente avec retention de foy, sans que le Seigneur pût prétendre aucuns droits.

Mais parce que la nouvelle Coûtume a ajoûté à l'ancienne, que le vassal ne pouvoit pas aliéner plus des deux tiers de son Fief, il faut dire contre la doctrine de Maître Charles du Moulin, que le vassal ne peut donner à cens ou à rente fonciere non rachetable plus des deux tiers de son Fief, en se retenant expressément, quant au bail à rente, la foy & hommage envers son Seigneur.

36. Que si tout le Fief est baillé à rente fonciere non rachetable, quoique le bailleur se soit reservé la foy envers son Seigneur, toutefois il y a ouverture pour le tout, & le preneur est obligé d'en faire la foy & hommage & de payer le relief, parce qu'il est son vassal, le bailleur n'ayant pû donner à rente tout son Fief; & la retention de foy ne luy sert de rien, dautant qu'on ne peut pas avoir un Fief en l'air & sans domaine, ainsi il n'a plus de Fief, & n'est plus le vassal du Seigneur.

C'est pourquoy si le preneur vend le Fief, l'acquereur est tenu d'en payer les droits au Seigneur; & au contraire si le bailleur à rente vend la rente fonciere, le Seigneur n'en peut prétendre aucuns droits, parce qu'elle n'est pas domaniale ni Seigneuriale, ainsi elle ne représente pas le Fief; & dautant que cette rente à laquelle tout le Fief a été baillé, est une aliénation de tout le Fief, le Seigneur n'est pas obligé de l'inféoder dans les aveus qui luy seront baillez par les successeurs dans le Fief.

37. Pareillement si le Fief entier a été baillé à emphytéose sans retention de foy, & qu'il y ait argent baillé, le preneur tient ce Fief du Seigneur dominant à foy & hommage, & il y a ouverture au quint à raison de l'argent déboursé, & au rachat pour le surplus, desorte que le Seigneur peut prendre le quint des deniers déboursez, & le relief d'une partie du Fief, selon que le Fief sera estimé par Experts & gens connoissans.

38. Puisque le vassal peut donner une partie de son Fief à cens ou à rente fonciere, il peut aussi par consequent le charger d'une rente fonciere non rachetable, sans le consentement de son Seigneur, pourvû qu'elle n'excede pas la valeur des deux tiers du Fief, desorte que dans les premiers aveus qui seront donnez au Seigneur, il sera tenu de l'inféoder, en luy payant les droits, & cette rente n'est pas Seigneuriale, mais féodale.

Que si cette rente excede les deux tiers, il y a ouverture de Fief pour tout ce qui seroit aliéné, suivant ce qui a été dit cy-dessus.

Pour constitution de rente sur un Fief, il n'est rien dû au Seigneur; & quoique l'acquereur d'icelle la vende, le quint n'en est point dû au Seigneur; parce que le vassal a pû se joüer de son Fief jusques à démission de foy, mais s'il échet ouverture du Fief du vassal, le Seigneur exploitera le Fief sans reconnoître la rente créée sans son consentement. 39.

Brodeau sur l'article 53. *num.* 22. dit, que la rente assignée sur un Fief, par transaction, partage ou autrement, n'est point noble, & ne se partage point comme telle entre les heritiers de celuy au profit duquel elle a été créée & constituée, jusques à ce qu'elle ait été inféodée. BRODEAU.

Il tient qu'il faut dire le contraire des rentes aliénées *per concessionem feudi*, comme par bail à rente, qui emportent aliénation de la propriété & Seigneurie du Fief, le représentant, & étant subrogées au lieu d'iceluy; & sont nobles & se partagent noblement; mais non de celles qu'on appelle *volantes*, qui sont constituées à prix d'argent, lesquelles n'emportent aucune aliénation du fonds & proprieté du Fief, mais une simple hypotheque.

Ce même Auteur sur l'article 59. *num.* 4. dit en ces termes, que *le bail à rente est une vraye aliénation du fonds & propriété du Fief, qui n'oblige point le Seigneur s'il ne l'a approuvée & inféodée; & jusques à ce la rente n'est point noble & féodale; & quoique dûë à cause d'un heritage féodal, mais une simple rente fonciere, partageable roturierement, à cause de laquelle aliénation le preneur comme nouveau vassal, est tenu de faire la foy & hommage au Seigneur, & de luy payer les quints.*

C'est une contrariété, car en un lieu il dit, que les rentes de bail d'heritage sont nobles, & en l'autre qu'elles ne le sont pas. Voyez ce que nous en avons dit sur le titre 2. des censives & droits Seigneuriaux.

Quant à la question, si la rente à laquelle le Seigneur a donné jusques aux deux tiers de son Fief, est noble & féodale avant l'inféodation; Charondas sur cet article dit que non.

Cependant il faut dire le contraire, & qu'elle est de même nature que le cens, & que le Fief qu'elle représente; & que ce n'est pas l'inféodation qui la rend telle, mais parce qu'elle est subrogée au lieu & place du Fief; suivant cette regle, *subrogatum sapit naturam subrogati.*

Il dit avoir été ainsi jugé par Arrest du 17. Mars 1582. en la cause d'Antoine Mesmin, mais cet Arrest n'est pas en ce cas de grande consideration.

Aussi Bacquet au Traité des Francs-Fiefs chapitre 2. est d'avis contraire.

Il faut observer icy, qu'il y a cette difference entre bailler à cens & bailler à rente non rachetable; en ce que quand une partie d'un Fief est donnée à cens, il n'est pas necessaire que le bailleur declare qu'il se retient la foy & hommage, parce que le contrat de bail à cens emporte naturellement & *ipso jure* la retention de foy. 40.

La raison est, qu'il n'y a qu'un Seigneur féodal qui puisse avoir des cens & censives; & comme une partie de son Fief auroit été convertie en censives, qui en seroient par consequent dépendantes, il seroit obligé ou ceux qui luy succederoient, de les donner dans leur aveu & dénombrement à leur Seigneur.

Mais le bail à rente fonciere non rachetable ne suppose pas, que le bailleur se reserve la foy & hommage, parce qu'une rente fonciere non rachetable n'est pas une marque de directe Seigneurie; c'est pourquoy si le vassal avoit baillé une partie de son Fief à rente, sans retention expresse de foy & hommage, il y auroit ouverture au Fief pour cette partie, le Seigneur la pourroit saisir faute de foy & hommage & droits non payez, & le preneur seroit tenu de luy faire ses devoirs, & luy payer le relief à cause de la mutation; & il ne pourroit pas en prétendre le quint, parce qu'il n'est dû qu'en vente de Fief ou d'acte équipollant à la vente: or le bail à rente n'est ni vente ni acte équipollant à la vente, puisqu'il n'y a point d'argent déboursé ni promis.

41. Quand le vassal a baillé une partie de son domaine à rente sans retention de foy, il y a ouverture de Fief pour cette partie, & le Seigneur ne seroit pas obligé de l'inféoder dans le dénombrement qui luy en seroit donné.

La raison est, que le Seigneur préjudicieroit à ses droits, en ce qu'arrivant mutation du preneur, pour laquelle seroit dû relief, le Seigneur seroit obligé d'acquitter la rente inféodée; & si ce Fief qui en seroit chargé étoit vendu, il ne seroit vendu qu'un prix très-modique.

42. Le troisiéme droit à la charge duquel un vassal peut bailler jusques aux deux tiers de son Fief, est la pension ou rente annuelle non rachetable, à laquelle se fait un bail emphytéotique; car le vassal en faisant ce bail, & s'étant retenu la foy & hommage envers son Seigneur, cette pension ou rente annuelle est comme la rente fonciere, à laquelle une partie d'un Fief a été baillée, & elle est domaniale & Seigneuriale; & pour ce bail il n'est rien dû au Seigneur, parce que cette rente annuelle tient lieu du domaine aliéné.

Mais si tout le Fief étoit donné à emphytéose, il y auroit ouverture de Fief, quoique le bail eût été fait avec retention de foy, de même que si les deux tiers étoient donnez à ce titre sans retention de foy, desorte que l'acquereur seroit obligé d'en faire la foy & hommage, & payer le relief au Seigneur, s'il n'y avoit point d'argent déboursé.

43. Quand les deux tiers du Fief ont été baillez à emphytéose sans démission de foy, le bailleur ou ses successeurs reprennent aprés le temps du bail expiré la partie du Fief donnée à ce titre, telle qu'elle étoit lors de la concession, c'est-à-dire qu'elle commence de faire partie du Fief, comme elle faisoit avant le bail emphytéotique.

Il en faut dire de même au cas que le bailleur rentrât dans son Fief faute par le preneur de luy payer la pension convenuë: de même que si l'acquereur d'une partie d'un Fief à la charge d'une rente fonciere, étoit obligé de le déguerpir pour n'être suffisant pour le payement de la rente; car en ce cas il retourneroit au bailleur tel qu'il étoit au temps qu'il l'auroit donné à cette charge.

44. Que si le bail emphytéotique étoit fait sans retention de foy, le preneur tiendroit cette partie à foy & hommage du Seigneur, & il seroit obligé de luy payer le relief à cause de la mutation; & seroit encore tenu de payer la rente au bailleur jusques à la fin du bail; & quand le bailleur rentreroit dans son Fief *finito tempore emphyteuseos*, il seroit obligé d'en faire la foy & hommage, & payer le relief à cause de la mutation arrivée en sa personne; car y ayant eu aliénation en la personne du preneur, ce seroit une nouvelle acquisition que le bailleur feroit, quand il rentreroit dans son heritage.

45. Le quatriéme, est le droit de champart, comme quand le vassal a baillé une partie de son Fief avec retention de foy, à la charge que le preneur luy baillera une certaine portion des grains & autres fruits de l'heritage.

En ce cas le droit de champart est au lieu du cens, & il est Seigneurial, & emporte les lods & ventes, saisines & amendes, comme le cens; mais quand il est constitué aprés le cens, il n'est pas Seigneurial. Car quoique dans nôtre Coûtume il ne soit point parlé de champart, il peut être constitué par les parties, & quand il est seul, & qu'il n'y a point de cens, il est au lieu d'iceluy, & il emporte par conséquent les lods & ventes, comme il sera dit sur le titre suivant.

C'est le sentiment de Bacquet au Traité des Francs-Fiefs, ch. 7. nomb. 17.

Le cinquiéme est la foy & hommage, à laquelle le vassal peut bailler jusques aux deux tiers de son Fief à l'acquereur pour le tenir de luy en plein Fief & en arriere-Fief du Seigneur suzerain. 46.

Il peut aussi d'une roture dépendante de son Fief, en faire un Fief relevant de luy, du consentement de son tenancier, en le déchargeant du cens dont son heritage est chargé.

Il est plus avantageux au Seigneur que son vassal donne jusqu'aux deux tiers de son Fief en arriere-Fief, que de les donner à cens. 47.

La raison est, qu'ayant inféodé les cens, il ne peut plus saisir cette partie du Fief donnée à ce titre, quoiqu'il arrive dans la suite ouverture du Fief du vassal, en quelque cas que ce puisse être.

Au contraire, quoique le Seigneur ait inféodé & reçû dans l'aveu & dénombrement les arriere-Fiefs faits par son vassal, avenant l'ouverture de son Fief & l'ouverture de ces arriere-Fiefs, le Seigneur peut saisir le Fief de son vassal & les arriere-Fiefs ouverts; & en conséquence & pendant ces saisies féodales, faire les fruits siens des uns & des autres, & percevoir les droits dûs par les arriere-vassaux, soit de quint ou de relief, pendant la saisie du Fief du vassal.

Nous avons quelques Coûtumes qui permettent aux vassaux de sous-inféoder. 48.

Celle d'Amiens titre des Fiefs, article 27. dit, *peut aussi bailler partie de son Fief en arriere-Fief, pour l'augmentation de sondit Fief & Seigneurie sans fraude.*

Il est permis par celle de Rheims article 116. aux pere, mere, ayeul ou ayeule, de partager leurs Fiefs à leurs enfans, & faire que les portions qu'ils donnent à chacun de leurs enfans, tiennent d'eux en foy & hommage, ou du fils aîné, & du Seigneur dominant en arriere-Fief.

La commune opinion des Docteurs est, que le vassal peut sous-inféoder dans les Coûtumes qui n'ont point de disposition contraire. 49.

Cujas sur le titre *de feudis lib. 1. tit. 2.* dit, *Vassallus feudum potuit semper, poteftque alii sine fraude in feudum dare sine volontate domini, ita ut sit vassallus vassalli.*

Mornac sur la Loy *6. ff. de pecul.* est de même avis, *certissimi apud nos juris est licere vassallo subinfeudare.*

C'est aussi l'opinion de Pontanus sur les articles 61. & 62. de la Coûtume de Blois, titre *des Fiefs*, de Charondas sur cet article, & de Maître Auzanet. Charond. Auzanet.

Ce dernier Auteur dit que l'aliénation d'une partie du Fief tombe dans la permission & approbation de la Loy, parce que quand elle permet d'aliéner jusques aux deux tiers du Fief en conservant le tiers, elle permet implicitement l'aliénation des deux tiers, à la charge de toutes les dépendances, de quelque qualité qu'elles soient, entre lesquelles sont les cens & les mouvances féodales; & que d'ailleurs cette inféodation n'est point préjudiciable au Seigneur, vû que quand le Fief du vassal est ouvert, le Seigneur en est reconnu & servi pour la totalité, en ce qui regarde la foy & hommage, & même pour les choses qui ont été démembrées, comme si l'aliénation n'avoit point été faite, suivant l'art. 52.

Les gens de main-morte peuvent donner à foy & hommage, ou à cens & censives, jusqu'aux deux 50.

tiers des Fiefs qu'ils ont amortis, & pour lesquels ils ont payé l'indemnité aux Seigneurs, sans que les acquereurs soient obligez d'en payer aucuns droits aux Seigneurs desquels relevent les gens de main-morte; l'inféodation est valable & les heritages ne retombent point sous la premiere mouvance originaire; mais ils sont tenus d'eux en Fief, suivant quelques Edits touchant les aliénations des biens d'Eglise pour la subvention, comme remarque Maître Duplessis, *loco citato*.

Bacquet au Traité d'amortissement chapitre 62. dit avoir été ainsi jugé le 5. Juin 1577. par les Commissaires deputez par le Roy en la Chambre de la Reyne, pour le recouvrement de ses droits Seigneuriaux, féodaux & domaniaux, au profit de Damoiselle Françoise Jourdain, veuve de feu Jean Fourniçon, auquel l'Abbé de saint Magloire avoit vendu la Terre & Seigneurie de Morsan, à la charge de la foy & hommage envers luy.

51. Il n'en est pas de même des heritages tenus en censive par les gens de main-morte, qu'ils ne peuvent, ni partie d'iceux, donner à la charge du cens; parce qu'on ne peut avoir censives sans Fief, vû que tout heritage censuel provient d'un Fief, & qu'il a été démembré d'un Fief par un Seigneur qui l'a donné à titre de cens, qu'il possedoit auparavant conjointement, & faisant partie du domaine qu'il s'est reservé. Et partant si les gens de main-morte aliénent une partie des rotures qu'ils tiennent, les Seigneurs dans la censive desquels elles sont, ont droit de prétendre les lods & ventes, ce qui me semble sans difficulté.

52. L'aliénation au cas de cet article, peut être faite par chacun des heritiers qui ont partagé un Fief; desorte qu'un Fief se trouve dans la suite divisé en plusieurs petites portions.

Elle peut aussi être faite à une ou plusieurs personnes en diverses fois, pourvû que toutes ensemble n'excedent pas les deux tiers; soit par vente, échange ou autre contrat.

53. L'effet de cette aliénation est,

Premierement qu'il n'est rien dû au Seigneur en consequence d'icelle; & qu'il ne peut point exercer le retrait féodal sur la partie démembrée.

En second lieu, que cette partie ne releve plus du Seigneur, mais du vassal qui a fait l'aliénation, qui en est le Seigneur direct; à qui les drois seront dûs dans la suite le cas arrivant.

En troisiéme lieu, que néanmoins la partie démeure sujette au Seigneur Superieur au cas de l'article suivant.

54. Ce que nous avons expliqué sur cet article 51. doit être observé dans les autres Coûtumes, qui n'ont point de disposition contraire, excepté pour les Fiefs qui sont contenus dans les Appanages de France, desquels on ne peut rien sous-infeoder ou acensiver, parce qu'ils font partie de la Couronne & du Domaine; ainsi ils sont inaliénables, & les concessions qui seroient faites au contraire, seroient de nul effet, & seroient resoluës quand la réünion de l'Appanage se feroit à la Couronne.

Le Roy même ne les peut aliéner, & ne les peut donner qu'à la charge de retour, & partant ceux ausquels ils sont donnez, qui n'en sont que comme usufruitiers, ont bien moins de droit d'en faire le démembrement.

55. Quant aux Fiefs de dignité, qui ne sont pas compris dans les Appanages qui relévent immediatement du Roy, comme les Duchez, Comtez, & autres, remarquez sur ce titre, il y a plus de difficulté.

LOyseau en son Traité des Seigneuries, chap. 6. nomb. 22. dit, que ceux qui en sont les proprietaires, en peuvent aliéner une partie selon la disposition des Coûtumes où ils sont situez; mais son opinion n'a pas été suivie, & il a été jugé au contraire, qu'ils ne les peuvent démembrer & en donner partie ou à foy & hommage, ou à cens, sans le consentement du Roy.

Du Fresne en son Journal des Audiences remarque un Arrest, donné en la Grand'-Chambre le 18. Juillet 1654. qui l'a jugé ainsi.

La raison est, qu'il est de l'interêt de la Couronne, que tels Fiefs ne puissent recevoir aucune diminution, mais qu'ils soient conservez dans leur integrité; desorte même que cet Arrest a jugé qu'on ne pouvoit pas faire revivre par une nouvelle aliénation un ancien Fief, qui dépendoit autrefois d'un Fief de dignité, & qui y auroit été depuis réüni par succession, ou autre maniere d'acquisition.

Quid, *si le vassal qui s'est joüé de son Fief, décharge l'acquereur du droit domanial qu'il s'étoit reservé?* 56.

Dans ce cas j'estime que cet arriere-vassal commencé à tenir du Seigneur suzerain en plein Fief, duquel il ne tenoit auparavant qu'en arriere-Fief.

La raison est, qu'il ne le peut tenir en franc-aleu, parce que le vassal ne peut faire des francs-aleus des terres qui relevent de luy, au préjudice de son Seigneur; outre que cela seroit contraire à ce qui est dit en cet article 51. que le vassal doit retenir un droit domanial sur la partie qu'il aliéne, & partant il ne peut pas disposer de ce droit qu'il s'est reservé, & s'il le fait, il y a démembrement du Fief; c'est une partie qui est démembrée du total, laquelle doit relever en plein Fief du Seigneur Suzerain, de même que si dés le commencement il l'avoit aliéné sans retention de foy; auquel cas il y auroit ouverture de Fief pour cette partie.

Si dans l'aliénation des deux tiers le principal manoir y peut être compris? 57.

AUZANET. Maître Auzanet dit, que quoique la Coûtume ne le prohibe pas, néanmoins l'exception en paroît juste & necessaire; parce que le chef ne peut être separé de ses membres, sans ruiner & détruire le corps entier; Et d'ailleurs, si le chef-lieu, qui porte le titre & la dénomination du Fief, pouvoit être aliéné, la memoire du Fief pourroit être perduë & anéantie en peu de temps, c'est pourquoy il dit qu'il seroit à propos d'excepter du démembrement permis le chef-lieu & principal manoir, avec ses préclôtures; ensorte que les deux tiers ne se doivent prendre que sur le surplus du Fief aprés la distraction faite du manoir & de ses préclôtures.

Si un Seigneur haut-Justicier peut démembrer sa Justice; & en transferer la moyenne ou la basse sans le consentement du Roy? 58.

BRODEAU. Brodeau, *num.* 14. dit, que les Seigneurs hauts-Justiciers, Laïques ou Ecclesiastiques, mêmes les Princes & Ducs & Pairs de France, ne peuvent créer ni conceder le droit de Justice, de Châtellénie, & autres semblables, à leurs vassaux dans leurs Fiefs, ni démembrer les Justices sans la permission & l'autorité du Roy.

Cet Auteur dit, qu'il a vû plus de vingt Arrests qui l'ont jugé de même, & en rapporte deux.

Le premier est du Jeudy 3. Juillet 1625. conformément aux Conclusions de Monsieur l'Avocat General Talon, appellant de la Sentence du Bailly de Montmorency, & de celle des Gens tenans les Grands Jours, portant enterinement d'un Brevet de concession de haute-Justice faite par Monsieur le Duc de Montmorency, sans Lettres Patentes du Roy; en connoissance de cause & adjudication des droits honorifiques dans l'Eglise, en consequence de cette concession: L'Arrest cassant & annullant tout ce qui avoit été fait.

Le second est du 7. Septembre 1637. donné en la Grand'-Chambre, au rapport de Monsieur Fradet, entre Monsieur l'Evêque de Poitiers, & Monsieur le Procureur General, appellans d'une Sentence de Messieurs des Requêtes du Palais, & Monsieur de Rochechoüard, intimé, par lequel la Cour infirma la Sentence, qui portoit, que sans avoir égard aux Lettres du 5. Avril 1633. l'Intimé étoit renvoyé absous avec dépens des demandes, fins & conclusions contre luy prises par ledit sieur Evêque, à ce que défenses luy fussent faites & à ses Officiers, de prétendre ni faire exercer aucun droit de haute-Justice au dedans des Fiefs de Bonnivet, la Vaugouffier, & la Rochebeuf, tenus & mouvans de l'Evêché de Poitiers, à cause de la Châtellenie de Vaudeuvre, nonobstant l'érection qui en avoit été faite en Châtellenie & réünion, par Monsieur de Tonnerre, le 14. Septembre 1618. dernier Janvier & 17. Novembre 1520. actes de foy & hommage, reception d'aveus & dénombremens baillez de temps en temps, dans lesquels les droits de Justice & de Châtellenie étoient employez, & avoient passé sans contredit, même dans le Procés verbal de la Coûtume de Poitou, reformée l'an 1559. & en émendant, ayant égard aux Lettres, remit les parties en tel état qu'elles étoient auparavant, maintint & garda Monsieur l'Evêque de Poitiers en la possession & joüissance, à cause de sa Châtellenie de Vaudeuvre, d'exercer par luy ou ses officiers, tous actes de haute-Justice, & de Châtellenie en l'étenduë desdits Fiefs, terres & Seigneuries de Bonnivet, la Vaugouffier, & la Rochebeuf, suivant & conformément à la Coûtume des lieux, avec défenses à l'intimé de le troubler.

Si les aliénations faites auparavant la reformation de la Coûtume, doivent être comptées dans les deux tiers?

Je crois que non, dautant que les vassaux ne pourroient pas joüir du benefice que la Coûtume leur donne, dont la reformation n'a été faite que pour l'avenir, *l. 7. C. de legib.* Ce qui est confirmé, parce qu'elle n'a pas revoqué les aliénations faites dans l'ancienne Coûtume, excedans les deux tiers, & mêmes des domaines entiers avec retention de foy.

FAIRE SON PROFIT DES HERITAGES, RENTES OU CENS, ETANS DUDIT FIEF.

GLOSE TROISIE'ME SUR L'ARTICLE LI.

SOMMAIRE.

1. *Faire son profit*, quid.
2. *Comment un vassal peut faire son profit des rentes qui sont de son Fief.*
3. *Comment une rente est censée estre d'un Fief.*
4. *Si le vassal peut vendre la rente fonciere, à la charge de laquelle il a donné partie de son Fief.*
5. *Si les droits sont dûs de la vente de cette rente.*
6. *Quand une rente est reputée domaniale.*
7. *Si le vassal peut vendre le cens qu'il s'est reservé.*
8. *Si celuy qui vend un cens, peut s'y retenir un cens, ou les ventes, ou la foy & hommage.*

1. POur entendre cette partie de l'article 51. il faut voir separément comment un vassal peut faire son profit des heritages, rentes, & cens qui sont de son Fief: il faut aussi auparavant observer que faire son profit, c'est disposer par vente ou autre maniere d'aliénation, dont il puisse tirer quelque argent en cas de besoin.

Pour ce qui est des heritages du Fief, c'est-à-dire, des terres dans lesquelles consiste le Fief, le vassal en peut disposer à sa volonté, de quelque nature qu'elles soient, sous les conditions portées par cet article, ce qui est sans doute à cet égard.

2. Mais il y a plus de difficulté de sçavoir comment le vassal peut disposer & faire son profit des rentes & cens qui sont du Fief.

3. Une rente est censée être d'un Fief, lorsqu'elle est dûë à cause d'un Fief, comme quand un vassal donne une partie de son Fief à la charge d'une rente fonciere non rachetable, en se retenant la foy & hommage, & que le Seigneur l'a infeodée, ou que le vassal a donné une partie de son Fief à bail emphyteotique, la pension ou rente, à la charge de laquelle le bail est fait, est une rente feodale: Ou lorsqu'un vassal aliéne une partie de son Fief sans retention de foy, à la charge d'une rente non rachetable sur cette partie, en ce cas la rente est feodale & dûë au vendeur, & les droits sont dûs au Seigneur, sçavoir le quint à raison du prix déboursé, & le relief à raison de la rente fonciere.

Dans tous ces cas le vassal a une rente feodale dûë à cause de son Fief, voyons presentement comment il en peut disposer, sans qu'il en soit dû aucun profit au Seigneur.

4. Premierement, quand un vassal a donné une partie de son Fief à la charge d'une rente fonciere non rachetable, qui a été infeodée, le vassal la peut vendre, soit à celuy qui en étoit chargé, ou à tout autre; S'il la vend à un étranger, le Seigneur peut obliger l'acquereur de luy en payer le quint, & luy en faire la foy & hommage, cette rente représentant la partie du Fief aliénée à la charge d'icelle; & s'il l'a vend à celuy qui en est redevable, sans se reserver un cens au lieu d'icelle, ou la foy & hommage, l'acquereur est pareillement tenu d'en payer le quint au Seigneur; s'il la revend à la charge que l'acquereur sera tenu de luy payer un cens quoique modique, ou de tenir de luy la terre qui étoit roturiere, en foy & hommage, il ne sera rien dû au Seigneur, parce qu'il se reserve un droit seigneurial sur cette partie, laquelle pour droit seigneurial & domanial étoit chargée de rente fonciere; & ce seroit en ce cas seulement changer le droit domanial: ce que le vassal peut faire, sans le consentement de son Seigneur, ainsi qu'il a été dit cy-dessus.

Il faut dire aussi, que si la rente n'est point infeodée, & qu'elle soit remise à celuy qui en est chargé, l'acquereur doit le quint, non seulement du prix de la vente de la rente feodale, mais aussi de ce qui aura été payé par l'acquereur pour le bail fait à la charge d'icelle, au cas qu'il y eût des deniers déboursez; & si elle est venduë à un étranger, il n'en doit point de droits au Seigneur, parce qu'en ce cas il n'y a point d'ouverture de Fief, & c'est pour lors que le vassal peut se joüer des rentes qui sont de son Fief; car les ayant constituées sans le consentement de son Seigneur, il peut aussi en disposer sans son consentement, & sans luy en payer aucuns droits. Voyez sur l'article 59. *num.* 8. 5.

Quand le vassal a donné une partie de son Fief sans retention de foy, à la charge d'une rente, cette rente n'est pas domaniale, mais elle est feodale; & le vassal en peut disposer, & l'acquereur sera tenu d'en faire la foy & hommage au Seigneur, & de payer le quint du prix de son acquisition.

6. Pour ce qui est des cens dûs au vassal, il en peut aussi faire son profit; car il les peut vendre à qui il veut; soit à ceux qui en sont chargez, ou à d'autres; avec cette difference que quand il les vend à ceux qui en sont chargez purement & simplement, leurs heritages deviennent feodaux suivant ce qui a été dit cy-devant; mais quand ils sont vendus à d'autres, ils demeurent roturiers, & l'acquereur du cens qui a été infeodé, est tenu d'en faire la foy & hommage au Seigneur, parce que le cens représente une partie du Fief.

7. En effet, quoique l'on dise communément que censive ne peut être sans Fief, néanmoins, selon Bacquet, *d. loco, cap. 2. num.* 18. cette maxime s'entend ainsi, qu'une censive ne peut pas être créée sans Fief; mais deslors que celuy qui a Fief, a créé une censive, il la peut vendre à qui bon luy semble; & l'acquereur est tenu d'en faire la foy & hommage au Seigneur si elle est infeodée, sinon à celuy qui la vend, quand il s'est retenu la foy & hommage. Bacquet, *loco citato.*

Maître Duplessis dit, que quand un homme vend un cens appartenant à son Fief, il ne peut sur iceluy constituer un autre cens, mais qu'il peut y retenir le droit de ventes à l'avenir, lequel est seigneurial & domanial, ou bien la foy & hommage sur le cens. 8. Duplessis.

A l'égard de la foy & hommage cela se peut, mais il me semble que le droit de ventes ne se peut pas retenir sur un cens, car le cens est noble, & le droit de ventes ne se prend que sur les rotures.

Le vassal peut aussi décharger de la foy & hommage celuy à qui il auroit donné partie de son Fief avec retention de foy, suivant ce qui a été dit glose 1.

Les articles arrêtez concernant le démembrement, auroient ôté l'obscurité de cette matiere, & l'occasion frequente des procez & contestations qui naissent sur ce sujet, mais ils sont inutiles étant contraires à la disposition de nos Coûtumes & à l'usage, & n'ayant point d'autorité de loix.

OBSERVATIONS DE MONSIEUR***

Sur l'Article LI.

SOMMAIRE.

1. *Si l'aliénation du Fief ou d'une partie faite sans les conditions requises par cet article, peut préjudicier au Seigneur dominant.*
2. *Si le Seigneur du Fief servant qui a fait l'aliénation sans les conditions requises, est tenu envers l'acquereur, de garder les conventions qui sont exprimées dans le contrat de démembrement.*
3. *De quelle maniere se partagera la partie de Fief démembrée sans les conditions requises dans la succession de l'acquereur.*
4. *Comment le Seigneur du Fief dominant donne son consentement au démembrement fait par son vassal.*
5. *Si on peut démembrer le principal manoir du Fief.*
6. *Si l'aliénation faite par le vassal de plus de deux tiers de son Fief sans le consentement du Seigneur dominant, est valable.*

Maître Auzanet sur cet article explique fort bien comment la prohibition de démembrer le Fief vient de l'ancienne origine des Fiefs, il donne même à cet article une interprétation fort nette, à laquelle on peut avoir recours. Ce que nous dirons icy ne doit servir que de supplément.

La Coûtume n'établit aucune peine contre le vassal, qui contrevient aux conditions portées par cet article.

Le sentiment de Maître Auzanet seroit d'ordonner la perte des choses dont le vassal auroit disposé, sans observer ce qui s'y trouve prescrit, mais cela me paroîtroit trop rude; & quoique cet article soit obscur, on peut sur cette matiere établir des regles, qui conduisent à en resoudre les doutes: c'est en considerant le Fief servant de trois manieres; sçavoir à l'égard du Seigneur du Fief dominant, à l'égard du Seigneur du Fief servant, & à l'égard de l'acquereur de la partie aliénée, ou de ses heritiers.

1. L'aliénation du Fief ou d'une partie faite sans les conditions requises par cet article, ne doit jamais préjudicier au Seigneur du Fief dominant, lorsqu'il n'y a pas consenti.

Ainsi tout ce qui se passe entre le vendeur & l'acquereur ne peut jamais nuire ni ôter le droit du Seigneur du Fief dominant, lequel pourra en tout temps & en toutes rencontres exercer & faire valoir ses droits nonobstant le démembrement fait sans son consentement, ou sans l'ordre prescrit par nôtre Coûtume en cet article.

D'où il s'ensuit que si le vassal en aliénant les deux tiers des heritages, cens & rentes seigneuriales, sans le consentement du Seigneur dominant, ne s'est pas retenu un droit seigneurial & domanial sur cette partie aliénée, cette aliénation est reputée comme non faite par rapport au Seigneur du Fief dominant; ainsi au cas qu'il arrive ouverture de Fief par confiscation, la portion démembrée, quoiqu'appartenante au nouvel acquereur est sujette à la confiscation. Il en faut dire de même de la saisie feodale.

La raison est, qu'un vassal ne peut jamais nuire à son Seigneur sans son consentement, ou au préjudice de l'ordre public établi par la Coûtume.

Par la même raison le vassal rendra en ce cas la foy & hommage, & baillera dénombrement de la totalité du Fief, nonobstant le démembrement qui en a été fait.

2. Mais si nous considerons le Seigneur du Fief servant eu égard à l'acquereur de la portion démembrée, il n'est pas pour cela moins tenu envers luy de toutes les conventions qui sont stipulées & prescrites par le contrat de démembrement.

La raison est, qu'entre le vendeur & l'acquereur la chose ne se considere que comme une convention, laquelle étant de droit particulier doit être executée, entant qu'elle ne préjudicie point au Seigneur du Fief dominant.

3. Enfin, si l'on considere la succession de l'acquereur, le partage se fera de la partie par luy acquise, comme d'un Fief noble avec les prérogatives établies par la Coûtume en faveur des aînez.

Mais, comme nous avons dit, tout ce qui se passe entre le vendeur & l'acquereur ne peut jamais nuire au Seigneur dominant, lequel peut exercer ses droits sur la partie aliénée sans son consentement, ou contre l'ordre prescrit par la Coûtume, de la même maniere que sur la partie de Fief que le vassal s'est reservé.

4. Le consentement du Seigneur se donne expressément ou tacitement. Expressément, lorsqu'il approuve & ratifie la vente de démembrement par un acte par écrit. Tacitement, lorsqu'il reçoit dans l'aveu qui luy est donné par son vassal la portion de Fief démembré, comme un arriere-Fief: surquoy il faut remarquer qu'on tient communément, que deux aveus sans blâme font un consentement. Le Seigneur n'auroit pas de bonnes raisons pour changer aprés de volonté, ces deux aveus sans blâme faisant une approbation publique.

5. On ne peut démembrer aux termes de cet article, que *des heritages, cens & rentes*, d'où on peut conclure qu'on ne peut pas démembrer le principal manoir du Fief.

6. Comme la Coûtume dit précisément, que le Seigneur du Fief servant peut se joüer des deux tiers, il faut conclure que s'il aliéne une plus grande partie du Fief, cet aliénation est nulle, ou du moins reductible.

CONFERENCE SUR L'ARTICLE LI.

De même, *Anjou*, art. 201.

Bar, art. 8. *Blois*, art. 60. 61. *Bourbonnois*, art. 333. 365.

Châlons, art. 194. & ajoûte, *mais bien se peut joüer jusques à démission de foy seulement, comme bailler partie d'iceluy à cens ou à rente raisonnable, sans que pour raison de ce il soit dû au Seigneur feodal aucun profit; en portant toutefois par ledit vassal la foy dudit cens ou rente au Seigneur feodal; & pourvû qu'il n'y ait eu argent déboursé pour ledit assemblement & arrentement, pour lequel cas il seroit tenu payer le quint dudit denier.*

Chartres, art. 37. *Châteauneuf*, ch. 9. art. 39.

Chauny, art. 96. & ajoûte, *& si de fait le Seigneur peut reprendre & réünir à sa table partie démembrée ou aliénée d'iceluy Fief.*

Clermont, art. 96. *Dourdan*, art. 36. *Dreux*, article 27.

Estampes, art. 35.

Laon, art. 161. *Lodunois*, ch. 12. art. 2.

Mantes, art. 24.

Meaux, art. 166. & ajoûte, *si ce n'est par succession ou partage; car lesdits deux sont causes contraintes & forcées.* Article 167. *Un vassal se peut joüer par trois ans de son Fief, le peut engager, constituer rentes, & en faire à son plaisir pendant le temps de trois ans.*

Melun, art. 101. excepte le cas de partage. Et encore dit, que *le vassal se peut joüer de son Fief jusques à démission de foy, sans qu'il en soit dû profit audit sieur feodal. Montargis*, ch. 1. art. 4. *Montfort*, art. 33.

Nivernois, ch. 4. art. 30. *Normandie*, art. 204.

Orleans, art. 7.

Peronne, art. 71. 72. *Grand-Perche*, art. 66. *Ponthieu.*

Saint-Quentin, art. 70. 71. 72. & ajoûte: *Si ce n'étoit Fief tenu de la Seigneurie dudit vassal, qui par confiscation ou autrement luy seroit retourné, & appartiendroit en tout droit; auquel cas ledit vassal dedans l'an & jour que ledit Fief luy sera avenu le pourra vendre, aliéner & mettre en main, à le tenir de luy en foy & hommage; mais s'il en avoit joüy plus d'un an & jour paisiblement, & l'eut comme sien réüni & incorporé à son Fief principal, ne pourroit plus ce faire.* Et en l'article 71. *& où ledit vassal l'auroit démembré, & mis du tout hors de ses mains, peut iceluy Seigneur incontinent faire saisir ce qui sera démembré dudit Fief tenu de luy, & joüir des fruits jusques à ce qu'il l'ait réüni.*

Reims, art. 117.

La Salle de Lisle, art. 66. *Senlis*, 204. 252.

Sens, art. 21. 217. & excepte le cas de partage & division entre heritiers.

Valois, art. 50.

Vitry, art. 23. & ajoûte: *Toutefois tel vassal peut bailler à titre de cens partie de sondit Fief, pourvû que ledit cens soit suffisant & raisonnable, eu égard à ce qui est ainsi baillé & laissé, & le vassal n'ait reçu aucuns deniers en public ou secret, pour faire tel accensement à plus petit cens.*

Montargis, ch. 1. art. 2. *Pourra le vassal vendre rente sur son Fief, sans le consentement de sondit Seigneur, mais ledit Seigneur de Fief n'est point tenu recevoir en foy & hommage l'acquesteur de la rente, si bon ne luy semble. Et ainsi ne peut le Seigneur de Fief, contraindre l'acquesteur de la rente de luy faire la foy & hommage d'icelle rente.* a

a Aussi en cas de rachat, il se payera sans déduire la rente, & si le Fief se vend à la charge de la rente, quint denier sera dû aussi du prix de la rente ou de l'estimation d'icelle, si elle n'est constituée par argent. Et en cas que le Seigneur fasse les fruits siens, ce sera sans rien payer de la rente. *C. M.*

Amiens, art. 31. *Le vassal peut éclipser, diviser, & démembrer son Fief, en reconnoissant le contrat pardevant le Seigneur feodal, ou son Bailly, & Officiers de sa Justice, & en le contentant de ses droits seigneuriaux: Autrement si tel éclipsement se faisoit au déceu dudit Seigneur feodal, sans le reconnoître pardevant luy, ou ses Officiers, & le contenter de ses droits seigneuriaux, & que celuy au profit duquel est fait ledit éclipsement, entrât en vertu dudit contrat en joüissance de la partie éclipsée, ledit Seigneur peut faire contraindre celuy qui a fait ledit éclipsement, à luy payer ses droits seigneuriaux, ou renoncer audit contrat à l'élection & choix dudit vassal.*

De même, *Berry*, titre 5. art. 49.

Bretagne, article 358.

Chartres, art. 20. *Celuy qui prend heritage tenu en Fief à rente à rebonsse, doit rachat* [b] *dès l'heure de ladite prise. Mais pour le bail à rente à toujours mais, où le bailleur retiendra à luy la foy* [c] *n'est dû aucun rachat.*

b *Non expectata redemptione, etiamsi nunquam redimat, etiamsi non dedit pecuniam.* C. M.

c *Et partem domanii feudi, quia si totum feudum daret ad reditum, vana & elusoria esset retentio fidei, ut dixi in Consuet. Paris. paragr.* 35. *paragr.* 41. C. M.

La Marche, art. 201. *Tout ainsi que le vassal peut vendre & aliener son Fief sans le congé du Seigneur*; [d] *le Seigneur peut vendre ou aliener son droit de Fief sans le consentement du vassal.*

d *Intellige simul cum fundo dominanti, non aliàs, ut dixi in Consuet. Paris. parag.* 1. *gl.* 3 *quia nec vassallus potest alium loco sui vassallum facere remanente feudo fidelis.* C. M.

Ancienne Coûtume d'Orleans, art. 4. *Un vassal peut bailler à cens, rente, ferme ou pension son domaine à vieil temps, ou à toujours mais*, [e] *en retenant à luy la foy & hommage.*

e *Etiam mediante pecunia.* Ainsi a été jugé selon mon opinion par Sentence du Bailly d'Orleans, du 5. Janvier 1542. entre Guillaume Durant, Notaire d'Orleans, qui avoit baillé le domaine de son Fief, cens & rentes moyennant son argent excedant lesdits cens & rentes, d'une part; Et Florent Bourgoin, Seigneur de Cléves, qui avoit saisi par faute d'homme, droits & devoirs, & demandoit le quint, dont il fut debouté & sa saisie declarée tortionnaire, luy condamné aux dépens de la cause, dommages & interêts de la saisie: ce qui fut confirmé par Arrest prononcé le 5. Février l'an 1543. Rapporteur Bermondet, & Presidens de Jolly & Spifame.

Auteurs sur l'Article cinquante-uniéme.

L'Auteur du Grand Coûtumier, livre 2. ch. 27. p. 185. 186.
Du Moulin, sur la Coûtume de Paris, art. 41. glos. 2. nomb. 3.
Loysel, liv. 4. tit. 3. regle 90. avec la note de Maître Lauriere.
Loysel, au lieu cité, regle 91.
Bobé, sur cet article & sur l'art. 166. de la Coûtume de Meaux.
Thourette, sur Montfort, art. 33.
Pontanus, sur Blois, art. 48. 60. 61. & 62.
De la Lande, sur Orleans, art. 1. 7. 8. 10. & 11.
De Lhommeau, en ses Maximes, liv. 2. art. 18.
Le Glossaire du Droit François, *verbo*, depié de Fief.
Les Arrêtez de Monsieur de la Moignon, recüeillis dans Auzanet.
Papon, liv. 13. tit. 1. nomb. 1.
Coquille, quest. 20. & quest. 281.
Le Dictionnaire de M. Brillon, *verbo*, démembrement, & *verbo*, Fief. §. se joüer de son Fief.
Buridan, sur Reims, art. 117.
Basnage, sur Normandie, art. 204.
Loüet, l. V. somm. 10.
Charondas, liv. 2. ch. 6. & liv. 5. réponse 66.
Le Vest, Arrest 16.
Ragueau, sur Berry, tit. 5. art. 1. 2.
Mon Institution au Droit Coûtumier, tom. 1. liv. 3. §. 10.
Journal des Audiences, tom. 4. liv. 5. ch. 19.
Auzanet, sur cet article.
Dufresne, liv. 8. ch. 1.
Loüet, lett. R. somm. 16.
Lhoste, sur Montargis, art. 2.
Chopin, sur Anjou, liv. 1. ch. 6. nomb. 13. liv. 2. part. 3. ch. 1. tit. 1. nomb. 2.
Le même Auteur, sur Paris, liv. 1. tit. 3. §. 13.
Coquille, en son Institution, tit. *de Fiefs*.
M. Le Prestre, cent. 2. ch. 69.
Du Luc, liv. 7. tit. 4. Arrest 6.
Peleus, quest. 75.
Salligny, sur Vitry, art. 23. 24. & 25.
Lhoste, sur la Coûtume de Montargis, tit. 1. art. 53. 54. & 55.
Vrevin, sur la Coûtume de Channy, art. 95.
Bodreau, sur la Coûtume du Maine, art. 154. 216. 217. & *seqq. usque ad* 229.
Pineau, sur la Coûtume d'Anjou, art. 202. & 203.
Buridan, sur la Coûtume de Vermandois, art. 161.
Ricard, sur la Coûtume de Senlis, art. 251. & sur celle d'Amiens, art. 42.
Durer, dans son Alliance des Coûtumes, titre 27. p. 772.
Duplessis explique cet article au traité *des Fiefs*, liv. 9. p. 67.

ARTICLE LII.

Cet article a été ajoûté à la reformation de la Coûtume.

En quel cas le Seigneur peut exploiter ce qui est aliéné.

ET néanmoins s'il y a ouverture dudit Fief, le Seigneur peut exploiter tout ledit Fief, tant pour ce qui est retenu qu'aliené; sinon que le Seigneur feodal eût infeodé le droit domanial retenu en faisant ladite aliénation, ou bien qu'il l'eût reçu par aveu.

Voyez l'Article précedent, & les 28. 54. 58. & 59.

REMARQUES.

LE Seigneur peut en ce cas non seulement exploiter tout ledit Fief, mais aussi le retenir en cas de retrait feodal. Ainsi jugé par Arrest prononcé le 13. Avril 1581. au profit de Maître François du Four & sa femme, contre Madame la Connétable, qu'un Fief baillé à cens & rente non inféodez, étant vendu, pourroit être retiré par retrait feodal, & que le Seigneur retrayant rentreroit en tout son Fief & ses dépendances, en remboursant les deniers de l'acquisition & les deniers baillez au vassal lors du bail fait à cens & rente avec les bâtimens, meliorations, frais, & loyaux coûts.

Cet Arrest est rapporté par Bacquet, des Francs-Fiefs, c. 2. n. 10.

Sinon que le Seigneur feodal eut infeodé le droit domanial, &c. auquel cas la subinfeodation seroit toûjours approuvée par le Superieur Seigneur, comme j'ay traité en la Coûtume de Paris, §. 35. q. 5. *cum seq.* C. M. sur l'article 11. de la Coûtume de Saint Omer.

Non censetur Dominus consensisse sectioni feudi, nisi id clarè appareat, & scienter scierit. C. M. *ad consuetud. Paris.* §. 51. *glos.* 1. *n.* 45.

TANT POUR CE QUI EST RETENU QU'ALIENE'.

GLOSE PREMIERE SUR L'ARTICLE LII.

SOMMAIRE.

1. *Pourquoy cet article a été ajoûté à la reformation de la Coûtume.*
2. *Si au cas que le vassal se joüe de son Fief, il est entierement déchargé, & liberé des droits envers le Seigneur.*
3. *Si en cas d'ouverture de la part du vassal, le Seigneur prend ses droits de tout le Fief.*
4. *Si au cas de cet article, le Seigneur peut saisir tout ce qui est aliené & retenu.*
5. *Si lorsque le Fief du vassal tombe en commise, ce qui a été démembré, y tombe aussi.*
6. *Si le relief se prend sur ce qui est aliené.*
7. *Si le rachat se prend aussi sur la partie alienée.*
8. *Si la commise a lieu sur cette partie.*
9. *Si en cas de vente de la partie retenuë, le quint se prend aussi sur celle qui est alienée.*
10. *Si l'ouverture arrivant par succession directe, les droits sont dûs sur la partie alienée.*
11. *Si le Seigneur peut aussi retraire cette partie.*
12. *Si le vassal vendant le droit domanial, le Seigneur peut aussi demander ses droits sur ladite partie.*
13. *Si quand le relief est dû pour la partie retenuë, celuy qui a pris partie du Fief à rente, doit estre acquitté du relief.*

CEt article a été ajoûté à la réformation de la Coûtume pour servir d'interpretation à l'article précedent, par lequel il est porté, que le vassal peut aliéner jusques aux deux tiers de son Fief en se reservant un droit Seigneurial & domanial, & la foy & hommage envers son Seigneur, sans pour ce payer aucuns droits au Seigneur.

Mais il restoit un doute, sçavoir si avenant mutation du vassal qui auroit fait cette aliénation, le Seigneur pouvoit prétendre ses droits sur la partie alienée sans son consentement.

Les Réformateurs y ont pourvû par cet article, sans lequel il semble que le Seigneur n'auroit pû rien prétendre que sur ce que le vassal se seroit retenu, dautant que la Coûtume permettant telle aliénation, sans pour cela payer aucuns droits au Seigneur, ç'auroit été contre son intention contre les termes exprés de l'art. 51. si le Seigneur en avoit prétendu.

Mais parce que les Seigneurs souffriroient par ce moyen une perte considerable, s'ils ne pouvoient jamais rien prétendre en consequence de la partie aliénée sans leur consentement; il a été trouvé à propos d'ajoûter l'article 52. par lequel il paroît que l'esprit l'esprit de la Coûtume n'a pas été, que les Seigneurs fussent entierement & pour toûjours privez de leurs droits ; elle a bien voulu que le vassal pût se joüer de son Fief, c'est-à-dire, disposer jusques aux deux tiers d'iceluy, sans que l'acquereur fût tenu en payer aucuns droits, afin que par ce moyen le vassal en pût tirer un prix plus fort & plus considerable.

Mais aussi pour indemniser les Seigneurs de cette perte, elle a voulu qu'arrivant ouverture du Fief du vassal, le Seigneur pût exploiter ce qui auroit été retenu par le vassal, & ce qu'il auroit aliéné.

2. Ainsi, comme dit Brodeau sur cet article, ce n'est pas une liberation absoluë, ni une exclusion qui produise un effet perpetuel, mais une simple surséance qui tient le droit du Seigneur comme endormy & en suspens, jusques à ce qu'il y ait ouverture du Fief par la mutation survenante en la personne & de la part du vassal, qui en est propriétaire ; & cependant toutes choses demeurent en état.

Brodeau.

Ergo etiamsi vendidit & tradidit retentâ fide & redemptione ad tempus permissum, dominus interim non potest manum injicere. Idem si vassallus donavit feudum ad tempus tantùm retentâ fide, &c. dit, Maître Charles du Moulin sur l'article 28. de la Coûtume de Chartres.

Moulin.

3. Si donc l'ouverture du Fief du vassal arrive, le Seigneur peut exploiter le Fief entier, soit que le vassal en ait baillé une partie à rente, à cens, à emphytéose, ou à foy & hommage, c'est-à-dire, qu'il en ait sous-inféodé une partie, suivant ces termes, *tant pour ce qui est retrait, &c.*

La raison est, que la féodalité n'ayant pas été démembrée & ne pouvant l'être, elle reside toute entiere dans la partie retenuë ; c'est pourquoy l'ouverture d'icelle arrivant, la saisie se peut faire sur la totalité ; car les aliénations n'en ont pû être faites à son préjudice, parce qu'il ne les a pas approuvées.

Moulin. Du Moulin sur cet article *num. 7.* dit qu'en cas d'ouverture du Fief du vassal, les parties du Fief aliénées peuvent être saisies par le Seigneur, *non habitâ ratione subinfeudationum, vel aliarum alienationum vassalli, contra quem de evictione agant si velint subvassalli, coloni, &c.*

Bacquet au Traité des Francs-Fiefs chapitre 2. *num.* 9. dit, que si le vassal vend son Fief aprés en avoir donné une partie à cens, le quint sera payé au Seigneur, non seulement du prix de la vente, mais de l'estimation qui sera faite du total du Fief.

Chopin sur la Coûtume d'Anjou livre 2. part. 2. chap. 2. tit. 2. nombre 7. dit la même chose, & rapporte un Arrest, donné en la Cinquiéme Chambre des Enquêtes le 15. Avril 1581. au rapport de Monsieur du Four Conseiller, entre Simon du Four & Loüise de Turgis sa femme, Seigneurs demandeurs, & Jacques Alard & Claude Loisel possesseurs des Terres chargées de cens, pour lesquels Madame de Savoye avoit pris le fait & cause, par lequel il a été jugé, qu'une partie du Fief ayant été baillée à cens non inféodée par le Seigneur, & le Fief étant depuis vendu, le Seigneur a droit de retraire tout le Fief & ses dépendances, tant ce qui est vendu en dernier lieu par le vassal, que de ce qui a été vendu premierement à la charge du cens.

Ce qui avoit été jugé en l'ancienne Coûtume par deux Arrests.

Le premier du 25. Juin 1516. entre Maître Jean Brochard Avocat en la Cour, & Maître Guillaume le Sueur General des Monnoyes.

L'autre du 15. Février 1538. au rapport de Monsieur de Harlay, en la seconde Chambre des Enquêtes *consultis Classibus*, entre les Religieux Chartreux de Paris, & Robert Besse Prevôt de Ville-neuve saint Georges.

Le troisiéme a été donné en l'Audience de la Grand'-Chambre le 18. Mars 1568. citez par Brodeau *num.* 3.

Par ces Arrests la Cour a jugé, que jusques à ce qu'il y ait ouverture du Fief du vassal, le Seigneur ne peut rien prétendre des aliénations faites par le vassal, qui s'est reservé un droit domanial sur la chose aliénée avec retention de foy & hommage, mais que dés lors qu'il y a ouverture de son Fief, le Seigneur est en droit de se pourvoir ainsi que de raison.

Ce qui est fondé sur ce que, comme au commencement il étoit licite au vassal de disposer de son Fief jusques à la démission de foy, aussi cette liberté étant ôtée par la disposition posterieure du cens & de la foy, les droits sont acquis au Seigneur pour les Terres avec le cens vendu.

C'est aussi l'avis de Monsieur du Val au titre *de rebus dubiis cap.* 20. *num.* 12. où il dit, que nonobstant l'aliénation d'une partie du Fief, sans le consentement du Seigneur, le Fief consiste *in ipso corpore* des heritages baillez, & non à la rente ; & que la nature & qualité du Fief n'a pû être changée par le vassal au préjudice du Seigneur ; qu'au contraire son droit est toûjours entier & conservé, *l. ex vectigali. ff. de pignor.* & qu'on ne luy peut opposer en ce cas aucune prescription par quelque temps que ce soit.

Nous pouvons tirer plusieurs consequences de ce que nous avons dit cy-dessus, lesquelles serviront pour l'interprétation de cet article & du précedent.

La premiere, que quand le propriétaire de la portion retenuë doit la foy & hommage pour sa mutation, il la doit faire pour tout le Fief, c'est-à-dire tant pour la portion retenuë, que pour celle qui est démembrée. 4.

La deuxiéme, que quand il baille son dénombrement, il doit y comprendre generalement tout le domaine de son Fief, comme s'il n'en avoit rien démembré, c'est-à-dire, la partie retenuë de la partie aliénée. Il pouvoit y employer le droit domanial qu'il s'est retenu en faisant l'aliénation, mais le Seigneur ne doit pas l'accepter, dautant que ce seroit une reconnoissance, & dans la suite il ne pourroit plus exercer ses droits sur cette partie ; comme il luy est permis par cet article 52., c'est le sentiment de Maître Duplessis. 5.

Duplessis.

La troisiéme, que quand le Fief du vassal est ouvert par quelque maniere que ce soit, le Seigneur peut non seulement saisir ce qui étoit retenu par l'ancien vassal par faute d'homme, droits & devoirs non faits & non payez, mais aussi ce qui a été aliéné, soit à la charge du cens, rente féodale, ou autre droit domanial non inféodé, & faire les fruits siens du total, comme si l'aliénation n'avoit point été faite, parce qu'ayant été faite sans le consentement du Seigneur, elle ne peut nuire ni préjudicier à ses droits ; sauf à l'acquereur à la charge du cens ou autre droit, ou à son successeur, son recours pour son indemnité contre le bailleur ou ses heritiers. 6.

Enfin, cette portion aliénée demeure toûjours sujette aux droits du Seigneur superieur dans la mutation de la portion retenuë, comme si elle n'avoit point été démembrée ni separée du Fief.

La raison est, selon Maître Duplessis, que si le domaine du Fief a été démembré, la féodalité ne l'est pas, & ne peut pas l'être, la Coûtume le défendant, elle reside toute entiere dans la partie du Fief retenuë, & l'ouverture en arrivant, son effet se répand sur tout ce qui est & a été du domaine du Fief, dont il y a eu démembrement fait sans le consentement du Seigneur, auquel il ne peut préjudicier, parce que *res inter alios acta alteri non prajudicat.* Duplessis.

Le quatriéme, que si pour mutation du vassal qui a fait l'aliénation, il est dû rachat par le nouveau vassal, le Seigneur le prend, tant sur ce qui a été retenu par le vassal, que sur ce qu'il a aliéné ; & 7.

dans ce cas le Seigneur n'eſt point tenu d'inféoder cette aliénation, à moins que le vaſſal ne luy paye le quint du prix qu'il a reçû d'icelle ; enſorte que s'il arrive une autre ouverture de Fief, le Seigneur a droit de ſaiſir la partie aliénée, & prendre ſon droit ſur tout le Fief en cas qu'il ſoit dû.

AUZANET. Maître Auzanet ſur le titre des Fiefs, dit que dans l'eſtimation du relief qui eſt dû quand il eſt dû, on y comprend le revenu de la partie aliénée, ce qui eſt une charge inſupportable, & qui oſte pour toûjours la faculté de diſpoſer du Fief qui a été retenu par le vaſſal.

8. C'eſt une queſtion, *ſi en cas de commiſe de la part du vaſſal, la partie démembrée eſt auſſi confiſquée au profit du Seigneur ?*

L'affirmative ſemble veritable, parce que l'aliénation ne peut préjudicier aux droits du Seigneur, & que la partie aliénée eſt cenſée faire partie du Fief retenu par le vaſſal, & que ſous ce mot *exploiter* en cet article la commiſe eſt compriſe ; néanmoins on tient que non, parce qu'au cas de la commiſe le Seigneur ne peut révoquer les aliénations faites par ſon vaſſal, comme il a été dit ſur l'article 43. & principalement celle qu'il fait en ſe joüant de ſon Fief, ainſi que la Coûtume le luy permet ; & au cas de la commiſe de la partie retenuë, ſi l'aliénation a été faite à charge de foy & hommage ou de cenſive, la partie aliénée releve en plein Fief du Seigneur au moyen de la confiſcation de la partie retenuë par le vaſſal, quand même il l'auroit aliénée à charge de cens, laquelle le Seigneur n'eſt pas obligé de reconnoître.

9. C'eſt encore une queſtion, *ſi au cas de vente de la partie retenuë le Seigneur peut prendre le quint, tant de cette vente que de la partie aliénée ?*

Il ſemble que le quint ne luy eſt point dû de cette partie, parce que l'aliénation au deſir de l'article 51. ſe fait ſans qu'il ſoit dû aucuns droits au Seigneur ; la vente de la portion retenuë ne peut donner lieu au quint ſur la partie aliénée, puiſque le quint eſt la cinquiéme partie du prix de la choſe venduë, ainſi ce ne peut être que du prix de la portion retenuë.

On en tire encore la conſequence de cet article 52. en ces termes, *s'il y a ouverture de Fief, le Seigneur peut exploiter ledit Fief, tant pour ce qui eſt retenu qu'aliéné ;* le quint n'eſt point un exploit de Fief, mais un ſimple droit utile, il convient ſeulement à la ſaiſie, au relief, au retrait féodal & à la commiſe.

On dit au contraire que le démembrement ne doit être fait au préjudice du Seigneur qui n'y a pas donné ſon conſentement, qu'ainſi il en doit être dédommagé, que pour cet effet quand il arrive ouverture de la portion retenuë, elle tombe auſſi ſur celle qui a été démembrée, & pour tous les droits qui ſont dûs pour l'autre.

Que ſi le quint n'eſt pas payé de cette partie, tous les quints de ce Fief ſeront reduits au tiers pour toûjours, puiſqu'il ne les aura à l'avenir qu'à raiſon de la partie retenuë qui peut n'être que du tiers, parce que les quints ou ventes des deux autres tiers appartiendront au vaſſal.

DU MOULIN. Du Moulin ſur l'article 41. de l'ancienne Coûtume nomb. 53. tient que quand le vaſſal a vendu une partie de ſon Fief, ſelon l'article 51. & qu'il vend le reſte au même acquereur, les droits ne ſont dûs que de la derniere vente, au cas que la ſeconde ait été faite ſans fraude, comme ſi elle luy avoit été faite aprés pluſieurs années ; parce qu'il prétend que ſi la vente de la partie retenuë avoit été faite à un autre, le Seigneur n'auroit pû prétendre les droits que de la derniere, & qu'il n'a pas plus de droit de les exiger auſſi de la premiere quand elle eſt faite au premier acquereur.

BRODEAU. Brodeau ſur cet article nombre 2. tient que le quint eſt dû du total ; mais aprés la réception du quint de l'une & de l'autre partie, au cas que dans la ſuite la portion change de main le Seigneur ne peut plus exiger des droits de la partie démembrée, autrement le droit que le vaſſal auroit eu de ſe joüer de ſon Fief luy ſeroit tres-deſavantageux, ainſi il eſt juſte qu'il ne le tire que de la portion retenuë par le vaſſal, & qu'il reçoive dans le dénombrement qui luy ſera baillé, le droit domanial que le vaſſal s'eſt reſervé ſur la partie aliénée.

Si l'acquereur de la partie démembrée peut agir en dommages & interêts contre ſon vendeur, quand le Seigneur exerce ſes droits contre luy ? 10.

Du Moulin ſur l'article 35. de l'ancienne Coûtume nomb. 24. qui eſt le 51. de la nouvelle, & Brodeau ſur le même article, nomb. 21. tiennent qu'au cas de la ſaiſie feodale, le propriétaire de la portion retenuë doit en acquitter, garantir, & indemniſer le poſſeſſeur de la partie démembrée, parce qu'elle n'arrive que par ſon fait & par ſa faute. DU MOULIN. BRODEAU.

A l'égard du relief Maître Dupleſſis fait cette diſtinction entre celuy qui eſt dû pour cauſe neceſſaire & forcée comme par mort, & celuy qui eſt dû pour cauſe volontaire comme par donation, mariage & autre : Eſtimant qu'à l'égard du premier il n'y a point de garantie, parce qu'il n'eſt dû qu'en vertu de la loy, *eitra factum hominis*, pour laquelle il n'y a point de garantie ; parce que celuy qui a acquis par le ſuſdit démembrement, eſt cenſé s'y être ſoûmis, ayant dû prévoir que le cas pouvoit arriver ; à l'égard de l'autre, il n'eſt pas certain qu'il y ait garantie. DUPLESSIS.

Quant au quint ſuppoſé, que pour la mutation qui ſeroit arrivée en la portion retenuë, c'eſt à celuy qui y a ſuccedé à le payer, ſuppoſé qu'il ſoit dû, & en acquitter le poſſeſſeur de la portion démembrée : la raiſon eſt, qu'il a acquis de celuy dont il releve ou en tenure feodale, ou en cenſive, & non du Seigneur ſuzerain : or quand un Seigneur vend une terre dans ſa mouvance, l'acquereur ne luy en doit aucuns droits, & partant ſi le Seigneur ſuzerain le pourſuit pour le payement de droits, c'eſt au vaſſal à l'en acquitter, & l'indemniſer de tous dommages qu'il pourroit avoir ſouffert par la ſaiſie qui en auroit été faite.

C'eſt le ſentiment de Loyſeau au traité du déguerpiſſement, liv. 1. chap. 10. ſur la fin.

La cinquiéme conſequence eſt, que s'il y a ouverture de Fief pour laquelle il ne ſeroit rien dû au Seigneur, comme ſi le vaſſal eſt decedé, laiſſant des heritiers en ligne directe, qui faſſent leurs devoirs avant la ſaiſie feodale, le Seigneur ne peut rien demander aux acquereurs de la partie aliénée, mais il ne ſera pas obligé de recevoir cette aliénation & le droit domanial reſervé par le vaſſal, dans l'aveu qu'il luy donnera, à moins qu'il ne ſoit payé de ſes droits. 11.

La ſixiéme, que le Seigneur peut en ce cas retraire non ſeulement ce qui a été retenu par le vaſſal, & depuis par luy vendu, mais auſſi ce qu'il a aliéné, en rembourſant l'acquereur des deniers par luy déburſez, & rendant les ameliorations & augmentations qu'il auroit faites, ſuivant l'eſtimation d'icelles. Et le retrait s'exerce ſur le total du Fief, ſans que l'acquereur ou le poſſeſſeur de la partie aliénée puiſſe objecter au Seigneur le long-temps qui ſeroit paſſé entre les deux aliénations, parce que *contra non valentem agere non currit præſcriptio*, quand il y auroit trente ans & plus, Brodeau, *num.* 5. 12. BRODEAU.

C'eſt la doctrine de Monſieur du Val en ſon Traité *de reb. dub. tract. ult. num.* 12. de du Moulin, de Tournet, de Bacquet, Chopin, Brodeau, Charondas, aux lieux citez cy-deſſus, de Ricard ſur cet article, de Lhommeau en ſes Maximes, livre 2. Maxime 18. & de pluſieurs autres.

C'est aussi la disposition des Coûtumes d'Orleans, art. 7. & 9. de Mantes, art. 24. & autres remarquées dans la Conference.

Le retrait étant exercé par le Seigneur sur la partie demembrée, l'acquereur est déchargé, *ipso jure*, du cens ou de la rente, à la charge de laquelle il l'avoit acquise, parce que ce sont droits réels qui suivent l'heritage, & sont éteints en la personne du Seigneur par confusion.

Il faut excepter, lorsque le démembrement a été fait autrefois à la charge d'une rente fonciere, qui n'ait point été comprise dans la vente faite depuis de la partie retenuë, pour lors le Seigneur retraïant est tenu la continuer au créancier, comme simple rente fonciere ; parce que l'acquereur sur lequel le retrait est exercé, a acquis cette partie chargée de cette rente, aussi elle n'est point éteinte par le retrait.

13. La septiéme consequence est, que le vassal vendant la censive, rente, ou autre droit domanial reservé, le Seigneur a droit de saisir la partie alienée à la charge de ce droit, & faire les fruits siens jusques à ce que l'acquereur du cens ou de la rente luy en ait fait la foy & hommage, & qu'il soit payé du quint tant du prix de la chose alienée que de la vente du cens, parce qu'il y a une veritable ouverture pour cette partie, vû que ce qui conservoit la proprieté d'icelle en la personne du vassal, étoit un droit domanial qu'il s'étoit reservé, lequel étant vendu, fait que le vassal n'a plus aucun droit ni domaine sur cette partie, ainsi le Seigneur a droit de l'exploiter, Brodeau, *num.* 60. Tronçon sur cet article : ce qui a été jugé ainsi par l'Arrest du 15. Avril 1581. remarqué cy-dessus, en la Coûtume de Senlis qui n'en parle pas.

Quand la mutation du vassal donne lieu au relief sur la partie alienée à la charge de la rente, 14
le rentier doit être acquitté du relief s'il est dû, suivant le sentiment de Loyseau au Traité du déguerpissement, livre 1. chap. 10. *num. ult.* en ces termes.

Aux heritages feodaux, si la mutation du Seigneur de la rente fonciere non infeodée, donne lieu au rachat, comme quand l'ancien vassal s'est joüé de son Fief, & l'a baillé à rente sans démission de foy, alors c'est à luy à payer le rachat, & en acquitter le détempteur de l'heritage feodal, si le Seigneur se prend à luy, ou s'il saisit le Fief. Comme au contraire, si l'ouverture procede du chef du detémpteur, comme quand la feodalité reside en sa personne, alors c'est à luy à payer le rachat, sans que le rentier y contribuë aucune chose.

INFEODE' OU RECEU PAR AVEU.

GLOSE DEUXIE'ME SUR L'ARTICLE LII.

SOMMAIRE.

1. *Si l'exception qui est à la fin de cet article, doit avoir lieu dans les autres Coûtumes.*
2. *Pourquoy la disposition de cet article cesse au cas de l'infeodation de l'aliénation d'une partie du Fief.*
3. *Si c'est la mesme chose de l'infeodation que de la reception par aveu.*
4. *Si l'infeodation d'une rente s'acquiert par le temps.*
5. *Opinion de Tournet refutée par Brodeau.*
6. *Si la rente est censée infeodée, quand le Fief a été vendu par decret à la charge d'icelle, sans opposition de la part du Seigneur.*

1. CEs derniers termes contiennent une exception de la regle proposée au commencement de cet article, qui doit avoir lieu dans toutes les Coûtumes.

Il est donc constant que quand le Seigneur a infeodé le droit domanial que son vassal s'est reservé, en alienant jusques aux deux tiers de son Fief ou au dessous avec retention de foy, avenant ouverture du Fief du vassal par quelque cause que ce soit, de mort ou d'aliénation, le Seigneur ne peut point saisir la chose aliénée, ni prétendre aucuns droits pour icelle, soit du nouveau vassal, ou des possesseurs de cette partie ; mais en cas de saisie ou de relief, il doit se contenter de la censive ou rente dont il joüira pendant sa saisie ou l'année de son relief, & pour cet effet en cas de saisie feodale, il doit saisir le cens ou la rente.

1. La raison est, que par l'infeodation le Seigneur a consenti & approuvé l'aliénation faite par son vassal, & renoncé au profit qu'il en auroit pû tirer en ne l'approuvant pas, & il ne peut plus contrevenir à son propre fait.

C'est le sentiment de du Moulin sur l'article 54. *num.* 7. & sur la Coûtume de saint Omer art. 11. de Chopin sur ce titre, *num.* 21. de Bacquet, *loco citato*, de Brodeau, *num.* 7. & 8. Chopin. Bacquet.

3. Cet article dit, *infeodé ou reçû par aveu*, parce que, soit que le Seigneur ait infeodé le droit domanial retenu par le vassal sur la chose aliénée, ou qu'il l'ait reçû par aveu, c'est la même chose, & en l'un & l'autre le Seigneur ne peut plus saisir ni exploiter que le cens ou autre droit domanial retenu par le vassal, parce que le Seigneur en recevant l'aveu, il y a donné son consentement.

Ce qu'il faut entendre, quoique le Seigneur ait reçû l'aveu à luy presenté sans le blâmer ; l'aveu baillé au Seigneur, & non blâmé dans les quarante jours, étant tenu pour reçû, suivant l'article 10. Brodeau *num.* 9. Brodeau.

Mais on demande, si aprés plusieurs mutations 4.
arrivées en la personne des debiteurs d'une rente non racherable, à laquelle une partie d'un Fief auroit été donnée, qui en auroient payé les arrerages au bailleur ou à ses heritiers, & en la personne du preneur & de ses successeurs, le Seigneur qui n'auroit point reçû cette rente par aveu, ou qui ne l'auroit point infeodée, elle seroit censée être infeodée ?

Tournet sur l'article 59. dit, que s'il s'est passé un fort long-temps par mutation de possesseurs desdits heritages chargez de rente feodale, delà on présume un consentement du Seigneur feodal. Tournet.

Cette opinion est rejettée par Brodeau sur le même article, & avec raison ; car il n'y a que la seule infeodation ou reception par aveu, qui puisse obliger le Seigneur de reconnoître le droit domanial, à la charge duquel une partie du Fief servant a été baillée ; car quoiqu'il y ait eu plusieurs possesseurs pendant trente & quarante ans & plus, qui ayent payé la rente, cela ne peut aucunement préjudicier aux droits du Seigneur, dautant qu'il ne pouvoit pas empêcher cette disposition ; puisqu'elle est permise par l'article 51.

6. Il faut dire aussi par la même raison, & suivant l'avis de Maître Charles du Moulin sur l'article 28. *num.* 2. 3. *&* 18. que si le Fief du vassal a été vendu par decret à la charge de la rente, quoique cette rente ait été mise & employée dans les affiches & dans les encheres, & que le Seigneur n'ait point formé son opposition, & qu'il ait ensuite admis l'adjudicataire à la foy & hommage, & reçû les droits & baillé quittance d'iceux sans protestation ; néanmoins cette rente n'est point reputée inféodée, & le Seigneur n'est point tenu de la reconnoître ; parce que pour cet effet, il faut que l'infeodation soit expresse, comme si le vassal avoit fait la foy & hommage, & que par l'acte reçû & approuvé par le Seigneur, il eût declaré qu'il la faisoit, tant pour le Fief que pour la rente, à laquelle il auroit donné une partie d'iceluy, ou qu'ensuite il eût reçu par aveu cette rente.

Du Moulin

OBSERVATIONS DE MONSIEUR ***

Sur l'Article LII.

SOMMAIRE.

1. *Explication de cet article.*

1. ET *néanmoins s'il y a ouverture du Fief* du vassal, *le Seigneur peut, &c.*

Cet article est une exception de l'article précedent qui nous a donné lieu d'avancer la distinction, dont nous venons de parler sur l'article précedent, que *respectu domini feudi dominantis*, s'il n'a point consenti, il ne laisse pas nonobstant le démembrement d'exercer son droit.

Nous y avons ajoûté les mots *du vassal*, afin qu'il n'y eut point d'équivoque.

La seconde partie de l'article fait l'exception dont nous avons parlé, lorsque le Seigneur a infeodé ou a reçû l'aveu du Seigneur du Fief servant.

CONFERENCE SUR L'ARTICLE LII.

LEs Coûtumes suivantes ont une disposition semblable à cet article.

Mantes, art. 24. *Montargis*, chap. 1. art. 3.
Nivernois, chap. 4. art. 39.
Saint Omer, art. 11.
Peronne, art. 71.
Saint Quentin, art. 72.
Tours, art. 139.

Auteurs sur l'Article cinquante-deuxiéme.

BObé, sur cet article.
De la Lande, sur Orleans, art. 6. 7. & 8.
Buridan, sur Reims, art. 117.
M. le Prestre, centurie 2. chap. 74.
Pontanus, sur la Coûtume de Blois, tit. 5. art. 61.
Chopin, sur la Coûtume d'Anjou, liv. 2. part. 3. chap. 2. tit. 3. nomb. 8. & sur la Coûtume de Paris, liv. 1. tit. 1. n. 21.
Frerot, sur la Coûtume de Chartres, ch. 6. art. 37.
Bacquet, du droit de franc-Fiefs, chap. 2. n. 9. *& seqq.*
Valla, *de rebus dubiis, tract.* 20. *num.* 12.
Duplessis explique cet article au Traité *des Fiefs*, liv. 9. p. 67.

ARTICLE LIII.

Cet article a été ajoûté à la reformation de la Coûtume.

De la réünion des rotures aux Fiefs.

LEs heritages acquis par un Seigneur de Fief en sa censive, sont réünis à son Fief, & censez feodaux, si par exprés le Seigneur ne declare qu'il veut que lesdits heritages demeurent en roture.

Voyez les Articles 21. & 246.

REMARQUES.

SI le Seigneur prétend empêcher la réünion par une declaration contraire, il est necessaire qu'elle soit faite incontinent & lors de l'acquisition, autrement elle n'auroit point d'effet: comme il a été jugé par deux Arrests.

L'un donné en la quatriéme Chambre le 20. Février 1599. rapporté par Chopin, *de moribus Paris. lib. 1. tit. 2. num. 25.*

L'autre intervenu en l'Audience de la Grand'Chambre le Vendredy 29. Juillet 1639. au profit du sieur Marquis de Fontenay, lequel a jugé que dans la saisie feodale qu'il avoit fait faire de la moitié du Fief de Chatou, les rotures acquises par le propriétaire du Fief y étoient comprises, sans avoir égard à une declaration qu'il avoit faite aprés coup, qu'il entendoit tenir le Fief & les rotures separément.

Si néanmoins il s'agissoit d'un bien de la femme, il suffiroit qu'elle fist sa declaration auparavant que de proceder au partage de la communauté, ou dans le temps même du partage, pour empêcher qu'une roture acquise durant la communauté par son mary ne demeure réünie à un Fief qui luy est propre *aut è contra.*

Ainsi jugé par Arrest donné en la premiere Chambre des Enquêtes, au rapport de Monsieur Perrot le 13. Septembre 1614. entre les enfans de Monsieur de Maupeou, Maître des Comptes.

On ne fait aucune difficulté dans la Coûtume, que la declaration ayant été une fois faite par l'acquereur, qu'il n'entend point réünir, cette declaration a un effet perpetuel entre les heritiers & ayans cause, quoiqu'ils ne la renouvellent pas lors des partages qu'ils font.

Et de fait la question s'en étant présentée au Parlement de Roüen, sur une évocation du Parlement de Paris, entre Dame Marie Feydeau, veuve de Monsieur de Maupeou, President en la Chambre des Comptes, & Monsieur de Maupeou, Conseiller en la Cour, & y ayant eu Arrest par lequel il avoit été ordonné qu'il seroit informé par Turbes au Châtelet de Paris, tous les Turbiers au nombre de trente répondirent unanimement qu'il n'avoit pas été necessaire de renouveller la declaration pour empêcher la réünion.

Néanmoins le Parlement de Roüen a rendu Arrest définitif le 5. Septembre 1639. par lequel il a jugé contre l'avis des Turbiers, qu'il y avoit eu réunion faite par les heritiers d'avoir renouvellé lors du partage qu'ils avoient faits la declaration faite par l'acquereur auquel ils avoient succedé, qu'il entendoit joüir separément: mais il y a eu proposition d'erreur contre cet Arrest, sur laquelle les parties se sont accommodées.

Il n'y avoit pas en effet lieu de faire aucun fondement sur cet Arrest qui étoit si évidemment contraire à l'usage, ce qui fait voir le peril qu'il y a dans les évocations, parce que quoique les Juges soient obligez de juger suivant les maximes des lieux, ils inclinent pourtant toûjours pour celles qui leur sont plus familieres.

Cet Arrest est rapporté dans toutes ces circonstances dans le Commentaire de Maître Julien Brodeau sur cet article.

Le même Auteur sur Monsieur Loüet, lettre F. nomb. 5. établit pour maxime generale, que quoique la réünion portée par cet article se fasse de plein droit, elle n'est pas néanmoins perpetuelle; mais que l'action demeure en suspend: desorte que si le Fief & la censive qui avoient été réünis, viennent à passer en diverses mains, la censive retourne au même état qu'elle étoit auparavant; ce qu'il dit avoir été jugé par Arrest du 6. Avril 1621. intervenu sur un procés auquel il avoit écrit.

Mais il faut observer que dans l'espece de cet Arrest il ne s'agissoit point de l'interêt du Seigneur superieur, & que la contestation étoit seulement entre copartageans: desorte que l'on ne peut pas dire que cet Arrest ait jugé une proposition universelle, telle qu'est celle que cet Auteur met en avant.

Au contraire il est vray de dire en general que la réünion ayant été une fois faite, le démembrement des choses unies ne peut pas être fait que du consentement du Seigneur, comme il arrive à l'égard des gens de main-morte, lesquels ayant mis hors de leurs mains les heritages amortis, le Seigneur est rétabli en son ancien droit, desorte que les heritages venans ensuite à retourner en la possession d'autres personnes de main-morte, ils sont obligez de luy payer un nouveau droit d'indemnité, de la même façon que si les heritages n'avoient jamais été amortis.

L'opinion de Bacquet en son Traité des droits de Justice, chap. 14. & de Charondas sur cet article n'est pas plus soûtenable, en ce qu'ils ont avancé que des heritages tenus en censive d'un Fief appartenant en propre à un mary ou à une femme étant acquis pendant leur communauté, ils sont réünis pour le tout: desorte que le propriétaire du Fief ou ses heritiers ne se prévalans point du retrait de my-denier qu'ils ont droit d'exercer par cette Coûtume, & les heritages étant partagez par moitié, la portion de celuy qui n'a rien au corps du Fief ne laisse pas d'être réünie & d'être devenuë feodale.

Cela est évidemment contre les regles, d'autant

que le partage qui se fait des biens de la communauté a un effet retroactif, & le conjoint auquel le Fief appartient de patrimoine, est présumé n'avoir jamais rien eu à la part de l'heritage tenu en censive dépendant de son Fief, qui est échu à l'autre conjoint.

Quoiqu'il soit dit au Procés verbal, que cet article a été ajoûté pour Coûtume nouvelle, sans préjudicier à ce qui a été fait par le passé, néanmoins la même chose s'observoit au temps de l'ancienne Coûtume contre l'avis de du Moulin, §. 23. gl. 2. n. 46. 47. ainsi qu'il s'apprend par la doctrine des Arrests rapportez par Monsieur Loüet & son Commentateur, *litt. F. num.* 25. & même depuis la reformation la Cour l'a jugé pour une acquisition faite du temps de l'ancienne Coûtume, par Arrest prononcé le 23. Fevrier 1601.

Par la même raison de cet article, quand le Seigneur du Fief dominant acquiert le Fief servant, ou le retire par retrait feodal, il est réuni au Fief dominant, & ne font plus ensemble qu'un corps. Chopin, *de morib. Paris.* livre 1. titre 2. nomb. 25.

Comme celuy qui possede un Fief acquerant les heritages tenus de luy en censive les réünit en vertu de cet article, aussi celuy auquel appartenoient des heritages tenus en censive venant à acquerir le Fief dont ils dépendent, il les réünit de la même façon, suivant qu'il a été jugé par l'Arrest des Mesmins du 26. Juin 1583. & autres des 15. May 1589. & 24. Fevrier 1601.

Cette réünion ne donne aux heritages tenus en censive acquis par le Seigneur du Fief auquel il étoit propre, que la qualité feodale, & non celle de propre; desorte qu'aprés le decés du Seigneur ils appartiendront aux heritiers des acquêts, & non des propres.

Ainsi jugé contre le sieur de S. Michel par Arrest du mois d'Avril 1548.

LES HERITAGES ACQUIS PAR UN SEIGNEUR DE FIEF EN SA CENSIVE, SONT RE'UNIS A SON FIEF, ET CENSEZ FEODAUX.

GLOSE PREMIERE SUR L'ARTICLE LIII.

SOMMAIRE.

1. *Pourquoy cet article a été ajoûté à la reformation.*
2. *Si cet article a été étendu aux autres Coûtumes.*
3. *Pourquoy le Seigneur ne peut pas empescher la réünion.*
4. *S'il faut que la roture soit acquise par le Seigneur censier.*
5. *Si la réünion a lieu, quand le censier acquiert le Fief dont il releve.*
6. *De quelle nature doivent estre les rotures, pour operer la réünion.*
7. *Si la réünion a lieu en acquisition simple de la censive par le sujet censier.*
8. Quid, *du Fief servant acquis par le Seigneur dominant.*
9. *Si par l'acquisition faite par l'usufruitier il y a réünion.*
10. *Erreur de Brodeau tirée de Charondas.*
11. *Si après la réunion infeodée, le vassal peut démembrer, sans le consentement de son Seigneur.*
12. *Si la roture réünie tomboit dans d'autres mains, sçavoir si elle reprendroit sa premiere qualité.*
13. *Effets de la réünion.*
14. *Si celuy qui n'est Seigneur qu'en partie, venant à acquerir purement & simplement des rotures qui en dépendent, les réünit pour le tout.*
15. *Si un associé peut rendre pire la condition de ses associez.*
16. *Si on peut estre à soy-mesme son Seigneur & son vassal, son créancier, & son debiteur.*
17. *Si un Seigneur peut faire quelque chose, au préjudice de son Coseigneur.*
18. *Si les conquests faits, & la censive d'un Fief acquis pendant la Communauté, sont feodaux pour le tout.*
19. Quid, *quand la roture acquise releve du Fief du mary.*
20. Quid, *du Fief acquis pendant la communauté, duquel relevent des rotures qui appartiennent au mary.*
21. *Ou de la roture de la femme qui est dans la censive d'un Fief acquis pendant la communauté.*
22. *Si ce qui est réüni, est de mesme nature que ce à quoy il est réüni, propre ou acquest.*
23. *Distinction de du Moulin.*
24. *Si la réünion, qui se fait par le moyen de la haute-Justice, est propre.*
25. *Si ce qui est tombé en commise, est reputé propre.*
26. Quid, *du Fief retiré par retrait feodal.*
27. *Si les rotures acquises par le Seigneur d'un Fief en l'air, sont propres ou acquets aprés sa mort.*
28. *Si en l'espece proposée l'heritier des propres pourroit donner à l'heritier des acquests, les acquests pour estre en la censive du Fief.*
29. *Si les bastimens faits dans le Fief propre appartiennent à l'heritier des acquests, en remboursant.*

30. Quid, *de l'accroissement par alluvion.*

31. *Si le Seigneur ayant acquis un heritage chargé de censive & de rente fonciere, & venant à revendre l'heritage, ou passer à ses heritiers des propres & des acquests, la rente fonciere est éteinte.*

32. *Si les Fiefs que le Roy possede à son avenement à la Couronne, sont réünis au domaine.*

1. LA décision de cet article ajoûté à la réformation de la Coûtume, est, que si un Seigneur de Fief acquiert des heritages qui soient en sa censive, sans declarer qu'il entend qu'ils demeurent en roture & censuels, sont rendus féodaux & font partie de son Fief.

C'est aussi ce que dit Loisel livre 3. titre 5. article 48.

La raison est selon Maître Auzanet, que les rotures étant chargées de certaines redevances ordinaires, annuelles & perpetuelles, il faut que ces prestations ayent été imposées lors que les heritages ont été baillez aux predecesseurs de ceux qui les possedent à present, & lorsqu'ils retournent entre les mains du Seigneur duquel il sont provenus, la censive demeure éteinte par l'incompatibilité des qualitez de creancier & de debiteur en une même personne, & le Fief comme le plus noble attire à soy la roture qui luy est inferieure, & rentrant dans le domaine du Seigneur, elle reprend son ancienne qualité de féodal, *res facilè redeunt ad primam naturam.*

En effet, il repugne qu'on soit le creancier & le debiteur de la redevance à laquelle l'heritage qu'on possede étoit su et auparavant, *l. si debitori. C. de pactis. l. qui binas. de servit. verb. predior.* ainsi il faut que l'une de ces qualitez soit éteinte & demeure confuse en la personne de l'acquereur.

DEAU. Brodeau sur cet article nombre 1. & par l'union de l'une avec l'autre, il faut qu'elles soient de même nature & qualité *argum. leg. 23. §. 5. de rei vindic. l. 19. §. 13. de auro & argen. leg.*

Ce qui avoit été jugé ainsi avant la réformation de la Coûtume, par Arrest sans datte, remarqué par Monsieur Loüet lettre F. nombre 5. au rapport de Monsieur Pastoureau en la Cinquiéme des Enquêtes, & par autre en la Quatriéme au rapport de Monsieur du Tillet, le 21. Juin 1570. entre Claude Odoart & Gratian de Ponteville, sur lesquels cet article a été ajoûté à la réformation de la Coûtume, lequel a depuis été confirmé par un Arrest du 15. May 1589. & par autre Arrest donné en l'ancienne Coûtume de Paris le 22. Février 1601. en la Cinquiéme Chambre des Enquestes, remarquez par le même Auteur, quoiqu'au procés verbal il soit dit, que cet article a été ajoûté pour Coûtume nouvelle, sans préjudice de ce qui s'observoit par le passé.

2. Et la Cour a étendu cette disposition aux Coûtumes, qui n'en parlent point, par un Arrest du 20. Février 1599. donné en la Coûtume de Blois, rapporté aussi par Monsieur Loüet, desorte que c'est une maxime du Droit Coûtumier, dont on ne doute point à present, comme étant fondée sur une raison DEAU. tres-forte, Brodeau *num.* 1.

3. Le Seigneur du Fief dominant ne peut pas empêcher cette réünion, parce qu'elle luy est avantageuse, tant au cas de la saisie feodale, que pour les droits de quints & de reliefs, qui sont plus forts, lorsqu'ils luy sont dûs; ainsi son consentement n'est point requis.

NDAS / BRAU. C'est l'avis de Charondas, de Brodeau & des autres Commentateurs.

Cette réünion se fait *ipso jure facto hominis non accedente*, sans qu'il soit requis que le Seigneur acquereur declare que son intention est, que les rotures par luy acquises, soient réünies à son Fief, ce qui étoit necessaire par les anciens Arrests, desorte que pour réünir des rotures à un Fief, il falloit que le Seigneur declarât que c'étoit sa volonté, & sans une declaration expresse, il possedoit le Fief & les rotures séparement.

Telle étoit l'opinion de Maître Charles du Moulin §. 33. *gl.* 2. *num.* 46. & 47. Brodeau *num.* 4. DU MOULIN. BRODEAU.

Pour la réünion des rotures au Fief il faut, comme il se void par les termes de cet article, que la roture soit acquise par le Seigneur du Fief, dans la censive duquel elle est; & il n'y auroit point de réünion, si le Seigneur dominant acqueroit une roture qui seroit dans la censive de son vassal, parce qu'elle ne seroit pas dans la sienne. 4.

Pareillement un Seigneur haut-Justicier ne rendroit pas feodal, un franc-aleu roturier par l'acquisition qu'il en feroit; dautant que la Justice ne seroit pas annexée au franc-aleu, & qu'ils seroient separez l'un de l'autre, & ce franc-aleu n'ayant ni Justice ni Fief en dépendant, ni censive, ne seroit pas rendu féodal & noble.

C'est le sentiment de Brodeau *num.* 2. contre Chopin sur ce titre *num.* 26. BRODEAU. CHOPIN.

La réünion a lieu aussi, quand le propriétaire d'heritages censuels acquiert le Fief, en la censive duquel ils sont, quand il ne fait point de declaration au contraire, quoique cet article n'en parle point; dautant qu'il y a parité de raison. Brodeau *num.* 10. & Ricard, qui remarque les Arrests qui l'ont jugé ainsi. 5. BRODEAU. RICARD.

C'est aussi le sentiment de Maître Auzanet. AUZANET.

Il importe peu pour faire la réünion, de quelle nature soient les rotures acquises, terres labourables, bois, prez, maisons & autres. 6.

C'est ce que dit Brodeau sur l'article 15. *num.* 6. que le propriétaire d'un Fief rend la maison féodale qu'il acquiert étant en sa censive.

Il en faut dire de même de l'acquisition de la simple censive dans le Fief, faite par le propriétaire des heritages qui sont en cette censive, comme il a été jugé par l'Arrest des Bragelognes du 23. Février 1601. remarqué par Brodeau *num.* 11. & par Monsieur Loüet, *loco citato.* 7. BRODEAU.

Ce qui auroit lieu dans toutes les Coûtumes qui n'ont point de disposition contraire, comme celle de Bretagne, laquelle en l'article 356. défend la réünion des terres roturieres avec les Fiefs par l'acquisition, que le propriétaire d'icelles feroit des Fiefs, dans la mouvance desquels elles seroient, d'Argentré *num.* 4. dit, que cela est injuste, ayant été étably en faveur de la Noblesse contre les droits des particuliers.

La même décision doit pareillement être observée en l'acquisition, que le Seigneur dominant fait du Fief qui est mouvant de luy en plein Fief, par quelque maniere qu'elle soit faite, soit par succession, retrait féodal, ou lignager, confiscation commise; & par toute autre maniere d'acquerir, à titre onereux ou lucratif, excepté dans les Coûtumes, qui ont une disposition contraire. 8.

Chopin sur ce titre *num.* 25. Brodeau, Ricard & Auzanet. CHOPIN. BRODEAU. RICARD. AUZANET.

Et au cas que la réünion soit faite, si l'acquereur n'a pas encore donné son aveu & dénombrement à son Seigneur, il doit y comprendre cet arriere-Fief, comme ne faisant plus qu'un même Fief avec celuy qu'il possedoit auparavant, Brodeau *num.* 13.

Cet Auteur *num.* 18. & 19. dit, que lorsque l'usu- 9.

fruitier du Fief acquiert les heritages roturiers qui en dépendent, la réünion ne tourne point à son profit, a l'effet de les retenir aprés l'usufruit finy, mais qu'ils appartiennent au propriétaire, comme réünis au corps du Fief, & que cela n'a lieu qu'en remboursant par le propriétaire, l'usufruitier ou ses heritiers, de ce qu'il a payé & déboursé.

10. C'est une erreur qu'il a tirée de Charondas sur cet article, il est bien vray, que quand l'usufruitier d'un Fief a usé du retrait féodal pendant sa joüissance, aprés l'usufruit fini, le propriétaire du Fief a droit de rembourser ses heritiers de ce que l'usufruitier avoit déboursé pour faire le retrait, mais comme le retrait féodal n'a lieu que pour les Fiefs, & non pour les rotures, ainsi qu'il a été dit sur l'article 20. suivant même l'opinion de Brodeau, il ne se peut pas dire, que si l'usufruitier acquiert des rotures qui soient dans la censive du Fief duquel il joüit, le propriétaire d'iceluy les puisse retirer de ses heritiers.

Monsieur ***. sur cet article en a dressé plusieurs pour droit nouveau, dont l'un porte *l'acquisition faite par l'usufruitier dans la censive & mouvance du Fief dont il a l'usufruit, n'est point réüni au Fief.*

La raison qu'il en rend & qui est sans doute, est que la raison cessant pour laquelle la réünion se fait l'effet cesse pareillement; & comme l'usufruitier n'est pas propriétaire, la servitude passive ou active ne se trouve point dans la même personne, ainsi il n'y a point de réünion.

BRODEAU. Brodeau au nombre 34. dit, que si le Fief & la roture réünies par l'acquisition qui en auroit été faite par une même personne, venoit à passer en diverses mains, la roture quoique renduë feodale par la réünion, reprendroit sa nature & qualité de roturiere, par quelque espace de temps que la réünion

DU MOULIN ait duré, il dit, que du Moulin sur l'article 20. *glos.* 1. *num.* 56. *& seqq.* est de cet avis, néanmoins il est d'avis contraire.

Cette décision n'est pas generalement vraye, car quand l'acquereur ou son successeur a donné par aveu & dénombrement l'acquisition qu'il a faite, & que cette réünion a été par ce moyen infeodée, il est certain que le possesseur ne peut plus démembrer le Fief sans le consentement du Seigneur, que suivant la disposition de l'article 51.

11. C'est le sentiment de Brodeau sur cet article 53.

BRODEAU. *num.* 13. où il dit, qu'aprés le dénombrement baillé, dans lequel est compris le Fief & l'arriere-Fief acquis sans declaration, le vassal ne peut plus donner cette partie de son Fief en arriere-Fief, comme il le pouvoit auparavant la réünion, sinon aux termes de l'article 51. Or ce qu'il dit de l'arriere-Fief réüni, doit aussi être dit de la roture réünie au Fief, parce qu'il y a parité de raison.

Pontanus sur l'article 66. de la Coûtume de Blois, tient que tant que l'acquereur n'a point baillé par aveu & dénombrement la partie réünie au Fief, soit arriere-Fief, ou roture, il peut aliéner, & en l'aliénant elle reprend la qualité qu'elle avoit avant la réünion, parce que, *ante investituram non dicitur plenitudo juris in subfeudo in superiorem dominum translata.*

Je ne croy pas, que la roture dans ce cas puisse prendre sa premiere qualité, à moins que le vassal qui a fait la réünion, ne l'aliéne à la charge du cens, autrement s'il la vendoit purement & simplement sans se reserver aucun droit domanial, le Seigneur pourroit pretendre le quint du prix de la vente, comme la vente étant faite d'une partie du Fief, étant à presumer qu'il auroit vendu cette partie telle qu'il la possedoit; & ce sentiment est conforme aux principes & aux regles du Droit Coûtumier touchant les Fiefs, & suivant la raison des Loix, qui ne veut pas, que *semel extincta servitus possit reviviscere, nisi de novo imponatur, l.* 30. *ff. de servitut. urban. præd.*

C'est l'avis de Charondas, de Ricard, de Monsieur d'Olive, livre 2. chapitre 19. Monsieur de Cambolas en ses Arrests livre 1. chapitre 38. remarque des Arrests du Parlement de Thoulouse qui l'ont jugé ainsi.

Brodeau sur Monsieur Loüet, *loco citato*, dit qu'il a été jugé selon son opinion par Arrest du 6. Avril 1621. intervenu sur un procés auquel il avoit écrit.

Mais comme remarque Maître Ricard, dans l'espece de cet Arrest, il ne s'agissoit point de l'interêt du Seigneur, mais seulement de celuy des copartageans, ainsi il n'a point jugé la question universelle selon le sentiment de Brodeau.

On demande, si les censives qui ont été confuses & réünies à la Seigneurie directe par l'acquisition faite par le Seigneur direct, des heritages sujets à cens, commencent à revivre, lorsque les mêmes heritages passent en main tierce par l'aliénation que le Seigneur en feroit, dans les Coûtumes où tous les heritages sont censez alodiaux, à moins que ceux qui les prétendent censuels, ne le prouvent par titres. 12.

Le Grand sur l'article 50. de la Coûtume de Troyes *num.* 24. tient qu'en ce cas les heritages retournent à leur premiere nature & qualité, c'est-à-dire, à la franchise & alodialité qu'ils avoient auparavant, parce que *res facilè redit ad suam naturam, l. si unus.* 27. *§. pactus. ff. de pact.* Et que c'est sur ce fondement, qu'ont été rendus les Arrests du Parlement de Toulouse citez par Monsieur d'Olive.

Je croy sans difficulté, qu'un Seigneur de Fief ayant acquis un heritage qui est dans sa censive, & le revendant ou l'aliénant ensuite sans charge de cens ou censive, de laquelle il étoit chargé auparavant, demeure alodial en la personne de l'acquereur dans les Coûtumes de franc-aleu.

La raison est, que dans ces Coûtumes pour prétendre un cens ou autre droit Seigneurial, il faut le justifier par titre; or le Seigneur qui auroit vendu l'heritage sans charge d'aucun droit Seigneurial, n'auroit aucun titre pour le demander; de même que celuy qui a acquis deux heritages, l'un redevable de servitude à l'autre, & revendant par aprés l'heritage servant, sans se reserver la servitude dont il étoit chargé auparavant envers l'autre, ne peut prétendre aucun droit de servitude, suivant l'article 215. *infra*, & les Loix qui y sont remarquées.

Mais dans les autres Coûtumes où il n'y a point de terres sans Seigneur, l'heritage aliéné sans declaration à quelle charge & droit il seroit aliéné, seroit feodal, comme ayant repris sa premiere qualité par la réünion.

Cependant il y a eu Arrest du mois de Janvier 1637. en la Chambre de l'Edit; par lequel le donataire des acquêts fut condamné à payer à l'heritier des propres le cens, dont les terres acquises étoient chargées envers l'acquereur, à cause du Fief qui luy étoit propre.

La réünion produit deux effets: 13.

Le premier est, que la censive ou l'arriere-Fief réüni au Fief font partie du corps du Fief & relevent du Seigneur dominant, & sont sujets avec luy quand le cas échet à la saisie feodale, aux droits de quint, au retrait feodal & à la commise, & doivent être mis dans le dénombrement qui sera donné à la premiere mutation.

D'où il s'ensuit que le démembrement ne s'en peut plus faire que selon l'article 51.

Et quoique la réünion mette l'heritage réüni dans la mouvance censuelle ou féodale du Seigneur, néanmoins il ne luy est rien dû pour cette premiere mutation, parce que s'il avoit été fait en la personne

sonne d'un autre ils auroient été dûs au vassal qui a fait la réünion.

C'est le sentiment de Pontanus sur la Coûtume de Blois article 66. & 67. de du Moulin sur l'article 23. de l'ancienne Coûtume, nombre 47. de Charondas sur l'article 33. & sur cet article 53. il dit le contraire ; & de Brodeau sur le même article nombre 25.

Le second effet est, que les heritages réünis sont partagez noblement entre les heritiers, & que le Seigneur dominant les exploite réünis pendant la saisie feodale du Fief, auquel la réünion a été faite, & qu'il en joüit au cas que par l'ouverture qui arrive ensuite, il luy soit dû relief par le nouveau vassal, Brodeau *num.* 3.

14. *Si celuy qui n'est Seigneur qu'en partie du Fief dominant, venant à acquerir purement & simplement des rotures qui en dépendent, les réünit pour le tout, ou si ce n'est qu'à raison de la portion qu'il a dans le Fief?*

Il semble que la réünion se fasse pour le tout ; parce qu'un même heritage ne peut pas avoir deux qualitez incompatibles, sçavoir de noble & de roturier, & d'être dominant & servant ; ce qui arriveroit s'il n'étoit rendu feodal que pour une partie.

Chopin sur ce titre *num.* 28. en la marge, tient cette opinion ; le sentiment contraire me semble mieux fondé, par les raisons suivantes.

15. La premiere est, qu'un associé ou copropriétaire ne peut pas rendre pire la condition de ses associez, *l. unus.* 2. *ff. de servitut.* ce qui arriveroit, si un des copropriétaires du Fief réünissoit à la portion qu'il auroit en iceluy, les rotures qui en dépendent, parce que par ce moyen ses copropriétaires seroient privez des censives & des lods & ventes & autres droits Seigneuriaux, qu'ils partageroient avec celuy qui auroit fait la réünion, quand ils seroient dûs.

C'est la raison pour laquelle, quand un de plusieurs Seigneurs d'un même Fief retire un Fief servant par retrait feodal, il est tenu de payer à ses Coseigneurs leur portion du quint, au cas qu'ils aiment mieux prendre les droits que d'exercer le retrait ; & qu'il est obligé de leur faire la foy & hommage pour les portions qui relevent d'eux, desorte que la réünion ne se fait pas à l'égard d'icelles, comme il a été dit sur l'article 20.

16. La seconde est, que les rotures ne sont réünies au Fief dominant par l'acquisition qui en est faite par le Seigneur, que parce qu'il ne peut pas être son Seigneur & son Sujet censier, son créancier & son debiteur, & que ces qualitez sont incompatibles en une même personne : Or cette raison n'a pas lieu ; quand un Seigneur en partie acquiert un heritage censuel, pour les portions qui sont en la censive de ses Coseigneurs, à l'égard desquelles il est censé étranger, & non pas Seigneur dominant ; ce qui n'est pas absurde, vû que la Loy *ut pomum.* 8. §. *si prædium. ff. de servitut.* dit, que la servitude réelle peut être retenuë sur un fond *pro parte indivisa*, & être aussi éteinte *pro parte indivisa.* Une servitude peut être dûë par un fond commun à mon heritage, selon la Loy *si communi.* 27. *ff. de servitut. rusticor. prædior.* il faut dire au contraire, qu'une servitude peut être dûë par mon fond à l'heritage que je possede par indivis avec Titius ; & dans l'une & l'autre espece un même heritage se trouve exempt & chargé de servitude.

C'est l'avis de Brodeau & d'Auzanet, que la réünion ne se fait pas pour le tout, ensorte que le surplus retient son ancienne qualité sous la tenure feodale ou censuelle des autres Seigneurs.

C'est aussi celuy de Monsieur ***. qui en a dressé un article en ces termes, *si le Fief dominant appartient à plusieurs Seigneurs ; la réünion se fera pour la portion de ce que l'acquereur a dans le Fief, & le surplus retiendra sa qualité sous la tenure feodale ou censuelle des autres Seigneurs.*

Cette maxime est si vraye qu'un Seigneur ne peut rien faire au préjudice de son Coseigneur, qu'il a été jugé par Arrest du 15. Mars 1629. en l'Audience de la Grand'-Chambre rapporté par du Fresne, qu'un Seigneur de Village qui avoit acquis une maison dans le même lieu, tenuë en la censive de son Coseigneur, ne la pouvoit pas démolir pour la mettre en prez & jardin, parce que telle démolition auroit préjudicié à son Coseigneur ; en ce qu'il auroit perdu un tenancier qui la pouvoit vendre, & de la vente de laquelle il auroit des lods & ventes plus forts que de la vente qui se pourroit faire du fond aprés la démolition de la maison. 17.

Si les conquêts faits en la censive d'un Fief acquis pendant la communauté, sont rendus feodaux pour le tout? 18.

Brodeau nombre 24. & Charondas tiennent l'affirmative : la raison est que le mary est le maître des biens de la communauté dont il peut disposer à quelque titre que ce soit entre-vifs, sans le consentement de sa femme article 225. d'où il s'ensuit que dans le cas proposé, la réünion se fait *ipso jure*, quand il n'a point fait de declaration contraire à la regle, la femme ne peut pas contrevenir, c'est aussi le sentiment de Maître Duplessis page 80. elle ne le peut pas même aprés la mort de son mary en acceptant la communauté.

D'où il s'ensuit que les heritages acquis en la censive du mary, pendant la communauté, sont réünis à son Fief ; c'est le sentiment de Brodeau nombre 2. 19.

Monsieur ***. est d'avis contraire, dont il a dressé un article en ces termes, *si l'heritage acquis est dans la mouvance & censive du Fief du mary, la réünion aura son effet dés l'instant de l'acquisition pour la totalité, au cas que la femme ou ses heritiers renoncent à la communauté, ou pour ce qui en reviendra au mary ou ses heritiers, par le partage de la communauté.*

La raison qu'il en rend est, que le mary est le maître de la communauté & propriétaire du Fief, & la réünion se fait autant qu'elle se peut faire ; car si la femme ou ses heritiers renoncent à la communauté elle se fait pour le tout ; s'ils l'acceptent il faut attendre le partage, car si l'heritage acquis échet pour le tout au mary ou à ses heritiers, la réünion auroit lieu pour le tout, & ils ne pourroient plus l'empêcher, comme étant censée faite dés l'acquisition, faute par le mary d'avoir fait une declaration contraire à la réünion ; que s'il se partage elle ne se fera que pour la moitié qui échera au mary ou à ses heritiers, & non pour l'autre moitié.

La question suivante, *si lorsque l'heritage du mary est dans la censive d'un Fief qu'il acquiert pendant la communauté, la réünion se fait pour le tout?* se doit regler de même. 20.

A l'égard de la moitié qui doit luy appartenir à cause de la communauté, il n'y a pas de difficulté.

Il n'y en a que pour celle qui peut appartenir à la femme ou acceptant par elle ou par ses heritiers la communauté, aprés la dissolution d'icelle.

Charondas, Bacquet au Traité des droits de Justice, chapitre 14. nombre 15. Brodeau ; nombre 27. & Maître Duplessis tiennent l'affirmative, par la raison que le mary est le maître de la communauté, & par consequent de tous les biens dont elle est composée ; ainsi la censive au cas proposé est réünie au Fief. CHARONDAS.

Maître Auzanet sur l'article 20. dit, que le Fief retenu par puissance de Fief durant le mariage, en la mouvance du Fief de l'un des conjoints ; demeure réüni de plein droit au Fief duquel il étoit mouvant ; AUZANET.

en indemnisant l'autre de sa part dans la somme payée pour la retenuë, frais & dépens, & dans les profits qui eussent été payez par l'acquereur cessant la retenuë.

Tronçon. Labbé. Tronçon & Labbé sont d'avis contraire & avec raison, ils citent un Arrest du 20. Août 1605. au profit de Monsieur de Lozon, qui a jugé que les acquisitions des Terres roturieres faites pendant la communauté par le mary qui en est Seigneur, ne sont renduës feodales que pour moitié.

La raison est, que le mary est le maître de la communauté & des biens qui la composent, tant qu'elle dure, pour en pouvoir disposer sans le consentement de sa femme, mais dés-lors qu'elle est dissoute par la mort de l'un ou de l'autre, le droit dans la moitié de ces biens est acquis à la femme ou à ses heritiers par l'acceptation de la communauté, desorte que c'est l'évenement qui fait connoître si au temps de l'acquisition le mary étoit le maître incommutable de ces biens, l'acceptation de la communauté transfere la proprieté de la moitié de ces biens dans la personne de la femme, au préjudice de laquelle ou de ses heritiers, le mary n'a pû faire la réünion, c'est pourquoy ils peuvent l'empêcher par une declaration contraire.

21. *Si quand l'heritage propre de la femme est dans la censive du Fief acquis pendant la communauté, la réünion se fait pour partie ou pour le tout?*

Dans ce cas il n'y a point de réünion au temps de l'acquisition, elle dépend de l'évenement; car si la femme ou ses heritiers renoncent à la communauté il n'y a point de réünion, selon le sentiment de Brodeau nombre 26. & 29. & de Maître Auzanet, ce qui est sans difficulté, vû qu'en ce cas le Fief acquis appartient pour le tout au mary ou à ses heritiers.

Mais si elle accepte la communauté ou ses heritiers, la réünion se fait pour moitié, & si elle ne la veut pas, elle ou ses heritiers doivent faire leur declaration en l'acceptant, ou avant le partage d'icelle par acte passé pardevant Notaires, comme il a été jugé par Arrest du 13. Septembre 1614.

Que si au contraire le Fief est propre à la femme, & que l'heritage en sa censive est acquis pendant la communauté, il en faut dire de même, que la réünion ne se peut faire que pour moitié, au cas seulement d'acceptation de la communauté.

Mais s'il y a des enfans issus du mariage la réünion arrivera en la personne des enfans, quand les successions de leurs pere & mere leur seront échûës, à moins qu'ils ne fassent declaration au contraire.

Monsieur ***. en a fait un article qui porte, *si le Fief ou l'heritage roturier acquis durant la communauté, est dans la mouvance féodale ou censuelle du Fief de la femme, il n'est réüni au Fief de la femme que du jour de la dissolution de la communauté pour la totalité, ou pour portion de la chose acquise qui luy échoira, ou à ses heritiers, par le partage definitif de la communauté.*

22. On demande, *si ce qui est réüni à un Fief propre, est acquest ou propre en la personne du propriétaire du Fief?*

On répond que non, desorte que si dans la suite l'acquereur vendoit le Fief & les rotures réünies, le retrait lignager n'auroit lieu que pour le Fief & non pour les rotures; ou si l'acquereur disposoit du total par son testament, le legataire prendroit toutes les rotures & le quint du Fief, ce qui est sans difficulté.

La raison est, qu'il faut faire difference entre les qualitez intrinseques & réelles, & les extrinseques & accidentelles: les rotures sont réünies au Fief dans la censive duquel elles sont par leur qualité essentielle, car il n'y a rien de plus naturel, que les choses reprennent leur premiere nature; or les rotures faisoient autrefois partie du Fief dont elles ont été démembrées, pour être tenuës en censive par les possesseurs, c'est pourquoy elles redeviennent feodales, quand elles se trouvent possedées par celuy qui est propriétaire du Fief dont elles sont mouvantes.

Mais c'est une qualité accidentelle aux heritages d'être acquests ou propres, & il ne se peut pas faire que ce qui est acquest, soit reputé propre, vû que le propre est ce qui nous est échû par succession, ou qui nous a été donné en ligne directe.

C'est le sentiment de Brodeau *num.* 21. de Chopin sur ce titre *num.* 29. de Charondas, de Tronçon, de Ricard, lequel rapporte un Arrest du mois d'Avril 1548. qui l'a jugé ainsi, de Faber sur le §. *si cui. Instit. de legat.* & de Maître Auzanet. Brodeau. Chopin. Charondas. Tronçon. Ricard. Auzanet.

Monsieur ***. a dressé un article sur cette question, qui porte, *par la réünion la chose prendra la nature du Fief, mais pour la qualité de propre ou d'acquest les choses retiendront leurs anciennes qualitez, nonobstant la réünion.*

Pontanus au titre 5. article 67. de la Coûtume de Blois & du Moulin sur l'article 43. *num.* 169. & *seqq.* sont d'avis contraire, néanmoins avec distinction: Pontanus prétend, que ce qui est consolidé & réüni par un titre onereux, est acquest, & que ce qui est réüni par un titre lucratif, est propre. 13. Du Moulin.

Du Moulin *num.* 171. pose quatre cas pour la resolution de la question:

Le premier est, quand un Fief est accordé pour un certain temps, ou pour certaines generations, & que le temps est expiré & les generations finies.

Le second est, celuy de la confiscation pour crime.

Le troisiéme est, celuy de la commise.

Le quatriéme, quand le Seigneur feodal acquiert le Fief servant par contrat volontaire.

Au premier il décide, que le Fief réüni prend la qualité & la condition du Fief, auquel la réünion est faite & qu'il devient propre, s'il est propre, la chose n'ayant été separée que pour être réünie aprés un certain temps; ainsi la réünion se faisant en vertu de la convention apposée dans le titre de concession, elle ne peut avoir d'autre qualité que celle de la chose à laquelle elle est réünie.

Au second, le Fief ou la chose réünie ne prend pas la qualité de la chose à laquelle la réünion se fait; la raison est, que la confiscation ne se fait pas en vertu du Fief dominant, mais en vertu de la haute-Justice; ainsi on ne peut pas dire, que cette réünion qui se fait au Fief dominant, produise le même effet qu'au premier cas, la réünion ne se faisant pas *ex antiqua & inhærente causa.* 14.

Il en est de même au cas de la réünion au Fief du Seigneur haut-Justicier pour cause de desherence & de bâtardise; l'acquisition des biens vacans ne se faisant par le Seigneur haut-Justicier, qu'en vertu de sa haute Justice, suivant l'article 167. *Item* quand la réünion se fait par droit de bâtardise.

Au troisiéme cas, le Fief tombé en commise n'est pas réputé propre comme le Fief dominant, parce que cette réünion ne se fait pas en vertu de la convention apposée dans la concession du Fief, mais du fait particulier du vassal, par lequel il a fait tomber son Fief en commise. 15.

Du Moulin *num.* 186. rend encore une autre raison, qui est, que le Seigneur dominant peut tenir & posseder le Fief commis en arriere-Fief, & en empêcher la réünion au Fief dominant par une declaration expresse qu'il feroit pour cet effet. Du Moulin.

D'Argentré sur l'article 418. de la Coûtume de Bretagne *num.* 14. & 15. est d'avis contraire.

Au quatriéme, que c'est un acquest, soit que le Seigneur ait acheté le Fief servant, ou qu'il l'ait retiré par retrait feodal; parce que le prix que le Sei- 16.

gneur a payé soit au cas de l'achat ou du retrait, est la cause principale de la réünion.

La Cour par Arrest du 9. Juillet 1569. rapporté par Monsieur Loüet lettre R. nombre 3. a jugé au profit d'Estienne Baudoüin, que l'heritage retiré par retrait feodal étoit acquest, comme il sera dit sur l'art. 139.

Maître Auzanet sur l'article 20. tient que si la AUZANET. réünion se fait par retrait, le Fief retiré est acquest, mais que si elle se fait par droit de commise ou de confiscation, il prend la qualité du Fief dominant.

Le sentiment de du Moulin, à mon avis, ne peut souffrir de difficulté que pour le premier cas; car à l'égard des trois derniers, il faut dire, que le Fief ou l'heritage réüni au Fief dominant est un acquest; quant au premier, je ne suis pas de son avis.

Il est vray, que la réünion se fait *ex natura rei, & ex necessitate causæ veteris & intrinseca & sine voluntate & facto jus amittentis*; mais cela ne fait pas que la chose réünie prenne la qualité & la condition de celle à laquelle la réünion est faite, parce que dés lors que l'aliénation a été faite d'une partie du Fief, sous quelque charge de reversion que ce soit, la réünion qui s'en fait à la partie de laquelle elle a été démembrée, ne la peut pas rendre propre, parce que nôtre Droit Coûtumier ne reconnoît pour heritages propres, que ceux qui échéent par succession en ligne directe ou collaterale, ou par donation en directe.

C'est une idée que de s'imaginer que par ce moyen un propre puisse être fait, car c'est une veritable acquisition, & il suffit pour être un acquest qu'elle ne soit pas faite par succession, ou par donation en ligne directe.

Deplus, il faut considerer par quelle raison le Droit Coûtumier estime propres les heritages, qui viennent par ces deux manieres, sçavoir afin que les heritages qui viennent d'un côté & d'une ligne, soient conservez dans la même ligne, au cas qu'ils se trouvent dans les biens de celuy auquel ils sont échûs, au temps de sa mort: or cette raison n'a pas lieu au cas de la réünion qui se fait par ce dernier moyen, ainsi je ne vois pas que cette réünion puisse rendre l'heritage réüni propre à celuy qui est propriétaire de la partie à laquelle la réünion se fait.

On peut ajoûter, que comme le bail emphyteotique se fait ordinairement jusques à 99. ans, ou pour un nombre d'années si considerable, qu'il y a plusieurs possesseurs successivement, tant de la partie aliénée, que de celle qui a été retenuë par le bailleur à emphyteose, la chose retenuë passant en des mains étrangeres par vente ou autre maniere d'acquisition hors la succession directe ou collaterale, & la donation en directe, ne semble-t-il pas absurde que l'heritier de tel acquereur possede comme un propre la partie alienée, laquelle luy seroit acquise par l'expiration du temps du bail emphyteotique?

Il y a plus de difficulté dans l'espece suivante.

1°. Un Seigneur d'un Fief propre consistant seulement en censives & Fiefs qui en relevent, sans aucun domaine, que nous appellons *Fief en l'air*, acquiert un heritage dans sa censive; aprés sa mort on demande si cet heritage doit être reputé propre ou acquest, au cas que l'acquisition ait été faite sans la declaration portée en cet article, l'heritage ayant par ce moyen été réüni au Fief?

Il est certain, que les heritiers des acquests ne peuvent pas demander que l'heritage réüni soit separé du Fief en l'air, dans la censive duquel il étoit auparavant, parce que la réünion des censives aux Fiefs est favorable, & que le Fief est comme la chose principale qui attire à soy la censive comme l'accessoire, de même que le fond fait l'édifice, §. 30. *Institut. de rer. divis.*

28. Il faut aussi tomber d'accord, que la censive acquise est un acquest, dont l'heritier des propres ne doit point profiter au préjudice de l'heritier des acquests, la faveur étant égale pour l'une & pour l'autre, c'est pourquoy à mon avis l'heritier des acquests peut prendre l'heritage acquis pour le tenir en censive du Fief en l'air, tel comme il étoit auparavant, pour ne point causer de préjudice à l'heritier des acquests nonobstant la réünion.

Que si le propriétaire d'un fond qui luy est propre, 29. y fait élever un bâtiment, ou s'il y fait des impenses & ameliorations, l'heritier des propres prend le fond & le bâtiment ou les ameliorations, à la charge de recompenser l'heritier des acquests de la valeur & estimation du bâtiment, ou des ameliorations faites des deniers du défunt; & l'estimation s'en doit faire selon la valeur au temps de la succession échûë, & non pas selon qu'elles ont coûté.

Il faudroit dire le contraire de l'accroissement qui 30. se feroit à l'heritage propre par alluvion; car cet accroissement appartiendroit entierement à l'heritier des propres, sans aucun remboursement.

La raison est, que cette maniere d'acquisition se fait sans la participation de l'homme, par la chose même, & sans qu'il en coûte rien; desorte que c'est la chose, qui est reputée accruë & augmentée d'elle-même, ainsi l'accroissement ne peut pas avoir d'autre qualité que la chose à laquelle il s'est fait.

C'est l'avis de Maître Charles du Moulin, §. 1. DU MOULIN. *glos. 5. num. 115. & 116.* & d'Argentré sur la Coûtume de Bretagne, *art. 418. glos. 2. num. 18. & 19.*

Si le Seigneur ayant acquis un heritage mouvant de 31. *son Fief chargé d'une rente fonciere envers luy, cette rente est éteinte?*

C'est une maxime en droit, que par le concours de l'obligation active & passive en une même personne il y a extinction, ces deux qualitez de créancier & de debiteur ne pouvant se rencontrer ensemble; ainsi les servitudes sont éteintes, quand les deux heritages tombent entre les mains d'un même propriétaire, *l. 1. ff. quemadm. servit. amitt. l. quicquid. ff. commun. prædior. l. tria prædia. de servit. rustic. prædior.* & quoique par aprés il en aliéne un, elles ne sont pas rétablies, *l. si quis ædes. de servit. urban. prædior.*

Par la même raison, si le Seigneur aliéne l'heritage qui étoit chargé de rente fonciere envers luy, l'heritage est vendu sans la charge d'icelle, en cas qu'il n'en soit point fait mention dans le contrat, comme il a été jugé par Arrest du 10. Decembre 1648. au profit des Carmes de la ville d'Angers, rapporté par Monsieur Soëfve, tome 1. chap. 97.

C'est le sentiment de Chopin sur la Coûtume CHOPIN. d'Anjou, chap. 6. nomb. 9. & de M. Dolive en ses Questions notables de Droit, liv. 2. chap. 19.

Brodeau sur Monsieur Loüet, lettre F. nomb. 5. BRODEAU. dit qu'on fait distinction entre les droits personnels & mobiliaires, & les droits réels & immobiliaires: qu'à l'égard des premiers la confusion & la réünion produit un effet perpetuel & immuable, & que quant aux autres, la separation arrivant, *omnia pristina jura revivìscunt & reformantur.*

Il rapporte le sentiment de Cujas sur la loy 33. *sol. matrim.* & sur la loy *debitor. ad S. C. Trebellia*, & cite un Arrest du 6. Avril 1621. Il s'agissoit d'un droit de terrage seigneurial & chef cens, qui avoit été acquis par celuy à qui il étoit dû & possedé tant par luy que par ses heritiers pendant plus de quatre-vingt ans; & par l'Arrest l'heritage fut declaré chargé du droit de terrage.

Maître Duplessis, Consult. 19. decide la même DUPLESSIS. chose sur la question, si une rente fonciere s'éteint quand le propriétaire de l'heritage à qui il est dû, acquiert l'heritage qu'il doit, ou si elle se continuë lorsque ces heritages passent aprés la mort de l'acquereur aux heritiers des propres & des acquêts?

Il prétend que par la réünion la rente n'a point été éteinte, mais que la prestation en a seulement été discontinuée, tant que les heritages ont été en la possession de la même personne, & qu'elle se doit renouveller, les heritages ayant été partagez entre ses heritiers mobiliaires & ses heritiers des propres; parce qu'il n'y a point de confusion de droits réels, & que cette regle, *nemini res sua servit*, ne se doit entendre que des droits dûs par la personne à la personne; ou par la chose à la personne, mais non des droits réels dûs par la chose à la chose.

Cependant je ne trouve point de charge & de droit plus réel & plus attaché aux heritages que les servitudes réelles, lesquelles s'éteignent par la confusion, selon les loix; au titre *servitut. quemadmod. amitt. semel confusa & extincta servitus non reviviscit licet postea utraque res, dominans & serviens, revertatur ad pristinum statum, d. l. si quis. ædes*, dit du Moulin sur l'article 20. glos. 1. nomb. 56. & au nomb. 59. il dit, *si vendidi & tradidi tibi prædium meum, cui tuum serviebat, extincta est servitus; & dato quòd mihi revendas, non reviviscit, nec teneris de novo imponere, &c.*

DUPLESSIS. De l'opinion de Maître Duplessis il s'ensuivroit, que si celuy qui auroit une maison propre de ligne, en acquerroit une autre chargée de servitude envers la sienne, ces servitudes seroient rétablies par le partage de ces maisons entre ses heritiers; ce qui me paroît contraire à l'autorité des loix & à la raison: car enfin comme les droits & charges réelles s'acquiérent par certains moyens, aussi ils se détruisent par d'autres; & je n'en vois pas de plus conforme à la raison que la confusion, vû qu'il paroît absurde qu'on soit debiteur & créancier de soi-même, hors les cas qui sont autorisez par nos Coûtumes; il s'ensuivroit delà une tres-grande absurdité, en ce que si les deux heritages avoient été possedez par l'acquereur, son fils, son petit-fils, & quelqu'autre de ses descendans pendant un siecle ou deux, les deux heritages venant à être separez, on feroit revivre cette rente fonciere; Brodeau cite Cujas sur la loy, *qua dotis, sol. matrim.* mais il ne tient point cette opinion.

Il est inutile d'en dire davantage sur ce sujet.

Si les arriere-Fiefs que possede le Roy à son avenement à la Couronne, sont unis de plein droit au domaine, ensorte qu'ils ne puissent être aliénez. 32.

Cette question s'est presentée en l'Audience de la Grand'-Chambre, & par Arrest du 9. Janvier 1679. rapporté dans le Journal du Palais, la Cour a jugé pour la réünion: la raison est, que le Roy ne peut pas relever de ses sujets; il éteint par ce moyen les mouvances & dépendances qui ne conviennent pas à la souveraineté. Voyez ce qui est expliqué fort doctement sur cette matiere dans ce Journal.

Il faut dire aussi suivant ce qui a été dit cy-devant, que les heritages acquis pendant la communauté, réünis au Fief du mary, ne sont point sujets au doüaire coûtumier, Brodeau, nomb. 20. BRODEAU.

SI PAR EXPRE'S LE SEIGNEUR NE DECLARE, &c.

GLOSE DEUXIE'ME SUR L'ARTICLE LIII.

SOMMAIRE.

1. *Pourquoy la declaration portée par cet article est permise.*
2. *Conditions pour empêcher la réünion.*
3. *Si un heritier peut par une declaration empêcher la réünion.*
4. *Sentiment de Maître Auzanet.*
5. *Avis contraire de l'Auteur.*
6. *Effets de la declaration.*
7. *Si cet article implique contradiction, comme veut Maître Auzanet.*
8. *Si sa disposition doit être étenduë aux Coûtumes qui n'en parlent point.*

1. LE Seigneur qui acquiert un heritage dans sa mouvance feodale ou dans sa censive, peut avoir interêt d'en empêcher la réünion; c'est pourquoy la Coûtume luy donne un moyen pour le conserver dans le même état & dans la même dépendance en laquelle il étoit avant l'acquisition, sçavoir, en faisant declaration de sa volonté, sous deux conditions.

La premiere, qu'elle soit expresse, comme il avoit été jugé par plusieurs Arrests rendus avant la reformation, rapportez par Monsieur Loüet & Brodeau, lettre F. nomb. 5. sur lesquels cet article a été ajoûté.

La deuxiéme, que la declaration soit faite au temps de l'acquisition, *in continenti*, & non *ex intervallo*, autrement elle n'empêcheroit pas la réünion, *arg. leg. 16. ad SC. Macedon. ubi continuò debet interponi protestatio contrariæ voluntatis*; c'est ce que dit la Coûtume d'Orleans en l'article 20. *Si par exprés le Seigneur ne declare par le contrat d'acquisition.*

2. Les Arrests l'ont jugé ainsi, c'est un des chefs jugez par Arrest en la quatriéme Chambre des Enquêtes le 20. Février 1599. remarqué par Chopin sur ce titre, nomb. 5. Brodeau, nomb. 9. & Ricard en remarquent un autre donné en l'Audience de la Grand'-Chambre le 29. Juillet 1639. au profit du Marquis de Fontenay, par lequel il a été dit, que dans la saisie feodale qu'il avoit faite du Fief de Chatou, les rotures acquises par le propriétaire du Fief y étoient comprises, & la Cour n'eut aucun égard à une declaration faite aprés coup, qu'il entendoit tenir le Fief & les rotures separément.

CHOPIN. BRODEAU. RICARD.

Il y a encore un autre Arrest précedent du 23. Juillet 1631. au rapport de Monsieur de Hodicq, entre Marie Gravelle & Nicolas le Forestier, & la Cour n'eut aucun égard à la declaration qui avoit été faite dix jours aprés l'acquisition, en prenant possession.

TOURNET. Tournet sur cet article tient que la Coûtume ne définissant pas le temps auquel la declaration doit être faite, elle se peut faire dans l'an & jour, ce sentiment est contraire aux susdits Arrests & à l'opinion commune des Commentateurs, laquelle ne reçoit aucune difficulté par les raisons renduës cy-dessus, comme dit fort bien Maître Auzanet, que la Coûtume n'explique pas en quel temps la declaration de l'acquereur doit être faite, mais qu'elle parle d'une declaration presente, ce qui présuppose qu'elle doit être faite dans le même contrat d'acquisition, ou par un autre précedent; car la réünion étant faite de plein droit par une espece de consolidation du fond roturier, au Fief duquel il avoit été tiré, la charge censuelle étant une fois demeurée éteinte, il ne seroit plus au pouvoir de l'acquereur de la faire revivre.

3. *Si un heritier peut par une declaration empêcher la réünion?*

AUZANET. Maître Auzanet dit que la Coûtume ne parle point des heritages feodaux & roturiers échûs par succession au Seigneur du Fief, duquel les heritages sont tenus en Fief ou censive, parce que le mort saisit le vif, & la réünion se fait, *ipso jure*, au moment de

4. l'ouverture de la succession, sans que l'on puisse en ce cas faire aucune declaration contraire, car elle seroit inutile avant l'échéance de la succession, parce qu'en ce temps-là le droit n'est point encore acquis, joint qu'un droit successif, *non facto hominis, sed à lege defertur.* Et aprés l'ouverture de la succession qui a fait la réünion, la declaration contraire seroit aussi inutile, n'étant pas faite *in continenti.*

Il seroit néanmoins à propos, dit cet Auteur, d'en faire une loy à cause que quelques Commentateurs de Coûtumes ont écrit que l'heritier pouvoit empêcher la réünion par une declaration faite dans six mois ou dans un an aprés la succession échûë.

5. Mon avis est contre celuy de Maître Auzanet,

AUZANET. que l'heritier peut par une declaration expresse empêcher la réünion, cet article 53. se pouvant entendre de toutes causes d'acquisition, puisqu'il ne paroît pas aucune raison valable pour distinguer l'acquisition qui se fait par succession, ou par toute autre cause; il n'est pas difficile de répondre à celle sur laquelle Maître Auzanet fonde son opinion: je ne vois pas que par cette regle, *le mort saisit le vif*, la réünion se fasse, *ipso jure*, dés l'ouverture de la succession, elle ne se peut faire que par l'acquisition de la succession par le présomptif heritier; car n'est heritier qui ne veut, article 319. & si la gestion d'heritier remonte au jour de l'ouverture de la succession, la declaration qu'il fera pour empêcher la réünion, y remontera aussi par une fiction de droit, & je ne crois pas que cela doive faire difficulté.

6. L'effet de la declaration de l'acquereur, est que l'heritage acquis demeure en roture ou en arriere-Fief, & n'est point réüni, sans que le Seigneur puisse aux mutations du Fief du vassal prétendre ses droits sur la censive ou sur l'arriere-Fief; parce que cette declaration n'est pas seulement à l'égard du propriétaire, mais aussi du Seigneur, à qui elle ne fait point de préjudice, puisque si l'heritage avoit été acquis par un autre, il n'y auroit pas eu plus de droit: ainsi l'heritage en roture confirme toûjours sa qualité, & se partage comme roture entre les heritiers.

Cette declaration produit un effet perpetuel dans la famille de celuy qui l'a faite, & pour tous effets, c'est l'avis de Brodeau & de Ricard, sans que ses heritiers soient obligez de la renouveller dans le partage de sa succession; cette question s'est presentée au Parlement de Roüen sur une évocation du Parlement de Paris, entre Dame Marie Feydeau, veuve de Monsieur Maupeou, President en la Chambre des Comptes, & Monsieur de Meaupou, Conseiller en la Cour; par Arrest il avoit été ordonné qu'il en seroit informé par turbes au Châtelet de Paris, il fut répondu qu'il n'étoit pas necessaire de renouveller la declaration, néanmoins par l'Arrest définitif du 5. Septembre 1639. le contraire a été jugé, contre lequel il y eut proposition d'erreur, & les parties s'accommoderent.

Cet Arrest qui est contre les maximes & l'usage, est rapporté par Brodeau & Ricard. Voyez dans la glose précedente, nomb. 12. un autre Arrest du mois de Janvier 1637. qui a jugé que le donataire des acquêts étoit obligé de payer à l'heritier des propres le cens, dont les terres acquises étoient chargées envers l'acquereur, à cause du Fief qui luy étoit propre.

Monsieur Auzanet dit, que cette declaration permise par cet article, a produit une infinité de procez dans les occurrences particulieres, parce que par ce moyen il se trouve, qu'une partie est tenuë en Fief, & l'autre en roture, d'une même personne, ce qui implique contradiction; & dit qu'il est loisible d'acquerir un heritage, ou de ne l'acquerir pas, mais que le Seigneur trouvant bon de faire l'acquisition, est obligé de souffrir la Loy & la necessité de la réünion. 7. AUZANET.

Ce que dit cet Auteur seroit vray, si la Coûtume ne permettoit pas de le faire, mais elle le permet; ce qui me semble tres-juste, un Seigneur pouvant avoir des raisons pour lesquelles il s'oppose à la réünion, comme pour empêcher que les avantages de l'aîné ne fussent trop grands au préjudice des autres enfans, ou voulant vendre & aliéner les rotures acquises, ou pour d'autres raisons, & à mon avis, il n'y a pas lieu de trouver à redire à la disposition de cet article.

On demande, si la disposition de cette Coûtume doit être étenduë aux autres qui n'en parlent point, desorte que sans declaration le Fief servant, ou la roture acquise par le Seigneur soient réünis, *ipso jure*, au Fief dominant. 8.

Le Grand sur l'article 27. de la Coûtume de Troyes, *glos.* 12. *num.* 3. est d'avis que la réünion ne se fait pas, *ipso jure*, mais qu'il faut une declaration expresse: qu'il ne sert de rien de dire, que la même personne ne peut pas avoir ces deux qualitez incompatibles de Seigneur & de vassal, de créancier & de debiteur; d'autant que les Fiefs sont plus réels que personnels, & affectent les choses & non les personnes, comme il a été dit sur l'article 1. & autres de ce titre: outre qu'il n'y a point d'incompatibilité, puisque même la Coûtume de Paris & autres admettent ces qualitez en une même personne au cas d'une declaration au contraire. Qu'il peut être de l'interest de l'acquereur que la réünion ne se fasse pas, & que le Fief dominant & le Fief servant sont considerez comme Fiefs separez, qu'ainsi ils doivent retenir leurs qualitez en la personne de l'acquereur, à moins qu'il ne fasse paroître une volonté contraire.

Je ne suis pas de cet avis par les raisons remarquées cy-dessus.

OBSERVATIONS DE MONSIEUR ***.

Sur l'Article LIII.

SOMMAIRE.

1. *Article 53. augmenté.*
2. *Si la réünion se fait de plein droit, & sans formalité de justice.*
3. *Article nouveau concernant la réünion des Fiefs.*
4. *Article nouveau concernant l'usufruitier.*
5. *Article nouveau concernant la réünion, lorsque le Fief appartient à plusieurs Seigneurs.*
6. *Article nouveau touchant la réünion au Fief de la femme.*
7. *Article nouveau touchant la réünion au Fief du mary.*
8. *Article nouveau touchant l'effet de la réünion.*

1. *Les heritages acquis par un Seigneur de Fief en sa censive sont réünis à son Fief, & censez feodaux, si par exprés le Seigneur ne declare, qu'il veut que les heritages demeurent en roture, & le semblable sera observé, lorsque le propriétaire d'un bien en censive acquiert le Fief dont les heritages en censive étoient mouvans.*

2. La réünion de la censive se fait de droit dans l'instant que la proprieté passe dans une même personne du Fief & de la censive, parce qu'anciennement les censives ont été démembrées des Fiefs, *& res facilè redeunt ad primam naturam.*

Il n'y a qu'une seule exception, c'est que si lors de l'acquisition qui est faite par le Seigneur de la censive, ou par le propriétaire de la censive du Fief, il declare qu'il l'a veut posseder sans les unir, la declaration faite par le même contrat d'acquisition suffit. Mais il faut qu'elle se fasse par le même contrat, par le même acte; parce que, supposé qu'il y ait le moindre temps entre les deux actes, la réünion se trouveroit faite de droit dans le moment que la proprieté du Fief se trouveroit dans la même personne, laquelle étant une fois faite compose le Fief; en telle sorte qu'il n'est plus au pouvoir du Seigneur du Fief de le démembrer.

Nous avons ajoûté que c'étoit la même chose, lorsque le propriétaire d'heritages en censive acqueroit le Fief, parce qu'autrefois cela a fait des procez, attendu que l'article n'en parloit point. Mais la raison a voulu que ce fut la même loy pour tous les cas de réünion. Et comme la Coûtume ne parle pas des Fiefs, nous avons fait un article nouveau pour servir de regle.

D'où il faut conclure que de quelque maniere que se fasse la réünion dans une même personne, elle se fait de plein droit sans aucune formalité de justice, & la chose réünie devient dans le même instant le Fief même.

Article nouveau.

3. *La réünion se fera pareillement quand le propriétaire du Fief dominant acquerera le Fief servant, ou que le propriétaire du Fief servant acquerera le Fief dominant.*

Nous avons ajoûté cet article, parce qu'il y avoit plusieurs personnes qui doutoient qu'il fallut observer la même regle pour les Fiefs que pour les rotures, parce que la Coûtume n'en parloit pas. Néanmoins les décisions frequentes ont decidé le contraire, suivant lesquelles nous avons augmenté cet article.

Autre Article nouveau.

4. *L'acquisition faite par l'usufruitier dans la censive & mouvance du Fief dont il a l'usufruit, n'est point réüni au Fief.*

La raison cessant pour laquelle la réünion se fait, l'effet cesse pareillement, & comme l'usufruitier n'est point propriétaire, la servitude passive ou active ne se trouve point dans la même personne, il n'y a point de réünion; c'est pourquoy nous avons ajoûté cet article, afin d'ôter toutes les difficultez.

Autre Article nouveau.

5. *Si le Fief dominant appartient à plusieurs Seigneurs, la réünion se fera pour la portion de ce que l'acquereur a dans le Fief, & le surplus retiendra sa qualité sous le tenuë feodale ou censuelle des autres Seigneurs.*

Il a encore été à propos de décider comment il en faudroit user, lorsque le Fief dominant est possedé par differens Seigneurs. La Jurisprudence des Arrests, & la raison ont voulu que la réünion se fit à proportion de la part que l'acquereur avoit dans le Fief.

Autre Article nouveau.

6. *Si le Fief ou l'heritage roturier acquis durant la communauté est dans la mouvance feodale ou censuelle du Fief de la femme, il n'est réüni au Fief de la femme que du jour de la dissolution de la communauté pour la totalité ou la portion de la chose acquise qui luy échoira ou à ses heritiers par le partage définitif de la communauté.*

Cela dépend du principe que nous avons établi cy-dessus, que pour faire la réünion il faut le concours du Seigneur dominant & du Fief servant, ou du Fief & de la roture en une même personne. Ce qui ne se trouve jamais que lorsque la même personne a la proprieté des deux dans l'espece de l'article, la femme, ne devient proprietaire de la chose acquise que du moment de la dissolution de la communauté, suivant ce qui se fait par le partage diffinitif, ou le premier acte aprés le decés de l'un des conjoints.

AUTRE ARTICLE NOUVEAU.

7. *Mais si l'heritage acquis est dans la mouvance & censive du Fief du mary, la réünion aura son effet dés l'instant de l'acquisition pour la totalité, au cas que la femme ou ses heritiers renoncent à la communauté, ou pour ce qui en reviendra au mary ou à ses heritiers par le partage de la communauté.*

Cet article est raisonnable, parce que le mary est le maître de la communauté & proprietaire du Fief, ainsi la réünion se fait de droit autant qu'elle se peut faire; mais comme le plus ou le moins dépendent de l'évenement incertain; sçavoir, si la femme accepte la communauté, auquel cas elle ne se fait que pour moitié, & encore faut-il attendre le partage : parce que si par le partage la chose acquise arrivoit toute entiere au mary, la réünion seroit faite du jour de l'acquisition pour le tout, si elle n'arrive que pour moitié ou partie, elle sera faite de ce qui luy échoira seulement par le partage.

AUTRE ARTICLE NOUVEAU.

8. *Par la réünion la chose prendra la nature de Fief; mais pour la qualité de propre ou d'acquêt les choses retiendront leurs anciennes qualitez, nonobstant la réünion.*

On a autrefois demandé, si ce qui étoit acquis & se réünissoit de droit, prenoit la nature du Fief auquel la roture se réünissoit. Mais comme la nature ne peut pas souffrir deux fictions en un même temps, il suffit de faire que par la réünion l'effet & ce pourquoy elle a été faite s'ensuive, c'est-à-dire, que la roture devienne Fief; mais cela ne doit point changer la nature de la chose réünie pour l'ordre des successions, & pour la liberté de tester; en telle sorte que la chose aura la même qualité de propre ou d'acquêt qu'elle auroit, si elle n'avoit point été réünie.

Ainsi ce qui est acquis par vente est acquêt de même que ce qui vient par donation, legs, testament, est acquêt, excepté en directe, ce qui vient, *ab intestat*, par succession, est propre.

CONFERENCE SUR L'ARTICLE LIII.

DE même, *Auxerre*, art. 72.
Bar, art. 25.
Châlons, art. 259.
Montargis, art. 44.
Orleans, art. 20.
Peronne, art. 52.
Sedan, art. 73. *Sens*, art. 294.

Blois, art. 66. Item, *Si un Seigneur acquiert aucun Fief tenu de luy, ou fait de son Fief son domaine, & par partage fait entre ses heritiers, son principal Fief échet à un des heritiers, & le Fief qu'il a acquis à l'un des autres; en ce cas ledit Fief acquis, sera & demeurera tenu en hommage de principal Fief, comme il faisoit auparavant ledit acquêt.* a

a *Scilicet tacitè, nisi aliud sit expressum : item inter scientes, aliàs cum ignoranti datur prædium serviens potest conqueri.* C.M.

Article 67. Item, *Si un Seigneur acquiert aucun Fief tenu de luy, ou fait de son Fief son domaine, & avant que faire la foy & hommage à son Seigneur, dont il tient son principal Fief, il aliéne ou met hors de ses mains sondit Fief, iceluy acquêt demeurera tenu en foy & hommage de luy, comme il étoit auparavant sondit acquêt. Mais s'il en avoit fait une fois la foy & hommage à sondit Superieur, & depuis il aliéne sondit acquêt, sera doresnavant tenu dudit Seigneur suzerain, & non plus dudit acquereur.*

Dunois, art. 15. *Le Seigneur de Fief peut acquerir le Fief que son vassal tient de luy, & le joindre à son domaine : Et n'est tenu en faire foy n'hommage au Seigneur de qui il tient son plein Fief : mais son heritier, ou celuy qui a la cause de luy, en est tenu faire foy. Et aussi si le Seigneur de Fief meurt aprés que son vassal aura accepté son rerefief, ledit vassal est tenu en faire la foy, tant du Fief dudit Seigneur feodal que du rerefief, & n'est plus reputé qu'un Fief.* b

b *Et consequenter heres vassalli debet relevium totius tanquam de domanio, non tanquam de subfeudo dependenti. Item nisi vassallus vel ejus heres velit subfeudum quæsitum extra manum suam ponere, ad quod etiam superiori patrono invito habebit dilationem saltem anni post interpellationem, & sic subfeudum non ipso jure unitur, ut etiam dixi in Consuet. Paris.* §. 13. *glos.* 1. *quest.* 13. C.M.

Vermandois, art. 260. dit, *Le Fief retenu par puissance de Fief n'est estimé réüni au Fief dont il dépend, sinon que le vassal l'ait employé par son aveu, & dénombrement baillé à son suzerain comme tenu de luy en plein Fief. Et n'est tenu ledit Seigneur retrayant le réunir si bon ne luy semble,* c *ains demeure toûjours arriere-Fief pour le regard du suzerain comme il étoit auparavant. Et le peut vendre, donner & aliéner sans le consentement dudit suzerain, & sans qu'il luy en soit de ce dû aucun profit.*

c *Hæc est communis regula, ut dixi in Consuetud. Paris.* paragr. 11. & 23. C.M.

De même, *Reims*, art. 222.

Auteurs sur l'Article cinquante-troisiéme.

L'Auteur du Grand Coûtumier, liv. 2. chap. 29. p. 201. & 202.
Odofredus, in Summa, fol. 65.
Bobé, sur cet article.
De la Lande, sur Orleans, art. 18. 19. & 20.
Buridan, sur Reims, art. 122.
Basnage, sur Normandie, art. 200. 204. & 337.
Acte de Notorieté du 4. Septembre 1706.
Bardet, tom. 2. liv. 8. chap. 31.
Soefve, tom. 1. Cent. 2. chap. 97.
Mon Institution coûtumiere, tom. 1. liv. 2. titre 3. sur la fin.

Loüet, lett. F. somm. 5. & lett. S. nomb. 10.
M. le Prestre, Cent. 2. chap. 64.
Charondas, en ses Pandectes, liv. 2. chap. 15.
Pontanus, sur la Coûtume, art. 66. & 67.
Rat, sur la Coûtume de Poitou, art. 113.
Chopin, sur la Coûtume d'Anjou, liv. 1. chap. 6. nomb. 8. liv. 2. part. 1. chap. 2. titre 3. nomb. 11. & part. 3. chap. 4. nomb. 2.
Le même Auteur, sur la Coûtume de Paris, livre 1. tit. 1. nomb. 25. & 28. & & tit. 2. nomb. 25. & 40. liv. 2. tit. 6. nomb. 21.
Le même Auteur, du Domaine, liv. 1. titre 6. nombre 8.
D'Argentré, sur la Coûtume de Bretagne, art. 340.
Loüet & Brodeau, *litt. F. num.* 5.
Papon, en ses Arrests, liv. 1. tit. Art. 39.
Bacquet, *des Francs-Fiefs*, chap. 14. 15. & *des droits de Justice*, chap. 14. nomb. 7.
M. le Prestre, Cent. 2. chap. 59. & en ses Arrestez de la cinquiéme, Art. 45.
Bodreau, sur Maine, art. 220. & 222.
Buridan, sur la Coûtume de Vermandois, art. 260.
Coquille, sur la Coûtume de Nivernois, chap. 4. *des Fiefs*, art. 30.
Frain, en ses Arrests, chap. 133.
D'Olive, liv. 2. chap. 20. & 21.
Duret, dans son Alliance des Coûtumes, tit. 27. p. 772.
Duplessis explique cet article, liv. 10. page 76. & suiv.

ARTICLE LIV.

C'étoit le trente-sixiéme Article de l'ancienne Coûtume.

Seigneur feodal met en sa main les arriere-Fiefs ouverts.

LE Seigneur feodal, qui met en sa main le Fief mouvant de luy, par faute d'homme, droits & devoirs non faits, peut semblablement mettre en sa main tous les arriere-Fiefs ouverts, dépendans d'iceluy Fief, *pour en joüir comme un bon pere de famille.*

Voyez l'Article précedent, & les 124. & 161.

REMARQUES.

SI subfeuda aperta non sunt prehensa debet Dominus illa specialiter prehendere si iis frui velit; si autem jam prehensa inveniat à vassallo, eâ prehensione uti potest si libuerit, vel aliam suo nomine facere. Mol. §. 54. num. 3. 4. 5.

Non potest Dominus prehendere subfeuda si vassallus ante prehensionem sui feudi inducias etiam voluntarias dederit. Mol. ibid. num. 9. 10. 11.

Subvassallus hoc modo investitus à superiore non debet iterum investiri à Patrono immediato. Mol. §. 55. *glos.* 5. *num.* 1. 2.

Sed si pendente prehensione vassallus quemdam ex suis vassallis in fidem admittat & investiat. Dicendum est illum actum valere inter vassallum & subvassallum, sed non respectu Domini prehendentis. Mol. §. 9. *gl.* 3. *num.* 11. 12. 13.

Finita prehensione feudi principalis, non resolvuntur prehensiones subfeudorum à superiore patrono factæ, & proderunt vassallo in fidem recepto. Mol. §. 54. *num.* 12.

Superior Patronus prehensione durante potest à subvassallis catalogos exigere, sed ea vassallo justa facienti restituere debet. Idem §. 55. *gl.* 7. *num.* 2. *& approbatio quam faciet superior non prajudicabit vassallo & Patrono immediato. ibid. num.* 4.

Domino prehendenti non competunt jura procedentia ex subfeudis apertis antè prehensionem istam feudi principalis. Ibid. glos. 8. *num.* 2. *& seq. & gl.* 9.

Subfeudum pendente feudi prehensione cadens in commissum erga superiorem ei jure proprietatis acquiritur. Mol. ibid. gl. 10. *num.* 45. 46.

Generaliter observandum est quod feudo prehenso veniunt omnia accidentia feudo sive corporalia sive incorporalia: videlicet omnes pertinentiæ annexæ & dependentes quæ sunt de proprietate vel de juribus feudi. Et procedit istud in pertinentiis originariis feudi, & quæ accedunt feudo tanquam feudo ut sunt subfeuda, census, Emphyteuses & reliqua jura à feudo dependentia in concessione investituræ & dinumeramentis feudi comprehensa. Mol. §. 1. *glos.* 5. *n.* 14. *& seq. & §.* 54. *n.* 3. 4. *& §.* 55. *gl.* 10. *n.* 47.

Unde etiam cum beneficia sint in fructu si jus patronatus adhæreat feudo, Domino competit nominare ad beneficia durante prehensione vacantia. Mol. d. §. 55. *gl.* 10. *n.* 1. *& seq. ad* 6. *Sed in Commissario ad regimen feudi à Domino posito hæc præsentandi facultas non residet. Cum solam administrationem habeat, non autem potestatem jura dominicalia in se exercendi. Mol. ibid. n.* 34. 38. & suivant ce jugé par un Arrest donné en l'Audience de la Grand'-Chambre du 21. Juin 1610. que tel Commissaire établi par le Seigneur ne peut pas exercer les droits honorifiques.

PEUT SEMBLABLEMENT METTRE EN SA MAIN, &c.

GLOSE UNIQUE SUR L'ARTICLE LIV.

SOMMAIRE.

1. *Raison de cet article.*
2. *Si le Seigneur peut se servir de la saisie faite par son vassal sur les arriere-Fiefs.*
3. *Si le Seigneur peut saisir les arriere-Fiefs ouverts.*

ouverts, avant que d'avoir saisi le Fief servant.

4. *Cas auquel il ne gagne pas les droits dûs par les arriere-Fiefs, quoiqu'il les ait saisis.*

5. *Si le Seigneur peut saisir les arriere-Fiefs pendant la saisie du Fief servant, pour dénombrement non baillé.*

6. *Si le Seigneur peut saisir les arriere-Fiefs, quand les arriere-vassaux ont été reçûs en foy par le vassal qui n'y étoit pas.*

7. *Opinion de l'Auteur contraire à celle de Brodeau, qui tient que le Seigneur suzerain peut obliger les arriere-vassaux reçûs en foy, de luy faire la foy & hommage.*

8. *Si le vassal saisi peut investir ses vassaux.*

9. *Si l'arriere-vassal étant saisi par son Seigneur suzerain, peut faire la foy & hommage à son Seigneur.*

10. *Si le Seigneur ayant saisi le Fief servant, est tenu d'entretenir la souffrance baillée par son vassal.*

11. Quid, *de la souffrance baillée par le Seigneur suzerain.*

12. *Si le Seigneur suzerain peut contraindre les arriere-vassaux saisis de luy bailler aveus & dénombremens.*

13. *Si le vassal étant investi peut blâmer les aveus baillez au Seigneur suzerain.*

14. *Si le Seigneur peut exercer le retrait sur ses arriere-vassaux.*

15. *Si pendant le relief il peut saisir les arriere-Fiefs ouverts.*

16. *Difference entre la joüissance au cas de saisie, & celle au cas de relief.*

1. LA raison de cet article, dont la décision est fort claire, est que le Seigneur pendant sa saisie feodale du Fief servant, entre au lieu & place de son vassal & exerce ses droits de même que s'il en étoit propriétaire, & il a les droits honorifiques, utiles & profitables que son vassal auroit, s'il avoit été reçû en foy & hommage; c'est pourquoy trouvant les arriere-Fiefs ouverts, soit que l'ouverture soit arrivée avant ou pendant la saisie du Fief, il a droit de les saisir & de faire les fruits siens des arriere-Fiefs saisis, jusques à ce que les arriere-vassaux ayent satisfait aux causes de la saisie en qualité de Seigneur suzerain & Superieur, Tournet & Brodeau, *num.* 1. & 2.

2. Mais quoique le Seigneur soit aux droits du vassal pendant la saisie feodale, néanmoins il ne peut pas se servir de la saisie faite par son vassal sur les arriere-Fiefs, il faut qu'il les saisisse derechef en son nom & comme Seigneur suzerain; c'est l'opinion de Charondas.

Brodeau. Brodeau *num.* 13. est d'avis contraire; en effet c'est la disposition de la Coûtume de Nivernois, titre *des Fiefs*, article 60. parce que, dit Brodeau, le Seigneur superieur par sa saisie entre au lieu & place de son vassal. Il paroît que c'est aussi l'opinion de

Du Moulin. du Moulin §. 54. *num.* 3. 4. & 5. *si subfeuda aperta non sunt prehensa debet dominus illa specialiter prehendere, si vis frui velit; si ea autem jam prehensa inveniat à vassallo, eâ prehensione uti potest si libuerit, vel aliam suo nomine facere.*

3. Néanmoins je suivrois plus volontiers le sentiment de Charondas, parce que comme il n'y a que la saisie qui donne droit au Seigneur sur les fruits du Fief saisi du vassal, aussi il n'y a que la saisie faite par le Seigneur suzerain qui luy donne droit de joüir des arriere-Fiefs; car le vassal ne l'ayant faite que pour luy, & le Seigneur suzerain ayant droit par cet article de saisir les arriere-Fiefs ouverts, non pas au nom de son vassal, ni comme son Procureur, mais en son nom & comme Seigneur suzerain, il ne peut pas se servir d'une saisie par laquelle le vassal a fait ses diligences pour profiter de la negligence des arriere-vassaux; autrement il s'ensuivroit que le Seigneur pourroit obliger le vassal de luy restituer les fruits perçûs des arriere-Fiefs par luy saisis, depuis la saisie de son Fief, ce qui me paroît absurde: aussi cet article 54. dit generalement & sans distinction, que le Seigneur qui a saisi le Fief de son vassal peut aussi saisir ceux des arriere-vassaux.

Duplessis. Maître Duplessis dit que le meilleur est que le Seigneur fasse renouveller la saisie sur les arriere-Fiefs.

4. Il y a un cas auquel les droits dûs par un arriere-vassal appartiendroient à leur Seigneur, quoique la saisie feodale fut faite sur luy & sur l'arriere-vassal, sçavoir lorsqu'elle seroit dûë par une mutation anterieure à la saisie feodale, comme si le pere de l'arriere-vassal n'avoit pas payé les droits de sa mutation, ces droits seroient dûs au vassal, & quoique l'arriere-vassal ne dût pour la sienne que la foy & hommage, & que pour cette cause il fut saisi par le Seigneur suzerain, il seroit obligé de luy faire la foy & hommage & luy payer les droits pour la mutation dûë par son pere, autrement il ne seroit pas obligé de le recevoir en foy, & la saisie tiendroit toûjours jusqu'à ce qu'il les eût payez; mais le suzerain seroit tenu de les rendre à son vassal quand il auroit satisfait aux causes de la saisie.

Quoique le Seigneur dominant ait droit de saisir le Fief servant faute d'homme, droits & devoirs non faits & non payez, néanmoins il ne peut pas saisir les arriere-Fiefs, qu'il n'ait auparavant saisi le Fief du vassal, suivant les termes exprés de cet article, *le Seigneur féodal qui met en sa main sur peine de nullité.*

C'est le sentiment de Brodeau nombre 5. & de Duplessis. Brodeau. Duplessis.

La raison est, que le Seigneur n'a droit sur les arriere-Fiefs qu'en vertu de la saisie feodale sur le Fief, dont ils sont mouvans.

Si le Seigneur pendant sa saisie faute de dénombrement peut saisir les arriere-Fief ouverts? 5.

Cet article semble nous marquer qu'il ne le peut pas, vû que *inclusio unius est exclusio alterius.*

Du Moulin sur cet article & Brodeau *num.* 6. tiennent qu'il le peut, & qu'aprés l'aveu baillé, il rendra compte ou son Commissaire aux arriere-vassaux comme à son vassal, des fruits perçûs pendant la saisie. Du Moulin. Brodeau.

Charondas est d'avis contraire sur cet article & sur les articles 8. & 9. Charondas.

Les Coûtumes de Montargis chap. 1. art. 68. & d'Orleans article 83. ont une semblable disposition au sentiment de Charondas; & je croy que c'est l'opinion qu'il faut suivre.

La raison est, que quand la saisie est faite faute d'homme, le Seigneur joüit de tous les droits du vassal, comme par un droit de reversion momentanée, tant que dure la saisie.

Mais quand elle n'est faite que pour dénombrement non baillé, le Seigneur n'exerce point les droits de son vassal, il n'acquiert rien par icelle, & l'administration du Fief est seulement ôtée au vassal jusqu'à ce qu'il ait fourni son aveu.

AUZANET. C'est aussi l'opinion de Maître Auzanet qui dit, que la saisie des arriere-Fiefs ne doit être permise qu'au cas de saisie qui emporte perte de fruits, ce qui se tire de ces termes : *mettre en sa main* & joüir; qui marquent aussi que le Seigneur ne peut pas demander un aveu & dénombrement aux arriere-vassaux.

6. *Si le Seigneur suzerain peut saisir les arriere-Fiefs, au cas que les arriere-vassaux ayent été reçûs en foy par le vassal saisi ?*

On tient que non, soit qu'ils ayent été investis devant ou aprés la saisie du Fief de leur Seigneur ; car cet article dit *les arriere-Fiefs ouverts* ; & partant il n'y a pas lieu à la saisie, quand ils sont ouverts par la foy & hommage rendue au vassal, comme il a été jugé par Arrest du 28. Février 1600. contre le Sieur de Puisel, rapporté par Tournet.

La raison est, que le Seigneur entre au lieu & place de son vassal, ainsi il n'a pas plus de droit que luy.

DU MOULIN C'est l'opinion de du Moulin sur l'article 55. *glos.* 5. *num.* 2. de Brodeau *num.* 11. & de Tronçon.

7. BRODEAU. Mais je ne suivrois pas le sentiment de Brodeau, en ce qu'il dit, que le Seigneur suzerain peut obliger les arriere-vassaux de luy bailler la bouche & les mains, au cas qu'ils ayent déja fait la foy à leur Seigneur ; car comme cet Auteur dit luy-même, le Seigneur suzerain n'a pas plus de droit que son vassal, or le vassal ne pourroit pas obliger ses vassaux à luy faire la foy & hommage aprés la luy avoir faite, & partant le Seigneur suzerain ne le peut pas faire.

8. *Si le vassal saisi peut recevoir en foy ses vassaux avant qu'ils soient saisis par le Seigneur suzerain ?*

Il semble que non, parce qu'il est dépossedé, il faut dire néanmoins qu'il le peut ; car puisque suivant cet article, *verbo*, ouverts, il peut les investir avant la foy & hommage par luy faite, comme nonobstant la saisie faite par son Seigneur, il est le Seigneur de ses vassaux ; ainsi il peut les investir tant qu'ils ne sont point saisis par le Seigneur suzerain, quoique son Fief soit saisi, & que par sa saisie il peut exercer les droits de son vassal, mais ce n'est que quand son vassal ne l'a pas prévenu à l'égard des arriere-vassaux.

C'est le sentiment de Pontanus sur l'article 77. de la Coûtume de Blois, voyez sur l'article 1. *glos.* 2.

9. Il est sans doute que l'arriere-vassal étant saisi par le Seigneur suzerain ne peut pas faire la foy & hommage au vassal, il la doit faire au Seigneur suzerain, lequel peut seul luy bailler main-levée de sa saisie ; & au cas qu'il eût donné main-levée au vassal, la saisie des arriere-Fiefs cesseroit *ipso jure*, par la raison que la saisie des arriere-Fiefs dépend de la saisie du Fief dont ils relevent ; ainsi le vassal seroit obligé de la renouveller ; car la premiere étant éteinte par celle du Seigneur suzerain, elle ne pourroit pas être rétablie, parce que celle qu'il auroit faite auroit cessé.

10. *Si le Seigneur pendant sa saisie est tenu entretenir la souffrance baillée par le vassal aux arriere-vassaux ?*

Il faut dire que oüy : *Non potest dominus prehendere subfeuda, si vassallus ante prehensionem sui feudi inducias etiam voluntarias dederit, Molin.* §. 54. *num.* 9. 10. *&* 11.

Cette opinion est sans difficulté, soit que la souffrance soit necessaire & légale ou volontaire, soit qu'elle ait été donnée par le vassal avant la saisie de son Fief ou pendant icelle ; parce que souffrance vaut foy tant qu'elle dure ; mais aprés que l'empêchement a cessé, il a droit de saisir, Brodeau *num.* 14. *&* 15. BRODEAU.

11. Il en faut dire de même de la souffrance accordée par le Seigneur suzerain à un arriere-vassal, sçavoir que quoique la main-levée soit accordée au vassal, néanmoins la souffrance dure tant que subsiste l'empêchement, sans que le vassal la puisse revoquer ; autre chose seroit si elle avoit été accordée sans cause, mais par une simple faveur pendant quelque temps, en ce cas aprés la main-levée obtenue le vassal pourroit saisir l'arriere-Fief sans y avoir aucun égard, dautant que *resoluto jure dantis*, &c.

La raison est, qu'autrement le Seigneur rendroit pire la condition de son vassal, & même il n'en useroit pas en bon pere de famille, mais quand la souffrance est donnée pour cause legitime, le vassal ne la peut pas revoquer, puisque luy-même auroit été obligé de l'accorder, si on la luy avoit demandée.

Si les arriere-vassaux investis par leur Seigneur sont tenus de bailler leurs aveus & dénombremens au Seigneur suzerain qui a saisi le Fief de son vassal ? 12.

Il peut les y contraindre par saisie au cas qu'ils ne les ayent pas donnez à leur Seigneur.

C'est l'avis de du Moulin sur l'article 55. *glos.* 7. *num.* 2. *& seqq.* de Tournet & de Brodeau *num.* 8. DU MOULIN. TOURNET. BRODEAU.

La raison est, dit du Moulin, que *omnis virtus & executio actuum dominicalium est ablata vassallo, & translata in patronum*, & qu'il est incertain, quand le vassal satisfera aux causes de la saisie, ainsi il est de l'interêt du Seigneur d'avoir les aveus & dénombremens des arriere-vassaux, pour en tirer les profits quand ils écherront.

Mais aprés la main-levée accordée au vassal, il est tenu de luy rendre les actes, parce qu'ils concernent les droits de son Fief ; Charondas est d'avis contraire, principalement quand les arriere-vassaux sont investis avant la saisie du Fief du vassal.

Maître Auzanet est de même sentiment. AUZANET.

Pour moy je tiens veritable l'opinion de du Moulin, parce que le Seigneur étant par sa saisie aux droits de son vassal, il peut les exercer comme il feroit sans la saisie qui luy en ôte l'exercice, mais le Seigneur est tenu aprés la main-levée rendre à son vassal les aveus & dénombremens qu'il auroit reçûs de ses arriere-vassaux. DU MOULIN.

Bien que le Seigneur suzerain ait reçû les aveus des arriere-vassaux, néanmoins le vassal aprés la main-levée obtenue, est en droit de les contester & blâmer, quelque temps qui se soit passé depuis, le fait de son Seigneur ne luy pouvant nuire ni préjudicier. 13.

Si le Seigneur suzerain peut exercer le retrait feodal sur les arriere-Fiefs ? 14.

Voyez sur l'article 20.

Si le Seigneur pendant le relief peut saisir les arriere-Fiefs ouverts ? 15.

Maître Auzanet remarque sur cet article une difference importante entre la joüissance durant la saisie feodale, & celle de l'année de relief, touchant le revenu des arriere-Fiefs qui se trouvent ouverts. AUZANET.

Il dit que par cet article 54. la Coûtume donne au Seigneur qui a fait saisir feodalement le Fief de son vassal les fruits des arriere-Fiefs qui se trouvent ouverts, parce que par le moyen de la saisie feodale le Seigneur rentre dans les Fiefs qui viennent originairement de luy, & reduit les choses durant le cours de la saisie au même point, comme si l'infeodation n'avoit point été faite ; & en cela le vassal n'a point sujet de se plaindre, parce qu'il a la faculté de prévenir ou faire cesser la saisie feodale en satisfaisant aux devoirs de la Coûtume. 16.

Ce même Auteur dit, qu'il n'en est pas de même du relief, qui est une charge annuelle qui ne peut être empêchée par le vassal ; qu'il est à observer que dans tous les articles de la Coûtume, il n'y en a aucun qui comprenne dans le revenu de l'année assigné pour le relief les revenus des arriere-Fiefs, qui se trouvent ouverts durant l'année ; & comme l'année du relief est une charge extraordinaire imposée sur les

Fiefs ; il n'est pas juste de l'étendre au-delà des termes de la Coûtume, joint que la Coûtume ayant prevû le cas, & disposé de la joüissance & revenu des arriere-Fiefs ouverts pendant le cours de la saisie feodale, elle n'eût pas oublié de la comprendre dans l'année du relief, si elle eût entendu l'y faire entrer.

C'est le sentiment de ce Commentateur qui comprend deux choses : la premiere, est la saisie des arriere-Fiefs & les fruits d'iceux pendant la saisie : l'autre concerne les droits dûs pour les ouvertures des arriere-Fiefs ouverts ; & comme cette opinion n'est pas sans difficulté, il est à propos de l'examiner.

Quant au premier point, je suis fort du sentiment de cet Auteur, que le Seigneur dominant ne peut saisir les arriere-Fiefs ouverts pendant l'année du relief ; & je ne croy pas que cela puisse recevoir de la difficulté, la Coûtume ne permettant la saisie des arriere-Fiefs au Seigneur suzerain qu'au cas que le Fief servant soit saisi pour cause qui emporte perte de fruits, auquel cas le Seigneur entre dans les droits de son vassal & represente sa personne, par une espece de reversion momentanée, & qui ne dure qu'autant qu'il plaît au vassal de satisfaire aux causes de la saisie.

D'où il s'ensuit, que le Seigneur suzerain ne fait pas les fruits siens des arriere-Fiefs saisis par son vassal pour causes arrivées pendant la joüissance du Fief pour son relief ; le gain des fruits ne pouvant être compté entre le revenu du Fief servant, ce gain étant accordé au Seigneur pour peine de la contumace du vassal, qu'il peut empêcher quand il luy plaît.

17. A l'égard de l'autre point, sçavoir si les profits casuels des arriere-Fiefs échûs pendant l'année du relief, appartiennent au Seigneur suzerain, la question n'est pas sans difficulté ; parce que par l'art. 47. le relief est le revenu d'un an ; or entre les revenus du Fief on peut mettre les obventions casuelles & incertaines, comme quints & reliefs des arriere-Fiefs, qui sont des revenus extraordinaires ; autrement il s'ensuivroit que les Seigneurs ne prendroient jamais de relief pour mutations qui arriveroient aux Fiefs en l'air qui n'ont que des revenus extraordinaires.

[illegible] Maître Duplessis tient, que le Seigneur peut pendant la joüissance du relief saisir les arriere-Fiefs ouverts ; parce qu'il y a interêt tant pour gagner les fruits de la main-mise, qu'à cause des droits de la mutation qui luy appartiennent, pour lesquels la saisie luy est permise ; car quoique la Coûtume n'en ait rien dit, il faut néanmoins, il le peut, à l'exemple de l'usufruitier, aux termes de l'article 2. qui comprend ce cas sans difficulté.

Monsieur ***. dit qu'il y a eu difficulté, sçavoir, si le Seigneur qui a droit de relief, peut avoir la même joüissance de l'arriere-Fief, que les sentimens sont partagez, & que les uns & les autres ont leurs raisons ; qu'en considerant que le relief est un droit dont le vassal ne peut jamais s'exempter, & qu'il ne consiste que dans la joüissance du revenu d'un an, & que ce revenu ne peut jamais être entendu que du revenu ordinaire ; on a decidé que celuy qui joüissoit de l'année du relief, ne peut point prétendre les arriere-Fiefs ouverts ; que par cette raison il a ajoûté à cet article 54. ces mots, *mais quand il joüit du Fief par le droit de relief, il ne joüit point des arriere-Fiefs ouverts.*

Il ajoûte, qu'effectivement celuy qui est saisi feodalement faute d'homme &c. est le maître de faire cesser la saisie en satisfaisant aux causes d'icelle, c'est pourquoy il ne peut point être puni trop severement ; mais que le vassal qui doit relief ne peut point s'en exempter, & il n'y a point de sa fraude ; c'est pourquoy le Seigneur ne peut prétendre que le revenu ordinaire d'une année.

Monsieur ***. a suivi le sentiment de Maître Auzanet, auquel nous opposerons celuy de Maître Charles du Moulin, lequel sur l'article 50. & suivans, selon la Coûtume reformée, *glos.* 1. *in ver.* son droit de relief, propose ainsi la question : *Pone novum vassallum à Patrono investitum salvo jure relevii, pro quo elegit proventus anni, & pendente hoc anno contigit amplissimum subfeudum mutare manum donatione, vel venditione grandi pretio factâ. Utrum spectet ad Patronum superiorem integrum relevium vel quintum denarii subfeudi?*

Il dit qu'il semble que non : la raison qu'il en rend est, parce que *fortè excedit in quadruplo vel decuplo proventus anni ipsius feudi. Tum rarò accidere solet tanta obventio & mutatio talis subfeudi, ut potiùs dici possit obventio plurium annorum quàm unius anni ; & sic videretur facienda divisio pro rata temporis habitâ ratione ad æstimationem horum commodorum quæ solet fieri in genere, &c.*

Il tient l'affirmative, & voicy sa raison, *Totum hujusmodi relevium, vel quintum, est velut fructus, qui eodem anno relevii, imò eodem momento & seminatur & nascitur & cedit civiliter & acquiritur ; & sic integral ter spectat ad eum ad quem tunc spectant fructus feudi, etiamsi solum ad eum spectent pro rata temporis. Est enim advertendum quod relevium subfeudi, licet respectu subfeudi sit proventus unius anni, tamen respectu superioris patroni vel cujusvis ad quem pro tempore spectant fructus feudi, est fructus momentaneus, & qui momento cedit & acquiritur, ut primum* §. 10. *glos.* 1. 2. & 3. *quod autem notatur in l.* 1. *fructus* 7. §. *Papinianus. sol. matrim. de dividendis fructibus pro rata temporis, procedit in fructibus qui successivo tempore crescunt, nascuntur, & producuntur ; non in his quæ momento accidunt, quales sunt mulcta & condemnationes in jurisdictione feudali.*

Quoique l'opinion de M**. ne manque pas de raisons, néanmoins je suivrai en cette question celle de Maître Charles du Moulin.

OBSERVATIONS DE MONSIEUR ***.

Sur l'Article LIV.

SOMMAIRE.

1. *Article augmenté.*
2. *Si le Seigneur qui joüit de l'année du relief peut prétendre les arriere-Fiefs ouverts.*
3. *Difference entre le vassal qui paye le relief, & celuy dont le Fief est saisi feodalement.*

1. *Le Seigneur feodal qui met en sa main le Fief mouvant de luy par faute d'homme, droits & devoirs non faits, peut semblablement mettre en sa main tous les arriere-Fiefs ouverts dépendans d'iceluy Fief, pour en joüir comme en bon pere de famille; mais quand il joüit du Fief pour le droit de relief, il ne joüit point des arriere-Fiefs ouverts.*

La premiere partie de cet article est entierement conforme à la disposition de nôtre Coûtume, & on a fait autrefois une difficulté touchant les arriere-Fiefs; mais la Coûtume par l'article 56. a decidé que les arriere-Fiefs ouverts tomboient *in fructu*; de maniere que le Seigneur du Fief dominant, qui par faute d'homme, droits & devoirs pouvoit mettre en sa main le Fief servant, devenoit le maître de tout ce qui étoit *in fructu*; ensorte que le Fief relevant du Fief saisi feodalement, étant ouvert faute de foy, le Seigneur du Fief dominant pouvoit joüir de l'arriere-Fief pour les fruits, & c'est la disposition de cet article.

2. Mais il étoit survenu une nouvelle difficulté, sçavoir, si le Seigneur qui avoit droit de relief pouvoit avoir la même joüissance de l'arriere-Fief.

Les sentimens étoient partagez, & tous ceux qui étoient dans des maximes contraires les uns aux autres, ne laissoient pas d'avoir leurs raisons.

Mais quand on a consideré que le relief est un droit dont le vassal ne se peut jamais exempter, & qu'il ne consiste que dans la joüissance du revenu d'une année, suivant les baux, ou en une somme offerte, ou au dire d'Experts, & que ce revenu ne peut jamais être entendu que du revenu ordinaire, l'on a decidé que celuy qui joüissoit de l'année du relief, ne peut point prétendre les arriere-Fiefs ouverts; & c'est pour cela que nous avons ajoûté les derniers mots de l'article.

3. Effectivement celuy qui est saisi feodalement faute d'homme, droits & devoirs, est le maître de faire cesser la saisie en satisfaisant aux devoirs d'un vassal; c'est pourquoy il ne peut point être puni trop severement. Mais le vassal qui doit relief ne peut point s'en exempter, il n'y a rien de sa faute. C'est pourquoy le Seigneur ne peut prétendre que le revenu ordinaire d'une année.

CONFERENCE SUR L'ARTICLE LIV.

De même, *Auxerre*, art. 67.

Bar, art. 24. *Blois*, art. 76. 77.

Bourbonnois, art. 373. dit, *si pendant la saisie l'arriere-Fief est ouvert, & que le Seigneur d'iceluy fut en demeure de faire les devoirs, le Seigneur superieur mediat le peut exploiter durant sa saisie, comme son plein Fief; mais il ne peut exploiter son arriere-Fief, combien qu'il soit ouvert, sans avoir premierement saisi son plein Fief.*

Bretagne, art. 366.

Chaumont, art. 32.

Dourdan, art. 19. *Dunois*, art. 21.

Estampes, art. 33.

Mantes, art. 39. *Melun*, art. 81. *Montargis*, article 67. *Montfort*, art. 34.

Nivernois, chap. 4. art. 59.

le Perche, art. 45. *Peronne*, art. 29. *Poitou*, articles 118. 121.

Reims, art. 131.

Sedan, art. 171. *Senlis*, art. 259.

Sens, article 197. ajoûte, *mais il ne peut empêcher lesdits arriere-Fiefs, sans avoir préalablement empêché, & tenu en sa main ledit plein Fief: & si les arriere-vassaux avoient paravant ledit empêchement repris de leur Seigneur feodal immediat, & payé les droits & devoirs, le Seigneur de plein Fief ne leur peut demander que la bouche & les mains.*

De même, *Troyes*, art. 45.

Auteurs sur l'Article cinquante-quatriéme.

Bobé, sur cet article.

De la Lande, sur Orleans, art. 76. & 83.

Le Grand, sur Troyes, art. 45.

Buridan, sur Reims, art. 131.

Lhoste, sur Montargis, chap. 1. art. 67.

Charondas, en ses Pandectes, chap. 15.

Pontanus, sur la Coûtume de Blois, tit. 6. art. 77.

Englebermeus, sur la Coûtume d'Orleans, titre 1. art. 67.

Chopin, sur la Coûtume de Paris, liv. 1. titre 1. nomb. 20. & en ses Maximes, liv. 2. art. 8.

De Lhommeau, sur la même Coûtume, livre 1. article 122.

Coquille, en son Institution, titre *de Fiefs*.

Mornac, sur la Loy 19. & 20. *ff. pro socio*.

Duret, dans son Alliance des Coûtumes, p. 808.

Duplessis explique cet article, liv. 5. chap. 4. sect. 1. p. 47.

ARTICLE LV.

C'étoit le trente septiéme, quelques mots retranchez.

De la main-levée accordée aux arriere-vassaux.

EN ce cas les Propriétaires ou Seigneurs desdits arriere-Fiefs, & chacun d'eux, peuvent faire la foy & hommage au Seigneur, dont ils tiennent en arriere-Fiefs, lequel est tenu de les recevoir, & leur bailler main-levée, en luy payant les droits & devoirs, si aucuns en sont dûs, à cause de l'arriere-Fief qui leur appartient.

Voyez l'Article précedent, & les 65. & le 162.

EN CE CAS LES PROPRIETAIRES OU SEIGNEURS DESDITS ARRIERE-FIEFS.

GLOSE UNIQUE SUR L'ARTICLE LV.

SOMMAIRE.

1. *Si les arriere-vassaux investis par le Seigneur suzerain sont déchargez de la foy & hommage envers leur Seigneur.*
2. *Les arriere-vassaux sont tenus payer au Seigneur suzerain les droits par eux dûs, &c.*
3. *Si aprés la reception en foy du vassal, le Seigneur est tenu de luy rendre les actes de foy & hommage, & aveus & dénombremens de ses vassaux.*

1. PUisque le Seigneur suzerain par la saisie qu'il a faite du Fief servant, entre aux droits de son vassal, & qu'ainsi il peut saisir les arriere-Fiefs ouverts, il faut aussi que les arriere-vassaux soient recevables à satisfaire envers luy aux causes de sa saisie, autrement la contumace & la negligence de leur Seigneur leur seroit préjudiciable.

Ainsi le Seigneur suzerain est tenu de les recevoir en foy & hommage, ou chacun d'eux separément, selon qu'ils se presenteront, & recevoir les droits, si aucuns sont dûs, & par ce moyen leur donner main-levée de sa saisie; étant en ce faisant déchargez & quittes envers leur Seigneur, tant de la foy & hommage que des droits qu'ils devoient, sans qu'ils soient tenus de réïterer la foy & hommage à leur Seigneur, aprés qu'il aura obtenu main-levée.

Moulin. Brodeau. Charond. Auzanet. C'est l'opinion de du Moulin sur cet article, *gl. 5. princ. & num. ult.* de Brodeau, *num.* 7. de Charondas & de Maître Auzanet.

2. Les arriere-vassaux sont tenus ausdits cas payer les droits au Seigneur suzerain, soit que la saisie ait été faite sur eux par leur Seigneur auparavant la saisie feodale de son Fief, ou qu'elle ait été faite par le suzerain aprés celle de leur Seigneur, selon le sentiment de Maître Duplessis.

Par le moyen de cette mutuelle obligation du Seigneur superieur & des arriere-vassaux, il n'y a plus d'obligation envers le Seigneur immediat, pendant que dure la saisie. Et suivant cette maxime l'arriere-vassal peut être contraint de fournir le dénombrement au Seigneur superieur, lequel à faute de ce faire, peut saisir & mettre Commissaire selon l'article 9. Du Moulin sur l'article 37. dit que c'est, *tum quia vi hujusce apprehensionis omnes actus dominicales translati sunt à vassallo ad patronum, tum quia nescitur quando vassallus debita obsequia & jura prastabit.*

Mais aprés que le vassal a obtenu main-levée, le Seigneur est tenu de luy rendre les originaux des actes de foy & hommage, & des aveus & dénombremens, qu'il a reçûs pendant la saisie feodale, des arriere-vassaux, Brodeau *num.* 3. Les souffrances baillées par le Seigneur suzerain sont valables, & doivent avoir leur effet aprés la main-levée de la saisie. Maître Auzanet. 3. Brodeau. Auzanet.

OBSERVATIONS DE MONSIEUR ***.

Sur l'article LV.

SOMMAIRE.

1. *Article augmenté.*

1. *EN cas que le Seigneur feodal ait mis en sa main le Fief mouvant faute d'homme, droits & devoirs non faits, les propriétaires ou Seigneurs desdits arriere-Fiefs, & chacun d'eux peuvent faire la foy & hommage au Seigneur dont ils tiennent les arriere-Fiefs, lequel est tenu les recevoir, & leur bailler main-*

levée, en luy payant les droits & devoirs, si aucuns en sont dûs à cause de l'arriere-Fief qui leur appartient.

Nous avons augmenté le commencement de l'article. L'article 55. disoit seulement en ce cas; mais comme dans l'article précedent nous y avons mis à la fin une nouvelle disposition, concernant le Seigneur qui joüit du droit de relief pendant un an, nous avons cru devoir changer les termes de cet article, de peur que l'on ne le prît pour une suite de ce que nous avons dit sur l'article précedent.

CONFERENCE SUR L'ARTICLE LV.

LEs Coûtumes suivantes ont une disposition semblable à cet article.

Chaumont, art. 32.

Estampes, art. 33.

Mantes, art. 40. *Melun*, art. 81. *Montfort*, article 35.

Reims, art. 131.

Vitry, art. 43.

Auteurs sur l'Article cinquante-cinquiéme.

BObé, sur cet article.

De la Lande, sur Orleans, art. 76. & 83.

Buridan, sur Reims, art. 131.

Rat, sur Poitou, art. 308. sur ces mots, *& doit faire les hommages.*

Duplessis explique cet article, liv. 5. sect. 2. p. 52.

ARTICLE LVI.

Cet article & les deux suivans sont au lieu des 38. 39. & 40. changez.

Le Seigneur pendant la saisie, prend le loyer dû par le Fermier.

LE Seigneur feodal, qui met en sa main par faute d'homme, droits & devoirs non faits, le Fief tenu & mouvant de luy, qui de bonne foy & sans fraude a été baillé à loyer ou moison par son vassal, en tout ou en partie, doit se contenter de la redevance dûë par le Fermier ou preneur, pour ce qui est baillé à ferme; & pour le surplus, il le peut exploiter par ses mains, en rendant les labours, semences & frais de ce qu'il exploite, ou met en ses mains.

Voyez les Articles 47. 48. 50. & 59.

REMARQUES.

L'Ancienne Coûtume de Paris, art. 58. disoit, le Seigneur feodal qui met en sa main par faute d'homme, droits & devoirs non faits, le Fief tenu de luy, luy auquel a des terres emblavées par aucun fermier ou laboureur, auquel sont baillées à ferme icelles terres, iceluy Seigneur feodal, s'il veut avoir les gagnages d'icelles terres, est tenu de rendre ou restituer au fermier & laboureur ses feurs & semences.

C'est-à-dire tous frais faits pour la production & recüeil des fruits. Encore si le fermier offre l'estimation dudit gagnage, il est preferé au Seigneur tant que dure son bail. Encore ne s'entend ce cas d'une fertilité extraordinaire, car ce seroit en un an prendre la graisse de plusieurs ans. Encore sont plus équitables les Coûtumes qui veulent que le Seigneur se contente de la ferme. Comme Sens, art. 194. Maine, art. 117. Anjou, art. 114. Poitou, 154. 155. recours à mon Commentaire, C. M.

Si le fermier a payé par anticipation au vassal, il ne laissera point de payer derechef au Seigneur où il devra le laisser joüir des fruits. Coquille en ses Instit. 5. tit.

In sumptibus de quibus hic articulus loquitur non comprehenduntur ii qui sunt ad perpetuam utilitatem, Mol. §. 56. num. ult.

Si ob calamitatem anni Patronus nullos collegit fructus, non tenetur sumptus & impensas refundere, ibid. num. 3. 4. 5.

DOIT SE CONTENTER DE LA REDEVANCE DUE PAR LE FERMIER OU PRENEUR.

GLOSE PREMIERE SUR L'ARTICLE LVI.

SOMMAIRE.

1. *Pourquoy le Seigneur saisissant ne peut pas expulser le Fermier de son vassal.*
2. *Si le successeur à titre particulier peut expulser le Fermier.*
3. *Si cet article doit estre étendu aux autres Coûtumes.*
4. *Si la redevance, dont il est parlé en cet article, s'entend de celle qui est portée par le bail.*
5. *Si le Seigneur est tenu de se contenter du prix du bail judiciaire, fait à la requeste des créanciers du saisi.*
6. Quid, *si la saisie feodale précedoit le bail judiciaire.*
7. *Si le vassal est tenu de l'insolvabilité du Fermier.*
8. *Sentiment de l'Auteur contraire à celuy de Brodeau & de Maître Auzanet.*
9. Quid, *au cas du relief, si le vassal est tenu de l'insolvabilité du Fermier.*
10. *Si le Seigneur pendant sa saisie ou l'année du relief, est tenu des charges & clauses portées par le bail du Fermier.*
11. *Si le gain des fruits se prend* de momento ad momentum.
12. Quid, *si pendant la saisie échet la recolte seulement d'une espece de fruits.*
13. *Si le vassal est tenu entretenir le bail fait par son Seigneur pendant sa saisie.*
14. *Si le Seigneur est tenu de faire quelque remise au Fermier, pour quelque sterilité extraordinaire.*
15. *Si le Fermier qui auroit payé son maître par anticipation, seroit tenu de payer la redevance au Seigneur qui auroit saisi.*
16. *Si le Fermier a le choix ou de payer au Seigneur la redevance, ou de luy abandonner l'exploitation du Fief.*

1. LE Seigneur ne peut pas expulser le Fermier de sa ferme pendant la saisie du Fief saisi, emportant perte de fruits, & il est obligé de se contenter de la redevance par luy dûë au vassal, pourvû qu'il n'y ait point de fraude.

La raison est, que le droit du vassal n'est point resolu par la saisie de son Fief, & que le Seigneur ne joüit qu'au lieu & place de son vassal, comme il a été dit cy-dessus; que le droit du Seigneur seroit trop rigoureux en ce cas, s'il luy étoit permis d'expulser le Fermier du vassal, en ce que ce seroit donner occasion de procés entr'eux pour des dommages & interêts.

C'est la raison pour laquelle il a été trouvé à propos de reformer l'ancienne Coûtume, laquelle en l'article 38. permettoit au Seigneur pendant sa saisie d'exploiter le Fief de son vassal par luy donné à ferme, & d'en expulser le Fermier, en luy remboursant seulement ses labours, frais & semences. Charondas, Brodeau *num.* 1.

BRODEAU. CHAR.

Ce qui est si juste & si raisonnable, qu'il doit avoir lieu dans les Coûtumes qui n'en parlent point; aussi Charondas dit, que c'étoit son sentiment avant la réformation de la Coûtume.

CHARONDAS

2. Il est vray, que par la disposition du Droit commun, le successeur particulier a droit d'expulser le Fermier ou locataire, *l. qui fundum.* 32. *ff. d. loc. cond. l. emptor.* 9. *C. eod. tit.* mais le Seigneur n'est pas consideré comme le successeur de son vassal à titre particulier, puisqu'il n'est pas propriétaire du Fief saisi, mais comme étant aux droits, lieu & place de son vassal, & partant il n'a pas plus de droit que luy.

MOULIN. Du Moulin & autres fondez sur la maxime vulgaire, *resoluto jure dantis resolvitur jus accipientis*, & sur l'article 38. de l'ancienne Coûtume étoit d'avis que le Seigneur qui a saisi feodalement, pouvoit évincer le Fermier, le chasser & mettre hors du Fief. Mais le present article décide le contraire, voulant que la saisie feodale n'ait point d'effet resolutif, mais seulement suspensif.

Voyez Loüet sur cet article lettre R. nombre 34.

Cet article 38. portoit, *Le Seigneur feodal qui met en sa main par faute d'homme, droits & devoirs non faits, le Fief tenu de luy, ou qu'il a des terres emblavées par aucun Fermier ou laboureur, auquel sont baillées à ferme icelles terres, iceluy Seigneur feodal, s'il veut avoir les gagnages d'icelles terres, est tenu de rendre ou restituer au Fermier & laboureur ses fours & semences.*

Du Moulin dit, sur cet article: *C'est-à-dire, tous frais faits pour la production & recueil des fruits. Encore si le Fermier offre l'estimation dudit gagnage, il est preferé au Seigneur tant que dure son bail. Encore ne s'entend ce cas d'une fertilité extraordinaire, car ce seroit en un an prendre la graisse de plusieurs ans. Encore sont plus équitables celles qui veulent que le Seigneur se contente de la ferme; comme Sens art.* 194. *Maine, art.* 117. *Anjou, article* 114. *Poitou,* 154. 155. *Recours à mon Commentaire.* Du Moulin

Le bail suivant cet article doit être fait de bonne foy & sans fraude; car s'il étoit fait à vil prix, soit par des deniers d'entrées, comme on dit ordinairement des pots-de-vin ou des contre-lettres, le Seigneur ne seroit pas tenu de se contenter de la redevance, mais la fraude étant decouverte, il pourroit depossder le Fermier pour exploiter le Fief par ses mains.

La disposition de cet article 56. a été jugée si juste & si raisonnable, qu'elle a été étenduë aux autres qui n'en décident rien, comme il a été jugé par un Arrest du premier Avril 1586. rapporté par de Lhommeau sur la Coûtume d'Anjou article 122. c'est l'opinion commune des Docteurs, citez par Brodeau *num.* 8. 3

La redevance dont il est parlé en cet article, s'entend de celle qui est portée par le bail & dûë par le Fermier du vassal, & non de celle qui est dûë par le sous-Fermier au Fermier. 4

Brodeau. C'est l'avis de Chopin sur la Coûtume d'Anjou *lib. 2. part. 2. cap. 1. tit. 1. num. 4.* de Brodeau, *num. 4.*

La raison est tirée de cet article, qui parle de la redevance dûë par le Fermier au vassal, & non de la redevance dûë par les sous-Fermiers au Fermier, telle redevance n'étant pas dûë au vassal, & le vassal ne reconnoissant pas les sous-Fermiers pour ses Fermiers.

5. Il faut dire aussi, que si le Fief a été saisi réellement par les créanciers du vassal, & qu'il ait été donné à bail judiciaire, le Seigneur au cas d'une saisie feodale ou du relief à luy dû, est tenu de se contenter du prix du bail, sans qu'il puisse prétendre la redevance dûë au Fermier judiciaire par les sous-Fermiers.

La raison est, que le Seigneur ne peut reconnoître d'autre Fermier, que celuy à qui le bail est fait par autorité de Justice, lequel est veritablement le Fermier.

C'est ce que j'ay répondu sur cette question qui m'a été proposée pour un Fief situé dans la Coûtume de Vermandois.

6. Mais si le bail étoit fait aprés la saisie feodale, il n'y auroit pas de doute, que le Seigneur ne pût exploiter le Fief, sans avoir égard au bail qui en auroit été fait, suivant cet article, qui dit que le Seigneur est tenu d'entretenir le bail fait par son vassal du Fief saisi, de bonne foy & sans fraude : Or ce seroit une fraude contre les droits & les avantages du Seigneur, de faire un bail du Fief saisi ; outre que le vassal ne le pourroit pas faire étant dépossedé par la saisie du Seigneur, Brodeau *num. 5.* & Auzanet.

Brodeau. Auzanet.

Quand même il n'y auroit point de présomption de fraude de la part du vassal, qui auroit baillé à ferme son Fief aprés la saisie feodale, comme si elle luy avoit été notifiée, & qu'il n'en eût point eu de connoissance, au temps qu'il auroit fait le bail, néanmoins le bail ne pourroit préjudicier au Seigneur, parce que la Coûtume par ces termes, *qui a été baillé*, nous marque que cela ne se doit entendre que du bail fait avant la saisie feodale.

On peut prouver cette décision par la Loy 8. §. 1. *ff. de rebus autoritate judicis possidendis seu vendendis.*

Voicy les termes : *Si quis fructus ex prædio debitoris capi poterit, hunc creditor, qui in possessionem prædii missus est, vendere vel locare debet, sed hoc ita demum si ante neque venierit, neque locatus erit. Nam si jam à debitore vel locatus erat, vel venierat, servabit Prætor venditionem & locationem à debitore factam, etsi minoris distractum est vel locatum : nisi in fraudem creditorum hoc fiat : tunc enim Prætor arbitrium dat creditoribus, ut ex integro locationem vel venditionem faciant.*

7. Brodeau *num. 7.* & Auzanet sont d'avis, que le vassal est garand & responsable de la solvabilité du Fermier, à qui il a fait bail avant la saisie feodale ; je ne croy pas qu'au cas de la saisie il y ait lieu à la garantie.

Brodeau. Auzanet.

Je ne vois point qu'il y ait aucune raison qui puisse servir de fondement à cette opinion ; car par la saisie le Seigneur entre au lieu & place du vassal, & il exerce ses droits pour exiger du Fermier la
8. redevance portée par le bail ; c'est pourquoy si le Fermier devient insolvable, la perte retombe sur celuy à qui la redevance est dûë, & le Seigneur pendant la saisie ne peut rien demander à son vassal que cette redevance, il devient créancier de ce Fermier, comme si en effet il luy avoit fait le bail, & on ne peut pas dire qu'il le soit de son vassal pour la même somme que cette redevance ; & si ce Fermier devient insolvable, il doit s'imputer de n'avoir pas veillé à sa seureté, comme il pouvoit faire, & on doit luy opposer, que *res sua domino perit*, *l. 9. C. de pignorat. act.*

Mais quand le Seigneur prend la redevance pour son relief, je croy que le vassal est responsable de la solvabilité du Fermier. 9.

La raison de la difference est, que le Seigneur fait les fruits siens pendant sa saisie *in pœnam* de la contumace de son vassal, il n'est point son créancier pour la redevance portée par le bail, il ne s'acquitte d'aucune dette envers son Seigneur ; soit que le Seigneur perçoive la redevance, ou non, c'est un pur gain qui arrive au Seigneur, dont il profite au préjudice de son vassal ; mais quand le Seigneur prend le revenu du Fief d'une année pour son relief, le vassal est son debiteur pour ce revenu, que puisque la Coûtume veut qu'il se contente de la redevance dûë par le Fermier, c'est la faute du vassal d'avoir fait bail à un homme insolvable, que le Seigneur ne peut pas changer ; que cette dette est favorable comme des deniers d'entrée pour être reçû en la possession & joüissance de son Fief, & s'il est vray que le vassal en soit le debiteur ; il est vray aussi que quoique la redevance en soit payée par le Fermier, c'est en l'acquit & à la décharge du vassal.

Puisque le Seigneur est tenu d'entretenir le bail fait 10.
par son vassal en prenant la redevance, il s'ensuit qu'il est aussi tenu des charges & clauses portées par iceluy, au cas qu'elles puissent diminuer la redevance portée par le bail ; au contraire, il faut dire, que le Seigneur a droit de prendre les reserves & droits non compris dans le bail, ausquels le Fermier s'est obligé verbalement envers le vassal, du Moulin sur cet article, *num. 1.* Brodeau *num. 9.* Il doit aussi par consequent entretenir les délais & termes de payer portez par le bail, du Moulin sur l'article 58. *num. 7.* Brodeau sur l'article 57. *num. 3.* Du Moulin. Brodeau.

Si le gain des fruits au cas d'une saisie feodale se 11.
compte de momento ad momentum, *ou s'ils ne sont dûs que pour une année, quoique la saisie ait duré pendant quelques mois dans la seconde année ?*

Il a été jugé par Arrest du 11. Mars 1681. en l'Audience de relevée, rapporté sur l'article 1. que le Seigneur ne peut prendre que la redevance d'une année & non à proportion du temps que la saisie a duré ; car quand cet article dit, que le Seigneur se contentera de la redevance dûë par le Fermier, ce n'est pas pour luy donner plus de droit qu'il n'auroit, s'il exploitoit luy-même le Fief, mais en faveur du vassal, afin qu'il ne soit point exposé à des dommages & interêts, que son Fermier pourroit prétendre contre luy, s'il étoit expulsé ; desorte que si la saisie commence au commencement de la recolte, & qu'elle dure jusques à la fin, quoiqu'elle n'ait pas duré trois mois, il faut dire que la redevance entiere de l'année est dûë au Seigneur, parce que cette redevance est au lieu de l'exploitation du Fief.

Aussi au contraire quand la saisie auroit duré neuf & dix mois, & que pendant ce temps la recolte n'auroit point été faite, le Seigneur ne pourroit rien prétendre de la redevance dûë par le Fermier, quoique même il fût porté par le bail, qu'elle seroit payée tous les trois mois ou par demie année.

C'est l'avis de du Moulin sur le §. 1. *glos.* 8. *num.* 10. & 11. qui ne reçoit aucune difficulté : cependant il avoit été jugé au contraire par la Sentence du Châtelet qui a été infirmée par l'Arrest. Du Moulin.

C'est aussi le sentiment de Maître Duplessis, parce que la ferme ne se paye que pour les recoltes, *l. defuncta. ff. de usufr.* & non pour le temps sterile & infructueux ; & le reculement de payement de la redevance, comme à la S. Martin ou à Noël, ne s'accorde au Fermier que pour luy donner temps de vendre les fruits pour la payer.

Que si pendant le temps de la saisie échet la re- 12.
colte d'une espece de fruits seulement, & non celle

des

des autres qui n'échéent que depuis la main-levée, il faut faire ventilation de cette recolte échuë durant la saisie, & donner au Seigneur sur le prix de la ferme, la somme à laquelle elle aura été estimée; déduction faite des frais, & le vassal aura le restant: Ce qui est fondé sur ce que le Seigneur par la disposition de la Coûtume, est obligé d'entretenir les baux en faveur du Fermier qui a contracté de bonne foy, & non en faveur du vassal.

13. Quoique le Seigneur soit obligé d'entretenir les baux faits par son vassal, néanmoins le vassal n'est pas tenu d'entretenir ceux qui ont été faits par le Seigneur pendant la saisie, & son Fermier expulsé par le vassal, n'a aucun recours contre le Seigneur, au cas qu'il ait eu connoissance du titre auquel il luy faisoit le bail.

14. *Si le Seigneur est obligé de faire quelque remise au Fermier pour une sterilité extraordinaire arrivée en cette année?*

Moulin. Du Moulin sur l'article 58. glose 1. nombre 9. tient l'affirmative, parce qu'étant aux droits de son vassal, il y est obligé comme luy; cependant il semble que c'est au vassal à la faire, d'autant que le Seigneur étant obligé de se contenter de la redevance dûë par le Fermier, comme il ne pourroit pas rien profiter de la fecondité extraordinaire de l'année dont il joüit, aussi n'en doit-il souffrir aucune diminution, & c'est une discussion à faire entre le vassal & le Fermier: d'un autre côté le Seigneur pendant sa saisie entre aux droits du vassal, & il les exerce, ainsi la charge suit l'émolument.

Si le Fermier avoit payé son maître par anticipation, s'il seroit tenu de payer la redevance au Seigneur? 15.

Il faut tenir l'affirmative, le Fermier devant s'imputer de l'avoir fait volontairement, ou de s'y être obligé par une clause du bail, le fait du vassal & du Fermier ne pouvant pas préjudicier aux droits du Seigneur.

C'est l'avis de Coquille en ses Institutes sur ce titre, & de Maître Ricard. Ricard.

Si le Fermier auroit le choix ou de payer la redevance au Seigneur, ou de luy abandonner l'exploitation du Fief?

Il faut dire que non: parce qu'encore que la Coûtume oblige le Seigneur de se contenter de la redevance portée par le bail, elle n'accorde pas ce choix au Fermier, au contraire elle veut que le bail soit entretenu, ainsi il y a une obligation mutuelle & reciproque entre le Seigneur & le Fermier, de même qu'entre le vassal & son Fermier, vû que le Seigneur exerce les droits de son vassal, auquel le Fermier ne pourroit pas pendant une des années du bail abandonner les revenus du Fief, pour être par ce moyen déchargé de la redevance.

C'est l'avis de du Moulin sur l'article 58. *num.* 7. & de Brodeau sur l'article 57. *num.* 2. Du Moulin. Brodeau.

EN RENDANT LES LABOURS, SEMENCES ET FRAIS.

GLOSE DEUXIE'ME SUR L'ARTICLE LVI.

SOMMAIRE.

1. *Pourquoy le Seigneur qui exploite le Fief, est tenu de rembourser les semences & les labours.*
2. *Si le Seigneur est tenu de rembourser les frais avant la recolte.*
3. *Contrarieté de Brodeau.*
4. *Si le Seigneur seroit tenu de rendre les frais, au cas qu'il ne recüeillit aucuns fruits pour la sterilité de l'année.*
5. *Si le vassal doit payer les labours au Seigneur, qui a cultivé ses terres pendant sa saisie.*
6. *S'il doit les rembourser avant la recolte.*

1. LE Seigneur exploitant le Fief de son vassal, en tout ou partie, soit pendant sa saisie, ou pendant l'année de son relief, est tenu de le rembourser des labours, semences & frais faits pour la culture des terres, parce que *fructus intelliguntur deductis impensis, l. si à domino §. ult. ff. de petit. hered. l. si fundus qui ff. famil. ercifcunda.* que la peine de la contumace du vassal n'est que la perte des fruits; or il perdroit beaucoup plus que les fruits, si le Seigneur prenoit la recolte, sans le rembourser de ses frais.

Pareillement au cas du relief, le Seigneur n'a droit que de prendre les fruits du Fief pendant une année, c'est pourquoy il est tenu de rembourser aussi les frais qui ont été faits *futurorum fructuum gratiâ.*

D'où il s'ensuit, que si le Seigneur a fait labourer la terre par ses chevaux & par ses domestiques, il ne peut point exiger de frais pour cela, parce qu'il est presumé n'avoir rien dépensé, ayant employé ses chevaux & ses domestiques à d'autres ouvrages, Tournet, Tronçon, Brodeau *num.* 19. *verbo, en rendant les labours*, &c. Tournet. Tronçon. Brodeau.

2. Ce Gerondif *en rendant*, dit du Moulin sur la Coûtume de Vitry art. 22. *importat tantùm modum, non conditionem; & actum futurum, non præsentis temporis, scilicet effectum & executionem*, desorte qu'il suffit, s'il rembourse les frais aprés la recolte & non auparavant, Tournet, Brodeau, *num.* 13. Tournet. Brodeau.

C'est un usage notoire confirmé par plusieurs Sentences, tant du Châtelet que des Requêtes du Palais dit Brodeau, & il en remarque une des Requêtes du Palais passée en force de chose jugée, du 19. Mars 1611. d'autant que c'est assez, si aprés la recolte des fruits, il rembourse les fruits & semences, *& non statim ab initio manus injectionis*, du moins dans la Coûtume de Paris qui n'a pas de disposition contraire.

Maître Auzanet dit qu'on pourroit ajoûter à cet article, que le remboursement des fraits & semences ne sera fait que deux, trois, ou quatre mois aprés la recolte, afin d'établir un droit certain la-dessus. Auzanet.

La Coûtume d'Orleans article 71. oblige le Seigneur à rembourser les frais, avant qu'il perçoive les fruits.

3. Brodeau sur l'article 48. *num.* 10. contraire à cet article 56. & à luy-même sur ledit article 56. *num.* 13. dit en ces termes, *au revenu general de l'année se doit rabattre le labourage, mais quand le Seigneur gagne les fruits pendant la saisie faite faute d'homme & devoirs, il les prend tels qu'ils sont, comme usant de sa propre chose, dans laquelle il rentre sans rien precompter ni deduire pour les frais & labours de son vassal, & sans rien diminuer des droits, pour lesquels il a saisi, qui est la décision de Loysel en ses* Brodeau.

Institutes, titre des Fiefs regle 16. & 17.

Il n'y a rien de plus opposé à la décision de cet article 56. lequel ne parle qu'au cas de la saisie, ainsi qu'il paroît par le commencement, & par l'article 57. qui porte, que la Coûtume dessusdite a lieu pour le relief.

Il est vray, que c'est l'avis de Loysel, mais c'est une erreur, dans laquelle Brodeau est tombé par l'autorité de cet Auteur.

Du Moulin. Du Moulin sur cet article *num.* 2. dit *patronus prehendens ex defectu hominis debet lucrari fructus duntaxat & nihil ultrà : ergo sumptus quoscumque & à quocumque factos in fructus debet restituere etiam vassallo contumaci.*

Il n'y a que le cas de la commise pour felonie auquel le Seigneur ne soit pas tenu de rembourser les frais & labours à son vassal, comme dit du Moulin sur l'article 1. des Fiefs, *glos.* 5. *verbo*, le Fief nombre 93. *quo etiam casu, inquit, hi sumptus debent reddi vel deduci tertio, puta colono, qui non deliquit, sed non ipsi delinquenti, qui ipsis indignus est, ut egestate laboret, l. usufructus ff. depositi.*

4. *Si le Seigneur ne recüeilloit aucuns fruits pendant sa saisie par une sterilité extraordinaire, ou par quelque cas fortuit ou force majeure, comme par le passage d'une armée, par un débordement de riviere, ou autre cause, s'il seroit tenu de rembourser les frais, labours & semences ?*

Je croy qu'il n'y seroit pas obligé, parce que le gain des fruits est accordé au Seigneur, non pas tant en sa faveur, que *in pœnam* de la contumace du vassal : Or il seroit injuste & absurde, que ce qui est introduit *in pœnam* du vassal, luy causât du profit, sçavoir le remboursement des frais qu'il n'auroit pas eu, si la saisie n'avoit pas été faite ; car comme ce qui est introduit en faveur de quelqu'un ne doit pas tourner à son préjudice, *l. nulla juris. ff. de legib.* aussi au contraire ce qui est établi contre quelqu'un pour une peine, ne luy doit point procurer du profit.

Du Moulin, Brodeau. C'est le sentiment de du Moulin sur l'article 38. de l'ancienne Coûtume *num.* 4. & 5. & Brodeau *num.* 14. en doute sans raison.

D'où il s'ensuit, que si les fruits perçûs ne valent pas les frais faits, le Seigneur n'est tenu que jusques à concurrence.

5. Il faut dire aussi, que si le Seigneur pendant la saisie a fait labourer & cultiver les terres du Fief saisi, le vassal ayant obtenu main-levée avant la recolte des fruits, doit payer & rembourser au Seigneur les labours, semences & frais faits pour cet effet.

Du Moulin, Brodeau. C'est l'avis de du Moulin *art.* 1. *glos.* 8. *num.* 15. *& seqq.* & de Brodeau *num.* 18.

6. Mais on demande si le Seigneur peut le contraindre de les luy rembourser avant la recolte ?

Il semble que non, parce qu'il y a parité de raison entre le Seigneur & le vassal pour le remboursement des labours, semences & frais faits *quarendorum fructuum causâ.*

Néanmoins je croy au contraire, que le Seigneur en accordant main-levée à son vassal peut le poursuivre pour le payement de ses frais faits pour la culture des terres.

La raison de la difference me semble grande ; en ce que le Seigneur ne doit pas rembourser les frais avant la perception des fruits, vû qu'il est incertain s'il les percevra, soit parce que le vassal peut satisfaire aux causes de la saisie féodale avant la recolte, ou parce qu'il n'y aura aucuns fruits à percevoir, soit par sterilité, ou par force majeure, ou autre cause.

Mais à l'égard des frais faits par le Seigneur pour la culture des terres, il faut dire que la main-levée étant accordée au vassal, le Seigneur *negotia gessit* de son vassal en cultivant ses terres, qu'il a fait ce que son vassal devoit faire pour la perception des fruits, & qu'il a par consequent l'action *negotiorum gestorum* contre luy, pour être remboursé de ce qu'il a dépensé pour son avantage, sans qu'il soit tenu d'attendre qu'il ait perçû les fruits : desorte que bien que le vassal ne perçût aucuns fruits, néanmoins il seroit tenu au remboursement de tous les frais faits par le Seigneur, dautant que le vassal est le debiteur de ces frais, & non des fruits, ainsi il est debiteur *generis* ; or *genus non perit*, disent les Jurisconsultes, suivant la Loy *incendium. C. de reb. credit.*

OBSERVATIONS DE MONSIEUR ***.

Sur l'Article LVI.

SOMMAIRE.

1. *Article augmenté en ce qui concerne la joüissance du relief.*
2. *Si le Seigneur est obligé d'entretenir les baux faits par son vassal.*
3. *Si le vassal est tenu d'entretenir les baux faits par le Seigneur pendant sa joüissance.*

1. *Le Seigneur feodal qui met en sa main faute d'homme, droits & devoirs non faits, le Fief tenu & mouvant de luy, ou qui joüit du relief du Fief, qui de bonne foy & sans fraude a été baillé à loyer ou moison par son vassal, en tout ou partie, doit se contenter de la redevance dûë par le Fermier ou preneur pour ce qui est baillé à ferme, & pour le surplus le peut exploiter par ses mains, en rendant les labours, semences & frais de ce qu'il exploite, ou met ses mains.*

Cet article est conforme à la disposition du précedent, pour ce qui regarde les biens qui sont donnez à ferme.

Et comme l'article ne parloit que des saisies feodales, & non point du droit de relief, nous y avons ajoûté les droits de relief pour lesquels la maniere de joüissance est égale.

2. De cet article on tirera une consequence indubitable que le Seigneur est obligé d'entretenir les baux faits sans fraude auparavant la saisie feodale. Mais par la même raison ceux faits depuis sont présumez faits en fraude.

3. Il n'en est pas de même des baux faits par les Seigneurs qui ont saisi feodalement, ou qui joüissent du relief, parce qu'aprés l'année du relief le bail cesse, ou aprés la main-levée de la saisie feodale : en telle sorte que le vassal n'est pas obligé d'entretenir les baux faits par le Seigneur.

CONFERENCE SUR L'ARTICLE LVI.

VAlois, art. 43. dit : *Tellement que si ledit Fief est baillé à surcens, rente, ou moison, le Seigneur fiodal ne prendra que le surcens, rente ou moison de la premiere année.*

Cette disposition n'auroit pas lieu en nôtre Coûtume à moins que le surcens, ou rente ne fût inféodée, suivant l'article 59. *infra*. *Vide*, conformément à l'article 80. de la Coûtume de Melun.

Orleans, art. 71. oblige le Seigneur de payer les frais avant qu'il perçoive les fruits.

Auteurs sur l'Article cinquante-sixiéme.

L'Auteur du Grand Coûtumier, chap. 32. liv. 2.
Le Let, sur la Coûtume de Poitou, article 154. & 155.
Bobé, sur cet article.
De la Lande, sur Orleans, art. 72. 128. & 129.
Loysel, liv. 4. tit. 3. regle 17.
Brodeau, sur Loüet, lett. R. somm. 34.
Buridan, sur Reims, art. 101. 102.
De Salligny, sur Vitry, art. 29.
Coquille, quest. 23.
Journal du Palais, Arrest du 11. Mars 1681.
Dufresne, liv. 5. chap. 43.
Pontanus, sur Blois, art. 6. & 101.
Rouille, sur la Coûtume du Maine, titre *des Fiefs*, art. 32.
D'Argentré, sur la Coûtume de Bretagne, art. 76. nomb. 3.
Chopin, sur Anjou, liv. 2. part. 1. chap. 2. titre 1. nomb. 11. part. 2. chap. 1. tit. 1. nomb. 4. *du Domaine*, liv. 3. tit. 13. nomb. 2. *de la Police Ecclesiastique*, liv. 3. tit. 7. nomb. 6. & 7.
De Lhommeau, sur la même Coûtume, art. 122.
Labbé, sur la Coûtume de Berry, tit. 5. art. 7.
Loüet & Brodeau, *litt. R. num.* 34.
Vigier, sur la Coûtume d'Angoumois, art. 23.
Lhoste, sur la Coûtume de Montargis, tit. 1. art. 14. 56. & 75.
Vrevin, sur la Coûtume de Chauny, art. 100.
Bodreau, sur la Coûtume du Maine, art. 125. 127. 128. & 132.
Duret, dans son Alliance des Coûtumes, p. 799.
Duplessis explique cet article, liv. 4. *des Fiefs*, ch. 3. p. 33. liv. 5. chap. 4. sect. 1. p. 48.

ARTICLE LVII.

C'étoit le trente-neuviéme Article de l'ancienne Coûtume.

L'Article precedent a lieu, quand le Seigneur prend le revenu d'un an pour son droit de relief.

LA Coûtume dessusdite a lieu, quand le Seigneur feodal veut avoir le revenu d'un an pour son droit de relief.

Voyez l'Article precedent & le 47.

LA COUTUME DESSUSDITE A LIEU.

GLOSE UNIQUE SUR L'ARTICLE LVII.

SOMMAIRE.

1. *Si le Seigneur pour son relief est tenu de prendre la redevance du Fermier.*

1. QUand le vassal a donné à ferme tout son Fief, & que le Seigneur en prend le revenu pour le relief, il doit se contenter de la redevance dûë par le Fermier, au cas que le bail ait été fait sans fraude.

Si le vassal en avoit donné une partie à ferme, & qu'il exploitât l'autre par ses mains, le Seigneur seroit tenu d'observer ce qui est ordonné par l'article precedent ; en rendant les labours, semences & frais, pour ce qui seroit exploité par le vassal.

Cette question s'est présentée le 21. May 1649. en l'Audience de la Grand-Chambre, & elle y a été jugée contre le Seigneur, qui prétendoit n'être point tenu à la restitution des labours, semences & frais, aprés avoir joüy du Fief de son vassal pendant une année, pour le relief qui luy étoit dû. 2.

Cet Arrest est rapporté par du Fresne en son Journal.

Le Seigneur prétendoit, que l'article 56. ne se doit entendre au cas du relief que pour la redevance dûë par le Fermier, ou pour ce qui est exploité par le vassal, mais non pour le remboursement des frais; parce qu'il y a grande difference entre le droit du Seigneur sur les fruits du Fief en vertu de la saisie féodale, & celuy qu'il a à cause de son relief; que la saisie féodale est odieuse& moins favorable, que c'est pour cela que la Coûtume a chargé le Seigneur de rembourser son vassal des frais faits pour la culture de ses terres; mais que le relief est un cas favorable, qui luy est dû pour l'investiture du vassal.

Cette raison est si peu considerable qu'elle ne merite pas de réponse, étant formellement contraire à l'article 57. qui ordonne sans aucune distinction, que ce qui est dit en l'article 56. au cas de la saisie féodale, ait lieu au cas du relief: Outre que cela est expressément declaré en l'article 48. *in fine*, au cas du relief. Bien au contraire il y auroit plus lieu de dire, que le Seigneur ne seroit pas tenu de rembourser les frais faits au cas de la saisie féodale, par la raison remarquée cy-devant.

Tournet dit sur cet article 57. que le Seigneur est bien fondé à prendre les fruits pour son relief, & en ce faisant il est tenu de rembourser le Fermier de ses frais.

C'est une erreur contre la disposition expresse de cet article & de l'article precedent.

Il rapporte l'autorité de Monsieur Loüet lettre R. chap. 34. qui a écrit suivant la disposition de l'ancienne Coûtume, laquelle est remarquée sur l'article precedent.

Il faut dire au contraire, que le Seigneur est tenu de se contenter de la redevance du Fermier: mais dans ce cas si le Fermier est insolvable, le Seigneur aura recours contre son vassal, comme nous avons dit ailleurs.

OBSERVATIONS DE MONSIEUR ***

Sur l'Article LVII.

SOMMAIRE.

1. *Si la disposition de cet article a lieu, lorsque le Seigneur prend pour le relief une somme offerte, ou l'estimation du revenu d'une année.*

1. Lorsque le Seigneur prend pour le relief une somme offerte ou l'estimation du revenu d'une année, il n'est point necessaire qu'il joüisse par ses mains, ni qu'il rembourse les labours & semences, ni qu'il entretienne les baux, parce que l'estimation ou la somme offerte suffisent pour satisfaire le Seigneur quand il a fait le choix.

CONFERENCE SUR L'ARTICLE LVII.

Valois, art. 43. dit: *Tellement que si ledit Fief est baillé à surcens, rente ou moison, le Seigneur feodal ne prendra que le surcens, rente ou moison de la premiere année.* a

a *Non etiam solvet redditus desuper constitutos, nisi colonus temeritate eos solvere.* C. M.

Orleans, article 71. oblige le Seigneur à payer les frais des labours avant qu'il perçoive les fruits.

Contre, *Melun*, art. 80. & *Châteauneuf en Thimerais*, art. 25.

Auteurs sur l'Article cinquante-septiéme.

Le Let, sur la Coûtume de Poitou, article 154. & 155.
Brodeau, sur Loüet, lettre R. sommaire 34.
De la Lande, sur Orleans, art. 72. 128. & 129.
Buridan, sur Reims, art. 101. 102.
Ragueau, sur Berry, tit. 5. art. 19.
Dufresne, liv. 5. chap. 43.
M. Loüet, lett. F. somm. 8.
Pontanus, sur la Coûtume de Blois, tit. 6. art. 78.
Chopin, sur la Coûtume d'Anjou, liv. 1. chap. 4. nomb. 14. *en marge*.
Duplessis explique cet article, liv. 4. ch. 3. p. 33.

ARTICLE LVIII.

Cet article & le 56. sont au lieu des 33. 39. & 40. changez.

De l'Exploitation du Fief quand le vassal le tient par ses mains.

SI le vassal tient en ses mains son Fief, & ne l'a baillé à ferme ou moison, & il est exploité par le Seigneur dominant, ledit Seigneur dominant doit avoir les caves, greniers, granges, étables, pressoirs & celliers, qui sont au principal manoir & basse-court, servans pour recüeillir & garder les fruits : Et aussi portion du logis pour se loger quand il y voudra aller, pour cüeillir & conserver les fruits, sans toutefois déloger son vassal, femme, enfans & famille, y demeurans & habitans : & si ledit Fief consiste en une maison seule, si elle est loüée par le vassal, se doit le Seigneur contenter du loüage; & si elle n'est loüée, il prendra le loyer au dire de gens à ce connoissans.

Voyez les Articles 17. 50. & 59.

SI LE VASSAL TIENT EN SES MAINS.

GLOSE UNIQUE SUR L'ARTICLE LVIII.

SOMMAIRE.

1. *Si cet article se doit entendre tant au cas du relief que de la saisie.*
2. Quid, *si la maison n'est pas suffisante, & que le vassal y soit demeurant.*
3. *Si le Seigneur peut se servir des meubles qui sont dans la maison.*
4. *Si cet article doit estre étendu aux autres Coûtumes.*
5. *Si le Seigneur ne peut se servir de la maison Seigneuriale, ou de partie d'icelle, que pendant la recolte des fruits.*
6. Quid, *quand le Fief ne consiste qu'en une maison, & qu'elle n'est pas loüée.*
7. Quid, *si le Fief ne consiste qu'en un château sans domaine.*
8. *Si le Seigneur peut prendre la redevance du bail fait par le sous-Fermier, & non celle du bail judiciaire.*
9. Moison, *que signifie.*

LE Seigneur féodal ne tient le Fief en ses mains pour s'en attribuer la propriété, mais seulement pour faire les fruits siens ; la propriété demeurant toûjours au vassal. Il suffit donc que le Seigneur perçoive les fruits, & prenne les loyers, parcequ'ils sont tenus pour fruits.

Afin que le Seigneur puisse joüir commodément des fruits du Fief qu'il exploite par ses mains, la Coûtume en cet article luy permet de prendre & se servir des caves, greniers & autres lieux y mentionnez, qui sont au château, ou principal manoir & basse-court du Fief, pour recüeillir & garder les fruits qu'il percevra pendant sa joüissance, avec une portion du château, ou de la maison pour s'y loger, quand il voudra y aller pour cüeillir & conserver les fruits.

1. La décision de cet article se doit entendre, tant au cas de la saisie féodale, que du relief, parce qu'il ne parle qu'en general de l'exploitation, qui est un terme qui convient à l'un & à l'autre, & étant mis ensuite des deux articles precedens ; cela nous marque que c'est l'intention & l'esprit de nôtre Coûtume.

CHARONDAS. C'est le sentiment de Charondas, qui dit avoir été ainsi jugé par l'Arrest rapporté par Monsieur le Maistre, cité cy-aprés : c'est aussi l'avis de Brodeau sur cet article *in princ.* BRODEAU.

2. Mais cette raison n'est pas assez forte pour permettre au Seigneur de déloger son vassal, sa femme, ses enfans & sa famille, au cas que la maison Seigneuriale ne soit pas suffisante.

Ce seroit une chose trop rigoureuse, que le Seigneur pût obliger son vassal d'aller loger ailleurs qu'en son Fief, soit pendant la saisie féodale, qui donne le gain des fruits du Fief au Seigneur, sans qu'ils soient dûs pour autre cause que pour le punir de sa negligence ; ou pendant l'année du relief, le Seigneur ayant le choix des trois offres à luy faites aux termes de l'article 47. & devant s'imputer s'il a choisi le revenu de l'année, ne pouvant pas loger au principal manoir ou maison Seigneuriale, puisqu'il pouvoit choisir ou la somme de deniers à luy offerte par le vassal, ou le dire de Prud'hommes.

3. Ainsi le Seigneur ne joüit de la portion du logis que de telle sorte qu'il ne soit point à charge au vassal, *l. 11. ff. de usu & habitatione*, & s'il n'y a pas plus de logement qu'il en faut pour le vassal & sa famille, le Seigneur n'y doit pas loger même au temps des fruits : il se doit contenter des lieux destinez pour la recolte, comme basse-court, ou au-

tres lieux ; car quoique le Seigneur durant la saisie féodale ou l'an du relief ait l'usufruit & pleine joüissance des fruits du Fief, il n'a cependant que le simple usage du manoir lorsqu'il est habité par le vassal : or *quæ sunt in usu non sunt in fructu l. 1. ff. de usu & habitatione.*

C'est pour cette raison que cet article a été mis avec le 56. au lieu des 38. & 40. qui n'en parlent point.

Cette question s'étant présentée en l'ancienne Coûtume, la Cour par son Arrest donné en l'Audience de la Grand'-Chambre, le 31. Decembre 1535. raporté par Monsieur le Maître au Traité des Fiefs chapitre 4. par Tourner, & Brodeau *num.* 4. a jugé, que le Seigneur ne pouvoit pas déloger son vassal de la maison Seigneuriale, qui n'étoit pas suffisante pour l'un & pour l'autre, en payant par le vassal l'estimation du loüage de la maison.

Mais depuis la nouvelle Coûtume le Seigneur ne pourroit pas demander l'estimation du loyer de la maison, au cas qu'elle ne fût pas suffisante, parce que nôtre Coûtume ne permet au Seigneur de s'y loger qu'au cas qu'elle soit assez grande, & que ce soit sans déloger le vassal, desorte que si elle ne l'est pas, on peut dire que l'intention de nôtre Coûtume est, que le Seigneur cherche à se loger ailleurs, sans que le vassal soit tenu de luy payer l'estimation du logement pendant la saisie ou le relief.

Que si le vassal ne demeuroit pas en la maison Seigneuriale, quoiqu'elle ne fût pas suffisante pour le Seigneur & pour luy, néanmoins au terme de cet
BRODEAU. AUZANET. article, le Seigneur s'en pourroit servir, puisqu'il ne le délogeroit pas, Brodeau *num.* 8. Auzanet.

3. Le Seigneur peut bien se servir de la maison Seigneuriale, mais non pas des meubles qui y sont appartenans au vassal, parce qu'ils ne font pas partie du Fief, ni des fruits.

Il ne peut pas aussi se servir des bestiaux, comme
BRODEAU. chevaux & autres qui sont dans la maison, Brodeau *num.* 7.

Mais quoique le Seigneur ne puisse pas se servir des meubles meublans & autre choses mobiliaires, qui se trouvent en la portion ou corps de logis qu'il occupe parce qu'elles ne font point partie du fonds, ni du Fief, ni des fruits, non plus que les bestiaux & autres instrumens du labourage, il peut néanmoins se servir des pressoirs, cuves, & autres ustencilles qui se trouvent dans les celliers, fouleries & autres lieux pour perpetuelle demeure, parce qu'ils sont censez & reputez immeubles & faire partie du fonds & de la maison.

Voyez Maître Charles du Moulin tit. des Fiefs. §. 1. glose 5. nombre 13.

4. La disposition de cet article a été trouvée si juste, qu'elle a été étenduë aux autres Coûtumes qui n'en décident rien, comme il a été jugé par Arrest du 19. Août 1583. au profit d'Eusebe de Moustiers, Vicomte de Merville, contre Madame la Duchesse de Lorraine
CHOPIN. TOURNET. BRODEAU. Duchesse d'Estampes, rapporté par Chopin sur ce titre *num.* 4. par Tournet, & Brodeau *num.* 5.

Cet Arrest a jugé que le Seigneur qui tient le Fief en ses mains ne peut chasser le vassal de son logement.

5. Quoique la Coûtume en cet article semble par ces termes, *quand il y voudra aller pour*, &c. ne permettre au Seigneur de se servir des lieux du Fief que pendant la cüeillette des fruits & la garde d'iceux, néanmoins il faut dire que le Seigneur a droit de s'en servir pendant la durée de la saisie, & pendant l'année du relief ; dautant qu'elle ne s'est exprimée en ces termes que pour marquer la principale raison, pour laquelle elle accordoit au Seigneur le logement & l'habitation du Fief.

Mais le Seigneur ne peut prendre son habitation dans le principal manoir, qu'au cas que le vassal ne l'habite pas, ou du moins qu'au cas qu'il suffise pour le Seigneur & pour le vassal.

Parce qu'il y a plusieurs Fiefs dans cette ville de 6.
Paris, qui ne consistent qu'en une seule maison, sans autres fruits & revenus, la Coûtume a voulu pourvoir à l'interêt du Seigneur, ordonnant que si elle est loüée, le Seigneur pendant sa saisie ou l'année de son relief en prendra le loüage, & si elle ne l'est pas, il en prendra le loyer au dire de gens à ce connoissans dont les parties conviendront.

Voyez Bacquet dans son Traité des franc-Fiefs chap. 6. nomb. 10.

Il faut dire aussi, que si le vassal y étoit demeurant, soit qu'il l'occupât toute entiere ou en partie, il seroit tenu de payer au Seigneur l'estimation de son habitation, Brodeau *num.* 6. parce que les loyers des BRODEAU.
maisons sont *loco fructuum, l. 36. ff. de usur. l.* 5. *C. de rei vindicat. & l. 39. §. 1. ff. de leg.* 1. Et quant au cas de la saisie féodale, les loyers en seroient dûs au Seigneur *pro rata temporis* qu'elle auroit duré.

Du Moulin avoit été de cet avis sur l'art. 50. *num.* DU MOULIN.
8. & Pontanus sur les articles 76. & 78. de la Coûtume de Blois.

Mais on demande *quid juris* si le Fief ne consistoit 7.
qu'en un seul Château ou manoir, sçavoir si le Seigneur pourroit demander l'estimation du loyer ?

Je croy indubitablement qu'il seroit mal fondé ; parce que la fin de cet article ne se doit entendre que d'une maison qui a coûtume d'être loüée, comme celles qui sont dans les Villes, bourgs ou villages ; & non d'un Château ou maison Seigneuriale, qui ne sont pas destinées à cet effet.

Si avant la saisie féodale ou l'ouverture de l'année 8.
du relief, le Fief avoit été saisi réellement à la requête des créanciers, le Seigneur ne doit avoir que le prix auquel le Fief entier aura été affermé à la diligence des Commissaires, Auzanet. AUZANET.

Au cas que le Fermier l'ait rebaillé à ferme à un autre à plus haut prix, le Seigneur ne peut prétendre que le prix du bail fait à la diligence du Commissaire, parce que le Fermier en rebaillant à sous-ferme le Fief, *res suas gessit.*

On ne doit pas luy envier sa bonne fortune, à cause des charges & incommoditez de son bail, qui sont la contrainte par corps, & de pouvoir être dépossedé, soit au cas de la main-levée accordée au debiteur saisi, ou par l'adjudication de la chose saisie, avant l'échéance du temps porté par le bail.

Ayant été consulté dans l'espece d'un Fief baillé à ferme pour la somme de trois cens livres à la diligence du Commissaire aux saisies réelles, & le Fermier judiciaire l'ayant rebaillé à ferme pour le prix & somme de six cens livres, j'ay répondu que le Seigneur devoit se contenter de la somme de trois cens livres dûës par le Fermier, à quoy il a été acquiescé.

Ce terme *moison* qui est dans cet article, est tiré 9.
du mot latin *messio*, c'est-à-dire, *pensitatio, quæ ex messionibus prastatur*, à la difference du loyer qui se paye en argent.

OBSERVATIONS DE MONSIEUR ***.

Sur l'article LVIII.

SOMMAIRE.

1. *Article concernant la maniere que les lieux se doivent partager entre le Seigneur, qui veut exploiter le Fief servant, & son vassal.*

2. *Autre Article concernant ce que doit avoir le Seigneur qui exploite le Fief, quand il consiste en une seule maison qui est loüée, ou qui est entierement occupée par le vassal.*

Au lieu du cinquante-huitiéme article nous avons fait les deux qui suivent.

PREMIER ARTICLE AU LIEU DU 58.

1. *Si le vassal tient par ses mains le Fief, & ne le baille à ferme ou à moison, le Seigneur dominant qui le veut exploiter, doit avoir les caves, greniers, granges, étables, pressoirs, & celliers, qui sont au principal manoir, & basse-court servants pour recueillir, & garder les fruits, & aussi une portion suffisante pour loger son Receveur & Fermier, domestiques & bestiaux, sans toutefois déloger le vassal, Fermier, enfans & famille y demeurans.*

Il est absolument necessaire que celuy qui a droit de faire valoir par ses mains une terre, ait un logement pour son Fermier ou Receveur, bestiaux & grains; mais il arrive souvent que le Seigneur ou ses Fermiers & le vassal ont de grandes difficultez, lorsqu'ils logent dans une même maison.

Nous avons coupé cet article pour en faire deux: dans ce premier il est reglé de la maniere que les lieux se doivent partager entre le Seigneur qui veut exploiter le Fief servant & le vassal. C'est-à-dire, qu'il faut que chacun trouve dequoy se loger, & des lieux suffisans pour faire valoir la ferme; & ce sont ces sortes de difficultez qui font qu'il n'y a presque jamais personne qui veüille faire valoir le Fief de son vassal, ou qui le puisse faire commodement.

Dans la deuxiéme partie nous avons composé l'article suivant, il est reglé comment on doit faire lorsqu'il n'y a qu'une maison, qu'elle est loüée ou occupée entierement par le vassal.

Nous avons changé quelque chose à la construction de cet article; mais nous n'avons rien changé au sens, ayant dit seulement, le Seigneur dominant qui le veut exploiter, au lieu de ces mots, & il est exploité par le Seigneur dominant.

Nous avons retranché le droit que la Coûtume donnoit aux Seigneurs d'avoir une portion de maison pour eux dans celle du vassal, pour éviter les querelles qui tous les jours pouvoient arriver. La prudence de la Loy doit faire éviter ce qui peut produire ces contestations.

AUTRE ARTICLE.

2. *Mais si le Fief consiste en une maison seule qui est loüée par le vassal, se doit contenter le Seigneur du loüage, & si elle n'est loüée, mais entierement occupée par le vassal, le Seigneur se contentera d'en prendre le loyer au dire d'experts.*

La disposition de cet article est assez claire pour n'y rien ajoûter, il decide que lorsque le vassal occupe toute sa maison, c'est-à-dire la plus grande partie, ensorte que les Fermiers du Seigneur & le vassal & sa famille n'y puissent pas loger ensemble commodément, suivant la disposition de l'article précedent, le Seigneur ne peut jamais déloger la famille du vassal. C'est pourquoy il doit se contenter de ce à quoy les Experts estimeront les loyers des lieux, ou s'il y a un bail, le prix luy en sera payé.

Auteurs sur l'Article cinquante-huitiéme.

Bacquet, *des Francs-Fiefs*, chap. 6. nomb. 10.
La Lande, sur la Coûtume d'Orleans, art. 73.
Buridan, sur Reims, art. 101. 102.
Basnage, sur Normandie, art. 119.
Loüet & Brodeau, lett. R. somm. 54.
Pontanus, sur la Coûtume de Blois, tit. 6. art. 76. & 78.
Chopin, sur la Coûtume de Paris, liv. 1. titre 2. nomb. 4.
D'Argentré, sur la Coûtume de Bretagne, art. 75.
Coquille, sur la Coûtume de Nivernois, tit. 4. article 6. & en son Institution au Droit François, titre *de Fiefs*.
Le Maistre, titre *de Fiefs*.
Traité du Franc-aleu de M. Galland.
Traité du Franc-aleu de Caseneuve.
Duret, dans son Alliance des Coûtumes, page 797. & 948.
Duplessis explique cet article, liv. 4. chap. 3. p. 33. liv. 5. chap. 4. sect. 1. p. 48.

ARTICLE LIX.

C'étoit le cinquantiéme Article de l'ancienne Coûtume.

Du Fief baillé à rente sans démission de foy.

ET si le vassal avoit baillé son Fief à rente, sans démission de foy, & le Seigneur le met en sa main par faute d'homme, droits & devoirs non faits, s'il y a des terres emblavées, ledit Seigneur peut, si bon luy semble, prendre les gagnages de ladite Terre, en rendant les feurs, labours & semences. Et n'est tenu ledit Seigneur se contenter de prendre la rente, pourvû qu'elle ne soit infeodée.

Voyez les Articles 28. 52. 56. & 231.

REMARQUES.

SI les heritages sont baillez à ferme, le Seigneur s'en devra contenter, y ayant parité de raison, même plus grande, qu'au cas de l'article 56. cy-dessus.

ET SI LE VASSAL AVOIT BAILLE' SON FIEF A RENTE.

GLOSE UNIQUE SUR L'ARTICLE LIX.

SOMMAIRE.

1. *Par l'ancienne Coûtume il étoit permis de donner à rente tous les domaines de son Fief avec retention de foy.*
2. *Ce droit est aboli par la nouvelle.*
3. *Si cet article n'a été laissé que pour les aliénations faites avant la reformation de la Coûtume.*
4. *Les Seigneurs peuvent empescher ce démembrement.*
5. *Que peuvent-ils faire au cas d'icelny.*
6. *S'ils sont obligez d'attendre la mutation de la part du vassal.*
7. Quid, *si le vassal s'étoit joüé de son Fief.*
8. *Si le Seigneur est tenu se contenter de la rente à laquelle le vassal a donné son Fief.*
9. *Pourquoy la Coûtume favorise plus le Fermier du vassal que le preneur à rente.*
10. *Si le preneur à rente avoit fait bail, le Seigneur seroit-il tenu de se contenter de la redevance.*
11. *Si cet article doit estre entendu au cas du relief comme de la saisie feodale.*
12. Terres emblavées, *ce que c'est.*
13. Gagnages, *ce que c'est.*
14. Feurs, *ce que c'est.*
15. *Le Seigneur est tenu se contenter de la rente, quand elle est infeodée.*
16. *Comment se fait l'infeodation de la rente.*
17. *Si la rente non infeodée est de mesme nature que le Fief.*

1. CEt article étoit le 50. de l'ancienne Coûtume, par laquelle il étoit permis au vassal de donner à rente tous les domaines de son Fief, sans en rien retenir que la foy & hommage envers le Seigneur, & par ce moyen il demeuroit toûjours son vassal, comme remarque du Moulin sur cet article: *Licet vassallo sine consensu Patroni totum feudum suum etiam unicâ concessione alienare & concedere ad onus annui & perpetui reditûs sibi solvendi à recipiente & ejus successoribus, vel causam habentibus super eodem feudo retentâ in perpetuum fide seu titulo & onere fidelitatis & clientelæ erga Patronum, ita ut concedens, licet nullum jus dominii retinuerit in feudo seu rebus concessis, nihilominus semper remaneat verus vassallus Patroni feudi; & ex ejus & recipientis persona metiuntur mutationes & jura feudi, à quibus tenetur exonerare & indemnem reddere recipientem reditûs debitorem.* — DU MOULIN.

2. La Coûtume reformée a aboli cette maniere d'aliéner les Fiefs, & de se retenir par les vassaux un Fief en l'air, ne consistant que dans la feodalité retenuë sur tous les domaines aliénez, & a défendu le démembrement des Fiefs, permettant seulement aux propriétaires d'iceux d'en disposer jusqu'aux deux tiers, & non par-delà, avec retention de foy & d'un droit domanial sur la partie aliénée, suivant l'article 51. auquel par consequent cet article 59. est contraire d'une contrarieté manifeste.

3. Maître Duplessis dit que l'article 59. n'a été laissé que pour les aliénations de Fiefs de cette qualité, faites avant la reformation de la Coûtume. — Duplessis.

Cependant il est difficile que ç'ait été l'intention des

des reformateurs ; car ils n'auroient pas manqué de parler des Fiefs ainsi donnez avant la reformation, & de défendre de les donner de même à l'avenir.

4. Quoiqu'il en soit, il faut dire qu'un vassal ne peut donner tous les domaines de son Fief à rente avec retention de foy, parce que la Coûtume le défend expressément ; qu'à l'égard des Fiefs ainsi donnez dans l'ancienne Coûtume, il n'est pas au pouvoir des Seigneurs de les empêcher, parce que les loix n'étendent pas leur pouvoir aux choses & affaires passées, *l. 7. C. de legib.* mais ils peuvent empêcher que leurs vassaux ne contreviennent aux prohibitions portées par la Coûtume.

5. Pour cet effet, comme le bail à rente d'un Fief entier porte un préjudice notable au Seigneur, il peut attendre qu'il y ait ouverture au Fief soit, de la part du bailleur ou de la part de l'acquereur, & faire saisir feodalement tout le Fief, & n'en bailler main-levée que quand le bailleur ou ses successeurs & le preneur ou ses successeurs auroient remis l'aliénation en l'état qu'elle se doit faire, c'est-à-dire, qu'elle n'excede pas les deux tiers, avec retention de foy & d'un droit domanial sur la chose aliénée, selon la disposition de l'article 51.

6. Il ne faut pas croire qu'en ce cas le Seigneur soit obligé d'attendre que la mutation arrive de la part du bailleur seulement ; parce qu'au moyen de l'aliénation faite contre la disposition de la Coûtume, le Fief étant passé en d'autres mains il y a mutation, & même j'estime que le Seigneur n'est pas obligé d'attendre ouverture d'un côté ou d'autre ; mais que dés que l'acquereur à rente s'est mis en possession des domaines du Fief, il est en droit d'user de saisie feodale, attendu que le Fief a changé de propriétaire, & que la retention de foy par le bailleur est nulle & sans effet à son égard, n'ayant pas pû la retenir contre la prohibition de la Coûtume.

CHOPIN. C'est le sentiment de Chopin sur cette Coûtume, livre 1. titre 2. nombre 13. où il dit que si tout le Fief est baillé à rente, la reserve de la foy & hommage est vaine & frustratoire, il faut retention de foy avec partie du domaine.

Voyez Maître Charles du Moulin sur l'article 22. de la Coûtume de Chartres, & sur celle de Paris, §. 35. & 41.

7. Que si le bail à rente étoit fait selon l'article 51. en ce cas le bailleur qui se seroit reservé le tiers des domaines de son Fief & la foy & hommage, seroit toûjours le vassal, & l'ouverture de Fief n'arriveroit que par mutation de son côté, & non du côté du preneur à rente, surquoy voyez les articles 51. & 52.

8. Il faut à present observer que quoique par l'article 56. le Seigneur soit tenu de se contenter de la redevance dûë par le Fermier auquel le vassal a fait bail de son Fief sans fraude avant la saisie, néanmoins il n'est pas obligé de se contenter de la rente à laquelle le vassal a donné son Fief.

La raison de la difference est, que le bail à ferme n'est qu'une aliénation des fruits & non de la proprieté, laquelle se fait pour un prix qui égale la juste valeur des fruits & revenus, ainsi elle se peut faire sans le consentement du Seigneur, & quand il tient en ses mains le Fief de son vassal, il doit se contenter de la redevance portée par le bail pour ne pas donner occasion au Fermier à des dommages & interêts contre son vassal.

Mais le bail à rente est une aliénation du fond & proprieté du Fief, qui ne se doit point faire sans le consentement du Seigneur; & si elle se fait autrement qu'aux termes de l'article 51. le Seigneur n'est pas obligé de la reconnoître ; & même quand elle seroit faite aux termes de cet art. sa disposition auroit lieu, à moins que la rente ne fût infeodée, parce que la disposition de cet article est expresse & sans distinction.

9. DUPLESSIS. Maître Duplessis rend ces deux raisons, pour lesquelles la Coûtume en ce cas traite plus favorablement le Fermier du vassal que le preneur à rente.

La premiere, que le bail à ferme qui n'emporte point aliénation de proprieté, ne porte point préjudice au Seigneur, & que le bail à rente, qui est translatif de proprieté, luy en cause.

La deuxiéme, que les rentes de bail d'heritages, qui sont perpetuelles, sont ordinairement modiques, ou le deviennent dans la suite, eu égard au revenu d'iceux ; desorte que les fruits des heritages donnez à rente il y a cent ans, valent à present beaucoup plus que les rentes, à la charge desquels ils ont été donnez.

LAURIERE. Maître Lauriere dit, que la raison de la difference est, que quand le bail est fait de bonne foy, la redevance égale à peu prés la valeur des fruits que produit la chose loüée; au lieu qu'icy la rente vaut toûjours beaucoup moins que les fruits de la chose transportée, parce qu'un vassal ne se joüe ordinairement de son Fief, que pour avoir de l'argent.

C'est une mauvaise raison, la veritable est, que le bail à ferme est permis, ordinaire & favorable ; & si le Seigneur pouvoit à son préjudice prendre l'exploitation du Fief, il donneroit lieu à de gros dommages & interêts du Fermier contre son Maître ; mais le bail à rente fonciere non rachetable n'est plus permis par la nouvelle Coûtume, & dans l'ancienne même dont étoit cet article, il étoit peu favorable en ce qu'il emportoit aliénation du Fief baillé à la charge de la rente.

10. *Si le preneur à rente avoit fait bail à ferme avant la saisie feodale, si le Seigneur pourroit expulser le Fermier pour exploiter luy-même les heritages ?*

BRODEAU. Brodeau & Maître Duplessis tiennent que non : la question ne me paroît pas sans difficulté ; il me semble qu'il y a grande difference entre le bail à ferme fait par le vassal, & celuy qui est fait par le preneur à rente ; le Seigneur reconnoît le propriétaire du Fief pour tel, la saisie feodale se fait sur luy, & la Coûtume veut que le Seigneur se contente de la redevance dûë par le Fermier, mais il ne reconnoît pas le preneur à rente, ni les droits qu'il peut avoir sur le Fief qu'il a pris à la charge d'icelle, c'est *res inter alios acta*, sauf son recours contre son bailleur, & ne le reconnoissant pas il n'est pas obligé de reconnoître son Fermier ; Outre que par l'ancienne Coûtume le Seigneur pouvoit expulser le Fermier du vassal, & si pour nouvelle Coûtume il a été ordonné par l'article 56. que le Seigneur se contenteroit de la redevance dûë par le Fermier du vassal, sa disposition ne doit point être etenduë en un autre cas au préjudice du Seigneur, au contraire il en doit être exclus.

Il y a quelque difficulté, *si cet article doit être entendu au cas du relief comme de la saisie feodale.*

CHARONDAS. BRODEAU. DUPLESSIS. Charondas, Brodeau & Maître Duplessis tiennent que non, parce que la Coûtume ne l'a pas declaré comme elle a fait en l'article 57. où il est dit que ce qui est décidé en l'article 56. de la saisie feodale, a lieu aussi pour le relief.

Pour confirmer leur opinion, ils disent que la joüissance du relief étant renfermée & limitée dans l'espace d'un an, est bien differente de la saisie feodale qui n'a point de temps certain.

Ainsi cet article suivant leur sentiment ne doit avoir lieu qu'au cas de la saisie feodale, dont la joüissance est indéfinie & sans limitation de temps, & non pas au cas du relief, où le Seigneur qui a choisi pour son droit le revenu de l'année, doit se contenter de la rente, quoiqu'elle ne soit pas infeodée ; à quoy l'on peut ajoûter, que si par l'article 56. le Seigneur qui a saisi le Fief de son vassal, qui a été donné à loyer de bonne foy & sans fraude, ne peut demander que la redevance dûë par le Fermier, sans le pouvoir déposseder de son bail, il ne doit pas avoir plus de privilege en cette rencontre, que quand il a choisi le revenu d'une année du Fief pour son droit de relief; d'où l'on conclud qu'il ne peut prétendre que la rente qui est dûë par le preneur, dont la condition ne doit pas être moins favorable en cette rencontre que celle du Fermier au cas de l'article 56.

Nonobstant toutes ces raisons, & quoique cet article ne parle que du Seigneur saisissant, qui est le cas le plus frequent, on ne doit pas exclure celuy du relief, lequel n'étant point excepté par cet article, demeure dans la disposition du droit commun établi par l'article 52. aux termes duquel arrivant ouverture du Fief servant, le Seigneur n'est point obligé, soit au cas de la saisie feodale ou du relief, d'avoir égard aux aliénations faites par le vassal, ausquelles il n'a point donné son consentement, mais il peut exploiter le Fief entier en l'état qu'il se trouve; autrement ce seroit approuver tacitement le bail à rente fait par son vassal, & se faire préjudice pour les mutations qui pourront arriver au Fief du vassal, au cas desquelles il aura droit d'exploiter la partie du Fief aliéné par son vassal non infeodée suivant l'article 52.

Il faut encore remarquer que la Coûtume en l'article 58. ne parle que de la saisie; & cependant, suivant
CHARONDAS BRODEAU. le sentiment de Charondas & de Brodeau, il se doit entendre aussi du relief, d'où on peut tirer cette consequence qui me semble bien fondée, que cet art. 59. qui est la suite du précedent, se doit aussi entendre tant au cas de la saisie que du relief, & qu'il peut en l'un & l'autre cas exploiter le Fief tant pour ce qui est retenu, que pour ce qui est aliéné.

Quand le Fief a été donné à loyer de bonne foy & sans fraude; la Coûtume considere cette disposition plus favorablement & dans tous les deux cas, soit de la saisie feodale ou du relief, elle oblige le Seigneur à se contenter de la redevance stipulée par le bail; & c'est avec raison que la Coûtume fait difference entre le bail à loyer & le bail à rente: le premier étant une disposition qui n'est point présumée interdite au vassal dans la premiere concession & investiture du Fief, elle oblige le Seigneur à l'entretenir, en se contentant de la redevance; le bail à rente au contraire étant une contravention formelle à la concession du même Fief, qui n'a été donné au vassal qu'à la charge qu'il ne pourroit être démembré, elle dispense le Seigneur d'y avoir égard, & luy permet d'exploiter le Fief en l'état qu'il se trouve au temps qu'il est ouvert.

Terres emblavées, c'est-à-dire, terres chargées de bled qui est déja levé, & quand il n'est pas levé, 11.
on dit *terres semées ou ensemencées*.

Gagnages, sont les fruits pendans par les racines, 12.
ou sont les revenus des terres, Loysel, livre 4. tit. 1. art. 1. *on met sa terre en gagnage par baux à rente, cens ou Fief*.

Voyez d'Argentré sur la Coûtume de Bretagne, art. 381.

Feurs, signifie les frais faits pour la culture des 13.
terres, *fructuum quaerendorum causâ*, & pour la production des fruits; quelques-uns veulent que feurs sont les impenses, & que feurres sont les fumiers; quoiqu'il en soit, en cet article feurs se prend pour les frais faits pour la culture des terres en la joüissance desquels le Seigneur entre par sa saisie.

Pourvû qu'elle ne soit infeodée: suivant ce qui a 14.
été dit sur l'article 52. quand le Seigneur a infeodé le droit domanial à la charge duquel le vassal a aliené une partie de son Fief, le Seigneur ne peut plus saisir ce qui a été aliéné, mais seulement ce que le vassal s'est retenu & le droit domanial, avenant ouverture du Fief, soit par sa mort ou par l'aliénation qu'il en feroit; ainsi au cas que le Seigneur ait infeodé la rente, à laquelle le vassal auroit donné une partie de son Fief, s'il arrivoit ouverture du Fief, il ne pourroit saisir que la rente entre les mains du preneur à rente, & non pas les heritages qu'il auroit pris à la charge d'icelle.

L'infeodation de la rente se fait quand le Seigneur 15.
a agréé le bail à rente sans démission de foy, qu'il a reçu son vassal à foy & hommage pour cette rente, qu'il en a reçu l'aveu & le dénombrement, ou le quint ou le relief, pour lors cette rente tient de luy en plein Fief, & le domaine du Fief releve du vassal; le cas arrivant le Seigneur ne joüira que d'une année de la rente pour le relief, & ne pourra saisir feodalement que cette rente, & non les domaines, si ce n'est au cas de l'article.

La rente infeodée est feodale, & par consequent se partage comme noble, comme il a été jugé par Arrest du 1. Decembre 1599. entre M. Jean le Comte, tuteur des enfans mineurs d'Etiennette Langeart & Jean Boucher, rapporté par Labbé sur cet article.

Maître Duplessis tient que, quoique la rente ne 16.
soit pas infeodée, néanmoins elle est de même nature que le Fief, & se partage noblement à cause du devoir feodal qui y est annexé par la reserve qu'en a faite le bailleur; car si elle n'est pas considerée comme Fief à l'égard du Seigneur, elle ne l'est pas moins à l'égard du bailleur & de sa famille, puisque la feodalité par luy reservée a son effet, en ce qu'il demeure toûjours vassal.

OBSERVATIONS DE MONSIEUR***

Sur l'Article LIX.

SOMMAIRE.

1. *Article changé, & pourquoy.*
2. *De quelle maniere un Seigneur approuve une desunion ou démembrement de Fief.*

1. *Quand le Fief du vassal a été baillé à rente par acte agréé par le Seigneur par traité particulier fait entre le Seigneur & le vassal, ou employé en deux aveus consecutifs reçus par le Seigneur, il n'est dû au Seigneur qui a mis en sa main le Fief que le courant de la rente pour l'année du relief, ou à proportion du temps de la saisie feodale: mais si le Seigneur n'a point agréé le bail, il aura le choix de prendre la rente, ou de joüir par ses mains des choses baillées à rente, en rendant les labours & semences.*

L'article étoit obscur, & suivant le sentiment de Maître Auzanet, auquel nous avons ajoûté quelques mots, nous l'avons redigé d'une maniere plus intelligible, & expliqué l'esprit de la Coûtume, qui est que le vassal ne peut jamais faire tort à son Seigneur sans son consentement & à son insçu, & quand il le fait, la convention ne peut jamais nuire au Seigneur, soit pour les joüissances des fruits lors des saisies feodales, ou que le droit de relief a droit, soit pour les confiscations ou autres droits des Seigneurs.

Ces mots, *sans démission de foy*, qui étoient dans l'article 59. faisoient naître de grandes difficultez, c'est pourquoy nous les avons changez.

Il n'étoit point parlé dans ledit article du droit de relief, mais seulement de la joüissance par saisie feodale; mais comme la disposition de la Coûtume est égale en ces deux cas, nous les avons rassemblez par le même mot.

1. L'on a autrefois demandé ce qu'il falloit pour faire que le Seigneur approuva une désunion ou démembrement de Fief; par l'article nous avons expliqué qu'il le pouvoit de deux manieres, ou expressément ou tacitement. Expressément, lorsque par un acte entre le Seigneur feodal le vassal y consent, ou bien par un acte fait entre le Seigneur & l'acquereur. Tacitement, lorsque par deux aveus & dénombremens l'on en fait mention expresse, lesquels aveus ayant été reçûs sans blâme, cela prouve & justifie que rien ne s'est fait en fraude du Seigneur, puisqu'on luy a nettement expliqué le démembrement, & qu'il ne l'a pas voulu blâmer, il ne pourroit pas avoir de bonnes raisons pour changer de sentiment, & ces deux aveus font une approbation publique qui ne peut plus ensuite se revoquer.

CONFERENCE SUR L'ARTICLE LIX.

Les Coûtumes qui suivent ont une disposition semblable.

Amiens, art. 6. *Anjou*, art. 14. 118. 119. 122.
Auxerre, art. 64. 82.
Berry, tit. 5. art. 15. 44. *Bourbonnois*, art. 385.
Bretagne, art. 60.
Chartres, art. 13. *Châteauneuf*, chap. 2. art. 16.
Clermont, art. 36. 39. 59. 100. 101. 102. 106.
Dourdan, art. 20. 21. 36. *Dunois*, art. 4.
Estampes, art. 30.
Lodunois, chap. 11. art. 11. chap. 14. articles 3. 4. 6. & 7.
Maine, art. 1. 5. 127. 128. 132. *Mantes*, art. 13.
Melun, art. 57. 80. *Montargis*, art. 56. *Montfort*, art. 36. 37. 38.
Nivernois, chap. 4. art. 57. 58. *Normandie*, article 119.
Orleans, 53. 56. 73.
Peronne, art. 27. 28. *Poitou*, articles 154. 155. 156. & 158.
Reims, art. 101. 102. *Romorantin*, art. 1.
Sens, art. 123. 194.
Tours, art. 113. 114.
Valois, art. 43.

Montargis, chapitre 1. article 76. dit, que *le Seigneur ne pourra prendre ne lever les fruits du Fief saisi, sinon en payant les frais industriaux, & semence du laboureur ou métayer; & de ses autres interêts & dommages aura recours contre le vassal ou autre, pour la faute duquel il souffrira lesdits interêts & dommages, si ledit laboureur ou métayer a signifié & fait à sçavoir en temps dû ledit saisissement au vassal son maître.*

Auteurs sur l'Article cinquante-neuviéme.

Bobé, sur cet article.
Thourette, sur Montfort, art. 38.
De la Lande, sur Orleans, art. 6.
Buridan, sur Reims, art. 102.
Pontanus, sur la Coûtume de Blois, tit. 5. art. 62.
Vrevin, sur la Coûtume de Chauny, art. 96.
Duplessis explique cet article, liv. 5. chap. 4. sect. 1. p. 48.

ARTICLE LX.

C'étoit le quarante-deuxiéme Article de l'ancienne Coûtume.

De la reception par main souveraine.

QUand entre plusieurs Seigneurs est question d'aucun Fief, que chacun d'iceux Seigneurs dit être mouvant de luy, le vassal en doit être reçû par main souveraine, & joüir pendant le procés, en consignant par luy en Justice les droits & devoirs par luy dûs à cause d'iceluy Fief. *Et aprés le procés terminé, est tenu le vassal faire & porter la foy à celuy qui aura obtenu, quarante jours aprés la signification à luy faite de la Sentence ou Arrest.*

Voyez les Articles 7. 65. & 361.

REMARQUES.

CE qui est dit dans cet article de la reception par main souveraine s'entend : *scilicet superioris communis Domini vel Judicis ordinarii, ideò non debent in expensis taxari sumptus eorum qui hâc de re mittunt ad Cancellariam Regiam, ut dixi in Consuet. Paris.* C. M. sur l'article 385. de la Coûtume de Bourbonnois.

La Consignation dont est parlé dans cet article, n'est qu'une provision, comme pleinement j'ay dit sur la Coûtume de Paris, art. 42. C. M.

Le vassal pendant le procés est aussi tenu de reconnoître par provision celuy des contendans pour la Seigneurie, qui a obtenu un jugement de provision contre son competiteur. Recours au Commentaire, C. M. sur l'ancienne Coûtume de Paris.

La disposition de cet article a aussi lieu, lorsqu'il y a plusieurs Seigneurs de differens Fiefs dominans, qui prétendent que le Fief servant releve d'eux, non pas lorsque ce sont Seigneurs d'un même Fief; car pour lors le vassal est quitte en prêtant la foy & hommage au principal, qui possede la plus grande part, & tient le manoir, dautant que la prêtation de foy & de serment est de soy individuë, attendu qu'elle consiste *in facto*, *l. stipul. ff. de verb. oblig.* mais il faut qu'elle soit faite au nom de tous. *l. si stipul.* §. 1. *de solut.*

Par Arrest du 4. Janvier 1534. rapporté par Monsieur le Maistre en son Traité des Fiefs, chap. 3. il a été jugé que pour se faire recevoir par un vassal par main souveraine, il n'est pas requis qu'il y ait concurrence des deux saisies, mais qu'il suffit qu'il y ait concurrence d'actions de deux Seigneurs feodaux.

Sed ad minus requiritur actio ; nam, ut ait Mol. §. 60. *num.* 46. 47. 48. *ut quis possit recipi per manum superiorem, non sufficit, quod alleget prehensiones alias in suo feudo ratione superioritatis, nisi prehensorem in judicium adducat contra eum qui prehensionem suam persequitur.*

Cet article contient une exception notable à ce qui a été dit cy-dessus, que tout vassal est tenu avoüer ou desavoüer son Seigneur ; car en ce cas que la tenure est prétenduë par differens Seigneurs, il n'est pas obligé, s'il ne veut, de former aucun aveu ou desaveu, mais peut suivre la voye qui luy est tracée par cet article, de se faire recevoir pendant le procés par main souveraine.

Il faut toutefois excepter le cas auquel le vassal prétend tenir son Fief en franc-aleu, comme aussi lorsqu'il reconnoît un des Seigneurs, mais en autre qualité que le Seigneur prétend ; car en ces cas il est tenu avoüer ou desavoüer précisement, ainsi que le tient du Moulin, §. 60. à n. 46. 50.

Lite contestata cum quodam qui se pratendit Patronum, non potest amplius vassallus suo respectu recipi per manum supremam : cum hoc casu de commisso agatur, si reperiatur quod vassallus malè contestatus sit superioritatem ejus cum quo agit. Mol. §. 60. *num.* 49. *& seqq. ad* 53.

Consignatio autem, hoc art. desiderata, jurium utilium prompta est & liquida, quando apertura feudi est per emptionem, & quintum vel etiam subquintum pretii debetur. Sed quomodo consignabitur relevium in casu quo debetur?

Respondeo quod vassallus tantam summam consignare debet, quæ circiter & verisimiliter ascendat ad valorem fructuum unius anni feudi, & si minorem summam consignet, contendentes de Patronatu poterunt impugnare, & receptionem per manum supremam impedire, aliàs non. Mol. §. 60. *num.* 41.

Sed salvo tanti viri judicio, nihil obesse video, si Patroni inter se contendentes in hoc concilientur, ut optent quod arbitrabuntur boni & prudentes viri, quam æstimationem consignet vassallus, item si inter Patronos controvertatur electio circa reditus seu obventiones feudi per spatium unius anni, nihil obstat quin sequester dari possit qui his fruatur, & victori lite finita rationes reddat.

Si le vassal auparavant l'action de l'un des Seigneurs avoit payé les droits de l'ouverture à l'autre, il y en a qui tiennent qu'il peut sommer le Seigneur qui a reçu de consigner en sa place ; les autres au contraire, que le Seigneur qui a été payé volontairement par le vassal, ne peut être contraint à se dégarnir, mais qu'il est seulement tenu à garantir le vassal ; desorte qu'il est plus seur au vassal qui veut avoir promptement main-levée, de consigner du sien, n'étant point juste que le Seigneur qui n'a rien reçû souffre par la faute & par la précipitation du vassal.

Receptio per manum superiorem nullum habet effectum respectu illius, qui non fuit ad hoc vocatus. Mol. §. 60. *num.* 44.

Jugé par Arrest du 12. Mars 1567. qu'en cas de saisie par plusieurs Seigneurs, le vassal ne doit avoir les fruits que depuis sa reception par main souveraine.

DOIT ESTRE RECEU PAR MAIN SOUVERAINE.

GLOSE PREMIERE SUR L'ARTICLE LX.

SOMMAIRE.

1. *Si cet article est une exception de l'article 44.*
2. *Si le Seigneur plaide main garnie au cas de cet article.*
3. *Si la reception par main souveraine est tres-ancienne.*
4. *Quand, & comment arrive la contestation pour la mouvance feodale.*
5. *Si la reception auroit lieu, au cas que le Seigneur refusât sans raison d'investir son vassal.*
6. *Si la reception par main souveraine peut estre demandée avant la contestation formée.*
7. *Si la reception a lieu, quand un des Seigneurs soûtient, que le Fief est dans sa mouvance feodale, & que l'autre dit que c'est une roture dans sa censive.*
8. *Si le vassal saisi par un autre Seigneur peut demander delay de garant.*
9. *Cas ausquels cette reception n'a pas lieu.*
10. *La reception par main souveraine n'a lieu quand le Roy est garant.*
11. *En cas de debat de Fief entre deux Seigneurs, dont l'un est mouvant de l'autre.*
12. *Quand le combat de Fief se peut juger sommairement.*
13. *Quand le debat n'est que pour la censive.*
14. *Quand le vassal a brisé la saisie de l'un des Seigneurs contendans.*
15. *Quand plusieurs Seigneurs du Fief dominant pretendent solidairement la mouvance.*
16. *Si les lettres sont necessaires.*
17. *Assignation sur les lettres obtenuës.*
18. *La connoissance en appartient aux Baillifs & Senechaux Royaux.*
19. *Celuy qui demande ces lettres doit s'avoüer vassal.*
20. *Effet de la reception par main souveraine.*
21. *Si elle peut estre donnée sans charge de caution.*
22. Quid, *des fruits échus avant la reception en foy.*
23. Quid, *si depuis la reception il arrive nouvelle ouverture.*
24. *Si celuy qui a été reçû par main souveraine, peut intenter le cas de saisine & de nouvelleté.*
25. *En cas de saisie par deux Seigneurs contestans la mouvance, qui doit joüir.*
26. *Si l'an & jour du retrait court durant la reception.*
27. *Que doivent faire les Seigneurs qui contestent la mouvance, pour empescher que le temps du retrait ne se passe.*
28. Quid, *si l'un veut le quint, & l'autre le retrait.*
29. *Si le vassal est tenu de bailler son dénombrement pendant la contestation des Seigneurs.*
30. *Que doit faire le nouvel acquereur du Fief servant, au cas d'une nouvelle ouverture.*
31. *Si l'hommage doit estre fait au Roy qui contesteroit la mouvance à un autre Seigneur.*

1. CEt article est une exception de l'article 44. qui veut, que le vassal commence par avoüer ou desavoüer son Seigneur *in limine judicii*, sans qu'il puisse l'obliger à luy justifier les titres de sa mouvance.

Mais parce qu'un vassal ne peut pas avoüer deux Seigneurs, lesquels prétendent la tenure sur son Fief, & ne connoissant pas lequel des deux est son veritable Seigneur, il a été trouvé à propos, que leur contestation ne luy pût être préjudiciable, & qu'il ne soit point exposé à la commise de son Fief en desavoüant celuy qui le seroit veritablement.

Pour cet effet, il est ordonné par cet article au vassal de se faire recevoir par main souveraine, & obtenir par ce moyen main-levée de la saisie de son Fief en consignant néanmoins les droits, si aucuns sont dûs; car comme cette contestation ne luy doit causer aucun préjudice, aussi elle ne luy doit procurer aucun avantage.

Loysel en ses Institutes Coûtumieres, titre des Fiefs, article 94. dit, *le vassal est tenu d'avoüer ou desavouer son Seigneur, sinon qu'il y eût contestation de tenure entre deux Seigneurs, auquel cas il se peut faire recevoir par main souveraine du Roy.*

Cet article est aussi une exception de cette maxime, qui dit, que le Seigneur plaide toûjours main garnie contre son vassal. 2.

Cet usage de se faire recevoir par main souveraine au cas de cet article, est tres-ancien, suivant les autoritez rapportées par Brodeau *num.* 10. 3. BRODEAU.

C'est la disposition de plusieurs Coûtumes remarquées en la Conference.

Cela s'observe dans celles qui n'en parlent pas, & c'est le droit general de la France.

La contestation pour la mouvance, appellée *debat ou combat de Fief*, arrive, soit qu'il y ait saisie faite par les deux Seigneurs, ou que l'un d'iceux se soit seulement pourvû par simple action, comme il a été 4.

jugé par Arrest du 4. Janvier 1534. remarqué par Monsieur le Maistre, Traité des Fiefs & hommages chapitre 3. par du Moulin sur cet article *num.* 55. & par Brodeau *num.* 2. & autres Commentateurs ; ou même que l'un & l'autre ayent procedé par action, Brodeau *num.* 2. Charondas, Joly & Maître Duplessis.

Du Moulin. Brodeau. Brodeau. Charondas Joly. Duplessis. Tournet.

Quoique Tournet tienne qu'il faut qu'un des contendans ait usé de saisie, cela n'est pas necessaire.

Mais une contention verbale ne suffiroit pas, comme marque ce mot de *question* en cet article, qui signifie contestation en Justice.

Cet article se doit entendre de Seigneurs de differens Fiefs dominans qui prétendent que le Fief servant releve d'eux, mais non pas lorsque ce sont Seigneurs du même Fief ; car pour lors le vassal doit faire la foy & hommage au principal qui tient le manoir.

5. *La reception par main souveraine auroit-elle lieu, s'il ne paroissoit qu'un seul Seigneur, qui refusast injustement d'investir son vassal, qui luy offriroit la foy & hommage & les droits qui luy seroient dûs ?*

Il faut dire que le vassal pourroit en ce cas se faire recevoir par main souveraine, ainsi qu'il est décidé dans le Stile du Parlement *part.* 1. *cap.* 28. où est rapporté un Arrest de l'an 1325. qui marque, que c'étoit l'usage ; Bacquet dans le Traité d'amortissement chapitre 34. *num.* 2. & chapitre 59. *num.* 12. remarque deux anciens Arrests qui l'ont jugé ainsi.

C'est le sentiment des Docteurs citez par Brodeau nomb. 10.

6. *Si le vassal prevoyant quelque contestation entre deux Seigneurs pour la mouvance, peut se pourvoir par main souveraine avant la contestation formée, & la saisie de son Fief, desorte que par ce moyen il évite les saisies feodales ?*

Du Moulin. Brodeau. Duplessis. C'est l'avis de du Moulin sur cet article *num.* 17. & 24. de Brodeau *num.* 26. & de Maître Duplessis, qu'il le peut, tellement que les Seigneurs ne peuvent pas se plaindre qu'il agit prematurement ; & que c'est une espece de déni de foy & hommage contre le veritable Seigneur, dautant qu'il est de son interest de prévenir la saisie de son Fief.

A cet effet ils citent à propos la Loy *diffamari* 5. *C. de ingen. manumiss.* & la Loy derniere *C. de usur. pupill.* où il est dit, que *licet provocare ad judicium adversus futuram calumniam, ut voluntatis ratio declaretur, & fiat contradictio, ne quis de cetero inquietudinem sustineat.*

Auzanet. Maître Auzanet dit, que cette reception peut être demandée, quoiqu'il n'y ait aucune saisie féodale, pourvû que les pretentions des Seigneurs ayent été notifiées au vassal par quelque acte à luy signifié.

7. La main souveraine a lieu pareillement, quoique l'un des Seigneurs prétende que l'heritage est tenu de luy en Fief, & que l'autre soûtienne qu'il est en sa censive ; dautant que ne pouvant pas tenir de l'un & de l'autre, & avoir deux qualitez contraires, opposées & incompatibles, il faut avoir recours à la reception par main souveraine. Brodeau *num.* 27.

Brodeau.

La reception par main souveraine a encore lieu, quand les fruits d'un heritage ont été saisis & brandonnez par deux Seigneurs censiers prétendans la directe, Maître Auzanet.

Auzanet.

8. Il en faut dire de même, au cas que le vassal, dont le Fief est saisi par un Seigneur, ait déja fait la foy & hommage à un autre avant la saisie.

En ce dernier cas, il peut demander délay de garand pour faire appeller celuy par qui il a été investi pour prendre son fait & cause, comme il a été jugé par Arrest de l'an 1452. au profit de Maître Aligret Greffier Criminel du Parlement, contre Monsieur le Duc de Bourbon, & aprés avoir fait venir son garand, il doit être reçû par main souveraine, pour joüir pendant le procés, comme il a été jugé par un ancien Arrest remarqué par Brodeau *num.* 28. Brod.

C'est aussi l'avis de Maître Charles du Moulin sur cet article *num.* 46. Du M.

La reception par main souveraine n'a pas lieu dans les cas suivans. 9.

Les deux premiers sont proposez par Chopin sur ce titre nomb. 5. & 6. Chop.

Le premier est dans cette espece : le Comté de Beauvais releve de l'Evêque de Beauvais, le Roy Charles IX. l'an 1569. le vendit à faculté de rachat perpetuel au Duc de Brunswick, & l'Evêque le saisit ; le Duc de Lorraine donataire s'y opposa, & appella le Roy en garantie de ce que la vente avoit été faite sans charge de la mouvance envers l'Evêque de Beauvais, demanda main-levée jusqu'à ce que le procés fût jugé. L'Evêque répondit que le Roy étoit garand de la mouvance & de l'éviction envers l'acquereur, qu'ainsi il ne pouvoit pas donner lettres pour la reception par main souveraine ; la cause fut appointée le 2. May 1686. cependant main-levée en donnant caution. 10.

Le deuxiéme est, quand il y a debat de Fief entre deux Seigneurs, l'un desquels est mouvant de l'autre. 11.

Un vassal avoit vendu une partie de son Fief avec retention de foy & hommage, sans le consentement du Seigneur, en consequence dequoy le Seigneur ayant saisi ce que le vassal avoit retenu, & ce qu'il avoit aliené, l'acheteur somme son vendeur qui prend le fait & cause pour luy.

En ce cas il n'y a pas lieu à la reception par main souveraine, parce que l'acheteur n'a droit que par son vendeur, lequel n'a pû aliéner partie de son Fief au préjudice du Seigneur, suivant ce qui a été remarqué sur l'article 51.

C'est pourquoy la Coûtume dit en cet article *&c. entre plusieurs Seigneurs.*

Brodeau *num.* 29. remarque ces deux especes. Brod.

Le troisiéme est observé par Brodeau *num.* 30. sçavoir lorsque le combat de Fief se peut juger sommairement, comme si un des Seigneurs avoit toûjours été en possession paisible de la mouvance ; pour lors il y auroit sujet de croire que le vassal auroit malicieusement suscité un autre Seigneur pour vexer le sien, c'est pourquoy il pourroit s'opposer à l'enterinement des Lettres par luy obtenuës, demander qu'il eût à l'avoüer pour Seigneur ou le desavoüer au peril de la commise, à quoy pourroit être condamné le vassal qui auroit connoissance du droit de son Seigneur ; néanmoins si la provision n'étoit pas adjugée sur le champ, que le Juge trouvât quelque difficulté, & que le procés tirât en longueur, il pourroit proceder à l'enterinement des Lettres. 12.

Le quatriéme, est quand deux Seigneurs prétendent respectivement la censive sur un même heritage, parce qu'au cas que deux Seigneurs ayent saisi les fruits de l'heritage suivant l'article 74. le propriétaire ou possesseur d'iceluy n'a qu'à s'opposer & consigner trois années du cens pour avoir main-levée, conformément à l'article 75. 13.

Le cinquiéme est, lorsque le vassal avoit brisé & enfraint la saisie de l'un des Seigneurs venuë à sa connoissance en spoliant les Commissaires établis à sa requête, à moins qu'il n'eût auparavant rétabli & remis entre les mains des Commissaires, les fruits par luy perçûs & enlevez, comme il a été jugé par Arrest du 17. Juillet 1517. donné au profit de Monsieur l'Archevêque de Sens, contre Monsieur le Duc de Longueville, par lequel il fut ordonné que le relief & les droits contestez, seroient payez, les fruits échûs depuis la main-mise enfrainte consignez & retablis és mains des Commissaires, & qu'ensuite ledit sieur Duc de Longueville seroit reçû par main souveraine, suivant les Lettres par luy obtenuës à 14.

cet effet, Tronçon *verbo*, par main souveraine & Brodeau, nobm. 24.

15. Le sixiéme, si plusieurs Seigneurs du Fief dominant prétendoient chacun solidairement la mouvance sur le Fief, dautant que le vassal n'auroit qu'à faire la foy & hommage au principal manoir duquel son Fief releveroit au nom de tous, ou de celuy qui en possederoit le manoir au nom de tous, c'est le sentiment de Maître Ricard; cependant en cas de saisie je conseillerois au vassal de recourir à la main souveraine, vû que s'il avoit fait la foy au nom de tous il seroit obligé de la réïterer à celuy qui obtiendroit la mouvance; car la foy & hommage est dûë au Seigneur à cause du Fief.

16. Quand la contestation est formée entre deux ou plusieurs Seigneurs, le vassal, qui veut avoir mainlevée de la saisie qui auroit été faite par eux ou par un seulement, doit obtenir lettres Royaux appellées *lettres de main souveraine*, par lesquelles il est mandé au Baillif ou Sénéchal du lieu où le Fief est assis, ou pardevant lequel l'instance est liée, de faire joüir & user l'impetrant de son Fief pendant le débat entre les Competiteurs, comme s'il avoit porté la foy & hommage, à la charge de consigner les profits, si aucuns sont dûs, & à la fin du procés faire la foy à celuy des contendans, à qui la mouvance sera adjugée.

Plusieurs estiment qu'il n'est pas besoin de recourir à ces Lettres, dautant que la Coûtume ne l'ordonne pas, & qu'il suffit de se pourvoir par opposition ou simple requête pardevant le Juge Royal ordinaire, ou celuy du Seigneur Superieur de qui les deux contendans relevent immediatement, lequel peut recevoir le vassal par main souveraine.

C'est l'avis de Coquille en ses Questions chapitre 39. de du Moulin sur cet article *num.* 12. & 18. d'Argentré sur celle de Bretagne article 112. de Bacquet au Traité des Amortissemens chapitre 59. *num.* 6. où il dit, que tel étoit l'usage du Châtelet de son temps; suivant cet avis le vassal doit présenter requête au Juge Royal ou au Juge du Seigneur suzerain, laquelle il signifiera aux contendans avec assignation pardevant ce Juge, afin de faire ordonner avec eux la main souveraine. MOULIN.

Monsieur de la Lande sur l'article 87. de la Coûtume d'Orleans dit, que dans la plupart des Auditoires de France les vassaux sont reçûs sans lettres de Chancellerie, & que dans le Châtelet d'Orleans on n'y a point recours.

CHARONDAS. Charondas dit, que la main souveraine est la main du Roy, qui est le souverain Seigneur de tous les vassaux & arriere-vassaux de France, & qu'ainsi la reception par main souveraine ne se peut faire que par le Juge Royal, auquel appartient la connoissance des matieres féodales, comme sont les Baillifs & Sénéchaux.

Cet Auteur est d'avis que ces lettres sont necessaires, & il remarque un Arrest du 17. Juillet 1577. qui a jugé, qu'une Sentence provisoire du Juge ne suffiroit pas pour exempter le vassal de la perte des fruits.

BRODEAU. Brodeau *num.* 12. dit, qu'il est plus seur de se pourvoir par lettres, c'est la disposition de quelques Coûtumes, comme de celle de Melun, article 28. de Dourdan, art. 29. &c.

Il cite un Arrest donné en la Coûtume de Tours, qui n'en décide rien, du 17. Juillet 1577. au profit de Messire Loüis de Rohan, Comte de Monbazon, contre René de Sanzay, sieur de Thais, remarqué par Chopin sur la Coûtume d'Anjou *part.* 2. *cap.* 1. *tit.* 1. *num.* 3. par lequel sur ce que le vassal n'avoit point obtenu Lettres Royaux, la saisie féodale fut confirmée, & les fruits adjugez en pure perte.

C'est l'usage du Châtelet de Paris & des Requêtes du Palais de se servir de ces Lettres, il semble que ce soit l'intention des Coûtumes qui se servent de ces termes *par main souveraine*, & je croy que la Cour le jugeroit ainsi.

D'où il s'ensuit, suivant l'Edit de Cremieu remarqué cy-dessus, qu'il n'y a que les Baillifs & les Sénéchaux qui en peuvent connoître.

Maître Duplessis dit que ces lettres sont absolument necessaires.

Maître Lauriere est aussi de même avis, & dit que le vassal au cas que son Fief soit saisi, doit être reçû par main souveraine, & pour cet effet, qu'il doit obtenir des Lettres en Chancellerie, & les faire enteriner par son Juge Royal. DUPLESSIS. LAURIERE.

Voyez l'Auteur du Grand Coûtumier liv. 2. chap. 28. avec la Note de Charondas pag. 189.

Ces Lettres sont en cela differentes de celles de Confortemain, qui s'obtiennent par les Seigneurs de Fiefs pour conforter les saisies faites sur les Fiefs qui sont en leur mouvance, dont l'execution appartient aux Juges subalternes, par l'autorité & la commission desquels les saisies féodales ont été faites, Brodeau *num.* 14. BRODEAU.

Le vassal doit donner assignation aux Seigneurs contendans sur les Lettres par luy obtenuës, pour voir ordonner la reception par main souveraine & la consignation, quoique l'article n'en parle pas. 17.

Par l'Edit de Cremieu article 16. la connoissance de ces Lettres appartient aux Baillifs & Sénéchaux, Juges des Nobles, ausquels la jussion est adressée, à l'exclusion des Prevôts & Châtelains, Tronçon & Brodeau nomb. 11. & 13. 18.

Celuy qui demande la reception par main souveraine, doit s'avoüer vassal & reconnoître la mouvance de l'un des deux Seigneurs, autrement il faudroit qu'il les desavoüât l'un & l'autre pour Seigneurs, comme s'il prétendoit que son heritage fût un franc-aleu, auquel cas ils pourroient conclure contre luy à la commise de son Fief, & cependant suivant l'article 45. il obtiendroit main-levée provisionnelle, & non pas diffinitive, comme au cas de cet article 60. desorte que celuy qui obtiendroit la mouvance par jugement, pourroit poursuivre contre luy l'adjudication de la commise. 19.

Aussi nôtre Coûtume en cet article 60. dit *le vassal*, pour faire voir que la reception par main souveraine n'est introduite que pour celuy qui s'avouë vassal de l'un ou de l'autre des contendans, Brodeau *num.* 33.

BRODEAU. 20. L'effet de cette reception est, que le vassal obtient main-levée diffinitive pendant le procés entre les deux Seigneurs des saisies par eux faites sur son Fief, & sans être tenu d'entrer en cause, vû qu'il n'a aucun interêt de qui il releve, à l'exemple des Fermiers d'une terre dont la propriété est contestée par plusieurs, lesquels joüissent pendant le procés durant le temps de leur bail en consignant le prix de la ferme, suivant la Loy *litibus.* 20. *in princ. C. de agricol. & censit.* Brodeau *num.* 23.

Cette main-levée est accordée purement & simplement sans charge de caution, non pas même à la caution juratoire du vassal, les Commissaires établis étant déchargez de plein droit pour l'avenir, la reception par main souveraine équipollant à la prestation de foy & hommage, au moins jusques au jugement diffinitif entre les Seigneurs; desorte même que quoique le vassal ne rendit pas ses devoirs à celuy qui auroit obtenu la mouvance dans le temps porté par cet article, néanmoins il ne pourroit prétendre le gain des fruits que du jour d'une nouvelle saisie. 21.

Quant aux fruits échûs avant la reception par main souveraine, & pendant la saisie féodale de l'un des Seigneurs, ou de l'un & l'autre, ils demeurent entre les mains des Commissaires, pour être délivrez au Seigneur saisissant, qui obtiendra gain de cause sur la mouvance, parce que les fruits échûs 22.

avant cette reception sont tombez en pure perte pour le vassal, comme il a été jugé par Arrest du 12. Mars
CHARONDAS 1567. rapporté par Charondas.

Il faut dire le contraire au cas que celuy des Seigneurs qui obtiendroit la mouvance, n'eût pas fait saisir le Fief, mais qu'il se fût pourvû seulement par action, l'autre contendant ayant fait saisir ; car en ce cas il est sans doute, que les fruits seroient restituez au vassal ; dautant qu'il n'y a que la saisie qui donne gain des fruits au Seigneur, & qu'une saisie faite *à non domino* étant nulle dans son principe, ne peut pas servir à celuy qui est le veritable
BRODEAU. Seigneur & qui n'a pas fait saisir, Brodeau *num.* 7. 15. *&* 16.

23. Que si depuis la reception par main souveraine il arrive nouvelle ouverture pendant le procés entre les contendans la mouvance, le nouveau vassal doit consigner les droits dûs pour sa mutation, avec offres de faire la foy & hommage à celuy qui obtiendra gain de cause, dans les 24. jours, sinon ils peuvent saisir le Fief, quoique Maître Duplessis tienne qu'ils ne peuvent saisir.

La raison est, que la reception par main souveraine est une espece de souffrance pour celuy qui l'a obtenuë, & qui vaut foy tant que dure le procés, mais elle ne sert pas à un nouveau vassal ; il faut donc que pardevant les Juges de la contestation il fasse offres de la foy & hommage suivant cet article avec consignation des droits par luy dûs, autrement il y auroit ouverture de Fief, partant aussi à la saisie féodale ; faute par le nouveau vassal de satisfaire à ses droits & devoirs au desir de cet article.

24. Charondas sur cet article demande, si celuy qui
CHARONDAS a été reçû par main souveraine, peut intenter le cas de saisine & de nouvelleté ?

Il dit que non, mais qu'il doit obtenir des défenses de le troubler ; il a raison, dautant que la complainte en cas de saisine & de nouvelleté n'a lieu, que quand quelqu'un prétend un droit dont nous joüissons.

C'est aussi par cette raison que contre le sentiment de cet Auteur sur ce même article, le vassal reçû à homme ne peut intenter le cas de complainte contre son Seigneur, qui prétendroit quelques droits nouveaux sur son Fief.

25. Ce même Auteur sur l'article 1. demande au cas que deux Seigneurs prétendans la mouvance ayent fait saisir, & que le vassal soit negligent de se faire recevoir par main souveraine, qui des deux joüira pendant la saisie ?

Il resoud que c'est celuy qui a prévenu, & cite un Arrest du 7. Février 1574. qui l'a jugé ainsi, à la charge néanmoins d'en rendre compte à l'autre, s'il obtenoit la mouvance.

Néanmoins parce qu'il n'échet point de provision au cas du débat de Fief, comme il est dit cy-aprés, il y a lieu de dire, que les fruits doivent être sequestrez, desorte que ni l'un ni l'autre ne doivent joüir.

26. La reception équipolle tellement à la foy & hommage, que l'an du retrait court du jour de l'enterinement des Lettres, comme étant le jour de l'inféodation, depuis lequel courent les quarante jours du retrait féodal par l'article *infra*, desorte qu'aprés ce temps le Seigneur, qui obtiendroit la mouvance, ne seroit pas recevable à demander le retrait, parce que,
DU MOULIN dit du Moulin sur cet article, *glos.* 1. *num.* 70. *consuetudo noluit emptorem feudi manere in suspenso & sub incerto ultra quadraginta dies a debita notificatione* ; Et de plus, parce que ces Seigneurs peuvent exercer le retrait du consentement de l'un & de l'autre, ou de l'un sans l'autre.

27. Au cas qu'ils consentent au retrait, ils peuvent faire le remboursement a l'acheteur du prix de son acquisition avec les loyaux-coûts, à frais communs, & pendant le procés sequestrer le Fief pour les fruits d'iceluy perçûs être donnez à celuy qui obtiendroit la mouvance, en remboursant par luy ce qui auroit été avancé par l'autre pour exercer le retrait.

Que si un des Seigneurs choisit le retrait, & l'autre le quint denier, en ce cas celuy qui choisit le quint, s'exclud du retrait, & celuy qui choisit le retrait, ne peut pas l'exercer, parce qu'il n'est pas encore declaré le Seigneur féodal, mais par les offres qu'il fait à l'acquereur il conserve le droit & la faculté de l'exercer, & au cas que l'acquereur consente de recevoir son remboursement, il luy doit être fait, & celuy qui le fait, doit, suivant l'opinion de du Moulin *num.* 73. donner caution de luy restituer le Fief en cas qu'il perde son procés, & de plus consigner le quint pour l'autre Seigneur, s'il obtient la mouvance. 28

Brodeau sur cet article *num.* 18. 19. 20. & 21. Charondas & Tronçon tiennent que le droit du Seigneur pour exercer le retrait est conservé par la declaration & par protestation du Seigneur faite avec offre de rembourser, mais que le remboursement ou consignation du prix déboursé par l'acquereur & des loyaux-coûts, se differe aprés le procés terminé par Sentence dont il n'y a point d'appel, ou par Arrest.

Je croy qu'il faut suivre le sentiment de du Moulin, & qu'il n'est pas juste que l'acquereur du Fief soit incertain & en suspens durant un procés qui pourroit durer plusieurs années.

C'est pour cette raison que la Coûtume n'a prescrit que quarante jours au Seigneur pour exercer la retenuë féodale ; à moins que l'acquereur ne consentît au retrait aprés le procés jugé pour celuy qui l'auroit choisi, au cas qu'il obtînt gain de cause ; autrement il faut dire, que le retrait doit être executé dans les quarante jours à compter du jour de la notification & exhibition du contrat, sauf en cas que le retrayant fût déchû de la mouvance, à rendre & restituer le Fief à l'acquereur, s'il vouloit le reprendre, car il n'y pourroit pas être contraint, ce Seigneur devant s'imputer d'avoir évincé l'acquereur par retrait féodal qu'il n'avoit pas droit d'exercer.

C'est l'avis de Tiraqueau, de Bacquet en son Traité du droit d'amortissement, chapitre 59. de Brodeau sur cet article *num.* 18. que la reception par main souveraine équipolle à inféodation ; ce qui ne reçoit point de difficulté pour le retrait lignager : les parens & lignagers devant dans l'an & jour intenter l'action en retrait, autrement ils n'y seroient plus recevables.

Puisque le vassal n'est point tenu pendant le procés de faire la foy & hommage, que la reception par main souveraine étant comme une souffrance qui tient lieu de foy & hommage, tant qu'elle dure, il s'ensuit aussi qu'il n'est point tenu de bailler son aveu & dénombrement. 29.

Néanmoins s'ils consentoient à ce qu'il le baillât, il y seroit obligé, suivant l'avis de du Moulin sur l'article 9. *glos.* 2. *num.* 11. *& rectè*, il ne seroit pas tenu de le donner ensuite à celuy qui obtiendroit la mouvance.

On demande, s'il arrive une nouvelle ouverture de Fief pendant le procés, sçavoir si les Seigneurs peuvent saisir le Fief dans les quarante jours, & que doit faire le nouvel acquereur pour avoir main-levée de la saisie ? 30.

Il est sans doute, que les deux Seigneurs peuvent & doivent faire saisir séparément le Fief, s'ils veulent avoir le gain des fruits échûs pendant la saisie, la reception par main souveraine obtenuë par l'ancien propriétaire du Fief, ne pouvant servir à celuy qui luy auroit succedé, par quelque maniere que ce fût, soit en qualité d'heritier ou à titre particulier ; mais ce successeur doit faire declarer la Sentence de reception par main souveraine executoire à son profit, en consignant les droits, si aucuns étoient dûs pour son acquisition, pour empêcher par ce moyen la saisie de son Fief, Brodeau *num.* 22.

31. La disposition de cet article souffre une exception, au cas que la mouvance soit contestée au Roy par un Seigneur particulier.

En ce cas l'hommage doit être fait par provision aux Officiers du Roy, & les droits payez, le Roy étant présumé être bien fondé, & le Seigneur luy faire une contestation mal-à-propos ; & au cas que la mouvance fût adjugée au Seigneur, le vassal seroit tenu de luy faire la foy & hommage, sauf pour les droits le recours du Seigneur contre le Fermier du Domaine qui les auroit reçûs.

Ainsi les Lettres Royaux sont seulement necessaires lorsque quelques Seigneurs particuliers prétendent la mouvance d'un Fief, & qu'il y a contestation sur ce sujet.

Mais quand le Roy est saisissant, & qu'il se prétend Seigneur immediat, on en use autrement ; parce qu'étant fondé en droit commun, & tous les Fiefs de son Royaume dépendans de luy il ne plaide jamais dessaisi ; mais la saisie subsiste, & l'on n'en donne point main-levée qu'en faisant la foy & hommage, & en consignant les droits & profits dûs par le vassal, comme nous avons dit.

EN CONSIGNANT PAR LUY EN JUSTICE LES DROITS ET DEVOIRS.

GLOSE DEUXIÉME SUR L'ARTICLE LX.

SOMMAIRE.

1. *Pourquoy celuy qui est reçû par main souveraine, doit consigner les droits.*
2. *Si la reception par main souveraine est differente de la provision au cas de desaveu.*
3. *Si la consignation doit estre faite en Justice.*
4. *De quel jour la main-levée a effet.*
5. *Comment se doivent faire les offres ; au cas que le relief soit dû.*
6. *Si la consignation doit estre faite des droits dûs par les prédecesseurs du vassal, demandez par les Seigneurs, ou par l'un d'eux.*
7. *Si la consignation a lieu, quand avant la contestation le vassal a payé à l'un des Seigneurs.*
8. *Si les fruits échûs avant la reception par main souveraine, doivent estre déposez en main tierce.*

1. La reception par main souveraine n'est accordée au vassal, qu'en consignant par luy les droits qu'il doit pour son acquisition.

Ce qui a été ainsi ordonné, afin que le Seigneur qui obtiendra gain de cause, ne soit point obligé d'avoir un nouveau procés contre son vassal pour les droits, ou qu'il ne soit point tenu d'user de saisie pour cet effet.

Outre que cette reception équipollant à la foy & hommage, il est selon les regles & les principes en matiere féodale, que le vassal paye & consigne les droits ; ensorte que ce gerondif *en consignant*, emporte une condition & une necessité précise, sans laquelle la reception ne produiroit aucun effet, & n'empêcheroit point la perte des fruits.

D'où il s'ensuit qu'il ne suffiroit pas de faire des offres de consigner, mais qu'il faut que la consignation soit réelle & actuelle, Brodeau *num.* 38.

2. En quoy la reception par main souveraine est differente de la main-levée provisionnelle au cas du desaveu, en laquelle il n'y a point de consignation, dautant qu'au premier cas le vassal reconnoît la mouvance, & en l'autre il la dénie, & refuse de reconnoître le Seigneur, qui se prétend son Seigneur.

Quoique le vassal offrit bonne & suffisante caution de payer les droits à celuy qui obtiendroit la mouvance, aprés le jugement, néanmoins telles offres n'équipolleroient pas à la consignation, & la saisie couteroit toûjours cependant en pure perte des fruits, comme il a été jugé par Arrest du 9. Juin 1597. remarqué par Chopin sur la Coûtume d'Anjou *part.* 2. *cap.* 1. *tit.* 1. *num.* 3. & par Brodeau *num.* 41.

3. La consignation doit être faite en Justice, c'est-à-dire au Greffe, parce que la Coûtume l'ordonne ainsi, desorte que celle qui seroit faite entre les mains d'un Notaire ou d'autre personne publique ou privée, si ce n'étoit du consentement des Seigneurs, seroit nulle.

Brodeau *num.* 40. est d'avis que le vassal, pour plus grande seureté, conformément à la consignation ordonnée en matiere de retrait par l'article 136, que tous les Seigneurs contendans soient appellez & sommez d'y assister & être présens, & s'ils, ou l'un d'eux n'y compare, que l'acte de consignation luy soit signifié & copie baillée, afin qu'il n'en ignore.

Néanmoins la Coûtume n'ordonnant point cette formalité, je ne croy pas qu'elle soit necessaire ; il suffit qu'elle soit faite, & qu'il soit signifié aux Seigneurs qu'elle a été faite avec copie de la quittance.

Maître Auzanet dit, que la main-levée qui luy sera donnée, n'a effet que du jour de la signification de la consignation des droits, faite à sa diligence à chacun des Seigneurs contendans, & que l'offre de la prestation de caution pour les droits & profits de Fief, ne suffit pas pour le décharger de la consignation. 4.

A l'égard des fruits échûs depuis la saisie féodale jusqu'à la consignation des droits, ils tombent en pure perte pour le vassal, au profit du Seigneur qui a saisi & à qui la mouvance est adjugée ; sinon ils doivent être rendus au vassal, sans que le Seigneur qui a obtenu la mouvance, puisse les prétendre au cas qu'il n'ait pas saisi.

Que si, pendant le combat de Fief entre les Seigneurs contendans, le Fief servant change de main, le nouveau vassal doit consigner les droits & profits dûs à cause de sa mutation, & non ceux qui seroient dûs par ses prédecesseurs, & à faute de faire la consignation, les Seigneurs contendans ou l'un d'eux peuvent proceder par saisie féodale, & les fruits doivent être sequestrez pour être donnez à celuy qui obtiendra la mouvance, selon Maître Auzanet. AUZANET.

Quant à ce qu'il dit, que le successeur n'est pas tenu consigner les droits dûs par son auteur, cela me paroît tres-faux; car si la mutation est arrivée par succession, peut-on dire avec raison que l'heritier ne soit pas tenu des droits dûs par le défunt? Il en seroit tenu de même de quelque maniere qu'il luy eût succedé dans le Fief à titre particulier, parce que suivant l'article 24. les profits de Fief sont réels; c'est pourquoy le Seigneur n'est pas obligé de recevoir en foy le nouveau vassal, qu'en payant les droits pour sa mutation, & ceux dûs par ses predecesseurs, comme j'ay observé sur l'article 1.

La consignation doit être faite des droits dûs pour la mutation arrivée en la personne du vassal.

Elle n'est pas difficile, lorsqu'il doit le quint, parce que la somme est certaine, fixe & limitée.

5. Mais il n'en est pas de même quand il doit le relief, à cause qu'il consiste en trois offres, suivant l'art. 47. en ce cas le vassal doit faire ses trois offres en Justice aux Seigneurs, entre lesquels est le different, & demander qu'il soit ordonné qu'ils conviendront dans quarante jours du choix qu'ils veulent faire, & qu'à faute de ce, il sera reçû à consigner la somme par luy offerte, ou le dire de Prud'hommes, ou que le revenu d'une année sera pris & levé par un sequestre, pour être l'une des trois offres donnée à celuy qui obtiendra gain de cause, Brodeau *num.* 42. BRODEAU.

6. La consignation doit encore être faite des autres droits dûs & demandez par les Seigneurs, ou par l'un d'eux, pour les mutations précedentes, autrement la saisie continuëroit son effet, parce que la consignation ne seroit pas valable, si elle n'étoit pas faite des droits dûs & demandez, Brodeau *num.* 43.

7. Maître Auzanet est d'avis que le vassal n'est point tenu de consigner au cas qu'il ait déja payé de bonne foy & sans fraude les droits à un des contendans, avant la notification du combat de Fief; & au cas que par l'évenement du procés celuy qui les a reçûs succombe; il est tenu de rendre les droits entiers à celuy auquel la mouvance aura été adjugée avec les interêts du jour de la reception, nonobstant la remise, si aucune avoit été par luy faite, & sans qu'à cause d'icelle il puisse avoir aucune action contre le vassal. AUZANET.

Brodeau *num.* 44. prétend que si le vassal a payé les droits à l'un des Seigneurs, & que l'autre saisisse son Fief, il doit, en se faisant recevoir par main souveraine, conclure contre le Seigneur dont il a reconnu la mouvance, à ce qu'il soit condamné de consigner la somme qu'il luy a payée à sa décharge, ou faire ordonner avec les autres Seigneurs, que le Seigneur qui les a reçûs, en demeurera dépositaire comme de biens de Justice; & au cas que les autres Seigneurs requierent la consignation; consigner à ses perils & fortunes, protestant de tous dépens, dommages & interêts, même de l'interêt des deniers. A quoy il seroit infailliblement condamné, s'il étoit déchû de la mouvance. BRODEAU.

Je croirois l'opinion de Brodeau mieux fondée dans la rigueur, le Seigneur n'étant pas obligé de courir, comme l'on dit, aprés son éteuf, & d'avoir une action contre un étranger pour être payé de ses droits, c'est pourquoy je conseillerois au vassal de consigner ses droits avec les protestations susdites.

C'est aussi le sentiment de Maître Duplessis.

8. Au cas de la saisie féodale faite par l'un des Seigneurs, les fruits échûs depuis la saisie jusques au jour de la signification du jugement de main-levée, doivent être déposez en main tierce, pour être délivrez à celuy qui obtiendra gain de cause, s'il a saisi, autrement ils seront rendus au vassal. Auzanet. AUZANET.

ET APRE'S LE PROCE'S TERMINE' EST TENU LE VASSAL FAIRE ET PORTER LA FOY.

GLOSE TROISIE'ME SUR L'ARTICLE LX.

SOMMAIRE.

1. *Quand le vassal est tenu de faire la foy & hommage, en cas de reception par main souveraine.*
2. *Opinion de du Moulin non reçûë.*
3. *Pourquoy le vassal reçu par main souveraine, est tenu de faire la foy & hommage à celuy qui obtient gain de cause.*
4. *Si le vassal qui a fait la foy & hommage avant le combat de Fief, est tenu de la réiterer.*
5. *Comment se prouve la mouvance.*
6. *Si la preuve par témoins peut estre reçûë.*
7. Quid, *Si tous les deux Seigneurs sont en possession de la mouvance.*
8. *Arrests qui ont jugé la question diversement.*
9. *De quel jour commencent à courir les quarante jours.*
10. Quid, *au cas d'accord entre les Seigneurs par transaction.*

1. *Et aprés le procés terminé est tenu le vassal faire & porter la foy.* Il s'ensuit de ces termes, que le vassal n'est point tenu de faire la foy & hommage avant le jugement du procés, soit pardevant le Juge, qui a enteriné les Lettres de reception par main souveraine, ou au Seigneur superieur & suzerain, au cas que les deux Seigneurs contendans relevassent en plein Fief d'un même Seigneur, Brodeau *num.* 34. BRODEAU.

Il s'ensuit encore, qu'il n'échet point de provision au profit d'un des Seigneurs contendans, comme il a été jugé par Arrest du Vendredy 14. Janvier de relevée 1611. rapporté par Brodeau *num.* 32.

La raison est, que la provision donneroit atteinte à la question sur la mouvance.

2. Néanmoins du Moulin est d'avis contraire en sa Note sur ces mots *être reçû par main souveraine*, de l'article 42. de l'ancienne Coûtume, où il veut, que le vassal fasse la foy & hommage à celuy des Seigneurs qui obtient la provision, en ces termes, *par provision, & aussi reconnoître celuy qui obtient la provision contre son Competiteur.* DU MOULIN.

Mais cette provision n'est point d'usage, & les Réformateurs n'ont point obligé le vassal de faire la foy & hommage qu'aprés le jugement du procés.

3. Quoique la reception par main souveraine équipolle à la foy & hommage, néanmoins le vassal est tenu de la faire à celuy qui a obtenu gain de cause, parce que cette reception n'en exempte le vassal que

pour un temps, à l'exemple de la souffrance; avec cette difference que la souffrance est accordée au vassal pour une cause legitime provenant de son côté, & que la reception par main souveraine differe la foy & hommage pour une cause, qui ne provient que de la contestation faite par un tiers au veritable Seigneur.

Mais dautant que la foy & hommage est un devoir personnel dont le vassal doit s'acquitter une fois en sa vie envers son Seigneur, dés que l'empêchement est cessé, c'est-à-dire, dés que le veritable Seigneur a été declaré tel par Jugement, le vassal doit le reconnoître pour tel en luy rendant les devoirs de vassal.

Moulin. Brodeau. C'étoit l'avis de du Moulin sur le §. 35. *glos.* 5. *num.* 1. cité par Brodeau *num.* 46.

4. Toutefois si le vassal avoit fait la foy & hommage à celuy qui a obtenu gain de cause, avant le debat de Fief, il est sans doute qu'il ne seroit pas tenu de la réïterer.

La raison est, qu'il suffit que le vassal se soit acquitté une fois en sa vie de ce devoir envers le même Seigneur; la foy & hommage étant introduite pour engager le vassal par la promesse qu'il fait, de rendre service personnellement à son Seigneur, en cas qu'il en ait besoin, & qu'il le requiere, il n'est pas necessaire de la réïterer, puisqu'il ne seroit pas moins obligé par une seule prestation de foy & hommage que par deux.

Brodeau. Auzanet. C'est l'avis de Brodeau *num.* 47. & de Maître Auzanet.

5. Mais si avant le combat de Fief le vassal avoit fait la foy & hommage à celuy à qui la mouvance n'auroit pas été adjugée, le vassal en ce cas seroit tenu de la faire à celuy qui auroit obtenu gain de cause, n'en étant pas déchargé par celle qu'il auroit faite à celuy qui par l'évenement du procés auroit été declaré n'être pas son Seigneur.

Le procés entre deux Seigneurs pour la mouvance d'un Fief se doit juger sur les titres, qu'ils doivent se communiquer reciproquement; par lesquels ils prouvent leur possession & leur droit, qui sont les actes de foy & hommage, les aveus & dénombremens à eux rendus, ou à leurs predecesseurs par les vassaux prédecesseurs de celuy qui a été reçû par main souveraine, les inféodations & quittances des droits & profits féodaux, les actes de souffrance pour cause de minorité, ou d'autre excuse suffisante, & autres actes qui peuvent servir pour justifier la mouvance féodale.

Elle ne se prouve point par preuve testimoniale; vû que l'Ordonnance de Moulins article 54. défend expressément la preuve par témoins pour chose excedant la somme de cens livres; & que la mouvance féodale est d'un prix inestimable, & on rapporte à propos la Loy *census.* 10. *ff. de probation.*

6. Néanmoins au cas que les Seigneurs contendans produisissent des titres, il y auroit lieu à la preuve par témoins pour le fait de la possession contestée, comme il a été jugé par Arrest du 7. Avril 1637. donné en la Grand'-Chambre, au rapport de Monsieur Bouguier, entre Messire François de Montmorency, Abbé de Molesme, Seigneur de Châteaubrun, & Messire René du Boust du Brueil, Sieur du Broulet, & de Gargilesse, touchant la mouvance du Fief des Cherons.

Par cet Arrest la Cour, avant faire droit au principal, ordonna que les parties articuleroient plus amplement leurs faits, informeroient d'iceux, tant par titres que par témoins, représenteroient les actes de foy & hommage, aveus & dénombremens rendus par les possesseurs dudit Fief des Cherons, lesquels seroient assignez pour déposer ce qu'ils en sçauroient.

Brodeau. Cet Arrest est remarqué par Brodeau *n.* 35. & 37.

Si les deux Seigneurs sont en possession, & qu'ils soient fondez en titres qui justifient la mouvance sur le même Fief, sçavoir si la directe doit être partagée? 7.

Henris en ses Arrests tome 2. livre 3. question 12. rapporte un Arrest du 20. Février 1638. sur procés par écrit, par lequel la Cour l'a jugé ainsi.

Cet Auteur dit sur cet Arrest qu'il est assez difficile de connoître quel a été le motif de la Cour; car de dire, que les terriers de l'un & de l'autre fussent égaux & aussi anciens; & que l'un ne fût pas plus en possession que l'autre, c'est ce qu'on ne peut pas concevoir: (il s'agissoit de la censive sur un heritage) ou que le terrier de l'un fût plus ancien, & que l'autre eût joüy & fût en possession, ce ne seroit pas un fondement bien fort pour appuyer une semblable décision: ou peut-être que la directe venoit d'une même origine, c'est-à-dire, que les terres en vertu desquelles les deux Seigneurs prétendoient la directe, & celle sur laquelle elle étoit prétenduë; avoient autrefois appartenu à un même propriétaire, & qu'il en avoit aliené une partie, se reservant sur icelle la directe; & que le reste des terres qu'il s'étoit reservé, avoient ensuite été divisées & partagées entre deux propriétaires.

Il est en effet assez difficile, que les droits de deux Seigneurs soient si égaux, qu'il n'y ait quelque circonstance qui puisse faire tomber la balance pour l'un ou pour l'autre.

Charondas sur cet article *in fine*, remarque un Arrest du 23. Juin 1584. par lequel a été jugé, que deux Seigneurs prétendans sur un même heritage, droits de cens, lods & ventes, & autres droits Seigneuriaux, chacun d'eux joüiroit du cens contenu en ses titres & terriers, mais que les droits de lods & ventes & autres droits Seigneuriaux appartiendroient au seul Seigneur qui avoit les plus anciens titres. 8. Charondas.

Cet Arrest est assez particulier; car le cens emporte les lods & ventes, & ils en sont inséparables, à moins que l'heritage ne soit entierement déchargé des lods & ventes au cas ordinaire qu'ils sont dûs, mais qu'un Seigneur ait des censives sans lods & ventes, c'est une chose extraordinaire, ainsi je ne croy pas que cet Arrest soit d'une grande autorité.

Brodeau sur l'article 74. *num.* 5. remarque cet Arrest & un autre donné en la Coûtume de la Marche le 18. Juin 1612. par lesquels il dit, que le cens a été adjugé à celuy des Seigneurs qui étoit fondé en titre plus ancien. Brodeau.

Ce qui se doit entendre; au cas qu'ils en eussent l'un & l'autre, & qu'ils fussent pareillement en possession, & que les titres de l'un ne fussent pas prescrits, car si celuy qui auroit le plus ancien titre, avoit laissé prescrire son droit, il est sans doute qu'il ne pourroit plus prétendre le cens qu'un autre Seigneur auroit prescrit; quoique Brodeau tienne l'opinion contraire, voyez sur l'article 123.

Ce temps de quarante jours est le terme & le délay prescrit par la Coûtume, pour faire la foy & hommage, par l'article 7. en cas de decés, lequel se doit aussi entendre au cas de toute autre acquisition, & par cet article 60. & par l'article 65. au cas que la mutation arrive de la part du Seigneur.

Ces quarante jours au cas du present article commencent à courir du jour de la signification de la Sentence ou Arrest au vassal, faite par celuy qui a obtenu la mouvance. 9.

La Sentence dont il est parlé en cet art. se doit entendre de celle de laquelle il n'y a point d'appel, & qui a passé en force & autorité de chose jugée; car l'appel de la Sentence seroit suspensif du droit adjugé par icelle à l'un des Seigneurs, dautant qu'en matiere de débat de Fief il n'échet point de provision, comme il a été dit cy-dessus, Brodeau *num.* 48. Brodeau.

Il faut dire aussi, que si les Seigneurs contendans 10.

s'étoient accordez par une transaction, & que par icelle l'un eût cedé & abandonné à l'autre la mouvance, les quarante jours commenceroient à courir du jour de la signification d'icelle.

Du Moulin. Brodeau. C'est l'avis de du Moulin sur cet article *num.* 17. & de Brodeau *num.* 49.

Ainsi quoique cet article ne parle que de Sentence ou Arrest, elle n'exclud pas le cas de transaction qui seroit faite entre les deux Seigneurs contendans sur le combat de Fief; auquel cas le vassal seroit tenu de faire la foy & hommage au Seigneur qui auroit la mouvance par la transaction dans les quarante jours de la signification qui luy en seroit faite, comme si c'étoit une Sentence ou Arrest.

OBSERVATIONS DE MONSIEUR ***.

Sur l'Article LX.

SOMMAIRE.

1. *Que doit faire le vassal, lorsque deux Seigneurs prétendent la mouvance.*
2. *Qu'entend-on par combat de Fief.*
3. *S'il est necessaire qu'il y ait saisie feodale pour s'adresser au Roy.*
4. *S'il faut que le vassal consigne.*
5. *Quand l'un des deux Seigneurs a saisi feodalement, à qui doivent appartenir les revenus du Fief jusques au temps de la reception en foy souveraine.*
6. Quid juris, *si le vassal avant le procès a payé les droits à l'un des Seigneurs qui prétendent la mouvance.*
7. *Si lorsqu'il y a combat de Fief entre un Seigneur & le Roy, ce combat de Fief se traite comme celuy qui est entre deux Seigneurs particuliers.*

1. NOus n'avons rien changé en l'article 60. qui nous a paru fort intelligible & expliquer nettement ce que doit faire un vassal, lorsque deux Seigneurs prétendent la même mouvance, qui est de se presenter aux Officiers du Roy, faire la foy, & consigner les droits, & faire signifier aux deux Seigneurs; & lorsque le procés est jugé, faire la foy à celuy qui a gagné son procés; parce que pendant le combat de Fief entre deux Seigneurs, le vassal ne peut pas connoître lequel des deux est son veritable; ainsi on a jugé à propos d'introduire ce remede, pour empêcher que leur contestation ne pût être préjudiciable au vassal, & qu'il ne soit exposé à la commise de son Fief, en desavoüant celuy qui seroit son Seigneur.

2. On entend par combat de Fief la contestation qui s'est müe entre deux Seigneurs qui prétendent la même mouvance, ou dont l'un prétend la Seigneurie, l'autre la censive, ou tous deux la censive.

3. Il n'est pas necessaire qu'il y ait saisie feodale, pour s'adresser au Roy, il suffit que la contestation entre les deux Seigneurs soit connuë par quelque acte.

4. Pour s'adresser au Roy, il faut une consignation actuelle, & que l'offre de donner caution de la part du vassal n'est pas suffisante: mais ce qui est à remarquer, c'est que lorsqu'il y a un nouveau possesseur du Fief, pour raison duquel il y a combat de Fief entre deux Seigneurs, ce nouveau vassal n'est pas obligé de consigner les anciens droits dûs; mais seulement ceux de son temps, c'est-à-dire de la nouvelle mutation.

5. Si le Seigneur qui a saisi feodalement obtient gain de cause, ensorte que la mouvance soit par le jugement declarée luy appartenir, la perte des fruits est à son profit jusqu'au jour de la signification faite par le vassal qu'il a fait la foy aux Officiers du Roy, & qu'il a consigné.

Mais si celuy qui n'a pas fait saisir obtient gain de cause, la saisie feodale ne subsiste point, & le vassal gagne les fruits saisis; parce que le Seigneur qui est veritablement Seigneur n'ayant pas fait saisir, il ne peut pas faire les fruits siens.

6. Si le vassal a payé devant le procés mû à l'un des Seigneurs sans fraude les droits, il n'est pas obligé de consigner, & si celuy qui n'a point reçu les droits gagne son procés, il a action contre celuy qui les a reçu pour les luy faire rendre avec l'interêt.

Quand il est question des droits du Roy, il faut toûjours distinguer, s'il agit comme Roy ou comme Seigneur particulier.

7. Dans l'espece de cet article il agit par main souveraine, c'est ce qui fait que lorsqu'il y a combat de Fief entre un Seigneur & le Roy, ce combat de Fief se traite comme celuy qui est entre deux Seigneurs particuliers, parce qu'en cette rencontre, *utitur jure privati.*

Néanmoins comme dans le même temps il se trouve revêtu des deux qualitez, cela fait que comme Roy, en vertu de la Souveraineté, où tous les hommages se portent de Fief en Fief, il recevra foy & hommage par main souveraine.

Mais comme il est partie dans le combat de Fief, non pas comme Roy, mais comme Seigneur d'un Fief particulier, il est vray de dire que la provision ne doit pas être pour le Roy, & ne croirions pas que le vassal fut reçu à consigner entre les mains du Fermier du domaine par forme de consignation, il faut consigner entre les mains du Receveur des Consignations. *Idem*, entre les Seigneurs qui combattent pour le droit de censive.

Il y a une Sentence du 21. Janvier 1679. qui l'ordonne ainsi entre Monsieur le President de Maisons qui est aux droits du Roy, & les Religieuses de Poissy, l'Abbé d'Harcourt & les Chanoines de Poissy pour les censives dans Poissy.

CONFERENCE SUR L'ARTICLE LX.

LEs Coûtumes cy-aprés remarquées ont une disposition semblable à cet article.
Bourbonnois, art. 385. *Bretagne*, art. 109.
Châlons, art. 201.
Dourdan, art. 36.
Estampes, art. 37.
Laon, art. 202.
Melun, art. 88. *Montfort*, art. 39.
Orleans, art. 87.
Grand-Perche, art. 52. *Peronne*, art. 70.
Reims, art. 124. *Ribemont*, art. 30. *Romorantin*, chap. 8. art. 13.

Auteurs sur l'Article soixantiéme.

L'Auteur du Grand Coûtumier, liv. 2. chap. 28. avec la note de Charondas, p. 189.
Desmares, Décision 135.
Les Etablissemens, liv. 2. chap. 3.
Brodeau, sur cet article.
Du Moulin, sur la Coûtume de Paris, §. 41. nomb. 11. 12. 18. & 53. & sur l'article 385. de la Coûtume de Bourbonnois.
Bacquet, au Traité du Droit d'Amortissement, ch. 59. nomb. 6.
Loysel, liv. 4. tit. 3. regle 94. & la Note de Maître Lauriere.
Bobé, sur cet article.
Le Glossaire du Droit François, sur le mot de *main-souveraine.*
Thourette, sur Montfort, art. 39.
De la Lande, sur Orleans, art. 87.
Le Let, sur Poitou, art. 123.
Le Dictionnaire de M. Brillon, *verbo* main-souveraine, & *verbo* Fief, nomb. 86. & suiv.
Corbin, suite de patronage, chap. 248.
Coquille, quest. 39.
Bibliotheque de Bouchel, *verbo* Fiefs.
Charondas, liv. 7. Rép. 26. & liv. 2. Rép. 83.
M. Auzanet, en ses Arrests, chap. 32.
Pontanus, sur la Coûtume de Blois, tit. 4. art. 39.
Papon, sur la Coûtume de Bourbonnois, art. 385.
Englebermeus, sur la Coûtume d'Orleans, titre 1. art. 92.
Chopin, sur la Coûtume d'Anjou, liv. 1. chap. 6. nomb. 6. liv. 2. part. 2. chap. 1. tit. 1. nomb. 3. & sur celle de Paris, liv. 1. nomb. 5. & 6.
De Lhommeau, sur la Coûtume d'Anjou, liv. 1. art. 8. & en ses Maximes, liv. 2. art. 13.
Coquille, sur la Coûtume de Nivernois, tit. 4. art. 50. & en son Institution, tit. *des Fief.*
Le Maistre, titre *des Fiefs*, chap. 3.
Bacquet, *du Droit d'Amortissement*, chap. 54.
Salligny, sur la Coûtume de Vitry, art. 52.
Vigier, sur la Coûtume d'Angoumois, art. 23.
Buridan, sur la Coûtume de Vermandois, art. 202.
Duret, dans son Alliance des Coûtumes, p. 848.
Duplessis explique cet article en son Traité *des Fiefs*, liv. 5. chap. 6. p. 54.

ARTICLE LXI.

C'étoit le quarante troisiéme de l'ancienne Coûtume.

Vassal dormant le Seigneur veille, & au contraire.

TAnt que le vassal dort, le Seigneur veille; & tant que le Seigneur dort, le vassal veille.

Voyez l'Article suivant, & le 285.

REMARQUES.

ET ita generaliter observatur in toto hoc regno & servandum est, nisi sicubi fortè clarè probetur de contraria consuetudine. Mol. §. 61. *num.* 2.

Nous traiterons ce qui concerne cet article sur l'article suivant, qui en est l'explication.

Auteurs sur l'Article soixante-uniéme.

BEaumanoir, chap. 14. p. 81.
L'Auteur du Grand Coûtumier, liv. 2. ch. 27. p. 184.
Les Coûtumes toutes notoires, jugées au Châtelet, art. 134.
Desmares, Décision 193.
Boërius, *in Consuetud. Bituricens. de Feudis*, §. 13. *verbo item*, & pour défaut *in fine.*
De la Lande, sur Orleans, 69. & 85.

Bobé, sur l'article 124. de la Coûtume de Meaux.
Thourette, sur Montfort, art. 40.
Brodeau, sur Paris, art. 1. nomb. 10.
Loysel, liv. 4. tit. 3. regle 25.
Le Grand, sur Troyes, art. 22.
Buridan, sur Reims, art. 57.
Basnage, sur Normandie, art. 110.
Brodeau, sur cet article, & les Auteurs par luy citez.
Dictionnaire de M. Brillon ; *verbo* bannalité.
Pontanus, sur la Coûtume de Blois, art. 58. & 59.
D'Argentré, sur la Coûtume de Bretagne, art. 323.
Coquille, sur la Coûtume de Nivernois, tit. 4. art. 11. & en son Institution, tit. *de Fiefs*.
De Lhommeau, en ses Maximes, liv. 2. art. 9.
Vrevin, sur la Coûtume de Chauny, art. 94.
Buridan, sur la Coûtume de Vermandois, art. 212.
Duret, en son Alliance des Coûtumes, tit. 27. p. 792.
Duplessis explique cet article, liv. 5. ch. 2. p. 45.

ARTICLE LXII.

Cet Article a été ajoûté à la reformation de la Coûtume.

Explication de l'Article précedent.

C'Est-à-dire, que le Seigneur ne fait les fruits siens paravant qu'il ait saisi; & aprés la saisie les fruits sont siens, jusques à ce que le vassal ait fait son devoir; en renouvellant toutefois par le Seigneur la saisie de trois ans en trois ans, comme dessus est dit.

Voyez les Articles 1. 28. 29. 30. & 31.

REMARQUES.

SOus le mot *de devoir* est sous-entendu tout ce que le vassal doit faire & payer pour avoir main-levée; car si aucuns droits sont dûs, il ne suffit pas de faire la foy & hommage, qui est ce qu'on entend communément sous ce mot de devoir; mais aussi il faut payer actuellement les droits ou faire des offres suffisantes, en cas que le Seigneur soit refusant de recevoir, ainsi que le tient du Moulin, §. 1. glos. 9. nomb. 6. & suivans.

TANT QUE LE VASSAL DORT.

GLOSE UNIQUE SUR L'ARTICLE LXII.

SOMMAIRE.

1. *Explication de l'article* 61.
2. *Si le Seigneur fait les fruits siens sans saisie.*
3. *Si le Seigneur plaide toûjours main garnie*
4. *Si ce terme*, devoir, *en l'article* 62. *comprend les droits & profits.*

1\. L'Article 61. contient une regle proverbiale, qui s'observe dans toutes les Coûtumes de France, excepté dans celle d'Estampes, article 17. où le Seigneur gagne les fruits sans saisie, quand il y a ouverture au Fief, comme il sera dit cy-aprés.

Cette regle est, que le Seigneur ne fait les fruits siens avant la saisie, & aprés icelle il les applique à son profit, jusqu'à ce que le vassal ait fait son devoir.

Il y en peut avoir double raison, dit Joly.

La premiere est, pour recompenser la vigilance du Seigneur qui veille tant que le vassal dort, c'est-à-dire, qui est negligent à faire la foy & hommage, & servir le Seigneur de son Fief & le satisfaire de ses droits; ainsi qu'a observé Tronçon aprés Monsieur le Maistre chapitre 8. des Amortissemens, & Loysel en ses Institutes Coûtumieres, livre 4. tit. 3. chap. 24. & 25. *quia jus civile vigilantibus scriptum est, l. pupillus ff. quæ in fraud. creditor ne industria pœnas desidia solvat, l. ult. C. depos.* TRONÇON.

La seconde est, pour punir la contumace & desobéïssance du vassal par la perte des fruits du Fief saisi, en quoy consiste le profit de l'hommage non fait, comme Tronçon a remarqué aprés Monsieur le Maistre, chap. 8. des Amortissemens, le vassal devant imputer cette perte à sa contumace & negligence, ainsi qu'il paroît par cet article 62. & le precedent.

Mais le Seigneur ne fait les fruits siens que par sa saisie, comme il est dit en l'article 62. pendant laquelle il est vray de dire, que le vassal dort, c'est-à-dire, qu'il neglige ses propres interests, qu'il souffre volontairement la perte de ses biens, la pouvant empêcher par une voye facile, & qui n'est point deshonnête ni honteuse, puisqu'elle est autorisée par la Loy qui n'ordonne rien contre les bonnes mœurs; mais au contraire le Seigneur veille, c'est-à-dire, qu'il est diligent & soigneux à se servir des moyens établis par la Loy pour augmenter ses revenus, ce mot *vigilare* se prenant ainsi dans le Droit, quand il est dit, que *vigilantibus jura succurrunt.*

Ce qui a donné lieu à un autre Proverbe rapporté par Loysel en ses Institutes Coûtumieres article 100. *Un Seigneur de paille, de feurre ou de beurre, vainc & mange un vassal d'acier.*

Voyez le Glossaire du Droit François sur le mot vassal, Loüet lettre F. sommaire 13. Brodeau sur cet art. nomb. 3.

Au contraire le Seigneur dort & neglige ses interests, quand il ne saisit point le Fief servant ouvert, son vassal cependant ne laissant pas de recüeillir les fruits de son Fief, quoiqu'il n'en ait pas encore été investi, & les applique à son profit, sans que par aprés il soit tenu de les rendre & restituer au Seigneur qui auroit saisi, vû qu'il n'y a que la saisie, qui donne gain des fruits au Seigneur, comme il est dit en l'article 61. en quoy le vassal est diligent & soigneux.

Il n'y a que celle d'Estampes qui porte en l'article 17. qu'à l'égard des majeurs, soit que le Seigneur veille ou saisisse, il fait les fruits siens aprés les quarante jours, du Fief du vassal pour la premiere année sans saisie, mais que pour les autres années il doit saisir.

3. Il s'ensuit de cet article 61. que le Seigneur plaide toûjours main garnie contre son vassal, au cas que la saisie soit faite faute d'homme, ou faute de payement des droits feodaux dûs par le vassal.

Néanmoins il y a quelques cas ausquels le Seigneur ne plaide pas main garnie, comme j'ay observé sur l'article 1.

Sous ce mot *devoir* on doit entendre la foy & hommage & les droits feodaux, que doit le vassal, 4. car s'il ne faisoit que la foy & hommage sans payer les droits, il n'auroit pas fait son devoir, à moins qu'il n'eût fait des offres suffisantes, & que le Seigneur eût été refusant de les recevoir, car en ce cas il seroit censé s'en être acquitté ; mais ne les ayant pas faites, & le Seigneur n'ayant point donné mainlevée, étant absent lors de la foy & hommage ; ou ayant reçû la foy & hommage sans bailler main-levée avec protestation pour être payé de ses droits, la saisie continueroit toûjours son cours, mais le plus sûr pour le Seigneur, est de refuser la foy & hommage, jusqu'à ce que le vassal luy ait fait offres suffisantes pour ses droits, voyez sur l'article 1. glos. 2.

OBSERVATIONS DE MONSIEUR ***.

Sur les Articles LXI. & LXII.

SOMMAIRE.

1. *Explication de ces deux Articles.*
2. *Combien dure la saisie feodale.*

1. CEs deux Articles expliquent quel est l'effet de la saisie feodale, qui est que tant qu'elle dure, le Seigneur fait les fruits siens, lorsqu'elle est faite faute par le vassal d'avoir fait la foy & hommage, comme nous avons dit sur l'Article 1.

Mais le Seigneur ne fait les fruits siens que quand il procede par saisie feodale, autrement, la cessation & demeure du vassal ne donne pas les fruits au Seigneur.

2. Cette saisie ne dure que trois ans, aprés lesquelles elle doit être renouvellée, quand dans les trois ans il n'y a point eu de procedures.

Mais quand la saisie a été suivie de procedures, ce seroit inutilement qu'on feroit saisir de nouveau, attendu que la procedure empêche la prescription de la saisie feodale, tant & si longuement que l'instance n'est point perie.

CONFERENCE SUR LES ARTICLES LXI. & LXII.

LEs Coûtumes suivantes ont une disposition semblable à la Coûtume de Paris.

Auxerre, art. 51.
Bar, art. 22. *Bourbonnois*, art. 368.
Châlons, art. 182. *Chartres*, art. 32. *Châteauneuf*, art. 33. *Chaumont*, art. 51. *Chauny*, art. 92.
Dourdan, art. 18. *Dreux*, art. 23.
Mantes, art. 10. *Meaux*, art. 124. *Melun*, art. 83. *Montargis*, art. 7. *Montfort*, art. 40.
Nivernois, chap. 12. art. 11. *Normandie*, art. 110.
Saint-Quentin, art. 60.
Reims, art. 57. *Ribemont*, art. 21.
Sedan, art. 75. *Senlis*, art. 196. *Sens*, art. 188.
Troyes, art. 22.
Valois, art. 4. *Vitry*, art. 41.

Contre *Estampes*, art. 17. 18. en l'article 17. porte, qu'*à l'égard des majeurs, soit que le Seigneur veille ou saisisse, il fait les fruits siens, aprés les quarante jours du Fief du vassal pour la premiere année sans saisie, mais que pour les autres années il doit saisir.*

Auteurs sur l'Article soixante-deuxiéme,

BObé, sur l'article 124. de la Coûtume de Meaux.
De la Lande, sur Orleans, art. 85.
Le Grand, sur Troyes, art. 22.
Buridan, sur Reims, art. 57.
Dictionnaire de M. Brillon, *verbo* Bannalité.
M. Loüet, lett. S. somm. 14.
Pontanus, sur la Coûtume de Blois, art. 58. & 59.

D'Argentré, sur la Coûtume de Bretagne, art. 321.
Coquille, sur la Coûtume de Nivernois, tit. 4. art. 11. & en son Institution, titre *de Fiefs*.
De Lhommeau, en ses Maximes, liv. 2. art. 8.
Vrevin, sur la Coûtume de Chauny, art. 94.
Buridan, sur la Coûtume de Vermandois, art. 212.
Duret, dans son Alliance des Coûtumes, p. 814.
Duplessis explique cet article, au Traité *des Fiefs*, livre 5. chap. 2. p. 45.
Voyez les Auteurs sur l'article precedent.

ARTICLE LXIII.

C'étoit le quarante-cinquiéme changé.

Forme & lieu de la foy & hommage.

LE vassal, pour faire la foy & hommage & ses offres à son Seigneur feodal, est tenu aller vers ledit Seigneur, au lieu dont est tenu & mouvant ledit Fief; & y étant, demander si le Seigneur est au lieu, ou s'il y a autre pour luy, ayant charge de recevoir les foy & hommages & offres. Et ce fait, doit mettre un genoüil en terre, nuë tête, sans épée & éperons, & dire qu'il luy porte & fait la foy & hommage, qu'il est tenu faire à cause dudit Fief mouvant de luy; & declarer à quel titre ledit Fief luy est avenu, le requerant qu'il luy plaise le recevoir. Et où le Seigneur ne seroit trouvé, ou autre ayant pouvoir pour luy, suffit faire foy & hommage & offres devant la principale porte du manoir, aprés avoir appellé à haute voix le Seigneur par trois fois: & s'il n'y a manoir au lieu Seigneurial dont dépend ledit Fief, & en cas d'absence dudit Seigneur ou ses Officiers, faut notifier lesdites offres au prochain voisin dudit lieu Seigneurial, & laisser copie.

Voyez l'Article suivant, & les 35. 36. 41. 47. & 49.

REMARQUES.

SI nullus sit eo loci habens potestatem recipiendi in fidem, non tenetur illam facere: quia nec fieri potest parietibus vel ostiis ut stulti putant: satis est offerre & instrumentum referre oblationis. C. M.*

L'apostille de Maître Charles du Moulin qui se trouve à cet article, n'a pas été mise par luy sur cette Coûtume, mais sur celle de Chartres, article 15. il est pourtant vray qu'elle pouvoit convenir à cette Coûtume auparavant la reformation; mais maintenant il est étonnant que les Commentateurs se soient servi de cette Note pour en faire une décision sur cet article, vû qu'il décide le contraire nettement, enjoignant par cette clause nouvellement ajoûtée, ET OU LE SEIGNEUR NE SEROIT TROUVÉ, &c. de faire la foy & hommage aussibien en absence qu'en presence.

Pour l'execution des choses contenuës en cet article, quelle Coûtume faut-il suivre, lorsque les Fiefs servant & dominant sont situez sous differentes Coûtumes?

Nous ne doutons plus à present que pour ce qui est dû au Fief dominant foy & hommage, l'on regarde la Coûtume du Fief dominant, auquel telles choses sont dûës. Ainsi jugé par Arrest du 27. Août 1604. au profit du sieur de Nesle.

Mais pour ce que prétend le Seigneur de Fief sur le Fief servant relief, rachat, quint, il faut suivre la Coûtume en laquelle est situé le Fief servant. Du Luc, liv. 7. tit. 4. art. 4. en rapporte un Arrest du 7. Septembre 1557.

Si nulla sit mansio nec vetus nec nova in loco dominanti, tunc vassallus potest oblationes suas facere ad personam Patroni, nedum in domicilio Patroni, sed etiam in quovis alio loco honesto & ad hunc actum congruo ubi eum invenerit. Mol. §. 63. num. 3.

Du Moulin, §. 63. nomb. 12. 13. 21. tient que si le vassal ne rencontre pas le Seigneur, & qu'il fasse ses offres en son absence, le Seigneur étant de retour, & sommant le vassal de luy venir faire la foy & hommage, qu'il est tenu d'y retourner pour satisfaire à la sommation du Seigneur.

Mais il faut prendre garde que du Moulin parloit aux termes de simples offres, & en l'ancienne Coûtume, suivant laquelle il estimoit qu'en cas d'absence telles offres étoient suffisantes, sans entrer en foy & hommage, comme il a été remarqué cy-dessus.

A present que cet article porte, que le vassal fasse la foy & hommage aussi-bien en absence que presence du Seigneur dominant, j'aurois de la peine à croire que les ayant faites en l'absence, & en rapportant un bon acte, il fût obligé de les réïterer sur la sommation du Seigneur, puis qu'ayant été faites une fois conformément à la disposition de cette Coûtume, & l'acte ayant reçu sa perfection, suivant les formalitez que la Loy luy impose, il ne doit pas être recommencé, *l. sumimus C. de administ. tut.*

De fait cet article porte, qu'en cas d'absence il suffit de faire la foy & hommage en la forme qu'il prescrit; lesquels termes témoignent l'accomplissement de l'acte, & qu'il n'est pas sujet à être reïteré.

Vassallus in suis oblationibus omnia jura feudalia à Patrono eligenda, nominatim specificare debet, ita ut Patronus sua jura cognoscat, electionemque suam, si qua sit facienda facere possit: Sed non requiritur scrupulosa quadam observatio verborum. Mol. §. 63. num. 15. & seqq.

DOIT

DOIT METTRE UN GENOUIL EN TERRE.

GLOSE UNIQUE SUR L'ARTICLE LXIII.

SOMMAIRE.

1. *Formalitez de la foy & hommage.*
2. *De la foy & hommage en l'absence du Seigneur.*
3. *Le Seigneur absent doit donner pouvoir à quelqu'un pour la recevoir.*
4. *Le vassal la doit faire à son Seigneur en état de vassal.*
5. *Ce que le vassal doit declarer en faisant la foy & hommage.*
6. *Quel est l'état du vassal en faisant la foy.*
7. *Il n'est obligé qu'à ce qui est ordonné par la Coûtume.*
8. *Presentation du baiser hors d'usage.*
9. *Que signifient la bouche & les mains & le serment de fidelité.*
10. *Si le vassal, en l'absence du Seigneur, peut faire la foy & hommage devant la porte, & avec les mesmes formalitez qu'en sa presence.*
11. *Contrarieté de Brodeau.*
12. *Si c'est l'avis des autres Commentateurs, que les formalitez doivent estre observées en la foy & hommage faite en l'absence du Seigneur.*
13. *S'il est necessaire de faire mention des formalitez requises par cet article, dans l'acte de foy & hommage faite en l'absence du Seigneur.*
14. *Si le vassal est tenu de rëiterer la foy faite en l'absence du Seigneur.*
15. Quid*, s'il n'y a point de principal manoir.*
16. *Diversité des Coûtumes touchant la foy & hommage faite en l'absence du Seigneur.*
17. *Si les femmes & les Ecclesiastiques sont tenus d'observer les formalitez requises par cet article.*
18. *Si cet article s'entend des hommages qui se rendent au Roy.*
19. *Comment l'acte de foy & hommage doit estre fait.*
20. *En presence de quels Notaires peut estre faite la foy & hommage.*
21. *Comment se fait l'hommage-lige.*
22. *Quelles sont les formalitez pour la foy & hommage en Dauphiné.*
23. *Quelle Coûtume il faut suivre pour la foy & hommage.*
24. *Si un vassal est tenu d'observer les formalitez ridicules requises par la Coûtume, ou par l'usage des lieux.*
25. *Si un Gentilhomme peut s'exempter de faire en personne des corvées, ausquelles son heritage le rend sujet.*
26. *Si le vassal est tenu de faire des offres suffisantes à son Seigneur des droits qu'il luy doit.*
27. *Que doit faire le vassal, quand son Seigneur refuse ses devoirs & les offres qu'il luy fait.*
28. *Si le vassal est obligé de payer actuellement les droits qu'il doit à son Seigneur.*
29. *Si le vassal est tenu d'offrir les droits dûs par ses prédecesseurs.*
30. *Quelles Coûtumes il faut suivre pour les droits & profits de Fief.*
31. *Comment l'acte de foy & hommage doit estre notifié, quand il n'y a point de manoir au Fief.*
32. *A quoy la notification de la foy & hommage doit estre faite, quand le Fief dominant appartient à plusieurs Seigneurs qui sont absens.*
33. *Si la foy & hommage doit estre faite au principal manoir, quand le Fief dominant appartient à plusieurs Seigneurs.*

1. CEt article prescrit les formalitez & les conditions requises pour faire la foy & hommage.

La premiere est, que le vassal doit se transporter au lieu Seigneurial du Fief dominant, selon cet article & l'article suivant.

La deuxiéme, qu'étant arrivé au lieu Seigneurial il doit demander si le Seigneur y est, ou s'il est absent, & a donné charge à quelqu'un de recevoir pour luy les foy & hommages & offres des vassaux.

2. S'il y est la foy & hommage luy doit être renduë, s'il est absent & qu'il ait donné charge à quelqu'un de ses Officiers de la recevoir pour luy, le vassal doit la luy faire dans le même état que s'il la rendoit à son Seigneur, pourvû que ce ne soit pas une personne vile & abjecte, comme un valet & un domestique ; car en cas il la feroit comme en l'absence du Seigneur, & comme si personne n'avoit charge de la recevoir.

Du Moulin. C'est le sentiment de du Moulin sur l'article 55. glose. 2. nombre 6. & sur l'article 67. nombre 5. & 6. de Chopin sur la Coûtume d'Anjou *part.* 1. *cap.* 1. *tit.* 1. *n.* 3. de Brodeau sur cet article nomb. 9. & 10. & sur l'article 67. nomb. 6.

3. Le vassal n'est pas obligé de faire la foy & hommage à celuy qui se diroit avoir pouvoir du Sei-

gneur de la recevoir, à moins qu'il ne fasse paroître une Procuration speciale, passée pardevant Notaires, ou pardevant un Notaire & des témoins, dont copie doit être baillée au vassal signée des Notaires ou du Notaire & des témoins, & mention doit être faite de cette Procuration dans l'acte de foy & hommage, selon le sentiment de Brodeau sur l'art. 67. nomb. 7. & de Maître Auzanet. AUZANET.

Le Seigneur doit charger pour recevoir la foy & hommage quelqu'un de ses Officiers s'il a Justice, le Capitaine ou Concierge de son Château, son Receveur ou son Fermier, ou quelqu'autre personne dont la condition ne soit pas vile, comme il a été dit cy-dessus.

Quoique par l'article 67. le vassal ne puisse pas faire la foy & hommage par Procureur, néanmoins le Seigneur la peut recevoir par Procureur s'il le veut bien.

4. La troisiéme formalité & condition, est que le vassal en faisant la foy & hommage, soit en état de vassal, c'est-à-dire tête nuë, un genoüil en terre sans épée ni éperons.

Voyez la Note sur le chapitre 228. du livre 1. des établissemens de France page 185. Voyez aussi Loisel titre des Personnes article 29. & titre des Fiefs art. 5. 6. 7. & 8.

Bouteiller dans sa Somme, livre 1. titre 81. page 478. L'Auteur du Grand Coûtumier livre 2. chapitre 27. page 177.

5. Le vassal en cet état doit declarer à son Seigneur ou à autre pour luy, qu'il luy porte & fait la foy & hommage qu'il est tenu luy faire à cause d'un tel Fief à luy échû par tel moyen d'acquisition (dont il doit luy exhiber l'original ou grosse en forme,) le requerant qu'il luy plaise le recevoir à foy & hommage & aux offres qu'il luy fait.

6. La déposition de l'épée est marque de l'obéïssance dûë au Seigneur, mais parce que son vassal promet de le défendre contre ses ennemis, il la reprend aussi pour montrer qu'elle ne doit être employée que pour tôt, son service, Tronçon, *verbo*, épée.

C'est aussi pour cette raison que la foy & hommage se fait sans éperons, comme remarque Mornac sur la Loy 1. *ff. de postul. deponuntur in judiciis calcaria in argumentum obsequii, submissaque dignitatis; eâ enim ratione detrahi mos est calcaria à vassallis, qui hominia præstant Patronis feudalibus; eâque ipsâ ratione Gallorum Reges cum inaugurantur, sanctum altare subductis à scutato Franciæ maximo Equite calcaribus, ut inunguntur sacro oleo, coronamque accipiant.*

7. Le vassal, en faisant la foy & hommage, n'est tenu à aucunes autres formalitez, il suffit qu'il exprime & execute en substance ce qui est porté par cet article, & les Seigneurs ne peuvent obliger leurs vassaux à d'autres solemnitez qu'à celles qui y sont portées, *nec vassallus tenetur ultra formam consuetudinis, nec ad formas insolitas*, du Moulin sur l'article 12. de l'ancienne Coûtume d'Orleans.

8. Autrefois le vassal, en faisant la foy & hommage, presentoit le baiser à son Seigneur, & joignoit ses mains dans les siennes; mais cela n'étoit plus en usage dés le temps de la reformation de la Coûtume; néanmoins ces mots, *la bouche & les mains*, ont été laissez dans les articles 3. 4. 26. & 66. de la nouvelle, pour signifier la foy & hommage.

9. Le serment de fidelité qui se faisoit autrefois, est pareillement aboli, ainsi ces termes, serment de fidelité, n'ont été laissez dans les articles 3. & 4. que pour signifier la foy & hommage; ce serment se faisoit ainsi, *ego juro ad hæc sancta Evangelia, quod à modo in antea ero fidelis huic, sicut debet esse vassallus Domino, nec id quod mihi sub nomine fidelitatis commiserit, pandam alii ad ejus detrimentum me sciente, lib. 2. feudor. tit. 5.*

Ces mots, la bouche & les mains, & le serment de fidelité, se trouvent aussi dans des articles de plusieurs Coûtumes, Brodeau, nomb. 8. & 19.

Touchant la bouche & les mains. Voyez ce que nous avons dit sur le titre *des Fiefs*, en parlant de l'hommage-lige, & ce que nous avons dit sur l'article 2.

Pour ce qui est des mains, Chassanée, titre *des Fiefs, tabula 3.* dit que *manibus datis more antiquo fidelitas promittebatur*: dans Marculphe, *lib. 1. form. 18. in manu nostra Trustem & fidelitatem visus est conjurasse, Trustem id est fidem, & antrussio est fidelis.* Voyez sur cet endroit les Notes de l'illustre Monsieur Bignon.

Quand le Seigneur est absent, & qu'il n'y a personne qui ait charge de luy pour recevoir la foy & hommage, la Coûtume ordonne, afin que le vassal ne se soit pas transporté inutilement au lieu Seigneurial du Fief dominant, qu'il fasse la foy & hommage & les offres devant la principale porte du manoir, aprés avoir appellé le Seigneur à haute voix par trois fois.

Quelques-uns prétendent que le vassal n'est pas tenu de se mettre dans le même état en faisant la foy devant la porte du Château, que celuy qui est prescrit au commencement de cet article, quand elle est faite en presence du Seigneur.

C'étoit l'opinion de Maître Charles du Moulin sur l'article 14. de la Coûtume de Chartres, en ces termes : *Si nullus sit eò loci habens potestatem recipiendi in fidem, vassallus non tenetur illam facere, quia nec fieri potest parietibus vel ostiis, ut stulti putant, & satis est offerre, & instrumentum referre oblationis.*

L'article 45. de l'ancienne Coûtume, au lieu duquel celuy-cy a été mis, portoit, *& où ledit Seigneur ou ses Officiers, ne sont trouvez par le vassal audit Fief, il suffit notifier lesdites offres au plus prochain voisin d'iceluy.*

C'est aussi la disposition dudit article 14. de la Coûtume de Chartres; desorte que Maître Charles du Moulin a tenu une opinion, qui n'étoit point contraire à ces Coûtumes, & qui sembloit y être conforme.

Nôtre Coûtume a réformé cet article 45. ordonnant que le vassal en l'absence du Seigneur ou de ses Officiers, ou autre ayant charge de luy, feroit la foy & hommage devant la principale porte du manoir.

Brodeau *num.* 11. tient que le vassal n'est pas obligé de faire la foy & hommage avec les mêmes ceremonies mentionnées au premier cas de l'article, mais cette opinion y est contraire, il la doit faire dans l'état auquel la Coûtume veut, que la foy & hommage soit faite; parce que la foy & hommage est un acte de respect, d'humiliation & de soûmission, & par consequent pour le faire il faut être dans un état qui marque cette soûmission, qui est prescrit par la Coûtume. BRODEAU.

Brodeau *num.* 12. & 13. dit, que l'opinion de du Moulin n'a pas été suivie, qui tenoit sur cet article *num.* 12. & *seqq.* & 23. que le vassal ayant fait la foy & hommage & les offres devant la porte, étoit tenu de la réïterer. BRODEAU.

Le sentiment de ce Docteur étoit juste dans l'ancienne Coûtume, parce qu'elle n'obligeoit pas le vassal à faire la foy & hommage devant la porte, mais seulement à faire les offres de foy & hommage & des droits, si aucuns étoient dûs, & de les notifier au proche voisin, au cas qu'il n'y eût personne au Fief, pour recevoir la notification, c'est pourquoy le Seigneur venant à sommer son vassal de venir luy faire la foy & hommage, il y étoit obligé, ce qui s'observe encore ainsi en plusieurs Coûtumes.

10. Mais la nouvelle Coûtume n'a ordonné que le vassal feroit la foy & hommage devant la porte en l'absence du Seigneur, ou autre ayant charge pour la recevoir, que pour exempter le vassal de retourner au Fief dominant, lorsque le Seigneur y feroit, pour luy faire la foy & hommage, voulant que le vassal s'étant mis une fois à son devoir envers son Seigneur, il en soit déchargé.

Et puisque suivant l'avis de Brodeau le vassal qui a fait la foy & hommage devant la porte, n'est pas obligé de la réïterer, il faut donc qu'il la fasse de la maniere qu'il la feroit devant son Seigneur.

Mais Brodeau aprés avoir dit, *num.* 11. que ces
11. formalitez ne sont point necessaires, lorsque la foy
ODEAU. & hommage se fait devant la porte, au nombre 16. dit que les Notaires mettent ordinairement dans les actes de foy & hommage, que celuy qui l'a renduë, étoit en état & devoir de vassal, sans dire qu'il étoit un genoüil en terre, tête nuë, sans épée & éperons, & qu'il y a eu quelques Seigneurs pointilleux, qui ont argué de nullité telles prestations de foy, prétendans en consequence que la perte des fruits du Fief saisi continuoit à leur profit; parce que la preuve de ces formalitez requises par la Coûtume se doit tirer de l'acte même.

Ensuite il conseille, pour éviter à procés, d'énoncer & exprimer mot pour mot dans l'acte de foy & hommage toutes les solemnitez prescrites par cet article.

Il dit ensuite que l'acte de foy & hommage étant passé pardevant Notaires, est autentique, & qu'ainsi étant porté, que celuy qui a fait les offres & soûmissions, étoit en état & devoir de vassal, il doit demeurer pour constant, que toutes les formalitez requises par la Coûtume en un acte de cette qualité, y ont été exactement observées.

D'où je conclus, que Brodeau contraire à luy-même & à ce qu'il a dit au nombre 11. tient, que la foy & hommage qui se fait devant la porte, exige les mêmes cérémonies que celle qui se fait devant le Seigneur.

12. Charondas sur cet article & le suivant, & Ricard,
ARONDAS ICARD. ZANET. sont d'avis, que les solemnitez s'observent en la prestation de foy en l'absence du Seigneur.

Maître Auzanet dit, que l'offre de l'hommage sera faite à la porte & principale entrée du manoir au dehors sans y entrer, si bon ne semble au vassal, avec une simple declaration qu'il étoit en état & devoir de vassal; que si le vassal n'avoit fait qu'une simple offre de foy & hommage, il pourroit être obligé de la réïterer, c'est pourquoy il faut declarer qu'il a fait la foy & hommage en état & devoir de vassal devant la principale porte du manoir du Fief, pour en être déchargé à l'avenir envers luy.

LESSIS. Maître Duplessis dit, que le plus sûr est de coucher toutes les formalitez tout au long.

13. Quant à l'acte de foy & hommage, je croy sans difficulté, qu'il n'est pas necessaire qu'il y soit fait mention de toutes ces solemnitez, & qu'il suffit qu'il soit declaré, que le vassal étoit en état & devoir de vassal, parce que cet état est celuy que requiert la Coûtume.

La raison est, que la Coûtume n'ordonne pas qu'il en soit fait mention expresse, ainsi qu'elle requiert en l'article 289. qu'il soit fait mention en un testament qu'il a été *dicté, nommé & releu.*

14. C'est le sentiment des Docteurs, que la foy étant
ARONDAS faite en l'absence du Seigneur, le vassal n'est pas tenu de la réïterer, parce que, dit Charondas, *une seule foy suffit pour toûjours.*

Pithou sur la Coûtume de Troyes titre 9. article 144. rapporte un Arrest du mois de Janvier 1567. donné entre Nicolas le Jeune & Jean de Gand, qui a jugé, que telle prestation tient lieu de foy & d'infeodation, pour exclure le lignager aprés l'an & jour.

C'est aussi l'avis de Bacquet au Traité des droits de Justice chapitre 14. *num.* 27. & 45. où il tient que le vassal, aprés avoir fait ainsi la foy & hommage & les offres, n'est pas tenu de poursuivre son Seigneur pour faire declarer ses offres & sa prestation de foy & hommage faites en son absence bonnes & valables.

Ainsi il obtient par ce moyen la main-levée de son Fief *ipso jure*, sans la demander en Justice; car comme la saisie n'étoit fondée que sur le défaut de prestation de foy, dés qu'elle a été faite, la saisie cesse, son principe & son fondement étant détruits; & partant le vassal peut enfraindre la saisie, prendre & percevoir les fruits de son Fief, sans qu'il en puisse être empêché par les Commissaires établis à la requeste du Seigneur, dont la charge & la commission cesse, dés que le vassal a satisfait aux causes de la saisie.

C'est aussi le sentiment de Maître Auzanet. AUZANET.

Maître Lauriere dit, que s'il y a un manoir au 15.
Fief dominant, & s'il n'y a personne qui ait pouvoir LAURIERE.
de recevoir la foy & hommage & les offres, il faut les faire devant la principale porte, & en donner copie aux Officiers, ou au prochain voisin.

Il dit ensuite que s'il n'y a point de manoir, ni personne pour recevoir la foy, le vassal ne la peut point faire, & qu'il ne peut aux termes de cet article, que notifier ses offres aux Officiers, ou au prochain voisin. Et comme dans ce dernier cas il n'y a point de foy renduë, il doit être ce semble au pouvoir du Seigneur de l'exiger quand il sera sur son Fief.

C'est l'avis de du Moulin sur le §. 63. de cette DU MOULIN
Coûtume, nombre 12. qui paroît raisonnable.

Voyez Loisel livre 4. titre 3. article 8. Voyez ce qui est dit sur l'article suivant.

Touchant la foy & hommage faite en l'absence du Seigneur devant la principale porte du manoir du Fief dominant, sçavoir si le vassal est tenu par aprés de la réïterer en présence du Seigneur: les Coûtumes sur ce point sont differentes, comme on peut observer en la Conference, les unes voulant seulement qu'en l'absence du Seigneur le vassal fasse ses offres; d'autres qu'il fasse la foy & hommage & les offres.

Dans celles qui n'obligent point le vassal à la foy 16.
& hommage en l'absence du Seigneur, le vassal est tenu de se transporter au lieu du Fief, quand il sera sommé pour cet effet, pour luy faire la foy & hommage & luy payer ses droits, si aucuns sont dûs.

Il en faut dire de même de celles qui n'ont point de disposition sur ce sujet; mais pour celles qui obligent le vassal à la faire, il n'est pas obligé de la réïterer, à moins qu'elles ne l'y obligent expressément.

Maître Charles du Moulin croyoit que c'étoit une DU MOULIN
extravagance de faire la foy & hommage devant une porte, *stulti putant posse fieri parietibus*, & que quand le Seigneur étoit absent il suffisoit au vassal de prendre un acte, mais aussi que le Seigneur revenant pouvoit par une sommation obliger le vassal de venir de nouveau, & luy rendre la foy: mais la Coûtume réformée y a pourvû en prévoyant ce cas, & décidant que le vassal est obligé de la faire en l'absence du Seigneur, ainsi qu'il est porté par cet article.

D'où il faut conclure que le vassal est obligé de se trouver au principal manoir, & qu'il ne peut pas être obligé de se transporter ailleurs pour la faire, & que le Seigneur n'est point obligé de la recevoir ailleurs.

Les formalitez prescrites par cet article pour la foy & hommage doivent être observées, tant par les mâles que par les filles & femmes quand elles sont obligées de la faire, à moins que les Seigneurs ne les en exemptent, en se contentant d'un simple acte de foy ou hommage sans se transporter sur les lieux.

17. Les Ecclesiastiques & les Prelats sont pareillement tenus d'observer ces formalitez pour les Fiefs qu'ils possedent, (à l'exception aussi de celles qui repugnent à leur état,) parce que, dit Charondas, *ce n'est qu'un hommage de Fief*, c'est aussi l'avis de Brodeau *num.* 20.

CHARONDAS. BRODEAU.

Mais cette prestation est differente de la fidelité, que doivent les Prelats au Roy, dautant que, dit le même Charondas, *c'est un serment de personne*, c'est pour cela qu'on l'appelle *serment de fidelité*, lequel se rend pour raison des peuples qui sont sujets au Roy, qu'ils ont à gouverner, & pourquoy le Roy a grand interest de prendre d'eux ce serment, pour la conduite d'un chacun en son Diocese, comme dit Monsieur le Maistre en son Traité de la Regale, chap. 6.

18. Cet article ne se doit entendre que de la foy & hommage, qui se rend par les vassaux aux Seigneurs particuliers, & non de l'hommage qui se rend au Roy pour les Fiefs qui relevent nuëment & immediatement de la Couronne, lequel se rend entre les mains de Monsieur le Chancelier, ou aux Chambres des Comptes, dans le ressort desquelles les Fiefs sont situez.

Et quoique les terres domaniales ayent été aliénées par engagement, néanmoins la foy dûë par les vassaux ne se rend pas aux Engagistes, mais aux Chambres des Comptes, dautant que le Roy n'aliéne jamais que les fruits & les profits féodaux, lesquels passent en la personne de l'Engagiste, mais non pas les droits de souveraineté & de foy & hommage, lesquels sont inaliénables, Brodeau *num.* 24. 25. & 26.

BRODEAU.

19. L'acte de foy & hommage doit être fait en présence d'un Notaire, ou autre personne publique, qui ait pouvoir d'instrumenter, & de deux témoins; & l'expedition d'iceluy écrite en parchemin, signée du vassal, des témoins, du Notaire, ou autre personne publique, délaissée au Seigneur féodal; & en cas d'absence, à son Procureur d'Office, ou autre Officier de sa Justice, Receveur ou Fermier; & en leur défaut au plus prochain voisin du manoir du Seigneur.

20. Les Notaires qui font l'acte de foy & hommage en l'absence du Seigneur, doivent être de Cour Seculiere, & non de Cour Ecclesiastique, autrement il seroit nul, & la saisie auroit cours, parce qu'il s'agit de droits temporels, dont l'Eglise ni ses Officiers ne peuvent point prendre connoissance.

Il faut dire le contraire au cas que la foy & hommage soit faite au Seigneur present, en presence des Notaires qui auroient passé l'acte & laissé copie au Seigneur, car le Seigneur ayant reçû son vassal en foy, il ne pourroit pas venir contre son propre fait sous pretexte que les Notaires n'en pouvoient point passer l'acte: car puisque la reception en foy vaut sous signature privée, à plus forte raison doit-elle valoir quand elle est faite par des Notaires, quoiqu'ils n'ayent pas le pouvoir d'en passer l'acte.

Il en faut dire de même des Notaires hors leur ressort, pardevant lesquels la foy & hommage seroit faite au Seigneur present qui l'auroit reçûë.

21. L'hommage dont il est parlé en cet article est bien different de l'hommage lige, lequel ne se rend qu'au Roy comme Souverain, pour les Fiefs qui relevent immediatement de la Couronne, comme sont principalement les Duchez & Comtez; il se fait ainsi.

Le vassal joint ses mains & les met dans celles du Roy, luy preste le serment de fidelité sur les saints Evangiles, qu'il le servira & défendra tant à la vie qu'à la mort envers & contre tous, sans rien reserver ni excepter, y soûmettant & obligeant non seulement son honneur & sa vie, mais aussi tous ses biens indistinctement; & ce serment se preste à genoux, nuë teste, sans épée & éperons.

Quoique cet hommage ne soit dû qu'au Roy en France, puisqu'il n'y a que luy qui soit Souverain, néanmoins plusieurs Ducs, Comtes & autres Seigneurs ont usurpé cet hommage, dont il est parlé dans les Coûtumes de Bretagne, de Poitou, d'Anjou & du Maine: la forme de l'hommage lige est prescrite par l'article 333. de la Coûtume de Bretagne, que vous pouvez voir en la Conference qui est à la fin de l'art. suivant 64.

Voyez Brodeau touchant les hommages liges sur cet article *num.* 17. & suivans, où il rapporte plusieurs curiositez historiques, qu'il seroit trop long de rapporter en ce lieu.

La plus grande partie des Coûtumes sont conformes à la nôtre, touchant la forme de la foy & hommage, quelques-unes prescrivent d'autres solemnitez. 22.

En Dauphiné elle est differente selon la qualité du vassal; s'il est noble, il fait le serment debout, & baise le Seigneur à la bouche: s'il est roturier, il met les deux genoux en terre, & baise le Seigneur au poulce, comme remarque Monsieur Salvaing en son Traité de l'usage des Fiefs, touchant la forme de l'hommage.

Mais comme la foy & hommage se doit faire au principal manoir, ou lieu Seigneurial du Fief dominant, c'est pourquoy il faut suivre la Coûtume où il est situé.

Les formalitez prescrites par la Coûtume, où le Fief dominant est situé, pour faire la foy & hommage, doivent être observées, tant à l'égard du Seigneur que du vassal, desorte que le vassal ne peut pas s'en exempter, comme aussi le Seigneur ne peut pas obliger son vassal à d'autres solemnitez & formalitez, à moins que le Seigneur ne l'y eût obligé en faisant la concession, ou ceux ausquels elle auroit été faite; pourvû néanmoins que les formalitez que le Seigneur auroit prescrites à son vassal, ne fussent pas contre les bonnes mœurs, ridicules ni extravagantes. 23.

Monsieur Salvaing au chapitre 4. de la foy & hommage dit, qu'il y a un Fief au païs du Maine qui oblige le vassal pour toute prestation de foy & hommage, de contrefaire l'ivrogne, & de dire une chanson gaillarde à la Dame de Lavaray, & ensuite de courir la quintaine à la maniere des Païsans, & de jetter son chapeau, ou une perche en courant. 24.

Pour raison de quoy y ayant eu procés au Parlement de Paris, entre Jean des Vaux, Seigneur de Lavaray, & Guillaume de Megaudais Chevalier de l'Ordre, son vassal; celuy-cy soûtenant, que la charge du Fief étoit peu convenable à sa qualité, & qu'étant de la nature de celles que le Jurisconsulte appelle *ineptas voluntates, l. servo. ff. de leg.* 1. dispositions impertinentes & ridicules, qui ne doivent point avoir leur execution, mais doivent être converties en d'autres charges.

Il y eût Arrest rendu le 12. Septembre 1587. par lequel les Gentils-hommes propriétaires de ce Fief furent à l'avenir déchargez de ce devoir, en le faisant rendre par une personne de condition roturiere.

Pareillement quand un Gentil-homme est obligé de faire en personne à son Seigneur de viles corvées à cause des terres roturieres qu'il tient de luy, il luy peut bailler un homme pour les faire en sa place, suivant l'article 91. de la Coûtume de Bretagne. 25.

Mais quand des roturiers sont chargez de tels devoirs envers leurs Seigneurs, ils sont tenus de les observer, à moins qu'ils ne soient contre les bonnes mœurs.

Monsieur Servin en ses Plaidoyez rapporte un Arrest du 6. Mars 1601. par lequel le Sieur de Sonloir fut maintenu en la possession de certain droit qu'il avoit sur ses Sujets, sçavoir que son Sergent de Fief devoit être convié aux nôces de ses sujets huit jours devant, & qu'il devoit se seoir à la table devant la mariée, & dire une chanson après le dîner.

26. La quatrième condition ou formalité pour rendre la prestation de foy & hommage valable, est de faire offres au Seigneur des droits qu'il luy doit à cause de la mutation arrivée en sa personne, ainsi qu'il est porté par cet article : or les droits que le vassal peut devoir à son Seigneur, sont le quint & le relief, suivant les articles 23. & 33. de cette Coûtume ; à l'égard du quint les offres se doivent faire de la cinquième partie du prix de l'acquisition ; & quand le relief est dû, les offres doivent être faites aux termes de l'article 47. c'est-à-dire, que le vassal doit faire les trois offres qui y sont portées, pour en être choisie une par le Seigneur.

Les offres du quint, & de la somme de deniers pour la valeur du revenu au cas du relief, doivent être faites à deniers découverts, & le Seigneur doit être payé actuellement & réellement.

C'est l'avis de le Grand sur l'article 31. *glos.* 1. *num.* 10. de la Coûtume de Troyes ; autrement il n'est pas tenu de recevoir son vassal à foy & hommage, desorte que nonobstant ce refus, la saisie féodale continueroit toûjours avec perte de fruits, dautant que la saisie étant faite faute d'homme & droits non payez, le vassal ne satisfait pas aux causes d'icelle, lorsqu'il n'offre au Seigneur que la foy & hommage.

Que si la saisie étoit simplement faite faute d'homme, sans que la cause des droits non payez y fût exprimée, le Seigneur néanmoins pourroit refuser de recevoir en foy son vassal, qui ne luy offriroit pas de le payer actuellement, & la saisie faite seulement faute d'homme ne laisseroit pas de subsister, mais s'il l'avoit reçû à homme sans protestation que la saisie dureroit jusques au payement de ses droits, la saisie seroit sans effet du jour de cette reception ; & il seroit obligé de se pourvoir par action pour en avoir payement.

27. Quand le Seigneur refuse de recevoir en foy son vassal, & d'accepter ses offres, il doit prendre acte de son refus pardevant les Notaires qui reçoivent l'acte de foy & hommage ; & en ce cas, il doit le faire appeller pardevant le Juge Royal de la Province, pour dire les causes de son refus, & s'il persiste dans son refus sans cause legitime, le vassal doit obtenir lettres de Chancellerie pour être reçû par main souveraine, pour l'entherinement desquelles il doit faire assigner son Seigneur pardevant le Baillif de la Province ou son Lieutenant, comme il a été dit sur

CHARONDAS. l'art. 60. Charondas sur cet art.

28. Il semble, que le vassal ne soit pas obligé de payer actuellement & réellement, les droits qu'il doit à son Seigneur, vû que par cet article, il n'est obligé qu'à faire des offres, & non point à un payement réel & actuel ; néanmoins il faut dire le contraire suivant le

MOULIN. sentiment de du Moulin sur cet article nombre 15. &

PLESSIS. de Maître Duplessis : Charondas est d'avis contraire,

CHARONDAS. MOULIN. celuy de du Moulin vaut mieux.

La raison est, que la Coûtume s'entend des offres réelles & non verbales, c'est-à-dire, que le vassal doit offrir à son Seigneur la somme qu'il luy doit pour le quint, ou la somme qu'il croira proportionnée au revenu d'un an pour le relief ; une simple promesse de payer n'est pas une offre ; & il n'est pas besoin de consignation, si ce n'est au cas que le Seigneur soit refusant de recevoir son vassal en foy & d'accepter ses offres, car en se faisant recevoir par main souveraine, il est tenu de consigner les droits qu'il doit, suivant l'article 60.

CHARONDAS. Charondas sur cet article 63. dit, qu'il n'est pas necessaire que les offres soient réelles, parce que la Coûtume ne l'ordonne pas, mais je ne croy pas qu'il faille suivre son sentiment.

Si le vassal est tenu d'offrir au Seigneur les droits qu'il doit pour son acquisition, & ceux qui luy sont dûs par ses predecesseurs ? 29.

Charondas dit que non, parce qu'il n'y est pas personnellement obligé, mais seulement hypothequairement. CHARONDAS.

En ce point il est contraire à luy-même, vû que sur l'article 63. il dit, que les offres des droits que doit faire le vassal à son Seigneur, en luy faisant la foy & hommage, ne doivent pas être réelles, parce que la Coûtume ne l'ordonne pas.

Brodeau au contraire dit sur l'article 1. *num.* 11. BRODEAU. & sur l'article 22. *num.* 10. que le Seigneur n'est point tenu d'investir son vassal, qu'il ne luy ait payé les droits qu'il luy doit pour son acquisition, & ceux qui luy sont dûs pour les acquisitions précedentes jusques à 30. ans.

Le même Auteur sur l'article 47. *num.* 16. dit qu'il n'est pas besoin, que l'offre de la somme de deniers au cas du relief soit réelle & actuelle, quand le Seigneur est absent, ou qu'il fait refus de la recevoir.

Je croy qu'il faut suivre l'opinion de Brodeau.

Néanmoins en ce qu'il dit qu'il suffit, que les offres soient verbales, quand le Seigneur est absent, cela n'est pas indistinctement vray, car quand le Seigneur a chargé quelqu'un de ses Officiers, ou autre, de recevoir la foy & hommage & les droits pour luy, en ce cas les offres doivent être réelles, comme si elles étoient faites au Seigneur.

Si le Fief dominant & le Fief servant sont situez en des Coûtumes differentes, qui établissent des droits differens, quelle Coûtume il faudroit suivre ? 30.

Il a été dit sur l'article premier, que pour la foy & hommage il faut suivre la Coûtume du Fief dominant, & que pour les droits il faut suivre celle où le Fief servant est situé. Ainsi les offres des droits se doivent faire suivant la Coûtume du Fief servant.

La cinquième condition concerne la forme en laquelle il faut notifier l'acte de foy & hommage faite au lieu Seigneurial en l'absence du Seigneur & de ses Officiers, ou autre ayant pouvoir pour luy ; ou lorsqu'il n'y a point de manoir, Officiers ni Procureur qui ayent pouvoir, sçavoir que la notification soit faite au prochain voisin du lieu Seigneurial avec copie laissée, au cas qu'il n'y ait aucuns Officiers du Seigneur, car la notification faite à un voisin seroit nulle, ayant dû être faite à un de ses Officiers. 31.

C'est l'avis de Brodeau *num.* 41. BRODEAU.

Et au cas qu'il y ait manoir, la notification doit y être faite à quelqu'un des domestiques du Seigneur, comme à son Fermier, ou à tout autre domestique ; dautant qu'il en aura plus facilement connoissance, que si elle est faite à un voisin qui pourra negliger de l'en avertir, Brodeau *num.* 42. BRODEAU.

Quand le Fief dominant est possedé par plusieurs par indivis, & qu'ils soient tous absens, il suffit de faire la notification à un seul pour tous, sçavoir à l'aîné, ou à celuy qui possede la plus grande partie du Fief ; de même qu'il suffit que la foy & hommage soit faite à l'un d'eux pour tous, parce que la foy & hommage est un acte individu, qui se peut rendre à un, pour & au nom de tous, au principal manoir, Brodeau *num.* 43. comme il a été dit sur l'article 1. & comme remarque Tournet sur cet article. 32. BRODEAU. TOURNET.

Maître Auzanet sur l'article 64. dit, que si le Fief dominant appartient à plusieurs Seigneurs en commun, ou par portions divisées, la foy & hommage faite au manoir du Fief, vaut pour tous, quoiqu'aucuns d'eux n'ayent aucune part au manoir. Que si l'hommage est fait hors le lieu Seigneurial à la personne de quelqu'un des Seigneurs, même à celuy à 33. AUZANET.

qui appartient le manoir, & la plus grande partie des autres dépendances du Fief, il ne vaut que pour son égard, & pour les Coseigneurs l'hommage doit être fait à leurs personnes en particulier, ou au manoir du Fief pour les Seigneurs qui n'ont point été servis.

OBSERVATIONS DE MONSIEUR ***.

Sur l'article LXIII.

SOMMAIRE.

1. *Où se doit faire la foy & hommage.*

MAître Auzanet propose de faire trois articles au lieu de celuy-cy : mais comme lesdits articles ne disent que la même chose, il semble qu'il seroit plus à propos de le laisser comme il est, dautant qu'il explique nettement la forme en laquelle la foy se doit faire.

1. Maître Charles du Moulin dit que *stulti putant posse fieri parietibus*; & il croyoit que lorsque le Seigneur ne se trouvoit pas, il suffisoit de prendre un acte : mais aussi que le Seigneur revenant, pouvoit par une sommation obliger le vassal de venir de nouveau, & luy rendre la foy : mais la reformation de la Coûtume étant posterieure, elle y a pourvû en prévoyant ce cas, & décidant ce que le vassal est obligé de faire.

De ce qui est dit en cet article il faut conclure qu'il suffit au vassal de se trouver au principal manoir du Fief, & que le Seigneur ne peut pas l'obliger d'aller ailleurs; & afin que la condition soit reciproque, le Seigneur peut obliger le vassal de faire la foy au principal manoir du Fief, & n'est point obligé de la recevoir ailleurs, à moins qu'il ne veüille bien le faire.

Auteurs sur l'Article soixante-troisiéme.

L'Auteur du Grand Coûtumier, liv. 2. chap. 17. page 177.
Coquille, question 20.
La Nore sur le chapitre 128. du livre 1. des Etablissemens de France, p. 185.
Du Moulin, *in Consuetud. Parisiens.* §. 63. *num.* 3. & *num.* 11.
Loysel, liv. 4. tit. 3. regle 5. 6. & 8.
Somme Rurale, liv. 1. tit. 82.
Touraille, sur Anjou, page 168.
Le Let, sur Poitou, art. 110. & 113.
La Bibliotheque du Droit François, par Bouchel, *verbo* bouche & mains, celle de Joüet, *verbo* foy & hommage.
Le Dictionaire de M. Brillon, *verbo* foy & hommage.
Despeisses, tome 3. art. 3. section 1.
Salvaing, en son Traité *des Fiefs*, partie 1. chap. 4. & suivans.
M. Le Prestre, 2. Centurie, chap. 45.
Loüet, lettre F. sommaire 19. 26. & lettre C. sommaire 49.
Henrys, tome 1. liv. 3. quest. 1.
Buridan, sur Troyes, art. 110.
Lhoste, sur Montargis, chap. 1. art. 10.
De Salligny, sur Vitry, art. 44.
Basnage, sur Normandie, art. 107. & 108.
Cujacius, *lib.* 2. *Feudor. cap.* 7.
Brodeau, sur cet article.
D'Argentré, sur Bretagne, art. 332.
Chopin, sur Paris, titre *des Fiefs*, nomb. 4.
Ragueau, sur Berry, tit. 5. art. 20. 21.
Boniface, tome 1. liv. 3. tit. 3. chap. 3.
Auzanet, liv. 2. chap. 4.
Pontanus, sur la Coûtume de Blois, art. 54. & 91.
Papon, sur la Coûtume de Bourbonnois, art. 380.
Boërius, sur la Coûtume de Berry, art. 11.
Labbé, sur la même Coûtume, titre 5. articles 5. 20. & 22.
Rat, sur la Coûtume de Poitou, art. 10.
Coquille, sur la Coûtume de Nivernois, chap. 4. art. 1. & en son Institution, titre *de Fiefs*.
De Lhommeau, sur la Coûtume d'Anjou, livre 1. art. 10.
Ragueau, *des Droits Royaux*, f. 174.
Loüet & Brodeau, *lit. C. num.* 49.
M. Le Prestre, Centurie 2. chap. 41. & en ses Arrêtez de la cinquiéme, Arrêté 118.
Bodreau, sur la Coûtume du Maine, articles 148. 149. 150. & 151.
Buridan, sur la Coûtume de Vermandois, art. 187.
Challine, regle 5. exemple 2. & 7.
Duret, dans son Alliance des Coûtumes, p. 826.
Duplessis explique cet article en son Traité *des Fiefs*, liv. 1. chap. 2. p. 16.

ARTICLE LXIV.

Cet article a été ajoûté à la reformation de la Coûtume.

Seigneur n'est tenu recevoir la foy qu'au lieu du Fief.

L*Edit Seigneur feodal n'est tenu recevoir la foy de son vassal en autre lieu que celuy du Fief, si bon ne luy semble.*

Voyez l'Article précedent & le 67.

EN AUTRE LIEU QUE CELUY DU FIEF.

GLOSE UNIQUE SUR L'ARTICLE LXIV.

SOMMAIRE.

1. *Pourquoy cet article a été ajoûté à la reformation de la Coûtume.*
2. *Si les offres peuvent estre faites au domicile du Seigneur.*
3. *Où doit estre faite la foy & hommage, quand il n'y a point de manoir.*
4. *Si le Seigneur peut obliger ses vassaux de faire la foy & hommage dans le marché ou dans la place publique.*
5. *Si le vassal est tenu de faire l'hommage au lieu où d'ancienneté il s'est toûjours fait.*
6. *Où se fait la foy & hommage pour les Fiefs en l'air.*
7. *Où se rend la foy & hommage dûë aux Chapitres.*
8. *Fiefs pour lesquels on fait la foy & hommage à la source d'une fontaine, ou à un caillou.*

1. IL semble que cet article soit inutile, vû que par l'article précedent il est dit, que le vassal pour faire la foy & hommage, & ses offres à son Seigneur, est tenu de l'aller trouver au lieu dont est tenu & mouvant le Fief.

Néanmoins il a été ajoûté avec raison, parce qu'il restoit un doute, sçavoir si le vassal trouvant son Seigneur dans un autre lieu qu'au Fief dominant, ou en son principal manoir, pouvoit luy faire la foy & hommage & ses offres.

On diroit en effet qu'il le pourroit, dautant que la foy & hommage est un devoir personnel que tout vassal doit rendre à son Seigneur, ainsi il importe peu en quel lieu il soit rendu, n'étant pas moins obligatoire, soit qu'il ait été rendu au Seigneur dans le lieu Seigneurial du Fief, ou dans un autre lieu.

Il est vray que les devoirs de vassal sont personnels à son égard, desorte qu'ils ne peuvent pas être rendus par un autre que par luy, suivant l'article 67. mais à l'égard du Seigneur, ils sont plus réels que personnels, Charondas, & Tournet sur l'article 65. CHARONDAS TOURNET.

En effet cette soûmission de foy & hommage se doit à la chose, pour ainsi dire par la chose même; *quasi servitus realis quæ rei à re debetur, l. 1. ff. de servit. præd. rusticor. unde sine prædio feudali non debetur.* C'est pourquoy le vassal doit faire la foy au Seigneur feodal au lieu du Fief; parce que, comme nous venons de dire, les devoirs de Fiefs sont plutôt reputez réels que personnels, n'étant pas dûs à cause des personnes, mais des Fiefs qui consistent en heritages ou droits réels, ainsi ils tiennent de la realité.

Voyez du Moulin, §. 63. *num.* 11.

Tellement que le Seigneur ne pourroit pas aussi obliger son vassal de luy rendre la foy & hommage dans un autre lieu; pourvû que l'accés en soit libre & qu'il y puisse venir sans danger & sans peril, comme remarque Brodeau sur l'article précedent, *num.* 2. 3, 4. 5. & 6. sur cet article 64. *num.* 1. BRODEAU.

Du Moulin sur l'article 39. de l'ancienne Coûtume dit, *vassallus non recognoscit Dominum ut ipsum, sive ratione personæ suæ, sed ut Dominum loci dominantis; & in ea qualitate reali ad quam refertur & limitatur investitura.* DU MOULIN.

Il y a quelque difficulté touchant les offres, au cas que la foy & hommage ait été faite, sçavoir si elles peuvent être faites au domicile du Seigneur, quand le vassal a déja rendu la foy & hommage au Seigneur, comme quand il l'a reçûë avec protestation que c'étoit sans préjudicier aux droits qui luy sont dûs? 2.

Cet article 64. ne parle que de la foy & hommage, & l'article 63. parle de la foy & hommage & des offres; mais comme il en parle conjointement, il semble que les offres se faisant separément, elles pourroient se faire valablement au domicile du Seigneur.

Cependant je croy avec Brodeau sur cet article *num.* 2. que les droits étant accessoires & dépendans de la foy & hommage, elles doivent aussi être faites au principal manoir. BRODEAU.

Outre que, dit Brodeau, ce qui doit être payé en certain lieu, ne peut pas être livré ni offert en un autre, sans le consentement du créancier.

Néanmoins le vassal pourroit faire ses offres à son Seigneur au lieu de son domicile, & au cas qu'il les acceptât, & qu'il en donnât quittance, il en seroit dûëment déchargé, mais s'il les refusoit, il seroit tenu de les luy faire au principal manoir, par des Notaires, & en cas d'absence, les faire notifier suivant l'article précedent; ensuite dequoy attendre que le Seigneur luy fist demander la somme qu'il devroit pour ses droits, & qu'il auroit offerte en son absence au principal manoir.

3. *Où doit être faite la foy & hommage, quand il n'y a point de manoir, & que le Fief ne consiste qu'en terres?*

Le vassal la doit faire au lieu seigneurial, s'il y en a; & s'il n'y en a point, il n'est pas obligé de se transporter dans les champs & en pleine campagne pour la faire, & nôtre Coûtume ne le requiert pas.

Quand elle dit *au lieu seigneurial*, elle suppose qu'il y ait quelque maison ou demeure où le Seigneur puisse s'arrêter, & où le vassal puisse prêter la foy & hommage; *non potest Patronus vassallum remittere ad prædia & campos loci dominantis*, dit du Moulin sur l'article précedent. *glos.* 1. *num.* 3. Du Moulin.

Voyez ce qui est dit sur l'article précedent, nomb. 15.

Il en faut dire de même, au cas que le principal manoir soit ruiné & démoli, desorte qu'il n'en reste plus rien, & que la maison soit entierement abandonnée; car en ce cas le vassal pourroit faire la foy & hommage à son Seigneur, ou au lieu du domicile du Seigneur, ou en tout autre lieu où il le trouveroit.

C'est l'avis de du Moulin, *loco citato*, parce que les termes & la disposition de la Coûtume venant à manquer, renfermée précisément dans le manoir ou lieu seigneurial du Fief, il faut suivre le droit commun, par lequel les offres & autres actes faits à la personne ou au domicile du créancier, sont valables.

Mais si le Seigneur faisoit construire un autre Château ou manoir en un autre lieu de son Fief, les vassaux seroient obligez de s'y transporter pour y faire la foy & hommage & les offres, suivant cet article & le précedent.

Et s'il y a deux ou plusieurs manoirs, les vassaux peuvent aller auquel ils veulent, suivant l'opinion de ce docteur, *loco citato*.

Néanmoins il faut dire, que le vassal est tenu d'aller à celuy où se trouve le Seigneur, parce que ces deux manoirs étant du Fief dominant, il ne seroit pas bien-séant au vassal de vouloir contraindre son Seigneur de se transporter dans une autre maison, que celle où il seroit, faisant partie du principal manoir, de même que plusieurs corps de logis ne composent qu'une même maison: ce qui se doit entendre ainsi, quand les manoirs ne sont pas beaucoup éloignez l'un de l'autre.

4. Brodeau. Brodeau sur cet article, après avoir exposé le sentiment de Maître Charles du Moulin, *num.* 7. dit, que quand il n'y a point de manoir, ni Justice ou Auditoire, le vassal doit faire la foy & hommage & les offres au lieu où se tient le marché ou autre place publique; *parce que*, dit-il, *il y a interdiction absoluë par ces termes négatifs & prohibitifs, n'est tenu de se presenter à la foy, & faire les offres en autre lieu que celuy du Fief.*

Je ne croirois pas que le Seigneur pût obliger ses vassaux de faire la foy & hommage dans la place publique ou dans le marché, ces lieux publics n'étant pas destinez pour cet effet.

Mais conformément au sentiment de Charondas, je crois que s'il n'y a aucun lieu seigneurial, les vassaux doivent se transporter au lieu du Fief dominant, quoique ce soit dans les champs, & qu'il ne consiste que dans un bois, ou en terres labourées ou d'autre nature, parce que cet article dit, *au lieu du Fief*, où étans ils fassent la foy & hommage & offres, & en fassent signifier l'acte suivant l'art. 63. ce qui n'est pas plus absurde que de faire la foy & hommage en l'absence du Seigneur devant la porte du principal manoir.

Mais quand il n'y a ni manoir ni lieu seigneurial, le Seigneur pour sa commodité & celle de ses vassaux, doit constituer un Procureur pour recevoir la foy & hommage de ses vassaux, & destiner quelque maison particuliere où il la reçoive, ou son Procureur pour luy.

Que si dans le Fief dominant il y a quelque autre lieu particulier destiné d'ancienneté pour y faire & recevoir les hommages, le vassal est obligé de s'y transporter pour y faire l'hommage, suivant la Note de Maître Auzanet. 5. Auzanet.

6. *Et où se fait la foy & hommage pour les Fiefs en l'air, qui n'ont aucun domaine?*

La Coûtume d'Orleans art. 45. en laquelle il y a plusieurs de ces Fiefs, dit qu'il suffit d'aller pardevers le Seigneur de Fief à sa personne ou en son domicile, à dix lieuës prés de l'heritage tenu en Fief, & s'il n'est au dedans des dix lieuës, c'est assez que le vassal aille pardevers le Juge, en la Jurisdiction duquel est assis l'heritage, luy notifier & faire ses offres.

Nôtre Coûtume n'en parle point; mais comme en ce cas le Fief dominant n'a rien de réel, & qu'il est incorporel, residant seulement en la personne du Seigneur, s'il est demeurant sur le lieu, je croy que le vassal est tenu de se transporter au lieu de son domicile, & là luy faire la foy & hommage; mais s'il est hors l'étenduë du Fief, il n'y seroit pas obligé; le Seigneur en ce cas doit choisir une maison en laquelle, ou audevant de laquelle, en cas d'absence, ses vassaux viennent luy faire la foy & hommage & les offres.

7. *Où se rend la foy & hommage dûë aux Chapitres & Communautez Ecclesiastiques, quand il n'y a point de manoir au Fief?*

Brodeau *num.* 8. dit, que l'usage notoire est de la faire en plein Chapitre, à jour ordinaire, & elle ne seroit pas valable, si elle étoit faite en la maison du Doyen ou d'autre Dignité, lequel s'il n'a commission expresse par acte capitulaire, ne represente point le Corps du Chapitre. Brodeau.

Il dit l'avoir vû juger par Sentence donnée en l'Audience de la seconde Chambre des Requêtes du Palais, le 24. Octobre 1639. de Luynes, Seigneur du Fief de Vitry, & les Doyen, Chanoines & Chapitre de l'Eglise de Paris, Seigneurs d'Yvry, parties plaidantes. Cela s'observe ainsi pour les Fiefs qui sont mouvans du Chapitre de Paris, que quand un vassal veut faire la foy & hommage, on fait assembler le Chapitre au son de la cloche, & là il fait la foy & hommage.

8. Auzanet. Maître Auzanet dit, qu'il y a plusieurs Fiefs, pour lesquels on fait la foy à la source d'une fontaine, à un gros caillou, au coin d'une haye, & à d'autres lieux de semblables qualitez; ce que quelques-uns estiment ridicule.

Néanmoins cela peut avoir été convenu avec raison, pour ne point exposer les vassaux à la rigueur du mauvais traitement d'un Seigneur, quand on est contraint de l'aller trouver dans sa maison.

OBSERVATIONS

OBSERVATIONS DE MONSIEUR***

Sur l'Article LXIV.

SOMMAIRE.

1. *Si l'on peut rendre la foy & hommage aux Officiers de la Justice du Seigneur feodal.*
2. *De quelle maniere l'on doit rendre la foy, lorsqu'il y a plusieurs propriétaires du Fief dominant, ou du Fief servant.*
3. *Où le vassal doit rendre la foy, lorsque le Seigneur a deux manoirs dans la mesme étenduë de son Fief.*
4. *Où se doit rendre la foy & hommage, lorsque le Fief dominant appartient à un Chapitre ou à une Communauté, & qu'il n'y a point de principal manoir.*
5. *Comment se fait la foy & hommage dûë au Roy.*

CEt article est la suite du précedent auquel nous n'avons rien changé.

Mais il y a deux observations à faire.

1. La premiere, touchant la foy qui se rend aux Officiers de la Justice du Seigneur du Fief dominant.

Il faut dire qu'elle est absolument nulle, parce qu'il faut toûjours distinguer le Fief & la Justice qui sont choses & droits separez; desorte que n'y ayant point d'inconvenient qu'une personne ait un Fief sans Justice, il faut donc conclure que la foy doit être faite au Seigneur en personne, ou à une personne qui ait une procuration generale pour recevoir toutes les fois & hommages, ou une speciale pour celle que le vassal veut rendre: faute de quoy il rendra la foy au lieu même, suivant l'article 63. dont il fera dresser un acte pardevant Notaire.

2. La deuxiéme chose à observer & à decider, est de sçavoir de quelle maniere la foy se doit rendre, lorsqu'il y a plusieurs Seigneurs par indivis, ou separez d'un même Fief, ou quand plusieurs personnes sont propriétaires par indivis, ou separément du Fief servant.

Au premier cas, il est constant que chaque personne qui a part dans le Fief dominant, a droit de demander la foy, & le vassal la peut faire, si bon luy semble, à chacun de ceux qui ont part dans le Fief dominant; mais pour le soulager, il suffit qu'il la fasse au lieu du Fief dominant dans la forme prescrite par la Coûtume, & ce pour tous les Seigneurs.

Mais quand il y a plusieurs personnes qui sont propriétaires du Fief servant, il est constant que chaque personne fait un vassal particulier, qui doit une foy en particulier; & le Seigneur distinguera ceux qui ont fait la foy, en telle sorte qu'il pourra saisir la portion de ceux qui n'auront pas satisfait à leurs devoirs, soit que le Fief soit possedé par indivis ou autrement.

On a fait deux questions sur cette matiere.

3. La premiere; où le vassal doit rendre la foy, lorsque le Seigneur a deux manoirs dans la même étenduë de son Fief. En ce cas on a répondu que le vassal avoit le choix, mais qu'il devoit choisir celuy où le Seigneur étoit demeurant.

4. La deuxiéme question regarde la foy qui doit être faite aux Chapitres & Communautez, quand il n'y a point de principal manoir de Fief dominant. Il y a une Sentence des Requêtes du Palais, qui a jugé pour le Chapitre Nôtre-Dame, que l'hommage se faisoit en plein Chapitre, jour ordinaire.

5. Pour la foy & hommage qui est dûë au Roy, elle se fait au Roy, à Monsieur le Chancelier, ou à la Chambre des Comptes, ou dans les Provinces devant les Trésoriers de France, comme Juges deleguez de la Chambre des Comptes, qui s'est toûjours reservé les Terres titrées, comme Marquisats, Comtez, Baronies, & Châtellenies.

CONFERENCE SUR L'ARTICLE LXIV.

LEs Coûtumes suivantes ont une disposition semblable à cet article.

Anjou, art. 109. *Auvergne*, chap. 22. art. 46. 47. 48. 49. & 50. *Auxerre.*

Berry, chap. 44. tit. 5. art. 20.

Blois, art. 54. 98. L'article 54. dit, que *le vassal doit presenter la bouche* a *& les mains.*

a *Id est osculum. Vidua vassalla præsens obtulerat fidem & homagium, postea dominus cavillabatur quòd non obtulerat, seu specialiter præsentaverat* la bouche & les mains? *Respond. oblationem validam; & ita judicatum fuit & benè: quia hæc verba non debent ad captionem trahi.* C. M.

Bordeaux, chap. 8. art. 81. *Bourbonnois*, art. 380. 44. *Bourgogne-Comté*; art. 3.

Cambray, art. 72. *Châlons*, art. 190. 191. *Chartres*, art. 14. 17. *Châteauneuf*, art. 17. 18. *Chaumont*, art. 20.

Dourdan, art. 25 *Dreux*, art. 11. *Dunois*, art. 2.

Estampes, art. 12.

Laon, art. 187. 188. *Lodunois*, chap. 11. art. 2.

Mantes, art. 18. 120. 187. 188. *Meaux*, art. 187. *Melun*, art. 24. 25. *Montfort*, art. 41.

Nivernois, chap. 4. art. 2.

Orleans, art. 43. 47. 63.

Grand-Perche, art. 35. 36. *Peronne*, article 30.

Poitou, article 109.

Saint-Quentin, art. 79. ajoûte : *Toutefois si ledit vassal vouloit aller ailleurs pardevant sondit Seigneur, & luy faire ses offres à sa personne, faire le peut.*

Rheims, art. 110.

Sens, art. 182.

Tours, art. 110. *Troyes*, art. 31.

Valois, art. 27. 28. *Vitry*, art. 44.

Xaintonge, tit. 4. art. 24.

Anjou, art. 109. *La maniere de venir à la foy de son Seigneur, est de soy presenter au lieu* [b], *soit châtel, hôtel, ou autre lieu, au regard duquel l'hommage est dû, & qui trouve le Seigneur luy offrir l'hommage avec le rachat, quand rachat y appartient.* [c]

b *Nisi alibi Dominum congruè inveniat.* C. M.

c *Quo casu non debet offerri sub conditione*, s'il est dû, *sed ut purè debitum : tamen potest addi*, tel qu'il est dû par la Coûtume du lieu, *& valet sine ulteriori significatione, quam Consuetudo non requirit, & si requireret ut Parisiis ; si Dominus prius elegit* le rachat de l'année, *ut potest, sufficit consentire & offerre quod illud capiat, nec amplius requiritur specificatio aliarum specierum* de rachat. C. M.

Bretagne, art. 333. *L'hommage-lige se fera en cette forme, à sçavoir que le vassal, l'épée & éperons ôtez, tête nuë (ayant les mains entre celles de son Seigneur, & s'inclinant) dira telles paroles.*

Monseigneur, je deviens vôtre homme-lige pour telles choses, lesquelles je releve & tiens de vous ligement, en tel vôtre Fief & Seigneurie ; lesquelles choses me sont avenuës par tels moyens ; à cause dequoy je vous dois la foy & hommage-lige, & vous promets par ma foy & serment vous être leal & feable, porter honneur & obéïssance, & envers vous me gouverner ainsi que noble homme de foy lige doit faire envers son Seigneur.

Le Seigneur répondra comme ensuit :

Vous devenez mon homme pour raison de telles choses par vous dites & declarées, & me promettez que serez feal & obéïssant homme & vassal, selon que vôtre Fief le requiert.

Et le sujet répondra, je le promets ainsi.

Et lors le Seigneur dira, je vous y reçoy, sauf mon droit & l'autruy.

Lodunois, chap. 11. art. 9. dit, *Le vassal doit faire hommage simple à son Seigneur, nuë tête, les mains jointes, & le baiser. Et celuy qui doit hommage-lige, le doit faire mains jointes sur les Evangiles, nuë tête, déceint, & le baiser, en faisant les sermens requis.*

La Marche, art. 189. porte, que *le vassal se doit presenter à son Seigneur, la tête nuë, deceindre sa ceinture, ôter son épée & bâton, & se mettre à un genoüil, & dire ces paroles :*

Monsieur, ou Madame, j'entre vers vous en foy & hommage, & m'avoüe vôtre vassal, pour raison d'un tel lieu que je tiens de vous, à cause de vôtre Seigneurie de tel lieu, & vous promets & jure vous servir doresnavant envers & contre tous.

Et ce fait, le Seigneur doit dire, Je vous reçoy à hommage, sauf mon droit & l'autruy, & en signe de ce, le baiser en la joüe.

Et en l'article 190. *Si le vassal fait foy & hommage au Prince, il doit être à deux genoux ; si c'est un moindre, il suffit d'être à un genoüil, & est accoûtumé que le vassal doit avoir les mains jointes, & le Seigneur les doit prendre entre les siennes, en le recevant & baisant.*

Montargis, chap. 1. art. 10. & 11. dit, *qu'un vassal en faisant la foy & hommage à son Seigneur, doit être nuë tête, déceint ; & baillera ledit vassal la main dextre en celle de son Seigneur, en disant par ledit vassal, qu'il devient son homme de tel Fief qu'il doit nommer, luy en faire foy & hommage selon la nature de son Fief, promettre que son profit pourchassera, son dommage évitera & loyaument conseillera, & fera en tous autres cas ce qu'un vassal doit faire à son Seigneur.*

Normandie, art. 107. & 108. dit, *la forme d'hommage est, que le vassal noblement tenant, doit étendre ses mains en celle de son Seigneur, & dire ces mots :* Je deviens vôtre homme à vous porter foy & hommage contre tous, sauf la feauté au Roy.

Ancienne Coûtume d'Orleans, art. 12. *Le vassal quand la foy manque de son côté, & il est saisi par son Seigneur, est tenu aller vers son Seigneur de Fief* [d] *faire la foy & hommage* [e] *de son Fief, & luy payer les profits si aucuns sont dûs, s'il est à dix lieuës prés de sondit Fief.*

d *Ad ejus domicilium, & hoc facto non est opus adire locum dominantem ; fac. not. per Bartolum in l. si finita §. Julianus D. de dam. inf. & in l. nulla D. de const. pec.*

e *Quid si etiam Dominus exigat formale juramentum fidelitatis ? Resp. vassallus non tenetur ultra formam consuetam, nec ad formas insolitas, & nihil ad nos de Consuetudinibus Longobardorum, de quibus in usibus feudorum, ut dixi in rub. de feud. in Consuet. Paris. in fin.* C. M.

Auteurs sur l'Article soixante quatriéme.

Du Moulin, *in Consuetud. Paris.* §. 63. *num.* 11.

Le même Auteur, sur l'article 45. & 49. de l'ancienne Coûtume de Paris.

Pontanus, *in articulum 54. Consuetud. Blesens.*

Bobé, sur l'art. 187. de la Coûtume de Meaux.

Thourette, sur Montfort, art. 41.

Le Let, sur la Coût. de Poitou, art. 108. 111. & 114.

Le Grand, sur Troyes, art. 31.

Basnage, sur Normandie, art. 108.

M. Le Prestre, Cent. 2. chap. 74.

Pontanus, sur la Coût. de Blois, tit. 5. art. 49. & 52.

Rat ; sur la Coûtume de Poitou, art. 90. sur ces mots, *par la mutation.*

Papon, sur la Coûtume de Bourbonnois, art. 369. & suiv.

Chopin, sur la Coûtume d'Anjou, liv. 1. chap. 7. nomb. 1. *des privileges des Rustiques*, liv. 1. ch. 4. nomb. 2.

De Lhommeau, sur la Coûtume d'Anjou, liv. 1. art. 47. 75. & 124.

L'Abbé, sur la Coûtume de Berry, tit. 5. art. 35.

Coquille, en son Institution, tit. *de Fiefs.*

Bacquet, *des droits de Justice*, chap. 14. n. 6.

Vigier, sur la Coûtume d'Angoumois, art. 23.

Lhoste, sur la Coûtume de Montargis, tit. 1. art. 16. 17. & 18.

Vrevin, sur la Coûtume de Chauny, art. 105.

Bodreau, sur la Coûtume du Maine, art. 135.

Buridan, sur la Coûtume de Vermandois, art. 219. & 221.

Duret, dans son Alliance des Coûtumes, p. 825.

Duplessis explique cet article en son Traité *des Fiefs*, liv. 1. chap. 2. p. 16.

ARTICLE LXV.

C'étoit le quarante-septiéme Article de l'ancienne Coûtume.

Que doit faire le nouveau Seigneur avant que de saisir.

QUand un Fief vient de nouvel par succession, acquisition ou autrement, à aucune personne, le nouveau Seigneur ne peut empêcher, ni mettre en sa main les Fiefs qui sont tenus de luy, jusques à ce qu'il ait fait faire les proclamations & significations, que ses vassaux luy viennent faire la foy & hommage dedans quarante jours. Et ce fait, lesdits quarante jours passez, si lesdits vassaux ne se presentent, il peut saisir & exploiter les Fiefs tenus & mouvans de luy, & faire les fruits siens; pourvû toutefois que ladite proclamation & signification ait été faite, c'est à sçavoir, quant aux Fiefs étans és *Duchez*, Comtez, Baronies, Châtellenies, dont ils sont mouvans, par proclamation à son de trompe & cry public par trois jours de Dimanche ou de marché, si marché y a. Et quant aux Fiefs étans hors desdits *Duchez*, Comtez, Baronies & Châtellenies, dont ils sont mouvans, par signification faite au vassal à sa personne, ou au lieu du Fief, s'il y a manoir, ou au Procureur dudit vassal, si aucun y a; sinon au Prône de l'Eglise Paroissiale dudit lieu en jour de Dimanche, ou autre jour solemnel.

Voyez la fin des Articles 7. 60. & le 108.

REMARQUES.

LEs formalitez prescrites par cet article ne sont necessaires que lorsqu'il y a mutation de Seigneur, qui veut faire renouveller les hommages de ses vassaux, lesquels avoient déja été reçus en foy par le précedent Seigneur, en consequence de la mutation arrivée de leur chef; car s'il y avoit ouverture de la part des vassaux, le Seigneur, quoique nouveau, sans s'arrêter à ces formalitez, pourroit directement saisir ne plus ne moins qu'auroit pû faire l'ancien Seigneur.

Coquille, en ses Institutions, titre *des Fiefs*. Mol. §. 65. nomb. 2.

LES PROCLAMATIONS ET SIGNIFICATIONS.

GLOSE UNIQUE SUR L'ARTICLE. LXV.

SOMMAIRE.

1. *Quelle difference il y a entre la mutation qui arrive de la part du Seigneur, & celle qui arrive du costé du vassal.*
2. *Coûtumes qui permettent au nouveau Seigneur de saisir.*
3. *Pourquoy le nouveau Seigneur peut obliger ses vassaux à luy rendre leurs devoirs.*
4. *Si aprés les proclamations dûëment faites, les vassaux ont encore quarante jours.*
5. *Si le nouveau Seigneur peut saisir, aprés les quarante jours, les Fiefs de ceux qui ont obtenu souffrance.*
6. *Opinion de du Moulin contraire à l'esprit de nostre Coûtume.*
7. *Si le nouveau Seigneur mineur de la majorité feodale, peut faire les proclam. sans tuteur ou curateur.*
8. *Si le nouveau Seigneur peut saisir pour dénombrement non baillé.*
9. *Contrarieté de Charondas.*
10. *Resolution de la question.*
11. *Si le nouveau Seigneur peut se servir des saisies faites par son predecesseur.*
12. *Si les proclamations faites par un nouveau Seigneur, servent à son heritier ou à son successeur.*
13. *Si cet article a lieu à l'égard des gens de main-morte.*
14. *Comment se fait la notification pour les Fiefs qui dépendent des Fiefs de Dignité.*

15. *Comment se fait la simple sommation ou signification, pour les Fiefs qui sont hors des Fiefs de Dignité.*

16. *Si les Seigneurs des Fiefs de Dignité sont tenus de faire les proclamations portées par cet article.*

17. *Si les jours des proclamations & sommations sont compris dans les quarante jours.*

18. *Si la renovation de la foy & hommage doit estre faite aux dépens du nouveau Seigneur.*

1. CEt article nous marque une difference considerable entre la mutation, qui arrive de la part du Seigneur, & celle qui arrive de celle du vassal; en ce que quand elle arrive de la part du vassal, le nouvel acquereur est obligé dans quarante jours d'aller au Fief dominant & y faire la foy & hommage & les offres, ainsi qu'il est porté par les articles 7. & 63. à faute dequoy le Seigneur, sans aucune sommation, peut saisir son Fief en pure perte des fruits, jusques à ce qu'il ait satisfait à ses devoirs.

Mais quand la mutation arrive du côté du Seigneur, le nouveau Seigneur ne peut saisir le Fief de l'ancien vassal, qu'aprés les significations & proclamations portées par cet article.

La raison est, que l'ancien vassal qui a fait ses devoirs à son Seigneur, a juste cause d'ignorer la mutation de son Seigneur, c'est pourquoy il en doit être averti auparavant, & il doit avoir quelque temps pour se préparer à aller au Fief dominant, pour luy rendre ses devoirs. C'est pourquoy il faut une sommation avant que de saisir.

Au contraire quand la mutation arrive de la part du vassal, le Seigneur peut saisir dés que les quarante jours sont passez, suivant l'article 7.

2. Il y a des Coûtumes qui permettent au nouveau Seigneur de saisir le Fief de l'ancien vassal, qui avoit été investi, desorte néanmoins que telle saisie équipolle seulement à une dénonciation par luy faite; mais si le vassal ne luy rend ses devoirs, & que ce nouveau Seigneur procede à une nouvelle saisie, le Seigneur gagne les fruits échûs depuis la premiere saisie.

C'est la disposition des articles 60. & 61. de la Coûtume d'Orleans, & de l'article 35. de celle de Chartres.

Mais dans les Coûtumes qui ne portent pas expressément, que la premiere saisie féodale sert d'interpellation & de dénonciation au vassal, telles saisies sont nulles, & il faut que le vassal soit sommé de venir faire la foy & hommage, suivant la maniere prescrite par la Coûtume.

Chopin sur la Coûtume d'Anjou livre 2. part. 2. chap. 1. tit. 1. remarque un Arrest du 17. Janvier 1584. rendu en la cinquiéme Chambre des Enquêtes, au rapport de Monsieur Sabin en la Coûtume d'Estampes, qui l'a jugé ainsi.

3. La raison pour laquelle le nouveau Seigneur peut obliger ses vassaux à luy rendre la foy & hommage, est, que la mutation qui arrive de la part du Seigneur dissoud & rompt le lien de la foy que l'ancien vassal avoit renduë à l'ancien Seigneur, dautant que par cette foy il naît une obligation mutuelle & reciproque entre le Seigneur & le vassal, laquelle est personnelle, n'obligeant que ceux entre lesquels elle a été renduë.

Mais comme il est de l'interêt d'un Seigneur d'avoir des vassaux, & qu'il ne les peut avoir que par la foy & hommage, il a falu obliger les anciens vassaux à reconnoître leur nouveau Seigneur par une foy & hommage renouvellée; & pour les y engager par leur propre interêt, il a été trouvé à propos de leur permettre de saisir les Fiefs des anciens vassaux avec perte de fruits aprés les avoir sommé en la maniere requise par cet article, comme si en effet il y avoit ouverture au Fief.

Et en effet on peut dire, qu'il y a une veritable ouverture, puisque les anciens vassaux ne sont plus vassaux du propriétaire du Fief dominant.

Selon la nature des correlatifs, dés que le fondement de la relation manque d'un côté, il manque aussi de l'autre: l'ancien propriétaire du Fief dominant n'étoit Seigneur des propriétaires des Fiefs servans, que par la foy & hommage qui luy avoit été renduë en qualité de Seigneur de ce Fief, ainsi dés qu'il cesse d'en être propriétaire, il cesse aussi d'être Seigneur de ses vassaux.

Mais la mutation, qui arrive de la part du Seigneur, ne donne pas ouverture aux droits & profits féodaux, parce qu'autrement les Seigneurs changeroient souvent pour surcharger & opprimer leurs vassaux.

Aprés les proclamations & significations dûëment faites au desir de cet article, les vassaux ont quarante jours pour porter la foy & hommage. 4.

Ce terme est le temps prescrit par la plus grande partie des Coûtumes en matiere féodale, avant lequel le nouveau Seigneur ne peut point saisir, & s'il le faisoit, sa saisie seroit injuste & tortionnaire, de sorte qu'il ne gagneroit pas même les fruits échûs depuis les quarante jours. Brodeau *num.* 10. & 11.

Si le nouveau Seigneur peut saisir aprés les quarante jours les Fiefs de ceux qui ont obtenu souffrance de l'ancien Seigneur, faute par eux de venir en demander une nouvelle? 5.

Brodeau *num.* 12. dit le vassal qui l'a obtenuë, doit faire apparoir de l'acte en bonne forme & le notifier au nouveau Seigneur, quoique la souffrance soit legale & necessaire, ou volontaire, dont il est parlé dans les articles 41. & 67. Brodeau.

Maître Charles du Moulin sur cet article nombre 10. tient que si le souverain Seigneur saisi féodalement pendant la souffrance, elle n'emporte point perte de fruits en justifiant de la souffrance par le vassal saisi: avec cette distinction, que s'il s'agit d'une souffrance de mineurs, la saisie est sans perte de fruits *durante minori ætate*, si elle est accordée pour autre cause & justifiée avant la saisie, la saisie est nulle *cum restitutione fructuum, damnis & interesse*: & que si elle ne l'est qu'aprés la saisie, les fruits doivent être restituez: mais le vassal est obligé seulement aux frais de la saisie. Du Moulin.

Je croy que cette opinion est contraire à l'esprit de nôtre Coûtume; car la souffrance ne peut pas avoir plus de force que la foy & hommage; or quoique le vassal ait fait la foy & hommage à son Seigneur néanmoins il est tenu de la réïterer au nouveau Seigneur dans quarante jours, aprés les proclamations & significations requises par cet article. 6.

D'où il s'ensuit, que celuy qui a obtenu souffrance legale, ou pour quelque juste empêchement, doit en demander une nouvelle au nouveau Seigneur.

La raison est, que la souffrance vaut foy, tant qu'elle dure, & produit par consequent une obligation mutuelle & reciproque entre celuy qui la donne & celuy qui la reçoit: mais dés-lors que celuy qui l'a donnée, n'a plus de droit, la souffrance est éteinte, & demeure sans effet, comme si elle n'avoit jamais été accordée.

Comme le nouveau Seigneur a interêt d'avoir des vassaux, & qu'il ne les peut avoir que par la foy & hommage qui luy est renduë, ou par la souffrance qu'ils luy demandent, par laquelle ils se reconnoissent ses vassaux, il peut obliger ses vassaux qui ont obtenu souffrance de l'ancien Seigneur, de la luy demander, & pour cet effet il peut saisir avec gain des fruits jusques à ce qu'elle luy soit demandée, la souffrance, soit legale, ou volontaire, ne competant pas *ipso jure* aux vassaux.

7. ***Si le nouveau Seigneur mineur de la majorité féodale, peut valablement faire les proclamations & significations, sans être assisté d'un tuteur ou curateur?***

MOULIN. Du Moulin sur l'article 32. *num.* 4. est d'avis, que l'assistance d'un tuteur ou curateur est necessaire; ce qui est assez conforme à cet article qui repute à l'âge qui y est reglé les males & les filles, capables de faire la foy & hommage, & des charges de Fiefs; car si le mineur pouvoit faire les proclamations & significations, il pourroit aussi recevoir la foy & hommage, ce qu'il ne peut pas faire, comme il a été dit sur le même article.

8. ***Si le nouveau Seigneur peut saisir les Fiefs ouverts, avant les proclamations & significations portées par cet article?***

Il faut dire qu'il le peut aprés les quarante jours passez depuis l'ouverture, sans qu'il soit en ce cas besoin de la part du nouveau Seigneur de sommation & d'interpellation.

La raison est, que cet article n'est que pour les anciens vassaux qui sont en foy, lesquels peuvent ignorer la mutation arrivée de la part de leur Seigneur; mais le nouveau vassal sçait & ne peut pas ignorer qu'il est tenu de faire la foy & hommage à son Seigneur qui est le propriétaire du Fief dominant; il n'importe, si au temps de l'ouverture arrivée l'ancien Seigneur étoit propriétaire du Fief dominant, auquel depuis un autre auroit succedé qui a exercé sa saisie, ayant fait ce que la qualité & la nature de son Fief luy permettoient.

MOULIN. BRODEAU. RICARD. Du Moulin *num.* 2. Brodeau *num.* 4. Maître Ricard & Coquille en ses Institut. titre des Fiefs, sont de cet avis.

Il faut dire aussi par cette raison, que quand l'ancien vassal n'a point donné son dénombrement à l'ancien Seigneur, le nouveau Seigneur peut saisir aprés les quarante jours portez par l'article 8. avant que d'avoir fait les proclamations & significations.

MOULIN. BRODEAU. C'est l'avis de du Moulin sur cet article *num.* 3. & sur l'article suivant *num.* 1. & 2. & de Brodeau *num.* 15.

CHARONDAS. Charondas sur cet article se fondant sur ce que ce même article 65. parle en termes generaux, que le nouveau Seigneur ne peut saisir avant les proclamations & significations, & que les quarante jours soient passez, est d'avis que le nouveau Seigneur ne peut saisir faute de dénombrement qu'aux termes de cet article.

9. Mais dans l'article suivant contraire à luy-même, il dit, que si l'ancien vassal n'avoit baillé son dénombrement à l'ancien Seigneur, qu'aprés les quarante jours qu'il luy auroit prêté la foy & hommage, il pourroit y être contraint par saisie de son Fief; ce sont deux opinions entierement opposées; il faut suivre celle de du Moulin & de Brodeau.

Mais comme le nouveau Seigneur aprés les quarante jours, à compter depuis les proclamations & significations, peut saisir le Fief de l'ancien vassal faute de foy & hommage, s'il ne vient dans ce temps-là luy porter, je ne conseillerois pas au Seigneur d'user de saisie pour dénombrement non baillé; mais s'il l'avoit fait, il pourroit ensuite faire saisir faute d'homme, la premiere devenant inutile par la seconde, en ce que la premiere ne peut plus subsister, vû que le Seigneur ne peut pas demander la foy & hommage & le dénombrement en même temps, l'article 8. n'obligeant le vassal à bailler son dénombrement que dans quarante jours aprés la reception en foy.

BRODEAU. Néanmoins Brodeau *num.* 16. est d'avis contraire, prétendant que la seconde saisie ne couvre & n'absorbe point la premiere.

Le nouveau Seigneur peut bien obliger les anciens vassaux de luy faire la foy & hommage suivant cet article. 10.

Mais il ne peut pas les obliger à luy bailler des aveus & dénombremens, s'ils les ont donnez à l'ancien Seigneur, n'étant dûs qu'une seule fois par chaque vassal, Brodeau *num.* 17. & sur l'article 66. *num.* 4. étant à présumer que le nouveau Seigneur a reçû de son predecesseur les aveus & dénombremens des vassaux, & autres titres concernans la mouvance. BRODEAU.

Il les peut seulement obliger ***non quidem viâ prehensionis, sed viâ actionis***, dit du Moulin, de luy en donner communication, & même des copies à ses dépens, en affirmant, s'il en est requis, qu'il ne les a point en sa possession.

Si le nouveau Seigneur peut se servir de la saisie & des proclamations faites par son predecesseur? 11.

Il faut distinguer entre le successeur à titre universel & le successeur à titre particulier.

Le successeur à titre universel qui est l'heritier, represente l'ancien Seigneur, & il exerce tous les droits qu'il avoit, & qu'il pouvoit exercer au temps de sa mort, & partant il faut dire qu'ayant saisi le Fief, son heritier n'est pas tenu de faire une nouvelle saisie.

Mais le successeur à titre singulier ne represente point le Seigneur, auquel il succede, c'est pourquoy il ne peut point se servir de la saisie qu'il a faite sur ses Fiefs mouvans de luy.

Charondas & Tournet sur l'article 24. rapportent un Arrest du 10. May 1575. qui l'a jugé ainsi au profit de la Damoiselle le Seillier veuve de feu Fleury Morel. CHARONDAS. TOURNET.

Néanmoins si le Seigneur alliénoit son Fief avec cession de ses droits & actions, il n'auroit pas besoin de saisir de nouveau, suivant l'avis de Brodeau *num.* 20. BRODEAU.

Pour plus grande sureté je conseillerois au Seigneur de renouveller la saisie, à moins que son auteur ne luy eût fait cession en termes exprés de la saisie faite sur le Fief du vassal, & des fruits qui peuvent écheoir pendant qu'elle durera, car comme la saisie est cessible, ainsi qu'il a été dit sur l'article 1. cela ôteroit toute difficulté.

A l'égard des proclamations & significations, elles sont personnelles, Brodeau *num.* 19. ensorte que celuy qui les auroit faites venant à mourir, ou à aliéner son Fief par quelque maniere que ce fût, son successeur, quoique ce fût son fils, ne pourroit pas se servir de celles qu'il auroit faites, quoiqu'il luy en eût fait une cession expresse, à l'égard même des vassaux qui auroient fait la foy & hommage à celuy qui auroit fait les proclamations. 12. BRODEAU.

La raison est, que telles proclamations sont faites, afin que les vassaux viennent faire la foy & hommage à celuy qui les a faites, & partant aussi-tôt qu'il cesse d'être propriétaire du Fief dominant, elles deviennent inutiles, puisqu'elles ne sont faites qu'afin que les vassaux sçachent que celuy qui les a faites, est leur Seigneur.

Néanmoins elles ne laissent pas d'être utiles au successeur dans le Fief dominant, en ce qu'il peut saisir les anciens vassaux qui ont manqué dans les quarante jours du jour d'icelles, à faire la foy & hommage à leur Seigneur, leur Fief par ce moyen est devenu ouvert, c'est pourquoy sans de nouvelles sommations, significations & proclamations, il peut être saisi.

Ce qui me semble souffrir une exception, qui est au cas que le Seigneur qui auroit fait les proclamations & significations vint à deceder ou à aliéner son Fief avant les quarante jours, car ayant cessé d'être proprietaire du Fief dominant, avant les ouvertures des Fiefs de ses vassaux, les proclamations & significations qu'il auroit faites, se trouveroient sans effet & entierement inutiles, dautant que les vassaux ne pourroient pas être constituez en demeure & contumace, pour n'avoir pas satisfait à ces significations, ne le devant pas & ne le pouvant pas en vertu de l'aliénation du Fief dominant faite par leur Seigneur.

13. *Si cet article a lieu à l'égard des gens de main-morte, & s'ils sont obligez à donner un nouvel homme, qui fasse la foy & hommage au nouveau Seigneur?*

Cette question est décidée par l'article 42. de la Coûtume d'Orleans, qui porte qu'ils y sont obligez sans payer aucun profit, ce qui est sans difficulté dans les Coûtumes, qui n'en parlent point comme la nôtre, à cause de l'interêt que le Seigneur a de sçavoir quel est l'homme qui luy est donné pour homme vivant & mourant.

Quelles sommations sont requises pour les nouveaux Seigneurs?

La Coûtume en prescrit deux en cet article.

14. La premiere est, une notification generale pour les Fiefs, qui sont dans l'étenduë du territoire, dépendans des Fiefs qui ont une dignité annexée, comme sont les Duchez, Comtez, Baronies & Châtellenies, dont ils sont tenus & mouvans : & cette notification doit être faite par proclamations à son de trompe & cry public, par trois jours de Dimanche, ou de marché, s'il y en a un.

Pour cet effet, il faut que le Seigneur ait droit de Châtellenie ou de Justice, autrement il ne pourroit point faire publier ses hommages dans le marché, il ne le pourroit faire qu'avec la permission du Seigneur haut-Justicier, dans la Justice duquel son Fief dominant & ceux de ses vassaux seroient situez.

C'est ce qui est porté par l'article 62. de la Coûtume d'Orleans en ces termes : *& si le Seigneur féodal est Châtelain, il peut sommer ses vassaux de plein Fief en general par trois cris publics au lieu de la Châtellenie, où on a accoûtumé de faire cris, & trois proclamations faites aux Prônes de l'Eglise du lieu principal de ladite Châtellenie, dont sont mouvans lesdits vassaux, &c.*

15. La deuxiéme est, une dénonciation particuliere & simple signification & sommation qui se fait pour les Fiefs qui sont hors des Duchez, Comtez, Baronies & Châtellenies, soit à la personne de chacun vassal, ou au lieu Seigneurial de son Fief, s'il y a manoir, ou au Procureur ayant charge du vassal, si aucun y a sur le lieu; sinon par publication generale pour tous les vassaux au Prône des Eglises Parrochiales des Fiefs servans, au jour de Dimanche ou autre jour solemnel.

Toutefois cette dénonciation ne se doit faire, que quand la signification ne peut être faite au vassal en personne, comme en cas d'absence, ou quand le vassal est hors son Fief, ou s'il n'y a point de manoir, ou de Procureur ayant charge du vassal.

C'est le sentiment de Bacquet au Traité des droits de Justice chapitre 14. nombre 6. Parce que, dit cet Auteur, il faut prendre ces mots, *sinon au Prône*, subsidiairement, au cas qu'on ne la puisse pas faire, ainsi qu'il est dit auparavant.

Il dit que cet article a été ainsi interpreté par Arrest du mois de May 1584. desorte que si le vassal demeuroit actuellement en son Fief, ou qu'il y eût manoir, ou Procureur fondé de procuration, laquelle fût dûëment notifiée, la signification faite au Prône seroit nulle, & la saisie faite en consequence aprés les quarante jours, seroit pareillement nulle & de nul effet.

C'est l'avis de Brodeau *num.* 24. où il dit, que comme il faut suivant la Coûtume que la signification soit faite à la personne du vassal, il conseilleroit pour plus grande sureté, de la faire conjointement au manoir s'il y en a, & au Prône de l'Eglise Parrochiale, afin que le vassal absent n'en puisse prétendre cause d'ignorance, quand elle est suivie de la saisie de son Fief.

Du Moulin au contraire sur cet article *num.* 9. tient que le Seigneur satisfait à la Coûtume, en faisant signifier & dénoncer à chacun de ses vassaux en particulier, qu'ils ayent à luy venir faire la foy & hommage dans quarante jours, sans qu'il soit obligé de faire aucune proclamation publique à son de trompe ou au Prône.

Quoique les Seigneurs de Fiefs qui ont une dignité annexée, comme sont les Duchez, Comtez, Baronies & Châtellenies, puissent faire les proclamations portées par cet article, néanmoins ils n'y sont pas obligez, mais ils peuvent, s'ils veulent, se servir de la seconde forme d'interpellation ou de sommation; cette premiere preuve n'étant introduite qu'en consequence de la qualité de leurs Fiefs. 16.

Il faut observer icy, que le jour de la dénonciation & signification particuliere, les trois jours de Dimanches ou de marché pour la publication generale, & celuy de la signification faite au Prône de l'Eglise Parrochiale, ne sont point compris dans les quarante jours portez par cet article, lesquels doivent être francs & entiers. 17.

C'est l'avis de du Moulin sur cet article *num. ult.* & de Brodeau *num.* 25.

Les publications & significations faites au desir de cet article ont effet tant contre les presens que contre les absens, majeurs & mineurs, sans esperance de restitution, n'en pouvant pas prétendre cause d'ignorance, Charondas, Brodeau *num.* 12.

On demande si la renovation de foy & hommage doit être faite aux dépens du Seigneur, ou à ceux des vassaux, qui ont déja été reçûs en foy par l'ancien Seigneur? 18.

Coquille sur les articles 55. & 56. de la Coûtume de Nivernois, au titre des Fiefs, tient que si le Seigneur féodal a eu le Fief à titre particulier, les vassaux doivent renouveller la foy & hommage à ses dépens; mais que s'il est heritier de l'ancien Seigneur c'est à leurs frais & dépens.

Il faut pourtant dire generalement & sans cette distinction à mon avis que c'est aux dépens des vassaux; parce que la Coûtume obligeant les vassaux à renouveller le serment de fidelité aprés la mort du Seigneur féodal, elle les oblige par consequent à en faire les frais, sans lesquels la foy & hommage ne pourroit pas être renouvellée, *qui aliquid facere tenetur, aut præstare operam, tenetur id facere suo sumptu, l. suo. 18. l. quod nisi. ff. de oper. libertor. Bartol. in l. liberto. 10. ff. eod & in l. quoniam. 15. C. de testam.* & Jason, *in l. cùm servus. ff. de legat. 1.*

Et quoiqu'il soit de l'interêt du nouveau Seigneur d'être reconnu par ses vassaux, néanmoins la Coûtume les oblige à ce devoir, & par consequent ce doit être à leurs frais & dépens; de même que, quoiqu'il soit de l'interêt du Seigneur, que le nouveau vassal luy fasse la foy & hommage, toutesfois elle se fait aux frais & dépens du vassal; parce que c'est un devoir personnel auquel un vassal est tenu envers son Seigneur.

OBSERVATIONS DE MONSIEUR ***.

Sur l'Article LXV.

SOMMAIRE.

1. *Si la foy est réelle ou personnelle.*
2. *Si le nouveau Seigneur, sans attendre les formalitez portées par cet article, pourroit saisir le Fief d'un nouveau vassal.*

L'Article explique nettement l'intention de la Coûtume, qui est de faire rendre la foy par le vassal à son Seigneur en deux cas. 1°. Lorsque le vassal change; dont nous avons parlé cy-dessus. 2°. Lorsque le Seigneur change, & c'est ce que la Coûtume a reglé par cet article.

Il faut observer de ne point appliquer les maximes d'une mutation à une autre.

1. Quoique la foy soit réelle à cause du Fief, elle ne laisse pas d'être personnelle, en telle sorte que chaque fois que le Seigneur du Fief change, l'hommage luy est dû personnellement, *ratione feudi.*

2. Mais s'il venoit un nouveau vassal dans le temps de la mutation, qui n'auroit pas encore fait la foy dans quarante jours, ni satisfait le Seigneur, le Seigneur, quoique nouveau, auroit droit de faire saisir en vertu des articles cy-dessus, sans attendre les formalitez portées par cet article à l'égard des anciens vassaux; parce que celuy-cy est fait simplement par la mutation du Seigneur, & suppose que les vassaux ont déja fait la foy au Seigneur précedent.

L'article du reste explique suffisamment ce que le nouveau Seigneur doit faire, avant que de saisir feodalement les Fiefs qui relevent de luy.

Il faudroit ajoûter au present article le mot de *Marquisat*, qui y a été obmis.

CONFERENCE SUR L'ARTICLE LXV.

Les Coûtumes suivantes ont une disposition semblable à cet article.

Amiens, art. 20. 21. *Angoumois*, art. 24. *Artois*, art. 37. *Auxerre*, art. 65.

Berry, tit. 5. art. 35.

Blois, art. 50. 51. 52. où il est dit, que l'une des manieres de sommer son vassal se fait par empêchement. a

a *Scilicet per manus injectionem, quæ manet impensis domini respectu antiqui vassalli.* C. M.

Bourbonnois, art. 364. 370.

Châlons, art. 219. & suivans, *Chartres*, art. 35. *Châteauneuf*, art. 35. *Chauny*, art. 106. *Clermont*, art. 103.

Dourdan, art. 39.

Estampes, art. 38.

Laon, art. 219. & suivans, *Lodunois*, chap. 11. art. 7.

Mantes, art. 40. *La Marche*, art. 184. *Meaux*, art. 130. *Melun*, art. 44. *Montargis*, chap. 1. art. 16. 17. 18. *Montfort*, art. 42.

Nivernois, chap. 4. art. 55. 56.

Orleans, art. 60. 61. 62.

Grand-Perche, art. 46. 47. *Peronne*, art. 54. *Poitou*, art. 109.

S. Quentin, art. 85. & suivans.

Reims, art. 58. *Ribemont*, art. 19.

La Salle de Lisle, art. 40. *Senlis*, art. 253. 254. *Sens*, art. 195. 196.

Tours, art. 114. *Troyes*, art. 44.

Valois, art. 54.

Xaintonge, tit. 4. article 33.

Chartres, article 35. ajoûte: *Et toutes fois & quantes que ledit vassal ira faire ladite foy & hommage, ledit Seigneur feodal sera tenu le recevoir, & après luy lever la main, & faire rendre & restituer les fruits qui auront été pris au moyen de ladite main-mise*, b *en payant par ledit vassal les dépens & frais faits pour & à cause d'icelle main-mise, & l'amende, comme d'aveu non baillé.*

b *Secùs si mutatio procederet ex parte vassalli, ut suprà* §. 31. C. M.

Senlis, art. 253. *Il loist au nouveau Seigneur feodal saisir ou faire saisir* c *les Fiefs tenus de luy par faute d'homme, droits & devoirs non faits, & ledit Arrest signifié suffisamment à la personne, ou au lieu des Fiefs desdits vassaux, & après les quarante jours passez de ladite saisie, & que lesdits vassaux ou vassal n'auroient fait leur devoir de faire la foy & hommage, payer les droits & devoirs pour ce dûs: ledit Seigneur feodal peut derechef faire saisir lesdits Fiefs, & mettre en sa main, &c.*

c *Ab hac nova prehensione incipiendo vice interpellationis.* C. M.

Auteurs sur l'Article soixante-cinq.

Loysel, liv. 4. titre 3. regle 37.
Bobé, sur cet article, & sur l'article 130. de la Coûtume de Meaux.
Pontanus, sur la Coûtume de Blois, art. 50. & les deux suivans.
De la Lande, sur Orleans, art. 60. & suivans.
Le Grand, sur Troyes, art. 44.
Buridan, sur Reims, art. 58.
Lhoste, sur Montargis, chap. 1. art. 16.
Basnage, sur Normandie, art. 112.
Duret, en son Alliance des Coûtumes, page 794. & 795.
Duplessis explique cet article, au Traité *des Fiefs*, liv. 1. chap. 5. p. 24.

ARTICLE LXVI.

C'étoit le quarante-huitiéme Article de l'ancienne Coûtume.

Que doit l'ancien vassal au nouveau Seigneur.

L'Ancien vassal ne doit que la bouche & les mains à son nouveau Seigneur.

Voyez l'Article précedent, & les 3. 4. & 26.

REMARQUES.

Amplia hunc textum ut procedat etiam in feudis quæ Vulquecini more reguntur, etiamsi eorum hac sit lex, qu'il faut relever à toutes mains: *quia hoc intelligitur de mutationibus quæ procedunt ex parte vassalli. Mol. §. 56. num. 3.*

NE DOIT QUE LA BOUCHE ET LES MAINS.

GLOSE UNIQUE SUR L'ARTICLE LXVI.

SOMMAIRE.

1. *De qui s'entend l'ancien vassal.*
2. *Si cet article s'entend pour les Fief du Vexin.*
3. *Si le nouveau Seigneur peut demander aveus & dénombremens.*
4. La bouche & les mains, *que signifient ces mots.*

1. L'Ancien vassal se doit entendre en cet article de celuy qui a fait la foy & hommage à l'ancien Seigneur, & payé les droits qu'il devoit pour sa mutation.

Par l'article precedent il doit faire & réïterer la foy & hommage au nouveau Seigneur, comme il est porté par cet article.

Mais à l'égard des droits & profits de Fief il ne luy en doit aucuns, suivant cet article 66.

2. Ce qui a lieu pareillement pour les Fiefs, qui se reglent suivant la Coûtume du Vexin-le-François, du Moulin, Charondas, Tournet, & Brodeau.

Du Moulin. Charondas. Tournet. Brodeau.

Quoique par l'article 3. il soit dit qu'il est dû relief à toutes mutations pour tels Fiefs, néanmoins cela ne s'entend que pour la mutation qui arrive de la part des vassaux, & non pour celles qui arrivent du côté des Seigneurs, comme il a été dit sur l'art. precedent.

Le nouveau Seigneur ne peut pareillement demander à l'ancien vassal un aveu & dénombrement, au cas qu'il l'ait donné à l'ancien Seigneur, comme il est dit sur l'article precedent; *antiquus vassallus non tenetur tradere novum catalogum novo patrono qui semel admissus fuit in fidem & dedit dinumeramentum sed solum debet fidelitatis obsequium; quando scilicet catalogum præstitit prædecessori: secùs si nunquam præstiterit, quia etiam omissâ solemnitate §. præcedentis statim ad hoc compelli poterit viâ prehensionis per novum patronum* du Moulin, sur l'article précedent. 3.

Loisel dit la même chose que cet article au titre des Fiefs art. 38.

La bouche & les mains, c'est-à-dire, la foy & hommage: voyez sur les articles 3. & sur 64. 4

OBSERVATIONS

OBSERVATIONS DE MONSIEUR ***

Sur l'Article LXVI.

SOMMAIRE.

1. *Comment se doit entendre cet article.*
2. *S'il se doit entendre des Fiefs situez en la Coûtume du Vexin.*

L'*Ancien vassal ne doit que la bouche & les mains à son nouveau Seigneur, même en Vexin.*

1. Cela s'entend toûjours, lorsque le vassal avoit satisfait l'ancien Seigneur par la foy, l'aveu, le dénombrement, & payement de droits.

2. Nous avons ajoûté, *même en Vexin*, parce que les articles de la Coûtume disent, qu'en Vexin les droits de relief sont dûs à toutes mutations, ce qui ne se doit entendre qu'aux mutations du vassal, & non du Seigneur; & afin que cela ne fit point de difficulté, suivant l'opinion de Maître Charles du Moulin, nous croyons qu'il faudroit ajoûter les susdits termes au present article.

CONFERENCE SUR L'ARTICLE LXVI.

Lès Coûtumes suivantes ont une disposition semblable à cet article.

Amiens, art. 22. *Auxerre*, art. 66.
Clermont, art. 104.
Dourdan, art. 40.
Estampes, art. 39.
Laon, art. 222.
Mantes, art. 41. *Melun*, art. 45. & ajoûte, *sans aucun profit*. *Montfort*, art. 43.
Nivernois, chap. 4. art. 56. *Normandie*, art. 106.
Grand-Perche, art. 49. & ajoûte, *sans aucun profit, sinon qu'il fût dû pour autre cause précedente.*
Peronne, art. 56. *Poitou*, art. 165.
S. Quentin, art. 89.
Reims, art. 59. *Ribemont*, art. 22.
Senlis, art. 255. *Sens*, art. 195.
Troyes, art. 44.
Valois, art. 53.

Auteurs sur l'Article soixante-sixiéme.

Loysel, liv. 4. tit. 3. regle 7. & 38.
Chopin & Le Let, sur Poitou, art. 114.
Desmares, Décision 65.
De la Lande, sur la Coûtume d'Orleans, art. 61.
Berraud & Le Let, sur la Coût. de Poitou, art. 165.
Le Grand, sur Troyes, art. 44.
Buridan, sur Reims, art. 59.
Despeisses, tom. 3. en son Traité *des droits seigneuriaux*, tit. 4. sect. 5.
Dictionnaire de M. Brillon, *verbo* lods & ventes.
Pontanus, sur la Coûtume de Blois, art. 54. & 57.
Rat, sur la Coûtume de Poitou, art. 95.
Chopin, sur la Coûtume d'Anjou, liv. 1. chap. 7. liv. 2. part. 1. chap. 1. tit. 1. nomb. 2. & suiv.
De Lhommeau, sur la même Coûtume, liv. 1. art. 124. & liv. 2. art. 287. & en ses Maximes, liv. 2. art. 6.
Coquille, sur la Coûtume de Nivernois, titre *de Fiefs*, art. 44.
Labbé, sur la Coûtume de Berry, tit. 5. art. 19.
D'Argentré, sur la Coûtume de Bretagne, art. 332. nomb. 2.
Du Tillet, en son Recüeil, liv. 2.
Le Maistre, *des Amortissemens*, chap. 6.
Loüet & Brodeau, *lit. F. num.* 8.
Bacquet, *des Droits de Justice*, chap. 14. nomb. 38.
Buridan, sur la Coûtume de Vermandois, art. 222.
Loysel, titre *des Fiefs*, art. 38.
Duret, en son Alliance des Coûtumes, p. 880. & 881.
Duplessis explique cet article, au Traité *des Fiefs*, liv. 1. chap. 5. p. 26.

ARTICLE LXVII.

C'étoit le quarante-neuviéme de l'ancienne Coûtume.

De l'hommage par Procureur.

LE Seigneur feodal n'est tenu, si bon ne luy semble, de recevoir la foy & hommage de son vassal, s'il n'est en personne; si ledit vassal n'a excuse suffisante. *Auquel cas d'excuse suffisante est tenu le recevoir par Procureur, si mieux n'aime ledit Seigneur bailler souffrance, & attendre que l'excuse cesse.*

Voyez les Articles 41. 42. 63. & 64.

REMARQUES.

NOn puto sufficientem illam excusationem, de qua loquitur hic articulus, ad terminos meræ necessitatis coarctandam: sed latius & humanius boni viri arbitrio, maximè ex consuetudine & moribus regionis metiendum, ut sufficiat verum & non fictum impedimentum. Mol. §. 67. num. 2.

Monsieur Loüet Conseiller au Parlement, *litt. F. num.* 8. rapporte deux Arrests intervenus, l'un sur sa Requête le 25. Juin 1604. & l'autre sur celle de Monsieur Brisard aussi Conseiller en la Cour, par lesquels, sur ce qu'ils requeroient, la Cour leur permettre d'aller faire la foy & hommage des Fiefs à eux appartenans, & qui étoient ouverts; il fut ordonné qu'ils ne desempareroient le service qu'ils devoient au Roy en la Cour, mais qu'ils seroient reçus à faire la foy & hommage par Procureur, si mieux n'aimoient les Seigneurs dominans bailler surséance jusques à la premiere commodité.

Chopin, sur Anjou, liv. 1. art. 7. en rapporte un plus ancien du 15. Mars 1577. au profit de Monsieur Damours Conseiller, par lequel il dit avoir été jugé sur semblable Requête, qu'il seroit reçu par Procureur.

Le Roy n'est obligé de faire foy & hommage à aucun Seigneur pour les Fiefs qu'il possede, mais aussi il est tenu de vuider ses mains dans l'an & jour, sinon bailler homme, & en payer indemnité au Seigneur, comme font les gens de main-morte, dont il y a une ancienne Ordonnance de Philippe le Bel, en ces termes, art. 3.

Si verò contingat quod in terris ipsorum aut aliorum subjectorum nostrorum aliqua forfacturà nobis eveniant jure nostro Regio, infra annum & diem extrà manum nostram ponemus: Et hoc in manibus sufficientis hominis ad deserviendum feudo, vel Dominis feudorum recompensationes sufficientes & rationabiles faciemus.

DE RECEVOIR LA FOY ET HOMMAGE DE SON VASSAL, S'IL N'EST EN PERSONNE.

GLOSE UNIQUE SUR L'ARTICLE LXVII.

SOMMAIRE.

1. *Raison de cet article.*
2. *Si le Roy est tenu de faire la foy & hommage pour les Fiefs qui luy échéent par confiscation ou autrement.*
3. *Si les gens de main-morte peuvent faire la foy par Procureur.*
4. *Si la foy & hommage peut estre faite par Procureur ou par autre que par le vassal, & en quels cas.*
5. *Quelles sont les excuses suffisantes pour faire la foy & hommage par Procureur, ou obtenir souffrance.*
6. *Quels sont les empeschemens réels.*
7. *Si le Seigneur est tenu de donner souffrance, au cas d'excuse suffisante.*
8. *Si les excuses doivent estre exprimées dans une procuration.*
9. *Si pour inimitiez le vassal doit faire ordonner qu'il fera la foy & hommage par Procureur.*
10. *Si la souffrance accordée par le Seigneur vaut foy.*
11. *Si l'excuse étant fausse, la saisie continuë son cours.*
12. *Que doit faire le Seigneur quand il doute de la verité de l'excuse proposée.*
13. *Si le Seigneur est tenu d'accorder souffrance aux curateurs des furieux.*
14. *Si le Procureur qui offre de faire la foy & hommage, est tenu d'affirmer l'excuse veritable.*
15. *Comment s'appelle la souffrance que le Seigneur donne pour empeschement legitime.*

16. *Si dès que l'empeschement cesse, le Seigneur peut saisir.*
17. *S'il survenoit un nouvel empeschement au vassal, sçavoir s'il seroit tenu de demander une nouvelle souffrance.*
18. *Si cet article doit estre observé dans les autres Coûtumes.*
19. *Si la saisie feodale cesse du jour de la notification de l'excuse.*
20. *Si l'excuse legitime pour faire la foy par Procureur, empesche le payement des droits.*

1. LA foy & hommage est un devoir personnel, par lequel le vassal s'oblige envers son Seigneur à luy rendre ses services, ausquels il est tenu par la qualité de son heritage en cas de besoin, & le Seigneur est bien plus assuré de la fidelité de son vassal, quand il luy a prêté luy-même le serment, que quand il l'a fait par Procureur.

C'est un respect & une soûmission, à laquelle on a voulu astraindre les vassaux envers leurs Seigneurs, pour leur témoigner en personne qu'ils sont entierement dévoüez à leur service, & prests à leur rendre toute l'obéïssance qu'ils peuvent exiger: *ea autem quæ sunt dignitatis honoris seu reverentiæ non possunt per alios expediri, nisi in casibus necessitatis l. nullus ff. de decurionib.*

Néanmoins le Roy Charles VIII. comme remarque Chopin sur ce titre nombre 9. avoit permis à ses vassaux par Lettres Patentes, de luy faire la foy & hommage par Procureur; mais la Cour ordonna que le Marquis de Salvers, vassal du Roy comme Dauphin, viendroit en personne luy jurer fidelité pour le Marquisat de Salvers qui relevoit du Dauphiné; ce fut l'avis de Messieurs du Parlement le 9. Decembre 1487. qui se trouve dans ses Registres.

Le Seigneur a interest de voir & connoître son vassal, & puisque la foy & hommage est personnelle, il s'ensuit qu'elle ne peut pas être renduë par un autre, *cùm persona est de substantia actûs, nunquam à persona receditur*, comme remarque Pontanus sur l'article 52. de la Coûtume de Blois.

C'est la raison pour laquelle l'heritier même en ligne directe ne peut pas se servir de la foy renduë par le défunt, & que l'aîné ne peut pas porter la foy pour ses puînez quoique mineurs, excepté pour ses sœurs, suivant l'article 35.

On n'a pas suivi en cela en France la doctrine des Feudes, qui permet de faire l'hommage par Procureur, *tit. per quos fiat investit. §. sed utrum.*

C'est la disposition presque generale de toutes nos Coûtumes, qui doit être observée dans celles qui n'en parlent point, nous avons peu de Coûtumes qui permettent la foy par Procureur, comme celle de Chaulny art. 104.

Loisel titre *des Fiefs*, article 7. dit que *le Seigneur n'est tenu de recevoir l'hommage de son vassal par Procureur; mais s'il a excuse legitime, luy donnera souffrance.*

Cette regle generale souffre néanmoins plusieurs exceptions.

2. La premiere est, pour les Fiefs échûs au Roy par acquisition, donation, succession, confiscation ou autrement, pour lesquels il n'est pas tenu de faire la foy & hommage aux Seigneurs dont ils relevent, voyez sur l'article 1.

3. La seconde est, que les gens de main-morte font la foy & hommage par Procureur, ou par un homme qu'ils présentent au Seigneur pour tenir lieu d'homme vivant & mourant, & représenter le propriétaire, par la mort duquel il y ait ouverture au Fief, qui donne lieu à une saisie, jusques à ce que la main-morte ait nommé un autre homme vivant & mourant, & qui ait fait la foy & hommage au Seigneur.

Les Communautez peuvent, s'ils veulent, faire la foy & hommage par leur Superieur, ou par leur Syndic, ou par un autre nommé par le Corps ou la Communauté pour homme vivant & mourant; sans que le Seigneur puisse obliger tout le Corps à luy rendre la foy & hommage; d'autant que l'empêchement est perpetuel: & nous ne suivons pas la disposition du droit Canonique *cap. unic. §. verum. de stat. Regul. in 6.* qui permet aux Abbesses & Prieures de sortir de leurs Monasteres pour faire la foy & hommage aux Seigneurs, pour les Fiefs qui dépendent de leurs Convents, comme il est remarqué par Brodeau *num. 15. & 16.* BRODEAU.

Quand les gens de main-morte ont obtenu Lettres d'Amortissement & payé l'indemnité aux Seigneurs, ils sont déchargez de la prestation de foy & hommage, dit Monsieur ***. sur cet article, voyez ci-devant sur le titre des Fiefs.

La troisiéme est, au cas du Commissaire étably à un Fief saisi par des créanciers, art. 34. 4.

La quatriéme est, au cas de l'article 35. qui permet au fils aîné de porter la foy pour ses sœurs.

La cinquiéme est, que le mary fait la foy & hommage pour les Fiefs de la communauté tant pour luy que pour sa femme, & l'en décharge pour ceux qui luy échéent après sa mort, suivant l'article 5.

La sixiéme est, que quand le vassal est bien fondé à demander souffrance pour excuse legitime, il est tenu de faire la foy & hommage par Procureur, si le Seigneur l'aime mieux, que d'accorder la souffrance, suivant cet article.

Il dépend du sentiment du Juge d'estimer si une excuse est suffisante suivant les circonstances, & les conditions des personnes, leurs emplois & l'éloignement des personnes.

Les excuses suffisantes sont des empêchemens legitimes, qui empêchent le vassal de venir rendre en personne la foy & hommage à son Seigneur; ces empêchemens sont personnels ou réels. 5.

Les empêchemens personnels viennent de la personne du vassal, comme s'il est pourvû d'une Charge qui l'oblige à une residence continuelle & actuelle; par exemple s'il est President, Conseiller, Greffier, ou Huissier de la Cour.

Ainsi jugé par Arrest du 15. Mars 1577. en la cause de Monsieur d'Amours, Conseiller au Parlement de Paris; & par autre du 25. Juin 1604. pour Monsieur Brisard, aussi Conseiller en la Cour.

Par ces Arrests il a été jugé; que les Conseillers & autres Officiers de la Cour obligez à la prestation de fidelité, pour les Fiefs qu'ils possedent, doivent avoir délay & surséance jusques au temps des Vacations, auquel ils sont tenus d'aller en personne rendre la foy & hommage à leur Seigneur; l'empêchement cessant en ce temps.

La décision de ces Arrests a été étenduë à ceux qui ont des Charges publiques, qui les obligent à un service actuel & continuel, comme sont les Offices chez le Roy, chez la Reyne ou chez Monseigneur le Dauphin: & les Charges des autres Cours.

Ces Arrests sont remarquez par Monsieur Loüet lettre F. nombre 8. & par les Commentateurs sur cet article.

Monsieur ***. dit, que pour ce qui regarde les Officiers de Judicature, avoir vû pratiquer qu'ils presentent une Requête à leur Compagnie, par laquelle ils demandent permission de s'absenter pour aller faire la foy & hommage, & sur la Requête on donne un jugement qui leur fait défenses de s'absenter jusqu'aux vacances, ce qui surseoit toute poursuite contre eux; ce qui est fondé en raison, parce que le bien public est préférable au bien particulier : il est du bien public qu'un Officier rende la Justice & reside dans le lieu où elle se doit rendre.

Les autres empêchemens personnels sont les absences, les emprisonnemens, la captivité, les maladies tant du corps que de l'esprit, qui ne permettent de se transporter au lieu où se doit faire la foy & hommage : Chopin sur la Coûtume d'Anjou livre 2. partie 2. chapitre 1. titre 1. nombre 6. tient qu'un aveugle est obligé de l'aller faire en personne, au cas qu'il soit d'ailleurs en bonne santé.

Monsieur ***. sur cet article, dit que les curateurs des insensez, furieux ou interdits pour imbecilité, doivent & sont reçûs à faire foy & hommage sans demander souffrance qui ne leur peut être legitiment refusée.

Pour moy je crois que cela doit dépendre du Seigneur, de donner souffrance ou de recevoir le curateur à faire la foy & hommage, à son choix ; car l'un ou l'autre produit le même effet.

6. Les empêchemens réels regardent le lieu où la foy & hommage doit être faite ; le vassal n'y pouvant pas venir sans encourir le peril de sa vie ; comme s'il est obligé pour venir au Fief dominant, de passer proche des ennemis, ou par des lieux infectez de maladie contagieuse, ou par une riviere debordée extraordinairement : ou enfin s'il y a des inimitiez mortelles entre le Seigneur & le vassal, suivies de menaces & attentats, ou qu'il y ait eu procés criminels, ou autres causes semblables, qui puissent donner au vassal un juste sujet de craindre que son Seigneur ne le maltraite ou fasse maltraiter, Brodeau *num.* 23. & 24.

Brodeau.

Les causes des excuses sont infinies, desorte qu'il est impossible de les exposer toutes ; deplus il y a des circonstances particulieres qui peuvent faire recevoir des excuses dans un temps & dans certains cas, qui ne le seroient pas dans un autre : sur quoy il faut remarquer ce que dit Maître Charles du Moulin, *ad* §. 49. *num.* 2. *Non puto sufficientem illam excusationem, de qua loquitur hic* §. *ad terminos meræ necessitatis coarctandam : sed latius & humanius boni viri arbitrio, maximè ex consuetudine & moribus regionis metiendam, ut sufficiat verum & non fictum impedimentum quò fiat ut vassallus non possit commodè adire patronum per seipsum.*

Du Moulin

La Coûtume de Reims article 3. & quelques autres permettent au vassal de la faire par Procureur, quand le Seigneur commet un Procureur pour la recevoir.

Les Coûtumes d'Orleans article 60. de Montargis article 79. de Berry titre 5. article 19. de Blois article 57. d'Anjou article 114. font mention expresse de certains cas d'excuse, comme on peut voir dans la Conference.

7. Au cas d'excuse suffisante la Coûtume en cet article donne le choix au Seigneur, ou d'accorder souffrance à son vassal jusques à ce que l'excuse cesse, ou de recevoir la foy par un Procureur fondé de procuration.

Pour cet effet le vassal doit donner une procuration speciale pour demander, ou la souffrance au Seigneur, ou pour luy faire la foy & hommage au nom du vassal, s'il aime mieux recevoir la foy par Procureur.

8. Les causes legitimes pour lesquelles le vassal demande souffrance, doivent être contenuës & exprimées dans l'acte de Procuration.

Il dépend de l'honnêteté du Seigneur de les recevoir, & en cas de refus le vassal doit faire assigner son Seigneur pardevant le Juge, pour voir declarer l'excuse legitime, & ordonner la main-levée du jour que la procuration luy a été notifiée & signifiée à la requête du Procureur envoyé par le vassal.

Si elle est jugée legitime, la saisie cesse du jour qu'elle a été proposée, & le Seigneur est tenu de donner souffrance, ou de recevoir la foy par Procureur.

Mais si elle n'est pas declarée juste, le vassal est condamné de faire la foy & hommage en personne, & la saisie continuë jusques à ce qu'il s'en soit acquitté, Brodeau *num.* 26. 27. & 28.

C'est l'avis de du Moulin & autres Auteurs que Brodeau cite *num.* 28. Brodeau

La procuration, dit Maître Auzanet, doit contenir les causes de l'excuse, & l'affirmation du vassal qu'elles sont veritables, sans prendre aucun certificat ou acte judiciaire, sauf au Seigneur à s'informer du contraire. Que s'il y a contestation sur la suffisance ou insuffisance de l'excuse, elle doit être décidée en Justice. Auzanet

Monsieur ***. sur cet article tient que le vassal doit exposer son excuse dans une procuration speciale contenant son affirmation, afin que le Seigneur la puisse contester, & que le Juge en connoissance de cause juge si elle est valable ou non ; & que le Procureur exhibe le titre de proprieté du vassal, s'il est dûëment proprietaire par acquisition ou autrement ; & si le Seigneur trouve l'excuse raisonnable, il est obligé ou de recevoir la procuration en foy, ou luy donner souffrance pour tout le temps que l'excuse durera.

Quant aux inimitiez, que le Seigneur & le vassal ont l'un contre l'autre, en consequence desquelles le vassal prétend faire la foy par Procureur, il le doit faire ordonner par Justice, & le Juge ne doit recevoir cette excuse, ni décharger le vassal de faire la foy & hommage en personne, s'il ne juge que les inimitiez sont si grandes, que le vassal pourroit être en danger de sa vie, s'il se transportoit au Fief dominant ; & la grandeur des inimitiez s'infere des procez criminels, des batteries & outrages exercez entre l'un & l'autre, & par d'autres circonstances particulieres. 9.

C'est sur ce fondement, que la Cour par son Arrest du 24. Février 1652. rapporté par Henris tome 2. livre 3. question 1. a condamné le Sieur de Polargues d'aller rendre son hommage au Château de Feugerolles en personne, quoiqu'il s'excusast à cause des procez que le Seigneur & luy avoient ensemble, & pour les inimitiez qu'ils se portoient en consequence : la Cour jugeant, que les procez qu'ils avoient, n'étoient pas assez considerables, que c'étoit plûtôt un pretexte qu'un fondement legitime ; & qu'autrement les vassaux n'auroient qu'à faire des procez à leurs Seigneurs pour s'exempter de leur rendre la foy & hommage ; mais qu'il faut que ce soit une inimitié qui provienne de quelque cause importante, & pour laquelle il y auroit lieu de craindre pour le vassal des suites fâcheuses.

La souffrance accordée par le Seigneur vaut foy tant que dure l'empêchement, desorte que le Seigneur ne peut plus saisir, & s'il a saisi, cette souffrance est une main-levée de la saisie faite auparavant, quoique le Seigneur n'eût pas declaré qu'il accordoit la main-levée, parce que le vassal est présumé avoir satisfait aux causes de la saisie, & le Seigneur en être content, au moins pendant l'empêchement. 10.

Mais si la cause ou l'excuse proposée se trouvoit fausse & supposée, le Seigneur pourroit avec raison prétendre contre son vassal que la saisie auroit continué son cours, nonobstant la souffrance à luy accordée ; dautant qu'il est censé ne la luy avoir accordée que sous cette condition, si l'excuse proposée est veritable, ainsi l'excuse se trouvant fausse, on peut dire qu'il n'y a point eu de souffrance, & le vassal doit être condamné par le Juge à la restitution des fruits perçûs cependant. 11.

Que si le Seigneur n'a point saisi avant la souffrance accordée, en ce cas le Seigneur ne peut prétendre les fruits du Fief, dautant que, comme il a été dit sur l'article 1. il n'y a que la saisie qui puisse faire gagner les fruits du Fief servant au Seigneur.

12. Mais le Seigneur doutant de la verité de l'excuse proposée, doit pour sa seureté & pour le gain des fruits, au cas que dans la suite elle se trouve fausse, saisir le Fief de son vassal, & en même temps accorder souffrance à son vassal avec protestation que la souffrance ou la reception en foy par Procureur, ne luy pourra nuire ni préjudicier, & ne pourra empêcher l'effet de sa saisie, qu'il veut & entend subsister, au cas que l'excuse se trouve fausse; par cette protestation il conserve les droits qu'il a sur les fruits du Fief saisi, & sans icelle le Seigneur qui auroit accordé la souffrance purement & simplement, pourroit être debouté de la demande des fruits pendant le temps de la souffrance, sous pretexte que la cause pour laquelle elle auroit été demandée, étoit fausse.

Moulin. Brodeau. C'est l'avis de du Moulin sur cet article *num.* 5. *in fine*, & de Brodeau *num.* 31.

13. Le Seigneur n'est point tenu d'accorder souffrance aux curateurs des insensez, des furieux & des interdits, mais il peut obliger lesdits curateurs à luy faire la foy & hommage, Maître Auzanet sur l'article 42.

La raison est, que cet empêchement est réputé perpetuel, & comme la souffrance n'est accordée que jusqu'à ce que le vassal soit en état de pouvoir faire la foy & hommage, le Seigneur ne peut être contraint de l'accorder.

14. Le Procureur, qui offre de faire la foy & hommage au nom du vassal, ou qui demande souffrance pour luy, est tenu d'affirmer que la cause contenuë en sa procuration est veritable & non supposée, quoiqu'il ne soit pas tenu de la prouver, du Moulin *loco citato*.

15. Cette souffrance est appellée *volontaire*, parce qu'il dépend du Seigneur de l'accorder, au cas qu'il juge la cause legitime, à la difference de celle qui est accordée aux mineurs, laquelle est contrainte necessaire & legale, fondée sur une incapacité en la personne du mineur, laquelle ne peut point être refusée pour quelque cause que ce soit, quoique le Seigneur pretendît que le mineur proche de sa majorité féodale, fût capable de luy rendre la foy & hommage, la Coûtume réputant les mineurs de majorité féodale incapables de rendre ce devoir. Voyez l'article 41.

Puisque la souffrance volontaire n'est accordée que pour une cause legitime, il s'ensuit que dès que l'empêchement cesse, le Seigneur peut saisir le Fief de son vassal, sans qu'il soit obligé de le sommer de venir luy rendre la foy & hommage, sçachant bien, ou devant sçavoir, que la souffrance ne subsiste que tant que dure la cause, pour laquelle il l'a obtenuë, comme il a été dit sur l'article 41. 16.

Mais il faut que le Seigneur saisisse de nouveau, parce que la saisie qu'il auroit faite auparavant, étant éteinte par la souffrance, & la main-levée accordée à son vassal, elle ne peut plus revivre, ainsi qu'il a été jugé par Arrest du 26. May 1565. cité par Charondas sur l'art. 41. Charondas.

Que si aprés l'empêchement cessé il en survenoit un autre au vassal, il seroit tenu de demander nouvelle souffrance au Seigneur, autrement le Seigneur pourroit saisir son Fief en pure perte des fruits, la premiere souffrance ne subsistant plus, dautant que l'empêchement auroit cessé. 17.

La disposition de cet article, qui veut que pour excuse legitime le Seigneur soit tenu de recevoir la foy par Procureur, ou de bailler souffrance à son vassal, doit être observée dans toutes les autres Coûtumes, comme étant fondée sur une tres-grande équité, & que d'ailleurs ce seroit une injustice d'obliger un vassal à faire en personne la foy & hommage à son Seigneur, s'il ne le pouvoit pas faire, sur peine de perdre les fruits de son Fief saisi. 18.

La saisie féodale cesse du jour de la notification de l'excuse faite au Seigneur, pourvû qu'elle soit jugée valable, sans préjudice des fruits précedans qui demeurent acquis au Seigneur, Maître Auzanet. 19. Auzanet.

La cause legitime d'excuse, ou l'empêchement legitime proposé au Seigneur de la part du vassal, n'empêche pas qu'il ne paye les droits dûs pour sa mutation, à faute de ce la saisie continuë son cours jusques aux offres valables; c'est pourquoy le vassal en faisant proposer son excuse, doit declarer sur peine de nullité le titre de la mutation, & en cas d'acquisition il en doit exhiber le contrat, & faire des offres suffisantes. 20.

OBSERVATIONS DE MONSIEUR ***.

Sur l'article LXVII.

SOMMAIRE.

1. *Article changé.*
2. *Quand le vassal ne peut en personne faire la foy & hommage, comment doit-il exposer son excuse au Seigneur.*
3. *Comment le Roy rend la foy & hommage.*
4. *Le vassal doit affirmer dans sa procuration, que les causes d'excuse dont il se sert sont serieuses & veritables.*
5. *Quelles sont les causes legitimes d'excuse à cet égard.*
6. *Si les Curateurs des insensez, furieux ou interdits peuvent demander souffrance.*

1. *LE Seigneur feodal n'est tenu, si bon ne luy semble, de recevoir la foy & hommage de son vassal, s'il n'est en personne, à moins que le vassal n'ait excuse valable & suffisante, auquel cas d'excuse suffisante est tenu le vassal l'exposer au Seigneur par procuration speciale qui contiendra son affirmation sur ladite excuse, & sera ledit Seigneur tenu audit cas recevoir la foy & hommage par Procureur, si même n'aime ledit Seigneur bailler souffrance, & attendre que l'excuse cesse.*

La regle generale est que la foy & hommage se doit rendre par le vassal en personne dans les quarante jours, & cet article contient une exception de cette regle generale.

En effet la Coûtume sage & prévoyante a bien voulu donner le temps suffisant, lorsque le vassal aura une excuse valable & suffisante; sçavoir, ce que c'est qu'une excuse suffisante, on ne le peut pas dire en détail, parce qu'elle est indéfinie, & qui dépend du sentiment du Juge qui le décidera suivant les circonstances & les conditions des personnes, leurs emplois & l'éloignement des lieux.

2. Nous avons ajoûté ce que nous avons jugé contre Madame la Marquise de Clerambault pour la Terre du Bouchet, qui n'avoit pas envoyé une Procuration speciale pour s'excuser; & de fait il n'y a rien de plus raisonnable que de faire rendre le devoir par le vassal à son Seigneur; & s'il ne le peut, qu'au moins il en dise les raisons, qu'il les affirme, afin que le Seigneur les puisse contester, & que le Juge, en connoissance de cause, juge de la validité ou invalidité de l'excuse, que même le Procureur exhibe avec la Procuration speciale le titre de proprieté du vassal, s'il est devenu propriétaire par acquisition, donation, ou échange, succession ou autrement; & quand les choses seront regulierement faites, le Seigneur est obligé d'excuser le vassal, & il sera en la liberté du Seigneur de recevoir la foy par Procureur, ou de donner souffrance pour tout le temps que la cause de l'excuse durera.

Nous avons dit que le vassal devoit exposer l'excuse au Seigneur par une Procuration speciale; & je ne crois pas qu'il soit hors de propos de remarquer icy que nous parlons des particuliers qui possedent des Fiefs, & non pas des Communautez; car il est constant qu'un College, qu'un Monastere d'hommes ou de filles ne sont point en état, & ne peuvent point rendre la foy en personne; mais qu'il faut qu'elle se fasse par une Procuration speciale faite par la Communauté, & par l'homme vivant, mourant & confisquant qu'ils auront donné au Seigneur. Car si lesdites Communautez ont payé l'indemnité, & obtenuës des Lettres d'amortissement dûëment enregistrées, alors les Fiefs, *nemini serviunt*, jusqu'à ce que lesdites Communautez les ayent mis hors leurs mains.

3. Nous ne devons pas oublier ce qui se passe à l'égard du Roy, lorsqu'il acquiert des Fiefs qui sont dans la mouvance des Seigneurs dominans, ou que les Fiefs luy adviennent par confiscation ou autrement, nous avons plusieurs exemples qui sont rapportées par Brodeau sur cet article, nomb. 8. & suivans, qui prouvent que le Roy étoit consideré à l'égard des Fiefs acquis comme un particulier, à la reserve seulement qu'il étoit dispensé de rendre l'hommage en personne, mais il commettoit des Gentilshommes, & dans la Coûtume de Paris son Procureur au Châtelet peut rendre la foy en son nom.

Mais comme il y auroit quelque chose qui pourroit paroître extraordinaire, que le Roy fit la foy & hommage à l'un de ses sujets; Philippes le Bel par son Ordonnance de 1302. & Loüis Hutin en 1315. ont ordonné que le Roy ne rendroit plus la foy par Procureur, mais que dans l'an & jour il mettroit le Fief acquis hors sa main, ou qu'il indemniseroit le Seigneur du Fief dominant. Les Rois Jean, Charles V. VI. & VII. l'ont ainsi ordonné, & c'est ce que la Coûtume de Sens a suivi, article 206.

4. Nous avons ajoûté à cet article, que la procuration doit contenir l'affirmation du vassal touchant ses excuses, parce qu'il est proprement exoiné par son pouvoir, & qu'il est de la Regle, que celuy qui se sert d'une cause affirme les causes & les raisons dont il se sert veritables.

5. Comme les causes sont infinies, c'est pour cette raison que nous n'avons pas pris le soin de les exprimer en détail.

Nous dirons seulement ce qui regarde les Officiers de Judicature, pour lesquels j'ay vû pratiquer qu'ils presentent une Requête à la Compagnie dont ils sont, par laquelle ils demandent permission de s'absenter pour aller rendre la foy & hommage; & sur cette Requête on donne un Arrest qui leur fait défense de s'absenter jusqu'aux vacations, & qui surçoit toute poursuite contre eux, & cela est fondé en raison, parce que le bien public est préferable au bien particulier; & comme il est du bien public qu'un Officier rende Justice, & qu'il reside pour cet effet dans la ville où elle se doit rendre, il est tres-raisonnable que le Seigneur donne souffrance jusqu'à ce qu'il soit libre de s'absenter.

6. Mais on a demandé, si les curateurs des insensez, furieux ou interdits pour imbecillité, pouvoient demander souffrance, parce que ceux dont ils sont curateurs ne peuvent pas faire la foy en personnes, sur quoy on n'a pas eu beaucoup de peine à décider; parce qu'il y a une grande difference entre les mineurs qui doivent dans un temps certain devenir majeurs, & les insensez qui n'ont point de temps assuré de la fin de leur folie, tout y est incertain: c'est pourquoy les curateurs doivent, & sont reçûs à faire foy & hommage sans demander la souffrance qui ne leur peut être legitimement refusée. a

a *Voyez ce que nous avons dit sur cet article, nomb. 5. page*

CONFERENCE SUR L'ARTICLE LXVII.

Les Coûtumes suivantes ont une disposition semblable à cet article.

Anjou, art. 124. & ajoûte: *s'il n'est furieux, insensé, ou surpris de telle maladie, vieillesse ou impotence, qu'il ne puisse aller ne venir au lieu où il doit ledit hommage; auquel cas son Curateur ou Procureur a pouvoir special, & quant à ce sera reçu à ladite foy & hommage.*

Auvergne, chap. 22. art. 26. *Auxerre*, art. 43.

Bar, art. 14. *Berry*, tit. 5. art. 19. *Le vassal est tenu de faire personnellement la foy & hommage à son Seigneur feodal, si ce n'est qu'il y eût empêchement de prison, griéve maladie, ou autre cause raisonnable, auquel cas pourroit envoyer le vassal Procureur devers son Seigneur feodal, ayant procuration speciale de faire ladite foy & hommage, contenant la supplication & honnête excusation du vassal, lequel Procureur sera tenu exhiber au Seigneur feodal acte judiciaire,* a *pour la verification desdites excusations. Auquel cas sera le Seigneur feodal tenu le recevoir: Et au refus de ce faire, pourra faire ledit Procureur les offres, lesquelles seront de tel effet, comme si elles étoient faites par le vassal present en personne.*

a *Hæc est additio Petri Liseti Pragmatici iniqua; quia semper sufficerat testimonium honestorum virorum, & puto quod tantùm Dominorum velint hoc exigere: solebat ille augere fiscum & quæstum judicialem.* C. M.

Blois, art. 57. ajoûte: *Si le vassal n'est vieil, valetudinaire ou absent pour la chose publique, ou ancien, dequoy ne puisse convenablement aller devers son Seigneur luy faire la foy & hommage.*

Bourbonnois, art. 378. *Bretagne*, art. 367.

Cambray, art. 29.

Châlons, art. 217. & ajoûte : *Toutefois où le Seigneur feodal auroit commis Procureur pour recevoir en hommage son vassal, ledit vassal n'est tenu faire l'hommage en personne audit Procureur ; mais en ce cas le peut faire par Procureur, si bon luy semble.*

Chartres, art. 14. *Clermont*, art. 105.

Dourdan, art. 41. 42.

Estampes, art. 40.

Laon, art. 217. *Lodunois*, chap. 14. art. 10.

Maine, art. 134. *Mantes*, art. 17. *la Marche*, article 194. *Melun*, art. 26.

Montargis, chap. 1. art. 79. ajoûte, *sauf l'excuse de prison, griéve maladie, inimitié capitale, ou autre cause raisonnable : auquel cas la procuration portera la supplication & excuses honnêtes, avec acte judiciaire desdites maladie & prison. Et au refus de la recevoir, fera ledit Procureur telles & semblables offres que pourroit faire le vassal.*

Montfort, art. 44.

Nivernois, chap. 4. art. 44. & ajoûte : *Si le vassal n'est tenu en maladie, ou legitime empêchement, dont il fasse apparoir*, saltem *par attestation faite pardevant Juge ordinaire.*

Normandie, art. 105.

Orleans, art. 65.

Grand-Perche, art. 40. ajoûte, *s'il n'a empêchement par maladie, ou pour le service du Roy, en ses guerres pour la chose publique, ou autrement, legitimement : & ledit empêchement cessant, doit quarante jours aprés porter la foy & hommage.*

Peronne, art. 53. *Poitou*, art. 114.

Saint-Quentin, art. 78.

Reims, art. 3.

Sens, art. 18. & ajoûte, *& non par Procureur, posé que celuy qui sera Procureur ait expresse & speciale puissance de reprendre, entrer en foy & hommage, & faire tous les serments de feauté.*

Tours, art. 115. *Troyes*, art. 40.

La Coûtume de *Chauny* a une disposition contraire : voicy ce qu'elle porte en l'article 105. *& est à sçavoir, que le Seigneur est tenu recevoir son vassal à relever & droiturer de luy par Procureur, & faire le serment de fidelité, pourvû que ledit Procureur ait procuration expresse portant clause ou pouvoir special pour ce faire.*

Auteurs sur l'Article soixante-septiéme.

Lib. 2. feudorum, tit. per quos fiat investitura, §. 1. versiculo, sed utrum.
Pontanus, sur la Coûtume de Blois, art. 57.
Joannes Galli, quæst. 310.
Franciscus de Claperiis causa 9.
De la Lande, sur Orleans, art. 65.
Salvaing, Traité *des Fiefs*, chap. 7. partie 1.
Basset, tome 1. livre 3. tit. 6. chap. 1.
Le Dictionnaire de M. Brillon, *verbo* foy & hommage, nomb. 35. & suiv.
Le Grand, sur Troyes, art. 40.
Buridan, sur Reims, art. 111.
Basnage, sur Normandie, art. 105.
Hottoman, *disput. feudal. cap.* 21. *&* 24. *in primord.*
Le Prestre, en ses Arrestez de la cinquiéme Chambre, Arresté 22.
Lhoste, sur la Coûtume de Montargis, tit. 1. art. 79.
Bodreau, sur la Coûtume du Maine, art. 134.
Buridan, sur la Coûtume de Vermandois, art. 217. & 220.
Basmaison, sur la Coûtume d'Auvergne, titre 22. art. 26.
De Lhommeau, dans ses Maximes, liv. 2. art. 7.
Desmares, Décision 63.
Loysel, titre *des Fiefs*, art. 7.
Duret, dans son Alliance des Coûtumes, p. 817.
Duplessis explique cet article au Traité *des Fiefs*, livre 1. chap. 3. p. 17. & 20.

ARTICLE LXVIII.

C'étoit le quarante-sixiéme de l'ancienne Coûtume.

Du Franc-aleu.

FRanc-aleu auquel y a Justice, censive ou Fief mouvant de luy, se partit comme Fief noble ; mais où il n'y a Fief mouvant de luy, Justice ou censive, il se partit roturierement.

Voyez les Articles 132. & 302.

Remarques.

COmme celuy qui maintient l'heritage être feodal & non roturier doit verifier la feodalité : ainsi celuy qui prétend le franc aleu noble, & non roturier, en doit semblablement justifier. Bacquet, *des francs-Fiefs*, chap. 22. nomb. 21. dit avoir été ainsi arrêté en une consultation par les anciens Avocats de la Cour.

Il passe pour maxime en cette Coûtume, & autres semblables qui ne contiennent rien de contraire, que NULLE TERRE SANS SEIGNEUR : de sorte que c'est à celuy qui prétend ses heritages être tenus en franc-aleu à le verifier. Les Arrests confirmatifs de cette maxime sont rapportez par M. Loüet & M. Julien Brodeau, *lit. C. num.* 2.

Néanmoins, quoique le Franc-aleu ne soit pas de droit commun sous cette Coûtume, il n'est pas necessaire d'en rapporter le titre primordial pour le justifier, & autrement comme le temps consomme toutes choses, & même que les Titres viennent souvent à s'égarer, il n'y auroit point d'heritage de cette qualité, qui dans la suite des années ne perdît son privilege. Desorte que les contrats énonciatifs, accompagnez d'une possession immemoriale, suffisent pour conserver le franc-aleu. Ce qui a été jugé en cette Coûtume par Arrest intervenu en la premiere Chambre des Enquêtes, au rapport de Monsieur Bouvot, le 7. Septembre 1640. en confirmant une Sentence du Prevôt de Paris, par laquelle un heritage a été maintenu en sa qualité de franc-aleu roturier, combien que le Seigneur qui le contestoit, fût fondé en un territoire limité, que le détenteur de l'heritage ne rapportât pas le titre primitif, & qu'il n'eût que des contrats d'acquisitions, faits il y avoit plus de soixante-dix ans, qui faisoient mention que l'heritage étoit tenu en franc-aleu, avec la possession immemoriale en sa faveur.

Comme dans cette Coûtume & autres semblables le franc-aleu ne subsiste que par privilege, si le Seigneur dans les limites duquel l'heritage se trouve situé, vient à l'acquerir, le privilege qui est une espece de servitude cesse, une personne ne pouvant pas être privilegiée contre soy-même, & en ce faisant l'heritage demeure réüni à la Seigneurie, & reprend son ancienne qualité.

Mais dans les autres Coûtumes où le franc-aleu est de droit public, & où il se présume, quoique le Seigneur acquiere les heritages tenus en franc-aleu qui sont de sa Justice, ou dans les limites de son Fief, il ne se fait aucune réünion, parce que la présomption n'est pas qu'ils ayent été originairement unis ensemble.

FRANC-ALEU AUQUEL Y A JUSTICE.

GLOSE UNIQUE SUR L'ARTICLE LXVIII.

SOMMAIRE.

1. *Si cet article est bien placé en cet endroit.*
2. Franc-aleu, *ce que c'est.*
3. *Pourquoy ainsi appellé.*
4. *S'il peut estre chargé de rente fonciere.*
5. *Est noble ou roturier.*
6. Franc-aleu noble, *ce que c'est.*
7. *Difference entre les censives & les Fiefs qui dépendent du Franc-aleu.*
8. *Quand & comment une Justice est annexée au Franc-aleu.*
9. Franc-aleu roturier, *ce que c'est.*
10. *Si un Seigneur feodal peut faire un Franc-aleu, sans le consentement du Roy.*
11. *Si le Franc-aleu noble est sujet au ban & arriere-ban.*
12. *Si le Franc-aleu se peut faire au préjudice du Seigneur.*
13. *Si le vassal le fait, que peut faire le Seigneur.*
14. *Quelle difference il y a entre le Franc-aleu noble & le roturier, quant aux partages.*
15. *Si les Francs-aleus nobles en Anjou se doivent partager noblement.*
16. *Comment un heritage allodial peut devenir feodal.*
17. *Si un Franc-aleu acquis par un Seigneur Justicier, dans l'étenduë de sa Justice, est réüni à la Seigneurie.*
18. *Si celuy qui prétend tenir sa Terre en Franc-aleu, est obligé de le prouver.*
19. *Si le Franc-aleu a lieu sans titre, dans les Coûtumes qui n'en parlent point.*
20. *Si dans la Coûtume de Paris il faut prouver le Franc-aleu.*
21. *Sentiment des Commentateurs.*
22. *Raisons pour & contre.*
23. *S'il y a beaucoup de Coûtumes qui admettent le Franc-aleu.*
24. *Si l'article 124. peut servir de fondement pour prouver le Franc-aleu sans titre.*
25. *Arrests qui ont jugé la question.*
26. *Si le Franc-aleu doit estre prouvé par titres contre le Roy.*
27. *Si pour prouver le Franc-aleu, il faut avoir les titres originaux & primitifs.*
28. *Dans le doute si un heritage est feodal ou censuel.*
29. *Si dans les mesmes Coûtumes un seul titre nouvel de reconnoissance du cens est suffisant.*
30. *Si la Province de Languedoc est en possession de Franc-aleu.*
31. *Si ce terme,* noble, *en cet article est inutile.*

1. Cet article n'est pas bien placé en cet endroit, il devroit être mis ou aprés les articles qui parlent du droit d'aînesse, ou dans le titre des successions; mais comme dans l'ancienne Coûtume il étoit sous le titre des Fiefs, les Réformateurs l'y ont laissé.

2. Le franc-aleu est un heritage qui n'est sujet a aucuns devoirs ni droits seigneuriaux, tant honorifiques, comme la foy & hommage, que pecuniaires, comme cens, quint, relief, lods & ventes, ou autres semblables, en reconnoissance de directe Seigneurie; c'est pourquoy il est appellé franc, *quasi liberum & solutum ab omnibus juribus*; & il est dit aleu, *quasi sine laudatione*, parce que ceux qui le possédent, *nullum habent autorem vel superiorem dominum, quem laudare possint, vel teneantur.*

3. D'autres disent que l'aleu est un fond, & le franc-aleu est un fond exempt de prestations & de services, mais qui est sujet à la Jurisdiction du Seigneur, dans la justice duquel il est situé, comme il est décidé dans l'article

l'article 255. de la Coûtume d'Orleans, touchant l'étimologie de ce mot, voyez Monsieur du Cange dans son Glossaire *verbo, alaudis*.

4. Quoique le franc-aleu ne puisse être sujet à aucuns droits qui soient dûs en reconnoissance de la Seigneurie directe, néanmoins il peut être chargé de rentes hypotecaires constituées à prix d'argent, au payement desquelles il seroit obligé & hypotequé generalement ou specialement, & d'une servitude réelle constituée sur le fonds, comme de passage, de vûë, d'égoût, & d'autres semblables: même d'une rente fonciere, & de bail d'heritage annuelle & perpetuelle, & non rachetable, imposée dans la concession & tradition de la chose, qui n'emporte aucun droit de superiorité & de seigneurie directe; & est dûë au bailleur, non en qualité de Seigneur dominant & superieur féodal ou censier, mais comme simple créancier.

Il y a grande difference entre inféodation ou accensement qui emporte necessairement reserve de la seigneurie directe, quand même elle ne seroit pas expresse, & entre le bail à rente, dans lequel la propriété entiere & absoluë de la chose, passe incommutablement en la personne du preneur.

Moulin. Brodeau. C'est l'avis de du Moulin sur cet article nombre 2. & de Brodeau nomb. 20.

5. Duplessis. Quoique tout franc-aleu dût être noble parce qu'il est franc & indépendant, comme remarque Maître Duplessis au Traité des Successions page 18. néanmoins la Coûtume en cet article, qui est de droit commun en France, le divise en franc-aleu noble & en franc-aleu roturier.

6. Le franc-aleu noble est celuy qui a Justice annexée, censive ou Fief qui en dépend & en est mouvant.

A l'égard de la Jurisdiction annexée au franc-aleu, quoiqu'elle n'en fasse pas partie, elle annoblit néanmoins le franc-aleu, dautant qu'elle est reputée en faire partie.

Pareillement la mouvance ou directe Seigneurie qui appartient à un franc-aleu sur d'autres heritages, le rend noble, parce qu'il seroit absurde qu'un heritage fût roturier duquel un Fief releveroit.

7. Mais il y a cette difference entre les censives & Fiefs, dépendans du franc-aleu, & la Justice haute, moyenne ou basse qui y est annexée & coherente; que les censives & les Fiefs sont alodiaux à l'égard de celuy qui possede le franc-aleu, & duquel ils relevent; mais quant à la Justice, quoiqu'elle soit unie & annexée au franc-aleu, elle n'en fait pas partie, & elle n'a rien de commun avec le franc-aleu, subsistant d'elle-même & par elle-même, ainsi elle n'est point allodiale, mais elle dépend & est tenuë du Roy, ou d'un Seigneur superieur qui a droit de ressort; du Moulin. Brodeau. Moulin sur cet article *num.* 3. Brodeau *num.* 16. & 17.

Il est sans doute, que la Justice annexée au franc-aleu, est dépendante de la Justice Royale, ou de la Charondas. Tronçon. Brodeau. Jurisdiction subalterne du Seigneur haut-Justicier, dans le territoire duquel le franc-aleu est situé, Charondas, Tronçon & Brodeau *num.* 21.

8. La Justice est annexée au franc-aleu, lorsque celuy qui tient un franc-aleu, soit noble ou roturier, obtient du Roy droit de Justice, ou d'un Seigneur haut-Justicier, lequel en cede la moyenne ou la basse, ou l'une & l'autre au propriétaire du franc-aleu roturier il devient noble.

Mais dautant que la Justice & le franc-aleu n'ont rien de commun ensemble, & qu'ils ne sont point partie l'un de l'autre, il s'ensuit, que ce propriétaire peut vendre sa Justice ou son franc-aleu, & par ce moyen ce franc-aleu, s'il n'a un Fief ou un cens dans sa mouvance, reprendra sa qualité & nature de roturier qu'il avoit auparavant, & qu'il n'avoit perduë que par la jonction de Justice, laquelle en étant séparée, il faut qu'il cesse d'être noble.

Il n'importe que la Justice annexée au franc-aleu soit haute, moyenne ou basse, parce que toutes ces trois especes de Justice sont nobles, Charondas. Charondas

Le franc-aleu roturier est celuy qui n'a ni Justice annexée, ni Fief mouvant de luy, ni censive, & qui ne doit aucuns droits à aucun Seigneur *in recognitionem, directi dominii*. Brodeau nombre 19. Brodeau

Le franc-aleu qui n'a point de Justice, quoique noble, parce qu'il a Fief ou censive, est sujet à la Jurisdiction du lieu où il est situé, parce que le franc-aleu n'a rien de commun avec la Jurisdiction.

La raison est, parce que la Justice est une marque de souveraineté, & comme tous les Seigneurs du Royaume reconnoissent la souveraine puissance du Prince, il faut aussi que tous leurs biens soient sujets à la Justice qui s'exerce en son nom & par ses Officiers, ou qu'il a accordée aux Seigneurs, qu'ils exercent en leur nom, mais qu'ils reconnoissent tenir du Roy, comme étant émanée de la souveraineté, ainsi il est sujet à la Justice.

Loisel livre 2. titre 1. regle 19. dit, que *tenir en franc-aleu est tenir de Dieu tant seulement, fors quant à la Justice*. Voyez Beaumanoir page 123. ligne 35. & Bouteiller dans sa Somme livre 1. page 490. d'où cette regle est tirée.

Ainsi celuy qui tient en franc-aleu reconnoît necessairement la souveraineté du Roy & par consequent la Justice des Seigneurs qui en est émanée, lorsque l'aleu est dans leur territoire.

Voyez du Moulin sur cet article glose 1. *verbo*, franc-aleu, & Loyseau, des Seigneuries chapitre 12. nomb. 7. Du Moulin

On demande si un Seigneur féodal peut faire un franc-aleu noble ou roturier, sans le consentement du Roy? 9.

Bacquet au Traité des francs-Fiefs chapitre 2. *num.* 25. tient que non, & qu'il faut que le titre & la concession en vienne du Roy, dautant que tous les heritages sont tenus du Roy mediatement ou immediatement.

Brodeau *num.* 25. le refute, prétendant que les Seigneurs féodeaux & hauts-Justiciers peuvent faire des francs-aleus sans le consentement du Roy, pouvans donner une partie de leurs Fiefs avec l'affranchissement & l'exemption de tous droits. Brodeau

Voyez Brodeau article 51. nombre 13. & sur cet art. 68.

Maître Duplessis dit, que de l'art. 51. semble qu'un vassal ne peut jamais mettre en franc-aleu ce qui releve de luy en Fief ou censive, parce que c'est non seulement démembrer partie de son Fief sans reserve, & que c'est même l'anéantir pour le tout au préjudice de son Seigneur, auquel seul appartiendroit de faire des franc-aleus; & que comme toutes les mouvances se renferment en la personne du Roy, cela tomberoit dans l'opinion de ceux qui ont tenu que les francs-aleus ne peuvent être que par concession, & cependant l'usage est contraire. Duplessis

Dans un autre endroit il dit, que le Seigneur de territoire est capable de conceder en franc-aleu sans reserve de droit quelconque, féodal ou censuel, & il n'est pas necessaire que ce soit le Roy comme Bacquet & autres l'ont voulu, il y a tant d'avis contre eux que cette verité doit passer pour constante.

Le sentiment de Bacquet ne me paroît pas soûtenable, car il est permis aux Seigneurs sans recourir à l'autorité du Roy, d'affranchir & d'exempter de tous droits domaniaux & Seigneuriaux, & de tous autres leurs vassaux & leurs sujets censiers, & cette exemption ne préjudicie ni aux droits de souveraineté du Roy, ni à la Jurisdiction en laquelle les heritages affranchis sont situez; mais elle préjudicie aux droits du Seigneur suzerain, qui peut exercer ses droits le cas arrivant nonobstant l'affranchissement, & même prétendre que la partie déchargée du cens est retournée dans sa mouvance féodale, voyez sur l'article 53.

11. La concession du franc-aleu ne décharge point les heritages d'aucun droit ou service dû au Roy, le propriétaire du franc-aleu noble est tenu du ban & arriere-ban quand il plaît au Roy de le convoquer ; que si un Fief devient franc-aleu roturier par la décharge de la foy & hommage, n'ayant ni Justice annexée, ni Fief ni censive en dépendans, le propriétaire pourroit y être sujet & au droit des francs-Fiefs ; cette conversion de Fief en franc-aleu roturier ne pouvant préjudicier aux droits du Roy, mais c'est une recherche qui ne se fait pas.

12. La difficulté est, sçavoir si le franc-aleu se peut faire au préjudice du Seigneur. Maître Duplessis tient que le vassal en se joüant de son Fief suivant l'article 51. doit se reserver la foy entiere de tout le Fief, c'est-àdire, celle qui se fait au Seigneur, afin qu'il n'y ait rien de démembré de la féodalité, mais qu'elle demeure toute annexée au tiers du domaine qui reste, autrement on tomberoit dans la prohibition du démembrement, c'est-à-dire, l'aliénation avec démission de foy.

DUPLESSIS.

13. Cette prohibition est faite en faveur des Seigneurs parce que les démembremens de Fiefs faits par leurs vassaux leur causeroient de grands prejudices ; que si c'est un démembrement prohibé de donner partie de son Fief avec démission de foy, il est encore bien plus grand quand un vassal la donne avec affranchissement & décharge de tout droit domanial & seigneurial, tombant dans la prohibition expresse de l'article 51. Maître Duplessis & tous autres n'en pourroient pas disconvenir, puisque ce seroit d'une partie de son Fief en faire un franc-aleu, ce qui ne se peut faire sans le consentement du Seigneur.

14. Que si néanmoins le vassal le fait, que peut faire le Seigneur ? Il peut attendre ouverture du Fief de son vassal, & faire saisir la partie qu'il se sera retenuë, & celle qu'il aura aliénée avec démission de foy, & décharge de tout droit domanial & seigneurial, sans être obligé d'en donner main-levée jusqu'à ce que les choses soient rétablies au desir de l'art. 51.

Que si le vassal ne peut faire un franc-aleu en aliénant une partie de son Fief, peut-on s'imaginer qu'il le puisse faire aprés l'avoir aliénée selon la disposition du même article, c'est-à dire, en se retenant un droit domanial sur la partie aliénée, & par aprés en déchargeant l'acquereur ? Ce seroit faire fraude à la Loy *in fraudem facit, qui salvis verbis legis sententiam ejus circumvenit, l. contra. ff. de legib.* ce seroit faire indirectement ce qu'on ne peut pas faire directement ; ainsi je tiens contre ce sentiment qu'un vassal ne peut pas faire un franc-aleu au préjudice de son Seigneur ; mais celuy qui a un franc-aleu noble, peut d'un Fief qui est dans sa mouvance, ou d'un heritage en sa censive, en faire un franc-aleu., parce qu'il n'y a point de Seigneur qui puisse l'empêcher.

15. Le franc-aleu noble est different du franc-aleu roturier quant au partage, comme les Fiefs le sont des censives, en ce que le franc-aleu noble se partage noblement, tellement que l'aîné y prend son droit d'aînesse, suivant cet article & l'article 302. & que les filles concourans avec les mâles en collaterale n'y succedent point, desorte que tous les articles de nôtre Coûtume 13. & les suivans, qui reglent le droit d'aînesse pour les Fiefs, doivent être gardez & observez pour le franc-aleu noble, ce qui est sans difficulté, Brodeau *nn n.* 13. 14. *&* 15.

BRODEAU.

Comme le franc-aleu noble se partage noblement, ainsi le franc-aleu roturier se partit roturiement, c'est-à-dire, également entre mâles & femelles sans aucun préciput ni prérogative d'aînesse, Brodeau nomb. 20.

Il y a quelques Coûtumes qui n'admettent point cette distinction, mais veulent que le franc-aleu se partage roturierement, comme celles de Châlons & Troyes : d'autres sont conformes à celles de Paris, qui seront remarquées en la Conference.

On a autrefois douté si les francs-aleus nobles en Anjou se doivent partager noblement entre les roturiers. 16.

Ce qui a causé la difficulté est, que par cette Coûtume article 255. & suivans, les successions se partagent également, excepté les heritages féodaux, qui sont tombez en tierce foy ; or comme on ne fait point la foy pour les choses allodiales, elles ne peuvent point tomber en tierce foy, & partant elles se doivent partager également.

Chopin sur la Coûtume d'Anjou, titre des francs-aleus dit, que les francs-aleus sont partagez noblement, dautant que par la même Coûtume article 238. les Fiefs abournez se partagent noblement entre les heritiers.

Le propriétaire d'un franc-aleu roturier n'en peut sous-inféoder une partie, ou la donner à cens, parce que pour sous-inféoder, ou pour donner à cens il faut avoir un Fief ; or le franc aleu roturier n'est pas Fief, ainsi il ne peut pas le devenir par ce moyen, l'article 5. des Arrestez titre du franc-aleu porte, *celuy qui possede un franc-aleu roturier, ne peut bailler aucune portion de son domaine à cens, mais celuy qui tient un franc-aleu noble le peut bailler à cens.*

Par ce moyen le propriétaire d'un franc-aleu noble peut se faire un Fief en l'air sans que personne s'y opposse.

Quoique selon les principes le propriétaire d'un franc-aleu roturier ne puisse pas le rendre noble, ni en sous-inféodant une partie ou la donnant à cens, néanmoins la partie aliénée tenuë pourroit prendre avec le temps la qualité de Fief & de noble ; par consequent ayant été possedé ainsi par plusieurs possesseurs sans contradiction, la contradiction pourroit arriver dans les partages dans lesquelles quelques-uns le prétendroient roturier ; la partie sous-inféodée seroit aussi roturiere en cas de contestation.

Un heritage allodial peut devenir féodal, quand celuy qui en est propriétaire, en fait la foy & hommage à un Seigneur de Fief, & qu'il le reconnoît pour son Seigneur, soit par convention, ou parce qu'il auroit perdu les titres de son heritage, par lesquels il pourroit le justifier exempt de reconnoître tout Seigneur ; & en ce cas ce propriétaire ayant recouvré ses titres, pourroit poursuivre l'immunité & la franchise de son heritage, nonobstant la reconnoissance qu'il luy en auroit faite, parce que ce seroit par une erreur qui seroit excusable, & que *plus valet quod est in veritate, quàm quod est in opinione*, au cas que le Seigneur féodal n'eût pas prescrit la directe par plusieurs foys & hommages, qui luy auroient été rendus par les propriétaires de ce franc-aleu. 17.

Maître Ricard sur cet article dit, que comme le franc-aleu ne subsiste que par privilege, si un Seigneur acquiert un franc-aleu dans les limites de sa Justice, le privilege qui est une espece de servitude, cesse, une personne ne pouvant pas être privilegiée contre soy-même, & par ce moyen l'heritage demeure réüni à la Seigneurie, & reprend son ancienne qualité. 18. RICARD.

Pour moy je croy le contraire, & qu'il n'y a point de raison qui produise cette réünion, dautant que Fief, franc-aleu & Justice n'ont rien de commun, que le Seigneur haut-Justicier peut avoir un franc-aleu dans sa Justice, sans user d'un privilege contre soy-même, puisque, comme il a été dit cy-dessus, le franc-aleu n'est pas exempt de la Jurisdiction du lieu où il est situé, ainsi je ne vois pas comment le franc-aleu puisse par ce moyen perdre sa qualité de franc-aleu ; & si cela étoit, il faudroit que la réünion se fist plûtôt au Fief du Seigneur Justicier qu'à sa Justice.

Mais il me sembleroit absurde d'avancer cette proposition, dautant que pour causer cette réünion il faudroit que ce franc-aleu eût fait autrefois partie du Fief, car il a peut-être été partie d'un autre, ou il a eu toûjours la qualité d'exempt & de libre ; ce qui n'étant pas, on ne peut point dire, que cette réünion s'en fasse sans la volonté de l'acquereur ; & si cela étoit, en acquerant le franc-aleu, il se causeroit une perte considerable, à cause de la réünion, par laquelle luy, ou au moins ses successeurs seroient tenus de reconnoître le Seigneur superieur pour leur Seigneur dominant, nonobstant l'exemption de l'heritage, ce que le Seigneur ne pourroit pas exiger avec raison à mon avis ; desorte que l'acquereur pourroit posseder luy & ses heritiers & successeurs cet heritage comme franc-aleu & indépendamment d'aucun Seigneur.

19. *Si celuy qui prétend tenir sa terre en franc-aleu, est obligé de le prouver, ou si c'est au Seigneur à justifier qu'une terre releve de luy?*

Pour la resolution de cette question il faut distinguer trois sortes de Coûtumes : les unes sont allodiales dans lesquelles cette regle a lieu, *nulle terre sans Seigneur* ; le franc-aleu n'y est pas même reçû avec titre, à moins que ce ne soit en vertu du titre primitif de la concession, & non autres, comme Meaux, Melun, Senlis & autres.

20. Quelques-unes sont non allodiales, mais le franc-aleu y est reçû avec titre, comme Paris, Laon, Châlons, Reims, Orleans & autres.

Il y en a d'autres dans lesquelles tout heritages est estimé allodial & franc, s'il n'est justifié du contraire.

La Coûtume de Paris admet le franc-aleu, mais la difficulté est sçavoir, si cette regle y a lieu ; *nulle terre sans Seigneur*, ensorte que celuy qui prétend tenir la terre en franc-aleu soit obligé de le prouver : elle ne fait point mention de cette regle & ne dit point nul franc-aleu sans titre ; elle le reçoit seulement suivant cet article & les articles 132. & 302.

21. MOULIN. Maître Charles du Moulin sur ce titre *num.* 5. dit, que quand un Seigneur est fondé en un territoire uniforme, universel, continu & limité, & en droit d'enclave, sans qu'il se trouve aucun autre heritage voisin tenu en franc aleu, tout ce qui y est renfermé est tenu de luy ou à foy & hommage, ou en censive ; mais qu'au contraire, si son territoire n'est pas borné par de certaines limites, il ne peut pas prétendre que des heritages voisins le reconnoissent pour Seigneur.

22. CHARONDAS. Charondas tient que tous les heritages sont reputez allodiaux si celuy qui prétend qu'il est dans sa mouvance féodale ou dans sa censive, ne le prouve ; Bacquet au Traité des francs-Fiefs, chapitre 2. nombre 20. & seqq. de Mornac sur la Loy 23. *ff. de servit. verb. præd.*

Presque tous les Commentateurs de nôtre Coûtume sont de cet avis.

23. La raison qu'ils en rendent est, que tous heritages sont présumez libres & francs de leur nature, *l. cogi C. de petit. heredit. l. altius. C. de servit. & aqua. l. ex hoc jure. ff. de just. & jure ; l. Imperatores.* 13. *l. cujus.* 23. *ff. de servitut urban. præd.* & tels qu'ils étoient avant que par le droit des gens les terres fussent partagées entre les hommes ; dautant que la liberté est naturelle à toutes choses, ainsi il faut que celuy qui prétend que cette liberté a été ôtée à quelques-unes, le prouve.

Ils confirment encore leur opinion par l'article 124. de la Coûtume de Paris, qui porte, que *le droit de cens ne se prescrit par le detempteur de l'heritage contre le Seigneur censier, encore qu'il y ait cent ans, quand il y a titre ancien ou reconnoissance faite dudit cens.*

D'où ils tirent cette consequence, que si le Seigneur n'est fondé en titre ou en reconnoissance, le possesseur se peut valablement prévaloir de sa possession, & soûtenir qu'il tient sa terre en franc-aleu. Jason sur la Loy *si prins.* 15. *num.* 40. dit, que *omnis servitus non habet causam naturalem, sed aut impositam aut præscriptam.*

Ils ajoûtent, que par l'usage des Fiefs il n'est dû aucun droit aux Seigneurs pour les mutations ; & que plusieurs Coûtumes ont conservé cette ancienne liberté en termes exprés, comme celles de Troyes, de Chaumont, de Vitry, de Nivernois, & autres.

Pour l'opinion contraire on dit, que cette maxime, *nulle terre sans Seigneur*, a lieu par toutes les Provinces de France, si ce n'est dans celles qui en disposent autrement.

Maître Duplessis dit qu'en France tous les hommes sont libres, & qu'au contraire tous les heritages sont naturellement sujets, & que c'est une des plus anciennes & certaines regles du Droit coûtumier, *nulle terre sans Seigneur*, qu'ainsi pour justifier la Seigneurie & la dépendance des heritages il ne faut point de titre contre le sujet, la seule situation suffit ; qu'au contraire pour justifier qu'un heritage est franc-aleu il en faut titre, autrement il sera réputé naturellement & de droit commun tenir du Seigneur dans le territoire duquel il est situé.

Le sentiment de Maître Duplessis me semble particulier, que de droit commun & general par toute la France, les heritages sont naturellement sujets, rien ne me semble plus faux, puisqu'au contraire dans plus de la moitié du Royaume les heritages sont reputez francs & libres, ils le sont ainsi dans les Païs de droit écrit conformément aux Loix Civiles, dans les Coûtumes de la Marche, Auvergne, Bourbonnois, Berry, Nivernois & autres lesquelles avec les Païs de droit écrit font plus de la moitié de la France.

Quant à la regle, *nulle terre sans Seigneur*, elle est generalement & indistinctement vraye à l'égard des Justices & Jurisdictions, car il n'y en a pas une qui n'y soit sujette ; mais il n'est pas vray que toute terre soit tenuë en Fief ou en censive, ou à d'autres droits domaniaux & Seigneuriaux ; à l'égard de la Coûtume de Paris je ne crois pas qu'on doive admettre en franc-aleu sans titre, suivant l'opinion de Tournet, Labbé, Tronçon, Ricard, Brodeau & Maître Auzanet.

Pour prouver ce sentiment, il suffit de répondre aux fondemens de ceux qui sont d'avis contraire :

Premierement, il n'y a pas lieu de prétendre les heritages allodiaux, parce qu'ils étoient tels avant que les terres fussent partagées entre les hommes par le droit des gens, ce seroit recourir trop loin ; vû qu'au contraire on a sujet de dire que les terres dans les lieux & les Provinces où les terres sont reputées du franc-aleu relevent de quelque Seigneur ; dautant qu'autrefois les terres en France étoient possedées par des Princes & des grands Seigneurs, lesquels étoient obligez d'en aliéner une partie ; mais les aliénations qu'ils en faisoient, étoient à la charge de les tenir d'eux ou à foy & hommage, ou à cens, ou à autre droit Seigneurial, afin d'avoir des Sujets, dont ils pussent se servir dans le besoin ; & ils aliénoient rarement une partie de leurs terres, sans se reserver quelque droit en reconnoissance de la directe Seigneurie ; c'est pourquoy on doit plûtôt présumer qu'une terre dépend du Fief, dans l'étenduë duquel elle est située, que de la croire allodiale. 24.

Les Loix qui sont rapportées par ceux qui tiennent l'opinion contraire, ne servent de rien au sujet, parce qu'il y a une tres-grande difference entre être chargé d'une servitude, & reconnoître un Seigneur féodal ou censier ; toutes les terres sont censées exemptes de servitudes, parce qu'il n'y a que les diverses dispositions des terres, & les necessitez des unes & des autres qui ayent introduit les servitudes; desorte que les mêmes terres possedées par differens possesseurs, sont souvent chargées de servitudes, l'une envers l'autre, par l'accord & la convention des propriétaires.

Et dautant que ces servitudes sont onereuses pour les heritages qui en sont chargez, c'est pourquoy nul n'en peut avoir s'il ne le justifie, autrement chacun pourroit prétendre sur les heritages voisins toutes especes de servitudes, ce qui donneroit lieu à une infinité de procez au préjudice des propriétaires.

Mais les Princes & les grands Seigneurs se sont autrefois reservez des droits sur les terres qu'ils aliénoient, desorte qu'on doit présumer que toutes les terres en sont chargées, à moins que les possesseurs ne prouvent qu'elles en sont exemptes.

Pour prouver que les Coûtumes qui reçoivent le franc-aleu sans titre, sont contraires au Droit commun, & qu'elles ne doivent pas s'étendre à celles qui n'en parlent point, on dit qu'elles ont été établies au même temps que celles qui ne l'admettent point sans titre, qui est une raison remarquée par Galland.

La Coûtume de Vitry fut arrêtée le 5. jour d'Octobre 1509. Celle de Chaumont, le 20. Celle de Troyes le 29. du même mois. Celle de Melun contraire au franc-aleu, est du 5. Octobre 1506. Celle de Sens du 7. Mars de la même année n'en parle point. Celle de Meaux est du 5. Octobre 1509. témoignage certain d'irregularité en ces Coûtumes, à laquelle ont été portez les gens du Tiers Etat au préjudice des Seigneurs, à ce qu'on prétend.

Que d'ailleurs aucune des Coûtumes qui établissent le franc-aleu sans titre, n'a été purement reçûë, ayant toutes été contredites, & étant demeurées dans l'irresolution, dit cet Auteur; car quoique les Coûtumes de Troyes article 51. de Chaumont article 61. & de Vitry article 16. disent: *Tout heritage est franc & réputé de franc-aleu*, &c. le procés verbal de ces Coûtumes porte, que *les Ecclesiastiques n'ayans Justice, & les Praticiens, & autres Bourgeois ont demandé ledit article nouveau, fondez sur la liberté, & qu'ils ont été contredits par les Nobles, qui ont soûtenu que toutes terres étans en leur Justice, leur devoient payer censive & redevance.* Et sur ces difficultez furent appointez à écrire & produire pardevers la Cour, & cependant ordonné par les Commissaires que les Nobles useroient sur leurs sujets de tels droits, qui leur peuvent competer & appartenir, en reservant à leurs sujets leurs défenses au contraire. D'où il s'ensuit, que la resolution est demeurée en suspens, que les articles nouveaux n'ont point fait de Loy, & que les Seigneurs sont demeurez en l'usage general du Royaume.

24. Pour ce qui est de l'article 124. il ne peut point servir de fondement à cette opinion, puisque le vassal ne peut prescrire la foy & hommage contre son Seigneur, suivant l'article 12. encore que ce fût par cent ans & plus, comme il est porté par cet article.

Il en faut dire de même du cens, car quoique plusieurs propriétaires d'un heritage l'ayent possedé successivement en qualité de franc-aleu, néanmoins si le Seigneur a des titres anciens qui justifient sa directe sur cet heritage, cette possession ne sera pas suffisante pour le faire declarer franc-aleu, comme il sera dit plus amplement sur le même art. 124.

La Cour a jugé cette question au profit des Seigneurs en la Coûtume de Paris, par Arrest donné en l'Audience le 17. Mars 1608. remarqué par Monsieur Loüet lettre C. nombre 21. par Tronçon, Labbé, Brodeau *num.* 7. & Ricard. Ce qui auroit été jugé auparavant par un autre Arrest du 13. Août 1583. rapporté par Labbé, & par Charondas en ses Notes sur la Somme Rurale.

TRONÇON. LABBÉ. BRODEAU. RICARD.

Maître Auguste Galland en son Traité qu'il a fait contre le franc-aleu, & Tronçon sur cet article tiennent, que le Roy doit être excepté, à l'égard duquel les possesseurs des Terres sont tenus de verifier l'exemption ou franchise qu'ils prétendent. 26. Tro

La raison est, que les Coûtumes qui dépendent du seul consentement des peuples, ne lient que les particuliers qui s'y soûmettent, & n'obligent point le Roy; ainsi la noblesse qui vient du côté des meres en Champagne, n'a point lieu au préjudice des droits du Roy, mais seulement pour les particuliers, comme pour partager noblement, pour avoir la garde noble de ses enfans, & pour autres droits semblables.

Pour justifier le franc-aleu dans cette Coûtume & autres semblables, il n'est pas necessaire de rapporter l'original & le titre primitif de la concession en franc-aleu, autrement il seroit presque impossible à aucun possesseur de franc-aleu de prouver son droit, parce que par la suite des temps les titres s'égarent & se perdent, il suffit de rapporter des contrats d'acquisition, & des partages qui soient anciens, comme de soixante ans & plus. 27.

C'est sur ce fondement que la Cour par son Arrêt, donné en la premiere Chambre des Enquêtes, au rapport de Monsieur Bouvot, le 7. Septembre 1640. confirmatif de la Sentence du Prevôt de Paris, a declaré franc-aleu un heritage dont le propriétaire ne rapportoit aucun titre primitif, mais seulement des contrats d'acquisition passez avant 60. ou 70. ans, qui exprimoient la qualité de franc-aleu, suivie d'une possession immemoriale, le Seigneur ne rapportant au contraire aucuns titres ni reconnoissances du cens.

La raison est, qu'on présume que le titre primitif & originaire a été perdu.

Cet Arrest est rapporté par Brodeau *num.* 8. par Maître Ricard & par Maître Duplessis. Brod. Ricar. Dupl.

Si un heritage est presumé féodal ou censuel? 28. Dupl.

Maître Duplessis dit qu'il seroit impossible de rencontrer une tenure féodale dont il n'y ait quelque acte par écrit, du moins de possession; que néanmoins si cela se rencontroit, il faudroit examiner la disposition de l'heritage, son étenduë, sa circonference, ses édifices & autres choses qui s'y trouvent, pour voir si dans le tout il s'y rencontroit quelque marque & vestige de noblesse, afin de le présumer féodal; que cela cessant il le présumeroit censuel, & que c'est celle qui est la plus ordinaire; en effet il y auroit lieu de le présumer chargé de cens, parce qu'il y a tres-peu de terre en France tenuës en Fief par rapport aux autres heritages tenuës en censive.

Monsieur Pithau en ses Notes sur l'article 51. de la Coûtume de Troyes, dit qu'on prouve dans les Coûtumes de franc-aleu l'heritage être en censive, si deux témoins déposent que le cens a été payé, & qu'il se trouve ainsi écrit au papier terrier: desorte que ces deux conditions sont requises pour prouver le cens par témoins, sçavoir qu'ils déposent avoir été payé, & qu'il soit écrit au registre des receptes des droits du Seigneur, que le payement luy en a été fait; mais la simple declaration du vendeur que l'heritage est chargé de cens, ne suffiroit pas pour rendre l'heritage censuel, à moins qu'il n'y eût des reconnoissances ou payemens qui en auroient été faits.

La raison est, que le vendeur est censé avoir fait cette declaration plûtôt pour se décharger, au cas que l'heritage se trouvât redevable du cens, que non pas pour faire acquerir au Seigneur un droit de cens qui ne luy seroit pas dû.

Ce qui a été jugé en cas d'adjudication par decret pour la Terre de Seriziers située dans la Coûtume de Troyes, qui avoit été adjugée par decret sous cette énonciation, que les heritages situez au dedans de cette Terre & Seigneurie, étoient chargez de douze deniers de cens par arpent, néanmoins par Arrest du 18. May 1608. rapporté par Goujet en son Traité des Criées chapitre 4. la Cour a fait main-levée par provisions des heritages saisis en consignant les trois dernieres années.

29. Dans les mêmes Coûtumes on tient communément qu'un seul titre nouvel de reconnoissance du cens ou d'autre droit seigneurial, passé par le prédecesseur du détenteur d'un heritage, n'est pas suffisant pour l'obliger au payement & reconnoissance de ce droit; à moins que le titre nouvel ne fist mention du titre primitif ou d'autres anciennes reconnoissances, avec une énonciation expresse & specifique des termes dont elles seroient conçûës, par lesquelles on connoîtroit la cause du cens, comme il a été jugé par Arrest du Parlement de Provence du 11. May 1584. rapporté par Stephani, *décis.* 64.

Ce qui doit avoir lieu dans les autres Coûtumes, lorsque le Seigneur prétend qu'il luy est dû un plus gros cens que l'ordinaire; à moins que ce cens n'ait été payé pendant dix années au moins; & c'est sur ce fondement qu'a été rendu un Arrest du 8. May 1604. rapporté par Monsieur Bouguier, lett. T. chap. 6. qui a jugé qu'un simple titre nouvel qui n'a été suivi d'aucune prestation, ne sert pas de titre contre un tiers possesseur.

30. La Province de Languedoc est en possession de joüir du franc-aleu par les privileges accordez par plusieurs Rois de France, par lesquelles toutes les terres sont possedées noblement, & sont allodiales, si celuy qui prétend le contraire, ne prouve qu'elles relevent de luy; Monsieur de Cambolas en ses Arrests *in fine*, parle de ces privileges.

Maître Auguste Galland, Avocat en la Cour, a fait un beau Traité contre le franc-aleu, sans titre, imprimé l'an 1629. & par luy augmenté l'an 1637. contre lequel un Auteur anonyme a fait imprimer un livre l'an 1640. intitulé, *Instructions pour le franc-aleu de la Province de Languedoc*, augmenté en 1645. sous le nom de Caseneuve, & sous ce titre, *le franc-aleu de la Province de Languedoc établi & défendu.*

Maître Antoine Dominicy a fait aussi un Traité du franc-aleu, imprimé en la même année 1645. qui a pour titre, *Prærogativa allodiorum in Provinciis quæ Jure scripto reguntur, &c.*

Comme Fief noble. Il semble que ce terme noble soit inutile, vû que tout Fief est noble, & se partage noblement, & est opposé aux heritages tenus en roture. Ce n'est pas qu'autrefois on distinguoit les Fiefs nobles d'avec les Fiefs qui étoient appellez roturiers; le Fief noble étoit possedé à la charge de la foy & hommage & de service militaire pour le service; & le Fief non noble étoit chargé de tailles, de corvées & d'autres services viles. 31.

Voyez Ragueau dans son Indice, cette division de Fief n'a plus lieu; ainsi ce terme noble dans cet article est inutile, puisque tout Fief est noble, quoique possedé par un roturier.

OBSERVATIONS DE MONSIEUR ***.

Sur l'Article LXVIII.

SOMMAIRE.

1. *Si pour rendre un franc-aleu noble il suffit qu'il ait l'une de ces trois choses, ou Justice, ou censives, ou Fief mouvant.*

TOuchant le franc-aleu il faut voir ce que nous avons dit sur le titre des Fiefs, où nous avons expliqué ce qui regarde cet article.

1. Nous remarquerons seulement icy, que lorsqu'on dit que pour rendre un franc-aleu noble, il faut qu'il y ait Justice, censives, ou Fief mouvant, cela s'entend *disjunctivè*, & non pas *conjunctivè*; parce que l'un des trois suffit pour rendre un franc-aleu noble, & faire qu'il se partage noblement.

CONFERENCE SUR L'ARTICLE LXVIII.

DE même, *Châlons*, art. 20. *Meaux*, art. 189. 190.

Normandie, art. 102.

Orleans, art. 255. & ajoûte: *Franc-aleu est heritage tellement franc, qu'il ne doit fonds de terre, & n'est tenu d'aucun Seigneur foncier, & ne doit saisines, dessaisines, ne autre servitude, quelle que ce soit. Mais quant à la Justice, il est sujet à la Jurisdiction du Seigneur Justicier.*

Troyes, art. 52. & 53. *Franc-aleu n'est noble, quand il y a Seigneurie & haute-Justice, dont le détenteur n'est tenu faire foy ne hommage, ne payer quints ne requints; & franc-aleu roturier est terre sans Justice, pour laquelle le détenteur ne doit cens, rentes, lods, ventes, ne autres redevances.*

De même, *Vitry*, art. 19. & 20.

Meaux, art. 190. *Franc-aleu par tout le Bailliage de Meaux ne peut être tenu & possedé sans titre particulier, & franc-aleu est de telle nature, qu'il ne doit service, censive, relief, hommage, ne quelque redevance que ce soit.*

Vitry, art. 57. *Et quand il y a des filles avec lesdits fils, elles partissent en terres nobles avec leurs freres, en maniere que les deux filles prennent autant que l'un de leursdits freres aînez ou puînez. Et quant aux terres roturieres, meubles, & terres tenuës en franc-aleu, a une desdites filles prend autant qu'un.*

a C'est à sçavoir roturier. Autre chose est en franc-aleu noble, par le commencement de cet article, & sus article 19. *C. M.*

Bourbonnois, art. 392. *La premiere rente constituée b sur aucun heritage allodial, s'appelle rente fonciere, & emporte droit de directe Seigneurie & de lods & ventes.*

b *Intellige non per emptionem sub pecunia, sed per concessionem fundi, aliàs Consuetudo esset valde stulta & inepta, dixi in tom. 1. Consuet. 30. in fin.* C. M.

Bretagne, art. 328. *Nul ne peut tenir terre en Bretagne sans Seigneur, parce qu'il n'y a aucun franc-aleu en iceluy pays.*

Châlons, art. 20. & 165. *ès terres de franc-aleu les enfans succedent également, tant fils que filles, sans aucun avantage d'aînesse, & tout ainsi qu'ès terres roturieres.*

Auteurs sur l'Article soixante-huitiéme.

L'Auteur du Grand Coûtumier, liv. 2. tit. 33.
Du Cange, dans son Dictionnaire, *verbo alaudis.*
Cujas, *lib. 2. de Feudis, tit.* 17.
Du Moulin, *in Consuetud. Parisiens.* §. 68. *num.* 3. & §. 57. *num.* 13. & 14.
Le Procès Verbal de l'ancienne Coûtume de Paris.
Mornac, sur la loy 6. *ff. de peculio*, & sur la loy 11. *finium regundorum.*
Touchant la maxime, *nulle terre sans Seigneur.* Voyez ce que dit M. Lauriere sur Loysel, liv. 2. tit. 2. regle 1. & les Auteurs qu'il cite.
Bobé, sur l'art. 189. & 190. de la Coûtume de Meaux.
Dargou, dans son Institution au Droit François, liv. 2. tit. 3.
De Lhommeau, en ses Maximes, liv. 2. art. 19. & 28.
Consuetudines Feudorum, lib. 2. tit. 54.
La Bibliotheque du Droit François, par Bouchel, *verbo* aleu.
Les Arrestez de Monsieur le Premier President de la Moignon, recüeillis dans Auzanet.
Le Grand, sur Troyes, art. 52. & 53.
De Salligny, sur Vitry, art. 19. 20.
Pontanus, sur la Coûtume de Blois, tit. 4. art. 37. & tit. 6. art. 101.
Henrys, tom. 1. liv. 3. chap. 3. quest. 18. aux Observations.
M. Loüet & son Commentateur, lettre C. n. 21.
Galland, en son Traité du *Franc-aleu.*
Brodeau, sur cet article.
Bouguier, lett. D. nomb. 19.
Brodeau, sur Loüet, lett. C. somm. 21.
M. le Prestre, Centur. 3. chap. 48.
Mon Institution Coûtumiere, tom. 1. liv. 2. tit. 5.
Le Bret, liv. 3. chap. 1.
Basmaison, sur la Coûtume d'Auvergne, tit. 17. art. 19.
Mainard, liv. 4. chap. 35.
Thaumas, en ses Questions sur la Coûtume de Berry, Cent. 1. chap. 48.
Joannes Faber ad l. 1. C. de sanctâ Trinitate.
Papon, sur la Coûtume de Bourbonnois, article 342.
Rat, sur la Coûtume de Poitou, art. 37. sur ces mots, *car aucun ne peut.*
Chopin, sur la Coûtume d'Anjou, liv. 1. chap. 38. nomb. 8. & liv. 2. part. 2. chap. 2. tit. 5. nomb. 1. 2. & 4.
Le même Auteur, sur la Coûtume de Paris, liv. 1. nomb. 12. *du Domaine*, liv. 1. tit. 13. nomb. 16.
De Lhommeau, sur la Coûtume d'Anjou, liv. 1. art. 140.
Coquille, sur la Coûtume de Nivernois, tit. *des ventes*, art. 1. & en son Institution, tit. *de plusieurs droits.*
M. le Maistre, *des Amortissemens*, chap. 5.
Pasquier, en ses Recherches, liv. 2. chap. 9.
Bacquet, *des Francs-Fiefs*, chap. 2. & 6. & *des droits de Justice*, chap. 14. nomb. 18.
Le Glossaire du Droit François, *verbo* franc-aleu.
Le Dictionnaire de M. Brillon, *verbo* franc-aleu.
De la Lande, sur Orleans, art. 255.
Buridan, sur Reims, art. 40.
Basnage, sur Normandie, art. 102.
Caseneuve, en son Traité *du franc-aleu de la Province de Languedoc.*
Bodreau, sur la Coûtume du Maine, art. 153.
Pineau, sur la Coûtume d'Anjou, art. 140.
Buridan, sur la Coûtume de Vermandois, art. 133.
D'Olive, liv. 2. chap. 19.
Duplessis explique cet article, liv. 1. *du franc-aleu*, p. 106. & Traité *des Successions*, liv. 1. chap. 2. p. 200.

ARTICLE LXIX.

Cet article a été ajoûté à la reformation de la Coûtume.

Comment le Seigneur haut-Justicier peut avoir colombier à pied.

LE Seigneur haut-Justicier qui a censive, peut avoir colombier à pied, ayant boulins jusques au rez de chaussée.

Voyez l'Article suivant.

Remarques.

ON demande, sçavoir si ceux qui ne sont pas de la qualité mentionnée en cet article, & au suivant, peuvent du moins avoir volieres ou colombiers qui ne soient pas à pied.

Il semble qu'oüy, & que ces articles qui contiennent une prohibition contre la liberté ne doivent pas être étendues hors de leurs termes, & ainsi le tient du Moulin sur l'article 239. de la Coûtume de Blois : ce que je voudrois néanmoins temperer de cette condition, suivant l'avis de Chopin, *de Domanio, l. 3. tit. 22.* que les pigeons contenus en ces volieres seroient limitez suivant la quantité des terres que le maître possederoit dans le territoire & à proportion de ce qui en pourroit être nourri sur ses terres ; car il faut prendre garde qu'en conservant la liberté aux uns, on ne fasse pas dommage aux autres.

Le même Chopin rapporte Arrest du 8. Decembre 1565. qui a permis la construction de telle voliere à un roturier qui ne possedoit ni Justice ni Fief, mais seulement des heritages tenus en censive.

Tronçon sur cet article rapporte deux Arrests, l'un du 26. Février 1601. contre Maître Pierre Quetin Conseiller au Châtelet, par lequel sur la question de sçavoir, si n'ayant que vingt-cinq arpens de terre en roture dans le détroit de la Seigneurie d'Amblinvilliers, il pouvoit bâtir un volet à pigeons au dessus de sa montée, les parties furent appointées au Conseil, & cependant défenses à luy de passer outre à la construction du volet, jusques à ce que par la Cour en eut été autrement ordonné. Le second est aussi un Arrest d'Audience du 26. Février 1612. par lequel défenses ont été faites à Maître Roger Lambert, Curé de Liancourt, de tenir volet à pigeons, attendu qu'il n'avoit pas cinquante arpens de terre, quoiqu'il fut fondé de lever la dixme sur toutes les terres de la Paroisse.

Il y a un troisiéme Arrest donné aux Enquêtes le 4. Mars 1617. qui a confirmé une Sentence du Prevôt de Poissy, qui avoit renvoyé Roger-Dallois absous de la demande de Dame Marie Fayet, Dame de Vilaines & de Mignaut, à ce que défenses luy fussent faites de continuer la construction d'une voliere qu'il avoit commencée, ni d'y mettre aucuns pigeons, aprés un Arrest interlocutoire, en execution duquel Dallois avoit justifié qu'il possedoit plus de cinquante arpens de terre en proprieté.

Si les Seigneurs qui ont droit de colombier peuvent permettre aux autres d'en bâtir ? D'Argentré sur l'article 368. de Bretagne tient la negative : & Beraut sur l'article 137. de Normandie cite quantité d'Arrests, par lesquels il a été permis aux Seigneurs de Fiefs de Haubert de ceder leur droit de colombier ; mais en ce faisant qu'ils n'en pourroient eux-mêmes plus bâtir ; ce qui est tres-équitable, vû que cette prohibition de tenir ainsi de grands colombiers & sans limite du nombre des pigeons, regarde aussi-bien la conservation des terres des sujets, que les droits du haut-Justicier ou du Seigneur de Fief.

Si le droit de colombier peut être acquis par prescription ? La Coûtume de Bretagne, article 388. le dit ainsi, où d'Argentré tâche d'établir cette maxime par raisons generales : mais Beraut sur l'article 137. de Normandie cite des Arrests, par lesquels la possession quoiqu'immemoriale n'a été considerée au préjudice du bien public de sa Coûtume, & qui ne permet qu'un colombier en chacun Fief de Haubert. *Columbæ nostræ sunt tandiu quamdiu consuetudinem habent ad nos revertendi : quare si quis eas apprehenderit, furti convenietur. l. 8. §. idem Pomponius. ff. famil. Ercisc.* Ce que nous observons parmy nous ; & il y a même des Arrests qui ont condamné au foüet de telles personnes qui s'addonnoient à tirer sur des pigeons, ou à les prendre aux filets.

PEUT AVOIR COLOMBIER A PIED.

GLOSE UNIQUE SUR L'ARTICLE LXIX.

SOMMAIRE.

1. *Pourquoy cet article & les trois suivans ont été ajoûtez.*
2. *Pourquoy le Seigneur haut-Justicier ne peut avoir colombier à pied, s'il n'a censives.*
3. *S'il suffit d'avoir des vassaux.*
4. Quid, *du Seigneur feodal, qui a censives sans haute-Justice.*
5. *Combien la censive doit contenir d'arpens de terre, pour avoir colombier à pied.*
6. *Si le Seigneur haut-Justicier qui a droit de colombier, peut l'accorder à d'autres.*
7. *S'il est permis aux particuliers d'avoir colombier dans les Coûtumes qui ne le défendent pas.*

1. CEt article & les trois suivans ont été ajoûtez à la reformation de la Coûtume, pour ôter les contestations frequentes qui arrivoient à l'occasion des colombiers.

La plus grande partie de ceux qui avoient Justice ou Fiefs à la campagne en faisoient bâtir, & par ce moyen incommodoient fort les propriétaires des terres, parce que les pigeons mangent les semences & les bleds quand ils sont meurs.

D'ailleurs les Seigneurs hauts-Justiciers prétendoient qu'il n'y avoit qu'eux qui eussent droit de colombier, comme ayant droit sur ceux qui ont des terres situées dans leur haute-Justice.

C'est pour cela que les Reformateurs ont trouvé à propos d'ajoûter cet article, par lequel ils ont accordé au Seigneur haut-Justicier le pouvoir d'avoir colombier à pied ayant boulins jusques au rez de chaussée, pourvû qu'il ait censive, c'est-à-dire, qu'il y ait dans sa haute-Justice des terres qui soient tenuës de luy à cens.

La Coûtume ne regle point la quantité des arpens qui doivent être en sa censive, il suffit qu'il ait censive, parce que la haute-Justice se rencontrant avec un Fief, donne droit au Seigneur sur les biens de ceux qui sont dans l'étenduë de sa Justice ; desorte qu'il faut que ces deux conditions se rencontrent, haute-Justice & censive, quand même il ne possederoit aucunes terres en domaine, pour avoir droit de colombier à pied, que le Seigneur censier sans haute-Justice, où le Seigneur haut-Justicier sans censives n'auroit pas, si ce n'est aux termes de l'article suivant.

La raison est, que le colombier à pied dont les boulins ou trous regnent depuis le rez de chaussée jusques au toit, produit un tres-grand revenu qui fait partie du fond, qui devoit être reservé aux Sei- 2.

gneurs hauts-Justiciers, pour en empêcher la multiplicité.

Si la Coûtume n'y étoit expresse, il seroit permis à tous particuliers d'en avoir chez soy, de même qu'il est permis d'avoir des ruches à miel, & des clapiers, & de nourrir d'autres animaux.

BRODEAU. Néanmoins les Seigneurs hauts-Justiciers dans les Coûtumes qui n'en parlent point, usurpent ordinairement ce droit contre la liberté publique. Brodeau *num.* 1. *& seqq.*

3. Que si le Seigneur haut-Justicier n'a point de censive, mais des vassaux, il ne peut pas avoir colombier à pied, parce que la Coûtume ne le permet qu'aux deux conditions susdites, & que si ç'avoit été l'intention des Reformateurs, ils n'auroient pas manqué de le declarer, & de dire *le Seigneur haut-Justicier & feodal.*

La raison est, que la censive qui se paye au Seigneur par chacun an, donne un plus grand droit au Seigneur pour cet effet, que la foy & hommage qui se rend par les vassaux; laquelle semble obliger plus leur personne que leur Fief; car un vassal reçu en foy par son Seigneur, qui a payé les droits pour sa mutation, si aucuns étoient dûs, ne luy doit aucune redevance annuelle, comme le sujet censier doit à son Seigneur.

Mais je croy par cette raison qu'un Seigneur qui a droit de champart tenant lieu de cens, a droit de colombier comme s'il avoit censive, à cause du droit qu'il a sur les terres, qui est beaucoup plus fort que la censive.

4. Quand le Seigneur feodale qui a droit de censive, n'a pas la haute-Justice, il fait faire ordinairement au rez de chaussée du colombier une étable ou cellier, de la hauteur d'une toise, pour marquer que ce n'est point un colombier à pied qui décend jusqu'au rez de chaussée.

Ces mots en cet article *jusques au rez de chaussée*, se prennent ordinairement pour le colombier, qui décend jusques au sol & rez de terre; c'est-à-dire, dont les trous & boulins commencent dés le rez de chaussée; ce que Chopin *lib.* 1. *de morib. Parisiens. tit.* 2. *num.* 43. appelle *columbarium tam in altum, quàm in profundum.*

Il s'ensuit de cet article, que le Seigneur haut-Justicier, qui a censive, quoiqu'il n'ait pas un pouce de terre en domaine, peut avoir un colombier à pied, parce que la censive qu'il a sur des heritages, represente le fonds des heritages; d'autant qu'originairement tous les heritages sujets à cens, appartenoient à celuy ou à ceux ausquels la censive est dûë; c'est pourquoy és articles 74. & 121. le droit de cens est appellé *fonds de terre.*

Maître Auzanet fait une observation remarquable, qui est que la Coûtume ne prescrit point la quantité des terres tenuës en censive requise avec la haute-Justice, pour avoir droit de colombier à pied; desorte qu'aux termes de cet article la censive sur dix arpens de terre seroit suffisante, ce qui produiroit un dommage considerable aux propriétaires des terres situées dans la Paroisse. 5. AUZANET.

Néanmoins cela s'observe ainsi, parce que la Coûtume ne le définit que generalement & sans distinction.

Un Seigneur qui a droit de colombier ne peut pas l'accorder à ses sujets, selon le sentiment d'Argentré sur l'article 368. de la Coûtume de Bretagne, parce que ce droit est un avantage considerable pour celuy à qui il appartient, & qui incommode beaucoup les terres voisines, c'est pourquoy il est personnel, & un Seigneur ne peut pas, au préjudice de ses sujets, l'accorder à ceux à qui il n'appartient pas. 6.

Dans les Coûtumes qui ne défendent point aux particuliers d'avoir colombier, on prétend qu'ils en peuvent avoir, comme il a été jugé par Arrest du 2. Mars 1630. donné en la Grand'Chambre, cité dans Maître Auzanet sur cet article, à la marge. 7.

La raison est, que la liberté publique permet aux particuliers d'avoir pigeons, poules, oyes & autres animaux qui sont reputez domestiques, §. *pavonum. Instit. de rer. divis.* à moins que la Coûtume ne le défende.

OBSERVATIONS DE MONSIEUR***

Sur l'Article LXIX.

SOMMAIRE.

1. *Ce que c'est que le droit de colombier à pied.*
2. Quid, *des volets.*
3. *S'il faut avoir cinquante arpens de terre labourable pour avoir un volet.*
4. *S'il est requis que ces arpens soient situez dans la mesme Paroisse.*

1. LE droit de colombier à pied est un droit de Seigneur. Il faut avoir justice haute & censives pour l'établir, ou censives avec cinquante arpens sans justice: c'est la disposition des articles 69. & 70. de la Coûtume qui s'observe inviolablement.

La Coûtume ne dit rien des volets, mais de l'usage, qu'il ne faut point avoir de Justice pour en avoir.

2. Il n'y a point d'article dans la Coûtume qui le dise; mais lors de la reformation il fut proposé & agréé que toutes personnes qui avoient cinquante arpens de terre pourroient avoir un volet à 500. boulains.

La proposition en fut agréée des trois Etats; & sur ce que Monsieur le Prevôt des Marchands & Echevins demanderent que ceux qui auroient moins de cinquante arpens pûssent avoir aussi un volet où il y auroit moins de boulains, l'affaire fut renvoyée au Parlement, & l'usage a établi ce que la Loy n'a pas prononcé.

Il est necessaire de l'ajoûter & prévenir deux difficultez. La premiere regarde la qualité des terres, pour sçavoir s'il faut cinquante arpens de terre labourable pour avoir un volet, ou s'il suffit que ce soit des terres en bois, vignes, ou bruyeres. La deuxiéme, la situation des terres, s'il faut qu'elles soient dans la même Justice, le même Fief, ou la même Paroisse.

3. A l'égard de la premiere question on peut dire que les sentimens ont été bien differens, les uns pensans d'une maniere, les autres le contraire.

Mais

Mais aprés y avoir fait reflexion, il semble que ce seroit inutilement que la Coûtume demanderoit une certaine quantité de terres, si cette même quantité ne servoit pas pour la nourriture des pigeons qu'elle permit en ce cas d'avoir. Ainsi nôtre pensée est, que lorsque la Coûtume dans l'article 70. a dit qu'il falloit avoir cinquante arpens de terres, elle a voulu dire labourables, & n'a pas entendu parler des autres terres en bois, bruyeres, étangs, & autres qui ne peuvent pas servir pour la nourriture des pigeons.

4\. Pour ce qui est de la deuxiéme question, il y auroit beaucoup de difficulté de penetrer quel a été l'esprit de la Coûtume, si les arpens doivent être dans le même Fief, ou dans la même Paroisse. Mais comme le plus expedient en ces sortes de matieres est de prendre ce qui est le plus commode pour le public & le moins embarrassant, je croy qu'il conviendra mieux que les arpens soient dans une même Paroisse, parce que c'est la regle la plus certaine & la plus ordinaire, & qui semble être la moins embarrassante.

CONFERENCE SUR L'ARTICLE LXIX.

De même, *Orleans*, article 168.

Auteurs sur l'Article soixante-neuviéme.

D'Olive, liv. 2. chap. 2.
Loysel, liv. 2. tit. 2. regle 13.
Coquille, sur la Coûtume de Nivernois, chap. 19. art. 1.
Le Dictionnaire de M. Brillon, *verbo* colombier.
De la Lande, sur la Coûtume d'Orleans, art. 168.
Rat, sur la Coûtume de Poitou, art. 139.
Chopin, sur la Coûtume d'Anjou, liv. 1. chap. 11. nomb. 4. chap. 42. nomb. 21.
Le même Auteur sur la Coûtume de Paris, liv. 1. tit. 2. nomb. 43.
Le même Auteur, dans son Traité *du Domaine*, liv. 23. tit. 22. nomb. 7. & 8.
D'Argentré, sur la Coûtume de Bretagne, art. 368.
Labbé, sur la Coûtume de Berry, tit. 5. art. 46.
Berault, sur l'art. 137. de la Coûtume de Normandie.
Papon, en ses Arrests, liv. 18. tit. 9. Arrest 2.
Vrevin, sur la Coûtume de Chauny, art. 74.
Duplessis explique cet article, Traité *des Fiefs*, liv. 8. chap. 3. p. 67.

ARTICLE LXX.

Cet article a été ajoûté à la reformation de la Coûtume.

Comment le Seigneur non haut-Justicier peut avoir colombier.

Aussi le Seigneur non haut-Justicier ayant Fief, censives & terres en domaine, jusques à cinquante arpens, peut avoir colombier à pied.

Voyez l'Article précedent.

AUSSI LE SEIGNEUR NON HAUT-JUSTICIER.

GLOSE UNIQUE SUR L'ARTICLE LXX.

SOMMAIRE.

1. *De qui s'entend le Seigneur non haut-Justicier en cet article.*
2. *Conditions requises pour avoir colombier à pied par un Seigneur non haut-Justicier.*
3. *Si un Seigneur qui n'a qu'une simple censive, ou un Fief consistant seulement en une censive, peut avoir colombier à pied.*
4. *Si le Seigneur non haut-Justicier doit avoir cinquante arpens en domaine outre les censives.*
5. *Si les cinquante arpens doivent estre dans l'étenduë de la Justice.*
6. *S'il faut que les cinquante arpens soient en terres labourables.*
7. *Si des particuliers peuvent avoir des pigeons en volet.*
8. *Arrests qui ont jugé, qu'il n'étoit pas permis d'avoir un volet, mesme à ceux qui ont cinquante arpens.*
9. *Si les particuliers peuvent demander la reduction des boulins, ou si ce droit n'appartient qu'au Seigneur haut-Justicier.*

PAr cet article celuy qui n'est point haut-Justicier, peut avoir colombier à pied au cas qu'il ait Fief, censives & terres en domaine jusques à cinquante arpens.

1. Quand la Coûtume dit *non haut-Justicier*, cela s'entend du moyen ou bas-Justicier, & non pas de celuy qui est simple Seigneur féodal sans Justice; car si le Seigneur féodal sans Justice avoit droit de colombier par cet article, il ne seroit pas dit, *le Seigneur non haut-Justicier*, mais, *celuy qui a Fief*, &c.

Autrement il s'ensuivroit que ces mots Seigneur *non haut-Justicier* seroient inutiles & superflus dans l'article, outre que sa décision seroit vague & indéterminée; mais les Réformateurs se sont ainsi expliqué à cet égard, n'ayant pas voulu accorder le droit de colombier qu'à celuy qui a Justice, à cause du droit qu'il a sur ses Sujets en vertu d'icelle.

Ainsi cet article se doit entendre du Seigneur moyen, ou bas-Justicier, & non du simple Seigneur de Fief; à l'égard duquel la Coûtume ne statuë rien sur ce sujet.

Cette interpretation se prend encore de la connexité de cet article avec le précédent, dans lequel ayant parlé du Seigneur haut-Justicier, elle vient aux autres especes de Seigneurs Justiciers, ausquels elle attribuë le même droit sous des conditions differentes.

Il resulte donc de ces deux articles, que le droit de colombier à pied est commun au Seigneur haut, moyen, ou bas-Justicier, avec cette difference néanmoins que les deux derniers ne le peuvent prétendre, si outre la qualité de Seigneur féodal avec droit de censive, ils n'ont cinquante arpens de terres, comme il est porté dans cet article.

2. Ainsi trois conditions sont requises, afin qu'un Seigneur non haut-Justicier ait droit de colombier, sçavoir qu'il ait Fief, qu'il ait des censives ou terres en sa censive, & qu'il ait des terres en domaine & proprieté jusques à cinquante arpens.

La particule conjonctive, *&*, nous fait connoître que c'est la veritable interprétation de cet article.

Il ne suffit pas qu'il ait Fief sans censives, parce que le droit de colombier incommode fort les propriétaires des terres voisines, c'est pour cela que la Coûtume en l'article précédent, requiert même à l'égard du Seigneur haut-Justicier, qu'il ait censive pour avoir droit de colombier, parce qu'outre le droit de Justice il a encore droit de cens sur des terres qui y sont situées; ainsi les propriétaires d'icelles à cause de la concurrence de ces droits, ne peuvent pas se plaindre que leur Seigneur a des pigeons qui se nourrissent en partie à leurs dépens.

3. RICARD Maître Ricard sur cet article *in verbo*, censive, met cette note, *censive sans Fief, c'est-à-dire en franc-aleu suivant l'art. 68.*

D'où il semble qu'il soit d'avis qu'un Seigneur qui a Fief, ou une simple censive sans Fief, ou plûtôt un Fief qui consiste en une simple censive, peut avoir droit de colombier à pied; autrement cette note ne seroit pas mise fort à propos en ce lieu; mais je ne suis pas de ce sentiment, & je ne croy pas, que ce soit l'esprit de la Coûtume.

En effet, il s'ensuivroit delà, qu'un Seigneur bas-Justicier qui n'auroit censive que sur un arpent de terre seulement, sans aucun domaine, pourroit avoir droit de colombier, de même que le Seigneur haut-Justicier, suivant l'article précédent; ce qui seroit absurde, car le bas-Justicier auroit plus de droit que le haut-Justicier, vû que s'il suffit au bas-Justicier d'avoir, ou Fief, ou censive, ou terres en domaine jusques à cinquante arpens, il auroit droit de colombier, s'il avoit cinquante arpens en domaine, ce qui n'est pas permis au haut-Justicier, lequel ne le peut avoir, s'il n'a censive.

Ainsi il faut dire que ces trois conditions sont requises au Seigneur bas ou moyen-Justicier, pour avoir droit de colombier à pied; desorte que le Seigneur féodal qui n'auroit point de censives, mais seulement un Fief consistant en cinquante arpens & plus, ne pourroit pas avoir droit de colombier à pied.

C'est le sentiment de Charondas, que le Seigneur haut-Justicier doit avoir censive outre cinquante arpens. Surquoy il faut observer, que quiconque a censive, a Fief, parce que le droit de censive est un Fief, & c'est un Fief en l'air, au cas que le propriétaire de cette censive n'ait point de domaine tenu en Fief du Seigneur; mais celuy qui a Fief, n'a pas toûjours censives. 4. CHAR[ONDAS]

Les cinquante arpens dont il est parlé dans cet article, doivent être dans l'étenduë de sa Justice, & proche de la maison où est le colombier, parce que ce sont les trois choses susdites qui luy donnent droit de colombier. 5.

Mais il n'importe qu'elles soient dépendantes, ou non, de son Fief, ou qu'il les tienne en Fief ou censive d'un autre Seigneur, parce que la Coûtume ne le requiert pas, voulant seulement qu'il ait cinquante arpens de terres en domaine.

La raison est, qu'étant propriétaire de cette quantité d'arpens, il est censé nourrir ses pigeons de ses propres terres, sans que les propriétaires des terres voisines en puissent être incommodez, ni s'en plaindre.

Il n'est pas necessaire que ces cinquante arpens soient en terres labourables, vû que la Coûtume ne l'ordonne pas. 6.

Il est vray que c'est la disposition de la Coûtume d'Orleans en l'art. 168.

C'est apparemment sur cet article que Brodeau est d'avis contraire, & parce que d'autres domaines & heritages ne peuvent pas servir à la nourriture des pigeons. BRODEAU

Néanmoins je ne croy pas que ç'ait été l'intention des Réformateurs, car obligeant un Seigneur bas ou moyen-Justicier à avoir Fief, censives & cinquante arpens de terres, s'il falloit que ces cinquante arpens fussent en terres labourables, il y en auroit bien peu, qui auroient droit de colombier.

Maître Auzanet dit que cela souffre de la difficulté, & auroit besoin d'une décision précise. AUZANET

Monsieur ***. dit, qu'inutilement la Coûtume demanderoit une certaine quantité de terres, si cette même quantité ne servoit pour la nourriture des pigeons qu'elle permet en ce cas d'avoir.

Par cette raison il estime que quand la Coûtume dans l'article 70. dit qu'il faut avoir cinquante arpens de terres, elle a voulu dire labourables & n'a pas entendu parler, des terres en bois, bruyeres, étangs & autres qui ne peuvent pas servir à la nourriture des pigeons.

Il dit que c'est encore une difficulté, s'il faut que ces terres soient dans la même Justice, le même Fief ou la même Parroisse, que comme il est le plus expedient en ces sortes de matieres, de prendre ce qui est plus commode pour le public & moins embarrassant, il tient que les arpens doivent être dans une même Parroisse.

Il s'ensuit de cet article & du précédent, que tous autres que ceux qui y sont dénommez, n'ont pas droit de colombier, mais parce qu'il y a d'autres colombiers qu'on appelle *voliere*, *fuye* ou *volet*, on demande si ces particuliers qui n'ont point de Justice, en peuvent avoir? 7.

Lors de la réformation de la Coûtume il y eût contestation sur ce sujet, car on avoit presenté à Messieurs les Commissaires cet article en ces termes, *celuy qui n'a Fief, censive ni Justice, peut avoir voliere, ou fuye de cinq cens boulins & au dessous, pourvû qu'il ait au terroir où est construit ladite voliere, cinquante arpens de terre.*

A quoy fut remontré par les Prevôt des Marchands & Eschevins, que la grande cherté des terres ne pouvoit pas permettre qu'on en eût si grande quantité en un même terroir : & qu'il n'étoit pas raisonnable de diminuer ou restraindre l'ancienne liberté, étant dur & rigoureux que celuy qui a quarante arpens, ne pût avoir aucune voliere ou fuye, non plus que celuy qui ne tient qu'un ou deux arpens ; & qu'il seroit plus équitable de permettre plus grande ou moindre quantité de boulins selon le nombre & la quantité des terres.

Ce qu'ayant été contredit par les deux autres Estats, Messieurs les Commissaires ordonnerent que les parties se pourvoiroient à la Cour, ainsi qu'elles trouveroient à propos ; & Maître Auzanet dit que dans l'usage on est demeuré aux termes de l'article, quoique non inseré dans le corps de la Coûtume. AUZANET.

Monsieur ***. dit la même chose, quoique l'article n'ait pas été écrit, néanmoins l'usage a établi ce que la Loy n'a pas prononcé.

8. Cependant les Arrests ont jugé le contraire, tant dans cette Coûtume que dans d'autres voisines, que les particuliers qui n'ont point cinquante arpens de terres en fonds & propriété, ne peuvent avoir colombier, voliere, fuye ni volet.

Le premier est du 26. Février 1601. contre Maître Pierre Quentin Conseiller au Châtelet, par lequel sur la question, sçavoir si n'ayant que vingt-cinq arpens de terre en roture, dans le détroit de la Seigneurie d'Amblinvilliers, il pouvoit bâtir un volet à pigeons au dessus de la montée de sa maison, les parties furent appointées au Conseil, & cependant défenses à luy de passer outre à la construction du volet, jusqu'à ce que par la Cour en eût été ordonné autrement.

Le second, est un Arrest d'Audience du 26. Février 1612. par lequel défenses furent faites à Maître Robert Lambert Curé de Liancourt, de tenir volet à pigeons, sur ce qu'il n'avoit pas cinquante arpens de terre, quoiqu'il fût fondé de lever la dixme sur toutes les terres de la Parroisse.

Le troisiéme a été donné aux Enquêtes, le 4. Mars 1617. confirmatif de la Sentence du Prevôt de Poissy, qui avoit renvoyé Roger Dallois absous de la demande de Dame Marie Fayet, Dame de Vilaines & de Mignaut, à ce que défenses luy fussent faites de continuer la construction d'une voliere qu'il avoit commencée, ni d'y mettre aucuns pigeons, aprés un Arrest interlocutoire, en execution duquel Dallois avoit justifié qu'il possedoit plus de cinquante arpens de terres en propriété.

Ces Arrests sont rapportez par les Commentateurs sur cet article & le precedent.

Voyez Mornac sur la Loy 11. *ff. ad legem Aquiliam.*

Ainsi les simples Seigneurs de Fief ne peuvent prétendre le droit de colombier à pied, parce que c'est une marque de la Justice, haute, moyenne ou basse, ils peuvent bien avoir des colombiers de figure ronde, & qui paroîtront tels au dehors que ceux des Seigneurs Justiciers, mais pour le dedans il y a cette difference qu'il doit y avoir quelque lieu au dessous du colombier qui soit destiné à un autre usage qu'à la retraite des pigeons.

Les simples Seigneurs de Fief ne peuvent pas même prescrire le droit de colombier à pied, tant parce qu'en ce cas leur possession n'est pas publique, & ne peut pas venir facilement à la connoissance du Seigneur haut-Justicier, qu'ils ne le peuvent avoir que sous les conditions portées par cet article.

Les propriétaires des Fermes sises à la campagne, quoiqu'ils n'ayent ni Justice ni censive, lorsqu'elles sont composées de cinquante arpens de terres dans la Parroisse, ont droit de colombier, suivant l'usage selon Maître Auzanet, mais il doit être suspendu, c'est-à-dire, bâti sur pilliers ou sur quelque édifice ; ensorte que les boulins ne commencent pas dés le rez de chaussée comme celuy que les Seigneurs Justiciers peuvent avoir ; en outre il doit être de figure quarrée à la difference de celuy des Seigneurs Justiciers ou féodaux qui peut être de figure ronde. 9. AUZANET.

Tout ce qui vient d'être dit sur ses deux articles, est conforme à l'usage qui s'observe de tout temps dans la Coûtume de Meaux, suivant lequel il n'y a que les Seigneurs Justiciers, pourvû encore qu'ils ayent droit de censive, qui soient en possession d'avoir des colombiers à pied ; privativement aux simples Seigneurs de Fief.

Lors de la réformation de la Coûtume de Paris, il y eût des articles avisez & deliberez à la pluralité des voix, entre les Deputez de l'Eglise & de la Noblesse ; touchant le droit de colombier, mais qui ne furent pas reçûs par l'assemblée des trois Estats. ces articles sont rapportez par Brodeau dans son Commentaire nomb. 2.

Le Seigneur haut-Justicier & même chaque particulier propriétaire des heritages situez aux environs, peut demander la reduction des boulins, comme il a été jugé par Arrest du 7. Février 1639. en l'Audience de la Grand'-Chambre, remarqué par Maître Auzanet. AUZANET.

OBSERVATIONS DE MONSIEUR ***.

Sur l'Article LXX.

SOMMAIRE.

1. *Article changé & augmenté.* | 2. *Autre Article.*

1. *LE Seigneur non haut-Justicier ayant Fief ou censive & terres labourables en domaine jusqu'à cinquante arpens dans l'étendue de la même Parroisse, peut avoir colombier à pied.*

Le précedent article fait connoître que celuy qui a haute-Justice avec Fief ou censives, sans terres labourables, peut avoir un colombier à pied. Celuy-cy décide que le Seigneur du Fief qui n'a point de Justice peut avoir un colombier à pied, pourvû qu'il ait cinquante arpens de terre.

Nous avons ajoûté le mot de *Labourables*, afin de décider la question qui ne l'étoit pas.

Nous avons mis, dans l'étendue de la même Paroisse, pour décider la seconde question.

AUTRE ARTICLE.

2. *Celuy qui n'a Justice, Fief ni censives peut avoir voliere ou fuys de cinq cens boulains & au dessous, pourvû qu'il ait dans la Paroisse cinquante arpens de terres labourables.*

Cet article avoit été proposé lors de la réformation de l'ancienne Coûtume, mais il n'y avoit pas été mis à cause de l'opposition de Monsieur le Prevost des Marchands, qui prétendoit que ceux qui avoient moins de cinquante arpens pouvoient avoir des fuys où il y auroit moins de boulins à proportion.

Nous avons mis comme à l'autre précedent, qu'il falloit que les terres fussent labourables, & dans l'étenduë de la même Paroisse.

CONFERENCE SUR L'ARTICLE LXX.

BAr, tit. 2. art. 47. *Aucun ne peut faire de nouveau colombier sur pied, sans le congé du Seigneur haut-Justicier.*

Blois, art. 239. *Nul ne pourra faire édifier colombier & fuye à pied, a ne garenne, sinon qu'il aye ce droit, ou qu'il aye joüi desdites garenne & colombier d'ancienneté.*

a *Intellige secundùm modum loquendi regionis, l. si servus plurium in fin. D. de legat. 1. Ideò non habet locum in elevata tribus vel quatuor pedibus suprà aream.* Et ainsi a été jugé à Blois contre le Prieur de Champigny pour un vassal. C. M.

Bretagne, art. 389. *Il n'est permis à aucun de faire fuye ou colombier, s'il n'en avoit eu anciennement par pied ou sur pilliers, ayans fondemens enlevez sur terre, ou s'il n'a trois cens journaux de terre pour le moins en Fief ou domaine noble aux environs de la maison, en laquelle il veut faire ladite fuye ou colombier : & ores qu'aucun auroit ladite étenduë, n'en pourra toutesfois bâtir de nouveau, s'il n'est noble.*

Calais, tit. 2. art. 19. *N'est loisible à aucun tenant en censive, d'avoir colombier à pied ayant boulins, manes & trous jusques au rez de chaussée, s'il n'en a titre & permission du Roy, & tienne terres en domaine jusqu'à cent cinquante mesures : mais sera bien loisible à toute personne avoir volieres en son heritage non recedans, toutefois la quantité de cinquante boulins, manes & trous : lequel nombre de boulins, manes & trous, ne pourra être augmenté & outrepassé, sinon par ceux qui auront & posséderont cinquante mesures de terres, & au dessus.*

Tours, art. 37. *Peut le Seigneur de Fief*, b *faire en son Fief fuye ou garenne, si bon luy semble.*

b *Habens latifundium : secùs si non haberet dominium vel valde modicum.* C. M.

Auteurs sur l'Article soixante-dixiéme.

D'Olive, liv. 2. chap. 2.
Bobé, sur cet article.
Basnage, sur Normandie, art. 136.
Dictionnaire de M. Brillon, *verbo* colombier.
Coquille, sur Nivernois, chap. 19.
Despeïsses, tom. 3. nomb. 225.
Duplessis explique cet article, Traité *des Fiefs*, liv. 8. chap. 3. p. 67.
Voyez les Auteurs citez sur l'article précedent.

ARTICLE LXXI.

Cet Article a été ajoûté à la reformation de la Coûtume.

Titre pour four ou moulin bannal, ou pour corvées.

N*Ul Seigneur ne peut contraindre ses sujets d'aller au four, ou moulin qu'il prétend bannal, ou faire corvées, s'il n'en a titre valable, ou aveu & dénombrement ancien : Et n'est reputé titre valable, s'il n'est auparavant vingt-cinq ans.*

Voyez l'Article suivant, & les 14. & 186.

REMARQUES.

LE Seigneur qui n'a pas droit de bannalité, ne peut pas empêcher ses sujets de bâtir moulins sur leurs heritages, & de faire chasser dans le détroit de sa Seigneurie : mais ayant moulin bannal, il peut faire l'un & l'autre, dont sont intervenus plusieurs Arrests qui sont rapportez par Monsieur Loüet & son Commentateur, *lit. M. num.* 17.

Il n'y a que les grains destinez pour la nourriture de l'homme qui soient sujets au droit de bannalité, Coquille sur Nivernois, article du titre des fours & moulins.

On demande si les gens d'Eglise sont sujets au droit de bannalité ?

Chopin sur la Coûtume d'Anjou, livre 1. article 4. résout qu'il n'y a que les roturiers qui en soient tenus.

Mais il faut prendre garde que cet Auteur parle dans les termes de la Coûtume sur laquelle il a écrit, qui en l'article 31. excepte expressément de la bannalité les gens d'Eglise & les Nobles, parce qu'il a été jugé dans les autres Coûtumes qui n'en disposent point particulierement, que la bannalité n'est pas une servitude roturiere, & que les Clercs aussi-bien que les Nobles & possedans Fiefs y peuvent être contraints.

Peleus en sa question 107. en rapporte un Arrest du 7. May 1605. à l'égard des Nobles. Maître Julien Brodeau sur cet article en rapporte deux autres, l'un donné aux Enquêtes le 8. Avril 1628. dans l'espece de la Coûtume de Paris, contre Maître Nicolas de Bethizy, Prieur de saint Nicolas de la Ferté au Col. Et l'autre intervenu en la troisiéme Chambre des Enquêtes, au rapport de Monsieur Sevin le 27. Août 1632. contre Maître Edme Collet, Curé de Moulissent, & Henry de Bailleul, Ecuyer sieur de Persay.

Jugé par Arrest des 18. Septembre 1563. & 3. Juin 1595. que les Banniers de Gonnesse sont exempts de la bannalité pour les bleds & grains qu'ils achetent hors le territoire & bannalité de Gonnesse, pour faire le pain qu'ils vendent en la ville de Paris & autres lieux hors la Châtellenie & enclaves de Gonnesse. Ce qui a été confirmé par autres Arrests des 21. Août 1641. & 6. Octobre 1642.

Quoiqu'un Seigneur haut-Justicier n'ait pas droit de bannalité dans l'étenduë de sa Justice : néanmoins ses hostes & justiciables ne peuvent pas s'assujettir à la bannalité du Seigneur voisin.

Ainsi jugé par Arrest d'Audience du Lundy 30. Mars 1609. conformément aux Conclusions de Monsieur l'Avocat General Servin, au profit du Chapitre de l'Eglise Collegiale de Clery.

Maître Julien Brodeau en son Commentaire sur cet article, rapporte aux nombres 30. 31. & 32. plusieurs autres Arrests, par lesquels il a été jugé que tous les raisins qui croissent dans un territoire dont le Seigneur a droit de pressoir bannal, doivent y être pressorez, quoique les vignes appartiennent à des particuliers qui sont domiciliez ailleurs.

Quoiqu'il y ait obmission de quelque formalité dans le titre, il ne laisse point de devoir être executé, pourvû qu'il précede 25. ans, & qu'il ait été suivi d'une possession paisible & continuelle depuis ce temps-là. C'est ce que veulent dire ces termes de nôtre article, *Et n'est reputé titre valable, s'il n'est auparavant vingt-cinq ans.* Car si le titre est revêtu de toutes ses solemnitez, il ne peut pas être contesté dés le moment qu'il a été passé.

Il peut arriver qu'un Seigneur ne soit pas fondé en un droit universel de bannalité, & qu'il luy appartienne néanmoins contre quelques particuliers, en consequence des conventions faites avec eux ou leurs auteurs.

Ainsi a été jugé par Arrest intervenu au rapport de Monsieur Durand, en la troisiéme Chambre des Enquêtes le 20. Avril 1602. par lequel la Cour a fait défenses à Monsieur Bouguier, Conseiller en la Cour, de faire faire des proclamations dans le village d'Escharcon, pour empêcher la liberté des habitans du village de faire pressorer leurs vendanges où bon leur semblera, sans préjudice toutefois des conventions particulieres, ou jugemens donnez contre aucuns des habitans de leur consentement, au profit des prédecesseurs de Monsieur Bouguier & de luy, lequel pourroit contraindre ceux qui s'étoient autrefois, eux ou leurs vignes, assujettis à son pressoir.

D'ALLER AU FOUR OU MOULIN QU'IL PRETEND BANNAL.

GLOSE PREMIERE SUR L'ARTICLE LXXI.

SOMMAIRE.

1. *Pourquoy cet article a été ajoûté.*
2. *Si la disposition de cet article se doit étendre aux autres bannalitez.*
3. *Si la bannalité s'acquiert par prescription.*
4. *Si cet article doit estre étendu aux autres Coûtumes.*
5. *Si le droit de bannalité est Seigneurial.*
6. *Si la bannalité se peut perdre par non joüissance.*
7. *Quel titre on doit avoir pour prouver la bannalité.*
8. *Si le titre originaire & primitif est necessaire.*
9. *Comment s'entend la Coûtume qui requiert un titre avant vingt-cinq ans.*
10. *Si l'interprétation de Maistre Ricard est recevable.*
11. *Si le consentement des deux tiers des habitans obligeroit les autres à une bannalité.*
12. *Si quelques particuliers peuvent s'obliger à une bannalité.*
13. *Si le Seigneur qui a le droit de bannalité de moulin, peut empescher que les Meusniers des terres voisines ne viennent chasser sur ses terres.*
14. *Si lorsque le moulin bannal est détruit, les sujets peuvent aller moudre où ils veulent.*
15. *Si le Seigneur qui n'a pas le droit de bannalité de moulin, peut empescher ses sujets d'avoir des moulins à bras dans leurs maisons.*
16. *Si les sujets d'un Seigneur, qui n'a point de moulin bannal, peuvent s'obliger à la bannalité de moulin envers un Seigneur voisin.*
17. *Si celuy qui bâtit un moulin non bannal, peut incommoder ses voisins qui en ont au dessus, ou au dessous.*
18. *Si la bannalité du four est pour le pain fait de bled acheté hors le marché du lieu.*
19. *Difference entre la bannalité du four, du moulin & du pressoir.*

20. *Pourquoy la bannalité du pressoir est réelle.*

21. *Si le droit de bannalité se peut vendre, ceder ou transporter par le Seigneur.*

22. *Si les Curez & Gentils-hommes sont obligez à la bannalité du four ou moulin.*

23. *Si ceux qui ont Fiefs dans l'étenduë de la Seigneurie, peuvent s'exempter de la bannalité.*

1. IL est défendu par cet article aux Seigneurs qui ont Justice, de contraindre leurs sujets d'aller au four ou moulin qu'ils prétendent bannal, ou de faire corvées, s'ils ne sont fondez en titre, quoiqu'ils en eussent joüy pendant un temps immemorial.

La raison est, que souvent les Seigneurs contraignent par force & violence leurs sujets à des charges, sujettions, & servitudes, ensorte qu'ils sont souvent obligez de quitter leur païs & d'abandonner leurs biens, ce qui est contre l'interest du Roy & de l'Etat, car étant ainsi opprimez par les Seigneurs, ils ne peuvent point payer la Taille & les Droits ausquels ils sont obligez envers le Roy.

A l'égard de la bannalité, c'est une espece de servitude, laquelle par consequent ne s'acquiert point sans titre, conformément à l'article 186.

2. Quoique cet article 71. ne parle que de la bannalité du four ou du moulin; il en faut néanmoins étendre la disposition aux autres especes de bannalitez, comme à celle du pressoir, & à celle des étaux, par laquelle il n'est permis de vendre de la viande que sur les Etaux du Seigneur.

Il doit aussi comprendre le droit de Taureau bannier, & autres semblables, c'est aussi le sentiment de Monsieur ***.

Ce qui est fondé sur l'Ordonnance d'Orleans articles 104. 107. 117. & suivans, & sur celle de Blois article 283. qui enjoignent aux Bailliss & Sénéchaux des Provinces de tenir la main, à ce que les Sujets du Roy ne soient point opprimez par la violence des Seigneurs & Gentilshommes, par corvées & autres charges réelles & personnelles qu'ils leur pourroient imposer, Brodeau *num.* 8. BRODEAU.

3. Il faut dire de la bannalité ou des corvées, ce qui est dit du droit de servitude en l'article 186. que comme le droit de servitude ne s'acquiert point, par quelque joüissance que ce soit, sans titre, quoiqu'immemoriale, & de cent ans & plus, aussi la bannalité ne se peut point acquerir par quelque temps que ce soit, par cent ans & plus, ce qu'il faut suppléer en cet article.

4. La raison est qu'on ne prescrit point contre la liberté publique, *insolita servitia & exorbitantia onera præsumuntur, præsertim erga rusticos & à potentatibus, qui sub quocumque prætextu publici muneris possunt esse terribiles rusticano*, dit du Moulin sur le titre suivant *glos.* 22. *n.* 16.

CHARONDAS. Charondas au livre 2. de ses Réponses chapitre 12. *in fine*, remarque un Arrest du mois de Mars 1507. qui l'a jugé ainsi.

Les Commentateurs de nôtre Coûtume en rapportent un autre du 21. Juillet 1570. donné au profit des Habitans de Beaupuis, contre l'Abbé d'Orscamps.

Voyez Chopin sur la Coûtume de Paris livre 2. titre 8. nombre 1. & Mornac sur la Loy *si servus* 27. §. *si fornu* ff. *ad legem Aquiliam*.

La Coûtume d'Orleans articles 100. & 101. y est expresse.

C'est un principe fondé sur l'équité, qui doit avoir lieu dans les Coûtumes qui n'en parlent point, & où le droit de bannalité n'est pas Seigneurial ni annexé à la Justice.

Dans quelques Coûtumes, ce droit appartient aux Seigneurs hauts-Justiciers, ou aux Seigneurs féodaux, comme une dépendance de leur Justice ou de leur Fief, sans qu'ils ayent besoin de titres pour le justifier, comme celle de la Marche article 311. & autres.

Ce droit est tellement inherent & attaché à la Justice en cette Coûtume, qu'il a été jugé par Arrest donné aux Enquêtes le 6. Septembre 1625. confirmatif de la Sentence du Sénéchal de la Marche, ou son Lieutenant à Gueret, entre Maître Estienne de Tourniol, Avocat du Roy au même Siege, François de la Celle & consors, que le Seigneur qui vend la directe, ne peut pas retenir le droit de bannalité du moulin qui en est inséparable : cet Arrest est rapporté par Brodeau *num.* 15. BRODEAU.

5. Mais dans la Coûtume de Paris, ce droit n'est point féodal ni Seigneurial, c'est un droit extraordinaire & contre le droit commun, c'est pourquoy non seulement il faut un titre, mais aussi une possession paisible, sans quoy les Seigneurs ne le peuvent prétendre.

6. D'où il s'ensuit, qu'un Seigneur ne le peut pas acquerir par prescription, quelque longue qu'elle soit, comme il a été dit cy-dessus, mais il le peut perdre par une non-joüissance, quoiqu'il soit fondé en titre, de même que par l'article 186. la servitude ne se peut acquerir par prescription, mais la liberté contre une servitude justement établie, se peut prescrire par 30. ans contre les Seigneurs particuliers, & par 40. contre l'Eglise.

Ce qui a été jugé ainsi en cette Coûtume par Arrêt du 22. Août 1598. donné en la Grand'-Chambre, au rapport de Monsieur Binard, au profit de Monsieur Maître Nicolas Favier, Conseiller en la Cour, contre Maître Jacques des Jardins, Conseiller au Châtelet de Paris, & sa femme, Seigneur de Montreüil sous le Bois de Vincennes.

Par cet Arrest Maître Jacques des Jardins & sa femme furent déboutez de leur demande de la bannalité d'un pressoir, quoiqu'ils fussent fondez en bons titres, sur ce qu'ils n'en avoient pas joüi pendant trente ans, cet Arrest est rapporté par Brodeau *num.* 10. BRODEAU.

7. Le titre requis pour établir valablement une bannalité doit être par écrit, fait & passé du consentement de tous les Habitans, desorte que le consentement de plus des deux tiers des Habitans ne pourroit pas établir un titre valable contre ceux qui s'y seroient opposez.

C'est le sentiment de Brodeau *num.* 2. que je trouve bien fondé, parce qu'il s'agit en ce cas d'une chose qui concerne tout le Corps & tous les Habitans aussi en particulier, & que *quod omnes tangit ab omnibus debet approbari*. BRODEAU.

Bacquet au Traité des Droits de Justice chapitre 29. *num.* 23. est d'avis contraire, prétendant que le consentement des deux tiers suffit pour obliger l'autre, suivant la Loy *nominatiunum. C. de Decurion.* la Loy *nulli*, & la Loy suivante ff. *quod cujusque univers.*

Mais cette opinion n'est pas juste, daurant que cela a lieu seulement dans les choses & les affaires, qui concernent tout le Corps en general, & non pour celles qui regardent tous les particuliers qui le composent, comme la bannalité, en quoy le consentement de tous est requis, ensorte que ceux qui n'y auroient pas consenty, ne seroient pas tenus de s'y assujettir, suivant la Loy *per fundum.* ff. *de servitut. rusticor. prædior.* à moins qu'ils ne s'y fussent soûmis pour l'interêt commun, le Seigneur leur cedant ou accordant d'autres droits.

Il n'est pas besoin du titre primitif & originaire
8. au Seigneur, qui prétend le droit de bannalité dans sa Justice, il suffit qu'il produise des anciens aveus, que le Seigneur & ses predecesseurs ont donné à leurs Seigneurs dominans, dans lesquels le droit de bannalité & de corvées, ait été employé ; car ces aveus & dénombremens joints à une possession & joüissance paisible, publique & continuelle, depuis un tres-long-temps, peuvent servir de titre valable.

BROD. C'est l'avis de Brodeau *num.* 3. & 4. & de Bacquet *num.* 33. où il dit, que cela dépend néanmoins de la prudence & discretion des Juges.

En effet, il pourroit arriver, qu'un Seigneur auroit usurpé ce droit sur ses sujets ; & l'auroit & ses successeurs donné depuis par aveus & dénombremens à leurs Seigneurs, en ce cas si par quelque circonstance il apparoissoit qu'il n'y eût point eu d'autre établissement, tels aveus ne serviroient pas de titres.

Il faut encore icy remarquer qu'un aveu & dénombrement donné par les predecesseurs du Seigneur, quoique reçû en la forme ordinaire, n'est pas suffisant pour établir le droit de bannalité ou de corvées ; il faut qu'il y ait plusieurs aveus conformes baillez en differens temps & par differens Seigneurs, suivis & assistez de possession & joüissance paisible.

Voyez Maître Charles du Moulin §. 5. *qui est hodie* 8. *num.* 8. *& seqq.*

Quand la Coûtume en cet article dit *ou aveu & dénombrement*, elle suppose qu'il y a eu un titre, mais que par le laps de temps il a été perdu, autrement les droits de la plus grande partie des Seigneurs seroient perdus, s'ils étoient tenus d'en rapporter les titres originaires & primitifs.

9. Quant à ce que la Coûtume requiert, que le titre pour être valable, soit auparavant 25. ans, il faut observer, suivant le sentiment de Brodeau *num.* 5. que l'intention des Réformateurs a été, qu'un titre sur lequel on voudroit fonder un droit de bannalité ou de corvées, ne seroit point reputé valable, s'il n'étoit passé 25. ans avant la réformation de la Coûtume, qui fut faite en l'an 1580. c'est-à-dire, dans un temps non suspect & avant les guerres Civiles & les troubles de la Ligue, qui commencerent incontinent aprés la mort du Roy Henry II. arrivée en l'an 1559. au commencement du regne de François II. desorte que ce temps de 25. ans n'est plus requis à présent, & un titre, dés qu'il est passé du consentement de ceux qui y ont interêt, est valable pour l'établissement du droit de bannalité ou de corvées, sans qu'il soit necessaire qu'il soit suivy d'une possession de 25. ans ; ainsi ces termes, *& n'est reputé, &c.* sont inutiles.

A present qu'il n'y a plus de présomption de violence, tout titre posterieur à la réformation de la Coûtume, doit être bon lorsqu'il est passé en bonne forme & du consentement de tous les Habitans.

10. Je ne croy pas qu'on doive recevoir l'interpretation qu'en fait Maître Ricard, sçavoir, que quoiqu'il y ait obmission de quelque formalité dans le titre, il doit toutefois être executé, pourvû qu'il precede 25. ans, & qu'il ait été suivy d'une possession paisible & continuelle depuis ce temps-là ; car il n'y a point de formalité requise pour ce titre, si ce n'est qu'il faut qu'il apparoisse du consentement des Habitans, & qu'ils l'ayent prêté volontairement & sans contrainte, autrement il est nul, & ne peut produire aucun effet, quoique le titre passé par quelques-uns des Habitans ait été suivy d'une possession de 25. ans & plus.

Outre cela, ce temps de 25. ans est extraordinaire, & pour la confirmation d'un titre vicieux, il n'est pas à présumer que les Réformateurs l'eussent requis, ils auroient pris celuy de trente ans, qui est le temps de la prescription sans titre.

C'est pourquoy il faut s'en tenir à l'interpretation de Brodeau.

Voyez à ce sujet les Observations de Monsieur *** qui sont à la fin de cet article, où il est de même sentiment.

Il faut observer un cas auquel le consentement de la plus grande partie des Habitans, comme des deux tiers, obligeroit les autres, sçavoir lorsque le droit de bannalité seroit étably pour l'interêt de la communauté, comme en vertu d'un transport & délaissement de quelques fonds & heritages fait par le Seigneur à cette communauté, pour servir d'usage, de pascages & pâturages, ou pour la remise de quelques droits dûs au Seigneur par les Habitans ; desorte que toute la communauté en recevroit de grands avantages, & beaucoup plus grands que ne vaudroit le droit de bannalité qu'ils auroient établis en consequence au profit de leur Seigneur ; car en ce cas la plus grande partie l'emporteroit sur la plus petite, & un titre ainsi passé seroit bon & valable, nonobstant l'opposition de quelques-uns. 11.

Il faut aussi remarquer que le Seigneur peut transferer dans sa Seigneurie son moulin d'un lieu à un autre, sans le consentement des Habitans, voyez Vigier sur la Coûtume d'Angoumois art. 31. nomb. 3. p. 96.

Mais le Seigneur ne peut changer de son autorité sans le consentement de ses Habitans, l'usage de son moulin bannal ; ensorte que d'un moulin bannal pour une chose, il en fasse un moulin bannal pour une autre.

C'est la raison pour laquelle Charles Turpin Sieur de Cressé qui tenoit un moulin à tan dans la bannalité du Chapitre de Tours, & qui en avoit fait faire un moulin à bled, a été condamné à le remettre à moulin à tan, par Arrest du 29. Janvier 1575.

Si quelques particuliers peuvent s'obliger valablement envers leur Seigneur à quelque droit de bannalité, ou de corvées, sans que ce soit par un consentement de la communauté ? 12.

On répond qu'ils le peuvent, & que telles obligations & soûmissions sont valables, à l'égard de ceux qui les ont faites, mais qu'elles ne portent point préjudice aux autres, comme il a été jugé par Arrest donné en la troisiéme Chambre des Enquêtes au rapport de Monsieur Durand le 20. Avril 1602. entre Monsieur Bouguier Conseiller en la Cour, & Maître Robert Becquet General des Monnoyes.

La Cour par cet Arrest débouta le Sieur Bouguier du droit de bannalité par luy prétendu en son pressoir sis au Village d'Escharcon, fit défenses respectivement aux parties de faire faire proclamations pour empêcher la liberté des Habitans dudit Village, de faire pressoirer leurs vendanges où ils voudroient ; sans préjudice toutefois des conventions particulieres de quelques Habitans faites de leur consentement, au profit des predecesseurs du Sieur Bouguier & de luy, lequel pourroit contraindre ceux qui se seroient autrefois eux ou leurs vignes assujettis à son pressoir, d'y faire pressoirer leurs vandanges, suivant lesdites conventions & jugemens.

Cet Arrest est rapporté par Brodeau *num.* 22. BRODEAU

Ainsi le droit de bannalité qui appartient à un Seigneur contre quelques particuliers, en consequence de conventions faites avec eux ou leurs auteurs, n'établit pas un droit general & universel. 13.

Quand le Seigneur est fondé en droit de bannalité de moulin, il peut empêcher les Meusniers voisins de venir chasser & quester dans sa terre, le bled de ses Sujets, suivant l'article qui suit.

Il peut aussi empêcher ses Sujets de bâtir des moulins à bled sur sa terre, & que d'autres n'en fassent bâtir, & intenter contr'eux le cas de saisine & de nouvelleté, comme il a été jugé par Arrest du 2. Aoust 1558. donné au profit du Chapitre saint Marcel

BRODEAU. lez-Paris, rapporté par Brodeau *num.* 15.

Au cas qu'ils en eussent fait bâtir, le Seigneur peut les contraindre de les démolir, & même intenter contre eux le cas de saisine & de nouvelleté, comme étant un trouble fait contre sa possession, Brodeau sur l'article 72. *num.* 6. (BRODEAU.)

Voyez Monsieur Loüet & son Commentateur lettre M. nomb. 17. & Monsieur le Prestre és Arrestez de la cinquiéme Chambre des Enquêtes.

14. Quand le moulin bannal est détruit & démoly, les Sujets peuvent aller moudre où bon leur semble, sans qu'ils soient tenus de payer aucun droit au Seigneur. *Idem* quand il cesse par faute d'eau ou de vent, ou dans le temps que le Seigneur le fait rebâtir, Brodeau sur Monsieur Loüet, *loco citato*.

On est même tenu dans les vingt-quatre heures de moudre le bled porté au moulin bannal, sinon celuy à qui il appartient a la liberté de le porter moudre ailleurs.

Voyez Loisel en ses Institutes Coûtumieres, livre 2. titre 2. de Seigneurie & Justice articles 31. & 32.

15. Quand un Seigneur n'a pas le droit de bannalité de moulin, il ne peut pas empêcher les particuliers d'avoir chez eux des moulins à bras, de s'en servir pour eux & pour d'autres, mais ils ne peuvent pas bâtir des moulins sur eau ou à vent sans son consentement; le Seigneur haut-Justicier a droit d'accorder la permission de faire des moulins sur les petites rivieres non navigables au préjudice même des particuliers qui y ont moulin, Henris tome 1. livre 3.

Mais il faut la permission du Roy pour en bâtir sur des rivieres publiques & navigables, & qu'il apparoisse auparavant par l'avis des Prevôt des Marchands & Echevins, ou autres Officiers sur les lieux, que le moulin qu'on veut bâtir, n'incommodera point la navigation, & n'empêchera point la descente des batteaux. Brodeau *num.* 16. & 17. & sur l'article suivant *num.* 8. (BRODEAU.)

Ce même Auteur dit selon l'avis de Bacquet, *n.* 20. que les particuliers ne peuvent bâtir de Moulin à vent, sans le consentement du Seigneur, quoiqu'il n'ait point droit de bannalité; ce qui est néanmoins contre l'interêt public & la liberté des Sujets; mais ils peuvent envoyer moudre leur bled dans les moulins voisins.

Loisel en ses Institutes Coûtumieres titre 2. article 3. en a fait une regle coûtumiere en ces termes, *nul ne peut asseoir moulin, ni bonde d'estang sans le congé de son Seigneur.*

16. Quoique le Seigneur n'ait pas droit de bannalité, néanmoins il n'est pas permis à ceux qui sont dans sa Justice, de constituer un droit de bannalité de moulin à un autre Seigneur, quoiqu'il ne puisse pas les empêcher d'y envoyer moudre leur bled, comme il a été jugé par Arrest du 30. Mars 1609. rapporté par Brodeau *num.* 20. (BRODEAU.)

La Cour par cet Arrest declara le contrat fait entre les habitans du Bourg de Clery, & Messire Gabriël de l'Aubespine, Evêque d'Orleans, contenant soûmission à la bannalité de ses moulins, pour une somme de deniers qu'il leur avoit prêtée pour acquitter leurs dettes, nul & de nul effet, leur fit inhibitions & défenses de s'en servir, à peine d'amende arbitraire, dommages & interêts, & les condamna aux dépens.

Néanmoins un Seigneur peut avoir droit de bannalité de moulin ou autre, sur les Justiciables d'un autre Seigneur, & s'il a un titre & une possession, leur Seigneur ne peut pas l'empêcher; & même en ce cas le Seigneur qui a ce droit, les peut faire appeller pardevant son Juge pour ce qui concerne sa bannalité, sans que leur Seigneur puisse les vendiquer, comme il a été jugé par Arrest du 10. Juin 1617. en la Chambre de l'Edit, Brodeau *num.* 26. (BRODEAU.)

17. *Si celuy qui bâtit un moulin non bannal, peut incommoder son voisin qui en a un au dessus, luy ostant ou détournant l'eau; ou si en bâtissant un au dessous, il peut retenir l'eau pour la faire regorger?*

Brodeau *num.* 18. & 19. tient que non, ce qu'il confirme par l'autorité de plusieurs Docteurs.

Il rapporte deux Arrests qui l'ont jugé ainsi.

Le premier est du 29. Mars 1536.

L'autre du 12. Février 1575. donné au rapport de Monsieur Hennequin, entre le Roy de Navarre, Duc de Vendosmois, ayant pris le fait & cause pour Jean Vignon & Bertault Giron appellans des Requêtes du Palais, & frere Jacques Senus Religieux en l'Abbaye de Vendôme, Seigneur des moulins à bled dits du Pontperrin, intimé.

Par ce dernier Arrest la Cour en infirmant la Sentence, qui condamnoit l'appellant à démolir & ôter le moulin à draps par luy nouvellement bâty, ordonna qu'à ses dépens le moulin & les vannes d'iceluy seroient mises en lieu & en tel état qu'ils ne pourroient nuire ni préjudicier aux moulins à bled de l'intimé, ni faire regorger & remonter l'eau, de sorte qu'ils fussent empêchez de moudre, comme ils faisoient avant la construction du nouveau moulin à draps.

18. Quant à la bannalité du four, il n'est pas pour le pain fait du bled acheté dans un autre marché, & pour vendre hors l'étenduë de la Justice, comme il a été jugé par Arrest du 28. Septembre 1565. rapporté par Brodeau *num.* 23. & par Bacquet *num.* 34. au profit des Boulangers de Gonnesse.

Brodeau au même lieu en remarque d'autres donnez en interprétation de celuy-cy au profit desdits Boulangers.

La raison est, que ce privilege est personnel & regarde ceux qui sont Justiciables du Seigneur, & non les autres qui ne sont pas dans son territoire.

Si ce droit de bannalité du four s'étendoit sur les pains qui se cuisent pour vendre hors la Justice, le Seigneur se serviroit de son droit contre ceux qui en acheteroient, ce qui seroit contre la liberté publique.

Maître Auzanet cite un Arrest du 30. Août 1614. donné entre M. le Cardinal du Perron & le Sieur de Meurers, par lequel il fut permis aux Boulangers de saint Sauveur Landelin, de faire moudre les grains par eux achetez hors l'étenduë de ladite Parroisse, où bon leur sembleroit, nonobstant la bannalité de moulin, pourvû qu'ils n'eussent point gisté dans les maisons desdits Boulangers. (AUZANET.)

Ainsi les Boulangers sont tenus d'aller cuire aux fours bannaux le pain pour leur provision & celle de leur famille & celuy qu'ils vendent dans le lieu de la Seigneurie, mais non pas celuy qu'ils vendent hors l'étenduë dudit lieu.

Ainsi par Arrest du 9. Mars 1620. rapporté par Monsieur le Prestre centurie 3. chapitre 45. il a été jugé contre les Boulangers de Vendôme, qu'ils seroient tenus de faire cuire au four bannal le gros pain qu'ils vendoient en leurs boutiques. 19.

Il faut observer en ce lieu une difference entre la bannalité du moulin & du four, & celle du pressoir.

Les bannalitez de moulin & de four sont personnelles, parce qu'elles sont dûës par la personne domiciliée dans l'étenduë de la Seigneurie, quoiqu'elle n'y possede aucun heritage ni aucun domaine.

Au contraire la bannalité de pressoir est réelle, étant dûë par la chose & non pas par la personne.

Ainsi elle s'exerce sur les vignes qui sont dans l'étenduë de la Justice, soit que les propriétaires y ayent leur domicile, ou non, sans que les propriétaires qui demeurent hors le territoire, puissent transporter leurs vandanges ailleurs pour les faire pressoirer, sans le consentement du Seigneur.

Et au cas qu'ils l'eussent fait pendant 30. ans & plus ils ne pourroient pas prétendre avoir prescrit ce droit contre

contre le Seigneur, qui seroit présumé avoir ignoré le transport fraudulcux de leurs vandanges ; ayant conservé son droit sur toutes les vignes qui sont dans sa Justice, par la joüissance qu'il auroit euë sur tous ses habitans, parce que c'est une espèce de servitude imposée sur un territoire, laquelle se conserve sur chaque partie par la joüissance sur quelques-unes, *l. 8. §. fin. ff. de servitut. urban. præd. l. penult. ff. de V. O. l. 1. ff. de pign. l. 13. §. 1. ff. de servitut. præd. rustic.*

Brodeau *num. 32. & 33.* rapporte plusieurs Arrests, par lesquels il a été jugé, que les propriétaires des vignes sujettes à la bannalité du pressoir, quoique demeurans hors la Justice, sont obligez de faire apporter leurs vandanges au pressoir du Seigneur pour les pressoirer.

Le premier est du 24. Avril 1600. en l'Audience de la Grand' Chambre rapporté par Chopin titre 8. *num. 1. in fine.*

Le second du 21. Mars 1609. donné aussi en la Grand'-Chambre.

Le troisiéme a été donné au mois de Juin 1630. en la quatriéme Chambre des Enquêtes.

Par autre du 7. Septembre 1641.

ONDAS Charondas sur l'article 90. en remarque un plus ancien ; desorte que la question ne fait point de difficulté.

21. *Si le droit de bannalité se peut céder, vendre ou bailler à rente par le Seigneur ?*

Il semble que non ; parce que la Coûtume ne donne la bannalité du four & du moulin qu'au Seigneur, néanmoins il a été jugé en la Coûtume de Tourraine, qui requiert Fief & Justice pour la bannalité du moulin, que le Seigneur peut détacher de son Fief le droit de bannalité, & le bailler à rente, par Arrest du 17. Juin 1634. entre Gilles Quentin & Georges Boutigny, cité par Maître Auzanet. NET.

Il pourroit même être aliéné à prix d'argent, suivant le sentiment de cet Auteur, & être par ce moyen détaché du corps du Fief & de la Justice.

Les bannalitez ordinaires sont les moulins, fours & pressoirs, dont il est fait mention dans l'article 14. & dans ces articles 71. & 72. il n'est point parlé des pressoirs, comme étant de moindre consequence, ainsi que remarque le même Auteur.

Touchant les pressoirs, il faut icy remarquer que les pressoirs à verjus que le Fermier du Roy fait mettre aux Places publiques ne sont point bannaux ; & chacun est libre d'en faire pour soy & pour autrui, comme il a été jugé par Arrest du 25. Août 1629. en la premiere Chambre des Enquêtes au rapport de Monsieur le Clerc, contre Nicolas Huguet Fermier du Roy au profit de Jeanne Bertrand, veuve de Jean Dasveau, Jean Gourreliet & autres.

Il y a encore dans plusieurs endroits le droit de Taureau : sur quoy il faut remarquer que nul autre que le Seigneur haut-Justicier ne peut avoir Taureau bannier. Voyez Bacquet en son Traité des Droits de Justice chapitre 29. nomb. 37.

Si le Curé & les Gentils-hommes qui demeurent dans l'étendue de la Justice, sont sujets à la bannalité du moulin & du four pour le bled qui est necessaire pour eux & pour leur famille ? 22.

Bacquet, *num. 36.* est d'avis que le Curé en est exempt, parce que les Ecclesiastiques sont exempts de toutes servitudes personnelles, de tailles, collectes, impositions & prestations personnelles, ausquelles les laïques sont obligez, *l. omnis l. item nulla. C. de exempt. & cler. cap. non minus. cap. adversus. Extra. de immun. Eccl.*

Brodeau, *num. 34.* est d'avis contraire, & dit, que quand la question s'est presentée dans les Coûtumes qui n'en parlent point, la Cour a condamné les Curez à la bannalité du moulin. BRODEAU.

Il rapporte deux Arrests qui l'ont jugé ainsi ; le premier en cette Coûtume le 8. Avril 1628. donné aux Enquêtes contre le Prieur de saint Nicolas de la Ferté au Col : l'autre donné en la Coûtume du Grand-Perche, en la troisiéme des Enquêtes, le 27. Août 1632. contre le Curé de Moulissant.

Ces Arrests sont aussi rapportez par M. Ricard. RICARD.

A l'égard des Gentils-hommes & autres qui possedent Fiefs dans l'étendue de la Seigneurie, ce même Auteur, *num. 33.* rapporte un Arrest de la troisiéme Chambre des Enquêtes du 23. Mars 1624. qui a jugé contre les Seigneurs. Peleus, question 107. en rapporte un autre du 7. May 1605.

Maître Auzanet sur cet article étoit d'avis, qu'il falloit ajoûter celuy-cy, *Les personnes constituées aux Ordres sacrez, & autres Ecclesiastiques, Communautez seculieres & regulieres, Hôpitaux, Gentils-hommes, Officiers du Roy, & Bourgeois de Paris, & les domestiques de personnes de Communautez cy-dessus ne seront sujets aux bannalitez & corvées ; mais leurs fermiers y peuvent être contraints.* AUZANET.

Si celuy qui a Fief dans l'étendue de la Seigneurie, peut s'exempter de la bannalité ?

23. Monsieur le Prestre, Centurie 3. chapitre 3. remarque deux Arrests, qui ont jugé que le Seigneur de Fief ne peut se prétendre exempt d'aller au four ou moulin bannal du Seigneur Justicier, si ce n'est en vertu d'un titre particulier & special au contraire.

Le premier a été donné en la Coûtume de Touraine, le 23. Fevrier 1602.

L'autre en la Coûtume de Paris, au rapport de Monsieur Ribier le 7. May 1605.

La raison est, que le Seigneur qui a moulin bannal, peut empêcher de construire un autre moulin que le sien dans sa terre ; & partant tous ceux qui y demeurent, quoique Seigneurs de Fiefs, sont tenus d'aller moudre à son moulin, à moins qu'ils n'ayent privilege & droit d'y en bâtir pour leur usage.

OU FAIRE CORVÉES.

GLOSE DEUXIEME SUR L'ARTICLE LXXI.

SOMMAIRE.

1. Corvées, *ce que c'est.*
2. *Si les corvées entrent dans l'estimation d'une terre venduë sur le pied des revenus.*
3. *Si le droit de corvées se peut acquerir sans titre, & comment se fait la preuve de ce droit.*
4. *Si ceux qui font les corvées, ausquelles ils sont obligez, sont tenus de se nourrir à leurs dépens.*
5. *Si le Seigneur qui a laissé passer plusieurs années sans faire faire les corvées à ses sujets, leur en peut demander les arrerages.*

6. *Si le droit de corvées, indéfini par la possession du Seigneur, doit estre limité.*

7. Sujets, *comment ce mot se prend en cet article.*

1. CORvées, dont il est parlé en cet article, sont des servitudes personnelles, appellées en Droit *opera*.

Elles consistent en journées de personnes, de chevaux, bœufs, & autres animaux, que les sujets sont tenus d'employer au service de leur Seigneur sans aucun salaire, ou pendant qu'il recüeille ses grains, ou qu'il fauche ses prez, ou bien qu'il fait ses vendanges, ou enfin lorsqu'il fait bâtir.

Elles sont appellées ainsi *à curvando*, parce que *hujusmodi operis curvantur homines*.

Les corvées sont personnelles plûtôt que réelles, parce qu'elles sont dûës par la personne.

Touchant la nature de ce droit, qui est un droit extraordinaire, voyez Mornac, *ad tit. ff. de operis servorum*, & Bacquet, *des droits de Justice*, chap. 29. 39. & suivans, où sont citez les Auteurs qui ont traité de cette matiere.

2. Les charrois, maneuvres, ou corvées ne doivent entrer dans l'estimation d'une Terre ou Seigneurie venduë sur le pied des revenus, comme il a été jugé par Arrest du 7. Septembre 1647. rapporté par Henrys, tom. 1. liv. 3. chap. 3. q. 33.

3. Mornac sur la Loy 2. *de servitutib. & aqua*, tient qu'en France le droit de corvées ne se prescrit point.

Il faut de necessité un titre pour établir ce droit, & la preuve ne s'en peut faire par témoins.

L'Ordonnance du Roy Philippes le Long fait défenses aux Nobles de Champagne de faire telles preuves, *nisi concurrant aliæ probationes veluti tabulæ censuales, vel insinuatio, vel depositio apud acta*.

Voyez M. Loüet & son Commentateur, lettre S. nomb. 7.

4. Sur la question si les sujets qui doivent corvées, étoient tenus de se nourrir, la Cour par Arrest solemnellement prononcé le 23. Decembre 1578. rapporté par Bacquet, *num.* 41. par Brodeau, *num.* 47. a jugé qu'ils y étoient obligez, conformément à la Loy *sumptu. ff. de oper. libertor. & l. ff. de oper. servor.* sur laquelle il faut voir ce qu'a écrit Mornac. BRODEAU.

C'est aussi l'avis de Guy-Pape, *quest.* 217.

Il y a des Coûtumes qui en disposent autrement; mais hors ces Coûtumes les sujets qui doivent corvées se doivent nourrir à leurs dépens.

Voyez Mornac, *ad l. penult. ff. de praescript. verb.*

Quand un Seigneur a traité avec ses sujets pour les corvées, & qu'il leur a permis de les faire en personne, ou de bailler certaine somme au lieu d'icelles, l'option appartient aux sujets, comme il a été jugé pour les habitans de Châteauvilain par Arrest du 18. Janvier 1582. rapporté par Bacquet, *num.* 43.

5. Quand le Seigneur a laissé passer quelques années sans faire faire les corvées à ses sujets, il n'en peut pas demander les arrerages, elles sont perduës pour luy, *argum. l. quoties. ff. de oper. libert.* comme il a été jugé par Arrest du dernier Juillet 1621. rapporté par Brodeau, *num.* 46. & par autre Arrest du 27. Août 1639. rapporté par Henrys, tome 1. titre *des Fiefs*, quest. 32. Brodeau.

C'est le sentiment de du Pineau sur l'article 499. de la Coûtume d'Anjou, de Berault sur l'article 98. de celle de Normandie, & de Bodreau sur l'art. 38. de celle du Maine.

Le Seigneur ne peut pas aussi les contraindre de les faire dans un autre lieu qu'en celuy où ils les doivent, *l. opera. l. divortium. ff. d. t.*

Que si des heritages sujets à corvées tombent entre les mains de personnes nobles ou libres, elles se peuvent faire par d'autres aux dépens de ceux qui les doivent, ou en payer l'estimation au dire d'Experts, Brodeau, *num.* 50. *arg. leg.* 16. *& l.* 50. *in princ. ff. d. t. & l. ad similitudinem. C. de Episc. & Cleric.* comme il a été jugé par Arrests du 23. Juillet 1546. & du 12. Septembre 1587. rapportez par Charondas sur l'article 72. Mais les Clercs mariez ne sont point exempts de corvées, comme il a été jugé par Arrest du 23. May 1572. Brodeau.

Voyez le Vest, Arrest 119.

6. *Si le droit de corvées indefini par la possession du Seigneur doit être limité?*

Cette question a été agitée & jugée au Parlement de Mets en la Grand-Chambre en cette espece.

Monsieur l'Evêque de Mets prétendoit que les habitans & Communautez de la Châtellenie de la Garde, étoient obligez de luy voiturer tous les ans dans son Château Episcopal tous les bois & charbons dont il avoit besoin par chacun an indéfiniment en vertu de ses titres.

Les habitans au contraire soûtenoient que ces corvées devoient être bornées & restraintes suivant la Loy *si libertus.* 30. *ff. de oper. libert.* où le Jurisconsulte sur ce que l'affranchi avoit promis à son patron, de luy faire telles corvées qu'il souhaiteroit de luy, répond *non aliter ratum fore arbitrium patroni, quàm si æquum arbitratus sit.*

Sur ces contestations par Arrest donné au rapport de Monsieur Guerin, prononcé par Monsieur Foës, en l'absence de Monsieur le Premier President de Bragelone, le 27. Janvier 1674. rapporté dans le Journal du Palais, la Cour condamna les habitans à voiturer par chacun an au Château Episcopal de Vic, cent cordes de bois & dix charrées de charbon, pour le chauffage dudit sieur Evêque en fournissant par luy aux chartiers les frais ordinaires & accoûtumez des nourritures.

7. C'est improprement que les Justiciables des Seigneurs, & les censiers ou censitaires sont appellez *sujets*, vû qu'il n'y a que le Roy en France qui ait des sujets; mais parce que les Justiciables sont soûmis à la Jurisdiction du Seigneur qui a Justice, & les censitaires sont chargez de cens envers le Seigneur feodal, on les appelle ainsi abusivement & improprement.

OBSERVATIONS DE MONSIEUR ***.

Sur l'article LXXI.

SOMMAIRE.

1. *Article changé.*
2. *Article nouveau contenant ce que c'est que titre valable en fait de bannalité.*
3. *Autre article nouveau concernant la maniere d'établir la bannalité.*
4. *De l'effet de la bannalité.*

1. *NUl Seigneur ne peut contraindre ses justiciables ou tenanciers d'aller au moulin, four, pressoir qu'il prétend bannal, ou faire corvées, s'il n'y a titre valable.*

Nous avons disposé l'article 71. dans la disposition de celuy-cy. Nous n'avons compris que la regle generale qui est qu'on ne peut jamais avoir un droit insolite & extraordinaire sans un titre valable, la seule possession ne suffit pas pour l'établir ; parce que la possession qui est contre la liberté publique, sans titre, est une usurpation plûtôt qu'une possession legitime qui ne peut pas produire une prescription.

Nous avons mis les mots de *justiciables & tenanciers*, au lieu de celuy de sujets qui proprement ne convient qu'au Roy.

Nous y avons ajoûté le mot de *pressoir* qui avoit été obmis, puisque ce sont les mêmes regles qui s'observent pour les bannalitez des uns & des autres, & de la fin de l'article nous avons composé le suivant.

ARTICLE NOUVEAU.

2. *Titre valable doit être par écrit, & titres valables sont reputez aveus & dénombremens rendus au Seigneur dominant, ou les reconnoissances des tenanciers inserées dans un terrier, faites cent ans avant le trouble, suivies d'une possession continuée, & non interrompuë.*

La fin de l'article 71. étoit difficile à entendre, à cause des mots de vingt-cinq ans. Plusieurs ont crû qu'il suffisoit qu'un titre fut valable, pourvû qu'il fut vingt-cinq ans avant le trouble, ce qui n'est pas veritable ; car il ne seroit pas juste que par un seul aveu rendu par un vassal à son Seigneur, sans la participation de ses justiciables, on put imposer toutes sortes de servitudes & corvées.

Mais il faut avoüer que les Reformateurs de la Coûtume nous ont induit dans l'erreur ; parce qu'ils ont redigé l'article, ne pensans point qu'ils travailloient pour les siecles à venir ; & comme la reforme s'est faite en 1580. vingt-cinq ans avant, remontant justement dans les troubles & les guerres civiles, pendant lesquelles les Seigneurs s'étoient rendus les maîtres, & avoient imposé sur leurs tenanciers telle servitude qu'ils avoient voulu ; & pour ne pas donner lieu de confirmer des titres passez par la violence, la Coûtume a dit qu'aucun titre ne seroit valable, s'il n'étoit fait vingt-cinq ans avant 1580. c'est-à-dire en 1555. que les troubles commencerent.

C'est par cette raison que Maître Auzanet veut qu'en faisant une nouvelle reforme, on exprime que les aveus que l'on rapporteroit pour titres fussent tous avant la mort d'Henry II. mais je croy que, pourvû que celuy qui prétend des droits insolites rapporte des aveus ou des terriers faits cent ans avant le trouble, cela doit suffire lorsque la possession n'a pas été interrompuë.

Nous avons dit pour premiere maxime, que tout titre pour être valable doit être par écrit, d'où on peut tirer une consequence indubitable, qu'il n'y a jamais eu de possession, si longue qu'elle puisse être, qui puisse établir un droit de servitude sans titre.

Cela se rapporte à ce qui est dit sous le titre des servitudes, que nulle servitude sans titre, quand même il y auroit cent ans de possession.

Mais quand un aveu, ou un dénombrement, ou un terrier sont faits cent ans avant le trouble, alors les titres, quoiqu'ils ne soient pas faits avec les tenanciers, sont reputez titres valables, & acquierent un droit au Seigneur, lorsqu'il n'a jamais été troublé dans la joüissance.

Il y a une autre maniere d'acquerir une servitude ou droit de bannalité & de corvées, c'est lorsqu'il y a un traité avec les habitans à titre onereux pour le Seigneur, ou bien quand la commodité des habitans se trouve d'un côté & la dépense du Seigneur de l'autre.

Par exemple, si un Seigneur propose aux habitans d'une ou plusieurs Paroisses qu'à ses frais & dépens pour la commodité publique, il fera construire un moulin a eau ou à vent, un four, & les habitans en même temps s'obligent d'y aller moudre, cuire. C'est un contrat valable en tout temps, pourvû que la cause soit legitime, & que le traité ait été fait par les habitans volontairement, sans contrainte, ni autre induction que pour le bien public.

Il y auroit beaucoup d'injustice d'empêcher ces traitez ; parce que d'un côté les habitans en sont soulagez, qui ne pourroient pas faire cette dépense, & il ne seroit pas raisonnable que le Seigneur avança des frais considerables pour la construction des lieux sans joüir du droit, mais le titre doit être par écrit, & il ne seroit peut-être pas mauvais de regler pour l'avenir, que ces sortes de traitez avec les habitans ne seroient pas valables qu'ils ne soient homologuez par le Juge, information préalablement faite de la commodité sans frais.

Un titre valable est donc un acte passé entre les habitans & le Seigneur qui constituë & établit la bannalité.

Mais les aveus & dénombremens sont reputez titres valables, ce que nous avons crû devoir exprimer dans l'article ; parce que regulierement un acte fait entre deux personnes n'oblige pas un tiers qui n'y a point parlé, comme sont les aveus & dénombremens rendus par le Seigneur du Fief servant au Seigneur du Fief dominant. Néanmoins quand ces aveus sont cent ans avant le trouble, & suivis d'une possession continuelle, ils sont reputez titres valables.

Nous avons changé les mots *de vingt-cinq ans*, parce que dans la suite on pourroit prétendre qu'un titre qui ne seroit pas avant 1555. & 1575. ne seroit pas bon, ce qui pourroit nuire à des Seigneurs dont le droit se trouveroit legitime, & dont les titres se trouveroient perdus.

En effet, quand la possession se rencontre avec un titre legitime non suspect, cela fait présumer sans peine qu'il n'y a point de fraude, ni de violence.

Si l'aveu & dénombrement est un titre legitime, ou du moins reputé tel, à plus forte raison un terrier qui établit le droit de bannalité, ou autres droits insolites, parce que l'aveu & dénombrement est fait sans appeller les habitans, & le terrier est une reconnoissance des habitans même.

Mais comme le terrier n'est composé que de reconnoissances qui se donnent par les habitans au Seigneur, cela pourroit bien obliger tous les particuliers qui les ont passez personnellement, mais non pas le corps de la Paroisse qui ne se peut jamais obliger qu'elle ne se soit assemblée specialement pour faire un acte valable avec les formalitez ordinaires; desorte que, quoique les habitans qui passent les declarations s'obligent, ils n'obligent pas le corps de la Paroisse, qui est une chose bien differente; & c'est pour cela que ce titre, quand il est de cent ans au dessus du trouble avec la possession, est reputé valable.

De tout ce que nous avons dit cy-dessus il en faut tirer un principe certain, que toutes bannalitez sont droits établis contre le droit commun, & qu'il faut par consequent restraindre, & ne jamais étendre au-delà des bornes dans lesquelles ils sont conçûs.

La deuxiéme consequence est, qu'il faut un titre valable, & que la seule possession non interrompuë ne suffit pas.

La troisiéme, qu'il n'y a point de titre valable qu'un accord & traité fait entre les habitans & le Seigneur, iceux habitans assemblez au son de la cloche, & que les deux tiers des habitans en soient d'avis, & nous y ajoûterons pour l'avenir, qu'il n'y ait eu une Sentence du Prevôt de Paris, information préalablement faite *de commodo aut incommodo*.

La quatriéme, qu'un aveu ou terrier avec la possession suffit, pourvû qu'il y ait cent ans avant le trouble, & qu'il n'y ait point d'interruption.

La cinquiéme, qu'il n'est pas necessaire que ces trois choses se trouvent ensemble, l'acte, l'aveu & dénombrement, & la possession. Deux suffisent, ou l'acte, ou l'aveu, ou le terrier avec la possession.

La sixiéme, qu'il en est des servitudes susdites comme de toutes les autres qu'on prescrit par trente ans contre la servitude établie par un acte, & à l'égard de celles qui ne sont fondées que sur les aveus ou terriers sans acte, la moindre interruption ruine le droit, parce qu'elle empêche la possession centenaire non interrompuë, & cette difference est facile à concevoir, puisque les aveus ne sont pas à proprement parler des titres valables, mais sont reputez titres valables.

ARTICLE NOUVEAU.

3. *Aucunes bannalitez des fours, pressoirs, ou moulins ne pourront être établies que du consentement de plus des deux tiers des habitans assemblez au son de la cloche, jour de Fête ou Dimanche, issuë de la grande Messe, dont sera fait acte pour être homologué pardevant le Lieutenant Civil, information préalablement faite par luy, d'offrir sur la commodité ou incommodité.*

Afin de finir toutes les contestations qui arrivent journellement sur la validité ou invalidité des titres, nous avons crû devoir prescrir une regle certaine, suivant laquelle on pourra juger, si les bannalitez ou corvées sont legitimes, & c'est celle qui est prescrite par l'article cy-dessus.

Les articles cy-dessus semblent suffisamment expliquer la maniere dont les bannalitez & autres droits insolites se peuvent établir & soûtenir.

Mais il me semble qu'on a oublié l'effet de ces bannalitez, & en quoy elles consistent, & quelle étenduë peut avoir ce droit, c'est ce qu'il est bon d'expliquer tant pour les fours que pour les pressoirs & moulins: car pour ce qui est des corvées nous n'en connoissons gueres dans nôtre Coûtume.

DE L'EFFET DE LA BANNALITÉ.

Il n'y a que le Seigneur qui puisse avoir la bannalité. Ainsi les habitans qui voudront par un acte d'assemblée constituer sur eux une bannalité au profit d'un homme de la Paroisse qui n'auroit pas de Fief, en seroient empêché par le Seigneur. Le contrat doit être synalagmatique. Il faut que le consentement du Seigneur & des habitans concourent ensemble, lesquels ne se peuvent assujettir à la bannalité d'un Seigneur voisin.

4. Le Seigneur qui a droit de bannalité ne peut point obliger les tenanciers d'aller moudre, pressurer, ou cuire dans une Paroisse éloignée, il faut qu'ils soient servis sur le lieu.

L'effet de la bannalité est qu'en attribuant le droit au Seigneur, il donne en même temps l'exclusion à tous les autres; ainsi celuy qui a bannalité de moulin empêche tous les autres d'en bâtir dans toute l'étenduë de son territoire. Celuy qui a bannalité de pressoir oblige tous ceux qui ont des vignes de les faire pressurer, quoiqu'ils soient demeurans ailleurs, & empêche qu'aucun habitant n'ait son pressoir. Celuy qui a un four empêche que l'on cuise ailleurs que dans son four tout le pain qui se consomme dans l'étenduë de la bannalité.

Il faut principalement remarquer dans nôtre Coûtume de Paris l'Arrest qui a été donné pour la ville de Gonesse.

Les habitans sont obligez de faire moudre au moulin bannal les bleds qui croissent dans le territoire pour le pain qui se consomme dans le même territoire, mais ceux qu'ils achetent ailleurs pour faire le pain qu'ils vendent à Paris, & hors le territoire, ils le peuvent faire moudre où bon leur semble.

Les Arrests des 18. Septembre 1565. 3. Juin 1595. 21. Août 1641. & 6. Octobre 1642. l'ont ainsi decidé, & cela peut faire pour toutes les autres bannalitez.

Mais il faut remarquer la difference qu'il y a entre la bannalité du four, du moulin & du pressoir; car celle du pressoir est entierement réelle, & ne regarde que les vignes plantées dans le territoire du Seigneur. La bannalité du four, les habitans actuellement demeurans dans l'étenduë de la Seigneurie, & celle du moulin est comme mixte, car elle est pour les grains qui sont crûs dans l'étenduë du territoire du Seigneur, & qui s'y consomment, & pareillement pour les bleds achetez dehors, & qui s'y consomment.

& pour ceux qui sont achetez dans son marché, & qui s'y consomment ; mais cette bannalité n'empêche pas la liberté de vendre & revendre plusieurs fois le même bled.

Autrefois il y avoit à Paris plusieurs fours bannaux. Mais en l'an 1305. Philippe le Bel, par un privilege qu'il accorda aux Bourgeois de Paris, les ôta entierement.

Il y a quelques Arrests qui ont jugé que le Seigneur qui a le moulin bannal, devoit dans les vingt-quatre heures moudre le bled qui y est porté, autrement que celuy qui l'a porté peut le reprendre, & le faire moudre ailleurs.

CONFERENCE SUR L'ARTICLE LXXI.

Bourbonnois, art. 543. *Les sujets ne se peuvent exempter de non aller au moulin, four ou pressoir bannier,* [a] *ayant droit dudit bannage par possession d'avoir été moudre ailleurs, pour moins de temps que de trente ans contre les Laïcs, & quarante ans contre l'Eglise.*

a *Jason. Consil.* 162. *lib.* 2. *Nicol. Boër. decis. Burdegal.* 125. C. M.

Maine, art. 19. *Le sujet qui sans fraude a acheté bled en autre pouvoir* [b] *hors le Fief de son Seigneur, en l'amenant à son étage, le peut faire moudre à aucun moulin sans méprendre.*

b *Tamen is qui emit à domino molendini, vel alio exempto, non potest uti libertate venditoris. Bart. in l. licitat.* 2. *ff. de publ. Sed hic non est simile ; quia emens ab extraneo non emit ab habente libertatem privilegio exemptionis, sed ab habente libertatem juris communis, non habente libertatem.* C. M.

Nivernois, chap. 18. article 1. *Pour acquerir bannie de four ou moulin, est besoin d'avoir titre, ou après prohibition & contradiction, paisible possession de trente ans contre les Laïcs, & de quarante ans contre les Eglises. Et pour aller cuire ou moudre par aisance, voisinage, ou pure & libre faculté, ne s'acquiert aucun droit de bannie sur celuy qui est allé par la maniere devant dite,* etiam *par temps contraire & immemorial.*

De même, *Orleans*, art. 100.

Auteurs sur l'Article soixante-onziéme.

Heringius, dans son Traité *de Molendinis*, *quest.* 11.
Speïdve, tom. 2. Cent. 4. chap. 53. p. 415.
Brodeau, sur cet article, nomb. 4. 5. & 6.
Loüet, lett. M. somm. 17.
Despeisses, tom. 3. p. 210.
Pontanus, sur la Coûtume de Blois, art. 40.
Coquille, sur la Coûtume de Nivernois, chap. 7. & 18.
Bacquet, en son Traité *des Droits de Justice*, ch. 29.
La Rocheflavin, *des Droits Seigneuriaux*, chap. 16. & chap. 17.
M. Le Prestre, Cent. 2. chap. 74. & Cent. 3. chap. 44.
Bibliotheque de Bouchel, *verbo* Bannalité.
Le Dictionnaire de M. Brillon, *verbo* Bannalité, *verbo* Four, *verbo* Moulin, & *verbo*, Corvée, nomb. 41.
Basnage, sur la Coûtume de Normandie, art. 219.
Charondas, liv. 5. rép. 23.
Le même Auteur, en ses Pandectes, liv. 2. chap. 2.
Papon, liv. 13. tit. 8. nomb. 2.
Loüet & Brodeau, *lett. M. som.* 17. *&* 21.
Peleus, en ses Questions, chap. 107.
Roüillard, en ses Reliefs Forenses, quest. 23. de la premiere édition, & quest. 24. de la seconde, part. 2.
Vigier, sur la Coûtume d'Angoumois, art. 29. 30. & 31.
Boërius, décis. 125.
Mornac, *ad l.* 7. *cod. de servitutib. & aqua, &c.*
Le même Auteur, sur la loy 27. *§. si furnum. ff. ad legem Aquiliam.*
Bodreau, sur la Coûtume du Maine, art. 14. 16. 19. 24. 25. 28. 32. & 36.
Pineau, sur la Coûtume d'Anjou, art. 23. 28. & 31.
Frain, en ses Arrests, chap. 134. & sur la Coûtume de Bretagne, tit. 18.
Stephanus, décis. 43.
Expilly, chap. 222.
D'Olive, liv. 2. chap. 35.
Chenu, quest. 190.
Papon, sur la Coûtume de Bourbonnois, art. 543. & en ses Arrests, liv. 13. tit. 8. Arrest. 3.
Rat, sur la Coûtume de Poitou, art. 33. & 81.
D'Argentré, sur la Coûtume de Bretagne, art. 95. 341. & 347.
Chopin, sur la Coûtume d'Anjou, liv. 3. chap. 14.
Le même Autour, sur celle de Paris, liv. 1. tit. 2. nomb. 43. tit. 3. nomb. 23. liv. 2. tit. 8. nomb. 1.
Le même Auteur, en son Traité *du Domaine*, liv. 3. tit. 18. nomb. 7.
Bessian, sur la Coûtume d'Auvergne, art. 18.
Coquille, sur la Coûtume de Nivernois, titre *des servitudes personnelles*, art. 5. & tit. *des Fours & Moulins*, art. 12.
Pithou, sur la Coûtume de Troyes, art. 4.
De Lhommeau, sur la Coûtume d'Anjou, liv. 1. art. 14. & 136.
Ragueau, *des Droits Royaux*, sur ce mot, *Corvées*.
Des Droits insolites & extraordinaires des Seigneurs, il faut voir l'Ordonnance de Blois, art. 280. & suivans, M. d'Olive, en ses Questions notables, liv. 2. chap. 2. & M. Servin au 62. Plaidoyer du second volume.
Duplessis explique cet article, traité *des Fiefs*, liv. 8. chap. 2. p. 65.

ARTICLE LXXII.

Cet article a été ajoûté à la reformation de l'ancienne Coûtume.

Quand moulin à vent peut être dit bannal.

LE moulin à vent ne peut estre bannal, ni sous pretexte de ce, les Meusniers voisins empeschez de chasser, s'il n'y a titre ou reconnoissance par écrit, comme dessus.

Voyez l'Article précedent.

LE MOULIN A VENT NE PEUT ESTRE BANNAL.

GLOSE UNIQUE SUR L'ARTICLE LXXII.

SOMMAIRE.

1. *S'il faut que le titre soit exprés pour la bannalité du moulin à vent.*
2. *Difference entre la bannalité du moulin à vent, & celle du moulin à eau.*
3. *S'il est permis à un chacun de bâtir des moulins à vent sur ses terres.*
4. *Si le Seigneur qui n'a pas la bannalité du moulin peut empescher les Meusniers de chasser sur ses terres.*
5. Chasse, *que signifie ce mot.*

1. IL est porté par cet article, qui est une suite du précedent, que le moulin à vent ne peut être bannal, à moins que le Seigneur, qui le prétend tel, ne le prouve par titres.

Pour cet effet il ne suffit pas d'avoir un titre pour un moulin bannal; mais il faut que le titre soit exprés pour le moulin à vent.

Le droit de bannalité de moulin ou autre n'est point ordinaire, ni dépendant de la feodalité & Seigneurie directe, ou de la haute-Justice, mais extraordinaire, une espece de servitude contre la liberté naturelle, & comme telle ne se peut acquerir sans titre valable; & si dans ce titre par écrit il est seulement porté moulin bannal, on présume que c'est un moulin à eau, si le titre n'en fait une mention expresse que c'est un moulin à vent bannal. Ainsi le moulin à vent sans titre ne peut être appellé bannal.

C'est ainsi qu'il faut entendre cet article, autrement il auroit été inutile de l'ajoûter, puisqu'en l'autre il est porté generalement qu'un Seigneur ne peut prétendre un moulin bannal s'il n'a titre, ce qui se doit entendre en l'article 71. du moulin à eau.

2. La raison de la difference est, qu'un moulin à vent ne pourroit pas suffire & fournir pour tous les habitans, parce qu'il ne va pas perpetuellement comme le moulin à eau; desorte qu'une bannalité accordée generalement pour un moulin, on présume que c'est un moulin à eau, & si le Seigneur n'en avoit qu'un à vent, il ne pourroit pas contraindre ses sujets d'y venir moudre, Brodeau, *num.* 1. BRODEAU.

3. Il n'est pas permis aux sujets de bâtir des moulins à vent sur leurs terres, quoique le Seigneur n'ait point de bannalité de moulin, à moins qu'il n'y consente, ainsi qu'il a été dit sur l'article précedent.

Si le Seigneur a le droit de moulin bannal, il peut empêcher les meusniers de venir chasser ou quester sur sa terre.

Mais le Seigneur qui n'a point la bannalité de moulin, ne peut empêcher les Meusniers voisins de venir chasser, sur ses terres, le bled de ses Justiciables, comme il a été jugé en la Coûtume de Montdidier, par Arrest donné en la premiere Chambre des Enquêtes, au rapport de Monsieur Fumée, prononcé en Robes rouges le 23. May 1561. transcrit par le Vest, Arrest 70. & cité par Brodeau, *num.* 9. 4. BRODEAU.

La même chose a été jugée par un autre Arrest du 28. Juin 1597. rapporté par Monsieur Le Prestre ès Arrêtez de la cinquiéme.

Il y a des Coûtumes qui sont contraires, où les Seigneurs qui ont des moulins sans bannalité, peuvent empêcher la queste des Meusniers voisins, mais le contraire s'observe dans celle de Paris, & dans les autres qui n'en parlent point.

La Cour a jugé la même chose en la Coûtume reformée, par Arrest du 28. Juillet 1598. donné au rapport de Monsieur Loüet, *consultis Classibus*, par lequel les Meusniers du village de Resne-moulin ont été maintenus en la liberté publique d'aller chasser & prendre des habitans de la Châtellenie de Villepreux, dont le Seigneur de Resne-moulin est vassal, les grains qu'ils leur voudroient bailler, pour moudre aux moulins dudit Resne-moulin, avec défenses aux Officiers de Monsieur le Cardinal de Gondy en sa Châtellenie de Villepreux, où il n'y a point de bannalité de moulin, de les troubler & empêcher.

Ces Arrests sont citez par Chopin sur ce titre, *num.* 43. par Charondas en ses Réponses, chap. 12. par Tournet & par Brodeau, *num.* 9. CHOPIN. CHARONDAS. TOURNET. BRODEAU.

Par autre Arrest du 28. Juin 1597. donné au rapport de Monsieur Loüet, en la cinquiéme Chambre ire des Enquêtes, les autres consultées, par luy rapporté, *loco citato*, il a été jugé, que le Seigneur n'ayant point droit de bannalité, ne pouvoit empêcher les Meusniers de son vassal de venir chasser sur ses terres.

5. Le mot de *chasse*, dit Brodeau sur Monsieur Loüet, au lieu cité, *num.* 10. est équivoque, & s'entend non seulement de la venerie & fauconnerie, mais aussi de la pesche, les pescheurs usans du mot de *chasse*, lorsqu'ils peschent à la fate, quinze jours seulement en Esté: & les Meusniers tant des moulins à eau que des moulins à vent, appellent *chasse* le droit qu'ils ont de quête & suite dans les villages pour moudre.

S'il n'y a titre ou reconnoissance par écrit: d'où il faut conclure que le droit de bannalité ne peut point être acquis par prescription.

Maître Duplessis sur cet article & les trois précedens ne fait que rapporter le sentiment de Brodeau. C'est pourquoy je ne l'ay point cité sur ces articles.

CONFERENCE SUR L'ARTICLE LXXII.

De même, *Orleans*, article 101.

Auteurs sur l'Article soixante-douziéme.

Vigier, sur l'article 31. de la Coûtume d'Angoumois, nomb. 3. p. 95. & 95.
Heringius, *de Molendinis*, qu. 10. nomb. 3. p. 145. & les Auteurs qu'il cite en cet endroit.
Bobé, sur cet article.
Coquille, sur la Coûtume de Nivernois, titre *des moulins*.
Brodeau, sur cet article de la Coûtume de Paris, & sur M. Loüet, lett. M. somm. 17.
Henrys, tom. 1. liv. 3. chap. 3. quest. 34. & 36.
Franc. Marc. tom. 1. quest. 386. quest. 417. tom. 2. quest. 106. & quest. 348.
Bibliotheque de Bouchel, *verbo* moulins.
Le Dictionnaire de M. Brillon, *verbo* moulins.
De la Lande, sur Orleans, art. 101.
Basnage, sur Normandie, art. 210.
Duplessis explique cet article au Traité *des Fiefs*, liv. 8. chap. 2. p. 66.
Voyez les Auteurs cités sur l'article précedent.

ADDITION DE LA CONFERENCE AU TITRE DES FIEFS.

Blois, article 33. *Au Comté & Bailliage de Blois & ressorts d'iceluy y a trois droits Seigneuriaux recognitifs de Seigneurie; c'est à sçavoir, Fief, cens & terrage, lesquels s'appellent Seigneuriaux, pour ce qu'aucun ne peut tenir heritage audit Comté, Bailliage & ressort, sinon qu'il le reconnoisse tenir d'aucun Seigneur à l'un des trois droits, si lesdits heritages n'étoient bien & dûëment amortis, & que les Seigneurs y prétendans censives, terrage, ou feodalité, eussent été payez de leurs indemnitez.* a

a *Alias non prodesset allegare tempus centum annorum vel immemorabile, quia talis praesumpta praescriptio non solùm esset contra jus privatum, sed etiam contra jus publicum hujus Consuetudinis, ut de facto consului pro Domino de Luce anno* 1548. C. M.

Discordé par les gens d'Eglise qui ont appellé.

Bourbonnois, article 365. *Les choses feodales en tout ou partie peuvent être venduës, aliénées, & en peut être prise possession, sans le congé & licence du Seigneur.* b

b *In Delphin. Italia, Germania, Hispania & ferè ubique idem. Et finis parag. fallit in variis locis, de quibus dixi in Consuetud. Paris. parag.* 56. C. M.

Maine, article 34. *Droit de Baronie doit avoir trois Chastelains, sujets du corps de la Baronie, ville close,* c *Abbaye, Prieuré conventuel ou College avec Forest.*

c *Igitur eo ipso* que droit de Baronie étant donné à un Seigneur, il peut clorre sa principale ville, & la murer, avec des tours & ponts-levis, sans autre nouvelle impetration du Prince, *de quo Joan. Fabr. & Angel. Aret. in parag. sanctis Instit. de rer. divis. Bart. in l.* 1. *col.* 1. *D. de coll. illic. in l. urbe in fin. de verb. sign. Bald. in tract. de pace Const. in verbo tenet.* C. M.

Maine, article 138. dit, que *qui rachete chose hommagée à faculté de recousse, ne sera hommagé durant la faculté, si elle n'excede neuf ans; mais que pendant icelle le vendeur ou son heritier qui a ladite grace fera ledit hommage, si le cas y échet. Toutesfois s'il ne le faisoit, l'acheteur, pour empêcher la prise par défaut d'homme, peut faire & offrir l'hommage de couvrir le Fief.* d

d *Idem Consuetudo Andium parag.* 126. *& consequenter solvere id quod solvere ille debebat, salvo recursu.* C. M.

Ancienne Coûtume d'Orleans, article 100. dit, que *les gens d'Eglise, ou ayans main-morte, sont tenus de bailler & nommer Vicaire au Seigneur de Fief,*

& que pour la mort de chacun Vicaire sera dû rachat & profit de Fief. [e]

e *Præter fidem*, *infrà paragr.* 103. *Et adhuc debet dari in Provincia, secus si vendit.* C. M.

Tours, article 141. *Si l'homme d'Eglise qui doit foy & hommage pour raison d'aucun Fief amorty & indemnisé dépendant de son Benefice, se meurt, ou se départ de son Benefice, est dû rachat au Seigneur pour la nouvelle foy.* [f]

f L'Abbé de Bourgüeil tient une Baronie en Touraine, le Commissaire du Roy la saisit, & autres Fiefs, l'Abbé se presente & fut reçu en foy & hommage, à la charge qu'il payeroit rachat : néanmoins depuis il se fait recevoir en foy & hommage à la Chambre des Comptes, dont il a main-levée, & cela fait il se fait rendre compte, & payer par son fermier qui étoit Commissaire. *Resp. quod hæc calliditas vulpina ei non prodest*, & que la premiere saisie tient pour faute de rachat, *die Lunæ* 27. *Julii anno* 1551. *dum causa ageretur in Senatu* : Du Puis *pro Abbate dicebat*; qu'il étoit amorti, le seul hommage reservé ; mais quand ainsi seroit, il auroit perdu cette immunité de rachat, pour ne s'être pas opposé à la redaction de l'ancienne Coûtume, semblable à cet article, qui est l'article 10. sous ce titre en l'ancienne. *Ad hoc Angel. in l.* 1. *paragr.* 1. *D. quando app. sit.* fut mis au Conseil. C. M.

Troyes, article 16. *Toute personne noble peut tenir & acquerir Fief, & terres nobles, quelles qu'elles soient, supposé qu'elle ne vive noblement, & qu'elle vive marchandement, ou roturement* : [g] *ce que ne peut faire ne tenir une autre personne, qui ne seroit noble.*

g *Prima videtur stulta consuetudo : sed non est ita, quia valet pro secundogenitis qui sunt pauperes, & interim coguntur mercantiam exercere, donec meliori sorte adepta nobiliter vivere possint, & arma pro Republica gerere, & tunc non nocet eis exercitium paganicum intermedium : quod est laudabilius quam si se ignaviæ dedissent. Guido Pap. in decis. Delphinat. Et dixi in proœmio Consuetud. Paris.*

Vermandois, article 216. *Le Seigneur feodal ne differe, si bon luy semble, à recevoir aucun vassal à son Fief pour opposition ou appellation, qui pourroit être faite par autre prétendant droit au Fief* : [h] *Et suffit qu'il declare qu'il n'entend préjudicier au droit d'autruy.*

h *Quod satis est sordidum, ut dixi in Consuetud. Paris.* §. 22. *gl.* 1. *num.* 90. 91. 92. C. M.

Vermandois, article 224. *Le Fief servant se gouverne selon la Coûtume du lieu où il est assis, & non selon la Coûtume du lieu où est assis le Fief dominant.* [i]

i *Hoc generale est in toto regno & mea perpetua sententia, ut dixi in Consuetud. Paris.* §. 7. *Adde infr. Consuetud. Rhemensem.* §. 138. C. M.

TITRE DEUXIÉME.

DES CENSIVES ET DROITS SEIGNEURIAUX

SOMMAIRE.

1. *De combien il y a de sortes d'heritages dans la Coûtume de Paris.*
2. *Quelle difference il y a entre les heritages tenus en Fief, & ceux qui sont tenus à cens & censives.*

1. Les heritages dans la Coûtume de Paris sont tenus en Fief, ou à cens & censive, ou sont allodiaux.

Les heritages tenus en Fief font la matiere du titre précedent; pour ce qui est des heritages allodiaux, il en est parlé dans l'article soixante-huit, & dans ce titre il est traité des Censives & droits seigneuriaux.

Nous avons divisé l'explication generale de ce titre en quatre paragrafes:

Dans le premier, il sera parlé des cens & censives.

Dans le deuxiéme, des rentes constituées.

Dans le troisiéme, des rentes foncieres.

Dans le quatriéme, des droits seigneuriaux.

2. Comme les rentes ont quelque rapport au cens, nous en avons parlé immediatement aprés.

Mais avant que d'aller plus loin, il faut donner icy une idée qui fasse voir les differences qu'il y a entre les heritages tenus en Fief, & ceux qui sont tenus à cens & censive.

Pour ce qui est des heritages tenus en censive, la foy, le dénombrement, le relief, le quint, la mainmise, le retrait feodal, & la commise n'ont point de lieu : car les heritages censifs ne doivent que deux principaux droits; sçavoir le cens par chacun an, & les ventes en deux sortes de mutations seulement.

A ces deux principaux droits il faut ajoûter les amendes faute de payement de cens & notifications de ventes, qui sont, la premiere de cinq sols parisis, la seconde, de trois livres quinze sols.

Il faut encore ajoûter l'exhibition que l'acquereur de l'heritage censif est tenu de faire de son contrat, lorsqu'elle luy est demandée; & aussi la declaration qu'il est tenu de bailler quand elle est requise, & enfin le droit d'ensaisinement qu'il doit au Seigneur, quand il prend saisine.

§. 1. Des Cens & Censives.

SOMMAIRE.

1. Cens, *ce que c'est.*
2. *A qui il est dû.*
3. Census, *que signifie ce mot chez les Romains.*
4. *Comment sont appellées par le droit les redevances dûës par les Fermiers.*
5. *Dans quel temps les heritages ont commencé d'estre donnez à foy & hommage, & à cens.*
6. *Si un vassal peut donner une partie de ses terres à cens.*
7. *Si le sujet censier peut donner une partie de ses terres à la charge d'autre cens.*
8. *Si* cens *&* censive *signifient la mesme chose.*
9. *Cens appellé* chef-cens.
10. *Si* cens *&* fonds de terre *signifient la mesme chose.*
11. *Si le cens se prend aussi pour le surcens.*
12. *Division du cens en* gros cens *&* menu cens.
13. Croix de cens, *ce que c'est.*
14. *Comment se payent les cens & censives.*
15. *Quels heritages sont chargez de cens.*
16. *Droits Seigneuriaux, en quoy consistent.*
17. *Division du cens en requerable & non requerable.*

18. Si le cens est requerable en la Coutume de Paris.

19. Si le cens est la marque de la directe Seigneurie.

20. Si le cens est indivisible.

21. Si le Seigneur recevoit le cens divisé pendant trente ans, s'il seroit censé l'avoir voulu diviser.

22. Si le Seigneur acquerant la part de l'heritage d'un de ses sujets censiers, auroit divisé le cens.

23. Si le Seigneur cedant à un des codetenteurs son droit, ce codetenteur pourroit poursuivre les autres solidairement.

24. Diversité des Coûtumes touchant la division du cens.

25. Si le sujet censier qui acquiert le cens, rend son heritage feodal.

26. Si le cens souffre diminution pour les sterilitez ou autres causes.

27. Si pour les sterilitez on peut demander diminution de la redevance emphyteotique.

28. Cas auquel cette redevance souffre diminution.

29. Edit du Roy Henry IV. pour la déduction des arrerages de rentes pour le temps des troubles.

30. Si pour un heritage occupé par un fleuve les arrerages des cens seroient dûs, le fleuve étant retourné dans ses anciennes bornes.

31. Si tout heritage est reputé chargé de cens.

32. Si l'heritage qu'un Seigneur vend étant en sa censive, passe à l'acquereur chargé de cens.

33. Si le Seigneur peut se reserver le droit de rentrer dans son heritage quand il voudroit.

1. LE Cens est une redevance Seigneuriale, fonciere, annuelle & perpetuelle, dont un heritage est chargé envers le Fief ou le franc-aleu noble duquel il est mouvant.

Elle est Seigneuriale comme il est observé cy-aprés.

Elle est fonciere, parce qu'elle est imposée sur le fond & en l'aliénation d'iceluy, & comme charge réelle elle passe avec l'heritage en la personne du possesseur, comme l'enseigne Maître Charles du Moulin sur l'article 73. de cette Coûtume. (Du Moulin)

Elle est annuelle & perpetuelle, parce qu'elle se paye par chaque année, & n'est point sujette à extinction, par prescription ni autrement, excepté par confusion quand le Fief & l'heritage chargé de cens tombent en la possession d'une même personne, ou quand le Seigneur du franc-aleu en décharge l'heritage qui le doit, lequel par ce moyen devient franc-aleu roturier.

2. Cette redevance est dûë ou au Fief ou au franc-aleu noble, parce que c'est une charge réelle dûë par l'heritage à l'heritage, comme les servitudes, *prædiorum urbanorum vel rusticorum, tot. tit. ff. de servitutibus prædior urban. & tit. ff. de servitutibus rusti. prædior.*

3. Ce mot *Census* chez les Romains, se prenoit pour le dénombrement des Citoyens Romains & de leurs biens qui se faisoit tous les cinq ans pardevant le Censeur, afin que chacun fût imposé aux Tributs publics selon ses facultez.

4. Ces impositions étoient aussi appellées *Census*, parce qu'elles étoient faites sur cette declaration des biens d'un chacun : mais les redevances dûës par les Fermiers, ausquels les particuliers donnoient leurs heritages, n'étoient pas appellées de ce nom, mais de ceux-cy, *pensio*, *canon*, *vectigal*, *merces*.

Depuis, on s'est servi de ce mot *Census*, pour signifier ces redevances & charges annuelles, qui sont imposées sur des heritages au profit de ceux qui les ont donnez à la charge d'icelles.

5. Pour entendre cette matiere, il faut observer, que dans les premiers temps de la Monarchie, les Princes & les Grands Seigneurs commencerent à donner une partie des terres qui composoient leurs Domaines, à la charge de la foy & hommage, afin d'avoir pour vassaux ceux qui les reçoivent, comme il a été dit sur le Titre premier.

Ils en donnoient d'autres à la charge de certaines redevances annuelles, soit en argent, en grain, ou en autres especes, afin de n'aliéner pas entierement leurs heritages ; & par le moyen de la foy & hommage & de ces redevances, ils se reservoient la directe seigneurie sur les terres, dont ils transferoient à d'autres la possession. Ils en donnoient d'autres sans aucune charge ni redevance : delà vient l'origine des Fiefs, des Censives & des Francs-aleus.

Cette faculté de donner une partie de ses terres à foy & hommage ou à Cens, ou en Franc-aleu, a été ensuite permise aux particuliers, laquelle néanmoins a été bornée par les Coûtumes & par l'usage des Provinces : car on ne peut donner à foy & hommage que jusques aux deux tiers de ses terres féodales, suivant l'article 51. mais quant à celles qui sont tenuës en Franc-aleu noble, on les peut donner entierement à foy & hommage, ou à Cens, parce qu'il n'y a point de Seigneur superieur qui le puisse empêcher. 6.

Celuy qui tient à foy & hommage, peut aussi donner une partie de ses terres jusques aux deux tiers, à la charge du cens ; mais celuy qui tient à Cens, ne peut pas donner une partie de ses terres à la charge d'un autre Cens envers luy ; parce que *Cens sur Cens ne vaut*, un même heritage ne pouvant être tenu de deux Seigneurs *in solidum* à la même charge ; mais celuy qui tient à Cens, peut bien donner ses terres ou une partie à la charge d'une autre redevance annuelle, qu'on appelle *rente fonciere*, ou *fonds de terre* ; de sorte que le Cens est la redevance dûë à un Seigneur de Fief qui a donné une partie de ses terres à la charge d'icelle, pour marque de directe Seigneurie. 7.

C'est pourquoy on dit, que Cens ou Censive ne peut être sans Fief, Charondas, Tronçon sur ce titre. (Charondas. Tronçon)

En effet, quand même un Seigneur n'auroit que des Censives sans domaines, il auroit néanmoins un Fief, puisque ces Censives sont ce que nous appellons *un Fief en l'air*, pour lesquelles il doit faire la foy & hommage au Seigneur dominant.

Il s'ensuit de ce qui a été dit cy-dessus, que *Cens* & *Censives* se prennent en la même signification. 8.

Toutefois on dit bien qu'un heritage est dans la Censive d'un Seigneur, mais non pas dans son Cens.

La raison est, que *Cens* signifie seulement la redevance dûë par le tenancier ; mais *Censive* signifie outre cette redevance dûë au Seigneur censier, la directe Seigneurie, que le Seigneur s'est reservée par le moyen du Cens.

9. Cette premiere redevance est aussi appellée *Chef-Cens* dans nos Coûtumes, il en est fait mention dans l'article 357. à la difference du surcens ou rente fonciere, qui n'est point la marque de la directe Seigneurie, dont il est parlé dans la Coûtume de Berry & autres.

Ainsi le Cens ne peut être dû qu'à un Seigneur de Fief; mais le sur-Cens ou la rente fonciere n'est dûë qu'à celuy qui a donné à sur-Cens ou rente fonciere, l'heritage qu'il a pris à Cens.

10. Le *Cens* est aussi appellé *fonds de terre* dans les art. 74. & 75.

Néanmoins le fonds de terre dans nos Coûtumes se dit aussi du sur-Cens, ou de la rente fonciere, la premiere aprés le Cens, parce qu'elle est attachée au fonds; ainsi le Seigneur censier est aussi Seigneur foncier, mais le Seigneur foncier n'est pas Seigneur censier, voyez sur l'article suivant ces termes, *Seigneur foncier ou censier*.

Cependant il faut observer, que c'est improprement que celuy qui a redonné à la charge de quelque redevance l'heritage par luy pris à Cens, est appellé Seigneur puisque cette redevance n'est point la marque d'une Seigneurie, toutefois on l'appelle ainsi or- CHARONDAS dinairement; car, comme dit Charondas sur ce titre, le Seigneur censier est le Seigneur direct & le vray Seigneur, & celuy qui tient de luy, a bien la proprieté de l'heritage qu'il possede, mais non pas le droit de Seigneurie.

11. Quelquefois on prend le Cens pour le sur Cens ou rente fonciere, mais tres-improprement, selon Charondas *loco citato*.

12. Le Cens se divise en *gros Cens* & *menu Cens*.

Le gros Cens est celuy qui n'a point été distribué, sur chaque arpent ou autre partie & mesure de la chose donnée à Cens, mais qui se paye en bloc & en gros, & generalement pour la totalité de la chose.

Le menu Cens au contraire est celuy qui est dû par chaque arpent ou partie de la chose censuelle, desorte qu'il est divisé selon les arpens ou parties d'icelle, TRONÇON. BRODEAU. Brodeau sur ce titre *num.* 17. Tronçon article 74. *verbo* Cens.

Voyez aussi Loyseau livre 1. du Déguerpissement, & du Moulin sur l'article 78. de cette Coûtume, gl. 4. nombre 28. & suivans, & Loüet avec son Commentateur lettre R. nomb. 6. *in fine*.

13. DU MOULIN. *Croix de Cens* se prend, selon du Moulin sur l'article 73. *glos.* 2. *num.* 17. pour le chef-Cens, contre l'opinion de plusieurs, qui tenoient qu'il se prenoit pour le sur-Cens ou rente fonciere.

La raison est, qu'auparavant le Roy Henry II. la monnoye qui servoit à payer le Cens, étoit marqué BRODEAU. d'une Croix; c'est aussi l'avis de Brodeau *num.* 23.

14. Le Cens & Censives se payent comme il est porté par les concessions primitives & originaires & les declarations & reconnoissances qui en ont été faites, en argent, en grain ou en volailles, ou autres especes, comme il est dit en la Coûtume de Reims article 141.

A l'égard de la quantité, elle se paye suivant ce qui est porté par le bail qui en a été fait.

Toutefois l'espece ou la quotité se peuvent prescrire contre le Seigneur, mais le Cens est imprescriptible suivant l'article 123.

Au cas que le Seigneur ne justifie point du Cens à luy payé, par titre valable & par écrit, comme le Cens est imprescriptible dans nôtre Coûtume, & qu'il n'y a point de terre sans Seigneur, le Cens se doit regler sur le pied de la Censive dûë par les heritages, qui sont dans l'enclave du territoire de la Sei- BRODEAU. gneurie & du Fief, Brodeau *num.* 18.

15. Les Cens & Censives ne peuvent être dûës que par les heritages roturiers, & les Fiefs n'en peuvent être chargez; mais ils peuvent être chargez de rentes féodales, soit envers leurs Seigneurs, ou envers d'autres, ce qui n'est point contre la nature des Fiefs, comme le Cens; & il y a plusieurs Fiefs chargez de rentes annuelles, principalement ceux qui sont abonnez, Brodeau *num.* 19. BRODEAU.

16. L'usage qui a été redigé par écrit dans nos Coûtumes, a introduit en faveur des Seigneurs de certains droits dûs aux Seigneurs censiers en certains cas par les détenteurs, propriétaires & possesseurs des heritages censuels, qui sont les lods & ventes, les saisines & amendes, qui sont pour cet effet appellez *droits Seigneuriaux*, lesquels viennent en consequence du Cens, quoiqu'il n'en soit point fait mention, étant une suite necessaire des Cens & Censives; Brodeau *num.* 14. BRODEAU.

Néanmoins le Seigneur en pourroit décharger le preneur à Cens & ses successeurs dans l'heritage, par une clause expresse.

Il faut observer de ce qui a été dit cy-dessus, qu'un même Seigneur est Seigneur féodal à l'égard des Fiefs qui relevent de luy, & Seigneur censier, quant aux heritages qui sont en sa Censive, voyez les articles 74. & 121.

Le Cens se divise en Cens requerable, & Cens non requerable. 17.

Le Cens requerable ou à queste est celuy que le Seigneur censier est tenu d'envoyer demander à ses Sujets, desorte qu'il n'échet d'amende qu'aprés qu'il a été demandé, & que le Sujet censier a refusé de le payer. 18.

C'est la disposition de la Coûtume de Chartres art. 111. de Blois art. 109. 113. & 114.

Le Cens non requerable est celuy qui se doit payer à certain jour & en certain lieu par le possesseur de l'heritage qui y est sujet; sinon il doit payer l'amende portée par la Coûtume, comme celle d'Anjou article 178. Maine article 176. Poitou article 100. & autres.

Celle de Paris ne dit point expressément s'il est requerable ou non; mais par l'article 85. il paroît assez qu'il est non requerable, mais portable, puisqu'il oblige de le payer au Seigneur au lieu & jour qu'il est dû, sur peine de cinq sols d'amende.

C'est une question s'il est requerable ou non dans celles qui n'en parlent pas, elle s'est presentée en celle d'Auvergne en la troisiéme Chambre des Enquêtes, & par Arrest rendu au rapport de Monsieur Amelot le 7. Août 1682. rapporté dans le second Tome du Journal du Palais, il a été jugé portable & non requerable: C'est le sentiment de Maître Charles du Moulin sur l'article 85. *glos. num.* 3. où il dit, que *censuarii & vassalli sive pro solutione sive pro renovatione investiturae accedere debent ad dominum, & ejus domicilium, quia non est merum debitum pecuniarium, sed annexam habet honoris & reverentiae exhibitionem.*

C'est aussi l'opinion de Tronçon, de Brodeau, de Ricard & de Maître Duplessis; & Ricard cite un Arrest du 24. May 1586. qui l'a jugé ainsi, & tel est l'usage. TRONÇON. BRODEAU. RICARD. DUPLESSIS.

Voyez Loisel livre 4. titre 2. article 2. & la Note de Monsieur Lauriere.

Il y a plusieurs proprietez du Cens qu'il est à propos de remarquer en ce lieu.

La premiere est, que le Cens est la remarque de la directe Seigneurie, desorte qu'il ne peut appartenir qu'à un Seigneur de Fief, comme il a été dit cy-dessus. 19.

La deuxiéme est, que faute de payement du Cens au jour & au lieu convenus, il échet amende contre le propriétaire de l'heritage, vû qu'au contraire il n'est point dû d'amende faute de payement du sur-Cens ou de la rente fonciere.

La troisiéme est, que le Cens emporte les lods & ventes dans les cas marquez sur l'article 76. le sur-Cens n'emporte aucuns droits en aucuns cas;

mais on demande si le bailleur à sur-Cens les peut stipuler.

CHARONDAS C'est le sentiment de Charondas qu'il le peut, ensorte néanmoins, dit cet Auteur, que le Seigneur censier n'intervienne point en la cause, car à luy seul seroient dûs les droits Seigneuriaux, le Sujet censier n'ayant pas pû charger, sans son consentement, les heritages qu'il tient de luy en censive, d'un autre Cens de pareille qualité.

Ce qui me semble sans difficulté.

C'est ce qui est dit en la Coûtume de Nivernois, que *Cens sur Cens ne vaut*, & en la Coûtume de Troyes article 56. qui porte, que *l'heritage chargé de Censive ne peut être chargé d'autre Censive sans le consentement du premier Seigneur censier*; autrement le second Cens n'est reputé que rente fonciere, suivant l'art. 98. de la Coûtume d'Auxerre.

La quatriéme est, que le Cens est noble, & se partage noblement entre les heritiers du Seigneur censier.

La raison est, qu'il represente la partie du Fief donnée à la charge de ce droit domanial, lequel par consequent est aussi noble que le Fief, dont il est censé faire partie, par la regle *subrogatum sapit naturam subrogati*.

Au contraire la chose baillée à Cens devient roture, & perd ainsi sa qualité de noble & de féodale; desorte que dans les Coûtumes où il est permis de bailler tout son Fief à Cens, le Château & le principal manoir tombe par ce moyen en roture.

La cinquiéme est, que le Cens est non requerable dans la Coûtume de Paris, comme il a été dit cydessus.

La sixiéme est, que le Seigneur censier peut user de saisie sur les fruits de l'heritage censuel, pour les arrerages du Cens, suivant l'article 74.

20. La septiéme est, que le Cens est indivisible, desorte que quoique l'heritage qui en seroit chargé, eût été divisé entre plusieurs coheritiers ou copropriétaires, néanmoins le Seigneur pourroit poursuivre lequel des possesseurs ou propriétaires il voudroit, pour être payé du Cens entier, parce que c'est un droit réel, qui ne se divise point sans le consentement du Seigneur, de même que l'hypotheque, laquelle *tota est in toto fundo & in qualibet parte fundi*.

C'est ce qui a été jugé par Arrest du 19. May 1552. remarqué par Monsieur Pithou sur l'article 73. de la Coûtume de Troyes, par lequel il fut ordonné, que les tenanciers seroient tenus de convenir de l'un d'entr'eux, pour lever les parts & portions des autres, afin de ne faire qu'un seul payement.

DU MOULIN Ce qui doit être observé dans toutes les Coûtumes qui n'en parlent point, suivant l'avis de du Moulin sur l'article 78. glose 4. nombre 28. & au Traité *de divid. & individ. part.* 3. *num.* 293. *& seqq. & num.* 553.

21. Toutefois si le Seigneur recevoit le Cens divisément de tous les possesseurs de l'heritage censuel & divisé, il seroit censé l'avoir divisé, & avoir bien voulu renoncer à la solidité.

CHARONDAS C'est le sentiment de Charondas sur l'article 74.

C'est aussi celuy de Bacquet au Traité des droits de Justice, chapitre 21. *num.* 245. où il dit, que le créancier est censé avoir divisé la dette; *quando admisit unum ex debitoribus pro sua persona solventem*; la quittance baillée à l'un des debiteurs, portant, que *le créancier a reçû de tel la somme de . . . pour son chef, ou pour sa quotité, ou pour sa part & portion*; auquel cas si dans la quittance il n'y a protestation, ou que la clause *sans faire aucune division du surplus*, n'y soit inserée, le créancier ne peut plus poursuivre celuy qui a payé sa part de la dette, & ne peut demander aux autres que leur part & portion de ce qui reste.

Néanmoins si la quittance ne portoit ces mots, *pour sa part & portion*, encore que le créancier confessât purement & simplement avoir reçû telle somme, qui seroit la part & portion de celuy qui la payeroit, toutefois la rente ne seroit pas présumée être divisée, tant à l'égard de celuy qui auroit payé, que pour ses coobligez, *l. si ex toto. §. 1. ff. de leg.* 1.

Cette décision est fondée sur la Loy *creditores* 18. *C. de pact.* qui décide, que si un créancier reçoit une partie de sa dette d'un des coobligez solidairement, il ne les peut plus poursuivre solidairement.

Voyez sur l'article 333. où cette question est traitée plus amplement.

Que si le Seigneur acqueroit la part de l'heritage appartenant à l'un des copropriétaires, il ne seroit pas obligé de diviser le tout à l'égard des autres, mais il les pourroit valablement poursuivre solidairement & un seul pour le tout, sa part déduite, laquelle seroit confuse en sa personne. 22.

Mais on demande, si celuy qui auroit payé tous les arrerages dûs, pourroit par cession du Seigneur poursuivre solidairement un de ses copropriétaires pour le tout, sa part déduite? 23.

La Coûtume de Bourbonnois article 410. le décide ainsi.

Celle de Poitou article 302. ne donne le recours contre les autres que pour leur part & portion, ce que je crois devoir être observé dans celles qui n'en parlent point.

La raison est, que quoique le Cens soit indivisible à l'égard du Seigneur, il est néanmoins divisible quant aux copropiétaires entr'eux, lesquels n'en doivent que leur part, & le Seigneur ne peut pas ceder son droit à un d'entr'eux, parce qu'au moyen du payement qui luy a été fait, il est hors d'interêt, & la solidité est éteinte; c'est un droit purement personnel, qui residoit en sa personne, & puisqu'il ne le peut plus exercer contre les autres, il ne peut ceder des droits qu'il n'a plus.

Outre que quand un des codetenteurs a payé le tout, il ne l'a fait que pour se décharger de la poursuite, que le Seigneur avoit droit de faire contre luy, aussi cette action solidaire ne subsiste plus, & il ne peut plus poursuivre un des copropriétaires pour tout le Cens, sa part déduite, étant tous obligez de contribuer au payement seulement pour leur part & portion les uns envers les autres.

Nous avons plusieurs Coûtumes qui declarent le Cens divisible, sçavoir Estampes article 55. Blois art. 129. Orleans art. 121. Montargis chap. 2. art. 36. & autres. 24.

Dans ces Coûtumes le Cens n'est divisible que quand l'heritage est divisé, mais tant qu'il est possedé par plusieurs par indivis, il est dû solidairement par chacun des possesseurs.

C'est le sentiment de Maître Charles du Moulin sur l'article 78. *infra gl.* 4. *num.* 31. *&* 32. DU MOULIN

Nous avons d'autres Coûtumes, par lesquelles le Cens est indivisible, sçavoir Maine article 198. Lorraine titre 16. art. 2. Nivernois chap. 7. art. 10.

Dans celle de Paris & dans celles qui n'en parlent point, il est indivisible.

C'est le sentiment des Commentateurs, de Tronçon art. 74. *verbo* Cens. TRONÇON

Voyez Loisel titre de Cens, & Champart art. 1. & la Note de Maître Lauriere. LAURIERE

Maître Duplessis tient, que le cens est indivisible, mais que la solidité se prend par 30. ans de prestation divisée sans protestation; en effet une seule prestation de Cens divisé ne suffiroit pas pour en induire la division. DUPLESSIS

Mais on demande si en cas de concours & de doute la directe peut être partagée entre deux Seigneurs ; ensorte qu'une même Censive appartienne à deux Seigneurs differens.

Henrys tome 2. livre 3. question 12. rapporte un Arrest du Parlement, qui a jugé qu'en ce cas la Censive seroit partagée entre deux Seigneurs pour en joüir chacun par moitié ; mais il n'approuve pas cette décision, il l'appelle *judicium Rusticorum*, & prétend qu'un Censitaire ne peut pas reconnoître deux Seigneurs pour un même heritage : *nemo potest duobus dominis servire.*

Le sentiment de cet Auteur paroît juste, & est autorisé par un Arrest du Parlement de Toulouse, rapporté par Monsieur la Roche Flavin dans son Traité des droits seigneuriaux, chapitre 1. article 10. qui a jugé que le Fief doit être adjugé à celuy qui a les plus anciennes reconnoissances, ce qui se doit entendre, à moins que la prescription ne fût acquise à l'autre.

25. La huitiéme est, que l'acquisition du Cens faite par le propriétaire de l'heritage qui en est chargé, le rend féodal, & relevant en plein Fief du Seigneur suzerain, voyez sur l'article 51.

26. La neuviéme, que le Cens ne souffre aucune diminution pour quelque cause que ce soit, pour sterilitez extraordinaires de plusieurs années, pour hostilitez & autres cas fortuits & imprevûs, & ausquels on ne peut resister ; desorte que pour les années pendant lesquelles le Sujet censier n'auroit perçû aucuns fruits de l'heritage censuel, il ne pourroit pas demander la décharge ou remise des arrerages du Cens qu'il devroit, Charondas sur l'article 85.

27. La raison est, que le Cens est ordinairement d'une somme tres-modique, qui ne se paye que pour reconnoissance de la directe Seigneurie, de même que la redevance dûë par le preneur a emphytéose, lequel pour la sterilité de quelques années n'en peut pas demander diminution, ou parce qu'il n'auroit pas pû joüir de l'heritage par hostilitez, ou autrement, tant qu'il reste possesseur d'iceluy ou de partie ; ne pouvant s'en décharger que par le déguerpissement, suivant la Loy 1. *C. de jure emphyteut. ita ut si interdum ea qua fortuitis casibus eveniunt, pactorum non fuerint conventione concepta, si quidem tanta emerserit clades, qua prorsus etiam ipsius rei qua per emphyteusim data est, faciat interitum, hoc non emphyteuticario, cui nihil reliquum permansit, sed rei domino, qui quod fatalitate ingruebat etiam nullo intercedente contractu habiturus fuerat, imputetur.*

28. Néanmoins si la redevance emphytéotique étoit considerable, elle pourroit être remise ou diminuée pour les causes susdites, selon le sentiment des Docteurs rapportez par Fachin sur cette question livre 1. chapitre 89. & 90. il est pourtant d'avis contraire.

29. Le Roy Henry le Grand par son Edit fait aprés les troubles & les guerres de la Ligue en l'an 1594. peu aprés la réduction de la Ville de Paris sous son obéïssance, pour la déduction du tiers des rentes constituées pour les cinq années des troubles, excepta le Cens, dont la remise ne pouvoit être demandée.

Toutefois la Cour par Arrest du 22. Février 1600. en la cinquiéme Chambre des Enquêtes, au rapport de Monsieur Petau, jugea que la diminution du tiers avoit lieu pour lesdites cinq années, contre Monsieur le Maréchal de Boüillon, demandeur & requerant le payement des arrerages desdites cinq années à luy dû en espece de grains à cause de sa Baronie de Maringues sise en Auvergne au profit d'un nommé Rainaut propriétaire des heritages sujets au Cens, ce qui est fondé sur la raison remarqué cy-dessus.

TRONÇON, LABBÉ. Cet Arrest est remarqué par Tronçon sur l'article 74. *verbo* Cens, & par Labbé.

Il y a néanmoins un cas auquel le sujet censier pourroit demander décharge du Cens, quoique modique & constitué seulement en reconnoissance de la directe, sçavoir si l'heritage avoit été occupé entierement & couvert par un fleuve pendant plusieurs années, & qu'ensuite ce fleuve fût retourné dans son ancien lit & dans ses anciennes limites ; car en ce cas il est sans doute, qu'il ne devroit pas les arrerages du Cens pendant cette non joüissance. 30.

La raison est, que durant ce temps-là non seulement il n'en auroit pas joüy ; mais aussi il en auroit perdu la propriété & le domaine utile, §. *quod si. Instit. de rer. divis.*

D'où il s'ensuit, que le Seigneur censier en auroit aussi perdu le domaine direct, ainsi il seroit mal fondé de pretendre les arrerages du Cens pendant ce temps, Tronçon art. 75. *verbo* arrerages. TRONÇON.

La dixiéme est, que tout heritage est présumé censuel & dans la censive du Seigneur de Fief, dans l'étenduë duquel il est situé, dans la Coûtume de Paris & dans celles qui n'admettent point le franc-aleu sans titre, ni de terre sans Seigneur. 31.

C'est la raison pour laquelle si un Seigneur vend un heritage qu'il tient luy-même dans sa Censive en vertu d'une declaration faite lors de l'acquisition conformément à l'article 53. sans declarer qu'il est dans sa Censive, il y est néanmoins, parce qu'il n'y a point de terre sans Seigneur.

Mais on demande, si le Cens en seroit dû comme il étoit avant que le Seigneur en fist l'acquisition ? 32.

Il faut, à mon avis, distinguer, sçavoir si le Cens dont il étoit chargé, est conforme au Cens dont les heritages voisins sont redevables ; car en ce cas l'acquereur doit payer le même Cens, quoiqu'il soit considerable.

La raison est, que cet acquereur a dû s'en informer, & il y a lieu de croire qu'il sçavoit que les heritages qui étoient dans la Censive du même Seigneur, étoient sujets à tels Cens.

Mais si l'heritage étoit à plus grand Cens, l'acquereur ne seroit tenu que de payer le Cens dû par les autres heritages ; parce que le Seigneur devroit s'imputer de n'avoir pas stipulé le Cens dont il vouloit que l'heritage fût chargé envers luy ; d'autant que l'ayant acquis, la Censive a été éteinte entierement ; desorte qu'il ne peut pas objecter à l'acquereur qu'il a voulu luy vendre à la même Censive, il devoit le declarer expressément, de même qu'un pere de famille qui vend une de deux maisons joignantes, doit declarer quelles servitudes il se retient, suivant l'article 215. & 216.

La Coûtume d'Auxerre article 23. décide que le propriétaire est tenu de payer la Censive, à raison des autres heritages sujets au Cens, & que où il y a audit lieu Censives de divers prix, à raison de la moindre.

Pour l'intelligence de la matiere des Cens & Censives, & des articles qui sont contenus sous ce titre, il faut connoître parfaitement la nature des rentes foncieres ; & pour cet effet, il faut observer qu'il y a deux sortes de rentes, sçavoir les rentes constituées à prix d'argent, & les rentes foncieres.

Si dans le bail à Cens & rente le bailleur s'est reservé la faculté de rentrer dans l'heritage de plein droit, quand il voudroit, la convention est valable quant au droit d'y rentrer ; mais il ne le peut faire qu'en vertu d'une Sentence du Juge, & ce pour empêcher les voyes de fait, comme il a été jugé par Arrest donné en la cinquiéme Chambre des Enquêtes, au rapport de Monsieur Portail, entre Marthe Pailleuse & Claude de la Brosse. 33.

§. 2. Des Rentes constituées à prix d'argent.

SOMMAIRE.

1. *Quelles sont les rentes constituées.*
2. *Causes de ces rentes.*
3. *Quand elles ont commencé d'estre en usage.*
4. *Si elles doivent estre constituées pour argent comptant.*
5. *Si le contrat doit contenir la numeration actuelle des deniers.*
6. *Si l'aliénation des deniers doit estre perpetuelle.*
7. *Faculté au debiteur de les racheter quand il luy plaist.*
8. *Si le debiteur peut estre contraint d'en faire le rachat.*
9. *Si pour stellionat il peut y estre obligé.*
10. *Si c'est stellionat, quand le debiteur oblige ses biens à plusieurs créanciers.*
11. Quid, *quand il a vendu l'Office qui servoit de seureté au créancier.*
12. *Ou s'il ne fait pas l'employ qu'il a promis.*
13. *Si les deniers pupillaires se peuvent donner à interests pour un temps.*
14. *Si l'acquereur, à la charge du doüaire, est tenu le payer quand il a lieu.*
15. *Si l'acquereur d'un heritage peut s'obliger de payer la rente du prix, sans pouvoir le rembourser avant un certain temps.*
16. *Si le debiteur est tenu racheter faute de payer les arrerages de la rente.*
17. *Si le fidejusseur peut contraindre le debiteur au rachat.*
18. *Rentes constituées doivent estre créées suivant le tau de l'Ordonnance.*
19. *Differens Edits sur ce sujet.*
20. *Si la constitution à un denier plus fort est nulle.*
21. *Si ce qui seroit payé au-delà, seroit imputable sur le principal.*
22. *Si on peut stipuler des interests à plus haut prix que celuy de l'Ordonnance pour le prix de la vente d'un heritage.*
23. *Si on peut demander plus de cinq années d'arrerages.*
24. *Si un simple commandement suffit pour empescher la prescription des cinq années.*
25. *Si on peut demander plus de cinq années d'une rente pour le prix d'une vente.*
26. *Si un contrat de constitution est valable, quoiqu'il y ait clause de racheter dans un certain temps.*
27. *Si les rentes constituées sont indivisibles.*
28. *Si les rentes sont requerables.*

1. LEs rentes constituées à prix d'argent sont celles qui sont dûës par la personne du constituant, & non par les heritages qui sont obligez & hypothequez pour la sureté du créancier, à la difference des rentes foncieres & du bail d'heritages qui sont attachées aux heritages qui en sont chargez : c'est pourquoy les rentes constituées sont appellées rentes personnelles, volantes, ou courantes, & hypothecaires.

Il a été un temps auquel les rentes constituées étoient réelles, comme les appelle Loysel livre 4. titre 1. regle 2. quand elles étoient assignées ou assises sur des fonds, parce que c'étoit les fonds qui les devoient, & non les personnes ; mais à present qu'elles sont dûës par les fonds, & les fonds n'y étant plus qu'hypothequez, elles sont plus personnelles que réelles. Voyez la dissertation du tennement de 5. ans, chap. 2. page 21. Des Mures, décis. 277. & Monsieur Loüet lettre A. sommaire 15.

2. L'utilité du commerce a introduit les rentes constituées, mais on a jugé à propos d'en regler les interêts pour arrêter l'avarice des hommes, qui n'ont pour la plûpart d'autre but que de s'enrichir aux dépens & par la ruine des autres.

3. Elles commencerent d'être en usage dans le troisiéme Siecle ; mais on les croyoit usuraites, & on n'en croyoit pas les créanciers en sureté de conscience. Le Pape Martin V. l'an 1420. fit la Decretale *regimini* sous le titre *de empt. vendit.* dans les extravagantes Communes, confirmée depuis par Calixte III. l'an 1455. *cap. regimini. eod. tit.* par lesquelles il est décidé qu'on peut en conscience constituer sur ses heritages un revenu annuel & perpetuel pour une somme de denier.

Elles ont été reçûës en France sous les conditions suivantes.

La premiere est, qu'elles se fassent pour argent prêté & nombré au constituant en presence des Notaires lors du contrat, ou pour demeurer quitte d'une somme dûë à celuy au profit duquel une rente est constituée legitimement par Cedule, Obligation ou Jugement, & non par marchandises venduës, parce que ce seroit tirer interêt des interêts, ce qui est défendu, *l. 29. ff. & l. 26. C. de usur.* & c'est un usage constant ; il faut excepter, selon du Moulin au Traité *de usuris num. 226. & 227.* lorsqu'il s'est passé un temps assez considerable que le prix est dû sans fraude, *satis est quod intervalla preterita prestationum, earumque quantitas & pretium & qualitas debitoris ostendunt nullam versutiam, nullam fraudem subesse, nec debitorem in aliquo læsum esse. Nec potest tunc dici quod mercator faciat duplicem quæstum ex eisdem mercibus, quia notabilis distantia & intervallum prastationis hîc tollit usuram.* Chopin sur cette Coûtume livre 3. titre 2. nombre 14. remarque un ancien Arrest qui l'a jugé ainsi. 4

L'Edit du Roy Henry II. veut que le contrat de constitution fasse mention de la numeration actuelle des deniers, sur peine de nullité ; ce qui a été depuis jugé par Arrest du mois de Decembre 1600. rendu au Rôlle de Vermandois. 5

La deuxiéme est, l'aliénation à perpetuité du sort principal, ensorte que le créancier ne puisse point contraindre le debiteur au rachat. 6

La troisiéme, que le debiteur puisse quand il voudra faire le remboursement, qui est imprescriptible sui- 7 vant l'article 119. & si le contrat porte une convention contraire à ces conditions, le contrat est usuraire, excepté celles qui sont constituées des deniers pupillaires. Voyez sur l'article 119. nomb. 3.

8. Il y à néanmoins certains cas esquels le debiteur peut être contraint au remboursement.

9. Le premier est, pour cause de stellionat; ce qui arrive quand celuy qui constituë une rente, affecte & hypotheque une chose dont il n'est pas propriétaire, pour la sureté de la rente.

10. Mais on demande si c'est stellionat, quand un debiteur oblige ses biens à plusieurs créanciers, sans déclarer qu'ils ne sont point obligez?

Chopin sur le titre des actions personnelles de nôtre Coûtume *num.* 23. tient, que le debiteur peut être contraint au rachat, parce qu'il est coupable de stellionat, pour avoir obligé ses biens qui étoient déja obligez & hypothequez à d'autres créanciers, *l.* 3. *§.* 1. *de crim. stellion. l.* 1. *&* 4. *c. eod. l. si quis in pignore. §. sed & si quis ff. de pignor. actio l. & qua nondùm. §. ult. de pignor.* que cette dissimulation du debiteur équipolle à une affirmation que les heritages sont francs & libres, selon *Julius Paulus in l. tutor. §.* 1. *de pigner. actio. l. statu. liberum. §.* 1. *ff. de statu. lib. v. si tamen suppresserit. l. qui duobus. ff. ad leg. Cornel. de Fals.* Que néanmoins Jean Faber & *Angelus* sont d'avis contraire sur la Loy 1. *de crim. stellion.*

Cet Auteur ajoûte qu'il a été jugé selon son sentiment par Arrests des 14. Mars 1535. 26. May 1536. & 21. Janvier 1589.

Je serois de l'avis de Chopin, au cas que les hypotheques créées avant la derniere constitution absorbent tous les biens du debiteur, & non autrement.

La raison pour laquelle il y a lieu de contraindre au rachat, le debiteur qui a dissimulé les hypotheques qui étoient déja créées sur son heritage, est, parce que le créancier ne luy a prêté son argent que sous la sureté de l'hypotheque de ses biens, laquelle manque dés lors qu'ils sont obligez auparavant à d'autres créanciers; c'est un dol dont il est responsable; car comme il est dit en la Loy 2. *ff. de crimine stellio. stellionatum objici posse his qui dolo quid fecerant, sciendum est.*

11. Le deuxiéme est, quand un Office est affecté specialement à une rente, & que le debiteur le vend à l'insçû du créancier, comme quand un particulier emprunte de l'argent en rente pour l'acquisition d'un Office, qu'il oblige specialement pour sureté, & que néanmoins il le vend & en reçoit le prix, sans que le créancier en soit averty; en ce cas il peut être contraint au remboursement, dautant que le créancier n'a plus de sureté pour le payement de son principal & des arrerages de la rente, comme il avoit par le moyen du privilege sur l'Office.

C'est le sentiment de Maître Duplessis.

12. Le troisiéme, quand le debiteur promet faire l'employ de l'argent & de le fournir dans un certain tems, & qu'il ne le fait pas; ou quand il s'oblige de bailler caution dans un certain temps, sinon de racheter; cette paction est fort suspecte d'usure selon Maître Duplessis.

13. Le quatriéme est, pour deniers donnez à interêt par les tuteurs, appartenans aux mineurs, à la charge du remboursement, quand ils seront parvenus à leur majorité; ce qui a lieu pour les mineurs contre la regle ordinaire, qui ne permet pas qu'on puisse donner de l'argent à interêt pour un certain temps.

C'est ce qui a été jugé par Arrest du 15. Janvier 1622. donné en la cinquiéme Chambre des Enquêtes au rapport de Monsieur Scaron, rapporté par Brodeau sur l'article 94. *num.* 8.

Plusieurs tiennent que les deniers pupillaires peuvent être mis à profit, suivant l'Authentique *novissimè C. de administ. tut.* & c'est l'usage.

On peut voir sur cette question du Moulin, *in tract. de usuris num.* 600. Chopin *de domanio lib.* 3. *tit.* 23. *num.* 10. *& ad cons. Paris. lib.* 3. *cap.* 2. *num.* 10. & Berault sur la Coûtume de Normandie article 512.

Le cinquiéme est, quand quelqu'un achette une maison chargée d'un doüaire prefix d'une somme de deniers à la charge d'iceluy, & d'en faire la rente jusques à ce que le doüaire ait lieu; car le doüaire ayant lieu, cet acquereur est obligé au remboursement. 15.

Le sixiéme est, au cas d'une vente faite à la charge que l'acquereur payera la rente du prix convenu jusques à un certain temps, & qu'il ne pourra être contraint au payement d'iceluy jusques à ce qu'il soit expiré, mais qu'aprés il le payera au vendeur; parce que c'est une clause du contrat de vente qui est licite & permise, plûtôt qu'un contrat de constitution. 16.

Cette faculté de pouvoir par le debiteur racheter la rente qu'il à créée, ou qu'il doit, est si favorable, qu'il ne peut pas être porté par un contrat de constitution, que si le debiteur cesse de payer les arrerages pendant quelques années, il sera contraint au rachat, quoique cela s'observe ainsi dans d'autres Parlemens, comme en celuy de Dauphiné, comme remarque Brodeau *loco citato.*

On demande si le fidejusseur peut contraindre le debiteur de racheter la rente, ou de le décharger de son cautionnement. 17.

Voyez sur l'art. 119.

La quatriéme condition est, que les rentes soient constituées suivant le denier de l'Ordonnance.

Elles se constituoient dans leur origine au denier dix. 18.

Par l'Edit du Roy Charles IX. du mois de Juin 1572. elles ont été réduites à six pour cent, mais ayant été revoqué par declaration du même Roy du mois de Mars 1574. il fut permis de les constituer au denier douze. 19.

Par l'Edit du mois de Juillet 1601. au denier seize.

Par l'Edit de 1634. au denier dix-huit.

Par l'Edit de 1665. elles ont été réduites au denier vingt.

C'est ce dernier Edit qui à cours à present; desorte qu'on ne peut pas créer une rente à un denier plus fort, comme au denier dix-huit, mais on la peut bien créer à un denier plus bas, comme au denier vingt-deux, vingt-quatre ou autre, d'autant que ces Ordonnances n'ont reduit les rentes qu'en faveur des debiteurs, & non des créanciers.

Toutefois quoiqu'une rente fût créée à un denier plus haut que l'Ordonnance, elle ne seroit pas nulle, mais elle seroit reductible au denier de l'Ordonnance, tant à l'égard des majeurs que des mineurs, & de l'Eglise. Mornac *ad legem* 3. *ff. de usuris.* 20.

Mais on demande, *si ce qui auroit été payé d'arrerages au plus haut prix seroit imputé au sort principal?* 21.

C'est l'opinion de Brodeau sur l'article 94. nomb. 5. du Moulin est d'avis contraire & resout au Traité des Usures nombre 9. 10. & 150. que ce qui a été payé d'arrerages au plus haut prix que l'Ordonnance tombe en reduction sur les arrerages dûs; parce que le rachat ne se peut faire pour partie; ce que je crois veritable, à moins que la somme à imputer ne fut trop forte pour pouvoir l'être sur les arrerages, & qu'il n'en fût point dû. Du Moulin

On demande, *si on peut stipuler une rente à plus haut prix que celuy de l'Ordonnance pour le prix d'une vente d'heritages ou d'Offices jusques au payement?* 22.

Brodeau *num.* 6. dit que cela se peut, parce que ce n'est pas tant l'interêt qu'une paction & convention Brodeau.

qui fait partie de la vente, laquelle autrement n'eût pas été faite ; & que néanmoins le contraire a été jugé par Arrest du mardy de relevée 29. Decembre 1648. prononcé par Monsieur le President de Mesme, & rapporté par Dufresne, pour l'interêt stipulé au denier seize du prix de la vente d'un Office contre les Conclusions de Monsieur l'Avocat General Talon.

Plusieurs sont du sentiment de Brodeau.

Néanmoins je suivrois plûtôt l'opinion contraire, parce que l'interêt stipulé à un denier plus haut que celuy de l'Ordonnance, peut ruiner le debiteur, lequel croyant qu'il aura de l'argent dans quelque temps, s'oblige à payer les interêts plus forts que ceux qui sont permis par l'Ordonnance pour les rentes constituées ; & cependant ne pouvant payer le prix de la vente de l'Office, s'accable des arrerages d'une rente, pour le payement desquels on saisit ses biens & on les met en criées.

DUPLESSIS. Maître Duplessis rapporte l'Arrest & le sentiment de Brodeau, & ne dit pas le sien.

Quelques-uns font distinction en ce cas entre la vente d'un Office & celle d'un heritage ; en ce qu'un heritage produit des fruits & un revenu plus solide & plus certain qu'un Office.

Mais sans avoir égard à cette difference, je crois que la rente pour le prix de l'un ou de l'autre se doit regler suivant l'Ordonnance.

La raison est, que c'est une veritable rente constituée à prix d'argent, comme si l'acquereur avoit payé le prix, & que *brevi manu* il fût par luy rendu au vendeur pour en faire la constitution ; il ne faut pas favoriser l'avidité de ceux qui ne cherchent qu'à s'enrichir aux dépens des autres.

Le créancier en cas de cessation de payement des arrerages, n'en peut demander que cinq années, & les autres précedentes demeurent prescrites, s'il n'y a eu demande faite en jugement.

C'est ce qui est porté par les Ordonnances du Roy Charles VII. de l'an 1441. article 71. de Louis XII. 1512. article 71. & de François I. 1539. à Villiers-Cotterests art. 17. & 18.

Ce qui a donné lieu à cette question, sçavoir si ces Ordonnances se doivent entendre d'une demande judiciaire, sur laquelle soit intervenu Sentence de condamnation ; ou si un simple Exploit de commandement fait dans les cinq ans suffit ?

24. L'usage est, qu'un simple commandement est suffisant, ce qui semble néanmoins contre l'intention des Ordonnances, lesquelles n'ont introduit la prescription de cinq ans pour les arrerages de la rente constituée, que pour obliger le créancier de s'en faire payer par le debiteur, & ne permettre pas qu'il s'accable des arrerages de plusieurs années, & qu'ainsi il ne devienne insolvable.

C'est aussi la raison pour laquelle le créancier ne peut pas déferer le serment à son debiteur, la prescription luy étant acquise de plein droit.

DUPLESSIS. Maître Duplessis dit que les derniers Arrests jugeoient qu'un simple commandement suffisoit, mais que les plus recens ont repris l'ancienne Jurisprudence de l'Ordonnance.

Que si le debiteur accorde ou passe condamnation volontaire, de payer sans se vouloir servir de la prescription, cet accord vaut entre luy & son créancier, mais non à l'égard des autres créanciers, au préjudice desquels le debiteur commun ne peut faire revivre des arrerages éteints, & dont l'action est déniée par les Ordonnances, Brodeau sur l'article 94. *num.* 7. & Maître Duplessis.

25. *Si on peut demander plus de cinq années d'arrerages d'une rente constituée pour le prix d'un heritage vendu ?*

Cette question a été jugée par Arrest donné en la troisiéme Chambre des Enquêtes, au rapport de Monsieur Billard, le 13. Juin 1679. rapporté dans le second tome du Journal du Palais, qui a jugé pour la prescription des arrerages au-dessus de cinq années.

Il y avoit raison de douter, en ce que la rente constituée pour le prix d'un heritage vendu, n'est pas proprement une rente constituée aux termes de l'Ordonnance, puisqu'elle n'est pas constituée à prix d'argent actuellement & réellement nombré & payé au temps de la constitution ; mais c'est une espece de rente de bail d'heritage, pour laquelle la prescription de l'Ordonnance n'a pas lieu, dont le motif a été d'empêcher que par les arrerages des rentes constituées, les debiteurs ne fussent accablez & contraints de souffrir la perte de tous leurs biens pour le payement des arrerages dûs, excedans quelquefois le principal, & de rembourser le sort principal.

Il n'en est pas de même des rentes de bail d'heritage qui tiennent lieu du fonds ; car puisque les fonds pour le prix desquels elles ont été constituées, produisent des fruits, il est tres-juste, que l'acquereur paye les arrerages qui en sont dûs, jusques à 29. ans, autrement il profiteroit au préjudice du vendeur.

Les arrerages de cette rente sont au lieu des fruits perçûs, & partant la prescription de cinq ans ne peut être objectée au vendeur ; car cette prescription n'a été introduite, que parce que l'argent donné en rente ne produit point d'interêt de soy-même, mais les fonds produisent des fruits, qui sont representez par les arrerages du prix de la vente d'iceux.

Loyseau en son Traité du Déguerpissement livre 1. chapitre 7. nombre 3. dit, qu'il doute si l'Ordonnance des cinq années a lieu dans cette espece de rentes.

Le Grand sur les articles 66. & 67. de la Coûtume de Troyes dit, que cette Ordonnance n'a pas lieu pour les rentes constituées pour soulte d'heritages ; parce que la rente est au lieu des fruits, *& usura compensatoria*, & qu'on en peut demander 29. années : il cite un Arrest du 20. Decembre 1600. qui l'a jugé ainsi.

Cet Arrest est aussi remarqué par Bouchel dans la Bibliotheque du Droit François.

Pour moy j'estime que la prescription de cinq ans ne doit point être admise pour les arrerages de rente constituée pour le prix d'un heritage vendu ; car si la vente de l'heritage avoit été pure & simple pour une somme de deniers, le vendeur pourroit demander à l'acheteur les interêts de 29. années du prix ; parce qu'il n'est pas juste qu'il joüisse du prix & de la chose qu'il a achetée, & que le vendeur soit privé de l'un & de l'autre, *l. curabit. C. de act. emp. & vend. l.* 13. *§.* 20. *ff. eod. tit.*

La rente constituée pour le prix de l'heritage vendu tient lieu de l'heritage qui produit des fruits tous les ans, naturels ou civils, l'argent donné pour la constitution des rentes volantes n'en produit point ; c'est pourquoy l'Ordonnance a voulu que le créancier des rentes volantes fist commandement au debiteur dans les cinq ans d'en payer les arrerages, sur peine de perdre les arrerages dûs par de-là les cinq années, de crainte que par les arrerages de plusieurs années les debiteurs ne deviennent insolvables & ne souffrent la perte de leurs biens ; cette raison n'a pas lieu à l'égard des rentes de bail d'heritage constituées pour vente d'heritage ; par la raison cy-dessus ; c'est pourquoy les arrerages ne doivent s'en prescrire que par 29. ans.

Si le contrat de constitution est bon, nonobstant la clause de racheter dans un certain temps apposée dans le contrat ? 26.

Par Arrest du 18. Juin 1677. donné sur procés par écrit, rapporté dans le troisiéme tome du Journal des Audiences, il a été jugé que cette clause ne vicioit point le contrat de constitution dans l'espece proposée,

proposée, sçavoir que les debiteurs obligez à la rente s'étoient obligez à racheter dans trois ans, néanmoins le créancier en avoit reçû les arrerages pendant 25. ans.

Ensuite dequoy les debiteurs prétendirent que cette stipulation de racheter rendoit nul le contrat de constitution, & qu'il ne devoit passer que pour une simple obligation, & demanderent que les interêts fussent imputez au principal, dont ils furent deboutez ; la Cour jugeant que telle convention étoit nulle & sans effet, mais qu'elle ne pouvoit pas annuller le contrat de constitution, *vitiatur clausula, sed non vitiat actum* ; & qu'en consequence d'icelle le créancier n'auroit pas pû contraindre ses debiteurs au rachat ; & qu'il auroit été débouté de sa demande ; ainsi les arrerages ont été legitimement payez ; ce qui avoit été jugé ainsi par autre Arrest en la Grand'-Chambre du 29. Decembre 1610. rapporté par Maître Auzanet en ses Arrests page 18.

Si les rentes constituées à prix d'argent sont indivisibles ? 27.

Les rentes constituées à prix d'argent sont personnelles, comme il a été dit cy-dessus ; & parce que les fonds y sont hypothequez, elles sont indivisibles, comme leur hypotheque, qui est indivisible. Voyez Loysel livre 3. titre 7. article 18. & livre 4. titre 1. art. 25.

Si les rentes sont requerables ?

Toutes rentes sont requerables s'il n'est autrement convenu, dit Loisel liv. 4. tit. 1. art. 21. c'est-à-dire, que les créanciers des rentes constituées ou foncieres doivent aller, ou envoyer demander le payement de leurs rentes chez leurs debiteurs, s'il n'y a clause contraire dans les contrats. 28.

§. 3. Des Rentes foncieres.

SOMMAIRE.

1. *Rentes foncieres sont simples & seigneuriales.*
2. Rentes foncieres, *pourquoy ainsi appellées.*
3. *Pourquoy rente de bail d'heritage.*
4. *En quoy les rentes foncieres different entre elles.*
5. *Si elles se prescrivent.*
6. *Si elles sont nobles.*
7. *Si plusieurs rentes foncieres peuvent estre sur un mesme heritage.*
8. *Si elles sont éteintes par le decret.*
9. *Comment une rente est reputée fonciere.*
10. *Si le Seigneur censier peut empescher le tenancier de démolir une maison sujette à une rente fonciere.*
11. *Si les rentes foncieres sont rachetables.*
12. *Combien on peut demander d'années d'arrerages.*
13. *Si les rentes à prix d'argent en bled, ou autres especes sont reductibles en argent.*
14. *Si les rentes constituées sont dettes personnelles.*
15. *Comment se font les criées des rentes constituées & foncieres.*
16. *Si un heritage obligé à une rente constituée, peut estre vendu à la charge d'icelle.*
17. *Si on peut proceder par voye d'arrest ou brandon; pour rente constituée, comme pour rente fonciere.*
18. *Si le retrait lignager a lieu en vente de rente fonciere ou constituée.*
19. *Si les rentes foncieres sont indivisibles.*
20. *Si le propriétaire d'un heritage peut constituer sur iceluy une rente fonciere non rachetable.*
21. *Differences entre la rente fonciere non rachetable & le cens.*
22. *Si la rente fonciere est indivisible comme le cens.*
23. *Si le brandon a lieu pour la rente fonciere.*
24. *Si en vertu d'une clause le Seigneur peut rentrer dans son heritage de sa propre autorité.*

1. Les rentes foncieres se divisent en rentes seigneuriales & simples rentes foncieres.

Les rentes foncieres seigneuriales sont celles qui sont dûës au Seigneur du Fief dans la mouvance duquel est l'heritage baillé à rente.

Les simples sont dûës à celuy qui a aliéné l'heritage à la charge de rente fonciere, annuelle & perpetuelle, & non rachetable.

2. Cette rente est appellée fonciere parce qu'elle est attachée au fond, & qu'elle n'en peut être separée que du consentement du bailleur & du propriétaire de l'heritage pris à la charge d'icelle.

3. Elle est aussi appellée rente de bail d'heritage par l'article 109. par d'autres elle est dite rente propriétaire, Senlis article 273. & 274. & Clermont article 14. & 36.

Loyseau au Traité du Déguerpissement, livre 1. chap. 3. nomb. 8. la définit en ces termes : *c'est une redevance principale d'un heritage imposée en l'aliénation d'iceluy, pour être payée & supportée par le detenteur.*

Il est aisé de connoître en quoy ces rentes foncieres different entr'elles.

Premierement les rentes Seigneuriales emportent lods & ventes, saisines & amandes, Coûtume de Bourbonnois art. 392. 4.

Mais les simples rentes foncieres n'emportent point lods & ventes, n'étant point la marque de la directe Seigneurie ; c'est pourquoy elles sont appellées par quelques Coûtumes *rentes seiches*, la Marche articles 180. & 411.

En second lieu, les rentes Seigneuriales ne se prescrivent point entierement, mais seulement pour la quotité, de même que le Cens qu'elles representent, suivant l'article 124. quoique les simples rentes foncieres se prescrivent par quarante ans par le preneur ou son heritier, ou par 10. ou 20. ans par un tiers détenteur de bonne foy de l'heritage qui est chargé 5.

de ces rentes, suivant l'art. 114.

6. En troisiéme lieu, les rentes foncieres Seigneuriales sont nobles & feodales comme le Cens, & partant se partagent comme telles.

Mais les simples rentes foncieres sont roturieres comme le Cens; parce que les premieres representent une partie du Fief, qui a été donné à la charge d'icelles; & les autres representent l'heritage qui en est chargé.

7. En quatriéme lieu, un heritage peut être chargé de plusieurs rentes foncieres, mais non pas de plusieurs rentes Seigneuriales, parce qu'un heritage ne peut pas reconnoître deux Seigneurs *in solidum* pour Seigneurs directs.

8. *Si les rentes Seigneuriales ont les mêmes prérogatives que le Cens, ensorte qu'elles ne soient point éteintes par decret?*

Voyez sur l'art. 355.

Le Seigneur auquel est dûë une rente fonciere Seigneuriale, est proprement appellé Seigneur foncier ou tres-foncier, & la rente est aussi appellée tres-fonciere à la difference des autres rentes qui sont appellées simplement rentes foncieres, ou selon la Coûtume d'Orleans art. 122. rentes sur-foncieres.

9. La simple rente fonciere est celle qui se fait par le bail d'heritage, soit qu'il soit joint au contrat de vente, ou qu'il soit pur & simple.

Quand la rente est stipulée rachetable, ce n'est pas une rente fonciere, mais une rente constituée dont le sort principal tient lieu du prix de la chose.

Que si une partie d'un Fief avoit été donnée à la charge d'une rente, il est certain qu'elle seroit non rachetable, parce qu'elle tiendroit lieu du Cens qui est non rachetable.

Mais si un heritage censier avoit été donné à la charge d'une rente, la rente seroit reputée rachetable; parce que dans le doute on interprete ordinairement les contrats en faveur de celuy qui est chargé; de même que les clauses des contrats de vente & de loüage s'interpretent en faveur des acheteurs & des preneurs à loüage, quand elles sont obscures, *l.* 21. *de contrah. empt. vendit.*

Toutefois la faculté du rachat qu'auroit le preneur à rente, se prescriroit par trente ans, suivant l'article 120.

10. *Si le Seigneur censier ou utile peut empêcher le tenancier de deteriorer, démolir & abbattre les maisons sujettes au Cens ou à rente fonciere?*

Il est certain, que le tenancier est obligé d'entretenir en bon état les heritages censuels qu'il possede, desorte que le Seigneur y puisse prendre le Cens dont ils sont chargez envers luy.

C'est la disposition de la Coûtume de Berry article 32. titre des Cens.

La Coûtume de Troyes en l'article 78. porte : *Le propriétaire ne peut démolir ni deteriorer l'heritage qui doit censive, coûtume, ou autre droit Seigneurial, au préjudice de ladite censive; tellement que le Seigneur ne puisse chacun an prendre son droit sur ledit heritage.*

La raison est, que c'est une condition tacite, laquelle est toûjours sous-entenduë dans les baux & contrats à rentes foncieres, & parce que tel est l'usage, on ne peut pas imputer au bailleur à cens ou à rente de ne l'avoir pas mise dans le bail.

La Coûtume de Nivernois, titre des Cens article 19. en dispose de même, voulant que celuy qui deteriore ses heritages, soit tenu des dommages & interêts envers le Seigneur censuel, ou le propriétaire de la rente fonciere.

Par l'article 5. du même titre le rentier peut contraindre par Justice le detenteur de l'heritage sujet à rente, de l'entretenir en bon & suffisant état, desorte que la rente y puisse être perçûë.

C'est une maxime qu'il faut tenir pour certaine dans toutes nos Coûtumes, soit pour le Cens ou pour la rente fonciere, quoiqu'il n'en soit point fait mention dans le contrat ou dans les Coûtumes.

D'où il s'ensuit, que si le bail est fait d'une maison, d'un moulin, ou d'un bois de haute-fustaye, le Seigneur censier ou le propriétaire de la rente, peut empêcher que le tenancier ne les détruise, parce que c'est proprement la superficie qui a été donnée à Cens.

Néanmoins quant au bois de haute-fustaye, si le bois étant coupé peut produire des bois taillis, le Seigneur ou le propriétaire de la rente ne peut point empêcher qu'il soit abbatu, pourvû que le fond puisse suffire pour payer le Cens ou la rente fonciere par chacun an.

La Coûtume d'Amiens article 198. porte, que *le tenancier ne peut sans le consentement de son Seigneur démolir aucuns édifices étans en l'heritage par luy tenu en roture, & s'il le fait, il échet en amende de 60. sols parisis, & il est tenu de rétablir l'édifice en son premier état.*

Ce qui se doit entendre selon la distinction de Maître Charles du Moulin en sa Note sur cet article de la Coûtume d'Amiens, *scilicet quando accepit domum in censum, vel solum ad onus ædificandi : secus si voluntariè fecit in solo censuali, quia primus status est nudum solum, facit l. si avus. §. pactus ne peteret, in fine. ff. de pact. & l. in fundo. ff. de rei vindicat.*

C'est la disposition de plusieurs autres Coûtumes.

Brodeau sur l'article 74. *num.* 11. remarque un Arrest du 15. Mars 1629. prononcé par Monsieur le premier President le Jay, sur un appel du Bailly de Bray sur Seine, par lequel défenses furent faites au detenteur d'une maison tenuë à Cens de la démolir, & il fut ordonné, que ce qui avoit été démoli, seroit rétably. Brodeau.

Le fondement de cet Arrest étant, que la maison venant à être démolie, le fond ne suffiroit pas pour le payement du Cens, car autrement le Seigneur étant sans interêt, il seroit mal-fondé de vouloir empêcher le propriétaire d'un heritage d'en faire ce qu'il voudroit.

C'est l'espece d'un autre Arrest de relevée du 12. Decembre 1608. rapporté par Bry sur la Coûtume du Perche article 66. & par Mornac sur la Loy *in re mandata. C. mandati.*

Par ce dernier Arrest la Cour, suivant les Conclusions de Monsieur l'Avocat General le Bret, infirma l'adjudication faite au profit du Seigneur censier, qui étoit l'Abbé de saint Victor, remit les parties en tel état qu'elles étoient auparavant, & sans obliger le tenancier de rebâtir ce quil avoit abbatu, en payant & continuant le Cens.

Ce qui a aussi été jugé par Arrest donné en Parlement, en la cinquiéme Chambre des Enquestes, au rapport de Monsieur Petau, le 13. Juillet 1647. confirmatif de la Sentence de Messieurs des Requestes du Palais entre Antoine Mallier, Sieur de Playnes, & Jean de Lyon Prieur de Reigny, par laquelle sur la demande en réparation de bâtimens & maisons du domaine Tripault, démolies, & les parties avoient été mises hors de Cour & de procés.

Ces Arrests sont rapportez par Brodeau sur ledit art *num.* 12. & 13. par Maître Ricard sur l'art. 73. & par Maître Auzanet. Brodeau. Ricard. Auzanet.

Il s'ensuit de ce que nous venons de dire, que le propriétaire d'un heritage en peut changer la face & la nature, sans le consentement de son Seigneur, pourvû que le Seigneur y puisse à l'avenir percevoir son Cens & autres redevances annuelles, Tronçon sur l'art. 73. *verbo* l'acquereur. Tronçon.

C'est la disposition expresse de la Coûtume de Montargis, chap. 2. art. 42.

Ainsi il peut d'une terre labourable en faire un pré, une vigne, un bois, une garenne, un vivier.

Moulin, Brodeau. C'est le sentiment de Maître Charles du Moulin sur l'art. 85. de nôtre Coûtume *gl.* 1. *q.* 5. *num.* 45. de Brodeau sur ledit art. *num.* 14. de Tronçon sur l'art. 51. & 73.

11. Les veritables rentes foncieres sont non rachetables, si ce n'est du consentement des deux parties, ou qu'il ait été porté par le contrat qu'elles seront rachetables, en quoy elles different des rentes constituées, comme il a été dit cy-dessus.

Mais il y a d'autres differences à remarquer en ce lieu entre ces deux especes de rentes.

12. La premiere est, que par la susdite Ordonnance de 1512. article 71. on ne peut demander que cinq années d'arrerages des rentes constituées, à moins qu'il n'y eût condamnation sur la demande; mais on peut demander jusques à 29. années des rentes foncieres, comme du Cens, suivant ladite Ordonnance qui excepte les rentes foncieres, comme il a été dit cy-dessus.

La même Ordonnance n'a pas lieu aussi pour les arrerages du doüaire prefix, n'étant pas une rente constituée, mais une rente qui tient lieu d'alimens, contre lesquels la prescription de l'Ordonnance ne

Moulin. doit point être opposée, du Moulin sur l'article 84. *num.* 78.

13. La deuxiéme est, que les rentes constituées à prix d'argent, en bled, grains ou autres especes sont réduites en argent au denier de l'Ordonnance.

Voyez Loysel livre 4. titre 1. regle 6. & la Conference des Ordonnances livre 4. titre 7. §. 36.

Mais les rentes foncieres de bail d'heritages, quoique stipulées rachetables, ne peuvent être réduites en argent; quand elles ont été créées sans argent.

14. La troisiéme est, que les rentes constituées sont dettes personnelles, qui passent par consequent aux heritiers des debiteurs, & elles le suivent, encore qu'il ne soit point propriétaire de l'heritage qui a été affecté & hypothequé à la seureté d'icelles. Mais les rentes fonciers suivent le détenteur de l'heritage, & ne passent point contre l'heritier, parce que ce sont charges réelles.

Ainsi le debiteur est tenu personnellement des arrerages de la rente constituée, quoiqu'il ait aliéné l'heritage hypotheque, mais le preneur à rente n'est point tenu des arrerages d'icelles, échûs aprés qu'il l'a mis hors ses mains.

15. La quatriéme est, que les criées des rentes foncieres se font en la même maniere & forme que des heritages, & les criées des rentes constituées se font d'une autre maniere, suivant les articles 347. 348 & 349.

16. La cinquiéme est, que quand un heritage obligé à une rente constituée, est vendu par decret, il n'est pas adjugé à la charge de la rente, mais le créancier est mis en ordre sur le prix du decret pour le sort principal & arrerages; mais quand la rente est fonciere, l'heritage doit être adjugé à la charge d'icelle, suivant l'art. 101.

17. La sixiéme est, que pour les arrerages des rentes foncieres on peut proceder par voye d'arrest ou brandon sur les fruits pendans en l'heritage, en vertu de l'Ordonnance de 1563. Ce qui n'a pas lieu pour la rente constituée.

18. La septiéme, que le retrait lignager a lieu en rentes foncieres, suivant l'article 129. & non en rentes constituées

19. La huitiéme, que les rentes foncieres sont indivisibles, ainsi un des détenteurs de l'heritage en est tenu solidairement, mais les rentes constituées à prix d'argent sont divisibles, comme il sera dit sur l'article 99.

20. *Si le propriétaire d'un heritage peut sur iceluy constituer une rente fonciere non rachetable?*

Cette question est de consequence pour les effets, car s'il ne le peut, la rente ainsi constituée par assignat sur un heritage ne doit être considerée que comme une rente constituée à prix d'argent; & elle est par consequent rachetable à toûjours à la volonté du debiteur, sans que le rachat s'en puisse prescrire, & il n'en peut être dû que cinq années s'il n'y a commandement fait.

Du Moulin sur l'article 1. de cette Coûtume glose 5. nombre 21. & 42. semble être de cet avis, où il tient que le propriétaire d'un heritage allodial peut le rendre Fief & sujet à la foy & hommage envers un Seigneur, & aux autres droits ausquels les Fiefs sont sujets, qu'il peut aussi le rendre censuel & chargé de cens, en imposant un cens ou une rente fonciere sur iceluy au profit d'un Seigneur.

Coquille en ses questions chapitre 186. est de même avis, & que telle rente est non rachetable; ce qui paroît fondé en raison, en ce que chacun peut disposer de ses biens à sa volonté, le charger de servitudes; & par consequent d'autres charges & redevances; & que quant à la rente rien n'empêche cette fiction que le propriétaire a vendu son heritage, & que *brevi manu*, il l'a repris à la charge d'une rente fonciere, *& sic celeritate conjungendarum actionum una occultatur*, ce qui arrive en plusieurs cas, *l. singularia.* 15. *de reb. credit. l.* 3. §. *ult. de donat. int. vir. & uxor. l.* 41. §. 1. *de jure dot.*

C'est aussi le sentiment de Monsieur d'Olive en ses questions livre 2. chapitre 21. où il dit que l'utilité du commerce, la bonne foy qui doit reluire dans les conventions, l'équité qui doit presider dans les contrats, nous sollicitent à recevoir cette fiction, & les exemples que nous en avons en Droit dans les Loix citées cy-dessus, nous le persuadent. Que nous voyons que le dépositaire de certaine somme d'argent peut valablement s'obliger à titre de prest, sans qu'il rende le dépôt, & qu'on luy compte les deniers *ex causa mutui*; parce que la loy, pour favoriser le commerce, & abreger les affaires, enveloppe deux actions en une, & feint que le dépositaire a rendu la somme consignée, & qu'ensuite elle luy a été comptée & nombrée pour cause de prest; & dit que cette question a été jugée ainsi en la Chambre de l'Edit de Castres, au rapport de M. de Jassaud le 18. Août 1634. pour une rente fonciere & seigneuriale imposée sur un heritage tenu en franc-aleu.

Monsieur ***. sur l'article 78. est de même avis.

Loyseau, au Traité *du Déguerpissement*, livre 1. chap. 3. nomb. 3. tient qu'on ne peut créer une rente fonciere qu'en aliénant l'heritage sur lequel elle est assignée; la raison qu'il en rend est, que comme par simple convention, sans tradition, le domaine d'une chose ne peut être transferé, *l. traditionibus. C. de pactis*, aussi les charges foncieres qui participent à la Seigneurie de l'heritage par le moyen d'une retenuë & reserve, que celuy qui aliéne fait à son profit de ce droit foncier, & en consequence de la condition apposée au contrat, sans laquelle il n'eut pas été fait.

La meilleure raison pour établir cette opinion est, que depuis que les rentes volantes ou constituées à prix d'argent, ont été introduites & autorisées tant par les Papes que par nos Rois, les rentes foncieres non rachetables n'ont pû être créées par assignat sur les heritages, par la raison qu'une des conditions requises pour la constitution de ces rentes, est qu'elles soient à toûjours rachetables à la volonté du debiteur, ensorte que la clause au contraire seroit nulle comme contraire & opposée à la nature de ces rentes; que si on pouvoit créer une rente fonciere sur son heritage, ce seroit faire une rente constituée à prix d'argent, non rachetable, contre la disposition des Canons & des Ordonnances.

Cette question s'étant presentée en la quatriéme Chambre des Enquêtes, par Arrest du 14. Juillet 1688. au rapport de Monsieur le Doux de Melleville, rapporté dans le Journal du Palais, il a été jugé qu'une semblable rente étoit rachetable, & qu'il n'en étoit dû que cinq années d'arrerages, les autres précedentes prescrites faute d'en avoir fait demande suivant l'Ordonnance.

21. Voyons presentement les rapports & les differences qui se trouvent entre la rente fonciere non rachetable & le cens.

Ils conviennent en plusieurs choses.

Premierement la rente fonciere, aussi-bien que la rente constituée, est non divisible de même que le cens. Voyez Loysel, liv. 4. tit. 1. art. 25. & tit. 2. art. 1. avec les Notes de M. Lauriere.

Et même la rente fonciere est indivisible dans les Coûtumes qui admettent le cens divisible.

22. La raison de la difference est, que le cens se paye en reconnoissance de la directe, & non pas comme un droit profitable, qui emporte lods & ventes qui viennent en consequence; ainsi il suffit pour l'interêt du Seigneur, que chacun des detenteurs des parties de l'heritage, luy paye une partie & portion du cens.

Mais les rentes foncieres sont droits utiles & profitables, qui ne sont pas imposez en reconnoissance de la directe, mais pour un revenu certain, assuré & perpetuel; & comme le Seigneur a interêt d'être payé entierement de cette redevance, & qu'il se pourroit faire qu'une portion d'un même heritage ne seroit pas suffisante pour payer une portion de la redevance, le Seigneur pourroit n'en être pas payé, le detenteur de cette portion quittant & abandonnant l'heritage pour être déchargé de la rente.

C'est pour cette raison, qu'il est juste que le Seigneur puisse poursuivre solidairement un des detenteurs pour toute la rente, sauf à celuy qui l'auroit payée, son recours contre les autres.

En la Coûtume de Montargis, art. 122. & en celle de Poitou, art. 103. toute rente fonciere est indivisible.

23. En second lieu, la saisie & brandon des fruits pendans en l'heritage a lieu tant pour les arrerages du cens que pour les arrerages de la rente fonciere par l'Ordonnancede Charles IX. du mois de Novembre 1563.

En troisiéme lieu, par l'article 86. le Seigneur censier a droit de simple gagerie sur les meubles qui sont dans la maison située en cette ville de Paris & ban-lieuë pour trois années d'arrerages du cens; & le même droit est aussi accordé au propriétaire d'une rente fonciere non rachetable par l'article 163.

24. En quatriéme lieu, on peut demander vingt-neuf années d'arrerages, tant de la rente fonciere que du cens, par l'article 124. *in fine*.

En cinquiéme lieu, le propriétaire d'un heritage peut être contraint de l'entretenir en bon etat par le Seigneur censier & par le Seigneur foncier, à ce que le cens ou la rente puisse être prise ou perçûë, la Coûtume de Nivernois en dispose ainsi en l'article 5. du titre 7.

En sixiéme lieu, le déguerpissement a lieu tant pour le cens que pour la rente, suivant l'art. 99.

En septiéme lieu, le retrait lignager a lieu en l'un & en l'autre.

25. *Si en vertu d'une clause le Seigneur censier peut rentrer dans l'heritage de sa propre autorité?*

Il peut y rentrer en vertu de cette clause, parce qu'elle n'a rien de contraire au droit public; mais il ne le peut faire que par Sentence du Juge, quand même il seroit dit qu'il y rentreroit en vertu d'une simple sommation; parce qu'en cela la clause est contraire au droit public, donnant occasion aux violences qui se pourroient faire de la part du Seigneur, *ne sit occasio tumultûs faciendi*, *l. non est singulis. ff. de R. J.*

Les principales differences sont:

Premierement, que le cens est toûjours la marque de la directe Seigneurie, mais la rente fonciere ne l'est pas, à moins qu'elle ne soit seigneuriale, & qu'il n'y ait point de cens constitué sur l'heritage, ainsi qu'il a été dit cy-dessus.

D'où il s'ensuit, que la rente fonciere peut être imposée sur un Fief, & non pas le cens.

En second lieu, que le cens est noble, & la rente fonciere imposée sur un heritage censuel ne l'est pas.

En troisiéme lieu, que les heritages s'adjugent toûjours par decret à la charge du cens, mais non pas à la charge de la rente fonciere; desorte que le Seigneur n'est pas obligé de s'opposer au decret pour la conservation du cens, & le créancier de la rente fonciere est tenu de s'opposer sur peine de perdre sa rente, comme il a été dit cy-dessus.

En quatriéme lieu, que le detenteur d'un heritage chargé de rente fonciere n'encourt point d'amende pour ne l'avoir pas payée au jour & lieu convenu par le bail, ainsi qu'il est porté par la Coûtume de Reims, art. 161. quoique le sujet censier doive l'amende pour cens non payé, par l'art. 85.

En cinquiéme lieu, que le cens est imprescriptible, comme il a été dit cy-dessus, mais la rente fonciere est prescriptible par quarante ans contre le preneur, & par dix ou vingt ans par le tiers detenteur, par l'art. 114.

En sixiéme lieu, que cens sur cens ne peut être mis, mais une rente fonciere peut être mise sur le cens & sur une autre rente fonciere, suivant l'article 121.

En septiéme lieu, que quand le Seigneur censier acquiert l'heritage, qui est en sa censive, sans la declaration portée en l'article 53. cet heritage est rendu feodal; mais il n'y a point de réünion par l'acquisition faite de l'heritage par le Seigneur foncier.

En huitiémé lieu, que quand l'heritage chargé de rente fonciere est vendu par decret, les arrerages du cens sont préferez aux arrerages de la rente fonciere.

Mais on demande, si le propriétaire d'une rente fonciere en vendoit la moitié, si l'acquereur seroit préferé?

La Coûtume de Clermont en l'article 42. dit, que *si un homme a rente sur une maison ou autre heritage, & il vend partie de ladite rente, icelle rente venduë est & demeure premiere, & celle que le vendeur retient à soy demeure derniere & soûmise à la premiere, quand il y a sur ce obligation.*

Ce qui est sans difficulté en ce cas, mais s'il n'est point parlé de la priorité, les deux moitiez sont égales, & l'une ne doit pas être préferée à l'autre, parce qu'elles viennent d'un même principe, de même que quand plusieurs créanciers prêtent pour une même cause; comme pour l'acquisition d'un bien, l'un n'est pas préferé à l'autre.

§. 4. Des Droits Seigneuriaux.

SOMMAIRE.

1. LA deuxiéme partie de la rubrique de ce titre est des droits seigneuriaux; il en faut tirer la définition de du Moulin sur ce titre, nomb. 4. où il dit, que *jus dominicale in consuetudine nostra & secundùm nostrum communem loquendi modum, est illud duntaxat quod jure dominii directi, feudarii vel censuarii competit, vel debetur ex dispositione legis & consuetudinis feudalis vel censuaria domino directo feudali vel censuali, unde nec ad alia jura quàm in hac consuetudine expressa, nec ad alios dominos directos fieri debet extensio.*

Moulin

Il est vrai que tous les droits qui appartiennent aux Seigneurs feodaux & censiers sur les Fiefs & sur les heritages en roture qui relevent d'eux, sont appellez seigneuriaux; mais dans la rubrique de ce titre ils ne signifient que ceux des Seigneurs censiers, qui consistent dans cette Coûtume dans les cens & censives, les lods & ventes, saisines & amendes.

2. A l'égard du cens, faute de payement, le Seigneur peut user de saisie ou brandon, suivant l'article 74. mais que le sujet censier obtient main-levée en consignant trois années d'iceluy, par l'article 75. & que faute du payement du cens échet aussi amende par l'article 85. Gagerie a lieu pour cens non payé au cas de l'article 86.

Pour ce qui regarde les lods & ventes, le Seigneur a droit de poursuivre l'acquereur d'un heritage, à ce qu'il exhibe son contrat d'acquisition pour en être payé, suivant l'article 73.

Il a droit d'amende pour ventes recelées & non notifiées, par l'article 77.

Cette amende ne se poursuit que par action seulement, de même que les lods & ventes, par l'article 81.

L'article 76. marque ce que c'est que lods & ventes, & en quoy ils consistent.

Quelques cas sont marquez dans les articles 78. 79. 80. 83. 84. 87. ausquels les lods & ventes peuvent être demandez par les Seigneurs.

Ce qui regarde la saisine est en l'article 82.

3. Il y a d'autres droits seigneuriaux en usage dans d'autres Coûtumes, sçavoir le champart ou terrage, les vignes données à complant, le droit de vinage, le bordelage, & les relevoisons à plaisir, & quelques autres.

Le champart ou terrage est un droit seigneurial, qui emporte droit de lods & ventes dans quelques Coûtumes, quand il n'y a point de cens.

Voyez ce qu'a écrit de ce droit Loysel, liv. 4. tit. 2.

Il est fort en usage dans quelques Coûtumes, comme dans celle de Montargis & autres; mais dans la Coûtume de Paris il y a peu de terres données en champart, & lorsqu'il est seul sans le cens, il emporte lods & ventes de même que le cens.

C'est un droit qui se leve sur les fruits des terres, de douze gerbes une, s'il n'est porté autrement, tant en bled, orge, avoine, pois, féves, navets, chanvre, lin, qu'autres fruits, ainsi qu'il est porté par l'article 4. du titre 3. de la Coûtume de Montargis.

Le champart n'est pas de pareille quantité par tout, en quelques lieux il est de la troisiéme gerbe, en d'autres de la quatriéme, cinquiéme, sixiéme, & septiéme; en cela il faut se regler suivant l'usage des lieux, ou selon les conventions particulieres. 4.

Ce droit ne se leve que sur les fruits qui se recüeillent sur les terres labourables; car les droits qui se levent sur les fruits des autres terres, ont d'autres noms; ainsi on appelle *le complant* dans la Xaintonge, & *le carpot* dans le Bourbonnois, le droit qu'on prend sur les vignes, qui consiste en une certaine portion de la cüeillette & vendange.

Celuy qui tient sa terre en champart, est obligé, avant que de rien enlever, d'appeller le Seigneur auquel il est dû, son Procureur, Commis ou Fermier, pour champarter & prendre son droit; à faute de cè il est amendable par quelques Coûtumes, comme par celle d'Orleans, art. 141. 5.

Si ce droit étoit dû à plusieurs Seigneurs, il suffiroit de signifier à l'un d'eux pour tous, par l'article 63. de la Coûtume d'Artois 2. publicat.

Par la plus grande partie des Coûtumes, où le droit de champart est en usage; celuy qui le doit, est tenu de mener en la grange du Seigneur, s'il y en a, ou autre lieu pour ce deputé, les gerbes qui luy appartiennent; pourvû que ce soit dans la Seigneurie & territoire de la terre chargée de ce droit, à moins qu'il n'y ait titre ou longue joüissance équipollente à titre au contraire, Clermont, art. 119. 6.

Dans les Coûtumes qui n'en parlent point, c'est au Seigneur à faire enlever ses gerbes, devant s'imputer s'il n'a pas mis cette clause dans le contrat & bail de la terre fait à cette charge.

Celuy qui tient sa terre en champart, ne peut pas changer la qualité de sa terre au préjudice des droits du Seigneur, Coûtume de Blois, article 132. 7.

C'est l'avis de Maître Charles du Moulin sur l'article 74. de nôtre Coûtume.

La raison est, que ce droit se prend sur les fruits de la terre.

La Coûtume de Montargis, chap. 3. article 7.

en dispose autrement, car elle porte, qu'*il est permis à tous preneurs de terres baillées à cens, terrage, ou autre droit, muer & changer la nature de la terre, en avertissant le Seigneur, sans préjudicier à ses droits, & s'il le fait, il est tenu de payer chacun an une redevance au Seigneur en bled ou argent, au choix du Seigneur, sur peine de l'amende de soixante sols, pour l'indemnité du Seigneur, au dire de gens de bien, ce que les terres circonvoisines valent ordinairement pour terrage.*

Mais dans les Coûtumes qui n'en parlent point il faut suivre la disposition de celle de Blois.

8. Le preneur à ce titre est obligé de labourer & cultiver les terres, afin que le Seigneur y puisse prendre son droit.

La Coûtume de Clermont, art. 120. permet au Seigneur de les prendre & de se les appliquer, au cas que le preneur ait negligé de les cultiver & labourer pendant trois années, ayant été suffisamment sommé de le faire par son Seigneur.

A l'égard de la rente fonciere dûë en argent, le tenancier n'y est pas obligé, comme il a été jugé par Arrest du 27. Août 1658. entre Marie Guerin, veuve de Nicolas Lenfant, Dame du Fief du Boulay, & Jean de Vaussoy Sieur de Rocheux, remarqué par Maître Auzanet sur l'article 74.

La dixme se prend préférablement à ce droit.

C'est la disposition de la Coûtume de Mantes, art. 55.

9. Ce qui a même été jugé en la Coûtume de Berry, nonobstant la possession contraire de plus de cinquante ans, par Arrest de l'Audience de la Grand'-

TRONÇON. Chambre, du 9. Avril 1615. plaidant Tronçon, par lequel il est rapporté sur l'art. 85. contre Auguste Galland, pour les Religieux de Saint Sulpice de Bourges, appellans, contre la Dame du Coudray, intimée.

Cet Auteur rapporte au même lieu un autre Arrest de l'Audience de la Grand'-Chambre du 13. Mars 1625. confirmatif de la Sentence du Bailly de Melun, par lequel il fut jugé, que la dixme se prendroit avant le champart, & que la dixme étant levée, le champart se leveroit sur ce qui resteroit de gerbes.

10. *Si le champart emporte lods & ventes.*

La Coûtume de Montargis, chap. 3. art. 4. dit, qu'il emporte lods & ventes, quand la terre a été donnée à ce droit sans autres charges.

Celle d'Estampes en dispose au contraire, art. 62. & dit, que les terres tenuës à champart ne doivent ventes ni saisines, si ce n'est qu'avec le champart elles soient redevables du cens, & où elles sont tenuës à cens & champart, elles doivent ventes & saisines au Seigneur censier.

Celles d'Orleans, art. 143. & de Blois, art. 135. disent aussi que ce droit n'emporte point lods & ventes.

Dans la Coûtume de Paris & dans celles qui n'admettent point expressément le champart, lorsque la terre terragée est chargée de cens, les lods & ventes sont dûs au Seigneur du cens; mais si elle ne l'est point, les lods & ventes sont dûs au Seigneur auquel le champart est dû.

La raison est, que le cens est toûjours seigneurial, mais le champart ne l'est pas, quand il n'y a point d'autre droit seigneurial; desorte que quand le champart se trouve avec le cens, le champart est comme la rente fonciere; les lods & ventes ont été adjugez au Seigneur du cens, par Arrest du mois de May 1586. rapporté par Bacquet, en son Traité *des Francs-Fiefs*, chap. 7. nomb. 17.

Chopin sur la Coûtume d'Anjou, *lib. 2. part. 2. cap. 2. tit. 3.* remarque un autre Arrest du 22. Decembre 1589. qui a jugé la même chose en la Coûtume de Chartres, qui n'en parle point.

C'est aussi par cette raison, qu'il a été jugé qu'il n'est pas necessaire de s'opposer au decret pour conserver le droit de champart, quand il est seigneurial, par Arrest du 20. Juillet 1587. rapporté par Monsieur Loüet, *litt. C. num. 29.*

Il y a plusieurs lieux où l'on baille des vignes à planter à des vignerons pour en joüir par eux sous une certaine portion des fruits pour le bailleur par chacun an; ce qu'on appelle *bailler des vignes à complant*; quand ces terres sont données par les Seigneurs feodaux, elles emportent lods & ventes. 11.

C'est la disposition de la Coûtume d'Anjou, article 160. & du Maine, art. 177.

Celuy qui prend des vignes à complant, est tenu de les cultiver, autrement par la Coûtume de la Rochelle, art. 63. le bailleur peut s'en emparer de son autorité, sans offense, faute de les faire tailler dans la S. Georges.

Le droit de *vinage* est un droit, qui se prend aussi sur les vignes par les Seigneurs au lieu de censives, par lequel ils prennent une certaine portion du vin, quand il est dans la cuve. 12.

Il en est fait mention dans les Coûtumes de Senlis, art. 263. de Reims, art. 161. & de Clermont, art. 121. par cet article il est porté, que *les droits de vinage se doivent payer à bord de cuves, & le detenteur ne peut tirer son vin, qu'il n'ait premierement payé ledit vinage, ou suffisamment sommé le Seigneur, son Receveur ou Fermier sur peine de soixante sols parisis.*

Ce droit emporte lods & ventes, quand il est au lieu de censives, autrement non, de même que le champart.

Le Chapitre de l'Eglise de Reims a un droit sur les vignes dont ils sont Seigneurs censiers, situées dans quelques terriers aux environs de la ville, consistant à percevoir neuf pots une chopine & demi-chopine de vin, mesure de Reims, pour chacun jour de vigne; & par Arrest du 27. Août 1705. contradictoirement rendu des detempteurs des vignes situées au village de Trois-Puits, défenses leur ont été faites d'enlever les vins ou vendanges hors dudit territoire, sans avoir préalablement payé audit Chapitre ou à leurs Préposez lesdits neuf pots chopine & demi-chopine de vin, en consequence dequoy ledit Chapitre peut choisir un des tonneaux d'une des voitures de ceux qui veulent enlever leur vendange; duquel tonneau sera tiré une quantité de raisins suffisante pour être foulée sur le champ dans un vaisseau separé, & en être perçû le droit; & où les Proposez du Chapitre ne se présenteroient pas pour percevoir le droit, aprés avoir été appellez à haute voix par trois fois. L'Arrest permet ausdits détempteurs de se faire payer dudit droit suivant le Registre du Buraliste de Trois-Puits; à l'effet de quoy il sera composé un prix commun des vins qui seront vendus à la S. Martin suivant.

Il y a un autre droit dans les Coûtumes d'Auvergne, chap. 25. art. 21. & chap. 31. art. 69. & de la Marche, art. 92. 193. & 140. appellé *vinade* ou *bohade*, qui est dû au Seigneur pour charroyer son vin avec bœufs. 13.

Bordelage est un droit ou redevance annuelle, à la charge de laquelle un heritage est baillé, laquelle consiste en trois choses; sçavoir en argent, en bled & en plume, ou seulement en deux des trois; mais quand il n'est baillé qu'à la charge d'une seulement, l'heritage n'est pas bordelier, à moins qu'il n'en soit convenu autrement, Nivernois, chapitre 6. article 3. 14.

Ce droit n'est presque en usage que dans la Coûtume de Nivernois & dans celle de Bourbonnois. On peut donner à ce droit toutes sortes d'heritages, maisons, granges, cours, jardins, vignes, terres, prez, bois & autres, de quelques especes qu'ils soient, suivant l'article 1. du titre 6. de la Coûtume de Nivernois, excepté néanmoins les principaux manoirs des Fiefs & les maisons situées dans la ville de Nevers, & dans les autres villes du Duché de Nevers.

Le bordelage est la marque de la directe Seigneurie portant lods & ventes, qui est en cas de bordelage le tiers denier de la vente, & droit de retenuë, de même que le cens, en ladite Coûtume par l'art. 2. du même chapitre; desorte qu'il ne peut être mis sur cens, suivant l'art. 14. chap. 5.

Le Seigneur direct, duquel est tenu un heritage à la charge du droit de bordelage, a cinq droits principaux, qui sont la redevance annuelle portée par la concession, le tiers denier, ou les lods & ventes, le droit de retenuë, le droit de commise & le droit de retour.

Le premier droit, qui est la redevance annuelle, oblige le détenteur à maintenir l'heritage en bon état, desorte qu'il peut l'améliorer; mais il ne peut pas le deteriorer, art. 15. chap. 6. de ladite Coûtume.

Quand la chose sujette à redevance bordeliere est venduë, le Seigneur a droit de la retirer des mains de l'acquereur, en luy payant le prix de la vente avec les loyaux coûts & frais raisonnables: Ou il peut prendre le tiers denier du prix de la vente en montant, ensorte que c'est la moitié du prix; car le tiers se prend, non pas sur le prix payé au vendeur, mais sur la valeur de l'heritage; c'est-à dire, qu'on assemble le prix convenu pour le vendeur & le tiers que le Seigneur prend, & sur ces deux sommes assemblées, qui font la veritable valeur de la chose, le Seigneur prend son tiers qui est presque la moitié du prix payé au vendeur.

Le droit de retenuë ou du tiers a lieu dans la Coûtume de Nivernois dans tous les cas ausquels en matiere feodale & censuelle le quint & les lods & ventes sont dûs; excepté quant aux Eglises, lesquelles en matiere censuelle n'ont point droit de retenuë, art. 23.

La commise a lieu au profit du Seigneur dans le cas de l'article 4. sçavoir, quand le détenteur de l'heritage cesse de payer la redevance par trois années continuelles & consecutives, auquel cas il commet la chose bordeliere au profit du Seigneur.

Le droit de retour est celuy, par lequel la chose retourne au Seigneur, ce qui arrive par le retrait, par la commise, & proprement par défaillance de ligne.

Pour succeder en bordelage deux qualitez sont requises par l'article 18. sçavoir, la qualité d'heritier du défunt, & que celuy qui luy veut succeder, ait été, au temps de son decés, commun avec luy par communauté coûtumiere ou conventuë, sans lesquelles le droit de retour a lieu au profit du Seigneur.

L'article suivant excepte les descendans en ligne directe qui sont au premier degré, lesquels peuvent succeder au bordelage, quoiqu'ils ne soient pas communs.

Cette matiere seroit trop longue à traitter, il n'y a qu'à voir le titre des bordelages de ladite Coûtume de Nevers, & le Commentaire de Coquille & ses Questions sur ladite Coûtume.

15. Les *relevoisons à plaisir* sont un droit seigneurial particulier dans la Coûtume d'Orleans, qui n'est point en usage ailleurs, ce droit consiste en une censive payable par chacun an au Seigneur, auquel est dû à chaque mutation par succession ou autre maniere d'acquisition, un profit qui équipolle le revenu d'un an de l'heritage; c'est pourquoy il est appellé *relevoisons*.

Néanmoins il y a d'autres relevoisons dans la même Coûtume qui se payent au denier six ou autrement, selon les concessions des Seigneurs: Au denier six, c'est-à-dire, que l'acquereur paye pour relevoisons six deniers pour chacun denier du cens; desorte que si le cens n'est que de douze deniers, les relevoisons ne seront que de douze sols.

Ce droit de relevoisons se regle à l'égard des femmes mariées, ausquelles appartiennent les heritages qui en sont chargez, presque comme le relief dû pour mutations de Fief par mariage, par la disposition de la Coûtume de Paris.

En effet, en l'article 127. de la Coûtume d'Orleans il est porté, que *les filles, ni leurs maris pour elles ne payent aucunes relevoisons à cause de leur premier mariage, ni par la mort de leurs maris, quoique le cens se paye au nom de leurs maris: Mais si elles se remarient en secondes ou autres nopces, sont dûës relevoisons pour le second & autres subsequens mariages.*

Quand plusieurs mutations arrivent en une même année par mort, il n'est dû qu'un seul droit de relevoisons par l'art. 139.

D'où il s'ensuit, que si les mutations qui arrivent en une même année, sont volontaires, il est dû autant de relevoisons; ce qui a lieu aussi en la même Coûtume, art. 17. pour le relief.

Avant que d'entrer dans l'explication des articles de ce titre, nous observerons qu'il y en a quinze, dans lesquels trois chefs sont principalement exposez.

Le premier est le devoir du tenancier à la charge 16.
du cens, lequel doit dans vingt jours à compter de l'acquisition, notifier la vente au Seigneur censier, autrement il est condamné à l'amende d'un écu quart par l'art. 77. & il doit luy faire exhibition de son contrat d'acquisition pour luy payer lods & ventes, saisines & amendes, autrement le Seigneur l'y peut contraindre par la voye d'action, art. 73. cependant nul n'est tenu de prendre saisine, s'il ne veut, mais s'il la prend, douze deniers parisis sont dûs au Seigneur, suivant l'art. 82. Il doit payer le cens au jour & lieu qu'il est dû, sur peine de cinq sols parisis d'amende, par l'art. 85.

Le second est le droit du Seigneur censier pour le payement du cens, qui consiste en la voye d'arrest ou brandon, art. 74. & au droit de simple gagerie, par l'art. 86.

Le troisiéme concerne les lods & ventes, qui consistent en un douziéme du prix de la vente, article 76.

Ils sont dûs pour ventes & bail à rente rachetable, art. 78. Simples lods sont dûs pour vente à la charge du decret, art. 84. Sont dûs lods pour heritages vendus & adjugez par decret à la charge d'une rente rachetable, art. 83.

Ils sont dûs pour ventes de rentes foncieres non rachetables, art. 87.

Ils ne sont point dûs pour licitations entre coheritiers, art. 80.

Pour heritage déguerpi simples lods sont dûs, & le Seigneur a le choix des ventes du contrat, ou du decret sur le déguerpissement, art. 84.

Ils se poursuivent, & les amendes dûës pour lods & ventes non payez, par action seulement, art. 81.

Auteurs sur le Titre des Censives & Droits Seigneuriaux.

Martinius, *in Lexicon*, verbo *Census*.
Le Chapitre 63. du titre 7. des Capitulaires de Charles le Chauve.
Beaumanoir, *des Avens*, chap. 45. p. 254.
Caseneuve, dans son Traité *du Franc-aleu*, liv. 1. chap. 22. p. 111.
Isernias, *de Feudis ad titulum per quos fiat investitura*, *num*. 11. *p*. 215.
Brodeau, sur l'article 81. de la Coûtume de Paris.
Du Moulin, *in Consuet. Parisiens. §. 74. glos.* 2.
Loysel, liv. 2. tit. 2. liv. 4. tit. 2.
D'Argou, dans son Institution au Droit François, liv. 2. tit. 3.
Duret, dans son Alliance des Coûtumes, sixiéme titre 28. p. 906.
Henrys, tom. 2. liv. 3. quest. 12. 14. 16. 17. 18. 28. & 29.
La Roche-flavin, dans son Traité *des Droits Seigneuriaux*, chap. 1. art. 10. & chap. 2. art. 1.
Hanneton, dans son Traité *des Fiefs*, au commencement duquel il a mis un *Index* de deux cens Auteurs qui ont écrit sur la matiere des Fiefs & des Droits Seigneuriaux.
La Bibliotheque du Droit François par Bouchel, celle de Joüet, *verbo* Cens.
Despeisses, tom. 3. tit. 4. p. 31. & suiv.
Un petit Traité *des Censives & Rentes foncieres*, imprimé à Paris en 1691.
Fontanon, tom. 1. liv. 4. tit. 25. p. 804.
Coquille, tom. 2. Institution au Droit François, page 33.
Basnage, sur la Coûtume de Normandie, art. 204.
Graverol sur la Roche-flavin, *des Droits Seigneuriaux*, quest. 7.
Bouvot, *verbo* Cens.
Le Dictionnaire de M. Brillon, *verbo* Cens, *verbo* Droits Seigneuriaux, *verbo* Redevances.
Glossaire du Droit François, *verbo* Cens.
Salvaing, Traité *des Droits Seigneuriaux*.
Mon Institution coûtumiere, tom. 1. liv. 2. tit. 4.
Journal des Audiences, tom. 5. liv. 4. chap. 1.
Pontanus, sur la Coûtume de Blois, tit. *de Juribus dominicalibus*, & tit. *de censibus*.
Coquille, sur la Coûtume de Nivernois, tit. *des Cens, Censives, & droits d'iceux*.
Chopin, sur la Coûtume d'Anjou, liv. 1. chap. 8. nomb. 2. & sur Paris, liv. 1. tit. 3.
De Lhommeau, sur la même Coûtume, liv. 1. article 179. & en ses Maximes, liv. art. 19. 21. 22. 23. & suivans.
Englebermeus, sur la Coûtume d'Orleans, titre *de Censibus*.
Boërius, sur la Coûtume de Berry, titre *de Fiefs*, art. 17.
Tiraqueau, *de præscriptionibus*, *gl*. 13.
Masuere, en sa Pratique, tit. *de locato*.
Papon, en ses Arrests, liv. 13. tit. 2.
Vigier, sur la Coûtume d'Angoumois, art. 20.
Lhoste, sur la Coûtume de Montargis, tit. 2. & 3.
Buridan, sur la Coûtume de Vermandois, tit. 14.
Auzanet, sur ce Titre & les Arrêtez de Monsieur le Premier President de la Moignon.
Duplessis, page 83. & suivantes.

ARTICLE LXXIII.

C'étoit le cinquante-uniéme de l'ancienne Coûtume.

Seigneur censier poursuit l'acquereur pour exhiber son titre d'acquisition.

Il est loisible à un Seigneur foncier ou censier de poursuivre l'acquesteur nouvel détenteur d'aucun heritage étant en sa censive ou Seigneurie fonciere, afin d'apporter & exhiber les Lettres d'acquisition d'iceluy heritage, si aucunes y en a, pour être payé des droits de ventes, saisines & amendes.

Voyez les Articles 76. 78. 80. 81. 83. 87.

Remarques.

Il *est loisible à un Seigneur foncier ou censier de poursuivre &c.* pardevant son Juge, s'il est haut-Justicier, & ne peut être decliné par les gens d'Eglise, qui n'en peuvent demander renvoy pardevant leur Juge. Il est vray qu'on pratique qu'ils peuvent renvoyer aux Requêtes du Palais: Mais c'est un abus d'y tirer les choses foncieres, & exploits domaniaux, qui appartiennent à la Justice fonciere, & sont partie d'icelle. C. M. G. F.

Cet apostille n'a pas été fait par Maître Charles du Moulin pour cette Coûtume, mais pour celle de Sens, art. 23. & a été mal appliqué par Maître Gilles Fortin sur cet article, vû qu'il n'est pas revoqué en doute; que les Seigneurs moyens & bas-Justiciers peuvent prendre connoissance de ce qui concerne leurs droits & leurs censives qui leur sont dûës, aussi-bien que le haut-Justicier.

Une grande partie de nos Coûtumes le declarent ainsi; en effet; ces droits sont le principal objet de telles Justices.

Aussi l'avis de du Moulin n'a-t-il jamais été d'exclure les moyens & bas-Justiciers de la connoissance de ces droits, ainsi qu'il paroîtroit par cet apostille mis en cet endroit; étant à observer que l'art. 23. de la Coûtume de Sens pour lequel il a été fait, porte que le Seigneur foncier peut par la Justice du

Seigneur

Seigneur haut-Justicier contraindre les gens de main-morte à mettre hors de leurs mains les heritages par eux acquis en sa censive; desorte qu'il paroît que cette note ne limite pas les droits des moyens & bas-Justiciers.

Au contraire, l'esprit de Maître Charles du Moulin a été d'étendre le pouvoir du Seigneur foncier sur un article d'une Coûtume, & en un cas particulier dont elle dispose.

Maître Charles du Moulin, à mon avis, a trop restraint ces mots de nôtre article, FONCIER ou CENSIER, répetez en quelques autres articles suivans de ce titre, en voulant que ces deux mots passent pour n'avoir qu'une même signification en cette rencontre, & qu'ils ne comprennent que le Seigneur censier.

Charondas les étend trop, lorsqu'il veut qu'ils s'entendent aussi des propriétaires des rentes créées aprés le cens, que l'on appelle foncieres, & de bail d'heritage.

Mais l'opinion de Loyseau, qui a tenu le milieu, semble veritable, en ce qu'il dit, que ce mot de FONCIER doit s'entendre en cet endroit de toutes sortes de premiere & plus ancienne redevance, soit champart, terrage, ou autre, lesquelles lorsqu'il n'y a point de censive ou autre droit plus ancien sur les heritages qui les doivent, emportent avec elles lods & ventes, encore que la Coûtume n'en parle point, ainsi qu'il a été jugé par Arrest du 23. Février 1577. recité par Chopin, liv. 1. art. 10.

Il est évident que du Moulin a embrassé une opinion trop rigoureuse, & Charondas une trop ample, ce titre n'étant que pour les redevances nobles & seigneuriales.

D'ailleurs, il est certain que cens sur cens ne peut avoir lieu, c'est-à-dire, que le censier ou tenancier ne peut bailler son heritage à la charge d'un autre cens ou rente qui ait les mêmes prérogatives qu'ont les premieres redevances seigneuriales, ainsi que l'établit doctement du Moulin, §. 73. gl. 1. nomb. 18. & suiv.

Par les Ordonnances des années 1539. art. 180. & 181. 1549. art. 15. & 1579. art. 180. il est défendu sous les peines y portées, tant aux parties, que Notaires, de passer aucun contrat sans declarer les situations, tenuës & charges des choses venduës & délaissées.

Mais on demande, sçavoir, si la declaration que font les vendeurs des charges des heritages qu'ils aliénent, fait une pleine preuve en faveur du Seigneur contre l'acquereur?

Speculator, Guido-Pape, & plusieurs autres, tiennent que telle declaration ne fait que demi-preuve.

Papon, liv. 13. 1. tit. 2. nomb. 18. rapporte un Arrest de Grenoble qui ne l'a pas jugé suffisante.

Mais Coquille sur Nivernois, tit. 5. art. dernier, & d'Argentré, art. 85. note 5. établissent fortement l'opinion contraire, & rapportent deux Arrests du Parlement de Paris pour leur opinion.

Seigneur peut agir non seulement contre le nouvel acquereur, ainsi qu'il est porté par cet article, mais même contre l'ancien possesseur, à ce qu'il ait à declarer à qui & à quel titre il a aliéné l'heritage. Mol. §. 73. gl. 2. nomb. 8.

Census receptio à Domino non inducit investituram, nec approbationem persona & nova acquisitionis; quia nempe census debetur à quocumque possessore justo vel injusto, habili, vel inhabili. Mol. §. 74. num. 150. & 151.

Census denegatio censuarium non plectit jactura fundi sicut in feudo: quia cum consuetudines loquantur in vassallo, non in censuario, pœna trahi non debet ad casum non expressum, gl. penult. in fin. l. ult. de jure patronatus. Deinde vassallus ad majorem fidelitatem & reverentiam adstringitur; quia feudi substantia est fidelitas.

Censuarius potest invito Domino rei censuaria faciem mutare sive ædificando, sive demoliendo, sive implantando. Excipe si perceptio census læderetur: vel nisi solum concessum esset ad onus ædificandi, aut inædificatum esset cum in censum daretur: sed præsumitur semper nudum solum in censum concessum quoties de contrario non apparet. Secùs est de campi parte in cujus læsionem, fundi forma & facies mutari non potest. Mol. §. 74. gl. 2. num. 2. & seqq.

Suivant cette doctrine sont intervenus plusieurs Arrests, par lesquels il a tantôt été fait défenses de démolir, & une fois la démolition a été permise, eu égard à la qualité de la censive.

Il y a un Arrest intervenu en l'Audience de la Grand'-Chambre le Jeudy 15. Mars 1629. sur appel du Bailly de Bray sur Seine, par lequel défenses furent faites de démolir une maison tenuë à cens; & ordonné que ce qui avoit été démoli seroit rétabli.

Il a été jugé au contraire par autre Arrest de l'Audience de relevée du Vendredy 12. Decembre 1608. qu'un tenancier ne pouvoit être tenu de rebâtir sa maison, en infirmant une Sentence qui avoit adjugé l'heritage au Seigneur censier, en consequence de la démolition que le tenancier avoit faite des bâtimens qui étoient sur cet heritage, lequel étoit de soy suffisant pour le payement de cens.

L'Arrest est intervenu contre l'Abbé de saint Victor.

Le même a été jugé pour le pays de droit écrit par Arrest donné en la cinquiéme Chambre des Enquêtes au rapport de Monsieur Petault, le 13. Juillet 1647. entre Antoine Mallier, sieur de Plaines, & le Prieur de Reigny.

Tronçon sur cet article dit avoir été jugé par Arrest du 23. Juin 1542. qu'il a pris dans du Moulin, §. 73. gl. 3. nomb. 16. que le nouvel acquereur est tenu d'exhiber les anciens titres de ceux desquels il a le droit, au Seigneur censier, & ajoûte, que si c'étoit pour être payé des lods & ventes des acquisitions faites par ceux de qui il a acquis, qu'en ce cas il n'est pas tenu de les exhiber; parce que (dit-il) tels droits sont personnels, & partant ne peuvent être demandez au nouvel acquereur.

Mais il s'est abusé en cette addition, tant pour sa décision que pour la raison qu'il en rend, n'étant pas revoquée en doute parmi nous que les lods & ventes sont charges réelles qui affectent particuliérement l'heritage, & suivent tous les acquereurs, jusques à ce qu'ils soient prescrits; les doctes du Moulin, §. 74. gl. 2. noumb. 18. & suiv. & Loiseau, *du Déguerpissement*, liv. 1. ch. 10. le tiennent ainsi.

D'où s'ensuit qu'il faut distinguer la décision de Tronçon, & dire, que les lods & ventes des anciennes acquisitions sont encore dûs, le nouvel acquereur est tenu de communiquer les titres de ces acquisitions aussi-bien que de la sienne, ou se purger par serment qu'il ne les a pas; mais où il ne seroit rien dû des précedentes acquisitions, le nouvel acquereur ne seroit pas tenu de communiquer les anciens titres, sinon au cas de cet Arrest de l'an 1542. & tel est l'avis de du Moulin, §. 73. gl. 3. nomb. 13. & suiv.

Mais on fait une question, sçavoir, par quel temps le Seigneur peut demander ses profits féodaux contre le tiers acquereur pour les acquisitions précedentes la sienne.

Maître Charles du Moulin, §. 20. gl. 12. nomb. 13. tient que le tiers acquereur ne les prescrit non plus que ceux dûs à cause de son acquisition que par trente ans. Et néanmoins le contraire a été jugé, & que tels droits dûs à cause des précedentes acquisitions, se prescrivoient par le tiers détempteur par dix ans entre presens, & vingt ans entre absens, par Arrest du 15. Fevrier 1647. donné en l'Audience des apresdinez de la Grand'-Chambre, au profit de Maître François de Montholon, celebre Avocat en la Cour.

IL EST LOISIBLE A UN SEIGNEUR FONCIER.

GLOSE PREMIERE SUR L'ARTICLE LXXIII.

SOMMAIRE.

1. *Si le Seigneur censier n'a que la voye d'action pour obliger l'acquereur de quelque heritage qui est en sa censive, de luy exhiber son contrat d'acquisition.*
2. *Si ces termes,* Seigneur foncier ou censier, *signifient la mesme chose.*
3. *Si l'opinion de Charondas est contraire à l'esprit de la Coûtume.*
4. *Si le Seigneur foncier se prend pour celuy qui a d'autres droits sur les heritages que le cens.*
5. *Si le Seigneur foncier, qui n'est pas Seigneur censier, peut se servir de l'action accordée par cet article.*
6. *Resolution de la question, si* censier & foncier *signifient la mesme chose.*
7. *Si le Seigneur censier peut intenter l'action portée par cet article.*
8. *S'il la peut intenter pardevant son Juge.*
9. *Note de du Moulin appliquée mal-à-propos à cet article par Fortin.*
10. *Si Messieurs des Requestes sont Juges de cette action.*
11. *Si le Seigneur pourroit saisir, l'acquereur refusant de faire l'exhibition.*
12. Acquesteur, *que signifie ce mot en cet article.*
13. *Si l'acquereur doit les dépens.*
14. *Si le Seigneur censier peut intenter cette action aprés plusieurs années de l'acquisition.*

1. PAr cet article le Seigneur censier n'a que la voye d'action pour faire condamner le nouvel acquereur de l'heritage qui est en sa censive, à luy exhiber son contrat d'acquisition pour être payé de ses droits, au cas qu'ils soient dûs; dautant que le Seigneur censier a droit en l'heritage pour sa Seigneurie directe, & sa joüissance du cens le conserve en la possession de son droit, à ce que le possesseur declare sous quel titre il joüit, qui est une exception de la regle vulgaire, qu'un défendeur ne peut être tenu d'exhiber ses titres au demandeur pour former & intenter sa demande, *l.* 4. *&* 8. *C. de edendo. l.* 11. *C. de petit. hereditatis.*

La raison de cette exception portée en cet article est, que nul ne peut tenir terre sans Seigneur en Coûtume non allodiale, telle qu'est celle de Paris.

2. Ces termes, *Seigneur foncier ou censier*, en cet article se prennent en même signification: car comme il a été dit sur ce titre, tout Seigneur censier est Seigneur foncier; dautant que le cens qui luy est dû, est attaché au fond duquel il est inseparable; mais au contraire tout Seigneur foncier n'est pas Seigneur censier; parce que celuy qui a baillé l'heritage qu'il tenoit à cens, à la charge d'une rente fonciere, est appellé *Seigneur foncier*, mais il n'est pas Seigneur censier.

DU MOULIN C'est le sentiment de Maître Charles du Moulin sur cet article, *glos.* 1. *num.* 1. *& seqq.* CHARONDAS Charondas tient que ces termes, *Seigneur foncier ou censier*, se doivent entendre, tant du Seigneur censier que de ceux ausquels sont dûës des rentes foncieres.

RICARD Maître Ricard, suivant l'opinion de Loyseau est d'avis, que ce mot *foncier* doit s'entendre en cet article de toute premiere redevance, soit champart, cens ou autres, lesquelles, quand il n'y a point de cens, emportent lods & ventes.

3. L'opinion de Charondas est contraire à l'esprit de nôtre Coûtume, dautant que si elle avoit lieu, il s'ensuivroit que le propriétaire d'une rente fonciere pourroit prétendre les lods & ventes, saisines & amendes; car puisque par cet article le Seigneur censier ou foncier peut poursuivre le nouvel acquesteur, afin d'exhiber son contrat d'acquisition pour être payé des droits de lods & ventes, saisines & amendes, si le Seigneur foncier n'étoit pas aussi le Seigneur censier, il auroit le même droit que le Seigneur censier, ce qui ne se peut dire avec raison.

Je ne croy pas aussi, que l'intention de nôtre Coûtume ait été de marquer par ces termes, *Seigneur foncier*, ceux qui ont d'autres droits pour marque de la directe que le cens, puisqu'elle n'en parle en aucun article; car quoiqu'il faille tomber d'accord, selon le sentiment de Bacquet, que le champart est un droit seigneurial, quand il est imposé sur un heritage sans le cens, de même que la rente fonciere, ainsi qu'il a été dit sur l'art. 51. néanmoins nôtre Coûtume ne parlant point d'autres droits seigneuriaux sur les heritages roturiers que du cens, il n'est pas à présumer qu'elle en ait voulu parler en cet article, sous un terme qui se prend pour le Seigneur censier. 4.

Ainsi, quoiqu'il soit vray, que ce qui y est dit du Seigneur censier, doit être étendu par une juste interprétation au Seigneur à qui le champart ou la rente fonciere est dûë sur un heritage étant sans le cens, étant par conséquent la marque de la directe Seigneurie, je ne croirois pas que ç'ait été l'intention de nôtre Coûtume, de donner en cet article des significations differentes à ces deux termes.

Ce qui est prouvé par l'art. 78. où ces deux termes ne se peuvent prendre que dans la même signification; car il porte, que si un heritage est acheté au Seigneur censier ou foncier, dans la censive duquel il est, sont dûës ventes.

Il est certain que le Seigneur foncier, lequel n'est pas aussi Seigneur censier ni direct, ne peut pas se servir de l'action accordée en cet article au Seigneur censier; mais qu'il peut seulement poursuivre l'acquereur de l'heritage chargé envers luy de quelque redevance annuelle, à ce qu'il soit tenu de luy en 5.

passer titre nouvel, par lequel il reconnoisse l'heritage acquis chargé de telle redevance, & payer les arrerages qui en sont dûs, & ceux qui écherront pendant sa possession.

6. Il s'ensuit de ce que nous venons de dire, que les termes suivans qui sont en cet article, *en sa censive ou Seigneurie fonciere*, signifient la même chose; car puisque tout Seigneur censier est aussi appellé *Seigneur foncier*, la censive doit aussi par consequent être appellée *Seigneurie fonciere*.

DU MOULIN. C'est le sentiment de du Moulin sur l'article 74. *glos. 2. in princ. verbo*, d'aucun cens ou fonds de terre; *Hæc duo*, inquit, *census aut fundus terræ, seu jus fundiarium pro eodem hic & in toto hoc titulo accipiuntur, videlicet pro jure dominico census, quod procedit à communi & antiquissimo Francorum loquendi modo, qui censum pro ipso terræ fundo præstare dicunt*.

BRODEAU. Brodeau, sur l'art. 74. *num.* 57. est d'avis que ces termes signifient la même chose, & il le confirme par un Arrest donné en la Coûtume de Paris en l'Audience de la Grand'-Chambre, le 25. Septembre 1614. le Parlement ayant été continué.

AUZANET. Maître Auzanet est de même sentiment.

Cette question s'est presentée en l'Audience de la Grand'-Chambre; sçavoir, si ces mots, *cens & fonds de terre*, se prennent en cette Coûtume dans la même signification, dans cette espece:

Un particulier avoit acheté un heritage chargé de cens & de trois boisseaux d'avoine envers le Seigneur, il les revendit à un autre quelque temps aprés, à la charge du cens & autres redevances. Aprés quatre années de joüissance ce second acquereur les revendit à un troisiéme, à la charge du cens & fonds de terre seulement, qui fut poursuivi par le Seigneur pour le payement de la redevance de trois boisseaux d'avoine, appellée *droit de Coûtume*, & dénonça la poursuite à son vendeur, lequel pretendit que ces mots, cens & fonds de terre, ne signifient pas la même chose, qu'étans differens ils devoient avoir des significations differentes, les Coûtumes & les Loix ne mettant rien de superflu, & que ces termes, fonds de terre, se devoient prendre pour toutes charges dûës au Seigneur à cause du fonds; que d'ailleurs n'ayant joüy de l'heritage que quatre années, il n'en avoit point de connoissance; qu'ainsi le demandeur devoit être debouté de sa demande, par laquelle il avoit conclu qu'il fut obligé de l'en acquitter, ou consentir la resolution du contrat, fondé sur ce que ces mots, *cens & fonds de terre*, signifient la même chose; que quoiqu'ils soient mis en l'art. 74. avec la particule disjonctive, *ou*, néanmoins ils avoient la même signification; que le droit pretendu par le Seigneur étoit extraordinaire & insolite, auquel il n'avoit pas dû s'attendre; qu'ainsi le vendeur en est garand, suivant la loy 1. §. *causa. de ædilit. Edit. Etiamsi si ea ignoraverit; potuit enim ea nota habere venditor, nec interest emptoris cur fallatur ignorantiâ venditoris, an calliditate*; & que quand le fonds de terre comprendroit cette redevance, il seroit obligé de l'en acquitter, parce qu'il l'avoit sçu, & ne luy avoit pas declaré, ce qui l'auroit empêché de contracter, ou il l'auroit, *viliori pretio*, puisque quand le vendeur sçait que l'heritage qu'il vend est chargé de servitudes, quoique le contrat porte, *si quæ servitutes debentur, debebuntur*, sans autre declaration particuliere, il est garand des servitudes qui sont dûës, *hæc generalis exceptio non ad ea pertinere debet, quæ venditor novit, quæque specialiter excipere potuit & debuit, l. quaro. de action. empt. & vend.*

Sur cette contestation Arrest intervint le 26. Septembre 1614. par lequel sur les offres de l'acquereur il fut jugé que le contrat de vente seroit dissous, en remboursant par le vendeur à l'acquereur le prix principal, frais, loyaux cousts, impenses & méliorations utiles & necessaires. Cet Arrest est rapporté par Maître Auzanet dans ses Arrestez, pag. 142. AUZANET.

Ce terme, *poursuivre*, nous marque que le Seigneur n'a que la voie d'action, pour obliger l'acquereur de luy exhiber son contrat d'acquisition, afin de percevoir les lods & ventes, suivant l'art. 81. ainsi le Seigneur ne peut pas pour cette cause se servir de saisie de l'heritage ni de brandon. 7.

Cette poursuite peut être faite pardevant le Juge du Seigneur censier haut, moyen, ou bas Justicier; parce que les Seigneurs qui ont haute, moyenne, ou basse Justice, peuvent connoître des droits, qui leur sont dûs à cause de leurs Fiefs & Seigneuries. 8.

Maître Charles du Moulin a fait une note sur l'art. 23. de la Coûtume de Sens, lequel porte, que *le Seigneur foncier peut par la Justice du Seigneur haut-Justicier contraindre les gens de main-morte à mettre hors leurs mains les heritages par eux acquis en sa censive*: la note de cet Auteur est en ces termes: *pardevant son Juge s'il est haut-Justicier, & ne peut être decliné par les gens d'Eglise, qui n'en peuvent demander renvoy pardevant leur Juge: Il est vray qu'on pratique qu'ils peuvent renvoyer aux Requêtes du Palais; mais c'est un abus d'y attirer les choses foncieres, & exploits domaniaux qui appartiennent à la Justice fonciere, & font partie d'icelle*. DU MOULIN.

Cette note a été mise mal à propos sur cet article 73. de nôtre Coûtume par Maître Gilles Fortin, comme remarque Maître Ricard, vû qu'il est certain, que les Seigneurs bas-Justiciers peuvent connoître de leurs censives & autres droits domaniaux. 9. FORTIN. RICARD.

Il est d'usage, que Messieurs des Requêtes peuvent être Juges de l'action portée par cet article; parce qu'encore qu'elle tende à être payé des droits de ventes, saisines & amendes, néanmoins elle n'est pas purement réelle, mais mixte, étant même plus personnelle que réelle. 10.

Autre chose seroit, s'il s'agissoit d'un droit purement réel, comme de la proprieté du cens, ou d'une rente fonciere, dont Messieurs des Requêtes ne pourroient pas connoître, dautant que la connoissance des droits purement réels ne leur appartient pas.

On demande, si le Seigneur pourroit saisir l'heritage au cas de refus par l'acquereur de faire l'exhibition de ses lettres & contrat d'acquisition? 11.

C'est l'avis de Charondas & de Tourner qu'il le peut, & ils rapportent un Arrest du 14. Août 1550. qui l'a jugé ainsi; mais telle saisie se fait sauf opposition, & se resoud en action. CHARONDAS. TOURNET.

Ce mot *acquesteur* ou *acquereur* se prend proprement pour celuy qui a acheté, néanmoins je croy qu'il est mis en cet article pour tout nouvel acquereur, par quelque titre que ce soit, par achat, par donation, par échange, ou autre semblable. 12.

En effet, quoique le Seigneur ne puisse demander aucuns droits au donataire d'un heritage censuel, néanmoins il peut le poursuivre pour l'obliger à luy exhiber son titre d'acquisition, pour sçavoir si ce n'est point par achat, auquel cas il auroit droit de prétendre les lods & ventes & amendes pour ventes recelées & non notifiées dans le temps de la Coûtume; le Seigneur ne pouvant être certain si les droits luy sont dûs ou non, que par l'exhibition du contrat d'acquisition.

C'est l'avis de Tronçon, *verbo, exhiber*. TRONÇON.

Quand l'acquereur, qui doit ventes au Seigneur pour son acquisition, est assigné aprés les 20. jours, pour exhiber son titre d'acquisition, il doit les dépens; mais au cas qu'il soit assigné avant ce temps, ou s'il ne doit aucuns droits au Seigneur, comme s'il a acquis par titre de donation, il ne les doit point. 13.

Il en faut dire de même, lorsqu'il n'y a point de nouvelle mutation de détempteur, & que le Seigneur demande l'exhibition du contrat d'acquisition, c'est au Seigneur à en payer les frais, comme remarque Coquille sur la Coûtume de Nivernois, chap. 6. *des Bordelages*, art. 26.

24. Et quoique ces termes, *nouvel détenteur*, semblent exclure le Seigneur de cette action, lorsqu'il a laissé passer plusieurs années sans la poursuivre,

Toutefois jusques à trente expirées, il est en droit de poursuivre l'acquereur d'un heritage à titre d'achat, pour luy faire payer les lods & ventes, parce qu'ils ne sont prescrits par l'acheteur & son heritier que par ce temps, mais aprés il n'est plus recevable, du Moulin sur cet article, *verbo*, *exhiber*, nomb. 8; cependant il peut obliger le détenteur à exhiber, afin d'être informé si les droits luy sont dûs, Brodeau, nomb. 18. Brodeau.

Ainsi, quoique les lods & ventes se prescrivent par trente ans, l'action pour exhiber les titres ne se prescrit point, comme il a été jugé par Arrest du 4. Juin 1604. Mornac sur la loy *an usufructus. ff. de usufructu.* non plus que le droit de porter le cens en la maison du Seigneur: Ainsi jugé par Arrest rendu en la troisiéme des Enquêtes, le 24. May 1586.

Voyez Maître Charles du Moulin, §. 51. *hodie* le 73. glose 3. nomb. 4. & suivans. Du Moulin.

AFIN D'APPORTER ET EXHIBER LES LETTRES.

GLOSE DEUXIE'ME SUR L'ARTICLE LXXIII.

SOMMAIRE.

1. *Pourquoy les vûës & montrées ont esté abrogées par l'Ordonnance.*
2. *Sur quoy l'exhibition portée par cet article est fondée.*
3. *Comment se fait cette exhibition.*
4. *A qui elle peut estre faite, & en quel lieu.*
5. *Par qui.*
6. *Si l'acquereur est tenu d'exhiber les titres d'acquisition de ses prédecesseurs.*
7. *Contrarieté de Tronçon.*
8. *Si un contrat de vente peut estre resolu, faute par le vendeur de n'avoir pas declaré une rente fonciere dûë sur l'heritage.*
9. *Si le bailleur à emphyteose peut obliger l'acquereur d'exhiber son titre.*
10. *Si le Seigneur peut retenir le contrat d'acquisition pour seureté des lods & ventes.*
11. *Si tous les tenanciers d'un Seigneur sont obligez de luy passer titre nouvel du cens.*
12. *Si le Seigneur doit obtenir Lettres en Chancellerie pour faire un Papier terrier.*
13. *Si le Seigneur peut saisir pour obliger ses tenanciers de donner leurs declarations.*
14. *Si le Seigneur haut-Justicier peut obliger les propriétaires des heritages, situez dans sa Justice, d'exhiber leurs titres d'acquisition.*
15. *Si les declarations du cens dû à un Seigneur, servent de preuve contre un tiers.*
16. *Si pour desaveu un heritage censuel tombe en commise.*
17. *Si le Seigneur a le choix des ventes ou du retrait.*
18. *Coûtumes qui donnent le retrait au Seigneur censier.*
19. *Si le cens porte toûjours dans nostre Coûtume les ventes.*
20. *Si ce terme, saisines, est inutile dans cet article.*

1. AVant la nouvelle Ordonnance, quand le nouvel acquereur à titre d'achat étoit poursuivi par son Seigneur aux fins d'exhiber ses titres d'acquisition, n'étant pas certain pour quelle chose il étoit poursuivi, il pouvoit luy demander qu'il luy fist vûë & monstrée de ce qu'il prétendoit être dans sa censive.

Comme cette procedure engageoit les parties à de grands frais, l'Ordonnance du mois d'Avril 1667. y a pourvû par l'art. 3. du titre 9. voulant que ceux qui font demande de censives par action, ou de la propriété de l'heritage, rente fonciere, charge réelle ou hypothéque, declarent par leur premier exploit, à peine de nullité, le bourg, le village, le hameau, le terroir & la contrée, où l'heritage est situé; sa consistance, ses nouveaux tenans & aboutissans, du côté du Septentrion, Midy, Orient & Occident; sa nature au temps de l'exploit, si c'est terre labourable, prez, bois, vignes, ou d'une autre qualité; desorte que le défendeur ne puisse ignorer pour quel heritage il est assigné.

Par l'art. 5. du même titre les exceptions des vûës & monstrées sont abrogées, pour quelque cause que ce soit.

2. L'exhibition des lettres ou contrats d'acquisition est fondée sur l'obligation mutuelle & reciproque, qui est entre le Seigneur censier & le propriétaire de l'heritage censuel.

Ce qui est contre les regles & maximes de Droit, qui ne veulent pas que le possesseur d'un heritage soit tenu de montrer & exhiber le titre de sa possession, *l. cogi.* 11. *C. de petit. hæredit.*

Le Seigneur y a interêt, pour voir comment & à quel titre l'heritage a changé de main pour le payement des ventes.

3. L'exhibition dont il est parlé en cet article, ne s'entend pas d'une nuë & simple exhibition, mais d'une actuelle communication; desorte que le Seigneur puisse avoir & retenir pardevers soy le contrat, afin de s'instruire du contenu en iceluy; *habet enim non tantùm inspiciendi & legendi, sed etiam describendi potestatem, quod verbum edere significat. l.* 1. §. *edere est ff. de edendo.*

Tronçon, sur cet article, *verbo* exhiber, Charondas. Tronçon. Charondas.

Ce qui se doit faire aux dépens de l'acquereur, Charondas, Brodeau, *num.* 12. Brodeau.

Cette exhibition est appellée en l'ar. 77. notification.

Le Seigneur peut poursuivre le nouvel acquereur, même avant la tradition de la chose & le payement du prix, pourvû que ce soit aprés vingt jours de l'acquisition, ce temps luy étant donné par l'art. 77. pour faire l'exhibition du contrat à son Seigneur, du Moulin sur l'art. 77. *num.* 1. Brodeau *num.* 21.

Du Moulin. Brodeau.

4. L'exhibition, suivant leur avis, se peut faire à la personne du Seigneur ou à son domicile, ou à la maison seigneuriale, la Coûtume ne requerant pas qu'elle se fasse au lieu du Fief où le cens se paye; parce que le droit de ventes est purement lucratif & profitable, & non pas une reconnoissance honorifique, & qu'il doit suffire au Seigneur d'avoir la notification du contrat, en consequence duquel les lods & ventes luy sont dûs.

La Coûtume de Touraine, art. 6. chap. 1. en dispose autrement; mais pour la nôtre, qui n'en parle point, je croy que l'opinion de ces Docteurs est bien fondée.

5. Cette exhibition se peut faire par l'acquereur, ou par le ministere d'une personne publique, comme d'un Notaire.

On ne peut pas obliger le Seigneur d'en donner un recepissé, parce qu'il n'est pas croyable, qu'un Seigneur voulût retenir un contrat d'acquisition, qui ne luy pourroit être utile en aucune chose, que pour luy faire gagner une amende qui est peu considerable.

6. *Si un Seigneur peut poursuivre l'acquereur d'un heritage pour exhiber les titres d'acquisition de ses prédecesseurs, pour être payé des droits par eux dûs?*

Charondas. Tournet. Joly.

Charondas, Tournet & Joly tiennent que non, parce que les droits de lods & ventes & amendes, ne se poursuivent que par action seulement, suivant l'art. 81. ainsi l'acquereur étant successeur particulier, il n'est point tenu de ceux qui sont dûs par ses prédecesseurs.

Du Moulin.

Du Moulin, *glos.* 3. *num.* 16. tient au contraire, qu'il est tenu de les exhiber, pour être condamné à payer les droits par eux dûs.

Tronçon.

Tronçon, *verbo* exhiber, fait cette distinction,
7. sçavoir, qu'il y est obligé, si c'est pour faire par le Seigneur un nouveau Papier terrier, mais que si c'est pour payer les droits dûs par ses prédecesseurs, il n'y est point obligé; cependant sur l'art. 81. il dit, qu'il peut être poursuivi hypothecairement, afin que l'heritage soit declaré affecté & hypothequé pour les ventes vûës par son prédecesseur, ainsi c'est une contrarieté.

Ricard.

Maître Ricard dit avec raison, que cet Auteur s'est abusé, puisqu'il est certain, & qu'on ne peut point douter, que les lods & ventes ne soient charges réelles, qui affectent specialement l'heritage, & suivent les acquereurs & possesseurs.

Du Moulin.

C'est le sentiment de Maître Charles du Moulin sur l'article 74. *glos.* 2. *num.* 18. *& seqq.* & de Loyseau, au Traité du *Déguerpissement*, livre 1. chapitre 10.

Tournet dit qu'il a été jugé selon son opinion par Arrest du mois d'Avril 1547. pour Berruyer.

Mais nonobstant cet Arrest je croy, qu'il faut soûtenir celle de du Moulin. Voyez l'art. 81.

8. *Au cas que le vendeur n'eût declaré seulement qu'un cens dû au Seigneur, sans faire aucune declaration d'une rente fonciere dûë au même Seigneur avec le cens, ou bien à un autre, si l'acquereur pourroit demander la resolution du contrat?*

Brodeau.

Brodeau, sur l'art. 74. *num.* 57. remarque un Arrest de l'Audience de la Grand'-Chambre, du 25. Septembre 1614. qui a jugé, qu'en ce cas le vendeur est tenu d'acquitter l'acquereur du droit prétendu non declaré dans le contrat, & qu'à faute de ce l'acquereur pouvoit en demander la resolution; auquel cas le Seigneur ne pourroit demander aucuns droits, parce que *ex contractu nullo nulla debentur laudimia.* Voyez sur l'art. 78.

Le bailleur à emphytéose peut aussi obliger le 9.
detenteur de l'heritage baillé à ce titre, pour exhiber son titre d'acquisition, afin qu'il sçache le temps qui reste du bail, au cas que le bailleur ne l'ait pas declaré.

Du Moulin. Tronçon.

C'est l'avis de du Moulin, *glos.* 2. & de Tronçon, *verbo* exhiber, qu'il le peut; & ce dernier remarque un Arrest du 4. Juin 1604. qui l'a jugé ainsi au profit des Chanoines de Nôtre-Dame de Bray sur Seine.

Le Seigneur ne peut pas retenir le contrat d'ac- 10.
quisition, qu'on luy a exhibé, pour seureté des lods & ventes à luy dûs, n'ayant que la simple action pour en poursuivre le payement suivant l'article 81. Brodeau, *num.* 7. & sur l'article 81. *num.* 5.

Brodeau.

Non seulement le Seigneur peut obliger les acquereurs & detenteurs des heritages, qui sont en sa censive, d'exhiber leurs titres d'acquisition pour être payé des droits de lods & ventes & amendes, mais aussi pour la confection d'un Papier terrier.

Du Moulin. Charondas. Tournet. Tronçon. Ricard.

C'est ce qui a été jugé par Arrest du 23. Juin 1542. contre les habitans du village de Brissau en Vermandois, rapporté par du Moulin, *glos.* 3. *num.* 16. par Charondas, Tournet Tronçon & Ricard.

Pour cet effet, tous les tenanciers d'un Seigneur 11.
sont obligez de luy exhiber leurs titres, tant nouveaux qu'anciens, s'il le requiert, & luy bailler declaration, passer titre nouvel & reconnoissance par nouveaux tenans & aboutissans, suivant la Loy *forma.* 4. *ff. de censib.* pour regler avec certitude le terrier, la qualité & la situation des heritages, & la quotité des censives qu'ils doivent.

Le Seigneur néanmoins ne les peut pas saisir, 12.
mais aprés avoir obtenu lettres de papier terrier en Chancellerie, il doit proceder par action & poursuivre en Justice, Brodeau, *num.* 13. & 14.

Brodeau. Auzanet.

Maître Auzanet tient que le Seigneur peut user de saisie, & que les Seigneurs ne peuvent proceder à un nouveau terrier que tous les trente ans, & voicy l'article qu'il proposoit d'ajoûter, *le Seigneur peut renouveller son terrier aprés trente ans*, à compter du jour de la clôture du dernier, & non plûtôt, & les tenanciers seront contraints, même par saisie de fruits, avec établissement de Commissaire, de bailler declaration de leurs heritages par nouveaux tenans & aboutissans, & des censives & autres redevances dont ils sont chargez, & d'exhiber leurs titres, le tout aux dépens du tenancier.

Il y a des Coûtumes, qui permettent au Seigneur 13.
de saisir, pour obliger leurs tenanciers de bailler leurs declarations, & passer titre nouvel & reconnoissance pour la confection du papier terrier.

Du Moulin.

Mais suivant le sentiment de Maître Charles du Moulin sur l'art. 113. de la Coûtume de Clermont, cela se doit entendre, *præmissâ denuntiatione, & dato termino competenti, alioquin injustum est incipere à prehensione, & debentur damna & interesse, nisi verbali, & innocua*, Brodeau, *num.* 15.

Brodeau.

Le Seigneur haut-Justicier peut aussi faire un
papier terrier, & en publier la confection, & de- 14.
mander nouvelles declarations par des proclamations particulieres; mais celuy qui n'a que moyenne, ou basse Justice, doit se pourvoir par assignations particulieres, signifiées à chaque tenancier, comme il a été jugé par Arrest de la Grand'-Chambre, du 26. Février 1616. remarqué par Maître Auzanet.

Tronçon.

Tronçon, *verbo* exhiber, dit que le Seigneur de Roissy qui a haute, moyenne, & basse Justice en sa Terre, avoit fait appeller Monsieur de Bragelogne, Conseiller en la Cour, en exhibition de ses contrats, en vertu desquels il prétendoit quinze livres de censive.

Monsieur de Bragelogne disoit que son Fief, en vertu duquel il étoit propriétaire de quelques censives, ne dépendoit point de la Terre de Roissy, le Fief n'ayant rien de commun avec la Justice.

Néanmoins par Arrest de l'Audience du 18. Mars 1605. il fut condamné à exhiber son titre de partage, en vertu duquel il joüissoit desdites censives, à cause que ledit Fief étoit situé dans l'étenduë de la haute-Justice de Roissy.

Outre la maniere de proceder par les Seigneurs contenuë en l'article 1. qui est la saisie feodale, & celle contenuë en cet article 73. il y en a une troisiéme, comme remarque Maître Auzanet sur l'article 1. introduite & autorisée par les Arrests en faveur du Seigneur Justicier & censier d'un territoire. AUZANET.

Cette derniere maniere est de faire appeller en Justice les Seigneurs particuliers, qui prétendent droits de censive dans l'étenduë de sa Terre, pour rapporter leurs titres, & s'inscrire dans les registres des declarations faites au profit dudit Seigneur, & dans son Terrier, sans que le Seigneur soit tenu bailler aucune communication de sa part.

La raison est, que l'universalité de son territoire étant suffisante pour l'établissement de son action, comme il a été jugé par Arrest de l'Audience de la Grand'-Chambre, du 15. Mars 1618. au profit de Monsieur de Bragelogne.

15. *Si les declarations du cens que font les vendeurs des heritages, ou les possesseurs d'iceux, peuvent servir de preuve contre un tiers?*

Monsieur Bouguier, en ses Arrests, lettre T. chapitre 6. remarque un Arrest du 8. May 1604. qui a jugé qu'elles ne sont pas suffisantes, à moins qu'elles ne soient suivies de prestation & de payement continuel pendant le temps requis pour la prescription contre un Seigneur, qui est trente ans, suivant l'article 123.

Papon, en ses Arrests, livre 13. titre 2. nomb. 18. est de même avis, & il rapporte un Arrest du Parlement de Grenoble, par lequel telles declarations n'ont pas été jugées suffisantes.

Coquille, sur l'article dernier du titre 5. de la Coûtume de Nivernois, & d'Argentré, sur l'art. 85. de celle de Bretagne, disent que telles declarations servent de titre & de pleine preuve au Seigneur censier; & d'Argentré dit qu'il a été ainsi jugé par Arrest du Parlement de Paris.

TRONÇON. RICARD. Tronçon, sur l'art. 74. *verbo* sur les fruits, & Ricard sur cet article 73. disent la même chose.

Touchant cette question, voyez sur l'art. 123.

16. Un tenancier ne commet point son heritage pour desavoüer son Seigneur, parce que la Coûtume ne donne la commise au Seigneur que pour les Fiefs en cas de desaveu, art. 43. Tronçon, *verbo* Seigneur censuel: néanmoins la commise des Fiefs a lieu pareillement au cas de la felonie par la disposition des autres Coûtumes, quoique la nôtre n'en parle point; mais non pas à l'égard des rotures. TRONÇON.

SI AUCUNS Y EN A. Voyez sur l'art. 20. *verbo* si aucuns y en a par écrit.

17. Il s'ensuit de ces termes: *pour être payé des droits de ventes*, que le Seigneur n'a pas le choix des ventes ou du retrait pour ventes d'heritages censuels, comme pour ventes de Fief, parce que la Coûtume ne luy donne pas le droit de prendre & avoir les heritages chargez de cens, quand on les vend, pour le prix de la vente; le Seigneur ne peut exercer le retrait en consequence de sa Seigneurie directe, que sur les Fiefs. En effet, comme dit Bartole sur la loy 64. §. *de viro. ff. soluto matrimon. provisio legis contra jus commune non extenditur ultra illud quod lex exprimit, licet eadem sit ratio.*

Quelques Coûtumes accordent aux Seigneurs le retrait, sçavoir, Valois, art. 14. Vitry, article 18. Nivernois, chap. 5. art. 1. 4. & 5. Bretagne, article 306. & autres. 18.

Dans ces Coûtumes le Seigneur qui a poursuivi le nouvel acquereur, afin d'exhiber ses lettres d'acquisition, ne peut plus user du retrait, de même qu'il s'observe quand le Seigneur feodal a saisi le Fief pour être payé de ses droits pour vente du Fief mouvant de luy, ou a chevi ou baillé souffrance. Voyez sur les articles 20. & 21.

Ces mêmes termes, *pour être payé des droits de ventes*, nous marquent aussi, que le cens porte toûjours en nôtre Coûtume les ventes au cas que l'heritage censuel soit vendu. 19.

Il y a des Coûtumes où, quoique le cens soit la marque de directe Seigneurie, toutefois il n'emporte pas droit de lods & ventes, à moins que les Seigneurs ne l'ayent réservé expressément.

Du Moulin, sur l'art. 479. de la Coûtume de Bourbonnois, cite un Arrest de l'an 1559. par lequel il a été jugé, qu'il ne suffit pas de justifier que l'heritage est tenu en censive, mais qu'il faut prouver que d'ancienneté les lods & ventes ont été payez.

La Coûtume de Troyes en l'art. 52. porte, que *tous heritages chargez & redevables de censive assis en la Prevôté de Troyes, portent lods & ventes & amendes, quand le cas y échet.*

Le Procès Verbal de la même Coûtume porte, qu'en plusieurs lieux au dedans de cette Coûtume les Seigneurs ne sont fondez qu'au droit de ventes seulement; & qu'en d'autres ils ne sont fondez, ni au droit de ventes, ni au droit de lods, &c. qu'on leur a reservé de prendre tels droits qui leur peuvent competer & appartenir.

Le Grand sur l'art. 52. de cette Coûtume dit, que les Arrests des 2. Janvier 1589. 15. Mars 1603. & 20. Août 1605. rapportez par Monsieur le Prestre dans ses Arrestez, qui ont condamné plusieurs particuliers à payer aux Seigneurs les droits Seigneuriaux, quoiqu'ils fussent en possession de n'en rien payer, sont fondez sur les articles précis des Coûtumes, dans lesquelles ils ont été rendus; ou sur la preuve faite par les Seigneurs de leurs droits; mais qu'ils ne doivent point être étendus à la Coûtume de Troyes, à cause de sa disposition particuliere.

Mais il est sans doute, que dans la Coûtume de Paris, & les autres qui n'en parlent point, la censive emporte le droit de lods & ventes, ce qui est sans difficulté.

Ce mot, *saisines*, est inutile en cet article, & il y a été mis contre la disposition de l'article 81. qui porte, *ne prend saisine qui ne veut, mais si on prend saisine, sera payé douze deniers parisis pour la saisine*, & partant le Seigneur ne peut pas contraindre le nouvel acquereur de luy payer l'ensaisinement. 20.

Touchant les amendes pour lods & ventes non payez, voyez l'article 77.

OBSERVATIONS DE MONSIEUR ***.

Sur l'Article LXXIII.

SOMMAIRE.

1. *Par cet article on peut remarquer la difference entre les Fiefs & les rotures.*
2. *D'où vient la difference entre les Fiefs & les rotures.*
3. *Le Seigneur censier ne peut se servir de saisie.*
4. *Article nouveau.*
5. *Pourquoy le Seigneur peut obliger le nouveau détempteur de luy donner déclaration des heritages par luy acquis.*
6. *Du terrier que le Seigneur censier ayant haute Justice, peut faire.*
7. *Comment le Seigneur censier ayant moyenne ou basse Justice, peut obliger ses sujets à faire leur declaration.*
8. *Abus qui se commettent dans la confection du papier terrier pour les frais.*
9. *Taxe ordinaire des articles.*

1. ON peut remarquer dans cet article la difference qui se trouve entre les Fiefs & les rotures. Le Seigneur de Fief procede par main-mise & voye de saisie feodale. Mais le Seigneur censier doit se pourvoir par action.

2. La raison de la difference est, que dans la censive il n'y a rien qui soit réel; & comme le Seigneur censier est privilegié pour ses droits, rien ne luy peut déperir; mais dans la mouvance du Fief il y a la foy & hommage qui est personnelle, & qui ne se peut separer quand elle n'est point renduë, puisqu'il importe beaucoup à un Seigneur d'être servi de son vassal. Ainsi la raison de la difference vient de l'origine des Fiefs, que comme il est de l'interêt du Seigneur d'avoir un vassal, & de le connoître, dés que le Fief est ouvert & que les quarante jours sont passez, le Seigneur peut joüir de ce Fief, comme y étant rentré faute par le nouvel acquereur d'avoir satisfait à ses devoirs, en se servant de la saisie feodale dûëment faite.

A l'égard des rotures, elles n'obligent à aucun devoir personnel, elles n'obligent qu'à des droits réels pour lesquels le Seigneur censier est privilegié, & il luy suffit de se servir d'action pour en être payé.

3. Il faut donc établir pour principe, qu'en matiere de lods & ventes le Seigneur ne peut saisir, & par l'action qu'il intentera il peut demander quatre choses, sçavoir, l'exhibition du contrat d'acquisition, le payement des droits qui peuvent être dûs, le droit de saisine, & l'amende faute d'avoir fait exhibition du contrat dans les vingt jours, qui est le temps porté par la Coûtume.

Mais comme la Coûtume n'a pas parlé du temps dans lequel le Seigneur censier pourroit faire un nouveau terrier, & qu'il est de consequence d'en faire une disposition précise, afin que les Seigneurs ne puissent pas vexer leurs tenanciers par des frais qui sont grands lors de la confection du terrier, nous avons crû devoir ajoûter les deux articles suivans.

ARTICLE NOUVEAU.

4. *Le Seigneur censier peut obliger le nouvel acquereur de luy bailler nouvelle declaration des heritages par luy acquis en sa censive par tenans & aboutissans & des censives & autres charges dont lesdits heritages acquis sont chargez, & redevables.*

5. Quand un nouvel acquereur possede des heritages, & que les tenans & aboutissans sont changez par le contrat, il est juste que le Seigneur soit instruit de la quantité des heritages des cens, droits & devoirs dont ils peuvent être chargez.

AUTRE ARTICLE NOUVEAU.

6. *Le Seigneur censier ayant haute Justice peut par publication generale, & celuy qui a moyenne & basse Justice par assignations particulieres renouveller son terrier aprés trente ans, à compter du jour de la clôture du dernier, & non plûtôt, & les tenanciers seront contraints par saisie de fruits avec établissement de Commissaire de bailler declaration de leurs heritages par nouveaux tenans & aboutissans & des redevances dont ils sont chargez, & d'exhiber leurs titres, s'ils en ont, au dépens du tenancier.*

7. Celuy qui a haute Justice peut par une publication generale faite au Prône ou au marché, faire sçavoir aux tenanciers qu'ils apportent leurs titres, & fassent leurs declarations, afin de faire un nouveau terrier. Mais celuy qui n'a que moyenne & basse Justice, doit assigner chaque tenancier par des assignations particulieres, pour apporter leurs titres & faire leurs declarations. Jugé par Arrest de la Grand'-Chambre du 26. Février 1550.

8. Nous avons mis que le tout doit être fait aux dépens du tenancier. Mais nous n'avons pas mis les frais que chaque tenancier payera, dont il seroit tres-necessaire de faire un état, afin d'empêcher les abus qui se commettent dans la confection des terriers, lors desquels les Commis, Notaires, pour le faire, & Procureurs pour faire les poursuites, font à plaisir une infinité de frais; ensorte qu'il y a des Seigneurs qui font un forfait de leurs terriers qui est un abus tres-grand, & qui doit être reprimé.

9. La taxe ordinaire est de cinq sols pour le premier article d'une declaration, & un sols pour tous les autres suivans.

CONFERENCE SUR L'ARTICLE LXXIII.

DE même, *Auxerre*, 91. & ajoûte, *dedans quarante jours.*

Berry, titre 6. art. 2. *Bourbonnois*, art. 393.

Châteauneuf, art. 147. *Dourdan*, art. 43. *Estampes*, art. 45. dit, *incontinent la huitaine passée.*

Mantes, art. 45.

Melun, art. 110. & ajoûte: *incontinent la quinzaine passée après l'acquisition; & en défaut de faire ladite exhibition, peut ledit Seigneur censuel faire saisir ledit heritage.*

Montargis, chap. 2. art. 31. *Montfort*, art. 48.

Orleans, art. 103.

Grand-Perche, art. 81. dit, *dans quarante jours; & à faute de ce faire, l'acquereur doit sept sols six deniers tournois d'amende.*

Rheims, art. 160.

Sens, art. 235.

Clermont, art. 113. porte: *Aussi peut faire saisir* a *le Seigneur de Fief les heritages tenus & mouvans de luy, afin d'en avoir la declaration par les détenteurs & propriétaires, & sçavoir à quel titre ils les tiennent.*

a *Intellige præmissa denunciatione, & dato termino competenti; alioqui injustum est incipere à prehensione, & debentur damna & interesse, nisi verbali & innocua.* C. M.

Vermandois, article 138. *Et sont lesdites ventes dûës audit Seigneur foncier, du jour du contrat passé & accordé, n'étoit que les parties contractantes se fussent de leur consentement départies dudit contrat. Ce qu'elles peuvent faire dans huitaine* b *sans pour ce être tenuës d'aucunes ventes ou autres droits.*

b *Intellige etiam post traditionem fundi & præventionem Domini, dixi in Consuet. Parisf.* §. 55. *gl.* 1. *n.* 38. C. M.

Auteurs sur l'Article soixante-treiziéme.

LUcius, *lib.* 7. *placitor. tit.* 51. *p.* 145.
Des Mares, Décision, 201. 203.
Joannes Faber, *ad tit. Institut. de interdictis*, *p.* 602. *col.* 2. *in princip.*
Bobé, sur cet article.
Thourette, sur Montfort, art. 48.
Le Let, sur la Coûtume de Poitou, art. 100.
De la Lande, sur Orleans, art. 100. & 135.
Buridan, sur Reims, art. 160.
Henrys, tom. 1. liv. 3. quest. 3.
Le même Auteur, tom. 2. liv. 3. quest. 18.
Loysel, liv. 4. tit. 2. Regle 2.
Journal du Palais, Arrest du 7. Août 1681.
D'Argentré, sur Bretagne, art. 231. glos. 2. & *de Lodimiis*, chap. dern.
Coquille, sur Nivernois, tit. 2. *des Cens*, art. 3. & tit. 6. *des Bordelages*, art. 26. *in verbo* reconnoissance.
Loyseau, *du déguerpissement*, liv. 1. chap. 10. nomb. 5. & 6.
Du Moulin, sur Paris, tit. *des Censives*, §. 55. glos. 2. nomb. 18. §. 62. nomb. 78. §. 74. nomb. 18. & §. 77. nomb. 28.
Publicius, sur la Coûtume d'Auvergne, tit. 21. article 6.
Chopin, sur la Coûtume d'Anjou, liv. 1. chap. 4. nomb. 11. & 12. chap. 5. nomb. 1. & sur celle de Paris, liv. 1. tit. 3. nomb. 3. & *du Domaine*, liv. 3. tit. 11. nomb. 1.
Bacquet, *des Francs-Fiefs*, chap. 2. nomb. 11. & suivans.
Lhoste, sur la Coûtume de Montargis, tit. 2. articles 5. & 31.
Bodreau, sur la Coûtume du Maine, art. 171.
Ricard, sur la Coûtume d'Amiens, art. 34.
Duret, dans son Alliance des Coûtumes, p. 911.
Duplessis explique cet article, liv 4. p. 103. & liv. 7. p. 105.

ARTICLE

ARTICLE LXXIV.

C'étoit le cinquante-deuxiéme Article de l'ancienne Coûtume.

Arrest ou Brandon pour arrerages de Cens.

UN Seigneur censier peut proceder, ou faire proceder par voye d'arrest, ou brandon, sur les fruits pendans en l'heritage à luy redevable d'aucun cens ou fonds de terre, pour les arrerages qui luy sont dûs.

Voyez l'Article 86.

REMARQUES.

CEt article est general non seulement par la plûpart des Coûtumes, mais encore par l'Edit de Charles IX. du mois de Novembre 1563. à peu prés conforme à cet article & au suivant, en ces termes. *Ordonnons que tous deniers dûs pour censives & rentes foncieres, & autres redevances de bail d'heritage perpetuel, seront executables par saisie de leurs heritages, terres & possessions sujettes ausdits devoirs; & n'auront les possesseurs sur qui lesdites terres auront été saisies main-levée pendant le procés, si aucun se meut, sinon en consignant és mains du saisissant trois années d'arrerages des redevances & droits pour lesquels ladite saisie avoit été faite : ou en faisant duëment & promptement apparoir avoir payé les cens & rentes, dont il sera question par ladite saisie, sans préjudice des droits des parties, & de leurs dépens, dommages & interêts, enfin de cause, nonobstant tous Us, Stile, & Coûtumes generales ou locales à ce contraires.*

Quæ sit forma hujus prehensionis dominicæ? 1. notandum est Dominum directum mero quidem jure consuetudinario & dominicali posse sola privata autoritate procedere : sed brevius, tutius & consultius esse autoritate & mandato sui judicis vel alterius competentis & per publicum executorem procedere. 2. rectè Dominus hoc uti impedimento potest absque precedenti interpellatione. 3. debet res prehensa clarè designari. 4. item causa hujusce prehensionis exprimi. 5. & demum censuario ad personam vel domicilium notificari, & si absit, vicinis, imò si sit minor etiam tutore destitutus iisdem vicinis vel parentibus hæc notificatio valet. Mol. §. 74. num. 73. & seqq.

Dominus hac prehensione facta potest ipse rei prehensæ fructus administrare : securius tamen faciet, si cum rixoso rem habeat si commissarios apponat. Mol. §. 74. gl. 1. num. 133. 134.

Effectus autem hujus prehensionis non est ut Dominus fructus suos faciat in jacturam censuarii : sed tantùm ut impediat d. censuarium frui fructibus rei suæ; & ideò cum solutus fuerit Dominus de causis suæ prehensionis, debet commissarius ab eo appositus rationes censuario reddere. Sed hic effectus ampliatur ut procedat, sive censuarius per se & sumptibus suis colat fundum, sive per colonum, sive etiam fructus alii vendiderit, quia sunt jura realia. At non obstat quominus censuarius colat, & seminet; sed maturis fructibus collectionem impediet hac prehensio. Mol. §. 74. glos. 1.

Non solùm fructus pendentes ita prehendere potest Dominus, sed etiam separatos à solo, & in horreo reconditos, dummodo extra fundum censualem non exportati sint. Mol. §. 74. gl. 1.

Quoique tant de privileges soient attribuez au cens, ils ne s'étendent pourtant que sur l'heritage en consequence duquel il est dû; car le Seigneur pour raison du cens, ne peut pas s'adresser sur les autres biens, non pas même sur les meubles du debiteur, s'il n'y a condamnation précedente.

Ainsi jugé par Arrest du 21. Juin 1601. entre la Bighe & Lescalopier. Le droit de cens est tellement réel, que tout possesseur de l'heritage en consequence duquel il est dû, est tenu de tous les arrerages, même de ceux échûs auparavant sa détention; ce qui s'observe même à l'égard d'un Pourvu à un Benefice *per obitum*, & à ce sujet fait la Loy 36. *ff. de jure fisci.*

Le détenteur qui rapporte quittances des trois dernieres années, sans réserve des précedentes, est présumé les avoir payées. Ainsi jugé par Arrest du 3. Février 1585. contre l'Abbé de S. Vincent.

Licet censuarius sit pupillus tutore carens, tamen non tenetur Dominus cui debetur census, abstinere ab hoc impedimento fructuum fundi onerati : sed liberè potest eos prehendere, & insinuare prehensionem parentibus, amicis, aut vicinis pupilli. Molin. §. 74. in verbo arrest ou brandon, *num.* 76.

Jugé par Arrest intervenu en l'Audience de la Grand'-Chambre du Jeudy 25. Sept. 1614. le Parlement ayant continué, que celuy qui avoit vendu un heritage à la charge du cens & fonds de terre seulement, étoit tenu d'acquitter l'acquereur du droit de Coûtume en avoine & chappons, prétendu par le Seigneur outre le cens, & à faute de ce, que le contrat demeureroit resolu. Entre Charles Sorret & Marie Metault, Maître Julien Brodeau qui rapporte l'Arrest sur l'article 74. dit avoir plaidé en la cause.

PAR VOYE D'ARREST OU BRANDON.

GLOSE UNIQUE SUR L'ARTICLE LXXIV.

SOMMAIRE.

1. *Si cet article est fondé sur l'Ordonnance du Roy Charles IX.*
2. *Si le propriétaire d'une rente fonciere peut proceder par voye d'arrest ou brandon.*

3. Quid, *si le cens n'a jamais esté payé à celuy qui se prétend Seigneur censier.*
4. *Si la saisie peut estre exercée par d'autres au nom du Seigneur.*
5. *Si le Seigneur est préferé sur les fruits saisis aux autres créanciers.*
6. Arrest, *que signifie ce mot.*
7. Brandon, *que veut dire ce terme.*
8. *Si le Seigneur peut appliquer à son profit les fruits saisis & arrestez.*
9. *Si l'usufruitier peut exercer cette saisie.*
10. *Si le Seigneur censier peut saisir de sa propre autorité.*
11. *Si cette saisie doit estre précedée d'un commandement.*
12. *Si la saisie doit estre notifiée au saisi.*
13. *Si l'établissement de Commissaire est necessaire.*
14. *Si la saisie d'un Seigneur sert à d'autres Seigneurs, qui contestent la censive.*
15. *Si la saisie faite par un des Seigneurs sert aux autres.*
16. *Si lorsque le bail à cens porte, que* faute de payement il rentrera dans son heritage, *cette clause n'est que la comminatoire.*
17. *Difference entre la saisie feodale & la saisie censuelle.*
18. *Si la saisie se fait du fond.*
19. *Si le Seigneur censier peut saisir l'heritage pour arrerages du cens.*
20. *S'il peut saisir les meubles qui sont en l'heritage, sans condamnation.*
21. *S'il peut saisir les fruits, quand ils sont coupez.*
22. *Si le Seigneur peut saisir réellement l'heritage par Sentence de condamnation pour cens non payé.*
23. *Si avant la perception des fruits le tenancier ne paye le cens, que doit faire le Seigneur.*
24. *Si le Commissaire établi est tenu de cultiver les terres.*
25. *S'il y a amende contre le tenancier qui enfraint la saisie.*
26. *Si le Seigneur censier peut s'emparer des terres vacantes & desertes.*
27. *Pour combien d'années d'arrerages la saisie des fruits peut estre faite.*
28. *Si elle peut estre faite pour une seule année.*
29. *Si le tenancier seroit quitte des années précedentes, en produisant quittances des dernieres.*

1. PAr cet article, il est permis au Seigneur censier d'user de saisie sur les fruits pendans par les racines en l'heritage chargé de cens envers luy pour les arrerages, qui luy en sont dûs : ce qui est fondé sur l'Edit de Charles IX. du mois de Novembre 1563. en ces termes : *Ordonnons, que tous deniers dûs par censives & rentes foncieres, & autres redevances d'heritage perpetuel, seront executables par saisie de leurs heritages, terres & possession sujettes audit devoir. Et n'auront les possesseurs sur qui lesdites terres auront été & seront saisies, main-levée pendant le procés, si aucun se meut, sinon en consignant és mains du saisissant trois années d'arrerages desdites redevances & droits, pour lesquels ladite saisie aura été ou sera faite, ou en faisant dûëment & promptement apparoir avoir payé les cens & rentes dont il sera question par ladite saisie sans préjudice des droits des parties, & de leurs dépens, dommages & interêts en fin de cause.*

Par cet Edit il est dérogé à tous Usages, Statuts & Coûtumes des lieux, ainsi il doit être observé par tout selon sa forme & teneur.

CHARONDAS Charondas & les autres Commentateurs sur cet article sont de cet avis.

2. Il semble que cet article ne parlant que du Seigneur censier, excluë, celuy qui n'a qu'une rente fonciere sur un heritage, je croy en effet que c'est l'intention de nôtre Coûtume, mais néanmoins il faut dire, que la saisie a lieu pour arrerages de rente fonciere en vertu de la precedente Ordonnance, qui déroge à toutes Coûtumes, c'est l'avis de Brodeau *num.* 50. & de Maître Duplessis, ensorte que dans cet article *fonds de terre* s'entend des rentes foncieres de bail d'heritages.

BRODEAU. DUPLESSIS.

3. Le Seigneur censier a droit d'user de saisie, non seulement au cas que le cens luy ait déja été payé, mais aussi quoiqu'il ne l'ait jamais reçû, pourvû qu'il ait un terroir limité & renfermé dans de certaines limites ; car en ce cas il peut saisir les fruits des heritages qui y sont situez, & demander le cens, selon la quotité portée par ses anciens titres, s'il en a, ou s'il n'en a point, à l'égard de certains heritages, il doit prendre le cens payé par les heritages voisins, Brodeau *num.* 2. BROD.

Que si le Seigneur n'est point fondé en terroir limité, ni en titre, il peut se servir de la declaration du vendeur portée par le contrat, que l'heritage est dans sa censive, car en ce cas s'il n'y avoit point d'autre Seigneur, qui le pretendît, le propriétaire de cet heritage seroit tenu de le luy payer, à moins qu'il ne prouvât qu'il tient son heritage en franc-aleu.

Il en faut dire de même, encore qu'il n'y eût aucune declaration dans le contrat, car comme il n'y a point de terre sans Seigneur dans la Coûtume de Paris, ainsi qu'il a été dit sur l'article 68. à moins qu'on ne le justifie, tout Seigneur peut prétendre dans sa censive tous les heritages, qui sont dans les limites de son Fief, ou prés des heritages qui relevent de luy, si ce n'est que les propriétaires d'iceux montrent qu'ils sont en la mouvance ou censive d'autres Seigneurs, ou qu'ils les tiennent en franc-aleu.

Que si la saisie étoit faite par plusieurs Seigneurs prétendans la directe, le propriétaire de l'heritage en obtient main-levée en consignant trois années d'arrerages, suivant l'article qui suit, & l'Ordonnance de l'an 1563.

Ce droit de saisir appartient non seulement au Seigneur censier, mais aussi à celuy qui exerce ses droits, comme son Procureur, son Receveur, Commis ou Fermier, à l'usufruitier & à la doüairiere, ainsi qu'il a été dit sur l'art. 2. 4.

La saisie se peut faire quand même l'heritage seroit 5.

affermé, & le Seigneur est preferé sur les fruits à tous autres creanciers.

Ce mot *Arrest* signifie deux choses :

6. Premierement il se prend pour les Jugemens des Cours & Jurisdictions Souveraines, du mot Grec *ἀρέσκω*, *hoc est Placitum*.

En second lieu, pour un arrest ou saisie, du mot François *arrester*, comme remarque du Moulin sur cet article *glos.* 1. *in princip.* d'où vient que dans quelques Coûtumes, comme dans celle d'Orleans, article 103. il est dit, que *le Seigneur peut obstacler & empêcher*, c'est-à-dire, arrêter, parce que c'est un obstacle & un empêchement que met le Seigneur à ce que le propriétaire ne perçoive les fruits de son heritage.

Voyez sur le titre des arrests, executions & gageries.

7. *Brandon* se prend improprement en cet article pour la saisie & arrest des fruits, prenant la marque de la saisie pour la saisie même ; car *brandon* proprement signifie un bâton planté & fiché en terre, entouré de paille, d'herbe, de linge, de drap ou d'autre chose semblable, qui marque, que les fruits pendans par les racines sur l'heritage sont saisis, empêchez & arrestez à la requeste du Seigneur censier, ou du propriétaire de la rente fonciere, pour les arrerages qui en sont dûs, afin que personne ne les achete, ou que le propriétaire ne brise & ne viole la saisie faite par le Seigneur ; Brodeau *num.* 35.

Delà vient qu'on dit *brandonner un heritage*, pour dire saisir les fruits qui y sont pendans.

Nous avons plusieurs Coûtumes qui se servent de ce terme, sçavoir Maine art. 47. Senlis art. 123. Sens art. 119. & 224. & autres. *Brandeum vel brando est velum, fascia, pannus*, l'usage en a été introduit pour rendre la saisie publique, & marquer que les fruits saisis & arrestez ne sont plus en la possession du debiteur, mais de la justice.

Voyez Coquille sur l'article 14. de la Coûtume de Nivernois au titre des criées, page 371.

Maître Auzanet dit que c'est un ancien terme qui n'est plus en usage & ne signifie rien ; car il ne s'agit pas dans cet article d'une saisie féodale qui emporte perte de fruits, mais d'une simple saisie & arrests de fruits, pour la conservation desquels il faut établir un gardien pour les recüeillir, serrer, battre, & en rendre compte.

8. Ce mot *Arrest* nous fait connoître que le Seigneur censier n'a droit que d'arrêter les fruits, & empêcher que le propriétaire de l'heritage ne les perçoive, mais non pas de les appliquer à son profit, comme fait le Seigneur féodal suivant l'article 1. c'est la disposition de la plus grande partie des Coûtumes.

Il y en a quelques-unes, par lesquelles le Seigneur censier fait les fruits siens pendant la saisie, sçavoir Chartres art. 44. & Chasteaudun art. 46. mais dans celles qui n'en parlent point, le Seigneur est tenu d'en rendre compte.

9. L'usufruitier peut exercer cette saisie, parce que les arrerages du cens luy appartiennent, selon Maître Duplessis, page 87.

10. Le Seigneur censier ne peut pas faire la saisie de sa propre autorité, ni par le ministere de ses domestiques, il la doit faire par Ordonnance du Juge, & par le ministere d'un Sergent de sa Justice, haute, moyenne, ou basse, s'il en a, ou d'un autre.

C'est ce que dit du Moulin en sa Note sur l'article 23. de la Coûtume de Sens, *vià juris & autoritate Judicis*, ce qui est marqué par ces mots, *proceder ou faire proceder*, & si la saisie étoit faite autrement, elle seroit nulle & injurieuse.

C'est aussi son avis sur cet article *glos.* 1. *num.* 3. 13. 72. 77. & 95. de Brodeau *num.* 28. de Tronçon, *verbo*, arrest ou brandon, & de Charondas.

Par la Coûtume de Meaux chapitre 25. telle saisie & arrest ne se peut faire que par la commission du Seigneur qui a Justice, ou par celle du Seigneur haut-Justicier, ou du Seigneur Châtelain.

Les Seigneurs censiers, qui n'ont point de Justice, ne peuvent pas de leur autorité privée faire proceder par voye de saisie & arrest, & se faire ainsi Justice à eux-mêmes, quoique la plûpart des Seigneurs censiers de la ville de Paris & ailleurs, ayent usurpé la Justice fonciere pour l'exercice des actes domaniaux, concernans la Seigneurie féodale, directe & censuelle, mais c'est un abus, ainsi qu'a remarqué Loyseau au Traité de l'abus des Justices de Villages, Brodeau *num.* 29. Brodeau.

Il n'est pas necessaire, que cette saisie soit precedée d'un commandement ou d'une sommation, parce que *dies interpellat pro homine*, *l. magnam. C. de contrab. & committ. stipul.* le Sujet censier n'ignorant pas & ne devant pas ignorer le lieu & le jour que le payement du cens doit être fait, Charondas & Brodeau *num.* 32. 11.

Charondas Brodeau.

Cette saisie doit être notifiée à la personne ou au domicile du Sujet censier autrement, elle seroit nulle & de nul effet, c'est la disposition de la Coûtume de Tours art. 20. & au cas qu'il n'eût pas son domicile dans le lieu & dans l'étenduë de la Seigneurie, elle devroit être signifiée à ses domestiques ; comme à celuy qui façonne ses terres, & s'il n'y avoit aucuns domestiques, la saisie devroit être affichée à la porte de l'Eglise Parroissiale & publiée, afin qu'il n'en pût prétendre cause d'ignorance, du Moulin *glos.* 1. *num.* 8. *& seqq.* Brodeau *num.* 19. 12.

Du Moulin Brodeau.

Le Sergent qui fait la saisie, doit établir Commissaire pour le regime & administration des fruits saisis, pour en rendre compte au cas qu'il les enleve & perçoive ; de l'insolvabilité duquel le Seigneur est responsable, Brodeau *num.* 20. ainsi qu'il a été dit du Commissaire établi au Fief saisi faute de dénombrement baillé sur l'article 8. 13. Brodeau.

Quand il y a plusieurs Seigneurs à qui le cens est dû, la saisie faite par l'un d'eux, ne sert pas aux autres, qui n'y ont pas été dénommez, à moins qu'ils ne signifient au propriétaire de l'heritage qu'ils veulent & entendent se servir de la saisie qui a déja été faite. 14.

C'est l'avis de du Moulin §. 1. *glos.* 9. *num.* 12. & de Brodeau *num.* 27. Du Moulin Brodeau.

Que si par le bail à cens il étoit porté, que faute de payement du cens pendant deux ou trois années ou plus, il sera permis au Seigneur de rentrer dans le fond de plein droit sans autre procedure ni ministere de Justice ; on demande, si cette clause pourroit être executée à la rigueur ? 15.

Maître Auzanet est d'avis avec raison, que cette clause n'est que comminatoire, & que pour rentrer dans son heritage le bailleur à cens devroit se pourvoir en Justice, & obtenir Sentence qui l'ordonnât, conformément à la convention des parties. Auzanet.

Il remarque un Arrest donné en la cinquiéme Chambre des Enquêtes, le premier Juillet 1614. au rapport de Monsieur Portail.

Ces termes *sur les fruits pendans en l'heritage*, nous montrent, que le Seigneur ne peut pas saisir l'heritage qui est redevable du cens, sans Jugement & condamnation précedente, comme il a été jugé par Arrest du 2. Janvier 1603. en la cinquiéme Chambre des Enquêtes, sur un procés party en la quatriéme au rapport de Monsieur Pastoureau, remarqué par Maître Auzanet ; mais il peut seulement saisir les fruits de l'heritage pendans par les racines, pour les arrerages du cens qui sont dûs, pour le payement duquel les fruits qui en proviennent, servent de gage & de nantissement au Seigneur ; de-sorte que cette dette est privilegiée sur iceux, selon la Loy *domini. C. de agricol. & censit.* car autrement il seroit fort incommode aux Seigneurs, s'ils étoient 16. Auzanet.

tenus de se pourvoir par simple action, pour être payez des arrerages du cens, le Sujet censier ayant peut-être son domicile dans un lieu fort éloigné de l'heritage. Voyez *num.* 17.

17. C'est une difference remarquable entre la saisie féodale & la censuelle, que la féodale se fait de l'heritage & non des fruits, suivant l'article 1. & elle seroit nulle si elle étoit faite seulement des fruits. Et qu'au contraire la saisie censuelle ne se peut faire que des fruits; & si elle étoit faite du fond, elle seroit nulle,

Du Moulin. Brodeau. du Moulin sur cet article *glos.* 1. *num.* 41. & de Brodeau *num.* 26. tiennent que la saisie ne seroit pas nulle.

18. La raison de la difference est que le cens étant modique, il suffit au Seigneur de saisir les fruits pour être payé, sans saisir le fond, & faire ensuite proceder par saisie réelle & bail judiciaire, comme veut Brodeau.

Ce qui paroît contre l'esprit de nôtre Coûtume, qui veut que le sujet censier ait main-levée de la saisie en consignant trois années des arrerages qu'il pourroit devoir, *jura dominicalia sunt stricti juris, nec possunt*

Du Moulin. *extendi ultra verba consuetudinis*, dit du Moulin sur cet article, *glos.* 1. *num.* 8.

19. Ces termes, *sur les fruits pendans en l'heritage à luy redevable d'aucun cens*, nous marquent que le Seigneur censier ne peut faire saisir les fruits pendans en d'autres heritages, quoiqu'appartenans à son sujet censier.

Ce qu'il faut néanmoins entendre quand le Seigneur fait l'Arrest comme Seigneur censier, & non en vertu de Sentence ou de contrat exécutoire.

Voyez l'article 160.

20. Le Seigneur censier peut encore moins saisir les meubles du Sujet censier, parce qu'il n'a point de privilege, ni de droit sur iceux, comme il a été jugé par Arrest du 22. Juin 1602. entre la Bische &

Tournet. Tronçon. Ricard. Lescalopier, rapporté par Tournet sur cet article, par Tronçon *verbo*, saisir, & Maître Ricard; à moins que le Seigneur n'eût obtenu Sentence de condamnation du payement du cens.

Il faut excepter le cas de la simple gagerie porté dans l'article 86.

21. *Si la saisie a lieu sur les fruits de l'heritage, quand ils sont coupez, mais encore sur le champ?*

Il semble que oüi, parce que le Seigneur censier a son droit & son privilege étably sur les fruits de l'heritage chargé envers luy du cens.

Charondas. Néanmoins il faut suivre l'avis de Charondas qui tient le contraire, parce qu'ils ne sont plus inherans au fond, desorte qu'il les faut tenir pour meubles, suivant l'article 92. ainsi le privilege du Seigneur censier cesse.

Il rapporte un ancien Arrest du mois de May 1532. entre Pierre de Launay & Jean Giffart, qui l'a jugé ainsi.

Ce qui est conforme à l'Ordonnance de 1563. remarquée cy-dessus, & à cet article qui porte en termes exprés *sur les fruits pendans en l'heritage.*

Brodeau. Brodeau *num.* 22. suivant le sentiment de du Moulin *glos.* 1. *num.* 28. 46. 50. 57. *& seqq.* est d'opinion contraire, mais elle est contre les termes de cet article, ainsi il n'y a pas lieu de la suivre.

22. Il faut suivre en ce cas le sentiment de Monsieur Auzanet remarqué cy-dessus, *num.* 14. qui est, que le Seigneur censier ne peut saisir réellement l'heritage pour les arrerages du cens, si ce n'est en vertu d'une Sentence de condamnation; & encore pour rendre une saisie réelle juste & legitime, il faudroit que les arrerages dûs au Seigneur fussent considerables, & ne pussent être payez sur les fruits de deux ou trois années, comme il a été jugé par Arrest du 30. Juillet donné en l'Audience de la Grand'Chambre, entre Maître Charles le [illegible] prenant le fait & cause pour Raoul Bontemps, Notaire, & Jean Hosin, Prevost de Genevilliers, & Olivier Bretel, remarqué par cet Auteur.

Que si le Sujet censier ne satisfait pas au Seigneur avant la perception des fruits, le Commissaire étably à la saisie doit les enlever & les serrer, ensuite le Seigneur doit faire donner assignation au saisi pardevant son Juge, s'il a Justice, ou pardevant le Juge des lieux, pour voir ordonner, que les fruits seront vendus, pour être les frais préalablement pris sur les deniers de la vente, & le Commissaire payé de sa garde, & le surplus luy être mis entre les mains jusques à la concurrence des arrerages, qui luy sont dûs. 23.

Dautant que la saisie finit aprés la recolte des fruits, le Commissaire est déchargé de sa commission, sans qu'il soit obligé de façonner & cultiver les terres, dont les fruits auroient été saisis, & enlevez; & par consequent, si le Seigneur n'a pas été payé entierement des arrerages du cens, qui luy étoient dûs, sur la vente des fruits saisis, il doit saisir les fruits de l'année suivante, la saisie qu'il auroit faite, étant finie & expirée par la perception des fruits. 24.

Nôtre Coûtume n'ordonne aucune amende contre le Sujet censier, qui enfraint & viole la saisie faite sur les fruits de son heritage, ainsi on peut dire, que le Seigneur n'en peut point prétendre. 25.

La Coûtume d'Orleans en l'article 103. le condamne en l'amende de 5. sols.

Du Moulin sur cet article *glos.* 1. *num.* 135. *& seqq.* dit, qu'encore que la Coûtume n'ordonne point d'amende contre le tenancier, qui enfraint la saisie, néanmoins, que selon l'usage de tout le Royaume il doit être condamné, parce que c'est une espece de délit & d'attentat contre l'autorité de la Justice & du Seigneur direct, lequel doit être puni d'une amende, outre la restitution des fruits en la main du Seigneur ou du Commissaire étably à sa requête. Du Moulin.

Il tient même *num.* 172. *&* 173. que le tenancier doit être condamné à l'amende de 60. sols parisis, en cas de simple opposition à la saisie du Seigneur, mais son opinion n'a point été suivie.

Il est vray, que pour la violence, qui auroit été faite, le Juge pourroit adjuger d'office une amende au Roy, ou au Seigneur haut-Justicier, mais ce ne seroit pas une consequence qu'il en dût adjuger une au Seigneur féodal, parce que les amendes dûës aux Seigneurs féodaux sont coûtumieres & legales, ainsi ils n'en peuvent prétendre que dans les cas portez par les Coûtumes, Brodeau sur l'article 29. *num.* 9. & suivans. Brodeau.

Cet Auteur sur ce titre *num.* 30. dit, que le Seigneur censier peut tenir en sa main les terres vacantes, & en faire les fruits siens jusques à ce qu'il en soit reconnu; mais pendant le temps de sa joüissance il ne luy est dû ni cens ni ventes. 26.

Nôtre Coûtume ne donne pas ce droit au Seigneur censier, comme la Coûtume de Berry, qui porte en l'article 26. du titre 6. que *si le Seigneur utile de l'heritage censuel laisse iceluy vacant par an & jour, aprés le temps qu'il a accoûtumé de demeurer vacant, &c.*

Ce qui s'entend, selon Ragueau, de l'heritage que le propriétaire laisse & abandonne, sans le labourer & le cultiver; mais cette disposition ne doit point avoir lieu dans les Coûtumes qui n'en parlent point, comme la nôtre.

Toutefois si le propriétaire de l'heritage cessoit pendant plusieurs années à le labourer & cultiver, le Seigneur pourroit faire ordonner par le Juge, qu'il luy fût permis d'en joüir pour & au lieu du cens, & en ce cas il est sans doute qu'il ne pourroit pas ensuite repeter les arrerages du cens pour les années pendant lesquelles il en auroit joüy; & le propriétaire ne pourroit pas l'obliger de luy rendre les fruits, en offrant de luy payer les frais des labours & semences avec les arrerages du cens; dautant que le Seigneur ayant fait cultiver les terres à ses perils & fortunes, il est juste qu'il en tire le profit.

Que si l'heritage est veritablement vacant *hereditate jacente*, il n'appartient pas au Seigneur censier, mais au Seigneur haut-Justicier suivant l'article 167. conformément à la disposition des autres Coûtumes.

27. La saisie se peut faire pour tous les arrerages qui sont dûs suivans ces termes, *pour les arrerages qui luy sont dûs*, à moins qu'ils ne soient prescrits par la prescription de 30. ans, suivant l'article 124. qui a lieu pour les arrerages des rentes foncieres, comme pour les arrerages du cens, ensorte que le Seigneur censier n'en peut demander que 29. années échûës, les autres étant prescrites, l'année courante faisant la trentiéme.

C'est l'usage presque de toutes les Coûtumes.

Le detenteur de l'heritage est tenu non seulement de payer les arrerages échûs pendant sa détention, mais aussi ceux qui sont échûs auparavant, lesquels il est obligé de payer jusques à 29. années, sauf son recours contre ses predecesseurs, parce que les fruits de l'heritage sont tacitement obligez pour le payement du cens, Brodeau *num.* 8. & 9. BRODEAU.

Néanmoins l'article suivant veut, que le proprietaire obtienne main-levée en consignant trois années du cens, auquel cas la saisie cesse, & elle se resoud en action pour les autres années.

Mais dautant que le detenteur n'est tenu qu'hypothequairement à payer les arrerages échûs avant sa joüissance, partant en renonçant & abandonnant l'heritage, il n'en peut plus être poursuivi, il est seulement tenu personnellement de payer ceux qui sont échûs de son temps, comme il a été jugé par Arrest CHARONDAS du 6. Mars 1595. remarqué par Charondas, & suivant l'article 99.

28. La saisie peut être faite pour une seule année dés que le jour de payer est passé, suivant l'article 88. car quoique l'Edit des censives & cet article de nôtre Coûtume parle generalement des arrerages dûs pour le cens, il faut néanmoins les entendre des arrerages d'une seule année, puisque par l'article 85. l'amende est dûë pour cens non payé au jour & lieu qu'il est dû.

29. Que si le saisi faisoit apparoir des quittances de payement du cens données purement & simplement & sans protestation des trois dernieres années, il seroit quitte des precedentes, sans être obligé d'en rapporter aucunes quittances, comme il a été jugé par Arrest du 3. Février 1585. contre l'Abbé de saint Vincent, rapporté par Tournet, Ricard & Charondas, lequel en remarque un autre plus ancien de l'an 1539. contre les Religieuses du Moncel.

Mais quand il y a protestation pour les années precedentes, le Seigneur en peut poursuivre le payement comme il a été jugé par Arrests des 26. Février & 28. Juillet 1577. rapportez par Charondas & Tournet.

Ce qui est fondé sur la Loy 1. C. *de fideicomm.* qui porte qu'en matiere de payemens de prestations annuelles, *triennium est multum temporis, eamque secutam voluntatem filii per multum temporis*, &c. la Loy *quicumque C. de apochis public.* dit, *cùm probatio aliqua ab eo tributaria solutionis exposcitur, si trium coharentium sibi annorum apochas securitatesque protulerit, superiorum temporum apochas non cogatur ostendere, neque de preterito ad illationem functionis tributaria coerceatur.*

Quelques-uns veulent, que la quittance du payement d'une année suffise pour exclurre le Seigneur de demander les precedentes, quand il l'a reçû sans protestation.

C'est l'avis de Tronçon sur l'article 85. *verbo*, arrerages, & de Brodeau sur le même article *num.* 10. TRONÇON. BRODEAU.

Mais je ne le croy pas bien fondé, parce qu'il pourroit arriver, que le Fermier ou Receveur du Seigneur auroit reçû le payement d'une année par erreur, c'est pourquoy n'apparoissant pas, que les precedentes auroient été payées, soit par quittances, ou par le registre du Receveur ou Fermier, le tenancier seroit obligé de les payer.

Ce qui se doit entendre, soit que le Seigneur ou son Receveur ou Fermier, ait donné quittance des trois dernieres années, comme il a été jugé par les Arrests cy-dessus cottez, à ce que prétend Charondas en ses Réponses livre 8. chapitre 76.

Le Seigneur est préferable pour le payement du cens à tous autres qui prétendent droits & hypotheque sur l'heritage redevable du cens, suivant les articles 355. & 358. *infrà*.

OBSERVATIONS DE MONSIEUR **.

Sur l'article LXXIV.

SOMMAIRE.

1. *Article changé.*
2. *Pourquoy ces termes*, par permission du Juge, *doivent estre ajoûtez à cet article.*
3. *Si un tenancier peut faire sur son heritage tel changement que bon luy semble.*

NOus avons changé cet article en la maniere qui suit.

1. *Le Seigneur censier peut par permission du Juge, huitaine aprés un commandement, faire proceder par voye de saisie & arrest sur les fruits pendans à l'heritage, étant en sa censive, pour les arrerages des cens dûs sur les mêmes heritages.*

2. L'usage est, qu'un Seigneur censier obtienne la permission du Juge pour saisir les fruits pendans sur les heritages sujets au cens, quoique la Coûtume ne le dise pas.

C'est par cette raison que nous avons ajoûté au present article ces mots, *par permission du Juge.*

Il faut à ce sujet remarquer, que par un abus tres-grand quelques Seigneurs, ou leurs Procureurs, pour faire des frais, demandent une permission generale de faire saisir sur tous les redevables des cens, ce qui n'est pas raisonnable, & autant de fois que cela s'est presenté j'ay rejetté les requêtes, ayant toûjours voulu que le Seigneur specifia la quantité des années dûës, & le nom du tenancier.

3. On demande quel changement un tenancier pouvoit faire sur l'heritage sujet au cens, s'il pouvoit

détruire les bâtimens, les changer, laisser les terres sans être cultivées, & si le Seigneur censier pouvoit l'obliger à le faire.

Nous répondons en general à cette question, qu'on tient pour maxime que les cens dûs par le tenancier ne l'empêche point de faire sur son heritage tel changement que bon luy semble, pourvû que les lieux aprés le changement soient suffisans pour acquitter les cens & les rentes.

Mais quand il y a une redevance en grains, alors le Seigneur peut obliger le tenancier de labourer la terre & l'ensemencer.

CONFERENCE SUR L'ARTICLE LXXIV.

DE même, *Acs*, titre 8. article 2. *Amiens*, article 214. *Angoumois*, art. 11. *Auvergne*, chap. 21. article 6.

Auxerre, art. 22. & ajoûte, *pour les arrerages des trois dernieres années*.

Bar, tit. 5. art. 38. *Bayonne*, tit. 8. art. 1. & suivans. *Berry*, tit. 6. art. 12. & suivans. *Blois*, art. 112. *Boulenois*, tit. 12. art. 53. *Bretagne*, article 29. *Boulogne*, art. 10.

Châlons, art. 126. *Châteauneuf*, art. 148. *Chaumont*, art. 60. 63. dit, *le Seigneur pour ses droits seigneuriaux dont est possesseur* a, *ne doit plaider dessaisi*.

a *Id est quasi possessor. Vide quæ scripsi in Consuet. Paris.* §. 51. *gl.* 1. *num.* 147. C. M.

Clermont, art. 112.

Dourdan, art. 44.

Estampes, art. 9.

Laon, art. 156.

Mantes, art. 47. 48.

Meaux, art. 194. & ajoûte, *par vertu de leur commission, s'ils sont hauts-Justiciers, ou bas & moyens, sinon par la commission du haut-Justicier, ou Seigneur Châtelain*.

De même, *Melun*, art. 108. & ajoûte, *pour une année d'arrerages seulement précedente ladite saisie; & quant aux années précedentes, les doit poursuivre par action*.

Montargis, chapitre 2. article 2. *Montfort*, article 49.

Nivernois, chapitre 5. article 16. chapitre 32. article 15.

Orleans, art. 103.

Grand-Perche, art. 82. *Peronne*, art. 95. *Ponthieu*, art. 110.

Reims, art. 144. *Ribemont*, art. 52.

Saint-Agnan, chap. 2. art. 8. *Saint-Quentin*, art. 91. *Senlis*, art. 123. 256. *Sens*, art. 225.

Senlis, article 256. dit, *un haut-Justicier, moyen & bas.* b

b Intellige alternativè. C. M.

Auteurs sur l'Article soixante-quatorziéme.

COquille, sur l'article 14. de la Coûtume de Nivernois, au titre *des Criées*

Bobé, sur l'article 194. de la Coûtume de Meaux.

Du Moulin, sur Paris, §. 74. glos. 2. nomb. 1. & §. 78. glos. 1. nomb. dern.

Thourette, sur Montfort, art. 49.

De la Lande, sur Orleans, art. 103. & 423.

Buridan, sur Reims, art. 144.

Lhoste, sur Montargis, chap. 2. art. 2.

Pontanus, sur la Coûtume de Blois, tit. 4. art. 39. & tit. 18. art. 112.

Chopin, sur la Coûtume d'Anjou, liv. 1. chap. 3. nomb. 4. & liv. 2. part. 2. chap. 1. tit. 1. nomb. 5. & sur celle de Paris, liv. 1. tit. 3. nomb. 4.

Bacquet, *des Droits de Justice*, chap. 3. nomb. 12.

M. Le Prestre, en ses Arrests de la cinquiéme Chambre, art. 107.

Buridan, sur la Coûtume de Vermandois, art. 136.

Duplessis explique cet article, livre 1. chapitre 2. p. 84.

ARTICLE LXXV.

Cet article a été ajoûté à la reformation de la Coûtume.

Main-levée en consignant trois années.

SI le propriétaire saisi s'oppose à la saisie, il doit avoir main-levée par provision, en consignant trois années du cens.

Voyez l'Article précedent, & les 45. à la fin.

EN CONSIGNANT TROIS ANNE'ES DU CENS.

GLOSE UNIQUE SUR L'ARTICLE LXXV.

SOMMAIRE.

1. *Si cet article est fondé sur l'Ordonnance de Charles IX.*
2. *Si le Seigneur peut demander le payement des années, qui précedent les trois dernieres.*
3. *Sur quelles causes peut estre fondée l'opposition du tenancier.*
4. *Si la saisie peut estre faite pour les arrerages dûs par les prédecesseurs.*
5. *En quel cas la consignation des trois années a lieu.*
6. *Pourquoy l'Ordonnance de Charles IX. a esté faite.*
7. *Si cette Ordonnance a lieu dans les Coûtumes, qui disposent au contraire.*
8. Quid, *de celles qui ordonnent la main-levée en consignant une année.*

1. CEt article a été ajoûté de nouveau, & est fondé sur l'Ordonnance du Roy Charles IX. rapporté sur l'article precedent, par laquelle il est permis de saisir les fruits de l'heritage chargé du cens ou de rente fonciere & annuelle, pour tous les arrerages qui en sont dûs, voulant néanmoins que le propriétaire de cet heritage en obtienne main-levée, en consignant trois années entre les mains du Seigneur; il en faut dire de même au cas que le propriétaire interjetre appelle de la saisie au lieu de s'opposer, parce que l'appel est converti en opposition, Brodeau *num.* 6.

2. Cette main-levée n'est que provisionnelle, c'est-à-dire, qu'elle n'empêche pas que le Seigneur ne poursuive le payement des arrerages des années precedentes, qui seroient dûs jusques à 29. desorte qu'aprés le jugement de condamnation il pourra se pourvoir contre ce propriétaire par les voyes ordinaires pour le mettre à execution.

3. Cet article, comme remarque fort bien Maître Auzanet, ne parle que de la simple opposition, pour faire cesser & lever la saisie en consignant trois années, quand la censive est contestée.

L'opposition peut néanmoins être fondée sur d'autres causes, selon l'observation du même Auteur, comme si le tenancier prétend que l'exploit de saisie n'a pas été fait dans les formes ordinaires & necessaires: mais en ce cas, il ne seroit pas besoin de consignation.

Que si la censive étoit prétenduë par deux Seigneurs, il ne seroit pas raisonnable d'obliger le tenancier de faire double consignation.

Ce sentiment est fort juste & sans difficulté, & il suffiroit au tenancier de faire une simple consignation de trois années, entre les mains de qui il seroit ordonné par Justice.

4. La saisie peut être faite non seulement pour les arrerages du temps de l'acquereur, mais aussi pour ceux du temps de son vendeur ou autres predecesseurs, parce que les fruits sont tacitement hypothequez, sans qu'il soit besoin de declaration hypothecaire, Maître Duplessis.

La consignation n'a lieu qu'au cas que l'heritage soit dans la censive du Seigneur, car si le propriétaire d'iceluy le pretendoit allodial, il n'y seroit pas obligé, vû que l'Edit cy-dessus ne parle que des heritages chargez de cens ou de rente fonciere, & autres redevances annuelles. 5.

Au cas qu'un Seigneur prétende censive, & que pour cet effet il ait usé de saisie, le tenancier doit interjetter appel de cette saisie, & prendre lettres pour convertir son appel en opposition, declarant qu'il ne doit rien au Seigneur, dautant qu'il tient son heritage en franc-aleu, protestant contre luy de tous dépens, dommages & interêts, avec assignation pour voir ordonner la main-levée de la saisie, luy donnant copie des titres sur lesquels il se fonde.

Surquoy le Juge, au cas que le saisi paroisse bien fondé, doit ordonner la mainlevée, sans consignation des trois années, & sans préjudice du droit des parties; mais si le saisi ne produisoit aucuns titres pour justifier son franc-aleu, la saisie dureroit pendant le procés à moins qu'il ne voulût consigner, ce qu'il pourroit faire en protestant de nullité de la saisie, de tous dépens, dommages & interêts, & de repetition de la somme consignée pour les trois années.

La raison qui a servi de fondement à cet Edit, sur lequel a été dressé cet article, est, que souvent les Seigneurs, ou plûtôt leurs Receveurs & Fermiers font des recherches de ceux qui n'ont pas payé les années d'arrerages de cens & redevances dont ils sont redevables, laissant passer plusieurs années sans les demander, & par aprés ils demandent 29. années 6.

aux possesseurs tant pour leur joüissance que pour celle de leurs predecesseurs, lesquels ne peuvent pas si promptement trouver les quittances des payemens qu'ils ont faits ou leurs predecesseurs, c'est pourquoy il a été trouvé équitable d'obliger seulement les Sujets censiers de consigner trois années du cens ou des rentes foncieres, & par ce moyen obtenir main-levée de la saisie, Brodeau *num.* 9. BRODEAU.

7. L'Ordonnance du Roy Charles IX. portant clause derogatoire à toutes Coûtumes & usages contraires, est observée dans les Coûtumes, qui ordonnent, que pour avoir main-levée il sera payé plus de trois années, comme il a été jugé par les Arrests de la Cour.

CHARONDAS Charondas sur cet article en remarque un donné aux Enquestes l'an 1576. au rapport de Monsieur du Puis, par lequel il fut jugé en la Coûtume de Bourbonnois, qui requiert la consignation de dix années d'arrerages du cens, pour obtenir main-levée par provision de la saisie en cas d'opposition, qu'il suffit de consigner trois années suivant l'Ordonnance de 1563.

TOURNET. BRODEAU. L'Arrest est aussi rapporté par Tournet & Brodeau *num.* 6. Pithou sur la Coûtume de Troyes article 51. remarque un pareil Arrest de l'Audience de la Grand'Chambre du 28. Avril 1573. donné à son profit, contre Quentin Blanchet, Edme Briel & consors, par lequel la Cour a ordonné la main-levée en consignant trois années, la Coûtume n'en parlant point.

Néanmoins les Coûtumes qui ordonnent la main-levée en consignant une année ou deux, doivent être observées, parce que cette Ordonnance n'a été faite qu'en faveur des tenanciers contre les Seigneurs; ainsi les Coûtumes, dont les dispositions sont plus favorables pour les tenanciers, doivent être gardées. 8.

Quoique cet Edit porte, que *ceux qui font refus & longueur de payer, &c.* toutefois le Seigneur peut user de saisie, sans sommer, ni interpeller ses Sujets censiers de payer, le refus étant presumé par le défaut du payement aux jour & lieu, que le cens est dû, parce que, comme il a été dit sur l'article precedent, *dies interpellat pro homine.*

Monsieur *** n'a rien remarqué sur cet article.

CONFERENCE SUR L'ARTICLE LXXV.

AUxerre, art. 22. dit, *en consignant la derniere année; & au regard de l'amende, elle gist en action.*

Bourbonnois, art. 415. dit: *le detenteur de l'heritage qui s'oppose, est tenu avant qu'être oüy, garnir la main de Justice, jusques à dix années d'arrerages du cens, rente fonciere, ou autre devoir portant directe prétenduë; & pour cinq ans, quant aux rentes roturieres.*

Châlons, art. 126. *Chartres*, art. 45. *Châteauneuf*, art. 47. *Clermont*, art. 112.

Dreux, art. 34.

Laon, art. 136. dit, *toutefois ne tiendra la saisie que pour la derniere année.* [a]

[a] *Scilicet debitore offerente pro ultimo anno, vel se opponente, & tunc provisionaliter solvet pro ultimo anno, & manus levabitur, dixi in Consuetud. Paris.* §. 52. *gl.* 1. C. M.

Meaux, art. 194. *Et si ne sont tenus lesdits Seigneurs censiers de saisir les acheteurs des heritages mouvans d'eux, jusques à ce qu'ils ayent été payez de leurs droits.* [b]

[b] Non seulement des deux dernieres années, mais de toutes les précedentes, jusques à trente ans. *C. M.*

Melun, art. 110. *en consignant une année.*

Montargis, chap. 2. art. 3. *en consignant le cens de trois années, avec l'amende de la derniere; & l'on ne peut demander pour le défaut de plusieurs années, qu'une amende pour la derniere année.*

Montfort, art. 48. *pour le surplus les parties demeurans en action.*

Orleans, art. 105.

Peronne, art. 96.

Reims, art. 144. *Ribemont*, art. 53. *en consignant trois années, ou montrant quittance valable desdites trois années.*

Sens, art. 225. *en consignant une année, qui est de cinq sols tournois.*

Auteurs sur l'Article soixante-quinziéme.

BObé, sur l'article 194. de la Coûtume de Meaux.
Thourette, sur Montfort, art. 49.
Buridan, sur Reims, art. 144.
Boyer, sur la Coûtume de Paris, tit. 3. art. 4.
Chopin, sur la Coûtume d'Anjou, liv. 2. ch. 3. n. 7.
Lhoste, sur la Coûtume de Montargis, tit. 2. art. 3.
Duplessis explique cet article, livre 1. chapitre 2. page 85.

ARTICLE LXXVI.

C'étoit le cinquante-troisiéme Article de l'ancienne Coûtume.

Ventes, quid ?

LEs droits de ventes dûs au Seigneur censier ; sont de douze deniers un denier, qui est pour chacun franc seize deniers parisis.

Voyez l'Article suivant, & les 73. 75. 78. 79. & 80.

REMARQUES.

EMptor laudimia tenetur de suo solvere nec potest horum ratione quicquam defalcare venditori de pretio convento, nec habet Dominus ullam actionem ad hoc contra venditorem qui totum pretium receperit. Mol. §. 76. num. 3.

Il y a des lieux dans l'étenduë de cette Coûtume, où les Seigneurs sont fondez à prendre doubles lods & ventes en vertu de titres particuliers, ou de la possession en laquelle ils sont. Ce que quelques particuliers Seigneurs de la Châtellenie de Corbeil ont fait juger en leur faveur, & entr'autres l'Abbesse d'Yerre, dont Maître Julien Brodeau en son Commentaire sur cet article, rapporte les Arrests.

Un autre est intervenu en la deuxiéme Chambre des Enquêtes, au rapport de Monsieur Mandat, le 7. Septembre 1655. au profit de Madame de Joyeuse, à cause de sa Seigneurie de Villecresme, en exécution d'un Arrest précedent du 19. Juin 1649. par lequel il avoit été ordonné que les parties contesteroient plus amplement sur la prestation & cottité du droit de lods & ventes dû à Madame la Duchesse de Joyeuse, & informeroient de ladite cottité, contre lequel Arrest diffinitif Benoist Roussel Bourgeois de Paris, s'étant pourvû par Lettres en forme de Requête civile, la cause plaidée en la même Audience pendant le Caresme de l'année 1656. les parties sur les Lettres ont été mises hors de Cour & de procès.

Ce qui est dit par cet article, que d'un bail à rente rachetable il en est dû droit de lods & ventes, comme d'une vente pure & simple, a été ajoûté lors de la reformation de la Coûtume, en consequence de deux Arrests qui ont été prononcez en Robes-rouges, l'un par Monsieur le President Prevôt de Morsan, au profit de Monsieur l'Evêque de Paris, le 24. Mars 1567. & l'autre par Monsieur le Premier President de Thou, le 23. Decembre 1571. au profit du Chapitre de sainte Opportune.

Ainsi la disposition de cet article ayant pour fondement une Jurisprudence universelle, elle a été étenduë aux autres Coûtumes qui ne contiennent pas de décision contraire, par Arrest intervenu au profit du sieur du Bellay dans l'espece de la Coûtume d'Anjou, au rapport de Monsieur Maynard, en la Chambre de l'Edit, depuis prononcé en Robes-rouges par Monsieur de Thou le 17. Avril 1601.

SONT DE DOUZE DENIERS UN DENIER.

GLOSE UNIQUE SUR L'ARTICLE LXXVI.

SOMMAIRE.

1. Lods & ventes, *ce que c'est.*
2. *Si les lods & ventes sont des droits differens.*
3. Lods & ventes, *comment appellez en d'autres Coûtumes.*
4. *Si lods & ventes sont dûs à d'autres qu'au Seigneur censier.*
5. *A quelle partie du prix de l'acquisition sont reglez les lods & ventes.*
6. *Si les Seigneurs censiers peuvent prétendre par des conventions particulieres, des ventes plus fortes que celles portées par la Coûtume.*
7. *S'il n'est dû à l'Archevesque de Paris que les lods & ventes ordinaires.*
8. *Lods & ventes de trois sols quatre deniers pour livre dans la Châtellenie de Corbeil.*
9. *Si ceux qui prétendent doubles droits de lods & ventes, doivent le prouver par titres.*
10. *Si doubles lods & ventes se payent pour maisons situées en la Coûture sainte Catherine.*
11. *Si un droit extraordinaire de lods & ventes se couvre par le decret.*
12. *Si le droit de lods & ventes est dû aux Seigneurs censiers, quoiqu'ils ne l'ayent point stipulé.*
13. *Si ce droit est different dans les autres Coûtumes.*
14. *S'il se paye eu égard au prix porté par le*

contrat.

15. *S'il est dû dans tous les cas ausquels le quint est dû pour les Fiefs.*

16. *Sur quoy se reglent les ventes & le quint.*

17. *Droits ne sont dûs des frais des criées.*

18. *Si le Seigneur censier peut demander les lods & ventes, aprés avoir reçû les cens de l'acquereur.*

19. *Si le nouvel acquereur est tenu de payer les droits dûs par ses predecesseurs.*

1. LEs lods & ventes sont un droit, qui se paye au Seigneur censier au cas de la vente de l'heritage qui est en sa censive.

Il est appellé ainsi selon le sentiment de Loyseau, *quasi* lods ès ventes, comme étant le lot, ou la part & portion que le Seigneur prend sur le prix de la vente; desorte que ces deux termes *lods & ventes* signifient la même chose dans les Coûtumes qui n'en disposent point au contraire.

La Coûtume d'Estampes dit en l'article 48. que *lods & ventes ne sont qu'un seul & même droit.*

Celle de Paris ne parle que des ventes, & il n'y a aucun article qui fasse mention des lods.

D'autres parlent des lods & ventes, & veulent que l'acheteur les paye.

2. Il n'y a pas lieu dans ces Coûtumes de mettre aucune difference entre les lods & ventes, quoique Brodeau *num.* 11. pretende au contraire, que tous nos Docteurs qui ont pris ces termes dans une même signification, se trompent, cet Auteur voulant que les *lods* soient le genre qui comprend tout ce qui se donne au Seigneur censier pour raison de la vente de l'heritage qui est en sa censive, & que les *ventes* soient l'espece qui a lieu seulement en cas de vente. BRODEAU.

DU MOULIN. C'est aussi l'avis de du Moulin sur cet article; mais il dit, que dans plusieurs Coûtumes ils sont pris sans distinction; il est vray qu'il y a des Coûtumes qui les distinguent, voulant que les lods soient payez par le vendeur, & les ventes par l'acquereur.

Charondas dit qu'ils signifient la même chose, & que ce mot *los* écrit ainsi, se prend en vieil gaulois pour accord & avis.

3. Ces droits prennent differens noms dans differentes Coûtumes.

Celle de Poitou article 21. titre *des Fiefs*, les appelle *honneurs*, celle de Berry article 1. & suivans, *accordemens*: celle de Chartres art. 47. & 50. les appelle *gants & ventes*

Chopin sur la Coûtume d'Anjou livre 1. titre 4. de la basse Justice dit, que le nouveau vassal & Sujet doit être mis en possession par l'autorité de son Seigneur; auquel il fait present qui est nommé *los*, mais parce que la somme qu'on doit payer pour les lods, n'est pas arrestée par tout, & que l'on en passe par le dire de Prud'homme, on use de ce mot *accordemens.*

4. Ces droits ne sont dûs qu'au Seigneur censier, dautant qu'ils sont une suite du cens, soit que le Seigneur qui a fait le bail d'accensement, l'ait reservé expressément, ou qu'il n'en ait point parlé, parce que ces droits sont dûs *in vim Consuetudinis.*

5. La Coûtume de Paris regle en cet article le droit des ventes à la douziéme partie du prix de la vente, c'est-à-dire, de douze deniers un denier, & d'une livre vingt deniers, ou seize deniers parisis pour livre, toutefois les Seigneurs peuvent stipuler par les contrats d'accensemens de plus grands droits.

C'est ce que dit la Coûtume d'Estampes article 48. que les lods & ventes sont la douziéme partie du prix, s'il n'y a titre, paction ou convention au contraire entre les Seigneurs & les tenanciers, d'en payer plus ou moins.

6. C'est aussi ce qui est porté par la Coûtume de Laon art. 137.

Aussi y eût-il opposition formée par Monsieur l'Evêque de Paris, lors de la réformation de la Coûtume, qui fut faite en l'année 1510. tant pour le domaine de son Evêché, que pour l'Abbaye de saint Magloire y annexée, par l'Abbé de sainte Geneviéve du Mont à Paris, par le Prevôt de Corbeil, & par les Seigneurs qui ont des Fiefs, Seigneuries & Censives dans les Prevôtez & Châtellenies dudit Corbeil, & de Tournan en Brie; par les Religieux, Prieur & Convent saint Pierre de Rueil en Brie, par les Sieurs de Bou & en partie d'Evry sur-Seine lez-Corbeil, de Beauche & d'Hermainville, qui soûtenoient être en possession, sçavoir Monsieur l'Evêque de Paris de prendre pour le droit de lods & ventes cinq sols parisis pour livre pour les terres qui sont en sa censive, & les autres Seigneurs les ventes doubles; sçavoir trois sols quatre deniers pour livre, requerans y être maintenus & gardez, protestant que l'article qui regle les droits à moindre somme, ne leur pourroit nuire ni prejudicier.

Surquoy Messieurs les Commissaires ordonnerent, de l'accord & consentement de tous les assistans, que cet article demeureroit comme il étoit anciennement; & néanmoins reservé audit Evêque de Paris & aux Seigneurs censiers & fonciers des Prevôtez & Châtellenies de Corbeil, Tournan & autres, de prendre droits de ventes & saisine sur les heritages étans en leur censive, tels qu'ils leur sont & peuvent être dûs, reservé aux acheteurs & vendeurs leurs défenses au contraire, ainsi qu'il leur avoit été reservé par le procès verbal de l'an 1510.

Ce qui étoit fort juste, comme remarque du Moulin sur cet article *num.* 7. 32. DU MOULIN.

7. Brodeau *num.* 2. *in fine*, dit que Messieurs les Evêques de Paris n'ont point persisté en leur opposition, & qu'il est de notorieté que les ventes ne sont payées à leurs Receveurs qu'à raison de la Coûtume; que les autres Seigneurs n'ont point fait juger leur opposition en general, mais que les Seigneurs particuliers ont souvent contesté & maintenu leurs droits, & que particulierement les Abbesse & Religieuses de Nôtre-Dame d'Yerre, & que les autres Seigneurs d'Yerre, sur la preuve resultante de leurs titres & de leur possession immemoriale, ont été conservez & maintenus au droit de doubles ventes.

Chopin sur ce titre *num.* 6. rapporte deux Arrests des 22. Decembre 1531. & 30. May 1533. donné en faveur desdites Religieuses d'Yerre. CHOPIN.

Ces deux Arrests sont aussi remarquez par Brodeau *num.* 3. lequel en cite un autre, donné aux Enquêtes le 8. Mars 1560. rendu au profit desdites Religieuses, confirmatif de la Sentence du Prevost de Paris. BRODEAU.

Il remarque aussi une Sentence donnée aux Requêtes du Palais sur instance le 30. Janvier 1632. pour lesdites Religieuses contre Monsieur de Boutillac Comte de Cerny, confirmée par Arrest du 14. Août de la même année.

Quant aux Seigneurs qui possedent des Fiefs dans la Chastellenie & Prevosté de Corbeil, cet Auteur dit qu'il a vû trois Sentences données aux Requestes du Palais les 14. Août 1490. 17. Novembre 1510. & 15. May 1511, au profit de Dame Marie Chevalier, veuve de Messire Jean le Boulanger, premier President au Parlement, Dame de Grigny; en la Prevôté de Corbeil, portant condamnation contre les acquereurs y dénommez de luy payer les lods & ventes à raison de trois sols quatre deniers pour livre. 8.

Ce même Auteur dit qu'il y a eu Arrest donné depuis la réformation de la Coûtume le 18. Aoust 1582. en la seconde Chambre des Enquêtes, au rapport de Monsieur le Picard, remarqué par Chopin *loco citato*; entre Maistre Jean le Comte Sieur de Marquerre, Secretaire du Roy, & Monsieur Hotman Maistre des Comptes, par lequel Arrest il fut ordonné que l'affaire seroit plus meurement examinée & communiquée au Procureur General du Roy, & cependant que par provision l'acheteur payeroit les lods & ventes selon la Coûtume de Paris, aprés que les deux Conseillers de la Cour se furent transportez par Ordonnance d'icelle au Châtelet & en la Chambre des Comptes, pour sçavoir quel étoit l'usage touchant la perception de ces droits.

Cet Arrest & ces Sentences ayant été produites au procés d'entre Josias le Mercier, Ecuyer, Sieur des Bordes & de Grigny, appellant d'une Sentence du Prevôt de Paris du 30. Janvier 1610. & Françoise Passart veuve de Guillaume le Roux, intimée, est intervenu Arrest du 27. Juillet 1612. donné en la Chambre de l'Edit, au rapport de Monsieur de Chandieu, par lequel la Cour a ordonné qu'il seroit informé par deux turbes, l'une faite au Siege Presidial du Châtelet de Paris, l'autre au Siege de la Prevôté de Corbeil, sçavoir si nonobstant les articles 76. & 78. de la Coûtume de Paris, les Seigneurs qui ont censives en la Prevôté de Corbeil, ont droit par l'usage pratiqué en icelle, de se faire payer des ventes à raison de trois sols quatre deniers pour livre, payables moitié par le vendeur & moitié par l'acheteur, quand il n'est point declaré par le contrat que le payement doit être fait francs deniers au vendeur.

Ce même Auteur dit, que les turbes n'ont point été faites, les parties s'étant accordées, desorte que jusques à ce qu'il y ait eu des turbes faites, le droit des doubles ventes n'est point suffisamment établi en la Châtellenie de Corbeil, sinon aux Fiefs qui composent la Seigneurie d'Yerre.

Monsieur Ricard dit qu'il a vû un autre Arrest rendu en la seconde Chambre des Enquêtes, au rapport de Monsieur Mandat le 7. Septembre 1655. au profit de Madame de Joyeuse, à cause de sa Seigneurie de Ville-Cresne, en execution d'un Arrest du 19. Juin 1649. par lequel il avoit été ordonné, que les parties contesteroient plus amplement sur la prestation & quotité du droit de lods & ventes dû à Madame la Duchesse de Joyeuse, & informeroient de la quotité, contre lequel Arrest diffinitif Benoist Roussel Bourgeois de Paris, s'étant pourvû par lettres en forme de Requête Civile la cause plaidée l'an 1656. les parties sur les lettres ont été mises hors de Cour & de procés.

9. Ceux qui prétendent doubles lods & ventes, doivent avoir des titres pour justifier leur droit, & la possession seule ne seroit pas suffisante, y ayant lieu de croire qu'il auroit été usurpé contre la disposition de la Coûtume; aussi des titres justificatifs ne suffiroient pas sans possession, ce droit ayant été presBrodeau. crit par non jouissance; d'autant que, dit Brodeau *num.* 8. le retour & reduction des choses extraordinaires au droit commun & municipal, est tres-favorable.

C'est aussi la raison pour laquelle quoique le droit de servitude ne se puisse pas prescrire par aucun temps sans titre, néanmoins la liberté contre le droit de servitude se prescrit par trente ans, suivant l'article 186.

10. Il y a des maisons dans cette Ville situées en l'étenduë du lieu appellé vulgairement *la coulture Sainte Chatherine* ou pour mieux dire *la culture Sainte Catherine*, parce qu'autrefois c'étoient des marais & jardins qui appartenoient aux Religieux de sainte Catherine, pour la vente desquelles doubles droits de lods & ventes sont dûs; sçavoir l'un à Messieurs de S. Victor, Seigneurs censiers desdites maisons, & l'autre aux Religieux, Prieur & Convent de sainte Catherine, non pas en qualité de Seigneurs censiers, mais seulement de Seigneurs fonciers, en consequence de ce, qu'au mois de May 1545. ils firent bail à rente à plusieurs particuliers de quelques lieux appartenans audit Prieuré, tenus en marais & jardins, à la charge d'y bâtir des maisons, & de payer par les acquereurs par vente les lods & ventes, suivant la disposition de la Coûtume de Paris, sans préjudice au même droit de lods & ventes pour Messieurs de saint Victor, Seigneurs censiers & directs des mêmes lieux; en execution de cette clause lesdits Prieur & Religieux de sainte Catherine ont obtenu plusieurs Arrests de condamnation pour être payez de ce droit.

Brodeau *num.* 9. en remarque plusieurs. Brodeau.

Le premier est du 23. Decembre 1610. contre Monsieur Bertrand le Picard.

Le deuxiéme du 14. Aoûs 1615. contre Monsieur Duret de Chevry, President en la Chambre des Comptes.

Deux autres des 4. Juillet 1632. & 21. Juillet 1634. contre les Religieuses de l'Annonciade.

Le cinquiéme est du 23. Decembre 1636. contre Pierre de Donon. Il remarque au même lieu deux Sentences des 9. Septembre 1635. & 9. Juillet 1636. données au profit de Monsieur l'Evêque de Digne, Prieur Commendataire dudit Prieuré de Sainte Catherine, contre les Religieuses du Monastere de sainte Claire de la Nativité de Jesus.

Mais comme ce droit est extraordinaire, il se couvre par le decret, comme il sera dit sur l'article 355. 11.

Ce droit de lods & ventes étant un droit commun & general dans la Coûtume de Paris, & dans 12. la plus grande partie de nos Coûtumes, il est dû aux Seigneurs, encore qu'ils ne l'ayent point reservé par les baux d'accensement, de même que la communauté est établie entre les conjoints par mariage *in vim Consuetudinis*, quoiqu'il n'y ait point de contrat, ou que les parties n'en ayent point fait mention.

Au contraire dans les Coûtumes qui ne donnent aucuns droits aux Seigneurs en cas de ventes d'heritages censuels, ils ne sont point dûs s'ils ne sont stipulez expressément; Brodeau *num.* 17. Brodeau.

Il s'ensuit delà, que le droit de lods & ventes ne se prescrit point, non plus que le cens, dans la Coûtume de Paris, & qu'il ne se purge point par le decret faute d'opposition par le Seigneur, au moins pour ceux qui sont dûs par l'adjudicataire, comme il sera dit sur l'article 355. Brodeau *num.* 19.

Les lods & ventes dûs au Seigneur censier, se 13. payent diversement selon la diversité des Coûtumes.

Dans quelques-unes ils sont dûs à raison du sixiéme denier, qui sont trois sols quatre deniers, Melun art. 113. Bourbonnois art. 396.

Dans d'autres, ils sont dûs à raison du douziéme denier du prix de la vente qui est 20. deniers pour livres, comme en cette Coûtume, & en celle de Montfort art. 50. Et cet usage est le plus commun qui corrige, ou plûtôt qui abroge la constitution de Justinien, par laquelle les acquereurs d'heritages étoient tenus de payer pour les droits de vente la cinquantiéme partie du prix, *l. final. C. de jur. emphyt.*

Voyez la Conference sur cet article.

Les lods & ventes se payent eu égard au prix con- 14. venu par le contrat, quoiqu'au temps de la vente l'heritage soit d'une bien plus grande valeur par les bâtimens qui y auroient été faits, ou par d'autres ameliorations, qu'au temps du bail à accensement, ce qui est sans difficulté, comme remarque Brodeau Brodeau. *num.* 32.

15. Les lods & ventes sont dûs pour les rotures presque dans tous les cas, ausquels le quint est dû pour les Fiefs ; comme aussi les lods & ventes ne sont point dûs presque dans tous les cas, ausquels le quint n'est point dû.

C'est ce que dit la Coûtume de Nivernois chapitre 5. article 7. *ès cas esquels quints deniers & retenuë respectivement ont lieu en matiere féodale, en cas semblables ont pareillement lieu, lods & ventes & retenuë en matiere censuelle.*

Voyez sur l'article 18. & les suivans.

16. Pour régler les ventes pour les rotures & le quint pour les Fiefs, on ne considere que le prix porté par le contrat, soit en deniers ou en charges reduçtibles en deniers faisant la fonction du prix, & non pour les vins ni pour les frais des Notaires & Proxenetes ou autres loyaux-cousts non écrits au contrat.

17. Dans les adjudications par decret les droits ne se payent point aussi des frais ordinaires de criées, quoique ce soit partie du prix.

18. *Si le Seigneur seroit recevable à demander les lods & ventes, aprés avoir reçû de l'acquereur le cens dont seroit chargé l'heritage qu'il auroit acquis, sans demander ses droits, ou sans protester de les poursuivre?*

La Coûtume de Melun article 118. dit, qu'il n'y seroit plus recevable, pourvû qu'auparavant il eut été dûëment certifié de la vente par exhibition des lettres d'icelle, ou par copie dûëment collationnée.

Cet article établit une distinction, laquelle est fort juste, qui est que ou le Seigneur qui a reçû le cens sans demander les lods & ventes, ou sans protester pour iceux, sçavoit qu'ils luy étoient dûs, ou il l'ignoroit.

Au premier cas, il ne les peut plus demander, parce qu'il est presumé les avoir remis, & c'est à l'acquereur à prouver que le Seigneur avoit connoissance de son acquisition par l'exhibition du contrat qu'il luy auroit faite, ou par la copie d'iceluy qu'il luy auroit baillée.

Mais si le Seigneur n'avoit point de connoissance de la vente, en ce cas la reception des arrerages du cens ne luy préjudicie point ; & n'empêche aucunement qu'il ne poursuive en Justice ses droits Seigneuriaux.

Du Moulin sur l'article 74. *glos.* 1. *num.* 150. est d'avis contraire, & prétend, que suivant la Coûtume de Montargis chapitre 2. article 35. soit que le Seigneur sçût la vente, ou qu'il l'ignorât, les lods & ventes ne sont point couverts pour recevoir le cens du nouvel acquereur, parce que les lods & ventes ne se prescrivent que par 30. ans.

C'est aussi l'opinion de Brodeau sur l'article 73. *num.* 27.

Si le nouvel acquereur est tenu de payer les droits dûs par ses predecesseurs? 19.

Voyez les articles 1. & 24.

OBSERVATIONS DE MONSIEUR ***

Sur l'Article LXXVI.

SOMMAIRE.

1. *Droit de vente du jour du contrat.*
2. *Preuve testimoniale renduë, quand un échange est argué de fraude.*
3. *Le contrat de vente peut estre rejetté dans trois jours francs.*
4. *Si les droits sont dûs pour vente faite avec faculté de remerer.*
5. *Si le contrat est resolu faute de l'accomplissement des conditions.*
6. *S'il est annulé par quelque nullité de Coûtume ou de droit.*
7. *Si le droit est dû à raison de la valeur des choses venduës qui sont dans la censive.*
8. *Il n'y a ouverture aux droits sans mutation de possesseur.*
9. *Si les droits sont dûs pour vente de bois de haute-futaye.*
10. Quid, *si le bois est vendu, & le fond quelque temps aprés.*
11. *Si les droits sont dûs pour baux à longues années.*
12. *Si les Seigneurs qui prétendent doubles droits sont bien fondez.*

ON peut établir sur cet article les maximes suivantes :

1. La premiere, que le droit de ventes est dû du jour du contrat, quoiqu'il y ait retention d'usufruit, & le Seigneur peut contraindre l'acquereur au payement, quand même il y auroit action de retrait intentée.

2. La deuxiéme, que quand l'échange est argué de fraude, la preuve testimoniale est admise.

3. La troisiéme, que les parties qui ont contracté, ont trois jours francs, c'est-à-dire cinq jours, pendant lesquels elles peuvent se resilir du contrat, pourvû qu'il n'y ait aucun argent de payé, & que l'acquereur ait fait acte de propriétaire, auquel cas il n'est dû aucuns droits ; mais s'il y avoit de l'argent payé, ou que l'acquéreur eut fait acte de propriétaire, seroient dûs doubles droits. quand l'acquereur remet l'heritage au vendeur, il en est de même quand les trois jours sont passez.

4. La quatriéme, qu'un contrat à faculté de remerer de neuf ans, ne doit aucuns droits si le remeré s'exerce ; c'est-à-dire, que le Seigneur les peut demander du jour du contrat ; mais quand dans les neuf ans le remeré s'exerce, il est obligé de les rendre ; si au contraire la faculté de remerer a été stipulée pour plus de neuf ans, les droits sont dûs sans restitution, quand même le remeré s'exerceroit devant les neuf ans ; parce que les droits sont dûs du jour du contrat ; & à cause de la stipulation, laquelle excedant neuf années, est une veritable aliénation à l'égard du Seigneur censier ; & il faut remarquer que si l'acquereur

donne dans la suite une somme pour être déchargé de la faculté de remerer, le droit en est dû, parce qu'il fait partie du prix, *quod minus erat propter jus redemptionis.*

5. La cinquiéme, si le contrat est resolu faute par l'une des parties ou par l'une & l'autre d'executer quelques conditions du contrat, les droits de ventes n'en sont pas moins dûs, parce qu'il suffit au Seigneur que le contrat soit valable, & qu'il n'y ait point de défaut; ainsi la resolution du contrat ne venant que de la part d'une des parties, le Seigneur ne peut perdre son droit, mais il n'en est dû qu'un.

6. La sixiéme, si au contraire le contrat est annullé par quelque nullité de Coûtume ou de droit, comme de minorité ou de lezion d'outre moitié de juste prix, ou qu'il y ait cause de restitution provenant du droit ou de la Coûtume, ou qu'il y ait quelque clause dans le contrat qui en fasse prononcer la nullité, alors le droit n'est pas dû; parce que la resolution fait comme si le contrat n'avoit jamais été passé, & partant les droits ne sont pas dûs; néanmoins le Seigneur pendant le procés peut s'en faire payer, mais aprés le procés jugé, si le contrat est resolu, le Seigneur est tenu les rendre, *per conditionem causâ datâ, causâ non secutâ.*

7. La septiéme, que le droit est dû à proportion de la valeur de la chose venduë qui est dans la censive; ainsi si on vend plusieurs terres par un même contrat & pour un même prix, étant dans la censive de plusieurs Seigneurs censiers, ou si on vend une maison avec des meubles, *uno eodemque pretio*, il faut en faire ventilation.

8. La huitiéme, qu'il y ait mutation de possesseur de la proprieté pour donner ouverture aux droits, comme au cas de vente de l'usufruit; ou lorsque l'on transige sur la proprieté, quoique le proprietaire donne de l'argent.

9. On a autrefois agité cette question, sçavoir si les droits sont dûs pour vente de bois de haute-futaye, parce qu'ils sont immeubles, & font partie du fonds; d'un autre côté on peut librement disposer de ses meubles, or les bois de haute-futaye dés qu'ils sont coupez sont meubles; c'est pourquoy n'étant proprement qu'immeubles que par fiction, comme les grains qui sont attachez à la terre, la vente s'en peut faire comme on peut abbattre une maison sans payer les droits.

10. Mais par prudence legale on a voulu empêcher la fraude, & que le vendeur ne vendit par deux contrats separez les bois & le fonds, & même qu'il ne laissa passer quelques années pour couvrir la fraude; c'est ce qui a donné lieu à un usage, que lorsqu'il n'y a pas cinq ans d'intervalle entre la vente des bois & du fonds, on oblige de payer les droits tant du prix de la vente des bois que du fonds, & s'il y a plus de cinq années le soupçon de fraude cesse, & les droits ne se payent que du prix de la vente du fonds.

11. La neuviéme, pour les baux emphitéotiques & à longues années, il n'est rien dû quand il n'y a point d'argent donné ou promis, autrement les droits sont dûs à proportion.

12. Il y auroit une autre maxime generale à établir, vû qu'en 1510. & 1580. elle a été proposée; c'est au sujet de l'opposition formée par Monsieur l'Evêque de Paris, les Seigneurs d'Hyeres, les Seigneurs qui sont dans les Prevôtez de Corbeil & de Tournan, lesquels pretendent doubles droits de lods & ventes, fondez sur une possession immemoriale sans titres, & l'article ayant été redigé purement & simplement, nonobstant les oppositions, & néanmoins sans y préjudicier, ces doubles droits de lods & ventes doivent être considerez comme des droits insolites qui doivent par consequent être retranchez, quand on ne les fondent point sur des titres, la seule possession en ce cas n'étant pas suffisante, & que d'ailleurs les droits de vingt deniers par livre étant assez forts.

Ce que Monsieur l'Archevêque de Paris a si-bien reconnu, que presentement pour l'Abbaye de saint Magloire qui est annexée à l'Archevêché, qui avoit lors de la reformation de la Coûtume fait une opposition, ne demanda que les vingt deniers par livre: Et il semble que depuis deux cens ans, les Seigneurs ne s'étant pas mis en devoir de faire juger leurs oppositions, & n'ayant pas de titres, il est juste de ne pas souffrir que leur negligence leur acquiere un nouveau droit insolite sans titres.

L'Abbé de sainte Geneviéve, le Prieur de Ruel avoient pareillement formé leurs oppositions en 1510. mais elles n'ont pas eu de suite; il est vray qu'on dit que les Religieuses d'Hyeres ont un droit plus établi que les autres Seigneurs; mais quoique leur possession soit plus ancienne que celle des autres, je n'estime pas qu'elles auroient plus de droit lorsqu'il s'agit d'un droit insolite qui ne se peut posseder legitimement contre le droit public, sans un titre public & incontestable.

CONFERENCE SUR L'ARTICLE LXXVI.

De même, *Amiens*, art. 36.

Anjou, article 156. ajoûte, *sinon en aucunes contrées & parties, où il y a ventes & issuës; c'est à sçavoir trois sols quatre deniers pour livre.*

Auxerre dit, que, *l'acheteur doit pour lods deux sols tournois pour tout le contrat, & pour les ventes vingt deniers tournois pour chacune livre, du prix contenu audit contrat.*

Berry, tit. 6. art. 6. distingue entre gens d'Eglise, ausquels sont dûs deux sols, & les laïcs, ausquels sont dûs vingt deniers tournois pour chacune livre du prix de l'aliénation.

Blois, art. 115. *Boulenois*, tit. 11. art. 5.

Calais, art. 20. *Châlons*, art. 125. *Chartres*, art. 47. *Châteauneuf*, art. 50. *Clermont*, art. 115. *Coucy*, tit. 2. art. 3.

Dourdan, art. 45. *Dreux*, art. 35. *Dunois*, article 36.

Estampes, art. 48.

Laon, art. 137. *Lodunois*, chap. 14. art. 23.

Maine, art. 73. *Mantes*, art. 46. *Meaux*, article 199.

Melun, art. 115. dit, que *l'acheteur & le vendeur doivent chacun vingt deniers tournois pour livre.*

Montfort, art. 50.

Nivernois, chap. 5. art. 2. *Noyon*, tit. 4. art. 24.

Grand-Perche, art. 86. *Ponthieu*, art. 71.

Reims, art. 143.

Senlis, art. 239.

Sens, art. 21. dit; *lods & ventes, & toutefois qu'en aucuns lieux dudit Bailliage il n'y a que lods ou ventes seulement.* a

a Partant le Seigneur n'a pas intention fondée és lods & ventes copulativement. Et est à luy à prouver, attendu que les lieux ne sont déterminez. C. M.

Tours, art. 147.
Valois, art. 13. *Vitry*, art. 117.

Bourbonnois, art. 395. *Lods & ventes se payent en plusieurs manieres, les uns au sixiéme denier, qui est trois sols quatre deniers pour livre, les autres au tiers en montant, autres au quart, autres au douziéme selon les anciennes usances, droit constitué, reconnoissance, composition ou condition faites & intervenues: mais s'il n'y a titre particulier, commune usance, ou prescription au contraire, lods & ventes seulement audit sixiéme denier.*

Bourdeaux, art. 95. *Pour les lods & ventes est dû le huitiéme denier, & seront payez par l'acheteur au Seigneur foncier, & non à autre.*

Bar, art. 52. *La Marche*, chap. 17. art. 151. chapitre 18. art. 185. *Poitou*, art. 21. *Xaintonge*, art. 41. *Pour droits de ventes & honneurs le Seigneur plus proche du fonds prend le sexte.*

Montargis, chap. 2. art. 4. *Aucunes censives sont à droits de lods & ventes, & autres à gans & ventes simplement, les autres à vin & à ventes, & les autres à ventes simplement: ceux qui doivent lods & ventes, il est dû pour franc huit blancs; ceux qui sont à ventes simplement, du franc seize deniers parisis; ceux qui sont à gans & ventes, seize deniers parisis pour franc, & une paire de gans; & ceux qui sont à vin & ventes, doivent seize deniers parisis pour franc, avec une jalée de vin pour tout; & paye ce l'acheteur.*

De même, *Orleans*, art. 106.

Troyes, art. 54. *Lods & ventes sont de trois sols quatre deniers tournois pour livre, desquels le vendeur doit moitié, c'est à sçavoir les ventes, & l'acheteur l'autre moitié, qui est les lods.*

Contre *Bourgogne-Comté*, art. 62. 63. 64. 65. 68. où il n'y a lods & ventes s'il n'est porté par la concession.

Auteurs sur l'Article soixante-seiziéme.

L'Auteur du Grand Coûtumier, liv. 2. chap. 25. *de saisine en censive*, p. 170. ligne 14.
Des Mares, Décision 190.
Thourette, sur Montfort, art. 50.
De la Lande, sur Orleans, art. 106.
Le Grand, sur Troyes, art.
Buridan, sur Reims, art. 143.
Lhoste, sur Montargis, chap. 2. art. 4.
De Salligny, sur Vitry, art. 117.
Henrys, tom. 2. l.
Mon Institution Coûtumiere, tom. 1. liv. 2. tit. 4. §. 4.
Pontanus, sur la Coûtume de Blois, tit. 8. art. 115.
Chopin, sur la Coûtume d'Anjou, liv. 1. chap. 4. nomb. 2. & 7. & sur celle de Paris, tit. 3. n. 6.
Lhoste, sur la Coûtume de Montargis, tit. 2. art. 10. 11. 12. & *seqq.*
Vrevin, sur la Coûtume de Chauny, art. 41.
Bodreau, sur la Coûtume du Maine, art. 174.
Buridan, sur la Coûtume de Vermandois, art. 137.
Automne, sur la Coûtume de Bordeaux, art. 95.
Richard, sur la Coûtume d'Amiens, art. 36.
Duplessis explique cet article, liv. 2. chap. 1. p. 86.

ARTICLE LXXVII.

C'étoit le cinquante quatriéme changé.

Amendes pour ventes recelées.

POur ventes recelées & non notifiées au Seigneur censier dedans vingt jours de l'acquisition, est dû un écu & un quart d'écu d'amende au Seigneur censier.

Voyez l'Article 81.

REMARQUES.

H*Æc mulcta habet locum in contractu venditionis, aut in venditionem recidente ex quo laudimia debentur.* Mol. §. 77. n. 22.

Notificatio venditionis unius fundi ab uno facta, cæteris prodest, ibid. n. 36. 36. 37. *Plurium coemptorum una est mulcta.* Mol. ibid. n. 38.

Jugé au rôle de Champagne de l'an 1606. que cette amende ne pouvoit être moderée par le Juge.

L'amende irrogée par cet article comme toutes les autres de cette qualité, ne sont pas charges foncieres & réelles, mais pures personnelles qui ne suivent pas consequemment le tiers détempteur. *Loys. du Déguerp. l. 1. c. 10. n. 7.*

POUR VENTES RECELEES ET NON NOTIFIEES.

GLOSE UNIQUE SUR L'ARTICLE LXXVII.

SOMMAIRE.

1. Notifier, *si ce mot est exprimé par quelque autre terme dans d'autres Coûtumes.*
2. *Comment se doit faire la notification du contrât.*

3. *Si l'amende est encouruë, ipso jure, aussi-tost que le temps de la notification est passé.*
4. *Si l'amende est dûë par le mineur.*
5. *Si la notification peut estre faite par un de plusieurs acquereurs, pour & au nom de tous.*
6. *Si l'amende est dûë pour ventes non payées.*
7. *Si l'amende est dûë, quand la notification n'est point faite du contrat qui n'est point pour vente, mais pour autre cause.*
8. Quid, *si l'acquereur est privilegié, & si faute de notification il doit l'amende.*
9. *Si l'amende est dûë pour contrat d'échange non notifié.*
10. Quid, *du contrat de vente sous faculté de rachat.*
11. *Si ces termes,* recelées & non notifiées, *signifient la mesme chose.*
12. *Pourquoy le terme de huit jours de l'ancienne Coûtume a été prorogé à vingt.*
13. *Si dans ce terme est compté le jour de la vente.*
14. *Si les vingt jours courent du jour du contrat, en vente faite à la charge du decret.*
15. Quid, *de la vente faite sous condition.*
16. *Si ce terme court dés le jour du contrat, quand il a été passé loin du domicile de l'acquereur.*
17. *Si les Bourgeois de Paris sont exempts de l'amende portée par cet article.*
18. *Si l'acquereur peut purger sa demeure.*
19. *A quel des Fermiers appartient l'amende adjugée par Sentence.*
20. *Si le Seigneur qui reçoit les lods & ventes sans l'amende, est censé l'avoir remise.*
21. *Cas auquel pour ventes non notifiées l'acquereur ne doit point l'amende.*
22. *Pourquoy ces termes de l'ancienne Coûtume,* soixante sols parisis d'amende, *ont été changez.*
23. *Si cette amende est réelle ou personnelle.*
24. *Si l'acquereur doit l'amende entiere, quoiqu'il n'ait recelé qu'une partie du contrat.*
25. *Si les Juges peuvent moderer cette amende.*
26. *Si plusieurs amendes sont dûës par plusieurs acquereurs d'un mesme heritage.*
27. *Si les heritiers doivent l'amende encouruë par le défunt.*
28. *Si les rentes étant notifiées & non payées, l'amende est dûë.*

1. CE que nôtre Coûtume exprime par ce mot *notifier*, est appellé dans d'autres *déprier*.

Celle de Dourdan article 46. dit, que *déprier* signifie accorder au Seigneur censuel pour le droit de lods & ventes, ou de luy declarer son contrat d'acquisition & notifier iceluy.

Celle d'Orleans article 108. dit, *après qu'aucun a acheté un heritage redevable de cens, il est tenu de déprier ou payer les profits*, &c.

Tronçon. Ainsi ce mot *déprier* signifie notifier au Seigneur son contrat d'acquisition, Tronçon *verbo* notifiées.

Touchant l'exhibition, voyez ce que nous avons dit sur l'article 73.

Il faut encore icy remarquer, que dans cette Coûtume, pour éviter l'amende, il suffit qu'il y ait eu exhibition du contrat de vente; mais il n'en est pas de même dans toutes les autres Coûtumes; car par exemple dans celle de Meaux l'acqueteur doit l'amende faute d'avoir payé les lods & ventes dans la huitaine du jour de l'acquisition.

2. La notification se doit faire par l'exhibition du contrat; & il ne suffit pas à l'acquereur de faire signifier au Seigneur qu'il a fait telle acquisition par contrat passé pardevant tels Notaires, desorte qu'il ne faut point distinguer entre l'exhibition & la notification, dautant que la notification & l'exhibition du contrat veulent dire la même.

Mais si l'acquereur avoit fait signifier au Seigneur par une personne publique l'acquisition qu'il auroit faite, sans luy exhiber son contrat, il ne seroit pas moins sujet à l'amende, que s'il n'avoit point fait cette signification.

3. Quand la notification n'est pas faite dans le temps porté par cet article, l'amende est encouruë *ipso jure* contre toutes sortes de personnes, même contre les mineurs, parce qu'en matiere de droits féodaux & Seigneuriaux & de prescriptions coûtumieres, les mineurs sont obligez comme les majeurs, sans distinction, comme il a été dit sur l'article 1. touchant la saisie féodale.

Mais le tuteur est responsable de l'amende, en laquelle par sa negligence il a fait tomber le mineur, sans qu'il la puisse employer en la dépense de son compte, Brodeau *num.* 17. 4. Brodeau.

La notification peut être faite par un de plusieurs acquereurs, & elle les décharge tous de l'amende, quoiqu'il n'ait fait la notification que pour luy; au cas que l'acquisition soit faite au nom de tous, & qu'ils possedent la chose par indivis, parce qu'en ce cas ce n'est qu'une même acquisition, encore qu'il y ait plusieurs acquereurs, Brodeau *num.* 19. 5. Brodeau.

Il s'ensuit de ces termes *pour ventes recelées & non notifiées*, que l'amende n'est pas dûë pour ventes non payées, mais pour ventes recelées & non notifiées, desorte que pour éviter l'amende il suffit à l'acquereur d'exhiber son contrat d'acquisition, sauf au Seigneur de poursuivre par aprés l'acquereur pour en être payé; car cet article ne dit pas, pour ventes non payées, mais *pour non notifiées*. 6.

On peut encore inferer de ces termes, que si l'acquisition n'est pas par vente, mais par autre titre par lequel il ne soit rien dû au Seigneur, comme par donation ou autre semblable, l'acquereur ne chet point en amende, n'étant point tenu de faire l'exhibition de son contrat sur peine d'amende, le Seigneur ayant seulement l'action pour l'y obliger suivant l'article 73. 7.

La raison est, que l'amende n'est encouruë que pour n'avoir pas notifié au Seigneur le contrat, qui donnoit lieu aux lods & ventes, pour punir par ce moyen la mauvaise foy de l'acquereur, qui est présumé avoir voulu frustrer le Seigneur de ses droits. D'où nous pouvons tirer trois consequences: 8.

La premiere est, que si l'acquereur par contrat de vente est privilegié, c'est-à-dire, s'il est exempt de payer au Roy les lods & ventes, pour acquisition 9.

faite dans la censive du Domaine, non notifiée, il n'encourt point pour cela l'amende.

DU MOULIN. C'est l'avis de du Moulin *num.* 3. *& seqq.* de Chopin sur la Coûtume d'Anjou *lib.* 3. *cap.* 3. *num.* 12. & de Brodeau sur cet article, *num.* 14.

BRODEAU. La seconde est, que pour contrat d'échange recelé & non notifié dans les vingt jours l'amende est dûë, parce que par les Edit & Declaration des années 1673. & 1674. les mêmes droits sont attribuez aux Seigneurs en cas d'échange, que ceux qui se payent en cas de ventes par les Coûtumes ; or en cas de ventes l'acquereur doit les lods & ventes, & l'amende pour ventes recelées & non notifiées dans les vingt jours, & partant l'amende portée par cet article a lieu aussi au cas de l'échange non notifié.

Mais parce que les Seigneurs ne joüissent pas de ces droits qu'en cas qu'ils ayent payé finance au Roy, ceux qui ne l'ont pas payée, ne peuvent pas aussi prétendre l'amende, mais elle appartient au Fermier du Domaine à qui se payent en ce cas les lods & ventes, car l'amende étant une suite des lods & ventes, elle ne peut appartenir qu'à celuy à qui ils sont dûs.

10. La troisiéme, que l'amende n'est point dûë pour ventes faites sous faculté de rachat non notifiées, parce que pour telles ventes ne sont dûs aucuns droits qu'aprés que le temps de la grace est expiré, voyez sur l'article suivant.

11. Ces termes *recelées & non notifiées* se prennent en cet article dans une même signification, & sont synonimes comme remarque fort bien Maître Auzanet, desorte que selon son avis ce terme *recelées* est inutile. AUZANET.

12. Par l'article 54. de l'ancienne Coûtume l'acquereur n'avoit que huit jours pour faire l'exhibition de son contrat, aprés lesquels il devoit l'amende.

DU MOULIN. Mais ce terme a été prorogé à vingt jours, suivant l'avis de Maître Charles du Moulin sur cet article *num.* 15. 19. & 20. & sur la Coûtume de Senlis article 246. où il tient, que ce terme de huit jours est trop court pour lever, faire expedier & grossoyer le contrat par les Notaires.

Nous avons des Coûtumes remarquées en la Conference, qui donnent un plus long terme pour faire l'exhibition.

13. On ne compte point dans les vingt jours celuy de la vente, c'est-à-dire, le jour que le contrat a été passé, comme il a été jugé par les Arrests des vingt May 1572. deuxiéme Avril 1573. & 8. Juin 1577. remarquez par Brodeau *num.* 4. & par les autres Commentateurs.

BRODEAU. DU MOULIN. Du Moulin sur cet article *num.* 4. est d'avis contraire, mais la Cour ne l'a pas suivi en ce cas.

Nous voyons aussi que, *dies termini non computatur in termino*, dans les autres délais accordez par la Coûtume, comme pour bailler son dénombrement au Seigneur, ou pour fournir de blâme, ou dénombrement baillé par le vassal, ou pour faire la foy & hommage, ainsi qu'il a été dit sur les articles 7. 8. & 10.

14. Les vingt jours commencent aussi à courir du jour du contrat, quand la vente est faite à la charge du decret, parce que la vente faite à cette charge, est parfaite aussi-tôt que le contrat est fait, le decret ne se faisant pas pour la perfection du contrat, mais pour la seureté des créanciers ; desorte qu'encore que l'heritage soit ensuite adjugé à l'acquereur, ce ne sont pas deux acquisitions, comme il sera dit sur l'article 84.

C'est aussi pour cette raison que l'an & jour du retrait commence à courir du jour de l'ensaisinement, quoique l'acquereur fasse ensuite decreter sur luy l'heritage qu'il a acheté par contrat volontaire, voyez sur l'article 130.

15. Il n'en est pas de même de la vente faite sous condition, car les vingt jours ne courent que du jour de la condition échûë, quoiqu'auparavant le vendeur ait accordé la possession à l'acquereur.

C'est l'avis de du Moulin sur l'article 78. *glos.* 1. *num.* 40. *& seqq.* & de Brodeau *num.* 6. DU MOULIN.

Ce qui est sans difficulté, dautant que la vente conditionnelle n'est censée parfaite que du jour de l'évenement de la condition, *l.* 7. *princ. ff. de contrah. empt.* BRODEAU.

Néanmoins les vingt jours ne courent pas du jour du contrat, quand il a été passé dans un lieu éloigné du domicile du Seigneur ou du lieu du Fief, mais seulement du jour qu'il a pû commodement venir faire l'exhibition ou l'envoyer faire par quelqu'un, Brodeau *num.* 16. 16.

BRODEAU. La raison est, que la Coûtume en cet article se doit entendre de ceux qui ont leur domicile dans l'étenduë de la Coûtume, mais non pas de ceux qui ne l'y ont pas, ou qui ont passé un contrat de vente dans un lieu éloigné d'icelle, n'étant pas à présumer qu'elle ait voulu ordonner une chose impossible sur peine d'une amende.

Quoique les Bourgeois de Paris soient exempts de l'amende pour cens non payé suivant l'article 85. toutefois ils ne sont pas exempts de celle qui est dûë au cas de cet article 77. parce que la Coûtume ne les en décharge point, comme elle fait de l'amende pour cens non payé. 17.

La raison de la difference est, qu'on présume de la mauvaise foy en la personne de l'acquereur qui ne notifie pas son contrat à son Seigneur dans le temps porté par la Coûtume, étant à presumer qu'il veut le frustrer de ses droits de lods & ventes ; cette présomption cesse au cas du cens, lequel est si modique ordinairement, qu'il ne merite pas la peine de l'aller payer pour une année.

Aussi-tôt que les vingt jours sont expirez, l'amende est dûë, desorte que l'acquereur ne peut pas purger sa demeure en faisant la notification au Seigneur avant que d'en être par luy sommé & interpellé, parce que la Coûtume dit, *pour ventes recelées & non notifiées dedans vingt jours de l'acquisition, est dû,* &c. ce qui marque qu'elle est dûë *eo ipso* que ce temps est passé, le vassal étant assez averti par la Coûtume, Brodeau *num.* 3. 18. BRODEAU.

C'est pour cette raison que l'amende adjugée par Sentence appartient au Fermier qui étoit au temps que les vingt jours sont expirez, & non à celuy qui est au temps de la Sentence adjudicative de l'amende ; parce que la Sentence ne fait que declarer & confirmer le droit acquis au Fermier. 19.

Brodeau *num.* 13. dit, qu'elle appartient à celuy qui étoit au temps du contrat par un effet retroactif, & moy je croy qu'elle appartient à celuy qui est au temps que le terme est expiré, parce qu'elle ne commence d'être dûë que pour lors, & il n'y a pas lieu de donner à la Sentence un effet retroactif au jour du contrat, puisque ce n'est pas de ce jour que l'amende peut être dûë, mais du jour que l'acquereur a été constitué en demeure, qui est le jour que les vingt jours sont expirez. BRODEAU.

Que si le Seigneur recevoit aprés les vingt jours passez les lods & ventes, sans reserve & protestation de l'amende, il seroit presumé l'avoir remise ; tellement qu'il seroit ensuite non recevable à la demander, soit qu'il ait sçû que les 20. jours étoient passez ou non, parce qu'il devroit s'imputer de ne l'avoir pas sçû par la lecture du contrat. 20.

C'est l'avis de du Moulin *num.* 7. 8. Charondas, Tournet, Brodeau *num.* 3. *argum. leg. centum. leg. ult. in fine, ff. de eo quod, cer. lo. & leg.* 4. *C. depos.* DU MOULIN. CHARONDAS. TOURNET. BRODEAU.

Cet article souffre une exception, qui est au cas porté par l'article 107. *in fine* de la Coûtume d'Orleans, sçavoir que quand un heritage est saisi, vendu & 21.

du & adjugé par decret ; au cas néanmoins que l'adjudicataire ait ignoré en la censive de qui étoit l'heritage à luy adjugé ; parce que quand des heritages sont adjugez par decret forcé, les debiteurs en suppriment ordinairement les titres par malice, ou les Commissaires établis aux biens vacans sur lesquels les decrets sont faits, ignorent quels sont les Seigneurs censiers, c'est pourquoy en ce cas je croirois que l'adjudicataire n'encoureroit point l'amende.

22. Par l'article 54. de l'ancienne Coûtume, il étoit porté *soixante sols parisis d'amende*, ce qui a été changé en ces termes *un écu & un quart d'écu d'amende*, qui est néanmoins la même somme, les Réformateurs ayant en cela suivi l'ordre prescrit par l'Ordonnance du Roy Henry III. du mois de Septembre 1577. pour les Monnoyes, ordonnant que l'écu au Soleil auroit cours pour soixante sols, les soixante sols faisant trois livres, la livre le tiers d'écu & le quart d'écu 15. sols, & que l'on compteroit par écus & non par livres ; ainsi cette amende a toûjours été de soixante & quinze sols, Brodeau *num.* 2. BRODEAU.

23. Cette amende n'est pas une charge réelle & fonciere, mais elle est pure personnelle pour punir l'acquereur de sa negligence, c'est pourquoy elle ne suit pas l'acquereur de l'heritage.

BRODEAU. RICARD. C'est l'avis de Brodeau *num.* 21. de Ricard & de Loyseau au Traité du déguerpissement, livre 1. chap. 10. nombre 7. c'est-à-dire, qu'elle ne passe pas contre le successeur à titre particulier, mais contre le successeur à titre universel, comme l'heritier, Brodeau *num.* 21.

24. Cette amende est dûë toute entiere, quoique l'acquereur n'ait recelé & non notifié qu'une partie du prix du contrat, comme si le Seigneur justifie que par intelligence entre le vendeur & l'acquereur il soit porté un moindre prix par le contrat que celuy de la vente, parce que l'amende est indivisible étant imposée à l'acquereur pour ne notifier pas à son Seigneur son contrat ; or notifier un contrat qui ne contient pas la veritable convention des parties, c'est en effet ne le pas notifier, & partant l'amende est dûë.

BRODEAU. Brodeau *num.* 20. dit qu'il ne doit l'amende qu'à proportion de ce qui est recelé, & non l'amende entiere : cette opinion me semble contraire à l'esprit de nôtre Coûtume, car ou l'amende est encouruë, ou elle ne l'est pas ; au premier cas elle ne peut être diminuée pour quelque consequence que ce soit, parce qu'elle doit être adjugée telle qu'elle est ordonnée par la Coûtume ; au second il n'est rien dû.

25. Ce même Auteur *num.* 10. dit, qu'il n'est pas au pouvoir du Juge de la moderer ni augmenter, son pouvoir n'étant pas au-dessus de la Coûtume qui est un contrat public, & l'office du Juge n'est que dans le fait, si l'amende portée par la Coûtume est encouruë, auquel cas il est obligé précisement de l'adjuger telle qu'elle est taxée ; que les amendes coûtumieres sont comme la monnoye, à laquelle on ne peut toucher pour l'alterer & l'affoiblir, & elles ne marchent pas de pas égal avec les penales & criminelles, lesquelles sont toutes arbitraires en France ; ainsi cet Auteur est contraire à luy-même en ces deux endroits.

En effet, il a été jugé par Arrest du mois d'Avril 1606. au Rôle de Champagne, remarqué par Tronçon sur cet article, par Labbé & Ricard, que l'amende portée par cet article ne pouvoit être moderée par les Juges. TRONÇON. LABBÉ. RICARD.

Pontanus sur la Coûtume de Blois article 118. prétend au contraire, que les Juges la peuvent moderer, mais son sentiment n'est pas suivi.

Que s'il y a plusieurs acquereurs d'un même heritage, & que pas un d'eux n'ait notifié la vente au Seigneur, il n'est dû par eux tous qu'une seule amende, parce que ce n'est qu'un même contrat, de même qu'ils ne doivent que simples lods & ventes payables entr'eux. 26.

Il faut excepter au cas que par le même contrat plusieurs choses fussent venduës par un même vendeur à plusieurs acquereurs séparément, à l'un un heritage, & à l'autre un autre, pour lors il est sans doute que chacun des acquereurs devroit l'amende séparément, de même qu'il devroit les lods & ventes aussi séparément pour son acquisition.

On demande si l'acquereur étoit decedé avant les 20. jours, si ses heritiers n'auroient que le temps qui restoit au défunt pour faire la notification, sur peine d'encourir l'amende ?

Il faut dire qu'ils la doivent, s'ils n'ont notifié le contrat d'acquisition dans les 20. jours à compter du jour de l'acquisition faite par le défunt, parce que ce temps est fatal, & d'autant que les heritiers representent la personne du défunt auquel ils succedent, il s'ensuit qu'ils encourent l'amende dans le même temps qu'il l'auroit encouruë.

Il faut dire aussi, que si le défunt l'avoit encouruë, étant mort avant les 20. jours, ses heritiers doivent l'amende, quoique Brodeau *num.* 21. dise qu'en ce cas il y a lieu de soûtenir qu'ils ne la doivent point *arg. leg. fin. §. penult. ff. de public.* où il est dit, que *pœna ab heredibus peti non possunt, si non est quæstio mota vivo eo, qui deliquit, & hoc, sicut in cæteris pœnis, ita est & vectigalibus*, &c. 27. BRODEAU.

Il faut donc demeurer d'accord contre le sentiment de Brodeau, que l'amende est dûë, parce qu'elle n'est pas imposée *in pœnam delicti*, mais à cause du délay trop long dans lequel a été le défunt : ainsi, dés que cette amende est dûë par quelqu'un, l'obligation en est personnelle, laquelle par consequent passe contre ses heritiers, ne provenant pas d'un délit, comme sont les peines dont parle la Loy remarquée par cet Auteur, lesquels en effet ne passent point contre les heritiers, §. 1. *Instit. de perpet. & tempor. act.* 28.

Des termes de cet article il s'ensuit que si les ventes sont notifiées au Seigneur, quoique non payées l'amende n'est pas dûë, & le Seigneur n'en peut poursuivre le payement que par action suivant l'article 81. 28.

OBSERVATIONS DE MONSIEUR ***,

Sur l'Article LXXVII.

SOMMAIRE.

1. *Le mot*, recelées, *inutile dans cet article.* | 2. *Il faudroit changer le mot d'*Ecus *en livres.*

COmme les synonymes sont inutiles dans les Loix & dans les Coûtumes, je croy qu'on doit retrancher dans cet article le mot *recelées*, parce que celuy de notifiées suffit.

Il faudroit aussi changer le mot d'*Ecus*, parce qu'on ne doit plus compter par écus, mais par livres.

CONFERENCE SUR L'ARTICLE LXXVII.

DE même, *Auxerre*, art. 88. *aprés quarante jours.*

Blois, art. 110.

Châteauneuf, art. 141.

Estampes, art. 48. *dans huitaine.*

Mantes, art. 46. *Melun*, art. 112. *Montargis*, chap. 2. art. *Montfort*, art. 51.

Orleans, art. 107.

Peronne, art. 99.

Senlis, art. 235. *Sens*, chap. 22. art. 233. *dedans quinze jours.*

Valois, art. 13.

Bourbonnois, porte qu'*en ventes d'heritages tenus à cens, ou rentes foncieres d'aucun Seigneur, l'acquereur est tenu payer droit de lods & ventes dans quarante jours, à compter du jour de la vente, & s'il laisse passer lesdits quarante jours qu'il ne paye lesdits lods & ventes, payera le double du cens.*

Chartres, dans huitaine à peine de quarante sols tournois.

Meaux, art. 200. 201. dit, *l'amende de lods & ventes non payées dans huitaine est de sept sols six deniers, & par an de soixante sols tournois.*

Nivernois, chap. 5. art. 1. *aprés quarante jours vingt sols tournois d'amende.*

Reims, art. 148. dit, que *par défaut de cens, vestures & ventes non payées, sont dûës amendes au Seigneur foncier, sçavoir de quatre sols parisis pour ledit cens, & de dix sols parisis pour lesdites vêtures & ventes.*

De même, *Angoumois*, art. 14. *Anjou*, art. 153. *Lodunois*, chap. 37. art. 18.

Maine, art. 170. 171.

Tours, art. 376.

Auteurs sur l'Article soixante-dix-septiéme.

DEs Mares, Décision 190.

L'Auteur du Grand Coûtumier, liv. 2. ch. 25. page 170. & 171.

Bobé, sur cet article.

Thourette, sur Monfort, art. 51.

Buridan, sur Reims, art. 148.

Lhoste, sur Montargis, chap. 2. art. 5. & 6.

Pontanus, sur la Coûtume de Blois, tit. 8. art. 116.

Chopin, sur la Coûtume d'Anjou, liv. 1. chap. 3.

Mainard, liv. 4. chap. 44.

Duret, dans son Alliance des Coûtumes, page 917.

Duplessis explique cet article, livre 3. p. 102.

ARTICLE LXXVIII.

Cet article est au lieu du 51. changé.

Ventes dûës pour vente ou pour bail à rente rachetable.

SI aucun achete à prix d'argent, *ou prend à rente rachetable*, heritage étant en la censure d'un Seigneur censier ou foncier, tel acheteur dudit heritage, *ou preneur à rente*, est tenu payer au Seigneur censier ou foncier les ventes dudit achat, *ou sort principal de la rente, encore qu'elle ne soit rachetée.*

Voyez les Articles 83. & 87.

REMARQUES.

EX hac consuetudine in vectigali fundo laudimia nunquam debentur, nisi in casum venditionis. Sed non ita strictè hic assumimus venditionem, ut omnem omninò contractum excludamus, cui exacta venditionis definitio adaquatè & formaliter non convenit; nam hic venditionis loco habetur omnis contractus qui in venditionem tendit, attentis rebus aut juribus qua pro re censuali dantur vel remittuntur, sive sint promercales, sive fungibiles, sive etiam neutrum: Sed tales ut non soleant servari tanquam hæredium aut res perpetuo mansura: Sed vendi & commutari, & maximè si dentur vendituro, videntur enim tacitè æstimata, & vicem pretii magis quam speciei habere. Mol. §. 78. n. 1. & seqq.

Hic articulus unum exemplum continet horum contractuum qui venditionis vicem gerunt, scilicet in casu concessit ad reditum redimibilem quo ut & in pura venditione laudimia debentur.

Idem obtinet in datione in solutum pro pecunia, vel cessione aut datione pro rebus & juribus certa pecunia, æstimatis, vel pro mobilibus. Mol. §. 78. n. 8. Arg. de laud. c. 1. §. 1.

Sed animadvertendum est quod hic articulus procedit in venditione valida, secùs si contractus quacumque de causa sit nullus: Idem si ex post facto, & ex causa ab initio existente annulletur & reducatur retrò ad non causam: tunc enim resolvitur obligatio laudimiorum, adeò ut soluta conduci possint, in quantum tamen Dominus invenitur locupletior. Mol. d. l. num. 15.

Item requiritur ut hac laudimia exigi possint, quod venditio aut contractus venditioni æquipollens sit perpetuus, vel saltem ad longum tempus, ita ut alienationem redoleat. Sed observandum est si in hac materia sit quæstio de tempore, quod ubi contractus translationem dominii cum alienatione importat, licet clausulis vel conditionibus, jura statim debentur: Sed revocabiliter in casu quo dominium revocetur intra breve tempus, quod vulgò arbitrantur ad decem annos horum specialia exempla & species, qua propositi angustia recensere hic non sinunt, videnda sunt apud Argentr. tract. de laudimiis passim. Molin. §. 33. & 78. & Dominum Loëtium ejusque scholiastem, litt. R. num. 2.

Sed hac generalis observatio non inutilis erit, quod ubi contractus est mixtus, ut sæpè accidit, & res continet in forma vel in substantia qua laudimiis subjecta sunt, alia qua ab iis juribus eximiuntur, laudimia pro parte solventur, & altera ab iis exempta remanebit, puta quoad substantiam attinet, si mobilia cum immobilibus eodem contractu vendantur, cuique natura servanda est, & mobilium pretium deducendum de contractu, ut de reliquo laudimia solvantur. Quoad formam autem hac obtineant exemplum habes in re partim vendita, partim permutata: nam cum de permutatione non debeantur laudimia, de venditione debeantur, pro rata ejus quod venditur debentur tantum, quod confirmatur quoque exemplo rei partim vendita partim data in censum. Exceptionem tamen hujusce rei habes in divisione & licitatione rerum hæreditariarum inter cohæredes infra art. 80. at observandum ad prædictorum elucidationem, nos nullatenus curare de forma qua fraudulenter datur contractibus, nisi & natura rerum in iis contentarum apta sit & conveniat.

SI AUCUN ACHETE A PRIX D'ARGENT.

GLOSE PREMIERE SUR L'ARTICLE LXXVIII.

§. 1. Quels droits sont dûs pour vente d'heritage.

SOMMAIRE.

1. *Cet article contient la mesme décision que l'article 23. pour les Fiefs.*
2. *Pour vente de Fief dans la Coûtume du Vexin n'est dû que le relief.*
3. *Sous ce mot, seigneuriaux, sont compris le quint & lods & ventes.*
4. *Quels droits sont dûs pour les échanges.*

1. CEt article contient la même décision pour les rotures que l'article 23. pour les Fiefs, desorte que le quint est dû pour les mêmes causes pour lesquels les lods & ventes sont dûs pour les rotures; ce qui paroît par les termes dont ces deux articles sont dressez.

L'article 23. porte, *quand un Fief est vendu ou baillé à rente rachetable, l'acheteur doit payer le quint denier du prix ou sort principal de la rente, encore qu'elle ne soit rachetée.*

2. C'est une regle generale que pour vente de Fief le quint est dû au Seigneur, dans la mouvance duquel il est, & les lods & ventes pour vente d'heritage en roture ; mais la regle reçoit une exception à l'égard des Fiefs situez dans la Coûtume du Vexin, pour lesquels le relief est dû à toutes mutations, & jamais le quint n'est dû suivant l'art. 3.

3. Afin de comprendre le quint & les lods & ventes sous un même mot, puisqu'ils se reglent de la même maniere & qu'ils sont dûs presque dans les mêmes cas, nous les marquerons par droits Seigneuriaux, lesquels par ces deux articles sont dûs dans deux cas seulement, sçavoir la vente & le bail à rente rachetable, dont il sera traité dans les deux gloses de ce titre; dans cette premiere il sera traité de la vente, des actes équipollans à la vente, & d'autres actes mêlez avec le contrat de vente ; & dans la deuxiéme du bail à rente non rachetable.

4. Il faut observer que pour échange de Fief contre un autre heritage ou contre une rente fonciere non rachetable, ou contre une rente constituée à prix d'argent ; il n'étoit dû autrefois que le relief, l'échange étant comprise sous ces termes *en toutes mutations*, de l'article 33. & pour les rotures il n'étoit rien dû au Seigneur, vû que pour les rotures il n'est dû que les ventes pour les deux causes d'acquisition marquées dans cet article 78.

Mais par les Edits & Declarations des années 1673. & 1674. les mêmes droits sont dûs pour échanges de Fief & de rotures que pour vente, c'est-à-dire, le quint pour échange de Fief & les ventes pour échange d'heritages en roture.

Il faut remarquer que les échanges des heritages se font ou d'un heritage contre un heritage, ou d'un heritage contre droits, rentes rachetables ou non rachetables.

Pour ce qui regarde les échanges d'heritages contre rentes, par Edit du mois de May 1645. il avoit été ordonné que les droits de mutation établis par les Coûtumes se payeroient en tous contrats d'échange d'heritages, maisons, & autres immeubles tenus tant en Fief qu'en censive contre des rentes rachetables ou non rachetables, constituées à prix d'argent, de bail d'heritages ou autres.

Par Arrest du Conseil d'Etat du Roy du 15. Juillet 1655. il avoit été ordonné que cet Edit seroit executé ; cependant il est demeuré sans execution jusqu'à la Declaration qui suit, du 20. Mars 1673. enregistré au Parlement le 23. ensuivant.

LOUIS par la grace de Dieu, Roy de France & de Navarre : A tous ceux qui ces presentes Lettres verront, SALUT, Par nôtre Edit du mois de May 1645. registré en nôtre Cour de Parlement, le 7. Septembre ensuivant, Nous aurions pour les causes y contenuës, ordonné qu'en tous contrats d'échange de terres, heritages, maisons & autres immeubles, tant en Fiefs qu'en Censives, dépendans de Nous & des Seigneurs féodaux & censiers en l'étenduë de nôtre Royaume, contre des rentes rachetables ou non rachetables, constituées à prix d'argent, de bail d'heritages ou autres, les droits de mutation établis par les Coûtumes des lieux, seroient payez & acquittez, ainsi qu'ils ont accoûtumé d'être en fait de contrats de vente à prix d'argent, suivant lesdites Coûtumes, lesquels droits de mutation Nous aurions reglez sur le pied du principal des rentes qui seroient baillées en échange, si elles étoient stipulées rachetables, & si elles n'étoient point rachetables sur le pied de l'estimation d'icelles au denier vingt ; lesquels droits de mutation, en cas d'échange, Nous appartiendroient, pour être vendus à nôtre profit par les Commissaires qui seront pour ce députez, ausdits Seigneurs féodaux ou censiers, pour ce qui dépend de leurs censives ; & à leur refus à ceux qui les voudroient acquerir pour en joüir par eux incommutablement & en toute proprieté. Et pour ce qui dépend de nôtre Domaine, que les possesseurs de ceux qui sont engagez, joüiroient desdits droits, en payant par eux les sommes, ausquelles ils seroient moderément taxez en nôtre Conseil, lesquelles leur tiendroient lieu de finance, & dont ils ne pourroient être dépossedez qu'en les remboursant argent comptant, & en un seul payement de la finance par eux payée, tant pour lesdits droits que de leur ancien engagement : Et quant aux Domaines qui sont encore entre nos mains, la joüissance desdits droits seroit venduë & engagée à faculté de rachat perpetuel par lesdits Commissaires, à tous ceux qui s'en voudroient rendre adjudicataires, & en attendant ladite vente, & le payement des taxes sur lesdits Engagistes & Seigneurs féodaux & censiers, la recepte desdits droits seroit faite par ceux qui seroient par Nous commis pour en compter à nôtre profit ; n'entendant néanmoins comprendre audit Edit, les échanges qui seroient faites de terres, heritages, maisons & autres immeubles, contre des heritages immeubles sans aucune soulte ni retour ; & en cas qu'il y eût soulte ou deniers déboursez, ou rentes baillées en échange, que les droits de mutation établis par les Coûtumes, seront payez & acquitez à Nous ou ausdits Seigneurs féodaux & censiers, aprés qu'ils les auront acquis de Nous. Et par Arrest de nôtre Conseil du 15. Juillet 1655. Nous avions ordonné l'execution dudit Edit, & en consequence que tous ceux lesquels depuis ledit jour 6. Septembre 1645. se trouveroient avoir acquis des terres & heritages, maisons & autres immeubles, tant en Fief qu'en censive, dépendans de Nous ou des Seigneurs féodaux & censiers à titre d'échange contre des rentes, payeroient les droits de lods & ventes, quints & requints & autres de mutation, à causes desdites acquisitions d'immeubles à titre d'échange contre des rentes, ainsi qu'il est porté par nôtredit Edit ; & qu'en attendant la vente desdits droits de mutation ordonnée par iceluy, ils seroient à l'avenir payez à celuy que Nous avions pour ce commis ; l'execution desquels Edit & Arrest Nous aurions pour aucunes considerations fait differer jusques à present ; mais reconnoissant que les fraudes qui se commettent par le moyen des échanges de maisons & heritages contre des rentes de toute nature, la plûpart simulées, augmentent journellement, au moyen dequoy les droits de mutation qui Nous appartiennent, sont presque anéantis ; Nous avons resolu d'en empêcher le cours, en faisant observer nôtredit Edit pour l'avenir, & déchargeant néanmoins les particuliers de ce que nous pourrions prendre à cause de ce, du passé jusques à present. A CES CAUSES : De l'avis de nôtre Conseil, qui a vû lesdits Edit & Arrest, & de nôtre certaine science, pleine puissance & autorité Royale ; Nous avons dit, declaré & ordonné, disons, declarons & ordonnons par ces presentes signées de nôtre main, Voulons & Nous plaît, que conformément à nôtredit Edit du mois de May 1645. les droits de quints & requints, lods & ventes & autres droits de mutation établis par les Coûtumes, soient payez pour les échanges qui seront faits à l'avenir, à commencer du premier jour d'Avril prochain, de terres, Seigneuries, maisons, heritages & autres immeubles, contre des rentes constituées à prix d'argent, comme pour des ventes faites en argent, nonobstant l'usage cy-devant pratiqué, lequel Nous voulons être & demeurer aboly, comme Nous l'abolissons par ces presentes. VOULONS que l'exemption desdits droits de mutation demeure seulement pour les échanges qui seront faits d'heritages contre heritages, lesquels droits tels qu'ils sont reglez par les Coûtumes, seront payez par les parties qui auront passé lesdits contrats d'échange contre des rentes ; Sçavoir, pour les terres, maisons & heritages mouvans en Fief, ou tenus en censives de Nous, à cause de nos Domaines dont nous joüissons à present, entre les mains du Fermier General de nosdits Domaines, ses Procureurs & Commis pour ce qui luy en appartient suivant son bail, & le surplus ainsi qu'il sera par Nous ordonné : Et quant à nos Domaines qui sont encore alienez, Nous joüirons desdits droits, si mieux n'aiment les Engagistes les acquerir. VOULONS aussi que les Seigneurs féodaux & censiers joüissent des mêmes droits en l'étenduë de leurs Seigneuries, en payant pareillement par chacun d'eux, la finance, qui sera pour ce reglée en nôtre Conseil : Et de nôtre grace speciale Nous avons déchargé & déchargeons les particuliers qui ont depuis nôtredit Edit, fait des contrats d'échange de terres, maisons & heritages, contre des rentes constituées, de toutes recherches d'amendes & poursuites à cause de ce, validans & confirmans, en tant que besoin seroit, lesdits contrats, sans qu'on les puisse inquieter en quelque maniere que ce soit. SI DONNONS EN MANDEMENT à nos amez & feaux les Gens tenans nôtre Cour de Parlement, & Chambre de nos Comptes à Paris, qu'ils fassent registrer ces presentes, & le contenu en icelles garder & observer de point en point selon sa forme & teneur, nonobstant toutes Coûtumes, Ordonnances, Edits, Declarations, Usages & autres choses contraires, y derogeans expressement pour ce regard : CAR tel est nôtre plaisir. Donné à Versailles le 20. jour de Mars l'an de Grace 1673. Et de nôtre Regne le trentiéme. Signé, LOUIS, & plus bas, Par le Roy, COLBERT. Et seellé.

Lûës, publiées, registrées, oüy & ce requerant le Procureur General du Roy, pour être executées selon leur forme & teneur. Fait en Parlement, le Roy y seant en son lit de Justice, le vingt-troisiéme Mars mil six cens septante-trois. Signé, DU TILLET.

Lûës, publiées & registrées en la Chambre des Comptes, oüy & ce consentant le Procureur General du Roy, de l'ordre de sa Majesté, porté par Monsieur son Frere unique, Duc d'Orleans, venu exprés en ladite Chambre, assisté du Sieur du Plessis-Pralin, Mareschal de France, & des Sieurs de Pussort, Conseiller au Conseil Royal & en tous les Conseils de sa Majesté, & Directeur general de ses Finances, & de Besnard Rezé, Conseiller ordinaire és Conseils de sadite Majesté, le 23. Mars 1673. Signé, RICHER.

A l'égard des contrats d'échange d'heritages contre heritages, terres & maisons, il a été ordonné, que les mêmes droits se payeroient que ceux qui sont établis par les Coûtumes en cas de vente, par Edit du mois de Février 1674. registré en la Chambre des Comptes le 6. Mars ensuivant, en ces termes :

LOUIS par la grace de Dieu, Roy de France & de Navarre : A tous presens & à venir, Salut. Quoique les abus qui se sont introduits peu à peu, & que la longueur du temps a enfin autorisez dans le public, ne soient pas moins sujets à la censure, & soient même souvent plus dangereux que les autres, toutefois il est difficile de les reformer tout d'un coup : pour ce sujet Nous ayant été remontré que les contrats d'échange n'étoient devenus si frequens entre les particuliers de nôtre Royaume, que pour nous frustrer, aussi-bien que les Seigneurs féodaux & censiers des droits qui sont legitimement dûs, à cause des alienations des biens tenus en Fief & en censive, & que d'exemter de droits Seigneuriaux ces sortes de contrats, étoit si inveterée & devenuë si universelle, que même dans quelques lieux on l'avoit fait passer en forme de Loy, contre nôtre intention & toute équité, y ayant encore plusieurs Provinces & lieux de nôtre Royaume, où les échanges sont assujettis aux mêmes droits Seigneuriaux que les ventes : pourquoy nous aurions commencé d'y mettre ordre par ceux d'entre lesdits contrats, que leur facilité avoit rendus plus ordinaires, où les rentes de toute nature tenoient lieu de contre-échange, que nous aurions par nôtre Edit du mois de May 1645. assujettis à mêmes droits que les contrats de vente, duquel Edit ayant depuis ordonné l'execution par Arrest de nôtre Conseil du 16. Juillet 1655. nous l'aurions pour certaines raisons differé pendant plusieurs années, jusques à ce que le nombre des fraudes s'augmentant, nous aurions été obligé de faire expedier nôtre Declaration du 20. Mars dernier, pour faire observer ledit Edit, par lequel nous esperions avoir entierement retranché les causes du mal : Mais nous avons reconnu que ceux qui veulent acquerir, s'appliquent de plus en plus à rechercher de nouveaux moyens de fraude, en déguisant presque tous les contrats de vente sous le nom & l'apparence de contrats d'échange d'heritages contre d'autres heritages, quoique le vendeur qui a touché son argent, restitue par de longs circuits au veritable propriétaire, les heritages qu'il a feint luy avoir été donnez par l'acquereur, d'où naissant une infinité de procez entre nos Sujets qui les consomment en frais, souvent bien plus grands que les droits qu'ils nous devroient payer, & aux Seigneurs dont les heritages relevent ; Nous avons cru qu'il étoit temps d'y apporter le dernier remede, en ôtant toute la difference qui reste au sujet des droits Seigneuriaux entre ces deux especes de contrats, d'où nous esperons tirer un secours considerable des Seigneurs de Fiefs, qui sont ceux de nos Sujets les plus accommodez, qui seront recompensez des sommes qu'ils nous payeront, par la joüissance desdits droits, & par ce secours nous soulagerons nos peuples des nouvelles levées que nous serions obligez de faire sur eux pour les dépenses pressantes & indispensables de la guerre. A CES CAUSES & autres à ce nous mouvans, de l'avis de nôtre Conseil, qui a examiné ledit Edit, Declaration & Arrest, memoires & instructions concernans la matiere, & de nôtre certaine science, pleine puissance & autorité Royale, nous avons par ce present Edit perpetuel & irrevocable, dit, statué & ordonné, disons, statuons & ordonnons, voulons & nous plaît, que les mêmes droits Seigneuriaux qui sont établis & reglez par les Coûtumes des lieux pour les mutations qui se font par contrats de vente, seront aussi payez à l'avenir en toutes mutations, qui se feront par contrats d'échange d'heritages, droits & autres immeubles tenus de nous ou des Seigneurs féodaux & censiers dans toute l'étenduë de nôtre Royaume, Païs & Terres de nôtre obeïssance, soit que les échanges soient d'heritages contre heritages ou d'heritages contre des droits, rentes & redevances de quelque nature qu'elles puissent être, & qu'il y ait soulte ou non, sans aucune distinction, nonobstant toutes Coûtumes & Usages à ce contraires, ausquels nous avons expressément dérogé & dérogeons pour ce regard ; lesquels droits seront payez pour les contrats où il y aura de simples rentes en argent, données en contr'échange, sur le pied du principal desdites rentes : & pour les autres contrats où il y aura de part & d'autre des heritages, droits ou redevances, ils seront reglez sur le pied de l'estimation qui en sera faite par les Juges des lieux, sur l'avis des gens experts dont les parties interessées convien-dront, sinon qui seront par eux nommez d'office : Voulons que les possesseurs de nos Domaines engagez pour ce qui en dépend, & les Seigneurs féodaux & censiers pour ce qui est de leur mouvance, joüissent desdits droits, en payant par eux les sommes ausquelles ils seront moderément taxez en nôtre Conseil, lesquelles à l'égard des Engagistes tiendront lieu d'augmentation de Finance ; & pour les Domaines qui sont encore en nos mains, lesdits droits seront payez entre les mains du Fermier General de nosdits Domaines, ses Procureurs & Commis, ainsi qu'il sera par nous ordonné. Si donnons en Mandement à nos amez & feaux les Gens tenans nôtre Chambre des Comptes à Paris, que le present Edit ils fassent lire, publier & registrer, & le contenu en iceluy garder de point en point selon sa forme & teneur, sans permettre qu'il y soit contrevenu en aucune sorte & maniere que ce soit : Car tel est nôtre plaisir. Donné à Versailles au mois de Février l'an de grace mil six cens soixante-quatorze ; Et de nôtre Regne le trente-uniéme. Signé LOUIS. Par le Roy, Colbert. *Et à côté. Visa*, Daligre. Pour l'Edit concernant les contrats d'échange. *Et plus bas:*

Registrées en la Chambre des Comptes, ce requerant le Procureur General du Roy, pour avoir lieu, & être executées selon leur forme & teneur, les Bureaux assemblez le sixiéme jour de Mars mil six cens soixante-quatorze. Signé, Guitonneau.

Par cet Edit & Declaration les mêmes droits se payent par toute la France en cas d'échange d'heritage contre heritage, ou d'heritage contre rentes, qui se payent pour vente selon la diversité des Coûtumes, où les heritages échangez sont situez ; eu égard à la valeur des heritages échangez contre les heritages, ou à la valeur des heritages échangez quand l'échange se fait d'heritage contre heritage ; & cette estimation se fait par Experts & gens à ce connoissans ; desorte que si les heritages échangez relevent d'un même Seigneur, doubles droits luy sont dûs selon la valeur des heritages échangez.

EXTRAIT DES REGISTRES du Conseil d'Estat.

SUR ce qui a été representé au Roy en son Conseil, par Maistre Jacques Buisson Fermier General des Domaines de France, que quoique par le bail à luy fait par Sa Majesté desdits Domaines, il doive joüir des droits de lods & ventes des biens échangez contre des rentes, ou d'heritages contre heritages, tant dans l'étenduë des Domaines de sa Majesté, qu'en ceux des Seigneurs particuliers dans tout le Royaume de France, suivant les Declarations des vingtiéme Mars 1673. & Février 1674. Néanmoins la pluspart desdits Seigneurs ne délaissent sans aucun titre valable de s'immiscer à la perception desdits droits, ce qu'ils ne peuvent faire, s'ils ne les ont acquis en la Chambre Souveraine établie par sa Majesté au Louvre pour l'aliénation desdits petits Domaines, & que ledit Buisson n'en ait été indemnisé aux termes de son Bail, & de plus pour l'intelligence qu'ils ont avec les Notaires, Tabellions, & autres personnes publiques ; les uns cachent lesdits contrats d'échanges, aussi-bien que les ventes pures & simples ; les autres les vont passer pardevant des Notaires hors l'étenduë des Seigneuries dont ils relevent, & par ce moyen ôtent la connoissance audit Buisson desdites ventes & échanges, ce qui préjudicie notablement aux interests de sa Majesté, & dudit Buisson : A quoy étant necessaire de pourvoir : Sa Majeste' en son Conseil, a ordonné & ordonne, que ses Declarations des mois de Mars 1673. & Février 1674. seront executées selon leur forme & teneur : ce faisant, que ledit Buisson joüira des droits de lods & ventes, & autres droits Seigneuriaux, tant à cause des échanges d'heritages contre des rentes, que de celles qui seront faites d'heritages contre heritages, dans toute l'étenduë du Royaume où lesdits droits doivent avoir lieu, suivant les Edits & Declarations de sa Majesté, conformément ausdites Declarations & à son Bail, à commencer la joüissance desdits droits au profit dudit Buisson du premier Janvier dernier, & pour ce qui en est dû du passé jusques audit jour au profit de sa Majesté, faisant tres-expresses défenses à tous Seigneurs particuliers, de quelque qualité & condition qu'ils soient & à leurs Fermiers & Receveurs de recevoir aucuns desdits droits dans l'étenduë de leurs Seigneuries, jusques à ce qu'ils en ayent fait l'acquisition, à peine de trois mille livres d'amende, que sa Majesté a dés à-present declarée encouruë contre chacun des contrevenans, restitution du quatruple desdits droits, & aux parties d'en faire le payement à d'autres qu'audit Buisson, ses Procureurs & Commis, à peine de payer deux fois, & de tous dépens, dommages & interêts, tous lesquels droits du passé jusques audit jour 1. Janvier, seront payez à Maître René Droüet à ce proposé, ses Procureurs ou Commis, sur les quittances du sieur Jehannot de Bartillat, Garde du Tresor Royal, comme deniers revenans bons à sa Majesté, & depuis ledit jour & à l'avenir sur les simples quittances dudit Buisson, ses sous-Fermiers & Procureurs, comme faisant partie du Bail desdits Domaines, & pour connoître les redevables desdits droits du passé, & empêcher à l'avenir les fraudes qui se commettent par lesdits Seigneurs & particuliers redevables d'iceux. Ordonne sa Majesté que tous Notaires, Tabellions & autres personnes publiques qui ont passé, ou passeront cy-aprés aucuns desdits contrats d'échanges, seront tenus de délivrer audit Buisson ou à ses Procureurs, dans les Bureaux des Elections dont ils dépendent, quinzaine aprés la signification du present Arrest, un état signé d'eux & certifié veritable, contenant les extraits des contrats d'échanges faits & passez pardevant eux depuis lesdites Declarations jusques au jour de la signification, ou une declaration qu'ils n'en ont passé aucuns, & pour l'avenir de mois en mois, lesquels Extraits contiendront la datte du contrat, le nom des parties contractantes & leur demeure, la qualité & situation des heritages échangez, pour lesquels Extraits leur sera payé cinq sols de chacun : Leur fait sa Majesté défenses d'en obmettre aucuns, à peine de cinq cent livres d'amende, declarée encouruë en vertu du present Arrest, & d'interdiction de leurs Offices, lesquels seront pareillement tenus de délivrer audit Buisson, ses Procureurs & Commis, lorsqu'ils en seront requis, des Extraits en entier signez d'eux desdits contrats d'échanges, à raison de trente sols de chacun contrat en papier ; à quoy faire ils seront contraints par toutes voyes, ainsi qu'il est accoûtumé pour les affaires de sa Majesté, & les particuliers redevables desdits droits au payement d'iceux & les Seigneurs des Fiefs à la restitution du quadruple de ce qu'ils ont reçû pour raison de ce, par les mêmes voyes en vertu du present Arrest ; qui sera lû & publié & affiché par tout ou besoin sera ; & executé nonobstant oppositions ou appellations & autres empêchemens quelconques, pour lesquels ne sera differé, & dont sa Majesté s'est reservé la connoissance, & icelle interdite à toutes ses autres Cours & Juges. Fait au Conseil d'Etat du Roy, tenu à S. Germain en Laye le 28. Mars 1696.

On avoit prétendu que ces Edit & Declaration ne devoient avoir leur execution dans les Coûtumes où le relief se paye pour les échanges, mais seulement dans celles qui les en exemptent, ce qui avoit été jugé ainsi par quelques Arrests du Conseil; mais par la Declaration suivante il a été ordonné, que si les droits qu'on payoit auparavant étoient moindres que les droits de ventes, le surplus seroit payé au Roy ou aux Seigneurs qui en auroient fait l'acquisition de Sa Majesté.

DECLARATION DU ROY.

Portant qu'il sera payé à l'avenir pour les Echanges les mêmes droits qui se payent pour les ventes d'heritages ou autres immeubles, tant dans la directe du Roy, que dans celles des Seigneurs.

LOUIS, par la Grace de Dieu, Roy de France & de Navarre: A tous ceux qui ces presentes Lettres, verront. SALUT. Par nôtre Edit du mois de May 1645. Nous avons ordonné qu'il nous seroit payé pour les mutations par échanges d'heritages, maisons & autres immeubles, tant en Fiefs qu'en censives, étant dans nôtre directe, & dans celles des Seigneurs particuliers, dans l'étenduë de nôtre Royaume, contre des rentes rachetables ou non rachetables, droits de mutations établis par les Coûtumes des lieux sur le pied qu'ils sont dûs pour les mutations faites par contrat de ventes suivant lesdites Coûtumes, lequel Edit étant demeuré sans execution pendant plusieurs années; Nous avons par nôtre Declaration du 20. Mars 1673. ordonné qu'il seroit executé à l'avenir. Et par autre nôtre Edit du mois de Fêvrier 1674. Nous avons ordonné que les mêmes droits seigneuriaux qui sont établis par les Coûtumes des lieux pour les mutations qui se font par contrat de ventes, seroient aussi payez par contrat d'échanges d'heritages, droits & autres immeubles tenus de Nous ou des Seigneurs particuliers, soit que lesdites échanges fussent d'heritages contre heritages, ou d'heritages contre des droits, rentes & redevances, & qu'il y eût soulte ou non, sans aucune distinction; mais ces reglemens n'ont pas levé toutes les difficultez qui se sont trouvées dans cette matiere, aucuns de nos sujets ayant prétendu que l'execution desdits Edits & Declaration ne devoit avoir lieu que dans l'étenduë des Coûtumes où il n'étoit établi aucun droit pour les mutations par échanges au profit des Seigneurs; desorte que plusieurs Coûtumes de nôtre Royaume ayant attribué aux Seigneurs des droits aux mutations par échange, quoique moindres que ceux qui seroient dûs en cas de vente, ceux qui acquiérent des heritages par échange dans l'étenduë desdites Coûtumes, ne nous devroient aucuns droits: & quoique cette prétention soit tout-à-fait contraire à l'esprit de nosdits Edits & Declaration, par lesquels nous avons précisément declaré que nôtre intention étoit, qu'il nous fût payé en cas d'échange mêmes droits qui seroient dûs au cas de vente; néanmoins il a été rendu quelques Arrests en nôtre Conseil & dans aucunes de nos Cours, qui ont déchargé ceux qui avoient payé un droit de relief aux Seigneurs pour les acquisitions qu'ils avoient faites par échanges dans leur directe, des demandes que les Fermiers de nos Domaines leur faisoient du surplus des droits qu'ils auroient dû, suivant les Coûtumes, s'ils avoient traité par ventes: Et comme ces Arrests établissent une Jurisprudence contraire à la disposition de nosdits Edits & Declarations, ceux qui se présentent pour acquerir lesdits droits d'échange, dont Nous avons ordonné l'aliénation par nôtre Declaration du 20. Mars dernier; Nous ont tres-humblement fait supplier d'expliquer sur cela nôtre intention. A ces CAUSES & autres à ce nous mouvans, de l'avis de nôtre Conseil & autorité Royale, Nous avons par ces Presentes signées de nôtre main, dit & ordonné, disons & ordonnons, voulons & Nous plaît, que conformément à nosdits Edits & Declarations des mois de May 1645. 20. Mars 1673. & Février 1674. les mêmes droits qui sont établis & reglez par les Coûtumes pour les mutations qui se font par contràt de ventes, soient payez à l'avenir aux mutations qui se font par contrats d'échanges d'heritages ou autres immeubles dans l'étenduë de nos directes & de celles des Seigneurs particuliers, tant contre d'autres heritages & immeubles, que contre des droits, rentes ou redevances, de quelque nature qu'elles puissent être, soit qu'il y ait soulte ou non, & ce même dans les Coûtumes lesquelles attribuënt aux Seigneurs un droit de relief ou autre droit aux mutations par échange, pourvû néanmoins qu'il soit moindre que celuy qui seroit dû en cas de vente, auquel cas Nous voulons que le surplus Nous soit payé ou à ceux qui acquerront de Nous lesdits droits d'échanges; dérogeons à cet effet à toutes Coûtumes & Usages à ce contraires, & ce pour l'avenir seulement; les Arrests de nôtre Conseil & de nos Cours intervenus sur cette matiere jusqu'à present demeurans en leur entier. Si donnons en Mandement à nos amez & feaux Conseillers les Gens tenans nôtre Cour de Parlement, & Chambre de nos Comptes à Paris, que ces Presentes ils ayent à faire lire, publier & enregistrer, & le contenu en icelles garder & observer selon leur forme & teneur, sans y contrevenir, ni souffrir qu'il y soit contrevenu en aucune sorte de maniere que ce soit, nonobstant tous Edits & Declarations, & autres choses à ce contraires, ausquels Nous avons dérogé & dérogeons par ces Presentes; aux copies desquelles collationnées par l'un de nos amez & feaux Conseillers & Secretaires: Voulons que foy soit adjoûtée comme à l'original. Car tel est nôtre plaisir; En témoin dequoy Nous avons fait mettre nôtre Scel à cesdites Presentes. Donné à Versailles le premier jour de May, l'an de grace 1696. &c.

Avant ces Edits & Declarations c'étoit une question, quels droits étoient dûs pour échange mêlé de vente; quand l'heritage en roture étoit échangé avec retour en deniers ou autre chose mobiliaire tenant lieu de prix, les ventes étoient dûës jusqu'à concurrence du prix, sans désigner si le retour étoit plus fort que l'heritage baillé en échange: quand un Fief étoit ainsi baillé le quint & le relief étoient dûs à proportion, le quint à raison du prix convenu, & le relief pour le surplus; mais ces Edits & Declarations ont terminé les difficultez qui pouvoient survenir à cette occasion.

§. 2. Des cas esquels les droits Seigneuriaux sont dûs pour vente pure & simple.

SOMMAIRE.

1. *Cas esquels ces droits sont dûs.*
2. *Quand elle est faite à la charge du décés, ou sans charge de décés.*
3. *Si doubles droits sont dûs par l'adjudicataire, au cas du decret volontaire.*
4. *Quoique le vendeur ait déchargé l'acquereur du prix.*
5. *Si les droits sont dûs dés que le contrat est parfait.*
6. *Si quand j'ay donné procuration de recevoir une dette, pour me la garder, j'ay l'action de mandat ou de dépost.*
7. *Quand la vente est faite à la charge d'acquitter le vendeur de quelques dettes, si les droits sont dûs des dettes à acquitter.*
8. *Si les droits sont dûs pour vente faite par l'Eglise qui auroit payé l'indemnité.*
9. *Raisons pour & contre.*
10. Quid, *si la vente est faite à une autre main-morte.*
11. *Arrests qui ont jugé la question.*
12. *Arrest contraire.*
13. *Quels droits sont dûs pour vente du cens retenu par le vassal.*
14. *Si le vassal peut vendre le cens qu'il s'est retenu en se joüant de son Fief.*
15. *S'ils sont dûs quand le mary vend un heritage de sa femme sans son consentement.*
16. *Si les heritiers collateraux de la femme qui ratifient la vente, doivent le relief.*
17. *Si l'acquereur poursuivi en retrait lignager doit payer les droits.*
18. *Sont dûs pour heritage donné en payement d'une dette.*
19. *Arrests qui ont jugé que les droits sont dûs.*
20. *S'ils sont dûs pour Fief de la communauté adjugé aux enfans sur les propres maternels.*
21. *S'ils sont dûs pour heritages donnez par les pere & mere en payement des sommes promises à leurs enfans.*
22. Quid, *de l'heritage donné par les pere & mere en payement d'une somme prestée.*
23. Quid, *d'un heritage donné à sa sœur en payement d'une somme promise pour sa dot.*
24. *S'ils sont dûs quand un heritier prend de ses coheritiers un heritage en payement de la somme à luy dûë par le défunt.*
25. *Si les droits sont dûs à raison du doüaire préfix, à la charge duquel la vente a esté faite.*
26. *S'ils sont dûs du supplément de juste prix payé au vendeur.*

1\. ILs sont dûs dans les cas suivans :

2\. Le premier est, lorsque la vente est faite entre les parties par contrat à la charge d'un decret ou sans cette charge, le decret étant fait ou non : ou quand elle est faite par autorité de Justice par decret forcé à la poursuite des créanciers : en ces cas les adjudicataires sont tenus payer aux Seigneurs les droits Seigneuriaux suivant le prix de leur acquisition ou de l'adjudication.

3\. Si doubles droits sont dûs par l'adjudicataire par decret volontaire, voyez sur l'art. 84.

4\. Le deuxiéme est, lorsqu'aprés le contrat de vente fait & parfait, le vendeur a quitté & remis à l'acheteur le prix de la vente, quoique avant la tradition de l'heritage ; dautant que dés que le contrat est parfait, il y a ouverture aux droits seigneuriaux :

5\. or il est parfait dés que les parties sont convenuës *de re & pretio, princ. Instit. de empt. vendit. & tot. tit. ff. eod. tit.*

Quand le vendeur aprés la perfection du contrat remet le prix à l'acquereur, on ne peut pas dire que le titre de son acquisition soit une donation, quoique la décharge du prix soit sincere & sans fraude ; car dans les contrats il faut considerer le commencement pour en connoître la nature & la qualité, *l. 11. ad SC. Macedon. l. 1. §. 30. depos. l. 8. princ. mand.*

6\. Dans la Loy 1. §. 13. *depos.* le Jurisconsulte fait cette question, sçavoir, si quand je vous ay donné Procuration de recevoir une somme de mon debiteur, pour me la garder jusqu'à ce que j'en eusse affaire, j'ay action de mandat, parce que dit le Jurisconsulte, *hic est primus contractus.*

Ainsi le Seigneur prend droit par le contrat de vente qui luy est exhibé par l'acquereur ; & si telles remises pouvoient faire changer la nature du contrat, il seroit facile de tromper les Seigneurs & les Princes de leurs droits.

Le troisiéme est, lorsque l'heritage est vendu pour un certain prix, à la charge d'acquitter le vendeur de quelque somme ou de quelque rente, en ce cas les droits sont dûs, tant du prix que du sort de la rente qui fait partie du prix, *l. fundi. ff. de contrah. empt. vendit.* 7.

Le quatriéme, pour vente d'un heritage faite par l'Eglise ; quoiqu'elle en eût obtenu autrefois l'amortissement & payé les droits de l'indemnité au Seigneur. 8.

Il y a néanmoins raison de douter, en ce que l'Eglise payant l'indemnité au Seigneur, décharge l'heritage des droits qui pourroient être dûs pour mutations à venir ; desorte que si elle le rend ensuite, il semble qu'elle le rend exempt & déchargé, au mois pour la premiere fois de tous les droits que le Seigneur pourroit prétendre.

Autrement ce seroit un préjudice qu'elle souffriroit en ce

en ce qu'elle le vendroit moins ; car quoique ce soit l'acquereur qui paye les droits au Seigneur, néanmoins c'est des deniers du vendeur ; néanmoins la Cour par Arrest prononcé à la Pentecoste, l'an 1586. rapporté par Montholon, Arrest 41. & cité par Tronçon sur cet article, a condamné l'acquereur à payer les droits au Seigneur, & cela est sans difficulté.

9\. La raison est, que quand l'Eglise paye l'indemnité pour un heritage, c'est pour tout le temps qu'elle le possedera : mais dés qu'elle cesse de le posseder, & qu'elle l'a transferé à un autre, il y a mutation de vassal, les droits qu'elle a payez ne peuvent l'exempter de payer ceux de son acquisition.

10\. Il a même été jugé par plusieurs Arrests, que les droits sont dûs au Seigneur pour un heritage, qui a passé d'une main-morte à une autre, quoique celle qui a vendu ait autrefois payé l'indemnité & obtenu Lettres d'amortissement du Roy.

La raison est, que les Lettres d'Amortissement n'accordent à ceux qui les obtiennent, que le droit de pouvoir posseder des heritages dont ils sont incapables, & qui ne les exemptent pas de payer aux Seigneurs les droits qui leur sont dûs.

11\. Bacquet en son Traité des Amortissemens chapitre 46. nombre 4. & 5. rapporte un Arrest qui l'a jugé ainsi, donné en la premiere Chambre des Enquêtes, l'an 1587. entre Messire Pierre de Gondy Evêque de Paris, Demandeur, d'une part ; & les Marguilliers de l'œuvre & Fabrique de l'Eglise Parroissiale de S. Sauveur de cette Ville de Paris, Défendeurs, d'autre : il cite encore un autre Arrest, *d. loco*, qui a jugé la même question au profit de Monsieur le Comte de Chaulne.

Il y a un autre Arrest dans le second Tome du Journal des Audiences du 6. Août 1663. donné en l'Audiance de la Grand'-Chambre, au Rôlle de Chartres, qui l'a jugé de même, conformément aux Conclusions de Monsieur l'Avocat General Bignon, dans l'espece d'un heritage qui avoit été vendu par une main-morte à un autre pour y bâtir une Eglise.

12\. Du Fresne en son Journal des Audiences, rapporte un Arrest du 20. Avril 1651. par lequel il a été jugé qu'un Seigneur qui avoit reçû indemnité pour l'acquisition faite d'une maison par deux Convens d'un même Ordre, chacun pour moitié, ne pouvoit prétendre un nouveau droit d'indemnité pour le transport fait par l'un d'iceux de sa moitié à l'autre pour échange, plusieurs années aprés en avoir fait l'acquisition.

13\. Le cinquiéme est, quand le vassal a baillé une partie de son Fief à cens jusques aux deux tiers ou au-dessous, & qu'ensuite il revend à l'acquereur le cens qu'il avoit retenu ; en ce cas l'acquereur tient ses terres en Fief du Seigneur suzerain, parce qu'il reprend sa premiere nature, & partant il est obligé de luy en faire ses devoirs, & luy payer ses droits à raison du prix qu'il en a payé pour l'acquisition du cens & des terres achetées auparavant à la charge

14\. d'iceluy ; & le vassal ne pourroit pas vendre le cens à un autre qu'à celuy qui en seroit chargé, parce que nul ne peut avoir droit de cens sur un heritage, qu'il n'ait un Fief duquel il releve, au moins dans nôtre Coûtume, qui n'admet point de Fiefs en l'air & sans Domaine, & si telle vente étoit faite, elle ne préjudicieroit point aux droits du Seigneur suzerain, lequel pourroit saisir cette partie de Fief aliénée qui ne releveroit plus de son vassal, à cause de l'aliénation du droit domanial, faute d'homme, droits & devoirs non faits & non payez.

15\. Le sixiéme, quand le mary vend un Fief ou un heritage en roture, propre de sa femme sans son consentement, & qu'il s'oblige à luy faire ratifier le contrat, les droits sont dûs par l'acquereur, selon du Moulin sur l'article 33. *glos.* 2. *num.* 42. *fidelitas censetur residere penes maritum, & non penes uxorem ; & sic per hujusmodi traditionem à solo viro factam censetur interrupta, & consequenter feudum aperitur.*

Que si la femme de son vivant n'a pas ratifié la vente, & que ses heritiers collateraux la ratifient, quoiqu'il semble que le quint soit dû par l'acquereur & le relief par les heritiers, parce que la vente étant nulle ayant été faite sans son consentement ; & que la ratification des heritiers la rend valable, *ut ex nunc*, néanmoins le relief n'est pas dû, parce que la ratification a un effet retroactif au jour de la vente, & elle la confirme, ainsi on ne peut pas dire que les heritiers y ayent succedé, n'en ayant dû ni la proprieté ni la possession ; & s'ils refusoient de la ratifier & retiroient le Fief des mains de l'acquereur, ils devroient le relief, & le Seigneur seroit tenu de rendre les droits qu'ils auroient reçûs, parce que *ex contractu nullo non debentur jura dominicalia.* 16.

Le septiéme, quand l'acquereur est poursuivi en retrait par un parent lignager, il est tenu payer les droits au Seigneur, selon l'avis de Maître Auzanet, sauf à les coucher en frais & loyaux-cousts contre le retrayant, au cas que le retrait luy soit adjugé ; il faut excepter néanmoins lorsque l'acquereur tend le giron au retrayant. 17.

Le huitiéme quand un heritage est donné en payement d'une dette que les Jurisconsultes appellent *datio in solutum*, c'est un acte équipollant à la vente, droits sont dûs parce que la dette pour le payement de laquelle l'heritage est donné, tient lieu de prix, *l. delegantur, de pignor. act. l. ult. quib. ex conf. eat. in possess. l. in numerationibus. in princ. de solut. l. 2. princ. verbo, contrahitur. pro empt. l. 4. C. de evictio. & l. 1. C. antiq. credit. pign. vindit.* c'est pourquoy le retrait lignager & féodal ont lieu, soit que l'heritage ait été baillé en payement du consentement du debiteur, ou qu'il ait été adjugé au créancier pour son dû par decret forcé. 18.

Brodeau sur l'article 26. nombre 13. rapporte trois Arrests par lesquels il a été jugé que les droits sont dûs en ce cas.

Le premier a été donné en l'ancienne Coûtume, prononcé en robes rouges par Monsieur le President Prevôt de Morsan, le Lundy 24. Mars 1567. & est transcrit dans les Arrests de le Vest chap. 92.

Le second est du Vendredy 15. Juin 1607. Monsieur Potier de Blanc-Mesnil President, sur un appel du Bailly d'Orleans, conformément aux Conclusions de Monsieur l'Avocat General Servin, dans cette espece.

Une mere avoit baillé à sa fille par son contrat de mariage une maison sçise en la Ville d'Orleans, estimée la somme de mille livres, sçavoir six cens livres pour demeurer quitte de pareille somme qu'elle luy devoit pour la reddition du compte de sa tutelle, & le surplus montant à quatre cens livres, elle luy en fait don en faveur de mariage, en avancement d'hoirie & de sa future succession : le Fermier des Relevoisons à plaisir fait proceder par voye de saisie sur la maison, suivant les articles 125. & 126. de la Coûtume d'Orleans, qui portent que les Relevoisons sont dûës pour toutes mutations procedantes du côté de ceux, au nom desquels se payent & ont accoûtumez d'être payez les cens, soit par mort, vendition, ou autrement, & pour être payé desquels le Seigneur censier peut obstacler & barrer l'heritage, qui doit les Relevoisons.

Il avoit été ordonné par la Sentence du Bailly d'Orleans, que la saisie tiendroit seulement pour les arrerages du cens, donnant main-levée pour le regard des Relevoisons à plaisir prétenduës, sauf au Fermier à se pourvoir pour icelles ; aprés le decés de la mere cette Sentence a été infirmée par l'Arrest, en ce qui touchoit la main-levée pour le regard des six cens livres, & la fille & son mary condamnez à payer le droit de Relevoisons à plaisir pour ladite somme seulement, à l'égard de laquelle l'estimation & la dation en payement équipollent à vente.

19. *Le troisiéme, a été donné en la seconde Chambre des Enquêtes, au rapport de Monsieur Mandat, au mois de May 1623. au profit des Religieuses de sainte Catherine à Paris, par lequel en confirmant la Sentence de Messieurs des Requêtes du Palais, une femme separée de biens, & qui avoit renoncé à la communauté, à laquelle son mary en payement de ses conventions matrimoniales, avoit baillé des heritages acquis pendant la même communauté, a été condamnée à payer les ventes au Seigneur, comme y ayant une veritable mutation en sa personne, & étant étrangere à l'égard de ses heritages au moyen de sa renonciation à la communauté. Néanmoins nonobstant cet Arrest, je croy que les droits ne sont point dûs par la femme en ce cas, suivant ce que j'ay remarqué cy-aprés sur ce même article, touchant les cas ausquels le quint n'est point dû, où le Lecteur aura recours. Voyez cy-aprés, n. 31.

20. Par autre Arrest du 21. Janvier 1692. il a été jugé que le quint n'est pas dû pour Fief de la communauté adjugé aux enfans sur leurs droits maternels, quoiqu'ils soient obligez de consigner le prix; l'Arrest rendu au profit de Madame la Marquise de Hautefort.

21. Cette regle souffre une exception remarquable; sçavoir, lorsqu'un pere ou une mere donne un heritage à leur fils ou fille en payement de deniers qu'il luy avoit promis par son contrat de mariage, quoique quelques années aprés, il n'est rien dû; parce qu'on présume que l'heritage donné en payement de la somme promise, est donné en avancement d'hoirie, comme si elle n'avoit pas été promise auparavant: or pour les donations en directe il n'est rien dû suivant l'article 26.

22. A l'égard de l'heritage donné par le pere à son fils en payement d'une somme qu'il luy devroit par autre cause, comme pour prêt d'argent ou pour convention matrimoniale de sa mere decedée dont il seroit heritier, ou pour reliquat de compte de tutelle les droits luy sont dûs, parce que ce sont des affaires qui se passent entre le pere & les enfans comme entre étrangers, & il n'y a point de cause qui doive priver les Seigneurs de leurs droits; ainsi jugé par Arrest au Rolle de Paris l'an 1661. dans l'espece d'une vente de Fief faite par un pere à sa fille, tant en payement du reliquat de son compte de tutelle, qu'à la charge de payer quelques autres dettes pour luy, principalement un doüaire coûtumier des enfans du premier lit, la Cour jugea que le quint étoit dû de tout le prix; distraction seulement du doüaire coûtumier; Maître Duplessis, page 90. en cite un autre du 15. Juin 1607.

23. Il n'en est pas de même quand un frere donne un heritage à sa sœur au lieu de la somme qu'il luy avoit promise en dot; parce que les parties sont censées s'être départies volontairement de la convention portée par contrat de mariage, & avoir consenti qu'au lieu de la somme promise le frere donneroit un heritage; & si c'est un Fief, il n'est dû que le relief; si c'est une roture, il n'est rien dû, comme il a été jugé par Arrest du 2. Juillet 1565. remarqué par Charondas sur l'article 62.

24. Les droits ne sont point dûs aussi quand un heritier prend, du consentement de ses coheritiers une terre ou un heritage de la succession en payement d'une somme qui luy étoit dûë par le défunt, ou quand il est donné à un heritier par ses coheritiers pour acquitter les dettes de la succession; c'est le sentiment de Maître Duplessis au même lieu.

La raison est, que l'heritier ayant sa part indivise dans l'heritage, il acquiert les parts des autres par un accommodement de famille, ou par une espece de retour de partage, attendu que ces dettes sont dettes de la succession dont chacun des heritiers est tenu.

Il a été jugé que pour l'adjudication à l'heritier beneficiaire les droits ne sont point dûs. Voyez au §. suivant.

25. *Si les droits sont dûs à raison du doüaire préfix, à la charge duquel l'heritage a été adjugé.*

Voyez sur l'article 83.

26. Les droits sont dûs du supplément de juste prix payé par l'acheteur, au cas de lezion d'outre moitié de juste prix; parce que ce supplément fait partie du prix.

Mais c'est une question, s'ils sont dûs au Seigneur qui étoit lors du contrat, ou au Seigneur qui étoit lors du jugement, qui avoit ordonné que, ou l'acheteur payeroit le supplément du juste prix, ou que l'acheteur rentreroit dans la chose venduë.

Il semble qu'ils sont dûs au Seigneur qui étoit lors du jugement, parce que c'est par luy qu'ils sont dûs, ne l'étant pas auparavant.

On dit au contraire, & c'est mon sentiment, que le supplément est dû en consequence du contrat de vente, lequel ayant été fait avec lezion d'outre moitié de juste prix, a donné lieu au jugement, & le supplément faisant partie du prix doit remonter au jour du contrat, & les droits en doivent être payez au Seigneur auquel les droits du prix étoient dûs.

§. 3. Resolution de plusieurs questions concernant les droits seigneuriaux.

SOMMAIRE.

1. *S'ils sont dûs pour heritage donné en récompense de services.*
2. *Ou à la charge de donner ou de faire quelque chose.*
3. *Ou de nourrir le donateur.*
4. *Ou de l'acquitter d'une rente viagere.*
5. Quid, *de celuy qui prend un fonds à la charge d'y bastir.*
6. *Pour heritages donnez à la femme pour ses reprises.*
7. *Si les droits sont dûs de l'arriere-Fief, quand celuy qui a acquis le Fief servant acquiert quelque temps aprés l'arriere-Fief.*
8. *Si le Seigneur doit à son Fermier les droits du Fief qu'il acquiert en sa mouvance.*
9. *Quels droits sont dûs pour bail emphytéotique meslé de vente.*
10. *S'ils sont dûs pour la vente de la redevance.*
11. *S'ils sont dûs pour la vente de l'heritage*

pris à emphytéose.

12. *Quel temps est requis pour juger si un bail est emphytéotique.*

13. *Quels droits sont dûs quand un Fief est vendu en partie, & donné en partie.*

14. *Si les droits sont dûs à celuy qui étoit Seigneur dominant au temps de la vente.*

15. *Si les droits sont dûs pour transaction.*

16. *S'ils sont dûs pour adjudication par decret à l'heritier beneficiaire.*

17. *Arrests en faveur de l'heritier.*

18. *Si doubles droits sont dûs quand l'acquereur est évincé par retrait lignager.*

19. *S'ils sont dûs pour vente à faculté de rachat.*

20. *Sentiment des Docteurs sur cette question.*

21. *Question obscure & difficile qui partage le Palais.*

22. *Differentes dispositions des Coûtumes.*

23. *Arrests pour & contre.*

24. *Dans la rigueur les droits sont dûs.*

25. *Si dans les Coûtumes de nantissement les droits payez pour vente à faculté de rachat se peuvent repeter.*

26. *Droits dûs dans la Province de Lyon dés que la vente est faite.*

27. *Belle question au cas de vente à faculté de rachat.*

28. *Si le mineur est restituable au cas du retrait conventionnel.*

29. *Si les droits sont dûs au Seigneur qui étoit lors du contrat, ou à celuy qui l'est au temps de la grace expirée.*

30. *Si la grace doit estre portée dans le contrat.*

31. *Si l'acheteur meurt dans le temps de la grace, si les heritiers collateraux doivent le relief.*

32. *Si les heritiers du vendeur peuvent exercer la faculté de rachat.*

33. *Quels droits sont dûs pour la revente du Fief faite aux heritiers collateraux du vendeur.*

34. *Si la faculté de rachat rend la vente conditionnelle.*

35. *Si dés que le temps de la grace est passé, le vendeur ne peut plus rentrer dans son heritage.*

36. *Si dés que le temps de la grace est passé, les droits sont acquis au Seigneur, avant que la grace soit purifiée.*

37. *Si les droits sont dûs de la somme donnée par l'acheteur, pour estre déchargé de la grace.*

38. *Si au cas de la resolution du contrat les droits sont dûs.*

39. *Causes de la resolution du contrat de vente.*

40. *Si quand les parties s'en départent volontairement les droits sont dûs.*

41. *Si la tradition est necessaire pour donner ouverture aux droits seigneuriaux.*

42. *Si le relief est dû avant la tradition.*

43. *Si les droits ne sont point dûs quand les parties se départent de la vente dans les trois jours.*

44. *Si au cas de l'échange la tradition est necessaire pour donner ouverture aux droits.*

45. *Si les droits sont dûs quand la vente est cassée pour lezion d'outre moitié de juste prix.*

46. *Si le Seigneur est tenu rendre les droits qu'il auroit reçû.*

47. Quid, *Si la vente est cassée pour cause de minorité, ou autre.*

48. Quid, *si l'acquereur avoit sçu que la vente pouvoit estre cassée.*

49. *S'il n'est tenu de rendre les droits que* in quantum factus est locupletior.

50. *Difference entre le prest & le payement de la chose non deuë.*

51. *Si le possesseur de bonne foy d'une succession est tenu des effets d'icelle envers le veritable heritier.*

52. *Si le Seigneur est tenu rendre les droits quand il n'en a point profité.*

53. *Si lorsque la vente est cassée, les droits sont dûs lorsque l'acquereur a joüi pendant plusieurs années.*

54. *S'il faut un jugement pour obliger le Seigneur à rendre les droits.*

55. *Si l'acquereur doit s'addresser au Seigneur pour estre remboursé des droits qu'il luy auroit payez.*

56. *Si les droits sont dûs quand la vente est cassée en vertu du pacte commissoire.*

57. Quid, *si le contrat est resolu par le fait d'une des parties.*

58. *Si le vendeur rentrant dans son heritage doit des droits au Seigneur.*

59. Quid, *si l'heritage étoit revendu par decret sur l'acquereur, & que le vendeur en étoit adjudicataire.*

60. *Si le vendeur rentré dans son heritage peut estre poursuivi par le Seigneur pour les droits dûs par l'acquereur.*

61. *Si l'article 24. se doit entendre des droits dûs avant l'acquisition.*

62. *En quoy different les droits dûs pour les Fiefs, & ceux qui sont dûs pour les rotures.*

63. *Les profits de Fiefs sont réels.*
64. *Si les profits dus au Seigneur pour les rotures, sont réels.*
65. *Sentiment de l'Auteur; que le vendeur rentrant, son heritage n'est point tenu des droits dus par l'acheteur.*
66. *Le second adjudicataire ne peut estre poursuivi pour les droits dus par le preneur.*
67. *Afin que le vendeur ne soit tenu de payer des droits au Seigneur, il doit faire ordonner par Justice qu'il y rentrera.*
68. *Si doubles droits sont dus quand l'acquereur déguerpit pour les dettes de son vendeur.*
69. *Si les droits sont dus au cas d'éviction.*
70. *Si quand une partie est évincée, l'acquereur peut abandonner le tout.*
71. *Si doubles droits sont dus quand l'adjudicataire cede son droit à un autre.*
72. *S'ils sont dus quand l'heritage est déguerpi & adjugé par decret.*
73. *Ou lorsque l'heritage est adjugé par decret volontaire.*
74. *Si les droits sont dus pour partage & licitation.*
75. *A qui les droits doivent estre payez.*
76. *Si le Seigneur peut remettre les droits dus à son Fermier.*
77. *Si le Seigneur avoit reçu les droits, si l'acquereur en seroit déchargé envers le Fermier.*
78. *Si les droits peuvent estre payez au propriétaire, quand son Fief est saisi réellement.*
79. *Le Seigneur qui étoit lors de la vente peut poursuivre le payement de ses droits, quoiqu'il ait aliéné son Fief.*
80. *A qui ils sont dus au cas de vente à faculté de rachat.*
81. *Si un heritage ayant été donné à cens à la charge des lods & ventes à chaque mutation, ils sont dus pour donation,* retento usufructu.
82. *Au cas de l'action & retrait lignager, contre qui peut agir le Seigneur pour ses droits.*

1. S*I les droits sont dûs pour heritage donné en récompense de services?*

Il faut distinguer si les services rendus reçoivent une certaine estimation & un certain prix, ce seroit *datio in solutum*, comme ceux qui sont rendus par des domestiques pendant plusieurs années dont ils n'auroient point été payez, en ce cas celuy qui les a rendus auroit action pour en avoir le payement; c'est pourquoy les droits seroient dûs à proportion de l'estimation des services, & non de la valeur de l'heritage donné; car cette estimation est *loco pretii*.

Que si les services rendus ne reçoivent point d'estimation, c'est une donation, & non une vente; DUPLESSIS. Maître Duplessis dit qu'il faut faire difference, quand un homme baille un heritage en payement de ce qu'il doit pour des services, ou quand il fait une donation pour récompense de services.

Au premier cas c'est un payement & non une liberalité.

Au second il y a l'un & l'autre, & on doit interpreter l'acte par sa forme & ses termes, pour juger *qua causa est potior*; & l'Ordonnance a rangé ces donations pour récompense de services sous la categorie des donations; c'est pourquoy pour les rotures il n'est rien dû, & pour les Fiefs le relief est dû.

CHARONDAS TRONÇON. Charondas sur l'article 26. & Tronçon sur l'article 23. rapportent un Arrest du 13. Aoust 1583. qui a jugé que les droits n'étoient point dûs, quoique les services fussent estimez & évaluez à certain prix.

2. *Si les droits sont dûs pour heritage donné à la charge de donner ou faire quelque chose?*

Quand un heritage est donné ou legué à la charge de donner par le donataire ou le legataire à quelqu'un une somme d'argent, les droits sont dûs à raison de la somme.

Si l'heritage est un Fief, le relief est dû à raison de ce qui vient au donataire ou au legataire de la liberalité du donateur ou du testateur; ensorte qu'il faut déduire sur le relief à raison de ce qui a été payé CHOPIN. pour le quint, selon le sentiment de Chopin sur la Coûtume d'Anjou, liv. 2. ch. 2. tit. 3. n. 17. Constant sur la Coûtume de Poitou, tient que les droits seigneuriaux ne sont point dûs, parce que *non est vera venditio, sed donatio sub conditione & onere solvendi.*

Il est vray que c'est une donation, mais quant à l'effet pour une partie, il y a une vente annexée, quoique les parties n'ayent pas eu intention de vendre.

3. Il y auroit plus de difficulté au cas de la donation faite à la charge de nourrir le donateur; la Coûtume de Vitry, article 39. veut que le quint soit dû, quoiqu'elle n'admette ni le retrait lignager ni le feodal; parce que le donateur a fait choix pour cela de la personne du donataire qui ne se peut pas changer contre sa volonté.

A l'égard du quint il ne seroit pas dû dans nôtre Coûtume, mais le relief, & il ne seroit rien dû pour une roture; parce qu'il n'y a point d'argent déboursé, & on ne peut pas dire à quoy peuvent monter les frais pour la nourriture du donateur, & ne peut pas par consequent fixer un certain prix, lequel est necessaire pour la perfection du contrat de vente, c'est le sentiment de Charondas sur l'article 33. CHARONDAS.

Ce qui a été jugé ainsi par Arrest du 9. Juin 1560. au rapport de M. Lecoq en la premiere Chambre des Enquêtes, qui passa tout d'une voix entre les heritiers de M. le Duc de Schomberg Engagiste du domaine de Vitry; par cet Arrest la donation faite par l'ayeule à son petit fils d'un Fief, à la charge de demeurer quitte de cinq années de nourriture, continuer à l'avenir, & l'entretenir sa vie durant, la faire enterrer, luy donner une certaine somme pour ses besoins, payer ce qu'elle devoit & devroit au jour de son décés.

Maître Duplessis tient, que quand c'est un acte DUPLESSIS. declaré donation, qui n'en a ni la forme ni les termes, qui porte donation à la charge de faire quelque affaire pour le donateur, si la charge est estimable & reductible en deniers, c'est une vente, & les droits sont dûs, quoique l'article porte, achete à prix d'argent, & qu'il semble que c'est plûtôt le contrat, *do ut facias*. Mais que si elle n'est pas estimable, comme de luy faire avoir quelque employ, les droits ne sont pas dûs; que ces sortes de conventions & de questions ne peuvent se décider que par les termes & les clauses dont elles sont conçûës.

4 Que si un Fief est vendu, ou donné à la charge d'acquitter le vendeur ou donateur d'une rente viagere, c'est-à-dire, ou de l'éteindre du consentement du créancier, ou d'en payer les arrerages en l'acquit du debiteur pendant la vie du créancier; en ce cas le quint est dû, comme si le Fief avoit été donné à la charge d'acquitter une rente constituée: mais avec cette difference, qu'il faut estimer cette rente viagere, eu égard à la personne à qui elle est dûë, comme au tiers, au quart, ou à la moitié de la rente constituée; par exemple, les rentes constituées se payent & remboursent à raison du denier vingt, ensorte que mille livres payables par chacun an font vingt mille livres de sort principal; mais mille livres de rente viagere s'estiment à la moitié, au tiers, ou au quart du denier vingt, selon que la personne à qui elle est dûë, est jeune & robuste.

Charondas en ses Réponses, livre 10. chapitre 30. remarque un Arrest du 8. Octobre 1568. par lequel la Cour a estimé une rente viagere à raison du tiers; & de ce tiers le Seigneur a droit de prendre le quint.

Brodeau sur l'article 78. nombre 29. remarque un Arrest donné en la seconde Chambre des Enquêtes, au mois de Juin 1587. par lequel il fut jugé en l'espece de la vente d'une terre, chargée d'une rente viagere, assignée en pur don, & sans en avoir reçu aucune chose, que les droits étoient dûs à proportion du tiers du prix, ou de la valeur du principal au denier douze.

La raison pour laquelle le quint est dû dans ce cas, & non pas le relief, est que cette rente se peut racheter, & qu'il y a une somme certaine d'argent qui se paye par chacun an, qui tient lieu du prix du Fief.

5 Que si le preneur d'un fond à rente ou à bail emphytéotique est chargé d'y bâtir jusqu'à une certaine somme, il n'est rien dû au Seigneur pour raison de la charge, parce qu'elle n'est point reputée le prix du bail, & que le bailleur n'en profite pas.

C'est le sentiment de Brodeau sur cet article, n. 32.

6 *Si les droits sont dûs quand des heritages de la communauté sont baillez à la femme par les heritiers de son mary en payement de sa dot, du remploy de ses propres & d'autres droits par elle acquis par son contrat de mariage?*

On tient que non; la raison est qu'il semble que ces heritages ont été acquis de ses deniers, *res ex pecunia dotali comparatâ, dotales esse videntur. l. 54. de jur. dot.* quoique ce soit *datio in solutum*, comme il a été jugé par Arrest du 30. Mars 1621. en l'Audience de la Grand'-Chambre, au profit de Damoiselle Anne Sanguin, contre Nicolas & Etienne Privé, & les Religieux Celestins de Paris, rapporté par Maître Auzanet dans ses Arrests, page 309.

Néanmoins les heritiers collateraux du mary devroient le relief si c'étoit un Fief, à cause de la mutation arrivée en leur personne par sa succession.

La question a été depuis jugée autrement: un mary avoit baillé des heritages de la communauté à sa femme qui étoit separée, en payement de ses conventions matrimoniales, par Arrest donné en la deuxiéme Chambre des Enquêtes, au rapport de Monsieur Mandat au mois de May 1623. au profit des Religieux de sainte Catherine de Paris, il fut jugé que les droits étoient dûs; Brodeau qui le rapporte, dit que la Cour s'étoit fondée sur la renonciation à la communauté.

Il me semble qu'il n'y a pas plus de raison que les droits soient dûs au cas de la renonciation qu'à celuy de l'acceptation de la communauté; car acceptant la communauté, elle n'est pas moins étrangere pour la moitié qui échet aux heritiers du mary, & qui luy est donnée pour sa dot & remplois, qu'à l'égard du total de la communauté quand elle y renonce. Voyez cet Arrest cy-dessus, n. 20.

Maître Auzanet sur l'article 5. tient indistinctement, qu'il n'est rien dû pour délaissement fait à la veuve ou à ses heritiers d'un ou plusieurs conquêts de la communauté pour ses reprises & conventions, soit qu'elle y ait renoncé, ou qu'elle l'ait acceptée. Mais que si on luy donne des propres du mary, les droits sont dûs; & sur l'article 73. il dit qu'on a demandé, si par le partage des biens d'une communauté on a délaissé au mary ou à la femme, ou aux heritiers de l'un d'eux, un heritage de la communauté, en payement d'une somme stipulée propre au mary ou à la femme, qu'il a été jugé que les lods & ventes n'étoient pas dûës, par Arrest du 14. Juin 1619. rendu en l'Audience de la Grand'-Chambre, entre Michelle Nain & les heritiers de Nicolas Benoist son mary, parce que ce n'est qu'une simple convention de partage.

Si celuy qui acquiert un Fief, & quelque temps après l'arriere-Fief, avant que d'avoir fait la foy & hommage pour le Fief servant, est tenu de faire les devoirs, & payer les droits pour l'un & l'autre? 7

Chopin, sur la Coûtume d'Anjou, liv. 2. chap. 4. nomb. 3. dit que le Seigneur est bien fondé à demander ses droits pour les deux acquisitions: La raison qu'il en rend, est que les deux Fiefs étant joints & réünis ensemble, ils n'en font qu'un au moyen de la réünion faite, avant que l'acquereur ait été investi par le Seigneur.

Pour moy je croy, qu'à l'égard de la foy & hommage cette décision n'est pas generalement vraye, & qu'il faut faire cette distinction: Ou le propriétaire du Fief servant a acquis l'arriere-Fief, sans déclarer expressément, *in continenti*, qu'il vouloit le tenir en arriere-Fief; ou il ne la point fait.

Au premier cas l'arriere Fief est réüni au Fief servant, *ipso jure*, par l'article 53. desorte qu'il fait partie du Fief servant, duquel il relevoit auparavant en plein Fief; d'où il s'ensuit que l'acquereur est obligé de faire la foy & hommage pour l'un & pour l'autre, comme ne faisant qu'un même Fief.

Au second cas le vassal n'est obligé de faire la foy & hommage que pour le Fief servant, & non pour l'arriere-Fief, qu'il ne tient de son Seigneur qu'en arriere-Fief par le moyen de la declaration qu'il a faite, laquelle a empêché la réünion de l'arriere-Fief avec le Fief servant, suivant le susdit article; car il n'est pas necessaire, pour empêcher cette réünion, que l'acquereur de l'arriere-Fief ait été auparavant reçû en foy pour le Fief servant.

A l'égard du quint, il est certain que le vassal ayant declaré, en faisant l'acquisition de l'arriere-Fief, qu'il vouloit le tenir en arriere-Fief, il ne doit point le quint pour son acquisition, à moins que le Fief servant ne fût saisi pour lors par le Seigneur, faute d'homme, droits & devoirs non faits & non payez.

La raison est, que s'il devoit des droits, il les devoit à luy-même, l'arriere-vassal ne devant jamais les droits de son acquisition au Seigneur suzerain qu'en cas de saisie feodale du Fief, qui emporte perte de fruits.

Il en faut dire de même au cas de la réünion du Fief, parce que les droits sont dûs en ce cas par l'acquisition; or le Fief acquis relevoit en plein Fief du vassal, ainsi c'étoit à luy qu'il devoit les droits, & son Seigneur n'y peut rien prétendre.

Lorsqu'un Seigneur acquiert un heritage en sa mouvance ayant baillé son Fief à Ferme, avec tous les profits & droits censuels, s'il est obligé de les payer à son Fermier? 8.

DU MOULIN Du Moulin sur l'article 71. glose 1. nombre 113. d'Argentré au Titre des lods & ventes chapitre 3. BRODEAU. & Brodeau sur le même article nombre 8. tiennent l'affirmative.

La raison de douter semble forte, dautant qu'on ne peut prendre ni exiger des droits de soi-même, que le Fermier ne peut recevoir que les droits que le Seigneur auroit pû prendre, s'il n'avoit pas fait le bail de son Fief : or le Seigneur n'auroit pû percevoir aucuns profits pour l'acquisition qu'il auroit faite en sa mouvance, puisque ces qualitez de créancier & de debiteur, de Seigneur & de vassal sont confuses en sa personne.

De plus, le bail que le Seigneur a fait à son Fermier, ne doit pas empêcher qu'il ne fasse les acquisitions qu'il peut faire, vû qu'on ne peut pas presumer qu'il ait voulu faire ce bail à son préjudice, & qu'il ait voulu se soûmettre à payer des droits à son Fermier qui ne se payent qu'au Seigneur du Fief dominant, & à cause de sa directe.

Cette question a été jugée par Arrest du Parlement de Toulouse, le 20. Juillet 1599. au profit du Duc de Vantadour, contre le Fermier d'une de ses terres, remarqué par Monsieur de Cambolas livre 3. chap. 5.

Néanmoins j'estime le contraire.

La raison est, que le Fermier en prenant le bail du Fief, fait fond sur les profits casuels du Fief qui peuvent arriver, lesquels quoiqu'incertains ne laissent pas d'augmenter les revenus du Fief dominant, & pour lesquels par conséquent il a payé un plus grand prix de son bail.

D'ailleurs le Seigneur n'ayant pas excepté les droits qu'il pourroit devoir pour les acquisitions qu'il pourroit faire selon les occasions qui s'en presenteroient, ils n'en doivent pas être exceptez ; parce qu'il faut toûjours interpreter les pactes, clauses & conventions obscures contre les vendeurs & les bailleurs à titre de loüage, selon la Loy 39. *ff. de pactis*, en ces termes : *veteribus placet pactionem obscuram vel ambiguam venditori & qui locavit, nocere, in quorum fuit potestate legem apertius conscribere*, ainsi il doit s'imputer de ne les avoir pas exceptez.

Cujas sur cette Loy dit, qu'il faut toûjours suivre ce dont les parties seroient convenuës, si elles s'en étoient souvenuës : or il est à croire que le Fermier n'auroit pas voulu excepter les droits qui pourroient être dûs pour les acquisitions faites par son maître ; autrement il pourroit arriver que pendant tout le temps du bail le Fermier ne recevroit aucuns profits casuels, le Seigneur qui luy auroit fait le bail, faisant toutes les acquisitions qui se presenteroient.

Quant à ce que disent ceux qui tiennent l'opinion contraire, qu'on ne peut pas être debiteur de soy-même, on répond que le Seigneur ne paye pas à son Fermier les droits pour son acquisition comme les devant à soy même, mais parce qu'il les luy doit ; & qu'il les recevroit si l'heritage étoit vendu à un autre.

Je croy que sur cette question on ne suivroit pas dans le Parlement de Paris, ni dans les autres, l'Arrest cité cy-dessus du Parlement de Toulouse.

AUZANET. Maître Auzanet est d'avis que le Seigneur ne doit aucuns droits à son Fermier, à moins que par une clause expresse du bail il ne soit porté qu'il les luy payera ; & que le Seigneur ne doit aussi aucuns droits à l'usufruitier en ce cas.

9. *Quels droits sont dûs pour bail emphyteotique mêlé de vente, ou pour bail à rente non rachetable mêlé de vente ?*

Pour baux emphyteotiques à vie ou à longues années d'heritages en roture, il n'est dû ni quint ni ventes, quand il n'y a point d'argent debourssé, comme il a été jugé par Arrest du 29. Novembre 1607. rapporté par Brodeau sur cet article nombre 31. par Tronçon sur l'article 73. & par Mornac sur la Loy derniere *C. de jure emphyt.*

La Coûtume de Rheims article 153. & celle de Meaux article 210. portent, *pour heritages pris à titre de sur-cens, emphyteose ou loüage à plus de 30. ans, ne sont dûës ventes s'il n'y a bourse deliée ; auquel cas seront dûës ventes au Seigneur censuel par le preneur jusqu'à la concurrence des deniers par luy deboursez.*

Mais les droits sont dûs pour la vente de la pension & redevance retenuë par le bailleur, ce qui est sans difficulté. Voyez sur l'article 87. 10.

Maître de Cambolas livre 3. chapitre 14. remarque un Arrest du Parlement de Toulouse qui l'a jugé ainsi.

Ils sont dûs aussi pour vente de l'heritage faite par le preneur, comme il a été jugé par les Arrests : 11. Loyseau au Traité du *Déguerpissement*, chapitre 5. nombre 10. en remarque deux, l'un donné au profit du Chapitre Sainte Oportune, contre Nicolas Patronillart, le 15. Decembre 1571. l'autre donné en la premiere Chambre des Enquêtes, au rapport de Monsieur de Vialart, prononcé à Noël l'an 1589. la raison est qu'il y a translation de propriété.

Mais ils ne seroient pas dûs si l'heritage étoit donné à la charge de la redevance dûë au premier bailleur sans bourse deliée.

A l'égard d'un Fief baillé à emphyteose, voyez sur l'article 51.

Il y a quelque difficulté, sçavoir quel temps est requis pour faire estimer un bail emphyteotique ; sçavoir si excedant neuf ans il passeroit pour tel ; & si le propriétaire vendant la joüissance d'un fond pour 12. ou 15. ans, les droits seroient dûs comme d'une aliénation, d'un bail emphyteotique avec bourse deliée, ou s'il ne seroit consideré que comme un bail à ferme, pour lequel le prix seroit payé une fois pour toutes les années. 12.

Les Docteurs sur la Loy 1. §. *quod ait prætor. de superfic.* & sur la Loy derniere *C. de reb. alien.* tiennent que dix ans sont un long-temps ; de sorte qu'un bail dans le cas proposé donneroit ouverture aux droits seigneuriaux.

Bacquet au Traité des *Droits de Justice*, chapitre 12. nombre 21. cite un Arrest par lequel les habitans de Pureaux ayant vendu par autorité de justice la joüissance & depoüille de leurs prez pour le temps de 30. années, l'adjudicataire fut condamné à payer les lods & ventes.

Quand une roture est donnée à rente fonciere non rachetable, il n'est rien dû, s'il n'y a point d'argent debourssé, s'il y a deniers donnez, les droits sont dûs jusqu'à concurrence ; si c'est un Fief, voyez sur l'article 51.

Quels droits sont dûs quand un Fief est vendu en partie & donné en partie ? 13.

Quand c'est une roture il n'est dû que les ventes à raison du prix payé, suivant ce qui a été dit cy-dessus.

Quand c'est un Fief, quint est dû pour le prix & relief à raison de ce qui est donné ; au cas que par contrat il soit porté que le Fief n'a été vendu que la somme convenuë, quoiqu'il vaille un plus haut, le vendeur declarant que par liberalité & donation, il remettroit à l'acquereur ce qu'il vaudroit davantage, auquel cas il faudroit faire l'estimation du Fief par Experts pour regler le relief.

Que si la vente étoit faite à tres-vil prix, dans le dessein par le vendeur d'en faire donation à l'acquereur, & priver le Seigneur d'une partie de ses droits, par exemple si un Fief vallant vingt mille livres n'étoit vendu que deux mille, la fraude seroit manifeste, en ce cas le Seigneur seroit recevable à demander le quint de la somme & le relief, suivant l'estimation comme étant une vente & une donation.

14. *Si celuy qui étoit propriétaire du Fief dominant au temps de la vente du Fief servant, peut demander le quint à l'acquereur après l'avoir alièné?*

On n'en peut pas douter, mais il ne peut se pourvoir que par action, parce que la saisie féodale est un droit seigneurial qui ne peut s'exercer par celuy qui n'est plus propriétaire du Fief; mais si auparavant l'alienation il avoit saisi féodalement, il semble qu'elle continueroit, parce que *nulla à principio impediuntur quæ posteà facta non tolluntur*: d'un autre côté la saisie étant un acte seigneurial, on peut dire qu'elle est éteinte dés que celuy qui l'a faite n'a plus droit au Fief, son droit étant passé à son successeur, ce seroit exercer des droits qui ne luy appartiendroient pas.

Ainsi la saisie ne continuëroit qu'au cas qu'en faisant l'alienation du Fief, il se fut reservé le droit de faire continuer sa saisie avec perte de fruits, jusqu'à ce que l'acquereur du Fief servant eut satisfait aux causes d'icelles.

15. *Si le quint est dû pour transaction moyennant une somme payée par le possesseur de l'heritage?*

CHARONDAS. Charondas sur l'article 33. tient qu'il n'est rien dû: Il me semble qu'il faut faire cette distinction, quand le possesseur consent de restituer l'heritage, c'est une espece d'alienation qui donne ouverture au relief; ainsi jugé par Arrest du Parlement de Grenoble du 15. May 1607. cité par Monsieur Pithou sur l'article 52. de la Coûtume de Troyes; & s'il en retient la possession, il ne doit rien au cas qu'il ait payé les droits de son acquisition; quoique la retention se fasse pour une somme d'argent, laquelle est presumée pour terminer la contestation, à moins qu'il n'y ait de la fraude.

AUZANET. C'est le sentiment de Maître Auzanet sur l'article 76.

16. *Si les droits sont dûs pour adjudication par decret d'un heritage faite à l'heritier beneficiaire?*

Il y en a qui pretendent qu'ils sont dûs, la question ne paroît pas sans difficulté.

On dit pour le Seigneur que les biens de la succession étant vendus sur cet heritier, ils ne peuvent luy être adjugez que comme à un étranger; que celuy sur qui on decrete est le vendeur, qui ne peut pas être acquereur; que dés qu'un decret se poursuit, le Seigneur est assuré de ses droits au cas que l'adjudication s'ensuive, vû qu'elle transfere la proprieté en la personne de l'adjudicataire; que la cause de l'acquisition de l'heritage n'est pas l'apprehension d'heredité, mais l'adjudication; que c'est la Justice qui vend; que l'heritier ne le prend pas comme heritier, mais comme adjudicataire, & partant il doit les droits.

On dit pour l'heritier, qu'il represente la personne du défunt; qu'il entre dans tous ses droits; qu'en cette qualité il devient maître & propriétaire de ses biens, & qu'il n'y a en cela aucune difference entre l'heritier pur & simple, & l'heritier beneficiaire; si ce n'est que comme beneficiaire, il n'est point sujet aux dettes de la succession, *ultra vires hereditatis*; que par cette raison les biens vendus sur luy sont sujets à retrait, comme il a été jugé par Arrests des 7. May 1609. du mois de Juin 1621. & du 2. May 1622. & qu'il ne les peut pas retraire; que le decret ne se fait sur luy que pour l'interêt des créanciers, desorte que quand ils luy sont adjugez, c'est comme si par un accommodement fait avec les créanciers, il leur avoit payé la somme pour laquelle l'adjudication luy a été faite; & que si en cas de licitation entre heritiers, l'heritage est adjugé à l'un d'eux, quoiqu'ils ayent admis des étrangers à encherir, il n'est rien dû, suivant l'article 80. il en faut dire de même de l'adjudication par decret forcé fait à l'heritier beneficiaire.

Cette question a été jugée au profit de l'heritier par Arrest du 22. Fevrier 1645. en la Chambre de l'Edit, par lequel main-levée fut faite de la saisie féodale du Seigneur de la Tremoüille, sur les terres de la succession du Sieur de Loudriers, adjugées au Sieur de la Boulaye heritier beneficiaire dudit de Loudriers, à la charge de payer aux créanciers deux cens soixante mille livres, cité par Maître Auzanet sur l'article 6. 17.

Le Parlement de Grenoble l'a jugé de même par Arrest du 8. Avril 1654. rapporté par Salvaing chapitre 80.

C'est aussi le sentiment de Maître Duplessis, qui dit avoir vû juger le contraire au Requêtes du Palais, en faveur de la presence de Monsieur de la Melleraye qui demandoit les droits seigneuriaux, mais que ce n'étoit qu'une Sentence dont l'appel étoit sans difficulté; cependant elle a été confirmée par Arrest du 3. Juin 1662. rapporté par du Fresne. DUPLESSIS.

Mais depuis Arrest du 25. May 1696. a été donné en la Grand'-Chambre, au rapport de Monsieur Maulnory, en faveur de Madame la Maréchale de Crequy, conformément à celuy de 1645.

C'est aussi le sentiment de Maître Auzanet sur l'article 78. qu'il n'est rien dû quoique le prix entier soit distribué entre les créanciers.

Si doubles droits sont dûs lorsque l'acquereur est évincé par retrait lignager, sçavoir, par l'acquereur & par le retrayant? 18.

On répond qu'il n'est dû que simples droits, parce qu'il n'y a qu'une vente, le retrayant entrant en la place de l'acquereur, dont l'acquisition est renduë nulle au moyen du retrait.

En la Coûtume du Perche-Gouet où le droit de relief est dû à toutes mutations de vassal, suivant la disposition expresse de cette Coûtume & le droit commun des Fiefs observé en Allemagne, en Lombardie, en Sicile & en Angleterre; on a demandé si un contrat de vente d'une terre ayant été fait en Janvier 1590. & le 17. Juin suivant cette même terre ayant été revenduë, & depuis retirée par droit du retrait lignager, il étoit dû relief du second contrat & autres profits de Fief, attendu que *mutatum fuerat dominium*, & que le second acquereur avoit fait la foy & hommage pour cette terre, & exhibé son contrat d'acquisition.

Jugé par Arrest rendu entre Madame la Princesse de Condé & le Seigneur de Graffart, le 28. Janvier 1592. qu'en ce cas il n'est dû aucun profit au Seigneur féodal pour le second contrat, *quia illud non videtur factum quod non durat factum*, étant évident en l'espece proposée, que *cum effectu mutatum non fuerat dominium*. Car le second acquereur n'avoit pas été Seigneur incommutable, & suivant l'intention & l'esprit de la Coûtume il n'y a que les veritables contrats qui peuvent subsister, lesquels produisent les droits seigneuriaux & non pas ceux qui se resoudent, *invitis & contradicentibus possessoribus*, ce qui a lieu particulierement quand la resolution vient *à lege non ab homine*. Maître Charles du Moulin sur l'article 382. de la Coûtume d'Anjou *in fine*, traite une semblable question, & tient que si un premier lignager est évincé par un autre plus proche, *hæc mutatio non parit novum jus lucrativum pecuniarium domino quia non à volente, sed à coacto & citato fit in vim legis & consuetudinis*.

Il y a plus de difficulté au cas que l'acquereur cedât le Fief acquis au parent lignager du vendeur volontairement, & sans aucune poursuite ni action intentée en retrait.

Il est certain que si l'acquereur avoit cedé le Fief pour le même prix qu'il l'auroit acheté, à un parent lignager dans le temps qu'il pouvoit exercer le retrait il ne seroit dû qu'un seul quint.

La raison est, que cette revente seroit censée faite

pour éviter un procés en retrait que le parent lignager pouvoit faire, auquel l'acquereur auroit succombé infailliblement ; & quoique le retrait ait été exercé hors jugement & sans contrainte, néanmoins il produit les mêmes effets, ainsi il n'y a point de nouvelle ouverture au Fief, & le retrayant est reputé avoir acquis de la personne du vendeur, comme il a été jugé par Arrest du dernier May 1582. remarqué par Chopin sur le titre 2. de nôtre Coûtume, nombre 8. & par Mainard livre 4. chapitre 36.

CHOPIN.

Que si la revente étoit faite aprés le temps passé du retrait, ou pour un autre prix que celuy que l'acquereur en auroit payé, ce seroit une autre vente qui donneroit lieu à de nouveaux droits, parce que ce seroit une nouvelle vente.

Il faut dire aussi, que le retrait casse & annulle les ventes qui auroient été faites *medio tempore*, & qu'ainsi il n'en seroit dû aucuns droits au Seigneur, comme il a été jugé par Arrest cité par Monsieur Loüet lettre R. nombre 2. parce que le retrait étant exercé, l'heritage est censé avoir appartenu dés le commencement au retrayant.

19. *Si les droits sont dûs pour vente faite à faculté de rachat, le rachat étant exercé dans le temps de la grace ?*

Cette question paroît tres-difficile, attendu que nôtre Coûtume n'en parle point, les avis sont differens, les Arrests ne le sont pas moins : ainsi il n'est pas facile de se déterminer pour ou contre ; pour la traiter dans toute son étenduë, il faut rapporter les differens sentimens de nos Docteurs & les Arrests de la Cour.

20. Du Moulin en parle en plusieurs endroits ; sur l'article 20. glos. 5. nombre 22. il dit que la vente faite sous la faculté de remeré est pure & simple ; & que quand la vente est faite sous condition, ou l'acquereur a payé le prix, ou il ne l'a pas payé ; s'il l'a payé, *discessum est à conditione quantum ad vim suspensivam quæ censetur mutata in resolutivam, & sic remanet venditio pura, sed in defectu conditionis resolvenda ; & sic patronus statim potest uti retractu sub eodem onere ; vel si nolit retrahere, tenetur statim investire emptorem, accepto quinto denario, quem non restituet etiam extante conditione resolutiva, &c.*

DU MOULIN

Sur l'article 33. glose 2. nomb. 8. il tient que les droits sont dûs ; il en traite encore sur l'article 51. glos. 2. nomb. 13. & suiv. & assez obscurément ; & tient que les droits ne sont point dûs pour vente de roture sous cette faculté.

D'Argentré, art. 7. de son Traité *de laudimiis*, dit que le contrat sous faculté de rachat, à neuf ans ou au dessous, est plûtôt un contrat d'engagement qu'une aliénation, *constat plerumque tam brevis temporis conditiones apponi contractibus, ut pignorationis potiùs causâ quàm alienationis videatur. Quòd si ullo modo probari posset, laudimia nulla deberentur, cùm pignoratio non sit contractus dominii translativus, neque locum laudimiis faciat, manente perpetuo jure eodem apud Dominum pignorantem. Placuit itaque ex conditionis diuturnitate id dijudicari, ut quæ conditio novem annos non excesserit, laudimiis non faceret locum, quæ longior faceret. quare si hoc tempus excederetur, non expectato conditionis eventu, protinùs laudimia debebuntur, etiamsi redemptio nulla sequatur.*

Bacquet des Francs-Fiefs chapitre 9. tient que les droits sont dûs quand la vente est faite sous faculté de remeré de dix, vingt ou trente ans, & ne parle point de celle qui se fait au-dessous.

CHARONDAS Charondas sur l'article 41. tient indistinctement que les droits sont dûs.

Loysel en a fait une regle, livre 3. titre 4. article dernier, *de vente faite à faculté de rachat, les droits sont dûs au Seigneur ou Fermier, du jour de la vente, & non de la faculté expirée.*

Brodeau sur l'article 23. nombre 16. & sur l'article 78. tient que les droits ne sont point dûs quand le rachat est exercé dans le temps convenu. Br.

Maître Auzanet sur les articles 76. & 78. tient que les droits sont dûs d'une vente à faculté de remeré au-dessus de neuf ans, à compter du jour du contrat, quoiqu'elle soit exercée avant les neuf ans. Auzan.

La raison est, qu'autrement il seroit facile de tromper les Seigneurs & les Princes de leurs droits.

Mais parce que cette clause est souvent apposée dans les contrats de vente pour differer de payer les droits aux Seigneurs, il estime qu'ils sont dûs du jour du contrat & qu'ils doivent être payez à la charge de les repeter en cas qu'elle soit exercée dans le temps.

Il dit que ce fut le sentiment de Monsieur l'Avocat General Lebret, en une cause plaidée en l'Audience de la Grand'-Chambre, le 25. Janvier 1617. où le Receveur du Comté de Roche-Foucault, depuis érigé en Duché, étoit partie, en laquelle la Cour jugea seulement l'appel d'une Sentence preparatoire, renvoyant pour le principal pardevant les Juges des lieux.

Cet Auteur remarque que la Jurisprudence n'est pas certaine sur ce point, & qu'il seroit besoin d'une décision précise ; que quelques-uns veulent que quand la grace est moindre de neuf ans, ce n'est point une veritable vente, mais un simple engagement, pour lequel par consequent les droits ne sont dûs au Seigneur qu'aprés que le temps est passé ; & que d'autres estiment que les droits sont dûs au Seigneur incommutablement ; & que la seule difference de la grace de neuf ans & de celle au-dessous, consiste en ce qu'au premier cas lorsque le rachat est executé, il est dû droit de vente & non au second lorsque l'heritage est retiré dans les neuf ans.

Maître Duplessis dit, qu'il y a grande obscurité dans cette question, & que c'est une chose certaine que quand la faculté de remeré excede neuf ans, les droits seigneuriaux sont dûs dés le moment du contrat sans esperance de restitution, quelque chose qui arrive ; & quand elle est au-dessous de neuf ans c'est la difficulté. Duples.

Si les droits sont exigibles dés le moment du contrat, ou seulement aprés l'expiration de la grace ; & si ayant été exigez ils peuvent être repetez, quand le retrait est ensuite exercé dans le temps de la grace ou non ; qu'il y a deux opinions au Palais.

La premiere, que les droits seigneuriaux sont dûs & exigibles dés le moment du contrat sans esperance de repetition, soit que le remeré soit exercé ou non, & que quand ils n'auroient pas été exigez ils pouvoient l'être encore aprés le retrait executé. 21.

L'autre, qu'il n'est point dû droits, quand le remeré est executé dans le temps ; desorte qu'ils pouvoient être repetez du Seigneur s'il les avoit exigez.

Que la question est irresoluë entre ces deux opinions dans la diversité des Arrests ; mais qu'il est certain que si le retrait est accordé au vendeur aprés l'expiration de la grace, il seroit dû doubles droits, pourvû que ce fut un veritable contrat de vente, & non un contrat pignoratif.

Les Coûtumes de Châlons article 193. de Reims article 88. & 91. de Meaux article 167. & Vitry article 22. 34. & 172. de Troyes article 34. & Chaumont article 23. portent que si la faculté n'est accordée que pour trois ans, & qu'elle soit exercée dans ce temps, il n'est rien dû ni pour la vente ni pour le rachat. 22.

Quand le temps de la grace est prorogé dans ces Coûtumes, les droits sont dûs de la vente par l'acquereur, & autres droits pour le vendeur pour le rachat, parce que c'est une revente qui luy est faite ; car la clause resolutoire apposée au contrat étant finie & l'acheteur étant devenu propriétaire incommutable rable de l'heritage, c'est une vente qu'il en fait volontairement au vendeur ; ainsi les droits en sont dûs au Seigneur.

C'est la disposition des Coûtumes de Mondidier article 48. & d'Auxerre article 99. & le sentiment de Maître Charles du Moulin sur l'article 33. glose 2. nombre 48. 51. 62. & 63.

Doubles droits seroient dûs aussi quoique le temps de la grace eût été prorogé par Sentence du Juge, d'autant que ce qui est fait par le Juge, est reputé le fait de la partie, *l. si ob causam C. de evictio. l. 1. C. si in cau. judic.*

Par les Coûtumes d'Anjou article 363. & 364. & de Lorris chapitre 1. article 77. & 78. quand la faculté n'est que pour neuf ans ou au-dessous, il n'est rien dû au Seigneur pour la vente quand le rachat est exercé dans ce temps, pourvû que le vendeur se reserve la foy & hommage au Seigneur, & s'il en fait démission les droits sont dûs.

La Coûtume de Blois article 82. permet de vendre son Fief sous faculté de rachat, jusqu'à neuf ans sans payer droits au Seigneur ; & si la premiere grace est au-dessous de neuf ans, elle permet à l'acquereur de la proroger, pourvû que la premiere & seconde grace n'excede pas 9. ans.

La Coûtume de Mondidier article 47. permet aussi au vassal de vendre son Fief sous faculté de rachat sans payer aucuns droits, & elle ne definit point le temps de la grace ; mais selon le sentiment des Docteurs il ne peut pas exercer 9. ans.

Les Coûtumes d'Orleans article 109. d'Auxerre article 49. d'Estampes article 52. de Châlons article 129. de Bourbonnois article 406. d'Auvergne chapitre 16. article 11. & de Xaintonge article 29. portent que l'acquereur à faculté de rachat à un, deux, ou trois ans, ou autre temps, doit les droits au Seigneur, dés que la vente est parfaite ; mais si le vendeur rachete dans ledit temps il n'est rien dû de sa part. La raison est que ce rachat n'est reputé une seconde vente, mais la resolution de la premiere.

Que si le vendeur cede & transporte le droit de rachat à un autre, le cessionnaire seroit obligé de payer les droits au Seigneur, quoique le vendeur son cedant ne les eût pas payez.

La raison est, qu'en ce cas le vendeur feroit une aliénation de la chose, dans laquelle il pouvoit rentrer & comme à luy appartenant ; ainsi il y auroit mutation de propriétaire, & ce seroit comme si en effet la vente avoit été faite par le premier acheteur à celuy auquel le droit du rachat auroit été cedé & transporté : car ce droit de pouvoir racheter, sans payer aucuns droits au Seigneur, est tellement attaché à la personne du vendeur, qu'il ne peut point passer en la personne du cessionnaire, quoiqu'il prenne les droits de son cedant, parce qu'il faut excepter les droits personnels, lesquels ne se peuvent pas ceder, *l. in omnibus causis, l. privilegia. ff. de R. J.*

Moulin. C'est le sentiment de Maître Charles du Moulin sur l'article 178. de la Coûtume du Maine.

Monsieur Bouguier lettre V. chap. 3. & Maître Auzanet en ses Arrests, page 7. remarquent un Arrest rendu le 6. May 1608. en la cinquiéme Chambre des Enquêtes, qui a jugé que l'article 372. de la Coûtume du Maine qui porte, *en contrats d'heritages vendus à grace qui n'excede neuf ans, n'y a ventes, icelle grace durant, quand le vendeur ou ses heritiers font recousse dans ladite grace*, n'a lieu que quand la recousse est faite dans le temps de la grace, & que si le vendeur laisse passer le temps de la grace, ou que pendant icelle ou aprés, le vendeur cede son droit à un autre, est dû doubles droits au Seigneur.

La Coûtume de Nivernois chapitre 4. article 23. oblige l'acquereur de payer les droits & le vendeur pour le rachat, quoiqu'il l'exerce dans le temps de la grace ; celle de Dreux art. 15. en dispose de même.

La question n'est difficile que dans les Coûtumes 23.
qui ne la décident pas, comme celle de Paris & autres.

On ne peut pas établir une décision sur les Arrests qui sont intervenus.

L'ancienne Jurisprudence étoit que les droits étoient dûs pour la vente, Monsieur Loüet traite cette question lettre V. nomb. 12.

Il rapporte deux Arrests qui l'ont jugé ainsi.

Le premier, donné en la Coûtume du Maine, prononcé à Noël 1584.

L'autre, du 12. Juillet 1603. en la cinquiéme Chambre des Enquêtes, au rapport de Monsieur Portail aprés avoir demandé l'avis aux Chambres : Brodeau au même lieu en rapporte un autre donné en la même Chambre en la Coûtume de Poitou, le 7. Septembre 1595.

Il rapporte ensuite un autre Arrest du 7. Mars 1616. qui a jugé que pour vente faite sous faculté de remeré pour trois ans, la grace étant executée dans ce temps il n'étoit rien dû au Seigneur.

Il est certain que dans la rigueur les droits sont 24.
dûs ; car cette faculté ne rend pas la vente conditionnelle, elle est pure & simple, mais elle est faite sous une clause resolutoire, sçavoir s'il plaît au vendeur de rentrer dans l'heritage qu'il a vendu, *arg. legis 2. ff. de in diem addict.*

Quoique l'acquereur sous cette faculté ne soit pas propriétaire incommutable, cependant il n'est pas moins propriétaire, il y a par consequent mutation en la personne, pour laquelle si c'est un Fief il est tenu de faire au Seigneur la foy & hommage ; & s'il ne luy paye les droits ou fasse offres suffisantes, il peut user de saisie féodale, & en cas de contestation l'acquereur pourroit encourir la perte des fruits pendant le procés.

Quant aux rotures on peut attendre le jugement du procés, mais dans le doute je ne conseillerois pas à un acquereur de mettre au hazard la perte des fruits de son Fief.

Dans les Coûtumes de nantissement les droits 25.
payez au Seigneur en consequence d'une vente faite sous faculté de rachat ne se peuvent repeter, le remeré étant exercé dans le temps porté par le contrat, comme il a été jugé par Arrest donné en la Coûtume de Ponthieu, en l'Audience de la Grand'-Chambre le 25. Janvier 1633. rapporté par Dufresne livre 2. chap. 128.

La raison est que les droits se payent au Seigneur, 26.
& les ayant payez il ne les peut plus repeter, parce qu'ils luy ont été acquis au moyen du nantissement qu'il a donné, mais l'acquereur les peut mettre entre les loyaux-coûts pour les repeter de son vendeur ; parce que la faculté de remeré n'est apposée au contrat de vente que pour l'interêt du vendeur.

Chopin sur la Coûtume d'Anjou, livre 2. chapitre 27.
2. titre 3. nombre 4. dit, que dans la Province de Lyon les droits sont dûs au Seigneur par l'acquereur sous faculté de remeré, dés que le contrat est passé. Chopin.

Il ajoûte que la question a été ainsi jugée par Sentence du Sénéchal de Lyon, le 29. Mars 1600. sur le differend entre le Chapitre Archiépiscopal de Lyon & Jean Monchauvin, & Magdelaine Marchand sa femme ; & par autre Sentence du 5. Decembre 1602. au profit de Messire Albert de Believre Archevêque de Lyon, contre Claude Faure.

Ce même Auteur, *loco citato*, propose une belle 28.
question, qui peut avoir lieu dans toutes les Coûtumes, qui ne condamnent point le vendeur à payer les droits pour le rachat par luy fait dans le temps de la grace, au cas qu'il n'excede pas neuf ans.

Cornelius avoit vendu un Fief à la charge qu'il pourroit le racheter dans sept ans : le vendeur mourut & laissa un enfant mineur pendant le temps de la grace ; son tuteur laissa passer plusieurs années, sans faire le rachat ; mais dautant qu'il étoit tres-avantageux au mineur, plusieurs années aprés les sept ans expirez, ce mineur obtint Lettres de Restitution contre le laps du temps pour faire le rachat, par le moyen desquelles il retira l'heritage des mains de l'acquereur, ce qu'il pouvoit faire *argum. leg. Æmilius Larrianus. 38. in princ. ff. de minor.*

Le rachat étant fait, le Seigneur demanda ses droits & profits de Fief, dautant qu'il étoit fait aprés les sept ans.

La question étoit de sçavoir s'il étoit bien fondé ?

Le Seigneur disoit que la restitution accordée au mineur ne devoit point porter préjudice à un tiers, que l'effet de la restitution étoit de remettre les contractans dans le même état qu'ils étoient auparavant ; que le benefice ne pouvoit être exercé contre ceux qui n'étoient point partie ; que les mineurs étoient obligez de payer les droits aux Seigneurs quand ils acquierent des heritages ; qu'en cela ils usent du droit, & que si faute d'avoir usé du retrait conventionnel dans le temps, ils font payer des droits aux Seigneurs ; & que ce soit par la faute de leur tuteur, ils peuvent exercer leur recours contre luy ; & qu'enfin le Seigneur faisoit en ce cas contre le mineur ce qu'il avoit droit de faire contre tout autre ; que les Coûtumes sont de droit rigoureux, & qu'elles veulent que si le vendeur ne rachete pas l'heritage qu'il a vendu, dans le temps de la grace, il soit obligé de payer les droits au Seigneur, qu'elles n'exceptent personne, par consequent qu'ils y étoient compris.

On disoit au contraire pour le mineur, que son pere avoit vendu l'heritage, dont il étoit question, à la charge de le pouvoir retirer dans sept ans, que le Seigneur n'auroit pû prétendre aucuns droits, si le rachat avoit été exercé dans le temps ; que s'il l'avoit laissé passer sans racheter, c'étoit par la faute de son tuteur ; que les Loix accordoient ce benefice de restitution aux mineurs, contre ce qui auroit été fait à leur préjudice par leurs tuteurs, ne voulant pas les obliger à un recours qui leur seroit souvent insuffisant & inutile ; dautant qu'il arriveroit que les fautes commises par leurs tuteurs retomberoient dans la suite sur eux-mêmes.

Que le benefice de restitution luy ayant été accordé, & ayant été enteriné par Sentence du Juge, il étoit remis dans le même état qu'il étoit au temps de la mort de son pere, auquel les sept ans n'étoient pas encore expirez, que par ce moyen on feint que les années qui étoient passées, ne l'étoient pas en effet, & que si dans ce temps il avoit usé du retrait, il n'auroit point été obligé de payer les droits au Seigneur, qu'il ne devoit point aussi y être obligé en consequence de la restitution qui luy étoit accordée.

Que s'il étoit obligé de payer les droits pretendus, le rachat se trouveroit peu utile pour luy, qu'il seroit même obligé de s'en desister, & qu'ainsi le benefice de restitution luy auroit été inutilement accordé.

Sur ces considerations & les raisons alleguées par le mineur, la Cour debouta le Seigneur de sa demande, par Arrest du mois de Juin 1585. au rapport de Monsieur le Voix.

La question n'est pas sans difficulté, & si elle se presentoit encore, peut-être que la Cour ne jugeroit pas le mineur restituable.

Quant au retrait lignager, il est certain qu'il ne le seroit pas suivant l'article 131. il en faut dire de même du retrait féodal, par lequel la Coûtume n'a donné que quarante jours, qui est un temps fatal, ainsi qu'il a été dit cy-devant, parce que les Coûtumes sont de droit étroit.

28. Pour ce qui est du retrait conventionnel, il semble que le mineur soit restituable, parce que c'est une clause du contrat fait & passé par son pere, que les contrats ne sont point de rigueur, mais qu'ils doivent être executez de bonne foy par les parties ; que pour ce qui est de leur execution la cause des mineurs est favorable, desorte que s'ils ont obmis, ou leur tuteur à faire ce qui leur étoit avantageux, la loy leur accorde le benefice de restitution ; & que d'ailleurs la Loy *Æmilius Larrianus* y est expresse dans un cas presque semblable.

Dans les Coûtumes qui exemptent l'acquereur de payer les droits jusqu'à ce que le temps de la grace soit expiré, les droits, ce temps étant fini, sont dûs au Seigneur ou au Fermier qui étoit lors du contrat, comme il a été jugé par Arrest du 22. Decembre 1584. remarqué par l'Hommeau au Traité des droits seigneuriaux chapitre 20. & par Charondas sur l'article 78. 29.

La raison est que la faculté de rachat est accessoire & dépend du contrat de vente dans lequel elle est portée, que le contrat ne laisse pas d'être pur ; desorte que quand le remeré n'est pas exercé dans le temps, c'est comme s'il n'y avoit pas été apposé.

Dans ces Coûtumes il faut que la faculté de rachat soit inserée dans le contrat, comme il est porté par plusieurs Coûtumes ; car autrement les droits seroient dûs, si la faculté étoit accordée *ex intervallo* ; il n'importeroit pas qu'elle fut accordée dans un autre acte, pourvû que ce fut dans un même jour ; parce que *quod fit eodem die, præsumitur factum in continenti*, dit Balde sur la Loy 1. *num.* 5. *de oper. libert.* 30.

C'est le sentiment de Maître Charles du Moulin sur l'article 78. *num.* 57. *Amplio etiamsi dicta facultas non sit in instrumento separato eodem die ut sæpius facere solent Notarii Parisienses, quia etiam sæpè venditor contentatur levare prolixius venditionis instrumentum ; contractus enim circa idem facti eodem die etiam in separatis instrumentis censetur correspectivi, & inesse invicem mutuâ contemplatione facti & unius contractûs.*

La raison pour laquelle les droits seroient dûs, au cas que la faculté de rachat fut accordée hors le contrat *ex intervallo*, est que cette faculté ne fait pas partie du contrat, & n'en est pas une clause, n'y ayant point été inserée ; & les parties n'ont pû rien innover au contrat qui a été parfait, au préjudice d'un tiers ; quant aux contractans, celle convention & autre semblable est valable, & l'un ne peut pas y contrevenir sans le consentement de l'autre, mais elle ne peut préjudicier aux droits du Seigneur qui sont dûs d'une vente pure & simple, dés que le contrat en a été passé

C'est une question, *si l'acheteur venoit à mourir dans le temps de la Grace, ne laissant que des heritiers collateraux, sçavoir s'ils seroient tenus de payer le relief au Seigneur pour leur mutation ?* 31.

Il faut dire que non dans les Coûtumes qui n'obligent les acquereurs à faculté de remeré de payer les droits. La raison est, que comme l'heritier n'a pas plus de droit que le défunt, qui n'étoit pas propriétaire incommutable pendant le temps de la Grace, durant lequel le vendeur pouvoit rentrer dans son heritage, & causer par ce moyen la resolution du contrat par une cause inherente à iceluy ; il n'y a point de veritable mutation en la personne du défunt, jusques à ce que le temps soit expiré aprés lequel l'heritier doit payer le quint *ex personâ defuncti*, & le relief pour la mutation arrivée en sa personne.

A l'égard des Coûtumes qui obligent de payer les droits pour la vente sous faculté de rachat, il est sans doute, que si pendant le temps de la Grace l'acheteur décede, laissant un heritier collateral, cet heritier doit payer le relief pour la mutation arrivée en sa personne ; parce que dans ces Coûtumes il y a une veritable mutation de propriétaire par la vente faite sous faculté de rachat, & on considere l'acquereur comme le veritable propriétaire du Fief ainsi vendu, quoiqu'il n'en ait pas la proprieté incommutablement.

D'où il s'ensuit que par sa mort il la transmet en la personne de son heritier; ainsi il y a mutation, & lieu par consequent au relief, lequel est acquis au Seigneur, sans qu'il soit obligé de le restituer au cas que le vendeur use de la grace apposée au contrat dans le temps convenu.

32. La faculté de rachat stipulée dans un contrat de vente peut être exercée, non seulement par le vendeur, mais aussi par ses heritiers, soit en ligne directe ou collaterale, à moins qu'elle n'eut été restrainte à sa personne; tellement que les heritiers en ligne directe du vendeur ne doivent aucuns droits au Seigneur pour la revente qui leur est faite; parce qu'elle provient *ex causâ antiquâ & necessariâ*, & qu'elle remet les parties dans le même état qu'elles seroient, si la vente n'avoit point été faite.

33. Quant aux collateraux du vendeur il y a plus de difficulté, sçavoir, *quels droits ils doivent au Seigneur pour la revente qui leur est faite?*

Maître Charles du Moulin tient qu'ils ne doivent ni quint ni relief. Pour ce qui est du quint, ils ne le doivent pas en effet, parce qu'ils exercent les droits du défunt, comme représentant sa personne; & comme il n'auroit point dû le quint pour la revente, aussi n'en doivent-ils point payer.

A l'égard du relief, il y a plus lieu de douter, il semble qu'ils n'en doivent point aussi, d'autant qu'ils representent le défunt, & qu'ils exercent ses droits, & que comme il n'auroit point dû de relief, ils n'en doivent point aussi.

Toutefois cette raison ne semble pas bonne; car il est bien vray que les heritiers collateraux du défunt exercent ses droits quant au retrait conventionnel, pour lequel par consequent ils ne doivent point de quint; mais ce n'est pas une consequence qu'ils ne doivent point de relief, parce que le défunt n'en auroit point dû: Il n'en auroit point dû, parce qu'il n'y auroit point eu de mutation en sa personne; les choses étant remises dans le même état qu'elles étoient auparavant, il seroit censé n'avoir jamais cessé d'être le vassal du Seigneur.

On n'en peut pas dire de même des heritiers collateraux du défunt, lesquels n'ont jamais entré en foy, & n'ont jamais été les vassaux du Seigneur, & puisqu'ils commencent de l'être au lieu & place du défunt, il faut qu'ils payent les droits dûs à cause de cette mutation, qui est le relief; d'autant qu'en exerçant la faculté de rachat stipulée par le défunt, il semble que la vente n'a jamais été faite, & que le vendeur est toûjours demeuré propriétaire du Fief, & qu'ils luy ayent succedé, auquel cas ils auroient dû le relief: ainsi par ces raisons ils le doivent.

34. Touchant la faculté de remeré apposée dans un contrat de vente, il faut observer qu'autrefois elle ne rendoit pas conditionnelle la vente à laquelle elle étoit apposée; mais elle faisoit qu'elle pouvoit être resoluë & annullée, *ipso jure*, sous l'évenement de cette condition; desorte que le temps dans lequel le rachat devoit être fait, étant expiré, le vendeur n'y pouvoit plus revenir, la condition ayant manqué dans le temps porté par le contrat; parce que l'acquereur étoit devenu maître & propriétaire incommutable de la chose venduë à faculté de rachat, & partant les droits étoient dûs au Seigneur dés le

35. moment que le temps de la grace étoit expiré. Mais la Cour a voulu que la faculté de remeré soit purifiée par un jugement, & que jusqu'à ce que par Sentence le vendeur ait été declaré déchû de la faculté reservée dans le contrat de racheter l'heritage par luy vendu; il seroit reçu au rachat, comme si le temps de la grace n'étoit pas encore passé; desorte que cette faculté ne peut être prescrite que par l'espace de trente ans.

La raison est, que cette faculté faisant partie du contrat, produit une action personnelle, laquelle ne peut être éteinte que par ce temps, l'acquereur devant s'imputer de n'en avoir pas fait décheoir le vendeur dés le temps de la grace expiré.

Brodeau sur Monsieur Loüet, lettre V. chap. 12. remarque deux Arrests qui l'ont jugé ainsi. Brodeau.

Le premier a été donné en la cinquiéme Chambre des Enquêtes, le 1. Mars 1650. prononcé le 6. Avril ensuivant, rendu, *consultis classibus*: ce qui passa par le sentiment de toutes les Chambres, dont il y a eu un Arrest dans la cinquiéme.

Le second a été donné en la deuxiéme Chambre, au rapport de Monsieur le Clerc de Courcelles, le 24. May 1651. confirmatif de la Sentence de Messieurs des Requêtes du Palais, pour des heritages situez dans la haute Auvergne, pays de Droit écrit.

Il y a eu un autre Arrest du 16. Avril 1647. au rapport de Monsieur Janvier, pour la Terre de Beauveau en Anjou, qui a jugé la même chose, que la faculté de remeré de neuf ans dure trente ans, quoique l'acheteur fut en possession, faute d'avoir fait forclorre le vendeur d'y rentrer.

Ce Reglement de la Cour donne lieu à une question, & cause quelque doute, sçavoir, si les droits sont acquis au Seigneur, le temps de la grace étant expiré avant que la vente soit purifiée par une Sentence? 36.

Henrys qui traite cette question en ses Arrests, tome 2. livre 3. Question 11. tient la negative, parce que si la vente est en suspens, & peut-être resoluë, aprés le temps de la grace expiré, jusqu'à ce que l'acheteur ait fait purifier la vente par une Sentence, & le contrat étant declaré nul, le vendeur se servant de cette faculté; il est vray de dire que les parties sont remises dans le même état qu'elles auroient été, si la grace avoit été executée dans le temps, ou plûtôt s'il n'y avoit jamais eu de vente contractée: & partant il faut dire aussi que le Seigneur ne peut prétendre aucuns droits, étant indubitable que l'acquereur n'étant point maître & propriétaire incommutable jusques à la Sentence de purification, comme il n'a aucun droit certain de proprieté, aussi le Seigneur n'en peut-il prétendre à cause de cette acquisition qui ne doit pas être considerée auparavant comme parfaite; car les droits du Seigneur supposent que celuy qui les paye, ait acquis la proprieté incommutable des heritages, pour lesquels il les paye, au moins dans les Coûtumes qui ne disposent pas au contraire.

Je ne suivrois pas ce sentiment, d'autant que la faute de l'acheteur qui n'a pas fait décheoir le vendeur de la faculté du rachat, ne doit point préjudicier au Seigneur, auquel sont dûs profits de Fief, dés que le temps de la faculté de remeré est expiré; parce que la clause apposée dans le contrat, ne peut plus empêcher que le Seigneur n'exerce ses droits contre l'acheteur, & on ne luy peut pas imputer la faute de l'acheteur, *factum cuique suum, non alteri nocere debet, l. factum. ff. de R. J.*

Ce Reglement de la Cour n'a été fait qu'en faveur des vendeurs, lesquels vendant sous faculté de rachat, sont censez vendre par la necessité de leurs affaires, & à vil prix, autrement il n'y auroit personne qui voulut acheter sous cette condition; c'est pourquoy la Cour a crû qu'il falloit les favoriser plûtôt que les acheteurs, mais elle n'a pas prétendu faire tort aux droits des Seigneurs, lesquels leur sont acquis dés que le temps de la grace est expiré, conformément à plusieurs Coûtumes remarquées cy-dessus; desorte que je ne fais point de difficulté que doubles droits ne soient dûs, sçavoir par l'acheteur & par le vendeur; toutefois l'acheteur doit être remboursé par le vendeur de ceux qu'il payeroit au Seigneur.

Il y a encore une autre raison, qui est que si le Seigneur ne pouvoit prétendre aucuns droits de l'acquereur, il seroit facile de frustrer les Seigneurs de leurs profits feodaux & seigneuriaux, en apposant toûjours cette clause dans les contrats, les acheteurs ne poursuivant point aprés les neuf ans expirez les vendeurs, pour se voir déchus de la faculté de remeré; ce qui se feroit par une intelligence & collusion entre le vendeur & l'acheteur, le vendeur donnant une contre-lettre à l'acheteur, par laquelle il renonceroit à la faculté de remeré apposée dans le
37. contrat de vente.

On demande, *si les droits sont dûs de la somme donnée par l'acquereur pour être déchargé de la clause portant la faculté de remeré?*

C'est l'avis de Maitre Auzanet, qu'ils sont dûs, cela est sans difficulté; & ils sont dûs au Seigneur & au Fermier qui étoit au temps de la vente, parce que cette somme est reputée donnée pour supplément de juste prix, vû que quand elle est apposée dans un contrat, la chose en est venduë au moindre
38. prix.

Si au cas de la resolution du contrat de vente, les
39. *droits seigneuriaux sont dûs?*

Pour la décision de la question, il faut observer que la resolution du contrat de vente provient de
40. plusieurs causes, comme il sera observé cy-aprés.

La premiere cause de la resolution du contrat est, quand les parties s'en départent volontairement, quand elle se fait *incontinenti*, c'est-à-dire peu de jours aprés la vente, & auparavant que l'acquereur ait pris possession de l'heritage, il n'est rien dû au Seigneur.

La raison est, que comme la vente prend sa perfection du seul consentement des parties, aussi elle se resoud par ce moyen, & ne peut donner ouverture aux droits seigneuriaux.

Mais quand elle se fait quelque temps aprés, & l'acquereur ayant pris possession de la chose venduë, doubles droits sont dûs, l'acquereur les doit pour son acquisition, & le vendeur les doit aussi pour la
Du Moulin. revente qui luy est faite.

C'est le sentiment de du Moulin sur l'article 20. glose 5. nomb. 11. & sur l'article 33. nomb. 10. & 11. & de Brodeau sur Monsieur Loüet, let. R. nom. 2.

Cette distinction est fondée sur quelques Coûtumes, comme celles de Tours, art. 149. & de Loudun, chap. 14. art. 26. qui portent, qu'on ne peut se départir d'une vente d'un commun consentement, & qu'à moins qu'elle ait été executée, & qu'il y ait eu intervalle notable, le Seigneur ne peut pas dire que cela se fasse en fraude de ses droits.

La Coûtume d'Auxerre, art. 73. dit, au cas que les parties se départent de la vente dans les vingt-quatre heures aprés la vente parfaite, & avant que la tradition de la chose soit faite, les droits ne sont point dûs au Seigneur.

Il semble néanmoins que les droits ne sont point dûs, quoique les parties se départent volontairement du contrat de vente & sans necessité, long-temps aprés, pourvû que la tradition n'ait pas été faite de la chose venduë.

41. La raison est, qu'avant la tradition il n'y a point de mutation de vassal, puisque l'ancien vassal n'en a pas encore perdu la proprieté, la proprieté des choses ne se transferant que par les traditions, suivant la loy *traditionibus. C. de pactis.*

Du Moulin. Toutefois Maître Charles du Moulin est d'avis, que les droits sont dûs, en quoy le contrat de vente differe de la donation & de l'échange, lesquels ne donnent pas lieu au relief, à moins qu'il n'y ait mutation de vassal par la tradition de la chose donnée ou échangée. Voyez sur ce sujet l'article 33. si le relief est dû avant la tradition de la chose.

La raison de la difference est, que la vente est 42.
parfaite dés que les parties sont tombées d'accord de la chose & de son prix: ce consentement produit entre le vendeur & l'acheteur deux obligations; l'une par laquelle le vendeur est obligé de livrer la chose à l'acheteur; l'autre par laquelle l'acheteur est tenu de payer le prix convenu par le contrat.

La perfection de ce contrat produit une troisiéme obligation, par laquelle l'acheteur est tenu de payer les droits au Seigneur du prix du contrat: ainsi dés que le contrat est parfait, l'acheteur est obligé envers le Seigneur, quoiqu'il n'ait point été convenu qu'il luy payeroit les droits; parce que la cause qui oblige l'acheteur à payer le prix au vendeur, l'oblige aussi à en payer une partie au Seigneur, sçavoir le quint: ainsi dés que le contrat est passé, le Seigneur peut agir en vertu de l'obligation qui luy est acquise par le contrat, pour en avoir le payement.

Maître Auzanet est d'avis, que si les parties se 43.
départent du contrat de vente dans trois jours, il Auzanet.
n'est dû ni quint ni ventes, pourvû que l'acquereur n'ait rien payé du prix, ni fait aucun acte de possession; mais que si l'acquereur a payé quelque somme modique, ou fait acte de possession, les droits sont dûs.

Pour ce qui est du temps de trois jours, comme il n'est point déterminé par la Coûtume, il dépend de l'arbitrage du Juge; je croirois qu'il seroit un peu bref. Dans la rigueur, dés que la vente est faite, suivant l'article 23. & l'article 78. les droits sont dûs; quand les parties se départent du contrat de vente, leur cause est plus favorable que celle du Seigneur, car ils ne s'en départent pas en fraude de ses droits, mais pour des raisons qu'ils peuvent avoir.

La Coûtume d'Auxerre, art. 73. dit, *avant que la tradition de la chose soit faite.*

Celle de Troyes, article 77. semble contraire, en ces termes: *si le vendeur & l'acheteur d'un heritage chargé de censives, aprés que la vendition est consentie, se départent de leur consentement du marché, avant qu'ils partent du lieu, il n'y a ni lods ni ventes, pourvû qu'aucunes lettres n'en ayent été passées:* d'où il s'ensuit, que dés que le contrat est passé, les droits sont dûs avant la prise de possession.

Voyez du Moulin sur l'article 55. de l'ancienne Du Moulin.
Coûtume de Paris, nomb. 34. & sur l'article 13. glos. 5. nomb. 13.

A l'égard de l'échange pour lequel à present le 44.
quint est dû, il semble que le Seigneur ne peut pas exiger ses droits qu'aprés que l'échange est executé.

La raison est, que c'est le contrat que nous appellons *do ut des*, qui requiert la tradition de la chose pour sa perfection, & partant les droits n'en peuvent être dûs que quand les parties ont pris possession des heritages & choses dont elles sont convenuës.

La deuxiéme cause d'où peut provenir la resolu- 45.
tion du contrat de vente est, quand la vente est cassée pour lezion d'outre moitié de juste prix par le benefice de la loy 2. *C. de rescind. vendit.* dans ce cas il n'est rien dû au Seigneur, ni pour le contrat, ni pour la resolution d'iceluy.

La raison est, que quand la vente est cassée pour une cause inherante au contrat, la vente est presumée n'avoir jamais été faite, & la cassation d'icelle a un effet retroactif au temps que le contrat a été passé; & le reduit *ad non actum*: Or quand le vendeur se trouve lezé d'outre moitié de juste prix; cette lezion se trouve inherante au contrat, puisque le prix de la chose venduë contenuë dans le contrat ne vaut pas la moitié du prix & valeur d'icelle, ainsi elle donne lieu à la cassation du contrat.

46. D'où il s'ensuit, que si le Seigneur a été payé des droits qu'il pouvoit prétendre, il est obligé de les rendre, la vente étant cassée par Sentence du Juge; car puisqu'ils n'étoient pas dûs, il les a reçûs *tanquam indebita*, ainsi il peut être poursuivi pour en faire la restitution, *tot. tit. ff. de condict. cau. dat. caus. non sec.*

On pourroit dire contre l'acquereur, que la résolution du contrat provient en quelque façon de sa faute, puisqu'il dépend de luy, que la vente soit conservée en payant au vendeur le supplément du juste prix.

Néanmoins c'est plûtôt celle du vendeur qui ne devoit pas vendre son heritage à si vil prix; que l'on achete les choses au meilleur marché qu'il est possible, suivant la Loy *16. §. 4. ff. de minor.* que l'acquereur peut dire qu'il n'autoit pas acheté la chose s'il n'y avoit trouvé de l'avantage, & que pour en donner sa juste valeur, il auroit aimé mieux employer ses deniers ailleurs, ou les donner à interêt, & qu'ainsi la rescision du contrat qui est un benefice de la Loy, ne doit être préjudiciable ni à l'un ni à l'autre, & que cela ne porte point de préjudice au Seigneur, puisque *certat de lucro captando*, & que les droits féodaux sont casuels, ausquels il ne doit point s'attendre, mais qu'il les doit prendre quand ils se presentent comme un bien qui pouvoit n'arriver pas.

47. Il en faut dire de même, lorsque la vente est cassée pour cause de minorité, ou pour aliénation des biens de l'Eglise sans y avoir observé les solemnitez requises; ou pour aliénation faite par la femme de ses biens, sans l'autorité de son mary.

La raison est, qu'en ce cas il y a un vice inherant au contrat, & que la propriété ne passe pas en la personne de l'acquereur, le contrat se trouvant nul dans son commencement; c'est pourquoy s'ils étoient payez, ils pourroient être repetez.

Sur ce fondement par Arrest donné en ce Parlement au mois de Juin 1539. un Seigneur a été condamné à rendre les deniers qu'il avoit reçûs dans l'espece suivante.

Un mineur avoit fait une donation d'un Fief à un Huissier du Parlement de Paris, nommé Jean Richier, lequel avoit en consequence payé au Seigneur une somme de deniers pour le relief qui luy étoit dû. Le mineur étant mort, ses heritiers firent casser la donation qu'il avoit faite, en consequence dequoy le donataire poursuivit le Seigneur pardevant Messieurs des Requestes du Palais, pour le faire condamner à luy rendre les droits qu'il luy avoit payez, lesquels se trouvoient ne luy être pas dûs par la cassation de la donation.

Le Seigneur répondoit, qu'il ne se mettoit pas en peine, si la donation étoit valable ou non; que si elle étoit nulle, ce n'étoit pas par son fait ni par sa faute; que le donataire devoit s'informer si elle pouvoit être cassée; qu'il l'avoit investi & reçû en foy, & que pour ce il avoit reçû les droits qui sont dûs en cas de donation.

Sur ces raisons alleguées de part & d'autre le Seigneur fut renvoyé absous de la demande à luy faite, par Sentence de Messieurs des Requêtes du Palais, laquelle fut ensuite infirmée par l'Arrest cité cydessus, par lequel la Cour condamna le Seigneur à rendre les droits qu'il avoit reçûs.

Du Moulin. Cet Arrest est rapporté par Maître Charles du Moulin sur le §. 33. *glos. 1. num. 33.*

Duplessis. C'est le sentiment de Maître Duplessis, qu'il n'est rien dû au Seigneur quand la vente est cassée *ex antiqua causa*; comme quand elle est dans le contrat ou antecedante, comme minorité, lezion, nullité du contrat; & que non seulement il n'est rien dû ni pour le contrat ou pour la résolution d'iceluy; & même que si les droits ont été payez, ils peuvent être repetez par l'acquereur.

Quelques-uns prétendent, que le Seigneur ne seroit pas obligé de rendre les droits qu'il auroit reçûs, au cas que l'acquereur sçût en les payant, que son acquisition pourroit être cassée; parce qu'il seroit censé les avoir donnez, suivant la Loy *cujus ff. de R. J.* où le Jurisconsulte dit, *cujus per errorem dati repetitio est, ejusdem consultò dati donatio est.*

On répond, que cette Loy s'entend au cas que celuy qui donne, ait intention de donner; or on ne peut pas dire que celuy qui paye des droits en qualité de propriétaire d'un fond, ait eu dessein de les donner au Seigneur, puisqu'il étoit obligé de les luy payer; & que s'il ne les avoit pas payez, le Seigneur auroit pû saisir son Fief en pure perte des fruits.

L'Arrest cy-dessus remarqué a jugé la question; car le donataire n'ignoroit pas, ou ne devoit pas ignorer que la donation qui luy étoit faite par un mineur, pouvoit être cassée.

On pourroit objecter, que la restitution accordée à celuy qui est lezé contre celuy qui a profité de sa lezion, ne doit point préjudicier au Seigneur qui n'est point partie au contrat, & dont le droit est acquis par la convention des parties, qu'en effet il y a eu une veritable mutation, puisque l'acheteur a été propriétaire de la chose, & qu'il ne tient qu'à luy d'en conserver la propriété. 48.

Mais on répond, que la restitution étant accordée contre le contrat, elle le casse & le rend nul, comme s'il n'avoit jamais été fait; ainsi elle doit remettre les parties dans le même état qu'elles seroient, si elles n'avoient point contracté, & partant elle oblige le Seigneur à la restitution des droits qui luy ont été payez sans cause.

Du Moulin sur le §. 33. *glos. 1. num. 33.* & sur le §. 78. *glos. 1. num. 23.* fait une autre limitation, sçavoir que si le Seigneur n'a pû apprendre le vice de l'acte par l'exhibition qui luy en a été faite, il n'est tenu de rendre les droits que *in quantum locupletior factus est*; desorte que s'il a perdu les deniers qui luy ont été donnez, ou s'il les a dissipez, & s'il n'en a rien converti en son utilité, il n'est point obligé d'en rien rendre. Du Moulin 49.

D'Argentré veut au contraire, que le Seigneur en tous cas, soit obligé de rendre ce qu'il a reçû.

Salvaing chap. 89. dit, qu'il faut tomber d'accord, que le Seigneur ayant appris ou dû apprendre par l'acte de vente, qu'il étoit nul, ou qu'il contenoit en soy une aptitude à être rescindé, comme quand le mineur qui vend sans les solemnitez de droit, promet de ratifier quand il sera majeur, qu'en ce cas il doit rendre les lods indifferemment & sans aucune limitation; parce qu'il a connu que les lods ne luy étoient point dûs, ou que la cause, pour laquelle ils paroissoient luy être dûs, ne pouvoit pas subsister.

C'est ce qui a fait dire à Alexandre Chassanée, en ses Notes sur les Rubriques du Digeste *tit. de condict. indeb.* que celuy *qui scivit sibi non deberi, tenetur condictione furtiva*, selon la Loy *quoniam. 18. ff. de condict. furt.*

Il faut aussi convenir de ce que dit Cujas en ses Observations, livre 8. ch. 34. où aprés avoir expliqué doctement les rapports qu'il y a entre le prest & le payement de la chose induë, qu'on appelle *promutuum* ou *tacitum mutuum, aut quasi mutuum.*

Il dit ensuite, qu'il y a cette difference entre la condiction *ex mutuo* & la condiction *ex promutuo*, qui est la repetition de la chose payée induëment, que celuy qui est poursuivi par cette action, *non tenetur nisi in quantum locupletior factus est, l. cùm hi. §. 24. ff. de transact.* au lieu qu'en celle-là le debi- 50.

teur qui est poursuivi par son creancier, doit rendre les deniers qui luy ont été prestez, soit qu'il les ait employez utilement, ou non.

Cela presupposé, il me semble, dit cet Auteur, que l'avis de du Moulin doit être suivi en ce point, quand il a dit, que si le Seigneur a perdu les lods qu'il a reçûs, il n'est pas tenu de les rendre; parce que *non est factus locupletior*, cela se devant entendre d'une perte fortuite, imprevûë, & à laquelle il n'a point contribué.

Mais s'il a gratuitement donné les lods qu'il a reçûs, ou s'il les a mal employez & consumez en des usages superflus & inutiles, il ne peut pas dire qu'il n'en a point profité: au contraire, on luy peut soûtenir, qu'il en a été fait *locupletior*, mais qu'aprés il n'a pas voulu conserver ce profit, qu'il l'a donné, ou qu'il en a disposé comme il a trouvé à propos *tanquam rei suæ moderator & arbiter*, & qu'il ne doit imputer qu'à soy-même, d'avoir perdu les profits de son Fief.

51. Ce qui est dit en la Loy *sed & si. 25. §. consuluit. 11. ff. de petit. heredit.* que le possesseur de bonne foy d'une heredité n'est point tenu des effets d'icelle envers le veritable heritier *nisi in quantum factus est locupletior*, & que s'il a fait donation à quelqu'un des mêmes effets, il n'est point censé s'en être enrichi *nisi de facto ad antidora acceperit*, n'est point contraire à cette décision; dautant qu'en ce cas *est quoddam permutationis genus*, comme dit la Loy; parce qu'en l'espece qui y est proposée le tiers detenteur a son titre, qui justifie pleinement la bonne foy; & qu'il se pourroit faire, que le vendeur étant insolvable, celuy-là *careret re simul & pretio*, s'il étoit obligé de rendre les choses qu'il n'auroit pas converties à son profit; au lieu qu'en nôtre cas, bien que le Seigneur reçoive de bonne foy des droits qu'il croit luy être dûs, néanmoins comme c'est un profit casuel qui luy vient d'un contrat passé entre autres personnes, & que *certat de lucro captando*, il ne doit pas être traité si favorablement, que l'acquereur à titre onereux des effets d'une succession, *qui certat de damno vitando*.

52. Ainsi pour concilier les opinions de du Moulin & d'Argentré, je croy qu'il s'en faut tenir à la distinction dont j'ay fait mention; sçavoir que si le Seigneur a perdu par un cas fortuit, & sans qu'il y ait contribué par sa faute, les deniers qu'il a reçûs, il est entierement déchargé de la restitution d'iceux: Que si au contraire il les a inutilement employez, comme il n'a tenu qu'à luy d'en profiter, il les doit rendre, sans interests toutefois, parce que, comme dit Cujas *loco citato*, *sicut usuræ non veniunt ex mutuo, ita nec ex promutuo*.

53. Il faut ajoûter une troisiéme exception, qui est, que si l'acquereur avoit joüy pendant plusieurs années de la chose qu'il auroit achetée, & dont la vente seroit ensuite cassée, comme si aprés quinze ou vingt ans un mineur se faisoit restituer contre la vente de ses biens, en ce cas l'acquereur seroit mal fondé de repeter du Seigneur les droits qu'il luy auroit payez; parce qu'il en seroit dedommagé par sa longue joüissance; le Seigneur pouvant dire, que si la vente ne luy avoit pas été faite, elle auroit pû être faite valablement dans un autre temps, pour laquelle il auroit reçû des droits incontestables.

Du Moulin. C'est le sentiment de du Moulin sur le §. 33. *glos. 1. num. 44.*

54. Le Seigneur n'est tenu de rendre les droits par luy perçûs, qu'aprés que par Sentence le contrat a été cassé, soit pour cause de minorité, ou pour lezion d'outre moitié de juste prix, ou pour les autres causes declarées cy-dessus, qui rendent le contrat nul par une cause necessaire & inherante au contrat; mais s'ils ne luy ont point été payez, il peut en poursuivre le payement, durant l'instance des lettres de restitution ou de rescision contre le contrat de vente, sauf à les rendre au cas que par Sentence le contrat soit cassé & les lettres enterinées, pourvû que le Seigneur ait été sommé d'intervenir en l'instance, car le jugement rendu entre les parties n'auroit aucune force contre luy, suivant ce titre du Code, *res inter alios judicata*, qui établit une maxime certaine parmy nous; autrement il arriveroit que quand les parties voudroient sans aucune cause legitime, resoudre le contrat de vente, ils supposeroient une lezion, & feroient rendre une Sentence portant la cassation du contrat, si mieux n'aimoit l'acquereur fournir au vendeur le supplément de juste prix; & par ce moyen ils préjudicieroient aux droits du Seigneur, qui luy seroient déja acquis.

C'est l'avis de Maître Auzanet sur l'article 76. Auzan.

Néanmoins si les parties avoient negligé de sommer & interpeller le Seigneur d'intervenir en cause, il ne gagneroit pas pour cela les droits, mais sur la demande en restitution des droits qui luy auroient été payez, en consequence de la Sentence qui auroit enteriné les lettres de rescision, il seroit recevable à la contester, & ce seroit un autre procés que l'acquereur seroit tenu de poursuivre contre le Seigneur.

Quoique le contrat soit resolu sans le fait de l'acquereur, néanmoins il ne peut pas toucher les ventes par luy payées au Seigneur dans sa declaration de frais & loyaux-coûts, mais il doit s'addresser au Seigneur, comme il a été jugé par Arrest du 14. Mars 1611. remarqué par Maître Duplessis. 55.

La troisiéme cause d'où peut provenir la resolution du contrat de vente est, quand la vente a été cassée en vertu du pacte commissoire; comme si par le contrat il a été convenu, que le prix sera payé dans un certain temps par l'acheteur, & que s'il n'est payé dans ce temps, le vendeur rentrera dans son heritage; le vendeur ne doit aucuns droits au Seigneur, comme il a été jugé par Arrest du Parlement de Grenoble le 11. Aoust 1616. remarqué par Basset en ses Arrests liv. 3. tit. 8. ch. 7. 56.

Quant à l'acheteur, il est obligé de payer les droits par son acquisition, parce que c'est par sa faute, si la propriété du Fief vendu ne luy est pas conservée. 57.

Maître Auzanet sur l'article 76. dit, que si le contrat est resolu, faute de satisfaire de la part d'une des parties à quelques charges & conditions portées par le contrat, les droits ne laissent pas d'être dûs, mais qu'il n'en doit être payé aucun pour la resolution, comme il a été jugé par Arrest du 8. Janvier 1615. remarqué par Maître Duplessis. Auzan.

Le vendeur rentrant dans son heritage aux cas marquez cy-dessus, ne doit aucuns droits au Seigneur, & au cas que l'acheteur ne luy paye pas le prix convenu, il n'est pas obligé de le discuter, & de faire vendre ses autres biens pour en être payé, parce qu'il s'exposeroit à une discussion qui pourroit être longue & qui ne se feroit pas facilement: de-plus elle ne luy seroit peut-être pas avantageuse à cause d'autres créanciers, qui auroient une hypotheque anterieure à la sienne; c'est pour cela qu'il est plus utile de poursuivre l'acquereur pour voir ordonner, que faute d'avoir été payé du prix convenu il rentrera dans l'heritage qu'il luy a vendu. 58.

Boniface dans ses Arrests du Parlement de Provence, livre 3. chapitre 1. rapporte un Arrest du 22. Novembre 1638. qui a jugé que les droits n'étoient point dûs en ce cas, pour la reprise de l'heritage vendu par le vendeur faute de payement du prix convenu.

Brodeau, sur Monsieur Loüet, lettre R. chap. 2. en rapporte un du Parlement de Paris, confirmatif de la Sentence de Messieurs des Requêtes du Palais, prononcé par Monsieur le Premier President, le 8. Janvier 1627.

59. Il faudroit dire le contraire au cas que le vendeur se fût seulement opposé à la saisie réelle des créanciers de son debiteur, pour être payé du prix de son heritage, & non pas pour le reprendre, quoy qu'ensuite il luy ait été adjugé comme plus offrant & dernier encherisseur; car pour lors il doit les droits de son adjudication, parce qu'elle luy a été faite comme à tout autre étranger; & on ne peut pas dire qu'il rentre dans la proprieté de son heritage en réduisant, *ad non causam*, la vente qu'il auroit faite, mais il l'acquerroit par le moyen de l'adjudication; & il auroit bien fait voir, qu'il ne vouloit pas rentrer dans son heritage, faute par l'acheteur de luy avoir payé le prix convenu, s'étant seulement opposé à la saisie des créanciers, pour être payé du prix de la vente sur les deniers provenans de l'adjudication de l'heritage, en consequence de l'hypotheque privilegiée qu'il avoit sur cet heritage.

C'est l'espece d'un Arrest rendu en la cinquiéme Chambre des Enquêtes, le 26. Avril 1672. rapporté dans le tome 1. du Journal du Palais.

Il s'agissoit d'une maison, qui avoit été venduë pour la somme de vingt mille livres payables dans quatre années: quelques années aprés, l'acquereur dont les affaires étoient tombées dans le desordre, abandonna ses biens à ses créanciers, aprés avoir été par eux saisis & mis en criées, ils en firent entr'eux la distribution pour le payement de leurs créances, en vertu du contrat d'abandonnement, homologué en la Cour.

On adjugea au vendeur la maison qu'il avoit venduë, pour la vente de laquelle luy étoit dûë la somme de vingt mille livres, pour la somme d'onze mille livres, & pour le restant on luy adjugea une autre maison.

Ensuite le Fermier du revenu temporel de l'Archevêché de Paris poursuivit ce vendeur pour le payement des lods & ventes, dont il fut debouté par Sentence du Châtelet de Paris, mais sur l'appel interjetté à la Cour, la Sentence fut infirmée, & les lods & ventes luy furent adjugez par cet Arrest.

Je ne vois pas qu'il y eut lieu de douter qu'il ne les dût, puisqu'on ne pouvoit pas dire que la vente fût resoluë, la maison luy ayant été donnée pour onze mille livres, vû qu'il l'avoit venduë vingt mille, il l'avoit prise comme tout autre créancier l'auroit fait; mais comme la maison venoit de luy, il fut trouvé à propos de la luy remettre, suivant l'estimation qui en avoit été faite.

Que si la vente avoit été resoluë, il auroit dû reprendre sa maison pour le prix qu'il l'avoit venduë; mais ce n'étoit pas son dessein, il y auroit perdu la somme de neuf mille livres, & il ne s'étoit opposé aux saisies réelles des créanciers, que pour venir aussi par opposition en qualité de créancier privilegié sur la chose qu'il avoit venduë, & pour user de la priorité de son hypotheque sur les biens de son debiteur.

D'où je conclus, que mal à-propos il contestoit contre le Seigneur pour les droits de lods & ventes: ainsi cet Arrest n'est pas contraire à nôtre décision.

Les Auteurs du Journal du Palais rapportent d'autres raisons, & ils prétendent que cet Arrest a été fondé sur ce que les droits sont dûs quand la vente est faite à credit; mais ce n'est pas mon sentiment, il seroit trop long de rapporter en ce lieu les raisons qui y sont deduites, le Lecteur y aura recours.

60. Il naît une autre difficulté de cette resolution, sçavoir si le vendeur qui est rentré dans son heritage par la faute de l'acheteur, peut être poursuivi par le Seigneur pour être payé des droits dûs par l'acquereur, au cas qu'il ne les ait pas payez?

Il semble que si c'est un Fief, il en peut être poursuivi, parce que l'article 24. de nôtre Coûtume le declare, qui porte, que *le Seigneur feodal se peut prendre à la chose pour les profits de son Fief.*

Doù il s'ensuit, qu'il peut poursuivre par action hypothecaire le detenteur & possesseur du Fief, pour être payez des droits dûs avant sa possession par ses auteurs & prédecesseurs dans le Fief.

Le vendeur doit s'imputer d'avoir mis l'acheteur en possession de sa chose avant qu'il en eût payé le prix; car il n'y étoit pas obligé, & l'acquereur ne pouvoit pas le poursuivre par l'action, *ex empto*, qu'en luy offrant le prix qu'il auroit promis, *l. Julianus. 13. §. offerri. ff. de action. empt.*

C'est pourquoy en ce cas, il semble qu'il soit tenu de payer les droits dûs au Seigneur par l'acquereur, sauf son recours; desorte que le Seigneur n'est pas obligé de le recevoir en foy, qu'il ne les ait payez, & il peut cependant saisir son Fief en pure perte des fruits.

Quant aux rotures l'article 81. porte, que *les ventes & les amendes se poursuivent par action seulement*: d'où il semble qu'on doive inferer, que le Seigneur n'a qu'une action personnelle contre l'acheteur, qui n'étant pas réelle, ne peut pas être intentée contre le possesseur de l'heritage; ainsi le vendeur ne pourroit pas être poursuivi par le Seigneur pour les payer.

On peut dire pour l'opinion contraire, que tout acquereur peut être poursuivi par le Seigneur, pour être payé des droits seigneuriaux dûs par ses prédecesseurs.

La raison est, que l'acquereur doit s'imputer de ne s'être pas informé, avant que de passer le contrat de vente, si son vendeur avoit payé les droits au Seigneur, & devoit obliger le vendeur de luy en faire voir la quittance; & on ne peut rien imputer au Seigneur de ne les avoir pas exigez, puisqu'apparemment il ignoroit la vente faite par le vendeur.

C'est l'esprit de nôtre Coûtume; car en l'article 358. elle permet aux Seigneurs de s'opposer à la saisie réelle faite par les créanciers sur les biens de leur debiteur, pour être payez des droits de quint, relief, lods & ventes, amendes, & autres droits seigneuriaux, qu'ils peuvent prétendre sur l'heritage decreté; & en ce faisant ils sont préferez à tous autres.

Cet article s'entend des droits dûs avant l'adjudication, comme ceux qui seroient dûs par le debiteur saisi, & par autres ses prédecesseurs dans l'heritage; car pour ceux qui sont dûs par l'adjudicataire de l'heritage decreté, le Seigneur n'est pas obligé de s'opposer, suivant l'article 355. 61.

D'ou on peut conclurre, que les droits seigneuriaux sont réels, & que la charge de les payer passe à ceux qui s'en trouvent possesseurs, sans que les Seigneurs soient obligez de discuter ceux qui en seroient debiteurs en consequence de leur acquisition, n'étant plus propriétaires ni possesseurs de l'heritage qu'ils auroient acquis; autrement ce seroit reduire un Seigneur à avoir un procés, dont l'issuë seroit incertaine, à cause des créanciers qui pourroient être anterieurs; mais il peut s'addresser au possesseur de l'heritage, pour être payé des droits qui luy sont dûs pour les précedentes acquisitions, sauf son recours contre son vendeur.

L'article 81. n'est pas contraire à cette resolution, car la Coûtume en cet article n'a pas prétendu ôter aux Seigneurs le droit réel sur les heritages qui sont dans leur censive, pour être payez des droits de lods & ventes qui leur sont dûs, mais elle a voulu établir une difference entre les droits dûs pour les Fiefs, & ceux qui sont dûs pour les rotures; en ce que le Seigneur peut saisir par saisie feodale le Fief mouvant de luy pour être payé des droits qui luy 62.

sont dûs, sans qu'il soit obligé de se pourvoir par action pour les avoir.

Mais au contraire elle veut, que le Seigneur censier poursuive par action son sujet censier pour être payé des droits qui luy sont dûs, & le faire condamner à luy en faire le payement, & à faute de ce, qu'il se serve des voyes de droit pour être payé, non seulement de ceux que le possesseur doit pour son acquisition, mais aussi de ceux qui sont dûs pour les acquisitions précedentes.

Voilà les raisons qu'on peut alleguer de part & d'autre.

63. Avant que d'ouvrir mon sentiment sur cette question, je croy qu'il faut convenir, que les droits utiles des Fiefs sont réels, & qu'ils passent contre les possesseurs d'iceux, suivant l'art. 24. desorte qu'un acquereur, à quelque titre que ce soit, doit payer les droits dûs par ses prédecesseurs dans le Fief, & que le Seigneur n'est pas obligé de le recevoir en foy & hommage, jusqu'à ce qu'il en ait été satisfait, suivant l'article 3. qui porte, que *les enfans ne doivent que la bouche & les mains au Seigneur pour Fiefs à eux échûs par succession de leurs pere & mere & autres ascendans, pourvû qu'ils ayent fait & payé les droits & devoirs en leur temps.*

Ce qui est encore confirmé par l'article 5. *in fine.*

64. Quant aux rotures j'estime aussi, que les droits sont réels, comme il est observé sur l'article; neanmoins dans la question dont il s'agit, il n'est pas sans difficulté, si le vendeur qui rentre dans son heritage faute de payement du prix convenu, est obligé de payer les droits dûs par l'acheteur, il faut dire que non, & que les raisons que nous avons alleguées cy-dessus, ne doivent point avoir lieu contre luy, & on ne peut pas justement les luy opposer.

65. La raison est, que quand le vendeur fait ordonner par Justice, qu'il rentrera dans l'heritage qu'il a vendu, le contrat de vente est resolu à son égard, il est reduit, *ad non causam*, par une cause intrinseque au contrat, au moins elle y est contenuë tacitement; car il n'y a personne qui ne vende dans la volonté d'être payé du prix convenu, & qui ne veüille que le contrat demeure inutile & sans effet, au cas que l'acheteur le trompe, en n'executant pas la promesse qu'il auroit faite de payer dans un certain temps le prix de la vente; si cette clause n'y est pas apposée, sçavoir que le contrat sera nul, si l'acheteur ne paye dans le temps préfix entre les parties, elle y est sous-entenduë; c'est pour cela que nous avons dit cy-dessus, que le vendeur ne doit aucuns droits au Seigneur pour la reprise de son heritage.

Il est donc constant, que l'acquereur doit payer les droits dûs pour son acquisition, suivant ce qui a été dit cy-dessus; & au cas qu'il ne les paye pas, le Seigneur ne peut pas poursuivre le vendeur pour en être payé.

Quant à ce qu'on objecteroit, que tout acquereur est obligé à payer les droits dûs par ses prédecesseurs: On répond, que cela est vray, & que neanmoins cette maxime n'est point contraire au vendeur, parce que l'acquereur, dont l'acquisition est resoluë, est censé n'avoir pas été le prédecesseur du vendeur dans le Fief, puisqu'on présume qu'il n'en a jamais eu la proprieté.

C'est aussi pour cela que le vendeur en ce cas n'est pas obligé de réïterer au Seigneur la foy & hommage qu'il auroit prêtée avant la vente qu'il auroit faite.

Que si ces principes sont veritables, il faut conclurre que le Seigneur n'a qu'une action personnelle contre l'acquereur & ses heritiers, pour être payé des droits dûs pour son acquisition.

De plus, on peut opposer au Seigneur de ne s'être pas fait payer de ses droits, puisqu'il avoit la voye de la saisie, en cas que ce fut un Fief, & qu'il ne s'en est point servi, il s'est endormi contre ses propres interêts, sa faute ne doit point retomber sur le vendeur.

Il n'en est pas de même de ceux qui succedent à un Fief par contrat volontaire à ceux qui n'avoient pas payé les droits; car ils ne peuvent pas s'excuser sur ce qu'ils ignoroient, si les droits avoient été payez ou non, puisqu'ils pouvoient obliger le vendeur à leur faire voir la quittance du payement d'iceux.

Nous pouvons encore prouver nôtre resolution *à simili.* 66.

Quand un heritage est adjugé par une seconde adjudication à la folle-enchere du premier adjudicataire, quoique cet adjudicataire doive les droits au Seigneur pour l'adjudication qui luy a été faite, toutefois encore que le Seigneur n'en puisse pas avoir le payement, le second adjudicataire n'est pas obligé de payer les droits dûs par le premier, suivant l'opinion de Brodeau sur Monsieur Loüet, lettre R. chap. 2. comme nous avons dit plus amplement sur l'article 84. parce qu'il seroit injuste, que l'insolvabilité de cet adjudicataire retombât sur le debiteur ou sur ses créanciers.

D'où il y a lieu de conclure, que le vendeur dans le cas de nôtre question n'est pas obligé de payer les droits dûs par celuy à qui il a vendu son heritage; car comme il y a parité entre ces deux cas, on doit faire extension de l'un à l'autre.

Evitandæ absurditatis causâ debet fieri extensio legis ad casum non expressum habentem similem rationem, dit Bartole sur la Loy *quæsitum. 13. ff. de testibus.*

Il faut observer que ce que nous avons dit cy-devant, que le vendeur n'est tenu de payer aucuns droits au Seigneur, quand il rentre dans son heritage, faute par l'acheteur de luy avoir payé le prix de la vente, se doit entendre au cas que le vendeur l'ait fait ordonner par Sentence; car si c'étoit par un accord & un consentement mutuel du vendeur & de l'acquereur, quoique par la transaction il fût porté, que l'acquereur auroit consenti à ce que le vendeur rentrât dans son heritage, faute de luy pouvoir payer le prix porté par le contrat; neanmoins le vendeur devroit les droits, daurant qu'il seroit censé rentrer dans l'heritage par une revente qui luy auroit été faite, & non par la resolution du contrat. 67.

Neanmoins, si le vendeur avoit fait des poursuites contre l'acheteur pour voir ordonner, qu'il rentreroit dans son heritage, faute de payement, & qu'il fût notoirement constant que l'acquereur ne seroit pas solvable, & qu'avant la Sentence les parties eussent transigé, & qu'en vertu de la transaction le vendeur fût rentré dans son heritage, je croirois qu'il ne devroit aucuns droits au Seigneur.

La quatriéme cause d'où peut provenir la resolution du contrat de vente, est au cas de l'article 79. quand l'acquereur d'un heritage chargé d'hypotheques, dont il n'avoit aucune connoissance au temps du contrat, est obligé de déguerpir & abandonner, & d'en quitter la possession, pour n'être tenu de payer les charges, & reconnoître les hypotheques dont il est chargé, tel acquereur n'est obligé de payer aucuns droits au Seigneur, suivant l'article 79. 68.

La cinquiéme cause est, lorsque la vente est cassée pour cause d'éviction, soit que le Fief vendu soit évincé pour le tout, ou pour une partie seulement, comme il a été jugé par Arrest prononcé à Noël l'an 1587. rapporté par Montholon, Arrest 50. 69.

La raison est, que la vente est cassée par une cause forcée & non volontaire, & qui ne vient pas du fait ni de ni de la faute de l'acquereur ; c'est pourquoy il ne doit aucuns droits au Seigneur, non pas même pour la partie des heritages qui n'a pas été évincée, pourvû qu'il ait fait casser la vente pour le total des heritages vendus ; car s'il vouloit bien retenir ceux qui n'auroient pas été évincez, en déduisant l'estimation de ceux, dont il auroit souffert l'éviction, il devroit les droits à proportion du prix qu'il payeroit pour ceux qui luy seroient restez.

70. Que si le Seigneur en ce cas a reçû les droits, il est obligé de les rendre, parce que *non erant debita* ; & quoiqu'il n'y ait qu'une partie des heritages vendus évincée, neanmoins l'acquereur peut faire casser la vente pour le tout, sans qu'il puisse être contraint de retenir ce qui n'auroit pas été évincé, parce qu'il peut dire, que son intention n'étoit pas de n'en acheter qu'une partie ; suivant la Loy *quod si uno. ff. de in diem addict.* la Loy *cùm quaritur. ff. de administr. tut.* la Loy *negotio. ff. de negot. gest* la Loy *1. ff. de rescind. vend.* la Loy *Caius. ff. de legat. 1.* & il ne doit aucuns droits au Seigneur, comme il a été jugé par Arrest du 23. Decembre 1587.

71. *Si doubles droits sont dûs quand l'adjudicataire cede son droit à un autre.*

Voyez sur l'article 83.

72. S'ils sont dûs quand l'heritage est déguerpi & adjugé par decret, voyez l'article 79.

73. S'ils sont dûs lorsque l'heritage est adjugé par decret volontaire à l'acquereur, voyez l'article 84.

74. Si les droits sont dûs pour partage & licitation, voyez l'article 80.

75. *A qui les droits seigneuriaux doivent être payez ?*

Ces droits sont dûs, premierement au propriétaire, au cas qu'il ait la joüissance du Fief, ou du franc-aleu noble, pour raison duquel ils sont dûs.

En second lieu, quand il y a un usufruitier, ces droits luy sont dûs. Voyez ce que nous avons dit sur l'article 2. de cette Coûtume.

En troisiéme lieu, ces droits sont dûs au Fermier auquel le Seigneur a affermé son Fief avec les profits casuels.

76. Le Seigneur qui a fait une telle concession, ne peut pas remettre les droits au préjudice de son Fermier, parce qu'ils ne sont plus à luy ; & s'il le fait, le Fermier a droit de poursuivre l'acquereur pour en être payé, sauf à l'acquereur son recours contre le Seigneur, pour en avoir la restitution.

Chopin sur la Coûtume d'Anjou, livre 2. chap. 2. titre 3. nombre 14. remarque un Arrest rendu en la troisiéme Chambre des Enquêtes, au rapport de Monsieur le Grand, au mois d'Aoust 1598. au profit du Fermier de l'Abbaye de Saint Germain des Prez, contre le Duc de Nevers donataire du Cardinal de Bourbon, Abbé de cette Abbaye, touchant l'acquisition de l'Hôtel de Nevers.

Mais si le Seigneur avoit reçu les droits, l'acquereur en seroit déchargé envers le Fermier, sauf au Fermier son recours contre le Seigneur ; parce que l'acquereur pouvoit ignorer que les droits auroient été par luy cedez par le bail. 77.

En quatriéme lieu, quand une terre est saisie réellement, & le bail judiciaire fait, les droits ne peuvent être valablement payez au propriétaire saisi au préjudice de l'adjudicataire du bail judiciaire, qui peut obliger les acquereurs de luy payer les droits qu'ils auroient payez au propriétaire ; parce qu'ils ne pouvoient prétendre cause d'ignorance de la saisie réelle & du bail judiciaire. 78.

En cinquiéme lieu, celuy qui étoit Seigneur du Fief dominant au temps de la vente de l'heritage, peut en poursuivre le payement aprés l'avoir aliéné, par action seulement, & non par saisie feodale, en cas que ce soit un Fief, parce que la saisie feodale est un droit seigneurial qui ne peut s'exercer par celuy qui n'a plus aucun droit au Fief ; voyez cy-devant nomb. 40. 79.

Voyez d'autres cas sur l'article 33.

En sixiéme lieu, à qui ils sont dûs au cas de vente à faculté de rachat. 80.

Voyez cy-devant, nomb. 36.

Si un heritage ayant été donné à cens à la charge des lods & ventes à toutes mutations, les lods & ventes sont dûs au cas de la donation avec retention d'usufruit ? 81.

Maître Auzanet en ses Arrests, page 169. remarque un Arrest du 18. May 1615. rendu en l'Audience de la Grand'-Chambre, qui a jugé au profit du Seigneur, ce qui me semble sans difficulté, quoique le donataire ne perçoive aucuns fruits pendant la vie du donataire ; par la raison que la propriété n'en est pas moins transferée en la personne du donataire ; ainsi le donataire doit le relief pour donation faite avec retention d'usufruit, comme nous avons dit sur l'article 33.

Au cas de l'action de retrait lignager contre l'acquereur, contre qui le Seigneur peut agir pour le payement de ses droits ? 82.

Quand les droits ont été payez par l'acquereur, le retrait étant ensuite adjugé, le Seigneur les retient, & l'acquereur les couche en loyaux-coûts contre le retrayant ; mais quand ils n'ont pas été payez, c'est à l'acquereur à les avancer, sauf son recours contre le retrayant, en cas que le retrait luy soit adjugé ; ce qui est sans difficulté.

§. 4. Des cas esquels les Droits Seigneuriaux ne sont pas dûs.

SOMMAIRE.

1. *Quand la vente est nulle.*
2. *Pour partage.*
3. *Pour heritages de la communauté donnez à la femme pour ses reprises.*
4. *Pour heritages donnez aux enfans pour sommes promises par leurs pere & mere.*
5. *Pour contrat d'engagement.*
6. *Pour vente faite à une main-morte d'un heritage, & qu'elle a revendu sans avoir obtenu l'amortissement.*
7. *Quand le Seigneur a exercé le retrait feodal.*
8. *Pour vente de meubles conjointement avec l'heritage, les droits ne sont point dûs pour la valeur des meubles.*
9. *Pour vente de servitude.*
10. *Pour vente faite aux Secretaires du Roy dans la mouvance du Roy.*
11. *Si ce Privilege s'étend pour les heritages dans la mouvance des Evesthez vacans en Regale.*
12. *S'il a lieu contre les Engagistes du Domaine.*
13. *Si les Privilegiez étant évincez peuvent*

1. LE premier cas est, quand la vente est nulle, ce qui arrive :

Premierement, quand les parties se sont départies du contrat, suivant la distinction observée au paragraphe précedent, nomb.

En second lieu, quand la vente est conditionnelle, & que la condition manque, *in venditione conditionali & de propriâ conditione suspensivâ non incipiunt deberi laudimia, nisi conditione extante*, dit du Moulin §. 78. glos. 1. *verbo, acheté à prix d'argent*; ainsi la vente est resoluë & cassée sans le fait de l'acheteur; ainsi il les peut repeter, comme il a été jugé par Arrests des 7. Septembre 1538. & 7. May 1552. remarquez par Charondas sur l'article 20.

Il en faut dire de même, si par le contrat il est porté que le vendeur feroit décreter l'heritage dans un certain temps, ou qu'il donneroit caution à l'acheteur, si la vente est cassée faute d'execution des clauses du contrat, il n'est rien dû au Seigneur, ainsi jugé par Arrest du 20. Février 1586. remarqué par Chopin sur la Coûtume d'Anjou, liv. 2. part. 2. tit. 2. nomb. 4.

Pontanus sur l'article 81. de la Coûtume de Blois, fait cette distinction, ou la vente est resoluë par une condition inherente au contrat; en ce cas il n'est rien dû, *nec enim mera ac pura creditur hujusmodi alienatio, cùm res in emptorem irrevocabiliter non transierit*: ou elle l'est par une convention posterieure au contrat, pour lors ou elle est faite, *rebus integris*, ou non: Au premier cas il n'est rien dû, au second les droits sont dûs, parce que l'acquereur a été rendu maître & possesseur de l'heritage.

En troisiéme lieu, quand la vente est cassée, voyez cy-dessus, §. 2. nomb. 45.

2. Le deuxiéme cas auquel les droits seigneuriaux ne sont pas dûs, est au cas de partage d'heritage ou de licitation, voyez sur l'article 80.

3. Le troisiéme, quand des heritages de la communauté sont donnez à la femme pour ses deniers dotaux ou le remploy de ses propres, voyez §. 2. n. 6.

4. Le quatriéme cas est, quand un heritage est donné aux enfans par leurs ascendans en payement des deniers dotaux ou sommes promises en avancement d'hoirie, voyez §. 1. nomb. 21.

5. Le cinquiéme cas auquel les droits seigneuriaux ne sont point dûs, est pour un contrat d'engagement, c'est-à-dire, quand le debiteur a donné à son créancier quelque heritage, pour en joüir au lieu de l'interêt de l'argent qu'il luy a prêté, comme il a été jugé par Arrest du 2. May 1586. remarqué par les Commentateurs.

La raison est, que l'engagement ne cause point mutation de propriétaire, *l. qui pignoris. ff. de acquir. vel amitt. possess. l. servi. ff. de usurpat. l. sciendum. §. creditor. qui satis d. cogunt.*

Dans la Coûtume d'Anjou les contrats pignoratifs ou d'engagement sont fort en usage suivant les articles 262. 295. & 491. & payent les droits aux Seigneurs.

La raison est, selon Chopin, liv. 2. chap. 2. tit. 3. n. 4. qu'on assigne ou cede un heritage à un créancier pour joüir du revenu à proportion de sa rente, & qu'ainsi c'est une espece d'aliénation.

Charondas sur l'article 76. forme cette question; sçavoir, que si un heritage étoit engagé pour une rente, à la charge que faute par le debiteur de payer dans un certain temps, il demeureroit au créancier pour l'amortissement avec cette clause, *& dont dés-à-present comme deslors le debiteur luy en fait vente*, avenant la condition à qui les droits sont dûs, ou au Seigneur qui étoit lors du contrat, ou à celuy qui l'est lors de l'évenement de la condition.

Il résoud qu'ils sont dûs à celuy qui étoit lors du contrat; parce que *venditio ad tempus antichresis trahitur, tanquam facta sub conditione, l. si fundus. §. ult. de pignor. & hypoth. & l. ult. de contrah. empt.*

Le sixiéme cas auquel les droits seigneuriaux ne sont point dûs, est, quand une main-morte a acquis un heritage, & qu'elle l'a revendu, à ce contrainte par le Seigneur d'en vuider ses mains, avant que d'en avoir obtenu l'amortissement, il n'est rien dû pour son acquisition, selon du Moulin sur l'article. 33. glos. 1. nomb. 138. parce que *tota illa venditio & alienatio feudi non est in consideratione, nec censetur efficax, sed omninò citra effectum simplicis aperturæ censetur inefficax respectu patroni cogentis empletorem vel emptorem ad dimissionem Juris inde quæsiti.* 6.

Que si elle l'a revendu, sans y avoir été contrainte, il n'est pourtant rien dû pour son acquisition, parce qu'elle est présumée l'avoir fini, crainte d'être obligée d'en vuider ses mains.

Cependant si elle en avoit joüi plusieurs années, le Seigneur ne devroit pas être privé de ses droits ordinaires, car la main-morte a un an pour en vuider ses mains; mais quand aprés quelques années, sans être contrainte par le Seigneur, je crois qu'il a droit de poursuivre les droits de son acquisition.

7. Le septiéme cas est, quand le Seigneur a retiré ou acheté un Fief mouvant du sien.

La raison est, que les droits ne sont dûs qu'au Seigneur immediat, le Seigneur acquereur en devient le debiteur & le créancier ; ainsi ils sont confondus en sa personne.

CHARONDAS. Charondas sur l'article 33. tient que quand le Seigneur l'acquiert ou par retrait feodal ou par commise, il n'est rien dû ; mais que quand il l'acquiert comme un étranger, par achat, ou par autre contrat, il doit les droits à son Seigneur.

Cette opinion n'est pas soûtenable par la raison que je viens de rapporter. Il n'est rien dû, soit que par l'acquisition l'heritage soit rëuni au Fief de l'acquereur, ou non, comme nous avons dit ailleurs.

8. Le huitiéme, pour vente de meubles conjointement avec l'heritage par un même contrat & pour un même prix ; en ce cas déduction doit être faite sur le prix de l'estimation des meubles, pour lesquels il n'est rien dû, eu égard à la totalité du prix ; parce que les meubles ne sont point sujets aux droits des Seigneurs.

9. Le neuviéme cas auquel les droits seigneuriaux ne sont point dûs, est pour la vente d'une servitude ; comme si le propriétaire d'un Fief décharge un voisin d'une servitude dûë à son Fief, pour quelque somme d'argent ; car quoique par ce moyen le prix du Fief en soit diminué, & que dans la suite il soit vendu à plus vil prix, néanmoins le Seigneur n'en peut demander aucuns droits ; parce que ce n'est pas une aliénation du Fief, ni de partie d'iceluy.

Chopin sur la Coûtume d'Anjou, livre 2. chap. 2. titre 3. nombre 12. remarque un Arrest qui l'a jugé ainsi.

Le fait étoit que le Baron de Druy avoit acheté une Baronie, en laquelle il y avoit une forêt sujette à une autre Seigneur pour la chasse, pour l'usage & pour la coupe des bois ; quelque temps aprés il acquiert cette servitude, moyennant une certaine somme d'argent : le Seigneur en demande les droits, dautant que la forest avoit été venduë à bien meilleur marché, & que c'étoit une acquisition que l'acheteur avoit faite, en faisant décharger cette forêt des servitudes dont elle se trouvoit chargée au temps de la vente.

Nonobstant cette raison la Cour par Arrest du dernier Février 1586. prononça pour le Baron de Druy, contre l'Evêque de Nevers, Seigneur dominant.

La raison est, que la décharge d'une servitude n'est pas l'acquisition d'un certain corps ni d'une partie du Fief, ou du fond qui en est déchargé ; mais d'un droit incorporel ; & partant le Seigneur ne peut prétendre aucuns droits, lesquels ne sont dûs que pour un Fief acquis, ou partie d'iceluy.

10. Le dixiéme cas auquel les droits seigneuriaux ne sont point dûs, est pour vente faite aux Secretaires du Roy, & autres exempts de payer droits pour acquisitions par eux faites dans la mouvance du domaine, comme sont les Chevaliers de l'Ordre, Messieurs du Parlement & de la Chambre des Comptes ; mais ce privilege ne s'étend point sur les terres des Seigneurs, au préjudice desquels le Roy ne peut point donner ce privilege & d'exemption.

MOULIN. Ce privilege est remarqué par du Moulin sur l'article 22. *num.* 5. de cette Coûtume, & sur l'art. 24. *num.* 4. de l'ancienne, par Monsieur Loüet, lettre S. chap. 22. par Brodeau sur cet article, nombre 3. & par Tournet sur l'art. 4.

Ce privilege s'étend sur les Appanages des Enfans de France, comme dépendans de la Couronne & du Domaine : Ainsi par Arrest du Jeudy 21. Mars 1641. remarqué par du Fresne en son Journal, & par Brodeau sur cet article, *num.* 4. entre Monsieur le Duc d'Orleans, Frere unique du Roy Loüis XIII. & Dame Magdelaine Payen, veuve de feu Messire Jean Martineau Trésorier des Parties Casuelles, & Secretaire du Roy, & les Secretaires du Roy intervenans, suivant les Conclusions de Monsieur l'Avocat General Talon, fut baillé main-levée par provision de la saisie feodale faite de la Terre de Fontenay, tenuë & mouvante du Comté de Mont-le-hery, à ladite Dame Magdeleine Payen, à sa caution juratoire.

Ce privilege a aussi lieu à l'égard des Reines Doüairieres, ce qui souffre moins de difficulté, qu'à l'égard des Appanagistes ; dautant que les Doüairieres ne sont qu'usufruitieres, & que ce sont des charges réelles imposées sur les terres dont elles joüissent, & qu'elles doivent par consequent souffrir ; vû qu'au contraire les Appanagistes sont propriétaires de leurs Appanages ; néanmoins ce privilege a lieu à leur égard.

La raison est, que les Appanages sont veritablement un Domaine non engagé, mais aliéné, dont la propriété est transmise en la personne des Appanagistes ; toutefois dautant que l'aliénation n'est faite qu'à la charge de reversion perpetuelle, en défaut d'enfans mâles, au profit de la Couronne, de laquelle les Appanages ont été démembrez, qui semble demeurer toûjours pardevers le Roy, lequel n'en a transmis que la joüissance, la possession & le domaine utile en la personne des Appanagistes.

C'est sur ce fondement que la Cour a jugé, que ce privilege & exemption avoit lieu sur tous les Appanages des Enfans de France ; ainsi qu'il est remarqué par Brodeau *d. loco.* BRODEAU.

Si les Secretaires du Roy & autres privilegiez sont exempts de payer les droits féodaux ou Seigneuriaux, pour les heritages qu'ils acquierent dans la mouvance & censive des Evêchez & Archevêchez vacans en Regale ? 11.

Cette question s'est presentée au Grand-Conseil, où elle a été jugée le 7. Juin 1666. par Arrest rapporté dans le 2. Tome du Journal des Audiences, au profit de Bernard Labbé, Secretaire du Roy.

La raison est, que les fruits des Evêchez vacans sont reputez domaniaux, puisqu'ils appartiennent au Roy, & que le droit des Secretaires du Roy s'étend sur tous les droits qui luy appartiennent.

Si ce privilege a lieu contre les Engagistes des terres du Domaine ? 12.

On répond pour l'affirmative, parce que n'étans que comme usufruitiers, ils n'ont pas plus de droit que le Roy auroit, puisque c'est en son nom qu'ils exercent les droits qui appartiennent aux Fiefs, dont ils sont Engagistes.

Ce qui ne souffre point de difficulté dans la Coûtume de Paris, ni dans celles qui obligent l'acquereur à payer les droits au Seigneur.

Quant aux Coûtumes qui chargent le vendeur de les payer, à moins qu'il n'ait été stipulé dans le contrat qu'ils seront payez par l'acheteur, apposant cette clause, *francs deniers au vendeur*, on demande si l'acheteur privilegié qui a déchargé le vendeur de payer les droits par la susdite clause apposée au contrat, portant, *francs deniers au vendeur*, doit joüir de son privilege contre les Engagistes du Domaine ?

Il semble que non, parce que par ce moyen le vendeur qui étoit tenu de payer les droits, joüiroit du privilege de l'acheteur : or tous privileges sont personnels. *l. privilegia. ff. de R. J.* ainsi l'acheteur, quoique privilegié doit payer les droits.

Néanmoins il faut dire le contraire.

La raison est, que l'Engagiste ne peut pas dire, que cette clause ait été apposée au contrat à son préjudice, puisque les parties ont usé du droit comme mun & permis aux vendeurs par la Coûtume, *dolo non facit, qui suo jure utitur, l. nullus. §. 55. ff. de R. J.*

Deplus, il est constant que dans ces Coûtumes le vendeur paye les droits des deniers de l'acquereur, parce qu'il vend son heritage un plus haut prix, que si l'acquereur étoit tenu de les payer.

La question cependant n'est pas sans difficulté.

BRODEAU. Brodeau sur l'article 78. *num.* 6. dit, que c'est une grande question, & il tient que telle convention ne peut nuire ni préjudicier au Fermier du Domaine, ni aux Engagistes, & qu'elle n'a effet qu'entre les contractans.

Dans la Coûtume de Paris & dans les autres qui chargent l'acheteur de payer les droits au Seigneur, & qui ne permettent pas expressément aux parties de stipuler, que le vendeur les payera, si le vendeur est privilegié, il ne peut pas prétendre, que l'acheteur soit exempt de les payer, parce qu'ils seroient payez par le vendeur,

La raison est, que ce seroit une convention des parties non autorisée par la Coûtume, qui ne pourroit nuire ni au Fermier du Domaine ni à l'Engagiste. Outre qu'il est certain, que c'est l'acquereur qui paye les droits, quoiqu'il soit convenu que ce sera le vendeur, le vendeur en ce cas vendant son Fief ou son heritage un plus haut prix.

13. *Si les Secretaires du Roy & autres privilegiez, lorsqu'ils font des acquisitions de terres & heritages dans la mouvance du Domaine du Roy, dont ils sont ensuite évincez par retrait lignager, peuvent exiger les droits qu'ils n'ont pas payez, comme étant aux droits du Roy?*

Cette question avoit été jugée autrefois par les Arrests au profit du privilegié, Tournet sur l'article 138. remarque deux Arrests, l'un du 14. Mars 1552. l'autre du 8. Juin 1606. par lesquels la Cour a jugé que les droits devoient être payez à l'acquereur, CHARONDAS comme s'il les avoit payez. Charondas sur l'article 138. rapporte l'Arrest de 1552. & tient l'affirmative.

La Cour a jugé le contraire par deux autres Arrests; le premier a été donné en la Chambre de l'Edit, le 21. Août 1645. dans l'espece d'un retrait féodal exercé par un cessionnaire de ce droit pour la terre de Courtabeuf, contre un Secretaire du Roy acquereur, le Corps des Secretaires du Roy intervenant.

Le second est, du 18. Decembre 1668. rapporté dans le 3. Tome du Journal des Audiences.

Ces derniers Arrests ont suivi avec raison le sentiment DU MOULIN de du Moulin sur l'article 22. *num.* 5. où il dit, *nisi retrahens hab. at simile privilegium, solvit hæc jura illi cui aliàs debentur, putà fisco vel domino directo, non autem primo emptori etiam Secretario regio, à quo retrahit, qui ut emendo & retinendo pro se, debet immunis esse, ita non debet inde negotiari extra fines privilegii sui; quòd si patitur retractum, habetur quasi non emisset; his itaque fundamentis apertis nullus relinquitur locus quæstioni vel dubitationi, quin clarissimum sit in specie proposita id solum debere refundi emptori quod numeravit & expendit, iste tamen retrahens solvet quintum vel subquintum Regi, & nullum habebit recursum.*

Ces Arrests ont étably une maxime au Palais dont on ne doute plus, & il n'y a qu'aux Privilegiez à qui ils fassent de la peine; car il n'est pas juste qu'un privilegié use de son privilege au préjudice du Roy, & qu'il prenne des droits qui luy sont dûs pour les acquisitions qui sont faites dans la mouvance du Domaine: & si par le retrait la vente faite au privilegié est nulle, il doit être dans le même état qu'il étoit avant qu'elle fut contractée; & s'il ne doit rien perdre, il ne doit point aussi profiter, leur privilege nétant qu'un droit d'exemption, & non pas un droit d'exaction; & puisque le retrayant est censé acquerir du vendeur, en consequence de la nullité de la vente faite au privilegié, il faut dire que le retrayant est tenu de payer les droits au Fermier du Domaine, auquel il les auroit payez, si le privilegié n'avoit point acheté du vendeur.

Si un Secretaire du Roy retirant un heritage par retrait lignager, sur un acquereur aussi Secretaire du Roy, est obligé de luy payer les droits qu'il n'a pas payez? 14.

Par Arrest du 5. Avril 1607. rapporté par Monsieur Loüet lettre S. chap. 22. il a été jugé, qu'il n'étoit pas obligé de les rembourser, parce que le retrayant entre au lieu & place de l'acquereur, & use de son privilege comme luy.

En effet, il seroit absurde, si un Secretaire du Roy en usoit pour faire payer des droits à un autre Secretaire du Roy, qu'il n'auroit pas payez.

Si un privilegié venant au retrait lignager contre un acquereur non privilegié, est tenu de le rembourser des droits qu'il auroit payez? 15.

On répond pour l'affirmative; parce que l'acquereur doit être entierement indemnisé.

Néanmoins si un roturier achetoit un Fief, & qu'il eût été obligé de payer au Roy une certaine Finance, pour le droit des Francs-Fiefs & nouveaux acquests, le lignager ne seroit pas obligé de le rembourser de cette Finance, dont le payement proviendroit du défaut de l'acquereur, comme il a été jugé par Arrest rapporté par du Luc, liv. 9. chap. 7.

Mais en ce cas la vente faite à cet acquereur étant resoluë par le retrait, il pourroit repeter la somme qu'il auroit payée pour ce droit au Fermier du Domaine, *per conditionem indebiti.*

Le onziéme cas auquel les droits seigneuriaux ne sont point dûs, est pour vente d'une rente de bail 16. d'heritage stipulée rachetable; car dautant que les droits ont été payez lors du bail & constitution de la rente, on ne les doit pas pour la vente d'icelle; en quoy la rente de bail d'heritage stipulée rachetable, differe de celle qui est non rachetable, voyez sur l'article 87.

Le douziéme pour vente de Fief, qui se gouverne 17. selon le Vexin-le-François, pour lequel n'est dû que le relief, & non le quint, suivant l'art. 3.

Le treziéme est, lorsque le mary qui s'est obligé 18. par contrat de mariage d'employer en fonds les deniers dotaux de sa femme, les assigne sur un heritage qui luy appartient, & qui ne tombe point dans la communauté; car telle declaration n'a effet que de simple hypotheque, pour laquelle par consequent le quint n'est pas dû.

Du Moulin sur l'article 79. *num.* 110. & 111. tient, que le relief est dû, *non est emptio & venditio, sed implementum pacti dotalis; secus quoad relevium, quia est mutatio, & feudum transit in alterius dominium; fit enim proprium uxoris.*

On peut dire au contraire, que si la propriété de l'heritage assigné au remploy par le mary, passe incommutablement en la personne de la femme, & que ce soit pour s'acquitter du payement d'une somme de deniers, auquel le mary seroit obligé avenant la dissolution du mariage, il faut dire que c'est un acte équipollent à la vente, sçavoir, *datio in solutum*, qui donnent par consequent ouverture au quint, & non au relief.

C'est l'opinion de Tronçon sur l'article 5. *verbo*, TRONÇ. profit, qu'il est dû le quint au Seigneur.

Toutefois il est certain, que telle assignation ne 19. produit qu'une simple hypotheque, comme il a été jugé par Arrest du 30. Juin 1636. rapporté par du Fresne.

Pour la décision de cette question, je croy, qu'il 20. faut suivre le sentiment de Coquille en ses questions chap. 113. qui dit, que pour assignat des deniers dotaux sur un heritage du mary, sont dûs droits au

Seigneur, non pas dés l'instant du contrat de mariage, mais aprés la dissolution d'iceluy; dautant que pendant le mariage le mary peut faire l'employ des deniers dotaux en autres heritages, & l'employ qu'il en auroit fait, seroit valable; & tel assignat n'a effet que subsidiairement en tant que l'employ ne se trouve pas avoir été fait au temps de la dissolution du mariage; ainsi l'effet de l'assignat est en suspens pendant iceluy.

21. Néanmoins si l'heritage du mary avoit été estimé, & que par contrat de mariage il eût été dit, que l'heritage appartiendroit en propre à la femme pour ses deniers dotaux, en ce cas ce seroit un employ effectif & translatif de proprieté, & sans doute que les droits seroient dûs au Seigneur; dautant que ce seroit une veritable vente, qui tiendroit lieu de l'achat, que le mary auroit fait d'autres heritages pour l'employ des deniers dotaux.

Il y a bien de la difference entre assigner specialement un heritage pour l'employ des deniers dotaux, & declarer que tel heritage sert d'employ pour être propre à la femme, & aux siens de son estoc, côté & ligne.

Au premier cas, l'assignat n'a pas plus de force qu'une hypotheque speciale, empêchant le mary d'en pouvoir disposer au préjudice du droit special, qu'il y auroit constitué à sa femme pour la seureté de sa dot.

Mais au second c'est une vente réelle, actuelle & effective, par laquelle la proprieté de l'heritage est transmise en la personne de la femme.

C'est ce que dit Chopin sur la Coûtume d'Anjou livre 2. part. 3. chapitre 1. titre 3. nombre 5. que l'assignat d'une terre pour cause dotale transfere la proprieté, si on fait la prisée & l'estimation de l'heritage.

22. Le quatorziéme cas auquel les droits seigneuriaux ne sont pas dûs, est pour vente de l'usufruit d'un Fief ou autre heritage pour la vie du preneur.

Du Moulin, Charondas, Brodeau. C'est l'avis de du Moulin sur l'article 78. *glos.* 1. *num.* 142. de Charondas sur l'article 33. de Brodeau sur l'article 147. *num.* 4.

La raison est, qu'il n'y a point de mutation de vassal, puisque le Fief ne change point de proprietaire, l'usufruitier n'étant pas homme du Seigneur.

Quoique l'usufruit soit reputé en beaucoup de choses faire partie de la proprieté, comme nous avons dit sur l'article 2. néanmoins il est vray de dire, que la proprieté, la possession & l'usufruit sont des droits entierement distinsts, & comme leur cause est separée, on ne les doit pas aussi confondre.

Deplus, c'est que l'usufruit legué n'est qu'un droit qui tient lieu de servitude, ainsi l'usufruitier n'est point Seigneur ni proprietaire de la chose, *l. qui usumfructum. ff. si usufruct. petat.* & puisque les droits ne sont point dûs pour constitution de servitude, il faut dire qu'ils ne sont point dûs aussi pour constitution d'usufruit.

Henris en ses Arrests, tome 1. livre 3. chapitre 3. question 21. remarque un Arrest donné sur procez par écrit sur un appel du Senechal de Lyon, du 20. Août 1650. qui l'a jugé ainsi pour l'article 78. nombre 117. pag. 207.

23. Cette question s'est presentée au Grand-Conseil, sçavoir si pour vente d'usufruit sont dûs lods & ventes.

Le Fermier de l'Abbaye de S. Germain des Prez prétendoit les lods & vente de la somme de vingt-huit mille livres, prix de la vente de l'usufruit d'une maison sçise au Fauxbourgs S. Germain des Prez, par Arrest du 28. Février 1688. rendu au Grand-Conseil, au rapport de Monsieur Fortia, confirmatif de la Sentence du Châtelet & rapporté dans le Journal du Palais, le Fermier a été debouté de sa demande.

Les fondemens de cette demande étoient, que c'étoit une veritable vente & translation de la proprieté en la personne de l'acquereur, ce qui se reconnoissoit:

Premierement par ces termes: *cede, quitte, transporte & delaisse & s'oblige de garantir de tous troubles & empêchemens generalement quelconques, la joüissance de la maison à pendant qu'il sera vivant, moyennant la somme de, &c.*

En second lieu, parce que l'acquereur s'oblige ou d'entretenir les lieux de toutes reparations, refections & rétablissemens de quelque nature qu'ils fussent, ensorte que la maison fut renduë en bon état aprés sa mort; & par consequent il étoit obligé aux grosses reparations, ausquels les simples usufruitiers ne sont pas sujets, suivant l'article 262. qui n'oblige les doüairieres qu'aux reparations viageres.

En troisiéme lieu, parce qu'il s'étoit obligé de payer les cens & droits seigneuriaux qui échéroient, sans en pouvoir pretendre le remboursement.

En quatriéme lieu, les baux à loyer qui excedent 9. ans sont une alienation; c'est pour cette raison que l'Ordonnance de Blois article 79. défend aux Principaux des Colleges de faire baux excedans 9. ans, des terres, & maisons qui en dépendent; que les Tresoriers de France ne peuvent faire baux des fonds dépendans du Domaine du Roy pour plus de temps sans Lettres Patentes, Bacquet au Traité des *Droits de Justice*, chap. 25. nomb. 10. & les baux des biens de l'Eglise ne peuvent pas être plus longs, *clement. 1. de reb. Eccles. non alien. & ibi glos.* & qu'un mary ne peut faire baux des biens de sa femme excedans 9. ans pour heritages de la campagne, & six pour maisons, suivant l'art. 227.

En sixiéme lieu, que la Coûtume de Blois article 123. le décide en ces termes, *pour contrat de bail à rente, fait à temps ou à vie, ou à toûjours, mais n'est dû aucun profit de ventes s'il n'y a bourse deliée, & se payeront ventes pour autant que se montera l'argent qui aura été deboursé.*

Celle de Bretagne article 57. décide la même chose, *ventes sont dûës au Seigneur quand le bien fait, doüaire, usufruit, ou autre viage sont vendus ou appretiez à deniers.*

En septiéme lieu, que Brodeau sur l'article 78. tient que quand il y a bourse deliée, les droits sont dûs, parce que quoique la proprieté n'en soit pas alienée, néanmoins la Seigneurie utile en est transferée; & que c'est aussi le sentiment d'Argentré au Traité *de laudimiis* §. 41.

En huitiéme lieu, que ce bail doit passer pour un bail à longues années, puisque la personne pour laquelle la joüissance avoit été acquise, n'avoit que 20. ans, & qu'ainsi il pouvoit durer plus de 60. années.

Ce sont là les principaux moyens pour soûtenir la demande du Fermier.

Passons à ceux qui ont déterminé les Juges à décider au contraire:

Premierement, c'est le sentiment commun des Docteurs, qu'il n'est rien dû au Seigneur, du Moulin sur l'article 33. *in verbo*, droit de relief n'en fait aucun doute, *quare quid in casu converso, si quis vendit vel donat usumfructum feudi sui, & certum est ex hoc nullum deberi relevium, nec aliud jus feudale, nec hoc quaritur.*

Bacquet au Traité *des Droits de Justice*, chap. 12. nomb. 2. décide qu'au cas de la translation de l'usufruit, il n'y a lieu ni au retrait, ni aux lods & ventes.

Tronçon sur l'article 73 dit, que la Coûtume de Berry est à noter, article 11. titre des Cens, qui veut que pour usufruit des choses censuelles, il ne soit rien dû au Seigneur; *article general*, dit-il, *pour les*

Coûtumes qui n'en disposent pas.

En second lieu, qu'il est vray que pour bail emphyteotique ou à longues années, les droits sont dûs à raison de l'argent deboursé, mais qu'il n'en est pas de même de l'usufruit; car quoiqu'il soit constitué au profit d'une personne jeune, néanmoins la durée en est incertaine, & peut-être momentanée, c'est pourquoy du Moulin au Traité *de usuris quæst. 72. num.* 472. *&* 473. compare l'usufruit cedé à la vente d'un coup de filet; le hazard & l'évenement seul font connoître qui du proprietaire ou de l'usufruitier, fait sa condition meilleure, *fructuarius nec horulam quidem habet certitudinis.*

En troisiéme lieu, que quelques Coûtumes veulent que les droits se payent pour vente d'usufruit, mais comme exorbitantes du droit commun, elles ne peuvent être étenduës aux autres.

Sur ces raisons l'Arrest a été rendu, & c'est mon avis; d'autant que c'est une maxime constante & un usage presque generalement observé en France, que droits ne sont point dûs en ce cas, parce qu'ils ne sont dûs qu'en cas de mutation de vassal: or par la constitution d'usufruit il n'y a aucune mutation de vassal, comme il resulte de ce qui a été dit cy-dessus.

Par ces mêmes raisons, la veuve n'est point obligée de payer aucuns droits, ni les heritiers du mary, pour son doüaire coûtumier, suivant l'article 40.

Pareillement les Gardiens Nobles, ou Bourgeois, ne payent aucuns droits aux Seigneurs, pour la joüissance des biens des mineurs pendant la garde, suivant l'article 46.

24. C'est par la même raison, que pour vente d'usufruit il n'y a point lieu au retrait lignager par l'article 147. ni par consequent au retrait féodal.

25. Du Moulin. Cette resolution souffre une exception, selon le sentiment de du Moulin *loco citato*, qui est que quand l'usufruit & la proprieté ont été achetez separément de l'usufruitier & du proprietaire dans le même temps.

La raison qu'il en rend est, parce que *non tam quia usufructus est pars dominii, sed eò magis quòd plenum & integrum fundum acquisivit, idque mediante pecuniâ, quæ totius integri justum pretium non excedit, & sic omnia cumulantur etiam à non dominis putà creditoribus.*

Cette opinion ne me paroît pas soûtenable, car il faut tomber d'accord, que pour la cession & la vente de l'usufruit faite par l'usufruitier, le cessionnaire n'en doit aucuns droits au Seigneur; & que pour la vente de la simple proprieté il n'est dû que les droits à raison du prix, sans que pour l'avenir il soit rien dû au Seigneur pour la réünion de l'usufruit à la proprieté; ainsi il ne semble pas juste de charger l'acquereur du quint ou des lods & ventes envers le Seigneur des prix pour lesquels il a acquis l'usufruit & la proprieté.

Aussi du Moulin est-il repris par d'Argentré sur l'article 65. *not.* 1. *num.* 3. d'avoir tenu cette opinion.

Il y auroit moins de difficulté au cas que l'acquereur eût acquis l'usufruit simple du proprietaire, par un contrat, & que par un autre & dans un autre temps peu éloigné, il eût acheté la nuë proprieté du même Fief, & du même proprietaire; car en ce cas l'acquereur seroit chargé de payer les droits pour l'un & l'autre prix, à cause de la presomption de fraude; autrement on se serviroit de ce moyen tous les jours pour frustrer les Seigneurs d'une partie de leurs droits.

Mais comme cela n'est point décidé par aucune Loy ni Coûtume, & que cette opinion n'a pour fondement que la raison & l'équité, les Juges doivent se regler sur les circonstances du temps, des personnes, du fait & autres, pour condamner ou décharger l'acquereur du payement des droits du prix de l'acquisition de l'usufruit.

Il s'ensuit de ce que nous venons de dire, suivant l'avis de Maître Auzanet sur l'article 76. qu'il n'est dû aucuns droits pour la cession faite par l'usufruitier à prix d'argent de son droit d'usufruit. Auzanet.

Néanmoins nous avons des Coûtumes qui en disposent autrement, & qui veulent, que le quint soit dû pour vente d'usufruit d'un Fief, s'il excede neuf ans; ou le relief pour la constitution d'usufruit pour autre cause que pour vente, comme pour donation, legs, ou autre semblable. 26.

La Coûtume de Laon article 191. dit, *si l'usufruit est aliené à plus long-temps que neuf ans, est dû profit de relief ou de quint selon la nature du contrat.*

Celle de Châlons art. 192. en dispose de même.

Le quinziéme cas auquel les droits seigneuriaux ne sont point dûs, est pour vente & coupe de bois de haute fustaye dépendant d'un Fief. 27.

C'est la commune opinion des Docteurs, de Maître Charles du Moulin sur l'article 23. *quæst.* 12. *num.* 90. d'Argentré au Traité des lods & ventes §. 28. de Coquille sur la Coûtume de Nivernois chap. 4. art. 21. de Mornac sur la Loy *si grandes.* 11. *ff. de usufr.* & sur la Loy *si post.* 9. *ff. de peric. & comm. rei vend.* Du Moulin.

La raison est, qu'encore que le bois de haute-fustaye fasse partie du fond tant qu'il y est attaché, néanmoins il est reputé meuble quand il est vendu & coupé.

Nos Auteurs rapportent plusieurs Arrests qui l'ont jugé ainsi.

Coquille en ses questions *q.* 30. en remarque un donné aux Enquêtes le 5. Avril 1569.

Chenu Centurie 2. *q.* 33. en rapporte un autre avec les raisons, donné en la Chambre de l'Edit, le 26. Janvier 1606. Messire François Dangennes Sieur de Mouloüet & Hollande, & Messire Jean Loüis de la Valette Duc d'Espernon, Comte de Monfort, parties plaidantes: il s'agissoit de la coupe des bois de Hollande, dépendant du Comté de Montfort.

Ces deux Arrests sont citez par Brodeau sur cet article nombre 14. & le dernier est cité par Tournet sur l'art. 1. Brodeau. Tournet.

Monsieur de Cambolas livre 4. chapitre 10. rapporte un Arrest du Parlement de Toulouse, qui l'a jugé ainsi.

Ce qu'il faut entendre néanmoins, pourvû que la coupe du bois ne soit pas anticipée pour frustrer le Seigneur de ces droits; comme si la vente du bois avoit été faite separément de celle du fond peu de temps auparavant, à la même personne, ou à une autre interposée, afin de diminuer le prix de la vente de tout le Fief, car en ce cas les droits de quint seroient dûs au Seigneur, tant pour la vente du Fief que de celle du bois qui en dépend, selon le sentiment de Maître Charles du Moulin sur l'article 55. *num.* 12. Du Moulin.

Ce qui a été jugé par deux Arrest remarquez par Tronçon sur l'article precedent *in fine*, & sur l'article 22. Tronçon.

Maître Auzanet sur l'article 76. tient, que si l'acquereur d'un fond avoit traité dans les cinq années precedentes de la superficie des bois de haute-fustaye, les droits seroient dûs eu égard au prix de l'un & de l'autre contrat, au Seigneur qui joüissoit au temps de la seconde acquisition. Auzanet.

A l'égard du temps cela n'est point défini par cette Coûtume ni par autre, ainsi cela dépend de la prudence du Juge qui en doit ordonner suivant les circonstances, & en cas que ces acquisitions differentes ayent été faites à dessein de fraude. Et si le Juge trouve à propos de charger l'acquereur des droits, tant du prix de la proprieté que de l'usufruit, le sentiment de Maître Auzanet me paroît fort judicieux, que les droits de l'un & de l'autre soient payez au Seigneur, ou au Fermier qui est au temps de la seconde acquisition, & non à celuy qui étoit au temps de l'acquisition de l'usufruit.

La raison est, que les droits de la vente de l'usufruit ne sont pas dûs par elle-même, ils ne le sont qu'en consequence de la vente de la proprieté; à laquelle celle de l'usufruit n'est que comme une suite, & pour y parvenir, ainsi on ne doit considerer que le temps de la vente de la proprieté; auquel se doit rapporter la vente de l'usufruit.

28. Au Parlement de Provence les droits sont adjugez aux Seigneurs pour une vente de bois de haut fustaye, Jacques de Morgues Commentateur des Statuts de cette Province, rapporte plusieurs Arrests de ce Parlement qui l'ont jugé ainsi.

29. Quoique la vente d'un bois de haute-fustaye diminuë la valeur du fond, & que par ce moyen le Fief soit vendu à meilleur marché au préjudice des droits du Seigneur, néanmoins il ne la peut pas empêcher; à moins que le Fief ne consistast qu'en une seule piece d'heritage, qui fût un bois de haute-fustaye, desorte qu'aprés la coupe du bois le fond fût inutile & incapable de rapporter aucun fruit, pour ne pouvoir souffrir le labour, en ce cas le Seigneur seroit bien fondé d'en empêcher la coupe, suivant l'avis de Coquille sur la Coûtume de Nivernois, titre des Fiefs, article 21. parce que le vassal doit entretenir l'heritage féodal en bonne nature, à l'exemple de l'usufruitier, *l. 1. in fine. ff. de usufr. quemad. cav.*

30. Le seiziéme cas auquel les droits seigneuriaux ne sont point dûs, est quand un Fief est donné estimé par contrat de mariage au mary par la femme, pour entrer en la communauté de biens.

Il semble néanmoins, qu'en ce cas le quint, ou les lods & ventes sont dûs, parce que le mary est maître de la communauté, & que la chose donnée estimée est censée venduë, & qu'ainsi c'est comme si le mary l'achetoit.

Il faut dire le contraire, suivant l'avis de Maître Du Moulin. Charles du Moulin §. 78. *glos.* 1. *num.* 102. *Non censetur domus vendita, sed favore matrimonii data, non in veram dotem, sed in dotem conditionatam, cadentem & confundendam in communionem futurorum conjugum, perinde atque si domum illam constante matrimonio communi industriâ, vel donatione aut legato absque pecunia de suo numerata acquisivissent; utque sit ita communis inter eos, ut maritus tanquam caput & dominus liberè si velit alienare possit; aliàs soluto matrimonio, sicut reliqua bona ejusdem communionis dividatur.*

Il semble qu'en ce cas le relief est dû, parce qu'il y a mutation de la part du mary qui est censé le maître de tous les biens de la communauté, quoyque le Fief eût été donné par les pere & mere de la fille, & qu'ils eussent consenty qu'il seroit ameubly à l'effet d'entrer dans la communauté. Cependant on peut défendre qu'il n'est point dû, le Fief mis en la communauté étant commun entre le mary & la femme.

Le dix-septiéme est proposé par Maître Charles du Moulin sur le §. 20. *glos.* 1. *num.* 16. dans cette espece: Un particulier achete un Fief servant, ensuite avant que d'avoir fait & payé ses droits & devoirs, le Seigneur dominant luy vend son Fief; & par ce moyen l'acquereur est déchargé envers luy de la foy & hommage, du quint & du retrait: quelque temps aprés cet acquereur revend le Fief dominant à celuy de qui il l'avoit acheté: L'acquisition est s'il doit payer les droits pour l'acquisition du Fief servant? 31. Du Moulin

Du Moulin tient que non, parce que *semel confusa & extincta servitus non reviviscit, licet postea utraque res dominans & serviens revertatur ad pristinum statum; l. si quis ædes. de servit. urban prædior.* qu'il est vray que ce Fief est ouvert, mais non pas par l'ouverture ancienne, *est nova apertura, ex nova causa de recenti contingens*; que cette ouverture n'est pas arrivée *ex parte vassalli*, mais *ex parte dominantis*; parce que l'acquereur ayant acquis le Fief servant & ensuite le Fief dominant, les droits & les devoirs qu'il devoit ont été éteints & confondus en sa personne, & n'ont pû être retablis, parce qu'il auroit revendu le Fief dominant. Du Moulin

Ce sentiment ne me paroît pas indistinctement vray, mais seulement au cas qu'aprés la possession prise par l'acquereur la revente en ait été faite; car si le vendeur & l'acquereur s'étoient départis de la vente sans prise de possession de la part de l'acquereur, la vente étant renduë nulle par ce moyen, les droits du Seigneur dominant seroient conservez, parce que *quod nullum est nullum parit effectum.*

S'ils sont dûs pour heritages de la Comté donnez à la femme pour ses reprises? 32.

Voyez §. 2. nomb. 6.

OU PREND A RENTE RACHETABLE.

GLOSE DEUXIE'ME SUR L'ARTICLE LXXVIII.

SOMMAIRE.

1. *Pour heritage pris à rente rachetable les droits sont dûs.*
2. *Sur quel pied se fait le rachat de la rente rachetable, quand il n'en est point fait mention dans le contrat.*
3. *La décision des articles 23. & 78. est étenduë aux autres contrats.*
4. *Si la rente n'est rachetable que dans un certain temps, le Seigneur est tenu d'attendre le rachat.*
5. *Quand la rente est non rachetable, n'est dû ni quint, ni vente.*
6. *Le bail à rente rachetable produit les mesmes effets que la vente.*
7. *Les droits sont dûs déslors du contrat.*

1. PAr l'article 23. & par cet article 78. celuy qui prend un Fief ou heritage en roture à rente rachetable, doit au Seigneur le quint ou les lods & ventes.

La raison est, que la rente stipulée est reputée le prix convenu duquel se paye l'interêt au vendeur, en attendant le remboursement; & les droits sont dûs au Seigneur dés le temps du contrat, sans qu'il soit tenu d'attendre le rachat de la rente; ainsi ils sont dûs à celuy qui étoit le Seigneur en ce temps, & non à celuy qui l'est au temps du remboursement, comme il a été jugé par les Arrests remarquez par Anne Robert, *lib.* 8. *cap.* 18. & par Lhommeau sur la Coûtume d'Anjou, livre 1. art. 112.

Puisque les droits se payent à raison du sort principal de la rente, le Seigneur n'en peut prendre pour la rente ou le rachat d'icelle ; parce qu'il seroit payé deux fois pour la même acquisition.

2. *Sur quel pied se doit faire le rachat de la rente rachetable, quand il n'est point convenu par le contrat ?*

CHARONDAS. Charondas sur les articles 23. & 78. tient qu'il se doit faire sur celuy de l'Ordonnance, & partant à present au denier 20.

Brodeau sur l'article 23. nomb. 12. estime qu'il se doit regler au denier 24. ou 25.

Je ne crois pas son opinion bien fondée ; car si le sort principal de la rente tient lieu du prix de l'heritage baillé à la charge d'icelle, c'est comme si l'acheteur avoit payé le prix au vendeur, & que *brevi manu*, le vendeur le luy eut rendu pour en faire un contrat de constitution à son profit, & par consequent le rachat s'en doit faire au denier de l'Ordonnance.

Loyseau, au Traité *du Déguerpissement*, livre 1. chap. 5. nomb. 17. dit, que quand un contrat est fait en termes de vente, par lequel le prix est specifié & declaré, pour lequel ensuite soit constituée rente, cette rente n'est pas estimée fonciere, mais simple rente constituée : par la raison que, l'expression du prix est la vraye marque du contrat de vente, & il n'est pas necessaire que l'argent soit payé deslors, *l. 2. de contrah. empt. vendit.*

3. Le bail à rente rachetable est tellement reputé vente, qu'il en produit les effets, l'heritage tombe en retrait, suivant l'article 137. & du Moulin sur l'article 33. glos. 2. nomb. 63. *& seqq.*

La décision de ces articles, comme tres-équitable, a été étenduë aux Coûtumes qui n'en parlent point.

Ainsi jugé par Arrest donné en celle d'Anjou en la Chambre de l'Edit, le 17. Août 1561. remarqué par Monsieur Loüet, lettre L. nomb. & par Brodeau sur l'article 78. nomb. 13.

Il en remarque deux autres, l'un du 24. Mars 1567. l'autre du 23. Decembre 1571.

4. *Si un Fief étant baillé à rente rachetable avec clause qu'elle ne pourra être rachetée que dans un certain temps, le Seigneur doit attendre qu'il soit échu pour être payé de ses droits ?*

Brodeau sur l'article 23. nomb. 13. tient que non, parce qu'avant le temps échu il n'est pas au pouvoir du debiteur de la rente de la racheter ; d'autant que pendant ce temps elle n'est pas rachetable, ainsi les droits ne sont pas acquis au Seigneur auparavant.

J'estime au contraire, que les droits sont dûs dés le temps du contrat ; car cette clause n'est pas mise en consideration de l'acquereur, mais du vendeur, ainsi l'acquereur n'en doit pas profiter ; outre que si cette clause étoit permise, il seroit facile de tromper les Seigneurs.

On peut dire enfin, que les droits sont dûs à raison de l'acquisition & de la mutation ; or l'acquereur n'est pas moins propriétaire incommutable nonobstant cette clause, & partant le vassal du Seigneur, qui n'est pas obligé de le recevoir en foy & hommage, qu'il ne luy paye les droits dûs pour son acquisition, suivant l'article 63.

Par ces deux articles les droits sont dûs dés l'instant du contrat ; Loysel, livre 4. titre 2. article 6. en a fait une regle, *en ventes d'heritages tenus à cens, soient pures & simples, ou à faculté de rachat, par decret ou autrement, & en baux à rente rachetable, sont dûs lods & ventes dés lors du contrat.*

Les Coûtumes de Melun, Auxerre, & Meaux ne donnent les droits au Seigneur qu'au temps du rachat, mais leur disposition est particuliere.

Quant au bail à rente fonciere non rachetable, il n'est dû ni quint ni ventes ; & c'est mal-à-propos que Labbé sur l'article 78. dit avoir été jugé par Arrest du 24. May 1567. que les ventes en sont dûës ; il s'est trompé, l'Arrest l'ayant jugé pour la vente de la rente non rachetable ; ce qui est sans difficulté, suivant l'article 87. 6.

Le bail à rente est tellement reputé vente, qu'il en produit les mêmes effets ; c'est pourquoy l'heritage baillé à rente rachetable chet en retrait, article 137.

C'est le sentiment de du Moulin sur le §. 33. *glos.* 2. *num.* 63. *& seqq. reditus redimibilis, seu concessio ad perpetuum reditum redimibilem. Æquipollet venditioni, & nihil aliud est quàm res vel invito Domino vendibilis pro certo & ad hoc æstimato pretio, & sic omninò æquipollet pratio in pecunia numerata, quod non est in reditu non redimibili.*

Dés que le contrat est fait à la charge d'une rente rachetable, les droits sont dûs au Seigneur, suivant ce qui a été dit cy-devant glose 1. §. 1. suivant la regle qu'en a fait Loysel, liv. 4. tit. 2. art. 6. *en ventes d'heritages tenus à cens, soit pures & simples, ou à faculté de rachat, par decret ou autrement, & en baux à rente rachetable, sont dûs lods & ventes dés lors du contrat.* 7.

OBSERVATIONS DE MONSIEUR ***.

Sur l'Article LXXVIII.

SOMMAIRE.

1. *Il faudroit ôter de cet article le mot* foncier.
2. *Pourquoy cet article a été fait.*
3. *Rentes foncieres de deux sortes, & pour quelles rentes les droits sont dûs.*

1. IL faudroit retrancher de cet article le mot de *Seigneur foncier* ; parce que le Seigneur censier est celuy à qui les droits de vente sont dûs ; & il suffit de parler dudit Seigneur censier ; parce qu'il est & semble être le seul interessé dans la perception des droits : joint que les differens noms employez dans le même article, & qui ne signifient que la même chose, apportent plus de confusion, qu'ils ne servent à éclaircir les difficultez.

Au reste il n'y a rien dans cet article qui doive être changé.

2. Il a été fait pour empêcher les fraudes que les acquereurs pouvoient faire en supposant par les contrats que la vente se faisoit en ne donnant rien, mais en créant par le Seigneur une rente sur luy.

3. Comme les rentes foncieres sont de deux sortes, les unes étant rachetables, & les autres non rachetables, la Coûtume en a voulu faire la difference, en ordonnant que lorsque l'acquereur, au lieu de payer constitué

constitué sur luy une rente rachetable, il doit les droits de vente comme s'il avoit acquis à prix d'argent.

Mais quand au lieu de l'heritage il constitué une rente non rachetable, il n'en est pas de même. Aussi en recompense cette même rente non rachetable tient nature de fond; & lorsqu'on vend cette même rente non rachetable, les droits sont dûs, comme nous verrons dans les articles suivans.

CONFERENCE SUR L'ARTICLE LXXVIII.

De même, *Auvergne*, chap. 161. art. 1.
Châlons, art. 125.
Estampes, art. 146.
Mantes, art. 50. *Montfort*, art. 52.
Nivernois, chap. 5. art. 2. *Noyon*, art. 24.
Valois, art. 13.
Xaintonge, art. 29. & ajoûte, *en tout contrat de vente, ou équipollent à vente, soit volontaire, ou necessaire par adjudication par decret.*

Si aucun achete.

Meaux, art. 109. *Quand on échange but à but sans soulte ou bourse délier aucun heritage, on ne paye aucuns lods ne ventes.*

De même, *Mantes*, art. 53.

Bourbonnois, art. 407. porte, *sinon que la chose échangée fût rachetée dans un an; car en ce cas sont dûs lods & ventes.*

Bretagne, art. 66. ajoûte, *Sinon que l'echange fût frauduleux: & si l'un des contractans s'oblige luy, ou par personne interposée, de fournir ou faire fournir deniers pour la chose par luy baillée, l'échange sera estimé frauduleux, verifiant ladite promesse par acte, ou serment seulement. Sera aussi l'échange présumé frauduleux, si l'un des contractans est trouvé posseder l'une & l'autre des choses échangées dedans l'an, s'il ne verifie que la Seigneurie luy soit avenuë par succession.*

De même, *Sens*, art. 227. & ajoûte, *& en ce cas & autres esquels l'échange se trouveroit frauduleux, seront dûs doubles droits Seigneuriaux, outre & pardessus l'amende ordinaire du dépry. Et s'il y a soulte on devra lods & ventes pour le regard desdites soultes.*

De même, *Auvergne*, chap. 16. art. 2. *Auxerre*, art. 85.
Bourbonnois, art. 396.
Chaumont, art. 59.
Noyon, art. 24.
Troyes, art. 55.

Estampes, art. 58. ajoûte, *posé que les heritages échangez soient assis en diverses censives & Seigneuries.*

De même, *Montfort*, art. 57.
Peronne, art. 99.
Reims, art. 152.
Senlis, art. 257. qui ajoûte, *excepté la Châtellenie de Compiegne, en laquelle en matiere d'échange pour heritages roturiers assis en diverses Seigneuries, est dû droit de ventes selon la valeur & estimation des choses échangées.*

De même, *Lorris*, chap. 2. art. 24.

Peronne, art. 87. *és Prevôtez de Mondidier & Roye: Mais quand les choses échangées sont en même Seigneurie n'est rien dû, sinon qu'il y ait soulte en deniers.*

Comté de Bourgogne, art. 65. *Un échange* [a] *fait d'heritages censables n'a point de lods, s'il n'y a soulte d'argent.*

[a] *Intellige & ex intervallo, ut dixi in Consuet. Parisi.* §. 15. *gl.* 1. & 2. & §. 23. *fac. infr.* §. 453. C. M.

Par plusieurs Coûtumes n'y a lods ni ventes pour heritage donné par affection envers le donataire.

Chaumont, art. 61.
Estampes, art. 54.
Noyon, art. 24.
Orleans, art. 107. & ajoûte, *sinon que ladite donation fût faite pour récompense de services ou charges autres que celles dont l'heritage seroit chargé lors de la donation: pour le regard desquelles autres charges de nouvel apposées, ventes sont dûës selon l'arbitrage de Prud'hommes.*
Reims, art. 151. & ajoûte, *sinon qu'il y eût bourse déliée, auquel cas seront dûës ventes jusques à la concurrence des deniers deboursez.*
Sens, art. 228.

Bourbonnois, art. 403. *Lods & ventes sont dûs pour l'heritage baillé en payement de deniers, soient dotaux ou autres: toutefois si au contrat de mariage un pere constituë une somme de deniers en dot, dont la moitié, ou autre partie, doive être convertie en heritage propre, & le pere ou autre constituant en ensuivant ladite constitution baille heritage, en ce cas ne sont dûs lods ne ventes.*

De même, *Bretagne*, art. 58. & 59. & *Auvergne*, chap. 16. art. 16.

Bourbonnois, art. 401. *En supplément de juste prix ou plus valuë, soit par transaction ou autrement, lods & ventes sont dûs.*

De même, *Auvergne*, chap. 16. art. 4. *Tours*, article 150.

Auxerre, art. 99. *Si aucun vend son heritage tenu en censive, moyennant & sous faculté de remeré à un, deux, trois ans, ou autre temps, le Seigneur censier prendra les lods & ventes de ladite vendition incontinent la vente faite: Mais si ledit vendeur rachete ledit heritage dedans ledit temps, il n'y a lods ne ventes pour ledit rachat.*

De même, *Estampes*, art. 52.
Châlons, art. 129.
Orleans, art. 109.
Bourbonnois, art. 406.
Auvergne, chap. 16. art. 11.
Xaintonge, art. 29.

Blois, art. 115. *Si l'heritage tenu à droit de cens, soit à jour nommé ou à queste, ou soit à cher prix, ou à tels cens tels reliefs; est vendu ou renté sur iceluy profit de ventes est dû pour l'acquereur, pourvû que le contrat soit à perpetuité: c'est à sçavoir de douze francs, un franc, & de douze vingt livres, vingt livres, & ainsi à l'équipollent.*

Empêché [b] par les gens d'Eglise en tant que touche la clause, *pourvû que le contrat soit à perpetuité*, & remis à la Cour.

[b] *Et malè, quia si vendo ad tempus, vel si vendo reditum decem annorum tantum potiùs censetur alienatio fructuum.* C. M.

Contre, *Bretagne*, art. 56. *En contrat de vendition, où y a condition de remeré & recousse, ventes ne sont dûës pendant ladite condition de recousse, si elle ne passe neuf ans: & le temps de la premiere con-*

dition échû ou passé, si le remboursement n'est fait au dedans d'iceluy, ventes sont dûës, ores que la grace eut été prolongée par l'acheteur.

Chartres, art. 35. *D'heritage tenu à cens, vendu, ou échangé en diverses* c *Seigneuries & censives, le Seigneur censier doit avoir pour son droit de ventes le sixiéme denier, & se payent les ventes par moitié entre le vendeur & l'acheteur, & pourra acheter l'heritage à la charge de payer toutes ventes sans reventons.* d

c *Hæc qualitas situs tantum refertur ad permutata, ut patet infra eod.* §. 38. C. M.

d *Id est non debentur, licet vendiderit*, francs deniers. C. M.

Bourbonnois, art. 396. *En vente de succession & generalité de tous biens sont dûs lods & ventes, en rabatant*, pro rata, *au sol la livre la valeur des meubles & dettes actives qui sont en ladite succession.*

De même, *Auvergne*, chap. 16. art. 7.

Auvergne, chap. 16. art. 3. *Si aucun fait donation entre-vifs de ses biens, ou partie d'iceux, à la charge de payer les dettes du donateur, lods & ventes sont dûs selon que lesdites dettes montent, en rabatant*, pro rata, *au sol la livre ce que vaudront les meubles qui seront compris en ladite donation.*

Bourbonnois, art. 401. *En donation de plus valuë qui se fait en contrat de vendition, lods & ventes n'ont point de lieu quant à ladite plus valuë.*

De même, *Auvergne*, chap. 16. art. 5. e

e *Ut dixi in Consuetud. Paris.* §. 23. *quæst.* 15. C. M.

Tours, art. 151. *pour choses immeubles baillées en faveur de mariage, ne sont dûës ventes, encore qu'elles fussent baillées par estimation.*

Tours, art. 150. *En transaction faite d'immeubles ou droits, en laquelle y a deniers baillez, ou équipollent, y a ventes pour ce qui est baillé.*

Anjou, art. 360. *En transaction, où il y a mutation de possesseur de la chose, avec cession & transport de proprieté ou du droit que le possesseur y prétendoit, y a retrait & ventes, lesquelles se doivent payer à la raison de ce qui a été baillé & payé par celuy qui est fait nouveau possesseur de la chose: Mais quand par la transaction n'y a eu transport ne mutation de possesseur, celuy à qui demeure la chose pacifique, ne doit aucunes ventes, & n'y a retrait, posé qu'il ait baillé argent ou autre chose par ladite transaction.*

TEL ACHETEUR.

De même, *Bretagne*, art. 64. *L'acquereur payera & acquittera le tout des droits de ventes, sans que le vendeur en paye aucune chose.*

Meaux, art. 199. *Les lods & ventes se payent par moitié, c'est à sçavoir par le vendeur moitié, & par l'acheteur l'autre moitié, s'il n'est dit francs deniers au vendeur.*

De même, *Troyes*, art. 54. *Sens*, art. 225.

Clermont, art. 115. dit, que *c'est le vendeur qui les doit, s'il n'est dit francs deniers.*

De même, *Amiens*, art. 37. & *Peronne*, art. 85.

OU PREND A RENTE RACHETABLE.

De même, *Sens*, art. 219. & ajoûte, *mais du rachat d'icelle il n'aura lods ne ventes.*

Valois, art. 25. *Montargis*, chap. 25. art. 23.

Contre, *Meaux*, art. 198. *Pour heritages baillez à rente perpetuelle ou rachat, n'est dû droit de lods & ventes, si ladite rente n'étoit rachetée.*

De même, *Melun*, art. 121. *Auxerre*, art. 88.

Sens, art. 231. *Si aucun baille son heritage à rente perpetuelle sans rachat, le Seigneur censier ne prendra lods & ventes: mais si depuis ledit heritage est vendu à la charge d'icelle rente, le Seigneur censier aura lods & ventes d'icelle vendition, ensemble de ladite rente, au feur de dix livres tournois chacun franc; desquelles dix livres le Seigneur censier prendra lods & ventes.*

Auxerre, art. 89. *Orleans*, art. 108.

Auteurs sur l'Article soixante-dix-huitiéme.

L'Edit du Roy du 6. Mars 1674.
D'Olive, liv. 2. q. 17.
Coquille, quest. 31.
Bobé, sur cet article, & sur l'art. 198. de la Coûtume de Meaux.
Thourette, sur Montfort, art. 52.
Le Grand, sur Troyes, art. 55.
Buridan, sur Reims, art. 143. 156.
De Salligny, sur Vitry, art. 32.
Henrys, tom. 2. liv. 3. qu. 8. 10. 11. 29. 31. livre 4. quest. 53. liv. 5. quest. 57. 59. & dans ses Questions posthumes, qu. 1. 2.
Mon Institution coûtumiere, tom. 1. livre 2. titre 4. §. 4.
Journal du Palais, Arrest du 26. Avril 1672. Arrest du 22. Aoust 1685. Arrest du 28. Février 1688. Arrest du 29. Février 1692.
Du Fresne, liv. 3. chap. 70. 75. liv. 5. chap. 37.
Stephanus, Décis. 20.
Le Grand Coûtumier, liv. 2. chap. 26.
Montholon, Arrest 30. & 95.
Bouguier, *litt. V. n.* 1. & 2.
Journal des Audiences, tom. 2. liv. 2. chap. 21. liv. 4. chap. 48. liv. 8 chap. 11. tom. 3. liv. 2. chap. 27. tom. 5. liv. 7. chap. 7.
Charondas, sur Paris, art. 73. sur la fin.
Loysel, liv. 4. tit. 2. art. 15. 16.
Brodeau, sur M. Loüet, lett. C. somm. 19.
Loüet, lett. L. somm. 9. 15. 18. lett. V. somm. 11.
M. Le Prestre, Cent. 2. chap. 42. 75. Cent. 3. chap. 55. Cent. 4. chap. 78.
Auzanet, en ses Arrests, liv. 1. chap. 84. liv. 2. chap. 19. 41. 93. liv. 3. chap. 11. 22. 36.
Charondas, en ses Réponses, liv. 11. chap. 116.
Papon, sur la Coûtume de Bourbonnois, art. 343. & 397.
D'Argentré, sur la Coûtume de Bretagne, art. 57. nomb. 7. art. 71. 72. & 73. & sur le partage des Nobles, quest. 40. & en son Traité *de laudimiis*.
Thaumas, en ses Questions sur la Coûtume de Berry, Cent. 1. chap. 51.
Feron, sur la Coûtume de Bordeaux, liv. 1. titre 2. art. 20. liv. 2. tit. 8. art. 15. & 18.
Automne, sur la même, art. 96. & 98.
Chassanée, sur la Coûtume de Bourgogne, titre 11. art. 1. nomb. 15. & art. 70. nomb. 1. & 2.
Pontanus, sur la Coûtume de Blois, tit. 6. art. 81.
Rat, sur la Coûtume de Poitou, art. 19.
Chopin, sur la Coûtume d'Anjou, liv. 1. chap. 3. nomb. 12. & chap. 4. nomb. 5. 6. 7. & 8. chap. 5. nomb. 2. liv. 2. part. 1. chap. 2. tit. 3. nomb. 5. & 6. & sur la Coûtume de Paris, liv. 1. nomb. 33. tit. 3. nomb. 8. 12. & suiv. *du Domaine*, liv. 3. tit. 12. nomb. 26. & tit. 23. nomb. 4.
De Lhommeau, sur la Coûtume d'Anjou, liv. 1. art. 153. & 154. & liv. 2. art. 282.

Pineau, sur la même Coûtume, art. 156. & 362.
Labbé, sur la Coûtume de Berry, tit. 6. art. 1. glos. *par l'acquereur*, & art. 7.
D'Olive, liv. 1. chap. 6. liv. 2. chap. 14. 17. & 18.
Tiraqueau, *du Retrait lignager*, art. 6. gl. 1. nomb. 2. & suiv. & *du Retrait conventionnel*, art. 6. gl. 1.
Du Luc, liv. 7. tit. 5. art. 2.
Robert, liv. 3. chap. 18.
Corbin, en ses Plaidoyez, chap. 106.
Loüet & Brodeau, *litt. L. n. 9. litt. R. n. 2. 26. & litt. P. n. 3.*
M. Le Prestre, Cent. 2. chap. 38. 70. & en ses Arrests de la cinquiéme, nomb. 65. 140. & 171.
Belut, en son Traité *des Boutiques du Palais*, ch. 17.
Vigier, sur la Coûtume d'Angoumois, art. 16.
Lhoste, sur la Coûtume de Montargis, tit. 2. art. 24. 25. 26. 34. 41. & 43.
Bodreau, sur la Coûtume du Maine, art. 71. & 178.
Buridan, sur la Coûtume de Vermandois, art. 137. & 139.
Frain, sur la Coûtume de Bretagne, art. 56.
Frerot, sur la Coûtume de Chartres, chap. 23. article 22.
Basmaison, sur la Coûtume d'Auvergne, tit. 16. art. 1. 2. 3. 4. 11. 14. 19. & 20.
Mainard, liv. 4. chap. 37. 38. 39. 40. 41. 43. & 50.
Duplessis, Consultation 2. page 643. & Consult. 12. page 670.
Duplessis, explique cet article, liv. 2. sect. 1. p. 87. & sect. 2. p. 99.

ARTICLE LXXIX.

Cet article a été ajoûté à la reformation de la Coûtume.

Le Seigneur a le droit des ventes du Contrat ou du Decret sur le Déguerpissement.

SI l'acheteur d'un heritage est contraint de déguerpir & délaisser l'heritage pour les dettes de son vendeur, & en ce faisant, il se vend & adjuge par decret, à la poursuite des créanciers, ledit acquereur succede au droit du Seigneur, pour avoir & prendre à son profit les ventes dudit decret, telles qu'eut pris ledit Seigneur. Ou est au choix dudit Seigneur de les prendre, en rendant celles qu'il a reçûës de l'acquisition premiere.

Voyez l'Article 23. 84. & le 87.

REMARQUES.

JUgé par Arrest du Jeudy 6. Juin 1591. pour Monsieur le Cardinal de Gondy, contre Jude Champenois, que les lods & ventes par luy touchez d'un acheteur qui avoit déguerpy aprés avoir joüy deux ans de l'heritage, ne seroit pas tenu de les rendre.

Jugé par Arrest du 7. Mars 1595. aprés midy, que celuy qui avoit déguerpy l'heritage par luy acquis, dont il n'avoit point joüy, ne payeroit pas les lods & ventes, mais seroit tenu le Seigneur de s'adresser à l'adjudicataire. G. F.

Je ne puis pas me persuader que Maître Gilles Fortin qui rapporte ces deux Arrests en ait penetré la raison, & ce qui a été jugé par le premier ; vû qu'il ne pouvoit pas y avoir de difficulté, que les lods & ventes ne pouvoient pas être repetez du Seigneur, en ce cas qu'il s'en voulût contenter, & s'il n'aimoit mieux prendre ceux de l'adjudication, quand il y auroit eu bien moins de joüissance, cet article le portant en termes exprés.

Aussi de prétendre que cet Auteur ait voulu dire avoir été jugé par cet Arrest, qu'en retenant par le Seigneur les droits de la premiere vendition, il avoit encore pû recevoir ceux de l'adjudication, en consequence de cette joüissance de deux ans, il n'y a pas encore d'apparence ; dautant que le déguerpissement étant une action comme forcée & non volontaire, le cours du temps n'est pas considerable, & particulierement de deux années.

Au sujet de cet article qui ne parle que des ventes par decret, on fait une question importante pour le present, que l'on évite les decrets tant que l'on peut, sçavoir, si aprés le déguerpissement, l'heritage n'est pas vendu par decret, mais volontairement par les créanciers, celuy qui a déguerpy peut joüir du benefice de cet article, & recouvrer ses droits ou contre le Seigneur, ou sur le nouvel acquereur de l'heritage ?

Charondas sur cet article, & Maître Julien Brodeau, *litt. R. num.* 2. tiennent la negative, & que pour donner lieu à cet article, il est necessaire que le déguerpissement soit fait par decret & autorité de Justice.

Cette opinion semble n'être fondée en raison ; car ce qui donne lieu à la disposition de nôtre article est l'éviction qui part d'une cause comme necessaire, & qui fait que le premier acquereur est tenu d'abandonner ce qu'il ne pouvoit retenir qu'avec tres-grand dommage, & le plus souvent sa ruine entiere, & ce pour des charges & hypotheques précedentes à son acquisition ; ainsi ces deux ventes ne passent que pour une, à quoy la vente par decret n'ajoûte aucune raison particuliere : desorte que j'estimerois que cet article qui a parlé des decrets à cause du frequent usage de ce temps-là, doit avoir lieu aussibien lorsque les créanciers s'accommodent entr'eux des heritages déguerpis, que quand il est vendu par decret, pourvû qu'il paroisse qu'il n'y a eu aucune fraude.

EST CONTRAINT DE DE'GUERPIR ET DE'LAISSER LEDIT HERITAGE.

GLOSE PREMIERE SUR L'ARTICLE LXXIX.

SOMMAIRE.

1. *Cet article a été ajoûté sur un Arrest de la Cour.*
2. *Si cet article a lieu tant pour les Fiefs que pour les rotures.*
3. *Si le déguerpissement doit estre forcé & necessaire.*
4. *Si l'acquereur, à la charge d'une rente constituée, ou de payer une somme en l'acquit de son vendeur, peut déguerpir.*
5. *Si ces termes,* déguerpir & délaisser, *sont pris dans une mesme signification.*
6. Déguerpissement, *que signifie proprement.*
7. *Etymologie du mot,* déguerpissement.
8. Délaissement par hypotheque, *que signifie ces mots.*
9. Renoncer, *que signifie ce terme.*
10. *Comment s'entendent ces termes,* Pour les dettes de son vendeur.
11. *Si doubles droits sont dûs, quand l'acheteur poursuivy hypothecairement par les créanciers du vendeur, leur abandonne volontairement l'heritage, dont ils s'accommodent entr'eux.*
12. *Si l'acquereur ayant souffert que l'heritage fût declaré hypothequé aux dettes du vendeur, & ensuite saisi & adjugé à luy ou à un autre, il seroit dû doubles droits.*
13. *Contrarieté de Brodeau.*

1. CEt article, qui a été ajoûté à la réformation de nôtre Coûtume, & à celle d'Orleans, décide que celuy qui ayant acheté, ou pris à rente rachetable un heritage, & payé au Seigneur les ventes de son acquisition, le déguerpit & délaisse pour se liberer des poursuites en declaration d'hypotheques intentées contre luy par les créanciers de son vendeur; le Seigneur a le choix aprés que l'heritage a été vendu & adjugé par decret, ensuite du déguerpissement, ou de prendre les ventes dûës par l'adjudicataire, en rendant au premier acquereur celles qu'il a reçûës de luy, ou de retenir celles qu'il a reçûës de ce premier acquereur, & consentir qu'il succede & demeure subrogé en ses droits pour prendre sur l'adjudicataire & se faire payer par luy, des ventes dûës pour son adjudication, telles que le Seigneur les auroit prises.

Ce qui avoit été ainsi jugé en l'ancienne Coûtume par Arrest prononcé en robes rouges par Monsieur le premier President de Thou, le 22. Decembre 1565. rapporté par les Commentateurs, & c'est sur cet Arrest que le present article a été dressé.

2. Cet article est commun & a lieu, tant pour les Fiefs que pour les censives, & pour le déguerpissement d'un Fief, d'une rente fonciere noble ou roturiere, ou d'un heritage censuel, fait au cas de cet article, parce qu'il y a parité de raison, l'action hypothequaire qui donne lieu au déguerpissement ayant lieu en tous ces cas.

CHARONDAS. TOURNET. BRODEAU. Si la Coûtume a mis cet article sous le titre des censives, c'est qu'elle a exprimé le cas le plus frequent, Charondas, Tournet, Brodeau *num.* 1.

3. Ce terme *contraint* marque, que le déguerpissement qui donne lieu à l'éviction, ne doit point être volontaire, mais par force, en consequence des poursuites faites à la requête des créanciers du vendeur, pour les dettes qu'il a ignorées, ou au moins dont il n'est point chargé par le contrat de vente; parce qu'étant poursuivi hypothequairement, il est tenu de payer les dettes, pour lesquelles il est poursuivi hypothequairement, à moins qu'il ne déguerpisse l'heritage & l'abandonne aux créanciers pour être decreté & adjugé, sauf son recours.

4. Mais si l'acquereur avoit acquis l'heritage à la charge d'une rente constituée, ou de payer une somme pour une fois payée, pour & en l'acquit de son vendeur, ou de payer & continuer une rente fonciere non rachetable, & qu'il déguerpist l'heritage, il seroit mal fondé de vouloir repeter les ventes qu'il auroit payées au Seigneur, parce que l'éviction ne seroit point contrainte ni necessaire, Brodeau *num.* 6. & 7. BRODE.

5. Il faut observer, que ces termes *déguerpir & délaisser* sont pris en cet article dans une même signification, quoiqu'ils soient differens.

6. *Déguerpissement* se dit proprement des rentes foncieres & autres charges réelles imposées dans la premiere concession du fonds, par lequel celuy qui a pris un heritage à telles charges qui se trouvent plus fortes que le revenu de l'heritage, il peut le déguerpir & le rendre à celuy duquel il procede, & qui l'a baillé ausdites charges, par ce moyen celuy qui déguerpit en est déchargé, & le bailleur en reprend la possession, *déguerpir*, ainsi que veulent Charondas

7. CHAR. BROD. & Brodeau *num.* 2. & 3. vient d'un ancien mot allemand qui signifie *jetter, quitter, abandonner, se demettre, se dépoüiller,* &c.

8. Mais le délaissement par hypotheque, appellé autrement *renonciation* en l'article 102. se fait proprement par l'acquereur ou détenteur d'un heritage au créancier, par lequel il est poursuivi hypothequairement, pour se décharger de l'action hypothequaire, par laquelle étant poursuivi, il est tenu de payer les dettes des créanciers, qui le poursuivent par cette action, ou d'abandonner l'heritage qu'il a acquis, pour être ensuite adjugé par decret au plus offrant & dernier encherisseur, ainsi qu'il est dit en l'article 101.

9. Ce mot *renoncer* se prend aussi, tant pour le déguerpissement que pour le délaissement, dans les articles 102. 109. & 110.

10. Ce qui est dit en cet article *pour les dettes de son vendeur*, se doit étendre au cas que l'action hypothequaire soit intentée par les créanciers de l'auteur du vendeur, la Coûtume ayant exprimé le cas le plus frequent.

11. Il semble par ces termes *en ce faisant il se vend & adjuge par decret*, que si l'acheteur poursuivi hypothequairement par les créanciers de son vendeur, leur abandonne volontairement l'heritage pour un

certain prix, & qu'ils s'en accommodent entr'eux, sans le faire decreter & adjuger par Justice, l'acquereur ne peut pas repeter les droits qu'il a payez, parce que la décision de cet article est expresse au cas du déguerpissement, & de l'adjudication faite ensuite, laquelle par consequent ne se peut étendre au cas de la vente volontaire, pour laquelle il seroit dû nouveaux droits au Seigneur.

C'est l'avis de Charondas & de Brodeau *num.* 16.

ARONDAS. ODEAU. CARD. Néanmoins je croy au contraire, suivant l'opinion de Maître Ricard, que l'acquereur est bien fondé de repeter les droits qu'il a payez, parce que la raison pour laquelle le Seigneur ne peut pas prétendre doubles droits au cas du déguerpissement & abandonnement de l'heritage, à cause des poursuites des créanciers de son vendeur, est que la vente est resoluë par ce moyen par une cause forcée & non volontaire: or cette raison a lieu, soit qu'au moyen du déguerpissement l'heritage soit decreté & adjugé par decret, ou que l'acquereur par un accommodement fait avec les créanciers de son vendeur, leur quitte & abandonne l'heritage pour un certain prix, puisqu'en effet cet abandonnement est forcé & non volontaire, la Coûtume ayant en cet article exprimé le cas le plus frequent comme elle fait en plusieurs autres.

Mais si l'abandonnement se fait sans fraude, & que les créanciers le prennent pour un certain prix, je n'estimerois pas qu'il fût dû de nouveaux droits; autrement ce seroit ôter à l'acquereur un moyen de rendre sa perte plus legere; comme s'il n'est dû que quinze mille livres aux créanciers du vendeur, lequel soit insolvable, & que l'heritage valle vingt mille livres, & qu'ils veuillent bien le prendre pour ce prix & rembourser l'acquereur de cinq mille livres, en ce cas si l'acquereur souffre que l'heritage soit decreté & adjugé par decret, les frais de Justice absorberont une partie du prix de l'adjudication, outre qu'il seroit peut-être adjugé à beaucoup moins, que le prix pour lequel il seroit délaissé aux créanciers.

Il n'importe au Seigneur que l'heritage soit vendu & adjugé par decret ensuite du déguerpissement, ou qu'il soit délaissé aux créanciers du vendeur par l'acquereur pour un certain prix, parce qu'il a le choix des ventes dûës pour l'acquisition du premier acquereur, ou du prix pour lequel il seroit délaissé aux créanciers du vendeur.

Il est vray, que cet accord fait entre les créanciers du vendeur & l'acquereur, seroit volontaire, mais il procederoit d'une cause non volontaire, sçavoir des poursuites des créanciers du vendeur faites & intervenuës contre luy, qui l'obligeroient à abandonner l'heritage pour être saisi & adjugé par decret, ainsi on ne peut pas dire, que l'acquereur ait volontairement revendu cet heritage, puisqu'il ne pouvoit pas faire autrement.

12. OBEAU. Pareillement je croirois, que si l'acquereur étant poursuivi par action hypothequaire, avoit souffert faute de déguerpir l'heritage, qu'il eût été declaré affecté & hypothequé à la dette des créanciers, & avoir été saisi & adjugé sur luy faute de payement, & ensuite à luy adjugé ou à un autre, le Seigneur ne pourroit pas prétendre les droits de ces deux acquisitions; néanmoins du Moulin sur l'article 33. nombre 62. & 63. Tronçon & Brodeau sur cet article nombre 14. sont d'avis contraire, parce que le decret auroit été fait sur luy comme propriétaire, étant presumé avoir revendu l'heritage. Du Moulin. Brodeau.

Il faut dire avec Loyseau livre 6. du déguerpissement chapitre 7. *num.* 20. qu'il seroit rude que la formalité obmise par l'acquereur, de n'avoir point déguerpy l'heritage, fût cause qu'il ne pût repeter les droits qu'il auroit payez.

La raison de Tronçon & de Brodeau ne me semble pas un fondement solide pour leur opinion, car quoique le decret soit fait sur l'acquereur, cependant ce n'est pas pour ses dettes, c'est pour celles de son vendeur, & l'adjudication faite en consequence de ce decret, ne rend pas son acquisition moins nulle pour l'avenir, que quand il a déguerpy l'heritage; & quand il déguerpit, il est néanmoins vray de dire qu'il est pour lors propriétaire de l'heritage, qu'il y a eu mutation en sa personne, & qu'il y en a une nouvelle en la personne de l'adjudicataire, cependant il n'est dû que de simples droits au Seigneur, *ex æquitate*, & non suivant la rigueur du droit, laquelle consideration d'équité doit avoir lieu aussi, quoique le decret ait été poursuivi sur l'acquereur, l'éviction qui arrive en l'un & en l'autre cas devant produire le même effet.

Que si l'acquereur souffrant que le decret se fist sur luy, & l'heritage étant adjugé à un autre, doubles droits étoient dûs au Seigneur, il s'ensuivroit que quoique l'heritage luy fût adjugé comme plus offrant & dernier encherisseur, il devroit aussi doubles droits, sçavoir pour la premiere acquisition & pour la seconde faite par l'adjudication, d'autant que ce seroit en effet deux acquisitions differentes, la premiere ayant duré & subsisté jusques à l'adjudication.

Toutefois Brodeau *num.* 15. est d'avis qu'il ne seroit dû que de simples droits, parce que l'acquereur ne peut être tenu pour étranger, ni son acquisition pour un nouveau titre, puisque c'est le même heritage qui est vendu, & la même personne à laquelle il est adjugé. Brodeau.

Ce sentiment semble contraire à l'opinion qu'il tient sur la question precedente, car quoique l'heritage luy soit adjugé, il suffit, suivant le raisonnement de cet Auteur, que l'acquereur n'ait pas déguerpy & délaissé l'heritage pour donner ouverture à doubles droits, ainsi, soit que l'heritage luy soit adjugé ou à un étranger, le Seigneur peut prétendre doubles droits, ne pouvant pas joüir du benefice accordé par cet article, n'ayant pas fait ce qui semble être requis pour l'obtenir. 13.

Mais sans s'arrêter au sentiment de ces Commentateurs, je croy que dans tous ces cas le Seigneur ne peut demander que de simples droits par les raisons remarquées cy-dessus.

LEDIT ACQUEREUR SUCCEDE AU DROIT DU SEIGNEUR.

GLOSE DEUXIE'ME SUR L'ARTICLE LXXIX.

SOMMAIRE.

1. *Si dans la rigueur doubles droits sont dûs au Seigneur, quand l'acquereur déguerpit les heritages pour les dettes de son vendeur.*
2. *Si doubles droits sont dûs au cas du déguerpissement, à cause des charges ausquelles l'heritage a été donné.*
3. *Si l'acquereur étant adjudicataire doit nouveaux droits.*

4. *Si l'acquereur ayant deguerpy peut estre contraint de payer les droits au Seigneur, sauf à les reprendre sur l'adjudicataire.*
5. *Arrests qui ont jugé la question.*
6. *Si l'acquereur ne déguerpissant qu'aprés un temps considerable, les droits seroient dûs au Seigneur.*
7. *Quand les ventes que touche l'acquereur sont moindres que celles qu'il a payées, il les touche en dommages & interests contre le vendeur.*
8. *A qui des Seigneurs ou Fermiers sont dûs les droits, ou à celuy qui étoit lors du contrat, ou à celuy qui étoit lors du déguerpissement.*
9. *Difference entre la vente à faculté de rachat, & celle qui est resoluë par le déguerpissement.*
10. *Quand la vente est faite à la charge du decret volontaire, si les droits sont dûs au Fermier qui étoit lors de la vente, ou à celuy qui étoit lors de l'adjudication.*
11. *Si l'acquereur qui a déguerpy peut repeter les droits payez au Seigneur qui étoit lors du contrat.*
12. *Sentiment de Maître Duplessis.*
13. *Si la disposition de cet article a lieu au cas du déguerpissement universel.*
14. *Cas auquel le Seigneur peut retenir les droits de l'acquereur, & ceux de l'adjudicataire.*
15. *Autre cas auquel l'acquereur ne peut pas estre remboursé.*

1. LE choix que la Coûtume donne au Seigneur en cet article, est plûtôt *ex æquitate*, que de rigueur, veritablement la vente faite à l'acquereur n'est pas resoluë pour le passé, mais pour l'avenir, il est tenu seulement de laisser l'heritage pour être saisi & adjugé par decret, ainsi c'est une nouvelle vente qui se fait à l'adjudicataire, car l'heritage déguerpy ne retourne pas au vendeur, mais il est revendu sur le curateur à la chose déguerpie ; & partant dans la rigueur le Seigneur pourroit prétendre les droits de la premiere acquisition, & ceux de l'adjudication.

Mais il seroit trop rigoureux que l'acquereur fût obligé de payer des droits pour une acquisition, qui se trouve à son égard nulle & sans effet, puisqu'il est obligé d'abandonner la chose acquise, en risque même d'en perdre le prix, qu'il en auroit payé comme il arrive ordinairement.

Ainsi les Réformateurs luy ont donné le choix des ventes de la premiere acquisition ou de l'adjudication, voulant que l'acquereur soit subrogé au lieu & droits du Seigneur, pour repeter de l'adjudicataire les droits qu'il auroit payez.

2. Il faut dire au contraire, que celuy qui déguerpit pour une rente fonciere, à la charge de laquelle il avoit acquis l'heritage, doit payer les lods & ventes, s'il ne les a payez, ou qu'il les perd, s'il les a payez.

La raison est, que son contrat a son effet, & que cet acquereur n'est point évincé contre sa volonté & par contrainte, mais volontairement. Et au cas du bail à rente les lods & ventes ne sont dûs qu'à raison de l'argent déboursé ; & si c'est un Fief, le relief est dû pour la mutation, s'il n'y a point d'argent déboursé, & s'il y en a, le quint à raison de la somme baillée par le preneur, ainsi que nous avons dit plus amplement sur les articles 33. & 78.

Il s'ensuit de ce que nous avons dit cy-dessus,

3. Premierement, que si l'acquereur se rend adjudicataire de l'heritage, il ne doit point de nouveaux droits au Seigneur, si ce n'est qu'au cas que l'heritage luy soit adjugé à plus haut prix que celuy de la vente, il doit le supplément au Seigneur à raison du prix de l'adjudication ; d'autant que le Seigneur a le choix des ventes de la premiere acquisition ou de l'adjudication, soit que le premier acquereur soit adjudicataire, ou que ce soit un autre à qui l'adjudication soit faite, Brodeau *num.* 9. parce qu'en ce cas l'acquereur n'a pas fait deux acquisitions, mais une seule, comme il arrive, quand l'heritage est vendu à la charge du decret volontaire, suivant l'article 83. BRODEAU.

4. En second lieu, que quand l'acquereur n'a pas payé les droits au Seigneur pour son acquisition avant son déguerpissement, il ne peut pas être contraint de les payer, mais le Seigneur doit attendre l'adjudication pour être payé à raison du prix d'icelle, car l'acquisition de l'acquereur étant renduë nulle pour l'avenir, il n'y auroit pas de raison de le vouloir contraindre de payer des droits pour une cause qui ne subsiste plus.

Mais aussi au contraire les ayant payez pour une cause, pour laquelle ils étoient dûs avant le déguerpissement, il ne les peut pas repeter du Seigneur, il doit attendre, que l'adjudication soit faite, pour sçavoir quel sera le choix du Seigneur, sans que pour cela il puisse prétendre repeter aucuns interests de la somme par luy payée au Seigneur pour les ventes, ayant seulement son recours contre son vendeur pour la repetition d'iceux avec ses dommages & interests, Brodeau *num.* 11. & 17. BRODEAU.

Quoique les droits dûs pour la premiere acquisition fussent plus forts que ceux de l'adjudication, néanmoins le Seigneur n'en ayant pas été payé, il ne pourroit prétendre que ceux dûs par l'adjudicataire, sans aucun recours contre le premier acquereur, pour ce en quoy les droits de la premiere vente excederoient ceux de l'adjudication ; aussi cet article suppose seulement, que les droits ayent été payez, & non pas qu'ils soient dûs, & il n'y a pas lieu de faire extension du cas contenu en cet article à celuy dont il ne parle point.

Tronçon dit, que la Coûtume en cet article ne dit pas qu'aprés le déguerpissement le Seigneur soit exclus de demander ses lods & ventes, mais elle dit, que l'acheteur les recouvre sur le decret qui se fait aprés, d'où il s'ensuit que s'il veut, il peut toûjours demander les ventes de cette premiere acquisition aprés le déguerpissement. TRONÇON.

Cette opinion ne me paroît pas bien fondée ; parce que quel droit le Seigneur a-t-il de poursuivre cet acquereur pour luy payer des droits pour une acquisition qui ne subsiste plus, & qui a été renduë nulle & sans effet, par le moyen du déguerpissement introduit par la Loy ?

Il ne suffit pas, que la vente ait été valablement contractée, & que l'acquereur ait été pendant quelque temps propriétaire de l'heritage, pour devoir les droits, & pour pouvoir être poursuivi personnellement pour en faire le payement, il faut que la vente ne soit pas renduë nulle par une cause qui ne luy puisse pas être imputée ; de même que quand un contrat est rendu nul pour lezion d'outre moitié de juste prix, il n'est dû au Seigneur aucuns droits, & s'il en a reçû de l'acquereur, il est tenu de les luy rendre, le contrat ayant été cassé *ex causa antiqua & inhærente contractui.*

Pareillement on peut dire, que quand la vente est renduë nulle par le déguerpissement, c'est *ex causa antiqua & inhærente contractui,* & même elle l'est *vi & potestate consuetudinis*; ainsi l'acquereur est déchargé à l'avenir du payement des droits, & s'il les a payez, il a droit de les repeter.

Cependant cette question n'est pas sans difficulté; Du Moulin car, selon du Moulin, si la resolution de la vente à un effet retroactif pour annuller le contrat dés son commencement, pour lors cette regle a lieu, *ex contractu nullo nulla debentur laudimia, imò soluta repeti possunt.*

Mais si la resolution n'a effet que pour le temps à venir, soit qu'elle se fasse par rescision, ou par translation, alors les droits sont dûs au Seigneur, le contrat ayant eu son effet pendant quelque temps.

Ce qui semble confirmé par la Loy *debet. ff. de Edic. Ædil.* où le Jurisconsulte dit, que les droits sont dûs au fisc aprés la redhibition, quoiqu'elle ait un effet retroactif. *Quid ergo si fortè vectigalis nomine datum est, quod emptorem sequeretur? hoc quoque à venditore restituendum est. Indemnis enim emptor abire debet.*

D'où Balde a tiré cette consequence, que *fiscus secutâ redhibitione non restituit gabellam.*

A quoy du Moulin répond, qu'il y a de la difference entre les droits qui se payent au fisc, & ceux qui se payent aux Seigneurs féodaux, ou censiers, *quia,* dit ce Docteur, *gabella debetur ex simplici actu venditionis, sed jura dominica respiciunt mutationem proprietarii & translationem dominii.*

Loyseau au Traité du Déguerpissement Livre 6. chapitre 5. *num.* 5. dit, que cette Loy *debet,* se doit ainsi entendre, qu'aprés la redhibition le vendeur est bien tenu de rendre à l'acheteur l'impost par luy payé au Fisc, parce qu'il est tenu de l'indemniser; mais que ce n'est pas à dire qu'il ne le puisse bien redemander au Fermier du fisc; même que le vendeur l'en ayant remboursé, ne le puisse repeter du Seigneur.

Du Moulin Du Moulin sur l'article 33. *glos.* 1. *num.* 63. fait cette distinction, que si le recours qu'a celuy qui a déguerpi contre son vendeur, est suffisant, il doit payer les droits au Seigneur s'il les luy demande; mais que si son recours étoit inutile & sans effet, il doit être absous de la demande du Seigneur.

D'Argentré sur la Coûtume de Bretagne article 12. tient formellement que l'acquereur qui a déguerpi, est déchargé des droits féodaux & Seigneuriaux indistinctement.

Le sentiment de du Moulin paroît assez juste, mais l'article a été ajoûté depuis à l'ancienne Coûtume.

Loyseau au contraire *loco citato, num.* 18. est d'avis que l'acquereur les doit, parce qu'encore que la vente soit resoluë pour l'avenir, néanmoins dés qu'elle a eu son effet, & que la proprieté de la chose venduë a été transmise en sa personne, les droits ont été dûs & acquis au Seigneur irrevocablement, & partant il ne les a pû perdre sans son consentement; que d'ailleurs l'action que le Seigneur a pour avoir ses droits, ne dépend point de la solvabilité ou insolvabilité du vendeur.

Ce sentiment semble conforme à l'esprit de nôtre Coûtume en cet article, qui n'exclud pas le Seigneur de demander ses droits aprés le déguerpissement, mais elle dit que l'acheteur les doit reprendre sur le decret qui se fait ensuite.

Et puisqu'elle donne le choix au Seigneur ou de prendre les droits de la premiere vente ou de l'adjudication, il s'ensuit qu'il est toûjours en droit de les demander à celuy qui les doit.

Chopin *num.* 3. Tournet, Fortin, & Brodeau *num.* 10 remarquent un Arrest de relevée du 7. Mars 1595. qui a jugé, que celuy qui avoit déguerpi l'heritage par luy acquis, ne pouvoit être contraint de payer les ventes, sauf au Seigneur son recours contre l'adjudicataire, pour celles qui sont dûës pour son adjudication. 5. Chopin. Touanet. Fortin. Brodeau.

Monsieur Loüet lettre R. nombre 2. en remarque un autre, donné en la cinquiéme Chambre des Enquestes, au rapport de Monsieur Boucher, au profit de Guillaume Lambert, contre le Chapitre de l'Eglise de Paris, du 23. Decembre 1592, par lequel il a été jugé que le Seigneur ne pouvoit s'addresser à l'acquereur qui avoit déguerpy.

C'est comme je croy le parti qu'il faut suivre, nonobstant le sentiment de Loyseau.

Maître Gilles Fortin dit, qu'il a été jugé par Arrest du 6. Juin 1591. pour Monsieur le Cardinal de Gondy contre Jude Champenois, que les lods & ventes par luy touchez d'un acheteur, qui avoit déguerpi, aprés avoir joüi deux ans de l'heritage, n'étoit pas tenu de les rendre. Fortin.

Maître Ricard dit, qu'il n'y a pas d'apparence, que cet Auteur ait prétendu que la Cour ait jugé par cet Arrest, qu'en retenant par le Seigneur les droits de la premiere vendition, il avoit encore pû recevoir ceux de l'adjudication, en consequence de la joüissance de 2. ans, parce que le déguerpissement étant une action forcée & non volontaire, le cours du temps n'est pas considerable & particulierement de deux années. 6. Ricard.

Il ne faut pas douter, que l'opinion de Maître Gilles Fortin ne soit mal-fondée, & que l'observation de Maître Ricard ne soit fort judicieuse, car si l'opinion de Fortin avoit lieu, il s'ensuivroit à plus forte raison que l'acheteur à faculté de rachat pour neuf années, devroit les lods & ventes pour son acquisition, si la faculté n'étoit exercée qu'aprés trois ou quatre ans du jour du contrat, & cependant ce seroit une erreur, car on convient que dans les Coûtumes qui n'en parlent point, & qui sont dans le ressort de ce Parlement, il n'est rien dû au Seigneur pour vente faite à la charge du rachat, quand il est executé dans le temps, & qu'il n'excede point neuf années.

Il s'ensuivroit encore de là, que si un contrat de vente étoit cassé pour lezion d'outre moitié de juste prix aprés deux ans, l'acquereur seroit tenu de payer les droits au Seigneur, ce qui seroit absurde.

Quoique Brodeau *num.* 10. ait remarqué cet Arrest, je ne croy pas qu'il soit d'aucune consideration. Brodeau.

Il y a bien de l'apparence qu'il n'a pas jugé, ainsi que veut Brodeau, que les droits étoient dûs par l'acquereur pour une joüissance de deux années; car si cela avoit lieu pour les rotures, il devroit être pareillement observé pour les Fiefs: or si cela étoit, l'acquereur d'un Fief, qui déguerpiroit aprés deux ans, devroit le quint denier de son acquisition, qui seroit de vingt mille livres, quatre mille francs, desorte que la somme qu'il auroit payée ou qu'il seroit tenu de payer, excederoit de beaucoup la valeur des fruits perçûs pendant deux années; il n'y a personne qui ne juge que cela seroit injuste, vû que le Seigneur feroit un profit considerable au préjudice de l'acquereur contre la disposition formelle & expresse de la Coûtume.

En troisiéme lieu, que quand les ventes que l'acquereur du decret touche, sont moindres que celles qu'il a payées, il touche le surplus en dommage & interests contre le vendeur. 7.

Au cas qu'il se rencontre un autre Seigneur ou Fermier au temps de l'adjudication par decret, ensuite du déguerpissement, que celuy qui étoit lors du contrat fait à l'acquereur, auquel des deux doivent appartenir les lods & ventes? 8.

Brodeau. Brodeau *num.* 12. dit, qu'ils appartiennent à celuy qui étoit lors de la premiere acquisition, & qu'il a été ainsi jugé par Arrest donné en la premiere Chambre des Enquêtes, Monsieur Sa'o Rapporteur, au mois de Mars 1637. en l'instance du Sieur d'Aumont.

A quoy, dit cet Auteur, on peut peut tirer en argument l'Arrest prononcé en robes rouges le 22. Decembre 1584. qui a jugé, que les droits Seigneuriaux d'un contrat de vente, faite sous faculté de remeré, appartiennent au Seigneur, ou au Fermier, qui étoit au temps du contrat, & non du remeré expiré.

9. La question paroît n'être pas sans difficulté; car il y a une tres-grande difference entre la vente faite sous faculté de rachat, & celle qui est resoluë par le déguerpissement, à l'égard des Seigneurs; car quand une vente est faite sous faculté de rachat, & que le rachat n'est pas executé dans le temps de la grace, vû que c'est le contrat qui donne lieu & ouverture aux droits féodaux & Seigneuriaux, il seroit absurde d'adjuger les droits au Seigneur, qui est au temps du remeré expiré, dautant que ce n'est pas l'expiration de ce temps, qui est la veritable cause, pour laquelle les droits sont dûs.

Mais quand l'acquereur déguerpit un heritage à cause des poursuites faites contre luy à la requête de ses créanciers, & qu'ensuite il est adjugé à un autre, peut-on avec raison dire que l'adjudication luy est faite en consequence de la premiere acquisition, & qu'elle puisse avoir un effet retroactif au jour de cette premiere acquisition ?

Je croy, que cette proposition est contre toutes les regles & les maximes, car ce sont deux acquisitions differentes faites à diverses personnes, ainsi la premiere étant annullée & sans effet au moyen du déguerpissement, l'adjudication qui est faite ensuite à un autre, ne peut pas être censée la même acquisition, puisque ce n'est pas le premier acquereur qui est l'adjudicataire.

10. Il n'en est pas de même au cas de la vente faite à la charge du decret volontaire, car les ventes sont dûës au Seigneur qui étoit lors du contrat, & non pas à celuy qui étoit au temps de l'adjudication, parce que ce n'est en effet qu'une même acquisition, & l'adjudication a un effet retroctif au jour du contrat, n'étant pas fait pour servir de titre d'acquisition à l'acquereur, mais pour purger les hypotheques de son vendeur.

Il n'y a pas plus lieu de dire, que les ventes de l'adjudication faite à un étranger appartiennent au Seigneur qui étoit lors de la premiere acquisition, que de dire, que si j'achete à la charge du decret, & que je souffre volontairement que l'adjudication soit faite à un étranger, les ventes de cette adjudication appartiennent au Seigneur qui étoit lors du contrat de vente, & il seroit absurde d'avancer une semblable opinion.

Il y auroit plus de difficulté au cas que l'adjudication ensuite du déguerpissement, fût faite à l'acquereur qui auroit déguerpy.

Il semble que l'adjudication en ce cas ait un effet retroactif au jour de la vente, laquelle est confirmée par cette adjudication.

Néanmoins on peut dire, que cette opinion seroit pareillement absurde & mal-fondée, parce que par le moyen du déguerpissement la vente faite à l'acquereur a été entierement cassée & annullée pour l'avenir, ainsi on ne peut pas dire qu'elle puisse être confirmée par l'adjudication qui est faite ensuite, laquelle n'est faite à l'acquereur, non pas en consequence de la vente qui luy auroit été faite auparavant, mais parce qu'il auroit été le plus offrant & dernier encherisseur, n'ayant pas plus de droit dans la chose déguerpie que toute autre personne, c'est pourquoy on ne doit aucunement considerer sa premiere acquisition.

C'est l'avis de Maître Auzanet sur cet article, que les droits dûs à cause de l'adjudication doivent être reglez eu égard au prix porté par le decret, & payez au Seigneur qui étoit lors en possession du Fief dominant. Auzanet.

11. Par consequent, si l'acquereur qui a déguerpy, avoit payé les droits au Seigneur qui étoit lors du contrat, il pourroit les repeter contre luy, la vente étant annullée à son égard. Et le Seigneur qui étoit lors de l'adjudication, ne peut demander les droits payez au premier Seigneur, au cas qu'ils fussent plus forts, ce qui ne reçoit aucun doute.

12. Duplessis. Maître Duplessis est du parti de l'Arrest 1637. qu'il cite; le choix que cet article donne au Seigneur de prendre les ventes de l'adjudication ou de la premiere acquisition, semble autoriser cette opinion.

D'ailleurs la vente n'est annullée par le déguerpissement qu'en faveur de l'acquereur, étant parfaite & valable & ayant acquis les droits au Seigneur qui étoit pour lors.

13. *Si la disposition de cet article a lieu au cas du déguerpissement universel?*

Pour la resolution de cette question, il faut observer que le déguerpissement universel est, celuy qui se fait pour les charges & dettes d'une succession, par le successeur universel, qui n'est pourtant pas heritier, tels que sont les donataires & legataires universels, les Seigneurs succedans par confiscation, desherence, ou autrement, & les successeurs des Moines à leur pecule.

A l'égard des heritages roturiers les lods & ventes ne sont dûs qu'aprés le decret, parce que jusques-là il n'y a point de bourse deliée, & partant point d'ouverture aux droits Seigneuriaux.

Mais quant aux droits féodaux, parce que le relief est dû par la mutation de vassal, au cas que les biens n'ayent point été apprehendez par le successeur universel, il n'est point dû; mais s'ils l'ont été, dés lors les droits ont été acquis au Seigneur, lequel par le déguerpissement ne les peut pas perdre.

Il semble, que si le successeur universel l'avoit payé au Seigneur, il ne pourroit pas le reprendre sur les biens, parce qu'il étoit dû de son chef, & ce n'est point une dette de la succession; & s'il n'eût point apprehendé les biens, il ne l'auroit pas dû, & partant c'est une perte qui ne doit point tomber sur les créanciers, se devant imputer la faute d'avoir apprehendé des biens pour les déguerpir aprés. Et il doit en rendant les fruits par luy perçûs, acquitter la succession du rachat qu'il doit de son chef, comme il a été observé sur l'article 33.

Et quoique les biens soient ensuite adjugez par decret, néanmoins il ne reprendra pas le relief qu'il auroit payé au Seigneur.

C'est le sentiment de Loyseau au Traité du déguerpissement, livre 6. chapitre 9. *num.* 11.

La raison qu'il en rend est, que l'acquereur retire les droits qu'il a payez, quand il fait un déguerpissement par contrainte, ce qui ne se rencontre pas au successeur universel, lequel en acceptant les biens d'un défunt, s'oblige à payer ses dettes; & en ce cas il ne se trouve pas deux ventes dont on puisse dire que l'une soit subrogée au lieu & place de l'autre, mais une des mutations est par mort, & l'autre par vente, ainsi elles sont de diverses especes.

Toutefois ce même Auteur dit, que la question n'est pas sans difficulté, & que la décision de cet article est si juste, qu'il semble qu'elle doit être étenduë à ce cas; joint la haine des droits Seigneuriaux, que le Seigneur direct *certat de lucro captando,* & le successeur universel *de damno vitando.*

Pour moy j'estimerois, que les droits seroient dûs au Seigneur, de même qu'ils seroient dûs par l'heritier

tier beneficiaire, quoique dans la suite il renonçât, comme il a été dit sur l'article 33.

14. *Si le premier acquereur ayant revendu l'heritage, ce second acquereur déguerpissant, le Seigneur qui auroit reçû les droits de l'un & de l'autre; peut les retenir?*

Maître Duplessis tient l'affirmative, & qu'il n'y a point de repetition; & qu'en cas qu'il ne les ait pas touchez avant le déguerpissement, c'est une question s'il peut les demander, mais il ne la décide pas.

A l'égard du premier acquereur il me semble qu'il doit les droits, & que s'il ne les a pas payez le Seigneur peut les exiger, parce que son acquisition ne tombe point dans le cas de cet article, ayant volontairement revendu l'heritage, & je ne vois pas de raison pour l'en exempter; mais l'acquisition du second y tombe; & les ayant reçûs il ne seroit pas tenu de les rendre.

Il propose un autre cas auquel il dit, que dans le déguerpissement l'acquereur ne trouve pas à se rembourser, sçavoir quand il est fait pour une rente fonciere de bail d'heritage, dont il n'avoit point de connoissance au temps de l'acquisition; qu'en ce cas ou il faut adjuger l'heritage à la charge de la rente, ou que le bailleur le reprene, & qu'il n'y a point de repetition des droits payez au Seigneur, mais un seul recours contre le vendeur, quoiqu'insolvable; que la doute est si le Seigneur ne les ayant pas reçûs pourroit les exiger, & il dit que l'article est pour l'affirmative.

Cependant j'estime au contraire que le Seigneur ne le pourroit pas, puisque le déguerpissement annulle la vente à son égard.

OBSERVATIONS DE MONSIEUR***.

Sur l'Article LXXIX.

SOMMAIRE.

1. *Autrefois les Seigneurs prétendoient doubles droits au cas de cet article.*
2. *Dans quel temps le Seigneur doit faire son option.*

1. AUtrefois on prétendoit doubles droits de lods & ventes, lorsqu'un acquereur déquerpissoit, parce que le premier contrat n'est pas anéanti, & qu'il se fait une seconde mutation. Mais comme le changement n'est pas volontaire, & qu'il ne seroit pas juste qu'une personne qui a acquis en déguerpissant, perdit les lods & ventes, on a reglé par cet article, avec beaucoup de prudence, qu'en ce cas il n'étoit dû qu'un droit, & que le Seigneur avoit le choix, ou de se tenir aux droits de la premiere vente volontaire, & subroger l'acquereur en ses droits, pour se faire payer de ceux qui seroient dûs par le nouvel acquereur, ou bien de rendre au premier acquereur ce qu'il auroit payé, & se faire payer par le nouvel adjudicataire des droits entiers.

2. Il est vray que la Coûtume ne décide point le temps dans lequel le Seigneur doit consentir son option; mais il semble juste de ne luy pas imposer une loy, dautant qu'il doit être maître de son choix, & que raisonnablement on ne peut pas le forcer qu'aprés l'adjudication par decret.

CONFERENCE SUR L'ARTICLE LXXIX.

DE même, *Orleans*, art. 115.

Bourbonnois, art. 397. *Si l'acheteur auparavant la possession prise de la chose achetée, se départ de son contrat de vendition pour éviction apparente de la chose par luy achetée, ou autre cause semblable, en ce cas de ladite vendition qui n'a sorty son effet pour cause raisonnable, ne sont dûs aucuns lods & ventes. Mais si ledit vendeur & l'acheteur aprés la vendition parfaite sans cause raisonnable, mais de leur simple volonté, se départent dudit contrat de vendition, en ce cas en sont dûs lods & ventes.*

Auteurs sur l'Article soixante-dix-neuviéme.

BObé, sur cet article.
De la Lande, sur Orleans, art. 115.
De Salligny, sur Vitry, art. 48.
Chopin, sur la Coûtume d'Anjou, liv. 2. part. 2. chap. 2. tit. 1. nomb. 1. & sur celle de Paris, liv. 1. tit. 3. nomb. 3. & suivans.
De Lhommeau, sur la même Coûtume, liv. 1. article 154.
Pineau, sur la même, art. 347.
Feron, sur la Coûtume de Bordeaux, liv. 2. tit. 8. art. 15.
Papon, sur la Coûtume de Bourbonnois, art. 403. gl. 1.
Pontanus, sur la Coûtume de Blois, tit. 6. art. 81.
Publicius, sur la Coûtume d'Auvergne, tit. 16. article 8.
Loüet & Brodeau, *litt. R. num.* 2.
Loyseau, *du Déguerpissement*, liv. 6. chap. 5. nomb. 1. 8. & suivans, chap. 7. nomb 20.
Duret, dans son Alliance des Coûtumes, p. 1178.
Duplessis explique cet article, liv. 2. sect. 1. p. 94.

ARTICLE LXXX.

Cet Article a été ajoûté à la reformation de la Coûtume.

Si pour licitation d'heritages entre coheritiers sont dûs droits au Seigneur.

SI l'heritage ne se peut partir entre coheritiers, & se licite par Justice sans fraude, ne sont dûës aucunes ventes pour l'adjudication faite à l'un d'eux; Mais s'il est adjugé à un étranger, l'acquereur doit ventes.

Voyez les Articles 154. 155. & 157.

REMARQUES.

JUgé par Arrest du 11. Janvier 1607. que *ex licitatione inter socios legitimè, & sine fraude facta*, ne sont dûs lods & ventes. M. Loüet, en ses Arrests, lett. L. nomb. 9. G. F.

Cet Arrest est intervenu en la Coûtume de Chartres, entre les heritiers de la ligne paternelle & la veuve commune, d'heritages acquis par le mary pendant la communauté, desquels la veuve se rendit adjudicataire.

Le même a depuis été jugé en cette Coûtume par Arrest donné en la Chambre de l'Edit, le 19. Août 1643. plaidant Deffita & de Lamet.

Pareillement de partage entre coheritiers ne sont dûës ventes, quoique l'un n'ait que de l'argent pour sa part, ou que celuy à qui échet un heritage baille soulte aux autres. Les Arrests en sont rapportez par Maître Julien Brodeau en son Commentaire sur M. Loüet, *litt. L. n. 9.*

Sur le même principe la Cour a jugé par Arrest donné en la Coûtume de Bourbonnois, le 5. Août 1619. que l'un de sept associez en tous biens ayant quitté sa part aux six autres, moyennant une certaine somme, le Seigneur étoit mal fondé à prétendre des lods & ventes de ce délaissement.

Il a encore été jugé par Arrest intervenu dans l'espece de cette Coûtume en l'Audience de la Grand'-Chambre du Mardy 30. Mars 1621. contre le Seigneur du Fief de Coquatrix, que Damoiselle Anne Sanguin ne luy devoit aucuns droits de lods & ventes pour les heritages qui luy avoient été baillez par les heritiers du sieur Bourdinier son mary, en payement de ses conventions matrimoniales, & qui avoient été acquis par le mary durant la communauté à la quelle elle avoit renoncé.

J'ay fait lever sur les Registres de la Cour un Arrest semblable rendu en la même Audience de la Grand'-Chambre du Mardy 28. May 1641. au profit de Dame Barbe de Montalais.

Au surplus il convient observer que dans le cas de nôtre article la Coûtume n'attribuë de droits au Seigneur, que quand c'est un étranger qui s'est rendu adjudicataire: desorte que combien que les étrangers soient admis à encherir si l'adjudication est faite au profit de l'un des coheritiers, il ne sera tenu du payement d'aucuns droits.

En effet les Commentateurs de la Coûtume témoignent que cet article a été ajoûté lors de la reformation sur un Arrest prononcé en Robes-rouges, le 2. Avril 1538. par lequel il avoit été jugé, que d'une licitation faite aux termes de cet article, en laquelle un des heritiers s'étoit rendu adjudicataire, le Seigneur n'en pouvoit point prétendre de droits, combien que les étrangers eussent été reçus à encherir. Ce qui a encore été jugé par plusieurs Arrests intervenus depuis la reformation de la Coûtume, & même par celuy du 19. Août 1643. cy-dessus mentionné.

Néanmoins il y a eu Arrest prononcé en l'Audience de la Grand'-Chambre du Jeudy 13. Decembre 1640. au profit de Maître Claude le Leu adjudicataire des droits Seigneuriaux, appartenans au Roy en la ville de Paris, par lequel il a été jugé que d'une maison adjugée par licitation faite entre un heritier & un étranger cessionnaire d'un autre heritier, les droits Seigneuriaux en étoient dûs par l'heritier qui s'étoit rendu adjudicataire. Ce qui est sans doute contraire à l'esprit dans lequel les précedens Arrests ont été rendus.

En effet l'heritier qui a conservé sa portion n'ayant pas dérogé de sa part à un droit qui luy est acquis par la Coûtume, il n'en doit point perdre le privilege.

Il faut remarquer que dans la même espece, si le cessionnaire étranger s'étoit rendu adjudicataire, il n'y a point de difficulté qu'il seroit tenu du droit de lods & ventes envers le Seigneur; parce que sa qualité de cessionnaire ne luy acquiert pas une prérogative que la Coûtume donne personnellement aux heritiers.

C'est ce qui a été jugé par Arrest donné en la Grand'-Chambre au rapport de Monsieur Chevalier, le dernier Janvier 1637. en faveur du Chapitre de Saint Germain l'Auxerrois, contre Sebastien Gentil.

De ce qui a été remarqué cy-dessus, que cet article avoit été ajoûté sur les principes d'une Jurisprudence universelle, & en consequence d'un Arrest prononcé en Robes rouges, il s'en ensuit qu'il doit avoir lieu dans les autres Coûtumes, qui ne contiennent pas de disposition contraire. Ce qui a été ainsi jugé pour les Coûtumes d'Amiens, de Chartres, & de Montargis par trois Arrests du mois de Juillet 1586. 3. Mars 1587. & 9. Janvier 1593. rapportez par Maître Julien Brodeau, en son Commentaire sur cet article.

SI L'HERITAGE NE SE PEUT PARTIR ENTRE COHERITIERS.

GLOSE UNIQUE SUR L'ARTICLE. LXXX.

SOMMAIRE.

1. *Si la décision de cet article doit estre étenduë aux Fiefs.*
2. *Surquoy le present article a été ajoûté.*
3. *Raison de la décision de cet article.*
4. *S'il est dû quelque chose pour un partage, quand il est fait avec soulte en argent.*
5. *Raison pour laquelle il n'est rien dû pour partage, quoy qu'il y ait soulte.*
6. *Si les droits sont dûs aux Seigneurs pour partage entre copropriétaires.*
7. *Arrests qui ont jugé la question.*
8. Quid, *entre plusieurs associez.*
9. Quid, *entre le survivant des conjoints & les heritiers du prédecedé.*
10. *Quels droits sont dûs par la femme, quand par le partage de la communauté il luy échet un Fief entier, & aux heritiers collateraux, des rotures.*
11. *Si lesdits heritiers doivent payer le relief pour la moitié, qui échet à la femme.*
12. *Sentiment de M. Lauriere.*
13. *Si le relief seroit dû pour le Fief échû par licitation à la femme, au cas qu'il n'y eût point d'autres immeubles en la succession.*
14. *Quel droit est dû, quand par licitation un Fief de la communauté étant seul, sans autres immeubles, est adjugé entier à la veuve, ou aux heritiers collateraux du mary, ou au mary, ou aux heritiers de sa femme.*
15. Quid, *quand une terre de la succession est donnée à un des heritiers en payement d'une somme à luy dûë.*
16. *Coûtumes qui obligent à payer les droits à raison de la soulte.*
17. *Si les droits seroient dûs, au cas qu'aprés le partage un des heritiers vint à ceder à l'autre la chose tombée dans son lot.*
18. *Si les droits sont dûs pour licitation entre coheritiers.*
19. *Si cet article doit estre étendu aux autres Coûtumes.*
20. *Coûtumes qui adjugent des droits aux Seigneurs pour partages.*
21. *Si les droits sont dûs au Seigneur, quand l'heritage se peut partager.*
22. *Quelles formalitez il faut observer pour venir à licitation.*
23. *Si le rapport d'Experts est necessaire, pour empescher le payement des droits au Seigneur.*
24. *S'il est requis pour cet effet de faire ordonner en Justice la licitation.*
25. *Comment se doit faire la licitation, quand il y a des mineurs.*
26. *Si ces termes*, ne se peut partir, *se doivent entendre d'une impossibilité naturelle.*
27. *Si à l'égard des heritiers on considere si les choses se peuvent partager ou non.*
28. *Sur l'avis de quels Docteurs cet article a été ajoûté.*
29. *Si droits sont dûs pour licitation faite entre des heritiers de diverses lignes.*
30. *Si pour licitation entre copropriétaires sont dûs droits Seigneuriaux.*
31. Quid, *si la licitation étoit faite entre des heritiers & un étranger cessionnaire des droits d'un coheritier.*
32. *Si cet article doit estre étendu aux copropriétaires à titre particulier.*
33. Quid, *de la licitation entre le survivant des conjoints & les heritiers du prédecedé.*
34. *Contrarieté de Brodeau.*
35. *Resolution de la question.*
36. Quid, *de la vente faite entre copropriétaires.*
37. *Comment ces termes*, & se licite par Justice sans fraude, *s'entendent.*
38. *Pourquoy il n'est rien dû, quand des étrangers ont été admis aux encheres.*
39. *Si quand l'adjudication est faite à un étranger, il y a lieu au retrait lignager.*
40. *Differences entre le partage & la licitation.*

1\. CEt article a été ajoûté à la reformation pour nouvelle Coûtume, & quoiqu'il ait été mis sous le titre *des Censives*, & qu'il n'en soit fait aucune mention dans le titre *des Fiefs*, néanmoins sa décision y doit avoir lieu, parce qu'il y a parité de raison.

C'est pourquoy les Reformateurs de nôtre Coûtume, établis aussi Commissaires pour la reformation de celle d'Orleans, en ont fait deux articles differens, sçavoir le 16. qui est au titre *des Fiefs*, & le 114. au titre *des Censives*.

2\. Cet article a été ajoûté sur un Arrest du 2. Avril 1538. appellé l'*Arrest des Buquets*, cité cy-aprés, & il a été jugé ainsi depuis la reformation de la Coûtume, par autre Arrest prononcé à Pasques 1587. cité par Charondas. CHARONDAS

Le sens de cet article est, que quand il arrive

qu'un heritage d'une succession ne se peut pas facilement partager entre les heritiers, qu'ils ne le veulent pas posseder par indivis, que pour sortir de cette societé ils le font liciter par Justice, & est adjugé à un d'entr'eux, le Seigneur n'en peut prétendre aucuns droits; mais s'il est adjugé à un étranger, les droits luy sont dûs.

3. La raison de cette décision est, que l'intention des coheritiers, qui font liciter un heritage, n'est pas de le vendre, mais de dissoudre une societé qui leur est incommode; mais parce qu'il ne se peut partager sans une perte considerable pour les coheritiers, il leur est permis de se servir d'un remede subsidiaire, qui est la licitation, & quoique l'heritage soit ensuite adjugé à l'un d'eux, & que par ce moyen l'adjudicataire acquiert les portions de ses coheritiers pour une somme d'argent envers chacun d'eux pour la part & portion qu'ils avoient dans l'heritage, néanmoins on considere que leur dessein étoit de partager, & on présume que c'est contre leur volonté, si l'heritage a été adjugé à l'un d'eux.

4. L'aliénation qui se fait entre coheritiers ou copropriétaires est forcée & non volontaire, c'est la raison qu'en rendent nos Docteurs, quoiqu'elle ne plaise pas à Maître Lauriere; parce que, dit-il, si elle est necessaire, l'enchere néanmoins est volontaire, & partant les droits seroient dûs aux Seigneurs: voilà un raisonnement admirable; si l'enchere est volontaire, elle se fait par une cause necessaire qui est la demande de partage, à laquelle les coheritiers ou copropriétaires sont reciproquement obligez, parce que *nemo in communione invitus retineri non potest*.

Par les raisons rapportées cy-dessus les droits ne sont point dûs aux Seigneurs pour les partages des biens des successions, quoique les partages soient faits avec soulte en argent, nos Coûtumes n'ayant pas voulu charger les heritiers de payer des droits aux Seigneurs pour des partages qu'ils sont obligez de faire; ensorte qu'encore que par convention les uns prennent des heritages de grande valeur, à la charge de rembourser les autres en argent tiré de leur bourse, les droits ne sont point dûs au Seigneur; & au cas qu'ils ne s'accordent pas touchant la valeur & estimation des heritages, ils conviennent d'Experts, ou le Juge en nomme d'office pour la faire, *l. communia. 7. ff. communi. divid. l. non satis. 6. §. 1. ff. quemadm. servit. amitt. l. Julianus. 13. §. idem Celsus. ff. de action. empt. & l. is qui fundum. ff. de usufr. leg.*

Et même quoique les soultes en argent soient considerables, il n'est rien dû au Seigneur, si ce n'est dans les Coûtumes qui en disposent au contraire, comme celle de Troyes, art. 57. en ces termes: *Si ce n'étoit, que lesdites soultes fussent si grandes, qu'au moyen d'icelles le contrat soit plus reputé vendition que partage & division.*

Mais cette Coûtume est contraire au droit commun.

Celle d'Orleans en l'article 15. porte, que *pour partage & subdivision entre toutes personnes n'y a profit au Seigneur feodal, ni aussi pour également fait entre coheritiers, encore qu'audit également y eût tournes.*

5. La raison pour laquelle il n'est rien dû en ce cas est, que chaque heritier a sa part confuse dans tous les corps hereditaires, & il n'y en a point qui luy appartienne pour le tout: or si les heritiers ne pouvoient pas s'accommoder entr'eux des biens de la succession; ensorte que l'un d'eux prit un corps hereditaire, l'autre un autre, à la charge de la soulte par celuy dont la chose seroit de plus grande valeur, sans pour cela payer aucuns droits au Seigneur, ils seroient tenus de demeurer en societé & communauté des biens hereditaires, ce qui est contre la nature de la societé, de laquelle chacun des associez peut se retirer ordinairement, quand bon luy semble, *l. ult. C. famil. ercisc.* dautant que les societez causent le plus souvent des contestations & des differends entre les parties, *l. 77. §. 20. ff. de legat. 2.*

Et la soulte qui est payée par un des heritiers aux autres, n'empêche pas que ce ne soit un partage, vû qu'il n'y a aucun changement de propriétaires & de possesseurs, la soulte n'étant payée qu'en execution du partage, *l. per familia. 2. & l. seq. ff. famil. ercisc. l. ad officium. 3. C. comm. divid. l. in re communi. ff. de urban. prad.*

Il semble néanmoins que les droits soient dûs, parce que le partage est une espece d'aliénation, *l. 1. C. communi. divid. & l. si filia. §. 3. ff. famil. ercisc.* chaque partageant étant censé aliéner la part qu'il a dans les choses qui tombent dans les lots de ses copartageans, & acquerant aussi les parts de ses copartageans dans celles qui luy échéent.

Néanmoins on considere, que ce n'est pas une veritable aliénation, puisque chacun des copartageans acquiert à proportion de ce qu'il aliéne.

C'est ce qui a fait croire à quelques Docteurs, que le partage donnoit ouverture aux droits Seigneuriaux & feodaux.

Mais la plus grande partie ont tenu l'opinion contraire, que pour partage fait entre heritiers, soit en ligne directe ou en ligne collaterale, il n'est rien dû au Seigneur.

Du Moulin sur l'article 33. *glos. 1. quaest. 22.* dit, *licet in divisione res tota uni adjudicetur, tamen principalis intentio fuit dividere, & illa licitatio insepit & dependet à causa necessaria divisionis. Unde quamvis per accidens res non dividatur in se, sed tota uni remaneat, tamen actus à principali fine, divisio nuncupatur.* Du Moul.

D'Argentré sur l'article 53. de la Coûtume de Bretagne, *licitatio, qua non egreditur socios, vel coheredes, non fit nisi ad finem concordandi de modo recompensationis, & ut nulli gratificetur magis quàm alii, nec aliàs praeferatur in assecutione rei non commodè divisibilis, & ut remaneant omninò aquales & concordes.*

Cependant il faut prendre garde, que quand on dit, que les droits ne sont point dûs pour partage entre coheritiers, quoiqu'il y ait soulte, cela s'entend lorsque le contrat a commencé par un partage, & non quand il a commencé par une vente, car en ce cas on ne le considereroit pas comme un partage, mais comme une vente.

Nos Docteurs ont passé plus avant, car ils ont été d'avis qu'il n'est aussi rien dû au Seigneur pour partage des biens communs entre copropriétaires & associez. 6.

D'Argentré sur l'article 73. *nota 4. num. 3.* de la Coûtume de Bretagne, Guy Pape, *quaest. 48.* Du Moulin sur l'article 33. *glos. 1. num. 78.* de la Coûtume de Paris; Boërius sur la Coûtume de Bourges, titre *des Fiefs*, §. 7. le Feron sur la Coûtume de Bordeaux, *lib. 2. tit. 5. de testament. §. 25. in fine;* Chopin sur la Coûtume d'Anjou, *lib. 1. tit. 1. art. 4.* & autres, sont de cet avis. Du Mou.

Et merito: quia eadem ratio sociorum est ac coheredum, & socius pro indiviso uniuscujusque portionis Dominus censetur, & quod acquirit: & non accrescit, sed non decrescit, comme dit Guerin, lequel, en consequence de ce, est d'avis d'ôter du present article ces mots, *entre coheritiers*, ou ajoûter, *& autres copropriétaires.*

Cette resolution de tous nos Docteurs, en faveur des copropriétaires, est fort équitable, & est aussi fondée sur ce que le partage, qui se fait entre coheritiers en baillant un heritage entier à l'un, & un autre entier à l'autre, est une division necessaire, que l'intention des parties n'est pas d'aliéner leurs parts & portions; mais seulement de partager les biens communs; or cette raison n'a pas moins lieu dans le partage qui se fait entre des copropriétaires & associez, comme dit du Moulin, *loco citato*, *num.* 69. *æquè necessaria est divisio inter communes ex societate, sive sine societate ex quavis causa*, *l. in hoc judicio.* §. 1. *ff. commun. divid.*

Ce qui doit aussi avoir lieu, quoiqu'ils viennent tous au partage volontairement, & sans qu'ils y soient contraints à la poursuite de l'un d'entr'eux, parce que *satis est quod alter ab altero cogi potest dividere*, *l. novissimè. ff. quod falsf. tut.*

BRODEAU. Brodeau sur Monsieur Loüet, lett. L. *num.* 6. remarque un Arrest donné le 29. May en 1615.

7. Il s'agissoit d'un partage fait entre deux legataires particuliers, l'un du mary, l'autre de la femme, de deux terres acquises pendant la communauté, dont elle avoit joüi trente ans entiers, en vertu d'un don mutuel; par lequel partage, l'une des terres étoit échûë au collegataire, moyennant une soulte d'argent, & l'autre terre à l'autre; & quoique les deux terres eussent été leguées à ces deux legataires pour leur appartenir par moitié à chacun d'eux, néanmoins sur la contestation entre eux & le Seigneur, pour les droits seigneuriaux, le Seigneur fut debouté de sa demande.

8. Ce même Auteur rapporte un autre Arrest du 5. Août 1619. donné en la Coûtume de Bourbonnois, qui a jugé, que sept associez en tous biens, tant meubles qu'immeubles, l'un ayant quitté sa part & portion aux six autres moyennant une somme de deniers, il n'étoit rien dû au Seigneur.

9. CHARONDAS BRODEAU. C'est aussi la décision d'un ancien Arrest du 15. Juin 1559. rapporté par Charondas sur cet article, & par Brodeau, *loco citato*, & sur cet article, *num.* 12. par lequel il a été jugé, que le mary qui faisant partage avec les coheritiers de sa femme, leur avoit fait soulte & recompense en argent, ne devoit aucuns droits seigneuriaux, parce que ce n'étoit point luy qui acqueroit, ni en son nom, mais pour sa femme, & comme Procureur d'icelle, laquelle ne devoit rien pour ce partage, quoique la soulte en argent fût considerable.

10. On demande, quels droits sont dûs par la femme, quand par le partage de la communauté il luy échet un Fief entier?

La Coûtume de Reims en l'article 63. dit, que *relief n'est dû quand la veuve, partage faisant avec les heritiers de feu son mary, des conquêts faits durant le mariage dudit défunt & d'elle, prend pour sa part aucuns Fiefs étans desdits conquêts; encore que lesdits heritiers ne prennent pour leur part d'iceux conquêts, que des heritages roturiers, n'étant de la censive dudit Seigneur, dont sont lesdits Fiefs mouvans.*

La raison est, que le droit que les heritiers du mary ont sur les biens de la communauté, ne consiste pas seulement en la moitié des conquêts feodaux, mais aussi en la moitié des conquêts roturiers; & partant jusques à ce que le partage soit fait, de l'évenement duquel cette moitié est dépendante, il est incertain à qui les conquêts feodaux; & à qui les conquêts roturiers doivent appartenir incommutablement, soit pour partie ou pour le tout, pour l'utilité & la commodité des parties.

Ainsi au cas que pour la facilité du partage les Fiefs étant unis ensemble échéent au lot de la veuve, soit par le sort qui en auroit été jetté, ou du consentement des parties, on ne peut pas dire qu'il y ait une veritable mutation, ni qu'ils ayent changé de main; mais ils demeurent à la veuve pour sa moitié seulement, eu égard à la totalité de tous les conquêts en general trouvez en la communauté, aprés le décés de son mary, desquels les Fiefs à elle échûs font partie.

Et dautant que le défunt en a acquitté les profits de Fief, tant pour luy que pour sa femme, elle ne doit point être tenuë de les acquitter encore une fois à cause du partage, lequel est exempt & déchargé de nouveaux droits.

On peut ajoûter, qu'il est permis aux heritiers du mary de prendre les heritages roturiers comme en contr'échange, & pour récompense de la moitié qui leur étoit échuë des Fiefs de la communauté, dautant que toutes successions sont sujettes à partage; dont la condition est, que si les heritages ne se peuvent pas commodément partager, l'on compense un heritage en son total avec un autre, que même les heritages de plus grand prix sont chargez de soulte envers les autres, *l. ad officium. C. commun. divid. l.* 1. & *l. item Labeo.* §. 1. *ff. famil. ercisc.* & §. *si familia.* 4. *Instit. de offic. Judic.* sans qu'il en soit rien dû au Seigneur, comme il a été dit cy-dessus.

Quant aux heritiers collateraux, ils ne doivent rien du relief pour la moitié des Fiefs qui échet à la veuve; car on ne peut pas dire qu'il y ait mutation en leurs personnes, puisqu'ils n'ont jamais été propriétaires de cette moitié, le partage ayant un effet retroactif au jour de la succession échûë. 11.

On objecte en vain que *le mort saisit le vif*; car cette maxime a rapport au partage, qui doit être fait des biens de la succession, chaque heritier aprés le partage étant censé avoir été saisi dés la mort du défunt, de la portion qui est échûë en son lot.

Suivant l'article cité de la Coûtume de Reims, la veuve ne doit point de relief au Seigneur pour la totalité du Fief qui luy est échu par le partage; mais dans celle de Paris elle le devroit pour moitié, selon le sentiment de du Moulin sur l'article 33. glos. 1. nomb. 142. *Si vidua ex divisione factâ cum hæredibus viri solum feudum obtineat, dico quod nihilominus debetur relevium de dimidiâ parte quæ fuit hæredum, quia per divisionem jus patrono quæsitum non tollitur, sed ex eâ non oritur novum jus, nec debetur bis relevium, sed semel tantùm ex capite successionis hæredum à latere.* DU MOULIN.

Ce sentiment me paroît juste, dautant que la femme n'avoit que moitié dans le Fief de la communauté, & le Seigneur ne doit pas être privé de ses droits, cela se trouve ainsi jugé par Arrest du 27. May 1672. rapporté par Maître Soëfve, tom. 2. Cent. 4. ch. 74. dans cette espece; sçavoir, lorsque la veuve a les conquêts en vertu d'une clause du contrat de mariage qui les donne au survivant, à l'exclusion des heritiers collateraux.

Voyez cependant Maître Auzanet sur l'article 5. & les Observations de Monsieur ***. sur le même article. AUZANET.

Au contraire les heritiers collateraux du mary doivent le relief pour la totalité du Fief qui leur échoit; la raison est qu'il y a mutation pour tout le Fief.

De dire comme quelques-uns, qu'ils ne devroient que le relief de la moitié, & qu'ils ne le doivent pas pour la moitié qui leur est échûë par le partage entre la veuve & eux, cette opinion ne passera pas pour décision incontestable. 12.

Il est vray qu'un Fief étant licité entre la veuve & les heritiers collateraux du mary, & adjugé à l'un d'eux, le quint n'est pas dû, suivant l'article 80. mais de dire que le relief ne soit dû entier, il n'y a qu'à voir l'article 33. pour être persuadé du contraire.

Posons au contraire, que le mary a survécu sa femme, & que par la licitation qui a été faite du Fief de la communauté, n'y ayant point d'autres immeubles, entre le mary & les heritiers collateraux de la femme, le Fief soit adjugé au mary; on demande s'il doit le relief pour la portion qui appartient ausdits heritiers? Il semble que non, parce que le mary étant le maître des biens de la communauté au jour du decés de la femme, il n'acquiert pas un droit nouveau. 13.

Cependant, il me semble qu'il doit le relief pour cette moitié, dautant que par l'acceptation de la communauté faite par les heritiers de la femme, ils ont acquis droit en la moitié des biens communs, & par l'adjudication le mary acquiert cette moitié, ainsi à l'égard d'icelle il y a mutation en sa personne, & partant il doit relief pour cette moitié.

Et si par la licitation le Fief échet aux heritiers de la femme, ils doivent le relief pour la totalité, parce qu'il y a mutation en leur personne pour le tout.

14. Quant aux partages, qui se font entre coheritiers des biens de la succession, soit Fiefs ou rotures, les Arrests citez par Brodeau *loco citato*, ont jugé qu'il n'étoit rien dû au Seigneur, quoiqu'il y eût soulte ou récompense en argent.

Mais la question a été jugée dans une espece, où il y avoit beaucoup plus lieu de douter, sçavoir de deux enfans heritiers de leur pere, l'un desquels vend à l'autre tous les droits successifs, qui pouvoient luy appartenir par indivis avec luy, moyennant une somme d'argent; la Cour sur la question, si les droits étoient dûs au Seigneur, par Arrest du 15. Decembre 1648. remarqué cy-aprés, jugea qu'ils n'étoient point dûs.

TRONÇON. Tronçon sur l'article 4. *verbo* n'est dû, &c. remarque un autre ancien Arrest du mois de May 1569. en la Coûtume de Paris pour Monsieur Chartier, Conseiller de la Cour, pour la Terre de Lacy, contre Jeanne de Jubay, qui a jugé que pour supplément de son lot & plus valuë d'iceluy, n'étoit rien dû au Seigneur.

La raison & le motif de cet Arrest étoit assurément, que cette cession de droits successifs ne doit point être considerée comme une vente, mais comme un accommodement pour éviter les contestations qui arrivent dans les partages, & dans la suite des partages.

AUZANET. C'est l'avis de Maître Auzanet, cela passe même presentement pour une Jurisprudence certaine au Palais.

La raison est, qu'il n'est pas juste de donner la liberté à un Seigneur, & encore moins à son Fermier, sous pretexte de droits Seigneuriaux, qui doivent être levez civilement, de penetrer dans le secret des familles, & empêcher les accommodemens entre coheritiers, les ventes & cessions de droits successifs étant considerées comme un moyen necessaire & favorable pour prevenir les frequens démêlez qui surviennent ordinairement entre les proches, touchant l'estimation des biens qui leur appartiennent en commun, comme il remarque fort bien.

Ce qui doit avoir lieu non seulement à l'égard des heritiers en ligne directe, mais aussi des heritiers en ligne collaterale; ensorte que bien que les heritiers se servent du mot *vendre*, disant qu'ils vendent à leur coheritier leur part & portion hereditaire pour une certaine somme, néanmoins il ne seroit rien dû au Seigneur.

La raison est, que le mot de *vente* n'a pas plus de force en ce cas que le mot, *transport*, ou *cession* de droits hereditaires; & que le prix n'est arresté que pour constituer & assigner la valeur de la portion hereditaire.

En effet quoique les parties eussent dessein de vendre, & qu'on n'en puisse pas douter, comme si tous les biens de la succession sont situez dans une Province, & que tous les heritiers, excepté un, ayent leur domicile en d'autres lieux, & qu'ils cedent tous leurs parts & portions hereditaires, moyennant quelque somme d'argent, à celuy qui est domicilié au lieu où sont situez les biens; en ce cas on ne peut pas douter que l'intention des parties ne soit de vendre: néanmoins le Seigneur n'en peut rien prétendre, parce qu'en effet ce n'est qu'une cession de droits successifs, pour laquelle il n'est rien dû, & non pas une vente des corps hereditaires qui sont censez n'avoir jamais appartenu à ceux qui font la cession, mais être toûjours demeurez en la succession, pour appartenir à celuy qui semble seul & unique heritier, par le moyen de la cession & transport à luy fait par ses coheritiers de leurs droits successifs.

C'est l'opinion de Chassanée sur la Coûtume de Bourgogne *tit.* 11. §. 1. *glos.* 1. *num.* 6.

Maître Soëfve en ses Arrests Tome 1. chapitre 39. rapporte un Arrest donné en l'Audience de la Grand'-Chambre le Mardy 28. May 1641. qui a jugé, que pour accommodemens faits entre coheritiers n'étoient dûs aucuns droits Seigneuriaux, encore qu'il s'agît d'une Terre donnée en payement d'une somme de vingt à trente mille livres, dûë à l'un des coheritiers, & que ce fût *datio in solutum*. 15.

Enfin il doit passer pour constant, qu'il n'est rien dû au Seigneur pour partages faits entre heritiers ou associez, quoiqu'il y ait soulte en argent, & que la soulte ait été faite des deniers de celuy qui l'a faite, & non des deniers communs.

Il y a des Coûtumes qui obligent à payer les droits à raison de la soulte, quand elle n'a pas été faite des deniers communs de la succession, mais des deniers de celuy qui fait la récompense, comme celles de Nivernois chap. 4. art. 24. & de Lorris chap. 1. art. 51. mais selon le sentiment de du Moulin sur l'article 33. *glos.* 1. *num.* 74. elles sont restraintes dans leurs limites, mais dans celles qui n'en parlent point, il n'y a point d'ouverture aux droits féodaux ou Seigneuriaux. 16. DU MOULIN.

C'est un des points jugez par un Arrest donné en la Coûtume de Poitou, en la quatriéme Chambre des Enquêtes, au rapport de Monsieur le Vasseur, confirmatif de la Sentence du Sénéchal de Poitou, le 24. Juillet 1670. rapporté dans le Journal du Palais.

Encore que pour partage entre heritiers ou copropriétaires, il ne soit dû aucuns droits aux Seigneurs, néanmoins si ensuite du partage un des heritiers ou copartageans cede à l'autre les choses, qui sont tombées dans son lot, il doute que les droits sont dûs pour cet accommodement, parce que c'est une veritable vente, qui donne par conséquent ouverture aux droits, Charondas & Brodeau *num.* 15. *&* 16. 17. CHARONDAS. BRODEAU.

Autre chose seroit, si l'accord étoit fait sous pretexte, que le partage ne seroit pas juste & égal, & que pour égaler, un donnât à l'autre quelque chose de la succession tombée dans son lot, en ce cas il ne seroit rien dû au Seigneur, pourvû qu'il n'y eût point de fraude; & il arrive souvent, qu'aprés un partage les copartageans entrent en procés pour l'inegalité des lots, & transigent ensuite, telles transactions sont censées faites pour cause de partage, ainsi il n'en est rien dû au Seigneur.

Tronçon sur l'article 4. *verbo* n'est dû, &c. remarque un Arrest donné en la Coûtume de Chartres de l'an 1601. au profit des Bezançons contre le Sieur de Theurey, par lequel il a été jugé, qu'il n'étoit rien dû au Seigneur, quoiqu'il y eût des partages faits & refaits. TRONÇON.

Que si les droits ne sont point dûs pour partages faits entre heritiers ou associez, ils ne doivent point aussi être dûs entre heritiers pour licitation d'un heritage, qui ne se peut partager, parce que la licitation tenant lieu de partage, ce qui est observé pour le partage, doit aussi avoir lieu pour la licitation d'un heritage, mais dautant que la licitation sembloit donner plus sujet de douter, vû que l'un des coheritiers acquiert entierement les parts & portions de ses coheritiers pour une somme d'argent, & que c'est une espece de vente, c'est pourquoy il a été jugé à propos d'en faire un article particulier, sans qu'il 18.

ait été necessaire d'en faire un touchant les partages, car si les droits ne sont point dûs pour licitation d'un heritage adjugé à un des coheritiers, à plus forte raison ne doivent-ils pas être dûs pour les partages des biens hereditaires faits entre les heritiers.

La décision de cet article a été trouvée si juste,
19. qu'elle a été étenduë aux autres Coûtumes, qui n'en parlent point, par deux Arrests, l'un du mois de Juillet 1586. l'autre du mois de Mars 1587. rendus dans les Coûtumes d'Amiens & de Chartres, remarquez par Brodeau *num.* 8. & les autres Commentateurs.

BRODEAU. Brodeau en remarque un troisiéme rendu en la Coûtume de Montargis le 9. Janvier 1593. rapporté par Bacquet au Traité des *Francs-Fiefs*, chapitre 7. *num.* 23.

Il y a des Coûtumes, qui pour partages adjugent
20. des droits aux Seigneurs.

Telle est celle de Chartres au cas des articles 26. & 27. sur lequel Maître Charles du Moulin dit, *hoc est*
DU MOULIN. *iniquum & adhuc limitandum, ut procedat in divisione voluntaria, secus in necessaria, quæ fit per sententiam.*

Ces termes, *ne se peut partir entre coheritiers,* nous
21. marquent, qu'afin que pour l'adjudication faite à un des heritiers les droits ne soient point dûs au Seigneur, il faut que l'heritage ne se puisse partager, autrement ils seroient dûs.

DU MOULIN. C'est l'avis de Maître Charles du Moulin sur l'article 33. *glos.* 1. *num.* 75. car la Coûtume en cet article veut, que l'heritage ne se puisse partager & qu'il soit constant qu'il est impossible de le diviser en plusieurs portions, desorte que le seul consentement des parties ne suffit pas pour faire une licitation d'heritage, mais il faut observer les formalitez suivantes, qui sont faire ordonner par Justice, que les lieux seront vûs & visitez par Experts, dont les parties conviendront, ou qui seront nommez d'office par le Juge, lesquels ayant rapporté qu'ils ne se peuvent partager, sans une incommodité ou une perte considerable qui diminueroit le prix de la chose, le Juge sur leur rapport ordonne, qu'ils seront licitez.

22. Aprés ce jugement, il faut faire les publications, affiches & remises ordinaires, & au jour assigné, poursuivre l'adjudication de l'heritage au plus offrant & dernier encherisseur; & s'il arrive que ce soit un des heritiers copartageans ou associez, quoique les étrangers ayent été admis aux encheres qui en auroient été faites publiquement, néanmoins il n'est dû aucuns droits au Seigneur par l'adjudicataire, pour les parts de ses coheritiers ou associez qu'il acquiert.

Ces formalitez s'observent même entre majeurs, au moins quant à la visitation & rapport d'Experts, afin d'ôter au Seigneur tout sujet de prétendre que l'heritage pouvoit se partager, & qu'ainsi les droits luy seroient dûs par celuy qui l'auroit pris pour son estimation & valeur, en remboursant ses coheritiers, ou associez.

23. Mais quand le rapport des Experts est fait, par lequel l'heritage est declaré ne se pouvoir commodément partager, les parties peuvent faire la licitation entr'eux, s'ils sont majeurs, sans admettre des étrangers à encherir s'ils ne veulent, sans publications ni
TRONÇON. encheres publiques, quoique Tronçon *verbo* ET SE LICITE, dise que les affiches & pannonceaux sont necessaires; & l'adjuger à un d'entr'eux, sans qu'il soit rien dû au Seigneur; & même s'il est constant, que la chose ne se puisse pas partager, comme si c'est une maison, une des parties pourroit la prendre pour la somme dont il seroit convenu entr'elles du consentement de tous, sans que le Seigneur en puisse rien prétendre, car ce n'est pas cette formalité de visitation d'Experts qui exempte de payer les droits, mais c'est l'impossibilité de la division de la chose. & je ne fais pas de difficulté suivant l'opinion de Charondas, que le Seigneur ne fût mal fondé de la demander, faute d'avoir observé cette formalité. CHARONDAS.

Cette question s'est presentée dans la Coûtume de Poitou en la quatriéme Chambre des Enquêtes, sçavoir si en cas de partage de succession avec soulte de deniers il y a lieu aux droits Seigneuriaux, dans le fait il y avoit soulte de quarante-cinq livres.

Cette question ayant été portée pardevant le Sénéchal de Poitou, par la Sentence qui intervint, le demandeur fut débouté de sa demande avec dépens.

L'appellant disoit pour moyens, qu'il parroissoit par les circonstances que les parties n'avoient eu dessein de partager mais de vendre, principalement parce que dans la succession il y avoit plusieurs heritages situez en differens endroits qui auroient pû accommoder les parties sans en venir à une soulte considerable de deniers qui ne procedoient pas de la succession: & qu'il y avoit eu un premier partage des domaines de la succession, auquel les parties ne s'étoient pas tenuës & en avoient fait un autre qui ne pouvoit être reputé que comme une vente.

La raison est, que quand les choses partageables ne se divisent point, & qu'elles sont données entieres à l'une, qui recompense les autres en argent; c'est une veritable vente qui se fait des portions à celuy qui leur en fait la récompense en argent.

C'est le sentiment de Maître Charles du Moulin sur l'art. 33. *glos.* 1. *verbo*, DROIT DE RELIEF *num.* 75. *Hanc ampliationem nostram restringo, nisi verisimiliter apparet homini divisionem esse factam in fraudem & occultationem veræ venditionis, aut permutationis; putà si nedum nihil erat commune inter duos socios vel cohæredes, nisi dicta domus, & si commodè poterat dividi. Tunc enim ex quo nihil aliud erat simul dividendum, & poterat divisio promptè fieri per partes æquales, & æquè commodas, & tamen maluit alter alteri cedere partem suam pro certâ pecuniâ, vel certâ aliâ domo, ad valorem portionis ejus; tunc quantumcunque dicant se hoc facere per modum divisionis, satis apparet quòd in veritate & in effectu est vera & voluntaria venditio vel permutatio, & omnia jura debentur dominis directis.* DU MOULIN.

Ainsi il faut plûtôt considerer ce que les parties ont voulu faire, que le nom qu'elles ont donné à l'acte qu'elles ont passé, elles ont appellé partage ce qui ne peut être qu'une vente, *etsi verborum sonus venditionem loquatur, spectandum potiùs quid agitur, & causa præexistentia & impropriandа vocabula ut intentioni serviant*, dit d'Argentré sur l'article 73. de la Coûtume de Bretagne, *nota* 4. *num.* 21. & sur le même article il dit, *si quis post divisionem factam & portione pro diviso traditâ*, & le partage executé, *portionem suam vendat, sive ei qui cohæres fuit, sive extraneo, laudimia debet: hic enim jam non portionem rei communis vendit, sed suum totum jam separatum, & hic dissoluta divisionis necessitas, & actio familiæ erciscundæ extincta.*

On disoit au contraire, que l'acte qui avoit été passé étoit un veritable partage, qui ne pouvoit donner lieu ni aux droits seigneuriaux, ni au retrait lignager; parce que le partage n'est pas une veritable aliénation, ni une nouvelle acquisition, mais l'execution de la premiere, selon du Moulin sur l'art. 73. glos. 3. n. 11. & 12. *censetur res haberi jure successivo primitivo, cujus virtute facta est divisio, quæ non est nisi illius juris & primariæ acquisitionis executio...... quo fit ut res videantur in eodem statu manere.*

Ce Docteur au même endroit tient que cela a lieu, quoique par le partage les biens passent à un seul moyennant une soulte, qui ne vienne pas de la succession, envers les autres, *etiam si uni ex decem hæredibus una tota res censualis adjudicetur, etiam suppletione factâ cohæredibus in pecunia etiam non hereditaria* : la raison qu'il en rend est, *quia Dominus directus non debet esse curiosus rimandi secr.ta aliena successionis, sed hoc per quam durum esset. Tum modus successionis ab intestato satis est notorius, & de modo divisionis nihil ad Dominum directum, modo sit vera divisio.*

CHOPIN. C'est aussi le sentiment de Chopin sur la Coûtume d'Anjou, *lib. 1. tit. de la basse Justice, art. 4.*

Par l'Arrest rendu en la quatriéme Chambre des Enquêtes, le 24. Juillet 1670. au rapport de Monsieur le Vasseur la Sentence a été confirmée.

La même question a encore été jugée depuis par Arrest du Grand Conseil du 29. Février 1692. ou l'affaire avoit été renvoyée par Arrest du Conseil Privé, aprés Sentence des Requêtes du Palais, Arrest du Parlement confirmatif, & Requête Civile enterinée ; quoique dans le fait il y eut une soulte tres-considerable dans un partage conçû en termes de vente, *moyennant un prix payé comptant* ; par lesquels il paroissoit que les parties avoient eu intention de vendre & non de partager, *cede, quitte & transporte moyennant, &c.*

Le même Arrest a jugé encore une autre question entre les mêmes parties, sçavoir que pour transaction survenuë depuis le partage, par laquelle l'une prend des terres en payement de ce qui luy étoit dû par la succession, il n'étoit rien dû au Seigneur ; par la raison que les terres qui avoient été données étoient de la succession, & que c'étoit un accommodement entre coheritiers & une suite du partage.

Ces deux Arrests sont rapportez dans le Journal du Palais.

BRODEAU. Quoique l'usage soit de faire les licitations par Justice ; Brodeau *num. 21.* remarque un Arrest donné au rapport de Monsieur Godard, en la quatriéme Chambre des Enquêtes le 4. Aoust 1646. confirmatif de la Sentence du Prevôt de Paris, au profit de Loüis Guitard, contre François Darbes, Receveur du Prieuré de saint Martin des Champs, rapporté par Brodeau *num. 23.* par lequel il a été jugé qu'il n'étoit dû aucunes ventes de la licitation d'une maison commune entre deux sœurs, faite en Justice, au plus offrant, au profit du mary de l'une d'elles, quoiqu'il n'y eût point eu de rapport d'Experts, la licitation ayant été ordonnée du consentement des parties, & que le Seigneur soûtint qu'il y avoit de la fraude, en ce que la maison se pouvoit partager avec soulte.

24. La raison est, que telle vente tient nature de partage, au cas que l'heritage ne se puisse diviser, & le Seigneur ne peut pas prétendre ses droits, puisque quand les parties auroient voulu, elles n'auroient pas pû faire le partage.

CHARONDAS Charondas sur l'article 27. dit, que bien que les choses se puissent commodément partager ou non, les droits ne sont point dûs, parce que, dit-il, il faut seulement considerer la premiere & principale cause du partage, qui est de diviser les biens de la succession commune ; cependant cela est contraire à la disposition expresse de cet article 80. sur lequel même cet Auteur a tenu l'opinion contraire.

Ce qui a été jugé depuis par un autre Arrest du Mardy 15. Decembre 1648. de relevée, rapporté par du Fresne & Maître Auzanet sur cet article, & par Maître Soëfve tome 1. chap. 98. dans cette espece.

Une maison d'une succession ne se pouvant commodément partager, un des coheritiers achete les parts de ses coheritiers, & le contrat fait en forme de vente portant ces termes, *laquelle vente faite pour & moyennant*, &c.

Par Sentence du Bailly de Vendôme l'heritier ayant été condamné, suivant les Conclusions du Seigneur, qui prétendoit que les ventes luy étoient dûës.

Sur l'appel interjetté par cet heritier, la Cour sur la demande des droits Seigneuriaux mit les parties hors de Cour & de procez.

Monsieur l'Avocat General Talon, dont les Conclusions furent suivies, representa qu'au contrat, dont il étoit question, il falloit considerer la volonté & l'intention des parties, & non pas s'arrêter aux paroles & aux termes dont il étoit conçû ; que la vente n'avoit été faite entre les contractans, qu'en consequence de ce que le partage ne pouvoit être fait, & que c'étoit une vente necessaire, laquelle ne donnoit point ouverture aux droits Seigneuriaux.

Maître Soëfve tome 11. chap. 39. rapporte un autre Arrest du Mardy matin 30. Juillet 1669. en l'Audience de la Grand'-Chambre, par lequel la Cour a jugé, que bien que l'un des heritiers se fût rendu adjudicataire d'un heritage de la succession, en consequence de la vente qui en avoit été faite à la Barre de la Cour, pour dettes de la même succession, il n'étoit rien dû au Seigneur de cette acquisition, comme étant une espece de licitation faite entre coheritiers ; la licitation étant un expedient inventé par la Loy, qui la subroge au lieu du partage ; ce qui est fondé sur la Loy *ad officium C. communi divid.* & sur le §. 5. *Instit. de offic. judic.*

Le même Arrest a jugé que cette vente peut passer pour licitation, quoique les formalitez requises & remarquées cy-dessus, n'ayent point été observées ; & que cela doit avoir lieu dans les Coûtumes qui ne font point mention de la vente par licitation.

Voyez cy-aprés un Arrest qui a jugé la même chose, à l'égard des copropriétaires à titre particulier.

Que s'il y a des mineurs, non seulement il faut faire ordonner la licitation, mais aussi elle doit être faire en Justice, & les encheres doivent être publiques, afin que pour l'interêt des mineurs la chose soit venduë un plus haut prix, & à l'effet de la licitation il leur faut faire créer un tuteur, quoiqu'ils soient émancipez ou mariez ; ce qui doit être demandé par l'exploit, surquoy le Juge ordonne, avant faire droit, qu'il sera procedé à la nomination d'un tuteur à l'effet de la licitation ou partage. 25.

Brodeau *num. 19. & 20.*

Le partage est en cela different de la licitation, dautant qu'entre majeurs de vingt-cinq ans il se peut faire à l'amiable entre les parties & sans autorité de Justice, même sous signature privée, sans le ministere des Notaires, ou autres personnes publiques.

Il n'importe qui des coheritiers, copropriétaires ou associez, provoque à licitation, soit celuy qui a la plus grande portion, ou la plus petite, ensorte que celuy qui n'auroit qu'un vingtiéme ou un trentiéme, ou autre plus petite portion, pourroit provoquer à licitation, & quand il se rendroit adjudicataire du total par ses encheres, il ne devroit aucuns droits, car il suffit qu'il ait quelque portion dans l'heritage, si petite qu'elle soit, Brodeau BRODEAU *num. 25.*

Ces termes *ne se peut partir*, ne se doivent pas entendre d'une impossibilité naturelle, mais d'une impuissance morale & legale, qui rendroit le partage incommode, & diminuëroit le prix des choses. 26.

C'est ce qui a été jugé par Arrest du 18. May 1634. contre les Religieuses de Joüare, cité par Maître Auzanet sur cet article. AUZANET.

Cependant à l'égard des heritiers, on ne considere point à present, si les choses se peuvent partager, ou non, car quoique la succession ne consiste qu'en une Terre qui se peut commodément partager entre les heritiers, & qu'un d'entr'eux s'en accommode en baillant une somme d'argent aux autres, néanmoins il n'est rien dû au Seigneur, par les raisons & les Arrests remarquez cy-dessus. 27.

Cet article, qui n'est point observé à cet égard, a été ajoûté sur l'avis de plusieurs Docteurs, qui croyoient que les droits n'étoient point dûs pour vente faite *ex causa necessaria*, mais qu'ils étoient dûs de 28.

dûs de toute vente volontaire, & partant qu'ils étoient dûs, quand une chose hereditaire, qui se pouvoit commodément partager, étoit délaissée à l'un des heritiers moyennant une somme d'argent envers les autres.

Du Moulin C'a été l'avis de Maître Charles du Moulin sur l'article 22. *quest.* 22. *num.* 74. *& seqq.* où il conclud, que les droits sont dûs, lorsque les parties ne demeurent pas dans les termes d'un simple partage, mais délaissent volontairement à l'un des heritiers l'heritage, qui se pouvoit commodément partager.

29. Il faut dire aussi qu'il n'est rien dû pour la licitation faite entre des heritiers de diverses lignes, quand l'heritage est adjugé à l'un d'eux; comme dans cette espece: Un heritage est en partie paternel & en partie maternel, & il est adjugé à l'un des heritiers paternels ou maternels; il est constant qu'il n'est rien dû, parce que la licitation est une espece de partage.

30. Il semble par ces termes *entre coheritiers*, que pour licitation faite entre autres qu'entre heritiers les droits soient dûs au Seigneur, comme entre des copropriétaires ou associez.

Charondas C'est l'avis de Charondas sur cet article & sur l'article 33. parce que, dit cet Auteur, il ne faut pas regarder, si la vente est contrainte, mais si ce sont des heritiers qui la poursuivent.

Tournet. C'est l'opinion de Bartole sur la Loy derniere *ff. de condict. furt.* de Guy Page quest. 48. de Tournet & de Bacquet au Traité des Francs-Fiefs chapitre 7. *num.* 21.

Ce dernier Auteur rapporte un Arrest du 9. Janvier 1593. rendu en la Coûtume de Montargis, qui ne contient aucune disposition touchant les licitations, entre Thomas Guyon Receveur du Domaine de Montargis, auquel Monsieur le Procureur General s'étoit joint en la cause, appellant de la Sentence du Bailly de Montargis, & Jean Tureau intimé; par lequel la Cour condamna l'intimé au payement des droits seigneuriaux pour l'adjudication d'un heritage à luy faite en consequence d'une licitation avec ses copropriétaires.

31. La Cour a jugé la question encore en plus forts termes dans l'espece suivante.

Une maison située en cette ville de Paris dans la censive du Roy, appartenoit à deux heritiers; l'un cede ses droits à un particulier, lequel provoque à partage l'autre coheritier: la maison est licitée & adjugée à ce coheritier: Maître Claude le Leu adjudicataire des droits seigneuriaux qui appartiennent au Roy en cette ville de Paris, poursuit l'adjudicataire de la maison pour être payé des droits seigneuriaux, l'adjudicataire soûtenant au contraire qu'il n'en devoit point.

La question fut jugée en l'Audience de la Grand'-Chambre par Arrest du 14. Decembre 1640. confirmatif de la Sentence du Prevôt de Paris, rapporté dans le premier Tome du Journal des Audiences, par lequel ce coheritier adjudicataire fut condamné au payement des droits seigneuriaux; la Cour ayant pour motif, que la licitation avoit été faite entre non coheritiers.

Ricard Cependant cet Arrest a été rendu dans la derniere rigueur, car comme remarque fort bien Maître Ricard, l'heritier qui a conservé sa portion, n'a point dérogé de sa part au droit qui luy est acquis par la Coûtume, ainsi il n'en doit point perdre le privilege.

Duplessis. Maître Duplessis remarque un Arrest du 21. Janvier 1639. qui avoit jugé auparavant la même chose. La raison de l'Arrest, dit-il, est que s'ils se trouvent copropriétaires; ce n'est pas par aucune association ou communauté introduite par la disposition de la Loy ou de l'homme, du moins qui ait été forcée *ab initio*.

Mais cette raison ne me paroît pas valable, vû que la cession faite par un coheritier à un étranger, ne doit pas préjudicier à son coheritier quand il est adjudicataire d'un heritage de la succession.

Maître Auzanet dit aussi, que quand l'un des coheritiers a vendu sa portion indivise en une maison ou autre heritage, ou dans le droit universel d'une succession, ou partie d'icelle, à un étranger, qui sur la licitation s'en rend adjudicataire, les droits sont dûs, tant à cause de la premiere acquisition que de la licitation & adjudication pour les portions des coheritiers; mais que si l'adjudication est faite à l'un des coheritiers, il n'est dû aucun droit, non pas même pour la portion licitée; peut-être que si la question se presentoit dans la même espece, la Cour la jugeroit autrement. Auzanet.

Que si le cessionnaire s'étoit rendu adjudicataire, il n'y auroit pas de doute qu'il ne dût les droits, parce que sa qualité de cessionnaire ne luy acquiert pas une prérogative, que la Coûtume donne personnellement aux heritiers; comme il a été jugé par Arrest, donné en la Grand'-Chambre, au rapport de Monsieur Chevalier, le 31. Janvier 1637. au profit du Chapitre de saint Germain l'Auxerrois contre Sebastien Gentil.

Ces deux Arrests sont rapportez par Maître Ricard & par Brodeau *num.* 17. & 18 Brodeau. Ricard.

D'autres tiennent au contraire, que cet article doit être étendu aux copropriétaires à titre particulier, ou associez, & ils se fondent sur ce que la raison qui a introduit la licitation entre coheritiers, & qui décharge celuy d'entr'eux auquel l'adjudication est faite, du payement des droits féodaux & seigneuriaux, sçavoir parce que la chose ne se peut commodément partager, a lieu pareillement à l'égard de ceux qui possedent par indivis un même heritage, à quelque titre particulier que ce soit. 32.

Autrement ils seroient obligez de demeurer dans une societé, qui pourroit causer entr'eux des procès & des differends, qu'il est de l'interêt public d'empêcher, *ad vitandas contentiones ex communione nasci solitas; quo fit ut nemo in ea retineatur invitus, d. l. fin. C. comm. divid. l. sancimus. 34. §. ne autem. C. de donatio. l. cum pater. §. dulcissimis. ff. de leg. 2.*

C'est l'avis de Tronçon, de Brodeau, *num.* 10. & 11. de Joly, de Guerin & de Ricard. Tronçon. Brodeau. Joly. Guerin. Ricard.

Ce dernier Auteur dit, que pour cet effet, il faut ôter de cet article ces mots *entre coheritiers*, ou ajoûter, *& autres*.

Monsieur Loüet lettre L. chapitre 9. Coquille question 32. Mornac sur la Loy 1. *C. comm. divid.* & Pontanus sur la Coûtume de Blois article 88. sont aussi de cet avis.

Loisel en ses Institutes coûtumieres, titre *des Cens*, article 13. dit, *de partage, licitation, & adjudication entre coheritiers, ou coparsonniers, ne sont dûs lods & ventes.*

C'est la disposition de la Coûtume de Melun article 125.

La question a été jugée dans l'espece d'une licitation faite entre le survivant des conjoints & les heritiers du predecedé, par Arrest rendu sur une appellation interjettée du Bailly de Chartres, du 11. Janvier 1607. cité par Mornac sur la Loy *ad offic. C. comm. divid.* & par Brodeau, Tronçon & Ricard, qui a jugé, que pour licitation d'un heritage de conquest de la communauté, faite entre la veuve commune en biens, & les enfans d'un premier lit, l'un desquels se rendit adjudicataire, n'étoit rien dû au Seigneur. 33. Brodeau. Tronçon. Ricard.

Ce qui a été jugé de même en cette Coûtume en interpretant cet article, par Arrest donné en la Chambre de l'Edit le 19. Aoust 1643. confirmatif de la Sentence de Messieurs des Requestes du Palais, conformément aux Conclusions de Monsieur l'Avocat General Talon.

Cet Arrest a été rendu entre Bernard, qui avoit droit par transport du Fermier de la Terre des Marests, & Monsieur du Tronchay President en la troisiéme Chambre des Enquêtes ; lequel s'étoit rendu adjudicataire par licitation de la Terre & maison Seigneuriale de Cinq-sols, située en cette Coûtume, qui étoit un conquêt fait pendant son mariage avec défunte Dame Loüise le Boults sa femme, que les Experts avoient rapporté ne se pouvoir commodément partager.

Par cet Arrest il fut jugé qu'il ne devoit point le quint, soit de sa moitié, ou de celle des heritiers de sa défunte femme.

34. BRODEAU. Brodeau qui rapporte ces Arrests, & qui tient cette opinion, est contraire à luy-même sur l'article 5. *num. 6.* où il dit, que si par le partage de la communauté le Fief tout entier tomboit en son lot, en ce cas elle devroit les droits & profits pour la moitié des heritiers ; ce qui est directement opposé à ce qu'il a dit sur cet article 80. que pour partage fait ou licitation entre le survivant des conjoints & les heritiers du predecedé, les droits ne sont point dûs au Seigneur.

AUZANET. Maître Auzanet est d'avis qu'il n'est dû aucuns droits.

Il est vray que le quint & les lods & ventes ne sont pas dûs pour raison du partage, mais si c'est un Fief elle doit le relief pour la moitié, voyez sur l'article 5.

Ceux qui tiennent l'opinion contraire disent, que pour licitation faite entre le survivant des conjoints, il n'est rien dû, quoique les droits soient dûs quand elle est faite entre d'autres copropriétaires ou associez.

La raison de la difference est, qu'outre le droit qu'a le survivant dans les biens de la communauté, il n'est pas entierement étranger à l'égard de la part du défunt dans ces biens, puisqu'il y peut succeder par l'Edit *Unde vir & uxor*, ainsi il doit joüir du privilege accordé aux coheritiers. Mais qu'il n'en est pas de même à l'égard des autres copropriétaires ou associez, lesquels sont sans reserve reputez étrangers les uns aux autres, ainsi il y a lieu aux droits seigneuriaux ou féodaux pour licitation d'heritages.

C'est aussi la raison pour laquelle quand la femme ou ses heritiers reçoivent en payement des deniers dotaux, ou des remplois de propre, de doüaire, de preciput & autres conventions matrimoniales, des heritages de la communauté, il n'est rien dû au Seigneur, BRODEAU. Brodeau *num.* 14. comme il a été dit sur l'article 5. & sur l'article 78.

La question, si pour licitation entre copropriétaires sont dûs droits, a été jugée diversement par les Arrests ; & il ne faut pas absolument argumenter du partage à la licitation, vû que ce sont deux choses differentes.

Aussi la Coûtume d'Orleans article 15. dit, que *pour partage & subdivision faite entre toutes personnes il n'y a ouverture aux droits.*

L'article 16. est entierement conforme à cet article 80. de nôtre Coûtume, & les Commentateurs de la Coûtume d'Orleans tiennent, que les droits sont dûs pour licitation faite entre copropriétaires & associez.

D'un côté la Coûtume semble mettre grande difference entre la licitation faite entre heritiers, & celle qui est faite entre d'autres ; car puisqu'elle ne parle que des heritiers, il est à croire que son intention étoit de n'accorder qu'à eux ce privilege d'exemption des droits seigneuriaux.

D'ailleurs, il y a parité de raison entre les uns & les autres, comme il a été dit cy-dessus.

C'est ce qui fait que nos Docteurs se trouvent partagez sur ce sujet.

Néanmoins presentement tout le Palais est d'avis 35.
que pour partage & pour licitation entre copropriétaires & associez quoique ce soit hors jugement il n'est rien dû au Seigneur.

Maître Auzanet sur l'article 78. tient même que les droits ne sont point dûs pour l'achat fait par un associé, de la part d'une maison qui étoit commune avec associé ; il rapporte un Arrest du dernier Aoust 1618. donné en la Chambre de l'Edit de relevée, qui l'a jugé ainsi. AUZANET.

Maître Duplessis est de même sentiment, & il cite un Arrest donné en la Coûtume de Chartres du 29. Mars 1615. dans l'espece d'un partage fait entre deux legataires particuliers, l'un du mary & l'autre de la femme, de deux terres de la communauté chacun pour moitié ; par ce partage une des terres étoit entierement échûë à l'un moyennant une soulte d'argent à l'autre, & il fut dit qu'il n'étoit rien dû au Seigneur. DUPLESSIS.

C'est pourquoy le sentiment de cet Auteur est, 36.
qu'il faudroit ajoûter aprés le mot de *Justice*, ces mots, *ou par convention volontaire.*

Ce qui auroit lieu aussi en cas de vente par decret forcé dans cette espece.

Une maison appartient à deux particuliers, à l'un pour les deux tiers, & à l'autre pour l'autre tiers ; les deux tiers étant saisis réellement par les créanciers de celuy à qui ils appartenoient, ils peuvent faire vendre par decret la totalité de la maison, sans que le propriétaire de l'autre tiers en puisse demander distraction, comme il a été jugé par Arrest du 14. Mars 1605. cité par Mornac sur la Loy 1. *C. comm. divid.*

La raison est, qu'aprés l'adjudication des deux tiers il auroit toûjours falu venir à la licitation de l'autre tiers, c'est pourquoy il sembloit plus à propos de faire par une seule adjudication, ce qu'il auroit falu faire par deux differentes & en divers temps, au préjudice des parties, qui seroient obligées de faire de plus grands frais : & au cas que le propriétaire du tiers soit adjudicataire des deux tiers, il faut dire qu'il ne doit ni quint, ni lods & ventes au Seigneur, parce que c'est une aliénation forcée, & une licitation à laquelle il est contraint.

Le sens de ces termes *& se licite par Justice sans* 37.
fraude, est, que quand l'heritage d'une succession se peut partager entre les heritiers, & que néanmoins ils font dire par les Experts dont ils conviennent, qu'il ne se peut partager, afin qu'il soit licité & adjugé tout entier à l'un d'eux, c'est une veritable vente déguisée sous le nom de licitation, laquelle est faite en fraude des droits du Seigneur, pour laquelle par consequent il les peut demander, en justifiant que l'heritage peut être partagé sans incommodité & sans aucune perte pour les heritiers ; & pour cet effet, il pourroit faire ordonner une nouvelle visite d'Experts.

C'est l'avis de Brodeau *num.* 24. BRODEAU.

Ce seroit une autre espece de fraude, si l'heritier adjudicataire par licitation, faisoit sa declaration au profit d'un étranger, ou qu'il luy prêtât son nom ; néanmoins je ne croy pas qu'en cela il y eût de la fraude, vû que cet étranger seroit tenu de payer les lods & ventes du total pour l'acquisition qu'il en auroit faite, sçavoir pour la part du cedant & pour les parts qu'il auroit acquises sous le nom de l'heritier, qui luy auroit cedé & vendu sa part dans l'heritage.

Charondas dit, que ces termes *par Justice*, font voir, que les droits seroient dûs, si la licitation n'étoit pas faite par Justice, néanmoins soit entre coheritiers ou entre copropriétaires ou associez, quoique la licitation n'ait point été faite par Justice, il n'est dû aucuns droits au Seigneur. CHARONDAS.

C'est ce qui a été jugé par l'Arrest du dernier

Août 1618. cité cy-dessus, & par un autre du 5. Août 1619. en l'espece duquel un de deux associez avoit acquis la portion de l'autre hors jugement, & par un traité volontaire sans licitation, remarqué par Auzanet sur cet article.

38. Ce qui a lieu, encore que des étrangers ayent été admis à encherir par affiches & proclamations, comme il a été jugé par Arrest prononcé en robes rouges le 2. Avril 1538. au profit des Buquets, rapporté par Brodeau *num.* 5. & par les autres Commentateurs.

La raison est, que les étrangers ne sont admis à encherir, que pour rendre meilleure la condition des heritiers; ainsi on ne regarde pas ceux qui ont mis les encheres, mais celuy à qui l'heritage a été adjugé.

Non obstat quòd extraneus licitator fuit admissus, quia victus fuit & repulsus, ex quo res remansit socio: & sic idem est ac si solùm inter socios fuisset licitata, ex quo extraneus non fuit admissus cum effectu.

On ne peut pas dire, que l'heritier qui s'est rendu adjudicataire, soit subrogé aux droits de l'étranger qui a enchery auparavant luy, les étrangers ayant été exclus par celuy des heritiers à qui l'adjudication a été faite, les encheres mises par les étrangers n'ayant eu aucun effet, & ne devant par consequent être d'aucune consideration.

Mais quand l'adjudication est faite à un étranger, on ne peut pas douter que ce ne soit une veritable vente, & une acquisition volontaire qui donne ouverture aux droits feodaux & seigneuriaux; & quoique la volonté des heritiers ait été de partager entr'eux, puisqu'un étranger en a été adjudicataire, sous le nom d'étranger on entend celuy qui n'a aucune part dans l'heritage, comme seroit celuy qui auroit renoncé à la succession.

Quand l'adjudication est faite à un étranger, non seulement il doit les droits seigneuriaux, mais aussi il y a lieu au retrait feodal & lignager, lorsque c'est un propre, suivant l'art. 154. 39.

Il faut observer qu'il y a de la difference entre le partage & la licitation; le partage se fait de tous les corps hereditaires, où chacun est sujet au sort des lots, sans pouvoir user pleinement de la liberté de l'affectation; desorte que l'on n'y peut appeller personne; la licitation ne se fait que de corps singuliers hors partage, où il y a enchere & adjudication pour un prix à un seul, qui a la liberté dans cette acquisition en encherissant, où celuy qui veut en effet acheter un heritage de ses coheritiers, se peut servir de pretexte, cependant les droits ne sont point dûs, pourvû que ces deux considerations se rencontrent qui ne sont point necessaires dans le partage, sçavoir que la chose ne se puisse partager, & que la licitation se fasse en Justice, suivant ce qui a été dit cy-dessus. 40.

OBSERVATIONS DE MONSIEUR ***.

Sur l'article LXXX.

SOMMAIRE.

1. *Article changé.*
2. *Droits ne sont dûs entre copartageans.*
3. *Quels actes sont reputez partage.*
4. *Droits ne sont dûs entre copartageans, quoiqu'il y ait soulte.*
5. *Il en est de mesme du partage qui se fait entre associez.*
6. *Il n'est rien dû aussi pour partage de communauté.*
7. *Si la disposition de cet article a lieu entre coheritiers en ligne collaterale.*
8. *Ce mot*, partir, *retranché.*
9. *Ces mots*, sans fraude, *retranchez.*
10. *Ces mots*, ou délaissement volontaire, *ajoûtez.*
11. *En faveur de qui cet article a été fait.*
12. Quid, *si un coheritier a vendu sa portion à un étranger.*
13. *Article nouveau concernant les étrangers qui acquierent la portion d'un coheritier.*
14. *Article nouveau concernant le partage de la communauté pour raison duquel les droits ne sont point dûs.*
15. *Article nouveau concernant les collegataires.*
16. *Article nouveau concernant les acquereurs d'heritages par indivis, qui les décharge des droits pour le partage, en cas qu'il se fasse dans un an.*
17. *Article nouveau concernant les portions qui accroissent par la renonciation des coheritiers, ou autres.*

1. NOus avons crû, pour éviter les difficultez, qu'il falloit changer cet article en ces termes. *Si l'heritage ne se parti entre coheritiers, & se licite en Justice, ne sont dûës aucunes ventes pour l'adjudication faite en Justice ou délaissement volontaire à l'un d'eux, quand même il y auroit soulte ou recompense en argent. Mais s'il est adjugé ou vendu à un étranger, l'acquereur doit ventes.*

2. La premiere maxime qu'il faut établir sur cet article est, qu'il n'est point dû de droits entre copartageans, *quia habent singuli totum in parte, & partem in toto*, & que d'ailleurs tout leur appartient, & rien ne leur appartient, le droit de proprieté ne leur étant veritablement acquis que du jour du partage; & celà est si veritable, que les créanciers de l'un des conjoints copartageans n'ont droit ni hypotheque sur les portions des autres, que quand les partages sont faits; & quand leur debiteur n'auroit eu que des sommes mobiliaires qu'il auroit dissipé, ils n'auroient action ni personnelle ni réelle contre les copartageans, & ils se doivent imputer s'ils ne sont pas venus au partage.

3. Il y a une seconde maxime qui suit cette premiere, c'est que le premier acte qui se fait entre copartageans, soit de vente de droits, cession, transport, échange ou transaction, est reputé partage.

4. De ces deux maximes nous en tirerons une consequence indubitable, qu'il n'est jamais dû de droits entre copartageans, quoiqu'il y ait soulte en argent, quand même l'un des copartageans rembourseroit la portion de l'autre entierement. L'Arrest du 15. Decembre 1648. l'a ainsi jugé.

5. Et comme la même raison se trouve lorsqu'il s'agit de faire un partage entre des associez, il faut observer les mêmes maximes, & dire décisivement, qu'il n'est dû aucun droit. Arrest de la Grand'-Chambre du 5. Août 1619.

6. Il en est de même pour le partage de la communauté, lorsqu'une femme ou ses heritiers renoncent à la communauté, & que pour se payer des conventions de la femme, ils prennent par transaction ou autrement des effets de la même communauté, il n'est dû aucuns droits; mais s'ils prenoient en payement les propres du mary, les droits seroient dûs.

7. Il faut remarquer que la Coûtume dit entre coheritiers, & qu'elle ne fait aucune distinction de la ligne directe ou collaterale.

8. Le mot, *peut partir*, & nous mettons celuy, *ne se party*, parce qu'autrefois sur le mot de *peut*, il y avoit une grande difficulté, les Seigneurs prétendans qu'il falloit qu'il y eut une impossibilité, ou naturelle ou physique, de pouvoir partager les lieux, & qu'aussi-tôt qu'ils se pouvoient partager, & que les heritiers ne le faisoient pas, il y avoit de la fraude, & que les droits étoient dûs: mais comme la Justice a prévalu sur une cavillation. Par Arrest rendu contre l'Abbesse de Jouars le 17. May 1634. il a été jugé qu'une impossibilité morale suffisoit, c'est-à-dire le peu de commodité que les partageans trouvoient à faire les partages, & en mettant l'article en ces termes, *si l'heritage ne se partit*, il prévient & termine cette difficulté.

9. Nous avons retranché le mot, *sans fraude*, parce qu'il est constant qu'il n'y a jamais de fraude, lorsque l'heritage s'adjuge à l'un des coheritiers, puisqu'il n'est point dû de droits; mais il y en a encore moins lorsqu'un étranger acquiert, parce que suivant l'article il doit les droits.

10. Nous avons ajoûté, *ou délaissement volontaire*, afin de faire connoître que l'intention de la Coûtume est d'exempter non seulement les licitations qui se font en Justice, mais aussi les actes qui se passent entre copartageans pour leur commodité qui ne doivent aucuns droits, pourvû que ce soit le premier acte.

Nous avons aussi particularisé qu'il n'est rien dû, lorsqu'il y a soulte ou de l'argent donné, parce qu'on auroit pû faire une difficulté, & dire que ce seroit une acquisition, comme si elle étoit faite, *extraneo*; mais les Arrests & les maximes étant contraires, il a été bon de les décider.

11. Il faut remarquer que toutes ces décisions ont été faites en faveur & pour la commodité des heritiers, & qu'elles ont été étenduës jusqu'aux associez & collegataires contre le droit des Seigneurs; & delà nous déciderons que toutes les fois qu'il ne s'agira point de coheritiers, de collegataires, ou d'associez, les droits sont dûs.

12. Il faut donc dire, que si l'un des coheritiers avoit vendu son droit à un étranger, *tunc cessat lex quia cessat ratio legis*, & les droits seront dûs suivant l'Arrest de la Grand'-Chambre du 13. Decembre 1640. Quand il y a licitation, soulte, & que l'adjudication s'est faite à un étranger de la famille qui a acquis la portion de l'un des coheritiers, parce qu'il ne seroit pas juste qu'il profitât d'un privilege donné en faveur du sang. Mais si c'est l'un des coheritiers qui acquiert, l'article a toûjours lieu; & comme cette décision est importante, nous avons ajoûté l'article suivant, que nous avons tiré des memoires de Maître Auzanet.

Article nouveau.

13. *Quand l'un des coheritiers a vendu sa portion indivise, ou en maison ou autre heritage feodal ou roturier, ou dans le droit universel d'une succession, ou partie d'icelle à un étranger, qui sur la licitation se rend adjudicataire, les droits sont dûs tant à cause de la premiere adjudication, que de l'adjudication par licitation pour les portions des coheritiers; mais si l'adjudication est faite à l'un des coheritiers, il n'est dû aucuns droits, non pas même pour la portion licitée sur un étranger.*

Les étrangers qui acquiérent le droit de l'un des coheritiers, n'acquiérent point le privilege, ainsi ils doivent les droits; mais quand l'un des coheritiers acquiert, quoique la licitation se fasse avec un étranger, il n'en doit rien, parce que son privilege n'a pas pû être diminué par le fait de l'un de ses coheritiers, & que la premiere vente faite à un étranger se trouve anéantie par la licitation, qui est une vente generale & forcée, par laquelle les coheritiers, & ceux qui ont leurs droits, sont obligez, malgré eux, à vendre leur portion.

Autre Article nouveau.

14. *Il ne sera dû aucun droit par le survivant du mary ou de la femme communs en biens, ni par les heritiers du premier mourant pour les biens de la communauté qui écheront en totalité par le partage de la communauté, ou autre premier acte après la dissolution de la communauté.*

Nous avons fait cet article conforme à ce que nous avons dit cy-devant, qu'en faisant le partage de la communauté, quoique l'un des conjoints prenne par transaction, par partage, ou autrement, un effet de la communauté, il ne doit point de droits.

Nous avons mis, *ou autre premier acte après la dissolution de la communauté*, pour faire connoître, que quoique la femme ou ses heritiers renoncent à la communauté, en prenant des biens de la communauté pour la restitution des propres en payement, ils ne doivent aucuns droits par la fiction qu'on fait que ces biens acquis pendant la communauté l'ont été des deniers de la femme. Car à l'égard du mary il ne peut jamais y avoir de difficulté, parce qu'étant maître de la communauté, il n'y a jamais eu mutation à son égard.

Autre Article nouveau.

15. *Celuy des collegataires universels ou particuliers qui se rend adjudicataire par licitation ou par contrat volontaire d'un heritage commun ne doit aucuns droits, quelque soulte ou recompense qu'il puisse y avoir en argent.*

La regle generale regne toûjours dans ces articles, qui veut que le premier acte qui se fait entre ceux, *qui habent partem in toto, & totum in parte*, soit exempt de tous droits, quelque recompense ou soulte qui puisse y avoir en argent, pourvû qu'il n'y ait point de fraude, comme nous avons remarqué cy-devant. Car si l'un des legataires vendoit sa part à un étranger, lequel ensuite se rendroit adjudicataire, il devroit les droits, quoiqu'il eut, *partem in toto, & totum in parte.*

Autre Article nouveau.

16. *Quand plusieurs personnes ont acquis pour joüir par indivis de plusieurs heritages, peuvent eux & leurs heritiers dans l'an de l'acquisition, partager volontairement & judiciairement lesdits heritages, & ne sera dû qu'un droit pour la premiere acquisition, le partage adjudication qui s'en fera.*

La même regle a donné lieu à cet article. Mais comme il faut toûjours faire difference entre les choses qui sont sans aucun soupçon de fraude, ou celles où il pourroit y en avoir ; nous avons restraint la liberté de ceux qui acquiérent conjointement des heritages, pour les obliger à en faire le partage dans un an, de peur que dans la suite les Seigneurs ne soient frustrez de leurs droits, quand on est collegataires, associez, coheritiers, ce sont des societez qu'on ne choisit point, ainsi il ne peut y avoir de fraude. Mais quand on acquiert ensemble dans la suite, il pourroit y avoir de grands inconveniens nuisibles aux droits des Seigneurs.

Autre Article nouveau.

17. *Quand aucuns des heritiers renoncent à une succession directe ou collaterale, ou quand la veuve & ses heritiers renoncent à la communauté, n'est dû aucun droit par ceux qui deviennent propriétaires au moyen des renonciations, encore qu'il y ait argent baillé, ou autre chose équipolente.*

La raison qui est qu'au moyen de ces renonciations faites par les coheritiers ou par une femme & ses heritiers à la communauté, ceux qui en profitent joüissent, *non jure accrescendi, sed jure non decrescendi*, ce qui fait qu'il ne se trouve aucune mutation, & partant nul droit de payer.

CONFERENCE SUR L'ARTICLE LXXX.

De même, *Melun*, art. 125.

Orleans, art. 113. 114. dit, *entre coheritiers & entre autres personnes, est dû seulement profit pour les tournes.*

De même, *Auxerre*, art. 97.

Berry, titre 6. article 28.

Chaumont, art. 59.

Estampes, art. 57.

Montargis, chap. 2. art. 30.

Bourbonnois, art. 405. dit, *Quand le frere, sœur, ou autres heritiers en tout, ou partie, moyennant la constitution de dot ou reception de deniers en faveur de mariage, ou en partage, quittent ou transportent leurs biens ou portions à autres freres & heritiers, n'en sont dûs aucuns lods & ventes.*

De même, *Auvergne*, chap. 16. art. 6.

Berry, titre 6. art. 30.

Tours, art. 151. dit, *en retour de partage n'y a aucunes ventes, si le retour est fait de chose mobiliaire de la même succession, & par même contrat de partage.*

Auteurs sur l'Article quatre-vingtiéme.

Challine, regle 9. exemple 4. de la troisiéme partie.

Ant. Faber, *de erroribus Pragmaticorum decad.* 98. *error.* 3. 4. & 5.

Coquille, question 32.

Institutiones Justiniani, tit. de officio Judicis, §. 4. & 5.

La Loy 1. & 3. au Code *communi dividundo.*

Du Moulin, *ad Consuetud. Parisiens.* §. 33. *glos.* 1. *num.* 69. 70. 71. 72. & 73.

Brodeau, sur cet article.

Bacquet, *des Francs-Fiefs*, chapitre 7. nombre 23. & 24.

Ferrerius, *ad Guidonem Papam*, quest. 48.

Maurus Burgus, *Inspect.* 40.

Amedeus à Ponte, quest. 24. & 25.

Argentré, *de laudimiis*, quest. 24. & 53.

Soëfve, p. 41. 61. 206. tome 1.

Bobé, sur cet article.

La Thaumassiere & Ragueau, sur l'article 28. du titre de la Coûtume de Berry.

Loysel, livre 4. titre 2. regle 13.

De la Lande, sur la Coûtume d'Orleans, art. 114. & art. 16.

De Salligny, sur Vitry, art. 47.

Charondas, en ses Réponses, liv. 7. chap. 207.

Pontanus, sur la Coûtume de Blois, art. 88.

Le Feron, sur la Coûtume de Bordeaux, liv. 2. tit. 8. art. 15.

Chopin, sur la Coûtume d'Anjou, liv. 1. chap. 4. nomb. 7. & liv. 2. part. 1. chap. 2. tit. 3. nomb. 6. & 7.

De Lhommeau, sur la même Coûtume, liv. 1. article 182.

Pineau, sur les mêmes Coûtumes & articles.

Coquille, sur la Coûtume de Nivernois, titre *de Fiefs*, art. 24. & en son Institution, au même titre.

D'Argentré, *du partage des Nobles*, quest. 40.

Loüet & Brodeau, *litt. L. num.* 9.

Papon, en ses Arrests, liv. 13. tit. 2. Arrest. 22.

Bacquet, *des Francs-Fiefs*, chap. 27. nomb. 23.

Salligny, sur la Coûtume de Vitry, art. 27.

Lhoste, sur la Coûtume de Montargis, tit. 2. article 30.

Mornac, *ad l.* 1. *C. comm. divid. & ad l.* 52. §. *penult. ff famil. ercisc.*

Du Fresne, en son Journal, liv. 3. chap. 25.

Buridan, sur la Coûtume de Reims, art. 63.

Du Moulin, sur la Coûtume de Paris, §. 33. gl. 1. nomb. 69. 79. 81. & 142.

Duret, dans son Alliance des Coûtumes, p. 952.

Duplessis explique cet article, liv. 2. sect. 1. p. 91. & 92.

ARTICLE LXXXI.

Cet article a été ajoûté à la reformation de l'ancienne Coûtume.

Simple action pour ventes & amendes.

LEs *ventes & amendes se poursuivent par action seulement.*

Voyez les Articles 73. 76. & 78.

REMARQUES.

HOc obtinere debet etiam in consuetudinibus quæ in eo tacent : quia omnis via executionis prohibita est, nisi quatenus jure, consuetudine, vel privilegio permissa est, l. nulla. ff. de re. judic.

PAR ACTION SEULEMENT.

GLOSE UNIQUE SUR L'ARTICLE LXXXI.

SOMMAIRE.

1. *Pourquoy pour les ventes & pour l'amende faute de payement, le Seigneur ne peut se servir que de la voye d'action, & que pour le cens il peut se servir d'Arrest ou brandon.*
2. Quid, *de l'amende pour cens non payé.*
3. *Coûtumes qui permettent la saisie pour le payement des ventes & de l'amende.*
4. *Si le Seigneur censier peut se servir de saisie réelle pour le payement des ventes.*
5. *Si la saisie seroit valable faite sur les fruits pour cens non payé, & pour ventes conjointement.*
6. *Si l'action pour les ventes se peut intenter contre le detenteur des heritages.*
7. *Si cette action dure trente ans.*
8. Quid, *à l'égard du tiers detenteur.*
9. *Si le Seigneur est préferé pour les ventes & amendes qui luy sont dûës.*
10. *Pardevant quel Juge cette action peut estre poursuivie.*
11. *Si l'acquereur déguerpissant doit les ventes & amendes.*

ANciennement le Seigneur Censier pouvoit mettre en sa main pour ventes non payées le gazon de l'heritage vendu, ou quand c'étoit une maison, l'huis de la porte hors des gons ; ce qui est expliqué par l'Auteur du Grand Coûtumier, liv. 2. chap. 25. page 172. & liv. 4. chap. 5. pag. 530. touchant la Coûtume de mettre l'huis hors des gons. Voyez *Bellarmin ad Psalmum* 23. *v.* 7.

Par cet article, qui a été ajoûté à la réformation de la Coûtume, il est décidé, que le Seigneur censier ne peut se pourvoir par saisie sur l'heritage ni sur les fruits qui y sont pendans, pour avoir le payement des ventes à luy dûës par l'acquereur d'icelluy, ni pour l'amende dûë pour les ventes recelées & non notifiées, qu'il n'a que la voye d'action pour l'y contraindre.

Il n'en est pas de même du cens ; car le Seigneur peut se servir de saisie, arrest, ou brandon pour être payé des arrerages du cens, suivant l'article 74.

1. La raison de la difference est, que les ventes & l'amende dûë pour les avoir recelées & non notifiées, sont droits personnels & non réels ni fonciers, lesquelles sont dûës par l'acquereur, non pas comme un droit inherent à la chose, mais personnellement, à cause de son acquisition.

Mais le cens est un droit réel & foncier, domanial & seigneurial, introduit pour marque de la directe Seigneurie : ensorte qu'au moyen du cens le Seigneur est reputé en quelque façon posseder l'heritage qui le doit ; & delà vient qu'on a jugé à propos de privilegier en ce cas le Seigneur, en luy donnant droit de se faire payer d'abord sur les fruits pendans en l'heritage.

Les ventes au contraire ne sont point des charges réelles, mais des accidens & profits casuels & extraordinaires, comme le quint & le relief pour les Fiefs.

Laudimia non sunt ut census ex dominii substantialibus, sed accidentia & casus fortuiti, comme dit Guerin, ainsi que Henry II. dans son Ordonnance du mois de Septembre 1552. qui les appelle deniers casuels. Gui

Deplus ces sortes de droits, suivant l'opinion de la plus grande partie de nos Auteurs, ne sont pas de la premiere institution & origine des droits féodaux & seigneuriaux ; ainsi le Seigneur doit agir personnellement contre l'acquereur de l'heritage tenu de luy en censive, afin qu'il luy paye les ventes de son acquisition, & ne peut pour raison de ce s'adresser qu'au nouvel acquereur & non aux heritages ni aux fruits qui y sont pendans.

Mais aprés le jugement de condamnation le Seigneur peut se servir des voyes ordinaires pour en être payé sur les biens du détenteur.

2. Il en faut dire de même de l'amende pour cens non payé, laquelle ne se poursuit que par simple action, parce que c'est une peine qui est pure personnelle, étant dûë *propter moram*.

3. Nous avons plusieurs Coûtumes, qui permettent au Seigneur censier de se pourvoir par saisie de l'heritage censuel pour être payé des ventes & amendes, qui sont remarquées en la Conference, mais leur disposition ne s'étend pas dans celles qui n'en parlent point, où l'on doit suivre celle de Paris, parce que toute voye de saisie & execution est défenduë, *nisi quatenus jure, consuetudine, vel privilegio permissa est, l. nulla. ff. de re judic.*

4. Que si le Seigneur censier ne peut pas se servir de saisie sur les fruits, pour avoir le payement de ses ventes, à plus forte raison ne peut-il pas se servir de saisie réelle sur le fonds, avec établissement de Commissaires, si ce n'est en vertu d'une Sentence de condamnation, comme il a été jugé par Arrest du 30. Juillet 1606. rapporté par Brodeau *num.* 1. BRODEAU.

Cet Arrest a été rendu au profit de Charles le Figueux, prenant le fait & cause pour Maître Raoul Botemps, Notaire au Châtelet de Paris, appellant de la saisie réelle & établissement de Commissaires faute de payement des ventes, bail judiciaire fait ensuite, & de tout ce qui s'en étoit ensuivi, contre Jean Hezin, Prieur d'Argentueil, intervenant.

Par cet Arrest la Cour dit, qu'il avoit été mal saisi, procedé & ordonné, bien appellé par les appellans, leur fit main-levée de la saisie, les intimez condamnez aux dépens, dommages & interêts, tels que de raison, sauf à se pourvoir par action.

5. Néanmoins si la saisie sur les fruits étoit faite pour cens non payé, & pour les ventes conjointement, le Seigneur n'encourroit point de dommages & interêts, en declarant qu'il ne veut soûtenir la saisie que pour le cens.

BRODEAU. Brodeau sur l'art. 73. *num.* 5.

Quoique le Seigneur par cet article n'ait que l'action personnelle pour les ventes, néanmoins il a une hypotheque privilegiée sur le fond qui les doit, par laquelle ils sont privilegiez à tous autres créanciers suivant l'article 358. & en cas que l'acquereur ne les paye pas, le Seigneur peut aprés Sentence de condamnation se servir de toutes voyes, même de saisie réelle sur le fonds, s'il ne peut pas en être payé autrement.

6. Dautant que l'action des ventes & amendes pour ventes non payées, est personnelle, il s'ensuit qu'elle se doit intenter contre l'acquereur qui les doit, quoiqu'il ne soit plus possesseur de l'heritage, & non contre le détenteur d'iceluy, lequel ne peut être poursuivi que par l'action hypothequaire pour le voir declarer affecté, obligé & hypothequé au payement des ventes & amendes, pour le détenteur être condamné au payement de ces droits aprés discussion de celuy qui les doit; & à faute par le détenteur de les payer, être l'heritage saisi, vendu & adjugé par decret, parce que cette action est personnelle *in rem scripta*, c'est pourquoy le possesseur en est tenu hypothequairement. Voyez l'art. 73.

Quoique cette action soit personnelle & hypothequaire, néanmoins elle se prescrit par trente ans, & non pas quarante comme l'action hypothequaire conventionnelle.

La raison est, que l'hypotheque que le Seigneur a sur l'heritage pour être payé des ventes & amendes, n'est que tacite, coûtumiere & legale, qui ne se peut separer ni diviser de l'action personnelle, par le moyen de laquelle elle subsiste, & dépend.

Bacquet au Traité des droits de Justice chapitre 21. *num.* 188. & Brodeau *num.* 7. & 8. BRODEAU.

7. Quant au tiers détenteur, on demande par quel temps l'action hypothequaire se prescrit pour les ventes dûës par ses predecesseurs.

8. Maître Charles du Moulin sur l'article 20. *glos.* 12. *num.* 13. tient qu'elle ne se prescrit que par trente ans DUMOULIN. mais la Cour a jugé au contraire, qu'elle se prescrit par dix ans entre presens, & par vingt entre absens, par Arrest du 15. Février 1647. donné en l'Audience de relevée au profit de Maître François de Montholon Avocat en la Cour, remarqué par M. Ricard RICARD. sur l'art. 73.

Ce qui est fondé sur les articles 113. & 114. & je croy qu'il n'y a pas de difficulté de tenir le parti de l'Arrest.

9. Encore que le Seigneur n'ait que l'action personnelle contre l'acquereur pour ses ventes & amendes, pour ventes decelées & non notifiées, néanmoins quand il s'est opposé au decret, il est mis en ordre pour toutes les ventes & amendes qui luy sont dûës, non prescrites, par preference à tous autres créanciers, suivant les articles 355. & 358. même aux frais des criées, parce que ce sont droits seigneuriaux, pour lesquels le Seigneur a un privilege special sur la chose, son droit étant plus ancien que celuy des créanciers, vû qu'il vient de la concession qu'il a faite de l'heritage à cette charge, & quand elle ne seroit pas exprimée, il suffit qu'elle soit fondée sur la Coûtume, & qu'elle soit dûë sans convention expresse.

10. Cette action étant personnelle, doit être intentée pardevant le Juge du domicile de l'acquereur, suivant la regle *actor forum rei sequitur*; ce qui est fort incommode pour les Seigneurs, en quoy la Coûtume de Melun leur est plus favorable.

Elle veut en l'article 115. que l'acquereur soit tenu de subir jurisdiction au lieu où l'heritage vendu est situé, même pour raison des ventes dûës par son vendeur, quoique le domicile de l'acquereur soit hors le Bailliage.

Celle de Reims article 158. en dispose de même.

Toutefois les Juges des Seigneurs en peuvent connoître, sans que l'on puisse decliner la Jurisdiction, suivant l'article 11. du titre des recusations de Juges, de l'Ordonnance du mois d'Avril 1667. en ces termes.

N'entendons néanmoins exclure les Juges des Seigneurs de connoître de tout ce qui concerne les domaines, droits & revenus ordinaires ou casuels, tant en Fief que de roture de la terre, même des baux & joüissances, circonstances & dépendances.

Mais si le Seigneur censier n'a Justice, il ne peut pas poursuivre ses ventes & amendes pardevant le Juge du lieu si le renancier n'y a pas son domicile, parce que cette action étant personnelle, elle doit être poursuivie pardevant le Juge du domicile du défendeur.

Si l'acquereur abandonnant & déguerpissant l'heritage pour n'être tenu du cens & des redevances & charges annuelles dont il seroit redevable, seroit obligé de payer les ventes au Seigneur pour son acquisition? 11.

Puisque tout acquereur est tenu personnellement de payer les ventes pour son acquisition, il s'ensuit que le déguerpissement ne l'en décharge pas, & cette action subsiste toûjours jusqu'à ce que le Seigneur en soit payé, à moins qu'elle ne soit prescrite par 30. ans. Voyez ce qui est dit sur l'art. 76.

OBSERVATIONS DE MONSIEUR ***

Sur l'Article LXXXI.

SOMMAIRE.

1. *Difference entre les Fiefs & les rotures.*

IL y a de la difference entre les Fiefs & les rotures tenuës en censive.

Le Seigneur de Fief de droit a la main-mise, il peut saisir; mais le Seigneur censier ne peut retenir le titre, il doit obtenir une condamnation, en vertu de laquelle il fera saisir réellement l'heritage, & pour les arrerages des cens la Coûtume luy permet de saisir & brandonner les heritages, c'est-à-dire proprement faire une saisie & arrest.

CONFERENCE SUR L'ARTICLE LXXXI.

LEs Coûtumes suivantes ont une disposition semblable à cet article.

Anjou, art. 258. *Auxerre*, art. 83.

Laon, art. 140.

Mantes, art. 49. & ajoûte, *que le Seigneur censuel pour son action pourra s'addresser au détenteur de l'heritage tenu de luy en censive, afin d'être payé de ses lods & ventes.*

Melun, art. 119.

Reims, art. 198.

Sens, art. 137.

Les Coûtumes suivantes ont une disposition contraire.

Chaumont, art. 60. qui porte: *Le Seigneur censier pour ses lods, ventes, saisines & amendes à luy dûës à cause de vendition d'heritages, étant en sa censive, peut par Justice saisir lesdits heritages censuels, & par telle saisie contraindre le détenteur à payer lesdits lods & ventes, saisines & amendes.*

De même, *Auvergne*, chap. 21. art. 7.

Châteauneuf, art. 145.

Senlis, art. 248.

Auteurs sur l'Article quatre-vingt-uniéme.

BObé, sur cet article.

Buridan, sur Reims, art. 158.

De Lhômmeau, sur la Coûtume d'Anjou, art. 5.

Buridan, sur la Coûtume de Vermandois, art. 140.

Bodreau, sur Loüer, *litt. A. num.* 8.

Duplessis explique cet article, liv. 7. page 105.

ARTICLE LXXXII.

Au lieu du 55. en la fin, & du 56. de l'ancienne Coûtume.

Si on doit prendre saisine, & combien on paye.

NE prend saisine qui ne veut; *mais si on prend saisine, sera payé douze deniers parisis pour la saisine.*

Voyez les Articles 130. & 135.

Remarques.

L'Article 56. de l'ancienne Coûtume de Paris portoit simplement, il ne prend saisine qui ne veut; c'est-à-dire, son acquisition ne délaisse d'être bonne quant à la proprieté & possession, combien qu'il ne soit ensaisiné du Seigneur direct, par lequel néanmoins il peut être contraint payer douze deniers parisis pour la saisine, combien qu'il ne la prenne sus art. 55. & par mon Commentaire, C. M.

Hæc investitura convenit omni singulari titulo successori, non autem hæredibus quia saisiti sunt ipso jure. Mol. §. 78. gl. 6.

Dominus requisitus, etiam invitus tenetur omninò novum acquisitorem investire, seu in censuarium agnoscere, dummodo ei jura debita soluta fuerint, eoque recusante poterit interim censuarius facere se per superiorem investiri, & nihilominus cogere Dominum censualem ut in libro censuali hæc investitura describatur. Mol. §. 82. n. 15.

NE PREND

NE PREND SAISINE QUI NE VEUT.

GLOSE UNIQUE SUR L'ARTICLE LXXXII.

SOMMAIRE.

1. Saisine, *que signifie ce mot.*
2. Vest & devest, *que veulent dire ces deux termes.*
3. *Si le Seigneur est tenu d'ensaisiner le contrat, avant qu'on luy paye ses droits.*
4. *Si le Seigneur peut contraindre l'acquereur de prendre saisine.*
5. *Tournet & Tronçon ont suivi mal-à-propos l'avis de du Moulin.*
6. *Si le terme, saisine, en l'article 73. a été laissé par inadvertance par les Reformateurs.*
7. *Si la saisine est requise pour l'acquisition d'un heritage censuel.*
8. *Si le Seigneur peut estre contraint de donner saisine à l'acquereur.*
9. *Si l'acquereur est tenu de payer les droits dûs par ses prédécesseurs.*
10. *Utilité de la saisine pour empescher le retrait.*
11. *Autre utilité pour l'acquisition de la proprieté de la chose.*
12. *En cas de vente à la charge du decret, quand l'acquereur peut prendre saisine.*
13. *Si l'ensaisinement doit estre par écrit & pardevant Notaires.*

Cet article qui contient un privilege particulier, est conforme à plusieurs Coutumes de ce Royaume, comme Dourdan, Meaux, Montfort, Perronne & autres.

Il nous enseigne qu'un acquereur n'est pas obligé d'ensaisiner son contrat, mais, parce qu'il pourroit être évincé de son acquisition par le moyen du retrait lignager, quoiqu'il eût payé les lods & ventes il ne doit pas toujours negliger cet ensaisinement.

1. *Saisine*, en matiere de droits Seigneuriaux, signifie la possession de l'heritage que prend l'acquereur du Seigneur; ainsi saisir signifie prendre possession, ou se mettre en possession; & désaisir c'est-à-dire déposseder; la saisine se prend dans une autre signification en l'article 98.

Par la disposition de plusieurs Coutumes, la possession des heritages ne peut être prise ni acquise, de droit, ni de fait, sans saisine & désaisine, c'est-à-dire, à moins que le vendeur n'ait fait la désaisine entre les mains du Seigneur, & ne se soit depossedé de l'heritage, & que le Seigneur n'en ait fait la saisine ou l'ensaisinement à l'acquereur, ce qu'on appelle *vest & devest*.

2. La Coûtume de Rheims article 162. dit, que *pour acquerir droit de proprieté en aucun heritage tenu en roture est requis devest & vest*, c'est-à-dire désaisine & saisine.

En l'article 163. il est porté que, *désaisine ou devest n'est autre chose que la permission que fait le vendeur à l'acheteur, d'entrer en la possession de la chose par luy venduë: Et pour l'effet & solemnité d'iceluy devest, il est requis que le vendeur ou procureur pour luy suffisamment fondé se transporte pardevant le Juge de la Justice fonciere du lieu où est assis l'heritage par luy vendu, & declare qu'il se devest & demet de la possession dudit heritage au profit de l'acheteur.*

Ce qui n'a lieu qu'en vente volontaire, & non pas en celle qui est forcée & contrainte.

C'est l'opinion de du Moulin sur l'article 235. de la Coûtume de Senlis; *fallit in venditione quæ fit per Judicem, ut in publicis subhastationibus, quia Judex non tenetur ire nec reus, quo invito venditur; sed emptor videtur procurator ferendo ejus decretum.*

3. Dans les Coûtumes qui requierent l'ensaisinement pour l'acquisition de la proprieté, le Seigneur n'est tenu d'ensaisiner l'acquereur qu'en luy payant ses droits de ventes, amendes & saisines, Senlis article 235. & suivans.

Il faut dans ces Coûtumes, que l'acquereur d'une rente constituée se fasse ensaisiner & prenne nantissement sur les heritages affectez & hypothequez à sa dette.

Mais la Coûtume de Paris ne requiert point, que l'acquereur se fasse ensaisiner par le Seigneur pour acquerir la proprieté de l'heritage par luy acquis, il dépend de luy de prendre saisine ou non, ainsi qu'il est porté par cet article 82. en ces termes, *ne prend saisine qui ne veut*, c'est-à-dire, que pour avoir droit de proprieté ou de possession en la chose acquise par vente & achat, ou par échange, il n'est besoin que l'acquereur prenne saisine du Seigneur, parce qu'il a ce droit par la tradition du bailleur, & il ne peut être contraint par le Seigneur de prendre saisine, ou de luy payer douze deniers parisis, au cas qu'il ne la veüille pas prendre. 4.

Charondas & Brodeau *num.* 7. CHARONDAS. BRODEAU.

Du Moulin en sa note sur l'article 56. de l'ancienne Coûtume, en ces termes, *ne prend saisine qui ne veut*, dit, *c'est-à-dire son acquisition ne laisse d'être bonne, quant à la proprieté & possession, combien qu'il ne soit ensaisiné du Seigneur direct, par lequel neanmoins il peut être contraint payer* 12. *deniers parisis pour la saisine, combien qu'il ne la prenne.* DU MOULIN.

Ce qui donnoit lieu à du Moulin de tenir cette opinion, est, qu'en l'article 73. *in fine*, qui étoit l'article 51. de l'ancienne Coûtume, il est porté en ces termes, *pour être payé des droits de ventes, saisines & amendes*, d'où il tiroit cette consequence, que tout acquereur par vente étoit obligé de payer au Seigneur les douze deniers parisis portez par cet article pour la saisine, quoiqu'elle ne fût pas prise.

Mais les Reformateurs de la Coûtume n'ont pas suivi son avis, permettant aux acquereurs de prendre la saisine, ou de ne la prendre pas; ce qui est sans difficulté, car puisque si on prend saisine, on doit les douze deniers parisis; si on ne la prend pas, on ne les doit pas: autrement il auroit été inutile d'ajoûter ces termes à l'article 56. de l'ancienne Coûtume.

Cependant Tournet & Tronçon ont suivy mal-à-propos l'opinion de du Moulin, voulant que le Seigneur pût contraindre l'acquereur par vente de payer les douze deniers parisis pour la saisine, quoiqu'il ne la veüille pas prendre. 5. TOURNET. TRONÇON.

On objecte l'article 73. qui donne droit au Seigneur de poursuivre l'acquereur pour être payé des ventes, saisines & amendes. 6.

Mais on répond, que ce terme *saisine* a été laissé par inadvertance par les Réformateurs, qui étoit en l'article 55. qui portoit, que *l'acheteur est tenu de payer au Seigneur censier ou foncier les ventes dudit achat & saisine pour ce dûs & accoûtumés, avec douze deniers parisis pour la saisine*, auquel il a été dérogé par l'addition faite en cet article 82.

Ce qui fait connoître d'autant plus cette verité, c'est qu'il n'est pas vray generalement parlant, que l'acquereur doive amendes, car il n'en doit qu'au cas de ventes recelées & non notifiées dans le temps porté par la Coûtume.

7. La raison pour laquelle l'acquisition d'un heritage censuel est valable sans ensaisinement, est parce qu'en France tous les heritages sont hereditaires & patrimoniaux, & qu'il est permis à un chacun de vendre ses biens & d'en disposer à sa volonté, sans le consentement du Seigneur, dont ils sont tenus & mouvans.

D'où il s'ensuit, que la disposition de la Coûtume de Paris doit avoir lieu dans toutes les Coûtumes
Brodeau. qui n'en décident rien; Brodeau *num.* 5. & 6.

Il est donc constant que si l'heritage avoit été vendu à deux personnes en differens temps, le premier acquereur en auroit la proprieté, quoiqu'il ne fût pas ensaisiné, & que le second acquereur eût pris l'ensaisinement du Seigneur; la saisine n'étant pas ce qui transfere le domaine & la proprieté de la chose en la personne de l'acquereur, mais le contrat de vente, suivi d'une prise de possession & joüissance.

8. Quoique l'acquereur d'un heritage censuel ne soit pas obligé de prendre saisine, toutefois il la peut prendre s'il veut, & le Seigneur ne la peut pas refuser à celuy qui la luy demande, & peut être contraint de la donner.

Du Moulin, Brodeau. Du Moulin sur l'article 56. de l'ancienne Coûtume *num.* 15. Brodeau *num.* 12.

Si le Seigneur en fait refus, l'acquereur doit sur son refus le faire assigner pardevant le Juge des lieux, pour voir ordonner, que son contrat sera ensaisiné ou qu'il dira ses causes d'opposition, qui ne peut être autre, sçavoir que l'acquereur ne luy paye pas ses droits de ventes, saisines & amendes, pour son acquisition.

Quant aux droits dûs par ses predecesseurs, dont il est successeur à titre particulier, il n'est tenu de les payer qu'aprés discussion faite, c'est pourquoy le Seigneur doit l'ensaisiner, en offrant les droits dont il est tenu personnellement, avec protestation pour ceux dûs par ses auteurs.

9. Loysel en ses Institutes Coûtumieres sur ce titre article 19. dit, que *Seigneur censuel ou féodal n'est tenu d'ensaisiner ni recevoir en foy le nouvel acquereur, s'il ne le satisfait aussi des anciens droits & arrerâges à luy dûs.*

Cette regle n'est pas d'usage, vû que les acquereurs ne sont tenus de payer les droits dûs par leurs prédecesseurs qu'hypotecairement, & aprés discussion; c'est pourquoy le Seigneur ne peut pas refuser d'ensaisiner l'acquereur qui luy offre les droits qu'il doit.

Brodeau. Brodeau, *num.* 13. suit l'opinion de Loysel, mais je ne la croy pas bien fondée.

10. Quoique l'acquereur d'un heritage censuel ne soit pas tenu de prendre saisine, néanmoins il luy est avantageux de la prendre au cas que l'heritage vendu soit propre au vendeur, dautant que l'an & jour du retrait lignager ne commence à courir que du jour que le contrat a été ensaisiné, suivant l'article 130. & si le contrat n'avoit pas été ensaisiné par l'acquereur, les parens lignagers du vendeur pourroient exercer le retrait dans trente ans, du jour de la vente faite.

La saisine du Seigneur est encore utile pour pouvoir intenter d'abord la complainte en cas de saisine & de nouvelleté, sans attendre la possession de l'an & jour, suivant ce que dit Monsieur Lauriere sur cet article.

Tronçon & Brodeau, *num.* 9. disent qu'il y a encore une autre utilité de l'ensaisinement, qui est, qu'en concurrence de deux acheteurs d'un même heritage, celuy qui a été le premier ensaisiné, est préferable, par argument de la Loy *quoties C. de rei vindicat. quoties duobus in solidum prædium jure distrahitur, manifesti juris est, eum cui priori traditum est in detinendo dominio esse potiorem.* Tronçon. 11.

Il est constant, que si le premier acquereur n'avoit point pris possession, & que le second l'eût prise, & qu'il eût été ensaisiné, il auroit acquis la proprieté de l'heritage par le moyen de la possession; mais de dire, que la possession ne se peut prendre que par l'ensaisinement, ce seroit un abus & une proposition erronée & contre l'usage: car la possession consiste dans la joüissance de la chose, comme si le premier acquereur avoit pris possession de l'heritage, en expulsant les Fermiers, ou en leur faisant bail en son nom, ou continuant l'ancien en son nom; ou en prenant la joüissance de la terre par soy-même, ce seroit une veritable possession, laquelle prévaudroit à l'ensaisinement pris par le second acquereur, qui n'auroit point entré autrement dans la joüissance & la possession de l'heritage; & il seroit absurde qu'aprés quelque temps de possession & joüissance du premier acquereur qui n'auroit point pris saisine, le second acquereur prétendît l'évincer, parce qu'il se seroit fait ensaisiner.

Quand la vente est faite par contrat volontaire à la charge du decret pour purger les hypotheques, l'acquereur n'est pas tenu d'attendre l'adjudication pour prendre saisine, mais il peut faire ensaisiner son contrat aussi-tôt qu'il est passé; dautant que ce n'est pas l'adjudication qui doit être ensaisinée, mais le contrat; le decret n'étant pas le titre d'acquisition; desorte que si le contrat a été ensaisiné, l'an & jour du retrait commence à courir du jour de l'ensaisinement, quoique l'adjudication ne soit faite que longtemps aprés. 12.

C'est ce qui a été jugé par Arrest du 4. Février 1584. remarqué par les Commentateurs, & par autre du 4. Août 1633. rapporté par Brodeau sur Monsieur Loüet, lettre D. nombre 26.

L'ensaisinement doit être par écrit, desorte qu'on n'admettroit pas la preuve pas témoins, pour prouver qu'il a été pris, afin d'éviter les fraudes qui se pourroient commettre autrement contre les lignagers du vendeur, comme il a été jugé par Arrest du 23. Decembre 1568. remarqué par Pithou sur la Coûtume de Troyes, art. 144. *verbo*, & de la saisine. 13.

Brodeau sur l'article 130. en remarque un autre du 3. Juin 1619. sur un appel du Juge de la Roche-sur-Yon. Brodeau.

Mais il n'importe pas qu'il soit fait pardevant une personne publique ou sous la signature privée du Seigneur, au moins dans nôtre Coûtume & dans celles qui n'ont point de disposition contraire; parce que c'est un acte qui regarde principalement le Seigneur & l'acquereur; & au cas qu'il ne soit fait pardevant Notaire, il doit être écrit en marge, ou endossé sur le contrat, & non en une feüille separée, afin d'éviter les fraudes qui pourroient être faites en ce rencontre.

C'est le sentiment des Commentateurs sur l'article 130.

OBSERVATIONS DE MONSIEUR ***

Sur l'Article LXXXII.

SOMMAIRE.

1. *Nul n'est tenu de prendre saisine.*
2. *Cependant il est tres-utile de la prendre.*

LE Seigneur ne peut pas obliger le tenancier de faire ensaisinner son contrat.

La Coûtume en laisse la liberté entiere au tenancier. Il est seulement tenu d'exhiber les lettres d'acquisition de l'heritage tenu en censive, d'en payer les lods & ventes, & les cens.

Cependant il n'y a presque personne qui ne doive faire ensaisiner son contrat d'acquisition, quoique la Coûtume n'y oblige pas; parce que l'action de retrait ne coure pendant l'année, que du jour de l'ensaisinement du contrat d'acquisition; ainsi il est d'une tres-grande importance que le contrat soit ensaisiné pour pouvoir joüir en repos de l'heritage acquis aprés que l'année du retrait sera finie.

CONFERENCE SUR L'ARTICLE LXXXII.

DE même, *Auxerre*, art. 84.
Dourdan, art. 45.
Etampes, art. 47.
Mantes, art. 51. *Meaux*, art. 193. *Montargis*, chap. 2. art. 49. 53. *Montfort*, art. 53.
Senlis, art. 239. *Sens*, art. 116.

La Coûtume de Clermont a une disposition contraire.

L'article 114. porte, *Quand aucun a acquis quelque heritage roturier, il ne se peut mettre audit heritage sans saisine du Seigneur, sur peine de soixante sols parisis d'amende.*

Auteurs sur l'Article quatre-vingt-deuxiéme.

L'Auteur du Grand Coûtumier, liv. 2. chap. 21. page 138. liv. 2. chap. 25. page 170.
Des Mares, décision 189. 203. & 234.
Le Procés Verbal sur l'article 76. de la Coûtume de Paris.
Stilus Parlamenti, *parte 7. cap.* 83.
Loysel, livre 5. titre 4. regle 5. &c.
Thourette, sur Montfort, art. 53.
Coquille, en son Institut au Droit François.
Glossaire du Droit François, *verbo* saisine.
Ricard, sur le titre 4. de la Coûtume de Senlis.
Charondas, livre 5. resp. 60.
Bardet, tom. 2. liv. 9. chap. 15.
Soëfve, tom. 1. Centur. 2. chap. 87.
Vrevin, sur la Coûtume de Chauny, art. 142.
Le Grand Coûtumier, liv. 2. chap. 35.
Ricard, sur la Coûtume de Senlis, art. 158. & sur la Coûtume d'Amiens, art. 35. 144. & 145.
Duret, dans son Alliance des Coûtumes, page 923. & 924.
Duplessis explique cet article, liv. 6. p. 104.

ARTICLE LXXXIII.

Cet article & le suivant sont au lieu des 58. 59. 60. & 61.

Quints ou ventes dûs pour vente ou decret, à la charge de rente rachetable.

POur heritages vendus ou adjugez par decret, à la charge de rente rachetable, soit que ledit heritage soit Fief ou roture, est dû au Seigneur de Fief le quint denier du prix; & au censier le droit de ventes, tant pour le prix contenu és contrats ou decret, que pour le sort principal desdites rentes, encore que lesdites rentes ne soient lors rachetées.

Voyez les Articles 23. 78. & 87.

REMARQUES.

ON ne paye pas les lods & ventes pour les frais du contrat, ni pour les autres loyaux coûts de l'acquisition.

Ce qui a été étendu aux frais ordinaires de criées qui sont payez par l'adjudicataire outre le prix principal de son adjudication, par Arrest intervenu en l'Audience de la Grand'-Chambre du Mardy de relevée 25. Février 1614. en infirmant la Sentence du Bailly de Niort, conformément aux Conclusions de Monsieur l'Avocat General le Bret.

OU ADJUGEZ PAR DECRET, A LA CHARGE DE RENTE RACHETABLE.

GLOSE UNIQUE SUR L'ARTICLE LXXXIII.

SOMMAIRE.

1. *Pourquoy cet article a été mis au lieu des articles 58. 59. 60. & 61. de l'ancienne Coûtume.*
2. *Surquoy est fondée la décision de cet article.*
3. *Pourquoy pour rentes rachetables constituées sur maisons & heritages il n'est rien dû au Seigneur, & que les droits sont dûs pour bail d'heritage à rente rachetable.*
4. *Si cet article se doit seulement entendre au decret volontaire.*
5. *Interprétation de cet article qui paroît difficile.*
6. *Si dans les Coûtumes qui chargent le vendeur de payer les droits, cela a lieu en adjudication par decret forcé.*
7. *Si doubles droits sont dûs, quand l'adjudicataire cede son adjudication à un tiers.*
8. Quid, *si la declaration se faisoit aprés l'infeodation ou l'ensaisinement de l'adjudicataire.*
9. Quid, *si l'adjudicataire a declaré qu'il faisoit l'acquisition au nom d'un autre, & que néanmoins il demeurât toûjours en possession de la chose.*
10. *Si la vente faite au nom d'autruy, sans procuration, est nulle.*
11. Quid, *si l'acquereur a payé les droits en son nom, & qu'ensuite il fasse sa declaration pour un autre.*
12. *Coûtumes qui donnent quarante jours.*
13. *Quel est l'usage d'à-present.*
14. *Si l'aisné achetant par licitation les portions du Fief de la succession de son pere, de ses freres & sœurs, par une personne interposée, doit payer les droits au Seigneur.*
15. *Si les droits se payent au Seigneur, de ce qui a été payé pour faire cesser les poursuites du decret.*
16. *Si en adjudication par decret les droits sont dûs des frais ordinaires des criées.*
17. *Si une seconde adjudication ayant été faite à la folle enchere de l'adjudicataire, doubles droits sont dûs au Seigneur.*
18. *Difference entre le decret forcé & le decret volontaire.*
19. *Si le prix de la seconde adjudication faite à la folle enchere de l'adjudicataire, étant augmenté, l'augmentation luy appartient.*
20. *Si pour adjudication par decret, à la charge d'un doüaire préfix, les droits sont dûs à raison du doüaire.*
21. *Si la femme créanciere de son mary, se*

rendant adjudicataire de ses biens, pour sa dot & ses conventions matrimoniales, les droits sont dûs au Seigneur.

22. Quid, *des enfans qui ont renoncé aprés la mort de leur mere.*

23. *Si un heritier beneficiaire se rendant adjudicataire des biens de la succession, pour estre le prix payé aux créanciers, doit les droits au Seigneur.*

1. CEt article & le suivant ont été mis au lieu des 58. 59. 60. & 61. de l'ancienne Coûtume, qui avoient été rayez par Arrest de la Cour, comme étant tres-onereux aux particuliers.

Les rentes constituées à prix d'argent étoient autrefois charges réelles, dûës par les fonds, & non rachetables, de même que les rentes foncieres, dont elles ne differoient qu'en ce qu'elles étoient venduës & achetées, & les foncieres étoient reservées; on en payoit les droits seigneuriaux; ce qu'on étendit aux rentes rachetables, suivant ces quatre articles.

L'article 58. portoit que, *quand aucune personne vend ou constituë rente sur son heritage, l'acheteur d'icelle rente doit les ventes au Seigneur censier ou foncier, dont est tenu & mouvant l'heritage sur lequel le vendeur constituë la rente.*

Le 59. porte que, *quand aucune rente constituée nommément sur un heritage tenu en censive, est rachetée, le rachetant est tenu payer aux Seigneurs censiers ou fonciers dont est tenu & mouvant l'heritage, les ventes du rachat.*

Le 60. porte, que *quand aucun vend ou constituë rente sur son heritage, à laquelle il l'oblige nommément, specialement, & generalement tous ses autres biens & heritages, tous les droits de ventes & saisines de la vente appartiennent au Seigneur, dont est tenu & mouvant l'heritage nommément & specialement obligé à ladite rente.*

Le 61. porte, que *quand aucun vend ou constituë rente generale sur tous ses biens & heritages, sans en specifier aucuns, & qu'ils sont vendus par decret, ou autrement à prix d'argent, sur lequel la rente est prise & rachetée, celuy qui la rachete est tenu payer au Seigneur censier & foncier de l'heritage, dont procede les deniers du rachat, les ventes d'iceluy rachat.*

Le procés verbal de l'ancienne Coûtume fait mention de la contradiction des Avocats & Praticiens qui étoient en l'assemblée, & de l'opposition formée par les Prevôt des Marchands & Echevins, qui soûtenoient pour la liberté des maisons de la ville de Paris, & pour le bien des habitans d'icelle, que toutes rentes constituées à prix d'argent sur lesdites maisons étant rachetables suivant l'Ordonnance, sans que les parties puissent faire accord ou convention au contraire, il n'étoit dû aucunes ventes, pour raison desdites rentes assignées, ou constituées sous faculté de rachat perpetuel, dont les contrats se resolvent, soit qu'il y ait hypotheque generale ou speciale, ni pour la vente ou constitution, ni pour le rachat des rentes, requerant sur ce être plus amplement oüis.

Surquoy Messieurs les Commissaires auroient ordonné, attendu la contradiction susdite, que lesdits articles ne demeureroient point arrêtez pour Coûtume, & que les gens d'Eglise, les Nobles qui les soûtenoient, & les Prevôt des Marchands & Echevins & Gens du tiers Etat, qui insistoient au contraire, écriroient & produiroient pour l'entretinement ou correction desdits articles, pour en faire leur rapport à la Cour.

Quelque temps aprés le Roy Henry II. avoit fait don à Monsieur d'Anghien des droits seigneuriaux dûs à Sa Majesté pour constitutions & rachats de rentes, & en avoit fait un bail general, à son Fermier des sous-Fermiers particuliers qui commettoient plusieurs exactions.

Ce qui donna lieu à la Cour de rendre un Arrest le 10. May 1557. comme remarque du Moulin en sa Note sur l'article 58. de l'ancienne Coûtume, que le Lecteur peut voir cy-aprés dans l'Addition de la Conference, qui est à la fin de ce Titre. Du Moulin.

La Cour par l'Arrest cotté cy-dessus avoit fait mettre au lieu desdits quatre anciens articles, celuy qui suit, en ces termes.

Pour rentes constituées à prix d'argent sur maisons ou autres heritages assis és Ville, Prevôté & Vicomté de Paris, ne sont dûs aucuns droits de lods & ventes, ni autres profits seigneuriaux, soit pour la constitution ou rachat desdites rentes.

C'est ce que remarque Maître Charles du Moulin sur le même article.

Mais cet article a aussi été ôté en la reformation & au lieu de ces articles le present article & le suivant ont été mis.

Ce droit comme exorbitant & trop onereux a été abrogé dans plusieurs Coûtumes où il étoit dû, fondé sur ce que les rentes constituées à prix d'argent, soit generalement ou specialement, n'emportent point aliénation du fond de l'heritage, en quelques termes que le contrat soit conçû dans le Stile ordinaire des Notaires, mais un simple droit d'hypotheque sur les biens presens & à venir du debiteur.

Non jus reale imponit, sed personam constituentis obligat, dit Pontanus sur la Coûtume de Blois, titre 6. article 81.

Voyez sur l'article 23.

Quant à la disposition de cet article, qui décide que les droits seigneuriaux sont dûs pour le fort principal des rentes, à la charge desquelles un heritage a été vendu par contrat volontaire, ou par decret, elle est fondée sur le susdit Arrest du 10. May 1557. 2.

Par cet Arrest la Cour avoit ordonné, qu'en ce cas les droits seroient payez, & sur un autre Arrest prononcé en robes rouges par Monsieur le President Prevost de Morsan, le 24. Mars 1567.

Par ce dernier Arrest la Cour condamna Maître Jean Beauclerc, Tresorier extraordinaire des Guerres, qui avoit acquis une maison sçise à Paris, moyennant 1500. livres payées comptant, & 250. livres de rente annuelle, perpetuelle & de nouvelle charge par luy constituée sur ladite maison, & generalement sur tous ses autres biens rachetable à perpetuité pour la somme de six mille livres, de payer à Monsieur l'Evêque de Paris, Prieur de S. Eloy, Seigneur censier, les ventes de ladite somme de six mille livres, pour laquelle la rente de 250. livres étoit rachetable, outre les ventes des 1500. livres payées lors du contrat d'acquisition de ladite maison, comme remarque Brodeau *num. 6.* Brodeau.

La raison est, que le fort principal des rentes, à la charge desquelles un heritage est vendu, fait partie du prix de la vente. 3.

Il n'en seroit pas de même au cas que la vente fût faite à la charge d'une rente fonciere non rachetable, par ce qu'il n'y a point de fort principal, qui tienne lieu du prix, elle n'est point reductible en deniers, ainsi elle ne reçoit point de prix ni d'estimation, & ne fait point partie du prix de la vente; mais une simple charge réelle, inherente à la chose venduë, pour laquelle par consequent il n'est rien dû au Seigneur ; mais dautant que telle charge est censée faire partie de l'heritage, en ce que sans icelle il seroit vendu un plus haut prix, c'est la raison pour laquelle les ventes sont dûës pour la vente de cette rente, suivant l'art. 87.

4. Cet article ne se peut entendre que du decret volontaire, à la charge duquel une rente a été faite, car l'Ordonnance des Criées de l'an 1551. articles 12. 13. & 15. & les Arrests, ont fait cette distinction entre les rentes foncieres non rachetables, & celles de bail d'heritage rachetables, ou constituées à prix d'argent, que les decrets se peuvent faire à la charge des premieres, conformément à ce qui est porté en l'art. 101. *in fine*, en ces termes, *& si la rente est fonciere, l'heritage doit être adjugé à la charge de la rente* ; mais ils ne se peuvent point faire à la charge des autres ; Charondas, Brodeau *num.* 14.

CHARONDAS BRODEAU.

La raison est, que les premieres étant de leur nature & qualité non rachetables, elles ne se réduisent point en argent, mais elles suivent les possesseurs de l'heritage comme charges réelles ; les autres au contraire se reduisent en une simple hypotheque, pour lesquelles par consequent les créanciers opposans au decret se doivent pourvoir sur le prix, sans que l'adjudication puisse être faite à la charge d'icelles, quand même les créanciers le requeteroient.

5. On ne voit pas clairement comment la décision de cet article puisse avoir lieu, en ce qu'il veut que pour vente d'heritage à la charge de continuer une rente de bail d'heritage rachetable, les droits soient dûs du sort principal d'icelle ; car le Seigneur les ayant déja pris quand l'heritage a été baillé à la charge de la vente, il ne paroît pas juste qu'il le prenne encore quand le même heritage est revendu ou adjugé par decret à la charge d'icelle ; & cela n'arrive pas quand l'heritage est baillé à charge de rente fonciere non rachetable ; ainsi il semble qu'il faut décider la même chose quand il est baillé à rente fonciere rachetable, puisque les droits en ont été payez *ab initio*.

Il y a encore une autre raison qui semble exclure le Seigneur d'exiger les droits pour la continuation de la rente rachetable, sçavoir que le Seigneur ayant reçû les droits du bail à rente rachetable, il a approuvé & inféodé la rente, & s'est obligé d'en souffrir la continuation.

Pour resoudre la difficulté, il faut observer qu'il y a grande difference entre le bail à rente non rachetable, & le bail à rente rachetable à l'égard des droits seigneuriaux : il est vray que pour raison du bail à rente non rachetable pour les rotures, il n'est rien dû au Seigneur, parce qu'elle represente l'heritage ; c'est pourquoy quand elle est venduë les droits sont dûs au Seigneur, selon l'article 87. & ils sont dûs aussi au cas que l'heritage soit vendu à la charge d'icelle.

La rente soit constituée à la charge de laquelle l'heritage est baillé ou rente fonciere rachetable, ne represente point l'heritage ; c'est pourquoy quand elle est venduë ou rachetée, il n'est rien dû au Seigneur, mais comme le sort principal d'icelle tient lieu du prix de l'heritage, l'acquereur doit les droits tant du prix payé que du sort principal de la rente, quoiqu'elle ne soit pas rachetée.

Que si le Seigneur ne prenoit pas nouveaux droits quand l'heritage seroit revendu par l'acquereur, tant à raison du prix convenu, qu'à raison du sort de la rente à la charge de laquelle il revendroit l'heritage, ce seroit un préjudice qu'il en recevroit ; car si l'heritage vaut dix mille livres, & qu'il soit revendu quatre mille livres à la charge de continuer une rente rachetable de trois cens livres par chacun an, il vaut par consequent dix mille livres, & si le Seigneur ne recevoit ses droits qu'à raison des quatre mille livres, il ne les recevroit pas à raison du prix de l'heritage dans lequel entre le sort principal pour lequel la rente est stipulée rachetable.

Que si l'heritage baillé à rente rachetable est donné au bailleur pour amortissement de la rente, c'est *datio in solutum*, & les droits sont dûs au Seigneur sans difficulté.

6. *Si dans les Coûtumes où le vendeur paye les droits aux Seigneurs, l'adjudicataire en est exempt ?*

On répond que non, & que c'est à l'adjudicataire à les payer ?

C'est l'avis de du Moulin sur l'art. 235. de la Coûtume de Senlis, en ces termes :

Fallit in venditione quæ fit per judicem, ut in publicis subhastationibus ; quia judex non tenetur ire, nec reus, quo invito venditur, sed emptor videtur procurator judicis, ferendo ejus decretum.

C'est aussi le sentiment de Tronçon sur l'art. 73. *verbo*, droits de vente, de Brodeau *num.* 19. & de Ricard sur cet art. 83.

TRONÇON BRODEAU RICARD.

La raison est, que c'est la Justice qui vend, & que toute adjudication se fait à la charge par l'adjudicataire de payer les droits seigneuriaux, pour lesquels le Seigneur n'est point tenu de s'opposer au decret ; c'est la disposition expresse de la Coûtume de Melun art. 69.

La Cour l'a jugé ainsi par deux Arrests, le premier est du 3. Août 1617. entre Dame Lucrece de saint Nazare, & le Sieur de Vimes, Gouverneur de Toul rapporté par Tronçon *loco citato*. L'autre a été donné en la Grand'-Chambre au rapport de Monsieur des Landes, le 18. May 1621. intervenu sur l'ordre des Terres de Tabur & Rouvroy, contre Dame Henriette de la Vieville, rapporté par Brodeau, sur cet article 83. *num.* 19. qui dit avoir écrit au procés. Voyez Herault *rer. & quæst. jur. quotidian. cap.* 12. *num. ult.*

BRODEAU.

Delà vient, dit Brodeau, que le requint, dans les Coûtumes qui l'admettent, n'est jamais dû par l'adjudicataire, mais seulement le quint, quoiqu'en vente volontaire, quand il est dit *francs deniers au vendeur*, l'acheteur donne le quint & le requint, suivant l'avis de du Moulin sur les articles 24. & 58. *num.* 81. *in fine*, de l'ancienne Coûtume de Paris, & sur l'art. 69. de la Coûtume Melun.

DU MOULIN.

Il faudroit dire le contraire du decret volontaire, à la charge duquel le contrat de vente auroit été fait, parce qu'en ce cas le titre d'acquisition n'est pas l'adjudication par decret, mais le contrat de vente, comme il a été dit sur l'art. 78.

7. *Si doubles droits sont dûs, quand l'adjudicataire par decret cede son adjudication à un tiers, declarant que ç'a été pour luy qu'il a fait l'enchere, avant que de prendre possession de l'heritage adjugé ?*

Les Arrests ont jugé qu'il n'étoit dû que de simples droits.

Chopin sur le titre *des Fiefs* de la Coûtume de Paris *num.* 13. remarque un Arrest donné en la Chambre de l'Edit, le 20. Decembre 1600. qui l'a jugé ainsi.

CHOPIN.

Du Failh en ses Arrests en rapporte un du Parlement de Bretagne, du 13. Août 1576. donné contre l'Evêque de Dol.

8. Mais si la declaration du Command se faisoit *ex intervallo*, & aprés que l'acquereur auroit été investy ou ensaisiné du Fief, ou de l'heritage, en ce cas le Seigneur pourroit justement prétendre doubles droits, sçavoir contre l'adjudicataire, & contre celuy auquel l'adjudicataire auroit cedé ses droits.

C'est ce qui a été jugé par Arrest du 5. Août 1600. en la cinquiéme des Enquêtes, au rapport de Monsieur Fouquet, remarqué par Chopin *loco citato*, au profit de Marie Chaboüillé contre Guillaume Cousinet, par lequel il fut jugé, que nonobstant la nomination du Command faite environ un an aprés le decret, le Command, nouvel acquereur, étoit tenu de payer les droits aux Seigneurs, quoiqu'ils eussent déja été payez par l'adjudicataire.

9. Mais on demande, *si l'adjudicataire, qui auroit declaré qu'il acqueroit au nom d'un autre, demeuroit en la possession de l'heritage adjugé par decret, s'il devroit doubles droits?*

Il faut dire que non; car si celuy, au nom duquel il auroit fait l'acquisition, ne la vouloit pas accepter, & qu'il demeurât en la possession de l'heritage, le Seigneur ne seroit pas recevable à prétendre doubles droits, parce qu'il n'y auroit qu'une acquisition; étant vray de dire que celuy, au nom duquel l'adjudication auroit été faite, n'auroit jamais été proprietaire de l'heritage adjugé.

Ce qui a été ainsi jugé par Arrest du Lundy 13. Février 1661. donné en l'Audience de la Grand'Chambre, prononcé par Monsieur le premier President de Lamoignon, & rapporté dans le second Tome du Journal des Audiences.

Par cet Arrest la Cour jugea, qu'il n'étoit dû que simples droits pour l'acquisition faite par Monsieur l'Evêque de Rennes, de quelques heritages, sous le nom de Monsieur le Maréchal de la Mothe son frere.

En 1648. Monsieur l'Evêque de Rennes avoit declaré par le contrat de vente de ces heritages, que l'acquisition qu'il faisoit, étoit pour Monsieur son frere, pour en joüir par luy, ses hoirs, & ayans cause; que le vendeur demeuroit quitte par ce moyen envers Monsieur le Maréchal de la Mothe, de la somme de deux mille quatre cens livres, dont il luy étoit debiteur, & le surplus du prix luy fut payé par Monsieur l'Evêque de Rennes de ses deniers, que le vendeur subrogeoit en ses droits pour poursuivre contre Monsieur le Maréchal de la Mothe son frere, le payement de la somme qu'il avoit donnée pour pour luy au vendeur.

Monsieur le Maréchal de la Mothe n'ayant pas voulu accepter l'acquisition des heritages, que Monsieur l'Evêque son frere avoit faite pour luy & en son nom, Monsieur l'Evêque en demeura en possession pendant dix ans, aprés lesquels les Dames Abbesse & Religieuses de Chelles le poursuivirent pardevant les Presidiaux de Senlis pour le payement de doubles droits seigneuriaux, les parties ayant été par Sentence appointées en droit, Monsieur l'Evêque en interjetta appel.

Sur cet appel la Cour, conformément aux Conclusions de Monsieur l'Avocat General Bignon, aprés les offres faites par l'appellant de payer de simples droits seigneuriaux, la Cour évoquant le principal, & y faisant droit, mit les parties hors de Cour.

Monsieur Bignon dit en plaidant la cause, que pour donner ouverture à doubles droits, il faudroit qu'il y eût double titre translatif de proprieté, & double tradition, suivant l'avis de Maître Charles du Moulin sur l'article 78. *glos.* 1. *num.* 27. & 28. où il dit, que si un acheteur cedoit son droit, avant que d'avoir payé le prix de son acquisition, il ne seroit dû que simples droits, n'y ayant eu qu'un simple payement fait, quoiqu'il y eût deux contrats de vente, même double tradition; qu'en l'espece de la cause, la difficulté de deux contrats ne s'y rencontroit point; qu'il n'y avoit point d'autre contrat que celuy fait en 1648. lequel n'avoit point transferé la proprieté des heritages à Monsieur le Maréchal de la Mothe, puisque Monsieur l'Evêque son frere n'avoit point agi comme Procureur de Monsieur son frere, & qu'il n'avoit pû contracter pour luy en son absence, sans pouvoir ou procuration precise, parce que *nemo alteri stipulari potest*; que la Loy 6. *C. si quis alteri vel sibi*, ayant décidé, que pour avoir acquis sous le nom d'un tiers, on ne laissoit pas d'être proprietaire, & celuy dont le nom étoit inseré dans le contrat d'acquisition, n'avoit point de droit en l'heritage acquis, s'il ne l'avoit point accepté, ni payé le prix.

Du Moulin.

Quod si tu quidem emisti, & tibi tradita est possessio; tantùm autem nomen uxoris quondam tua instrumento inscriptum est; res gesta potior quàm scriptura habetur; si verò ab initio negotium uxoris gerens comparasti nomine ipsius, empti actionem nec illi nec tibi quaesisti; dum quatibi non vis, nec illi potes. Quare in dominii quaestione ille potior habetur, cui possessio à domino tradita est, dit cette Loy.

Il est certain, que le contrat fait au nom d'autruy 10. sans procuration, est nul, lorsque celuy pour lequel il est fait, refuse de le ratifier; ainsi le contrat de vente fait par Monsieur l'Evêque de Rennes, n'étoit point valable pour Monsieur son frere, qui avoit refusé de le ratifier, *l. absenti ff. de donatio. l. penult. §. si vir ff. sol. matr.* ni pour luy-même, puisqu'il ne l'avoit pas fait pour luy, ensorte qu'il ne seroit pas tenu d'entretenir le contrat, en payant les dommages & interests du vendeur.

Mais ayant pris possession des heritages il étoit presumé avoir voulu, que le contrat de vente fait pour & au nom de Monsieur son frere, fût valable contre luy même, comme s'il avoit acheté pour luy & non pour Monsieur son frere, c'est le sentiment de la Glose sur cette Loy.

Ce qui a été jugé par cet Arrest au cas d'une acquisition volontaire, faite par contrat au nom d'un autre que de l'acquereur, auroit lieu dans l'espece d'une adjudication faite à l'adjudicataire pour & au nom d'un autre.

Que si l'acquereur & mandataire avoit payé les 11. droits au Seigneur en son nom, s'il avoit pris ensaisinement de luy, & que dans la suite il fist une declaration & retrocession de ses droits à un autre, en ces cas doubles droits seroient dûs.

C'est ce qui a été jugé par Arrest du 19. Mars 1626. remarqué par Brodeau sur Monsieur Loüet lettre R. nombre 2. Dans l'espece duquel l'acquereur qui avoit acquis pour un amy, qu'il devoit nommer dans un an, avoit un mois aprés l'acquisition payé en son nom les droits seigneuriaux, ayant depuis fait sa declaration au profit d'un tiers: ce qui ne devoit point faire de difficulté.

Le contraire a été jugé dans cette espece: Monsieur le Marquis de Rouvroy s'étoit rendu adjudicataire d'une terre decretée en la Cour des Aydes sur le Sieur Montnerot, pour la somme de deux cens mille livres, au mois de May 1674. le même jour il fit sa declaration pardevant Notaires, que c'étoit pour Monsieur Delriert, & qu'il ne prétendoit rien à la terre qui luy avoit été adjugée. Au mois de Juillet ensuivant Monsieur de Rouvroy consigna les deux cens mille livres & reçût sous son nom la quittance du Receveur des Consignations, & fit le même jour une autre declaration que c'étoit des deniers de Monsieur Delriert, & qu'il ni prétendoit rien, ni à la terre, dont l'adjudication avoit été faite à son profit.

Au mois de Novembre 1686. Monsieur Delriert fit connoître qu'il l'avoit acquise sous le nom de Monsieur de Rouvroy, les Seigneurs dont elle releve, sçavoir Monsieur le Duc d'Orleans, Monsieur l'Evêque de Chartres, le Chapitre de Chartres & quelques autres, prétendoient que nouveaux droits leur étoient dûs, & en consequence la firent saisir féodalement, sur la contestation par Sentence en la deuxiéme Chambre des Requêtes, au rapport de Monsieur Gatian, il fut jugé que les droits étoient dûs; j'avois écrit au procés pour Monsieur Delriert, & par Arrest du 6. Mars 1690. en la deuxiéme Chambre des Enquêtes, en infirmant la Sentence jugé que nouveaux droits n'étoient point dûs.

Quelques Coûtumes veulent que la declaration 12. soit faite dans quarante jours, comme Amiens titre des criées article dernier, Cambray, Clermont, Bourbonnois & autres, Chopin *lato ejtato*, dit que la declaration se doit faire dans deux mois.

Monsieur Mainard livre 4. chapitre 51. est de même avis. CHARONDAS Charondas tient qu'elle se peut faire aprés, pourvû que *constet de mandato*.

Tronçon sur l'article 359. dit, que l'usage du Châtelet est, que la declaration doit être faite dans la huitaine du decret levé & scellé, suivant un ancien Arrest rapporté par du Luc liv. 11. tit. 18. chapitre 5.

Mornac sur la Loy derniere *ff. de alienat. mut. judic. cau.* dit qu'il a vû quelquefois confirmer la declaration quatre mois aprés l'adjudication.

13. Comme le temps n'est point defini, ni par les Ordonnances, ni par la plus grande partie des Coûtumes, ni par les Arrests; on ne peut point donner de regles certaines sur cette question.

14. Quant aux acquisitions faites par contrat volontaire, la nomination doit être faite avant la possession prise, autrement doubles droits seroient dûs.

DU MOULIN. Maître Charles du Moulin sur l'article 33. *glos. 2. num* 8. resoud la question dans l'espece suivante par les principes établis cy-dessus.

Un pere avoit laissé un Fief dans sa succession & plusieurs enfans, l'aîné en avoit déja la moitié par droit d'aînesse, outre le principal manoir : ils conviennent de le faire liciter, & adjuger au plus offrant, & d'admmettre des étrangers pour encherir.

L'aîné fait mettre enchere pour luy par une personne interposée, sans declarer que ce fût pour un autre que pour luy; & enfin le Fief luy fut adjugé, & il en divisa le prix entre tous les freres comme si c'étoit de ses deniers, quoiqu'en effet ce fût des deniers de l'aîné : ensuite il rend ce Fief à l'aîné suivant l'accord & la convention faite entr'eux.

Le Seigneur en ayant connoissance demanda à l'aîné double droit, un pour l'adjudication faite à cet étranger, & l'autre pour la revente qu'il luy en avoit faite.

L'aîné au contraire soûtient qu'il ne devoit le quint que de la moitié du Fief, qu'il avoit acquise de ses freres, ayant déja l'autre moitié par droit successif de son pere.

Du Moulin dit que le Seigneur demanda plus qu'il ne luy étoit dû, & qu'aussi l'aîné luy offrit moins qu'il ne devoit; dautant que tout le Fief ayant été seulement une fois vendu du consentement de tous les heritiers, le Seigneur a droit de demander le quint du prix de l'adjudication, & n'en peut pas prétendre davantage.

Et quoique le Fief n'eût changé de main, que pour la moitié, puisque l'aîné en avoit déja une moitié par une cause, pour laquelle il ne devoit rien au Seigneur; & que l'achat avoit été fait pour luy, desorte qu'il n'avoit rien acquis par ce moyen, & qu'il n'avoit point cessé d'être possesseur de cette moitié par la vente qui avoit été faite de tout le Fief, dautant qu'il avoit été acheté pour luy : toutefois pour donner un legitime fondement au Seigneur, il suffisoit que le Fief eût été vendu une fois, & que la vente n'eût point été réduite *ad non causam*, mais qu'elle eût eu son effet.

Le Seigneur alleguoit pour ses raisons, qu'il y avoit deux ventes, que la premiere avoit été faite publiquement & dans les formes ordinaires, & qu'elle n'avoit point été cassée par la revente, que l'adjudicataire en avoit faite à l'aîné; car l'adjudicataire avoit acheté en son nom & comme pour luy, sans declarer que ce fût pour l'aîné, ainsi il y avoit eu mutation en la personne de cet adjudicataire; & une autre depuis par la revente faite ensuite à l'aîné, & partant qu'il étoit bien fondé à demander doubles droits.

L'aîné opposoit au Seigneur, qu'il pouvoit user du retrait lignager contre l'adjudicataire, auquel cas il n'auroit dû que simples droits.

A quoy le Seigneur répondoit, que l'aîné ne s'étoit pas servi de ce moyen, qu'il n'avoit pas fait ce qu'il avoit pû faire; & que le droit dont il avoit pû se servir, & dont il ne s'étoit point servi, n'empêchoit pas qu'il ne luy dût les droits tels qu'un étranger les pourroit devoir.

L'aîné soûtenoit, qu'il ne devoit que le quint de la moitié du Fief, parce qu'il étoit toujours demeuré propriétaire d'une moitié qui luy appartenoit par droit successif de son pere; que par l'achat qu'il en avoit fait faire par l'adjudicataire, il n'avoit pas pour cela changé la cause de sa possession, que l'adjudicataire n'avoit mis enchere que pour luy, & qu'il n'avoit payé le prix de l'adjudication que de ses propres deniers, qu'ainsi c'étoit comme si luy-même avoit acheté le Fief, & qu'il luy eût été adjugé; auquel cas sans doute il n'auroit dû le quint que de la moitié du Fief; puisque la moitié qui luy appartenoit déja, n'auroit pû luy être adjugée; dautant que *quod nostrum est, amplius nostrum fieri non potest*; que le dessein de l'adjudicataire n'étoit pas d'acquerir pour luy, il ne le pouvoit pas en consequence de la procuration & de l'ordre qu'il avoit reçû de l'aîné d'acheter pour luy, & l'aîné ne pouvoit pas acheter tout le Fief, puisqu'il ne pouvoit pas acheter de luy-même la portion qui luy appartenoit, *cùm rei suæ emptio non consistat* : qu'il ne pouvoit acheter que la portion de ses coheritiers, qu'il n'y avoit aucune fraude de la part de l'aîné, soit contre le Seigneur ou contre ses freres, les encheres ayant été publiques, que le Seigneur avoit pû y encherir, aussi-bien que les freres de l'aîné; qu'il s'étoit servi de ce moyen pour empêcher que ses freres n'y missent une enchere plus haute que sa juste valeur du Fief, qu'ainsi il n'avoit songé qu'à ses interests, sans avoir dessein de frauder le Seigneur, ni de causer de la perte à ses coheritiers, & que c'étoit une addresse appellée en droit *dolus bonus*, qui n'est pas reprouvée par les Loix.

Sur ces raisons il concluoit, qu'il ne devoit au Seigneur que le quint de la moitié du prix de l'adjudication.

Du Moulin aprés avoir exposé ces raisons de part & d'autre, est d'avis que l'aîné doit le quint du prix entier de l'adjudication, parce que, dit-il, *in hac fundata est intentio patroni in sententia & decreto, quod transivit in rem judicatam, contra quod non est primogenitus admissibilis ad aliquid allegandum.*

La raison sur laquelle cet Auteur établit sa décision, sçavoir que la demande du Seigneur est fondée sur la Sentence adjudicative du Fief à cet étranger, combat son opinion.

En effet, s'il est vray qu'il faut s'arrêter à cette Sentence, & que la demande du Seigneur soit bien fondée sur icelle, il s'ensuit que l'aîné doit doubles droits; si cette vente subsiste, & par consequent il devroit doubles droits, ce qui seroit contre le sentiment de du Moulin.

Il faut donc dire que cette adjudication doit être considerée comme faite à l'aîné, puisqu'elle a été faite par son ordre, & que le prix en a été payé de ses deniers; on doit plûtôt avoir égard à ce qui a été fait entre les parties & à leur intention, qu'à ce qui apparoît, *plus valet quod est in veritate, quàm quod est in opinione.* Ainsi l'aîné ne devroit que les droits pour la moitié qu'il auroit acquise de ses freres.

On peut même avancer que l'aîné ne doit aucuns droits au Seigneur, l'adjudicataire ayant fait sa declaration peu de temps aprés l'adjudication, n'ayant point pris possession du Fief, mais l'ayant laissé à l'aîné, suivant la jurisprudence des Arrests remarquez sur l'art. 80.

Si les droits doivent être payez au Seigneur par l'adjudicataire, de ce qu'il a payé pour faire cesser les poursuites commencées pour faire casser le decret? 15.

Monsieur

Monsieur d'Expilly en ses Arrests chapitre 139. tient qu'il n'en est point tenu, nonobstant les Arrests contraires rapportez par Papon, *lib. 13. tit. 2. Arr. 35. & lib. 18. tit. 6. Arr.* 48. & par Charondas en ses Réponses *lib. 7. cap.* 111.

En effet, il semble, que la somme payée par l'adjudicataire a été payée plûtôt *ad redimendam vexationem*, que pour l'acquisition de l'heritage.

D'un autre côté, on dit que les adjudications se faisant ordinairement pour moindre prix que la valeur des heritages, ce qui est donné par l'adjudicataire pour empêcher les poursuites qui tendent à faire casser le decret, augmente le premier prix.

De même que les droits sont dûs pour supplément du juste prix par l'acquereur, pour empêcher que la vente ne soit cassée pour lezion d'outré moitié de juste prix; je ne crois pas que cela puisse être regardé comme faisant partie du prix.

16. *Si en adjudication par decret les droits sont dûs des frais ordinaires des criées?*

On tient que non, de même que dans le prix de l'acquisition on ne compte point les frais du contrat, ni les loyaux-couts, ni les frais du decret.

Du Moulin C'est le sentiment de du Moulin sur l'article 76. *num.* 34. & sur l'article 78. *glos.* 1. *num.* 135. 136. *& seqq.* où il cite un Arrest du dernier Janvier 1557. mais que le retrayant étant tenu d'indemniser entierement l'acquereur, il luy doit rembourser non seulement le prix principal de la vente, mais aussi tous les frais & loyaux-couts.

La raison est, qu'encore que les adjudications par decret se fassent toûjours à la charge de payer par l'adjudicataire les frais ordinaires du decret, suivant l'Ordonnance du Roy Henry II. de l'an 1551. pour les Criées article 12. avant laquelle les frais se prenoient sur le prix, comme les frais extraordinaires; cette charge de l'adjudication n'étant pas pour augmenter le prix de la vente, parce que le debiteur ni ses créanciers n'en profitent point.

Ce qui a été ainsi jugé par Arrest donné en la Coûtume de Poitou, le Mardi de relevée 25. Février 1614. infirmatif de la Sentence du Juge de Niort, conformément aux Conclusions de Monsieur l'Avocat General le Bret, nonobstant qu'on alleguât l'usage au contraire de la Province.

Brodeau. Ricard. Auzanet. Cet Arrest est rapporté par Brodeau sur l'article 76. & 83. par Ricard sur l'article 83. & par Monsieur Auzanet sur l'article 74. & sur l'article 83. il remarque un autre Arrest donné aux Enquêtes le 29. Juillet 1646. entre Monsieur le Maréchal d'Estrées & François Bazin, Sieur du Plessis.

C'est l'opinion des Docteurs, de Papon sur la Coûtume de Bourbonnois article 302. de Coquille sur la Coûtume de Nivernois chapitre 32. art. 44. & autres.

17. *Si une seconde adjudication ayant été faite à la folle enchere du premier adjudicataire, faute par luy d'avoir consigné le prix de son adjudication, doubles droits sont dûs au Seigneur?*

Henris traite cette question en ses Arrests tome 2. livre 3. question 30. & tient qu'il n'est dû que simples droits.

Pour fondement de son opinion il dit,

Premierement, qu'il faut faire distinction entre les ventes volontaires & les ventes necessaires & forcées, qui se font par decret. Qu'à l'égard des premieres, le payement actuel du prix n'est pas de l'essence du contrat, qu'il suffit, que *habita sit fides de pretio*, que le vendeur ait suivi la foy de l'acheteur, & qu'il s'en soit contenté. Qu'au contraire des autres il faut que le prix soit actuellement payé, & que jusques à ce, l'adjudicataire ne peut être censé maître & propriétaire des biens adjugez.

Que la consignation est tellement necessaire, que le Juge même ne l'en peut dispenser, ni luy donner terme; & en cas qu'il fût obligé d'en donner, l'effet de l'adjudication demeuroit suspendu jusques à la consignation.

D'où il tire cette consequence, que comme il n'est pas veritablement maître & propriétaire incommutable, & que faute d'avoir consigné, son titre ne subsiste pas, il ne peut devoir aucuns droits au Seigneur; parce que son adjudication n'a point eu d'effet; & ayant été suspenduë faute de consignation, l'adjudication est nulle, comme si elle n'avoit point été faite.

En second lieu, que pour faire que les droits soient acquis au Seigneur, il faut que deux choses concourent, sçavoir le droit de proprieté & de possession, c'est-à-dire, que l'acquereur soit maître, & comme tel qu'il entre en la possession de l'heritage vendu: pour faire qu'il y ait changement & mutation d'homme, il faut que la proprieté passe de l'un à l'autre, & que la proprieté & la possession soient jointes ensemble en la personne de l'acquereur. Or s'il est vray, que le premier adjudicataire n'ait point eu de droit de proprieté, & que son titre n'ait pû le luy donner sans consignation, il est sans doute qu'il n'a point eu de possession, & qu'il a été plûtôt détenteur que possesseur, & qu'il a plûtôt joüi comme usurpateur que comme acquereur: or l'adjudicataire n'est tel qu'à condition de payer & de consigner le prix. Il est donc en mauvaise foy s'il ne satisfait pas, & partant il est comptable des fruits qu'il perçoit; qu'en effet les Arrests ont jugé, que l'adjudicataire n'ayant point consigné, ne fait point les fruits siens, & que les créanciers le peuvent obliger de les rapporter pour être distribuez entr'eux.

En troisiéme lieu, qu'y ayant eu double adjudication, l'une & l'autre ne peuvent point subsister; & qu'on n'a pû proceder à une seconde, qu'en présupposant que la premiere étoit nulle & sans effet, faute d'avoir consigné: attendu même que cette seconde adjudication se fait sans autres formalitez que de deux ou trois publications à la folle enchere du premier adjudicataire.

Que si cet adjudicataire avoit été propriétaire & possesseur, ce seroit sur luy non sur le debiteur que la revente s'en feroit, il ne suffiroit pas de faire deux ou trois publications, mais il faudroit faire un second decret, & faire saisir de nouveau les heritages adjugez.

Il ajoûte, que le Seigneur n'a aucun interêt que la premiere adjudication subsiste, & en cas qu'elle eût subsisté, il n'eût pû prétendre que de simples droits, lesquels il a de la seconde, & il n'y a que les créanciers qui puissent y être interessez.

Que le droit du Seigneur suppose celuy de l'acquereur, lequel soit certain & incommutable, & qui n'ait pas été suspendu par la condition apposée en la convention. Que la premiere adjudication étant détruite par la seconde, l'adjudicataire n'a aucun droit dans l'heritage, qui luy a été adjugé, & que c'est, comme si l'adjudication ne luy avoit jamais été faite.

D'où il s'ensuit, qu'en ce cas doubles droits ne sont point dûs.

Brodeau sur Monsieur Loüet, lettre R. chap. 2. remarque deux Arrests, qui ont jugé que doubles droits sont dûs.

Le premier est du Lundy 21. May 1607. sur un appel du Sénechal de Poitou, prononcé par Monsieur le Premier President du Harlay.

L'autre est du Vendredy matin 12. Juin 1609. infirmatif de la Sentence du Sénéchal du Maine.

Par ces Arrests les seconds adjudicataires ont été condamnez de payer doubles droits, sauf leur recours.

Ce même Auteur remarque un autre Arrest donné en la Grand'Chambre, au rapport de Monsieur Hotman, le 8. Juillet 1628. au profit de Monsieur l'Evêque de Nevers, contre Dame Anne des Guerres, par lequel la saisie faite à la requête dudit sieur Evêque, de la Terre & Baronie de Poisieux, faute de payement des droits de quints & requints à luy dûs, à cause de la seconde adjudication de ladite Terre, a été declarée bonne & valable, quoique les quints & requints eussent été payez de la premiere faite dix ans auparavant, au profit d'un autre adjudicataire, contre lequel faute d'avoir consigné le prix entier, il avoit été ordonné qu'il seroit procedé à une nouvelle adjudication sur la folle enchere, ce premier adjudicataire ayant joüi dix ans entiers.

Ces trois Arrests sont rapportez par Ricard sur l'article 84. & c'est son sentiment.

La raison sur laquelle ces Arrests ont été rendus, est, que c'est une resolution volontaire, & une éviction qui procede de la faute du premier adjudicataire; que le droit ayant une fois acquis au Seigneur par la premiere adjudication, il ne luy pas être ôté par la seconde; qu'il y a double mutation, & puisque c'est à la folle enchere du premier adjudicataire que la seconde adjudication se fait, c'est en quelque façon sur luy que les biens sont censez être vendus.

D'ailleurs, il est certain, que la vente par un decret forcé se forme dés que l'adjudication est faite par le Juge, pour le prix qui aura été offert par l'adjudicataire; desorte que les créanciers & l'adjudicataire ne s'en peuvent point départir; & l'adjudicataire doit être déslors consideré comme propriétaire de la chose qui luy est adjugée, quoiqu'en effet il ne puisse pas l'être, sans avoir auparavant payé le prix, pour lequel l'adjudication luy a été faite: Or ce n'est pas par la seule tradition de la chose que les droits sont dûs, mais par la vente, par laquelle seule le Seigneur est bien fondé d'exiger ses droits; & partant puisque c'est par le fait & la faute de l'adjudicataire, que la tradition ne luy a pas été faite, il doit payer au Seigneur les droits qu'il devroit, si la chose luy avoit été livrée au moyen du payement du prix de l'adjudication.

Quant à ce que dit cet Auteur, que le Seigneur ne peut point demander ses droits jusques à ce que l'acquereur ait pris possession réelle & actuelle de la chose venduë, c'est une fausse maxime, & il suffit que l'acquereur ait la possession civile, laquelle se transfere en sa personne par le moyen du contrat de vente ou de l'adjudication.

C'est le sentiment de Monsieur Salvaing, en son Traité *des Fiefs*, chap. 45. où il rapporte un Arrest rendu au Parlement de Grenoble pendant les Vacations, le 24. Septembre 1635.

C'est l'opinion commune des Docteurs, que les droits sont dûs pour une vente resoluë du consentement du vendeur & de l'acheteur, à moins que ce ne soit peu de jours aprés la vente, quoique l'acheteur ne soit point entré en possession de la chose venduë.

Le Maistre, page 106. remarque les trois Arrests citez cy-dessus, & dit que cette Jurisprudence a changé, & que le Seigneur n'a plus que les droits de la derniere adjudication, apparemment qu'elle n'a changé que dans son livre; car nous ne voyons point d'Arrests contraires, & il n'en cite aucun.

Il est vray qu'ils ne sont dûs par le premier adjudicataire, que *summo jure;* mais il le merite bien, puisqu'il s'est fait adjuger un heritage sans avoir dequoy faire la consignation, & que la translation de proprieté n'est pas requise pour donner ouverture aux droits seigneuriaux.

Brodeau. Quant à ce que dit Brodeau, que les Arrests du 21. May 1607. & 12. Juin 1609. ont condamné le second adjudicataire de payer doubles droits, sauf son recours contre le premier; cela paroît contre les regles & les principes, le second adjudicataire n'étant point tenu du fait & de la faute du premier, soit que le premier soit solvable ou non, le Seigneur devant s'addresser à luy pour le payement de ses droits.

On demande à l'occasion de la précedente question, si le prix de la seconde adjudication étant augmenté, à qui l'augmentation doit appartenir? 19.

On ne peut pas dire que ce soit pour le premier adjudicataire, quoique la diminution du prix retombe sur luy en cas que le prix de la seconde adjudication soit moindre que celuy de la premiere.

La raison est, qu'il doit porter la peine de sa faute, & il n'en doit pas profiter; desorte que ce gain regarde le debiteur & ses créanciers, dautant que le prix de la seconde adjudication ne peut être divisé; car ce n'est qu'un seul & même prix qui n'a son rapport qu'aux biens vendus, & ne peut tomber qu'au profit du propriétaire d'iceux ou de ses créanciers qui entrent en son lieu & place, & exercent ses droits.

Si pour adjudication par decret faite à la charge d'un doüaire préfix, les droits sont dûs à raison du doüaire? 20.

Du Moulin. Du Moulin sur cet article, *glos.* 1. *num.* 78. propose la question en l'espece suivante: Un Fief est adjugé par decret à la charge de quarante livres de rente annuelle, pour doüaire préfix d'une femme, rachetable de six cens livres, la difficulté étoit si le quint étoit dû *pro rata reditûs?*

Cet Auteur répond avec cette distinction: *Aut reditus ille erat temporalis, ut quia soluto matrimonio non superfuerant liberi ex eo, & tunc non debetur quintum in feudo, nec uncia pretii in censu, sed duntaxat relevium in feudo pro rata, in censu verò nihil. Nihil enim stultius quàm hujusmodi reditum hoc casu redimere etiam ad utilem rationem duodecimæ, cùm singulis horis extingui possit sine redemptione, & in dies vilior fiat. Cùm ergo non soleat redimi, habetur pro onere ususfructûs portionis fundi. Aut verò superfuerunt liberi, ita quòd ille reditus est perpetuus, & ad eorum successores perpetuò transmissibilis, donec redimatur & soleat maturè redimi; quia tempore non flaccescit, debetur quintum pretii redemptionis in feudo & uncia in censu.*

La distinction de du Moulin est fort juste; car si le doüaire s'éteint par la mort de la veuve, l'acquereur ne doit rien payer au Seigneur pour les rotures, mais seulement le relief pour les Fiefs, *pro rata.*

Mais si le doüaire passe aux enfans, & qu'aprés la mort de la veuve il soit payable en argent; les droits sont dûs à raison de la somme pour laquelle il est stipulé rachetable, sans que le Seigneur soit tenu d'attendre le rachat, suivant les articles 23. 78. & 83.

Si la femme créanciere de son mary doit les droits au Seigneur, quand elle se rend adjudicataire de ses biens pour sa dot & ses conventions matrimoniales? 21.

J'estime qu'il faut faire cette distinction, que quand les heritages de la communauté sont adjugez à la femme pour ses reprises & conventions matrimoniales, elle ne doit aucuns droits, de même qu'il s'observe en cas de cession volontaire faite par les heritiers du mary à la veuve desdits heritages, comme il a été dit sur l'article 78. Mais que si ce sont les propres du mary, les droits sont dûs par les raisons remarquées audit lieu.

Mais quid, des enfans qui ont renoncé à la succession de leur pere, & qui sont adjudicataires des heritages qui luy appartiennent pour les reprises & conventions matrimoniales de leur mere, en qualité de ses heritiers? 22.

Il faut dire la même chose, dautant que les biens de leur pere leur sont adjugez en qualité de créanciers de leur pere, & comme heritiers de leur mere; & partant ils ne peuvent être considerez que comme étrangers à l'égard de ses biens, ainsi ils sont tenus de payer les droits au Seigneur.

Si un heritier beneficiaire qui se rend adjudicataire des biens du défunt pour être le prix employé au payement des dettes du défunt, est tenu de payer les droits au Seigneur? Voyez sur l'art. 78. 13.

OBSERVATIONS DE MONSIEUR***

Sur l'Article LXXXIII.

SOMMAIRE.

1. *De quelle rente il est parlé dans cet article.*
2. *Si les droits sont dûs, lorsque la vente ou le decret d'un heritage a été fait à la charge d'une rente non rachetable.*

L'Article est si clair, qu'il ne merite pas d'explication.

1\. Il faut seulement remarquer, que les droits ne sont dûs pour vente ou decret d'un heritage à la charge d'une rente, que quand cette rente est rachetable, comme il est expressément porté dans cet article.

2\. Ainsi quand la vente est faite à la charge d'une rente non rachetable, il n'est point dû de droits à proportion; mais quand cette rente sera venduë ou changera de main, le droit sera dû à cause de la mutation de la rente.

CONFERENCE SUR L'ARTICLE LXXXIII.

LEs Coûtumes suivantes ont une disposition semblable à cet article.

Acs, art. 35.
Auvergne, chap. 16. art. 8.
Bourbonnois, art. 402.
Melun, art. 129.
Nivernois, chap. 5. art. 5.
Orleans, art. 111. 116. & 184.
Perche, art. 91.
S. Sever, tit. 8. art. 7.
Tours, art. 127. & 147.

Auteurs sur l'Article quatre-vingt-troisiéme.

DU Moulin, dans son Traité François, *des usures*, nomb. 143.
Coquille, dans ses Institutes, tit. *des Cens & Bordelages*.
D'Olive, liv. 2. chap. 16.
Bobé, sur cet article, & sur l'art. 198. de la Coûtume de Meaux.
Le Let, sur Poitou, art. 27.
De la Lande, sur Orleans, art. 111.
Buridan, sur Reims, art. 89. 93.
Dufresne, liv. 5. chap. 47.
M. le Prestre, Cent. 4. chap. 88.
Pontanus, sur la Coûtume de Blois, tit. 6. art. 81.
Chopin, sur la Coûtume de Paris, liv. 1. titre 2. nomb. 29.
Pineau, sur la Coûtume d'Anjou, art. 159.
Basmaison, sur la Coûtume d'Auvergne, liv. 1. tit. 2. nomb. 29.
Duret, dans son Alliance des Coûtumes, page 947. & 1074.
Duplessis explique cet article, liv. 2. sect. 2. p. 93.

ARTICLE LXXXIV.

Cet Article & le précedent sont au lieu des 58. 59. 60. & 61.

N'est dû qu'un seul droit de quint ou de ventes, tant pour le contrat d'acquisition, que pour le decret ; mais le Seigneur a le choix de prendre ses droits selon le prix du contrat ou du decret.

SI aucun achete heritage à la charge qu'il sera adjugé par decret, ou bien si l'acheteur pour purger les hypotheques le fait decreter, & tel acheteur est adjudicataire, n'est dû qu'un seul droit de quint ou de ventes, tant pour le contrat d'acquisition que le decret. Est toutefois au choix du Seigneur de prendre lesdits quint ou ventes selon le prix dudit contrat ou du decret.

Voyez l'Article 79.

REMARQUES.

EN consequence de ce que cet article limite sa disposition au cas que l'acheteur se rende adjudicataire, on tire une consequence à contresens, que lorsque l'adjudication est faite au profit d'un autre, il est dû double droit au Seigneur.

Je ne croy pas que cette question doive recevoir une décision si generale ; mais que pour en trouver la resolution il faut feindre trois especes.

La premiere, au cas que la vente volontaire soit faite purement & simplement sans aucune condition ; car pour lors si l'acquereur pour purger les hypotheques de son vendeur, ou autrement, fait decreter sur luy l'heritage, & il ne s'en rend pas adjudicataire, le pouvant faire, doubles droits en seront dûs, parce qu'ayant été en son pouvoir de se conserver l'heritage, & ne l'ayant pas fait, il est vray de dire qu'il s'en est dessaisi volontairement, ce qui doit passer pour une seconde vente : mais si dans le même cas il survient des créanciers du vendeur qui soient interessez de faire valoir l'heritage au-delà du prix de la vente ; desorte que l'acquereur s'en trouve évincé par une sur-enchere qu'il ne puisse pas empêcher ; cette éviction forcée retombe dans les termes de l'article 79. cy-dessus, & le Seigneur ne peut en consequence prétendre en ce dernier cas qu'un simple droit.

La seconde espece est, lorsque la vente volontaire est faite à condition de faire passer l'heritage par decret, avec promesse de faire demeurer l'acquereur adjudicataire pour une certaine somme ; & pour lors y ayant translation actuelle de proprieté, les droits en sont dûs, & peuvent être exigez par le Seigneur, *sed revocabiliter*, en cas que l'acquereur ne puisse demeurer adjudicataire pour la somme convenuë ; desorte qu'en ce cas de ces deux ventes, le Seigneur n'en pourra prétendre qu'un droit, dautant que la premiere étant conditionnée, & la condition n'étant pas avenuë, cette vente demeure resoluë par une cause inherente au contrat qui le reduit à néant.

La troisiéme espece est, quand le contrat volontaire ne porte pas une vente absoluë, mais seulement une convention, que l'acquereur donnera une certaine somme d'un heritage, à la charge que le vendeur l'en rendra adjudicataire par decret qui sera fait de l'heritage pour le prix stipulé, & pour lors ce contrat n'étant, à proprement parler, qu'une promesse de vendre sans tradition, & même sans vente actuelle, le Seigneur n'en peut demander aucun droit, non pas même comme au cas de la seconde espece dans le temps que cette adjudication est en suspens, & auparavant qu'elle soit faite : desorte qu'en ce cas les droits ne seront dûs au Seigneur que de l'adjudication.

De même il ne sera dû qu'un seul droit, si celuy qui s'est rendu adjudicataire d'un heritage vendu par decret, cede son adjudication à un autre qu'il declare son command.

Ce seroit toutefois autre chose, si cette declaration n'étoit pas faite incontinent, mais aprés un intervalle considerable, & que l'adjudicataire se fût mis en possession de l'heritage ; car pour lors il seroit dû double droit, ainsi qu'il a été jugé par Arrest du 5. Août 1600. au rapport de Monsieur Fouquet en la cinquiéme Chambre des Enquêtes.

Comme aussi si sur un adjudicataire à faute d'avoir consigné le prix de l'adjudication, l'heritage est revendu à sa folle enchere, seront dûs doubles ventes au Seigneur ; & à ce sujet sont intervenus deux Arrests d'Audience des 21. May 1607. & 12. Juin 1609. & un autre au rapport de Monsieur Hotman le 8. Juillet 1618. rapportez par Maître Julien Brodeau, *litt. R. num.* 2.

Il ne sera pas inutile d'observer que cet article a été ajoûté à l'ancienne Coûtume en consequence d'un Arrest prononcé en Robes rouges le 22. Decembre 1565. par Monsieur le Premier President de Thou, au profit du Receveur du Prieuré d'Argenteüil, contre Antoine Baudoüin, qui avoit jugé la même chose, parce que delà il resulte que cet article est du nombre de ceux qui doivent servir de loy dans les autres Coûtumes qui ne contiennent rien de contraire.

N'EST DEU QU'UN SEUL DROIT DE QUINT OU VENTES.

GLOSE UNIQUE SUR L'ARTICLE LXXXIV.

SOMMAIRE.

1. *Arrests sur lesquels cet article a été ajoûté.*
2. *Raison du present article.*
3. *De quel jour court l'an & jour du retrait en cas de vente faite à la charge du decret.*
4. *Si les droits appartiennent au Seigneur, ou au Fermier qui étoit lors du contrat, ou à celuy qui étoit lors de l'adjudication par decret.*
5. Quid, *si la vente étoit nulle, & que l'heritage fût adjugé à l'acheteur.*
6. *Pourquoy le choix porté par le contrat, est donné aux Seigneurs.*
7. *Si le Seigneur est tenu d'attendre que l'adjudication soit faite.*
8. *Si le choix auroit lieu, si l'heritage étoit adjugé à un autre.*
9. Quid, *si par les encheres faites par les creanciers du vendeur, l'acheteur n'avoit pas pû se rendre adjudicataire.*
10. *Distinction de Charondas non recevable.*
11. *Si cet article a lieu pour les échanges faits à la charge du decret.*
12. *Quand le contrat de vente est fait pendant la saisie réelle, & que l'heritage est adjugé à l'acquereur, si les droits sont dûs au Seigneur qui étoit lors du contrat.*
13. *Differences entre le decret forcé & le decret volontaire.*
14. *Si la lezion d'outre moitié de juste prix a lieu aux decrets forcez.*
15. *Si les Juges se peuvent rendre adjudicataires des biens qui se decretent en leurs Sieges.*
16. *Si l'adjudicataire par decret peut estre contraint par corps.*
17. *Si la nullité*, pro non debito, *a lieu aux decrets.*
18. *Si le prix des adjudications par decret volontaire, doit estre mis entre les mains des Receveurs des Consignations.*
19. *Si les adjudications par decret forcé se peuvent faire à la charge d'une rente rachetable.*

1. CEt article a été ajoûté comme le precedent à la reformation de la Coûtume sur un ancien Arrest du 22. Decembre 1565. au profit de Robert Robineau, Receveur du Prieur d'Argenteüil, contre Antoine Baudoüin, rapporté par les Commentateurs & par le Vest, chap. 21. de ses Arrests.

Chopin. Chopin sur la Coûtume d'Anjou, *part. 2. cap. 2. tit. 1. num. 7. in fine*, en remarque un autre du 4. Janvier 1564.

Tronçon. Tronçon en cite un troisiéme rendu en la nouvelle Coûtume du 27. Juin 1591. entre le Bacle Receveur du Temple à Paris, & les heritiers de Monsieur le Picart, Conseiller en la Cour.

Du Moulin. C'étoit l'opinion de du Moulin sur l'article 77. *num. 21. & 22.* & sur l'article 56. de l'ancienne Coûtume, *num. 2. in fine.*

2. La raison est, que quand l'adjudication est faite à celuy qui a acquis par contrat volontaire, ce n'est point par elle que le droit de proprieté est acquis à l'adjudicataire, mais par le contrat de vente, lequel & l'adjudication ne sont reputez que pour un même & seul titre d'acquisition, qui ne peuvent produire doubles droits au Seigneur, puisque c'est le même acquereur, le même vendeur, & la même chose venduë, & que l'acquereur ne paye pas deux fois le prix ; cette condition de faire decreter l'heritage ne suspendant point l'effet du contrat, & n'empêchant point que l'acheteur n'en prenne possession, & n'en acquiert la proprieté auparavant l'adjudication, le decret ne se faisant que pour purger les hypotheques.

D'ailleurs, quand il seroit vray, que ce seroit l'adjudication qui seroit le titre d'acquisition de l'adjudicataire, il seroit vray de dire qu'il ne devroit que simples droits, ne devant point les droits pour le contrat, par lequel l'acquereur seroit censé n'avoir point acquis.

Mais enfin, il est certain, que c'est le contrat seul qui est le titre d'acquisition qui transfere la proprieté & le domaine de la chose en la personne de l'acquereur par le moyen de la possession ; desorte qu'il seroit absurde que l'acquereur fût tenu de payer doubles droits, pour prendre ses sûretez contre les hypotheques des créanciers du vendeur, ou qu'il fût exposé aux poursuites des creanciers hypothequaires de son vendeur, ausquels il seroit tenu de payer pour & en l'acquit de son vendeur, ou déguerpir l'heritage qu'il auroit acquis sauf son recours contre son vendeur qui pourroit luy être inutile, au cas qu'il fût insolvable.

En effet, le decret ne fait que confirmer la possession & le droit de proprieté acquis à l'acheteur purement & simplement par son contrat d'acquisition, duquel le decret n'est qu'un accessoire & une dépendance necessaire, & ce n'est pas une vente conditionnelle, mais une vente faite avec précaution, & qui ne se resoud point.

C'est la raison pour laquelle les Arrests ont jugé, que l'an & jour du retrait lignager en cas de ventes faites à la charge du decret, court du jour de l'ensaisinement ou infeodation du contrat de vente, & non de l'adjudication faite ensuite à l'acquereur, remarquez sur l'article 130. 3.

C'est aussi la raison pour laquelle d'autres Arrests ont jugé, que les droits seigneuriaux de l'adjudication par decret faite sur une vente volontaire, appartiennent au Seigneur ou au Fermier qui étoit lors de la vente, & non de l'adjudication. 4.

C'est l'espece de l'Arrest donné au profit de Lusson Fermier de l'Abbaye de saint Germain des Prez, contre Pierre Peigneux, qui avoit acquis une maison de Maître Loüis Robillard, à la charge du decret, cité par Brodeau, *num.* 10.

BRODEAU. AUZANET. Maître Auzanet remarque un Arrest rendu en la Chambre de l'Edit, le 3. May 1617. par lequel il a été jugé, que les droits appartiennent au Fermier qui exploitoit le Fief dominant au temps de l'interposition du decret; mais dans l'espece de la cause l'acquereur ne devroit entrer en joüissance qu'aprés le decés; il tient que hors cette circonstance la Cour eût jugé autrement.

J'estime au contraire, que dans l'espece de l'Arrest les droits sont dûs au Fermier qui étoit lors du contrat.

La raison est, que ce n'est pas la joüissance qui donne ouverture aux droits seigneuriaux, mais le titre d'acquisition; or la clause de n'entrer en joüissance qu'aprés le decret, ne rend pas l'adjudication le titre d'acquisition de l'acquereur, c'est le contrat, l'évenement de la condition ayant effet retroactif au jour de la vente.

Néanmoins si la vente faite étoit nulle, quoique l'heritage fût ensuite adjugé par decret à l'acheteur, les droits appartiendroient au Fermier qui seroit lors de l'adjudication, comme si la vente étoit faite par un debiteur dont l'heritage seroit saisi réellement par ses créanciers; en ce cas, quoique l'heritage fût adjugé à cet acquereur, il est certain que les droits appartiendroient au Fermier qui seroit lors de l'adjudication, parce que cette vente étoit nulle, étant faite par celuy qui n'avoit pas la faculté de vendre, & le titre d'acquisition de l'adjudicataire ne provenant que de l'adjudication & non du contrat de vente, lequel étant nul, ne pouvoit avoir transferé en sa personne le droit de proprieté en la chose.

Ainsi jugé par Arrest donné en la Chambre de l'Edit le 3. May 1617. Mathurin Nivet & West Brunet, ancien & nouveau Fermier de la Terre & Baronie de Preüilly, parties plaidantes, pour les ventes de la Terre de Charnisay, saisie sur des mineurs, venduë par contrat volontaire, & depuis adjugée par decret à Monsieur Martineau, Baron de Tharé.

BRODEAU. Cet Arrest est rapporté par Brodeau, *num.* 11. & 12.

6. Mais pour empêcher les fraudes qui se pourroient commettre contre les droits du Seigneur, ou en diminution d'iceux par intelligence entre le vendeur & l'acquereur, s'ils n'étoient dûs qu'à raison du prix du contrat, ou à cause du prix de l'adjudication, on a trouvé à propos de donner le choix au Seigneur de prendre les ventes du contrat ou de l'adjudication, desorte que le Seigneur ayant été payé des ventes du prix du contrat, il peut demander celles de ce en quoy le prix de l'adjudication excede celuy de la vente.

Lhommeau sur la Coûtume d'Anjou article 154. remarque un Arrest du Parlement de Bretagne, qui

BRODEAU. l'a jugé ainsi, Brodeau *num.* 2.

7. Quoique par cet article le Seigneur ait le choix des ventes selon le prix du contrat ou du decret, néanmoins il n'est pas tenu d'attendre que le decret soit fait, dautant que les droits luy sont dûs dés que le contrat de vente est parfait, étant le seul titre d'acquisition qui donne le droit de proprieté à l'acquereur

AUZANET. Maître Auzanet.

8. La décision de cet article n'a lieu, que quand l'adjudication est faite au profit de l'acquereur suivant ces termes de cet article, *& tel acheteur est adjudicataire.*

D'où il s'ensuit, que si l'acheteur se repentant d'avoir acheté, laissoit adjuger l'heritage à un autre, doubles droits seroient dûs au Seigneur, sçavoir par l'acheteur à raison du prix de la vente, en consequence du contrat par lequel il auroit acquis la proprieté de la chose; & par l'adjudicataire à raison du prix de l'adjudication.

L'acheteur ne pourroit pas opposer, que l'adjudicataire auroit fait des encheres plus fortes que luy, car il doit s'imputer de n'avoir pas enchery jusques à ce que l'heritage luy fût adjugé, vû qu'il n'auroit pas été pour cela obligé de payer au vendeur un plus haut prix que celuy porté par le contrat, Brodeau *num.* 4. *& seqq.* BRODEAU.

En effet, comme il a été dit cy-dessus, la vente faite à la charge du decret n'est pas conditionnelle, mais pure & simple, & ne se resoud point au cas que le decret n'ait point eu son effet au profit de l'acquereur, mais d'un tiers qui s'est rendu adjudicataire, par la faute & le fait de l'acheteur, lequel pouvant se conserver l'heritage & ne l'ayant pas fait, il a bien voulu s'en désaisir, ainsi c'est une revente qu'il en a faite.

L'Auteur des petites Notes sur Tournet dit, contre mon sentiment, que l'acquereur qui a souffert volontairement que l'adjudication fut faite à un autre, ne doit point les droits de son contrat, parce dit-il cette adjudication produit la resolution du contrat. Il me permettra de luy répondre, que cela est vray, quand il n'a pas été en son pouvoir de se rendre adjudicataire, sçavoir quand le decret volontaire a été converti en decret forcé; & non quand il a souffert l'adjudication faite à un tiers, suivant la distinction que j'ay faite au nombre 8. & 9.

Que s'il survenoit des créanciers qui fissent monter les encheres plus haut que le prix porté par le contrat, ensorte que l'acquereur en fût évincé, cette éviction retomberoit dans le cas de l'article 79. cy-dessus, & le Seigneur en consequence ne pourroit prétendre que simples droits, comme il a été jugé par Arrest du 29. Janvier 1611.

Ce qui auroit lieu même, quoique la vente eût été faite purement & simplement, & que l'acquereur pour purger les hypotheques fit decreter l'heritage, & que les créanciers du vendeur fissent monter les encheres plus haut que le prix du contrat, ensorte que l'acquereur n'en pût être adjudicataire pour le prix du contrat, & qu'il laissast adjuger l'heritage à un tiers, pour n'être pas obligé d'avoir recours contre son vendeur pour ce qui excederoit le prix de la vente, Charondas & M. Ricard. CHARONDAS. RICARD.

Charondas fait une distinction qui n'est pas à mon avis recevable, sçavoir que si l'acheteur a laissé volontairement faire l'adjudication à un autre, auparavant que d'avoir joüi & d'être entré en possession, il ne doit point les ventes de son acquisition, car il suffit qu'il ait acquis & qu'il ait été en son pouvoir de conserver son acquisition; ne l'ayant pas fait, il est censé avoir voulu revendre l'heritage, ainsi ce sont deux ventes dont les droits sont dûs au Seigneur, & il y a des Arrests qui servent de préjugé à la question, ayant jugé que si sur un adjudicataire faute d'avoir consigné le prix de l'adjudication, l'heritage est revendu à sa folle enchere, sont dûs doubles droits au Seigneur.

Charondas a pris cette distinction de du Moulin sur cet article, que Brodeau *num.* 5. & Maître Duplessis ont suivis. CHARONDAS. DU MOULIN. BRODEAU. DUPLESSIS.

Et au cas que l'acheteur ait laissé faire l'adjudication à un autre, soit volontairement, ou par les encheres des créanciers du vendeur; les droits de l'adjudication appartiennent au Seigneur, ou au Fermier qui est lors de l'adjudication, & non à celuy qui étoit lors du contrat, & les droits dûs en consequence du contrat appartiennent à celuy qui étoit lors de la vente.

Il n'est dû aussi qu'un seul droit de ventes lorsque l'adjudicataire d'un heritage vendu par decret, cede son adjudication à un autre qu'il declare son Command, mais il faut que cette declaration soit faite dans peu de temps, voyez sur l'article precedent.

11. Avant les Edit & Declaration des années 1673. & 1674. touchant les échanges, il n'étoit dû ni quint ni ventes pour échanges d'heritages contre rentes constituées à prix d'argent, avec stipulation & convention de faire decreter l'heritage baillé en contre échange, duquel le copermutant se rendoit adjudicataire pour les mêmes rentes, parce que l'adjudication ne change point la nature du contrat qui est un échange, pour lequel il n'étoit dû aucuns droits au Seigneur, comme il a été jugé par les Arrests rapportez par Monsieur le Prestre Centurie 1. chap. 164. BRODEAU. Brodeau *num.* 20.

Mais à present par lesdits Edits & Declaration, remarquez sur l'article 78. le quint ou les ventes seroient dûs au Seigneur, s'il avoit acquis ce droit du Roy, sinon au Fermier du Domaine & non au Seigneur, nonobstant l'adjudication par decret.

Que si en consequence des oppositions formées au decret par les créanciers de celuy qui auroit permuté l'heritage, l'autre des copermutans étoit contraint de s'en rendre adjudicataire à prix d'argent & non pour les rentes baillées en contr'échange, en ce cas ce seroit une veritable vente pour laquelle les ventes seroient dûës, le contrat d'échange étant resolu par le moyen des oppositions des créanciers & de l'adjudication faite à la charge d'un certain prix, Brodeau BRODEAU. *num.* 21.

12. Que si avant le contrat de vente l'heritage étoit saisi réellement, & qu'il fut ensuite adjugé à l'acquereur, c'est une question sçavoir à qui les droits seroient payez, ou au Seigneur qui joüissoit du Fief dominant au jour de la consignation, ou à celuy qui étoit en possession lors du contrat de vente.

Il semble qu'ils sont dûs au Seigneur qui étoit lors du contrat, parce que la vente étoit valable; la saisie réelle n'ôtant pas au debiteur le droit de disposer des biens saisis, sans préjudice des droits des créanciers.

On dit au contraire, & c'est mon avis, que quoique la vente soit valable à l'égard du vendeur & de l'acquereur; elle ne l'est pas au préjudice des créanciers & de la saisie réelle qui continuë, à moins que l'acquereur ne paye leur dû; autrement c'est l'adjudication qui est le titre d'acquisition & non le contrat.

13. Nous observerons en ce lieu quelques differences entre le decret forcé, & le decret volontaire fait pour purger les hypotheques.

Premierement, qu'en decret volontaire il est dû doubles droits, sçavoir par l'acquereur par contrat volontaire, & par l'adjudicataire quand l'acheteur a souffert volontairement que la chose fût adjugée à un tiers; vû qu'au contraire quand l'heritage a été vendu, & qu'aprés l'acquereur est tenu de déguerpir pour les dettes de son vendeur, & qu'il est saisi ensuite & adjugé à un tiers, il n'est dû que simples droits au Seigneur aux termes de l'art. 79.

En second lieu, qu'au cas du decret volontaire l'adjudication étant faite à l'acquereur, le Seigneur a indistinctement le choix des ventes selon le prix du contrat ou du decret; mais quand le decret est forcé, & que l'acquereur est tenu de déguerpir, le Seigneur n'a le choix qu'au cas qu'il ait reçû les ventes du premier acquereur, comme il a été dit sur l'art. 79.

En troisiéme lieu, que l'adjudication par decret forcé est le titre d'acquisition de l'adjudicataire, mais l'adjudication par decret volontaire faite à l'acquereur à la charge du decret, n'est pas son titre d'acquisition, comme il a été montré cy-dessus.

En quatriéme lieu, que les ventes de l'adjudication par decret forcé appartiennent au Seigneur ou Fermier qui est lors de l'adjudication; mais celles de l'adjudication par decret volontaire, appartiennent à celuy qui est lors du contrat.

14. En cinquiéme lieu, que la lezion d'outre moitié de juste prix n'a point lieu aux adjudications par decret forcé, parce qu'on ne presume pas que les choses puissent être venduës à si vil prix, quand elles sont venduës publiquement; mais elle a lieu aux adjudications par decret volontaire, parce que quoique l'heritage fût adjugé à plus haut prix à cause des encheres, néanmoins l'acquereur n'en payeroit pas davantage au vendeur que le prix porté par le contrat.

En sixiéme lieu, qu'encore que par les Ordonnances & Arrests il soit défendu aux Juges, Greffiers & autres Officiers de se rendre adjudicataires des heritages qui se decretent en leurs Sieges, néanmoins ils le peuvent quand les adjudications se font par decret volontaire en execution d'un contrat de vente. 15.

Touchant la question si les Juges se peuvent rendre adjudicataires des biens decretez en leurs Sieges, voyez sur l'art. 359.

En septiéme lieu, que l'acquereur à la charge du decret qui s'est rendu adjudicataire, ne peut être contraint par corps au payement du prix de l'adjudication, ainsi que l'adjudicataire par decret forcé. 16.

En huitiéme lieu, que la nullité *pro non debito* n'a point lieu aux decrets volontaires, comme aux decrets forcez, étant permis de feindre & supposer une dette par l'acheteur pour faire decreter sur luy l'heritage, pourvû que les formalitez requises par les Ordonnances & les Reglemens y soient observées, que la saisie réelle & les actes & procedures du decret que l'acheteur fait faire sur luy, declarent que l'heritage appartenoit au vendeur, afin que ses créanciers n'en puissent prétendre cause d'ignorance, & qu'ayant connoissance du decret ils puissent former opposition pour la conservation de leurs droits & hypotheques. 17.

La Cour par Arrest de l'Audience de la Grand'-Chambre du 12. Mars 1602. remarqué par Brodeau BRODEAU. *num.* 15. a jugé, que quand la vente est faite à la charge du decret, le vendeur est tenu de bailler homme à la requête duquel le decret est poursuivy, mais l'acquereur demeure garand des formalitez.

En neuviéme lieu, que le prix des adjudications par decret forcé doit être mis és mains des Receveurs des Consignations, pour sur iceluy être pris leurs droits suivant les Edits & Declarations; mais qu'au cas du decret volontaire il n'y a point lieu à la consignation ni aux droits des Receveurs des Consignations. 18.

C'est ce qui est porté par une Declaration du 16. Juillet 1669. art. 4. qui défend aux Receveurs des Consignations de prendre aucuns droits pour decrets purement volontaires, lorsque les acquereurs les veulent poursuivre sur eux, en consequence des stipulations portées par leurs contrats d'acquisition, s'il n'y a opposition subsistante au temps du decret.

Suivant l'article 5. de la même Declaration le vendeur peut au cas du decret volontaire faire connoître les oppositions & saisies, & faire l'ordre du prix de l'adjudication par contrat ou acte volontaire sans autorité de Justice, auquel cas le prix n'est point consigné, & les droits de consignation ne sont point payez aux Receveurs, pourvû qu'au jour du contrat de vente, ensuite duquel le decret auroit été poursuivy, ni six mois auparavant iceluy il n'y eût aucune saisie réelle subsistante des immeubles vendus, qui eût été faite sur le vendeur, & qu'entre le vendeur & les créanciers opposans ou saisissans il n'y eût aucunes contestations pour la distribution du prix: ausquels cas le prix de l'adjudication seroit consigné & les droits payez aux Receveurs, ainsi que d'un decret forcé.

En dixiéme lieu, que les adjudications par decret volontaire se peuvent faire à la charge d'une rente rachetable suivant l'article 83. mais non pas les adjudications par decret forcé, lesquelles ne se peuvent faire qu'en argent comptant, ainsi qu'il a été dit sur le même art. 19.

OBSERVATIONS DE MONSIEUR ***

Sur l'article LXXXIV.

SOMMAIRE.

1. *Article changé.*
2. *Si celuy qui achete, stipule qu'on luy fournira le decret, ou stipule la faculté de decreter sur luy, l'adjudication étant faite il est dû un nouveau droit.*
3. Quid, *si le decret se fait sans qu'il y en ait eu de stipulation dans le contrat de vente.*
4. *Lorsqu'il n'est dû qu'un seul droit en cas de vente & de decret, ce droit est-il dû à celuy qui étoit Seigneur lors de la vente ou à celuy qui l'est lors de l'adjudication.*

NOus avons redigé cet article en la maniere qui suit.

1. *Si aucun achete heritage, à la charge qu'il le fera adjuger par decret, ou bien si l'acheteur, pour purger les hypotheques, se reserve par le contrat le pouvoir de le faire decreter, & tel acheteur en autre est adjudicataire, il n'est dû qu'un seul droit de quint ou vente, tant pour le contrat d'acquisition, que pour le decret. Il est toutefois au choix du Seigneur de prendre lesdits quints & ventes selon le prix dudit contrat, ou decret.*

2. Celuy qui achete & stipule qu'on luy fournira le decret, ou bien qui stipule la faculté de faire decreter sur luy, lorsqu'il se rend adjudicataire, ne doit qu'un seul droit.

La raison est, que la vente & le decret ne servent que d'un même titre, & que par le decret il n'y a point de mutation de personne.

Ainsi ce n'est que pour assurer davantage la premiere vente, que se fait le decret, *nec est persona mutatio*, quand celuy qui avoit acquis se rend adjudicataire par decret.

C'est pourquoy il faut bien remarquer que la Coûtume y a mis les deux conditions, en disant, à la charge qu'il sera adjugé par decret, & que l'acheteur sera adjudicataire, ce qui faisoit naître un grand doute, sçavoir de quelle maniere on jugera, lorsque ce ne sera pas l'acquereur qui se rendra adjudicataire; car en ce cas il y a mutation de personne & un nouveau titre de posseder dans la personne de l'acquereur par decret.

Il semble d'abord que les termes de l'article sont fort décisifs, & qu'en disant, qu'il n'est dû qu'un droit lorsque l'acquereur se rend adjudicataire, il induit necessairement qu'il est dû double droit, lors qu'un autre que l'acquereur se rend adjudicataire de l'heritage.

Mais afin de ne point étendre la Coutume & son esprit au-delà de ce qu'elle a voulu dire, je crois que nous pouvons établir pour maxime, qu'en tout cas, soit qu'il y ait stipulation de decret volontaire sur l'acquereur pour purger, soit que le vendeur doive fournir le decret, soit que sans stipulation l'acquereur le fasse saisir sur luy-même, comme ayant acquis, & pour purger les hypotheques du vendeur; en tous ces trois cas il n'est dû qu'un droit quand l'acquereur se rend adjudicataire; & c'est le veritable esprit de la Coûtume, suivant lequel nous l'avons redigé pour les deux premiers cas seulement, afin de ne point faire de confusion, nous reservant dans l'article suivant de parler de l'acquereur qui n'a point stipulé de decret.

Il faut convenir que le cas auquel l'acquereur ne se rend point adjudicataire, mais un étranger, n'a pas été prévû par la Coûtume, & qu'il est besoin de le decider.

Pour cela il faut reprendre les trois cas que nous venons d'exprimer.

Si le vendeur a promis de rendre l'acquereur adjudicataire, il ne peut y avoir de difficulté, si un autre se rend adjudicataire, le contrat de vente est nul, & comme non fait, ainsi il ne peut pas être dû double droit.

Si l'acquereur a stipulé qu'il pourroit faire decreter sur luy pour purger les hypotheques, & qu'en faisant l'adjudication un autre encherisse au pardessus de son contrat, il n'est pas dû double droit; cela tombe dans l'espece de l'article 79. par lequel quand on déguerpi l'heritage pour la premiere vente, & celle qui se fait sur le curateur créé à la chose déguerpie, il n'est dû qu'un droit.

3. Ainsi toute la difficulté ne peut tomber que sur le troisiéme cas, lorsqu'il n'y a eu ni stipulation, ni reserve de faire le decret, & que l'acquereur sans être attaqué par les créanciers en declaration d'hypotheque, fait faire un decret sur luy.

La question me paroît fort difficile, & ne se trouve point decidée par l'article 79. & 84.

D'un côté il semble, que lorsque l'acquereur est évincé par une personne qui encherit, il faut que ce soit un créancier du vendeur, auquel cas c'est la même chose que s'il y avoit eu une action en declaration d'hypotheque.

Mais quand on considere que rien n'oblige l'acquereur de faire ce decret, & qu'il peut y avoir de la fraude; & sous pretexte des créanciers du vendeur qui sont opposans, il y aura des créanciers de l'acquereur, lesquels feront leurs oppositions, & qui encheriront le prix; desorte qu'il se pourra faire une vente simulée, & ensuite un decret, pour rendre acquereur par decret celuy qui aura acheté, il me semble qu'il est dû double droit en ce cas; le premier droit à cause de la premiere vente qui a été consommée sans condition, & le deuxiéme droit qui se trouve dû à cause de la mutation de personne, & du titre de posseder, qui est different du premier.

Il n'y auroit pas d'apparence d'ôter au Seigneur un droit qui luy est legitimement acquis.

Cela me paroît d'autant plus juste, que lors de la premiere il a été en la disposition de l'acquereur de stipuler

puler qu'il feroit decreter l'heritage sur luy, ou qu'on luy fourniroit le decret; il s'est donc contenté de son vendeur, & s'est tacitement soûmis à soûtenir les actions en declaration d'hypotheque; & s'il en survient, l'acquereur trouve un remede dans la Coûtume, qui est de déguerpir; & aprés qu'il a déguerpi par l'article 79. il n'est dû qu'un seul droit, tant pour la premiere vente, que pour celle qui se fait sur le curateur.

Ainsi l'acquereur qui n'a point stipulé qu'on luy fourniroit le decret, ou qui ne s'est point reservé la faculté de faire decreter sur luy, & qui n'est point assigné en declaration d'hypotheque, veut néanmoins faire faire un decret sur luy, il le peut; & s'il est adjudicataire, il ne payera qu'un droit, puisqu'il n'y aura point de mutation de personne, & que la Coûtume par l'article 84. a prévû ce cas; mais il courera risque de voir son heritage adjugé à un étranger, auquel cas nous ne voyons pas qu'il puisse y avoir une raison pour dispenser le nouvel acquereur par decret, de payer les droits comme celuy qui a acquis le premier, & qui sans necessité fait vendre sur luy, ne peut jamais avoir d'action pour la restitution des droits qu'il aura payé.

Article nouveau.

Si l'acquereur n'a pas stipulé qu'on luy fourniroit le decret, ou ne s'est pas reservé la faculté de faire decreter sur luy, pour purger les hypotheques de son vendeur, n'étant point appellé par les créanciers de son vendeur en declaration d'hypotheque, fait néanmoins decretter sur luy, & se rend adjudicataire, n'est dû qu'un droit; mais si c'est un autre qui est adjudicataire, sont dûs doubles droits au Seigneur par le premier acquereur à cause de la vente qui luy a été faite, & par le nouvel acquereur à cause de la vente à luy faite par decret.

Nous avons mis *si l'acquereur n'a pas stipulé, &c.* car c'est le premier cas où il n'est point dû double droit suivant l'article 84.

On ne s'est pas reservé la faculté, &c. C'est le second cas où il n'en est point dû suivant l'art. 84.

N'étant point appellé par les créanciers. C'est le troisiéme cas où il n'en est point dû suivant l'article 79. le tout en cas qu'il ne soit point adjudicataire.

Mais si c'est un autre, &c. C'est le seul cas où en matiere de decret pour purger, il est dû double droit, quand l'acquereur ne se rend point adjudicataire; car quand il se le rend, il n'est dû qu'un droit.

Autre Article nouveau concernant le choix accordé au Seigneur par l'article 84.

Lorsqu'il n'est dû qu'un droit pour la vente volontaire suivie d'un decret és cas exprimez és articles précedens, ledit droit appartiendra au Seigneur qui étoit propriétaire du Fief lors de la premiere vente, ou à son fermier au temps d'icelle, & quand il est dû deux droits ils seront payez au Seigneur ou fermier qui étoient propriétaires ou fermiers lors des vente & adjudication chacun à son égard.

L'article 84. donne le choix au Seigneur de prendre les droits, ou sur le pied de la premiere vente, ou de la seconde vente. Mais comme la Coûtume a supposé que le même Seigneur se trouveroit avoir droit lors de la premiere & seconde vente, elle n'a pas decidé de quelle maniere il falloit juger, lorsque dans l'entretemps le Fief se vendoit, si le Seigneur qui étoit propriétaire, quand la vente se faisoit, devoit recevoir les droits, ou si c'étoit le propriétaire du Fief lors du decret.

La même contestation arrive entre les fermiers, pour sçavoir si celuy dans le bail duquel la vente s'est faite, joüira des droits, ou bien si sera celuy qui est fermier lors de l'adjudication par decret.

Les sentimens se trouvent partagez; car il y a des personnes qui croyent que la proprieté ne se trouvant consommée que par le dernier acte qui est le decret, c'est proprement dans ce moment que les droits sont dûs.

On ajoûte à cela que l'acquereur assigné en declaration d'hypotheque peut déguerpir, que celuy à qui on a promis de fournir un decret, lors qu'on ne luy fournit pas, se peut déporter de son contrat, ce qui fait que c'est une proprieté qui n'est pas assûrée; & pour confirmer leur pensée ils rapportent l'Arrest de la Chambre de l'Edit, du 3. May 1617.

Mais quand on considere la chose avec attention, on trouve que la vente est parfaite dés l'instant du contrat de vente, & que les droits sont dûs, que le Seigneur les peut demander, & contraindre au payement le debiteur. Que s'il y a un choix, c'est un nouveau droit qui dépend, & qui est une suite du premier, duquel même il luy est libre de se servir, ou de ne se pas servir. C'est pourquoy nous avons crû pouvoir decider que lorsqu'il n'étoit dû qu'un droit, le Seigneur ou fermier en joüissance lors de la premiere vente, avoit un droit acquis dés ce moment, & que tout ce qu'il faisoit dans la suite ne pouvoit tenir lieu que d'une même vente, lorsqu'il n'étoit dû qu'un droit.

Mais dans les cas où il est dû deux ventes, chacun en particulier en profite, eu égard au temps que la chose a été venduë.

C'est ce que nous avons redigé dans l'article, l'Arrest du 3. May 1617. ne peut point faire changer de sentiment, parce qu'il est rendu dans l'espece d'un acquereur qui ne devoit entrer en joüissance qu'aprés le decret achevé, & à luy fourni, dans lequel cas il est indubitable, qu'il n'étoit point propriétaire auparavant le decret achevé, & qu'on ne luy pouvoit point demander les droits auparavant.

Quoique souvent je défere tres-volontiers aux sentimens de Monsieur ***. néanmoins il me semble qu'il n'est pas necessaire que l'acquereur soit entré en joüissance de l'heritage par luy acheté, pour être obligé & contraint de payer le quint ou les lods & ventes au Seigneur. Voyez ce que nous disons sur l'article 78.

Auteurs sur l'Article quatre-vingtiéme-quatriéme.

Bobé, sur cet article.
Loysel, liv. 4. tit. 2. regle 10.
De la Lande, sur la Coûtume d'Orleans, art. 116.
Buridan, sur Reims, art. 93.
Lhoste, sur Montargis, chap. 2. art. 7.
Dufresne, liv. 3. chap. 69.
Chopin, sur la Coûtume d'Anjou, liv. 2. part. 3. chap. 1. tit. 4. nomb. 11. & *du Domaine*, liv. 2. tit. 5. nomb. 6.
Mainard, liv. 4. chap. 51.
Duret, dans son Alliance des Coûtumes, p. 647.
Duplessis explique cet article, liv. 2. sect. 1. p. 95.

ARTICLE LXXXV.

C'étoit le soixante-deuxiéme Article de l'ancienne Coûtume.

De l'amende pour cens non payé.

Toutes personnes tenans leurs maisons & heritages en censives, sont tenus de payer les droits de cens au Seigneur, dont les heritages sont tenus & mouvans, au lieu & jour que dûs sont, sur peine de cinq sols parisis d'amende, fors & excepté des heritages assis en la Ville & banlieuë de Paris; qui ne doivent aucune amende par faute dudit cens non payé, si à ladite amende payer les détenteurs d'iceux ne sont expressément obligez.

Voyez l'Article 77. & une exception à cet article, au 109.

Remarques.

La banlieuë doit contenir deux mille pas valant cinq pieds. Poitou, art. 39. G. F.

Si sit certus locus destinatus in feudo, censuarius tenetur ad eum accedere: sed si nullus locus determinatus est non incurret mulctam: quod limitandum nisi Dominus præmonuerit de domicilio suo, vel alio loco in quo aderit ad solutionem recipiendam: Dominus enim potest domicilium suum mutare, modo ipsum constituat in loco aliquo feudi sui non valde remoti à loco veteri. Mol. §. 85. *gl.* 1. *n.* 1. 2. 3. 4.

Item si Dominus non adfuerit per se, vel per alium potestatem habentem in die destinato solutioni, non currit ipso jure mulcta nisi post posteriores monitiones. Ibid. num. 5. 6.

Il a été jugé par Arrest de la troisiéme Chambre des Enquêtes du 24. May 1586. au profit de M. P. Gandillaud qui a commenté la Coûtume d'Agoulesme, que ce droit de faire porter par les tenanciers en la maison du Seigneur le cens qu'ils luy doivent, ne peut estre prescrit par quelque temps que le tenancier ait payé en sa maison.

Dominus recipiens censum sine protestatione remittit pœnam. Mol. d. l. n. 11. 12. 13.

L'amende irrogée par cet article pour cens non payé, & autres causes semblables, ne se commet qu'une fois; desorte que combien qu'il y ait plusieurs pieces d'heritages, & qu'il soit dû plusieurs années d'arrerages, le Seigneur ne peut demander pour raison de ce qu'une seule amende. Ainsi jugé par Arrests des 17. Juillet 1607. & 15. Juillet 1623.

Fallit si censuarius singulis, vel ab initio in jus vocatus fuerit, vel manum Dominicam passus sæque opposuerit, & semper contumax & reliquator manserit: nam tunc in mulctas singulorum annorum condemnari debet. Molin. d. l. num. 16.

Si sint plures possessores ejusdem prædii censualis pro indiviso, omnes in unicam mulctam incidunt. Ibid.

AU LIEU ET JOUR QUE DEUS SONT, SUR PEINE DE CINQ SOLS PARISIS D'AMENDE.

GLOSE UNIQUE SUR L'ARTICLE LXXXV.

SOMMAIRE.

1. *Pourquoy l'amende pour cens non payé est plus forte que le cens.*
2. *Comment cette amende est appellée en quelques Coûtumes.*
3. *En quel lieu le cens doit estre payé.*
4. *Si le tenancier peut prescrire contre le droit, que le Seigneur a de se faire payer le cens en son hostel.*
5. *Si le Seigneur peut changer la maison qu'il a choisie pour la recepte de ses droits.*
6. *Si le Seigneur peut obliger les tenanciers d'aller payer le cens hors de la Paroisse.*

7. *Comment le Seigneur peut changer le jour du payement.*

8. *En quel jour se payent à Paris les droits dûs au Seigneur.*

9. *Si le Seigneur qui acquiere une partie de l'heritage, peut demander l'amende entiere aux autres tenanciers.*

10. *Si le cens doit estre payé dans la mesme espece qu'il est dû.*

11. *S'il doit estre payé par l'usufruitier.*

12. *Si le Seigneur est tenu de recevoir le cens sans la rente fonciere qui est dûë.*

13. *Si l'amende est dûë dés que le jour est passé sans payer.*

14. *Si l'amende est dûë par chaque arpent, pour lequel le cens est dû.*

15. *S'il n'est dû qu'une amende pour plusieurs années.*

16. *Quid, de plusieurs détenteurs d'un heritage censuel, si chacun d'eux doit une amende.*

17. *Quand la censive est divisée entre plusieurs Seigneurs, s'il leur est dû à chacun une amende.*

18. *Si celuy qui reçoit le cens sans protestation, n'est plus recevable à demander l'amende.*

19. *Si la compensation peut estre opposée par le tenancier d'une somme liquide, pour éviter l'amende.*

20. *Si les mineurs sont sujets à cette amende.*

21. *Si l'amende est dûë, quoique le titre de concession ne le porte point.*

22. *Si l'amende peut estre moderée par les Juges.*

23. *Si cette amende se peut poursuivre autrement que par action.*

24. *Si le tenancier peut en certains cas estre déchargé de l'amende.*

25. *Si l'amende a lieu pour la rente fonciere non payée.*

26. *Si l'action pour l'amende peut estre poursuivie pardevant le Seigneur bas-Justicier.*

27. *Surquoy est fondée l'exception portée en cet article.*

28. *Si l'exemption portée en cet article a lieu pour l'amende des ventes non payées.*

29. *Quelle difference il y a entre la Prevosté de Paris, la Vicomté & la Banlieuë.*

1. CEt article ordonne à tous propriétaires & détenteurs d'heritages tenus en censives situez en la ville & banlieuë de Paris, de payer le cens au Seigneur censier au lieu & jour qu'il est dû par chacun an, sur peine de l'amende de cinq sols parisis, laquelle est modique aussi-bien que dans les autres Coûtumes, parce que le cens est ordinairement tres-petit, n'étant imposé sur les heritages que pour marque de la directe Seigneurie, & non pour un profit pecuniaire; c'est la raison pour laquelle l'amende qui est dûë pour la negligence du tenancier, est plus forte que le cens, Brodeau *num.* 2. BRODEAU.

2. Cette amende est appellée en quelques Coûtumes *défaut de Loy*, ou *amende de Loy*, parce qu'elle est taxée par la Coûtume, qui est la Loy municipale, Brodeau *num.* 5.

3. Le cens doit être payé au lieu & jour qu'il est dû, c'est-à-dire, au lieu & jour portez par la concession ou bail à cens.

Quant au lieu, c'est l'hostel ou maison Seigneuriale du Seigneur où il fait sa recepte ordinaire; & au cas qu'il n'y en ait point, c'est en la maison d'un des Officiers du Seigneur, ou de son Receveur & Fermier; & quand le Fief est baillé à ferme, les droits se payent en la maison du Fermier, Brodeau *num.* 16.

4. RICARD. Maître Ricard remarque un Arrest de la troisiéme Chambre des Enquêtes du 24. May 1586. au profit de Maître Pierre Gandillaud, qui a commenté la Coûtume d'Angoulesme, que ce droit de faire porter par les tenanciers en la maison du Seigneur, le cens qu'ils luy doivent, ne peut être prescrit par quelque temps que le tenancier ait payé en sa maison.

5. Quoique le Seigneur ait choisi une maison pour la recepte du cens par les baux d'accensement, néanmoins il la peut changer en faisant publier au Prône de la Messe Parroissiale un jour de Dimanche, que les tenanciers ayent à venir payer le cens & les redevances en tel lieu, & en ce faisant s'ils n'y viennent pas, ils doivent l'amende.

Que si par le bail à cens il n'est point parlé du lieu, le cens doit être payé au lieu ordinaire.

La disposition de cet article, à laquelle sont conformes la plus grande partie de nos Coûtumes, est contraire au droit Romain, qui n'oblige pas le debiteur à aller porter l'argent qu'il doit en la maison de son créancier, si ce n'est quand ils sont domiciliez dans une même Jurisdiction.

C'est l'avis des Docteurs, sur la Loy *item illa. ff. de constit. pecun.* & de du Moulin en son Traité *de usuris, q. 9.*

Mais à l'égard des droits dûs *in recognitionem directi dominii*, ils se payent en la maison du Seigneur.

Mais le Seigneur ne peut pas obliger ses tenanciers d'aller payer le cens hors la Parroisse, quoique son domicile ordinaire y soit situé, c'est la disposition de la Coûtume de Poitou en l'article 100. 6.

Que s'il n'y a ni hostel ni manoir où offrir les droits, les offres en doivent être faites au lieu dont dépend le Fief ou domicile du Seigneur, s'il n'est pas éloigné, par Arrest du 17. Janvier 1615. en l'Audience de la Grand'-Chambre, rapporté par Maître Auzanet en ses Arrests, page 153. par lequel la Cour ordonna que les cens seroient publiez devant la porte de l'Eglise Parroissiale, ou au domicile du Seigneur éloigné d'une lieuë.

Pour ce qui est du jour, le Seigneur prend ordinairement un même jour pour être payé par ses tenanciers des cens & redevances à luy dûs, toutefois ce qui est porté par le contrat, doit être gardé; que si un Seigneur veut changer le jour ordinaire du payement, il le peut, en le faisant publier au Prône de la Messe Parroissiale un jour de Dimanche, & à faute d'y satisfaire par les tenanciers aprés les publications, ils encourent l'amende. 7.

Du Moulin sur l'article 55. de l'ancienne Coûtume dit, que le jour du payement du cens en la Coûtume de Paris, est le premier Octobre. 8. Du MOULIN

Quelques Seigneurs néanmoins prennent le jour de S. Martin, d'autres à l'une des Festes de Noël.

Les Seigneurs ont accoûtumé de faire publier, au Prône le Dimanche precedent le jour du payement des cens & redevances, que leurs tenanciers ayent à venir les payer au jour & lieu ordinaire; mais cette publication n'est pas necessaire, comme remarque Brodeau *num.* 17. vû que la Coûtume ne l'ordonne pas. BRODEAU.

9. Charondas dit, qu'il a vû juger par Arrest du 9. Février 1556. que quand le Seigneur censier acquiert une partie des heritages, qui sont en sa censive, lequel par consequent est confus, à proportion de ce qu'il a acquis, faute du payement du cens, l'amende est dûë toute entiere par les détenteurs de l'autre partie des heritages; ce qui est sans difficulté, vû que l'amende est dûë toute entiere faute de payement du cens par ceux qui sont en demeure. CHARONDAS.

Et quoique le Seigneur ait acquis une partie de l'heritage qu'il possede par indivis avec l'autre partie, on ne peut pas dire qu'il soit *in mora*, comme les détenteurs de l'autre partie du même heritage.

10. Le cens doit être payé dans la même espece qu'il est dû, à moins que l'espece ne soit prescrite comme si au lieu d'argent il a été payé en grain pendant trente ans & plus; car l'espece du cens se prescrit de même que la quotité d'iceluy, par l'article 124. y ayant parité de raison.

Et quoique l'espece à la charge de laquelle l'heritage auroit été baillé, fût augmentée en valeur, néanmoins le tenancier n'en pourroit pas demander diminution, comme si le Seigneur a donné à cens une partie de ses terres, à la charge d'une certaine piece de monnoye pour chaque arpent, & que cette espece soit augmentée beaucoup, il n'est pas obligé de recevoir d'autres especes que celles qu'il a stipulées, en faisant l'accensement.

C'est la décision du Jurisconsulte Paul en la Loy *Paulus. ff. de solution. creditorem non esse cogendum in aliam formam nummos accipere, si ex ea re damnum aliquod passurus sit.*

Il faut argumenter d'une espece de monnoye, à la charge de laquelle un heritage a été donné, comme d'une certaine quantité ou espece de grains, car quoiqu'ils soient augmentez, néanmoins le tenancier ne pourroit pas en demander diminution.

Cette question a été jugée au profit des Seigneurs, par Arrest du parlement de Toulouse l'an 1571. rapporté par Charondas en ses Réponses livre 8. chapitre 59.

11. Le cens doit être payé par l'usufruitier de l'heritage censuel, suivant l'article 287. qui en charge le donataire mutuel, comme des autres charges annuelles, & des rentes foncieres & autres charges réelles.

12. Quand il est dû au Seigneur censier une rente fonciere sur l'heritage outre le cens, il n'est pas tenu de recevoir le cens sans la rente, Maître Auzanet. AUZANET.

Secus, si le tenancier luy doit une rente constituée, quoique l'heritage qui est chargé de cens envers luy, soit specialement affecté & hypothequé à la rente; parce que la rente fonciere est réelle, & que la rente constituée est plus personnelle que réelle.

13. Cette amende se commet dès que le tenancier a laissé passer le jour sans payer le cens, desorte qu'il ne peut pas purger sa demeure, parce que le Seigneur n'est obligé de faire aucunes sommations ou interpellations pour en être payé, *dies interpellat pro homine.*

Ainsi jugé par Arrest en la Coûtume de Senlis, le 19. Janvier 1568. rapporté par Charondas. CHARONDAS.

Mais il n'en est pas de même du cens à queste ou requerable, pour lequel il n'échet point d'amende qu'après la requisition, sommation ou interpellation faite par un Sergent à la requeste du Seigneur.

C'est le sentiment de Maître Charles du Moulin sur l'article 112. de la Coûtume de Chartres, où expliquant ces mots, *si tel cens n'est requerable*, il dit, *quia etiam si certo loco & tempore solvi debet, non tamen continuò præcisè, quia potest esse postulabilis*, Brodeau *num.* 15. DU MOULIN.

Quoique le cens soit dû pour chaque arpent, néanmoins le tenancier qui en possede plusieurs d'un même Seigneur, ne doit qu'une amende, au cas qu'ils soient dans la même censive, conformément à l'article 50. de la Coûtume d'Estampes, lequel se doit entendre, suivant la Note de Maître Charles du Moulin au cas qu'ils soient possedez *ab eodem censuario eodem titulo, secus* si par baux separez. BRODEAU. 14.

C'est une question qui paroît difficile, sçavoir si l'amende est dûë autant de fois que le tenancier a manqué d'années à payer. 15.

Pour l'affirmative, on dit que l'amende étant encouruë *ipso jure*, faute de payement du cens au jour & lieu accoûtumé; elle est dûë autant de fois qu'il a manqué d'années à payer; car étant imposée *in pœnam*, la peine doit être multipliée selon le nombre des fautes commises: or la faute est commise chaque année. L'amende est dûë pour la demeure du censier, & cette demeure se commet tous les ans: & il n'y a pas plus de raison de le condamner pour la premiere année, que pour les autres suivantes; d'ailleurs cette amende a été introduite par la Loy municipale, pour vanger la contumace du sujet censier & punir le mépris qu'il fait de son Seigneur.

D'ailleurs cette amende n'est pas tant principale que domaniale, patrimoniale, seigneuriale & fiscale, & coûtumiere dûë au Seigneur censier, de même que le cens, & est considerée comme fruit de sa seigneurie.

C'est le sentiment de Chopin *lib. 3. de doman. tit. 15. num. ult.* & sur la Coûtume d'Anjou *lib. 2. part. 2. cap. 1. tit. 2. num. 2. in fine*; de Charondas, de Brodeau, de Tronçon; & de Lommeau sur la Coûtume d'Anjou *lib 1. art. 163.* CHOPIN. CHARONDAS. BRODEAU. TRONÇON.

C'est la disposition des Coûtumes de Chartres art. 112. de Blois art. 112. de Clermont art. 116. & d'autres.

Cette opinion est autorisée de deux Arrests, le premier est du 19. Janvier 1568. Monsieur le Premier Président de Thoufrant, rendu sur un appel du Bailly de Senlis. L'autre est du 28. Août 1621. rendu en la Seconde Chambre des Enquêtes: ces deux Arrests sont rapportez par Brodeau sur Monsieur Loüet lettre A. *num.* 8.

On dit pour l'opinion contraire que l'amende n'est dûë que faute de payement du cens; or cette faute continuée pendant plusieurs années n'est commise qu'une seule fois, *pœna semel commissa ampliùs non committitur, nisi id actum sit ut in singulas causas toties committatur, l. si duo. de recept. qui arbitr.* à l'exemple de celuy qui est contrevenu au jugement des arbitres en plusieurs choses, lequel ne doit qu'une seule peine.

C'est la disposition de la Coûtume de Meaux article 197. de Melun art. 107. d'Orleans art. 102. de Rheims art. 149.

C'est le sentiment de Monsieur Pithou sur l'article 52. de la Coûtume de Troyes; de Monsieur le Prestre & de Maître du Moulin sur cet article glos. 1. nombre 16. où il dit que tel étoit l'usage du Royaume, *dicendum est quòd solum unica mulcta debetur omnibus cessationibus, & ità notoriè & inconcussè practicatur in hoc Præsidiatu, & generaliter in toto Regno, nisi quatenus speciali quâdam consuetudine aliter caveatur.* DU MOULIN.

Il fait une exception qui est fort juste, *fallit si censuarius singulis annis vel ab initio in jus vocatus, vel manum dominicam passus seque opposuerit, & semper contumax & reliquator manserit; quia tunc nedum in reliquis census, sed etiam in mulctas singulorum annorum quibus domino prosequente contumax neglexit; condemnari debet*; selon les Coûtumes de Meaux art. 197. de Melun art. 133. & de Nivernois titre des Cens art. 10. & il dit que tel est l'usage, si ce n'est en Coûtume qui en dispose au contraire; celle de Blois art. 112. veut que le censier paye seulement l'amende des trois dernieres années.

Les derniers Arrests ont jugé qu'il n'est dû qu'une seule amende, l'un du 27. Juillet 1607. & l'autre du 15. Juillet 1623. rapportez par Monsieur Loüet & Brodeau lettre A. nomb. 8.

BRODEAU.

Il faut dire aussi, qu'il n'est dû qu'une seule amende pour cens non payé par plusieurs détenteurs d'un heritage possedé par indivis, parce que l'amende est indivisible comme le cens; Charondas.

CHARONDAS

Secùs, quand l'heritage est divisé; comme quand le cens est dû pour chaque arpent, & que l'heritage qui consiste en plusieurs arpens, est divisé entre plusieurs, car en ce cas, il est sans doute, que chaque partie de cet heritage appartenant à chacun de ceux entre lesquels il étoit auparavant possedé par indivis, est un heritage, & qu'ainsi l'amende peut être dûë par Brodeau *num.* 18.

BRODEAU.

17. Quand la censive est divisée entre plusieurs Seigneurs, ils ne peuvent prétendre qu'une seule amende entre eux, parce qu'il ne leur appartient à eux tous qu'un seul droit de cens, du Moulin sur cet art. *num.* 18. & Charondas.

DU MOULIN. CHARONDAS

La raison est, qu'il n'y a qu'un seul cens, & que l'amende n'est dûë que pour le cens non payé.

Et suivant le sentiment de du Moulin au même lieu, si un de plusieurs Seigneurs a reçû sa part du cens, l'amende n'est dûë aux autres que pour leur part & portion.

Dico quòd non committetur pœna hæc in totum, sed solùm pro parte ejus cui non est solutum, sive pro ratâ census non soluti, quicquid scripserit Chassanæus in Consuetud. Burg. eod. tit. §. 1. glos. penult. in fi. Probo, quia omnibus istis dominis simul non debetur nisi unica mulcta; igitur si alter partem suam remiserit, remaneret jam commissa, nec committitur committenda pro partibus reliquorum, sive ille dominus gratis remiserit, sive receptâ parte contingenti, l. 2. in fine. ff. de V. O. l. stipulationibus. in fi. ff. eod.

18. Lorsque le Seigneur a reçû le cens sans protestation de l'amende, il est censé l'avoir remise au tenancier, l'accessoire ne subsistant plus *sublato principali, l. centum. ff. de eo quod certo loco. l. 4. C. depos.*

DU MOULIN

C'est l'avis de du Moulin *num.* 11. où il dit: *non obstat quòd hujusmodi pœna non venit mero judicis officio; sed per se subsistit, postquam est commissa, ut etiam jure actionis & obligationis debeatur: quia respondendum est secundùm ea quæ plenè super hoc puncto dixi supra*, §. 77. *num.* 7. *& seqq.*

CHARONDAS

C'est aussi l'avis de Charondas.

19. Le tenancier ne peut opposer compensation à son Seigneur d'une somme liquide, selon du Moulin *num.* 19. *& seqq.* où il rapporte fort au long les raisons de douter & de décider.

DU MOULIN

20. Les mineurs sont tenus de cette amende, comme il a été jugé par Arrest du 12. Juillet 1612. cité par Mornac sur la Loy 36. *ff. de minorib.* & par Monsieur le Bret, suivant les conclusions duquel il avoit été rendu, *l.* 5. *decis.* 12.

21. Cette amende est dûë, quoique le titre de concession n'en fasse point mention; parce que cette peine étant legale, elle est toûjours sous-entenduë, *cùm ea quæ sunt moris & consuetudinis, semper inesse videntur, l. quamvis. 3. l. in quib. caus. pign. l. 4. 6. & 7. ff. eod. tit.*

22. Cette amende ne peut être moderée par le Juge, parce qu'elle est imposée par la Coûtume *in pœnam*, comme il a été jugé par Arrest du mois d'Avril 1606. au Rolle de Champagne, cité par les Commentateurs, ainsi qu'il est dit sur l'article 77. cy-dessus de l'amende pour ventes recelées & non notifiées.

23. L'amende faute de payement du cens ne se peut poursuivre que par action & non par saisie, parce que nôtre Coûtume ne le permet pas, n'accordant le droit de saisie, arrest ou brandon en l'article 74. que pour les arrerages du cens; disant en l'article 81. que les ventes & amendes se poursuivent par action seulement; ce qu'il faut entendre des amendes tant pour le cens non payé que pour ventes recelées & non notifiées.

C'est la disposition de la Coûtume d'Auxerre en l'article 22.

Ce qui est confirmé par l'Article 75. de la nôtre qui donne main-levée de la saisie pour cens non payé en consignant entre les mains du Seigneur trois années du cens, sans parler de l'amende dûë faute de payement d'iceluy.

C'est l'avis de Brodeau *num.* 13. *&* 21. & sur l'article 81.

BRODEAU.

Carondas sur cet article & Tronçon sur l'article 81. sont d'opinion contraire, mais je ne la croy pas bien fondée.

CHARONDAS. TRONÇON.

24. Quoique l'amende soit encouruë *ipso jure propter moram*, néanmoins le tenancier en est déchargé, lors que par une cause legitime, il a été empêché de venir payer le cens, comme pour inondations, maladies survenuës ou autres semblables.

25. L'amende n'a lieu que pour le cens non payé, & non faute de payement du sur-cens ou de la rente fonciere, à moins que le preneur à rente fonciere ou sur-cens, ne s'y soit obligé expressément; car cet article ne parle que du cens & des censives, c'est pourquoy il n'y a pas lieu d'en étendre la décision au cas du sur-cens ou de la rente fonciere, Charondas.

CHARONDAS

26. L'action pour cette amende peut être poursuivie pardevant le Seigneur bas-Justicier, & même pardevant la Justice censuelle & fonciere, c'est la disposition de la Coûtume de Meaux article 203. Brodeau *num.* 6.

BRODEAU.

27. Cet article pour le payement de l'amende contient une exception à l'égard des heritages situez en la ville & banlieuë de Paris, dont les propriétaires ne doivent point d'amende faute de payement du cens.

Charondas dit, que c'est par un privilege accordé aux Bourgeois de Paris par les Rois Philippes I. & Charles VII. pour remettre la ville en bon état.

CHARONDAS

Chopin sur ce titre *num.* 9. dit, que cela ne procede d'aucun privilege, vû qu'il n'en est fait mention en aucun lieu, mais de l'usage & de l'ancienne observance; aussi les Seigneurs censiers ont dans la ville & banlieuë de Paris le droit de simple gagerie, ce que n'ont pas les Seigneurs hors ladite Ville & Banlieuë.

CHOPIN.

Mais les preneurs à cens peuvent renoncer à ce droit & s'obliger à l'amende par défaut de payement, Brodeau *num.* 8. 9. *&* 10. parce que ce droit ne regarde que les particuliers propriétaires des maisons & heritages, & le public n'y a aucun interest, comme au cas de l'article 121. qui contient un privilege pour les maisons de Paris, auquel on ne peut renoncer, dont il est fait mention dans le grand Coûtumier liv. 2. chap. 26. & liv. 4. ch. 5.

BRODEAU.

28. Cette exemption n'est que pour l'amende de cens non payé, & partant elle ne se peut point étendre à l'amende pour ventes recelées & non notifiées, à laquelle sont sujets les proprietaires des maisons & heritages censuels par l'article 77. qui est general & sans exception, Brodeau *num.* 11. Chopin sur ce titre *num.* 9. parce que, dit cet Auteur, la suppression & reticence du droit d'autrui inconnu est plus punissable, que la demeure & negligence d'offrir de payer le droit connu & notoire.

BRODEAU. CHOPIN.

29. L'Auteur du Grand Coûtumier, comme remarque Brodeau *num.* 22. dit qu'il y a de la difference entre la Prevôté, la Vicomté, & la Banlieuë.

La Vicomté contient quatre Châtellenies Royales, sçavoir Mont-l'hery, Gonnesse, Corbeil & Poissy.

La Banlieuë de Paris est le tour & circuit de Paris contenant environ une lieuë, comme la Chapelle saint Denis est de la Banlieuë, partie de la Villette, saint Lazare, Pantin, & ainsi ce qui suit, desorte que tous les Fauxbourgs sont de la Banlieuë.

Charondas dit, que c'est le détroit ou l'étenduë dans laquelle se peut faire le Ban, c'est-à-dire, la proclamation de la Ville, & s'entend l'Echevinage & Justice d'icelle, qui comprend une lieuë de tour, qui étoit anciennement marquée & bornée d'une pierre élevée, ou d'un arbre, ou d'une Croix.

OBSERVATIONS DE MONSIEUR ***.

Sur l'Article LXXXV.

SOMMAIRE.

1. *Article changé.*
2. *Pourquoy il faut oster ces mots* tenus de payer, *& ces autres mots,* cinq sols parisis.
3. *Par le terrier le jour & le lieu où le cens doit estre payé doivent estre marquez.*

NOus avons redigé cet article en la maniere qui suit,

1. *Toutes personnes tenans leurs maisons & heritages en censive, doivent payer les droits de cens aux Seigneurs, dont leurs heritages sont tenus au lieu & jour qu'ils sont dûs, sur peine de six sols & trois deniers d'amende, fors & excepté les heritages assis en la ville & banlieuë de Paris, qui ne doivent aucune amende par faute de cens non payé, si à ladite amende payer les détempteurs d'iceux ne sont expressément obligez.*

2. Nous avons ôté les mots de *tenus de payer*, qui y étoient employez en plusieurs endroits, & nous avons changé les termes de *cinq sols parisis*, en termes de la monnoye qui court présentement.

3. Il faut observer sur cet article avec Maître Charles du Moulin, qu'il faut que par le titre ou terrier le jour & le lieu où le cens se doit payer soient marquez, ou que le Seigneur par proclamation au Prône l'ait annoncé, & que sans cela l'amende ne pourra pas valablement être prononcée. Ce qu'on remarque encore de particulier sur cet article, est que ce droit ne se prescrit point, il est de la même nature que le cens.

CONFERENCE SUR L'ARTICLE LXXXV.

DE même, *Amiens*, art. 199. *Angoumois*, article 21. *Anjou*, art. 178. *Auxerre*, art. 20.

Blois, art. 110. 111.

Châteauneuf, art. 143. *Clermont*, art. 116.

Dourdan, art. 59. *Dreux*, art. 40.

Estampes, art. 50. dit, *à peine de cinq sols tournois, qui ne se peut aussi demander que pour une année, si le Seigneur n'en a fait question par chacune année, & si n'est dûë qu'une amende pour plusieurs pieces de terre & heritage.* [a]

[a] Possedez *ab eodem censuario eodem titulo: secùs si* par baux separez. C. M. Cette opinion de Maître Charles du Moulin, qui veut pour faire qu'il ne soit dû qu'une seule amende par un détenteur qui possede plusieurs pieces de terre, que sa possession soit fondée sur un seul titre, semble contraire à la Coûtume d'Estampes, sur laquelle il a fait cette Note, qui parle indistinctement: Aussi son avis n'a-t-il pas été suivi même dans les autres Coûtumes, ainsi qu'il paroît par les trois Arrests que nous rapportons à ce sujet.

Hédin, tit. 2. art. 5.

Laon, art. 135. dit, *est dû amende de cinquante sols parisis avec les frais de la saisie.*

Maine, art. 199. *Mantes*, art. 54. *Meaux*, article 192. *Melun*, art. 106. *Montargis*, chap. 2. article 1. *Montfort*, art. 56.

Nivernois, chap. 5. art. 9. *Noyon*, art. 139.

Orleans, art. 102. 103.

Peronne, art. 49. *Poitou*, art. 56. & 100.

Reims, art. 148. 149. constituë amende de quatre sols parisis, payable même sur le fonds, s'il n'y a qu'une saisie pour plusieurs années: mais s'il y a plusieurs saisies, ladite amende sera dûë pour chacune saisie.

Senlis, art. 263. *Sens*, art. 20.

Tours, art. 366. dit, *l'amende est de sept sols six deniers sur le roturier, & sur le Noble ou d'Eglise de cinq sols.*

Valois, art. 23.

Chartres, art. 112. dit, *Qui tient heritage à cens qui est dû à certain jour, & en certain lieu, & il ne paye ou déprie, il chet pour chacune année qu'il défaut à payer ou déprier en amende de sept sols six deniers tournois, envers le Seigneur: & s'il ne paye ledit cens durant le temps dudit dépry, qui est de huit jours, il est en amende comme dessus; si tel cens n'est requerable,* [b] *auquel cas si celuy qui doit le cens, aprés que le Seigneur censier luy aura requis, ne le paye dedans la huitaine ensuivant, il payera l'amende comme dessus, & non autrement.*

[b] *Quia etiamsi certo loco & tempore solvi debet, non tamen continuò praecisè: quia potest esse postulabilis, ut dixi in Consuet. Paris.* §. 61. *in fin.* C. M.

Auteurs sur l'Article quatre-vingt-cinquiéme.

L'Auteur du Grand Coûtumier, liv. 4. chap. 5. pag. 529. & 530. & liv. 2. chap. 26. p. 175. à la fin.
Bobé, sur cet article, & sur l'art. 192. de la Coûtume de Meaux.
Thourette, sur Montfort, art. 56.
Le Let sur Poitou, art. 66.
Loysel, liv. 4. tit. 2. regle 2. & la Note de Maître Lauriere.
De la Lande, sur la Coûtume d'Orleans, art. 102.
Buridan, sur Reims, art. 148.
Lhoste, sur Montargis, chap. 2. art. 1.
Henrys, tom. 1. liv. 3. chap. 3. quest. 9.
Boniface, tom. 1. liv. 3. tit. 2. chap. 12.
Bouvot, tom. 2. *verbo* Censive, quest. 39. & *verbo* Cens, quest. 17.
Journal du Palais, Arrest du 7. Août 1682.
Loüet, lett. A. somm. 8.
Chopin, sur la Coûtume d'Anjou, liv. 1. chap. 5. nomb. 2. chap. 8. nomb. 1. & 2. & sur celle de Paris, liv. 1. tit. 3. nomb. 9. 19. & 20. & *du Domaine*, liv. 3. tit. 17. nomb. 13.
De Lhommeau, sur la Coûtume d'Anjou, liv. 1. art. 78. & en ses Maximes, liv. 2. art. 28.
Coquille, sur la Coûtume de Nivernois, art. 9.
Rat, sur la Coûtume de Poitou, art. 41. & 82.
Chassanée, sur la Coûtume de Bourgogne, tit. 11. art. 1. & art. 2. nomb. 30.
Le Feron, sur la Coûtume de Bordeaux, liv. 2. tit. 8. art. 13.
Roüille, sur la Coûtume du Maine, art. 196.
Ragueau, *des Droits Royaux*, sur le mot, Banlieuë.
Vigier, sur la Coûtume d'Angoumois, art. 21.
M. Le Prestre, en ses Arrestez de la cinquiéme, Arresté 26.
Bodreau, sur la Coûtume du Maine, art. 196.
Buridan, sur la Coûtume de Vermandois, art. 135.
Loüet & Brodeau, *litt. A. num.* 8
Duplessis explique cet article, liv. 1. chap. 1. p. 84. & liv. 3. p. 103.

ARTICLE LXXXVI.

C'étoit le soixante-troisiéme Article de l'ancienne Coûtume.

De la simple gagerie pour le cens en la Ville & Banlieuë.

IL est loisible à un Seigneur censier en la ville & banlieuë de Paris en défaut de payement des droits de cens dont sont chargez les heritages tenus en sa censive, de proceder par voye de simple gagerie sur les biens étans és maisons pour trois années d'arrerages dudit cens, & au dessous. *Et est entendu simple gagerie quand il n'y a transport de biens.*

Voyez les Articles 74. 75. 161. & 163.

REMARQUES.

CE qui est dit dans cet article de la simple gagerie sur les biens étans és maisons pour trois années d'arrerages, se doit entendre des maisons qui appartiennent à celuy qui les tient du Seigneur à cens, & non du locataire, suivant un Arrest du 30. May 1558. & autre du 25. Juin 1591. G. F.

Etiam intra urbem fructus naturales impediri possunt. Mol. §. 86. *num.* 3. 4. *At capi non poterunt res pretiosa, sed proportionata debito. ibid. num.* 12.

Ante hanc pignorationem praceptum pracedens de solvendo debito non requiritur, ut in cateris executionibus ; sed recta via agere potest Dominus : hac pignoratio tamen propriâ autoritate fieri nequit : sed necesse est quod fiat per apparitorem publicum cum testibus, Judicis mandato, oportetque res pignoratas ritè describi per apparitorem, & quod per eumdem, vel alium depositarium pignora custodiantur, donec per Judicem, partibus vocatis, ordinatum sit : Dicitur enim pignoratio, quia non statim dies dabitur ad videndum vendi : sed opus erit postea debitorem citari coram Judice, ut in judicio decernatur rem vendendam. Mol. d. l. num. 10.

Et quod novâ consuetudine declaratum est hunc articulum loqui de simplici pignoratione bonorum absque eorum translatione, intelligendum si ipse censuarius tanquam se custos constitui patiatur, vel alius inveniatur qui hoc officio sub hâc conditione fungi velit.

Secus translationem actualem permissam censeo, non quidem in vim articuli, sed propter contumaciam debitoris qui sibi auxiliari recusat ; non enim de simplici impedimento, sed de pignoratione qua capturam significat loquitur consuetudo.

DE PROCEDER PAR VOYE DE SIMPLE GAGERIE.

GLOSE UNIQUE SUR L'ARTICLE LXXXVI.

SOMMAIRE.

1. Simple gagerie, *ce que c'est.*
2. *Sur quoy ce droit est fondé.*
3. Gagerie, *que signifie ce mot.*
4. *Si la gagerie se fait par autorité de Justice, & s'il est besoin d'un commandement préalable.*
5. *Si le droit de simple gagerie est réel.*
6. *En quels cas ce droit a lieu dans la Coûtume de Paris.*
7. *S'il n'a lieu que pour trois années.*
8. *Que doit faire le Seigneur pour les années precedentes.*
9. Quid, *si le propriétaire prétendoit avoir payé auparavant un cens moindre que celuy qui luy seroit demandé.*
10. *Comment s'entendent les trois années.*
11. *Sur quels meubles s'exerce la gagerie.*
12. *Si la gagerie peut estre exercée sur les meubles meublans indistinctement, appartenans au locataire.*
13. *Dans quels temps & comment les meubles saisis peuvent estre vendus.*
14. *Comment s'entendent ces termes,* n'y a transport de biens*; & si faute de gardien les meubles peuvent estre transportez.*

CEt article accorde aux Seigneurs censiers le droit de pouvoir proceder par voye de simple gagerie sur les meubles, qui se trouvent dans les maisons sujettes au cens, situées dans la ville & banlieuë de Paris pour trois années d'arrerages & au dessous.

1. C'est un droit special & local établi, non pas tant par privilege que par usage fondé sur deux causes, dit Maître Duplessis. La premiere, parce que comme il n'y a point d'amende faute de payement du cens sur les heritages situez dans la ville de Paris; il falloit en récompense cette autre voye: La seconde, que ces heritages consistans pour la plûpart en maisons, ne produisent point de fruits qui se puissent saisir, hors les loyers; encore n'y en a-t-il point quand les tenanciers les acceptent eux-mêmes.

2. CHARONDAS. Charondas prétend que c'est un privilege accordé par les Rois de France aux Bourgeois de Paris, mais Chopin dont Brodeau & Duplessis ont suivi l'opinion, tient avec raison qu'il s'est introduit par usage & par une commune observance.

Nous observerons pour l'interpretation de cet article,

3. Premierement, que simple gagerie est une saisie de meubles qui se trouvent dans la maison, appellée *simplex pigneratio*, parce qu'ils servent de gage, de nantissement & de sureté au Seigneur pour être payé des arrerages du cens qui luy sont dûs, & être sur iceux preferé à tous autres créanciers saisissans & opposans, comme il a été jugé par Arrest du 14. Juillet 1561. rapporté par Charondas sur l'art. 74.

En second lieu, que cette saisie se fait sans deplacer & transporter les meubles, si ce n'est avec la permission du Juge.

DU MOULIN. Du Moulin sur cet article *num. 7. & seqq.* tient que cette saisie ne se peut faire que par un Sergent avec l'Ordonnance du Juge, parce que de droit commun les saisies, *absque publico obligationis instrumento*, ne se peuvent pas faire que sans permission du Juge.

CHOPIN. CHARONDAS. TOURNET. BRODEAU. C'est aussi le sentiment de Chopin sur ce titre nombre 4. de Charondas, de Tournet & de Brodeau sur cet article nomb. 8. & sur l'article 161. nomb. 3. & de Bacquet des droits de Justice chap. 3. nombre 6. & chap. 21. nomb. 282. où il dit qu'ordinairement la gagerie se fait en vertu d'une Requête répondue par le Lieutenant Civil.

4. Ricard sur l'art. 161. est d'avis contraire.

RICARD. Il dit que cette formalité ne s'observe point, vû que les propriétaires sont suffisamment autorisez par cet article 161. lequel doit être entendu au cas qu'il n'y ait point de bail pardevant Notaires; car s'il y en avoit un en bonne forme, il pourroit être procedé par pleine & entiere execution en vertu d'iceluy, comme pour toutes les autres dettes; cet article n'étant pas pour restraindre le pouvoir des propriétaires, mais pour leur donner un privilege particulier.

Cette opinion est fondée sur l'usage, & tel est l'esprit de nôtre Coûtume.

En troisiéme lieu, qu'un commandement de payer n'est pas necessaire pour rendre la saisie valable, selon du Moulin sur cet article *num. 11. licet bonum sit, praemitti praeceptum certum, tamen non puto necessarium, sed sufficere exprimi ad cujus instantiam proceditur, ex qua causa, videlicet ex defectu solutionis census; & si non exprimatur cujus anni vel quorum annorum, intelligitur de censu novissimi anni duntaxat, non autem remotioris nec plurium annorum nisi dicatur, arg. eum qui Calendis. de V. O.* 5. DU MOULIN.

En quatriéme lieu, que le droit de simple gagerie est réel & non personnel, & partant il a lieu, quoique le propriétaire demeure hors la ville & banlieuë de Paris, parce que ce droit est accordé au maisons & non aux Bourgeois de Paris; ce qui a pareillement lieu dans les deux autres cas, ausquels l'on peut se servir de simple gagerie. 6.

Comme ce droit de gagerie est un droit réel & particulier pour les maisons situées dans la ville & banlieuë de Paris, il ne s'étend pas aux maisons qui sont situées ailleurs.

En cinquiéme lieu, que l'on peut proceder par droit de simple gagerie en trois cas dans la Coûtume de Paris.

Le premier est au cas du present article.

Le second au cas de l'article 161. pour les loyers d'une maison.

Le troisiéme au cas de l'article 163. pour trois quartiers de rente fonciere, assignée sur une maison sise en la ville & faux-bourgs de Paris.

En sixiéme lieu, que le Seigneur censier ne peut agir par voye de simple gagerie que pour trois années d'arrerages du cens, ou au dessous, c'est-à-dire, pour deux ou pour une, & qu'à l'égard des precedentes il n'a que l'action pour s'en faire payer, desorte que le droit de gagerie n'a lieu que pour trois années, & pour les precedentes jusques à 29. le Seigneur 7.

gneur censier doit donner assignation au tenancier pardevant Monsieur le Lieutenant Civil, pour se voir condamner au payement des arrerages du cens, & ensuite faire mettre la Sentence de condamnation à execution par arrest & saisie des deniers dûs au sujet censier, ou par execution de ses meubles.

8. Au cas que le tenancier prétende avoir payé tous les arrerages du cens, ou ne les devoir pas, il doit consigner trois années entre les mains du Seigneur, pour obtenir cependant main-levée de sa saisie, avec protestation de les repeter.

A faute de consigner trois années, le Seigneur obtiendroit permission de faire vendre les meubles saisis pour être payé des trois années d'arrerages, nonobstant l'opposition de la part du propriétaire, à moins qu'il ne prouvât qu'il ne les doit point par les quittances des trois dernieres années.

9. Pareillement s'il avoit des quittances du Seigneur, par lesquelles il paroîtroit avoir payé un moindre cens que celuy qui luy seroit demandé, il ne seroit obligé de consigner qu'à raison de celuy qu'il auroit payé, sauf en cas de condamnation à payer ce qui manqueroit du cens demandé par le Seigneur; mais ne pouvant pas justifier du payement, il seroit tenu de consigner trois années du cens, avec les protestations en ce cas requises & necessaires.

10. Les trois années s'entendent des trois dernieres, desorte que si le détenteur de l'heritage rapportoit quittances des trois dernieres années, non seulement la saisie n'auroit pas lieu, mais aussi elles feroient presumer du payement des precedentes.

CHARONDAS C'est ce qui a été jugé par Arrest du 28. Juillet 1577. remarqué par Charondas.

Les trois années s'entendent, soit qu'elles soient dûës par le détenteur de l'heritage, ou par son auteur, tellement qu'il est tenu de les payer sauf son recours.

TRONÇON. La raison est, que le cens est un droit réel qui suit la chose, Tronçon *verbo*, d'arrerages.

11. En septiéme lieu, que la gagerie ne s'exerce que sur les meubles meublans qui sont dans la maison sujette au cens, & non sur d'autres choses mobiliaires, comme cedules, obligations, bagues, pierreries, & autres choses qui sont dans des coffres, armoires & cabinets, ni même sur des meubles *se moventia*, ni sur des meubles precieux, mais sur ceux qui peuvent suffire au payement du cens, selon l'avis de du

DU MOULIN Moulin *num.* 12.

Nec puto capi posse equos aut alia moventia, quæ sumptum debito censu majorem afferunt, sed mera mobilia, eaque non pretiosa neque multa, sed parabiliora pauca & parva, quæ satis erunt ut solutio prætensi census sit in tuto; & moveor per hunc textum junctâ ratione l. à divo. §. in venditione. ff. de re judic. quia simplex ista pignoratio simpliciter securitatem reliquorum census portendit trium ad summum annorum; & sic quantitas semper est modica & parvo pignore tuta esse potest. Pignoratione autem factâ, si neque se opposuerit censuarius, neque pignus solutione luat, citandus erit coram judice, ut decernatur pignus vendi; nec debet apparitor ad hoc procedere sine judicis autoritate, &c.

Ainsi par ce terme *biens*, dans cet article il faut entendre les meubles meublans selon Maître Auzanet.

La difficulté est de sçavoir, si le Seigneur peut user de ce droit sur les meubles qui sont en la maison appartenans au locataire. 12.

La Coûtume en cet article dit generalement & indistinctement, que ce droit a lieu sur les meubles étans és maisons, d'où il s'ensuit qu'il n'importe à qui ils appartiennent, pourvû qu'ils soient dans la maison servans de gage & de seureté pour le payement des arrerages du cens; autrement il seroit souvent inutile aux Seigneurs censiers d'avoir ce droit, les propriétaires des maisons n'y demeurans pas toûjours, Charondas, Brodeau *num.* 23. CHARONDAS, BRODEAU.

Voyez sur l'art. 161.

En huitiéme lieu, que faute de payement le Seigneur doit faire ordonner que les meubles pris par gagerie seront vendus, pour sur le prix d'iceux être payé. 13.

C'est l'avis de du Moulin *num.* 10. *in fine*, & *dicitur simplex*; *quia non statim dies dabitur ad videndum vendi, sed opus erit debitorem citari coram judice, ut in judicio decernatur rem vendendam, ut in pignore conventionali, l. quamvis ff. de pign. actio.* comme il a été jugé par Arrest du 25. Juin 1591. rapporté par Charondas sur l'article 74. Tournet sur cet article 86. DU MOULIN CHARONDAS TOURNET.

En neuviéme lieu, que la saisie se fait sans déplacer ni transporter les meubles, Charondas expliquant ces mots dit, à la difference de l'execution que fait le Sergent desdits biens, quand il les transporte & met en main tierce d'un gardien & Commissaire; car en la simple gagerie il n'établit aucun gardien, mais seulement gage, c'est-à-dire, saisit & arreste pour hypotheque entre les mains de celuy qui demeure en la maison, les meubles qui y sont, sans les déplacer ni transporter. 14.

Ainsi l'opinion de ce Commentateur est, que celuy dont les meubles sont saisis par simple gagerie, ne peut être contraint de bailler un gardien, & que le Sergent qui fait la saisie, ne les peut transporter hors la maison.

Tronçon sur l'article 161. *verbo* gagerie, & Brodeau sur cet article 86. *num.* 25. après Bacquet des droits de Justice chapitre 21. *num.* 282. sont d'avis qu'on ne doit point déplacer les meubles pris par gagerie, ni les transporter hors la maison, comme on fait en execution faite en vertu de Lettres obligatoires ou de Sentence, mais seulement bailler en garde les meubles au locataire de la maison, ou au debiteur de la rente, ou à un voisin solvable sans rien déplacer. TRONÇON, BRODEAU.

Toutefois si le locataire ou debiteur de la rente n'est pas solvable, il doit bailler gardien solvable, sinon les meubles peuvent être transportez.

Nous n'observons pas cette distinction de Bacquet, sçavoir si le debiteur ou locataire est solvable, ou non, dautant que ce n'est pas au Sergent à juger de sa solvabilité.

OBSERVATIONS DE MONSIEUR ***,

Sur l'Article LXXXVI.

SOMMAIRE.

1. *Le Seigneur censier ne peut faire la gagerie sans la permission du Juge.*

NOus croyons qu'il faut ajoûter à cet article ces mots, *avec permission de Justice*, parce que le Seigneur censier n'a pas droit de main-mise; il luy faut avoir la permission du Juge pour faire la gagerie.

Auteurs sur l'Article quatre-vingt-sixiéme.

L'Auteur du Grand Coûtumier, liv. 2. chap. 27. page 181. ligne 28. liv. 1. chap. 2. p. 10.

L'Auteur des Coûtumes toutes notoires du Châtelet, art. 3. & 81.

La Conference des Ordon. tome 1. liv. 4. tit. 16. chap. 701.

Loysel, liv. 4. tit. 1. art. 20.

POUR TROIS ANS.

De la Lande, sur la Coûtume d'Orleans, art. 43. à la fin.

Joannes Gallus, quest. 177.

Lucius, *lib.* 10. 3. *n.* 1.

Loyseau, du Déguerpissement, liv. 3. ch. 6. n. 20.

Duplessis explique cet article, liv. 1. ch. 2. p. 85.

ARTICLE LXXXVII.

Cet Article a été ajoûté à la reformation de la Coûtume.

Ventes dûës pour rentes foncieres non rachetables.

DE toutes rentes foncieres non rachetables vendûës à autres, ou délaissées par rachat depuis le premier bail, sont dûës ventes eu égard au prix de la vente ou rachat d'icelle rente, tout ainsi que si l'heritage ou partie d'iceluy étoit vendu.

Voyez les Articles 23. 33. 78. 83. & 349.

REMARQUES.

ON tire consequence de ces mots, que du premier bail à la charge de telle rente fonciere non rachetable, n'en est dû aucun droit au Seigneur.

Ce qui est fondé en raison, vû que par le moyen de la retention de cette vente le bailleur retient toûjours droit au fonds.

Ainsi jugé par un Arrest notable donné en l'Audience le 24. Novembre 1607. pour une place au faux-bourgs saint Germain des Prez, baillée à rente par Messieurs de l'Hostel de Ville, contre l'Abbé de saint Germain.

En tout ce titre il n'est point parlé, si droits seigneuriaux sont dûs pour rentes constituées à prix d'argent sur maisons ou autres heritages, soit pour la constitution ou vente, ou rachat: car ce dernier article ne parle que des rentes foncieres non rachetables, & les 78. & 83. cy-dessus sont au cas d'un heritage vendu à rente rachetable, ou à la charge d'une rente. Ce qui peut avoir été fait par obmission, vû que par Arrest solemnel du 10. May 1557. il avoit été ordonné qu'au lieu des articles 58. 59. 60. & 61. de l'ancienne Coûtume, qui ordonnoient être payez droits seigneuriaux pour constitution & rachat de telles rentes constituées à prix d'argent, il en seroit mis un autre en ces termes: *Pour rentes constituées à prix d'argent sur maisons ou autres heritages assis és Ville, Vicomté & Prevôté de Paris, ne sont dûs aucuns droits de lods & ventes, ni autres profits seigneuriaux, soit pour la constitution ou rachat desdites rentes.*

Quoiqu'il en soit, on ne revoque pas à present en doute, que dans le cas par nous proposez il n'est dû aucun droit au Seigneur, & que cet article ne soit encore en pleine & entiere vigueur: Sur lequel Maistre Charles du Moulin a fait un apostille qui est à remarquer, comme tout ce qui vient de ce grand personnage, & qui contient ce qui suit.

Cet article, dit du Moulin a été par Arrest de la « Cour de Parlement prononcé le 10. jour de May 1557. « subrogé au lieu des 58. 59. 60. & 61. anciens articles « de ladite Coûtume dérogez par ledit Arrest; par le- « quel justement a été ordonné que ledit 58. article se- « roit rayé dudit Coûtumier, & les 59. 60. & 61. an- « ciens articles ne demeureroient pour Coûtume, & «

» que le present article seroit mis & inseré audit Coûtumier. Aussi lesdits quatre articles avoient été dés l'an 1510. fort debatus d'iniquité en l'assemblée de trois Estats, comme il appert par le procés verbal, où y a renvoy à ladite Cour qui y pourvût 57. ans aprés, émûë du feu qui s'embrasoit du don fait par le Roy Henry II. de tous les lods & ventes des rentes constituées sur les maisons & terres tenuës de luy en censive à un gros Seigneur qui les bailloit à ferme à ceux qui les rebailloient à des sous-Fermiers exacteurs qui eussent travaillé. Il apparoissoit par mes Livres sur ladite Coûtume dés l'an 1538. & sur le Traité François 1547. que j'avois restraint lesdits énormes articles aux rentes constituées au denier 20. & au denier 25. & sur ce que j'avois apprêté grand nombre de raisons & droits qu'il n'a été besoin de faire imprimer pour le benefice dudit Arrest, qui y a mis un prompt remede. Recours à mon Commentaire imprimé dés l'an 1538. au §. 58. nombre 4. on trouvera lesdits 4. anciens articles abrogez pour ceux qui auront la curiosité & le loisir de les voir. Et à la fin dudit procés verbal, j'ay ajoûté au long ledit Arrest, par lequel est reservé à ceux qui sous ombre de ladite ancienne Coûtume, & de la Sentence donnée par provision par les Commissaires de l'an 1510. ont payé aucuns lods & ventes de les pouvoir repeter, & retenu *in mente curia*, que de rentes constituées à prix d'argent, à la charge desquelles aucunes venditions ou adjudications par decret ont été faites, lods & ventes sont dûs aux Seigneurs censiers & fonciers, non seulement pour le regard des deniers déboursez, mais aussi pour le sort principal desdites rentes constituées.

DE TOUTES RENTES FONCIERES NON RACHETABLES.

GLOSE UNIQUE SUR L'ARTICLE LXXXVII.

SOMMAIRE.

1. *Pourquoy il n'est rien dû au Seigneur du bail à rente non rachetable.*
2. *Si les ventes seroient dûës de la vente de cette rente.*
3. *Pourquoy il est dit en cet article*, non rachetables.
4. *Si le retrait lignager a lieu pour vente de rente fonciere non rachetable.*
5. *Arrest sur lequel cet article a été ajoûté.*
6. *Si le preneur avoit stipulé qu'au cas que le bailleur vendît la rente, il seroit preferé, si en cas de rachat, il doit les droits au Seigneur.*
7. *Si les droits seroient dûs de la vente d'une rente fonciere stipulée rachetable, au cas qu'elle fût venduë aprés la faculté de rachat prescrite.*
8. *Si une rente fonciere est censée rachetable ou non rachetable, quand il n'en est point fait mention dans le contrat.*
9. *Si cet article s'entend, tant sur la rente fonciere sur Fief, que sur heritage en roture.*
10. *Si les Fiefs se peuvent bailler à rente fonciere non rachetable.*
11. *Si en commun la totalité d'un Fief se peut donner à rente fonciere.*
12. *Si & quand la rente fonciere sur un Fief est feodale.*
13. *Effet du bail à rente d'un Fief.*
14. *Si le quint est dû de la vente de la rente fonciere.*
15. *Comment se fait l'infeodation de la rente fonciere.*
16. *Si l'acquereur, à la charge de continuer la rente, doit des droits au Seigneur.*

Cet article a été ajoûté à la réformation de la Coûtume, pour avoir lieu à l'avenir sans préjudice du passé.

Si un heritage est baillé à rente fonciere non rachetable, sans aucuns deniers baillez par le preneur, le Seigneur ne peut prétendre aucuns droits, parce que ce n'est pas une vente, & qu'il n'y a rien qui tienne lieu du prix ; cette rente fonciere que le bailleur se retient, represente le fond, duquel il semble par ce moyen n'être point désaisi.

Voyez Maître d'Olive liv. 2. ch. 20.

Que si le bailleur recevoit quelques deniers, pour lors ce seroit un bail à rente mêlé de vente, & à raison des deniers déboursez les ventes seroient dûës au Seigneur.

Il est sans doute qu'il n'est rien dû au Seigneur pour bail à rente fonciere non rachetable, quand il n'y a point de deniers déboursez.

RICARD. Maître Ricard dit en sa note sur cet article, on tire consequence de ces mots, que du premier bail à la charge de telle rente fonciere non rachetable, n'en est dû aucun droit au Seigneur ; ce qui est fondé en raison, vû que par le moyen de la retention de cette rente, le bailleur retient toûjours droit au fonds : il dit avoir été ainsi jugé par un Arrest notable donné en l'Audience le 24. Novembre 1607. pour une place au Faux-bourg saint Germain des Prez, baillée à rente par Messieurs de l'Hostel de Ville, contre l'Abbé de saint Germain.

Voyez ce que nous avons dit sur l'article 78. où plusieurs questions sont traitées sur ce sujet.

2. Que si le bailleur à rente fonciere non rachetable vient à vendre cette rente, ou s'il consent que le preneur en fasse le rachat, en l'un & l'autre cas les ventes sont dûës du prix de la vente ou du rachat, tout ainsi que si l'heritage ou partie d'iceluy avoit été vendu, comme il est porté dans cet article, & comme dit aussi Loysel en ses Institutes sur ce titre article 9. en ces termes : *Pour rentes foncieres non rachetables, volontairement venduës ou délaissées par rachat, sont dûs lods & ventes, comme faisant partie de l'heritage sujet à icelles.*

En effet la rente fonciere non rachetable diminuant à perpetuité l'heritage qui en est chargé, elle en est comme une partie.

3. La Coûtume en cet article dit, *rentes foncieres non rachetables*, parce qu'à l'égard de celles qui sont stipulées rachetables, comme le sort principal pour

lequel elles sont rachetables, represente le veritable prix de l'heritage, c'est une vente pour laquelle les droits sont dûs au Seigneur, sans qu'il soit necessaire d'attendre le rachat d'icelles, suivant les articles 23. 78. & 83.

4. Et puisque les ventes sont dûës pour la vente de ces rentes foncieres, il s'ensuit que le retrait lignager a aussi lieu, de même que si l'heritage qu'elle represente, avoit été vendu, au cas que l'heritage fût propre de ligne au bailleur, ou que la rente fonciere soit échûë à celuy qui en fait la vente, ou qui en consent le rachat au preneur à rente de l'heritage; car en tous ces cas le retrait lignager a lieu, suivant les articles 129. & 137.

5. Cet article a été ajoûté sur un Arrest de la Cour du Mardy 17. Février 1568. entre les Religieux, Abbé & Convent de saint Denys en France, appellans, & Claude Haines intimé, rapporté par Chopin *num.* 16. & cité par Brodeau *num.* 15. par lequel la Cour, en infirmant la Sentence du Prevôt de Paris, jugea que du rachat d'une rente fonciere non rachetable de 24. sols parisis, reçû volontairement depuis le premier bail, étoient dûës ventes au Seigneur comme d'une veritable vente.

Chopin.
Brodeau.

6. Cet article est si juste qu'il doit être étendu aux Coûtumes qui n'en disposent point, parce que la rente fonciere non rachetable fait partie du fond, & quand elle est venduë, c'est comme si une partie de l'heritage étoit venduë, *l. fundi. ff. de contrah. empt.* aussi plusieurs Coûtumes en disposent de même.

7. Charondas fait cette question, sçavoir si le preneur à rente fonciere non rachetable avoit stipulé, qu'au cas que le bailleur la voulût vendre, il seroit preferé pour le prix qui luy en seroit offert, sçavoir si les droits sont dûs au Seigneur pour le bail ou pour le rachat de la rente?

Charondas.

Il est sans doute, que les ventes ne sont point dûës pour le bail, vû qu'il a été fait à la charge d'une rente fonciere non rachetable, & la stipulation faite au profit du preneur, n'empêche pas que ce ne soit une rente non rachetable, dautant que par cette stipulation le preneur ne s'en peut pas liberer quand il voudra, & qu'il dépend du bailleur de la vendre, auquel cas le preneur sera préferé à tout autre en vertu de la clause & convention portée par le contrat.

Mais si le rachat est fait par le preneur, les droits sont dûs pour le prix du rachat, comme il a été jugé par Arrest sur un appel du Bailly d'Orleans du 17. Avril 1586. rapporté par Charondas.

Charondas.

8. Il y a un cas, auquel les droits sont dûs pour le rachat d'une rente de bail d'heritage stipulée rachetable, qui est, que quand un heritage a été baillé à rente rachetable, en ce cas les ventes sont dûës, comme il a été dit cy-dessus, à raison du fort principal, pour lequel la rente est stipulée rachetable; sans que le Seigneur soit tenu d'attendre le rachat; & si le preneur & ses successeurs laissent passer 30. années, sans en faire le rachat, cette rente devient non rachetable, suivant l'article 120. & partant si le propriétaire d'icelle vient à la vendre, ou à la délaisser par rachat au preneur de l'heritage, ou au possesseur & détenteur d'iceluy, les ventes sont dûës pour le prix de cette vente, dautant que cette rente est devenuë fonciere non rachetable, ainsi suivant cet article les droits sont dûs au Seigneur.

Aussi, au contraire, si le preneur venoit à vendre l'heritage à la charge de cette rente, laquelle seroit non rachetable, il ne seroit dû au Seigneur que les ventes à raison du prix de la vente, & non du fort principal de la rente, vû qu'il n'y en auroit plus, n'étant plus rachetable, si ce n'est du consentement du bailleur ou du propriétaire de la rente.

On demande, si un bail à rente est fait sans declarer que la rente est rachetable ou non, de quelle nature elle est?

Voyez sur ce Titre *num.* 61.

C'est une question si cet article qui porte que pour la vente ou le rachat de la rente fonciere non rachetable, s'entend tant de celle qui a été créée sur un heritage tenu en censive, que de celle qui a été créée sur un Fief.

Pour la décision de la question, il faut observer que les Fiefs de même que les rotures se peuvent bailler à rente fonciere non rachetable; c'est le sentiment de Charondas sur l'article 23. & Maître Duplessis titre des Fiefs page 38.

Duplessis.

A l'égard des rotures, il n'y a pas de difficulté & il n'est rien dû au Seigneur.

Quant aux Fiefs ils ne se peuvent point donner entierement à rente fonciere non rachetable, ni à cens ni à autre droit, avec retention de foy, parce que c'est un démembrement prohibé par l'article 51. mais la totalité s'en peut donner non pas à cens, parce que ce seroit encore un démembrement, le vassal ne pouvant se retenir un droit domanial & seigneurial tel qu'est le cens, en aliénant tous les domaines du Fief, il ne le peut faire qu'en s'en retenant un tiers ou plus en domaine, suivant le même article.

Mais il peut en bailler la totalité à rente fonciere avec démission de foy, & cette disposition n'est point contraire à cet article, dautant que la rente fonciere des cens n'est point un droit seigneurial & domanial, & le relief est dû au Seigneur, suivant le sentiment de du Moulin sur l'article 23. nomb. 87. & de Maître Duplessis, ce qui ne fait pas de difficulté, parce que ce n'est pas un démembrement, attendu l'aliénation entiere du Fief.

On a voulu reprendre Maître Duplessis, sur ce qu'il dit, que pour le bail à rente fonciere non rachetable, est dû relief és Fiefs, il prétend que quand le vassal baille son Fief à rente non rachetable avec démission de foy, le bail est nul, parce que la rente retenuë faisant partie du Fief, selon l'article 87. c'est un démembrement prohibé par l'article 51. & que ces baux à rente étant prohibez, il faut entendre Maître Duplessis du bail fait du consentement du Seigneur.

Duplessis.

On devroit par le même principe noter d'erreur le sentiment de Maître Duplessis, quand il dit que quand le Fief est donné à bail emphytéotique le relief est dû.

Il est certain que le démembrement arrive quand le vassal aliéne son Fief avec retention de foy; ensorte qu'il se reserve la féodalité entiere, & fait par ce moyen un Fief en l'air & qu'il en aliéne tous les domaines; c'est pour ainsi dire separer l'ame d'avec le corps, ou qu'il en aliéne plus des deux tiers avec retention de foy contre l'article 51.

Mais il est aussi constant qu'il n'y a point de démembrement dans l'aliénation de la totalité du Fief avec démission de foy, à la charge d'une rente fonciere non rachetable, vû que l'acquereur devient le vassal du Seigneur, tant pour la féodalité que pour la totalité des domaines.

C'est le sentiment de du Moulin, de Charondas & de Maître Duplessis: il n'y a aucun Auteur qui soit d'une opinion contraire; & cette rente ne represente point le Fief qui est donné à la charge d'icelle.

Du Moulin.
Charondas.
Duplessis.

Cette décision donne lieu à Maître Duplessis de faire les questions suivantes:

La premiere, si cette rente est féodale ou roturiere:

La deuxiéme, si le bailleur & ses successeurs en doivent faire la foy & hommage au Seigneur.

La troisiéme, si en cas de mutation le quint ou le relief est dû au Seigneur.

Le quatriéme, si la perception du relief que fait le Seigneur par le bail emporte inféodation.

Quant à la premiere question si cette rente est féodale ou roturiere, il rapporte les raisons pour & contre.

Il prouve qu'elle est féodale, parce qu'elle est subrogée au lieu de l'heritage & qu'elle est par consequent de même nature, qu'elle se regle en succession comme le Fief, & sujette au retrait si l'heritage étoit propre au bailleur ; qu'autrement ce seroit un préjudice pour la famille : que par le relief que le Seigneur a pris pour le bail à rente, cette rente est inféodée ; que s'il n'est point dû foy & hommage pour cette rente, c'est que ce n'est pas un Fief, mais un accident du Fief & comme l'accessoire qui suit la nature du principal ; que la féodalité reside entierement dans le Fief qui a passé en la personne du preneur, mais que la qualité de féodale subsiste dans la rente par le moyen du Fief auquel elle est attachée ; & que quoique la rente fonciere sur un heritage censuel ne soit pas cens, néanmoins elle est sujette aux lods & ventes.

Qu'on ne peut pas dire que l'article 87. se doive entendre aussi des rentes foncieres sur des Fiefs, parce qu'il est sous le titre des censives, que le droit qu'il donne aux Seigneurs sont les ventes ; que ces termes *tout ainsi que si l'heritage, ou partie d'iceluy eut été vendu*, ne conviennent qu'aux censives.

Pour prouver qu'elle n'est pas féodale, il dit que ces rentes ne font point foy & hommage au Seigneur, que le créancier n'en est point investi ; que si en succession & en retrait elle a la même qualité de propre, c'est une qualité extrinseque par la regle *subrogatum sapit naturam subrogati* ; qu'il est absurde de dire que par perception du relief pour le bail à rente non rachetable le Seigneur inféode & approuve la rente ; parce que l'investiture est pour l'acquereur du Fief à la charge de la rente & non pour le bailleur ; qu'il est pareillement absurde qu'il ne soit rien dû au Seigneur pour l'amortissement de la rente ou le transport d'icelle, parce qu'il n'y a pas plus de raison que les rentes sur le Fief soient franches en droits que celles qui sont créées sur des censives ; & qu'il est sans difficulté que l'article 87. est pour les unes & les autres ; car il ne parle pas de Fief, il ne parle pas aussi de censives, il est parlé indefiniment, generalement & sans distinction, en ces termes, *de toutes rentes ; tout ainsi que si l'heritage*.

Aprés s'être ainsi expliqué à peu prés, il declare que son sentiment est que cet article se doit entendre des unes & des autres, & que celles qui sont créées sur des Fiefs ne sont point féodales, parce qu'elles ne sont point inféodées ; que les ventes sont dûës par le rachat ou transport d'icelles ; que l'investiture du preneur n'est pas capable de l'inféoder, si ce n'est en qualité de simple rente fonciere & non comme Fief ; qu'ainsi le Seigneur pendant l'an du relief ou pendant la saisie féodale du Fief, ne seroit pas tenu de la payer.

Premierement, mon avis est qu'un Fief peut être baillé entierement à rente fonciere non rachetable avec démission de foy.

13. En second lieu, que le preneur est obligé de payer le relief au Seigneur pour cette acquisition, suivant l'art. 33.

En troisiéme lieu, que le Seigneur n'est pas tenu recevoir dans l'aveu & dénombrement ladite rente, n'étant pas obligé de l'inféoder à son préjudice.

En quatriéme lieu, que si dans la suite le Seigneur joüit du Fief par saisie féodale ou en vertu du relief, il n'est pas obligé de payer la rente.

14. En cinquiéme lieu, qu'au cas de vente de la rente fonciere le quint n'est point dû au Seigneur, parce que cette rente n'est point féodale & ne fait point partie du Fief ; & que lods & ventes ne luy sont point dûës, parce qu'elle n'est point dans la censive, & si des droits luy étoient dûs, ce seroit le quint ou le relief, comme representant le Fief qui a été baillé à la charge d'icelle ; mais tant qu'elle n'est point inféodée par le Seigneur, elle n'est point féodale, ainsi il n'en peut prétendre aucuns droits féodaux : on ne peut pas dire que l'article 87. se doive entendre de ces rentes, comme de celles créées sur une censive, & que pour la vente d'icelles les ventes soient dûës, car il en auroit été fait mention.

En sixiéme lieu, cette rente n'étant point féodale, elle n'est point noble & ne se peut partager noblement, quoique propre, étant créée sur un heritage propre.

En septiéme lieu, que si le Seigneur a inféodé la rente, c'est-à-dire, qu'il ait consenti au bail à rente, soit au temps du bail ou aprés, ou qu'il l'ait reçû dans l'aveu & dénombrement du vassal, il est obligé de l'acquitter pendant le relief ou la saisie féodale, suivant l'article 28.

Mais aussi en cas de mutation de la part du créancier de la rente, les droits sont dûs au Seigneur, suivant l'article 89. de la Coûtume de Reims qui porte, *pour rente constituée sur un Fief, soit perpetuelle ou rachetable, pourvû qu'elle ne soit inféodée, n'est dû aucun profit*.

D'où il s'ensuit, que si elle est inféodée, les profits ordinaires sont dûs, ce qui est porté en termes exprés par l'article 93. de la même Coûtume.

C'est le sentiment de Buridan sur l'article 89. nombre 4. parce que telles rentes font partie de la Seigneurie utile que le vassal avoit sur le Fief ; ensorte que le créancier est contribuant au ban & à l'arriere-ban avec le vassal, selon Guenois sur les Ordonnances, liv. 12. tit. 7.

L'inféodation de ces rentes doit être faite selon la forme & les formalitez requises ; c'est-à-dire, que le créancier en doit faire la foy & hommage au Seigneur duquel releve le Fief. 15.

C'est le sentiment de du Moulin sur l'article 28. glos. 1. nomb. 11. où il dit, que la foy & hommage sont dûës pour ces rentes, & que par ce moyen telle rente n'est plus censée faire partie du Fief, *sed est feudum per se nil habens commune cum feudo seu fidelitate feudi super quo est constitutus reditus* ; parce que si le Fief est saisi, la rente ne l'est pas, ou au contraire, *& sic sunt diversa & omnino disparata feuda* ; c'est aussi l'opinion de Buridan sur l'article 93. que ces rentes sont sujettes comme les Fiefs aux droits & devoirs féodaux ; & c'est aussi mon sentiment.

Du Moulin au nombre 8. tient, que le Seigneur ne peut pas obliger le bailleur à rente, de luy faire la foy & hommage, ni le bailleur d'obliger le Seigneur de le recevoir en foy ; je le crois ainsi, mais le Seigneur avenant mutation de la part du vassal, peut tenir son Fief saisi tant que le créancier de la rente luy en ait fait la foy & hommage & payé les droits suivant la mutation, comme il arrive au cas de l'article 52. Du Moulin.

En huitiéme lieu, que l'acquereur de l'heritage en roture à la charge de continuer la rente fonciere non rachetable dont il est chargé, ne doit aucuns droits au Seigneur, s'il n'y a point d'argent déboursé. 16.

Si c'est un Fief le relief est dû, & s'il y a argent déboursé Maître Duplessis dit que c'est un embarras sçavoir si le quint ou le relief est dû ; je n'en vois pas la difficulté ; car quand deux contrats sont mêlez ensemble, par l'un desquels est dû le quint & par l'autre le relief, il faut payer l'un & l'autre, le quint à raison des deniers déboursez, & le relief pour le surplus ; ainsi que j'ay marqué par l'art. 78.

CONFERENCE SUR L'ARTICLE LXXXVII.

DE même, *Chartres*, art. 89.
Meaux, art. 195.
Senlis, art. 231.

Chartres, art. 20. dit: *Celuy qui prend heritage tenu en Fief à recousse, doit rachat dés l'heure* a *de ladite prise. Mais pour bail à rente à toûjours-mais, où le bailleur retiendra à luy la foy,* b *n'est dû aucun rachat.*

a *Non expectata redemptione, etiamsi nunquam redimat, etiamsi non dedit pecuniam.* C. M.

b *Et partem domanii feudi, quia si totum feudum daret ad reditum, vana & elusoria esset retentio fidei, ut dixi in Consuet. Paris.* §. 35. C. M.

Chartres, art. 46. *Quand aucun heritage tenu à cens est baillé à rente à recousse, ou que sur iceluy est constituée specialement aucune rente à recousse, celuy qui a pris ledit heritage à rente à recousse, ou acheté ladite rente recourable,* c *doit & est tenu payer dés l'heure du contrat au Seigneur censier, gants & ventes.*

c Quant aux rentes constituées, cecy est corrigé par Arrest du Parlement du 18. May 1557. Recours à mon annotation sur la Coûtume de Paris, art. 58 lequel Arrest a lieu generalement, sinon aux cas que j'ay exceptez en mon Commentaire sur ledit article. *C. M.*

Maine, art. 137. *En baillée à rente faite sans fraude, où il n'y a argent baillé, n'y a ventes ne retrait: Et s'il y avoit argent baillé ou promis bailler, y auroit ventes à la raison de l'argent & retrait pour le tout.* d

d *Hoc est aequum, sed quid si non sit pecunia numerata, nec numerari promissa, sed est promissum accipiens redimere pro tanta summa infra sex annos etiam singulis annis solvendo partem pretii redemptionis.* Dux *Guysianus qui erat Dominus feudi, pretendebat jus retractus: Sed Consilio primariorum hujus Senatus Parisiensis, inter quos aderam, exclusus fuit, quia non sumus in terminis hujus Consuetudinis, quamvis in ea hypothesi concedens non retinuisset fidem sive jus praestandi homagium, sed postquam de facto redemptus fuisset reditus, tunc lotus esset consuetudini & non prius.* C. M.

Troyes, art. 58. dit, *d'heritage chargé de censive, baillé à rente,* e *emphyteose, ou accensement, le Seigneur de ladite censive prendra lods & ventes: c'est à sçavoir au feur de vingt livres tournois, pour la livre tournois de rente ou cense fonciere: pource qu'en prisée de terre ou revenu, le franc de rente ou cense perpetuelle est estimé valoir pour une fois vingt livres tournois, & en rente constituée le franc n'est estimé que dix livres tournois.* f

e *Scilicet* perpetuelle: *secùs* si à rachat *ut infrà* §. 75. C. M.

f *Error* procedant de ce qu'on estimoit les rentes volantes, valables au denier 10. ce qui est corrigé & reduit au denier 12. Partant il faut estimer le franc douze livres. Recours à mon Traité des usures Latin & François.

Auteurs sur l'Article quatre-vingt-septiéme.

BObé, sur cet article.
Loysel, liv. 4. tit. 2. regle 9.
Le Grand, sur Troyes, art. 58.
Basnage, sur Normandie, art. 501.
Loüet, lett. L. somm. 15.
Chopin, sur la Coûtume de Paris, liv. 1. art. 2. n. 13. & tit. 3. n. 16.
Labbé, sur la Coûtume de Berry, tit. 6. art. 21.
Tiraqueau, *du Retrait lignager*, art. 6. gl. nomb. 5. & suiv.
Lhoste, sur la Coûtume de Montargis, tit. 2. art. 35.
Pineau, sur la Coûtume d'Anjou, art. 154.
Duret, dans son Alliance des Coûtumes, p. 1061.
Duplessis explique cet article, liv. 2. sect. 1. p. 99. & 100.

ADDITION DE LA CONFERENCE

Au Titre des Censives & Droits Seigneuriaux.

COûtume de Paris ancienne, art. 58. *Pour rentes constituées à prix d'argent sur maisons ou autres heritages assis és Ville, Prevôté & Vicomté de Paris, ne sont dûs aucuns droits de lods & ventes, ne autres profits Seigneuriaux, soit pour la constitution ou rachat desdites rentes.* a

a Cet article a été par Arrest de la Cour de Parlement prononcé le 10. jour de May 1557. subrogé au lieu des 58. 59. 60. & 61. anciens articles de ladite Coûtume abrogez par ledit Arrest, par lequel justement a été ordonné, que ledit 58. ancien article seroit rayé dudit Coûtumier, & les 59. 60. & 61. anciens articles ne demeureroient pour Coûtume, & que le present article seroit mis & inseré audit Coûtumier. Ce que j'ay fidelement fait la même année, comme il appert par mon Commentaire sur la seconde partie de cette Coûtume, imprimé audit an.

Aussi lesdits quatre articles avoient été dés l'an 1510. fort debattus d'iniquité en l'assemblée des trois Estats, comme il appert par le Procés Verbal où y a renvoy en ladite Cour, qui y pourvut cinquante ans aprés, ému pour le grand feu qui s'embrasoit du don fait par le Roy Henry II. de tous les lods & ventes des rentes constituées sur les maisons & terres tenuës de luy en censive à un gros Seigneur, qui ja les bailloit à ferme à ceux qui les rebailloient à des sous-Fermiers exacteurs, qui eussent travaillé.

Il apparoissoit par mes livres imprimez sur ladite Coûtume dés l'an 1538. & sur le Traité des usures Latin 1545. & sur le Traité François 1547. que j'avois restraint lesdits énormes articles aux rentes constituées au denier-vingt & au denier vingt-cinq.

Et sur ce j'avois apprêté grand nombre de raisons & droits, qu'il n'a pas été besoin de faire imprimer pour le benefice dudit Arrest, qui a mis un trop meilleur & prompt remede; recours à mon Commentaire imprimé dés l'an 1538. au §. 58.

num. 407. où l'on trouvera lesdits quatre anciens articles abrogez, pour ceux qui auront la curiosité & le loisir de les voir. Et à la fin dudit Procés Verbal j'ay ajoûté au long ledit Arrest, par lequel il est reservé à ceux, qui sous ombre de ladite ancienne Coûtume, & de la Sentence donnée par provision par les Commissaires, l'an 1510. ont payé aucuns lods & ventes, de les repeter, & retenu *in mente Curiæ*, que des rentes constituées à prix d'argent, à la charge desquelles aucunes venditions volontaires ou adjudications par decret ont été faites, lods & ventes sont dûs aux Seigneurs censiers & fonciers, non seulement pour le regard des deniers déboursez, mais aussi pour le sort principal desdites rentes constituées. *C. M.*

Maine, art. 178. *Il n'y a aucunes ventes en acquêts de rentes generales, dont assiette est faite, en vendition d'heritages par les Seigneurs des Fiefs d'iceux heritages en leurs Fiefs, en vendition à grace qui ne passe que neuf ans, & en donation simple causée & faite de la liberté du donneur.* [b]

[b] *Idem Consuet. Andium.* §. 161. *Sed quid circa tertium & penultimum casum, si venditor infra dictos novem annos cedat jus redimendi tertio, qui infra illud tempus redimit? Breviter dico deberi laudimia, quia ex quo redemptio non fit per venditorem, nec per ejus hæredem, perinde est ac si vassallus absolutè vendidisset, etiamsi gratis jus istud redimendi cesserit tertio. Sed si accepta alia summa pecuniæ, debebuntur laudimia tam de primo, quam de secundo pretio Idem si venditor eidem emptori vendat, vel cedat facultatem hanc redimendi.* C. M.

Châteauneuf, art. 144. *Quand aucune personne vend ou constitue rente sur son heritage, l'acheteur d'icelle rente doit les ventes audit Seigneur censier ou foncier, dont est tenu & mouvant l'heritage sur lequel ledit vendeur a constitué ladite rente.* [c]

[c] Cet article est generalement corrigé par tout ce Royaume, par l'Arrest fondé en raison generale, comme j'ay écrit sur la Coûtume de Paris, §. 57. sauf és cas que j'ay exceptez audit lieu. *C. M.*

Melun, art. 124. *Pour rente constituée à prix d'argent, n'est dû lods & ventes.* [d]

[d] Aussi l'ancienne erronée Coûtume a été corrigée, selon que j'ay écrit en mon Traité des rentes & usures Latin & François, & sur la Coûtume de Paris, art. 57. *C. M.* C'est le 83. de la Coûtume reformée.

Suivant mon opinion reformée par Arrest, dont mention est faite en la Coûtume de Paris, art. 58. *C. M.*

Troyes, art. 38. *Si le vassal vend & constitue rente* [e] *sur son Fief, autrement qu'en la maniere dessus designée, c'est à sçavoir à plus long-temps que de trois ans, il en doit quint denier au Seigneur du Fief, & l'acheteur en doit foy & hommage.*

[e] *Intellige de reditu qui potest esse non redimibilis: secùs de eo qui est loco fœnoris, vel ad rationem duodecimæ. Patet etiam per* §. *seq. & infra* 66. 67. *sic infr. Consuet.* de Chaumont. §. 24. C. M.

Vitry, art. 31. *Qui achete des rentes sur terres nobles, si ladite rente est achetée* [f] *à plus de trois ans, il en est dû au Seigneur feodal, dont ledit Fief est mouvant, quint denier, & si en doit faire la foy & hommage.*

[f] *Id est*, rachetable. *Et omninò intelligendum de reditibus qui possunt esse non redimibiles, ut non obstante errore vulgi, dixi in Consuet Paris* §. 57. *& tetigi supra in Consuet Trecensi.* §. 30. *Et sub hac Consuetudine vidi hanc casum Creditor pro reliquis reditus pecuniæ constituti*, fait mettre en criées le Fief de son debiteur hypothequé: Le Seigneur de Fief saisit par faute d'homme, non pas le Fief, mais ladite rente.

Respondeo quod debitor non tenetur discutere an ille reditus possit per Dominum feudi saisiri. Ideò nihilominus potest se opponere subhastationi feudi sui, quoniam non tenetur solvere reditum prohibente patrono & pendente ejus prehensione quam creditor tenetur prius facere levari, sive ut nullam & injustam, sive acquiescendo, videlicet fidelitatem faciendo patrono & jura solvendo, in quibus debitor non tenetur contribuere: potest tamen creditor hac via omissa subhastare alia bona debitoris: Et responso meo subscripserunt celebriores Patroni hujus Senatus, Annas de Chappes, & Christophorus Thuanus nunc hujus Senatus Præses. C. M.

Article 44. de la premiere publication des Coûtumes d'Artois. *Mais si l'heritage se vendoit à la charge de telle rente aprés ledit hypotheque fait & droits Seigneuriaux payez, seulement se payeront les droits Seigneuriaux pour le reste de la vendue, & se feroit déduction des droits jouxte le contingent de la constitution de ladite rente.* [g]

[g] *Idem ea ratione si permutatur vel donatur fundus ad onus talis reditus, quia talis reditus deducitur & non solvitur quintum de residuo, quia nunquam solvitur bis respectu ejusdem.*

Berry, tit. 6. art. 8. *En vendition d'heritage censuel ou rente constituée sur iceluy à faculté de rachat de dix ans ou au dessus, sont dûs accordemens, lods & ventes, & au Roy le profit tel que dessus est declaré: Mais si ladite faculté de rachat est à moindre temps que de dix ans: ne sont dûs lods, ventes, n'autres droits Seigneuriaux.* [h]

[h] *Et sic debet civiliter intelligi, scilicet de reditibus quorum facultas redimendi potest limitari: quia hi domum fundis æquipollent, cum possint esse non redimibiles.*

Secùs de his quorum facultas redimendi est essentialis & illimitabilis, ut ad rationem duodecimæ; quia hi crebrius pro debito mobili hypothecario habentur, fac. tex. in §. *seq. ubi æquiparat redditum fundo, & sic per l.* 1. *D. de reb. dubiis intelligitur de tali reddito qui potest gerere vicem fundi reique immobilis, & perpetuum facere præjudicium Domino directo, ut dixi in tract. commerc. & usur. & in Consuetud. Paris.* §. 58. C. M.

Poitou, art. 27. *Pour constitution & vendition de rente, soit que l'hypotheque d'icelles fut generale ou speciale,* [i] *ne sont dûës aucunes ventes, n'honneurs.*

[i] *Ita verò emendata fuit vetus consuetudo* §. 19. *insequendo opinionem meam de quo scripsi in Consuet. Paris.* §. 58. *& in tract. redit. & usurarum q.* 6. C. M.

Angoumois, art. 16. *En vendition de rentes generales, ne sont dûës aucunes ventes ne honneurs, supposé que tous les biens du vendeur fussent au Fief du Seigneur.*

Article 17. *Mais si en assiette de ladite rente le vendeur bailloit* [k] *aucuns biens immeubles, lesdits biens ainsi baillez en assiette, sont censez avoir été vendus dés le temps de ladite vendition de rente generale; & y a le Seigneur feodal, & lignager pour le retirer & avoir par lignage, ou par puissance de Fief, ou avoir les ventes & honneurs, tous & tels droits, comme si lesdits biens immeubles eussent été vendus purement pour le prix qu'avoit coûté la rente, dont l'on baille ladite assiette.*

[k] *Scilicet in solutum & transferendo dominium: secùs in simplici antichresi de qua dixi in tract. commercio. & usur. qu.* 35. C. M.

Meaux, art. 102. *Aucuns droits ne sont dûs pour les heritages amortis par le Roy: sinon ceux qui sont reservez par amortissement; n'aussi pour les heritages tenus en franc aloy, excepté les droits dont mention est faite és Ordonnances Royaux sur le fait des francs-Fiefs & nouveaux acquêts.*

[l] La plûpart de telles Ordonnances & Instructions sont memoires faits par Solliciteurs indoctes, sinon à piller le peuple, & n'ont aucune foy ni autorité. *C. M.*

Blois, art. 128. Item *les gens d'Eglise ayant heritages dûëment amortis, les pourront bailler à cens ou rente, ainsi que bon leur semblera, pourvû qu'ils soient en leur censif.* [m]

[m] *Id est dummodo non moveantur ab alio domino directo: sed sint in eorum domanio.* C. M.

Troyes, art. 51. *Tout heritage est franc*, n *& reputé de franc-aleu, qui ne le montre être serf & redevable d'aucune charge, posé qu'il soit en justice d'autruy, & qu'il n'en ait titre.*

n *Idem* à Chaumont §. 162. *Idem in effectu* à Bourbonnois. *Adde infr.* §. 54. *Sed in quibusdam Consuetudinibus est in contrarium, ut* à Senlis §. 262. à Blois §. 33. Poitou 81. 87. *In veteri* 99. 105. *in nova*. C. M.

Article 12. du chap. 5. de la Coûtume de Nivernois. *Cens sur cens ne peut être mis au préjudice du premier Seigneur censier. Et si de fait il est mis, le contrat est nul.* o

o *Scilicet quantum ad obligationem census & jurium dominicalium, sed tamen valet in vim simplicis reditus, & propter errorem in quem concedens incidit, contractus non resolvitur*. C. M.

Ancienne Coûtume d'Orleans, art. 131. *L'heritage tenu à cens ne se peut bailler à autre cens.* p

p *Scilicet propriè* portant directe. *sed benè* à rente ou pension, *qua impropriè vocatur census, ut dixi in Consuet. Paris. tit.* 2. *in rub.* C. M.

Auvergne, tit. 21. art. 4. *Cens sur cens n'a point de lieu sans le consentement du Seigneur direct, & est commis* q *& confisqué le surcens & toute autre charge annuelle assise sur l'heritage tenu à cens, audit Seigneur direct; en faisant faire declaration par Justice de ladite commise & non autrement.*

q *Videtur iniquum, ut dixi in Consuetudine Paris.* §. 35. q. 3. *in fin. sed exponendum ut dixi in Consuet. Paris.* §. 2. §. 51. *gl.* 1. *qu.* 2. *in fin.* C. M.

Chartres, art. 44. *Le Seigneur censier fait les fruits siens des heritages tenus à cens de luy vacans & par luy mis en sa main, & les peut bailler à son profit, jusques à ce qu'il y ait propriétaire venu vers luy reconnoître lesdits droits & devoirs de cens: Et en iceux reconnoissant, est tenu payer les reparations & meliorations raisonnables, qui auroient été faites par le Seigneur censier ou celuy à qui ils auroient été baillez. Et pendant le temps que ledit Seigneur censier tient iceux heritages en sa main, ledit propriétaire demeure quitte envers luy des arrerages dudit cens.* r

r Pour les années dont le Seigneur fait les fruits siens. *C. M.*

Chartres, art. 48. *Et quant à l'Abbé de Vendôme, Seigneur de la Châtellenie de Lisle, qui prétend avoir droit de relief pour la mort & trépas de celuy qui tient en censif (qui est de vingt deniers tournois pour livre de l'heritage tenu en censive estimé.) Et aussi droit de quint & requint, à cause des heritages vendus & tenus en Fiefs & pareillement pour le Seigneur d'Annet, qui prétend avoir droit en sadite Châtellenie d'Annet, tant pour luy que pour ses vasseurs & arriere-vasseurs, de prendre pour ses ventes huit blancs pour livre: leur est reservé user de tels droits qu'il leur peut competer & appartenir ès choses des susdites & à leurs sujets & vasseurs leurs défenses au contraire.* s

s *Et non in vim Consuetudinis: sed in vim pacti privati, ut me patrocinante facta est emendatio Blasis, ut dixi in Consuet. Par.* §. 53. *num.* 12. *cum seqq.* C. M.

Blois, art. 108. *Toutes censives doivent être inféodées & avoüées être tenuës en foy & hommage d'aucun Seigneur*, t *sinon qu'elles fussent amorties ou données par le Prince ou autre Seigneur, auquel ladite censive a appartenu.*

t *Ista consuetudo non est prohibitiva, nec negativa, ideò non excludit jus agentis ad censum, si non ostendas imputationem superioris: sed potest à superiore cogi ut fidelitatem subeat.* Le Chapitre de Leuroux auparavant soixante ans, avoit pris amortissement des francs-Fiefs & nouveaux acquêts moyennant vingt livres: *Respond. quod hoc non potest adaptari ad hanc consuetudinem qua loquitur de domino immediatè, non autem de emendicato & procurato ab officialibus quæstuariis Regis*. C. M.

Auvergne, tit. 16. art. 6. *Quand les freres & sœurs heritiers en tout ou partie moyennant la constitution du dot, ou reception de deniers en faveur de mariage, quittent & transportent leurs biens ou portion à leurs autres freres & coheritiers, ne sont dûs aucuns lods ne ventes.* u

u *Hoc enim habet vicem divisionis cum fiat inter fratres, secùs si cederent extraneis, ut* §. *seq.* C. M.

Auvergne, tit. 16. art. 11. *Quand l'heritage est racheté dedans le temps de la faculté accordée en faisant le contrat de vendition ou depuis prorogée* x *ne sont dûs aucuns lods & ventes pour ledit rachat, ains seulement pour la premiere vendition: si ce n'est que ladite faculté fût donnée par intervalle de temps après ladite vendition: auquel cas, les lods & ventes dudit rachat sont dûs, comme de la premiere acquisition.*

x *Intra tempus facultatis prorogata. l. sed etsi manente D. de precar. dixi in Consuet. Paris.* §. 23. C. M.

La Marche, art. 178. *Celuy qui doit rente fonciere, ou autre droit seigneurial* y *pour raison d'aucun heritage, est tenu aux dépens du Seigneur de l'heritage qu'il tient de luy, ou s'il affirme que nonobstant qu'il ait accoûtumé de payer, il ne sçait sur quel heritage la rente est dûë, & le Seigneur ne peut montrer; le redevable est tenu asseoir ladite rente au devoir par heritage valable.*

y *Inepta consuetudo, quia impensis Domini fieri debet, quandocumque per ea qua dixi in Consuet. Paris.* §. 5. *in princ. sed justum esset quod censuarius semel in vita sua impensis propriis ostenderet, quemadmodum tenetur impensis suis semel novam recognitionem dare.* C. M.

Ancienne Coûtume d'Orleans, art. 109. *Si aucun prend aucuns heritages censuels à rente perpetuelle, dont la censive est à droit de ventes, chacun franc de rente est estimé* z *dix livres tournois, & de chacun desdits francs doit seize deniers parisis pour ledit droit de vente.*

z *Nota quod iste* §. *loquitur quantum ad laudimia & de redditibus* du bail d'heritage, *qui sunt multò majores præterquam pecunia constituti. Et etiam ut simpliciter loquitur de non redimibilibus, & sic videtur inferre quod redituum redimibilium pretium est longè vilius, sed nihil loquitur, quia hic* §. *loquitur solùm quantum ad taxanda mobilia qua sunt jura lucrativa & odiosa, & sic in istis non attenditur præcisè valor verus & summus, sed potius quod minimum est. Et sic non infertur ad justum valorem reditus hujusmodi in se, putà quando agitur de dividendo vel vendendo, quia tunc vera communis æstimatio fieri debet*, C. M.

TITRE

TITRE TROISIÉME

QUELS BIENS SONT MEUBLES ET QUELS IMMEUBLES

SOMMAIRE.

1. *Pourquoy ce Titre a été ajoûté à la reformation de la Coûtume.*
2. Biens, *que signifie ce mot.*
3. *Surquoy les articles de ce titre ont été dressez, & ce qu'ils contiennent.*

1. CE Titre qui a été ajoûté à la Coûtume quand on l'a reformé, n'a point été fait précisement pour expliquer quels sont les biens meubles ou immeubles, réels & corporels, parce que leur qualité est constante & connuë de tout le monde; mais principalement pour expliquer quels biens sont par fiction meubles ou immeubles : ce qui est de tres-grande consequence à connoître, pour pouvoir décider une infinité de questions qui se presentent à ce sujet.

2. Ce mot, *Biens*, est general, se prenant pour les choses qui sont possedées par les particuliers, & qui composent leurs richesses, de quelque nature quelles soient, corporelles ou incorporelles, mobiliaires ou immobiliaires.

CHARONDAS Ils sont ainsi appellez, parce qu'ils enrichissent & rendent les hommes heureux, dit Charondas, *naturaliter bona ex eo dicuntur quòd beant, hoc est beatos faciunt ; beare est prodesse*, dit la Loy *bonorum. 49. ff. de V. S.* desorte que les choses qui ne sont point dans le commerce, ne peuvent point proprement être appellées de ce nom : ainsi ce terme *biens* n'a pas une signification aussi étenduë que ce mot *res* parmi les Jurisconsultes, lequel se prend pour toutes choses, soit qu'elles soient dans le commerce, ou qu'elles n'y soient pas, *princ. §. 1. & seqq. Institut. de rer. divis.*

Voicy sur quoy les articles de ce titre ont été dressez, & ce qu'ils contiennent. 3.

L'article 88. pose une regle generale dans toute la France, que tous biens sont meubles, ou immeubles.

Par l'article 89. les cedules & obligations sont meubles.

Par l'article 90. les ustancilles d'hôtel sont reputez meubles ou immeubles selon la distinction y portée.

Par l'article 91. le poisson est pareillement meuble ou immeuble.

Par l'article 92. les fruits des heritages prennent la qualité de meubles ou d'immeubles, selon les distinctions qui y sont rapportées.

Par l'article 93. une somme de deniers est reputée immeuble par destination.

Par l'article 94. les rentes sont reputées immeubles.

Par l'article 95. les Offices venaux sont reputez immeubles avec la restriction qui y est portée.

OBSERVATIONS DE MONSIEUR***

Sur le Titre, *Quels biens sont meubles ou immeubles.*

SOMMAIRE.

1. *Meubles & immeubles, ce que c'est.*
2. *Comment les actions sont reputées meubles ou immeubles.*
3. *Comment les meubles peuvent devenir immeubles, ou au contraire.*
4. *Biens des mineurs ne changent point de nature.*
5. *Combien dure la fiction de meuble & d'immeuble.*
6. *Trois sortes de meubles.*
7. *Comment se considerent les stipulations de meubles ou d'immeubles.*
8. *Difference entre la stipulation de propre faite par la future épouse, ou par une autre personne.*

1. MEuble se peut definir, *quod se movet aut movetur* : Immeuble, ce qui a une situation fixe & permanente, ou ce qui en fait partie.

2. Les droits & actions sont meubles ou immeubles, ou du moins reputez tels suivant leur objet. *Prout tendunt ad mobile aut immobile assequendum* ; c'est pourquoy comme d'eux-mêmes ils ne sont ni meubles ni immeubles, nous nous servirons toûjours du mot de reputé dans l'expression du texte des articles.

3. Les veritables meubles peuvent devenir immeubles, & les vrais immeubles peuvent devenir meubles : les droits & actions sont l'un ou l'autre, suivant qu'ils le sont reputez par la Coûtume, ou par la convention des parties, és cas où les parties le peuvent faire, comme par contrat de mariage, ou lorsqu'on fait une donation, par laquelle l'on impose à la chose donnée la qualité de propre ou de meuble à l'effet d'entrer, ou de ne pas entrer en la communauté, & d'appartenir aux heritiers des propres ou des acquêts, qui sont les deux cas les plus ordinaires.

4. Mais à l'égard des mineurs, tout ce qu'ils ont d'immeubles & de propres, ou reputez tels, ne change point de nature pendant la minorité, quelque changement ou rachat que l'on puisse faire ; & si après ils deviennent majeurs, les choses reviennent du moment de la majorité dans leur état naturel, & ce qui est meuble de sa nature, demeure meuble, quand même elles retomberoient dans la suite entre les mains d'un mineur par succession, ou autrement.

5. Cette maxime dépend d'une autre qui n'est pas moins veritable, que tout ce qui est reputé meuble ou immeuble par fiction, ne l'est qu'autant que la fiction dure ; & ne se peut jamais étendre au-delà, parce qu'il faudroit faire une double fiction qui ne se peut permettre ni par la Loy, ni par la Coûtume.

Ces maximes ainsi présupposées, il faut examiner ce qui est meuble ou immeuble par la Loy, & qui le devient par la convention des parties, en quelles occasions elles en peuvent convenir, & quelles personnes le peuvent faire, & ajoûter des articles pour terminer des difficultez.

L'explication de ce titre contribuera beaucoup à la décision de la plus grande partie des questions qui surviennent dans les comptes & partage des successions & de communauté, & dans les demandes & saisies & executions.

Nous établirons pour maxime generale, qu'il faut observer autant que faire se peut, que les choses ne changent point leur nature, & que ce qui est meuble, soit toûjours meuble, & que ce qui est immeuble, soit toûjours immeuble, & n'admettre les fictions qu'autant que l'on ne peut pas s'en dispenser.

6. Ainsi il y a trois sortes de meubles ou immeubles. 1°. Les vrais meubles ou immeubles. 2°. Les feints reputez tels par la Loy. 3°. Les feints par la stipulation ou convention.

7. Les stipulations de meubles ou immeubles se considerent par rapport aux partages de communauté & aux successions.

Les immeubles ou les biens reputez tels peuvent devenir meubles pour tout ou partie, comme les meubles devenir immeubles propres, & les droits & actions, l'un ou l'autre ainsi qu'il sera convenu entre les contractans mariage, à l'effet qu'ils entrent ou n'entrent point en communauté, à l'effet même de changer l'ordre des successions, quand il est ainsi porté par une stipulation faite par une autre personne que par l'un des contractans mariage.

8. Il y a un principe general à établir, qui regle toutes les questions qui arrivent, ou peuvent arriver sur cet article, qui est que celuy qui donne, peut imposer à la chose qu'il donne telle loy qu'il luy plaît ; mais que celuy qui en se mariant ne donne point, & ne se désaisit de rien, peut bien stipuler à son égard telles conditions qu'il luy plaît ; mais quand il ne se désaisit de rien, il ne peut pas changer l'ordre des successions, *ab intestat*, par des dispositions prématurées, il disposera par testament de ce dont la Coûtume luy permet de disposer, ou par donation entre-vifs, si bon luy semble ; mais ne faisant ni l'un ni l'autre, il ne peut pas par une stipulation empêcher que les heritiers des meubles ne succedent aux meubles, & ceux des propres aux propres.

Par exemple, une femme ou fille qui contracte mariage, peut ameublir de ses immeubles, ou stipuler que certains deniers seront immeubles & propres ; mais cette stipulation ne servira qu'entre les contractans, & n'empêchera pas l'ordre des successions, dans lesquelles les biens se partageront de la maniere dont ils pourront se partager, eu égard à la nature desdits biens, lorsque la succession sera ouverte, & non pas suivant cette stipulation.

Par la raison contraire il est permis à une personne qui donne, d'imposer telle loy à sa liberalité que bon luy semble, & stipuler même à qui les biens donnez appartiendront, *ab intestat*, en stipulant qu'ils seront propres aux conjoints, à leurs enfans & autres de l'estoc & ligne; ce qu'un pere ou ayeul peut faire de ce qui échera de sa succession, parce qu'en stipulant, *videtur donare*, & que les conquêts de la communauté sont d'eux-mêmes un propre naissant à ses enfans, & un ancien propre à leurs descendans.

Auteurs sur le Titre troisiéme.

Quels biens sont meubles, & quels biens immeubles.

L'Auteur du Grand Coûtumier, liv. 2. chap. 14. & 20.
Les Arrêtez de Monsieur le Premier President de la Moignon, recüeillis dans Auzanet.
Papon, liv. 17. tit. 4.
Loysel, liv. 3. tit. 1.
Coquille, dans son Institution, titre, *quelles choses sont meubles.*
Coquille, quest. 161.
Coquille, sur la Coûtume de Nivernois, chap. 26.
Franc. Marc, *tom.* 1. *quæst.* 813.
Le 1. tome des Loix Civiles au livre preliminaire, tit. 3. sect. 1. nomb. 4.
La Bibliotheque du Droit François, par Bouchel, *verbo* meuble, & *verbo* immeuble.
Le Traité de la Communauté, par M. le Brun, liv. 1. chap. 5. sect. 1. dist. 1.
Joüet, *verbo* meuble, & *verbo* immeuble.
Le Dictionnaire de M. Brillon, *verbo* meuble, & *verbo* immeuble.
Henrys, tom. 1. liv. 4. chap. 6. quest. 28.
Mon Institution coûtumiere, liv. 2. tit. 1. & 2. tit. 6. 7. 8. & 9.
Acte de Notorieté, du 13. Novembre 1705.
Le Traité de la Difference des biens meubles & immeubles, de fonds & gageries dans la Coûtume de Mets, avec un Sommaire *du Droit des Offices*, par Ancillon, imprimé à Mets en 1698.
Lhommeau, en ses Maximes, liv. 3. art. 14. & suivans.
Dargou, dans son Institution au Droit François, liv. 2. tit. 1.
Chopin, sur Paris, liv. 1. tit. 1.
De Salligny, sur Vitry, art. 113. *circa medium.*
Basnage, sur Normandie, *quelles choses sont censées meubles, quelles choses immeubles.*
Vrevin, sur la Coûtume de Chauny, tit. 1.
Buridan, sur la Coûtume de Vermandois, tit. 10.
Duret, dans son Alliance des Coûtumes, quatriéme partie, tit. 23. p. 596.
Duplessis, Traité sixiéme & suivans, page 133. & suivantes.

ARTICLE LXXXVIII.

Cet article a été ajoûté à la reformation de la Coûtume.

Division des Biens.

EN la Prevôté & Vicomté de Paris il y a deux sortes & especes de biens seulement; c'est à sçavoir meubles & immeubles.

Voyez les Articles 94. & 95.

REMARQUES.

NAm jura actiones & nomina naturam induunt sui objecti: quare si tendunt ad rem mobilem consequendam, habentur mobilia, si ad immobilem adipiscendam inter immobilia recensentur.

Incorporalia ut servitutes & cætera hujusmodi nec mobilia sunt propriè, nec immobilia: sed ubi necesse est ut reponantur inter alterutra, certè immobilibus annumerantur. Tiraq. de retr. lin. §. 1. gl. 1.

Moventium item mobilium appellatione idem significamus. l. 93. ff. de verb. signif.

MEUBLES ET IMMEUBLES.

GLOSE UNIQUE SUR L'ARTICLE LXXXVIII.

SOMMAIRE.

1. *S'il n'y a que deux especes de biens en France.*
2. *Si les droits incorporels sont une troisiéme espece de biens.*
3. Meubles & immeubles, *ce que c'est.*
4. *Si la qualité de meubles ou immeubles dépend du prix & de la valeur des choses.*
5. *Si les meubles précieux entrent dans la communauté.*
Opinion de Maître Auzanet contre l'usage.
6. *Ce que ce mot*, meubles, *comprend.*
7. *Si l'or & l'argent monnoyé sont compris*

sous ce mot.

8. *Si le legs de meubles comprend l'or & l'argent monnoyé.*

9. Quid, *du legs fait en ces termes:* Je legue tous les meubles qui sont en ma maison.

10. *Conciliation de la Loy* Si chorus. §. his verbis, *& de la Loy* si mihi. §. his verbis, ff. de legat. 3.

11. *Si sous ce mot*, meubles, *on entend proprement les meubles meublans.*

12. *Si ce mot comprend les Livres & les armoires où ils sont mis.*

13. *Difference quant aux meubles entre les dispositions, & la communauté de biens.*

14. Quid, *si le testateur a legué tous ses meubles.*

15. *Si en un legs de meubles les marchandises sont comprises.*

16. *Si les Bibliotheques sont meubles.*

17. *Si l'usufruit est meuble.*

18. Quid, *du droit de caleches.*

19. *Comment les immeubles prennent quelquefois la nature de meubles.*

20. *Les immeubles sont veritables ou fictifs.*

21. Immeubles par fiction, *ce que c'est.*

22. *Causes pour lesquelles un meuble est reputé immeuble.*

23. Choses corporelles & incorporelles, *ce que c'est.*

24. *De quelle nature sont les choses incorporelles.*

25. *Pourquoy dans les articles de ce Titre il n'est point parlé des veritables immeubles, ni des veritables meubles.*

26. *Si la division des biens portée en cet article est generale dans la France coûtumiere.*

27. Quid, *en Pays de Droit écrit.*

28. *Differences entre les meubles & les immeubles.*

29. *Si les meubles suivent le domicile de la personne.*

30. *Exception quand il s'agit des desherences ou de confiscation.*

31. Quid, *au crime de leze-Majesté.*

32. *Si la succession d'un bastard appartient au Roy, ou au Seigneur haut-Justicier.*

33. *En quel lieu une personne est censée avoir son domicile.*

34. *Si on a son domicile où l'on demeure pour quelques affaires.*

35. *Où est le domicile des Officiers du Roy.*

36. *Si une mesme personne peut avoir deux domiciles.*

37. *Si un mineur peut changer de domicile.*

38. *Où est le domicile d'un Evesque.*

39. *Arrest qui a jugé qu'on pouvoit avoir deux domiciles.*

40. *Du domicile de ceux qui n'ont leur demeure dans un lieu que pour leur negoce & trafic.*

41. *Differences des meubles & des immeubles.*

42. *Differences entre les meubles & les immeubles.*

43. *Articles de la Coûtume de Paris, qui parlent des meubles.*

1\. C'Est une regle generale de la France coûtumiere, qu'il n'y a que deux especes de biens, les uns sont meubles & les autres immeubles, nôtre Coûtume n'en reconnoît point d'autres.

Quelques-uns en ont voulu établir une troisiéme, sçavoir ceux qui se meuvent eux-mêmes, comme sont les bestiaux & les animaux qui sont mis entre les biens des particuliers, *l. moventium. 93. ff. de V. S.* mais elle n'est point differente de celle des meubles, comme dit le Jurisconsulte dans cette Loy, *moventium item mobilium appellatione idem significamus.*

2\. D'autres ont prétendu que les droits, obligations & actions composoient une autre espece de biens.

Leur sentiment est mal fondé, vû que ces choses & autres semblables qui sont incorporelles, prennent la nature de meubles ou d'immeubles; quelquefois elles sont reputées mobiliaires & quelquefois immobiliaires, comme il sera dit cy-aprés.

Ce mot *seulement*, fait voir que tous les biens se reduisent sous l'une ou l'autre de ces deux qualitez, de meubles ou d'immeubles.

3\. *Meubles* sont les choses, qui peuvent être transportées d'un lieu en un autre, & suivre le corps; sous cette espece sont comprises les bêtes qui sont mises entre les biens, appellez dans le Droit *bona se moventia.*

Les immeubles sont les choses qui ne peuvent suivre le corps, ni être transportées d'un lieu en un autre, sans changement ou déterioration de leur forme, & qui ont une assiette fixe & permanente, comme sont les maisons.

Il y a à la verité des immeubles fictifs, qui sont les biens que la Loy ou la convention des hommes sans aucune assiette fixe répute tels dans la societé civile, comme il sera dit cy-aprés.

On ne considere point le prix ni la valeur des choses pour la qualité de meuble ou d'immeuble; de sorte que des meubles precieux, de quelque nature qu'ils soient, sont meubles, & se reglent comme tels; & des immeubles de peu de valeur sont immeubles; de même qu'encore que l'accessoire soit de plus grand prix que le principal, néanmoins il cede au principal, §. 26. *Institut. de rer. divis.*

Maître Auzanet sur l'article 90. dit, que les meubles précieux des grandes Maisons sont censez immeubles, à l'effet de ne point entrer en la communauté, s'il n'y a convention expresse. Auza.

Cette opinion est contre l'usage & les maximes.

Ce mot *meubles* comprend generalement tout ce qui se peut transporter d'un lieu en un autre, soit argent comptant, meubles meublans, & toutes autres especes de meubles, de quelque qualité & nature qu'ils soient. 4.

7. La Coûtume de Reims en l'article 17. porte, *Or, argent monnoyé, dettes & actions passives, sont meubles.*

A l'égard de l'or & de l'argent monnoyé, il n'y a aucun doute qu'ils ne soient reputez meubles ; si ce n'est au cas de l'article 93. en vertu de la destination des pere & mere en mariant leur fille.

8. Quoique toutes les choses mobiliaires soient comprises sous le terme de *meubles*, néanmoins en un legs fait de meubles l'or & l'argent monnoyé n'y est point compris, selon la Loy *Gajus*, la Loy *uxorem. §. legaverat. ff. de legat.* 2. & la Loy *si mihi. ff. de legat.* 3. & l'autorité du Jurisconsulte Paul, liv. 3. de ses Sentences *num.* 83. *mobilibus legatis aurum vel argentum non debetur, nisi de his quoque manifestè sensisse testatorem possit ostendi.*

La raison est, qu'on n'entend communément par le mot de *meubles*, que ceux qui servent à meubler, desorte que dans ce cas les cedules & obligations & l'argent monnoyé ne sont point compris dans le legs de meubles.

CHARONDAS. C'est le sentiment de Charondas & des autres Commentateurs, qui remarquent un Arrest, donné en la premiere Chambre des Enquêtes, au mois d'Avril 1559. qui l'a jugé ainsi.

Montholon en ses Arrests, Arrest 65. en remarque un autre de l'an 1590.

Monsieur Mainard livre 6. chapitre 7. de ses questions dit, qu'il a été ainsi jugé par Arrest du Parlement de Toulouze.

9. BRODEAU. Depuis, par autre Arrest du 8. Février 1624. rapporté par du Fresne & par Brodeau *num.* 5. il a été jugé, que *sous le legs de meubles que j'ay dans ma maison, de quelque nature qu'ils soient*, l'or & l'argent monnoyé y étoient compris, suivant la Loy *si chorus. §. his verbis. ff. de legat.* 3. parce que par les termes dont le testateur s'étoit servi, il apparoissoit que sa volonté étoit qu'ils y fussent compris.

Paul en la Loy *si mihi.* 92. *§. his verbis. ff. eod. tit.* semble être de sentiment contraire.

10. Dans la Loy *si chorus §.* 1. le Jurisconsulte dit, *Quæ ibi mobilia mea erunt, do, lego, nummos ibi repositos, ut mutui darentur, non esse legatos, Proculus ait ; a[illegible] quos præsidii causâ repositos habet (ut quidam [illegible]llis civilibus factitassent) eos legato contineri.*

Dans les legs des meubles du testateur qui seront trouvez aprés sa mort dans sa maison, l'argent comptant destiné pour donner à interêt, n'est pas compris ; néanmoins l'argent qui se trouve dans la maison pour l'usage & la dépense ordinaire y est compris.

Dans la Loy *si mihi* §. 1. le Jurisconsulte dit, *his verbis, domibus legatis, fidei heredum committo, uti finant eum habere domos meas in quibus habito, nullo omnino excepto, cum omni instrumento & repositis omnibus, non videri testatorem de pecunia numerata, aut instrumentis debitorum sensisse.*

On peut tirer cette consequence de la Loy *si chorus*, que sous ce nom *mobilia*, l'argent comptant est compris, parce que *nomine mobilium venit & pecunia numerata* ; ensorte néanmoins que l'argent, que le testateur avoit destiné pour être mis à interêt, n'y étoit pas compris.

La raison est, qu'il étoit à présumer, que le testateur n'avoit pas voulu comprendre dans ce legs l'argent qu'il avoit mis à part pour faire profiter ; car suivant le Droit les cedules & obligations n'étant pas comprises sous le nom *mobilia*, il y avoit lieu de croire que le testateur voulant mettre cet argent à interêt, ne le vouloit pas comprendre dans le legs qu'il faisoit de ses meubles, & qu'étant decedé avant que de l'y avoir mis, il n'appartenoit pas au legataire, comme l'obligation du debiteur ne luy auroit pas appartenu, si l'argent avoit été prêté.

Mais dans la Loy *si mihi* §. 1. l'argent comptant & les cedules & obligations des debiteurs ne sont pas comprises dans le legs de tous les meubles qui sont dans la maison.

Voyez Monsieur de Montholon Arrest 65. & Maître Ricard, Traité des Donations entre-vifs, partie 2. ch. 4. nomb. 184.

Ce qui se doit entendre selon la distinction portée en la Loy précedente, c'est-à-dire, l'argent comptant destiné pour donner à interêt, & non pas celuy qui est destiné pour un autre usage.

En effet, comme dit Cujas sur cette Loy, *domibus, inquam, legatis cum omni instrumento, cum omnibus dotibus repositis in domibus prædiorum, his verbis, nullo omnino excepto, non tamen contineri instrumenta debitorum, vel pecuniam numeratam, quæ ex diversis nominibus collecta, & ibi temporis causâ reposita est, scilicet fœnerandi causâ, ut l. uxorem. §. legavero. & l. si chorus. §. 1. ff. eod. Pecuniam tamen ibi repositam instruendarum vel ornandarum, vel tuendarum, vel reficiendarum ædium causâ, quoniam hæc utique in enthecis numeratur in supradictis legibus dixerim contineri.*

Si le testateur avoit legué à quelqu'un tout l'argent qui se trouvera dans sa maison au jour de sa mort, ses autres meubles ne seroient pas compris dans le legs : surquoy il faut remarquer que où il y a difficulté touchant un legs de meubles il la faut décider, *ex communi & vulgo loquendi usu, vel ex præsumpta voluntate testatoris.*

Si le testateur avoit dit, je legue la moitié de la maison où je demeure à present, avec la moitié de toutes sortes de meubles qui y sont, l'or & l'argent monnoyé ne feroient point partie du legs : Ainsi jugé par Arrest du 21. Mars 1654.

Voyez Maître Ricard en son Traité des Donations entre-vifs, partie 2. chapitre 4. nombre 180. & suivant, & la Loy *cum §. quidam ff. de instructo vel instrumento legato.*

Sous ce mot *meubles*, on entend proprement les meubles meublans, & ceux qui servent à l'usage ordinaire de la maison, appellez par les Latins *supellectilia*, comme sont les lits, les tables, les armoires, les coffres, les chandeliers, les chaises, les tapisseries & autres semblables, *l. supellectile.* 3. *in princip. & §. 1. & 2. ff. de supellt. leg.* 11.

Ainsi sous ce nom est comprise la vaisselle d'argent, les tableaux, les tapisseries & autres choses semblables, *l. supellectile. §. nec interest. l. Labeo.* 7. *§. Tubero. & l. legata.* 9. *§. supellectilia. ff. eod. tit.* comme il a été jugé par Arrest du 27. Avril 1626. rapporté par du Fresne.

Ce mot *meubles*, ne comprend pas proprement les livres, quoiqu'ils y soient generalement contenus, ni les armoires qui les contiennent, suivant la Loy *librorum. §. libris. ff. de legat.* 3. d'autant qu'elles ne servent qu'à l'usage des livres, *l. supellectile. §. præterea. ff. de supell.* 12.

Ainsi une bibliotheque doit appartenir à l'heritier des meubles, & non pas à celuy des immeubles ; mais elle ne seroit pas comprise sous le legs de meubles.

Il faut en ce lieu remarquer une grande difference entre les dernieres dispositions & la communauté entre conjoints par mariage quant aux meubles, en ce que les dernieres dispositions sont restraintes suivant l'interprétation qu'on fait de la volonté du testateur ; car tout ce qui est compris sous ce terme ne tombe pas dans la disposition du testateur, si on ne juge que telle a été sa volonté, interpretant les termes dont il s'est servi selon la maniere ordinaire de parler. 13.

Mais parce que par la disposition de la Coûtume tous les meubles & effets mobiliaires des conjoints par mariage entrent dans la communauté, soit qu'ils l'ayent declaré expressément ou non, ils y tombent entierement, s'il n'y a convention expresse au contraire.

Il en faut dire de même à l'égard d'une donation universelle de meubles, ou du don mutuel.

14. Que si un testateur avoit legué tous ses meubles, se servant de ce terme *tous*, ou autre ayant même signification, tous ses effets mobiliaires y seroient compris, dettes, actions, obligations & autres.

15. *Si en un legs de meubles les marchandises sont comprises, au cas de donation entre-vifs, ou de disposition testamentaire ?*

Le Jurisconsulte en la Loy *generali. §. uxori. ff. de usufr. leg.* dit qu'elles n'y sont pas comprises.

CHARONDAS Charondas néanmoins est d'avis contraire sur l'article 89. voulant que ce mot *meubles* étant general, comprenne les marchandises qui sont choses mobiliaires, la Loy citée & quelqu'autres étant fondées sur des circonstances particulieres.

Il dit qu'il l'a vû juger par Arrest de la Cour du 6. Mars 1564. pour un nommé Fresneau en l'espece suivante.

Le testateur avoit legué à un particulier tout son argent, tant celuy qui se trouveroit en sa possession au jour de son trépas, que celuy qui luy seroit dû, & à un autre tous ses autres meubles; il y avoit au jour de son décés en sa maison des marchandises empacquettées pour bailler aux Marchands, ausquelles elles avoient été venduës par le défunt.

La Cour par cet Arrest jugea, que les marchandises comme appartenant à ceux ausquels la vente en avoit été faite, n'étoient point comprises sous les meubles leguez, mais que le legataire de l'argent auroit le prix de la vente.

La question à mon avis ne souffroit pas de difficulté par les circonstances, car les marchandises n'appartenoient pas au défunt au jour de sa mort, vû qu'il étoit censé ne les avoir que *custodiæ causâ*, étant obligé à la délivrance d'icelles; puisqu'elles étoient empacquetées pour cet effet.

La question étant considerée dans la these d'un legs de meubles fait par un Marchand, je croirois aussi sans doute, que ses marchandises n'y seroient pas comprises.

La raison est, qu'encore que sous ce mot de *meubles* soit compris generalement tout ce qui est reputé mobiliaire, toutefois il faut prendre garde à l'intention du testateur, qui a disposé de ses biens, en prenant ce mot *meubles* dans une signification moins étenduë, & selon qu'il se prend ordinairement & vulgairement, sçavoir pour les meubles meublans, & autres choses qui servent pour l'usage ordinaire, comme pour servir sur la table & pour la cuisine, & pour les habillemens, desorte que la vaisselle d'argent & autre, & les ustancilles de cuisine y seroient compris.

Mais par *meubles* on n'entend pas des marchandises, & quand on dira qu'un Marchand a pour dix mille livres de meubles, on n'y comprendra pas ses marchandises, mais les choses declarées cy-dessus; pareillement s'il a une ferme à la campagne, on n'y comprendra pas un troupeau, quoique generalement un troupeau soit compris sous le nom de *meubles*; étant à présumer que si un testateur avoit voulu comprendre dans un legs de meubles des marchandises, un troupeau & autres choses semblables, qu'ordinairement on n'entend pas sous le nom de *meubles*, il l'auroit declaré.

16. Quoique des meubles soient venus des ancestres en ligne directe, & qu'ils soient tres-precieux, comme des tableaux, des diamans, & des Bibliotheques, néanmoins ils ne sont considerez que comme meubles en tous cas & circonstances, comme il a été jugé par Arrest du premier Août 1579. remarqué par Chopin *num.* 32. & par Charondas pour l'executeur du testament de Madame la Duchesse de Boüillon. CHOPIN. CHARONDAS

La même chose a été jugée par Arrest du 5. May 1611. rendu en la Grand'-Chambre.

Quelques créanciers de feu Monsieur le President de Thou prétendoient, que sa Bibliotheque devoit passer pour un immeuble dans ses biens, parce qu'elle étoit venuë de ses ancestres, mais ils furent obligez de convenir qu'elle ne devoit être considerée que comme un effet mobiliaire, sur lequel on ne pouvoit prétendre aucune hypotheque.

Si l'usufruit est meuble ou immeuble, voyez sur l'article 147. & *quid* des boutiques du Palais. Voyez sur l'article 148. 17.

Cette question s'est presentée en la Grand'-Chambre, sçavoir si les droits de caléches, carosses & coches établis à Paris & à la suite de la Cour, sont meubles ou immeubles, par Arrest du 30. Mars 1685. au rapport de Monsieur Gouveau de la Proutiere, confirmatif de la Sentence du Châtelet, & rapporté dans le Journal du Palais, il a été jugé que c'est un droit mobilier. 18.

Il semble néanmoins qu'il est immobilier, parce qu'il produit un revenu annuel pour le temps qu'il plaît au Roy de l'accorder; que ce droit est domanial puisqu'il appartient au Roy; & que le droit des Postes & des Messageries a été jugé immeuble.

On dit au contraire, que dans l'espece de l'Arrest le don n'étant que pour 30. années, on ne peut pas le regarder comme immeuble; que le revenu en est peu certain dépendant de la volonté du Roy, qu'autrement tous dons & privileges accordez par le Roy, pour quelques années seroient considerez comme immeubles; & que les dons faits par le Roy ne sont reputez tels que quand ils sont domaniaux ou perpetuels, ou *ad longissimum tempus*; & que si les postes & les messageries sont immeubles, c'est qu'elles sont réünies au Domaine: sur ces raisons l'Arrest a été rendu.

Les immeubles prennent la nature des meubles en un cas, qui est quand par convention portée par contrat de mariage ils sont ammeublis, voyez sur l'art. 220. 19.

Les immeubles sont ou veritables ou fictifs. 20.

Les veritables sont ceux qui sont immeubles de leur nature, & sans le fait ou la disposition de l'homme, comme sont les heritages & les maisons.

Les immeubles fictifs sont ceux qui ne prennent la qualité d'immeubles, que par la disposition & destination de l'homme, ou par quelque autre cause, comme il sera dit cy-aprés.

Les veritables immeubles reçoivent deux principales divisions.

La premiere est des biens féodaux, censuels & alodiaux; ou des biens nobles & des biens roturiers: sous les biens nobles sont les Fiefs & les francs-aleus nobles; sous les biens roturiers sont compris les francs-aleus roturiers; voyez les deux Titres précedens.

La seconde est des acquests, conquests & propres.

Les acquests sont les heritages & biens immeubles, que nous avons acquis, soit par titre onereux ou lucratif, excepté le titre de succession en ligne directe ou collaterale, ou de donation en ligne directe seulement.

Les conquests sont les biens acquis par les conjoints par mariage communs en biens.

Les propres sont les heritages qui nous sont échûs par succession directe ou collaterale, ou par donation en ligne directe; & ce sont les veritables propres à la difference des propres fictifs & par convention, dont il est traité sur l'article 93.

Les immeubles par fiction sont des meubles, qui prennent contre leur propre nature la qualité d'immeubles. 21.

Cette fiction est fondée sur quatre causes.

22. La premiere est l'union, l'incorporation & accession du meuble à l'immeuble, comme au cas de l'article 90. & de l'art. 91.

La seconde est la representation de l'immeuble; quand le meuble represente l'immeuble, ou fait partie d'iceluy, comme les materiaux d'un édifice démoli; les deniers provenans des rentes qui appartiennent aux mineurs, article 94. les fruits qui sont sur le pied ou pendans par les racines par l'article 92. les obligations & actions dans les cas marquez en l'article 89.

La troisiéme est la destination & disposition particuliere de l'homme, comme il arrive au cas de l'article 93. qu'une somme de deniers prend la nature d'immeubles.

La quatriéme est, la disposition de la Coûtume, comme au cas de l'article 94. qui repute les rentes constituées immeubles, & de l'article 95. qui repute aussi immeubles en certains cas les Offices venaux.

Sous ces deux especes de biens sont compris les choses corporelles & les incorporelles.

23. Les choses corporelles sont celles qui tombent sous les sens exterieurs, comme sont les heritages, les vestemens, les meubles meublans, & toutes autres qui sont les objets de nôtre vûë.

Les incorporelles au contraire sont celles, qu'on ne peut voir, qu'on ne peut toucher, & qui ne sont autre chose que des droits incorporels que nous distinguons des choses corporelles, dans lesquelles néanmoins ils consistent, comme sont les servitudes des heritages, les obligations & actions.

Ainsi quoique les servitudes soient dûës par les heritages aux heritages, toutefois elles sont distinctes des heritages, puisque les heritages peuvent être, quoiqu'il ne leur soit dû aucune servitude; mais par les servitudes on entend un droit qui ne subsiste que dans l'entendement, & qui n'est pas visible comme les autres choses.

Servitutes proprie non sunt mobilia, nec immobilia, sed ubi necesse est ut reponantur inter alterutra, certè immobilibus annumerantur.

24. Pareillement l'action est un droit de poursuivre pardevant le Juge le payement de ce qui nous est dû, ou la restitution de ce qui nous appartient; *princ. Institut. de action.*

Ce droit est distinct & separé de la chose que nous poursuivons, puisque nous avons ce droit sans la chose, & que souvent il nous est inutile & sans effet.

Il en faut dire de même des obligations, ainsi qu'il sera dit sur l'article suivant: or ces choses incorporelles sont ou meubles ou immeubles; par exemple l'action est meuble lorsqu'elle tend à la poursuite d'une chose mobiliaire, comme d'une somme d'argent; & elle est immeuble, quand elle tend à avoir un immeuble comme un heritage ou autre semblable.

Quod in actione est eam modificat, & in universum actiones adsumunt naturam & qualitates rerum pro quibus competunt.

Voyez sur ce sujet Tiraqueau, *de retractu linear. §. 1. glos. 7. num. 1. cum seqq.*

Ainsi les choses incorporelles ne sont pas considerées par elles-mêmes, mais par rapport à leur objet; c'est par cette raison que la Coûtume établit deux sortes de biens seulement.

25. Il n'est point parlé des veritables immeubles dans ce titre, ni des vrais meubles, mais des choses qui ont quelquefois la nature d'immeubles par fiction, parce que la qualité des uns & des autres est certaine & constante, & ne reçoit pas de difficulté, comme les immeubles par fiction.

26. La division des biens portée en l'article 88. est conforme au droit commun & general de toute la France, selon le sentiment de Brodeau sur cet article, BRODEAU. de Chopin sur ce titre *num.* 1. & des autres Auteurs qu'il cite. CHOPIN.

A l'égard du païs de Droit écrit; sçavoir si sous les meubles & immeubles sont comprises les actions & les obligations, voyez sur l'article suivant. 27.

Il y a plusieurs differences remarquables entre les meubles & les immeubles établies principalement par le Droit coûtumier, & qui sont d'usage presque dans toutes les provinces qui se reglent par Coûtumes, il est à propos de les observer en ce lieu. 28.

La premiere difference est, que les meubles suivent la personne de celuy à qui ils appartiennent, les immeubles au contraire suivent la Coûtume des lieux où ils sont situez, *mobilia ubicumque deprehendantur sequuntur personæ domicilium*; voyez la Note de Maître Charles du Moulin sur l'article 140. de la Coûtume de Senlis, & Peleus question 136. *immobilia verò utpote certam sedem habentia reguntur loci seu regionis consuetudine, l. si fundus 6. ff. de evictionibus l. 12. §. 1. ff. de rebus autorit. judicis possidend.* 29.

Loisel livre 2. titre 1. regle 13. *le meuble suit le corps, & l'immeuble le lieu où il est situé.*

C'est la disposition de plusieurs Coûtumes, Vermandois article 86. Châlons article 40. Reims article 21.

Voyez Coquille, question 159. & Lhommeau en ses maximes livre 3. article 17. & 18. Monsieur Loüet & son Commentateur, lett. R. nomb. 31.

La raison pour laquelle les meubles suivent le corps de celuy à qui ils appartiennent, & qu'ils se reglent suivant la Coûtume de son domicile, est qu'ils n'ont point de situation assurée, certaine & permanente, parce qu'ils peuvent être facilement transportez d'un lieu dans un autre.

C'est pourquoi ils suivent la Coûtume du domicile du propriétaire au temps de sa mort pour le partage d'iceux entre ses heritiers, quoique celuy qui en est le maître, ne décede pas au lieu de son domicile ordinaire, ou même que ses meubles ou une partie d'iceux fussent transportez ailleurs & hors son domicile, comme il arrive quand quelqu'un a son domicile dans un lieu, & qu'il a des maisons de campagne dans d'autres Coûtumes, où il a des meubles, car en ce cas tous les meubles qu'il a, en quelques Coûtumes qu'ils se trouvent, se partagent entre ses heritiers selon la disposition de la Coûtume de son domicile, *mobilia sequuntur personam*, dit la Loy premiere *C. de imponenda lucrat. descript.*

Quand on dit que les meubles suivent le domicile du propriétaire & se doivent partager suivant la Coûtume dudit domicile, cela s'entend des successions ordinaires & non pas des successions extraordinaires. Ainsi lorsque les biens d'un défunt vaquent par desherence, ou que les biens d'un condamné sont confisquez; en ces cas le Seigneur haut-Justicier doit avoir les meubles qui se trouvent en son territoire, Seigneurie & haute-Justice; encore que le défunt ait eu ailleurs son domicile. 30.

La raison est, que les droits des hauts-Justiciers sont réels, & ils leur appartiennent en vertu de leur Justice, ainsi tout ce qui s'y trouve & qui est sujet au droit de desherence ou de confiscation, leur appartient à l'exclusion du Seigneur du lieu du domicile du défunt; car les droits de Justice s'exercent dans l'étenduë d'icelle, & hors d'icelle un Seigneur n'a pas plus de droit que tout autre particulier, *l. 20. ff. de jurisdict.*

C'est le sentiment de Charondas sur cet article, de Brodeau *num.* 10. & des Docteurs citez par luy sur Monsieur Loüet lettre R. nombre 31. qui est confirmé par plusieurs Arrests de la Cour. CHARONDAS CHOPIN.

Voyez la Coûtume de Reims article 347.

Il faut excepter au cas que la confiscation soit adjugée au Roy pour crime de leze-Majesté, car tous les meubles du condamné, en quelque lieu qu'ils 31.

soient, & les immeubles, en quelque Coûtume qu'ils soient situez, appartiennent au Roy; ainsi jugé par Arrest du 3. Mars 1597. voyez sur l'article 167. & Monsieur Bouguier lettre S. nombre 14. & Monsieur Loüet & son Commentateur lettre C. nombre 53. & lettre R. nomb. 31.

32. Il faut encore excepter, lorsqu'il s'agit de la succession mobiliaire d'un bâtard, laquelle appartient par droit de bâtardise au Seigneur haut-Justicier dans la Justice duquel il est decedé, au cas qu'il y eût pris naissance, & qu'il y eût son domicile actuel au temps de sa mort.

Ces conditions sont requises à l'effet de succeder par un Seigneur haut-Justicier à un bâtard, autrement sa succession appartiendroit au Roy, comme remarque Bacquet en son Traité du droit de bâtardise, ainsi sa succession mobiliaire ne peut être partagée entre plusieurs Seigneurs, mais appartient à un seul.

CHARONDAS CHOPIN. C'est aussi l'avis de Charondas qui cite un Arrest du 24. Juillet 1595. & de Chopin, *de doman. lib.* 1. *art.* 12.

Les Seigneurs ne prennent pas les meubles comme heritiers, mais *jure fisci, & ea occupant tanquam vacantia*, selon d'Argentré sur l'article 443. de la Coûtume de Bretagne, c'est pourquoy ils ne sont point tenus que *pro rata*, voyez sur l'art. 143.

33. Puisque les meubles se reglent dans les successions suivant la Coûtume du domicile, il faut sçavoir en quel lieu on est censé avoir son domicile; car comme on ne demeure pas toûjours en un même lieu, cela peut faire de la difficulté.

La Loy 7. *C. de incolis, & ubi quis domicilium habere videtur*, dit, que *in eodem loco singulos habere domicilium non ambigitur, ubi quis larem rerumque ac fortunarum suarum summam constituit, unde rursus non sit discessurus si nihil avocet; unde cùm profectus est, peregrinari videtur; quod si rediit, peregrinari destitit.*

34. D'où il s'ensuit, que ceux qui demeurent quelque temps en un lieu pour quelques affaires particulieres, ayant leur domicile ordinaire pour leur famille ailleurs, n'ont pour leur domicile que le lieu où est la demeure & residence actuelle de leur famille : ainsi le lieu où un écolier fait ses études, n'est pas son veritable domicile, suivant la Loy 2. *C. d. t.*

Ce qui a été jugé par plusieurs Arrests de la Cour en d'autres especes.

35. Le premier est du 28. Février 1612. en l'Audience de la Grand'-Chambre, par lequel il a été jugé, que les Officiers du Roy qui ne servent que par quartier, n'ont pas leur domicile en la Coûtume de Paris, quand ils ont leur residence ailleurs; desorte que leur succession mobiliaire ne se doit regler que suivant la Coûtume du lieu où ils demeurent avec leur famille.

Il s'agissoit en l'espece de cet Arrest de la succession mobiliaire de Maître Antoine Poussin, Medecin ordinaire du Roy, couché & employé sur l'Etat.

La raison est, que tels Offices ne requerant pas une residence perpetuelle, mais seulement pour trois mois, & n'étant, pour ainsi dire, que momentanée ne peut pas constituer un veritable domicile, & détruire celuy qui est le veritable par la disposition & destination de l'Officier, lequel ne vient en Cour que pour s'acquitter de son employ & de sa charge, dans le dessein de s'en retourner aussi-tôt que son quartier sera fini; à l'exemple de ceux lesquels laissant leur famille dans leur Province, viennent à Paris pour y solliciter leurs affaires, ou pour d'autres causes.

Le second a été rendu en la deuxiéme Chambre des Enquêtes, au rapport de Monsieur de Pleurre le 7. Septembre 1634. par lequel Damoiselle Marthe du Pont, veuve de Monsieur Maître Pierre le Gras, Conseiller au Grand'-Conseil qui étoit originaire du Maine, y avoit ses biens & y étoit décedé, & ne demeuroit à Paris que pour y servir son Semestre, fut déboutée de ses Requêtes tendantes à ce qu'il fût dit, que le domicile du défunt étoit en la ville de Paris, lors de son décés; & en consequence de ce, que les deniers du prix de son Office, seroient partagez également selon la Coûtume de Paris, & non suivant la Coûtume du Maine.

La Cour par ces deux Arrests a jugé, qu'une même personne ne peut avoir deux domiciles, selon lesquels sa succession mobiliaire se doive regler, car le domicile, qu'on appelle ordinairement *domicile de dignité*, qui n'est que pour un certain temps, à cause de quelque Charge ou Dignité, n'est pas le veritable domicile, mais un domicile fictif & accidentel. 36.

Ces deux Arrests sont rapportez par Brodeau sur Monsieur Loüet lettre C. chapitre 17.

Par un autre Arrest du 5. Septembre 1665. rapporté dans le Journal des Audiences, il a été jugé, qu'un mineur ne pouvoit changer de domicile. 37.

Il y en a encore un autre du Lundy 8. Mars 1663. donné en l'Audience de la Grand'-Chambre, rapporté dans le troisiéme Tome du Journal des Audiences, par lequel il a été jugé, que le domicile d'un Evêque est celuy de son Evêché.

Il s'agissoit de regler la succession de Monsieur de Lesseville, Evêque de Coutance, décedé en cette ville de Paris pendant la députation de l'assemblée du Clergé, & pour cela il faloit sçavoir où l'on réputeroit être son domicile, à Paris ou en Normandie. 38.

La Cour par cet Arrest jugea, que son domicile étoit en son Evêché, Coûtume de Normandie, conformément aux regles établies cy-dessus par les Loix Romaines.

Brodeau *loco citato*, dit avoir été jugé autrement par Arrest sans datte, pour la succession de Monsieur le Cardinal de Ramboüillet, lequel étant décedé à Rome, la Cour ordonna, que sa succession mobiliaire se regleroit suivant les Loix observées à Rome.

Cet Arrest est apparemment [comme plusieurs qu'il cite] un de ceux dont il ne sçavoit pas la veritable décision.

Charondas a aussi remarqué ce même Arrest, mais il dit, que la Cour jugea, que ce Cardinal, qui étoit Evêque du Mans, ayant des meubles au lieu de son Evêché, & à Rome où il étoit allé à cause de sa dignité, les meubles qu'il avoit à Rome se regleroient suivant les Loix de Rome, & ceux qu'il avoit en France selon la Coûtume du Maine, parce qu'il avoit pû avoir deux domiciles. 39. CHARONDAS.

Néanmoins tous nos Arrests ont jugé, qu'on ne pouvoit avoir qu'un domicile, & Brodeau qui cite cet Arrest, dit que c'est une maxime certaine.

Aussi Chopin *num.* 11. dit, qu'ayant été consulté sur cette question avec Maître Versoris, ancien Avocat, ils avoient répondu, que le domicile de cet Evêque ne sembloit pas avoir été transferé, qu'ainsi ses meubles devoient être reglez selon la Coûtume du Maine; qu'à la verité par la promotion au Cardinalat le titre de l'Evêché avoit vaqué, parce qu'il est défendu par les Canons de tenir ensemble l'un & l'autre, mais qu'incontinent aprés le Cardinal avoit eu l'Evêché en commande, dont il étoit auparavant titulaire; & en France les Commandes perpetuelles, sont titres de benefices. CHOPIN.

Quant à ceux qui vont demeurer dans une autre Ville pour cause de negoce & trafic, dans le dessein d'y demeurer, ils sont presumez avoir voulu y transferer leur domicile. 40.

C'est ce qui a été jugé par Arrest du 12. Août 1583. pour la succession mobiliaire & marchandises d'un nommé Cannaye Parisien, lequel ayant demeuré long-temps à Toulouze pour y trafiquer, y étoit decedé sans s'être marié.

En

En succession mobiliaire quand on est en doute du domicile, on suit le domicile de la naissance, voyez la Loy *filii* 22. §. *municipes* 2. *ff. ad municipalem* avec le huitiéme plaidoyé de Monsieur Marion.

41. Les immeubles au contraire se reglent, tant pour les dispositions entre-vifs, que testamentaires, & pour les successions, suivant les Coûtumes des lieux, où ils se trouvent situez, *l. si fundus.* 6. *ff. de evictio. l. cum unus.* 12. §. 1. *de bon. autor. jud. possid. l. forma.* 4. §. *si verò.* 2. *ff. de censib.* du Moulin sur l'article 140. de la Coûtume de Senlis, Loisel liv. 3. tit. 4. en a fait une regle : ensorte que la Coûtume ou l'usage d'une autre Province n'y peuvent point déroger en aucune façon, chaque Coûtume étant restrainte dans son territoire, pour ce qui concerne les heritages qui y sont situez, *quæ certò territorio finiuntur, & secundùm ejusdem mores reguntur.*

C'est pour cette raison, que quoique les contrats & autres dispositions, tant entre-vifs que testamentaires, soient valables en tous lieux, étant faits selon les Coûtumes, Statuts & usages des lieux où elles ont été faites & passées.

Toutefois quand il est question d'immeubles, les effets de ces dispositions doivent être restraints selon les choses dont on peut disposer par la Coûtume des lieux, en chacun desquels les biens sont situez & assis; *l.* 1. *C. de Summ. Trinit. & l. Obligationum §. placet. ff. de O. & A.* parce que les conventions particulieres ne peuvent pas déroger au droit public & municipal de chaque Ville.

D'où il s'ensuit, que si un particulier qui a son domicile dans un lieu où il est permis de disposer par testament du tiers de ses propres, legue le tiers d'un propre situé en la Coûtume de Paris, tel legs est reductible au quint, suivant les articles 292. & 293. de la même Coûtume.

Touchant les dispositions testamentaires, voyez sur l'article 292.

Le doüaire coûtumier se doit regler suivant les Coûtumes des lieux, où les heritages sujets au doüaire sont situez, sans qu'on y puisse déroger, *secus* du doüaire prefix, pour lequel on suit la Coûtume du lieu où le mariage a été contracté, comme il sera observé sur l'article 248.

Quant au retrait lignager, quoiqu'il soit poursuivi en un autre lieu, il doit être reglé suivant la Coûtume du lieu, où l'heritage sujet au retrait est situé; voyez sur l'article 129.

Pour l'arpentage des terres ou autres heritages, il faut suivre les Coûtumes des lieux, où les heritages sont situez, & non celles où le contrat est passé, comme il a été jugé par Arrest du 4. Juillet 1585. rapporté par Automne en sa Conference sur le titre au Code *de præd. & aliis reb. minor.* où il dit qu'il a été jugé par Arrest du 16. May 1556. que quand il est question de livrer du vin à la mesure, & que par le contrat la mesure n'est pas exprimée, on doit se regler suivant la Coûtume du lieu où le vin est vendu.

42. C'est là la premiere difference entre les meubles & les immeubles ; il faut excepter les conquests lesquels se reglent suivant la Coûtume du lieu où le contrat de mariage a été passé, voyez sur l'art. 220.

La seconde difference est, qu'en meubles la complainte & le cas de nouvelleté n'ont point lieu, mais seulement pour les immeubles, article 97.

La troisiéme, que le retrait lignager n'a lieu que pour les immeubles, article 144.

La quatriéme, que les meubles n'ont point de suite par hypothéque article 170. & autres suivans.

La cinquiéme, que les meubles ne se vendent point avec les solemnitez des criées comme les immeubles, non pas même les meubles precieux, voyez sur le titre des criées.

LABBE'. Labbé sur cet article, dit qu'en la Coûtume d'Auvergne titre des Executions articles 155. & 156. les obligations & actions peuvent être hypothequées & venduës par decret, suivant la Loy 1. & 2. *C. de heredit. vel act. vend.* & la Loy 3. *C. in cau. judic.* & qu'il a été jugé ainsi par Arrest sur un appel des Juges de Riom, d'un decret de certaines dettes & obligations cedées par un debiteur; & que par l'Arrest il fut jugé qu'elles pouvoient être decretées avec affiches, une proclamation & un bref jour de huitaine; que la cause ayant été plaidée le 27. Novembre 1598. l'Arrest fut rendu sur un appointé au Conseil. Cet usage n'est point observé ailleurs.

La sixiéme, que la lezion d'outre moitié de juste prix n'a point lieu en meubles, de quelque valeur qu'ils soient, & quelque lezion qu'il y ait, Chopin sur ce titre *num.* 2. CHOPIN.

Il n'y a que les mineurs qui en soient exceptez, comme il a été jugé par Arrest remarqué par cet Auteur.

Mais en ce qu'il dit que la lezion d'outre moitié de juste prix a lieu en meubles precieux, il se trompe.

La septiéme, que la prescription des meubles est de trois ans, ainsi qu'il est dit sur le Titre des prescriptions, mais les immeubles ne se prescrivent que par 10. 20. 30. ou 40. ans.

La huitiéme est, que la donation de meubles n'est point sujette à insinuation; touchant l'insinuation, voyez l'art. 284.

La neuviéme, que dans nos Coûtumes les meubles se reglent autrement que les immeubles, soit pour les dispositions ou pour les successions.

La dixiéme, que les meubles des Communautez Ecclesiastiques se vendent sans les solemnitez requises par les Canons en l'aliénation de leurs biens; de même que les biens meubles des mineurs peuvent être vendus sans decret du Juge, ce qui est requis en l'aliénation des immeubles; *tot. tit. C. de præd. minor. sin. decr.*

Nôtre Coûtume parle des meubles en plusieurs articles, qu'il ne sera pas inutile d'observer en ce lieu. 43.

En l'article 278. meubles donnez par les ascendans sont censez donnez en avancement d'hoirie.

En l'article 311. les pere & mere succedent aux meubles de leurs enfans decedez sans hoirs.

En l'article 326. en défaut des pere & mere & autres ascendans, le plus proche parent collateral.

Dans les articles 332. & 334. les uns & les autres succedans aux meubles, contribuent aux dettes à proportion de ce qu'ils en amendent.

En l'article 288. des formalitez requises pour la prisée des meubles entre le donateur mutuel survivant & l'heritier du prédecedé.

En l'article 344. des formalitez prescrites pour la vente des meubles, qui se fait par l'heritier beneficiaire, ou le curateur aux biens vacans d'un défunt.

En l'article 272. de l'âge requis pour disposer de ses meubles par dispositions entre-vifs.

En l'article 292. de l'âge requis pour tester de ses meubles.

Par l'article 259. les plus proches heritiers succedent au doüaire d'une somme de deniers pour une fois payez.

En l'article 238. il est dit à quoy sont tenus les conjoints par mariage survivans leurs enfans prenans les meubles entre nobles.

Dans les articles du titre de la communauté, il est parlé des meubles communs entre conjoints par mariage, des actions mobiliaires procedant du côté de la femme, dont le mary est le maître, & des dettes mobiliaires, tant de la femme que de la communauté.

Dans le Titre de gardes noble & bourgeoise, il est parlé de l'administration & de l'usage des meubles, que le gardien a pendant le temps de la garde.

OBSERVATIONS DE MONSIEUR ***

Sur l'Article LXXXVIII.

SOMMAIRE.

1. *Article* 88. *augmenté.*
2. *Actions comprises sous ces deux especes de biens*, meubles & immeubles.
3. *Comment on connoist, si des actions sont mobiliaires ou immobiliaires.*
4. *Si la stipulation de propre ou d'acquest se peut apposer à une donation.*
5. *Quelles personnes peuvent faire telles stipulations.*
6. *Si ceux qui se marient peuvent faire un propre de succession de ce qui ne leur est qu'acquest.*

CEt article doit être dressé en la maniere qui suit,

1. *En la Prevôté & Vicomté de Paris, il y a deux especes de biens seulement*, les meubles & les immeubles: *les droits & actions sont reputez meubles ou immeubles selon la nature des biens que l'on demande en Justice en vertu desdits droits & actions, ou qu'il a été convenu ou stipulé par les parties qui ont pû faire telles stipulations.*

2. Nous avons ajoûté ces mots, *les droits & actions*; parce que dans l'ancienne Coûtume l'on avoit oublié d'en parler, quoique dans le droit commun, & dans nos pays coûtumiers la plus grande partie des biens consistent en droits & actions: ainsi l'article de la Coûtume, qui dit, qu'il n'y a que deux sortes de biens, est regulier, parce que les actions & droits entrent dans l'une de ces deux natures de biens suivant le terme de l'action, ou la convention des parties.

3. Il y a deux principes pour connoître si les droits & actions sont mobiliaires ou immobiliaires; le premier, de voir si le terme de l'action *tendit ad quid mobile aut immobile assequendum*; ainsi l'action pour rentrer en la proprieté d'une terre est immobiliaire, & l'action pour demander le prix d'une terre est mobiliaire.

Le second moyen est de sçavoir, s'il y a eu convention entre les parties que les actions seront mobiliaires ou immobiliaires, comme souvent il est stipulé par les contrats de mariage.

4. Nous y avons ajoûté la stipulation, à cause que celuy qui fait une donation, peut la faire sous condition que la chose donnée sera stipulée meuble, ou immeuble, propre ou acquêts.

5. Ces mots, *ont pû faire telles conventions*, ne sont pas à negliger, & sont d'une tres-grande consequence à observer; parce qu'il n'est pas permis à toutes sortes de personnes & en toutes rencontres de faire telles conventions ou stipulations; par exemple, il est permis à un pere, mere ou autre, en faisant un avantage par contrat de mariage ou autrement, d'apposer telle stipulation que bon luy semble, de meuble ou d'immeuble, parce que cela fait partie de la liberalité, qui n'est faite que sous cette condition.

6. Il en faut dire de même lorsqu'on fait une donation, *conditio enim adjecta facit partem donationis*; mais lorsqu'une personne joüissante de ses droits se marie, il est libre entre les conjoints de faire telle convention, mais ils ne peuvent pas stipuler propre ou immeuble ce qui ne l'est pas à l'égard de leurs heritiers, parce qu'il n'est pas permis à une personne d'intervertir l'ordre de sa succession au préjudice de la Coûtume, comme on ne pourroit pas dans son cabinet declarer par un acte que son bien est meuble ou immeuble, il n'y a que celuy qui donne; ainsi telle convention seroit bonne entre conjoints, mais à l'égard des heritiers, *pro non scripta haberetur.*

CONFERENCE SUR L'ARTICLE LXXXVIII

DE même, *Calais*, art. 1. *Reims*, art. 16.

Auteurs sur l'Article quatre-vingt-huitiéme.

DUrantus, *quaest.* 22. *lib.* 1.
Buridan, sur Reims, art. 16.
Journal du Palais du 20. Mars 1685.
Acte de Notorieté du 13. Novembre 1705.
Journal des Audiences, tom. 2. liv. chap. 7.
Auzanet, en ses Arrests, liv. 3. chap. 25.
D'Argentré, sur la Coûtume de Bretagne, art. 408. gl. 2. & art. 44.
Chopin, en la Preface du livre 3. sur la Coûtume d'Anjou, & sur la Coûtume de Paris, liv. 1. tit. 1. n. 1. & suiv. & *du Domaine*, liv. 3. tit. 4. n. 3.
De Lhommeau, sur la Coûtume d'Anjou, liv. 3.
Bacquet, *des Droits de Justice*, ch. 21. n. 83.
Vrevin, sur la Coûtume de Chauny, art. 2.
M. Le Prestre, Cent. 2. chap. 95.
Tiraquellus, de retractu lineari, §. 1. *glos.* 7. *num.* 1. *cum seq.*
Duret, dans son Alliance des Coûtumes, tit. 23. page 598.

ARTICLE LXXXIX.

Cet article a été ajoûté à la reformation de l'ancienne Coûtume.

Cedules & Obligations, quand reputées meubles.

Cedules & Obligations faites pour sommes de deniers, marchandises, ou autres choses mobiliaires, sont censées & reputées meubles.

Voyez les Articles 93. 94. & 95.

Remarques.

Mobilia esse non desinunt quae constitutam habent hypothecam pro debito semel quidem solvendo, aut repetitorum annorum intra novennium, id est non longi temporis: quia hoc casu hypotheca accessoria est. Argent. art. 541. n. 4.

La question de sçavoir, si un legs fait de meubles, les cedules & obligations, l'or & l'argent monnoyé, même les meubles précieux de cabinet & de reserve y sont compris, est diversement resoluë & jugée par les Arrests.

Charondas sur cet article en rapporte un intervenu sur un procés auquel il avoit écrit, du mois d'Avril 1559. par lequel il fut jugé que les cedules & obligations n'étoient pas comprises en un legs fait par le testateur des meubles qui se trouvoient en espece & évidence en sa maison au jour de son decés.

Mais il fait voir dans la suite que cet Arrest a été donné sur le particulier, & sur les termes du testament; & de fait il établit l'opinion contraire. Aussi du depuis il a été jugé par Arrest du 8. Février 1624. que sous le legs de meubles que j'ay en ma maison, de quelque nature & condition qu'ils soient, l'or & l'argent monnoyé y étoient compris, & par autre du 27. Avril 1626. que sous le legs de meubles meublans & servans ordinairement en la maison, la vaisselle d'argent, les tableaux, les tapisseries en faisoient partie.

Il faut donc conclure, qu'en pareils rencontres où il est question de l'ambiguité de ce qui est compris en un legs ou non, la décision en doit être prise *ex presumpta mente testatoris & communi usu*, ainsi qu'il s'apprend par la Jurisprudence Romaine aux Titres *de legatis* 1. 2. & 3. *de tritico, vino & oleo leg. de suppel. leg. & de auro & arg. leg. passim.*

Il est intervenu Arrest en la Grand'-Chambre au rapport de Monsieur Ferrand, le 21. Mars 1654. en un procés auquel j'avois écrit pour Damoiselle Magdelaine le Moine, contre Damoiselle Catherine de la Biche, femme de Maître Jean Guyet, Avocat en Parlement, par lequel il a été jugé, qu'en un legs fait par Maître Jean le Moine, Docteur en Medecine de la faculté de Paris, de la moitié de la maison de la fleur de Lys, située en la ville de Paris, & de la moitié de toutes sortes de meubles quelconques étant en ladite maison, l'or & l'argent monnoyez n'y étoient pas compris. J'avois examiné la question en la deuxiéme partie de mon Traité des Donations, sur la fin, sous le nom de Jacques Bitou.

CEDULES ET OBLIGATIONS.

GLOSE UNIQUE SUR L'ARTICLE LXXXIX.

SOMMAIRE.

1. Cedule, *ce que c'est.*
2. Obligation, *ce que c'est.*
3. *Ce que c'est que* l'action.
4. *Cedule ou obligation est meuble.*
5. *Quoique l'obligation emporte hypotheque.*
6. *Ou faite pour soulte de partage.*
7. *Ou pour ventes d'immeuble.*
8. *Ou d'un propre.*
9. *Le survivant qui a les meubles par contrat de mariage, & les cedules & obligations.*
10. *Si les cedules & obligations sont toûjours mobiliaires.*
11. Quid, *de la promesse de passer contrat de constitution.*
12. *De l'obligation ou promesse pour soulte de partage ou vente d'immeubles entre conjoints.*
13. Quid, *des deniers provenans de la vente des biens des mineurs.*
14. Quid, *de l'action qui compete aux mineurs pour deniers dûs à leurs pere & mere.*
15. *Pourquoy en certains cas la qualité d'immeubles se communique aux effets mobiliaires des mineurs.*
16. *Si les deniers du rachat d'un heritage vendu à faculté de remeré sont meubles.*
17. Quid, *des deniers du rachat des domaines du Roy engagez.*
18. *De quel jour les deniers du rachat sont*

considerez comme meubles.

19. Quid, *des deniers du rachat des domaines du Roy engagez.*

20. *Comment se regle une obligation, quand le debiteur est étranger.*

21. *Si une obligation pour succession mobiliaire est meuble.*

22. *Si les actions sont meubles ou immeubles.*

23. *Si l'action en recours de garantie est mobiliaire.*

24. *Si c'est une dette de la communauté.*

25. *Si un legs de meubles comprend les obligations.*

26. *Si la pratique d'un Procureur est meuble.*

27. *Legs de meubles & acquests & conquests comprend tous les effets mobiliaires.*

CEt article parle d'une nature de meubles qui ne sont point corporels, mais incorporels, comme sont les cedules ou promesses & obligations.

1. Cedule ou schedule, est un billet ou promesse de payer une somme de deniers écrite de la main du debiteur, que les Jurisconsultes appellent *chirographum*, ou *privatum crediti instrumentum*; & les creanciers des sommes contenuës dans ces promesses sont appellez, chirographaires, mobiliaires ou personnels.

2. Obligation est l'acte passé pardevant Notaires, portant promesse de donner une somme de deniers à quelqu'un.

3. L'action est le droit de poursuivre pardevant le Juge le payement de ce qui nous est dû, ou la restitution de ce qui nous appartient.

La principale division de l'action se fait en action personnelle, réelle & mixte, voyez sur le titre 5.

4. Cet article établit une regle qui est generalement vraye par-tout, toute cedule & obligation faite pour somme de deniers, marchandises ou autre chose mobiliaire est meuble; on ne regarde pas la cause, d'où elle procede, ainsi une cedule & obligation soit pour prest d'argent, pour vente de chose mobiliaire ou immobiliaire, pour soulte de partage ou autre, est
5. chose mobiliaire; & même quoique l'obligation emporte hypotheque, & soit nantie & réalisée dans les Coûtumes de nantissement, parce que le nantissement qui ne sert que pour la sureté du créancier, n'en peut pas changer la nature, article 18. de la Coûtume de Reims.

A l'égard de l'action si elle est mobiliaire ou immobiliaire, voyez cy-aprés. Nous remarquerons icy.

6. Premierement, que l'obligation faite pour soulte de partage quoique d'un propre, est mobiliaire; pour la raison qu'il ne peut pas y avoir de subrogation entre choses de differentes natures & qualitez: un immeuble est subrogé au lieu & place d'un immeuble comme au cas de l'échange, suivant l'article 143. mais le meuble ne peut être subrogé au lieu de l'immeuble; ainsi une somme de deniers pour quelque cause qu'elle soit dûë est meuble.

7. En second lieu, que l'obligation d'une somme de deniers est chose mobiliaire, quoiqu'elle soit passée pour le prix de la vente d'immeubles, & que le prix en soit dû au temps du decés, ainsi jugé par Arrest du 8. Janvier 1611. rapporté par Monsieur le Prestre entre les Arrestez de la cinquiéme.

8. Par autre du 1. Août 1617. remarqué par les Commentateurs: il a été jugé que l'obligation passée par un Marchand pour coupe de bois de haute-fustaye, quoique propre au vendeur est meuble en sa succession, quoiqu'il soit decedé avant que la coupe en soit faite.

Par autre Arrest du 10. Février 1660. rapporté dans le 2. Tome du Journal des Audiences, a été jugé que les deniers provenans de la vente d'un propre, dûs au temps du decés du vendeur sont meubles.

Cet Arrest a été rendu en la Coûtume d'Anjou, qui porte en l'art. 296. *Si le mary & la femme ou l'un d'eux, avoient vendu leur propre heritage, ou partie d'iceluy dont leur fut dû aucune somme de deniers au temps du decés de l'un d'eux par l'acquereur ou acquereurs desdits heritages, les deniers qui en sont encore dûs au temps dudit decés reviendront ou écherront pour le tout à celuy d'eux ou ses hoirs, devers lequel ledit heritage vendu étoit mouvant, & seront iceux deniers censez & reputez entre le survivant & les heritiers du premier trépassé desdits mariez, de la nature du propre heritage ou patrimoine, nonobstant qu'il y ait communauté entr'eux.*

En consequence des termes de cet article, l'heritier des propres, prétendoit que les deniers du propre vendu devoient luy appartenir, par l'Arrest conformément aux Conclusions de Monsieur l'Avocat General Talon, la Cour infirma la Sentence du Juge dont étoit appel, sur ce que la disposition de cet article étoit borné entre les conjoints par mariage, à l'effet seulement d'empêcher que les deniers ne tombassent dans la communauté, suivant l'usage general de toutes nos Coûtumes. Voyez sur l'article 232.

9. En troisiéme lieu, que si par contrat de mariage il est convenu que le survivant des conjoints aura les meubles, les actions actives, mobiliaires, où les cedules & obligations y sont contenuës, comme il a été jugé par Arrest du 18. Juin 1569. remarqué par Bacquet au Traité de desherence, chapitre 5. nombre 3.

10. Cet article semble décider au contraire que la cedule ou obligation faite pour chose non mobiliaire, mais pour un immeuble est immobiliaire; parce que *inclusio unius est alterius exclusio*, mais il faut entendre les termes de cet article; ensorte qu'ils se rapportent à la chose contenuë en l'obligation, & non pas à la cause de ladite obligation.

Ainsi il est vray que l'obligation faite pour prest d'argent ou vente de chose mobiliaire, est un meuble.

Il n'est pas moins vray que celles qui sont faites pour le prix de vente d'immeubles & de droits immobiliaires sont aussi meubles, parce qu'il ne s'agit pas de la cause de l'obligation, mais de la chose qui y est contenuë laquelle est meuble.

Les obligations au contraire qui sont faites pour des immeubles, c'est-à-dire qui obligent le debiteur à livrer un immeuble, ou qui contiennent quelque droit immobilier, est reputée chose immobiliaire.

11. Promesse sous seing privé, de passer contrat de constitution est immeuble, comme il a été jugé par Arrest du 24. Mars 1662. rapporté dans le second Tome du Journal des Audiences.

La raison est que cette promesse emporte aliénation du principal & est reputée constitution de rente, laquelle est immeuble dans la Coûtume de Paris, voyez sur l'article 94.

Il y a quelques cas ausquels la regle contenuë en cet article n'est pas reçûë.

12. Le premier est, que cedule, promesse & obligation faite pour soulte de partage ou pour vente d'immeubles appartenans à l'un des conjoints est reputée immeuble, à l'effet seulement d'empêcher que les

biens des conjoints par mariage ne tombent indirectement dans la communauté, & qu'ils ne se puissent avantager par ce moyen indirectement contre la prohibition du Coûtumier, en convertissant leurs immeubles en deniers & choses mobiliaires ; voyez sur l'article 220. glos. 2.

Mais cette fiction ne s'étend pas hors son cas, c'est pourquoy elle n'empêche pas que telle obligation ne soit considerée comme meuble dans la succession de celuy à qui elle appartient, & qu'il n'en puisse disposer entierement à sa volonté comme d'un effet mobiliaire par ordonnance de derniere volonté, nonobstant les articles 292. & 295. qui ne s'entendent que des veritables immeubles.

13. Le deuxiéme est, que les deniers provenans de la vente des immeubles des mineurs, soulte de partage ou de rachat de rente à eux appartenans sont reputez immeubles & de même nature & qualité que les biens dont ils procedent, soit qu'ils soient dûs ou payez, pour appartenir dans leur succession à ceux ausquels les heritages auroient appartenus s'ils n'avoient pas été vendus, ou les rentes rachetées, voyez sur l'article 94.

14. Il faut dire le contraire de l'action qui compete au mineur pour une somme dûë à ses pere & mere, quoique pour vente d'immeuble, ou soulte de partage, laquelle n'est que mobiliaire en sa personne, suivant l'opinion de Maître Auzanet qui est sans difficulté.

La raison est que n'étant que mobiliaire en la succession du pere, elle ne peut pas devenir immobiliaire en la personne du fils son heritier quoique mineur.

15. La qualité d'immeubles appartenans à un mineur, se communique aux deniers qui en proviennent, par une subrogation fondée sur la disposition de la Coûtume, article 94. afin de conserver la qualité des biens des mineurs, & empêcher que par changement & conversion de propres en meuble, ils ne passent à d'autres heritiers qu'à ceux ausquels ils appartiendroient autrement. Mais les meubles ou effets qui luy échéent ne peuvent pas changer de nature & prendre celle d'immeubles, parce que la raison de la fiction cesse.

16. Le troisiéme est, que les deniers du rachat d'un heritage vendu à faculté de remeré sont meubles ou immeubles selon cette distinction, comme il a été

CHARONDAS jugé par Arrest de l'an 1585. remarqué par Charondas en ses Réponses, livre 7. chapitre 147. ce qui est sans difficulté.

17. AUZANET. Maître Auzanet sur l'art. 92. dit que les domaines du Roy engagez, & les immeubles des particuliers alienez à faculté de rachat sont immeubles & se partagent comme tels, & les deniers provenans du rachat, appartiennent à l'heritier des immeubles ; au cas que la demande en rachat n'ait été formée qu'aprés le decés, mais si elle l'a été auparavant, les deniers sont considerez dans le partage de la succession, sçavoir pour le Domaine du Roy engagé du jour du remboursement ; & pour les heritages des particuliers, du jour du jugement qui ordonne le rachat ; & que cela doit aussi être observé pour les heritages retirez par retrait lignager ou feodal, sur une demande intentée avant ou depuis l'ouverture de la succession.

18. AUZANET. Maître Auzanet tient, que quand l'action de rachat a été intentée avant le decés de l'acquereur, les deniers du rachat ne sont considerez comme meubles que du jour du jugement portant condamnation de rachat ; mais il me paroît qu'il faut remonter au jour de l'action intentée ; ensorte que l'heritage est devenu propre en la personne du successeur de l'acquereur, les deniers du rachat appartiennent à ses heritiers des meubles, parce que le rachat étant ordonné aprés le decés sur l'action contre luy intentée, fait voir qu'il avoit contesté mal-à-propos & qu'il devoit acquiescer à la demande, & payer les deniers du rachat, lesquels auroient appartenu à l'heritier ou au legataire des meubles.

A l'égard des Domaines engagez par le Roy, les deniers du rachat ne sont reputez meubles qu'au tems du remboursement. 19.

Chopin sur ce titre nombre 10. fait cette question, sçavoir comment se regle une obligation, lorsque le créancier est regnicole & le debiteur étrange, & que l'argent ait été emprunté dans son païs & qu'il y soit payable ; il dit qu'elle se doit payer suivant les loix du lieu où le payement en doit être fait ; parce que les biens du debiteur qui y sont situez y sont sujets ; mais que si un marchand de Paris prête de l'argent à un Marchand de Guyenne elle sera reglée par la Coûtume de Paris comme meuble & partagée comme telle, parce que les obligations & les dettes actives, suivent le domicile des créanciers. 20. CHOPIN.

Si les cedules ou obligations faites pour universalité de meubles, comme pour une succession mobiliaire, sont reputées immeubles dans la succession d'un mineur. 21.

Brodeau sur cet article nombre 3. tient l'affirmative & dit, que c'est le sentiment de du Moulin sur l'article 94. nombres 18. & 19. cependant il ne parle que des rentes constituées ; cette opinion n'est pas soûtenable par les raisons rapportées cy-devant, sçavoir que les meubles & effets mobiliaires échûs aux mineurs par succession ou autrement, ne peuvent changer de nature en leur personne, & prendre la qualité d'immeuble ; or une succession de meubles n'est composée que de meubles, ainsi l'obligation qui seroit faite pour cette succession au profit du mineur, ne pourroit passer pour immeuble en aucun cas. Il n'y en a qu'un auquel elle est considerée comme telle, sçavoir, celuy de la complainte, voyez cy-aprés l'art. 97. BRODEAU.

Les actions proprement ne sont ni meubles ni immeubles, puisqu'elles sont droits incorporels, *l.* 3. *§.* 18. *& l. acervus de acquir. vel. amitt. possess.* mais parce qu'elles poursuivent les choses mobiliaires ou les choses immobiliaires ; c'est pourquoy elles sont meubles ou immeubles, *nomina debitorum*, dit Bartole sur la Loy *moventium. de V. S. judicantur secundum naturam eorum, quæ in ipsis continentur ; si obligatio continet quid mobile, & pro mobili proponitur, mobilis est, si pro immobili censetur immobilis.* 22.

Il y a cependant certains cas esquels il est difficile de terminer la nature de l'action, comme l'action pour les dommages & interêts de l'éviction, laquelle semble meuble en ce que *id quod interest* est mobiliaire tendante à une somme d'argent à définir *arbitrio judicantis.* 23.

D'Argentré estime qu'elle est immobiliaire, parce qu'elle tend à conserver l'heritage à l'acquereur, *etsi secundaria obligatio in interesse pecuniarium resolvitur, primaria tamen quæ rei tradendæ est, aut frui licere, non est pecuniaria & immobile continet cujus natura primum spectanda est.*

Monsieur le Prestre centurie 2. chapitre 100. est de même avis, & dit que la seconde femme à cause de la communauté, n'est point tenuë de l'action en recours de garantie intentée pour raison de l'heritage vendu par son mary avant son second mariage, ni au payement des dommages & interêts à cause de l'éviction, cette action étant immobiliaire à cause de la réalité & de l'éviction de l'heritage, & dit avoir été jugé ainsi par Arrest du 9. Mars 1561. pour la veuve Baronis.

Du Moulin sur l'article 109. est de même avis, que l'action en recours de garantie n'est pas une dette de la communauté, *judicatum in curia quod si vir qui vendiderit*, s'est obligé à la garantie : *idem si ut fidejussor, non est* dette de la communauté ; *ideo non tenetur vidua solvere dimidiam, sed tantum tenetur pro rata bonorum sive ad concurrentiam, & sic in vim hypotheca, ergo tenetur de toto in vim hypotheca &* DU MOULIN *non de dimidia tantùm, factâ tamen alterius discussionem.*

C'est aussi le sentiment de Coquille sur l'article titre *des Droits appartenans à gens mariez de la Coûtume de Nivernois.*

24. Néanmoins si cette dette est contractée par le mary pendant le mariage, j'estime que c'est une dette de la communauté, comme il a été jugé par Arrest du 6. Septembre 1625. en la quatriéme Chambre des Enquêtes sur un appel du Juge de Langres, rapporté par la Lande sur l'article 187. de la Coûtume d'Orleans.

Touchant l'action de remploy, voyez l'article 232. & l'action pour une somme stipulée en employ, l'article 93.

25. *Si un legs de meubles comprend les cedules, obligations & actions?*

Les Arrests ont jugé que non, à moins qu'il n'en soit fait mention dans le testament, les Commentateurs sur cet article, & Montholon en ses Arrests chapitre 65. en remarquent deux des 23. Juin 1585. 22. Decembre 1590. par lesquels il a été jugé que dans le legs fait par un mary à sa femme de ses habits & meubles qui seroient en évidence en sa maison au jour de son decés, l'argent monnoyé, les bagues & joyaux, les cedules, obligations & autres dettes actives, quoique trouvées en sa maison, n'étoient point comprises dans le legs.

Bacquet au Traité des droits de Justice chapitre 21. *num.* 84. cite un autre Arrest du 18. Juin 1560. qui a aussi jugé que les cedules & obligations n'étoient point comprises dans une donation de meubles.

Que si le legs étoit universel de meubles, il n'y auroit pas de difficulté qu'ils n'y fussent compris, comme ayant veritablement la nature de meubles, & n'y ayant pas lieu de douter, que ce ne fût la volonté du testateur.

BRODEAU. C'est le sentiment de Brodeau *num.* 5. & des Docteurs par luy citez.

Par autre Arrest donné en la Grand'-Chambre, au rapport de Monsieur Ferrand le 21. Mars 1654. rapporté Monsieur Ricard en son Traité des Donations part. 2. chapitre 4. nombre 187. il a été jugé, que l'or & l'argent monnoyé, les cedules & obligations n'appartenoient point au legataire en vertu d'un legs à luy fait par Maître Jean le Moine, Docteur en la Faculté de Medecine de Paris en ces termes : *Plus je laisse & donne à Maître Nicolas de la Biche moitié de la maison du Roy David, où de present je suis demeurant, avec la moitié de toutes sortes de meubles qui y sont.*

BRODEAU, RICARD. Ces Arrests sont rapportez par Brodeau *loco citato,* & par Maître Ricard sur cet art.

Par autre Arrest prononcé en l'Audience de la Grand'-Chambre, le 8. Février 1659. rapporté par Maître Ricard en son Traité des Donations *d. loco,* la même chose a été jugée pour une donation faite *de tous les meubles qui se trouveroient appartenir au donateur au jour de son decés, consistans en meubles meublans, tapisserie, vaisselle d'argent & autres biens meubles, plus de tous ses Livres & Recueils.*

Guy Pape *quæst.* 291. traite la question, *an appellatione mobilium veniant nomina,* il resoud que non, suivant le sentiment de Bartole sur la Loy 2. C. *de adverf. transactio.*

Dans la question 459. il décide que *sub legato mobilium non continentur nomina,* parce que *nomina non sunt mobilia, nec immobilia, sed sunt quoddam genus per se, d. l. à divo Pio. §. in venditione. ff. de re judic. l. quam Tuberonis. §. fin. ff. de pecul.* Que néanmoins il faudroit dire le contraire, si le testateur avoit dit, *bona sua, nullâ mentione factâ de mobilibus & immobilibus ; quia tunc jura, nomina & actiones venirent in fideicommisso, l. ex asse. §. si quis bona. l. nam quod. §. fin. & l. seqq. ff. ad Trebell.*

C'est l'avis des autres Docteurs rapportez sur cette question. 26. CHARONDAS.

Charondas sur cet article remarque un Arrest donné au profit de la veuve de feu Maître Jean de Leans Procureur à Clermont, contre Maître Michel de Leans son heritier, du 18. Novembre 1581. par lequel il dit, que la Pratique du défunt avoit été adjugée à la veuve, à laquelle par contrat de mariage il avoit fait donation de tous ses meubles.

Cet Auteur dit, que ce mot *meubles* en contrat de mariage, soit pour communauté, ou donation au survivant, s'entend de tous, tant de ceux qu'avoient les conjoints au temps du mariage, que de ceux qu'ils auroient eu depuis ; & cette distinction est conforme à l'usage ; parce que les biens des conjoints sont propres, conquests & meubles.

Les propres se prennent tant pour les propres de ligne que pour les immeubles acquis avant le mariage, parce qu'ils sont reputez propres pour les exclure de la communauté.

Les conquests sont ceux qui sont acquis pendant la communauté.

Les meubles sont toutes les choses qui sont veritablement meubles ou reputées telles.

Desorte que le don des meubles fait par un des conjoints, comprend tous les effets mobiliaires.

C'est l'avis de Brodeau *num.* 5. qui cite un Arrest du 18. Juin 1569. & plusieurs Auteurs, qui sont du même sentiment. BRODEAU.

De cet Arrest il s'ensuit, que la Pratique d'un Procureur est meuble, c'est le sentiment de Maître Charles du Moulin sur l'article 18. nombre 1. & de Chopin sur le titre des Fiefs, nombre 38. & tel est l'usage. 27.

Que si un testateur leguoit à quelqu'un ses meubles & ses acquests ou conquests immeubles, ce legs universel comprendroit tous les meubles, de quelque nature qu'ils seroient ; parce que le legs universel de meubles comprend tous les effets mobiliaires, comme il a été dit cy-dessus. 28.

Pareillement s'il apparoissoit que sous ce mot *meubles* le testateur eût voulu faire un legs universel de meubles, il n'y auroit pas encore de difficulté ; comme s'il avoit legué à l'un ses acquests immeubles, à l'autre ses meubles, & à l'autre le quint de ses propres.

Par cette disposition il ne feroit pas difficile de connoître, que son intention étoit de reduire son heritier des propres aux quatre quints, & on ne pourroit pas douter, que le legs des meubles ne fût universel pour toutes les choses qui pourroient tomber sous ce non de *meubles.*

OBSERVATIONS DE MONSIEUR ***,

Sur l'article LXXXIX.

SOMMAIRE.

1. *Article 89.*
2. *Article nouveau concernant les sommes dûës pour soulte de partage, &* finito *de compte & prix de la vente d'un immeuble.*
3. *Si le prix d'un immeuble vendu est meuble, lorsqu'il n'est payable qu'à de certains termes.*
4. *Si le vendeur n'a pas été payé du prix d'un immeuble par luy vendu, son heritier demandant d'en estre payé ou de rentrer dans l'immeuble, cette action est mobiliaire ou non.*
5. Quid, *si le vendeur de son vivant avoit intenté l'action pour rentrer dans l'heritage.*
6. *Si le* finito *de compte est meuble ou immeuble.*
7. *Autre article ajoûté concernant le recours de garantie contre un coobligé, ou un principal debiteur.*
8. *Autre article ajoûté touchant les dettes courantes & les fruits civils.*
9. *Les fruits civils sont immeubles du jour de la saisie réelle du fond.*
10. *Comment la distribution se doit faire en sous ordre entre plusieurs créanciers de celuy qui aura été colloqué pour une créance mobiliaire.*

CEt article sera plus clair, en y ajoûtant quelques mots de la maniere qui suit,

1. *Cedules & obligations faites pour sommes de deniers, marchandises ou autres choses mobiliaires, & les actions qui naissent d'icelles, sont censées & reputées meubles.*

Comme cet article est general, & ne s'étend point à une infinité de choses qui ne laissent pas de pouvoir faire quelque difficulté, nous avons fait touchant cette matiere trois articles nouveaux.

ARTICLE NOUVEAU.

2. *Les sommes dûës à un majeur pour soulte de partage, &* finito *de compte, & prix de la vente d'un immeuble, & les actions qui naissent en consequence sont censées & reputées meubles en la personne d'un majeur, quoiqu'elles soient depuis passées en la personne d'un mineur, & qu'elles soient payables à long terme.*

Nous avons fait cet article pour terminer deux grandes questions.

La premiere, sçavoir si les deniers dûs pour soulte de partage étoient immeubles ou meubles.

La seconde, si les deniers du prix d'un heritage étoient meubles ou immeubles.

Nous disons avec raison qu'ils doivent être censez meubles, parce qu'il ne faut jamais faire de fictions sans necessité; & que comme cette action, *tendit ad mobile assequendum*, suivant nos principes elle doit être reputée mobiliaire.

Nous avons ajoûté les actions, afin que l'article eut du rapport avec le précedent; & comme on repute mobilier le contenu en l'article, il faut de necessité que l'action le soit pareillement.

Nous avons mis ces mots, *en la personne d'un mineur*, pour faire la difference du mineur & du majeur; parce qu'à l'égard du mineur la soulte de partage & le prix d'un immeuble ou d'une rente, est toûjours immeuble jusqu'au jour de sa majorité, mais du jour de la majorité ce ne sont plus que des deniers; & si le majeur vient à deceder, & laisse des mineurs, ce sont toûjours meubles, parce que le majeur ne les a jamais possedé que comme meubles; le privilege du mineur n'étant pas de rendre immeuble ce qui luy advient comme meuble, mais d'empêcher que ce qui luy advient comme immeuble, ne puisse changer de nature pendant sa minorité, pendant laquelle seulement la fiction dure, puisqu'elle n'est faite qu'en faveur des mineurs.

3. La grande difficulté est, sçavoir, si le prix d'un immeuble vendu payable dans certains termes de dix, quinze, vingt années n'est pas censé immeuble, à cause que le prix est dû.

Nous décidons avec raison qu'il est meuble; parce que le terme de payer ne change pas la nature de la dette provenante d'un contrat qui ne produit qu'une action pour demander le prix, c'est-à-dire des deniers qui sont meubles de leur nature.

4. On a poussé la difficulté plus loin, & on a demandé, si lorsqu'un acquereur n'a point payé le prix d'un immeuble, si l'action pour en être payé ou pour le retirer est immeuble aprés le decés du vendeur?

Cela peut dans la premiere vûë faire quelque difficulté; mais quand on voudra reprendre les principes, on trouvera que cette action est mobiliaire, car elle est dirigée *ad quid mobile assequendum.*

Deplus il est constant, qu'il faut prendre les successions en l'état qu'elles se trouvent lors du decés de celuy qui nous transmet l'action; or c'est proprement le prix de la chose venduë, *qui est in bonis successionis*, & par consequent meuble.

Que si l'heritier des meubles intente l'action pour rentrer, il ne l'intente que subordinement, & à faute par l'acquereur d'avoir payé; ainsi cette action est toûjours mobiliaire, & cela est si vray, que si l'heritier des meubles écouloit, il ne formeroit point cette action, & il pourroit faute de payement proceder par voye de saisie réelle sur le bien vendu, & sur tous les autres biens de l'acquereur.

5. Il n'en seroit pas de même, si le vendeur de son vivant avoit intenté l'action pour rentrer, faute de payement, dans l'heritage par luy vendu ; car en prenant la succession en l'état qu'elle se trouveroit, comme la demande intentée par le défunt, tenderoit *ad quid immobile assequendum*, elle seroit immobiliaire; & si de son vivant le vendeur avoit obtenu à ses fins l'heritage dans lequel il seroit rentré, ne seroit pas un acquêt en sa personne, mais toûjours un propre, en cas qu'il le fut avant, & lorsque la vente en avoit été faite.

La raison est, que le regrés a annéanti entierement la premiere vente, ensorte que les hypotheques des créanciers de l'acquereur évincé, n'ont pas lieu sur ledit heritage, sauf néanmoins pour les augmentations & ameliorations, *in quantum fundus melior factus est*.

6. A l'égard du *finito* de compte, il faut distinguer dequoy il est composé.

Pour la portion de la vente des immeubles ou des rachats de rentes dont il est composé, il est reputé immeuble.

Pour le surplus il est reputé meuble.

Autre Article nouveau.

7. *L'action de recours de garantie d'un obligé qui a payé pour son coobligé, ou d'une caution pour le principal debiteur, & d'un associé contre son associé, est censée mobiliaire.*

Cet article a été ajoûté pour décider une question qui a souvent causé beaucoup de procez, & de la maniere qu'il est conçu il previendra plusieurs contestations, aussibien que l'article suivant.

Autre Article nouveau.

8. *Les dettes successives & courantes, comme pensions, interêts legitimes, arrerages de doüaire préfix, sont meubles avant même qu'ils soient échus, à l'effet de pouvoir être saisis & arrêtez, comme aussi les arrerages de censives & redevances seigneuriales, de bail d'heritages, de rentes constituées à prix d'argent, de loyers de maisons, profits de Fiefs, revenus de forges, moulins & prix des baux, & autres fruits civils, & par consequent peuvent être saisis & arrêtez, entrent en communauté, & appartiennent aux heritiers des meubles pour ce qui en est dû au jour de son decés ; si ce n'est qu'il y eut eu saisie réelle, duquel jour ils sont censez immeubles, aussi-bien que le prix de ce qui est vendu par decret, & distribuez par ordre d'hypotheque.*

Cet article est pour regler toutes les choses qui composent les revenus ordinaires.

Il contient trois parties :

La premiere, que les revenus des choses qui ne sont point susceptibles d'hypotheques sont meubles, sçavoir les dettes successives & courantes, comme pensions, interêts legitimes de doüaire préfix.

La deuxiéme, que les revenus des biens immeubles qui sont susceptibles d'hypotheque, sont meubles comme les arrerages de rente & autres fruits civils énoncez en cet article.

La raison est, que ces sortes de fruits peuvent être saisis & transportez, & se distribuent toûjours par préference au premier saisissant, ou par contribution.

Mais cela ne doit pas troubler l'ordre des successions, & empêcher que l'heritier des immeubles ne joüisse de ces revenus du jour du decés, ce que nous avons observé en mettant ces mots, *& appartiennent aux heritiers des meubles pour ce qui est dû au jour du decés.*

La troisiéme partie de cet article contient une exception de la regle generale ; sçavoir, que quoique les fruits civils soient meubles avant même qu'ils soient échus, & qu'ils puissent par consequent être saisis &
9. arrêtez &c. néanmoins au cas de la saisie réelle ils sont censez immeubles du jour de la saisie réelle, aussibien que le prix de ce qui est vendu par decret, & distribuez par ordre d'hypotheque.

10. Mais on demande, si cette distribution se doit faire par ordre d'hypotheque entre plusieurs créanciers de celuy qui aura été colloqué pour une obligation, cedule reconnuë, ou autre créance mobiliaire portant hypotheque, lorsque ces créanciers viennent en vertu de leur opposition en sous-ordre.

Il semble que ces créanciers qui viennent en sous-ordre ne peuvent chacun à leur égard exercer le droit de leur debiteur que de la maniere qu'ils peuvent agir contre leur debiteur commun, lequel ne se trouvant créancier qu'en vertu d'un titre mobiliaire, l'argent qui en provient ne doit être distribué entr'eux que par contribution, & non pas par ordre d'hypotheque.

Néanmoins nous l'avons décidé au contraire, sans autre raison que l'usage, & nous avons décidé, qu'en ce cas chacun desdits créanciers exerceroit les droits de son debiteur, & recevroit en sa place les deniers provenans de la vente d'un immeuble par ordre d'hypotheque, comme s'ils étoient tous créanciers de celuy dont l'immeuble est vendu ; & ce sur la somme pour laquelle leur debiteur commun est colloqué, laquelle somme provenant de la vente faite par decret d'un immeuble, doit être considerée à cet égard comme un immeuble dans le partage qui s'en fait en sous-ordre entre les créanciers du debiteur colloqué.

CONFERENCE SUR L'ARTICLE LXXXIX.

De même, *Auvergne*, chap. 16. art. 10.

Berry, tit. 4. art. 1. & 2. dit, *Sous le nom de meubles sont compris les noms & actions competans à meubles, & sous le nom des immeubles sont compris les noms & actions competans à immeubles. Ce qui aura lieu és contrats & dispositions de derniere volonté.*

Bourbonnois, art. 281.

Calais, art. 2. *Cambray*, tit. 16. art. 4.

Marche, art. 113.

Nivernois, chapitre 26. article 7. *Normandie*, article 490.

Reims, art. 17. & 18.

Auteurs

Auteurs sur l'Article quatre-vingt-neuviéme.

Bartole, *ad l. Centurio. ff. de vulg. & pupill. subst.*
Ranchin, & les Auteurs par luy citez sur la décision 499. de Guy-Pape.
Pinellus, *ad legem* 1. *cod. de bonis maternis*, *n.* 45. *& seqq.*
Loysel, liv. 2. tit. 1. regle 3.
Durantus, *quæst.* 22.
Bobé, sur cet article.
Buridan, sur Reims, art. 17. & 18.
Basnage, sur Normandie, art. 390. 504.
Papon, liv. 17. tit. 4. nomb. 2.
M. Le Prestre, Cent. 2. chap. 100. Cent. 3. ch. 56.
Bouvot, tom. 1. *verbo* action, quest. 6.
Journal des Audiences, tom. 2. liv. 3. chap. 7.
Chassanée, sur la Coûtume de Bourgogne, titre 4. art. 2. sur ces mots, *tous meubles*, n. 10.
Papon, sur Bourbonnois, art. 281.
Rat, sur la Coûtume de Poitou, art. 9. & 298.
Publicius, sur la Coûtume d'Auvergne, titre 66. art. 10.
Bessian, sur la même Coûtume, art. 1.
Chopin, sur la Coûtume d'Anjou, liv. 3. chap. 2. tit. 1. n. 21. *en marge*, & chap. 3. tit. 3. n. 6.
De Lhommeau, sur la même Coûtume, liv. 2. art. 332. & liv. 3.
Labbé, sur la Coûtume de Berry, tit. 4. art. 1.
Tiraqueau, *du Retrait lignager*, art. 1. gl. 7. n. 1. & suiv. & *du Droit des aînez*, quest. 49.
Bacquet, *du Droit de desherence*, chap. 3. nomb. 3. & *des Droits de Justice*, chap. 13. nomb. 5. ch. 21. n. 85.
Gouget, *des Criées*, liv. 2. p. 91.
Basmaison, sur la Coûtume d'Auvergne, tit. 16. art. 10.
Alexander, vol. 1. Conf. 31.
Mornac, *ad l.* 34. *ff. de pign.*
Coquille, en son Institution, *hoc tit.*
Duret, dans son Alliance des Coûtumes, tit. 23. p. 596.
Duplessis explique cet article, tit. 1. p. 138.

ARTICLE XC.

Cet article a été ajoûté à la reformation de la Coûtume.

Ustancilles d'Hostel, Moulins & Pressoirs, de quelle espece.

Ustancilles d'Hôtel qui se peuvent transporter sans fraction & deterioration, sont aussi reputez meubles; mais s'ils tiennent à fer & à cloud, ou sont scellez en plâtre, & sont mis pour perpetuelle demeure, & ne peuvent être transportez sans fraction & deterioration, sont censez & reputez immeubles, comme un moulin à vent & à eau, pressoir édifié en une maison, sont reputez immeubles, quand ne peuvent être ôtez sans dépecer, ou desassembler, autrement sont reputez meubles.

Voyez les deux Articles suivans.

Remarques.

Il se fait sur cet article une question, sçavoir, si les canons & artilleries qui sont dans les Châteaux pour leur garde, les ornemens des Chapelles; les statuës posées dans les niches, & autres choses semblables, qui se pourroient, à la verité, emporter sans déterioration, mais qui sont mises en une maison pour perpetuelle demeure, doivent être reputées meubles ou immeubles?

La commune opinion fait passer toutes ces choses pour immeubles.

On allegue néanmoins des Arrests que l'on prétend avoir jugé diversement la question, sur lesquels par consequent je ne vois pas que l'on puisse asseoir une doctrine solide, vû principalement que ces Arrests sont rapportez avec contrarieté, les uns prétendans qu'ils ont jugé d'une sorte, & quelques-uns d'une autre; par exemple, l'Arrest de Bessebat, du 13. Mars 1610. rapporté diversement par Gouget, p. 1. ch. 4. & Mornac, *ad l. statuæ. ff. de usufr.*

Mais quoiqu'il en soit, il semble que l'on puisse tirer du Droit une distinction fort convenable pour décider cette question avec équité; quoique quelques-uns qui n'ont pas assez digeré cette matiere, veulent faire passer les Loix qui sont à ce sujet pour contraires, quoiqu'elles ne le soient pas en effet.

Nous avons donc les Loix 40. §. *ult. ff. de contr. empt.* 242. & 245. *de verb. signific.* & la Loy 14. §. *ult. ff. de act. empti & vend.* desquelles j'estime que l'on peut tirer cette maxime generale qui resout nôtre question; que si les choses dont nous parlons font comme partie de la maison, qu'elles composent sa substance, & soient en quelque façon necessaires pour sa conservation, & comme dit fort bien l'une de ces Loix, *si pars ædium vel propter ædes habeantur*, en ce cas elles doivent passer pour immeubles, autrement elles conserveront toûjours leur qualité de meubles, puisqu'il ne se rencontre aucune necessité de leur faire changer leur nature qui est de soy mobiliaire.

Sur ce fondement il a été jugé par Arrest du 11. Juillet 1629. au profit du Chapitre de Saint Vincent de Mascon, que les statuës qu'un Chanoine avoit fait mettre en une gallerie sur des bases aux deux côtez de l'escalier de la maison Canoniale qu'il avoit habité, devoient demeurer à la maison sans remboursement.

Il avoit auparavant été jugé par un ancien Arrest du 16. Juillet 1567. que des tableaux cramponez à une maison étoient immeubles, & non pas ceux qui n'étoient que simplement suspendus.

Il y a encore un autre Arrest intervenu en la Grand-Chambre, au rapport de Monsieur de Lanolie, le 7. Juin 1585. par lequel il a été jugé au profit de Monsieur le Duc de Montpensier, que les ornemens & les tableaux de la Chapelle de Champigny étoient immeubles.

USTANCILLES D'HOSTEL QUI SE PEUVENT TRANSPORTER.

GLOSE UNIQUE SUR L'ARTICLE XC.

SOMMAIRE.

1. *Pourquoy les ustancilles d'hostel sont reputez meubles, quand ils se peuvent transporter sans déterioration.*
2. *Pourquoy ils sont immeubles, quand ils tiennent à fer & à cloud.*
3. *Si pour le meuble incorporé à l'immeuble la complainte peut estre formée.*
4. *Si meubles par destination du pere de famille sont reputez immeubles.*
5. *Si les ornemens des Chapelles des Châteaux sont meubles.*
6. Quid, *des statuës mises dans une maison ou jardin.*
7. Quid, *des statuës mises par le mary dans sa maison pendant la communauté.*
8. *Si cet article se doit entendre des choses mises dans une maison par le proprietaire, & non par l'usufruitier.*
9. Ustancilles d'Hostel, *ce que c'est, & quand reputez immeubles.*
10. *Plusieurs sortes de moulins.*
11. *Si le moulin bannal sur batteau est immeuble.*
12. *Pressoirs, quand sont reputez meubles ou immeubles.*
13. Quid, *en Coûtume qui n'en dispose point.*
14. *Si les batteaux & navires sont immeubles, & s'ils sont sujets au decret.*
15. *Si les presses d'Imprimerie sont meubles.*
16. Quid, *des materiaux d'une maison.*
17. *Si les feurs, pailles, & fumiers appartiennent à l'adjudicataire.*

CEt article est conforme au Droit Romain, & paroît avoir été tiré de la décision de la Loy *quæsitum.* 12. §. 23. & 37. de la Loy *cum fundus.* 21. & de la Loy *dolia.* 26. *ff. de instr. vel instrum. legato,* de la Loy *fundi* 17. §. *labeo* 7. de la Loy 18. *ff. de actionib. empti.* de la Loy *malum.* 242. §. 2. & 4. & de la Loy 245. *ff. verbor. signif.*

Il parle de trois choses, qui sont quelquefois reputées meubles, & quelquefois immeubles, sçavoir les ustancilles d'hostel, les moulins & les pressoirs.

1. Quant aux ustancilles d'hostel, comme sont bancs, tables, escabelles, lits, pots, &c. ils sont reputez meubles quand ils se peuvent transporter sans fraction & déterioration, mais au contraire, quand ils sont attachez à fer & à cloud, ou scellez en plâtre & mis pour perpetuelle demeure, & qu'ils ne peuvent être transportez sans dommage, ils sont censez & reputez immeubles.

La raison pourquoy au premier cas ils sont meubles; c'est parce qu'en effet les ustancilles d'hostel sont meubles de leur nature, à cause que l'on peut les transporter facilement d'un lieu en un autre, n'y ayant d'ailleurs aucune cause qui puisse les faire reputer immeubles contre leur propre nature.

2. Au second cas, ils sont reputez immeubles pour deux causes; la premiere, quand ils tiennent à fer & à cloud, ou qu'ils sont scellez en plâtre, comme des armoires qui seroient attachées & scellées dans le mur.

La raison est, qu'ils sont censez faire partie de la maison, étant mis & incorporez à icelle, conformément à la Loy *cætera. in princ.* & §. *item hoc prohibetur. ff. de leg.* 1. où le Jurisconsulte dit, *quæ ædibus juncta sunt, legari non possunt, quia nempe aliàs præstari non possunt, quàm ut ab ædibus detrahantur, subducantur.* & §. *quid ergo.* à la Loy *fundi. in princ.* & §. *Labeo. cum lege seqq. ff. de actio. emp.* la Loy *cum fundus.* l. 12. §. 23. l. 26. *ff. de fun. instr. vel instrum. leg.*

Outre que ces choses sont censées faire partie de la maison, c'est qu'elles y ont été mises par le proprietaire pour perpetuelle demeure, elles prennent la nature d'immeubles, & elles la conservent, tant qu'elles demeurent attachées & incorporées à la maison; mais aussi-tôt qu'elles en sont separées, cette qualité accidentelle demeure éteinte & sans effet, reprenant aussi-tôt leur premiere nature, & *in pristinam causam revertuntur.*

Charondas remarque un Arrest du Parlement de Paris rendu sur un procés évoqué de celuy de Bretagne, du 6. Juillet 1567. qui jugea, que des tableaux, qui avoient été mis dans une maison par un pere de famille, & attachez à fer & à cloud & scellez en plâtre, étoient immeubles & reputez faire partie d'icelle dans sa succession; & qu'à l'égard de ceux qui y étoient, non attachez à fer & à cloud, ni scellez en plâtre, étoient meubles. Charondas.

Cet Arrest est aussi cité par Tournet. Tournet.

Brodeau *num.* 2. dit, que le meuble étant reputé immeuble par l'incorporation & l'application à l'immeuble, on pourroit former la complainte pour le trouble en la possession d'un meuble de cette qualité; ce qui est contre toutes les regles & les maximes; car ces meubles ne sont reputez immeubles, qu'entant qu'ils sont censez faire partie de l'immeuble, auquel ils sont attachez & incorporez, si bien qu'ils suivent le fonds; mais quand on les poursuit separément, comme si un particulier prétendoit, que celuy qui les auroit incorporez, n'en étoit pas le maître, mais qu'elles luy appartenoient, en ce cas il seroit absurde de dire, que la complainte auroit lieu, vû qu'il n'y a aucun cas auquel la complainte ait lieu en meubles que celuy de l'article 97. parce qu'il est utile d'avoir la possession des immeubles à cause des fruits qui en proviennent; ce qui ne se trouve pas dans les meubles. Brodeau. 3.

Voyez le Titre suivant.

4. La seconde cause est, quand des ustancilles d'hôtel y ont été mis pour perpetuelle demeure, en ce cas ils sont censez immeubles, quoiqu'ils ne soient point attachez à fer & à cloud à la maison, ni scellez en plâtre.

En effet, la destination du pere de famille peut d'un meuble en faire un immeuble, ou au moins le faire reputer immeuble, pour être reglé comme tel dans sa succession, & en plusieurs autres cas.

Ainsi que par l'article 93. une somme de deniers prend la nature d'immeuble, à cause de la destination, comme il est dit à la fin du même article. Aussi par une destination tacite du pere de famille des meubles peuvent prendre la nature d'immeubles comme dans les cas suivans.

Ainsi l'Artillerie, les Canons, & autres armes destinées pour la défense d'un Château & les paremens, les ornemens & les livres qui servent à la Chapelle du Château, sont reputez immeubles à

CHARONDAS cause de la destination, Charondas, Brodeau *num.* 7.
BRODEAU. RICARD. Ricard & Duplessis.

DUPLESSIS. C'est la disposition expresse de la Coûtume de Nivernois, chapitre 26. article 10. en ces termes : *Artillerie & autres choses servans à la tuition d'un Château ou Forteresse, ne sont reputez meubles, mais appartiennent à celuy à qui appartient ledit Chastel.*

Cette fiction est fondée sur la destination du pere de famille.

Celle de Reims art. 23. en dispose de même.

Voyez Loisel livre 2. titre 1. regle 10. & 11.

Voyez Bouteiller dans sa somme, chapitre 74. livre 1. l'Auteur du Grand Coûtumier livre 2. chapitre 20. & Brodeau sur cet article nombre 6. &c.

Les Reliques, les Livres des Chapelles, les ornemens & les tableaux des Châteaux des Grands Seigneurs sont reputez inherens aux Châteaux, & par consequent immeubles : Desorte que la Cour a jugé qu'ils n'étoient point compris dans un legs universel de meubles. Voyez Brodeau sur cet article n. 7.

Il seroit sans doute bien incommode que cela fut autrement, parce qu'il faudroit que les heritiers qui succederoient au Château, fussent obligez de faire de grandes dépenses pour avoir des ornemens neufs & de l'argenterie pour la Chapelle, pour un profit peu considerable qu'en retireroient les heritiers des meubles.

5. Chopin sur ce titre *num.* 13. *in margine* remarque
CHOPIN. un Arrest donné en la Grand'-Chambre au rapport de Monsieur Henroux le 7. Juin 1585. pour Monsieur le Duc de Montpensier, contre Dame Catherine de Lorraine, veuve de Louïs de Bourbon, Duc de Montpensier, pour les ornemens de la Chapelle de saint Louïs au Château de Champigny en Tourraine.

AUZANET. Maître Auzanet sur cet article tient ; que les ornemens & l'argenterie des Chapelles des Châteaux & autres maisons sont meubles, mais que dans le reglement du preciput de l'aîné, ils font partie du manoir au cas que la Chapelle y soit bâtie.

Néanmoins la commune opinion est, que ces sortes de choses sont reputées immeubles, non seulement pour le preciput, mais aussi pour les successions & pour les communautez conjugales ; si bien que les ornemens & l'argenterie qui servent à la Chapelle, appartiennent aux heritiers qui succedent au défunt dans le Château, comme étant une accessoire qui doit suivre la condition de la chose principalle.

Pareillement quoique les conjoints soient communs en biens meubles & acquests immeubles, néanmoins les ornemens & l'argenterie de la Chapelle du Château appartenans à l'un des conjoints, ne tombent point dans la communauté, quoiqu'il n'en ait été fait aucune mention, par les raisons rapportées cydessus.

Mais on demande si les statuës mises dans une maison ou jardin, sont reputées meubles & immeubles. 6.

Il faut distinguer, sçavoir si elles sont posées pour perpetuelle demeure, ou si ce n'est que pour un temps.

Au premier cas elles sont reputées faire partie du fond & sont immeubles : au second cas comme elles sont considerées suivant leur nature elles sont reputées meubles : ce qui dépend de la destination du pere de famille qui est manifestée par la maniere dont les statuës se trouvent mises & posées.

Les effigies & statuës posées en des niches ou sur des pieds-d'estaux incorporez dans les murs d'une maison, sont considerées comme immeubles, parce qu'elles font une partie de l'édifice ou du fond, étant posées pour perpetuelle demeure, ce qui paroît décidé dans la Loy *quæsitum* 12. §. *Papinianus* 23. *ff. de instructo vel instrumento legato.*

Au contraire les statuës posées sur des bazes separées des corps des murs, ne font point partie du fond & par consequent doivent être réputées meubles, n'étant pas posées pour perpetuelle demeure ; suivant la Loy *statuæ* 245. *ff. de verb. signif.* en ces termes, *statua affixa basibus structilibus, aut tabulæ religata catenis, aut erga parietem affixa, aut si similiter cohærent lychni, non sunt ædium ; ornatus enim ædium causâ parantur, non quo ædes perficiantur.*

Monsieur Cujas a fait sur cette Loy une interpretation fort judicieuse, & qui conduit à la veritable décision des questions, qui se presentent à l'occasion du present article.

Il dit, *generaliter in hac quæstione, sit aliquid ædium, necne, ita definiendum est ex hac lege, & lege malum, & lege fundi §. quæ tabulæ ff. de actionibus empti, ea, quæ perpetui usûs causâ habentur, esse ædium : ea quæ in præsens habentur, ponuntur, locantur, non esse ædium : ea, quæ ornatus causa habentur, ea quæ propter patremfamilias, ut sit lautior, & mundior habentur non esse ædium, &c.*

Ce qui se doit entendre suivant ce que dit cet Illustre Interprete des Loix ; *quando ibi habentur ad tempus ; non verò ut ibi sint perpetuò ; atque adeo rutis potius & cæsis annumerantur, nec sequuntur emptorem.*

Suivant cette distinction, les statuës & effigies trouvées dans une maison, sont reputées meubles ou immeubles.

Par Arrest du 9. Juillet 1629. remarqué par Ricard sur cet article des statuës trouvées dans la galerie d'une maison canoniale sur des bazes entassées dans le corps des murs, furent adjugées au Chapitre de Lyon, comme faisant partie de la maison canoniale.

Par autre Arrest du 13. Mars 1610. rapporté diversement par Gouget, part. 1. chap. 4. & par Mornac sur la Loy *statuæ* 41. *ff. de usuf. & quemadmod. quis utat fr.* il a été jugé qu'une statuë du Roy Henry IV. d'un grand prix, mise & posée sur une baze dans une maison sans être incorporée au mur, étoit meuble ; parce qu'il paroissoit, que cette statuë n'avoit pas été mise dans la maison pour perpetuelle demeure.

Ainsi les statuës & autres choses semblables, ne sont considerées comme immeubles, que quand elles sont censées faire partie de la maison, ce qui dépend de la destination du pere de famille, & de voir si elles sont incorporées au mur, & si elles sont mises dans la maison pour perpetuelle demeure.

Si pendant la communauté le mary avoit acheté & fait mettre des statuës dans une maison à luy appartenante, sa femme ou ses heritiers ne pourroient pas les faire ôter pour en prendre la moitié en vertu de la communauté, mais seulement les faire estimer, pour sur les autres biens de la communauté prendre le prix ou la valeur d'icelles. 7.

Ce qui est dit en cet article des ustancilles attachez à fer & à cloud & scellez en plâtre, se doit entendre 8.

de ceux qui ont été mis par le propriétaire de la maison ou de l'heritage, & non de ceux qui y ont été mis par l'usufruitier, le locataire ou le Fermier; car comme leur droit n'est que passager, & pour un moment, pour ainsi dire, ils ne sont pas sujets à la disposition de cet article, les ustancilles qu'ils auroient attachez à fer & à cloud au fond d'autruy, n'y étant pas mis pour perpetuelle demeure, mais seulement pour leur usage particulier, & dans le dessein de les en retirer aprés que leur joüissance auroit pris fin.

Duplessis. C'est la décision expresse de la Loy *habitator*. 59. *ff. de rei vindicat.* & le sentiment de Duplessis sur ce titre.

La raison que l'on en rend est, que *quæ alienis ædificiis connexa sunt, ea quamdiu juncta manent, eorumdem ædificiorum esse; simul atque inde dempta sunt, continuò in pristinam causam revertuntur.*

C'est aussi la disposition de la Coûtume de Touraine art. 226. & de Normandie art. 503.

Chopin. Chopin *num.* 16. remarque un Arrest du Parlement de Bretagne du 17. Octobre 1575. qui a jugé, que les arbres plantez par un Fermier dans l'heritage pris à ferme, n'appartenoient pas à l'acheteur d'iceluy, mais que le Fermier les pouvoit arracher & emporter. Néanmoins l'acheteur du fond peut retenir les arbres en payant au Fermier l'estimation d'iceux.

9. Les ustancilles d'hôtel sont ceux qui servent ordinairement & journellement dans la maison, comme les bancs, escabelles, tables, ustancilles de cuisine, lits, & autres semblables énoncez dans la Somme Rurale de Bouteiller livre 1. titre 74.

La Coûtume dit, *& sont mis pour perpetuelle demeure*, pour monstrer qu'il ne suffit pas qu'une chose soit attachée à fer & à cloud, pour être reputée faire partie de la maison, mais qu'il est necessaire qu'il paroisse qu'elle y a été mise par le propriétaire pour perpetuelle demeure.

C'est la distinction portée par la Loy *fundi*. §. *Labeo. ff. de action. empt. & vend.* en ces termes: *Labeo generaliter scribit ea, quæ perpetui usûs causâ in ædificiis sunt, ædificii esse: quæ verò ad præsens, non esse ædificii*; & par la Loy *longè. ff. de divers. & tempor. præscrit.*

C'est pourquoy les tapisseries, les tableaux & autres choses qui sont attachées à fer & à cloud dans les maisons par les propriétaires, ne sont pas reputez immeubles, quand il est constant, qu'ils n'ont pas été mis pour perpetuelle demeure dans la maison.

Partant les instrumens d'un Artisan qu'il aura mis en terre dans sa maison pour exercer son art, comme un Tanneur, ou autre, ne seront pas reputez immeubles, dans sa succession, mais meubles, parce qu'ils n'y ont pas été mis pour faire partie de la maison, comme seroit un moulin ou un pressoir, Brodeau. Brodeau *num.* 9.

10. Pour ce qui est des moulins, il faut observer qu'il y en a de plusieurs sortes.

Quelques-uns se tournent à la main, appellez *mola manuaria* en la Loy *dolia*. 26. §. *molas*. 1. *ff. de instrum. leg.* lesquels sont meubles, parce qu'ils ne tiennent ni à fer ni à cloud, & qu'ils se peuvent facilement transporter sans fraction ni déterioration.

Brodeau. C'est l'avis de Brodeau & des autres Commentateurs.

Il y en a d'autres qui sont à eau posez sur bateaux, lesquels sont pareillement meubles, parce qu'ils se peuvent aisément transporter, n'étant point attachez au fonds, suivant l'article premier, au titre des choses qui sont reputées meubles, de la Coûtume de Tours; & l'article 8. du Titre 16. de la Coûtume de Nivernois.

Cependant parce qu'ils produisent un revenu annuel & perpetuel, ils se decretent comme immeubles.

Ainsi jugé par Arrest aux grands Jours de Clermont, le 23. Octobre 1581. cité par Tournet, & rapporté par Monsieur Loüet lettre M. nomb. 31. Tournet.

Ils sont aussi susceptibles d'ypotheque.

Les autres sont des Moulins à vent & à eau, bâtis sur terre & inherens au fonds en leurs fondemens, soit sur rivieres ou ruisseaux, ou qu'ils ne soient soûtenus que sur des pilliers, que les Docteurs appellent *mola jumentaria seu asinaria* en la Loy *dolia*. & en la Loy 18. §. *asinum. ff. de instrum. leg.*

La Coûtume de Tours en l'article 221. met une exception pour le moulin bannal, lequel quoiqu'il soit bâti sur bateau, est reputé immeuble; *Idem* du moulin avec attache pour y demeurer perpetuellement. 11.

Cet article est conçû en ces termes: *Moulin à eau étant en batteau est reputé meuble, sinon qu'il y eût attache & affiche audit moulin, pour y être perpetuellement; ou que le moulin fût bannal; lequel encore qu'il fût audit batteau sans attache, est reputé immeuble.*

Du Moulin sur l'article 282. de la Coûtume de Bourbonnois, qui porte, que, *Moulins assis sur bateaux és rivieres, qui se peuvent mouvoir de place en autre; & pareillement moulins à vent sont reputez & censez meubles*, dit, *scilicet quando sunt liberæ facultatis, secùs si annexum habeant jus servitutis, ut alii teneantur ibi molituram facere, ut dixi in Consuet. Paris. §. 218. col. 5. num. 7. 2. edit.*

Un bac d'un Seigneur est aussi reputé immeuble, parce que son usage est perpetuel & destiné à un certain lieu de la riviere pour passage public.

Il en est des pressoirs comme des moulins; car ceux 12. qui sont édifiez dans les maisons, ensorte qu'ils y soient attachez pour perpetuelle demeure, sont reputez immeubles, soit qu'ils soient bannaux ou non; mais ceux qui ne sont point attachez ni inherens au bâtiment, ou bâtis sur des pieces de bois enfoncez en terre, sont meubles.

La Loy *fundi ff. de actio. empt.* les repute meubles indistinctement.

Tronçon *verbo* meubles, remarque un Arrest sans Tronçon. datte, qui a declaré les pressoirs meubles en Coûtumes qui n'en disposent point, tiré de Pithou sur la Coûtume de Troyes art. 72.

Il faut dire des cuves ce qui est dit des pressoirs, 13. suivant la distinction établie en cet article, c'est l'avis de tous les Commentateurs.

Maître Duplessis tient, que quoiqu'un pressoir ne Duplessis. soit point attaché au fond, il suffit qu'il ne se puisse transporter sans être depecé & desassemblé, pour être immeuble; & qu'ainsi on peut soûtenir que les tonnes, les cuves & autres ustancilles servans au pressoir suivent sa nature; ce sentiment est contraire à celuy des Commentateurs, & repugnent aux termes de cet article.

Les batteaux, chaloupes, barques & navires, de 14. quelque prix & valeur qu'ils puissent être, sont reputez meubles, & par consequent non susceptibles d'hypotheque.

C'est la disposition de la Coûtume de Calais article 3. & de Normandie article 519. parce qu'il n'y a aucune des raisons susdites qui les puisse faire passer pour immeubles. Voyez Basnage sur ledit art. 519.

On a fait difficulté, sçavoir si un navire devoit être sujet aux formalitez du decret.

Il sembloit, à cause du prix & valeur considerable des navires, qu'ils ne se devoient vendre que par decret comme les Offices.

Cependant il se trouve un Arrest donné en la quatriéme Chambre des Enquêtes, au rapport de Monsieur Foucaut, le 5. Mars 1635. confirmatif des Sentences du Juge de l'Amirauté de Boulogne, qui portoient, que le navire commun entre Jean & Thomas du Quesne & Claude Mallet, seroit vendu & licité en la maniere accoûtumée, si mieux n'aimoit Claude Mallet prendre, suivant l'option à luy laissée, par Jean & Thomas du Quesne, la somme de quatre cens livres pour la moitié du navire, & l'adjudication faire ensuite.

Cet Arrest est remarqué par Brodeau sur Monsieur Loüet lettre M. nombre 13.

La même chose a été jugée au Parlement de Roüen par Arrest du 18. Mars 1638. rapporté par Basnage sur l'article 519. de la Coûtume de Normandie, qui porte, que *les batteaux ou navires sont censez meubles, & néanmoins aprés qu'ils sont saisis par autorité de Justice pour être decretez, sont reputez immeubles.*

Par cet Arrest il a été jugé, qu'encore qu'un navire eût été saisi en Picardie, & que l'on y eût établi un Commissaire, toutefois le Maître du navire l'ayant amené à Dieppe, & le propriétaire l'ayant vendu, l'acheteur étoit en bonne foy, & ne pouvoit être depossedé, la vente ayant été faite hors la Province: car le créancier se devoit imputer de n'avoir point établi des gardiens plus vigilans.

Mornac sur la Loy 1. *ff. de Tributor. act.* tient, que contribution à lieu en la vente d'un navire.

Cependant j'ay lû dans un receüil manuscrit, que par Arrest de la Grand'-Chambre du 31. Decembre 1680. il a été jugé, que les deniers provenans de la vente d'un navire se distriburoient par ordre d'hypotheque, en confirmant la Sentence de l'Amirauté de Dunkerque, qui avoit reçû un tiercement dans l'adjudication d'un vaisseau appartenant à plusieurs copropriétaires.

On demande si les boutiques du Palais sont meubles ou immeubles?

Voyez sur l'art. 148.

15. On demande en second lieu, si les presses d'Imprimerie sont meubles ou immeubles?

Il semble qu'elles soient immeubles, parce qu'elles ne peuvent être transportées sans les dépecer & desassembler.

Néanmoins il a été jugé, qu'elles étoient meubles pour les presses de Robert Estienne, par Arrest du 30. Juillet 1598. en l'Audience de la Grand'-Chambre, remarqué par Tronçon & autres Commentateurs. TRONÇON.

Ce qui me paroît sans doute, vû que les presses ne peuvent pas faire partie d'une maison, & qu'elles n'y peuvent pas être attachées pour perpetuelle demeure; n'étant pas pour l'utilité ou la commodité de la maison, mais seulement pour l'usage de l'Imprimeur, lequel ne les a mises dans la maison que pour le temps qu'il y voudroit demeurer.

On demande en troisiéme lieu si les materiaux d'un bâtiment sont meubles ou immeubles? 16.

Les Arrests ont fait distinction entre ceux qui procedent de la démolition d'une maison & autres bâtimens, & qui sont encore sur le lieu destiné pour rebâtir, & ceux qui sont preparez de nouveau pour la construction d'un édifice.

Au premier cas ils sont immeubles, parce qu'ils representent l'immeuble démoli qu'ils composoient avant sa démolition.

Ainsi jugé par Arrest donné aux Grands Jours de Poitiers le 27. Octobre 1579. rapporté par Charondas sur l'art. 93. & par les autres Commentateurs sur cet art. 90. CHARONDAS.

Au second cas ils sont meubles suivant la Loy *fundi.* §. *ligna.* la Loy *granaria.* §. *tegulæ. ff. de actio. emp.*

Suivant la Loy *fundi. in fine. ff. de actio. empt. & vend.* les échalats, qui sont preparez pour une vigne, ne font point partie du fonds, & partant ils ne sont point reputez immeubles, jusques à ce qu'ils y soient appliquez; mais ceux qui sont ôtez dans le dessein de les y remettre, font partie du fonds, ainsi ils sont censez immeubles.

Il en faut dire de même des thuilles & autres choses semblables, préparées pour la couverture de quelque bâtiment, avant qu'elles y soient employées, & de celles qui en sont ôtées dans l'intention de les y remettre, par la même Loy *granaria.*

Les feurs, foins, pailles & fumiers sont censez immeubles, & appartiennent aux adjudicataires suivant la Loy *fundi. paragr. fundo. ff. de actio. empt. fundo. legato vel vendito sterquilinium, & stramenta emptoris & legatarii sunt. In sterquilinio, Trebatii sententia probanda est, ut siquidem stercorandi agri causâ comparatum sit emptorem sequatur, si vendendi causâ, venditorem.* 17.

Basnage sur l'art. 506. de la Coûtume de Normandie dit avoir été ainsi jugé par Arrest de l'Audience de la Grand'-Chambre du 17. Juin 1649.

OBSERVATIONS DE MONSIEUR ***.

Sur l'Article XC.

SOMMAIRE.

1. *Article 90. changé.*
2. *Raison de ce changement.*
3. *On ne doit que difficilement changer la nature des choses.*
4. *Ce qui est mis dans une maison par le propriétaire, est meuble ou immeuble selon son intention.*
5. *Quatre choses à considerer en cet article.*
6. *Article ajoûté touchant les materiaux.*
7. *Sentiment de Monsieur ***. contre celuy de Maître Auzanet.*
8. *Autre nouvel article touchant les canons, &c.*
9. Quid, *de ce qui est mis dans les maisons par le locataire ou l'usufruitier.*
10. *Choses qui tiennent qui sont meubles, & au contraire.*
11. *Autre article touchant les ornemens des Chapelles, &c.*
12. *Si ces ornemens appartiennent à l'aisné.*
13. *Autre article touchant les meubles précieux.*
14. *Autre article touchant les bibliotheques, &c.*
15. *Article pour les moulins, &c.*
16. *Pourquoy par cet article reputez immeubles.*

17. *Cuves, quand meubles.*
18. *Autre article pour les navires, &c.*
19. *Suivant quelle Coûtume ils sont meubles ou immeubles.*
20. *Si les deniers de la vente se distribuent par contribution.*

VOicy de quelle maniere cet article devroit être conçu.

1. *Ustancilles d'hôtel qui se peuvent emporter sans détérioration, sont meubles; mais s'ils sont mis pour perpetuelle demeure par le propriétaire, ou scellez en maçonnerie, ou ne peuvent être emportez sans fraction, sont censez immeubles.*

2. Cet article de la maniere qu'il est conçu dans la Coûtume est trop concis; ainsi il est à propos de le rédiger de la maniere que nous venons de faire, & de l'étendre plus au long en expliquant en détail, autant que faire se peut, les choses qui sont censées mobiliaires ou immobiliaires.

Les mots, *de transporter sans fraction, tenir à fer & à cloud, ôter sans dépecer ni désassembler*, paroissent obscurs, & feroient qu'un lit & une cuve seroient immeubles, & pour cet effet les articles suivans ont été mis.

3. La principale maxime est de suivre celle que nous avons cy-devant établie, de ne faire changer les choses de nature que le moins qu'il se pourra.

Il faut de plus faire une grande difference entre ce qui est fait par un propriétaire, ou bien par un locataire, ou par un usufruitier.

A l'égard du locataire & de l'usufruitier, l'on ne peut pas présumer qu'ils fassent les choses pour perpetuelle demeure, à moins qu'elles ne soient si fort unies à l'immeuble, qu'elles en fassent partie, & qu'on ne les en puisse détacher.

4. Mais à l'égard du propriétaire, il faut toûjours regarder, si ce qui a été fait dans une maison, ou y a été mis, l'a été *animo*, qu'il fût d'une demeure perpetuelle, c'est ce qui s'expliquera dans la suite.

5. Il y a quatre choses à considerer dans cet article.

1°. Que les choses soient mises à perpetuelle demeure.

2°. Qu'elles soient mises par le propriétaire, pour marquer la difference qu'il y a entre le propriétaire, le locataire, & l'usufruitier: ce sont les deux choses essentielles.

3°. Qu'elles soient scellées en maçonnerie, parce que cela marque la demeure perpetuelle, avec la particule disjonctive.

4°. Qu'il faille faire fraction pour les ôter par la même raison. Ce n'est pas que si quelques-unes de ces conditions manquent, l'on reputa les ustancilles meubles: car les choses contenuës dans les articles suivans montrent qu'il n'y a proprement de maxime certaine, que de dire qu'il faut que ce soit le propriétaire qui ait fait les choses dans l'intention qu'elles y demeurassent toûjours.

A l'égard des deux dernieres conditions, il faut les prendre, *ut plurimum*, parce qu'il y a une infinité de choses, que l'on ne peut pas prévoir, qui sont censées immeubles, où il ne se trouvera ni mâçonnerie, ni fraction, comme des serrures & des clefs, des couvertures de puits. *Lege 17. de actionibus empti & venditi*, suivant le sentiment de Labeo contre celuy de Pomponius.

Article nouveau.

6. *Materiaux apportez nouvellement sur le lieu pour bâtir, sont meubles jusqu'à ce qu'ils ayent été employez: Mais ceux qui proviennent de la démolition d'une maison, & qui sont demeurez sur le lieu pour le rétablissement ou nouvelle construction de ladite maison, sont reputez immeubles.*

Cet article doit être ajoûté pour finir les differens sentimens qui étoient sur cette question.

7. Maître Auzanet veut que tout soit immeuble à cause de la destination.

Mais je trouve la distinction faite par l'article plus conforme au Droit Romain & au bon sens. *Leg. 17. §. 10. ff. de actionibus empti & venditi quæ ex ædificio detracta sunt & reponuntur ædificii sunt, & quæ parata sunt ut imponantur non sunt ædificii.*

Autre Article nouveau.

8. *Les canons, grosse artillerie, arquebuses à croc, & autres engins de guerre; étans dans l'enclos des Châteaux, les statuës posées sur des pilliers ou dans des niches, les tableaux enchassez dans des cadres, & mis par le propriétaire pour l'ornement de la maison, sont reputez immeubles, quoiqu'ils soient déplacez.*

Il y en a qui veulent passer plus avant, & dire qu'aussi-tôt que les choses mentionnées dans l'article, sont sur le lieu sans être placées à cause de la destination, sont censées immeubles; mais ce sentiment ne me semble pas raisonnable; car il faut, à mon sens, que ces choses ayent du moins été une fois placées pour être reputées faire partie du fond, la décision de cet article est presque la même que celle du precedent.

9. Le mot de propriétaire a été mis pour établir la difference entre le propriétaire, & le locataire, ou l'usufruitier, *L. statuæ. ff. de usufr. & quemadm. L. 13. in fine ff. de action. empti. & vend. ædium solemus dicere quæ quasi pars ædium vel propter ædes habentur.*

10. *L. 17. ff. eodem.* s'explique ainsi, *fundi nihil est nisi quod terræ se tenet*; & oppose immediatement aprés, qu'il y a bien des choses immeubles qui ne tiennent point, comme des clefs & des serrures, & bien des meubles qui tiennent, comme des pressoirs, des cuves, *L. 242. ff. de verb. signif. straturam loci alicujus ex tabulis factis quæ æstate tollerentur, & hyeme ponerentur, ædium esse, ait* Labeo: *quoniam perpetui usûs causâ paratæ essent, neque ad rem pertinent. Quod interim tollerentur.* La Loy 245. dit au contraire, *Statuæ affixa basibus, structilibus, aut tabulæ relegatæ catenis, aut erga parietem adfixæ, aut si similiter cohærent Lichni, non sunt ædium: ornatus enim ædium causâ parantur, non quo ædes perficiantur.* Ces differences font qu'il vaut mieux suivre le sentiment de Labeo.

Autre Article nouveau.

11. *Ornemens & argenteries des Chapelles des Châteaux & autres maisons dans lesquelles les Chapelles sont*
12. *construites, sont meubles.*

Cet article termine la difficulté qui étoit souvent arrivée. Il y en a qui veulent que dans le manoir donné à l'aîné pour son préciput, les ornemens y sont compris; mais je ne voy pas pourquoy faire cette prérogative à l'aîné, vû que la Coûtume ne le dit pas, & que le droit d'aînesse est contre le droit commun: néanmoins il y a beaucoup de sentimens contraires.

AUTRE ARTICLE NOUVEAU.

13. *Meubles précieux des grandes maisons sont meubles ; mais quand ils sont de la valeur de six mille livres ils sont censez immeubles, à l'effet de ne point entrer en communauté, à moins qu'il n'y ait une convention expresse.*

Les meubles ne quittent point leur nature, mais pour la consequence, & afin que les femmes dans un partage de communauté n'ôtent pas des maisons les meubles précieux, qui sont des marques de leur grandeur. L'article y a prévû pour ce cas seulement ; mais cela ne fera point de consequence pour les successions lors du partage, desquelles les meubles se partagent comme meubles de quelle valeur ils puissent être.

Comme il n'y a que le grand prix qui fasse qu'on admet cette fiction, il le faut regler, afin que les choses ne soient point arbitraires, & les rendre immeubles, à l'effet de ne pas entrer en communauté seulement.

AUTRE ARTICLE NOUVEAU.

14. *Bibliotheques, fonds de marchandises, presses d'Imprimerie, métiers d'artisans avec les ustancilles qui en dépendent, sont meubles.*

Les doutes qui ont été autrefois sur cet article ont été terminez par plusieurs Arrests, & il a été mis, afin que la chose passa en forme de Loy.

AUTRE ARTICLE NOUVEAU.

15. *Moulin à vent ou à eau, pressoir édifié dans une maison, & les grandes cuves posées pour le service dudit pressoir, sont reputées immeubles.*

Les moulins à vent ou à eau, les pressoirs, & même les grandes cuves posées dans le lieu où est le pressoir, ou proche, sont immeubles, parce qu'ils semblent être à perpetuelle demeure.

16. On a mis le mot de *posées*, pour marquer la difference qu'il y a entre les cuves, & celles que l'on transporte tous les jours, & les tonneaux, tonnes, & autres gros vaisseaux qui ne sont point fixes ; l'intention n'étant de reputer immeuble que ce qui est toûjours necessaire, & comme fixe pour le service du pressoir.

Il y en a qui distinguent entre les cuves qui peuvent s'emporter sans les dépecer, & celles qu'il faut dépecer, afin de reputer les premieres meubles, & les autres immeubles ; mais cette regle seroit fautive. Il vaut bien mieux regarder ce qui a été mis à dessein qu'il demeura perpetuellement pour le propriétaire, & les cuves qui sont absolument necessaires pour le service du pressoir, lesquelles seront reputées mises à perpetuelle demeure.

AUTRE ARTICLE NOUVEAU.

17. *Les navires, grands batteaux, & moulins flotans construits sur des batteaux, ausquels il n'y a point de droit de bannalité attaché, suivent le domicile du propriétaire, mais sont reputez immeubles, quand avec leurs équipages ils seront de la valeur de mille livres & au dessus, à l'effet d'être saisi réellement, mais les deniers se distribuent par contribution.*

18. Il auroit été difficile de donner un domicile certain à une chose qui de sa nature n'en doit point avoir : c'est pourquoy on luy a donné celuy du propriétaire, parce que dans la verité c'est une fiction d'immeuble ; mais cette fiction n'est pas sans raison à cause du prix & de la valeur qui est souvent fort considerable ; & comme ils sont meubles d'eux-mêmes, les deniers de la vente se doivent contribuer ; & la vente
19. s'en fera par trois publications, comme par licitation ; mais il faut remarquer que cette fiction n'est faite que pour empêcher la mouvance de ces sortes de choses, & conclure delà, suivant nôtre maxime, que la fiction n'aura lieu que pour cet effet seulement, & que pour tous les autres ils seront toûjours regardez comme meubles dans les communautez & successions ; c'est en quoy ils different des offices qui sont reputez immeubles dans les successions & dans les communautez.

CONFERENCE SUR L'ARTICLE XC.

De même, *Amiens*, art. 97. *Artois*, art. 145.

Berry, titre 4. art. 3. 4. 5. 6. & ajoûte, *toutefois quant au locatif ladite Coûtume n'aura lieu, pourvû qu'il se puisse ôter sans déterioration notable de la maison.*

Calais, art. 3. *Cambray*, titre 16. art. 3. *Châlons*, art. 108. 109. *Chauny*, art. 2. 3.

Laon, art. 102. *Lodunois*, chap. 23. art. 1. 3.

Melun, article 279. *Montargis*, chapitre 15. article 22.

Nivernois, chap. 24. art. 8. 10. 11. 12. *Normandie*, art. 491. 501. 504. 505.

Orleans, art. 352. & suivans.

Poitou, art. 250.

Reims, art. 20. 23.

La Salle de Lisle, titre 7. art. 9. *Sedan*, titre 2. article 25.

Tournay, titre 17. art. 8. titre 27. art. 6. *Tours*, art. 21. & suivans.

COMME UN MOULIN A VENT ET A EAU.

Estampes, art. 129. *Moulins sont reputez immeubles.*

Montfort, art. 58. ajoûte, *s'ils ne sont bâtis & construits sur batteaux mouvans.*

Nivernois, chap. 26. art. 8. *Moulins assis sur batteaux, qui se peuvent mouvoir de place en autre, & pareillement moulins à vent assis sur seule sont reputez meubles.*

De même, *Montargis*, chap. 15. art. 22.

Orleans, art. 351.

Tours, article 221. *Moulin à eau étant en batteau est reputé meuble,* [a] *sinon qu'il y eût attache & affiche audit moulin, pour y être perpetuellement, ou qu'il fût bannal ; & en l'article 222. moulin pendant* [b] *étant sur riviere ou ruisseau, fiché sur pilliers & autre fondement stable & immobile, est reputé immeuble.*

a *Intellige ex mera facultate: secus si jure servitutis perpetua, quia tunc est aliquid immobile, ut alibi dixi.* C. M.

b *Scilicet ab ædificio sito in ripa, vel ab ædificio sito super aqua.* C M.

Berry, tit. 4. art. 3. dit, *Moulins tant à eau sur batteaux, qu'à vent, & autres de quelques sortes qu'ils soient, sont reputez immeubles, excepté les moulins à bras.*

Laon, art. 102. & *Reims*, art. 23.

Bourbonnois, art. 282. dit, *Moulins assis sur batteaux ès rivieres qui se peuvent mouvoir de place à autre, & pareillement moulins à vent sont reputez & censez meubles.* c

c *Scilicet quando sunt libera facultatis, secus si annexum habeant jus servitutis, ut alii teneantur, ibi moliturum facere, ut dixi in Consuet. Paris.* 18. *col.* 5. *num.* 7. 2. *edit.* C. M.

PRESSOIR EDIFIÉ EN UNE MAISON.

Melun, art. 278. *Pressoir édifié en une maison, lequel sans dépecer ne peut être ôté d'icelle, est reputé immeuble.*

De même, *Berry*, tit. 4. art. 6. *Bourbonnois*, art. 288. *Lodunois*, chap. 23. art. 1.

Poitou, art. 250. *Normandie*, art. 201.

Tours, art. 223. & ajoûte, *avec tous ustancilles servans en iceluy.*

La même Coûtume en l'art. 228. dit, *toutefois, où un usufruitier, fermier, loüager, ou autre semblable, auroit fait faire quelques cuves, pressoir ou autres choses semblables pour sa commodité, encore qu'elles fussent attachées à cloux ou à chevilles, il les peut enlever, sinon que le propriétaire l'en veulût récompenser.*

Cuves & baignoires sont reputées meubles; mais si elles ne se peuvent ôter sans faire ouverture, & sans desassembler, sont reputées immeubles.

Melun, art. 282.

Lodunois, chap. 23. art. 2.

Tours, art. 284.

Vermandois, art. 190. & ajoûte, *Cuves de cuivre à Teinturier, & cuves à Tanneurs assises en terre, sont reputées immeubles.*

Auteurs sur l'Article quatre-vingt-dixiéme.

L'Auteur du Grand Coûtumier, liv. 2. ch. 20. page 136.
Loysel, liv. 2. tit. 1. regle 3. & 9.
Durantus, *quæst.* 22.
Brodeau, sur cet article, nomb. 5. & 6.
Le Let, sur Poitou, art. 250.
Le Brun, Traité *de la Communauté*, liv. 1. chap. 5. nomb. 10.
Bardet, tome 1. liv. 3. chap. 56.
De la Lande, sur la Coûtume d'Orleans, art. 356. 352. & 353.
Buridan, sur Reims, art. 20. & 23.
Basnage, sur Normandie, art. 506. 515. 518.
Dufresne, liv. 2. chap. 53.
M. Loüet, lett. M. somm. 13.
Auzanet, en ses Arrests, liv. 1. chap. 25. liv. 3.
Papon, sur Bourbonnois, art. 282. 287. & 288.
Rat, sur la Coûtume de Poitou, art. 301.
Sanson, sur la Coûtume de Tours, tit. 21. art. 1. & suivans.
Englebermeus, sur la Coûtume d'Orleans, tit. 16. art. 30.
Chassanée, sur la Coûtume de Bourgogne, tit. 6. art. 4. sur ces mots, *à son profit*, n. 4.
Chopin, sur la Coûtume d'Anjou, liv. 1. chap. 23. nomb. 3. liv. 3. tit. 1. nomb. 13. & 41. *des Privileges des Rustiques*, liv. 2. chap. 1. nomb. 1. & sur la Coûtume de Paris, liv. 1. tit. 1.
De Lhommeau, sur la Coûtume d'Anjou, liv. 1. art. 14. & liv. 2. art. 332. & liv. 3. fol. 35.
Labbé, sur Berry, tit. 5. art. 4. & 5.
D'Argentré, sur la Coûtume de Bretagne, art. 408.
Lhoste, sur la Coûtume de Montargis, chapitre 15. art. 22.
Vrevin, sur la Coûtume de Chauny, tit. 2. 3. & 4.
Pineau, sur la Coûtume d'Anjou, art. 504.
Buridan, sur la Coûtume de Vermandois, art. 99. 100. 101. & 102.
Mornac, *ad l.* 14. §. *ult. ff. de actione empt. & vend. & ad l. statua. ff. de usufructu.*
Du Moulin, sur la Coûtume de Bourbonnois, article 282.
Loüet & Brodeau, *lett. M. n.* 13.
Coquille, quest. 61. & en son Institution, *hoc tit.* & sur la Coûtume de Nivernois, *eod. tit.* art. 8.
Goujet, *des Criées*, part. 2. chap. 4.
Tiraqueau, *du Retrait lignager*, §. 1. gl. 7. n. 2.
Dufresne, en son Journal, liv. 2. chap. 2.
Duret, dans son Alliance des Coûtumes, tit. 13. p. 599.
Duplessis explique cet article, p. 133.

ARTICLE

ARTICLE XCI.

Cet article a été ajoûté à la reformation de la Coûtume.

Si le poisson est meuble ou immeuble.

P*Oisson étant en étang ou en fosse, est reputé immeuble, mais quand il est en boutique ou reservoir, est reputé meuble.*

Voyez l'Article suivant.

REMARQUES.

J'En voudrois dire autant par parité de raison des pigeons étans dans les colombiers des maisons des champs, qui y sont pour composer un revenu ordinaire, que je voudrois considerer comme faisant partie de l'heritage, & en consequence les reputer immeubles.

Secus, si les pigeons n'étoient que pour le plaisir du Maître, comme sont ordinairement les volieres qui se font dans les Villes. Ce qui est conforme à l'avis de Maître Charles du Moulin, §. 1. gl. 8. n. 37. 38. 39.

Charondas sur cet article, dit avoir vû juger à la Tournelle en l'Audience du mois de Février 1562. que celuy qui avoit vendu un heritage aux champs, où il y avoit un colombier, étant allé aprés la vente & prise de possession de l'acheteur prendre tous les pigeons du colombier seroit tenu d'en rendre l'estimation avec l'interest.

POISSON EN ETANG OU EN FOSSE.

GLOSE UNIQUE SUR L'ARTICLE XCI.

SOMMAIRE.

1. *Raison de cet article.*
2. *Quelles sont les Coûtumes qui reputent le poisson meuble dans l'étang aprés deux ou trois ans.*
3. *Si aprés le temps de la pesche passé, le poisson est reputé meuble dans la Coûtume de Paris.*
4. *Si la disposition de cet article a lieu à l'égard du Marchand, qui a acheté la pesche d'un étang.*
5. Quid, *si le propriétaire décede lorsque la bonde est levée.*
6. *Si les pigeons qui sont dans les colombiers, sont reputez immeubles.*
7. Quid, *des pigeons qui sont dans des volieres ou volets.*
8. Quid, *des lapins en clapier, & des mouches à miel.*
9. Quid, *des bestiaux donnez à titre de chaptel.*

1. Du Moulin. LEs Réformateurs de la Coûtume y ont ajoûté cet article sur le sentiment de Maître Charles du Moulin, lequel sur l'article 1. *glos.* 8. *num.* 18. dit, *pisces qui in stagno habentur ut multiplicentur & crescant, censentur pars fundi & quid immobile, & sunt veri fructus pendentes illius stagni: si autem habeantur inclusi in certa parte stagni, vel seorsum in piscina, non refert quo loco, modò ibi sint causâ simplicis custodiæ, non censentur pars fundi, sed quid mobile.*

Cet article paroît tiré de la Loy 15. *de actio. emp. & vend.* & la Loy 3. §. *item feras. de acquir. vel amitt. posses.* où cette distinction est établie, que les poissons qui sont *in piscina*, dans un reservoir, ne sont pas censez faire partie du fond, qu'au contraire de ceux qui sont *in stagno*; desorte qu'au premier cas on les doit considerer comme meubles; & au second comme immeubles, qui est la distinction de cet article, fondée sur l'usage.

Ils sont reputez immeubles étant en étang ou en fosse, parce qu'ils y sont mis pour croître, profiter & multiplier, en quoy consiste un revenu annuel & perpetuel, comme étant les fruits civils des étangs, viviers & fossez; & c'est un immeuble par fiction fondée sur l'accession du meuble à l'immeuble.

Mais quand ils sont en boutique ou reservoir, ils sont meubles parce qu'ils n'y sont pas pour augmenter & multiplier, & ne peuvent produire aucun revenu.

Quelques Coûtumes disent, que le poisson avant 2.
les deux ans, ou trois ans, à compter de l'empoissonnement, est reputé immeuble.

Celle de Nivernois chapitre 26. article 5. dit, *Poissons en étang avant les deux premiers ans, à compter de l'empoissonnement, sont reputez heritage.*

Celle de Laon art. 104. dit, *aussi le poisson qui est par l'espace de trois ans en viviers, fossez, ou étangs, n'étans encore peschez, est néanmoins reputé meuble.*

Ces Coûtumes sont differentes dans le temps de la pêche, dans l'une les poissons ont coûtume d'être pêchez dans deux ans, & dans l'autre ils sont pêchez dans trois ans.

Dans ces Coûtumes aprés le temps de la pêche passé les poissons sont reputez meubles, au cas que le propriétaire ait laissé passer le temps de la pêche sans pêcher, & ce par negligence.

C'est l'avis de Coquille sur le susdit article, où il dit que quand le temps de la pêche est venu, le poisson à cause de la destination est reputé meuble, ainsi qu'il se dit du bois taillis qui est en sa saison d'être coupé, *argum. leg. grege. & l. quæsitum. §. idem. respondit. ff. de fundo instruc.* parce qu'aprés le temps ordinaire de la pêche il semble que l'étang ne sert plus qu'à garder le poisson, par la raison de la Loy *lines* 11. *ff. de actio. emp.* qui est la même raison pour laquelle le poisson tenu en serve par l'article 5. est reputé vray meuble.

Voyez aussi la Loy 3. §. 14. *ff. de acquir. vel amitt. possess.*

3. On demande, si cette distinction auroit lieu dans la Coûtume de Paris qui dit indistinctement, que *poisson étant en étang ou en fossé, est reputé immeuble.*

Il semble que non, par les termes de cet article; & d'autant que les poissons sont censez faire partie du fonds tant qu'ils y sont.

Au contraire on diroit par les raisons de Coquille, que les poissons seroient reputez meubles; & on pourroit ajoûter pour fondement, que les poissons ne sont reputez immeubles que par fiction & par la disposition de la Coûtume, à cause que les poissons étant dans l'étang pendant le temps destiné pour multiplier & augmenter, soit par la disposition expresse de la Coûtume, ou par l'usage des lieux, la fiction cesse, & le poisson doit être consideré dans sa propre nature de meuble.

D'où il s'ensuivroit, que si le propriétaire decedoit aprés le temps ordinaire de la pêche passé, sans avoir fait pêcher l'étang, les poissons seroient censez meubles, & appartiendroient à son heritier mobiliaire. Qu'il en faudroit dire de même des bois taillis non encore coupez aprés le temps passé de la coupe.

Cependant il faut tenir sans doute l'opinion contraire; d'autant que les fruits sont toûjours reputez immeubles & faire partie du fond, tant qu'ils y sont; & que l'usufruitier ne les transmet pas à ses heritiers quoiqu'ils soient meurs au temps de son decés, à moins qu'il ne les ait perçûs, & qu'ils soient separez du fond.

4. Ce qui est décidé en cet article, que le poisson qui est en étang ou fossé, est reputé immeuble, n'a lieu qu'à l'égard du propriétaire de l'étang, ou de sa succession; mais il seroit réputé meuble à l'égard du Marchand, qui ayant acheté la pêche d'un étang vient à mourir avant qu'ils soient pêchez.

La raison est, qu'ils sont censez ameublis à son égard, les ayant achetez dans le dessein de les vendre, & retirer avec profit les deniers qu'il en auroit payez. Et tous les poissons qui en proviendroient, appartiendroient à ses heritiers mobiliaires, & le prix entier ou partie d'iceluy pour l'achat de la pêche seroit payé par tous les heritiers à proportion de ce qu'ils amenderoient de sa succession, suivant la disposition de l'art. 334.

BRODEAU. Brodeau *num.* 8. dit l'avoir vû ainsi pratiquer & juger dans les arbitrages, tant pour les poissons, foins, bois, les coupes de taillis & fruits achetez, quoique pendans par les racines au jour du décés de l'acheteur qui n'est point propriétaire du fonds, soit en tout ou en partie.

RICARD. C'est aussi l'avis de Maître Ricard sur l'art. 92.

5. Que si le propriétaire de l'étang decede au temps que la bonde est levée, les poissons qui y sont, sont censez meubles, Chopin *num.* 18. CHOPIN

La raison qu'il en rend, est que l'eau de l'étang écoulée, il ne peut plus y être gardé, *argum. leg. si ex lapidicinis. ff. de jure dot.* c'est l'usage constant & personne n'en doute.

La décision de cet article donne lieu de parler des autres animaux qui se trouvent ordinairement dans les fermes & maisons de campagne pour l'utilité & le profit, sçavoir les pigeons, les abeilles, les lapins & autres.

Quant aux pigeons qui sont dans le colombier à pied, ils sont immeubles, parce qu'ils y sont pour produire un revenu continuel & perpetuel, desorte qu'ils semblent faire partie du fond. 6.

C'est pourquoy il a été jugé par Arrest de la Chambre de la Tournelle, au mois de Février 156[illegible] rapporté par Charondas & autres Commentateurs, que celuy qui avoit vendu un heritage où il y avoit un colombier, dont il avoit pris les pigeons aprés la vente d'iceluy, étoit obligé d'en payer l'estimation avec l'interest. CHARONDAS.

Par deux autres Arrests, l'un du 7. Septembre 1572. rapportées par les Commentateurs, & l'autre du 14. Août 1589. rapporté par Chopin sur la Coûtume d'Anjou *part. 3. cap. 1. tit. 3. num.* 4. il a été jugé, que la douairiere qui a son douaire & habitation en un Château, doit joüir du revenu des pigeons; & du poisson qui se trouve dans les fossez, comme étant un fruit naturel destiné pour la nourriture du propriétaire.

Mais les pigeons qui sont dans des volieres ou volets, sont meubles, parce qu'ils sont semblables aux poissons, qui sont en reservoir, étant destinez plûtôt pour l'usage de la maison, que pour un revenu annuel & ordinaire. 7.

Voyez Maître Charles du Moulin §. 1. *glossa* 8. *num.* 37. *& legem* 8. *Pomponius* §. 1. *ff. familiæ erciscundæ.*

Les Commentateurs tiennent avec raison, que les volailles & autres bestiaux nourris en la maison, sont censez meubles; car quoique les bestiaux des métairies, produisent un revenu annuel & ordinaire & plus considerable que les poissons en étang, & les pigeons en colombier, toutefois ils estiment qu'ils sont meubles indistinctement, Brodeau *num.* 6. Tronçon *verbo* est reputé meuble, parce que le bétail est veritablement meuble, & n'est point inherant au fond, ni attaché au lieu où il est mis, dans la destination d'une perpetuelle demeure, mais pour en tirer le fruit & le profit. BRODEAU. TRONÇON.

A l'égard des pigeons, ils sont avec raison censez faire partie du colombier & les poissons partie de l'étang, y étant mis comme pour perpetuelle demeure.

Les lapins en garenne & les mouches à miel sont pareillement immeubles, Chopin sur ce titre *num.* 18. Brodeau *num.* 5. comme il a été jugé par Arrest du 9. Septembre 1593. rapporté par Chopin, *num.* 12. & par Tournet. *Idem* des ruches de mouches à miel, *l. naturalem §. apium. l. ff. de acquir. rer. dominio, l. Pomponius* §. 1. *ff. famil. ercisc.* 8. CHOPIN. BRODEAU. TOURNET.

Maître Auzanet seroit d'avis, que les bestiaux affermez avec le fond ou baillez à d'autres qu'au Fermier à titre de chaptel, fussent censez faire partie du fond. 9. AUZANET.

Néanmoins cela n'est pas en usage, & ils peuvent être saisis & executez sur le propriétaire comme meubles; ce qui n'est pas de même des pigeons, des lapins, & des mouches à miel, lesquels suivent la saisie réelle du fonds, & ne peuvent être saisis & executez comme meubles.

OBSERVATIONS DE MONSIEUR***.

Sur l'Article XCI.

SOMMAIRE.

1. *Article changé.*
2. *De quel jour le poisson est reputé meuble.*
3. *S'il est immeuble dans la succession de celuy qui l'a acheté.*
4. *Article nouveau pour les pigeons, bestiaux & ruches à miel.*
5. *Sentiment de Maître Auzanet rejetté par Monsieur....*

NOus avons redigé cet article en la maniere qui suit,

1. *Poisson étant en étang, vivier & fossé, est reputé immeuble, même aprés le temps ordinaire de la pêche, à l'égard du propriétaire & de ses heritiers; mais dés que la bonde est levée & ouverte, le poisson qui est dans l'étang, ou mis dans des boutiques d'iceluy ou reservoirs, est reputé meuble.*

2. Quelques-uns ont voulu que le poisson ne fût reputé meuble, que du jour que le premier poisson a été mis hors l'étang; mais il n'y a pas de bonne raison pour changer la maxime ordinaire, qui veut que ce soit du moment que la bonde est levée.

3. Il faut faire difference entre le propriétaire d'un étang & ses heritiers, à l'égard desquels l'article est bon, & un Marchand, qui aprés avoir acheté la pêche d'un étang, est decedé avant que la bonde soit levée, auquel cas le poisson appartient à ses heritiers mobiliaires; par la raison que la proprieté du fond est la seule cause qui rend le poisson qui est en étang, immeuble, ce qui ne se trouve pas en la personne d'un Marchand; & cette distinction sert pour les bois vendus & non coupez, & pour une moisson de grains venduë & non coupée; & en ce cas aussi les heritiers aux meubles de celuy qui est propriétaire, & qui a vendu le poisson, s'accordent au prix de la vente, quoi qu'à long terme, & non payée.

ARTICLE NOUVEAU.

4. *Pigeons dans le colombier, lapins dans une garenne, ruches de mouches à miel, sont reputez immeubles: mais quand les pigeons sont dans une voliere qui se ferme, ils sont meubles: & pareillement les bestiaux qui sont dans une ferme, affermez avec icelle, ou donnez à cheptel, sont meubles.*

Cet article est necessaire pour décider les difficultez qui étoient sur ces biens qui sont meubles par eux-mêmes; mais *qua videntur inhærere fundo, & facere ipsius partem.*

Comme ces animaux ont une liberté entiere, il n'est pas possible de les saisir, ni de les compter.

C'est en cela qu'est la difference entre ces sortes d'animaux & les bestiaux qui sont dans une ferme, lesquels servent bien à la ferme, mais se peuvent compter, saisir, revendiquer, & s'enferment tous les jours. Il en faut dire de même des pigeons qui sont dans une voliere.

Les sentimens sont bien partagez, sçavoir, si les bestiaux, principalement quand ils font partie du bail ayant été donnez par le propriétaire au fermier à cheptel, ou autrement, sont meubles ou immeubles.

Mais comme il ne faut point faire de fiction sans necessité, & que ces bestiaux ne semblent point mis à perpetuelle demeure, mais par une convention particuliere qui peut changer tous les jours, il n'y a pas de difficulté de les reputer meubles.

De plus, l'on peut fumer les terres avec des cendres & de la marne: ainsi les bestiaux ne sont pas absolument necessaires.

Maître Auzanet est d'un sentiment contraire, voulant que les pigeons en voliere & les bestiaux d'une ferme, ceux donnez au fermier par le propriétaire comme faisant partie du bail, & ceux donnez à cheptel, soient immeubles.

5. Ce sentiment est fort extraordinaire; car il est certain que des bestiaux se peuvent saisir & déplacer: & comment les vendre, s'ils sont immeubles? les faudra-t-il decreter? & c'est la difference qui se trouve dans les pigeons d'un colombier, d'une garenne, & des ruches de mouches, qu'elles ne se peuvent compter ni déplacer; & par cette raison il est plus court de les regarder, comme faisant partie du fond qu'on ne peut vendre, ni saisir separément du fond.

CONFERENCE SUR L'ARTICLE XCI.

DE même, *Melun*, art. 280.

Vitry, art. 37. 114.

Châlons, art. 112. & 114. ajoûte, *toutefois entre deux conjoints par mariage, lesdits poissons auparavant le temps de la pesche se divisent pour portion du temps que le mariage a duré.*

Chauny, art. 5.

Nivernois, chap. 26. art. 5.

Normandie, art. 506.

Orleans, art. 355.

Bourbonnois, art. 285. *Poisson en étang reputé meuble aprés les deux premiers ans passez, à compter du temps qu'il a été apoissonné.*

Calais, art. 4.

La Salle de Lisle, tit. 7. art. 10.

Laon, art. 103. & 104. dit, *aussi le poisson qui est par l'espace de trois ans en viviers, fossez ou étangs, n'étant encore peschez, est néanmoins reputé meuble.*

Auteurs sur le Titre quatre-vingt-onziéme.

L'Auteur du grand Coûtumier, liv. 2. chap. 34. page 231. chap. 20. p. 137.
Loysel, liv. 2. tit. 1. regle 7.
De la Lande, sur la Coûtume d'Orleans, art. 355. & art. 74.
Buridan, sur Reims, art. 19.
Salligny, sur Vitry, art. 94. & 114.
Basnage, sur Normandie, art. 320.
Guido Papa, *decision. cap.* 91.
Acte de Notorieté du 1. Novembre 1705.
Journal du Palais. Arrest du 23. Août 1678.
Du Moulin, sur la Coûtume de Paris, §. 1. gl. 8. n. 18. & suiv. §. 74. gl. 1. n. 45.
D'Argentré, sur la Coûtume de Bretagne, art. 76. n. 10.
Chopin, sur la Coûtume d'Anjou, liv. 1. chap. 12. nomb. 2. & chap. 29. nomb. 1. 2. & 3. & sur celle de Paris, liv. 1. tit. 1. n. 18.
Buridan, sur la Coûtume de Vermandois, art. 103. 104. & 106.
Coquille, sur Nivernois, *hoc tit.* n. 5. & 16.
Tiraqueau, *du Retrait lignager*, §. 1. gl. 7. n. 117.
Duret, dans son Alliance des Coûtumes, titre 23. page 604.
Duplessis explique cet article, page 136.

ARTICLE XCII.

Cet Article a été ajoûté à la reformation de la Coûtume.

De quelle espece sont les bois, le foin, & le grain.

Bois coupé, bled, foin, ou grain soyé ou fauché, supposé qu'il soit encore sur le champ, & non transporté, est reputé meuble: Mais quand il est sur le pied, & pendant par racine, est reputé immeuble.

Voyez l'Article précedent, & les 74. & 231.

Remarques.

La distinction apportée en cet article doit avoir lieu quand le fonds & les fruits appartiennent à un même propriétaire; car il en faudroit dire autrement, s'ils appartenoient à differentes personnes, comme si le propriétaire du fonds avoit vendu les fruits à un autre, & que cet autre vînt à déceder auparavant la recolte de ces fruits, ils ne laisseroient pas d'être partagez comme meubles entre ses heritiers, dautant que par le contrat l'acquereur n'a acheté qu'un droit sur les fruits à cueillir: ce qui ne peut aboutir qu'à la demande d'une chose mobiliaire, laquelle par consequent doit être reputée telle.

On demande inutilement en cette Coûtume, si les pepinieres doivent être censées meubles ou immeubles, puisque par cet article les fruits qui sont pour bien moins de temps sur la terre sont reputez immeubles jusques à ce qu'ils soient cueillis.

BOIS COUPE', BLED, FOIN, OU GRAIN SOYE' OU FAUCHE', &c. EST REPUTE' MEUBLE.

GLOSE UNIQUE SUR L'ARTICLE XCII.

SOMMAIRE.

1. *Si cet article s'entend de tous fruits naturels.*
2. Fruits naturels, *ce que c'est, & leurs especes.*
3. *Fruits industriaux.*
4. *Fruits civils.*
5. *Comment le propriétaire prend les fruits des heritages qui luy appartiennent.*
6. *Fruits naturels sont immeubles tant qu'ils sont attachez au fond.*
7. *Sont ameublis quand ils en sont separez.*
8. *A qui les fruits appartiennent, quand l'usufruitier est decedé*, maturis fructibus.
9. *Disposition des Coûtumes sur l'ameublissement des fruits.*
10. Quid, *du prix des fruits vendus avant la recolte, & de la mort du propriétaire arrivée avant icelle.*
11. *Les bois de haute-futaye ne sont* in fructu.
12. *Coupe de bois propre à l'un des conjoints*

ne tombe en la communauté.

13. Deniers de la coupe de bois appartenans aux mineurs, sont immeubles en leur succession.

14. Si le prix de la coupe est meuble, quand le vendeur décede avant qu'elle soit faite.

15. Si on peut leguer la coupe entiere d'un bois propre de ligne.

16. Si la saisie du fonds emporte celle des fruits.

17. Des fruits des heritages de l'un des conjoints au temps de sa mort.

18. Quid, si au temps de la mort la recolte étoit commencée.

19. A qui appartiennent les fruits civils.

20. Fruits civils, de trois sortes.

21. Comment s'acquierent.

22. Comment s'acquierent les arrerages des rentes foncieres.

23. Quand est dûë la redevance des heritages baillez à ferme.

24. Comment s'acquierent les arrerages des rentes sur l'Hostel de Ville de Paris, ou sur les Aydes de Paris.

1. CE qui est dit en cet article du bois, du bled, &c. se doit entendre de tous les autres fruits naturels.

Il faut observer que par le mot de fruits generalement pris, on entend les émolumens & les utilitez que l'on tire des choses mêmes ou à l'occasion d'icelle.

Les fruits qui se tirent des choses mêmes sont appellez naturels, parce que c'est la nature qui les produit; & on les divise en fruits purement naturels & en fruits industriaux.

2. Les fruits purement naturels sont ceux qui se produisent *solâ naturâ operante*, sans le soin & le travail de l'homme comme les bois, les poires, les pommes & autres.

3. Les fruits industriaux sont ceux qui ne viennent que par le travail & la culture des hommes, comme les bleds, les raisins & autres.

4. Les émolumens que l'on tire à l'occasion des biens sont appellez fruits civils, comme les loyers des maisons, les redevances des heritages de la campagne, les cens, les arrerages des rentes foncieres, & des rentes constituées & autres.

5. Quand le propriétaire joüit du bien qui luy appartient, il prend tous les fruits qui en proviennent, de quelque nature qu'ils soient, & les fait siens *jure soli, jure dominii, & jure accessionis*, mais quand la propriété est à l'un & la joüissance à l'autre comme à l'usufruitier, au possesseur de bonne foy & à d'autres, la difficulté est souvent, sçavoir à qui les fruits appartiennent, & quand ils sont reputez meubles.

6. La premiere regle est, que les fruits naturels & les industriaux sont censez immeubles, tant qu'ils sont attachez au fond comme partie d'iceluy, *fructus pendentes pars fundi esse videntur, l. fructus. 44. de rei vindicat. l. Julianus. 13. §. si fructibus: de actio emp. & vendi & l. ult. §. 6. qua in fraud. credit.*

Voyez Monsieur Loüet & son Commentateur lettre F. nomb. 10.

C'est la disposition de la Coûtume d'Orleans, *tous fruits pendans par les racines sont heritages*, voyez la Note de Maître Charles du Moulin sur l'art. 273. de l'ancienne Coûtume d'Orleans.

7. Lorsqu'ils sont separez du fonds ils sont veritablement meubles, soit qu'ils soient encore sur le champ ou qu'ils soient transportez, la cause de la fiction cesse, parce qu'on ne peut pas former qu'ils fassent partie du fond dont ils sont separez, parce qu'ils n'en font plus partie, *l. si fructuarius. quib. mod. usus fr. l. 25. de usur. l. 48. de acquir. rer. domin.*

8. D'où il s'ensuit, que si l'usufruitier decede *maturis fructibus nondum perceptis*, ils appartiennent au propriétaire, *§. is verò. 35. de rer. divis.* parce que le droit de l'usufruitier est éteint par sa mort, *§. ult. inst. de usufr. l. 3. §. ult quib. mod. usufr. amitt. l. 8. §. 1. de liber. leg.* comme il a été jugé par Arrest du 19. May 1589. prononcé par Monsieur le President Brisson entre Jean-Paul de Cateil & Antoine de Salins de Coursabeuf, & par autre au rapport de Monsieur le Roy de Damesaintes le 7. Septembre 1612. entre Monsieur le Prevôt Conseiller au Parlement & Monsieur Soli President aux Enquêtes.

Il y a quelques Coûtumes qui reputent les fruits meubles dans un certain temps de l'année, quoiqu'ils ne soient pas encore separez du fond, Nivernois chapitre 26. article 1. porte, *bleds en terre avant qu'ils soient noüez*, sont reputez heritages, aprés qu'ils sont noüez sont reputez meubles. 9.

En l'article 2. il est dit, *vignes quant aux fruits avant qu'elles soient foüies sont reputées heritages après, sont reputées meubles.*

L'article 3. porte, *prez quant à l'herbe, sont reputez heritages avant la fête Nôtre-Dame de Mars après, sont reputez meubles.*

Reims art. 19. porte, *foins à couper la my-May passée, raisins aussi à couper la my-Septembre passée, & tous les autres fruits pendans par les racines, la fête de la Nativité S. Jean-Baptiste passée, & bois taillis le temps de leur coupe ordinaires passée, sont reputez meubles.*

La Coûtume de Paris veut indistinctement que les fruits soient reputez immeubles, jusqu'à ce qu'ils soient separez du fonds; ainsi l'heritier du mary prend les heritages avec les fruits y attachez au tems de la mort de la doüairiere, voyez sur l'art. 263.

Que si le propriétaire d'un fonds en vend les fruits de l'année à cüeillir quand ils seront meurs, & qu'il decede avant la recolte, le prix s'il est dû, est reputé immeuble & appartient à son heritier des propres; si le prix a été payé au défunt, il en est dû récompense à cet heritier sur les autres biens; parce qu'au temps de sa mort l'heritier des propres est saisi du fond & par consequent des fruits qui y sont pendans, qu'il ne peut pas néanmoins recüeillir comme étant tenu des faits & promesses du défunt. 10.

Que s'il decede aprés la recolte, le prix dû est reputé meuble, *arg. leg. defunctis. 58. ff. de usufr.*

C'est le sentiment de du Moulin sur l'article 99. de l'ancienne Coûtume nombre 8. que la redevance de la Ferme est mobiliaire, quand elle n'est dûë qu'aprés la recolte & la mort du propriétaire; & qu'ainsi elle n'appartient pas au gardien qui n'a que l'administration des meubles; *secus*, dit-il, *de censibus & reditibus præteritis quorum dies solutionis nondum venit*, ce qui est décidé par ces termes de l'article 270. *autres que pour les fruits & revenus échûs pendant ladite garde.*

Ce que nous venons de dire, que les fruits pendans par les racines sont considerez comme immeubles dans la succession de celuy à qui ils appartiennent, se doit entendre, quand les fruits & le fonds appartiennent à un même propriétaire; mais il n'en est pas de même quand les propriétaires sont differens, comme si le propriétaire du fonds avoit vendu les fruits pendans par les racines à un tiers, & que cet acheteur vînt à mourir avant la recolte, ces fruits se partageroient comme meubles dans sa succession, parce que cet acheteur n'a que le droit de percevoir les fruits qui ne tend qu'à une demande mobiliaire.

11. Il faut observer à l'égard des bois, que les bois taillis sont *in fructu*, & non les bois de haute-fustaye; c'est

12. pourquoy la coupe des bois taillis est mobiliaire; à l'égard de celle des bois de haute-fustaye, elle est mobiliaire quand elle est faite par le propriétaire: quand elle est faite pendant la communauté elle n'y entre point, mais elle est sujette à récompense, parce qu'elle est propre de communauté.

Ainsi quand des bois de haute-fustaye sont coupez ils sont reputez immeubles entre les conjoints pour être sujet à remploy; ensorte que les deniers qui en proviennent n'entrent point dans la communauté, comme il a été jugé en la seconde Chambre des Enquêtes le 5. Janvier 1629. au rapport de Monsieur Coquelay entre Damoiselle Anne Harpin veuve de Nicolas le Barbier Sieur du Chesnage d'une part, & Damoiselle Barbier sa fille, d'autre.

13. Pareillement si des bois de haute-fustaye appartiennent à des mineurs, & que la coupe en soit venduë, les deniers en provenans sont immeubles dans leur succession.

14. C'est une question, si lors que le propriétaire à vendu une coupe de bois de haute-fustaye, & qu'il décede avant qu'elle soit faite, le prix est meuble ou immeuble dans sa succession.

AUZANET. Maître Auzanet sur cet article dit, qu'au cas de la vente quoique la moitié du bois soit debout lors du décés, le prix dû ou converti en obligation est un effet mobiliaire pour le tout; & dit avoir été jugé ainsi en la quatriéme Chambre des Enquêtes, le 1. Août 1629. entre les heritiers de la Dame de Plainville; ainsi le prix doit appartenir à l'heritier mobiliaire.

C'est aussi mon avis, parce que la succession n'a que l'action *venditi* contre l'acheteur, pour être payée du prix de la vente, lequel est mobiliaire.

15. Puisque les bois de haute-fustaye ne sont pas *in fructu*, il s'ensuit que le propriétaire ne peut pas en leguer la coupe entiere, en cas qu'ils luy soient propres de ligne, & qu'il n'en peut tester que du quint, de même qu'on ne peut pas leguer l'usufruit de tous ses propres, mais seulement du quint; & qu'au contraire on peut leguer la coupe entiere de ses bois taillis, quand le temps sera venu de la faire.

Un bois est reputé de haute-fustaye quand il a trois âges, c'est-à-dire 27. ans, comme il a été jugé par Arrest du 10. Février 1618. en la cinquiéme Chambre des Enquêtes, entre René Descoubleau & Anne de Rostaing femme du Sieur de Montagnac rapporté par Mornac sur la Loy 12. *de usufr.*

16. Les fruits pendans par les racines étant censez faire partie du fonds, il s'ensuit

Premierement, que la saisie du fonds emporte celle des fruits, & non au contraire celle des fruits n'est que mobiliaire, voyez sur l'art. 178.

Ainsi le fonds étant saisi réellement, les fruits pendans par les racines lors de la saisie réelle du fonds, sont sujets à l'hypotheque des créanciers, ainsi jugé par Arrest donné contre l'Evêque de Clermont en Auvergne, remarqué par Monsieur le Maistre au Traité des Criées.

Tout au contraire, si un créancier fait proceder par voye de saisie sur les fruits pendans par les racines, sans saisir réellement le fonds, la vente s'en doit faite, & le prix en provenant doit être distribué comme d'un meuble, encore qu'un créancier premier en hypotheque se soit opposé.

Voyez Monsieur Coquille sur la Coûtume de Nivernois chapitre 26. quelles choses sont reputées meubles.

En second lieu, que les fruits pendans par les racines en l'heritage de l'un des conjoints au temps de la dissolution du mariage, ne tombent point en la communauté, voyez sur l'art. 231. 17.

Que si au temps du décés la recolte étoit commencée, c'est une question si tous les fruits seroient reputez separez du fonds, Maître Le Brun au Traité de Communauté page 96. dit pour raison de douter que *fructus maturi pro demissis habentur*, selon la maxime de droit, cependant la Loy *fructus pendentes, de rei vindic.* & les Loix qui sont citées par la glose & la Loy *defuncta. 58. de usufr.* y sont contraires. 18.

Mais son sentiment qui est aussi le mien, est qu'il n'y a que ceux qui sont déja coupez, ce qui me semble sans difficulté, parce que les fruits pendans au fonds suivent le fonds, ainsi ils appartiennent à celuy à qui le fonds doit appartenir.

A l'égard des fruits civils, sçavoir des loyers des maisons, des redevances & fermages des heritages des champs, des arrerages des rentes foncieres, des cens, des rentes constituées, des interêts des sommes dûës par obligations & contrats, adjugez ou legitimement dûs, les gages & appointemens des Officiers & autres semblables; on en distingue de trois sortes, sçavoir les fruits civils qui s'acquierent par succession de temps, & lesquels augmentent tous les jours de quelque chose: les fruits qui s'acquierent *uno momento*, comme les arrerages des cens & des rentes foncieres: & ceux qui sont subrogez au lieu des fruits, comme les fermages & redevances des heritages des champs. 19. 20.

Brodeau sur cet article nombre 4. tient, que comme la separation du fonds ameublit les fruits naturels, ainsi l'échéance du jour ameublit les fruits civils, desorte que la dette étant successive & courante comme les rentes & pensions dont les arrerages renaissent & croissent chaque jour, on regle & on separe la portion du temps échû au jour du decés, ou du transport ou de la vente; que si la dette n'est point successive, mais pour une fois payer & acquise en un moment, on ne considere que l'échéance pour l'acquisition toute entiere, s'il n'y a convention contraire. 21. BRODEAU.

Maître Auzanet sur l'article 89. dit, que les dettes successives & courantes, comme arrerages & censives & rentes seigneuriales de bail d'heritages & constituées à prix d'argent, pensions, loyers de maisons, profits de Fiefs, interêts de legitime, arrerages de doüaire prefix, revenus de forges, Moulins & autres fonds, sont meubles, même avant qu'ils soient échûs. AUZANET.

Maître Duplessis au Traité de Communauté dit, que les fruits civils sont de simples obventions *quæ acquiruntur de die in diem*, à mesure que le temps s'écoule; c'est pourquoy ils sont de la communauté, à proportion du temps & de ce qui en est échû lors de la dissolution quoiqu'ils n'ayent pas encore été payez, & qu'ils ne soient pas encore dûs, le terme de payer n'en étant pas encore venu. DUPLESSIS.

Qu'à l'égard des terres baillées à ferme en argent, il y a de la difficulté quand le temps du payement n'est qu'aprés la recolte, sçavoir si le fermage s'acquiert *de die in diem*, ou si on le doit regler comme les fruits naturels; qu'il n'estime pas qu'il faille avoir égard au temps de la recolte, n'y au temps que la ferme se paye, mais qu'il s'acquiert *de die in diem*, & qu'il en faut dire de même des arrerages des rentes foncieres.

Pour moy j'estime, qu'il faut suivre la distinction rapportée cy-dessus, laquelle est plus naturelle & plus conforme aux principes: à l'égard des fruits civils qui s'acquiérent tous les jours, comme loyers de maisons & arrerages de rentes constituées, gages, & appointemens d'Officiers, il n'y a point de jour qu'il n'en soit dû quelque chose; & ce qui est dû chaque jour est égal, par exemple cinq sols, dix sols plus ou moins; ainsi ce qui se trouve dû au jour du décés, eu égard à la quantité des jours depuis le jour que le bail a commencé, ou que la rente a été constituée, est mobiliaire, *in his qua tempus successivum habent, & quotidie deberi incipiunt, inspicitur temporis rata ad acquisitionem.*

22. A l'égard des arrerages, des cens & rentes foncieres, comme ils ne s'acquierent qu'au jour de l'année qu'ils sont payables, ils sont reputez immeubles jusqu'à ce jour; ils ne sont dûs que *in recognitionem dominii directi*, ainsi *momento acquiruntur*, & partant on ne peut pas dire qu'ils s'acquierent, *pro ratâ temporis*, c'est le sentiment de Chopin sur ce titre, nomb. 20.

23. A l'égard des fermages ils ne sont dûs qu'à raison des fruits; ainsi dès qu'ils sont perçûs, les fermages sont reputez meubles, quoique le temps du payement ne soit pas encore venu, *l. defunctâ. de usufr.*

La Coûtume de Normandie, article 510. porte: *les deniers des fermages sont censez meubles du jour que les fruits sont perçûs, encore que le jour du payement ne soit échu: Et pour les rentes foncieres & hypothecaires, les arrerages qui sont dûs jusqu'au jour du décés, sont reputez meubles.* L'article 509. porte, *les arrerages des rentes seigneuriales ne sont reputez meubles que du jour que le payement est échû.*

24. Quant aux arrerages des rentes sur la ville de Paris, ils ne sont ameublis que quand le Bureau est ouvert pour les payer, quoique dûs auparavant; parce qu'ils ne sont point payables ni exigibles avant ce temps; ensorte qu'on ne considere pas si au temps du décés ils sont dûs, mais si le Bureau est ouvert pour les payer: ce qui auroit lieu même au cas que le payement fût reculé. Voyez M. Loüet & son Commentateur, lettre C. nomb. 41. & lettre F. nomb. 10. & 12.

Quoique les payemens qui se font à Bureau ouvert, soient écrits dans les quittances comme faites pour les années, néanmoins ils sont présumez faits pour l'année courante en laquelle ils se font, & pour laquelle la quittance est donnée. Les Arrests ont établi cette Jurisprudence, rapportez par Brodeau sur cet article.

Basnage sur l'article 510. de la Coûtume de Normandie dit, que cela s'observe de même au Parlement de Roüen, & que par Arrest du 17. May 1668. il a été jugé que les arrerages des rentes sur les Aydes de Paris appartiennent à celuy qui en avoit la joüissance lors du Bureau ouvert pour en faire le payement, quoiqu'ils fussent échus du temps de l'usufruitier: la raison est, que les arrerages de ces rentes ne sont point exigibles à l'échéance de chaque année à cause de l'autorité du Prince, & qu'on ne les doit reputer meubles que du jour que le payement en peut être exigé.

OBSERVATIONS DE MONSIEUR ***.

Sur l'article X C I I.

SOMMAIRE.

1. *Article 92. changé.*
2. *Pourquoy ces mots*, à l'égard du propriétaire, *ajoûtez.*
3. *Article ajoûté concernant la vente du bois.*
4. *Raison de cet article qui declare meuble le bois acheté.*
5. *Autre article touchant l'usufruit.*
6. *S'il peut estre saisi réellement.*
7. *Article qui declare immeubles les heritages aliénez sous faculté de rachat.*
8. *Si les deniers dûs du rachat sont meubles.*
9. *Raison de la décision de l'article.*
10. *Autre article touchant les Domaines du Roy aliénez.*
11. *Difference entre le Domaine aliéné & les heritages vendus par les particuliers, à faculté de rachat.*
12. *De quel jour ils sont censez meubles.*
13. *Article touchant les rentes sur l'Hostel de Ville de Paris.*
14. *De quel jour les arrerages sont censez dûs & échûs.*

NOus avons dressé ainsi cet article.

1. *Bois coupé, raisins cueillis, bled, foin ou grain soyé ou fauché, encore qu'ils soient demeurez sur le champ, & non transportez, sont meubles; mais quand ils sont sur pied, ou pendans par les racines, ils sont reputez immeubles à l'égard du propriétaire & de ses heritiers.*

2. Ces mots, *à l'égard du propriétaire & des heritiers*, sont essentiels, pour marquer la difference qu'il y a entre le propriétaire, le fermier, & celuy qui a acheté les bois.

Cet article ne se doit entendre que du propriétaire qui n'a point vendu ses bois; s'il les a vendus, quoiqu'ils ne soient pas coupez, le prix à son égard ou de ses heritiers est mobiliaire, parce qu'il n'en peut demander que le prix; de même que ses heritiers s'il est decedé avant que de le recevoir.

L'acheteur de bois & le fermier n'étant point propriétaires du fond n'ont qu'une action pour couper le bois & les grains qui sont mobiliers pour eux & pour les heritiers: & l'article suivant a été fait pour regler cette difference.

Touchant la vente faite par le propriétaire nous avons fait l'article qui suit.

ARTICLE NOUVEAU.

3. *Mais si le propriétaire a vendu ses bois un prix payable à differens termes, ou donné sa terre à ferme, le prix qui est dû de la vente & du bail est meuble, quoique le bois ne soit coupé, ni les fruits separez du fond, & ledit bois & fruits non separez du fonds sont reputez meubles à l'égard de l'acheteur, du fermier & de leurs heritiers.*

4. Cet article est une explication des derniers mots du précedent, & est tres-bon; parce que le propriétaire du fond ou ses heritiers n'ont rien dans les bois, puisque la superficie a été venduë, & ne leur reste qu'une action pour avoir le prix de la vente, & les acheteurs n'ont rien dans le fond; ainsi la superficie ne peut pas avoir le même titre d'immeuble que le fond à leur égard.

AUTRE ARTICLE NOUVEAU
touchant l'usufruit.

5. *Le droit d'usufruit est immeuble, & peut être saisi réellement, & les fruits sont meubles jusqu'au jour de la saisie réelle.*

6. On a fait quelquefois cette difficulté, sçavoir, si le droit d'usufruit pouvoit être saisi réellement.

Il y a des raisons pour & contre; mais la question a été jugée, à mon rapport, pour le fils de M. Jalis de Castille contre les créanciers de son pere.

AUTRE ARTICLE NOUVEAU
touchant les heritages aliénez à faculté de rachat, &c.

7. *Les heritages aliénez sous faculté de rachat, ou sujets à retrait feodal ou lignager sont immeubles à l'acquereur jusqu'au jour de la Sentence qui ordonne le rachat, ou adjuge le retrait; desorte que les deniers qui luy sont dûs à cause de l'éviction, appartiennent à ses heritiers des meubles, si le jugement est intervenu avant la succession ouverte; mais ils appartiendront aux heritiers des immeubles, s'il est rendu depuis la succession ouverte, soit que l'action ait été intentée devant ou aprés.*

8. Nous avons fait cet article pour décider les questions qui se sont présentées touchant les deniers dûs pour rachat ou pour retrait feodal ou lignager d'un heritage.

Les uns prétendoient que le tout étoit mobilier du jour de l'action en retrait ou rachat, d'autres du jour de la Sentence, & d'autres du jour du remboursement actuel.

Ces trois opinions avoient leurs raisons; mais on a pris le party le plus en regle, qui est le jour de la Sentence, parce que c'est de ce jour que le demandeur en retrait & en rachapt est propriétaire, & celuy qui est évincé de l'heritage peut forcer les demandeurs en retrait & rachat de le reprendre, & il ne luy reste qu'une action pour redemander le prix de l'acquisition, laquelle n'est que mobiliaire, puisque *tendit ad mobile.*

Nous avons joint le retrait avec le rachat, parce que c'est la même difficulté qui se décide par les mêmes raisons.

Les deniers du rachat ou du retrait n'étant meubles que du jour de la Sentence qui l'adjuge, il s'ensuit, que si cette Sentence n'est renduë que depuis le decés de l'acquereur, au moment de son decés la chose étoit immobiliaire, & appartenoit aux heritiers des immeubles, parce que l'acquereur étoit encore propriétaire de l'heritage à luy vendu sous faculté de rachat, ou sujette à retrait; & constamment n'y ayant point de condamnation, les deniers qui luy sont dûs par la suite ne peuvent être saisis ni entrer en communauté; *secus*, si la condamnation étoit intervenuë auparavant l'ouverture de la succession; parce que au moment du decés de l'acquereur l'action ne subsistoit plus que pour avoir le remboursement des deniers du prix qui sont veritablement meubles.

9. Nous prétendons avec raison, qu'il ne faut pas regarder les temps de l'action, mais du jugement, parce que c'est de ce moment que l'acquereur évincé cesse d'être propriétaire, & a droit de demander le prix de son acquisition.

Par une raison contraire nous dirons que l'action pour exercer le retrait & la faculté de rachat, est immobiliaire au vendeur qui l'a stipulé, & celle du retrait à ceux de la ligne du vendeur, & passe aux heritiers des propres, *quia tendit ad immobile assequendum.*

AUTRE ARTICLE NOUVEAU
concernant les Domaines du Roy aliénez.

10. *Domaines du Roy aliénez sont reputez immeubles jusqu'au jour du remboursement actuel.*

11. C'est une question, sçavoir, quelle peut être la difference entre le Domaine aliéné, & les heritages particuliers vendus à faculté de rachat perpetuel, & pour qu'on ne pût rendre les domaines meubles du jour que le Roy a fait signifier qu'il veut rentrer dans iceux, ou du moins du jour qu'il s'est mis en possession

12. actuelle desdits Domaines, puisque de ce temps-là les engagistes n'ont qu'une action contre le Roy pour avoir leur remboursement, comme ceux qui sont évincez d'un heritage pour en avoir le prix? contre celuy qui y reste du jour qu'il a obtenu Sentence, dont le Roy n'a pas besoin, pouvant de plein droit se mettre en possession de son Domaine.

J'ay trouvé deux raisons qui décident cette question.

La premiere, que la chose n'est pas égale: celuy qui est évincé peut forcer le demandeur en rachat ou retrait de reprendre l'heritage, ce qu'un engagiste ne peut pas faire à l'égard du Roy.

La deuxiéme, que le Roy n'a pas besoin de jugement pour rentrer dans son Domaine, ainsi il n'est jamais présumé y vouloir rentrer, quelque signification qui se fasse, ni s'en être mis en possession que du jour qu'il a remboursé actuellement l'engagiste, parce que le Roy est présumé toûjours tres-juste, & n'être en possession que le remboursement ne soit fait. Et on peut se servir de la comparaison de la rente constituée à prix d'argent, laquelle est toûjours reputée immeuble jusqu'au jour du remboursement actuel, parce que le créancier de la rente ne peut pas forcer le debiteur, qu'on peut comparer au Roy, de la racheter: & ainsi les choses ne se présument faites que du jour qu'elles sont actuellement effectuées.

Delà on conclura facilement, que les heritiers des propres succedent à un domaine en cas qu'il ait fait souche, quelque declaration qui ait été publiée par le Roy pour y rentrer, quand même la liquidation auroit été faite, quand celuy qui en joüit decede auparavant que d'avoir signé la quittance, n'y ayant que l'actuel remboursement, c'est-à-dire la quittance fournie à celuy qui est chargé de faire le payement qui fasse changer le bien de nature. Ainsi il faut voir pour bien juger si la quittance a été signée par l'engagiste au jour du decés de l'engagiste, ou si elle ne l'a pas été, ce qui décide si c'est un immeuble ou meuble dans la succession.

AUTRE

AUTRE ARTICLE NOUVEAU
concernant les rentes de l'Hôtel de Ville de Paris.

13\. *Les rentes sur l'Hôtel de Ville de Paris sont reputées immeubles jusqu'au jour du remboursement actuel, & les arrerages sont meubles du premier jour du quartier ouvert, quoique le quartier ne soit pas échu.*

14\. Il en est des rentes comme des domaines, il n'y a difference que pour les arrerages qui sont présumez être dûs & échûs du jour du quartier ouvert, parce qu'ils sont payables de ce jour-là : c'est ce qu'il faut remarquer, cela étant fort necessaire pour faire les partages dans les successions, pour regler les temps de la joüissance ; ensorte que si celuy dont on partage la succession decede le dernier Decembre, la demie année qui commence à se payer le second Janvier, appartiendra à celuy qui sera heritier des rentes ; mais s'il decede le second Janvier, ce quartier appartiendra aux heritiers des meubles.

CONFERENCE SUR L'ARTICLE XCII.

De même, *Artois*, art. 141. *Auxerre*, art. 195. *Bapaume*, tit. 1. art. 11. *Boulenois*, art. 140. *Calais*, art. 5. *Châlons*, art. 207. *Chauny*, art. 5. *Laon*, art. 103.

Melun, art. 282. *Montreüil*, art. 47.

Nivernois, chap. 26. art. 1. 2. 3. 4. *Normandie*, art. 110.

Orleans, art. 207. 354.

Saint Paul en Artois, art. 16. *La Salle de Lisle*, tit. 7. art. 2. *Sedan*, tit. 2. art. 8. & suiv.

Valenciennes, art. 117.

Artois, art. 95. de la premiere redaction, dit : *Bleds verts & jusques aventures jusques au my-May sont reputez heritages ; & aprés, sont reputez catheux.* a

a *Id est*, meubles caduques, *quamvis haereant solo sub aedificio.* C. M.

Berry, tit. 8. art. 23. *Les fruits pendans par les racines és vignes & terres ensemencées & labourées constant le mariage, bien qu'ils n'ayent été pris & recüeillis avant la dissolution d'iceluy, sont censez & reputez de la communauté, & se doivent diviser & départir entre le survivant & les heritiers du prédecedé, comme meubles.* b *Et le semblable se doit faire entre tous compagnons & associez aux départans de leur communauté, ou le survivant desdits associez & compagnons, & les heritiers au prédecedé, soit en societé expresse ou taisible ; à la charge de payer les cens, rentes ou autres devoirs qui sont dûs pour l'année, à cause desdits heritages, pour leur part & portion.* c

b *Intellige pro rata temporis quo fundi coeperunt coli sumptu communi : quia sumptus sunt pro rata temporis. ideò secùs de fructibus naturalibus, ut paragr. seq.* C. M.

c *Pro rata temporis*, excepté quant au cens, *qui solvitur in recognitionem dominii in quo inspicitur cessio diei, seu dies quo solvi debet, & totus iste articulus juncta annotatione generaliter observatur in regno.* C. M.

Bourbonnois, art. 284. porte : *Fruits pendans sont tenus & reputez meubles entre communs & personniers ; & s'entend des fruits industriaux tant seulement : autre chose est des fruits naturels, car ils ne sont pas reputez meubles jusqu'aprés qu'ils sont separez du fonds & cueillis.*

Meaux, art. 69. dit : *Combien que les fruits pendans en aucun heritage soient de droit reputez partie du fonds, toutefois ils sont reputez meubles quant à succession & partage, és cas qui ensuivent és articles 70. & 71.* Primò, *quand aucun a baillé son heritage à un Laboureur, son Fermier ou Métayer à titre de moison, & ledit Fermier a labouré & ensemencé ledit heritage, les emblaveures & gagnages non coupez ne separez du fonds, sont reputez meubles : tellement qu'aprés son trépas (s'il est marié) sa femme en prend la moitié, & les heritiers de luy l'autre, & se partent comme meuble, tout ainsi que s'ils eussent été coupez & levez.* Secundò, *quand une femme mariée a aucuns heritages de son propre, ou d'acquest fait auparavant son mariage, & tels heritages sont labourez & semez, ou faits & cultivez de leurs biens, & à frais communs, si ladite femme ou son mary va de vie à trépas avant lesdits fruits coupez, tels fruits sont reputez meubles, se partent par moitié entre le survivant & les heritiers du trépassé.*

Et en l'article 72. il est porté, *Ce que dessus n'a pas lieu és fruits naturels & heritages qu'on ne laboure point, comme en prez & herbes, qui ne requièrent point de culture, n'industrie ; car tels fruits sont reputez être partie du fonds & chose immeuble, jusques à ce qu'ils ayent été coupez & dépoüillez.*

Reims, art. 19. dit : *Foin, à couper la my-May passée, raisins aussi à couper la my-Septembre passée, & tous les autres fruits pendans par les racines, la Fête de la Nativité Saint Jean-Baptiste passée, & bois taillis le temps de leur coupe ordinaire passé, sont reputez meubles.*

Auteurs sur l'Article quatre-vingt-douziéme.

L'Auteur du Grand Coûtumier, liv. 2. chap. 34. p. 231. chap. 20. p. 137.

Coquille, sur l'article 21. de la Coûtume de Nivernois, au titre *des Fiefs*.

Le même Auteur, question 158. & en son Institution *hoc titulo*.

Loysel, liv. 2. tit. 1. regle 5.

Bobé, sur cet article, & sur les articles 70. & 71. de la Coûtume de Meaux.

Basnage, sur la Coûtume de Normandie, art. 505.

De la Lande, sur Orleans, art. 75. 207. & 354.

Buridan, sur Reims, art. 19.

Du Moulin, sur la Coûtume de Paris, §. 1. gl. 1. nomb. 50. & suivans.

Chassanée, sur la Coûtume de Bourgogne, tit. 4. article 2. sur ces mots, *tous meubles*, nombre 20.

Pontanus, sur la Coûtume de Blois, tit. 4. art. 37. sur ce mot, *obventiones*.

Chopin, sur la Coûtume de Paris, liv. 1. tit. 1. nomb. 19. 21. & 22. & *des Privileges des Rustiques*, liv. 3. part. 2. chap. 5. n. 1.

De Lhommeau, sur la Coûtume d'Anjou, livre 3. fol. 27. & suivans.
Salligny, sur la Coûtume de Vitry, articles 94. & 95.
Vrevin, sur la Coûtume de Chauny, art. 5.
Buridan, sur la Coûtume de Vermandois, art. 103. 105. & 106.
Berault, sur la Coûtume de Normandie, art. 516.
Le Vest, Arrest 101.
Duplessis explique cet article, page 135.

ARTICLE XCIII.

Cet article a été ajoûté à la reformation de l'ancienne Coûtume.

Somme de deniers reputée immeuble par destination.

Somme de deniers donnée par pere, mere, ayeul ou ayeule, ou autres ascendans, à leurs enfans en contemplation de mariage, pour être employée en achat d'heritages, encore qu'elle n'ait été employée, est reputée immeuble à cause de la destination.

Voyez les Articles 216. 232. 246. & 259.

Remarques.

La Coûtume dit en cet article, que somme de deniers donnée par pere, mere, &c. est reputée immeuble; surquoy il faut remarquer qu'il faut pour cela que cette somme donnée ait été payée; car autrement elle ne changeroit point sa nature de meuble, selon qu'il a été jugé par Arrest du 21. Août 1607. au rapport de Monsieur Midorge, rapporté par Monsieur Loüet lettre D. chapitre 66. G. F.

Il importe de remarquer l'espece de cet Arrest qui n'a pas jugé la these generale, ainsi que le propose Maître Gilles Fortin, mais seulement que les deniers promis par un pere pour être employez en achat d'heritage, qui étoit mort sans les acquitter, devoient être payez par l'heritier des meubles en la Coûtume de Poitou, où les dettes doivent être acquittées par l'heritier mobiliaire; & ainsi jugé seulement que les deniers non payez demeureroient meubles, à l'égard de celuy qui les avoit promis: Ce qui recevoit peu de difficulté à mon avis, vû qu'ils ne sont stipulez immeubles qu'au respect de celle à qui ils sont promis; au regard de laquelle il n'en iroit pas de même, car quoiqu'ils n'eussent pas été payez, la stipulation qui les rend immeubles en sa faveur, n'auroit pas moins son effet: le mary ne devant point profiter de sa demeure à exiger le payement de ces deniers, & ce n'est pas le payement qui rend les deniers immeubles, mais la seule stipulation. A quoy il faut adjoûter, que si le contraire étoit admis, il dépendroit des conjoints de s'avantager indirectement l'un l'autre.

On doit apprendre en general de cet article, que quoique les biens soient rangez chacun sous leurs especes de meubles ou d'immeubles, néanmoins il est quelquefois, comme au cas de nôtre article, en la faculté des particuliers de changer leur nature par stipulations & conventions, lesquelles toutefois doivent être restraintes dans leurs termes, comme les autres stipulations qui sont contre le droit commun. Comme par exemple, les Arrests ont souvent jugé que s'il est seulement stipulé que les deniers donnez à une femme en mariage seront employez en achat d'heritage pour luy demeurer propres, que cette paction n'étoit point capable, en cas que les deniers ne se trouvassent pas employez, de les rendre propres, sinon à l'effet d'empêcher qu'ils n'entrent pas dans la communauté contre le mary: mais supposé que la femme mourût sans enfans, ou qu'ayant laissé des enfans ils decedent sans enfans, ces deniers étant encore en nature, qu'ils seroient considerez entre leurs heritiers comme meubles. Ce qui a même été étendu au cas qu'il eût été convenu, que cet employ tiendroit lieu de propre à la femme & aux siens, ce mot de *siens* ayant été restraint aux enfans seulement. Mais il est vray que s'il avoit été stipulé, que cet employ se feroit, à condition que les choses acquises demeureroient propres à la femme & aux siens de son estoc & ligne, que cette clause auroit l'effet de faire que ces deniers non employez seroient considerez comme immeubles & propres, même à l'égard des collateraux; desorte qu'ils appartiendroient aux heritiers des propres du côté maternel. Les Arrests qui ont jugé toutes ces questions & autres semblables, ont été exactement recueillis par Monsieur Loüet lit. D. n. 66. & lit. R. n. 44. 48. & par son Commentateur aux mêmes lieux, & dans son Commentaire sur cet article.

Au surplus cet article ne parle que des donations faites par les ascendans, à cause du plus frequent usage, ce qui n'empêche pas que sa disposition n'ait lieu à l'égard des donations faites par les collateraux, ou même par les étrangers, ausquels ils auront ajoûté une semblable stipulation, parce qu'il est de droit commun qu'il soit en la liberté d'un chacun d'ajoûter telle condition qu'il luy plaira à sa liberalité, pourvû qu'elle ne soit pas contraire au public, comme n'est point celle dont il s'agit. Mais si une fille portoit en mariage une somme qui luy étoit acquise, elle pourroit bien stipuler qu'elle luy tiendroit nature de propres à l'effet qu'elle n'entrât point dans la communauté: mais elle ne pourroit pas faire que cette somme appartînt dans sa succession *ab intestat*, ou dans celles de ses enfans, à l'heritier mobiliaire, parce que les successions sont de droit public, dans lesquelles on ne peut pas interposer d'autres loix que celles qui sont prescrites par nos Coûtumes. Et pour faire qu'un bien soit transferé à l'un au préjudice de celuy auquel il est destiné par la Coûtume: il est necessaire qu'il y ait une donation parfaite, revêtuë de toutes les formalitez necessaires, car si le bien est delaissé *ab intestat*, il sera reglé par la disposition de la Loy, & non pas suivant la destination de celuy des biens duquel il s'agit, n'ayant pas été en son pouvoir de changer l'ordre de sa succession.

Mais quoiqu'il soit question d'une somme donnée par un autre, & qu'il ait été stipulé qu'elle sera propre à la future épouse & aux siens de son côté & ligne, cette stipulation n'aura précisement son effet que dans les cas de la clause, c'est-à-dire, à l'égard de la communauté ou de la succession *ab intestat* : mais comme elle n'interdit pas à la femme d'en disposer par donation ou par testament elle le pourra faire librement, comme d'un autre effet mobilier, la somme n'ayant pas été stipulée propre pour ce regard, ce que j'ay plus particulierement établi en mon Traité des Donations part. 3. chap. 9.

Le zele que Messieurs du Parlement ont pour le bien de la Justice, les a porté non seulement à juger avec toute la religion possible les procés qui se presentent pardevant eux, mais aussi à retrancher la source des contestations qui se portent en Justice, & comme la multiplication des affaires se rencontre particulierement dans les matieres qui n'ont pas de principes certains, & qui n'ont leur fondement que dans l'usage qui ne s'établit que par des Jugemens réïterez : mais qui se trouvent souvent contraires auparavant qu'il s'en puisse former une maxime constante dans le public : La Cour a fait des Mercuriales particulieres, pour deliberer sur ces matieres, & y apporter des regles invariables, & voulant y travailler avec toute la circonspection qui se pouvoit souhaiter ; elle a desiré avoir l'avis des anciens Avocats du Palais sur les diverses propositions qui avoient été faites.

Les premieres & les principales ont été celles qui se font ordinairement en explication de cet article, & qui concernent les clauses des contrats de mariage.

On a demandé premierement, si tout ce qui est stipulé propre ne doit pas entrer dans la communauté, tant à l'égard des conjoints durant leurs vies qu'entre leurs heritiers ?

La Réponse a été, que tout ce qui est stipulé propre n'entre point en communauté, ni entre les conjoints, ni entre le survivant & les heritiers du predecedé.

II. Si quand la stipulation de propre n'est qu'en faveur de l'un des conjoints & des enfans qui pourront naître du mariage, ou qu'il n'y a qu'une simple promesse d'employ sans passer plus avant, & qu'il y ait des enfans, le pere ou la mere survivant en succedant à l'un ou à plusieurs des enfans predecedez, profitera de ce qui se trouvera en nature de meubles ou d'acquêts, nonobstant les stipulations cy-dessus ?

Réponse. Que la stipulation de propre aux enfans naissans du mariage, rend la somme propre en leur faveur, de telle sorte que tant qu'il y a des enfans ou descendans d'eux, le pere ou la mere survivant n'y peut pas succeder, mais aprés le decés du dernier des enfans ou descendans d'eux, les pere & mere y succedent à l'exclusion des parens collateraux des enfans.

III. Si la clause porte, *& aux siens*, elle doit avoir effet non seulement à l'égard de la communauté, mais aussi pour exclure le survivant d'y succeder par la mort de ses enfans & de ses petits enfans, tant qu'il y aura des descendans de la personne pour qui la stipulation de propre a été faite ?

Réponse. Ce qui a été dit en répondant au precedent article, est observé lors que la stipulation de propre est faite par l'un des conjoints par mariage & pour les siens. Car combien que le mot de *siens*, signifie quelque chose de plus que celuy *d'enfans*, néanmoins selon l'usage commun dans les clauses de stipulations de propre, ils sont pris pour synonimes.

IV. Si la stipulation de propre & aux siens d'estoc & ligne a son effet, tant pour les propres réels, que pour les fictifs & conventionnels, de telle sorte que l'un des conjoints ne puisse jamais y rien prétendre par droit de communauté ni de succession, comme pere, mere, ayeul, ou ayeule ; & s'il n'est pas necessaire que tout ce qui est stipulé propre d'estoc & ligne, ou du côté & ligne, passe une fois pour le tout en la ligne collaterale, quand même tous les enfans & descendans seroient decedez, nonobstant minorité, benefice d'inventaire, confusion ou autrement, même à l'égard des Coûtumes soucheres sans préjudice des droits de reversion, soit en consequence de la Loy, ou aux termes de ce qui aura été convenu ?

Réponse. Que la clause de propre & aux siens de l'estoc & ligne ou du côté & ligne, doit avoir effet, tant pour le remploy des propres réels qui ont été vendus, que pour les propres fictifs ou conventionnels, combien que les stipulations ne soient pas repetées en la clause de remploy : Tellement que le survivant des conjoints ne peut y avoir aucun droit, soit de communauté, soit de succession, ni pareillement l'ayeul ou ayeule, qui n'est point du côté & ligne, jusques à ce que les propres ayent passé une fois pour le tout en ligne collaterale, quand même il y auroit eu plusieurs enfans & descendans decedez l'un aprés l'autre ; même à l'égard des Coûtumes soucheres, encore qu'il n'y ait dérogation particuliere. Car combien que les termes, *d'estoc & ligne*, ou *du côté & ligne*, soient differents dans leur propre & veritable signification, néanmoins dans l'usage commun ils ont le même effet, & la seule clause de stipulation d'estoc ou côté & ligne emporte avec soit une dérogation suffisante ausdites Coûtumes soucheres. Le benefice d'inventaire ne regarde que l'interêt des créanciers, & n'empêche pas l'effet de stipulation de propre d'estoc ou du côté & ligne entre les heritiers. Quand il y a des enfans qui ont recueilly les successions de leurs pere & mere, la confusion qui se fait pour la concurrence des deux qualitez incompatibles, fait cesser l'effet de la stipulation de propre ou du côté & ligne, si les enfans decedent majeurs, mais leurs decés arrivant en minorité, il n'y a point de confusion, le tout sans préjudice du droit de reversion en vertu de la Loy ou Coûtume ; ou de la convention.

V. Si quand il y a stipulation de propre, ou du côté & ligne, les heritiers du côté du pere ; & ceux du côté de la mere y succedent également par moitié, pourvû que la dot ait été donnée par le pere, & par la mere également, sinon à proportion de ce qui sera paternel & maternel en la constitution dotale, sans que les plus proches heritiers d'une ligne puissent exclure les plus éloignez d'une autre ligne pour la premiere fois, que la clause aura son effet en ligne collaterale, en cas que la stipulation de propre ne soit pas affectée à l'une des lignes ?

Réponse. Quand il y a stipulation de propre de côté & ligne, ou d'estoc & ligne, les heritiers paternels & maternels succedent par moitié à la dot constituée par les pere & mere également, sinon à proportion, sans que les plus proches heritiers d'une ligne puissent exclure les plus éloignez de l'autre ligne pour la premiere fois, que la clause aura son effet en ligne collaterale, si ce n'est que par la stipulation les propres soient affectez à certaine ligne.

VI. Si les stipulations de propres & aux siens de son côté & ligne pourront empêcher les conjoints majeurs ou mineurs de vendre, aliener, ou hypothequer les propres, ainsi que bon leur semblera, & d'en disposer pour le tout, soit par testament ou autrement, & à telles personnes qu'ils aviseront, même au profit de l'autre conjoint ou de ses enfans ou heritiers, s'il y a disposition expresse portant faculté de se donner.

Réponse. Les stipulations de propre & aux siens de son côté & ligne, ne peuvent pas empêcher les conjoints de vendre, aliéner & hypothequer, même les mineurs de disposer des propres fictifs, dans les cas ausquels la Loy ou les Coûtumes leur permettent la disposition de leurs meubles ou acquests, pour le tout ou pour partie par testament, ou autrement à telles personnes qu'ils aviseront. Néanmoins les conjoints ne peuvent disposer entr'eux, ni au profit l'un de l'autre, ou des enfans d'autre mariage, sinon aux mêmes cas & pour les mêmes portions que les Coûtumes permettent de disposer des propres naturels.

LA matiere de cet article est tres-ample ; & pour la traiter avec ordre, nous l'expliquerons en quatre paragraphes.

Le premier, sera du propre fictif ou conventionnel, fait hors les contrats de mariages.

Le second, des stipulations de propres par contrat de mariage.

Le troisiéme, de la stipulation des deniers en employ ou acquisition d'heritages.

Le quatriéme expliquera les moyens par lesquels s'éteignent les stipulations de propres, & les destinations en acquisition d'heritage.

SOMME DE DENIERS DONNE'E PAR PERE, MERE.

GLOSE UNIQUE SUR L'ARTICLE XCIII.

§. 1. Du propre fictif ou conventionnel hors les contrats de mariage.

SOMMAIRE.

1. Propre, *ce que c'est.*
2. *Division des propres.*
3. *Si les acquests faits avant le mariage sont propres de communauté.*
4. Propres de succession, *ce que c'est.*
5. *Comment les acquests deviennent propres.*
6. *Si dans un partage de succession un heritage est adjugé par licitation, sçavoir s'il est propre pour le tout.*
7. Propres de ligne, *ce que c'est.*
8. Propres qui ne sont d'aucune ligne, *ce que c'est.*
9. Propres réels & fictifs, *ce que c'est.*
10. *Comment un meuble est immeuble par fiction.*
11. *Pourquoy les stipulations de propres sont permises par les contrats de mariage.*
12. *Si les stipulations sont souvent mises dans les contrats de mariage contre l'intention des parties.*
13. *Si l'heritage acquis des deniers provenans de la vente d'un propre, peut estre propre par destination & declaration du vendeur.*
14. *Si par subrogation les acquests peuvent prendre la qualité de propres.*
15. *Si l'employ fait des deniers provenans de la vente de la chose leguée, est sujet au legs.*
16. *Subrogation en cas d'échange.*
17. *Subrogation des deniers du rachat des rentes qui appartiennent au mary, au lieu des rentes rachetées.*
18. *Si la subrogation en cas d'échange peut transferer la qualité de feodal, de roturier & d'hypotheque.*
19. *Subrogation pour rendre propre un heritage donné à l'un des conjoints.*
20. *Subrogation pour faire prendre à l'immeuble la nature de meuble.*
21. *Si par destination un pere peut faire partager un Fief également entre ses enfans.*
22. *Arrest qui a jugé, que l'acquest acquis des deniers de la vente d'un propre, n'est point propre, nonobstant la destination.*
23. *Arrest qui a jugé le contraire.*
24. *Exemples de la subrogation legale.*
25. *Si les heritages maternels donnez en partage pour les paternels, sont censez maternels.*
26. *Exemples de la subrogation legale & conventionnelle.*
27. *Si l'ameublissement provient de la seule convention de l'homme.*
28. *Si la convention suffit pour introduire des fictions.*
29. *Si on peut transferer par échange le droit d'hypotheque.*
30. *Si la Pratique d'un Procureur peut estre stipulée propre par contrat de mariage.*

LA Coûtume introduit en cet article une espece d'immeuble & de propre fictif, conventionnel ou contractuel, provenant de la destination & stipulation d'employ d'une somme de deniers, donnez en mariage à une fille par ses pere & mere, mais avant que d'expliquer ce qui concerne cet article, il est à propos de donner une idée generale des propres, d'en exposer les especes, & d'indiquer les articles où les sujets particuliers de cette matiere generale sont traitez dans cet Ouvrage.

1. Le mot de *propre* est general, & la premiere division que nous en devons faire, est en propre de succession & en propre de communauté.

Proprium dupliciter accipitur, dit du Moulin sur l'article 43. de nôtre Coûtume *num.* 187. *uno & principali modo pro obventis ex successione prædecessorum :* Du Mo *allo & incidenti modo pro omnibus quæ non cadunt in societatem bonorum, quæ est inter virum & uxorem, sed manent alteri propria, quamvis aliàs sint de acquæstu.*

2. Un propre de ligne est celuy qui nous vient par succession, & un propre de communauté est tout ce qui n'y entre point, quoiqu'il soit acquest à l'un des conjoints par mariage, desorte que ces propres, de quelque nature qu'ils soient, sont opposez aux biens communs entre ses conjoints, qui sont appellez *conquests*. Ils sont ainsi appellez improprement, car les propres sont ceux qui nous sont échûs par succession.

3. Par l'article 220. tous les meubles qui appartiennent aux conjoints, & les immeubles par eux acquis pendant le mariage, sont communs entr'eux, d'où il s'ensuit, que les acquests immeubles faits auparavant, sont des propres de communauté; & même tout ce qui ne tombe point dans la communauté par une convention & stipulation expresse, sont des propres de communauté, comme les legs & donations faites en ligne directe ou collaterale à l'un des conjoints, ayant stipulé & convenu par leur contrat de mariage, que tout ce qui leur seroit échû & avenu à titre de legs, de donation, ou de succession, leur seroit propre; ou ce qui leur est donné ou legué à la charge qu'il seroit propre au donataire, suivant l'art. 246.

Ces propres sont tellement propres aux conjoints par mariage, que si pendant le mariage l'aliénation en étoit faite, le remploy en seroit fait, ou les deniers de l'aliénation repris par celuy auquel ils étoient propres sur les biens de la communauté, suivant l'article 232. où il sera parlé du remploy des propres aliénez.

4. Les propres de succession sont ceux, qui sont échûs par succession directe ou collaterale, ou par donation entre-vifs, ou testamentaire en ligne directe, suivant l'article 246. & ils se divisent en propres naissans & propres anciens.

Les propres naissans sont ceux, qui sont échûs par succession directe ou collaterale, qui étoient acquests en la personne du défunt, desorte qu'ils commencent d'avoir nature de propres en celle de son heritier.

Mais quand un immeuble fait souche en la directe, & qu'il passe du pere au fils, & au petits-fils, étant acquest en la personne du pere, il est propre naissant en celle du fils, & propre ancien en la personne du petit-fils.

5. Il s'ensuit de ce que nous venons de dire, que la succession tant directe que collaterale, & la donation en ligne directe, sont les moyens par lesquels un acquest devient propre, ou un propre naissant devient un propre ancien en la personne de l'heritier ou du donataire. Le premier moyen sera expliqué sur l'art. 312. & sur l'art. 246. & le second dans l'art. 246.

Il y en a encore deux autres, sçavoir la subrogation, quand en vertu d'un échange un acquest est subrogé au lieu d'un propre par l'article 143. la réünion, à laquelle on peut joindre l'accession, dont il a été parlé sur l'article 53. Il y a un cinquiéme moyen par lequel un propre est conservé dans la famille, qui est le retrait lignager, suivant l'art. 139.

6. C'est une question, *si dans un partage de succession il y a supplément de partage, ou qu'un heritage soit adjugé par licitation à un des heritiers à la charge de rembourser ses coheritiers pour leurs parts & portions, si l'heritage est propre pour le tout, ou acquest, & pour quelle partie?*

Il semble, que c'est un propre en la personne de l'adjudicataire pour la portion qu'il avoit dans l'heritage, & un acquest pour les autres portions qu'il acquiert; à l'égard desquelles c'est une veritable vente qui luy est faite.

On peut dire au contraire, que l'heritage est propre pour le tout, vû que par l'article 80. pour licitation d'heritage entre coheritiers ne sont dûs aucuns droits au Seigneur, quand l'adjudication est faite à l'un d'entr'eux.

Argentré sur l'article 418. de la Coûtume de Bretagne *glos. 2. num. 6.* dit que l'heritage est propre pour le tout.

Il y en a qui veulent au contraire, que celuy qui a payé soulte & récompense, venant à deceder, l'heritier des propres retienne la totalité de l'immeuble, & qu'il soit reputé propre pour le tout, à la charge néanmoins d'indemniser l'heritier des acquests de pareille somme, que le défunt auroit payée pour ce qui excedoit sa part & portion dans la succession, & dont il auroit fait recompense; ensorte que si la récompense étoit faite des deniers de la succession, ou effets mobiliaires d'icelle, l'heritage seroit propre pour le tout.

Pour moy je croy que l'heritage est propre pour le tout, & doit appartenir à l'heritier des propres, en remboursant l'heritier des acquests de la somme que le défunt auroit payée pour soulte, ou pour l'adjudication à luy faite, à ses coheritiers; parce que c'est un propre, puisqu'il est échû par le partage d'une succession; mais dautant que le total n'appartenoit pas au défunt, & que pour en acquerir une partie, il a falu qu'il luy en ait coûté une somme d'argent, il est juste, que l'heritier des propres la rembourse à l'heritier des acquests.

Ce qui seroit vray, même au cas que la soulte ou la récompense eût été payée des deniers de la succession, comme s'il y a trois heritiers, & que la succession soit composée de deniers comptans & d'effets mobiliaires qui valent quarante mille livres, & d'une maison adjugée à un des heritiers pour la somme de vingt mille livres, au moyen dequoy les deux autres heritiers prendroient chacun vingt mille livres; car pour lors, quoique la soulte ait été payée des deniers de la succession, néanmoins il faut dire, que l'heritage est propre pour le tout à l'effet d'appartenir à l'heritier des propres de cet heritier, à la charge de rembourser les deux tiers du prix de l'adjudication de cette maison, lesquels il a acquis par le remboursement qu'il a fait à ses deux coheritiers.

Par le moyen du remboursement on ne fait point de tort à l'heritier des acquests, & l'heritage est conservé dans la famille, comme au cas de l'article 139.

Il y auroit plus de difficulté dans l'espece suivante.

Monsieur Guerin, Maître des Comptes en Normandie, avoit laissé trois enfans, sçavoir Monsieur Guerin, Conseiller en la Cour des Aydes, Estienne & Marie Guerin: Monsieur Guerin Conseiller en la Cour des Aydes, avoit eu 50001. livres en mariage en deniers comptans, Marguerite Guerin avoit eu quarante-cinq mille livres, y compris une ferme donnée pour vingt-quatre mille livres; & Estienne Guerin avoit eu vingt-un mille livres en rente: à l'effet du partage du reste des biens de Monsieur Guerin, Maître des Comptes, ils firent liciter deux maisons, pour du prix d'icelles être faits les égalemens, & pris par Marguerite Guerin la somme de six mille livres, & par Estienne Guerin celle de trente mille livres, ces maisons furent adjugées aux Requêtes du Palais à Monsieur Guerin, Conseiller en la Cour des Aydes, pour la somme de trente-six mille livres.

Aprés la mort de Monsieur Guerin, Conseiller en la Cour des Aydes, il fut question de sçavoir si ces deux maisons étoient un propre ou un acquest dans sa succession: il semble qu'elles luy étoient acquest pour le tout, parce que le prix d'icelles avoit été destiné & employé pour les égalemens en question, lesquels se montoient à la somme pour laquelle l'adjudication avoit été faite, & qu'à la verité elles appartenoient à Marguerite & à Estienne Guerin.

On peut dire au contraire, qu'elles n'étoient propres que pour un tiers, parce que Monsieur Guerin n'avoit qu'un tiers dans ces maisons en qualité d'heritier, & que pour les deux autres, il les avoit acquis par l'adjudication qui luy en avoit été faite.

On pourroit dire aussi qu'elles luy étoient propres pour le tout, parce que tout ce qui est échû par succession est propre, & ces deux maisons étant de la succession de Monsieur Guerin Maître des Comptes, quoique Monsieur Guerin les eût euës par licitation, néanmoins elles devoient tenir lieu de propres en sa succession, la licitation ayant été faite à l'effet du partage; & pour sçavoir le veritable prix de la chose licitée & non pour vendre; & que les maisons ayant été adjugées à Monsieur Guerin pour la somme de 36000. livres, qu'il avoit payée à Estienne & à Marguerite Guerin pour leurs égalemens, c'étoit comme s'il avoit rapporté dans la succession une partie de la somme de 5000l. livres qu'il avoit eu, & qu'il eût pris les deux maisons pour ladite somme de 36000. livres.

Cette question s'étant presentée aux Requêtes du Palais, par Sentence du 22. Février 1659. il fut jugé que ces deux maisons étoient acquests pour le tout, dont il y eut appel en la Cour, laquelle par son Arrest du 23. Juin 1660. conformément aux Conclusions de Monsieur l'Avocat General Bignon, en émendant declara propre le tiers des deux maisons.

Contre cet Arrest on prit Requête Civile, & l'affaire ayant été évoquée au Privé Conseil, elle fut renvoyée au Grand-Conseil, où la Requête Civile fut enterinée, & les deux maisons furent declarées acquests pour le tout, conformément à la Sentence de Messieurs des Requêtes; contre lequel on prit aussi Requête Civile, laquelle fut appointée, & ensuite par l'Arrest qui intervint, il fut jugé ce qui avoit été jugé auparavant par l'Arrest du Parlement, que le tiers de ces deux maisons étoit un propre.

Il n'y a pas grand fondement à faire sur ces Arrests, lesquels ont jugé diversement, & je ne prendrois le party ni des uns ni des autres; je ne voudrois pas aussi tenir comme quelques-uns, que ces maisons seroient propres pour le tout; mais je croy, que suivant nos principes, il faudroit voir de quelle valeur seroient tous les immeubles de la succession de Monsieur Guerin, Maître des Comptes, tant ceux qui seroient restez au jour de son decez, que ceux qu'il auroit donnez de son vivant à ses enfans, & voir si ces deux maisons & autres immeubles, que Monsieur Guerin auroit eus des biens immeubles de son pere, excederoit, ou seroit moindre que la portion qu'il en pouvoit avoir; car si elles excedoient, ce en quoy elles excederoient, seroit reputé acquest, & si elles n'excedoient pas, le total seroit reputé propre.

Par exemple, si tous les immeubles étoient estimez cent cinquante mille livres, & que Monsieur Guerin en eût eu pour soixante mille livres, le total devroit être estimé propre en sa succession, mais à la charge de payer par l'heritier des propres à l'heritier des acquests, la somme de dix mille livres, parce qu'ayant un tiers dans tous les immeubles, & non davantage, le surplus est reputé un acquest; & il n'importe pas qu'il ait eu par le moyen du partage la totalité d'un immeuble & rien dans les autres; car c'est une subrogation qui se fait des portions des autres heritiers dans cet immeuble, au lieu de celles qu'un heritier a dans les autres immeubles qui échéent aux autres par le partage.

7. Les propres de succession se divisent en propres de ligne, & propres qui ne sont d'aucune ligne.

Les propres de ligne sont ceux, qui sont échûs du côté du pere & de la mere, lesquels sont ou paternels ou maternels.

Il y en a qui sont paternels & maternels, sçavoir ceux qui sont échûs aux enfans par les pere & mere qui étoient joints de parenté; desorte que l'heritage acquis par les pere & mere, & échû à un de leurs enfans par leurs successions, luy est un propre paternel & maternel.

Il n'en seroit pas de même de l'heritage acquis par les pere & mere qui n'étoient pas joints par parenté; échû à un de leurs enfans, cet heritage ne pouvant pas être propre paternel & maternel, si ce n'est improprement, mais propre paternel pour moitié & propre maternel pour l'autre.

Les propres qui ne sont d'aucune ligne, sont ceux qui ne sont échûs ni du côté paternel ni du côté maternel, comme quand au défaut d'heritier de la ligne un heritier de l'autre côté succede. 8.

Il en faut dire de même lorsque les conjoints succedent l'un à l'autre au défaut d'heritiers, par l'Edit du Preteur, *Unde vir & uxor*.

Pour sçavoir si la prohibition de tester des propres portée en l'article 292. s'étend sur ceux qui sont ainsi échûs, voyez sur cet art. 292.

La seconde division des propres se fait en propres réels, & propres fictifs. Les propres réels sont les heritages, & toutes les choses qui sont appellées *res soli*, comme toutes especes d'heritages & maisons. 9. §. 2. des propres fictifs.

Les propres fictifs sont tout ce qui est reputé immeuble, qui ne l'est pas à la verité, & qui ne l'est que par fiction.

Cette fiction est fondée sur deux causes, sçavoir sur le rapport aux veritables immeubles & sur la convention des parties. 10.

Par la premiere cause plusieurs choses sont reputées immeubles, & par consequent aussi propres, comme sont les rentes foncieres, les droits fonciers, les rentes constituées à prix d'argent & les Offices, dont il est traité dans les deux articles suivans; lesquels ne sont pas de veritables immeubles, puisqu'ils n'ont ni corps ni substance, ni lieu ni situation; mais dautant qu'ils produisent un revenu certain & annuel comme les veritables immeubles, elles produisent presque les mêmes effets qu'eux, & quant aux successions, & sont censez propres de même que les propres réels.

Par la seconde cause une chose mobiliaire prend la qualité d'immeuble & de propre, ce qui se fait dans les contrats de mariage, à l'effet de conserver les biens dans les familles, lesquels autrement passeroient dans d'autres; & cette qualité n'est qu'accidentelle & contraire à la nature des choses mobiliaires: ainsi elle ne peut pas toûjours subsister, mais elle dure plus ou moins, suivant la volonté & la destination des contractans; ce qui est le veritable sujet de cet art. 93.

Pour l'intelligence duquel il faut observer, que par une regle generale du Droit coûtumier, tous les meubles & effets mobiliaires de ceux qui contractent mariage, tombent dans la communauté; comme au contraire, que tous leurs immeubles leur sont propres, & ne sont point communs entr'eux: mais parce qu'il arrive souvent que tous les biens des contractans ou de l'un d'eux consistent en argent comptant, & principalement la dot des filles, & qu'il leur seroit desavantageux si tous leurs biens tomboient dans la communauté, c'est pourquoy on a trouvé à propos de stipuler, qu'une partie de leurs meubles & effets mobiliaires sortiroit nature de propre au stipulant, à l'effet de la reprendre sur les biens communs hors part & sans confusion, avenant la dissolution de la communauté.

Le Droit coûtumier a permis & autorisé ces conventions & stipulations, dautant qu'elles sont introduites pour le bien public & la conservation des familles; c'est pourquoy, bien qu'elles semblent con- 11.

traires à cette maxime generale du Droit coûtumier, qui repute communs entre les conjoints par mariage tous leurs meubles néanmoins non seulement elles doivent être executées dans nôtre Coûtume en vertu de cet art. 93. qui est exprés, mais aussi dans celles qui n'en parlent point, étant generalement permis de déroger aux Coûtumes dans les contrats de mariage, excepté les cas remarquez sur le titre de communauté de biens.

12. Il y a plusieurs sortes de stipulations qui se peuvent apposer dans les contrats de mariage, qui produisent des effets differens, pour faire d'un meuble un immeuble, que les contractans n'entendent pas, & dont souvent ils ne sçavent pas les suites & les consequences.

C'est une question, si elles se peuvent faire dans d'autres contrats; on ne doute pas qu'un particulier parent ou étranger, ne puisse donner à l'un des futurs conjoints par leur contrat de mariage, une somme, pour luy être propre, ensorte que par cette clause elle n'entre point en la communauté, article 246. parce que chacun peut apposer telle clause & telle condition qu'il juge à propos à sa liberalité.

Il y a plus de difficulté, sçavoir si quand un homme vend un propre, & qu'il declare en faisant l'aliénation, qu'il veut & entend, que les deniers en provenans soient employez en acquisition d'heritage, pour sortir pareille nature de propre que l'heritage vendu, pour appartenir à ceux de sa ligne, de laquelle il luy étoit échû, & faisant la même declaration quand il en fait le remploy, cette declaration rend propre l'heritage acquis en la succession du vendeur, à l'effet d'appartenir aux heritiers des propres.

13. On prétend qu'il a été jugé pour l'affirmative dans l'espece suivante.

Nicolas Bailly, Bourgeois de Paris, deceda sans enfans & sans tester, laissant des heritiers collateraux paternels & maternels. Entre ses biens il se trouva une rente de deux mille livres en principal, & un Office de Juré Chargeur de bois en cette ville de Paris, qui valoit onze mille livres. Mais parce qu'il avoit acquis l'un & l'autre des deniers provenans de la vente de ses propres maternels, avec declaration dans les contrats, qu'il entendoit que ces biens acquis tinssent lieu de propres à luy & aux siens de son estoc, côté & ligne.

Cette clause donna lieu à une contestation entre ses heritiers paternels & maternels.

Les heritiers maternels prétendoient, que cette rente & cet Office leur appartenoient comme propres de leur côté & ligne; les heritiers paternels au contraire, que c'étoit des acquests auxquels ils devoient succeder comme étant plus proches heritiers, conformément à l'article 329. de la Coûtume de Paris, qui porte : *En ligne collaterale les plus proches parens d'un enfant decedé sans hoirs, luy succedent quant aux meubles & acquests immeubles.*

Pour les heritiers paternels on peut dire, que la rente & l'Office, dont il étoit question, ne devoient point être reputez propres, puisque les propres sont les heritages qui sont échûs à quelqu'un par succession directe ou collaterale; comme il a été dit sur l'article 88. & que n'ayant point été acquis par succession, ils ne pouvoient point passer pour propres.

Pour les heritiers maternels on disoit au contraire, que les acquests sont rendus propres par plusieurs moyens, remarquez sur cet article *num.* 5. entre lesquels est la subrogation, laquelle par la maxime
14. *subrogatum sapit naturam subrogati*, fait prendre à un acquest la qualité de propre, comme il arrive au cas de l'échange, suivant l'article 143. Que les subrogations se font ou en vertu de la Loy & par sa seule disposition, comme au cas du même article 143. ou de la stipulation & convention de l'homme.

Que ces deux sortes de subrogations se rencontrent dans l'espece dont il s'agit; que cette subrogation est fondée sur le Droit & sur les Coûtumes; qu'il y a dans la Loy 70. §. *cùm autem. ff. de legat.* 2. une semblable espece de subrogation.

Un testateur charge Titius son heritier de restituer, ce qui restera de ses biens aprés sa mort; Titius ayant vendu quelques heritages de la succession, & ayant employé le prix de la vente en acquisition d'autres heritages, on demandoit si ces heritages étoient sujets à restitution?

Papinian consulté sur cette question répond, *de pretio rerum venditarum, alias comparat, diminuisse qua vendidit non videtur. Sed quod inde comparatum est, vice permutati dominii restituetur*, & comme dit la Loy suivante : *Idem servandum erit, etsi proprios creditores ex ea pecunia dimiserit; non enim absumitur quod in corpore patrimonii retinetur.* 15.

On ne peut pas dire avec raison, que les propres soient alienez, puisqu'ils sont convertis en d'autres heritages pour tenir lieu de propres comme les propres vendus, par la volonté & declaration expresse du vendeur. De même qu'il y a subrogation par l'échange, qui se fait d'un propre avec un autre heritage par le susdit art. 143.

Il y a de pareilles subrogations dans la Loy 96. *ff. de legat.* 1. & dans la Loy 23. *ff. de adimend. legat.* où il est decidé, que si ce qui a été legué, a été converty en d'autres acquisitions, le legs est dû par le moyen de la subrogation, car comme il est dit en la Loy 23. *de adimend. legat. non absumptum videtur quod in corpus patrimonii versum est.*

Que si nôtre Coûtume admet expressément la subrogation au cas de l'échange, sans aucune convention ou declaration de celuy qui fait un échange d'un propre, à l'effet de conserver les propres dans les familles, on doit dire avec raison, qu'on ne peut pas contester les subrogations qui sont fondées sur l'intention & la volonté expresse de l'homme. 16.

La Coûtume admet encore la subrogation dans l'article 94. à l'effet seulement de faire subroger les deniers du rachat des rentes, ou le remploy d'icelles au lieu & place des rentes rachetées, qui appartiennent aux mineurs pendant leur minorité seulement; ce qui fait voir que la subrogation est conforme à l'esprit de la Coûtume. 17.

Plusieurs Coûtumes sont en cela semblables à la nôtre, parce qu'elles l'admettent aux même cas; laquelle est si favorable, que la disposition de nôtre Coûtume seroit sans doute étendue aux autres qui n'en feroient point mention.

Elle est favorable, en ce qu'elle tend à la conservation des propres dans les familles, pour laquelle nos Coûtumes ont tant de dispositions expresses. Elle est aussi fort équitable, & fondée sur une grande raison, sçavoir que si le propriétaire d'un propre ne pouvoit pas faire cette subrogation, il ne pourroit pas faire quelqu'autre acquisition qui l'accomoderoit mieux.

On objectoit, que la subrogation ne peut point donner à un heritage une qualité qu'il n'a pas, comme de propre, de féodal, ou de roturier; de même que l'hypotheque qui est sur un heritage, ne passe point sur celuy qui est pris en contre-échange, mais que l'hypotheque demeure toûjours sur l'heritage hypothequé, sans rendre obligé & hypothequé celuy qui est donné en échange. 18.

On disoit qu'il a été ainsi jugé par Arrest du 24. Mars 1587. rapporté par Monsieur Loüet lettre S. nombre 10. dans l'espece d'une rente affectée & hypothequée à la garantie d'une maison, cedée pour une autre rente; la Cour par cet Arrest jugeant, que cette rente prise en contre-échange, n'étoit point obligée à la garantie de la maison comme la premiere, laquelle avoit été depuis rachetée, & le debiteur d'icelle étoit devenu insolvable.

A quoy on répondoit, que l'heritage échangé prend bien la qualité de propre, comme subrogé au lieu & place de l'heritage donné en contre-échange, parce que c'est une qualité qui passe d'un heritage à un autre, au moyen de l'échange, dautant que la Loy y est expresse, & qu'elle ordonne cette subrogation; desorte même qu'il ne seroit pas au pouvoir des parties par leurs declarations & conventions expresses, de faire un conquest de l'heritage pris en contre-échange de l'heritage propre.

A l'égard de l'hypotheque c'est une charge réelle, laquelle est imprimée sur la chose obligée, en vertu de la convention des parties & de l'autorité de la Loy, & qui ne peut être transferée sur un autre heritage par le moyen de l'échange, l'hypotheque ne s'acquerant que par la convention du créancier, la Coûtume n'admettant point en ce cas de subrogation; car l'échange ne fait point de tort au créancier, puisque l'heritage échangé & mis entre d'autres mains, demeure toujours sujet à ses droits & hypotheques; mais parce que l'échange sans la subrogation feroit un tort considerable aux heritiers des propres, c'est pourquoy la Coûtume y a pourvû.

19. La subrogation conventionnelle est aussi autorisée par la Coûtume en l'article 246. qui permet de donner à l'un des conjoints, à la charge de reputer propre pour luy & pour les siens la chose donnée, pour empêcher par ce moyen que la chose ne tombe dans la communauté.

Par cet article 93. il y a subrogation du meuble à l'immeuble par la simple destination de l'homme, comme au contraire l'immeuble devient meuble par le moyen de l'ameublissement que fait l'un des futurs conjoints par son contrat de mariage, en consentant que son heritage, ou partie d'iceluy, prenne la nature de meuble, à l'effet d'entrer en la communauté, de laquelle autrement il seroit exclus.

Loyseau au Traité des Offices, livre 2. chapitre 7. num. 54. dit en termes exprés, *qu'en succession un homme peut vendre son propre & convertir les deniers en acquests, sans que l'heritier des acquests en fasse le remplacement à celuy des propres: même qui plus est, si un Office hereditaire, ou une rente constituée, ou un domaine aliéné propres, sont rachetez au propriétaire, il ne peut pas faire que les heritages qu'il achetera des deniers de ces rachats, soient remplacez en son propre, pour être deferé à son heritier des propres, à l'exclusion de celuy des acquests.*

20. Brodeau sur Monsieur Loüet *loco citato* remarque un Arrest du 22. Juin 1607. qui a ordonné, qu'une rente sur l'Hostel de Ville, achetée des deniers procedans de la vente d'un Fief faite par un pere, seroient partagez également entre ses enfans, quoique dans le contrat de vente il eût declaré, qu'il vouloit & entendoit que les deniers de la vente de son Fief fussent partagez noblement entre ses enfans. Parce que, dit cet Auteur, *pecunia ex re feudali non est feudalis, potest esse immobilis; provisio hominis non facit cessare provisionem legis; legis est aut consuetudinis introducere fictiones, non etiam hominis contra dispositionem legis.*

BRODEAU.

21. Comme au contraire un pere ne peut pas declarer, qu'il veut & entend que son Fief soit partagé comme roture entre ses enfans, comme il a été jugé par Arrest du 11. Août 1615. rapporté par le même Auteur.

Par autre Arrest du 23. Janvier 1625. la Cour a ordonné, qu'une rente acquise par un particulier appartiendroit à l'heritier des acquests, & non à celuy des propres, quoique par le contrat d'acquisition de la rente, il eût stipulé qu'elle tiendroit lieu de remploy d'une autre rente propre qui luy avoit été rachetée, & qu'elle sortiroit pareille nature de propre.

Par autre Arrest du 14. Juin 1613. donné en l'Audience de la Grand'-Chambre, en la Coûtume de Poitou, la même chose a été jugée.

Par l'article 223. de cette Coûtume il est porté, que *pour qu'une personne puisse disposer de tous ses acquests par Testament, il est requis qu'il ait des propres.*

Un nommé Coustiere étoit decedé laissant seulement des propres fictifs, par le moyen des declarations expresses faites dans les contrats de vente & d'acquisition; par cet Arrest il fut jugé que tels biens étoient acquests, & ne pouvoient tenir lieu de propres.

Par autre Arrest du 18. Avril 1671. rendu en la cinquiéme Chambre des Enquêtes, au rapport de Monsieur de Bullion rapporté dans le Journal du Palais, il a été jugé en la Coûtume de Paris, que Nicolas Bailly ayant vendu ses propres maternels, & des deniers en provenans acquis d'autres immeubles, avec declaration expresse qu'il vouloit qu'ils tinssent à luy & aux siens de son estoc, côté & ligne, de propres maternels en partageant sa succession; cette declaration ne pouvoit produire son effet au profit de ses heritiers maternels, & en confirmant la Sentence du Châtelet de Paris, ils furent adjugez aux heritiers paternels comme plus proches heritiers du défunt. 22.

Les Arrests remarquez cy-dessus furent rapportez au procés, excepté un autre Arrest rendu en la seconde Chambre des Enquêtes le 27. May 1634. au rapport de Monsieur Magdelaine, entre Monsieur Pinard Avocat au Mans, appellant, & Simon Guillon intimé, lequel a jugé le contraire, sçavoir qu'une femme non mariée vendant son propre maternel, ayant declaré qu'elle entendoit remployer le prix en heritages ou rentes qui sortiroient nature de propre maternel, en ayant remployé une partie & non le tout, tant les rentes provenans du remploy que le reste non remployé, seroit repris par les heritiers des propres maternels. 23.

Maître Auzanet Traité des propres conventionnels, dit qu'on ajoûte si les conventions de propre peuvent être faites par d'autres contrats que par des contrats de mariage, que la difficulté s'est presentée en l'espece d'un contrat de vente, par lequel un particulier aliénant son propre ancien, avoit stipulé que les deniers de la vente, ou les heritages qui seroient acquis de mêmes deniers, tiendroient dans la succession la même nature de propres comme l'heritage par luy aliené, & avoit ajoûté qu'il ne pourroit disposer du prix de la vente & de l'employ d'icelle, que comme d'un propre de ligne. AUZANET.

Que l'article 93. de la Coûtume, qui donne la qualité d'immeuble à une somme destinée en achat d'heritages; & que l'article 246. permet d'inserer dans un testament ou donation, que la chose donnée demeurera propre au donataire, & n'entrera point en communauté, mais que cet article parle expressément d'une chose immeuble.

La subrogation en matiere d'heritages, est ou simplement legale, ou simplement conventionnelle, ou legale ou conventionnelle tout ensemble. 24.

La subrogation legale est celle qui est fondée sur la Loy, & qui se fait sans la convention de l'homme, comme au cas de l'article 143. au préjudice de laquelle la convention de l'homme ne peut rien faire; desorte qu'en cas d'échange de propre heritage, la subrogation se fait de plein droit, & par ce moyen l'heritage acquis en contre-échange, est reputé propre, pour appartenir à ceux ausquels auroit appartenu l'heritage donné en échange; parce qu'on ne présume pas qu'il ait été aliéné au moyen de l'acquisition faite d'un autre heritage par le même acte d'aliénation.

Comme le propriétaire d'un heritage propre ne peut pas ordonner dans son testament, ou par quelque autre disposition que ce soit, que tel heritage sera reputé acquest dans sa succession, aussi ne le peut-il peut-il pas faire de l'heritage pris en contre-change pour un heritage propre.

25. Et dautant que le partage est une espece de permutation, les heritages maternels baillez en partage à l'un des enfans, soit majeur ou mineur, pour la part qui luy appartenoit dans les biens paternels, sont censez & reputez paternels, & être procedez de l'estoc, côté & ligne paternelle, à cause de la subrogation legale qui se fait de plein droit, & par la nature de la chose, sans qu'il soit besoin d'aucune stipulation; & les heritiers paternels succedent du côté & ligne dont l'heritage paternel étoit venu & échû au pere, comme ils auroient succedé à l'heritage, s'il n'avoit point passé par le partage d'une ligne en une autre.

Que si cet heritage est vendu, il est sujet à retrait.

C'est la disposition de la Coûtume de Melun en l'article 134. & le sentiment de Chopin sur le titre de communauté de biens, *num.* 26. comme il a été jugé par Arrest du 30. Mars 1596. rapporté par M. Loüet, lett. B. nomb. 35.

Chopin.

Nous avons un second exemple de subrogation legale dans l'article 94.

Il y en a d'autres dans le droit remarquez cy-devant, par lesquels la subrogation se fait par la Loy, mais par une interpretation de la volonté du testateur.

La Loy subroge aussi les heritages acquis des deniers pupillaires, au lieu & place des deniers employez sans aucune convention, de même que ce qui est acquis des deniers appartenans aux soldats, *l. si ut proponis. §. C. de rei vindicat. l. curator. C. arbitr. tut. l. 2. ff. quand. ex fac. tut.*

Mais hors ces cas, ce qui est acheté des deniers de quelqu'un par un autre au nom de l'acheteur, n'appartient pas à celuy des deniers duquel il s'est servi, comme il sera dit sur l'article 232.

26. La subrogation se fait par la Loy & par la convention de l'homme en plusieurs cas, comme pour faire prendre à un meuble la nature d'immeuble, comme au cas de cet article, qui permet de stipuler par contrat de mariage, qu'une somme de deniers sera employée en achat d'heritage pour sortir nature de propres, ainsi qu'il sera remarqué cy-aprés, où seront observez les effets des differentes stipulations qu'on peut faire en consequence de cet article.

Par le même article l'employ fait prendre nature de propre à des heritages, lesquels autrement ne seroient qu'acquêts, suivant ce qui sera dit cy-aprés. Et en vertu de l'article 232. l'heritage acquis tient lieu d'un propre aliené appartenant à l'un des conjoints, en vertu de la declaration de l'employ, comme il sera dit sur le même article.

27. Par la seule convention de l'homme les immeubles prennent nature de meubles, par le moyen de l'ameublissement, dont il est traité sur l'art. 220.

La Coûtume n'a point introduit cette subrogation, elle n'en fait aucune mention; mais en faveur des mariages elle a été autorisée par les Arrests: car comme il arrive souvent, que les filles qui se marient, n'ont point d'argent comptant, ni d'autres effets mobiliaires pour mettre dans la communauté, & que l'usage est, que celles qui se marient, mettent une partie de leurs biens dans la communauté, de laquelle cependant les immeubles qui appartiennent aux futurs conjoints au jour de leur mariage, sont exclus; il a été necessaire de faire subroger les heritages au lieu & place des deniers & effets mobiliaires, par stipulation & convention d'ameublissement.

28. Hors ce cas, la seule convention de l'homme ne peut faire changer la nature & la qualité d'un heritage, parce que *legis est aut consuetudinis, introduci ex fictione*, *non etiam hominis contra dispositionem legis.*

C'est pourquoy on ne peut pas par un échange faire prendre à l'heritage roturier pris en contre-échange pour un heritage feodal, la qualité de feodal, ou au contraire, par la raison remarquée cy-dessus, & le faire partager contre sa propre nature & qualité, laquelle ne peut être changée par la seule volonté de l'acquereur; dautant qu'un heritage est reputé feodal ou censuel selon le droit & la charge, à laquelle il a été baillé par le Seigneur, qui ne peut être changée sans son consentement.

Mais si le Seigneur feodal ou censier consentoit que l'heritage censuel fût tenu à foy & hommage, il le pourroit faire, ou au contraire, qu'un heritage feodal fût tenu de luy en censive, comme nous avons dit ailleurs.

29. On ne peut pas aussi transferer par un échange les hypotheques de la chose échangée sur celle qui a été prise en contre-échange, comme il a été jugé par l'Arrest remarqué cy-dessus.

Il y a un Arrest donné en l'Audience de la Grand'Chambre le 14. Juillet 1661. rapporté dans le second tome du Journal des Audiences, sur un appel des Requêtes du Palais, par laquelle sur la demande en declaration d'hypotheque de la Dame de Saint Geny, on avoit mis quant à present les parties hors de Cour.

Dans le fait, Monsieur de Saint Geny avoit fait l'échange d'une maison loüée huit cent livres, pour une rente de deux mille livres, dans le temps que Madame de Saint Geny sa femme poursuivoit sa separation; elle avoit intenté son action en declaration d'hypotheque contre l'acquereur de cette maison en vertu de l'échange, laquelle elle prétendoit être affectée & hypothequée à ses conventions matrimoniales nonobstant l'échange; que son hypotheque subsistoit toûjours, n'ayant pas la même seureté sur la rente que sur la maison.

L'acquereur au contraire disoit, que la rente baillée en contre-échange pour la maison, tenoit lieu d'icelle; & que la Dame de Saint Geny avoit son hypotheque sur cette rente, comme elle l'avoit auparavant sur la maison qu'il avoit acquise au moyen de l'échange.

Monsieur Talon dit, que la demande de la Dame de Saint Geny étoit bien fondée, & que les défenses de la partie adverse étoient justes & legitimes; que la Dame de Saint Geny avoit interêt de prendre garde pour sa seureté, que son mary ne vendît son bien, & que la rente étant rachetée elle devoit avoir son hypothéque sur la chose échangée. Qu'à l'égard de celuy qui avoit baillé la rente en contre-échange, il avoit interêt d'être paisible possesseur de la maison contre-échangée pour la rente qui luy appartenoit, parce que *subrogatum sapit naturam subrogati*; mais que pour la seureté des parties il estimoit qu'il falloit mettre l'appellation, & ce dont étoit appellé, au néant, en émendant & évoquant le principal sur la demande en declaration d'hypothéque, mettre les parties hors de Cour; ce faisant que la rente donnée au Sieur de Saint Geny demeureroit affectée & hypothéquée à la Dame sa femme pour ses conventions matrimoniales, & que le rachat n'en pourroit être fait, qu'au préalable elle n'eût été appellée.

L'Arrest fut rendu suivant ses Conclusions; c'étoit un juste temperament que la Cour apporta pour la seureté des interêts des parties; l'Arrest n'ayant pas jugé que par l'échange l'hypothéque est transferée de l'heritage hypothéqué donné en échange, sur l'heritage pris en contre-échange, ensorte que l'hypothéque soit éteinte; car cela ne se peut au préjudice d'un créancier hypothéquaire, dont le droit ne peut être détruit sans son fait & son consentement, si ce n'est par les voyes ordinaires & legititimes, comme par prescription ou par decret.

La convention de l'homme ne peut pas d'un acquêt en faire un propre ; ainsi selon mon avis & les Arrests remarquez cy-dessus, les heritages acquis des deniers provenans d'un propre vendu, ne peuvent être rendus propres par destination, parce qu'elle repugne à la nature des propres qui ne se font pas ainsi selon la disposition de nos Coûtumes.

30. Il y a quelque difficulté à l'égard de la Pratique d'un Procureur, sçavoir, si elle peut être stipulée propre.

Il semble que non, parce qu'on n'en peut pas faire une estimation certaine, qu'elle peut valoir beaucoup au temps du mariage contracté, & de peu de valeur au temps de la dissolution de la communauté ; ou au contraire que d'ailleurs ce seroit un moyen au mary de faire un avantage considerable au préjudice de sa femme ou des heritiers d'icelle, en faisant de grandes avances pour les parties, & ne s'en faisant pas payer pendant le mariage.

Néanmoins il a été jugé, qu'elle est reputée immeuble à l'effet de l'exclure de la communauté, par Arrest rendu en la Grand'-Chambre, le 26. Mars 1661. entre les enfans du premier lit de Bourgevin Procureur, d'une part, & les heritiers de sa veuve en secondes nôces, lesquels prétendoient que la Pratique avoit augmenté pendant la seconde communauté, & en consequence, que les cedules & obligations faites pendant icelle pour frais arrêtez, & les executoires de dépens étoient effets de la seconde communauté, & qu'ainsi la moitié leur devoit appartenir, comme heritiers de sa veuve, néanmoins ils en furent déboutez.

La même difficulté s'est présentée en la succession de Milet Procureur au Parlement, entre ses enfans du premier lit & ceux du second : Il avoit acheté sa Pratique quatre mille livres avant que de se marier ; & par son premier contrat de mariage il avoit stipulé, qu'elle sortiroit nature de propre : elle augmenta considerablement pendant la premiere communauté ; sa femme étant décedée, & laissant des enfans de ce mariage, il convola en secondes nôces, stipulant aussi par son contrat de mariage, que sa Pratique luy sortiroit nature de propre. Il laissa en mourant des enfans du premier & du second lit, & sa Pratique fut estimée trente mille livres.

Ceux du premier lit prétendoient, qu'une Pratique de Procureur ne pouvoit pas être stipulée propre, si ce n'est pour la somme de quatre mille livres, pour laquelle elle avoit été achetée avant le premier mariage contracté, & que l'augmentation étant survenuë pendant la premiere communauté, elle leur devoit appartenir.

Les autres au contraire disoient, que cette Pratique ayant été stipulée propre à leur pere, elle devoit être partagée également entre tous ses enfans sans distinction ; étant convenus d'anciens Avocats pour Arbitres, la Pratique fut declarée propre entre les enfans, pour être partagée également entr'eux.

§. 2. Des Stipulations qui se font par contrat de mariage.

SOMMAIRE.

1. *Differentes stipulations de propre qui se font par contrat de mariage.*
2. *De la stipulation à la future épouse, son effet.*
3. *Si le pere y succede à ses enfans mineurs.*
4. *Si cette stipulation peut estre faite par ceux qui se marient, ou par leurs tuteurs ou curateurs.*
5. *De la stipulation à elle & aux siens.*
6. Siens, *que signifie.*
7. *Effets de cette stipulation.*
8. *Si le pere y succede à son enfant.*
9. *Si cette stipulation profite à un enfant du premier lit.*
10. *Si le pere y succede quand il y a plusieurs enfans.*
11. *Si l'ayeul qui a fait la stipulation est préferé au pere.*
12. *De la stipulation à elle & aux siens de son estoc, costé & ligne.*
13. *Si le pere y succede.*
14. *A quels heritiers collateraux ce propre fictif appartient.*
15. *Si quand elle est faite par la fille décedée laissant un enfant qui décede, ses heritiers maternels sont preferez.*
16. *Quand le pere stipule pour sa fille des deniers d'icelle, s'il peut y succeder.*
17. *Si la stipulation peut estre faite par un étranger ; son effet.*
18. *Si le pere peut succeder quand ce propre est passé de la succession d'un enfant à un autre.*
19. *Si les enfans peuvent disposer de ce propre, & comment.*
20. Quid, *si la stipulation est faite par les pere & mere, comment les collateraux paternels & maternels succedent au propre conventionnel.*
21. *Que signifient ces mots,* estoc, costé, ligne.
22. *Comment on peut succeder à un propre ancien.*
23. *Si la clause à elle & aux siens de son costé, produit le mesme effet que celle d'estoc, &c.*
24. *Si le pere mariant sa fille des effets mobiliaires de sa mere avec ladite clause, peut y succeder.*
25. *Si dans les Coûtumes soucheres, pour succeder au propre, il faut estre descendu de l'acquereur.*
26. *De la stipulation susdite pour ce qui échoira pendant le mariage.*
27. *Si l'action, pour avoir le payement de la somme stipulée propre, est immobiliaire.*
28. *De la stipulation de propre de la part du mary.*
29. *Quoique le mary soit debiteur & créan-*

cier de la somme stipulée propre, néanmoins il n'y a point de confusion.

30. *S'il décede sans enfans, cette somme est meuble dans sa succession.*

31. *Si la mere y succede.*

32. Quid, *si les deniers stipulez propres ne se trouvent point dans la succession du pere, ou qu'il ne s'en trouve qu'une partie.*

33. Quid, *si le pere du mary a fait la stipulation.*

1. LEs stipulations qui se font par contrat de mariage, sont celles qui suivent,

La stipulation par laquelle il est convenu que les deniers ou meubles des futurs conjoints, ou de l'un d'eux, sortira nature de propre au stipulant.

La stipulation de propre au stipulant & aux siens.

La stipulation de propre au stipulant & aux siens de son estoc, côté & ligne; de ces trois stipulations il sera traité dans ce §.

La stipulation de meubles ou de deniers en employ ou acquisition d'heritages, dont il sera traité dans le §. suivant.

2. Cette stipulation, que les deniers donnez à la future épouse luy sortiront nature de propre, n'a effet que d'empêcher qu'ils ne tombent dans la communauté: c'est pourquoy ils sont appellez propre de communauté; ensorte que la future épouse ou ses heritiers les retirent aprés la dissolution d'icelle, comme il a été jugé par l'Arrest des Graffins remarqué par Brodeau sur M. Loüet, lett. R. nomb. 30. & ils sont meuble en sa succession, selon le sentiment de M. Le Prestre, Centur. 1. chap. 42. de Coquille sur la Coûtume de Nivernois, chap. 23. art. 17. de Maître Ricard sur cet article, & de Maître Duplessis, page 14.

3. Ainsi, si elle decede laissant des enfans mineurs, leur pere y succede comme heritier mobiliaire dans la portion qu'ils y ont, selon le sentiment de Maître Ricard; ce qui est sans difficulté, vû que ses deniers ainsi stipulez ne sont pas immeubles.

CHOPIN. Chopin sur ce titre n. 28. remarque un Arrest au Rôle de Paris, du 12. Mars 1577. par lequel l'ayeule de la femme mariée a été preferée comme heritiere mobiliaire aux heritiers des propres, pour une somme de deniers stipulée propre seulement pour elle, sans parler de *siens*, d'*estoc*, *côté & ligne*.

4. Cette stipulation peut être faite non seulement par les pere & mere mariant leurs enfans, fils ou filles, mais aussi par les enfans qui se marient joüissans de leurs droits, & stipulant pour eux, par les tuteurs & curateurs mariant leurs pupilles ou mineurs, & même par des étrangers qui constituent dotes à des filles.

5. La stipulation, à elle & aux siens, ou à ses enfans ou à ses hoirs, a lieu.

6. Tous ces mots, *siens*, *enfans*, *hoirs*, *heritiers*, qui se mettent quelquefois ensemble dans cette stipulation, sont synonimes, & se prennent pour & au lieu de celuy, *enfans*, sans que ce mot, *siens* ou *heritiers*, se puissent entendre des heritiers collateraux, comme il a été jugé par Arrest prononcé à Noël 1609. rapporté par Montholon, Arrest 115. par lequel la mere comme heritiere mobiliaire d'un fils unique qu'elle avoit, fut preferée aux parens collateraux d'iceluy, qui prétendoient une somme stipulée propre par son mary, à luy & aux siens par contrat de mariage.

BRODEAU. C'est le sentiment de Brodeau sur cet article, n. 5. de Ricard sur le même article, & de Maître Duplessis, page 15. car quoique ce terme, *siens*, puisse s'entendre aussi des collateraux, néanmoins, selon l'usage, il ne se prend que pour enfans, parce que si le stipulant avoit voulu les y comprendre, il se seroit servi de termes plus propres & ordinaires, sçavoir, *de son estoc, côté & ligne*.

7. Ainsi l'effet de cette stipulation est, premierement de rendre les deniers propres à l'égard de la communauté, qui est aussi celuy de la precedente stipulation.

Le deuxiéme est, qu'elle les rend propres dans la succession de la femme entre ses enfans & ses descendans, & non pas au profit de ses collateraux; desorte que quand les deniers stipulez propres sont parvenus aux enfans, elle est consommée, & elle a eu son execution.

8. D'où il s'ensuit, que si celuy des conjoints pour lequel la stipulation a été faite, vient à mourir, laissant un enfant qui décede aprés sans enfans, le survivant de ses pere & mere y succedera.

Ainsi jugé par Arrest prononcé à Noël l'an 1609. rapporté par Montholon, Arrest 115. par lequel la mere, comme heritiere mobiliaire, succeda à un fils unique qu'elle avoit, en une somme stipulée propre par son contrat de mariage à son mary & aux siens, à l'exclusion des collateraux, la Cour jugeant que sous ce terme, *siens*, ils n'étoient pas compris.

La même question s'est encore presentée depuis dans la même espece. Le contrat de mariage de Daniel de Lespine & d'Elisabeth de Gennes portoit cette clause: *A été stipulée que de la somme de seize mille livres ou plus, que Daniel de Lespine a declaré avoir en meubles & deniers, il luy est censé & reputé son propre comme patrimoine, la somme de dix mille livres à luy & aux hoirs de son corps, & le surplus qui est de six mille livres entrera en la communauté.*

Daniel de Lespine étant décedé quatre mois aprés son mariage, laissant un enfant posthume qui deceda à l'âge de quatorze ans, donna lieu à la contestation entre sa mere & ses heritiers collateraux. La mere la prétendoit comme heritiere mobiliaire, & les heritiers collateraux comme heritiers des propres. Par Arrest du 26. Avril 1674. en la premiere Chambre des Enquêtes, au rapport de Monsieur Lescalopier, rapporté dans le premier tome du Journal du Palais, elle a été adjugée à la mere en confirmant la Sentence contradictoire du Presidial de Rennes.

L'appel avoit été relevé au Parlement de Paris par les appellans, parce qu'ils faisoient profession de la Religion Prétenduë Reformée, & que ce Parlement joüissoit des Privileges de la Chambre de l'Edit, qui n'avoit pas été supprimée, mais réünie à toutes les Chambres, au lieu qu'au Parlement de Bretagne il n'y avoit point de Chambre de l'Edit.

Les appellans disoient pour griefs, que l'intention de Daniel de Lespine étoit de rendre cette somme de dix mille livres propre de ligne pour appartenir aux heritiers collateraux; ces termes, *reputé son propre comme patrimoine*, ayant la même force & énergie que ceux *de son estoc, côté & ligne*, lesquels ayant été mis dans le contrat de mariage excluoient sans doute la mere de cette somme de dix mille livres; que ces termes, *propre ou patrimoine*, marquent un bien affecté à la ligne, & qui ne peut par consequent passer à des étrangers, telle qu'est la femme à l'égard de son mary.

Que d'ailleurs cette somme étant reputée propre en la personne de cet enfant decedé en minorité, elle ne pouvoit point changer de nature, & devoit passer à ses heritiers collateraux du côté & ligne, de même qu'elle auroit appartenu aux heritiers collateraux du mary qui l'avoit stipulée propre pour l'exclure de la communauté, s'il étoit decedé sans enfans.

Ils disoient encore, que par le contrat il étoit porté que la femme prendroit son doüaire coûtumier sur cette somme stipulée propre; or le doüaire coûtumier ne se prend que sur un immeuble, d'où ils inferoient que cette somme étoit un propre, même en la personne de l'enfant.

L'intimée disoit, que ces termes, *propre & patrimoine*, ne marquent qu'un propre & un patrimoine fictif, lequel par consequent ne doit pas avoir autant de force qu'un veritable propre & patrimoine; que la fiction qui a donné la qualité d'immeuble & de propre à cette somme de dix mille livres, ne peut pas s'étendre hors son cas; que l'intention du mary n'étoit que de l'exclure de la communauté, & la faire parvenir à ses enfans, contre sa propre nature & qualité, laquelle autrement auroit été commune entre le mary & la femme: ce qui est si vray, que quoique le mary eût laissé plusieurs enfans, la mere survivant auroit succedé à chacun d'eux, à l'exclusion des autres; cette clause n'ayant pas plus de force, que si le mary avoit stipulé qu'elle luy sortiroit nature de propre, auquel cas le survivant des pere & mere succede à ses enfans à l'exclusion des survivans.

Quant au second moyen, que les deniers stipulez propres étoient sujets au doüaire coûtumier, & partant reputez propres en la personne de l'enfant; la mere répondoit, que le doüaire coûtumier se prenoit sur les immeubles quand il y en avoit; mais que quand il n'y en avoit point, il se prenoit sur les meubles; que telle est la disposition de la Coûtume d'Orleans, art. 221. & de la Coûtume de Bourbonnois, art. 256. Que la Cour l'a jugé ainsi par Arrest du 24. Juillet 1618. rendu au profit de la veuve de Michel Chretot.

A l'égard du troisiéme, que la somme de dix mille livres étant propre en la personne du fils decedé en minorité, elle devoit aussi être reputée telle en sa succession, parce que les biens des mineurs ne changent point de nature; elle répondoit, que quand les enfans mineurs avoient succedé à leur pere ou mere, les deniers stipulez propres pour eux appartiennent à leurs heritiers mobiliaires, quand il n'y a point eu d'employ, & que la stipulation n'a été faite que pour eux sans faire mention d'estoc, côté & ligne.

La raison est, que les sommes des deniers stipulées propres par le prédecedé de leur pere ou mere, ne sont que meubles de leur nature, & ils ne prennent la nature d'immeubles que par la stipulation de celuy qui l'a faite, laquelle ne doit pas être étenduë plus loin qu'il ne l'a voulu; & partant dés que ces deniers sont parvenus aux enfans, ils perdent cette qualité accidentelle de propre, pour reprendre leur propre nature & qualité; & l'article 94. n'y est pas contraire, par lequel les deniers provenans du rachat des rentes qui appartiennent aux mineurs, sont censez & reputez immeubles; parce que les rentes sont des immeubles & propres par la disposition de la Coûtume affectez à la ligne tant qu'elles subsistent, l'intention de la Coûtume étant, que les deniers du rachat des rentes conservent toûjours la nature & qualité d'immeubles & de propres, jusques à ce que les mineurs à qui ils appartiennent, ayent atteint leur majorité; & ce pour empêcher les fraudes qui se pourroient faire par les tuteurs & curateurs, qui pourroient, en ne faisant pas le remploy desdits deniers, rendre mobiliaire leur succession, decedant en minorité, & ainsi exclure leurs heritiers des propres, & transferer par ce moyen les biens d'une famille dans une autre.

Mais dans ce cas il ne s'agit que de meubles destinez pour sortir nature de propre au stipulant & aux siens, lesquels autrement auroient retenu leur nature de meubles; c'est pourquoy cette stipulation ayant eu son effet selon l'intention du stipulant en la personne des enfans, la somme est stipulée mobiliaire, quoique le dernier mourant des enfans soit decedé en minorité.

Maître Auzanet, titre *des propres conventionnels*, dit que la somme étant stipulée propre pour la femme ou le mary, & pour les siens, ou pour luy & ses enfans, plusieurs estiment que ces termes sont synonimes, & ont pareil effet; & que l'effet de cette clause conserve le propre conventionnel entre tous les enfans successivement l'un aprés l'autre jusqu'au dernier d'iceux, à l'exclusion du survivant des pere & mere; mais qu'aprés le decés desdits enfans dans la concurrence des pere & mere, & en défaut d'iceux, des ayeuls & ayeules avec les parens collateraux desdits enfans, les ascendans sont préferez aux collateraux, à cause que la stipulation a été restrainte aux personnes & en faveur desdits enfans; & que ce mot de *siens*, ne doit avoir d'autre signification que celle d'enfans.

Il s'est présenté une question en l'Audience de la Grand'-Chambre, le 29. Janvier 1677. rapportée dans le troisiéme tome du Journal des Audiences, sçavoir, si une femme convolant en secondes nôces, ayant un enfant du premier lit, & stipulant qu'une somme de deniers luy sortiroit nature de propre à elle & aux siens, cette stipulation profite à cet enfant, la mere étant decedée laissant un enfant du second lit decedé depuis.

La question étoit, si le pere pouvoit succeder à cette somme comme heritier mobiliaire de son fils; ou l'enfant du premier lit en vertu de la clause, *à elle & aux siens*; les Juges de Troyes l'avoient adjugée au pere; mais par l'Arrest elle fut infirmée, & la somme adjugée à l'enfant du premier lit à l'exclusion du beaupere.

L'intention de la mere étoit, & on n'en peut pas douter, que la stipulation qu'elle faisoit servît tant à ses enfans du premier lit, qu'à ceux qu'elle pourroit avoir du second; c'est pourquoy la somme ainsi stipulée étoit un propre conventionnel dans sa succession qui devoit passer jusqu'au dernier de ses enfans pour avoir son execution.

Quand celle pour laquelle cette stipulation a été faite, ne laisse qu'un enfant qui decede aprés elle, soit que la somme luy ait été payée par son pere, ou que le pere en fût le debiteur au jour de son decés, il n'y a aucune difficulté; si elle luy a été payée, la stipulation a eu son execution, & sa succession se partage en l'état qu'elle se trouve, ce qui n'arrive que quand le pere luy a rendu compte, & payé ce qui luy étoit dû de la succession de sa mere.

Que si le pere en est le debiteur au temps du decés de son enfant arrivé en majorité ou en minorité, la somme appartient au pere en qualité d'heritier mobiliaire.

Mais quand la mere a laissé plusieurs enfans, c'est une question, sçavoir, si le pere peut succeder à la part que chacun des enfans mourans avoit dans cette somme stipulée propre; par exemple, si la somme est de dix mille livres, & qu'il n'y ait que deux enfans vivans au jour du decés de la mere, à chacun desquels moitié de la somme appartient, sçavoir, si le pere au premier mourant y succede, ou si elle passe à son frere à son exclusion?

Il semble que le pere y doit succeder, parce que la stipulation étant parvenuë aux enfans, a eu son execution; & n'étant pas faite au profit des collateraux, le frere ne peut pas y succeder à son exclusion.

Néanmoins il faut dire le contraire, & que le pere ne peut y succeder qu'au dernier mourant de ses enfans.

La raison est, que la stipulation est en faveur de

tous les enfans, lesquels y succedent les uns aux autres comme siens ou enfans, par rapport à celle qui a fait la stipulation, ou pour laquelle elle a été faite, & à l'égard de laquelle ils ne sont pas collateraux; c'est pourquoy conformément à l'intention du stipulant, les deniers stipulez doivent être parvenus au dernier mourant des enfans pour avoir son execution, aprés laquelle le pere y succede en qualité d'heritier mobiliaire.

Duplessis. C'est le sentiment de Maître Duplessis.

11. Cependant il faut excepter un cas, sçavoir, lorsque l'ayeul qui a fait la stipulation pour sa fille, survit le dernier mourant de ses petits enfans; car il est préferé au pere par droit de retour de la chose par luy donnée à sa fille suivant l'article 313.

C'étoit le sentiment de Maître Charles du Moulin en sa note sur l'article 126. de l'ancienne Coûtume, qui est le 312. de la nouvelle, en ces termes, *pater in contractu matrimonii dedit filio tale prædium*, pour être propre pour luy & les siens; *postea moritur filius sine liberis; veniunt parentes & petunt prædium; pater vult recuperare, quia dicit quod non putabat dare exteris, sed solùm proli suæ & descendentibus*, au rapport de Monsieur de Chevrietes, *fuit causa defensa & jussa partes concordare: ego dico quod judicandum erat pro patre, & tantò magis si dictum erat* en avancement d'hoirie. Voyez sur l'article 313. où cette matiere est traitée.

12. La stipulation à elle & aux siens, de son estoc, côté & ligne, a plus d'étenduë que la précedente, elle passe aux collateraux, & rend les deniers propres de ligne à leur égard dans la succession de la femme & de celle des enfans qui luy ont succedé.

13. D'où il s'ensuit que le pere n'y peut succeder comme heritier mobiliaire, ni les collateraux du côté paternel, non pas même les enfans du pere d'un premier lit, parce qu'ils ne sont pas de la ligne.

14. Que si la fille decede avant son mary, laissant des enfans, ils succedent les uns aux autres dans la somme stipulée propre jusqu'au dernier d'entr'eux, lequel decedant en minorité, la somme appartient moitié aux heritiers paternels & moitié aux heritiers maternels, si la somme a été également donnée par les pere & mere; & pour le tout aux uns ou aux autres, si elle a été donnée entiere par le pere ou par la mere: ç'a été un des points décidez par une consultation des plus fameux Avocats le 16. Mars 1661. autorisée par un Arrest du 22. Decembre 1600. rapporté par Monsieur Loüet, lett. R. nomb. 24. & c'est l'avis de Maître Ricard.

Et dautant que c'est un propre de ligne jusqu'à son extinction, quand la contestation arrive entre les collateraux, ils appartiennent à ceux de la ligne de celuy qui a fait la stipulation.

Par exemple, un pere marie sa fille avec la susdite stipulation pour la somme de vingt mille livres, elle decede laissant des enfans; aprés la mort du dernier decedé, les deniers étant encore dûs, c'est une question, si pour y succeder, il faut être parent du côté de l'ayeul qui a fait la stipulation, ou s'il suffit de l'être du côté de la fille.

Il semble que cette stipulation n'est faite que pour empêcher que les deniers ne parviennent au mary ou à ceux de sa famille qui pourroient être appellez à la succession des enfans, mais qu'ils appartiennent à ceux de la fille, suivant les termes de la stipulation *à elle & aux siens de son estoc, côté & ligne*; ensorte que pour y succeder il suffit d'être parent de son côté, sans distinguer si c'est du côté de l'ayeul qui a fait la stipulation, ou du côté de l'ayeule.

Néanmoins il faut dire le contraire, parce que l'on doit présumer que celuy des pere & mere qui fait la stipulation a eu en vûë ceux de sa famille, voulant qu'en cas qu'il n'y eût aucuns enfans du mariage, ou que si ceux qui en naîtroient venoient à mourir, le propre fictif subsistant, il parvînt à ceux de son côté, autrement l'effet ne repondroit pas à son intention; qu'ainsi ces mots *de la stipulation* se doivent interpreter par rapport au stipulant, c'est-à-dire, à la future épouse, à ses enfans & à ses collateraux du côté & ligne de celuy duquel ce propre a été étably.

Car enfin, il faut argumenter du propre fictif par le propre veritable. Or comme le veritable propre passe aux collateraux du côté & ligne de celuy qui a mis le premier l'heritage dans la famille; il faut aussi que pour succeder à un propre fictif en vertu de la susdite stipulation, être parent de celuy qui l'a mis dans la famille, c'est-à-dire, qui a fait la stipulation.

Pour expliquer avec ordre ce qui regarde cette stipulation & ses differens effets, il faut distinguer celuy qui fait la stipulation, sçavoir le pere qui dote sa fille de ses deniers, les pere & mere conjointement, la fille qui se dote de ses biens, le pere qui la dote des deniers à elle appartenans, ou un étranger.

Ce qui est dit icy de la fille, se doit aussi dire du fils marié avec cette stipulation, car il y a parité de raison.

Au premier cas, le propre est paternel.

Au second, il est paternel pour moitié, & maternel pour moitié.

Au troisiéme, le propre est affecté indistinctement aux collateraux de la fille, paternels ou maternels; ensorte qu'il appartient à ceux qui se trouvent les plus proches au temps que la succession est ouverte; & si c'est par la mort de l'enfant auquel il seroit parvenu, le pere & les collateraux paternels en sont exclus, c'est le sentiment de Maître Duplessis page 17.

Maître Marie Ricard sur cet article est d'avis contraire, pretendant que les collateraux paternels y sont appellez s'ils sont les plus proches: voicy la raison qu'il en rend, les successions sont de droit public, dans lesquels on ne peut interposer d'autres Loix que celles qui sont prescrites par nos Coûtumes; & pour faire qu'un bien soit transferé à l'un au préjudice de celuy auquel il est destiné par la Coûtume, il est necessaire qu'il y ait une donation parfaite, & revêtuë de toutes les formalitez necessaires; car si le bien est delaissé *ab intestat*, il sera reglé par la disposition de la Loy, & non pas suivant la destination de celuy des biens duquel il s'agit, n'ayant pas été en son pouvoir de changer l'ordre de sa succession. Ricard. 15.

Cette raison ne me paroît pas un solide fondement de son opinion; car si la stipulation faite par le pere en mariant sa fille est valable, parce qu'un donateur peut apposer telle loy & condition qu'il veut à sa liberalité, la fille se mariant, *de suo*, peut aussi apposer la même loy en donnant à son mary les deniers qui luy appartiennent, & faire une stipulation au profit de ses enfans & de ses collateraux, à l'effet d'exclure son mary & ses collateraux des deniers par elle stipulez propres par sa stipulation.

Que s'il est permis aux pere & mere mariant leur fille de changer l'ordre de la succession *intestate* & celle des enfans qui en naîtront, & donner la qualité de propre à des effets mobiliaires pour les conserver dans leur famille, pourquoy cela ne sera-t-il pas permis à ceux qui se marient, puisque la loy ne le défend pas?

D'ailleurs les contrats de mariage sont susceptibles de toutes clauses & conventions non prohibées par la Coûtume, & qui ne seroient pas valables hors d'iceux, les immeubles sont ameublis, & les meubles prennent la nature de propre suivant cet article 93. dans le cas y exprimé, qui n'exclud pas ceux qui ne le sont pas.

Enfin si celle qui se marie peut exclure son mary de la succession de ses enfans des deniers par elle stipulez propres par stipulation, comme on est obligé d'en convenir, pourquoy n'en pourra-elle pas aussi exclure les collateraux paternels de ses enfans; elle ne change pas moins l'ordre de leur succession en excluant leur pere qu'en excluant ses collateraux.

16. Au quatriéme cas, la succession des deniers appartenans à la fille stipulez propres par le pere, se regle de la même maniere qu'au cas precedent, parce que le pere stipule pour sa fille, & c'est comme si elle-même avoit fait la stipulation, mais non pas à son exclusion : voyez nombre 55.

17. Au cinquiéme, la stipulation est valable, parce que *quilibet potest legem quam vult rei suæ dicere*, & elle affecte le propre fictif aux enfans qui naîtront du mariage, & à leur défaut aux collateraux de la fille, sans distinguer de quel côté, paternel ou maternel.

La stipulation étant ainsi faite, le pere est exclus de succeder comme heritier mobiliaire au dernier decedé de ses enfans, sans pouvoir pretendre les portions échûës à cet enfant par la succession de ses freres & sœurs; car si en vertu de la stipulation *à elle & aux siens* seulement, il ne peut succeder dans le propre fictif qu'au dernier decedé des enfans, parce qu'elle est faite en leur faveur, aussi quand la stipulation comprend les collateraux, le pere n'y peut succeder en aucune maniere; c'est le sentiment de Maître Duplessis; il faut excepter au cas qu'il n'y eût aucuns collateraux du côté du stipulant.

Il faut excepter quand les enfans decedent en majorité, voyez nomb. 75.

18. Cette question s'est presentée en la premiere Chambre des Enquêtes en cette espece : par le contrat de mariage de Maître Jean du Fresne Avocat en la Cour, & de Damoiselle Marguerite Guillaty en 1628. la stipulation de propre aux siens, &c. étoit portée pour l'un & pour l'autre.

De ce mariage sont issuës deux filles, Marguerite & Catherine du Fresne, demeurées en bas âge lors du decés de leur mere arrivé en 1646. Marguerite est decedée mineure en 1650. & Catherine est aussi decedée mineure en 1653. ayant été mariée à Nicolas Scourion, Escuyer Sieur de la Houssaye, pendant 17. jours seulement.

Aprés le decés de Catherine du Fresne, il y eut contestation entre Jean du Fresne son pere, & ses heritiers collateraux.

Du Fresne prétendoit, que la moitié des sommes stipulées propres par sa femme à elle & aux siens de son estoc, côté & ligne, échûë à Marguerite, & depuis à Catherine sa sœur par son decés, luy devoit appartenir, à l'exclusion des collateraux; dautant que la stipulation qui avoit rendu ces deniers propres par fiction à ceux du côté & ligne, avoit eu son effet pour cette moitié, que les fictions ne s'étendent point d'un cas à un autre, ni d'une personne à une autre; aprés que les deniers stipulez propres avec la susdite clause ont passé des freres aux freres, elle a été executée & consommée, les freres & sœurs étant heritiers collateraux les uns aux autres : ainsi dans la succession du dernier decedé, les deniers devoient être considerez comme meubles; & qu'il étoit par consequent capable d'y succeder comme heritier mobiliaire de son fils.

Qu'à l'égard du pere contre les enfans, il falloit étendre la fiction des deniers propres, non pas la terminer au cas des portions que les enfans recueillent de leurs freres & sœurs, pour faire succeder le pere à ces portions échûës par la succession d'un des enfans aux autres : mais qu'à l'égard des collateraux hors les freres & sœurs, il falloit restraindre la fiction de côté & ligne en faveur des peres & meres, & la terminer aux portions, que le dernier decedé des enfans avoit recüeillies par la mort de ses freres & sœurs; la fiction de propres de côté & ligne étant veritablement consommée & finie en sa personne.

Les collateraux disoient au contraire, qu'en vertu de la stipulation faite à leur profit, la somme entiere stipulée propre leur devoit appartenir; dautant que dans la stipulation la mere avoit stipulé pour les siens & pour ses collateraux, que par ce mot *siens* les enfans & descendans en ligne directe sont entendus, & que sous ces mots *de son estoc, côté & ligne*, sont compris les heritiers collateraux; si bien qu'encore que les freres & sœurs soient collateraux les uns aux autres, néanmoins la stipulation *d'estoc, côté & ligne*, n'est point consommée ni executée, qu'aprés que les deniers ainsi stipulez propres ont passé du dernier decedé des enfans à leurs heritiers collateraux du côté & ligne de celuy qui a fait la stipulation à leur profit, dautant que sous le mot *siens*, tous les enfans succedans les uns aux autres sont entendus *collective*, depuis le premier jusques au dernier, & ne font qu'un seul degré.

Autrement il s'ensuivroit comme il est remarqué dans le Journal des Audiences où cet Arrest est rapporté, que dans le cas de la plurité d'enfans, succedans les uns aux autres, ils formeroient autant de successions collaterales, & le pere excluroit comme heritier des meubles ses autres enfans, de la portion qui leur écheroit par mort de leur frere decedé.

Par Arrest donné en la premiere Chambre des Enquêtes, au rapport de Monsieur de Creil, le 23. Juin 1663. rapporté dans le 2. Tome du Journal des Audiences, confirmatif de la Sentence des Requêtes du Palais, la Cour a jugé pour les heritiers collateraux; ce qui me semble fort juste; & dans ce même Journal il est fait mention de deux autres Arrests, l'un du 21. Juillet 1659. & l'autre du 4. Juillet 1662. qui ont jugé la même chose.

Maître Auzanet, titre des propres conventionnels, dit que quelques-uns pretendent que l'effet de la stipulation de propre, d'estoc, côté & ligne, cesse du moment que la somme a passé en collaterale; de maniere que si une femme en faveur de laquelle la stipulation a été faite, laisse en mourant plusieurs enfans, dont quelques-uns soient depuis decedez, les portions des decedez qui ont passé à leurs freres & sœurs, doivent être considerées de nature mobiliaire entre les mains des autres enfans qui ont recueilly leurs successions; qu'à ce propos on allegue communément l'Arrest donné en la seconde Chambre des Enquêtes au profit de Maître Jacques Chollet Avocat au Parlement, contre les heritiers collateraux du decedé, de cinq enfans qui avoient trouvé dans la succession de leur mere une somme stipulée propre du côté & ligne; par cet Arrest la somme entiere fut adjugée audit Chollet pere, & il est veritable que la question cy-dessus proposée fut agitée au procés sur lequel l'Arrest fut rendu. Auzan.

Mais qu'il est necessaire que le different du procés ait été decidé par un autre principe, en ce que l'Arrest a adjugé audit Chollet non seulement les quatre parts du propre conventionnel, qui avoient passé en collaterale par le decés des quatre premiers enfans qui avoient passé par succession collaterale entre les mains du dernier enfant; & qu'on a encore laissé la portion de cinq enfans qui avoient été par luy recueillie directement de la succession de sa mere.

Que la raison dudit Arrest est fondée sur ce que le cinquiéme enfant avoit par son testament legué à son pere, tous les biens meubles & immeubles dont il avoit la liberté de disposer; & ce faisant qu'il a decidé trois autres questions importantes touchant les propres conventionnels, même lorsqu'il y a clause du côté & ligne.

La premiere, que telle stipulation n'ôte pas la liberté aux enfans de disposer d'un propre de cette qualité, c'est-à-dire, que l'effet de la convention est restraint aux successions legitimes, qui doivent être reglées par l'ordre de la communauté, & n'empêche point la faculté de disposer. 19.

La deuxiéme, qu'on peut disposer d'un propre conventionnel pour le tout, comme d'un effet pur mobiliaire, quoique par la Coûtume on ne puisse disposer que du quint des propres.

La troisiéme, qu'on peut leguer un propre conventionnel à l'âge de vingt ans, qui est l'âge prescrit par l'article 293. de la Coûtume, pour disposer de ses meubles, quoique par le même article on ne puisse disposer de ses propres qu'aprés l'âge de 25. ans accomplis; car dans le fait il étoit constant que le dernier fils dudit Chollet n'avoit lors de son testament & de son decés, que 21. à 22. ans.

J'estime conformément au sentiment de cet Auteur, que l'Arrest a été rendu sur la circonstance particuliere de la disposition testamentaire faite par le dernier decedé des enfans, au profit de son pere, qu'autrement ce dernier decedé étant mort en minorité, la somme entiere stipulée propre auroit appartenu aux collateraux.

20. Cet Auteur fait cette question, si la clause de propre de côté & ligne, stipulée en faveur de la femme qui a été dotée par ses pere & mere, & est depuis decedée sans enfans, ou en ait laissé qui decedent tous aprés leur mere en minorité, affecte la somme aux heritiers paternels & maternels par égales portions, ou à proportion des sommes données par le pere & par la mere.

Cette question me paroît sans difficulté, puisque la confusion des propres conventionnels n'a pas lieu en la personne des mineurs heritiers de leurs pere & mere, suivant ce qui a été dit cy-dessus.

21. Il dit sur la question, si ces termes compris dans la stipulation *estoc & ligne*, ou *côté & ligne*, sont pris dans la même signification, que *l'estoc* doit être appliqué seulement à ceux qui decedent de celuy qui a fait la stipulation; & que le terme *côté*, comprend les descendans & les collateraux.

Ce que dit Maître Auzanet est vray: ce terme *estoc, dependet ex arbore cognationis, & significat stirpem & caudicem*; desorte que être du même estoc, c'est être sorti du même tronc & du même chef, soit pere, mere, ou autre ascendant, *ex eadem stirpe*, ainsi cette clause, *à elle & aux siens de son estoc, côté & ligne*, comprend tous les parens que celuy des conjoints peut avoir du côté du pere ou de la mere qui a fait la donation avec la susdite clause, soit en directe ou collaterale.

Le côté se divise en paternel & maternel, pour la succession des propres de celuy qui est decedé sans enfans, soit propres naissans ou anciens, veritables ou fictifs, quand ces propres conventionnels subsistent encore & ne sont pas éteints.

22. Mais comme pour succeder à un propre ancien, il ne suffit pas d'être parent du côté paternel ou maternel, & qu'il faut être de la ligne, c'est-à-dire, parent de ceux dont sont venus les propres à celuy *de cujus bonis agitur*, selon les articles 329. & 330. il faut chercher la ligne, car dans chaque côté il y en a plusieurs. Par exemple, si le défunt a laissé un heritage qui étoit propre à son pere, il faut voir s'il luy est échû par son pere ayeul du défunt; & s'il est échû à l'ayeul par la succession du bisayeul qui auroit acquis l'heritage; pour lors il faut être de la ligne de ce bisayeul pour y succeder; & celuy qui seroit de la ligne de la bisayeule ou de l'ayeule, quoique plus proche, en seroit exclus par celuy qui seroit de la ligne du bisayeul, quoique plus éloigné par rapport au défunt.

Cet Auteur ajoûte, que comme il y a peu de Notaires & de personnes qui ayent connoissance de cette distinction, plusieurs estiment que dans les propres conventionnels il faut donner un effet pareil à l'un & à l'autre terme, & conserver le propre conventionnel, tant aux descendans qu'aux collateraux.

23. Je ne vois pas que cela doive recevoir difficulté, quand même la clause ne porteroit que ces mots, *à elle & aux siens de son côté*, parce qu'il fait paroître que celuy qui a fait la stipulation, avoit intention que les deniers stipulez passassent aux collateraux, le cas arrivant.

Voicy une autre question proposée par le même Auteur, qui a été souvent agitée, & diversement jugée touchant les propres conventionnels de côté & ligne.

Un pere avoit une fille, laquelle comme heritiere de sa mere avoit trouvé plusieurs effets mobiliaires dans sa succession, & des immeubles qui étoient avenus propres anciens, & d'autres naissans en la personne de la fille. Elle avoit encore le fonds de l'épargne de son revenu, qui avoit été faite durant l'administration de sa tutelle, de tous lesquels biens il y avoit les quatre parts, ou environ, en effets mobiliaires.

Le pere la marie avec ses droits, & stipule que le quart d'iceux entrera en communauté, & les trois quarts restans sont stipulez propres de côté & ligne; peu de temps aprés elle meurt sans enfans, laissant pour ses heritiers son pere & ses oncles maternels: on demeure d'accord que les propres anciens & naissans appartenoient aux oncles maternels, & que des effets mobiliaires la portion qui avoit été ameublie, appartenoit au pere; mais le surplus desdits effets, qui étoient de nature mobiliaire, & avoient été stipulez propre de côté & ligne, les oncles maternels les revendiquoient comme venans de la ligne maternelle & des fruits des biens de la même ligne par la clause du contrat de mariage, ils devoient être adjugez au parens maternels à l'exclusion du pere, lequel n'avoit pas sujet de se plaindre d'une convention qui avoit été faite par luy-même.

Le pere au contraire remonstroit que cette stipulation de propre de côté & ligne n'auroit été faite que contre le mary de la fille, pour empêcher qu'il ne pût prendre la somme stipulée propre dans les successions des enfans qui pouvoient naître du mariage; que cette stipulation avoit été faite en faveur de la fille & de ses heritiers, du nombre desquels étoit le pere, & que l'on ne pouvoit présumer que le pere voulût faire une convention contre ses propres interêts, pour se priver de la succession d'une portion notable des effets mobiliaires de sa fille. 24.

Que la cause ayant été plaidée à l'Audience de la Grand'-Chambre, elle fut appointée au Conseil; & que depuis la question avoit été jugée contre le pere; que cet Arrest a été suivi de dix autres; que néanmoins il s'en trouve plusieurs autres contraires en faveur du pere; que c'est un point important à decider, afin d'établir une regle certaine.

Je ne serois pas pour les Arrests qui ont jugé contre le pere dans l'espece proposée; car on ne peut pas se persuader que le pere ait voulu apposer cette clause à son préjudice, le cas arrivant: il avoit la liberté de marier sa fille avec telles clauses & stipulations qu'il jugeroit à propos; & il est à croire que s'il eût sçû l'effet que la clause susdite pouvoit produire, il ne l'auroit pas mise, ne l'ayant été que parce qu'elle est devenuë du stile ordinaire des Notaires.

Si dans les Coûtumes soûcheres il faut pour succeder à un propre fictif & conventionnel, être descendu en ligne directe de celuy qui a fait la stipulation de même que pour succeder à un veritable propre? 25.

Elle s'est presentée dans la Coûtume de Melun en la Grand'-Chambre dans cette espece: La nommée Anarin avoit stipulé par son contrat de mariage, que la somme de 800. livres seroit employée en achat d'heritages pour luy sortir nature de propre à elle & aux siens de son estoc, côté & ligne; elle deceda laissant une fille qui mourut quelque temps aprés, la somme n'ayant pas été employée.

Le pere la prétendoit comme heritier mobiliaire, au défaut d'heritiers descendus en ligne directe de celle qui avoit fait le propre.

Les oncles au contraire soûtenoient qu'ils devoient y succeder ; dautant que telle avoit été l'intention de la mere, & qu'ils étoient parens maternels ; qu'autrement les stipulations seroient inutiles & sans effet, & qu'elles doivent avoir leur execution contre le mary, selon Maître Charles du Moulin en sa Note sur l'article 17. du titre des droits appartenans à gens mariez, de la Coûtume de Nivernois, *hoc est indistinctè verum contra maritum, sed non contra alium.*

Le pere disoit que par l'article 264. de cette Coûtume, pour succeder à un propre en ligne collaterale, il faut être descendu de celuy qui a acquis les heritages & les a mis le premier dans la famille ; que les parties adverses n'étoient point descendus de celle qui avoit fait la stipulation, qu'ainsi les deniers stipulez propres devoient luy appartenir comme heritier mobiliaire ; que la Note de du Moulin se devoit entendre dans les cas esquels le pere ne peut pas succeder à ses enfans en qualité d'heritier mobiliaire, mais non pas qu'il n'y puisse succeder en aucun cas, & qu'il n'en étoit point exclus dans l'espece proposée, puisqu'il ne se trouvoit point de collateraux qui pussent luy être preferez, attendu la disposition de la Coûtume qui devoit être observée, tant au cas du propre fictif que du veritable propre.

Par ces raisons, la Cour par Arrest du 17. Decembre 1655. en infirmant la Sentence des Requêtes, conformément aux Conclusions de Monsieur l'Avocat General, adjugea la somme au pere.

Cette question n'étoit pas sans difficulté, car il y a grande difference entre un veritable propre & un propre fictif : le veritable propre se regle dans les successions selon la disposition des Coûtumes, & on n'y peut pas déroger par quelque convention & stipulation que ce soit.

A l'égard du propre fictif, il dépend seulement de la volonté de ceux qui le constituent, qui peuvent le restraindre ou l'étendre comme il leur plaît : or par ces termes, *de son estoc, côté & ligne*, il paroît que l'intention du stipulant est que ce propre parvienne à ses parens, le cas arrivant, sans qu'il soit necessaire d'être de ses descendans, à l'effet d'empêcher qu'il ne passe dans une famille étrangere, c'est le sentiment de Maître Duplessis, & le mien nonobstant l'Arrest contraire.

Par ces raisons, il y a lieu de dire selon l'avis du même Auteur, que dans les païs de droit écrit où la succession de propre par droit d'estoc, côté & ligne est inconnuë, la stipulation de propre fictif doit avoir effet au profit des collateraux de la ligne, comme étant une loy apposée dans un contrat de mariage pour suppléer le défaut de celle du païs ; on pretend que c'est l'espece de l'Arrest de Baro.

26. Que si la stipulation faite par les pere & mere, porte que tout ce qui échéra à leur fille pendant le mariage, de meubles & effets mobiliaires, luy sortira nature de propre à elle & aux siens de son estoc, côté & ligne, il faut dire de ce qui échéra, ce qui a été dit des deniers par eux donnez en la mariant avec la susdite clause.

27. Quand la somme stipulée propre a été promise par un tiers, & n'a point été payée, l'action pour en avoir le payement est pareillement propre, parce qu'elle est de même nature que la chose à laquelle elle tend.

Le mary peut faire les stipulations susdites à son profit & aux siens de son estoc, côté & ligne, mais comme il est maître de la communauté & qu'il a par-devers luy les deniers dont la stipulation a été faite, elle n'ont ni la même étenduë ni les mêmes effets, & elles s'éteignent plus facilement que celles qui sont faites par la femme ou par ses pere & mere qui la marient. 28.

Quoique le mary soit luy-même créancier & debiteur de la somme qu'il a stipulée propre, néanmoins il n'y a point de confusion tant que dure le mariage, parce que l'action qui naît de cette stipulation ne peut s'éteindre avant qu'elle soit ouverte : or elle ne peut l'être que par la dissolution de la communauté : pour en connoître l'effet, il faut distinguer, ou le mary decede avant sa femme, ou il la survit. 29.

Que si elle decede sans enfans, il n'y a pas de difficulté, & cette stipulation n'a point d'effet, & sa succession se partage en l'état qu'elle se trouve entre les heritiers des meubles & acquests, & les heritiers des propres ; soit que la femme renonce à la communauté ou qu'elle l'accepte ; car si elle y renonce, tous les biens communs appartiennent aux heritiers des meubles & acquests, sans charge de restitution du propre fictif ; si elle l'accepte, la somme entiere se prend sur la communauté, & appartient aussi à ses heritiers mobiliaires ; parce que la stipulation faite par le mary n'affecte point de ligne, ainsi la somme stipulée appartient à ses plus proches heritiers. 30.

Que s'il laisse des enfans en mourant qui decedent en minorité avant leur mere, elle ne leur succede point, ni au dernier decedé dans ce propre fictif, il appartient à ses plus proches heritiers paternels, en consequence de la stipulation. 31.

Que si les deniers stipulez propres ne se trouvent point dans la succession du pere, échûë aux enfans, ou s'il ne s'en trouve qu'une partie, il ne peut se reprendre qu'en partie sur la succession du dernier decedé des enfans ; & il ne se peut reprendre sur les propres paternels, parce que le propre fictif ne subsiste que pour ce qui leur en est parvenu. 32.

Que si la stipulation a été faite par son pere en le mariant pour la somme qu'il luy donnoit en avancement d'hoirie : s'il predecede sa femme sans enfans, cette somme appartient à ses heritiers paternels ; & s'il laisse des enfans, ils doivent aussi succeder au dernier mourant decedé en minorité. 33.

Quand le mary survit sa femme, soit que les heritiers d'icelle ayent accepté la communauté, ou qu'ils y ayent renoncé, le propre fictif s'éteint par le partage d'icelle, soit qu'il l'ait stipulé ou qu'il ait été stipulé par son pere en le mariant, mais s'il meurt avant ce partage, ce propre stipulé par son pere appartient à ses heritiers paternels.

Que s'il laisse des enfans mineurs ce propre se conserve en leur personne pendant leur minorité, & les collateraux paternels y succedent au dernier mourant en minorité, en vertu de la stipulation d'estoc, côté & ligne.

§. 3. De la Stipulation des deniers en employ, ou en acquisition d'heritages.

SOMMAIRE.

1. *Differentes stipulations d'employ.*
2. *De la stipulation simple d'employ.*
3. *Si elle rend les deniers propres de succession.*
4. *Si le pere peut succeder aux deniers non employez.*
5. *Effet de la stipulation d'employ, & que s'il n'est pas fait, la femme aura une rente sur les propres de son mary.*
6. Quid, *si la rente étoit rachetée.*
7. *Si un simple assignant sur les heritages du mary produit le mesme effet qu'une rente assignée sur iceux.*
8. *Question sur la destination d'employ.*
9. *L'heritage d'employ est propre aux enfans.*
10. *Si les acquests faits par le mary sont censez faits pour l'employ.*
11. *Si l'heritage acquis des deniers dotaux est dotal.*
12. *L'heritage n'est censé acquis pour l'employ sans le consentement de la femme.*
13. *De la stipulation d'employ à elle & aux siens.*
14. *De la stipulation avec la clause d'estoc, costé & ligne.*
15. Quid, *si le pere n'a point fait l'employ.*
16. *Si les deniers stipulez en employ sont censez immeubles à l'égard des créanciers.*
17. *Arrest sur la question.*
18. *Si & quand le pere y succede.*
19. *Des stipulations de remploy des propres alienez.*

1\. CEtte stipulation est ordinairement jointe à celle de propre, quelquefois aussi elle est obmise; & elle se fait de differentes manieres; c'est pourquoy j'ay jugé à propos d'en traiter séparément.

2\. La premiere, est la simple destination d'employ sans la clause d'estoc, côté & ligne; cette stipulation exclud les deniers de la communauté, & les rend seulement propres de communauté.

Il y a quelque difficulté, sçavoir si elle les rend propres de succession, ou si dans la succession ces deniers ne sont considerez que comme meubles.

Il y a trois opinions differentes:

La premiere, de ceux qui estiment qu'ils doivent être considerez comme immeubles & propres en la succession de la fille & des enfans.

CHARONDAS BRODEAU. C'est l'avis de Charondas & de Brodeau, & la disposition de la Coûtume de Normandie, art. 511. & de Nivernois chapitre 23. art. 17. en ces termes, *deniers de mariage sortissans d'heritages assignez ou promis d'assigner sont immeubles & heritages pour la femme ses hoirs & ayans cause.*

La deuxiéme opinion est, que l'effet de cette stipulation est limité au mary pour l'exclure de pouvoir y prétendre comme heritier mobiliaire de ses enfans.

3\. La troisiéme est, que cette stipulation n'a effet que pour rendre les deniers propres de communauté, mais non pas d'exclure le pere d'y succeder à ses enfans, c'est le sentiment de Bacquet au Traité des droits de Justice, chapitre 21. nombre 306. & que ces termes, *ses hoirs & ayans cause*, mis dans une stipulation, ne s'entendent que des heritiers en ligne directe, & se peuvent verifier en la personne du pere heritier de son enfant, *l. tale. §. fin. ff. de pact.* & que si le fils a survêcu ses pere & mere, les deniers doivent appartenir à l'heritier mobiliaire; c'est aussi le sentiment de Maître Duplessis, page 13. & 14.

Les Arrests ont jugé la question diversement.

CHARONDAS Charondas sur cet article en remarque trois rendus dans l'ancienne Coûtume contre le pere, des 11. May 1553. 22. Decembre 1571. & 4. Septembre 1579. & un autre en la nouvelle du 24. Juillet 1599. aussi rapporté par Monsieur le Prêtre, centurie 2. chap. 91.

4\. Par cet Arrest, il fut jugé que le pere en qualité d'heritier mobiliaire de sa fille, ne pouvoit succeder aux deniers à elle échus par le decés de sa mere, destinez en acquisition d'heritages, & ils furent adjugez à la femme d'Estienne Proust heritiere immobiliaire.

Aprés son decés, il y eut une autre contestation, sçavoir si ces deniers étoient entrez en la communauté de biens d'entre elle & son mary, ou si on les devoit considerer comme immeuble dans sa succession: par Arrest rendu en la cinquiéme Chambre des Enquêtes, au rapport de Monsieur Ribier du 7. Juin 1608. il fut jugé au profit du mary; cet Arrest est remarqué par Monsieur le Prestre *loco citato*, & par Chopin sur ce titre nomb. 28. CHOPIN

Depuis il y a eu un Arrest contraire le dernier Mars 1601. rapporté par Monsieur le Prestre, centurie 1. ch. 42. par lequel les deniers destinez en employ furent adjugez au pere, mais il étoit d'avis contraire, disant que cette resolution luy paroissoit étrange, parce que le pere par ce moyen profite de sa negligence.

Par autre du 22. Decembre 1609. a été jugé que la mere comme heritiere mobiliaire de son fils, devoit succeder aux deniers destinez en employ, à luy échus par le decés de son pere; cet Arrest est aussi rapporté par Monsieur le Prestre, centurie 2. chap. 91.

Il y avoit moins de difficulté dans cette espece, en ce qu'il n'avoit dépendu que du mary de faire l'employ, & s'il n'avoit pas été fait, on ne pouvoit pas l'imputer à la mere.

Autres Arrests qui ont jugé au contraire conformément aux anciens, le premier du Mardy 14. Juillet 1637. rapporté par Brodeau sur Monsieur Loüet lettre D. nombre 66. qui a jugé que le pere ne pouvoit prétendre comme legataire universel des meubles de son fils qui avoit survêcu sa mere, les deniers destinez en employ non employez, à l'exclusion des heritiers des propres, le pere ne devant pas tirer avantage de sa negligence.

Le deuxiéme a été donné en la Grand'-Chambre au rapport de Monsieur Thelis, le 5. Avril 1642. au profit de Damoiselle Claude Berthin, heritiere immobiliaire de Jacques Foucher son neveu, contre Monsieur Jacques Foucher Lieutenant General de la Rochelle, heritier mobiliaire dudit Foucher son fils, pour la somme de 22000. livres.

D'autres Arrests ont jugé depuis le contraire, que

quand la ſtipulation d'employ ne contient point la clauſe *d'eſtoc, côté & ligne*, le ſurvivant des pere & mere y ſuccede. Brodeau ſur Monſieur Loüet lettre R. nombre 30. en rapporte pluſieurs, ſçavoir des années 1606. 1609. 1610. & 1616. leſquels ſont auſſi rapportez par les Commentateurs ſur cet article.

Du Freſne en rapporte un du Mardy 13. May 1656. au Rôlle de Champagne, par lequel en confirmant la Sentence du Bailly de Troyes, il a été jugé qu'une ſomme de quatre mille livres, ſtipulée propre à la future épouſe & à ſes enfans, pour être employée en achat d'heritages, qu'autrement elle ſeroit repriſe ſur les biens de la communauté, eſt en la ſucceſſion de l'enfant iſſu du mariage un effet mobiliaire, & a été adjugée au pere à l'excluſion des collateraux.

Il y avoit une particularité dans l'eſpece, ſçavoir qu'il avoit été ſtipulé par le contrat de mariage, qu'un cas qu'il n'y eût point d'enfans, les collateraux ne pourroient reprendre de la ſomme de 4000. livres, que celle de mil livres: d'où l'on tiroit cette conſequence, que l'enfant iſſu du mariage étant decedé quelque temps aprés le pere, étoit bien fondé de recueillir la ſomme entiere, à l'excluſion des collateraux qui n'avoient été appellez à ces deniers qu'au défaut d'enfans, & même ſeulement juſqu'à la concurrence de mil livres.

Autre Arreſt qui a jugé au profit du pere, du 28. Février 1664. rapporté dans le 2. Tome du Journal des Audiences, en confirmant la Sentence des Preſidiaux d'Angers, conformément aux Concluſions de Monſieur l'Avocat General Talon, qui dit que la deſtination & ſtipulation d'employ en achat d'heritages, n'opere autre choſe que d'empêcher que la ſomme ſtipulée & deſtinée en employ n'entre en la communauté, & que le mary n'en profite *jure communionis*; mais qu'il avoit droit d'y ſucceder comme heritier mobiliaire de ſa fille; qu'autrefois cette clauſe affectoit & réaliſoit les deniers comme immeubles dans les familles, mais qu'apreſent on jugeoit que cette clauſe ne ſuffiſoit pas; qu'il faut ajoûter la ſtipulation de propre aux ſiens de ſon eſtoc, côté & ligne, ou que le mary conſtituë rente ſur luy.

Aprés cela, quel parti prendre ſur la diverſité de tant d'Arreſts, ſur l'autorité des uns ou ſur l'autorité des autres; on peut défendre le pour ou le contre; & tout ce que nous pouvons faire, eſt de dire nôtre ſentiment ſur une queſtion ſi douteuſe.

Pour moy voicy une raiſon qui me détermine en faveur du pere, il ne paroît pas que l'intention du ſtipulant ait été de faire parvenir aux collateraux les deniers ſtipulez; il eſt certain qu'il n'a pas penſé à eux; s'il en avoit eu le deſſein, *apertius dixiſſet*, il ſe ſeroit ſervi de la clauſe de *ſiens, d'eſtoc, côté & ligne*; il ne l'a pas fait, donc il n'y a pas penſé; ainſi ſon intention n'a été que de faire des deniers ſtipulez un propre de communauté, & pourvoir à la ſureté de la fille & de ſes enfans par l'employ ſtipulé, mais n'étant pas fait, le mary n'eſt debiteur à ſa femme ou à ſes enfans que d'un effet mobiliaire.

Quant à ce qu'on dit, que s'il avoit fait l'employ, l'heritage auroit été un veritable propre qui auroit paſſé aux collateraux; & qu'il ne doit pas profiter de ſa negligence; l'interêt de ſes affaires peut en avoir été la cauſe; mais enfin dans le doute, il faut examiner les perſonnes qui prétendent la ſomme dont l'employ n'a pas été fait, ſçavoir le pere & les heritiers collateraux, *ſemper in dubiis benigniora ſunt præferenda, & capienda eſt occaſio, quæ prabet benignius reſponſum. l. 56. & l. 168. de R. J.* Or la faveur du pere eſt bien plus grande que celle des heritiers collateraux de ſon enfant, & partant il doit leur être preferé *in dubio*.

Mais ſi le pere s'étoit obligé expreſſément à faire d'employ, & avoit declaré que la premiere acquiſition qu'il feroit, ſerviroit d'employ, il ſemble que la ſomme ſeroit réaliſée, quoique non employée, & qu'il ſeroit exclus d'y ſucceder comme heritier mobiliaire de ſon enfant; cependant ce ſeroit encore preſque la même choſe.

Que s'il étoit ſtipulé, que ſi l'employ n'étoit pas fait, la femme auroit une rente conſtituée & aſſignée ſur les immeubles de ſon mary, cette ſtipulation rendroit immeubles les deniers deſtinez en employ, & le mary ſeroit exclus d'y ſucceder à ſes enfans, comme au cas de la ſtipulation d'eſtoc, côté & ligne; parce que la rente dont il ſe ſeroit chargé eſt immeuble, au moins dans la Coûtume de Paris, & dans quelques autres. 5.

C'eſt le ſentiment de Chopin ſur ce titre, n. 28. parce que tel aſſignat tient lieu d'employ, & la rente paſſe aux heritiers des propres, comme il a été jugé par Arreſt de la ſeconde Chambre des Enquêtes, rapporté par M. Le Preſtre, Centurie 1. chap. 42. Chopin.

C'eſt auſſi l'opinion de du Moulin en ſa note ſur l'article 17. des droits appartenans à gens mariez de la Coûtume de Nivernois, *hoc eſt indiſtinctè verum contra maritum, ſed non reſpectu aliorum, niſi eſſet aſſignatio annua, & ſic habens vim immobilis*, & de Tronçon ſur l'article 232. Du Moulin.

Que ſi la rente étoit rachetée, le propre ſeroit éteint, les enfans decedans en majorité, & leur ſucceſſion ſe regleroit ſuivant la qualité des biens qui s'y trouveroient. 6.

Il n'en ſeroit pas de même, s'il n'y avoit qu'un ſimple aſſignat ſur les heritages du mary, faute par luy de faire l'employ; car cet aſſignat ne tient lieu que de ſimple hypotheque, & non de tranſlation de proprieté de l'heritage en la perſonne de la femme. Voyez ſur l'article 232. 7.

C'eſt une queſtion, ſçavoir, que produiroit la deſtination d'employ dans l'eſpece ſuivante: Un pere ordonne par ſon teſtament, qu'un bois de haute-futaye ſera vendu, pour l'argent être mis à profit & à interêt pour ſon fils en bas âge; l'enfant mort aprés la vente des bois, & avant l'employ, ſçavoir, ſi la mere y peut ſucceder à l'excluſion des heritiers collateraux paternels. 8.

Chopin, n. 24. *in fine*, remarque un Arreſt du 30. May 1595. au Rôle de Champagne, qui a jugé en faveur des heritiers; parce que ces deniers provenoient de la vente d'un immeuble, joint la deſtination du pere, & la mort de l'enfant arrivée en minorité; car s'il étoit mort majeur, les deniers comme meubles auroient appartenu à la mere. Chopin.

La queſtion ne laiſſe pas de recevoir de la difficulté; car il ne paroît pas par cette ſimple deſtination, que le pere ait ſongé à l'interêt de ſes collateraux, mais ſeulement à celuy de ſon enfant; afin que les deniers provenans de la vente du bois, produiſiſſent interêt. La faveur de la mere devoit l'emporter, mais *ſic judicatum*, peut-être ſans conſequence pour la déciſion de la même queſtion, ſi elle ſe preſentoit *in terminis*.

Quand l'employ des deniers a été fait, il n'y a point de difficulté que l'heritage acquis ne ſoit propre en la perſonne des heritiers du ſtipulant, & ſi la ſtipulation a été faite par les pere & mere, qui ayent doté leur fille également, l'heritage acquis eſt cenſé un propre naiſſant en ſa perſonne, moitié paternel & moitié maternel, & propre ancien en la perſonne de ſes enfans, ce qui eſt ſans difficulté; deſorte que pour ſucceder à l'enfant heritier de ſa mere dans les deniers ſtipulez propres avec la clauſe *d'eſtoc, côté & ligne*, il faut être de la ligne. 9.

Si les acquêts faits par le mary ſans declaration, ſont cenſez faits pour executer l'employ? 10.

Il faut dire que non, & que ce ſont des conquêts & biens de la Communauté, la femme ou ſes heri- 11.

tiers ayant leur action pour le payement des deniers dotaux destinez en employ ; parce que c'est une regle de Droit, que *res ex mea pecunia empta, non est mea, nec potest vindicari*, la Loy 6. *C. de rei vindicat.* y est expresse, *l. 59. de acquir. rer. domin. l. si ut proponis. 8. C. de rei vindicat. l. si patruus. C. commun. utriusq. jud. l. 1. C. si quis alt. vel sibi. l. non unde. C. si cert. petat. l. si is qui. C. depos.*

Ce qui souffre néanmoins des exceptions à l'égard du soldat, *favore militiæ*, *d. l. si ut proponis*. & à l'égard du mineur de vingt-cinq ans, *l. si curator. C. arbitr. tut.* & *l. 2. ff. quan. ex fac. tut.*

Quant aux heritages acquis des deniers dotaux, il n'en est pas de même, suivant la Loy *ex pecunia. C. de jure dot. ex pecunia dotali fundus à marito tuo comparatus non tibi quæritur*, &c. à laquelle est conforme la Loy derniere *C. de ser. pign. dat. manum* la Loy *res quæ. 54. ff. de jure dot.* dit au contraire en ces termes, *res quæ ex dotali pecunia comparatæ sunt, dotales esse videntur.*

La Loy *uxor marito. 55. ff. de donatio. inter vir. & uxor.* contient une semblable décision ; car le Jurisconsulte Paul dit, que si le mary a acquis quelque chose des deniers de la femme, desquels elle luy avoit fait donation, si elle la revoque, elle peut revendiquer ce qui a été acheté de ses deniers.

Ces deux Loix sont diametralement opposées à la Loy *ex pecunia.*

Pour la conciliation, les Docteurs conviennent de la regle, que les choses acquises des deniers de la femme, ne sont pas à elle, & qu'elle n'a pas droit de les revendiquer, parce que *dotes quæ constant numero, pondere & mensurâ, ejus sunt naturæ, ut protinùs abeant in dominium mariti, quia maritus non tenetur easdem res restituere uxori, sed sufficit si alias similes solvat. Ergo quamprimùm accipit hujusmodi res, tunc desinunt esse dotales, & fiunt propria mariti : ergo ex his potest facere quod voluerit, l. rem in dotem. ff. de jur. dot.* mais pour les concilier ils sont de differens avis.

Accurse sur la Loy *res quæ*, suppose ce qui n'y est pas exprimé, sçavoir, que l'achat a été fait du consentement de la femme, quelques-uns sont de même avis.

D'autres disent, que cette Loy s'entend au cas que le mary & la femme, en constituant la dot, soient convenus, que le mary en feroit l'employ, & que la premiere acquisition qu'il feroit, feroit censée avoir été faite des deniers de la femme, & pour executer l'employ ; en ce cas l'acquisition faite étant avantageuse à la femme, elle a droit de la prétendre, & elle est subrogée au lieu des deniers dotaux.

Cette opinion n'est pas mieux fondée que la premiere, parce qu'il n'en est pas fait mention dans la Loy *res quæ.*

Cujas, en ses Observations, *lib. 5. cap. 29.* tient, que la Loy *res quæ*, contient une exception à la regle generale, qui est, que les heritages acquis des deniers de la femme, luy appartiennent en un cas, sçavoir, lorsque le mary est insolvable, & cela en faveur de la dot, *ne dotem amittat.*

C'est aussi l'avis de Bronchorst, *Cent. 2. assert. 65.*

Cette conciliation suppose pareillement ce qui n'est pas declaré dans cette Loy, qui dit generalement, que *res emptæ ex pecunia dotali, dotalis est.*

Celle de Pacius, *Centur. 5. q. 53. tit. de jur. dot.* me semble plus juste. *Verbum (videtur)* dit-il, *est nota improprietatis, itaque non sunt verè dotales, sed quasi dotales, nec mulier habet earum nomine vindicationem directam, sed utilem, argum. leg. si mulier. §. 1. & leg. seq. & l. uxor marito. ff. de donation. inter vir. & uxor. atque hanc habet non omnimodò, sed ita demum si maritus non sit solvendo, argum. d. leg. uxor. & l. filia. ff. de solution. & fundus stante matrimonio traditus marito sit à venditore ; quomodo enim dotalis videri possit qui in venditoris dominio mansit, quamdiu duravit matrimonium : hoc enim accidit cum soluto matrimonio venditor marito fundum tradit, ut in specie d. leg. res quæ.*

Quant à nôtre usage, on tient, que quelque stipulation d'employ qu'il y ait dans le contrat de mariage, les heritages acquis par le mary n'appartiennent point à la femme, & ne sont point censez dotaux, si le mary ne declare, en faisant l'acquisition, que c'est pour executer l'employ ; autrement la femme ou ses heritiers n'ont qu'une simple hypotheque, comme il a été jugé par plusieurs Arrests. 12.

Le premier est du 25. May 1578. entre Nicolas Randoul & Jeanne Verger, rapporté par Charondas en ses Réponses, livre 5. Réponse 40.

Le second a été rendu au rapport de Monsieur Bavin, le 28. May 1599. au profit des créanciers de Messire Adrien de Thurin, Chevalier Sieur de Lusarche, contre Dame Ambroise Aurillac, femme separée de biens d'avec luy, qui demandoit la distraction de la moitié au tiers de la Terre & Seigneurie de Lusarche, que ledit Adrien de Thurin avoit acquise des deniers dotaux de sa femme, rapporté par Brodeau sur Monsieur Loüet, lett. H. nomb. 21.

Le troisiéme a été rendu en la Grand'-Chambre, au rapport de Monsieur Courtin, le 19. Juillet 1606. rapporté par Monsieur Loüet, *loco citato.*

Le quatriéme, du 8. Juin 1648. conformément aux Conclusions de Monsieur l'Avocat General Talon ; rapporté par Brodeau au même lieu.

Il y a des Arrests qui ont jugé le contraire, Chopin en remarque deux au Traité *de privileg. rustic. lib. 3. cap. 10. de heredit. actio.* & sur ce titre, *num. 24.* CHOPIN.

Brodeau, *loco citato*, en cite un autre du 20. Juillet 1610. BRODEAU.

Bacquet, au Traité des Droits de Justice, chap. 21. nomb. 301. est d'avis, que les heritages acquis ne tiennent point lieu d'employ, quoique, dit cet Auteur, on allegue quelques Arrests au contraire, entr'autres un donné pour un Chapelain de l'Eglise de Nôtre-Dame d'Amiens, du 28. May 1574. par lequel il a été ordonné, que les heritiers de la femme prendroient des premieres acquisitions de rentes ou heritages, faits pendant le mariage des défunts mary & femme, jusques à la somme de quatre mille livres, que le mary étoit tenu d'employer en propre pour sa femme.

Il faut dire, que ces Arrests ont été rendus sur des motifs particuliers, & contre la regle generale, comme si par le contrat il étoit porté, que le mary feroit l'employ des deniers dotaux en acquisition d'heritages, & que l'employ feroit reputé executé par la premiere acquisition, sans qu'il fût besoin d'autre declaration, à l'effet d'appartenir à la femme, comme si en effet elle les avoit apportez en mariage ; en ce cas, les heritages acquis par le mary en son nom & sans declaration, appartiendroient à la femme, l'acquisition d'iceux étant censée faite pour executer l'employ.

D'où il s'ensuit, que le pere n'y pourroit rien prétendre, comme heritier mobiliaire de ses enfans.

La seconde stipulation est, quand l'employ est stipulé avec la clause de *siens* seulement ; l'employ n'ayant point été fait, il faut dire de cette stipulation ce qui a été dit cy-dessus de celle par laquelle les deniers sont stipulez propres avec clause de *siens* seulement. 13.

La troisiéme stipulation est, quand elle contient la clause d'*estoc, côté & ligne* ; en ce cas, les pere & mere sont exclus de succeder aux deniers destinez en employ, & les collateraux leur sont préferez, ainsi qu'il a été dit cy-dessus de la stipulation de propres avec la susdite clause, comme il a été jugé par 14.

Arrests des années 1571. 1600. & 1604. rapportez par Brodeau sur Monsieur Loüet, lettre D. nombre 66.

La même chose a été jugée par autre Arrest du 29. Janvier 1601. en la Coûtume de Poitou, cité par le même Auteur, la clause du contrat de mariage portant, que la somme de quatre mille livres seroit employée en achat d'heritages, qui seroient propres à la future épouse & à ses successeurs : la Cour jugeant, que ce mot, *successeurs*, doit être étendu aux collateraux.

TRONÇON. L'Arrest de 1600. est rapporté par Tronçon, & par les autres Commentateurs sur cet article.

Il y a eu depuis un autre Arrest du 10. Janvier 1699. rendu en la quatriéme Chambre des Enquêtes, dans cette espece. Il étoit stipulé que de la somme donnée en dot il en entreroit six mille livres en communauté, & que le surplus seroit employé en achat d'heritages au profit de la future épouse, de ses hoirs & ayans cause, tenans de son côté & ligne.

Cette stipulation se met presque dans tous les contrats de mariage, qui se passent à Paris, étant à present un stile ordinaire des Notaires qu'ils mettent indifferemment, & sans s'informer si c'est l'intention des parties.

15. *Si le pere qui auroit promis de payer les deniers dotaux pour sa fille avec la stipulation d'employ & la clause susdite, ne les avoit pas payez de son vivant, si cette stipulation seroit inutile & sans effet, quoique les deniers eussent aprés sa mort été pris sur ses biens ?*

FORTIN. Maître Gilles Fortin sur ces mots de cet article 93. *somme de deniers donnée*, a fait cette note en ces termes, *& payée, car autrement elle ne changeroit point sa nature de meubles*, selon qu'il a été jugé par Arrest du 21. Août 1607. au rapport de Monsieur Midorge, Monsieur Loüet, lett. D. nomb. 66.

TRONÇON. BRODEAU. Tronçon a aussi suivi le sentiment de cet Auteur, *verbò* donnée ; Monsieur Loüet & Brodeau, *loco citato*, disent la même chose, & Brodeau sur cet article, *num.* 3.

RICARD. Maître Ricard sur le même article dit avec raison, que cet Arrest n'a pas jugé la these generale, ainsi que propose Maître Gilles Fortin ; mais seulement, que les deniers promis par un pere pour être employez en achat d'heritage, qui étoit mort sans les acquitter, doivent être payez par l'heritier des meubles en la Coûtume de Poitou, où les dettes doivent être acquitées par l'heritier mobiliaire ; ainsi cet Arrest a seulement jugé que les deniers non payez demeureroient meubles, à l'égard de celuy qui les avoit promis ; ce qui ne reçoit point de difficulté, les deniers n'étant stipulez immeubles qu'en faveur de celle à qui ils sont promis, à l'égard de laquelle ils sont immeubles, quoiqu'ils n'ayent pas été payez par celuy qui les avoit promis, mais sur ses biens aprés sa mort ; autrement ils tomberoient dans la communauté ; ce qui donneroit lieu à la femme d'avantager son mary, le payement ne s'en faisant qu'aprés la mort du pere qui les auroit promis, & même la somme payée aprés la mort de la femme au mary, ne laisseroit pas d'être reglée dans la succession des enfans, eu égard à la clause d'*estoc, côté & ligne* ; le mary devant se faire payer de cette somme.

Que si ces deniers sont reputez immeubles à l'égard de la communauté, ils le doivent être aussi en la succession de la mere & de ses enfans ; parce que la stipulation d'employ ne peut avoir son effet que la clause susdite d'*estoc, côté & ligne* ne l'ait aussi, le cas échéant.

DUPLESSIS. C'est le sentiment de Maître Duplessis, que la stipulation doit avoir son effet, quoique les deniers n'ayent pas été payez, & que l'opinion contraire est absurde, premierement, parce que l'article porte, *donnée*, & ne dit pas, *payée*. En second lieu, que l'interêt de ces deniers est dû par celuy qui les a promis : or le mary peut s'être contenté de cet employ, n'en trouvant pas pour lors de plus sûr ; & que dans l'incertitude de qui provient la faute, il n'y auroit pas d'apparence de renverser la clause d'un contrat de mariage.

Maître Auzanet, Traité *des propres conventionnels*, dit, que si par le contrat de mariage la somme a été destinée pour être employée en achat d'heritages, l'article 93. dit, que, la somme est reputée immeuble à cause de la destination, encore que l'employ n'ait été fait ; c'est-à-dire, qu'il n'entre point dans la communauté, qui est le seul effet qui peut produire la qualité d'immeuble, principalement, si la somme est apportée par le mary, qui a negligé de faire l'employ. AUZANET.

Mais que si la somme qui doit être employée en achat d'heritages, est apportée par la femme, & que le mary soit chargé de faire l'employ, & qu'il ne l'ait pas fait, on a souvent douté, & on doute encore à present, si à l'égard du mary dans les successions des enfans issus du mariage, & en tous les autres cas où le mary peut avoir interêt, on ne doit pas considerer la somme, comme si elle avoit été effectivement convertie en achat d'heritages.

Qu'on a encore douté dans les Coûtumes de Chartres & autres, qui donnent les propres aux enfans du premier lit, & les acquets aux enfans du second mariage, de quelle nature doit être considerée une somme de cette qualité, si propre ou acquêt, soit que la destination ait été executée de l'employ, ou lorsque la somme est demeurée aux termes d'une simple destination sans execution.

Que lorsque le contrat de mariage, au lieu de la promesse dudit employ, ou en attendant iceluy, a constitué & assigné sur ses biens une rente au profit de la femme ; en ce cas il semble que telle rente est un immeuble veritable & effectif, qui tient lieu d'acquêts en la personne de la femme, & de propre naissant és personnes de ses enfans.

Il ajoûte : *idem*, si par le contrat de mariage le mary consent, qu'en attendant la restitution de la somme, la femme & ses heritiers joüissent par forme d'antichrese de quelques fonds & heritages certains.

Il paroît par ce qui vient d'être rapporté, que Maître Auzanet estimoit douteuses & incertaines les questions proposées cy-dessus.

C'est encore une question, si les deniers destinez en employ prennent la nature d'immeubles à l'égard des créanciers, lorsque l'employ n'a point été executé.

Par exemple, le mary ayant reçû une somme de deniers destinée en employ, décede chargé de dettes, sa femme renonce à la communauté, & est mise en ordre sur ses biens pour le recouvrement de cette somme, la question est de sçavoir, si les créanciers hypothequaires de cette femme doivent venir à contribution sur icelle, ou selon l'ordre des saisies, comme étant veritablement un meuble, ou si étant considerée comme immeuble, ils y doivent venir suivant la proprieté de leurs hypotheques. 16.

Les créanciers hypothequaires ne semblent pas bien fondez, de vouloir établir leur hypotheque sur cette somme, laquelle n'est qu'un meuble, & qui partant n'a point de suite par hypotheque, n'étant reputée immeuble que par la disposition de l'homme, & par une fiction, laquelle est bornée en la personne du stipulant, & en celle de ses heritiers ; desorte qu'il n'y a pas lieu de l'étendre à ses créanciers, ausquels il n'a pas pensé.

Néanmoins le contraire a été jugé au profit des créanciers, par les Arrests remarquez par Brodeau sur Monsieur Loüet, lettre D. nombre 66.

Le premier est du 23. Août 1642. donné en la cinquiéme Chambre des Enquêtes, au rapport de Monsieur le Meusnier. 17.

Le second est du 7. Mars 1643. donné en la même Chambre, au rapport de Monsieur le Boults.

Le troisiéme est du 30. Juillet 1650. donné en la Grand'-Chambre, au rapport de Monsieur Laisné.

Par ces Arrests Brodeau dit, qu'il a été jugé, que les sommes pour lesquelles la femme a été mise en ordre du jour de son contrat de mariage sur les biens de son mary, doivent être distribuées entre les créanciers d'icelle opposans, selon l'ordre de leurs hypotheques : entre lesquelles sommes on met celles qui ont été apportées en mariage, d'autres pour le remplacement des propres aliénez, d'autres pour le doüaire & arrerages, préciput, & autres conventions matrimoniales.

Ce même Auteur dit, qu'auparavant ces Arrests on faisoit distinction entre les dettes réelles, comme les deniers stipulez propres & destinez en employ, le remploy des propres, le doüaire & autres semblables; & les mobiliaires, comme le préciput, la chambre meublée, & les interêts & arrerages échûs, sur lesquels les créanciers venoient selon la datte de leurs saisies, quand on n'étoit point au cas de la déconfiture & contribution au sol la livre; & que c'est l'espece d'un Arrest donné en la Grand'-Chambre au rapport de Monsieur Pidoux, le 30. Avril 1629. Cette Jurisprudence paroît contre les principes, quant aux deniers stipulez propres, & destinez en employ, & ceux qui doivent être remplacez provenans de l'aliénation des propres, il ne faut pas douter, qu'ils ne doivent être estimez comme de veritables immeubles à l'égard des créanciers, vû que si le mary avoit fait l'employ, & qu'il n'eût pas aliéné les propres de la femme, les créanciers hypothequaires viendroient sur les deniers provenans de la vente d'iceux du jour de leurs hypotheques; mais quant au doüaire prefix d'une somme une fois payée, au préciput & aux interêts échûs, ce sont de veritables meubles, ainsi il n'y a point de suite par hypotheque.

Basnage sur l'article 511. de la Coûtume de Normandie dit, que l'usage du Parlement de Roüen est conforme à celuy du Parlement de Paris sur ce point; & qu'il a été jugé, que les deniers pour lesquels la femme a été colloquée à un decret des heritages de son mary, & qui étoient demeurez entre les mains du Receveur des Consignations, devoient être reputez immeubles, quoiqu'on pût dire, que n'étant plus dûs par le mary, ni par ses heritiers, & appartenans à la femme, ils étoient absolument ameublis & retournez à leur propre nature. Que néanmoins ils furent declarez immeubles par Arrest rendu au rapport de Monsieur Cremier, le 8. Avril 1658.

Quand les deniers ont été employez, cette stipulation n'empêche pas que le pere n'y succede au dernier mourant de ses enfans, au cas que l'employ ait été fait après la mort de la mere; parce que l'employ est un acquest, il ne peut être propre que par stipulation : or la stipulation n'est point pour les collateraux de la mere, puisqu'ils n'y sont point compris; c'est pourquoy le pere y succede à leur exclusion. C'est le sentiment de Maître Duplessis, page 15. 18.

Que si l'employ a été fait du vivant de la mere, le pere n'y peut pas succeder; parce que l'heritage échu à ses enfans par sa succession, est devenu un veritable propre en leur personne; ce qui est sans difficulté.

Touchant les stipulations de remploy des propres aliénez. Voyez l'article 232. 19.

§. 4. Moyens par lesquels s'éteignent les stipulations de propre, & des deniers en employ.

SOMMAIRE.

1. *Moyens par lesquels s'éteignent ces stipulations.*
2. *Comment par le payement.*
3. Quid, *si la femme est morte sans enfans, avant d'avoir accepté ou renoncé à la communauté, comment la contestation doit estre terminée entre ses heritiers.*
4. *A qui les deniers appartiennent, quand l'enfant qui a survécu sa mere est mort en minorité.*
5. *Si le propre fictif est éteint, quand il a passé aux collateraux.*
6. Confusion, *ce que c'est.*
7. *Comment la confusion arrive en la personne des enfans.*
8. *La qualité des biens des mineurs ne change point pendant la minorité.*
9. *Si les deniers étant parvenus aux collateraux mineurs, le propre est éteint.*
10. *Si le propre est éteint, quand la femme l'a transporté à un autre.*
11. *Si elle peut tester de ce propre.*
12. *Si elle en peut tester au profit de son mary.*
13. *Si ce propre est dette mobiliaire en la succession du mary.*
14. *Si dans le compte que rend le pere, il doit coucher le propre entier.*
15. *De quelle nature est la somme stipulée propre, rapportée par la fille aux successions de ses pere & mere.*
16. *Si les dettes passives des successions échûës à un mineur, se distinguent à raison des successions par lesquelles elles étoient dûës.*

1. IL y en a quatre, sçavoir
Le payement fait à la femme ou à ses enfans.
La confusion qui arrive en la personne des enfans, quand ils sont heritiers de leurs pere & mere.
Quand les deniers ou l'action sont parvenus aux collateraux.
Quand la femme après le decés de son mary ou après sa separation, transfere l'action à un autre.

A l'égard du premier moyen, la femme reçoit les deniers qui luy ont été stipulez propres en deux cas, sçavoir quand elle survit son mary, ou quand il intervient Sentence de separation entr'elle & luy. 2.

Au premier, le propre s'éteint par le payement & n'a plus d'effet, ni à l'égard de ses enfans ni de leurs collateraux ; desorte que venant à mourir, sa succession se partage entre ses heritiers, selon les biens qui la composent.

Ce qui a lieu, soit qu'elle décede en minorité nonobstant l'article 94. par lequel la minorité empêche l'extinction du propre d'un mineur ; parce que cet article s'entend d'un veritable propre, comme d'un heritage ou d'une rente, mais non pas des propres fictifs qui ne sont selon leur nature que meubles, & à qui par convention & stipulation on a fait prendre celle d'immeuble, laquelle s'éteint par le payement.

Il faut excepter lorsque le mary s'est obligé par contrat de mariage de faire rente des deniers, le rachat qui en seroit fait entre les mains de sa femme mineure, n'empêcheroit que la qualité de propre ne leur fût conservée pendant sa minorité, selon le sentiment de Maître Duplessis que je crois juste.

Quand la femme est séparée & qu'elle a reçû ses deniers, le propre est éteint ; mais si elle decede sans les avoir reçû il subsiste dans sa succession, & passe à ses enfans ou à ses collateraux ; quoiqu'elle ait vêcu long-temps aprés sa séparation, parce que tant qu'ils sont dûs, le propre n'est pas éteint, & cette qualité demeure toûjours attachée à la dette, parce qu'elle dépend de la convention, qui n'est éteinte que par le payement.

Mais si la femme a accepté la communauté, le partage en étant fait, le propre est éteint ; & si elle decede auparavant il y a confusion pour moitié des deniers, & partant extinction ; mais le propre subsiste pour l'autre moitié, qui doit appartenir aux heritiers de la femme du côté du pere ou de la mere qui a fait la stipulation.

3. Que si elle est morte avant que d'avoir renoncé à la communauté ou l'avoir acceptée, & qu'il y ait contestation sur ce sujet entre l'heritier des meubles & l'heritier des propres, l'heritier des meubles voulant accepter la communauté pour son interêt, l'heritier des propres au contraire voulant y renoncer pour prendre le propre fictif entier, sçavoir s'il faut regarder ce qui auroit été plus avantageux à la femme. Maître Duplessis propose la question, & ne la décide pas.

La Note *in margine*, dit qu'il faut suivre *quid utilius*, Maître Duplessis y a trouvé de la difficulté, puisqu'il l'a laissée indécise ; pour moy je tiens que c'est à l'heritier mobiliaire à choisir ce qui luy est plus avantageux ; car la Coûtume donne à l'heritier de la femme le droit d'accepter la communauté ou d'y renoncer ; c'est à l'heritier mobiliaire, puisque c'est à luy que la moitié des biens d'icelle appartient ; & partant on ne peut pas luy opposer qu'il doit suivre ce que la défunte auroit fait, si elle avoit survêcu son mary, cette option luy appartenant à luy seul.

4. Que si elle laisse un enfant en mourant, & qu'il decede en minorité avant le payement reçû, l'action subsiste pour les collateraux ; parce que l'action que le mineur avoit pour en être payé est mobiliaire, ainsi elle appartient à ses heritiers du côté & ligne ; & quoiqu'il decede en minorité aprés en avoir reçû le payement, ils conservent leur qualité de propre dans sa succession pour l'execution de la stipulation qui est faite au profit des collateraux, les biens des mineurs ne pouvant pas changer de qualité pendant leur minorité, suivant l'article 94. Maître Duplessis page 20. est d'avis contraire.

Que si les enfans decedent en majorité ayant reçû le payement du propre fictif, il est éteint ; parce qu'autrement la fiction seroit plus puissante que la verité ; en ce qu'un propre réel & effectif étant vendu par un majeur, les deniers quoique dûs ou existans, sont reputez meubles dans sa succession, & appartiennent à ses heritiers mobiliaires ; c'est le sentiment de Brodeau nombre 5. qui ne reçoit point de difficulté, comme il a été jugé par Arrest du 16. Avril 1666.

Quand ce propre passe aux collateraux par le decés de la femme arrivé sans enfans, ou par celuy des enfans arrivé en minorité, il est éteint, la stipulation étant consommée & executée, quoique ces collateraux decedent en minorité. Ce propre par consequent tomberoit en la communauté du collateral auquel il sera échû, comme il a été jugé par Arrest du 17. Juin 1608. rapporté dans les Arrests de Monsieur le Prestre, centurie 1. chapitre 42. *in margine*. 5.

La confusion est une espece de payement, *l. qua dotis. 33. solut. matrim. l. stychum. §. 2. de solut. & l. ut debitum C. de haredit. actio. & l. si debitor. C. de pactis. concursus est debiti & crediti in eandem personam, ex quo sequitur interitus utriusque, quia idem homo non potest esse actor & reus, creditor & debitor, & ità quià ea confusio pro solutione est, nimirùm hareditas ipsa haredi, vel hares hareditati protinùs in articulo ipso aditionis, id quod debet videtur exsolvere*, dit Cujas sur la Loy 25. *de solutio*. 6.

La confusion arrive en la personne des enfans quand ils sont heritiers de leur pere & mere ; car ces deux successions réünies en leurs personnes, ne composent qu'un même patrimoine, & on ne les distingue plus, *l. juris peritos. §. 1. de excusat. tut.* comme ils ne peuvent pas être créanciers & debiteurs de la somme stipulée propre à eux & aux collateraux maternels, il s'ensuit qu'il y a extinction de ce propre fictif, quoiqu'ils soient heritiers beneficiaires de leur pere ; il est vray que le benefice d'inventaire empêche la confusion des obligations & des actions, mais ce n'est qu'à l'égard des créanciers, & pour la conservation des droits des heritiers par benefice d'inventaire sur la succession ; mais ils ne sont pas moins heritiers que ceux qui le sont purs & simples, ainsi la confusion de même que le payement cause extinction du propre fictif, lequel tant qu'il est dû subsiste ; dés qu'il est payé, il est éteint : de même que les rentes constituées sont immeubles par fiction tant qu'elles subsistent, mais le remboursement en cause l'extinction. 7.

Il faut excepter le cas de l'enfant décedé mineur, parce que la minorité est un obstacle à l'aliénation des biens des mineurs & à l'extinction des biens & des droits qui leur appartiennent, lesquels ne peuvent changer leur qualité ; ainsi les deniers du rachat des rentes à eux appartenans, conservent la qualité de propre qu'avoient les rentes rachetées ; autrement la stipulation du propre fictif, leur decés arrivant en minorité, n'auroit pas son execution contre l'intention du stipulant ; & de même que, les deniers procedant du rachat des rentes des mineurs conservent la qualité de propre, aussi les deniers qui procedent de la confusion en leurs personnes la conservent aussi ; & je ne vois pas qu'il y ait en ce cas difference entre le payement & la confusion, ainsi que le prétend Maître Duplessis, page 20. & 21. car la confusion est une espece de payement. 8.

L'espece suivante n'est pas sans difficulté : Un particulier par son contrat de mariage stipule que la somme de dix mille livres luy sortira nature de propre à luy & aux siens de son estoc, côté & ligne ; il décede laissant une fille mineure mariée depuis par sa mere, qui luy donne en mariage la somme de trente mille livres avec cette clause seulement, qu'elle sortira nature de propre à elle & aux siens : la question est, sçavoir si décedant en minorité, cette somme doit appartenir à la mere comme heritiere mobiliaire de sa fille, ou à ses heritiers collateraux du côté de son pere ?

Il faut dire que la mere n'y peut pas succeder, parce que la stipulation de propre n'a pas été éteinte par le mariage de la fille décedée en minorité, & la stipulation faite par la mere ne peut préjudicier aux heritiers collateraux paternels.

Mais, *quid*, si cette fille étoit décedée en minorité laissant un enfant qui décedât aussi en minorité, sçavoir si son pere succederoit à cette somme de dix mille livres, à l'exclusion des heritiers du côté de son ayeul maternel, en vertu de la stipulation portée par cet ayeul maternel dans son contrat de mariage? Il y a lieu de dire que non: la raison de douter est, que la somme de trente mille livres ayant été donnée à la mere avec la stipulation, que vingt mille livres sortiroient nature de propre à elle & aux siens, il n'est point fait mention des collateraux; ainsi il semble que le pere doit succeder à sa fille dans cette somme.

Néanmoins la somme de dix mille livres doit appartenir aux heritiers collateraux du côté de l'ayeul maternel: La raison est, qu'elle a passé de la mere à la fille, l'une & l'autre sont mortes en minorité, la stipulation faite par l'ayeul maternel doit être executée au profit des collateraux de son côté, le propre fictif n'ayant point été éteint & sa qualité s'étant conservée pendant la minorité de la fille mariée & de AUZANET. la petite fille du stipulant.

Maître Auzanet, Traité des propres conventionnels, dit que la fiction de ce propre, en quelques termes que la clause soit conçûë, étant cessée par le moyen du payement fait au mary ou à la femme de la somme stipulée propre, soit en cas de separation ou de dissolution de mariage; il semble juste que la somme rentre dans les biens de celuy auquel elle appartenoit en sa premiere & veritable qualité de meuble.

A quoy on pourroit ajoûter une condition, pourvû que celuy auquel le payement a été fait, soit majeur, ou que depuis le payement & avant son décés il ait atteint l'âge de 25. ans accomplis, attendu que les biens & droits des mineurs ne peuvent changer de nature.

Que si le payement n'est effectif, & que le mary ou la femme, à qui est dû le payement du propre conventionnel, soit tuteur de ses enfans detteurs dudit propre, & qu'il ait entre ses mains des deniers suffisans pour se payer soy-même, on a douté si le payement doit être presumé fait, & le propre éteint.

Qu'on estime que s'il y a un jugement & condamnation pour le payement de la somme propre, ou qu'elle soit entrée dans la dépense d'un compte arrêté entre le tuteur & le subrogé tuteur, cela tient lieu de payement, & éteint le propre conventionnel.

Que la difficulté est plus grande s'il n'y a point de jugement ni de compte, parce que l'on prétend que la seule qualité de tuteur produit plûtôt une presomption & obligation de payement, qu'un payement effectif veritable.

Que si du vivant du pere & de la mere la somme stipulée propre de côté & ligne, n'a point été payée ni demandée, & qu'ils laissent des enfans qui soient heritiers du pere & de la femme, à l'égard des mineurs & durant leur minorité, on demeure d'accord qu'il ne se fait aucune confusion des droits paternels & maternels, & que la fiction de propre conventionnel demeure conservée. Mais que si tous les enfans ou aucuns d'eux sont majeurs, quelques-uns prétendent que du jour de la majorité la fiction cesse pour la portion des majeurs, par le moyen de la confusion & par la concurrence des qualitez de créancier & de debiteur en une même personne; que d'autres au contraire soûtiennent que la convention étant faite pour les siens de son côté & ligne; c'est une destination & affectation faite en faveur des parens collateraux de la future épouse, qui doit avoir une fois son effet à leur profit, & ne peut être anéantie és sommes des enfans, supposé même qu'ils fussent tous décedez en majorité.

Sur ce qui vient d'être rapporté par Maître Auzanet, j'estime:

Premierement, que quand le survivant des pere & mere qui a la tutelle de ses enfans, qui sont ses debiteurs du propre fictif, a des deniers à eux appartenans, suffisans pour en faire le payement, le propre est éteint, parce que *debuit à se exigere*, & que cela doit passer pour certain.

En second lieu, que quand les enfans heritiers de leurs pere & mere sont mineurs, il ne se fait point de confusion en leurs personnes des propres fictifs; mais que s'ils sont majeurs, ces propres sont éteints, & leur succession se doit partager selon la qualité en biens dont elle est composée, étant absurde de faire revivre la fiction lorsqu'elle est éteinte.

Quand les deniers stipulez propres sont parvenus 99
aux collateraux majeurs ou mineurs, ou même l'action pour en avoir le payement, le propre est éteint; car comme il ne dépend que de la stipulation & convention laquelle est bornée aux collateraux, dés qu'il leur est échu ou l'action pour l'obtenir, il est éteint.

Quand la femme pour laquelle la stipulation a été 100
faite, en a transporté l'action à un autre, soit par cession ou transport, ou parce que convolant en secondes nôces, elle l'a mise dans la communauté, ce propre est éteint, parce qu'il n'appartient plus à celle par laquelle il pouvoit passer à ses collateraux; son second mary en est devenu le maître, elle en a disposé comme elle le pouvoit; ainsi il n'existe plus, & ses heritiers collateraux n'y pourroient rien prétendre, soit qu'elle renonce à la communauté, ou qu'elle l'accepte; que si elle l'accepte, il ne peut y avoir difficulté que pour la moitié; Maître Duplessis propose la question, sçavoir si la moitié qui luy resteroit de cette action conserveroit la qualité de propre, il ne la décide pas. La Note *in margine*, dit que l'affirmative paroît certaine: cela n'est pas vray sans distinction, si elle decede avant le partage de la communauté, l'action passe aux heritiers du côté & ligne; si elle decede aprés, elle est éteinte; parce que le payement en cause entierement l'extinction; & cette distinction est selon les principes en cas qu'elle soit décedée sans enfans; & si elle laisse des enfans, cette action est immobiliaire en leurs personnes; mais il est difficile que ce cas arrive.

Maître Auzanet, Traité des propres conventionnels, dit que quelques-uns prétendent que la stipulation de propre portée par un premier contrat de mariage, retient la même nature à l'égard de la seconde communauté, quand celuy en faveur duquel la convention a été faite, a passé à un second mariage; & qu'ils se fondent sur la Loy 8. *de jure dotium dotem quæ in prius matrimonium data est, non aliter converti in posterius matrimonium dicendum est, quàm cum hoc agitur*; & que la Loy suivante ajoûte, *hoc autem agi semper interpretamur, nisi probetur aliud convenisse*.

Et dans le même Traité il dit, si l'heritier de celuy en faveur duquel a été faite la stipulation de propre, ou avec les termes de siens, ou d'estoc & ligne, est marié, il semble à propos de regler si le propre conventionnel entrera dans sa communauté comme meuble, ou si la fiction de propre continuëra en sa personne, pour conserver la somme à son profit particulier, à l'exclusion de la communauté.

Il ne dit pas son avis; pour moy j'estime qu'il entre dans la communauté, par les raisons renduës ci-dessus.

Si la femme, par le mariage de laquelle la stipula- 101
tion a été faite à elle & aux siens de son estoc, côté & ligne, ou d'employ d'heritage, &c. peut disposer de ce propre fictif par donation entre-vifs, ou par ordonnance de derniere volonté?

La Jurisprudence est certaine sur ce point; c'est le sentiment commun des Commentateurs, de Brodeau & Ricard sur cet article, de Maître Auzanet sur l'art. 312. & de Maître Duplessis, que cette stipulation & la destination en employ d'heritages, de la somme donnée ou promise, n'empêche pas celle au mariage de laquelle elle a été faite, d'en disposer tant par actes entre-vifs que par derniere volonté, fondé sur les Arrests & sur la raison.

La raison est, que la fiction ne doit pas s'étendre hors son cas : or la fiction du propre fictif n'est que pour la succession *intestate*, & pour empêcher que les deniers stipulez ne passent hors la famille du stipulant ; ainsi elle ne s'étend pas aux donations ni aux dispositions testamentaires ; & la prohibition des Coûtumes de disposer par derniere volonté des propres, que jusqu'à une certaine quantité, ne s'entend que des veritables propres & non des propres fictifs, qui ne dépendent que de la volonté de ceux qui les constituent, & qui n'ont, pour ainsi dire, qu'une durée momentanée, & qui s'éteignent & se détruisent facilement par plusieurs moyens ; l'intention de ceux qui les établissent n'étant que de regler la succession *intestate* de ceux ausquels ils parviennent.

Plusieurs Arrests l'ont jugé ainsi, entr'autres un du 2. Janvier 1601. donné en l'Audience de la Grand'-Chambre, remarqué par Maître Auzanet sur cet article ; & un autre du 9. Août 1603. rendu en la Chambre de l'Edit, remarqué par Chopin sur la Coûtume d'Anjou, *lib. 2. part. 1. cap. 2. num.* 14.

12. Mais c'est une question, sçavoir *si la femme peut en disposer au profit de son mary, dans les Coûtumes qui permettent aux conjoints par mariage, de s'avantager, au moins selon la restriction pour les propres ?*

DUPLESSIS. Maître Duplessis dit, qu'il y a des Arrests pour & contre : Brodeau sur Monsieur Loüet lettre D. nombre 66. & lettre O. nombre 5. en rapporte plusieurs qui ont jugé diversement.

Les derniers ont jugé que la femme peut donner à son mary autant du propre fictif, qu'elle luy peut donner du veritable propre.

Le premier est, du 1. Avril 1656. rapporté dans le premier Tome du Journal des Audiences.

Le second, du 28. Août 1675. rapporté dans le premier Tome du Journal du Palais.

Le troisiéme, du 4. Juillet 1681. rapporté dans le troisiéme Tome de ce Journal.

BRODEAU. Il a aussi été jugé par Arrests des 24. Septembre 1579. & 14. Juillet 1637. rapportez par Brodeau, que les enfans n'en peuvent disposer qu'autant que la Coûtume permet de disposer de ses propres, cela s'entend quand le propre fictif est encore dû.

Maître Duplessis, page 16. propose la question & ne la décide pas ; il faut en cela suivre la décision de ces Arrests.

Quand ils sont mineurs, c'est encore une difficulté s'ils en peuvent tester comme de choses mobiliaires. Maître Duplessis tient l'affirmative, ce que je crois veritable, parce que ces deniers stipulez propres ne sont pas propres quant à la disposition ; d'où on pourroit tirer cette consequence, que la femme en pourroit disposer au profit de son mary, & les enfans au profit de leur pere.

On convient que la stipulation de propre ne concerne que les successions *ab intestat*, & n'empêche ni la femme ni les enfans d'en disposer par actes entre-vifs ou par testament ; parce que les stipulations qui dérogent au droit commun, ne reçoivent point d'extension, l'intention de celuy qui la fait, est d'empêcher que la somme stipulée n'entre dans la communauté & que le mary n'y succede à ses enfans ; mais elle ne l'empêche pas d'en profiter par des dispositions faites à son profit ; car si la femme & les enfans en peuvent disposer, pourquoy en exclure le mary ou le pere ?

13. *Si les deniers stipulez propres sont une dette passive, mobiliaire, ou immobiliaire dans la succession de celuy qui les a promis* ; ensorte que dans les Coûtumes où en succession noble, l'aîné prend tous les meubles, à la charge de payer toutes les dettes mobiliaires, il soit tenu d'acquitter ces deniers promis, avec stipulation du propre pour le tout, comme dette mobiliaire, ou si elle se payera par contribution par tous les heritiers immobiliaires ?

Maître Duplessis qui propose cette question, dit qu'il y a un Arrest qui a jugé, que c'est une dette mobiliaire, dont l'heritier mobiliaire est tenu seul ; parce que la fiction ne s'étend pas hors son cas. DUPLESSIS.

Il fait cette autre question, sçavoir si ces deniers sont une dette passive, mobiliaire, ou immobiliaire dans la succession du mary, qui en doit la restitution à sa femme ou à ses heritiers ; & si l'heritier mobiliaire en sera tenu seul dans les Coûtumes, ou celuy qui succede aux meubles doit payer toutes les dettes mobiliaires, ou si elles se payent par contribution, comme dettes immobiliaires ?

Dans les autres Coûtumes où toutes toutes les dettes personnelles, tant mobiliaires qu'immobiliaires se payent par contribution, on fait cette question. On demande, dit-il, si la restitution de ces deniers est dûë par tous les heritiers du mary, tant ceux des propres que ceux des meubles & acquêts, ou s'ils se prendront par delibation sur les biens de la communauté, au préjudice de l'heritier mobiliaire ?

Cet Auteur propose ces deux questions, qu'il ne décide pas.

A l'égard de la premiere, la charge de la restitution doit tomber sur l'heritier des meubles, parce qu'à l'égard du mary & de ses heritiers, c'est une dette pure mobiliaire ; & si elle est reputée immobiliaire, ce n'est que dans la succession de la femme ou de ses enfans, pour l'execution de la stipulation.

Quant à la seconde, elle se doit payer par tous les heritiers *pro rata emolumenti*, suivant l'art. 334.

C'est encore une question, si dans le compte que rend le pere après la mort de ses enfans aux heritiers collateraux, il doit coucher tout le propre entier, ou seulement la moitié, l'autre moitié étant confonduë en leurs personnes ; ce propre fictif étant une dette de la communauté, & dont la communauté a profité, se doit prendre sur les biens d'icelle ; mais pour conserver le droit aux collateraux, le pere survivant ses enfans, est obligé de compter le propre conventionnel tout entier ; car s'il n'en couchoit que la moitié étant confuse en leurs personnes, il en profiteroit comme heritier mobiliaire ; & la confusion n'a pas lieu en leurs personnes, comme contraire à ce qui est porté par le contrat de mariage, par lequel le propre est stipulé pour le tout, tant pour les enfans, que pour les heritiers collateraux du côté & ligne du stipulant.

Cette reprise des deniers stipulez propre, dûë aux enfans, n'est pas considerée comme une dette ni une charge, par rapport à la moitié dont est chargée la part qu'ils prennent dans la communauté, ils prennent la moitié de la communauté, mais sans extinction de la moitié de leur propre fictif ; desorte que cette moitié de la communauté est composée en partie de la moitié du propre fictif, & le reste est pour leur part de la communauté.

Quoique cette moitié du propre fictif soit mêlée dans toute la moitié de la communauté qui leur est échûë & y est affectée ; néanmoins elle se doit prendre par contribution sur les effets mobiliaires & immobiliaires de la moitié de la communauté : La raison est, que les biens que les mineurs ont eu de la communauté, se partageant dans leur succession entre les heritiers des propres & les heritiers mobiliaires, si la reprise ne se faisoit que sur les meubles, ce seroit un préjudice tres-grand pour l'heritier mobiliaire ; car les immeubles de la communauté passant en leurs personnes par la succession de leur mere, ce seroient propres maternels en leur succession ;

sion ; & si ce propre conventionnel étoit pris sur les meubles, la succession mobiliaire se trouveroit épuisée, au préjudice du pere ou de tout autre heritier mobiliaire.

A l'égard de l'autre moitié du propre fictif, c'est le pere qui en doit moitié, la moitié qu'il prend dans la communauté en étant chargée.

15. Quand une fille rapporte à la succession de son pere ou de sa mere qu'elle a acceptée, la somme stipulée propre, ce rapport n'est pas une dette active de la succession ; la Coûtume du Grand-Perche en l'article 146. veut que la moitié du rapport appartienne à l'aîné & l'autre aux puînez.

Dans les autres Coûtumes qui donnent à l'aîné un avantage sur les meubles, l'aîné n'en prend point sur ce rapport, quand il est fait pour moins prendre; quand il se fait par la fille pour le remettre dans la succession, prendre part entiere dans les immeubles d'icelle, je crois que l'aîné y prend son avantage suivant la disposition de la Coûtume.

16. *Si lorsque plusieurs successions sont échûës à un mineur, & qui est decedé en minorité, toutes les dettes passives de ses successions se distinguent à raison des successions, par lesquelles elles étoient dûës ?*

Il faut dire que non, & qu'on les regarde toutes ensemble comme dettes d'une même personne & d'une seule succession ; de même que les biens de ces successions sont réünis en sa personne, & ne composent un même patrimoine & une seule succession au temps de sa mort ; & elles ne se payent point sur les biens de chaque succession dont elles procedent ; ainsi elles se payent, comme il s'observe dans la succession d'un majeur, entre les differens heritiers, à proportion de l'émolument qu'ils en tirent, suivant l'article 334. ainsi les dettes de la succession paternelle échûë au dernier decedé des enfans, se prennent sur tous les biens meubles & immeubles, tant de la succession paternelle, que de la succession maternelle & des successions collaterales, qui luy sont échûës, se prennent sur tous les biens procedans de ces successions ; & sans distinguer si quelques-unes de ces dettes seroient provenuës d'une succession qu'il auroit acceptée par benefice d'inventaire, au cas qu'elle luy eût été avantageuse.

La raison est, que le payement des dettes passives de ceux qui sont decedez en minorité, se regle de même que celles des mineurs, nos Coûtumes n'y mettant aucune difference ; les heritiers des mineurs sont en cela égaux ; & si cette distinction avoit lieu, ce ne seroit qu'en faveur de ceux entre leurs heritiers qui y trouveroient leurs interêts, & non pour les mineurs, ce seroit un privilege ou droit special qui commenceroit par leurs heritiers ; ce qui n'est accordé par aucune de nos Coûtumes.

Suivant le même principe, les dettes qu'un tuteur a payées, sont éteintes, de quelque côté & succession qu'elles procedassent ; & il seroit absurde de dire qu'aprés la mort du mineur il faudroit les considerer comme si elles subsistoient encore, pour les faire payer par contribution, entre le survivant des pere ou mere, ou autre heritier mobiliaire & les heritiers des propres, pour l'interêt de l'heritier mobiliaire.

La raison est, que le payement valablement fait, éteint toute obligation, *tot. tit. ff. de solut.* tant pour les majeurs que pour les mineurs, lesquels ont interêt que leurs dettes soient acquittées ; & c'est un devoir indispensable des tuteurs, quand ils le peuvent faire des deniers ou des revenus des mineurs ; & leurs meubles doivent être employez à cet effet, avant que l'on puisse parvenir à la vente de leurs immeubles.

Delà vient, que ce qui est dû par les mineurs à leur tuteur ou à leur tutrice, est éteint *ipso jure* sans quittance, quand ils ont eu des deniers ou des immeubles entre leurs mains à eux appartenans, parce que le tuteur a dû se payer luy-même.

Ainsi quand une mere tutrice devient heritiere mobiliaire de son enfant, elle ne prend dans la succession que ce qui reste aprés qu'elle a été payée de tout ce qui luy est dû par le mineur, pour quelque cause que ce soit, même pour ses reprises & remplois ; dont les actions demeurent éteintes de plein droit.

A l'égard de celles qui sont dûës lors du décés du mineur, ce sont dettes de sa succession, lesquelles doivent être portées par tous ses heritiers *pro rata emolumenti*, suivant l'art. 334.

Il faut excepter quand le tuteur a eu des deniers suffisans pour acquitter les dettes des mineurs, & rembourser les principaux des rentes constituées, elles doivent s'acquitter sur la succession mobiliaire pour le tout, sans que les heritiers des propres soient tenus d'y contribuer ; parce que la succession mobiliaire d'un mineur ne se considere pas comme elle est au jour de son décés, mais comme elle seroit si le tuteur avoit observé les regles d'une bonne administration ; desorte que le reliquat du compte de tutelle des mineurs decedez, ne tombe jamais dans leur succession mobiliaire, qu'aprés toutes les dettes passives payées, & qui eussent pû être acquittées pendant la tutelle.

OBSERVATIONS DE MONSIEUR ***

Sur l'Article XCIII.

SOMMAIRE.

1. *Article 93. peu changé, & pourquoy.*
2. *Pourquoy ces mots*, ou autres personnes étrangeres, *n'y ont pas été mis.*
3. *La stipulation d'employ fait la fiction legale.*
4. *L'employ fait un veritable propre.*
5. *La stipulation d'employ sans employ a son effet.*
6. *Si les sommes données par étrangers, avec simple stipulation d'employ, sont immeubles.*
7. *Articles de la Coûtume qui font des regles generales, d'autres qui ne font que des exceptions.*
8. *Raisons qui prouvent, que cet article ne peut estre entendu des étrangers qui doivent des sommes avec stipulation de propre.*
9. *Que doit faire un étranger pour rendre*

propre une somme qu'il donne à l'un des futurs conjoints.

10. *Si une somme promise pour employ peut estre cedée par le mary, & le beaupere contraint de payer.*

11. *Si le gendre peut obliger le beaupere de la luy payer, ou si le beaupere peut la retenir jusqu'à l'employ.*

12. *Effet de la clause de propre à elle & aux siens, &c. faite par celle qui se marie.*

13. *Effet de cette mesme clause apposée par une autre personne.*

NOus avons redigé cet article en la maniere qui suit :

Somme de deniers promise ou donnée par pere, mere, ayeul ou ayeule, ou autres ascendans, à leurs enfans, pour être employée en achat d'heritages, est reputée immeuble à cause de la destination, à l'effet de ne point entrer en communauté, & appartiendra aux heritiers des meubles, quand la personne à qui la somme est donnée ou promise, decede majeure.

1. Nous avons changé peu de chose à cet article ; parce que s'il falloit descendre à toutes les questions en particulier, on feroit plus naître de difficultez qu'on n'en termineroit.

Nous avons ajoûté le mot, *promise*, pour faire cesser les sentimens differents de ceux qui disoient qu'il falloit quelque tradition actuelle, étant certain qu'il n'y a pas de difference à l'égard des emprunts, si la somme a été donnée ou promise, quand il s'agit de sçavoir si elle sera reputée meuble ou immeuble, si elle entrera ou n'entrera pas dans la communauté.

2. Nous n'avons point ajoûté ces mots, *ou autres personnes étrangeres* ; parce que le veritable sens de la Coûtume est, que cette somme ne soit reputée immeuble que lorsque les pere, mere, & autres ascendans donnent à leurs enfans, & non les autres, à moins qu'il n'y ait stipulation précise de propre ; desorte que proprement par cet article la Coûtume fait pour les peres, meres ou autres ascendans la stipulation que les étrangers en donnant sont obligez de faire nomination.

3. La stipulation d'employ seulement fait la fiction legale ; mais si la somme a été employée avec la susdite
4. clause ; l'immeuble acquis est un veritable propre naissant qui fait cesser les actions & les fictions.

5. D'où il faut conclure, que si quelqu'une de ces conditions ne se trouve pas, la fiction legale cesse ; mais cela n'empêche pas l'effet des stipulations ou conventions qui se font entre les futurs conjoints, ou par leurs pere, mere, parens ou étrangers dans les contrats de mariage, ou par des donations separées, pourvû qu'il n'y ait rien contre le droit public.

6. Plusieurs Auteurs de nom ont dit, que les sommes données par les étrangers, c'est-à-dire, par d'autres que par les pere, mere, ou autres ascendans, avec destination simple d'employ, sont immeubles à cause de la destination.

Je croy qu'il est à propos de faire connoître clairement, qu'ils se sont trompez en avançant cette proposition contre le sens de la Coûtume, dont les paroles & l'intention n'ont jamais été que de rendre immeuble les deniers qui sont donnez par les pere, mere, ou autres ascendans, mais non pas ce qui a été donné par d'autres, quoiqu'il y ait la même destination d'employ.

La seule raison sur laquelle ils se fondent est de dire, *ubi eadem ratio legis militat, ibi eadem legis dispositio esse debet* ; & par consequent, puisque la raison de la Loy, qui fait qu'une somme promise par pere, mere, ou autres ascendans en contemplation de mariage, est propre & immeuble à cause de la destination, il faut aussi conclure que la même destination se trouvant dans une somme donnée par un étranger en faveur de mariage, doit être pareillement reputée immeuble, sans qu'il y ait stipulation de propre.

7. A quoy on répond, qu'il faut faire difference entre les articles de nôtre Coûtume ; car il y en a qui font des loix generales ausquelles on peut appliquer cette maxime. Il y en a qui ne font que des exceptions de la loy generale, qui ne doivent jamais être étenduës au-delà des termes dans lesquelles elles sont conçûës. Or il est constant que cet article est de nouvelle Coûtume, & par consequent une exception de la loy generale, qui veut que des deniers soient meubles. Ainsi cet article se doit renfermer dans les termes de pere, mere, ayeul ou ayeule, ou autres ascendans, qui donnent une somme en contemplation de mariage avec destination d'employ, & non être étendus aux étrangers qui n'y sont pas compris ; à l'égard desquels il faut
8. observer les mêmes choses qui se pratiquoient auparavant que cet article eût été ajoûté, qui est, qu'en donnant ils apposent telle condition qu'ils jugent à propos.

Mais quoique cette maxime generale soit suffisante, il faut néanmoins penetrer davantage dans l'esprit de la Coûtume, qui est, que tout veritable immeuble appartenant à une fille en se mariant, luy est propre, & n'entre point en communauté ; que tout immeuble fictif & legal, comme une rente constituée, luy est propre, & que tout immeuble qui a été donné par un pere, une mere, ou par autre ascendant, en quelque temps que ce soit, avant mariage, ou pendant la communauté, ou échû par succession, est pareillement propre, & que même les deniers donnez par pere, mere, ayeul, & autre ascendant, avec destination en contemplation de mariage, sont immeubles, parce que dans le même moment qu'on les repute immeubles, & qu'ils sont donnez par pere, mere, &c. ils tiennent nature de propre, & n'entrent point en communauté.

A l'égard des étrangers, la Coûtume n'a pas voulu qu'un immeuble donné par un étranger fût propre, à moins qu'en donnant il n'ait fait cette stipulation ; & par consequent quand la somme donnée depuis le mariage seroit reputée immeuble, cela n'opereroit rien ; parce que le faisant immeuble, il ne seroit pas propre pour cela, il seroit acquest.

D'où il faut conclure, que lorsqu'un étranger veut que la somme qu'il donne soit propre à celuy à qui il la donne, & qu'elle n'entre point en communauté, il faut qu'il le stipule précisément. Car alors il peut imposer telle condition que bon luy semble, à sa liberalité, & cette somme ou immeuble donné deviendra propre conventionnel au donataire.

Cette décision est tirée de la disposition de l'article 246. de nôtre Coûtume, qui porte, *chose immeuble donnée à l'un des conjoints pendant leur mariage, à la charge qu'elle sera propre au donataire, ne tombe en communauté ; mais si elle est donnée simplement à l'un des conjoints, elle est commune, fors & excepté les donations faites en ligne directe, lesquelles ne tombent point en communauté.*

9. Cet article 246. a été ajoûté à la Coûtume reformée, aussi-bien que l'article 93. & par consequent le même esprit s'y rencontre. Ainsi il faut dire, que quand un étranger veut donner une somme de deniers en

contemplation de mariage, il doit y ajoûter qu'elle demeurera propre; & s'il ne le fait, elle entrera dans la communauté. Il n'en est pas de même du pere, car la seule destination la rend immeuble, & par consequent propre par la loy au donataire.

Il faut donc tenir pour maxime indubitable, que l'esprit des Reformateurs de la Coûtume a été de faire difference entre ce qui est donné par les pere, mere, & autres ascendans, & ce qui est donné par les étrangers.

A l'égard de ce qui est donné par les pere, mere, & autres ascendans, elle y a pourvû par la fiction legale de cet article 93. à l'égard des deniers, & par l'article 246. pour les immeubles.

Les deniers donnez par pere & mere ou autres ascendans n'entrent point en communauté, en cas qu'ils soient par eux ou l'un d'eux donnez en contemplation de mariage, avec destination d'employ, sans stipulation de propre.

Les immeubles donnez par pere, mere ou autres ascendans sont propres, & en tous les cas n'entrent point en communauté.

Tout au contraire un immeuble donné par un étranger est acquest, & entre en communauté.

A plus forte raison les deniers donnez pour employ ou acquisition d'immeuble par un étranger sans stipulation de propre, entrent en communauté; il est vray que la destination d'employ produit une action pour faire l'employ; mais elle ne fait jamais un propre, cette destination ne pouvant avoir un effet plus grand que la donation d'un veritable immeuble, qui n'est point propre quand il est donné par un étranger.

10. On demande, si une somme promise par un pere, en mariant sa fille, pour être employée en achat d'heritage, peut être cedée par le mary, & si le pere de la fille peut valablement payer au cessionnaire.

Je croirois que le mary ne la pourroit transporter, ou du moins que le beaupere pourroit se défendre de payer, parce que tel transport est contraire à la destination; mais s'il paye, il paye valablement, parce que la Coûtume dit, *somme donnée*, elle suppose qu'on peut suivre la foy de celuy qui se marie, contre lequel la femme a l'action de remploy; mais cette action de remploy est mobiliaire quand la femme decede majeure.

11. Il faut dire aussi, que si un pere a promis une somme à la charge d'être employée, il la peut valablement payer à son gendre; mais s'il ne le veut pas, & qu'il offre de consigner pour faire l'employ stipulé, le gendre ne peut le contraindre à la luy payer.

12. Si une femme stipule en se mariant, que la somme qu'elle apporte en mariage, ou partie d'icelle, luy sera propre & aux siens de son côté & ligne, cette clause opere bien que ce qui est ainsi apporté en faveur de mariage, n'entrera point en communauté; mais les heritiers des meubles y succederont, parce qu'on ne peut intervertir l'ordre des successions.

13. Il n'en est pas de même, quand un pere ou autre donne sous cette clause; car en donnant il peut apposer telle condition que bon luy semble.

Mais quand une personne joüissante de ses droits se marie, elle peut stipuler entre elle & son mary, que ce qu'elle luy apporte sur sera propre à l'effet de ne point entrer en communauté, elle peut faire des donations, *futuris liberis*, mais elle ne peut pas intervertir l'ordre des successions.

CONFERENCE SUR L'ARTICLE XCIII.

De même, *Nivernois*, chap. 23. art. 17. *Deniers de mariage sortissans nature d'heritage assignez ou promis d'assigner, sont immeubles & heritages pour la femme, ses heritiers ou ayans cause.* a

a *Hoc est indistinctè verum contra maritum; sed non respectu aliorum, nisi esset assignatio annua, & sic habens vim immobilis.* C. M.

Normandie, art. 497. & ajoûte, *ou autres personnes auroient donné deniers en faveur de mariage, pour être convertis en heritage ou rente au nom de la fille, seront pareillement reputez immeubles, & tiennent nature d'acquêts en la personne de la fille.*

Orleans, art. 350.

Saint-Quentin, art. 9. 10. 11. 12.

Chauny, art. 21. Item, *& s'il avenoit que quelque somme de deniers fût donnée en mariage pour être employée en heritage pour celuy à qui elle est donnée, l'heritage de ce acquesté doit sortir nature de naissant & propre heritage,* b *à celuy ou celle auquel il a été donné à ladite charge d'employer, & par ce moyen se doit ladite somme ou heritage rapporter.*

b *Scilicet respectivè contra alterum conjugem vel heredes ejus.* C. M.

Bourbonnois, art. 211. *Quand par un contrat de mariage n'est convenu, quelle partie de la somme accordée pour la dot de la femme doit sortir nature d'heritage au profit de ladite femme, audit cas entre les nobles les deux tiers, & entre les non-nobles la moitié de la somme sortissent nature d'heritage au profit de la femme.*

Laon, art. 111. *Si deniers ont été baillez au mary à la charge de les employer en heritage au profit de sa femme pour luy être propres, & elle ne l'a fait durant & constant le mariage, après la dissolution d'iceluy, ladite femme ou ses hoirs prendront sur la masse du bien commun lesdits deniers pour faire ledit employ: & où les biens de la communauté ne suffiroient, seront pris sur les propres du mary, sans aucune confusion pour ce regard; & seront lesdits biens du mary hypothequez du jour des deniers à luy baillez pour faire ledit employ.*

De même, *Châlons*, art. 32.

Nivernois, chap. 23. art. 18.

Saint-Quentin, art. 9.

Ribemont, art. 91.

Calais, art. 6.

Normandie, art. 498. *Deniers donnez à enfans mineurs d'ans pour être employez en achat de rente ou heritage, sont reputez immeubles pendant la minorité des donataires, & tiennent lesdits deniers donnez & heritages qui en sont acquis, nature d'acquest.*

Reims, tit. 2. art. 27.

Sedan, tit. 2. art. 38.

Auteurs sur l'Article quatre-vingt-treiziéme.

Coquille, quest. 121.
Loysel, livre 2. titre 1. regle 4.
M. De Renusson, dans son Traité des propres, ch. 6. sect. 7. nomb. 6.
Bobé, sur cet article.
Brodeau, *ibidem*.
De la Lande, sur la Coûtume d'Orleans, art 350.
Buridan, sur Reims, art. 27.
Basnage, sur Normandie, art. 511.
Henrys, tom. 2. liv. 4. quest. 3.
Le Feron, sur Bordeaux, §. 6.
Le Dictionnaire de M. Brillon, *verbo* acquisition des deniers dotaux, *verbo* propres, *verbo* successions, & *verbo* côté & ligne, *verbo* deniers dotaux.
Charondas, en ses Pandectes, liv. 2. ch. 5. en ses Réponses, liv. 8. ch. 25. & liv. 10. ch. 30.
Le Feron, sur Bordeaux, liv. 1. tit. 4. art. 6.
D'Argentré, sur la Coûtume de Bretagne, art. 408. nomb. 11. & art. 561. gl. 2. nomb. 3.
Frain, en ses Arrests, ch. 21. 61. 63. & 117.
Chopin, sur la Coûtume d'Anjou, liv. 1. chap. 4. nomb. 14. & en marge, liv. 2. part. 1. ch. 2. tit. 2. nomb. 14. liv. 3. ch. 2. tit. 2. nomb. 22. & sur celle de Paris, liv. 1. tit. 1. nomb. 25. 27. & 28. liv. 2. tit. 5. art. 27. *des Privileges des Rustiques*, liv. 3. part. 2. ch. 10. nomb. 2.
De Lhommeau, sur la Coûtume d'Anjou, liv. 2. art. 235. & 237. & liv. 3. & en ses Maximes, liv. 3. art. 19. & 49.
Pineau, sur Anjou, art. 303.
Coquille, sur Nivernois, titre *des droits appartenans à gens mariez*, art. 17.
Le Maistre, *des Criées*, ch. 1.
Tiraqueau, *du retrait lignager*, art. 1. gl. 7. n. 106. & suivans, art. 32. gl. 1. nomb. 31. & 42.
Bacquet, *des droits de Justice*, ch. 8. nomb. 302.
Coquille, quest. 113.
Journal des Audiences, tom. 2. liv. 5. ch. 29. tom. 1. liv. 1. ch. 126. & liv. 6. ch. 19. liv. 8. ch. 19.
Journal du Palais, Arrest du 7. Janvier 1688. & Arrest du 28. Août 1675. Arrest du 26. Avril 1674. & Arrest du 30. May 1680.
Tiraqueau, Traité *du Retrait lignager*, §. 32. *glos. unic. num.* 3. *& seq.*
Peleus, quest. 40. & en ses actions forenses, liv. 3. art. 99. liv. 4. art. 92. liv. 8. art. 78. plaid. 40. & 77.
Corbin, en ses Plaidoyez, ch. 15.
Le Prestre, Cent. 1. ch. 32. & 42. & Cent. 2. ch. 90. & 95.
Vrevin, sur la Coûtume de Chauny, art. 2.
Buridan, sur la Coûtume de Vermandois, art 108. 109. & 111.
Loüet & Brodeau, *litt. D. num.* 39. 46. 64. *& 66. litt. H. num.* 20. *litt. P. num.* 40. *& litt. R. n.* 30. *&* 44.
Le Bret, liv. 1. Décis. 9.
Mornac, *ad l.* 9. *ff. de probat.*
Bouguier, *litt. R. num.* 1. *& litt. S. num.* 5. *&* 6.
Montholon, Arrest 93.
Duret, en son Alliance des Coûtumes, titre 21. page 540.
Duplessis explique cet article, titre *quels biens sont meubles*, tit. 2. p. 140.

ARTICLE XCIV.

C'étoit l'article 57. changé.

De quelle espece sont les rentes, & les deniers du rachat.

Rentes constituées à *prix d'argent*, sont reputées immeubles jusques à ce qu'elles soient rachetées : *toutefois au cas que celles qui appartiennent à mineurs, soient rachetées pendant leur minorité, les deniers du rachat ou le remploy d'iceux en autres rentes ou heritages, sont censez de même nature & qualité d'immeubles qu'étoient les rentes ainsi rachetées, pour retourner aux parens du côté & ligne dont lesdites rentes étoient procedées.*

Voyez les articles 230. 232. 259. & 329.

Remarques.

Rentes constituées à prix d'argent sont reputées immeubles ; soit qu'il y ait hypotheque speciale de certains heritages, soit qu'il n'y en ait. C. M. sur l'article 122. de la Coûtume d'Estampes.

Jusques à ce qu'elles soient rachetées ; sauf quant aux effets, dont j'ay traité en mon livre *des rentes & usures*, François & Latin, & sur la Coûtume de Paris, art. 57. C. M.

Il reste encore quelques Coûtumes qui donnent la qualité de meubles aux rentes constituées. Desorte que c'est une question de sçavoir, supposé que le créancier & le debiteur ayent leur domicile, ou même les heritages affectez & hypothequez à telles rentes, situez sous differentes Coûtumes, laquelle il faut suivre pour établir la qualité de ces rentes.

Cette question a été autrefois fort agitée de part & d'autre ; mais à present on ne doute plus qu'il ne faille suivre le domicile du créancier, quand même il y auroit des heritages particulierement & specialement affectez à la rente.

Le plus ancien Arrest que l'on en rapporte est celuy vulgairement appellé de Partenay, du premier Juin 1571. dont j'ay l'original entre mes mains. Il y en a eu un autre solemnel du 7. Mars 1598. & encore un du depuis du 22. Février 1607.

Cum jure communi omnis alienatio rei immobilis ad minores pertinentis sit interdicta tutoribus, quæritur an reditus constitutus possit sine alia solemnitate redimi in manu tutoris, an verò aliorum minoris parentum consilio, aut Judicis autoritate opus sit?

Respond. negativè, & plenam validamque esse danam à tutore solo liberationis apocham: neque enim male contrahitur cum tutoribus.

Ratio est, quia de essentia constituti reditus est, ut debitor possit semper se liberare, & habeat creditorem, cui offerendo sortem cum usuris præteriti temporis possit statim sistere cursum usurarum: adde quod in tutore residet potestas ea omnia gerendi quæ sunt administrationis absolutè necessaria. Imò judicavit Senatus, ut refert Loëtianorum placitorum scholiastes, litt. R. num. 32. eum qui redemisset reditum ad Ecclesiasticos pertinentem, non teneri vigilare ut sua pecunia in utilitatem Ecclesiæ verteretur, sed jure suo uenti nihil oneris imponendum.

RENTES CONSTITUÉES À PRIX D'ARGENT.

GLOSE PREMIERE SUR L'ARTICLE XCIV.

SOMMAIRE.

1. *Disposition de l'article 57. de l'ancienne Coûtume.*
2. *Si les rentes non assignées sur heritages étoient immeubles avant la reformation.*
3. *Raisons pour lesquelles les rentes étoient reputées immeubles.*
4. *Diversité des Coûtumes touchant la qualité des rentes.*
5. *Si elles sont meubles ou immeubles dans celles qui n'en parlent point.*
6. Quid, *dans les pays de Droit écrit.*
7. *Si une rente constituée sous seing privé est immeuble.*
8. Quid, *d'un billet portant promesse de fournir un contrat de constitution, ou d'une promesse d'en passer contrat de constitution.*
9. *Quelle Coûtume il faut suivre, quand le debiteur & le créancier de la rente, ont leurs domiciles dans differentes Coûtumes.*
10. *Arrests qui ont jugé la question diversement.*
11. *Pourquoy il faut avoir égard au domicile du créancier au jour de son decés.*
12. *Si les rentes dûës par le Roy sont immeubles.*
13. *Si les rentes dans les Coûtumes, où elles sont immeubles, sont en tous cas immeubles.*
14. *Si elles se decretent.*
15. *De quel jour est l'hypotheque de la rente & des arrerages.*
16. Quid, *quand une obligation a esté convertie en un contrat de constitution.*
17. *En quels cas la rente constituée est reputée meuble.*
18. *Si une rente est reputée meuble, quand le debiteur est condamné au remboursement.*
19. Quid, *des contrats pignoratifs dans les Coûtumes où ils sont en usage.*
20. *Comment on connoist un contrat pignoratif.*
21. *Si les deniers du rachat d'une rente fait aprés le decés du créancier, mais avant le partage de sa succession, sont meubles ou immeubles.*
22. *Si une rente constituée au profit d'un mineur, rachetable dans un certain temps, est immeuble.*
23. *Si le domicile d'un tiers acquereur en peut changer la nature.*
24. *Si les contrats à fonds perdu sont permis.*

C'Est un principe certain dans nôtre Coûtume, que rentes constituées à prix d'argent sont immobiliaires; mais que les arrerages échûs sont meubles.

1. L'article 57. de l'ancienne Coûtume portoit: *toutes rentes nommément constituées sur heritages, soit rachetables ou non, jusques à ce qu'elles soient rachetées, sont reputées immeubles & heritages.*

Du Moulin 2. Maître Charles du Moulin sur ce titre tenoit, que les rentes constituées à prix d'argent sur des heritages, quoique stipulées rachetables, étoient immeubles; que celles même qui étoient constituées, *etiam si nulla prædia sint constituta*; c'est-à-dire, sans être assignées sur l'heritage, étoient immeubles; ce terme *nommément*, n'étant pas mis pour designer la qualité de ces rentes, & les declarer immeubles, mais pour autoriser les articles suivans de l'ancienne Coûtume, qui ordonne le payement des lods & ventes pour les heritages affectez & hypothequez; lesquels droits ayant été abolis, ce terme, *nommément*, pourroit être effacé avec raison; qu'enfin il suffit que la rente soit perpetuelle, ou qu'elle puisse durer perpetuellement, pour être considerée comme immeuble; *reditus etiam pecuniâ constituti super prædiis, etiam si sint redimibiles, immobilium jure censentur & regulantur; etiam si nulla prædia sint nominata, quia adverbium textûs, nommément, id est super certo individuo fundo, non erat appositum ad imprimendam qualitatem vel similitudinem immobilium, sed ad præparandam viam & colorem ad articulos qui immediatè sequebantur, de laudimiis solvendis censualibus dominis prædiorum nominatim hypothecandorum; quibus meritò sublatis, potuisset illud adverbium, nommément, deleri: sufficit reditum esse perpetuum, vel perpetuò durare posse, & tutò assignatum, ut non mobilibus, se immobilibus æquari debeat.*

Ainsi cet article donnoit lieu à la question, sçavoir, si les rentes constituées n'étoient reputées immeubles, que quand il y avoit assignat sur certains heritages; mais les Reformateurs ont jugé à propos, en suivant le sentiment de ce Docteur, de les declarer immeubles indistinctement selon la premiere partie de cet article 94. sans qu'il soit besoin d'assignat particulier, le general étant suffisant, le debiteur constituant hypotheque generalement sur tous ses biens presens & à venir; & même quand le contrat n'en feroit point mention, la rente n'en seroit pas moins reputée immeuble.

C'est pourquoy pour donner à une rente constituée la nature d'immeuble, il n'est pas necessaire que le constituant soit propriétaire d'heritages, Brodeau, nomb. 9. & 11.

3. Du Moulin sur cet article, nomb. 20. & 21. rend la raison pour laquelle il estimoit, que les rentes étoient immeubles; parce que *in prima aut altera exactione non consumuntur reditus annui, licet ad certam quantitatem mobilem & fungibilem competant, sed restant, & successionem quandam ut fructus renascentes habent, non dijudicantur à re quæ solvitur, sed à duratione & continuatione, quæ si sit perpetua, procul dubio rebus immobilibus annumerantur, l. ult. §. sancimus. C. de jure dot. nov. de non alien. aut. permut. constit. §. vult autem. & intellige etiamsi alias reditus post certum tempus vel quandocumque sit redimibilis, quia sufficit in ipsu & habitu perpetuum esse, licet habeat incertum resolutionis statum; nihilominus enim perpetuum dicitur, arg. leg. sufficit. de condict. in deb. l. Jurisperitos. princ. de exousat. tut.* DU MOULIN

L'aliénation du principal, que fait le créancier de la rente & les arrerages qui sont dûs tous les ans, & qui semblent renaître chaque année, à l'exemple des fruits naturels, a fait reputer les rentes immeubles jusques à ce qu'elles soient rachetées : c'est aussi sur ce fondement que par l'article 91. le poisson étant en étang ou en fosse, est reputé immeuble, à cause des fruits qu'il produit tous les ans.

D'où il s'ensuit, que les deniers du rachat sont meubles & doivent appartenir à l'heritier des meubles.

Maître Charles du Moulin sur cet article *num. 6.* en rend cette raison; *quia post consummatam redemptionem, non superest nisi pretium quod est merum mobile, nisi in casibus, ubi aliter dispositum apparet.* DU MOULIN

4. Il y a des Coûtumes, qui reputent meubles les rentes constituées, comme Troyes, Reims, & autres remarquées en la Conference.

La raison de ces Coûtumes est, que le debiteur n'est pas obligé precisément au payement & continuation de la rente, il peut la racheter, en remboursant le créancier du sort principal & des arrerages qui en sont dûs pour lors; ainsi eu égard au remboursement qui en peut être fait toutes & quantes fois qu'il luy plaît, on considere les rentes comme meubles, de même que les obligations.

Il y a des Coûtumes dans les Païs de nantissement, où les rentes sont reputées mobiliaires, soit qu'elles soient nanties, réalisées & inféodées, ou non; l'hypotheque & le nantissement n'ayant pas la force de leur donner la nature d'immeuble.

Il y en a d'autres qui ne les reputent immeubles, que quand elles sont réalisées & nanties.

C'est la disposition de la Coûtume d'Amiens, article 137.

Néanmoins dans ces Coûtumes, elles sont censées immeubles entre les heritiers du debiteur, dans le partage des biens de sa succession, quoiqu'elles ne soient point nanties & réalisées.

BRODEAU. Brodeau *num. 13.* remarque un Arrest donné en la cinquiéme Chambre des Enquêtes, au rapport de Monsieur le Prestre, du 18. Decembre 1604. qui l'a jugé ainsi.

Les rentes constituées ont été jugées immeubles dans les Coûtumes qui n'en font point mention, ainsi jugé en l'ancienne Coûtume d'Orleans, par Arrest du 23. Février 1577. au rapport de Monsieur de Champrond, aprés enquêtes par Turbes, & il fut ordonné, que l'Arrest seroit lû & publié au Bailliage d'Orleans. 5.

Cet Arrest est rapporté par Brodeau *num. 14.* lequel au même endroit fait mention d'un autre en la Coûtume de Chaumont en Bassigny, donné aprés enquêtes par Turbes, en la quatriéme Chambre des Enquêtes, au rapport de Monsieur de Refuse le 24. May de la même année 1577. BRODEAU.

Les rentes constituées ont pareillement été declarées immeubles dans les Païs de Droit écrit, par Arrest du 4. Février 1572. remarqué par Brodeau *loco citato.* 6.

Ce qui a été jugé depuis par un autre Arrest du 16. Juillet 1668. au Rôle de Lyon, rapporté dans le 2. Tome du Journal des Audiences, la Sentence du Sénéchal de Lyon, dont étoit appel, les avoit declarées immeubles.

L'appellant soûtenant au contraire qu'elles étoient meubles, disoit pour moyens d'appel, que les rentes se vendent à Lyon comme meubles sans decret ni solemnitez; que les deniers se distribuent, non par ordre d'hypotheque comme dans la Coûtume de Paris, mais à contribution entre tous les créanciers; il rapportoit des actes de notorieté signez des Avocats de Lyon & des Procureurs, qui attestoient, qu'elles avoient toûjours été reputées meubles dans la Province.

La raison de l'Arrest est, que les rentes faisant une bonne partie des biens de plusieurs particuliers, & produisant un revenu ordinaire, doivent être considerées comme immeubles.

On demande, *si une rente constituée sous sein privé est reputée immeuble dans la succession du créancier?* 7.

Brodeau, *loco citato*, dit, que quoiqu'elle n'emporte point hypotheque, elle est autant immeuble que celle qui est passée pardevant Notaires, & que la promesse de pouvoir par le debiteur passer constitution de rente pardevant Notaires, emporte l'aliénation du sort principal, au payement duquel le debiteur ne peut être contraint; ce qui donne lieu aux interêts, de même que si le contrat étoit passée pardevant Notaires. BRODEAU.

C'est aussi l'avis de Monsieur Auzanet.

La raison qu'il en rend, est, que ce qui donne la qualité d'immeuble, n'est pas l'hypotheque, autrement une obligation passée pardevant Notaires seroit immeuble, ce qui n'est pas, mais c'est l'aliénation du sort principal, lequel à cause du revenu qu'il produit par chacun an, à l'*instar* des veritables immeubles, est reputé de même nature.

Il en faut dire de même d'un billet portant promesse de fournir un contrat de constitution, selon cet Auteur; & il cite un Arrest de l'Audience de la Grand'-Chambre du 27. May 1638. donné suivant les Conclusions de Monsieur l'Avocat General Talon, plaidans Lambin & Blondeau; cependant les interêts en sont dûs, Arrest du 24. Mars 1661. rapporté dans le 2. Tome du Journal des Audiences. 8.

Chopin livre 2. titre 5. nombre 21. Loyseau, Traité des Offices, livre 3. chapitre 4. nombre 23. tiennent, que c'est un meuble. Maître Duplessis dit, que Loyseau & plusieurs tiennent que c'est un meuble, & ne dit pas son avis; pour moy je ne vois pas de difference entre une rente sous seing privé, & celle qui est pardevant Notaires, si ce n'est quant à l'hypotheque qui ne fait contribuer en rien à la qualité d'immeuble. Une rente viagere doit être aussi repu- CHOPIN tée immeuble, comme il a été jugé par Arrest de l'an 1580. pour les Echevins de S. Amand, contre Jean de la Boiie & Monsieur l'Evêque de Tournay.

9. Comme il y a plusieurs Coûtumes remarquées cy-dessus, où les rentes constituées sont reputées meubles, cette diversité de Coûtumes donne lieu à une question, sçavoir lorsque le debiteur & le créancier de la rente sont demeurans dans des Coûtumes, dont l'une repute les rentes immeubles, & l'autre meubles, ou que les heritages qui sont affectez & hypothequez sont situez dans une autre Coûtume, quelle Coûtume il faut suivre dans les partages de successions ? car les unes admettent la representation en ligne collaterale ; d'autres ne l'admettent point ; quelques-unes restraignent la faculté de disposer des immeubles.

Par l'ancienne Jurisprudence on avoit égard à la Coûtume, en laquelle les heritages obligez specialement étoient situez.

CHARONDAS Charondas remarque un Arrest du 1. jour de Juin 1571. par lequel des rentes, qui appartenoient à un particulier demeurant à Paris, furent reglées en sa succession, les unes suivant la Coûtume de Paris pour la representation en ligne collaterale, parce que les heritages qui étoient obligez specialement à icelles, étoient situez en cette Coûtume ; & d'autres furent reglées suivant le Droit écrit, sans representation, parce que les heritages hypothequez, étoient situez dans le Païs de Droit écrit.

Mais depuis la réformation de la Coûtume, la Cour a jugé autrement la question, en declarant les rentes meubles ou immeubles indistinctement, suivant la disposition de la Coûtume du lieu où le créancier a son domicile, sans avoir aucun égard aux Coûtumes où les heritages affectez à icelles, sont situez, ni aux Coûtumes où les debiteurs ont leur domicile, comme il a été jugé par Arrest du 7. Mars 1598. remarqué par Charondas & les autres Commentateurs.

CHARONDAS

Ainsi en succession ou partage de rentes constituées sur particuliers, on regarde le domicile de celuy auquel elles appartiennent, comme dit Loysel titre des rentes, article 3. & en celles du Roy, la ville sur laquelle elles sont assignées.

ID. Mais on demande, si pour rentes constituées sur particuliers, on doit avoir égard au domicile que le créancier avoit lors de la création de la rente, ou à celuy qu'il avoit au jour de son décès ?

Cette question n'est pas sans difficulté.

TRONÇON. Tronçon sur l'article 163. dit, que l'Arrest cité cy-dessus du 7. Mars 1598. rapporté par Monsieur Loüet, lett. R. nombre 31. & par Monsieur le Prestre, Centurie 2. chapitre 79. a jugé qu'on avoit égard au domicile du créancier au temps de la création de la rente, & non à celuy qu'il avoit au jour de son décès.

Cependant les Auteurs qui le rapportent, n'en font point mention.

BRODEAU, Brodeau au contraire sur Monsieur Loüet *loco citato*, dit, qu'il faut tenir pour maxime, que les rentes sur particuliers *in familia ercisundæ judicio*, se reglent à l'*instar* des meubles, & se partagent suivant la Coûtume du lieu où le créancier d'icelles est decedé, & étoit domicilié, & non du lieu où elles ont été constituées, & les contrats de constitution passez, où les hypotheques speciales ou generales sont assises, où les debiteurs sont demeurans, où la rente est payable, ni du lieu où les immeubles de la succession sont situez, auquel le défunt n'avoit point son domicile.

Cet Auteur rapporte plusieurs Arrests, par lesquels il dit, qu'il a été jugé ainsi.

Le premier, est donné en la premiere Chambre des Enquêtes, au rapport de Monsieur Savarre le 22. Février 1607.

Le deuxiéme rendu en la Coûtume de Normandie, du 30. May 1625. par lequel une rente fut reglée selon la Coûtume de Paris, quoique le contrat eût été passé en Normandie, & que le debiteur y demeurât.

Le troisiéme donné en la Grand'-Chambre, au rapport de Monsieur de Thelis, le 7. Septembre 1639.

Le quatriéme, donné en la Grand'-Chambre, au rapport de Monsieur Coquelay le 7. Septembre 1650.

Le Grand sur l'article 67. de la Coûtume de Troyes en remarque un autre donné en la même Coûtume de l'année 1648. confirmatif de la Sentence du Bailly de Troyes, au profit de Nicolas Bourdon, contre Claude Chausse-chat & consors.

Maître Auzanet dit, que les rentes sont partageables entre les heritiers du défunt selon la Coûtume du domicile qu'il avoit au jour de la constitution, & il cite un Arrest donné en l'Audience de la Grand'-Chambre, au rapport de Monsieur Chevalier, le 18. Février 1618. qui l'a jugé ainsi, & ce pour prevenir les fraudes : que néanmoins cette proposition reçoit beaucoup de difficulté, & que plusieurs sont d'avis qu'il faut considerer le dernier domicile, ou le jour de la dissolution de la communauté, & generalement le jour de l'acte qui cause la difficulté ; que la crainte de fraude n'est pas considerable, car le changement de domicile ne se fait pas en un moment, mais il faut du moins un an & jour ; & puisque le créancier a la faculté de vendre & aliéner la rente, il semble extraordinaire de vouloir luy ôter la faculté d'en changer la qualité par une translation de domicile. AUZANET.

Pour moy, mon avis est, qu'il faut s'arrêter au dernier domicile, car puisque c'est le domicile du créancier qui donne la qualité de meuble ou d'immeuble à une rente, on ne doit considerer que celuy qu'il a au temps auquel il s'agit de sçavoir si la rente est meuble ou immeuble.

D'où il s'ensuit, que si après la mort de la femme le mary change de domicile, & qu'il y ait continuation de communauté entre luy & ses enfans, les rentes qui étoient de la communauté au jour du decés de la mere, se regleront suivant la Coûtume du domicile, que le pere avoit lors de la dissolution de la communauté continuée. Voyez sur l'article 246.

En Normandie le partage des rentes se regle par la Coûtume du lieu, où les biens du debiteur sont situez comme remarque Basnage sur l'article 513. de la Coûtume de Normandie : ce qui est fondé, dit cet Auteur, sur ce qu'autrefois on croyoit que la constitution d'une rente en deniers ne pouvoit valoir, si on n'y affectoit specialement quelque fonds, ou qu'au moins le debiteur ne possedât quelques heritages.

Cette question s'est presentée au Parlement de Paris, en l'Audience de la Grand'-Chambre, entre Messieurs le Clerc de Lesseville Conseillers en la Cour & au Grand'-Conseil, d'une part, & Madame le Gras leur sœur, d'autre part, pour raison de la succession de défunt Monsieur le Clerc de Lesseville leur frere, Evêque de Coûtance, le Mardy matin 8. Mars 1667.

Messieurs de Lesseville vouloient exclure Madame leur sœur du partage des rentes, qui étoient de la succession du défunt Sieur Evêque leur frere ; sur ce que les rentes constituées se partagent suivant la Coûtume du lieu, où le créancier avoit son domicile lors de son decés ; en consequence dequoy ils soûtenoient, qu'encore que les rentes eussent été créées à Paris, que les hypotheques d'icelles y fussent situées, & les debiteurs domiciliez, le partage s'en devoit faire suivant la Coûtume de Normandie où le défunt avoit son domicile lors de son decés.

Néanmoins la Dame le Gras ayant soûtenu au contraire, que les rentes sur particuliers dans la Province de Normandie ne se regloient point par le domicile du créancier, mais par la situation des hypotheques, comme il avoit été jugé par un Arrest du Parlement de Roüen l'an 1546. rapporté par Berault sur l'article 329. de cette Coûtume, & par plusieurs Actes de notorieté de la plûpart des Bailliages & Sieges Presidiaux de cette Province, dans lesquels les Praticiens attestoient, que c'étoit l'usage.

Surquoy la Cour ordonna par son Arrest, conformément aux Conclusions de Monsieur l'Avocat General Talon, que les rentes se partageroient entre toutes les parties. Cet Arrest est rapporté par Monsieur Soëfve, Tome 2. chap. 94.

11. La raison est, que les rentes constituées sont incorporelles, & n'ont point de lieu, de situation, ni d'assiette, ni d'assignat qui emporte réalité, & translation de propriété; elles resident seulement en la personne du créancier, de même que les meubles suivent le domicile de celuy à qui ils appartiennent: & dautant que le domicile peut changer depuis que le contrat a été passé, il faut avoir seulement égard à celuy du créancier au jour de son decés, parce que le droit des heritiers n'est acquis, ouvert, ni formé qu'en ce temps.

12. Il n'en est pas de même des rentes, qui sont dûës par le Roy, & constituées sur l'Hôtel de la Ville de Paris, & sur les Receptes du Roy, sur les Gabelles, sur les Tailles, sur le Domaine, sur les Aydes & sur le Clergé; lesquelles sont sujettes au lieu de leur assignat, parce qu'elles ont une assiette certaine, y ayant des Bureaux & Maisons de Ville destinez, où se porte la finance qui se leve & est arrêtée dans l'Etat, pour satisfaire au payement des arrerages, & les créanciers les y reçoivent; c'est un revenu local, un fond qui réalise les rentes, & les incorpore aux Bureaux où elles sont payées.

Ainsi par Arrest du 21. Mars 1603. donné au rapport de Monsieur le Maréchal, en la cinquiéme Chambre des Enquêtes, rapporté par Monsieur Loüet, *loco citato*, & cité par Maître Auzanet, il a été ordonné qu'une rente à prendre sur les Aydes de la Ville de Beaumont, païs du Maine, seroit partagée en succession suivant la Coûtume du Maine, quoique le défunt, des biens duquel il s'agissoit, fût demeurant en la Ville de Paris. AUZANET.

Voyez Monsieur Loüet, lettre R. nombre 3. & Maître Bouguier lettre R. nombre 6.

CHOPIN. Chopin sur ce titre *num.* 23. dit, qu'il a été jugé par Arrest du Parlement de Roüen du 23. Août 1549. que les rentes constituées sur le Domaine & Recepte du Roy sont immeubles, & que telles rentes acquises sur le Roy, tiennent la nature du lieu où se fait la recepte; & qu'entre mariez elles se partagent par la Coûtume de la communauté conjugale du lieu, où se fait la recepte des deniers du Roy & le payement des rentes.

Puisque les rentes sont réputées immeubles, dans cette Coûtume & dans plusieurs autres, elles y doivent produire les mêmes effets que les veritables immeubles, comme dit du Moulin *ad* §. 57. *num.* 26. *quia quâ ratione recipiunt qualitatem rei immobilis, eâdem recipiunt conditiones immobilibus (sui tamen generis scilicet incorporalibus) accedentes*: ubi vide.

13. Ainsi dans les Coûtumes où les rentes constituées à prix d'argent sont reputées immeubles, elles deviennent propres, quand elles échéent par succession, ou qu'elles sont données en ligne directe; desorte qu'on n'en peut disposer que selon la restriction portée par les Coûtumes pour les veritables propres.

La donation de rentes constituées est sujette à insinuation, comme la donation d'un veritable immeuble; elles se partagent comme de veritables immeubles, & elles appartiennent aux heritiers des propres, lorsqu'elles sont échûës par succession: & quand les pere & mere succedent à leurs enfans, ils leur succedent par usufruit aux rentes constituées, comme aux veritables immeubles, au cas de l'article 314. Charondas, Brodeau. CHARONDAS. BRODEAU.

D'où il s'ensuit, que le donataire des meubles ne peut demander les rentes constituées, ni les arrerages des rentes, comme il a été jugé par Arrest du 8. Février 1657. rapporté dans le second Tome du Journal des Audiences.

Chopin sur ce titre *num.* 23. remarque un Arrest, donné en la cinquiéme Chambre des Enquêtes, le 7. Sptembre 1581. au rapport de Monsieur Larcher, qui a jugé, qu'une femme veuve du païs d'Auvergne donataire des meubles, étoit mal fondée de demander les rentes volantes acquises par son défunt mary. CHOPIN.

Les rentes constituées se decretent comme immeubles suivant les formalitez prescrites par les articles 347. & 348. pour les rentes sur l'Hôtel de Ville & sur particuliers, ainsi qu'il sera dit cy-aprés sur ces articles; d'où il s'ensuit qu'elles ont suite par hypotheque, & que le détenteur d'une rente, tant qu'elle subsiste, peut être poursuivi hypothequairement en declaration d'hypotheque par les créanciers de son vendeur, ou cedant, anterieurs au contrat de vente ou cession; & les deniers procedans de la vente & adjudication par decret de la rente, se distribuent entre les créanciers suivant l'ordre de leurs hypotheques. 14.

Et l'hypotheque de la rente se prend du jour du contrat passé, l'hypotheque des arrerages, quoiqu'ils n'échéent que par succession de temps, est aussi du même jour, dautant qu'ils en sont l'accessoire; ensorte même que si une obligation a été convertie en un contrat de constitution, avec clause expresse de ne point déroger à l'hypotheque du créancier du jour de l'obligation, l'hypotheque des arrerages qui luy seront dûs par la suite des temps non prescrits, est du jour de l'obligation, & non du jour de la conversion, comme il a été jugé en la deuxiéme Chambre des Enquêtes, au rapport de Monsieur de Murat, le 14. Janvier 1609. rapporté par Brodeau sur cet article *num.* 13. 15. 16. BRODEAU.

Néanmoins Charondas en ses Questions titre 7. chapitre 1. remarque un Arrest du 1. Juin 1582. *consultis Classibus*, qui a jugé le contraire contre des mineurs qui avoient converty en contrat de constitution la somme, dont leur tuteur étoit reliquataire envers eux, leur donnant hypotheque du jour de la tutelle pour la somme convertie en contrat de constitution, & du jour seulement de la conversion pour les arrerages dûs de la rente; dautant que les arrerages n'avoient commencé à courir que du jour du contrat de constitution, & en vertu d'iceluy, & non de la somme dûë pour le reliqua.

Toutefois parce qu'en ce Parlement on joint les arrerages avec le principal, suivant la Loy *Lucius Titius. ff. qui potior. in pign. hab.* & que les créanciers sont mis en ordre, tant pour l'un que pour l'autre, il y a lieu de dire, que comme l'hypotheque du contrat de constitution est du jour de l'obligation convertie, l'hypotheque des arrerages doit aussi être du même jour.

Quand une rente dûë par l'un des conjoints avant le mariage, est rachetée pendant iceluy, tel rachat est reputé conquest, par l'article 244. ce qui est fondé sur ce que la rente est reputée immeuble, autrement ce seroit une dette mobiliaire, laquelle tomberoit dans la communauté.

Les rentes constituées sont sujettes au doüaire coûtumier, ainsi qu'il sera dit sur l'article 248. & l'échange fait d'heritage contre une rente ne donne point lieu au retrait lignager, comme il sera dit sur l'article 145. quoique par les Edit & Declaration des années 1673. & 1674. pour tel échange les droits Seigneuriaux sont dûs.

Quoique les rentes constituées à prix d'argent soient reputées immeubles, néanmoins elles ont en plusieurs

plusieurs choses la nature de meubles ; premierement quand il s'agit d'acquitter les dettes mobiliaires d'une succession noble par l'aîné & les puînez ; car pour lors ils payent tous également leur part des rentes, pour lesquelles la succession est obligée, étant reputées dettes mobiliaires & personnelles ; comme il a été jugé par Arrest rapporté par Lhommeau en ses Maximes, livre 3. maxime 16.

En second lieu, quand les rentes passives sont créées pendant le mariage par le mary & la femme ; elles se payent par moitié : & si le survivant des conjoints par mariage, gagne les meubles & conquests immeubles, par convention matrimoniale ou autrement, il est tenu de payer la rente hypothequaire créée pendant le mariage, comme étant une charge de la communauté, ainsi qu'il a été jugé par Arrest donné en l'Audience de la Grand'-Chambre, le 23.
CHOPIN. Avril 1598. rapporté par Chopin sur ce titre *num.* 23.

En troisiéme lieu les rentes ne sont sujettes au retrait lignager, comme il sera dit sur l'article 129. Et les droits ne sont point dûs aux Seigneurs pour vente d'icelles, quoiqu'elles soient assignées sur quelques heritages, comme il a été dit sur l'article 78.

En quatriéme lieu, la complainte n'a point lieu pour rentes constituées, comme il sera dit sur l'article 98.

18. *Si le debiteur d'une rente étoit condamné au remboursement, soit pour cause de stellionat ou autre, & que le créancier d'icelle vînt à deceder avant le rachat, si le sort principal seroit reputé meuble dans sa succession ?*

Quoiqu'il semble, que le debiteur étant obligé au rachat, on ne doive plus considerer le sort principal de la rente, que comme une somme dûë par simple obligation, néanmoins jusqu'au rachat la rente conserve toûjours sa nature d'immeuble, la condamnation de rembourser ne pouvant pas la luy faire changer ; & c'est l'esprit de nôtre Coûtume en cet article en ces mots *jusques à ce qu'elles soient rachetées.*

19. *Si les contrats pignoratifs sont meubles ou immeubles dans les Coûtumes où ils sont autorisez ?*

Ces contrats sont peu usitez dans d'autres Coûtumes qu'en celles du Maine, d'Anjou, & de Touraine, à cause du tenement & action hypothequaire, qui se prescrit par cinq ans dans ces Provinces.

BRODEAU. Brodeau *num.* 15. dit, que par Arrest du 23. Août 1585. intervenu sur un appointé au Conseil du premier Decembre 1583. la Cour ordonna, qu'il seroit informé par turbes sur le commun usage ; & que cependant les contrats pignoratifs seroient partagez comme immeubles : que cet Arrest de provision a passé en diffinitive, & que tel est l'usage des Provinces d'Anjou, du Maine & de Touraine.

Voyez Monsieur Loüet & son Commentateur lettre A. nombre 14. & lettre P. nombre 8. 9. 10. 11. 12. & 41. le Traité des propres chap. 5. section 3. & Robert *rerum judicatarum* liv. 2. chap. 8. *in fine.*

20. Il y a plusieurs marques qui font connoître si un contrat est pignoratif.

La premiere, est la faculté de rachat inserée au contrat dans un certain temps.

La seconde la vilité du prix.

La troisiéme, la reconduction, quand le vendeur demeure toûjours en possession de l'heritage qu'il a vendu, par un bail qui luy en a été fait par l'acheteur lors de la vente.

La quatriéme, quand il se trouve que l'acheteur a accoûtumé de prêter de l'argent à interêt.

Ces contrats sont proprement usuraires, & ils ne sont permis que dans les Coûtumes susdites, ils ne se souffrent point dans les autres.

C'est pourquoy par l'ancienne Jurisprudence la Cour les convertissoit en constitutions de rentes, mais à present le temps de la grace ou prorogation expiré, on condamne le debiteur à rendre la somme ; à faute dequoy il est permis au créancier de proceder par saisie & vente de biens de son debiteur, suivant les Arrests remarquez par Monsieur Loüet lettre P. *num.* 8. & suivans.

D'où il s'ensuit, que tels contrats ne doivent être considerez dans les autres Provinces que celles d'Anjou, du Maine & Touraine, que comme meubles, puisqu'ils sont exigibles & qu'il n'y a aucune aliénation du sort principal.

C'est l'avis de Brodeau *num.* 15. BRODEAU.

21. *Si les deniers du rachat d'une rente fait aprés le decés du créancier, mais avant le partage, & avant l'apprehension d'heredité, sont meubles ou immeubles ?*

Il faut dire qu'ils sont immeubles, parce que la succession d'un défunt se considere telle qu'elle étoit au temps de son decés, desorte que les rentes étant rachetées aprés iceluy, les deniers du rachat sont de même nature, l'apprehension d'heredité ayant un effet retroactif au jour du decés, par la regle *le mort saisit le vif*, art. 318.

Si une rente constituée au profit d'un mineur rachetable dans un certain temps, est immeuble ? 22.

Je tiens que non, parce que ce n'est pas une rente, c'est un prêt d'argent produisant interêt pendant un certain temps, le sort principal n'en est pas aliéné, puisque le temps étant venu le debiteur peut être contraint au rachat ; ainsi ce n'est pas une rente, ni par consequent un immeuble.

Si les rentes constituées ont suite par hypotheque entre les mains du tiers détenteur, dans les Coûtumes qui les reputent meubles ; & si le domicile du tiers acquereur dans une Coûtume où les rentes sont meubles, peut en changer la nature à l'égard des créanciers du vendeur, & le garantir de la demande en declaration d'hypotheque ? 23.

Le propriétaire de quelques rentes dûës par quelques particuliers domicilié à Châlons, où ces rentes sont immeubles par l'article 121. les avoit venduës à François l'Evêque Bourgeois de Reims, où elles sont reputées meubles par l'article 18.

Un créancier du vendeur fait assigner l'acquereur en declaration d'hypotheque pardevant les Juges Presidiaux de Reims, qui déchargerent l'acquereur de la demande à luy faite : sur l'appel en la Cour, l'appellant dit, que par la Coûtume de Châlons les rentes sont reputées immeubles ; & par consequent sujettes aux hypotheques, suivant l'article 245. de la même Coûtume, dans lequel ces termes, *rentes incorporelles*, s'entendent tant de la rente fonciere que de la rente constituée.

Que c'est le sentiment de Tronçon sur l'article 101. TRONÇON. & de Brodeau sur cet article 94. nombre 10. & 11. qui dit : C'est un usage constant & certain confirmé par deux Arrests celebres qui ont jugé la question, *in terminis*, en faveur du créancier, l'un du 7. Mars 1593. & l'autre du 20. Février 1627. rendu en la quatriéme Chambre des Enquêtes, au rapport de Monsieur le Nain.

Que par un autre Arrest du 14. Juillet 1661. rendu en la Grand'-Chambre, conformément aux Conclusions de Monsieur l'Avocat General Talon rapporté dans le 2. Tome Journal des Audiences, il a été jugé qu'une rente échangée contre une maison affectée & hypothequée, ne pouvoit être rachetée sans y appeller le créancier qui l'avoit fait declarer affectée & hypothequée à la dette.

Qu'il est vray que meubles n'ont point de suite par hypotheque, & que les rentes constituées sont meubles par la Coûtume de Reims, où le créancier d'icelle avoit son domicile, & que c'est selon la disposition de la Coûtume du domicile du créancier, que se regle la qualité de ces rentes ; que quand le créancier d'une rente constituée changeoit de domicile, & l'établissement dans une Coûtume où elles sont meubles, elles se reglent dans sa succession comme meubles, quoiqu'au temps de la création d'icelles elles fussent immeubles par rapport au domicile ; & qu'ainsi le détenteur de ces rentes étant domicilié à Reims, elle avoient pris la qualité de meubles, & n'étoient plus par consequent sujettes à hypotheque.

L'appellant disoit qu'il y a grande difference entre des heritiers & des créanciers; que les heritiers prennent les biens en l'état qu'ils se trouvent, & selon la qualité qu'ils ont au temps que la succession leur est échûë ; que chacun peut par cette raison disposer de ses biens, selon qu'il est permis par la Loy, & en changer la nature au prejudice de ses futurs heritiers, parce que *viventis non est hæres*.

Mais un debiteur ne peut pas changer la qualité de ses biens au préjudice d'un droit acquis à ses créanciers, l'hypotheque constituée sur un bien ne se peut éteindre par la volonté & le fait du debiteur, *l. 3. ff. quib. mod. solvit hypoth.* & selon la Glose sur cette Loy, *in arbitrio debitoris esse non debet an res sit obligata, necne.*

D'où il s'ensuit, que les rentes dont il s'agit ayant été affectées & hypothequées aux créanciers du vendeur d'icelles, elles ne peuvent pas cesser de l'être par la vente, céssion ou transport fait à un autre, à raison de son domicile ; que si cela se pouvoit, il seroit facile aux debiteurs de tromper leurs créanciers.

Sur ces raisons, l'Arrest est intervenu en la premiere Chambre des Enquêtes, au rapport de Monsieur de Vienne le 19. Août 1687. en infirmant la Sentence du Presidial de Reims, rapportée dans le Journal du Palais.

Cet Arrest me paroît avoir été rendu selon les principes.

24. *Si les contrats à fond perdu faits entre particuliers au denier dix, sont permis, ou s'ils sont compris dans l'Edit du mois d'Août 1661. qui les a défendus aux Communautez.*

Ces contrats ont été défendus au profit des Communautez, pour empêcher que les biens du Royaume & des familles ne tombent en main-morte. *Il défend de ne donner à l'avenir aucuns deniers comptans, heritages ou rentes, aux Communautez ecclesiastiques, regulieres ou seculieres, & autres gens de main-morte, à l'exception de l'Hôtel-Dieu, du grand Hôpital de Paris, ou de la maison des Incurables, par donations entre-vifs, ou autres contrats, directement ou indirectement, en quelque sorte & maniere, & pour quelque cause & pretexte que ce soit à condition d'une rente la vie durant, plus forte que ce qui est permis par nos Ordonnances, ou qui excede le legitime revenu que pourroient produire les maisons, terres ou heritages donnez ; & ausdites Communautez & autres gens de main-morte, de les prendre, à peine de nullité des contrats, de confiscation des choses données, & de trois mille livres d'amende contre les Communautez qui les auront acceptez.*

Cette prohibition étant faite seulement aux Communautez, semble les permettre aux particuliers, principalement parce que la cause de cette défense n'a pas lieu à leur égard. Maître Charles du Moulin dans son Traité *des contrats usuraires*, quest. 72. nomb. 473. tient qu'ils sont permis & reçûs dans le Royaume, que l'interêt se doit regler sur l'incertitude de la durée de ces contrats, & que celuy qui achete la pension, soit *vitæ mediocris*. Monsieur l'Avocat General Bignon dans une cause plaidée dans la Grand'-Chambre, le 29. Avril 1661. dit, que ces contrats sont reçûs parmy nous, & se servit du raisonnement de ce Docteur, en ces termes, que moins il y a d'incertitude, moins il doit y avoir d'interêt ; que l'on permette, par exemple, à une personne de stipuler pendant sa vie le dixiéme interêt du principal qu'elle donne ; mais que quand il y a des conditions qui perpetuënt l'interêt à la vie de plusieurs personnes, l'interêt doit être moindre à proportion.

Par l'Arrest rapporté dans le second tome du Journal des Audiences, la Cour enterina les lettres obtenuës contre le contrat, & condamna le debiteur à rendre le principal avec l'interêt du jour du contrat ; parce que le contrat étoit fait dans une espece condamnée par du Moulin, d'une rente viagere de cent vingt livres au denier huit pour un particulier & pour ses deux filles, & l'interêt étoit énorme.

Ces contrats ont été confirmez par Arrest rendu en la Grand'-Chambre sur les Conclusions de Monsieur l'Avocat General Talon, du 13. Mars 1684. au profit d'un nommé Bihaureau, qui avoit pris moitié d'une maison à fond perdu de Bernardin Fouques & sa femme, ausquels il avoit constitué une pension viagere de mil livres par an : Et par autre du 26. Août 1687. rendu en la cinquiéme Chambre des Enquêtes, rapporté dans le Journal du Palais.

TOUTEFOIS AU CAS QUE CELLES QUI APPARTIENNENT A MINEURS.

GLOSE DEUXIE'ME SUR L'ARTICLE XCIV.

SOMMAIRE.

1. *Si les deniers du rachat d'une rente, qui se trouvent en nature, sont meubles.*
2. *Raison de l'exception portée en cet article.*
3. *Si les rentes ou heritages rachetez des deniers des rentes remboursées, sont de pareille nature de propre que ces rentes.*
4. Quid, *si le mineur decede en majorité.*
5. *Si le tuteur peut succeder aux deniers du rachat comme heritier mobiliaire, le mineur étant decedé majeur, mais le tuteur ne luy ayant pas encore rendu compte.*
6. *Si les heritages acquis des deniers du rachat, sont propres en la succession du mineur decedé majeur.*
7. *Si les pere & mere peuvent succeder à leurs enfans aux deniers du rachat des rentes, quand ils decedent en minorité.*
8. *Si une rente est rachetée appartenant à l'un des conjoints decedé mineur sans enfans, si les deniers appartiennent à l'heritier des propres.*
9. *Si tels deniers sont immeubles en la succession de l'heritier du mineur.*
10. *Si tels deniers entrent en la communauté de l'heritier du mineur.*
11. *Si la confusion des successions paternelle & maternelle fait cesser la fiction de l'exception portée en cet article.*
12. *Si quand une somme provenant de la vente d'un Office passe d'un mineur à un mineur,*

c'est un meuble.

13. *Si le tuteur avoit employé au payement des dettes les deniers du rachat des rentes, si les heritiers de la ligne peuvent reprendre le remploy sur les meubles & les acquests.*

14. Idem, *du propre du mineur vendu pour acquitter ses dettes.*

15. *Sur quoy s'en fait la reprise aprés son decés.*

16. *Si un tuteur ayant échangé des rotures pour un Fief, il exclud les femmes ses coheritieres d'y succeder.*

17. *Si cet article a été fait pour les mineurs.*

18. *Si cet article doit estre estendu au cas de rachat d'un Domaine du Roy aliéné.*

19. *Si cet article a esté observé pour le passé avant la reformation.*

20. *Si le rachat des rentes des mineurs se peut faire au tuteur, sans avis de parens, & sans l'autorité du Juge.*

21. *Le mineur ne peut recevoir le rachat des rentes.*

22. *L'exception de cet article a lieu à l'égard des deniers provenans de la vente d'un Office.*

23. *Si cette exception a lieu pour les biens de ceux qui sont en démence.*

1. QUand une rente est rachetée, les deniers du rachat, quoiqu'ils se trouvent en nature lors du decés du creancier d'icelle, sont meubles, & les heritiers des propres qui auroient succedé à la rente, si elle n'eût pas été rachetée, n'y peuvent rien prétendre, à l'exclusion de l'heritier mobiliaire, auquel cas ces deniers luy appartiennent. Cette regle generale souffre l'exception portée en cet article; sçavoir, que quand une rente qui appartient à un mineur, est rachetée pendant sa minorité, les deniers du rachat sont reputez immeubles dans sa succession, à l'effet d'appartenir à ceux à qui la rente auroit appartenu, si elle n'avoit pas été rachetée.

2. La raison est, afin qu'il ne dépende pas d'un tuteur de rendre la succession de son pupille mobiliaire, soit à son profit ou au profit de l'heritier des meubles, en cas que ce mineur vint à deceder en minorité, en faisant faire rachat de la rente; desorte que les deniers du rachat retiennent la nature d'immeubles par une subrogation legale: pour cet effet la Coûtume admet une double fiction.

La premiere, de reputer les rentes immeubles.

L'autre, de reputer les deniers procedans du rachat de celles des mineurs, immeubles, pendant le temps de leur minorité, pour les faire parvenir aux heritiers du côté & ligne, dont les rentes rachetées étoient procedées, comme si veritablement elles se trouvoient en nature.

3. Il faut dire aussi, que si les deniers du rachat sont employez en d'autres rentes ou heritages, les rentes ou heritages acquis appartiennent aux heritiers du côté & ligne du mineur, ausquels les rentes rachetées auroient appartenu en vertu de la subrogation legale & coûtumiere, & sont par consequent reputez propres en la personne de ces heritiers: ainsi, quelque employ que fasse le tuteur des deniers provenans du rachat des rentes appartenantes à son mineur, est reputé immeuble pendant sa minorité.

C'est pourquoy les mineurs & heritiers de leur pere, étant debiteurs à leur mere d'un doüaire préfix en rente; si leur tuteur en fait le rachat entre les mains de ladite mere, des deniers provenans du rachat des rentes appartenantes aux mineurs, à la charge de la part de la mere de rapporter ce doüaire aprés son decés, comme n'en étant qu'usufruitiere, l'un desdits enfans venant à deceder mineur, sa mere ne succede point à la part qui devoit revenir à son défunt fils du principal de la rente rachetée, mais les freres & sœurs à leur exclusion. Ce qui a été jugé par un Arrest notable en la Grand'-Chambre, au rapport de M. Laisné, le 23. Janvier 1664.

Le tuteur avoit fait le rachat du doüaire viager de la mere des deniers procedez d'amortissement de rentes appartenantes aux mineurs: En effet, si le rachat avoit été fait des deniers provenans du revenu des mineurs, il en faudroit dire autrement; car le rachat en ce cas-là seroit un veritable acquest, auquel la mere survivant son fils succederoit, suivant le droit commun du pays coûtumier.

Quoique l'article de nôtre Coûtume ne parle que du rachat des rentes des mineurs, les Arrests ont jugé la même chose pour les deniers de la vente de leurs heritages, & pour les deniers procedans du reliqua de compte rendu en Justice aux mineurs; comme il a été jugé par Arrest de relevée du 14. Mars 1653. Voyez M. Bouguier, lettre R. nomb. 6.

Il en faut dire de même des deniers provenans du rachat de rentes appartenantes à l'Eglise.

Cette subrogation que la Coûtume fait des deniers provenans du rachat de rentes appartenantes aux mineurs, ne dure que pendant leur minorité, & cesse dés qu'ils sont devenus majeurs.

C'est pourquoy, si on a fait quelque rachat d'une rente appartenante à un mineur pendant sa minorité, & qu'ensuite il decede en majorité, & que les deniers du rachat se trouvent en nature, ou dûs par son tuteur, ils appartiennent à son heritier mobiliaire; parce que cette fiction n'est introduite que pendant la minorité: ainsi dés que le mineur est devenu majeur, cette fiction cesse, & ne peut produire aucun effet. C'est l'avis de Brodeau, nomb. 20. & des autres Commentateurs. 4. BRODEAU.

Mais un mineur devenu majeur est toûjours reputé mineur à l'égard de son tuteur, & de tout ce qui dépend de la tutelle, jusqu'à ce que le tuteur luy ait rendu compte, payé le reliqua, & remis ses titres & papiers. Voyez Monsieur Loüet & son Commentateur, lett. T. nomb. 5. C'est pourquoy si une rente appartenante à un mineur avoit été rachetée, & qu'il vint à deceder majeur, son tuteur n'y pourroit pas succeder en qualité d'heritier mobiliaire, au cas qu'il n'eût pas satisfait à ce que dessus; mais s'il y avoit satisfait, qu'il eût rendu compte, & payé le reliqua, dans lequel les deniers du rachat seroient compris, il y pourroit succeder en qualité d'heritier des meubles; parce que par la reddition de compte, & le payement du reliqua, les deniers provenans du rachat de la rente sont mêlez & confus avec les autres biens du défunt, & sont considerez tels qu'ils sont en effet; c'est-à-dire, comme étant veritablement meubles; la fiction de la Loy cessant alors même à l'égard du tuteur. 5.

C'est l'avis de Brodeau auquel je me rends, aprés y avoir fait reflexion. Voyez l'apostille de Maître Charles du Moulin sur l'article 340. de la Coûtume de Poitou. BRODEAU.

Il y a plus de difficulté pour les heritages acquis des deniers du rachat des rentes fait pendant la mi- 6.

norité, sçavoir, s'ils doivent être considerez comme subrogez au lieu des rentes, ou comme des acquests faits des deniers qui appartiennent à ce majeur.

Je croy que ces heritages sont reputez acquests en sa succession.

La raison est, que la fiction de la subrogation legale cesse dés le temps de la majorité, & puisque, selon l'interpretation de cet article, les deniers du rachat d'une rente appartenant à un mineur fait pendant sa minorité, ne sont reputez immeubles que pendant icelle; & que dés qu'il est devenu majeur, ils reprennent leur qualité naturelle de meubles, les heritages acquis de ces deniers cessent d'être reputez propres avenant la majorité du mineur, & ils doivent être reputez acquests, pour appartenir à l'heritier des acquests, auquel auroient appartenu les deniers du rachat, s'ils s'étoient trouvez en nature au temps du decés.

En effet, cette subrogation momentanée est éteinte par la majorité, la cause cessant sur laquelle elle étoit fondée.

BRODEAU. C'est l'avis de Brodeau, *num.* 21.

C'est une maxime incontestable, que les heritages acquis des deniers de la vente d'un propre faite par un majeur, luy sont acquests, à moins qu'il n'ait declaré en faisant l'acquisition, qu'il vouloit & entendoit, que les heritages acquis fussent subrogez au lieu & place du propre vendu; en ce cas la subrogation provient de la disposition de l'homme qui fait cesser celle de la Loy; & ce d'autant plus qu'elle est favorable pour les heritiers des propres.

Mais on demande, si le tuteur ayant fait une conversion d'un immeuble de son tuteur en un autre immeuble, cela doit empêcher que la succession de ce mineur ne se partage en l'état & selon la nature & qualité des biens qui se trouvent au jour du decés du mineur.

Posons pour exemple, qu'un oncle tuteur de son neveu mineur, ait fait échange avantageux des rentes constituées appartenantes à son mineur contre une Seigneurie située en une Coûtume, où le mâle en succession collaterale exclud la femelle quant aux Fiefs; quelques années aprés le mineur decede, laisse son oncle tuteur & une tante sœur de cet oncle. Cette tante prétend succeder à ce Fief conjointement avec son frere, comme elle eût fait dans les rentes qui ont été données en échange pour ce Fief.

Brodeau tient, que s'agissant icy d'une conversion d'immeuble en un autre immeuble convenable à la qualité du mineur; échange reconnu utile & avantageux, sans conseil de fraude, étant fait en un temps non suspect, cela ne doit point empêcher que la succession ne se partage en l'état & selon la nature & qualité des biens qui se trouvent au jour du decés du mineur; & ce d'autant plus que cet article 94. ne parle que de la conversion de la rente ou autre immeuble du mineur en deniers qui sont mobiliers, lesquels sont subrogez par la disposition de la Coûtume au lieu & place desdites rentes ou immeubles, afin que lesdits biens ne sortent point de la ligne, & que l'ordre des successions ne soit point interverti par le fait du tuteur: ce qui ne se rencontre pas absolument dans l'espece presente, dans laquelle il s'agit d'une conversion d'immeubles en d'autres immeubles.

Mais ce sentiment de Brodeau n'est fondé que sur un raisonnement apparent, qui peut donner ouverture à plusieurs inconveniens; ainsi il est plus raisonnable de s'en tenir à la regle, qui ne permet pas aux tuteurs de convertir les biens des mineurs, afin d'obvier à toutes sortes de fraudes, que les tuteurs pourroient inventer pour faire réüssir leurs desseins, & changer l'ordre naturel des successions des mineurs: ce qui a été le principal objet des Reformateurs de la Coûtume.

Il s'ensuit de cet article, que le survivant des pere & mere ne peut succeder à son enfant decedant en minorité comme heritier mobiliaire, dans les deniers du rachat d'une rente, quoiqu'ils se trouvent en nature, parce qu'ils doivent appartenir à ses heritiers du côté & ligne, sans distinction, par cet article. 7.

Il n'en seroit pas de même de l'action pour le remploy, au cas que par le contrat de mariage des pere & mere il n'y eût point la clause d'*estoc, côté & ligne*: comme en cette espece.

Par contrat de mariage il est porté, que s'il est alienê quelque heritage ou rente appartenant à l'un des conjoints pendant le mariage, les deniers procedans de l'aliénation ou du rachat, seront employez en d'autres heritages, pour sortir nature de propre avec la clause de *siens* seulement; pendant le mariage une rente dont le sort principal étoit de dix mille livres, appartenante à la femme a été rachetée; & une maison aussi à elle appartenante, venduë douze mille livres, la femme meurt laissant un enfant issu du mariage avant le remploy; cet enfant vient à deceder en minorité.

On demande, si l'action que cet enfant avoit pour le remploy des deniers procedans de cette rente rachetée, & des deniers procedans de la vente de cette maison, appartient à ses heritiers maternels, ou si elle est éteinte & confuse en la personne de son pere comme son heritier mobiliaire.

Il faut dire qu'elle est éteinte & confuse, & que les heritiers maternels ne peuvent demander le remploy au pere, comme il a été jugé par les Arrests qui seront remarquez sur l'article 232.

Il s'ensuit encore, que si une rente qui appartient à une mineure, est rachetée pendant le mariage, non seulement les deniers du rachat ne tombent point dans la communauté, suivant l'article 232. mais aussi que decedant en minorité sans enfans, le remploy appartient aux heritiers qui auroient succedé à la rente. Voyez sur le même article. 8.

L'heritier des propres succede au mineur aux deniers qui procedent du rachat des rentes, mais ils ne sont que meubles en la succession de cet heritier, bien qu'ils soient encore en nature, & qu'il soit decedé en minorité, comme dans le cas que le mineur dont la rente auroit été rachetée, vînt à deceder, les deniers du rachat étant encore entre les mains de son tuteur, & que son plus proche heritier du côté & ligne vînt aussi à deceder en minorité peu de jours aprés, les deniers se trouvans encore entre les mains du tuteur; qu'ils ne sont qu'immeubles en cette derniere succession. 9.

La raison est, que la fiction est restrainte à la minorité de celuy à qui la rente appartenoit, étant rachetée pendant sa minorité, laquelle ayant une fois sorti son effet, est consommée, dautant que les fictions ne peuvent passer ceux en faveur desquels elles sont faites.

On doit dire aussi, que l'heritier collateral qui succede au mineur, étant marié, soit qu'il soit mineur ou majeur, les deniers provenus du rachat de la rente, fait pendant la minorité du défunt, entrent en la communauté comme meubles, s'il n'y a clause au contraire par le contrat de mariage. 10.

Il en faut dire de même, au cas que la femme mariée majeure ou mineure, succede au mineur dans les deniers procedans du rachat des rentes du mineur, comme étant du côté & ligne d'où procedoient ces rentes; car ils tombent dans la communauté comme meubles, sans qu'elle en puisse demander le remploy, ni ses heritiers.

Brodeau sur cet article, *num.* 19. est de cet avis, quand la femme qui succede dans ces derniers, est majeure, & non quand elle est mineure. BRODEAU.

Néanmoins je croy au contraire, que la femme

mineure venant à succeder à ces derniers, ils ne peuvent être considerez que comme meubles, d'autant que la fiction établie par la Coûtume est executée & consommée en la personne de l'heritier du mineur, lequel en vertu de la fiction succede à un meuble, auquel autrement il n'auroit pas succedé.

Mais comme cette fiction est bornée en la personne du défunt, dont on a racheté les rentes, elle ne se peut étendre à un autre mineur pour leur faire conserver la qualité d'immeubles; autrement ce seroit étendre le cas de l'article à un cas non exprimé, ce qui ne se peut pas faire, le cas étant entierement different de celuy de l'article. Ce qui me paroît d'autant plus veritable, que quand un mineur succede à des deniers ou autres effets mobiliaires, sa minorité ne les rend pas immeubles, & ne leur attribuë pas une qualité qu'ils n'ont pas d'eux-mêmes.

10. Il faut dire aussi, que la confusion des successions paternelle & maternelle n'éteint point cette fiction, & n'en empêche pas l'effet, comme si le pere tuteur avoit reçû le rachat d'une rente échûë à son enfant, de la succession de sa mere, & que le pere vînt à mourir, & l'enfant quelque temps aprés, étant mineur avant que l'employ fût fait; en ce cas les heritiers maternels du côté & ligne seroient bien fondez à demander aux heritiers paternels le remploy des heritages alienez procedans du côté maternel.

BRODEAU. C'est ce qui a été jugé en la cinquiéme Chambre des Enquêtes, par Arrest du 23. Août 1608. au procés de Monsieur le Prince de Guimenay & Monsieur le Marquis de Nesle, inseré dans les Arrestez de la cinquiéme Chambre des Enquêtes, & cité par Brodeau, & remarqué sur l'article precedent.

11. AUZANET. Maître Auzanet sur cet article tient au contraire, que quand une somme provenant d'un rachat de rente ou de la vente d'un Office, passe d'un mineur à un mineur, elle retient sa qualité d'immeuble. Maître Duplessis, page 36. est de même avis, parce que la fiction n'est pas tant à cause de la chose que de la personne.

Il est vray qu'il y a Arrest du 21. Août 1636. cité par Brodeau sur Monsieur Loüet, lett. O. nomb. 5. qui a jugé que la mere comme heritiere mobiliaire de ses enfans, ne pouvoit pas succeder dans les deniers provenans de la vente de l'Office de leur pere; il s'agissoit de sçavoir, si elle devoit être preferée aux freres & sœurs du défunt: je croirois que ce cas devoit être excepté, & qu'elle devroit succeder dans ces deniers au dernier decedé de ses enfans.

13. Que si le tuteur avoit employé les deniers du rachat des rentes au payement des dettes, le mineur venant à mourir en minorité, les heritiers de la ligne, de laquelle les rentes seroient échûës au mineur, peuvent reprendre sur les meubles & les acquests le remploy, & s'ils ne suffisent pas, le surplus doit être payé par tous les heritiers à proportion de ce qu'ils amandent des biens de la succession, la part confuse des heritiers qui demandent le remploy.

La raison est, que si la rente n'avoit pas été rachetée, & les deniers non employez au payement des dettes, elles auroient été acquittées par tous les heritiers qui y auroient contribué, à proportion de ce qu'ils auroient amandé des biens du mineur.

14. Il en faut dire de même du propre du mineur vendu pour acquitter ses dettes; & s'il decede en minorité, ses heritiers des propres doivent être récompensez de cette dette acquittée sur les meubles; parce que les meubles doivent servir pour acquitter les dettes.

15. Que s'il y avoit quelques effets mobiliaires dans la succession du mineur, ou qu'ils ne fussent pas suffisans pour la reprise, Maître Duplessis, page 36. dit, que c'est une question, si elle se fera sur les propres des autres lignes par contribution; parce que le défaut de meubles & effets mobiliaires vient de ce que les deniers des rentes rachetées ont été employez au payement des dettes, lesquelles ne doivent pas être prises sur une espece de bien plûtôt que sur une autre, mais sur tous par contribution; néanmoins il est d'avis que la reprise & la contribution cesse pour lors: c'est un malheur pour ceux de cette ligne.

Mais la reprise du propre d'une ligne s'exerceroit sur les propres d'une autre ligne dans la succession d'un mineur; sçavoir, quand il est heritier de son pere & de sa mere, & que durant sa minorité il est aliené de ses propres maternels pour acquitter des dettes paternelles, & qu'il decede en minorité; en ce cas les heritiers maternels ont droit de demander le remploy aux paternels, sans même toucher aux effets mobiliaires de sa succession: c'est la décision d'un Arrest du 3. Août 1608. rapporté par Monsieur Le Prestre, Centur. 2. chap. 83.

C'est une question, si un tuteur ayant échangé des propres de son mineur pour un heritage feodal, le mineur venant à mourir peut y succeder à l'exclusion des femelles heritieres comme luy du mineur: Brodeau, nomb. 18. tient l'affirmative; par cette raison, à ce qu'il prétend que cet article n'est que pour empêcher la conversion d'un immeuble en meubles, à ce que l'heritage ne sorte pas de la ligne, & non pas pour empêcher la conversion d'un immeuble en un autre immeuble où il ne sort rien de la ligne; qu'ainsi le tuteur dans cet heritage feodal exclura sa sœur, quoiqu'il en ait la conversion; parce que, dit-il, l'interêt du mineur regle toujours celuy de ses heritiers. 16.

Maître Duplessis dit, qu'il ne peut être de cet avis, quand même l'échange auroit été fait avec avis de parens; mais il ne rend point de raison de son sentiment.

Je n'approuve pas aussi celuy de Brodeau, & son raisonnement ne me semble pas juste; il n'est pas vray ce qu'il dit, que l'interêt du mineur regle celuy de ses heritiers, vû qu'au contraire cet article n'a été fait qu'en faveur des heritiers; & cette maxime établie dans nos Coûtumes, que les biens propres des mineurs ne peuvent changer de qualité, & que s'ils sont vendus, ou que les rentes propres à eux appartenantes, les deniers de la vente ou du rachat sont reputez immeubles, a-t-elle été faite pour les mineurs? il est certain que non, & que c'est en faveur de leurs heritiers, & pour ne pas faire passer des biens d'une famille dans une autre, & les conserver à ceux ausquels ils appartiendroient en cas qu'ils se trouvassent encore appartenir aux mineurs au jour de leur decés; d'où il s'ensuit que l'oncle dans le cas proposé ne pourra pas exclure ses sœurs de la succession d'un Fief, auquel il auroit échangé d'autres biens en roture du mineur, & je ne vois pas comment un tuteur pourroit le prétendre, cette conversion venant de son fait, & même par avis de parens. 17.

Brodeau, *num.* 19. dit, que la décision de cet article doit être étenduë au cas du rachat fait par le Roy d'un Fief ou autre domaine aliené; parce que bien que la qualité de Fief, qui est accidentelle & extrinseque, s'anéantisse, comme il a été jugé par les Arrests remarquez par Monsieur Loüet, lett. D. nomb. 30. 18. BRODEAU.

Néanmoins il n'en est pas de même pour la qualité d'immeuble & de propre, laquelle est conservée dans les deniers, ne pouvant être alterée ni diminuée par quelque maniere que ce soit, tant que celuy auquel ils appartiennent est mineur.

C'est la disposition de la Coûtume d'Orleans,

article 351. & de Normandie, article 513. qui décident la même chose que la nôtre, & ajoûtent, que le semblable doit avoir lieu pour deniers procedans de la vente des heritages des mineurs.

Ce qui a été ainsi jugé par Arrest du Mardy 4. May 1653. de relevée, rapporté par M. Soëfve, tom. 1. chap. 17.

19. La décision de cet article n'a eu lieu que pour l'avenir, & non pour le passé, ainsi qu'il est porté par le Procés Verbal, & qu'il a été jugé par deux Arrests remarquez par Bacquet, en son Traité *du Droit de Justice*, chap. 21. *num.* 308. *in fine*, & citez par Brodeau, *loco citato*, par lesquels la mere a succedé à ses enfans comme heritiere mobiliaire dans les deniers procedans du rachat des rentes.

20. Le rachat des rentes qui appartiennent aux mineurs, se peut valablement faire au tuteur sans avis de parens, & sans ordonnance du Juge, parce que par la nature des rentes il est au pouvoir & en la faculté du debiteur, de se liberer toutes fois & quantes qu'il voudra, sans le consentement du créancier, & le tuteur est reputé capable d'en recevoir le remboursement, les parens & le Juge ne pouvant pas empêcher le remboursement du sort principal de la rente, en payant les arrerages qui en sont dûs. De même que le rachat des rentes qui appartiennent à la femme, se peut faire au mary sans autorité de Justice, comme il sera dit sur l'article 226.

21. Mais le mineur, quoique émancipé, ne peut pas le recevoir, si ce n'est avec l'autorité de son curateur, & à la charge du remploy : ainsi jugé par Arrest cité par Chopin, *lib.* 2. *tit.* 7. *num.* 8.

22. L'exception de cet article a lieu aussi à l'égard des deniers provenans de la vente d'un Office, dont le pere étoit pourvû au jour de son decés, comme il a été jugé par Arrest des 14. Mars 1633. 7. Septembre 1634. & 28. Avril 1646. remarquez par Brodeau sur Monsieur Loüet, lettre O. nomb. 5.

23. C'est une question, si les deniers provenans de la vente des immeubles & des rentes rachetées qui étoient propres à un majeur interdit pour démence, reçûs par son curateur, sont propres de la ligne d'où procedoient les immeubles & les rentes & rachats, & s'ils conservent toûjours la même nature.

Maître Duplessis, Consultation 35. tient l'affirmative, par la raison qu'il y a lieu d'étendre l'exception de cet article 94. touchant les mineurs aux majeurs interdits pour démence ; dautant que la raison pour laquelle la disposition de cet article a été faite pour les biens des mineurs, a lieu aussi pour les biens des interdits pour cette cause ; que presque tout ce qui convient aux mineurs, leur convient ; qu'enfin leurs biens ne peuvent être alienez : d'où il s'ensuit que s'ils le sont, les deniers sont sujets à remploy, & conservent toûjours la qualité d'immeuble & de propre.

La question s'étant présentée en la premiere Chambre des Enquêtes par Arrest du 13. Mars 1696. il a été jugé au profit de l'heritier des meubles & acquests ; on prétend qu'elle avoit été jugée de même par autre Arrest donné en la seconde Chambre des Enquêtes, au rapport de Monsieur Pucelle, le 1. Juillet 1686.

Je crois ces Arrests rendus dans les regles, parce que le privilege donné pour les biens des mineurs par cet article, ne doit point recevoir d'extension ; parce qu'il faudroit aussi l'étendre aux biens de ceux qui seroient parvenus à un âge avancé & incapables de gerer leurs affaires, & à tous autres à qui on donne des curateurs.

De plus cet article ne parle que des mineurs & non des majeurs furieux & insensez, & la disposition particuliere de la Coûtume ne doit pas s'étendre hors son cas.

OBSERVATIONS DE MONSIEUR***

Sur l'Article XCIV.

SOMMAIRE.

1. *Article 94. changé.*
2. *Pourquoy ces mots*, promesse de passer contrat, *ajoustez à cet article.*
3. *Si les sommes payables à volonté produisans interests, sont immeubles.*
4. *Si le rachat fait à un mineur est immeuble.*
5. *Double fiction n'est admise.*
6. *Si le rachat est immeuble, quand il passe d'un mineur à un mineur.*
7. *Si l'heritage acquis des deniers du rachat fait à un mineur est propre en sa succession.*
8. *Par quelle Coûtume une rente est meuble ou immeuble, quand le créancier & le debiteur sont domiciliez en Coûtumes differentes.*
9. *Si la disposition de ce nouvel article est bien fondée.*

1. Nous avons changé cet article en la maniere qui suit :

Rentes constituées, promesse de passer contrat, & sommes payables à volonté, produisans interêts, sont reputées immeubles jusqu'au jour du rachat fait à un majeur, duquel jour elles prennent la nature de meubles.

2. Nous avons ajoûté *les promesses de passer contrat* ; parce que, quoiqu'elles ne portent point hypotheque que du jour de la reconnoissance, elles doivent tenir le même lieu que le contrat dans les successions, & la communauté l'hypotheque, n'étant que pour la distribution des deniers entre créanciers.

3. Quand les sommes dûës ne produisent point interêt, on présume qu'il n'y a point d'aliénation du principal ; & quoiqu'elles soient payables à volonté, néanmoins les choses venant en Justice, on limite un temps dans lequel le debiteur est obligé de payer : pour celles qui en produisent, comme si en vendant une Terre ou une Charge il a été convenu que l'acquereur payeroit le prix quand il voudroit, à la charge de

payer cependant l'interêt, j'estime que c'est un veritable contrat de constitution.

4. Le rachat fait à un mineur est toujours immeuble & propre, jusqu'à ce que les deniers ayent passé entre les mains d'un majeur, duquel jour ils sont meubles.

ARTICLE NOUVEAU.

Mais quand le rachat est fait à un mineur, les deniers retiennent la même qualité & nature que la chose d'où ils proviennent; & si pendant la minorité ils sont employez en acquisition, les choses acquises sont de même nature, & retournent aux parens du côté & ligne dont les rentes sont procedées, & ce jusqu'à la majorité; duquel jour les deniers deviennent meubles, & les choses acquises acquêts, & appartiendront aux heritiers des meubles & acquêts.

Le commencement de cet article est l'explication du précedent, qui fait la distinction du majeur & du mineur.

5. 6. Ces termes, *retiennent la même qualité, &c.* sont une exception de la maxime qui ne veut point admettre double fiction, laquelle cesse en faveur d'un mineur qui succede à un autre mineur où il se trouve deux fictions qui ne se pourront admettre que dans le cas exprimé par la Coûtume. Ainsi supposé qu'aprés le rachat fait d'une rente appartenante à un mineur, & qu'un autre mineur y succede, & qu'ensuite il vienne aussi à deceder en minorité, l'heritier des meubles succedera à ce mineur dernier decedé pour ce qui regarde les deniers de la rente rachetée du premier mineur; parce que l'effet de la Coûtume a été accompli en la personne du second mineur.

7. La même disposition a lieu pour les choses acquises des deniers d'un mineur, que pour les deniers provenans du rachat d'une rente appartenante à un mineur; parce que *subrogatum sapit naturam subrogati.*

Mais comme la fiction cesse par les deniers provenans du rachat, quand le mineur devient majeur, elle cesse pour les heritages qui en sont achetées; parce que la fiction n'étant faite que pour le mineur, ne peut durer que pendant sa minorité; & du jour de sa majorité, la fiction cessant, il faut faire comme si le remboursement avoit été fait à un majeur, ou comme si un majeur avoit acquis un heritage des deniers provenans du remboursement d'une rente propre, auquel cas les deniers sont meubles, & les choses qui en sont acquises sont acquêts, quelque declaration qui soit faite que le prix de l'acquisition a été payé des deniers dudit rachat.

8. Il y a une question difficile à regler, mais qui ne regarde pas la Coûtume de Paris. C'est, sçavoir, en matiere de partage comment les rentes constituées se doivent regler; parce qu'il y a des Coûtumes qui ne disent point si elles sont meubles ou immeubles.

On tient que pour les rentes sur le Roy il faut suivre la Coûtume du lieu où le payement se fait, & pour les rentes constituées la Coûtume du lieu où le créancier est domicilié lors de son decés.

En Normandie on suit le domicile du debiteur pour les rentes constituées.

9. La disposition de cet article paroîtra peut-être extraordinaire, parce que les termes de l'article 94. à la fin, semblent contraires; mais je crois que quand on y fera reflexion, on entrera dans ma pensée, n'y ayant pas plus de raison que les deniers qui sont reputez immeubles & propres pendant la minorité, cessent de l'être dés la majorité, que les heritages acquis desdits deniers, lesquels aprés la majorité survenuë doivent être acquêts.

CONFERENCE SUR L'ARTICLE XCIV.

De même, *Amiens*, art. 83. *Artois*, art. 140. *Auxerre*, art. 120.

Bar, art. 59. *Berry*, chap. 8. art. 25. *Bourgogne*, chap. 5. art. 2.

Calais, art. 8. *Cambray*, tit. 12. art. 7. *Châlons*, art. 121. *Chaumont*, art. 64.

Dourdan, art. 49.

Laon, art. 107.

Mantes, art. 52. *toutes rentes specialement* [a] *constituées sur heritages, sont rachetables ou non, jusques à ce qu'elles soient rachetées, sont reputées immeubles.*

a Partant s'il n'y a aucune speciale hypotheque, sont meubles: j'entens des rentes volantes, *C. M.*

Meaux, art. 66. & ajoûte, *en telle maniere, que si aucun achete d'un vendeur rente sur ses heritages, & il va de vie à trépas, ses heritiers doivent partir ladite rente comme heritage, supposé que ladite rente soit rachetable.*

Melun, art. 284. *Montargis*, chap. 8. art. 10. *Montfort*, art. 54.

Normandie, art. 449. & ajoûte: *ce qui a lieu pareillement pour les deniers provenus de rachat ou racquit des heritages qui leur ont été retirez.*

Orleans, art. 351. & ajoûte, *& le semblable aura lieu pour deniers procedans de la vente d'heritages des mineurs.*

Peronne, art. 270.

Sens, art. 122. 123.

Tours, art. 228.

Auxerre, ancienne Coûtume, art. 185. dit, *Rentes volages qui sont à rachat, sortissent nature de meubles* [b] *durant le temps de rachat.*

b *Idem major pars consuetudinum, & est justius, ut probavi in Consuetud. Paris.* §. 57. *& in tract. redit. & usur.* C. M.

Blois, art. 157. *Rentes foncieres & volantes, à vies, à long-temps, à toûjours, sont censées & reputées heritages, & se partiront comme choses immobiliaires, sinon que lesdites rentes fussent rachetables: auquel cas tant que le remeré durera, seront reputées, & se partiront comme meubles.* [c] *Sedan*, art. 18. *Boulenois*, art. 126. *La Salle de Lisle*, art. 6. & 7.

c *Idem consuetudo Andegavensis* §. 190. *& omnes ferè Consuetudines Gallicæ, ut dixi in Consuet. Paris.* §. 57. C. M.

Chauny, art. 6. *Toutes rentes constituées* [d] *sont mobiliaires, si ce n'est qu'elles soient réalisées, nanties & hypothequées par nantissement de fait, auquel cas sortissent nature d'heritage.*

d *Dixi in Consuet. Paris.* §. 57. *sed hæc consuetudo non respicit nisi jus creditorum & dominorum directorum.* C. M.

Reims, art. 18. dit, *Rentes constituées à prix d'arg*

gent, soit qu'elles soient nanties, réalisées & infeodées, ou non, rachetables à perpetuité, sont censées & reputées meubles: toutefois ne pourront celles appartenantes à mineurs, être aliénées par les tuteurs sans decret & autorité de Justice.

Troyes, art. 66. porte, *Rente constituée procedant de deniers baillez, rachetable, sortit nature de meuble durant le temps de rachat; & si elle n'est rachetée durant ledit temps, sortit nature d'heritage.* e

e C'est à sçavoir, si elle est constituée à si haut prix qu'elle puisse être non rachetable, autrement non. Comme j'ay dit sur la Coustume de Paris, §. 57. num. 9. 10. 11. 12.

Lisle, art. 73. *La faculté de racheter une rente constituée à rachat, ne autres facultez, ne actions procedans d'icelles, ne se peuvent prescrire.* f

f *Latè probavi in tract. redituum & usurarum. qu.* 17. *cum seq.* C. M.

Ancienne Coûtume d'Orleans, art. 276. *Il est prohibé & défendu d'acquerir & acheter rentes à moindre prix que de dix livres tournois* g *pour le sort principal de vingt sols tournois de rente.*

g *Scilicet more veteri, tandem ad rationem duodecima tantum conceditur, ut dixi in tract. commerc. & usur. q.* 10. C. M.

Auteurs sur l'Article quatre-vingt-quatorziéme.

Challine, en sa Methode, regle 3. exemple 4.
Coquille, quest. 295. & dans ses Institutes, au titre, *quelles choses sont meubles*
Theveneau, dans son Commentaire sur les Ordonnances, liv. 2. tit. 14.
Loysel, liv. 2. tit. 1. regle 4.
Du Moulin, sur l'article 30. de la Coûtume d'Amiens.
Bobé, sur cet article.
Thourette, sur Montfort, art. 54.
Pontanus, sur Blois, art. 157.
Dupineau, sur la Coûtume d'Anjou, art. 290.
Le Let, sur Poitou, art. 247.
De Lhommeau, en ses Maximes, liv. 3. art. 16.
Bouguier, lett. R. nomb. 1. lett. H. nomb. 6.
Auzanet, sur cet article.
Le Journal des Audiences, tome 2. livre 4. chap. 55.
Buridan, sur Reims, art. 18.
Basnage, sur Normandie, art. 507. 509. 510. 512. & 513.
Acte de Notorieté du 7. Septembre 1708.
Renusson, en son Traité *des propres*, ch. 5. sect. 2.
Dictionnaire de M. Brillon, *verbo* Rentes.
Mon Institution coûtumiere, tom. 1. liv. 2. tit. 9. §. 1.
Loüet & son Commentateur, lett. R. nomb. 52.
De la Lande, sur Orleans, art. 351.
Journal du Palais, Arrest du 17. Août 1687.
Dufresne, liv. 1. chap. 97. liv. 6. chap. 20. 21.
Journal du Palais, tom. 2. liv. 3. chap. 94.
Journal des Audiences, tom. 3. liv. 2. chap. 20. tome 2. liv. 2. chap. 4.
M. Le Prestre, Cent. 1. chap. 79. Cent. 3. 58. & 59.
Auzanet, en ses Arrests, liv. 3. chap. 20.
Chassanée, sur la Coûtume de Bourgogne, tit. 5. art. 1.
Rat, sur la Coûtume de Poitou, art. 298. gl. 2.
Chopin, sur la Coûtume d'Anjou, liv. 3. n. 11. & 14. chap. 2. tit. 1. n. 6. chap. 3. tit. 2. n. 11. & sur celle de Paris, liv. 1. tit. 1. n. 24. 27. & 36. *des privileges des Rustiques*, liv. 1. chap. 5. n. 3. & liv. 2. tit. 5. art. 21. & liv. 3. tit. 2. art. 14.
De Lhommeau, sur la Coûtume d'Anjou, liv. 2. art. 231. 295. & liv. 3. & en ses Maximes, liv. 3. art. 16.
Coquille, sur la Coûtume de Nivernois, titre *des Rentes*, art. 9.
Labbé, sur la Coûtume de Berry, tit. 8. art. 25.
Tiraqueau, *du Retrait lignager*, art. 1. gl. 6. n. 1. 10. & 14.
Loyseau, *des Offices*, liv. 3. chap. 4. n. 32.
M. Le Prestre, Cent. 1. chap. 35. & 80. Cent. 2. chap. 9. *en marge*, & 78. ès Arrests de la cinquiéme, Arrest 75. & 120.
Lhoste, sur la Coûtume de Montargis, chap. 8. art. 10.
Vrevin, sur la Coûtume de Chauny, art. 6.
Buridan, sur la Coûtume de Vermandois, art. 107.
Frain, sur la Coûtume de Bretagne, art. 425.
Peleus, Plaidoyé 26.
Le Vest, Arrest 151.
Du Moulin, sur la Coûtume de Melun, art. 283. Sens, art. 122. Troyes, art. 66. Chauny, art. 6. & 26. Blois, art. 157.
Brodeau, *litt. N. num.* 4.
Bouguier, *litt. D. num.* 16.
Roüillard, chap. 37.
Richard, sur la Coûtume de Senlis, art. 201. & sur celle d'Amiens, art. 83. & 99.
Duplessis, Consultation 23. page 694. & Consult. 28. page 706. & Consult. 35. page 720.
Duret, dans son Alliance des Coûtumes, titre 23. p. 597.
Duplessis explique cet article, titre, *quels biens sont meubles*, liv. 2. page 159. & 163.

ARTICLE

ARTICLE XCV.

Cet article a été ajoûté à la reformation de la Coûtume.

Si l'Office venal est meuble ou immeuble.

Office venal est reputé immeuble, & a suite par hypotheque, quand il est saisi sur le debiteur par autorité de Justice, paravant resignation admise, & provision faite au profit d'un tiers : & peut être crié & adjugé par decret : Et toutefois les deniers provenans de l'adjudication, sont sujets à contribution comme meubles entre les créanciers opposans, qui viennent pour ce regard à déconfiture au sol la livre.

Voyez l'Article précedent, & les 180. 330. & 351.

Remarques.

La Jurisprudence pour les Offices a été fort differente, suivant la diversité des temps. Voicy ce qui s'observe presentement.

I. Ce qui est dit par cet article, que l'Office venal peut être vendu par decret, ne peut être étendu aux Offices de Judicature, dont la vente ne peut se poursuivre que par licitation.

II. Les deniers procedans de la vente des Offices hereditaires & domaniaux, se distribuent entre les créanciers, suivant l'ordre de leurs hypotheques, comme d'un veritable immeuble.

III. A l'égard des Offices qui sont sujets au Sceau, j'ai vû juger par Arrest intervenu conformément aux Conclusions de défunt Monsieur l'Avocat General Talon, en l'Audience de la Grand'-Chambre, du 21. Janvier 1647. que les saisissans le prix d'un Office entre les mains de celuy qui en avoit traité, devoient venir par contribution avec les autres créanciers qui s'étoient opposez au Sceau.

Le fondement de Monsieur l'Avocat General, fut que l'opposition au Sceau n'étoit que contre l'acquereur de l'Office, & pour empêcher qu'il ne vuide ses mains du prix aprés avoir purgé les hypotheques par le Sceau.

Maître Charles Loyseau, en son Traité des Offices, liv. 3. chap. 5. nomb. 52. fait mention d'un Arrest semblable, rendu le 2. Septembre 1600. Mais le contraire a été jugé par plusieurs autres qui se trouvent parmy les Arrêtez de la cinquiéme Chambre des Enquêtes, qui ont été inserez à la fin des œuvres de Monsieur Le Prestre, entre lesquels il y en a un du 18. Avril 1628. donné, *consultis classibus*, & aprés avoir vû les Arrests précedens.

J'en ay vû un autre plus moderne intervenu en la deuxiéme Chambre des Enquêtes, au rapport de Monsieur le Clerc de Courcelles, le 12. Avril 1661. entre Zacharie Georges, & autres créanciers opposans au Sceau, & saisissans le prix de l'Office de Prevôt General de l'Isle de France, vendu par Loüis David, Sieur de Petitpuy, par lequel il a été ordonné que les opposans au Sceau toucheroient concurremment entr'eux auparavant les simples saisissans, lesquels ne toucheroient que dans un ordre posterieur, mais concurremment entr'eux. Dans les matieres de cette qualité qui n'ont pas de fondemens certains, il faut attendre, pour pouvoir établir des maximes que la Cour ait concilié ses Arrests.

IV. Il n'y a que ceux qui sont créanciers au sujet de l'Office, qui ayent privileges, & la femme même pour son doüaire, & autres conventions matrimoniales, ne vient que par contribution au sol la livre : ainsi jugé par Arrest solemnel du 7. Juin 1658. en la cinquiéme Chambre des Enquêtes, deux de Messieurs de chacune des autres Chambres appellez touchant le prix de l'Office de Maître des Comptes de Monsieur Maître Henry Benoise.

V. Les Offices, de telle nature qu'ils soient, que le mary possedoit au jour de son mariage, n'entrent point dans la communauté.

VI. La femme n'y prend pas aussi de doüaire coûtumier, si ce n'est *in subsidium*, & en cas qu'il n'y ait pas d'autres biens sujets à doüaire.

VII. Les Offices sont susceptibles de la qualité de propre comme les autres immeubles dans les successions, & appartiennent à l'heritier des propres lorsqu'ils sont échûs à celuy des biens duquel il s'agit, par succession ou par les autres voyes, par lesquelles les propres se forment parmy nous.

VIII. Mais cette qualité de propre dans la succession *ab intestat*, n'empêche pas que le défunt n'en ait pû disposer par donation ou par testament, comme d'un meuble, & sans que le legs qu'il en a fait soit reductible, par exemple, dans la Coûtume de Paris au quint, comme seroit le legs d'un veritable immeuble propre : l'Office n'étant propre qu'entre les heritiers, & non pas contre le titulaire.

IX. Desorte que pour former une idée generale de la qualité de l'Office, on peut dire qu'il change de nature, & qu'il est meuble ou immeuble par respect à l'interêt de l'Office.

Les Arrests qui ont établi ces maximes sont rapportez par Monsieur Bouguier, *litt. G. num.* 1. *litt. O. num.* 5. 7. & *R.* 13. Monsieur Le Prestre, Cent. 1. chap. 78. Monsieur Loüet & son Commentateur, lettre D. nomb. 3. le même Commentateur sur cet article, & en mon Traité, *des Donations*, partie 3. chap. 9.

Entre les propositions qui ont été faites aux Mercuriales du Parlement, dont il a été cy-dessus parlé sur l'article 93. on a demandé touchant la matiere des Offices. Si tous les Offices tant de Judicature que de Finances, les domaniaux & ceux qui sont créez & faits hereditaires, quoique non domaniaux, & même les provisions d'Office en blanc, soit en consequence des traitez ou autrement, & en quelques Provinces que ce soit, en pays Coûtumier, ou de droit écrit, ne seront pas reputez immeubles à l'égard des communautez, ou des successions pour être partagez, tout ainsi que d'autres immeubles & rentes, & même à l'égard des doüaires & des créanciers, nonobstant toutes dispositions, Coûtumes & Arrests contraires.

Réponse. Qu'il est à propos que par un droit nouveau tous les Offices de Judicature ou de Finance, les domaniaux & ceux qui ont été créez ou faits depuis hereditaires, quoique non domaniaux, à l'exception des Offices dont on joüit sur provisions en blanc, soient reputez immeubles, tant en pays coûtumier, que de droit écrit, à l'égard des communautez & successions, pour être reglez & partagez tout ainsi que les autres immeubles; sçavoir, ceux échûs aux défunts par succession entre les plus proches heritiers de leurs propres, les autres par eux acquis entre les heritiers des acquêts, sans préjudice de la faculté aux maris de retenir les Offices en remboursant les deniers: Et qu'au respect des créanciers lesdits Offices soient reputez immeubles, nonobstant toutes les Coûtumes & Arrests contraires, sans innover au surplus à ce qui a été jugé pour le regard du doüaire coûtumier, qui seroit excessif s'il avoit lieu sur les Offices indéfiniment.

OFFICE VENAL EST REPUTE' IMMEUBLE.

GLOSE PREMIERE SUR L'ARTICLE XCV.

SOMMAIRE.

1. *Offices appellez*, munera & militiæ.
2. *Pourquoy ils sont appellez*, honores & Officia.
3. *Pourquoy ils sont appellez* Etats.
4. *Division des Offices.*
5. Offices venaux, *ce que c'est.*
6. Offices domaniaux, *ce que c'est.*
7. *Comment les Offices sont devenus hereditaires par la Paulette.*
8. *Pourquoy cet article ne parle que des Offices venaux.*
9. *Pourquoy il a été ajoûté à la reformation de la Coûtume.*
10. *Pourquoy les Offices sont reputez immeubles.*
11. *Pourquoy l'Office semble meuble.*
12. *L'Office n'est pas veritablement immeuble.*
13. *Quelle est la contrarieté qui se rencontre en cet article.*
14. *Si les Offices ne peuvent estre reputez immeubles seulement qu'à cause qu'ils se decretent.*
15. *Si les Offices sont partie meubles & partie immeubles.*
16. *Biens partie meubles & partie immeubles compris dans les articles* 89. *& les suivans.*
17. *En quels cas les Offices sont reputez immeubles.*
18. *Si la lezion d'outre moitié de juste prix a lieu dans les Offices.*
19. *Quelle Coûtume il faut suivre, pour sçavoir si les Offices sont meubles ou immeubles.*
20. Quid, *des Offices Domaniaux.*

CEt article, qui a été ajoûté à la réformation de la Coûtume, contient quatre décisions.

La premiere, que l'Office venal est reputé immeuble.

La deuxiéme, qu'il a suite par hypotheque quand il est saisi sur le debiteur par autorité de Justice, avant la resignation admise & provision faite au profit d'un tiers.

La troisiéme, qu'il peut être crié & adjugé par décret.

La quatriéme & derniere, que les deniers provenans de l'adjudication sont sujets à contribution comme meubles au sol la livre entre les créanciers opposans, ce qui sera expliqué dans cette glose & dans les suivantes.

1. Auparavant que d'examiner si les Offices sont meubles ou immeubles, il faut observer, que les Offices sont appellez par les Jurisconsultes de ce nom *munus*, qui signifie trois choses, comme remarque Loyseau, *donum cum causa*, *onus*, *& officium publicum*: qui conviennent aux Charges de la Republique Romaine, lesquelles étoient données par récompense à ceux qui avoient servi l'Etat. Ils les appelloient aussi de ce nom *militia*, parce qu'en l'Empire Romain les Charges militaires étoient les premieres tombées dans le commerce.

2. Ils sont appellez *honores & dignitates*, parce qu'elles donnent de l'honneur & de la dignité à ceux qui en sont pourvûs.

Ce mot *officium* se prend pour le devoir, auquel chacun est obligé dans sa profession, & parce que les Officiers sont obligez à un employ & à un exercice ordinaire pour l'utilité publique suivant la qualité de l'Office: c'est pourquoy les Charges sont appellées *Offices.*

Loyseau, Traité des Offices livre 1. chap. 1. *num.* 98. dit qu'Office est une dignité avec fonction publique, la Loy 14. *ff. de munerib. & honor.* dit que c'est *administratio reipublica cum dignitatis gradu, sivè est munus quo unusquisque suâ fungitur professione.*

On les appelle encore du nom *Etat*, parce qu'ils fixent & arrêtent la qualité & condition des personnes. L'Etat selon cet Auteur comprend l'Office, formé, la Commission, le grade militaire & l'Ordre; dans les Ordonnances le terme d'Office n'est ordinairement attribué qu'aux vrais Offices; & les Commissions, les Ordres & les grades militaires sont appellez *Etats* & non *Offices.* 3.

Il distingue trois especes d'Offices, sçavoir venaux, non venaux, & les Offices domaniaux. 4.

Les Offices non venaux, sont ceux qui sont hors du commerce, qui perissent par la mort de l'Officier, & ne passent point à ses heritiers, & par consequent il n'en peut point disposer, & ses créanciers ne les peuvent faire vendre pour être payez de leur dû.

Il y a peu d'Offices à present qui ne soient venaux: ceux qui sont non venaux, sont quelques Offices militaires, les Offices de la Couronne, & les Chefs d'Office de la Maison du Roy. Ces Offices sont plûtôt des Commissions que des titres d'Office. Voyez le Traité des propres, chap. 5. section 4. nomb. 30. & suivans.

5. Les Offices venaux sont ceux dont la vente est permise : tels sont les Offices de Finance, de Judicature & autres qui sont venaux & que l'on appelle hereditaires, lesquels sont sujets au droit annuel.

Le Roy Loüis XII. commença à tirer de l'argent des Offices de Finance, le Roy François I. introduisit ouvertement la venalité de ces Offices par l'établissement du Bureau des parties Casuelles en 1522.

Quelque temps aprés les autres Offices, même ceux de Judicature ont été rendus venaux & ont été taxez aux Parties Casuelles ; ils se vendent, & ceux qui en sont pourvûs ne sont destituables que pour forfaiture ; ensorte que ces Offices de Judicature ne different aujourd'huy des autres Offices qu'en ce qu'ils ne se decretent point comme les autres, ainsi qu'il sera dit cy-aprés.

6. Les Offices Domaniaux, sont les Greffes, les Seaux, & les Receptes des Consignations, & autres qui se vendent à faculté de rachat perpetuel, qui ont suite par hypotheque tant que l'engagement dure. Voyez Chopin sur la Coûtume de Paris livre 3. nombre 12. & Monsieur Loüet & son Commentateur, lettre D. nombre 63. ces sortes d'Offices ne sont point sujets à la Paulette & ne vaquent point aux Parties Casuelles.

Quant aux Greffes comme droits Royaux & domaniaux, ils étoient autrefois baillez à ferme ; ce qui dura jusques en l'an 1521. que le Roy François I. ordonna qu'ils seroient créez en titre d'Offices.

Mais comme remarque Loyseau en son Traité des Offices, livre 2. chapitre 3. nombre 8. cette Ordonnance ne fut point executée, Henry II. la renouvella en l'an 1554. & le Roy Charles IX. remit les Greffes à ferme en l'an 1564. & les rétablit en l'an 1567. & le Roy Henry III. en l'an 1580. les rëünit à son Domaine, & ordonna qu'ils seroient vendus à faculté de rachat.

7. Sous le Roy Charles VIII. les Offices de Finance n'étoient point conferez en titre d'Office, mais par commission : il étoit permis de les resigner, & la resignation valoit, si le pourvû survivoit quarante jours le Resignant : & par l'Edit de Roüen 1597. art. 10. cette clause des quarante jours fut aussi observée à l'égard des Offices de Judicature.

Mais parce qu'il arrivoit souvent, que les Officiers mouroient sans avoir resigné, ou que les Resignans decedoient avant les quarante jours de leur resignation, plusieurs Officiers obtenoient des survivances pour une certaine Finance ; mais elles avoient leurs inconveniens.

C'est pourquoy le Roy Henry IV. fit un Edit au mois de Decembre 1604. appellé l'*Edit de Paulet*, parce qu'un nommé Paulet, Secretaire de la Chambre du Roy, en avoit donné l'avis, & avoit traité le premier avec le Roy, de la Finance qui en reviendroit, appellée vulgairement *la Paulette*.

Par cet Edit l'Officier en payant par chaque année le soixantiéme denier de l'Office, conserve son Office, desorte que si dans l'an il vient à mourir, l'Office, appartient à ses heritiers.

C'est pour cela que ce Droit est appellé *Droit annuel*.

Voyez Loyseau sur cette matiere.

Les Offices se divisent encore autrement, en Offices de la Couronne & de la Maison du Roy, Offices de Judicature & de Finance, Offices domaniaux & Offices de Police sur le vin, bois, charbon, foin, grains, & autres denrées & marchandises.

Les Offices de la Couronne & de la Maison du Roy sont non venaux, & non hereditaires, & ne tombent point par consequent dans les Parties casuelles, puisqu'ils se perdent par la mort de ceux qui en sont pourvûs.

Les Offices de Judicature s'acquierent par Lettres de Provision du Roy ; sont hereditaires en payant le droit annuel, & faute de le payer tombent dans les Parties Casuelles.

Pour les Offices de Finance, on prend aussi des Lettres de Provision & sont hereditaires par Privilege ; ce sont les Offices lesquels dés lors de leur création ou moyennant un supplément de Finance qui a été payée depuis, ont été dispensez du droit annuel, & des regles des Parties Casuelles.

Entre ces Offices, on peut comprendre les Offices de Secretaire du Roy, lesquels ne sont point sujets aux Parties Casuelles, ni au droit annuel, moyennant les survivances qui leur sont accordées, ou sans survivance par une possession & joüissance de 20. années.

Les Offices domaniaux comme sont les Greffes, les Receptes des Consignations qui ont été tirées & démembrées des Greffes ; les Tabellions & Notaires & autres semblables Offices, pour lesquels, à l'exception des Greffes des Compagnies Souveraines, on ne prend point de Lettres de Provision, & qui peuvent être baillez à ferme & être exercez par les femmes, en faisant une simple prestation de serment.

Les Offices de Police s'exercent aussi sans Lettres de Provision, par une simple matricule & acte de prestation de serment.

A l'égard des Offices de la Couronne & de la Maison du Roy, ils ne sont point dans le commerce, ni sujets à rapport entre coheritiers. Voyez sur l'article 220. glos. 2.

La Coûtume en cet article ne parle que des Offices venaux, & non de ceux qui ne sont point venaux ; parce qu'ils ne tombent point dans le commerce, perissans par la mort de ceux qui en sont pourvûs, & ils ne passent point à leurs heritiers. 8.

Cet article a été ajoûté à la réformation de la Coûtume, parce qu'en l'an 1510. que la Coûtume fut redigée par écrit pour la premiere fois, les Offices n'étoient point venaux. 9.

Mais en l'an 1580. auquel la Coûtume fut réformée, la venalité des Charges étoit déja introduite, & elles faisoient une partie des biens des particuliers, au moins celles de Finance, car celles de Judicature n'étoient pas encore ouvertement venales.

Au contraire, l'Ordonnance de Blois article 100. en défend expressément la venalité ; & ce qui a été statué par cet article de la Coûtume, touchant les Offices venaux, a été depuis appliqué & étendu à toutes sortes d'Offices.

Il n'y a dans la France coûtumiere que deux especes de biens, sçavoir meubles immeubles, suivant l'article 88. de nôtre Coûtume, ensorte que les droits incorporels, comme sont les actions, les Offices & les rentes, sont reputez meubles ou immeubles.

La Coûtume en l'article precedent repute immeubles les rentes constituées à prix d'argent, à cause qu'elles produisent un revenu certain, assuré, & perpetuel jusques à l'amortissement d'icelles ; les Offices, quoiqu'ils puissent être resignez ou perdus par la mort du Titulaire, doivent par la même raison être reputez immeubles, parce que le Titulaire étant decedé, ils ne laissent pas de subsister, en passant en la personne de ses heritiers, au moins pour le droit de les vendre & d'en disposer. 10.

D'un autre côté l'Office semble meuble, parce qu'il n'a point de situation certaine, fixe, assurée & immobile, mais il reside simplement en la personne de l'Officier, auquel il est attaché ; car comme dit Bouteiller, *le meuble n'est autre chose que ce qui peut ensuivre le corps ; & l'immeuble au contraire, est ce qui a son assiette & situation ferme & solide à part, & qui ne peut ensuivre le corps.* 11.

D'où il s'ensuit, que l'Office est veritablement un meuble.

Et même, suivant le sentiment de Loyseau, l'Office n'est point reputé immeuble purement & simplement dans la Coûtume de Paris, mais seulement au cas de cet article, sçavoir quand il est saisi par Justice.

Voicy ce qu'il en dit au Traité des Offices, livre 3. chapitre 4. num. 26. *Il faut prendre garde de près aux termes de cet article 95. au moins à sa ponctuation*, Office venal, *porte-t-il*, est reputé immeuble, & a suite par hypotheque, quand il est saisi, &c. *observons qu'après ce mot* immeuble, *& encore après ce mot* hypotheque, *il ne faut pas mettre un* (.) *ni* (:) *mais une simple virgule*, quæ nunquam claudit orationem. *D'où il resulte qu'il ne faut pas entendre que l'Office venal soit indéfiniment reputé immeuble & susceptible d'hypotheque, mais seulement* quand il est saisi; *mots qui partant doivent être referez à toute la clause, c'est-à-dire, non seulement aux paroles immediates de la suite par hypotheque, mais aussi aux precedentes d'être reputé immeuble, attendu que la conjonction* (&) copulat similia.

12. La fin de cet article fait bien voir, que l'Office n'est pas immeuble, puisque les deniers procedans de la vente par decret de l'Office, se distribuent au sol la livre, comme les deniers procedans de la vente d'un meuble, suivant l'article 179.

C'est pourquoy il faut dire, que l'Office n'est reputé immeuble que quand il est saisi, qu'ainsi il est

13. tantôt meuble & tantôt immeuble. Que même il est tres-absurde de dire, que l'Office étant saisi sur le debiteur, soit reputé immeuble, & qu'il ait suite par hypotheque, puisque l'effet de la suite par hypotheque est que les deniers provenans de la vente de la chose hypothequée, soient distribuez entre les créanciers hypothequaires selon l'ordre de leurs hypotheques; ce qui ne s'observe pas à l'égard des Offices, suivant cet article *in fine*, d'où il s'ensuit, qu'il y a une veritable contrarieté entre le commencement & la fin, & l'article devoit être conçû seulement en ces termes, *Office venal peut être crié & adjugé par decret, & toutefois, &c.*

14. On ne peut pas reputer immeubles les Offices, seulement parce qu'ils se decretent comme les immeubles; parce que, dit Loyseau au même chapitre *num.* 30. *cela se fait par une police particuliere fort raisonnable; à ce que la qualité d'un homme ne soit pas sujette à un si prompt changement, que d'en pouvoir être privé tout à coup par une simple subhastation, & que d'ailleurs le public seroit fort incommodé par des mutations si subites. C'est pourquoy même on ne permettoit pas, il y a fort peu de temps, le decret d'un Office, sinon après discussion des autres biens. Outre cela, quelle apparence y auroit-il, qu'un simple Sergent, non seulement depossedât un notable Officier du Roy, mais encore qu'il pût disposer de son Office par une prompte subhastation? Mais quand on ne considereroit en cecy que le prix & la valeur des Offices, ce seroit une raison suffisante pour y requerir les solemnitez du decret, comme a fait la Loy aux pierreries & autres meubles precieux du mineur*, l. lex quæ. C. de administrat. tut.

15. Il s'ensuit de ce qui a été dit cy-devant, que les Offices sont partie meuble & partie immeubles, participans des uns & des autres, & produisans des effets dont les uns conviennent aux meubles, & les autres aux immeubles; desorte qu'on pourroit dire, qu'ils composent une troisiéme espece de biens; de même que dans la Jurisprudence Romaine il y a des actions personnelles & réelles, & il y en a de mixtes, appellées autrement actions personnelles écrites *in rem*, lesquelles sont en certains cas réelles, & en d'autres personnelles.

Ainsi quand la Coûtume en l'article 88. dit, que tous biens sont meubles ou immeubles, cela n'exclud pas une troisiéme espece de biens, qui sont en partie meubles & en partie immeubles.

L'article 89. fait les cedules & obligations, tantôt meubles & tantôt immeubles, eu égard à la clause des dettes pour lesquelles elles ont été faites; l'art. 90. fait aussi les ustancilles d'hôtel tantôt meubles, tantôt immeubles; meubles selon leur propre nature, & immeubles par fiction, quand ils sont incorporez à l'immeuble, & destinez pour y demeurer toûjours attachez; l'article 91. fait pareillement le poisson tantôt meuble & tantôt immeuble; de même que l'article 92. les fruits des heritages. 16.

Que si cela a lieu dans les choses corporelles, qui sont proprement ou meubles ou immeubles, on peut dire à plus forte raison que les choses & droits incorporels qui ne sont ni l'un ni l'autre, tels que sont les Offices, peuvent être reputez meubles & immeubles dans differens cas.

Premierement, dans cet article ils sont reputez avoir suite par hypotheque comme les immeubles, ce qui n'est pas néanmoins veritable, comme il sera montré dans la glose suivante. 17.

En second lieu, ils se decretent comme immeubles par cet article 95. surquoy voyez la glose troisiéme, & les articles 350. 351. 352. & 353. pour ce qui regarde les saisies réelles des Offices & les criées.

En troisiéme lieu, la complainte a lieu en matiere d'Office, comme il sera dit sur l'art. 96.

En quatriéme lieu, ils sont reputez propres en succession, comme il sera dit sur l'art. 311.

Ils sont reputez meubles quant à la distribution du prix provenant de l'adjudication par decret, suivant cet article *in fine*, comme il sera dit en la quatriéme glose.

On demande premierement, *si les Offices sont sujets à retrait?*

Voyez sur l'article 148.

On demande en second lieu, *s'ils tombent en communauté?*

Voyez sur les articles 220. & 229.

En troisiéme lieu, *s'ils sont sujets au doüaire?*

Voyez l'article 248.

En quatriéme lieu, *si on n'en peut disposer que comme de veritables propres?*

Voyez sur l'article 292.

En cinquiéme lieu, *s'ils sont sujets à rapport comme les immeubles?*

Voyez sur l'article 304.

En sixiéme lieu, *si la lezion d'outre moitié de juste prix a lieu aux Offices?* 18.

Loyseau au Traité des Offices, livre 3. chapitre 2. *num.* 28. est d'avis que non.

Charondas & Labbé tiennent l'opinion contraire, & rapportent un Arrest du 23. Février 1596. par lequel ils prétendent qu'il a été jugé ainsi. CHAROND. LABBÉ.

Mais Loyseau, *loco citato*, remarque cet Arrest & un autre rendu depuis en la Grand'-Chambre le 21. Août 1621. entre le curateur de Loüis Anceau & Mathurin Sauvageau, par lesquels il dit, qu'on prétend avoir été jugé contre son sentiment, mais qu'après avoir vû ces Arrests il croit qu'ils sont plûtôt fondez sur le dol ou sur la minorité de ceux à qui les Offices appartenoient, que sur la lezion d'outre moitié de juste prix.

La raison est, que le prix des Offices est incertain, il augmente & diminuë, pour ainsi dire, à tous momens; outre que la Loy 2. *C. de rescind. vind.* sur laquelle est fondée la rescision pour cause de lezion d'outre moitié du juste prix, ne parle que des veritables immeubles, sa décision n'ayant jamais été étenduë par les Arrests aux meubles, de quelque valeur qu'ils soient, c'est pourquoy il n'y a pas lieu de l'étendre aux Offices qui sont plus meubles qu'immeubles.

Monsieur Dolive livre 1. chap. 30. rapporte un Arrest du Parlement de Toulouse du 31. Juillet 1628. qui a jugé suivant l'opinion de Loyseau.

19. En septiéme lieu, *quelle Coûtume il faut suivre pour reputer les Offices meubles ou immeubles, ou du domicile de l'Officier, ou du lieu où se fait l'exercice de l'Office : soit pour les rapports en succession, ou pour les successions & autres cas ?*

BRODEAU. Brodeau sur Monsieur Loüet lettre C. nombre 17. est d'avis que l'Office se regle suivant la Coûtume du domicile du titulaire, parce que *persona cohaeret*, de même que les rentes constituées suivent la Coûtume du domicile du créancier ; étant les Offices en ce point reputez meubles.

Il autorise son opinion d'un Arrest de la Cour, donné en la seconde Chambre des Enquêtes, au rapport de Monsieur de Pleurre, le 7. Septembre 1634. par lequel Damoiselle Marthe du Pont, veuve de Monsieur Maître Pierre le Gras, Conseiller au Grand Conseil, qui étoit originaire du Mans, y avoit ses biens, & y étoit decedé, & ne demeuroit que pour y servir son semestre, fut deboutée de ses Requêtes, tendantes à ce qu'il fût dit, que les deniers de l'Office de Conseiller au Grand-Conseil, dont il étoit pourvû au jour de son decés, fussent partagez suivant la Coûtume de Paris, où l'exercice s'en faisoit, & non suivant la Coûtume du Maine ; ladite veuve ayant les droits de Damoiselle le Gras sa fille, la ville du Mans ayant été reputée le veritable domicile de ce Conseiller où il avoit sa famille, conformément à ce qui a été dit cy-devant sur l'art. 94. & ne venant à Paris que pour l'exercice de sa Charge.

20. Il n'en est pas de même des Offices domaniaux, comme des Greffes, lesquels se doivent regler suivant la Coûtume du lieu où s'en fait l'exercice, parce qu'ils ont une assiette ferme & solide, permanente & perpetuelle, semblablables aux veritables immeubles.

BRODEAU. Brodeau sur Monsieur Loüet lettre R. chapitre 31. *num.* 24. *& seqq.* dit, que cela s'observe ainsi pour les Offices domaniaux d'ancienne création, & non pour ceux qui sont de nouvelle création, à l'égard desquels il dit, qu'il faut suivre la Coûtume du domicile, parce que tels Offices n'ont point une cause perpetuelle, n'ayant été établis que par la necessité des affaires de l'Etat, & n'étant pas un bien assuré dans les familles, comme les immeubles & comme les autres Offices domaniaux.

Il rapporte un Arrest du 22. Février 1629. par lequel il a été ordonné, que tels Offices seroient reglez dans les partages suivant la Coûtume du domicile, & non suivant le lieu de l'exercice.

Cette distinction ne me semble pas trop bien fondée, d'autant que le Roy peut rentrer dans les Offices domaniaux d'ancienne création, comme dans ceux qui ont été nouvellement créez, ainsi que nous voyons que le Roy est rentré dans les Greffes du Royaume qui avoient été aliénez.

Maître Auzanet, titre des Offices dans ses Memoires page 26. dit, que les Offices domaniaux & de police ont cela de particulier, qu'ils doivent se regler dans la succession du propriétaire, suivant la Coûtume de son domicile, selon un Arrest donné en la Grand'-Chambre suivant les Conclusions de Monsieur l'Avocat General Bignon ; que néanmoins plusieurs estiment qu'il seroit plus à propos de les assujettir à la Coûtume des lieux où les droits annexez ausdits Offices sont perceptibles, comme cela se pratique pour les rentes locales à prendre sur le Roy : & qu'il se trouve un autre Arrest donné en la Chambre de l'Edit, qui a jugé que le corps ancien des Greffes doit être partagé & reglé suivant la Coûtume du lieu où s'en fait l'exercice ; & que les places des Maîtres Clercs, Gardes-sacs, Contrôleurs & les droits de parisis, suivent la Coûtume du domicile du propriétaire, laquelle bigarure fait quantité de procés ; & dans l'ordre de nôtre usage commun, il semble que les petits Offices, comme accessoires & dépendans du Greffe, doivent suivre la même Coûtume à laquelle le Greffe principal est sujet. AUZANET.

ET A SUITE PAR HYPOTHEQUE, QUAND IL EST SAISI SUR LE DEBITEUR.

GLOSE DEUXIE'ME SUR L'ARTICLE XCV.

SOMMAIRE.

1. *Si les Offices sont sujets aux hypotheques par le Droit Romain.*
2. Quid, *en France.*
3. *Quels sont les effets de l'hypotheque.*
4. *Si l'hypotheque donne la préference aux plus anciens créanciers hypothequaires.*
5. Suite par hypotheque, *ce que c'est.*
6. *Si les meubles ont suite par hypotheque.*
7. *Contre qui a lieu la suite par hypotheque.*
8. *Si la suite par hypotheque a lieu dans les Offices.*
9. *Comment s'entend cet article, qui dit, que* l'Office est reputé immeuble.
10. *Si la saisie faite aprés les provisions expediées, est nulle.*
11. *Raison de la question précedente.*
12. *Quels sont les effets des provisions & de la reception de l'Officier.*
13. *Si de deux pourvûs d'un mesme Office, le premier reçû est préferé.*
14. *Si la proprieté se transfere par la tradition.*
15. *Quels sont les effets de la Seigneurie de l'Office qui provient des provisions.*
16. *Si la saisie de l'Office est nulle, aprés les provisions obtenuës, quand le pourvû n'a pas encore payé le prix.*
17. *Si les créanciers du Resignant, peuvent s'opposer à la reception de l'Officier, aprés ses provisions expediées.*
18. *Si le Sceau purge les Offices de Finance.*
19. Quid, *des Offices Domaniaux.*
20. *Si ces termes,* resignation admise, *sont inutiles.*
21. Quid, *des provisions obtenuës par le fils sur la resignation du pere.*
22. Quid, *si le pere avoit acheté l'Office pour son fils.*
23. *Si la declaration du fils, que l'Office appartiendroit à son pere, nuiroit aux créanciers du fils.*
24. *Pour quelles choses les oppositions se font.*
25. *Differences entre les deux sortes d'opposi-*

tions qui se font aux provisions des Offices.

26. *Si lorsqu'un Office est tombé dans les Parties Casuelles, le droit des créanciers est éteint.*

27. *Arrests du Conseil Privé qui ont jugé la question.*

28. *Si la femme & les heritiers du défunt sont préferables à celuy qui a levé l'Office aux Parties Casuelles, pour un prix modique.*

29. *Si on peut revoquer la resignation d'un Office.*

30. *Si l'opposition doit estre faite entre les mains du Roy, & de Monsieur le Chancelier.*

31. *Quid, des provisions obtenuës au préjudice des oppositions.*

32. *Si les oppositions au Sceau doivent estre renouvellées tous les ans.*

33. *Si la simple saisie réelle conserve le droit des saisissans & opposans à la saisie réelle.*

34. *Si l'arrest d'une rente constituée entre les mains du debiteur, nuit à l'acquereur d'icelle de bonne foy.*

35. *Si la saisie réelle est necessaire pour faire vendre un Office.*

1. L'Empereur Justinien en sa Novelle 53. *cap.* 4. dit, que c'étoit autrefois une question fort douteuse, si les Milices étoient sujettes à l'hypotheque des créanciers; *primùm namque fuerunt dubitationes plurimæ, utrum oporteat militias sub hypothecæ deduci vinculis, an etiam his liberas esse? sed hoc quidem jam definitum est lege; & certè consistunt militiæ quacumque vendi aut obligari possunt.*

Par la Loy derniere *C. de pignor. & hypothec.* les Milices qui étoient hereditaires, pouvoient être hypothequées, comme celles *Apparitorum, Silentiariorum seu Adjutorum Quæstoris*, suivant la Novelle 32.

Par cette Loy celuy dont les deniers avoient été employez pour l'achat d'une milice, avoit une hypotheque sur icelle, quoique l'argent n'eût point été prêté expressément pour ce sujet.

Mais l'Empereur par cette Novelle 53. chap. 4. ne donne hypotheque au créancier dont les deniers ont été employez en l'achat de l'Office, qu'au cas que l'argent ait été prêté pour ce sujet; ensuite il donne hypotheque à la femme & aux enfans pour la dot; aprés lesquels viennent les autres créanciers.

C'est aussi ce qui est dit dans l'Autentique *quod obtinet, C. de pignor. & hypoth.* tirée de cette Novelle en ces termes: *Quod obtinet, si ad hoc mutuaverit pecuniam ut militia emeretur: alioquin filii aut uxor defuncti omnibus præponentur. Sed & si nullus prædictorum fuerit, tunc aliis creditoribus hoc damus.*

2. Il n'y a pas eu moins de difficulté, sçavoir si les Offices étoient susceptibles d'hypotheque dans le Royaume?

Par le Droit Romain tout ce qui peut être vendu, soit meubles ou immeubles, peut être hypothequé, *l. 9. §. 1. ff. de pignor.*

Mais en France on n'oblige que les immeubles: à l'égard des Offices, comme ils sont d'une nature mixte, c'étoit autrefois une question.

Si nôtre Coûtume en cet article disoit simplement, que l'Office venal est reputé immeuble, & a suite par hypotheque, il n'y auroit pas de doute, que les Offices ne fussent susceptibles d'hypotheque, comme les rentes & les veritables immeubles, mais ce qui suit, fait voir qu'ils n'y sont point sujets.

En effet, l'hyotheque suppose un corps solide, sur lequel elle puisse subsister, & c'est comme l'accident à l'égard de la substance; *hypotheca propriè consistit in rebus soli, pignus in mobilibus* suivant le droit & l'usage de toute la France; & partant elle ne peut être constituée sur les Offices ni sur les autres droits incorporels.

Néanmoins l'hypotheque a été reçûë par les Loix Romaines sur les choses incorporelles, comme sur les servitudes, sur les dettes & sur les actions, *l. postquam eo. C. de hæredit. vel actio. vend.*

Nous l'avons reçûë aussi en France sur les droits incorporels, comme sur les rentes constituées ou foncieres, & sur autres droits incorporels.

A l'égard des Offices il y a beaucoup plus de difficulté; parce que l'hypotheque produit deux effets, 3
dont le premier regarde les créanciers posterieurs, & l'autre les tiers detenteurs.

Par le premier, le créancier hypothequaire est preferé à tous créanciers hypothequaires posterieurs en hypotheque, non privilegiez, & à tous créanciers chirographaires & personnels, quoique leur créance soit anterieure; selon la Loy 2. *C. qui prior in pign. hab. cùm de pignore utraque contendit, prævalet jure, qui prævenit tempore*, ce que les Jurisconsultes expriment en ces termes, *qui prior est tempore, potior est jure.*

Quand des biens sont vendus par decret, les deniers qui en proviennent, sont distribuez entre les 4
créanciers du debiteur, selon l'ordre de leurs hypotheques, desorte que le premier en l'hypotheque est entierement payé de sa dette, ainsi des autres ensuite. Or les Charges ne se reglent pas ainsi, car les deniers provenans de l'adjudication d'une Charge, se distribuent entre les créanciers à contribution au sol la livre, comme il est porté par cet article *in fine*, & partant à cet égard on ne peut pas dire que les Offices soient susceptibles d'hypotheque.

Le second effet est la suite par hypotheque, c'est-à-dire, *jus persequendi pignoris* selon la Loy *Paulus*, 5
§. 1. *ff. quid. mod. pign. vel hypoth. solv.* parce que le principal effet de l'hypotheque est de produire un droit réel, qui s'imprime & s'attache à la chose hypothequée, jusques à ce que l'hypotheque soit éteinte & anéantie, & suit par consequent tout possesseur & détenteur de la chose, *res transit cum onere hypothecæ, l. debitorem, C. de pignor.*

Delà vient que la chose étant transferée à une autre personne, le créancier hypothequaire a droit de poursuivre l'acquereur & tiers détenteur, quoique non obligé à sa dette, pour en faire le payement, si mieux il n'aime la déguerpir & abandonner pour être saisie réellement & adjugée par decret au plus offrant & dernier encherisseur suivant l'article 101.

Cette suite n'a lieu en France que pour les immeu- 6
bles, lesquels seuls ont suite par hypotheque, & non les meubles, quelque precieux qu'ils soient.

La raison est, que *mobilium vilior est possessio*; qu'ils n'ont point de situation fixe, permanente, assurée & perpetuelle; & qu'ils peuvent être facilement transportez d'un lieu en un autre; d'où vient qu'ils sont appellez meubles, *quia facilè moventur.*

Mais les meubles peuvent être baillez en gage, auquel cas le créancier qui a le gage entre ses mains, doit être preferé sur iceluy à tous autres créanciers, suivant l'art. 181.

D'ailleurs, si les meubles avoient suite par hypotheque, il n'y auroit presque personne qui voulût rien acheter sans autorité de Justice, ce qui empêcheroit le commerce.

Aussi l'article 170. dit, *meubles n'ont point de suite par hypotheque*; mais cet article ajoûte, *quand ils sont hors de la possession du debiteur*; d'où il semble qu'on peut inferer, que les meubles ont suite par hypotheque quand ils sont en la possession du debiteur.

Surquoy il faut observer selon Loyseau, qu'il y a deux sortes de suite, l'une qui provient de l'execution, ou gage de Justice, & l'autre qui provient de l'hypotheque, qui sont exprimées dans les Coûtumes de Sens, de Chaumont & de Bar, qui disent, que *meuble n'a suite en execution, ni par hypotheque*.

La suite par hypotheque est, quand un créancier poursuit la chose hypothequée contre tout possesseur & détenteur d'icelle, ou contre les créanciers posterieurs, suivant ce qui a été dit cy-dessus; & la suite par execution ou saisie, est quand le créancier non hypothequaire suit la chose saisie sur son debiteur, soit contre l'acheteur d'icelle, ou contre un autre créancier qui l'auroit saisie.

7. La suite que produit la saisie contre l'acquereur, provient de ce qu'il n'a pû acquerir du propriétaire la chose saisie, dont il étoit dépossedé par autorité de Justice.

Celle que produit la saisie à l'égard des créanciers, provient de ce que la saisie profite à tous les créanciers & conserve leur droit; desorte que tous les créanciers saisissans & opposans sont également payez & par contribution sur les deniers provenans de la vente de la chose saisie, au cas de la déconfiture, suivant l'art. 179.

La suite par hypotheque est fondée sur la disposition du droit, *l. 2. C. qui potior in pign. hab.* & la suite par saisie & exécution est en la Loy *pro debito. C. de bon. autorit. jud. possid.* où la contribution est établie, *quòd si nemini res sint obligatæ, æquali portione pro rata debiti omnibus creditoribus succurritur.*

8. Ce deuxiéme effet de l'hypotheque n'a point lieu dans les Offices, puisqu'il est dit dans cet article 95. qu'il a suite par hypotheque, quand il est saisi sur le debiteur.

D'où il s'ensuit, que c'est la saisie qui cause la suite, & empêche que le debiteur n'en puisse disposer au préjudice de ses créanciers; & au cas que nonobstant la saisie il fût resigné à un tiers, les créanciers saisissans & opposans pourroient poursuivre le Resignataire pour être payez des causes de leurs saisies & oppositions.

Mais les suites, qui procedent de la saisie, ont lieu dans les Offices; la premiere, que l'acquereur peut être poursuivi nonobstant la resignation à luy faite, & les provisions par luy obtenuës; l'autre, que les deniers procedans de la vente & adjudication par decret, se distribuent également entre tous les créanciers chirographaires ou hypothequaires.

9. Ainsi quand il est dit dans cet article que l'Office est reputé immeuble, cela s'entend eu égard à la saisie réelle & au decret qui s'en doit faire, l'Office ne pouvant être vendu par simple subhastation comme les meubles: & quand il est dit qu'il a suite par hypotheque lorsqu'il est saisi; c'est-à-dire, qu'il a suite par saisie seulement; comme quand en la Coûtume de Melun il est dit en l'article 212. que *meuble n'a suite en execution par hypotheque.*

L'hypotheque en cet article de nôtre Coûtume se prend pour gage, de même que par le droit Romain ces mots *pignus & hypotheca* sont souvent confondus, *l. 5. ff. de pignor. & §. item Serviana. 7. Instit. de action.*

Et parce que dans nôtre Pratique ces termes *suite par hypotheque* sont fort usitez, & non ceux-cy, *suite par saisie*, c'est pourquoy en cet article *la suite par saisie* n'est point exprimée autrement que par ces mots *suite par hypotheque.*

Que si la saisie est faite aprés la résignation admise, 10.
& la provision expediée au profit d'un tiers, la saisie est nulle & sans effet, parce qu'elle n'a plus de suite, l'Office n'étant plus *in bonis* du debiteur, dés qu'il l'a resigné, & que le Resignataire en a obtenu les provisions sans opposition; & les créanciers ne peuvent point exercer l'action hypothequaire contre l'acquereur, parce que l'Office venal n'a point de suite par hypotheque, si ce n'est quand il a été saisi auparavant la provision faite & expediée au profit d'un tiers, suivant cet article.

Il ne suffiroit pas que l'Office fût resigné par le debiteur, pour en transferer le titre & la seigneurie en la personne du Resignataire, comme il suffit à l'égard des meubles, qu'ils soient vendus par le debiteur avant la saisie & exécution d'iceux.

La raison est, que le Resignataire ne tient pas son droit & son titre du Resignant, qui a créé l'hypotheque, mais du Roy, auquel par la resignation le Resignant l'avoit remis & quitté.

Aprés les provisions obtenuës sur la resignation 11.
d'un Titulaire, la saisie seroit inutile & sans effet, suivant ces termes, *paravant resignation admise & provision faite au profit d'un tiers*; parce que les provisions transferent le titre & la proprieté de l'Office en la personne de celuy à qui elles ont été données; desorte que le Seau purge tous les droits, les privileges & les hypotheques des créanciers, quoique l'Officier n'ait pas encore été reçû en son Office.

La raison est, que le droit & le titre de l'Office dépend du Roy, lequel les transmet par les Lettres qu'il en fait expedier; mais quant à la possession de l'Office, elle dépend des Juges qui reçoivent le Resignataire aprés les provisions expediées & levées; & cependant le Resignant ne laisse pas de joüir & exercer l'Office, parce qu'il est de l'interêt public que les Charges ne demeurent point sans être exercées.

Loyseau au Traité des Offices, livre 1. chapitre 2. 12.
num. 37. dit, que le titre & la seigneurie de l'Office est causée par les provisions: & au nombre 42. il dit, que la provision met l'Office entre les mains du pourvû; que la reception le joint & applique directement à sa personne; que la provision le fait seigneur de l'Office, & la reception le fait Officier; que la provision luy en attribuë le droit & la disposition, & la reception l'effet & l'exercice, la qualité & le rang.

Au nombre 52. il dit, que celuy qui a obtenu 13.
droit en l'Office par une provision pure & valable, ne le peut plus perdre sans son fait, desorte qu'à son préjudice il ne peut plus être conferé à un autre, parce que n'étant plus vacant, mais rempli de sa personne, il n'est plus en la disposition du Collateur, jusques à ce qu'il survienne une autre vacation, étant le droit à luy deferé par la précedente, consommé & éteint par la premiere provision qu'il en a accordée.

Que c'est un point notoire en pratique, qu'entre deux pourvûs d'un même Office, le premier pourvû est preferable au premier reçû, comme aux benefices le premier pourvû est aussi preferable à celuy qui a couru le mieux pour prendre possession suivant le chapitre *tibi. de rescript. in 6.* & le chapitre *si tibi. de concess. preb.* la possession n'ayant rien de commun avec le titre ou seigneurie, suivant la Loy *naturaliter. §. 1. ff. de acquir. poss.* Quoique dans les autres 14.
choses dont la proprieté & la seigneurie se transferent par la tradition, le premier en possession soit preferable au premier acquereur par la Loy *quoties. C. de rei vindicat.*

Au nombre 59. il ajoûte, que la seigneurie qui re- 15.
sulte de la provision valable de l'Office, a cinq effets notables.

Premierement, de remplir l'Office de droit, desorte qu'il n'est plus vacant.

En second lieu, qu'elle est irrevocable, si ce n'est aux Offices sujets à restitution.

En troisiéme lieu, de vendiquer & debattre l'Office par action réelle contre tout détenteur ou autre qui y prétend droit.

En quatriéme lieu, d'en pouvoir disposer, & le resigner si l'Office se peut resigner.

En cinquiéme & dernier lieu, d'en percevoir les gages *jure dominii*.

16. La saisie de l'Office est pareillement inutile, quoique le Resignataire qui a obtenu ses provisions, n'en ait pas encore payé le prix au Resignant; dautant que le défaut de payement ne conserve pas le droit de la propriété de l'Office en sa personne, ni par consequent droit à son créancier de le saisir, mais il luy donne la faculté de se pourvoir contre le Resignataire par voye de saisie & arrest du prix ou partie du prix de l'Office, qu'il doit au Resignant.

Néanmoins comme le Resignant pourroit empêcher la reception du Resignataire, jusques à ce qu'il eût payé le prix, aussi son créancier le pourroit faire, à l'effet seulement de l'obliger de payer le prix de l'Office, mais non pas de pouvoir saisir son Office & l'obliger de payer ce que le Resignant devroit, ou abandonner l'Office, comme il se fait dans les veritables immeubles.

17. CHOPIN. Chopin sur ce titre rapporte deux Arrests qui l'ont jugé ainsi.

Le premier donné en la quatriéme Chambre des Enquêtes, au rapport de Monsieur Lescalopier le 2. Septembre 1600. pour l'Office de Lieutenant du Prevôt de l'Isle de France, par lequel l'opposition du créancier du resignant, empêchant la reception du Resignataire, fut reçûë, & ordonné que tous créanciers saisissans & opposans seroient payez sur le prix restant dû de l'Office, par contribution au sol la livre.

L'autre est un Arrest d'appointé au Conseil, du 10. Decembre 1601. donné en la Grand'-Chambre, pour raison de l'Office de Payeur des Gages de Messieurs des Comptes, sur un appel du Prevôt de Paris, qui avoit reçû l'opposition des créanciers du Resignant, sur le prix de l'Office non payé par le Resignataire.

TOURNET. Tournet cite un autre Arrest du 11. Mars 1600. pour l'Office de Garde-marteau de la Forest de Rets.

TRONÇON. Tronçon remarque un autre Arrest du 2. Mars 1606. en la seconde Chambre des Enquêtes, au rapport de M. de la Citardie, qui a jugé, que les provisions étant obtenuës, les créanciers ne pouvoient saisir que le prix non encore payé entre les mains du Resignataire.

18. Le Seau purge les Offices de Finance, & tous les Offices hereditaires de leur nature, ou par privilege & benefice de survivance, comme ceux des Receveurs des Gabelles, des Secretaires du Roy, & autres.

Il faut excepter les Offices domaniaux, comme les Greffes, les Receptes des Consignations, lesquels ont suite par hypotheque.

CHOPIN. BRODEAU. C'est le sentiment de Chopin sur ce titre, & de Brodeau sur cet article.

Loyseau est de même avis au Traité des Offices, titre *du droit des Offices domaniaux*, *num.* 39. où il tient, que l'Office domanial a suite par hypotheque, jusques à l'actuel remboursement du Roy, soit contre le tiers acquereur, bien qu'il ait provision, soit pour l'ordre d'hypotheque sur les deniers du decret; parce que les Offices domaniaux, en ce qui concerne la propriété, doivent être reglez suivant les veritables immeubles.

19. La raison de la difference entre les Offices domaniaux & les autres Offices venaux, quoiqu'hereditaires, est que les simples Offices venaux sont tellement attachez à la personne du Titulaire, qu'ils ne peuvent être transferez à un autre, ni quant à l'exercice & à la possession, ni quant au titre & à la proprieté, que par la disposition du Roy.

Mais au contraire, l'exercice & la Seigneurie des Offices domaniaux peut être librement transferée à un tiers, sans la permission du Roy, par la seule disposition de l'acquereur, lequel les peut vendre, donner, échanger, & enfin en disposer à sa volonté par quelque maniere qu'il voudra.

Delà vient, que les ayant ainsi acquis, il les peut aussi hypothequer, & qu'ils ont suite par hypotheque.

Et cet article de nôtre Coûtume ne se doit entendre que des simples Offices venaux, dautant que la Coûtume fut arrêtée en 1579. & verifiée au mois de Février 1580. & le premier Edit qui a introduit les Offices domaniaux, est du mois d'Août ensuivant.

Pour la seureté de l'acquereur il doit, selon Loyseau, *num.* 46. se faire réadjuger l'Office publiquement par les Tresoriers de France, aprés les affiches & autres solemnitez accoûtumées, & ce du consentement du propriétaire, auquel se fera le remboursement.

Par ce moyen l'adjudicataire tiendra l'Office immédiatement du Roy, & non du précedent adjudicataire, qui a été actuellement remboursé, & ainsi les hypotheques qu'il avoit créées, sont entierement éteintes & amorties.

Néanmoins le plus sûr est de faire adjuger l'Office par decret, de même que les heritages.

Brodeau, *num.* 6. dit, que le Seau ne purge pas l'hypotheque privilegiée comme celle du vendeur de l'Office, pour le prix qui luy en est dû: mais c'est une erreur, & cela ne s'est jamais observé, étant tres-certain, que le Seau purge tous les droits & privileges sur les simples Offices venaux. BRODEAU.

Il semble, dit Loyseau, que ces termes *resignation admise*, soient inutiles & superflus, puisqu'il n'y a point d'autre admission de la resignation que la provision expediée. 20.

On peut dire néanmoins, que la Coûtume les a joints, ce semble, pour signifier que si afin d'éluder une saisie faite en temps valable, on avoit fait datter la provision avant la vraye admission de la resignation, comme par surprise ou autrement, il faudroit se regler selon la vraye datte de la resignation admise, qui peut être verifiée par le Registre des Parties Casuelles, la representation de la procuration pour resigner, & autres moyens.

Ces termes, *provision faite au profit d'un tiers*, donnent lieu à cette question, si aprés la resignation admise du pere au fils, l'Office peut encore être saisi pour les dettes du pere? 21.

Pour l'affirmative on dit que le fils est censé la même personne avec le pere, *l. in suis. ff. de liber. & posthum.* que ce doute semble décidé par la Loy derniere *C. de pignor.* où il est dit, que la Milice peut être venduë sur le fils pour argent prêté au pere; & que les resignations qui se font de pere au fils, sont censées faites en fraude des créanciers, de même que toutes donations, quand le pere au temps d'icelles se trouve oberé, *si quidem clandestinis ac domesticis fraudibus inter tam conjunctas personas facilè quidvis pro opportunitate negotii confingi potest, l. data. C. de donatio.*

Néanmoins il faut dire au contraire, que le fils ne peut point être inquieté par les créanciers de son pere, la Charge dont le fils seroit pourvû sans opposition, n'étant plus *in bonis* du pere, n'ayant plus de suite par saisie; de même que le fils qui auroit reçû une somme d'argent de son pere en avancement d'hoirie, ne pourroit pas être poursuivi pour les dettes de son pere, parce que meubles n'ont point de suite par hypotheque, suivant l'art. 170. *infrà*.

L'Office du pere dont le fils seroit pourvû, ne seroit pas même sujet aux dettes privilegiées, dautant que

que le Seau purge tous les droits & privileges des créanciers du Resignant. Comme si le pere avoit affecté & obligé specialement l'Office qu'il auroit acheté, pour les deniers qu'il auroit empruntez pour en faire l'acquisition ; cependant le fils n'en seroit point tenu aprés les provisions de l'Office expediées à son profit, sur la resignation de son pere.

Ainsi il faut dire, que ces mots *au profit d'un tiers*, n'ont point été mis pour exclure le fils, mais pour faire connoître, que quand le Titulaire a resigné son Office au profit de quelqu'un ; & que sur sa resignation ou procuration *ad resignandum*, les provisions ont été expediées, le Resignataire n'est point obligé aux dettes du Resignant, comme on dit du tiers détenteur à l'exclusion de l'obligé personnellement.

D'ailleurs, on peut dire que le fils, quand il n'est pas heritier de son pere, est un tiers à son égard ; la fiction qui repute le fils la même personne que son pere, ne peut être introduite qu'en sa faveur, elle ne peut pas le rendre sujet à ses dettes, autrement il s'ensuivroit, que les enfans ne pourroient pas renoncer à la succession de leur pere, & que nonobstant leur renonciation comme representans leur pere, ils seroient obligez personnellement aux mêmes dettes que luy ; ce qui n'est pas, suivant le titre du Code *ne filius pro patre*.

22. Il faudroit dire le contraire, si le pere avoit acheté l'Office pour en faire immediatement pourvoir son fils, auquel cas il ne faut pas douter, que le fils ne pût être poursuivy pour les deniers qui auroient été prêtez pour l'achat de l'Office, quoique le fils n'y eût point parlé ; pourvû que le créancier se fût reservé une hypothéque ou privilege sur l'Office ; car sans cette stipulation, il ne seroit que simple créancier, & partant point de privilege, & le fils n'en pourroit point être poursuivi.

Il y auroit un cas auquel le pere ayant emprunté de l'argent pour un Office pour luy, son fils à qui il l'auroit ensuite resigné, & qui en auroit été pourvû sans opposition, pourroit être poursuivi par celuy qui auroit prêté ses deniers, sçavoir si le pere aprés en avoir été pourvû, au lieu de s'y faire recevoir, l'avoit resigné à son fils.

La raison est, que ce seroit une fraude, qui ne se devroit pas souffrir au préjudice du créancier, & au profit du fils : mais *secus* si c'étoit un étranger, lequel de bonne foy auroit acheté l'Office, & en auroit obtenu les provisions sans opposition ; parce que la fraude n'étant que de la part du Resignant & non du côté du Resignataire, la faveur du Resignataire l'emporteroit sur le créancier du Resignant, qui devroit s'imputer de n'avoir pas bien pris ses mesures & ses suretez.

23. *Si le fils étoit pourvû d'un Office sur la resignation de son pere, & que le fils eût fait declaration que l'Office appartenoit à son pere, si cette declaration rendroit les créanciers du pere préferables à ceux du fils?*

Cette question a été jugée par Arrest du 15. Juillet 1672. conformément aux Conclusions de Monsieur l'Avocat General Talon, pour les créanciers du fils, en cette espece.

Pierre Musnier, Huissier du Conseil, resigna son Office à Pierre Musnier son fils, qui en fut pourvû le 15. Octobre 1647. sans opposition des créanciers de son pere ; le 28. Novembre de la même année, il fit sa declaration pardevant Notaires, que l'Office appartenoit à son pere, qu'il n'en avoit été pourvû que pour le conserver à la famille, qu'il ne prétendoit rien aux droits & émolumens, & qu'il étoit prêt de le luy resigner.

Pierre Musnier pere déceda en 1662. laissant deux enfans, sçavoir, Pierre Musnier, Huissier du Conseil, son aîné, & Jean Musnier, son puîné, Commissaire au Châtelet.

Les deux freres firent un traité entr'eux le 1. Juin 1668. par lequel ils reconnurent que les Offices d'Huissier du Conseil, & de Commissaire au Châtelet leur appartenoient en commun.

Le même jour 1. Juin 1668. Pierre Musnier resigna son Office d'Huissier du Conseil à Jean son frere, qui en fut pourvû à la charge des oppositions des créanciers.

Ces deux freres ayant fait faillite, plusieurs créanciers parurent : il y en avoit du pere, dont quelques-uns avoient fait opposition au Seau, d'autres ne l'avoient point fait ; il y avoit aussi des créanciers de Pierre Musnier fils, qui s'étoient opposez au Seau ; & d'autres de Jean Musnier son frere.

Les deux Offices d'Huissier du Conseil & de Commissaire au Châtelet ayant été vendus dans la direction des créanciers, il y eut une Sentence renduë par deux Avocats nommez par la Cour, le 30. Juin 1671. qui avoit ordonné, que le prix de l'Office du Conseil seroit premierement distribué par contribution entre les créanciers du pere opposans au Seau ; & le restant par seconde distribution entre les créanciers de Pierre & Jean Musnier, freres, par moitié.

Les créanciers de Pierre Musnier, fils, interjetterent appel de cette Sentence, disans pour moyens d'appel, que le Seau purge les hypotheques ; que Pierre Musnier leur debiteur ayant été pourvû de l'Office d'Huissier du Conseil, sans opposition de la part des créanciers du pere, il étoit propriétaire de la Charge, & que les créanciers du pere n'y pouvoient plus rien prétendre ; qu'à la verité il apparoissoit par la declaration faite par Pierre Musnier, fils, que l'Office appartenoit à son pere ; mais que telle declaration ne pouvoit nuire ni préjudicier aux créanciers du fils, qui avoient contracté avec luy de bonne foy ; que cette declaration ne pouvoit avoir effet qu'entre les parties, & non contre d'autres ; qu'il seroit contre l'interêt public, si on faisoit valoir de semblables declarations & contre-lettres ; il n'y auroit jamais de seureté de prêter de l'argent ; que les créanciers du pere devoient imputer leur perte à leur negligence, qu'ils pouvoient s'opposer au Seau, & empêcher, que Pierre Meusnier, fils, n'obtînt ses provisions qu'à la charge de leurs oppositions, & ils auroient par ce moyen conservé leurs droits sur l'Office du pere.

Sur ces raisons l'Arrest fut rendu, par lequel la Cour en infirmant la Sentence, ordonna, que les créanciers de Pierre Musnier, fils, opposans au Seau, avant les provisions de Jean Musnier son frere, viendroient par concurrence entr'eux sur le prix de l'Office, & préferablement aux autres créanciers, lesquels viendroient seulement sur le surplus du prix.

Il y a un autre Arrest du Lundy 13. Decembre 1632. rapporté par du Fresne, qui a jugé en la cause des créanciers de Maître Henry Roussel, decedé insolvable, pourvû de l'Office de Receveur des Tailles en l'Election de Saint Quentin, que les provisions de cet Office ayant été trouvées entre ses papiers, expediées sous son nom, avec les actes de reception en iceluy, en devoit être reputé seul Titulaire & propriétaire, quoique parmy ses lettres de provisions, il se trouvât une contre-lettre sous seing privé qu'il avoit faite à sa mere, par laquelle il reconnoissoit n'être que simple Commissionnaire sous elle, & que l'Office luy appartenoit.

L'opposition au Seau se fait ou pour le titre de l'Office, ou seulement pour les deniers provenans du prix de l'Office : quand les oppositions sont faites pour le titre de l'Office, il les faut vuider avant que de sceller, & les provisions ne se scellent point à la charge de ces oppositions ; & on ne peut point vendre l'Office au préjudice de celuy qui a fait telle opposition. 24.

25. Celuy qui a prêté ses deniers pour l'acquisition de l'Office, ne peut pas s'opposer au titre, mais seulement sur les deniers ; que si les oppositions ne sont faites que pour les deniers, on ne laisse pas de sceller à la charge de ces oppositions.

26. Quand un Office est tombé dans les Parties Casuelles par la mort de l'Officier pour n'avoir pas payé le droit annuel, le droit des créanciers est entierement éteint, quoique privilegiez sur l'Office ; desorte que si le Roy le donnoit à la veuve ou à ses enfans, ou à d'autres heritiers présomptifs, il leur appartiendroit sans charge de dettes & hypotheques ; parce que la veuve, ou les enfans du défunt, ou autres parens, qui auroient renoncé à sa succession, tiendroient l'Office de la liberalité du Prince, & non pas comme appartenant & faisant parties des biens du défunt.

CHARONDAS CHOPIN. TRONÇON. C'est ce qui a été jugé par Arrests des 12. Avril 1593. & 29. Janvier 1594. rapportez par Charondas, Chopin & Tronçon, *verbo* saisi.

Charondas en cite un autre du 12. Juin 1582. qui l'a jugé de même.

27. Cette question a été ainsi decidée par deux Arrests du Conseil d'Etat, rapportez dans le premier tome du Journal du Palais, en cette espece.

Maître Jean Pelletier, Lieutenant General Civil & Criminel au Siege de Montfort Lamaury, deceda sans avoir payé la Paulette : Ses enfans renoncerent à sa succession & sa veuve à sa communauté.

La Charge ayant été taxée aux Parties Casuelles à une somme modique, en faveur de la veuve & des enfans, ils la leverent en payant la taxe ; & la vendirent ensuite au Sieur de Goussameulle, entre les mains duquel les créanciers du défunt firent saisir le prix de l'Office.

Les vendeurs firent en vertu de Commission assigner ces créanciers au Conseil d'Etat.

Par Arrest du 23. Decembre 1679. main-levée fut faite à Marie Pelletier, fille du défunt, des deniers sur elle saisis, la saisie néanmoins tenant pour les sommes dûës par Magdelaine Paré, veuve du défunt.

Quelques créanciers qui n'avoient point été parties dans l'Arrest, s'opposerent à son execution, tant pour faire juger la question à l'égard des enfans, que pour ce qui concernoit la veuve ; mais par un autre Arrest du 27. Juillet 1680. ils furent deboutez de leur opposition, & l'Arrest declaré commun avec la veuve, pour la taxe payée aux Parties Casuelles.

La raison de ces Arrests est, que quand les Offices sont vacans, ils appartiennent au Roy, qui en dispose comme il luy plaît ; desorte que quand il les donne aux veuves & aux enfans des Titulaires decedez, c'est une gratification qu'il leur en fait, sur lesquels par consequent les créanciers ne peuvent rien prétendre, devant s'imputer de n'avoir pas poursuivi leurs dettes du vivant de leurs debiteurs par la saisie de leurs Charges.

DUPLESSIS. Maître Duplessis s'est trompé, quand il a dit, que l'Office de Judicature levé aux Parties Casuelles par la veuve à ses frais, ne luy appartient pas pour cela, qu'il est de la succession du mary s'il luy étoit propre, ou de la communauté s'il l'avoit acheté pendant icelle ; d'où il s'ensuit, dit-il, que les créanciers y ont même droit en ce cas contre les enfans, comme étant un veritable effet de sa succession.

A l'égard de la premiere proposition, elle est vraye, suivant cet Auteur dans sa 28. Consultation : La raison qu'il en rend est, que par les Reglemens des Parties Casuelles le Roy fait grace à la veuve & aux enfans, en leur permettant de lever la Charge qui est retournée à luy, en payant une taxe moderée ; ainsi quand elle la leve, c'est pour elle & pour ses enfans ; & il cite l'Arrest du 13. Mars 1648. rapporté par du Fresne, dans l'espece duquel l'Office de Lieutenant en la Prevôté d'Auxerre ayant vaqué, sa veuve la fit taxer ; & par l'Arrest il fut jugé qu'elle appartenoit à la succession du défunt, & que la veuve y avoit ses hypotheques, & y exerce ses droits comme sur les autres biens de son mary.

Quant aux créanciers, ils n'y peuvent avoir aucuns droits, vû qu'ils sont éteints par le retour de l'Office à Sa Majesté, dont la grace accordée à la veuve & aux enfans est particuliere & speciale, & ne peut point profiter à d'autres à leur exclusion, suivant les Arrests remarquez cy-dessus ; la question n'est pas sans difficulté.

Il y a un Arrest du 22. Decembre 1654. qui a jugé 28.
que la femme & les créanciers étoient préferables à celuy qui avoit levé la charge. Voyez sur l'art. 220. glos. 2. nomb. 50.

Si on peut revoquer la resignation faite de son 29.
Office?

Cette question s'est presentée dans cette espece.

M. de Broussel avoit vendu sa Charge de Conseiller au Parlement, & sa Commission aux Requêtes du Palais ; sçavoir, la Charge cent trente mille livres, & la Commission vingt-un mille livres.

Le contrat avoit été fait sur la fin de l'année 1656. dans le temps auquel on parloit de la suppression du droit annuel. Monsieur le Bossu obtint ses lettres de provision, & paya le marc d'or, & le huitiéme denier avec le droit annuel : mais s'étant presenté pour se faire recevoir, il y eut opposition à sa reception, attendu que la Charge qu'il avoit achetée, étoit une Charge de Conseiller d'Eglise, & qu'il falloit avoir les Ordres de Sous-diacre, & Monsieur le Bossu n'étoit que Clerc tonsuré ; c'est pourquoy il fut obligé d'envoyer en Cour de Rome, pour obtenir un *extra tempora* ; parce que ne pouvant recevoir les Ordres qu'aux quatre-Temps des Vacations, sa reception auroit été retardée jusques aprés la saint Martin.

Cependant Monsieur le Bossu ne pût être reçû avant le 17. Janvier de l'année suivante, auquel temps le droit annuel avoit été rétabli le 13. du même mois : ce que voyant Monsieur de Broussel, il poursuivit la resolution du contrat de vente de son Office.

Monsieur de Broussel disoit, qu'il y avoit difference entre les contrats de vente d'Office, & les autres contrats de vente.

En cas de vente d'heritages ou d'autres choses, le vendeur est obligé de livrer la chose venduë, mais en matiere de vente d'Office, parce que la délivrance n'en peut point être faite, le Resignant peut changer de volonté, jusques à ce que le Resignataire soit reçû ; & jusques-là le Resignant est toûjours l'homme du Roy, lequel ne peut contre sa volonté être dépoüillé de sa Charge.

Par Arrest de l'Audience de la Grand'-Chambre du 22. Janvier 1659. rapporté dans le second Tome du Journal des Audiences, la Cour aprés la declaration faite par Monsieur de Broussel, qu'il vouloit continuer l'exercice de sa Charge, declara le contrat de vente resolu, & en consequence condamna Monsieur de Broussel à rembourser les frais des Lettres de provisions obtenuës par Monsieur le Bossu, & à la restitution de la somme de onze mille livres, & les interêts d'icelle, du jour du payement fait par Monsieur le Bossu.

Monsieur le Bret, en ses Décisions, liv. 2. Decision 2. rapporte un Arrest contraire.

Basnage, sur l'article 514. de la Coûtume de Normandie, dit, que le Parlement de Roüen a jugé la question conformément à l'Arrest de 1659. par Arrest sans datte, par lequel Monsieur le Marchand, Lieutenant en la Vicomté de Roüen, fut maintenu en sa Charge, quoiqu'il eût traité avec un nommé Racine, pour lequel il dit avoir plaidé.

Il remarque un autre Arrest du 3. Juin 1617. au rapport de Monsieur Martel, par lequel la revocation faite par un nommé de la Mare, de son Office de Maître aux Eaux & Forests du Bailliage de Gisors, vendu à Charles Blot, fut declarée bonne & valable, quoique Blot en eût obtenu ses provisions.

Il en remarque ensuite un autre de l'Audience de la Grand'-Chambre, du 23. Mars 1662. qui a jugé la même chose.

30. Les créanciers de celuy qui est pourvû d'un Office, doivent s'opposer au Seau pour leur seureté & pour empêcher leur debiteur de disposer de son Office; autrement s'il en avoit disposé, & que l'acquereur en eût obtenu les provisions, ils n'auroient plus de suite contre luy, comme il a été dit cy-dessus; & pour cet effet, il faut faire arrest de l'Office entre les mains de Monsieur le Chancelier, & le faire enregistrer.

Par cet arrest on saisit & arreste tel Office en la main du Roy & de Monseigneur le Chancelier, lequel on supplie tres-humblement de n'expedier aucunes Lettres de provision sur la resignation de l'Office, jusques à ce que le suppliant ait été oüy, ou son arrest & empêchement levé, & pour cet effet il fait élection de domicile.

On supplie aussi le Trésorier des Parties Casuelles, de ne point mettre la resignation de l'Office dans ses Rôles.

31. Que si aprés cet arrest on presente au Seau les provisions du Resignataire, & l'arrest se trouvant sur l'Office, on en differe l'expédition jusques à ce que l'arrest soit levé.

Que si au préjudice des oppositions les provisions étoient expediées au profit d'un tiers, sur la resignation du Titulaire, quoique le pourvû eût été reçû en l'Office, & installé; néanmoins il pourroit être poursuivi par les créanciers opposans au Seau, pour satisfaire aux causes de leurs oppositions; l'opposition donnant droit de suite au créancier opposant; si mieux n'aimoit le pourvû quitter & abandonner la Charge, ou payer derechef le prix qu'il seroit taxé; parce que la reception & l'installation du pourvû ne peut pas rendre inutile & sans effet l'opposition des créanciers, sans leur fait & leur consentement.

Mais à l'égard des autres créanciers non opposans, ils ne seroient pas recevables de poursuivre pour leur dû le Resignataire, le droit de suite n'étant acquis qu'à celuy ou à ceux qui auroient fait des oppositions au Seau.

32. Ces arrests & oppositions doivent être renouvellées tous les ans, autrement elles ne seroient pas valables, suivant deux Arrests du Conseil d'Etat du Roy.

Le premier du dernier May 1631. par lequel il a été ordonné, que toutes oppositions faites pour deniers à l'expedition des Offices, seroient nulles, si elles n'étoient renouvellées aprés l'an expiré de la signification d'icelles; & pour celles qui regardent le titre de l'Office, aprés six mois seulement.

33. L'autre est du 19. May 1632. par lequel il a été ordonné que les oppositions au Seau seroient signifiées au Garde des Rôles, sur peine de nullité; desorte qu'il ne suffit pas que l'Office ait été arrêté & saisi entre les mains du Titulaire; quoique nôtre Coûtume en cet article semble dire le contraire, par ces termes, *quand il est saisi sur le debiteur*; dautant que les oppositions au Seau ont été introduites pour conserver le droit des créanciers; & au cas que l'Office saisi eût été resigné à un tiers, & qu'il en eût obtenu les provisions, sans opposition au Seau, le pourvû seroit en seureté des droits & hypotheques de celuy qui se seroit contenté de saisir & arrester l'Office sur le debiteur, suivant la disposition de l'Edit du 10. May 1683.

Auparavant les Arrests ont jugé diversement la question: mais il est inutile de les rapporter en ce lieu, cet Edit qui est rapporté cy-aprés, étant general pour tout le Royaume, & y étant par tout observé.

Il faut dire aussi, qu'un simple arrest sur une rente constituée, avec défenses de l'amortir & acquitter, ne préjudicie point à l'acquereur de bonne foy, comme dans cette espece. 34.

Un créancier ayant fait arrester une rente constituée sur le créancier entre les mains du debiteur, avec défenses d'en faire le rachat sans son consentement, le propriétaire d'icelle la vend ensuite à un tiers, auquel le debiteur en fait le remboursement.

Le debiteur entre les mains duquel l'Arrest avoit été fait, se trouvant dans la suite insolvable, le créancier qui avoit fait l'arrest, poursuit l'acquereur de la rente qui en avoit reçû le rachat, disant, qu'il ne l'avoit pû recevoir en consequence de son arrest, au moyen dequoy il soûtenoit qu'il étoit obligé de luy payer le prix du remboursement.

L'acquereur disoit au contraire, qu'il avoit acquis cette rente de bonne foy, & qu'elle avoit été éteinte par l'amortissement qui en avoit été fait, & que l'arrest qu'il avoit fait entre les mains du debiteur d'icelle, n'empêchoit pas que le propriétaire n'en pût disposer à sa volonté, qu'il avoit seulement son recours contre le debiteur, lequel ne devoit pas en faire le rachat au préjudice de l'arrest & des défenses qui luy avoient été faites de l'amortir; & qu'il devoit faire saisir la rente réellement, & y établir Commissaire, auquel cas le créancier de la rente auroit été entierement dépossedé, & n'auroit pas pû valablement en disposer.

La raison est, que dans les choses où l'arrest & la saisie réelle peuvent avoir lieu concurremment, le simple arrest ne produit pas droit de suite; mais dans celles qui ne sont point sujettes à la saisie réelle, comme les simples obligations, l'arrest a suite, & empêche qu'un tiers cessionnaire les reçoive.

Dautant que cet arrest ou opposition ne tend qu'à empêcher le debiteur de disposer de son Office au préjudice de l'opposant; mais non pour le faire vendre, pour être payé de ce qui est dû au créancier arrêtant & opposant; il faut faire une saisie réelle de l'Office, comme d'un immeuble, & en faire les criées, & poursuivre l'adjudication par decret comme il sera dit en la Glose suivante. 35.

ET PEUT ESTRE CRIE' ET ADJUGE' PAR DECRET.

GLOSE TROISIE'ME SUR L'ARTICLE XCV.

SOMMAIRE.

1. *Combien il y a de moyens de mettre à execution les Jugemens & contrats portans leur execution parée.*
2. *Si l'execution & la saisie réelle ont lieu pour les Offices.*
3. *Si la saisie réelle ne produit aucun droit de suite, sans faire opposition au Seau.*
4. *Difference entre la saisie réelle d'un Office, & celle d'un heritage.*
5. *Si l'établissement de Commissaire est necessaire en la saisie réelle des Offices.*
6. Quid, *du bail judiciaire.*
7. *Si la discussion doit estre faite avant que de proceder par saisie réelle d'un Office.*
8. *Si l'Office peut estre saisi sur l'heritier du Titulaire.*
9. *Si l'adjudication des Offices peut estre faite à la charge que l'adjudicataire payera la finance au Roy.*
10. *Si le saisi doit fournir sa procuration* ad resignandum.
11. *Si les Offices de Judicature peuvent estre saisis réellement.*
12. Quid, *des Offices de Finance & des Comptes.*
13. *Si dans les autres Parlemens les Offices de Judicature peuvent estre saisis réellement.*

1. NOus avons trois moyens en France pour mettre à execution les Jugemens & les Contrats, qui portent execution parée, sur les biens des condamnez & des debiteurs.

Le premier est la saisie & execution à l'égard des meubles, qui est suivie de la vente & subhastation d'iceux dans la huitaine, faute par le debiteur de satisfaire aux causes de la saisie, à moins qu'il n'y ait opposition faite par un tiers, auquel cas il faut que le Juge en ordonne.

Le second est la saisie réelle des immeubles, qui est suivie des solemnitez d'un decret, & de l'adjudication qui se fait par le Juge: par la saisie & l'établissement du Commissaire au regime de la chose saisie, le debiteur est dépossedé civilement; & par le bail judiciaire qui s'en fait ensuite à la diligence du Commissaire, il est dépossedé naturellement.

Le troisiéme est l'arrest pour les choses incorporelles, comme sont les dettes par cedules, obligations, ou autrement; lesquelles ne pouvant être actuellement saisies & apprehendées, sont seulement arrêtées verbalement entre les mains de celuy qui les a pardevers luy, ou qui en est le debiteur, en attendant que celuy qui a fait arrest, l'ait fait condamner à luy payer la somme qu'il doit à son créancier jusques à concurrence; aprés laquelle condamnation l'arrêtant peut se servir contre le debiteur de son debiteur des mêmes moyens, dont il pourroit se servir contre son propre debiteur. Que si au préjudice de l'arrest le debiteur paye à son créancier, sur lequel la saisie est faite, il est tenu de payer deux fois, sauf son recours contre son créancier.

2. L'execution & la saisie réelle n'ont pas proprement lieu dans les Offices, parce qu'ils ne sont ni meubles ni immeubles; néanmoins on a introduit l'usage de la saisie réelle des Offices, l'arrest qui se fait entre les mains de Monseigneur le Chancelier ne tendant pas à faire vendre l'Office, afin que le créancier soit payé de son dû, comme il a été dit cy-dessus, mais seulement pour empêcher que le debiteur ne le resigne à un autre. Et ils ne se vendent pas par simple subhastation comme les meubles, à cause du prix & de la valeur des Offices, & qu'il est importan au public de ne déposseder pas si facilement un Officier.

3. La saisie réelle ne produiroit pas droit de suite, à moins que le saisissant n'eût fait opposition au Seau, suivant l'art. 4. de l'Edit du mois de Février 1683.

Il faut observer en ce lieu qu'il y a une grande difference entre la saisie réelle d'un Office, & celle d'un heritage, en ce que la saisie d'un heritage dépossede le propriétaire, & que la saisie d'un Office ne dépossede pas l'Officier du titre ni de l'exercice. 4.

Tronçon sur cet article, *verbo* saisi, dit qu'il a été jugé pour un Sergent, duquel l'Office étoit saisi & Commissaire établi, qu'il exerceroit son Etat, feroit tous Exploits de Justice jusques à ce que son Office fût adjugé, & l'adjudicataire reçû, avec défenses de bailler à l'avenir à ferme les Offices de Sergens saisis & mis en criées; la Cour ordonnant aux Juges de les en laisser joüir jusques au jour de l'adjudication de l'Office, & les Exploits faits par le Fermier adjudicataire declarez nuls. Tronçon

La raison est, que l'Office est attaché à la personne de l'Officier, qui en est pourvû par le caractere qui luy en est donné par les provisions & par sa reception.

Pour la validité des saisies mobiliaires & executions, il faut établir des Gardiens, & pour les saisies réelles des Commissaires. 5.

Mais on ne peut point établir de Commissaire à la saisie réelle des droits incorporels, comme sont les Offices, au moins pour en faire la fonction & l'exercice; parce qu'il est public & entierement attaché à la personne de l'Officier; & le Commissaire qui seroit établi, n'ayant pas les qualitez requises pour cet effet, ne pourroit pas l'exercer.

Néanmoins dans les Charges où il y a des gages annexez, on établit Commissaire pour recevoir les droits & taxes qui se payent par les Receveurs, nôtre Coûtume en l'article 353. porte que *en toutes choses saisies & mises en criées, faut établir Commissaires: Et és Offices où il y a gages, sera établi Commissaire pour recevoir les fruits.*

A l'égard des profits manuels, que l'Officier reçoit par ses mains, le Commissaire ne les peut pas recevoir, parce qu'ils sont inseparables de l'exercice.

Pour la validité d'une saisie réelle, il faut faire un bail judiciaire, pour déposseder entierement le debiteur, comme il sera dit sur le Titre des criées, 6.

mais cette formalité n'est pas requise dans la saisie réelle des Offices & des rentes constituées, dautant que l'exercice d'iceux ne peut être ôté au saisi; c'est pourquoy le bail à ferme seroit inutile & sans effet.

7. Autrefois on ne procedoit point à la saisie réelle des Offices qu'aprés la discussion du debiteur; parce que l'Office dépendant plus du Roy que de l'Officier, & étant de l'interêt public de ne déposseder un Officier que dans la derniere extremité, on trouvoit à propos de ne permettre la saisie de l'Office qu'aprés que tous les autres biens de l'Officier avoient été discutez, excepté à l'égard du créancier privilegié sur l'Office: mais cela n'est plus en usage, parce qu'il arrivoit souvent que pendant la discussion qui duroit long-temps par les chicanes du debiteur, les Offices étoient perdus, l'Officier décedant sans payer le droit annuel.

8. Quand le Titulaire d'un Office venal hereditaire est mort, revêtu & paisible possesseur de son Office, il ne peut pas être saisi réellement sur son heritier à la requête des créanciers, parce qu'il n'en est point titulaire, ni l'homme du Roy; mais on le vend par licitation aprés trois publications, & tel est l'usage, Brodeau, nomb. 3. Maître Duplessis, page 50.

9. L'adjudication des Offices se fait à la charge de payer par l'adjudicataire la Finance dûë au Roy pour la resignation d'iceluy, de même que les heritages sont adjugez à la charge de payer les droits Seigneuriaux, suivant les Ordonnances.

Par l'adjudication l'Officier doit être condamné à passer & fournir incontinent & sans délay sa procuration pour resigner son Office en sa faveur, autrement l'adjudication seroit inutile; parce que les provisions ne peuvent être expediées que sur la resignation de l'Officier.

C'est ce que nous marque cet article 95. en ces termes, *auparavant resignation admise, & provision faite au profit d'un tiers.*

10. Faute par l'Officier de fournir sa procuration, *ad resignandum*, la Sentence vaut procuration.

L'Edit du mois de Février 1683. article 7. porte, que *le créancier qui aura saisi réellement l'Office, sera tenu de faire enregistrer la saisie réelle au Greffe du lieu d'où dépend & où se fait la principale fonction de la Charge, quand même l'adjudication seroit faite en une autre Jurisdiction, & six mois aprés ledit enregistrement signifié à la personne ou domicile de l'Officier, quand il sera d'une Compagnie superieure, & trois mois aprés à l'égard de l'Officier d'une Compagnie subalterne, & de toute autre, le créancier pourra faire ordonner, que le Titulaire de l'Office sera tenu de passer procuration,* ad resignandum, *de ladite Charge; sinon, que le jugement vaudra procuration, pour être procedé à l'adjudication, aprés trois publications qui seront faites de quinzaine en quinzaine aux lieux accoûtumez, & même au lieu où la saisie réelle aura été enregistrée.*

Et par l'article 8. il est dit, que *quand il aura été ordonné par jugement contradictoire, ou rendu partie dûëment appellée, dont il n'y aura point d'appel, ou qui aura été confirmé par Arrest, que le Titulaire de l'Office sera tenu de passer procuration,* ad resignandum, *sinon que le jugement vaudra procuration, l'Officier demeurera de plein droit interdit de la fonction de sa Charge, trois mois aprés la signification dudit jugement faite à personne ou domicile dudit Officier, & au Greffe du lieu d'où dépend & où se fait la principale fonction de la Charge saisie, & ce en vertu dudit Jugement, sans qu'il puisse être reputé comminatoire, ni qu'il en soit besoin d'autre, & sans que les Juges pour quelques causes que ce soit, puissent proroger ou renouveller ledit délay.*

Par l'article 9. *l'adjudication faite en Justice, & la Sentence ou Arrest, portant que l'Officier sera tenu de passer procuration,* ad resignandum, *sinon que ledit jugement vaudra procuration au cas où il ne sera besoin d'adjudication, tiendront lieu de la procuration de l'Officier, & seront en consequence les Lettres de provision expediées.*

Les Offices de Judicature ne peuvent être saisis réellement, ni decretez; mais pour conserver les droits des créanciers, on a introduit de faire condamner par corps le Titulaire à passer procuration, *ad resignandum*, dans un certain temps, aprés lequel l'Arrest ou Sentence vaut procuration; & il est permis aux créanciers de traiter & composer de la Charge; & en consequence du jugement, & sur le traité fait par les créanciers, Monsieur le Chancelier fait expedier des provisions au profit de l'acquereur. 11.

Brodeau sur Monsieur Loüet, lett. D. nomb. 63. remarque plusieurs Arrests, qui l'ont jugé ainsi.

Cet Auteur sur cet article, *num.* 5. remarque un Arrest donné en la Chambre de l'Edit le 5. Avril 1634. par lequel la Cour cassa & annulla les saisies, criées & adjudication faites de l'Office de Lieutenant Particulier, Assesseur Criminel & premier Conseiller au Siege de Niort, dont Maître Aubin Girault étoit pourvû au jour de son decés; ordonna qu'il seroit procedé à la licitation dudit Office; fit défenses aux Juges de Niort, de proceder à l'avenir à la vente des Offices de Judicature par voye de decret, mais par licitation, à peine de répondre des dommages & interêts des parties en leurs noms; cette licitation produisant les mêmes effets qu'une adjudication par decret précedé de saisie réelle & de criées. BRODEAU.

A l'égard des Offices de Finance les Arrests ont jugé, qu'ils pouvoient être saisis réellement, comme sont les Offices des Elections. 12.

Ainsi jugé par Arrest du 16. Février 1634. conformément aux Conclusions de Monsieur l'Avocat General Bignon, pour la Charge de President en l'Election de Nevers, cité par Brodeau sur Monsieur Loüet, *loco citato*.

Cet Auteur remarque au même lieu un autre Arrest pour un Office de Maître des Comptes à Paris, dont les saisies réelles & criées ont été confirmées, le 23. May 1636. en execution de cet Arrest l'adjudication par decret de l'Office avoit été faite aux Requêtes du Palais, au profit de Monsieur Gobelin, Greffier en la Chambre des Comptes; & confirmée par Arrest, contre lequel le debiteur s'étant pourvû en cassation au Conseil Privé du Roy, il en fut debouté, & ordonné que sur l'Arrest les provisions seroient expediées; ce qui fut executé.

Dans les autres Parlemens les Offices de Judicature se saisissent & se decretent. 13.

Brodeau, au même lieu, dit en avoir vû deux Arrests du Parlement de Grenoble des 24. Novembre 1631. & 12. Mars 1632. sur un procés évoqué du Parlement de Toulouse, au profit de Maître Pierre des Plas, President audit Parlement, contre Maître Jean Germain Durand, Juge Mage de la ville de Toulouse, appellant de la saisie réelle de son Office.

Par d'autres Arrests du Parlement de Bordeaux du 13. Juillet 1633. des 26. Avril & 15. Decembre 1638. la même chose a été ainsi jugée.

SONT SUJETS A CONTRIBUTION COMME MEUBLES.

GLOSE QUATRIE'ME SUR L'ARTICLE CXV.

SOMMAIRE.

1. *Si les deniers procedans de l'adjudication d'un Office se distribuent par contribution, ou par ordre d'hypotheque.*
2. *Si en la Coûtume de Normandie les deniers procedans de la vente des meubles se distribuent par ordre d'hypotheque.*
3. *Usage des pays de Droit écrit.*
4. *Si les privilegiez sont preferez aux autres, & comment.*
5. *Deux sortes de privileges sur les Offices.*
6. *Si le vendeur de l'Office est privilegié pour le prix.*
7. *Comment celuy qui a presté les deniers pour l'acquisition de l'Office, est privilegié.*
8. *S'il faut une stipulation de privilege sur l'Office.*
9. *Si le vendeur a privilege sans stipulation.*
10. *Privilege du fisc sur l'Office du Comptable.*
11. *Préference du créancier pour le fait & dépendance de l'Office.*
12. *Si les créanciers du prix de l'Office d'un Greffe, sont préferez à ceux qui ont consigné des deniers entre les mains du Greffier par Ordonnance de Justice.*
13. *Si entre les privilegiez on a égard au temps.*
14. *Si le Roy est toûjours préferé sur l'Office d'un Comptable.*
15. *Si le vendeur pour le reste du prix, doit estre préferé à ceux qui ont presté leurs deniers pour en payer une partie.*
16. Quid, *si plusieurs ont presté pour l'acquisition d'un Office.*
17. *Si celuy qui a remboursé un créancier privilegié, entre en son lieu & place, & exerce ses droits & privileges.*
18. *Pourquoy il est utile au public, que les Offices soient susceptibles d'hypotheque.*
19. *Edit pour les hypotheques de sa Majesté sur les biens des Comptables, pour la vente des Offices, & la distribution du prix d'iceux.*
20. *Edits pour la vente des Offices, & la distribution du prix d'iceux.*

PUisque les deniers procedans de l'adjudication par decret des Offices, se distribuent au sol la livre entre les créanciers opposans, il s'ensuit qu'ils n'ont pas veritablement suite par hypotheque, comme il a été montré en la premiere Glose sur cet article.

1. Et quoique cet article décide en termes exprés, que les deniers sont sujets à contribution; cependant, comme remarque Loyseau, on n'a pas laissé d'en douter, & les Arrests ont jugé diversement la question, les uns jugeant pour la contribution, les autres pour la distribution entre les créanciers hypothequaires, selon l'ordre de leurs hypotheques.

Nos Commentateurs remarquent des anciens Arrests avant la reformation de la Coûtume, qui ont jugé pour la contribution.

CHOPIN. BRODEAU. Chopin sur ce titre, *num.* 12. & Brodeau, *n.* 8. en remarquent deux qui l'ont jugé de même depuis la Coûtume reformée.

Le premier du 2. Septembre 1600. au rapport de Monsieur Lescalopier, en la quatriéme Chambre des Enquêtes, pour l'Office de Lieutenant du Prevôt de l'Isle de France.

L'autre en la Coûtume de Calais, entierement conforme à la nôtre en cet article, pour l'Office de Receveur du Domaine de Calais, du 18. Juillet 1626. en la troisiéme Chambre des Enquêtes, au rapport de Monsieur Camus.

BRODEAU. Par d'autres Arrests rapportez par Brodeau sur Monsieur Loüet, lett. D. chap. 63. & sur cet article 95. *num.* 10. il a été rendu une pareille décision.

Mais ce dernier Auteur remarque des Arrests qui ont jugé au contraire, que les deniers se devoient distribuer entre les créanciers hypothequaires par ordre d'hypotheque.

La raison de cette diversité vient de ce que, quoique cet article soit fort clair sur ce point, néanmoins on n'a pas laissé de le débattre, comme remarque Loyseau, livre 3. chap. 5. nombre 67. sur ce que plusieurs ont prétendu, qu'au temps de la reformation de la Coûtume, les Offices ne pouvoient être decretez, sinon aprés discussion des autres biens; desorte qu'on étoit toûjours au cas de la déconfiture, qui rend les créanciers égaux les uns aux autres sur les meubles: Mais que cet usage étant changé, les deniers procedans des Offices doivent être distribuez selon l'ordre des hypotheques, à la charge néanmoins de donner bonne & suffisante caution de les rapporter par ceux qui les auroient reçus, en cas que dans la suite le debiteur fût trouvé insolvable aprés la discussion de ses autres biens, conformément à l'article 180. *infrà*.

L'Edit du mois de Février 1683. fait cesser toutes ces contestations, ordonnant en l'article 4. qu'aprés les créanciers privilegiez, les créanciers hypothequaires soient payez suivant l'ordre de leurs hypotheques.

Ce qui s'observoit ainsi dans quelques Coûtumes, dans lesquelles les créanciers hypothequaires sont payez sur les deniers provenans de la vente des meubles, suivant l'ordre de leurs hypotheques, comme celles de Normandie, Anjou, & autres.

Celle de Normandie, en l'art. 514. porte: *Office venal est reputé immeuble, & a suite par hypotheque, quand il est saisi sur le debiteur par autorité de Justice, paravant resignation admise, & provision faite au profit d'un tiers.* 2.

Mais par l'art. 97. de la même Coûtume, la contribution n'a point lieu dans cette Coûtume, les deniers procedans de la vente des meubles & des immeubles, étant toûjours distribuez entre les créanciers hypothequaires non privilegiez, selon l'ordre de leurs hypotheques.

3. Dans les pays de Droit écrit les Offices y ont toûjours été reputez immeubles pour les deniers provenans de la vente d'iceux être distribuez par ordre d'hypotheque.

BRODEAU. Les Arrests du Parlement de Toulouse l'ont jugé ainsi, comme remarque Brodeau, *num.* 10.

Cette question s'étant presentée au Parlement de Paris pour la Charge de President en l'Election de Clermont-Ferrand, pays de Droit écrit, par Arrest du 19. Juillet 1681. rapporté dans le Journal du Palais, confirmatif de la Sentence du Presidial de Clermont en Auvergne, il a été ordonné, que le prix de cet Office seroit distribué par ordre d'hypotheque.

4. Les privilegiez sur l'Office sont préferez à tous autres, & aprés eux viennent tous les autres créanciers hypothequaires, selon l'ordre de leurs hypotheques, suivant le susdit Edit; mais comme il a été dit cy-devant en la troisiéme Section, *num.* 1. il faut tant à l'égard des créanciers privilegiez que des hypothequaires, qu'ils soient opposans au Seau, la saisie ou opposition à la saisie réelle de l'Office, n'étant pas suffisante pour conserver les privileges & hypotheques des créanciers.

5. Il y a deux sortes de privileges sur un Office; le premier est le privilege du vendeur de l'Office, fondé sur les Novelles 53. 97. & 136.

Ea igitur de causa sancimus, dit l'Empereur en la Novelle 53. §. *perpulchrum*, *ut militia quæ ex casu vocantur, non cuivis temerè hypotheca nomine opponantur, nisi creditor sit, qui in hoc mutuam pecuniam dedit, ut ille militiâ potiretur; alioqui cæteris creditoribus temerè idipsum non concedimus.*

6. La Loy *quod quis. ff. de reb. autor. jud. possid.* donne un pareil privilege au vendeur sur la chose par luy venduë; surquoy voyez l'article 177. Ce qui a été jugé ainsi par Arrest du 8. Mars 1581. rapporté par Charondas & Labbé. CHARONDAS LABBE'.

Le second est le privilege de celuy qui a prêté son argent pour l'achat de l'Office, suivant la décision expresse de la Loy derniere *C. de pignor.* & de la Loy *qui in navem. ff. de privileg. credit.* & Charondas en doute mal-à-propos. CHARONDAS

7. Il en est de même de celuy qui a prêté pour la conservation ou augmentation de l'Office, comme pour payer la finance au Roy, à l'effet d'obtenir quelques droits nouveaux, ou même quelque taxe.

Quant au créancier qui a prêté de l'argent pour acheter l'Office, & qui a stipulé une hypotheque speciale sur iceluy, il a une hypotheque privilegiée, & un privilege réel, par lequel il est preferé à tous autres créanciers hypothequaires, conformément à la Novelle 136. qui requiert, que l'hypotheque soit stipulée.

Sans cette stipulation il n'y a point de privilege, suivant la Loy 17. *C. de pignor.* la Loy *licet. C. qui potior in pign.* & la Novelle 136. *cap.* 3.

La Loy *interdum.* 5. & la Loy suivante *ff. qui potior. in pignor.* ne sont pas contraires à cette décision, parce qu'elles contiennent un cas special, auquel la Loy donne une hypotheque privilegiée à celuy des deniers duquel la chose a été augmentée ou conservée, quoiqu'il n'ait stipulé aucune hypotheque expresse; *hujus enim pecunia salvam fecit totius pignoris causam*, dit la Loy 6.

Hors ce cas il n'y a point de privilege sans stipulation, excepté en faveur du pupille, auquel la Loy donne un privilege sur la chose achetée de ses deniers, *l. idemque. ff. qui potior in pign.*

Il ne suffit donc pas que l'argent ait été employé en l'acquisition d'un Office, mais il faut qu'il ait été prêté à cette fin & que le créancier ait stipulé un privilege sur l'Office. 8.

La raison est, que pour acquerir ce privilege il faut vouloir l'acquerir: or celuy qui prête son argent sans stipulation, n'est pas censé vouloir avoir un privilege sur la chose, s'il ne declare que c'est pour l'acquisition d'icelle; n'ayant autrement dessein que d'être simple créancier pour la somme prêtée; & même quoique l'intention du créancier fût que son argent fût employé en l'acquisition de l'Office, il n'auroit pas pour cela de privilege, vû qu'il n'est pas présumé avoir voulu l'avoir, puisqu'il n'en a point parlé.

A l'égard du vendeur il a un privilege sur l'Office vendu sans stipulation, suivant la Loy *quod vendidi. ff. de contrah. empt.* & la Loy *procuratoris.* 5. *ff. de tribut. act.* & l'article 177. qui est observé dans les autres Coûtumes, & doit être étendu au cas de la vente de l'Office & de toute autre chose; par cet article le vendeur d'une chose est preferé à tout autre créancier, quoique premier saisissant, sans reserve de privilege & preference. 9.

Charondas dit, qu'il a été jugé ainsi par Arrest du 8. Mars 1585. CHARONDAS

Le fisc est pareillement privilegié sur l'Office du Comptable pour les deniers de son administration, dont l'Office est le gage special. 10.

Ce privilege est si fort, qu'il a suite contre le tiers détenteur & possesseur de l'Office, pourvû par la resignation du debiteur; au préjudice duquel le Resignataire ne doit point être reçû qu'il n'ait fait apparoir que son resignant est quitte de toute chose envers le Roy, au moins pour le fait & l'exercice de sa Charge: parce que la provision que donne le Roy s'entend toûjours, sauf son droit & sans préjudice d'iceluy.

Voyez cy-aprés l'Edit de 1669. pour les Offices des Comptables.

Si le Roy doit avoir privilege pour les amendes, ausquelles l'Officier a été condamné pour les fautes qu'il a commises en la fonction de sa Charge, du jour que l'Officier est entré en exercice?

Il faut dire que non.

In sortis quantitate fisci conditio potior est, sed in eo quod pœna nomine adjectum est, propria forma servanda est, dit la Loy unique *C. de pœn. fiscal.*

Aussi l'Edit de 1669. pour le privilege du Roy sur les Offices des Comptables, n'en fait point mention.

Celuy qui est créancier pour le fait & dépendance de la Charge, est aussi preferé aux autres sur l'Office; comme celuy qui a consigné, sur l'Office du Receveur des Consignations; ou celuy qui a baillé son obligation à un Sergent pour en faire les contraintes, le Sergent en ayant reçû le payement; le privilege étant en ce cas plus fort que celuy du vendeur ou du créancier, qui a prêté ses deniers pour l'acquisition de l'Office avec stipulation de privilege & de preference, à l'exemple du tuteur & autre administrateur des biens publics; *l. tutoris. ff. ex quib. caus. l. un. C. rem alien. ger. l. cum oporter. §. non autem. C. de bonis quæ liber. l.* 2. *C. in quib. caus. pign.* 11.

Charondas sur cet article dit, qu'il a été ainsi jugé entre les créanciers d'un Sergent qui avoit été condamné envers une partie, pour laquelle il avoit exploité, par Arrest du mois de Juin 1581. CHARONDAS

Loyseau, Titre des Offices, livre 3. chapitre 8. *num.* 56. dit, qu'il ne voudroit pas étendre si avant ce privilege, que de l'accorder à tous ceux qui auroient été interessez par un Officier en faisant sa Charge, mais seulement à ceux qui pour la necessité de l'Office ont été contraint de bailler leur bien à l'Officier, & qui ont suivi la foy publique, comme il est dit du Banquier en la Loy *si ventri. §. in bonis. ff. de privileg. credit.*

Par autre Arrest, les créanciers pour le fait & la fonction de l'Office ont été preferez au vendeur.

Le fait étoit, que par l'Edit de création des Offices de Jurez Vendeurs de bestail, il leur avoit été attribué plusieurs droits, & il étoit dit, qu'il y auroit bourse commune, & qu'ils en seroient comptables les uns envers les autres; un d'entr'eux qui avoit fait la recepte des droits étant decedé, & son Office ayant été saisi, il y eut contestation pour la distribution du prix.

Le vendeur de l'Office qui n'avoit rien reçû du prix, se disoit créancier privilegié.

Les Jurez Vendeurs disoient, que leur privilege étoit plus fort que le sien, que le défunt étoit comptable à ses confreres, & que sa Charge répondoit des droits qu'il avoit reçûs, qui leur appartenoient.

Sur ces raisons par Arrest donné en l'Audience de la Grand'-Chambre de relevée, en l'année 1675. les Vendeurs de bestail furent preferez.

12. La question s'est encore depuis presentée, sçavoir, *si les créanciers pour deniers consignez entre les mains d'un Greffier devenu insolvable, étoient preferables aux créanciers du prix de sa Charge?*

Maître Baugé Greffier, tenant le plumitif de la premiere Chambre des Requêtes du Palais, ayant reçû plusieurs consignations en vertu de Jugemens de la Cour, devint insolvable, & fit abandonnement de biens à ses créanciers.

Les créanciers du prix de la Charge pretendirent être preferez sur le prix, & les créanciers des deniers consignez soûtinrent, qu'ils étoient aussi privilegiez, mais que leur privilege étoit plus fort que celuy des autres créanciers privilegiez.

On disoit pour les créanciers des deniers consignez, que les consignations qu'ils avoient faites étoient contraintes & non volontaires, ayant été contraints de les faire par les Sentences contradictoires de la Cour, ausquelles ils avoient été obligez d'obéïr; que c'étoit par l'autorité du Juge, qu'ils étoient devenus ses créanciers, vû qu'au contraire, les créanciers du prix de l'Office avoient prêté leurs deniers volontairement.

Que telles consignations ordonnées par le Juge produisent un privilege special sur l'Office, qui en doit par consequent répondre.

Que c'est le sentiment de Loyseau au Traité des Offices livre 2. chapitre 6. nombre 22. & suivans, & au nombre 30. il resoud la question en ces termes. *D'où j'infere*, dit cet Auteur, *que l'Office du Greffe est affecté aux Consignations par preference à toutes autres dettes & hypotheques: & de fait en la Préface de l'Edit de l'an 1580. par lequel les Greffes furent faits hereditaires, il est porté, que c'est afin que les consignations & autres choses que les Greffiers ont en garde, soient plus asseurées par le moyen de cette heredité. Encore que j'aye oüy dire le contraire avoir été jugé à l'égard des Offices de Commissaires du Châtelet de Paris & des Huissiers du Parlement; parce qu'à la verité les Consignations ou dépôts judiciaires ne dépendent pas naturellement & necessairement de leurs Charges, comme de celles des Greffiers, mais à leur égard ce sont plûtôt commissions particulieres & extraordinaires.*

Les créanciers du prix de la Charge disoient au contraire, qu'ils avoient un privilege preferable à tout autre, parce que l'Office ayant été acheté de leurs deniers avec stipulation de subrogation, c'étoit un privilege de proprieté conformément aux articles 176. & 177. de cette Coûtume, qui donnent preference à celuy qui a vendu sa marchandise, pour le prix qui luy en est dû, quand elle se trouve en nature; que par le moyen de la subrogation du vendeur, les créanciers du prix ont le même privilege que le vendeur auroit, lequel ils soûtenoient être preferable à tout autre créancier.

On alleguoit de part & d'autre des Arrests.

Les créanciers des deniers consignez rapportoient un Arrest du 28. May 1658. pour l'Office d'un Sergent; un autre du 17. May 1667. & un autre pour la Charge de Boivin Notaire.

Les créanciers de prix de l'Office rapportoient un Arrest contraire du 16. Avril 1658. appellé l'*Arrest de Poliac.*

Il s'agissoit de la distribution des deniers d'une Charge de Commis au Greffe de la troisiéme Chambre des Enquêtes, il y avoit contestation pour la preference entre les créanciers du prix de la Charge, les simples hypothequaires & les créanciers pour deniers déposez: c'étoit un dépôt necessaire d'une amende pour inscription en faux.

Il y avoit encore des créanciers pour épices; par Arrest du 16. Avril 1658. les créanciers du prix de la Charge furent payez les premiers, les consignataires ensuite dans l'ordre de la datte de chacune consignation.

Le procés ayant été porté en la quatriéme Chambre des Enquêtes & distribué à Monsieur de Vauroüy, par Arrest du 7. Août 1671. il fut ordonné, que sur les deniers provenans de la Charge de Baugé, les créanciers du prix d'icelle, seroient payez par preference aux autres créanciers en justifiant l'employ & la subrogation.

Cet Arrest est rapporté dans le Journal du Palais.

Le fondement de cet Arrest est, que les Greffiers ne sont pas commis ni établis pour recevoir les consignations, ainsi la qualité de Greffier ne pouvoit servir de titre aux créanciers du prix de la Charge.

Il faudroit dire le contraire, si la question étoit entre les créanciers de l'Office du Receveur des Consignations; la consignation ayant été faite par Ordonnance du Juge.

Voyons presentement l'ordre, que les créanciers privilegiez doivent garder entr'eux. 13.

La Loy *privilegia. ff. de privileg. credit.* le décide en ces termes: *privilegia non ex tempore æstimantur, sed ex causa, & si ejusdem tituli fuerint, concurrunt.*

On ne regarde point la priorité de la dette, mais sa cause & son titre, desorte que les créanciers, dont la cause est plus favorable, sont preferez aux autres; mais quand ils sont égaux en privilege, ils viennent en concurrence.

Entre les privilegiez sur l'Office d'un Comptable le fisc est toûjours le premier, parce que l'Office venant du Roy, c'est son gage & son assurance pour le maniement de ses deniers; c'est pourquoy le *debet* ou *reliqua* des Comptes de l'Officier doit être payé sur le prix de l'Office avant toute autre dette, quoique privilegiée sur l'Office, suivant l'Edit du mois d'Août 1669. rapporté cy-aprés. 14.

Aprés le fisc viennent les créanciers privilegiez sur l'Office à raison de l'exercice de l'Office, quoiqu'il semble que le vendeur de l'Office, ou ceux qui auroient prêté leurs deniers pour l'acquisition d'iceluy, dussent leur être preferez; néanmoins il faut dire le contraire.

La raison est, que l'Office est la seureté du public pour ceux qui sont obligez de suivre la foy publique de l'Officier, suivant les Arrests remarquez cy-dessus.

Le vendeur & ceux qui ont prêté pour l'acquisition de l'Office viennent aprés. 15.

Le vendeur pour le reste du prix n'est point preferé aux créanciers, qui ont prêté pour payer une partie du prix, à moins qu'en vendant il ne se soit reservé & stipulé une hypotheque expresse sur l'Office pour ce qui reste du prix, auquel cas il doit être preferé aux créanciers, qui ont prêté la somme qui luy a été payée sur le prix de l'Office; mais sans cette reserve

serve & stipulation, il est sans doute qu'il ne doit venir qu'en concurrence avec eux, parce qu'il n'a point d'autre privilege qu'eux, puisqu'ils ont tous contribué à l'acquisition de l'Office, desorte que si la valeur de l'Office est diminuée, il faut qu'ils en portent la perte à proportion.

16. Il en est de même de plusieurs créanciers qui ont tous prêté pour l'acquisition de l'Office, quoique l'un ait fait le prêt avant l'autre, parce qu'on ne considere pas la priorité & le temps du prêt, mais la cause, n'étant pas juste qu'ils puissent user de leur privilege les uns contre les autres, étans tous fondez sur une même cause, *arg. leg. quamvis C. de priv. fisci.*

C'est ce qui a été jugé par Arrest donné en la Grand'-Chambre, au rapport de Monsieur Scaron le 2. Août 1636. sur l'ordre des deniers procedans de la vente de l'Office de Lieutenant General à Châtillon sur Saone, du ressort du Parlement de Dijon, par lequel il fut jugé, que tous les créanciers qui ont prêté leurs deniers pour l'acquisition d'un Office doivent venir à contribution au sol la livre sur le prix de la vente d'iceluy.

BRODEAU. Cet Arrest est rapporté par Brodeau *num.* 9. & sur Monsieur Loüet lettre D. nombre 63.

17. Celuy qui a remboursé un créancier privilegié, ou qui a prêté de l'argent au debiteur pour rembourser un créancier privilegié avec stipulation de subrogation, exerce les droits de ce créancier, surquoy le lecteur pourra voir ce que nous avons dit de la cession des droits & des subrogations sur l'article 108.

18. Il étoit de tres-grande consequence pour le public, que les Offices fussent susceptibles d'hypotheques, & que les deniers provenans de la vente d'iceux fussent distribuez entre les créanciers hypothequaires selon l'ordre de leurs hypotheques; parce qu'il n'est pas difficile à un debiteur qui se voit obeté & insolvable, d'emporter partie du prix de sa Charge en supposant des créanciers sous simples cedules & obligations, faites aprés que tous ses biens sont dissipez, & qu'il n'a pas dequoy payer ses créanciers hypothequaires.

Il est à propos de rapporter en ce lieu tout au long l'Edit du Roy pour la vente des Offices des Comptables, & la distribution du prix d'iceux; & l'autre Edit qui concerne la vente des autres Offices, & la distribution du prix d'iceux.

Edit du Roy, portant Reglement pour les hypotheques de sa Majesté sur les biens des Officiers Comptables, & pour les procedures dans les Cours des Aydes pour la vente des Offices, & distribution du prix d'iceux.

Du mois d'Août 1669.

19. LOUYS par la grace de Dieu, Roy de France & de Navarre : A tous presens & à venir, Salut : La connoissance que nous avons de l'état de nos Finances par l'application que nous y avons donnée, Nous a fait remarquer, que les Ordonnances des Rois nos Predecesseurs ont tres-sagement pourvû aux moyens de prevenir le divertissement de nos deniers, que les Officiers Comptables, Fermiers, & autres qui en ont le maniment, employent souvent en acquisition de meubles, de charges, de maisons & de terres; & bien que nous puissions prétendre avoir non seulement un privilege, mais aussi un droit de suite, & de proprieté sur ces acquisitions : Néanmoins comme la discussion ne s'en fait qu'avec beaucoup de longueurs & de frais, il s'en tire fort peu d'avantage pour nos affaires, tant par l'incertitude des preferences qui nous appartiennent, que le relâchement des temps a rendu arbitraires dans les differentes Cours qui en connoissent; que par l'intervention des femmes frauduleusement separées de leurs maris, & par des formalitez & des délais inutiles qui consomment une partie du prix, éloignent la restitution qui nous est dûë, & le payement des créanciers legitimes : C'est ce qui nous a fait resoudre de renouveller l'ancienne disposition du Droit & de l'Ordonnance, pour conserver le privilege de nos deniers, & les droits des particuliers sur les meubles, Offices & Immeubles des Comptables, prevenir l'abus des separations simulées des femmes, & retrancher les procedures inutiles dans la vente judiciaire des Offices. A CES CAUSES, de l'avis de nôtre Conseil, de nôtre certaine science, pleine puissance & autorité Royale, Nous avons dit, declaré & ordonné, & par ces Presentes signées de nôtre main, disons, declarons & ordonnons, voulons & nous plaît ce qui ensuit :

Article I. Que Nous aurons la preference aux créanciers des Officiers Comptables, Fermiers generaux & particuliers, & autres ayans le maniment de nos deniers qui nous seront redevables, tant sur les deniers comptans, que sur ceux qui proviendront de la vente des meubles & effets mobiliaires sur eux saisis, sans concurrence, ni contribution, nonobstant toutes saisies précedentes, à l'exception néanmoins des frais funeraires, de justice, & autres privileges, des droits du Marchand qui reclame sa marchandise dans les délais de la Coûtume, & du proprietaire des maisons des Villes sur les meubles qui s'y trouveront pour six mois de loyer.

II. La même preference nous sera conservée, même auparavant le vendeur sur le prix de l'Office Comptable, & droits y annexez, du chef & exercice duquel il nous sera dû, soit pour debets de clair, debets de quittances, souffrances, & supercessions converties en radiations, ou pour quelque autre cause que ce soit procedant de l'exercice.

III. Nous entendons aussi avoir privilege sur le prix des immeubles acquis depuis le maniment de nos deniers, néanmoins aprés le vendeur & celuy dont les deniers auront été employez dans l'acquisition, & dont il sera fait mention sur la minute & expedition du contrat : ce que Nous voulons avoir lieu à l'égard des Offices de toute nature, nonobstant toutes Coûtumes & usages contraires, ausquels nous avons dérogé & dérogeons.

IV. Sur les immeubles acquis avant le maniment de nos deniers, Nous aurons hypotheque du jour des provisions des Offices Comptables, des Baux de nos Fermes, ou des Traites & des Commissions; & sur les Offices non Comptables, ou Offices Comptables, du chef desquels il ne Nous sera pas dû, aprés le vendeur & celuy qui justifiera d'un employ comme dessus, Nous entrerons en contribution sur le reste du prix avec les autres créanciers, même les opposans au sceau, encore qu'il n'y eût aucune opposition faite en nôtre Nom au sceau des Provisions.

V. Voulons tout ce que dessus avoir lieu, nonobstant les oppositions, & actions des femmes separées de leurs maris, à l'égard des meubles trouvez dans la maison d'habitation du mary, qui n'auront appartenu à la femme avant le mariage, même sur le prix des immeubles acquis par elle depuis la separation, s'il n'est justifié que les deniers employez en l'acquisition luy appartiennent legitimement.

VI. Voulons que les biens immeubles des Comptables qui se trouveront redevables envers Nous & leurs Offices de toute nature qui seront saisis réellement, soient decretez, adjugez, & l'ordre & distribution du prix fait en nos Cours des Aydes séantes és Villes où nos Chambres des Comptes sont établies, & dans le ressort desquelles le Comptable aura exercé.

VII. Nos Cours des Aydes pourront évoquer de toutes nos autres Cours & Juges, les saisies & criées faites à la requête des créanciers particuliers des Comptables qui nous seront redevables, aprés avoir subrogé aux poursuites nos Procureurs Generaux ; Nous reservant néanmoins de faire adjuger en nôtre Conseil, les Offices d'aucuns Comptables, ainsi qu'il sera par Nous ordonné.

VIII. Tout créancier saisissant les biens immeubles, & Offices d'un Comptable, sera tenu dans un mois aprés la saisie, la faire signifier à nôtre Procureur General en la Cour des Aydes, & retirer son consentement par écrit sur l'original des Saisies pour les continuer, au cas que le saisi ne nous soit point redevable, à peine de nullité de l'adjudication.

IX. Abrogeons l'usage des criées, & adjudications à la Barre, pardevant un Conseiller de nos Cours, des Offices de toute nature saisis sur les Comptables : Voulons que l'adjudication en soit faite l'Audience tenant, aprés trois publications.

X. La saisie réelle des Offices sera signifiée aux personnes ou domicile de la partie saisie, par Exploit au bas de la saisie qui contiendra l'assignation en nos Cours des Aydes, afin de passer leur procuration pour resigner, sinon voir dire, que l'Arrest vaudra procuration, pour sur iceluy, & faute de payement des causes de la saisie, être procedé à l'adjudication.

XI. Les saisies réelles & assignations seront registrées és Registres du Contrôle des Exploits du Commissaire aux saisies réelles, & des Greffes de nos Cours des Aydes.

XII. Si la partie saisie n'allegue moyens legitimes pour empêcher la vente, elle sera ordonnée par Arrest qui sera rendu dans le délay de la distance du lieu de l'exercice de l'Office, suivant les formalitez prescrites par nôtre Ordonnance du mois d'Avril 1667. & sera l'Arrest, soit par défaut ou contradictoire, signifié à la personne ou au domicile du saisi, ou de son Procureur s'il en a constitué.

XIII. L'affiche qui sera prise en vertu de l'Arrest, contiendra le nom, & l'élection du domicile du poursuivant, la datte de l'Arrest, le jour, & le lieu auquel l'adjudication sera faite sans remise, le titre de l'Office saisi avec les gages & droits y attribuez, le nom & la qualité du saisi, & les causes de la saisie.

XIV. L'affiche sera signifiée aux personnes & domicile du saisi & des opposans, ou de leur Procureur s'ils en ont constitué, & apposée aux panonceaux de nos Armes, par l'un de nos Huissiers ou Sergens ; Sçavoir dans les Villes où nos Cours des Aydes auront leur séance, és jours de marché, à la principale place publique, & és jours d'Audience, & avant qu'elle soit oüverte, aux portes & principales entrées, Chambres d'Audience & aux Barres de nos Cours, & dans les Villes où s'exerce l'Office saisi, aux jours de marché dans la place publique, & à la principale entrée du lieu où se fait l'exercice, à la porte du domicile du saisi, & de la Justice Royale des lieux ; & encore pour les Offices Comptables, à l'entrée de nos Chambres des Comptes, & le Dimanche suivant és portes des Eglises Parroissiales des lieux, Cours & Jurisdictions cy-dessus, avant le commencement des Messes Parroissiales, & le tout ensuite enregistré au Controlle des Exploits.

XV. Les affiches seront publiées par trois Dimanches de quatorzaine en quatorzaine consecutifs, aux Prônes des grandes Messes Parroissiales, par les Curez ou leurs Vicaires qui y seront contraints par saisie de leur temporel, & à leur refus par les Huissiers ou Sergens, aux portes de l'Eglise, & à l'issuë des grandes Messes, en presence des Parroissiens.

XVI. Au jour designé par l'affiche sera procedé à l'adjudication pure & simple de l'Office en l'Audience de nos Cours, sans aucune remise, sinon pour cause legitime & du consentement du poursuivant.

XVII. Toutes personnes pretendans droits, part ou portion aux Offices, gages & droits y attribuez, seront tenus de former leur opposition aux Greffes de nos Cours, en fournir les causes, & donner copie des pieces justificatives au Procureur du poursuivant, dans la veille du jour indiqué pour l'adjudication, autrement l'opposition ne sera reçuë, sauf à se pourvoir par opposition, afin de conserver sur le prix.

XVIII. Les oppositions sur le prix pourront être reçuës pendant le cours des publications & seulement dans la quinzaine aprés l'adjudication, passé lequel temps, encore que le decret ne fût scellé, aucune opposition ne sera reçuë, & sera l'ordre instruit par un seul appointement à produire, & contredire de huitaine en huitaine, sans forclusion ni déplacer, & le prix de l'adjudication distribué, ainsi qu'il sera ordonné par nos Cours.

XIX. Sur le prix des Offices de Receveurs des Tailles, le Receveur general en exercice au temps de la saisie, sera colloqué par preference, pour les parties revenantes à la recepte generale, si ce n'est que pour les parties des années precedentes on justifie des diligences bonnes, valables & continuës, par emprisonnement, saisie réelle des immeubles, ou autres contraintes : auquel cas le prix sera distribué par contribution, & à proportion de ce qui sera dû pour chacune année.

XX. La premiere moitié des parties revenantes à la recepte generale, même des années precedentes, moyennant les diligences cy-dessus, sera payée par préference à la premiere moitié des charges, aprés laquelle sera la derniere moitié de la partie de la recepte generale colloquée par preference à la seconde moitié des charges.

XXI. Les gages & droits des Eleus & autres charges des Receptes des Tailles, ne pourront être colloquées que pour l'année courante & la precedente, s'il n'est justifié de bonnes diligences faites par saisies, executions & contraintes.

XXII. Voulons le contenu és trois articles cy-dessus avoir lieu sur le prix des Offices des Receveurs generaux des Finances, tant pour la partie revenante à nôtre Tresor, que pour les charges des Receptes generales.

XXIII. Les sommes pour lesquelles Nous serons utilement colloquez, seront par le Receveur des Consignations payées & délivrées, sans frais ni aucun droit de Consignation, au Garde de nôtre Tresor Royal, ou autre nôtre Officier Comptable qui en devra faire la recepte.

XXIV. Voulons tout ce que dessus être gardé, observé, & executé, nonobstant tous usages, Coûtumes, dispositions & Ordonnances contraires, ausquelles nous avons dérogé & dérogeons. Si donnons en Mandement à nos Amez & Feaux Conseillers les Gens tenans nôtre Chambre des Comptes & nôtre Cour des Aydes à Paris ; que ces Presentes ils ayent à faire lire, publier & registrer, & le contenu en icelles faire observer sans y contrevenir : Car tel est nôtre plaisir. Et afin que ce soit chose ferme & stable à toûjours, Nous avons fait mettre nôtre Seel à cesdites Presentes. Donné à saint Germain en Laye au mois d'Août l'an de grace 1669. Et de nôtre Regne le vingt-septiéme. Signé, Loüis, & plus bas, par le Roy, Colbert. Et à côté : *Visa*, Seguier.

Lû, publié, & registré en la Chambre des Comptes, oüy, & ce requerant le Procureur general du Roy, de l'ordre de sa Majesté, porté par Monsieur son Frere Unique, Duc d'Orleans, venu exprés en la Chambre, assisté du sieur du Plessis-Praslin, Maréchal de France, & des sieurs Daligre, & de Séve Conseillers d'Estat, le treiziéme jour d'Aoust 1669. Signé, Richer.

Lû, publié, & registré du tres-exprés commande-

ment du Roy, porté par Monsieur le Prince de Condé, premier Prince du Sang, assisté du sieur de Grancé Maréchal de France, & des sieurs Pussort, Conseiller ordinaire du Roy en ses Conseils, & Hotman, Conseiller du Roy en ses Conseils, Maître des Requêtes ordinaire de son Hôtel, & Intendant des Finances : Oüy, & ce requerant son Procureur General, pour être executé selon sa forme & teneur ; & ordonné que copies collationnées à l'original seront envoyées ès sieges des Elections, Greniers à Sel, & autres du ressort de la Cour, pour y être pareillement lûës, publiées & regiftrées. Enjoint aux Substituts dudit Procureur General du Roy esdits sieges, de faire toutes requisitions & diligences pour ce necessaires, qui seront tenus d'en certifier au mois. A Paris, en la Cour des Aydes, les Chambres assemblées, le treiziéme jour d'Aoust mil six cens soixante-neuf. Signé, Boucher.

Collationné à l'Original par moy Conseiller Secretaire du Roy, Maison, Couronne de France, & de ses Finances.

Edit du Roy, portant Reglement pour la vente des Offices, & la distribution du prix d'iceux.
Du mois de Février 1683.

LOUIS par la grace de Dieu, Roy de France & de Navarre : A tous presens & à venir, Salut. Bien que les droits des créanciers opposans au Sceau sur le prix provenant de la vente des Offices, pour être payez preferablement à tous autres créanciers non opposans au Sceau, soient établis de tout tems par les Arrests de nôtre Conseil, & que cette Jurisprudence ait été suivie quasi par toutes nos Cours ; Néanmoins quelques autres de nosdites Cours ont rendu des jugemens contraires, qui ont obligé les parties à se pourvoir en nôtre Conseil pour y demander la cassation desdits Arrests, & même de faire encore de nouveaux frais pour faire proceder à de nouvelles distributions du prix desdites Charges ; Et d'ailleurs, il y a tous les jours une infinité de procés entre nos Sujets en plusieurs Jurisdictions sur la distribution des deniers provenans du prix desdits Offices, ou par ordre d'hypotheque, ou par contribution, ou suivant les saisies, selon les differentes Coûtumes des lieux. A quoy voulant pourvoir & établir à cet égard une loy certaine & uniforme pour le bien & l'avantage de nos Sujets ; d'autant plus que le prix des Charges fait à present la principale partie du bien de plusieurs familles ; Sçavoir faisons, que Nous pour ces causes & autres à ce Nous mouvans, de l'avis de nôtre Conseil, & de nôtre certaine science, pleine puissance, & autorité Royale, avons dit, statué & ordonné, disons, statuons & ordonnons par ces Presentes signées de nôtre main, voulons & nous plaît ce qui ensuit :

I.

Que les créanciers opposans aux Sceau & expedition des provisions des Offices seront preferez à tous autres créanciers qui auront obmis de s'y opposer, quoique privilegiez, & même à ceux qui auront fait saisir réellement les Offices, ou seroient opposans à la saisie réelle.

II.

Les Directeurs valablement établis par les créanciers de l'Officier, pourront s'opposer au Sceau audit nom de Directeurs, & conserveront les droits de tous lesdits créanciers.

III.

Entre les créanciers opposans au Sceau, les privilegiez seront les premiers payez sur le prix des Offices, aprés les privilegiez acquittez, les hypothequaires seront colloquez sur le surplus dudit prix, selon l'ordre de priorité ou posteriorité de leur hypotheque ; Et s'il en reste quelque chose aprés que les créanciers privilegiez & hypothequaires opposans au Sceau auront entierement été payez, la distribution s'en fera par contribution entre les créanciers chirographaires opposans au Sceau.

IV.

Si aucun des créanciers ne s'est opposé au Sceau, ou si tous les créanciers opposans au Sceau étant payez, il reste une partie du prix à distribuer, la distribution s'en fera : Premierement, en faveur des créanciers privilegiez, ensuite au profit des créanciers hypothequaires, suivant l'ordre de leurs hypotheques, le surplus sera distribué entre tous les autres créanciers par contribution, sans avoir égard à aucunes saisies des deniers faites ès mains de l'acquereur de l'Office du Receveur des Consignations ou autre dépositaire du prix d'iceluy, ni à la saisie réelle & oppositions, dont les frais de poursuites seulement seront remboursez par preference.

V.

Aprés la saisie réelle enregistrée, le Titulaire de l'Office ne pourra traiter qu'en presence des saisissans & opposans, si aucuns y a, ou eux dûëment appellez, & le traité fait par l'Officier sera nul, quoique les oppositions ne fussent que pour conserver, & non au titre, si ledit traité n'est homologué avec les créanciers.

VI.

Le créancier qui aura saisi réellement l'Office, sera tenu de faire enregistrer la saisie réelle au Greffe du lieu d'où dépend & où se fait la principale fonction de la Charge, quand même l'adjudication seroit poursuivie en une autre Jurisdiction, & six mois aprés ledit enregistrement signifié à la personne ou domicile de l'Officier, quand il sera d'une Compagnie superieure, & trois mois à l'égard de l'Officier d'une Compagnie subalterne, & de tout autre, le créancier pourra faire ordonner, que le Titulaire de l'Office sera tenu de passer procuration *ad resignandum* de ladite Charge ; sinon, que le jugement vaudra procuration, pour être procedé à l'adjudication, aprés trois publications qui seront faites de quinzaine en quinzaine aux lieux accoûtumez, & même au lieu où la saisie réelle aura été enregistrée.

VII.

Aprés les trois publications, il sera encore donné deux remises de mois en mois avant que de proceder à l'adjudication de ladite Charge.

VIII.

Quand il aura été ordonné par un jugement contradictoire, ou rendu partie dûëment appellée, dont il n'y aura point d'appel, ou qui aura été confirmé par Arrest, que le Titulaire de l'Office sera tenu de passer procuration *ad resignandum*, sinon, que le jugement vaudra procuration, l'Officier demeurera de plein droit interdit de la fonction de sa Charge, trois mois aprés la signification dudit jugement faite à personne ou domicile dudit Officier, & au Greffe du lieu d'où dépend & où se fait la principale fonction de la Charge saisie, & ce en vertu dudit jugement, sans qu'il puisse être reputé comminatoire, ni qu'il en soit besoin d'autre, & sans que les Juges pour quelques causes que ce soit puissent proroger ou renouveller ledit délay.

IX.

L'adjudication faite en Justice, & la Sentence ou Arrest, portant que l'Officier sera tenu de passer procuration *ad resignandum*, sinon, que ledit jugement vaudra procuration au cas où il ne sera besoin d'adjudication, tiendront lieu de la procuration de l'Officier, & seront en consequence les lettres de provisions expediées.

X.

Ce qui regarde la preference des créanciers opposans au Sceau sur ceux qui ont obmis de s'opposer, sera executé, tant pour le passé que pour l'avenir, la distribution du prix des Offices par ordre d'hypotheque entre les créanciers hypothequaires aura lieu à l'égard des Charges qui seront venduës aprés la datte des Presentes, soit par contrat volontaire ou par autorité de Justice ; & la forme de proceder à la vente des Charges sera observée seulement à l'égard des Charges qui seront saisies depuis la datte de nôtre present Edit, lequel nous voulons être executé, nonobstant le contenu en la Coûtume de Paris, même l'article quatre-vingt-quinze, & toutes autres Coûtumes, Stils & Ordonnances, ausquelles nous avons expressement dérogé & dérogeons par cesdites Presentes.

XI.

N'entendons néanmoins comprendre au present Edit les Offices comptables, à l'égard desquels Voulons que celuy du mois d'Août 1669. soit executé, tant pour la forme de proceder à la vente, que pour le jugement de l'ordre & distribution du prix. Si donnons en Mandement, à nos amez & feaux Conseillers les gens tenans nôtre Cour des Aydes à Paris, que ces Presentes ils ayent à faire lire, publier & enregistrer, & le contenu en icelles entretenir & faire entretenir, garder & observer, sans y contrevenir, ni souffrir qu'il y soit contrevenu en quelque sorte & maniere que ce soit : Car tel est nôtre plaisir. Et afin que ce soit chose ferme & stable à toûjours, Nous avons fait mettre nôtre scel à cesdites Presentes. Donné à Versailles au mois de Février, l'an de grace 1683. Et de nôtre regne le quarantiéme. Signé, Loüis, *& plus bas*, Par le Roy, Colbert, *Visa*, le Tellier. Et scellées du grand Sceau de cire verte.

Registrées en la Cour des Aydes, oüy, & ce requerant le Procureur General du Roy, pour être executées selon leur forme & teneur. A Paris, les Chambres assemblées, le dixiéme jour de May mil six cens quatre-vingt-trois. Signé, Dumolin.

Observation à faire sur le precedent Edit du mois de Février 1683.

CEt Edit du mois de Février 1683. qui a été registré en la Cour des Aydes, de deux articles de plus qu'au Parlement, a rendu inutile la disposition de cet article 95. de nôtre Coûtume, & en l'article premier, il a reglé la question, si celuy qui a fait saisir réellement, est tenu s'opposer au Sceau ; & si faute d'opposition il perd son privilege ou son hypotheque. Elle s'étoit presentée en la Cour des Aydes dans cette espece ; un créancier avoit fait saisir réellement l'Office de son debiteur, & en avoit poursuivi les criées jusqu'au congé d'adjuger inclusivement : ayant manqué de s'opposer au Sceau aux provisions d'un tiers acquereur, sur la question, s'il perdoit son hypotheque sur l'Office, ou si elle étoit conservée par sa saisie réelle, par Arrest du 2. Août 1673. rapporté dans le Journal du Palais, il a été jugé en faveur de ce créancier ; il y avoit des raisons assez fortes de part & d'autre, qui furent fort bien expliquées à la Cour par Monsieur l'Avocat General du Bois, dont les Conclusions furent suivies ; & fut ordonné qu'il seroit procedé à la reception de l'Officier, à la charge de l'opposition de celuy qui avoit saisi l'Office, sur les deniers procedans de la vente d'iceluy : il y avoit plusieurs circonstances particulieres dans le fait, qu'on peut voir dans ce Journal.

Il faut encore remarquer touchant cet Edit du mois de Février 1683. que le Mardy 12. Août 1698. en la premiere de la Cour des Aydes, suivant les Conclusions de Monsieur des Haguais de Gueritot, Avocat General, il a été ordonné qu'il seroit procedé à la vente & adjudication de l'Office de Receveur des Tailles de Niort, sur l'enchere de trente mille livres, faite par Catherine le Duc, partie de Maître Mariauchau, opposante au Sceau comme créanciere de Chastan ancien titulaire, nonobstant les provisions dudit Office obtenuës par Garnier, partie de Maître de Ruë ; ainsi la Cour a jugé que lorsqu'un Office comptable est saisi réellement & la saisie réelle enregistrée, le contrat de vente en doit être homologué avec les créanciers opposans au Sceau, sinon que les créanciers pourront encherir aprés les provisions obtenuës sans leur participation.

Quoique Catherine le Duc fût créanciere privilegiée, elle ne s'étoit point opposée au titre.

Cet Arrest juge que cet article 11. de l'Edit ne met point de difference entre les Offices saisis réellement, soit comptables ou non comptables ; & que si cet article de l'Edit y met quelque difference, ce n'est pas pour le cas de cet Arrest.

Declaration du Roy, servant de Reglement general pour l'Hypotheque que le Roy pretend avoir sur les Offices non comptables, & sur les Rentes appartenantes à ses Officiers Comptables, & des oppositions qui peuvent y être formées pour ce qu'ils se trouveront redevables.

Du 5. Juillet 1689.

LOUIS, PAR LA GRACE DE DIEU, ROY DE FRANCE ET DE NAVARRE : A tous ceux qui ces presentes Lettres verront, SALUT. Par nôtre Edit du mois d'Août 1669. nous avons declaré que nous conservions nôtre hypotheque sur les Offices non comptables appartenans à nos Officiers comptables, Fermiers & autres ayant le maniement de nos deniers, encore qu'il n'y eût aucune opposition faite en nôtre nom au Sceau des Provisions : Et par nôtre Declaration du 4. Novembre 1680. nous avons ordonné que pour purger nôtre privilege & hypotheque sur les rentes constituées par Nous sur nos fermes & revenus appartenans aux comptables, les acquereurs seroient tenus d'en faire signifier les Contrats d'acquisition à nos Procureurs Generaux en nos Chambres des Comptes, dans le ressort desquelles lesdites rentes sont situées, & de retirer leur consentement avant l'expedition des Lettres de ratification, lesquels nosdits Procureurs Generaux ne pourroient donner qu'au cas que les Comptables alors ou leurs auteurs ne nous fussent point redevables, & eussent rendu, apuré & fait passer leurs comptes à la correction, à peine d'en répondre en leur propre & privé nom : depuis lesquelles dispositions la plûpart de nos Sujets font difficulté d'acquerir lesdits Offices ou rentes appartenantes ausdits Comptables, tant à cause des longueurs & des frais des decrets qu'ils croyent être obligez d'en faire faire en nos Cours des Aydes pour purger nôtre hypotheque, que du refus que font nos Procureurs Generaux de donner leur consentement pour le défaut de correction des comptes ; ce qui prive lesdits Comptables & autres du secours qu'ils peuvent tirer de la vente desdits Offices & rentes dans la necessité de leurs affaires : Toutes lesquelles difficultez nous avons jugé à propos de lever pour rétablir le commerce & la vente desdits Offices & rentes, soûtenir le credit desdits Comptables, Fermiers & autres ayant le maniement de nos deniers, leur donner moyen de s'aider du prix desdites rentes & Offices, & donner aux Acquereurs toute la seureté qu'ils peuvent desirer. A CES CAUSES, & autres à ce mouvans, de l'avis de nôtre conseil & de nôtre certaine science, pleine puissance & autorité Royale, Nous avons dit, declaré & ordonné, & par ces Presentes signées de nôtre main, disons, declarons, ordonnons, voulons & nous plaît,

ARTICLE I.

Qu'à l'avenir ceux qui acquereront d'un Comptable, Fermier ou autres ayant le maniement de nos deniers, des Offices non comptables ou rentes sur nous, seront tenus de signifier le Contrat d'acquisition à nos Procureurs Generaux de nos Chambres des Comptes & Cour des Aydes, dans le ressort desquelles lesdits Offices s'exercent, & les rentes sont payées, pour dans la quinzaine aprés lesdites significations former par nosdits Procureurs Generaux leurs oppositions sans frais és mains du Garde des Rôles, ou du Conservateur des hypotheques, ou donner leur consentement à l'expedition des Lettres de provision desdits Offices ou des Lettres de ratifications desdites rentes, sinon aprés ledit temps de quinzaine sur le certificat du Garde des Rôles, ou du Conservateur des hypotheques, portant qu'il n'y a aucunes oppositions, lesdites Lettres de provisions ou de ratification seront scellées purement & simplement, sous le contrescel desquelles seront attachées lesdits contrats, signification & certificat.

II.

Les oppositions seront libellées, & ne pourront être faites que pour la reddition des Comptes, dont le Vendeur & les précedens Propriétaires desdits Offices & rentes peuvent alors être tenus pour les Charges subsistantes sur les comptes rendus par le Vendeur ou les précedens Propriétaires desdits Offices & rentes, ou pour les condamnations intervenuës contre eux à nôtre profit en nosdites Chambres des Comptes & Cour des Aydes, ou par Arrests rendus en nôtre Conseil, & Rôles arrêtez en iceluy; & seront les contestations sur lesdites oppositions reglées & jugées sommairement sur simples Requêtes respectives en nos Chambres des Comptes, ou en nôtre Cour des Aydes, ou en nôtre Conseil, s'il y échoit.

III.

S'il n'y a alors aucuns comptes à rendre par le Vendeur ou par les précedens Propriétaires desdits Offices & rentes, aucunes dettes ni charges sur les comptes rendus, ni aucune condamnation à nôtre profit, nos Procureurs Generaux donneront leur consentement, encore que les comptes n'ayent été corrigez, lequel demeurera attaché sous le contrescel desdites Provisions ou Lettres de ratification; sans qu'ils demeurent responsables envers nous desdits consentemens, dont nous chargeons leur honneur & conscience.

IV.

Declarons que les Offices non comptables ou rentes venduës en la maniere cy-dessus ne pourront être tenuës ni hypothequées à plus grandes charges & sommes que celles portées par lesdites oppositions libellées; & qu'aprés le consentement de nos Procureurs Generaux, ou aprés que lesdites Lettres auront été scellées sans aucune opposition de leur part, lesdits Offices & rentes ne seront plus sujettes à nos privileges & hypotheques, & que ceux qui les auront acquis ne pourront être troublez ni inquietez de nôtre part pour quelque cause & pretexte que ce soit dans la possession & joüissance desdits Offices & rentes.

V.

Voulons au surplus que nos Edits du mois d'Août 1669. & Declaration du 4. Novembre 1680. en ce qui ne se trouvera contraire à ces Presentes, soient executez selon leur forme & teneur. SI DONNONS EN MANDEMENT à nôtre tres-cher & feal le Sieur BOUCHERAT, Chevalier, Chancelier de France, que ces Presentes il fasse lire, publier, le Sceau tenant, & registrer és Registres de l'Audience de la Chancellerie de France, pour être executées selon leur forme & teneur. Comme aussi mandons à nos amez & feaux Conseillers, les Gens tenans nos Chambres des Comptes & Cour des Aydes à Paris, que ces Presentes ils ayent à faire lire, publier & registrer, & le contenu en icelles garder & observer sans y contrevenir, ni permettre qu'il y soit contrevenu en quelque sorte & maniere que ce soit: CAR tel est nôtre plaisir. En témoin de quoy nous avons fait mettre nôtre Scel à cesdites Presentes. DONNE' à Versailles le cinquiéme jour de Juillet, l'an de Grace 1689. Et de nôtre Regne le quarante-septiéme. *Signé*, LOUIS: *Et plus bas*, Par le Roy, COLBERT.

Registré en la Chambre des Comptes, oüy & ce requerant le Procureur General du Roy, pour être executées selon leur forme & teneur, les Chambres assemblées, le 11. Juillet 1689.

Signé, RICHER.

Declaration du Roy concernant les formalitez qui doivent être observées dans la poursuite, & le jugement des oppositions au Sceau des Offices.

Du 17. Juin 1703.

LOUIS par la grâce de Dieu Roy de France & de Navarre: A tous ceux qui ces presentes Lettres verront, Salut. Nous avons par nôtre Edit du mois de Février 1683. ordonné entr'autres choses que les créanciers opposans au Sceau & expedition des provisions des Offices, seroient préferez à tous autres créanciers qui auroient obmis de s'y opposer: Quoique cette disposition ne fût pas nouvelle, & qu'elle se trouvât dés-lors établie par plusieurs Arrests, tant de nôtre Conseil que de nos Cours, Elle n'a pas laissé de recevoir plusieurs difficultez, particulierement dans les Provinces de nôtre Royaume, où l'on a accoûtumé de faire l'ordre, avant, ou en même temps que le decret, les créanciers colloquez par ces ordres qui ont eu par là une espece de droit acquis, ont cru n'avoir plus aucune autre diligence à faire, & ceux qui en consequence de ces collocations avoient touché le prix des Offices par les mains des Adjudicataires, ou des Receveurs des Consignations, ont pretendu être encore en plus forts termes, tout étant consommé à leur égard; quelques-unes de nos Cours l'ont même ainsi jugé en leur faveur, & & les ont dechargez des demandes en rapport contre eux intentées par d'autres créanciers qui s'étoient opposez au Sceau, posterieurement aux ordres, ce qui a servy de matiere à plusieurs instances formées en nôtre Conseil en cassation d'Arrests, & Nous a fait juger sur le compte qui Nous en a été rendu, qu'il étoit necessaire de prendre de nouvelles précautions pour assurer & faciliter l'execution de nôtre Edit du mois de Février 1683. même dans les cas où les ordres se font avant le Sceau des provisions; ensorte que ces précautions étant renduës publiques, les Parties puissent veiller à la conservation de leurs droits sur les Offices par les voyes que Nous avons établies; prevenir les surprises où elles pourroient tomber faute d'en être instruites; & éviter la multiplicité & les frais des procés & des nouvelles distributions du prix des Charges. A ces causes & autres à ce Nous mouvans, de nôtre certaine science, pleine puissance & autorité Royale, Nous avons par ces Presentes signées de nôtre main, dit, declaré & ordonné, disons, declarons & ordonnons, Voulons & Nous plaît,

PREMIEREMENT.

Que suivant nôtre Edit du mois de Février 1683. tous créanciers, même ceux qui auront été deleguez par le contrat de vente de l'Office, & ceux ausquels le debiteur l'aura abandonné pour le payement de leur dû, soient tenus de s'opposer au Sceau des Lettres de provisions pour la conservation de leurs droits.

II.

Pourront néanmoins les Directeurs valablement établis par les créanciers de l'Officier, s'opposer au Sceau pour la conservation des droits de tous les créanciers, conformément à l'Article II. de nôtre Edit du mois de Février 1683.

III.

Ordonnons que ceux qui se seront opposez, & dont les oppositions seront subsistantes dans le temps du Sceau des provisions, soient preferez à ceux qui ne se seront pas opposez, ou dont les oppositions ne se trouveront pas actuellement subsistantes audit temps, encore qu'ils eussent été colloquez anterieurement à eux par les ordres, & qu'ils eussent même reçû les deniers du prix de l'Office. Voulons à cet effet que les ordres qui en ont été, ou seront faits en Justice ou à l'amiable avant le Sceau des provisions, ne soient reputez que provisoires, & que les créanciers utilement colloquez ne puissent toucher leurs collocations qu'en donnant bonne & suffisante caution.

IV.

Défendons à nos Cours, & à tous nos autres Juges qui auront fait l'ordre avant l'adjudication de l'Office, ou le Sceau des provisions, d'en faire un second, aprés que lesdites provisions auront été scellées. Voulons que les contestations qui pourront survenir sur le défaut d'opposition au Sceau, entre les créanciers colloquez dans l'ordre, soient jugées à l'Audience. Faisons défenses de les appointer, à peine de nullité; & néanmoins en cas qu'il survienne plus de deux créanciers opposans au Sceau, qui n'ayent pas été colloquez dans l'ordre, les Juges pourront appointer les Parties à écrire & produire, s'ils le jugent necessaire, dont Nous chargeons leur honneur & conscience, & seront les Parties qui succomberont condamnées aux dépens en leur nom, sans que dans aucun des cas compris dans le present Article, les frais puissent être pris sur les deniers provenans du prix de l'Office.

V.

Voulons que conformément à l'Arrest de nôtre Conseil du 31. May 1631. les oppositions qui seront faites pour deniers au Sceau des provisions des Offices, demeurent nulles & sans effet aprés l'an expiré, à compter du jour qu'elles auront été signifiées aux Gardes des Rôles de nôtre Grande Chancellerie, & celles qui regardent le titre des Offices aprés six mois seulement, sauf à les renouveller aprés ledit temps expiré; & néanmoins avant le Sceau des provisions, declarons nulles toutes celles qui pourroient être formées ou réïterées aprés l'expedition des provisions.

VI.

Ordonnons que la vente des Offices saisis réellement sera poursuivie séparément de celle des autres biens du debiteur, même dans les cas des discussions generales qui se pratiquent en aucunes de nos Provinces, & au surplus sera nôtre Edit du mois de Février 1683. executé selon sa forme & teneur, derogeans à tous Usages, Loix & Coûtumes à ce contraires. Si donnons en mandement à nos amez & feaux Conseillers, les Gens tenans nos Cours de Parlement & des Aydes à Paris, que ces Presentes ils ayent à faire lire, publier & registrer, & icelles faire garder & observer sans y contrevenir, ni souffrir qu'il y soit contrevenu en quelque sorte & maniere que ce puisse être: Car tel est nôtre plaisir. En témoin de quoy Nous avons fait mettre nôtre Scel à cesdites Presentes. Donné à Versailles le 17. Juin, l'an de grace 1703. & de nôtre Regne le soixanteuniéme. Signé, LOUIS; *Et plus bas*, Par le Roy, PHELYPEAUX. Et scellé du grand Sceau de cire jaune.

Registrées, oüy, & ce requerant le Procureur General du Roy, pour être executées selon leur forme & teneur, & copies collationnées envoyées aux Bailliages & Senéchaussées du Ressort, pour y être lûës, publiées & registrées. Enjoint aux Substituts du Procureur General du Roy d'y tenir la main, & d'en certifier la Cour dans un mois, suivant l'Arrest de ce jour. A Paris en Parlement le 28. Juin 1703. Signé, DONGOIS.

Registrées en la Cour des Aydes, oüy & ce requerant le Procureur General du Roy, pour être executées selon leur forme & teneur. A Paris, les Chambres assemblées, le 9. Juillet 1703. Signé, ROBERT.

OBSERVATIONS DE MONSIEUR ***.

Sur l'Article XCV.

SOMMAIRE.

1. *Article 95. changé.*
2. Office venal, *que signifie.*
3. *Offices peuvent estre saisis.*
4. *Immeubles fictifs par la loy peuvent estre saisis.*
5. *Si les Offices sont sujets à retrait.*
6. *Si en cas de donation testamentaire ils sont sujets aux reserves coûtumieres.*
7. *S'ils sont sujets au doüaire.*
8. *Ils sont propres de communauté.*
9. *Si l'Office étant acquis pendant la communauté, le mary peut le conserver aprés le décés de sa femme.*
10. *S'il est propre en succession.*

11. *S'il est sujet à l'hypotheque.*
12. *Opposans au Sceau preferez.*
13. *Privileges sur l'Office conservez à ceux à qui ils sont accordez.*
14. *Quid, des Charges de la Maison du Roy.*
15. *Offices domaniaux sont veritables immeubles.*
16. *Créanciers pour le debet de la Charge sont privilegiez.*
17. *Le Roy pour les debets, & les particuliers pour les gages à prendre sur les Comptables, sont privilegiez.*

NOus avons redigé cet article en la maniere qui suit ;

1. *Office venal est reputé immeuble, & peut être saisi réellement auparavant que la resignation du titulaire ait été admise, & les provisions expediées au profit d'un tiers : mais les deniers qui proviendront de la vente judiciaire ou volontaire, seront distribuez au sol la livre aux créanciers opposans au Sceau, aprés que les créanciers privilegiez opposans auront été payez.*

2. Sous ce mot, *Office venal*, tous les Offices possedez en vertu des provisions du Sceau, soit de Judicature ou autres, sont compris, parce qu'ils sont venaux, & même fixez par la Declaration du Roy.

Il n'y a de difficulté que pour les Offices dont on joüit, les provisions en blanc, sçavoir, s'ils sont meubles ou immeubles : plusieurs les tiennent meubles, à l'avenir cela sera inutile ; car on les a fait remplir, & celles qui ne le sont pas sont supprimées. Pour moy je les crois immeubles comme les autres, parce qu'ils approchent plus des domaniaux que des casuels, & que les casuels même sont reputez immeubles à present.

3. Que l'Office venal puisse être saisi réellement, il n'y a rien d'extraordinaire ; car les immeubles fictifs par la loy peuvent être saisi réellement comme les rentes constituées.

Il y a plusieurs differences entre l'Office & le veritable immeuble.

4. 1°. Comme l'Office n'est reputé qu'immeuble, il ne fait point de souche.

5. 2°. Il n'est point sujet à retrait.

6. 3°. Il peut être donné par donation à cause de mort & testementaire, sans que les heritiers des propres puissent prétendre les quatre quints.

7. 4°. Il n'est point sujet au doüaire, si ce n'est, *in subsidium*, tant pour le préfix que pour le coûtumier, pour venir à contribution comme créancier du doüaire préfix sur le prix ; ou pour avoir la moitié de l'Office pour le doüaire coûtumier, quand lors du mariage il n'y a point eu d'autres immeubles, ce qui est fort extraordinaire, & on pourroit & devroit plûtôt faire un capital de cette moitié à la femme qui luy serviroit comme de doüaire préfix, pour venir seulement à contribution ; ce qui sembleroit plus raisonnable que de donner à une femme la distraction de la moitié d'un Office, qui fait souvent tout le bien des familles.

8. Il n'est reputé immeuble qu'à l'effet de ne point entrer en communauté, & ainsi il est sujet à remploy comme d'un propre, quand il a été vendu pendant le mariage.

9. Il y a cela de particulier dans les Offices, que quand l'Office a été acquis pendant la communauté, la femme decedant la premiere, il ne se partage point ; le mary le peut conserver en remboursant la moitié de la somme qui a été prise dans la communauté pour en payer le prix, quand même elle vaudroit davantage lors de la dissolution.

10. Il est reputé immeuble, à l'effet d'appartenir aux heritiers des propres, & non aux heritiers des meubles.

Ces mots, *& a suite &c.* dans la Coûtume, sont fort obscurs, & ne s'entendent pas ; on n'a jamais oüy dire qu'un tiers détenteur d'une Charge eût été appellé en declaration d'hypotheque ; l'article nouveau que nous avons fait, est plus clair.

11. Ces mots, *judiciaire* ou *volontaire*, ont été mis, afin qu'il n'y eût point de difference pour la distribution du prix d'un Office, de quelque maniere que la vente en soit faite ; & pour retrancher les questions, si un saisissant réellement ou simple opposant conserve pour tous les opposans à la saisie réelle, ou s'il faut double opposition, l'une au decret & l'autre au sceau, celle du sceau étant necessaire & suffisante.

12. Ces mots, *opposans au Sceau*, terminent une infinité de procez ; parce qu'il n'y aura que les opposans au Sceau qui seront payez, à l'exclusion de ceux qui ne seront point opposans, & même le créancier qui aura saisi réellement doit s'opposer ; mais on tient que son opposition en qualité de poursuivant, sert à tous les opposans au decret.

13. Il est juste que le privilege soit toûjours conservé à ceux qui en ont le droit ; mais quoique privilegiez, ils doivent aussi s'opposer au Sceau, autrement ils ne toucheront pas leurs deniers ; & cela est bien reglé, parce que les Offices dépendent du Roy, & l'abus de la venalité ne doit pas faire changer leur nature.

14. Quant aux Charges de la Maison du Roy qui n'ont point de provisions ni cire, & qui perissent par mort, on juge à present qu'elles n'ont point de suite, & ne sont point sujettes aux hypotheques & aux doüaires ; ainsi elles ne sont point comprises, *in bonis*, ne se partagent point, ne sont point sujettes à rapport ; ce qui me paroît injuste, puisqu'elles sont venales, & font une grande partie du bien des familles.

15. Les Offices domaniaux hereditaires, dont il n'est point parlé dans cet article, ne sont point reputez immeubles, mais ils le sont veritablement ; ils se saisissent réellement, & les deniers se distribuent par ordre d'hypotheque, avec cette restriction, qu'il faut les considerer comme des domaines engagez pour la distribution des deniers du jour, & aprés le remboursement actuel.

16. Les créanciers pour le debet de la Charge sont privilegiez, même à l'exclusion des vendeurs ; parce que la Charge est le gage public.

17. Le Roy pour les debets, & les particuliers qui ont des gages à prendre sur les Comptables, nonobstant les provisions scellées, & l'Officier reçu, ont privilege sur les Charges des Comptables ; parce que le Roy ne donne point de privilege contre luy ; & que le Roy, comme les particuliers, a un privilege en cas de debets d'un Comptable sur la Charge, qui ne peut pas être plus grand, que de ne pas rendre un bon compte qui présuppose le divertissement des deniers.

CONFERENCE SUR L'ARTICLE XCV.

LEs Coûtumes suivantes ont une disposition semblable à cet article.

Bretagne, art. 212. & 425.

Normandie, art. 500.

Orleans, art. 485.

Auteurs sur l'Article quatre-vingt-quinziéme.

BObé, sur cet article.

Le Dictionnaire de M. Brillon, *verbo* hypotheque, nomb. 205. & suiv. & *verbo* Office.

De la Lande, sur la Coûtume d'Orleans, art. 485.

Basnage, sur Normandie, art. 514.

Bouguier, lett. G. nomb. 1. lett. O. nomb. 5. 6. 7. & lett. R. nomb. 13.

Ricard, en son Traité *des Donations*, part. 3. chapitre 9.

Mon Institution coûtumiere, tom. 1. liv. 2. §. 2.

Journal du Palais, Arrest du 15. Juillet 1672. Arrest du 1. Mars 1681. Arrest du 19. Juillet 1681. Arrest du 16. Février 1682. Arrest du 22. Juin 1683.

Journal des Audiences, tom. 4. liv. 1. chap. 5. tom. 4. liv. 8. chap. 7. & 10. tom. 5. liv. 4. chapitre 2. liv. 8. chap. 11.

Montholon, Arrest 111.

Chenu, Centur. 2. quest. 28. & 86. & quest. 118.

Auzanet, en ses Arrests, liv. 1. chap. 14. & 33.

Chopin, sur la Coûtume d'Anjou, liv. 3. chap. 2. tit. 2. nomb. 11. & 16. & sur celle de Paris, liv. 1. tit. 1. nomb. 33. liv. 3. tit. 3. nomb. 12.

De Lhommeau, sur la Coûtume d'Anjou, livre 2. art. 509. & liv. 3. folio 43. & suivans, & en ses Maximes, liv. 3. art. 15. & art. 383.

M. Le Maistre, *des Criées*, chap. 8. & 48.

Loyseau, *des Offices*, liv. 3. chap. 4. nomb. 26. chap. 5. nomb. 1. 41. & 54. chap. 6. nomb. 44. chap. 8. & 9. nomb. 6. 32. & suivans, & chap. 10. nomb. 16.

Servin, plaidoyé 90.

Le Bret, plaidoyé 47.

Peleus, quest. 6. 97. 128. & 152. & en ses actions, liv. 8. tit. 66. & liv. 6. tit. 35.

Corbin, en ses plaidoyez, chap. 7. & 103.

Loüet & Brodeau, *litt. D. num.* 3. *&* 63. *litt. E. num.* 2. *& litt. O. num.* 5.

M. Le Prestre, Cent. 1. chap. 78. Cent. 2. chap. 13. Cent. 3. chap. 60. & en ses Arrests de la cinquiéme, Arrest 184.

Bouguier, *litt. D. num.* 13. *& litt. O. num.* 3. 4. *&* 5.

Dufresne, en son Journal, liv. 1. chap. 112. & 113. & liv. 4. chap. 46.

Duplessis, Consultation 28. page 704.

Duret, dans son Alliance des Coûtumes, titre 13. page 326.

Duplessis explique cet article, titre *quels biens sont meubles*, liv. 2. chap. 5. p. 179.

TITRE IV.

TITRE QUATRIÉME.

DE COMPLAINTE EN CAS DE SAISINE ET DE NOUVELLETÉ, ET SIMPLE SAISINE.

SOMMAIRE.

1. Action, *ce que c'est.*
2. Action possessoire, *ce que c'est.*
3. Action petitoire, *ce que c'est.*
4. *Ces actions sont appellées*, interdits, *dans le Droit Romain.*
5. *Plusieurs especes d'interdits.*
6. *Utilité des actions possessoires.*
7. Possession, *ce que c'est.*
8. Possession naturelle, *ce que c'est.*
9. *Si celuy qui ne possede que naturellement, peut prescrire.*
10. Possession civile, *ce que c'est.*
11. *Effets de la possession civile.*
12. Possession réelle, *ce que c'est.*
13. *Comment on retient la possession civile.*
14. *Si l'action possessoire a lieu pour les meubles.*
15. Complainte en cas de saisine & de nouvelleté, *ce que c'est.*
16. Complainte, *que signifie ce mot.*
17. Saisine & nouvelleté, *ce que c'est.*
18. *Quel est l'effet de la complainte.*
19. *Si le petitoire se peut intenter avant le possessoire.*
20. *Si on peut venir au possessoire aprés le petitoire jugé.*
21. Reintegrande, *ce que c'est.*
22. Recréance, *ce que c'est.*
23. *Difference entre la complainte & la reintegrande.*
24. *A qui la recréance est accordée.*

CE titre étoit le troisiéme de l'ancienne Coûtume, auquel ces derniers mots, *& simple saisine*, ont été ajoûtez.

Il ne contient que trois articles :

Dans les deux premiers, il est traité de la complainte ; & dans le troisiéme, de la simple saisine.

Nous avons vû dans les trois Titres precedens les diverses especes de biens, nous verrons dans celuy-cy & dans le suivant les actions possessoires, personnelles & hypothequaires.

Durant que les possessoires precedent les personnelles, réelles & mixtes, il en est parlé dans ce titre 4.

Dans le Titre suivant, il est traité des personnelles & hypothequaires ou mixtes.

Mais pour l'intelligence des articles de ce Titre & du suivant, il est à propos de donner une idée sommaire de ces actions.

1. L'action est le droit de poursuivre en jugement ce qui nous est dû, ou ce qui nous appartient.

Cette définition comprend les actions possessoires & petitoires, personnelles, réelles & mixtes.

Il y a deux divisions principales des actions.

La premiere est, des actions personnelles, réelles & mixtes, dont il sera traité dans le Titre suivant.

La seconde est, des actions possessoires & petitoires. 2.

L'action possessoire est celle qui tend à conserver la possession d'une chose quand on y est troublé ; ou à la recouvrer, quand on en a été dépoüillé ; ou pour l'acquerir quand on ne l'a jamais eûë.

L'action petitoire est celle, par laquelle on poursuit la proprieté d'un fond, ou d'un droit réel dont est chargé un heritage, contre celuy qui en est possesseur. Et cette action est appellée *revendication.* 3.

Il n'est point parlé dans nos Coûtumes de l'action petitoire, parce que ce qui concerne cette action se regle suivant les principes & les regles de Droit, qui sont principalement dans le titre *de rei vindicat.* & celuy *de haredit. petitio. ff. & C.* c'est pourquoy nous n'en parlerons point en ce lieu, ayant traité cette matiere dans la Jurisprudence du Digeste & du Code, où je renvoye le Lecteur.

4. Les actions possessoires tirent leur origine du Droit Romain ; mais elles y sont traitées sous le titre d'interdits, qui étoient des Ordonnances, par lesquelles le Preteur ordonnoit ou défendoit quelque chose touchant la possession d'un heritage entre les parties ; ainsi appellées, parce que *inter duos litigantes à Pratore dicerentur*, *princip. Instit. de interdict.*

Mais ces Ordonnances ou formules n'étoient déja plus en usage au temps de Justinien, & tous les Jugemens étoient devenus extraordinaires, ainsi les interdits étoient des actions *in factum* extraordinaires, par lesquelles le demandeur concluoit nûëment & simplement, sans les formules qui étoient usitées auparavant, à ce qu'il fût reintegré dans sa possession, ou qu'il fût maintenu dans celle où il étoit.

5. Il y avoit plusieurs especes de ces interdits ou actions possessoires, traitées dans le livre 43. du Digeste, qui ne s'observent point en France, mais les principales sont l'action possessoire pour conserver la possession acquise, appellée *interdictum uti possidetis* ; l'action pour être reintegré dans la possession dont on a été chassé & expulsé par force & violence, appellé *interdictum Unde vi* ; & l'action pour acquerir la possession d'une chose, appellée *interdictum adipiscendæ possessionis.*

6. Ces trois actions sont observées en France ; l'interdit *uti possidetis* est appellé *complainte en cas de saisine & de nouvelleté* qui fait la matiere de ce titre : l'interdit *Unde vi*, est la réintegrande ; & l'interdit *adipiscendæ possessionis* est la récréance.

Ces actions ont été introduites pour empêcher la force & la violence, qui est contraire à l'équité ; & parce que la cause de la proprieté est separée de celle de la possession, & que la proprieté & la possession n'ont rien de commun ensemble, *l. naturaliter. §. nihil commune. ff. de acquir. possess. l. 1. ff. Uti possid.* dautant que le possesseur n'est pas toûjours proprietaire de la chose qu'il possede comme maître, ni le proprietaire toûjours possesseur.

Introducta fuere interdicta, quoniam nulla gravior existit controversia eâ, quâ de possessione contenditur, in qua plerumque res procedit ad cades & vulnera : ideo Prator ad illud impediendum, aquum esse existimavit, rem tanti momenti celeriter componere. Interdicta igitur possessionis aut quasi possessionis causam continent, futurumque de proprietate judicium praparant, ut nimirum sciatur quis actoris, quis rei partibus fungatur, & cui incumbat onus probandi.

Ainsi ces actions possessoires sont tres-avantageuses à ceux qui obtiennent gain de cause, parce qu'ils ne sont point contraints d'exhiber de titres, sur lesquels ils ont commencé leur possession, il suffit qu'ils justifient être possesseurs de la chose litigieuse, *l. ult. C. de rei vindicat. l. cogi. ff. de petit. haredit. l. ult. ff. quod met. cau. l. is qui. ff. de rei vindicat.*

L'Empereur dans le titre des interdits §. 4. rend la raison, pour laquelle on se sert des actions possessoires, en ces termes.

Quia longè commodius est & potius, possidere quàm petere ; ideo plerumque & ferè semper ingens existit contentio de ipsa possessione. Commodum autem possidendi in eo est, quòd etiamsi ejus res non sit, qui possidet, si modo actor non potuerit suam esse probare, remanet in suo loco possessio ; propter quam causam, cùm obscura sunt utriusque jura, contra petitorem judicari solet.

C'est pourquoy il est dit dans la Loy *cum te. C. de condict. ob. turp. caus.* que *in pari causa possessoris conditio melior habetur.* Ce qui est ainsi décidé dans plusieurs autres Loix, *nam actore non probante, reus absolvendus est, & in suo loco manet possessio. Vide l. in haredem. 5. §. 1. ff. de calumniat. l. justa. 2. ff. Uti possid. l. in pari. ff. de R. J.*

La possession est la détention d'une chose, ainsi appellée *quasi pedum positio* : & elle se divise en naturelle & en civile. 7.

La possession naturelle est, quand on possede ou détient une chose corporellement seulement, & non pas en qualité de maître d'icelle, celuy qui la possede sçachant bien qu'il n'en est pas le maître ou proprietaire, mais qu'il la tient pour & au nom d'un autre.

Ainsi le creancier possede le gage naturellement & corporellement, dautant qu'il n'a aucun titre de proprieté & qu'il le détient au nom de son debiteur. 8.

Pareillement celuy qui joüit d'un fonds par usufruit, ne le possede que naturellement & corporellement, & au nom seulement du proprietaire d'iceluy.

Et dautant qu'on ne peut prescrire qu'en possedant la chose en qualité de proprietaire d'icelle, il s'ensuit que celuy qui ne la possede que naturellement, ne la peut jamais prescrire. 9.

Ainsi le créancier ne peut jamais prescrire le gage qui luy a été mis entre les mains, par quelque temps qu'il l'ait en sa possession ; ni l'usufruitier la chose dont il joüit par usufruit ; ni le Fermier la chose qu'il a prise à ferme.

La raison est, que celuy qui ne possede que naturellement, ne possede pas à proprement parler, mais il est *in possessione* ; or on ne peut prescrire sans possession, *l. sine possessione. de R. J. in 6.*

La possession civile est, quand quelqu'un possede une chose croyant en être le maître & le proprietaire, quoiqu'en effet il ne le soit pas ; comme si j'ay acheté un fonds de celuy que j'en croyois le proprietaire, lequel cependant ne l'étoit pas, j'en suis le possesseur & non pas le proprietaire, quoique le titre de ma possession soit translatif de proprieté. 10.

La raison est, que celuy de qui je l'ay acheté, n'a pû transferer en ma personne plus de droit qu'il n'en avoit, *l. nemo. ff. de R. J.*

Elle est appellée *civile*, parce qu'elle produit des effets civils qui sont l'action possessoire pour être conservé en icelle ou y être réintegré, & la prescription, laquelle ne peut commencer sans possession civile, ainsi qu'il a été dit cy-dessus. 11.

La possession se divise encore en réelle ou actuelle, & artificielle. 12.

La réelle ou actuelle est celle qui a été prise de fait par détention corporelle du possesseur.

L'artificielle est celle qui est seulement faite par contrat & convention des parties, comme par précaire, ou constitut.

La possession civile requiert la possession réelle & actuelle, car la possession ne se peut proprement acquerir, que de corps & d'esprit conjointement ; c'est-à-dire, que pour avoir la possession d'une chose en qualité de maître, il faut être en possession naturelle d'icelle ; & de plus il faut la posseder *animo domini.*

Par exemple, on me met en possession d'un fonds que j'ay acheté, j'en prends la possession corporellement, & je la prends dans l'intention d'en être le maître, quoique je ne le sois pas, au cas que mon vendeur n'en fût pas le maître.

Ainsi je commence de la posseder *loco domini*, cette volonté jointe à la détention, me donne la faculté de prescrire, & de me servir de l'action possessoire, au cas que les conditions necessaires se rencontrent, comme il sera dit ensuite ; car quoique le possesseur ne soit pas tenu d'exhiber les titres de sa possession, néanmoins il ne faut pas croire pour cela qu'il pourroit former complainte, s'il n'avoit que la possession naturelle ; ce qui est sans difficulté.

Pour conserver & retenir la possession civile, il n'est pas necessaire d'être toûjours *in possessione*, il suffit d'avoir l'intention d'en être toûjours le maître, 13.

pourvû qu'un autre ne s'en empare pas à nôtre insçû, & qu'il n'en prenne pas possession en qualité de maître.

Ainsi celuy qui a la possession civile d'un fonds, la retient toûjours, quoiqu'il soit absent par un voyage de plusieurs années, ensorte que si le veritable propriétaire n'a point fait de poursuites pour interrompre la prescription, elle s'accomplit par cette possession pendant le temps requis par la Loy, quoique le possesseur soit absent, & même qu'il n'ait laissé personne qui la possedât pour luy & en son nom, comme s'il avoit abandonné le fonds, & qu'il fût demeuré en friche pendant son absence.

14. Les actions possessoires n'ont point lieu en France pour les meubles, mais seulement pour les immeubles, parce que *vilis est possessio mobilium*: c'est pourquoy au cas que des meubles ayent été pris & enlevez par celuy qui s'en prétendroit le maître, celuy en la possession duquel ils étoient, doit se servir de l'action *vi bonorum raptorum*, *l. neque*. 13. *ff. de vi & vi armata*, suivant l'article 97.

15. La complainte en cas de saisine & de nouvelleté est une action possessoire, par laquelle celuy qui est troublé en la possession & joüissance de quelque heritage ou droit réel, ou université de meubles, qu'il possedoit publiquement sans violence, à autre titre que de Fermier, de précaire, ou de constitut, mais en qualité de maître & propriétaire, peut dans l'an du trouble former complainte contre celuy qui luy a fait le trouble, suivant l'article 96. de cette Coûtume, & l'article 1. du titre des Complaintes & Réintegrandes de la nouvelle Ordonnance.

16. Cette action s'appelle *complainte*, parce que la complainte veut dire la requeste ou la plainte, que faisoit le demandeur pardevant le Juge sur le trouble qui luy avoit été fait.

C'est par cette plainte que se formoit cette action, & sur icelle le Juge decernoit commission, par laquelle il étoit mandé au Sergent de le maintenir & garder en ses droits, possessions & saisines, sauf l'opposition; & en cas d'icelle prendre & mettre en la main du Roy & de Justice la chose contentieuse, pour le debat des parties, & donner assignation sur

CHARONDAS l'opposition, Charondas.

17. *Saisine* est la possession, que le possesseur qui est troublé, a acquise de celuy qui pouvoit la luy donner, comme le Seigneur féodal ou censier.

La détention ou possession continuée pendant un an & un jour sans violence, clandestinité, ni à titre de précaire, tient lieu de la saisine prise du Seigneur.

Nouvelleté est, quand le défendeur a pris & usurpé nouvellement la possession d'une chose, ou quand il a fait trouble au demandeur en complainte dans sa possession, & qu'il a voulu innover quelque chose à son préjudice.

AUZANET. Maître Auzanet sur ce titre dit, que saisine & nouvelleté est une espece de Formule, dont on s'est servi en France depuis plusieurs Siecles. Tous les anciens Praticiens & Auteurs François en font mention: elle se trouve employée dans l'ancienne Coûtume, & a été retenuë & conservée en la derniere réformation.

18. L'effet de la complainte est d'être réintegré dans sa possession, si on en a été expulsé, ou d'y être maintenu, quand on y est seulement troublé; cette possession qui vient par le moyen de la complainte, n'est que momentanée, ne prejudiciant aucunement au petitoire; desorte que tel obtient au possessoire qui succombe au petitoire: c'est pourquoy le possessoire doit être terminé avant que d'en venir au petitoire, quand une fois le possessoire est intenté, *l.* 37. *ff. de judic. l.* 35. *ff. de acq. vel amit possess.*

On ne peut pas poursuivre le petitoire & le possessoire ensemble, & accumuler l'un avec l'autre, suivant l'Ordonnance de 1539. & la nouvelle Ordonnance, titre *des Complaintes*, article 5. qui le défend expressément, & d'obtenir Lettres pour cet effet.

Mais le petitoire ne peut être poursuivy par celuy qui a succombé au possessoire, qu'aprés qu'il aura fait cesser le trouble, & que le demandeur en complainte aura été rétably en sa possession avec restitution des fruits & revenus, & qu'il aura payé les dommages & interêts, si aucuns ont été adjugez, suivant l'article 4. de la même Ordonnance, avant laquelle le petitoire se poursuivoit avant la restitution des fruits, Chopin, *num.* 10. CHOPIN.

Toutefois le petitoire se peut intenter avant que le possessoire soit vuidé. 19.

C'est la disposition de la Coûtume de Montargis, chapitre 21. article 8. quoiqu'il semble qu'aprés le petitoire intenté on ne puisse plus former contestation pour la possession, vû que le demandeur en action réelle semble reconnoître le défendeur pour possesseur, §. 1. *Institut. de action.* Cependant il faut dire, que cela se peut, parce que le demandeur au petitoire ne reconnoît pas pour veritable possesseur celuy qui possede l'heritage, dont il est question, mais seulement pour détenteur, *l. officium. ff. de rei vindicat.* CHARONDAS
Charondas & Tronçon sur cet article *in princ. non videtur possessioni renuntiasse qui rem vindicavit.* TRONÇON.

Quand le petitoire est jugé, on ne peut plus venir au possessoire, quoique le petitoire ne soit jugé que par Sentence, de laquelle il y a appel, parce que celuy qui a obtenu au petitoire, a été reconnu par le Juge pour le propriétaire de la chose contentieuse, & luy a adjugé par consequent la possession avec la propriété. 20.

Lorsqu'il y a procés au petitoire entre deux particuliers & qu'un tiers intente complainte en cas de saisine & nouvelleté pour la même chose, le petitoire doit être sursis, ainsi qu'il a été jugé par Arrest du 16. Juin 1570. rapporté par Charondas, livre 6. de ses Réponses, chap. 21.

La *réintegrande* est une action, qui n'est point distinguée de la complainte, mais qui est comprise sous icelle: & pour cela, il faut observer, que la complainte a lieu, quand quelqu'un est simplement troublé dans sa possession, sans en être expulsé, ou qu'il en a été chassé & expulsé par violence. 21.

Au premier cas, il n'y a pas lieu à la réintegrande, puisque pour être réintegré & rétably, il faut avoir été chassé & expulsé, & en ce cas le demandeur conclud à ce que défenses soient faites au défendeur de le troubler ni inquieter davantage dans la joüissance de la chose dont il est question, de laquelle il a été possesseur publiquement & paisiblement, au vû & sçû de tout le monde pendant tel temps: & c'est proprement la complainte en cas de saisine & de nouvelleté.

Au deuxiéme cas, c'est aussi la complainte, en ce que le demandeur se plaint pardevant le Juge, de la nouvelleté qui est faite par le défendeur contre sa possession & joüissance: & dautant qu'il a été expulsé de sa possession, il ne conclud pas seulement à y être conservé, & qu'il soit fait défenses au défendeur de le troubler, mais il conclud à ce qu'il soit rétably & réintegré en sa possession; & c'est proprement ce qu'on appelle *réintegrande*: Ainsi la réintegrande est comprise sous la complainte.

Pour être réintegré, il faut sommairement prouver sa possession, tant par titre ou par témoins, sans entrer en discussion du fonds & de la propriété, laquelle ne doit être contestée qu'aprés que le dépossedé aura été remis en sa possession; parce qu'on ne doit pas accumuler le petitoire avec le possessoire, comme il est porté par l'Ordonnance de 1667. titre 18. article 5. qui est fondé sur la Loy 13. *C. de rei vindic.* & ce avec restitution de fruits & revenus payez, &

des dommage & interêts si aucuns ont été adjugez comme il est porté par la même Ordonnance, article 4. titre 18.

Si le demandeur en réintegrande étoit manifestement possesseur de mauvaise foy & sans aucun titre, il ne faudroit pas luy adjuger la réintegrande contre le veritable propriétaire, qui sur le champ feroit apparoir par bons titres, tant de son droit que de l'usurpation sur luy faite par la partie adverse : il y auroit peu de justice de favoriser la mauvaise foy d'un usurpateur manifeste, par une scrupuleuse formalité de vuider le possessoire avant le petitoire; & il ne conviendroit pas d'adjuger à un usurpateur manifeste, ce que l'on sçauroit par le titre du défendeur en complainte, luy devoir être necessairement restitué.

22. La *recréance* est aussi une action possessoire, par laquelle on demande par provision la possession & la joüissance d'une chose, jusques à ce que le fonds soit jugé : quoique la recréance ait lieu, tant en matiere profane que beneficiale, néanmoins on se sert du terme de *recréance* plus ordinairement pour la provision d'un Benefice, qui s'adjuge à celuy qui a le droit plus apparent.

23. La difference qu'il y a entre la complainte & la recréance est, que la complainte ne peut être intentée que par celuy qui a été en paisible possession ; mais la recréance ou provision, ou la possession par provision, se demande par ceux qui se pretendent possesseurs de la même chose, ou même qui n'ont eu ni l'un ni l'autre la possession, mais ils la demandent chacun à leur égard, pretendant que comme la chose leur appartient, ils en doivent aussi avoir la possession. Ainsi dans ce cas chacun est demandeur & défendeur, parce que chacun se doit dire saisi.

Posons pour exemple, que deux Seigneurs pretendent, qu'un même heritage soit situé dans l'étenduë de leur haute Justice, & qu'en consequence ils soûtiennent l'un & l'autre, qu'il leur appartient, ou par droit de desherence ou de bâtardise, ou autre semblable, & qu'ils s'en soient emparez l'un & l'autre en la forme ordinaire & accoûtumée, ils sont l'un & l'autre en possession, & ils doivent demander la recréance ou la possession par provision.

Il y a un cas auquel la réintegrande & la maintenuë ne doivent pas être accordées, sçavoir lorsque le dommage n'est pas reparable en diffinitive, comme quand il s'agit d'une coupe de bois.

Du Moulin *Part. 1. styl. Parlam. cap. 18. de caus. novit. §. 10. in fine.*

24. La recréance est accordée à celuy qui a le droit le plus apparent par les titres & par les pieces qu'il produit, à la charge de bailler bonne & suffisante caution de restituer la chose avec les fruits perçûs, pendant la recréance, au cas que celuy auquel elle est adjugée, succombe au petitoire.

Que s'il n'apparoît pas au Juge, qui des deux parties a le droit le plus apparent, il doit ordonner le sequestre ; & c'est principalement en ce cas que le sequestre a lieu : c'est pourquoy souvent une des parties le demande pour ôter à l'autre la possession de la chose.

Dans les articles 96. & 97. il n'est parlé que de la complainte, & dans l'article 98. de la simple saisine, qui n'est plus en usage.

A l'égard de la complainte en cas de saisine & de nouvelleté, elle n'est pas à present si usitée, qu'elle a été autrefois.

Jean Faber sur le §. 1. du titre des Institutes *de interdictis* a remarqué qu'aux complaintes consistoit principalement nôtre Droit François, *& hanc materiam totam practicam Franciæ appellat, ubi omnes causa sunt in casu novitatis, quod est quasi uti possidetis.*

Maître Antoine Loysel en son Manuel des Regles & Maximes du Droit Coûtumier de France, livre 5. titre 4. de possession, saisine, complainte ou cas de nouvelleté, a mis pour regles 1. & 2. celle-cy, *Possession vaut moult en France. En toutes saisines le possesseur est de meilleure condition* ; & pour ce, *qui possidet & contendit, Deum tentat & offendit.*

Et de fait, en la plûpart des Coûtumes, comme en celle cy, il y a titre particulier de la complainte & nouvelleté, comme aussi au livre intitulé, *le Grand Coûtumier de France* ; & en celuy intitulé, *Stylus antiquus Curiæ Parlamenti Parisiensis*, que du Moulin a fait imprimer avec des Notes. Et en cela le droit François a suivi le Droit Romain.

La Loy *Ordinarii* 13. *C. de rei vindicat.* y est expresse, disant, *Ordinarii juris est, ut prius de possessione judicetur, ac tunc demum proprietatis causa ab eodem judice decidatur.*

C'est aussi la décision de la Loy, *incerti.* 3. *C. de interdictis.*

La raison en est renduë en la Loy *justa.* 2. *uti possidetis*, en ces termes : *qualiscumque enim possessor hoc ipso quod possessor est, plus juris habet quam ille qui non possidet* ; & en la Loy *cum te.* 2. *C. de condict. ob turpem caus.* en ces termes : *cum in pari causa possessoris conditio melior habeatur.* A quoy sont conformes la Loy *in haredem* 5. *§. 1. de calumniator.* La Loy *in pari.* 128. *de reg. jur.*

Et celuy qui est en possession a cette avantage en matiere profane & roturiere, qu'il ne peut être contraint d'exhiber son titre, & se peut tenir à sa possession, *cogi possessorem ab eo, qui expetit, titulum suæ possessionis dicere, incivile est*, dit la Loy *cogi* 11. *cod. de pet. hared. l.*

Plusieurs conditions sont requises pour pouvoir intenter la complainte.

La premiere est, la possession réelle & actuelle du demandeur en complainte, parce que celuy qui n'est pas en possession, ne peut pas demander d'y être maintenu ; cette possession doit être civile, sans qu'il soit besoin qu'on ait pris saisine, parce que ne prend saisine qui ne veut, ainsi qu'il est porté en l'art. 82. de cette Coûtume.

La deuxiéme, que le demandeur ait été chassé & expulsé de sa possession, ou troublé dans icelle par le fait de sa partie, auquel cas si le trouble a été fait par force & par violence, le demandeur peut proceder civilement par simple exploit, ou criminellement par information, si bon luy semble, comme il est porté en l'article 2. du titre 18. de l'Ordonnance de 1667.

La troisiéme, que l'action soit intentée dans l'an & jour du trouble fait dans la possession, aprés lequel temps on n'est plus recevable à intenter complainte, sauf à se pourvoir par simple action au petitoire.

Il y a deux sortes de complainte, à sçavoir celle qui est intentée pour chose temporelle, & celle qui est intentée pour chose spirituelle ; surquoy il faut remarquer :

Primò. Qu'on ne reçoit point la complainte pour des choses purement spirituelles, à moins qu'il ne s'y rencontre aussi quelque chose de temporel.

Secundò. Que la complainte s'intente comme chose temporelle en vertu de la possession de laquelle on est dejetté, ou en laquelle on est troublé, sans qu'on soit obligé de justifier des titres de sa possession : au contraire en matiere spirituelle il faut apporter un titre au moins coloré ; car la possession seule & sans titre ne suffiroit de rien.

Tertiò. Que le Juge d'Eglise ne peut connoître de la complainte, tant en matiere profane qu'Ecclesiastique, comme on peut voir dans Monsieur Loüet & son Commentateur, lettre B. nombre. 11. parce que dans la complainte il s'agit de la possession qui est de fait, & dont la connoissance appartient au Juge laïc ; outre que toute complainte, *etiam rerum spiritualium*, se reduit en dommages & interêts dont l'Eglise ne peut connoître directement ni indirectement, même entre les Ecclesiastiques.

Quarto. Que dans les matieres profanes la complainte étant jugée, les parties se peuvent pourvoir par action au petitoire : parce que dans cette complainte il s'agit seulement de la possession, & le défendeur n'est pas recevable à justifier la possession vicieuse du demandeur en complainte ; ainsi le possesseur n'est pas toûjours propriétaire, ni le propriétaire toûjours possesseur ; mais il suffit de prouver qu'on possede comme propriétaire pour gagner gain de cause dans la complainte en matiere profane ; mais en matiere Ecclesiastique comme la complainte ne se juge que sur l'inspection & examen des titres, le Juge ne rend point de jugement interlocutoire touchant la possession, mais il prononce définitivement sur la complainte Ecclesiastique ; ensorte qu'il n'y a plus lieu aprés l'action petitoire, comme il a été jugé par Arrests de 1623. & 1626. rapportez dans le premier Tome du Journal des Audiences.

Ce qu'il y a de commun entre la complainte en matiere profane, & celle qui s'intente en matiere Ecclesiastique, c'est que dans l'une & dans l'autre, l'action doit être intentée dans l'an & jour du trouble fait dans la possession ; c'est ce qui est expressément porté en l'article 61. de l'Ordonnance de 1539. en ces termes : *Il ne sera reçû aucune complainte aprés l'an, tant en matieres profanes que beneficiales, le défendeur même n'ayant titre apparent sur sa possession.* Surquoy il faut remarquer qu'en matiere de benefice l'an se prend aprés la prise de possession, & non dés la mort du predecesseur ou autre vacation, comme remarque Papon au livre 8. de ses Arrests.

OBSERVATIONS DE MONSIEUR ***.

Sur le Titre de Complainte en cas de Saisine & de Nouvelleté & simple Saisine.

SOMMAIRE.

1. *La regle* Spoliatus ante omnia restituendus, *établie dans les articles de ce Titre.*
2. *On ne doit pas se faire justice à soy-mesme.*
3. *Dans quel cas on peut se pourvoir au possessoire.*
4. *Conditions requises pour intenter l'action possessoire.*
5. *En quoy differe l'action possessoire de la petitoire.*

CE Titre est composé de trois articles ; mais il faut retrancher le dernier comme inutile, n'étant point en usage, & peu intelligible.

1. A l'égard des deux autres ils sont tres-justes, & fondez sur cette regle generale du Droit Civil & Canonique, & du bon sens, *spoliatus ante omnia restituendus* ; mais on a mis des bornes à cette action, ensorte qu'elle doit être intentée dans l'année ; parce que, lorsqu'une personne a joüy pendant une année sans trouble, on présuppose qu'il a joüy avec un Titre, & qu'un propriétaire ne doit pas être si long-temps sans former sa demande, & sans se plaindre.

2. Il est permis à tous les habitans du Royaume de demander justice ; mais il n'est permis à personne de se la faire. Le Roy même la demande à ses Juges par ses Procureurs, il presente des Requêtes, donne des assignations ; & par cette raison personne n'est en droit de se la rendre, quand même il auroit titre, & qu'il seroit fondé en droit & en raison.

3. Quand on est troublé en la possession d'un heritage, il faut dans l'an & jour du trouble agir au possessoire ; c'est-à-dire, qu'il faut commencer à faire juger le possessoire, & remettre les choses comme elles étoient auparavant le trouble ; aprés quoy celuy qui prétend avoir droit, se doit pourvoir par action au petitoire.

Mais si celuy qui est troublé a souffert une joüissance d'un an & jour, la possession est présumée acquise à celuy qui s'est fait justice à luy-même ; & c'est celuy qui est depossedé, qui doit intenter son action au petitoire.

Il est à remarquer que ce titre est le commencement des actions réelles, & qu'il n'y a rien dans la Coûtume, dans le Droit, & dans la maniere de juger, qui soit plus necessaire à un Juge & aux parties, que de sçavoir, *quâ actione agere debeant* ; parce que le Juge applique facilement la décision de la Loy sur le fait en contestation, quand il sçait les principes generaux qui concernent chaque action, & que les parties tirent leurs conclusions facilement, quand leur demande est fondée sur les mêmes principes ; & on juge aussi facilement qu'une demande n'est pas raisonnable, quand elle s'éloigne de ces principes : c'est pourquoy il les faut établir dans chacune action separément.

4. Il y a trois maximes generales à établir sur ce titre, qui sont, à proprement parler, les conditions requises pour intenter l'action possessoire.

La premiere, qu'il n'y a que le possesseur qui puisse intenter cette action.

La deuxiéme est, qu'il faut qu'un possesseur soit troublé dans la possession de son heritage ou droit réel reputé immeuble, dit la Coûtume, d'où on doit conclure que l'action en complainte ne se doit point former pour les choses mobiliaires, à l'exception de l'universalité des meubles, & regler en même temps en quoy consistent les droits réels reputez immeubles, & retrancher ces mots, *reputez*, parce qu'ils font naître de grandes difficultez pour des rentes constituées.

La troisiéme, que l'action doit être intentée dans l'an & jour du trouble, & sçavoir si cette prescription annale court contre les mineurs absens, veuves, & autres privilegiés.

La décision de ces doutes se trouve dans les articles suivans.

5. Au reste l'action possessoire tend à être remis en possession des heritages ou droits réels usurpez ; au lieu que l'action petitoire tend à ce que le défendeur quitte & délaisse au demandeur l'heritage ou la chose en question, pour en joüir comme maître & propriétaire.

Dans la premiere, le demandeur doit seulement justifier de sa possession ; & dans l'autre, il doit justifier de sa proprieté.

Auteurs sur le Titre quatriéme.

De la Complainte en cas de Saisine & de Nouvelleté, & simple Saisine.

THeveneau, dans son Commentaire sur les Ordonnances, liv. 3. tit. 10.
Loysel, liv. 5. tit. 4.
Joannes Faber *ad §. retinendæ, Institutionibus, tit. de Interdictis.*
D'Argentré, *des Appropriances*, art. 265. *in verbo* saisi.
Imbert Prat. liv. 1. chap. 17. & les Notes de Guenois, *ibidem.*
Le Titre 21. de la Coûtume de Montargis, avec le Commentaire de Lhoste sur ledit Titre.
Le Glossaire du Droit François, sur les mots de *Complainte, Saisine, & Nouvelleté*, & sur *ramener Complainte.*
Stylus Parlamenti, parte 1. cap. 18. §. 3.
L'Ordonnance de 1667. au Titre *des Complaintes.*
D'Argou, en son Institution au Droit François, livre 2. titre 9.
Chopin, sur la Coûtume de Paris, liv. 3. tit. 1.
Dictionnaire de M. Brillon, *verbo* Complainte, *verbo* Réintegrande, & *verbo* Possessoire.
Rebuffe, de *Matieres possessoires*, gl 1. & 2. n. 8.
La Conference des Ordonnances, liv. 3. tit. 8.
Bouteiller, en sa Somme Rurale, liv. 1. tit. 3.
De Lhommeau, sur la Coûtume d'Anjou, livre 2. art. 426.
Labbé, sur la Coûtume de Berry, art. 24.
D'Argentré, *du Partage des Nobles*, quest. 7.
Loüet & Brodeau, *litt. C. num.* 10.
Lhoste, sur la Coûtume de Montargis, chap. 21.
Mon Institution coûtumiere, tom. 3. liv. 4. tit. 5.
Les Arrests Notables, page 705.
La Bibliotheque du Droit François, par Bouchel, *verbo* Complainte.
Du Luc, liv. 9. tit. 8. & tit. 9.
Papon, liv. 8. tit. 4. nomb. 7. 12. 13. 14. 16. & 17. & tit. 10. nomb. 6.
L'Arrest du 12. Janvier 1672. rapporté dans le Journal du Palais.
Coquille, quest. 234.
Ricard, sur le Titre 14. de la Coûtume de Senlis.
Charondas, en ses Réponses, liv. 4. Rép. 38. & liv. 5. Rép. 60.
Papon, liv. 16. tit. 1. nomb. 5.
L'Edit de Charles VII. de l'an 1453. art. 65. 70. 72. 73. & 74.
La Coûtume de Sedan, art. 263. celle d'Amiens, art. 210. celle de Lisle, art. 20. celle de Blois, art. 11. & 12.
Le Grand Coûtumier, liv. 2. chap. 21. & 22.
Franc. Marc. tomo 2. quæst. 527.
Duret, dans son Alliance des Coûtumes, seconde partie, titre 12.

ARTICLE XCVI.

C'étoit le soixante-quatriéme Article de l'ancienne Coûtume.

Quand se peut intenter la Complainte.

QUand le possesseur d'aucun heritage, ou droit réel reputé immeuble, est troublé & empêché en sa possession & joüissance, il peut & luy loist soy complaindre, & intenter poursuite en cas de saisine & de nouvelleté dedans l'an & jour du trouble à luy fait, & donné audit heritage ou droit réel, contre celuy qui l'a troublé.

Voyez les Articles 98. 125. & 130.

REMARQUES.

IL y a Ordonnance du Roy François I. de l'an 1539. art. 6. qui veut semblablement, qu'aucune complainte ne soit reçûë aprés l'an en ces termes: *Qu'il ne sera reçu aucune complainte aprés l'an, tant en matieres profanes que beneficiales, le défendeur même n'ayant titre apparent sur sa possession.*

L'effet de la complainte est de faire, que celuy qui a été troublé en sa possession depuis an & jour, y soit réintegré, aprés qu'il aura prouvé sommairement sa possession, tant par titres que témoins, sans entrer en discussion du fonds, & de la proprieté, sur laquelle il ne doit être contesté qu'aprés que celuy qui est depossedé sera remis en sa possession.

Il est pourtant vray, que quand la possession est articulée de part & d'autre, & qu'il y a conflit en la preuve, on doit avoir égard aux titres qui concernent la proprieté, ainsi que dit du Moulin sur l'article 441. de la Coûtume du Maine; & c'est en ce cas que l'on dit communément, *hoc interdictum nostro usu mixtam habere proprietatis causam.*

Il est necessaire que pour donner lieu à cette complainte, celuy qui se plaint d'avoir été troublé, ait été en une possession réelle & actuelle, ne suffisant pas à cet effet une possession feinte & acquise par clause de constitut ou précaire, ainsi qu'il a été jugé par un Arrest du mois de Juillet 1531. rapporté par Monsieur Loüet, lett. C. nomb. 10.

Il en seroit toutefois autrement à l'égard d'un heritier qui pourroit former complainte, quoiqu'il ne fût pas encore en possession réelle de l'heredité; parce que par nos Coûtumes il est saisi de plein droit de la succession; & de fait Faber aux Institutes, *de interdictis*, le tient ainsi.

EST TROUBLE' ET EMPESCHE' EN SA POSSESSION ET JOUISSANCE.

GLOSE UNIQUE SUR L'ARTICLE XCVI.

SOMMAIRE.

1. *Si cet article est conforme à la nouvelle Ordonnance.*
2. *Si pour intenter la complainte, il faut estre en possession réelle.*
3. *Si l'heritier la peut intenter.*
4. *Si les successeurs aux biens vacans, & au pecule des Religieux, peuvent conclure en cas de saisine & de nouvelleté.*
5. *S'il faut une possession publique pour intenter la complainte.*
6. *Si l'usufruitier peut intenter la complainte.*
7. Quid, *du Fermier.*
8. *Si le preneur à emphyteose étoit expulsé par violence après le bail expiré, s'il pourroit intenter la complainte.*
9. *Si le vassal peut intenter la complainte contre son Seigneur.*
10. Quid, *à l'égard du Roy.*
11. Quid, *à l'égard du Seigneur censier.*
12. *Si la complainte a lieu pour les dixmes.*
13. Quid, *du droit de patronage, & de la collation des Benefices.*
14. Quid, *pour les droits honorifiques.*
15. *Si la complainte a lieu en matiere beneficiale.*
16. Quid, *pour rentes foncieres.*
17. Quid, *pour rentes par assignat.*
18. *Si un Officier destitué peut former complainte.*
19. *Si la complainte a lieu pour l'exercice des Offices.*
20. *Si elle a lieu pour une Justice & les droits qui en dépendent.*
21. *Si elle a lieu pour les biens vacans.*
22. Quid, *pour le pecule des Religieux.*
23. Quid, *pour les servitudes.*
24. Quid, *pour l'usufruit.*
25. Quid, *pour les legs ou fideicommis.*
26. *Le trouble est requis pour la complainte, & comment il se fait.*
27. *Comment se prouve la possession.*
28. *Quand deux sont en possession, lequel doit estre conservé.*
29. *Si on prouve aussi la possession par titres.*
30. *Si le mary peut intenter la complainte.*
31. *Si la réintegrande a lieu contre celuy qui procede par voye de droit.*
32. *Pardevant quel Juge elle se doit intenter.*
33. *Quel Juge connoist de la complainte, en matiere beneficiale.*
34. *Si le défendeur en complainte peut appeller son auteur.*
35. *Comment se poursuit la complainte.*
36. *Si le défendeur en complainte peut se pourvoir aussi par complainte.*
37. *Dans quel temps la complainte doit estre intentée.*
38. Quid, *en matiere beneficiale.*
39. *S'il faut avoir possedé pendant an & jour pour se servir de la complainte.*

1. L'Article premier du titre des Complaintes de la nouvelle Ordonnance est presque semblable, il est conçû en ces termes.

Si aucun est troublé en la possession & joüissance d'un heritage ou droit réel ou université de meubles qu'il possedoit publiquement, sans violence à autre titre que de Fermier, ou possesseur précaire, il peut dans l'année du trouble former complainte en cas de saisine & de nouvelleté, contre celuy qui luy a fait le trouble.

2. Suivant cet article de nôtre Coûtume & celuy de l'Ordonnance, il faut pour intenter la complainte, que le demandeur en complainte soit en possession réelle & actuelle, dautant que celuy qui n'a pas la possession d'une chose, ne peut point demander d'y être maintenu & conservé, & il ne peut point y être troublé; pareillement pour intenter la reintegrande, il faut avoir eu la possession de la chose, en laquelle on demande d'être remis, réintegré & rétabli.

Néanmoins l'heritier peut sans possession réelle & actuelle se servir de la complainte; dautant qu'en ce cas la possession feinte est suffisante, par laquelle *le mort saisit le vif*, suivant l'article 318. *infrà*. 3.

C'est ce que dit Faber sur le titre *de interdict.* aux Institutes, *potest excusari stilus Franciæ, ubi hæredes dicunt se saisitos & turbari in possessione, & concludunt in causa novitatis, quamvis non fuerint adepti realiter possessionem.*

C'est l'avis de Chopin sur ce titre, *num.* 3. de Tournet, de Tronçon & autres, comme il a été jugé par Arrest du mois de Juillet 1631. au rapport de Monsieur Megret, rapporté par Monsieur Loüet, let- CHOPIN. TOURNET. TRONÇON.

tre C. nombre 10. & par autre Arrest du 19. Juin 1559. remarqué par Tournet sur cet article, & par Maître Ricard.

L'Auteur du Grand Coûtumier, livre 2. chapitre 21. page 138. dit, *qu'en titre de succession l'hoir se peut dire incontinent aprés la mort de son predecesseur, en possession & saisine des biens du trepassé dont il se dit hoir*; quia saisina defuncti descendit in vivum; *& si momentairement, & avant l'an & jour de saisine, ils s'apparent aucuns opposans, ou empêchans, iceluy peut contr'eux intenter ledit libelle, & soi aider de la saisine, à cause de la saisine de son predecesseur & devancier.*

Voyez la Note de Maître Charles du Moulin sur l'art. 105. de la Coûtume de Xaintonge.

Maître Auzanet dit, qu'il est sans doute, que l'heritier, le donataire entre-vifs & l'acquereur à titre particulier peuvent former la complainte, avant que d'avoir fait acte de joüissance actuelle, parce qu'ils succedent à la possession du precedent propriétaire.

Voyez Monsieur Loüet, lettre C. nombre 10. & Chopin sur la Coûtume de Paris, livre 3. titre 2. nombre 19.

Mais on demande, *si l'heritier fideicommissaire peut intenter complainte?*

Il paroît que non, parce que l'heritier fideicommissaire n'est point saisi par la Loy. Chopin sur cette Coûtume, livre 3. titre 1. nombre 10. La même chose doit avoir lieu pour ceux qui sont rappellez à une succession, és Coûtumes qui n'admettent point de representation par la même raison qu'ils ne sont point saisis. Voyez Maître Charles du Moulin en sa Note sur l'article 6. de la Coûtume locale de Lepuroux.

4. *Si les successeurs aux biens vacans, ou au pecule des Religieux peuvent conclure en cas de saisine & de nouvelleté?*

Bacquet au Traité du droit de desherence, chapitre 3. *num.* 15. tient que non, parce que *non sunt hæredes sanguinis, sed successores juris tantum.*

Il dit, qu'il a été ainsi jugé contre l'Abbé de Saint Aubin d'Angers, lequel fut declaré non recevable en la complainte par luy formée, pour la succession mobiliaire d'un de ses Religieux, le 20. Février 1555. Mais en ce cas le successeur aux biens vacans doit requerir, qu'il joüira de tel heritage, comme étant des biens du défunt; avec défenses de le troubler en la possession & joüissance d'iceluy; & s'il est question de meubles, il en demandera la restitution.

Toutefois on peut dire, qu'ils peuvent user de complainte, parce qu'ils sont successeurs *juris universi*, par la disposition de la Loy, de même que les heritiers le sont, si ce n'est qu'ils ne representent point la personne du défunt comme les heritiers.

Aussi cet Auteur remarque un Arrest du 1. Juin 1585. confirmatif de la Sentence de Messieurs des Requêtes du Palais, qui avoit jugé, que les Religieux, Prieur & Convent de S. Martin des Champs à Paris, avoient pû conclure en cas de saisine & de nouvelleté, étant troublez en la possession & joüissance des heritages qui étoient du pecule d'un de leurs Religieux.

Voyez néanmoins Maître Charles du Moulin en sa Note sur l'article 41. de la Coûtume d'Anjou.

5. Par l'article cy-dessus de l'Ordonnance il ne suffit pas d'être possesseur, mais il faut être possesseur public, c'est-à-dire, posseder la chose publiquement, & qu'on soit reconnu pour tel par un chacun, que ce soit à titre de propriétaire & en son nom, & non pour & au nom d'autruy, comme sont les Commodataires, Gardiens, Sequestres & Commissaires, les Fermiers, les possesseurs par constitut ou précaire, comme ceux qui reconnoissent posseder au nom d'autruy, ainsi qu'il sera dit sur l'art. 275.

Il faut encore que ce soit sans violence; c'est-à-dire, que si le demandeur avoit eu sa possession du défendeur *vi, clam, vel precariò*, il ne pourroit pas demander au Juge qu'il le conservât dans sa possession contre le défendeur; mais s'il l'a eu d'un autre, il se peut servir de cet interdit contre sa partie, quoique sa possession soit injuste & violente, *l.* 1. §. *ult. ff. uti possidet*, Duplessis titre *de complainte.* Duplessis

Néanmoins l'usufruitier peut intenter la complainte, de même que l'emphyteute, si on les empêche de joüir des fonds dont la joüissance leur appartient à titre d'usufruit ou d'emphytéose; parce qu'à l'égard de l'emphyteute il a le domaine utile de la chose dont il joüit à ce titre; & l'usufruitier est en plusieurs choses comparé au propriétaire, *l.* 3. §. 13. & *seqq. ff. de vi arm.* 6.

Cela n'est pas sans difficulté; car n'ayant aucun droit de propriété, il semble qu'il ne peut intenter la complainte contre celuy qui le troubleroit, soutenant que la propriété pleine & entiere luy appartiendroit; & que ce seroit à celuy qui auroit la simple propriété à s'en servir; ou au moins l'usufruitier ne devroit en user qu'au refus du propriétaire.

Cependant l'usufruitier peut intenter complainte pour être maintenu en son droit d'usufruit. Voyez Papon, livre 14. titre 2. des usufruits, Arrest 6. & Brodeau article 2. nombre 4. parce que les actions possessoires ne se donnent pas seulement aux veritables propriétaires de l'heritage, quand ils sont troublez en leur possession; mais aussi à tous ceux qui sont en possession *proprio nomine*, encore bien qu'ils ne soient pas propriétaires.

Il n'en est pas de même du Fermier, lequel étant troublé, ou même expulsé de sa ferme, ne peut pas se servir de la complainte, suivant la Loy 1. §. *denique.* 10. *ff. d. t.* parce que, dit la glose, *non sibi, sed domino possidet*; sauf en cas de trouble à se pourvoir par action en garentie contre le propriétaire qui peut agir en complainte, parce que le trouble fait à son Fermier le regarde. Voyez l'article 1. du titre 18. de l'Ordonnance de 1667. 7.

Ce qui s'entend du Fermier pour 9. ans & au dessous; car un bail à ferme au dessus est une aliénation, comme il est dit sur l'article 227.

La voye de fait est si odieuse, que si le propriétaire expulsoit par force l'emphyteute aprés le temps du bail expiré, l'emphyteute pourroit intenter complainte, pour être réintegré, comme il a été jugé par Arrest du 21. Janvier 1564. rapporté par Charondas & par Chopin, *num.* 8. 8. Charondas Chopin

On tient communément, que le vassal ne peut intenter la complainte contre son Seigneur, ni le sujet contre le Roy. Voyez Pontanus sur la Coûtume de Blois, titre 6. article 99. 9.

A l'égard du Roy, cela est vray indistinctement, ou contre le Procureur du Roy.

C'est le sentiment de tous les Docteurs, parce qu'on ne présume pas que le Roy ait causé du trouble injustement contre le possesseur d'un heritage ou droit réel, il faut s'opposer à la saisie, & demander, que pendant la saisie on soit maintenu en la possession & jouissance en laquelle on est, ou que l'on étoit auparavant. 10.

Il y en a qui disent que la raison pour laquelle on ne peut intenter complainte contre le Roy saisissant, ou ses Officiers, c'est parce que le Roy est Seigneur universel par droit de souveraineté & de jurisdiction, mais non par droit de domaine & de propriété, *omnia Rex imperio possidet, singuli dominio & proprietate, prout ea divina providentiæ visum est distribuere.*

La complainte ne peut aussi être intentée contre un appanager, comme il a été jugé par Arrest du 7. Mars 1654. au profit de Monsieur le Duc d'Orleans contre le Commandeur de Montlhery.

Mais quant au Seigneur, cela n'est vray qu'à l'égard

gard de la saisie faite par luy du Fief servant faute d'homme, droits & devoirs non faits & non payez, par laquelle le vassal ne peut pas prétendre qu'il est troublé dans la possession de son Fief, ainsi il ne peut pas se servir de complainte; mais si la saisie est injuste & mal fondée, il doit en appeller, & faire convertir l'appel en opposition.

A l'égard des droits qui appartiennent au vassal, en la joüissance desquels il seroit troublé par son Seigneur dominant, comme si le droit de pêche luy appartenoit; & qu'aprés une joüissance de plusieurs années, il y fût troublé par son Seigneur, qui prétendît le même droit à l'exclusion de son vassal, le vassal pourroit intenter la complainte en cas de saisine & de nouvelleté.

C'est la disposition des Coûtumes de Blois article 99. titre 6. de Berry article 23. titre 5. d'Auvergne article 1. & 2. chap. 2.

Et même en cas de saisie féodale aprés la reception en foy, étant parconsequent injuste & mal fondée, le vassal peut se servir de la complainte en quelques Coûtumes, sçavoir Crépy, titre de prescription, art. 117. Orleans article 68. la Marche article 5. chapitre 1.

11. Il faut dire aussi, que le sujet censier ne peut former complainte contre son Seigneur, pour la saisie faite par son Seigneur censier, faute de payement des arrerages du cens, mais il se doit pourvoir par appel ou par opposition.

Ceux qui sont saisis de droit & par la Loy, peuvent aussi intenter la complainte, comme la doüairiere & le legitimaire, voyez les articles 259. & 318.

La complainte a lieu pour heritages, maisons & autres veritables immeubles, & pour droits réels, tels que sont

12. Premierement, les dixmes, comme quand un particulier ayant eu la possession paisible de dixmes, sans contredit & sans opposition, aprés l'inféodation dûëment faite, & qu'il est troublé dans la perception d'icelles, il peut intenter complainte, pour y être maintenu & conservé.

Quoiqu'un Curé n'ait possedé les dixmes prediales & mixtes en aucunes terres de sa Paroisse, néanmoins il peut former complainte contre les possesseurs des terres, pour raison de la dixme des fruits; parce qu'en joüissant des autres émolumens & fruits de sa Cure, il conserve sa possession quant aux autres émolumens qui luy appartiennent, dont il ne joüit point.

Mais si un autre que luy les levoit, comme les prétendant inféodées, & qu'il fût en possession pendant un temps suffisant, le Curé ne pourroit se pourvoir par complainte, mais par simple action, suivant l'avis d'Imbert en sa Pratique, livre 1. chapitre 16. *num. 6*

13. Il en faut dire de même des autres droits Ecclesiastiques, comme du droit de patronage, & de la collation des benefices, Charondas. CHARONDAS

14. En second lieu, pour droits honorifiques, comme pour aller le premier à l'offrande, pour places, preferences, préeminences dans les Eglises qui sont dûës aux Patrons & aux Fondateurs d'icelles, & pour droit de sepulture, suivant la disposition du Droit Romain, au titre *de mortuo inferendo*.

C'est ce qui a été jugé par plusieurs Arrests rapportez par Brodeau sur Monsieur Loüet, lettre E. nombre 9. & par Monsieur Le Prestre Centurie 2. chapitre 55. Voyez aussi Bacquet au Traité des droits de Justice, chapitre 20. nombre 1.

Le Patron peut même intenter complainte pour les droits & revenus d'une Chapelle, Vicairerie ou Prebende, comme il a été jugé par Arrest du 3. Août 1624. Voyez Henrys, tome 1. livre 1. chapitre 3. quest. 19.

Quelques-uns ont prétendu, que la complainte ne pouvoit pas avoir lieu pour les droits honorifiques, parce que ce sont des droits spirituels, mais l'opinion contraire a prévalu, dautant que ces droits ne sont pas purement spirituels, ils ont quelque chose de temporel, en tant qu'ils dépendent d'une Seigneurie ou d'un Fief, & qu'ils le suivent & tombent par ce moyen dans le commerce, *veneunt cum universitate, cap. ex literis. c. cum speculum. ext. de jur. patron. argum. leg. quadam. ff. de acquir. rer. domin.*

En troisiéme lieu, pour benefices, suivant le titre 15. de la nouvelle Ordonnance: ce qui s'observoit auparavant, Chopin, *num.* 7. en remarque des Arrests anciens. 15. CHOPIN

Mais il faut remarquer qu'en cette complainte, qui s'intente pour benefice, il ne suffit pas de justifier de sa possession, il faut en rapporter les Titres; parce qu'en matiere de benefice, même au possessoire, on defere plus au titre & à l'institution canonique qu'à la possession.

En quatriéme lieu, pour rentes foncieres dûës & perçûës sur un heritage, & pretenduës par un autre, Tronçon sur l'article 58. mais non pour rentes constituées, Charondas, Brodeau *num.* 4. parce que, quoiqu'elles soient reputées immeubles, elles ne sont pas néanmoins des droits réels, mais personnels, parce qu'elles consistent seulement en obligation & hypotheque & n'affectent aucun fonds, *l.* 2. *ff. quorum bonorum*. Et quoiqu'assignées sur un fonds, la même décision doit toûjours avoir lieu, parce que la convention de l'assignat ne change point la nature & qualité de la rente; c'est une simple précaution pour faciliter le payement des arrerages sur les fruits d'un heritage particulier assigné; cet assignat n'est pas un titre translatif de propriété, mais seulement d'hypotheque speciale. 16. CHARONDAS BRODEAU

Dans l'ancienne Coûtume, les rentes constituées à prix d'argent étoient dûës par les fonds; ainsi elles étoient des droits réels; c'est pourquoy ces termes de cet article tirez de l'ancienne Coûtume *ou droit réel reputé immeuble*, s'entendent tant de la rente constituée que de la rente fonciere: mais comme j'ay observé en plusieurs endroits, les rentes constituées ne sont plus dûës par les heritages, mais par les personnes: ainsi cet article n'a lieu à present que pour les rentes foncieres.

Maître Duplessis dit, que par droit réel reputé immeuble, on n'entend pas les rentes, puisqu'il y en a un autre article cy aprés, ni les servitudes, puisqu'il n'y en a point sans titre dans cette Coûtume; que cependant la particule, *ou*, semble induire que ce soit un droit separé de l'heritage; cela est vray, & il s'entend de tout autre droit réel; comme du droit de dixme, de champart, ou terrage & d'autre semblable, Tronçon sur cet article. DUPLESSIS

Maître Auzanet dit, que quelques-uns prétendent, qu'entre les droits réels on doit comprendre les rentes par assignat, comme ayant une espece d'assiette sur les fonds particuliers; mais qu'ils ne considerent pas que la convention de l'assignat ne change point la nature & la qualité du fonds de la rente, & que c'est une simple précaution pour faciliter le payement des arrerages sur les fruits d'un heritage particulier; & que les rentes par assignat, ni par consequent les simples rentes volantes n'ont jamais passé entre nous pour droits réels, n'y ayant aucune réalité dans une rente créée à prix d'argent, & qui se resout en argent par la necessité du rachat qui est essentiel & necessaire pour la validité d'une constitution de rente; c'est pourquoy cet Auteur est d'avis, avec raison, qu'il faudroit retrancher ces mots de l'article, *reputez immeubles*. 17. AUZANET

En cinquiéme lieu, pour Office; comme si l'acquereur a faculté de rachat perpetuel d'une Terre & Seigneurie du Domaine du Roy, destitue un Officier de sa Charge, l'Officier peut former com- 18.

plainte pour le trouble, qui luy a été fait en la possession & joüissance de cette Charge, comme il a été jugé aux Grands Jours de Moulins, le 19. Octobre 1540.

CHOPIN. Chopin, *num.* 6. dit, qu'il n'en est pas de même des Offices qui sont baillez par précaire par les Seigneurs Justiciers non Royaux, en leurs Terres & Seigneuries; lesquels peuvent destituer leurs Officiers, quand il leur plaît, sans qu'ils puissent intenter complainte pour y être maintenus, soit contre le Seigneur ou ses successeurs : si ce n'est quand les Offices ont été donnez pour récompense de services ou pour cause onereuse; car en ce cas les Seigneurs ne peuvent destituer leurs Officiers, suivant l'Ordonnance du Roussillon de l'an 1563. art. 27. où il est dit, *lesquels ils pourront à leur plaisir & volonté revoquer & destituer de leurs Charges & Offices, sinon au cas que leursdits Officiers eussent été pourvûs par recompense de services ou autre titre onereux.*

C'est ce qui a été jugé par les Arrests remarquez par du Fresne.

19. Il y en a plusieurs qui veulent, que la complainte ne puisse être intentée pour l'exercice ou la fonction des Offices Royaux.

BRODEAU. DU MOULIN. Brodeau sur l'article 97. Bacquet, au Traité *des Droits de Justice*, chapitre 17. *num.* 8. & du Moulin sur l'article 1. de cette Coûtume, *glos.* 5. *num.* 59.

La raison est, que *habens ejusmodi Officium, nullum habet jus in jurisdictione, nullam possessionem, sed nudum exercitium & administrationem nomine Domini.*

Les Offices sont plus reputez meubles qu'immeubles, dans lesquels par consequent on ne distingue point le possessoire & le petitoire; ainsi, quand un Officier est troublé dans l'exercice & la fonction de sa Charge, aprés qu'il en a été pourvû, & qu'il y a été reçû, il doit se pourvoir par simple opposition, action & demande dont la connoissance est attribuée pour le titre à Messieurs des Requêtes de l'Hôtel.

CHOPIN. TRONÇON. Chopin, *loco citato*, Loyseau, Traité *des Offices*, chap. 2. nomb. 64. Tronçon, & la plus grande partie des Docteurs François tiennent, que la complainte a lieu en ce cas; car quoique les Offices ne soient pas de veritables immeubles ou droits réels, néanmoins la complainte a lieu dans plusieurs choses qui ne sont ni heritages ni droits réels, comme pour l'usufruit, suivant la commune opinion des

BRODEAU. Docteurs, & de Brodeau sur cet article, *in fine.*

De plus, il y a grande difference entre l'Office & l'usufruit; puisqu'il est vray de dire, que l'Officier est possesseur de l'Office, & qu'il en est propriétaire, dautant qu'il en joüit, & qu'il en peut disposer à sa volonté, ainsi que de ses autres biens; car puisqu'il n'y a que l'Officier seul qui puisse faire les fonctions de son Office, il s'en peut dire possesseur avec raison; & le collateur n'y a point d'autre droit que de le conferer.

D'ailleurs, puisque la complainte a lieu dans les Benefices, pourquoy ne l'aura-t-elle pas aussi dans les Offices? & le Beneficier auroit bien moins de droit de s'en servir, puisqu'il n'a pas la proprieté des Benefices dont il est pourvû.

20. CHOPIN. TRONÇON. En sixiéme lieu, pour Justice & Jurisdiction ou droits en dépendans, parce qu'ils font partie de la Justice, Chopin, *num.* 9. Tronçon, *verbo* droit réel.

21. En septiéme lieu, un Seigneur haut-Justicier peut former complainte pour les biens vacans, prétendus par un autre Seigneur en qualité de Seigneur haut-Justicier, Chopin, *num.* 3. voyez cy-dessus, *num.* 4.

22. En huitiéme lieu, le Monastere peut former complainte pour le pecule de son Religieux, auquel il a droit de succeder, & qu'il a droit de prendre comme successeur des biens provenans de son pecule, Chopin, *num.* 4. voyez cy-dessus, *num.* 4.

En neuviéme lieu, pour servitudes, *l. si quoties. ff. de servitutibus, l. sicuti. §. Aristo. ff. si servit. vindic. l. 3. §. videamus. ff. uti possidetis,* Tronçon *verbo,* droit réel. Néanmoins comme il n'y a point de servitude sans titre, pour obtenir en complainte, il est besoin d'exhiber des titres, Brodeau, *num.* 4. 23. TRONÇON. BRODEAU.

Ainsi celuy qui prétend une servitude, doit rapporter titre même au possessoire.

En dixiéme lieu, pour usufruit, *l. 3. paragr. unde vi. ff. de vi & vi arm. & l. ult. ff. Uti possid.* Charondas. 24. CHARONDAS.

En onziéme lieu, pour université de meubles, par l'article suivant.

La complainte n'a point lieu pour fideicommis, ni pour legs fait par un testament, Chopin *num.* 10. 25.

La complainte n'a lieu qu'en cas de trouble, & c'est une des conditions necessaires pour la complainte: or le trouble est de deux sortes, sçavoir de fait & de parole. 26.

Celuy de fait est l'empêchement qui est formé actuellement à la joüissance de l'heritage ou droit réel.

Celuy de parole se fait par la dénegation judiciaire du droit prétendu, comme si en plaidant on dénie un droit, que la partie adverse prenne pour trouble, en ce cas le Juge les doit regler sur le possessoire: avant que de passer outre au principal, & sans préjudice de leurs droits, comme il a été jugé par Arrest de l'an 1561. remarqué par Charondas en ses Memorables, *in verbo* complainte.

Bien plus, la complainte a lieu pour trouble par paroles hors jugement & actes judiciaires, comme quand quelqu'un prend le titre & la qualité de Seigneur d'une Terre, laquelle il n'a pas, le Seigneur peut prendre cette usurpation pour un trouble fait en sa possession, & demander d'y être maintenu, & que défenses soient faites au défendeur de l'usurper & de s'en servir à l'avenir.

La possession se prouve par témoins, par baux suivis de joüissance des Fermiers, & par les saisines prises des Seigneurs. 27.

Mais il arrive souvent, que les deux parties sont chacun demandeur & défendeur en complainte, & qu'ils se pretendent l'un & l'autre possesseurs, auquel cas il y a de la difficulté, pour sçavoir qui doit obtenir en complainte & être maintenu en la possession, supposé qu'ils prouvent l'un & l'autre leur possession.

Quelques-uns sont d'avis, que celuy dont la possession est plus ancienne doit y être conservé, dautant que la plus nouvelle est reputée clandestine; d'autres, que celuy qui a perçû les fruits, doit être maintenu; & d'autres, qu'on doit preferer celuy dont les titres sont plus apparens. 28.

Charondas dit, qu'il a été jugé pour cette derniere opinion, par Arrest de l'an 1581. pour le droit de pêche en la riviere passant par Fresmontier. CHARONDAS.

Cela dépend beaucoup des circonstances, que le Juge doit examiner, des preuves de possession & joüissance, de la maniere & du temps pendant lequel les parties ont joüi.

Ainsi en concurrence d'actes de possession justifiez par écrit ou par témoins sur les complaintes respectives du demandeur & du défendeur, celuy qui a les plus forts de son côté, le doit emporter sur son adversaire, & être maintenu dans la possession de la chose contentieuse; par exemple, si une personne a cultivé & ensemencé un heritage, & qu'un autre en ait recüeilli les fruits, le dernier doit être maintenu au possessoire, comme il a été jugé par Arrest du 12. Decembre 1503. parce que la perception des fruits est le principal acte de possession & de joüissance.

Que si la possession est articulée de part & d'autre,

& qu'il y ait conflict & parité en la preuve de la possession, le Juge doit avoir égard au titre qui concerne la proprieté. Voyez Maître Charles du Moulin en sa Note sur l'art. 441. de la Coûtume du Maine.

29. Quoique dans les actions possessoires il ne soit pas necessaire de discuter le fonds, néanmoins on est obligé de prouver sa possession, tant par titres que par témoins, lorsque la partie adverse articule une possession contraire.

C'est l'avis de du Moulin sur l'article 441. de la Coûtume du Maine, & c'est en ce cas qu'on dit communément, que cet interdit *mixtam habet proprietatis causam*.

30. Le mary étant maître des actions possessoires de sa femme, suivant l'article 233. il a droit d'intenter la complainte en cas de saisine & de nouvelleté, sans le consentement de sa femme, mais il n'en est pas de même des actions petitoires, qu'il ne peut poursuivre que conjointement avec sa femme, parce que le possessoire regarde les fruits qui appartiennent au mary, & le petitoire regarde la proprieté des biens, que le mary ne peut aliéner que du consentement de sa femme, suivant l'article 226.

31. *Si la reintegrande a lieu contre celuy qui procede par voye de droit?*

Cette question s'est presentée au Parlement de Bourdeaux, sçavoir, si on peut former complainte contre celuy qui s'est mis en possession d'un heritage en vertu d'un Arrest : Dans le fait, un particulier avoit obtenu un Arrest, portant qu'on luy délaisseroit certains heritages provenans de son ayeul : en consequence il s'en met en possession & en perçoit les fruits : le possesseur de ces heritages ni nommé, ni compris dans l'Arrest, forme complainte & demande d'être réintegré dans sa possession, dans laquelle il avoit été pendant quinze ans & plus avec titre & bonne foy.

Par Arrest du 12. Janvier 1672. rapporté dans le premier Tome du Journal du Palais il en fut debouté; parce que c'est une regle & une maxime certaine, que la réintegrande n'a pas lieu contre celuy qui procede par la voye de droit, dautant que la Justice ne dépoüille personne, suivant cette regle, *spoliatio fit à non judice, & juris executio non habet injuriam; adde quod justè possidet qui judicis autoritate possidet, l. 3. C. de pign. & hypoth.* ainsi le possesseur pouvoit en ce cas se pourvoir par la voye d'opposition à l'Arrest; suivant l'article 2. du titre des Requêtes Civiles, de l'Ordonnance de 1667.

Depuis par Arrest du 13. Mars 1708. rapporté dans les Arrests notables, page 705. il a été jugé que l'on ne peut former d'action possessoire contre le Magistrat, ou le Superieur, qui fait la fonction de sa Charge ou Office.

32. *Pardevant quel Juge se doit intenter la complainte?*

La complainte peut être poursuivie ou pardevant le Juge du défendeur, ou pardevant le Juge du lieu où est situé l'heritage dont il s'agit; & Messieurs des Requêtes en connoissent, parce qu'ils peuvent connoître des actions possessoires, personnelles & mixtes.

Les Juges subalternes des Seigneurs ont aussi droit d'en connoître en matiere profane entre leurs justiciables; parce que la complainte n'est pas un cas Royal, suivant la Declaration du Roy Henry II. de l'an 1559.

Mais la prévention du Juge Royal a lieu, comme il a été jugé par Arrest, remarqué par Guenois sur la Conference des Ordonnances, titre des matieres possessoires, desorte que le cas de complainte est un cas Royal par prévention, ainsi qu'il est contenu dans les cas Royaux, presentez au Roy par Messieurs de Pibrac, de la Guesle & de Thou, remarquez par Tronçon sur l'article 97. TRONÇON.

33. En matiere beneficiale la connoissance des complaintes appartient aux Juges Royaux, à l'exclusion des subalternes, excepté des Benefices dont la collation appartient de plein droit au Seigneur haut-Justicier; & aussi à l'exclusion des Juges Ecclesiastiques; comme il a été reconnu par la Bulle du Pape Martin V. de l'an 1429. & par celles des Papes Eugene & Sixte, Brodeau *num.* 5. & 6. Tronçon sur l'article 97. Chopin *num.* 7. ce qui est l'usage notoire de toute la France. CHOPIN. TRONÇON. BRODEAU.

Voyez Monsieur Loüet & son Commentateur, lettre B. nombre 11.

34. *Si le défendeur en complainte peut appeller son auteur?*

Chopin dit qu'il le peut; si ce n'est qu'il eût été en possession de la chose pendant plus d'un an, pouvant en ce cas se défendre de son chef, & qu'il a été ainsi jugé par Arrest de l'an 1573. CHOPIN.

35. La complainte se poursuit aujourd'huy par simple action, sans qu'il soit besoin ni de Lettres Royaux, ni de Requête; & si c'est une simple complainte, il faut énoncer le fait & le trouble qui a été fait, & sa possession legitime sans inquietation pendant tel temps. Et au cas qu'il y ait spoliation, le demandeur peut poursuivre la réintegrande extraordinairement par action criminelle; mais en choisissant l'action criminelle il ne pourroit plus recourir à la civile, si le Juge en prononçant sur l'extraordinaire ne luy avoit reservé l'action civile, suivant l'article 2. de la nouvelle Ordonnance au même titre.

Voyez touchant la pratique & les procedures en matiere de complainte mon Praticien, où je renvoye le Lecteur.

36. *Si celuy qui est assigné en complainte, prétendant être en possession, peut se pourvoir aussi par complainte?*

Imbert en sa Pratique, livre 1. chapitre 16. *num.* 11. tient que non, & qu'il se doit porter opposant à la complainte, parce que *complainte sur complainte n'a lieu*; desorte que si l'une des parties avoit intenté complainte aprés la complainte intentée par sa partie adverse, & n'en sçachant rien, il doit convertir sa complainte en opposition, & declarer que par voye d'opposition il pretend poursuivre ses droits & sa possession; & ce pour obvier à la multiplicité des actions, qui seroient en ce cas de nul effet; & principalement au cas que ces deux actions fussent intentées pardevant deux Juges differens.

37. *Dans quel temps se doit intenter la complainte?*

C'est une des conditions requises pour la complainte qu'elle soit intentée dans l'an & jour du trouble suivant les articles de la Coûtume & de la nouvelle Ordonnance, & la disposition du Droit Romain, par lequel les interdits sont annaux; & aprés ce temps la complainte n'est plus recevable, sauf à se pourvoir par action au petitoire; c'étoit aussi la disposition de l'Ordonnance de 1539. article 61. & l'usage de toute la France.

Voyez aussi l'Ordonnance de 1667. au titre des complaintes.

Ce temps est tellement fatal, qu'il court contre les majeurs, mineurs, & absens & femme mariée sans esperance de restitution, Tronçon *verbo* dans l'an, Charondas & autres Commentateurs; parce que cette prescription est statuaire, & que cet article de nôtre Coûtume ne fait point de distinction. TRONÇON. CHARONDAS.

C'est aussi ce qui est décidé en la Loy 15. §. 6. *ff. quod vi aut clam.*

Que si aprés l'an du trouble passé la partie adverse forme complainte, il faut s'opposer à la complainte & soûtenir possession contraire, *l. ait 1. §. 3. ff. uti possidetis l. un. C. eod. tit.*

De même que l'action de complainte est annale, l'instance de complainte n'est pas de plus longue durée & perit aussi par an & jour, si ce n'est qu'elle soit contestée, auquel cas elle dure trois ans, parce que l'effet de la contestation est de perpetuer & proroger l'action jusques à trois ans, *l. 139. in princ. de Reg. jur.* Voyez Monsieur Loüet & son Commentateur, lettre I. nomb. 2.

38. Cette prescription d'un an a pareillement lieu pour la complainte en matiere beneficiale ou Ecclesiastique, comme nous avons observé sur la rubrique de ce titre vers la fin.

39. *Si pour intenter la complainte, il faut avoir possedé la chose au moins pendant an & jour?*

CHARONDAS. DUPLESSIS. Charondas, Duplessis & quelques autres prétendent que pour pouvoir former la complainte, il faut avoir possedé la chose pendant an & jour.

LAURIERE. Maître Lauriere sur cet article en rend cette raison: parce que pour intenter cette action il faut avoir la saisine; & pour avoir la saisine il faut avoir possedé pendant an & jour; à moins qu'on n'ait été ensaisiné par le Seigneur dont la chose en question est mouvante; car la saisine donnée par le Seigneur vaut autant que celle qui est acquise par an & jour; ce qu'il prouve par l'Auteur du Grand Coûtumier, livre 2. chapitre 22. page 138. dont il rapporte les termes, qui semblent veritablement prouver que tel a été autrefois l'usage.

On peut dire de même, qu'il y a quelques Coûtumes qui justifient cet ancien usage, comme celle de Montargis, chapitre 21. article 1. qui est conçû en ces termes: *On acquiert possession d'aucun heritage en joüissant d'iceluy par an & jour, exploits derniers entiers*, non vi, non clam, non precariò ab adversario. *Et aprés telle joüissance peut celuy qui ainsi a acquis possession, intenter & soûtenir complainte en cas de saisine & de nouvelleté, & tous autres procés possessoires s'il est troublé en ladite possession, & doit obtenir au possessoire contre celuy qui l'a troublé en prouvant ladite possession comme dessus.*

L'article 2. porte: *Et pareillement on peut acquerir possession d'aucun droit corporel ou incorporel, prophane & non spirituel par le temps dessusdit & sans titre, &c.*

Pour la preuve de cet ancien usage de France que prétend tirer Duplessis de la Loy Salique, il est certain que cette Loy n'en dit pas un mot. Voicy seulement ce qu'elle dit au chapitre 47. sur la fin: *Si autem quis migraverit in villam alienam, & ei aliquid infra duodecim menses secundum legem contestatum non fuerit, securus ibidem consistat sicut & alii vicini.* Ce qui prouve veritablement que celuy qui a possedé pendant un an ne peut plus être inquieté dans sa possession par action possessoire; mais cela ne dit pas que pour intenter la complainte il faille avoir possedé la chose en question pendant un an.

Quoiqu'il en soit, le present article de nôtre Coûtume, ni l'article 1. de l'Ordonnance de 1667. titre 18. qui en a été tiré & qui y est conforme, ne l'ordonnant pas, je croy que cette possession d'un an n'est pas aujourd'huy dans nôtre Coûtume une condition requise pour pouvoir intenter la complainte, mais qu'il suffit pour cela de justifier sa possession non vicieuse, pour y être maintenu ou réintegré, quoiqu'elle ne soit pas d'un an, comme cela a pû être autrefois requis, & comme cela peut l'être encore à présent dans quelques Coûtumes.

OBSERVATIONS DE MONSIEUR***.

Sur l'Article XCVI.

SOMMAIRE.

1. *Article changé, & pourquoy.*
2. *Article nouveau qui explique le mot de possesseur.*
3. *La possession se doit considerer telle qu'elle est au jour du trouble.*
4. *Si on peut changer la qualité de sa possession.*
5. *Article nouveau qui fait connoistre les choses qui sont sujettes à l'action possessoire.*
6. *Article nouveau qui marque quand elle doit estre intentée; & si la prescription d'an & jour court contre toutes sortes de personnes.*
7. *Si l'action possessoire se peut discontinuer pendant un an.*
8. *Si l'action possessoire aprés contestation en cause dure trois ans.*

1. Nous avons changé cet article en la maniere qui suit,

Quand le possesseur d'aucun heritage, ou droit réel, est troublé & empêché en sa possession & joüissance, il peut s'en complaindre, & intenter action en cas de saisine & nouvelleté dedans l'an & jour du trouble à luy fait & donné audit heritage ou droit réel contre celuy qui l'a troublé.

Il n'y a rien de changé dans cet article, sinon le mot de *loist & poursuite*: on a retranché le premier comme inutile & peu françois; on a mis le mot d'action qui semble meilleur que celuy de poursuite.

On a retranché ces mots, *reputé immeuble*, parce qu'ils sont superflus; & en disant, *droits réels*, on dit tout, & on évite les difficultez faites pour les rentes constituées & les rentes données par assignat, lesquelles ne sont point réelles, mais seulement reputées immeubles, & pour lesquelles l'action de complainte n'est pas recevable.

Nous avons expliqué par les trois articles nouveaux que nous avons ajoûtez, les termes de possesseur, droit réel, & d'an & jour.

ARTICLE NOUVEAU.

2. *Sous le mot de possesseur sont compris les propriétaires superficiaires, usufruitiers, usagers, emphiteotes, leurs heritiers, les donataires entre-vifs, & ceux qui ont acquis d'eux à titre particulier, quoiqu'ils n'ayent*

pas encore commencé la joüissance ; mais ceux qui sont fermiers, ou qui possedent à titre de précaire, clandestinement, ou par violence, n'y sont pas compris sous le mot de possesseur.

Cet article explique le mot de possesseur, & évite tous les procez que l'on faisoit sur l'article de la Coûtume, qui n'entroit point dans le détail.

Il est facile de faire la difference qu'il y a entre celuy qui a l'usufruit & le fermier, le propriétaire & celuy qui ne joüit qu'à titre de précaire, par violence ou clandestinement ; c'est pourquoy il n'est pas necessaire de la marquer plus particulierement.

Touchant la possession il y a deux maximes à établir.

3. La premiere est, qu'il faut considerer la possession telle qu'elle étoit au jour du trouble.

4. La deuxiéme est, que le possesseur ne change point luy-même sa qualité, ni sa possession, si pendant sa joüissance il ne luy arrive quelque autre titre, en vertu duquel il ne puisse commencer une nouvelle possession.

Ainsi celuy qui possede par violence peut devenir heritier & devenir possesseur, *idem de cæteris* ; & comme le mort saisit le vif en matiere de succession, aussi-bien que la donation entre-vif, & le contrat de vente saisissent le donataire & l'acquereur, la possession est toûjours certaine en leurs personnes ; & dés le moment qu'ils sont heritiers donataires, ou acquereurs, ils sont reputez être en possession, & pouvoir intenter les actions en complainte comme possesseurs.

AUTRE ARTICLE NOUVEAU.

5. *Sont censez droits réels les servitudes réelles sur des maisons, heritages, les droits dépendans des Justices seigneuriales, les dixmes infeodées, les droits de patronage, les droits honorifiques, & autres droits ordinaires, les cens & redevances seigneuriales, les rentes de bail d'heritage imposées lors de l'aliénation du fond, & non les autres rentes.*

Cet article explique la nouvelle difficulté de l'article, & fait connoître les choses qui sous le mot de droits tombent dans cette action.

Touchant les Justices, il faut faire difference entre les Justices seigneuriales & les autres, parce qu'elles sont proprement données au Seigneur pour la conservation des droits de son Fief, & en font partie, & sont par consequent réels.

A l'égard des rentes, on a specifié dans cet article les rentes de bail d'heritage, afin de faire difference de celles qui ne font point partie du fond, comme sont les rentes par assignat, les rentes volantes, & les autres constituées, pour lesquelles l'action en cas de saisine & de nouvelleté ne se forme point.

AUTRE ARTICLE NOUVEAU.

6. *L'an & jour se compte du jour du trouble, & rétablit la prescription contre toutes personnes, même les absens mineurs & autres qui joüissent du privilege de minorité, femmes mariées, sans qu'ils se puissent faire restituer.*

Cet article regle la troisiéme question touchant la prescription, qui est acquise par an & jour à celuy qui s'est mis en possession de son autorité privée, & termine les difficultez qui peuvent être proposées à ce sujet.

7. Cette action ne se doit, de même que l'action en retrait lignager ne se peut avant contestation en cause,

8. discontinuer pendant un an ; autrement elle seroit prescrite : mais quand il y a contestation en cause, elle dure trois ans comme les autres instances qui suivant l'article 15. de Roussillon ne perissent que par trois ans.

CONFERENCE SUR L'ARTICLE XCVI.

DE même, *Anjou*, art. 426. *Bourbonnois*, art. 89. *Bretagne*, art. 105.

Clermont, art. 44.

Maine, art. 441. & ajoûte, *sans qu'il luy soit besoin prouver, ni alleguer autre titre particulier.* a

a *Nisi in quantum pars adversa probaret ex parte sua possessionem, & esset conflictus probationum, quia tunc titulata vel antiquior vincit, ut not. in c. licet causam, extra de probationib. ubi dixi in annot. ad Philipp. Decium.* C. M.

Mante, art. 87. & ajoûte, *& n'est recevable à intenter ledit cas de nouvelleté pour raison dudit heritage ou autre droit réel ou incorporel, s'il n'est possesseur d'iceluy par an & jour précedant la complainte.*

Montargis, chap. 21. art. 1. *Montfort*, art. 59. *Orleans*, art. 486.

Peronne, article 218. *Poitou*, article 399. *Ponthieu*, art. 144.

Senlis, art. 267.

Valois, art. 116.

Mantes, art. 90. *Les colons redempteurs & détempteurs d'aucun heritage chargé de rente, ne peuvent intervertir la possession du Seigneur, & pourra ledit Seigneur qui toûjours a été payé de ses loüages, pension ou rente, intenter complainte contre celuy à qui le conducteur ou rentier aura vendu ou autrement aliené ledit heritage, encore qu'il en ait joüy à titre de bonne foy, & ne peut en ce cas tel acheteur prescrire contre ledit Seigneur.* b

b Qui est cependant payé ou reconnu par le vendeur. C. M.

Auteurs sur l'Article quatre-vingt-seiziéme.

L*ib. Feudorum*, 2. *tit.* 9. *lib.* 1. *tit.* 18. *& lib.* 4. *tit.* 14.
L'Auteur du Grand Coûtumier, liv. 2. ch. 21. p. 138.
Les Coûtumes toutes notoires du Châtelet, art. 72.
Des Mares, Décisions 40. 84. 143. 300. & 413.
Loysel, liv. 5. tit. 4. regle 10. 11. & 12.
Joannes Faber, *ad §. retinendæ*, *Institutionibus de interdictis.*
L'Ordonnance de 1667. au Titre *des Complaintes.*
Bobé, sur cet article.
De la Lande, sur la Coûtume d'Orleans, art. 488.
Du Moulin, sur la Coûtume de Paris, art. 1. gl. 5. nomb. 58. & 59.
Rebuffe, *des matieres possessoires*, art. 2. gl. 1. art. 4. glose unique, art. 5. gl. 1. & art. 8. gl. unique.
Papon, sur la Coûtume de Bourbonnois, art. 89.
Englebermeus, sur la Coûtume d'Orleans, tit. 2. art. 1.
Publicius, sur la Coûtume d'Auvergne, tit. 1. art. 4.
Pontanus, sur la Coûtume de Blois, tit. 2. art. 5.
Chopin, sur la Coûtume de Paris, liv. 3. tit. 1. n. 3. 6. 7. & 10. tit. 2. n. 19. *du Domaine*, liv. 3. tit. 19. nomb. 15.
Bacquet, *des droits de Justice*, chap. 20.
M. Le Prestre, cent. 2. chap. 50.
Lhoste, sur la Coûtume de Montargis, ch. 21. art. 1.
Bodreau, sur la Coûtume du Maine, art. 441.
Boutillier, en sa Somme Rurale, liv. 1. tit. 20. & *ibi* Charondas, & tit. 31.
Coquille, quest. 234.
Decius, consf. 80.
Duret, dans son Alliance des Coûtumes, titre 22. pages 173. & 174.
Duplessis explique cet article, titre *des Actions*, liv. 1. p. 597.

ARTICLE XCVII.

C'étoit le soixante-cinquiéme Article de l'ancienne Coûtume.

Complainte n'a lieu pour meubles, si ce n'est pour université de meubles.

AUcun n'est recevable de soy complaindre, & intenter le cas de nouvelleté pour une chose mobiliaire particuliere; *Mais bien pour université de meubles, comme en succession mobiliaire.*

Voyez l'Article précedent, & le 144.

REMARQUES.

IL s'observe aussi de ne point recevoir la complainte pour droits purement spirituels, mais bien quand ils sont mêlez & joints avec quelque chose de temporel, dont il faut voir les particularitez dans M. Louet & son Commentateur, lett. E. nomb. 9. & M. Le Prestre en sa premiere Centurie, chap. 50.

POUR UNE CHOSE MOBILIAIRE.

GLOSE UNIQUE SUR L'ARTICLE XCVII.

SOMMAIRE.

1. *Pourquoy la complainte n'a point lieu pour meubles.*
2. *Erreur de Tournet.*
3. *Si la complainte a lieu pour université de meubles.*
4. Université de meubles, *comment s'entend.*
5. *Qui peut en ce cas exercer la complainte.*
6. *Si l'executeur testamentaire peut intenter la complainte contre les heritiers.*
7. *Complainte a lieu pour meubles en certains cas.*

1. PAr cet article la complainte n'a point lieu pour meubles en France, c'est la disposition de l'Ordonnance de 1667. titre des Complaintes, article 1. qui ne permet d'user de complainte que pour heritages & droit réel.

On ne fait point deux instances separées sur les choses mobiliaires, l'une pour la possession & l'autre pour la propriété, mais le Juge décide d'abord sur la propriété, parce que l'interdit *utrubi. l. un. ff. de utrubi.* pour la possession du meuble, est abrogé en France, Loysel en ses Institutes Coûtumieres, livre 5. titre 4. regle 15.

La raison est, que nous estimons peu la possession des choses mobiliaires, lesquelles sont ordinairement viles & d'un prix modique, *l. si rem. 47. junct. glos. ff. de acquir. poss.*

Tournet dit, que la complainte a lieu en meubles précieux, mais c'est une erreur; la Coûtume portant 2. Tournet.

expressément, qu'aucun n'est recevable de soy complaindre, & intenter le cas de nouvelleté pour une chose mobiliaire particuliere; car ce n'est pas la valeur & le prix qui donne lieu à la complainte, mais la qualité & la nature de la chose; desorte que l'on ne pourra pas se servir de complainte pour une tapisserie du prix de vingt mille livres, & on pourra s'en servir pour un droit réel, qui ne vaudra pas en proprieté la somme de cent livres.

3. Néanmoins la complainte a lieu pour meubles en trois cas, remarquez par les Docteurs.

Le premier est, suivant cet article, pour université de meubles, comme pour une succession mobiliaire, ou pour donation universelle de meubles, en la joüissance de laquelle on est troublé, ainsi qu'il est remarqué par Rebuffe sur les Ordonnances, *tom. 3. tract. de possess. art. 5. glos. 2. num. 7.*

Voicy les termes de cet Auteur, *Super bonis mobilibus non datur hoc interdictum, nisi illæ res mobiles ad nos pervenissent ex successione alicujus; etiamsi hæc possessio tota nonnisi mobilibus constaret, tunc quoque fuit approbata querela in casu novitatis à Senatu anno 1522. die 12. Julii contra hæredes cujusdam Matisconensis, pro quâdam viduâ donatrice omnium bonorum; & idem quando actione universali vel generali deberentur; ideo auditus fuit conquerens in casu novitatis pro conquæstibus mobilibus sibi donetis anno* 1541.

Il semble qu'on peut dire la même chose d'un fonds de marchandise; parce que *Mercantia sive negotiatio dicitur corpus universale, & est nomen juris universale.*

4. Cet article se doit entendre d'une université de meubles, possedée pour le tout, ou pour une portion par quotité; car une portion de quotité fait un

Auzanet. tout, Maître Auzanet.

5. La complainte au cas d'une succession mobiliaire appartient à l'heritier qui est entré dans une succession mobiliaire, & qui y est troublé par un autre qui se prétend aussi heritier, & qui le trouble dans la possession de son droit, dont il est saisi par la regle, *le mort saisit le vif*, art. 318.

6. *Si les heritiers d'un défunt s'étant emparez des meubles & effets mobiliaires d'une succession, si l'executeur de son testament pourroit former complainte en cas de saisine & de nouvelleté?*

On répond que non, dautant qu'il n'est question que de simples meubles, dans lesquels l'executeur n'a aucun droit de proprieté, pour lesquels par consequent il ne peut former aucune complainte; & cet article qui porte, que *la complainte a lieu pour université de meubles*, s'entend à l'égard de ceux à qui cette université appartient en proprieté, comme sont les heritiers donataires ou legataires universels des meubles.

Mais en ce cas, l'executeur doit requerir contre les heritiers, qu'ils soient condamnez de mettre entre ses mains tous les meubles qu'ils ont pardevers eux étant de la succession du défunt, & que défenses leur soient faites de recevoir aucunes dettes: & si depuis qu'il aura été saisi, il est spolié, il peut conclure en réintegrande.

C'est ce qui a été jugé par Arrest du 9. Janvier 1567. pour Monsieur de Saint André, President aux Enquêtes, remarqué par Bacquet au Traité *du droit de Bâtardise*, partie 1. chap. 7. nomb. 4.

Le second cas auquel la complainte a lieu pour 7.
meubles, est, lorsque la prise & la détention d'un meuble emporte avec soy le trouble & empêchement du droit immobiliaire, dont le demandeur prétend être propriétaire: comme si le Sergent d'un Seigneur Justicier voisin saisit un meuble dans l'étenduë de ma Justice; en ce cas, je peux former complainte contre luy, parce que c'est un trouble dans ma Justice, ainsi qu'il est porté par l'article 401. de la Coûtume de Poitou, de la Marche, art. 7. & de Clermont, art. 51. & comme il a été jugé par Arrest du 14. Juillet 1537. remarqué par Chopin sur ce titre. Chopin.

Voyez l'article 51. de la Coûtume de Clermont en Beauvoisis.

Le troisiéme est, quand le meuble vient en consequence de l'immeuble; comme si Titius me chasse & expulse de la possession d'un heritage dans lequel il y a des meubles & des fruits engrangez; je peux le poursuivre par complainte tant pour l'heritage que pour les meubles qui y étoient, lorsqu'il m'en a chassé & expulsé, *l. 1. §. utique l. 3. §. pertinet. ff. de vi & vi armata.*

Idem, de ceux qui sont adherans ou coherans & & incorporez à l'immeuble.

C'est la disposition de la Coûtume de Sens, article 117.

OBSERVATIONS DE MONSIEUR ***.

Sur l'Article XCVII.

SOMMAIRE.

1. *Article augmenté.*
2. *Raison de l'addition faite à la fin de cet article.*

Nous avons redigé cet article en y ajoûtant quelques mots à la fin.

1. *Aucun n'est recevable à soy complaindre, & intenter le cas de nouvelleté pour une chose particuliere; mais bien pour universalité de meubles, comme en succession mobiliaire; soit qu'on soit heritier pour le tout, ou seulement pour une portion.*

Nous avons ajoûté ces mots, *soit qu'on soit heritier pour le tout, ou seulement pour portion.*

2. La raison de cette addition est, parce que celuy qui est heritier pour un quart des meubles, quoiqu'il ne le soit pas de la totalité; néanmoins il a ce quart au total comme heritier d'une portion du tout, laquelle fait un tout; ainsi il possede les meubles à titre universel, quoique pour partie.

CONFERENCE SUR L'ARTICLE XCVII.

DE même, *Auvergne*, art. 8.

Bourbonnois, art. 91.

Calais, art. 231.

Clermont, art. 51. ajoûte, *& aussi la prise de quelques meubles pris en la Justice d'autruy, en donnant trouble au fait d'icelle Justice.*

La Marche, article 7. ajoûte, *mais si a bien exhibition.*

Montargis, chap. 21. art. 6. *Montfort*, art. 60.

Orleans, art. 489.

Poitou, art. 401.

Sens, art. 117. & ajoûte, *sinon qu'elle soit adherante ou dépendante de chose immeuble ; ou qu'elle soit universelle, comme pour les biens d'une succession, ou pour une maison, & tous les biens étans en icelle.*

Auteurs sur l'Article quatre-vingt-dix-septiéme.

L'Auteur du Grand Coûtumier, liv. 2. chap. 18. pages 134. & 135. & liv. 2. chap. 21. p. 144.
Imbert, liv. 1. de son Institution, chap. 17. nomb. 12. & 13.
Masuer. *in tit. de poss.*
Loysel, liv. 5. tit. 4. regles 15. 16. & 17.
L'Ordonnance de 1667. tit. 18. art. 1.
Thourette, sur Montfort, art. 60.
De la Lande, sur Orleans, art. 489.
Buridan, sur Reims, art. 187.
Lhoste, sur Montargis, chap. 21. art. 5.
Papon, sur la Coûtume de Bourbonnois, art. 91. & en ses Arrests, liv. 8. tit. 4. Arrest 1.
Bessian, sur la Coûtume d'Auvergne, art. 8.
Publicius, sur les mêmes Coûtume & article.
Rat, sur la Coûtume de Poitou, art. 337.
Rebuffe, *des matieres possessoires*, art. 5. gl. 2.
Chopin, sur la Coûtume de Paris, liv. 1. titre 1. nomb. 4. liv. 3. tit. 1. nomb. 9. & 11.
Coquille, en ses Institutions, titre *de saisies.*
Loüet & son Commentateur, lett. E. nomb. 9.
M. Le Prestre, en sa premiere Centurie, chap. 50.
Duret, en son Alliance des Coûtumes, tit. 12. p. 178.
Duplessis explique cet article, titre *de Complainte*, liv. 1. p. 597.

ARTICLE XCVIII.

C'étoit le soixante-treiziéme de l'ancienne Coûtume.

De la simple Saisine.

QUand aucun a joüy & possedé aucune rente & icelle prise & perçûë sur aucun heritage, paravant & depuis dix ans, & par plus grande partie d'iceluy temps, s'il est troublé & empêché en la possession & joüissance d'icelle, il peut intenter & poursuivre le cas de simple saisine personnelle contre celuy ou ceux qui ainsi l'ont troublé, & requerir être remis en la possession, en laquelle il étoit auparavant ladite cessation.

Voyez l'Article 96.

REMARQUES.

CEt article est aujourd'huy presque hors d'usage, quoiqu'il puisse être de grande utilité, vû que l'effet de cette possession empêche souvent la proprieté, puisqu'en concurrence de prétentions differentes l'on doit toûjours dans le doute, & lorsqu'il n'apparoît d'aucun titre de part ni d'autre, ou qu'il est incertain lequel est le plus considerable, conserver celuy qui est en possession.

ET POSSEDE AUCUNE RENTE.

GLOSE UNIQUE SUR L'ARTICLE XCVIII.

SOMMAIRE.

1. Simple Saisine, *ce que c'étoit autrefois.*
2. *Pour quelles choses elle avoit lieu.*
3. *De quoy cet article se doit entendre.*
4. *Raison pour laquelle cette action a été introduite.*
5. *Cet article n'est plus en usage selon le sentiment*

sentiment de plusieurs.

6. *S'il ne s'entend que des rentes de bail d'heritage.*

7. *Ne s'entend des rentes constituées, quand il y auroit cause d'assignat.*

8. *Fin de l'action de simple saisine.*

9. *Pourquoy il n'est pas intelligible.*

10. *Sentiment de Maistre Duplessis, qu'il ne peut s'entendre que des rentes constituées.*

11. *Sentiment de Monsieur ***. qu'il faut l'oster de la Coûtume.*

1. La simple Saisine dont il est parlé dans cet article, étoit autrefois un droit, que celuy qui avoit joüi d'une rente ou d'autre charge réelle sur un heritage auparavant ou depuis dix ans, & pendant la plus grande partie de ce temps, pouvoit exercer contre celuy qui l'y troubloit, dans les dix années, à compter du jour de la cessation & du refus, pour être remis dans la Saisine & la possession de sa rente, ou d'autre charge réelle.

2. Elle avoit lieu non seulement pour les rentes foncieres, mais aussi pour les rentes constituées au temps qu'elles étoient charges réelles; mais elle n'a jamais eu lieu pour les heritages.

La raison est, que la Complainte en cas de Saisine & de Nouvelleté, est un remede suffisant à celuy qui est troublé dans la possession de son heritage, pour conserver sa Saisine; au lieu que ce remede ne suffit pas à celuy qui a perçu une rente, lequel a pû par humanité ne pas poursuivre d'abord celuy qui la luy payoit auparavant.

3. Il faut entendre cet article de la possession d'une rente perçûë sur un heritage sans titre; car si le possesseur avoit un titre, il n'auroit pas besoin d'une possession de dix ans, il pourroit obliger les possesseurs de l'heritage sujet à la rente, à la prêtation d'icelle, ou au déguerpissement de l'heritage, ainsi qu'il sera dit sur l'article 101.

4. La raison pour laquelle la simple Saisine a été introduite, est, parce qu'il se peut faire, que celuy qui a perçu une rente avant dix ans, & depuis pendant la plus grande partie de ce temps, ne l'ait pas perçûë pendant la derniere année; ainsi il ne pourroit pas se servir de la Complainte en cas de Saisine & de Nouvelleté, laquelle ne se peut intenter que dans l'an du trouble; mais par le moyen de la simple Saisine, il peut apres l'an, & dans les dix ans, demander à être remis dans la possession, en laquelle il étoit auparavant la cessation; en sorte que pendant le procès il doit joüir de la rente, ainsi qu'il faisoit auparavant.

5. Chopin, Charondas & Guerin disent, que cet article n'est plus en usage; & qu'au cas que le possesseur d'un heritage cesse de payer la rente à celuy à qui elle avoit été payée avant dix ans, & depuis la plus grande partie de ce temps, il peut le poursuivre par la Comp‑inte, & demander d'y être maintenu.

Maître Auzanet dit, que cet article est conçu en termes peu intelligibles, & que l'action de simple Saisine est irreguliere; que les rentes dont il parle ne se peuvent entendre que des rentes de bail d'heritage: car les rentes volantes constituées à prix d'argent, ne sont point perceptibles sur des heritages;
6. elles affectent seulement tous les biens d'un debiteur, & sont plus personnelles que réelles; & que
7. quand il y auroit une clause d'assignat, la rente n'auroit pas pour cela d'autre qualité que de rente constituée.

La raison est, que l'assignat n'affecte que les fruits qui sont destinez pour le payement des arrerages, & non le fonds des heritages: qu'il ne peut être étendu au fonds d'heritages, & qu'ainsi on donne plus de privilege dans cette action de simple Saisine aux rentes de bail d'heritages qu'aux heritages, ce qui est extraordinaire.

Que la fin de l'action de simple Saisine, suivant le texte de cet article, tend à ce que celuy qui a été troublé & empêché en la joüissance de la rente, soit remis en la possession en laquelle il étoit avant la cessation & discontinuation de la rente.

Que le même article porte, que pour être capable d'exercer cette action, il faut avoir joüi de la rente avant & depuis dix ans, & par la plus grande partie, ce qui n'est pas intelligible. 8.

Que l'article n'explique pas le cas auquel peut être exercée cette action de simple Saisine; mais que Bouteiller, en sa Somme Rurale, Titre, *de simple Saisine* ou *Saisine vuide*; & Chopin sur cette Coûtume, *lib. 3. tit. 1. num. 13.* expliquant le cas qui y a été obmis, disent que la simple Saisine peut être demandée par celuy qui a été troublé, & qui a negligé de former dans l'an & jour du trouble, & que l'effet de cette Saisine va à être rétabli dans son ancienne possession, laquelle étoit inconnuë dans le Droit Romain. 9.

Que Chopin, au lieu préallegué, aprés avoir expliqué ce qui concerne la simple Saisine, & tout ce qui en a été rapporté par les anciens Praticiens, conclut par ces termes, *rara hodiè ac propemodum insolita hæc juris experiundi formula*; que Charondas sur cet article remarque, que la Complainte en cas de simple Saisine étoit jadis plus usitée qu'elle n'est à present: & que Guerin sur le même article dit absolument, que *in desuetudinem abiit*, & qu'en cas de trouble & de possession il ne reste aujourd'huy que deux voyes à se pourvoir, ou par la Complainte en cas de Saisine & de Nouvelleté, ou au Petitoire par la voie de l'action ordinaire aux fins de se désister & departir.

Que par cette raison plusieurs estiment, qu'il faut rayer & rejetter du corps de la Coûtume la derniere partie de la Rubrique parlant de la simple Saisine, & cet article entier 98. comme étant irregulier & hors d'usage.

Maître Duplessis tient, que cet article ne se peut entendre des rentes constituées pour lesquelles il faut absolument un Titre, mais des rentes foncieres, suivant ces termes, *& icelle prise & perçûë sur aucun heritage*: qu'il y trouve de grandes difficultez, parce que ce sont des dettes pour lesquelles il faut un Titre, & que par ces termes, *requerir, être mis en possession en laquelle il étoit auparavant ladite cessation*, il paroît qu'il donne la Complainte contre le debiteur même: Or quand une dette pourroit subsister sans titre, & que le possesseur d'un heritage auroit payé une rente fonciere, comment pourra-t-il être contraint d'en continuer le payement? & comment le demandeur pourra-t-il faire preuve de sa possession? La preuve n'en seroit pas reçûë par témoins contre l'Ordonnance de Moulins, aprés laquelle la Coûtume a été reformée, & cet article de l'ancienne Coûtume a été laissé. La preuve, dit-il, ne s'en pourroit faire que par les quittances des payemens, laissées chez des Notaires: comme si on laissoit des minutes de quittances des payemens des arrerages de rentes foncieres où constituées, la preuve ne se pourroit faire que par le debiteur même, au serment duquel le demandeur s'en seroit rapporté, mais c'est souvent un recours fort inutile. 10.

Quoy qu'il en soit, cet article n'est plus en usage, & il paroît absurde que cette action se puisse intenter dans les dix ans de la cessation, & qu'elle dure plus que la Complainte effective, qui ne dure qu'un an; & puis qu'on ne le peut entendre, il est inutile de s'y attacher.

Monsieur ***. a trouvé cet article si peu intelligible, qu'il a dit dans ses Observations sur ce Titre, qu'il en falloit retrancher cet article.

CONFERENCE SUR L'ARTICLE XCVIII.

LEs Coûtumes suivantes ont une disposition semblable à cet article.

Bourbonnois, art. 95.
Châlons, art. 128. *Clermont*, art. 252.
Laon, art. 134.
Meaux, art. 218.
Grand-Perche, art. 210.
Poitou, art. 235.
Reims, art. 187.
Sedan, art. 263.
Valois, art. 118.

Auteurs sur l'Article XCVIII.

L'Auteur du Grand Coûtumier, liv. 2. chap. 21. page 156.
Desmares, Décision 38.
Bouteiller, liv. 1. tit. 31. pag. 111. & 189.
Masuer, tit. 11. nomb. 63.
Joannes Faber, *ad* §. *retinendæ*, *num.* 12. *&* 14. *Institut. de interdictis.*
Borellus, Decis. 41. pag. 145.
Censius, *de Censibus*, *quæst.* 91.
Chassanée, *in Consuetud. Burgund. Rubr.* 11. art. 2. *num.* 27.
Maranta, part. 4. dist. 7.
Tiraquellus, *de Retractu*, §. 1. n. 12. & n. 79.
Martinus, *de Censibus*, *cap. ult. num.* 40.
Loysel, liv. 5. tit. 4. regle 23. 24. 25. 26. nomb. 27. avec les Notes.
Bobé, sur cet article, & sur l'article 218.
Buridan, sur Reims, art. 187.
Papon, sur la Coûtume de Bourbonnois, art. 92.
Rebuffe, *des Matieres possessoires*, art. 2. glos. 2.
Chopin, sur la Coûtume de Paris, liv. 3. tit. 1. n. 13.
Leschassier, en son Traité *des Cas de simple Saisine.*
Duplessis, explique cet article, Titre *de Complainte*, liv. 1. pag. 598.

Fin du premier Volume.

TABLE DES MATIERES CONTENUES DANS CE PREMIER VOLUME.

Le premier chiffre indique la page, & le second le nombre.

A

C

Franc-aleu.

L

M

N

Si

Si

S

Saisie censuelle.

Seigneur Haut-Justicier.

Serment.

Servitude.

Siens.

Sommation.

Somme.

T

V

Vendeur.

Vente.

Ventilation.

Vest.

Vexin

Vicomté.

Vignes.

Ville.

Vinage.

Université.

Volets.

Fin de la Table des Matieres du premier Volume.

www.ingramcontent.com/pod-product-compliance
Lightning Source LLC
LaVergne TN
LVHW020954300926
849160LV00007B/150